BECK'SCHE STEUERKOMMENTARE

FRANZEN/GAST/JOECKS
STEUERSTRAFRECHT

Steuerstrafrecht

mit Steuerordnungswidrigkeiten und Verfahrensrecht

KOMMENTAR

§§ 369–412 AO, § 32 ZollVG

bearbeitet von

DR. BRIGITTE GAST-DE HAAN   DR. WOLFGANG JOECKS

Rechtsanwältin und Notarin   o. Professor an der
Fachanwältin für Steuerrecht   Universität Greifswald

DR. REIMER VOSS

Präsident des Finanzgerichts Hamburg a. D.

begründet von

DR. KLAUS FRANZEN   DR. BRIGITTE GAST-DE HAAN

Staatsrat a. D.; vormals   Rechtsanwältin und Notarin
Ministerialdirigent   Fachanwältin für Steuerrecht
im Bundesministerium der Finanzen

4., völlig überarbeitete Auflage

C. H. BECK'SCHE VERLAGSBUCHHANDLUNG
MÜNCHEN 1996

Die Deutsche Bibliothek – CIP-Einheitsaufnahme

Gast- de Haan, Brigitte:
Steuerstrafrecht : mit Steuerordnungswidrigkeiten und
Verfahrensrecht ; Kommentar §§ 369–412 AO, § 32 ZollVG /
bearb. von Brigitte Gast- de Haan ; Wolfgang Joecks ;
Reimer Voss. Begr. von Klaus Franzen ; Brigitte Gast- de Haan.
– 4., völlig überarb. Aufl. – München : Beck, 1996
  (Beck'sche Steuerkommentare)
  Bis 3. Aufl. u. d. T.: Franzen, Klaus : Steuerstrafrecht
  ISBN 3 406 38330 0
NE: Joecks, Wolfgang ; Voss, Reimer

ISBN 3 406 38330 0

Satz und Druck der C. H. Beck'schen Buchdruckerei, Nördlingen
Gedruckt auf säurefreiem, alterungsbeständigem Papier
(hergestellt aus chlorfrei gebleichtem Zellstoff)

Vorwort zur 4. Auflage

Das Steuerstrafrecht zählt – im Gegensatz zum materiellen Steuerrecht – nicht zu den Rechtsmaterien, die permanenten Änderungen durch den Gesetzgeber unterworfen sind, so daß insoweit die Aktualisierung dieses Kommentars nicht den gleichen Zeitzwängen unterliegt wie z. B. Kommentare zu Ertragsteuergesetzen. Die Veränderung des Steuerstrafrechts ergibt sich überwiegend aus der Entwicklung der Rechtsprechung, des Strafprozeßrechts und der Strafrechtsdogmatik; sie erreichte mit der Vorauflage einen Umfang, der eine vollständige Neubearbeitung nötig machte.

Hervorzuheben sind – ohne Anspruch auf Vollständigkeit – etwa die Rechtsprechungsänderungen zur Selbstanzeige, zum Fortsetzungszusammenhang und zum Verjährungsbeginn, neue dogmatische Entwicklungen bei Täterschaft und Teilnahme und Gesetzesänderungen im Bereich des Gerichtsverfassungs- und Strafprozeßrechts. Gravierend sind auch die Veränderungen durch den am 1. 1. 1994 in Kraft getretenen europäischen Zollkodex. Immer bedeutsamer werden überdies verfassungsrechtliche Rahmenbedingungen und die Rechtsprechung des Bundesverfassungsgerichts.

Angesichts des wachsenden Umfangs des Werks haben wir uns entschlossen, die noch in der Vorauflage vorhandene Einführung in das allgemeine Steuerrecht (vgl. dort Einleitung Rdnr. 89 ff.) wegzulassen und im Anhang auf umfängliche Auszüge aus anderen Gesetzen zu verzichten. Stattdessen wurden nunmehr die Anweisungen für das Straf- und Bußgeldverfahren im Anhang abgedruckt. Die bewährte Zitierweise wurde beibehalten, so daß weiterhin die Daten der Entscheidung den Zugriff auf Parallelveröffentlichungen erleichtern. Häufig zitierte Monographien wurden überdies in das Abkürzungsverzeichnis aufgenommen, um das lästige Suchen nach der vollständigen bibliographischen Angabe abzukürzen.

Geändert hat sich gegenüber der Vorauflage auch die Zusammensetzung der Autoren. Dr. Klaus *Franzen* und Prof. Dr. Erich *Samson* sind auf eigenen Wunsch aus dem Kreis der Verfasser ausgeschieden. Beiden ist die hohe Anerkennung dieses Werks in der Fachwelt zu verdanken. Als neuer Autor konnte Dr. Reimer *Voß* gewonnen werden, der namentlich die zoll- und verbrauchsteuerrechtlichen Regelungen erläutert hat. Ihm gebührt nicht zuletzt deshalb besonderer Dank, weil er seine umfassenden Kenntnisse auf diesem Gebiet kurzfristig für den Kommentar nutzbar gemacht hat.

Das Manuskript wurde im wesentlichen am 1. Februar 1996 abgeschlossen. Nach diesem Stichtag konnten insbesondere Rechtsprechung und Schrifttum nur noch vereinzelt berücksichtigt werden.

Anregungen, Hinweise und Kritik aus Theorie und Praxis werden wir wiederum gerne aufnehmen.

Rendsburg, Greifswald und Hamburg, im Juni 1996 *Die Verfasser*

Inhaltsverzeichnis

Abkürzungs- und Literaturverzeichnis IX

Gesetzestext (§§ 369–412 AO; § 32 ZollVG) 1

Einleitung 17

Achter Teil. Straf- und Bußgeldvorschriften; Straf- und Bußgeldverfahren

Erster Abschnitt. Strafvorschriften

§ 369 Steuerstraftaten 67
§ 370 Steuerhinterziehung 131
§ 371 Selbstanzeige bei Steuerhinterziehung 267
§ 372 Bannbruch 358
§ 373 Gewerbsmäßiger, gewaltsamer und bandenmäßiger Schmuggel 389
§ 374 Steuerhehlerei 409
§ 375 Nebenfolgen 423
§ 376 Unterbrechung der Verfolgungsverjährung 450

Zweiter Abschnitt. Bußgeldvorschriften

§ 377 Steuerordnungswidrigkeiten 473
§ 378 Leichtfertige Steuerverkürzung 496
§ 379 Steuergefährdung 522
§ 380 Gefährdung der Abzugsteuern 550
§ 381 Verbrauchsteuergefährdung 563
§ 382 Gefährdung der Eingangsabgaben 580
§ 383 Unzulässiger Erwerb von Steuererstattungs- und Vergütungsansprüchen 601
§ 384 Verfolgungsverjährung 607

Dritter Abschnitt. Strafverfahren

1. Unterabschnitt. Allgemeine Vorschriften

§ 385 Geltung von Verfahrensvorschriften 611
§ 386 Zuständigkeit der Finanzbehörde bei Steuerstraftaten 622
§ 387 Sachlich zuständige Finanzbehörde 644
§ 388 Örtlich zuständige Finanzbehörde 655
§ 389 Zusammenhängende Strafsachen 668
§ 390 Mehrfache Zuständigkeit 673
§ 391 Zuständiges Gericht 679

Inhalt Inhaltsverzeichnis

§ 392 Verteidigung 695
§ 393 Verhältnis des Strafverfahrens zum Besteuerungsverfahren 719
§ 394 Übergang des Eigentums 749
§ 395 Akteneinsicht der Finanzbehörde 752
§ 396 Aussetzung des Verfahrens 756

2. Unterabschnitt. Ermittlungsverfahren
I. Allgemeines
§ 397 Einleitung des Strafverfahrens 772
§ 398 Einstellung wegen Geringfügigkeit 809

II. Verfahren der Finanzbehörde bei Steuerstraftaten
§ 399 Rechte und Pflichten der Finanzbehörde 820
§ 400 Antrag auf Erlaß eines Strafbefehls 851
§ 401 Antrag auf Anordnung von Nebenfolgen im selbständigen Verfahren 860

III. Stellung der Finanzbehörde im Verfahren der Staatsanwaltschaft
§ 402 Allgemeine Rechte und Pflichten der Finanzbehörde 865
§ 403 Beteiligung der Finanzbehörde 869

IV. Steuer- und Zollfahndung
§ 404 Steuer- und Zollfahndung 874

V. Entschädigung der Zeugen und der Sachverständigen
§ 405 Entschädigung der Zeugen und der Sachverständigen 900

3. Unterabschnitt. Gerichtliches Verfahren
§ 406 Mitwirkung der Finanzbehörde im Strafbefehlsverfahren und im selbständigen Verfahren 905
§ 407 Beteiligung der Finanzbehörde in sonstigen Fällen 908

4. Unterabschnitt. Kosten des Verfahrens
§ 408 Kosten des Verfahrens 912

Vierter Abschnitt. Bußgeldverfahren
§ 409 Zuständige Verwaltungsbehörde 918
§ 410 Ergänzende Vorschriften für das Bußgeldverfahren 920
§ 411 Bußgeldverfahren gegen Rechtsanwälte, Steuerberater, Steuerbevollmächtigte, Wirtschaftsprüfer oder vereidigte Buchprüfer . 928
§ 412 Zustellung, Vollstreckung, Kosten 932

§ 32 ZollVG Nichtverfolgung von Zollstraftaten und Zollordnungswidrigkeiten; Erhebung eines Zuschlags 937

Anhang

Anweisungen für das Straf- und Bußgeldverfahren (Steuer) 955
Verzeichnis der innerhalb der Erläuterungen abgedruckten Vorschriften 1011
Sachverzeichnis 1013

Abkürzungs- und Literaturverzeichnis

Die Gesetze werden in der Fassung zitiert, in der sie am 1. 1. 1996 bekanntgemacht waren, einschließlich ihrer letzten Änderung.

aaO	am angegebenen Ort
AbfG	Abfallgesetz v. 27. 8. 1986, (BGBl. I 1410, 1501), zuletzt geänd. am 30. 9. 1994 (BGBl. I 2771)
AbfRestÜberwV	Verordnung über das Einsammeln und Befördern sowie über die Überwachung von Abfällen und Reststoffen v. 3. 4. 1990 (BGBl. I 648), zuletzt geänd. am 30. 9. 1994 (BGBl I 2771)
Abg.	Abgeordneter
Abk.	Abkommen
ABl.	Amtsblatt
abl.	ablehnend
ABl. EG	Amtsblatt der Europäischen Gemeinschaften
Abramowski 1991	Abramowski, Die strafbefreiende Selbstanzeige – eine verfassungswidrige Privilegierung?, 1991
Abs.	Absatz
AbschG	Abschöpfungserhebungsgesetz v. 25. 7. 1962 (BGBl. I 453), zuletzt geänd. am 12. 9. 1980 (BGBl. I 1695)
Abschn.	Abschnitt
abw.	abweichend
AbwAG	Abwasserabgabengesetz, neu bekanntgemacht am 3. 11. 1994 (BGBl. I 3370)
aE	am Ende
aF	alter Fassung
AfA	Absetzung(en) für Abnutzung
AFG	Arbeitsförderungsgesetz v. 25. 6. 1969 (BGBl. I 582), zuletzt geänd. am 15. 12. 1995 (BGBl. I 2120)
AFWoG	Gesetz über den Abbau der Fehlsubventionierung im Wohnungswesen v. 19. 8. 1994 (BGBl. I 2120
AG	Aktiengesellschaft; Amtsgericht
AG AbwG	in Niedersachsen: Ausführungsgesetz zum Abwasserabgabengesetz v. 24. 3. 1989 (GVBl. 69)
AGGrenzg NL	Ausführungsgesetz Grenzgänger Niederlande v. 24. 2. 1986 (BGBl. I 321), zuletzt geänd. am 25. 2. 1992 (BGBl. I 297)
ähnl.	ähnlich
AHStatDV	Verordnung zur Durchführung des Gesetzes über die Statistik des grenzüberschreitenden Warenverkehrs v. 8. 2. 1989(BGBl. I 203), zuletzt geänd. am 18. 12. 1992 (BGBl. I 2338)
AK-StGB	Alternativkommentar zum Strafgesetzbuch, 1986ff.
AktG	Aktiengesetz v. 6. 9. 1965 (BGBl. I 1089), zuletzt geänd. am 28. 10. 1994 (BGBl. I 3210)
Aktuelle Fragen	Aktuelle Fragen des materiellen Steuerstrafrechts, 13 Vorträge, herausgegeben vom Bundesminister der Finanzen, Carl Heymann-Verlag 1959

Abkürzungen

AlkVfrG	Gesetz über die Verfrachtung alkoholischer Waren v. 2. 1. 1975 (BGBl. I 289)
allgM	allgemeine Meinung
AltölG	Altölgesetz v. 11. 12. 1979 (BGBl. I 2113)
aM	anderer Meinung
AMG	Arzneimittelgesetz v. 19. 10. 1994 (BGBl. I 3018)
ÄndG	Änderungsgesetz
Anh	Anhang
Anm	Anmerkung
AntBewV	Anteilsbewertungsverordnung v. 19. 1. 1977 (BGBl. I 171), zuletzt geänd. am 21. 12. 1993 (BGBl. I 2310)
AnVNG	Angestelltenversicherungs-Neuregelungsgesetz v. 23. 2. 1957 (BGBl. I 88), zuletzt geänd. am 25. 7. 1991 (BGBl. I 1606)
AnwBl	Anwaltsblatt
AO	Abgabenordnung 1977 v. 16. 3. 1976 (BGBl. I 613), zuletzt geänd. am 18. 12. 1995 (BGBl. I 1959)
AO-Handbuch	Handbuch des steuerlichen Verwaltungs- und Verfahrensrechts, 1996
AOAnpG	Landesgesetz(e) zur Anpassung von Gesetzen an die Abgabenordnung
AOAnwG	Landesgesetz(e) zur Anwendung der Abgabenordnung
AöR	Zeitschrift „Archiv für öffentliches Recht"
AOStrafÄndG	Gesetz zur Änderung strafrechtlicher Vorschriften der Reichsabgabenordnung und anderer Gesetze v. 10. 8. 1967 (BGBl. I 877)
AOStrafÄndG 2	Zweites Gesetz zur Änderung strafrechtlicher Vorschriften der Reichsabgabenordnung und anderer Gesetze v. 12. 8. 1968 (BGBl. I 953)
ArbG	Arbeitgeber
ArbN	Arbeitnehmer
ArbSichG	Arbeitssicherstellungsgesetz v. 9. 7. 1968 (BGBl. I 787), zuletzt geänd. am 15. 12. 1995 (BGBl. I 1726)
arg	dies folgt aus
ARSt	Aufsichtsratsteuer
Art	Artikel
ArVNG	Arbeiterrentenversicherungs-Neuregelungsgesetz v. 23. 2. 1957 (BGBl. I 45), zuletzt geänd. am 25. 7. 1991 (BGBl. I 1606)
ASB	Anweisungen für das Straf- und Bußgeldverfahren (Steuer)
AStG	Gesetz über die Besteuerung bei Auslandsbeziehungen v. 8. 9. 1972 (BGBl. I 1713), zuletzt geänd. am 28. 10. 1994 (BGBl. I 3267)
AtomG	Atomgesetz v. 15. 7. 1985 (BGBl. I 1565), zuletzt geänd. am 19.. 7. 1994 (BGBl. I 1618)
AufenthaltG/EWG	Gesetz über Einreise und Aufenthalt von Staatsangehörigen der Mitgliedstaaten der Europäischen Wirtschaftsgemeinschaft v. 31. 1. 1980 (BGBl. I 116), zuletzt geänd. am 27. 4. 1993 (BGBl. I 512)
aufgeh	aufgehoben
Aufl	Auflage
AÜG	Arbeitnehmerüberlassungsgesetz v. 3. 2. 1995 (BGBl. I 1393), zuletzt geänd. am 20. 7. 1995 (BGBl. I 946)..

Literaturverzeichnis

Abkürzungen

ausf.	ausführlich
AusfV	Ausfuhrverordnung
AuslG	Ausländergesetz v. 9. 7. 1990 (BGBl. I 1354), zuletzt geänd. am 28. 10. 1994 (BGBl. I 3186)
ausschl.	ausschließlich
AuswSG	Auswandererschutzgesetz v. 26. 3. 1975 (BGBl. I 774), zuletzt geänd. am 26. 2. 1993 (BGBl. I 278)
AVG	Angestelltenversicherungsgesetz v. 28. 5. 1924 (RGBl. I 563), zuletzt geänd. am 25. 7. 1991 (BGBl. I 1606)
AWD	Außenwirtschaftsdienst der Zeitschrift „Betriebs-Berater", ab 1975 Zeitschrift „Recht der internationalen Wirtschaft"
AWG	Außenwirtschaftsgesetz v. 28. 4. 1961 (BGBl. I 481), zuletzt geänd. am 19. 12. 1995 (BAnz 245, 12981)
AWRundsch	Zeitschrift „Deutsche Außenwirtschafts-Rundschau"
AWV	Außenwirtschaftsverordnung v. 22. 11. 1993 (BGBl. I 1934, 2493), zuletzt geänd. am 12. 12. 1995 (BAnz 254, 12797)
Bachmann 1993	Bachmann, Vorsatz und Rechtsirrtum im allgemeinen Strafrecht und im Steuerstrafrecht, Diss. Kiel 1993.
Bäckermann	Bäckermann/van Helden, Steuerstraftaten und Steuerordnungswidrigkeiten mit Verfahrensrecht, Grundriß, 1979
Bad	Badisch
BadWürtt	Baden-Württembergisch
BAF	Bundesamt für Finanzen
BAföG	Bundesausbildungsförderungsgesetz v. 6. 6. 1983 (BGBl. I 645), zuletzt geänd. am 11. 10. 1995 (BGBl. I 1250)
BAGE 9, 243	Entscheidung des Bundesarbeitsgerichts Band 9, Seite 243
Bail/Schädel/Hutter	Bail/Schädel/Hutter/Christiansen, Kommentar zum Zollrecht der Bundesrepublik Deutschland und der Europäischen Gemeinschaften, Einfuhrumsatzsteuerrecht, Marktordnungsrecht (Losebl.), Stand: Juni 1993
BALM	Bundesanstalt für landwirtschaftliche Marktordnung
BAnz	Bundesanzeiger
BApO	Bundes-Apothekerordnung v. 19. 7. 1989 (BGBl. I 1478), zuletzt geänd. am 27. 9. 1993 (BGBl. I 1666), neu bekanntgemacht am 16. 12. 1993 (BGBl. I 2436)
Barske/Gapp	Barske/Gapp, Steuerstrafrecht und Steuerstrafverfahrensrecht, 3. Aufl. 1959
BÄrzteO	Bundesärzteordnung v. 16. 4. 1987 (BGBl. I 1218), zuletzt geänd. am 27. 9. 1993 (BGBl. I 1666), neu bekanntgemacht am 16. 12. 1993 (BGBl. I 2436)
BAT	Bundesangestelltentarif
Baumann-Festschr.	Festschrift für Jürgen Baumann zum 70. Geburtstag, 1992
Baumann/Weber/Mitsch	Baumann/Weber/Mitsch, Strafrecht, Allgemeiner Teil, 10. Aufl. 1995
Bay	Bayerisch
BayAbwAG	Bayerisches Gesetz zur Ausführung des Abwasserabgabengesetzes
BayBS	Bereinigte Sammlung des bayerischen Landesrechts
BayObLG	Bayerisches Oberstes Landesgericht

XIII

Abkürzungen

BayObLG 1975, 15	Entscheidung des Bayerischen Obersten Landesgerichts in Strafsachen, 1975, Seite 15
BayVBl.	Bayerische Verwaltungsblätter
BB	Zeitschrift „Betriebs-Berater"
BBG	Bundesbeamtengesetz v. 27. 2. 1985 (BGBl. I 479), zuletzt geänd. am 14. 9. 1994 (BGBl. I 2325)
BBiG	Berufsbildungsgesetz v. 14. 8. 1969 (BGBl. I 1112), zuletzt geänd. am 20. 7. 1995 (BGBl. I 946)
Bd.	Band
BdF	Bundesminister der Finanzen
BdF v. 31. 5. 1982	Erlaß des Bundesministers der Finanzen v. 31. 5. 1982
BDH	Bundesdisziplinarhof
BDO	Bundesdisziplinarordnung v. 20. 7. 1967 (BGBl. I 750), zuletzt geänd. am 27. 12. 1993 (BGBl. I 2378)
BeamtVG	Beamtenversorgungsgesetz v. 24. 10. 1990 (BGBl. I 2298), zuletzt geänd. am 18. 12. 1995 (BGBl. I 1942)
Begr.	amtliche Begründung
Beil.	Beilage
Bek.	Bekanntmachung
Bender	Bender, Das Zoll- und Verbrauchsteuerstrafrecht mit Verfahrensrecht (Losebl.), Stand: Juni 1996
ber.	berichtigt
BergPDV	Verordnung zur Durchführung des Gesetzes über Bergmanns-prämien v. 20. 12. 1977 (BGBl. I 3135)
BergPG	Gesetz über Bergmannsprämien v. 12. 5. 1969 (BGBl. I 434), zuletzt geänd. am 7. 5. 1980 (BGBl. I 532)
Berl.	Berliner
BerlinFG	Berlinförderungsgesetz v. 2. 2. 1990 (BGBl. I 173), zuletzt geänd. am 21.12. 1993 (BGBl. I 2310)
Berthold 1993	Berthold, Der Zwang zur Selbstbezichtigung aus § 370 Abs. 1 AO und der Grundsatz des nemo tenetur, 1993;
BeschäftFG	Beschäftigungsförderungsgesetz v. 26. 4. 1985 (BGBl. I 710), zuletzt geänd. am 26. 7. 1994 (BGBl. I 1786)
Beschl.	Beschluß
betr.	betreffend
BetrVG	Betriebsverfassungsgesetz v. 23. 12. 1988 (BGBl. I 1989, 1; 902), zuletzt geänd. am 28. 10. 1994 (BGBl. I 3210)
BewachV	Verordnung über das Bewachungsgewerbe v. 7. 12. 1995 (BGBl. I 1602)
BewDV	Durchführungsverordnung zum Bewertungsgesetz v. 2. 2. 1935 (RGBl. I. 81), zuletzt geänd. am 25. 2. 1992 (BGBl. I 297)
BewG	Bewertungsgesetz v. 1. 2. 1991 (BGBl. I. 230), zuletzt geänd. am 15. 12. 1995 (BGBl. I 1783)
Bf.	Beschwerdeführer(in)
BFH	Bundesfinanzhof
BFH/NV	Sammlung amtlich nicht veröffentlichter Entscheidungen des Bundesfinanzhofs
BFHGrS	Bundesfinanzhof, Großer Senat
BFM-Bearbeiter	Blumers/Frick/Müller, Betriebsprüfungshandbuch, Losebl., Stand: Januar 1996

Literaturverzeichnis **Abkürzungen**

BGB	Bürgerliches Gesetzbuch
BGBl. I, II	Bundesgesetzblatt Teil I, II
BGH	Bundesgerichtshof
BGH 5, 27	Entscheidungen des Bundesgerichtshofs in Strafsachen, Band 5, Seite 27
BGHGrS	Bundesgerichtshof, Großer Senat in Strafsachen
BGHZ 11, 181	Entscheidungen des Bundesgerichtshofs in Zivilsachen, Band 11, Seite 181
BGS	Bundesgrenzschutz
BGSG	Gesetz über den Bundesgrenzschutz v. 18. 8. 1972 (BGBl. I 1834), zuletzt geänd. am 19. 10. 1994 (BGBl. I 2978)
BGSZollV	Verordnung über die Übertragung von Grenzschutzaufgaben auf die Zollverwaltung v. 25. 3. 1975 (BGBl. I 1068), zuletzt geänd. am 19. 10. 1994 (BGBl. I 2978»
BHO	Bundeshaushaltsordnung v. 19. 8. 1969 (BGBl. I 1284), zuletzt geänd. am 15. 12. 1995 (BGBl. I 1824)
BierSt	Biersteuer
BierStG	Biersteuergesetz v. 15. 4. 1986 (BGBl. I 527)
BierStG 1993	Biersteuergesetz v. 21. 12. 1992 (BGBl. I 2150)
Bilsdorfer	Bilsdorfer in: Suhr/Naumann/Bilsdorfer, Steuerstrafrecht-Kommentar, 4. Aufl. 1986
BImSchG	Bundes-Immissionsschutzgesetz v. 14. 5. 1990 (BGBl. I 880), zuletzt geänd. am 19. 7. 1995 (BGBl. I 930)
BImSchV 8	Achte Verordnung zur Durchführung des Bundes-Immissionsschutzgesetzes v. 13. 7. 1992 (BGBl. I 1248)
Birk	Birk, Allgemeines Steuerrecht I, 2. Aufl. 1993
BJagdG	Bundesjagdgesetz v. 29. 9. 1976 (BGBl. I 2849), zuletzt geänd. am 31. 8. 1990 (BGBl. I 889, 1017)
BKA	Bundeskriminalamt
BKGG	Bundeskindergeldgesetz v. 11. 10 1995 (BGBl. I 1250), geänd. am 18. 12. 1995 (BGBl. I 1959)
Blau-Festschr.	Festschrift für Günter Blau zum 70. Geburtstag, 1988
Blei	Strafrecht, Band I: Allgemeiner Teil, 18. Aufl. 1983; Band II: Besonderer Teil, 12. Aufl. 1983
BLG	Bundesleistungsgesetz v. 27. 9. 1961 (BGBl. I 1769), aufgehoben am 18. 2. 1986 (BGBl. I 265)
BliwaG	Blindenwarenvertriebsgesetz v. 9. 4. 1965 (BGBl. I 311), zuletzt geänd. am 23. 11. 1994 (BGBl. I 3475)
BlStA	Blätter für Steuerrecht, Sozialversicherung und Arbeitsrecht
Blumers/Göggerle	Blumers/Göggerle, Handbuch des Verteidigers und Beraters im Steuerstrafverfahren, 2. Aufl. 1989
Blümich	Blümich, Einkommensteuergesetz, Kommentar (Losebl.), 15. Aufl., Stand: Mai 1996
BMF	Bundesminister(ium) der Finanzen
BMI	Bundesminister(ium) des Innern
BMJ	Bundesminister(ium) der Justiz
BML	Bundesminister(ium) für Ernährung, Landwirtschaft und Forsten
BmTierSSchV	Binnenmarkt-Tierseuchenschutzverordnung v. 8. 2. 1994 (BGBl. I 199), zuletzt geänd. am 23. 12. 1994 (BGBl. I 3943)
BMWi	Bundesminister(ium) für Wirtschaft

Abkürzungen

BNatSchG	Bundesnaturschutzgesetz v. 12. 3. 1987 (BGBl. I 889), zuletzt geänd. am 6. 8. 1993 (BGBl. I 1458)
BNotO	Bundesnotarordnung v. 24. 2. 1961 (BGBl. I 97), zuletzt geänd. am 5. 10. 1994 (BGBl. I 2911)
BNV	Bundesnebentätigkeitsverordnung v. 12. 11. 1987 (BGBl. I 2376)
BO	Brennereiordnung v. 16. 3. 1935 (RMBl. 117), zuletzt geänd. am 24. 4. 1986 (BGBl. I 560)
Bockelmann-Festschr.	Festschrift für Paul Bockelmann zum 70. Geburtstag, 1979
Bockelmann/Volk	Bockelmann/Volk, Strafrecht Allgemeiner Teil 4. Aufl 1987
BodSchätzG	Gesetz über die Schätzung des Kulturbodens v. 16. 10. 1934 (RGBl. I 1050), zuletzt geänd. am 11. 10. 1995 (BGBl. I 1250)
BörsG	Börsengesetz v. 27. 5. 1908 (RGBl. 215), zuletzt geänd. am 27. 7. 1994 (BGBl. I 1749)
BörsUSt	Börsenumsatzsteuer
BPersVG	Bundespersonalvertretungsgesetz v. 15. 3. 1974 (BGBl. I 693), zuletzt geänd. am 19. 10 1994 (BGBl. I 2978)
BpO (St)	Allgemeine Verwaltungsvorschrift für die Betriebsprüfung – Betriebsprüfungsordnung (Steuer) – v. 17. 12. 1987 (BStBl. I 802)
BPolBG	Bundespolizeibeamtengesetz v. 3. 6. 1976 (BGBl. I 1357), zuletzt geänd. am 20. 12. 1988 (BGBl. I 2363)
BPräs	Bundespräsident
BR	Bundesrat
BR-Drucks. 420/66	Drucksache des Bundesrates Nr. 420 aus 1966
BrAbwAG	Bremisches Abwasserabgabengesetz v. 1. 5. 1989 (GBl. 267)
BRAGO	Bundesgebührenordnung für Rechtsanwälte v. 26. 7. 1957 (BGBl. I 907), zuletzt geänd. am 28. 10 1994 (BGBl. I 3210)
BranntwMonAB	Ausführungsbestimmungen zum Gesetz über das Branntweinmonopol v. 12. 9. 1922 (ZBl. 707), zuletzt geänd. am 5. 10. 1994 (BGBl. I 2911)
BranntwMonG	Gesetz über das Branntweinmonopol v. 8. 4. 1922 (RGBl. I 335, 405), zuletzt geänd. am 5. 10. 1994 (BGBl. I 2911)
BrannwSt	Branntweinsteuer
BrStV	Branntweinsteuerverordnung v. 21. 1. 1994 (BGBl. I 104)
BRAO	Bundesrechtsanwaltsordnung v. 1. 8. 1959 (BGBl. I 565), zuletzt geänd. am 5. 10. 1994 (BGBl. I 2911)
BRD	Bundesrepublik Deutschland
BReg	Bundesregierung
Brem.	Bremisch
BremAbgabenG	Bremisches Abgabengesetz v. 15. 5. 1962 (GBl. 139)
Breyer 1996	Breyer, Der Inhalt der strafbefreienden Selbstanzeige, Diss. Greifswald 1996
BRK-Koch	Koch in: Becker/Riewald/Koch, Kommentar zur Reichsabgabenordnung, 9. Aufl., 4 Bände, 1963/68
BRRG	Beamtenrechtsrahmengesetz v. 27. 2. 1985 (BGBl. I 462), zuletzt geänd. am 24. 7. 1995 (BGBl. I 962)
BSeuchG	Bundes-Seuchengesetz v. 18. 12. 1979 (BGBl. I 2262), zuletzt geänd. am 15. 12. 1995 (BGBl. I 1809)

Literaturverzeichnis # Abkürzungen

BSHG	Bundessozialhilfegesetz v. 10. 1. 1991 (BGBl. I 94, 808), zuletzt geänd. am 21. 8. 1995 (BGBl. I 1050)
BStBl.	Bundessteuerblatt Teil III, ab 1. 1. 1968 Teil II, Entscheidungen des Bundesfinanzhofs
BStBl. I	Bundessteuerblatt Teil I, Veröffentlichungen des Bundesministers der Finanzen und der obersten Finanzbehörden der Länder
BT	Bundestag
BT-Drucks. III/189..	Drucksache des Bundestages – 3. Wahlperiode – Nr. 189
BTÄO	Bundes-Tierärzteordnung v. 20. 11. 1981 (BGBl. I 1193), zuletzt geänd. am 27. 9. 1993 (BGBl. I 1666), neu bekanntgemacht am 16. 12. 1993 (BGBl. I 2436)
BtMAHV	Betäubungsmittel-Außenhandelsverordnung v. 16. 12. 1981 (BGBl. I 1420), zuletzt geänd. am 24. 6. 1994 (BGBl. I 1416)
BtMG	Betäubungsmittelgesetz v. 1. 3. 1994 (BGBl. I 358, zuletzt geänd. am 28. 10. 1994 (BGBl. I 3186)
BtMGaF	Betäubungsmittelgesetz v. 10. 1. 1972 (BGBl. I 1)
BtMVV	Betäubungsmittel -Verschreibungsverordnung v. 16. 9. 1993 (BGBl. I 1637), zuletzt geänd. am 24. 6. 1994 (BGBl. I 1416)
Buchholz 1990	Buchholz, Der Betroffene im parlamentarischen Untersuchungsausschuß, 1990
Bühler-Festschr.	Probleme des Finanz- und Steuerrechts, Festschrift für Ottmar Bühler, 1954
BVerfG	Bundesverfassungsgericht
BVerfGE 22, 49	Entscheidungen des Bundesverfassungsgerichts, Band 22, Seite 49
BVerfGG	Gesetz über das Bundesverfassungsgericht v. 11. 8. 1993 (BGBl. I 1473)
BVerwG	Bundesverwaltungsgericht
BVerwGE 9, 22	Entscheidungen des Bundesverwaltungsgerichts, Band 9, Seite 22
BVFG	Bundesvertriebenengesetz v. 3. 2191971 (BGBl. I 1566, ber. 1807), zuletzt geänd. am 31. 8. 1990 (BGBl. II 889, 928)
BVG	Bundesversorgungsgesetz v. 22. 1. 1982 (BGBl. I 21), zuletzt geänd. am 23. 6. 1993 (BGBl. I 944)
BWahlG	Bundeswahlgesetz v. 23. 7. 1993 (BGBl. I 1288), zuletzt geänd. am 10. 5. 1994 (BGBl. I 993)
BZBl.	Bundeszollblatt
BzBlG	Benzinbleigesetz v. 5. 8. 1971 (BGBl. I 1234), zuletzt geänd. am 24. 6. 1994 (BGBl. I 1416)
BZRG	Bundeszentralregistergesetz v. 21. 9. 1984 (BGBl. I 1229), zuletzt geänd. am 16. 6. 1995 (BGBl. I 818)
ChemG	Chemikaliengesetz v. 14. 3. 1990 (BGBl. I 521), zuletzt geänd. am 27..9. 1994 (BGBl. I 2705)
Dannecker 1984	Dannecker, Steuerhinterziehung im internationalen Wirtschaftsverkehr, 1984;
DB	Zeitschrift „Der Betrieb"
DBA	Doppelbesteuerungsabkommen
DDR	Deutsche Demokratische Republik

Abkürzungen

DDT-G	Gesetz über den Verkehr mit DDT v. 7. 8. 1972 (BGBl. I 1385), zuletzt geänd. am 25. 7. 1994 (BGBl. I 1689)
ddz	Zeitschrift „Der deutsche Zollbeamte"
Dencker 1977	Dencker, Verwertungsverbote im Strafprozeß, 1977
DepotG	Gesetz über die Verwahrung und Anschaffung von Wertpapieren v. 17. 7. 1985 (BGBl. I 1507)
DGStZ	Deutsche Gemeindesteuer-Zeitung (ab 1980: Zeitschrift für Kommunalfinanzen)
dh	das heißt
Diss	Dissertation
DJ	Zeitschrift „Deutsche Justiz"
DJZ	Deutsche Juristen-Zeitung
DNotZ	Deutsche Notar-Zeitschrift
DOG	Deutsches Obergericht für das Vereinigte Wirtschaftsgebiet der amerikanischen und britischen Besatzungszone
Dorsch	Dorsch, Kommentar zum Zollrecht, Loseblatt, Stand: April 1996
DÖV	Zeitschrift „Die Öffentliche Verwaltung"
DR	Zeitschrift „Deutsches Recht"
Dreher-Festschr.	Festschrift für Eduard Dreher zum 70. Geburtstag, 1977
Dreher/Tröndle	Dreher/Tröndle, Strafgesetzbuch mit Nebengesetzen und Verordnungen, 47. Aufl. 1995
Dreßler	Dreßler, Gewinn- und Vermögensverlagerungen in Niedrigsteuerländer und ihre steuerliche Überprüfung, 2. Aufl. 1995.
DRiG	Deutsches Richtergesetz v. 19. 4. 1972 (BGBl. I 713), zuletzt geänd. am 2. 9. 1994 (BGBl. I 2278)
DRiZ	Deutsche Richterzeitung
DStJG 2,6	Veröffentlichungen der Deutschen Steuerjuristischen Gesellschaft e. V. Band 2, Seite 6
DStR	bis 1961: „Deutsche Steuer-Rundschau" ab 1962: „Deutsches Steuerrecht"
DStZ	Deutsche Steuer-Zeitung, Ausgabe A
DStZ/B	Deutsche Steuer-Zeitung, Ausgabe B, Eildienst
Dünnebier-Festschr.	Festschrift für Hanns Dünnebier zum 75. Geburtstag, 1982
DV	Durchführungsverordnung
DVBl	Deutsches Verwaltungsblatt
DVBliwaG	Verordnung zur Durchführung des Blindenwarenvertriebsgesetzes v. 11. 8. 1965 (BGBl. I 807), zuletzt geänd. am 10. 7. 1991 (BGBl. I 1491)
DVR	Deutsche Verkehrsteuer-Rundschau
E 1936	Entwurf eines Strafgesetzbuches 1936
E 1960	Entwurf eines Strafgesetzbuches 1960 (BT-Drucks. III/2150)
E 1962	Entwurf eines Strafgesetzbuches 1962 (BT-Drucks. IV/650, V/32)
EAG	Europäische Atomgemeinschaft
EAO 1974	Entwurf einer Abgabenordnung (AO 1974), BT-Drucks. VI/1982
EBO	Eisenbahn-Bau- und Betriebsordnung v. 8. 5. 1967 (BGBl. II 1563), zuletzt geänd. am 27. 12. 1993 (BGBl. I 2378)

Literaturverzeichnis **Abkürzungen**

EbSchmidt I, II, III . .	Eberhard Schmidt, Lehrkommentar zur Strafprozeßordnung und zum Gerichtsverfassungsgesetz Teil I, 2. Aufl. 1964, Teil II 1957, Teil III 1960, Nachtrag Bd I 1967, Bd II 1970
EbSchmidt-Festschr.	Festschrift für Eberhard Schmidt zum 70. Geburtstag, 1961
EF-VO	Einreise-Freimengen-Verordnung v. 3. 12. 1974 (BGBl. 3377), zuletzt geänd. am 22. 12. 1994 (BGBl. I 3978)
EFG	Entscheidungen der Finanzgerichte
EG	Einführungsgesetz; Europäische Gemeinschaft
EG-EStRG	Einführungsgesetz zum Einkommensteuerreformgesetz v. 21. 12. 1974 (BGBl. I 3656, ber. 1975 I 1778), zuletzt geänd. am 26. 2. 1993 (BGBl. I 278)
EGAO	Einführungsgesetz zur Abgabenordnung v. 14. 12. 1976 (BGBl. I 3341), zuletzt geänd. am 19. 12. 1995 (BGBl. I 1959)
EGGVG	Einführungsgesetz zum Gerichtsverfassungsgesetz v. 27. 1. 1877 (RGBl. 77), zuletzt geänd. am 24. 6. 1994 (BGBl. I 1374)
EGKS	Europäische Gemeinschaft für Kohle und Stahl
EGKStRG	Einführungsgesetz zum Körperschaftssteuerreformgesetz v. 6. 9. 1976 (BGBl. I 2641), zuletzt geänd. am 25. 2. 1992 (BGBl. I 297)
EGOWiG	Einführungsgesetz zum Gesetz über Ordnungswidrigkeiten v. 24. 5. 1968 (BGBl. I 503), zuletzt geänd. am 2. 3. 1974 (BGBl. I 469)
EGRealSt	Einführungsgesetz zu den Realsteuergesetzen v. 1. 12. 1936 (RGBl. I 961)
EGStGB	Einführungsgesetz zum Strafgesetzbuch v. 2. 3. 1974 (BGBl. I 469), zuletzt geänd. am 16,. 6. 1995 (BGBl. I 818)
EGStPO	Einführungsgesetz zur Strafprozeßordnung v. 1. 2. 1877 (RGBl. 346), zuletzt geänd. am 14. 12. 1976 (BGBl. I 3341)
Ehlers	Ehlers in: Ehlers/Lohmeyer, Steuerstraf- und Steuerordnungswidrigkeitenrecht, 5. Aufl. 1982
EichG	Gesetz über das Meß- und Eichwesen v. 23. 3. 1992 (BGBl. I 711), zuletzt geänd. am 21. 12. 1992 (BGBl. I 2133)
EichO	Eichordnung v. 12. 8. 1988 (BGBl. I 1657), zuletzt geänd. am 21. 6. 1994 (BGBl. I 1293)
EiervermarktungsNV	Verordnung über Vermarktungsnormen für Eier v. 20. 12. 1977 (BGBl. I 3138), neugefaßt am 18. 1. 1995 (BGBl. I 46)
einhM	einhellige Meinung
Einl 98	Einleitung Randnummer 98
einschl.	einschließlich
EnSichG	Energiesicherungsgesetz v. 20. 12. 1974 (BGBl. I 3681), zuletzt geänd. am 19. 12. 1979 (BGBl. I 2305)
EntwLStG	Entwicklungsländer-Steuergesetz idF v. 21. 5. 1979 (BGBl. I 564), zuletzt geänd. am 22. 12. 1981 (BGBl. I 1523)
Erbs-Kohlhaas	Erbs-Kohlhaas, Strafrechtliche Nebengesetze, Lösebl., 5. Aufl., Stand: April 1996
ErbSt	Erbschaftsteuer
ErbStDV	Erbschaftsteuer-Duchführungsverordnung v. 19. 1. 1962 (BGBl. I 22), zuletzt geänd. am 31. 8. 1990 (BGBl. II 889, 986)

XIX

Abkürzungen

ErbStG	Erbschaftsteuer- und Schenkungsteuergesetz v. 19. 2. 1991 (BGBl. I 468), zuletzt geänd. am 11. 10. 1995 (BGBl. I 1250)
ErdÖlBevG	Erdölbevorratungsgesetz v. 8. 12. 1987 (BGBl. I 2509)
ErgAbg	Ergänzungsabgabe zur Einkommen- und/oder Körperschaftsteuer
Erl.	Erlaß
ESichG	Ernährungssicherstellungsgesetz v. 27. 8. 1990 (BGBl. I 1802), zuletzt geänd. am 26. 2. 1993 (BGBl. I 278)
ESt	Einkommensteuer
EStDV	Einkommensteuer-Durchführungsverordnung, zuletzt geänd. am 19. 12. 1995 (BGBl. I 1959)
EStG	Einkommensteuergesetz v. 7. 9. 1990 (BGBl. I 1898), zuletzt geänd. am 18.12. 1995 (BGBl. I 1959)
EStR	Einkommensteuer-Richtlinien v. 18. 5. 1994 (BStBl. I Sonder-Nr. 1/1994)
EuGH	Gerichtshof der Europäischen Gemeinschaften
EUSt	Einfuhrumsatzsteuer
EUStBV	Einfuhrumsatzsteuer-Befreiungsordnung v. 9. 2. 1994 (BGBl. I 302, 523)
ev.	evangelisch
EW	Einheitswert
EWG	Europäische Wirtschaftsgemeinschaft
Externe RechVUVO	Verordnung über die Rechnungslegung von Versicherungsunternehmen v. 11. 7. 1973 (BGBl. I 1209), zuletzt geänd. am 23. 12. 1986 (BGBl. 1987 I 2)

F.	Fach (in der Zeitschrift „Neue Wirtschafts-Briefe"); Fachteil (in der Zeitschrift „Der deutsche Zollbeamte")
FA	Finanzamt
FAG	Gesetz über Fernmeldeanlagen v. 3. 7. 1989 (BGBl. I 1455)
FahrlG	Fahrlehrergesetz v. 25. 8. 1969 (BGBl. I 1336), zuletzt geänd. am 5. 10. 1994 (BGBl. I 2911)
FamRZ	Zeitschrift für das gesamte Familienrecht
FertigpackV	Verordnung über Fertigpackungen v. 18. 12. 1981 (BGBl. I 1585), zuletzt geänd. am 8. 3. 1994 (BGBl. I 451, 1307)
FestG	Feststellungsgesetz v. 1. 10. 1969 (BGBl. I 1885), zuletzt geänd. am 24. 7. 1992 (BGBl. I 1389)
Festg.	Festgabe
Festschr.	Festschrift
Fett-MeldeV	Fett-Meldeverordnung v. 18. 10. 1983 (BGBl. I 1293), zuletzt geänd. am 23. 3. 1991 (BGBl. I 794)
FeuerschSt	Feuerschutzsteuer
FeuerschStG	Feuerschutzsteuergesetz v. 21. 12. 1979 (BGBl. I 2353), zuletzt geänd. am 21.12. 1993 (BGBl. I 2310)
FFG	Filmförderungsgesetz v. 25. 1. 1993 (BGBl. I 66)
FG	Finanzgericht
FGO	Finanzgerichtsordnung v. 6. 10. 1965 (BGBl. I 1477), zuletzt geänd. am 5. 10. 1994 (BGBl. I 2911)
FinB	Finanzbehörde
FinMin	Finanzministerium

Literaturverzeichnis **Abkürzungen**

FinN	Finanznachrichten des Bundesministeriums der Finanzen
Fissenewert 1993	Fissenewert, Der Irrtum bei der Steuerhinterziehung, 1993;
FleischBG	Fleischbeschaugesetz v. 24. 2. 1987 BGBl. I 649), zuletzt geänd. am 18. 12. 1992 (BGBl. I 2022), jetzt FlHG
FlHG	Fleischhygienegesetz v. 8. 7. 1993 (BGBl. I 1189), zuletzt geänd. am 19. 1. 1996 (BGBl. I 99)
FluglärmG	Gesetz zum Schutz gegen Fluglärm v. 30. 3. 1971 (BGBl. I 282), zuletzt geänd. am 25. 9. 1990 (BGBl. I 2106)
FR	Zeitschrift „Finanz-Rundschau"
Frank	Frank, Das Strafgesetzbuch für das Deutsche Reich, 18. Aufl. 1931
Frees 1991	Frees, Die steuerrechtliche Selbstanzeige, Frankfurt 1991
Fuchs	Fuchs, Handbuch des Steuerstrafrechts und des Steuerstrafverfahrensrechts, 1949
Fuhrhop 1979	Fuhrhop, Der Steuervorteilsbegriff i. S. des § 370 AO, Diss. Kiel 1979
Fußn	Fußnote
FuttmEinfV	Futtermittel-Einfuhrverordnung v. 19. 7. 1983 (BGBl. I 999), zuletzt geänd. am 17. 6. 1992 (BGBl. I 1067)
FuttmG	Futtermittelgesetz v. 2. 7. 1975 BGBl. I 1745), neugefaßt am 29. 11. 1995 (BGBl. I 990)
FuttmV	Futtermittelverordnung v. 11. 11. 1992 (BGBl. I 1898), zuletzt geänd. am 29. 11. 1994 (BGBl. I 3548)
FVG	Gesetz über die Finanzverwaltung v. 30. 8. 1971 (BGBl. I 1426), zuletzt geänd. am 18. 12. 1995 (BGBl. I 1959)
G + V-Rechnung	Gewinn- und Verlustrechnung
G, Ges.	Gesetz(e)
GA	Zeitschrift „Goltdammers Archiv für Strafrecht"
GA-Festschr.	Festschrift 140 Jahre Goltdammers Archiv für Strafrecht, 1993
Gallas-Festschr.	Festschrift für Wilhelm Gallas zum 70. Geburtstag, 1973
GastG	Gaststättengesetz v. 5. 5. 1970 (BGBl. I 465, ber. 1298), zuletzt geänd. am 23. 11. 1994 (BGBl. I 3475)
GBl.	Gesetzblatt
GbR	Gesellschaft bürgerlichen Rechts
geänd.	geändert
GenG	Gesetz betreffend die Erwerbs- und Wirtschaftsgenossenschaften v. 20. 5. 1898 (RGBl. 810), zuletzt geänd. am 28. 10. 1994 (BGBl. I 3210)
GenTAufzV	Verordnung über Aufzeichnungen bei gentechnischen Arbeiten zu Forschungszwecken oder zu gewerblichen Zwecken v. 24. 10. 1990 (BGBl. I 2338)
GenTG	Gesetz zur Regelung der Gentechnik v. 16. 12. 1993 (BGBl. I 2066), zuletzt geänd. am 24. 6. 1994 (BGBl. I 1416)
GesSt	Gesellschaftsteuer
Getreide-MeldeV	Getreide-Meldeverordnung v. 26. 6. 1978 (BGBl. I 883), zuletzt geänd. am 22. 3. 1991 (BGBl. I 794)
GetreideG	Getreidegesetz v. 3. 8. 1977 (BGBl. I 1521), zuletzt geänd. am 26. 2. 1993 (BGBl. I 278)
GewArch	Zeitschrift „Gewerbearchiv"

Abkürzungen

GewO	Gewerbeordnung v. 1. 1. 1987 (BGBl. I 425), zuletzt geänd. am 23. 11. 1994 (BGBl. I 3475)
GewSt	Gewerbesteuer
GewStDV	Gewerbesteuer-Durchführungsverordnung v. 21. 3. 1991 (BGBl. I 814), zuletzt geänd. am 11. 10. 1995 (BGBl. I 1250)
GewStG	Gewerbesteuergesetz v. 21.3. 1991 BGBl. I 814), zuletzt geänd. am 18. 12. 1995 (BGBl. I 1959)
GewStR 1990	Gewerbesteuer-Richtlinien 1990 v. 21. 8. 1990 (BStBl. I Sonder-Nr. 2/1990, 23)
GFlAusnV	Geflügelfleischausnahmeverordnung v. 19. 7. 1976 (BGBl. I 1857)
GFlHG	Geflügelfleischhygienegesetz v. 15. 7. 1982 (BGBl. I 993), zuletzt geänd. am 27. 4. 1993 (BGBl. I 512)
GG	Grundgesetz für die Bundesrepublik Deutschland v. 23. 5. 1949 (BGBl. 1), zuletzt geänd. am 3. 11. 1995 (BGBl. I 1492)
ggf.	gegebenenfalls
GKG	Gerichtskostengesetz v. 15. 12. 1975 (BGBl. I 3047), zuletzt geänd. am 28. 10. 1994 (BGBl. I 3210)
glA	gleicher Ansicht
GmbH	Gesellschaft mit beschränkter Haftung
GmbHG	Gesetz betreffend die Gesellschaften mit beschränkter Haftung v. 20. 5. 1898 (RGBl. 846), zuletzt geänd. am 28. 10. 1994 (BGBl. I 3210, ber. 1995 I 428)
GmbHR	Zeitschrift „GmbH-Rundschau"
GMBl.	Gemeinsames Ministerialblatt
Göggerle/Müller	Göggerle/Müller, Fallkommentar zum Steuerstraf- und Steuerordnungswidrigkeitenrecht, 2. Aufl., 1987
Göhler	Göhler, Ordnungswidrigkeitengesetz, Kurzkommentar, 11. Aufl. 1995
Gräber/Koch	Gräber/Koch, Kommentar zur Finanzgerichtsordnung, 3. Aufl. 1993
GrESt	Grunderwerbsteuer
GrEStG	Grunderwerbsteuergesetz v. 17. 12. 1982 (BGBl. I 1777), zuletzt geänd. am 15. 12. 1995 (BGBl. I 1783)
GrSt	Grundsteuer
GrStG	Grundsteuergesetz v. 7. 8. 1973 (BGBl. I 965), zuletzt geänd. am 14. 9. 1994 (BGBl. II 2325)
GrStR	Grundsteuer-Richtlinien v. 9. 12. 1978 (BStBl. I 553)
GrStRG	Gesetz zur Reform des Grundsteuerrechts v. 7. 8. 1973 (BGBl. I 965)
GS	Preußische Gesetzes-Sammlung; Zeitschrift „Der Gerichtssaal"
GüKG	Güterkraftverkehrsgesetz v. 10. 3. 1983 (BGBl. I 256), zuletzt geänd. am 23. 11. 1994 (BGBl. I 3491)
GüKTV	Verordnung über die Tarifüberwachung nach dem Güterkraftverkehrsgesetz v. 11. 12. 1984 (BGBl. I 1518), zuletzt geänd. am 22. 12. 1992 (BAnz. 9758)
GüKWV	Verordnung über Beförderungs- und Begleitpapiere, zusammenfassende Übersichten und die statistische Erfassung der Beförderungsleistungen im Güterverkehr v. 29. 9. 1953 (BGBl. I 1464), zuletzt geänd. am 13. 2. 1979 (BGBl. I 220)

Literaturverzeichnis **Abkürzungen**

GVBl.	Gesetz- und Verordnungsblatt
GVBl. NW	Gesetz- und Verordnungsblatt für das Land Nordrhein-Westfalen
GVG	Gerichtsverfassungsgesetz v. 9. 5. 1975 (BGBl. I 1077), zuletzt geänd. am 16. 6. 1995 (BGBl. I 818)
GVL	Gasöl-Verwendungsgesetz-Landwirtschaft v. 22. 12. 1967 (BGBl. I 1339), zuletzt geänd. am 23. 9. 1990 (BGBl. II 885, 972)
GWA	Gesetz zum Washingtoner Artenschutzübereinkommen v. 22. 5. 1975 (BGBl. II 773)
GWB	Gesetz gegen Wettbewerbsbeschränkungen v. 20. 2. 1990 (BGBl. I 235), zuletzt geänd. am 28. 10. 1994 (BGBl. I 3210)
GwG	Geringwertiges Wirtschaftsgut
GZT	Gemeinsamer Zolltarif der Europäischen Gemeinschaft gem. VO Nr. 2658/87 über die zolltarifliche und statistische Nomenklatur sowie den gemeinsamen Zolltarif v. 27. 7. 1987 (ABl. EG L 256/1), zuletzt geänd. durch VO Nr. 1969/93 v. 23. 7. 1993 (ABl. EG L 180/9)
Hagedorn	Hagedorn, Steuerhinterziehung und Finanzpolitik, 1991 (zugleich Diss. Hagen 1991)
Halbs.	Halbsatz
HandwO	Handwerksordnung v. 28. 12. 1965 (BGBl. 1966 I 1), zuletzt geänd. am 5. 10. 1994 (BGBl. I 2911)
Hardtke 1995	Hardtke, Steuerhinterziehung durch verdeckte Gewinnausschüttung, 1995 (zugl. Diss. Greifswald 1994)
Hartung	Fritz Hartung, Steuerstrafrecht, 3. Aufl. 1962
HdbdStStrR	Gast-de Haan, Handbuch des Steuerstrafrechts, 2. Aufl. 1995
HeimarbG	Heimarbeitsgesetz v. 14. 3. 1951 (BGBl. I 191), zuletzt geänd. am 11. 10. 1995 (BGBl. I 1250)
HeimG	Heimgesetz v. 23. 4. 1990 (BGBl. I 763), zuletzt geänd. am 21. 7. 1993 (BGBl. I 1257)
Heinitz-Festschr.	Festschrift für Ernst Heinitz zum 70. Geburtstag, 1972
HeizölkennzV	Heizölkennzeichnungsverordnung v. 27. 7. 1993 (BGBl. I 1384), zuletzt geänd. am 19. 9. 1995 (BGBl. I 1171)
Hellmann 1995	Hellmann, Das Neben-Strafverfahrensrecht der Abgabenordnung, 1995
Hess.	Hessisch
HESt	Höchstrichterliche Entscheidungen, Sammlung von Entscheidungen der Oberlandesgerichte und der obersten Gerichte in Strafsachen (1948/50)
HFR	Zeitschrift „Höchstrichterliche Finanzrechtsprechung"
HGA	Hypothekengewinnabgabe
HGB	Handelsgesetzbuch v. 10. 5. 1897 (RGBl. 219), zuletzt geänd. am 28. 10. 1994 (BGBl. I 3210)
HhBG	Haushaltsbegleitgesetz
HHR-Bearbeiter	Herrmann/Heuer/Raupach, Kommentar zur Einkommensteuer und Körperschaftsteuer (Losebl.), 20. Aufl., Stand: Juli 1996
HHSp-Hübner	Hübner in: Hübschmann/Hepp/Spitaler, Kommentar zur Abgabenordnung und Finanzgerichtsordnung (Losebl.), 10. Aufl., Stand: Mai 1996

Abkürzungen

Hieronimi	Hieronimi, Weingesetz, Kommentar, 2. Aufl. 1958
HKlG	Handelsklassengesetz v. 23. 11. 1972 (BGBl. I 2201), zuletzt geänd. am 26. 2. 1993 (BGBl. I 278)
hL	herrschende Lehre
hl	Hektoliter
hM	herrschende Meinung
Hmb	Hamburgisch
HmbAbwAG	Hamburgisches Gesetz zur Ausführung des Abwasserabgabengesetztes v. 21. 12. 1988 (GVBl. I 316)
Hoffschmidt 1988	Hoffschmidt, Über die Rechtfertigung der strafbefreienden Selbstanzeige im Steuerstrafrecht (§ 371 AO), Diss. Bielefeld 1988
Holper 1981	Holper, Die steuerrechtliche Selbstanzeige – ein Sonderfall des Rücktritts vom vollendeten Delikt, Diss Würzburg 1981
Honig-Festschr.	Festschrift für Richard M. Honig zum 80. Geburtstag, 1970
HRR	Höchstrichterliche Rechtsprechung, Beilage zur „Juristischen Rundschau" (bis 1942)
Hrsg.	Herausgeber
HStG	Hundesteuergesetz
HypBG	Hypothekenbankgesetz v. 19. 12. 1990 (BGBl. I 2898), zuletzt geänd. am 15. 12. 1995 (BGBl. I 1783)
HZA	Hauptzollamt
HZAZustV	Verordnung über die Übertragung von Zuständigkeiten auf Hauptzollämter für den Bereich mehrerer Hauptzollämter v. 7. 8. 1991 (BGBl. I 1776), geänd. am 23. 4. 1994 (BGBl. I 888)
idF	in der Fassung
idR	in der Regel
IHKG	Gesetz zur vorläufigen Regelung des Rechts der Industrie- und Handelskammern v. 18. 12. 1956 (BGBl. I 920), geänd. am 23. 11. 1994 (BGBl. I 2133)
II. WoBauG	Zweites Wohnungsbaugesetz v. 19. 8. 1994 (BGBl. I 2137), zuletzt geänd. am 18. 12. 1995 (BGBl. I 1959)
INF	Zeitschrift „Die Information über Steuer und Wirtschaft für Industrie, Handel, Handwerk und Gewerbe"
insbes.	insbesondere
Interne RechVUVO	Verordnung über die Rechnungslegung von Versicherungsunternehmen gegenüber dem Bundesaufsichtsamt für das Versicherungswesen v. 30. 7. 1987 (BGBl. I 530), zuletzt geänd. am 27. 2. 1991 (BGBl. I 505)
IntStR	Zeitschrift „Internationales Steuerrecht"
InvHAbg	Investitionshilfeabgabe
InvHG	Investitionshilfegesetz
InvZul	Investitionszulage
InvZulG 1991	Investitionszulagengesetz 1991 v. 24. 6. 1991 (BGBl. I 1333), zuletzt geänd. am 21. 12. 1992 (BGBl. I 1992, 2150; 1993, 169)
InvZulG 1993	Investitionszulagengesetz 1993 v. 23. 9. 1993 (BGBl. I 1650), zuletzt geänd. am 19. 12. 1995 (BGBl. I 1959)
IRG	Gesetz über die internationale Rechtshilfe in Strafsachen v 23. 12. 1982 (BGBl. I 2071), zuletzt geänd. am 10. 4. 1995 (BGBl. I 485)

Literaturverzeichnis   **Abkürzungen**

iS	im Sinne
iVm	in Verbindung mit
JA	Zeitschrift „Juristische Arbeitsblätter"
Jakobs	Jakobs, Strafrecht Allgemeiner Teil, 2. Aufl. 1993
JbFSt	Jahrbuch der Fachanwälte für Steuerrecht
JBlSaar	Justizblatt des Saarlandes
Jescheck	Jescheck, Lehrbuch des Strafrechts, Allgemeiner Teil, 4. Aufl. 1988
Jescheck-Festschr.	Festschrift für Hans-Heinrich Jescheck zum 70. Geburtstag, 1985
Jg.	Jahrgang
JGG	Jugendgerichtsgesetz v. 11. 12. 1974 (BGBl. I 3427), zuletzt geänd. am 28. 10. 1994 (BGBl. I 31868)
JMBl. NW	Justizministerialblatt für Nordrhein-Westfalen
JR	Zeitschrift „Juristische Rundschau"
Jura	Zeitschrift „Juristische Ausbildung"
JurBüro	Zeitschrift „Das juristische Büro"
JuS	Zeitschrift „Juristische Schulung"
Justiz	Die Justiz, Amtsblatt des Justizministeriums Baden-Württemberg
JustizentlG	Gesetz zur Entlastung der Rechtspflege vom 11. Januar 1993 (BGBl. I 50)
JVKostO	Verordnung über die Kosten im Bereich der Justizverwaltung v. 14. 2. 1940 (RGBl. I 357), zuletzt geänd. am 24. 6. 1994 (BGBl. I 1325)
JW	Juristische Wochenschrift
JZ	Juristenzeitung
KaffeeSt	Kaffeesteuer
KaffeeStDV	Kaffeesteuer-Durchführungsverordnung v. 14. 10. 1993 (BGBl. I 1747)
KaffeestG	Kaffeesteuergesetz v. 21. 12. 1992 (BGBl. I 2150, 2199)
KAG	Kommunalabgabengesetz
Kap.	Kapitel
KapErhStG	Gesetz über steuerrechtliche Maßnahmen bei Erhöhung des Nennkapitals aus Gesellschaftsmitteln v. 10. 10. 1967 (BGBl. I 977), zuletzt geänd. am 22. 12. 1983 (BGBl. I 1592)
KapSt	Kapitalertragsteuer
KäseV	Käseverordnung v. 14. 4. 1986 (BGBl. I 412), zuletzt geänd. am 27. 4. 1993 (BGBl. I 512)
kath.	katholisch
Kaufmann-Festschr.	Festschrift für Arthur Kaufmann zum 65. Geburtstag, 1989
KBV	Kleinbetragsverordnung v. 10. 12. 1980 (BGBl. I 2255), zuletzt geänd. am 21. 12. 1993 (BGBl. I 2310)
KF-VO	Kleinsendungs-Einfuhrfreimengen-Verordnung v. 11. 1. 1979 (BGBl. I 73), zuletzt geänd. am 3. 8. 1993 (BGBl. I 1461)
KFürsV	Verordnung zur Kriegsopferfürsorge v. 16. 1. 1979 (BGBl. I 80), zuletzt geänd. am 26. 6. 1990 (BGBl. I 1163)
Kfz	Kraftfahrzeug
KfzSt	Kraftfahrzeugsteuer

Abkürzungen

KG	Kammergericht; Kommanditgesellschaft
KGA	Kreditgewinnabgabe
KGaA	Kommanditgesellschaft auf Aktien
KHBV	Krankenhaus-Buchführungsverordnung v. 24. 3. 1987 (BGBl. I 1045)
Kiel 1989	Kiel, Die Verjährung bei der vorsätzlichen Steuerverkürzung, Diss. Kiel 1989
Kissel	Kissel, Gerichtsverfassungsgesetz, Kommentar, 2. Aufl. 1994
KiSt	Kirchensteuer
KiStG	Kirchensteuergesetz
KiStO	Kirchensteuerordnung
KK-Schoreit	Schoreit in: Karlsruher Kommentar zur Strafprozeßordnung und zum Gerichtsverfassungsgesetz, 3. Aufl. 1993
Klein 1989	Klein, Die Auswirkungen der unterschiedlichen Beweislast im Steuerrecht und im Strafrecht, Diss. Köln 1989
Klein/Orlopp	Klein/Orlopp, Abgabenordnung, Kommentar, 5. Aufl. 1995
Kleinknecht/Meyer-Goßner	Kleinknecht/Meyer-Goßner, Strafprozeßordnung, Kurzkommentar, 42. Aufl. 1995
Klug-Festschr.	Festschrift für Ulrich Klug zum 70. Geburtstag, 1983
KMR-Müller	Müller in: Kommentar zur Strafprozeßordnung und zum Gerichtsverfassungs- und Ordnungswidrigkeitengesetz (Losebl.), begründet von Kleinknecht, Müller und Reitberger, 8. Aufl. 1990 bearbeitet von Müller, Sax und Paulus, Stand: 1993
KO	Konkursordnung v. 20. 5. 1898 (RGBl. 369), zuletzt geänd. am 25. 7. 1994 (BGBl. I 1744)
Koch/Scholtz	Koch/Scholtz, Abgabenordnung, Kommentar, 4. Aufl. 1993
Kohlmann	Kohlmann, Steuerstrafrecht, Kommentar (Losebl.), 6. Aufl. 1995, Stand: Dezember 1995
Köln-Festschr.	Festschrift der Rechtswissenschaftlichen Fakultät zur 600-Jahr-Feier der Universität zu Köln, 1988
KonjZ	Konjunkturzuschlag
KraftStDV	Kraftfahrzeugsteuer-Durchführungsverordnung v. 3. 7. 1979 (BGBl. I 901), zuletzt geänd. am 23. 6. 1993 (BGBl. I 1006)
KraftStDV 1994	Kraftfahrzeugsteuer-Durchführungsverordnung v. 24. 5. 1994 (BGBl. I 1144), zuletzt geänd. am 14. 9. 1994 (BGBl. I 2325)
KraftStG	Kraftfahrzeugsteuergesetz v. 1. 2. 1979 (BGBl. I 132), zuletzt geänd. am 21. 12. 1992 (BGBl. I 2150; 1993, 169)
KraftStG 1994	Kraftfahrzeugsteuergesetz v. 24. 5. 1994 (BGBl. I 1102), zuletzt geänd. am 11. 10. 1995 (BGBl. I 1250)
Krause-Festschr.	Festschrift für Friedirch-Wilhelmm Krause zum 70. Geburtstag, 1990
KRG	Kontrollratsgesetz
KriegswaffG	Gesetz über die Kontrolle von Kriegswaffen idF v. 22. 11. 1990 (BGBl. I 2506), zuletzt geänd. am 28. 10. 1994 (BGBl. I 3186)
KristKzG	Kristallglaskennzeichnungsgesetz v. 25. 6. 1971 (BGBl. I 857), zuletzt geänd. am 29. 10. 1994 (BGBl. I 3082)
krit.	kritisch

Literaturverzeichnis **Abkürzungen**

Kruse	Kruse, Lehrbuch des Steuerrechts, Allgemeiner Teil, 1991
KSt	Körperschaftsteuer
KStDV	Körperschaftsteuer-Durchführungsverordnung v. 31. 7. 1984 (BGBl. I 1055), zuletzt geänd. am 14.12. 1993 (BGBl. I 2041)
KStG	Körperschaftsteuergesetz v. 11. 3. 1991 (BGBl. I 638), zuletzt geänd. am 18. 12. 1995 (BGBl. I 1959)
KStR	Körperschaftsteuer-Richtlinien v. 15. 12. 1995 (BStBl. I Sonder-Nr. 1/1996)
KStZ	Kommunale Steuerzeitung
KSVG	Künstlersozialversicherungsgesetz v. 27. 7. 1981 (BGBl. I 705), zuletzt geänd. am 29. 7. 1994 (BGBl. I 1890)
Kühn/Hofmann	Kühn/Hofmann, Kommentar zur Abgabenordnung, 17. Aufl. 1995
KVGKG	Kostenverzeichnis, Anlage zum Gerichtskostengesetz v. 24. 6. 1994 (BGBl. I 1325)
KVStG	Kapitalverkehrsteuergesetz v. 17. 11. 1972 (BGBl. I 2129), zuletzt geänd. am 31. 8. 1990 (BGBl. II 889, 988)
KWG	Gesetz über das Kreditwesen v. 22. 1. 1996 (BGBl. I 64, ber. 519)
KWKG	Gesetz über die Kontrolle von Kriegswaffen v. 22. 10. 1990 (BGBl. I 2506), zuletzt geänd. am 28. 10. 1994 (BGBl. I 3186)
LAbwAG	in Baden-Württemberg und Rheinland-Pfalz: Landesabwasserabgabengesetz
Lackner	Lackner, Strafgesetzbuch mit Erläuterungen, 21. Aufl. 1995
Lackner-Festschr.	Festschrift für Karl Lackner zum 70. Geburtstag, 1987
LAG	Lastenausgleichsgesetz v. 2. 6. 1993 (BGBl. I 845)
Lammerding	Lammerding/Hackenbroch/Sudau, Steuerstrafrecht, 8. Aufl., 1988
Lange-Festschr.	Festschrift für Richard Lange zum 70. Geburtstag, 1976
Langen	Langen, Außenwirtschaftsgesetz, Kommentar (Losebl.), Stand: 1968
Leise, Einleitung	Leise, Die Einleitung der Untersuchung im Verwaltungs-Steuerstrafverfahren, 1962
Leise-Bearbeiter	Leise, Steuerverfehlungen, Kommentar (Losebl.), Stand: November 1995
Lemcke 1995	Lemcke, Die Sicherstellung gem. § 94 StPO und deren Förderung durch die Inpflichtnahme Dritter als Mittel des Zugriffs auf elektronisch gespeicherte Daten, 1995
LeuchtmSt	Leuchtmittelsteuer
LFA	Landesfinanzamt (heute: Oberfinanzdirektion)
LG	Landgericht
li. Sp.	linke Spalte
Littmann	Littmann/Bitz/Hellwig, Das Einkommensteuerrecht, Großkommentar, 2 Bände, 15. Aufl. 1996
LK-Bearbeiter	Strafgesetzbuch, Leipziger Kommentar, 10. Aufl. ab 1978 herausgegeben von Jescheck, Russ, Willms; 11. Aufl. ab 1992 herausgegeben von Jähnke, Laufhütte, Odersky
LKV	Landes- und Kommunalverwaltung; Verwaltungsrechts-Zeitschrift für die Länder Berlin, Brandenburg, Mecklenburg-Vorpommern, Sachsen, Sachsen-Anhalt und Thüringen

Abkürzungen

LM	Entscheidungen des Bundesgerichtshofs im Nachschlagewerk des BGH von Lindenmaier/Möhring
LMBG	Lebensmittel- und Bedarfsgegenständegesetz v. 8. 7. 1993 (BGBl. I 1169), zuletzt geänd. am 25. 11. 1994 (BGBl. I 3538)
LMRG	Gesetz zur Gesamtreform des Lebensmittelrechts v. 15. 8. 1974 (BGBl. I 1945, ber. 1975 I 2652)
Löffler 1992	Löffler, Grund und Grenzen der steuerstrafrechtlichen Selbstanzeige, 1992
Lohmeyer	Lohmeyer in: Ehlers/Lohmeyer, Steuerstraf- und Steuerordnungswidrigkeitenrecht, 5. Aufl. 1982
Loritz	Loritz, Einkommensteuerrecht, Lehrbuch, 1988
Losebl.	Loseblattausgabe
Löwe-Krahl 1989	Löwe-Krahl, Steuerstrafrechtliche Risiken typischer Banktätigkeiten, Diss. Kiel 1989
LR-Dünnebier	Dünnebier in: Löwe/Rosenberg, Die Strafprozeßordnung und das Gerichtverfassungsgesetz, Großkommentar, 23. Aufl. 1976–1979, bearbeitet von Dünnebier, Gollwitzer, Meyer, Meyer-Goßner, Schäfer, Wendisch; 24. Aufl. ab 1988 bearbeitet von Gössel, Gollwitzer, Hanack, Lüderssen, Rieß, Gerhard Schäfer, Karl Schäfer, Wendisch
LSt	Lohnsteuer
LStDV	Lohnsteuer-Durchführungsverordnung v. 10. 10. 1989 (BGBl. I 1848), zuletzt geänd. am 11.10. 1995 (BGBl. I 1250)
LStJA	Lohnsteuerjahresausgleich
LStR	Lohnsteuer-Richtlinien v. 10. 11. 1995 (BStBl. I Sonder-Nr. 4/1995)
LT-Drucks.	Landtags-Drucksache
LuftGerPO	Prüfordnung für Luftfahrtgerät v. 16. 5. 1968 (BGBl. I 416), zuletzt geänd. am 26. 5. 1993 (BGBl. I 750)
LuftVZO	Luftverkehrszulassungsordnung v. 13. 3. 1979 (BGBl. I 308), zuletzt geänd. am 23. 12. 1992 (BGBl. I 1965)
Lütt 1988	Lütt, Das Handlungsunrecht der Steuerhinterziehung, Frankfurt 1988;
LwG	Landwirtschaftsgesetz v. 5. 9. 1955 (BGBl. I 565), zuletzt geänd. am 14. 12. 1976 (BGBl. I 3341)
LwVG	Gesetz über das gerichtliche Verfahren in Landwirtschaftssachen v. 21. 7. 1953 (BGBl. I 667), zuletzt geänd. am 10. 10. 1994 (BGBl. I 2954)
MaBV	Makler- und Bauträgerverordnung v. 7. 11. 1990 (BGBl. I 2479)
MarkenG	Gesetz über den Schutz von Marken und sonstigen Kennzeichen – Markengesetz v. 25. 10. 1994 (BGBl. I 3082, ber. BGBl 1995 I., 156)
MarktstrukG	Marktstrukturgesetz v. 26. 9. 1990 (BGBl. I 2134), zuletzt geänd. am 26. 6. 1992 (BGBl. I 1159)
Maschke 1996	Maschke, Die Sanktionierung von Verstößen gegen die Aufsichtspflicht in Betrieben und Unternehmen, 1996 (zugl. Diss. Greifswald 1995).
Mat.	Materialien zur Strafrechtsreform, 1954

Literaturverzeichnis **Abkürzungen**

Mattern I	Mattern, Steuer-Strafrecht I, Leitfaden durch das materielle Steuerstrafrecht, 1949
Mattern II	Mattern, Steuer-Strafrecht II, Leitfaden durch das Steuer-Strafverfahren, 1949
Maunz/Dürig	Maunz/Dürig/Herzog/Scholz, Grundgesetz, Kommentar, (Losebl.), Stand: Mai 1994
Maurach AT/1	Maurach/Zipf, Strafrecht, Lehrbuch, Allgemeiner Teil, Teilband 1, 8. Aufl. 1992
Maurach AT/2	Maurach/Gössel/Zipf, Strafrecht, Lehrbuch, Allgemeiner Teil, Teilband 2, 7. Aufl.1989
Maurach BT/1	Maurach/Schroeder, Strafrecht, Lehrbuch, Besonderer Teil, Teilband 1, 7. Aufl. 1988
Maurach BT/2	Maurach/Schroeder, Strafrecht, Lehrbuch, Besonderer Teil, Teilband 2, 7. Aufl. 1991
Maurach-Festschr.	Festschrift für Reinhart Maurach zum 70. Geburtstag, 1977
maW	mit anderen Worten
MDR	Monatsschrift für Deutsches Recht
MedGV	Verordnung über die Sicherheit medizinisch-technischer Geräte v. 14. 1. 1985 (BGBl. I 93), zuletzt geänd. am 14. 9. 1994 (BGBl. I 2325)
MedGV	v. 14. 1. 1985 (BGBl. I 93), zuletzt geänd. am 26. 8. 1992(BGBl. I 1564)
Milch-Mitverant-wAV.	Milch-Mitverantwortungsabgabeverordnung v. 25. 9. 1987 (BGBl. I 2247, 2362), zuletzt geänd. am 1. 4. 1989 (BGBl. I 2176)
MilchEinfV	Verordnung über hygienische Anforderungen an Milch und Milcherzeugnisse bei der Einfuhr v. 23. 12. 1969 (BGBl. I 2423), zuletzt geänd. am 27. 4. 1993 (BGBl. I 526)
MilchFettG	Milch- und Fettgesetz v. 10. 12. 1952 (BGBl. I 811), zuletzt geänd. am 26. 2. 1993 (BGBl. I 278)
MilchfettverbV	Milchfett-Verbrauch-Verbilligungsverordnung v. 18. 1. 1984 (BGBl. I 99), zuletzt geänd. am 2. 8. 1994 (BGBl. I 2018)
MilchMeldeV	Milch-Meldeverordnung v. 18. 8. 1977 (BGBl. I 1605), zuletzt geänd. am 22. 3. 1991 (BGBl. I 794)
MinöSt	Mineralölsteuer
MinöStDV	Mineralölsteuer-Durchführungsverordnung v. 15. 9. 1993 (BGBl. I 1602), zuletzt geänd. am 30. 12. 1993 (BGBl. I 2488)
MinöStG	Mineralölsteuergesetz v. 21. 12. 1992 (BGBl. I 1992, 2150; 1993,169), zuletzt geänd. am 11. 10. 1995 (BGBl. I 1250)
Mio.	Million(en)
MiStra	(bundeseinheitliche) Anordnung über Mitteilungen in Strafsachen v. 5. 3. 1985 (BAnz 3053)
MitbestG	Mitbestimmungsgesetz v. 4. 5. 1976 (BGBl. I 1153), zuletzt geänd. am 29. 10. 1994 (BGBl. I 3210)
ModEnG	Modernisierung- und Energieeinsparungsgesetz v. 12. 7. 1978 (BGBl. I 993), zuletzt geänd. am 16. 12. 1986 (BGBl. I 2441)
MOG	Gesetz zur Durchführung der gemeinsamen Marktorganisationen v. 27. 8. 1986 (BGBl. I 1397), zuletzt geänd. am 26. 2. 1993 (BGBl. I 278)
Möller 1996	Möller, Die Berichtigungspflicht nach § 153 I AO und die

Abkürzungen

Mösbauer	strafrechtlichen Folgen einer Pflichtverletzung, 1996 (zugl. Diss. Greifswald 1995 Mösbauer, Steuerstraf und Steuerordnungswidrigkeitenrecht, 1989
Moser	Moser, Das Strafverfahren nach der Reichs abgabenordnung, 2. Aufl. 1942
MRK	Konvention zum Schutze der Menschenrechte und Grundfreiheiten v. 4. 11. 1950, Ges. v. 7. 8. 1952 (BGBl. II 685, 953) und Bek. v. 15. 12. 1953 (BGBl. 1954 II 14) sowie Ges. v. 20. 12. 1956 (BGBl. II 1879) und Bek. v. 13. 4. 1957 (BGBl. II 226)
MschrKrim	Monatsschrift für Kriminologie und Strafrechtsreform
MStbl.	Mitteilungsblatt der Steuerberater
Müller/Gugenberger	Müller/Gugenberger, Wirtschaftsstrafrecht. 2 Aufl. 1992
Müller/Wabnitz	Müller/Wabnitz, Wirtschaftskriminalität 1982
MV	Mitteilungsverordnung v. 7. 9. 1993 (BGBl. I 1554), zuletzt geänd. am 19. 12. 1994 (BGBl. I 3848)
mwN	mit weiteren Nachweisen
mWv	mit Wirkung vom
Naumann	Naumann in: Suhr/Naumann/Bilsdorfer, Steuerstrafrecht-Kommentar, 4. Aufl. 1986
NBW	Zeitschrift „Neue Betriebswirtschaft"
Nds.	Niedersächsisch
NdsFG	Niedersächsisches Finanzgericht
NdsRpfl	Zeitschrift „Niedersächsische Rechtspflege"
nF	neue Fassung
NJW	Neue Juristische Wochenschrift
NotV	Notverordnung
NRT	Nettoregistertonne(n)
NStE	Neue Entscheidungssammlung zum Strafrecht
NStZ	Neue Zeitschrift für Strafrecht (ab 1981)
nv	nicht veröffentlicht
NVwZ	Neue Zeitschrift für Verwaltungsrecht (ab 1982)
NW	Nordrhein-Westfalen, nordrhein-westfälisch
NWB	Neue Wirtschafts-Briefe für Steuer- und Wirtschaftsrecht (zitiert nach Fach und Seite)
o. V.	ohne Verfasserangabe
OF-Bezirk	Oberfinanzbezirk
OFD	Oberfinanzdirektion
OHG	offene Handelsgesellschaft
Oldenb	Oldenburgisch
OLG	Oberlandesgericht
OLGSt	Entscheidungen der Oberlandesgerichte in Strafsachen
OR-Geschäft	Geschäft ohne Rechnung
OrgKG	Gesetz zur Bekämpfung des illegalen Rauschgifthandels und anderer Erscheinungsformen der Organisierten Kriminalität v. 15. 7. 1992 (BGBl I 1302)
OrgStA	(bundeseinheitliche) Ordnung über Organisation und Dienstbetrieb der Staatsanwaltschaften (zB JMBl. NW 1975, 85)

Literaturverzeichnis

Abkürzungen

ÖsterrBAO	Bundesgesetz v. 28. 6. 1961, betreffend allgemeine Bestimmungen und das Verfahren für die von den Abgabenbehörden des Bundes verwalteten Abgaben – Bundesabgabenordnung – (ÖsterrBGBl. 1961, Nr. 194), zuletzt geänd. am 22. 8. 1991 (Österr. BGBl. II Nr. 457, S. 2045)
ÖsterrBGBl.	Bundesgesetzblatt für die Republik Österreich (zitiert nach Jahrgang und laufender Nummer der Gesetze)
ÖsterrFinStG	Bundesgesetz v. 26. 6. 1958, betr. das Finanzstrafrecht und das Finanzstrafverfahrensrecht – FinanzstrafG – (ÖsterrBGBl. 1958 Nr. 129), zuletzt geänd. am 30. 12. 1991 (ÖsterrBGBl. III Nr. 699, S. 2905)
OVG	Oberverwaltungsgericht
OWiG	Gesetz über Ordnungswidrigkeiten v. 19. 2. 1987 (BGBl. I 602), zuletzt geänd. am 28. 10. 1994 (BGBl. I 3186)
OWiG 1952	Gesetz über Ordnungswidrigkeiten v. 25. 3. 1952 (BGBl. I 177)
Palandt	Palandt, Bürgerliches Gesetzbuch, Kommentar, 55. Aufl. 1996
PartG	Parteiengesetz v. 31. 1. 1994 (BGBl. I 149), zuletzt geänd. am 18. 12. 1995 (BGBl. I 1959)
PaßG	Gesetz über das Paßwesen v. 19. 4. 1986 (BGBl. I 537), zuletzt geänd. am 12. 9. 1990 (BGBl. I 2002)
PatAnwO	Patentanwaltsordnung v. 7. 9. 1966 (BGBl. I 557), geänd. am 25. 10. 1994 (BGBl. I 3082)
PatG	Patentgesetz v. 16. 12. 1980 (BGBl. 1981 I 1), zuletzt geänd. am 23. 3. 1993 (BGBl. I 366)
PBefG	Personenbeförderungsgesetz v. 8. 8. 1990 (BGBl. I 1690), zuletzt geänd. am 27. 12. 1993 (BGBl. I 2378)
PersonalausweisG	Gesetz über Personalausweise v. 21. 4. 1986 (BGBl. I 548)
Peters-Festschr.	Einheit und Vielfalt des Rechts, Festschrift für Karl Peters zum 70. Geburtstag, 1974
Pfaff	Pfaff, Kommentar zur steuerlichen Selbstanzeige, 1977
PfandlV	Pfandleiherverordnung v. 1. 6. 1976 (BGBl. I 1334), zuletzt geänd. am 7. 11. 1990 (BGBl. I 2476)
PflanzBV	Pflanzenbeschauverordnung v. 10. 5. 1989 (BGBl. I 905), zuletzt geänd. am 27. 4. 1993 (BGBl. I 512)
PflSchG	Pflanzenschutzgesetz v. 15. 9. 1986 (BGBl. I 1505), zuletzt geänd. am 27. 6. 1994 (BGBl. I 1440)
PflVG, PflVersG	Gesetz über die Pflichtversicherung für Kraftfahrzeughalter v. 5. 4. 1965 (BGBl. I 213), zuletzt geänd. am 21. 7. 1994 (BGBl. I 1630)
Pohl 1990	Pohl, Steuerhinterziehung durch Steuerumgehung, 1990;
PostG	Gesetz über das Postwesen v. 3. 7. 1989 (BGBl. I 1449), zuletzt geänd. am 14. 9. 1994 (BGBl. I 2325, ber. BGBl. 1996 I 103)
PreisstatG	Gesetz über die Preisstatistik v. 9. 8. 1958 (BGBl. I 605), zuletzt geänd. am 26. 3. 1991 (BGBl. I 846)
Preuß.	Preußisch
PsittakoseV	Psittakose-Verordnung v. 14. 11. 1991 (BGBl. I 2111)

Abkürzungen

QualitätsNV	Verordnung über Qualitätsnormen für ...
RA	Rechtsanwalt
RAO 1919	Reichsabgabenordnung v. 13. 12. 1919 (RGBl. 993)
RAO 1931	Reichsabgabenordnung v. 22. 5. 1931 (RGBl. I 161)
RAO 1967	Vorschriften der Reichsabgabenordnung idF des AO-StrafÄndG v. 10. 8. 1967 (BGBl. I 877)
RAO 1968	Vorschriften der Reichsabgabenordnung idF des 2. AO-StrafÄndG v. 12. 8. 1968 (BGBl. I 953)
RBerG	Rechtsberatungsgesetz v. 13. 12. 1935 (RGBl. I 1478), zuletzt geänd. am 25. 10. 1994 (BGBl. I 3082)
RBewG	Reichsbewertungsgesetz v. 10. 8. 1925 (RGBl. I 214)
Rdnr.	Randnummer
re. Sp.	rechte Spalte
ReblausVO	Verordnung zur Bekämpfung der Reblaus v. 27. 7. 1988 (BGBl. I 1203), zuletzt geänd. am 10. 11. 1992 (BGBl. I 1887)
Rebmann-Festschr.	Festschrift für Kurt Rebmann zum 65. Geburtstag, 1989
Rebmann/Roth/Herrmann	Rebmann/Roth/Herrmann, Gesetz über Ordnungswidrigkeiten, Kommentar (Losebl.), 2. Aufl. 1988, Stand: Jan. 1995
RECHT	Zeitschrift „Das Recht"
RegBl.	Regierungsblatt
RegE	Regierungsentwurf
Reiß 1987	Reiß, Besteuerungsverfahren und Strafverfahren, 1987
RennwLottG	Rennwett- und Lotteriegesetz v. 8. 4. 1922 (BGBl. I 335, 393), zuletzt geänd. am 20. 12. 1993 (BGBl. I 2254)
RennwSt	Rennwettsteuer
Reuß 1979	Reuß, Grenzen steuerlicher Mitwirkungspflichten, 1979;
rev.	revidiert
RFH	Reichsfinanzhof
RFH 11, 104	Amtliche Sammlung der Entscheidungen des Reichsfinanzhofs, Band 11, Seite 104
RFHGrS	Reichsfinanzhof, Großer Senat
RflSt	Reichsfluchtsteuer
RG	Reichsgericht
RG 70, 162	Entscheidung des Reichsgerichts in Strafsachen, Band 70, Seite 162
RG-Festg.	Die Reichsgerichtspraxis im deutschen Rechtsleben, Festgabe der juristischen Fakultät Leipzig zum 50jährigen Bestehen des Reichsgerichts
RGBl. I, II	Reichsgesetzblatt Teil I, Teil II
RGGrS	Reichsgericht, Großer Senat
RiStBV	Richtlinien für das Strafverfahren und das Bußgeldverfahren v. 1. 7. 1982 (BAnz 107)
RiVASt	Richtlinien für den Verkehr mit dem Ausland in strafrechtlichen Angelegenheiten v. 1. 10. 1984 (BAnz 176)
RIW	Zeitschrift „Recht der Internationalen Wirtschaft"
RMBl.	Reichsministerialblatt
Rogall 1977	Rogall, Der Beschuldigte als Beweismittel gegen sich selbst, 1977
röm.-kath.	römisch-katholisch

Literaturverzeichnis **Abkürzungen**

Rotberg	Rotberg, Gesetz über Ordnungswidrigkeiten, Kommentar, 5. Aufl. 1975 bearbeitet von Kleinewefers, Boujong, Wilts
RöV	Verordnung über den Schutz vor Schäden durch Röntgenstrahlen v. 8. 1. 1987 (BGBl. I 114), zuletzt geänd. am 19. 12. 1990 (BGBl. I 2949)
Roxin	Roxin, Strafrecht, Allgemeiner Teil I, 2. Aufl. 1994
RPf	Rheinland-Pfälzisch
RPfleger	Zeitschrift „Der deutsche Rechtspfleger"
RPräs	Reichspräsident
RReg	Reichsregierung
Rspr	Rechtsprechung
RStBl.	Reichssteuerblatt
RT-Drucks.	Drucksache des Deutschen Reichstags
Rüping 1981	Rüping, Steuerfahndungsergebnisse und ihre Verwertbarkeit, 1981
RVO	Reichsversicherungsordnung v. 23. 8. 1967 (BGBl. I 931), zuletzt geänd. am 15. 12. 1995 (BGBl. I 1824)
RVRV	Verordnung über den Zahlungsverkehr, die Buchführung und die Rechnungslegung in der Rentenversicherung v. 3. 8. 1981 (BGBl. I 809)
RWP	Zeitschrift „Rechts- und Wirtschaftspraxis"
Rz.	Randziffer
RZBl.	Reichszollblatt
S.	Seite; Satz
S/S-Cramer	Cramer in: Schönke/Schröder, Strafgesetzbuch, Kommentar, 24. Aufl. 1991 bearb. v. Lenckner, Cramer, Eser, Stree
Saarl.	Saarländisch
SaatAufzVO	Saatgutaufzeichnungsverordnung v. 21. 1. 1986 (BGBl. I 214), zuletzt geänd. am 2. 8. 1994 (BGBl. I 2018)
SaatgutG	Saatgutverkehrsgesetz v. 20. 8. 1985 (BGBl. I 1633), zuletzt geänd. am 29. 10. 1994 (BGBl. I 3082)
SachBezV	Sachbezugsverordnung v. 19. 12. 1994 (BGBl. I 3849), zuletzt geänd. am 8. 12. 1995 (BGBl. I 1643)
Sächs.	Sächsisch
SalmoV	Verordnung zum Schutze gegen Infektion durch Erreger der Salmonella-Gruppe in Eiprodukten v. 17. 12. 1956 (BGBl. I 944), zuletzt geänd. am 20. 4. 1967 (BGBl. I 492)
Sauer	Sauer, Steuerliche Außenprüfung, 1988
Sb. I	Sammlung des bereinigten niedersächs. Rechts Band I
SchaumBranntwV	Verordnung über Schaumwein und Branntwein aus Wein v. 15. 7. 1971 (BGBl. I 939), zuletzt geänd. am 9. 3 1995 (BGBl. I 630)
SchaumwSt	Schaumweinsteuer
SchaumwStG	Schaumweinsteuergesetz v. 26. 10. 1958 (BGBl. I 236), umbenannt in SchaumwZwStG am 21. 12. 1992 (BGBl. I 2150)
SchaumwZwStG	Gesetz zur Besteuerung von Schaumwein und Zwischenerzeugnissen v. 21. 12. 1992 (BGBl. I 2150, 2176)
SchaumwZwStV	Verordnung zur Durchführung des Gesetzes zur Besteuerung von Schaumwein und Zwischenerzeugnissen v. 17. März 1994 (BGBl. I 568)

Abkürzungen

SchenkSt	Schenkungsteuer
SchfG	Schornsteinfegergesetz v. 15. 9. 1969 (BGBl. I 1634), zuletzt geänd. am 20. 7. 1994 (BGBl. I 1624)
SchfV	Verordnung über das Schornsteinfegerwesen v. 19. 12. 1969 (BGBl. I 2363), zuletzt geänd. am 20. 7. 1994 (BGBl. I 1624)
SchG	Schöffengericht
SchlH	Schleswig-Holsteinisch
SchlHA	Zeitschrift „Schleswig-Holsteinische Anzeigen"
Schmidhäuser	Schmidhäuser, Strafrecht, Allgemeiner Teil, 2. Aufl. 1975
Schmidt/Bearbeiter	Einkommensteuergesetz, erläutert von Schmidt u. a., 15. Aufl. 1996
Schmitt-Festschr.	Festschrift für Rudolf Schmitt zum 70. Geburtstag, 1992
Schmitz/Tillmann	Schmitz/Tillmann, Das Steuerstrafverfahren, Leitfaden, 1983
Schröder-Gedächtnisschr.	Gedächtnisschrift für Horst Schröder, 1978
Schwarz/Bearbeiter	Schwarz, Abgabenordnung, Kommentar (Losebl.), Stand: Juli 1995
Schwarz/Wockenfoth	Schwarz/Wockenfoth/Rahn, Kommentar zum Zollgesetz mit Einfuhrumsatzsteuerrecht, EWG-Zollrecht und EWG-Marktordnungsrecht, (Losebl.), 3. Aufl., Stand: Feb. 1996
SchwarzarbG	Gesetz zur Bekämpfung der Schwarzarbeit v. 6. 2. 1995 (BGBl. I 165)
Schweiz	Schweizerisch
Schwinge-Festschr.	Festschrift für Erich Schwinge zum 70. Geburtstag, 1973
SeetgbV	Verordnung über Seetagebücher v. 8. 2. 1985 (BGBl. I 306)
Senge	Senge in: Erbs/Kohlhaas, Strafrechtliche Nebengesetze, Losebl., Bd. 1, 5. Aufl., Stand: April 1996
SGB	Sozialgesetzbuch
SGG	Sozialgerichtsgesetz v. 23. 9. 1975 (BGBl. I 2535), zuletzt geänd. am 11. 1. 1993 (BGBl. I 50)
SK-Samson	Samson in: Systematischer Kommentar zum Strafgesetzbuch (Losebl.), Bd. 1 Allgemeiner Teil, 5. Aufl., Stand: Dez. 1992; Bd. 2 Besonderer Teil, 4. Aufl., Stand: Juni 1991
SK-StPO	Systematischer Kommentar zur Strafprozeßordnung und zum Gerichtsverfassungsgesetz, herausgegeben von Rudolphi u. a., Stand März 1996
SoldG	Soldatengesetz v. 15. 12. 1995 (BGBl. I 1737)
SolZG 1995	Solidaritätszuschlaggesetz 1995 v. 23. Juni 1993 (BGBl. I 944/975), zuletzt geänd. am 18. 12. 1995 (BGBl. I 1959)
SortG	Sortenschutzgesetz 11. 12. 1985 (BGBl. I 2170), zuletzt geänd. am 25. 10. 1994 (BGBl. I 3082)
SparPG	Spar-Prämiengesetz v. 10. 2. 1982 (BGBl. I 125), zuletzt geänd. am 26. 6. 1985 (BGBl. I 1153)
Spendel-Festschr.	Festschrift für Günter Spendel zum 70. Geburtstag, 1992
Spitaler-Festschr.	Gegenwartsfragen des Steuerrechts, Festschrift für Armin Spitaler, 1958
Spitaler-Gedenkschr.	Die Auslegung der Steuergesetze in Wissenschaft und Praxis, Gedenkschrift für A. Spitaler, 1965

Literaturverzeichnis **Abkürzungen**

Spörlein	Spörlein, Steuerstrafrecht, Loseblatt, Stand: Okt. 1994
SprengG	Sprengstoffgesetz v. 13. 9. 1976 (BGBl. I 2737), zuletzt geänd. am 19. 10. 1994 (BGBl. I 2978)
SprengV 1	Erste Verordnung zum Sprengstoffgesetz v. 31. 1. 1991 (BGBl. I 169)
StA	Staatsanwalt(schaft)
StabG	Gesetz zur Förderung der Stabilität und des Wachstums der Wirtschaft v. 8. 6. 1967 (BGBl. I 582), zuletzt geänd. am 14. 9. 1994 (BGBl. I 2325)
StADV	Verordnung über die Abgabe von Steueranmeldungen auf maschinell verwertbaren Datenträgern v. 21. 8. 1980 (BGBl. I 1617), zuletzt geänd. am 23. 6. 1993 (BGBl. I 944)
StahlInvZulG	Gesetz über eine Investitionszulage in der Eisen- und Stahlindustrie v. 22. 12. 1981 (BGBl. I 1523, 1557), zuletzt geänd. am 19. 12. 1985 (BGBl. I 2436)
StÄndG	Steueränderungsgesetz
StAnpG	Steueranpassungsgesetz v. 16. 10. 1934 (RGBl. I 925), aufgehoben durch Art. 96 Nr. 5 EGAO
StArch	Zeitschrift „Steuer-Archiv"
StB	Zeitschrift „Der Steuerberater"
StBer	Steuerberater
StBerG	Steuerberatungsgesetz v. 4. 11. 1975 (BGBl. I 2735), zuletzt geänd. am 18. 12. 1995 (BGBl. I 1959)
Stbg	Zeitschrift „Die Steuerberatung"
StBGebV	Steuerberatergebührenverordnung v. 17. 12. 1981 (BGBl. I 1442), zuletzt geänd. am 21. 6. 1991 (BGBl. I 1370)
StbJb	Steuerberater-Jahrbuch
StBp	Zeitschrift „Die steuerliche Betriebsprüfung"
StEK	Steuererlasse in Karteiform
Sten. Ber.	Sitzungsprotokoll des Deutschen Bundestages
StGB	Strafgesetzbuch v. 2. 1. 1975 (BGBl. I 1), zuletzt geänd. am 21. 8. 1995 (BGBl. I 1050)
StGläubiger	Steuergläubiger
StKRep	Steuer-Kongreß-Report
Stock-Festschr.	Festschrift für Ulrich Stock zum 70. Geburtstag, 1966
Stpfl	Steuerpflichtiger
StPO	Strafprozeßordnung v. 7. 4. 1987 (BGBl. I 1074, 1319), zuletzt geänd. am 21. 8. 1995 (BGBl. I 1050)
StPr	Zeitschrift „Der Steuerpraktiker"
StQ	Zeitschrift „Die Quintessenz des Steuerlichen Schrifttums"
str.	streitig
Stratenwerth	Stratenwerth, Strafrecht, Allgemeiner Teil, Grundriß, 3. Aufl. 1982
StrbEG	Gesetz über die strafbefreiende Erklärung von Einkünften aus Kapitalvermögen und von Kapitalvermögen v. 25. 7. 1988 (BGBl. I 1093, 1128)
Streck	Sreck, Die Steuerfahndung, 2. Aufl. 1993
Stree/Wessels-Festschr.	Festschrift für Walter Stree und Johannes Wessels zum 70. Geburtstag, 1993
StrEG	Gesetz über die Entschädigung für Strafverfolgungsmaßnah-

Abkürzungen

men v. 8. 3. 1971 (BGBl. I 157), zuletzt geänd. am 29. 10. 1992 (BGBl. I 1814)
StrGüVSt . . . . Straßengüterverkehrsteuer
StRK . . . . Steuerrechtsprechung in Karteiform, begründet von Mrozek
StrK . . . . Strafkammer
StrlSchV . . . . Strahlenschutzverordnung v. 30. 6. 1989 (BGBl. I 1321, 1926), zuletzt geänd. am 2. 8. 1994 (BGBl. I 1963)
StrRG 1 . . . . Erstes Gesetz zur Reform des Strafrechts v. 25. 6. 1969 (BGBl. I 645), zuletzt geänd. am 28. 8. 1969 (BGBl. I 1509)
StrRG 2 . . . . Zweites Gesetz zur Reform des Strafrechts v. 4. 7. 1969 (BGBl. I 717)
StrRG 3 . . . . Drittes Gesetz zur Reform des Strafrechts v. 20. 5. 1970 (BGBl. I 505), zuletzt geänd. am 2. 3. 1974 (BGBl. I 469)
StrRG 4 . . . . Viertes Gesetz zur Reform des Strafrechts v. 23. 11. 1973 (BGBl. I 1725), zuletzt geänd. am 2. 3. 1974 (BGBl. I 469)
StrS . . . . Strafsenat
stRspr . . . . ständige Rechtsprechung
StSchuldner . . . . Steuerschuldner
StStatG . . . . Gesetz über Steuerstatistiken v. 6. 12. 1966 (BGBl. I 665), zuletzt geänd. am 19. 12. 1986 (BGBl. I 2555)
StuF . . . . Zeitschrift „Steuern und Finanzen"
StuW . . . . Zeitschrift „Steuer und Wirtschaft", bis 1970 zitiert nach Spalten, ab 1971 zitiert nach Seiten
StV . . . . Zeitschrift „Der Strafverteidiger"
StVÄG 1979 . . . . . . Strafverfahrensänderungsgesetz 1979 v. 5. 10. 1978 (BGBl. I 1645)
StVG . . . . Straßenverkehrsgesetz v. 19. 12. 1952 (BGBl. I 837), zuletzt geänd. am 14. 9. 1994 (BGBl. I 2325)
StVj . . . . Zeitschrift „Steuerliche Vierteljahres-Schrift"
StVollzG . . . . Strafvollzugsgesetz v. 16. 3. 1976 (BGBl. I 581, ber. 2088), zuletzt geänd. am 17. 12. 1990 (BGBl. I 2847)
StVZO . . . . Straßenverkehrs-Zulassungs-Ordnung v. 28. 9. 1988 (BGBl. I 1793), zuletzt geänd. am 6. 1. 1995 (BGBl. I 8)
StWa . . . . Zeitschrift „Steuer-Warte"
StZBl. . . . . Steuer- und Zollblatt für Berlin
SubvG . . . . Subventionsgesetz v. 29. 7. 1976 (BGBl. I 2034, 2037)
Suhr . . . . Suhr in: Suhr/Naumann/Bilsdorfer, Steuerstrafrecht-Kommentar, 4. Aufl. 1986
Suhr 1989 . . . . Suhr, Rechtsgut der Steuerhinterziehung und Steuerverkürzung im Festsetzungsverfahren, 1989
SVRV . . . . Sozialversicherungs-Rechnungsverordnung v. 3. 8. 1981 (BGBl. I 809)
SVRV . . . . Verordnung über den Zahlungsverkehr, die Buchführung und die Rechnungslegung in der Sozialversicherung v. 3. 8. 1981 (BGBl. I 809)

TabSt . . . . Tabaksteuer
TabStDV . . . . Tabaksteuer-Durchführungsverordnung v. 14. 10. 1993 (BGBl. I 1738)
TabStG . . . . Tabaksteuergesetz v. 21. 12. 1992 (BGBl. I 2150), zuletzt geänd. am 11. 10. 1995 (BGBl. I 1250)

Literaturverzeichnis **Abkürzungen**

TÄHAV	Verordnung über tierärztliche Hauasapotheken v. 3. 5. 1985 (BGBl. I 752), zuletzt geänd. am 11. 3. 1988 (BGBl. I 303)
Terstegen	Terstegen, Steuer-Strafrecht einschl. Verfahrensrecht, 1956
Teske 1987	Teske, Die Abgrenzung der Zuständigkeiten und der Beweisverfahren im Besteuerungsverfahren und im Steuerstrafverfahren unter besonderer Berücksichtigung des § 393 AO de lege lata und de lege ferenda, Diss. Köln 1987
TextKzG	Textilkennzeichnungsgesetz v. 14. 8. 1986 (BGBl. I 1285)
TierSchG	Tierschutzgesetz v. 17. 2. 1993 (BGBl. I 254), zuletzt geänd. am 27. 4. 1993 (BGBl. I 512., 2436)
TierSeuchErEinfV	Tierseuchenerreger-Einfuhrverordnung v. 13. 12. 1982 (BGBl. I 1728), zuletzt geänd. am 28. 12. 1992 (BGBl. I 1992, 2467; 1993, 63)
TierSG	Tierseuchengesetz v. 20. 12. 1995 (BGBl. I 2038)
TierZG	Tierzuchtsgesetz v. 22. 3. 1994 (BGBl. I 601)
Tipke I	Tipke, Die Steuerrechtsordnung, 1993, Band 1
Tipke/Lang	Tipke/Lang, Steuerrecht, 14. Aufl. 1994
TK-Tipke	Tipke in: Tipke/Kruse, Abgabenordnung (ohne Steuerstrafrecht), Finanzgerichtsordnung, Kommentar (Losebl.), 14. Aufl., Stand: Mai 1996
Troeger/Meyer	Troeger/Meyer, Steuerstrafrecht, 2. Aufl. 1957
Tröndle-Festschr.	Festschrift für Herbert Tröndle zum 70. Geburtstag, 1989
TrZG	Truppenzollgesetz 1962 v. 17. 1. 1963 (BGBl. I 51), zuletzt geänd. am 26. 11. 1979 (BGBl. I 1953)
TrZO	Truppenzollordnungv. 1. 7. 1963 (BGBl. I 451)
Tz.	Textziffer
u. a.	und andere; unter anderem
ÜberwachG	Gesetz zur Überwachung strafrechtlicher und anderer Verbringungsverbote v. 24. 5. 1961(BGBl. I 607), zuletzt geänd. am 14. 9. 1994 (BGBl. I 2325)
UHaft	Untersuchungshaft
UmwStG	Umwandlungssteuergesetz v. 28. 10. 1994 (BGBl. I 3267)
UmwStG 1977	Gesetz über steuerliche Maßnahmen bei Änderung der Unternehmensform v. 6. 9. 1976 (BGBl. I 2641), zuletzt geänd. am 25. 2. 1992 (BGBl. I 297)
UR	Zeitschrift „Umsatzsteuer-Rundschau" (ab 1985)
Urt.	Urteil
USG	Unterhaltssicherungsgesetz v. 14. 12. 1987 (BGBl. I 2614), zuletzt geänd. am 21. 12. 1991 (BGBl. I 2144)
USt	Umsatzsteuer
USt-BinnemG	Gesetz zur Anpassung des Umsatzsteuergesetzes und anderer Rechtsvorschriften an den EG-Binnenmarkt (Umsatzsteuerbinnenmarktgesetz) v. 25. 8. 1992 «BGBl. I 1548), zuletzt geänd. am 21. 12. 1992 (BGBl. I 2190, 2199)
UStDV	Umsatzsteuer-Durchführungsverordnung v. 11. 10. 1995 (BGBl. I 1250)
UStErstVO	Verordnung über die Erstattung von Umsatzsteuer an ausländische ständige diplomatische Missionen und berufskonsularische Vertretungen sowie an ihre ausländischen Mitglieder v. 3. 10. 1988 (BGBl. I 1780)

Abkürzungen

UStG	Umsatzsteuergesetz v. 27. 4. 1993 (BGBl. I 565, 1160), zuletzt geänd. am 18. 12. 1995 (BGBl. I 1959)
UStR	Umsatzsteuer-Richtlinien v. 8. 2. 1991 (BGBl. I 379) oder Zeitschrift „Umsatzsteuerrundschau" (bis 1984)
uU	unter Umständen
UWG	Gesetz gegen den unlauteren Wettbewerb v. 7. 6. 1909 (RGBl. 499), zuletzt geänd. am 25. 10. 1994 (BGBl. I 3082)
VA	Vermögensabgabe; Verwaltungsakt
VerbVerbG	Gesetz zur Überwachung strafrechtlicher und anderer Verbringungsverbote v. 24. 5. 1961(BGBl. I 607), zuletzt geänd. am 14. 9. 1994 (BGBl. I 2325)
VerhDJT	Verhandlungen des Deutschen Juristentages
VermBDV	Verordnung zur Durchführung des Fünften Vermögensbildungsgesetzes v. 4. 12. 1991 (BGBl. I 2156)
VermBG 5	Fünftes Vermögensbildungsgesetz v. 4. 3 1994 (BGBl. I 406), zuletzt geänd. am 21. 7. 1994 (BGBl. I 1630)
VersAG	Gesetz über die Beaufsichtigung der privaten Versicherungsunternehmungen v. 17. 12. 1992 (BGBl. 1993 I 2), zuletzt geänd. am 28. 10. 1994 (BGBl. I 3210)
VersSt	Versicherungsteuer
VersStDV	Versicherungsteuer-Durchführungsverordnung v. 20. 4. 1960 (BGBl I 278), zuletzt geänd. am 23. 6. 1993 (BGBl. I 944)
VersStG	Versicherungsteuergesetz v. 11. 10. 1995 (BGBl. I 1250)
VerstV	Verordnung über gewerbsmäßige Versteigerungen v. 1. 6. 1976 (BGBl. I 1345), zuletzt geänd. am 7. 11. 1990 (BGBl. I 2476)
Vfg.	Verfügung
VG	Verwaltungsgericht
vGA	verdeckte Gewinnausschüttung
VGH	Verwaltungsgerichtshof
vgl.	vergleiche
VgnSt	Vergnügungsteuer
VgnStG	Vergnügungsteuergesetz
vH	vom Hundert
ViehFleischG	Vieh- und Fleischgesetz v. 21. 3. 1977 (BGBl. I 477), zuletzt geändert am 2. 8. 1994 (BGBl. I 2018)
ViehsG	Viehseuchengesetz i. d. F. v. 23. 2. 1977 (BGBl. I 313), unbenannt in TiersG durch AbändG v. 4. 3. 1982 (BGBl. I 281)
ViehverkehrsV	Viehverkehrsverordnung v. 23. 4. 1982 (BGBl. I 503), zuletzt geänd. am 19. 4. 1995 (BGBl. I 528), neu bekanntgemacht am 29. 8. 1995 (BGBl. I 1092, 1248)
VO	Verordnung (nachgestellt auch... V)
Vogler/Wilkitzki	Vogler/Wilkitzki, Gesetz über die internationale Rechtshilfe in Strafsachen, Kommentar, 1992;
Vorbem.	Vorbemerkung
VRS	Verkehrsrecht-Sammlung
VSF	Vorschriftensammlung Bundes Finanzverwaltung
VSichG	Verkehrssicherstellungsgesetz v. 8. 10. 1968 (BGBl. I 1082), zuletzt geänd. am 26. 2. 1993 (BGBl. I 278)
VSt	Vermögensteuer

Literaturverzeichnis **Abkürzungen**

VStG	Vermögensteuergesetz v. 14. 11. 1990 (BGBl. I 2467), zuletzt geänd. am 18. 12. 1995 (BGBl. I 1959)
VStR	Vermögensteuer-Richtlinien v. 9. 3. 1989 (BStBl. I Sondernr. 1)
VStRG	Vermögensteuerreformgesetz v. 17. 4. 1974 (BGBl. I 949)
vT	vom Tausend
VuB	Verbote und Beschränkungen des grenzüberschreitenden Warenverkehrs
VwGO	Verwaltungsgerichtsordnung vom 19. 3. 1991 (BGBl. I 686), zuletzt geänd. am 23. 11. 1994 (BGBl. I 3486)
VwKostG	Verwaltungskostengesetz v. 23. 6. 1970 (BGBl. I 821), zuletzt geänd. am 5.10. 1994 (BGBl. I 2911)
VwVfG	Verwaltungsverfahrensgesetz v. 25. 5. 1976 (BGBl. I 1253), zuletzt geänd. am 14. 9. 1994 (BGBl. I 2325)
VwZG	Verwaltungszustellungsgesetz v. 3. 7. 1952 (BGBl. I 379), zuletzt geänd. am 12. 9. 1990 (BGBl. I 2002)
VZ	Veranlagungszeitraum
VZollG	Vereinszollgesetz v. 1. 7. 1869 (GBl. des Norddeutschen Bundes S. 317)
WaffG	Waffengesetz v. 8. 3. 1976 (BGBl. I 432), zuletzt geänd. am 25. 9. 1990 (BGBl. I 2106)
WaffG 1938	Waffengesetz v. 18. 3. 1938 (RGBl. I 265)
WaffV 1	Erste Verordnung zum Waffengesetz v. 10. 3. 1987 (BGBl. I 777), zuletzt geänd. am 8. 6. 1993 (BGBl. I 907)
WaffV 3	Dritte Verordnung zum Waffengesetz v. 2. 9. 1991 (BGBl. I 1872)
WaSiG	Wassersicherstellungsgesetz v. 24. 8. 1965 (BGBl. I 1225), zuletzt geänd. am 14. 9. 1994 (BGBl. I 2325)
Wassmann 1991	Wassmann, Die Selbstanzeige im Steuerrecht, 1991
WaStrG	Bundeswasserstraßengesetz v. 23. 8. 1990 (BGBl. I 1818), zuletzt geänd. am 24. 4 1992 (BGBl. I 986)
WDO	Wehrdisziplinarordnung v. 4. 9. 1972 (BGBl. I 1665), zuletzt geänd. am 12. 9. 1990 (BGBl. I 2002)
WEG	Wohnungseigentumsgesetz v. 15. 3. 1951 (BGBl. I 175, 209), zuletzt geänd. am 5. 10. 1994 (BGBl. I 2911)
WehrpflG	Wehrpflichtgesetz v. 15. 12. 1995 (BGBl. I 1756)
WehrStG	Wehrstrafgesetz v. 24. 5. 1974 (BGBl. I 1213), zuletzt geänd. am 21. 12. 1979 (BGBl. I 2326)
Weidner/Seydel	Weidner/Seydel, Kommentar zum Gesetz über das Branntweinmonopol, 1936
WeinG	Weingesetz v. 27. 8. 1982 (BGBl. I 1196), zuletzt geänd. am 30. 4. 1993 (BGBl. I 670)
WeinÜberwV	Wein-Überwachungs-Verordnung 14. 1. 1991 (BGBl. I 78), zuletzt geänd. am 9. 5. 1995 (BGBl. I 630)
WeinV	Wein-Verordnung v. 4. 8. 1983 (BGBl. I 1078), zuletzt geänd. am 21. 5. 1993 (BGBl. I 715)
WeinwirtG	Weinwirtschaftsgesetz 29. 10. 1992 (BGBl. I 1824)
Welzel	Welzel, Das Deutsche Strafrecht, 11. Aufl. 1969.
Welzel-Festschr.	Festschrift für Hans Welzel zum 70. Geburtstag, 1974

Abkürzungen

Westpfahl 1987	Westpfahl, Die strafbefreiende Selbstanzeige im Steuerrecht, München 1987
WHG	Wasserhaushaltsgesetz v. 23. 9. 1986 (BGBl. I 1529), zuletzt geänd. am 27. 6. 1994 (BGBl. I 1440)
WiGBl.	Gesetzblatt der Verwaltung des Vereinigten Wirtschaftsgebietes
WiKG 1	Erstes Gesetz zur Bekämpfung der Wirtschaftskriminalität v. 29. 7. 1976 (BGBl. I 2034)
WiKG 2	Zweites Gesetz zur Bekämpfung der Wirtschaftskriminalität v. 15. 5. 1986 (BGBl I 721)
WiSichG	Wirtschaftssicherstellungsgesetz v. 3. 10. 1968 (BGBl. I 1069), zuletzt geänd. am 14. 12. 1976 (BGBl. I 3341)
WiStG	Wirtschaftsstrafgesetz 1954 v. 3. 6. 1975 (BGBl. I 1313), zuletzt geänd. am 21. 7. 1993 (BGBl. I 1257)
wistra	Zeitschrift für Wirtschaft, Steuer, Strafrecht
Witte/Bearbeiter	Witte, Zollkodex, Kommentar, 1994
WiVerw	Wirtschaft und Verwaltung, Vierteljahresbeilage zum Gewerbearchiv
WM	Wertpapier-Mitteilungen, Teil IV B, Rechtsprechung
WoGG	Wohngeldgesetz v. 1..2. 1993 (BGBl. I 183), zuletzt geänd. am 15. 12. 1995 (BGBl. I 1783)
WoPDV	Verordnung zur Durchführung des Wohnungsbau-Prämiengesetzes v. 29. 6. 1994 (BGBl. I 1446), geänd. am 15. 12. 1995 (BGBl. I 1783)
WoPDV 1992	Verordnung zur Durchführung des Wohnungsbau-Prämiengesetzes idF der Fassung der Bekanntmachung v. 29. Juni 1994 (BGBl. I 1446)
WoPG	Wohnungsbau-Prämiengesetz v. 30. 7. 1992 (BGBl. I 1405)
WPg	Zeitschrift „Die Wirtschaftsprüfung"
WpHG	Wertpapierhandelsgesetz v. 26. 7. 1994 (BGBl. I 1749), zuletzt geänd. am 18. 12. 1995 (BGBl. I 1959)
Wpr	Wirtschaftsprüfer
WprO	Wirtschaftsprüferordnung v. 5. 11. 1975 (BGBl. I 2803), zuletzt geänd. am 5. 10. 1994 (BGBl. I 2911)
WSt	Wechselsteuer
WT	Zeitschrift „Der Wirtschaftstreuhänder", seit 1963 vereinigt mit der Zeitschrift „Die Wirtschaftsprüfung"
WuB	Entscheidungssammlung zum Wirtschafts- und Bankrecht
Württ	Württembergisch
WZG	Warenzeichengesetz v. 2. 1. 1968 (BGBl. I 1, ber. 29), zuletzt geänd. am 23. 4. 1992 (BGBl. I 938)
zB	zum Beispiel
ZBl.	Zentralblatt für das Deutsche Reich
ZDG	Zivildienstgesetz v. 28. 9. 1994 (BGBl. I 2811), zuletzt geänd. am 15. 12. 1995 (BGBl. 1726)
ZerlG	Zerlegungsgesetz v. 25. 2. 1971 (BGBl. I 145), zuletzt geänd. am 9. 8. 1994 (BGBl. I 2066)
ZFA	Zollfahndungsamt
ZfK	Zeitschrift für Kommunalfinanzen
ZfZ	Zeitschrift für Zölle und Verbrauchsteuern

Literaturverzeichnis **Abkürzungen**

ZG	Zollgesetz v. 18. 5. 1970 (BGBl. I 529)
ZG 1939	Zollgesetz v. 20. 3. 1939 (RGBl. I 529), zuletzt geänd. am 21. 12. 1992 (BGBl. I 2125)
ZIP	Zeitschrift für Wirtschaftsrecht; bis 1982 „Zeitschrift für Wirtschaft und Insolvenzpraxis"
zit.	zitiert
ZK	VO (EWG) Nr. 2913/92 des Rates zur Festlegung des Zollkodex der Gemeinschaften vom 12. 10. 1992 (ABl. EG Nr. L 302 S. 1, vollständig in Kraft seit dem 1. 1. 1994 (BGBl. 1994 I 93)
ZKA	Zollkriminalamt
ZKDVO	Verordnung (EWG) Nr. 2454/93 der Kommission mit Durchführungsvorschriften zu der Verordnung (EWG) Nr. 2913/92 des Rates zur Festlegung des Zollkodex der Gemeinschaften v. 2. Juli 1993 (ABl. EG Nr. L 253 S. 1), zul. geänd. durch VO (EG) Nr. 1762/95 v. 19. 7. 1995 8. (ABl. EG Nr. L 171/8)
ZKI	Zollkriminal-Institut
ZKredW	Zeitschrift für das gesamte Kreditwesen
ZollRÄndG	Zollrechtsänderungsgesetz v. 21. 12. 1992 (BGBl. I 2125
ZollV	Zollverordnung v. 23. 12. 1993 (BGBl. I 2449, ber. BGBl. 1994 I 162, zuletzt geänd. am 22. 12. 1994 (BGBl. I 3978)
ZollVG	Zollverwaltungsgesetz v. 21. 12. 1992 (BGBl. I 2125), zuletzt geänd. am 27. 12. 1993 (BGBl. I 2378)
ZonenRFG	Zonenrandförderungsgesetz v. 5. 8. 1971 (BGBl. I 1237), zuletzt geänd. am 6. 6. 1994 (BGBl. I 1184, ber. 1978)
ZPr	Zeitschrift „Die Zollpraxis"; ab 1973 „Zoll aktuell"
ZSchwR	Zeitschrift für Schweizerisches Recht
ZSEG	Gesetz über die Entschädigung von Zeugen und Sachverständigen v. 1. 10. 1969 (BGBl. I 1756), zuletzt geänd. am 24. 6. 1994 (BGBl. I 1302)
ZStW	Zeitschrift für die gesamte Strafrechtswissenschaft
Ztschr	Zeitschrift
ZuckMeldV	Zuckermeldeverordnung v. 20. 3. 1980 (BGBl. I 335), zuletzt geänd. am 2. 8. 1993 (BGBl. I 1447)
zust.	zustimmend
zutr.	zutreffend
zw.	zweifelnd
ZWVO	VO (EWG) Nr. 803/68 über den Zollwert der Waren
zZ	zur Zeit

Abgabenordnung

Vom 16. März 1976 (BGBl. I S. 613)

Zuletzt geändert durch Gesetz vom 18. Dezember 1995 (BGBl. I S. 1959)

– Auszug –

Achter Teil. Straf- und Bußgeldvorschriften; Straf- und Bußgeldverfahren

Erster Abschnitt. Strafvorschriften

§ 369 Steuerstraftaten

(1) Steuerstraftaten (Zollstraftaten) sind:
1. Taten, die nach den Steuergesetzen strafbar sind,
2. der Bannbruch,
3. die Wertzeichenfälschung und deren Vorbereitung, soweit die Tat Steuerzeichen betrifft,
4. die Begünstigung einer Person, die eine Tat nach den Nummern 1 bis 3 begangen hat.

(2) Für Steuerstraftaten gelten die allgemeinen Gesetze über das Strafrecht, soweit die Strafvorschriften der Steuergesetze nichts anderes bestimmen.

§ 370 Steuerhinterziehung

(1) Mit Freiheitsstrafe bis zu 5 Jahren oder mit Geldstrafe wird bestraft, wer
1. den Finanzbehörden oder anderen Behörden über steuerlich erhebliche Tatsachen unrichtige oder unvollständige Angaben macht,
2. die Finanzbehörden pflichtwidrig über steuerlich erhebliche Tatsachen in Unkenntnis läßt oder
3. pflichtwidrig die Verwendung von Steuerzeichen oder Steuerstempeln unterläßt

und dadurch Steuern verkürzt oder für sich oder einen anderen nicht gerechtfertigte Steuervorteile erlangt.

(2) Der Versuch ist strafbar.

(3) [1]In besonders schweren Fällen ist die Strafe Freiheitsstrafe von sechs Monaten bis zu zehn Jahren. [2]Ein besonders schwerer Fall liegt in der Regel vor, wenn der Täter
1. aus grobem Eigennutz in großem Ausmaß Steuern verkürzt oder nicht gerechtfertigte Steuervorteile erlangt,

2. seine Befugnisse oder seine Stellung als Amtsträger mißbraucht,
3. die Mithilfe eines Amtsträgers ausnutzt, der seine Befugnisse oder seine Stellung mißbraucht, oder
4. unter Verwendung nachgemachter oder verfälschter Belege fortgesetzt Steuern verkürzt oder nicht gerechtfertigte Steuervorteile erlangt.

(4) ¹Steuern sind namentlich dann verkürzt, wenn sie nicht, nicht in voller Höhe oder nicht rechtzeitig festgesetzt werden; dies gilt auch dann, wenn die Steuer vorläufig oder unter Vorbehalt der Nachprüfung festgesetzt wird oder eine Steueranmeldung einer Steuerfestsetzung unter Vorbehalt der Nachprüfung gleichsteht. ²Steuervorteile sind auch Steuervergütungen; nicht gerechtfertigte Steuervorteile sind erlangt, soweit sie zu Unrecht gewährt oder belassen werden. ³Die Voraussetzungen der Sätze 1 und 2 sind auch dann erfüllt, wenn die Steuer, auf die sich die Tat bezieht, aus anderen Gründen hätte ermäßigt oder der Steuervorteil aus anderen Gründen hätte beansprucht werden können.

(5) Die Tat kann auch hinsichtlich solcher Waren begangen werden, deren Einfuhr, Ausfuhr oder Durchfuhr verboten ist.

(6) ¹Die Absätze 1 bis 5 gelten auch dann, wenn sich die Tat auf Eingangsabgaben bezieht, die von einem anderen Mitgliedstaat der Europäischen Gemeinschaften verwaltet werden oder die einem Mitgliedstaat der Europäischen Freihandelsassoziation oder einem mit dieser assoziierten Staat zustehen. ²Das gleiche gilt, wenn sich die Tat auf Umsatzsteuern oder auf harmonisierte Verbrauchsteuern, für die in Artikel 3 Abs. 1 der Richtlinie 92/12/ EWG des Rates vom 25. Februar 1992 (ABl. EG Nr. L 76 S. 1) genannten Waren bezieht, die von einem anderen Mitgliedstaat der Europäischen Gemeinschaften verwaltet werden. ³Die in Satz 2 bezeichneten Taten werden nur verfolgt, wenn die Gegenseitigkeit zur Zeit der Tat verbürgt und dies in einer Rechtsverordnung nach Satz 4 festgestellt ist. ⁴Das Bundesministerium der Finanzen wird ermächtigt, mit Zustimmung des Bundesrates in einer Rechtsverordnung festzustellen, im Hinblick auf welche Mitgliedstaaten der Europäischen Gemeinschaften Taten im Sinne des Satzes 2 wegen Verbürgung der Gegenseitigkeit zu verfolgen sind.

(7) Die Absätze 1 bis 5 gelten unabhängig von dem Recht des Tatortes auch für Taten, die außerhalb des Geltungsbereiches dieses Gesetzes begangen werden.

§ 371 Selbstanzeige bei Steuerhinterziehung

(1) Wer in den Fällen des § 370 unrichtige oder unvollständige Angaben bei der Finanzbehörde berichtigt oder ergänzt oder unterlassene Angaben nachholt, wird insoweit straffrei.

(2) Straffreiheit tritt nicht ein, wenn
1. vor der Berichtigung, Ergänzung oder Nachholung
   a) ein Amtsträger der Finanzbehörde zur steuerlichen Prüfung oder zur Ermittlung einer Steuerstraftat oder einer Steuerordnungswidrigkeit erschienen ist oder

1. Abschnitt. Strafvorschriften §§ 372–374 **AO**

b) dem Täter oder seinem Vertreter die Einleitung des Straf- oder Bußgeldverfahrens wegen der Tat bekanntgegeben worden ist oder
2. die Tat im Zeitpunkt der Berichtigung, Ergänzung oder Nachholung ganz oder zum Teil bereits entdeckt war und der Täter dies wußte oder bei verständiger Würdigung der Sachlage damit rechnen mußte.

(3) Sind Steuerverkürzungen bereits eingetreten oder Steuervorteile erlangt, so tritt für einen an der Tat Beteiligten Straffreiheit nur ein, soweit er die zu seinen Gunsten hinterzogenen Steuern innerhalb der ihm bestimmten angemessenen Frist entrichtet.

(4) ¹Wird die in § 153 vorgesehene Anzeige rechtzeitig und ordnungsmäßig erstattet, so wird ein Dritter, der die in § 153 bezeichneten Erklärungen abzugeben unterlassen oder unrichtig oder unvollständig abgegeben hat, strafrechtlich nicht verfolgt, es sei denn, daß ihm oder seinem Vertreter vorher die Einleitung eines Straf- oder Bußgeldverfahrens wegen der Tat bekanntgegeben worden ist. ²Hat der Dritte zum eigenen Vorteil gehandelt, so gilt Absatz 3 entsprechend.

§ 372 Bannbruch

(1) Bannbruch begeht, wer Gegenstände entgegen einem Verbot einführt, ausführt oder durchführt.

(2) Der Täter wird nach § 370 Absatz 1, 2 bestraft, wenn die Tat nicht in anderen Vorschriften als Zuwiderhandlung gegen ein Einfuhr-, Ausfuhr- oder Durchfuhrverbot mit Strafe oder mit Geldbuße bedroht ist.

§ 373 Gewerbsmäßiger, gewaltsamer und bandenmäßiger Schmuggel

(1) Wer gewerbsmäßig Eingangsabgaben hinterzieht oder gewerbsmäßig durch Zuwiderhandlungen gegen Monopolvorschriften Bannbruch begeht, wird mit Freiheitsstrafe von drei Monaten bis zu fünf Jahren bestraft.

(2) Ebenso wird bestraft, wer
1. eine Hinterziehung von Eingangsabgaben oder einen Bannbruch begeht, bei denen er oder ein anderer Beteiligter eine Schußwaffe bei sich führt,
2. eine Hinterziehung von Eingangsabgaben oder einen Bannbruch begeht, bei denen er oder ein anderer Beteiligter eine Waffe oder sonst ein Werkzeug oder Mittel bei sich führt, um den Widerstand eines anderen durch Gewalt oder Drohung mit Gewalt zu verhindern oder zu überwinden, oder
3. als Mitglied einer Bande, die sich zur fortgesetzten Begehung der Hinterziehung von Eingangsabgaben oder des Bannbruchs verbunden hat, unter Mitwirkung eines anderen Bandenmitglieds die Tat ausführt.

§ 374 Steuerhehlerei

(1) Wer Erzeugnisse oder Waren, hinsichtlich deren Verbrauchsteuern oder Zoll hinterzogen oder Bannbruch nach § 372 Abs. 2, § 373 begangen worden ist, ankauft oder sonst sich oder einem Dritten verschafft, sie absetzt

3

oder abzusetzen hilft, um sich oder einen Dritten zu bereichern, wird nach § 370 Abs. 1 und 2, wenn er gewerbsmäßig handelt, nach § 373 bestraft.

(2) Absatz 1 gilt auch dann, wenn Eingangsabgaben hinterzogen worden sind, die von einem anderen Mitgliedstaat der Europäischen Gemeinschaften verwaltet werden oder die einem Mitgliedstaat der Europäischen Freihandelsassoziation oder einem mit dieser assoziierten Staat zustehen; § 370 Abs. 7 gilt entsprechend.

§ 375 Nebenfolgen

(1) Neben einer Freiheitsstrafe von mindestens einem Jahr wegen
1. Steuerhinterziehung,
2. Bannbruchs nach § 372 Abs. 2, § 373,
3. Steuerhehlerei oder
4. Begünstigung einer Person, die eine Tat nach den Nummern 1 bis 3 begangen hat,

kann das Gericht die Fähigkeit, öffentliche Ämter zu bekleiden, und die Fähigkeit, Rechte aus öffentlichen Wahlen zu erlangen, aberkennen (§ 45 Abs. 2 des Strafgesetzbuches).

(2) ¹Ist eine Steuerhinterziehung, ein Bannbruch nach § 372 Abs. 2, § 373 oder eine Steuerhehlerei begangen worden, so können
1. die Erzeugnisse, Waren und andere Sachen, auf die sich die Hinterziehung von Verbrauchsteuer oder Zoll, der Bannbruch oder die Steuerhehlerei bezieht, und
2. die Beförderungsmittel, die zur Tat benutzt worden sind,

eingezogen werden. ² § 74a des Strafgesetzbuches ist anzuwenden.

§ 376 Unterbrechung der Verfolgungsverjährung

Die Verjährung der Verfolgung einer Steuerstraftat wird auch dadurch unterbrochen, daß dem Beschuldigten die Einleitung des Bußgeldverfahrens bekanntgegeben oder diese Bekanntgabe angeordnet wird.

Zweiter Abschnitt. Bußgeldvorschriften

§ 377 Steuerordnungswidrigkeiten

(1) Steuerordnungswidrigkeiten (Zollordnungswidrigkeiten) sind Zuwiderhandlungen, die nach den Steuergesetzen mit Geldbuße geahndet werden können.

(2) Für Steuerordnungswidrigkeiten gelten die Vorschriften des Ersten Teils des Gesetzes über Ordnungswidrigkeiten, soweit die Bußgeldvorschriften der Steuergesetze nichts anderes bestimmen.

2. Abschnitt. Bußgeldvorschriften §§ 378–380 AO

§ 378 Leichtfertige Steuerverkürzung

(1) ¹Ordnungswidrig handelt, wer als Steuerpflichtiger oder bei Wahrnehmung der Angelegenheiten eines Steuerpflichtigen eine der in § 370 Abs. 1 bezeichneten Taten leichtfertig begeht. ²§ 370 Abs. 4 bis 7 gilt entsprechend.

(2) Die Ordnungswidrigkeit kann mit einer Geldbuße bis zu hunderttausend Deutsche Mark geahndet werden.

(3) ¹Eine Geldbuße wird nicht festgesetzt, soweit der Täter unrichtige oder unvollständige Angaben bei der Finanzbehörde berichtigt oder ergänzt oder unterlassene Angaben nachholt, bevor ihm oder seinem Vertreter die Einleitung eines Straf- oder Bußgeldverfahrens wegen der Tat bekanntgegeben worden ist. ²§ 371 Abs. 3 und 4 gilt entsprechend.

§ 379 Steuergefährdung

(1) ¹Ordnungswidrig handelt, wer vorsätzlich oder leichtfertig

1. Belege ausstellt, die in tatsächlicher Hinsicht unrichtig sind, oder
2. nach Gesetz buchungs- oder aufzeichnungspflichtige Geschäftsvorfälle oder Betriebsvorgänge nicht oder in tatsächlicher Hinsicht unrichtig verbucht oder verbuchen läßt

und dadurch ermöglicht, Steuern zu verkürzen oder nicht gerechtfertigte Steuervorteile zu erlangen. ²Satz 1 Nr. 1 gilt auch dann, wenn Eingangsabgaben verkürzt werden können, die von einem anderen Mitgliedstaat der Europäischen Gemeinschaften verwaltet werden oder die einem Staat zustehen, der für Waren aus den Europäischen Gemeinschaften auf Grund eines Assoziations- oder Präferenzabkommens eine Vorzugsbehandlung gewährt; § 370 Abs. 7 gilt entsprechend. ³Das gleiche gilt, wenn sich die Tat auf Umsatzsteuern bezieht, die von einem anderen Mitgliedstaat der Europäischen Gemeinschaften verwaltet werden.

(2) Ordnungswidrig handelt, wer vorsätzlich oder leichtfertig

1. der Mitteilungspflicht nach § 138 Abs. 2 nicht, nicht vollständig oder nicht rechtzeitig nachkommt,
2. die Pflicht zur Kontenwahrheit nach § 154 Abs. 1 verletzt.

(3) Ordnungswidrig handelt, wer vorsätzlich oder fahrlässig einer Auflage nach § 120 Abs. 2 Nr. 4 zuwiderhandelt, die einem Verwaltungsakt für Zwecke der besonderen Steueraufsicht (§§ 209 bis 217) beigefügt worden ist.

(4) Die Ordnungswidrigkeit kann mit einer Geldbuße bis zu zehntausend Deutsche Mark geahndet werden, wenn die Handlung nicht nach § 378 geahndet werden kann.

§ 380 Gefährdung der Abzugsteuern

(1) Ordnungswidrig handelt, wer vorsätzlich oder leichtfertig seiner Verpflichtung, Steuerabzugsbeträge einzubehalten und abzuführen, nicht, nicht vollständig oder nicht rechtzeitig nachkommt.

(2) Die Ordnungswidrigkeit kann mit einer Geldbuße bis zu zehntausend Deutsche Mark geahndet werden, wenn die Handlung nicht nach § 378 geahndet werden kann.

§ 381 Verbrauchsteuergefährdung

(1) Ordnungswidrig handelt, wer vorsätzlich oder leichtfertig Vorschriften der Verbrauchsteuergesetze oder der dazu erlassenen Rechtsverordnungen
1. über die zur Vorbereitung, Sicherung oder Nachprüfung der Besteuerung auferlegten Pflichten,
2. über Verpackung und Kennzeichnung verbrauchsteuerpflichtiger Erzeugnisse oder Waren, die solche Erzeugnisse enthalten, oder über Verkehrs- oder Verwendungsbeschränkungen für solche Erzeugnisse oder Waren oder
3. über den Verbrauch unversteuerter Waren in den Freihäfen

zuwiderhandelt, soweit die Verbrauchsteuergesetze oder die dazu erlassenen Rechtsverordnungen für einen bestimmten Tatbestand auf diese Bußgeldvorschrift verweisen.

(2) Die Ordnungswidrigkeit kann mit einer Geldbuße bis zu zehntausend Deutsche Mark geahndet werden, wenn die Handlung nicht nach § 378 geahndet werden kann.

§ 382 Gefährdung der Eingangsabgaben

(1) Ordnungswidrig handelt, wer als Pflichtiger oder bei der Wahrnehmung der Angelegenheiten eines Pflichtigen vorsätzlich oder fahrlässig Vorschriften der Zollgesetze, der dazu erlassenen Rechtsverordnungen oder der Verordnungen des Rates oder der Kommission der Europäischen Gemeinschaften zuwiderhandelt, die
1. für die zollamtliche Erfassung des Warenverkehrs über die Grenze des Zollgebiets der Europäischen Gemeinschaft sowie über die Freizonengrenzen,
2. für die Überführung von Waren in ein Zollverfahren und dessen Durchführung oder für die Erlangung einer sonstigen zollrechtlichen Bestimmung von Waren,
3. für die Freizonen, den grenznahen Raum sowie die darüber hinaus der Grenzaufsicht unterworfenen Gebiete

gelten, soweit die Zollgesetze, die dazu oder die auf Grund von Absatz 4 erlassenen Rechtsverordnungen für einen bestimmten Tatbestand auf diese Bußgeldvorschrift verweisen.

(2) Absatz 1 ist auch anzuwenden, soweit die Zollgesetze und die dazu erlassenen Rechtsverordnungen für Verbrauchsteuern sinngemäß gelten.

(3) Die Ordnungswidrigkeit kann mit einer Geldbuße bis zu zehntausend Deutsche Mark geahndet werden, wenn die Handlung nicht nach § 378 geahndet werden kann.

(4) Das Bundesministerium der Finanzen kann durch Rechtsverordnungen die Tatbestände der Verordnungen des Rates der Europäischen Union oder der Kommission der Europäischen Gemeinschaften, die nach den Absätzen 1 bis 3 als Ordnungswidrigkeiten mit Geldbuße geahndet werden können, bezeichnen, soweit dies zur Durchführung dieser Rechtsvorschriften erforderlich ist und die Tatbestände Pflichten zur Gestellung, Vorführung, Lagerung oder Behandlung von Waren, zur Abgabe von Erklärungen oder Anzeigen, zur Aufnahme von Niederschriften sowie zur Ausfüllung oder Vorlage von Zolldokumenten oder zur Aufnahme von Vermerken in solchen Dokumenten betreffen.

§ 383 Unzulässiger Erwerb von Steuererstattungs- und Vergütungsansprüchen

(1) Ordnungswidrig handelt, wer entgegen § 46 Abs. 4 Satz 1 Erstattungs- oder Vergütungsansprüche erwirbt.

(2) Die Ordnungswidrigkeit kann mit einer Geldbuße bis zu hunderttausend Deutsche Mark geahndet werden.

§ 384 Verfolgungsverjährung

Die Verfolgung von Steuerordnungswidrigkeiten nach den §§ 378 bis 380 verjährt in fünf Jahren.

Dritter Abschnitt. Strafverfahren

1. Unterabschnitt: Allgemeine Vorschriften

§ 385 Geltung von Verfahrensvorschriften

(1) Für das Strafverfahren wegen Steuerstraftaten gelten, soweit die folgenden Vorschriften nichts anderes bestimmen, die allgemeinen Gesetze über das Strafverfahren, namentlich die Strafprozeßordnung, das Gerichtsverfassungsgesetz und das Jugendgerichtsgesetz.

(2) Die für Steuerstraftaten geltenden Vorschriften dieses Abschnitts, mit Ausnahme des § 386 Abs. 2 sowie der §§ 399 bis 401, sind bei dem Verdacht einer Straftat, die unter Vorspiegelung eines steuerlich erheblichen Sachverhaltes gegenüber der Finanzbehörde oder einer anderen Behörde auf die Erlangung von Vermögensvorteilen gerichtet ist und kein Steuerstrafgesetz verletzt, entsprechend anzuwenden.

§ 386 Zuständigkeit der Finanzbehörde bei Steuerstraftaten

(1) [1]Bei dem Verdacht einer Steuerstraftat ermittelt die Finanzbehörde den Sachverhalt. [2]Finanzbehörde im Sinne dieses Abschnitts sind das Hauptzollamt, das Finanzamt, das Bundesamt für Finanzen und die Familienkasse.

(2) Die Finanzbehörde führt das Ermittlungsverfahren in den Grenzen des § 399 Abs. 1 und der §§ 400, 401 selbständig durch, wenn die Tat

1. ausschließlich eine Steuerstraftat darstellt oder
2. zugleich andere Strafgesetze verletzt und deren Verletzung Kirchensteuern oder andere öffentlich-rechtliche Abgaben betrifft, die an Besteuerungsgrundlagen, Steuermeßbeträge oder Steuerbeträge anknüpfen.

(3) Absatz 2 gilt nicht, sobald gegen einen Beschuldigten wegen der Tat ein Haftbefehl oder ein Unterbringungsbefehl erlassen ist.

(4) [1]Die Finanzbehörde kann die Strafsache jederzeit an die Staatsanwaltschaft abgeben. [2]Die Staatsanwaltschaft kann die Strafsache jederzeit an sich ziehen. [3]In beiden Fällen kann die Staatsanwaltschaft im Einvernehmen mit der Finanzbehörde die Strafsache wieder an die Finanzbehörde abgeben.

§ 387 Sachlich zuständige Finanzbehörde

(1) Sachlich zuständig ist die Finanzbehörde, welche die betroffene Steuer verwaltet.

(2) [1]Die Zuständigkeit nach Absatz 1 kann durch Rechtsverordnung einer Finanzbehörde für den Bereich mehrerer Finanzbehörden übertragen werden, soweit dies mit Rücksicht auf die Wirtschafts- oder Verkehrsverhältnisse, den Aufbau der Verwaltungsbehörden oder andere örtliche Bedürfnisse zweckmäßig erscheint. [2]Die Rechtsverordnung erläßt, soweit die Finanzbehörde eine Landesbehörde ist, die Landesregierung, im übrigen das Bundesministerium der Finanzen. [3]Die Rechtsverordnung des Bundesministeriums der Finanzen bedarf nicht der Zustimmung des Bundesrates. [4]Die Landesregierung kann die Ermächtigung auf die für die Finanzverwaltung zuständige oberste Landesbehörde übertragen.

§ 388 Örtlich zuständige Finanzbehörde

(1) Örtlich zuständig ist die Finanzbehörde,
1. in deren Bezirk die Steuerstraftat begangen oder entdeckt worden ist,
2. die zur Zeit der Einleitung des Strafverfahrens für die Abgabenangelegenheiten zuständig ist oder
3. in deren Bezirk der Beschuldigte zur Zeit der Einleitung des Strafverfahrens seinen Wohnsitz hat.

(2) [1]Ändert sich der Wohnsitz des Beschuldigten nach Einleitung des Strafverfahrens, so ist auch die Finanzbehörde örtlich zuständig, in deren Bezirk der neue Wohnsitz liegt. [2]Entsprechendes gilt, wenn sich die Zuständigkeit der Finanzbehörde für die Abgabenangelegenheit ändert.

(3) Hat der Beschuldigte im räumlichen Geltungsbereich dieses Gesetzes keinen Wohnsitz, so wird die Zuständigkeit auch durch den gewöhnlichen Aufenthaltsort bestimmt.

3. Abschnitt. Strafverfahren §§ 389–392 AO

§ 389 Zusammenhängende Strafsachen

¹Für zusammenhängende Strafsachen, die einzeln nach § 388 zur Zuständigkeit verschiedener Finanzbehörden gehören würden, ist jede dieser Finanzbehörden zuständig. ²§ 3 der Strafprozeßordnung gilt entsprechend.

§ 390 Mehrfache Zuständigkeit

(1) Sind nach den §§ 387 bis 389 mehrere Finanzbehörden zuständig, so gebührt der Vorzug der Finanzbehörde, die wegen der Tat zuerst ein Strafverfahren eingeleitet hat.

(2) ¹Auf Ersuchen dieser Finanzbehörde hat eine andere zuständige Finanzbehörde die Strafsache zu übernehmen, wenn dies für die Ermittlungen sachdienlich erscheint. ²In Zweifelsfällen entscheidet die Behörde, der die ersuchte Finanzbehörde untersteht.

§ 391 Zuständiges Gericht

(1) ¹Ist das Amtsgericht sachlich zuständig, so ist örtlich zuständig das Amtsgericht, in dessen Bezirk das Landgericht seinen Sitz hat. ²Im vorbereitenden Verfahren gilt dies, unbeschadet einer weitergehenden Regelung nach § 58 Abs. 1 des Gerichtsverfassungsgesetzes, nur für die Zustimmung des Gerichts nach § 153 Abs. 1 und § 153a Abs. 1 der Strafprozeßordnung.

(2) ¹Die Landesregierung kann durch Rechtsverordnung die Zuständigkeit abweichend von Absatz 1 Satz 1 regeln, soweit dies mit Rücksicht auf die Wirtschafts- oder Verkehrsverhältnisse, den Aufbau der Verwaltungsbehörden oder andere örtliche Bedürfnisse zweckmäßig erscheint. ²Die Landesregierung kann diese Ermächtigung auf die Landesjustizverwaltung übertragen.

(3) Strafsachen wegen Steuerstraftaten sollen beim Amtsgericht einer bestimmten Abteilung zugewiesen werden.

(4) Die Absätze 1 bis 3 gelten auch, wenn das Verfahren nicht nur Steuerstraftaten zum Gegenstand hat; sie gelten jedoch nicht, wenn dieselbe Handlung eine Straftat nach dem Betäubungsmittelgesetz darstellt, und nicht für Steuerstraftaten, welche die Kraftfahrzeugsteuer betreffen.

§ 392 Verteidigung

(1) Abweichend von § 138 Abs. 1 der Strafprozeßordnung können auch Steuerberater, Steuerbevollmächtigte, Wirtschaftsprüfer und vereidigte Buchprüfer zu Verteidigern gewählt werden, soweit die Finanzbehörde das Strafverfahren selbständig durchführt; im übrigen können sie die Verteidigung nur in Gemeinschaft mit einem Rechtsanwalt oder einem Rechtslehrer an einer deutschen Hochschule führen.

(2) § 138 Abs. 2 der Strafprozeßordnung bleibt unberührt.

§ 393 Verhältnis des Strafverfahrens zum Besteuerungsverfahren

(1) ¹Die Rechte und Pflichten der Steuerpflichtigen und der Finanzbehörde im Besteuerungsverfahren und im Strafverfahren richten sich nach den für das jeweilige Verfahren geltenden Vorschriften. ²Im Besteuerungsverfahren sind jedoch Zwangsmittel (§ 328) gegen den Steuerpflichtigen unzulässig, wenn er dadurch gezwungen würde, sich selbst wegen einer von ihm begangenen Steuerstraftat oder Steuerordnungswidrigkeit zu belasten. ³Dies gilt stets, soweit gegen ihn wegen einer solchen Tat das Strafverfahren eingeleitet worden ist. ⁴Der Steuerpflichtige ist hierüber zu belehren, soweit dazu Anlaß besteht.

(2) ¹Soweit der Staatsanwaltschaft oder dem Gericht in einem Strafverfahren aus den Steuerakten Tatsachen oder Beweismittel bekannt werden, die der Steuerpflichtige der Finanzbehörde vor Einleitung des Strafverfahrens oder in Unkenntnis der Einleitung des Strafverfahrens in Erfüllung steuerrechtlicher Pflichten offenbart hat, dürfen diese Kenntnisse gegen ihn nicht für die Verfolgung einer Tat verwendet werden, die keine Steuerstraftat ist. ²Dies gilt nicht für Straftaten, an deren Verfolgung ein zwingendes öffentliches Interesse (§ 30 Abs. 4 Nr. 5) besteht.

§ 394 Übergang des Eigentums

¹Hat ein Unbekannter, der bei einer Steuerstraftat auf frischer Tat betroffen wurde, aber entkommen ist, Sachen zurückgelassen und sind diese Sachen beschlagnahmt oder sonst sichergestellt worden, weil sie eingezogen werden können, so gehen sie nach Ablauf eines Jahres in das Eigentum des Staates über, wenn der Eigentümer der Sachen unbekannt ist und die Finanzbehörde durch eine öffentliche Bekanntmachung auf den drohenden Verlust des Eigentums hingewiesen hat. ²§ 15 Abs. 2 Satz 1 des Verwaltungszustellungsgesetzes gilt entsprechend. ³Die Frist beginnt mit dem Aushang der Bekanntmachung.

§ 395 Akteneinsicht der Finanzbehörde

¹Die Finanzbehörde ist befugt, die Akten, die dem Gericht vorliegen oder im Falle der Erhebung der Anklage vorzulegen wären, einzusehen sowie beschlagnahmte oder sonst sichergestellte Gegenstände zu besichtigen. ²Die Akten werden der Finanzbehörde auf Antrag zur Einsichtnahme übersandt.

§ 396 Aussetzung des Verfahrens

(1) Hängt die Beurteilung der Tat als Steuerhinterziehung davon ab, ob ein Steueranspruch besteht, ob Steuern verkürzt oder ob nicht gerechtfertigte Steuervorteile erlangt sind, so kann das Strafverfahren ausgesetzt werden, bis das Besteuerungsverfahren rechtskräftig abgeschlossen ist.

(2) Über die Aussetzung entscheidet im Ermittlungsverfahren die Staatsanwaltschaft, im Verfahren nach Erhebung der öffentlichen Klage das Gericht, das mit der Sache befaßt ist.

(3) Während der Aussetzung des Verfahrens ruht die Verjährung.

3. Abschnitt. Strafverfahren §§ 397–399 AO

2. Unterabschnitt: Ermittlungsverfahren

I. Allgemeines

§ 397 Einleitung des Strafverfahrens

(1) Das Strafverfahren ist eingeleitet, sobald die Finanzbehörde, die Polizei, die Staatsanwaltschaft, einer ihrer Hilfsbeamten oder der Strafrichter eine Maßnahme trifft, die erkennbar darauf abzielt, gegen jemanden wegen einer Steuerstraftat strafrechtlich vorzugehen.

(2) Die Maßnahme ist unter Angabe des Zeitpunktes unverzüglich in den Akten zu vermerken.

(3) Die Einleitung des Strafverfahrens ist dem Beschuldigten spätestens mitzuteilen, wenn er dazu aufgefordert wird, Tatsachen darzulegen oder Unterlagen vorzulegen, die im Zusammenhang mit der Straftat stehen, derer er verdächtig ist.

§ 398 Einstellung wegen Geringfügigkeit

¹Die Staatsanwaltschaft kann von der Verfolgung einer Steuerhinterziehung, bei der nur eine geringwertige Steuerverkürzung eingetreten ist oder nur geringwertige Steuervorteile erlangt sind, auch ohne Zustimmung des für die Eröffnung des Hauptverfahrens zuständigen Gerichts absehen, wenn die Schuld des Täters als gering anzusehen wäre und kein öffentliches Interesse an der Verfolgung besteht. ²Dies gilt für das Verfahren wegen einer Steuerhehlerei nach § 374 und einer Begünstigung einer Person, die eine der in § 375 Abs. 1 Nr. 1 bis 3 genannten Taten begangen hat, entsprechend.

II. Verfahren der Finanzbehörde bei Steuerstraftaten

§ 399 Rechte und Pflichten der Finanzbehörde

(1) Führt die Finanzbehörde das Ermittlungsverfahren auf Grund des § 386 Abs. 2 selbständig durch, so nimmt sie die Rechte und Pflichten wahr, die der Staatsanwaltschaft im Ermittlungsverfahren zustehen.

(2) ¹Ist einer Finanzbehörde nach § 387 Abs. 2 die Zuständigkeit für den Bereich mehrerer Finanzbehörden übertragen, so bleiben das Recht und die Pflicht dieser Finanzbehörden unberührt, bei dem Verdacht einer Steuerstraftat den Sachverhalt zu erforschen und alle unaufschiebbaren Anordnungen zu treffen, um die Verdunkelung der Sache zu verhüten. ²Sie können Beschlagnahmen, Notveräußerungen, Durchsuchungen, Untersuchungen und sonstige Maßnahmen nach den für Hilfsbeamte der Staatsanwaltschaft geltenden Vorschriften der Strafprozeßordnung anordnen.

§ 400 Antrag auf Erlaß eines Strafbefehls

Bieten die Ermittlungen genügenden Anlaß zur Erhebung der öffentlichen Klage, so beantragt die Finanzbehörde beim Richter den Erlaß eines Strafbefehls, wenn die Strafsache zur Behandlung im Strafbefehlsverfahren geeignet erscheint; ist dies nicht der Fall, so legt die Finanzbehörde die Akten der Staatsanwaltschaft vor.

§ 401 Antrag auf Anordnung von Nebenfolgen im selbständigen Verfahren

Die Finanzbehörde kann den Antrag stellen, die Einziehung oder den Verfall selbständig anzuordnen oder eine Geldbuße gegen eine juristische Person oder eine Personenvereinigung selbständig festzusetzen (§§ 440, 442 Abs. 1, § 444 Abs. 3 der Strafprozeßordnung).

III. Stellung der Finanzbehörde im Verfahren der Staatsanwaltschaft

§ 402 Allgemeine Rechte und Pflichten der Finanzbehörde

(1) Führt die Staatsanwaltschaft das Ermittlungsverfahren durch, so hat die sonst zuständige Finanzbehörde dieselben Rechte und Pflichten wie die Behörden des Polizeidienstes nach der Strafprozeßordnung sowie die Befugnisse nach § 399 Abs. 2 Satz 2.

(2) Ist einer Finanzbehörde nach § 387 Abs. 2 die Zuständigkeit für den Bereich mehrerer Finanzbehörden übertragen, so gilt Absatz 1 für jede dieser Finanzbehörden.

§ 403 Beteiligung der Finanzbehörde

(1) ¹Führt die Staatsanwaltschaft oder die Polizei Ermittlungen durch, die Steuerstraftaten betreffen, so ist die sonst zuständige Finanzbehörde befugt, daran teilzunehmen. ²Ort und Zeit der Ermittlungshandlungen sollen ihr rechtzeitig mitgeteilt werden. ³Dem Vertreter der Finanzbehörde ist zu gestatten, Fragen an Beschuldigte, Zeugen und Sachverständige zu stellen.

(2) Absatz 1 gilt sinngemäß für solche richterlichen Verhandlungen, bei denen auch der Staatsanwaltschaft die Anwesenheit gestattet ist.

(3) Der sonst zuständigen Finanzbehörde sind die Anklageschrift und der Antrag auf Erlaß eines Strafbefehls mitzuteilen.

(4) Erwägt die Staatsanwaltschaft, das Verfahren einzustellen, so hat sie die sonst zuständige Finanzbehörde zu hören.

IV. Steuer- und Zollfahndung

§ 404 Steuer- und Zollfahndung

¹Die Zollfahndungsämter und die mit der Steuerfahndung betrauten Dienststellen der Landesfinanzbehörden sowie ihre Beamten haben im Strafverfahren wegen Steuerstraftaten dieselben Rechte und Pflichten wie die

3. Abschnitt. Strafverfahren §§ 405–408 AO

Behörden und Beamten des Polizeidienstes nach den Vorschriften der Strafprozeßordnung. ²Die in Satz 1 bezeichneten Stellen haben die Befugnisse nach § 399 Abs. 2 Satz 2 sowie die Befugnisse zur Durchsicht der Papiere des von der Durchsuchung Betroffenen (§ 110 Abs. 1 der Strafprozeßordnung); ihre Beamten sind Hilfsbeamte der Staatsanwaltschaft.

V. Entschädigung der Zeugen und der Sachverständigen

§ 405 Entschädigung der Zeugen und der Sachverständigen

¹Werden Zeugen und Sachverständige von der Finanzbehörde zu Beweiszwecken herangezogen, so werden sie nach dem Gesetz über die Entschädigung von Zeugen und Sachverständigen entschädigt. ²Dies gilt auch in den Fällen des § 404.

3. Unterabschnitt: Gerichtliches Verfahren

§ 406 Mitwirkung der Finanzbehörde im Strafbefehlsverfahren und im selbständigen Verfahren

(1) Hat die Finanzbehörde den Erlaß eines Strafbefehls beantragt, so nimmt sie die Rechte und Pflichten der Staatsanwaltschaft wahr, solange nicht nach § 408 Abs. 3 Satz 2 der Strafprozeßordnung Hauptverhandlung anberaumt oder Einspruch gegen den Strafbefehl erhoben wird.

(2) Hat die Finanzbehörde den Antrag gestellt, die Einziehung oder den Verfall selbständig anzuordnen oder eine Geldbuße gegen eine juristische Person oder eine Personenvereinigung selbständig festzusetzen (§ 401), so nimmt sie die Rechte und Pflichten der Staatsanwaltschaft wahr, solange nicht mündliche Verhandlung beantragt oder vom Gericht angeordnet wird.

§ 407 Beteiligung der Finanzbehörde in sonstigen Fällen

(1) ¹Das Gericht gibt der Finanzbehörde Gelegenheit, die Gesichtspunkte vorzubringen, die von ihrem Standpunkt für die Entscheidung von Bedeutung sind. ²Dies gilt auch, wenn das Gericht erwägt, das Verfahren einzustellen. ³Der Termin zur Hauptverhandlung und der Termin zur Vernehmung durch einen beauftragten oder ersuchten Richter (§§ 223, 233 der Strafprozeßordnung) werden der Finanzbehörde mitgeteilt. ⁴Ihr Vertreter erhält in der Hauptverhandlung auf Verlangen das Wort. ⁵Ihm ist zu gestatten, Fragen an Angeklagte, Zeugen und Sachverständige zu richten.

(2) Das Urteil und andere das Verfahren abschließende Entscheidungen sind der Finanzbehörde mitzuteilen.

4. Unterabschnitt: Kosten des Verfahrens

§ 408 Kosten des Verfahrens

¹Notwendige Auslagen eines Beteiligten im Sinne des § 464a Abs. 2 Nr. 2 der Strafprozeßordnung sind im Strafverfahren wegen einer Steuerstraftat

auch die gesetzlichen Gebühren und Auslagen eines Steuerberaters, Steuerbevollmächtigten, Wirtschaftsprüfers oder vereidigten Buchprüfers. ²Sind Gebühren und Auslagen gesetzlich nicht geregelt, so können sie bis zur Höhe der gesetzlichen Gebühren und Auslagen eines Rechtsanwalts erstattet werden.

Vierter Abschnitt: Bußgeldverfahren

§ 409 Zuständige Verwaltungsbehörde

¹Bei Steuerordnungswidrigkeiten ist zuständige Verwaltungsbehörde im Sinne des § 36 Abs. 1 Nr. 1 des Gesetzes über Ordnungswidrigkeiten die nach § 387 Abs. 1 sachlich zuständige Finanzbehörde. ² § 387 Abs. 2 gilt entsprechend.

§ 410 Ergänzende Vorschriften für das Bußgeldverfahren

(1) Für das Bußgeldverfahren gelten außer den verfahrensrechtlichen Vorschriften des Gesetzes über Ordnungswidrigkeiten entsprechend:
1. die §§ 388 bis 390 über die Zuständigkeit der Finanzbehörde,
2. § 391 über die Zuständigkeit des Gerichts,
3. § 392 über die Verteidigung,
4. § 393 über das Verhältnis des Strafverfahrens zum Besteuerungsverfahren,
5. § 396 über die Aussetzung des Verfahrens,
6. § 397 über die Einleitung des Strafverfahrens,
7. § 399 Abs. 2 über die Rechte und Pflichten der Finanzbehörde,
8. die §§ 402, 403 Abs. 1, 3 und 4 über die Stellung der Finanzbehörde im Verfahren der Staatsanwaltschaft,
9. § 404 Satz 1 und Satz 2 erster Halbsatz über die Steuer- und Zollfahndung,
10. § 405 über die Entschädigung der Zeugen und der Sachverständigen,
11. § 407 über die Beteiligung der Finanzbehörde und
12. § 408 über die Kosten des Verfahrens.

(2) Verfolgt die Finanzbehörde eine Steuerstraftat, die mit einer Steuerordnungswidrigkeit zusammenhängt (§ 42 Abs. 1 Satz 2 des Gesetzes über Ordnungswidrigkeiten), so kann sie in den Fällen des § 400 beantragen, den Strafbefehl auf die Steuerordnungswidrigkeit zu erstrecken.

§ 411 Bußgeldverfahren gegen Rechtsanwälte, Steuerberater, Steuerbevollmächtigte, Wirtschaftsprüfer oder vereidigte Buchprüfer

Bevor gegen einen Rechtsanwalt, Steuerberater, Steuerbevollmächtigten, Wirtschaftsprüfer oder vereidigten Buchprüfer wegen einer Steuerordnungswidrigkeit, die er in Ausübung seines Berufs bei der Beratung in Steuersachen begangen hat, ein Bußgeldbescheid erlassen wird, gibt die Finanzbehörde der zuständigen Berufskammer Gelegenheit, die Gesichtspunkte vor-

4. Abschnitt. Bußgeldverfahren §412 AO

zubringen, die von ihrem Standpunkt für die Entscheidung von Bedeutung sind.

§ 412 Zustellung, Vollstreckung, Kosten

(1) ¹Für das Zustellungsverfahren gelten abweichend von § 51 Abs. 1 Satz 1 des Gesetzes über Ordnungswidrigkeiten die Vorschriften des Verwaltungszustellungsgesetzes auch dann, wenn eine Landesfinanzbehörde den Bescheid erlassen hat. ²§ 51 Abs. 1 Satz 2 und Absatz 2 bis 5 des Gesetzes über Ordnungswidrigkeiten bleibt unberührt.

(2) ¹Für die Vollstreckung von Bescheiden der Finanzbehörden in Bußgeldverfahren gelten abweichend von § 90 Abs. 1 und 4, § 108 Abs. 2 des Gesetzes über Ordnungswidrigkeiten die Vorschriften des Sechsten Teils dieses Gesetzes. ²Die übrigen Vorschriften des Neunten Abschnitts des Zweiten Teils des Gesetzes über Ordnungswidrigkeiten bleiben unberührt.

(3) Für die Kosten des Bußgeldverfahrens gilt § 107 Abs. 4 des Gesetzes über Ordnungswidrigkeiten auch dann, wenn eine Landesfinanzbehörde den Bußgeldbescheid erlassen hat; an Stelle des § 19 des Verwaltungskostengesetzes gelten § 227 Abs. 1 und § 261 dieses Gesetzes.

Einleitung

Übersicht

I. Das Steuerstrafrecht im Rechtssystem 1–3
II. Besonderheiten der Zuwiderhandlungen gegen Steuergesetze
  1. Dogmatische Besonderheiten . 4–7
  2. Das durch die §§ 369 AO ff. geschützte Rechtsgut 8–11
  3. Kriminologische Eigenart steuerlicher Zuwiderhandlungen 12–21
  4. Besonderheiten des Steuerstrafverfahrens 22–27
III. Geschichtliche Entwicklung des Steuerstrafrechts
  1. Rechtszustand vor 1919 28–36
  2. Das Steuerstrafrecht in der RAO 1919 und Änderungen bis 1933 37–51
  3. Änderungen des Steuerstrafrechts durch die nat.-soz. Gesetzgebung 52–58
  4. Partielle Änderungen in der Nachkriegszeit 59
  5. Änderungsvorhaben und Änderungen von 1950 bis 1965 60–71
  6. Der Verfassungsstreit um das Verwaltungsstrafverfahren 72–75
  7. AOStrafÄndG 1967/68 und OWiG 1968 76–81
  8. Einflüsse der Strafrechtsreform und anderer Gesetzesänderungen 82–89
  9. Reform der Reichsabgabenordnung............... 90–93
  10. Weitere Änderungen 94, 95
  11. Organisatorische Entwicklung.................. 96–98
  12. Ausblick 99–101
IV. Rechtsquellen und Schrifttum
  1. Steuerstraf- und -bußgeldrecht 102–107
  2. Steuerrecht 108, 109

I. Das Steuerstrafrecht im Rechtssystem

Steuerstrafrecht ist im weitesten Sinne der Sammelbegriff für alle Gesetze, die straf- oder ordnungswidrigkeitenrechtliche Sanktionen wegen Zuwiderhandlungen gegen Steuergesetze androhen und das Straf- oder Bußgeldverfahren durch Sondervorschriften der Eigenart steuerlicher Zuwiderhandlungen anpassen. Im engeren Sinne umfaßt das Steuerstrafrecht die *materiellen* Vorschriften über „Steuerverfehlungen" (*Leise*), im engsten Sinne nur die Strafvorschriften der §§ 369–376 AO, § 23 RennwLottG (Anh IV) sowie die Straftatbestände in den Abgabengesetzen der Länder (Anh XXII). In jedem Falle umschreibt der doppeldeutige Begriff einen Grenzbereich, in dem das Strafrecht und das Steuerrecht ineinander übergreifen (Rdnr. 2). Diese Lage hat zur Folge, daß das Steuerstrafrecht – vom Mittelpunkt des Steuerrechts oder des Strafrechts aus betrachtet – jeweils am Rande des rechtswissenschaftlichen Interesses und der rechtswissenschaftlichen Erkenntnis erscheint. 1

Strafrecht und Steuerrecht sind im Steuerstrafrecht auf mehrfache Weise miteinander verknüpft: 2

Einleitung 3   I. Das Steuerstrafrecht im Rechtssystem

1. *historisch* ist das Steuerstrafrecht aus dem Steuerrecht erwachsen und herkömmlich in Steuergesetzen geregelt, auch soweit die angedrohten Sanktionen Kriminalstrafen sind;
2. *rechtspolitisch* dient das Steuerstrafrecht der Sicherung der Steuererträge, auf deren vollständiges Aufkommen Bund, Länder und Gemeinden zur Erfüllung ihrer öffentlichen Aufgaben angewiesen sind;
3. *dogmatisch* sind die Tatbestände des Steuerstrafrechts als Blankettnormen (offene Gesetze) gestaltet, die durch das Steuerrecht ausgefüllt werden müssen;
4. *verfahrensrechtlich* sind die Ermittlung von Steuerstraftaten und die Verfolgung von Steuerordnungswidrigkeiten gem. §§ 386 ff. AO weitgehend Finanzbehörden anvertraut, die durch ihre Tätigkeit im Besteuerungsverfahren Steuerverkürzungen und andere Zuwiderhandlungen gegen Steuergesetze am ehesten entdecken und aufklären können. Andererseits erwachsen gerade aus dem Dualismus zwischen dem Besteuerungsverfahren und dem Steuerstraf- oder -bußgeldverfahren besondere Abgrenzungsschwierigkeiten (vgl. dazu §§ 393, 397 AO), die in anderen Strafverfahren wegen der getrennten Kompetenzen von Verwaltungs- und Strafverfolgungsbehörden (so) nicht vorkommen.

3   **Die vielfältige Verknüpfung des Steuerstrafrechts mit dem Steuerrecht** hat Vorstellungen hervorgerufen, nach denen das Steuerstrafrecht als ein Bestandteil des Steuerrechts und das Steuerstrafverfahren als ein verlängertes Besteuerungsverfahren anzusehen sei (vgl. zB *Mattern* DStZ 1957, 97 u. ZStW 67, 365, 368, 375). Bezeichnend ist die abschwächende Meinung von *Moser,* das Steuerstrafrecht sei *auch* Strafrecht, die Steuerstrafsache *auch* Strafsache und das Steuerstrafverfahren *auch* Strafverfahren (DStR 1956, 463). Von dieser Betrachtungsweise hat sich auch die Praxis im früheren Verwaltungsstrafverfahren nicht völlig freihalten können, so daß zB bei der Einleitung oder Einstellung eines Strafverfahrens oder bei der Strafzumessung bisweilen steuerrechtsähnliche Billigkeits- oder fiskalische Zweckmäßigkeitserwägungen angestellt wurden. Nachdem das Spannungsverhältnis zwischen dem Zwang zur Strafverfolgung und dem minder schweren Unrechtsgehalt der früheren Vergehen nach den §§ 402, 406 u. 413 RAO 1931 durch deren Umwandlung in Ordnungswidrigkeiten (vgl. §§ 404–409 RAO 1968, heute §§ 378–382 AO) und das für sie geltende Opportunitätsprinzip (§ 47 OWiG) aufgelöst ist, kann kein Zweifel mehr bestehen, daß die §§ 369–376 AO trotz ihrer engen Beziehungen zum Steuerrecht dem Strafrecht angehören (so schon BFHGrS, BStBl. 1958, 198f.). Dies ergibt sich eindeutig aus den angedrohten Strafen und den Verweisungen des § 369 II und des § 385 II AO auf die allgemeinen Gesetze über das Strafrecht und das Strafverfahren.

II. Besonderheiten der Zuwiderhandlungen gegen Steuergesetze

1. Dogmatische Besonderheiten

Zuwiderhandlungen gegen Steuergesetze sind zT als Vergehen iS des 4 § 12 II StGB mit Strafe bedroht („Steuerstraftaten" iS des § 369 I AO), zT können sie als Ordnungswidrigkeiten iS des § 1 I OWiG mit Geldbuße geahndet werden („Steuerordnungswidrigkeiten" iS des § 377 I AO). Mit der Einführung von Steuerordnungswidrigkeiten durch das 2. AOStrafÄndG (Rdnr. 80) hat der Gesetzgeber einen klaren Trennungsstrich zwischen kriminellem Unrecht und Ordnungsunrecht gezogen. Dem Ordnungsunrecht wurden diejenigen Tatbestände zugeordnet, die vorher ausschließlich mit Geldstrafe bedroht waren (§§ 402, 413 RAO) oder bei denen eine Freiheitsstrafe zwar angedroht war, aber in der Praxis nicht verhängt wurde (§ 406 RAO). Von den verbliebenen Straftatbeständen sind Steuerhinterziehung, Bannbruch und Steuerhehlerei (§§ 370, 372, 374 AO) im Regelfall mit Freiheitsstrafe bis zu 5 Jahren oder mit Geldstrafe (§§ 40–43 StGB) bedroht. Für Steuerordnungswidrigkeiten erhellen die Bußgelddrohungen bis zu 100.000 DM (§§ 378, 383 AO) bzw. bis 10.000 DM (§§ 379–382 AO) im Vergleich zu der regelmäßigen Geldbuße bis zu 1.000 DM (§ 17 OWiG), daß die Zuwiderhandlungen nach den §§ 378–383 AO im Hinblick auf die Bedeutung der Rechtsgutverletzung in den Fällen des § 378 AO und der Rechtsgutgefährdung in den anderen Fällen zum *oberen* Bereich des Ordnungsunrechts gehören.

Nach der Beschreibung der tatbestandsmäßigen Handlung sind sämtli- 5 che Straf- und Bußgeldtatbestände der §§ 379 ff. AO **Blankettvorschriften**. Dies gilt besonders für § 370 und § 378 AO, die an eine Steuerverkürzung anknüpfen, desgl. für § 374 AO (Steuerhehlerei), der die Steuerverkürzung eines Vortäters voraussetzt. § 379 I AO (Steuergefährdung) setzt das Ermöglichen einer Steuerverkürzung voraus. In diesen Fällen können die Tatbestandsmerkmale in der Straf- oder Bußgeldvorschrift nicht erschöpfend beschrieben werden, weil Steuerverkürzungen nur anhand aller im Einzelfall einschlägigen Vorschriften des Steuerrechts festgestellt werden können. In den Fällen des § 379 II AO, der auf § 138 II und § 154 I AO verweist, und des § 383 AO, der sich auf § 46 IV 1 AO bezieht, wäre eine Wiederholung der in bezug genommenen Vorschriften innerhalb desselben Gesetzes unzweckmäßig. Die §§ 381 und 382 AO greifen zurück auf bestimmte Gebots- und Verbotsnormen der Verbrauchsteuer- und Zollgesetze, sofern diese ihrerseits auf § 381 oder § 382 AO verweisen. Besondere Schwierigkeiten bereiten § 372 AO in bezug auf die Ein-, Aus- und Durchfuhrverbote, § 380 AO, der an ungenannte Vorschriften über das Steuerabzugsverfahren anknüpft, und § 379 III AO, der das Zuwiderhandeln gegen eine aufgrund § 120 II Nr. 4 AO erlassene Auflage mit Geldbuße bedroht.

Die Selbstanzeige nach § 371 AO bietet dem Täter einer Steuerhinterzie- 6 hung (§ 370 AO) noch nach vollendeter und beendeter Tat die Möglichkeit,

Einleitung 7, 8   II. Besonderheiten der

durch eine Berichtigungserklärung und die Nachzahlung des verkürzten Steuerbetrags einen Anspruch auf Straffreiheit zu erlangen (vgl. auch § 378 III AO).

7   **Die Verjährung der Verfolgung einer Steuerstraftat** wird nach § 376 AO außer durch die allgemeinen Unterbrechungshandlungen nach § 78 c I Nr. 1–12 StGB auch dadurch unterbrochen, daß dem Beschuldigten die Einleitung des Bußgeldverfahrens wegen einer Steuer*ordnungswidrigkeit* bekanntgegeben oder diese Bekanntgabe angeordnet wird.

2. Das durch die §§ 369 ff. AO geschützte Rechtsgut

8   Welches Rechtsgut die Steuerhinterziehung schützt, ist umstritten. Nach Ansicht von *Isensee* (NJW 1985, 1008) stellt § 370 AO allein die Zuwiderhandlung gegen Gesetzesbefehle unter Strafe (ähnl. *Kohlmann* Grundfragen S. 19). Andere gehen von einer rein formalen Schutzfunktion aus, die allein die steuerlichen Offenbarungspflichten (*Schulze* DStR 1964, 416; *Ehlers* FR 1976, 505) bzw. Wahrheitspflichten gegenüber den Finanzbehörden (*Möllinger* S. 380) oder allein den formalen Bestand der Steueransprüche (*Backes* S. 149 f.) schütze. Überwiegend wird jedoch davon ausgegangen, daß der Tatbestand der Steuerhinterziehung einen Angriff auf Vermögensinteressen des steuererhebenden Staates darstellt und daher Vermögensdelikt ist (vgl. die Nachweise bei *Suhr* 1988, 12 ff.; *Hardtke* 1995, 62). Dieser Auffassung ist zuzustimmen. Den Schutz steuerlicher Mitteilungs- oder Wahrheitspflichten als Rechtsgut anzusehen, vernachlässigt den Umstand, daß die Steuerhinterziehung neben dem Verstoß gegen diese Pflichten zusätzlich eine Steuerverkürzung als Erfolg voraussetzt (*Suhr* 1988, 177). Daß ein reines Vermögensinteresse, also auch der Schutz der öffentlichen Kasse, durchaus Rechtsgutqualität besitzt, zeigen entgegen der Auffassung von *Kohlmann* (DStJG 6, 19 f.) schon der Betrugs- und Untreuetatbestand. Die Verletzung der Mitwirkungspflichten ist also lediglich Voraussetzung des tatbestandsmäßigen Verhaltens. Unklar ist jedoch, ob das Steueraufkommen in der jeweiligen Steuerart oder insgesamt geschützt wird. Die hM geht davon aus, es gehe um das Steueraufkommen in der jeweiligen Steuerart (vgl. RG 59, 258 v. 16. 6. 1925; BGH 36, 102 v. 1. 2. 1989; BGH v. 16. 10. 1981, wistra 1982, 31; BayObLG v. 21. 4. 1982, wistra 199; *Kohlmann* 9.6, HHSp-*Hübner* 9, *Leise/Dietz* 14, *Koch/Scholtz/Himsel* 8 zu § 370; *Kirchhof* NJW 1985, 2981; *Wassmann* ZfZ 1987, 165; *Krieger* 1988, 90; *Hanßen* 1984, 31; *Löffler* 1992, 115). Eine Begründung wird hierfür jedoch nicht gegeben. Offenbar dient das Bemühen, verschiedene Steuerarten isoliert zu betrachten, allein dem zwischenzeitlich hinfälligen Bemühen, einen Fortsetzungszusammenhang zwischen der Hinterziehung verschiedener Steuerarten zu vermeiden (vgl. *Suhr* 1988, 32; *Bachmann* 1993, 160; *Hardtke* 1995, 63). Allein *Franzen* begründete diese Auffassung mit der Überlegung, die „überaus differenzierte Verteilung von Ertragshoheit, Verwaltungshoheit und Gesetzgebungshoheit bei den verschiedenen Steuern auf Bund, Länder und Gemeinden..." (DStR 1965, 188; Voraufl. Einleitung Rdnr. 8) erfordere ein Abstellen auf die einzelnen

20   *Joecks*

Steuerarten. Ein Argument kann dies deshalb nicht sein, weil die Ertragshoheit auch bei den einzelnen Steuern durchaus unterschiedlich ist, also etwa dem Bund und den Ländern zu verschiedenen Teilen zusteht. Dann müßte man jedoch auf das vollständige Aufkommen jedes einzelnen Ertragsanteils abstellen (*Suhr* 1988, 29; *Hardtke* 1995, 64). Bei den Vermögensdelikten wird aus gutem Grund nicht danach differenziert, wer Geschädigter der Straftat ist. Auch bei der Steuerhinterziehung gibt es keinen Anlaß, nach Steuerarten zu differenzieren. Im übrigen ist die hM insofern nicht konsequent, als sie etwa eine „Teilidentität" von Körperschaft- und Einkommensteuer annimmt, wenn sie in diesem Zusammenhang einen Fortsetzungszusammenhang für möglich hielt (vgl. RG v. 24. 8. 1936, RStBl 947; BayObLG v. 26. 4. 1982, wistra 198; *Hardtke* 1995, 65). Bei dem von § 370 AO geschützten Rechtsgut handelt es sich somit um das staatliche Interesse am vollständigen und rechtzeitigen Aufkommen der Steuern im ganzen (*Hardtke* 1995, 66). Zu weiteren Konsequenzen siehe Rdnr. 14 ff. zu § 370 AO.

Das öffentliche Interesse am vollständigen und rechtzeitigen Aufkommen der Steuern ist besonders schutzwürdig, weil Bund, Länder und Gemeinden sonst nicht in der Lage wären, die ihnen obliegenden öffentlichen Aufgaben zu erfüllen. Die Verwendung der Steuererträge steht nicht im Belieben der StGläubiger, sondern ist ihnen durch die von den Parlamenten beschlossenen Haushaltsgesetze weitgehend vorgeschrieben. Die Höhe der gesetzlich auferlegten Steuern ist einerseits vom Bedarf, anderseits von der Leistungsfähigkeit der Volkswirtschaft und des einzelnen Staatsbürgers abhängig. Aus dem Grundsatz der Steuergerechtigkeit folgt das Gebot der Gleichmäßigkeit der Besteuerung, das bei den sachbezogenen Steuerarten gleiche Steuern und bei den personenbezogenen Steuerarten gleiche Steuern von Schuldnern mit gleicher Leistungsfähigkeit zu fordern gebietet. Die Gleichmäßigkeit der Besteuerung ist nach Art. 3 I GG nicht nur ein verfassungsrechtliches Gebot an die Steuergesetzgeber (vgl. BVerfG 9, 3, 9 v. 3. 12. 1958), sondern auch ein Gebot an die Finanzverwaltung, bei der Durchführung der Steuergesetze das Interesse der rechtstreuen StSchuldner gegenüber denen zu wahren, die sich der ihnen gesetzlich zugemessenen Steuerlast auf widerrechtliche Weise zu entziehen versuchen (§ 85 AO).

Das öffentliche Interesse am vollständigen und rechtzeitigen Aufkommen der einzelnen Steuern ist auch besonders schutzbedürftig. Die Finanzbehörden müssen bei der Ermittlung der Besteuerungsgrundlagen und bei der Festsetzung der Steuern Massenarbeit leisten. Die Möglichkeiten einer durchgreifenden Kontrolle sind begrenzt. Außenprüfungen (§§ 193 ff. AO) können letztlich nur bei Großbetrieben regelmäßig durchgeführt werden, bei anderen, insbesondere bei Klein- und Kleinstbetrieben, finden Prüfungen selten statt. Bei der Unzahl der von einem Stpfl in einem mehrjährigen Prüfungszeitraum abgewickelten Geschäftsvorfälle muß sich jede Außenprüfung auf Stichproben beschränken. Außerdem ist es zugunsten eines gesunden „Steuerklimas" geboten, nicht jedermann von vornherein mit Mißtrauen entgegenzutreten. Diese Umstände sind den Stpfl durchaus bekannt und verstärken die Versuchung, es mit den steuerrechtlichen Pflichten

Einleitung 11

gegenüber den anonymen StGläubigern weniger genau zu nehmen als mit privatrechtlichen Verpflichtungen, die meist aufgrund persönlicher Beziehungen durch Vertrag um einer unmittelbaren Gegenleistung willen begründet werden.

11 **Der durch die Verletzung steuerrechtlicher Pflichten verursachte Schaden** geht über das Vorstellungsvermögen der meisten Steuerzahler weit hinaus (ausf. *Mönch* 44 ff.; *Schwind/Gehrich* JR 1980, 228 mwN). Einen Anhaltspunkt bieten die aufgrund von Feststellungen des Steuerfahndungsdienstes rechtskräftig festgesetzten Mehrsteuern, die allein bei den Besitz- und Verkehrsteuern im Jahre 1994 1359 Mio DM (1993: 1106 Mio DM) betragen haben (BMF/Info 8/95). Diese Beträge beruhen anders als die Mehrergebnisse der Außenprüfung in der Regel nicht etwa auf der Berichtigung von Gewinnverlagerungen durch überhöhte AfA, unangemessen hohe Wertberichtigungen usw., die ohne Berichtigung in späteren Jahren entsprechend höhere Steuern ausgelöst hätten, sondern sind „echte" Mehrsteuern, soweit sie beigetrieben werden können. Bei den Mehrergebnissen nach Außenprüfung mag es sich zwar primär um eine zeitliche Verlagerung handeln (vgl. *Neddermeyer* BB 1994 Beil. 10; *ders.* BB 1995, 1378). Aber auch insoweit sind die Zinsverluste der StGläubiger durch jahrelang vorenthaltene Steuern beträchtlich, zumal die Stpfl auf Nachzahlungen idR weder Zinsen noch Säumniszuschläge (vgl. §§ 233–240 AO) zu entrichten haben. Eine Zinspflicht für hinterzogene Steuern ist gem. §§ 4a, 9 II StSäumG erst ab 1. 1. 1966 eingeführt worden. Diese Zinsen betragen gem. § 238 I AO monatlich 0, 5 vH des hinterzogenen Betrags, jährlich also nur 6 vH. Besonders ungereimt erscheint, daß der Gesetzgeber mit § 234 AO 1977 zwar eine Verzinsung gestundeter Steuern eingeführt, jedoch von einer Zinspflicht für leichtfertig verkürzte Steuerbeträge abgesehen hat, soweit nicht die Regeln über die Vollverzinsung (§ 233a AO) eingreifen (Rdnr. 100). Außer dem unmittelbaren Schaden ist die **demoralisierende Wirkung** von Steuerstraftaten auf andere Stpfl zu beachten, besonders die Wirkung auf steuerehrliche Wettbewerber, die gegenüber einem steuerunehrlichen Konkurrenten entweder Wettbewerbsnachteile in Kauf nehmen oder seinem Beispiel folgen müssen (vgl. *Terstegen* aaO vor Rdnr. 12).

3. Die kriminologische Eigenart steuerlicher Zuwiderhandlungen

Schrifttum: *Reiwald,* Die Gesellschaft und ihre Verbrecher, 1948; *Sutherland,* White-Collar-Crimes, 1949; *Terstegen,* Unlauterer Wettbewerb durch Steuerhinterziehung, 1958; *ders.,* Die sog. „Weiße-Kragen-Kriminalität", Sonderdruck des BKA 1961, 81–118; *Zirpins/Terstegen,* Wirtschaftskriminalität, 1963; *Strümpel,* Steuermoral und Steuerwiderstand der deutschen Selbständigen, 1966; *Tiedemann,* Die Bekämpfung der Wirtschaftskriminalität als Aufgabe der Gesetzgebung am Beispiel der Steuer- und Subventionsdelinquenz, GA 1974, 1; *Opp,* Soziologie der Wirtschaftskriminalität, 1975; *Tiedemann,* Wirtschaftsrecht und Wirtschaftskriminalität, Bd. 1 Allgemeiner Teil, Bd. 2 Besonderer Teil, 1976; *Heinz,* Die Bekämpfung der Wirtschaftskriminalität mit strafrechtlichen Mitteln, GA 1977, 193 u. 225; *Mönch,* Steuerkriminalität und Sanktionswahrscheinlichkeit, jur. Diss. Bremen 1977, Frankfurt 1978; *Meine,* Das

Strafmaß bei der Steuerhinterziehung, MschrKrim 1982, 342; *Müller/Wabnitz,* Wirtschaftskriminalität, 1982; *Liebl,* Das Erscheinungsbild der Steuerhinterziehung in der Wirtschaftskriminalität, wistra 1982, 15, 50; *Martin Müller,* Zolldelikte, 1983; *Otto/ Weber,* Konzeption und Grundsätze des Wirtschaftsstrafrechts, Dogmatischer Teil I/II, ZStW 96 [1984] 339/376; *Heinz,* Kriminologischer Teil, ZStW 96 [1984] 455.

Kriminologisch sind zwei verschiedenartige Gruppen von Zuwiderhandlungen zu unterscheiden: einerseits die mit den physischen Straftaten des allgemeinen Strafrechts vergleichbaren Delikte des Schmuggels und der Schwarzbrennerei; andererseits die den sonstigen Wirtschaftsdelikten nahestehenden, oft mit ihnen zusammentreffenden intellektuellen Begehungsformen. Die Zoll- oder Monopolstraftaten der ersten Gruppe sind anschaulich und tragen unverkennbar den Stempel der Rechtswidrigkeit; denn der Schmuggler an der Grenze und der Schwarzbrenner entfalten eine körperliche Tätigkeit, die sich auf die Beförderung oder Herstellung einer Sache bezieht und wahrnehmbare Spuren hinterläßt oder handgreifliche Beweise erbringt. Ungleich schwieriger erkennbar und erheblich gefährlicher für das angegriffene Rechtsgut (Rdnr. 8) sind die Erscheinungsformen der intellektuellen Steuerverkürzung. 12

Nach der Art der Tatausführung sind intellektuelle Steuerzuwiderhandlungen dadurch gekennzeichnet, daß ihre Begehung keine physische Anstrengung, daher auch keine körperlichen Werkzeuge oder Hilfsmittel erfordert. Das strafbare Verhalten vollzieht sich hier in Formen, welche die rechtswidrige Zielsetzung auch dann nicht ohne weiteres erkennen lassen, wenn der Täter den Erfolg der Steuerverkürzung *durch positives Tun* anstrebt, zB bei Ertragsteuern durch das Vortäuschen höherer Betriebsausgaben. Selbst wenn derartige Täuschungen durch Absprachen mit Geschäftspartnern und Austausch unrichtiger Belege von langer Hand vorbereitet sind, hinterlassen sie doch wenig „Spuren" iS des § 103 I StPO. Überdies erwachsen die meisten intellektuellen Steuerverfehlungen aus *Unterlassungen,* sei es, daß der Stpfl dem FA seine Existenz verheimlicht (vgl. zB OLG Frankfurt v. 18. 10. 1961, NJW 1962, 974) oder auch nur bestimmte Umsätze, Einkünfte oder Vermögensgegenstände verschweigt. In solchen Fällen erlaubt der Sachverhalt ohne umfassende Kenntnis der Verhältnisse keinen Schluß auf die objektiven oder subjektiven Voraussetzungen einer Steuerstraftat. Vergleichbar ist die Sachlage bei einem (Subventions-, Versicherungs-, Kredit-) Betrug (§§ 263–265 b StGB), bei Untreue (§ 266 StGB) und bei den Konkursstraftaten (§§ 283–283 d StGB). Es ist ein gemeinsames Phänomen dieser Delikte, daß hier der oder die potentiellen Täter bekannt sind, aber Tat und Tatererfolg ermittelt werden müssen. Die allgemeinen Vermögensdelikte gelangen meist durch Strafanzeigen zur Kenntnis der Strafverfolgungsbehörden, die dann bei ihren Ermittlungen durch sachdienliche Hinweise der Geschädigten unterstützt werden. Dagegen sind FinB und StA bei Zuwiderhandlungen gegen Steuergesetze auf sich gestellt. Auch ist der Erfolg der Steuerverkürzung nicht einfach zu ermitteln, weil hierbei auf die steuererheblichen Tatsachen – vorbehaltlich des § 370 IV 3 AO (Rdnr. 63 ff. zu § 370 13

Einleitung 14–17 II. Besonderheiten der

AO) – alle im Einzelfall einschlägigen Normen des Steuerrechts angewendet werden müssen.

14 **Der Täterkreis** ist bei Zuwiderhandlungen gegen Steuergesetze *rechtlich* begrenzt. Dies gilt zunächst für § 378 I AO, der die Amtsträger der Finanzbehörden von dem Vorwurf der leichtfertigen Steuerverkürzung ausnimmt; ebenso gilt dies für die Täterschaft bei Steuerhinterziehung durch Unterlassen (Rdnr. 18 zu § 370 AO). Im übrigen ist der Täterkreis namentlich nicht dadurch eingeschränkt, daß Täter einer Zuwiderhandlung nur sein kann, wer als Stpfl oder Vertreter eines Stpfl steuerrechtliche Pflichten im eigenen Interesse verletzt, wenn auch in Wirklichkeit die weitaus meisten Zuwiderhandlungen zum eigenen Vorteil begangen werden.

15 **Zum eigenen Vorteil** kann Steuern nur verkürzen, wer als StSchuldner in Betracht kommt und das Besteuerungsverfahren zu beeinflussen vermag. 1989 waren von 22, 9 Mio Arbeitnehmern 18, 87 Mio mit LSt belastet, die gem. § 38 III, § 41 a I EStG durch die Arbeitgeber einbehalten und abgeführt wird. Dieser Personenkreis besitzt im allgemeinen kein Vermögen, das die Freibeträge nach § 6 VStG (mindestens 70.000 DM für den Stpfl, seinen Ehegatten und jedes Kind) übersteigt. Der potentielle Täterkreis konzentriert sich daher auf die 1, 39 Mio Stpfl mit Einkünften aus Gewerbebetrieb (§§ 15–17 EStG), die 0, 78 Mio Stpfl mit Einkünften aus selbständiger Arbeit (§ 18 EStG) sowie die Stpfl mit Einkünften aus Kapitalvermögen (§ 20 EStG) und aus Vermietung und Verpachtung (§ 21 EStG). Innerhalb der gesamten Bevölkerung bilden die Gewerbetreibenden, die freiberuflich Tätigen sowie die Arbeitnehmer mit Kapital- oder Grundvermögen die **soziale Mittel- bzw. Oberschicht.** Die Täter von Zuwiderhandlungen gegen Steuergesetze können daher zu Recht als *white collar criminals* und die Zuwiderhandlungen selbst als *white collar crimes* bezeichnet werden (*Sutherland*), ohne daß damit behauptet wird, die Steuermoral sei in verschiedenen Schichten der Bevölkerung unterschiedlich ausgeprägt.

16 Da der Umfang einer Steuerverkürzung von der wirtschaftlichen Potenz des Täters abhängt, ist auch die Feststellung berechtigt, daß viele Steuerstraftaten auf das **Motiv übersteigerten Bereicherungsstrebens** zurückzuführen sind. Steuerstraftaten gehören zur Wohlstandskriminalität. Die häufig zu hörende Verteidigung eines Beschuldigten, er *„habe es wegen seiner hohen Einkünfte nicht nötig",* Steuern zu hinterziehen, ist, wie die Beobachtungen in der Praxis bestätigen, im Ansatz verfehlt; denn je höher die Einkünfte eines Stpfl sind, um so stärker ist bei progressivem Steuertarif der Anreiz zu vorsätzlicher Steuerverkürzung. Dem Verfasser bleibt als Beispiel in Erinnerung eine vermögende Altersheimbesitzerin, die beim Einkauf von Waren des täglichen Bedarfs für ihre Heime sämtliche in der Kassenzone von anderen Kunden hinterlassene Kassenbons einsammeln und erfolgswirksam in der Buchhaltung erfassen ließ. Fälle dieser Art sind vom Schuldvorwurf erheblich ernster zu nehmen als solche, in denen etwa der Stpfl im Rahmen seiner Buchhaltung die Erfassung einzelner Einnahmen „vergißt".

17 **Steuerstraftaten aus Not** sind Ausnahmeerscheinungen. Sie kommen als Steuerhinterziehung (§ 370 AO) vor, wenn zahlungsschwache Unternehmer

die Entrichtung oder Beitreibung der vom Gewinn unabhängigen USt dadurch verzögern oder zu vermeiden trachten, daß sie die Abgabe der monatlich fälligen Voranmeldungen (§ 18 I 1 UStG) unterlassen, die im Vormonat erzielten Umsätze zu niedrig angeben oder das FA im Beitreibungsverfahren mit falschen Angaben hinhalten. Die Ordnungswidrigkeit der Nichtabführung einbehaltener LSt (§ 380 AO) ist kennzeichnend für notleidende Arbeitgeber, die nur noch zur Zahlung der Nettolöhne in der Lage sind und bei dem nach § 38 IV EStG vorgeschriebenen Verfahren (Kürzung der Bruttolöhne soweit, bis die LSt aus den verfügbaren Mitteln abgeführt werden kann, oder Anzeige an das FA, das dann die LSt vom Arbeitnehmer nachfordert) ihre Arbeitnehmer verlieren würden. Dagegen sind bei Anträgen auf Stundung (§ 222 AO) oder Erlaß (§ 227 AO) einer Steuer falsche Angaben aus Not besonders selten, weil die geltend gemachte wirtschaftliche Bedrängnis entweder wirklich gegeben ist oder in Wahrheit gerade nicht besteht.

Unter einem notlageähnlichen Zwang können Steuerstraftaten begangen werden, wenn ein Stpfl bei scharfem Konkurrenzkampf in den Sog eines steuerunehrlichen Wettbewerbers gerät (Beispiele bei *Terstegen,* Unlauterer Wettbewerb, 1958, sowie in BT-Drucks. III/2751 100, 107, 113, 116). Eine gleichartige Konfliktsituation kann auch innerhalb eines Unternehmens für Angestellte bestehen, deren Chef eine Beteiligung an seinen Steuerverfehlungen verlangt oder sogar die Bereitschaft erwartet, daß ein Angestellter als Strohmann die Verantwortung übernimmt. **Steuerstraftaten aus Staatsverdrossenheit,** aus Unzufriedenheit mit der staatlichen Ausgabenpolitik oder Zweifeln an der Steuergerechtigkeit (vgl. *Strümpel* FR 1966, 339) bilden seltene Ausnahmen, wenngleich solche moralisch indifferenten Tatmotive von Beschuldigten ähnlich oft geltend gemacht werden wie *„staatsbürgerliches Verantwortungsbewußtsein"* von Denunzianten eines Steuerhinterziehers, die ihre wirklichen Beweggründe bemänteln möchten.

Das soziale Unwerturteil über Zuwiderhandlungen gegen Steuergesetze steht immer noch in einem krassen Mißverhältnis zu der Schärfe der gesetzlichen Straf- und Bußgelddrohungen (Rdnr. 4) und zu dem Schaden, der durch schuldhafte Steuerverkürzungen verursacht wird (Rdnr. 11). Die Tatsache, daß der Steuerausfall letzten Endes von den ehrlichen und gewissenhaften Steuerzahlern getragen werden muß, wird allgemein übersehen. Viele Steuerzahler, die von einer erfolgreichen Steuerhinterziehung erfahren, halten „das Finanzamt", personifiziert durch die Beamten der Finanzverwaltung, oder den allmächtigen, unpersönlichen, stets zahlungsfähigen Staat für geschädigt, keinesfalls sich selbst als Glied der Gemeinschaft aller Staatsbürger. Das unmittelbare Verhältnis zwischen den Forderungen und den Leistungen der öffentlichen Hand wird weitgehend verkannt. Den anonymen StGläubigern wird Schadenfreude zuteil, während in Wirklichkeit eine *kollektive Selbstschädigung* (*Opp* MschrKrim 1983, 1, 8 ff.) stattfindet. Ein Mitgefühl gilt eher dem ertappten Täter, dessen äußere Erscheinung sich von der landläufigen Vorstellung von einem Verbrecher deutlich abhebt. Der Steuerhinterzieher wird deshalb in der Sprache des Volkes als *„Steuersünder"* be-

Einleitung 20, 21   II. Besonderheiten der

zeichnet und damit neben den „*Verkehrssünder*" auf die unterste Stufe der Kriminalität gestellt. Zu dieser öffentlichen Meinung hat die bis 1967/68 bestehende Gesetzeslage wesentlich beigetragen, besonders infolge der fehlenden Unterscheidung, teilweise sogar geleugneten Unterscheidbarkeit zwischen kriminellem Unrecht und Ordnungsunrecht (vgl. namentlich *Mattern* ZStW 67 [1955] 368, 375; DStZ 1957, 97 Fußn. 3) und der möglichen Ahndung vorsätzlicher Verkürzung von Steuern in Millionenbeträgen durch Unterwerfungsverhandlungen unter Ausschluß der Öffentlichkeit nach § 445 RAO.

20 Das gesellschaftliche Urteil über den Steuerhinterzieher, das weithin identisch ist mit der Vorstellung eines „*raffinierten Geschäftsmannes*" (vgl. *Strümpel* FR 1966, 339), hat sich auch nicht dadurch gewandelt, daß nach der Reform des materiellen Steuerstrafrechts durch das 2. AOStrafÄndG (Rdnr. 81) Steuerstraftaten von Ordnungswidrigkeiten abgehoben sind und nach der Reform des Steuerstrafverfahrens durch das AOStrafÄndG (Rdnr. 79) die Täter einer Steuerstraftat nur noch von den ordentlichen Gerichten abgeurteilt werden und häufiger als früher auf Freiheitsstrafen erkannt wird (vgl. *Niese* ZStW 70 [1958], 337 u. *Rudolf Müller* NJW 1960, 609). Geldstrafen werden immer noch als Bestätigung dafür aufgefaßt, daß es sich bei Steuerstraftaten um „Kavaliersdelikte" handele. Die öffentliche Meinung, deren Verbrecherbild an Mördern und Dieben ausgerichtet ist, hält daran fest, „*daß die Bezahlung einer Geldstrafe, sie mag in die Millionen gehen, keine Schande bedeutet, wohl aber die Verbüßung einer kurzen Freiheitsstrafe für einen kleinen Diebstahl*" (*Reiwald* 1948, 182 f.). *Reiwald* trifft auch den psychologischen Kern der Problematik mit dem Hinweis, daß die Gesellschaft Zuwiderhandlungen gegen Steuergesetze wegen der mangelnden Anschaulichkeit der Tat und ihrer Folgen weit weniger als Agression empfindet als handgreifliche Straftaten gegen körperliche Rechtsgüter. Diese psychologische Tatsache wird – unabhängig von der jeweiligen steuer- und strafgesetzlichen Gestaltung – stets wirksam bleiben und eine ständige gesellschaftspolitische Aufklärung erfordern.

21 *Der Gesetzgeber* leistet einen nicht unerheblichen Beitrag zur Verharmlosung von Zuwiderhandlungen gegen Steuergesetze. Dies betrifft jedenfalls die Versteuerung von Einkünften aus Kapitalvermögen, bei denen aus volkswirtschaftlichen Gründen eine Abschottung von Kreditinstituten über § 30a AO erfolgt und technische Möglichkeiten eines Datenabgleichs nicht genutzt werden. Andererseits muß der Stpfl erhebliche strafrechtliche Konsequenzen besorgen, wenn seine Hinterziehung bei den Einkünften aus Kapitalvermögen, sei es nun im Rahmen von Zufallsfunden, sei es im Rahmen von Ermittlungen bei Großbanken, aufgedeckt werden. Dem ultima-ratio-Prinzip wird solch eine Situation nicht gerecht (vgl. den Abschlußbericht der Arbeitsgruppe Steuerausfälle, StB 1994, 399, 446).

4. Besonderheiten des Steuerstrafverfahrens

Die besonderen strafverfahrensrechtlichen Befugnisse der Finanzbehörden wurden 1967/68 stark beschränkt. Zunächst hatte das BVerfG mit Urt. v. 6. 6. 1967 (BGBl. I 626) § 421 II und §§ 445, 447 RAO über die Strafgewalt der Finanzbehörden für nichtig erklärt (Rdnr. 75). Alsdann verloren die Finanzbehörden gem. Art. 1 Nr. 1 AOStrafÄndG die Befugnis, im gerichtlichen Steuerstrafverfahren die Rechte eines Nebenklägers auszuüben (§ 467 I, § 472 I RAO) oder sogar die öffentliche Klage selbst zu erheben (§ 472 II–IV RAO). Schließlich fiel mit dem Inkrafttreten des 2. AOStrafÄndG die Befugnis weg, ein Steuerstrafverfahren wegen Geringfügigkeit ohne Zustimmung des Gerichts einzustellen (§ 447 II RAO, Art. 6 § 4 AOStrafÄndG); vgl. jedoch § 432a RAO, eingefügt durch das EGStGB, dem heute § 398 AO entspricht. 22

Nach geltendem Recht haben die Finanzbehörden in *jedem* Strafverfahren wegen einer Steuerstraftat die **Befugnisse der Polizeibehörden und der Hilfsbeamten der StA** (§ 402 I iVm § 399 II 2 AO). Unter den Voraussetzungen des § 386 II AO sind sie für das Ermittlungsverfahren mit den Rechten und Pflichten der StA ausgestattet (§ 399 I AO); darüber hinaus können sie in geeigneten Fällen unmittelbar beim Amtsgericht den Erlaß eines Strafbefehls beantragen (§ 400 AO) sowie den Antrag stellen, Einziehung oder Verfall selbständig anzuordnen oder eine Geldbuße gegen eine jur. Person oder eine Personenvereinigung selbständig festzusetzen (§ 401 AO). *Polizeiliche* Befugnisse haben auf einem sachlich begrenzten Bereich auch Behörden oder Amtsträger anderer Verwaltungszweige, zB Bundespost, Bahnpolizei, Forstbehörden. Ohne Parallele ist dagegen die Übertragung *staatsanwaltschaftlicher* Befugnisse auf Verwaltungsbehörden außerhalb der Justiz. Die Ausnahme zugunsten der Finanzbehörden berücksichtigt die besonderen Bedingungen, unter denen Zuwiderhandlungen gegen Steuergesetze entdeckt werden und ermittelt werden müssen (Rdnr. 5). Zwar hat die Einschränkung des Ermittlungsmonopols der StA Kritik hervorgerufen (*de With* DRiZ 1963, 397), jedoch hat der Gesetzgeber pragmatischen Gesichtspunkten den Vorrang vor dogmatischen Bedenken eingeräumt. Der Steuerstrafrechtspflege wäre nicht gedient, wenn die ohnehin überlastete StA auf dem schwierigen Gebiet strafbarer Zuwiderhandlungen gegen Abgabengesetze jedes Ermittlungsverfahren selbst führen müßte. Über das frühere Recht hinaus ist seit 1967 von vornherein die StA für die Ermittlungen zuständig, wenn eine Steuerstraftat mit einer anderen Straftat zusammentrifft (§ 386 II AO) oder gegen den Beschuldigten Haftbefehl erlassen ist (§ 386 III AO); ferner kann sie jede Steuer- oder Monopolstrafsache jederzeit an sich ziehen (§ 386 IV 2 AO). 23

Einzelne Sondervorschriften, die grundsätzlich in jedem Steuerstrafverfahren gelten, enthalten: 24
§ 391 AO über die *Konzentration des Gerichtsstandes* in Steuerstrafsachen bei den Amtsgerichten, in deren Bezirk das Landgericht seinen Sitz hat;
§ 392 AO über die *Verteidigung in Steuerstrafsachen* mit der Regelung, daß

Einleitung 25, 26   II. Besonderheiten der Zuwiderhandlungen gegen StG

auch StBer, StBev, Wpr und vBpr in begrenztem Umfang kraft Gesetzes die Befugnisse eines Verteidigers ausüben können;

§ 393 II AO über den verlängerten *Schutz des Steuergeheimnisses* (§ 30 AO) in bezug auf Tatsachen oder Beweismittel, die der Stpfl der FinB vor Einleitung des Strafverfahrens (§ 397 I AO) in Erfüllung steuerrechtlicher Pflichten offenbart hat;

§ 397 und § 393 I AO über die *Abgrenzung des Steuerstrafverfahrens* vom Besteuerungsverfahren mit Rücksicht darauf, daß das Strafverfahren sich regelmäßig aus einem Besteuerungsverfahren entwickelt und die FinB für beide Verfahren zuständig ist, jedoch das Strafverfahren von anderen Grundsätzen beherrscht wird (vgl. § 136 I, § 136a I, § 163a III, IV StPO) als das Besteuerungsverfahren, in dem der Stpfl zu einer umfassenden Offenbarung seiner steuerlichen Verhältnisse und zur Mitwirkung an der Ermittlung der steuererheblichen Tatsachen verpflichtet ist;

§ 395 AO über die Befugnis der FinB, in jeder Lage des Strafverfahrens *die Akten der StA und des Gerichts* einzusehen und sichergestellte oder beschlagnahmte Sachen zu besichtigen (vgl. 49 OWiG);

§ 396 AO über die Befugnis der StA oder des Gerichts, *das Strafverfahren auszusetzen,* bis das Besteuerungsverfahren rechtskräftig abgeschlossen ist, falls die Beurteilung der Tat als Steuerhinterziehung davon abhängt, ob ein Steueranspruch besteht, ob Steuern verkürzt oder ob nicht gerechtfertigte Steuervorteile erlangt sind; diese Vorschrift entspricht im Grundsatz dem Vorbild des § 262 II StPO, der über seinen Wortlaut hinaus bei verwaltungs-, arbeits- und sozialrechtlichen Vorfragen entsprechend anzuwenden ist (*Kaiser* NJW 1963, 1190; zust. KK-*Hürxthal* 2 u. *Kleinknecht/Meyer-Goßner* 10 zu § 262 StPO);

§ 398 AO über die Befugnis der StA, *Strafverfahren* in den Fällen von Steuerhinterziehung und Steuerhehlerei sowie Begünstigung wegen Geringfügigkeit ohne Zustimmung des Gerichts *einzustellen* (vgl. § 153 I 2 StPO);

§ 403 AO über die Befugnis der FinB, *an Ermittlungen der Polizei oder der StA wegen einer Steuerstraftat teilzunehmen* und sich zu einer von der StA beabsichtigten Einstellung des Verfahrens zu äußern, sowie

§ 404 AO über die *Befugnisse der Steuer- und Zollfahndung.*

25   **Die Sondervorschriften über das gerichtliche Steuerstrafverfahren** beschränken sich auf

§ 406 AO über *die Mitwirkung der FinB im Strafbefehlsverfahren* und im selbständigen Verfahren und

§ 407 AO über die *Beteiligung der FinB in sonstigen Fällen,* damit es in jeder Lage des Strafverfahrens die Gesichtspunkte vorbringen kann, die von seinem Standpunkt aus für die Entscheidung des Gerichts bedeutsam sind (vgl. § 76 OWiG).

26   **Sondervorschriften für das Verfahren wegen Zuwiderhandlungen gegen Zoll- und Verbrauchsteuergesetze** sind beseitigt bis auf:

§ 394 AO über den *Übergang des Eigentums an Sachen,* die ein unbekannter Schmuggler auf der Flucht zurückgelassen hat – eine Vorschrift, deren praktische Bedeutung zweifelhaft erscheint, und

§ 32 ZollVG über die *Nichtverfolgung* bestimmter Zollstraftaten und Zollordnungswidrigkeiten im *Reiseverkehr* (Rdnr. 66).

Der ausgewählte Täterkreis bei Zuwiderhandlungen gegen Steuergesetze (Rdnr. 14) und die mangelnde Anschaulichkeit des mit Strafe oder Geldbuße bedrohten Verhaltens bereiten der Verfolgung dieser Zuwiderhandlungen in der Praxis besondere Schwierigkeiten. Wer Steuergesetzen zuwiderhandelt, genießt in der Gesellschaft oft hohes Ansehen und verfügt über einflußreiche Beziehungen, die nicht selten zu dem Zweck eingesetzt werden, ein drohendes Strafverfahren von vornherein zu unterbinden. Hauptverhandlungen wegen Steuerstraftaten haben namentlich um des Prestiges willen, das der Angeklagte zu verteidigen hat, die Tendenz, sich zu Monsterprozessen auszuwachsen. Zu Recht bemerkt *Sarstedt,* daß sich unser Strafverfahren zur Aburteilung von Intelligenzverbrechen schlecht eigne; denn *„wo etwa eine umfangreiche Buchführung die Grundlage des Beweises ist, türmt der starre Mündlichkeitsgrundsatz oft schier unüberwindliche Hindernisse auf"* (DRiZ 1960, 260). Strafprozessuale Erleichterungen (etwa § 249 II StPO) haben hier nicht entscheidend helfen können. 27

III. Die geschichtliche Entwicklung des Steuerstrafrechts

1. Rechtszustand vor 1919

Schrifttum: *Ernst Löbe,* Das deutsche Zollstrafrecht, 1./4. Aufl. 1881/1912; *Bonnenberg,* Das Strafverfahren in Zoll- und Steuersachen, 1./2. Aufl. 1899/1902.

a) Materielles Steuerstrafrecht

Bis zur ersten allgemeinen Kodifikation in der RAO 1919 (Rdnr. 37) war das Steuerstrafrecht – bei aller Verschiedenheit im einzelnen – in der Weise geregelt, daß jedem Steuergesetz ein Abschnitt über Straftatbestände und Verfahrensvorschriften angegliedert war. Materiell wurde namentlich zwischen *„absichtlichen"* oder *„wissentlichen"* Steuerverkürzungen (*„Hinterziehung",* in Württemberg: *„Steuergefährdung"*) und anderen Zuwiderhandlungen (*„Kontrollvergehen"*) unterschieden, vgl. zB den V. Abschnitt des Sächs. Gewerbe- und PersonalStG v. 24. 12. 1845 (GVBl. 311): *„Von Hinterziehungen und Ordnungswidrigkeiten",* der in § 69 eine bemerkenswerte Begriffsbestimmung der Steuerhinterziehung enthielt (Rdnr. 1 zu § 370 AO), in § 70 Geldstrafe in Höhe des 4-fachen Betrages der hinterzogenen Steuer oder – wenn dieser Betrag mit Bestimmtheit nicht zu ermitteln war – nach richterlichem Ermessen 1 bis 50 Thaler androhte. Andere Zuwiderhandlungen waren gem. § 71 nach richterlichem Ermessen mit Ordnungsstrafe von 1 bis 20 Thalern zu ahnden. Die wegen Hinterziehung verwirkte Strafe war *„bei eintretendem Unvermögen in verhältnismäßige Gefängnisstrafe zu verwandeln",* die Ordnungsstrafe nicht. Nach Art. 25 BayEStG v. 31. 5. 1856 (GVBl. 49) unterlag, wer eine unrichtige Erklärung seiner Einkünfte abgegeben hatte, einer Geldstrafe, welche dem 3-fachen Betrag der verkürzten Steuer gleich- 28 kam. Später wurde die in einem festen Verhältnis zum verkürzten Steuerbetrag stehende Geldstrafe meist durch einen Strafrahmen abgelöst, jedoch blieben die Ausmaße solcher Rahmen jeweils durch ein Vielfaches der verkürzten Steuer begrenzt, zB betrug die Geldstrafe bei Hinterziehung gem. § 63 SächsEStG v. 22. 12. 1874 (GVBl. 471) *"je nach dem Grad der dabei an den Tag gelegten Böswilligkeit"* das 4- bis 10-fache, desgl. gem. § 66 I PreußEStG v. 24. 6. 1891 (GS 175), gem. Art. 70 I WürttEStG v. 8. 8. 1903 (RegBl. 261) das 7- bis 10-fache, gem. § 43 PreußErgänzungsStG v. 14. 7. 1893 (GS 134) sogar das 10- bis 25-fache des hinterzogenen Steuerbetrages. Dieses **Multiplarstrafensystem** überdauerte in Teilbereichen des Steuerstrafrechts noch die RAO 1919 und wurde im Zollstrafrecht erst durch Gesetz v. 4. 7. 1939 (RGBl. I 1181) vollends beseitigt (Rdnr. 57). Freiheitsstrafen waren wegen Steuervergehen in keinem Falle angedroht. Vereinzelt war sogar die Umwandlung nicht beitreibbarer Geldstrafen in Ersatzfreiheitsstrafe ausgeschlossen, zB nach § 64 OldenbStempelStG v. 12. 5. 1906 (GBl. 793) sowie nach § 76 S. 2 SächsEStG v. 24. 7. 1900 (GVBl. 562) dann, wenn die Geldstrafe nicht wegen Hinterziehung verhängt worden war. Die drakonisch anmutende Höhe der angedrohten Geldstrafen mag eine hinreichend abschreckende Wirkung entfaltet haben.

29 **Das materielle Zollstrafrecht** wurde aufgrund Art. 3 des Staatsvertrages zwischen dem Nordd. Bund, Bayern, Württemberg, Baden und Hessen, die Fortdauer des Zoll- und Handelsvereins betr. v. 8. 7. 1867 (BGBl. 81) gem. §§ 134 ff. VZollG v. 1. 7. 1869 (BGBl. 317) einheitlich geregelt und als allgemeines Recht für das gesamte Gebiet des späteren Deutschen Reiches in Kraft gesetzt. Die hauptsächlichen Straftatbestände waren *"Kontrebande"* (= Bannbruch), die gem. § 134 VZollG mit *"Konfiskation"* (= Einziehung) der Bannware und mit Geldstrafe im doppelten Betrag des Warenwertes bedroht war, sowie *"Defraudation"* (= Hinterziehung der Eingangsabgaben), die gem. § 135 VZollG mit Konfiskation der Schmuggelware und mit Geldstrafe in Höhe des 4-fachen Betrages der vorenthaltenen Abgaben bedroht war. Die Geldstrafen wurden gem. § 140 VZollG beim ersten Rückfall verdoppelt; jeder weitere Rückfall zog gem. § 141 VZollG regelmäßig eine Freiheitsstrafe nach sich, die nach der verwirkten Geldstrafe zu bemessen war, jedoch 2 Jahre nicht überschreiten durfte. Die Tathandlungen der Kontrebande und Defraudation waren nach § 136 VZollG in allen Variationen definiert. § 137 I VZollG bestimmte, daß die angedrohten Strafen bereits durch den Nachweis der *objektiven* Tatbestandsmerkmale verwirkt waren; die Schuld wurde kraft Gesetzes *vermutet*. Konnte der Beschuldigte nachweisen, *"daß er eine Kontrebande oder Defraudation nicht habe verüben können oder eine solche nicht beabsichtigt gewesen sei"*, trat nach § 137 II iVm § 152 VZollG an die Stelle der Strafdrohungen eine Ordnungsstrafe bis zu 50 Thalern. Andererseits bestimmten die §§ 144, 145 VZollG Strafschärfungen bei erschwerenden Umständen der Tat, zB Verbergen der Schmuggelware in geheimen Behältnissen oder Verletzen eines amtlichen Warenverschlusses; ferner regelten § 146 VZollG den Bandenschmuggel, § 147 VZollG den Schmuggel *"unter dem Schutz einer Versicherung"* und § 148 VZollG den bewaffneten

Schmuggel. Subsidiär war nach § 152 VZollG *jede* Übertretung einer Vorschrift des VZollG oder der öffentlich bekanntgemachten Verwaltungsvorschriften mit Ordnungsstrafe bis zu 50 Thalern bedroht, desgl. nach § 160 VZollG das Anbieten von Geschenken oder anderen Vorteilen, sofern nicht Bestechung vorlag, sowie nach § 161 VZollG die Widersetzlichkeit gegen Zollbeamte, sofern damit keine Beleidigung oder tätlicher Widerstand verbunden war. Wegen des Strafverfahrens in Zollsachen verwies § 165 VZollG auf die Landesgesetze.

b) Steuerstrafverfahren

Die Vielfalt der Straftatbestände wurde bis zum Inkrafttreten der StPO v. 1. 2. 1877 (Rdnr. 36) noch übertroffen durch die verschiedenartigen Gestaltungen des Verfahrensrechts, die in den einzelnen Ländern teils gesondert, teils gleichmäßig für Zuwiderhandlungen gegen Zoll- und Verbrauchsteuergesetze und für Zuwiderhandlungen gegen Besitz- und Verkehrsteuergesetze galten: **30**

In **Preußen** war die Ahndung von Steuerdelikten durch Finanzbehörden bereits nach § 45 der VO wegen verbesserter Einrichtung der Provinzialpolizei und Finanzbehörden v. 26. 12. 1808 (GS 464) vorgesehen. Gem. § 155 der Zoll- und Verbrauchsteuer-Ordnung v. 26. 5. 1818 (GS 102) wurde ein besonderes Steuerstrafverfahren eingeführt, dem eine besondere Regelung des Verfahrens bei Zollvergehen in dem Gesetz wegen Untersuchung und Bestrafung der Zollvergehen v. 23. 1. 1838 (GS 78) folgte. Danach war die Strafkompetenz der Zollbehörden auf Geldstrafen beschränkt und dem Beschuldigten das Recht eingeräumt, jederzeit *„auf rechtliches Gehör anzutragen"* und damit die Zuständigkeit der Gerichte herbeizuführen. Dieses Gesetz wurde erst durch das Gesetz betr. das Verwaltungsstrafverfahren wegen Zuwiderhandlungen gegen die Zollgesetze und die sonstigen Vorschriften über indirekte Reichs- und Landesabgaben v. 26. 7. 1897 (GS 237) abgelöst. Danach waren die Zollbehörden in jedem Falle für die *„vorläufige Feststellung des Sachverhalts im Verwaltungswege zuständig"*. Bei Zuwiderhandlungen, die nur mit Geldstrafe oder Einziehung bedroht waren, oblag ihnen auch die Entscheidung, falls nicht zugleich andere Strafgesetze verletzt waren oder der Beschuldigte wegen der Zuwiderhandlung festgenommen und dem Richter vorgeführt worden war. Innerhalb der Verwaltung war die Entscheidungskompetenz je nach der Strafdrohung zwischen den Hauptzoll- und Hauptsteuerämtern und der Provinzialsteuerbehörde aufgeteilt. Nach § 20 konnte der Beschuldigte, wenn er *„die Zuwiderhandlung und deren Thatbestand an Amtsstelle vorbehaltlos einräumte"*, sich der Strafe *„unter Verzicht auf Erlaß eines Strafbescheids sofort unterwerfen"*, jedoch konnte die Unterwerfung bis zur Genehmigung durch die zuständige Verwaltungsbehörde widerrufen werden. Fand eine Unterwerfung nicht statt oder wurde sie nicht genehmigt, mußte die Behörde die Verhandlungen nach Abschluß der Untersuchung an die StA abgeben oder einen Strafbescheid erlassen, gegen den der Beschuldigte entweder Beschwerde ergreifen oder auf gerichtliche Entschei- **31** dung antragen konnte. Auf das Preuß. Gesetz von 1897 verwiesen zahlreiche spätere Reichsgesetze, zB § 27 SchaumwStG v. 9. 5. 1902 (RGBl. 155), § 53 BrauStG v. 7. 6. 1906 (RGBl. 675), § 32 LeuchtmStG v. 15. 7. 1909 (RGBl. 880), § 24 WechselstempelStG v. 15. 7. 1909 (RGBl. 825), § 54 ZuwachsStG v. 14. 2. 1911 (RGBl. 33), § 39 WeinStG v. 26. 7. 1918 (RGBl. 831), § 42 ZündwStG v. 10. 9. 1919 (RGBl. 1629), § 31 SpielkStG v. 10. 9. 1919 (RGBl. 1643), § 79 TabStG v. 12. 9. 1919 (RGBl. 1667). Das ZuwachsStG ermächtigte die Landesregierungen zu bestimmen, daß an die Stelle der HZÄ und Zolldirektivbehörden andere Staatsbehörden traten; im übrigen blieb in Besitz- und Verkehrsteuersachen die Regelung des Strafverfahrens den einzelnen Steuergesetzen vorbehalten. Nach § 70 II PreußEStG v. 24. 6. 1891 (GS 175) stand die Untersuchung und Entscheidung dem Gericht zu, *„wenn nicht der Beschuldigte die von der Regierung vorläufig festgesetzte Geldstrafe binnen einer ihm bekannt gemachten Frist freiwillig zahlte"*; für das Amtsdelikt der Verletzung des Steuergeheimnisses nach § 69 fand nach § 70 VI nur das gerichtliche Strafverfahren statt.

32 In **Württemberg** hatten die §§ 98, 99 des Verwaltungsediktes für die Gemeinden, Oberämter und Stiftungen v. 1. 3. 1822 (RegBl. 131) den allgemeinen Verwaltungsbehörden eine Strafgewalt in allgemeinen und in Steuerstrafsachen verliehen, die auch kleinere Freiheitsstrafen umfaßte. Mit Art. 34 des Zoll-Strafgesetzes v. 15. 5. 1838 (RegBl. 291) wurde die Möglichkeit einer freiwilligen Unterwerfung unter eine vom HZA festgesetzte Geldstrafe oder Konfiskation eingeführt. Das Gesetz betr., das Verfahren der Verwaltungsbehörden bei Zuwiderhandlungen gegen Zoll- und Steuergesetze v. 25. 8. 1879 (RegBl. 259) beseitigte die Befugnis der Verwaltungsbehörden, Freiheitsstrafen zu verhängen, und übertrug die Untersuchung und Ahndung der leichteren Zoll- und Steuerdelikte den Zoll- und Steuerbehörden. Nach Art. 11 wurden die Strafbescheide, wenn die Strafe und der Wert der einzuziehenden Sachen zusammen 300 Mark nicht überstiegen, von den Hauptzoll- oder Hauptsteuerämtern, sonst von der vorgesetzten Direktivbehörde erlassen; für Beschwerden gegen Strafbescheide der Hauptämter war die Direktivbehörde, sonst das Finanzministerium zuständig. Ein Unterwerfungsverfahren war nicht vorgesehen.

33 In **Baden** umfaßte die Strafkompetenz der Behörden nach Art. 1 des Gesetzes, das Verfahren in Steuerstrafsachen betr., v. 22. 6. 1837 (RegBl. 131) festbestimmte Geldstrafen und solche bis zum Betrag von 25 fl., jedoch konnte der Beschuldigte nach Art. 4 jederzeit *„die Untersuchung und Aburteilung in gerichtlichem Wege"* verlangen. Nach Art. 31–35 der in Vollzug des Gesetzes von 1837 erlassenen VO, das Verfahren in Steuer- und Zollstrafsachen betr., v. 22. 9. 1864 (RegBl. 669) fand ein *„Unterwerfungsverfahren"* statt, *„wenn der Beschuldigte sich dem Ausspruche der Finanzbehörde unter Verzichtleistung auf gerichtliche Verhandlung und Entscheidung, sowie unter Verzichtleistung auf den Rekurs zum Recht unterwerfen zu wollen erklärte"*. Unterwarf der Beschuldigte sich nicht, war nicht etwa ein Strafbescheid zu erteilen, sondern nach Art. 37 die gerichtliche Verfolgung einzuleiten. Gem. §§ 136–143 des Gesetzes zur Einführung der Reichsjustizgesetze v. 3. 3. 1879 (GVBl. 91) wurde das Verfahren an die StPO angeglichen.

In **Sachsen** gehörte die Untersuchung und Bestrafung der „Hinterziehun- 34
gen und Ordnungswidrigkeiten" gem. § 74 Gewerbe- und PersonalStG v.
24. 12. 1845 (GVBl. 311) in erster Instanz *„vor die ordentliche Obrigkeit des
Angeschuldigten"*, dh vor die für ihn zuständige Steuerbehörde, in zweiter und
letzter Instanz vor das Finanzministerium. Nach der Neuregelung gem. § 65
EStG v. 22. 12. 1874 (GVBl. 471) war bei Hinterziehungen gem. Art. 44 I
Nr. 4 SächsStPO v. 11. 8. 1855 (GVBl. 322) stets der Einzelrichter zuständig, dagegen bei Ordnungswidrigkeiten gem. § 69 EStG 1874 iVm dem
Gesetz über das Verfahren in Verwaltungsstrafsachen v. 22. 4. 1873 (GVBl.
291) die Einschätzungskommission. Diese konnte – wie andere Verwaltungsbehörden – gem. §§ 4, 5 des Gesetzes von 1873 durch *„vorläufige Strafverfügung"* Geldstrafen und Haftstrafen bis zu 6 Wochen verhängen. Eine
Beschwerde an die vorgesetzte Behörde war nicht gegeben; vielmehr galt
nach § 6 III *„jede Äußerung eines Angeschuldigten, durch welche er zu erkennen
gab, daß er sich bei der Strafverfügung nicht beruhigen wolle"*, als Antrag auf
gerichtliche Entscheidung. Die Aufteilung der Kompetenzen zwischen Justiz
und Finanzverwaltung nach dem Unrechtsgehalt der Zuwiderhandlungen
stellt ein bemerkenswertes, in der Zwischenzeit vergessenes Vorbild der
heutigen, durch die Änderungsgesetze von 1967/68 (Rdnr. 71, 73) eingeführten Regelung dar; sie wurde jedoch seinerzeit im Hinblick auf die StPO v.
1. 2. 1877 (Rdnr. 30) bereits durch § 74 EStG v. 2. 7. 1878 (GVBl. 129) dahin
geändert, daß den Steuerbehörden – wie in anderen Ländern – die Befugnis
eingeräumt wurde, auch wegen Steuerhinterziehung Strafbescheide zu erlassen; vgl. auch § 10 des Gesetzes über das Verfahren in Verwaltungsstrafsachen v. 8. 3. 1879 (GVBl. 87).

In **Bayern** wurden die Strafanträge nach Art. 26 EStG v. 31. 5. 1856 (GBl. 35
49) vom StA gestellt und begründet, jedoch die Strafe vom Steuerausschuß
gefällt und vom Rentamt vollzogen. Gegen den Strafbeschluß des Steueraus-
schusses stand dem Beschuldigten und dem StA nach Art. 27 das Recht der
Reklamation zu, die nach Art. 28 – wie bei Reklamationen gegen eine Steuerberechnung – von dem erweiterten Steuerausschuß endgültig beschieden
wurde; eine Anrufung der Gerichte war nicht vorgesehen. Aufgrund Art. 70 I
EStG v. 19. 5. 1881 (GVBl. 441) richteten sich die Zuständigkeit und das
Verfahren nach dem GVG und der StPO, jedoch war daneben für alle Zuwiderhandlungen gegen Zoll- und Steuergesetze nach Art. 86 ff. des Gesetzes zur
Ausführung der Reichs-StPO v. 18. 8. 1879 (GVBl. 781) ein Verwaltungsstrafverfahren eingerichtet. Nach Art. 89 konnten Zollstrafsachen durch einen Strafbescheid der Zollbehörde erledigt werden, gegen den der Beschuldigte gerichtliche Entscheidung beantragen konnte; eine Beschwerde an die
höhere Verwaltungsbehörde war ausgeschlossen. In Steuerstrafsachen stand
nach Art. 98 die Untersuchung dem Rentamt und die Bestrafung dem Steuerausschuß zu. Gegen den Strafbeschluß konnte der Beschuldigte nach Art. 99 I
wahlweise gerichtliche Entscheidung beantragen oder *„nach Maßgabe der Steuergesetze reclamiren"*. Ein Unterwerfungsverfahren war nicht vorgesehen.

Die im gesamten Reichsgebiet am 1. 10. 1879 in Kraft getretene StPO v. 36
1. 2. 1877 (RGBl. 253) hatte in einem besonderen Abschnitt über das *„Verfah-*

ren bei Zuwiderhandlungen gegen die Vorschriften über die Erhebung öffentlicher Abgaben und Gefälle" (§§ 459–469 StPO) Rahmenvorschriften gesetzt, die zwar den Fortbestand der landesgesetzlichen Vorschriften über das Verwaltungsstrafverfahren erlaubten, sie aber bestimmten Beschränkungen unterwarf. Nach § 459 I StPO durfte durch Strafbescheid einer Verwaltungsbehörde nur Geldstrafe oder Einziehung festgesetzt werden. § 459 II StPO ordnete an, daß der Beschuldigte, wenn er nicht eine nach den Landesgesetzen zugelassene Beschwerde an die höhere Verwaltungsbehörde erhob, gegen den Strafbescheid gerichtliche Entscheidung beantragen konnte, und daß der Strafbescheid die Verjährung der Strafverfolgung unterbrach. Von den §§ 460 ff. StPO über das gerichtliche Verfahren in Steuerstrafsachen regelte § 463 StPO die richterliche Umwandlung einer durch Strafbescheid festgesetzten Geldstrafe in Ersatzfreiheitsstrafe, § 464 StPO räumte der Finanzbehörde eine selbständige Anklagebefugnis ein und § 467 StPO gab ihr, falls die StA öffentliche Klage erhoben hatte, die Befugnisse eines Nebenklägers. Vorbehaltlich der §§ 453–455, 459–463 StPO blieben die Landesgesetze über das Verwaltungsstrafverfahren nach § 6 II Nr. 3 EGStPO v. 1. 2. 1877 (RGBl. 346) unberührt. Auch konnten die Landesgesetzgeber innerhalb der Rahmenvorschriften der StPO neue Verfahrensvorschriften einführen, vgl. zB das Hessische Gesetz, die Einführung des Verwaltungsstrafbescheids bei Zuwiderhandlungen gegen die Vorschriften über die Erhebung öffentlicher Abgaben und Gefälle betr., v. 20. 9. 1890 (GVBl. 193). Nach § 449 S. 1 RAO 1919 wurden die §§ 459–469 StPO für den Anwendungsbereich der RAO außer Kraft gesetzt; sie galten danach nur noch für Strafverfahren wegen der Beeinträchtigung solcher Steuern, auf welche die RAO nicht anwendbar war, insbes. die Gemeindeabgaben. Nach der StPO idF v. 22. 3. 1924 (RGBl. I 322) erhielten die §§ 459–469 StPO 1877 zunächst mit nahezu unverändertem Wortlaut die Stellung der §§ 419–429 StPO, wurden dann aber gem. § 445 RAO 1919 idF der 3. Teils Kap. IV Art. 1 Nr. 78 der NotV v. 1. 12. 1930 (RGBl. I 517) außer Kraft gesetzt, soweit die Vorschriften der RAO über das gerichtliche Steuerstrafverfahren anzuwenden waren. Schließlich wurden sie durch Art. 3 Nr. 180 des Gesetzes zur Wiederherstellung der Rechtseinheit v. 12. 9. 1950 (BGBl, 455) aufgehoben. Gleichzeitig bestimmte Art. 3 Nr. 206 durch eine neue Fassung des § 6 II Nr. 2 EGStPO, daß landesrechtliche Vorschriften über das Verfahren bei Zuwiderhandlungen gegen Abgabengesetze nur noch auf die RAO verweisen durften (Schriftl. Ber. zu BT-Drucks. I/1138 S. 71, 73 sowie Sten. Ber. S. 2886).

2. Das Steuerstrafrecht in der RAO 1919 und Änderungen bis 1933

Schrifttum: *Becker,* Die Reichsabgabenordnung, 1./7. Aufl. 1921/30; *Mrozek,* Kommentar zur Reichsabgabenordnung, II. Band, 1./3. Aufl. 1920/24; *Juliusberger,* Steuerstrafrecht, 1921; *Heinrich,* Handbuch des Steuerstrafrechts, 1923; *Simon,* Die Strafvorschriften des Tabaksteuergesetzes, ZfZ 1923, 377; 1924, 24, 30; *Jadesohn,* Das geltende Reichssteuerstrafrecht, ZfZ 1924, 11; *ders.,* Der neueste Stand des Salz-, Zucker-, Leuchtmittel- und Zündwarensteuerstrafrechts, ZfZ 1924, 27; *ders.,* Die

Vereinfachung des Steuerstrafrechts durch die Dritte Steuernotverordnung, DStZ 1924, 131; *Lelewer*, Steuer-Strafrecht, 1925; *Cattien*, Reichssteuerstrafrecht und Reichssteuerstrafverfahren, 1./2. Auf. 1925/29; *Nieberl*, Die Reichsabgabenordnung, 1932.

Nachdem bereits das VZollG v. 1. 7. 1869 (Rdnr. 28), die §§ 459–469 StPO v. 1. 2. 1877 (Rdnr. 30) und das Preuß. Gesetz v. 26. 7. 1897 (Rdnr. 29) einzelne Schritte auf dem Wege zu einer reichseinheitlichen Regelung des Steuerstrafrechts darstellten, wurde eine erste, wenn auch unvollständige Zusammenfassung der nach Ländern und Steuerarten überaus zersplitterten Materie im **3. Teil der Reichsabgabenordnung v. 13. 12. 1919** (RGBl. 1993) vollzogen (Begr. s. Aktenstück Nr. 759 der Verfassunggebenden deutschen Nationalversammlung S. 598 ff.). *Hartung* (I vor § 391 RAO) urteilt, daß diese Tat des Gesetzgebers auf dem Teilgebiet des Steuerstrafrechts ebenso anregend und fruchtbar gewirkt habe wie 50 Jahre vorher die Schaffung des StGB von 1871 für die deutsche Strafrechtswissenschaft überhaupt. In Wirklichkeit ist das Steuerstrafrecht zumindest bis in die siebziger Jahres dieses Jahrhunderts ein Stiefkind der Rechtswissenschaft geblieben. Aber sicherlich bildete der 3. Teil der RAO 1919 trotz dogmatischer und systematischer Mängel einen bedeutenden Fortschritt gegenüber dem früheren Recht, das zunächst auf Teilgebieten noch weitergalt und durch die spätere Novellengesetzgebung nach und nach abgebaut wurde. Das materielle Zollstrafrecht wurde erst 1939 in die RAO übernommen (Rdnr. 50). Auch in Strafsachen wegen bestimmter Besitz- und Verkehrsteuern blieb das bisherige Recht bestehen. Eine Reihe von Steuergesetzen war im ganzen aus dem Anwendungsbereich der §§ 353 ff. RAO 1919 ausgenommen (vgl. §§ 451–453). Hinzu kam, daß die §§ 353 ff. RAO 1919 in einigen Fällen die bisherigen Vorschriften der einzelnen Steuergesetze, vornehmlich wegen der angedrohten Strafen, in Bezug nahmen oder ihnen gegenüber nur subsidiär galten (vgl. §§ 357, 359 I und V, §§ 363, 367 I, § 369 I, § 379), so daß die RAO ursprünglich nur eine lose Klammer um das gesamte Abgabenstrafrecht bildete (*Rahn* ZfZ 1940, 155). In rechtsstaatlicher Hinsicht erscheint die RAO 1919 – wie kaum anders zu erwarten – als ein Kind ihrer Zeit, eher noch als Kodifkation wilhelminischen Denkens.

Von dem materiellen Steuerstrafrecht der §§ 355–384 RAO 1919 war § 359 von besonderer Bedeutung. Diese Vorschrift bestimmte die Tatbestandsmerkmale der Steuerhinterziehung, verwies jedoch wegen der angedrohten Hauptstrafen „*auf die einzelnen Gesetze*", nach denen das Multiplarstrafensystem (Rdnr. 28) mit unterschiedlichen Maßstäben weitergalt. Soweit der Betrag der Steuerverkürzung nicht festgestellt werden konnte, war nach § 362 RAO auf eine Geldstrafe von 20 Mark bis zu 1 Mio Mark zu erkennen; desgl. nach § 368 RAO bei Steuerhehlerei. Für Steuerhinterziehung oder -hehlerei im ersten Rückfall drohte § 369 RAO doppelte Geldstrafen sowie Freiheitsstrafen an. Umgekehrt war die fahrlässige Steuerverkürzung unter der mißverständlichen Bezeichnung „*Steuergefährdung*" gem. § 367 RAO mit Geldstrafe bedroht, deren Höchstbetrag halb so hoch war wie bei Hinterziehung. Ferner wurden Zuwiderhandlungen gegen bestimmte, im 2. Teil der RAO 1919 geregelte Pflichten mit Geldstrafen bedroht, namentlich

nach § 371 RAO vorsätzliches Zuwiderhandeln gegen das Verbot des § 165 I RAO über das Errichten eines Kontos, das Hinterlegen oder Verpfänden von Wertsachen oder das Mieten eines Schließfachs unter einem falschen oder erdichteten Namen;

nach § 372 RAO vorsätzliches oder fahrlässiges Zuwiderhandeln gegen die Gebote des § 165 II, III RAO, sich beim Errichten eines Kontos, Annehmen von Wertsachen oder Überlassen eines Schließfachs über die Person des Verfügungsberechtigten zu vergewissern oder bei späterer Erkenntnis eines falschen oder erdichteten Namens das Guthaben, die Wertsachen oder den Inhalt des Schließfachs nur mit Zustimmung des FA an den Berechtigten herauszugeben;

desgl. das Vernachlässigen der besonderen Mitteilungspflichten des Vorstands einer AG, Bergwerksgesellschaft oder GmbH nach § 187 RAO, der Banken nach § 189 RAO (Mitteilung von Kundenverzeichnissen!) und der Treuhänder, Vertreter oder Pfandgläubiger nach § 190 RAO.

Schließlich war gem. § 373 RAO mit Geldstrafe bis zum Doppelten des verkürzten Steuerbetrags bedroht, wer als Testamentsvollstrecker, Pfleger, Liquidator, Erbschaftsbesitzer, Erwerber eines Unternehmens usw. vorsätzlich die Verpflichtung aus § 97 RAO versäumte, Steuerverkürzungen eines verstorbenen oder weggefallenen Stpfl oder eines Vorgängers anzuzeigen.

Wegen der Straftaten nach den §§ 359, 367, 371–373 RAO konnte unter den Voraussetzungen des § 374 RAO **strafbefreiende Selbstanzeige** erstattet werden. Dies galt nicht für Straftaten

nach § 375 RAO, der mit Geldstrafe bis zu 500 Mark bedrohte, *„wer geschäftsmäßig in Angeboten oder Aufforderungen, die an einen größeren Personenkreis gerichtet waren"*, darauf hinwies, *„daß bei Geschäftsabschlüssen in bestimmter Weise außer dem geschäftlichen Zweck noch Ersparungen oder Vorteile bei der Besteuerung erreicht werden konnten"*,

nach § 376 RAO (Verletzung des Steuergeheimnisses) sowie

nach § 377 RAO, der Ordnungsstrafe bis 500 Mark jedem androhte, der *„den im Interesse der Steuerermittlung oder Steueraufsicht erlassenen Vorschriften der Steuergesetze oder den dazu ergangenen und öffentlich oder den Beteiligten besonders bekanntgemachten Verwaltungsbestimmungen durch andere als die in den Steuergesetzen unter Strafe gestellten Handlungen oder Unterlassungen zuwiderhandelte."*

39 **Zahlreiche weitere Sühne- und Sicherungsmittel** waren neben den Geld- und Freiheitsstrafen vorgesehen, § 365 I und § 368 S. 2 RAO schrieben bei Steuerhinterziehung und -hehlerei zwingend die **Einziehung** der steuerpflichtigen Erzeugnisse und zollpflichtigen Waren vor, auf welche sich die Tat bezog. Konnte die Einziehung nicht vollzogen werden, mußte nach § 365 II RAO auf Wertersatz und, soweit der Wert der Erzeugnisse oder Waren nicht zu ermitteln war, auf Zahlung einer Geldsumme bis zu 300.000 Mark erkannt werden. Außerdem war, wenn ein Herstellungsbetrieb entgegen § 194 I RAO nicht angemeldet war, nach § 365 III RAO die Einziehung

„*aller in den Betriebs- und Lagerräumen vorhandene Vorräte an steuerpflichtigen Erzeugnissen sowie der zur Herstellung dienenden Geräte verwirkt*". Ferner unterlagen der Einziehung nach § 370 RAO „*steuerpflichtige Erzeugnisse, die im Handel nicht vorschriftsmäßig verpackt oder bezeichnet angetroffen wurden oder nicht vorschriftsmäßig versteuert waren*". Schließlich konnten nach § 371 II RAO Vermögenswerte eingezogen werden, die mit der Absicht der Steuerhinterziehung unter falschem oder erdichtetem Namen verbucht, hinterlegt, verpfändet oder deponiert waren. Wo „*die Strafe der Einziehung*" vorgesehen war, konnte nach § 379 RAO „*auf Einziehung erkannt werden, gleichviel, wem die Gegenstände gehörten und ob gegen eine bestimmte Person ein Strafverfahren eingeleitet war*".

Einer mehr steuer- als strafrechtlichen Denkweise entstammten die §§ 381, 382 RAO über die **Haftung der Vertretenen, Geschäftsherrn oder Haushaltungsvorstände für Geldstrafen** sowie Kosten des Strafverfahrens und der Strafvollstreckung, die ihren Vertretern, Verwaltern, Bevollmächtigten, Angestellten oder Angehörigen auferlegt worden waren. Diese Vorschriften wurden als §§ 416, 417 AO 1931 erst 1967 durch das AOStrafÄndG aufgehoben. Zu Recht bemerkt *Hartung* (I 1 zu §§ 416, 417 RAO 1931), daß hier „*das rein fiskalische Interesse an der Einbringung der Geldstrafe dem Gesetzgeber die Feder geführt hat*".

Nach § 363 RAO war auf **öffentliche Bekanntmachung** der Bestrafung zu erkennen, wenn wegen Steuerhinterziehung oder -hehlerei (§ 368 Satz 2) eine Geldstrafe von mehr a1 s 5.000 Mark (später: 500 DM) verhängt worden war, und nach § 364 RAO waren bereits neben einer Gefängnisstrafe von mindestens 3 Monaten die **bürgerlichen Ehrenrechte** abzuerkennen (vgl. demgegenüber § 45 StGB). Auch diese als §§ 399, 400 RAO 1931 fortgeltenden Vorschriften wurden erst 1967/68 aufgehoben.

Das Strafverfahren war nach §§ 385–443 RAO 1919 für Steuer- und Zollstrafsachen gleichmäßig geregelt. Nach § 386 I (= § 421 I RAO 1931) hatten die FÄ (HZÄ) den Sachverhalt einer Steuerzuwiderhandlung selbständig zu erforschen, wenn nicht der Beschuldigte wegen Steuerhinterziehung festgenommen und dem Richter vorgeführt worden war. Nach § 386 II (= § 421 II RAO 1931) stand dem FA auch die Entscheidung zu, wenn entweder die Zuwiderhandlung nur mit Geldstrafe und/oder Einziehung bedroht war oder das FA nur auf diese Strafen erkennen wollte. Die Ermittlungs- und Entscheidungskompetenz der Finanzbehörden bestand nach § 387 (= § 422 RAO 1931) auch dann, wenn dieselbe Handlung zugleich als Steuerzuwiderhandlung und nach einem anderen Gesetz mit Strafe bedroht, die Strafe aber aus dem Steuergesetz zu entnehmen war. Bei begründetem Tatverdacht konnte das FA entweder nach § 411 I 2 (= § 446 I 2 RAO 1931) die Verhandlungen an die StA abgeben oder seine Strafbefugnis nach § 410 (= § 445 RAO 1931) in Form einer Unterwerfungsverhandlung oder nach § 412 (= § 447 RAO 1931) in Form eines Strafbescheids ausüben. Die Unterwerfung stand nach § 410 S. 2 RAO einer rechtskräftigen Verurteilung gleich. Gegen einen Strafbescheid konnte der Beschuldigte nach § 415 (= § 450 RAO 1931) Beschwerde einlegen oder gerichtliche Entscheidung beantragen. Über die

Einleitung 41, 42　　　　　　　　　　　　III. Die geschichtliche

Beschwerde entschied das LFA (später: „OFD"), Nicht angefochtene Straf- oder Beschwerdebescheide hatten nach § 423 (= § 458 RAO 1931) die Wirkung eines rechtskräftigen Urteils und waren nach § 424 (= § 459 RAO 1931) von den FÄn zu vollstrecken. Konnte eine Geldstrafe oder Wertersatz nicht beigetrieben werden, war das AG nach § 435 (= § 470 RAO 1931) verpflichtet, die Geldstrafe auf Antrag des FA in Freiheitsstrafe umzuwandeln. Hatte der Beschuldigte gerichtliche Entscheidung beantragt, übermittelte das FA die Verhandlungen nach § 427 (= § 462 RAO 1931) der StA mit dem Antrag, die Entscheidung des Gerichts herbeizuführen; eine Anklageschrift wurde nicht eingereicht. Das Gericht mußte auf den Antrag des FA nach § 428 II (= § 463 II RAO 1931) Hauptverhandlung anberaumen. War eine Verurteilung wegen Steuerhinterziehung oder Steuergefährdung (später: „*fahrlässige Steuerverkürzung*") davon abhängig, ob ein Steueranspruch bestand oder ob und in welcher Höhe ein Steueranspruch verkürzt war, und hatte der RFH über diese Fragen im Rechtsmittelverfahren über den Steuerbescheid entschieden, war der Strafrichter nach § 433 (= § 468 RAO 1931) daran gebunden. War die Steuerfestsetzung ohne Entscheidung des RFH rechtskräftig geworden, mußte der Strafrichter, wenn er von der Steuerfestsetzung abweichen wollte, die Entscheidung des RFH einholen und sie seinem Urteil zugrundelegen. Das FA besaß nach §§ 432, 437 (= §§ 467, 472 RAO 1931) die Rechte eines Nebenklägers; hatte die StA einen Antrag auf Verfolgung einer Steuerzuwiderhandlung abgelehnt, konnte das FA die öffentliche Klage sogar selbst erheben und die Funktion der StA ausüben.

41　　Die gesetzliche Regelung des Unterwerfungsverfahrens wurde durch die **VO des RdF über die Unterwerfung im Strafverfahren gemäß § 410 RAO** v. 1. 11. 1921 (RGBl. 1328) ergänzt. Nach § 2 II–IV dieser Verordnung wurde die Unterwerfung erst mit der Genehmigung durch den Vorsteher des FA oder das LFA wirksam. Dagegen blieb der Beschuldigte bis zum Ablauf einer Frist von 3 Monaten an seine Unterwerfungserklärung gebunden. Diese Vorschrift war für den Beschuldigten ungünstiger als § 20 III Preuß. Gesetz v. 1897 (Rdnr. 29).

42　　**Die 3. StNotV v. 14. 2. 1924** (RGBl. 174) brachte in Art. VIII unter „*Vereinfachung des Steuerstrafrechts*" eine neue Fassung des § 359 I (= § 396 I RAO 1931), nach der die Strafe für Hinterziehung nicht mehr den einzelnen Steuergesetzen zu entnehmen war, sondern – abgesehen vom VZollG, TabStG, WeinStG und BefStG – einheitlich geregelt wurde. Der Höchstbetrag der Geldstrafe war nun unbeschränkt; ihr Mindestbetrag betrug bei Zöllen und Verbrauchsteuern das 4-fache der Steuerverkürzung. Konnte der hinterzogene Betrag nicht festgestellt werden oder waren Besitz- oder Verkehrsteuern hinterzogen, betrug die Geldstrafe gem. § 27 StGB aF mindestens 3 Mark; daneben konnte auf Gefängnis bis zu 2 Jahren erkannt werden. Steuerhinterziehung und -hehlerei waren damit als Vergehen iS des § 1 II StGB aF qualifiziert. Demgemäß wurden die Sondervorschriften in den §§ 360, 361 sowie § 362 RAO 1919 über Versuch, Beihilfe und Begünstigung bei Übertretungen gestrichen. Nach § 363 nF (= § 399 RAO 1931) konnte die Veröffentlichung einer Bestrafung wegen Steuerhinterziehung oder -hehlerei auch im Rahmen einer Unterwerfung angeordnet werden. Für Steuerhinterziehung oder -hehlerei im Rückfall war nach § 369 nF (= § 404 RAO 1931) Gefängnis bis zu 5 Jahren angedroht; nur bei mildernden Umständen konnte allein auf Geldstrafe erkannt werden. Die nach § 367 (= § 402 RAO 1931) für fahrlässige Steuerverkürzung angedrohte Geldstrafe wurde nun – unabhängig von der Hinterziehungsstrafe – einheitlich auf 3 bis 100.000 Mark bemessen, desgl. die Geldstrafe für eine Zuwiderhandlung nach § 373 RAO (s. Rdnr. 33). In einem neuen § 369a (= § 405 RAO 1931) wurden die zuvor in einzelnen Steuergesetzen (zB EStG, KVStG, WStG) geregelten Steuerzeichenvergehen zusammengefaßt, nicht aber die entsprechenden Vorschriften des TabStG und des WeinStG. Im ganzen hat die 3. StNotV bei einer verschärfenden Tendenz eine Vereinfachung des Strafrechts nur bei bestimmten Steuerarten herbeigeführt; namentlich war das EStG v. 10. 8. 1925 (RGBl. I 189) von strafrechtlichen Vorschriften völlig entlastet. Gleichzeitig wurde jedoch in § 80 RBewG v. 10. 8. 1925 (RGBl. I 124) ein neuer Straftatbestand der Irreführung der mit der Wertermittlung befaßten Behörden eingeführt, der erst 1930 in die RAO übernommen wurde (Rdnr. 45). Die Tradition, strafrechtliche Vorschriften im Zusammenhang mit derjeweiligen Steuer zu regeln, war noch einmal stärker gewesen als das Streben nach Zusammenfassung des Steuerstrafrechts in der RAO, obwohl diese durch Art. V G v. 10. 8. 1925 (RGBl. I 241) ohnehin geändert wurde, insbes. § 427 II RAO, nach dessen Neufassung auf Antrag des FA zur Hauptverhandlung vor dem Schöffengericht ein zweiter Amtsrichter zugezogen werden mußte.

Die strafrechtlichen Sondervorschriften des **WeinStG** bestanden nur noch kurze Zeit fort, da das WeinStG in seiner letzten Fassung v. 10. 8. 1925 (RGBl. I 248) durch Art. VII des **Gesetzes über Steuermilderungen zur Erleichterung der Wirtschaftslage v. 31. 3. 1926** (RGBl. I 185) aufgehoben wurde. Das durch Art. VIII desselben Gesetzes erlassene **SchaumwStG** enthielt in § 12 einen neuen Straftatbestand. Für das Unterlassen der Anmeldung eines Herstellungsbetriebes, das Aufbewahren unversteuerten Schaumweins außerhalb genehmigter Lagerräume oder den Gewahrsam an Schaumwein ohne Steuerzeichen wurde eine Ordnungsstrafe angedroht, die mindestens das 4-fache der beeinträchtigten Steuer betrug. Andererseits war das SchaumwStG das erste Verbrauchsteuergesetz, das eine Bestrafung wegen *vermuteten Verschuldens* nicht mehr gestattete; anders noch § 100 II TabStG idF des Art. II Nr. 13 G v. 10. 8. 1925 (RGBl. I 244).

Einen weiteren Schritt zur Zusammenfassung der Straftatbestände in der RAO vollzog der RTag (RT-Drucks. IV/1506) durch das **Gesetz zur Änderung des TabStG v. 22. 12. 1929** (RGBl. I 234), nach dessen Art. VI Nr. 12 die Strafvorschriften der §§ 56, 57, 60–68, 70, 72–75, 77–81 TabStG v. 12. 9. 1919 (RGBl. 1667) gestrichen wurden. Bestehen blieben jedoch § 58 TabStG (*„Die Tabaksteuerhinterziehung wird insbesondere dann als vorliegend angenommen, wenn..."*) und § 59 TabStG (*„Der Tabaksteuerhinterziehung wird gleichgeachtet, wenn..."*). Indessen wurde § 453 RAO 1919 aufgehoben, der die Fortgeltung materieller Strafvorschriften bestimmter Steuergesetze angeordnet hatte; ausf. *Jancke* ZfZ 1930, 23, 27.

Einleitung 45, 46

45 Umfassende Änderungen der RAO 1919 brachte der 3. Teil Kap. IV Art. 1 der **NotV des RPräs zur Sicherung von Wirtschaft und Finanzen v. 1. 12. 1930** (RGBl. I 517, 545), die jedoch das Steuerstrafrecht nahezu unberührt ließ. Hervorzuheben ist außer der Übernahme des § 80 II RBewG in § 360 (= § 397 RAO 1931) nur die Änderung des § 376 I (= § 412 RAO 1931), durch die wegen des Tatbestandes der Verletzung des Steuergeheimnisses auf § 10 II, III (= § 22 RAO 1931) verwiesen und die Begrenzung der Geldstrafe auf 3.000 Mark aufgehoben wurde. Aufgrund Art. 5 § 4 wurde der RdF ermächtigt, den Wortlaut der RAO mit fortlaufender Paragraphenfolge neu bekanntzumachen. Nach der Bek. v. 22. 5. 1931 (RGBl. I 161) waren die §§ 355–361 RAO 1919 fortan als §§ 391–398, die §§ 363–439 RAO 1919 fortan als §§ 399–474 und die §§ 441–443 RAO 1919 fortan als §§ 475–477 bezeichnet.

46 **Kennzeichnend für die Finanzlage des Reiches** war die der RReg in Kap. VII des 3. Teils der NotV 1930 erteilte Ermächtigung zu einer Steueramnestie, durch die Steuerhinterzieher nicht nur von Strafe, sondern auch von der Nachzahlungspflicht befreit werden sollten, wenn sie verheimlichte Vermögensgegenstände oder Einkünfte der Steuerbehörde anzeigten. Die RReg machte von dieser Ermächtigung keinen Gebrauch, jedoch wurde eine entsprechende Regelung im Rahmen der selbständigen **SteueramnestieV des RPräs v. 23. 8. 1931** (RGBl. I 449) erlassen. Die SteueramnestieV verfolgte zunächst das Ziel, die Vermögenswerte zu erfassen, die einer Familienstiftung im Ausland zugewendet worden waren; sie begründete hierfür – rückwirkend – eine Steuerpflicht im Inland und eine Anzeigepflicht, deren vorsätzliche Verletzung gem. § 8 SteueramnestieV mit der Strafe für Steuerhinterziehung und darüber hinaus in besonders schweren Fällen mit Zuchthaus bis zu 10 Jahren bedroht wurde. Die gleiche Strafe galt für die Verletzung besonderer Anzeigepflichten über Beteiligungen an einer Gesellschaft im Ausland (§ 13) sowie für die Verletzung der Pflicht zur Anzeige des Vermögens im Rahmen der allgemeinen Vermögenserklärung auf den 1. 1. 1931 (§ 14). Auf der anderen Seite wurde nach §§ 15 ff. SteueramnestieV von Strafe (auch Disziplinarstrafe) und von der Pflicht zur Nachzahlung von VSt, ESt, KöSt, GewSt, USt, ErbSt und SchenkSt befreit, wer bisher verheimlichte Besteuerungsgrundlagen in der Zeit vom 18.7. bis 16. 9. 1931 nachmeldete, falls ihm nicht schon vor dem 18. 7. 1931 eröffnet worden war, daß die Steuerbehörde Kenntnis von den Werten hatte. Durch die **2. SteueramnestieV v. 19. 9. 1931** (RGBl. I 493) wurde die Frist bis zum 15. 10. 1931 verlängert und darüber hinaus angeordnet, daß die straf- und steuerbefreiende Wirkung der Amnestie außer durch Selbstanzeige auch durch fristgerechte Zeichnung und Bezahlung steuerfreier Reichsbahn-Anleihe 1931 erlangt werden konnte; vgl. auch § 6 Nr. 2 ArbeitsspendenG v. 1. 6. 1933 (RGBl. I 324). Zugleich wurde der Straftatbestand des § 14 II der 1. SteueramnestieV durch § 15 der 2. SteueramnestieV ersetzt, der für besonders schwere Fälle ebenfalls Zuchthaus bis zu 10 Jahren androhte. Infolge der Steueramnestie wurden 1931 Vermögenswerte von 2.093 Mio RM und Einkommen von 132 Mio RM nachträglich angemeldet (StW 1932, 895).

Die §§ 1–4 der VO des RPräs gegen die Kapital- und Steuerflucht 47
v. 18. 7. 1931 (RGBl. I 373) begründeten die Pflicht, ausländische Zahlungsmittel oder Forderungen in ausländischer Währung der Reichsbank anzubieten, Zuwiderhandlungen waren mit Gefängnis, in besonders schweren Fällen mit Zuchthaus bis zu 10 Jahren bedroht, daneben mit Geldstrafe in unbeschränkter Höhe, Einziehung der zurückbehaltenen Werte und Bekanntmachung der Bestrafung (§ 5). Ähnliches galt für die Verletzung der Pflicht zur Anzeige von Beteiligungen an einer Gesellschaft, an der nicht mehr als 5 Personen oder deren Angehörige zusammen zu mehr als der Hälfte beteiligt waren (§ 6). Die Amnestievorschrift des § 8 stellte – dem Vorbild der SteueramnestieV (Rdnr. 40) folgend – bei rechtzeitiger Erfüllung der auferlegten Pflichten Straf- und Steuerfreiheit in Aussicht.

Die 4. VO des RPräs zur Sicherung von Wirtschaft und Finanzen und 48
zum Schutze des inneren Friedens v. 8. 12. 1931 führte im 7. Teil, Kap. III, 1. Abschnitt (RGBl. I 699, 731) für Reichsangehörige, die nach dem 31. 3. 1931 ihren Wohnsitz im Inland aufgegeben hatten oder aufgaben, eine **Reichsfluchtsteuer** ein, die ein Viertel des gesamten steuerpflichtigen Vermögens betrug, im Zeitpunkt der Aufgabe des inländischen Wohnsitzes entstand, gleichzeitig fällig wurde und ohne besondere Anforderung zu entrichten war; ein Steuerbescheid wurde nur auf Antrag erteilt. Wurde die RflSt bei Fälligkeit nicht gezahlt, war für jeden halben Monat ein Zuschlag von 5 vH des Rückstandes verwirkt. Hatte der Stpfl binnen 2 Monaten weder die Steuer entrichtet noch nachgewiesen, daß er wieder im Inland wohnte, war er nach § 9 Nr. 1 wegen Steuerflucht mit Gefängnis nicht unter 3 Monaten und mit Geldstrafe zu bestrafen; der Höchstbetrag der Geldstrafe war unbeschränkt. Nach § 9 Nr. 2 mußte das FA gegen den Stpfl einen „**Steuersteckbrief**" erlassen, der die Aufforderung enthielt, den Stpfl vorläufig festzunehmen und ihn dem Amtsrichter vorzuführen. Konnte der Stpfl dem Amtsrichter weder die Entrichtung der RflSt noch die Wiederbegründung eines Wohnsitzes im Inland nachweisen, hatte der Amtsrichter den Stpfl gem. § 11 III der Polizei zu übergeben. Die Polizeihaft endete, wenn Haftbefehl erging oder das Gericht über das Vergehen der Steuerflucht entschieden oder das FA die Entlassung angeordnet hatte. Ferner hatte das FA nach § 9 Nr. 3 zur Sicherung der Steuer, der Zuschläge, der Geldstrafe und Kosten *das gesamte inländische Vermögen des Stpfl zu beschlagnahmen*. Die vorgeschriebene Bekanntmachung des Steuersteckbriefes und der Vermögensbeschlagnahme enthielt auch das Verbot an alle Schuldner, Zahlungen an den Stpfl zu bewirken, und die Aufforderung, dem FA die dem Stpfl zustehenden Forderungen anzuzeigen. Wer die Anzeige vorsätzlich oder fahrlässig nicht erstattete, war nach § 10 V, sofern nicht Steuerhinterziehung (§ 396 RAO) oder Steuergefährdung (§ 402 RAO) vorlag, wegen Steuerordnungswidrigkeit iS des § 413 RAO 1931 zu bestrafen. Die Vorschriften über die RflSt wurden gem. Art. 1 des 4. Teils der VO v. 23. 12. 1932 (RGBl. I 571) zunächst bis zum 31. 12. 1934 verlängert (s. weiterhin Rdnr. 55).

In der VO des RPräs zur Anpassung einiger Gesetze und Verordnungen 49
an die veränderte Lage von Wirtschaft und Finanzen v. 23. 12. 1931

(RGBl. I 779) wurde im 2. Teil „Bekämpfung des Schmuggels" unter § 1 Nr. 4 in §§ 134, 154 VZollG zusätzlich die Einziehung der Beförderungsmittel vorgeschrieben, die der Täter zur Tat benutzt hatte, *„gleichviel, wem diese gehörten und ob gegen eine bestimmte Person ein Strafverfahren eingeleitet wurde."*

50 Die VO des RPräs über Maßnahmen auf dem Gebiete der Finanzen, der Wirtschaft und der Rechtspflege v. 18. 3. 1933 (RGBl. I 109) brachte in Kap. II unter „Bekämpfung des Schmuggels" weitere einzelne Änderungen des VZollG und der RAO. In § 134 II VZollG und § 401 I 2 RAO wurde die Ausnahme von der Einziehung der Beförderungsmittel, die dem allgemeinen Verkehr dienten, auf Fahrzeuge beschränkt, *die unabhängig von den Weisungen des Fahrgastes oder Benutzers verkehrten,* um die Einziehung von Kraftdroschken, die zum Schmuggeln benutzt wurden, zu ermöglichen. Durch einen neuen § 158 II VZollG wurde das Verhältnis zwischen Bannbruch und Zollhinterziehung in der Weise geregelt, daß bei tateinheitlichem Zusammentreffen nur wegen Zollhinterziehung zu bestrafen war. Im Zusammenhang damit wurde durch einen neuen § 396 VI RAO klargestellt, daß Zollhinterziehung auch hinsichtlich solcher Waren begangen werden konnte, deren Ein-, Aus- oder Durchfuhr verboten war (vgl. heute § 370 V AO; vorher bejahend RFH 23, 162, 163 ff. v. 7. 3. 1928, verneinend RG 60, 171, 172 ff. v. 15. 4. 1926).

51 Über den Einfluß der **VO des RPräs über Maßnahmen auf dem Gebiete der Rechtspflege und Verwaltung v. 14. 6. 1932** (RGBl. I 285) auf die Stellung der FinB im gerichtlichen Steuerstrafverfahren vgl. *Hayum* JW 1932, 2677; *Roeren* StArch 1933, 55; *Liebezeit* DStBl. 1933, 183 sowie ausf. *Hummel* ZfZ 1933, 200, 222, 263, 439.

3. Änderungen des Steuerstrafrechts durch die nat.-soz. Gesetzgebung

Schrifttum: *Voß,* Steuern im Dritten Reich, 1995.

52 Auf dem Gebiet des Steuerstrafrechts begann die nat.-soz. Gesetzgebung mit dem **Gesetz gegen Verrat der Deutschen Volkswirtschaft v. 12. 6. 1933** (RGBl. I 360), nach dem Vermögenstücke im Wert von mehr als 1000 RM, die sich am 1. 6. 1933 im Ausland befanden, aber dem FA nicht angegeben worden waren, und Devisen im Wert von mehr als 200 RM, die der Reichsbank nicht angeboten worden waren, dem FA bis zum 31. 8. 1933 angezeigt werden mußten. Nach § 7 trat bei fristgerechter Anzeige für die bereits vollendeten Steuer- oder Devisenzuwiderhandlungen Straffreiheit ein, jedoch mußten die verkürzten Steuern nachgezahlt werden. Reichsangehörige, welche die Anzeigepflicht vorsätzlich vernachlässigten, waren nach § 8 *„wegen Verrats der Deutschen Volkswirtschaft"* mit Zuchthaus nicht unter 3 Jahren zu bestrafen; bei mildernden Umständen war Zuchthaus bis zu 10 Jahren (!) angedroht. Bei fahrlässiger Versäumung der Anzeigepflicht war die Strafe Gefängnis nicht unter einem Jahr. Gegen vorsätzlich oder fahrlässig handelnde Täter, die nicht Reichsangehörige waren, mußte auf Gefängnis innerhalb der allgemeinen Grenzen erkannt werden. Für die Aburteilung waren Sondergerichte zuständig, die aufgrund der VO v. 21. 3. 1933 (RGBl. I 136) in einem vereinfachten Verfahren zu entscheiden hatten, zB konnte das Sondergericht eine Beweiserhebung ablehnen, *„wenn es die Überzeugung gewonnen hatte, daß die Beweiserhebung für die Aufklärung der Sache nicht erforderlich war".* Gegen die Urteile der Sondergerichte war kein Rechtsmittel gegeben. Die Auswirkungen dieser maßlosen Regelung müssen selbst für die damaligen Machthaber erschreckend gewesen sein; denn bereits kurze Zeit nach dem Anlaufen zahlreicher Sondergerichtsverfahren führte das **Steueranpassungsgesetz v. 16. 10. 1934** (RGBl. I 925; Begr. RStBl. 1398) gewisse Milderungen des Volksverratsgesetzes herbei. Zunächst wurde gem. § 22 StAnpG die Anzeigefrist bis zum 31. 12. 1934 verlängert. Wurde auch die verlängerte Frist versäumt, konnte gem. § 23 Nr. 5 StAnpG bei verschwiegenen Vermögenstücken und Devisen im Gesamtwert unter 10.000 RM die Strafe bei mildernden Umständen so bemessen werden, *„als habe der Täter eine Steuerhinterziehung begangen".* Für solche Fälle wurde nach § 23 Nr. 6 StAnpG die Straffestsetzung dem FA im Verfahren nach den §§ 420 ff. RAO übertragen, falls das FA mildernde Umstände bejahte und auf Geldstrafe erkennen wollte. Aufgrund §§ 28 ff. StAnpG wurden die wegen Zuwiderhandlungen gegen das Volksverratsgesetz bereits anhängigen Strafverfahren eingestellt und die bereits erkannten Freiheits- und Geldstrafen, soweit sie noch nicht vollstreckt waren, erlassen. Einstellungen des Strafverfahrens oder Straferlaß wurden hinfällig, wenn sich später herausstellte, daß der Täter seiner Anzeigepflicht auch bis zum Ablauf der verlängerten Frist nicht nachgekommen war.

Von den zahlreichen Änderungen der RAO durch § 21 StAnpG wurde das Steuerstrafrecht kaum betroffen. Dem § 395 RAO über Irrtum wurde ein neuer Absatz 2 angefügt, wonach wegen Fahrlässigkeit strafbar war, wer die Tat aus Mangel an Sorgfalt für erlaubt gehalten hatte. In einen neuen Absatz 3 des § 419 RAO wurde aus § 22 WStG v. 12. 7. 1930 (RGBl. I 219) die Vorschrift übernommen, daß bei WSt- Vergehen die Verfolgungsverjährung erst mit Ablauf des Jahres begann, in dem der Wechsel fällig geworden war; dagegen blieb der Straftatbestand des § 21 WStG gem. § 45 III Nr. 5 StAnpG bestehen. In dem Abschnitt über das Strafverfahren wurde § 430 RAO um Vorschriften über die Beschlagnahme in einem militärischen Dienstgebäude oder auf einem Kriegsschiff und § 439 RAO um eine Vorschrift über die vorläufige Festnahme von Soldaten ergänzt.

Die Regelung der RflSt (Rdnr. 48) war durch das **Gesetz über Änderung der Vorschriften über die RflSt v. 18. 5. 1934** (RGBl. I 392) noch verschärft worden (vgl. *Voß* 1995, 146 ff.). Nach § 7 nF konnte das FA Sicherheitsleistung schon dann verlangen, wenn sie nach seinem Ermessen erforderlich war, um künftige Ansprüche auf RflSt, deren Entstehung *„wahrscheinlich"* war, zu sichern. Nach § 9 nF traten die Voraussetzungen der Strafbarkeit, des Steuersteckbriefes und der Vermögensbeschlagnahme schon dann ein, wenn der Stpfl nicht die gesamte RflSt binnen eines Monats entrichtet hatte; auch konnte die einmal entstandene Steuerpflicht nicht mehr dadurch beseitigt werden, daß der Stpfl in das Inland zurückkehrte. Gem. § 43 I StAnpG wurde die Geltung der Vorschriften über die RflSt bis zum 31. 12. 1937 verlängert; vgl. wegen weiterer Verlängerungen das Gesetz v. 19. 12. 1937 (RGBl. I 1385) und wegen der Einführung in Österreich Abschn. II der VO v. 14. 4. 1938 (RGBl. I 389). Es besteht kein Zweifel, daß die nat.-soz. Machthaber die 1933 vorgefundenen Vorschriften über die RflSt als ein willkommenes Mittel ansahen, um sich an den von ihnen aus politischen oder rassischen Gründen bedrohten Auswanderern zu bereichern. Hier sei nur auf die Steuersteckbriefe gegen *Arnold Zweig* (RStBl. 1934, 128), *Alfred Döblin* (RStBl. 1934, 227) und *Otto Klemperer* (RStBl. 1934, 840) hingewiesen; nicht wenige andere mögen sich wegen der drakonischen Ausgestaltung der RflSt zu spät zur Flucht entschlossen haben. Weitere Vorschriften, wie zB die VO über die Anmeldung des Vermögens von Juden v. 26. 4. 1938 (RGBl. I 414), die VO über eine Sühneleistung der Juden v. 12. 11. 1938 (RGBl. I 1579) mit DV v. 21. 11. 1938 (RGBl. I 1638) und die VO über den Einsatz des jüdischen Vermögens v. 3. 12. 1938 (RGBl. I 1709), reichen über den Rahmen des Steuerstrafrechts hinaus, da sie bereits unmittelbar auf Entziehung, nicht mehr auf bloße Besteuerung des Vermögens abzielten.

56 Nach Abschn. III der VO v. 14. 4. 1938 (RGBl. I 389) wurde mit der RAO 1931 das reichsdeutsche Steuerstraf- und -verfahrensrecht auch in **Österreich** eingeführt, wo es bis zum Erlaß des Bundesgesetzes v. 26. 6. 1958, betr. das Finanzstrafrecht und das Finanzstrafverfahrensrecht (Österr. BGBl. Nr. 129) in Kraft blieb.

57 Bedeutsame Änderungen des Steuerstrafrechts brachte das **Gesetz zur Änderung der Reichsabgabenordnung v. 4. 7. 1939** (RGBl. I 1181). Im Zusammenhang mit den 1938/39 aufgrund G v. 8. 9. 1939 (RGBl. I 1162) neu bekanntgemachten Verbrauchsteuergesetzen wurde das Zoll- und Verbrauchsteuerstrafrecht nunmehr nahezu vollständig in der RAO zusammengefaßt; Ausnahmen: Steuerzeichenvergehen nach § 79 TabStG idF v. 4. 4. 1939 (RGBl. I 721) und verbotswidrige Verwendung vergällten Salzes nach § 9 II SalzStG idF v. 23. 12. 1938 (RGBl. I 26). Zugleich wurden die Schuldvermutungstatbestände (vgl. *Hänselmann* ZfZ 1926, 103) und die Multiplarstrafen (Rdnr. 28) beseitigt, die oft in keinem Verhältnis zu der Tat standen und „*dem Ansehen der Strafrechtspflege abträglich waren*" (*Rahn* ZfZ 1940, 157). An die Stelle des bisherigen § 134 VZollG trat der neue § 401a RAO (Bannbruch), an die Stelle der §§ 146–148 VZollG der neue § 401b RAO (schwerer Schmuggel). Nach § 403 RAOnF (Steuerhehlerei) konnte als Vortat auch Bannbruch in Betracht kommen; ferner wurde der Wortlaut dem § 259 StGB (Sachhehlerei) angepaßt. Die Änderungen des § 404 RAO (Rückfall) und des § 410 RAO (Selbstanzeige) waren nur durch die Gleichstellung des Bannbruchs mit der Steuerhinterziehung bedingt. § 394 RAO, der ermöglicht hatte, daß Betriebsinhaber die strafrechtliche Verantwortung für Verbrauchsteuern auf Betriebsleiter übertragen konnten, wurde in Angleichung an das allgemeine Strafrecht gestrichen. § 406 über die Einziehung bestimmter verbrauchsteuerpflichtiger Erzeugnisse wurde durch die neuen §§ 200, 200a RAO über die Sicherstellung von Waren, Erzeugnissen und Geräten im Aufsichtswege ersetzt. Die Straftatbestände der §§ 407–409 und 411 RAO wurden teils ersatzlos aufgehoben, teils durch § 413 RAOnF ersetzt, Steuerordnungswidrigkeiten is des § 413 RAO waren mit Geldstrafe bis zu 10.000 RM bedroht, wurden jedoch nach § 3 II StRegV nicht in das Strafregister eingetragen. Der allgemeine Begriff „Steuerzuwiderhandlungen" wurde mit Rücksicht auf § 1 StGBaF in „Steuervergehen" umgewandelt. Im ganzen enthielt das Gesetz von 1939 hoffnungsvolle Ansätze zu einer Entrümpelung des Steuerstrafrechts, die leider erst lange Zeit nach dem Kriege fortgeführt wurde (Rdnr. 76 ff.).

Die aufgrund des **Gesetzes über die Bestrafung von Zuwiderhandlungen** **58** **gegen die Zollvorschriften und die Ein-, Aus- und Durchfuhrbestimmungen benachbarter Zollgebiete v. 15. 8. 1943** (RGBl. I 539) erlassene VO über die Bestrafung von Zuwiderhandlungen gegen die niederländischen Zollvorschriften v. 28. 9. 1943 (RZBl. 242) erscheint im Hinblick auf § 370 VI AO erwähnenswert, weil schon hiernach das deutsche Steuerstrafrecht *ausländische* Abgaben und *ausländische* Verbote und Beschränkungen des grenzüberschreitenden Warenverkehrs schützen sollte; vgl. *Zweck* ZfZ 1943, 129.

4. Partielle Änderungen in der Nachkriegszeit

Während der ersten Nachkriegsjahre 1945/48 wurde das Steuerstrafrecht **59** nicht geändert. Erst kurz vor Verabschiedung des GG wurde § 410 RAO gem. Abschn. II § 4 des **2. Gesetzes zur vorläufigen Neuordnung von Steuern v. 20. 4. 1949** (WiGBl. 69) für den Bereich des Vereinigten Wirtschaftsgebietes der amerikanischen und britischen Besatzungszone neugefaßt, insbes. die Selbstanzeige durch den Wegfall der Worte „. . . *ohne dazu durch eine unmittelbare Gefahr der Entdeckung veranlaßt zu sein*" erleichtert (Rdnr. 4 zu § 371 AO). Außerdem wurde die strafbefreiende Wirkung einer Selbstanzeige auf Zuwiderhandlungen gegen Art. IX (Bestandsaufnahme) des Anhangs zum G Nr. 64 v. 20. 6. 1948 (ABl. der Militärregierung, Ausgabe K, S. 10) und gegen die Preis- und Bewirtschaftungsbestimmungen ausgedehnt, wenn der Täter an das FA einen „*Reuezuschlag*" in Höhe von 10 vH der verkürzten Steuern oder – wenn größer – 10 vH des Mehrerlöses entrichtete, den er durch die Tat erzielt hatte. Andererseits wurde in Abschn. III unter der Überschrift „*Verschärfung der Steuerstrafen*" § 396 I RAO dahin geändert, daß Steuerhinterziehung in erster Linie mit Gefängnis, daneben mit Geldstrafe bedroht war und nur bei mildernden Umständen allein auf Geldstrafe erkannt werden konnte. Die Strafdrohung des § 404 RAO wurde bereits für den *ersten* Rückfall auf Gefängnis nicht unter 3 Monaten verschärft. Ferner konnte die Berufsausübung nach § 42 I StGB aF verboten werden. Gleichlautende Änderungsvorschriften wurden einen Tag vor dem Zusammentritt des ersten BTages in Rheinland-Pfalz gem. Abschn. 2 und 3 des Landesgesetzes zur vorläufigen Neuordnung von Steuern v. 6. 9. 1949 (GVBl. 469) erlassen. Die genannten Gesetze wurden gem. Art. 125 I GG partiell geltendes Bundesrecht. In Berlin, Baden u. Württemberg-Hohenzollern blieb es bei dem früheren Wortlaut der §§ 396, 404 u. 410 RAO; denn von der Überleitungsmöglichkeit des Art. 127 GG wurde kein Gebrauch gemacht.

5. Änderungsvorhaben und Änderungen von 1950 bis 1965

Schrifttum: *Franzen,* Die Steuergesetzgebung der Nachkriegszeit in Westdeutschland (1945–1961), 1995.

60   In der 1. Legislaturperiode des BTages zielte die erste Änderung des Steuerstrafrechts mit dem **Gesetz zur Änderung des § 410 RAO v. 7. 12. 1951** (BGBl, I 941) darauf ab, die bei der Reform dieser Vorschrift durch das Gesetz v. 20. 4. 1949 (Rdnr. 59) begangenen Fehler auszumerzen. Das Konzept, durch Verminderung der Voraussetzungen für die strafbefreiende Selbstanzeige und gleichzeitige Verschärfung der Strafdrohungen „die Steuermoral zu heben" (BT-Drucks. I/2395), hatte nicht nur die erhoffte Wirkung verfehlt (vgl. OLG Stuttgart v. 17. 7. 1950, DStZ/B 440), sondern geradezu das Gegenteil bewirkt. Deshalb wurde nach § 410 RAOnF die Straffreiheit versagt, wenn die Selbstanzeige erst nach dem Erscheinen eines Prüfers der Finanzbehörde oder nach Bekanntgabe der Einleitung einer steuerstrafrechtlichen Untersuchung oder dann erstattet worden war, wenn der Täter wußte oder damit rechnen mußte, daß die Tat bereits entdeckt war. In einem neuen Absatz 4 des § 410 RAO wurde die *„Einleitung der steuerstrafrechtlichen Untersuchung"* definiert (vgl. heute § 397 AO). Ferner wurde in einem neuen § 411 RAO die Selbstanzeige unter erleichterten Voraussetzungen für fahrlässige Steuerverkürzung nach § 402 RAO gesondert geregelt. Fälle schweren Schmuggels iS des § 401b RAO wurden aus dem Kreis der selbstanzeigefähigen Steuerstraftaten wieder ausgeschieden. Insgesamt führte das Gesetz v. 7. 12. 1951, in Berlin übernommen durch Gesetz v. 28. 2. 1952 (GVBl. 125), zu einer bundeseinheitlichen Fassung der Vorschriften über die Selbstanzeige, die sich im wesentlichen bewährt hat (Rdnr. 18ff. zu § 371 AO).

61   Ein Antrag des Zentrum v. 7. 11. 1950, die Rückfallvoraussetzungen nach § 404 S. 1 RAO zu mildern und sie den Rückfallvorschriften des StGB anzupassen (BT-Drucks. I/1572), wurde der BReg als Material überwiesen (Sten. Ber. S. 4568). Tatsächlich hatten im BMF bereits Vorarbeiten für eine Änderung der §§ 391ff. RAO begonnen, die hauptsächlich darauf abzielten, der nach der Währungsreform beobachteten Steigerung der Steuerstraftaten entgegenzuwirken (statistische Angaben s. 1. Aufl. Einl 55). Als Gegenmaßnahme wurde in Aussicht genommen, bereits nach einmaliger Bestrafung wegen Steuerhinterziehung ein Berufsverbot durch die OFD zu ermöglichen, jedoch wurde ein dahingehender Entwurf zur Änderung des § 198 RAO in der Kabinettssitzung am 2. 8. 1951 wegen verfassungsrechtlicher Bedenken zurückgestellt.

62   Die weiteren Erörterungen zwischen den Ressorts führten zu dem **Regierungsentwurf eines Gesetzes zur Änderung von steuerstrafrechtlichen Vorschriften der RAO und anderer Steuergesetze v. 21. 10. 1952** (BR-Drucks. 430/52). Danach sollte der Tatbestand der Steuerhinterziehung bei gemilderter Strafdrohung unverändert bleiben. Im Vorfeld der Hinterziehung sollte durch einen neuen Tatbestand der Steuergefährdung Geldstrafe bis zu 100.000 DM sowie Gefängnis bis zu 2 Jahren demjenigen angedroht werden, der Bücher oder Aufzeichnungen unrichtig führte, unrichtige Bele-

ge ausstellte oder Bücher, Aufzeichnungen oder Belege beseitigte und sich dabei bewußt war, daß infolge seines Verhaltens eine Steuerverkürzung eintreten konnte (vgl. den späteren § 406 RAO, Rdnr. 64). Für besonders schwere Fälle gewerbsmäßigen, bandenmäßigen oder gewaltsamen Schmuggels oder Steuerzeichenfälschung war Zuchthaus bis zu 10 Jahren vorgesehen. Durch gerichtliches Strafferkenntnis wegen Steuerhinterziehung, Bannbruch oder Steuerhehlerei sollte dem Verurteilten bis zu 5 Jahren untersagt werden können, seinen Beruf oder sein Gewerbe fortzusetzen, *"wenn er bei Begehung der Straftat seinen Beruf oder sein Gewerbe mißbraucht hatte, wenn er steuerliche Pflichten, die ihm kraft seines Berufes oder ... Gewerbes oblagen, grob verletzt hatte, oder wenn die Straftat sich auf Steuern bezog, die im Zusammenhang mit Beruf oder Gewerbe zu leisten waren, und der Täter durch die Tat eine besonders gemeinschädliche Haltung bekundet hatte"*. Die Strafschärfung wegen Rückfalls sollte weiterhin beim ersten Rückfall eingreifen, jedoch sollte *"bei nur geringer Schuld"* die Mindeststrafe von 3 Monaten Gefängnis unterschritten oder nur Geldstrafe verhängt werden können. Im Abschnitt über das Steuerstrafverfahren waren Vorschriften über die Wiederaufnahme eines Verwaltungsstrafverfahrens vorgesehen. Zur Zusammenfassung der Steuerstrafsachen bei bestimmten Gerichten war – über den späteren § 476a RAO (Rdnr. 64) und den heutigen § 391 AO hinaus – vorgesehen, daß bei sachlicher Zuständigkeit des Landgerichts alle Steuerstrafsachen innerhalb eines OLG-Bezirks bei einer Strafkammer konzentriert werden sollten.

Die **Begründung des Entwurfs** hatte einleitend hervorgehoben, daß *"Klarheit und Systematik des Steuerstrafrechts verbessert"*, *"seine Vorschriften dem allgemeinen Strafrecht stärker angepaßt"* und *"in mancher Beziehung die rechtsstaatlichen Gesichtspunkte stärker betont"* werden müßten. Aber gerade unter diesen Aspekten konnte der Entwurf nur Enttäuschung hervorrufen. Von den überkommenen Institutionen wurden – mit Ausnahme der Strafbarkeit des Zuwiderhandelns gegen Verfügungen der Steuerbehörden – auch solche nicht angetastet, die systemwidrig waren und sich obendrein als entbehrlich erwiesen hatten, wie zB die Strafhaftung gem. §§ 416, 417 RAO oder die Befugnis des FA, gem. § 472 II–IV RAO anstelle der StA die öffentliche Klage selbst zu erheben und in der Hauptverhandlung zu vertreten (vgl. weiterhin *Münn* DRiZ 1953, 220). In den Ausschußberatungen des BRates wurden gegen das unverändert beibehaltene Verwaltungsstrafverfahren im Hinblick auf Art. 92 u. 19 IV GG verfassungsrechtliche Bedenken geltend gemacht und dem Plenum vorgeschlagen, das Steuerstrafrecht dem WiStG 1949 anzugleichen. Ein entsprechender Antrag von Bayern fand jedoch in der 96. Sitzung des BRates am 12. 11. 1952 keine Mehrheit. Der BRat ließ es dabei bewenden, mehr als 70 einzelne Änderungen des Entwurfs vorzuschlagen (Sitzungsbericht S. 546 ff.). Infolge neuer Meinungsverschiedenheiten zwischen BMF, BMJ und BMWi, die sich auf die Beibehaltung des § 472 II–IV RAO und des § 477 I RAO sowie auf die Einführung einer Vorschrift bezogen, nach der Einstellungen des Steuerstrafverfahrens nach § 153 III StPO von der Zustimmung des FA abhängen sollten, konnte die Gegenäußerung der BReg zur Stellungnahme des BRates erst Ende Mai 1953 be-

Einleitung 64, 65   III. Die geschichtliche

schlossen werden. Der Entwurf wurde zwar noch am 10. 6. 1953 im BTag eingebracht, aber nicht mehr beraten.

64   **Zu Beginn der 2. Legislaturperiode** wurde der verfallene Entwurf von vornherein auf besonders vordringliche und rechtspolitisch unstreitige Gegenstände beschränkt. Obwohl die Begründung (BT-Drucks. II/1593) hierzu nur auf die Strafrechtsreform hinwies, war für die Beschränkung wohl auch die Besorgnis maßgebend, der BTag könne auch auf dem Gebiet des Steuerstrafrechts Ordnungswidrigkeiten iS des OWiG v. 25. 3. 1952 (BGBl. I 177) einführen oder sich die aufkeimenden Bedenken gegen die Verfassungsmäßigkeit des Verwaltungsstrafverfahrens (Rdnr. 64) zu eigen machen (vgl. *Mattern* DStZ 1953, 21). Aus dem ersten Grunde wurde der Begriff *Steuerordnungswidrigkeiten* für Vergehen nach § 413 RAO beseitigt und der Tatbestand der fahrlässigen Steuerverkürzung nach § 402 RAO auf *leichtfertiges* Verhalten beschränkt. Aus dem zweiten Grunde wurde von Änderungen der Vorschriften über das Steuerstrafverfahren, mit Ausnahme eines neuen § 476a RAO über die Konzentration der Zuständigkeit der Gerichte, abgesehen. Unter diesen Umständen war der Gesetzgeber nicht genötigt, eine die Strafbefugnis der Finanzbehörden bestätigende Vorschrift in seinen Willen aufzunehmen. In der Hauptsache zielte der Entwurf darauf ab, für Steuerhinterziehung und -hehlerei (§§ 396, 403 RAO) eine bundeseinheitliche, gegenüber dem Rechtszustand im Vereinigten Wirtschaftsgebiet und in Rheinland-Pfalz mildere Strafdrohung einzuführen (Rdnr. 3 zu § 370 AO) und durch eine Neufassung des § 404 RAO für *„leichte Fälle"* einer Rückfalltat die Möglichkeit zu eröffnen, daß allein auf Geldstrafe erkannt werden konnte. Zur Bekämpfung des Belegschwindels wurde unter der Bezeichnung *„Steuergefährdung"* der neue Tatbestand des § 406 RAO geprägt, der jedoch in der Praxis, wenn man die Zahl der Bestrafungen (jährlich unter 40) zum Maßstab nimmt, die von ihm erhoffte Wirkung nicht entfaltet hat, namentlich ist die angedrohte Gefängnisstrafe bis 1966 in keinem einzigen Fall verhängt worden. Der Entwurf wurde ohne nennenswerte Anstände (Schriftl. Ber. zu BT-Drucks. II/1731) in der 136. Sitzung des BTages am 21. 3. 1956 (Sten. Ber. S. 7046) verabschiedet und als Gesetz zur Änderung des Dritten Teiles der Reichsabgabenordnung v. 11. 5. 1956 (BGBl. I 418) verkündet; vgl. *Gossrau* GA 1956, 333; *Mattern* DStR 1956, 265, 289; DStR 1956, 328 u. StbJb 1955/56, 459; *Terstegen* FR 1956, 357; *Wittneben* DStZ 1956, 185.

65   **Nach widerstreitenden Entschließungen** des BTages v. 21. 3. 1956 (Sten. Ber. S. 7046 u. 7062), des BRates v. 20. 4. 1956 (BR-Drucks. 110/56) und des BTages v. 29. 8. 1957 (Sten. Ber. S. 13521) und kontroversen Äußerungen im Schrifttum (Rdnr. 72) und angesichts des unverminderten Zuspruchs, den die Betroffenen – aus welchen Motiven auch immer – dem Verwaltungsstrafverfahren zuteil werden ließen, sah sich die BReg zwischen Skylla und Charybdis gestellt, zumal die Entschließungen des BTages in Wirklichkeit durchaus nicht einen einmütigen Willen des Parlaments wiedergaben. Sofern die BReg in den folgenden 10 Jahren im BTag an die Reform des Steuerstrafverfahrens gemahnt wurde, geschah dies ausschließlich von seiten der Opposition; vgl. die Fragen des Abg. Dr. *Arndt* vom 24. 6. 1960

(Sten. Ber, S. 6925 D) und des Abg. *Jahn-Marburg* vom 17. 5. 1966 (Sten. Ber. S. 1786 D). In dieser Lage beschränkte die BReg ihre Initiative zur Gesetzgebung längere Zeit auf einzelne Gegenstände des Steuerstrafrechts, die mehr am Rande des rechtspolitischen Interesses lagen. **Das neue Zollgesetz v. 14. 6. 1961** (BGBl. I 737) brachte in § 80 ZG eine strafverfahrensrechtliche Vorschrift, nach der die „*im Reiseverkehr über die Grenze*" begangenen Zollvergehen nicht verfolgt werden, wenn sich die Tat auf Waren bezieht, die weder zum Handel noch zur gewerblichen Verwendung bestimmt und insgesamt nicht mehr als 200 DM wert sind; gem. § 57 VII ZG konnte in solchen Fällen ein Zollzuschlag bis zur Höhe der Eingangsabgaben, jedoch mindestens 3 und höchstens 100 DM, erhoben werden. In der Begründung wurde ausgeführt, daß der Täter im Reiseverkehr „*außerhalb seiner normalen Lebens- und Berufsverhältnisse in die Rolle des Stpfl gerät*"; Tatmotiv sei weniger die Geldersparnis, sondern „*der bekannte Reiz, dem Zoll ein Schnippchen zu schlagen*" (BT-Drucks. III/2201 S. 76 u. 65). Der Anwendungsbereich des § 80 ZG wurde durch das 2. VerbrauchStÄndG v. 16. 8. 1961 (BGBl. I 1323), durch Art. 1 Nr. 25 des 11. UStÄndG v. 16. 8. 1961 (BGBl. I 1330) und schließlich hinsichtlich der BierSt durch Art. 4 Nr. 3 G v. 23. 4. 1963 (BGBl. I 197) auf die anderen Eingangsabgaben ausgedehnt. Dank des § 80 ZG ging die Zahl der Unterwerfungsverhandlungen, Strafbescheide und Abgaben an die StA in Zoll- und Verbrauchsteuerstrafsachen von 26438 im Jahre 1960 auf 9009 im Jahre 1962 zurück. Die Regelung wurde erst mit Wirkung v. 1. 1. 1994 durch § 32 ZollVG abgelöst.

Den Regierungsentwurf eines StÄndG 1961 (BT-Drucks, III/2573) nahm der BTag zum Anlaß für eine **Änderung der Einziehungsvorschriften** (Schriftl. Ber. zu BT-Drucks. III/2706). Nach dem Vorbild der §§ 113, 115, 119 E 1960 (BT-Drucks. III/2150), das bereits in §§ 39–41 AWG und §§ 24, 25 KriegswaffG verwirklicht war, wurden durch Art. 17 Nr. 16ff. **StÄndG 1961** v. 13. 7. 1961 (BGBl. I 981, 994) die zwingenden Vorschriften der §§ 401, 401a II 2, 403 II 2 RAO über die Einziehung von Schmuggelgut und Schmugglerfahrzeugen durch die Ermessensvorschrift des § 414 RAO ersetzt, durch § 414a RAO über Wertersatz ergänzt und in § 414b RAO eine Entschädigung an Drittberechtigte eingeführt; vgl. *Rümelin* ZfZ 1961, 206; *Buschmann* BlStA 1961, 353.

Durch Art. 2 Nr. 17 des **Gesetzes zur Änderung des FVG, der RAO und anderer Steuergesetze v. 23. 4. 1963** (BGBl. I 197) wurde § 413 I Nr. 1c RAO an das Zollgesetz v. 14. 6. 1961 angepaßt; Begr. BT-Drucks. IV/352 S. 6f.

Über den Einfluß der „kleinen Strafprozeßreform" gem. **StPÄG v. 19. 12. 1964** (BGBl, I 1067) auf das Steuerstrafverfahren vgl. *Bode* FR 1965, 250; *Gehre* DStR 1965, 250; *Oswald* MDR 1966, 644; *Lohmeyer* JR 1967, 87.

Für die Zumessung von Geldstrafen wegen Steuerhinterziehung ist bedeutsam, daß der BTag auf Initiative seines Finanzausschusses (Schriftl. Ber. zu BT-Drucks. IV/3189 S. 12) gem. Art. 5 StÄndG 1965 v. 14. 5. 1965 (BGBl. I 377, 384) in einem neuen § 4a StSäumG mit Wirkung ab 1. 1. 1966 die **Verzinsung hinterzogener Steuern** anordnete, um den Nutznießern ei-

Einleitung 71–74   III. Die geschichtliche

ner Steuerhinterziehung den durch die Tat erlangten Zinsvorteil wieder zu entziehen (krit. Rdnr. 100).

71   Nur vorübergehende Bedeutung hatte die **Vereinfachung des § 468 RAO 1931** über die Pflicht des Strafrichters zur Anrufung des BGH und seine Bindung an steuerrechtliche Vorentscheidungen, die auf Initiative des Rechtsausschusses des BTages (Schriftl. Ber. zu BT-Drucks. IV/3523 S. 15) gem. § 162 Nr. 52 FGO v. 6. 10. 1965 (BGBl. I 1477) im Vorgriff auf die Reform des Steuerstrafrechts vollzogen wurde (vgl. *Hartung* NJW 1966, 484). Bereits durch das AOStrafÄndG (Rdnr. 81) wurde die Vorschrift auf die Aussetzung des Strafverfahrens reduziert (vgl. heute § 396 AO).

6. Der Verfassungsstreit um das Verwaltungsstrafverfahren

72   **Im Schrifttum** wurde schon kurze Zeit nach Inkrafttreten des GG erörtert, ob die gem. §§ 420ff. RAO 1931 von den Finanzbehörden ausgeübte Strafgewalt mit der Verfassung vereinbar sei. Zunächst wurde die Frage allgemein bejaht, vgl. *Bühler* (Rosenfeld-Festschr. 1949, 203), *Friesenhahn* (Thoma-Festschr. 1950, 21), *Maunz* (Deutsches Staatsrecht, 1. Aufl. 1951, S. 152). Erst nachdem 1952 im BRat (Rdnr. 62) und 1956/57 im BTag (Rdnr. 65) Zweifel laut geworden waren, wurde in vielfachen Veröffentlichungen geltend gemacht, daß die §§ 420ff. RAO 1931 sowie die §§ 34ff. PostG v. 28. 10. 1871 (RGBl. 347), gemessen am Rechtsstaatsprinzip, an Art. 20 II, Art. 92 u. 101 I 2 GG, verfassungswidrig seien; ferner verstoße § 445 RAO 1931 wegen der Unanfechtbarkeit der Unterwerfungsverhandlung gegen Art. 19 IV GG sowie § 470 RAO 1931 wegen der Bindung des Strafrichters gegen Art. 104 II 1 GG (ausf. 1. Aufl. Einl 66). Geltend gemacht wurde auch, daß die strafrechtliche Entscheidungsbefugnis der Finanzbehörden mit Art. 6 I MRK unvereinbar sei, so zB v. *Weber* ZStW 65 (1953) 337; MDR 1955, 386; *Woesner* NJW 1961, 1381; aM etwa *Echterhölter* JZ 1956, 145.

73   **Die Bundesregierung** hatte 1957 auf die Entschließungen des BTages (s. Rdnr. 66) ein Rechtsgutachten von *Friedrich Klein* eingeholt und sich fortan dessen Meinung, das Verwaltungsstrafverfahren sei als „*Vorschaltverfahren*" rechtmäßig, angeschlossen; zu den Stellungnahmen gegenüber dem BTag s. Rdnr. 65 sowie in fortschreitend abgeschwächter Form Begr. zu den Entwürfen eines AO-StPO-ÄG (BT-Drucks. IV/2476 S. 15) und eines AO-StrafÄndG (BT-Drucks. V/1812 S. 18). Unterdessen veröffentlichten die obersten Finanzbehörden des Bundes und der Länder Erlasse betr. *Durchführung des Unterwerfungsverfahrens nach § 445 AO 1931* (BZBl. 1956, 570, 668; 1960, 324; BStBl. 1956 II 71; 1960 II 127), betr. *Abgabe von Steuerstrafverfahren an die StA* (BZBl. 1960, 378; BStBl. 1960 II 161) und betr. *Wiederaufnahme von Verwaltungs-Steuerstrafverfahren* (BZBl. 1960, 333; BStBl. 1960 II 127), die rechtsstaatliche Erfordernisse stärker hervorkehren sollten.

74   **Die Rechtsprechung** hatte mit Urt. des BFH v. 7. 4. 1954 (BStBl. 1165) zunächst geklärt, daß mit Rücksicht auf Art. 19 IV GG – abw. vom Wortlaut des § 450 II 1 RAO 1931 – auch gegen Beschwerdebescheide der OFD gerichtliche Entscheidung beantragt werden konnte. Die ursprüngliche Auffassung des BFH, daß der Rechtsweg zu den *Finanz*gerichten führe, wurde

nach heftiger Kritik im Schrifttum durch Urt. des BFHGrS v. 10. 2. 1958 (BStBl. 198) zugunsten der ordentlichen Gerichte geändert. Diese Entscheidung wurde auch von den ordentlichen Gerichten gebilligt (OLG Karlsruhe v. 25. 4. 1958, ZfZ 245; BGH 13, 102 v. 21. 4. 1959). In der grundsätzlichen Frage der Verfassungsmäßigkeit der Strafgewalt der Finanzbehörden folgte der 1. StrS des BGH aaO der Auffassung von *Friedrich Klein* (s. Rdnr. 73). Obwohl das Urteil im Schrifttum überwiegend abgelehnt wurde (zB *A. Arndt* NJW 1959, 1230; *Bettermann* DÖV 1959, 761), blieb es für die Rspr der ordentlichen Gerichte richtungweisend (BGH 15, 73 v. 20. 7. 1960; OLG Hamm v. 10. 11. 1961, NJW 1962, 827; OLG Frankfurt v. 23.9. 1964, NJW 1965, 261; OLG Oldenburg v. 23. 10. 1964, MDR 1965, 219; zw. BVerwG 12, 322, 325 v. 13. 6. 1959; OLG Köln v. 15. 7. 1966, NJW 2229).

Das Bundesverfassungsgericht war mit der Prüfung des Verwaltungsstrafverfahrens erst seit 1960 befaßt, und zwar mit den Verfassungsbeschwerden 2 BvR 53 u. 375/60 gegen Strafbescheide eines FA, der Verfassungsbeschwerde 2 BvR 18/65 gegen eine Unterwerfungsverhandlung und dem Vorlagebeschluß 2 BvL 1/62 des AG Kassel (DB 1962, 1161), der jedoch unzulässig war (ausf. 1. Aufl. Einl 69). Auf die Verfassungsbeschwerden erkannte das BVerfG durch Urt. v. 6. 6. 1967 (BVerfG 22, 49):

„Kriminalstrafen können nach Art. 92 erster Halbsatz GG nur durch die Richter verhängt werden. Sie dürfen deshalb auch bei minder gewichtigen strafrechtlichen Unrechtstatbeständen nicht in einem Verwaltungsvorverfahren ausgesprochen werden, §§ 421 II, 445 und 447 I [RAO 1931], nach denen die Finanzämter Kriminalstrafen verhängen können, sind deshalb mit dem Grundgesetz unvereinbar und daher nichtig" (Leitsätze). In den Gründen wurde ferner ausgesprochen, daß *„diejenigen Vorschriften der RAO, die sich auf die nichtigen Bestimmungen beziehen, vorab § 470 RAO, gegenstandslos werden"*. Die Entscheidung war, soweit sie sich auf das Strafbescheidsverfahren bezog, mit 4 gegen 3 Stimmen, soweit sie die Unterwerfung betraf, einstimmig ergangen; krit. *Schmidt-Bleibtreu* BB 1967, 832; *Cordier* NJW 1967, 2141. Über die in der Zeit zwischen der Verkündung des BVerfG-Urt. vom 6. 6. 1967 (BGBl. I 625) und dem Inkrafttreten des AOStrafÄndG (Rdnr. 80) am 13. 8. 1967 bestehende Rechtslage vgl. BdF v. 15. 6. 1967 u. FinB Hamburg v. 26. 6. 1967, DStZ/B 274, 298, sowie *Franzen* DStR 1967, 433.

7. AOStrafÄndG 1967/68 und OWiG 1968

Angesichts der rechtspolitischen und verfassungsrechtlichen Kritik an der Strafbefugnis der Finanzbehörden hatte das BMF bereits seit 1959 eine Reform des Steuerstrafverfahrens vorbereitet (ausf. 1. Aufl. Einl 73), die schließlich am 13. 5. 1964 als **Entwurf eines Gesetzes zur Änderung strafrechtlicher Vorschriften der Reichsabgabenordnung sowie zur Änderung der Strafprozeßordnung und anderer Gesetze (AO-StPO-ÄG)** am 13. 5. 1964 von der BReg beschlossen wurde (BR-Drucks. 227/64). Wesentlicher Inhalt war im 1. Teil die Abschaffung des Verwaltungsstrafverfahrens und die Aufhebung einzelner Vorschriften des materiellen Steuerstrafrechts, die gegenstandslos waren oder mit allgemeinen Grundsätzen des Strafrechts

Einleitung 77, 78   III. Die geschichtliche

nicht mehr in Einklang standen, im 2. Teil eine Reform der Vorschriften der StPO über das Einziehungsverfahren (ausf. *Göhler*, Beilage zum BAnz 138/ 64). Nach Beschlußfassung des BRates am 5. 6. 1964 (Sitzungsbericht S. 97) wurde der Entwurf am 18. 7. 1964 im BTag eingebracht (BT-Drucks. IV/ 2476) und am 16. 10. 1964 federführend dem Finanzausschuß überwiesen (Sten. Ber. S. 6905 D), der im letzten Jahr der 4. Legislaturperiode jedoch nicht mehr in der Lage war, die Beratungen aufzunehmen. In der Öffentlichkeit hatte der Entwurf zwiespältige Aufnahme gefunden, namentlich in Kreisen der Wirtschaft und der steuerberatenden Berufe, die an einer Beibehaltung des Unterwerfungsverfahrens interessiert waren (Schrifttum s. 1. Aufl. Einl 73).

77   **Zu Beginn der 5. Legislaturperiode** brachte die BReg im Oktober 1966 die Entwürfe eines neuen OWiG (BT-Drucks. V/1269) und eines EGOWiG (BT-Drucks. V/1319) ein. Der Entwurf des OWiG ermöglichte es, die Reform des Steuerstrafrechts auf die materiellen Vorschriften auszudehnen und bestimmte Zuwiderhandlungen, die bis dahin mit Strafe bedroht waren, in Ordnungswidrigkeiten umzuwandeln. Dieses Vorhaben entsprach einer alten Forderung des BTages (Rdnr. 65) und dem mit der Strafrechtsreform von Anfang an verfolgten Bestreben der BReg, im gesamten Bereich des Strafrechts eine Trennung zwischen kriminellem Unrecht und Ordnungsunrecht vorzunehmen. Bei der Unterscheidung der Zuwiderhandlungen gegen Steuergesetze wurde als maßgebend erachtet, welche Handlungen mit Taten vergleichbar waren, die auch nach dem E 1962 mit krimineller Strafe bedroht bleiben sollten. Demgemäß blieben in dem neuen **Entwurf eines Gesetzes zur Änderung strafrechtlicher Vorschriften der Reichsabgabenordnung und anderer Gesetze (AOStrafÄndG)** Steuerhinterziehung, Bannbruch, Steuerhehlerei, Steuerzeichenfälschung und die Verletzung des Steuergeheimnisses dem kriminellen Unrecht zugeordnet. Andererseits sollten leichtfertige Steuerverkürzung, Steuergefährdung iS des § 406 RAO 1956 (Rdnr. 64) und die Vergehen nach § 413 RAO 1956 zu Steuerordnungswidrigkeiten abgestuft werden. Die Vorschriften über das Steuerstrafverfahren wurden aus dem verfallenen Entwurf eines AO-StPO-ÄG (Rdnr. 76) übernommen. Zur Regelung des Bußgeldverfahrens wegen Steuerordnungswidrigkeiten wurde weitgehend auf die Vorschriften des OWiG-Entwurfs verwiesen. Der Entwurf des AOStrafÄndG wurde am 30. 5. 1967 im BTag eingebracht (BT-Drucks. V/1812) und am 9. 6. 1967 ohne Aussprache an die zuständigen Ausschüsse überwiesen (Sten. Ber. S. 5553 A).

78   Der Entschließung des BRates (BT-Drucks. V/1812 S. 47), die endgültige Entscheidung über die Beseitigung des Unterwerfungsverfahrens bis zur Entscheidung des BVerfG über die anhängigen Verfassungsbeschwerden (Rdnr. 75) zurückzustellen und das Unterwerfungsverfahren beizubehalten, falls das BVerfG dies zulasse, widersprach die BReg in ihrer Gegenäußerung wie folgt: *„Nach Auffassung der BReg würde es rechtsstaatlichen Grundsätzen zuwiderlaufen, wenn trotz der ... Trennung des Ordnungsunrechts vom Kriminalunrecht die Ahndungsbefugnis der FÄ bei den verbleibenden Straftaten beibehalten würde... Die Ahndung von kriminellem Unrecht sollte den Gerichten vorbehalten*

bleiben. Zu berücksichtigen ist außerdem, daß die Vorschriften über die Strafbefugnis der FÄ ohnehin auf die Dauer nicht fortgelten könnten, weil sie mit dem künftigen Tagessatzsystem des Entwurfs eines neuen StGB . . . unvereinbar sind. Es besteht im übrigen kein unabweisbares Bedürfnis dafür, das Unterwerfungsverfahren beizubehalten. . . Das Verfahren kann. . . . dadurch abgeschlossen werden, daß an die Stelle der bisher notwendigen Genehmigung der Unterwerfungsverhandlung der Erlaß des richterlichen Strafbefehls tritt. Bei den Steuerordnungswidrigkeiten kann das Verfahren künftig noch einfacher zum Abschluß gebracht werden. . ." (BT- Drucks. V/ 1812 S. 50).

Der Entwurf wurde nach dem Urt. des BVerfG v. 6. 6. 1967 (Rdnr. 75) **79** bereits am 21./23. 6. 1967 von den Ausschüssen beraten (Schriftl. Ber. BT-Drucks. V/1941) und in der Plenarsitzung am 28. 6. 1967 verabschiedet (Sten. Ber. S. 5781). Dabei mußten diejenigen Teile, welche die Einführung von Steuerordnungswidrigkeiten betrafen, wegen ihrer Verzahnung mit dem noch nicht zu Ende beratenen OWiG-Entwurf abgetrennt werden. Aus dem Abschnitt über das Strafverfahren wurde – nach lebhafter Debatte und mit knapper Mehrheit – die Vorschrift über die Nebenklagebefugnis des FA gestrichen. Abgelehnt wurde ferner eine Vorschrift, nach der eine Durchsicht der Geschäftspapiere des von einer Durchsuchung Betroffenen – abw. von § 110 StPO aF – auch der StA und dem FA zustehen sollte (krit. *Franzen* DStR 1967, 437), sowie eine dem § 468 RAO idF der FGO (Rdnr. 71) wörtlich entsprechende Vorschrift über die Bindung des Strafrichters an Entscheidungen des BFH über steuerrechtliche Vorfragen. Nachdem die Mehrheit der Länder im BRat am 14. 7. 1967 einen Antrag von Nordrhein-Westfalen, den Vermittlungsausschuß anzurufen, nicht unterstützt hatte, wurde das **AOStrafÄndG v. 10. 8. 1967** am 12. 8. 1967 verkündet (BGBl. I 877) und trat am 13. 8. 1967 in Kraft; vgl. *Göhler* Beil. zum BAnz 152/67; *Franzen* DStR 1967, 433, 533, 564; *Loose* DStZ 1967, 277; krit. *Naumann* FR 1967, 395; *Scheuffele* BB 1967, 953; *Skuhr* JR 1967, 370; *Rössler* MDR 1968, 288 u. StW 1968, 139.

Die Beratungen des BTages über das OWiG und das EGOWiG wurden **80** im März 1968 abgeschlossen (Schriftl. Ber. BT-Drucks. V/2600 u. 2601). Die Gesetze wurden vom BTag am 27. 3. 1968 verabschiedet (Sten. Ber. S. 8484). Gegen beide Gesetze rief der BRat am 26. 4. 1968 den Vermittlungsausschuß an (Sitzungsbericht S. 96), dessen Vorschlägen (BT-Drucks. V/2888/89) der BTag am 10. 5. 1968 (Sten. Ber. S. 9249), der BRat am 10. 5. 1968 (Sitzungsbericht S. 113) zustimmte. **OWiG und EGOWiG v. 24. 5. 1968** (BGBl. I 481, 503) traten am 1. 10. 1968 in Kraft; vgl. *Göhler* JZ 1968, 583, 613.

Die Beratungen des BTages über die Einführung von Steuerordnungs- 81 widrigkeiten wurden im Mai 1968 abgeschlossen (Schriftl. Ber. BT-Drucks. V/2928). Die hierzu erforderlichen Vorschriften wurden mit wenigen Änderungen aus dem AOStrafÄndG-Entwurf (Rdnr. 77) übernommen und zu dem **2. AOStrafÄndG** zusammengefaßt, das der BTag am 31. 5. 1968 (Sten. Ber. S. 9680) verabschiedete. Die vom BRat am 14. 6. 1968 durch Anrufung des Vermittlungsausschusses erhobenen Bedenken richteten

Einleitung 82–84 III. Die geschichtliche

sich hauptsächlich gegen den vom BTag eingefügten § 448 RAO, nach welchem gegen Rechtsanwälte und steuerliche Berater wegen einer in Ausübung ihres Berufes begangenen Steuerordnungswidrigkeit ein Bußgeldbescheid erst erlassen werden durfte, wenn das ehren- oder berufsgerichtliche Verfahren in der sachgleichen Angelegenheit zu einer Maßnahme gegen den Berufsangehörigen geführt hatte (vgl. heute § 411 AO). Der BRat wies darauf hin, daß diese Regelung den Gleichheitssatz des Art. 3 I GG verletze und mit anderen Gesetzen nicht übereinstimme, zB § 62 StBerG, §§ 115b u. 118b BRAO, nach denen das ehren- oder berufsgerichtliche Verfahren hinter das allgemeine Verfahren zurücktritt (BT-Drucks. V/3013). Indessen blieb gerade § 448 RAO nach den Vorschlägen des Vermittlungsausschusses bestehen, während anderen Anträgen des BRates entsprochen wurde, namentlich der Erhöhung des Höchstbetrages der Geldstrafen gem. § 392 I RAO u. § 122 I BranntwMonG von 1 Mio auf 5 Mio DM. Den Antrag, die Verjährungsfrist für alle Steuerordnungswidrigkeiten auf 5 Jahre zu verlängern, berücksichtigte der Vermittlungsausschuß nur in bezug auf die §§ 405 u. 406 RAO, obwohl Zuwiderhandlungen nach § 406 RAO stets innerhalb kurzer Zeit entdeckt werden und Zuwiderhandlungen nach § 405 RAO binnen 2 Jahren regelmäßig in eine mindestens versuchte Steuerhinterziehung übergehen. Den Vorschlägen des Vermittlungsausschusses (BT-Drucks. V/3042) stimmten der BTag am 26. 6. 1968 (Sten. Ber. S. 9920) und der BRat am 5. 7. 1968 (Sitzungsbericht S. 180) zu. Das 2. **AOStrafÄndG v. 12. 8. 1968** (BGBl. I 953) trat am 1. 10. 1968 – gleichzeitig mit dem OWiG und EGOWiG – in Kraft; vgl. *Bock* DB 1968, 1326; *Henneberg* BB 1968, 906; *Loose* DStZ 1968, 265; *Lohmeyer* GA 1969, 257; *Stobbe* ZfZ 1969, 193, 229, 264. Die Verfassungsmäßigkeit einzelner Vorschriften des neuen Rechts wurde wiederum in Zweifel gezogen, jedoch von den Gerichten letzten Endes bestätigt (ausf. 2. Aufl. Einl 74).

8. Einflüsse der Strafrechtsreform und anderer Gesetzesänderungen

82   **Art. 64 des 1. StrRG v. 25. 6. 1969** (BGBl. I 645, 672) änderte § 401 I RAO, um diese Vorschrift über die Aberkennung der Amtsfähigkeit und der Wählbarkeit als Nebenfolgen einer Freiheitsstrafe von mindestens einem Jahr wegen bestimmter Steuerstraftaten an die Neufassung des § 45 StGB anzupassen (1. Schriftl. Ber. BT-Drucks. V/4094 S. 58).

83   **Durch § 24 II VwKostG v. 23. 6. 1970** (BGBl. I 821) wurde § 449 III RAO eingefügt, der über die Kosten des Bußgeldverfahrens wegen Steuerordnungswidrigkeiten eine dem heutigen § 412 III AO entsprechende Regelung traf (BR-Drucks. 530/69 S. 6, BT-Drucks. VI/330 S. 20, 22, Schriftl. Ber. BT-Drucks. VI/605 S. 12).

84   **Art. 5 AStG v. 8. 9. 1972** (BGBl. I 1713) erweiterte den Bußgeldtatbestand des § 405 II RAO auf Zuwiderhandlungen gegen den neu eingefügten § 165d III RAO über die Pflicht, bestimmte Auslandsbeziehungen dem FA zu melden (Begr. BT-Drucks. VI/2883 S. 34; heute § 379 II Nr. 1 iVm § 138 II AO).

Durch Art. 8 I des 1. StVRG v. 9. 12. 1974 (BGBl. I 3393, 3413) wurde 85
§ 438 II RAO wie § 169b StPO über das Schlußgehör gestrichen und § 439
S. 2 RAO an die geänderte Fassung des § 110 I StPO über die Befugnis zur
Durchsicht der Papiere des von der Durchsuchung Betroffenen sowie § 447 I
Nr. 6 RAO an die geänderte Fassung des § 438 RAO angepaßt (Begr. BT-
Drucks. 7/551 S. 1 13; Ausschußbericht BT-Drucks. 7/2600 S. 15, 71).

Das 2. StrRG v. 4. 7. 1969 (BGBl. I 717) sollte die Reform des Allgemeinen 86
Teils des StGB abschließen und ursprünglich am 1. 10. 1973 in Kraft treten.
Wegen der Schwierigkeiten, außer dem Besonderen Teil des StGB mehr als
300 sonstige Gesetze zu diesem Zeitpunkt anzupassen, mußte das Inkrafttreten durch G v. 30. 7. 1973 (BGBl. I 909) auf den 1. 1. 1975 hinausgeschoben
werden. Indessen ging das **EGStGB v. 2. 3. 1974** (BGBl. I 469) über eine
bloße Anpassung hinaus und änderte in Art. 18 seinerseits wieder Vorschriften des 2. StrRG, bevor sie in Kraft getreten waren. In der **Neufassung des
StGB v. 2. 1. 1975** (BGBl. I 2) erscheint der Allgemeine Teil in neuer Paragraphenfolge. Eine bedeutsame sachliche Änderung bildet die Bemessung
der Geldstrafe nach Tagessätzen gem. § 40 StGB (Rdnr. 134 zu § 369 AO).
Auch wenn das Gesetz – wie zB § 373 AO – nur Freiheitsstrafe androht,
kann das Gericht unter den Voraussetzungen des § 41 StGB *neben* der Freiheitsstrafe eine Geldstrafe verhängen oder unter den Voraussetzungen des
§ 47 II StGB *anstelle* einer kurzen Freiheitsstrafe allein auf Geldstrafe erkennen.

Die Vorschriften des 3. Teils der RAO wurden gem. Art. 161 EGStGB 87
den Änderungen des StGB mWv 1. 1. 1975 angepaßt (Antrag des Sonderausschusses für die Strafrechtsreform, BT-Drucks. 7/1232 S. 272; Ausschußbericht BT-Drucks. 7/1261 S. 51 f.). Zahlreiche Änderungen betrafen nur den
Sprachgebrauch, vor allem den Austausch der Begriffe *„Steuervergehen"* und
„Zollvergehen" durch *„Steuerstraftaten"* und *„Zollstraftaten"*. In systematischer
Hinsicht wurde die Steuerzeichenfälschung (§ 399 RAO 1968) als eigenständiger Straftatbestand aufgehoben und durch die neuen §§ 148, 149 StGB
über Wertzeichenfälschung und deren Vorbereitung ersetzt; der Straftatbestand der Verletzung des Steuergeheimnisses (§ 400 RAO 1968) wurde als
§ 355 StGB in das Strafgesetzbuch übernommen. Während auf die Verfolgung der Wertzeichenfälschung, soweit sie Steuerzeichen betrifft, aufgrund
§ 391 I Nr. 3 RAO idF des EGStGB (heute § 369 I Nr. 3 AO) wegen ihrer
Eigenschaft als Steuerstraftat die Sondervorschriften über das Steuerstrafverfahren anzuwenden sind, hat die Verletzung des Steuergeheimnisses die formale Eigenschaft einer Steuerstraftat verloren, so daß für die Verfolgung –
wie bei der Verletzung des Dienst- oder des Post- und Fernmeldegeheimnisses nach den §§ 353b, 354 StGB – nur noch die Vorschriften der StPO und
des GVG gelten. Die Tatbestände der Steuerhinterziehung, der leichtfertigen
Steuerverkürzung und der Steuergefährdung wurden durch Ergänzungen
des § 392 V und des § 405 I 2 RAO (heute § 370 VI, § 379 I 2 AO) auf
Eingangsabgaben der Mitglieder der europäischen Freihandelsassoziation
und die mit ihr assoziierten Staaten ausgedehnt; gleichzeitig wurde § 392 V 2
RAO 1968 (Wahrung der Gegenseitigkeit sowie des Grundsatzes *ne bis in*

Einleitung 88, 89 III. Die geschichtliche

idem in dem anderen Staat) aufgegeben, da diese Voraussetzung bei keinem EG-Staat gegeben war und § 392 V RAO aF deshalb keine praktische Bedeutung erlangt hatte (*Donhauser* ZfZ 1974, 94). In der Fassung des EGStGB berücksichtigt § 392 V 2 RAO (heute § 370 VI AO) die Ablösung des Personalprinzips durch das Territorialprinzip nach § 3 StGB idF des 2. StrRG. § 398 RAO über Steuerhehlerei wurde hinsichtlich der Tathandlung an § 259 StGB über Sachhehlerei angepaßt. § 402 I RAO wurde aufgehoben im Hinblick auf § 78 III Nr. 4 StGB. Die Verweisungsvorschriften des § 404 IV, des § 405 IV und des § 406 III RAO wurden ersetzt durch § 410 RAO (heute § 384 AO), der für die Verfolgung aller Steuerordnungswidrigkeiten eine 5-jährige Verjährungsfrist bestimmte. Der neue § 432a RAO (heute § 398 AO) eröffnete die Möglichkeit, bei geringwertiger Steuerverkürzung von der Verfolgung einer Steuerhinterziehung oder -hehlerei ohne Zustimmung des Gerichts abzusehen. Aufgehoben wurden § 429 RAO 1967 über die Rückgabe sichergestellter oder beschlagnahmter Sachen mit Rücksicht auf die allgemeine Regelung in § 111c Vl StPO idF des Art. 19 Nr. 29 EGStGB sowie § 443 RAO 1967 über Besonderheiten des Abwesenheitsverfahrens, das durch Art. 19 Nr. 75 EGStGB allgemein beseitigt wurde (1. Antrag und 1. Bericht des Sonderausschusses für die Strafrechtsreform, BT- Drucks. 7/ 1232 S. 273f. und 7/1261 S. 51); ausf. *Henneberg* BB 1974, 705.

88   Durch das 3. ÄndGStBerG v. 24. 6. 1975 (BGBl. I 1509) wurde § 107a RAO über die Befugnis zur *geschäftsmäßigen Hilfeleistung in Steuersachen,* der durch Art. 2 RBerG v. 13. 12. 1935 (RGBl. I 1478) in die RAO eingefügt worden war, aus systematischen Gründen in das StBerG übernommen, da die Vorschrift dem Zweck der Abgabenordnung, das Besteuerungsverfahren zu regeln, nur mittelbar dient (Begr. BT-Drucks. 7/2852 S. 29). Der Bußgeldtatbestand des § 409 RAO 1968 wurde durch § 160 StBerG idF v. 4. 11. 1975 (BGBl. I 2735) ersetzt und gleichzeitig erweitert auf Zuwiderhandlungen gegen das *Verbot der Werbung* nach § 8 StBerG. Im Bußgeldverfahren waren nach § 164 StBerG wegen der Zuständigkeit der Finanzbehörden für die Ausführung des StBerG (Begr. aaO S. 46) §§ 446, 447 I Nr. 1, 2, 5–8 und II sowie § 449 RAO (heute §§ 409, 4101 Nr. 1, 2, 6, 8, 11 und II sowie § 412 AO) entsprechend anzuwenden.

89   Durch § 159 III 1 RAO idF des Art. 2 Nr. 3 des 3. ÄndGSrBerG (heute § 46 IV 1 AO) wurde der *geschäftsmäßige Erwerb von Steuererstattungs- und Vergütungsansprüchen* zum Zwecke der Einziehung oder sonstigen Verwertung auf eigene Rechnung verboten und gem. § 409a RAO (heute § 383 AO) mit Geldbuße bis zu 100.000 DM bedroht. Damit soll der Praxis unseriöser „Kreditgeber" begegnet werden, Erstattungsansprüche gegen eine vorbehaltlose Abtretung mit geringen Beträgen „vorzufinanzieren" und dabei die Unkenntnis mancher Arbeitnehmer, namentlich der Gastarbeiter, über die tatsächliche Höhe einer voraussichtlichen LSt-Erstattung auszunutzen (Begr. aaO S. 47).

9. Reform der Reichsabgabenordnung

Zu Beginn der 6. Legislaturperiode hatte Bundeskanzler *Brandt* bereits in seiner Regierungserklärung vom 28. 10. 1969 eine umfassende Reform der RAO angekündigt (Sten. Ber. S. 24). Der Regierungsentwurf einer „AO 1974" wurde am 19. 3. 1971 im BTag eingebracht (BT-Drucks. VI/1982), in einer Arbeitsgruppe „AO-Reform" des Finanzausschusses weitgehend beraten, jedoch wegen der vorzeitigen Auflösung des BTages am 22. 9. 1972 nicht mehr verabschiedet. Zu Beginn der 7. Legislaturperiode wurde der Entwurf in unveränderter Fassung am 25. 1. 1973 aus der Mitte des BTages von den Fraktionen der SPD und FDP erneut eingebracht (BT-Drucks. 7/79), am 1. 2. 1973 dem Finanzausschuß federführend sowie dem Innen- und Rechtsausschuß mitberatend überwiesen (Sten. Ber. S. 424) und nach 25 Sitzungen eines Unterausschusses „AO-Reform" und weiteren 12 Sitzungen des Finanzausschusses am 27. 11. 1975 vom BTag beschlossen (Bericht und Antrag des Finanzausschusses BT-Drucks. 7/4292, Sten. Ber. S. 14032ff.). Der BRat rief am 18. 12. 1975 wegen verschiedener steuerrechtlicher Punkte (Sitzungsbericht S. 442) den Vermittlungsausschuß an, dessen Vorschlägen (BT-Drucks, 7/4664) der BTag am 12. 2. 1976 (Sten. Ber. S. 15407ff.) und der BRat am 20. 2. 1976 (Sitzungsbericht S. 38f.) zustimmten. Als **Abgabenordnung (AO 1977) v. 16. 3. 1976** (BGBl. I 613) trat das Gesetz am 1. 1. 1977 in Kraft; vorweg traten die Ermächtigungsvorschriften (u. a. § 382 IV, § 387 II, § 391 II AO) gem. § 415 II AO bereits am 24. 3. 1976 in Kraft (krit. *Hübner* JR 1977, 58).

Der 8. Teil der AO 1977 enthält die §§ 369–384 AO über Steuerstraftaten und Steuerordnungswidrigkeiten sowie die §§ 385–412 AO über das Straf- und Bußgeldverfahren. Gliederung und Wortlaut der Vorschriften entsprechen weitgehend dem Rechtszustand am 1. 1. 1975 (Rdnr. 85ff.). Bedeutsame Änderungen birgt die neue Fassung der *Steuerhinterziehung*. § 370 I AO unterscheidet 3 Begehungsformen: unrichtige oder unvollständige Angaben über steuerlich erhebliche Tatsachen, pflichtwidriges In-Unkenntnis-Lassen der Finanzbehörden über steuerlich erhebliche Tatsachen sowie pflichtwidriges Unterlassen der Verwendung von Steuerzeichen oder Steuerstemplern; das ungeschriebene Tatbestandsmerkmal der Steuerunehrlichkeit (1. Aufl. Rdnr. 39ff. zu § 392 RAO) ist gegenstandslos geworden. § 370 III AO verschärft die Strafdrohung auf Freiheitsstrafe von 6 Monaten bis zu 10 Jahren für *besonders schwere Fälle,* für die das Gesetz vier Beispiele anführt. § 370 IV AO definiert die Steuerverkürzung und bestimmt als maßgebenden Zeitpunkt die Festsetzung, und zwar gegenüber einer bisher unsicheren Rspr auch die *vorläufige* Steuerfestsetzung (so schon BGH v. 1. 1. 1966, DStZ/B 1967, 32; zw. BGH v. 20. 7. 1965, ZfZ 1966, 23; BFH v. 12. 11. 1975, DB 1976, 468; aM BayObLG v. 27. 5. 1964, NJW 2172; OLG Hamm v. 25. 3. 1960, NJW 1830). § 370 II AO erklärt – wie § 393 I RAO – den Versuch der Steuerhinterziehung für strafbar; der bisherige § 393 II RAO, der bei bestimmten Steuern die Irreführung der mit der Wertermittlung befaßten Behörden dem Versuch der Steuerhinterziehung gleichsetzte, ist weggefallen.

Einleitung 91, 92 III. Die geschichtliche

Weggefallen ist ferner die Gleichsetzung der Strafdrohung für eigennützige Begünstigung mit der Strafdrohung für Steuerhinterziehung. § 371 AO regelt die *Selbstanzeige* bei Steuerhinterziehung wie vorher § 395 RAO mit der Änderung, daß die Nachzahlung der hinterzogenen Steuern als Voraussetzung der Straffreiheit im Hinblick auf eine kriminalpolitisch unerwünschte Auslegung (BayObLG 1972, 105 v. 27. 4. 1972) statt auf „*die Steuern, die er schuldet*" auf „*die zu seinen Gunsten hinterzogenen Steuern*" bezogen wird. Der Tatbestand des *schweren Schmuggels* wurde bei gewerbsmäßigem Bannbruch nach § 373 I AO abw. von § 397 I RAO beschränkt auf Zuwiderhandlungen gegen Monopolvorschriften; die Strafvorschriften des § 373 II Nr. 1–3 AO über gewaltsame und bandenmäßige Begehungsweise wurden an entsprechend qualifizierte Tatbestände des schweren Diebstahls nach § 244 I Nr. 1–3 StGB idF des 1. StrRG und des schweren Raubes nach § 250 I Nr. 1, 2 u. 4 StGB idF des EGStGB angepaßt.

91 **Die Vorschriften über das Straf- und Bußgeldverfahren** wurden nur vereinzelt geändert. Der neue § 385 II AO berücksichtigte die Rspr des BGH, der – abw. von der in 1. Aufl, Rdnr. 176 zu § 392 RAO vertretenen Auffassung – das Vorspiegeln eines Sachverhalts, um Steuererstattungen oder -vergütungen zu erlangen, als Betrug nach § 263 StGB beurteilt hatte (BGH v. 11. 4. 1972, NJW 1287; v. 17. 10. 1973, ZfZ 1974, 148); das Gesetz bestimmt nun für die Verfolgung solcher Straftaten jedenfalls die Anwendung der Vorschriften über das Steuerstrafverfahren mit Ausnahme von § 386 II und §§ 399–401 AO (vgl. aber Rdnr. 27 zu § 385 AO). Die Möglichkeit der Aussetzung des Steuerstrafverfahrens bis zum rechtskräftigen Abschluß des Besteuerungsverfahrens, die nach § 442 RAO nur für das gerichtliche Verfahren gegeben war, wurde durch Einordnung des neuen § 396 AO in die allgemeinen Vorschriften auf das Ermittlungsverfahrens ausgedehnt. § 405 AO regelt die Entschädigung der Zeugen und Sachverständigen, die bereits im Ermittlungsverfahren von einer Finanzbehörde zu Beweiszwecken herangezogen werden. Abw. von dem bisher geltenden Recht und dem Vorschlag des Entwurfs, eine dem § 448 RAO 1967 (Rdnr. 81) entsprechende Vorschrift beizubehalten, hat sich der BTag der Auffassung des BRates angeschlossen, daß es – auch unter dem Gesichtspunkt des Gleichheitsgrundsatzes – nicht zu vertreten ist, den Erlaß eines Bußgeldbescheides gegen einen Angehörigen der steuerberatenden Berufe wegen einer Steuerordnungswidrigkeit von einer vorherigen ehren- oder berufsgerichtlichen Maßnahme oder von einer Rüge der Berufskammer abhängig zu machen, jedoch ist – gegen das Votum des Rechtsausschusses – nach § 411 AO in diesen Fällen vor Erlaß eines Bußgeldbescheides der zuständigen Berufskammer Gelegenheit zu geben, die Gesichtspunkte vorzubringen, die aus ihrer Sicht für die Entscheidung von Bedeutung sind (BT-Drucks. 7/4292 S. 8, 9 u. 48).

92 Die übrigen Verfahrensvorschriften entsprechen meist wörtlich den §§ 420 ff. RAO mit der Änderung, daß der Begriff „*Finanzamt*" mit Rücksicht auf die im Steuerstrafverfahren tätigen Hauptzollämter, die Zollfahndungsämter und die mit der Steuerfahndung betrauten Dienststellen der Landesfinanzbehörden jeweils durch den allgemeinen Begriff „*Finanzbehörde*"

ersetzt worden ist. Im 4. Teil der AO 1977, der die Vorschriften über die Durchführung der Besteuerung enthält, bestimmt der neue § 208 AO die Aufgaben und Befugnisse der Steuer- und Zollfahndung; § 404 und § 410 1 Nr. 9 AO regeln ihre besonderen Befugnisse im Steuerstraf- und Bußgeldverfahren (vgl. § 439 RAO 1967 und § 19 FVGaF).

Durch das EGAO v. 14. 12. 1976 (BGBl. I 3341) wurden die Bundesgesetze einzeln an die AO 1977 angepaßt. Abw. vom bisherigen Recht bestimmen Art. 5, 50, 74, 82 und 83 EGAO durch die neuen Vorschriften des § 29 a BerlinFG, des § 8 II WoPG, des § 5 b II SparPG, des § 5 a BergPG und des § 13 II des 4. VermBG, daß für Arbeitnehmerzulage in Berlin (West), Wohnungsbauprämie, Sparprämie, Bergmannsprämie und Arbeitnehmer-Sparzulage die Vorschriften der AO über Steuervergütungen sowie insbes. die Strafvorschriften des § 370 I–IV, der §§ 371, 375 I und des § 376 bzw. die Bußgeldvorschriften der §§ 378, 379 I, IV und des [§ 383 und] § 384 AO entsprechend gelten; ferner gelten in diesen Fällen und bei Begünstigung nach § 257 StGB für das Strafverfahren die §§ 385–408 bzw. für das Bußgeldverfahren die §§ 409–412 AO. Das Erschleichen oder leichtfertige Erwirken einer Zulage oder Prämie ist also wie Steuerhinterziehung nach § 370 AO strafbar bzw. wie leichtfertige Steuerverkürzung nach § 378 AO mit Geldbuße bedroht, wobei der Täter durch Selbstanzeige nach § 371 bzw. § 378 III AO auch Anspruch auf Straf- oder Bußgeldfreiheit erlangen kann (vgl. ferner § 31 I MOG idF des Art. 80 EGAO sowie § 14 AbwAG). Diese Ausdehnung des Anwendungsbereichs von Vorschriften des 8. Teils der AO auf Zulagen und Prämien, bei denen bisher nur (vorsätzliches) Erschleichen als Betrug nach § 263 StGB strafbar war, beruht im wesentlichen auf der Initiative des BTags (Antrag und Bericht des Finanzausschusses BT-Drucks. 7/5456 u. 7/5458 S. 1 sowie S. 6); der Regierungsentwurf des EGAO hatte sie nur für die Arbeitnehmerzulage nach § 29 BerlinFG, darüber hinaus aber auch für die Investitionszulagen nach dem InvZulG und nach § 19 BerlinFG vorgesehen (BT-Drucks. 7/261 S. 38, 53, u. 55). Die vom Gesetzgeber getroffene Unterscheidung zwischen Subventionen, deren Erschleichung nach § 264 StGB strafbar ist, und Zulagen und Prämien, deren Erschleichung nach § 370 AO strafbar ist, richtet sich danach, ob es sich um Leistungen der öffentlichen Hand zur Förderung der Wirtschaft oder um Leistungen auf dem sozialen Sektor handelt (Begr. zum 1. WiKG, BT-Drucks. 7/3441 S. 23 f., sowie Bericht und Antrag des Sonderausschusses für die Strafrechtsreform, BT-Drucks. 7/5291 S. 10 ff.). Für die Verfolgung der Erschleichung einer Investitionszulage sowie einer Begünstigung – strafbar nach § 264 StGB bzw. § 257 iVm § 264 StGB – schreiben § 20 BerlinFG und § 5 a InvZulG die entsprechende Anwendung der §§ 385–408 AO über die Verfolgung von Steuerstraftaten vor, da die Gewährung der Investitionszulagen von den Finanzbehörden verwaltet wird, die auf dem betreffenden Gebiet auch für die Gewährung von indirekten Subventionen in Form von Steuervergünstigungen zuständig sind (Begr. BT-Drucks. 7/3441 S. 48, Bericht und Antrag des Sonderausschusses für die Strafrechtsreform, BT-Drucks. 7/5291 S. 24).

10. Weitere Änderungen

94 Durch Art. 5 **StVÄG 1979** v. 5. 10. 1978 (BGBl. I 1645, 1653) wurde § 391 III AO mit Rücksicht auf § 74c I Nr. 3 und § 74e GVG beschränkt auf die Konzentration der Zuständigkeit für Steuerstraftaten beim Amtsgericht; gleichzeitig wurde in § 400 AO der Begriff „Strafrichter" der Änderung des § 408 StPO entsprechend durch „Richter" ersetzt (Begr. BT-Drucks. 8/976 S. 70f.). Durch Art. 5 **G zur Neuordnung des Betäubungsmittelrechts** v. 28. 7. 1981 (BGBl. I 681, 702) wurde die Ausnahmevorschrift des § 391 IV Halbs. 2 AO, nach der die gem. § 391 I 1 AO für den Regelfall vorgeschriebene Konzentration der Zuständigkeit unterbleibt, auf diejenigen Fälle ausgedehnt, in denen mit der Steuerstraftat eine Straftat nach dem BtMG zusammentrifft, um die „Kenntnis der örtlichen Verhältnisse, insbesondere der örtlichen Drogenszene" zu nutzen (Begr. BR-Drucks. 546/79 S. 39, BT-Drucks. 8/3551 S. 48 u. 54).

95 **Art. 17 SteuerreformG 1990** v. 25. Juli 1988 (BGBl I, 1093, 1128) unternahm mit dem Gesetz über die strafbefreiende Erklärung von Einkünften aus Kapitalvermögen und von Kapitalvermögen (StrbEG) einen erneuten Versuch (vgl. Rdnr. 46), mittels einer Steueramnestie unbekannte Steuerquellen zu erschließen. Bis zum 31. Dezember 1990 befristet, wurde eine Möglichkeit geschaffen, durch die Nacherklärung von Einkünften und Vermögensteilen für bestimmte Jahre nicht nur Straffreiheit zu erlangen, sondern auch entgegen §§ 169 Abs. 2 Satz 2, 173 Abs. 1 Nr. 1 AO eine Änderung für Altjahre zu verhindern (dazu *Joecks* Die neue Verwaltungsregelung zum Steueramnestiegesetz, 1989). Art. 2 des Umsatzsteuer-Binnenmarktgesetzes v. 25. 8. 1992 (BGBl I, 1548) führte zu einer Änderung des § 370 VI 2–4, VII, 372 I, 379 II 3 und zu einer Erweiterung der deutschen Strafgewalt bei der Verkürzung von Steuern ausländischer Staaten (Rdnr. 24ff. zu § 370 AO). Einer weiteren Anpassung diente das 3. Gesetz zur Änderung des Steuerbeamten-Ausbildungsgesetzes v. 21. 12. 1992 (BGBl I, 2118). Schließlich brachte Art. 8 des Verbrauchsteuer-Binnenmarktgesetzes v. 21. 12. 1992 (BGBl I, 2150, 2203) eine weitere Änderung des § 370 Abs. 6 zur Anpassung an den Binnenmarkt. Endlich wurde mit Art. 4 des Grenzpendlergesetzes v. 24. 6. 1994 (BGBl I, 1395) in § 382 Abs. 1 eine Anpassung an die durch die Aufhebung des Zollgesetzes und die zum 1. 1. 1994 wirksam gewordene Einführung des § 31 ZollVG bzw. § 30 ZollVO vorgenommen.

11. Organisatorische Entwicklung

96 **In der Finanzverwaltung** hatte eine fortschreitende Konzentration der Ermittlung, Verfolgung und Ahndung von Steuerverfehlungen bereits in den 50er Jahren begonnen, und zwar mit der Organisation von Steuerfahndungsstellen und von Gemeinsamen Strafsachenstellen für den Bereich mehrerer Finanzämter. Die Gemeinsamen Strafsachenstellen nahmen zunächst nur eine zusammenfassende Sachbearbeitung der Steuerstrafsachen wahr; das für den jeweiligen Einzelfall zuständige Finanzamt blieb „Herr des Verfahrens" (Rdnr. 6 zu § 387 AO). Später wurde durch RechtsVOen aufgrund

§ 422 II RAO 1967 (heute: § 387 II AO 1977) die Zuständigkeit zur Ausübung der gesetzlichen Befugnisse im Steuerstraf- und -bußgeldverfahren auf bestimmte FÄ und HZÄ konzentriert (Rdnr. 6ff. zu § 387 AO). Für die Fahndungsaufgaben wurden in der Bundesfinanzverwaltung aufgrund § 1 Nr. 4, § 12 I FVG seit 1971 als örtliche Behörden neben den HZÄn besondere *Zollfahndungsämter* gebildet. Demgegenüber ist die Steuerfahndung in den Finanzverwaltungen der Länder unterschiedlich organisiert. In Süddeutschland ist die Steuerfahndung jeweils einem Finanzamt für den Bereich mehrerer benachbarter Finanzämter übertragen worden, zB in Bayern gem. VO v. 11. 4. 1973 (GVBl. 249). In Norddeutschland ist sie entweder als Außenstelle einer OFD angegliedert (Rdnr. 22 zu § 387 AO) oder Bestandteil eines besonderen *"Finanzamts für Fahndung und Strafsachen"*, so in Niedersachsen gem. VO v. 30. 11. 1981 (GVBl. 395), oder eines *"Finanzamts für Prüfungsdienste"*, so in Hamburg gem. VO v. 23. 11. 1976 (BStBl. 1977 I 8); die von *Tipke* (TK 1 zu § 208 AO) hiergegen erhobenen Bedenken erscheinen nicht begründet.

Durch Verwaltungsvereinbarung der Länder, in Hamburg ratifiziert durch G v. 16. 1. 1978 (GVBl. 25), wurde beim FA Wiesbaden II eine *Informationszentrale für den Steuerfahndungsdienst* eingerichtet; sie hat die Aufgabe, Informationen der mit Ermittlungen in Steuerstrafsachen betrauten Dienststellen der Landesfinanzbehörden in einer Steuerstraftäterkartei zu sammeln und den genannten Dienststellen hieraus Auskünfte zu geben; damit soll insbes. die Aufklärung der Fälle erleichtert werden, in denen Täter ständig den Wohnsitz wechseln und an mehreren Orten des Bundesgebietes oder in verschiedener Weise tätig werden (FinN 42/76). Für den Informationsaustausch mit ausländischen Steuerverwaltungen, der idR im Rahmen von Doppelbesteuerungsabkommen vereinbart wird (Rdnr. 90ff. zu § 399 AO), ist aufgrund § 5 I Nr. 5 u. 6 FVG das *Bundesamt für Finanzen* in Bonn zuständig. Für den Bereich der Zölle und Verbrauchsteuern hat der BdF seine Befugnisse zum Verkehr mit ausländischen Behörden in Anwendung der zwischenstaatlichen Vereinbarungen über die gegenseitige Unterstützung der Zollverwaltungen (Rdnr. 97ff zu § 399 AO sowie RiVASt Anlage zu Anhang II) teilweise auf das *Zollkriminalinstitut* in Köln (jetzt: Zollkriminalamt) als Zentrale des Zollfahndungsdienstes übertragen; vgl. auch die Empfehlung des Rates der EWG für die Zusammenarbeit auf dem Gebiete des Zollwesens zur zentralen Erfassung von Auskünften über Zollhinterziehungen v. 3. 11. 1978 (BGBl. II 1366).

Von den Justizverwaltungen der Länder wurden erst geraume Zeit nach der Beseitigung des Verwaltungsstrafverfahrens (Rdnr. 76ff.) Schwerpunktstaatsanwaltschaften zur wirksamen Bekämpfung der Wirtschaftskriminalität eingerichtet und mit bilanzkundigem Personal ausgestattet (vgl. *Schwind/Gehrich* JR 1980, 228). Demgegenüber hatte eine Spezialisierung der Gerichtsbarkeit für Steuerstrafsachen bereits aufgrund des § 476a RAO 1956 (Rdnr. 1 zu § 391 AO) mit der konzentrierten Zuständigkeit einer Abteilung *eines* Amtsgerichts in jedem LG-Bezirk und *einer* Strafkammer beim jeweiligen Landgericht begonnen; vgl. später § 426 RAO 1967 und § 391 AO 1977. Die Regelung in der RAO gab das Vorbild für eine allgemeine Konzentration der Wirtschaftsstrafsachen bei *einem* Landgericht für den Bereich mehre-

Einleitung 99, 100   III. Die geschichtliche

rer Landgerichte durch RechtsV aufgrund der Ermächtigungsnorm des § 74c I Nr. 4 GVG, die durch Art. 1 G v. 8. 9. 1971 (BGBl. I 1513) eingeführt und zB in Nordrhein-Westfalen durch die VO über die Zusammenfassung der Wirtschaftsstrafsachen v. 7. 8. 1972 (GV. 255) alsbald genutzt wurde. Aufgrund des § 74c I Nr. 3 GVG in der durch Art. 6 Nr. 1 des 1. WiKG v. 29. 7. 1976 (BGBl. I 2034) geänderten Fassung wurde bei den Landgerichten die Bildung von *Wirtschaftsstrafkammern* vorgeschrieben (vgl. ferner Art. 2 Nr. 7 StVÄG 1979, Rdnr. 94). Besondere Steuerstrafkammern waren fortan entbehrlich (Rdnr. 4 zu § 391 AO); demgemäß wurde § 391 III AO auf *Steuerstrafabteilungen beim Amtsgericht* reduziert (Rdnr. 94).

12. Ausblick

99 **Über die inzwischen vollzogenen Änderungen des Steuerstrafrecht hinaus** hat die von der BReg eingesetzte Kommission zur Bekämpfung der Wirtschaftskriminalität vorgeschlagen, die Steuerstraftatbestände in das StGB zu übernehmen (Beschlüsse v. 1.–5. 4. 1974, zit. bei *Tiedemann*, Wirtschaftsstrafrecht 1 S. 17). Diese Maßnahme wäre zwar geeignet, die Sozialschädlichkeit der Steuerstraftaten zu unterstreichen und ihrer Einschätzung als Kavaliersdelikte entgegenzuwirken, jedoch überwiegen die systematischen Nachteile und die Erschwernisse einer abermaligen Gesetzesreform für die Praxis. Statt dessen liegt es nahe, die Steuerhinterziehung nach dem Vorbild der §§ 263 ff. StGB als *„Steuerbetrug"* zu bezeichnen. Abzuraten ist auch von der weiteren Empfehlung, die leichtfertige Steuerverkürzung mit Strafe zu bedrohen, soweit der Normadressat aufzeichnungspflichtig ist und zwischen Tathandlung und Aufzeichnungspflicht ein Zusammenhang besteht. Eine Kriminalisierung der leichtfertigen Steuerverkürzung hätte zwar den verfahrensökonomischen Vorteil, daß eine Tat, die sich von § 370 AO – je nach Ausgestaltung des § 378 AO – lediglich oder hauptsächlich in subjektiver Hinsicht unterscheidet, nach denselben Verfahrensvorschriften zu verfolgen wäre. Dieser Vorteil und der in der Praxis häufig begründete, oft aber nicht beweisbare Verdacht, daß der Täter in Wirklichkeit vorsätzlich gehandelt hat, dürfen jedoch nicht dazu verleiten, den Unrechtsgehalt einer wirklich nur leichtfertig verursachten Steuerverkürzung zu überschätzen (vgl. demgegenüber die bewußt höhere Bewertung der leichtfertigen Subventionsschädigung nach § 264 I Nr. 1, 2, III StGB idF des 1. WiKG, Begr. BT-Drucks. 7/3441 S. 27; krit. *SK-Samson* 16 ff. zu § 264 StGB). Wenn in der Praxis die Möglichkeiten des geltenden § 378 AO ausgeschöpft werden, fehlt auch ein kriminalpolitisches Bedürfnis für die empfohlene Verschärfung des Gesetzes. Wer als Aufzeichnungspflichtiger einmal durch ein Bußgeldverfahren und eine Geldbuße nach § 378 AO belehrt und gewarnt worden ist, wird bei wiederholter Tat kaum damit gehört werden können, daß er wieder ohne Vorsatz gehandelt habe.

100 **Ein Anreiz zu vorübergehenden Steuerverkürzungen** geht von der Regelung aus, daß nach § 235 AO *hinterzogene* Steuern nur mit 0, 5 vH monatlich = 6 vH jährlich zu verzinsen sind. Von einer umfassenden Verzinsung aller Steuerschulden und Steuerguthaben hatte der Finanzausschuß des BTa-

ges mit Rücksicht auf den unterschiedlichen Stand einer automatisierten Steuerfestsetzung und -erhebung in den Steuerverwaltungen der Länder zunächst abgesehen (BT-Drucks. 7/4292 S. 7). Die mit Art. 15 Steuerreformgesetz 1990 v. 25. 7. 1988 (BGBl I, 1093) mit Wirkung v. 1. 1. 1989 eingeführte Vollverzinsung umfaßt lediglich einen 4-Jahres-Zeitraum, der überdies erst 15 Monate nach Entstehung der Steuer beginnt, so daß die von *Franzen* in der Vorauflage (Rdnr. 82) angesprochenen Widersprüche nicht nur für die Fälle leichtfertiger Steuerverkürzung immer noch bestehen (vgl. aber Rdnr. 31 zu § 377 AO). Die Regelung bleibt in sich widersprüchlich und erhöht den Anreiz, die Festsetzung und damit die Fälligkeit einer Steuer auf rechtswidrige Weise hinauszuschieben und darauf zu hoffen, daß der Verdacht vorsätzlichen Handelns nicht bewiesen werden kann. Überdies ist der Zinssatz für hinterzogene Steuerbeträge – zeitweise erheblich – niedriger als die üblichen Bankzinsen für Kontokorrentkredite (krit. auch TK-*Kruse* 1 zu § 235 AO mwN). Systematisch wie kriminalpolitisch erscheint es geboten, § 235 AO auf leichtfertig verkürzte Steuern auszudehnen und jedenfalls für vorsätzlich oder leichtfertig verkürzte Beträge einen Zinssatz in angemessener Höhe über dem jeweiligen Diskontsatz der Deutschen Bundesbank (vgl. etwa Art. 45 Nr. 2 ScheckG) vorzuschreiben. Es ist kaum nachvollziehbar, daß derjenige, der vorsätzlich unrichtige Steueranmeldungen abgibt, mit dem maßvollen Zinssatz des § 238 AO belastet wird, hingegen derjenige, der wahrheitsgemäß erklärt, gegebenenfalls von den Säumniszuschlägen in Höhe von 1 vH für jeden angefangenen Monat (§ 240 Abs. 1 AO) getroffen wird.

Schließlich sollte überlegt werden, inwiefern die Definition des Verkürzungserfolges in § 370 IV 1 AO nicht teilweise gegen das Übermaßverbot verstößt und einer Einschränkung bedürfte. Mit der Regelung wird eine Vielzahl von Fällen erfaßt (vgl. Rdnr. 47 zu § 370 AO). Das Spektrum reicht von dem Unternehmer, der planvoll, ohne dem Finanzamt bekannt zu sein, Geschäfte tätigt und steuerliche Pflichten nie erfüllt bis hin zu demjenigen, der als Unternehmer bekannt ist und sich der vollendeten Umsatzsteuerhinterziehung schuldig macht, wenn er die gesetzlich vorgeschriebene Voranmeldung nicht bis zum gesetzlichen Fälligkeitstag eingereicht hat. Hier wäre zu überlegen, ob man wirklich bei bekannten Steuerpflichtigen immer gleich eine Straftat annehmen muß. Die jetzige Praxis ist überaus gekünstelt. Eine Vielzahl von Steuerpflichtigen überschreitet bei der Abgabe von Anmeldungen bzw. Voranmeldungen den gesetzlichen Fälligkeitstermin, die verspätet abgegebene Anmeldung wird als strafbefreiende Selbstanzeige behandelt (Rdnr. 68 zu § 371 AO). Reicht der bekannte Stpfl eine Voranmeldung nicht ein, wird das Finanzamt gegebenenfalls aktiv werden. Zu erwägen wäre, diese Fälle aus dem § 370 IV 1 herauszunehmen und eine Ahndung im Rahmen einer dem § 26a UStG entsprechenden Regelung vorzusehen. Ähnliches könnte für die Nichtabgabe sonstiger Steuererklärungen solcher Stpfl vorgesehen werden, die beim Finanzamt erfaßt sind, also mit Hilfe von Zwangsmitteln zur Abgabe der Steuererklärung angehalten bzw. geschätzt werden könnten (vgl. für Österreich *Plückhahn* wistra 1988, 1 ff.).

IV. Rechtsquellen und Schrifttum

1. Steuerstraf- und -bußgeldrecht

Schrifttum:
Neues Schrifttum: *Bäckermann/van Helden*, Steuerstraftaten und Steuerordnungswidrigkeiten mit Verfahrensrecht, Grundriß, 1979; *Bender*, Das Zoll- und Verbrauchsteuerstrafrecht, Leitfaden (Losebl.), 7. Aufl. ab 1990; *Ehlers/Lohmeyer*, Steuerstraf- und Steuerordnungswidrigkeitenrecht einschließlich Verfahrensrecht, 5. Aufl. 1982; *Hübner, Engelhardt u. Rüping* in *Hübschmann/Hepp/Spitaler*, Kommentar zur Abgabenordnung (Losebl.), 9. Aufl. ab 1987; *Koch/Scholtz*, Kommentar zur Abgabenordnung, 4. Aufl 1993; *Klein/Orlopp*, Abgabenordnung, Kommentar, 5. Aufl. 1995; *Kohlmann*, Steuerstrafrecht, Kommentar (Losebl.), 6. Aufl. ab 1995; *Kühn/Hofmann*, Kommentar zur Abgabenordnung 17. Aufl. 1995; *Leise*, Steuerverfehlungen, Kommentar (Losebl.), ergänzt bis 1995; *Senge* in *Erbs/Kohlhaas*, Strafrechtliche Nebengesetze, Kurzkommentar (Losebl.), Bd. 1, 4. Aufl. ergänzt bis 1995; *Schmitz/Tillmann*, Das Steuerstrafverfahren, Leitfaden, 1983; *Sudau/Lammerding*, Steuerstrafrecht, Wirtschaftsstrafrecht, Grundriß, 4. Aufl. 1980; *Suhr/Naumann(Bilsdorfer*, Steuerstrafrecht-Kommentar, 4. Aufl. 1986.

Veraltetes Schrifttum: *Fuchs*, Handbuch des Steuerstrafrechts und Steuerstrafverfahrensrechts, 1949; *Mattern*, Steuer-Strafrecht I (Leitfaden), 1949; *Terstegen*, Steuer-Strafrecht, 1956; *Troeger/Meyer*, Steuerstrafrecht, 2. Aufl. 1957; *Barske/Gapp*, Steuerstrafrecht und Steuerstrafverfahren, Grundriß, 4. Aufl. 1959; *Hartung*, Steuerstrafrecht, Kommentar, 3. Aufl. 1962; *Buschmann*, Die Praxis des Steuerstrafrechts, Grundriß, 1963; *Lenkewitz*, Das Zoll- und Verbrauchsteuerstrafrecht, 6. Aufl. 1967; *Buschmann/Luthmann*, Das neue Steuerstrafrecht, Leitfaden, 1969; *Pfaff*, Handbuch der Rechtsprechung zum Steuer-(Zoll-) Strafrecht und Ordnungswidrigkeitenrecht mit Verfahrensfragen, 1974.

Zum StGB und JGG s. vor Rdnr. 1 u. 140 zu § 369 AO, **zum OWiG** s. vor Rdnr. 1 zu § 377 AO

102 **Das materielle Steuerstrafrecht** ist hinsichtlich der Steuern, auf welche die AO anzuwenden ist, hauptsächlich im 1. Abschnitt des 8. Teils der AO (§§ 369–384) geregelt; ergänzend gelten die §§ 1–79b StGB sowie bei Jugendlichen und Heranwachsenden die §§ 1–32, 105, 106 JGG und bei Soldaten die §§ 1–14a WehrStG. § 369 I Nr. 3 AO verweist wegen der Fälschung von Steuerzeichen und deren Vorbereitung auf die §§ 148, 149 StGB, und § 369 I Nr. 4 AO nimmt wegen der Begünstigung einer Person, die eine Steuerstraftat begangen hat, auf § 257 StGB Bezug. Steuerstraftatbestände des Bundesrechts außerhalb der AO enthalten § 23 RennwLottG (Anh IV) u. § 13 WStG (Anh V). Das materielle **Monopolstrafrecht,** in den §§ 119–124 BranntwMonG (Voraufl. Anh VIII) besonders geregelt, wurde durch G v. 19. 12. 1985 (BGBl I 2436) aufgehoben, jedoch verweist § 128 BranntwMonG für Vorspiegelungstaten auf die §§ 385 ff. AO.

103 **Steuerordnungswidrigkeiten** sind im 2. Abschnitt des 8. Teils der AO (§§ 377–384) geregelt; ergänzend gelten die §§ 1–34 OWiG. Die einzelnen Steuergesetze des Bundesrechts enthalten mit Ausnahme des § 26a UStG 1991, des § 50e EStG und des § 30a TabStG keine Bußgeldtatbestände, die das Steueraufkommen schützen; § 24 BierStG (Anh VII) enthält nur noch eine Verweisung auf § 381 AO. Das Monopolrecht enthält Bußgeldtatbestände in § 126 BranntwMonG (Anh VIII).

Die Sondervorschriften über das Steuerstrafverfahren sind mit Ausnahme des § 32 ZollVG im 3. Abschnitt des 8. Teils der AO (§§ 385–408) zusammengefaßt; ergänzend gelten das GVG und die StPO. Bei Strafverfahren gegen Jugendliche und Heranwachsende sind vorrangig die §§ 33– 81, 102–104 sowie 107–109 und 112 JGG anzuwenden. § 32 ZollVG enthält eine Sondervorschrift über die Nichtverfolgung von Bagatellstraftaten im Reiseverkehr über die Grenze. Für das Strafverfahren wegen Monopolstraftaten in Vorspiegelungsfällen (Rdnr. 102) werden die §§ 385–408 AO mit Ausnahme von § 386 II, 399–401 gem. § 128 BranntwMonG in Bezug genommen. 104

Die Anweisungen für das Straf- und Bußgeldverfahren (Steuer) – ASB – erläutern aus Verwaltungssicht strafverfahrensrechtliche Fragen, die sich auch aus den Befugnissen der Finanzbehörden nach Maßgabe der StPO ergeben. Eine Bindungswirkung für Gerichte oder Staatsanwaltschaften ergibt sich hieraus nicht; überdies ist der Erlaß solcher Anweisungen durch die Länder rechtswidrig (vgl. Rdnr. 16 zu § 385 AO). 105

Die Sondervorschriften über das Bußgeldverfahren wegen Steuerordnungswidrigkeiten bilden mit den §§ 409–412 AO den 4. Abschnitt des 8. Teils der AO. § 410 I AO verweist grundsätzlich auf die §§ 35–110 OWiG, die durch die AO nur in Einzelheiten ergänzt oder abgewandelt werden. Auf die §§ 409, 410 und 412 AO verweist § 129 II BranntwMonG wegen des Verfahrens bei Monopolordnungswidrigkeiten. 106

Zum Schutz der Landes- und Gemeindesteuern, für die nach § 1 AO die Abgabenordnung unmittelbar nicht gilt, verweisen die Gesetze der Länder vielfach auf die §§ 369 ff. AO. Die allgemeinen Verweisungen beziehen sich in Niedersachsen auch auf die KiSt. Neben allgemeinen Verweisungen enthält das Steuerrecht der Länder noch besondere Straf- und Bußgeldvorschriften, die zT auf die Straf- und Bußgeldtatbestände der AO verweisen (zB § 5 BadWürttKAG) oder diese ergänzen (zB § 28a RPfVgnStG), zT an die Stelle der Tatbestände der AO treten (zB §§ 15, 18 NdsKAG), auf die Tatbestände des jeweiligen KAG verweisen (zB § 23 NWVgnStG) oder diese ergänzen (zB § 28 NdsVgnStG). 107

2. Steuerrecht

Die Tatbestände der §§ 370, 373, 374, 378 und 379 I AO nehmen mit dem Merkmal der Steuerverkürzung auf das gesamte materielle und formelle Steuerrecht Bezug. Andere Vorschriften regeln die Ahndung von Zuwiderhandlungen gegen bestimmte steuerrechtliche Pflichten, die entweder im Bußgeldtatbestand selbst (§ 379 II, III, §§ 38 383 AO) oder durch Verweisungen der pflichtbegründenden Vorschriften auf die Bußgeldtatbestände (§§ 381, 382 AO) bezeichnet werden. In allen Vorschriften greift das materielle Steuerstraf- und -bußgeldrecht auf das Steuerrecht zurück. Zu beden- 108

Einleitung 109   IV. Rechtsquellen und Schrifttum

ken ist dabei, daß steuerliche Beweislastregeln, Vermutungen und Fiktionen im Strafrecht nicht von Bedeutung sind (Rdnr. 56 zu § 370).

109 Die unterschiedlichen Fassungen eines Steuergesetzes gelten jeweils nur für bestimmte Zeiträume *(„Steuerabschnitte", „Veranlagungszeiträume")*. Nach § 2 IV StGB bleibt für die Feststellung einer Steuerverkürzung oder einer Zuwiderhandlung gegen bestimmte steuerrechtliche Pflichten regelmäßig dasjenige Steuergesetz maßgebend, das bei Erfüllung des Steuertatbestandes gegolten hat (Rdnr. 22 ff. zu § 369 AO).

Achter Teil. Straf- und Bußgeldvorschriften; Straf- und Bußgeldverfahren

Erster Abschnitt. Strafvorschriften

§ 369 Steuerstraftaten

(1) Steuerstraftaten (Zollstraftaten) sind:
1. Taten, die nach den Steuergesetzen strafbar sind,
2. der Bannbruch,
3. die Wertzeichenfälschung und deren Vorbereitung, soweit die Tat Steuerzeichen betrifft,
4. die Begünstigung einer Person, die eine Tat nach den Nummern 1 bis 3 begangen hat.

(2) Für Steuerstraftaten gelten die allgemeinen Gesetze über das Strafrecht, soweit die Strafvorschriften der Steuergesetze nichts anderes bestimmen.

Schrifttum zum allgemeinen Strafrecht:
Kommentare, Lehrbücher, Grundrisse: *Baumann/Weber/Mitsch,* Strafrecht, Allgemeiner Teil, 10. Aufl. 1995; *Blei,* Strafrecht, Band I: Allgemeiner Teil, 18. Aufl. 1983; Band II: Besonderer Teil, 12. Aufl. 1983; *Bockelmann/Volk,* Strafrecht, Besonderer Teil I, 4. Aufl. 1987; *Dreher/Tröndle,* Strafgesetzbuch mit Nebengesetzen und Verordnungen, 47. Aufl. 1995; *Jakobs,* Strafrecht, Allgemeiner Teil, 2. Aufl. 1991; *Jescheck,* Lehrbuch des Strafrechts, Allgemeiner Teil, 4. Aufl. 1988; *Lackner,* Strafgesetzbuch mit Erläuterungen, 21. Aufl. 1995; Leipziger Kommentar zum Strafgesetzbuch [LK], 10. Aufl. 1978–88 herausgegeben von *Jescheck, Ruß* und *Willms,* 11. Aufl. ab 1984 herausgegeben von *Jähnke, Laufhütte* und *Odersky; Maurach/Zipf,* Strafrecht, Allgemeiner Teil, Teilband 1 [AT/1], 8. Aufl. 1992; *Maurach/Gössel/Zipf,* Allgemeiner Teil, Teilband 2 [AT/2], 7. Aufl. 1989; *Maurach/Schroeder,* Besonderer Teil, Teilband 1 [BT/1], 7. Aufl. 1988; *Roxin,* Strafrecht, Allgemeiner Teil I, 2. Aufl. 1994; *Schmidhäuser,* Strafrecht, Allgemeiner Teil, 2. Aufl. 1975; Schönke/Schröder [S/S], Strafgesetzbuch, 24. Aufl. 1991 bearbeitet von *Lenckner, Cramer, Eser* und *Stree; Stratenwerth,* Strafrecht, Allgemeiner Teil. 3. Aufl. 1982 Systematischer Kommentar zum Strafgesetzbuch [SK]. Band I: Allgemeiner Teil, Band II: Besonderer Teil, jeweils 6. Aufl. (Losebl.) ab 1993 bearbeitet von *Rudolphi, Horn, Günther* und *Samson; Welzel,* Das Deutsche Strafrecht, 11. Aufl. 1969.
Monographien: *Ambrosius,* Untersuchungen zur Vorsatzabgrenzung, 1966; *Bruns,* Strafzumessungsrecht, 2. Aufl. 1974; *Engisch,* Einführung in das juristische Denken [Einführung], 2. Aufl. 1959; *ders.,* Die Kausalität als Merkmal der strafrechtlichen Tatbestände [Kausalität], 1931; *Frisch,* Tatbestandsmäßiges Verhalten und Zurechnung des Erfolges, 1988; *Hirsch,* Die Lehre von den negativen Tatbestandsmerkmalen, 1960; *Jagusch,* Die Praxis der Strafzumessung, 1956; *Armin Kaufmann,* Die Dogmatik der Unterlassungsdelikte, 1959; *Arthur Kaufmann,* Analogie und Natur der Sache, 195; *Larenz/Canaris,* Methodenlehre der Rechtswissenschaft, 3. Aufl. 1995; *Roxin,* Täterschaft und Tatherrschaft [Täterschaft], 6. Aufl. 1994; *Samson,* Hypothetische Kausalverläufe [Kausalverläufe], 1972; *Sax,* Das strafrechtliche Analogieverbot, 1953; *Spendel,* Zur Lehre vom Strafmaß, 1955; *Stein,* Die strafrechtliche Beteiligungsformenlehre, 1988; *Warda,* Die Abgrenzung von Tatbestands- und Verbotsirrtum bei Blankettstrafgesetzen, 1955; *v. Weber,* Die richterliche Strafzumessung, 1956; *Welp,* Vorausgegangenes Tun als Grundlage einer Handlungsäquivalenz der Unterlassung, 1968.

§ 369 Steuerstraftaten

Übersicht

I. **Allgemeines**
1. Entstehungsgeschichte 1, 2
2. Zweck der Vorschrift 3, 4

II. **Begriff der Steuerstraftat**
1. Natürliche Steuerstraftaten .. 5–8
2. Bannbruch 9, 10
3. Wertzeichenfälschung 11
4. Begünstigung 12

III. **Geltung der allgemeinen Gesetze**
1. Umfang der Verweisung 13–16
2. Geltung des Strafgesetzbuches 17–139
   a) Auslegung, Analogie, zeitliche und räumliche Geltung der Strafgesetze 18–34
     aa) Nulla poena sine lege 18–21
     bb) Die zeitliche Geltung der Strafgesetze 22–31
     cc) Die räumliche Geltung des deutschen Strafrechts 32–34
   b) Die Elemente der Straftat 35–38
     aa) Die Tatbestandsmäßigkeit 35, 36
     bb) Die Rechtswidrigkeit . 37
     cc) Die Schuld 38
   c) Das vorsätzliche vollendete Delikt 39
     aa) Die Handlung 40
     bb) Der objektive Tatbestand 41–47
     cc) Der subjektive Tatbestand 48–54
     dd) Kongruenz 55
   d) Das versuchte Delikt 56–67
     aa) Strafbarkeit des Versuchs 56
     bb) Subjektiver Tatbestand 57
     cc) Objektiver Tatbestand 58–60
     dd) Untauglicher Versuch 61
     ee) Wahndelikt 62
     ff) Rücktritt 63–67
   e) Beteiligung 68–83
     aa) Formen der Beteiligung 68
     bb) Die Täterschaft 69–76
     cc) Die Teilnahme 77–83
   f) Das fahrlässige Delikt 84
   g) Das Unterlassungsdelikt .. 85–93
     aa) Überblick 85, 86
     bb) Unterscheidung von Begehen und Unterlassen 87
     cc) Der Tatbestand des Unterlassungsdeliktes 88–91
     dd) Die Beteiligung durch Unterlassen und am Unterlassen 92
     ee) Der Versuch der Unterlassung 93
   h) Rechtswidrigkeit 94–96
   i) Schuld 97, 98
   k) Irrtum 99–106
     aa) Erscheinungsformen des Irrtums 99
     bb) Tatumstandsirrtum und Verbotsirrtum ... 100–104
     cc) Versuch und Wahndelikt 105, 106
   l) Konkurrenzlehre 107–128
     aa) Überblick 107
     bb) Handlungseinheit 108–114
     cc) Gesetzeskonkurrenz .. 115–120
     dd) Tateinheit 121–123
     ee) Tatmehrheit 124–126
     ff) Wahlfeststellung 127, 128
   m) Strafen und Strafzumessung 129–139
     aa) Allgemeines 129
     bb) Strafrahmen der Steuerstraftaten 130, 131
     cc) Freiheitsstrafe 132, 133
     dd) Geldstrafe 134–139
3. Geltung des Jugendgerichtsgesetzes 140–144
   a) Inhalt und Bedeutung der Verweisung auf das JGG 140, 141
   b) Persönlicher Anwendungsbereich des JGG 142
   c) Die Sanktionen des Jugendstrafrechts 143, 144
4. Geltung des Wehrstraf- und des Zivildienstgesetzes 145

IV. **Wertzeichenfälschung**
1. Entstehungsgeschichte 146
2. Zweck, Anwendungsbereich und Bedeutung 147–150
3. Fälschen von Steuerzeichen .. 151–155
4. Weitere Tathandlungen 156–160
   a) Sichverschaffen 156
   b) Als echt verwendet 157
   c) Feilhalten 158, 159
   d) In Verkehr bringen 160
5. Wiederverwenden von Steuerzeichen 161
6. Der Versuch 162

	1, 2 § 369
I. Allgemeines	
7. Vorbereitung der Fälschung von Steuerzeichen 163–167	2. Die Rechtsnatur der Begünstigung 176
8. Die Einziehung 168	3. Der objektive Tatbestand ... 177–183
9. Konkurrenzfragen 169–172	4. Der subjektive Tatbestand ... 184–186
V. Begünstigung	5. Strafen................. 187
1. Begünstigung als Steuerstraftat 173–175	6. Straffreiheit.............. 188–194
	7. Konkurrenzfragen......... 195

I. Allgemeines

1. Entstehungsgeschichte

§ 369 AO 1977 geht zurück auf § 391 RAO idF des Art. 1 Nr. 3 des 2. AO-StrafÄndG v. 12. 8. 1968 (BGBl. I 953), der die §§ 391, 392 RAO 1931 zusammengefaßt hatte; Begr. BT-Drucks. V/1812 S. 22. § 391 I RAO entsprach § 356 RAO 1919, der zunächst mit unverändertem Wortlaut als § 392 RAO 1931 neu bekannt gemacht worden war. In der Neufassung gem. Art. I Nr. 10 und 26 v. 4. 7. 1939 (RGBl. I 1181) war die Vorschrift um den aus dem VZollG in die RAO übernommenen Tatbestand des Bannbruchs (§ 401a RAO) erweitert und der Begriff „Steuerzuwiderhandlungen" durch „Steuervergehen" ersetzt worden. § 369 I AO spricht nunmehr nicht von Steuer- und Zollvergehen, sondern von Steuerstraftaten und Zollstraftaten. Eine terminologische Änderung enthält Nr. 1, die nicht wie § 391 RAO „strafbare Zuwiderhandlungen gegen Steuergesetze" erfaßt, sondern „Taten, die nach den Steuergesetzen strafbar sind". Neu aufgenommen wurde in Nr. 3 die Wertzeichenfälschung, soweit sie Steuerzeichen betrifft. Dies wurde erforderlich, nachdem die Steuerzeichenfälschung nach § 399 RAO aus der AO herausgenommen wurde und nunmehr vom Tatbestand der Wertzeichenfälschung nach §§ 148 ff. StGB erfaßt wird. Nr. 4 entspricht § 391 Nr. 3 RAO. Eine inhaltliche Veränderung hat sich jedoch durch das EGStGB ergeben, da nach § 257 StGB als Begünstigung nur noch die früher sog. sachliche Begünstigung bestraft wird. Die früher sog. persönliche Begünstigung wird von § 258 StGB jetzt als Strafvereitelung bezeichnet. Mangels einer entsprechenden Verweisung in Nr. 4 ist die Strafvereitelung in Fällen von Steuerhinterziehung jetzt keine Steuerstraftat mehr (Rdnr. 12). 1

§ 369 II AO stimmt im Wortlaut mit § 391 II RAO überein, bis auf die Verwendung des Begriffs „Steuerstraftat" statt „Steuervergehen". § 391 II RAO ging auf § 391 RAO 1931 (= § 355 RAO 1919) zurück und enthielt nur die Abweichung, daß mit Rücksicht auf das JGG nicht mehr allein auf das StGB, sondern auf die „allgemeinen Gesetze über das Strafrecht" verwiesen wurde. Andererseits wurde der Vorbehalt, „soweit die Steuergesetze nichts Abweichendes vorschreiben", auf die „Strafvorschriften der Steuergesetze" beschränkt. 2

2. Zweck der Vorschrift

3 **§ 369 I AO entlastet die Gesetzestechnik** durch Einführung einer Sammelbezeichnung für Straftaten nach den §§ 370, 372–374 AO. Die Sammelbezeichnung umfaßt auch den Straftatbestand des § 23 RennwettLottG (Vertrieb unversteuerter Lose) sowie – bis 1. 1. 1992 – den des § 13 WStG (Vertrieb und Vermittlung unversteuerter Wechsel). Durch den Begriff „Steuerstraftaten" werden die allgemeinen Vorschriften des materiellen Steuerstrafrechts im 1. Abschnitt und die Vorschriften über das Steuerstrafverfahren im 3. Abschnitt des 8. Teils der AO auf die genannten Straftaten bezogen, ohne daß sie jeweils im einzelnen angeführt zu werden brauchen. Dasselbe gilt für andere Gesetze, die auf die für Steuerstraftaten geltenden Vorschriften verweisen, zB § 128 BranntwMonG.

4 **Die rückgreifende Verweisung des § 369 II AO auf die allgemeinen Gesetze über das Strafrecht** bringt – abw. von § 391 RAO – zum Ausdruck, daß außer den Vorschriften des StGB auch die materiellen Vorschriften des JGG für Steuerstraftaten gelten. Die Vorschrift hat nur deklaratorische Bedeutung. Ohne sie würde nichts anderes gelten, da die §§ 370–376 AO offensichtlich keine vollständige Regelung des materiellen Steuerstrafrechts darstellen, sondern außer den einzelnen Straftatbeständen nur wenige Vorschriften enthalten, die von den allgemeinen Gesetzen über das Strafrecht abweichen. Andere strafrechtliche Nebengesetze verzichten auf eine dem § 369 II AO entsprechende Vorschrift (Ausnahme: § 3 WehrStG). Eine ausdrückliche Verweisung mit dem Vorbehalt des § 369 II Halbs. 2 AO ist jedoch zweckmäßig; sie klärt das Verhältnis zwischen den allgemeinen Vorschriften der Steuergesetze und der Strafgesetze in dem Sinne, daß nur die Strafvorschriften der Steuergesetze gegenüber den allgemeinen Strafgesetzen spezieller sind (*Kohlmann* 7 zu § 369 AO).

II. Begriff der Steuerstraftat

1. Natürliche Steuerstraftaten (§ 369 I Nr. 1 AO)

5 **§ 369 I Nr. 1 AO weicht von § 391 Nr. 1 RAO erheblich ab.** Nach altem Recht waren Steuervergehen strafbare Zuwiderhandlungen gegen Steuergesetze. Daraus konnte geschlossen werden, es genüge für die Einordnung als Steuervergehen die Verletzung einer steuerlichen Pflicht, gleichgültig ob der Straftatbestand selbst ein Steuergesetz war. Da der Gesetzgeber den Bruch des Steuergeheimnisses, der eine Zuwiderhandlung gegen ein Steuergesetz (§ 30 AO) ist, nicht als Steuerstraftat einordnen wollte, hat er die jetzt geltende Fassung von § 369 I Nr. 1 AO gewählt. Der Bruch des Steuergeheimnisses sei nunmehr keine Steuerstraftat mehr, da er nicht nach einem Steuergesetz, sondern nach § 355 StGB strafbar ist. Die neue Regelung bereitet jedoch deshalb erhebliche Schwierigkeiten, weil die gesonderte Nennung des Bannbruchs in § 369 I Nr. 2 AO darauf hindeutet, daß eine Strafbarkeit nach einem Steuergesetz nicht schon dann gegeben ist, wenn der Straftatbestand

II. Begriff der Steuerstraftat 6, 7 § 369

wie § 372 AO (Bannbruch) – in einem Steuergesetz (der AO) enthalten ist. Daraus entsteht folgendes Dilemma: Versteht man die Strafbarkeit nach einem Steuergesetz iS von § 369 I Nr. 1 AO – formal – als Ansiedlung des Tatbestandes in einem Steuergesetz, dann ist § 369 I Nr. 2 AO überflüssig, da der Bannbruch nach diesem Kriterium schon gem. Nr. 1 Steuerstraftat ist. Interpretiert man dagegen die „Strafbarkeit nach einem Steuergesetz" derart im materiellen Sinne, daß der Tatbestand dem Schutz des Steueraufkommens zu dienen bestimmt sein muß, dann kann der Bruch des Steuergeheimnisses entgegen den Absichten des Gesetzgebers doch wieder als Steuerstraftat bezeichnet werden, sofern § 355 StGB als Steuergesetz im materiellen Sinne verstanden werden muß. Eine Lösung des Problems ist nur auf folgendem Weg möglich: Dasjenige Gesetz, das die Strafbarkeit der Tat begründet, muß Steuergesetz sein. Eine Strafnorm ist nur dann Steuergesetz iS von § 369 I Nr. 1 AO, wenn sie Verhaltensweisen erfaßt, die das Steueraufkommen *unmittelbar* verringern oder gefährden. Dazu gehören die Tatbestände in den §§ 370, 373, 374 AO. Dagegen sind die §§ 353 und 355 StGB keine Steuergesetze, da die entsprechenden Taten das Steueraufkommen allenfalls *mittelbar* gefährden (ähnlich *Senge* 2 zu § 369 AO).

Strafbare Verletzungen von Steuergesetzen sind zu unterscheiden von 6 Zuwiderhandlungen, die als Steuerordnungswidrigkeiten mit Geldbuße geahndet werden können (§ 377 1 AO) oder die besonderen steuerrechtlichen Sanktionen unterliegen, wie zB Verspätungszuschläge (§ 152 AO), Säumniszuschläge (§ 240 AO) oder Zwangsmittel (§§ 328 ff. AO). Erfüllt dasselbe Verhalten zugleich die Merkmale einer Steuerstraftat und einer Steuerordnungswidrigkeit, wird nach § 17 I OWiG nur das Strafgesetz angewendet. Dagegen ist die Konkurrenz zwischen der straf- oder bußrechtlichen Ahndung einer Zuwiderhandlung und einer besonderen steuerrechtlichen Sanktion nicht geregelt; auch hat die Rspr noch nicht geklärt, ob und ggf. unter welchen Umständen eine Häufung der Sanktionen rechtsstaatlich unbedenklich ist (vgl. TK-*Tipke* 2 zu § 152 AO). Immerhin erscheint gesichert, daß in Fällen, in denen über eine Geldbuße der wirtschaftliche Vorteil des Täters abgeschöpft werden soll (§ 17 IV OWiG), den Vorteil kompensierende Umstände berücksichtigt werden müssen (Rdnr. 30 zu § 377 AO).

Der Übergang vom Begriff „Steuervergehen" zu „Steuerstraftaten" 7 soll der Sprachvereinheitlichung dienen und lediglich die Abgrenzung von Straftaten und Ordnungswidrigkeiten leisten (Art. 161 EGStGB). Wenn *Hübner* (HHSp 3 zu § 369 AO) dagegen neben stilistischen Bedenken einwendet, der Begriff „Steuervergehen" hätte klargestellt, daß es sich auch bei den besonders schweren Fällen um Vergehen (und nicht Verbrechen) handele, dann vermag dieser Einwand die jetzt geltende Regelung aus zwei Gründen nicht zu treffen: Zunächst stellt schon § 12 III StGB klar, daß die Strafrahmenveränderung für besonders schwere Fälle den Deliktscharakter nicht verändert. Auch ohne § 12 III StGB können Streitfragen nicht auftreten, weil die Strafrahmenuntergrenze für besonders schwere Fälle in § 370 III AO unter einem Jahr Freiheitsstrafe liegt.

8 **Zollstraftaten** sind solche Steuerstraftaten, die sich auf Zölle beziehen. Da Zölle gem. § 3 I 2 AO unter den Steuerbegriff der AO fallen, hätte der Begriff „Zollstraftaten" in § 369 I AO nicht erwähnt zu werden brauchen. Eine Klarstellung erschien jedoch zweckmäßig, weil andere Gesetze auf die „*für Zollstraftaten geltenden Vorschriften*" verweisen, zB § 2 I AbschG (Anh XI). Steuerhehlerei (§ 374 AO) ist eine Zollstraftat, falls hinsichtlich der gehehlten Sache Zölle oder andere Eingangsabgaben hinterzogen worden sind (allgemein zur Rechtsnatur der Steuerhehlerei als Steuerstraftat iS des § 369 l Nr. 1 AO HHSp-*Hübner* 5 zu § 369 AO).

2. Bannbruch (§ 369 I Nr. 2 AO)

9 **Bannbruch (§ 372 AO) wird durch § 369 I Nr. 2 AO konstitutiv zu einer Steuerstraftat** iS der straf- und strafverfahrensrechtlichen Vorschriften der AO erklärt. Ohne § 369 I Nr. 2 AO wäre Bannbruch keine Steuerstraftat (glA HHSp-*Hübner* 7, *Senge* 5 zu § 369 AO; zT anders *Kohlmann* 16 zu § 369 AO), da Zuwiderhandlungen gegen die in nichtsteuerlichen Gesetzen aus steuerfremden Gründen, etwa zum Schutz der Gesundheit von Menschen, Tieren und Pflanzen (Rdnr. 2, 20 zu § 372 AO), erlassenen Ein-, Aus- und Durchfuhrverbote die Besteuerung nicht beeinträchtigen, wenn nicht – wie oft – zugleich der Straftatbestand der Steuerhinterziehung (§ 370 AO) erfüllt wird. Das häufige Zusammentreffen von Zuwiderhandlungen gegen ein Einfuhrverbot mit der Hinterziehung von Eingangsabgaben (Abgaben für die Aus- oder Durchfuhr von Waren werden zZ nicht erhoben) und die Tatsache, daß die Zollbehörden zugleich über die Einhaltung der steuerlichen Vorschriften und der Verbote und Beschränkungen des grenzüberschreitenden Warenverkehrs zu wachen haben, bildet den Grund, den Bannbruch kraft Gesetzes den natürlichen Steuerstraftaten gleichzustellen. Auf diese Weise wird gewährleistet, daß die Zollbehörden für beiderlei Zuwiderhandlungen dieselben strafverfahrensrechtlichen Befugnisse haben (s. jedoch Rdnr. 53ff. zu § 372 AO).

10 **Unter den Begriff des Bannbruchs** iS des § 369 I Nr. 2 AO fallen nur Taten, die *mit Strafe bedroht sind,* sei es unmittelbar nach § 372 II iVm § 370 I, II AO (Rdnr. 41 zu § 372 AO) oder nach außersteuerlichen Gesetzen (Rdnr. 20 zu § 372 AO) oder unter erschwerenden Umständen nach § 373 AO (Rdnr. 6 zu § 373 AO). Dagegen erfaßt § 369 I Nr. 2 AO diejenigen Taten nicht, die zwar die Begriffsbestimmung des § 372 I AO erfüllen, aber nur mit Geldbuße geahndet werden können. Bloße Ordnungswidrigkeiten können keine Steuer*straftaten* sein (*Bender* Tz 96).

3. Wertzeichenfälschung (§ 369 I Nr. 3 AO)

11 Durch Art. 161 Nr. 5 EGStGB wurde der besondere Tatbestand der Steuerzeichenfälschung in § 399 RAO aufgehoben. Gleichzeitig wurde in § 391 Nr. 3 RAO die Wertzeichenfälschung, soweit sie Steuerzeichen betrifft, zur Steuerstraftat erklärt (vgl. *Senge* 6 zu § 370 AO). Die Fälschung von Steuerzeichen und deren Vorbereitung wird seit dem 1. 1. 1975 durch die neu

III. Geltung der allgemeinen Gesetze   12–15 § 369

geschaffenen Vorschriften in den §§ 148ff. StGB (Wertzeichenfälschung) erfaßt. Einzelheiten zur Wertzeichenfälschung s. Rdnr. 146ff.

4. Begünstigung (§ 369 I Nr. 4 AO)

Das StGB von 1975 unterscheidet zwischen Begünstigung (§ 257 StGB) **12** und Strafvereitelung (§ 258 StGB); vorher waren in § 257 StGB aF beide Tatbestände unter dem Oberbegriff Begünstigung zusammengefaßt. Da § 369 I Nr. 4 AO (ebenso schon § 391 I Nr. 4 RAO idF von Art. 161 Nr. 1 EGStGB) nur von Begünstigung spricht, ist die Strafvereitelung iS von § 258 StGB keine Steuerstraftat mehr (HHSp-*Hübner* 9, *Kohlmann* 18, *Leise/ Dietz* 8, *Senge* 7 zu § 369 AO). Steuerstraftat ist daher nur noch die (früher sog. sachliche) Begünstigung iS von § 257 StGB, sofern die Vortat eine Steuerstraftat iS von § 369 I Nr. 1–3 AO ist. Begünstigung begeht, wer einem anderen, der eine rechtswidrige Tat begangen hat, in der Absicht Hilfe leistet, ihm die Vorteile der Tat zu sichern; ausf. s. Rdnr. 173ff. Dagegen begeht keine Steuerstraftat, wer die Bestrafung oder die Unterwerfung eines anderen unter eine Maßnahme ganz oder zum Teil vereitelt (§ 258 StGB).

III. Geltung der allgemeinen Gesetze (§ 369 II AO)

1. Umfang der Verweisung

Allgemeine Gesetze über das Strafrecht iS des § 369 II AO sind in erster **13** Linie die Vorschriften des Allgemeinen Teils des StGB, aber auch allgemeine Bestimmungen, die im Besonderen Teil des StGB erscheinen, zB § 357 StGB über die Verleitung von Untergebenen zu strafbaren Handlungen und § 358 StGB über die in diesem Falle mögliche Nebenfolge der Amtsunfähigkeit. Danach unterliegt zB der Vorsteher eines FA, der wissentlich die Beteiligung eines Amtsangehörigen an einer Steuerhinterziehung geschehen läßt, nach § 357 StGB iVm § 370 AO der Strafe aus § 370 AO und der Nebenfolge aus § 358 StGB. Zu den allgemeinen Gesetzen über das Strafrecht gehören ferner die §§ 1–32, 105 und 106 JGG (Rdnr. 140ff.) sowie § 1 I, II, § 2 Nr. 2, §§ 3, 5, 7, 12, 14 WehrStG (zutr. HHSp-*Hübner* 33 zu § 369 AO; s. auch Rdnr. 142).

Die Verweisung des § 369 II AO bezieht sich auf das StGB, die materiellen **14** Vorschriften des JGG und die allgemeinen Bestimmungen des WehrStG **in ihrem jeweiligen Bestand,** nicht nur auf die Vorschriften, die zZ des Inkrafttretens des § 369 AO am 1. 1. 1977 gegolten haben; sie ist deklaratorisch (*Senge* 8 zu § 370 AO). Künftige Änderungen des StGB usw. wirken sich daher ohne weiteres auch auf das Steuerstrafrecht aus.

Über die positiven Vorschriften hinaus umfaßt die Verweisung des § 369 **15** II AO auch diejenigen **allgemeinen Lehren,** die Rspr und Rechtslehre zum Strafrecht entwickelt haben, zB zur Wahlfeststellung (Rdnr. 127f.), zum Irrtum (Rdnr. 99ff.), zur Konkurrenzlehre (Rdnr. 107ff.), oder die künftig noch entwickelt werden. Neue Auslegungsgrundsätze zum Nachteil des Tä-

Joecks

ters widersprechen nicht dem Verbot des Art. 103 II GG über die Rückwirkung von Strafgesetzen (HHSp-*Hübner* 29 zu § 369 AO; vgl. auch BVerfG 18, 224, 240 f. v. 11. 11. 1964).

16 **Strafvorschriften der Steuergesetze, die** gegenüber den allgemeinen Vorschriften über das Strafrecht **etwas anderes bestimmen,** sind nur noch § 371 AO über die strafbefreiende Selbstanzeige bei Steuerhinterziehung und § 376 AO im Verhältnis zu § 78 c StGB über die Unterbrechung der Strafverfolgungsverjährung durch die Bekanntgabe der Einleitung eines Bußgeldverfahrens. Dagegen machen § 375 I AO (Verlust der Amtsfähigkeit und der Wählbarkeit) und § 375 II AO (Einziehung) lediglich von den in § 45 II und § 74 IV StGB vorgesehenen Möglichkeiten Gebrauch.

2. Geltung des Strafgesetzbuches

17 Da das Steuerstrafrecht keinen speziellen Allgemeinen Teil enthält, § 369 II AO vielmehr auf die allgemeinen Gesetze über das Strafrecht verweist, ist die Anwendung der Steuerstrafrechtssätze auf einen konkreten Fall nur bei Berücksichtigung der gesamten Regeln des Allgemeinen Strafrechts möglich. Gerade die Grundsätze des Allgemeinen Strafrechts sind jedoch gesetzlich nur in sehr geringem Umfange geregelt und weitgehend von Rspr und Strafrechtswissenschaft entwickelt worden. Angesichts der immer noch erheblichen Lückenhaftigkeit des StGB findet sich im Allgemeinen Teil des Strafrechts eine Fülle von Streit- und Zweifelsfragen, die eine umfassende Darstellung im Rahmen des Steuerstrafrechts unmöglich macht. Die folgende Erörterung des Allgemeinen Strafrechts muß sich daher in mehrerer Hinsicht beschränken. Sie kann das allgemeine Strafrecht nur darstellen, soweit es für das Steuerstrafrecht bedeutsam ist. Aber auch in diesem verengten Rahmen ist nur eine Wiedergabe der Grundzüge möglich. Ihre Darstellung kann nur einen ersten Überblick verschaffen und Hinweise für weitere Überlegungen geben.

a) Auslegung, Analogie, zeitliche und räumliche Geltung der Strafgesetze

aa) Nulla poena sine lege

18 Die für das gesamte Strafrecht grundlegende Vorschrift findet sich in § 1 StGB, der mit Art. 103 II GG identisch ist.

§ 1 StGB – Keine Strafe ohne Gesetz
Eine Tat kann nur bestraft werden, wenn die Strafbarkeit gesetzlich bestimmt war, bevor die Tat begangen wurde.

§ 1 StGB enthält den Grundsatz: „*Nulla poena sine lege scripta, stricta, certa, praevia.*" Jede Bestrafung einer Tat setzt demnach ein zur Tatzeit geltendes (*praevia*), seinem Wortlaut nach auf die Tat anwendbares (*stricta*), geschriebenes (*scripta*) und hinreichend bestimmtes (*certa*) Gesetz voraus. Damit enthält § 1 StGB folgende Normen: Das Analogieverbot und das Verbot von Gewohnheitsrecht: Der Richter darf nur nach geschriebenem Gesetz und nicht

III. Geltung der allgemeinen Gesetze

nach Gewohnheitsrecht oder aufgrund von Analogie verurteilen. Das Bestimmtheitsgebot: Der Gesetzgeber darf nur solche Strafgesetze erlassen, die das strafbare Verhalten hinreichend genau beschreiben. Das Rückwirkungsverbot: Der Gesetzgeber darf die Anwendung von Strafgesetzen nicht auf Taten anordnen, die vor der Geltung des Strafgesetzes begangen wurden. Der Richter darf ein Strafgesetz nicht auf eine vor Geltung des Strafgesetzes begangene Tat anwenden (Grünwald ZStW 76, 1; SK-*Rudolphi* 6ff. zu § 1 StGB).

Das Analogieverbot verbietet die Ausdehnung eines Strafgesetzes auf einen vom Gesetz nicht geregelten Fall, auch wenn dieser Fall dem vom Gesetz geregelten Fall so sehr ähnelt, daß eine Anwendung des Gesetzes als sinnvoll erscheint (krit. zum Analogieverbot: *Sax* aaO, *Arthur Kaufmann* aaO, *Jakobs* AT 4/35 ff.). Die Schwierigkeiten des Analogieverbots bestehen in der Abgrenzung der Analogie von der Auslegung. Auslegung ist die Ermittlung der Reichweite einer Norm unter Berücksichtigung von Wortlaut, Entstehungsgeschichte, Systematik und Zweck (*Larenz/Canaris* 1995, 141 ff.; Engisch, Einführung, S. 71 ff.; S/S-*Eser* 36 ff. zu § 1 StGB; *Roxin* AT 5/26 ff.). Der Bereich auch im Strafrecht gebotener Auslegung wird überschritten, wenn der mögliche Wortsinn des Gesetzes das Ergebnis nicht mehr deckt. Dann handelt es sich um Analogie (BGH 4, 144, 148 v. 12. 3. 1953; *Jescheck* S. 106 f., SK-*Rudolphi* 22 u. S/S-*Eser* 24 zu § 1 StGB). § 1 StGB verbietet die Analogie im Strafrecht nicht generell, sondern nur dann, wenn sie die Norm über den Wortlaut hinaus zum Nachteil des Täters ausdehnt. Weiterhin darf eine Verurteilung nicht auf (ungeschriebenes) Gewohnheitsrecht gestützt werden. Freilich ist Gewohnheitsrecht anwendbar, soweit es den Täter begünstigt; zu den Einzelheiten s. S/S-*Eser* 8 ff. zu § 1 StGB.

Demgegenüber will *Jakobs* (AT 4/41) eine Überschreitung der Wortlautgrenze unter vier Voraussetzungen zulassen. Nötig sei eine Kontinuität der Begriffsentwicklung, eine ansonsten bestehende Wertungswillkür, eine gleichrangige Regelungsbedürftigkeit sowie die Geeignetheit zur Problemerledigung. Mit Hilfe dieser Kriterien sei zB zulässig, einen „Lastwagen" unter den Begriff des „bespannten Fuhrwerks" zu subsumieren. *Roxin* (AT 5/39) hat hiergegen zu Recht eingewandt, damit sei jede Begrenzungswirkung dahin.

Das Bestimmtheitsgebot wird jedenfalls dann verletzt, wenn der Strafgesetzgeber ohne Not Generalklauseln verwendet und damit die Bestimmung des strafbaren Verhaltens nicht mehr selbst vornimmt, sondern dem Richter überläßt (BGH 23, 167, 171 v. 18. 11. 1969; Grünwald ZStW 76, 16; *Lenckner* JuS 1968, 305; S/S-*Eser* 17 ff. zu § 1 StGB). Die Tatbestände der §§ 370 ff. AO sind insoweit unbedenklich, da sie zwar durch die Normen des Steuerrechts ausgefüllt werden müssen (Blankettatbestände), diese aber regelmäßig hinreichend bestimmt sind (vgl. BGH v. 27. 1. 1982, wistra 108, zu § 42 AO sowie Rdnr. 140 zu § 370 AO). Zum **Rückwirkungsverbot** siehe Rdnr. 22 ff.

22   bb) Die zeitliche Geltung der Strafgesetze ergibt sich aus:

§ 2 StGB Zeitliche Geltung

(1) Die Strafe und ihre Nebenfolgen bestimmen sich nach dem Gesetz, das zur Zeit der Tat gilt.

(2) Wird die Strafdrohung während der Begehung der Tat geändert, so ist das Gesetz anzuwenden, das bei Beendigung der Tat gilt.

(3) Wird das Gesetz, das bei Beendigung der Tat gilt, vor der Entscheidung geändert, so ist das mildeste Gesetz anzuwenden.

(4) [1] Ein Gesetz, das nur für eine bestimmte Zeit gelten soll, ist auf Taten, die während seiner Geltung begangen sind, auch dann anzuwenden, wenn es außer Kraft getreten ist. [2] Dies gilt nicht, soweit ein Gesetz etwas anderes bestimmt.

(5) Für Verfall, Einziehung und Unbrauchbarmachung gelten die Absätze 1 bis 4 entsprechend.

(6) Über Maßregeln der Besserung und Sicherung ist, wenn gesetzlich nichts anderes bestimmt ist, nach dem Gesetz zu entscheiden, das zur Zeit der Entscheidung gilt.

Für die gesetzliche Beschreibung einer strafbaren Handlung und die angedrohte Strafe ist nach § 2 I StGB grundsätzlich *das Gesetz maßgebend, das zur Tatzeit gilt*. Eine Tat ist in dem Zeitpunkt begangen, in dem der Täter die für die Verwirklichung des Tatbestandes entscheidende Handlung ausgeführt hat oder in dem er – bei einer pflichtwidrig unterlassenen Handlung – spätestens hätte handeln müssen; auf den Eintritt eines zum Tatbestand gehörenden Erfolges kommt es nicht an (§ 8 StGB). Für fortgesetzte Taten und Dauerdelikte gilt § 2 II StGB. Maßgeblich ist hinsichtlich der Strafdrohung die Beendigung der Tat. Tatteile, die vor Inkrafttreten des neuen Gesetzes straflos waren, dürfen jedoch nicht nach dem neuen Gesetz bestraft werden (SK-*Rudolphi* 3 f. zu § 2 StGB). Sind an einer Tat mehrere Personen beteiligt, ist die Tatzeit für den Tatbeitrag jedes Teilnehmers selbständig zu beurteilen.

23   Bei Verschiedenheit der Gesetze von der Tat bis zur Aburteilung ist nach § 2 III StGB das mildeste Gesetz anzuwenden. Demgemäß tritt ohne ausdrückliche Vorschrift des ÄndG abw. von § 2 I StGB zugunsten des Täters eine Rückwirkung des späteren Gesetzes ein, wenn es *„für den Einzelfall nach seinen besonderen Umständen die mildere Beurteilung zuläßt"* (stRspr, BGH v. 16. 10. 1952, LM § 2a StGB, Nr. 2; BGH 14, 156, 158 v. 1. 3. 1960; 20, 22, 29 f. v. 8. 9. 1964; 20, 121, 124 v. 1. 12. 1964). Dabei kommt es auf den *gesamten* Rechtszustand an; auch blankettausfüllende Normen sind zu berücksichtigen (BGH 20, 177 v. 8. 1. 1965 zu § 396 RAO iVm § 8 MinöStG abw. von dem früheren Urt. desselben Senats in BGH 7, 294 f. v. 5. 4. 1955 und der stRspr des RG, vgl. RG 49, 410, 413 v. 28. 2. 1916); wegen der Ausnahme für blankettausfüllende Zeitgesetze s. Rdnr. 25. Nicht zulässig ist es, teils das alte, teils das neue Gesetz anzuwenden (BGH 20, 22, 29 f. v. 8. 9. 1964). Allerdings soll es nach Ansicht des BVerfG (v. 29. 11. 1989, NJW 1990, 1103) das Rückwirkungsverbot nicht verletzen, daß die Tat zwischen ihrer Begehung und der Entscheidung vorübergehend nicht mit Strafe oder Geldbuße bedroht war.

III. Geltung der allgemeinen Gesetze   24–26 § 369

Wird ein Straftatbestand nach der Tat in einen Bußgeldtatbestand um- 24
gewandelt, gilt § 2 StGB entsprechend (BGH 12, 148, 153 v. 24. 11. 1958).
Aus diesem Grunde enthielt Art. 12 des 2. AOStrafÄndG keine materiellrechtliche Übergangsvorschrift für Zuwiderhandlungen gegen die früheren Straftatbestände der §§ 402, 406, 413 RAO aF, die vor dem Inkrafttreten des ÄndG begangen, jedoch bis zum 1. 10. 1968 noch nicht rechtskräftig abgeurteilt waren.

Für Zeitgesetze schließt § 2 IV den § 2 III StGB aus, dh bei Strafgesetzen, 25
die Zeitgesetze sind, bestimmt sich die Strafe stets nach dem Gesetz, das zur Tatzeit gilt, auch wenn vor der Aburteilung der Tat ein milderes Gesetz erlassen worden ist. Zeitgesetz *„ist nicht nur ein Gesetz, das kalendermäßig begrenzt ist, sondern auch ein solches, das, mag es auch nicht ausdrücklich nur vorübergehend Geltung beanspruchen, nach seinem Inhalt eine nur als vorübergehend gedachte Regelung – für wechselnde Zeitverhältnisse treffen will"* (BGH v. 2. 11. 1951, NJW 1952, 72; vgl. auch BGH 6, 30, 37 v. 9. 3. 1954; OGH 2, 259, 268 v. 8. 11. 1949; BGH v. 14. 12. 1994, wistra 1995, 107). Der Grundsatz der Rückwirkung des mildesten Rechts nach § 2 II StGB beruht auf dem Gedanken, daß in dem neuen Gesetz eine geänderte Rechtsauffassung zum Durchbruch gelangt ist. Dieser Gedanke trifft nicht zu, wenn Gebote und Verbote wegen besonderer tatsächlicher Verhältnisse nur für eine vorübergehende Zeit erlassen oder verschärft und später wegen Änderung dieser Verhältnisse wieder gemildert oder außer Kraft gesetzt werden (S/S-*Eser* 37 zu § 2 StGB; krit. *Tiedemann* Peters-Festschr. S. 200 ff.). In solchen Fällen darf auch eine gemilderte Strafnorm oder ihre Aufhebung nicht zurückwirken, da Zeitgesetze sonst *„gegen Ende ihrer Geltungszeit an Wirksamkeit verlören und Beschuldigte dem Versuch unterliegen könnten, das Verfahren zu verzögern"* (Begr. zu § 2 E 1962, BT-Drucks. IV/650 S. 107). Ob eine Gesetzesänderung auf einem Wandel der Rechtsüberzeugung beruht (und deshalb § 2 III StGB anzuwenden ist) oder ob die Gesetzesänderung einer Änderung der tatsächlichen Verhältnisse folgt (und deshalb § 2 IV StGB gilt), ist oft nicht einfach zu entscheiden. Zweifelsfrei beruht jedoch die Neufassung der §§ 369 ff. AO auf einer gewandelten Rechtsüberzeugung.

Für die Blankettatbestände des Steuerstrafrechts ergibt sich die besonde- 26
re Frage, ob § 2 III StGB auch bei einer Änderung der blankettausfüllenden Vorschriften des Steuerrechts mit der Folge anzuwenden ist, daß eine Einschränkung der Besteuerungsgrundlagen oder eine Ermäßigung des Steuertarifs strafrechtlich berücksichtigt werden muß. Die Rspr hatte diese Frage früher verneint, wenn nur die ergänzenden Normen geändert wurden und die Strafvorschrift selbst unverändert blieb (RG 49, 410, 413 v. 28. 2. 1916 mwN sowie BGH 7, 291, 294 v. 5. 4. 1955). Später hat der BGH erkannt, daß sich mit dem Wechsel der ausfüllenden Norm ein wesentliches Element des Strafgesetzes ändert, das bei der Beurteilung des mildesten Strafgesetzes iS des § 2 III StGB nicht unberücksichtigt bleiben darf (BGH 20, 177, 181 v. 8. 1. 1965). Zugleich hat der BGH aaO aber festgestellt, daß die blankettausfüllende Norm des § 8 MinöStG idF v. 5. 12. 1957 (BGBl. I 1833) ein Zeitgesetz war (glA S/S-*Eser* 38 zu § 2 StGB; speziell für die Abzugsfähigkeit von

Parteispenden *Franzheim* NStZ 1982, 137; *Schäfer* wistra 1983, 170; *Tiedemann* 1985, 30 ff.). Auch *Kunert* (NStZ 1982, 276) stimmt dem BGH im Grundsatz zu, meint aber, die Vorschriften über die steuerliche Behandlung von Parteispenden seien keine Zeitgesetze, sondern angesichts der verfassungsgerichtlichen Rspr zu diesem Problemkreis ein Musterbeispiel für eine *lex aeterna*.

27 **Die Rechtslage ist jedoch weitaus differenzierter zu beurteilen** (ausf. *Samson* wistra 1983, 235; vgl. auch S/S-*Eser* 37 zu § 2 StGB). Wird ein Steuergesetz aufgehoben oder durch ein anderes (milderes) Steuergesetz abgelöst, ist zunächst durch Auslegung zu ermitteln, ob dies nach dem Willen des Gesetzgebers tatsächlich zur Folge haben soll, daß die alte Vorschrift außer Kraft tritt. Bei Steuergesetzen, die nicht das Verfahren (s. dazu Rdnr. 28), sondern Grund und Höhe von staatlichen Steueransprüchen betreffen, ist das keinesfalls selbstverständlich. Werden solche Vorschriften geändert, hat das eher regelmäßig zur Folge, daß die alte, den Steueranspruch betreffende Vorschrift für die zurückliegenden Veranlagungszeiträume gültig bleibt und die neue Vorschrift nur für die folgenden Veranlagungszeiträume gelten soll. Da die Steuerhinterziehung nach § 370 AO ebenso wie die leichtfertige Steuerverkürzung nach § 378 AO einen Angriff auf einen bestehenden Steueranspruch des Staates darstellt, wird die tatbestandmäßige Verkürzung eines in einem bestimmten Veranlagungszeitraum bestehenden Steueranspruchs nicht dadurch beseitigt, daß in einem folgenden Veranlagungszeitraum ein solcher Anspruch nicht mehr entstehen könnte (*Samson* aaO S. 238). Eine Steuerhinterziehung kann in einer solchen Lage sogar noch in einem Zeitpunkt begangen werden, in dem die neue (mildere) Vorschrift bereits in Kraft getreten ist. Wird zB ein Besteuerungstatbestand mWv 1. 1. 1996 abgeschafft, ist dennoch in der Steuererklärung für 1995 der alte Besteuerungstatbestand zu berücksichtigen und im Steuerbescheid zur Geltung zu bringen, selbst wenn erst in den folgenden Jahren die Erklärung abgegeben und der Bescheid erteilt wird. Man kann daher § 2 III StGB schon deshalb nicht anwenden, weil das (Besteuerungs-) Gesetz für den maßgeblichen Veranlagungszeitraum gar nicht beseitigt worden ist (zust. SK-*Rudolphi* 8c zu § 2 StGB; vgl. auch BGH v. 28. 1. 1987, wistra 139; *Koch/Scholtz/Himsel* 19/2 zu § 369 AO). Dies gilt etwa für das WStG, dessen § 13 zwar mit Wirkung vom 1. 1. 1992 aufgehoben worden ist, aber für bereits entstandene Steuer weiter gilt (G v. 22. 2. 1990, BGBl I, 266).

28 Anders mag das bei Vorschriften sein, die das **Verfahren** im weitesten Sinne betreffen. Würde zB die Berichtigungspflicht nach § 153 I AO beseitigt oder eingeschränkt, käme eine Rückwirkung der milderen Vorschrift durchaus in Betracht, sofern die Änderung auf einer gewandelten Rechtsüberzeugung und nicht auf einer Veränderung der tatsächlichen Verhältnisse beruht.

29 **Erklärt das BVerfG** eine blankettausfüllende Norm des Steuerrechts vor der Entscheidung des Strafrichters für nichtig, kann der Beschuldigte – wenn die Steuerpflicht ganz wegfällt – allenfalls wegen (untauglichen) Versuchs der Steuerstraftat bestraft werden. Reduziert sich der Schuldvorwurf, muß

III. Geltung der allgemeinen Gesetze 30–32 **§ 369**

dies im Rahmen der Strafzumessung berücksichtigt werden. So führen etwa die Beschlüsse des Bundesverfassungsgerichts zu Grund- und Kinderfreibetrag (Beschl. v. 29. 5. 1990, BStBl 653, 664) zu einer partiellen Verfassungswidrigkeit des Einkommensteuergesetzes, die auch strafrechtliche Relevanz hat (*Gast-de Haan* DB 1991, 2490; *Sdrenka* StB 1991, 452). Ergeht die Entscheidung des BVerfG *nach* rechtskräftiger Verurteilung des Beschuldigten, kann dieser aufgrund § 79 I BVerfGG die Wiederaufnahme des Strafverfahrens beantragen. Dies gilt wegen § 363 Abs. 1 StPO jedoch nicht, soweit allein der Zweck verfolgt wird, eine andere Strafbemessung herbeizuführen.

Über Maßregeln der Besserung und Sicherung iS des § 61 StGB, von 30 denen bei Steuerstraftaten namentlich die Anordnung des Berufsverbots nach § 70 StGB in Betracht kommen kann, ist gem. § 2 VI StGB stets nach demjenigen Gesetz zu entscheiden, das zZ der Entscheidung gilt; denn solche Maßnahmen erfüllen keinen Sühnezweck, sondern dienen der Gefahrenabwehr (vgl. jedoch Art. 301, 303 und 305 EGStGB, die für die durch das EGStGB bewirkten Änderungen eine Sonderregelung treffen). Der Grundsatz des § 2 VI StGB gilt daher auch für andere strafrechtliche Maßnahmen mit Sicherungszweck, zB für die Einziehung von Gegenständen, wenn sie *„nach ihrer Art und den Umständen die Allgemeinheit gefährden oder wenn die Gefahr besteht, daß sie der Begehung rechtswidriger Taten dienen werden"* (§ 74 II Nr. 2 StGB; vgl. auch SK-*Rudolphi* 18 zu § 2 StGB).

Für Steuerstraftaten, die vor dem 3. 10. 1990 in der ehemaligen DDR 31 begangen worden sind, findet gem. Art. 315 EGStGB § 2 StGB Anwendung (*Koch/Scholtz/Himsel,* 5 vor § 369 AO). Gem. § 2 Abs. 2 StGB ist für die Bestimmung des milderen Gesetzes ein Gesamtvergleich des früheren mit dem derzeit geltenden Recht anzustellen. Entscheidend ist dabei nicht der Vergleich der allgemeinen Strafandrohung, sondern welche Regelung für den Einzelfall nach dessen besonderen Umständen die mildere Beurteilung zuläßt (BGH v. 5. 3. 1991, wistra 1991, 213; BGH v. 12. 2. 1991, NJW 1991, 1242; *Koch/Scholtz/Himsel* aaO). Davon unberührt bleibt die Frage, inwiefern vor dem 3. 10. 1990 begangene Steuerstraftaten noch nach dem geltenden Recht bestraft werden können (Rdnr. 66 zu § 376 AO).

cc) Die räumliche Geltung des deutschen Strafrechts

Das sog. internationale Strafrecht behandelt die Frage, wann deutsches 32 Strafrecht auf Taten mit Auslandsbeziehungen anzuwenden ist. Das StGB ist am 1. 1. 1975 vom Personalprinzip zum Territorialprinzip übergegangen. Das deutsche Strafrecht ist daher nicht mehr auf jede Tat eines Deutschen anzuwenden, gleichgültig wo er sie begangen hat (so das Personalprinzip), sondern auf jede in Deutschland begangene Tat, gleichgültig ob sie von einem Deutschen oder einem Ausländer begangen wurde (Territorialprinzip). Zu den Prinzipien des internationalen Strafrechts s. SK-*Samson* 2 ff. u. S/S-*Eser* 4 ff. vor § 3 StGB sowie *Oehler,* Internationales Strafrecht, 2. Aufl. 1983. Für das Steuerstrafrecht bedeutsam sind folgende Vorschriften:

§ 369 33, 34   Steuerstraftaten

§ 3 StGB Geltung für Inlandstaten
Das deutsche Strafrecht gilt für Taten, die im Inland begangen werden.

§ 4 StGB Geltung für Taten auf deutschen Schiffen und Luftfahrzeugen
Das deutsche Strafrecht gilt, unabhängig vom Recht des Tatorts, für Taten, die auf einem Schiff oder Luftfahrzeug begangen werden, das berechtigt ist, die Bundesflagge oder das Staatszugehörigkeitszeichen der Bundesrepublik Deutschland zu führen.

§ 9 StGB Ort der Tat
(1) Eine Tat ist an jedem Ort begangen, an dem der Täter gehandelt hat oder im Falle des Unterlassens hätte handeln müssen oder an dem der zum Tatbestand gehörende Erfolg eingetreten ist oder nach der Vorstellung des Täters eintreten sollte.

(2) [1]Die Teilnahme ist sowohl an dem Ort begangen, an dem die Tat begangen ist, als auch an jedem Ort, an dem der Teilnehmer gehandelt hat oder im Falle des Unterlassens hätte handeln müssen oder an dem nach seiner Vorstellung die Tat begangen werden sollte. [2]Hat der Teilnehmer an einer Auslandstat im Inland gehandelt, so gilt für die Teilnahme das deutsche Strafrecht, auch wenn die Tat nach dem Recht des Tatorts nicht mit Strafe bedroht ist.

33   Bei Taten mit Auslandsbeziehungen empfiehlt sich folgende **Prüfungsreihenfolge:** Zunächst ist zu untersuchen, ob der deutsche *Tatbestand überhaupt erfüllt* ist (S/S-*Eser* 13 vor § 3 StGB, SK-*Samson* 9 zu § 3 StGB). Das ist bei den Tatbeständen des Steuerstrafrechts grundsätzlich nur dann der Fall, wenn sich die Tat auf inländische Steuern (§§ 370, 373, 374 AO) oder auf inländische Ein-, Aus- und Durchfuhrverbote bezieht (§ 373 AO). Eine Ausnahme von diesem Grundsatz findet sich nur in § 370 VI, § 373 II Nr. 3, § 374 II u. § 379 1 2 AO, die Eingangsabgaben bestimmter europäischer Staaten bzw. Umsatzsteuern und harmonisierte Verbrauchsteuern mit einbeziehen. Dagegen wird die Hinterziehung von anderen ausländischen Steuern oder Zöllen und die Verletzung ausländischer Ein-, Aus- und Durchfuhrverbote von den Tatbeständen der §§ 370ff. AO schon nicht erfaßt.

34   Steht fest, daß die Tat einen Tatbestand der §§ 370ff. AO erfüllt, ist weiter zu prüfen, ob der *Tatbestand* nach den Regeln der §§ 3ff. StGB auf die Tat *anzuwenden* ist. Nach § 3 StGB ist das der Fall, wenn die Tat im Inland begangen wurde; zum Streit um den völkerrechtlichen und den sog. funktionellen Inlandsbegriff s. *Dreher/Tröndle* 10ff., S/S-*Eser* 26ff. vor § 3 StGB u. SK-*Samson* 2ff. zu § 3 StGB, jeweils mwN. Nach § 9 I StGB ist eine Tat überall dort begangen, wo der Täter gehandelt hat, wo er beim Unterlassungsdelikt hätte handeln müssen, wo der tatbestandsmäßige Erfolg eingetreten ist oder nach der Tätervorstellung eintreten sollte. Bei der **Steuerhinterziehung** tritt die Steuerverkürzung als tatbestandsmäßiger Erfolg stets im Inland ein, so daß § 370 AO nach den §§ 3, 9 StGB immer dann anzuwenden ist, wenn die Tat sich auf eine inländische Steuer bezieht (vgl. Rdnr. 33 zu § 370 AO). Mit der Bejahung des Tatbestandes steht daher zugleich seine Anwendbarkeit iS des internationalen Strafrechts fest. Das gleiche gilt für den **Bannbruch.** Die verbotswidrige Ein-, Aus- und Durchfuhr berührt immer inländisches Gebiet. Für die Hinterziehung ausländischer Eingangsabgaben findet sich in § 370 VI 2 AO eine Ausnahme vom Territorialprinzip. Das

III. Geltung der allgemeinen Gesetze   35, 36   § 369

deutsche Strafrecht gilt bezüglich dieser Tat unabhängig vom Tatort. § 374 II Halbs. 2 AO trifft die entsprechende Regelung für die Steuerhehlerei. Probleme können nur bei der **Steuerhehlerei** iS von § 374 I AO auftreten. Wenn der Täter die in § 374 I AO bezeichneten Erzeugnisse oder Waren im Ausland ankauft, sich verschafft, sie absetzt oder abzusetzen hilft, ist § 374 I AO nach den §§ 3, 9 I StGB nicht anwendbar, da weder die Handlung noch der tatbestandsmäßige Erfolg im Inland angesiedelt sind. Die Anwendung von § 374 I AO kann jedoch über § 5 Nr. 11 und 12 StGB erfolgen, wenn die Tat von einem deutschen Amtsträger oder für den öffentlichen Dienst besonders Verpflichteten während eines dienstlichen Aufenthalts oder in Beziehung auf den öffentlichen Dienst oder von einem Ausländer als Amtsträger usw. begangen wird. Die Anwendung von § 374 I AO über § 7 II StGB kommt zwar theoretisch in Betracht, wird aber wohl nicht praktisch werden, da § 7 II StGB voraussetzt, daß die Steuerhehlerei in bezug auf inländische Steuern usw. von dem ausländischen Tatortrecht erfaßt wird.

b) Die Elemente der Straftat

Ein Verhalten kann nur dann bestraft werden, wenn es tatbestandsmäßig, rechtswidrig und schuldhaft ist.

aa) Die Tatbestandsmäßigkeit

Ein Verhalten ist tatbestandsmäßig, wenn es diejenigen Merkmale auf- 35 weist, die in einem Strafgesetz abstrakt beschrieben werden. Die einzelnen im Strafgesetz enthaltenen Begriffe (z. B. *„Behörde"*, *„Steuer"*, *„verkürzen"* in § 370 I AO) werden als **Tatbestandsmerkmale,** die konkreten Elemente der Tat (wie zB das Finanzamt in X, die Einkommensteuererklärung von Herrn Y) werden als Sachverhaltselemente oder **Tatumstände** bezeichnet. Weist ein konkretes Verhalten Tatumstände auf, die sämtliche Merkmale eines Tatbestandes erfüllen, so wird das Verhalten als tatbestandsmäßig bezeichnet.

Der Tatbestand beschreibt in abstrakter Weise das Verhalten, das verbo- 36 ten und unter den weiteren Voraussetzungen der Rechtswidrigkeit und der Schuld strafbar ist. Der Tatbestand hat dabei einmal die Funktion, Typen verbotenen Verhaltens in möglichst anschaulicher Weise zu beschreiben (*Leitbildfunktion*); er hat darüber hinaus die Aufgabe, in Erfüllung des Bestimmtheitsgebots in Art. 103 II GG und § 1 StGB den Bereich des verbotenen vom Bereich des erlaubten Verhaltens möglichst genau abzugrenzen (*Garantiefunktion*). Leitbild- und Garantiefunktion zwingen den Gesetzgeber, die Vielfalt des strafrechtlich mißbilligten Verhaltens nicht in generalklauselartigen Regeln von höchster Abstraktion zusammenzufassen, sondern auf mittlerer Abstraktionsstufe in einer Mehrzahl von Einzelvorschriften zu beschreiben. Das geschieht auf zwei verschiedenen Wegen. Im Besonderen Teil bildet der Gesetzgeber unterschiedliche Typen strafbaren Verhaltens in Form der einzelnen Strafgesetze. So wäre zB die Formulierung einer einzigen Vorschrift mit dem Inhalt: *„Wer das inländische Steueraufkommen gefährdet . . ."* im

Hinblick auf das Bestimmtheitsgebot unzulässig. Statt dessen unterscheidet das Gesetz zwischen Steuerhinterziehung und Steuerhehlerei sowie im Bereich der Ordnungswidrigkeiten zwischen leichtfertiger Steuerverkürzung und verschiedenen Gefährdungstatbeständen. Auf einem zweiten Weg erfolgt die Auffächerung des verbotenen Verhaltens durch den Allgemeinen Teil des Strafrechts, dessen Vorschriften nicht nur die Definition einzelner Merkmale der Tatbestände des Besonderen Teils, sondern auch deren Abwandlungen enthalten. So ergibt sich aus den §§ 25 ff. StGB, daß zB Steuerhinterziehung in der Form der Alleintäterschaft, der Mittäterschaft, der mittelbaren Täterschaft, der Anstiftung und der Beihilfe begangen werden kann. Abwandlungen finden sich auch in § 13 StGB, aus dem sich ergibt, daß die Tatbestände nicht nur durch Handeln, sondern auch durch Unterlassen erfüllt werden können, und aus § 22 StGB, der die Voraussetzungen des strafbaren Versuchs beschreibt.

bb) Die Rechtswidrigkeit

37 Mit der Tatbestandsmäßigkeit eines Verhaltens steht nur fest, daß das Verhalten ein solches ist, das typischerweise verboten ist. Auf der Stufe der Rechtswidrigkeit ist zu prüfen, ob das konkrete Verhalten auch tatsächlich verboten war. Das Gesetz bedient sich dabei der Regel-Ausnahme-Technik. Ein tatbestandsmäßiges Verhalten ist auch konkret rechtswidrig (= verboten), wenn kein Rechtfertigungsgrund eingreift. Die Rechtfertigungsgründe finden sich zum Teil im StGB, können aber der gesamten Rechtsordnung entnommen werden; ausf. s. Rdnr. 94 ff.

cc) Die Schuld

38 Der Täter kann nur bestraft werden, wenn er die konkret rechtswidrige Tat schuldhaft begangen hat. Schuld ist Vorwerfbarkeit. Die Tat ist vorwerfbar, wenn der Täter sie nach den Regeln des StGB hätte vermeiden können. Das setzt mindestens voraus, daß er in der Lage war, das Unrecht seines Verhaltens einzusehen und sich nach dieser Einsicht zu richten (ausf. s. Rdnr. 97 ff.).

c) Das vorsätzliche vollendete Delikt

39 Die Grundform deliktischen Verhaltens ist die durch Handlung begangene vorsätzliche vollendete Straftat des Alleintäters. Unterlassung, Versuch, Fahrlässigkeit und Beteiligung mehrerer sind Abwandlungen dieser Grundform.

aa) Die Handlung

40 Tatbestandsmäßiges Verhalten setzt nach jeder Auffassung eine Handlung im weiteren Sinne voraus. Damit ist aber lediglich gesagt, daß die Straftat eine willkürliche menschliche Reaktion auf die Außenwelt als die Mindestvoraussetzung verlangt. Wer eine unbeherrschbare Reflexbewegung vornimmt, handelt ebensowenig wie der, der als Bewußtloser Pflichten nicht erfüllt (SK-*Rudolphi* 19 ff. vor § 1 StGB; *Stratenwerth* 141 ff.). Ob die Hand-

III. Geltung der allgemeinen Gesetze 41–43 § 369

lung darüber hinaus weitere Elemente enthält, ist zwischen **kausaler** und **finaler Handlungslehre** (zu weiteren Lehren *Roxin* 8/26 ff.) umstritten. Der Streit betrifft im wesentlichen das Problem, ob die Handlung den Vorsatz iS bewußten Einsatzes von Körperbewegungen zur Erreichung eines bestimmten Zieles voraussetzt. Dies behauptet die finale Handlungslehre, während die kausale Handlungslehre sich mit der Willkürlichkeit der Körperbewegung begnügt und die Ansteuerung bestimmter Ziele nicht als Handlungselement anerkennt (ausf. *Roxin* 8/10 ff. und SK-*Rudolphi* 17 ff. vor § 1 StGB jeweils mwN). Der Streit hat ausschließlich systematische Bedeutung. Für die finale Handlungslehre gehört der Vorsatz zur Handlung und ist damit Tatbestandselement; die kausale Handlungslehre meint demgegenüber, Vorsatz und Fahrlässigkeit seien verschiedene Schuldformen. Die Argumente der streitenden Meinungen können hier nicht ausgebreitet und erörtert werden. Die weitere Darstellung folgt der finalen Handlungslehre, nach der Vorsatz und Fahrlässigkeit Tatbestandsmerkmale sind. Unterschiede in den praktischen Ergebnissen bestehen zwischen kausaler und finaler Handlungslehre nicht.

bb) Der objektive Tatbestand

Der objektive Tatbestand des Begehungsdeliktes setzt zunächst eine Handlung im engeren Sinne im Unterschied zur Unterlassung voraus. Über die manchmal schwierige Abgrenzung zur Unterlassung ausf. Rdnr. 87. 41

In vielen Tatbeständen genügt jede beliebige Handlung. So liegt es bei den reinen Verursachungsdelikten: Den Tatbestand erfüllt hier jede Handlung, die den tatbestandsmäßigen Erfolg verursacht. Die Tatbestände des Steuerstrafrechts sind sämtlich anders konstruiert; sie beschreiben die vorausgesetzte Handlung in bestimmter Weise. § 370 I AO verlangt, daß der Täter unrichtige oder unvollständige Angaben macht; § 372 AO, daß er Gegenstände ein-, aus- oder durchführt; § 374 I AO, daß er Erzeugnisse oder Waren ankauft, sich verschafft, absetzt oder abzusetzen hilft. Wann diese Handlungsmodalitäten erfüllt sind, ist eine Frage des Besonderen Teils, s. dazu die Erläuterungen bei den einzelnen Tatbeständen. Jedoch ist zu beachten, daß sämtliche Tathandlungen der Straftatbestände in Verursachungen zerlegt werden können. Falsche Angaben macht, wer verursacht, daß der Behörde unrichtige Tatsachen vorgespiegelt werden; einen Gegenstand führt nicht nur derjenige ein, der ihn selbst über die Grenze trägt, sondern auch derjenige, der die Einfuhr durch einen anderen verursacht, vorausgesetzt, er ist nach § 25 StGB Täter. 42

Soweit der Tatbestand neben einer bestimmten Handlung noch den **Eintritt eines bestimmten Erfolges** voraussetzt, muß die Handlung den Erfolg verursacht haben. § 370 I Nr. 1 AO ist nicht schon dann erfüllt, wenn der Täter die unrichtige Steuererklärung abgibt und die Steuer zu niedrig festgesetzt wird. Die Festsetzung muß außerdem durch die unrichtige Erklärung verursacht worden sein. Das ist zB nicht der Fall, wenn der zuständige Finanzbeamte die Unrichtigkeit erkennt und die Steuer aus anderen Gründen, sei es aus Gefälligkeit oder aufgrund eines Rechenfehlers, zu niedrig festsetzt (Rdnr. 201 zu § 370 AO). 43

44 So wird die **Kausalität** zum vordergründig-zentralen Merkmal der Erfolgsdelikte. Nach der Äquivalenztheorie ist jede Bedingung eines Erfolges gleichermaßen Ursache. Alle Ursachen sind gleichwertig; zwischen bedeutsamen und nebensächlichen Ursachen wird nicht unterschieden. Die Äquivalenztheorie bedient sich als Erkenntnishilfe der sog. *conditio-sine-qua-non-Formel*. Nach ihr ist Ursache jede Bedingung, die nicht hinweggedacht werden kann, ohne daß der Erfolg in seiner konkreten Gestalt entfiele (BGH 1, 332 v. 28. 9. 1951; 2, 20, 24 v. 27. 11. 1951; 7, 112, 114 v. 25. 1. 1955; SK-*Rudolphi* 39 ff. vor § 1 StGB; S/S-*Lenckner* 73 ff. vor § 13 StGB; *Stratenwerth* 218). Danach verursacht nicht nur derjenige eine Steuerverkürzung, der den Finanzbeamten durch geschickte Manipulationen täuscht, sondern auch der, der eine für jeden Kundigen durchschaubar unrichtige Erklärung abgibt, sofern wider alle Erfahrung ein besonders leichtgläubiger, nachlässiger oder unerfahrener Beamter sich täuschen läßt. Damit wird der Rahmen möglicher strafrechtlicher Haftung außerordentlich weit gezogen. Dementsprechend werden in Rspr u. Lit einschränkende Kriterien gesucht.

45 So will die **Adäquanztheorie** den Kreis der durch die Äquivalenztheorie bestimmten Ursachen in einem zweiten Schritt einschränken, indem sie *besonders unwahrscheinliche Kausalverläufe* ausscheidet. Sie bedient sich dabei des Instruments eines gedachten Beobachters der Situation, den sie – in einem Gedankenexperiment – mit dem Tatsachenwissen eines sorgfältigen Beobachters und dem höchstmöglichen Erfahrungswissen ausstattet. Wenn dieser gedachte Beobachter vor Ablauf der Kausalkette erklärt hätte, der Erfolg werde nicht eintreten, dann ist die Bedingung keine Ursache iS der Adäquanztheorie. Diese im Zivilrecht herrschende Kausalitätstheorie wird im Strafrecht nur von wenigen vertreten (*Engisch,* Kausalität, S. 45 ff.; s. auch *Maurach/Zipf* AT/1 S. 249 ff.).

46 Die **Relevanztheorie** differenziert zwischen der mit Hilfe der Bedingungstheorie zu ermittelnden Kausalität eines bestimmten Verhaltens und der davon zu unterscheidenden normativen Frage nach der rechtlichen Relevanz des konkreten erfolgsverursachenden Geschehens (vgl. SK-*Rudolphi* 56 vor § 1). Meistgeblich sind dabei im Gegensatz zur Adäquanztheorie nicht (nur) Erfahrungs- und Wahrscheinlichkeitsurteile, sondern ausschließlich normative Gesichtspunkte, so der Sinn und Zweck des jeweiligen Straftatbestandes und die allgemeinen Grundsätze der tatbestandlichen Unrechtslehre.

47 **Die Lehre von der objektiven Zurechnung** stimmt mit den Ergebnissen der Relevanztheorie, soweit diese präzise genug faßbar sind, überwiegend überein (vgl. SK-*Rudolphi* 56 vor § 1). Danach ist objektiv zurechenbar ein durch menschliches Verhalten verursachter Unrechtserfolg nur dann, wenn dieses Verhalten eine rechtlich mißbilligte Gefahr des Erfolgseintritts geschaffen und diese Gefahr sich auch tatsächlich in dem konkreten erfolgsverursachenden Geschehen realisiert hat (*Roxin* 11/41; SK-*Rudolphi* 57 vor § 1; *Jescheck,* 257 f. u. LK, 59 ff. vor § 13; *Puppe* JuS 1982, 660; S/S-*Lenckner* 92 vor § 13). Ähnlich spricht *Otto* (Maurach-FS 92 ff.) von einem Prinzip der „Steuerbarkeit" bzw. einem „Risikoerhöhungsprinzip", und *Jakobs* von der „Verwirklichung der Modellgefahr" (ZStW 89, 1 ff.; Lackner-FS 53). Dem-

III. Geltung der allgemeinen Gesetze   48–51 § 369

entsprechend besteht das tatbestandsmäßige Verhalten in der Vornahme einer unerlaubt gefährlichen Handlung (*Frisch* 1988, 69 ff; SK-*Rudolphi* 57 vor § 1). Die in diesem Kontext erörterten Fallgruppen (Übersicht bei *Roxin* 11/43 ff.) haben für das Steuerstrafrecht unterschiedliche Relevanz. Bedeutsam sein kann der Ausschluß der Zurechnung bei Risikoverringerung (*Roxin* 11/43 f.) der Ausschluß der Zurechnung in den Fällen des erlaubten Risikos (*Roxin* 11/55 ff.) und das Prinzip der Zuordnung zum fremden Verantwortungsbereich (*Roxin* 11/104 ff.), und zwar namentlich für die Frage der Strafbarkeit der Beteiligung (dazu Rdnr. 241 ff. zu § 370 AO).

cc) Der subjektive Tatbestand

Der subjektive Tatbestand setzt nach der finalen Handlungslehre **Vorsatz** 48 und nach jeder Auffassung etwa erforderliche weitere **subjektive Unrechtselemente** voraus. Der hier geforderte Tatvorsatz ist die subjektive Beziehung zwischen dem Täter und den Tatumständen. Im einzelnen ist zwischen Gegenstand und Intensität des Vorsatzes zu unterscheiden.

Die geläufige Formulierung, Vorsatz sei Wissen und Wollen der Tatum- 49 stände, ist im Hinblick auf die verschiedenen Vorsatzformen zu unpräzise. Immerhin drückt sie zutreffend aus, daß der Vorsatz ein **intellektuelles** und ein **voluntatives Element** enthält. Im einzelnen sind **drei Vorsatzformen** zu unterscheiden: *dolus directus* 1. Grades, *dolus directus* 2. Grades und *dolus eventualis*.

Der direkte Vorsatz 1. Grades (*dolus directus* 1. Grades oder Absicht) wird 50 durch das voluntative Element bestimmt. Diese Vorsatzform liegt vor, wenn der Täter einen Erfolg als End- oder Zwischenziel anstrebt, er also um dieses Zieles willen handelt (BGH 4, 107, 109 v. 12. 2. 1953; 18, 151, 155 v. 28. 11. 1962; 21, 283 f. v. 26. 7. 1967; *Welzel* NJW 1962, 20; *Oehler* NJW 1966, 1634; SK-*Rudolphi* 36 zu § 16 StGB). **Direkter Vorsatz 2. Grades** (*dolus directus* 2. Grades) liegt hinsichtlich solcher Tatumstände vor, deren Existenz oder Verursachung der Täter für sicher oder für mit einem Ziel notwendig verbunden hält (SK-*Rudolphi* 37 zu § 16 StGB; *Stratenwerth* 295; S/S-*Cramer* 68 f. zu § 15 StGB). Über die Definition des **Eventualvorsatzes** (*dolus eventualis*) besteht Streit. Einig ist man sich noch darüber, daß diese Vorsatzform im intellektuellen Bereich wenigstens voraussetzt, daß der Täter die Existenz oder den Eintritt des betreffenden Tatumstandes für möglich hält.

Ob darüber hinaus eine **voluntative Beziehung** bestehen muß, ist streitig. 51 Die Literatur hält dies zT für nicht erforderlich, sondern präzisiert das intellektuelle Moment in dem Sinne, daß sie ein konkretes Für-möglich-Halten fordert (*Schmidhäuser* GA 1957, 305 ff.; 1958, 161 ff.; S/S-*Cramer* 84 zu § 15 StGB) oder voraussetzt, daß der Täter den möglichen Erfolgseintritt ernst genommen hat (*Ambrosius* aaO S. 70 f.; *Jescheck* S. 240; *Roxin* JuS 1964, 61; SK-*Rudolphi* 43 zu § 16 StGB; *Stratenwerth* 308 ff.). Der **BGH** hat einmal gemeint, der Täter müsse außerdem den Erfolgseintritt billigen (BGH v. 22. 11. 1957, zit. bei *Schmidhäuser* GA 1958, 163 ff.). An anderer Stelle hat er jedoch ausgeführt, ein „Billigen im Rechtssinne" liege immer dann vor, wenn der Täter den Erfolgseintritt für möglich halte und dennoch handele (BGH 7, 363, 369 v. 22. 4. 1955). Später hat der BGH (v. 13. 7. 1978, GA 1979,

107) doch wieder ein voluntatives Moment für erforderlich gehalten, ohne dies freilich zu präzisieren. Keinen Eventualvorsatz habe, wer „*mit der als möglich erkannten Folge nach seiner Willensrichtung nicht einverstanden ⟨sei⟩ und deshalb auf ihren Nichteintritt vertraut.*" Zwei Jahre später wieder anders (BGH v. 16. 7. 1980, JZ 1981, 35 m. krit. Anm. *Köhler*): „*Die Annahme von Billigung liegt nahe, wenn der Täter sein Vorhaben trotz äußerster Gefährlichkeit durchführt, ohne auf einen glücklichen Ausgang vertrauen zu können, und wenn er es dem Zufall überläßt, ob sich die von ihm erkannte Gefahr verwirklicht oder nicht.*" Schließlich will *Herzberg* eine Abgrenzung zwischen dolus eventualis und bewußter Fahrlässigkeit allein im Rahmen des objektiven Tatbestandes als möglich ansehen. Sie habe nach der Qualität der vom Täter erkannten Gefahr zu erfolgen. Entscheidend sei, ob der Täter die Gefahr „abgeschirmt" habe (dagegen zu Recht SK-*Rudolphi* 46a zu § 16 StGB).

52 Was den **Gegenstand des Vorsatzes** angeht, so wird von der überwiegenden Auffassung zwischen **normativen** und **deskriptiven Tatbestandsmerkmalen** unterschieden. Deskriptive Merkmale seien aus der Umgangssprache entnommene Merkmale. Bei ihnen genüge es für den Vorsatz, wenn der Täter diejenigen tatsächlichen Umstände kenne, die das Tatbestandsmerkmal erfüllten. Wer einen Hund verbotswidrig einführt, hat den Vorsatz bezüglich des Merkmals Gegenstand auch dann, wenn er meint, Hunde könnten weder Sachen noch Gegenstände sein. Eine zutreffende rechtliche Einordnung (Subsumtion) ist nicht erforderlich (S/S-*Cramer* 43 ff. zu § 15 StGB; SK-*Rudolphi* 21 zu § 16 StGB). Anders ist die Situation bei den sogenannten normativen Merkmalen, die der Rechtssprache entnommen sind, wie zB Behörde, Steuer, Steuerverkürzung. Bei diesen Merkmalen hat der Täter nur dann Vorsatz, wenn er die tatsächlichen Umstände kennt, die den Begriff erfüllen, und ungefähr weiß, daß diese Umstände das bestimmte Merkmal ausfüllen. Es ist also erforderlich, daß er den Begriffskern des normativen Merkmals laienhaft erfaßt hat, sog. *Parallelwertung in der Laiensphäre* (BGH 3, 248 v. 28. 10. 1952; 4, 347, 352 v. 24. 9. 1953; S/S-*Cramer* 43 zu § 15 StGB; SK-*Rudolphi* 23 zu § 16 StGB). Wer unrichtige Angaben gegenüber einer Finanzbehörde macht, muß also die steuerliche Erheblichkeit der Tatsache zwar nicht steuerrechtlich präzise, aber doch in dem Sinne erkannt haben, daß er weiß, die Tatsache werde – möglicherweise (*dolus eventualis*) – für seine Steuerschuld von Bedeutung sein (BGH 5, 90, 92 v. 13. 11. 1953).

53 Nach § 15 StGB ist eine Tat nur dann strafbar, wenn der Täter vorsätzlich handelt, es sei denn, das Gesetz bedroht fahrlässiges Handeln ausdrücklich mit Strafe. Sämtliche Steuerstraftaten können nur vorsätzlich begangen werden. Soweit Leichtfertigkeit mit einer Sanktion bedroht ist, handelt es sich um Ordnungswidrigkeiten. In **§ 16 StGB** ist festgelegt, daß der Täter nur dann vorsätzlich handelt, wenn er sämtliche Umstände kennt, die zum gesetzlichen Tatbestand gehören. Nach § 16 II StGB werden dem Täter auch nur solche strafverschärfenden Umstände zugerechnet, hinsichtlich deren er Vorsatz hatte; zum Irrtum s. Rdnr. 99 ff.

54 **Sonstige subjektive Unrechtselemente** sind solche Merkmale, die eine subjektive Lage des Täters voraussetzen, die keine Entsprechung im objekti-

III. Geltung der allgemeinen Gesetze　　　　　　　　55–57　§ **369**

ven Tatbestand zu haben braucht. Es handelt sich dabei um sog. Delikte mit überschießender Innentendenz. So setzt zB die Steuerhehlerei in § 374 I AO die Bereicherungsabsicht als subjektives Unrechtselement voraus. Es genügt, wenn der Täter die Bereicherung will. Ob sie tatsächlich eintritt, ist für die Erfüllung des Merkmals unerheblich. Bei Steuerstraftaten werden solche Absichten im Sinne überschießender Innentendenz vorausgesetzt; bei § 374 I AO: „*um sich oder einen Dritten zu bereichern*"; § 148 I Nr. 1 StGB: „*in der Absicht . . ., daß sie als echt verwendet oder in Verkehr gebracht werden oder daß ein solches Verwenden oder Inverkehrbringen ermöglicht werde*"; § 148 I Nr. 2 StGB: wie Nr. 1; § 257 StGB: „*Absicht . . ., ihm die Vorteile der Tat zu sichern*". Bei den Absichten im Sinne überschießender Innentendenz genügt regelmäßig nicht *dolus eventualis*, vielmehr ist teilweise *dolus directus* 1. Grades, teilweise *dolus directus* 2. Grades vorausgesetzt; Einzelheiten s. bei den Tatbeständen.

dd) Kongruenz

Objektiver Tatbestand und Vorsatz müssen darüber hinaus in dem Sinne **55** kongruent sein, daß der Täter sich diejenigen konkreten Tatumstände vorstellt, die den objektiven Tatbestand erfüllen. Es sind Fälle denkbar, in denen der objektive Tatbestand durch einen Tatumstand A erfüllt wird und der Täter sich einen anderen Tatumstand B vorstellt, der den objektiven Tatbestand auch erfüllt hätte, wenn er gegeben wäre. Diese Konstellationen werden – wenn nicht nach den Regeln über die objektive Zurechnung (Rdnr. 47) – unter den Stichworten „*Abweichung des Kausalverlaufs*", „*error in obiecto*" und „*aberratio ictus*" behandelt (SK-*Rudolphi* 29 ff. zu § 16 StGB mwN). Bei Steuerstraftaten sind sie jedoch kaum relevant.

d) Das versuchte Delikt

§ 22 StGB Begriffsbestimmung

Eine Straftat versucht, wer nach seiner Vorstellung von der Tat zur Verwirklichung des Tatbestandes unmittelbar ansetzt.

aa) Hat der Täter nicht sämtliche Merkmale des objektiven Tatbestandes **56** verwirklicht, so kommt Versuch in Betracht. Nach § 23 I StGB ist der Versuch des Verbrechens immer, der **Versuch** des Vergehens nur dann **strafbar**, wenn das Gesetz dies ausdrücklich bestimmt. Sämtliche Steuerstraftaten sind Vergehen (§ 12 II StGB). Der Versuch ist kraft ausdrücklicher Anordnung strafbar bei Steuerhinterziehung (§ 370 II AO), Bannbruch (§§ 372 II iVm 370 II AO), schwerem Schmuggel (§ 373 AO enthält keine ausdrückliche Bestimmung, stellt jedoch lediglich eine Strafrahmenerhöhung für bestimmte Fälle nach §§ 370 und 372 AO dar), Steuerhehlerei (§ 374 I iVm § 370 II AO), Wertzeichenfälschung (§ 148 III StGB). Nicht strafbar ist der Versuch bei Begünstigung (§ 257 StGB).

bb) Der Versuch setzt zunächst den gesamten **subjektiven Tatbestand** des **57** Deliktes voraus. Der Täter muß also Vorsatz und ggf. sonstige subjektive Unrechtselemente aufweisen, s. Rdnr. 48 ff.

58 cc) Der objektive Tatbestand des Versuchs erfordert nach § 22 StGB *unmittelbares* Ansetzen zur Verwirklichung des Tatbestandes. Mit dieser Formel wollte der Gesetzgeber gegenüber der bisherigen Rspr eine Einschränkung der Versuchsstrafbarkeit erreichen (E 1962, Begr. S. 144; *Stratenwerth* 670; S/S-*Eser* 25 zu § 22 StGB). Dennoch bereitet die Abgrenzung des grundsätzlich *straflosen Vorbereitungsstadiums* von der *strafbaren Versuchshandlung* auch heute noch erhebliche Schwierigkeiten. Indem das Gesetz ein unmittelbares Ansetzen zur Tatbestandsverwirklichung verlangt, trägt es den Gesichtspunkten der formal-objektiven Theorie Rechnung, die die unmittelbare Nähe zur im Tatbestand beschriebenen Handlung für maßgeblich hält und jede Vorverlegung des Versuchsbeginns als rechtsstaatlich bedenkliche Auflösung der Tatbestandsgrenzen bezeichnet (*Stratenwerth* 666; S/S-*Eser* 26 u. SK-*Rudolphi* 9 zu § 22 StGB). Die gesetzliche Formulierung ist jedoch weiter als die formal-objektive Theorie, weil sie nicht den Beginn der tatbestandsmäßigen Handlung selbst voraussetzt, sondern sich mit vorhergehenden Handlungen begnügt. Welche dies sind, ergibt sich aus der von *Frank* gebildeten Formel der materiell-objektiven Theorie. Danach gehören alle diejenigen Handlungen zum Versuch, „*die vermöge ihrer notwendigen Zusammengehörigkeit mit der Tatbestandshandlung für die natürliche Auffassung als deren Bestandteil erscheinen*" (*Frank* II 2b zu § 43 StGB a. F.). Die Präzisierung dieser Formel versucht das Gesetz, indem es ein unmittelbares Ansetzen verlangt. Als Versuch ist daher diejenige Handlung zu bezeichnen, die „*derjenigen Handlung unmittelbar vorgelagert ist, die ein Tatbestandsmerkmal erfüllt*". Ob ein solcher Zusammenhang besteht, ist nach dem Täterplan zu beurteilen (individuell-objektive Theorie); so die heute hM (SK-*Rudolphi* 11 u. *Lackner* 1b zu § 22 StGB; *Stratenwerth* 674 ff.; *Welzel* S. 190 f.; BGH 26, 201 ff. v. 16. 9. 1975).

59 Der in Rspr und Lehre bisher mehrfach verwendete Gedanke *der unmittelbaren Gefährdung des Rechtsgutes* und die Bestimmung der Versuchsgrenze nach tatsächlichen oder vermeintlichen kriminalpolitischen Bedürfnissen (BGH v. 20. 12. 1951, NJW 1952, 514; BGH 2, 380 v. 7. 2. 1952; 4, 333 f. v. 10. 9. 1953; 9, 62 f. v. 25. 10. 1955; S/S-*Eser* 42 ff. zu § 22 StGB) wird sich auf der Grundlage von § 22 StGB nicht mehr halten lassen.

60 Auch die Formel vom unmittelbaren Ansetzen liefert nur eine ungefähre Leitlinie, die der **Präzisierung** bedarf. Dem am Tatbestand ausgerichteten Ansatzpunkt entsprechend läßt sich diese Präzisierung jedoch nur anhand der einzelnen in den Tatbeständen beschriebenen Tathandlungen gewinnen (SK-*Rudolphi* 12 zu § 22 StGB). Von gewisser allgemeiner Bedeutung sind jedoch folgende Konstellationen: Hat der Täter alles seinerseits Erforderliche getan, so daß nach seiner Vorstellung das Geschehen ohne weiteres Zutun des Täters seinen Lauf nehmen wird (sog. *beendeter Versuch*), dann soll nach verbreiteter Auffassung jedenfalls auch das Versuchsstadium erreicht sein (LK-*Busch* 33a zu § 43 StGB a. F.). Wie *Roxin* (Maurach-Festschr. S. 213 ff.) gezeigt hat, ist dies jedoch nicht zutreffend. Beim sog. beendeten Versuch sind nämlich zwei Fallvarianten auseinanderzuhalten: Hat der Täter die Kausalkette derart in Gang gesetzt, daß sie seinen Einflußbereich bereits verlas-

III. Geltung der allgemeinen Gesetze   61–64 § 369

sen hat, dann liegt Versuch vor. Ist dies jedoch nicht der Fall, kann der Täter vielmehr auf die in seinem Bereich noch befindliche Kausalkette jederzeit inhibierend einwirken, so befindet er sich noch nicht im Versuchsstadium. Das ist vielmehr erst dann der Fall, wenn die Kausalkette seinen Bereich verlassen hat (*Roxin* aaO, SK-*Rudolphi* 19 u. S/S-*Eser* 42 zu § 22 StGB). Wer unrichtige Buchungen vornimmt, so daß ohne sein weiteres Zutun von seinem gutgläubigen Angestellten später eine unrichtige Steuererklärung abgegeben werden wird, hat zwar alles seinerseits Erforderliche getan. Da die Kausalkette seinen Obhutsbereich jedoch noch nicht verlassen hat, liegt noch kein Versuch der Steuerhinterziehung vor, selbst wenn es nicht seiner eigenen Unterschrift unter der Erklärung bedarf. Das ist erst dann der Fall, wenn die Steuererklärung abgesandt worden ist. Ebenso beginnt mit dem versuchten Bannbruch noch nicht, wer im Pkw seines gutgläubigen Freundes Waren versteckt. Der Versuch beginnt frühestens, wenn der gutgläubige Fahrer sich auf den Weg zur Grenze begibt (vgl. Rdnr. 260 ff. zu § 370 AO).

dd) Der untaugliche Versuch ist strafbar. § 23 III StGB sieht jedoch die **61** Möglichkeit vor, von Strafe abzusehen oder die Strafe zu mildern (§ 49 II StGB), wenn der Täter aus grobem Unverstand verkannt hat, daß die Tat wegen der Art des Objekts oder des Tatmittels überhaupt nicht vollendet werden konnte. Dies wird allerdings nur in seltenen Ausnahmefällen gegeben sein (BGH v. 25. 10. 1994, NStZ 1995, 120).

ee) Zur Abgrenzung von **Versuch und Wahndelikt** s. Rdnr. 105 f.   **62**
ff) Rücktritt, § 24 StGB

Ist die Tat noch nicht vollendet, so kann sich der Täter gem. § 24 StGB **63** Straffreiheit verdienen. Über die Einordnung des Rücktritts als persönlicher Strafausschließungsgrund oder als Entschuldigungsgrund besteht Streit, der jedoch nur systematische und keine praktische Bedeutung besitzt (SK-*Rudolphi* 6 zu § 24 StGB mwN).

Das Verhältnis von § 371 AO zu § 24 StGB ist umstritten. Einigkeit be- **64** steht noch darüber, daß der Täter einer Steuerhinterziehung sich auch schon im Versuchsstadium Straffreiheit über § 371 AO verdienen kann (HHSp-*Engelhardt* 61 u. *Kohlmann* 32 zu § 371 AO; BGH v. 20. 7. 1965, BB 1966, 107; s. auch BGH v. 13. 5. 1983, wistra 1983, 197). Zum Teil wird die Ansicht vertreten, § 24 StGB greife *nur beim unbeendeten Versuch* ein, während § 371 AO beim beendeten Versuch den Rücktritt nach § 24 StGB ausschließe (*Hartung* VIII zu §§ 410, 411 RAO 1951). Andere wollen *auch beim beendeten Versuch* Rücktritt und Selbstanzeige mit der Wirkung nebeneinander anwenden, daß dem Täter die jeweils günstigste Norm zugute kommt (*Kohlmann* 244 zu § 371 AO). Der Streit ist deshalb von Bedeutung, weil § 371 AO im Versuchsstadium teilweise enger und teilweise weiter als § 24 StGB ist. § 24 StGB ist für den Täter günstiger als § 371 AO, weil er materiell Freiwilligkeit voraussetzt und nicht schon dann ausgeschlossen wird, wenn der Täter bei verständiger Würdigung der Sachlage mit der Entdeckung rechnen mußte. Anderseits ist § 24 StGB für den Täter ungünstiger als § 371 AO, weil jeder beliebige Umstand die Freiwilligkeit auszuschließen vermag, während

§ 371 II Nr. 1–2 AO „Unfreiwilligkeit" nur bei den dort aufgezählten Umständen unterstellt (*Kohlmann* 244 zu § 371 AO).

65 Die These, § 371 AO verdränge § 24 StGB für den Fall des beendeten Versuchs, ist unhaltbar. Sie beruht letztlich auf der Verkennung des Begriffs des beendeten Versuchs. Ein beendeter Versuch liegt – vorbehaltlich der bei Rdnr. 60 dargestellten Ausnahmen – immer dann vor, wenn der Täter glaubt, alles für die Vollendung der Tat Erforderliche getan zu haben. Der Versuch der Steuerhinterziehung ist danach schon dann beendet, wenn der Täter die unrichtige Steuererklärung oder den Antrag auf Gewährung eines Steuervorteils in den Briefkasten geworfen oder dem Boten mit auf den Weg gegeben hat. Zu entsprechenden Beispielen bei Bannbruch und Schmuggel s. Rdnr. 235 zu § 371 AO. Warum in diesen Fällen Straflosigkeit nicht schon dadurch verdient werden kann, daß der Brief von der Post oder dem Boten wieder zurückgeholt wird, sondern eine Berichtigungserklärung erforderlich sein soll, ist nicht einzusehen. Nachdem der BGH zunächst Bedenken geäußert hatte (Urt. v. 13. 5. 1983, wistra 197), hat er zwischenzeitlich seine Auffassung im hier vertretenen Sinne geändert (BGH 37, 340 v. 19. 3. 1991). Auch in der Literatur dürfte es mittlerweile herrschende Meinung sein, daß § 371 AO die Anwendung der Vorschriften des Allgemeinen Teils des StGB über den Rücktritt vom Versuch nicht ausschließt (*Kohlmann* 243 f., HHSp-*Engelhardt* 282, *Kühn/Kutter/Hofmann* 9 zu § 371 AO). Andererseits ist § 371 AO auch in solchen Fällen anwendbar, in denen ein Rücktritt vom Versuch an der Freiwilligkeit scheitert (vgl. *Kohlmann* 244 zu § 371 AO sowie *Brauns* wistra 1985, 171). Eine andere Frage ist, ob in solchen Fällen nicht schon die Sperrwirkung des § 371 Abs. 2 AO eingetreten ist.

66 Hat der Täter noch nicht alles getan, was er für die Herbeiführung des Erfolges für erforderlich hält, so genügt es, wenn er die weiteren Tätigkeitsakte unterläßt. Hat er dagegen alles getan, dann muß er den Erfolgseintritt verhindern. Für den **(vollendeten) Rücktritt** nach § 24 I 1 StGB ist erforderlich, daß das Täterverhalten für das Ausbleiben des Erfolges kausal wird. Demgegenüber behandelt § 24 I 2 StGB den **versuchten Rücktritt:** Sofern der Erfolg ausbleibt, ohne daß der Täter dafür die Ursache gesetzt hat, genügt es für die Strafbefreiung, wenn er sich bemüht hat, den Erfolg zu vermeiden. In allen Fällen ist Freiwilligkeit erforderlich. Freiwilligkeit liegt dann jedenfalls nicht vor, wenn der Täter erkennt, daß er den Erfolg nicht herbeiführen kann (S/S-*Eser* 46 zu § 24 StGB mwN). Darüber hinaus handelt der Täter auch dann unfreiwillig, wenn er glaubt, die Situation habe sich gegenüber seinem Plan derart nachteilig geändert, daß das Entdeckungsrisiko zu groß oder die aus der Tat erwarteten Vorteile zu gering oder zu unwahrscheinlich geworden sind (SK-*Rudolphi* 25 zu § 24 StGB mwN). In allen anderen Fällen ist der Rücktritt freiwillig.

67 § 24 II StGB trifft eine Sonderregelung für den **Rücktritt bei Beteiligung mehrerer Personen;** ausf. *Lenckner* Gallas-Festschr. S. 282 ff.; *Grünwald* Welzel-Festschr. S. 716 ff.

III. Geltung der allgemeinen Gesetze 68–72 § 369

e) Die Beteiligung

aa) Formen der Beteiligung

Wirken bei der Tat mehrere Personen mit, so werden sie vom Gesetz je nach **68** dem Gewicht ihrer Beteiligung unterschiedlich behandelt. Unter dem Begriff der **Beteiligung** werden *Täterschaft* und *Teilnahme* zusammengefaßt (§ 28 II StGB). Bei der **Täterschaft** werden *Alleintäter, Mittäter* und *mittelbare* Täter (§ 25 StGB) unterschieden. **Teilnahme** ist *Anstiftung* oder *Beihilfe* (§ 28 I StGB).

bb) Die Täterschaft

Der Täter muß den gesamten Tatbestand erfüllen. Er muß insbesondere **69** die Tathandlung vornehmen. Da jedoch die Tathandlungen jedenfalls der Steuerstraftaten in Verursachungen zerlegt werden können (Rdnr. 42) und andererseits auch der Teilnehmer den tatbestandsmäßigen Erfolg mitverursachen muß, entstehen Schwierigkeiten bei der Abgrenzung von Täterschaft und Teilnahme, sofern mehrere Personen an der Tat beteiligt sind.

Über die **Abgrenzung von Täterschaft und Teilnahme** streiten heute im **70** wesentlichen nur noch die sogenannte animus-Theorie und die Tatherrschaftslehre.

Die Rspr und ein Teil der Lehre bevorzugen die animus-Theorie. Da- **71** nach unterscheiden sich Täterschaft und Teilnahme im Prinzip nicht im objektiven Bereich. Täter und Teilnehmer verursachen den tatbestandsmäßigen Erfolg gleichermaßen. Da nach der im Strafrecht herrschenden Äquivalenztheorie alle Ursachen eines Erfolges gleichwertig sind, komme eine Differenzierung der Beteiligungsformen je nach dem objektiven Tatbeitrag nicht in Betracht. Maßgeblich sei vielmehr allein der Wille. Der Täter habe Täterwillen (*animus auctoris*), der Teilnehmer Teilnehmerwillen (*animus socii*). Der Täter wolle die Tat als eigene, der Teilnehmer wolle die Tat als fremde. Der Täterwille ergebe sich aus dem Interesse am Taterfolg sowie aus dem Willen zur Tatherrschaft (BGH 2, 150, 151 ff. v. 12. 2. 1952; 2, 169 f. v. 8. 1. 1952; 6, 226 f. v. 25. 6. 1954; 8, 70, 73 v. 21. 6. 1955; 18, 87 ff. v. 19. 10. 1962; BGH v. 16. 3. 1982, NStZ 1982, 243; v. 14. 11. 1984, NStZ 1985, 165; v. 12. 11. 1987, wistra 1988, 106; vgl. aber BGH v. 8. 1. 1992, wistra 181; *Baumann/Weber/Mitsch* S. 604).

Demgegenüber will die im Schrifttum inzwischen überwiegend vertretene **72** **Tatherrschaftslehre** die Beteiligungsformen nach *objektiven* Kriterien unterscheiden. Neben der für alle Beteiligungsformen erforderlichen Mitverursachung des tatbestandsmäßigen Erfolges setze die Täterschaft noch Tatherrschaft voraus (*Roxin*, Täterschaft; *Jescheck* S. 531 ff.; *Maurach/Gössel/Zipf* AT 2 S. 247; *Stratenwerth* 752; SK-*Samson* 10 ff. zu § 25 StGB). Dabei werden mehrere Tatherrschaftsformen unterschieden: Tatherrschaft in der Form der *Handlungsherrschaft* besitze, wer die tatbestandsmäßige Handlung selbst vornehme (Alleintäter, s. Rdnr. 74). *Tatherrschaft kraft überlegenen Wissens oder Willens* übe aus, wer (als mittelbarer Täter, s. Rdnr. 75) einen anderen durch Täuschung oder Zwang für seine Ziele einsetze. Schließlich besitze *funktionale*

Tatherrschaft, wer mit wenigstens einem anderen aufgrund gemeinsamen Tatentschlusses die Tat arbeitsteilig begehe (Mittäter, s. Rdnr. 76). Wer sich dagegen an einer Tat beteilige, ohne Tatherrschaft zu besitzen, sei nur Teilnehmer (Rdnr. 77 ff.). Dabei ist die Teilherrschaftslehre in der jüngeren Literatur etwa von *Jakobs* (AT 21/3, 16, 33 ff.) bzw. *Stein* (1988, 238 ff.), zT kritisiert, zT modifiziert, zT fundiert worden (vgl. SK-*Samson* 21 ff. zu § 25 StGB).

73 Die Tatherrschaftslehre ist der animus-Theorie im wesentlichen aus drei Gründen vorzuziehen: Wenn das Gesetz in § 25 I StGB als Täter denjenigen bezeichnet, der die Tat selbst begeht, dann ist damit die Grundthese der animus-Theorie, es könne auch derjenige bloß Teilnehmer sein, der alle Tatbestandsmerkmale selbst erfülle, vom Gesetz zurückgewiesen (S/S-*Cramer* 56 vor § 25 StGB) . Die animus-Theorie widerspricht ihrer Ausgangsthese, die Beteiligungsformen seien wegen der Gleichwertigkeit aller Ursachen im objektiven Bereich nicht zu unterscheiden (*Baumann* JuS 1963, 90; NJW 1963, 562), durch die Annahme eines Tatherrschaftswillens selbst. Wenn es Tatherrschaftswillen gibt, muß es auch Tatherrschaft geben können, und damit sind die Beteiligungsformen doch nach objektiven Kriterien unterscheidbar (SK-*Samson* 31 zu § 25 StGB). Schließlich ist die animus-Theorie rechtsstaatlich bedenklich, da sie die Unterscheidung von Täterschaft und Teilnahme weitgehend ins Belieben des Richters stellt (*Stratenwerth* 748; *Samson* aaO).

74 **Täter** ist nach der 1. Alternative des § 25 I StGB, wer die Tat *selbst* begeht, dh die tatbestandsmäßige Handlung selbst vornimmt. Wer täuscht, den Gegenstand selbst über die Grenze bringt oder die Sache ankauft, ist immer Täter der Steuerhinterziehung, des Bannbruchs oder der Steuerhehlerei, gleichgültig ob er die Tat „als eigene will" oder nicht.

75 **Mittelbarer Täter** ist, wer die Tat *durch einen anderen* begeht. Dies setzt voraus, daß er die tatbestandsmäßige Handlung von einem anderen vornehmen läßt, den er kraft überlegenen Wissens oder Willens beherrscht. Überlegenes Wissen besitzt der Hintermann jedenfalls dann, wenn das Werkzeug einzelne Tatumstände nicht kennt, der Steuerberater zB vom Klienten getäuscht, gutgläubig falsche Angaben in einer Steuererklärung macht. Überlegenen Willen besitzt jedenfalls derjenige, der einen Schuldunfähigen verwendet, indem er zB ein Kind für den Schmuggel benutzt oder das Werkzeug unter Drohung oder Zwang im Rahmen von § 25 StGB einsetzt (*Stratenwerth* 760; SK-*Samson* 54 ff. zu § 25 StGB). Wieweit darüber hinaus mittelbare Täterschaft möglich ist, ist umstritten (*Stratenwerth* 766; *Roxin* Lange-Festschr. S. 173 ff.).

76 **Mittäterschaft** setzt zunächst einen gemeinsamen Tatentschluß voraus. Ob der Mittäter darüber hinaus auch noch einen wesentlichen Tatbeitrag leisten muß oder ob auch geringfügige und für die Tat unwesentliche Beiträge genügen, ist umstritten. Wer nach subjektiven Kriterien die Täterschaft bestimmt, wird jeden Beitrag genügen lassen können (BGH 11, 268, 271 v. 23. 1. 1958; 16, 12 f. v. 10. 3. 1961; vgl. aber BGH v. 5. 5. 1981, wistra 1982, 28; v. 26. 11. 1986, wistra 1987, 106). Die Tatherrschaftslehre kann sich damit nicht begnügen. Nach ihr muß jeder Mittäter im Gesamtplan einen

III. Geltung der allgemeinen Gesetze 77, 78 § 369

wesentlichen, die Tat erst ermöglichenden Beitrag leisten (*Stratenwerth* 820 ff.; SK-*Samson* 122 zu § 25 StGB).

cc) Die Teilnahme
Die Teilnahme setzt eine **vorsätzliche und rechtswidrige Haupttat** vor- 77
aus. Vor Prüfung der Teilnahme ist daher zunächst festzustellen, daß ein anderer einen Straftatbestand vorsätzlich als Täter und rechtswidrig verwirklicht hat. Dagegen braucht der Haupttäter nicht schuldhaft gehandelt zu haben (§ 29 StGB). Die früher streitige Frage, ob Teilnahme an unvorsätzlicher Haupttat möglich ist, ist durch das Gesetz entschieden worden, das in §§ 26, 27 StGB eine vorsätzliche Haupttat voraussetzt (ausf. SK-*Samson* 25 ff. vor § 26 StGB). Als Haupttat genügt auch ein (strafbarer) Versuch. Der Teilnehmer ist dann wegen Anstiftung oder Beihilfe zum versuchten Delikt zu bestrafen.

Der Teilnehmer muß die Haupttat **mitverursacht** haben. Der **Anstifter** 78
verursacht die Haupttat, indem er den Vorsatz des Haupttäters hervorruft. Der **Gehilfe** verursacht die Haupttat auf sonstige Weise mit. Was unter **Kausalität der Beihilfe** zu verstehen ist, ist umstritten. Die hM in der Literatur meint, der Gehilfe müsse für die Haupttat iS der Äquivalenztheorie ursächlich geworden sein (*Welzel* S. 119; *Jescheck* S. 628; *Baumann/Weber/Mitsch* S. 667; SK-*Samson* 9 ff. zu § 27 StGB u. Peters-Festschr. S. 132; *Dreher* MDR 1972, 555 f.). Das kann durch physische wie auch psychische Kausalität geschehen. **Physische Beihilfe** begeht, wer den Pkw für den Schmuggel zur Verfügung stellt, die unrichtige Steuererklärung zum Finanzamt bringt oder unrichtige Belege ausstellt. **Psychische Beihilfe** begeht jedenfalls, wer durch seine Ratschläge die Tat ermöglicht oder erleichtert. So leistet psychische Beihilfe zur Steuerhinterziehung, wer als Steuerberater Hinweise für die günstigsten und am wenigsten riskanten Manipulationen gibt oder wer den ungefährlichsten Weg über die grüne Grenze empfiehlt (zur bloßen Anwesenheit vgl. BGH v. 20. 12. 1995, wistra 1996, 184). Die Rspr will darüber hinaus Beihilfe auch dann annehmen, wenn die Haupttat nicht mitverursacht, sondern lediglich gefördert wurde (ausf. *Samson,* Kausalverläufe S. 57 ff.; SK 5 zu § 27 StGB). Sie gelangt auf diese Weise zu der nicht unbedenklichen Form der psychischen Beihilfe durch **Stärkung des Tatentschlusses**. Es leiste daher auch Beihilfe, wer dem Täter die letzten Bedenken ausrede (RG 75, 112 v. 10. 2. 1941; BGH v. 16. 12. 1954, VRS 8 (1955) 199, 201; BGH 8, 390 f. v. 10. 1. 1956; BGH v. 15. 6. 1962, VRS 23 (1962) 207, 209; krit. dazu SK-*Samson* 14 f. zu § 27 StGB; *Stratenwerth* 899). Darüber hinaus meinen einige Autoren, Gehilfe sei schon, wer die Tat chancenreicher mache, gleichgültig, ob er für die Tatausführung tatsächlich ursächlich werde (*Schaffstein* Honig-Festschr. S. 173 ff.; weitere Modifizierungen bei *Herzberg* GA 1971, 7 f.; Vogler Honig-Festschr. S. 309 ff.). Diese Lehre von der Risikoerhöhung macht jedoch die straflose versuchte Beihilfe auf unzulässige Weise zur vollendeten Beihilfe (SK-*Samson* 8 zu § 27 StGB u. Peters-Festschr. S. 130 ff.). Zur Einschränkung der Beihilfe nach der Lehre von der objektiven Zurechnung vgl. Rdnr. 248 ff. zu § 370 AO.

Joecks

79 Nach überwiegender Auffassung soll Beihilfe noch **nach Vollendung der Tat bis zu ihrer Beendigung** möglich sein (BGH 3, 40, 43 v. 24. 6. 1952 zum Bannbruch; 6, 248, 251 v. 8. 7. 1954; 14, 280 v. 6. 5. 1960; 19, 323, 325 v. 30. 6. 1964; *Jescheck* S. 551; S/S-*Cramer* 17 zu § 27 StGB). Dabei wird als Beendigung der Tat derjenige Zeitpunkt verstanden, an dem die materielle Rechtsgutverletzung eingetreten ist. Zum Teil versteht man unter Beendigung aber auch die Realisierung einer etwa vorhandenen überschießenden Innentendenz (Rdnr. 47). So kann nach dieser Auffassung Beihilfe auch begehen, wer nach Anweisung der Steuervergütung tätig wird und dadurch bewirkt, daß die Zahlung beim Täter auch tatsächlich ankommt. Diese Auffassung ist abzulehnen, da sie einerseits die Grenzen des Tatbestandes durch das unsichere Kriterium der Tatbeendigung sprengt und andererseits die strafwürdigen Fälle durch den Tatbestand der Begünstigung erfaßt werden können (*Isenbeck* NJW 1965, 2326; SK-*Samson* 18 zu § 27 StGB; *Stratenwerth* 872f.).

80 Der Teilnehmer muß **Vorsatz** bezüglich der Haupttat und seiner Mitverursachung haben. Hinsichtlich der Haupttat ist bedeutsam, daß er deren Vollendung wollen muß. Wer die Vollendung der Haupttat nicht will, ist strafloser *agent provocateur* (*Plate* ZStW 84, 294; *Küper* GA 1974, 321). Dabei sind die Anforderungen an den Vorsatz bezüglich der Haupttat bei der Beihilfe geringer als bei der Anstiftung (BGH v. 15. 5. 1996, wistra 1996, 232).

81 Wer durch den Haupttäter verwirklichte **qualifizierende Umstände** nicht kennt, wird nur wegen Teilnahme am Grunddelikt bestraft. Begeht der Haupttäter einen Bannbruch mit Waffen iS d § 373 II Nr. 1 AO, so wird der Gehilfe nur wegen Beihilfe zum einfachen Bannbruch bestraft, wenn er nicht weiß, daß der Haupttäter eine Schußwaffe bei sich hat.

82 Von dem Grundsatz, daß dem Teilnehmer diejenigen vom Haupttäter realisierten Umstände zugerechnet werden, die er kennt (*Akzessorietät*), macht § 28 II StGB eine Ausnahme. Die dort näher beschriebenen Umstände werden dem Teilnehmer nur und schon dann zugerechnet, wenn er sie selbst aufweist (sog. *Limitierung der Akzessorietät*). § 28 II StGB schreibt dies für modifizierende (straferhöhende, strafmildernde und strafausschließende) persönliche, täterbezogene Merkmale vor. Der Begriff der „**besonderen Merkmale**" ist noch nicht hinreichend sicher geklärt (*Herzberg* ZStW 88, 68ff.; *Langer* Lange-Festschr. S. 241; *Vogler* Lange-Festschr. S. 265). Bei Steuerstraftaten sind Merkmale nach § 28 II StGB die Gewerbsmäßigkeit nach § 373 I AO (Rdnr. 14 zu § 373 AO) und die Bandenzugehörigkeit nach § 373 II Nr. 3 AO (Rdnr. 38 zu § 373 AO). § 28 II StGB hat folgende Auswirkungen: Begeht der Haupttäter einen einfachen Bannbruch nach § 372 AO, so wird der Gehilfe wegen Beihilfe zum gewerbsmäßigen Bannbruch bestraft, sofern er selbst gewerbsmäßig handelt. Handelt der Haupttäter gewerbsmäßig, nicht aber der Gehilfe, so wird der Haupttäter wegen gewerbsmäßigen Bannbruchs, der Gehilfe wegen Beihilfe zum einfachen Bannbruch bestraft.

83 Der **Anstifter** wird gem. § 26 StGB wie der Haupttäter bestraft. Gem. § 27 S. 2 StGB kann die Strafe des Gehilfen nach den Grundsätzen des § 49 I StGB gemildert werden. Eine obligatorische Strafmilderung sieht § 28 I StGB für den Fall vor, daß der Gehilfe ein strafbegründendes persönliches

III. Geltung der allgemeinen Gesetze 84, 85 § 369

Merkmal nicht aufweist. Im Bereich des Steuerstrafrechts sind solche Merkmale die Pflicht iS von § 370 I Nr. 2, 3 AO (zu den Garantenpflichten allgemein wie hier: *Roxin*, Täterschaft, S. 515 u. LK 64 zu § 28 StGB; *Dreher/ Tröndle* 6 u. SK-*Samson* 18 zu § 28 StGB; *Vogler* aaO S. 265; *Langer* aaO S. 262; aM S/S-*Cramer* 19 zu § 28 StGB; *Geppert* ZStW 82, 40; *Jescheck* S. 516) und die Bereicherungsabsicht in § 374 AO (zur Bereicherungsabsicht allgemein wie hier: *Samson* u. *Cramer* aaO; wohl auch BGH 22, 375, 380 v. 20. 5. 1969; 23, 39 f. v. 15. 7. 1969; aM *Maurach* JuS 1969, 254; *Stratenwerth* 934; *Herzberg* ZStW 88, 90). Wird der Stpfl angestiftet, die Steuererklärung nicht abzugeben, so wird der Stpfl als Haupttäter nach § 370 I Nr. 2 AO und der Anstifter nach § 370 I Nr. 2 AO iVm § 26 StGB mit obligatorischer Strafmilderung nach § 28 I, § 49 I StGB bestraft, da er das strafbegründende persönliche Merkmal der Pflichtigkeit nicht selbst aufweist. Demgegenüber geht der BGH (v. 25. 1. 1995, wistra 189) davon aus, die in § 370 Abs. 1 Nr. 2 AO angesprochene Pflicht sei kein besonderes persönliches Merkmal iS des § 28 Abs. 1 StGB. Das Argument des BGH, die Steuergesetze bestimmten, wer zur Abgabe einer Steuererklärung verpflichtet sei und die steuerrechtlichen Pflichten knüpften an objektive Vorgänge des täglichen Lebens an, trägt dies nicht. Gleiches gilt für die Erwägung, die Pflichten träfen jeden, bei dem die tatsächlichen Voraussetzungen vorlägen, an die das Gesetz eine Erklärungspflicht anknüpfe. Nicht anders ist es bei der Untreue, wo derjenige erfaßt wird, der eben eine bestimmte Pflichtenstellung hat. Deutlich wird die Schwäche der Argumentation auch in dem obiter dictum des BGH, wonach gleiches gelten soll für die Pflicht des Arbeitgebers, Lohnsteuern anzumelden.

f) Das fahrlässige Delikt

Wegen vorsätzlicher Begehung kann nur bestraft werden, wer alle Tatumstände (Rdnr. 35) in seinen Vorsatz aufgenommen hat und sich rechtfertigende Umstände nicht vorstellt (Rdnr. 102). Irrt der Täter auch nur über **einen** Tatumstand, scheidet das Vorsatzdelikt aus. Nach § 15 StGB setzt die Bestrafung Vorsatz voraus, es sei denn, das Gesetz bedroht fahrlässiges Handeln ausdrücklich mit Strafe. Steuerstraftaten können mangels entsprechender ausdrücklicher Anordnung nicht fahrlässig begangen werden. Die leichtfertige Begehung ordnet die AO in einigen Fällen als Ordnungswidrigkeit ein. Nur bei § 382 AO genügt einfache Fahrlässigkeit. Zur leichtfertigen Begehung s. § 378 AO. 84

g) Das Unterlassungsdelikt

aa) Überblick

Die Tatbestände der Strafgesetze erfassen in erster Linie menschliches *Handeln*. Unter bestimmten Voraussetzungen ist aber auch das *Unterlassen* mit Strafe bedroht. Die Strafbarkeit des Unterlassens kann sich auf zwei Wegen ergeben. Am eindeutigsten ist die Situation dann, wenn das Gesetz einen besonderen Unterlassungstatbestand selbst aufstellt. Das ist zB in § 370 I Nr. 2 AO (unterlassene Aufklärung der Finanzbehörden) und Nr. 3 (unter- 85

Joecks 95

lassene Verwendung von Steuerzeichen oder Steuerstemplern) geschehen. Eine Bestrafung des Unterlassens kommt aber auch dann in Betracht, wenn das Gesetz keinen besonderen Unterlassungstatbestand enthält. § 13 StGB sieht nämlich vor, daß – freilich mit fakultativer Strafmilderung nach § 49 I StGB – aus dem Tatbestand eines Begehungsdeliktes auch bestraft werden kann, wer es unter bestimmten Umständen unterläßt, den im Tatbestand beschriebenen Erfolg abzuwenden. § 13 StGB schreibt dafür zweierlei vor: Der Täter muß rechtlich dafür einzustehen haben, daß der Erfolg nicht eintritt (Garantenstellung), und das Unterlassen muß der Tatbestandsverwirklichung durch ein Tun entsprechen (Gleichwertigkeit). Rspr und Schrifttum verwenden in diesem Zusammenhang die Begriffe „echte" und „unechte" Unterlassungsdelikte, deren Definition streitig ist (SK-*Rudolphi* 8 ff. vor § 13 StGB). Zum Teil werden die Begriffe „unecht" und „echt" iS von erfolgsfreien und erfolgsbezogenen verstanden (*Jescheck* AT, 547). Nach einer anderen Terminologie, der hier gefolgt werden soll, werden diejenigen Delikte, die in besonderen Unterlassungstatbeständen erfaßt sind, als echte Unterlassungsdelikte bezeichnet. Unter unechten Unterlassungsdelikten versteht man dagegen solche Unterlassungsdelikte, deren Strafbarkeit sich über § 13 StGB aus einem Begehungstatbestand ergibt (*Armin Kaufmann* 1959, S. 206 ff.).

86 Die Unterscheidung von echten und unechten Unterlassungsdelikten hat auch für die Steuerhinterziehung erhebliche Bedeutung, obwohl § 370 I Nr. 2 und 3 AO die Unterlassung gesondert unter Strafe stellt. Es sind nämlich Fälle der Steuerhinterziehung durch Unterlassen denkbar, in denen das Unterlassen des Täters nicht oder nur mühsam durch Nr. 2 erfaßt werden kann, so daß ein unechtes Unterlassungsdelikt nach § 370 I Nr. 1 AO, § 13 StGB in Betracht kommt, s. Rdnr. 107 ff. zu § 370 AO. Praktische Bedeutung hat das unechte Unterlassungsdelikt auch im Bereich der Begünstigung, s. Rdnr. 183.

bb) Unterscheidung von Begehen und Unterlassen

87 Jedenfalls für den Bereich der unechten Unterlassungsdelikte ist die Unterscheidung von Begehung und Unterlassung von erheblicher praktischer Bedeutung, da das Unterlassen nur unter den einschränkenden Voraussetzungen von § 13 StGB strafbar ist. Zu der heftig umstrittenen Frage werden im wesentlichen zwei Grundpositionen vertreten. Die Rspr und ein Teil des Schrifttums wollen bei mehrdeutigen Handlungen danach unterscheiden, wo der „*Schwerpunkt der Vorwerfbarkeit*" liegt (BGH 6, 46, 59 v. 17. 2. 1954; *Mezger* JZ 1958, 281). Die im Schrifttum überwiegende Ansicht hält dieses Kriterium für unbrauchbar, da es auf einem Zirkelschluß beruht. Ob der Schwerpunkt der Vorwerfbarkeit beim Handeln oder beim Unterlassen liegt, läßt sich erst feststellen, nachdem geklärt wurde, ob der Täter tatbestandsmäßig gehandelt oder unterlassen hatte, da die Vorwerfbarkeit die Erfüllung eines Tatbestandes voraussetzt (*Roxin* ZStW 74, 418; *Welp* aaO S. 106; SK-*Rudolphi* 6 vor § 13 StGB). Welche Kriterien die Unterscheidung von Handeln und Unterlassen statt dessen tragen sollen, ist äußerst umstritten. Einige meinen, der Handelnde setze Energie ein, während der Unterlas-

III. Geltung der allgemeinen Gesetze 88, 89 § 369

sende den gebotenen Energieeinsatz nicht vornehme (*Engisch* Gallas-Festschr. S. 171 ff.; *Rudolphi* aaO). Andere halten für entscheidend. daß zwar Handeln und Unterlassen gleichermaßen für den Erfolg ursächlich seien, daß jedoch die Existenz des Täters selbst beim Handeln, nicht jedoch beim Unterlassen den Erfolg verursache (*Jescheck* S. 545; *Armin Kaufmann* 1959, S. 62; *Welzel* S. 203; *Samson* Welzel-Festschr. S. 579; ähnl. *Stratenwerth* 976).

cc) Der Tatbestand des Unterlassungsdeliktes

Der Tatbestand jedes Unterlassungsdeliktes setzt die Nichtvornahme einer bestimmten Handlung voraus. Hier erfolgt die Abgrenzung zum Begehungsdelikt. Eine Handlung unterläßt nur, wer zu ihrer Vornahme wenigstens physisch in der Lage war. Wer handlungsunfähig ist, unterläßt nicht. Soweit der Tatbestand einen Erfolg verlangt, muß dieser eingetreten und durch das Unterlassen verursacht worden sein. Die Kausalität zwischen Unterlassung und Erfolg – die vielfach auch als hypothetische oder Quasikausalität bezeichnet wird – ist dann gegeben, wenn der Erfolg bei Vornahme der Handlung ausgeblieben wäre; zur Frage, ob es für die Erfolgszurechnung genügt, wenn die Handlung das Risiko des Erfolgseintritts vermindert hätte, s. SK-*Rudolphi* 15 f. vor § 13 StGB. Der Tatbestand setzt weiterhin diejenigen Umstände voraus, die die Handlungspflicht des Täters begründen; auf sie muß sich auch der Vorsatz erstrecken (BGH 16, 155, 157 f. v. 29. 5. 1961; SK-*Rudolphi* 25 vor § 13 StGB mwN). Nach § 370 I Nr. 2 und 3 AO sind das die tatsächlichen Umstände, die das Unterlassen zu einem „*pflichtwidrigen*" iS von § 370 I Nr. 2, 3 AO machen (Rdnr. 161 ff. zu § 370 AO). Soweit ein Unterlassen gem. § 13 StGB ein Begehungsdelikt erfüllt, handelt es sich um diejenigen Umstände, die den Täter zum Garanten machen, sog. **Garantenstellungen**. Diese Garantenstellungen sind von Rspr und Literatur in Form des Gewohnheitsrechts entwickelt worden. Die den Garantenstellungen entsprechenden gewohnheitsrechtlich geltenden Garantenpflichten werden nach zwei verschiedenen Kriterien geordnet.

Die sog. **Rechtsquellenlehre** unterscheidet die Garantenpflichten nach formalen Gesichtspunkten und kennt Garantenpflichten aus: 1. Gesetz oder Verordnung, 2. Vertrag oder tatsächlicher Übernahme, 3. konkreten Lebensbeziehungen und 4. vorangegangenem gefährdenden rechtswidrigen Verhalten (sog. Ingerenz, s. *Jescheck* S. 503 f. ; SK-*Rudolphi* 25 zu § 13 StGB mwN). Die im Vordringen begriffene **materielle Lehre** unterscheidet dagegen nach dem Inhalt der Garantenpflichten. Auf einer ersten Stufe unterscheidet sie zwischen dem, „*Hütergaranten*" und dem „*Überwachergaranten*". Der Hütergarant ist zum Schutz des betreffenden Rechtsgutes verpflichtet, während der Überwachergarant zur Eindämmung bestimmter Gefahrenquellen verpflichtet ist (*Jescheck* S. 504; SK-*Rudolphi* 24 ff. zu § 13 StGB). So beruht die Garantenpflicht eines Behördenangestellten, der bei festgestellter Steuerhinterziehung nichts unternimmt, um dem Steuerpflichtigen die Vorteile der Tat zu erhalten, nach der formalen Rechtsquellenlehre auf Gesetz (§ 116 I AO); nach der materiellen Einteilung ist er kraft Gesetzes Hütergarant und als solcher zur Anzeige verpflichtet (Begünstigung durch Unterlassen §§ 257, 13 StGB). Zu den Garantenpflichten ausf. SK-*Rudolphi* 26ff. zu § 13 StGB mwN sowie die Erläuterungen zu den einzelnen Tatbeständen.

90 **Der Vorsatz des Täters** muß sich auf alle Tatumstände beziehen. Er muß also wissen, daß der Erfolgseintritt droht und daß er zur Abwendung des Erfolges in der Lage ist. Nach Rspr und hL gehört zum Vorsatz auch die Kenntnis derjenigen Umstände, die die Garantenpflicht begründen. Dagegen ist die Kenntnis der Pflicht selbst für den Vorsatz nicht erforderlich (BGH 16, 155 v. 29. 5. 1961; SK-*Rudolphi* 25 vor § 13 StGB).

91 **Die Äquivalenz von Handeln und Unterlassen** wird von § 13 I StGB gesondert vorausgesetzt: „. . . *und wenn das Unterlassen der Verwirklichung des gesetzlichen Tatbestandes durch ein Tun entspricht"*. Die Formulierung des Gesetzes wird überwiegend so interpretiert, daß zwischen **Handlungs- oder Bewirkungsäquivalenz** und **Modalitätenäquivalenz** unterschieden wird. Die Handlungsäquivalenz wird durch die Garantenstellung hergestellt. Beim reinen Verursachungsdelikt ist die Nichtabwendung eines Erfolges durch Unterlassen der Verursachung durch aktives Tun bereits dann gleichwertig, wenn der Unterlassende Garant war. Eine weitere Prüfung der Gleichstellung erübrigt sich dann. Bei denjenigen Delikten, die nicht jede Erfolgsverursachung durch beliebiges Tun, sondern nur bestimmte Handlungsmodalitäten erfassen, ist auf einer zweiten Stufe zu prüfen, ob das Unterlassen auch der bestimmten im Tatbestand beschriebenen Handlung gleichwertig ist, sog. Modalitätenäquivalenz (SK-*Rudolphi* 18 u. S/S-*Stree* 4 zu § 13 StGB; *Welp* aaO S. 18ff.; *Jescheck* S. 568f.). Die Modalitätenäquivalenz wird bedeutsam bei der Steuerhinterziehung durch Unterlassen in den Fällen des § 370 I Nr. 1 AO (Rdnr. 113 zu § 370 AO).

dd) Die Beteiligung durch Unterlassen und am Unterlassen

92 **Die Beteiligung durch Unterlassen und am Unterlassen** ist lebhaft umstritten (ausf. SK-*Rudolphi* 36ff. vor § 13 StGB). Bei der *Beteiligung durch Unterlassen* (insbesondere am Begehungsdelikt) ist streitig, ob und nach welchen Kriterien zwischen Täterschaft und Teilnahme unterschieden werden kann. Während die Rspr (BGH 2, 150f. v. 12. 2. 1952; 13, 162, 166 v 15. 5. 1959; v. 5. 7. 1960, NJW 1960, 1821) Täterschaft und Teilnahme auch hier nach den allgemeinen Kriterien der animus-Theorie (Rdnr. 71) unterscheiden will, vertritt die Literatur überwiegend abweichende Auffassungen. Zum Teil wird auf die Kriterien der Tatherrschaftslehre zurückgegriffen (*Gallas* JZ 1960, 686f.; *Jescheck* S. 579), zum Teil wird nach der Art der Garantenstellung unterschieden (S/S-*Cramer* 103ff. vor § 25 StGB). Demgegenüber weist eine andere Gruppe von Autoren darauf hin, daß diejenigen Kriterien, die beim Begehungsdelikt zur Unterscheidung von Täterschaft und Teilnahme verwendet werden, wegen der ganz andersartigen Struktur des Unterlassens auf das Unterlassungsdelikt nicht übertragen werden könnten. Daraus wird zum Teil geschlossen. es gebe überhaupt keine Teilnahme durch Unterlassen, der unterlassende Garant sei immer Täter (*Armin Kaufmann* 1959, S. 291ff.; *Welzel* S. 222; ähnl. *Grünwald* GA 1959, 110); andere Autoren folgen dem nur grundsätzlich und halten den unterlassenden Garan-

III. Geltung der allgemeinen Gesetze 93–95 § 369

ten nur dann für einen Teilnehmer, wenn er nicht sämtliche für die Täterschaft erforderlichen Tatbestandsmerkmale erfüllt (*Roxin*, Täterschaft, S. 459 ff.; SK-*Rudolphi* 40 vor § 13 StGB). Die **Teilnahme durch Handeln** am Unterlassungsdelikt wird überwiegend für möglich gehalten und nach den allgemeinen Kriterien der Täterschaft abgegrenzt (SK-*Rudolphi* 44 vor § 13 StGB mwN). Abweichend meinen *Armin Kaufmann* (S. 190 ff.) und *Welzel* (S. 206 f.), der Handelnde sei hier immer Täter.

ee) Der Versuch der Unterlassung

Nach hM können Unterlassungsdelikte die Stadien der Vorbereitung, des 93 **Versuchs** und der Vollendung durchlaufen (*Jescheck* S. 576; *Maurach/Gössel/ Zipf* AT/2 S. 33; SK-*Rudolphi* 50 vor § 13 StGB). Die Abgrenzung von Vorbereitung und Versuch ist beim Unterlassungsdelikt umstritten. Einige halten den Versuch schon dann für gegeben, wenn der Täter die erste Erfolgsabwendungsmöglichkeit nicht ergreift (*Maihofer* GA 1958, 297; *Maurach/ Gössel/Zipf* AT/2 S. 24), nach anderer Auffassung beginnt der Versuch erst, wenn der Täter die letzte Handlungsmöglichkeit verstreichen läßt (*Armin Kaufmann* aaO S. 210 ff.; *Welzel* S. 221). Man wird aber mit einer dritten Meinung den Versuch des Unterlassungsdeliktes schon, aber auch erst dann beginnen lassen müssen, wenn der Täter eine Handlungsmöglichkeit verstreichen läßt, die nach seiner Vorstellung für die Erfolgsabwendung aussichtsreicher ist als die dann noch verbleibenden Handlungsmöglichkeiten (*Jescheck* 578; S/S-*Eser* 50 zu § 22 StGB; SK-*Rudolphi* 51 vor § 13 StGB; *Stratenwerth* 1059). Dies soll für die Steuerhinterziehung durch Unterlassen gem. § 370 I Nr. 2 AO bedeuten, daß der Versuch dann beginnt, wenn der Täter den Zeitpunkt verstreichen läßt, bis zu dem er seine Erklärung noch innerhalb der Erklärungsfrist dem Finanzamt zustellen kann (vgl. Rdnr. 263 zu § 370 AO).

h) Rechtswidrigkeit

Die Tat ist regelmäßig dann rechtswidrig, wenn der Tatbestand erfüllt ist 94 und **keine Rechtfertigungsgründe** eingreifen. Die Rechtswidrigkeitsprüfung beschränkt sich also auf die Untersuchung, ob ein Rechtfertigungsgrund gegeben ist. Lediglich bei den sog. offenen Tatbeständen muß die Rechtswidrigkeit positiv festgestellt werden. Offene Tatbestände (zB § 240 StGB: Nötigung; § 253 StGB: Erpressung) gibt es im Bereich der Steuerstraftaten jedoch nicht.

Rechtfertigungsgründe finden sich teilweise im StGB, können aber der 95 gesamten Rechtsordnung entnommen werden. Im Bereich der Steuerstraftaten spielen Rechtfertigungsgründe keine besondere Rolle. Insbesondere ist darauf hinzuweisen, daß der **rechtfertigende Notstand nach § 34 StGB** eine Steuerhinterziehung dann nicht zu rechtfertigen vermag, wenn die unrichtige Steuererklärung abgegeben wurde, um den Betrieb des Steuerpflichtigen und die damit verbundenen Arbeitsplätze zu erhalten. Zwar ist eine Tat nach § 34 StGB dann gerechtfertigt, wenn sie ein Interesse verletzt, um ein erheblich höherwertiges Interesse zu bewahren (SK-*Samson* 2f. zu § 34 StGB mwN). Diese Voraussetzungen mögen im Einzelfall gegeben sein. Nach § 34 S. 2 StGB muß die Tat jedoch ein *angemessenes* Mittel sein, die Gefahr abzuwenden. Tatbestandsmäßiges Verhalten ist immer dann kein angemessenes Mittel iS von § 34 S. 2 StGB, wenn Verfahrensgesetze die Art regeln, in der Gefahren abgewendet werden dürfen (SK-*Samson* 52 zu § 34 StGB; *Maurach/Zipf* AT/1 S. 387; *Stratenwerth* 463; ähnl. S/S-*Lenckner* 35 zu § 34 StGB). Gegenüber den aus hohen Steuerschulden drohenden Gefahren sind die allein angemessenen Abwehrmittel in den §§ 218ff AO geregelt. Kommen zB Stundung (§ 222 AO), Zahlungsaufschub (§ 223 AO) oder Erlaß (§ 227 AO) nicht in Betracht, so sind die aus der Vollstreckung entstehenden Nachteile hinzunehmen. Eine Steuerhinterziehung kann insoweit nicht gem. § 34 StGB gerechtfertigt werden. Das bedeutet freilich nicht, daß § 34 StGB auf Steuerstraftaten nie anzuwenden wäre. Soweit der Täter andere als die durch die Zahlung der Steuer entstehenden Gefahren abwenden will, kann in Ausnahmefällen eine Rechtfertigung aus § 34 StGB in Betracht kommen, zB wenn die Unterlassung nach § 370 I Nr. 2 oder 3 AO durch Drohung eines Dritten erzwungen wird oder wenn ein Bannbruch nach § 372 I AO begangen wird, weil die Grenze zur Rettung eines lebensgefährlich Verletzten ohne die an sich gebotene Anzeige möglichst schnell überschritten werden muß.

96 Bei **Unterlassungsdelikten** greifen grundsätzlich dieselben Rechtfertigungsgründe ein wie bei Begehungsdelikten; lediglich der rechtfertigende Notstand (dann: sog. Pflichtenkollision) erfährt geringfügige Modifizierungen (SK-*Rudolphi* 29 vor § 13 StGB; SK-*Samson* 56 zu § 34 StGB mwN).

i) Schuld

97 **Die rechtswidrige Tat ist schuldhaft begangen,** wenn sie dem Täter vorgeworfen werden kann. Die Vorwerfbarkeit setzt zunächst die Schuldfähigkeit voraus. Schuldfähigkeit fehlt gem. § 19 StGB dem zur Tatzeit noch nicht 14 Jahre alten Kind; sie fehlt gem. § 20 StGB weiterhin demjenigen, der bei Begehung der Tat wegen einer krankhaften Störung, wegen einer tiefgreifenden Bewußtseinsstörung oder wegen Schwachsinns oder einer anderen schweren seelischen Abartigkeit unfähig ist, das Unrecht der Tat einzusehen oder nach dieser Einsicht zu handeln (ausf. S/S-*Lenckner* zu § 20 StGB; SK-*Rudolphi* vor § 19 StGB). Die Vorschrift wird durch § 17 StGB in bezug auf den allgemeinen Verbotsirrtum ergänzt und modifiziert (Rdnr. 101ff.). Schließlich kann die Schuld durch Schuldausschließungsgründe im Einzelfall aufgehoben sein. Die in den §§ 33, 35 StGB geregelten Fälle der Entschuldigung sind aber für das Steuerstrafrecht ohne praktische Bedeutung.

98 Besondere Beachtung verdient der bei Unterlassungsdelikten eingreifende Entschuldigungsgrund der **Unzumutbarkeit.** Er liegt vor, wenn dem Täter die Erfüllung der Handlungspflicht wegen der damit verbundenen Aufopferung eigener billigenswerter Interessen nicht zugemutet werden kann (BGH 2, 194, 204 v. 18. 3. 1952; 6, 46, 57 v. 17. 2. 1954; 11, 135, 137 v. 14. 11.

III. Geltung der allgemeinen Gesetze

1957; *Welzel* S. 220f.; JZ 1958, 494; SK-*Rudolphi* 31 vor § 13 StGB). Unstreitig ist der Entschuldigungsgrund dann gegeben, wenn der Täter durch das Unterlassen andere – geringerwertige, sonst § 34 StGB – Güter rettet und seine Motivationsfreiheit wegen des eigenen Interesses stark eingeschränkt ist. Umstritten ist vor allem die – auch für das Steuerstrafrecht praktisch bedeutsame – Frage, ob die **Gefahr einer Strafverfolgung** zur Entschuldigung führen kann (dafür bei Gefahr eigener Strafverfolgung: *Welzel* JZ 1958, 495; *Geilen* FamRZ 1964, 386; aM BGH 11, 136 v. 14. 11. 1957; SK-*Rudolphi* 33 u. S/S-*Stree* 155f. vor § 13 StGB; vgl. auch OLG Hamburg v. 7. 5. 1996, wistra 1996, 239). Sofern die Vornahme der gebotenen Handlung Angehörige in die Gefahr der Strafverfolgung versetzt, neigt auch der BGH zur Annahme von Unzumutbarkeit (BGH 6, 57 v. 17. 2. 1954; 11, 136f. v. 14. 11. 1957); s. ausf. Rdnr. 36ff. zu § 393 AO.

k) Irrtum

aa) Erscheinungsformen des Irrtums

Die Frage, wie ein Irrtum des Täters über strafrechtlich erhebliche Umstände zu behandeln ist, weist viele verzweigte Einzelprobleme auf, die ihrerseits vielfach umstritten sind. Dabei sind die Grundstrukturen des Problems noch einfach zu durchschauen. Zunächst muß zwischen dem Irrtum und dem umgekehrten Irrtum unterschieden werden. Der **einfache Irrtum** (auch *Irrtum zugunsten* genannt) liegt dann vor, wenn sich der Täter eine Lage vorstellt, die für ihn günstiger als die Wirklichkeit ist. Der **umgekehrte Irrtum** (auch *Irrtum zuungunsten*) ist gegeben, wenn die vom Täter vorgestellte Lage ungünstiger als die Wirklichkeit ist. Der Irrtum kann vorsatzausschließender Tatumstandsirrtum oder Verbotsirrtum sein; der umgekehrte Irrtum führt zum Versuch oder zum (straflosen) sog. Wahndelikt. Umstritten ist sowohl die Abgrenzung von Tatumstands- und Verbotsirrtum wie auch die Unterscheidung von Versuch und Wahndelikt.

bb) Tatumstandsirrtum und Verbotsirrtum

Der Irrtum über einen Tatumstand beseitigt nach § 16 I 1 StGB den Tatvorsatz. In Betracht kommt dann nur noch Fahrlässigkeit, soweit diese mit Strafe bedroht ist, s. Rdnr. 84. Der Verbotsirrtum beseitigt dagegen nicht den Vorsatz, sondern betrifft die Schuld. Seine Regelung findet sich in § 17 StGB; zum damit überholten Streit um Vorsatz- und Schuldtheorie S/S-*Cramer* 2 zu § 17 StGB mwN. Gem. § 17 S. 1 StGB handelt der Täter ohne Schuld und ist daher straflos, wenn er den Irrtum nicht vermeiden konnte; zur Vermeidbarkeit s. SK-*Rudolphi* 24ff. zu § 17 StGB. Der **Verbotsirrtum** ist **vermeidbar,** wenn der Täter bei Anspannung seines Gewissens (BGH 2, 194, 201 v. 18. 3. 1952) und bei Ausschöpfung der ihm zur Verfügung stehenden Erkenntnismittel (BGH 4, 1, 5 v. 23. 12. 1952; S/S-*Cramer* 14 zu § 17 StGB mwN) in der Lage ist, das Unrecht der Tat einzusehen. Gerade im Nebenstrafrecht kann dies für die Vermeidbarkeit aber nicht genügen. Der Täter muß vielmehr einen *Anlaß* haben, sich um die rechtliche Erheblichkeit seines Verhaltens zu kümmern, sei es, daß er an der Rechtmäßigkeit zweifelt (SK-*Rudolphi* 31 zu § 17 StGB; S/S-*Cramer* aaO), sei es, daß er sich in einem rechtlich geregelten Bereich bewegt und er wenigstens dies weiß (S/S-*Cramer* 14 ff. zu § 17 StGB mwN). Befand er sich dagegen im vermeidbaren Verbotsirrtum, so bleibt die Schuld des vorsätzlichen Delikts erhalten, jedoch kann die Strafe nach § 49 I StGB gemildert werden.

101 Wegen der damit gegebenen strengeren Behandlung des Verbotsirrtums kommt der **Abgrenzung von Tatumstandsirrtum und Verbotsirrtum** erhebliche praktische Bedeutung zu. Da der Vorsatz sich auf alle Tatumstände zu beziehen hat, liegt ein vorsatzausschließender Irrtum nach § 16 StGB immer dann vor, wenn der Täter einen Tatumstand nicht gekannt hat, der zur Erfüllung eines Tatbestandsmerkmals erforderlich ist. Der Verbotsirrtum kommt dagegen erst in Betracht, wenn ein vorsatzausschließender Irrtum nicht vorliegt (SK-*Rudolphi* 18 zu § 17 StGB). Der Verbotsirrtum ist dann gegeben, wenn der Täter bei Kenntnis aller Tatumstände die Rechtswidrigkeit seines Verhaltens nicht erkannt hat, also nicht wußte, daß seine Handlung verboten oder die unterlassene Handlung geboten war. Demgegenüber ist es unerheblich, ob er wußte, daß sein Verhalten strafbar ist (SK-*Rudolphi* 5 u. S/S-*Cramer* 7 zu § 17 StGB). Wer weiß, daß es ihm vom Recht verboten ist, unrichtige Steuererklärungen abzugeben, befindet sich nicht im Verbotsirrtum, mag er auch glauben, seine Pflichtwidrigkeit sei nicht strafbar.

102 Streit besteht über die Behandlung **rechtfertigender Umstände**. Die von der Rspr und der hL vertretene eingeschränkte Schuldtheorie läßt bei irriger Annahme rechtfertigender Umstände den Vorsatz entfallen und kommt nur dann zum Verbotsirrtum, wenn der Täter die Existenz oder den Umfang eines Rechtfertigungsgrundes zu seinen Gunsten verkennt (BGH 3, 105 f. v. 6. 6. 1952; 3, 194 f. v. 1. 7. 1952; SK-*Rudolphi* 10 zu § 16 StGB mwN). Demgegenüber wollen einige Autoren nach der sog. strengen Schuldtheorie auch den Irrtum über rechtfertigende Umstände (auch Erlaubnistatbestandsirrtum genannt) als Verbotsirrtum behandeln (*Welzel* S. 168 f.; *Hirsch* aaO S. 314 ff.). Nach hM entfällt beim unechten Unterlassungsdelikt der Vorsatz sofern der Täter diejenigen Umstände nicht kennt, die die Garantenpflicht begründen. Dagegen führt die isolierte Unkenntnis der Garantenpflicht selbst nur zum Gebotsirrtum, der nach § 17 StGB zu behandeln ist (BGH 16, 155 ff. v. 29. 5. 1961; SK-*Rudolphi* 25 vor § 13 StGB).

103 Trotz der prinzipiell klaren Abgrenzung von Tatumstandsirrtum und Verbotsirrtum bestehen im einzelnen zahlreiche Schwierigkeiten. Sie betreffen vor allem die **normativen Tatbestandsmerkmale** und die **Blankett-Tatbestände**. Festzuhalten ist zunächst, daß es für die Grenzziehung keinesfalls auf die früher bedeutsam gewesene Unterscheidung von Rechts- und Tatsachenirrtum ankommt. Der Vorsatz kann vielmehr sowohl aufgrund eines Tatsachen- wie auch aufgrund eines Rechtsirrtums entfallen. Der Vorsatz der Steuerhinterziehung fehlt daher nicht nur demjenigen, der nicht weiß, daß er bestimmte Einkünfte hatte, sondern auch demjenigen, der die Einkünfte zwar kennt, aber glaubt, er brauche sie nicht zu versteuern. Der Vorsatz entfällt in beiden Fällen, weil den Tätern die Existenz eines Steueranspruchs

III. Geltung der allgemeinen Gesetze 104, 105 § 369

nicht bekannt ist. Kommt demnach ein Verbotsirrtum nur dann in Betracht, wenn der Täter alle Tatumstände kennt und lediglich die Rechtswidrigkeit seines Verhaltens nicht erkennt, dann bereiten diejenigen Tatbestände Schwierigkeiten, in denen einzelne Merkmale die Rechtswidrigkeit des Verhaltens selbst kennzeichnen. Der Irrtum über normative Tatbestandsmerkmale ist überwiegend nach den oben (Rdnr. 52) dargestellten Grundsätzen zu lösen. Der Täter hat keinen Vorsatz, wenn er die **Parallelwertung in der Laiensphäre** nicht leistet. Hat er den konkreten Umstand jedoch in seiner rechtlichen Begrifflichkeit ungefähr erfaßt und meint er dennoch, er erfülle ein bestimmtes Tatbestandsmerkmal nicht (**Subsumtionsirrtum**), so ist dies unerheblich, es sei denn, der Täter hält sein Verhalten deshalb nicht für rechtswidrig. In diesem Fall erliegt er einem Verbotsirrtum.

Die Verweisung strafrechtlicher Tatbestände auf andere Rechtsnormen geschieht in vielfältiger Weise. Soweit diese Verweisung derart vorgenommen wird, daß der anderen Norm nur ein Teil des Straftatbestandes zu entnehmen ist, handelt es sich bei der Verweisung um ein normatives Tatbestandsmerkmal, das nach den oben (Rdnr. 103) dargestellten Grundsätzen zu behandeln ist. Schwieriger wird die Beurteilung echter **Blankett-Tatbestände,** die durch eine Verweisung dazu zwingen, die gesamte Rechtswidrigkeit der Ausfüllungsnorm zu entnehmen (für diesen engen Begriff des Blankett-Tatbestandes auch: S/S-*Cramer* 103 zu § 15 StGB). Beispiele im Steuerstrafrecht sind die Pflichtwidrigkeit in § 370 I Nr. 2 AO, die dazu nötigt, die Handlungspflicht anderen Normen zu entnehmen, und die Ein-, Aus- und Durchfuhrverbote beim Bannbruch gem. § 372 AO, die den Tatbestand des Bannbruches selbst enthalten. Zum Irrtum über die Blankett-Tatbestände wird heute – auf der Grundlage von § 17 StGB – überwiegend die Ansicht vertreten, daß grundsätzlich der Vorsatz des Täters lediglich die einzelnen Merkmale der Ausfüllungsnorm umfassen müsse und daß die Unkenntnis der Ausfüllungsnorm selbst nur zum Verbotsirrtum führe (S/S-*Cramer* 101 ff. zu § 15 StGB; SK-*Rudolphi* 19 u. LK-*Schroeder* 39 zu § 16 StGB; *Maurach/ Zipf* AT/1 S. 541 ff; *Warda* aaO S. 36 ff.; *Welzel* S. 168). Die von *Lange* (JZ 1956, 73; 1957, 233) vertretene Gegenmeinung sei auf der Grundlage von § 17 StGB nicht mehr haltbar. Freilich könne sich im Einzelfall durch Auslegung des jeweiligen Tatbestandes ergeben, daß der Gesetzgeber Vorsatzstrafe nur bei positiver Unrechtskenntnis anordnen und daher eine Ausnahme von § 17 StGB machen wollte (*Cramer* u. *Rudolphi* aaO; *Jescheck* S. 413 f.). Dies wird beim Bannbruch gem. § 372 AO der Fall sein. Zur Steuerhinterziehung s. Rdnr. 234 ff. zu § 370 AO.

cc) Versuch und Wahndelikt

Die beim umgekehrten Irrtum erforderliche Unterscheidung zwischen Versuch und Wahndelikt erfolgt prinzipiell ebenso wie die Unterscheidung zwischen Tatumstandsirrtum und Verbotsirrtum. Nimmt der Täter irrig tatsächlich nicht gegebene Tatumstände an, so kommt Versuch in Betracht; erkennt er alle Umstände zutreffend, glaubt er aber irrig, er verhalte sich rechtswidrig, so bleibt er straflos, sog. Wahndelikt (S/S-*Eser* 78 ff. zu § 22

StGB; *Maurach* NJW 1962, 716; *Maurach/Gössel/Zipf* AT/2 S. 45f.; SK-*Rudolphi* 30 zu § 22 StGB; krit. zu diesem Umkehrschluß *Engisch* Heinitz-Festschr. S. 185; *Baumann* NJW 1962, 16). Das bedeutet zB für den Bannbruch, daß die irrige Vorstellung eines nicht existenten Einfuhrverbots zum straflosen Wahndelikt führt. Dagegen begeht einen versuchten Bannbruch nach § 372 II, § 370 II AO, wer irrig annimmt, in seinem Lkw befänden sich Waren, die tatsächlich unter ein Einfuhrverbot fielen.

106 **Beim Unterlassungsdelikt** ist zu unterscheiden: Hält der Täter irrig garantenpflichtbegründende Umstände für gegeben, so begeht er einen Versuch. Glaubt er dagegen bei zutreffender Erkenntnis der äußeren Umstände, aus ihnen ergebe sich für ihn eine Handlungspflicht, die in Wahrheit jedoch nicht besteht, so liegt ein strafloses Wahndelikt vor (BGH 16, 155, 160 v. 29. 5. 1961; SK-*Rudolphi* 33 zu § 22 StGB). Das bedeutet für das Merkmal der Pflichtigkeit in § 370 I Nr. 2 AO: Der Täter begeht einen Versuch nach § 370 I Nr. 2, II AO, wenn er eine Berichtigung nach § 153 I AO nicht vornimmt, obwohl er sich irrig für den Erben des Steuerpflichtigen hält. Dagegen begeht ein strafloses Wahndelikt, wer nach Ablauf der Festsetzungsfrist erkennt, daß er eine unrichtige Erklärung abgegeben hat, und die Berichtigung unterläßt, obwohl er sich nach § 153 I AO für verpflichtet hält (vgl. auch die problematische Entscheidung des KG v. 9. 9. 1981, wistra 1982, 196 zur Nichtabgabe von ESt-Erklärungen für die Jahre 1977–1979).

l) Konkurrenzlehre

aa) Überblick

107 Bei der Grundform des strafbaren Verhaltens enthält eine Handlung des Täters die Merkmale nur eines Tatbestandes. Es sind aber auch Fälle häufig, in denen der Täter durch eine Handlung mehrere Tatbestände oder durch mehrere Handlungen mehrere Tatbestände erfüllt. Das Gesetz regelt in den §§ 52ff. StGB, wie in solchen Fällen zu verfahren ist. Die Anwendung dieser Vorschriften setzt mehrere gedankliche Operationen voraus. Zunächst ist zu klären, ob der Täter **eine oder mehrere Handlungen** begangen hat, s. Rdnr. 108ff. Sodann ist zu untersuchen, ob er durch die eine oder die mehreren Handlungen nur **ein oder mehrere Gesetze** verletzt hat. Hat der Täter durch eine oder durch mehrere Handlungen nur ein Gesetz verletzt, so ist dieses Gesetz anzuwenden. Hat er dagegen mehrere Gesetze verletzt, so greifen die allgemeinen Regeln der Konkurrenzlehre (§§ 52ff StGB) ein. Hat der Täter durch eine Handlung mehrere Gesetze verletzt (durch Überschreiten der Grenze begeht er Zollhinterziehung und Bannbruch), so liegt Idealkonkurrenz oder Handlungseinheit vor. Verletzt der Täter durch mehrere Handlungen mehrere Gesetze, so handelt es sich um Realkonkurrenz oder Handlungsmehrheit. Von der Frage, ob der Täter mehrere Gesetze verletzt hat, ist die Frage zu unterscheiden, ob er die Merkmale mehrerer Tatbestände erfüllt hat. Es kann nämlich ein Täterverhalten mehrere Tatbestände erfüllen, ohne daß eine mehrfache Gesetzesverletzung vorliegt. Wer gewerbsmäßig Bannbruch begeht, erfüllt den Tatbestand in § 372 AO und § 373 AO. Anwend-

III. Geltung der allgemeinen Gesetze

bar ist jedoch nur § 373 AO als das speziellere Gesetz. Hat der Täter mehrere Tatbestände erfüllt, von denen jedoch nur einer anzuwenden ist, so handelt es sich um eine scheinbare Konkurrenz, die Gesetzeskonkurrenz genannt wird, s. Rdnr. 115 ff. Es ist also für alle Konkurrenzfragen jeweils zu klären, erstens, *ob der Täter eine oder mehrere Handlungen begangen hat,* und zweitens, *ob er ein Gesetz oder mehrere Gesetze verletzt hat.*

bb) Handlungseinheit

Als Fälle *einer* Handlung werden herkömmlich bezeichnet: die Handlungseinheit im natürlichen Sinne, die natürliche Handlungseinheit, die tatbestandliche Handlungseinheit und die Fortsetzungstat. **108**

(1) **Handlungseinheit im natürlichen Sinne** ist gegeben, wenn der Täter *eine* Körperbewegung aufgrund *eines* Willensentschlusses vorgenommen hat. Gleichgültig ist dann, wieviele Erfolge er dadurch verursacht und wieviele Gesetze er durch sie verletzt (BGH 1, 20, 21 f. v. 5. 1. 1951; 18, 26 f. v. 3. 8. 1962; SK-*Samson/Günther* 21 vor § 52 StGB). **109**

(2) Die Rspr kennt daneben den Begriff der **natürlichen Handlungseinheit**. Diese Form der Handlungseinheit soll vorliegen, wenn der Täter mehrere Körperbewegungen vornimmt, die jedoch „*bei natürlicher Betrachtungsweise"* als eine Einheit angesehen werden müssen. Die Rspr hält dafür zT den engen räumlichen und zeitlichen Zusammenhang zwischen den Einzelakten (BGH 4, 219 f. v. 27. 3. 1953), zT aber den einheitlichen zugrundeliegenden Tatentschluß für maßgeblich (BGH 10, 129 f. v. 20. 12. 1956; 10, 230 f. v. 23. 1. 1957). Im Schrifttum wird der Begriff der natürlichen Handlungseinheit überwiegend abgelehnt (*Jescheck* S. 581; *Maurach/Gössel/Zipf* AT/2 S. 411; S/S-*Stree* 22 vor § 52 StGB; vgl. auch SK-*Samson/Günther* 33 ff. vor § 52 StGB). **110**

(3) **Tatbestandliche Handlungseinheit** liegt dann vor, wenn ein Tatbestand mehrere Körperbewegungen zu einer rechtlichen Bewertungseinheit zusammenfaßt. Das ist zunächst bei mehraktigen oder zusammengesetzten Delikten eindeutig, wie zB beim Raub, der Gewalt und Wegnahme oder bei der Vergewaltigung, die Gewalt und Beischlaf voraussetzt (LK-*Vogler* 16 und SK-*Samson/Günther* 42 vor § 52 StGB). Eine tatbestandliche Handlungseinheit ist aber auch dann gegeben, wenn der Täter aufgrund gleicher Motivationslage durch mehrere Einzelakte, die in engem räumlichen und zeitlichen Zusammenhang stehen, das tatbestandliche Unrecht intensiviert (*R. Schmitt* ZStW 75, 46; *Jescheck* S. 580; SK-*Samson/Günther* 45 ff. vor § 52 StGB). Ein solcher Fall liegt zB vor, wenn der Täter durch mehrere Einzelakte unmittelbar nacheinander mehrere Steuerzeichen fälscht. Auch das Dauerdelikt ist ein Fall tatbestandlicher Handlungseinheit. Im **Dauerdelikt** werden solche natürlichen Handlungen zu einer rechtlichen Handlungseinheit verbunden, die der Täter vornimmt, um einen rechtswidrigen Zustand herzustellen und aufrechtzuerhalten (zB bei Freiheitsberaubung, § 239 StGB). Dauerdelikte werden mit der Begründung des rechtswidrigen Zustands vollendet, aber erst mit seiner Aufhebung beendet. Die Möglichkeit *fahrlässiger* Begehung eines Dauerdelikts wird zwar allgemein bejaht, auch für die aus **111**

dauernder Unachtsamkeit unterlassene Abgabe von Steuererklärungen (RG 76, 68, 70 v. 12. 2. 1942). Abgelehnt wird die Möglichkeit einer fahrlässigen Dauerstraftat von der hM jedoch für die leichtfertige Abgabe mehrerer unrichtiger Steuererklärungen, weil der Täter bei jeder einzelnen abgegebenen Steuererklärung *„auf Grund jedesmal neuer Sachlagen die Frage (seiner Steuerpflicht) von neuem zu prüfen und einen neuen Entschluß zu fassen"* habe (RG aaO; BGH v. 17. 3. 1953, bei *Herlan* GA 1954, 58 v. 22. 12. 1959; DStZ/B 1960, 130; OLG Bremen v. 17. 8. 1960, ZfZ 371; aM *Suhr* 1977, S. 316f.).

(4) Fortgesetzte Handlung

112 In der fortgesetzten Handlung faßte die Rspr natürliche Handlungen und Handlungseinheiten (BGH 19, 323, 325 v. 30. 6. 1964) zu einer **Handlung im Rechtssinne** zusammen, wenn die Einzelakte im wesentlichen gleichartig waren und dasselbe Rechtsgut beeinträchtigten und wenn sie auf einem einheitlichen Entschluß (*„Gesamtvorsatz"*) beruhten (vgl. Voraufl. 103–105 zu § 369 AO sowie SK-*Samson/Günther* 55ff. vor § 52 StGB). Für die Steuerhinterziehung bedeutete die Annahme der fortgesetzten Handlung insbesondere, daß die Verjährung erst mit Beendigung des letzten Teilaktes begann. Dabei hatte in der Vergangenheit die Rechtsprechung die Figur zunächst ganz erheblich ausgeweitet, bis sie dann Ende der 80er Jahre zu Restriktionen zurückfand, insbesondere verlangte, daß der Täter mit einem Gesamtvorsatz handelte, der von vornherein sämtliche Teile der Handlungsreihe als Teilstücke eines einheitlichen Geschehens so umfassen mußte, daß die einzelnen Teilakte als unselbständige Bestandteile einer Tat erschienen (vgl. den Überblick und die Nachweise bei *R. Schmitz,* wistra 1993, 127).

113 Der Große Senat des BGH hat mit Beschluß vom 3. 5. 1994 (wistra 1994, 185) das Institut jedoch praktisch aufgegeben. Eine Einordnung eines Verhaltens als fortgesetzte Handlung sei nur denkbar, *„wenn dies zur sachgerechten, d.h. dem Sinn des Gesetzes entsprechenden Erfassung des durch die mehreren Verwirklichungen des Tatbestandes begangenen Unrechts und der Schuld unumgänglich ist"* (aaO S. 190). Ausdrücklich bezog sich diese Entscheidung auf die §§ 174, 176 StGB sowie den Tatbestand des Betruges (§ 263 StGB). Zwischenzeitlich hat der 5. Strafsenat mit Entscheidung vom 20. 6. 1994 (wistra 1994, 266) ebenfalls die Anwendbarkeit der fortgesetzten Handlung im Rahmen des § 370 verneint. Auch bei anderen Steuerstraftaten ist insofern ein Fortsetzungszusammenhang kaum denkbar.

114 Die Änderung der Rechtsprechung ist nur teilweise akzeptabel (*Arzt* JZ 1994, 1002: „tabula rasa"). Zu begrüßen ist sie, soweit damit die unerträglichen Konsequenzen für die Verjährung beseitigt werden. Hierzu hätte es aber nicht der Aufgabe der Figur der fortgesetzten Handlung bedurft, sondern genügt, auch bei Fortsetzungszusammenhang den Beginn der Verjährung für jeden Einzelakt gesondert zu berechnen. Abzulehnen ist die Entscheidung insofern, als mit ihr in der Praxis erhebliche Schwierigkeiten verbunden sind, weil der Staatsanwalt und der Tatrichter gezwungen sind, nunmehr jeden „Einzelakt" gesondert zu beschreiben und ggf. auch insoweit eine Strafe zuzumessen, und die Gefahr besteht, daß es über die Gesamtstrafenbildung zu deutlich höheren Strafen kommt. Namentlich für eine langwährende Hinterziehung von Umsatzsteuern, bei denen sowohl unrichtige Umsatzsteuervoranmeldung als auch Jahreserklärungen abgegeben werden, führt dies zu erheblichen praktischen Schwierigkeiten, teilweise auch zu einer Erhöhung der Strafen, denen der BGH offenbar dadurch entgegentreten will, daß er für die Strafzumessung bei Serienstraftaten präzise Kriterien entwickelt (v. 22. 3. 1995, wistra 221) bzw. die Figur der Bewertungseinheit – am Beispiel des Betäubungsmittelhandels – entwickelt (BGH v. 6. 10. 1995, wistra 1996, 139). Zur Frage des Fortsetzungszusammenhangs in Fällen der Umsatzsteuerverkürzung vgl. Rdnr. 306 zu § 370 AO.

cc) Gesetzeskonkurrenz

Bei Gesetzeskonkurrenz treffen auf eine Straftat dem Wortlaut nach *meh-* **115** *rere* Strafgesetze zu, jedoch ergibt sich aus dem Verhältnis der Vorschriften zueinander, daß in Wirklichkeit nur *eine* von ihnen anwendbar ist.

(1) **Bei Spezialität** geht das besondere dem allgemeinen Gesetz vor, zB **116** § 373 AO (gewerbsmäßiger Schmuggel) dem § 372 AO (Bannbruch).

(2) **Bei Subsidiarität** tritt dasjenige Gesetz zurück, das aufgrund einer **117** ausdrücklichen Vorschrift (Subsidiaritätsklausel) oder sonst erkennbar nur für den Fall gelten soll, daß kein anderes Gesetz eingreift, zB § 372 AO (Bannbruch) gegenüber § 29 I Nr. 1 BtMG, § 74 TierSG usw. (Rdnr. 20 zu § 372 AO).

(3) **Mitbestrafte Nachtat** ist eine Handlung, die nicht besonders bestraft **118** wird, weil (und soweit) sie sich in der Sicherung oder Auswertung einer durch die Vortat erlangten Position erschöpft, zB Hehlereihandlungen iS des § 374 AO mit selbst geschmuggelten Waren. Eine Nachtat ist nicht straflos, wenn sie einen neuen, andersartigen Schaden verursacht (BGH 5, 295, 297 v. 4. 2. 1954), zB Betrug (§ 263 StGB) durch Verkauf gefälschter Steuerzeichen (§ 148 StGB) an einen ahnungslosen Abnehmer oder wenn sie den durch die Vortat entstandenen Schaden erweitert (BGH 6, 67 v. 22. 4. 1954).

Ob die Nachtat straflos ist, wenn die Vortat nicht bestraft werden kann, **119** weil sie nicht erweislich ist oder weil ihrer Aburteilung verfahrensrechtliche Hindernisse entgegenstehen, zB Verjährung, ist umstritten (dagegen BGH v. 11. 1. 1955, zit. bei *Dallinger* MDR 1955, 269; v. 23. 8. 1968, NJW 1968, 2115; v. 22. 7. 1970, GA 1971, 83; OLG Braunschweig v. 28. 6. 1963, NJW 1963, 1936; LK-*Vogler* 145f., aM S/S-*Stree* 116 u. SK-*Samson/Günther* 102 – jeweils vor § 52 StGB mwN).

(4) **Mitbestrafte Vortat** ist zB eine Vorbereitungshandlung (vgl. § 149 **120** StGB) oder ein Versuch (vgl. § 370 AO) gegenüber dem später vollendeten Vergehen oder eine Anstiftung im Verhältnis zu einer Tat, an der sich der Anstifter später als Mittäter beteiligt.

dd) Tateinheit

Tateinheit (= Idealkonkurrenz) liegt vor, wenn *eine* Handlung (Rdnr. **121** 108ff.) *mehrere* Gesetze verletzt, die gleichzeitig anwendbar sind (Rdnr. 117ff.). Die Mehrheit kann durch mehrmalige Verletzung desselben Geset-

§ 369 122, 123 Steuerstraftaten

zes durch *eine* Handlung, zB Hinterziehung mehrerer Steuern durch *eine* unrichtige Erklärung (gleichartige Tateinheit) oder durch Verletzung verschiedener Gesetze, zB § 370 AO und § 267 StGB (ungleichartige Tateinheit) gebildet werden. Die Tateinheit regelt:

§ 52 StGB Tateinheit

(1) Verletzt dieselbe Handlung mehrere Strafgesetze oder dasselbe Strafgesetz mehrmals, so wird nur auf eine Strafe erkannt.

(2) [1] Sind mehrere Strafgesetze verletzt, so wird die Strafe nach dem Gesetz bestimmt, das die schwerste Strafe androht. [2] Sie darf nicht milder sein, als die anderen anwendbaren Gesetze es zulassen.

(3) Geldstrafe kann das Gericht unter den Voraussetzungen des § 41 neben Freiheitsstrafe gesondert verhängen.

(4) [1] Läßt eines der anwendbaren Gesetze die Vermögensstrafe zu, so kann das Gericht auf sie neben einer lebenslangen oder einer zeitigen Freiheitsstrafe von mehr als zwei Jahren gesondert erkennen. [2] Im übrigen muß oder kann auf Nebenstrafen, Nebenfolgen und Maßnahmen (§ 11 Abs. 1 Nr. 8) erkannt werden, wenn eines der anwendbaren Gesetze sie vorschreibt oder zuläßt.

122 **Für die Verletzung mehrerer Gesetze durch dieselbe Handlung** (oder Handlungseinheit) ist erforderlich und genügend, daß die Ausführungshandlungen beider Straftaten mindestens teilweise identisch sind (BGH 7, 149, 151 v. 11. 1. 1955; RG 66, 359, 362 v. 26. 9. 1932 zu TabSt-Hinterziehung und Warenzeichenvergehen). Einheitlicher Entschluß zu mehreren Handlungen (RG 58, 113, 116 v. 18. 3. 1924), einheitlicher Zweck oder Beweggrund (BGH aaO) oder Handeln an demselben Ort und zu derselben Zeit (BGH 18, 29, 32 f. v. 31. 8. 1962; BGH v. 1. 9. 1982, wistra 226) reichen nicht aus. Das Prinzip der Verklammerung durch Identität in einem Punkt der Tatausführung gilt nur dann nicht, wenn bei dem Zusammentreffen mehrerer Handlungseinheiten derjenige Teilakt, der das Bindeglied bildet, im Unrechtsgehalt hinter den übrigen Teilen der Handlungseinheit zurückbleibt (BGH 18, 26, 28 f. v. 3. 8. 1962; v. 16. 10. 1962, NJW 1963, 57). Unter den genannten Voraussetzungen ist Tateinheit auch möglich zwischen vorsätzlicher und fahrlässiger Tat (BGH 1, 278, 280 v. 13. 7. 1951).

123 **Nach dem Absorptionsprinzip des § 52 StGB** ist bei ungleichartiger Tateinheit (Rdnr. 121) immer auch aus dem milderen Gesetz zu verurteilen, die Strafe aber dem Gesetz zu entnehmen, das die schwerste Strafe androht. Bei dem Vergleich der Strafdrohungen gilt nicht die abstrakte Betrachtungsweise des § 12 StGB; vielmehr sind die im konkreten Fall erfüllten gesetzlichen Strafschärfungs- und -milderungsgründe mit ihren besonderen Strafrahmen zu berücksichtigen (RG 75, 14 v. 28. 11. 1940; 75, 19 v. 10. 12. 1940). Für die Schwere der angedrohten Strafe kommt es auf das abstrakte Höchstmaß der Hauptstrafe, bei gleicher Art und Schwere der Hauptstrafe auf Nebenstrafen und erst dann auf das Mindestmaß der Strafe an. Das mildere Gesetz bleibt insofern bedeutsam, als es bei der Strafzumessung schärfend ins Gewicht fallen kann (OLG Hamburg v. 14. 3. 1950, JR 1951, 86; OLG Köln v. 3. 4. 1956, MDR 374), sein Mindestmaß nicht unterschritten werden darf (§ 52 II

III. Geltung der allgemeinen Gesetze

2 StGB; BGH 1, 152, 156 v. 24. 4. 1951) und auf Nebenstrafen, Nebenfolgen und Maßnahmen erkannt werden kann oder muß, wenn nur das mildere Gesetz sie vorschreibt oder zuläßt (§ 52 IV StGB; RG 73, 148, 150 v. 22. 3. 1939); denn es darf dem Täter nicht zum Vorteil gereichen, daß er durch seine Tat nicht nur eine, sondern mehrere Strafvorschriften verletzt hat (BGH 7, 307, 312 v. 11. 2. 1955). Mit Rücksicht auf diese stRspr ist § 418 RAO durch Art. 1 Nr. 8 AOStrafÄndG gestrichen worden (Begr. BT-Drucks. V/1812 S. 26).

ee) Tatmehrheit

Tatmehrheit (= Realkonkurrenz) liegt vor, wenn mehrere Handlungen (Handlungseinheiten) mehrere Gesetze verletzen, sei es, mehrmals dasselbe Gesetz (gleichartige Tatmehrheit) oder verschiedene Gesetze (ungleichartige Tatmehrheit). Die gesetzliche Regelung der Tatmehrheit enthalten die §§ 53–55 StGB, namentlich:

§ 53 StGB Tatmehrheit

(1) Hat jemand mehrere Straftaten begangen, die gleichzeitig abgeurteilt werden, und dadurch mehrere Freiheitsstrafen oder mehrere Geldstrafen verwirkt, so wird auf eine Gesamtstrafe erkannt.

(2) ¹Trifft Freiheitsstrafe mit Geldstrafe zusammen, so wird auf eine Gesamtstrafe erkannt. ²Jedoch kann das Gericht auf Geldstrafe auch gesondert erkennen; soll in diesen Fällen wegen mehrerer Straftaten Geldstrafe verhängt werden, so wird insoweit auf eine Gesamtgeldstrafe erkannt.

(3) ¹Hat der Täter nach dem Gesetz, nach welchem § 43a Anwendung findet, oder im Fall des § 52 Abs. 4 als Einzelstrafe eine lebenslange oder eine zeitige Freiheitsstrafe von mehr als zwei Jahren verwirkt, so kann das Gericht neben der nach Absatz 1 oder 2 zu bildenden Gesamtstrafe gesondert eine Vermögensstrafe verhängen; soll in diesen Fällen wegen mehrerer Straftaten Vermögensstrafe verhängt werden, so wird insoweit auf eine Gesamtvermögensstrafe erkannt. ² § 43a Abs. 3 gilt entsprechend.

(4) § 52 Abs. 3 und 4 Satz 2 gilt sinngemäß.

§ 54 StGB Bildung der Gesamtstrafe

(1) ¹Ist eine der Einzelstrafen eine lebenslange Freiheitsstrafe, so wird als Gesamtstrafe auf lebenslange Freiheitsstrafe erkannt. ²In allen übrigen Fällen wird die Gesamtstrafe durch Erhöhung der verwirkten höchsten Strafe, bei Strafen verschiedener Art durch Erhöhung der ihrer Art nach schwersten Strafe gebildet. ³Dabei werden die Person des Täters und die einzelnen Straftaten zusammenfassend gewürdigt.

(2) ¹Die Gesamtstrafe darf die Summe der Einzelstrafen nicht erreichen. ²Sie darf bei zeitigen Freiheitsstrafen fünfzehn Jahre, bei Vermögensstrafen den Wert des Vermögens des Täters und bei Geldstrafe siebenhundertzwanzig Tagessätze nicht übersteigen; § 43a Abs. 1 Satz 3 gilt entsprechend.

(3) Ist eine Gesamtstrafe aus Freiheits- und Geldstrafe zu bilden, so entspricht bei der Bestimmung der Summe der Einzelstrafen ein Tagessatz einem Tag Freiheitsstrafe.

Nach dem Asperationsprinzip der §§ 53, 54 StGB führt das Zusammentreffen mehrerer selbständiger Handlungen nicht zu einer Häufung der verwirkten Freiheitsstrafen, sondern zu einer Verschärfung der verwirkten schwersten Einzelstrafe; anders beim Zusammentreffen von zeitiger Frei-

§ 369 126 Steuerstraftaten

heitsstrafe und Geldstrafe, bei dem das Gericht gem. § 53 II StGB zwischen der Bildung einer Gesamt(freiheits)strafe und der Kumulierung von Freiheits- und Geldstrafe wählen kann. Soweit das Asperationsprinzip gilt, sind zunächst für alle Taten die konkret verwirkten Einzelstrafen festzusetzen. Alsdann ist die schwerste Einzelstrafe als Einsatzstrafe zur Bildung der Gesamtstrafe zu erhöhen, und zwar bei Freiheitsstrafe um mindestens eine Einheit nach § 39 StGB. Zur Kollision von § 54 und § 39 StGB s. SK-*Samson/ Günther* 5 zu § 54 StGB. Nach oben muß die Gesamtstrafe um mindestens eine Einheit Freiheitsstrafe hinter der Summe der Einzelstrafen zurückbleiben. Innerhalb dieses Rahmens muß der Richter die Gesamtstrafe nach pflichtgemäßem Ermessen bestimmen (BGH 8, 205, 210f. v. 6. 10. 1955; v. 7. 4. 1994, StV 425; v. 12. 4. 1994, StV 424). Die in der Gesamtstrafe aufgehenden Einzelstrafen sind in den Urteilsgründen aufzuführen. Im Rechtsmittelverfahren bleibt jede Einzelstrafe von der Aufhebung der Gesamtstrafe und anderer Einzelstrafen idR unberührt.

126 **Eine nachträgliche Gesamtstrafenbildung** schreibt vor:

§ 55 StGB Nachträgliche Bildung der Gesamtstrafe

(1) [1]Die §§ 53 und 54 sind auch anzuwenden, wenn ein rechtskräftig Verurteilter, bevor die gegen ihn erkannte Strafe vollstreckt, verjährt oder erlassen ist, wegen einer anderen Straftat verurteilt wird, die er vor der früheren Verurteilung begangen hat. [2]Als frühere Verurteilung gilt das Urteil in dem früheren Verfahren, in dem die zugrundeliegenden tatsächlichen Feststellungen letztmals geprüft werden konnten.

(2) [1]Vermögensstrafen, Nebenstrafen, Nebenfolgen und Maßnahmen (§ 11 Abs. 1 Nr. 8), auf die in der früheren Entscheidung erkannt war, sind aufrechtzuerhalten, soweit sie nicht durch die neue Entscheidung gegenstandslos werden. [2]Dies gilt auch, wenn die Höhe der Vermögensstrafe, auf die in der früheren Entscheidung erkannt war, den Wert des Vermögens des Täters zum Zeitpunkt der neuen Entscheidung übersteigt.

Taten, die bei gleichzeitiger Aburteilung gem. §§ 53, 54 StGB behandelt worden wären, sollen gem. § 55 StGB bei getrennter Aburteilung durch Einbeziehung in das alte Urteil genauso behandelt werden (BGH 35, 215 v. 11. 2. 1988),

1. sofern die durch die frühere Verurteilung verhängte Strafe noch nicht vollstreckt, verjährt oder erlassen ist (vgl. BGH 12, 94 v. 28. 10. 1958) und

2. die neue Tat (wenn auch nur möglicherweise, vgl. OLG Oldenburg v. 12. 2. 1959, GA 1960, 28) vor der früheren Verurteilung begangen worden ist.

Unter diesen Voraussetzungen soll der Täter nach § 55 StGB durch den verfahrensrechtlichen Zufall gemeinsamer oder getrennter Aburteilung seiner mehreren Straftaten weder besser noch schlechter gestellt werden (BGH 7, 180, 182 v. 16. 12. 1954; 17, 173, 175 v. 6. 3. 1962). Je nach den Umständen kann es nach § 55 StGB erforderlich sein, eine frühere Gesamtstrafe wieder aufzulösen (BGH 9, 5 v. 24. 1. 1956) und für diejenigen Einzelstrafen, bei denen die Voraussetzungen der Zusammenfassung vorliegen, eine neue Gesamtstrafe zu bilden (BGH v. 11. 1. 1963, GA 374).

III. Geltung der allgemeinen Gesetze   127, 128   § 369

ff) Wahlfeststellung

§ 2b StGB, der durch Art. 2 G v. 28. 6. 1935 (RGBl. I 839) eingefügt 127
worden war, lautete:
„*Steht fest, daß jemand gegen eines von mehreren Strafgesetzen verstoßen hat, ist aber eine Tatfeststellung nur wahlweise möglich, so ist der Täter aus dem mildesten Gesetz zu bestrafen.*"
Nach Aufhebung der Vorschrift durch Art. 1 KRG Nr. 11 v. 30. 1. 1946 (ABl. 55) hat die Rspr im Anschluß an den Beschluß der Vereinigten StrS des RG v. 2. 5. 1934 (RG 68, 257) **wahldeutige Verurteilungen für zulässig erachtet**, wenn
1. nach Ausschöpfung aller Ermittlungsmöglichkeiten (RG v. 11. 11. 1938, JW 1939, 221) bzw. Erkenntnismittel (BGH 11, 100 v. 7. 11. 1957) und des Grundsatzes in *dubio pro reo* eine eindeutige Tatfeststellung nicht getroffen werden kann (BGH 12, 386, 388 v. 4. 12. 1958; 21, 152 v. 11. 11. 1966). Lassen die Feststellungen nur die Möglichkeit offen, daß der Angeklagte Täter oder Gehilfe ist, muß er wegen Beihilfe verurteilt werden (BayObLG v. 9. 11. 1966, NJW 1967, 361),
2. jede der in Frage kommenden tatsächlichen Möglichkeiten – und zwar unter Ausschluß jeder weiteren Möglichkeit (BGH 12, 386 v. 4. 12. 1958) – zusammen mit dem eindeutig festgestellten Sachverhalt ein Strafgesetz verletzt und
3. bei Verschiedenheit der möglicherweise verletzten Strafgesetze die aus ihnen folgenden Schuldvorwürfe rechtsethisch und psychologisch gleichwertig sind, dh wenn ihnen im allgemeinen Rechtsempfinden eine gleiche oder ähnliche sittliche Bewertung zuteil wird und wenn die seelische Beziehung des Täters zu den mehreren in Frage stehenden Verhaltensweisen einigermaßen gleichartig ist (stRspr seit BGH 9, 390, 394 v. 15. 10. 1956; vgl. BGH 21, 152 v. 11. 11. 1966). Diese Voraussetzungen fehlen zB im Verhältnis zwischen einer Steuerstraftat und einer Rauschtat (§ 323a StGB).

Als gleichwertig anerkannt sind: 128
Alleintäterschaft und Mittäterschaft (RG 36, 18f. v. 27. 11. 1902) sowie Täterschaft und Anstiftung (BGH 1, 127 v. 19. 4. 1951) oder Täterschaft und Beihilfe (BayObLG v. 9. 11. 1966, NJW 1967, 361) in bezug auf dasselbe Delikt;
Steuerhinterziehung (§ 370 AO) und Steuerhehlerei (§ 374 AO), und zwar auch bei gewerbsmäßiger Begehungsweise (BGH 4, 128 v. 16. 4. 1953; v. 20. 2. 1974, NJW 803; *Leise/Dietz* 53 zu § 369 AO).

Im Tenor der Entscheidung sind beide alternativ verletzten Gesetze anzuführen. Die Strafe ist dem Gesetz zu entnehmen, das bei konkreter Betrachtung die geringste Strafe zuläßt (BGH v. 10. 1. 1957, zit. bei *Dallinger* MDR 397).

m) Strafen und Strafzumessung

aa) Allgemeines

129 Strafe iS des StGB ist die Zufügung eines Übels, hauptsächlich in Form einer Freiheitsentziehung oder Zahlungspflicht, die eine mißbilligende Antwort der Rechtsgemeinschaft auf schuldhaft begangenes Unrecht ist (LK-*Jescheck,* Einl. Rdnr. 23). Sie dient den Zwecken der Spezial- und Generalprävention. Sie wird in ihrer Höhe durch das Maß der Schuld begrenzt, darf dieses Maß aber unterschreiten, soweit spezialpräventive Bedürfnisse dies notwendig machen und generalpräventive Mindesterfordernisse dem nicht entgegenstehen (*Roxin* AT 3/53). Das Schuldprinzip (keine Strafe ohne Schuld) hat Verfassungsrang (BVerfG 20, 323 v. 15. 10. 1966). Der Gesetzgeber ist daher verpflichtet, Mindest- und Höchststrafen so festzusetzen, daß die möglichen Schuldstufen einer Tat berücksichtigt werden können. Nach hM besteht angesichts der Unmöglichkeit, jeden Grad der Schuld in einer absolut bestimmten Strafe auszudrücken, innerhalb der gesetzlichen Strafrahmen für den Richter ein gewisser Spielraum, innerhalb dessen jede Strafe noch als schuldangemessen angesehen werden kann (BGH v. 24. 6. 1954, NJW 1416; 7, 28, 32 v. 10. 11. 1954; OLG Köln v. 9. 11. 1956, MDR 1957, 247; *Maurach/Gössel/Zipf* AT/2 S. 537ff.; LK-*Gribbohm,* 46 vor § 46, 6, 326 zu § 46 StGB). Nur innerhalb des Spielraums können der Zweck einer Abschreckung der Allgemeinheit (Generalprävention) und einer erzieherischen Einwirkung auf den Täter (Spezialprävention) und weitere Umstände bei der Strafzumessung berücksichtigt werden (vgl. BGH 10, 259, 264f. v. 8. 4. 1957). Im Interesse der General- und Spezialprävention kann es zulässig und geboten sein, trotz mangelnder Pflicht eines Angeklagten zu wahrheitsgemäßen Aussagen (vgl. § 136a StPO) ein Geständnis strafmildernd und hartnäckiges Leugnen strafschärfend zu würdigen; denn *„in dem Verhalten, das der Verbrecher während des Verfahrens ... an den Tag legt, kann sich ... auch offenbaren, wie er innerlich zu seiner Tat steht. Wenn auch durch dieses nach der Tat liegende Verhalten der Unrechtsgehalt der Tat selbst nicht verändert wird, so können doch unter Umständen aus ihm Schlüsse auf das Maß seiner persönlichen Schuld und auf seine Gefährlichkeit gezogen werden"* (BGH 1, 105ff. v. 10. 4. 1951). Nach abw. Meinungen hat der Richter keinen Spielraum, sondern muß für eine bestimmte Tat die einzige schuldangemessene Strafe finden (*Eb. Schmidt* SJZ 1946, 209; *Jagusch* aaO, *Bruns* aaO) oder jedenfalls in einem schöpferischen Akt die Strafe bestimmen, die nach seiner Auffassung die gerechte ist, ohne daß er für sich in Anspruch nehmen kann, die einzige gerechte Strafe gefunden zu haben (*Dreher* JZ 1968, 211). Hiernach bildet der gesetzliche Strafrahmen eine kontinuierliche Schwereskala möglicher Tatbestandsverwirklichungen, in die der Richter seinen Fall richtig einzuordnen hat, so daß auch die angedrohte Höchststrafe für jede konkrete Tatbestandsverwirklichung bedeutsam ist, weil sie den Maßstab mitbestimmt, an dem der Einzelfall zu messen ist.

III. Geltung der allgemeinen Gesetze   130–132   § 369

bb) Strafrahmen der Steuerstraftaten

Die AO 1977 hat die Strafrahmen für Steuerstraftaten beibehalten, die 130
durch das EGStGB eingeführt worden sind. Sämtliche Steuerstraftaten werden mit Freiheitsstrafe allein oder wahlweise mit Freiheitsstrafe oder Geldstrafe bedroht. Über die Nebenfolge der Aberkennung der Amtsfähigkeit und Wählbarkeit s. Rdnr. 16 zu § 375 AO, über die Einziehung und den Verfall s. Rdnr. 28 zu § 375 AO.

Allein mit Freiheitsstrafe ist die Steuerhinterziehung in einem besonders 131
schweren Fall (§ 370 III AO), der gewerbsmäßige usw. Schmuggel (§ 373 AO) und die gewerbsmäßige Steuerhehlerei (§§ 374, 373 AO) bedroht. Gem. § 47 I StGB darf eine Freiheitsstrafe unter sechs Monaten jedoch nur verhängt werden, wenn besondere Umstände in der Tat oder der Täterpersönlichkeit dies *„zur Einwirkung auf den Täter oder zur Verteidigung der Rechtsordnung unerläßlich machen"*. Kommt danach eine Freiheitsstrafe von wenigstens sechs Monaten nicht in Betracht, so hat das Gericht auch dann zu Geldstrafe zu verurteilen, wenn eine solche nicht angedroht ist. Dieser Fall kann nicht bei § 370 III AO (Mindeststrafe 6 Monate), wohl aber bei § 373 und § 374 AO (Mindeststrafe 3 Monate) eintreten. Zur Geldstrafe neben Freiheitsstrafe s. Rdnr. 139. Für die anderen Steuerstraftaten droht das Gesetz ausnahmslos in erster Linie Freiheitsstrafe und wahlweise Geldstrafe an. Damit sind die Strafrahmen der Steuerstraftaten dem allgemeinen Strafrahmensystem angepaßt. Besonderheiten wie die Androhung von Geldstrafe in erster Linie oder die Androhung von Freiheitsstrafe und kumulativer Geldstrafe bestehen nicht mehr; zum Rechtszustand vor dem 1. 1. 1975 s. 1. Aufl. Rdnr. 37 ff. zu § 391 RAO.

cc) Freiheitsstrafe

Die zeitige Freiheitsstrafe beträgt nach den allgemeinen Vorschriften min- 132
destens einen Monat und höchstens fünfzehn Jahre (§ 38 II StGB). Für die Steuerstraftaten ist das Höchstmaß der Freiheitsstrafe jedoch: zehn Jahre bei der Steuerhinterziehung in einem besonders schweren Fall (§ 370 III AO), fünf Jahre bei Steuerhinterziehung (§ 370 I AO), Bannbruch (§ 372 AO), schwerem Schmuggel (§ 373 AO), Steuerhehlerei (§ 374 AO), Wertzeichenfälschung (§ 148 StGB) und Begünstigung (§ 257 StGB) und zwei Jahre bei der einfachen Vorbereitung einer Wertzeichenfälschung (§ 149 StGB). Gem. § 39 StGB ist die kleinste Einheit bei Freiheitsstrafe unter einem Jahr eine Woche, sonst ein Monat. Die Mindesthöhe der Freiheitsstrafe wird für Steuerstraftaten erhöht auf sechs Monate bei Steuerhinterziehung in einem besonders schweren Fall (§ 370 III AO) und auf drei Monate bei schwerem Schmuggel (§ 373 AO) und gewerbsmäßiger Steuerhehlerei (§ 374 AO). Modifizierungen dieser Strafrahmen ergeben sich aus § 49 I StGB, dessen Anwendung auf die Beihilfe (§ 27 S. 2 StGB) und bei Fehlen strafbegründender persönlicher Merkmale (§ 28 I StGB) sowie in § 35 II StGB *vorgeschrieben* und bei unechten Unterlassungsdelikten (§ 13 II StGB), Verbotsirrtum (§ 17 StGB), verminderter Schuldfähigkeit (§ 21 StGB) und Versuch (§ 23 II StGB) *zugelassen* ist.

Joecks

133 **Strafaussetzung zur Bewährung** kann gem. § 56 I StGB bei Freiheitsstrafe bis zu einem Jahr, unter besonderen Umständen – die bei Ersttätern einer Steuerhinterziehung i. d. R. gegeben sind – gem. § 56 II StGB auch bei Freiheitsstrafe bis zu zwei Jahren gewährt werden.

dd) Geldstrafe

134 Die Geldstrafe wird gem. § 40 StGB nach **Tagessätzen** verhängt. Dieses durch das EGStGB eingeführte neue Geldstrafensystem will durch verbesserte Anpassung an die Leistungsfähigkeit des Verurteilten eine gerechtere Geldstrafenbemessung erreichen. Grundsätzlich erfolgt die Festsetzung der Geldstrafe in zwei Schritten (S/S-*Stree* 2ff. u. SK-*Horn* 2ff. zu § 40 StGB).

135 In einem ersten Schritt wird die **Zahl der Tagessätze** festgelegt. Sie beträgt mindestens 5 und höchstens 360 Tagessätze, sofern das Gesetz nichts anderes bestimmt (§ 40 I 2 StGB). Bei der Gesamtstrafenbildung ist das Höchstmaß der Geldstrafe 720 Tagessätze (§ 54 II 2 StGB). Abweichungen finden sich für die Steuerstraftaten nicht. Bei der Bestimmung der Zahl der Tagessätze hat das Gericht sämtliche gem. § 46 StGB für die Strafzumessung erheblichen Umstände zu berücksichtigen. In der Praxis erfolgt zumindest bei Ersttätern oftmals eine Orientierung an speziellen Formeln oder Tabellen, mit deren Hilfe unter Berücksichtigung der Höhe der verkürzten Steuern die Zahl der Tagessätze ermittelt wird (vgl. *Leise/Dietz* 64a zu § 369 AO).

136 Nachdem die Zahl der Tagessätze bestimmt wurde, hat das Gericht in einem zweiten Schritt die **Höhe der einzelnen Tagessätze** zu bestimmen. Dabei hat es grundsätzlich nur die Leistungsfähigkeit des Täters zu berücksichtigen. Nach § 40 II 2 StGB geht es von dem Nettoeinkommen aus, das der Täter an einem Tag durchschnittlich hat oder haben könnte. Ein Tagessatz beträgt mindestens 2 und höchstens 10.000 DM. Die Bestimmung des Nettoeinkommens bereitet Schwierigkeiten, insbes. die Frage, welche Zahlungsverpflichtungen des Angeklagten von seinem tatsächlichen Einkommen abzuziehen sind (S/S-*Stree* 8ff. zu § 40 StGB; *Grebing* JZ 1976, 745; *Frank* NJW 1976, 2329). Dem Grundgedanken des Tagessatzsystems widerspricht es, bei der Bestimmung der Tagessatzhöhe Strafzumessungsgesichtspunkte wie die Höhe der Schuld oder spezial- oder generalpräventive Aspekte zu berücksichtigen (*Zipf* ZStW 86, 523; *Horn* NJW 1974, 628; krit. S/S-*Stree* 6ff. zu § 40 StGB; *Tröndle* ZStW 86, 554ff.). Diese Umstände dürfen nur bei der Bestimmung der Tagesatzzahl herangezogen werden. Ebenfalls unzulässig ist es, das Produkt aus Tagessatzzahl und Tagessatzhöhe abzumildern, weil der absolute Betrag der Geldstrafe bezogen auf den verkürzten Betrag „unverhältnismäßig" erscheint. Hat ein schwerreicher Steuerpflichtiger 10.000 DM Steuern hinterzogen und sollte dies eine Geldstrafe von 30 Tagessätzen rechtfertigen, wird eben ein Höchsttagessatz von DM 10.000 angewandt und eine Geldstrafe von DM 300.000 verhängt. Dies ist vom Gesetz so gewollt.

137 Die **Beiziehung der Steuerakten** zur Ermittlung der Einkommens- und Vermögensverhältnisse ist unzulässig (*Wieczorek* wistra 1987, 173; aM *Koch*/

III. Geltung der allgemeinen Gesetze   138–142   § 369

Scholtz/Himsel 57 zu § 369 AO; vgl. auch BGH v. 30. 9. 1992, wistra 1993, 19, 21). Im Rahmen der Reform des Geldstrafensystems zum 1. 1. 1975 war die in § 49 Abs. 3 Satz 2 AE vorgesehene Möglichkeit der Beiziehung der Steuerakten ausdrücklich verworfen worden (vgl. LK-*Tröndle* 67, *Dreher/ Tröndle* 26 zu § 40 StGB). Diese gesetzgeberische Entscheidung kann nicht dadurch unterlaufen werden, daß unter Berufung auf § 30 Abs. 4 Nr. 1 AO die Beiziehung der (aktuellen) Steuerakten für zulässig erachtet wird (so aber *Koch/Scholtz/Himsel* 57 zu § 369 AO sowie ASB 112 III 2).

Bei uneinbringlicher Geldstrafe wird **Ersatzfreiheitsstrafe** vollstreckt, bei 138 der ein Tag Freiheitsstrafe einem Tagessatz entspricht (§ 43 StGB).

Hat sich der Täter durch die Tat bereichert oder zu bereichern versucht, 139 kann gem. § 41 StGB eine **Geldstrafe** auch **neben Freiheitsstrafe** verhängt werden, gleichgültig ob das Gesetz Geldstrafe androht oder nicht.

3. Geltung des Jugendgerichtsgesetzes

Schrifttum: *Dallinger/Lackner,* Jugendgerichtsgesetz (Kommentar), 2. Aufl. 1965; *Brunner,* Jugendgerichtsgesetz, Kommentar, 9. Aufl. 1990; *Eisenberg,* Jugendgerichtsgesetz, Kommentar, 6. Aufl. 1995; *Ostendorf,* Kommentar zum Jugendgerichtsgesetz, 2. Aufl. 1991; *Schaffstein/Beulke,* Jugendstrafrecht, Grundriß, 10. Aufl. 1991; ferner *Schefold,* Der jugendliche Steuersünder, StW 1944, 321; *Mattern,* Steuerstrafrecht und Jugendliche, DStR 1953, 249; *Böckmann,* Das Zusammentreffen von Jugendstrafrecht und Steuerstrafrecht, Diss. Münster 1964.

a) Inhalt und Bedeutung der Verweisung auf das JGG

Allgemeine Gesetze über das Strafrecht is des § 369 II AO sind außer den 140 §§ 1–79 StGB die materiellen Vorschriften der §§ 1–32, 105, 106 und 112a JGG, die ihrerseits gem. § 2 JGG die allgemeinen Vorschriften des StGB verdrängen. Nach § 2 JGG gelten die *„allgemeinen Vorschriften"* nur, soweit das JGG *„nichts anderes bestimmt".* Zu den allgemeinen Vorschriften iS des § 2 JGG gehören alle Rechtsnormen, die keine Rücksicht auf das Alter nehmen (*Dallinger/Lackner* 3, *Eisenberg* 1 zu § 2 JGG), also auch alle Vorschriften des Steuerstrafrechts (B. *Goetzeler* NJW 1960, 1656), das keine Sondervorschriften über Steuerstraftaten Jugendlicher enthält. Auf die Vorschriften der §§ 33–104, 107 ff. JGG über die Jugendgerichtsverfassung, das Jugendstrafverfahren, den Vollzug usw. verweist § 385 I AO.

Steuerstraftaten durch jugendliche oder heranwachsende Täter kom- 141 men nicht selten vor, beschränken sich aber meist auf die Hinterziehung von Eingangsabgaben und Steuerhehlerei durch jugendliche Grenzgänger oder Seeleute und die Hinterziehung von ESt durch unrichtige Angaben im Rahmen einer Antragsveranlagung gem. § 46 II Nr. 8 EStG.

b) Persönlicher Anwendungsbereich des JGG

Das JGG gilt, wenn ein **Jugendlicher** oder **Heranwachsender** eine Verfeh- 142 lung begeht, die nach den allgemeinen Vorschriften (Rdnr. 127) mit Strafe bedroht ist (§ 1 I JGG). Jugendlicher ist, wer zZ der Tat 14, aber noch nicht 18, Heranwachsender, wer zZ der Tat 18, aber noch nicht 21 Jahre alt ist (§ 1

§ 369   143, 144   Steuerstraftaten

II JGG). Ein Jugendlicher ist strafrechtlich verantwortlich, wenn er zZ der Tat nach seiner sittlichen und geistigen Entwicklung reif genug ist, das Unrecht der Tat einzusehen und nach dieser Einsicht zu handeln (§ 3 S. 1 JGG). Die Verfehlung eines Heranwachsenden ist nach dem Jugendstrafrecht zu beurteilen, *wenn*

1. *die Gesamtwürdigung der Persönlichkeit des Täters bei Berücksichtigung auch der Umweltbedingungen ergibt, daß er zur Zeit der Tat nach seiner sittlichen und geistigen Entwicklung noch einem Jugendlichen gleichstand, oder*
2. *es sich nach der Art, den Umständen oder den Beweggründen der Tat um eine Jugendverfehlung handelt"* (§ 105 I JGG).

Das Jugendstrafrecht (§§ 3–32, 105 JGG) gilt im ganzen auch für die Dauer des Wehrdienstverhältnisses eines Jugendlichen oder Heranwachsenden; wegen einzelner Abweichungen vgl. § 112a JGG.

c) Die Sanktionen des Jugendstrafrechts

143   Anstelle der für Straftaten Erwachsenen angedrohten Freiheits- und Geldstrafen (Rdnr. 129 ff.) sieht das Jugendstrafrecht vor, daß aus Anlaß der Straftat eines Jugendlichen **Erziehungsmaßregeln** angeordnet werden können und nur dann, wenn diese nicht ausreichen, die Straftat mit **Zuchtmitteln** oder mit **Jugendstrafe** geahndet wird (§ 5 I, II JGG). Erziehungsmaßregeln sind gem. § 9 JGG die Erteilung von Weisungen (vgl. §§ 10, 11 JGG), Erziehungsbeistandschaft und Fürsorgeerziehung (vgl. § 12 JGG iVm §§ 56, 57 JWG). Mit Zuchtmitteln ahndet der Richter die Straftat, wenn einerseits Erziehungsmaßregeln nicht ausreichen (§ 5 II JGG), andererseits *"Jugendstrafe nicht geboten ist, dem Jugendlichen aber eindringlich zum Bewußtsein gebracht werden muß, daß er für das von ihm begangene Unrecht einzustehen hat,,* (§ 13 JGG). Zuchtmittel sind gem. § 13 II JGG die Verwarnung (§ 14 JGG), die Erteilung von Auflagen (§ 15 JGG) und der Jugendarrest, der als Freizeitarrest höchstens 4 Freizeiten, als Kurzarrest höchstens 6 Tage und als Dauerarrest höchstens 4 Wochen betragen darf (§ 16 JGG). Zuchtmittel haben nach § 13 III JGG nicht die Rechtswirkungen einer Strafe und werden nicht in das Strafregister eingetragen. Jugendstrafe (= Freiheitsentzug in einer Jugendstrafanstalt) wird verhängt, *"wenn wegen der schädlichen Neigungen des Jugendlichen, die in der Tat hervorgetreten sind, Erziehungsmaßregeln oder Zuchtmittel zur Erziehung nicht ausreichen oder wenn wegen der Schwere der Schuld Strafe erforderlich ist,,* (§ 17 JGG). Ohne Rücksicht auf die Strafrahmen des allgemeinen Strafrechts beträgt die Jugendstrafe mindestens 6 Monate und idR höchstens 5 Jahre (vgl. § 18 JGG).

144   **Von den Nebenfolgen** darf auf Verlust der Amtsfähigkeit und Wählbarkeit (vgl. § 375 I AO) gegen einen Jugendlichen nicht erkannt werden (§ 6 JGG). Dagegen ist die Einziehung (vgl. § 375 II AO) durch das JGG nicht ausgeschlossen. Die Einziehung widerspricht nicht den Erziehungsgrundsätzen des Jugendstrafrechts und ist daher bei Jugendlichen und Heranwachsenden zulässig (BGH 6, 258 v. 13. 7. 1954).

IV. Wertzeichenfälschung § 369

4. Geltung des Wehrstraf- und des Zivildienstgesetzes

Schrifttum: *Dreher/Lackner/Schwalm*, Wehrstrafgesetz (Kommentar), 2. Aufl. 1975 bearbeitet von *Schölz*.

Das WehrStG idF v. 24. 5. 1974 (BGBl. I 1213) gilt nach seinem § 1 I für alle **Straftaten, die Soldaten der Bundeswehr begehen,** sowie nach § 1 II auch für Straftaten, durch die militärische Vorgesetzte, die nicht Soldaten sind, ihre Pflichten verletzen. Praktische Bedeutung für das Steuerstrafrecht hat namentlich:

§ 10 WehrStG Geldstrafe bei Straftaten von Soldaten

Bei Straftaten von Soldaten darf Geldstrafe nicht verhängt werden, wenn besondere Umstände, die in der Tat oder der Persönlichkeit des Täters liegen, die Verhängung von Freiheitsstrafe zur Wahrung der Disziplin gebieten.

Die Wahrung der Disziplin kann eine Freiheitsstrafe insbesondere bei Schmuggelvergehen erfordern, dh Hinterziehung von Eingangsabgaben (§ 370 I AO) oder Bannbruch (§ 372 AO), die im Zusammenhang mit Kommandierungen eines Soldaten ins Ausland begangen werden. Darüber hinaus kann die militärische Disziplin eine Freiheitsstrafe auch erfordern, wenn zwischen der Straftat und dem Dienstverhältnis als Soldat kein Zusammenhang besteht, zB wenn Soldaten einer grenznahen Garnison sich in ihrer Freizeit als Schmuggler betätigen (krit. *Peschke,* NZW 1987, 159). Eine entsprechende Regelung enthält § 56 ZDG für Zivildienstleistende.

IV. Wertzeichenfälschung

§ 148 StGB Wertzeichenfälschung

(1) Mit Freiheitsstrafe bis zu fünf Jahren oder mit Geldstrafe wird bestraft, wer
1. amtliche Wertzeichen in der Absicht nachmacht, daß sie als echt verwendet oder in Verkehr gebracht werden oder daß ein solches Verwenden oder Inverkehrbringen ermöglicht werde, oder amtliche Wertzeichen in dieser Absicht so verfälscht, daß der Anschein eines höheren Wertes hervorgerufen wird,
2. falsche amtliche Wertzeichen in dieser Absicht sich verschafft oder
3. falsche amtliche Wertzeichen als echt verwendet, feilhält oder in Verkehr bringt.

(2) Wer bereits verwendete amtliche Wertzeichen, an denen das Entwertungszeichen beseitigt worden ist, als gültig verwendet oder in Verkehr bringt, wird mit Freiheitsstrafe bis zu einem Jahr oder mit Geldstrafe bestraft.

(3) Der Versuch ist strafbar.

§ 149 StGB Vorbereitung der Fälschung von Geld und Wertzeichen

(1) Wer eine Fälschung von Geld oder Wertzeichen vorbereitet, indem er
1. Platten, Formen, Drucksätze, Druckstöcke, Negative, Matrizen oder ähnliche Vorrichtungen, die ihrer Art nach zur Begehung der Tat geeignet sind, oder
2. Papier, das einer solchen Papierart gleicht oder zum Verwechseln ähnlich ist, die zur Herstellung von Geld oder amtlichen Wertzeichen bestimmt und gegen Nachahmung besonders gesichert ist,

herstellt, sich oder einem anderen verschafft, feilhält, verwahrt oder einem anderen überläßt, wird, wenn er eine Geldfälschung vorbereitet, mit Freiheitsstrafe bis zu fünf

§ 369 146, 147   Steuerstraftaten

Jahren oder mit Geldstrafe, sonst mit Freiheitsstrafe bis zu zwei Jahren oder mit Geldstrafe bestraft.

(2) Nach Absatz 1 wird nicht bestraft, wer freiwillig

1. die Ausführung der vorbereiteten Tat aufgibt und eine von ihm verursachte Gefahr, daß andere die Tat weiter vorbereiten oder sie ausführen, abwendet oder die Vollendung der Tat verhindert und
2. die Fälschungsmittel, soweit sie noch vorhanden und zur Fälschung brauchbar sind, vernichtet, unbrauchbar macht, ihr Vorhandensein einer Behörde anzeigt oder sie dort abliefert.

(3) Wird ohne Zutun des Täters die Gefahr, daß andere die Tat weiter vorbereiten oder sie ausführen, abgewendet oder die Vollendung der Tat verhindert, so genügt an Stelle der Voraussetzungen des Absatzes 2 Nr. 1 das freiwillige und ernsthafte Bemühen des Täters, dieses Ziel zu erreichen.

§ 150 StGB Vermögensstrafe, Erweiterter Verfall und Einziehung

(1) ¹In den Fällen der §§ 146, 148 Abs. 1, der Vorbereitung einer Geldfälschung nach § 149 Abs. 1 und des § 152a sind die §§ 43a, 73d anzuwenden, wenn der Täter als Mitglied einer Bande handelt, die sich zur fortgesetzten Begehung solcher Taten verbunden hat. ² § 73d ist auch dann anzuwenden, wenn der Täter gewerbsmäßig handelt.

(2) Ist eine Straftat nach diesem Abschnitt begangen worden, so werden das falsche Geld, die falschen oder entwerteten Wertzeichen und die in § 149 bezeichneten Fälschungsmittel eingezogen.

1. Entstehungsgeschichte

146 § 148 StGB wurde durch das EGStGB eingeführt, um verschiedene Einzelregelungen über Wertzeichenfälschungen in einer Vorschrift zusammenzufassen. Soweit § 148 StGB auch die Fälschung von Steuerzeichen regelt, ersetzt er § 399 RAO, in dem die Steuerzeichenfälschung gesondert behandelt worden war; zu dessen Vorgeschichte s. 1. Aufl. Rdnr. 1 zu § 399 RAO. § 148 StGB wird im folgenden nur insoweit behandelt, wie dies für Steuerzeichen bedeutsam ist. Soweit sich eine Tat nach den §§ 148, 149 StGB auf Steuerzeichen bezieht, ist sie gem. § 369 I Nr. 3 AO Steuerstraftat.

2. Zweck, Anwendungsbereich und Bedeutung

147 Die §§ 148, 149 StGB dienen (auch) dem Schutz des Rechtsverkehrs mit Steuerzeichen und mittelbar dem Schutz des Aufkommens derjenigen Steuern, die ohne besondere Festsetzung des Steueranspruchs durch die Verwendung und Entwertung von Steuerzeichen entrichtet werden. Es handelt sich dabei um TabSt, die nach § 12 Abs. 1 TabStG dadurch entrichtet wird, daß **Tabaksteuerbanderolen** entwertet und an den Kleinverkaufspackungen angebracht werden, bevor die Tabakerzeugnisse aus dem Herstellungsbetrieb entfernt oder zum Verbrauch im Herstellungsbetrieb entnommen werden. Börsenumsatzsteuer und Wechselsteuermarken (dazu Vorauflage Rdnr. 134 zu § 369 AO) gibt es jedoch seit der Aufhebung des KVStG und des WStG nicht mehr. Damit ist die Bedeutung des § 148 StGB für das Steuerstrafrecht weiter gesunken (Rdnr. 150).

IV. Wertzeichenfälschung

Für Steuerzeichen besteht ein besonderes Schutzbedürfnis, da sie keine 148
Urkunden iS der §§ 267, 348 StGB darstellen (RG 62, 203, 204 ff. v. 18. 6.
1928) und als eine besondere Art von Beweiszeichen auch nicht dem Schutz
des § 275 StGB unterliegen (RG 56, 240 v. 22. 11. 1921; *Koch/Scholtz/Himsel*
7 zu § 369 AO). Andererseits sind auch Steuerzeichen mit öffentlicher Autorität ausgestellt (RG 63, 380 f. v. 13. 1. 1930). Ihre (Ver-)Fälschung liegt
kriminologisch in der Nähe der Geld- und der Urkundenfälschung. Daher
ist auch ein weitreichender Schutz gegen Vorbereitungshandlungen zur Fälschung von Steuerzeichen erforderlich, den § 149 StGB gewährleistet (Rdnr.
163 ff.).

Allein nach § 370 AO wäre der strafrechtliche Schutz der TabSt wegen der 149
geringen Steuerbeträge oft wirkungslos, obwohl wegen der besonderen Art
des Besteuerungsverfahrens (Rdnr. 148) ein besonderes Schutzbedürfnis besteht. Die TabSt ist zwar relativ hoch (vgl. § 4 TabStG), jedoch ist der auf
die einzelne Kleinverkaufspackung entfallende Steuerbetrag gering.

Die praktische Bedeutung des § 399 RAO war erheblich zurückgegangen, 150
seitdem die früheren LSt-Marken (vgl. § 77 S. 2 EStG 1925 v. 10. 8. 1925,
RGBl. I 189; §§ 54–62 DVBest v. 5. 9. 1925, RMBl. 1186) durch das EStG
1934 v. 16. 10. 1934 (RGBl. I 1005) und die frühere UrkundenSt durch VO
v. 20. 8. 1941 (RGBl. I 510) abgeschafft worden sind. In den Jahren 1964–
1966 wurden durch Finanzbehörden und Gerichte insgesamt nur 10 Fälle von
Steuerzeichenvergehen bestraft. Nach dem Entfallen von Börsenumsatzsteuer- und Wechselsteuer (Rdnr. 147) ist § 148 StGB allein noch für den Bereich
der Tabaksteuer einschlägig. Das Vorkommen von Steuerzeichenvergehen
würde jedoch erheblich zunehmen, falls etwa der Vorschlag verwirklicht
wird, Steuermarken für die Entrichtung der KfzSt einzuführen (vgl. *Koch/
Scholtz/Himsel* 7 zu § 369 AO).

3. Fälschen von Steuerzeichen (§ 148 I Nr. 1 StGB)

Echte Steuerzeichen werden nur von den zuständigen Finanzbehörden 151
gegen Entrichtung des auf ihnen vermerkten Wertes ausgegeben; sie dienen
dann auf Kleinverkaufspackungen von Tabakwaren zum Beweis dafür, daß
die Steuer bezahlt worden ist. Das **Fälschen** in seinen beiden Erscheinungsformen des Nachmachens oder der Verfälschung besteht darin, daß ein falscher Anschein über die Herkunft, dh über den Ausgeber des Zeichens,
hervorgerufen wird. Das falsche oder verfälschte Zeichen gibt sich den Anschein, als sei es von der dazu befugten Finanzbehörde hergestellt und gegen
Zahlung des auf ihm vermerkten Entgelts ausgegeben worden. In Wirklichkeit ist es entweder überhaupt nicht von der zuständigen Stelle ausgegeben
worden, oder es stammt zwar von ihr, ist aber in seinem rechtserheblichen
Inhalt, etwa der Angabe über den Steuerbetrag oder über die Menge der
versteuerten Tabakwaren, von unbefugter Seite verändert worden. Im ersten
Fall ist das Zeichen „*nachgemacht,*" im zweiten Fall ist es „*verfälscht*".

Nachmachen liegt immer dann vor. wenn dem Täter die Befugnis zur 152
Herstellung des Steuerzeichens fehlt. Deshalb ist § 148 I Nr. 1 StGB auch

erfüllt, wenn ein Unbefugter Steuerzeichen mittels echter Platten oder Papiere herstellt, die er sich beschafft hat. Nachmachen ist auch das sog. „Schnippeln" von Steuerzeichen, die aus Teilen verschiedener bereits verwendeter Zeichen zu einem anscheinend vollständigen Zeichen zusammengesetzt werden (RG v. 2. 10. 1930, JW 1931, 321). Ein Nachmachen ist auch darin erblickt worden, daß außer Kurs gesetzte Steuerzeichen mit einem Kleinverkaufspreis versehen und verwendet worden sind (RG v. 6. 1. 1939, HRR Nr. 297), jedoch ist ein Steuerzeichen nur dann *unecht,* wenn das bei seiner Herstellung nachgeahmte Vorbild zur Zeit der Nachbildung amtliche Geltung hat (RG v. 8. 4. 1924, JW 1925, 262).

153 **Verfälschen eines echten Steuerzeichens** liegt zB vor, wenn der die Preisangabe enthaltende Teil eines bereits verwendeten Steuerzeichens durch einen eine höhere Preisangabe enthaltenden Ausschnitt aus einem anderen Steuerzeichen überklebt oder ersetzt wird (vgl. RG 62, 427, 428f. v. 14. 1. 1929; RG v. 2. 10. 1930, JW 1931, 321; RG 65, 180 v. 26. 2. 1931; KG v. 1. 10. 1937, JW 1938, 172). Bloßes Unkenntlichmachen der Wertbezeichnung oder der Inhaltsangabe ist kein Verfälschen, sondern ein Vernichten des Steuerzeichens, das mangels einer entsprechenden Strafvorschrift straflos ist (RG v. 14. 11. 1923, RZBl. 1924, 42f.). Das verfälschte Wertzeichen muß den Anschein eines höheren Wertes hervorrufen.

154 Das Fälschen von Steuerzeichen ist nur strafbar, wenn der Täter mit der **Absicht** handelt, daß das Steuerzeichen als echt verwendet oder in Verkehr gebracht oder daß ein solches Verwenden oder Inverkehrbringen ermöglicht werde. Die Tathandlung muß also darauf gerichtet sein, die durch den steuerbaren Vorgang ausgelöste oder auf dem Erzeugnis ruhende Steuer zu ersparen und damit das Steueraufkommen zu beeinträchtigen (RG v. 8. 4. 1924, JW 1925, 262; vgl. auch RG v. 2. 10. 1930, JW 1931, 321). Ob der Täter beabsichtigt hat, das falsche Steuerzeichen *selbst* zu verwenden oder ob nach seiner Vorstellung ein Dritter von der Fälschung Gebrauch machen sollte, ist belanglos (RG 56, 275 f. v. 10. 1. 1922 zu § 66 I TabStG 1919); erforderlich ist nur, daß er überhaupt mit der rechtswidrigen Absicht tätig geworden ist, das Steuerzeichen zur Täuschung über die ordnungsmäßige Versteuerung der Schlußnote, des Wechsels oder der Tabakware zu verwenden. § 148 I Nr. 1 StGB greift aber auch ein, wenn die falschen Steuerzeichen nicht ihrer bestimmungsgemäßen Verwendung zugeführt, sondern sonst in Verkehr gebracht werden sollen. § 148 I Nr. 1 StGB erfaßt daher anders als § 399 I RAO auch den Fall, in dem der Täter die Verwendung nach dem Inverkehrbringen nur für möglich hält (S/S-*Stree* 6 zu § 148 StGB), dagegen nicht den Fall, in dem jemand ohne steuerunehrliche Absicht, lediglich um zu „renommieren" falsche Steuerzeichen eines besonders hohen Wertes herstellt und damit ordnungsmäßig versteuerte, billigere Erzeugnisse versieht, um sie Gästen oder Kunden unentgeltlich anzubieten und dabei in ihnen die Vorstellung von einem höheren Wert der Gabe zu erwecken (RG v. 25. 3. 1929, JW 2431, zu § 399 I RAO). Soll auf diese Weise ein Käufer über den Wert der Ware getäuscht werden, kommt neben § 148 I Nr. 1 StGB der Straftatbestand des Betruges nach § 263 StGB in Betracht.

IV. Wertzeichenfälschung   155–157   § 369

Vollendet ist das Vergehen nach § 148 I Nr. 1 StGB, wenn die Fälschung 155
derart gelungen ist, daß sie von arglosen, nicht besonders sachkundigen
Betrachtern übersehen werden könnte, falls die mit dem falschen oder verfälschten Steuerzeichen versehenen Urkunden oder Erzeugnisse in den Verkehr gebracht werden (RG 66, 217f. v. 18. 4. 1932). Nicht erforderlich ist,
daß auch sachkundige Steuerbeamte oder branchenkundige Kaufleute getäuscht werden können (vgl. BGH v. 4. 10. 1951, NJW 1952, 311; v. 17. 12.
1953, NJW 1954, 564; S/S-*Stree* 10 zu § 146 StGB). Daß allein der Täter die
Fälschung für gelungen erachtet, reicht für die Vollendung der Tat nicht aus.
Der Versuch der Steuerzeichenfälschung ist nach § 148 III StGB strafbar.

4. Weitere Tathandlungen

a) Sichverschaffen

Dem Steuerzeichenfälscher steht gleich, wer sich falsche Steuerzeichen 156
verschafft und dabei mit der Absicht nach § 148 I Nr. 1 StGB (Rdnr. 154)
handelt. **Sich verschaffen** heißt, falsche Steuerzeichen bewußt in Besitz zu
nehmen (BGH 2, 116f. v. 10. 1. 1952 zu § 147 StGB), und zwar zur *eigenen*
Verfügung. Diese Voraussetzung fehlt bei einem bloßen Verteilungsgehilfen, der den Gewahrsam für einen anderen ausübt (BGH 3, 154, 156 v. 19. 9.
1952 zu § 147 StGB); dieser kann daher nur wegen Beihilfe zu § 148 I Nr. 2
StGB bestraft werden. Im übrigen genügt jeder Erwerb von Steuerzeichen,
der sich in Kenntnis der Unechtheit vollzieht, auch ein Erwerb durch Fund,
Diebstahl oder Unterschlagung (RG v. 4. 11. 1937, JW 3301); *abgeleiteter*
Erwerb ist nicht erforderlich (RG 67, 294, 296 zu § 148 StGB). Für die
Kenntnis, daß die erworbenen Steuerzeichen gefälscht oder verfälscht sind,
genügt auch *bedingter* Vorsatz (BGH 2, 116 v. 10. 1. 1952; OLG Köln v. 7. 3.
1950, DRZ 453; aM RG 59, 79f. v. 9. 2. 1925 – sämtl. zu § 147 StGB).

b) Als echt verwendet

werden falsche oder verfälschte Steuerzeichen, wenn sie zur Täuschung 157
über die Entrichtung der Steuerschuld in der von den Steuergesetzen vorgeschriebenen Weise (Rdnr. 147) auf Kleinverkaufspackungen von Tabakwaren angebracht werden. Wer *versehentlich* verwendete Steuerzeichen wieder
ablöst und auf einer anderen Packung verwendet, begeht keine tatbestandsmäßige Handlung, da durch die versehentlich verklebte Marke noch keine
fällige Steuerschuld getilgt worden ist (BGH v. 18. 5. 1954, LM § 405 RAO
aF. Nr. 1; aM HHSp-*Hübner* 52f. zu § 369 AO, zw. *Troeger/Meyer* S. 90).
TabSt-Banderolen sind verwendet, sobald die mit ihnen versehenen Kleinverkaufspackungen den Herstellungsbetrieb verlassen haben (BGH LM
aaO).

c) Feilhalten

158 ist das Bereithalten zum Verkauf (BGH 23, 290 v. 24. 6. 1970 zu § 4 LebmG). Der feilgehaltene Gegenstand braucht nicht unbedingt bereits fertig vorhanden zu sein. Ein Feilhalten kann auch in einem Anbieten der alsbaldigen Herstellung und Lieferung liegen und auch schon durch ein einzelnes Angebot gegenüber einem einzelnen Interessenten erfüllt werden (BGHZ v. 29. 3. 1960, NJW 1154, zu § 6 PatG). In jedem Falle muß der Täter die ernsthafte Absicht des Verkaufs haben (OLG Celle v. 11. 5. 1967, GA 1968, 56, zu § 4 Nr. 2 LebmG). Der BGH (BGH 23, 286, 292 v. 24. 6. 1970) neigt dazu, Eventualvorsatz hinsichtlich eines möglichen Verkaufs für ausreichend zu halten.

159 Ob der Täter das falsche Steuerzeichen als echt ausgibt oder offenbart, daß es falsch ist, macht keinen Unterschied. Die Worte „*als echt*" gehören nur zu „*verwendet,*" nicht auch zu „*feilhalten oder in Verkehr bringen*" (glA *Hartung* II 2b und *Kohlhaas* – beide zu § 405 RAO 1931 im Anschluß an BGH 1, 143 v. 17. 4. 1951 zu § 147 StGB; BGH 29, 311 v. 5. 8. 1980; S/S-*Stree* 22 zu § 146 u. 5 zu § 147 StGB; aM OLG Stuttgart v. 26. 3. 1980, NJW 2089; vgl. aber *Prittwitz* NStZ 1989, 10; *Puppe* JZ 1986, 994). Die vorwiegend grammatisch begründete abw. Meinung von *Hübner* (HHSp 50 zu § 369 AO) überzeugt nicht; sein Plädoyer für die engere Auslegung der Vorschrift geht schon deshalb ins Leere, weil nach seiner Auffassung in der Mehrzahl der Fälle wegen Beihilfe zu § 148 I Nr. 2 StGB bestraft werden müßte.

d) In Verkehr bringen

160 heißt, die Steuerzeichen an andere mit dem (mindestens bedingten) Willen abzugeben, daß diese sie (in Kenntnis oder Unkenntnis der mangelnden Echtheit, s. Rdnr. 159) für steuerliche Zwecke verwenden. Unerheblich ist, ob die Abgabe entgeltlich oder unentgeltlich erfolgt. Die Absicht, sich zu bereichern oder einen anderen zu schädigen, kann fehlen (S/S-*Stree* 21 zu § 146 StGB). Auch ist für die Tatbestandsmäßigkeit der Handlung gleichgültig, ob der Täter die falschen Steuerzeichen selbst angefertigt oder sich von dem Fälscher oder einem Mittelsmann verschafft hat. Die Gefährdungshandlung des Inverkehrbringens verliert jedoch ihre selbständige Bedeutung dann, wenn der Täter sich selbst der Fälschung der abgegebenen Steuerzeichen nach § 148 I Nr. 1 StGB schuldig gemacht hat (Rdnr. 169).

5. Wiederverwenden von Steuerzeichen (148 II StGB)

161 § 148 II StGB weist gegenüber § 399 II RAO erhebliche Änderungen auf. Tatobjekt sind bereits verwendete Steuerzeichen, von denen das Entwertungszeichen beseitigt worden ist. Das Entwertungszeichen braucht nicht völlig beseitigt zu sein; es genügt, wenn es durch ein anderes Entwertungszeichen unkenntlich gemacht worden ist. Dabei ist es gleichgültig, ob das alte Entwertungszeichen vom Täter oder von einem Dritten beseitigt wurde. Den Tatbestand erfüllt, wer das Steuerzeichen als gültig verwendet oder in

IV. Wertzeichenfälschung   162–165 § 369

Verkehr bringt. Das Steuerzeichen wird als gültig verwendet, wenn es am neuen Platz den Eindruck erweckt, als sei es erstmalig verwendet worden. Es wird in Verkehr gebracht, wenn es vom Täter anderen Personen zugänglich gemacht wird. Dafür ist nicht Voraussetzung, daß es als Steuerzeichen eingesetzt wird; vielmehr genügt es, wenn es an einen Sammler weitergegeben wird. Insofern ist § 148 II StGB erheblich weiter als § 399 II RAO (BT-Drucks. 7/550 S. 228). Demgegenüber erfaßt § 148 II StGB nicht mehr das „*sich verschaffen*" und „*feilhalten*".

6. Der Versuch

sämtlicher Taten nach § 148 I und II StGB ist strafbar (§ 148 III StGB). **162** Dies ist angesichts der Tatsache, daß § 149 StGB sogar Vorbereitungshandlungen erfaßt, nur konsequent.

7. Vorbereitung der Fälschung von Steuerzeichen (§ 149 StGB)

§ 149 StGB erfaßt die Vorbereitung der Fälschung von Geld und Wertzei- **163** chen in einem Tatbestand. Gegenüber der Vorbereitung der Geldfälschung (Freiheitsstrafe bis zu 5 Jahren oder Geldstrafe) droht das Gesetz für die Vorbereitung der Wertzeichenfälschung, welche die Steuerzeichenfälschung mit umfaßt, nur Freiheitsstrafe bis zu 2 Jahren oder Geldstrafe an. § 149 StGB erfaßt nur echte Vorbereitungshandlungen, wie sich aus einem Vergleich mit § 148 III StGB und § 127 OWiG ergibt. Das bedeutet im einzelnen: § 149 StGB unterscheidet sich von § 127 OWiG allein dadurch, daß § 149 StGB Vorbereitung einer Fälschung voraussetzt. Wer also die Tathandlungen nach § 149 StGB, § 127 OWiG vornimmt, ohne daß er den Fälschungsvorsatz hat, begeht nur eine Ordnungswidrigkeit nach § 127 OWiG. Hat er Fälschungsvorsatz, so erfüllt er den Tatbestand nach § 149 StGB. Setzt er darüber hinaus gem. § 22 StGB zum Fälschen unmittelbar an, so verläßt er den Bereich von § 149 StGB und begeht einen Versuch nach § 148 III iVm §§ 22 ff. StGB.

Gegenstand der Tat sind nach § 149 I Nr. 1 StGB Platten, Formen, **164** Drucksätze, Druckstöcke, Negative und ähnliche Vorrichtungen. Dabei handelt es sich durchgehend um solche Gegenstände, von denen das gefälschte Steuerzeichen unmittelbar abgenommen werden kann. Dagegen genügen nicht Platten usw., die erst noch bearbeitet werden müssen. Andererseits ist es nicht erforderlich, daß der Täter bereits alle zur Fälschung erforderlichen Geräte beisammen hat (S/S-*Stree* 3 zu § 149 StGB). Die Vorrichtungen müssen zur Steuerzeichenfälschung tatsächlich geeignet sein (vgl. BGH v. 25. 10. 1993, NStZ 1994, 124); es genügt nicht, wenn der Täter dies nur annimmt.

Als **Tathandlungen** nennt das Gesetz das Herstellen, das sich oder einem **165** anderen Verschaffen (Rdnr. 156), das Feilhalten (Rdnr. 158), das Verwahren und das einem anderen Überlassen. Die Vorrichtung ist hergestellt, wenn sie bis auf geringe Ergänzungen gebrauchsfertig ist (S/S-*Stree* 6 zu § 149 StGB). Die Vorrichtung verwahrt, wer an ihr Gewahrsam hat. Überlassen heißt, einem anderen die Verfügungsgewalt derart zu übertragen, daß der Empfänger in die Lage versetzt wird, die Sache zum Zweck der Fälschung zu gebrauchen (KG v. 25. 3. 1953, NJW 1274, zu § 281 I StGB).

166 Der Täter muß durch die Handlung **eine Fälschung vorbereiten,** wobei es gleichgültig ist, ob er oder ein anderer die Fälschung begehen will. Die Fälschung muß aber bereits in groben Umrissen konkretisiert sein (S/S-*Stree* 7 zu § 149 StGB).

167 **Der Rücktritt** von einer Tat nach § 149 StGB ist in § 149 II, III StGB gesondert geregelt, weil bei formeller Vollendung der Tat § 24 StGB nicht in Betracht kommt, das Delikt materiell jedoch nur Vorbereitungshandlung ist. § 149 II, III StGB entspricht weitgehend der Rücktrittsregelung nach § 24 StGB (Rdnr. 63 ff.), freilich mit der Besonderheit, daß der Täter über die Voraussetzungen des § 24 StGB hinaus gem. § 149 II Nr. 2 StGB die noch brauchbaren Fälschungsmittel entweder unbrauchbar macht, sie der Behörde abliefert oder ihr Vorhandensein dort anzeigt.

8. Die Einziehung

168 der unechten oder wiederverwendeten Steuerzeichen sowie der Fälschungsmittel (§ 149 StGB) schreibt § 150 II StGB zwingend vor; sie erfolgt gem. § 74 II–IV StGB. Über die Voraussetzungen der Einziehung s. Rdnr. 33 ff. zu § 375 AO. Zu den Fällen des § 150 I StGB vgl. *Dreher/Tröndle* 1 zu § 150 StGB.

9. Konkurrenzfragen

169 **Verwirklicht jemand mehrere Tatbestände der §§ 148, 149 StGB nacheinander,** geht nach den Regeln der Gesetzeskonkurrenz (Rdnr. 115 ff.) ein Vergehen der Vorbereitung (§ 149 StGB) in dem Vergehen der höheren Stufe der Gefährdung (sich verschaffen, § 148 I Nr. 2 StGB) sowie eine Gefährdungshandlung in dem Vergehen der Fälschung (§ 148 I Nr. 1 StGB) oder der Verwendung usw. (§ 148 I Nr. 3 StGB) oder Wiederverwendung usw. (§ 148 II StGB) auf (RG 66, 217 f. v. 18. 4. 1932; RG 67, 401, 406 v. 28. 11. 1933). Tatmehrheit (§ 53 StGB) kommt nur in Betracht, wenn derselbe Täter mehrere Taten nach den §§ 148, 149 StGB begeht, die nicht im Zusammenhang aufeinander folgen.

170 **Auch mehrfaches Verwirklichen gleichstufiger Tatbestandshandlungen** ist nur eine einzige Straftat (BGH 5, 381, 383 v. 14. 1. 1954 zu § 184 I Nr. 1 StGB aF mwN). Wer zB falsche Steuerzeichen herstellt und diese zT selbst verwendet und zT verkauft, begeht nur *ein* Vergehen nach § 148 I StGB. Tatmehrheit (§ 53 StGB) liegt jedoch zB dann vor, wenn jemand sowohl falsche Steuerzeichen herstellt als auch bereits verwendete echte Steuerzeichen wiederverwendet (ausf. HHSp-*Hübner* 77 f. zu § 369 AO).

171 Werden die Verletzungstatbestände der Fälschung oder der Wiederverwendung von Steuerzeichen verwirklicht, trifft das Vergehen nach § 148 I oder II StGB regelmäßig in Tateinheit mit **Steuerhinterziehung** nach § 370 AO, nämlich mit Hinterziehung derjenigen Steuer zusammen, die durch

V. Begünstigung

vorschriftsmäßige Verwendung von Steuerzeichen hätte entrichtet werden müssen (RG 62, 78, 81 v. 19. 3. 1928).

Verschafft sich jemand gefälschte Steuerzeichen zum Zwecke der Verwendung oder bereits verwendete Steuerzeichen zum Zwecke der Wiederverwendung durch **Diebstahl** nach § 242 StGB, **Unterschlagung** nach § 246 StGB oder **Untreue** nach § 266 StGB, so treffen diese Tatbestände mit § 148 StGB in Tateinheit zusammen.

V. Begünstigung

§ 257 StGB – Begünstigung

(1) Wer einem anderen, der eine rechtswidrige Tat begangen hat, in der Absicht Hilfe leistet, ihm die Vorteile der Tat zu sichern, wird mit Freiheitsstrafe bis zu fünf Jahren oder mit Geldstrafe bestraft.

(2) Die Strafe darf nicht schwerer sein als die für die Vortat angedrohte Strafe.

(3) ¹Wegen Begünstigung wird nicht bestraft, wer wegen Beteiligung an der Vortat strafbar ist. ²Dies gilt nicht für denjenigen, der einen an der Vortat Unbeteiligten zur Begünstigung anstiftet.

(4) ¹Die Begünstigung wird nur auf Antrag, mit Ermächtigung oder auf Strafverlangen verfolgt, wenn der Begünstiger als Täter oder Teilnehmer der Vortat nur auf Antrag, mit Ermächtigung oder auf Strafverlangen verfolgt werden könnte. ² § 248a gilt sinngemäß.

1. Begünstigung als Steuerstraftat

§ 391 I Nr. 3 RAO bezeichnete als Steuervergehen die Begünstigung einer Person, die ein natürliches Steuervergehen oder einen Bannbruch begangen hatte; § 394 RAO ordnete für die Begünstigung in Vorteilsabsicht die Strafe der Steuerhinterziehung an. Nunmehr ist Steuerstraftat nach § 369 I Nr. 4 AO die Begünstigung einer Person, die eine Tat nach Nr. 1–3 begangen hat; § 394 RAO ist ersatzlos weggefallen.

Die Neuregelung hat folgende Konsequenzen: Da das EGStGB die früher sog. persönliche Begünstigung als Strafvereitelung in § 258 StGB gesondert erfaßt und als Begünstigung in § 257 StGB nur noch die früher sog. sachliche Begünstigung regelt, ist Steuerstraftat iS von § 369 Nr. 4 AO nur noch die sachliche Begünstigung. Die persönliche Begünstigung (jetzt: Strafvereitelung, § 258 StGB) kann dagegen nicht mehr als Steuerstraftat begangen werden (Rdnr. 12). Wegen der ersatzlosen Streichung von § 394 RAO gilt jetzt uneingeschränkt die Strafdrohung nach § 257 I, II StGB. Die Strafe kann daher niedriger sein als die der Steuerhinterziehung (Rdnr. 187).

Soweit die Begünstigung tateinheitlich mit Strafvereitelung zusammentrifft, ist für die Verfolgung die Staatsanwaltschaft zuständig (*Koch/Scholtz/Himsel* 11 zu § 369 AO; Rdn. 14 zu § 386 AO).

2. Die Rechtsnatur der Begünstigung

176 Obwohl die (sachliche) Begünstigung die Absicht des Täters voraussetzt, dem Vortäter die Vorteile der Tat zu sichern, ist sie kein Vermögensdelikt (so aber *Bockelmann* NJW 1951, 621; *Welzel* S. 372; HHSp-*Hübner* 89 zu § 369 AO). Sie erfaßt vielmehr gegen die Rechtsordnung gerichtete Handlungen, die die Restitution des rechtmäßigen Zustandes vereiteln sollen (BGH 24, 166 v. 16. 6. 1971; S/S-*Stree* 1 zu § 257 StGB). Das liegt daran, daß die Begünstigung als Vortat nicht ein Vermögensdelikt voraussetzt, sondern zB auch in bezug auf einen Bannbruch begangen werden kann.

3. Der objektive Tatbestand

177 Der objektive Tatbestand setzt voraus, daß ein anderer eine rechtswidrige Tat begangen hat und daß der Begünstiger ihm Beistand leistet.

178 **a) Die Vortat muß eine rechtswidrige Tat iS von § 11 I Nr. 5 StGB sein.** Die Vortat muß daher den objektiven und subjektiven Tatbestand eines Strafgesetzes erfüllen und rechtswidrig sein. Soweit die Begünstigung *Steuerstraftat* ist, kommen als Vortaten nur vorsätzliche Taten in Betracht, da die in § 369 I Nr. 1–3 AO bezeichneten Taten nur bei vorsätzlicher Begehung strafbar sind. Dagegen ist es gleichgültig, ob der Vortäter ohne Schuld handelt oder wegen eines persönlichen Schuldausschließungsgrundes straflos ist (S/S-*Stree* 4 zu § 257 StGB). Die im allgemeinen Strafrecht streitige Frage, ob die Vortat Vermögensdelikt sein muß (so zB *Welzel* S. 393), ist für das Steuerstrafrecht bedeutungslos, da § 369 I Nr. 1–3 AO die geeigneten Vortaten verbindlich bezeichnet, nämlich gem. § 369 I Nr. 1 AO die natürlichen Steuerstraftaten (Rdnr. 5), der Bannbruch (Nr. 2) sowie die Wertzeichenfälschung, soweit sie Steuerzeichen betrifft (Nr. 3). Die Vortat braucht nicht vollendet zu sein, auch ein strafbarer Versuch kommt als Vortat in Betracht. Praktisch wird dies jedoch kaum der Fall sein, da der Vortäter dann den Vorteil bereits aus dem Versuch erlangt haben müßte (S/S-*Stree* 6 zu § 257 StGB; HHSp-*Hübner* 91 zu § 369 AO).

b) Umstritten ist die **Abgrenzung von Begünstigung und Beihilfe** zur Vortat.

179 Dies gilt zunächst hinsichtlich der sog. **vorgeleisteten Begünstigung**, bei der der Täter vor Beginn der Vortat handelt, der begünstigende Erfolg aber nach Vollendung eintreten soll. Während *Stree* (S/S 7 zu § 257 StGB) in diesem Fall Begünstigung annimmt, lehnt die überwiegende Ansicht Begünstigung zu Recht ab (*Class* Stock-Festschr. S. 117; HHSp-*Hübner* 95 zu § 369 AO), da es für § 257 StGB als Unternehmenstatbestand nicht auf den Erfolg, sondern auf die Handlung des Beistandleistens ankommt.

180 Das Verhältnis von Beihilfe und Begünstigung ist auch im Bereich **zwischen Versuch und Beendigung** der Vortat umstritten. *Stree* (S/S 8 zu § 257 StGB) will nur Beihilfe zulassen (ebenso HHSp-*Hübner* 95 zu § 369 AO), während die hM Beihilfe und Begünstigung je nach der Willensrichtung des Handelnden für möglich hält. Wolle er die Vollendung der Haupttat fördern, liege Beihilfe vor; Begünstigung sei gegeben, wenn er die Sicherung der

V. Begünstigung

Vorteile der Vortat erstrebe (BGH 4, 132f. v. 23. 4. 1953; LK-*Ruß* 6 zu § 257 StGB). Wer die wohl noch überwiegend vertretene Auffassung, Beihilfe sei im Stadium zwischen Vollendung und Beendigung der Haupttat möglich, nicht teilt (Rdnr. 79), kann in diesem Bereich lediglich eine Begünstigung annehmen. Zwischen Versuch und Vollendung ist dagegen sowohl Beihilfe als auch Begünstigung möglich. Maßgeblich ist dafür, ob der Beitrag des Handelnden den tatbestandsmäßigen Erfolg der Haupttat fördert (dann Beihilfe) oder ohne Einfluß auf ihn bleibt und lediglich die Vorteile der Vortat sichern soll (dann Begünstigung, zust. *Kohlmann* 56 zu § 369 AO; vgl. auch *Geppert* Jura 1994, 441 ff.).

c) **Die begünstigende Tathandlung** besteht darin, daß der Täter dem Vortäter Hilfe leistet. Unterschiedlich beantwortet wird die Frage, ob die Handlung objektiv *geeignet* sein muß, die Lage des Vortäters zu verbessern (so RG 58, 13, 15 v. 20. 11. 1923; 76, 122f. v. 28. 4. 1942; BGH 4, 221, 225 v. 30. 4. 1953; S/S-*Stree* 15 zu § 257 StGB; *Maurach/Schroeder* BT/2 S. 405; *Koch/Scholtz/Himsel* 11 zu § 369 AO) oder ob sie sogar die Lage des Vortäters *tatsächlich* verbessert haben muß (so RG 63, 240f. v. 1. 7. 1929; 76, 31, 34 v. 15. 1. 1942; BGH 2, 375f. v. 20. 5. 1952) oder ob der Handlung des Begünstigers *weder abstrakt noch im konkreten Falle* eine solche Eignung innewohnen muß (so RG 50, 364 v. 23. 4. 1917; *Welzel* S. 394). Die zuletzt genannte Auffassung erblickt in § 257 StGB einen sog. Unternehmenstatbestand, der Vollendung und Versuch auf eine Stufe stellt. Für sie spricht, daß § 258 StGB (Strafvereitelung) und § 258a StGB (Strafvereitelung im Amt) abw. von § 257 StGB ausdrücklich auf den Erfolg abheben *(„Wer ... vereitelt")* und den Versuch ausdrücklich für strafbar erklären (*Schröder* NJW 1962, 1038). Hiernach genügt für § 257 StGB, daß der Täter mit irgendeiner Handlung das Ziel anstrebt, die Lage des Vortäters in bezug auf den Tatvorteil zu verbessern, ohne daß es darauf ankommt, ob der erstrebte Erfolg eintritt oder nach den Umständen des konkreten Falles eintreten kann. Aber auch nach der hier vertretenen Meinung muß die Handlung sinnvoll sein. Ein von vornherein unnötiges oder unnützes (zB Gebet) oder geradezu zweckwidriges Verhalten, das unter keinen Umständen eine „Hilfe" bedeuten kann, wird vom Tatbestand der Begünstigung nicht erfaßt (ähnl. *Kohlmann* 72 zu § 369 AO).

Begünstigende Hilfe kann zB geleistet werden durch Zupacken bei der Bergung von Schmuggelgut, durch falsche Angaben über den Aufenthaltsort einer geschmuggelten Sache (RG 54, 41 v. 7. 11. 1919), durch Mitwirken beim Absatz (BGH 2, 362, 363 f. v. 15. 5. 1952), beim Verbergen oder beim Überbringen an einen Dritten (BGH 4, 122, 124 v. 1. 4. 1953), sofern der Zweck verfolgt wird, den Zugriff der Behörde zu erschweren.

Durch Unterlassen kann Hilfe nur geleistet werden, sofern eine besondere Rechtspflicht zum Handeln verletzt wird (*Dreher/Tröndle* 6 zu § 257 StGB). Eine solche Rechtspflicht kann aus einer *amtlichen Stellung* erwachsen, zB ist ein Zugführer, der zugleich Bahnpolizeibeamter ist, zur Meldung eines von ihm entdeckten Schmuggels verpflichtet (RG 53, 108 v. 3. 10. 1918 für den Fall eines Diebstahls). *Dienstvorgesetzte* in der Finanzverwaltung sind zur

Strafanzeige verpflichtet, wenn ihnen zur Kenntnis kommt, daß ein Steuer- oder Zollbeamter an einer Steuerhinterziehung oder an einer anderen Steuerstraftat mitgewirkt hat. Zu beachten ist, daß angesichts des gewandelten Verständnisses der Garantenstellungen die ältere Rechtsprechung zT überholt ist (so zu Recht *Kohlmann* 80 zu § 369 AO).

4. Der subjektive Tatbestand

184 Der Täter muß zunächst **Vorsatz** hinsichtlich der Vortat und der Hilfeleistung haben. Insoweit genügt Eventualvorsatz (Rdnr. 50). Der Begünstiger muß wissen, daß der Vortäter eine rechtswidrige Tat begangen und dadurch einen Vorteil erlangt hat; die Art der Tat und des Vorteils braucht er nicht zu kennen (RG 76, 31, 34 v. 15. 1. 1942; S/S-*Stree* 26 zu § 257 StGB). Wer zB für einen Flüchtigen, von dem er weiß, daß „*die Polizei hinter ihm her ist*", eine Kassette in Verwahrung nimmt, braucht nicht zu wissen, ob der Inhalt gestohlen oder geschmuggelt ist oder ob er aus Edelsteinen, Gold oder Rauschgift besteht. Der Begünstiger muß weiter wenigstens für möglich halten, daß seine Hilfe geeignet ist, die Lage des Vortäters zu verbessern. Dieser Vorsatz kann fehlen, wenn die irrig vorgestellte Vortat nach der Vorstellung des Begünstigers den tatsächlich geleisteten Beitrag als ungeeignet erscheinen läßt (ähnl. BGH 4, 221, 224 v. 30. 4. 1953; s. dazu *Hartung* JZ 1954, 694).

185 Ferner muß der Begünstiger die **Absicht** haben, dem Täter die Vorteile der Tat zu sichern. Unter Absicht ist hier dolus directus 1. und 2. Grades (Rdnr. 50) zu verstehen (S/S-*Stree* 22 zu § 257 StGB). Entgegen der herrschenden Meinung, die nur direkten Vorsatz 1. Grades ausreichen lassen will (BGH 4, 108 v. 12. 2. 1953; BGH v. 30. 1. 1985, StV 505; LK-*Ruß* 18 zu § 257 AO) muß dolus directus 2. Grades, also das sichere Wissen um den Begünstigungseffekt genügen, weil die Vorteilssicherung als Restitutionsvereitelung die eigentliche Rechtsgutverletzung darstellt (SK-*Samson* 31 zu § 257 AO). Die Voraussetzung ist auch dann gegeben, wenn es dem Täter letztlich nur darauf ankommt, aus der Erhaltung des Vorteils zugunsten des Vortäters für sich selbst einen Vorteil herauszuschlagen. In jedem Falle muß es Vorsatz des Täters sein, dem Vortäter die Vorteile gegen ein Entziehen zugunsten des Verletzten zu sichern (BGH v. 22. 5. 1958, NJW 1244); eine Handlung, die nur der Erhaltung der durch die Vortat erlangten Sache gegen Naturgewalten, Diebstahl eines Dritten usw. dient, genügt nicht (RG 76, 31, 33 v. 15. 1. 1942; RG v. 14. 2. 1938, JW 793). In der Mitwirkung beim Verkauf oder Verzehr geschmuggelter Sachen liegt nur dann eine Begünstigung, wenn damit ein drohender Zugriff der Strafverfolgungsbehörde vereitelt werden soll (BGH 2, 362, 364 v. 15. 5. 1952; 4, 122, 123 ff. v. 1. 4. 1953 für Fälle eines Diebstahls). Ausreichend ist der Wille, einen solchen Zugriff zu *erschweren* (RG v. 19. 4. 1934, HRR Nr. 1422).

186 Als **Vorteil iS des § 257 I StGB** kommen nicht nur Vermögensvorteile in Betracht (hM, RG 54, 132, 134 v. 7. 3. 1918; *Maurach/Schroeder* BT/2 S. 405; S/S-*Stree* 23 zu § 257 StGB; aM *Welzel* S. 393). Es muß jedoch ein Rechtsan-

V. Begünstigung

spruch darauf bestehen, dem Vortäter die Vorteile zu entziehen. Daher kann sich die begünstigende Handlung nur auf Vorteile beziehen, die *unmittelbar* durch die Vortat erlangt worden sind (RG 55, 18f. v. 21. 5. 1920). Kein Vorteil iS des § 257 I StGB ist, was zB durch Verkauf oder Tausch einer geschmuggelten Sache erworben ist, oder das Geld, das der Vortäter durch unversteuerte Geschäfte eingenommen hat, da dieser Erwerb die Steuerpflicht erst begründet hatte und nicht schon durch die Steuerhinterziehung erlangt worden war (BGH v. 13. 11. 1952, bei *Dallinger* MDR 1953, 147). Im übrigen muß der Vortäter noch im Besitz des durch die Tat erlangten Vorteils sein (BGH 36, 281 v. 24. 10. 1989; v. 16. 11. 1993, NStZ 1994, 187, 188; *Dreher/Tröndle* 9 zu § 257 StGB).

5. Strafen

Die Begünstigung ist gemäß § 257 I StGB mit Freiheitsstrafe bis zu 5 Jahren oder mit Geldstrafe bedroht. Gem. § 257 II StGB darf die Strafe jedoch nicht schwerer sein als die für die Vortat angedrohte Strafe. Sofern die für die Vortat angedrohte Höchststrafe niedriger ist als 5 Jahre Freiheitsstrafe, reduziert sich die Höchststrafe für die Begünstigung auf diese Höhe. Im Steuerstrafrecht kann ein solcher Fall nur bei der Begünstigung zu einem Bannbruch eintreten, sofern der Bannbruch nicht nach § 372 II iVm § 370 AO, sondern aus dem besonderen Strafgesetz bestraft wird. Im übrigen sind die Vortaten nach § 369 I Nr. 1–3 AO regelmäßig ebenfalls mit Freiheitsstrafe bis zu 5 Jahren bedroht. Sofern die Vortat mit einer höheren Mindest- oder Höchststrafe bedroht ist (§ 370 III AO), hat dies für den Strafrahmen der Begünstigung keine Bedeutung.

6. Straffreiheit

Die im folgenden zusammenfassend behandelten Fälle der Straflosigkeit einer Begünstigung weisen dogmatisch erhebliche Unterschiede auf.

a) **Die Selbstbegünstigung** erfüllt schon den Tatbestand in § 257 I StGB nicht, da dort die Begünstigung eines *anderen* vorausgesetzt wird. Der Tatbestandsausschluß beruht auf dem Gedanken der mitbestraften Nachtat (S/S-*Stree* 29 zu § 257 StGB).

Da der Vortäter durch die Selbstbegünstigung keinen Tatbestand erfüllt, ist auch die **Teilnahme** eines Außenstehenden **an der Selbstbegünstigung** mangels Haupttat (Rdnr. 77) keine Teilnahme. Die Veranlassung des Vortäters zu einer Selbstbegünstigung ist daher nicht etwa Anstiftung zu einer Tat nach § 257 StGB (S/S-*Stree* 20 zu § 257 StGB). Leistet der Beteiligte dagegen Hilfe, so ist zu unterscheiden: Sofern sein Beitrag nur Beihilfe ist, bleibt er mangels Haupttat straflos; sofern er jedoch Täter ist, erfüllt er den Tatbestand nach § 257 StGB selbst. Die Abgrenzung von Täterschaft und Beihilfe ist gem. § 25 StGB vorzunehmen. Da für § 257 StGB jede irgendwie geeignet erscheinende Handlung genügt, begründet der helfende Beitrag jedoch regelmäßig Handlungsherrschaft iS der 1. Alternative des § 25 I StGB (Rdnr. 72; ebenso S/S-*Stree* aaO).

191 b) **Der Beteiligte an der Vortat** wird gem. § 257 III 1 StGB nicht bestraft, sofern er wegen der Vortat strafbar ist. Nach dem Gedanken der straflosen Nachtat wird hier jedoch nicht die Tatbestandsmäßigkeit oder Rechtswidrigkeit ausgeschlossen; die Vorschrift hebt für diesen Fall lediglich die Strafdrohung auf (S/S-*Stree* 31 zu § 257 StGB). § 257 III 1 StGB setzt die Strafbarkeit des Begünstigers wegen Beteiligung an der Vortat, sei es als Täter oder Teilnehmer, voraus. Dagegen sind die verfahrensrechtlichen Voraussetzungen einer Bestrafung nicht erforderlich.

192 Davon macht § 257 III 2 StGB für den Fall eine Ausnahme, daß der an der Vortat Beteiligte die Begünstigung durch **Anstiftung eines an der Vortat nicht Beteiligten** leistet. Die – problematische – Vorschrift beruht auf dem Gedanken der Korrumpierung des sonst Unbeteiligten; dies ist weder dogmatisch sachgemäß noch kriminalpolitisch geboten (S/S-*Stree* 33 zu § 257 AO). Dementsprechend ist die Vorschrift eng auszulegen (S/S-*Stree* aaO; SK-*Samson* 42 zu § 257 StGB; LK-*Roxin* 35 vor § 26 StGB).

193 c) **Durch Selbstanzeige nach § 371 AO** kann Straffreiheit wegen Begünstigung zu einer Steuerstraftat im allgemeinen nicht erworben werden. Dies folgt zwingend aus dem Wortlaut des § 371 AO *(„in den Fällen des § 370")* und daraus, daß die Begünstigung einen selbständigen Tatbestand und nicht eine besondere Form der Teilnahme an der Steuerhinterziehung bildet (s. auch Rdnr. 38 zu § 371 AO; ebenso *Kohlmann* 34 zu § 371 AO). Wenn dagegen die vor der Steuerhinterziehung gemachte Zusage der Begünstigung als psychische Beihilfe (Rdnr. 78) zu werten ist, dann ist auf sie § 371 AO anwendbar. Solange die Selbstanzeige noch nicht erfolgt ist, besteht die Strafbarkeit der Beihilfe, so daß die nachfolgende Begünstigung gem. § 257 III 1 StGB straflos ist (Rdnr. 191). Begünstigt der Gehilfe freilich nach erklärter Selbstanzeige, liegen die Voraussetzungen von § 257 III 1 StGB nicht vor, und die Begünstigung ist nach § 257 I StGB strafbar (vgl. aber Rdnr. 240 zu § 371 AO).

194 Ob nach wirksamer Selbstanzeige die vor dieser begangene Begünstigung verfolgbar ist, ist zweifelhaft (vgl. *Kohlmann* 99 zu § 369 AO). Insoweit kann jedenfalls die Anwendung des § 46a StGB naheliegen (vgl. Rdnr. 28 zu § 398 AO).

7. Konkurrenzfragen

195 **Eine mehrfache Unterstützung** desselben Vortäters ist nur unter den Voraussetzungen der natürlichen Handlungseinheit (Rdnr. 110) und der tatbestandlichen Handlungseinheit (Rdnr. 111) eine einheitliche Handlung. Zwischen Begünstigung zur Hinterziehung von Eingangsabgaben und Verbrauchsteuern einerseits und **Steuerhehlerei** (§ 374 AO) andererseits kann Tateinheit (§ 52 StGB) bestehen (RG 47, 221 f. v. 14. 6. 1928).

§ 370 Steuerhinterziehung

(1) Mit Freiheitsstrafe bis zu 5 Jahren oder mit Geldstrafe wird bestraft, wer
1. den Finanzbehörden oder anderen Behörden über steuerlich erhebliche Tatsachen unrichtige oder unvollständige Angaben macht,
2. die Finanzbehörden pflichtwidrig über steuerlich erhebliche Tatsachen in Unkenntnis läßt oder
3. pflichtwidrig die Verwendung von Steuerzeichen oder Steuerstemplern unterläßt

und dadurch Steuern verkürzt oder für sich oder einen anderen nicht gerechtfertigte Steuervorteile erlangt.

(2) Der Versuch ist strafbar.

(3) ¹In besonders schweren Fällen ist die Strafe Freiheitsstrafe von sechs Monaten bis zu zehn Jahren. ²Ein besonders schwerer Fall liegt in der Regel vor, wenn der Täter
1. aus grobem Eigennutz in großem Ausmaß Steuern verkürzt oder nicht gerechtfertigte Steuervorteile erlangt,
2. seine Befugnisse oder seine Stellung als Amtsträger mißbraucht,
3. die Mithilfe eines Amtsträgers ausnutzt, der seine Befugnisse oder seine Stellung mißbraucht, oder
4. unter Verwendung nachgemachter oder verfälschter Belege fortgesetzt Steuern verkürzt oder nicht gerechtfertigte Steuervorteile erlangt.

(4) ¹Steuern sind namentlich dann verkürzt, wenn sie nicht, nicht in voller Höhe oder nicht rechtzeitig festgesetzt werden; dies gilt auch dann, wenn die Steuer vorläufig oder unter Vorbehalt der Nachprüfung festgesetzt wird oder eine Steueranmeldung einer Steuerfestsetzung unter Vorbehalt der Nachprüfung gleichsteht. ²Steuervorteile sind auch Steuervergütungen; nicht gerechtfertigte Steuervorteile sind erlangt, soweit sie zu Unrecht gewährt oder belassen werden. ³Die Voraussetzungen der Sätze 1 und 2 sind auch dann erfüllt, wenn die Steuer, auf die sich die Tat bezieht, aus anderen Gründen hätte ermäßigt oder der Steuervorteil aus anderen Gründen hätte beansprucht werden können.

(5) Die Tat kann auch hinsichtlich solcher Waren begangen werden, deren Einfuhr, Ausfuhr oder Durchfuhr verboten ist.

(6) ¹Die Absätze 1 bis 5 gelten auch dann, wenn sich die Tat auf Eingangsabgaben bezieht, die von einem anderen Mitgliedstaat der Europäischen Gemeinschaften verwaltet werden oder die einem Mitgliedstaat der Europäischen Freihandelsassoziation oder einem mit dieser assoziierten Staat zustehen. ²Das gleiche gilt, wenn sich die Tat auf Umsatzsteuern oder auf harmonisierte Verbrauchsteuern, für die in Artikel 3 Abs. 1 der Richtlinie 92/12/EWG des Rates vom 25. Februar 1992 (ABl. EG Nr. L 76 S. 1) genannten Waren bezieht, die von einem anderen Mitgliedstaat der Europäischen Gemeinschaften verwaltet werden. ³Die in Satz 2 bezeichne-

§ 370 Steuerhinterziehung

ten Taten werden nur verfolgt, wenn die Gegenseitigkeit zur Zeit der Tat verbürgt und dies in einer Rechtsverordnung nach Satz 4 festgestellt ist.

[4] Das Bundesministerium der Finanzen wird ermächtigt, mit Zustimmung des Bundesrates in einer Rechtsverordnung festzustellen, im Hinblick auf welche Mitgliedstaaten der Europäischen Gemeinschaften Taten im Sinne des Satzes 2 wegen Verbürgung der Gegenseitigkeit zu verfolgen sind.

(7) Die Absätze 1 bis 5 gelten unabhängig von dem Recht des Tatortes auch für Taten, die außerhalb des Geltungsbereiches dieses Gesetzes begangen werden.

Schrifttum: S. Einl. vor Rdnr. 102; Monographien und Aufsätze s. vor Rdnr. 1, 21, 54, 63, 76, 82, 105, 123, 134, 149, 166, 179, 179, 186, 202, 209, 215, 220, 226, 234, 240, 253, 269, 278, 282, 287, 294, 297, 299, 300, 305, 319.

Übersicht

I. Allgemeines
1. Entstehungsgeschichte 1–5
2. Bedeutung der Steuerhinterziehung 6–8

II. Grundfragen
1. Systematik des Gesetzes 9–13
2. Rechtsgut 14–17
3. Täter 18, 19

III. Erfolg der Steuerhinterziehung
1. Überblick 20
2. Steuerverkürzung 21–81
   a) Gegenstand der Verkürzung 21–34
   b) Begriff der Verkürzung.. 35–51
   c) Umfang des Verkürzungserfolges 52–81
3. Nicht gerechtfertigte Steuervorteile 82–104
   a) Begriff des Steuervorteils 82–101
   b) Nicht gerechtfertigt 102, 103
   c) Vollendung der Vorteilserlangung 104

IV. Das tatbestandsmäßige Verhalten
1. Überblick 105
2. Allgemeine Problematik ... 106–117
   a) Problemfälle 106–111
   b) Lösung 112–117
3. Verhältnis zur Steuerunehrlichkeit 118
4. Steuerhinterziehung durch Handeln................ 119–154
   a) Überblick 119
   b) Angaben machen 120–122
   c) Angaben über Tatsachen 123–128
   d) Unrichtige oder unvollständige Angaben 129
   e) Steuerlich erhebliche Tatsachen 130
   f) Gegenüber Finanz- oder anderen Behörden 131
   g) Einzelfälle der Steuerhinterziehung durch Handeln 132–154
5. Steuerhinterziehung durch Unterlassen gem. § 370 I Nr. 2 AO 155–195
   a) Überblick 155
   b) Unkenntnis von steuerlich erheblichen Tatsachen ... 156–159
   c) Unterlassen 160
   d) Erklärungspflicht 161–163
   e) Einzelfälle der Steuerhinterziehung durch Unterlassen 164–195
6. Steuerhinterziehung durch Nichtverwenden von Steuerzeichen und Steuerstempeln 196
7. Beziehung zwischen Verhalten und Erfolg 197–201
8. Besonderheiten bei einzelnen Steuerarten 202–233
   a) Lohnsteuer 202–208
   b) Körperschaftsteuer 209–214
   c) Steuerhinterziehung bei Auslandsbeziehungen ... 215–219
   d) Eingangsabgaben 220–225
   e) Steuerstraftaten im Erhebungs- und Vollstreckungsverfahren 226–233

V. Vorsatz, Unrechtsbewußtsein 234–239

VI. Teilnahmehandlungen
1. Allgemeines 240
2. Anstiftung 241–243
3. Beihilfe 244–252

I. Allgemeines

VII. Versuch
1. Allgemeines 253
2. Subjektiver Tatbestand 254–259
3. Objektiver Tatbestand 260–265
4. Rücktritt vom Versuch 266

VIII. Besonders schwere Fälle
1. Allgemeines 267
2. Die einzelnen Regelbeispiele 268–274
   a) § 370 III Nr. 1 AO 268–271
   b) § 370 III Nr. 2 AO 272
   c) § 370 III Nr. 3 AO 273
   d) § 370 III Nr. 4 AO 274
3. Allgemeine Lehren 275–277

IX. Strafen und Nebenfolgen
1. Strafen 278, 279
2. Strafrechtliche Nebenfolgen 280, 281
3. Steuerrechtliche Nebenfolgen 282–296
   a) Haftung für hinterzogene Steuerbeträge 282–284
   b) Verlängerte Festsetzungsfrist 285, 286
   c) Hinterziehungszinsen ... 287–292

d) Hinterzogene Steuern bei der Einheitswertung und Vermögenssteuer 293
e) Geldstrafen, Geldbußen und Strafverfahrenskosten bei denErtragsteuern 294–296
4. Verwaltungsrechtliche Nebenfolgen 297–302
   a) Untersagung der Gewerbeausübung 297, 298
   b) Ausweisung von Ausländern................. 299
   c) Paßversagung 300, 301
   d) Waffenrecht 302
5. Zivilrechtliche Folgen 303, 304

X. Konkurrenzfragen
1. Die Hinterziehung mehrerer Steuern 305–310
2. Verhältnis des § 370 AO zu anderen Steuerstraf- und -bußgeldtatbeständen 311–316
3. Verhältnis des § 370 AO zu § 263 StGB 317, 318
4. Verhältnis des § 370 AO zu sonstigen Straftatbeständen . 319, 320

I. Allgemeines

1. Entstehungsgeschichte

Schrifttum: *Schneider,* Die historische Entwicklung des Straftatbestandes der Steuerhinterziehung, Diss. Köln 1987.

Vor 1919 enthielt jedes einzelne Steuergesetz der Länder und des Reiches eine Strafvorschrift gegen *absichtliche* oder *wissentliche* Steuerverkürzung. Der frühzeitig verwendete Begriff „*Hinterziehung*" (in Württemberg: „Steuergefährdung", in Zoll- und Verbrauchsteuergesetzen lange Zeit noch: „*Defraudation*") war vorwiegend, aber nicht ausschließlich auf vorsätzliche Taten beschränkt. Eine der Entwicklung vorauseilende Begriffsbestimmung bietet § 69 des Sächs. Gewerbe- und PersonalStG v. 24. 12. 1845 (GVBl. 31 1):

„*Eine Hinterziehung der Gewerbe- und Personalsteuer begeht,*
1. wer den Betrieb eines Steuerpflichtigen Gewerbes oder die Eigenschaft, welche ihn zur Personalsteuer verpflichtet, auf Befragen ableugnet und hierdurch der Steuer entweder gänzlich sich entzieht oder einen geringeren Ansatz veranlaßt, als von ihm, den gesetzlichen Vorschriften nach, zu entrichten gewesen wäre;
2. wer über den Umfang seines Gewerbebetriebes oder über sonstige Verhältnisse, von welchen die Bestimmung des Steuerbeitrags abhängig ist, sich erwiesener Maßen wissentlich unrichtige Angaben hat zu Schulden kommen lassen, durch welche das Steuerinteresse verkürzt worden ist, oder, falls die Unrichtigkeit nicht entdeckt worden wäre, verkürzt worden sein würde..."

§ 370 **1**

Im übrigen waren meist nur einzelne bestimmte Handlungen oder Unterlassungen, namentlich in bezug auf die Abgabe einer Steuererklärung, mit Strafe bedroht, vgl. zB Art. 26 BadEStG v. 20. 6. 1884 (GVBl. 321). Soweit die Strafvorschriften bereits an das Verursachen der Steuerverkürzung anknüpften und als Erfolgsdelikte ausgestaltet waren, hatte der Gesetzgeber ihnen oft umfangreiche Kataloge beispielhafter Tathandlungen beigegeben, insbes. in den Zoll- und Verbrauchsteuergesetzen, vgl. zB § 136 VZollG; §§ 28, 29 BrauStG v. 31. 5. 1872 (RGBl. 153); Art. 34, 35 BadWeinStG v. 19. 5. 1882 (GVBl. 137); §§ 43, 44 ZuckStG v. 27. 5. 1896 (RGBl. 117); § 17 ZigarrettenStG v. 3. 6. 1906 (RGBl. 620); §§ 22, 24 WeinStG u. §§ 42, 44, 45 BierStG v. 26. 7. 1918 (RGBl. 831, 863). Bei Besitz- und Verkehrsteuern wurde die Tathandlung im Lauf der Entwicklung stärker abstrahiert und zunächst auf unrichtige, unvollständige oder unterlassene Angaben gegenüber der Steuerbehörde bezogen, vgl. § 66 PreußEStG v. 24. 6. 1891 (GS 175); § 79 I PreußKAG v. 14. 7. 1893; §§ 49, 50 ErbStG v. 3. 6. 1906 (RGBl. 654); § 50 ZuwachsStG v. 14. 2. 1911 (RGBl. 33); § 56 WehrbeitragsG u. § 76 BesitzStG v. 3. 7. 1913 (RGBl. 505, 524); § 33 KriegsStG v. 21. 6. 1916 (RGBl. 561). Am Ende dieser Entwicklung wurde ganz davon abgesehen, die Tathandlung näher zu umschreiben, vgl. zB § 38 I 1 UStG v. 26. 7. 1918 (RGBl. 779): *„Wer vorsätzlich die Umsatzsteuer hinterzieht oder einen ihm nicht gebührenden Steuervorteil erschleicht, wird ... bestraft."*

Für vollendete Hinterziehung verlangten die meisten Gesetze, daß eine Steuerverkürzung bereits eingetreten war, also „keine Steuer oder zu wenig Steuer in Ansatz gebracht oder ein Steuerabgang oder Rückersatz zur Ungebühr festgestellt wurde", so zB Art. 26 BadEStG v. 20. 6. 1884 (GVBl. 321); zT genügte es, daß unrichtige oder unvollständige Angaben „zur Verkürzung der Steuer zu führen geeignet" waren, so zB Art. 65 BayEStG v. 19. 5. 1881 (GVBl. 441); ähnl. Art. 70 III WürttEStG v. 8. 8. 1903 (RegBl. 261).

Die Strafdrohungen waren ursprünglich auf Geldstrafen beschränkt, sei es mit oder ohne die Möglichkeit einer Umwandlung in Ersatzfreiheitsstrafe, vgl. einerseits § 76 SächsEStG v. 24. 7. 1900 (GVBl. 562) u. Art. 80 IV BayEStG v. 14. 8. 1900 (GVBl. 493), andererseits § 64 OldenbStempelStG v. 12. 5. 1906 (GVBl. 793). Bemessen waren die Geldstrafen stets in einem Vielfachen der verkürzten Steuer (Multiplarstrafen, s. Einl 27). Nur für den Fall, daß der verkürzte Steuerbetrag nicht ermittelt werden konnte, waren zahlenmäßig begrenzte Höchstbeträge, zB 5000 Mark gem. Art. 74 IV 2 BayEStG v. 14. 8. 1910 (GVBl. 493), oder Mindestbeträge, zB 100 Mark gem. § 66 I PreußEStG v. 24. 6. 1891 (GS 175), bestimmt. In Bayern war bis 1910 vorgeschrieben, daß die verhängten Geldstrafen dem Armenfonds der Gemeinde zufielen. in welcher der Stpfl wohnte, vgl. Art. 47 BayGewStG v. 1. 7. 1856 (GBl. 139) und Art. 75 BayEStG v. 9. 6. 1899 (GVBl. 227).

Die fakultative Anordnung einer Freiheitsstrafe (Gefängnis bis zu 6 Monaten) enthielten erstmalig § 57 I WehrbeitragsG sowie § 77 BesitzStG v. 3. 7. 1913 (RGBl. 505, 524) für den Fall, daß der gefährdete Steuerbetrag nicht weniger als 10 vH der geschuldeten Steuer, mindestens aber 300 Mark ausmachte, oder der Stpfl wegen Besitzsteuerhinterziehung bereits vorbestraft war. § 34 I KriegsStG v. 21. 6. 1916 (RGBl. 561) drohte neben Geldstrafe Gefängnisstrafe bis zu einem Jahr an. neben der auch die bürgerlichen Ehrenrechte aberkannt werden konnten. Schließlich wurde gem. § 22 I SteuerfluchtG v. 26. 7. 1918 (RGBl. 951) Gefängnis nicht unter 3 Monaten zwingend vorgeschrieben.

Mit § 359 RAO 1919 wurde erstmalig eine allgemeine Vorschrift über vorsätzliche Steuerverkürzung eingeführt, die dem Vorbild des § 38 l 1 UStG entsprach (Begr. s. Aktenstück Nr. 759 der Verfassungsgebenden deutschen Nationalversammlung S. 598). § 359 I AO 1919 unterschied sich von den späteren Straftatbeständen nur durch die Strafdrohung, derentwegen zunächst auf die „in den einzelnen Gesetzen (für Hinterziehung) angedrohten Strafen" verwiesen und der Mindestbetrag einer Geldstrafe auf 20 Mark bemessen wurde. Die Absätze 2 bis 4 entsprachen dem späteren § 396 II–IV AO 1931. Absatz 5 lautete: „*Die Vorschriften der Zoll- und Verbrauchsabgabengesetze, nach denen eine Bestrafung wegen Steuerhinterziehung eintritt, ohne daß der Vorsatz der Hinterziehung festgestellt zu werden braucht, bleiben unberührt.*"

Nach mehrfacher Änderung der Mindeststrafen durch die Gesetzgebung der Inflationszeit wurde in § 359 I AO 1919 die Strafdrohung gem. Art. VIII Nr. 1 der 3. **StNotV** v. 14. 2. 1924 (RGBl. I 74) wie folgt gefaßt: „*. . . wird wegen Steuerhinterziehung mit Geldstrafe bestraft. Der Höchstbetrag der Geldstrafe ist unbeschränkt. Bei Zöllen und Verbrauchsteuern ist die Geldstrafe mindestens auf das Vierfache des hinterzogenen Betrags zu bemessen, falls der Betrag der Steuerverkürzung oder des Steuervorteils festgestellt werden kann. Neben der Geldstrafe kann auf Gefängnis bis zu zwei Jahren erkannt werden.*" Zugleich wurde dem Absatz 5 folgender Satz 2 angefügt: „*Auf Gefängnis kann jedoch nur erkannt werden, wenn der Vorsatz der Hinterziehung festgestellt wird.*" Mit diesem Wortlaut wurde die Vorschrift als § **396 RAO 1931** neu bekanntgemacht. Durch Kap. II Art. 2 Nr. 1 der VO v. 18. 3. 1933 (RGBl. I 109) wurde als Absatz 6 der heutige Absatz 5 angefügt. Gem. Art. I Nr. 12 des **Gesetzes v. 4. 7. 1939** (RGBl. I 1181) wurden Absatz 1 S. 3 über die Bemessung der Geldstrafe bei Hinterziehung von Zöllen und Verbrauchsteuern sowie Absatz 5 über die Schuldvermutung bei Zoll und Verbrauchsteuerhinterziehung gestrichen; Absatz 6 wurde Absatz 5.

Durch § 9 Nr. 1 des **2. Gesetzes zur vorläufigen Neuordnung von Steuern** v. 20. 4. 1949 (WiGBl. 69) sowie § 9 Nr. 1 des gleichlautenden Gesetzes von Rheinland-Pfalz v. 6. 9. 1949 (GVBl. 496) wurde die Strafdrohung in Absatz 1 wie folgt verschärft: „*. . . wird wegen Steuerhinterziehung mit Gefängnis bestraft. Neben der Gefängnisstrafe ist auf Geldstrafe zu erkennen. Der Höchstbetrag der Geldstrafe ist unbeschränkt. Bei mildernden Umständen, insbesondere bei geringen Vergehen, kann ausschließlich auf Geldstrafe erkannt werden.*" In Baden, Württ.-Hohenzollern u. Berlin blieb es bei der Fassung von 1939 (Rdnr. 2 aE).

Nach der bundeseinheitlichen Neufassung des § 396 I RAO gem. Art. 1 Nr. 1 des Gesetzes v. 11. 5. 1956 (BGBl. I 418) wurde die Strafdrohung auf „*Geldstrafe oder Gefängnis und Geldstrafe*" gemildert; Begr. s. BT-Drucks. II/ 1593 S. 4.

Durch Art. 1 Nr. 4 des **2. AOStrafÄndG** v. 12. 8. 1968 (BGBl. I 953) wurde die Vorschrift umnumeriert und mit der Überschrift versehen. Der bisherige

Absatz 4 über Steuerumgehung wurde gestrichen; Absatz 5 wurde Absatz 4 (Begr. BT-Drucks. V/1812 S. 22). Die im RegE vorgesehene Begrenzung der Geldstrafe auf 1 Mio DM in § 392 1 1 RAO wurde auf Antrag des BRates (BT-Drucks. V/3013), dem der Vermittlungsausschuß zustimmte (BT-Drucks. V/3042), auf 5 Mio DM erhöht. Die Fassung des neu angefügten Absatzes 5 über die Hinterziehung von Eingangsabgaben anderer EWG-Staaten wurde durch den BTag um die Nr. 2 ergänzt, damit Doppelbestrafungen derselben Tat in der BRD und dem steuerberechtigten anderen Staat ausgeschlossen sind (2. Schriftl. Ber. zu BT-Drucks. V/2928). **Durch Art. 161 EGStGB** v. 2. 3. 1974 (BGBl. 1 469) wurde mit Wirkung vom 2. 1. 1975 **§ 392 RAO** an den neuen Allgemeinen Teil des StGB angepaßt. Die Anpassung betraf im besonderen die Androhung von Geldstrafe (Einl 87). Im übrigen erhielt die Ausdehnung des Tatbestandes auf die Eingangsabgaben europäischer Staaten im wesentlichen ihre jetzige Form (Einl 87).

4   **In der AO 1977** hat § 370 AO eine völlige Neufassung gegenüber § 392 RAO erfahren. Die wesentlichen Veränderungen bestehen in der grundlegenden Umgestaltung des Tatbestandes der Steuerhinterziehung in § 370 I AO, der sich von § 392 RAO vor allem durch die Aufgliederung in verschiedene Verhaltensmodalitäten unterscheidet. Neu ist die Einführung besonders schwerer Fälle in § 370 III AO, die dem Vorbild des StGB folgt. Schließlich enthält § 370 IV AO eine Erweiterung insoweit, als nunmehr klargestellt wird, daß der Steuerfestsetzung auch die Steuerfestsetzung unter Vorbehalt der Nachprüfung, die vorläufige Steuerfestsetzung sowie bestimmte Steueranmeldungen gleichstehen (krit. *Hübner*, JR 1977, 58).

5   **Mit der Schaffung des EG-Binnenmarktes** zum 1. 1. 1993 wurde § 370 Abs. 6 erheblich umgestaltet (UST-BinnenmarktG vom 25. 8. 1992 – BGBl I, 1548). Der frühere § 370 Abs. 6 Satz 2 wurde zu Abs. 7, neue Sätze 2 bis 4 wurden angefügt. § 370 Abs. 6 Satz 2 wurde erneut geändert durch das VerbrSt-BinnenmarktG vom 21. 12. 1992 (BGBl 1992 I, 2150).

2. Bedeutung der Steuerhinterziehung

6   **Die Statistiken des BMF** (vgl. etwa wistra 1995, 136) lassen nur begrenzt Erkenntnisse über den Umfang von Steuerhinterziehungen zu, da sie lediglich entdeckte Taten dokumentieren und Rückschlüsse auf das Dunkelfeld kaum möglich sind. Deutlich ist, daß die Ergebnisse etwa der Steuerfahndung sich seit 1982 (518 Mio DM) verdoppelt haben (1994: 1, 36 Mrd DM). Deutlich ist auch eine veränderte Erledigungspraxis. Während 1982 Freiheitsstrafen von 1.834 Jahren verhängt wurden, waren es 1993 etwas mehr als 780 Jahre, während die Beträge der Geldstrafen kontinuierlich stiegen (1982 7, 7 Mio DM, 1993 39, 9 Mio DM; hinzu kommen Geldauflagen gem. § 153a StPO von 12 Mio DM). Diese Beträge können durch Geldentwertung nicht erklärt werden, sondern sind eher auf eine vermehrte Ermittlungstätigkeit der Steuerfahndung zurückzuführen, bei der sich die Zahl der Prüfungen etwa von 1990 (12.576 Fälle) bis 1993 (16.357 Fälle) um ⅓ erhöht hat. Andererseits ist die Summe der durch Urteil, Strafbefehl oder Bußgeldbescheid abgeschlosse-

II. Grundfragen 7–10 § 370

nen Verfahren kontinuierlich zurückgegangen. Waren es 1978 noch 25 072, lag die Summe 1984 bei 19 411 (davon 7602 Bußgeldbescheide), 1990 bei 12 902 (davon 3800 Bußgeldbescheide) und 1994 bei 11 190 (davon 3263 Bußgeldbescheide), während die Zahl der Fahndungsprüfungen anstieg (1980: 14 041; 1990: 12 576; 1994: 16 575).

Im Bereich der Zollstraftaten bzw. Straftaten im Zuständigkeitsbereich 7 des Zollfahndungsdienstes ist eine Analyse noch schwieriger (vgl. wistra 1995, 136), da sich der Aufgabenbereich in den vergangenen Jahren erheblich verändert hat. Etwa ein Viertel der vom Zollfahndungsdienst im Jahre 1993 insgesamt bearbeiteten 56.139 Fälle beziehen sich auf Betäubungsmittelstraftaten (12.722). Signifikant ist dabei etwa die Zunahme von Zollzuwiderhandlungen (1993: 36.063; 1992: 22.641) sowie die Zunahme von Zuwiderhandlungen gegen Außenwirtschaftsbestimmungen (1993: 1.674 Verfahren, 1992: 688 Verfahren). Grund hierfür ist die Einführung einer Vielzahl von Embargoregelungen seit August 1990. Deutlich ist auch, daß in Zollstrafsachen erheblich häufiger Freiheitsstrafen verhängt werden als bei reinen Steuerstraftaten und daß die Einstellung gegen Geldauflagen bzw. die Ahndung mit Geldstrafe keine so entscheidende Bedeutung hat.

Nahe liegt dabei, daß sich im Zweifel die Schwerpunkte der Straftaten in 8 vergangenen Jahren vor dem Hintergrund veränderter steuerrechtlicher Rahmenbedingungen verschoben haben. So sind die Zeiten einer Steuerhinterziehung unter Einschaltung ausländischer Domizilgesellschaften (Rdnr. 217) vorbei; die Steuerhinterziehung in Bezug auf Einkünfte aus Kapitalvermögen hat sich dadurch in erheblichem Umfange reduziert, daß zum einen durch erhöhte Freibeträge nicht unerhebliche Geldvermögen letztlich von der Steuerpflicht freigestellt sind, zum anderen bewirkt der Zinsabschlag, daß sich der Schaden des Fiskus in Grenzen hält.

Siehe zur Thematik noch *Hagedorn,* Steuerhinterziehung und Finanzpolitik, 1991.

II. Grundfragen

1. Systematik des Gesetzes

§ 370 AO faßt die Vorschriften in §§ 392, 393 RAO zusammen und modi- 9 fiziert sie in verschiedener Hinsicht. Die Vorschrift enthält nicht nur den Grundtatbestand der Steuerhinterziehung, sondern eine Fülle ergänzender Regelungen.

Der Grundtatbestand der Steuerhinterziehung findet sich in § 370 I AO. 10 Ergänzungen des Grundtatbestandes enthalten die Absätze 4 bis 7. Absatz 4 definiert und ergänzt den tatbestandsmäßigen Erfolg der Steuerhinterziehung. Absatz 5 stellt klar, daß Steuer- und Zollhinterziehung auch dann begangen werden können, wenn die die Steuerpflicht auslösende Einfuhr, Ausfuhr oder Durchfuhr von Waren verboten ist. Absatz 6 schließlich dehnt den Tatbestand auf die Eingangsabgaben bestimmter europäischer Länder aus. Abs. 7 enthält eine Abweichung vom Territorialitätsprinzip (Rdnr. 32 zu § 369 AO).

11   Die **Versuchsstrafbarkeit** (früher § 393 RAO) ist nunmehr in § 370 II AO angeordnet. Absatz 3 führt eine Strafrahmenerhöhung für **besonders schwere Fälle** ein. Das Gesetz enthält hier eine Neuerung gegenüber der RAO und verwendet dabei die schon im StGB vielfach verwendete Regelbeispieltechnik.

12   Der Grundtatbestand der Steuerhinterziehung ist in § 370 I AO gegenüber § 392 I RAO im Bereich der **Tathandlung** stärker ausdifferenziert worden. Das Gesetz bedient sich bei der Bestimmung des Tatbestandes einer bemerkenswerten Kombinationstechnik, bei der es drei Verhaltensweisen mit zwei Erfolgen – jeweils alternativ – kombiniert. Den Tatbestand erfüllt, wer einen der beiden Erfolge durch eine der drei Verhaltensweisen erfüllt. Auf diese Weise enthält das Gesetz **sechs Tatbestandsvarianten**.

13   Auf der Erfolgsseite wird die Verkürzung von Steuern und die Erlangung nicht gerechtfertigter Steuervorteile unterschieden. Auf der Verhaltensseite bemüht sich der Gesetzgeber, das unter der Geltung von § 392 I RAO entwickelte ungeschriebene Tatbestandsmerkmal der **Steuerunehrlichkeit** zu erfassen. Das Gesetz enthält in Absatz 1 Nr. 1 den Begehungstatbestand und regelt in Nr. 2 und 3 zwei Unterlassungsfälle. Durch diese Ausdifferenzierung auf der Verhaltensseite gewinnt die Vorschrift an inhaltlicher Bestimmtheit; gleichzeitig tritt jedoch die mit der Tatbestandsbestimmtheit notwendig verbundene Gefahr von Strafbarkeitslücken auf (Rdnr. 107 ff.).

2. Rechtsgut

14   **Welches Rechtsgut die Steuerhinterziehung schützt,** ist umstritten (Übersicht bei *Suhr* 1989, 18 ff.). Nach Ansicht von *Isensee* (NJW 1985, 1008) stellt § 370 AO allein die Zuwiderhandlung gegen Gesetzesbefehle unter Strafe (ähnl. *Kohlmann,* DStJG 6, 19). Andere gehen von einer rein formalen Schutzfunktion aus, die allein die steuerlichen Offenbarungspflichten (*Schulze* DStR 1964, 416; *Ehlers* FR 1976, 505) bzw. Wahrheitspflichten gegenüber den Finanzbehörden (*Möllinger* S. 380) oder allein den formalen Bestand der Steueransprüche (*Backes* S. 149 f.) schütze. Überwiegend wird jedoch davon ausgegangen, daß der Tatbestand der Steuerhinterziehung einen Angriff auf Vermögensinteressen des steuererhebenden Staates darstellt und daher Vermögensdelikt ist (vgl. die Nachweise bei *Suhr* 1989, S. 12 ff.; *Hardtke* 1995, S. 62). Dieser Auffassung ist zuzustimmen. Den Schutz steuerlicher Mitteilungs- oder Wahrheitspflichten als Rechtsgut anzusehen, vernachlässigt den Umstand, daß die Steuerhinterziehung neben dem Verstoß gegen diese Pflichten zusätzlich eine Steuerverkürzung als Erfolg voraussetzt (*Suhr* 1988, S. 177). Daß ein reines Vermögensinteresse, also auch der Schutz der öffentlichen Kasse, durchaus Rechtsgutsqualität besitzt, zeigen entgegen der Auffassung von *Kohlmann* (Grundfragen 19 f.) schon der Betrugs- und Untreuetatbestand. Die Verletzung der Mitwirkungspflichten ist also lediglich Voraussetzung des tatbestandsmäßigen Verhaltens.

15   Die Steuerhinterziehung ist zwar Erfolgsdelikt, jedoch **nicht notwendig Verletzungsdelikt.** Der Erfolg der Steuerhinterziehung – die Steuerverkürzung – setzt bei Taten im Festsetzungsverfahren nicht die wirkliche Verlet-

II. Grundfragen   16, 17 § 370

zung des Steueranspruches oder die wirkliche Beeinträchtigung des Steueraufkommens voraus. Wegen der Legaldefinition des Erfolges in § 370 IV AO begnügt sich der Tatbestand damit, daß die Durchsetzung des Steueranspruchs gefährdet ist. Diese Gefährdung besteht im Besteuerungsverfahren kraft gesetzlicher Definition immer dann, wenn die Steuerfestsetzung nicht rechtzeitig oder nicht in voller Höhe erfolgt ist. *Hübners* (HHSp 12a zu § 370) Versuche, § 370 AO als Verletzungsdelikt einzuordnen, ändern an der Richtigkeit dieser Auffassung nichts. Er begründet seine Auffassung damit, daß bereits dann eine Steuerverkürzung vorläge, wenn der rechtmäßige Steueranspruch ungünstiger gestaltet werde, seine Verwirklichung behindert, erschwert oder gefährdet würde. Im Ergebnis bedeutet diese Argumentation, daß bereits die ungünstige Einwirkung auf das Tatobjekt – den Steueranspruch – über die Klassifizierung eines Tatbestandes als Verletzungs- oder Gefährdungsdelikts entscheide. Entscheidend sein kann aber nicht allein die Einwirkung auf das Tatobjekt, sondern primär die auf das Rechtsgut (vgl. *Bley* AT S. 82; *Maurach-Zipf* AT I § 17 Rdnr. 26, § 20 Rdnr. 29 ff.; *Suhr* 1989 S. 38).

Wenn auf der anderen Seite das Gesetz als tatbestandsmäßiges Verhalten **16** die Täuschung über steuerlich erhebliche Tatsachen oder die unterlassene Aufklärung über solche Tatsachen erfaßt, dann nimmt es damit Bezug auf die in der AO und in den besonderen Steuergesetzen vorgenommene **Verteilung von Aufklärungs- und Mitwirkungspflichten** zwischen dem Stpfl einerseits und dem die Besteuerungsgrundlagen ermittelnden Staat andererseits. Nur soweit der Staat nicht selbst in der Lage ist, die Besteuerungsgrundlagen zu ermitteln, und daher dem Bürger Mitwirkungspflichten auferlegt hat, kommt eine Steuerhinterziehungshandlung als Verletzung dieser Mitwirkungspflichten in Betracht. Damit wird zwar die Mitwirkungspflicht nicht zum Rechtsgut des Tatbestandes; ihre Verletzung ist jedoch Voraussetzung jedes tatbestandsmäßigen Verhaltens.

Ob das **Steueraufkommen** in der jeweiligen Steuerart oder insgesamt **17** geschützt wird, ist damit noch nicht geklärt. Die hM ist der Auffassung, es gehe um das Steueraufkommen in der jeweiligen Steuerart (vgl. RG 59, 258 v. 16. 6. 1925; BGH 36, 102 v. 1. 2. 1989; BGH v. 16. 10. 1981, wistra 1982, 31; BayObLG v. 21. 4. 1982, wistra 199; *Kohlmann* 9.6, HHSp-*Hübner* 9, *Leise/Dietz* 14, *Koch/Scholtz/Himsel* 8 zu § 370; *Kirchhof* NJW 1985, 2981; *Wassmann*, ZfZ 1987, 165; *Krieger* 1988, S. 90; *Hanßen*, S. 31; *Löffler*, S. 115). Eine Begründung wird hierfür jedoch nicht gegeben. Offenbar dient das Bestreben, verschiedene Steuerarten isoliert zu betrachten, allein dem zwischenzeitlich hinfälligen Bemühen, einen Fortsetzungszusammenhang zwischen der Hinterziehung verschiedener Steuerarten zu vermeiden (vgl. *Suhr* 1989, S, 32; *Bachmann*, 1993, S. 160; *Hardtke* 1995, S. 63). Allein *Franzen* begründete diese Auffassung mit der Überlegung, die *„überaus differenzierte Verteilung von Ertragshoheit, Verwaltungshoheit und Gesetzgebungshoheit bei den verschiedenen Steuern auf Bund, Länder und Gemeinden..."* (DStR 1965, S. 188; Voraufl. Einleitung Rdnr. 8) erfordere ein Abstellen auf die einzelnen Steuerarten. Ein Argument kann dies deshalb nicht sein, weil die Ertragshoheit auch bei den einzelnen Steuern durchaus unterschiedlich ist, also etwa dem

Bund und den Ländern zu verschiedenen Teilen zusteht. Dann müßte man jedoch auf das vollständige Aufkommen jedes einzelnen Ertragsanteils abstellen (*Suhr* 1988, S. 29; *Hardtke* 1995, S. 64). Bei den Vermögensdelikten wird aus gutem Grund nicht danach differenziert, wer Geschädigter der Straftat ist. Auch bei der Steuerhinterziehung gibt es keinen Grund, nach Steuerarten zu differenzieren. Im übrigen ist die hM insofern nicht konsequent, als sie etwa eine „Teilidentität" von Körperschaft- und Einkommensteuer annimmt, wenn sie in diesem Zusammenhang einen Fortsetzungszusammenhang für möglich hielt (vgl. RG v. 24. 8. 1936, RStBl 1936, 947; BayObLG v. 21. 4. 1982, wistra 198; *Hardtke* 1995, S. 65). Bei dem von § 370 AO geschützten Rechtsgut handelt es sich somit um das staatliche Interesse am vollständigen und rechtzeitigen Aufkommen der Steuern im ganzen (*Hardtke* 1995, S. 66). Dies führt freilich nicht dazu, daß es für das Vorliegen einer Steuerverkürzung auf eine globale Betrachtung der Situation des konkreten Steuerpflichtigen ankäme; dem steht § 370 IV 3 AO entgegen (Rdnr. 72).

3. Täter

18 **Eine Begrenzung des Täterkreises erfolgt** lediglich bei den Unterlassungsvarianten des Tatbestandes (vgl. BGH v. 12. 11. 1986, wistra 1987, 147). Da das jeweilige Unterlassen nach Absatz 1 Nr. 2 und 3 pflichtwidrig sein muß, kann Täter der Steuerhinterziehung durch Unterlassen nur derjenige sein, den eine besondere Pflicht zur Aufklärung der Finanzbehörden (Nr. 2) oder zur Verwendung von Steuerzeichen oder Steuerstemplern trifft (Nr. 3). Einzelheiten zur Handlungspflicht s. Rdnr. 155ff. Demgegenüber kann der Täter der Begehungsvariante des Tatbestandes jedermann sein. Das ergibt sich für den Fall der Steuerverkürzung schon daraus, daß eine besondere Vorteilsabsicht nicht vorausgesetzt wird. Im Fall der Erlangung ungerechtfertigter Steuervorteile genügt es, wenn der Täter diese Vorteile für sich oder einen anderen erlangt. Der abweichenden Meinung, Steuerhinterziehung sei ein Sonderdelikt, das nur von dem StSchuldner begangen werden könne (so früher RG 62, 319, 321 v. 16. 11. 1928; RFH v. 18. 3. 1930, JW 2326; ähnl. *Troeger/Meyer* S. 13, 266f., 269 im Anschluß an *Meyer* DStZ 1952, 321), die das RG alsbald ausdrücklich aufgegeben hatte (vgl. RG 65, 407, 409f. v. 19. 10. 1931; 67, 356, 358f. v. 1. 11. 1933), hatte der Gesetzgeber bewußt den Boden entzogen, als er § 392 RAO 1931 durch das 2. AO-StrafÄndG (Einl 76ff.) ersatzlos wegfallen ließ. Die Pflicht, Steuerverkürzungen durch Handeln zu unterlassen, folgt also nicht nur für bestimmte Personen aus bestimmten einzelnen Vorschriften der AO und anderer Steuergesetze, sondern für jedermann unmittelbar aus § 370 I Nr. 1 AO (BGH v. 21. 1. 1964, GA 1965, 289; OLG Koblenz – 1 Ss 105/62 v. 7. 6. 1963, zit. bei *Buschmann* NJW 1968, 1614; *Schleeh* BB 1971, 815). Demgegenüber kann Täter einer leichtfertigen Steuerverkürzung (Ordnungswidrigkeit) nach § 378 AO nicht jedermann sein, sondern nur, wer Stpfl ist oder die Angelegenheiten eines Stpfl wahrnimmt (Rdnr. 6ff. zu § 378 AO).

III. Erfolg der Steuerhinterziehung 19, 20 § 370

Als Täter einer Steuerhinterziehung durch Handeln kommt demnach 19
jeder in Betracht, der tatsächlich in der Lage ist, auf die Festsetzung, Erhebung oder Vollstreckung der gesetzlich geschuldeten Steuer zum Nachteil
des jeweiligen StGläubigers einzuwirken, sei es
- *als Berater des Stpfl* (RG v. 15. 1. 1931, JW 2311; RG 68, 411 v. 26. 11. 1934;
77, 87, 97 v. 7. 6. 1943; BGH v. 1. 11. 1966, DStZ/B 1967, 32);
- *als Angestellter des Stpfl* (BGH v. 24. 4. 1952, DStR 445; OLG Frankfurt
(Kassel) v. 8. 7. 1954, DStZ/B 424); und zwar ohne Rücksicht darauf, ob
diejeweilige Hilfsperson des Stpfl nur in untergeordneter Position tätig ist,
zB als Buchhalter, und ob sie nach außen – dem FA gegenüber – hervortritt oder nicht (RG v. 15. 1. 1931, JW 2311; BGH v. 24. 4. 1952, DStR
445; OLG Hamm – 1 Ss 853/60 – v. 20. 9. 1960, zit. bei *Suhr* 1977, S. 505);
- *als Steuerbeamter* (RG 70, 396, 399 v. 17. 12. 1936; BGH v. 26. 11. 1954,
NJW 1955, 192, ausf. ZfZ 1955, 90; LG Detmold – 2 KLs 14/58 – v.
13. 11. 1958, zit. bei *Suhr* 1977, S. 518); ob der Steuerbeamte Täter ist oder
Gehilfe (wie in den Fällen des OLG Bremen v. 10. 8. 1950, ZfZ 367, und
BGH 7, 149 v. 11. 1. 1955), ist Tatfrage;
- *als Schiffsoffizier,* der einen Schmuggel duldet, den die Mannschaft begeht
(RG 71, 176 ff. v. 12. 4. 1937);
- *als Auskunftspflichtiger* (§§ 93 f. AO) oder Sachverständiger (§ 96 AO) und
sogar
- *als außerhalb eines Besteuerungsverfahrens* stehender Dritter, der gleichsam
nur „zufällig" in der Lage ist, die Feststellung der Besteuerungsgrundlagen
zu beeinflussen, wie zB der Verwalter einer Quarantäneanstalt, der bei der
Verwiegung von Importvieh durch bestimmte Handgriffe ein zu niedriges
Zollgewicht vortäuscht (RG 65, 407, 409 f. v. 19. 10. 1931).

III. Erfolg der Steuerhinterziehung

1. Überblick

Die Steuerhinterziehung ist ein **Erfolgsdelikt**. Das Delikt ist also erst dann 20
vollendet, wenn der im Tatbestand beschriebene Erfolg eingetreten ist. Solange dies noch nicht geschehen ist, kommt nur Versuch in Betracht. Das Gesetz
unterscheidet zwischen zwei verschiedenen Erfolgen, von denen der Täter des
vollendeten Delikts wenigstens einen verursacht haben muß: die Steuerverkürzung und die Erlangung eines nicht gerechtfertigten Steuervorteils. Die
praktisch größte Bedeutung besitzt der Erfolg der Steuerverkürzung. Dementsprechend finden sich bei ihm auch die meisten Kontroversen in Schrifttum
und Rspr. Ergänzende Vorschriften finden sich in Absatz 4, der die Steuerverkürzung für das Festsetzungsverfahren definiert, in Absatz 6, der Taten gegen
Eingangsabgaben, Umsatzsteuern und harmonisierte Verbrauchsteuern bestimmter europäischer Länder in den Tatbestand mit einbezieht, sowie in
Absatz 4 S. 3, der die Begriffe der Steuerverkürzung und der Erlangung von
Steuervorteilen für eine bestimmte Fallgruppe modifiziert.

2. Steuerverkürzung

Schrifttum: *Ehlers,* Zum Begriff der Steuerverkürzung – Versuch einer Entwirrung, FR 1958, 455; *Plückebaum,* Zur Frage der Abgrenzung zwischen Versuch und Vollendung bei der Steuerhinterziehung, DStZ 1959, 66; *Kopacek,* Sind Steuerverkürzungen im Sinne der §§ 369 und 402 AO auch bei vorläufiger Steuerfestsetzung bewirkt? DStZ 1961, 9; *Lohmeyer,* Schließen vorläufige Steuerbescheide die Annahme einer vollendeten Steuerverkürzung aus? BlStA 1962, 340; *ders.,* Sind Schätzungen der Besteuerungsgrundlagen nach § 217 AO als Schuldnachweis im Steuerstrafverfahren geeignet? Inf 1962, 21; *ders.,* Vollendete oder versuchte Steuerverkürzung bei vorläufiger Veranlagung, NWB Fach 13, 277 (Stand: 1964); *ders.,* Nachträglich geltend gemachte Ermäßigungsgründe (zur Bedeutung des § 396 Abs. 3 Halbsatz 2 AO) StBp 1964, 294; *Franzen,* Zur schuldgerechten Aufteilung der Steuerverkürzung (§§ 396, 402 AO) DStR 1965, 187; *Henke,* Wird bei einer vorläufigen Steuerfestsetzung nur eine versuchte Verkürzung von Steuereinnahmen bewirkt? DStR 1965, 195; *Ulmer,* Vollendung der Steuerverkürzung bei vorläufiger Veranlagung, FR 1965, 247; *v Witten,* Steuerverkürzung bei vorläufiger Steuerfestsetzung, DStZ 1965, 232; *Kötting,* BGH-Urteil zur Steuerverkürzung bei vorläufiger Steuerfestsetzung, DStZ 1967, 285; *Lohmeyer,* Der Vorteilsausgleich nach § 396 Abs. 3 Halbsatz 2 AO. Inf 1968, 267; *Depierux,* Die strafrechtlichen Folgen der Nichtabgabe von Steuererklärungen, DStR 1970, 55 I ; *Lohmeyer,* Verurteilung wegen Steuerverkürzung auch bei Schätzung der Besteuerungsgrundlagen, SchlHA 1970, 83; *Pfaff,* Ermittlung der schuldhaft verkürzten Steuern, StBp 1970, 287; *Schleeh,* Der tatbestandsmäßige Erfolg der Verkürzung von Steuereinnahmen, FR 1971, I 18; *ders.,* Rechtsgut und Handlungsobjekt beim Tatbestand der Steuerverkürzung, NJW 1971, 739; *ders.,* Die Steuerhinterziehung nach dem Entwurf einer Abgabenordnung (AO 1974), StW 1972, 310; *Henneberg,* Strafrechtliche Begriffe im steuerstrafrechtlichen Gewand in der höchstrichterlichen Rechtsprechung, DStR 1972, 551; *Göggerle,* Zur Frage des geschützten Rechtsguts im Tatbestand der Steuerhinterziehung, BB 1982, I851; *Hartmann/Christians,* Grundstruktur der Steuerhinterziehung und der leichtfertigen Steuerverkürzung, DB 1985, 1909; *Suhr,* Rechtsgut der Steuerhinterziehung im Festsetzungsverfahren, 1989; *Gribbohm/Utech,* Probleme der allgemeinen Steuerstrafrechts, NStZ 1990, 209; *Gastde Haan,* Steuerstrafrechtliche Konsequenzen der Entscheidungen des Bundesverfassungsgerichts zum Familienlastenausgleich, BB 1991, 2490; *Hagedorn,* Steuerhinterziehung und Finanzpolitik, 1991 (zugleich Diss. Hagen 1991); *Weyand,* Internationales Steuerstrafrecht, Inf 1993, 461; *Rönnau,* Die Verkürzung von Kirchensteuern – ein Betrug ohne Folgen?, wistra 1995, 47; *Hardtke,* Steuerhinterziehung durch verdeckte Gewinnausschüttung, 1995; *Keßeböhmer/Schmitz,* Hinterziehung ausländischer Steuern und Steuerhinterziehung im Ausland, wistra 1995, 1; *Hardtke/Leip,* Strafverfolgungsverjährung bei Steuerhinterziehung infolge verdeckter Gewinnausschüttung, NStZ 1996, 217.

a) Gegenstand der Verkürzung

aa) Soll-Einnahmen

21 Der Begriff der Verkürzung von Steuern ist umstritten. Einige Autoren meinen, der Erfolg der Steuerhinterziehung bestehe in der Verkürzung von Steuereinnahmen (so noch der Wortlaut des § 392 I RAO 1968; 1. Aufl. Rdnr. 12 zu § 392 RAO; *Terstegen* S. 88; *Kohlmann* 2. Aufl. 38 zu § 392 RAO; *Henke* FR 1966, 188). Andere sind der Ansicht, Gegenstand der Verkürzung sei der Steueranspruch (*Welzel* NJW 1953, 486; *Hartung* IV 1 zu § 396 RAO 1931 ; RG 76, 195 v. 3. 7. 1942; OLG Hamburg v. 16. 12. 1965, NJW 1966, 845). Wer die Steuereinnahmen als Gegenstand der Tat ansieht, weist darauf hin, daß der Steueranspruch als schuldrechtliche Beziehung zwischen Täter und StGläubiger durch die im Gesetz erfaßten Tathandlungen in seiner rechtlichen Existenz überhaupt nicht beeinträchtigt werden kann, es gehe vielmehr immer nur darum, daß dem Fiskus diejenigen Einnahmen tatsächlich vorenthalten würden, die ihm rechtlich zustünden. Die Vertreter der Gegenansicht weisen demgegenüber darauf hin, daß unter Ein-

III. Erfolg der Steuerhinterziehung 22, 23 § 370

nahmen nur die tatsächlich vereinnahmten Gelder zu verstehen seien. Bei einem solchen Verständnis würde der Tatbestand des § 370 I AO einerseits zu eng, weil Gegenstand der Tat nur noch die tatsächlich geleisteten Geldmittel sein könnten, und andererseits zu weit, weil der Zugriff des ungetreuen Kassenbeamten des Staates auf die bereits vereinnahmten Mittel erfaßt würde. Mit *Buschmann (Buschmann/Luthmann* S. 1 1) und *Kohlmann* (107.2 zu § 370 AO) wird man jedoch feststellen müssen, daß dies ein unfruchtbarer Streit um bloße Worte ist. Kein Autor hat nämlich die ihm von der Gegenmeinung unterstellten Folgerungen aus seiner Position gezogen; vielmehr besteht größte Einigkeit in der Sache. Weder wird die Ansicht vertreten, nur die Beeinträchtigung des rechtlichen Bestandes des Steueranspruchs genüge für § 370 I AO, noch beziehen die Anhänger der Gegenmeinung den Begriff der Steuereinnahme auf die tatsächlich vereinnahmten Gelder.

Wie *Hübner* bzw. *Engelhardt* (HHSp 28 zu § 370 AO) klarstellen, ist näm- 22 lich zwischen Ist-Einnahme und Soll-Einnahme zu unterscheiden. Steuerverkürzung ist dann das *Zurückbleiben der Ist-Einnahme hinter der Soll-Einnahme*. Der Erfolg der Steuerverkürzung ist demnach eingetreten, wenn der jeweilige StGläubiger weniger einnimmt, als er zu beanspruchen hat. Dabei handelt es sich freilich noch um eine recht pauschale Definition, die erheblicher Verfeinerung bedarf (Rdnr. 35 ff.).

bb) Steuern

Gegenstand der Tat ist zunächst ein Steueranspruch. Die AO definiert den 23 Begriff der Steuer in § 3 AO. Hierzu gehört auch der Solidaritätszuschlag. Kraft gesetzlicher Gleichstellung in § 3 I 2 AO sind auch **Zölle und Abschöpfungen** Steuern iS der AO. Keine Steuern sind die steuerlichen Nebenleistungen nach § 3 III AO wie die Verspätungszuschläge (§ 152 AO), Zinsen (§§ 233–237 AO), Säumniszuschläge (§ 240 AO, BayObLG v. 1. 12. 1980, NStZ 1981, 147), Zwangsgelder (§ 329 AO) und Kosten (§§ 178, 337–345 AO; aM *Klein/Orlopp* 3 zu § 370; unklar *Koch/Scholtz/Himsel* 31 zu § 370). Gem. § 239 I 1 AO sind jedoch auf Zinsen die für die Steuern geltenden Vorschriften entsprechend anzuwenden. Schon für die entsprechende Vorschrift in § 6 II 2 StSäumG war umstritten, ob aus ihr auch eine entsprechende Anwendung des Hinterziehungstatbestandes folge. Wenn *Hübner* (HHSp 22 zu § 370 AO) dies mit der Begründung ablehnt, daß Zinsen die gleiche Zielrichtung verfolgten wie die Strafvorschrift und daher diese nicht auch noch auf jene angewendet werden könne, vermag das nicht zu überzeugen. Denn einerseits stellen die Zinsen auch einen Ausgleich für die verspätete Verfügungsmöglichkeit über die Steuer dar und entsprechen in ihrem Wert daher dem Haben der Steuer in einem bestimmten Zeitraum. Andererseits ist der Wortlaut des Gesetzes in § 239 I 1 AO eindeutig.

Kirchensteuern sind nicht Steuern im Sinne des § 370 AO. Soweit Art. 4 Abs. 3 EGStGB dem Landesgesetzgeber die Möglichkeit einräumt, die Strafvorschriften der §§ 369 ff. AO für anwendbar zu erklären, hat hiervon lediglich Niedersachsen Gebrauch gemacht (vgl. Rdnr. 21 zu § 386 AO; *Rönnau,* wistra 1995, 47). Dementsprechend findet der Tatbestand des § 370 AO auf die Hinterziehung von Kirchensteuer in Niedersachsen Anwendung, wird aber gem. § 10 I Satz 4 Nds. KiStG nur auf Antrag des Steuerberechtigten, der Religionsgemeinschaft, durchgeführt. Zur Anwendbarkeit des § 263 StGB in diesen Fällen vgl. Rdnr. 21 zu § 386 AO. Zur Anwendung des § 370 AO auf Steuern der ehemaligen DDR vgl. *Liebig,* NStZ 1991, 372; *Koch/ Scholtz/Scholtz* 13 ff. zu § 1 AO.

cc) Abgaben europäischer Staaten

24 Nach § 370 VI 1 AO sind die Absätze 1 bis 5 auch auf Eingangsabgaben bestimmter europäischer Länder anzuwenden. Die Bedeutung der Vorschrift beruht darauf, daß die §§ 369 ff. AO sich nur auf solche Steuern beziehen, die von der BRD erhoben werden; Steuern ausländischer Staaten werden dagegen nicht geschützt (Rdnr. 33 zu § 369 AO). § 370 VI Satz 1 AO dehnt die Tatbestände der Steuerhinterziehung auf bestimmte Eingangsabgaben aus, die nicht von der BRD erhoben werden. Eine entsprechende Regelung findet sich in § 374 II AO für die Steuerhehlerei. Dagegen gilt § 373 AO nicht für diese Eingangsabgaben, da eine entsprechende Gleichstellung fehlt (s. aber Rdnr. 5 zu § 373 AO). § 370 I bis 5 ist auch anwendbar, wenn sich die Tat auf Umsatzsteuern oder auf bestimmte harmonisierte Verbrauchsteuern bezieht, die von einem anderem Mitgliedstaat der Eurpäischen Gemeinschaften verwaltet werden (§ 370 Abs. 6 Satz 2). Hier ist darüber hinaus Voraussetzung, daß die Gegenseitigkeit zur Zeit der Tat verbürgt und dies in einer Rechtsverordnung gem. § 370 Abs. 6 Satz 4 festgestellt ist. Diese Einschränkung war nach Bedenken des Bundesrates in die Gesetzesfassung aufgenommen worden (vgl. *Keßeböhmer/Schmitz* wistra 1995, 1).

25 **Eingangsabgaben waren** gem. § 1 lII ZG der *„Zoll einschließlich der Abschöpfung, die Einfuhrumsatzsteuer und die anderen für eingeführte Waren zu erhebenden Verbrauchsteuern".* Diese für das Zollrecht geltende Definition wurde allgemein auch auf § 370 VI AO angewendet (HHSp-*Hübner* 61 u. *Kohlmann* 146 zu § 370 AO). Mit dem Inkrafttreten des Zollkodex zum 1. 1. 1994 ist das deutsche Zollgesetz jedoch aufgehoben worden. Soweit der einheitliche Zollkodex Lücken ließ, z. B. durch die mangelnde Zuständigkeit der Gemeinschaft im organisatorischen Bereich, sollten diese durch das ebenfalls seit 1. 1. 1994 geltende bundesdeutsche Zollverwaltungsgesetz (ZollVG) geschlossen werden (vgl. *Hohrmann* DStR 1994, 455). Weder im Zollkodex (vgl. Art. 4 Nr. 10 ZK) noch im Zollverwaltungsgesetz (vgl. § 1 I 3 ZollVG) wird jedoch der Begriff der Eingangsabgaben verwendet. Stattdessen wird jeweils der Begriff der Einfuhrabgaben benutzt (vgl. *Keßeböhmer/Schmitz* wistra 1995, 1). Dabei reicht der Begriff der Einfuhrabgabe weiter, weil darunter gem. Art. 4 Nr. 10 Zollkodex auch *„Abgaben mit gleicher Wirkung bei der Einfuhr der Waren"* erfaßt werden (vgl. *Keßeböhmer/Schmitz* wistra 1995, 2). Trotz dieser Erweiterung des Anwendungsbereiches wird man dem Begriff der Eingangsabgabe in § 370 VI 1 den Inhalt beimessen müssen, den Art. 4 Nr. 10 Zollkodex vorgibt (so *Keßeböhmer/Schmitz* wistra 1995, 3; vgl. auch Rdnr. 5 zu § 373 AO), während *Bender* (Tz 64) § 1 I 3 ZollVG zugrundelegen will.

III. Erfolg der Steuerhinterziehung 26–30 § 370

Zölle sind Steuern, die beim Warenverkehr über die Grenze erhoben wer- 26
den. Da Absatz 6 jedoch nur Eingangsabgaben erfaßt, sind nur die Einfuhrzölle gemeint, nicht jedoch Ausfuhrzölle. Abschöpfungen sind Abgaben, die bei der Einfuhr nach Verordnungen des Rats der EG erhoben werden (§ 1 AbschG, Anh XI). Einfuhrumsatzsteuer und sonstige Verbrauchsteuern sind Steuern, die über die Zölle und Abschöpfungen hinaus für die Einfuhr von Waren erhoben werden. Die in diesem Zusammenhang geläufige Aufzählung von deutschen Verbrauchsteuern (so zB bei HHSp-*Hübner* 62 zu § 370 AO) ist überflüssig und mißverständlich. § 370 VI AO erfaßt nämlich gerade nicht die deutschen Verbrauchsteuern *("von einem anderen Mitgliedstaat der . . . ");* diese werden vielmehr durch § 370 I–V AO unmittelbar geschützt.

Als **Gläubigerstaaten** erfaßt § 370 VI AO die – anderen – Mitgliedstaaten der 27
EG (Belgien, Dänemark, Finnland, Frankreich, Großbritannien, Griechenland, Republik Irland, Italien, Luxemburg, Niederlande, Österreich, Portugal, Schweden) sowie der EFTA (Island, Norwegen, Schweiz). Da sich die EG aufgrund der Umstellung ihrer Finanzierung in immer stärkerem Maße aus Abschöpfungen direkt finanziert (Beschluß des Rates der EG v. 21. 4. 1970, BGBl. II 1261), die von den Mitgliedstaaten eingezogen werden, genügt es, wenn die Eingangsabgabe von einem Mitgliedstaat *verwaltet* wird. Die Eingangsabgabe muß ihm nicht letztlich zustehen. Hinsichtlich der übrigen Staaten kommt es dagegen darauf an, ob die Eingangsabgaben ihnen zustehen.

Soweit § 370 I–V AO auf die Eingangsabgaben ausländischer Staaten an- 28
zuwenden ist, gilt im einzelnen folgendes: Da es sich um die **Anwendung deutschen Strafrechts** durch den deutschen Richter handelt, sind die deutschen Vorschriften nach den hier geltenden Grundsätzen anzuwenden (HHSp-*Hübner* 65 u. *Kohlmann* 102.1, 119 zu § 370 AO). Für die Beantwortung der Frage jedoch, ob eine Eingangsabgabe geschuldet ist oder ob eine Aufklärungspflicht besteht, kommt es auf die einschlägigen ausländischen Rechtsvorschriften an, da die Eingangsabgaben in dem jeweiligen sich aus dem ausländischen Recht ergebenden Bestand geschützt werden sollen (SK-*Samson* 15, 17 ff. zu § 9 StGB; *Kohlmann* 120 zu § 370; *Bender* Tz 64, 3; vgl. auch BGH v. 3. 6. 1987, wistra 293).

Umsatzsteuern oder harmonisierte Verbrauchsteuern werden nach der 29
Neufassung des § 370 Abs. 6 AO auch erfaßt, soweit sie von einem anderen Mitgliedstaat der EG verwaltet werden. Harmonisierte Verbrauchsteuern sind Steuern auf Mineralöle, Alkohol, alkoholische Getränke und Tabakwaren. Verfolgbar sind solche Taten jedoch nur, wenn die Gegenseitigkeit zur Zeit der Tat verbürgt und dies in einer Rechtsverordnung nach Satz 4 festgesellt worden ist.

Eine Verbürgung der Gegenseitigkeit setzt mehr voraus, als daß die Tat 30
"auch nach dem Recht des anderen Mitgliedstaates mit Strafe oder Geldbuße bedroht ist" (so § 392 Abs. 5 Satz 2 Nr. 1 RAO idF des 2. AO StrafÄndG, BGBl I 1968, 953). Zurückzugreifen ist auf die Parallelvorschrift in § 104a StGB (*Keßeböhmer/Schmitz,* wistra 1995, 3), so daß die Gegenseitigkeit verbürgt ist, wenn die Bundesrepublik im jeweiligen Auslandsstaat einen entsprechenden Strafschutz genießt und dieser Schutz auf einer bindenden Rechts-

Joecks 145

vorschrift beruht, deren Durchsetzung vor dem ausländischen Gericht gewährleistet ist. Entgegen *Himsel* (*Koch/Scholtz* 69 zu § 370) sind völkerrechtliche Vereinbarungen insoweit nicht nötig (*Keßeböhmer/Schmitz* wistra 1995, 3). Vorausgesetzt ist, daß die entsprechende Verhaltensweise im ausländischen Staat **als Straftat** verfolgt wird; eine Ahndung als Ordnungswidrigkeit oder mit Hilfe von Steuerzuschlägen (vgl. aber *Bublitz* wistra 1994, 333; LG Hamburg v. 14. 9. 1995, wistra 358) ist nicht ausreichend (*Keßeböhmer/ Schmitz* wistra 1995, 3). Dabei ist insbesondere im Hinblick auf § 370 Abs. 4 Satz 3 und die Rechtsprechung des BGH zum Verhältnis von Umsatzsteuer und Vorsteuer (Rdnr. 68) eine sorgfältige Prüfung nötig, ob ein solcher Schutz im Einzelfall tatsächlich gegeben ist (*Keßeböhmer/Schmitz* wistra 1995, 3f.).

31 **Zur Zeit der Tat** muß die Gegenseitigkeit verbürgt sein. Entgegen § 104a StGB kommt es nach dem Wortlaut der Norm nicht darauf an, ob die Gegenseitigkeit auch zum Zeitpunkt der Strafverfolgung (noch) verbürgt ist. § 2 Abs. 3 StGB erfordert dies nicht (*Keßeböhmer/Schmitz* wistra 1995, 5) die hinter der „Gegenseitigkeitsverbürgung" stehende Ratio zwingt aber dazu, eine Gegenseitigkeit auch zum Zeitpunkt der Aburteilung vorauszusetzen (ausf. *Keßeböhmer/Schmitz* wistra 1995, 5). Eine Rechtsverordnung des BMF mit Zustimmung des Bundesrates (§ 370 Abs. 6 Satz 4) muß die Verbürgung der Gegenseitigkeit feststellen. Es handelt sich hier um eine Prozeßvoraussetzung, so daß es genügt, daß die Verordnung bei Verfahrensbeginn vorliegt (ausf. *Keßeböhmer/Schmitz* wistra 1995, 5).

32 § 370 Abs. 7 AO ordnet für Taten nach Abs. 1–5 **die Geltung des „Weltrechtsprinzips"** an (SK-*Samson* 6 vor § 3 StGB). Soweit sich Verkürzungserfolge im Inland ergeben, ergibt sich die Strafbarkeit des im Ausland Handelnden bereits über § 9 I StGB (Rdnr. 34 zu § 369 AO), so daß es § 370 Abs. 7 nicht bedarf, wenn etwa ein im Ausland lebender Steuerpflichtiger eine unrichtige Festsetzung bezüglich seiner Inlandseinkünfte bewirkt (*Keßeböhmer/Schmitz* wistra 1995, 6). Entgegen *Keßeböhmer/Schmitz* (wistra 1995, 7) bedarf es eines Rückgriffs auf § 370 Abs. 7 AO aber auch dann nicht, wenn eine Steuerhinterziehung durch Unterlassen im Raum steht. In diesen Fällen sollte der Verkürzungserfolg im Inland eintreten, was gem. § 9 I ebenfalls ausreicht. Überdies war es die Verpflichtung des Steuerpflichtigen, seine Erklärung im Inland abzugeben, so daß er *auch* im Inland hätte handeln müssen. Insoweit läuft § 370 Abs. 7 leer.

33 **Für Taten gem. § 370 Abs. 6** gilt nach seinem Wortlaut § 370 Abs. 7 AO nicht. Hier handelt es sich offenbar um ein Versehen des Gesetzgebers, der aus dem ehemaligen § 370 Abs. 6 Satz 2, der sich konkret auf den Satz 1 desselben Absatzes bezog, einen Absatz 7 machte, ohne die Verweisung auf die Absätze 1–6 vorzusehen (vgl. auch § 379 Abs. 1 Satz 2 AO). Die Literatur will dennoch § 370 Abs. 7 auf Taten gem. Abs. 6 anwenden (*Koch/Scholtz/ Himsel*, 70, *Erbs/Kohlhaas/Senge* 60, *Kohlmann* 112ff. zu § 370 AO; *Stoffers,* EuZW 1994, 306f.; *Weyand* INF 1993, 463). Angesichts des Art. 103 Abs. 2 GG ist dies jedoch nicht möglich. Hierfür bedürfte es einer Gesetzesänderung. Ob allerdings eine Erstreckung des Abs. 7 auf die Fälle des § 370

III. Erfolg der Steuerhinterziehung   34–37   § 370

Abs. 6 Satz 2 sinnvoll wäre (vgl. die Beispiele bei *Keßeböhmer/Schmitz* wistra 1995, 6) erscheint zweifelhaft. Zur gegenwärtigen Zeit ist § 370 Abs. 7 wegen des Versehens des Gesetzgebers jedenfalls funktionslos.

Für die Aburteilung der Steuerhinterziehung bezüglich Eingangsabgaben **34** ausländischer Staaten gilt in begrenztem Umfang das Verbot der Doppelbestrafung. So ergibt sich aus Art. 54 des Schengener Übereinkommens vom 19. 6. 1990, insoweit in Kraft ab 15. 3. 1995, daß keines der Mitgliedsländer eine Straftat mehr verfolgen kann, wenn diese in einem anderen Mitgliedstaat bereits rechtskräftig abgeurteilt ist (vgl. LG Hamburg v. 14. 9. 1995, wistra 358; OLG Hamburg v. 8. 3. 1996, wistra 193).

b) Begriff der Verkürzung

aa) Bedeutung des Verkürzungserfolges

Der Eintritt des Verkürzungserfolges entscheidet nicht nur darüber, ob für **35** die Steuerhinterziehung nur Versuchsstrafe oder Vollendungsstrafe ausgesprochen werden kann, sondern vor allem auch darüber, ob noch ein Rücktritt nach § 24 StGB oder nur eine strafbefreiende Selbstanzeige nach § 371 AO möglich ist. Schließlich hat die genaue Bezeichnung des Verkürzungserfolges Auswirkungen auf die Strafbarkeit der Tat überhaupt. Stellt sich der Täter nämlich vor, die Tat bewirke lediglich einen Erfolg, der noch nicht Verkürzungserfolg ist, so entfällt jede Strafbarkeit mangels Vorsatzes, da zum Vorsatz der Wille gehört, die Tat zu vollenden.

bb) Die Definition des Verkürzungserfolges nach der hM

Die hM geht grundsätzlich vom Fälligkeitstermin aus und nimmt Modifi- **36** zierungen für die Veranlagungssteuern vor.

Bei Fälligkeitssteuern soll die Steuerverkürzung eingetreten sein, sobald **37** die Steuer am Fälligkeitstermin nicht gezahlt ist (BGH v. 24. 9. 1953, NJW 1841; v. 28. 11. 1957, ZfZ 1958, 147; HHSp-*Hübner* 56 u. *Kohlmann* 144.1 zu § 370 AO; *Franzen* DStR 1965, 191). **Veranlagungssteuern** sind solche Steuern, bei denen die Fälligkeit nach einer Veranlagungshandlung des Finanzamts fällig wird. An sich tritt der Verkürzungserfolg auch hier erst dann ein, wenn am Fälligkeitstermin die Steuer beim Finanzamt nicht eingegangen ist. Dieser Grundsatz wird jedoch durch zwei Ausnahmen praktisch völlig aufgehoben. Die erste Ausnahme findet sich als ausdrückliche gesetzliche Regelung in § 370 IV 1 AO. Danach ist eine Steuer schon dann verkürzt, wenn sie nicht, nicht in voller Höhe oder nicht rechtzeitig festgesetzt wird. Das bedeutet, daß bereits die zu niedrige Festsetzung der Steuer den Verkürzungserfolg eintreten läßt, obgleich der Fälligkeitstermin zu diesem Zeitpunkt noch nicht verstrichen ist (Einzelheiten s. Rdnr. 44 ff.). Die zweite Ausnahme ergibt sich bei den Veranlagungssteuern aus äußeren Sachzwängen. Verhindert der Täter, daß er veranlagt wird, wird seine Steuerschuld mangels Bekanntgabe der Festsetzung auch nicht fällig (§ 220 II 2 AO). Eine Vollendung könnte hier nie eintreten. Um dieses Ergebnis zu vermeiden, nimmt die hM an, daß der Verkürzungserfolg dann eintritt, wenn die Veranlagung

Joecks   147

und Festsetzung bei ordnungsgemäßer Abgabe der Steuererklärung erfolgt wäre. Zugunsten des Täters wird dann derjenige Zeitpunkt gewählt, in dem die Veranlagungsarbeiten in dem betreffenden Bezirk „*im großen und ganzen*" abgeschlossen sind (BGH v. 1. 3. 1956, BStBl. I 441; v. 17. 7. 1979, GA 1980, 219; OLG Hamm v. 6. 12. 1962, FR 1963, 301; OLG Hamburg v. 16. 12. 1965, NJW 1966, 845; HHSp-*Hübner* 54 u. *Kohlmann* 137 zu § 370 AO).

38 Eine Modifizierung der hM scheint sich für diejenigen **Fälligkeitsteuern** zu ergeben, bei denen eine **Anmeldung** erforderlich ist. § 370 IV 1 Halbs. 2 AO entscheidet nämlich die vorher streitig gewesene Frage, ob als Steuerfestsetzung auch die vorläufige Festsetzung oder die Festsetzung unter dem Vorbehalt der Nachprüfung anzusehen ist (s. die Nachweise in der 1. Aufl. Rdnr. 25 zu § 392 RAO), im positiven Sinne und stellt der Steuerfestsetzung darüber hinaus auch diejenige Steueranmeldung gleich, die wie eine Steuerfestsetzung unter dem Vorbehalt der Nachprüfung zu behandeln ist. Nach § 168 S. 1 AO steht eine Steueranmeldung (Definition in § 150 I 2 AO) grundsätzlich einer Steuerfestsetzung unter Vorbehalt der Nachprüfung gleich. Nur dann, wenn die Steueranmeldung zu einer Herabsetzung der bisher zu entrichtenden Steuer oder zu einer Steuervergütung führt, erfolgt die Gleichstellung gem. § 168 S. 2 AO erst bei Zustimmung der Finanzbehörde. Aus diesen Vorschriften scheint zu folgen, daß Fälligkeitsteuern mit notwendiger Steueranmeldung nunmehr wie Veranlagungsteuern zu behandeln sind. Der Erfolg der Steuerverkürzung wäre sodann eingetreten, sobald die Steueranmeldung, die einer Steuerfestsetzung unter Vorbehalt der Nachprüfung entspricht, abgegeben ist (ausf. Rdnr. 44 ff.).

cc) Erscheinungsformen des Verkürzungserfolges

39 Die Bestimmung des Verkürzungserfolges wird einmal dadurch erschwert, daß der Charakter des Delikts der Steuerhinterziehung als **Verletzungs- oder Gefährdungsdelikt** höchst zweifelhaft ist; s. dazu *Schleeh* (FR 1971, 118. 120; vgl. auch *Hardtke* 1995, 139), der zutreffend auf die Gefahr hinweist, daß aus der Steuerhinterziehung ein abstraktes Gefährdungsdelikt wird. Zum anderen entstehen Probleme aus der Erfolgsdefinition in § 370 IV 1 AO, die gegenüber § 392 III RAO dadurch vergrößert worden sind, daß das Gesetz bestimmte Steueranmeldungen der Steuerfestsetzung gleichstellt (krit. auch *Schleeh* StW 1972, 310). Eine Lösung ist nur in der Weise möglich, daß der Begriff des Verkürzungserfolges zunächst unabhängig von § 370 IV 1 AO definiert wird. Das ist erforderlich, weil eine Steuerverkürzung auch außerhalb des von § 370 IV 1 AO geregelten Bereichs, namentlich im Vollstreckungsverfahren, begangen werden kann. Zum anderen läßt sich die Bedeutung der Regelung in § 370 IV 1 AO nur bestimmen, wenn zuvor der allgemeine Begriff der Steuerverkürzung festgelegt worden ist.

III. Erfolg der Steuerhinterziehung 40, 41 § 370

Allgemeiner Begriff der Steuerverkürzung

Zunächst ist daran festzuhalten, daß die Steuerverkürzung eine Unterschreitung der Ist-Einnahme unter die Soll-Einnahme darstellt. Dies ist deshalb bedeutsam, weil eine Steuerhinterziehung nicht nur im Zeitraum bis zur Steuerfestsetzung, sondern auch noch nach zutreffender Steuerfestsetzung, zB im Vollstreckungsverfahren, möglich ist. In diesem Bereich ist jeweils zu fragen, wann und in welchem Umfange die Steuer ohne das pflichtwidrige Verhalten des Täters bei ordnungsmäßigem Ablauf des Verfahrens vereinnahmt worden wäre. Täuscht der Täter im Vollstreckungsverfahren Zahlungsunfähigkeit vor (RG v. 11. 4. 1934, RStBl. 695) oder macht er in der eidesstattlichen Versicherung unrichtige Angaben über die Vermögensstücke (RG v. 23. 8. 1938, RStBl. 889; BGH 14, 348 v. 1. 4. 1960) und unterläßt die FinB deshalb erfolgversprechende Vollstreckungsmaßnahmen, so tritt die Vollendung der Steuerverkürzung in dem Zeitpunkt und Umfang ein, in dem die Vollstreckung erfolgreich gewesen wäre (Rdnr. 226 ff. zu § 370 AO). 40

Die Unterschreitung der Soll-Einnahme kann auf zwei Arten erfolgen:
Im ersten Fall sind die tatsächlichen Leistungen des StSchuldners **mengenmäßig niedriger** als die geschuldeten Leistungen. Der Staat erleidet einen echten Vermögensschaden. Der Vermögensschaden wird im Bereich der Steuerhinterziehung nach hM freilich nicht rein wirtschaftlich bestimmt. Es kommt demnach nicht darauf an, ob die tatsächlichen Einnahmen hinter dem zurückbleiben, was faktisch ohne die Täuschung hätte erlangt werden können. Es wird vielmehr der Steueranspruch zum Nennwert eingesetzt und lediglich gefragt, ob die tatsächliche Einnahme hinter der geschuldeten Steuer zurückbleibt. Dementsprechend soll es nicht darauf ankommen, ob der StSchuldner mittellos ist und deshalb ohne Täuschung mehr hätte beigetrieben werden können (BGH v. 16. 1. 1962, zit. bei *Herlan* GA 1963, 67; *Buschmann/Luthmann* S. 14; HHSp-*Hübner* 25 zu § 370 AO; aM *Suhr* 1989, 135 ff.). Diese Auffassung kann in undifferenzierter Weise jedenfalls für das Vollstreckungsverfahren nicht akzeptiert werden. Wie immer man den Verkürzungserfolg definiert: Ist der StSchuldner mittellos und wären Vollstreckungsversuche daher ohnehin erfolglos geblieben, dann fehlt es spätestens an der Kausalität von Täuschung und Verkürzungserfolg. Es empfiehlt sich daher, bereits bei der Bestimmung des Verkürzungsbegriffs die wirtschaftliche Betrachtungsweise anzuwenden und im Beispielsfall bereits den Verkürzungserfolg zu verneinen (ähnl. *Göggerle* BB 1982, 1851). Dabei ist allerdings zu berücksichtigen, daß die Vollstreckungsaussichten nicht nur in Bezug auf den konkreten Vollstreckungsversuch zu berechnen sind, sondern in die Betrachtung auch spätere Chancen weiterer Vollstreckungsversuche einbezogen werden müssen, die durch das täuschende Täterverhalten vereitelt werden können. Weitergehend will *Suhr* (1989, 135 ff.) auch im Festsetzungsverfahren eine Steuerverkürzung bei Vermögenslosigkeit des Steuerpflichtigen verneinen. 41

42 Der Verkürzungserfolg ist auch dann gegeben, wenn die Steuerschuld **verspätet erfüllt** wird. Dabei handelt es sich um einen Verspätungsschaden, der dem mengenmäßigen Schaden grundsätzlich gleichsteht (einhM, vgl. RG 60, 185 v. 22. 4. 1926; OLG Köln v. 26. 9. 1958, NJW 2078; OLG Hamburg v. 16. 12. 1965, NJW 1966, 845; v. 27. 1. 1970, NJW 1385; HHSp-*Hübner* 25 u. *Kohlmann* 139.1 zu § 370 AO). Die Schwierigkeiten bestehen hier in der Bestimmung des Soll-Zeitpunktes, der mit dem Ist-Zeitpunkt der Zahlung zu vergleichen ist. Wenn die hM bei den Fälligkeitsteuern den Soll-Zeitpunkt mit dem Fälligkeitszeitpunkt identifiziert (Rdnr. 37), dann ist dies nicht nur deshalb problematisch, weil bei dieser Betrachtung die Kausalität zwischen Täuschungsverhalten und Überschreitung des Fälligkeitstermins nicht festgestellt werden kann, sondern vor allem auch deshalb kein brauchbarer Ansatz, weil mit ihm Verspätungsschäden im Vollstreckungsverfahren nicht erfaßt werden können. Auch kann schließlich nicht diejenige Fallgruppe sinnvoll beurteilt werden, in der aufgrund der Täuschung gerade der Fälligkeitstermin hinausgeschoben wird, zB bei Stundung aufgrund einer Täuschung gem. § 222 AO. Der Verspätungsschaden kann nach alledem nur auf der Grundlage der hier allein angemessenen wirtschaftlichen Betrachtungsweise in der Art bestimmt werden, daß der Zeitpunkt der tatsächlichen Leistung mit demjenigen Zeitpunkt verglichen wird, in dem die Zahlung ohne das täuschende Täterverhalten erfolgt wäre. Bei der Bestimmung dieses hypothetischen Leistungszeitpunktes kann nun freilich nicht generell unterstellt werden, daß der Täter freiwillig geleistet hätte, sondern es ist zu fragen, wann Vollstreckungsmaßnahmen ohne das täuschende Täterverhalten zum Erfolg geführt hätten. Diese Interpretation des Soll-Zeitpunktes ist einmal deshalb erforderlich, weil der täuschende Täter seine mangelnde Bereitschaft zu freiwilliger Leistung durch die Tat hinreichend offenbart hat, so daß schon gar nicht die faktische Chance einer früheren Zahlung bestand. Zum anderen hat die Täuschung das Ausbleiben dieser früheren Leistung nicht verursacht. Wenn der Täter nicht getäuscht hätte, hätte er die freiwillige Leistung verweigern und es auf die Vollstreckung ankommen lassen können.

43 Die **Konsequenzen dieser Definition des Verspätungsschadens** weichen von den bisher zum Problem vertretenen Auffassungen (vgl. zB HHSp-*Hübner* 55 zu § 370 AO) erheblich ab. Einmal folgt aus der hier vertretenen Ansicht, daß der täuschende Täter noch weit über den Fälligkeitstermin hinaus nur einen Versuch begeht, von dem er durch Zahlung der Steuerschuld mit strafbefreiender Wirkung gem. § 24 StGB zurücktreten kann, sofern der Erfolg nicht nach § 370 IV 1 AO eingetreten ist (Rdnr. 44 ff.). Zum anderen hat keinen Vorsatz der Steuerverkürzung, wer durch Täuschungshandlungen lediglich erreichen will, daß die Steuerschuld zwar nach dem Fälligkeitstermin, aber noch vor dem hypothetischen Termin der erfolgreichen Vollstreckung beglichen wird. Der Täter bewirkt nur einen solchen Verspätungsschaden, den er durch schlichtes Nichtzahlen ebenfalls bewirken könnte.

III. Erfolg der Steuerhinterziehung

Steuerverkürzung nach § 370 IV 1 AO
Abweichend von dem bisher Dargestellten enthält § 370 IV 1 AO eine **44**
Legaldefinition des Verkürzungserfolges für eine besondere – praktisch freilich häufige – Fallgruppe. Das Gesetz regelt hier den Vollendungszeitpunkt in Fällen der Steuerfestsetzung und der dieser gleichstehenden Steueranmeldung. Die Formulierung des Gesetzes deutet darauf hin, daß drei Formen des Erfolgseintritts zu unterscheiden seien (nicht, nicht in voller Höhe und nicht rechtzeitig festgesetzt). In Wahrheit handelt es sich jedoch nur um zwei Erscheinungsformen, da die nicht rechtzeitige Festsetzung auch den Fall der völlig unterbliebenen Festsetzung umfaßt. Der Erfolg der Steuerverkürzung tritt nämlich in der Alternative der *„nicht rechtzeitigen"* Festsetzung nicht erst dann ein, wenn die Steuer verspätet festgesetzt wird, sondern bereits in dem Zeitpunkt, in dem die rechtzeitige Festsetzung unterbleibt. Sowohl bei der zu niedrigen Festsetzung wie auch bei der nicht rechtzeitigen Festsetzung sind dann jeweils die verschiedenen Erscheinungsformen der Festsetzung zu unterscheiden.

Die erste Form des Erfolgseintritts besteht darin, daß die FinB die ge- **45**
schuldete Steuer **zu niedrig** festsetzt. Daß bereits mit der Festsetzung (bzw. deren Wirksamwerden durch Bekanntgabe, § 155 I, § 122 AO) die Tat vollendet ist, ist keine Selbstverständlichkeit (gegen den Ausnahmecharakter der Vorschrift *Franzen* in 1. Aufl., Rdnr. 23 zu § 392 RAO; vgl. auch *Suhr* 1989, S. 89 ff.). Die zu geringe Vereinnahmung der Steuer steht damit nämlich noch nicht fest, da der StSchuldner die Steuern innerhalb des üblichen Zahlungszeitraums in der zutreffenden Höhe bezahlen kann. Wegen der Legaldefinition in § 370 IV 1 AO verhindert eine solche Zahlung jedoch den Erfolgseintritt nicht mehr, da die Vollendung schon mit der Festsetzung eingetreten ist. Der Täter kann demnach Straffreiheit nur noch durch Selbstanzeige gem. § 371 AO erlangen. Das Gesetz erfaßt daher hier die Vermögensgefährdung als Vermögensschaden. Der vom Gesetz erfaßte Grad der Vermögensgefährdung ist aber je nach der Art der Festsetzung ein sehr unterschiedlicher. Zwar kann die durch Täuschung bewirkte endgültige Festsetzung gem. § 173 I Nr. 1 AO wieder geändert werden. Das Maß der durch die Tat bewirkten Vermögensgefährdung ist jedoch auf der Grundlage der Annahme zu bestimmen, daß die FinB die Täuschung nicht kennt. Dann ist aber die Annahme einer schadensgleichen Gefährdung bei endgültiger Festsetzung unproblematisch. Anders liegt dies bei den übrigen Formen der Festsetzung. Bei der Festsetzung unter dem allgemeinen Vorbehalt der Nachprüfung gem. § 164 AO ist der Vorgang für die FinB noch nicht endgültig abgeschlossen, so daß die Möglichkeit der Entdeckung der Täuschung näher liegt als bei der endgültigen Festsetzung. Das Maß der Vermögensgefährdung ist dadurch geringer. Noch geringer ist die Vermögensgefährdung bei der vorläufigen Festsetzung gem. § 165 AO, soweit die Vorläufigkeit reicht, da der FinB hier die konkrete Ungewißheit aktuell bewußt ist. Beruht die vorläufige Festsetzung schließlich auf dem Verdacht einer Täuschung durch den StSchuldner, dann ist die Vermögensgefährdung allenfalls noch

theoretischer Natur. Soweit schließlich eine Steueranmeldung gem. § 168 AO einer Festsetzung unter dem Vorbehalt der Nachprüfung ohne Zustimmung der FinB gleichsteht, werden von § 370 IV 1 AO auch Fälle erfaßt, in denen überhaupt keine Gefährdung des Vermögens des StGläubigers eingetreten ist. Nach § 370 IV 1 AO ist der steuerverkürzende Erfolg nämlich auch dann eingetreten, wenn der Stpfl eine unrichtige – aber gem. § 168 S. 1 AO dennoch der Festsetzung gleichstehende – Steueranmeldung abgibt und die FinB die Unrichtigkeit sofort erkennt (s. jedoch Rdnr. 197 ff.). Das von der Vorschrift erfaßte **Maß der Vermögensgefährdung** reicht daher von der schadensgleichen Gefährdung bis zum völligen Fehlen einer konkreten Gefahr.

46 **Bei der zweiten Alternative der unterbliebenen rechtzeitigen Festsetzung** ist die Lage nicht anders. So wie die zu niedrige Festsetzung die Vollendung im Bereich der mengenmäßigen Vermögensschädigung (zu geringe Steuereinnahmen) in den Bereich der Gefährdung vorverlegt, so erfaßt die nicht rechtzeitige Festsetzung die Gefahr eines Verspätungsschadens. Diese Gleichstellung ist zunächst nur konsequent, da ein Vermögensschaden bei wirtschaftlicher Betrachtung sowohl dann vorliegt, wenn eine Forderung nicht in voller Höhe realisiert wird, wie auch dann gegeben ist, wenn sie nicht zum hypothetischen Leistungstermin (Rdnr. 42), sondern später erfüllt wird. Bei der Ermittlung der Festsetzungsverspätung ist ähnlich wie bei der Ermittlung des Verspätungsschadens der Zeitpunkt der tatsächlichen Festsetzung mit dem Zeitpunkt zu vergleichen, an dem die Festsetzung ohne die Täuschung durch den Täter erfolgt wäre. Soweit bei den Veranlagungssteuern die ordnungsgemäßen Steuererklärungen über einen bestimmten Zeitraum bearbeitet werden, ist mit der hM davon auszugehen, daß die Erklärung des Täters als letzte bearbeitet worden wäre. Hypothetischer Festsetzungszeitpunkt ist daher hier das Ende der Veranlagungsarbeiten in dem zuständigen Veranlagungsbezirk (Rdnr. 37).

47 Wenn das Gesetz auch das Ausbleiben der rechtzeitigen Festsetzung als Verkürzungserfolg bezeichnet, erfaßt es damit ebenfalls sehr **unterschiedliche Konkretisierungen** der Gefahr eines Verspätungsschadens. Häufig folgt aus der verspäteten Festsetzung mit Sicherheit auch ein Verspätungsschaden, weil die Festsetzung später erfolgt als die Beitreibung bei rechtzeitiger Festsetzung. Es sind aber auch Fälle nicht selten, in denen aus der verspäteten Festsetzung kein Verspätungsschaden folgt. Das ist einmal der Fall, wenn der Täter in dem Zeitraum zwischen verspäteter Festsetzung und hypothetischem Beitreibungserfolg freiwillig leistet. Entsprechend dem oben definierten Begriff des Verspätungserfolges (Rdnr. 42) fehlt es hier an einem echten Vermögensschaden. Weiß die FinB nicht, daß die Festsetzung zur rechten Zeit unterblieben ist, liegt aber die konkrete Gefahr eines Verspätungsschadens vor. Da nach § 370 IV 1 AO der Erfolg jedoch auch dann eingetreten ist, wenn der Täter eine Steueranmeldung nicht rechtzeitig vorgenommen hat und die FinB dies erkennt, liegt auch hier ein steuerverkürzender Erfolg ohne eine konkrete Vermögensgefährdung vor (krit. Einl. 101).

48 **Die Gleichstellung von Steuerfestsetzung und Steueranmeldung** in § 370 IV 1 AO (krit. auch *Schleeh* StW 1972, 310) läßt sich demnach nicht

III. Erfolg der Steuerhinterziehung 49, 50 § 370

damit erklären, daß in allen Fällen eine Vermögensgefährdung deshalb vorliege, weil die Chancen einer Steuereinnahme zur rechten Zeit und in zutreffender Höhe generell gemindert seien. § 370 IV 1 AO beschreibt daher nicht ausnahmslos Fälle einer konkreten Vermögensgefährdung. Das Gemeinsame aller in § 370 IV 1 AO erfaßten Fälle, von der Steuerfestsetzung ohne Vorbehalt bis zur Steueranmeldung, besteht vielmehr darin, daß der FinB jeweils die erforderliche Vollstreckungsgrundlage fehlt. Bei Veranlagungsteuern tritt gem. § 220 II 2 AO die für die Vollstreckung gem. § 254 I AO erforderliche Fälligkeit für die Differenz zwischen geschuldeter und zu niedrig festgesetzter Steuer nicht ein. Bei den Fälligkeitsteuern mit Voranmeldung fehlt in Höhe der nicht angemeldeten Steuer die Voranmeldung, die das für die Vollstreckung erforderliche Leistungsgebot gem. § 254 I 4 AO ersetzen würde. In allen Fällen fehlt also diejenige Vollstreckungsgrundlage, welche die FinB bei ordnungsgemäßem Täterverhalten erlangt hätte. Wenn das Gesetz in § 370 IV 1 AO das Fehlen dieser Vollstreckungsgrundlage für die Vollendung generell und unabhängig davon genügen läßt, ob die Steuereinnahmen tatsächlich gefährdet sind, dann scheint es dadurch den Tatbestand der Steuerverkürzung jedenfalls im Anwendungsbereich von § 370 IV 1 AO zu einem abstrakten Gefährdungsdelikt zu machen: für die Vollendung genügt der Eintritt eines bestimmten im Gesetz beschriebenen Erfolges, der weder mit einer Vermögensschädigung noch einer Vermögensgefährdung notwendig identisch ist. Da aber der Tatbestand neben dem Täterverhalten und dem steuerverkürzenden Erfolg als Bindeglied zwischen beiden mindestens die dem Täterverhalten entsprechende Unkenntnis der Behörde voraussetzt (Rdnr. 197 ff.), wird § 370 I AO schließlich doch nicht zu einem abstrakten Gefährdungsdelikt. Unkenntnis der FinB und tatsächliches Fehlen einer Vollstreckungsgrundlage zusammen begründen dann die konkrete Vermögensgefährdung (aM *Suhr* 1989, S. 89 ff.).

Ob die **einheitliche und gesonderte Feststellung des Gewinns**, zB bei 49 Personengesellschaften, Steuerfestsetzung im Hinblick auf § 370 IV AO ist, könnte zweifelhaft sein wegen § 181 II AO, der festlegt, daß auf diese Feststellungsbescheide die Vorschriften über die Steuerfestsetzung entsprechend anzuwenden sind. Die Frage hat erhebliche Bedeutung insbes. für Publikums-Personengesellschaften. Die Praxis sieht hier nicht die Feststellung des Gewinns der Gesellschaft, sondern erst den Steuerbescheid beim einzelnen Gesellschafter als Steuerfestsetzung an (BGH v. 20. 6. 1980, BB 1090; v. 7. 2. 1984, wistra 142). Daraus folgt für die Strafverfolgung die lästige und zeitraubende Notwendigkeit, sämtliche Steuerbescheide aller Gesellschafter heranzuziehen und für jeden von ihnen den verkürzten Steuerbetrag zu errechnen. Vergleichbare Probleme stellen sich auch bei der gesonderten Feststellung von Verlusten im Einkommensteuerrecht (§ 10 d EStG) sowie im Hinblick auf die gesonderte Feststellung des verwendbaren Eigenkapitals iSd § 47 KStG (*Hardtke* 1995, 170 ff; Rdnr. 209 ff.).

Auch beginnt die **Verjährungsfrist** erst, wenn der letzte Gesellschafter 50 seinen Steuerbescheid erhalten oder sich der festgestellte Verlust in einem anderen Jahr ausgewirkt hat. Man wird dieser Auffassung de lege lata kaum widersprechen können, da die Feststellung des Gewinns noch keinen unmittelbaren Einfluß auf den Steueranspruch hat, eine Steuerfestsetzung durch ihn gerade nicht stattfindet. Auch steht bei Erlaß eines unrichtigen Gewinnfeststellungsbescheides noch keineswegs fest, ob durch ihn tatsächlich Steuern verkürzt werden, da die einzelnen Steueransprüche gegen die Gesellschafter auch von deren übrigen Einkünften abhängen. Aus Gründen der Prozeßökonomie dürfte sich jedoch de lege ferenda eine auch steuerstrafrechtliche Gleichstellung der Feststellungsbescheide mit den Festsetzungsbescheiden empfehlen. Überdies ist zweifelhaft, ob nicht zumindest in einigen der in Rede stehenden Fälle mit dem Ergehen eines feststellenden Bescheides bereits ein Steuervorteil erschlichen wurde, so daß beispielsweise bei der gesonderten Verlustfeststellung bereits zu diesem Zeitpunkt eine vollendete Steuerhinterziehung gegeben ist (vgl. *Patzelt* 1990, 107; *Hardtke/Leip* NStZ 1996, 217, 220) und die Verjährung bereits zu diesem Zeitpunkt beginnt (vgl. Rdnr. 21 zu § 376 AO).

dd) Zusammenfassend läßt sich folgendes festhalten:

51 **Außerhalb des Festsetzungsverfahrens** besteht der Verkürzungserfolg in einem Vermögensschaden, der in einem mengenmäßigen wie auch in einem Verspätungsschaden bestehen kann. Beide Schäden sind nach wirtschaftlicher Betrachtung in der Weise zu bestimmen, daß die tatsächliche Leistung bzw. der tatsächliche Leistungszeitpunkt mit derjenigen Leistung bzw. demjenigen Leistungszeitpunkt verglichen werden, die bei fehlender Täuschung hätten durchgesetzt werden können.

In § 370 IV 1 AO stellt das Gesetz die **Vermögensgefährdung im Festsetzungsverfahren** dem Vermögensschaden gleich. Soweit das Gesetz die nicht rechtzeitige Festsetzung ausreichen läßt, erfaßt es durchgehend die konkrete Gefahr von Verspätungsschäden. Soweit die zu niedrige Festsetzung den Verkürzungserfolg ausmacht, werden sowohl konkrete Gefahren des mengenmäßigen wie auch konkrete Gefahren des Verspätungsschadens erfaßt.

c) Umfang des Verkürzungserfolges

52 Die Unrechts- und damit Schuldhöhe ist maßgeblich von der Größe des erstrebten und erzielten Vermögensschadens abhängig. Das Gericht ist daher genötigt, im Einzelfall die Höhe der hinterzogenen Steuer exakt festzustellen (BGH v. 27. 1. 1984, StrVert 497; v. 17. 3. 1981, HFR 385; v. 20. 6. 1980, BB 1090; v. 4. 9. 1979, HFR 1980, 155; v. 8. 1. 1963, GA 1964, 128; v. 16. 6. 1954, ZfZ 1955, 22; OLG Düsseldorf v. 14. 2. 1984, wistra 154; HHSp-*Hübner* 29 u. *Kohlmann* 155 zu § 370 AO; *Franzen* DStR 1964, 380).

53 **Verurteilende Entscheidungen** müssen die tatsächlichen Grundlagen, auf denen die Steuerpflicht beruht, genauso bestimmt und zweideutig nachweisen wie die sonstigen Merkmale des gesetzlichen Tatbestandes (RG – 4 D 789/37 – v. 17. 12. 1937, zit. bei *Hartung* III 4b zu § 396 RAO 1931); sie müssen ferner nicht nur die Summe der vorsätzlich verkürzten Steuern, sondern auch deren Berechnung im einzelnen enthalten (BGH – 1 StR 293/78 – v. 26. 9. 1978; – 5 StR 542/79 – v. 1. 7. 1980; BayObLG DStZ/B 1963, 112;

III. Erfolg der Steuerhinterziehung 54, 55 § 370

ebenso OLG Frankfurt, ZfZ 1960, 344; OLG Düsseldorf v. 14. 2. 1984, wistra 154; OLG Stuttgart v. 4. 5. 1984, wistra 239; BGH v. 30. 7. 1985, wistra 1986, 23; v. 12. 5. 1989, wistra 264; v. 3. 1. 1990, wistra 150; OLG Koblenz v. 25. 1. 1996, wistra 152; *Koch/Scholtz/Himsel* 37, *Kohlmann* 158.1 zu § 370; zum Strafbefehl vgl. Rdnr. 22 zu § 400 AO). Von dem Erfordernis, die für die Steuerschuld maßgebenden Vorschriften des Steuerrechts im einzelnen anzugeben, kann allenfalls dann abgesehen werden, wenn der Angeklagte die Entstehung der Steuerschuld nicht bestritten (BGH DStR 1954, 470) bzw. eingeräumt hat und selbst sachkundig ist.

aa) Feststellung des Verkürzungserfolges

Schrifttum: *Ball,* In dubio pro fisco, JW 1921, 547; *Suhr,* Bestrafung aus §§ 396, 402 AO bei Schätzung der Besteuerungsgrundlagen wegen Steuerverkürzung, BB 1950, 784; *Hammer,* Schätzung und Indizienbeweis, DStZ 1958, 193; *Lohmeyer,* Schätzungen als Schuldnachweis im Steuerstrafverfahren, NJW 1959, 373; ferner Inf 1962, 21 u. WPg 192, 591; *Leusmann,* Rechnerische und wirtschaftliche Verprobungsmethoden, BlStA 1964, 51; *M. Weber,* Steuerschätzungen als Beweis in Steuerstrafverfahren, DStR 198, 272; *Stobbe,* Die Schätzung im Spiegel der höchstrichterlichen Rechtsprechung, StBp 1968, Beil. zu Nr. 11; *Lohmeyer,* Die Bedeutung des § 217 AO für das Strafverfahren, ZfZ 198, 74; *ders.*, Die Bedeutung der Schätzung von Besteuerungsgrundlagen für den Nachweis einer Verkürzung von Steuereinnahmen, DStZ 1973, 372; *Mittelbach,* Die Schätzung im Steuerrecht, NWB Fach 17, 765 (Stand: 1977); *ders.*, Überprüfung von Schätzungen des Unternehmens bei einer Außenprüfung, StBp 1979, 244; *Wysocki,* Einzelfragen zur Verwendung gebundener Schätzverfahren bei der Stichproben-Inventur, WPg 1980, 28; *Bilsdorfer,* Die Bedeutung von Schätzungen für das Steuerstraf- und -ordnungswidrigkeitenrecht, DStZ 1982, 298; *Pelchen,* Die Verwertung steuerrechtlicher Schätzungen im Strafverfahren, MDR 1982, 10; *Reichel,* Die Abgabenordnung kennt keinen Schätzungszwang, BB 1982, 1981; *Stypmann,* Methoden zur Feststellung der Steuerverkürzung und Schätzung im Steuerstrafverfahren, wistra 1983, 95; *Streck,* Steuerfestsetzung unter Vorbehalt der Nachprüfung und Steuerhinterziehung, NStZ 1985, 17; *Lohmeyer,* Zur Höhe der Steuerverkürzung, Inf. 1985, 5; *Schuhmann, H.*, Schätzung der Besteuerungsgrundlagen unter dem Vorbehalt der Nachprüfung, DStZ 1986, 161; *Spriegel,* Probleme der Schätzung im Steuerstrafverfahren, wistra 1987, 48; *Klein,* Die Auswirkungen der unterschiedlichen Beweislast im Steuerrecht und im Strafrecht, Diss. Köln 1989; *Joecks,* Steuerliche Schätzungen im Strafverfahren, wistra 1990, 52; *Barkmann,* Übertragbarkeit der steuerlichen Schätzungsmethoden in das Steuerstrafverfahren, Diss. Kiel 1991; *Schuhmann, H.*, Übernahme strafgerichtlicher Feststellungen durch die Finanzgerichte, DStZ 1993, 115; *Dörn,* Schätzung im Steuerstraf- und im Besteuerungsverfahren, wistra 1993, 1, 50; *Huchel,* Schätzungen im Steuerstrafverfahren, Diss. Tübingen 1994; *Keßeböhmer,* Beweis steuermindernder Tatsachen im Besteuerungsverfahren und im Steuerstrafverfahren, 1995.

Die **Ermittlung der verkürzten Steuer** erfolgt nach den Regeln des Strafprozeßrechts unter Berücksichtigung des Kompensationsverbotes. Konsequenz ist zum einen, daß nicht jedes steuerliche Mehrergebnis eine Verkürzung isd § 370 AO darstellt, und daß es andererseits Fälle gibt, in denen es trotz fehlenden Mehrergebnisses wegen des Vorteilsausgleichsverbots zu einer Steuerverkürzung gekommen ist. 54

Steuerliche Beweislastregeln und Schätzung

Der **Strafrichter** ermittelt den Sachverhalt nach den Regeln des Strafprozeßrechts. Eine Bindung an bestandskräftige Steuerbescheide besteht nicht (*Barkmann* 1991, 71 ff). Soweit *Kirchhof* (NJW 1985, 2977; *ders.,* NJW 1986, 1315) die These vertritt, nicht das Gesetz sei in einem solchen Fall Grundlage für das Erhebungsverfahren, sondern der Steuerbescheid, ist dies nicht über- 55

§ 370   56   Steuerhinterziehung

zeugend. Steuerbescheide wirken lediglich deklaratorisch. Ihre Richtigkeit oder Unrichtigkeit ist von einer Vielzahl von Faktoren bestimmt, die sich zum Teil der Sphäre des Steuerpflichtigen entziehen. Auch die Gefahr einer Divergenz (vgl. § 396 AO) erzwingt eine solche Lösung nicht (*Klein* 1989, S. 29). Der Grundsatz der freien Beweiswürdigung (§ 261 StPO) steht dem entgegen; eine entsprechende Bindung ist bereits 1967 ersatzlos gestrichen worden (vgl. *Klein* 1989, S. 30).

56   Die **Behandlung steuerlicher Beweislastregeln** ist umstritten. Gesichert schien zumindest, daß steuerliche Nachweiserfordernisse, die materielle Voraussetzung für die gewünschten steuerlichen Folgen sind, auch im Strafrecht ihre Bedeutung haben. So soll der Ausfuhrnachweis durch Belege materielle Voraussetzung für die Steuerbefreiung von Ausfuhren (BGH v. 8. 2. 1983, wistra 115), das Vorliegen einer ordnungsgemäßen Rechnung Voraussetzung für den Vorsteuerabzug (BayObLG v. 26. 10. 1987, wistra 1988, 76) sein. Demgegenüber will *Keßeböhmer* (1995, 98 ff.) auch solche materiellen Voraussetzungen wie formale Nachweise behandeln.

Geht es lediglich um formale Nachweisanforderungen, also um Fragen der Beweislast, gilt jedoch der Grundsatz „in dubio pro reo" (vgl. BGH v. 24. 6. 1987, wistra 292; *Suhr/Naumann/Bilsdorfer* 643; *Bender* Rdnr. 104; *Kohlmann* 154, *Schwarz* 26 zu § 370 AO). Während steuerrechtlich von einer Voraussetzung ausgegangen werden kann, die die größte Wahrscheinlichkeit für sich hat, kommt es steuerstrafrechtlich auf die Feststellung solcher Besteuerungsgrundlagen an, die nach der vollen Überzeugung des Strafrichters als erwiesen anzusehen sind (*Joecks* wistra 1990, 54: *Hardtke* 1995, 58).

Demgegenüber will *Klein* (Die Auswirkungen der unterschiedlichen Beweislast im Steuerrecht und im Strafrecht, 1989; dagegen *Keßeböhmer* 1995, 85 ff.) differenzieren. Im Rahmen des Taterfolges, d. h. der Frage, ob Steuern verkürzt sind bzw. ob ein Steuervorteil erlangt ist, müsse die jeweils einschlägige steuerliche Beweislastnorm angewandt werden; bezüglich aller übrigen Voraussetzungen gelte der strafrechtliche Grundsatz in dubio pro reo (aaO S. 82 f.). Sein Beispiel in diesem Zusammenhang (aaO S. 83) zeigt jedoch, daß er dabei einem Denkfehler unterliegt. Er erwähnt das Beispiel eines gefälschten Beleges, der in die Buchhaltung einfließt, wobei der Täter für möglich hält, daß dieser Betrag nicht nachweisbar ist und er die Beweislast trägt. Nach Ansicht *Kleins* liegt in diesem Fall eine vollendete Verkürzung vor. Eine Verkennung dieses Umstandes durch die hM zeige eine unzulässige Lösung vom Steuerrecht, da ja das Finanzamt *„den entsprechenden Betrag von A nachfordern kann, zumindest soweit nicht die vierjährige Festsetzungsfrist des § 169 Abs. 2 Satz 1 Nr. 2 AO abgelaufen ist..., obwohl nach der hM eine Steuerverkürzung nicht vorliegt."* Die hM konstruiere zwei verschiedene Steueranprüche, einen steuerrechtlichen und einen strafrechtlichen (aaO S. 83). Diese Argumentation trägt jedoch das Ergebnis nicht. Es geht um das „normale" Problem, bei welchem Überzeugungsgrad vom Vorliegen der Schuld des Angeklagten der Strafrichter zu einer Verurteilung kommen kann. So mag der Richter vor dem Hintergrund der Belegfälschung zu dem Ergebnis kommen, daß es eine Betriebsausgabe der vom Steuerpflichtigen behaupteten Art überhaupt nicht gab. Kann er dies nicht, muß er zugunsten des Angeklagten entscheiden. Im übrigen führt *Kleins* Lösung zu unerträglichen Ergebnissen, wenn etwa Fragen der Beweiswürdigung im Raum stehen, also zwar gewichtige Indizien für das Vorhanden seiner Betriebsausgabe existieren, aber ein Nachweis durch einen Beleg nicht erbracht werden kann, oder aber die Finanzverwaltung neben den üblichen gesetzlichen Anforderungen – wie etwa bei Vertragsbeziehungen zwischen nahen Familienangehörigen – gesteigerte Nachweisanforderungen aufstellt. Dies bedeutet nicht, daß schon jeder Zweifel des Strafrichters zu einem Freispruch führen muß, sondern daß der Strafrichter das Vorliegen oder Nichtvorliegen steuerlich erheblicher Umstände und damit die Existenz der Steuerverkürzung nach dem Maßstab der üblichen Beweisanforderungen zu beurteilen hat.

Ob man dies allerdings auch in den Fällen machen muß, in denen das Gesetz das Vorhandensein bestimmter Nachweise als materielle Voraussetzung ansieht (so *Keßeböhmer* 1995, 98 ff.), ist zweifelhaft. *Keßeböhmer* ist zuzugeben, daß in vielen Fällen die steuerlichen Folgen ausreichende Sanktion sind. Wer aber die Steuerfreiheit für Ausfuhrlieferungen in Anspruch nimmt, erklärt zugleich, den amtlichen Ausfuhrnachweis zu haben und macht ggf. unrichtige Angaben. Mit subjektiver Beweislast hat dies nichts zu tun.

Schätzung von Besteuerungsgrundlagen

Bei fehlenden oder lückenhaften Erklärungen und Aufzeichnungen des 57
Stpfl hat die FinB die Besteuerungsgrundlagen zu schätzen:

§ 162 AO Schätzung von Besteuerungsgrundlagen

(1) ¹Soweit die Finanzbehörde die Besteuerungsgrundlagen nicht ermitteln oder berechnen kann, hat sie sie zu schätzen. ²Dabei sind alle Umstände zu berücksichtigen, die für die Schätzung von Bedeutung sind.

(2) ¹Zu schätzen ist insbesondere dann, wenn der Steuerpflichtige über seine Angaben keine ausreichenden Aufklärungen zu geben vermag oder weitere Auskunft oder eine Versicherung an Eides Statt verweigert oder seine Mitwirkungspflicht nach § 90 Abs. 2 verletzt. ²Das gleiche gilt, wenn der Steuerpflichtige Bücher oder Aufzeichnungen, die er nach den Steuergesetzen zu führen hat, nicht vorlegen kann oder wenn die Buchführung oder die Aufzeichnungen der Besteuerung nicht nach § 158 zugrunde gelegt werden.

(3) ...

Voraussetzung jeder Schätzung ist eine tatsächliche Ungewißheit über 58
das Ausmaß der verwirklichten Besteuerungsgrundlagen, die das FA im Rahmen seiner Aufklärungspflicht weder durch Ermittlungen beim Stpfl noch bei Dritten beheben kann. Gegenstand der Schätzung sind nur die unbekannten Besteuerungsgrundlagen, nicht die Steuer selbst; diese ist vielmehr aus den geschätzten Besteuerungsgrundlagen zu errechnen. Zu den Besteuerungsgrundlagen, die geschätzt werden können, gehören bei der USt außer der Summe der Umsätze auch die abziehbaren Vorsteuerbeträge (str., glA HessFG v. 10. 3. 1976, UStR 1977, 197; *Schuhmann* UStR 1977, 111; *Weiß* UStR 1977, 157; aM FG RPf v. 26. 5. 1975, EFG 608; FG Münster v. 29. 10. 1976, UStR 1977, 197; OFD Frankfurt v. 28. 7. 1977, BB 1387; siehe aber BGH v. 2. 11. 1995, wistra 1996, 88). Ziel der steuerlichen Schätzung ist

es, aufgrund der bekannten Anhaltspunkte denjenigen Betrag zu bestimmen, welcher der Wirklichkeit am nächsten kommt (BFH v. 31. 8. 1967, BStBl. 686), jedoch kann das FA bei groben Verstößen des Stpfl gegen seine steuerrechtlichen Mitwirkungspflichten innerhalb des Spielraums, den die gegebenen Anhaltspunkte bieten, an die oberste Grenze gehen (BFH v. 9. 3. 1967, NJW 2380). Wenn bei spärlichen Anhaltspunkten eine griffweise Schätzung erforderlich wird, ist es nicht ausgeschlossen, daß der Stpfl trotz der stets gebotenen sorgfältigen Abwägung aller Umstände durch das Ergebnis stärker belastet wird, als es den verwirklichten Besteuerungsgrundlagen entspricht (vgl. BFH v. 12. 10. 1961, HFR 1962, 235; zur Berücksichtigung von Schätzungsunschärfen s. BFH v. 26. 4. 1983, wistra 264). Während die steuerrechtliche Schätzung denjenigen Betrag bestimmen soll, der die größte Wahrscheinlichkeit für sich hat, kommt es bei den gleichen Anhaltspunkten im Strafverfahren auf die Feststellung der Beträge an, die nach der vollen Überzeugung des Strafrichters (BGH 3, 377, 383 v. 11. 12. 1952) als erwiesen anzusehen sind (HHSp-*Hübner* 29 u. *Kohlmann* 157 zu § 370 AO). Aus diesem Grunde war bereits vor Aufhebung des § 468 RAO einhellig anerkannt, daß der Strafrichter an rechtskräftige Bescheide, die auf Schätzungen beruhten, nicht gebunden ist (BGH v. 1. 3. 1956, BStBl. I 441; v. 25. 9. 1959, ZfZ 1960, 112; BFH v. 9. 5. 1963, DB 984).

59 **Die erforderliche selbständige Feststellung des Strafrichters** hinsichtlich der Besteuerungsgrundlagen, die für den Grund und den Umfang einer Steuerverkürzung maßgebend sind, steht unter dem Gebot, daß unüberwindbare Zweifel zugunsten des Angeklagten ausschlagen müssen (*Styppmann* wistra 1983, 95; *Joecks* wistra 1990, 54). Dieses Gebot erfordert jedoch nicht, daß dem Angeklagten jeder erdenkliche Einwand abgenommen und der Betrag der von ihm verschwiegenen Einnahmen auf Heller und Pfennig belegt werden müßte (*Dörn* wistra 1993, 50). Es würde der Gerechtigkeit widersprechen, wenn der Täter einer Steuerstraftat deshalb Straffreiheit beanspruchen könnte, weil die Strafgerichte zu einer genauen Ermittlung der Besteuerungsgrundlagen außerstande sind, obwohl der Täter diesen Mangel, zB durch pflichtwidriges Unterlassen oder durch Vernichten von Aufzeichnungen, selbst herbeigeführt hat (BGH v. 16. 6. 1954, NJW 1819). Dies bedeutet jedoch nicht, daß hier im Steuerstrafverfahren so etwas wie eine actio illicita in causa eingeführt würde (*Joecks* wistra 1990, 55; vgl. auch *Huchel* 1994, 62 ff.). Der Grundsatz in dubio pro reo wird durch ein Vorverhalten des Beschuldigten nicht eingeschränkt.

Der genaue Nachweis einer Steuerverkürzung ist nur möglich anhand eigener Aufzeichnungen des Stpfl oder der Belege seiner Geschäftspartner. Fehlt solches Beweismaterial, ist auch der Strafrichter gehalten, sich seine Überzeugung von dem wirklichen Sachverhalt aufgrund sonstiger Anhaltspunkte zu bilden und den Umfang der verwirklichten Besteuerungsgrundlagen aus Hilfstatsachen zu erschließen. Wenn nicht ein glaubhaftes Geständnis hinsichtlich der vom FA nach § 162 AO festgestellten Steuerverkürzungen vorliegt (BGH v. 3. 6. 1959, ZfZ 302), muß der Strafrichter die Besteuerungsgrundlagen selbst schätzen (BGH v. 1. 3. 1956, BStBl. I 441; BGH – 4

III. Erfolg der Steuerhinterziehung 60 § 370

StR 508/64 – v. 19. 2. 1965, zit. bei *Suhr* 1977 S. 530; BGH v. 4. 2. 1992, wistra 147). Unzulässig ist nur eine freie Schätzung ohne zureichende Anhaltspunkte (OLG Celle v. 27. 6. 1956, BB 1957, 24). Geeignete Anhaltspunkte für die strafrichterliche Schätzung können der Verbrauch des Angeklagten und ein Vermögensvergleich sein (BGH v. 20. 12. 1954, BStBl. 1955 I 365; OLG Frankfurt v. 3. 3. 1953, StP 1954, 436). Allein aus dem Aufwand für die Lebensführung und aus der Vermögensbildung des Angeklagten (Sparguthaben, Wertpapiere, Erwerb und Bebauung von Grundstücken usw.) kann im Vergleich zu den erklärten Einkünften häufig auf einen Mindestbetrag geschlossen wenden, den der Angeklagte der Besteuerung entzogen haben muß, wenn sich seine Erklärungen über eine anderweitige Herkunft der Mittel als unrichtig oder als unglaubhaft erweisen (vgl. *Dörn* wistra 1993, 4). Über den Nachweis einer Steuerverkürzung durch die sog. Geldverkehrsrechnung s. BFH v. 2. 3. 1982 (BStBl. 1984, 504). Auch können bei einer strafrichterlichen Schätzung die Erfahrungssätze vergleichbarer Betriebe herangezogen werden (BGH v. 1. 3. 1956, BStBl. I, 441; BGH v. 18. 11. 1960, BStBl. I 495). Die amtlichen Richtsätze der Finanzverwaltung für die Gewinnermittlung bei nichtbuchführenden Gewerbetreibenden sind Erfahrungssätze, die gebietsweise aus den Ergebnissen von Betriebsprüfungen vergleichbarer buchführender Betriebe für bestimmte Zeitabschnitte und bestimmte Geschäftszweige gewonnen sind; sie bilden ein brauchbares Hilfsmittel, wenn die Richtsätze nicht als bindend erachtet, sondern aufgrund selbständiger Prüfung unter Berücksichtigung besonderer Umstände des jeweiligen Gewerbebetriebes übernommen werden (so ausdrücklich BGH – 1 StR 556/60 – v. 19. 9. 1961; vgl. ferner BFH v. 18. 10. 1983, BStBl. 1984, 88, zur steuerlichen Schätzungsbefugnis bei Unterschreiten des untersten Rohgewinn-Aufschlagsatzes der Richtsatzsammlung). Kann sich der Tatrichter aufgrund der vorliegenden Anhaltspunkte trotz Anwendung aller geeigneten Erkenntnismittel nicht davon überzeugen, daß der Angeklagte Besteuerungsgrundlagen in Höhe eines bestimmten Mindestbetrages verschwiegen und mindestens den entsprechenden Steuerbetrag hinterzogen hat, muß er auf Freispruch erkennen, weil es an einer für den Schuldspruch notwendigen Voraussetzung fehlt (OLG Bremen v. 5. 8. 1964, ZfZ 1965, 22).

bb) Tat- und schuldgerechte Aufteilung der Steuerverkürzung

Haben mehrere Personen unabhängig voneinander zu einer Steuerverkürzung beigetragen, muß der Betrag der Steuerverkürzung für jeden von ihnen gesondert berechnet werden. 60

Beispiel (Stpfl sei ledig):
Einkommen lt. unrichtiger Steuererklärung: 30.000 DM; ESt: 5.354 DM
+ vom Stpfl verschwiegene Einkünfte: 4.500 DM
+ vom Prokuristen verschwiegene Einkünfte: 3.000 DM
tatsächlich zu versteuerndes Einkommen: 37.500 DM; ESt: 7.364 DM.
Die ESt von (30.000 + 4500 =) 34.500 DM beträgt 6.533 DM; also hat der Stpfl (6.533 ./. 5.354 =) 1.179 DM verkürzt. Die ESt von (30.000 + 3.000 =) 33.000 DM beträgt 6.143 DM; also hat der Prokurist (6.143 ./. 5.354 =) 789 DM verkürzt. Daß die Summe der individuell verkürzten Beträge von (1.179 + 789 =) 1.968 DM hinter

Joecks

der insgesamt verkürzten Steuer von (7.364 ./. 5.354 =) 2.010 DM zurückbleibt, beruht auf dem progressiven ESt-Tarif (Rdnr. 62).

61 **Nur vorsätzlich bewirkte Steuerverkürzungen** werden vom Tatbestand des § 370 AO erfaßt. Beruht der Gesamtbetrag der verkürzten Steuereinnahmen bei einer Steuerart für einen Veranlagungszeitraum nur zT auf vorsätzlichem Verhalten, zT dagegen auf leichtfertig, (leicht) fahrlässig oder schuldlos unrichtigen oder fehlenden Angaben, müssen bei der Berechnung der Steuerverkürzung iS des § 370 AO die nicht vorsätzlich verkürzten Teilbeträge ausgeschieden werden.

Beispiel (Stpfl sei ledig):

Einkommen lt. unrichtiger Steuererklänung:	30.000 DM; ESt: 5.354 DM
+ vorsätzlich verschwiegene Einkünfte von	3.000 DM
	33.000 DM; ESt: 6.143 DM
+ leichtfertig abgesetzte Privatausgabe von	500 DM
+ fahrlässig überhöhte AfA von	4.000 DM
tatsächlich zu versteuerndes Einkommen:	37.500 DM; ESt: 7.364 DM

Von den objektiv verkürzten Steuereinnahmen in Höhe von insgesamt (7.364 ./. 5.354 =) 2.010 DM beträgt die vorsätzliche Steuerverkürzung nur (6.143 ./. 5.354 =) 789 DM.

62 **Bei einer Steuer mit progressivem Tarif** – wie namentlich der ESt – ist es erforderlich, daß der vorsätzlich verkürzte Teilbetrag einer zusammengesetzten Steuerverkürzung (wie im Beispiel Rdnr. 61) von denjenigen Besteuerungsgrundlagen aus berechnet wird, die der Täter kannte und in seinen Vorsatz aufgenommen hatte, nicht etwa unter Einschluß weiterer Besteuerungsgrundlagen, aus denen ohne sein Wissen und seinen Willen eine erhöhte Steuerverkürzung erwachsen ist. Unrichtig wäre es, den vorsätzlich verkürzten Steuerbetrag von der Spitze her, von den tatsächlichen Besteuerungsgrundlagen ausgehend, wie folgt zu berechnen:

Tatsächlich zu versteuerndes Einkommen:	37.500 DM; ESt: 7.364 DM
./. vorsätzlich verschwiegene Einkünfte von:	3.000 DM
zu versteuerndes Einkommen ohne nicht vorsätzliche Fehler:	34.500 DM; ESt: 6.533 DM

Unterschiedsbetrag (statt 789 DM): 831 DM.

cc) Kompensationsverbot (§ 370 IV 3 AO)

Schrifttum: *Ehlers*, Der Begriff der Steuerverkürzung – Versuch einer Entwirrung, FR 1958, 455; *Lohmeyer*, Nachträglich geltend gemachte Ermäßigungsgründe, StBp 1964, 294; *ders.*, Der Vorteilsausgleich nach § 396 Abs. III Halbs. 2 AO, Inf 1968, 267; *Kohlmann/Sandermann*, Die strafrechtliche Bekämpfung von Steuerverkürzung – unlösbare Aufgabe für den Gesetzgeber? StW 1974, 221; *Haas*, Gleichstellung von Versuch und Vollendung im Steuerstrafrecht? Ein kritischer Beitrag zu § 370 Abs. IV S. 3 der AO, BB 1980, 1885; *Meine*, Das Vorteilsausgleichsverbot in § 370 Abs. IV S. 3 AO 1977, wistra 1982, 129; *ders.*, Das Vorteilsausgleichsverbot in § 370 Abs. IV S. 3 AO 1977, 1984; *Bublitz*, Der Verlustabzug gemäß § 10d EStG im Steuerstrafrecht, DStR 1985, 653; *Wassmann*, Das Kompensationsverbot gemäß § 370 Abs. 4 Satz 3 AO, ZfZ 1987, 162; *Patzelt*, Ungerechtfertigte Steuervorteile und Verlustabzug im Steuerstrafrecht, Diss. Köln 1990; *Meine*, Zum Streitstand: Das Kompensationsverbot gemäß § 370 Abs. 4 Satz 3 AO, wistra 1991, 127; *Schuhmann*, H., Verkürzung von Einfuhrumsatzsteuer und Vorsteuerabzug, wistra 1992, 208; *Hardtke*, Steuerhinterziehung durch verdeckte Gewinnausschüttung, 1995.

III. Erfolg der Steuerhinterziehung 63–66 § 370

Welcher Steuerbetrag verkürzt worden ist, ergibt sich im Regelfall (Aus- 63
nahmen s. Rdnr. 64 ff.) aus einem Vergleich der gesetzlich geschuldeten
Steuer (= Steueranspruch, vgl. § 37 AO) mit derjenigen Steuer, die das FA
infolge der Tathandlung festgesetzt (oder nicht festgesetzt) hat. Die gesetzlich
geschuldete Steuer wird durch Anwendung der materiellen Vorschriften des
jeweiligen Steuergesetzes auf den wirklichen Sachverhalt ermittelt. Der
Steueranspruch stimmt mit den verkürzten Steuereinnahmen überein, falls
der Stpfl überhaupt keine Steuererklärung abgegeben und das FA eine Steuerschuld auch nicht aufgrund einer Schätzung der Besteuerungsgrundlagen
(vgl. § 162 AO) festgesetzt hat. Hat der Stpfl eine Steuererklärung abgegeben,
liegt eine Steuerverkürzung vor, falls und soweit der Steuerbetrag, den das FA
nach den Angaben des Stpfl festgesetzt hat oder bei richtiger Rechnung (vgl.
BGH v. 1. 12. 1953, DStR 1954, 470) und richtiger Rechtsanwendung auf den
erklärten Sachverhalt hätte festsetzen müssen, hinter der gesetzlich geschuldeten Steuer zurückbleibt. Hat das FA die Besteuerungsgrundlagen wegen
fehlender oder unvollständiger Angaben des Stpfl nach § 162 AO zu niedrig
geschätzt, entspricht die Steuerverkürzung dem Unterschied zwischen der
festgesetzten Steuer und dem Steuerbetrag, den das FA bei vollständiger
Kenntnis des steuererheblichen Sachverhalts hätte festsetzen müssen.

§ 370 IV 3 AO modifiziert diesen Grundsatz durch Einführung des sogenann- 64
ten Kompensationsverbotes (Vorteilsausgleichsverbot). Danach soll eine Verkürzung auch dann vorliegen, *„wenn die Steuer, auf die sich die Tat bezieht, aus anderen
Gründen hätte ermäßigt oder der Steuervorteil aus anderen Gründen hätte beansprucht
werden können"*. Inhalt und Sinn dieser Vorschrift sind dunkel und umstritten.

Das RG hatte die Vorschrift, die seit der RAO 1919 mit im wesentlichen 65
unverändertem Wortlaut (§ 369 III 2 RAO 1919) existiert, überwiegend so
ausgelegt daß unter *„anderen Gründen"* nur solche Steuerermäßigungsgründe
zu verstehen seien, die dem Täter zum Zeitpunkt der Tathandlung unbekannt
waren. Alle zu diesem Zeitpunkt dem Täter bewußten, in der Steuererklärung
aber nicht mitgeteilten Minderungsgründe müßten berücksichtigt werden, da
der Täter insoweit nicht den Vorsatz der Steuerverkürzung gehabt habe (RG
v. 6. 7. 1933, JW 2396; RG 70, 3 v. 2. 12. 1935; zu den übrigen Entscheidungen
des RG s. *Meine* 1984, S. 13 ff.).

Der BGH hat sich von dieser subjektiven Interpretation des RG abgewandt 66
und eine objektive Auslegung der Vorschrift bevorzugt (so schon BGH 7, 336
v. 3. 6. 1954). Der BGH meint, die Vorschrift solle bewirken, daß das Strafgericht nicht den gesamten Steuerfall aufrollen müsse. Vielmehr sei der Steueranspruch des Staates so zu berechnen, daß in die Steuererklärung des Täters
lediglich anstelle der unrichtigen, die Hinterziehungshandlung darstellenden
Angaben, die zutreffenden Angaben eingesetzt würden. Andere, den Täter
begünstigende Umstände seien nicht zu berücksichtigen. Hat der Täter zB in
seiner USt-Voranmeldung einzelne Umsätze verschwiegen, aber auch abzugsfähige Vorsteuern nicht geltend gemacht, so habe der Strafrichter lediglich die erklärten Umsätze um die Summe der verschwiegenen weiteren
Umsätze zu erhöhen, nicht jedoch die in der Erklärung bisher nicht geltend
gemachten Vorsteuern abzuziehen (BGH v. 18. 4. 1978, GA 278). Im Verhält-

nis zu den verschwiegenen Umsätzen handele es sich bei den nicht geltend gemachten Vorsteuern um andere Gründe iS des § 370 IV 3 AO.

67 Der BGH hält diesen Grundsatz jedoch nicht uneingeschränkt durch. Vielmehr sollen solche den Steueranspruch mindernden, in der Steuererklärung gleichwohl verschwiegenen Umstände zu berücksichtigen sein, die mit den verschwiegenen steuererhöhenden Umständen in einem unmittelbaren wirtschaftlichen Zusammenhang stehen. Ein solcher *„unmittelbarer wirtschaftlicher Zusammenhang"* bestehe zB zwischen nicht gebuchten Erlösen aus dem Verkauf von Gebrauchtwagen einerseits und den Aufwendungen für die Anschaffung dieser Wagen andererseits. Diese Aufwendungen unterlägen deshalb nicht dem Kompensationsverbot (BGH v. 13. 1. 1978, GA 307).

68 Im einzelnen hat der BGH ein Kompensationsverbot nach § 370 IV 3 AO bejaht:

im Verhältnis von nicht erklärten Umsätzen zu ebenfalls nicht geltend gemachten Vorsteuern (BGH v. 31. 1. 1978, GA 307; v. 18. 4. 1978, GA 278; v. 24. 10. 1990, wistra 1991, 107),

bei Betriebseinnahmen im Verhältnis zu Betriebsausgaben, für die der Empfänger nicht benannt werden kann und daher dem FA eine Ermessensentscheidung nach § 205a RAO = § 16 AO zusteht (BGH v. 18. 11. 1960, BStBl. 1961 I, 495; v. 8. 5. 1979, MDR 772),

bei Betriebseinnahmen im Verhältnis zu nachzuholenden oder zu erhöhenden Einlagebuchungen sowie zu nachzuholenden Rückstellungen für Schadensersatzpflichten, obwohl sich diese auf diejenigen Gegenstände beziehen, durch deren Veräußerung die Erlöse erzielt wurden (BGH v. 28. 2. 1978, BB 1302),

bei erschlichenen Ausfuhrvergütungen für nicht erfolgte Ausfuhren im Verhältnis zu nicht beanspruchten Ausfuhrvergütungen für erfolgte andere Ausfuhren (BGH v. 20. 2. 1962, NJW 2311, zu § 16 II UStG 1951).

69 Demgegenüber wurde ein Kompensationsverbot nach § 370 IV 3 AO verneint:

bei Betriebseinnahmen im Verhältnis zu (nachzuholenden) Rückstellungen für die hinterzogenen Umsatz- und Gewerbesteuern (BGH 7, 336 v. 3. 6. 1954; v. 31. 1. 1978, GA 307; v. 7. 12. 1978, HFR 1979, 207),

bei Betriebseinnahmen im Verhältnis zu den damit zusammenhängenden Betriebsausgaben (BGH v. 31. 1. 1978, 307),

in Bezug auf eine nicht geltendgemachte, von Amts wegen vorzunehmende Verteilung von Einnahmen über mehrere Jahre (BGH v. 23. 6. 1976, MDR 770),

bei Betriebseinnahmen im Verhältnis zu einem von Amts wegen zu berücksichtigenden Verlustvortrag (BayObLG v. 21. 4. 1982, wistra 199, für § 10d EStG 1976; anders BGH v. 26. 6. 1984, wistra 183),

bei einer überhöhten Ausfuhrvergütung für das angebliche Bestimmungsland A im Verhältnis zum (niedrigeren) Anspruch auf Ausfuhrvergütung für wirkliche Bestimmungsland B (BGH v. 27. 8. 1974, JZ 1975, 183).

70 Die Literatur zum Kompensationsverbot meint überwiegend, die Regelung führe zur Annahme einer vollendeten Steuerhinterziehung, obwohl kein Steuerschaden eingetreten sei *(Kühn/Hofmann* 2a zu § 370 AO; *Ehlers* FR

1958, 458; *Kohlmann/Sandermann* StW 1974, 231). Daraus wird zT geschlossen, die Steuerhinterziehung sei kein Verletzungs-, sondern lediglich ein (abstraktes) Gefährdungsdelikt; *Kohlmann/Sandermann* fordern aaO de lege ferenda die Streichung der Vorschrift. Lediglich *Hübner* (HHSp 12 zu § 370 AO) meint, die Steuerhinterziehung sei trotz des Kompensationsverbotes ein Verletzungsdelikt. So wie beim Betrug die erfolgreiche Geltendmachung eines fingierten Anspruchs das Opfer nicht von dem wirklichen anderen Anspruch befreie, verwirkliche der Täter einer Steuerhinterziehung in Fällen des § 370 IV 3 AO einen Steuerschaden, weil er die anderen Ermäßigungsgründe „in der Hinterhand" behalte und noch nachträglich geltend machen könne. *Meine* will schließlich die Vorschrift so wie das RG interpretieren und nur dann anwenden, wenn der Täter die anderen Gründe nicht gekannt habe. Für ihn reduziert sich die Vorschrift auf die Gleichstellung von Versuch und Vollendung im Strafrahmen (*Meine* 1984, 54ff. und wistra 1982, 129).

Bei einer Lösung des Problems ist zu differenzieren. Zunächst ergibt sich bereits aus dem Wortlaut der Vorschrift („*andere Gründe*"), daß vom Kompensationsverbot nur solche Steuerermäßigungsgründe betroffen sein können, die sich von den die Tat ausmachenden Gründen unterscheiden lassen. Bei diesen kann es sich nur um die dem FA erklärten Gründe handeln, da erst mit der Erklärung die Tat der Steuerhinterziehung beginnt. Bereits hieraus folgt, daß das Kompensationsverbot dort nicht eingreifen kann, wo der Täter überhaupt keine Gründe vorgetragen hat; die im Strafverfahren vorgetragenen können in einem solchen Fall schon begrifflich keine „anderen Gründe" sein. Das bedeutet, daß § 370 IV 3 AO in den Fällen nicht anzuwenden ist, in denen der Täter die Steuerhinterziehung durch Unterlassen begangen haben soll, also überhaupt keine Erklärung abgegeben hat (so mit Recht *Meine* 1984, S. 70ff. u. wistra 1982, 133f.). Soweit der BGH auch in den Fällen der Nichtabgabe von Umsatzsteuer-Voranmeldungen den Tatbestand der der Steuerhinterziehung auch dann als erfüllt ansieht, „*wenn der anzumeldenden Umsatzsteuer soviel abzugsfähige Vorsteuern entgegenstehen, daß sich eine negative Zahllast ergeben würde*" (Urt. v. 24. 10. 1990, wistra 1991, 107) wird dies zum einen nicht begründet, zum anderen führt es zu vom BGH offenbar nicht bedachten Konsequenzen. Abgesehen von dem Problem, daß in solchen Fällen besonders sorgfältig zu prüfen ist, ob der Täter auch vorsätzlich handelte (dazu LG Oldenburg v. 15. 4. 1994, wistra 276) müßte dann in Fällen der Nichtabgabe von Einkommensteuererklärungen nach dem gleichen Maßstab zu verfahren sein. Verkürzt wäre dann nicht mehr die Steuer auf das Einkommen, sondern letztlich eine Steuer auf den Gewinn abzüglich zuordenbarer Betriebsausgaben. Posten, die erst auf dem Weg von dem Gesamtbetrag der Einkünfte hin zum zu versteuernden Einkommen in Abzug zu bringen wären, dürften nicht berücksichtigt werden. In Schätzungsfällen müßte ggf. eine Detailermittlung stattfinden. Insofern entspricht es auch praktischen Erwägungen, einen „*anderen Grund*" nur anzunehmen, wenn dem Finanzamt tatsächlich Gründe vorgetragen wurden. Eine Anwendung des Kompensationsverbotes kommt aber auch dort nicht in Betracht, wo dem FA in einer Steuererklärung nur ein Saldo, etwa aus Betriebseinnahmen und -ausgaben, ohne weitere Konkretisierung mitgeteilt wird. Beruht diese Mitteilung darauf, daß der Stpfl in der Buchhaltung fingierte Betriebsausgaben gebucht und gleichzeitig tatsächliche Ausgaben nicht gebucht hat, dann sind die tatsächlichen Betriebsausgaben schon deshalb keine „anderen Gründe", weil die fingierten Ausgaben dem FA nicht mitgeteilt wurden (anders die Rspr. s. Rdnr. 68). Derselbe Gedanke gilt im Verhältnis von Betriebseinnahmen zu Betriebsausgaben und auch dort, wo es um eine Ermessensentscheidung des FA nach § 160 AO geht (anders die Rspr. s. Rdnr. 68). Zur Anwendung des Kompensationsverbotes kommt es hier schon deshalb nicht, weil der Täter keine Tathandlung nach § 370 I 1 AO begangen hat (Meine 1984, S. 80ff. u. wistra 1982, 132).

72 Umgekehrt liegt eine Steuerverkürzung vor, wenn sich die Ermäßigungsgründe auf einen anderen Steueranspruch beziehen. Wer einen zu geringen Betriebsgewinn erklärt, kann sich im Strafverfahren nicht auf erstattungsfähige Vorsteuern beziehen, weil die ESt durch Vorsteuererstattungsansprüche nicht ermäßigt werden kann.

73 In den verbleibenden Fällen ist die Anwendung des Kompensationsverbotes zu prüfen. Gäbe es § 370 IV 3 AO nicht, dann könnte folgende Konstellation entstehen: Der Täter, der unter dem Vorbehalt der Nachprüfung veranschlagt wird, gibt für das Kalenderjahr 1994 eine ESt-Erklärung mit einem zu niedrigen Gewinn ab und läßt zugleich Werbungskosten bei den Einkünften aus Kapitalvermögen in nämlicher Höhe weg. Er hätte hier – existierte § 370 IV 3 AO nicht – zwar die Tathandlung (Täuschung über steuerlich erhebliche Tatsachen) begangen, jedoch keine Steuerverkürzung verursacht. Beantragt er später, den Steuerbescheid nach § 164 II AO zu ändern und seine Werbungskosten zu berücksichtigen, dann begeht er schon keine Tathandlung; den Verkürzungserfolg führt er jedoch durch Komplettierung des Tatablaufs herbei. Ähnliche Konstellationen lassen sich bei der ESt denken, sofern zB der Verlustvortrag nur auf Antrag des Stpfl stattfindet, und auch dort, wo eine nachträgliche Korrektur des Steuerbescheides auf Antrag möglich ist. Daß dieser Fall nach § 173 I Nr. 2 AO vom Stpfl nicht ohne Schwierigkeiten herbeigeführt werden kann (so Meine, Vorteilsausgleichsverbot S. 61), bedeutet noch nicht, daß er unmöglich ist. § 370 IV 3 AO erfaßt daher denjenigen Fall, in dem eine Täuschungshandlung noch keinen Steuerschaden herbeiführt, wohl aber die Möglichkeit eröffnet, in einem zweiten Akt den Steuerschaden durch wahrheitsgemäße Anträge zu verursachen. Im ersten Akt bewirkt der Täter durch Herbeiführung dieser Möglichkeit eine Vermögensgefährdung, die angesichts der Tatbestandslosigkeit des zweiten Aktes einem Vermögensschaden gleichgestellt werden kann.

74 Geht man von diesem Sinn der Vorschrift aus, dann kommt es im Einzelfall darauf an, ob die geschilderte Konstellation tatsächlich gegeben ist. Mit seinem Kriterium des „unmittelbaren" wirtschaftlichen Zusammenhanges zwischen Erhöhungs- und Ermäßigungsgründen trifft der BGH durchaus das Richtige. Besteht ein solcher Zusammenhang, dann ist bei nachträglicher Geltendmachung der Ermäßigungsgründe die Gefahr einer Entdeckung der damit zusammenhängenden, in der Erklärung weggelassenen Erhöhungsgründe so groß, daß die Vermögensgefährdung entfällt. Das Kompensa-

III. Erfolg der Steuerhinterziehung   75–77 § 370

tionsverbot ist damit ein Fall schadensgleicher Vermögensgefährdung (*Hardtke* 1995, 144 mwN). Freilich ist der BGH in der Anwendung des Grundsatzes nicht immer konsequent. So ist insbesondere die Entscheidung zu unterlassenen Einlagebuchungen (Rdnr. 68) vom eigenen Ausgangspunkt des BGH her nicht zutreffend. Im Grundsatz ist der Rspr jedoch zuzustimmen, da sie der Vorschrift eine Interpretation gibt, die sich auf einen vernünftigen Sinn zurückführen läßt. Schon die Möglichkeit, die nichterklärten „anderen Gründe" später gefahrlos nachreichen zu können, stellt bereits eine schadensgleiche Vermögensgefährdung dar (*Hardtke* 1995, 144, 148).

Die von § 370 Abs. IV S. 3 gemeinte Konstellation ist wohl auch gegeben, **75** wenn im Rahmen einer verdeckten Gewinnausschüttung zu prüfen ist, inwiefern diese angesichts der Gliederung der verwendbaren Eigenkapitals steuerfreie Ausschüttungen ermöglicht (vgl. Rdnr. 213). Eine steuerlich denkbare Ausschüttung aus dem EK 04 könnte strafrechtlich ein anderer Grund sein, weil sonst die Gefahr besteht, daß es zunächst zu einer Täuschungshandlung ohne Verkürzung und dann – ggf. Jahre – später zu einer Verkürzung ohne Tathandlung kommt (Rdnr. 213).

dd) Steuerverkürzung auf Zeit

Schrifttum: *Franzen,* Zur Vollendung der Steuerverkürzung (§§ 396, 402 AO), DStR 1965, 187; *Fr.-Chr. Schroeder,* Nichtabgabe von Umsatzsteuervoranmeldungen, BB 1966, 519; *Depiereux,* Die strafrechtlichen Folgen der Nichtabgabe von Steuererklärungen, DStR 1970, 551; *Schleeh,* Der tatbestandsmäßige Erfolg der Verkürzung von Steuereinnahmen, FR 1971, 118; *Henneberg,* Bedarf es, insbesondere bei den Fälligkeitssteuern, zum Schutze des Steueranspruchs des Strafbestands „Steuerhinterziehung auf Zeit"? Inf, 1980, 292; *Göggerle,* Summum ius summa iniuria – Probleme der Strafzumessung bei den Hinterziehungstatbeständen des § 370 AO, DStR 1981, 308; *Kohlmann,* Steuerstrafrecht in der Bewährung, wistra 1982, 2; *Bilsdorfer,* Die Steuerverkürzung auf Zeit, DStJG 6, 155.

Das Gesetz stellt die **Steuerverkürzung auf Zeit** *(„nicht rechtzeitig")* der Steuer- **76** verkürzung der Höhe nach *(„nicht festgesetzt")* ausdrücklich gleich (Rdnr. 33). Der Umfang des Verkürzungserfolges ist hier jedoch anders zu bestimmen als bei der endgültigen Steuerverkürzung. Während bei dieser die Differenz zwischen festgesetzter und geschuldeter Steuer den Steuerschaden ausmacht, bewirkt der Täter einer zeitlichen Verkürzung lediglich einen Zinsverlust. Das ist auch der Grund dafür, daß von einigen Autoren eine Herausnahme der zeitlichen Verkürzung aus dem Straftatbestand gefordert wird (s. zB *Schleeh* BB 1972, 535; *Tiedemann* NJW 1972, 663 u. JZ 1975, 185; *Leise* DStR 1971, 59; *Henneberg* Inf 1980, 292; *Göggerle* DStR 1981, 308; *Kohlmann* wistra 1982, 2).

So einleuchtend die grundsätzliche Differenzierung zwischen zeitlicher und **77** endgültiger Verkürzung ist, so schwer fällt die **Abgrenzung im Detail,** weil der Steueranspruch des Staates auch bei unzutreffender Steuerfestsetzung nicht untergeht, sondern bis zum Ablauf der (bei Steuerhinterziehung verlängerten) Festsetzungsfristen weiterbesteht und noch geltend gemacht werden kann. Der Sache nach kann daher von endgültiger Steuerverkürzung eigentlich erst nach Ablauf der Festsetzungsfrist die Rede sein. Wenn das Gesetz dennoch die unrichtige Festsetzung als endgültige Verkürzung ansieht, dann erfaßt es damit auch bloße zeitliche Verkürzungen. Eine Differenzierung kann daher nicht auf der Ebene der gesetzlichen Unterscheidung der Verkürzungserfolge („*nicht oder nicht rechtzeitig*") erfolgen. Vielmehr geht es allein um eine Quantifizierung des vom Tatvorsatz getragenen Verkürzungserfolges. Hat der Täter lediglich eine spätere Festsetzung gewollt, dann handelt es sich (nur) um eine Verkürzung auf Zeit; wollte er sich der Steuerschuld auf Dauer entziehen, dann ist ihm eine endgültige Verkürzung zuzurechnen (in diesem subjektiven Sinne differenzieren auch *Kohlmann* wistra 1982, 2 u. *Bilsdorfer* DStJG 6, 171 ff.). Die Verkürzung auf Dauer und auf Zeit unterscheiden sich also nicht im Erfolgs-, sondern im Handlungsunrecht durch das entsprechende Vorstellungsbild des Täters (*Suhr* 1989, 122 ff.).

78   Der **Schaden der zeitlichen Verzögerung** besteht lediglich im Zinsverlust des Staates; er ist dagegen nicht mit der Höhe des Steueranspruchs identisch (BGH v. 26. 9. 1978, DB 1979, 1065; *Bilsdorfer* DStJG 6, 177). Dieser gelegentlich in der Praxis übersehene Umstand zwingt dazu, bei der Berechnung des Verkürzungsschadens den Zinsverlust in Höhe von 6 vH des Steueranspruchs (§§ 235, 238 AO) zu errechnen.

79   Dennoch darf nicht übersehen werden, daß die Tatbestandsmäßigkeit der zeitlichen Verkürzung besonders bei den Steueranmeldungen zu einer Flut von strafbaren Steuerhinterziehungen führt, deren sich die Praxis nur durch die gekünstelt wirkende Konstruktion einer Selbstanzeige durch Nachholung der Steuer(-vor)anmeldung erwehren kann (Rdnr. 68 zu § 371 AO). Insofern ist die Verkürzung auf Zeit kriminalpolitisch in höchstem Maße bedenklich. Gleiches gilt für den Fall, daß das Finanzamt einen ihm bekannten Steuerpflichtigen bewußt zu spät schätzt. Hat das Finanzamt Anhaltspunkte aus Vorjahren, ist es problematisch, wenn es die Finanzbehörde faktisch in der Hand hat, die Tat nur bis zum Versuch oder gar bis zur Vollendung gewähren zu lassen (Einl. 101).

ee) Die Bedeutung des § 370 V AO

80   **Die erläuternde Vorschrift des § 370 V AO** war 1933 (Rdnr. 2) als § 396 VI in die RAO 1931 eingefügt worden, um eine seinerzeit zwischen RG und RFH entstandene steuerrechtliche Streitfrage mit verbindlicher Wirkung für die Strafgerichte auszuräumen. Zuvor hatte in stRspr das RG die Auffassung vertreten, daß Zollhinterziehung begrifflich nur beim Schmuggel solcher Sachen möglich sei, deren Einfuhr erlaubt ist (vgl. RG 65, 344 v. 9. 7. 1931 mwN). Hingegen hatte der RFH entschieden, daß die Verbotswidrigkeit der Einfuhr die tarifgesetzlich vorgeschriebene Zollpflichtigkeit nicht berühre (vgl. RFH 30, 210 v. 2. 3. 1932 mwN). Seit der Ergänzung des Strafgesetzes ist zweifelsfrei, daß Eingangsabgaben auch dann entstehen und verkürzt werden können, wenn die geschmuggelte Sache nach besonderen Verbotsvorschriften (Rdnr. 20 zu § 372 AO) nicht hätte eingeführt werden dürfen. In solchen Fällen trifft Bannbruch (§ 372 AO) oder der jeweilige Sondertatbestand regelmäßig in Tateinheit mit der Hinterziehung der Eingangsabgaben zusammen (Rdnr. 309).

81   **Dem Rechtsgedanken des § 370 V AO** entspricht die allgemeine Vorschrift des

III. Erfolg der Steuerhinterziehung 82, 83 § 370

§ 40 AO Gesetz- oder sittenwidriges Handeln
Für die Besteuerung ist es unerheblich, ob ein Verhalten, das den Tatbestand eines Steuergesetzes ganz oder zum Teil erfüllt, gegen ein gesetzliches Gebot oder Verbot oder gegen die guten Sitten verstößt.

Danach können der Steuerpflicht auch Einnahmen unterliegen, die der Stpfl auf strafbare oder sittenwidrige Weise erlangt hat, zB durch Schmuggelgeschäfte (OLG Köln v. 30. 10. 1951, MDR 1952, 121), Unterschlagung nach § 246 StGB oder Untreue nach § 266 StGB (BGH v. 18. 10. 1956, BStBl 1957 I 122), Sachhehlerei nach § 259 StGB (OLG Hamburg v. 20. 12. 1961, NJW 1962, 754; VG Berlin v. 12. 2. 1958, EFG 392) oder Steuerhehlerei nach § 374 AO, Betrug nach § 263 StGB, unlauterer Wettbewerb nach § 12 UWG, Schwarzhandel mit ausländischen Wertpapieren (RG 59, 90 v. 19. 2. 1925) oder Devisen (BFH v. 4. 10. 1956, BStBl. 336), gewerbsmäßige Kuppelei (RFH v. 3. 7. 1929, RStBl. 474) oder gewerbsmäßige Unzucht (BFHGrS v. 23. 6. 1964, BStBl. 500); krit. *Jessen* MDR 1959, 453, 534; gegen die Annahme eines steuerrechtlich erheblichen Arbeitsverhältnisses zwischen Bordellwirt und Prostituierter jedoch trotz § 40 AO BGH v. 18. 7. 1980, HFR 1981, 83; v. 20. 5. 1981, HFR 430; anders für die entgeltliche Aufführung des Geschlechtsverkehrs auf offener Bühne BGH v. 1. 8. 1984, wistra 226. Siehe auch Rdnr. 8 zu § 393 AO sowie BVerfG v. 15. 4. 1996, wistra 201.

3. Nicht gerechtfertigte Steuervorteile

a) Begriff des Steuervorteils

Schrifttum: *Herdemerien,* Betrug oder Hinterziehung bei Erschleichung von Umsatzsteuervergütungen, NJW 1962, 781; *A. Vogel,* Erschleichen von Spar-Prämien und Wohnungsbauprämien, BB 1962, 793; *Coring,* Steuerstraftaten im Zusammenhang mit dem Ausfuhrförderungsgesetz, DStR 1962, 7; *ders.,* Anmerkung zu BGH v. 20. 2. 1962, BB 1963, 128; *Lohmeyer,* Steuerhinterziehung bei Umsatzsteuervergütung, UStR 1963, 54; *v. Canstein,* Der Erstattungsanspruch im Steuerrecht, 1966; *Lohmeyer,* Die Vorteilsschleichung im Steuerstrafverfahren, GA 1967, 321; *Felix,* Konkurenz zwischen Betrug und Steuerhinterziehung, NJW 1968, 1219; *Lohmeyer,* Das Verhältnis der Steuerhinterziehung zum Betrug, MDR 1969, 440; *E. Müller,* Betrug und Steuerhinterziehung in Vergütungsfällen, NJW 1977, 746; *Fuhrhop,* Der Steuervorteilsbegriff i. S. des § 370 AO, Diss. Kiel 1979; *Lohmeyer,* Die Vorteilserlangung im Steuerstrafrecht, Inf 1989, 217; *Weiss,* Weitere Ausweitung der Steuerhinterziehung gegenüber dem Betrugstatbestand, UR 1994, 367; *Hardtke,* Steuerhinterziehung durch verdeckte Gewinnausschüttung, 1995.

aa) Überblick

Eine Steuerhinterziehung begeht auch, wer nicht gerechtfertigte Steuervorteile erlangt. Ob die Erlangung nicht gerechtfertigter Steuervorteile der Sache nach ein Unterfall der Steuerverkürzung ist, kann dahinstehen, da das Gesetz beide Folgen nebeneinanderstellt und eigenständig behandelt. 82

Der Begriff des Steuervorteils bereitet erhebliche Schwierigkeiten. Die bisherige Behandlung der Frage beschränkt sich auf zwei Einzelprobleme. Einerseits wird über die Frage gestritten, in welcher Weise die Erlangung nicht gerechtfertigter Steuervorteile von der Steuerverkürzung abzugrenzen sei. Andererseits ist streitig, ob Steuervergütungen auch dann Steuervorteile sind, wenn der gesamte der Vergütung zugrundeliegende Vorgang vom 83

§ 370 84–86 Steuerhinterziehung

Täter erfunden und vorgetäuscht wurde. Die Definition des Steuervorteils ist insoweit von erheblicher praktischer Bedeutung, wie es um die Abgrenzung von Steuerhinterziehung (§ 370 AO), Betrug (§ 263 StGB) und Subventionsbetrug (§ 264 StGB) geht, da die Merkmale dieser Tatbestände erhebliche Unterschiede aufweisen. Der Begriff des Steuervorteils kann nur in zwei Schritten definiert werden. Da Steuervorteil ein dem Bürger gewährter Vorteil im Bereich des Steuerrechts ist, muß einerseits geklärt werden, welche Vorteile gemeint sind; zum anderen muß der Bereich des Steuerrechts, innerhalb dessen die Vorteile gewährt werden, abgegrenzt werden. Dabei bestimmt der Vorteilsbegriff die Grenzziehung (innerhalb von § 370 AO) zwischen Steuerverkürzung und Erlangung ungerechtfertigter Steuervorteile. Durch die Definition des Bereichs des Steuerrechts wird § 370 AO vom Betrug und vom Subventionsbetrug abgegrenzt.

bb) Vorteile im Bereich des Steuerrechts

84 Hier ist der Begriff des Steuervorteils von den übrigen staatlichen Leistungen an den Bürger abzugrenzen. Die Notwendigkeit dieser Abgrenzung ergibt sich aus der Tatsache, daß die unberechtigte Inanspruchnahme von staatlichen vermögenswerten Leistungen nicht nur in § 370 AO als Steuerverkürzung, sondern auch in § 263 StGB als Betrug und in § 264 StGB als Subventionsbetrug strafrechtlich erfaßt ist.

85 Die umfassende und zugleich engste Regelung findet sich im **Betrugstatbestand** nach § 263 StGB. Der Betrug setzt zunächst eine Täuschungshandlung voraus. Sie muß einen Irrtum in einem anderen hervorrufen. Der Irrende muß über eigenes oder ihm nahestehendes Vermögen verfügen. Die Verfügung muß einen Vermögensschaden herbeiführen. Insoweit muß der Täter Vorsatz aufweisen. Außerdem muß er die Absicht haben, sich oder einen anderen zu Unrecht zu bereichern. § 263 StGB ist nicht nur insoweit enger als § 370 AO, als jeder Anspruch auf die Leistung entweder schon den Schaden oder die Rechtswidrigkeit der Bereicherung beseitigt, während dies bei der Steuerhinterziehung wegen § 370 IV 3 AO nicht der Fall ist. Darüber hinaus verlangt § 263 StGB einen Irrtum des Verfügenden, dies kann bei der Steuerhinterziehung nicht vorausgesetzt werden (Rdnr. 196ff.). Andererseits besteht beim Betrug nicht die Möglichkeit, Straffreiheit nach Vollendung der Tat zu erlangen, während die strafbefreiende Selbstanzeige nach § 371 AO diesen Weg bei der Steuerhinterziehung eröffnet.

86 **Subventionsbetrug** nach § 264 StGB ist demgegenüber schon dann vollendet, wenn der Täter die Täuschungshandlung vorgenommen hat. Der Tatbestand setzt weder einen Irrtum des getäuschten Beamten voraus (anders § 263 StGB) noch einen Vermögensschaden oder eine Vermögensgefährdung (anders § 263 StGB und § 370 AO). Darüber hinaus ist der leichtfertige Subventionsbetrug gem. § 264 III StGB als Vergehen strafbar, während der versuchte Subventionsbetrug straflos ist. Demgegenüber ist der Versuch des Betruges (§ 263 II StGB) und der Steuerhinterziehung (§ 370 II AO) mit Strafe bedroht, während die leichtfertige Steuerhinterziehung gem. § 378 AO nur eine Ordnungswidrigkeit bildet und der leichtfertige Betrug straflos ist.

Joecks

III. Erfolg der Steuerhinterziehung

Das Verhältnis von §§ 263, 264 StGB zu § 370 AO wird nach überwiegender Ansicht so bestimmt, daß die Steuerhinterziehung nach § 370 AO gegenüber den anderen Tatbeständen exklusiv ist. Das bedeutet, daß in bezug auf Steuern und Steuervorteile schon tatbestandlich keine Tat nach §§ 263, 264 StGB begangen werden kann (RG 63, 142 v. 25. 4. 1929; BGH v. 22. 1. 1953, ZfZ 381; *Hartung* XII 2a zu § 396 RAO 1931; SK-*Samson* 30 zu § 264 StGB; *Felix* NJW 1968, 1219). Gegenüber dem Betrug ist schließlich der Subventionsbetrug spezieller. Das bedeutet, daß bei Erfüllung von § 264 StGB die Betrugsvorschrift nicht mehr anzuwenden ist, daß aber § 263 StGB auch im Hinblick auf Subventionen eingreift, wenn eine der Voraussetzungen von § 264 StGB nicht erfüllt ist (SK-*Samson* 101 ff. zu § 264 StGB).

Die gesetzliche Lage erschwert die Abgrenzung von Steuervorteil, Subvention und sonstigen Leistungen nach § 263 StGB. Das liegt einmal daran, daß die Legaldefinition der Subvention in § 264 VI StGB dem Wortlaut nach auch auf Steuervorteile jedenfalls insoweit anwendbar ist, als diese in Geldleistungen bestehen (SK-*Samson* 28 ff. zu § 264 StGB). Die weitere Schwierigkeit ergibt sich daraus, daß die einzelnen Gesetze, welche die Leistungsvoraussetzungen und das Verfahren regeln, sehr unterschiedliche Beziehungen zu den Strafnormen herstellen.

Eine erste Gruppe von Normen enthält keinerlei Hinweise auf die strafrechtliche Behandlung der ungerechtfertigten Inanspruchnahme der im Gesetz geregelten Leistung. Das galt zB für die USt-Vergütungen nach § 18 III 1 UStG 1967. In einer **zweiten Gruppe** von Vorschriften wird erklärt, daß für die Leistung bestimmte Strafvorschriften und Strafverfahrensvorschriften der AO entsprechend gelten. Typisch für diese Gruppe von Vorschriften ist § 5a BergPG, eingefügt durch das EGAO v. 14. 12. 1976 (BGBl. I 3341):

§ 5a BergPG Anwendung und Vorschriften der Abgabenordnung

(1) ...

(2) ¹Für die Bergmannsprämie gelten die Strafvorschriften des § 370 Abs. 1 bis 4, der §§ 371, 375 Abs. 1 und des § 376 sowie die Bußgeldvorschriften der §§ 378, 379 Abs. 1, 4 und des § 384 der Abgabenordnung entsprechend. ²Für das Strafverfahren wegen einer Straftat nach Satz 1 sowie der Begünstigung einer Person, die eine solche Tat begangen hat, gelten die §§ 385 bis 408, für das Bußgeldverfahren wegen einer Ordnungswidrigkeit nach Satz 1 die §§ 409 bis 412 der Abgabenordnung entsprechend.

Das EGAO hat entsprechende Vorschriften eingefügt für die Arbeitnehmersparzulage in § 13 II VermBG, die Wohnungsbauprämie in § 8 II WoPG, die Sparprämie in § 5b II SparPG und die Arbeitnehmerzulage nach § 28 BerlinFG in § 29a BerlinFG. Schließlich findet sich eine dritte Gruppe von Gesetzen, in denen die entsprechende Geltung der Vorschriften der AO über die Verfolgung von Steuerstraftaten angeordnet wird:

§ 20 BerlinFG Verfolgung von Straftaten nach § 264 des Strafgesetzbuches
Für die Verfolgung einer Straftat nach § 264 des Strafgesetzbuches, die sich auf die Investitionszulage bezieht, sowie der Begünstigung einer Person, die eine solche Straftat begangen hat, gelten die Vorschriften der Abgabenordnung über die Verfolgung von Steuerstraftaten entsprechend.

Diese und eine wörtlich gleichlautende Vorschrift in § 5a InvZulG wurde durch G v. 29. 7. 1976 (BGBl. I 2034) eingefügt; vgl. ferner § 6 StahlInvZulG.

90 **Eine Definition des Begriffs des Steuervorteils** ist erst möglich, wenn zuvor das Verhältnis von Subvention und sonstigen Leistungen gem. § 263 StGB bestimmt ist. Dabei ist festzustellen, daß die Subvention nur ein Unterfall derjenigen Leistungen darstellt, die vom Betrugstatbestand erfaßt sind. Ihre besonderen Merkmale sind in § 264 VI StGB vom Gesetz festgelegt. Die Subvention ist danach eine Leistung aus öffentlichen Mitteln nach Bundes- oder Landesrecht oder dem Recht der Europäischen Gemeinschaft, die drei Elemente enthält. Die Leistung muß einem Betrieb oder Unternehmen gewährt werden; die Subventionierung Privater wird daher von § 264 StGB nicht erfaßt. Sie muß wenigstens teilweise ohne Gegenleistung gewährt werden. Schließlich muß sie den Zweck haben, der Förderung der Wirtschaft zu dienen. Das dritte Merkmal scheidet insbesondere Sozial-, Kultur- und Forschungssubventionen aus (ausf. zum Subventionsbegriff SK-*Samson* 22 ff. zu § 264 StGB).

91 Über die Zugehörigkeit eines Vorteils zum Bereich des Steuerrechts wird am Beispiel der USt-Vergütungen gestritten. Der BGH hielt die USt-Vergütungen grundsätzlich für einen Steuervorteil (BGH v. 20. 2. 1962, NJW 2311, zu § 16 II UStG 1951), meinte jedoch zunächst, die USt-Vergütung sei dann kein Steuervorteil, wenn der gesamte Geschäftsvorgang vorgetäuscht werde; in diesem Fall sei nicht Steuerhinterziehung, sondern Betrug gegeben (BGH v. 11. 4. 1972, NJW 1287, zu § 18 II 5 UStG 1967). Weitergehend will *Herdemerten* (NJW 1962, 781) den Tatbestand der Steuerhinterziehung überhaupt nicht auf Steuervergütungen anwenden. Demgegenüber hält die hM in der Literatur die Steuervergütung uneingeschränkt für einen Steuervorteil (vgl. *Felix* NJW 1968, 1219 und *Erich Müller* NJW 1977, 746). Der Bundesgerichtshof hat zwischenzeitlich seine Rechtsprechung entsprechend geändert. Nachdem zunächst die Erschleichung von Vorsteuererstattungen im Rahmen einer *inaktiven* GmbH als Steuerhinterziehung qualifiziert worden war (v. 1. 2. 1989, wistra 226) und dies sodann auf den Bereich der Ertragsteuern erweitert wurden (v. 3. 11. 1989, wistra 1990, 58) hat der BGH mit Beschluß v. 23. März 1994 (BGH 40, 109) einen vollständigen Rechtsprechungswandel vollzogen. „*Fälle, in denen die Existenz eines Unternehmens nur vorgetäuscht wird, für das sodann ohne Bezug auf reale Vorgänge fingierte Umsätze angemeldet und Vorsteuererstattungen begehrt werden, sind nicht als Betrug, sondern als Steuerhinterziehung zu beurteilen.*" Diese Veränderung ist zu begrüßen. Soweit *Weiss* (UR 1994, 367) hiergegen Bedenken anmeldet, weil damit Nachteile im Bereich der Rechtshilfe zu besorgen seien, ist dies unzutreffend;

III. Erfolg der Steuerhinterziehung

ein Fiskaldelikt lag auch vor, als solche Taten als Betrug qualifiziert wurden (Rdnr. 70ff. zu § 399 AO).

Der Streit über die rechtliche Einordnung der Steuervergütungen ist durch § 370 IV 2 AO erledigt, da dort ausdrücklich bestimmt ist, daß Steuervorteile auch Steuervergütungen sind. Die in der Diskussion über die Behandlung der USt-Vergütung behandelten Argumente sind aber auch für die generelle Abgrenzung von Steuervorteil und Vorteil nach §§ 263, 264 StGB von Bedeutung. Die hM definiert Steuervorteile als solche Vorteile, die auf einen Steueranspruch bezogen sind oder wie die Steuervergütung dessen Umkehrung darstellen (HHSp-*Hübner* 32 u. *Kohlmann* 167 zu § 370 AO; *Felix* NJW 1968, 1219; *Erich Müller* NJW 1977, 746). *Franzen* (1. Aufl. Rdnr. 176 zu § 392 RAO) hält für maßgeblich, daß die Tat den Ertrag einer Steuer beeinträchtigt und diese Folge auf der Anwendung eines Steuergesetzes beruht. Einigkeit besteht darüber, daß die Spar- und Wohnungsbauprämie keine Steuervorteile darstellen (*Kohlmann* 179 zu § 370 AO).

Die angemessene Einordnung der bei Rdnr. 89 geschilderten Leistungen bereitet deshalb Schwierigkeiten, weil sie vielfach den Ertrag einer bestimmten Steuer unmittelbar mindern (s. zB § 19 V 1 BerlinFG, § 5 III 1 InvZulG: Minderung des Ertrags an Einkommen- und Körperschaftsteuer; § 28 VI BerlinFG, § 3 BergPG, § 12 V des 4. VermBG: Minderung des Ertrags der Lohnsteuer). Bei der Arbeitnehmerzulage nach dem BerlinFG, der Bergmannsprämie und der Arbeitnehmersparzulage könnte darüber hinaus die Ansicht vertreten werden, es handele sich um steuerrechtliche Regelungen, da die vom Arbeitgeber erbrachten Leistungen mit der von ihm abzuführenden Lohnsteuer verrechnet werden und ein etwaiger Überschuß an ihn ausgezahlt wird. Man wird aber die von *Franzen* vertretene Ansicht dennoch halten können: Die Verrechnung der vom Arbeitgeber erbrachten Leistungen erfolgt hier zwar äußerlich nach dem Verfahren des Vorsteuerabzuges bei der USt, dennoch handelt es sich nicht um steuerrechtliche Regelungen. Die Vorschriften sind deshalb nicht Steuergesetze, weil sie nicht die Höhe von Steueransprüchen regeln, sondern lediglich eine Möglichkeit eröffnen, andere Ansprüche mit Steueransprüchen zu verrechnen. Die Anordnung einer entsprechenden Anwendung von § 370 AO auf die Bergmannsprämie, die Arbeitnehmersparzulage und die Wohnungsbauprämie ist demnach nicht überflüssig, da diese Leistungen keine Steuervorteile sind. Soweit allerdings der Arbeitgeber durch die Vortäuschung nicht erbrachter Leistungen eine Kürzung der von ihm zu zahlenden Lohnsteuer erwirkt, begeht er eine Steuerhinterziehung in der Form der Steuerverkürzung, da er den gegen ihn gerichteten Steueranspruch beeinträchtigt.

Mit *Franzen* (1. Aufl. Rdnr. 176 zu § 392 RAO) ist also ein *Vorteil dem Bereich des Steuerrechts zuzurechnen, wenn er den Ertrag einer Steuer mindert und dies auf der Anwendung eines Steuergesetzes beruht.*

cc) Begriff des Vorteils

Der **Begriff des Steuervorteils** iS des § 370 I 1 AO ist gesetzlich nicht näher bestimmt. Da jeder Verkürzung von Steuereinnahmen zum Nachteil

Joecks 171

des anspruchsberechtigten StGläubigers ein ungerechtfertigter Vorteil des Stpfl gegenübersteht, kann der Begriff „Steuervorteil" nur besondere Vorteile kennzeichnen. Aber auch in diesem beschränkten Sinne bereitet eine Begriffsbestimmung wegen der mangelhaften Begriffsdisziplin des Gesetzes erhebliche Schwierigkeiten. Dem Wortlaut des § 370 I 1 AO entsprechen nur §§ 70, 71, 150 VI Nr. 5, § 235 II, § 371 III, § 379 I u. § 398 AO; an anderen Stellen spricht das Gesetz von „*Steuervergütungen*" (§§ 32, 37, 43, 46, 73, 74, 75, 155 III, §§ 169, 170, 220, 236, 240 AO), „*Steuererstattungen*" (§§ 32, 37, 46 AO), „*Steuervergünstigungen*" (§§ 51, 58, 59, 64, 153 II, § 348 I Nr. 3 AO), „*Freistellung von einer Steuer*" (§ 155 I 3 AO) sowie nebeneinander von „*Steuerbefreiung, Steuerermäßigung oder sonstiger Steuervergünstigung*" (§ 153 II AO). Ferner sprechen die §§ 35 ff. TabStaF von „*Steuererleichterungen*".

96 **Eine materielle Abgrenzung** des Steuervorteils vom Regelfall der Besteuerung ist nicht möglich, da die zT überaus stark differenzierenden Steuergesetze eine „Normal"-Steuer (HHSp-*Hübner* 31 zu § 370 AO, ähnl. *Terstegen* S. 103; *Hartung* V 2 a zu § 396 RAO 1931) nicht festzustellen erlauben, es sei denn, man ginge von einem Sachverhalt aus, dessen Merkmale bei mehreren rechtlichen Möglichkeiten jeweils die höhere oder höchste Steuer auslösen. In diesem Sinne wäre bei der ESt zB die Tatsache, daß ein Stpfl verheiratet ist, bereits als Sonderfall anzusehen, da der Familienstand des Verheirateten gem. § 32 a V EStG die Anwendung des vorteilhaften Splitting-Tarifs begründet (zust. *Kohlmann* 173 zu § 370 AO).

97 **Das Erfordernis eines förmlichen Antrags** kann ebenfalls nicht als allgemeines Merkmal eines Steuervorteils iS des § 370 AO gelten. Einerseits werden gewisse Vorteile, die das Gesetz an bestimmte Tatsachen knüpft, auch von Amts wegen gewährt, zB die Anwendung des Splitting-Tarifs auf Ehegatten gem. § 32 a V iVm § 26 EStG. Andererseits werden steuermindernde Tatsachen, zB Betriebsausgaben, regelmäßig nur berücksichtigt, falls und soweit sie ausdrücklich geltend gemacht werden. Wäre der Begriff des Steuervorteils auf antragsgebundene Vergünstigungen beschränkt, so würden durch die Veranlagung einer Steuererklärung, die in mehrfacher Hinsicht unrichtig ist, meistens zugleich „Steuern verkürzt" und „nicht gerechtfertigte Steuervorteile erlangt" – ein denkbares, systematisch aber wenig sinnvolles Ergebnis (zust. *Kohlmann* 176 zu § 370 AO; *Lohmeyer* Inf 1989, 217).

98 **Bei einer Abgrenzung nach Verfahrensabschnitten** ist ein Steuervorteil iS des § 370 I AO Inhalt und Gegenstand jeder begünstigenden Verfügung der FinB, die der Stpfl außerhalb einer Steuererklärung (vgl. § 150 AO) erstrebt und die ihm außerhalb eines Steuerfestsetzungsverfahrens erteilt wird (ähnl. bereits *Barske/Gapp* S. 57; ebenso *Kohlmann* 177 zu § 370 AO). **Eine begünstigende Verfügung** kann die festgesetzte Steuerschuld mindern oder beseitigen, zB durch Herabsetzung einer ESt-Vorauszahlung gem. § 37 III 3 EStG; OLG Stuttgart v. 21. 5. 1987, wistra 263; *Koch/Scholtz/Himsel* 38 zu § 370, oder durch Erlaß gem. § 227 AO (Rdnr. 227), oder die Fälligkeit einer Steuer hinausschieben, zB durch Stundung nach § 222 AO (Rdnr. 226), oder nach § 258 AO die Zwangsvollstreckung einstellen oder beschränken

III. Erfolg der Steuerhinterziehung 99–103 § 370

oder eine Vollstreckungsmaßnahme aufheben. Auch kann es einen Steuervorteil darstellen, daß die FinB eine belastende Verfügung unterläßt, zB die Festsetzung oder Erhöhung einer Vorauszahlung nach § 37 EStG, die Anforderung einer Sicherheitsleistung nach § 361 II AO, die Pfändung von Sachen oder Forderungen nach den §§ 281 ff. AO (vgl. auch *Hardtke* 1995, 114).

Steuererstattungen bilden dann keinen Steuervorteil iS des § 370 I AO, 99 wenn die Entscheidung über einen Erstattungsanspruch zusammen mit der Festsetzung einer Steuer getroffen wird und nur die kassenmäßige Folge der Tatsache ist, daß die Steuerschuld bei der Veranlagung oder beim LSt-Jahresausgleich niedriger festgesetzt worden ist als die Summe der geleisteten Vorauszahlungen oder der abgeführten LSt. Hier ist die Erstattung nicht Gegenstand einer begünstigenden Verfügung des FA (Rdnr. 98). Anders liegen dagegen diejenigen Fälle einer Erstattung, über die das FA im Erhebungsverfahren durch einen besonderen Bescheid entscheidet, zB bei Erstattungen aufgrund einer Täuschung des FA darüber, daß ein höherer Betrag als tatsächlich geschehen – vorausgezahlt, abgeführt oder beigetrieben worden sei.

Steuervergütungen sind gem. § 370 IV 2 AO stets Steuervorteile iS des 100 § 370 I AO. Abw. von Steuererstattungen (Rdnr. 99) setzen Steuervergütungen nicht voraus, daß der Anspruchsberechtigte eine der Vergütung entsprechende Steuer gezahlt hat, vgl. zB §§ 36b ff. EStG und § 16 II UStG. Entscheidend für das Vorliegen einer Steuervergütung ist nur, daß der vergütete Betrag nach steuerrechtlichen Vorschriften bemessen und festgesetzt worden ist. Unter dieser Voraussetzung wird nämlich durch eine – dem Grunde oder der Höhe nach – nicht gerechtfertigte Festsetzung der Vergütung in jedem Falle der Steuerertrag im Ergebnis ebenso gemindert wie in den Fällen einer nicht gerechtfertigten Steuererstattung oder einer unmittelbaren Verkürzung der Steuereinnahmen durch Verschweigen von Besteuerungsgrundlagen (näher s. Rdnr. 91 ff.). Steuervergütung ist auch das Kindergeld nach Maßgabe des X. Abschnitts des EStG idF des JahressteuerG 1996.

Begünstigende verfahrensrechtliche Verfügungen können ebenfalls ei- 101 nen Steuervorteil iS des § 370 I AO darstellen, wenn von dem Ergebnis des Verfahrens Grund, Höhe oder Fälligkeit einer Steuerschuld oder die Gewährung einer Steuervergütung abhängen können, zB bei Wiedereinsetzung gem. § 110 AO.

b) Nicht gerechtfertigt

ist ein Steuervorteil, den der Stpfl bei richtiger Rechtsanwendung auf den 102 wirklichen Sachverhalt nicht beanspruchen kann. Steuervorteile, die aus Billigkeitsgründen gewährt werden (zB gem. §§ 163, 227 oder 258 AO), sind ungerechtfertigt, wenn sie aufgrund unwahrer Angaben bewilligt werden (RG 6, 97f. v. 25. 2. 1926; zust. HHSp-*Hübner* 33 zu § 370 AO).

Macht das Gesetz die Gewährung von Steuervorteilen davon abhängig, 103 daß bestimmte sachliche Voraussetzungen durch besondere Aufzeichnungen oder Verzeichnisse (zB § 6c II EStG; § 7 EStG iVm § 11b EStDV; § 34b IV

Joecks 173

Nr. 2 EStG) nachgewiesen werden, ist der Steuervorteil bei nicht ordnungsmäßiger Buchführung oder fehlenden Sonderaufzeichnungen auch dann nicht gerechtfertigt, wenn die materiellen Voraussetzungen vorliegen (siehe Rdnr. 55 ff.; vgl. BGH v. 20. 2. 1962, NJW 2311; v. 29. 5. 1962, GA 1963, 308; zust. HHSp-*Hübner* 33 zu § 370 AO, krit. *Gehre* DStR 1965, 683). Gleiches gilt, wenn das Vorhandensein vorgeschriebener Bescheinigungen, Ausweise (zB § 13 I 3 EStDV) oder sonstiger Belege (zB § 6 IV UStG, § 8 UStDV) vorgetäuscht wird (BGH v. 8. 2. 1983, wistra 115). Auch die aufgrund echter Bescheinigungen, Ausweise usw. gewährten Steuervorteile sind nicht gerechtfertigt, falls die Voraussetzungen ihrer Ausstellung fehlen, zB der Begünstigte in Wahrheit nicht Vertriebener, Flüchtling oder politisch Verfolgter ist; hier ist allerdings § 171 X iVm § 175 I Nr. 2 AO zu beachten.

c) Vollendung der Vorteilserlangung

104 **Erlangt sind Steuervorteile** gem. § 370 IV 2 Halbs. 2 AO, soweit sie gewährt oder belassen werden. Die hM hat den insoweit gleichlautenden § 392 III RAO in der Weise ausgelegt, daß der Erfolg der Vorteilserlangung nicht erst dann eintritt, wenn die begünstigende Verfügung wirksam geworden (die Steuervergütung oder -erstattung ausgezahlt) ist, sondern bereits mit der Zustellung der Verfügung selbst (HHSp-*Hübner* 36 zu § 370 AO; *Hartung* VIII 1a zu § 396 RAO 1931; RG 59, 401 v. 8. 10. 1925). Diese Interpretation des Vollendungserfolges ist im Hinblick auf die Terminologie des SubvG, das in § 2 I SubvG zwischen Bewilligung und Gewährung der Subvention unterscheidet, nicht ganz unbedenklich. Wegen der schwierigen Abgrenzung von Steuerverkürzung und Erlangung von Steuervorteilen empfiehlt sich jedoch, das Gewähren eines Steuervorteils iS der Bewilligung auszulegen (vgl. *Hardtke* 1995, 130). Die wirksame Verfügung der FinB ist Grundlage für den tatsächlichen Eintritt des Vorteils, so wie die Festsetzung der Steuer Grundlage für deren Vollstreckung ist. Da auch bei der Vorteilserlangung wenigstens Unkenntnis der Behörde vom zutreffenden Sachverhalt hinzukommen muß (Rdnr. 197 ff.) ist die Steuerhinterziehung auch in der Form der Vorteilserlangung ein konkretes Gefährdungsdelikt (Rdnr. 44 ff.). Dasselbe gilt für das Belassen eines Steuervorteils.

IV. Das tatbestandsmäßige Verhalten

Schrifttum: *Bockelmann*, Betrug verübt durch Schweigen, Eb. Schmidt-Festschr. 1961, 437; *Lohmeyer*, Zum Tatbestandsmerkmal der Steuerunehrlichkeit, FR 1960, 478; *Stegmaier*, Wann ist man „steuerunehrlich"? FR 1961, 209; *Lohmeyer*, Zum Begriff der „Steuerunehrlichkeit", DStZ 1963, 107; *Buschmann*, Steuerunehrlichkeit als Tatbestandsmerkmal? NJW 1964, 2140; *J. Schulze*, Steuerhinterziehung durch Unterlassen, Abgabe von Steuererklärungen – ein Beitrag zur Auslegung des ungeschriebenen Tatbestandsmerkmals der Steuerunehrlichkeit, DStR 1964, 384, 416; *Leise*, Zum ungeschriebenen Tatbestandsmerkmal der „Steuerunehrlichkeit" bei vorsätzlich bewirkter Steuerverkürzung, ZfZ 1965, 193; *Henke*, Kritische Bemerkungen zur Auslegung des § 396 AO, FR 1966, 188; *Lohmeyer*, Steuerunehrlichkeit als Tatbestandsmerkmal der Steuerhinterziehung, BIStA 1966, 209; *Buschmann*, Die steuerstrafrechtliche Pflichtverletzung, NJW 1968, 1613; *Samson/Horn* Steuerunehrlichkeit und Steuerhinterziehung durch Unterlassen, NJW 1970,

IV. Tatbestandsmäßiges Verhalten   **105, 106 § 370**

393; *Schleeh*, Das ungeschriebene Tatbestandsmerkmal des steuerunehrlichen Verhaltens, FR 1970, 604; *ders.*, Die Tathandlung des Verkürzens von Steuereinnahmen, BB 1970, 1535; *ders.*, Der tatbestandsmäßige Erfolg der Verkürzung von Steuereinnahmen, FR 1972, 118; *ders.*, Gibt es zwei verschiedene Tatbestände der Steuerverkürzung? NJW 1971, 552; *ders.*, Rechtsgut und Handlungsobjekt beim Tatbestand der Steuerverkürzung, NJW 1971, 739; *Samson/Horn*, Nochmals: Zur Steuerhinterziehung durch Unterlassen, NJW 1971, 1686; *Schleeh*, Die Bedeutung der steuerlichen Pflichten für das Steuerstrafrecht, BB 1971, 815; *ders.*, Nochmals: Zum Tatbestand der Steuerverkürzung, NJW 1972, 518; *ders.*, Der Straftatbestand der Steuerverkürzung de lege ferenda, BB 1972, 532; *ders.*, Die Steuerhinterziehung nach dem Entwurf einer Abgabenordnung (AO 1974), StW 1972, 310; *Henneberg*, Steuerstraf- und Bußgeldrecht nach der AO 77, BB 1976, 1554; *Lohmeyer*, Die Straf- und Bußgeldvorschriften der AO 77, DStZ 1976, 239; *Hilgers*, Täuschung und/oder Unkenntnis der Finanzbehörde – notwendige Voraussetzung der Strafbarkeit wegen Steuerhinterziehung?, Diss. Köln 1985; *Borchers*, Steuerhinterziehung nur bei notwendiger Teilnahme und Irrtum des Finanzbeamten?, wistra 1987, 86; *Lütt*, Das Handlungsunrecht der Steuerhinterziehung, 1988; *Weyand*, Steuerhinterziehung unter Beteiligung von Amtsträgern der Finanzbehörde, wistra 1988, 180.

1. Überblick

Anders als § 392 RAO beschreibt § 370 I AO das tatbestandsmäßige Verhalten des Täters der Steuerhinterziehung ausdrücklich. Das Gesetz erfaßt in § 370 I Nr. 1–3 AO eine Handlungs- und zwei Unterlassungsvarianten. Es bemüht sich dabei um die Erfassung des zu § 392 RAO entwickelten ungeschriebenen Tatbestandsmerkmals der Steuerunehrlichkeit. Dagegen hat das Gesetz nicht ausdrücklich geregelt, welcher Zusammenhang zwischen dem Verhalten des Täters und dem Erfolgseintritt bestehen muß. Das farblose „dadurch" läßt der Auslegung erheblichen Spielraum (Rdnr. 197 ff.). **105**

2. Allgemeine Problematik

a) Problemfälle

Obwohl § 392 RAO im Tatbestand genügen ließ, daß der Täter bewirkte, daß Steuereinnahmen verkürzt würden, bestand in Rspr und Literatur doch Einigkeit darüber, daß nicht jede Verursachung einer Steuerverkürzung den Tatbestand erfüllte. Nicht tatbestandsmäßig sollte etwa handeln, wer durch Drohung oder Gewalt oder durch eine Vollstreckungsvereitelung die Verkürzung von Steuereinnahmen verursachte oder die Steuer schlicht nicht zahlte (RG 71, 216 v. 13. 5. 1937; 76, 198 v. 3. 7. 1942; BGH 2, 185 v. 11. 3. 1952; 2, 340 v. 3. 4. 1952; *Kohlmann* 89 ff. zu § 392 RAO; *Samson/Horn* NJW 1970, 593). Dieser Effekt wurde durch Einführung des ungeschriebenen Merkmals der „*Steuerunehrlichkeit*" erreicht. Den Tatbestand erfüllte nach einhelliger Auffassung nur, wer durch steuerunehrliches Verhalten eine Steuerverkürzung bewirkte. Nach umfangreicher kontroverser Diskussion setzte sich die Auffassung durch, daß unter dem Merkmal der Steuerunehrlichkeit nichts anderes zu verstehen sei als das Verursachen der Steuerverkürzung durch Täuschung. In Parallele zum Betrug konnte das Merkmal der Steuerunehrlichkeit vom Begehungstäter durch aktive Täuschung und vom Unterlassungstäter durch Täuschung durch Unterlassen erfüllt werden (*Samson/Horn* aaO; HHSp-*Engelhardt* 39 zu § 370 AO). **106**

Joecks

107 Der Gesetzgeber hat sich dieser Ansicht angeschlossen und in Nr. 1 die **Täuschung durch Handeln** und in den Nrn. 2, 3 bestimmte Formen der **Täuschung durch Unterlassen** erfaßt. Das Gesetz trägt der Erkenntnis, daß die Steuerhinterziehung jedenfalls im Bereich des Täterverhaltens dem Betrug (durch Handeln und durch Unterlassen) vollkommen entspricht, in den Nrn. 1–3 jedoch nur in äußerst unvollkommener Weise Rechnung. Daraus entstehen zahlreiche schwierige Probleme (s. auch *Schleeh* StW 1972, 310).

108 Schon *Bockelmann* (Eb. Schmidt-Festschr. S. 437) hat in seiner grundlegenden Untersuchung zum Betrug durch Unterlassen entdeckt, daß dem aktiven Täuschen zwei verschiedene Varianten des Unterlassens entsprechen können. Es macht zunächst im Tatsächlichen einen Unterschied, ob der Täter pflichtwidrig einen anderen über Tatsachen dadurch nicht aufklärt, daß er ihm bestimmte Informationen nicht übermittelt, oder ob er einen im Entstehen begriffenen Irrtum nicht durch sonstiges Verhalten unterbindet. Für den Betrug kommt *Bockelmann* zu dem von der hM (S/S-*Cramer* 45 zu § 263 StGB) abweichenden Ergebnis, daß ein Betrug durch Unterlassen nur dann vorliege, wenn der Täter einen im Entstehen begriffenen Irrtum nicht verhindere. Dagegen scheide Betrug durch Unterlassen aus, wenn der Täter einen bereits vorhandenen Irrtum oder die Unkenntnis des Opfers nicht beseitige.

109 Die Regelung in § 370 I AO hat nun die seltsame Konsequenz, daß als Steuerhinterziehung durch Unterlassen lediglich die eine von *Bockelmann* herausgearbeitete Unterlassungsvariante erfaßt wird. § 370 I Nr. 2 AO regelt nämlich nur denjenigen Fall, in dem der Täter die FinB pflichtwidrig über steuerlich erhebliche Tatsachen **in Unkenntnis läßt**. Dagegen behandelt das Gesetz nicht den anderen Fall, in dem der Täter **das Entstehen eines Irrtums nicht verhindert**. Die zunächst naheliegend erscheinende Auffassung, es lasse immer pflichtwidrig in Unkenntnis, wer einen im Entstehen begriffenen Irrtum pflichtwidrig nicht verhindere, ist unzutreffend. Das liegt einmal daran, daß die Pflicht zur Aufklärung nicht immer mit der Pflicht zur Verhinderung eines Irrtums identisch ist. Die Regelungslücke ist zwar noch in Fällen unbedenklich, in denen der Stpfl nichts unternimmt, wenn er erkennt, daß sich der Außenprüfer aufgrund unvollständiger Unterlagen oder unübersichtlicher Buchführung zu irren beginnt; in diesen Fällen verletzt der Stpfl wenigstens seine Pflicht zur Mitteilung des wahren Sachverhalts (§ 200 1 AO). Problematisch wird jedoch die Beurteilung derjenigen Fälle, in denen keine Pflicht zur Aufklärung besteht. Wer mit seinem minderjährigen – zur Zollhinterziehung entschlossenen – Sohn die Grenze zu überschreiten beginnt, hat zwar als Überwachergarant (Rdnr. 89 zu § 369 AO) die Pflicht, den Sohn vom Schmuggel abzuhalten; er ist jedoch nicht verpflichtet, bei der Zollstelle die bereits im Versuchsstadium steckende Tat des Sohnes anzuzeigen, da insoweit Unzumutbarkeit (Rdnr. 98 zu § 369 AO) gegeben ist. In diesem Fall scheidet Nr. 2 mangels einer Pflicht zur Mitteilung und wegen Entschuldigung aus. Die Pflicht, den Schmuggel durch Einwirkung auf den Sohn zu unterbinden, scheint aber nach dem Wortlaut von § 370 I AO nicht strafbewehrt zu sein.

IV. Tatbestandsmäßiges Verhalten 110–114 § 370

Die Regelungslücke ist auch dann von Bedeutung, wenn eine Aufklä- 110
rungspflicht gem. § 370 I Nr. 2 AO besteht. Erkennt der Inhaber eines Unternehmens, daß sein Prokurist unrichtige Steuererklärungen für die Firma abzugeben beginnt, dann ist er verpflichtet, dagegen einzuschreiten. Sind die unrichtigen Erklärungen abgegeben worden, ist er verpflichtet, die wahren Tatsachen mitzuteilen. Die Frage, ob auch die Pflicht zum Einschreiten strafbewehrt ist, entscheidet über den **Versuchsbeginn**. Die Pflicht nach § 370 I Nr. 2 AO wird nicht verletzt, bevor die Erklärungsfrist abläuft (Rdnr. 93 zu § 369 AO). Die Pflicht zum Einschreiten gegen die Täuschungshandlung des Angestellten beginnt dagegen mit dessen Handlung. Sofern diese zweite Pflicht nicht strafbewehrt ist, verschiebt sich die Versuchsstrafbarkeit (zumindest) bis zum Ablauf der Erklärungsfrist.

Die Fassung von § 370 I AO wirft aber auch im **Begehungsbereich** Pro- 111
bleme auf. Wer als nicht zur Abgabe von Erklärungen Verpflichteter den zur Abgabe von Steuererklärungen Verpflichteten daran – sei es durch Täuschung oder Zwang – hindert, erfüllt den Unterlassungstatbestand nach § 370 Nr. 2 AO mangels Pflichtverletzung nicht. Den Begehungstatbestand nach § 370 I Nr. 1 AO erfüllt er aber auch nicht, weil er keine unrichtigen oder unvollständigen Angaben macht. Auch insoweit enthält § 370 AO jedenfalls nach seinem Wortlaut eine Regelungslücke.

b) Lösung

Da § 370 I Nr. 2 AO nur die eine der beiden möglichen Täuschungen 112
durch Unterlassen, nämlich nur die unterlassene Beseitigung der Unkenntnis des wahren Sachverhalts erfaßt, kommt für die Erfassung der anderen Unterlassungsvariante (Nichthinderung des Entstehens eines Irrtums) lediglich die **Anwendung von § 370 I Nr. 1 AO in Verbindung mit § 13 StGB** in Betracht. Das würde voraussetzen, daß die unterlassene Verhinderung des Entstehens eines Irrtums bei vorhandener Garantenstellung dem Täuschen durch aktives Handeln gleichsteht.

Was zunächst die sogenannte **Modalitätenäquivalenz** (Rdnr. 91 zu § 369 113
AO) angeht, ist festzustellen, daß die Gleichwertigkeit von Handeln und Unterlassen bei der Täuschung des Betruges umstritten ist. Aber selbst nach der engsten, von *Bockelmann* vertretenen Auffassung steht es einem aktiven Täuschen gleich, wenn der Täter es unterläßt, einen im Entstehen begriffenen Irrtum zu verhindern. Die Modalitätenäquivalenz kann daher für diese Fallgruppe angenommen werden (Rdnr. 109).

Schwierigkeiten entstehen jedoch daraus, daß das Gesetz in § 370 I Nr. 2 AO 114
einen – anderen – Unterlassungsfall gesondert erfaßt. Daraus könnte abgeleitet werden, daß damit der Kreis des strafbaren Unterlassens in § 370 AO **abschließend geregelt** sei. Das würde freilich voraussetzen, daß ein derartiger Wille des Gesetzgebers erkennbar ist. Einerseits spricht aber nichts dafür, daß dem Gesetzgeber die hier behandelte Fallgruppe vor Augen gestanden hat. Zum anderen lassen sich auch aus der Systematik des Gesetzes keine Gesichtspunkte gegen eine strafrechtliche Erfassung dieser Fallgruppe ableiten.

Joecks 177

115 Damit ergibt sich, daß auch § 370 I Nr. 1 AO gem. **§ 13 StGB durch Unterlassen begangen werden kann** (eine Lösung, die *Schleeh* StW 1972, 312, freilich als „absurde Weiterung" bezeichnet). Ein solcher Fall liegt dann vor, wenn ein Garantenpflichtiger das Entstehen eines Irrtums und die daraus folgende Steuerverkürzung pflichtwidrig nicht abwendet. Gem. § 13 II StGB kann die Strafe des § 370 l Nr. 1 AO dann nach § 49 I StGB gemildert werden. In den bei Rdnr. 110 geschilderten Fällen liegt dann regelmäßig Steuerhinterziehung nach § 370 I Nr. 1 AO, § 13 StGB vor.

116 Demgegenüber können die sich aus dem Wortlaut von § 370 I Nr. 1 AO ergebenden **Probleme bei der Begehung** (Rdnr. 11) nur teilweise gelöst werden. Wer einen anderen durch Täuschung oder Zwang zur Täuschung der FinB veranlaßt, begeht eine Steuerhinterziehung in mittelbarer Täterschaft nach § 370 l Nr. 1 AO iVm § 25 I StGB (Rdnr. 75 zu § 369 AO). Demgegenüber bereitet die Erfassung desjenigen Schwierigkeiten, der einen anderen durch Täuschung oder Zwang veranlaßt, die diesem gebotene Erklärung nicht abzugeben. Zwar verursacht dieser Täter durch Handeln, daß die FinB über steuerlich erhebliche Tatsachen in Unkenntnis bleibt. Den Begehungstatbestand nach § 370 I Nr. 1 AO erfüllt er jedoch auch in mittelbarer Täterschaft nicht, da er gegenüber der FinB keine unrichtigen Angaben macht. Eine Unterlassung nach § 370 I Nr. 2 AO scheidet aus, wenn der Täter zur Aufklärung der FinB nicht selbst verpflichtet ist.

117 **Eine teilweise Erfassung dieser Fallgruppe** ist über die Teilnahme möglich. Solange der – aufgrund von Täuschung oder Zwang – Unterlassende eine tatbestandsmäßige, rechtswidrige und vorsätzliche Haupttat nach § 370 I Nr. 2 AO begeht, ist der Handelnde wegen Anstiftung nach § 26 StGB zu dieser Tat strafbar. Gehen Täuschung oder Zwang aber so weit, daß dem Unterlassenden der Vorsatz oder (bei absolutem Zwang) die Handlungsmöglichkeit fehlt, liegt keine Haupttat mehr vor, und strafbare Teilnahme des Handelnden scheidet aus (Rdnr. 77 zu § 369 AO). Eine Lösung dieses Problems – das übrigens auch bei § 370 I Nr. 3 AO auftreten kann – ist auf der Grundlage des Gesetzes nicht möglich.

3. Verhältnis zur Steuerunehrlichkeit

118 Rechtsprechung und Literatur zu § 392 RAO sahen sich genötigt, das ungeschriebene Tatbestandsmerkmal der Steuerunehrlichkeit einzuführen, weil der Wortlaut des Gesetzes jedes Verhalten ausreichen ließ, das den Verkürzungserfolg herbeiführte (Rdnr. 107). Die Situation hat sich nach Einführung von § 370 AO grundlegend geändert, da das Gesetz jetzt das tatbestandsmäßige Verhalten selbst beschreibt. Damit ist die Notwendigkeit eines zusätzlichen ungeschriebenen Tatbestandsmerkmals entfallen. Die „Steuerunehrlichkeit" ist für das neue Recht entbehrlich geworden (*Schleeh* StW 1972, 310). Dennoch ist die Rspr zur Steuerunehrlichkeit auch heute noch bedeutsam, weil die Beschreibung des tatbestandsmäßigen Verhaltens in § 370 I AO lediglich die abstrakte Formulierung derjenigen Fälle enthält, die nach altem Recht von der Steuerunehrlichkeit erfaßt wurden. Freilich ist

IV. Tatbestandsmäßiges Verhalten

bei der Verwertung der Entscheidungen zum alten Recht jeweils genau zu prüfen, unter welche Verhaltensvariante der neuen Vorschrift das Täterverhalten zu subsumieren ist.

4. Steuerhinterziehung durch Handeln

a) Überblick

Gemäß § 370 I Nr. 1 AO begeht eine Steuerhinterziehung durch Handeln, wer dadurch Steuern verkürzt oder ungerechtfertigte Steuervorteile erlangt, daß er Finanzbehörden oder anderen Behörden über steuerlich erhebliche Tatsachen unrichtige oder unvollständige Angaben macht. Das Gesetz beschreibt mit dieser Formulierung die Täuschungshandlung, die auf weiten Strecken der Täuschungshandlung des Betruges entspricht.

b) Angaben machen

Der Täter muß Angaben machen. Darunter ist wenigstens eine Handlung zu verstehen, die auf die Psyche eines anderen in der Weise einwirkt bzw. einwirken kann, daß in diesem die Vorstellung von Tatsachen entstehen soll. Ob die unrichtige Vorstellung wirklich entsteht, ist hier noch unerheblich (Rdnr. 197 ff.). Der Täter macht jedenfalls dann Angaben, wenn er eine ausdrückliche – schriftliche oder mündliche – Erklärung abgibt. Dies gilt auch, wenn er – ggf. mittelbar – diese Erklärungen in automatisierten Verfahren übermittelt (§ 150 VI AO, TK-*Tipke* 11 zu § 150 AO). Problematisch ist es jedoch, ob die übrigen Handlungen, die im Bereich des Betruges ebenfalls als Täuschung behandelt werden, als „Machen von Angaben" interpretiert werden können. Die Dogmatik des Betrugstatbestandes stellt neben die ausdrückliche Täuschung, die nicht nur durch wörtliche Erklärungen, sondern auch durch eindeutige Gesten verübt werden kann, zunächst weitere Formen der ausdrücklichen Täuschung. Dazu gehört es, wenn der Täter dem anderen Zeichen zugänglich macht, die kraft Verkehrssitte oder Vereinbarung zur Übermittlung von Gedanken bestimmt sind, zB automatische Aufzeichnungsgeräte wie Kilometerzähler am Kfz oder sonstige Mengenzähler (LK-*Lackner* 25 zu § 263 StGB). Ein Teil der Literatur rechnet es zur ausdrücklichen Täuschung auch, wenn der Täter die Beschaffenheit einer sonstigen Sache in der Absicht verändert, dadurch einen Irrtum herbeizuführen, zB durch Verdecken von Unfallschäden am Pkw oder von Mängeln an Gebäuden (LK-*Lackner* 26 zu § 263 StGB). Daneben wird schließlich die **konkludente Erklärung** für ausreichend erachtet, bei der das Opfer aus sonstigem Täterverhalten Schlüsse ziehen soll (LK-*Lackner* 28 ff. u. S/S-*Cramer* 14 ff. zu § 263 StGB). Die Grenzen zur **Täuschung durch Unterlassen** sind hier freilich fließend.

Die Frage nach der **Reichweite der aktiven Täuschungshandlung** ist bei der Steuerhinterziehung nicht von so erheblicher Bedeutung wie beim Betrug. Im Bereich des Steuerfestsetzungsverfahrens werden wegen der Formalisierung der abzugebenden Erklärungen (§ 150 I AO) praktisch bedeutsam nur Fälle der echten ausdrücklichen Täuschung durch Verwendung von schriftlichen oder mündlichen Worten. Fragen der konkludenten Täuschung und der übrigen ausdrücklichen Täuschungsarten können daher lediglich im Vollstreckungsverfahren und bei der Zollhinterziehung auftreten. Soweit der Täter Steuerpflichtiger ist, kommt der Abgrenzung aber auch hier keine allzu große Bedeutung zu, da bei Verneinung einer Täuschungshandlung regelmäßig die Verletzung einer Erklärungspflicht nach § 370 I Nr. 2 AO vorliegen wird. Damit bleibt nur noch diejenige Fallgruppe, in der ein nicht zur Erklärung Verpflichteter auf die Angehörigen einer FinB oder einer anderen Behörde durch konkludentes Verhalten einwirkt. Hier sind einige wenige Fälle im Bereich der Vollstreckung konstruierbar.

122 Bedenkt man, daß die praktische Bedeutung der nichtwörtlichen Erklärung sehr gering ist, und berücksichtigt man, daß die Formulierung des Gesetzes („Angaben macht") die nichtwörtliche Erklärung vom Wortsinn her nur mühsam erfaßt, dann spricht alles dafür, § 370 I Nr. 1 AO **ausschließlich auf wörtliche** – mündliche oder schriftliche – Erklärungen anzuwenden (im Ergebnis ebenso *Schleeh* StW 1972, 314; vgl. auch *Koch/Scholtz/ Himsel* 22 zu § 370 AO) bzw. auf Erklärungsinhalte, die zu machen der Betroffene nicht verpflichtet war (*Lütt* 1988, 55; *Bachmann* 1993, 192f). Die Zweifelsfälle lassen sich regelmäßig über § 370 I Nr. 2 AO erfassen.

c) **Angaben über Tatsachen**

Schrifttum: *Burchardt*, Fehlerhafte Beratung und steuerstrafrechtliche Verantwortlichkeit, StKRep 1965, 168; *Tipke*, An den Grenzen der Steuerberatung: Steuervermeidung, Steuerumgehung, Steuerhinterziehung, StbJb 1972/73, 509; *Lohmeyer*, Steuerliche Bilanzdelikte und ihre strafrechtliche Würdigung, GA 1972, 302; *ders.*, Umfang und Grenzen der steuerstraf- und bußgeldrechtlichen Haftung der Angehörigen der rechts- und steuerberatenden Berufe, GA 1973, 97; *ders.*, Die steuerstrafrechtliche Verantwortung von Steuerberater und Mandant, 1978; *Leisner*, Die allgemeine Bindung der Finanzverwaltung an die Rechtsprechung, 1981; *Gast-de Haan*, Objektive Steuerverkürzung bei auflösend bedingtem Sonderausgabenabzug? FR 1982, 588; *Danzer*, Die strafrechtliche Verantwortlichkeit des steuerlichen Beraters, Grundfragen 1983, 67; *Hanßen*, Steuerhinterziehung und leichtfertige Steuerverkürzung (§§ 370, 378 AO) durch Abweichen von der höchstrichterlichen Finanzrechtsprechung – insbesondere durch Steuerberater? Diss. Kiel 1984; *Hanßen*, Steuerhinterziehung und leichtfertige Steuerverkürzung (§§ 370, 378 AO) durch Abweichen von der höchstrichterlichen Finanzrechtsprechung – insbesondere durch Steuerberater?, GA 1985, 582; *Krieger*, Tatbestandsprobleme im Parteispendenverfahren, wistra 1987, 195; *ders.*, Täuschung über Rechtsauffassungen im Steuerstrafrecht, Frankfurt 1987; *Irrgang*, Steuerhinterziehung durch Abweichung von der Auffassung der Finanzverwaltung oder höchstrichterlicher Rechtsprechung?, DB 1988, 781; *Fissenewert*, Das Risiko des Steuerberaters hinsichtlich des Vertretens eigener (abweichender) Rechtsansichten bei der Abgabe von Steuererklärungen, DStR 1992, 1488;

123 Es muß sich um **Angaben über Tatsachen** handeln. Tatsachen sind Umstände der realen Welt; sie sind von Werturteilen und Begriffen zu unterscheiden. Da die Behauptung einer zukünftigen Tatsache ebenfalls ein „Werturteil" ist, wird man ebenso wie bei § 263 StGB nur die Angaben über gegenwärtige Tatsachen ausreichen lassen können (*Gast-de Haan* FR 1982, 588). Dabei ist freilich zu bedenken, daß die Behauptung einer zukünftigen Tatsache regelmäßig die Behauptung einer gegenwärtigen – inneren – Tatsache mitenthält. Die Erklärung, man werde in drei Wochen zahlen, enthält die Behauptung der inneren Tatsache, man sei jetzt zur späteren Zahlung entschlossen und jetzt überzeugt, daß Zahlungsfähigkeit in Zukunft bestehen

werde (Rdnr. 190). Schließlich enthalten Werturteile häufig einen Tatsachenkern. Die Behauptung, man sei Eigentümer einer Sache, enthält die Behauptung derjenigen tatsächlichen Umstände, die zur Begründung des Eigentums geführt haben (s. zum Ganzen S/S-*Cramer* 8ff. u. LK-*Lackner* 12ff. zu § 263 StGB).

Problemlos ist die Abgrenzung noch dort, wo der Täter die reinen Tatsa- 124 chen angibt und zusätzlich Werturteile und Rechtsmeinungen äußert: Nur die Tatsachenbehauptungen sind tatbestandlich erheblich. Eine Steuerhinterziehung kann jedoch nicht dadurch begangen werden, daß der FinB eine (unrichtige) Rechtsauffassung vorgetragen und von dieser zu Unrecht übernommen wird (vgl. auch *Koch/Scholtz/Himsel* 23 zu § 370 AO). Der Idee nach hat der Stpfl lediglich Tatsachen zu liefern und die FinB in eigener Verantwortung das Steuerrecht anzuwenden. Mit der Formulierung des Gesetzes („über steuerlich erhebliche Tatsachen") wird diese idealtypische Verteilung der Aufgaben in Bezug genommen.

Die **Finanzverwaltung** hat freilich durch die ihr eingeräumte Möglichkeit, 125 die Steuererklärungsformulare zu gestalten (§ 150 I AO), die Verhältnisse grundlegend umgewandelt. Der weitaus überwiegende Teil der zu beantwortenden Fragen verlangt vom Stpfl umfangreiche Steuerrechtskenntnisse sowie die Ermittlung von Subsumtionsergebnissen. Soweit das Gesetz die Selbstberechnung der Steuer verlangt (§ 150 2 AO), trifft den Stpfl sogar eine gesetzliche Pflicht zur Subsumtion unter zuvor von ihm ermittelte Steuerrechtsnormen.

Jedenfalls die ältere (überwiegend noch zum Merkmal der Steuerunehr- 126 lichkeit entstandene) Literatur und Rspr meint, eine Steuerhinterziehung begehe auch, wer seinen Angaben **unzutreffende Rechtsansichten** zugrunde lege (RG 68, 234 v. 26. 6. 1934; *Burchardt* StKRep 1965, 180; *Leisner* Bindungswirkung S. 111f.; *Lohmeyer* GA 1972, 306f.; 1973, 103, 106). Dies wird zum Teil mit praktischen Erwägungen begründet (*Burchardt* aaO). Zum Teil wird erklärt, die höchstrichterliche Rspr stelle den Empfängerhorizont des Finanzamts dar, auf ihn habe sich der Erklärende einzustellen und insbesondere ausdrücklich darauf hinzuweisen, wenn er eine abweichende Rechtsansicht zugrunde zu legen beabsichtige (*Danzer* Grundfragen S. 94). Die Gegenansicht verweist insbesondere auf die fehlende gesetzliche Verpflichtung zur rechtlichen Subsumtion durch den Stpfl (*Tipke* StbJb 1972/73, 526ff.; *Hanßen* 1984, aaO). *Hanßen* meint daher, die Steuererklärung sei solange zutreffend, wie der Stpfl auch nur irgendeine vertretbare Rechtsansicht seinen Tatsachenangaben zugrunde lege. *Krieger* (1987, S. 106) hält die Täuschung über Rechtsauffassungen insoweit für irrelevant, als das Merkmal „Tatsache" eine Rechtsauffassung nicht umfaßt; verkürzte Angaben, die (verdeckt) sowohl Tatsachenbehauptungen als auch Rechtsauffassungen enthielten, könnten daher hinsichtlich der letztgenannten nicht Angaben über Tatsachen sein (aaO S. 106).

Diese Auffassungen sind wenig zufriedenstellend. Daß die höchstrichterli- 127 che Rspr nicht stets den **Empfängerhorizont** des FA darstellt, zeigt schon die Existenz von Erlassen, in denen die Nichtanwendung von Urteilen des

BFH angeordnet wird. Konsequent müßte *Danzer* aaO vom Stpfl eigentlich die Ermittlung der Rechtsvorstellungen des konkret zuständigen Finanzbeamten verlangen, da diese den wahren Empfängerhorizont darstellen, an dem der Inhalt der Erklärung gemessen wird. Die Gegenansicht führt praktisch zur Unbrauchbarkeit der Steuererklärungen für die Finanzbehörden. Das Dilemma rührt daher, daß § 370 I AO angesichts seines eindeutigen Wortlautes („*steuerlich erhebliche Tatsachen* ") an ein Modell der Balance von Ermittlung durch das FA und Mitwirkung durch den Stpfl anknüpft, das in der Rechtswirklichkeit so überhaupt nicht existiert.

128 Wegen der Wortlautbindung des Strafrechts (Art. 103 I GG) wird man aber trotz aller berechtigter Bedenken solche Erklärungen, die auf vertretbaren, wenn auch unzutreffenden Rechtsansichten beruhen, nicht als Täuschung über Tatsachen iS des § 370 I AO ansehen dürfen. Nur eine unvertretbare Rechtsauffassung ist kein Werturteil mehr, sondern eine – unrichtige – Tatsache (vgl. *Krieger* 1987, 32ff; *Bachmann* 1993, 155; *Hardtke* 1995, 33). Die damit entstehenden Strafbarkeitslücken sind hinnehmbar, weil in der Praxis ohnehin bei Beanstandungen in der Außenprüfung im Hinblick auf vertretbar erscheinende Rechtsauffassungen Strafverfahren regelmäßig nicht durchgeführt werden und der Steuerpflichtige, der sodann die als unzutreffend erkannte Rechtsauffassung weiterhin seiner Buchhaltung zugrunde legt, über die Unvertretbarkeit seiner Auffassung unterrichtet ist. Im übrigen wäre daran zu denken, in diesen Fällen zwar den Empfängerhorizont eines „gedachten" Finanzbeamten zugrundezulegen, wie es etwa die Finanzrechtsprechung im Rahmen des § 173 Abs. I Nr. 2 tut, zugleich aber – ähnlich der Untreue – besonders hohe Anforderungen an die Feststellung des dolos eventualis zu stellen. Die Praxis der Rechtsprechung ist dies jedoch nicht (vgl. etwa BGH v. 15. 11. 1994, wistra 1995, 69).

d) Unrichtige oder unvollständige Angaben

129 **Eine Angabe ist unrichtig,** wenn die in ihr enthaltene Behauptung mit der Wirklichkeit nicht übereinstimmt. Schwierigkeiten bereitet die unvollständige Angabe. Diese Alternative ist nur dann bedeutsam, wenn die gemachten Angaben als solche richtig sind. Die Frage, ob eine Angabe unvollständig ist, läßt sich nur beantworten, wenn man die tatsächliche Angabe mit einem anderen Maßstab vergleicht. Vergleicht man die tatsächlichen Angaben mit derjenigen Angabe, zu der der Erklärende verpflichtet ist, dann wird die Grenze zu § 370 I Nr. 2 AO verwischt, da dann nicht mehr mit Sicherheit ermittelt werden kann, ob eine unvollständige Angabe aktiv handelnd gemacht wurde oder ob der Täter die Angabe der fehlenden Teile pflichtwidrig unterlassen hat (vgl. *Lütt* 1988, 53ff). Man wird daher die Vollständigkeit der Angaben nicht an der Pflicht zur Angabe, sondern an einem anderen Maßstab messen müssen. Dafür bietet sich die ausdrücklich oder konkludent behauptete Vollständigkeit an. Es ist daher im Einzelfall zu ermitteln, ob der Erklärende ausdrücklich oder konkludent mitbehauptet, er habe sämtliche erheblichen Umstände aus einem bestimmten Umkreis vollständig erklärt;

IV. Tatbestandsmäßiges Verhalten   130–132 § 370

das wird bei Steuererklärungen nach § 150 I AO regelmäßig der Fall sein. Ist dies der Erklärung zu entnehmen, dann ist zu prüfen, ob die fehlende Angabe zu dem vom Täter bezeichneten Umkreis gehört. Nur in diesem Fall hat er eine unvollständige Angabe gemacht. Dagegen scheidet die Begehung nach § 370 I Nr. 1 AO aus, wenn er pflichtwidrig Angaben wegläßt, seine Angabe aber keine Vollständigkeitserklärung enthält. In diesem Fall unterläßt der Täter nach § 370 I Nr. 2 AO.

e) Steuerlich erhebliche Tatsachen

Die Tatsachen müssen steuerlich erheblich sein. Tatsachen sind dann steu- 130 erlich erheblich, wenn sie zur **Ausfüllung eines Besteuerungstatbestandes** herangezogen werden müssen, also Grund und Höhe des Steueranspruchs oder des Steuervorteils beeinflussen. Darüber hinaus sind aber auch solche Tatsachen steuerlich erheblich, welche die FinB zur Einwirkung auf den Steueranspruch sonst veranlassen können (vgl. *Bachmann* 1993, 163; *Hardtke* 1995, 30). Dazu gehören zB Angaben, die für die Stundung oder die Fortsetzung der Vollstreckung bedeutsam sind. Zu einem Sonderfall s. Rdnr. 187 ff.

f) Gegenüber Finanz- oder anderen Behörden

Die Angaben müssen gegenüber Finanzbehörden oder gegenüber ande- 131 ren Behörden gemacht werden. Mit Hilfe dieses Merkmals werden lediglich Täuschungshandlungen gegenüber Privatpersonen ausgeschieden, die diese zu einem steuerverkürzenden Verhalten unmittelbar veranlassen. So liegt es zB, wenn Sachen, bezüglich derer Vollstreckungsmaßnahmen drohen, an andere veräußert werden. Dagegen genügen Angaben gegenüber Privatpersonen jedenfalls dann, wenn diese die Angaben mit Willen des Täters gutgläubig an Finanz- und andere Behörden, die steuerliche Entscheidungen treffen (*Koch/Scholtz/Himsel* 21 zu § 370), weitergeben (§ 370 I Nr. 1 AO, § 25 I StGB, s. Rdnr. 68 zu § 369 AO). Wer dagegen den Steuerberater veranlassen will, vorsätzlich unrichtige Angaben weiterzuleiten, macht dem Steuerberater gegenüber schon keine unrichtigen Angaben, sondern versucht, diesen zur Steuerhinterziehung anzustiften. Macht der Steuerpflichtige Angaben gegenüber einer Behörde, die selbst keine steuerlich erhebliche Entscheidung zu treffen hat, von der aber der Steuerpflichtige eine Weiterleitung an die zuständige (Finanz-)Behörde erwartet, liegt ebenfalls ein Fall der mittelbaren Täterschaft vor.

g) Einzelfälle der Steuerhinterziehung durch Handeln

aa) Vorbemerkungen

Die Abgabe unrichtiger Steuererklärungen führt zu einer Steuerver- 132 **kürzung,** wenn der Stpfl einzelne steuerbegründende oder -erhöhende Tatsachen weggelassen oder nicht berücksichtigt hat, zB durch Nichtangabe bestimmter Einkünfte oder zu niedriger Angabe der erzielten Einkünfte, namentlich nach mangelnder Berücksichtigung von Bareinnahmen, oder wenn der Stpfl steuerbefreiende oder -mindernde Tatsachen vorgetäuscht hat, zB durch Absetzen fingierter Betriebsausgaben oder durch Erklären von Sonderausgaben (§§ 10ff. EStG) oder Aufwendungen als außergewöhnliche Belastung (§§ 33f. EStG), die er überhaupt nicht oder nicht in der erklärten Höhe oder nicht zu dem angegebenen Zweck oder nicht in dem jeweiligen Veranlagungszeitraum geleistet hat.

133 **Der Zeitfolge nach kann** das Weglassen steuererhöhender Tatsachen oder das Vortäuschen steuermindernder Tatsachen – von der Abgabe der Steuererklärung aus rückwärts betrachtet – entweder erst durch fehlerhaftes Ausfüllen der Erklärungsvordrucke vollzogen werden (Rdnr. 152ff.) oder schon durch fehlerhafte oder unterlassene Buchungen und/oder eine entsprechend unrichtige Gewinnermittlung vorbereitet (Rdnr. 149ff.) oder noch früher bereits dadurch angebahnt worden sein, daß zum Zweck der Steuerminderung bestimmte Rechtsgeschäfte nur zum Schein vorgenommen waren oder ein wirklicher rechtsgeschäftlicher Wille zur Tarnung gegenüber dem FA durch Mißbrauch von Formen und Gestaltungsmöglichkeiten des bürgerlichen Rechts verwirklicht wurde (Rdnr. 135ff.).

134 **Die Ermittlung der Fehlerquelle(n)** einer unrichtigen Steuererklärung ist von besonderer Bedeutung für die Erkenntnis und den Beweis der subjektiven Tatmerkmale sowie für die Erkenntnis der Täterpersönlichkeit und die Strafzumessung. Für die Abgrenzung zwischen Versuch und Vollendung der Steuerhinterziehung sind die vor der Abgabe der unrichtigen Steuererklärung vollzogenen Vorgänge ohne Bedeutung (Rdnr. 261).

bb) Scheingeschäfte und Steuerumgehung

Schrifttum: *Strauß*, Steuerumgehung und Steuerstrafrecht, JW 1931, 275; *Boethke*, Das Wesen der Steuerumgehung nach § 5 RAbgO, JW 1931, 278; *Löhlein*, Der Mißbrauch von Formen und Gestaltungsmöglichkeiten, StW 1948, 681; *Thoma*, Mißbräuchliche Steuerumgehung, StbJb 1950, 57; *ders.*, Grundsätzliches zur Frage des Mißbrauchs von Formen und Gestaltungsmöglichkeiten im Steuerrecht, Bühler-Festschr. 1954, 233; *Fahrensbach*, Verdeckte Gewinnausschüttung und Steuerumgehungsabsicht, FR 1955, 155; *Waldner*, Die Reichweite der Mißbrauchsbestimmung in § 6 StAnPG, BB 1956, 654; *Bopp*, Scheingeschäft, Mißbräuchliche Steuerumgehung und wirtschaftliche Betrachtungsweise, RSchutz S. 132; *Böhmer*, Erfüllung und Umgehung des Steuertatbestandes, 1958; *Felix*, Steuerumgehung und Steuereinsparung, StW 1959, 373; *v. Wallis*, Die Bedeutung des § 6 StAnPG, FR 1959, 318; *ders.*, Steuerumgehung, FR 1960, 9; *Langhorst*, Steuerumgehung durch gesellschaftsrechtliche Vereinbarungen, 190; *Horstmann*, Unzulässige Tatbestands- und Rechtsgestaltung im Umsatzsteuer-Vergütungsrecht, UStR 1960, 81; *Krieger*, Gedanken zur Verlagerung von Einkünften auf nahestehende Personen durch Verträge, DStZ 1961, 81; *Tipke/Kruse*, Zur Frage der Steuerumgehung, FR 1961, 29; *Löhlein*, Zur Abgrenzung von Steuerumgehung und Steuerersparung, StW 1962, 385; *Coring*, Strafbare Steuerumgehung und Fortsetzungszusammenhang, DStZ 1962, 186; *Kottke*, Steuerersparnis – Steuerumgehung – Steuerhinterziehung, 2. Aufl. 1962; *v. Wallis*, Gestaltungsmißbrauch, FR 1963, 189; *Blencke*, Gestaltungsfreiheit im Steuerrecht und ihre Grenzen, 1964; *Kottke*, Der rechtsgeschäftliche Wille als Kriterium für die mißbräuchliche Steuerumgehung, WPg 1963, 347; *Oswald*, Steuerumgehung bei der Erbschaft- und Grunderwerbsteuer, DNotZ 1964, 535; *Paulick*, Steuereinsparung und Steuerumgehung, StbJb 1963/64, 372; *Lohmeyer*, Zum Tatbestand der strafbaren Steuerumgehung, NJW 1964, 486; *Böttcher/Beinert*, Die steuerliche Anerkennung der Gewinnverteilung bei Familien-Personengesellschaften, DB 1965, 373; *Plückebaum*, Angemessenheit der Gewinnverteilung bei Familiengesellschaften, StBP 1965, 63: *Bachmayr*, Der sogenannte Steueroasen-Erlaß, FR 1965, 392; *Eichhorn*, Die legitime Basisgesellschaft, BB 1965, 239; *Haas*, Steuerbasen in Steueroasen, DStR 1965, 245; *Debatin*, Einkommens- und Vermögensverlagerungen in sog. Steueroasenländer unter Ausnutzung des zwischenstaatli-

IV. Tatbestandsmäßiges Verhalten   **135, 136** § 370

chen Steuergefälles, DB 1965, 1022; *Flüge,* Zur Behandlung der sogenannten Basisgesellschaft, BB 1965, 1829; *Hopfenmüller,* Die Basisgesellschaft – Gestaltungsfreiheit oder Mißbrauch?. StbJb 1965/ 66, 451; *Huber,* Über die Notwendigkeit der §§ 5 und 6 StAnPG, StW 1966, 394; *Oswald,* Zum Problem der Steuerumgehung, namentlich bei Grundstücksgeschäften, JR 1966, 216; *ders.,* Die Mißbrauchsvorschrift des § 6 StAnPG in der Sicht der Rechtsprechung des BFH, DStR 1966, 464; *Huber/Krebs,* Untersuchung einer Konformität zwischen Steuerrecht und Privatrecht unter besonderer Berücksichtigung des Mißbrauchstatbestandes, StW 1967, 98; *Riedel,* Die Steuerumgehung, Diss. Münster, 1968; *Raupach,* BFH-Entscheidung zur steuerrechtlichen Beurteilung von Basisgesellschaften, FR 1969, 72; *Ruppel,* Exzesse des Ehegatten-Arbeitsverhältnisses, FR 1969, 473; *Schuhmann,* Vertragsgestaltung – Gestaltungsmißbrauch, BB 1970, 1493; *Blencke,* Steuerlicher Gestaltungsmißbrauch, NWB Fach 2, 3095 (Stand: 1977); *Tipke,* An den Grenzen der Steuerberatung: Steuervermeidung, Steuerumgehung, Steuerhinterziehung, StbJb 1972/73, 509; *Kruse,* Steuerumgehung zwischen Steuervermeidung und Steuerhinterziehung, StbJb 1978/79, S. 443; *Danzer,* Die Steuerumgehung, 1981; *Giemulla,* Die Haftung des Steuerberaters bei unzulässiger Steuervermeidung, DStZ 1982, 20; *Piltz,* Steuerumgehung bei ausländischen Betriebstätten und Personengesellschaften, RIW 1982, 414; *Kirchhof,* Steuerumgehung und Auslegungsmethoden, StW 1983, 173; *Schulze-Osterloh,* Unbestimmtes Steuerrecht und strafrechtlicher Bestimmtheitsgrundsatz, Grundfragen 1983, 43; *Ulsenheimer,* Zur Problematik der überlangen Verfahrensdauer und richterlichen Aufklärungspflicht im Strafprozeß sowie zur Frage der Steuerhinterziehung durch Steuerumgehung, wistra 1983, 12; *Wurster,* Der Mißbrauchsbegriff bei der Steuerumgehung, BB 1983, 173; *ders.,* Das Scheingeschäft als Basissachverhalten, DB 1983, 2057; *Kottke,* Das unechte Tatbestandsmerkmal des ungewöhnlichen Weges in § 42 der Abgabenordnung, BB 1983, 1146; *Breitenbach,* Die Eignung der Bauherrenerlasse zur Diagnose von Steuerumgehungen, DB 1983, 1788; *Rauer,* Mißbrauch von Gestaltungsmöglichkeiten des Rechts durch Einschaltung einer Basisgesellschaft, DB 1983, 2276; *Kottke,* Scheingeschäfte und Scheinhandlungen im Steuerrecht, Inf 1984, 553; *Ulmer,* Steuervermeidung, Steuerumgehung, Steuerhinterziehung, DStZ 1986, 292; *Pütz,* Strafbare Steuerumgehung bei der gewerblichen Zwischenvermietung, wistra 1989, 201; *Wagner,* Gewerbliche Zwischenvermietung ist keine strafbare Steuerumgehung, wistra 1989, 321; *Pohl,* Steuerhinterziehung durch Steuerumgehung, 1990; *Kottke,* Steuerersparung, Steuerumgehung, Steuerhinterziehung, 9. Aufl. 1991; *Meine,* Steuervermeidung, Steuerumgehung, Steuerhinterziehung, wistra 1992, 81; *Fischer,* Die Umgehung des Steuergesetzes, DB 1996, 644.

Die Tatbestände eines Scheingeschäfts und einer Steuerumgehung **135**
durch Mißbrauch von Formen und Gestaltungsmöglichkeiten des bürgerlichen Rechts sind steuerrechtlich geregelt in:

§ 41 AO Unwirksame Rechtsgeschäfte

(1) ¹Ist ein Rechtsgeschäft unwirksam oder wird es unwirksam, so ist dies für die Besteuerung unerheblich, soweit und solange die Beteiligten das wirtschaftliche Ergebnis dieses Rechtsgeschäfts gleichwohl eintreten und bestehen lassen. ²Dies gilt nicht, soweit sich aus den Steuergesetzen etwas anderes ergibt.

(2) ¹Scheingeschäfte und Scheinhandlungen sind für die Besteuerung unerheblich. ²Wird durch ein Scheingeschäft ein anderes Rechtsgeschäft verdeckt, so ist das verdeckte Rechtsgeschäft für die Besteuerung maßgebend.

§ 42 AO Mißbrauch von rechtlichen Gestaltungsmöglichkeiten

¹Durch Mißbrauch von Gestaltungsmöglichkeiten des Rechts kann das Steuergesetz nicht umgangen werden. ²Liegt ein Mißbrauch vor, so entsteht der Steueranspruch so, wie er bei einer den wirtschaftlichen Vorgängen angemessenen rechtlichen Gestaltung entsteht.

Ein Scheingeschäft liegt vor, wenn eine Willenserklärung einem anderen **136** gegenüber abgegeben wird und **beide Teile** sich darüber einig sind, daß das Erklärte in Wirklichkeit nicht gewollt ist (vgl. RFH v. 21. 1. 1930, StW

Nr. 383). Solche Fälle sind recht häufig bei Arbeits- oder Gesellschaftsverträgen zwischen Ehegatten, zwischen Eltern und Kindern oder sonst zwischen nahen Verwandten. Auf den Willen der Beteiligten, ein Rechtsgeschäft nur zum Schein zu tätigen, kann nur aus äußeren Tatsachen geschlossen werden. Dabei ist namentlich zu prüfen, ob klare Vereinbarungen vorliegen, die im Verhältnis der Beteiligten untereinander auch tatsächlich verwirklicht werden (vgl. BVerfG 9, 237, 245f. v. 14. 4. 1959). Als Scheingeschäft ist zB angesehen worden, daß die Ehefrau ihr bisheriges Haushaltsgeld als „Lohn" ausgezahlt erhält, diesen *Lohn aber nach dem übereinstimmenden Willen der Eheleute – wie vorher – als Haushaltsgeld zu verwenden hat und auch nicht einen Teil davon zu ihrer freien Verfügung behalten darf* (FG RPf v. 1. 6. 1966, EFG 406), oder daß ein 31jähriger Schreiner den von seinem Vater übernommenen Betrieb seiner 63jährigen, von Geburt an blinden Tante „überträgt" und den Betrieb als deren „Generalbevollmächtigter" fortführt (FG München v. 1. 3. 1967, EFG 592). Zur Scheingründung einer Gesellschaft zwischen Verwandten zu dem alleinigen Zweck, die ESt des Alleininhabers durch eine – in Wahrheit nicht vollzogene – Verteilung des Gewinns zu mindern, vgl. BFH v. 9. 12. 1959, BStBl. 1960, 180. Jede vertragliche Regelung, deren Folgen die Parteien nur steuerlich, nicht auch zivilrechtlich gelten lassen wollen, ist als Scheingeschäft zu beurteilen (BGHZ 67, 334 v. 18. 11. 1976).

137 **Dieselben steuer- und strafrechtlichen Folgen** treten ein, wenn dem FA einzelne Merkmale eines wirklich gewollten Rechtsgeschäfts vorgetäuscht werden. In Betracht kommen namentlich Scheinabreden über den Gewinnverteilungsschlüssel einer Gesellschaft, die Höhe des vereinbarten Arbeitslohnes oder die Höhe des vereinbarten Kaufpreises, der nicht selten durch Vortäuschen eines Beratungshonorars vermindert wird (s. zB BGH v. 23. 2. 1983, HFR 1984, 21), ferner den Beginn eines Gesellschafts- oder Arbeitsverhältnisses oder den Zeitpunkt einer Zuwendung. Die Rückdatierung von Rechtsgeschäften ist insbesondere dann steuerlich erheblich, wenn dabei die Grenzen eines Veranlagungszeitraums überschritten werden, um Steuerminderungen bereits für einen Zeitraum oder zu einem Zeitpunkt eintreten zu lassen, in dem das jeweilige Rechtsgeschäft noch nicht gewollt war oder noch nicht vollzogen wurde. Im Ergebnis besteht hier kein Unterschied gegenüber sonstigen Handlungen, die dem FA einen Sachverhalt vortäuschen sollen, der hinsichtlich seiner steuererheblichen Merkmale mit der Wirklichkeit nicht übereinstimmt.

138 **Eine Steuerumgehung durch Mißbrauch von Formen und Gestaltungsmöglichkeiten des Rechts** iS des § 42 AO liegt vor, wenn die Parteien das wirklich gewollte Ergebnis eines Rechtsgeschäfts auf einem ungewöhnlichen Wege erreichen wollen. Zwar ist es den Stpfl nicht verwehrt, sich so einzurichten, daß sie möglichst wenig Steuern zu zahlen haben, sog. Steuervermeidung (vgl. BFH v. 14. 10. 1964, BStBl. 667, 669 mwN). Von einem „Mißbrauch" kann aber gesprochen werden, wenn eine den wirtschaftlichen Vorgängen, Tatsachen und Verhältnissen unangemessene Rechtsgestaltung gewählt wird, die von der Rechtsordnung mißbilligt wird (näher TK-*Tipke* 12ff. zu § 42 AO), und wenn die Wahl des unangemessenen Weges auf der

IV. Tatbestandsmäßiges Verhalten   139 § 370

nachweisbaren Absicht der Steuerumgehung beruht (BFH v. 2. 3. 1966, BStBl. 509). Dies ist zB in der Rspr angenommen worden für die Konstruktion der „Kettenschenkung" zur Umgehung der SchenkSt (BFH v. 14. 3. 1962, BStBl. 206), die Gründung von Scheinstandorten zur Umgehung der BefSt für den Werkfernverkehr (FG SchlH v. 24. 9. 1959, EFG 1960, 46), die Einschaltung eines „Zwischenhändlers" (FG Hamburg v. 27. 10. 1955, EFG 1956, 93, bestätigt durch BFH v. 22. 1. 1960, BStBl. 111; FG Kassel v. 30. 11. 1959, DStZ/B 1960, 337) oder die Gründung einer „Firma" (BFH v. 12. 2. 1964, HFR 266) eigens zur Erlangung der USt-Ausfuhrhändlervergütung alten Rechts, die Gründung einer Kapitalgesellschaft zwecks Steuerersparung, wenn die Gesellschaft überhaupt keinen eigenen Geschäftsbetrieb entfaltet (RFH v. 1. 10. 1935, RStBl. 148), namentlich die Errichtung von bloßen „Briefkastenfirmen" ohne eigenen Geschäftsbetrieb oder sog. „Basisgesellschaften" in einem niedrig besteuernden Land, etwa in einigen Kantonen der Schweiz oder in Liechtenstein, die einem deutschen Stpfl gehören oder vollständig von ihm beherrscht und vom Inland her geleitet werden (vgl. BGH v. 30. 5. 1990, wistra 307 sowie den „Steueroasenbericht" der BReg, BT-Drucks. IV/2412, die „Steueroasen-Erlasse" der FinMin(-senatoren) der Länder, BStBl. 1965 II 74, ferner BdF v. 11. 7. 1974, BStBl. I 442, zur Anwendung des Außensteuergesetzes sowie BFH v. 17. 7. 1968, BStBl. 695; BFH v. 21. 5. 1971, BStBl. I, 721 m. zust. Anm. *Flick/Wassermeyer* DB 1972, 110; BFH v. 7. 2. 1975, DB 1976, 1701; v. 10. 11. 1983, BStBl. 1984, 605; ausf. Rdnr. 215 ff.).

Die Strafbarkeit einer Steuerumgehung iS des § 42 AO ist durch die   139
Aufhebung des früheren § 396 IV AO 1931 durch das 2. AOStrafÄndG nicht etwa beseitigt oder beschränkt (oder gar erweitert) worden; vielmehr ist sie nunmehr allein nach § 370 I Nr. 1 AO zu beurteilen. In sachlicher Hinsicht hat sich dadurch nichts geändert. Die Anwendung des Hinterziehungstatbestands auf Fälle der Steuerumgehung ist nicht mehr oder weniger problematisch als vorher. Das allgemeine Erfordernis der Steuerunehrlichkeit, das § 396 IV RAO 1931 hervorgehoben hatte, ist jetzt durch die Verhaltensalternativen in § 370 I Nr. 1–3 AO ersetzt. Die Steuerumgehung ist nicht als solche, sondern nur dann strafbar, wenn der Stpfl oder ein Dritter das FA über die Tatsachen, die ihn zur Wahl einer ungewöhnlichen Gestaltung bewogen haben, oder über einzelne Merkmale dieser Gestaltung und der dadurch geregelten Verhältnisse getäuscht oder bewußt im unklaren gelassen und dadurch dem FA die Möglichkeit der Prüfung versperrt oder erschwert hat, ob die Voraussetzungen des § 42 AO nach den maßgebenden steuerrechtlichen Kriterien vorliegen oder nicht (BFH v. 1. 2. 1983, wistra 202; OLG Düsseldorf v. 26. 8. 1988, wistra 1989, 72; OLG Bremen v. 26. 4. 1985, StV 283; *Kruse* StbJb 1978/79 S. 451, *Giemulla* DStZ 1982, 20). Liegen sie vor und hat der Stpfl dem FA die Kenntnis des steuererheblichen Sachverhalts durch ein Verhalten nach § 370 I Nr. 1–3 AO vorsätzlich vorenthalten, ist eine Steuerhinterziehung vollendet, sobald der ohne Anwendung des § 42 AO erlassene Steuerbescheid bekanntgegeben wird. Liegen hingegen die steuerrechtlichen Kriterien des § 42 AO in Wirklichkeit nicht vor, hat jedoch

der Stpfl in falscher Einschätzung der Sachlage angenommen, er müsse das FA über den Sachverhalt täuschen oder im unklaren lassen, um die Anwendung des § 42 AO zu vermeiden, kommt (strafbarer) untauglicher Versuch der Steuerhinterziehung in Betracht (Rdnr. 258).

140 **Gelegentlich geäußerte Bedenken** gegen die Übernahme der Steuerumgehung in den Begriff der Steuerverkürzung (*Schulze-Osterloh* DStJG 6, 43; *Ulsenheimer* wistra 1983, 15) sind auch im Hinblick auf das strafrechtliche Bestimmtheitsgebot (Art. 103 I GG, § 1 StGB: nullum crimen, nulla poena sine lege) unbegründet: so auch der BGH (v. 27. 1. 1982, wistra 108), freilich mit der fragwürdigen Begründung, die Rspr habe der Vorschrift hinreichend Konturen gegeben (dagegen mit Recht *Ulsenheimer* wistra 1983, 16). Die verfassungsrechtlichen Bedenken beruhen letztlich auf der unzutreffenden Annahme, die Steuerhinterziehung stelle einen echten Blankett-Tatbestand dar, dessen wirklicher Inhalt erst unter Berücksichtigung der blankettausfüllenden Steuerrechtsnormen ermittelt werden könne. Diese Annahme ist vor allem deshalb unzutreffend, weil das Gesetz den Tatbestand des § 370 I AO als durch Täuschung bewirkte Vermögensschädigung originär und hinreichend bestimmt hat. In derselben Weise knüpft das StGB beim Diebstahl an das fremde Eigentum und beim Betrug an schuldrechtliche Ansprüche unter den Beteiligten an, ohne daß hier ernsthaft die notwendig werdende Berücksichtigung des Sachenrechts und des Schuldrechts (einschl. § 242 BGB) als Verstoß gegen das Bestimmtheitsgebot bezeichnet worden wäre. Der Vorschlag von *Schulze-Osterloh* (DStJG 6, 64ff.), im Steuerstrafrecht nur die „harten" Normen des Steuerrechts, nicht aber zB die §§ 41, 42 AO anzuwenden, führte dazu, daß das Steuerstrafrecht Steueransprüche schützen würde, die nicht existierten, und daß die existierenden Steueransprüche strafrechtlich nicht geschützt würden. Auch die Einwände, die *Pohl* (Steuerhinterziehung durch Steuerumgehung, 1990) neuerdings erhoben hat, schlagen nicht durch.

cc) Unrichtige Gewinnermittlung

141 **Gewinn** ist nach § 4 Abs. I EStG der Unterschiedsbetrag zwischen dem Betriebsvermögen am Schluß und am Anfang eines Wirtschaftsjahres, vermehrt um den Wert der Entnahmen und vermindert um den Wert der (Geld- oder Sach-)Einlagen, die der Steuerpflichtige dem Betrieb zugeführt hat; Entnahmen sind alle Wirtschaftsgüter (Barentnahmen, Waren, Erzeugnisse, Nutzungen und Leistungen), die der Steuerpflichtige dem Betrieb für sich, seinen Haushalt oder andere betriebsfremde Zwecke im Laufe des Wirtschaftsjahres entnommen hat. Die Gewinnermittlung setzt voraus, daß am Anfang und am Schluß des Jahres Vermögensübersichten aufgestellt und die im Laufe des Jahres vorgenommenen Entnahmen und Einlagen aufgezeichnet werden. Dementsprechend können Unrichtigkeiten in einer Bilanz, welche die Grundlage für die Erklärung der Einkünfte aus Gewerbebetrieb bildet, dadurch bewirkt werden, daß Gegenstände des Betriebsvermögens (Aktiva) weggelassen oder zu gering angesetzt oder auf der anderen Seite Verbindlichkeiten (Passiva) vorgetäuscht oder zu hoch angesetzt werden; ferner da-

IV. Tatbestandsmäßiges Verhalten 142, 143 § 370

durch, daß Privatentnahmen aus dem Betriebsvermögen nicht vollständig hinzugerechnet oder umgekehrt Einlagen vorgetäuscht oder zu hoch ausgewiesen werden. Diesen Fehlern in der Bilanz entspricht in der G+V-Rechnung das Nichtverbuchen von Betriebseinnahmen oder das Verbuchen von Privatausgaben oder Privatentnahmen als Betriebsausgaben. Strafrechtliche Relevanz erlangen diese Fehler jedoch erst dann, wenn sie in eine konkrete Steuererklärung einfließen und dem Finanzamt eingereicht werden.

Durch eine zu niedrige Bewertung oder das Weglassen von Aktiva wird 142 der Gewinn rechtswidrig gemindert, wenn bei Wirtschaftsgütern des Anlagevermögens abw. von den gesetzlichen Bewertungsvorschriften (§§ 6–7f EStG) Absetzungen für Abnutzung in einer Höhe vorgenommen werden, für welche die sachlichen oder persönlichen Voraussetzungen fehlen oder gar nicht erst aktiviert wird (vgl. § 6 II 1 EStG). In Betracht kommt namentlich die Berechnung der AfA nach einer voraussichtlichen Nutzungsdauer, die erheblich unterhalb der allgemeinen Lebenserfahrung liegt und auch den besonderen betrieblichen Verhältnissen des Stpfl nicht entspricht. Für die allgemeinen und die branchengebundenen Wirtschaftsgüter des Anlagevermögens hat der BdF im Benehmen mit den beteiligten Wirtschaftskreisen AfA-Tabellen herausgegeben, welche die betriebsgewöhnliche Nutzungsdauer (§ 7 I 2 EStG) aller möglichen Maschinen und Betriebsvorrichtungen rahmenmäßig bestimmen (vgl. dazu *Blümich* V 1 b, *Herrmann/Heuer/Raupach* B III 3, *Littmann* 6 – jeweils zu § 7 EStG), dh der Finanzverwaltung und dem Stpfl als Anhaltspunkt dienen (BFH v. 8. 6. 1961, HFR 1962, 78). Ihre Beachtung schließt einen strafrechtlichen Vorwurf gegen den Stpfl unter allen Umständen aus. Der Vorwurf einer Täuschungshandlung ist ferner stets ausgeschlossen, wenn der Stpfl eine abw. höhere AfA dem FA in der Gewinnermittlung oder den beigefügten Anlagen erkennbar macht oder wenn die Abweichung aufgrund besonderer betrieblicher Umstände gerechtfertigt ist. Wer hingegen unerkennbar willkürlich Absetzungen vornimmt, die in einem krassen, dem Stpfl durchaus bewußten Mißverhältnis zur Wirklichkeit stehen, zB einen wenig benutzten PKW innerhalb von 2 Jahren abschreibt, handelt rechtswidrig. Ob der Vorwurf in vorsätzlicher Handlungsweise begründet ist, hängt in erster Linie von den kaufmännischen und steuerrechtlichen Kenntnissen und Erfahrungen des Stpfl ab. Vorsatz liegt regelmäßig dann vor, wenn ein Stpfl bei früheren Betriebsprüfungen über die Unzulässigkeit seiner Bewertungsmethode aufgeklärt worden ist, der Berichtigung zugestimmt hat oder im Rechtsmittelverfahren unterlegen ist, in der Folgezeit aber sein unrichtiges Bewertungsverfahren trotzdem beibehalten hat (vgl. OFD Hamburg v. 19. 8. 1960, FR 575). Ist der Stpfl von der Richtigkeit seiner abw. Auffassung überzeugt, steht es ihm frei, diese Auffassung von vornherein offen geltend zu machen und erforderlichenfalls auch vor den Finanzgerichten zu verfechten. Das heimliche Anwenden einer abw. Auffassung kann jedoch aus Wortlautgründen keinen strafrechtlichen Vorwurf begründen (Rdnr. 123).

Für die Bewertung von Forderungen gilt, daß die Bewertungsfreiheit des 143 vorsichtigen Stpfl ihre Grenze findet, wo das im Bilanzansatz berücksichtigte

Risiko entweder überhaupt nicht besteht, zB bei einer Wertberichtigung hinsichtlich unstreitiger Forderungen gegen die öffentliche Hand, oder wo ein bestehendes Risiko bewußt übertrieben wird; vgl. RG 76, 68 v. 12. 2. 1942 zu einer ungerechtfertigten Abschreibung von Forderungen, die regelmäßig zum größten Teil später doch noch eingingen, über das Konto „Dubio".

144 **Auf der Passivseite der Bilanz** werden Verbindlichkeiten namentlich in Form von Darlehen – vorzugsweise aus dem Ausland – vorgetäuscht, denen in Wirklichkeit keine Darlehenshingabe zugrunde liegt, sondern das Bestreben des Stpfl, seinen Gewinn zu mindern und womöglich gleichzeitig die aus unverbuchten Einnahmen stammenden Gelder dem Betrieb wieder zuzuführen, um Kreditzinsen zu sparen. Diesem Zweck dient auch die Buchung fingierter Einlagen, bei der die Herkunft der Mittel durchweg mit privaten Verwandtendarlehen oder mit Spielbankgewinnen erklärt wird; vgl. zur Buchung fingierter Darlehen und Einlagen BGH 7, 336 ff. v. 3. 6. 1954. Für die Bildung von Rückstellungen, insbesondere wegen drohender Inanspruchnahme aus Bürgschaften, Mängelhaftung, Patentverletzung usw., gilt das gleiche wie umgekehrt für die Bewertung von Forderungen (Rdnr. 146).

145 **Durch Nichtverbuchen von Betriebseinnahmen und Vortäuschen von Betriebsausgaben** werden die weitaus häufigsten Fälle vorsätzlicher Steuerhinterziehung bewirkt. Dem Nichtverbuchen von Betriebseinnahmen geht im Verkehr mit anderen buchführungspflichtigen Stpfl oft die Abrede voraus, daß keine Rechnung erteilt wird (sog. OR-Geschäft) und der Geschäftspartner die entsprechende Ausgabe ebenfalls nicht bucht, damit die Entdeckung des Geschäftsvorfalls durch Kontrollmitteilungen erschwert wird; die Bezahlung erfolgt dann in bar oder durch Barscheck. Dem Vortäuschen von Betriebsausgaben dienen dagegen Gefälligkeitsrechnungen, in denen insbesondere Gegenstände, die bereits ihrer Art nach in die Privatsphäre weisen, zB Schmuck, wertvolle Garderobe und Einrichtungsgegenstände, als Werbeartikel, Berufskleidung oder Büromöbel bezeichnet werden (vgl. dazu § 379 I 1 AO).

146 **Gezahlten Schmiergeldern** kann das FA nach § 160 AO die Abzugsfähigkeit als Betriebsausgaben (§ 4 IV EStG) oder Werbungskosten (§ 9 EStG) versagen, wenn der Stpfl sich auf Verlangen weigert, die Empfänger zu benennen; das gleiche gilt für den Abzug von Schulden und anderen Lasten:

§ 160 AO Benennung von Gläubigern und Zahlungsempfängern

(1) ¹Schulden und andere Lasten, Betriebsausgaben, Werbungskosten und andere Ausgaben sind steuerlich regelmäßig nicht zu berücksichtigen, wenn der Steuerpflichtige dem Verlangen der Finanzbehörde nicht nachkommt, die Gläubiger oder die Empfänger genau zu benennen. ²Das Recht der Finanzbehörde, den Sachverhalt zu ermitteln, bleibt unberührt.

(2) ...

147 Nach der Rspr ist **§ 160 AO eine Ermessensvorschrift,** die dem FA – über den Wortlaut hinaus – auch gestattet, den Abzug nur eines Teils der ohne Empfängernachweis gebuchten Schmiergeldzahlungen zu versagen (BFH v.

IV. Tatbestandsmäßiges Verhalten   148, 149 § 370

5. 5. 1966, BStBl. 518; v. 18. 5. 1967, BStBl. 627). Da Schmiergeldzahlungen von Natur aus Betriebsausgaben sind und der Stpfl nicht voraussehen kann, ob und in welchem Umfang das FA nach Abgabe der Steuererklärung den Empfängernachweis verlangen und die Abzugsfähigkeit versagen wird, kann allein in der gewinnmindernden Buchung von tatsächlich geleisteten Schmiergeldzahlungen auch dann kein täuschendes Verhalten erblickt werden, wenn der Stpfl den jeweiligen Zahlungsempfänger in seiner Buchführung nicht benennt (vgl. BGH v. 22. 11. 1985, wistra 1986, 109). Anders soll der Sachverhalt jedoch dann zu beurteilen sein, wenn der Stpfl, um eine spätere Anwendung des § 160 AO zu verhindern, es von vornherein unterläßt, die geleisteten Schmiergeldzahlungen und entsprechend hohe Betriebseinnahmen zu buchen (BGH – 4 StR 131/6 – v. 23. 11. 1960, zit. bei *Lohmeyer* NJW 1968, 389; OLG Karlsruhe v. 6. 3. 1985, wistra 163; vgl. *Troeger/ Meyer* S. 47f.) oder wenn er die Schmiergelder unter irreführenden Bezeichnungen oder auf fingierte Namen bucht (*Suhr* 1977, S. 263, *Lohmeyer* aaO); s. dazu aber Rdnr. 71 zu § 370 AO.

Ob **Bestechungsgelder** bereits von Natur aus keine Betriebsausgaben iS **148** des § 4 IV EStG sind und als Mittel zu vorsätzlichen Straftaten nicht abzugsfähige Ausgaben der privaten Lebensführung iS des § 12 Nr. 1 EStG darstellen (so Voraufl. Rdnr. 115 zu § 370 AO; krit. *Blümich/Falk* IV 7a zu § 12 EStG) ist zweifelhaft. Für den BGH galt dies „*auch dann, wenn solche [strafbaren] Handlungen im Zusammenhang mit der Tätigkeit in einem Betrieb begangen werden*" (BGH – 5 StR 344/65 – v. 8. 3. 1966, zit. bei *Lohmeyer* NJW 1968, 389. Fußn. 9). Die gewinnmindernde Buchung von gezahlten Bestechungsgeldern führe daher stets zu einer Steuerverkürzung. Abgesehen davon, daß auch die Zahlung von Schmiergeldern an Angestellte von Privatunternehmen vielfach eine vorsätzliche strafbare Handlung gem. § 12 UWG ist (vgl. BGH v. 25. 5. 1976, DB 1776), ist mit der Neuregelung in § 4 V 2 Nr. 10 EStG klargestellt, daß solche Zahlungen nicht per se dem Abzugsverbot des § 12 EStG unterfallen, sondern Betriebsausgaben darstellen.

dd) Veruntreuungen als Ursache einer fehlerhaften Gewinnermittlung

Schrifttum: *Lohmeyer,* Zur Frage der Unzumutbarkeit im Steuerstrafrecht, NJW 1958, 1431; *Suhr,* Abzug nicht belegter Betriebsausgaben und Veruntreuungen als Steuerhinterziehung, DB 1961, 1238; *Schirp,* Steuerstrafrechtliche Folgen von Veruntreuungen durch Angestellte und sonstige dritte Personen, Stbg 1962, 161.

Untreue oder Unterschlagung durch Angestellte können das Ergebnis **149** der Gewinnermittlung – je nach den Umständen – verfälschen, aber auch ohne Einfluß bleiben.

Ein *zu hoher Gewinn* wird ermittelt, wenn der Stpfl in Unkenntnis der Veruntreuungen Bestände an Roh- und Hilfsstoffen, Halbfabrikaten, Waren oder Bargeld ausweist, die am Bilanzstichtag bereits unterschlagen oder gestohlen waren, oder wenn Kundenforderungen ausgewiesen werden, die ein ungetreuer Angestellter bereits für sich eingezogen hat (BGH v. 5. 3. 1968, JR 347), oder wenn Lieferantenschulden unberücksichtigt bleiben, die der Stpfl aufgrund unrichtiger Buchungsunterlagen für beglichen hält – vorausgesetzt, daß die jeweilige Schadensersatzforderung aus unerlaubter Handlung (§§ 823, 826 BGB) gegen den ungetreuen Angestellten dubios ist und eine Ersatzforderung gegen eine Versicherung nicht besteht.

Ist die Regreßforderung realisierbar oder besteht eine ausreichende Versicherung, wird der in Unkenntnis der Veruntreuungen ermittelte Gewinn im Ergebnis nicht beeinflußt, da die zu aktivierende Regreß- oder Versicherungsforderung die Fehlbestände ausgleicht oder den noch offenen Verbindlichkeiten gegenübersteht.

Ein *zu niedriger Gewinn* wird ermittelt, wenn die Tat bereits vor Aufstellung der Bilanz entdeckt worden ist, und zwar die entstandenen Schäden gewinnmindernd berücksichtigt werden, jedoch die Aktivierung einer realisierbaren Regreßforderung oder einer Versicherungsforderung unterlassen wird. Hierin kann – je nach der subjektiven Vorstellung des Stpfl – die Ursache einer vorsätzlichen oder leichtfertigen Steuerverkürzung liegen. Gleiches gilt, wenn der Umfang des erlittenen Schadens dem FA gegenüber größer dargestellt wird, als er tatsächlich eingetreten ist.

150 **Ist der ungetreue Angestellte innerhalb der Firma selbst für die Gewinnermittlung zuständig,** ergibt sich die Frage, ob es ihm zuzumuten ist, durch die steuerrechtlich gebotene Aktivierung der Regreßforderung seine eigene strafbare Handlung zu offenbaren. Die gleiche Sachlage kann auch in der Person eines steuerlichen Beraters eintreten, der Untreue, Unterschlagung oder Betrug gegenüber demjenigen Mandanten begangen hat, der ihn mit der Gewinnermittlung beauftragte. Hierzu hat der BGH mit Urt. v. 18. 10. 1956 (BStBl. 1957 I 122f.) im Einklang mit der sonstigen Rspr zur Unzumutbarkeit (Rdnr. 88 zu § 369 AO) ausgeführt: *„Der Angeklagte hätte (die Ersatzforderungen gegen sich) ... in den zur Gewinnermittlung nach § 4 I EStG dem FA vorgelegten Bilanzen unter die Außenstände aufnehmen ... müssen. Die ihm dadurch drohende Gefahr der Entdeckung entband ihn hiervon nicht. Wenn ihm auch nicht zuzumuten war, sich selbst einer strafbaren Handlung zu bezichtigen, so kann dadurch doch eine zu ihrer Verdeckung verübte weitere Straftat nicht straflos bleiben ... Eine so weitgehende Vergünstigung wäre gegenüber dem Rechtsbrecher, der durch eigenes Verschulden in eine Zwangslage geraten ist, aus der er sich nur durch eine neue erhebliche Verletzung der Rechtsordnung befreien zu können glaubt, selbst nach den Grundsätzen der Güter- und Pflichtenabwägung schon aus rechtsstaatlichen Erwägungen nicht zu verantworten."* Als mitbestrafte Nachtat (Rdnr. 118 zu § 369 AO) kann die Steuerhinterziehung nicht angesehen werden, weil durch sie ein anderes Rechtsgut verletzt wird als durch die vorausgegangene Untreue, Unterschlagung oder den Betrug zum Nachteil des Stpfl (BGH aaO unter Hinweis auf BGH 6, 67 v. 22. 4. 1954). Dieselben Grundsätze hat der BGH durch Urt. v. 18. 11. 1960 (BStBl. 1961 I 495) für den Fall, daß der kaufmännische Leiter einer Firma Erlöse aus Verkäufen für sich verwendet, bestätigt; vgl. ferner OLG Hamm (v. 20. 9. 1960, BB 1234) zur Steuerhinterziehung eines steuerlichen Beraters durch Unterschlagung des ihm zur Einzahlung ausgehändigten Steuerbetrags und Nichtabgabe einer USt-Voranmeldung; ebenso BFH v. 7. 11. 1973 (DStR 1974, 152). Diese Grundsätze der Rspr sind jedoch in hohem Maße bedenklich, s. dazu Rdnr. 163.

IV. Tatbestandsmäßiges Verhalten 151–153 § 370

Hat der ungetreue Angestellte mit der Gewinnermittlung nichts zu tun, 151
so ist zu unterscheiden: Wird die Tat bis zur Gewinnermittlung (genauer: bis
zur Vorlage der Bilanz beim FA) nicht entdeckt, wirkt sich der unbekannte
Schaden – je nach der Realisierbarkeit der Regreßforderung – entweder gewinnerhöhend oder -neutral aus (Rdnr. 149); in diesem Fall tritt ein steuerverkürzender Erfolg nicht ein. Wird dagegen die durch die Tat bewirkte
Gewinnminderung, nicht jedoch die Regreßforderung erfaßt, so erfolgt
zwar eine Steuerverkürzung. Der Täter des Vermögensdelikts ist jedoch
aufgrund seines Vorverhaltens allein nicht zur Aufklärung verpflichtet (BFH
v. 7. 11. 1973, DStR 1974, 152; am *Lohmeyer* NJW 1958, 1431 sowie *Franzen*
in 1. Aufl. Rdnr. 89 zu § 392 RAO). Wird aber die Tat bereits entdeckt,
bevor die Bilanz dem FA vorgelegt wird, kann eine Gewinnminderung nur
dadurch herbeigeführt werden, daß der Geschädigte die Tat seinerseits als
Basis für eine Steuerhinterziehung benutzt, indem er eine realisierbare Regreßforderung oder eine Versicherungsforderung nicht aktiviert oder in seiner Gewinnermittlung einen größeren Schaden vortäuscht, als er dem wirklichen Sachverhalt entspricht. Selbst wenn man in solchen Fällen noch eine
Ursächlichkeit zwischen der schadenstiftenden Untreue usw. und der Steuerhinterziehung bejahen wollte, so wird doch regelmäßig ein die Steuerverkürzung umfassender Vorsatz des ungetreuen Angestellten fehlen.

ee) Erklärungsfehler und unrichtige Auskünfte

Auch ohne Vorbereitung durch Scheingeschäfte (Rdnr. 135), miß- 152
bräuchliche und undurchsichtige Rechtsgestaltung (Rdnr. 138) oder unrichtige Buchführung und Gewinnermittlung (Rdnr. 141 ff.) können Steuerverkürzungen durch Abgabe unrichtiger Steuererklärungen begangen werden,
wenn die Fehler allein in der Erklärung liegen, sei es, daß ein buchführungspflichtiger Stpfl keine Bücher oder sonstige Aufzeichnungen geführt hat und
in die Steuererklärung Angaben einsetzt, die er vorsätzlich zu niedrig geschätzt hat, oder daß ein Stpfl seinen Gewinn zwar aufgrund ordnungsmäßiger Buchführung oder einer Überschußrechnung nach § 4 III EStG ermittelt
hat, aber geringere Ergebnisse in die Steuererklärung überträgt und das Vorhandensein von Büchern und Aufzeichnungen leugnet oder ihr Abhandenkommen vortäuscht oder dem FA anstelle der richtigen eine frisierte Gewinnermittlung vorlegt, oder daß ein nichtbuchführungspflichtiger Stpfl
Einkünfte aus selbständiger Arbeit, Kapitalvermögen oder Vermietung und
Verpachtung vorsätzlich zu niedrig erklärt.

Unmittelbar durch Vorlage einer unrichtigen Buchführung können 153
Steuereinnahmen verkürzt werden, wenn die Handlung dem Zweck einer
erstmaligen Steuerfestsetzung dient. Das ist entweder der Fall, wenn Stpfl,
die der Aufgabe einer Gewinnermittlung nicht gewachsen sind, mit ihren
Büchern oder Aufzeichnungen beim FA erscheinen und den Sachbearbeiter
bitten, aus den mitgebrachten Unterlagen die für die Veranlagung erforderlichen Angaben zu entnehmen, oder wenn die Bücher oder Aufzeichnungen
dem Betriebsprüfer vorgelegt werden, damit dieser aus ihnen die Besteuerungsgrundlagen für den letzten Steuerabschnitt des Prüfungszeitraums, für

§ 370 154–158 Steuerhinterziehung

den der Stpfl noch keine Steuererklärung (oder -voranmeldung) abgegeben hatte, entnimmt (einhM, vgl. *Hartung* IV 2d ee zu § 396 RAO 1931; HHSp *Hübner* 20 zu § 370 AO; *Suhr* 1977, S. 248 unter Hinweis auf BGH v. 28. 11. 1957, ZfZ 1958, 145, 147 sowie auf BayObLG – RReg. 4 St 363/58 – v. 4. 12. 1958 u. OLG Hamm – 2 Ss 782/59 – v. 22. 10. 1959).

154 **Unrichtige schriftliche oder mündliche Auskünfte** können ebenfalls die Tathandlung einer Steuerhinterziehung darstellen. In Betracht kommen namentlich Auskünfte, die der Stpfl oder ein anderer Wissensträger (Ehegatte, Angestellter, steuerlicher Berater, Geschäftsfreund usw.) auf Verlangen dem FA im Steuerermittlungsverfahren zur Erläuterung einer in bestimmten Punkten – zunächst unbewußt – unvollständigen oder nicht genügend substantiierten Steuererklärung unrichtig erteilt, um Steuern zum eigenen Vorteil oder gefälligkeitshalber zum fremden Vorteil zu verkürzen.

5. Steuerhinterziehung durch Unterlassen gem. § 370 I Nr. 2 AO

a) Überblick

155 Die Steuerhinterziehung durch Unterlassen nach § 370 I Nr. 2 AO kann nur dadurch begangen werden, daß der Täter die FinB über steuerlich erhebliche Tatsachen pflichtwidrig in Unkenntnis läßt. Voraussetzung ist demnach zunächst, daß der FinB steuerlich erhebliche Tatsachen unbekannt sind. Weiterhin muß der Täter in der Lage sein, diese Unkenntnis zu beseitigen, und dies unterlassen. Schließlich muß er zur Beseitigung der Unkenntnis verpflichtet sein.

b) Unkenntnis von steuerlich erheblichen Tatsachen

156 **Die einzelnen Elemente dieses Begriffs** entsprechen den Merkmalen beim Begehungstatbestand; s. zum Begriff der Tatsache oben Rdnr. 123, zum Begriff der steuerlichen Erheblichkeit oben Rdnr. 130.

157 **Die Unkenntnis der Finanzbehörde** ist nicht erst dann gegeben, wenn der Behörde der gesamte steuerpflichtige Vorgang unbekannt ist. Unkenntnis liegt auch dann vor, wenn zB die Existenz des Gewerbebetriebes und die Tatsache, daß steuerpflichtige Umsätze gemacht werden, bekannt sind, mangels rechtzeitiger Umsatzsteuervoranmeldung jedoch die genaue Höhe der steuerpflichtigen Umsätze unbekannt bleibt (ausf. Rdnr. 166 ff.); zur Schätzungsmöglichkeit in solchen Fällen s. Rdnr. 199. Dagegen liegt keine Unkenntnis vor, wenn das FA von anderer Seite die erforderliche Information rechtzeitig erhalten hat. Dabei ist es dann unerheblich, daß der Täter selbst keine Erklärung abgegeben hat. Auch fehlt die Unkenntnis, wenn der Stpfl zwar die erforderlichen Angaben gemacht, jedoch pflichtwidrig die Formblätter nicht verwendet hat (§ 150 I AO). Glaubt er, das FA sei nicht in vollem Umfange informiert, dann kommt Versuch in Betracht. Weiß er, daß die FinB die erforderlichen Umstände kennt, scheidet Steuerhinterziehung ganz aus.

158 Problematisch ist das Merkmal der Unkenntnis dann, wenn zB der für die ESt zuständige Beamte aufgrund zutreffender Angaben zur Einkommen-

IV. Tatbestandsmäßiges Verhalten

steuererklärung auch die Höhe des umsatzsteuerpflichtigen Umsatzes kennt, der Täter jedoch keine Umsatzsteuererklärung abgegeben hat, so daß sich der für die USt zuständige Beamte in Unkenntnis befindet. Durch die Annahme, daß die **Unkenntnis beim zuständigen Finanzbeamten** zu beseitigen ist, wird der Stpfl nicht unbillig belastet. Glaubt er nämlich, die FinB werde aufgrund innerbehördlicher Kommunikation die Angaben der einen Steuererklärung auch dem Beamten der anderen Abteilung zuleiten, fehlt der Verkürzungsvorsatz, so daß § 370 I AO ausscheidet. Hat der Stpfl diese Vorstellung nicht, dann will er eine Steuerhinterziehung; hier besteht kein Anlaß, den Tatbestand nicht anzuwenden.

Soweit es dagegen um dieselbe Steuer geht, ist nicht die Unkenntnis desjenigen Beamten maßgeblich, der für die Bearbeitung zuständig ist. Angesichts des jederzeit möglichen Austauschs des Sachbearbeiters ist Kenntnis jedenfalls dann gegeben, wenn sich die Information in den einschlägigen Akten befindet, sei es aufgrund von Kontrollmitteilungen oder aufgrund von Aktenvermerken über private Mitteilungen. Darüber hinaus wird aber auch bei aktenmäßig nicht festgehaltener Kenntnis des zuständigen Beamten der Unterlassungstatbestand ausscheiden müssen. Ist zwar der unmittelbar zuständige Bearbeiter nicht informiert, wohl aber ein in der Behördenhierarchie übergeordneter Amtsträger, der jederzeit in die Entscheidung eingreifen kann, liegt ebenfalls keine Unkenntnis der Behörde vor (vgl. *Koch/Scholtz/Himsel* 26 zu § 370 AO); zur vergleichbaren Problematik bei der Steuerhinterziehung durch Handeln s. Rdnr. 197 ff.

c) Unterlassen

Der Stpfl erfüllt den Tatbestand nur dann, wenn er eine zur Aufklärung geeignete und ihm mögliche Handlung nicht vornimmt (Rdnr. 88 zu § 369 AO). Vor allem muß ihm **die Aufklärung der FinB möglich sein.** Diese Aufklärung wird ihm nicht schon dadurch unmöglich, daß er aus Nachlässigkeit keine Aufzeichnungen gemacht hat oder die Aufzeichnungen verlorengegangen sind. Er muß dann der FinB diesen Umstand sowie diejenigen Tatsachen bekanntgeben, die eine angemessene Schätzung ermöglichen.

d) Erklärungspflicht

Der Stpfl muß **pflichtwidrig** unterlassen haben. Steuerhinterziehung durch Unterlassen kann daher nur begehen, wer **zur Aufklärung besonders verpflichtet** ist. Die hier bedeutsamen steuerlichen Erklärungspflichten sind sämtlich besonders gesetzlich festgelegt (Rdnr. 164 ff.).
Die allgemeinen Garantenpflichten spielen nur eine untergeordnete praktische Rolle. Daß die hM Garantenpflichten aus dem Kreis der Hütergarantenpflichten (Rdnr. 89 zu § 369 AO) annimmt, ist nicht unproblematisch, da der behördenfremde Bürger nicht „Hüter" des Steueranspruchs ist (anders für den mit der Gewinnermittlung beauftragten Angestellten und den Steuerberater: BFH v. 7. 11. 1973, DStR 1974, 152; weitere Rspr s. Rdnr. 19) und

der zuständige Beamte bei Unterlassung einer Steuerfestsetzung nicht in Unkenntnis bleibt, sondern selbst eine Untreue begeht. Aus dem Kreis der Überwachergaranten kommt lediglich dem Fall praktische Bedeutung zu, daß der Personensorgeberechtigte gegen die Zollhinterziehung des Kindes nicht einschreitet. Die Garantenpflicht aus vorangegangenem Tun (Ingerenz) hat für das Steuerrecht in § 153 AO eine Sonderregelung erfahren (im übrigen s. BFH aaO sowie Rdnr. 118); s. auch BGH 28, 371 v. 4. 4. 1979. Keine Pflicht des Inhabers eines Steuerlagers, den drohenden Konkurs anzuzeigen (s. aber BGH v. 24. 3. 1982, wistra 148, 150); seit 1979 enthält jedoch § 31 IX MinöStDV eine entsprechende Pflicht.

163 **Ob die Erklärungspflicht untergeht,** wenn der Täter sich durch ihre Erfüllung selbst einer strafbaren Handlung bezichtigen würde, bedarf nach dem Gemeinschuldnerbeschluß des BVerfG (BVerfG 56, 37 v. 13. 1. 1981) neuer Überlegungen. Die in Rdnr. 150 zu § 370 AO dargestellte Rspr ist sämtlich vor der Entscheidung des BVerfG und in der maßgeblichen Hinsicht mit ungenügendem Problembewußtsein ergangen. Angesichts der grundrechtlichen Verankerung des sog. nemo-tenetur-Prinzips in Art. 2 I GG und in anderen Regelungen (Rdnr. 8 zu § 393 AO) kann nach der Entscheidung des BVerfG zwar der Gesetzgeber zur Befriedigung der Informationsinteressen Dritter den Straftäter zur Selbstbezichtigung anhalten; er muß dann aber ein Verwertungsverbot für ein mögliches Strafverfahren konstituieren. Ob dies aber auch dann gilt, wenn der Zwang zur Selbstbezichtigung im staatlichen Interesse begründet werden soll, ist nach der Entscheidung des BVerfG zweifelhaft. Bedenkt man darüber hinaus die Lückenhaftigkeit der bisher anerkannten Beweisverwertungsverbote (Rdnr. 47 ff. zu § 393 AO), dürfte viel dafür sprechen, die Erklärungspflichten dort auszusetzen, wo sich der Täter durch ihre Erfüllung einer strafbaren Handlung bezichtigen würde. Andererseits geht auch in anderen Fällen der Gesetzgeber offenbar von einer fiskalischen Betrachtungsweise aus (vgl. § 40 AO), so daß es ebenso denkbar wäre, zwar eine Erklärungspflicht bestehen zu lassen, an die entsprechenden Angaben des Stpfl aber ein absolutes Verbot der Verwertung zu knüpfen. Solange diese Frage in Rechtsprechung und Literatur nicht mit der hinreichenden Sicherheit geklärt ist, wird man die Erfüllung der Erklärungspflicht iS der Unterlassungsdogmatik für unzumutbar halten müssen (vgl. Rdnr. 36 ff zu § 393 AO; *Berthold* 1993, 106 ff).

e) Einzelfälle der Steuerhinterziehung durch Unterlassen

aa) Nichterfüllung von Erfassungspflichten

164 **Der Erfassung der Stpfl** dient bei Besitz- und Verkehrsteuern in erster Linie die Personenstands- und Betriebsaufnahme, die nach § 134 AO den Gemeinden als Hilfsstellen der FÄ obliegt. Den Gemeinden gegenüber müssen Grundstückseigentümer, Wohnungsinhaber sowie Inhaber von Betriebsstätten und Lagerräumen die in § 135 AO bestimmten Angaben machen. Die Stpfl selbst haben die ihnen obliegenden polizeilichen Meldepflichten über Zuzug, Umzug oder Wegzug nach § 136 AO auch im Interesse der Besteue-

IV. Tatbestandsmäßiges Verhalten § 370

rung zu erfüllen. Unmittelbar dem zuständigen FA müssen juristische Personen nach § 137 AO diejenigen Ereignisse melden, die für die steuerliche Erfassung von Bedeutung sind. Desgl. hat dem zuständigen FA nach § 138 AO zu melden, wer einen land- und forstwirtschaftlichen Betrieb, einen gewerblichen Betrieb oder eine Betriebsstätte eröffnet oder eine freiberufliche Tätigkeit (vgl. § 18 EStG) beginnt. **Der Erfassung der Hersteller verbrauchsteuerbarer Erzeugnisse** bei den zuständigen Zollstellen dienen hauptsächlich die Pflichten zur Anmeldung des Herstellungsbetriebes (vgl. § 139 I 1 AO sowie *Koch/Scholtz/Himsel* 3 sowie TK-*Tipke* zu § 139 AO).

Wer einer Pflicht zur Erfassung als Stpfl nicht nachkommt, hält die FinB über seine persönliche Steuerpflicht in Unkenntnis (Rdnr. 157 ff.) und verhindert dadurch von vornherein, daß gegen ihn – soweit gesetzlich vorgesehen – eine Vorauszahlung festgesetzt, die Abgabe einer Steuer(vor)anmeldung oder einer (Jahres-)Steuererklärung gem. § 328 AO erzwungen oder die gesetzlich geschuldete Steuer aufgrund einer Schätzung der Besteuerungsgrundlagen nach § 162 AO festgesetzt und vollstreckt werden kann. Aus der Rspr vgl. zum Verheimlichen eines Gewerbebetriebs OLG Köln v. 31. 3. 1953 (ZfZ 186), BGH v. 16. 6. 1954 (NJW 1819 betr. Pelztierzucht) u. BGH v. 1. 3. 1956 (BStBl. I 441), zum Verheimlichen einer freiberuflichen Tätigkeit OLG Frankfurt v. 18. 10. 1961 (NJW 1962, 974). In diesen Fällen wird jedoch eine Steuerhinterziehung nur dann gegeben sein, wenn bereits das Nichtmitteilen etwa der Aufnahme der Erwerbstätigkeit ursächlich für den Eintritt einer Steuerverkürzung wird. So wird im Hinblick auf die Umsatzsteuer die Nichtabgabe der Voranmeldung die eigentliche Tathandlung sein (vgl. § 18 I UStG). Anders ist dies, wenn wegen der Aufnahme etwa der gewerblichen Tätigkeit Anlaß für das FA besteht, den Erlaß von Vorauszahlungsbescheiden zu prüfen. Bei der ESt, KSt und GewSt tritt eine Verkürzung ein, falls und sobald das FA durch das Schweigen des Stpfl davon abgehalten wird, einen Vorauszahlungsbescheid zu erteilen (vgl. RdF-Erl. v. 26. 8. 1941, RStBl. 649; ferner §§ 48 f. KStG; § 19 IV GewStG). Der Stpfl ist nicht verpflichtet, dem FA von sich aus Umstände anzuzeigen, die zu einer Erhöhung der Vorauszahlungen Veranlassung geben könnten (*Blümich* 20, *Littmann* 5 – beide zu § 35 EStG). Gibt der Stpfl, der die Anmeldung eines Gewerbebetriebs oder einer freiberuflichen Tätigkeit usw. unterlassen hat, fristgerecht eine Jahressteuererklärung ab, bevor das FA auf andere Weise von seiner steuerträchtigen Betätigung erfahren hat, beschränkt sich die Steuerverkürzung auf die vermiedenen Vorauszahlungen. Insoweit kann die Abgabe der Jahressteuererklärung als Selbstanzeige gewürdigt werden (str.; Rdnr. 69 zu § 371 AO), die gem. § 371 III AO bei fristgerechter Nachzahlung des Betrages, den das FA ohne das steuerunehrliche Verhalten als Vorauszahlung festgesetzt hätte, strafbefreiende Wirkung hat. Gibt der Stpfl keine Jahressteuererklärung ab, wird dadurch die gesetzlich entstandene Jahressteuerschuld verkürzt.

§ 370 166–168

bb) Nichtabgabe von Steuervoranmeldungen

Schrifttum: *Leise*, Strafrechtliche Folgen bei verspäteter Abgabe oder bei Nichtabgabe von Umsatzsteuer-Voranmeldung, BB 1949, 79; *Suhr*, Festgesetzte Steuervorauszahlungen und Steuerstrafrecht, BB 1950, 477; *Luther*, Straflose Vortat bei Abgabe falscher Umsatzsteuer- und Beförderungsteuervoranmeldungen, BB 1962, 94; *Fr.-Chr. Schroeder*, Zur Strafbarkeit der Nichtabgabe von Umsatzsteuer-Voranmeldungen, DB 1964, 149; *Henke*, Wann ist ein Umsatzsteuervergehen begangen? BB 1964, 256; *Leise*, Mitbestrafte Nachtat bei der Umsatzsteuer, StuF 1965, 323 u. Inf 1965, 435; *Fischer*, Kritik der strafrechtlichen Rechtsprechung bei Fälligkeitsteuern, DStZ 1965, 375 mit Erwiderungen von *Kulla* DStZ 1966, 42, *Reinisch* DStZ 1966, 72 u. *Henke* DStZ 1966, 88; *Fr.-Chr. Schroeder*, Zur Strafbarkeit der Nichtabgabe von Umsatzsteuer-Voranmeldungen, DB 1966, 519; *Herdemerten*, Zur Nichtstrafbarkeit der verspäteten Abgabe von Umsatzsteuervoranmeldungen, DStR 1970, 198; *Depiereux*, Die strafrechtlichen Folgen der Nichtabgabe von Steuererklärungen, DStR 1970, 551; *Herdemerten*, Keine Steuerunehrlichkeit bei verspäteter Abgabe bzw. Nichtabgabe von Steuererklärungen, DStR 1970, 751; *Leise*, Nochmals: Zur Nichtstrafbarkeit der verspäteten Abgabe von Umsatzsteuervoranmeldungen, DStR 1971, 57; *Depiereux*, Keine Steuerunehrlichkeit bei verspäteter Abgabe bzw. Nichtabgabe von Steuererklärungen? DStR 1971, 59; *Wilke*, Erscheinungsformen der Hinterziehung von Umsatzsteuer, wistra 1989, 295.

166 **Steuervoranmeldungen dienen dem Zweck,** das FA frühzeitig und fortlaufend über die Grundlagen eines gesetzlich entstandenen Steueranspruchs zu unterrichten. Steuervoranmeldungen sind Steuererklärungen (§ 150 I 2 AO iVm § 18 I UStG) für kürzere Zeiträume als ein Jahr (Monat oder Kalendervierteljahr), an die sich nach Ablauf des Kalenderjahres die Pflicht zur Abgabe einer Jahressteuererklärung anschließt, die gem. § 168 AO einer Steuerfestsetzung unter Vorbehalt der Nachprüfung gleichsteht.

167 **Die Pflicht zur Abgabe von Steuervoranmeldungen** ergibt sich namentlich aus § 18 I UStG. Wenn der Stpfl dem FA als Unternehmer bekannt ist und er die Abgabe einer USt-Voranmeldung zum gesetzlichen Termin, dh bis zum 10. eines Monats (bei monatlicher Voranmeldung) oder zum 10. 4., 10. 7., 10. 10. oder 10. 1. (bei vierteljährlicher Voranmeldung) unterläßt, hat das FA die USt nach Ablauf der Voranmeldungsfrist gem. § 18 I 4 UStG aufgrund geschätzter Besteuerungsgrundlagen festzusetzen.

168 **Eine Steuerverkürzung tritt bereits mit Ablauf des Voranmeldungszeitraumes ein;** denn bis dahin hätte die voranzumeldende Steuer auch entrichtet werden müssen (vgl. auch *Riehl* wistra 1996, 130). Dies gilt ungeachtet der Höhe des später von Amts wegen festgesetzten Betrages, für dessen Fälligkeit nach § 18 III 3 UStG – wie bei rechtzeitigen Voranmeldung – gleichfalls der 10. Tag nach Ablauf der Voranmeldungsfrist gilt. Wenn die Vorauszahlung von Amts wegen mindestens ebenso hoch festgesetzt wird wie der Betrag, den der Stpfl voranzumelden unterlassen hat, kann die Minderung der Steuereinnahmen durch die um kurze Zeit verzögerte Zahlung oder Beitreibungsmöglichkeit so gering sein, daß sie vernachlässigt werden darf (wie hier die hM: *Leise* DStR 1971, 58; *Depiereux* DStR 1971, 59; aM *Herdemerten* DStR 1970, 751). Dies führt im Hinblick auf § 370 II AO jedoch nicht zur Straffreiheit, wenn der Stpfl auf eine zu niedrige Schätzung und Festsetzung der Vorauszahlung spekuliert hatte. Eine Steuerverkürzung liegt stets vor, wenn die von Amts wegen festgesetzten Beträge niedriger sind als die kraft Gesetzes geschuldeten Beträge. Werden die im Laufe des Jahres entstandenen Unterschiedsbeträge nachträglich, insbesondere in einer USt-Jahreserklärung

IV. Tatbestandsmäßiges Verhalten 169–171 § 370

dem FA offenbart, kann der Stpfl dadurch unter den übrigen Voraussetzungen des § 371 AO Straffreiheit erlangen. Werden die Unterschiedsbeträge nur zT nachträglich erklärt, können die Voraussetzungen einer teilweise strafbefreienden Teilselbstanzeige erfüllt sein (Rdnr. 16 f. zu § 371 AO).

Falls der Stpfl auch die Abgabe einer USt-Jahreserklärung unterläßt oder 169 eine unrichtige Jahressteuererklärung abgibt, nach der die Steuerverkürzung der Summe der unterbliebenen oder zu niedrig festgesetzten Vorauszahlungen entspricht, entsteht die Frage nach dem Konkurrenzverhältnis zwischen Voranmeldungen und Jahressteuererklärung. Hierbei ist davon auszugehen, daß die für die einzelnen Voranmeldungszeiträume vorangemeldete oder von Amts wegen festgesetzte USt nur Teilbeträge der USt-Jahresschuld darstellen, die nach Ablauf des Kalenderjahres aufgrund einer Jahreserklärung oder einer Schätzung der Besteuerungsgrundlagen in einer Summe für das ganze Jahr festzusetzen ist. Durch die fortlaufende Nichtabgabe der USt-Voranmeldungen wird daher „etappenweise" bereits die Jahressteuerschuld verkürzt, die nicht größer sein kann als die Summe der Teilbeträge, die monatlich oder vierteljährlich hätten vorangemeldet werden müssen. Vgl. Rdnr. 114 zu § 369 AO; zur Selbstanzeige s. Rdnr. 69 ff zu § 371 AO.

cc) Nichtabgabe von Steuererklärungen oder Steueranmeldungen

Schrifttum: *Hammer,* Hinterziehung im Vollstreckungsverfahren und durch Nichtabgabe von Steuerklärungen, StWa 1957, 98; *Pfaff,* Zur Einleitung des Steuerstrafverfahrens, insbesondere bei Nichtabgabe von Steuererklärungen, WT 1962, 162 u. Inf 1962, 455; *Hoffmann,* Die Nichterfüllung der steuerlichen Erklärungspflichten und § 396 AO, FR 1963, 293 u. Inf 1963, 203; *Schirp,* Strafrechtliche Folgen bei Nichtabgabe von Steuerklärungen, StB 1963, 141; *Lohmeyer,* Steuerhinterziehung durch Nichtabgabe von Steuererklärungen, NJW 1963, 1191; *Schulze,* Steuerhinterziehung durch Unterlassen der Abgabe von Steuererklärungen, DStR 1964, 384 u. 416; *Schuhmann,* Form und Inhalt der Steuererklärungen, BB 1977, 692; *Pfaff,* Vorsteuerabzug in straf- bzw. bußgeldrechtlicher Sicht, DStZ 1978, 435; *Bilsdorfer,* Die Bedeutung des Umsatzsteuerabzugsverfahrens für das Steuerstraf- und Steuerordnungswidrigkeitenrecht, DStZ 1981, 163; *Dietz,* Bestrafung wegen Steuerhinterziehung bei verspäteter Anmeldung und Zahlung von Umsatzsteuer und Lohnsteuer? DStR 1981, 372; *Ulmer,* Die verspätete Abgabe von Steuererklärungen im Steuerstrafrecht, wistra 1983, 22; *Firgau,* Strafrechtsschutz für überschießende Steuereinnahmen?, wistra 1986, 247; *Ferschel,* Die Abgrenzung versuchter von vollendeter Steuerhinterziehung im Falle des § 370 I Nr. 2 AO bei Ergehen eines Schätzungssteuerbescheides, wistra 1990, 177; *Dörn,* Nochmals: Strafverfolgung der Nichtabgabe von Steuererklärungen, wistra 1991, 10; *Dörn,* Nichtabgabe von Steuererklärungen, wistra 1993, 241; *Dörn,* Versuch oder Vollendung der Steuerverkürzung durch Nichtabgabe von Steuererklärungen bei Veranlagungssteuern, DStZ 1994, 39; s. auch das Schrifttum vor Rdnr. 76, 166, 253.

Steuererklärungen im engeren Sinne sind förmliche Erklärungen über 170 die von einem Stpfl in einem bestimmten Zeitraum (Kalenderjahr oder abw. Wirtschaftsjahr) oder – bei einmaligen Steuern – zu einem bestimmten Zeitpunkt verwirklichten Besteuerungsgrundlagen zum Zwecke der Steuerfestsetzung durch das FA. **Steueranmeldungen** sind nach § 150 I 2 AO Steuerklärungen, in denen der Stpfl eine Steuer selbst berechnen muß; eine Festsetzung der Steuer durch Steuerbescheid ist nach § 167 AO nur erforderlich, wenn die Festsetzung zu einer abweichenden Steuer führt.

Pflichten zur Abgabe von Steuererklärungen ergeben sich namentlich 171 aus §§ 56–60 EStDV, § 49 1 KStG iVm §§ 56 ff. EStDV, § 25 GewStDV,

§ 370 172–174   Steuerhinterziehung

§ 19 VStG, § 31 ErbStG (hier nach vorhergehender Anzeige gem. § 30 ErbStG iVm §§ 5–14 ErbStDV). Pflichten zur Abgabe von Steueranmeldungen ergeben sich bei den Besitz- und Verkehrsteuern aus § 41 a EStG, § 45 a I EStG, § 73 e S. 2 EStDV, § 8 I–III VersStG; vgl. ferner die Pflichten zur Nachweisung der RennwSt nach § 18 I RennwLottAB. Bei den Verbrauchsteuern bestehen Pflichten zur Abgabe monatlicher Anmeldungen der hergestellten Erzeugnisse und der entstandenen Steuer gem. § 5 LeuchtmStG iVm § 5 LeuchtmStDB, § 5 MinöStG iVm § 8 MinöStDV, § 4 SalzStG iVm § 6 SalzStDB, § 5 SchaumwStG iV m § 5 SchaumwStDB, § 6 ZuckStG iVm § 7 ZuckStDB; vgl. ferner die Pflichten der Tabakpflanzer zur Anmeldung des gewonnenen Rohtabaks nach § 19 TabStG, der Brauereien zur Einsendung des Biersteuerbuches nach § 63 BierStDB sowie die Anmeldepflicht der Hausbrauer nach § 7 BierStDB.

172   **Kraft Gesetzes ist zur Abgabe einer Steuererklärung jeder verpflichtet,** der nach den einzelnen Steuergesetzen einen Steuertatbestand verwirklicht hat. Bei juristischen Personen obliegt die Verpflichtung den zuständigen Organen (§ 34 I 1 AO). Für nicht rechtsfähige Personenvereinigungen und Vermögensmassen haben gem. § 34 I 1 AO die Geschäftsführer die Erklärungen abzugeben. Fehlt ein Geschäftsführer, so trifft die Pflicht die Gesellschafter oder Mitglieder (§ 34 II AO).

173   **Eine Steuererklärungspflicht haben ferner:**
gesetzliche Vertreter eines Stpfl (§ 34 I 1 AO); Vermögensverwalter (§ 34 III AO) einschl. Konkursverwalter;
Mitglieder einer Erbengemeinschaft sowie die zur Verwaltung und Verwendung von Zweck- und Sondervermögen oder unselbständigen Stiftungen bestellten Treuhänder oder Bevollmächtigten (§ 34 I–III AO);
als Bevollmächtigte oder Verfügungsberechtigte auftretende Personen (§ 35 iVm § 34 I AO), wenn die Vollmacht oder der Auftrag die Steuererklärungspflicht umfaßt. Einen nur allgemein mit der Beratung und Vertretung beauftragten Wpr, StBer oder StBev trifft kraft Gesetzes keine Pflicht zur Abgabe von Steuererklärungen für seinen Mandanten. Auch in Fällen der Verfügungsberechtigung ist i. ü. zu bedenken, daß eine Vertretung bei der eigenhändigen Unterschrift gem. § 150 III 1 AO nur in Ausnahmefällen zulässig ist.

174   **Die Vorschrift des § 149 I 2, 3 AO,** nach der zur Abgabe einer Steuererklärung über die Vorschriften der einzelnen Steuergesetze hinaus jeder verpflichtet ist, der dazu vom FA individuell oder durch öffentliche Bekanntmachung aufgefordert wird, ist trotz ihrer konstitutiven Bedeutung für das Steuerrecht steuerstrafrechtlich ohne Belang. Wer es entgegen den Vorschriften der einzelnen Steuergesetze unterläßt, dem FA die von ihm verwirklichten Steuertatbestände innerhalb der Frist mitzuteilen, die das jeweilige Steuergesetz vorschreibt, handelt hiernach rechtswidrig und regelmäßig auch mit dem Erfolg einer Steuerverkürzung. Wer hingegen in dem jeweiligen Steuerabschnitt keinen Tatbestand verwirklicht hat, der (bei Berücksichtigung von Freibeträgen, Freigrenzen usw.) gem. § 38 AO eine Steuerschuld hat entstehen lassen, kann sich einer Steuerhinterziehung auch dann nicht schuldig machen, wenn er eine besondere Aufforderung des FA zur Abgabe einer Steuererklärung vorsätzlich mißachtet. Zwar kann ihn das FA durch steuerrechtliche Zwangsmittel nach § 328 AO zur Abgabe einer Steuererklärung anhalten, um eine verbindliche und nachprüfbare Äußerung des Stpfl über seine steuerlichen Verhältnisse zu erlangen. Steuerstrafrechtlich hat eine Aufforderung nach § 149 I 2 AO jedoch nur zur Folge, daß der Stpfl, der einen Steuertatbestand verwirklicht hat, in einem späteren Strafverfahren nicht geltend machen kann, daß er sich seiner gesetzlichen Pflicht zur Abgabe einer Steuererklärung nicht bewußt gewesen sei.

In welcher Form eine Steuererklärung abzugeben ist, regelt § 150 I 1 **175** AO in der Weise, daß die Erklärung grundsätzlich auf amtlich vorgeschriebenen Vordrucken zu erfolgen hat, es sei denn, eine mündliche Steuererklärung ist zugelassen. Ferner hat der Stpfl nach § 150 II AO zu versichern, daß er die Angaben in der Steuererklärung nach bestem Wissen und Gewissen gemacht hat. Die Einhaltung der vorgeschriebenen Form und die Abgabe der vorgeschriebenen Versicherung sind jedoch für das Vorliegen einer Steuererklärung nicht wesentlich. Amtliche Vordrucke und Muster sollen nur die Bearbeitung erleichtern und die Vollständigkeit der Erklärungen gewährleisten (RFH v. 9. 7. 1931, RStBl. 332). Die Wahrheitsversicherung ist nur ein Aufruf zur Wahrheit, eine Mahnung, den Vordruck sorgfältig auszufüllen (einhM, vgl. *Franzen* DStR 1964, 382; TK-*Tipke* 3 zu 150 AO). Eine Steuererklärung kann zB auch die formlose Mitteilung des Stpfl darstellen, daß er im vergangenen Jahr wegen Krankheit keine Umsätze und Einkünfte erzielt, sondern von Sozialhilfe gelebt habe. Ist eine solche Mitteilung unrichtig, so ist die dadurch bewirkte Steuerverkürzung – wie bei der Abgabe einer förmlichen unrichtigen Erklärung – bereits in dem Zeitpunkt eingetreten, in dem das FA sich entschließt, den Stpfl nicht zu veranlagen (sog. „n. v.-Fall") oder jedenfalls einen Steuerbetrag nicht festzusetzen (sog. „Null-Fall").

Eine durch Nichtabgabe einer Steuererklärung bewirkte Steuerhinter- 176 ziehung liegt namentlich dann vor, wenn der Stpfl beim FA nicht geführt wird und sich durch das Unterlassen der Abgabe von Steuererklärungen der Besteuerung schlechthin entziehen will. Zum Zeitpunkt der Vollendung der Tat s. Rdnr. 33. Die häufigsten Fälle dieser Art sind Schwarzarbeiter (vgl. FG Münster v. 7. 9. 1966, DStZ/B 1967, 38) und ArbN mit Nebeneinkünften aus Vermietung und Verpachtung, insbes. Zimmervermietung an Studenten, Messebesucher, Kongreßteilnehmer usw., oder aus selbständiger Arbeit, die 800 DM übersteigen (vgl. § 46 II Nr. 1 EStG), ferner Wandergewerbetreibende, Handelsvertreter ohne festen Wohnsitz oder mit häufig wechselndem Wohnsitz und Sortiment, fliegende Händler, Vermittler von Gelegenheitsgeschäften, Heilpraktiker (vgl. OLG Frankfurt v. 18. 10. 1961, NJW 1962, 974), Hellseher, Schausteller, Catcher, Vortragskünstler aller Art, Prostituierte (vgl. BFHGrS v. 23. 6. 1964, BStBl. 500). Eine weitere Gruppe bilden diejenigen Kleingewerbetreibenden, die es bewußt auf eine Schätzung ihrer Umsätze und Gewinne nach § 162 AO ankommen lassen wollen und das Ergebnis dann, wenn die Schätzung zu niedrig ausgefallen ist, hinnehmen, oder aber, wenn sie zu hoch ausgefallen ist, den Steuerbescheid mit detaillierten Angaben anfechten (vgl. RG v. 21. 7. 1938, RStBl. 906; OLG Karlsruhe v. 5. 3. 1964, BB 1966, 1379). Weitere Beispiele aus der Rspr: BGH – 1 StR 159/51 – v. 15. 11 . 1951 und – 3 StR 222/53 – v. 16. 6. 1954, zit. bei *Lohmeyer* NJW 374; OLG Frankfurt v. 30. 3. 1960, NJW 1684; OLG Hamm v. 6. 12. 1962, BB 1963, 459.

177 **Die verspätete Abgabe einer Steuererklärung** steht einer Nichtabgabe grundsätzlich gleich; denn, vom Merkmal einer Verkürzung der Steuereinnahmen aus betrachtet, besteht nur ein gradueller Unterschied, ob nach dem Ablauf der Steuererklärungsfrist ein mehr oder minder langer Zeitraum vergeht, bis der Stpfl die Besteuerungsgrundlagen doch noch von sich aus erklärt oder ob sie inzwischen durch eine Anzeige oder durch amtliche Ermittlungen zur Kenntnis des FA kommen und dem FA ermöglichen, die gesetzlich geschuldete Steuer nachträglich festzusetzen. Unstreitig ist, daß auch eine vorübergehende Minderung der Steuereinnahmen eine Steuerverkürzung darstellt (Rdnr. 46 f.), eine unterschiedliche strafrechtliche Beurteilung kann sich jedoch aus folgenden Umständen ergeben.

178 **Hat die zuständige Finanzbehörde die gesetzliche Frist für die Abgabe einer Steuererklärung verlängert** (§ 109 AO), handelt der Stpfl regelmäßig nicht rechtswidrig, wenn er die verlängerte Frist ausschöpft (siehe auch Rdnr. 263). Dies gilt bei allgemeinen Fristverlängerungen ohne Einschränkung und ohne Rücksicht darauf, ob der einzelne Stpfl, der seine Steuererklärung bereits vor Ablauf der verlängerten Frist fertiggestellt hat, sie bis zum letzten Tag der Frist zurückhält, um die erklärungsgemäß zu erwartende Abschlußzahlung hinauszuzögern. Gleiches gilt grundsätzlich auch bei einer individuell gewährten Fristverlängerung. Steuerhinterziehung (durch Handeln) begeht jedoch, wer einen Antrag auf Fristverlängerung mit unwahren Behauptungen begründet hat und dann den Ablauf der erschlichenen Fristverlängerung abwartet.

dd) Unterlassene Berichtigung von Erklärungen (§ 153 AO)

Schrifttum: *Lohmeyer*, Zur Frage der Unzumutbarkeit im Steuerstrafrecht, NJW 1958, 1431; *Lohmeyer*, Die Pflicht zur Berichtigung einer Steuererklärung nach § 165e AO, WPg 1963, 442; *v. Witten*, Zur Strafbarkeit der Verletzung der Anzeigepflicht nach § 165e AO, NJW 1963, 567 mit Erwiderung von *Henke* NJW 1963, 1098; *Leise*, Die Nacherklärungspflicht gemäß § 165e I RAO – gesehen aus strafrechtlichem Blickwinkel, BlStA 1965, 83; *Lohmeyer*, Die Bedeutung der Anzeigepflicht nach § 165e AO, ZfZ 1968, 299; *Teichner*, Nacherklärungspflicht des Konkursverwalters im Besteuerungsverfahren? NJW 1968, 688; *Lohmeyer*, Die Berichtigung von Erklärungen nach § 153 AO, DStZ 1978, 366; *Brenner*, Von der Strafbarkeit des steuerlichen Garanten, DRiZ 1981, 412; *Brenner*, Muß der Steuerberater die Steuererklärung berichtigen, wenn er zugunsten seines Mandanten Steuern verkürzt hat?, BB 1987, 1856; *Schuhmann, H.*, Berichtigung von Erklärungen (§ 153 AO) und Selbstanzeige, wistra 1994, 45; *Dörn*, Vorwurf der Steuerhinterziehung (§ 370 AO) bei Delegation steuerlicher Pflichten, insbesondere bei Beantragung der Herabsetzung von Vorauszahlungen, DStZ 1996, 168; *Möller*, Die Berichtigungspflicht nach § 153 I AO und die strafrechtlichen Folgen einer Pflichtverletzung, 1996.

179 **Wer nach Abgabe einer Steuererklärung erkennt,** daß seine Erklärung (zu Vorauszahlungsbescheiden *Dörn* DStZ 1996, 169) unrichtig oder unvollständig ist, unterliegt der besonderen Anzeigepflicht nach:

IV. Tatbestandsmäßiges Verhalten　　　　　　　　180–182　§ 370

§ 153 AO Berichtigung von Erklärungen

(1) ¹Erkennt ein Steuerpflichtiger nachträglich vor Ablauf der Festsetzungsfrist,
1. daß eine von ihm oder für ihn abgegebene Erklärung unrichtig oder unvollständig ist und daß es dadurch zu einer Verkürzung von Steuern kommen kann oder bereits gekommen ist oder
2. daß eine durch Verwendung von Steuerzeichen oder Steuerstemplern zu entrichtende Steuer nicht in der richtigen Höhe entrichtet worden ist,
so ist er verpflichtet, dies unverzüglich anzuzeigen und die erforderliche Richtigstellung vorzunehmen. ²Die Verpflichtung trifft auch den Gesamtrechtsnachfolger eines Steuerpflichtigen und die nach den §§ 34 und 35 für den Gesamtrechtsnachfolger oder den Steuerpflichtigen handelnden Personen.

(2)–(3) ... (s. Rdnr. 187)

Bereits vor Einführung des § 165e RAO hatte der GrS des RFH in einem Gutachten v. 4. 12. 1933 (RStBl. 1934. 24) ausgesprochen, daß derjenige, der eine unrichtige oder unvollständige Erklärung abgegeben habe, sie unverzüglich berichtigen oder ergänzen müsse, sobald er die Mängel erkenne, und zwar auch dann, wenn ihn kein Verschulden treffe. Gleichwohl war es dem Gesetzgeber ratsam erschienen, diese Grundsätze in § 165e I RAO gem. § 28 Nr. 36 EGRealStG v. 1. 12. 1936 (RGBl. I 969) zu kodifizieren. Die Neufassung in § 153 I AO entspricht weitgehend § 165e I RAO; sie umreißt den Kreis der Erklärungspflichtigen jedoch präziser und bezieht die unrichtige Verwendung von Steuerzeichen und Steuerstemplern mit ein.

Nach § 153 I AO sind nur der Stpfl (§ 33 I AO), sein Gesamtrechtsnachfolger sowie die nach §§ 34, 35 AO für beide handelnden Personen zur Berichtigung verpflichtet. Dagegen sind Steuerberater idR nicht berichtigungspflichtig (BGH v. 20. 12. 1995, wistra 1996, 184; *Möller* 1996, 192); gleiches gilt für Personen, die nach § 33 II AO sonst Auskünfte erteilt haben. Die Pflicht trifft nicht nur den, der selbst die unrichtige Erklärung abgegeben hat, sondern auch denjenigen, für den eine solche Erklärung abgegeben wurde. Die Abgabe einer förmlichen Steuererklärung ist nicht erforderlich. Für das Kindergeld nach Maßgabe des X. Abschnitts des EStG idF des JahressteuerG trifft § 68 I EStG eine Sonderregelung. 180

Inhaltlich beschränkt sich die Anzeigepflicht für jeden von mehreren Beteiligten auf diejenigen Fehler und Lücken, die er selbst verursacht hat; dabei sind Lücken nicht nur anzuzeigen, sondern durch Nacherklärung auszufüllen (arg. „*Richtigstellung*"). Indessen ist niemand verpflichtet, Fehler anzuzeigen, die dem FA bei der Veranlagung einer richtigen Steuererklärung unterlaufen sind (*Möller* 1996, 126). 181

Nur bei nachträglicher Erkenntnis der Unrichtigkeit begründet § 153 I AO die Anzeigepflicht. Wußte der Stpfl schon bei Abgabe der Erklärung, daß sie fehlerhaft war, bildet bereits die Abgabe der unrichtigen oder unvollständigen Erklärung die Tathandlung einer vorsätzlichen Steuerverkürzung; jedes weitere, auf Verbergen der selbst bewirkten Steuerhinterziehung gerichtete Verhalten hat keine selbständige Bedeutung mehr. Hier greift § 153 I AO schon nach seinem Wortlaut nicht ein (*Möller* 1996, 138; *Hardtke* 1995, 35; *Schuhmann* wistra 1994, 48; aM OLG Hamburg v. 2. 6. 1992, wistra 182

1993, 274 unter Hinweis auf OLG Karlsruhe v. 5. 3. 1964, BB 1966, 1379; *Kühn/Hofmann* 4 zu § 153 AO). Gleiches gilt auch für den Fall, daß der Stpfl die Fehlerhaftigkeit seiner Erklärung im Zeitpunkt ihrer Abgabe zwar noch nicht positiv kannte, jedoch diese Möglichkeit und ihre Folgen von vornherein iSd dolus eventualis billigend in Kauf genommen hatte (OLG Hamm v. 12. 1. 1959, NJW 1504; insoweit zust. auch *v. Witten* NJW 1963, 570). Eine Verpflichtung zur Berichtigung bedingt vorsätzlicher falscher Erklärungen würde das Delikt der Steuerhinterziehung zu einem Dauerdelikt machen, durch das nicht nur die Begründung eines rechtswidrigen Zustandes, sondern auch dessen Aufrechterhaltung pönalisiert werden würde (vgl. schon *v. Witten* NJW 1963, 567). Nach Abgabe vorsätzlicher unrichtiger Erklärungen würde der Tatbestand der Steuerhinterziehung ununterbrochen dadurch weiterverwirklicht, daß der Täter eine Berichtigung seiner unrichtigen Erklärungen unterläßt. Dies kann nicht richtig sein, denn die Anzeigepflicht erlischt gem. § 153 Abs. 1 Satz 1 AO mit Ablauf der Festsetzungsfrist nach §§ 169 ff. AO. Die Festsetzungsfrist endet gemäß § 171 Abs. 7 AO jedoch nicht, bevor die Steuerhinterziehung verjährt ist, und die Steuerhinterziehung kann nicht verjähren, solange der Hinterziehungstatbestand durch die unterlassene Berichtigung permanent weiter verwirklicht wird, so daß ein verjährungsrechtliches „perpetuum mobile" entstehen würde (*Hardtke* 1995, 37). Damit würde der mit sicherem Wissen handelnde Täter besser behandelt als der mit dolus eventualis; daß dies von § 153 AO nicht gemeint sein kann, liegt auf der Hand. Zwar könnte man für Zwecke der Verjährung auch hier von einer Beendigung mit der ersten unrichtigen Veranlagung ausgehen (Rdnr. 27 zu § 376 AO), dennoch bliebe das Problem eines Zwangs der Selbstbelastung zumindest in den Fällen, in denen der Täter den nachzuentrichtenden Betrag nicht aufzubringen vermag (vgl. Rdnr. 55 zu § 393 AO).

183 **Beruht die Unrichtigkeit der ursprünglichen Erklärung auf Leichtfertigkeit,** begründet § 153 I AO die Anzeigepflicht bei nachträglicher Erkenntnis der Unrichtigkeit auch dann, wenn die Steuer schon zu niedrig festgesetzt worden ist und das hierfür ursächliche Verhalten des Stpfl als leichtfertige Seuerverkürzung gem. § 378 AO mit Geldbuße geahndet werden könnte. Noch vor dem 2. AOStrafÄndG hat der BGH im Urt. v. 1. 11. 1966 (DStZ/B 1967, 32) ausgeführt, daß das vorausgegangene Tun der leichtfertigen Steuerverkürzung nur geringes strafrechtliches Gewicht habe und es in solchen Fällen zumutbar sei, daß der nach § 165e I RAO Verpflichtete den Eintritt weiterer erheblicher Folgen seines Verhaltens selbst auf die Gefahr verhindere, sich dabei einer Strafverfolgung auszusetzen (ebenso vorher KG – 1 Ss 393/57 – v. 27. 12. 1957, zit. bei *Lohmeyer* NJW 1958, 1431; OLG Hamm v. 12. 1. 1959, NJW 1504 m. zust. Anm. *Hartung* JZ 1960, 98; glA *Barske* DStZ 1958, 25; *Henke* NJW 1963, 1098: *Lohmeyer* ZfZ 1968, 301; *Suhr* 1977, S. 383; abw. *Berger* BB 1951, 304; aM *v. Witten* NJW 1963, 570). Die durch leichtfertiges Verschulden herbeigeführte Zwangslage des Stpfl sei vergleichbar mit der Lage nach einem selbst verschuldeten Verkehrsunfall (*Barske* aaO), der die Pflicht nicht ausschließe, sich selbst der Feststellung seiner Person usw. zu stellen, wenn der Beteiligte den Vorwurf vorsätzlicher

IV. Tatbestandsmäßiges Verhalten 184–186 § 370

Entfernung vom Unfallort (§ 142 StGB) vermeiden will. Auch das mit Freiheitsstrafe bewehrte Fluchtverbot (so früher *Schönke/Schröder* 1) oder Mitwirkungsgebot (*Welzel* S. 443) des § 142 StGB sei mit dem GG vereinbar (BVerfG 16, 191, 193f. v. 29. 5. 1963). Überdies bestünde selbst die theoretische Möglichkeit der Festsetzung einer Geldbuße nach § 378 I, II AO im Anschluß an die Erfüllung der Anzeigepflicht des § 153 I AO nur dann, wenn die Voraussetzungen des § 378 III AO ausnahmsweise nicht vorliegen (so Vorauß. 150). Diese Argumentation wird freilich dem aktuellen Stand der Diskussion um das nemo-tenetur-Prinzip nur bedingt gerecht. Richtig ist, daß von einer Zwangssituation nicht gesprochen werden kann, wenn mit der Berichtigungserklärung iS des § 153 I AO zugleich eine bußgeldbefreiende Selbstanzeige iS des § 378 Abs. 3 AO gegeben ist. In vielen Fällen ist aber zugleich einer der Gefährdungstatbestände der §§ 379ff. AO erfüllt (*Möller* 1995, 137ff.). Angemessen erscheint es, in diesen Fällen zwar von einem Bestehen der Pflicht iS des § 153 I AO auszugehen, daran aber zwingend die Einstellung des Bußgeldverfahrens gem. § 47 OWiG zu knüpfen (*Möller* 1996, 146 ff.; s. aber auch KG v. 7. 5. 1992, wistra 1994, 36, 37; *Dörn* wistra 1995, 7).

Unverzüglich, also ohne schuldhaftes Zögern, muß die Anzeige nach 184
§ 153 I AO erstattet werden. Schuldhaft ist das Verzögern der Anzeige nur solange nicht, wie der Anzeigepflichtige bei bestem Willen nicht in der Lage war, seine Erkenntnis der FinB mitzuteilen. Die ihm zur Verfügung stehende Zeitspanne hängt von den Umständen des Einzelfalles ab, namentlich davon, ob eine Korrektur des Fehlers komplizierte Berechnungen erfordert oder ob die einfache Mitteilung einer einzelnen Tatsache dem Zweck der Anzeige genügt. Nimmt sich der Stpfl unangemessen lange Zeit, kann die verspätete Nacherklärung unter den Voraussetzungen des § 371 II AO noch als rechtzeitige Selbstanzeige wirken und bei bereits eingetretener Steuerverkürzung unter der Voraussetzung des § 371 III AO zur Straffreiheit führen.

Wer die Anzeigepflicht nach § 153 I AO nicht erfüllt, nachdem er die 185
Unrichtigkeit seiner vorausgegangenen (unverschuldet, fahrlässig oder leichtfertig unrichtigen) Erklärung erkannt hat, macht sich der Steuerhinterziehung schuldig (so schon RFH 47, 204), falls das Unterlassen „*mit dem Vorsatz erfolgt, dadurch weiterhin Steuereinnahmen zu verkürzen*" (so BayObLG – RReg. 4 St 205/61 – v. 24. 8. 1961 im Anschluß an OLG Hamm v. 12. 1. 1959, NJW 1504; stRspr, vgl. zuletzt BGH v. 1. 11. 1966, DStZ/B 1967, 32; grundsätzlich aM nur *v. Witten* NJW 1963, 570), soweit es bis dahin zu einer Steuerfestsetzung noch nicht gekommen ist. Eine leichtfertige Steuerverkürzung durch Unterlassen der Anzeige nach einer vorausgegangenen (unverschuldet oder leicht fahrlässig) unrichtigen Erklärung ist ausgeschlossen, da § 153 I AO die Erkenntnis der Unrichtigkeit voraussetzt; ein nachträgliches Nichterkennen der Unrichtigkeit genügt auch dann nicht, wenn die mangelnde Erkenntnis auf grober Fahrlässigkeit beruht (im Ergebnis ebenso, aber mit abw. Begründung *v. Witten* aaO; *Lohmeyer* ZfZ 1968, 301).

Die Berichtigungspflicht besteht auch dann, wenn es bereits zu einer Steu- 186
erfestsetzung gekommen ist, solange die Festsetzungsfrist (§ 169 Abs. 2 AO) noch nicht abgelaufen ist. Zweifelhaft ist aber, ob dies auch strafrechtlich

durchschlägt. Zu dem Zeitpunkt des Erkennens der Unrichtigkeit der Erklärung ist ein Verkürzungserfolg erst einmal eingetreten, eine Vertiefung insofern nicht mehr möglich (*Schmitz* wistra 1993, 248; *Möller* 1996, 176). Ob man hieraus den Schluß ziehen kann, in solchen Konstellationen sei eine Steuerhinterziehung schlechthin nicht mehr denkbar (vgl. *Samson* wistra 1990, 247; *Möller* 1996, 172 ff.) erscheint jedoch zweifelhaft. Richtig ist, daß das Gesetz in § 370 Abs. 4 Satz 2 AO bei den Steuervorteilen das Gewähren und das Belassen gleichstellt, während es bei der Steuerverkürzung nur die unrichtige Festsetzung der Steuer, nicht aber das Bestehenlassen des unrichtigen Bescheides ausdrücklich erfaßt (*Samson* wistra 1990, 247). Konsequenz ist jedenfalls, daß für die Frage, ob in den Fällen der Nichtberichtigung eine Verkürzung eingetreten ist, nicht allein ein Vergleich zwischen Ist- und Sollsteuer anzustellen ist, sondern sich eine Verkürzung nur nach den Regeln ergeben kann, wie sie etwa auch sonst bei Steuerverkürzungen außerhalb des Festsetzungsverfahrens, etwa im Beitreibungsverfahren, gelten (Rdnr. 226 ff.).

ee) Zweckwidrige Verwendung steuerbegünstigter Sachen

Schrifttum: *Lenkewitz*, Zollgut in der Zollgutverwendung und die Pflicht zur vorherigen Anzeige seiner nichtzweckgerechten Verwendung nach § 165 e Abs. 2 (§ 396 Abs. 2) der Abgabenordnung, ZfZ 1964, 321; *Samson*, Die Zweckentfremdung (§ 392 Abs. 2 AO), GA 1970, 321; *Lenkewitz*, Gedanken und Überlegungen zu den zweckgebundenen Zollbegünstigungen und zur Sicherung der Zollerhebung bei zweckwidriger Verwendung, ZfZ 1971, 292; *Tiedemann*, Der Versuch der Zweckentfremdung im Steuerstrafrecht, JR 1973, 412; *Columbus*, Zur Problematik des Übergangs der bedingten Mineralölsteuerschuld beim Handel mit steuerbegünstigtem Mineralöl, insbesondere im Heizölstreckengeschäft, ZfZ 1982, 262, 290.

187 Gemäß § 392 II RAO beging auch Steuerhinterziehung, *„wer Sachen, für die ihm Steuerbefreiung oder Steuervorteile gewährt sind, zu einem Zweck verwendet, der der Steuerbefreiung oder dem Steuervorteil, die er erlangt hat, nicht entspricht, und es zum eigenen Vorteil oder zum Vorteil eines anderen unterläßt, dies dem Finanzamt vorher rechtzeitig anzuzeigen "*. Dieser oder ein ähnlicher Tatbestand ist in § 370 AO nicht mehr enthalten. Die sog. „Zweckentfremdung" kann nunmehr nur noch durch den allgemeinen Tatbestand der Steuerhinterziehung in § 370 I AO erfaßt werden. In Betracht kommt hier der Tatbestand der Steuerhinterziehung durch Unterlassen in § 370 I Nr. 2 AO iVm § 153 II, III AO.

§ 153 AO Berichtigung von Erklärungen

(1) ... (s. Rdnr. 179)

(2) Die Anzeigepflicht besteht ferner, wenn die Voraussetzungen für eine Steuerbefreiung, Steuerermäßigung oder sonstige Steuervergünstigung nachträglich ganz oder teilweise wegfallen.

(3) Wer Waren, für die eine Steuervergünstigung unter einer Bedingung gewährt worden ist, in einer Weise verwenden will, die der Bedingung nicht entspricht, hat dies vorher der Finanzbehörde anzuzeigen.

188 Der Anwendungsbereich von § 153 III AO liegt im Bereich der **Zölle und Verbrauchsteuern.** Für letztere gilt:

IV. Tatbestandsmäßiges Verhalten **189, 190 § 370**

§ 50 AO Erlöschen und Unbedingtwerden der Verbrauchsteuer, Übergang der bedingten Verbrauchsteuerschuld

(1) Werden nach den Verbrauchsteuergesetzen Steuervergünstigungen unter der Bedingung gewährt, daß verbrauchsteuerpflichtige Waren einer besonderen Zweckbestimmung zugeführt werden, so erlischt die Steuer nach Maßgabe der Vergünstigung ganz oder teilweise, wenn die Bedingung eintritt oder wenn die Waren untergehen, ohne daß vorher die Steuer unbedingt geworden ist.

(2) ...

(3) Die Steuer wird unbedingt,

1. wenn die Waren entgegen der vorgesehenen Zweckbestimmung verwendet werden oder ihr nicht mehr zugeführt werden können. ²Kann der Verbleib der Ware nicht festgestellt werden, so gelten sie als nicht der vorgesehenen Zweckbestimmung zugeführt, wenn der Begünstigte nicht nachweist, daß sie ihr zugeführt worden sind,
2. in sonstigen gesetzlich bestimmten Fällen.

Die Streichung von § 392 II RAO (Zweckentfremdung) ist darauf zurückzuführen, daß die hM der Ansicht war, bei fehlender vorheriger Anzeige falle die zweckwidrige Verwendung einer Sache, für die eine Steuervergünstigung gewährt worden sei, ohnehin unter den **allgemeinen Tatbestand der Steuerhinterziehung**. Der Tatbestand der Zweckentfremdung nach § 392 II RAO wurde als ein besonderer Fall der Steuerhinterziehung durch Unterlassen angesehen, weil der Täter die gebotene (vorherige, rechtzeitige) Anzeige pflichtwidrig unterlassen und dadurch eine Steuerverkürzung bewirkt habe (*Troeger/Meyer* S. 55f.; *Franzen*, 1. Aufl., Rdnr. 125, *Kohlmann* 176 zu § 392 RAO und 100 zu § 370 AO). Eine abw. Meinung versuchte demgegenüber, dem Tatbestand in § 392 II RAO einen eigenen, von der allgemeinen Steuerhinterziehung nicht erfaßten Anwendungsbereich zu geben: § 392 II RAO erfasse nicht das Unterlassen rechtzeitiger Anzeige, sondern den zweckwidrigen Verbrauch der Sache, ohne daß vorher rechtzeitig angezeigt worden sei (*Samson* GA 1970, 321).

Die Annahme der hM, die Zweckentfremdung werde ausnahmslos vom allgemeinen Tatbestand der Steuerhinterziehung erfaßt, ist in dieser Allgemeinheit weder für § 392 RAO noch für § 370 AO zu halten. Zwar verpflichtet § 153 III AO jedermann dazu, den Willen, Waren entgegen der Zweckbestimmung zu verwenden, der FinB vorher anzuzeigen. Gem. § 370 I Nr. 2 AO ist jedoch nicht jede Verletzung einer Anzeigepflicht strafbare Steuerhinterziehung durch Unterlassen. § 370 I Nr. 2 AO erfaßt nämlich nur die **Nichtanzeige solcher Tatsachen**, die steuerlich erheblich sind. Steuerlich erheblich sind aber nur solche Tatsachen, die einen Einfluß auf die Steuerschuld haben (Rdnr. 130). Gem. § 50 III Nr. 1 AO wird die bedingte Verbrauchsteuerschuld dann unbedingt, wenn die Waren entgegen der Zweckbestimmung verwendet oder ihr nicht mehr zugeführt werden können. In dieser Alternative ist daher nicht die Absicht zweckwidriger Verwendung, sondern die Verwendung selbst die Bedingung und damit die steuerlich erhebliche Tatsache. Allerdings kann die bedingte Steuer gem. § 50 III Nr. 2 AO auch in anderen gesetzlich bestimmten Fällen unbedingt werden. Ein solcher Fall – freilich nicht im Bereich des Verbrauchsteuerrechts – findet sich zB in § 4 II 2 GrEStG idF v. 29. 3. 1940 (RGBl. I 585), nach dem die Steuervergünstigung bereits mit der Aufgabe des steuerbegünstigten Zwekkes, also allein aufgrund einer Willensänderung des Eigentümers entfällt. Die steuerlich erhebliche Tatsache ist hier die Willensänderung.

191 In den Fällen jedoch, in denen **nicht die Absicht der Verwendung, sondern erst die Verwendung selbst** die Steuer unbedingt werden läßt und deshalb allein steuerlich erhebliche Tatsache ist, könnte die Unterlassung der vorherigen Anzeige allenfalls dann Steuerhinterziehung durch Unterlassen sein, wenn man unter Tatsachen iS des § 370 I Nr. 2 AO auch zukünftige Tatsachen verstünde (Rdnr. 123). Von dieser Interpretation des Tatsachenbegriffs, die der einhelligen Ansicht zu § 263 StGB im übrigen widerspräche, drohte aber eine Auflösung der Grenzen zwischen Tatsachen und Werturteil. Zum anderen führte diese Interpretation des Tatsachenbegriffs zu seltsamen Konsequenzen. Da die Steuerschuld erst durch die Verwendung zu einer unbedingten wird, kann auch die Steuerverkürzung nur eintreten, wenn die zweckwidrige Verwendung tatsächlich erfolgt. Da das pflichtwidrige Unterlassen bei dieser Interpretation bereits dann voll verwirklicht wäre, wenn der Täter den Vorsatz der Verwendung zu einem bestimmten Zeitpunkt vor der beabsichtigten Verwendung nicht angezeigt hat, läge ein Versuch der Steuerhinterziehung vor, bei dem der Täter den Erfolgseintritt durch bloße Untätigkeit (nämlich das Unterlassen der Verwendung) verhindern könnte. Daß in einem solchen Verhalten bereits ein das Steueraufkommen auch nur gefährdendes Unrecht liegen soll, ist nicht zu erkennen (*Samson* GA 1970, 325). Da somit dogmatische wie kriminalpolitische Gesichtspunkte gegen die Einbeziehung zukünftiger Tatsachen in den Tatsachenbegriff des § 370 IV AO sprechen, ist am herkömmlichen Tatsachenbegriff festzuhalten, der nur die gegenwärtigen Tatsachen erfaßt.

192 Das bedeutet für die zweckwidrige Verwendung steuerbegünstigter Waren: Es ist zu prüfen, ob nach § 153 III AO eine Pflicht zur vorherigen Anzeige der Absicht der zweckwidrigen Verwendung besteht. Dafür ist maßgeblich, **ob bereits die Absicht eine steuerlich erhebliche Tatsache** darstellt. Das ist nur dann der Fall, wenn die Steuerbegünstigung schon wegen der Absicht entfällt. Sofern nicht schon die Absicht, sondern erst die Verwendung die Steuerbegünstigung entfallen läßt, kommt eine Anzeigepflicht nur nach § 153 II AO in Betracht. Danach ist die Anzeige derjenigen Tatsachen unverzüglich vorzunehmen, die die Steuerbegünstigung entfallen läßt. Diese Anzeige muß aber erst nach Eintritt der Tatsache erstattet werden.

193 **Mineralöl** kann gem. § 3 II MinöStG zu Heizzwecken steuerbegünstigt verwendet werden. Der Normalsteuersatz entsteht, wenn das Mineralöl zu einem anderen als dem steuerbegünstigten Zweck verwendet wird (§ 13 II Nr. 4 MinöStG). Steuerlich erheblich ist hier die zweckwidrige Verwendung selbst, so daß eine Steuerhinterziehung gem. § 370 I Nr. 2 AO nicht dadurch begangen werden kann, daß die Absicht zweckwidriger Verwendung nicht angezeigt wird. Da gem. § 13 III MinöStG der Steuerschuldner die zweckwidrige Verwendung (und nicht die darauf bezogene Absicht) unverzüglich

IV. Tatbestandsmäßiges Verhalten 194–197 § 370

anzuzeigen hat, wird eine Steuerhinterziehung durch Unterlassen erst durch Verletzung dieser Pflicht, nicht schon durch die zweckwidrige Verwendung des Mineralöls begangen.

Ist die **vorübergehende Verwendung persönlicher Gebrauchsgegenstände von Reisenden** gem. Art. 684 ZK-DVO bewilligt (zu Mißbräuchen von Beförderungsmitteln vgl. *Bender* Tz. 78, 2), und werden diese Gegenstände etwa veräußert, ist hiervon den Zollbehörden gem. Art. 87 II ZK Mitteilung zu machen und nach Art. 705 I, 740 ZK-DVO eine Zollanmeldung abzugeben. Auch hier geht es nicht mehr um die Verletzung einer vorherigen Mitteilungspflicht iSd § 153 III, sondern darum, daß der Täter nunmehr die FinB über steuerlich erhebliche Tatsachen pflichtwidrig in Unkenntnis läßt (vgl. *Bender* aaO, auch zur Entstehung der Zollschuld in Fällen von Diebstählen, Art. 203 ZK). 194

Die Pflicht zur vorherigen Anzeige nach § 153 III AO ist demnach für den Tatbestand der Steuerhinterziehung in seiner jetzigen Fassung praktisch bedeutungslos geworden. Allerdings kann die Verletzung der Anzeigepflicht Auswirkungen auf die steuerrechtliche Haftung haben, zB nach § 69 AO. 195

6. Steuerhinterziehung durch Nichtverwenden von Steuerzeichen und Steuerstemplern (§ 370 I Nr. 3 AO)

Hat der Stpfl eine Steuer ohne Mitwirkung der FinB durch Verwenden von Steuerzeichen oder Steuerstemplern zu entrichten, macht er sich der Steuerhinterziehung schuldig, wenn er es in Kenntnis der Steuerpflicht willentlich unterläßt, die Steuerzeichen vorschriftsmäßig zu verwenden, vgl. BGH v. 25. 9. 1959, ZfZ 1960, 112 für die Hinterziehung der TabSt durch Abgabe von Zigaretten zu Überpreisen ohne Verwendung von Steuerzuschlagzeichen (§ 17 TabStG). Gleiches galt für die WSt sowie die BörsUSt, sofern sie durch Verwenden von BörsUSt-Marken zu Schlußnoten zu entrichten war. Über das Zusammentreffen der Steuerhinterziehung mit Steuerzeichenvergehen s. Rdnr. 171 zu § 369 AO. 196

7. Beziehung zwischen Verhalten und Erfolg

Bei § 392 RAO war streitig, welche Beziehung zwischen dem Verhalten des Täters und dem Erfolg der Steuerverkürzung bzw. der Erlangung nicht gerechtfertigter Steuervorteile bestehen müsse. Während Einigkeit darüber bestand, daß das Täterverhalten den tatbestandsmäßigen Erfolg wenigstens mitverursacht haben mußte, wurde darüber gestritten, ob zur Kausalität noch ein weiteres Element hinzukommen müsse. Eine vereinzelt vertretene Meinung forderte als ein derartiges zusätzliches Element den Irrtum des zuständigen Beamten (*Schleeh* BB 1970, 1536; FR 1971, 118 ff.; BB 1972, 532). Demgegenüber war die hM der Auffassung, dies sei jedenfalls nicht im Sinne einer konkreten Fehlvorstellung erforderlich, es genüge vielmehr die Unkenntnis des Beamten (so zB BGH v. 24. 4. 1952, DStR 445; v. 24. 9. 1953, NJW 1841; v. 20. 12. 1954, ZfZ 1955, 282; v. 1. 3. 1956, BStBl. I 41; v. 18. 11. 1960, ZfZ 1961, 268; HHSp-*Hübner* 8 b u. *Kohlmann* 100 zu § 392 RAO). 197

Joecks 209

198 **Für die Neufassung** des Tatbestandes in § 370 AO ist das Problem nicht erledigt. Es verschärft sich vielmehr dadurch, daß § 370 IV 1 AO die Steuerfestsetzung und die Steueranmeldung gleichstellt. Setzt der Erfolg bei den Veranlagungsteuern wenigstens noch eine Reaktion der Finanzbehörde in Form einer Steuerfestsetzung bzw. ihrer Unterlassung voraus, so daß hier Kausalität zwischen Täterverhalten und Verhalten der FinB erforderlich ist, so scheint bei den Fälligkeitsteuern auch dieses Merkmal überflüssig zu sein, da die vom Täter vorgenommene Steueranmeldung ohne jede Reaktion der FinB den Erfolgseintritt bewirkt (Rdnr. 200).

199 **Für den Fall der Steuerhinterziehung durch Unterlassen** setzt § 370 I Nr. 2 AO jedoch schon nach seinem Wortlaut voraus, daß der Täter die „Unkenntnis" der FinB nicht beseitigt. Das bedeutet für die Veranlagungsteuern folgendes: Hat die FinB die für die Steuerfestsetzung erforderlichen Kenntnisse – zB aufgrund einer Kontrollmitteilung – selbst, kann die Unterlassung der Aufklärung durch den Täter den objektiven Tatbestand nicht erfüllen. Weiß der Täter nichts von der Kenntnis der FinB, begeht er Versuch. Das gilt selbst dann, wenn die Behörde trotz ihrer Kenntnis und nur wegen der unterlassenen Erklärung des Täters eine zu niedrige oder gar keine Steuerfestsetzung vornimmt. Dasselbe muß auch gelten, wenn die FinB in der Lage ist, eine zutreffende oder höhere und rechtzeitige Schätzung nach § 162 AO vorzunehmen, da unter Unkenntnis in § 370 I Nr. 2 AO nur das Fehlen derjenigen Informationen verstanden werden kann, die zur Steuerfestsetzung erforderlich sind. Wenn die Steuerverkürzung bei rechtzeitiger und zutreffender (oder höherer) Schätzung nicht eintritt (HHSp-*Hübner* 54 u. 56 zu § 370 AO; OLG Celle v. 10. 12. 1964, MDR 1965, 504), muß die Unkenntnis als Bindeglied zwischen dem Unterlassen des Täters und dem steuerverkürzenden Erfolg bereits wegfallen, wenn die FinB soviel Kenntnisse besitzt, daß sie wenigstens zutreffend und rechtzeitig schätzen kann. Unterbleibt die an sich mögliche Schätzung, liegt nur ein Versuch vor, sofern der Täter glaubte, die Behörde sei zur Schätzung nicht in der Lage.

200 Nicht anders ist die Lage bei den **Fälligkeitsteuern mit Steueranmeldung.** Freilich bereitet die verunglückte Gesetzesfassung hier Schwierigkeiten in der Konstruktion (krit. auch *Schleeh* StW 1972, 313). Unterläßt der Täter pflichtwidrig die Steueranmeldung, dann kann nicht gut davon gesprochen werden, er habe die FinB durch die Unterlassung der Steueranmeldung in Unkenntnis gehalten und dadurch die Steuerverkürzung in Form des Ausbleibens einer Steueranmeldung bewirkt. Das pflichtwidrige Verhalten (Nichtabgabe der Steueranmeldung) ist identisch mit dem steuerverkürzenden Erfolg (Fehlen einer Steueranmeldung), daher kann jenes nicht diesen verursacht haben. Da aber § 370 I Nr. 2 iVm V Halbs. 2 AO auch voraussetzt, daß der Täter die FinB in Unkenntnis läßt, ist auch für diese Tatbestandsvariante erforderlich, daß die FinB nicht diejenige Information besitzt, die sie zur eigenen Steuerfestsetzung befähigen würde.

201 Dasselbe gilt für die **Steuerverkürzung durch Handeln** nach § 370 I Nr. 1 AO. Zwar setzt der Tatbestand hier nur voraus, daß der Täter unrichtige oder unvollständige Angaben macht. Von einem Irrtum der FinB ist nicht

IV. Tatbestandsmäßiges Verhalten   202 § 370

die Rede (*Schleeh* StW 1972, 311; HHSp-*Hübner* 39 u. 40ff. zu § 370 AO). Dennoch ist auch hier wenigstens die Unkenntnis der FinB vom wahren Sachverhalt zu verlangen (im Ergebnis ebenso *Kohlmann* 44 zu § 370 AO). Verzichtete man darauf und ließe man die Täuschungshandlung des Täters und die dadurch verursachte unrichtige Steuerfestsetzung auch dann genügen, wenn die Behörde die unrichtige Festsetzung in Kenntnis des wahren Sachverhalts vornähme, dann ergäben sich unerträgliche Spannungen zwischen § 370 I Nr. 1 und Nr. 2 AO (vgl. *Lütt* 1988, 62 ff). Je nachdem nämlich, ob man das Täterverhalten als das „Machen unvollständiger Angaben" oder das teilweise „Unterlassen zutreffender Angaben" interpretierte, käme dem Täter einmal die anderweit erlangte Kenntnis der Behörde zugute, ein anderes Mal jedoch nicht. Die Steuerverkürzung durch Handeln setzt demnach bei den Veranlagungssteuern voraus, daß die FinB die Steuerfestsetzung nicht, nicht in zutreffender Höhe oder nicht rechtzeitig vornimmt, weil sie wegen der unrichtigen oder unvollständigen Angaben des Täters zu einer zutreffenden und rechtzeitigen Festsetzung nicht in der Lage ist (ebenso *Schleeh* aaO). Besteht die Möglichkeit einer zutreffenden oder höheren und rechtzeitigen Schätzung, dann fehlt ebenfalls der erforderliche Zusammenhang von Täterhandeln und Erfolgseintritt. Ebenso wie beim Unterlassen setzt die Steuerverkürzung durch Handeln auch bei den Veranlagungssteuern voraus, daß die FinB wegen des Täterverhaltens zur eigenen Steuerfestsetzung nicht in der Lage ist. Nur bei dieser Interpretation des Tatbestandes läßt sich der Gefahr (s. oben Rdnr. 48) begegnen, daß aus dem Tatbestand der Steuerhinterziehung ein abstraktes Gefährdungsdelikt wird, das die fiskalischen Interessen des Staates nur noch sehr mittelbar dadurch schützt, daß es den bloßen Ungehorsam des Bürgers erfaßt. Erst durch die Einfügung des Merkmals der Unkenntnis der FinB wird § 370 I Nr. 1 AO auf die Vermögensbeschädigung und die konkrete Vermögensgefährdung begrenzt.

8. Besonderheiten bei einzelnen Steuerarten

a) Lohnsteuer

Schrifttum: *Lohmeyer*, Die Strafbarkeit von Lohnsteuervergehen, NJW 1957, 980; *Leise*, Zur Strafbarkeit des Arbeitgebers bei verspäteter Lohnsteuer-Anmeldung und Abführung, Anm. zu OLG Frankfurt, BlStA 1965, 212; *Hoffmann*, Zur Steuerberechnung bei Lohnsteuerdelikten, DStR 1967, 205; *Henneberg*, Anmerkungen zur Verteidigung bei Lohnsteuerverkürzungen, DStR 1980, 63; *Klaubert*, Rechtliche Stellung des Arbeitgebers beim Lohnsteuerabzug, Diss. Bochum 1988; *Pfaff*, Lohnsteuer-Zuwiderhandlungen, StBp 1983, 9ff; *Meine*, Die Schätzung der Lohnsteuer und der Sozialversicherungsbeiträge in Lohnsteuer- und Beitragsverkürzungsfällen, wistra 1985, 100; *Rauch*, Zur Bemessungsgrundlage von Lohnsteuern und Beiträgen zur Gesamtsozialversicherung bei Schwarzlohn, DStZ 1990, 375; *Meine*, Die Berechnung der Lohnsteuer und der Sozialversicherungsbeiträge in Lohnsteuer- und Beitragsverkürzungsfällen, wistra 1991, 205; *Vogt*, Die Höhe der Lohnsteuer bei nichtselbständiger Tätigkeit des „Schwarzarbeiters".

Lohnsteuer ist die Einkommensteuer der Arbeitnehmer für Einkünfte   202 aus nichtselbständiger Arbeit (§ 19 EStG), die gem. § 38 I EStG durch Steuerabzug vom Arbeitslohn erhoben wird. Steuerschuldner ist der Arbeitnehmer; der Arbeitgeber haftet für die Einbehaltung und Abführung der

§ 370 203, 204   Steuerhinterziehung

Lohnsteuer (§ 38 Abs. 3 EStG), soweit es sich nicht um eine *„eigene"* Lohnsteuer handelt. Arbeitnehmer ist, wer aus einem gegenwärtigen oder früheren Dienstverhältnis Arbeitslohn bezieht (§ 1 I LStDV). In einem Dienstverhältnis steht, wer dem Arbeitgeber seine Arbeitskraft schuldet (§ 1 Abs. 2 LStDV; BFH v. 24. 11. 1961, BStBl 1962 II, 37). Arbeitslohn sind alle (einmaligen oder laufenden) Einnahmen (§ 8 EStG), die dem Arbeitnehmer aus seinem Dienstverhältnis zufließen – gleichgültig, ob ein Rechtsanspruch besteht, unter welcher Bezeichnung oder in welcher Form die Einnahmen gewährt werden. Die Lohnsteuer bemißt sich in der Höhe, daß sie der Einkommensteuer entspricht, die der Arbeitnehmer schuldet, wenn er nur Einkünfte aus nichtselbständiger Arbeit erzielt (§ 38a Abs. 2 EStG). Bei der Ermittlung der Lohnsteuer werden die Besteuerungsgrundlagen des Einzelfalles durch die Einreihung der Arbeitnehmer in Steuerklassen (§ 38b EStG), die Aufstellung von entsprechenden Lohnsteuer-Tabellen, die Ausstellung von Lohnsteuer-Karten (§ 39 EStG) sowie durch die Feststellung von Freibeträgen berücksichtigt (§ 38a Abs. 4 EStG). Verkürzungen sind in der Form denkbar, daß entweder vom Arbeitnehmer ein zu niedriger Steuerabzug vom Arbeitslohn verursacht wird, oder aber der Arbeitgeber seiner Verpflichtung, Steuerbeträge anzumelden, nicht nachkommt.

203   **Der Arbeitnehmer macht sich der Lohnsteuer-Hinterziehung schuldig,** wenn er unrichtige Eintragungen auf der Lohnsteuer-Karte herbeiführt, z. B. über sein Alter, seinen Familienstand, Werbungskosten, Sonderausgaben, außergewöhnliche Belastungen oder Verluste aus Vermietung und Verpachtung (vgl. § 39a EStG, und dadurch bewirkt, daß der Arbeitgeber die gesetzlich geschuldete Lohnsteuer nach den in der Lohnsteuer-Karte eingetragenen unrichtigen persönlichen Merkmalen oder zu Unrecht eingetragenen Freibeträgen zu niedrig berechnet, anmeldet und abführt. Hierbei handelt der Arbeitnehmer regelmäßig als mittelbarer Täter (Rdnr. 75 zu § 369 AO).
Bei unrichtigen Eintragungen persönlicher Merkmale in der Lohnsteuer-Karte beginnt der Versuch der Hinterziehung, sobald der Arbeitnehmer die Lohnsteuer-Karte dem (gutgläubigen) Arbeitgeber vorlegt; bei der Eintragung unberechtigter Freibeträge beginnt der Versuch des Erschleichens eines Steuervorteils bereits mit der Stellung des Antrages beim Finanzamt. Im übrigen kann der Arbeitnehmer entweder Teilnehmer oder Mittäter einer Lohnsteuerhinterziehung durch den Arbeitgeber sein, wenn dieser mit seinem Wissen oder auf seine Initiative hin nicht den vorgeschriebenen Lohnsteuerabzug vornimmt. Inwiefern in der Person des Arbeitnehmers dann eine Verkürzung auf Dauer oder auf Zeit vorliegt, hängt von seinem Vorstellungsbild ab. Will er im Rahmen der Einkommensteuererklärung korrekte Angaben machen, mithin den verkürzten Betrag nachentrichten, liegt lediglich eine Verkürzung auf Zeit vor, so daß insofern ein erheblich geringerer Schuldumfang zugrunde zu legen ist, als wenn er beabsichtigt, die entsprechenden Vorteile auf Dauer zu behalten.

204   **Der Arbeitgeber macht sich einer Lohnsteuer-Hinterziehung schuldig,** wenn er es entgegen § 41a EStG vorsätzlich unterläßt, die von ihm einzubehaltende Lohnsteuer rechtzeitig beim Finanzamt anzumelden, oder wenn er

IV. Tatbestandsmäßiges Verhalten 205–207 § 370

vorsätzlich zu niedrige Beträge anmeldet. Einzubehalten ist die Lohnsteuer vom bezahlten Lohn, nicht etwa nur die tatsächlich einbehaltene Lohnsteuer (HHSp-*Hübner* 71 zu § 370 AO; BGH 23, 319 v. 12. 8. 1968; aM BayObLG v. 5. 6. 1967, GA 1968, 86f.). Auf den Zeitpunkt der Zahlung der (rechtzeitig und richtig) angemeldeten Lohnsteuer kommt es nicht an (anders § 380 AO), ebensowenig wie bei einer Steuer, die aufgrund einer (rechtzeitig abgegebenen richtigen) Steuererklärung vom Finanzamt festgesetzt worden ist (BGH 2, 338 v. 3. 4. 1952; OLG Frankfurt v. 8. 11. 1967, ZfZ 1968, 78).

Durch die verspätete Abgabe der Lohnsteuer-Anmeldung tritt eine vorübergehende Steuerverkürzung in gleicher Weise ein wie bei der verspäteten Abgabe einer sonstigen Steuererklärung (Rdnr. 167). Auch ist das Merkmal der Unkenntnis (Rdnr. 199ff.) nicht davon abhängig, ob dem Finanzamt dem Grunde nach bekannt ist, daß der Steuerpflichtige einen oder mehrere Arbeitnehmer beschäftigt und zur Abgabe einer Lohnsteuer-Anmeldung verpflichtet ist. Für den Vorsatz genügt es, daß der Arbeitgeber wußte oder damit rechnete, daß und zu welchem Zeitpunkt er zur Abgabe der Lohnsteueranmeldung verpflichtet war (BayObLG v. 18. 6. 1964, DB 1142; OLG Frankfurt v. 9. 9. 1964, BlStA 1965, 211). Die Zumutbarkeit normgemäßen Verhaltens kann ausnahmsweise entfallen, wenn der Arbeitgeber an der Erfüllung dieser Pflicht durch Umstände gehindert war, die er auch beim besten Willen nicht abwenden konnte; dies ist bei allgemeiner Arbeitsüberlastung nicht der Fall, geschweige denn bei Zahlungsschwierigkeiten. Belanglos ist auch, daß der Arbeitgeber in dem Glauben gehandelt hat, der Steuergläubiger werde bei Berücksichtigung der verwirkten Säumniszuschläge im Ergebnis nicht geschädigt, wenn die Lohnsteuer erst nach Ablauf des Jahres angemeldet und entrichtet wurde (BayObLG v. 18. 6. 1964, DB 1142; *Leise*, BlStA 1965, 211). 205

Nimmt der Arbeitgeber die entsprechenden Lohnzahlungen nicht in eine Lohnsteueranmeldung auf, liegt in der Regel eine Verkürzung auf Dauer vor. Geht er davon aus, der Arbeitnehmer werde die entsprechenden Zuflüsse im Rahmen der Einkommensteuererklärung ordnungsgemäß erklären, ändert dies zwar nichts an der Hinterziehung von Lohnsteuer. Da aber die Lohnsteuer als Steuer des Arbeitnehmers faktisch nichts anderes ist als eine besondere Form der Einkommensteuervorauszahlung für nichtselbständig Beschäftigte, wird man im Rahmen der Strafzumessung davon ausgehen müssen, daß der Arbeitgeber lediglich eine Verkürzung auf Zeit in sein Vorstellungsbild aufgenommen hatte. 206

Hält sich der Arbeitgeber nicht an die Besteuerungsmerkmale der Lohnsteuer-Karte, kommt es ebenfalls zu einer Verkürzung der Steuern, wenn er die zu niedrige Lohnsteuer anmeldet. Dies gilt insbesondere dann, wenn der Arbeitnehmer dem Arbeitgeber die Lohnsteuer-Karte nicht vorgelegt hat und dieser es entgegen § 39c EStG unterläßt, die Lohnsteuer solange nach der Steuerklasse VI der Tabelle einzubehalten, anzumelden und abzuführen, bis der Arbeitnehmer ihm die Lohnsteuer-Karte vorlegt oder zurückgibt. Inwiefern der Arbeitnehmer sich insofern nach 370 AO strafbar macht, wenn er mit einem solchen Verhalten des Arbeitgebers rechnet (so 207

Joecks 213

die Vorauflage Rdnr. 172 zu § 370 AO), ist zweifelhaft. Im übrigen bedarf die Frage des Vorsatzes in diesen Fällen besonderer Prüfung.

208 **Die Höhe der Verkürzung** bestimmt sich nach den individuellen Besteuerungsmerkmalen bzw. § 39 c EStG. Der BGH hatte in Fällen, in denen Arbeitgeber und Arbeitnehmer einvernehmlich zur Hinterziehung der Lohnsteuer zusammenwirkten, eine Nettolohnvereinbarung gesehen (BGH 34, 166 v. 24. 9. 1986). In Anknüpfung an die Rechtsprechung des BFH war der BGH davon ausgegangen, daß in solchen Fällen nach der Vereinbarung das Arbeitsentgelt dem Arbeitnehmer mit der Auszahlung auf Dauer ungekürzt verbleiben solle. In der tatsächlichen Gestaltung solcher Lohnabreden und der vom Arbeitgeber selbst herbeigeführten Unmöglichkeit, im späteren Haftungsfall die betreffenden Arbeitnehmer in Regreß zu nehmen, hatte der BGH eine „Übernahme" der Lohnabzugsteile durch den Arbeitgeber schon im Zeitpunkt der Lohnzahlung gesehen, so daß eine entsprechende „Hochschleusung" des Steuersatzes erfolgte (zur früheren Diskussion *Hardtke* 1995, 106 mwN). Nachdem der BGH in Anknüpfung an die Auffassung des BFH v. 21. 2. 1992 (wistra 196) diese Auffassung ausdrücklich aufgegeben hat (BGH 38, 285 v. 13. 5. 1992), kann in der einvernehmlichen Steuerverkürzung eine Nettolohnabrede nur noch in seltenen Ausnahmefällen erblickt werden, in denen eine ausdrückliche entsprechende Vereinbarung getroffen wurde. Dementsprechend richtet sich die Höhe der verkürzten Lohnsteuer auch in diesen Fällen nach den persönlichen Besteuerungsmerkmalen des betroffenen Arbeitnehmers (§ 39 c I EStG; BGH v. 13. 5. 1992, wistra 259, 260). Lag eine Lohnsteuer-Karte nicht vor, ist die Lohnsteuer der Klasse VI zugrunde zu legen. Gleiches gilt, wenn der Arbeitgeber den Arbeitnehmer fälschlicherweise als Selbständigen behandelt und ihm entsprechend Honorare gezahlt hat, die nur scheinbar dem § 15 oder § 18 EStG unterfielen. Bei der Strafzumessung ist in diesen Fällen aber lediglich von einem Zinsschaden auszugehen, wenn der Arbeitgeber davon überzeugt war, der Arbeitnehmer werde die angeblich „selbständig" erzielten Honorare in seiner Einkommensteuererklärung ordnungsgemäß angeben.

b) Körperschaftsteuer

Schrifttum: *Utech/Meine*, Das körperschaftsteuerliche Anrechnungsverfahren, wistra 1989, 331; *Utech/Meine*, Verdeckte Gewinnausschüttungen, wistra 1989, 241; *Wassermeyer*, Zur Rechtsprechung des Bundesgerichtshofs bei Steuerhinterziehung wegen verdeckter Gewinnausschüttung, BB 1989, 1382; *Merkt*, Die verdeckte Gewinnausschüttung im Steuerstrafrecht, BB 1991, 313; *Flume*, Besteuerung von Untreue, Unterschlagung oder Diebstahl als verdeckte Gewinnausschüttung, DB 1993, 1945; *Wassermeyer*, Unterschlagung als verdeckte Gewinnausschüttung, DB 1993, 1260; *Hardtke*, Steuerhinterziehung durch verdeckte Gewinnauschüttung, 1995; *Hardtke/Leip*, Strafverfolgungsverjährung bnei Steuerhinterziehung infolge verdeckter Gewinnausschüttung, NStZ 1996, 217.

209 **Körperschaftsteuer ist die Personensteuer vom Einkommen der Körperschaften** und bestimmter Vermögensmassen. Steuerschuldner sind die Körperschaften im Sinne der §§ 1–4 KStG, sofern sie nicht nach den §§ 5, 6 KStG persönlich von der Körperschaftsteuer befreit sind. Steuergegenstand ist nach § 7 KStG das Einkommen, das die Steuerpflichtigen innerhalb eines Kalenderjahres (oder eines davon abweichenden Wirtschaftsjahres) bezogen haben.

IV. Tatbestandsmäßiges Verhalten

Eine Verkürzung der Körperschaftsteuer liegt vor, wenn die aufgrund 210
unrichtiger Körperschaftsteuererklärung festgesetzte Körperschaftsteuer
niedriger ist als die gesetzlich geschuldete. Neben den üblichen Manipulationen bei der Gewinnermittlung bzw. dem Verschweigen von Einnahmen
kommt dies insbesondere dann in Betracht, wenn in einer Körperschaftsteuererklärung eine verdeckte Gewinnausschüttung nicht entsprechend erklärt
worden ist (vgl. BGH 36, 21 v. 7. 11. 1988; BGH v. 24. 1. 1990, wistra 193;
v. 4. 5. 1990, wistra 1991, 27). Neben diesen Verkürzungserfolg tritt ein
weiterer Taterfolg in Gestalt einer Steuervorteilserlangung, nämlich der unrichtigen Feststellung der Gliederung des verwendbaren Eigenkapitals iSd
§ 47 KStG. Beide Taterfolge sind auseinanderzuhalten (im einzelnen *Hardtke*
1995, 133).

Eine verdeckte Gewinnausschüttung ist eine Vermögensminderung oder 211
verhinderte Vermögensmehrung der Kapitalgesellschaft, die durch das Gesellschaftsverhältnis veranlaßt ist, sich auf die Höhe des Einkommens auswirkt und in keinem Zusammenhang mit einer offenen Ausschüttung steht
(vgl. BFH v. 18. 11. 1980, BStBl 1981 II, 260; v. 14. 11. 1984, 1985 II, 227; v.
11. 2. 1987, BStBl II, 461; v. 22. 2. 1989, BStBl 475). Dabei hat die Rechtsprechung des BFH für Leistungen an Gesellschafter oder diesen nahestehende Personen Erleichterungen eingeführt, als insofern schon dann eine verdeckte Gewinnausschüttung vorliegen soll, wenn Zahlungen im Rahmen
eines Leistungsaustausches erfolgen, ohne daß diesem eine klare, eindeutige
und im voraus getroffene Vereinbarung zugrunde läge. Diese Regelung
(Abschn. 31 Abs. 4, 5 KStR) ist in das Strafrecht kaum übertragbar. Wenn
die Verwaltung etwa davon ausgeht, der Gesellschafter habe den Nachweis
zu erbringen, daß eine klare und eindeutige Vereinbarung vorliege und entsprechend dieser Vereinbarung verfahren worden sei (Abschn. 31 Abs. 5
KStR unter Hinweis auf BFH v. 24. 1. 1990, BStBl II, 645), ist dies für das
Strafrecht ebensowenig handhabbar wie sonstige steuerliche Beweisregeln
(vgl. *Hardtke* 1995, 49; Rdnr. 56). Liegt den Zahlungen an den Gesellschafter
ein Leistungsaustausch zugrunde, muß der Strafrichter feststellen, ob es sich
um ein unangemessenes Entgelt gehandelt hat. Ob die vertraglichen Vereinbarungen den hohen Anforderungen der Finanzverwaltung genügen, ist insofern nicht entscheidend (vgl. Rdnr. 55 f.).

Im Anrechnungsverfahren werden verdeckte Gewinnausschüttungen als 212
Ausschüttungen behandelt, für die die Ausschüttungsbelastung herzustellen
ist (§ 27 I, Abs. 3 Satz 2, § 28 Abs. 2 KStG). Dementsprechend erhöht
sich der Wert des ausgeschütteten Betrages, so daß sich auch der verkürzte
Betrag entsprechend erhöht. Dabei erfolgt jedoch nicht eine Addition der
Körperschaftsteuer auf den Gewinn und auf die Ausschüttungsbelastung,
sondern eine Verrechnung dergestalt, daß die Körperschaftsteuer auf den
Gewinn angerechnet wird (vgl. ausführlich *Hardtke* 1995, 73 ff, 104 ff).

Die Bedeutung der Gliederung des verwendbaren Eigenkapitals bei der 213
Ermittlung der Höhe der Verkürzung ist zweifelhaft (*Hardtke* 1995, 78 ff).
Nach Auffassung des BGH (v. 24. 1. 1990 wistra 193; v. 18. 12. 1991, wistra
1992, 103) ist diese insoweit zu berücksichtigen. Konsequenz wäre, daß bei

einer Kapitalgesellschaft, die trotz der Gewinnerhöhung nach vGA noch ein negatives Ergebnis hat, und die zugleich in ihrer Eigenkapitalgliederung nichts anderes als einen positiven Wert im EK 04 aufweist, eine Verkürzung nicht vorläge und ein Taterfolg sich frühestens dann ergäbe, wenn eine offizielle Ausschüttung aus dem EK 04 vorgenommen wird oder aber die Gesellschaft liquidiert wird und im Rahmen des Erlöses im Sinne des § 17 EStG zu Unrecht zu hohe Anschaffungskosten der Beteiligung angesetzt werden. Dies spricht dafür, in diesen Fällen entweder das Kompensationsverbot (§ 370 Abs. 4 Satz 3 EStG; vgl. Rdnr. 75) anzuwenden oder – wie hier – das Erschleichen eines unrichtigen Feststellungsbescheides im Sinne des § 47 KStG als Erschleichen eines Steuervorteils (Rdnr. 94) anzusehen (*Hardtke* 1995, 112ff, 133; *Hardtke/Leip* NStZ 1996, 217, 219). Letzteres hätte Konsequenzen für die Verjährung, wenn man für deren Beginn an die Bekanntgabe des unrichtigen Feststellungsbescheids anknüpft (so *Hardtke/Leip* aaO; vgl. Rdnr. 21 zu § 376 AO).

214 **Auf der Ebene des begünstigten Anteilseigners** löst die verdeckte Gewinnausschüttung Kapitalerträge im Sinne des § 20 EStG aus. Die Dividende als solche unterfällt dem § 20 I Nr. 1 EStG. Inwiefern auch die Ausschüttungsbelastung zu strafrechtlich relevanten steuerpflichtigen Erträgen führt, ist zweifelhaft. Gem. § 20 I Nr. 3 EStG gilt eine Körperschaftsteuergutschrift als in dem Kalenderjahr bezogen, in dem es zu der (offenen oder verdeckten) Ausschüttung kam. Vorausgesetzt ist dabei auch, daß eine entsprechende Bescheinigung der ausschüttenden Körperschaft vorliegt. Für steuerliche Zwecke mag es zwar angehen, daß einer entsprechende Bescheinigung eine Rückwirkung für die Vergangenheit beigemessen wird und in solchen Fällen ggf. sogar § 175 I Nr. 2 AO Anwendung findet. Für strafrechtliche Zwecke muß aber die Höhe der Verkürzung zum Zeitpunkt des Entstehens der Steuer feststehen, so daß Ereignisse nach dem Ablauf des Kalenderjahres strafrechtlich nicht von Bedeutung sind (*Hardtke* 1995, 105). Überdies ist zu bedenken, daß die Anrechenbarkeit der Körperschaftsteuer bzw. die Erhöhung der Kapitaleinkünfte gem. § 20 I Nr. 3 EStG bei beherrschenden bzw. wesentlich beteiligten Gesellschaftern davon abhängt, daß die entsprechenden Beträge auch von der Körperschaft entrichtet worden sind (§ 36a I EStG). Dementsprechend hängt in diesen Fällen – wenn man § 20 I Nr. 3 EStG auch im Strafrecht anwendet – die Höhe der Verkürzung von zwei späteren Ereignissen ab, nämlich der Steuerbescheinigung sowie der Entrichtung der entsprechenden Beträge durch die GmbH. Ähnlich der Auffassung des BGH zur einvernehmlichen Hinterziehung von Lohnsteuer wird man insofern davon ausgehen müssen, daß der betreffende Täter eben gerade nicht davon ausging, entsprechende Zuflüsse versteuern zu müssen, so daß spätere, ihn belastende Ereignisse für strafrechtliche Zwecke nicht in den entsprechenden Veranlagungszeitraum zurückwirken können. Strafrechtlich relevanter Ausgangsbetrag für die Berechnung der ESt-Verkürzung ist deshalb allein die Nettodividende (*Hardtke* 1995, 108).

IV. Tatbestandsmäßiges Verhalten

c) Steuerhinterziehung bei Auslandsbeziehungen

Schrifttum: *Dannecker*, Steuerhinterziehung im internationalen Wirtschaftsverkehr, 1984; *Gramich*, Erfahrungen bei der Ermittlung von Domizilfirmen, wistra 1993, 41; *Weyand*, Internationales Steuerstrafrecht, Inf. 1993, 461; *Dreßler*, Gewinn- und Vermögensverlagerungen in Niedrigsteuerländer und ihre steuerliche Überprüfung, 2. Aufl. 1995.

Unbeschränkt Steuerpflichtige (§ 1 I EStG) haben ihr Welteinkommen in der Bundesrepublik Deutschland zu versteuern. Die relativ hohe Steuerbelastung in der BRD schafft dabei Anreize, Einkünfte tatsächlich oder auch rechtlich dem Zugriff des deutschen Fiskus zu entziehen. Tatsächlich ist dies möglich, weil die Zugriffsmöglichkeiten des deutschen Fiskus in der Regel an der Staatsgrenze enden; nur im Wege der Amts- und Rechtshilfe können Erkenntnisse über ausländische Einkünfte gewonnen werden, wenn der Steuerpflichtige nicht seinerseits entsprechende Informationen liefert oder aber Unterlagen vorhält (vgl. Rdnr. 79 ff. zu § 399). Rechtlich ist dies möglich, soweit der Steuerpflichtige – etwa im gewerblichen Bereich – Konstruktionen wählt, die zu einer Steuerfreistellung im Inland (unter Progressionsvorbehalt) führen, wie dies etwa für die Gewinne ausländischer Betriebsstätten in allen Doppelbesteuerungsabkommen (vgl. die Nachweise in BStBl 1996 I, 5) vorgesehen ist. Die Frage, inwiefern das Nichterklären ausländischer Einkunftsquellen und Einkünfte steuerstrafrechtliche Relevanz hat, bestimmt sich zunächst nach den rein steuerrechtlichen Regeln, insbesondere in Doppelbesteuerungsabkommen.

Ausländische Zinseinkünfte unterliegen durchweg der deutschen Besteuerung. Soweit die Zinsen aus einem Land zufließen bzw. in einem Land entstehen, mit dem die BRD kein DBA hat, ergibt sich dies unmittelbar aus § 1 I, § 20 EStG. Soweit ein DBA mit dem ausländischen Staat abgeschlossen wurde, sieht dieses durchweg vor, daß der Wohnsitzstaat ein uneingeschränktes Besteuerungsrecht – ggf. unter Anrechnung ausländischer Quellensteuern – hat. Dies gilt für Zinsen wie Dividenden und Lizenzen gleichermaßen. Ob vor dem Hintergrund der aktuellen Diskussion um unseriöse Geschäftspraktiken deutscher Großbanken der Steuerpflichtige noch mit der Einlassung gehört wird, er habe gemeint, ausländische Zinsen seien steuerfrei (vgl. BayObLG v. 30. 1. 1990, wistra 202), ist überaus fraglich. Die Problematik dieser Fälle liegt allenfalls darin, daß der deutsche Fiskus es im Verhältnis zu einigen Staaten überaus schwer hat, Informationen über Bankkonten, insbesondere Nummernkonten, aus dem Ausland zu erhalten (vgl. Rdnr. 82 zu § 399).

Steuerverkürzungen im gewerblichen Bereich durch Verlagerung von Einkünften sind in ihrer strafrechtlichen Relevanz unterschiedlich zu bewerten. Soweit sich der Steuerinländer einer Basisgesellschaft im Ausland (Domizilgesellschaft) bedient, liegen die Probleme in der Regel im Tatsächlichen. Soweit es sich bei der ausländischen Gesellschaft um eine „Briefkastenfirma" handelt (vgl. *Dannecker* 1984, 70) und nur Scheingeschäfte vorliegen (*Dannecker* 1984, 71) ist dies steuerlich nicht anzuerkennen. Die Zugrundelegung gezahlter Beträge in der Steuererklärung bewirkt Steuerhinterziehung, soweit der Stpfl vorsätzlich handelt. Erfolgt die Gewinnverlagerung in der Form, daß von seiten der Briefkastenfirma Rechnungen an Geschäftspartner gestellt werden, obwohl die Leistungen vom Inländer erbracht wurden, liegt ein Scheingeschäft nur vor, wenn der Geschäftspartner ebenfalls über die mangelnde Ernstlichkeit informiert ist. Sonst ist ein Fall der Steuerumgehung (Rdnr. 138) zu prüfen. Handelt es sich um eine passive Gesellschaft im Sinne des § 8 AStG, bedarf die Prüfung der strafrechtlichen Relevanz solcher Sachverhalte besonderer Sorgfalt. § 8 AStG ist durch eine Vielzahl von Formulierungen gekennzeichnet, die die objektive Beweislast auf den Steuerpflichtigen verlagern („es sei denn, der Steuerpflichtige weist nach ..."). Da es sich hier um Fragen des formalen Nachweises, nicht aber um materielle Voraussetzungen steuerlicher Rechtsfolgen handelt (Rdnr. 56), muß der Strafrichter in diesen Fällen die Möglichkeit der Übernahme steuerlicher Feststellungen besonders sorgfältig prüfen. Eine Verurteilung wird in solchen Fällen nicht schon dann in Betracht kommen, wenn der Steuerpflichtige nicht nachweist, daß das ausländische Unternehmen auch mit Dritten Geschäfte in dem von § 8 AStG geforderten Umfang gemacht hat, sondern erst dann, wenn für den Strafrichter sicher feststeht, daß es sich um eine passive Gesellschaft handelt.

218   **Beim Einsatz ausländischer Kapitalgesellschaften** in einem DBA-Staat, die mit Hilfe von Schwarzgeld Immobilien erwerben und verwalten, bezieht der Steuerpflichtige formal Dividendeneinkünfte im Sinne des § 20 EStG, Art. 11 OECD-MA. Oftmals befindet sich in diesen Fällen der Sitz der Geschäftsleitung im Inland, weil der Steuerpflichtige die wesentlichen Entscheidungen in der täglichen Geschäftsleitung trifft, so daß eine doppelansässige Gesellschaft vorliegt, der viele Doppelbesteuerungsabkommen mangels Einigung der Vertragstaaten die Abkommensberechtigung verweigern. In diesen Fällen ist zu bedenken, daß bei einem unmittelbaren Halten der Immobilie der Steuerpflichtige steuerfreie Einkünfte aus unbeweglichem Vermögen (unter Progressionsvorbehalt) bezöge, bei legalem Verhalten des Steuerpflichtigen dem Fiskus also ein ungleich geringerer Schaden entstünde als bei der vom Steuerpflichtigen gewählten gekünstelten Form. Zwar gibt es keinen „umgekehrten" Tatbestand der Steuerumgehung mit der Folge, daß der Steuerpflichtige bei ungünstiger Gestaltung von Gesetzes wegen so behandelt werden müßte, als habe er den (für ihn günstigeren) geraden Weg gewählt. Im Rahmen der Strafzumessung wird der Strafrichter aber zu bedenken haben, daß der Fiskus eine so hohe Verkürzung erst deshalb hinnehmen mußte, weil der Steuerpflichtige offenbar überaus schlecht beraten war. Soweit die Doppelbesteuerungsabkommen gem. Art. 6 OECD-MA die ausländischen Einkünfte aus Grundvermögen nicht freistellen, sondern das Anrechnungsverfahren wählen (z. B. Schweiz, Spanien) sollte im Rahmen der Strafzumessung die persönliche Einkommensteuer des Steuerpflichtigen unter Berücksichtigung der im Ausland gezahlten, anrechenbaren Steuern (§ 34c EStG) zugrunde gelegt werden.

IV. Tatbestandsmäßiges Verhalten

Im übrigen ist zu bedenken, daß steuerliche Beweiserleichterungen bzw. gesteigerte Mitwirkungspflichten (etwa § 90 Abs. 2, § 160 AO, § 16f AStG) im Steuerstrafrecht nur eingeschränkte Bedeutung haben (vgl. Rdnr. 55).

d) Eingangsabgaben

Schrifttum: *Lenkewitz*, Im Zollgrenzbezirk gefundenes Schmuggelgut und die strafrechtlichen Folgen seiner Nichtgestellung, ZfZ 1954, 353; *Stäglich*, Zur steuerstrafrechtlichen Nichtgestellung gefundenen Zollgutes, NJW 1954, 1431; *Reichwald*, „Besatzungsschmuggel" nach Beendigung des Besatzungsregimes, ZPr 1955, 124; *Mann*, Die steuer- und strafrechtlichen Folgen des Truppenschmuggels, ZfZ 1956, 233; *A. Fuchs*, Einzelfragen zum Truppenvertrag und Truppenzollgesetz, ZfZ 1956, 257; *ders.*, Versuchte und vollendete Steuerverkürzung im Reiseverkehr, ZPr 1957, 121; *Baur*, Beitrag zur Problematik des Truppenschmuggels, ZfZ 1957, 199; *Poschar*, Malzzoll und Zollhinterziehung, FR 1957, 312; *Pfaff*, Steuer-(Zoll-)straftaten und Steuer-(Zoll-)ordnungswidrigkeiten, StBp 1977, 212; *Harbusch/Sauer*, Justiz und Zoll, ZfZ 1978, 138; *Ellinger/Sticker*, Zollrechtliche und steuerrechtliche Aspekte der Betäubungsmittelkriminalität, ZfZ 1978, 294; *Müller/Wabnitz*, Zoll- und Einfuhrumsatzsteuerhinterziehung beim Verbringen von Drittlandware über das Gebiet der DDR in die Bundesrepublik, NJW 1981, 155; *Baumann*, Zur Ahndung von Zollzuwiderhandlungen in EG-Mitgliedstaaten, ZfZ 1982, 226; *Brenner*, Die Zollhinterziehung durch Unterlassen der Berichtigungspflicht durch den Zolldeklaranten, ZfZ 1988, 66; *Tiedemann*, Der Strafschutz der Finanzinteressen der Europäischen Gemeinschaft, NJW 1990, 2226; *Bender*, Zollhinterziehung nach der BuchmErfVO, ZfZ 1992, 66; *Funck-Brentano*, Gemeinschaftsrecht und Zollhinterziehung, EuZW 1992, 745; *Langer*, Umsatzsteuer im Binnenmarkt – Übergangsregelung ab 1. 1. 1993, DB 1992, 395; *Rendels*, Schwerpunkte des Verbrauchsteuer-Binnenmarktgesetzes, DStR 1993, 114; *Stumpf*, Das Umsatzsteuer-Binnenmarktgesetz NJW 1993, 95; *Tiedemann*, Europäisches Gemeinschaftsrecht und Strafrecht, NJW 1993, 23; *Voelcker*, Das Umsatzsteuer-Binnenmarktgesetz in Grundfällen, DStR 1993, 103; *Weidemann*, Steuerhinterziehung durch den Importeur?, wistra 1993, 214; *Keßböhmer/Schmitz*, Hinterziehung ausländischer Steuern und Steuerhinterziehung im Ausland, § 370 Abs. 6 und 7 AO, wistra 1995, 1.

Zu den konkreten Erscheinungsformen der Steuerhinterziehung im Zoll- und Verbrauchsteuerrecht vgl. insbes. *Bender*, Das Zoll- und Verbrauchsteuerstrafrecht mit Verfahrensrecht, 7. Aufl. 1990, Stand 1994, Tz. 68 ff., sowie *Martin Müller*, Zolldelikte, 1983.

Die Erscheinungsformen der Hinterziehung von Zöllen und anderen Eingangsabgaben lassen sich im wesentlichen wie folgt unterscheiden:

der Täter verbringt Waren über die Grenze und entzieht sich seiner Gestellungspflicht (Rdnr. 10 zu § 382 AO) in der Weise, daß er die Zollstelle umgeht und dadurch bewirkt, daß die Zollbehörde von dem Vorgang keine Kenntnis nehmen kann und daher von vornherein nicht in der Lage ist, einen Abgabenbescheid zu erteilen (sog. Schmuggel über die grüne Grenze). Insoweit bestehen zwar kriminologische Besonderheiten (vgl. § 373 AO), aber keine strafrechtlich bedeutsamen Unterschiede gegenüber der Nichtabgabe einer förmlichen Steuererklärung durch einen Stpfl, der dem FA nicht bekannt ist (Rdnr. 160 ff.);

der Täter überschreitet die Grenze zwar an der Zollstelle, verneint aber die Frage des Beamten, ob er etwas zu verzollen habe (typisch für Schmuggel im Reiseverkehr, vgl. dazu § 32 ZollVG, Anh);

der Täter gestellt zwar die Ware, macht aber unrichtige Angaben über Menge, Stückzahl, Beschaffenheit oder Zollwert (typisch für Zollhinterziehung im Importhandel, möglich auch im Reiseverkehr);

der Täter erwirbt im Inland von Angehörigen fremder Truppen Waren, die für die Verwendung durch die Truppe abgabenfrei eingeführt oder aus einem inländischen Herstellungsbetrieb entfernt worden sind, und unterläßt es, sie bei der Zollbehörde zu gestellen (sog. „Besatzungs-" oder „Truppenschmuggel"); vgl. dazu insbes. *Mann, A. Fuchs* u. *Baur* aaO.

221 Eine Zollwertverkürzung wird namentlich begangen durch sog. Unterfakturierung, dh durch unrichtige Zollanmeldung unter Vorlage fingierter Rechnungen, in denen der Preis niedriger ausgewiesen wird, als in Wirklichkeit vereinbart ist (vgl. zB BFH v. 16. 3. 1965, BStBl. 269). Diese Methode wird häufig angewendet bei Postsendungen aus dem Ausland mit Medikamenten, Kosmetika, Zuchtperlen, Werkzeugen, optischen Geräten, Schallplatten, Jagdwaffen usw. an private oder auch gewerbliche Käufer im Inland, die dann richtige Rechnungen mit separatem Brief erhalten. Die Ausfertigung doppelter Rechnungen ist nicht erforderlich bei der Unterfakturierung von Lieferungen zwischen in- und ausländischen Kapitalgesellschaften, die wirtschaftlich miteinander verbunden sind. Die durch Unterfakturierung beim ausländischen Verkäufer entstehenden Verluste und beim inländischen Käufer entstehenden Gewinne gleichen sich handelsrechtlich in der Konzernbilanz aus. Auch wird die rechtswidrig erzielte Ersparnis von Eingangsabgaben durch das zwischen dem Ausland und der BRD bestehende Ertragsteuergefälle dann nicht beeinträchtigt, vielmehr der Tatanreiz noch erhöht, wenn die inländische Tochtergesellschaft ohnehin mit Verlust arbeitet und die ausländische Muttergesellschaft den von ihr zu versteuernden Gewinn (in Höhe der Unterfakturierung) auf die Tochtergesellschaft verlagern kann.

222 **Durch Aufteilung des Rechnungspreises** kann der Zollbehörde ein unrichtiger Zollwert zB in der Weise vorgetäuscht werden, daß von dem ausgewiesenen Preis bereits Vorauszahlungen abgesetzt sind oder Vertriebskosten (Frachten, Versicherungen, Umschließungen, Provisionen) oder Lizenzgebühren nur auf einer der Behörde verheimlichten besonderen Rechnung erscheinen oder Teile des Kaufpreises als Kosten für Montage, Reparaturen, Marktforschung oder sonstige Dienstleistungen bezeichnet werden (vgl. *Bender* Tz. 70, 1b). Ferner kann die Feststellung des Zollwertes durch das Vortäuschen von Preisnachlässen, Einführungsrabatten usw. beeinträchtigt werden oder – in zunehmendem Maße – dadurch, daß anstelle der tatsächlich begründeten unmittelbaren Rechtsbeziehungen zwischen dem ausländischen Exporteur und dem inländischen Importeur das Eigenhandelsgeschäft eines inländischen Vermittlers vorgetäuscht wird, der die Ware angeblich auf eigene Rechnung zu einem niedrigeren Preis aus dem Ausland erworben und erst dann zu dem (von vornherein vereinbarten) Preis an den inländischen Abnehmer weiterveräußert hat.

223 **Eine falsche Tarifierung** kann durch unrichtige Anmeldung tariferheblicher Beschaffenheitsmerkmale herbeigeführt werden, zB durch Anmeldung gereinigter Bettfedern als roher Federn, Nickelanoden als Nickelkathoden, haltbarer Konserven als vorübergehend haltbarer usw. (weitere Beispiele aus der Praxis bei *Bender* aaO Tz. 71). Von doppeltem Interesse sind vorgeblich antike Waren, zB Waffen und Teppiche, mit deren Falschanmeldung der Täter zugleich die Absicht verfolgt, anschließend mit Hilfe der zollamtlich bestätigten Falschanmeldung inländische Interessenten zu betrügen. Gelingt

IV. Tatbestandsmäßiges Verhalten   224   § 370

das Vorhaben der Falschanmeldung, so liegt eine mittelbare Falschbeurkundung iS des § 271 StGB nicht vor, da die Beweiskraft des Zollpapiers den Wert und die tarifliche Eigenschaft der Ware nicht umfaßt (BGH v. 6. 10. 1965, ZfZ 1966, 82).

Beispiele aus der Rechtsprechung   224
– Zum Schmuggel über die grüne Grenze: RG v. 20. 10. 1936, RZBl. 376; RG 71, 49 v. 8. 2. 1937; RG v. 19. 11. 1937, RZBl. 824; OLG Köln v. 18. 1. 1952, MDR 438; BGH v. 20. 5. 1952, NJW 945; BGH 4, 32 v. 13. 2. 1953; OLG Köln v. 12. 5. 1953, ZfZ 249; BGH 4, 333 v. 10. 9. 1953; BGH 6, 260 v. 13. 7. 1954; BGH 7, 33 v. 23. 11. 1954; BGH v. 16. 3. 1962, GA 337);
– Zum Schmuggel durch Nichtgestellen gefundenen Zollguts: BGH 4, 36 v. 27. 1. 1953; OLG Oldenburg v. 16. 6. 1953, ZfZ 1954, 155;
– Zum Schmuggel beim Grenzübergang an der Zollstelle durch Verneinen der Frage nach mitgeführten Waren: OLG Köln v. 4. 11. 1956, ZfZ 1959, 182; OLG Hamm v. 20. 11. 1958, ZfZ 1959, 122; FG Düsseldorf v. 28. 1. 1959, ZfZ 148; BayObLG v. 22. 6. 1967, ZfZ 1968, 246; BFH v. 12. 8. 1959, ZfZ 1960, 23; OLG Karlsruhe v. 17. 8. 1978, BB 1979, 1134; durch Verbergen von Zollgut in einem Kfz: BGH 7, 291 v. 5. 4. 1955; FG Düsseldorf v. 12. 6. 1957, ZfZ 243; OLG Neustadt v. 30. 11. 1962, ZfZ 1963, 22; OLG Köln v. 2. 8. 1966, ZfZ 311; BayObLG v. 22. 6. 1967, ZfZ 1968, 246 oder durch Mitführen von Treibstoff im Kraftstofftank: BGH v. 8. 12. 1955, BB 1956, 713; OLG Köln v. 2. 6. 1959, ZfZ 1960, 277; BGH v. 9. 10. 1959, ZfZ 1960, 272 m. krit. Anm. *Rümelin* oder durch Beantragung eines Kraftstoffausweises über eine höhere als die tatsächlich mitgeführte Treibstoffmenge: BayObLGSt 1977, 13 v. 26. 1. 1977; OLG Köln v. 26. 10. 1976, ZfZ 1977, 181 oder hinsichtlich am Körper verborgener Waren: OLG Bremen v. 29. 9. 1954, ZfZ 380 oder getragener Kleidungsstücke: OLG Hamm v. 30. 6. 1958, ZfZ 1960, 314; durch Vortäuschen von „US-Frachtgut": BGH 3, 40, 44 v. 24. 6. 1952; durch Verletzung der Gestellungspflicht in der Absicht, dem Binnenzollamt zu gestellen: OLG Karlsruhe v. 14. 12. 1972, NJW 1973, 722 m. abl. Anm. *Obermeier* 1145 u. *Hübner* 1146;
– Zum Besatzungs- oder Truppenschmuggel hinsichtlich geschenkter Tabakwaren: OLG Braunschweig v. 19. 9. 1952, ZfZ 1953, 21; BayObLG v. 17. 12. 1959, ZfZ 1961, 84; hinsichtlich zum Pfand angenommener Tabakwaren: OLG Karlsruhe v. 30. 7. 1953, NJW 1954, 246; hinsichtlich Kaffee, Tee, Tabakwaren, Spirituosen oder Lebensmittel, die von Angehörigen fremder Truppen käuflich erworben wurden: BGH 5, 53 v. 22. 10. 1953 unter Ablehnung der abw. Erkenntnisse des OLG Frankfurt v. 8. 8. 1951, NJW 1952, 75 und des OLG Oldenburg v. 4. 12. 1952, ZfZ 93; ferner OLG Braunschweig v. 15. 4. 1955, ZfZ 1957, 119; OLG Hamm v. 25. 5. 1957, ZfZ 339; BayObLG v. 2. 10. 1959, ZfZ 1961, 122; OLG Hamm v. 10. 11. 1961, ZfZ 1962, 49; OLG Frankfurt v. 30. 1. 1963, ZfZ 284; OLG Köln v. 16. 7. 1965, ZfZ 1966, 50; durch unbefugtes Benutzen des PKW eines Mitglieds der Streitkräfte: BFH v. 31. 10. 1957, ZfZ 1958, 55; durch Aufbewahren von Waren aus Besatzungsbeständen: OLG Köln v. 8. 4. 1952, ZfZ 1954, 156 und v. 19. 1. 1954, ZfZ 158; durch Diebstahl von Truppengut: OLG Bremen v. 9. 1. 1957, ZfZ 220; BFH v. 31. 10. 1957, ZfZ 1958, 53; BGH 13, 399 v. 25. 11. 1959.

225 Zu beachten ist dabei, daß **zoll- und verbrauchsteuerrechtliche Vermutungen** strafrechtlich nur begrenzte Relevanz haben. Begründet etwa das Vorhandensein von Fehlmengen in einer Brauerei die Vermutung der Steuerschuldentstehung nach § 161 AO, hat dies nur begrenzte strafrechtliche Relevanz. Sofern Zweifel an der Entstehung der Steuerschuld bestehen, ist nach dem Grundsatz in dubio pro reo zu verfahren (*Bender* Tz 102, 3a; RFH RStBl 19, 287; OLG Braunschweig ZfZ 1958, 116). Ebenso ist für die Anwendung des sogen. Schmuggelprivilegs gem. § 32 ZollVG (80 ZG aF) die sogen. Schlußmethode nach Art. 31 ZK (dazu *Witte/Reiche* 3 ff. zu Art. 31 ZK) im Strafverfahren nicht ohne weiteres anwendbar (*Bender* Tz 102, 3b). Gleiches gilt für die Beschaffenheitsvermutung bei Teilbeschau (Art. 70 I ZK), unabhängig davon, ob der Anmelder eine zusätzliche Zollbeschau verlangt hat (Art. 70 I Satz 2 ZK; vgl. auch § 17 I ZG). Dies war zu Recht bereits zu § 17 I ZG die Auffassung des BGH (v. 24. 6. 1987, wistra 292; zust. *Bender* Tz 102, 3c mw Beispielen).

e) Steuerstraftaten im Erhebungs- und Vollstreckungsverfahren

Schrifttum: *Grote*, Steuerhinterziehung außerhalb des Festsetzungsverfahrens und im Mineralölsteuerverfahren, 1989; *HL*, Steuerhinterziehung im Beitreibungsverfahren, DB 1992, 2065; *Bansemer*, Steuerhinterziehung im Beitreibungsverfahren, wistra 1994, 327.

226 **Durch wahrheitswidrig begründete Anträge auf Stundung** nach § 222 AO oder nach einer Sondervorschrift, wie z. B. § 28 ErbStG, wird ein (vorübergehender) Steuervorteil erschlichen, wenn die Finanzbehörde in Kenntnis der wirklichen Liquiditätsverhältnisse keine Stundung gewährt oder erheblich höhere Raten gefordert hätte. Da gestundete Steuerforderungen zwar mit Zinsen (§ 234 AO) in Höhe von 6 v. H. (§ 238 AO), jedoch nicht mit Säumniszuschlägen belastet werden (§ 240 AO), bietet die Stundung einen hohen Reiz zur billigen Kreditbeschaffung (vgl. BFH v. 10. 8. 1961, BStBl II, 488; *Lohmeyer* FR 1964, 170; wN bei *Grote* 1989, 18 ff.). Indessen kann von dem „Erschleichen" einer Stundung nur gesprochen werden, wenn der Steuerpflichtige die Finanzbehörde mit unwahren Angaben über seine Zahlungsfähigkeit täuscht. Die Täuschung kann auch durch unvollständige Information bewirkt werden, wenn etwa der Steuerpflichtige zwar wahrheitsgemäß auf den Rückgang seiner Umsätze hinweist, aber wohlweislich verschweigt, daß die begründete Erwartung besteht, in den nächsten, in den nämlichen Besteuerungszeitraum fallenden Monaten wieder erheblich höhere Umsätze zu erzielen. Kein Fall des § 370 liegt vor, wenn der Steuerpflichtige sich eine ESt-Vorausauszahlung mit der zutreffenden Begründung stunden läßt, daß die Jahressteuerschuld bereits durch die bisherigen Vorauszahlungen gedeckt ist (vgl. BFH v. 29. 4. 1966, BStBl II, 369).

227 **Beim Erschleichen eines Steuererlasses** nach § 227 AO liegt zunächst einmal ein wirksamer Verwaltungsakt vor, mit dem der Steueranspruch zum Erlöschen gebracht wird (§ 47 AO). Die Rücknahmemöglichkeit (§ 130 II Nr. 3 AO) ändert hieran nichts (*Bender* Tz 63, 3b).

IV. Tatbestandsmäßiges Verhalten

Der Steuerpflichtige erschleicht ebenso einen Steuervorteil, wenn er eine 228 einstweilige Einstellung der Zwangsvollstreckung nach § 258 AO erreicht. Irrelevant ist, daß in diesen Fällen die Vollstreckung fortgesetzt werden kann, wenn sie zu einem späteren Zeitpunkt Erfolg verspricht. Gleiches ist auch beim Erlaß der Fall, wenn das Finanzamt die unrichtigen Angaben des Steuerpflichtigen erkennt und nach § 130 Abs. 2 Nr. 3 AO verfährt.

Im Zusammenhang mit der Vollstreckung kann Steuerhinterziehung 229 durch jedes täuschende Verhalten begangen werden, das darauf abzielt, die zwangsweise Einziehung einer fälligen Steuer zu vermeiden, das Zwangsverfahren zu verzögern oder das Vollstreckungsergebnis zu schmälern; das Erschleichen einer bestimmten positiven Verfügung der Finanzbehörde ist nicht erforderlich (RG v. 16. 2. 1937, RStBl 387; BGH v. 1. 3. 1956, BStBl I, 441; *Hartung* JR 1956, 383). Es genügt z. B. die Täuschung der Finanzbehörde über die wirtschaftliche Lage, das Einkommen oder die Vermögensverhältnisse, oder die Täuschung des Vollziehungsbeamten über das Vorhandensein pfändbarer Sachen. An einem täuschenden Verhalten fehlt es jedoch, wenn der Steuerpflichtige sich einer beabsichtigten Vollstreckungsmaßnahme gewaltsam widersetzt (vgl. RG 70, 10 v. 12. 12. 1935; RG v. 12. 10. 1937, RStBl 1149) oder sich der Vollstreckung durch Flucht ins Ausland entzieht (*v. Claer* DStZ 1958, 99). Auch in der Hingabe eines ungedeckten Schecks an die Finanzkasse oder den Vollziehungsbeamten (BGH – 2 StR 416/56 v. 19. 11. 1956, zitiert bei *Herlan* GA 1958, 49) kann eine Täuschung liegen, wenn der Aussteller seiner eigenen Erwartung zuwider zum Ausdruck gebracht hat, daß der Scheck bei Vorlage eingelöst werde. Die Hingabe eines Schecks enthält die schlüssige Erklärung, dieser sei bei Begebung gedeckt, oder zumindest bei Vorlage, oder werde jedenfalls trotz mangelnden Guthabens eingelöst (vgl. BGH 3, 69 v. 25. 6. 1952; *A. Mayer* JZ 1953, 25). Ist der Steuerpflichtige davon überzeugt, daß der Scheck bei Vorlage eingelöst wird und lassen unvorhergesehene Umstände den Scheck platzen, etwa eine unerwartete Kontenpfändung durch Dritte, fehlt es nicht erst am Vorsatz (so Vorauflage Rdnr. 183 unter Berufung auf *Niese* NJW 1952, 69 zu § 263 StGB und *Lohmeyer* NJW 1958, 660 zu § 396 RAO 1931), sondern bereits an der Täuschung, weil die vom Steuerpflichtigen behauptete innere Tatsache, der Scheck werde bei Vorlage eingelöst, wahr ist.

Ein Erfolg im Sinne des § 370 Abs. 4 Satz 1 AO liegt in diesen Fällen nicht 230 schon dann vor, wenn die Manipulation des Täters eine Untätigkeit des Fiskus verursacht, sondern setzt voraus, daß damit aussichtsreiche Vollstreckungsmöglichkeiten vereitelt wurden. Der Steueranspruch kann hier also nicht mit dem Nennwert angesetzt werden, sondern muß wirtschaftlich bewertet werden (*Grote* 1989, 62 ff.). Vereitelt der Steuerpflichtige die Vollstreckung einer Steuerforderung mit einem Nennwert von 100 zu einem Zeitpunkt, zu dem die pfändbare Habe 30 betrug, liegt nicht ein Schaden von 100, sondern von 30 vor. Die Feststellung eines Verkürzungserfolges setzt also eine Bewertung der pfändbaren Habe unter Beachtung der Schuldnerschutzvorschriften der ZPO voraus (*Grote* aaO).

231 Da Tathandlung und Taterfolg gegeben sein müssen, genügt ein **heimliches Verhalten** ebensowenig wie die Verzögerung einer aussichtslosen Vollstreckung. Insofern ist Vorsicht bei der Übernahme älterer Rechtsprechung (vgl. Vorauflage Rdnr. 182) geboten. In der Hingabe wertloser Sicherheiten, z. B. eines Wechsels, um Vollstreckungsaufschub zu erreichen (RG 60, 97 f. v. 15. 2. 1926) liegt zwar eine Täuschung, ob aber eine Verkürzung vorliegt, hängt davon ab, ob sonst aussichtsreiche Vollstreckungsmaßnahmen bestanden. Die Freigabe einer bereits gepfändeten Sache oder Forderung ist Erfolg nur, soweit die gepfändete Sache auch verwertbar war oder die Forderung werthaltig. Ein Erfolg liegt vor bei der Erreichung der Freigabe von Pfandstücken, die das Finanzamt versteigern lassen wollte, soweit Rechte Dritter nicht entgegenstanden (vgl. RG v. 19. 10. 1936, RStBl 1060), die Täuschung mag in diesen Fällen darin liegen, daß ein fingierter Sicherungsübereignungsvertrag vorgelegt wird (vgl. RG aaO sowie BGH v. 22. 1. 1953 zit. bei *Herlan* GA 151).

232 **Die Abtretung einer Forderung,** die der Steuerpflichtige selbst einzieht, um den Betrag für sich zu verbrauchen, bevor das Finanzamt den Drittschuldner benachrichtigen kann (*Krah* StWa 1954, 153) erfüllt den Tatbestand der Steuerhinterziehung nur unter zwei Voraussetzungen. Zunächst einmal muß der Steuerpflichtige bereits zum Zeitpunkt der Abtretung der Forderung die Absicht gehabt haben, den Betrag selbst einzuziehen. Zum anderen muß damit die Möglichkeit des Fiskus vereitelt worden sein, die Forderung zu pfänden. Hat der Steuerpflichtige den Plan, die Forderung trotz Abtretung selbst einzuziehen, erst später gefaßt, ist dies strafrechtlich nicht relevant, weil § 153 I AO außerhalb des Festsetzungsverfahrens keine Anwendung findet (Rdnr. 179). Ebenso irrelevant ist die heimliche Veräußerung einer vom Finanzamt gepfändeten oder dem Finanzamt zur Sicherheit übereigneten Sache (LG Braunschweig v. 18. 3. 1953, DStZ/B 280; AG Mannheim v. 2. 1. 1964, BB 1965, 233; aM BGH v. 1. 3. 1956, BStBl I, 441; LG Kassel v. 8. 3. 1954, DStZ/B 218, *Kessler* DStZ/B 1954, 218; *Henke* NJW 1967, 1006; Vorauflage Rdnr. 182). In diesen Fällen fehlt es an einer Tathandlung, weil der Steuerpflichtige im Rahmen der Pfändung keine Erklärung abgibt; eine Ausnahme wird zu machen sein, wenn der Steuerpflichtige bereits im Zeitpunkt der Sicherungsübereignung die Absicht hatte, den Gegenstand zu unterschlagen. Im übrigen bleibt es in diesen Fällen bei der Strafbarkeit wegen Pfandkehr bzw. Vollstreckungsvereitelung oder Unterschlagung.

233 **Unrichtige Angaben in einer eidesstattlichen Versicherung** nach § 284 AO sind nach den nämlichen Kriterien zu beurteilen. Wurde durch die Täuschung die Möglichkeit des Fiskus vereitelt, durch Zugriff auf die gegenwärtigen Vermögensgegenstände des Schuldners Steueransprüche zu realisieren (vgl. RG v. 29. 8. 1938, RStBl 889; BGH 14, 345, 348 v. 1. 4. 1960; BGH 11, 223, 225 v. 13. 2. 1958 zu Arbeitseinkünften; vgl. auch BGH 8, 399 f. v. 15. 12. 1955; BGH v. 24. 7. 1968, NJW 2251), liegt auch ein Erfolg im Sinne des § 370 Abs. 4 Satz 1 AO vor. Ist dies nicht feststellbar, mag ein Versuch der Steuerhinterziehung gegeben sein bzw. hat es mit der Strafbarkeit nach § 156 StGB sein Bewenden. Dies gilt insbesondere dann, wenn der Steuerpflichtige nichtpfändbare Vermögensgegenstände verschwiegen hat, wenn nicht in diesen Fällen ohnehin schon die Strafbarkeit nach § 156 StGB entfällt (vgl. BayObLG v. 10. 4. 1991, wistra 230).

V. Vorsatz, Unrechtsbewußtsein

Schrifttum: *Hartung,* Schuldprobleme im Steuerstrafrecht, Aktuelle Fragen, S. 31 ff.; *Stieler,* Rechtsirrtum im Steuerstrafrecht, SJZ 1950, 527; *Dollinger,* Das Unrechtsbewußtsein im Steuerstrafrecht, BB 1952, 801; *Glöggler,* Irrtumsfragen im Steuerstrafrecht, NJW 1953, 488; *Stieler,* Der Bundesgerichtshof zur Frage des Rechtsirrtums im Steuerstrafrecht, BB 1953, 434; *Welzel,* Irrtumsfragen im Steuerstrafrecht, NJW 1953, 486; *Warda,* Die Abgrenzung von Tatbestands- und Verbotsirrtum bei Blankettstrafgesetzen, 1955; *Welzel,* Der Verbotsirrtum im Nebenstrafrecht, JZ 1956, 238; *Netzler,* Der Verbotsirrtum im Steuerstrafrecht, 1961; *Lohmeyer,* Schuldprobleme im Steuerstrafrecht, GA 1966, 161; *Tiedemann,* Zur legislatorischen Behandlung des Verbotsirrtums im Ordnungswidrigkeiten- und Steuerstrafrecht, ZStW 79 [1969] 869; *Leise,* Irrtumslehre und steuerliches Straf- und Bußgeldrecht, DStR 1972, 556; *Lohmeyer,* Die Schuld bzw. Verwerfbarkeit bei Zuwiderhandlungen gegen Steuergesetze, DStR 1974, 426; *Pfaff,* Irrtum im Steuerstraf- und Bußgeldrecht, StBp 1979, 256; *Backes,* Zur Problematik der Abgrenzung von Tatbestands- und Verbotsirrtum im Steuerstrafrecht, Diss. Köln 1981; *ders.,* Die Abgrenzung von Tatbestands- und Verbotsirrtum im Steuerstrafrecht, StW 1982, 253; *Samson,* Irrtumsprobleme im Steuerstrafrecht, Grundfragen 1983, 99; *Lüderssen,* Die Parteispendenproblematik – Vorsatz und Irrtum, wistra 1983, 223; *Schlüchter,* Zur Irrtumslehre im Steuerstrafrecht, NStZ 1986, 443; *Heide, v. d.,* Tatbestands- und Vorsatzprobleme bei der Steuerhinterziehung nach § 370 AO, Diss. Bochum 1986; *Thomas,* Die Steueranspruchstheorie und der Tatbestandsirrtum im Steuerstrafrecht, NStZ 1987, 260; *Meyer, F.,* Enthält der Tatbestand der Steuerhinterziehung ein ungeschriebenes Tatbestandsmerkmal, das jeglichen Verbotsirrtum ausschließt?, NStZ 1987, 500; *Reiß,* Tatbestandsirrtum und Verbotsirrtum bei der Steuerhinterziehung, wistra 1987, 161; *Lütt,* Das Handlungsunrecht der Steuerhinterziehung, Frankfurt 1988; *Dörn,* Die Bedeutung der Prüfung von Vorsatz und Leichtfertigkeit im Steuerstraf- und Steuerordnungswidrigkeitenverfahren, Inf. 1990, 488; *Thomas,* Die Anwendung europäischen materiellen Rechts im Strafverfahren, NJW 1991, 2233; *Fissenewert,* Der Irrtum bei der Steuerhinterziehung, 1993; *Bachmann,* Vorsatz und Rechtsirrtum im allgemeinen Strafrecht und im Steuerstrafrecht, 1993.

Die Steuerhinterziehung kann **nur vorsätzlich begangen** werden. Das ergibt sich aus § 369 II AO, § 16 StGB. Dem Grundsatz nach muß sich der Vorsatz auf alle diejenigen tatsächlichen Umstände erstrecken, die den Tatbestand erfüllen, sowie bei normativen Tatbestandsmerkmalen die *„Parallelwertung in der Laiensphäre"* enthalten (Rdnr. 45 zu § 369 AO). Dagegen gehört zum Vorsatz nicht die Kenntnis vom Verbotensein des Verhaltens. Insofern ist Unrechtsbewußtsein nötig, dessen Fehlen als Verbotsirrtum nach § 17 StGB behandelt wird (Rdnr. 100 zu § 369 AO). 234

Zum Vorsatz der Steuerhinterziehung durch Handeln gehört das Wissen, daß der Täter eine täuschende Handlung vornimmt, dadurch ein Steueranspruch beeinträchtigt wird, sei es durch zu niedrige oder verspätete Festsetzung oder durch verspätete Beitreibung, bzw. dadurch ein nicht gerechtfertigter Steuervorteil erlangt wird. Hinsichtlich sämtlicher Merkmale muß der Täter die „Parallelwertung in der Laiensphäre" aufweisen. Er muß insbesondere wissen, daß ein Steueranspruch gegen ihn oder einen anderen existiert, auf den er einwirkt. Dagegen muß er nicht exakt die Anspruchsgrundlage kennen oder auch nur genau wissen, um welche Steuerart es sich handelt 235 (aM HHSp-*Hübner* 113 zu § 370 AO, der sich auf die Entscheidung BGH v. 24. 1. 1964 bei *Herlan* GA 1965, 289 beruft; aaO findet sich jedoch zu dieser Frage nichts; vgl. auch *Kindhäuser* GA 1990, 408; *Bachmann* 1993, 43 ff). Über diese Grundsätze besteht Einigkeit: BGH 5, 90 v. 13. 11. 1953; *Welzel* NJW 1953, 486; HHSp-*Engelhardt* 113 ff. u. *Kohlmann* 201 ff. zu § 370 AO; *Lüderssen* wistra 1983, 224; *Samson* Grundfragen S. 105 f; unklar dagegen OLG Hamm v. 6. 5. 1970, ZfZ 1971, 340, das den Irrtum über die Einordnung eines Einfuhrgutes unter eine Warennummer des Zolltarifes ohne Begründung als Verbotsirrtum bezeichnet. Zu Recht verneint der BGH (v. 8. 3. 1983, wistra 113) den Hinterziehungsvorsatz bei einem Steuerberater, der durch Vorlage unrichtiger Belege eine vermeintlich unrichtige Rechtsauffassung eines Steuerbeamten überwinden will (s. auch OLG Karlsruhe v. 17. 8. 1978, BB 1979, 1134; *Bachmann* 1993, 181).

236 Zum Vorsatz der **Steuerhinterziehung durch Unterlassen** gehört darüber hinaus die Kenntnis derjenigen Tatsachen, die die Pflicht zur Aufklärung der Finanzbehörden begründen (*Bachmann* 1993, 195). Dagegen braucht der Täter die Aufklärungspflicht selbst nicht zu kennen (Rdnr. 101 zu § 369 AO).

237 **Dem Täter fehlt das Unrechtsbewußtsein,** wenn er die Rechtswidrigkeit seines Verhaltens nicht kennt. Beruht dieser Irrtum nicht auf einem vorsatzausschließenden Tatumstandsirrtum, dann handelt es sich um einen (isolierten) Verbots- oder (bei Unterlassungsdelikten) Gebotsirrtum, der nach § 17 StGB zu behandeln ist. Davon ist der sog. Strafbarkeitsirrtum zu unterscheiden, der strafrechtlich unerheblich ist. Weiß der Täter, daß sein Verhalten rechtswidrig ist, glaubt er aber irrig, das Verhalten sei nicht strafbar, so handelt er mit vollem Unrechtsbewußtsein (*unrichtig*: *Leise* DStR 1972, 557). Im Verbotsirrtum befindet sich auch, wer weiß, daß er steuerpflichtige Umsätze macht, aber glaubt, er brauche keine USt Voranmeldung abzugeben (Irrtum über die Garantenpflicht, s. Rdnr. 92 zu § 369 AO); ebenso *Leise* DStR 1972, 558; vgl. auch *Bachmann* 1993, 194 f. Demgegenüber nimmt die überwiegende Ansicht beim Irrtum über Aufklärungspflichten Vorsatzausschluß an, jedoch ohne dies überzeugend begründen zu können (typisch: *Kohlmann* 228 zu § 370 AO, der lediglich behauptet, die BGH-Rechtsprechung zu den Garantenpflichten sei auf § 370 AO nicht anwendbar; wie hier HHSp-*Engelhardt* 116 zu § 370 AO; vgl. auch BGH v. 18. 12. 1985, wistra 1986, 219). Spätestens seit Ersetzung der Steuerunehrlichkeit durch die Tatbestandsbeschreibung in § 370 I Nr. 2 AO ist diese Auffassung nicht mehr zu halten. Vielfach ist jedoch mit der Unkenntnis der Erklärungspflicht auch die Unkenntnis des Steueranspruchs verbunden. In einem solchen Fall fehlt der Verkürzungsvorsatz (*Samson* Grundfragen S. 106 ff.). Demgegenüber ist ein Verbotsirrtum insbesondere bei einem Eingreifen des Kompensationsverbotes denkbar (*Bachmann* 1993, 181 f).

238 **Grundsätzlich genügt Evenutalvorsatz;** zum Begriff s. Rdnr. 50 zu § 369 AO. Problematisch ist diese Annahme aber dort, wo die Erfüllung der Erklärungspflicht die Anwendung von Rechtsnormen voraussetzt (Rdnr. 126 ff.). Ist eine Steuererklärung deshalb unrichtig, weil der Stpfl von einer objektiv unzutreffenden Rechtsansicht ausgegangen ist, kann für die vorsätz-

VI. Teilnahmehandlungen 239, 240 § 370

liche Steuerhinterziehung Eventualvorsatz nicht ausreichen, da in erheblichem Umfang und nahezu unvermeidbar jedenfalls der selbstkritische Stpfl für möglich halten wird, daß einzelne von ihm angewendete Rechtssätze auch anders ausgelegt werden können, als er es tut. In einem solchen Fall von Hinterziehungsvorsatz zu sprechen, wäre wenig sinnvoll. Das Problem ist bisher noch kaum erkannt und bedarf weiterer Untersuchungen.

Neben dem Vorsatz setzt die Steuerhinterziehung keinerlei weitere subjektive Merkmale voraus. Abw. von § 392 II RAO braucht der Täter nicht mehr zum eigenen oder fremden Vorteil zu handeln. Wenn das Gesetz in § 370 I AO für die Vorteilserlangung voraussetzt, daß der Täter den Erfolg für sich oder einen anderen erlangt, dann wird dadurch nur klargestellt, daß Täter nicht nur derjenige sein kann, der sich selbst einen Vorteil verschafft, sondern auch jeder Dritte. **239**

VI. Teilnahmehandlungen

Schrifttum: *Reinisch,* Die steuerstrafrechtliche Bedeutung des Mitunterzeichnens der Einkommensteuererklärung durch den Ehegatten, DStR 1965, 589; *Jakobs,* Regreßverbot beim Erfolgsdelikt, ZStW 1977, 1; *Philipowski,* Steuerstrafrechtliche Probleme bei Bankgeschäften, Grundfragen 1983, 131; *Gössel,* Probleme notwendiger Teilnahme bei Betrug, Steuerhinterziehung und Subventionsbetrug, wistra 1985, 125; *Lohmeyer,* Der Steuerberater als Täter oder Teilnehmer einer Steuerzuwiderhandlung, Stbg 1985, 297; *Flücken,* Der Steuerberater als Täter der Steuerhinterziehung (und anderer Straftaten), Stbg. 1987, 294; *Gallandi,* Die strafrechtliche Haftung von Bankangestellten, wistra 1988, 295; *Löwe-Krahl,* Steuerstrafrechtliche Risiken typischer Banktätigkeiten, Diss. Kiel 1989; *Meyer-Arndt,* Beihilfe durch neutrale Handlungen?, wistra 1989, 281; *Gast-de Haan,* Strafrechtliche Risiken der Steuerberatung, Harzburger Protokoll 1992, 25; *App,* Beihilfe zur Steuerhinterziehung, StB 1993, 189; *Streck/Mack,* Steuerpflicht von Zinserträgen aus Luxemburg, StbG 1993, 25; *App,* Beihilfe zur Steuerhinterziehung durch Sachgebietsleiter, StB 1993, 189; *Dörn,* Fragen des Steuerstraf- und Steuerordnungswidrigkeitenrechts bei Beauftragung eines Steuerberaters, DStZ 1993, 478; *Bilsdorfer,* Die steuerstraf- und bußgeldrechtliche Verantwortung des steuerlichen Beraters, NWB F. 13, 829 (Stand: 1993); *Marx,* Steuerstraf- und bußgeldrechtliche Verantwortung des Steuerberaters, DStR 1993, 1901; *Dörn,* Steuerstraf- oder bußgeldrechtliche Verantwortlichkeit des Steuerberaters, wistra 1994, 290; *Hassemer,* Professionelle Adäquanz, wistra 1995, 41, 81; *Löwe-Krahl,* Beteiligung von Bankangestellten an Steuerhinterziehungen ihrer Kunden, wistra 1995, 201.

1. Allgemeines

Auch bei **Anstiftung oder Beihilfe** zur Steuerhinterziehung ist weder der Kreis der möglichen Teilnehmer noch die Art der Teilnahmehandlung durch Besonderheiten des Steuerstrafrechts beschränkt. So kann eine Anstiftung zur Steuerhinterziehung durch Unterlassen auch durch eine Person begangen werden, die selbst nicht die nötige Täterqualität „Steuerpflichtiger" aufweist (vgl. Rdnr. 18f.). Der Anstifter verursacht die Haupttat, indem er den Vorsatz des Haupttäters hervorruft (Rdnr. 78 zu § 369 AO). Der Gehilfe wirkt an der Haupttat durch psychische oder physische Unterstützung mit, ggf. auch durch Stärkung des Tatentschlusses (Rdnr. 78 zu § 369 AO). Probleme ergeben sich in diesem Zusammenhang namentlich daraus, daß viele potentielle Teilnehmer sich im Rahmen ihres üblichen Geschäftsgebarens bewegen und sich die Frage stellt, ob nicht wegen sozialadäquaten Verhaltens eine **240**

Strafbarkeit entfallen muß. Diese unter dem Stichwort „objektive Zurechnung" (Rdnr. 47 zu § 369 AO) in der Strafrechtsdogmatik intensiv erörterte Frage ist noch nicht annähernd beantwortet, so daß auch im steuerstrafrechtlichen Bereich eine Vielzahl offener Fragen existiert.

2. Anstiftung

241 **Anstifter ist,** wer einen anderen zu dessen vorsätzlicher Steuerhinterziehung bestimmt, jedenfalls dann, wenn sein Verhalten nur als Einbindung in einen fremden Verbrechensplan gedeutet werden kann. Der Fall ist dies etwa dann, wenn ein Notar den Vertragschließenden rät, in einem Grundstückskaufvertrag zum Zwecke der „Steuerersparnis" den Kaufpreis niedriger anzugeben (RG 58, 54 ff. v. 7. 1. 1924; vgl. auch RG 60, 6, 8 v. 26. 11. 1925; RG 61, 42 f. v. 25. 11. 1926). Veranlaßt ein Arbeitnehmer, der nicht mit der Einbehaltung von Lohnsteuer beauftragt ist, die Lohnbuchhalterin, vom Arbeitslohn eines Kollegen zu wenig Lohnsteuer einzubehalten, so begeht er eine Anstiftung zur Steuerhinterziehung (BayObLG v. 5. 6. 1967, GA 1968, 86). Die Lohnbuchhalterin ist (mittelbare) Täterin (mißverständlich Vorauflage Rdnr. 191 unter Berufung auf BGH v. 5. 5. 1981, wistra 1982, 28). Anstiftung zur Kfz-Steuer-Hinterziehung begeht ein Händler, der den Käufer eines neuen Pkw veranlaßt, das Kennzeichen eines alten Fahrzeugs weiterzuverwenden (OLG Hamm v. 9. 2. 1960, ZfZ 1961, 88).

242 **Die Abgrenzung zwischen Mittäterschaft und Anstiftung** richtet sich nach den üblichen Kriterien (Rdnr. 76 zu § 369 AO). Hiernach beurteilt sich auch, inwiefern etwa „*Gestaltungsempfehlungen*" des steuerlichen Beraters als Teilnahme oder Täterschaft zu qualifizieren sind (vgl. BGH v. 24. 8. 1983, wistra 252; v. 8. 8. 1985, wistra 1986, 27; v. 18. 6. 1991, wistra 1991, 343; *Kohlmann* 16.5 zu § 370 AO).

243 **Ob auch neutrale Handlungen dem § 26 StGB genügen können,** ist zweifelhaft. Empfiehlt etwa ein Bankmitarbeiter einem Kunden, sein Festgeld bei der Luxemburger Tochtergesellschaft anzulegen, um den Zinsabschlag zu sparen, ist dieses Verhalten zunächst einmal bankentypisch auch dann, wenn der Bankangestellte damit rechnet, daß der Kunde diese Empfehlung zum Anlaß nehmen wird, nunmehr sämtliche Kapitaleinkünfte nicht mehr in der inländischen Steuererklärung anzugeben (vgl. Rdnr. 251).

3. Beihilfe

244 **Beihilfe begeht,** wer den Erfolg der vorsätzlichen Haupttat vorsätzlich verursacht (Rdnr. 78 zu § 369 AO). Inwiefern jede Ursächlichkeit für die Teilnahmestrafbarkeit ausreicht, ist zweifelhaft und heftig umstritten (vgl. die Zusammenstellung bei *Hassemer* wistra 1995, 41 ff.).

245 **Bei *Schmuggel*** liegt ein Rückgriff auf Aspekte der Sozialadäquanz eher fern. Wer Verstecke in Hohlräumen eines Kfz anfertigt (OLG Köln v. 20. 1. 1959, ZfZ 1960, 276), leistet Beihilfe zur Hinterziehung von Eingangsabgaben. Wer als Schiffsoffizier einen Schmuggel der Mannschaft duldet (RG 71, 176 ff. v. 20. 4. 1937) macht sich ebenso der (Beihilfe zur) Steuerhinterzie-

VI. Teilnahmehandlungen

hung schuldig wie der Zollbeamte, der einen wahrheitswidrigen Schlußabfertigungsvermerk auf einem Zollbegleitschein erteilt (BGH v. 11. 12. 1952, ZfZ 1953, 86; ähnlich BGH 7, 149 v. 11. 1. 1959) oder unter Verletzung der Garantenpflicht duldet, daß ein Schmuggler über das Zollgitter eines Freihafens klettert (OLG Bremen v. 10. 8. 1950, ZfZ 367). Aber auch hier stellt sich die Frage der Sozialadäquanz, wenn der Täter Schmuggler zum Eingang des Freihafens befördert und von dort wieder aufnimmt (OLG Bremen v. 5. 10. 1955, ZfZ 371), wenn der Täter Schmuggelware von einem grenznahen Lagerungsort abholt (BGH 8, 70 v. 21. 6. 1955) oder der Täter es gestattet, daß Schmuggler das Zollgut auf einem grenznahen Anwesen verstecken (BGH v. 24. 5. 1955, ZfZ 256). Die Frage ist, ob sich der entsprechende Täter im Rahmen seiner professionellen Adäquanz bewegt. Handelt es sich beispielsweise bei der Person, die Schmuggler zum Eingang des Freihafens befördert, um einen Taxifahrer, mag die Aussage des OLG Bremen in einem anderen Lichte erscheinen (vgl. Rdnr. 248 f.).

Bei Besitz- und Verkehrsteuern ist die Grenze zur Strafbarkeit jedenfalls 246 dort überschritten, wo das Verhalten des Teilnehmers sich nur noch als auf die Förderung einer fremden Steuerhinterziehung gerichtetes Verstehen läßt. Dies ist etwa der Fall, wenn ein Lieferant mehrere Rechnungen statt einer erteilt, um dem Abnehmer die sofortige Absetzbarkeit der angeschafften Sache nach § 6 Abs. 2 EStG zu ermöglichen (LG Kassel v. 12. 9. 1955, NJW 1956, 35) oder Waren ohne Rechnung oder unter falschem Empfängernamen liefert, um solchermaßen das Nichtverbuchen der Eingangsrechnungen zu erleichtern (vgl. OLG Köln v. 26. 9. 1958, NJW 2078).

Bei der Mitwirkung von Angestellten an der Steuerhinterziehung des 247 Arbeitgebers ist die Reichweite des § 27 StGB problematisch. Fertigt eine Sekretärin in Kenntnis der Sach- und Rechtslage die Reinschrift einer unrichtigen Umsatzsteuer-Voranmeldung, die sodann unterzeichnet und eingereicht wird, kann aus dieser Mitwirkung noch nicht auf strafbare Teilnahme geschlossen werden (BGH v. 13. 4. 1988, wistra 261). *„Eine für die Wertung als Beihilfe sprechende besondere Sachlage kann aber dann gegeben sein, wenn das ganze Unternehmen, an dem ein Helfer mitwirkt, ausschließlich darauf abzielt, einen Gewinn durch Steuerhinterziehung zu erreichen"* (BGH aaO). Der Abschluß eines Werkvertrages macht den Auftraggeber noch nicht zum Gehilfen der von den Werkunternehmern später begangenen Steuerhinterziehung (BGH v. 23. 6. 1992, wistra 299). Bei einer Beihilfe durch Vermietung einer Garage ist darauf abzustellen, ob diese Räume durch ihre besondere Beschaffenheit oder Lage eine Gefahrenquelle darstellen, die der Vermieter besonders zu sichern oder zu überwachen hätte (BGH v. 30. 9. 1992, wistra 1993, 59).

Nach welchen Regeln die Ausgrenzung bestimmter für den Haupttater- 248 folg ursächlicher Teilnahmehandlungen zu erfolgen hat, ist zweifelhaft. Die Literatur kennt u. a. eine Unterbrechung der objektiven Zurechnung bei Risikoverringerung (*Roxin* AT 11/43 ff.), fehlender Gefahrschaffung (*Roxin* AT 11/45 ff.), in den Fällen des erlaubten Risikos (*Roxin* AT 11/55 ff.), unter dem Begriff des Schutzzwecks der Norm (*Roxin* AT 11/68 ff.) und die Zuordnung zum fremden Verantwortungsbereich (*Roxin* AT 11/104 ff.). Weitere Fälle – etwa die Förderung fremder Selbstgefährdung u. ä. – sind für das Steuerstrafrecht nicht von Relevanz. *Hassemer* (wistra 1995, 45) erwähnt als „ausbaufähige Lehren" erlaubtes Risiko, Schutzzweck der Norm und soziale Adäquanz. Insoweit kommt eine Unterbrechung der Zurechnung namentlich in solchen Fällen in Betracht, in denen der Teilnehmer ein äußerlich neutrales, „*unauffälliges*" Verhalten an den Tag legt (*Jakobs* S. 762), die Beihilfehandlung von der Haupttat weit entfernt ist, beispielsweise nur auf das rechtmäßige Stadium der Vorbereitung bezogen ist (*Schuhmann* 1986, S. 57 f.), der Handelnde keine Tatherrschaft aufweist (*Hirsch* ZStW 1962, 98), der Gehilfe sich nicht äußerlich erkennbar mit dem Haupttäter solidarisiert hat (*Schuhmann* aaO S. 60 ff.) oder die Zurechnung zum Unrecht unverhältnismäßig wäre (*Löwe-Krahl* 1989, 114 ff.; zusammenfassend *Hassemer* wistra 1995, 45). *Hassemer* selbst hat in Zusammenhang mit der Adäquanz banktypischen Handelns den Begriff der „professionellen Adäquanz" geprägt (wistra 1995, 84 ff.; vgl. auch HHSp-*Engelhardt* 140 f zu § 370 AO). Die „leges professionis" gäben einen Rahmen vor. Indizien für das Verlassen des Bereichs professioneller Adäquanz sei etwa die Umstellung des Angebots auf Leistungen, die für den Bereich der Profession neu seien und fremd blieben und zugleich als Voraussetzungen krimineller Zielverfolgung angesehen werden müßten, der Aufbau eines Systems, dessen Funktion nicht mit neutralen Zielen erklärt werden könne und die Anpassung von Regelungen an fremde deliktische Pläne (wistra 1995, 86). Zu einer objektiven Regelveränderung müsse immer auch die Disposition des Handelnden treten, kriminelle Ziele zu verfolgen (wistra 1995, 86 f.) Auch wenn die Diskussion in diesem Bereich noch nicht abgeschlossen ist, lassen sich aus dieser Vielzahl von Kriterien einige problematische Fälle befriedigend lösen.

249 **Bei der Zusammenveranlagung von Ehegatten** im Einkommensteuerrecht (bzw. von Eltern und Kindern zur Vermögensteuer) liegt eine Beihilfe oder gar Mittäterschaft eines Ehegatten nicht schon dann vor, wenn ein Ehegatte die Erklärung unterzeichnet, obwohl er weiß, daß der andere Ehegatte unrichtige Angaben zu seinen – des anderen Ehegatten – Einkünften gemacht hat (vgl. *Reinisch* DStR 1965, 589; anders offenbar HHSp-*Engelhardt* 130 zu § 370 AO; ebenso jedoch 137 g zu § 370 AO); die noch in der Vorauflage (Rdnr. 192) vertretene Auffassung wird aufgegeben. Zwar läßt sich dieses Ergebnis nicht aus § 30 AO oder aus § 268 ff. AO (Aufteilung einer Gesamtschuld) herleiten (so zu Recht *Samson,* Voraufl. Rdnr. 192; aM *Reinisch* DStR 1965, 589). Die Regelung über die Zusammenveranlagung von Ehegatten (§ 26 Abs. 2 EStG) ist jedoch nur der gesetzgeberische Versuch, die Steuersätze beider Ehegatten zu nivellieren. Die Art der Veranlagung zeigt deutlich, daß auf der Ebene der Ermittlung der Einkünfte an sich jeder Ehegatte selbständig zu betrachten ist. Der (mit-)unterzeichnende Ehegatte gibt *seine* Steuererklärung ab und stimmt zugleich einer Zusammenveranlagung zu. Erschöpft sich die Unterstützung der Tat des Ehegatten in diesem Antrag, ist die Grenze zur strafbaren Beihilfe noch nicht überschritten, denn die Angaben des anderen fallen nicht in seinen Verantwortungsbereich (vgl.

VI. Teilnahmehandlungen 250, 251 § 370

Roxin AT 11/104). Anders ist es dann, wenn sich das Verhalten als psychische Beihilfe in Form einer Bestärkung des Tatentschlusses des Ehegatten darstellt, oder aber der Mitunterzeichnende ein massives Eigeninteresse an dem Erfolg der Steuerhinterziehung hat (Rdnr. 71 ff.). Jede andere Interpretation bringt den Ehegatten in große Konfliktslagen: Unterzeichnet etwa ein Ehegatte, der keine eigenen Einkünfte hat, die gemeinsame Steuererklärung nicht, wird entweder das Finanzamt hieraus den Schluß ziehen, mit den Angaben des berufstätigen Ehegatten stimme etwas nicht, oder aber der nichtunterzeichnende Ehegatte gewärtigen müssen, daß er familienrechtlich gezwungen werden kann, die entsprechende Erklärung mitzuunterzeichnen, wenn er nicht seinen Ehegatten entgegen den Regeln der §§ 101 ff. AO belasten will.

Bei Steuerberatern liegt eine Beihilfe zur Steuerhinterziehung nicht schon 250 darin, daß dieser die Daten für die Erklärung zusammenstellt und ein ausgefülltes Formular dem Mandanten liefert, wissend, daß dieser etwa bei den Einkünften aus Kapitalvermögen unrichtige Vorgaben gemacht hat oder die entsprechenden Beträge noch modifizieren wird (aM offenbar HHSp-*Engelhardt* 132 ff. zu § 370 AO). Zwar wird der Steuerberater ursächlich für den konkreten, unrichtigen Steuerbescheid. Er hat aber letztlich das Risiko der Tatbegehung reduziert, weil er für die von ihm bearbeiteten Einkunftsarten korrekte Werte vorgegeben hat. Ebenso, wie keine Beihilfe vorliegt, wenn der Rechtsrat eines Anwalts allenfalls zu einer Verringerung, nicht aber zu einer Steigerung der Wahrscheinlichkeit und der Höhe eines etwaigen Betrugschadens bei Bekunden des Klienten beiträgt (OLG Stuttgart v. 19. 6. 1979, NJW 2573 m. Anm. *Joecks* JA 1980, 127), ist hier die objektive Zurechnung ausgeschlossen. Es handelt sich um eine Handlung des Steuerberaters im Vorfeld der eigentlichen Tatbegehung, er bewegt sich im Rahmen der leges professionis und hat kein gesteigertes Interesse an der Tatbegehung. Anders mag es sein, wenn der Steuerberater insbesondere deshalb mitwirkt, weil der Mandant ihm in Hinblick auf die verkürzungsbedingte Höhe der Erstattung ein besonders großes Honorar versprochen hat. Zu bedenken ist in diesem Kontext auch, daß der Beratungsvertrag zwischen Mandant und Steuerberater (vgl. OLG Karlsruhe v. 19. 3. 1986, wistra 189; *Kohlmann* § 370 Rdnr. 16.5) den steuerlichen Berater nicht zum Garanten für den Fiskus macht, so daß die Grenze zur strafbaren Beihilfe in der Regel erst dann überschritten ist, wenn sich der Berater in den konkreten Verbrechensplan einbinden läßt. Zur Abgrenzung von Beihilfe durch schlüssiges Verhalten und durch Unterlassen vgl. BGH v. 20. 12. 1995, wistra 1996, 184.

Die strafrechtliche Verantwortung von Bankangestellten (dazu umfas- 251 send *Löwe-Krahl*, 1989; *ders.*, wistra 1995, 201 ff.) bestimmt sich nach den nämlichen Kriterien. Eine Beihilfe liegt nicht schon darin, daß etwa eine Festgeldanlage in dem Wissen hereingenommen wird, daß der Kunde die entsprechenden Kapitaleinkünfte nicht ordnungsgemäß erklären wird (vgl. Rdnr. 247). Auch die Finanzierung eines kriminellen Geschäfts bewegt sich in der Regel noch im Rahmen der sozialen Adäquanz. Ob dies auch für die Abwicklung von Tafelgeschäften und die Einrichtung von Nummernkonten gilt, ist zweifelhaft. Tafelgeschäfte sind gesetzlich toleriert. Es stellt sich die Frage, inwiefern das befremdliche Verhältnis des deutschen Gesetzgebers zur lückenlosen Erfassung von Einkünften aus Kapitalvermögen zu Lasten der Banken gehen soll, die sich letztlich im Rahmen des seit Jahrzehnten Üblichen bewegen. Bei Nummernkonten hat das Bundesverfassungsgericht (v. 23. 3. 1994, wistra 221; zur Vorgeschichte der Entscheidung vgl. die Dokumentation in AG 1994, 119) die Auffassung vertreten, solche hätten nur die Funktion, Steuerhinterziehungen zu ermöglichen, so daß auch insofern eine Teilnahme nicht fernliege. Dies ist nicht unproblematisch, weil es auch andere (quasi-dolose) Gründe geben mag, auf ein Nummernkonto im Ausland auszuweichen, etwa eine Gläubigerbenachteiligung oder Benachteiligung des Ehegatten im Rahmen eines scheidungsbedingten Zugewinnausgleichs. Die Grenze zur strafbaren Teilnahme ist jedenfalls überschritten, wenn das Kreditinstitut Depots entgegen § 154 AO unter einem falschen Namen eröffnet. Sozialinadäquat ist es auch, wenn ein Kreditinstitut sich nicht darauf beschränkt, eine quellensteuerfreie Festgeldanlage bei der ausländischen Tochtergesellschaft zu empfehlen, sondern durch die Art und Weise des Geschäftsgebarens zugleich dokumentiert, daß letztlich nicht nur der Liquiditätsvorteil des fehlenden Zinsabschlags genutzt werden soll (so im Fall des BVerfG v. 23. 3. 1994, wistra 221).

Die mangelnde Nähe zur Begehung der Haupttat und ein mangelndes Tatinteresse wird im übrigen in der Regel dazu führen, daß subalterne Angestellte trotz Ursächlichkeit für die Haupttat regelmäßig nicht Gehilfen sind. Auch hier wird die Grenze überschritten sein, wenn etwa die Höhe der Bezüge Schlüsse auf eine Einbindung in den Verbrechensplan (*Jakobs* aaO) zulassen (vgl. Rdnr. 247).

VII. Versuch

Schrifttum: *Schwarz*, Der Verbotsirrtum seit der Steuerstrafrechtsnovelle von 1956, NJW 1956, 1906; *A. Fuchs*, Versuchte und vollendete Steuerverkürzung im Reiseverkehr, ZPr 1957, 121; *Bauerle*, Der Beginn der Ausführungshandlung im Steuerstrafrecht sowie die selbständig strafbaren Vorbereitungshandlungen, Aktuelle Fragen S. 137; *Henke*, Probleme des Versuchs der Steuerhinterziehung, DStZ 1958, 183; *Busse*, Zum „untauglichen Versuch" von Steuerhinterziehungen, BB 1958, 1306; *Lohmeyer*, Abgrenzung zwischen Versuch und Vorbereitungshandlung bei der Steuerhinterziehung, StW 1964, 95; *ders.*, Versuch und Vorbereitungshandlung bei der Monopol- und Zollhinterziehung, ZfZ 1968, 328; *ders.*, Abgrenzung des Versuchs von der Vorbereitungshandlung bei der Steuerhinterziehung, Inf 1971, 201; *ders.*, Vorbereitungs- und Versuchshandlung bei strafbaren Zuwiderhandlungen gegen Steuergesetze, SchlHA 1974, 157 (die letzten drei Aufsätze sind teilweise bis in den Wortlaut identisch); *Meine*, Die Abgrenzung von Vorbereitungshandlung und Versuchsbeginn bei der Hinterziehung von Veranlagungssteuern unter Zuhilfenahme einer falschen Buchführung, GA 1978, 321; *Herzberg*, Das Wahndelikt in der Rechtsprechung des BGH JuS 1980, 469; *Burkhardt*, Rechtsirrtum und Wahndelikt, JZ 1981, 681; *ders.*, Zur Abgrenzung von Versuch und Wahndelikt im Steuerstrafrecht, wistra 1982, 19; *Bilsdorfer*, Die Nichtabgabe von Sreuererklärungen der Jahre 1976-1979 als Steuerhinterziehung, Inf 1982, 648; *Lammerding*, Nichtabgabe von Jahressteuererklärungen in strafrechtlicher Sicht, BB 1982, 1346; *Samson*, Irrtumsprobleme im Steuerstrafrecht, Grundfragen, 1983, 99; *Höser*, Vorbereitungshandlung und Versuch im Steuerstrafrecht, 1984; *Reiß*, Zur Abgrenzung von Versuch und Wahndelikt am Beispiel der Steuerhinterziehung, wistra 1986, 200.

VII. Versuch 253–256 § 370

1. Allgemeines

Die Strafbarkeit des Versuchs der Steuerhinterziehung hat § 370 II AO 253
ausdrücklich angeordnet. Dies ist gem. § 23 I StGB erforderlich, weil die
Steuerhinterziehung nach § 12 II, III StGB ein Vergehen darstellt (Rdnr.
49 zu § 369 AO). Bis zum Inkrafttreten der AO 1977 war die Versuchsstrafbarkeit in § 393 I RAO angeordnet. Die in § 393 II RAO geregelte Irreführung
der mit der Wertermittlung befaßten Behörden ist ersatzlos entfallen.

Der Versuch der Steuerhinterziehung setzt den gesamten subjektiven Tatbestand der Steuerhinterziehung sowie das unmittelbare Ansetzen zur Tat
(§ 22 StGB) voraus.

2. Subjektiver Tatbestand

Der Täter muß den Vorsatz der Steuerhinterziehung aufweisen, also 254
alle diejenigen tatsächlichen Umstände kennen, die den objektiven Tatbestand der Steuerhinterziehung ausfüllen, und darüber hinaus die bei normativen Merkmalen erforderliche „*Parallelwertung in der Laiensphäre*" leisten
(Rdnr. 235f.). Er muß also insbesondere wissen, daß er die Verwirklichung
eines Steueranspruchs beeinträchtigt oder einen Vorteil erlangt, auf den kein
Anspruch besteht. Hinsichtlich der Ansprüche genügt es nicht, wenn er die
Umstände kennt, die die anspruchsbegründende Norm ausfüllen; er muß
vielmehr auch wissen, daß ein Anspruch iS eines Fordern-Dürfens besteht
bzw. nicht besteht.

Die Abgrenzung von strafbarem Versuch und straflosem Wahndelikt 255
ist problematisch und umstritten. Dabei sind zwei Fallkonstellationen zu
unterscheiden. Befindet sich der Täter im umgekehrten Irrtum über ein
normatives Tatbestandsmerkmal, dann begeht er einen Versuch. Nimmt er
dagegen beim Unterlassungsdelikt irrig eine Handlungspflicht an, weil er die
Rechtslage verkennt, dann liegt ein strafloses Wahndelikt vor; s. zu diesen
Grundsätzen Rdnr. 105f. zu § 369 AO.

Bei der Steuerhinterziehung durch Unterlassen ist die Anwendung dieser 256
Grundsätze jedoch streitig. Wer keine Steuererklärungen abgibt, obwohl er
die Erklärungsfristen – irrtümlich – für verbindlich hält, nimmt – irrig die
Existenz einer Erklärungspflicht aufgrund eines reinen Rechtsirrtums an.
Nach den allgemeinen Regeln handelt es sich um ein (strafloses) Wahndelikt
(s. Rdnr. 106 zu § 369 AO sowie Burkhardt JZ 1981, 681 und wistra 1982, 196;
Samson Grundfragen S. 99). Zum Teil wird aber auch strafbarer Versuch
angenommen (KG v. 9. 9. 1981, wistra 1982, 196). Das KG meint, die
allgemeine Unterscheidung von Versuch und Wahndelikt beim Irrtum über
Garantenpflichten (Rdnr. 106 zu § 369 AO) könne nur dort angewandt werden, wo es sich um eine Pflicht handele, die sich aus dem Straftatbestand
selbst, ggf. iVm § 13 StGB, ergebe, nicht jedoch dort, wo sich die Pflicht –
"im Vorfeld des Straftatbestandes" – aus anderen Normen – hier den Steuergesetzen – ergebe. Es folgt damit einer von *Herzberg* (JuS 1980, 472) ausf.
begründeten Theorie. lm Ergebnis behandelt das Gericht damit das Merkmal
„pflichtwidrig" in § 370 I Nr. 2 AO wie ein normatives Tatbestandsmerkmal.

257 Diese Einordnung kann jedoch nicht akzeptiert werden. Sie knüpft nämlich an äußerliche, zufällige und beliebig veränderbare Formulierungen des Gesetzes an (so überzeugend *Burkhardt* JZ 1981, 681; wistra 1982, 178). Entscheidend muß vielmehr sein, ob der Täter sich über die ihn treffende Handlungspflicht selbst oder über einzelne ihrer Voraussetzungen geirrt hat. Beim isolierten Irrtum über die Handlungspflicht selbst (in der Entscheidung des KG: Erklärungspflicht) liegt ein strafloses Wahndelikt vor.

258 **Bei irriger Annahme einer Steuerschuld** (Steuerverkürzung als normatives Merkmal) ist zu unterscheiden. Glaubt der Täter irrig, es liege ein tatsächlicher Umstand vor, der einen Steueranspruch wirklich begründen würde (meint der Täter zB, er habe bestimmte Einkünfte gehabt, die jedoch in Wahrheit ausgeblieben sind), dann hat er den Vorsatz der Steuerhinterziehung; Versuch nach § 370 I, II AO ist möglich (vgl. *Reiß* wistra 1986, 195). Der Irrtum kann aber auch darin bestehen, daß der Täter bei zutreffender Tatsachenkenntnis ein Steuergesetz unrichtig auslegt. Er nimmt zB eine Ausfuhrlieferung nicht in seine Umsatzsteuervoranmeldung auf, obwohl er glaubt, auch solche Lieferungen seien steuerpflichtig (vgl. § 4 Nr. 1, § 6 UStG). Dabei handelt es sich um einen Fall der umgekehrten unrichtigen Parallelwertung in der Laiensphäre (Rdnr. 105 zu § 369 AO). Die Behandlung dieses Irrtums (zu Ungunsten) ist umstritten. BGH 16, 285 v. 17. 10. 1961 und BayObLG v. 9. 8. 1955, NJW 1568 nehmen Versuch an; andere meinen, es handele sich lediglich um ein strafloses Wahndelikt (Rdnr. 105 zu § 369 AO; RG v. 30. 6. 1930, JW 1931, 317; HHSp-*Hübner* 125 u. *Kohlmann* 270 zu § 370 AO).

259 Der Begründung freilich, mit der *Burkhardt* (JZ 1981, 681; wistra 1982, 178) hier zum straflosen Wahndelikt gelangt, kann nicht gefolgt werden. Er meint, zum Vorsatz in bezug auf das normative Tatbestandsmerkmal der Steuerverkürzung gehöre die Vorstellung von Tatsachen, die einen Steueranspruch – wirklich – begründen, sowie der Steuerschuld selbst in laienhafter Parallelwertung. Nehme der Täter aufgrund unrichtiger Interpretation des Steuergesetzes irrig eine Steuerschuld an, dann fehle ihm die für den Vorsatz erforderliche Vorstellung von steuerlich (wirklich) erheblichen Umständen. Dabei ist schon der Ausgangspunkt problematisch. Das Unrecht der Steuerhinterziehung richtet sich gegen den Steueranspruch als der rechtlichen Verbindung zwischen StGläubiger und StSchuldner. Der Täter hat auch dann hinreichenden Vorsatz, wenn er diese rechtliche Beziehung beeinträchtigen will, ohne sich überhaupt konkrete Umstände vorzustellen, durch welche die Steuerschuld zustande gekommen ist. Auch der Dieb muß nur wissen, daß die fremde Sache einem anderen gehört, und sich nicht konkrete Entstehungsgründe des fremden Eigentums vorstellen. Es spricht demnach manches für die Annahme von Versuch auch bei dieser Konstellation (*Samson* Grundfragen S. 109). Andererseits ist zu bedenken, daß es dann mit der von der eingeschränkten Schuldtheorie als Argument herangezogenen Appell- bzw. Warnfunktion der Tatumstandskenntnis nicht mehr weit her ist; denn würde der Täter, der eine umgekehrt-unrichtige Parallelwertung in der Laiensphäre leistet, dies zum Anlaß nehmen, sich bei einem Rechtskundigen

VII. Versuch 260, 261 § 370

zu informieren, würde ihn dieser auf die Irrelevanz seines Vorhabens hinweisen. Dies könnte für die Annahme von Wahndelikt sprechen. Das Problem ist freilich auch im allgemeinen Strafrecht noch nicht gelöst (s. Rdnr. 105 zu § 369 AO sowie *Baumann* NJW 1962, 16; *Maurach* NJW 1962, 716; *Traub* JuS 1967, 113).

3. Objektiver Tatbestand

Der Täter erfüllt gem. § 22 StGB den objektiven Tatbestand des Versuchs **260** dann, wenn er **nach seiner Vorstellung von der Tat** zur Verwirklichung des Tatbestandes unmittelbar ansetzt. Das Gesetz hat mit dieser Formulierung die Bedeutung von Gefährlichkeitserwägungen zu reduzieren versucht und die enge zeitliche und räumliche Beziehung des Versuchsbeginns zur im Tatbestand beschriebenen Handlung hervorgehoben (Rdnr. 58 ff. zu § 369 AO). Der BGH ist diesen Absichten des Gesetzgebers gefolgt (BGH 26, 203 v. 16. 9. 1975: *„In der strikten Anknüpfung des Unmittelbarkeitserfordernisses an die tatbestandsmäßige Handlung kann ein Gewinn an Rechtssicherheit liegen"*; ebenso BGH v. 10. 5. 1977, MDR 679). Die vor dem Inkrafttreten des neuen Allgemeinen Teils des StGB (1. 1. 1975) ergangenen Entscheidungen sind daher kritisch zu würdigen.

Bei der Hinterziehung von Veranlagung- und Fälligkeitsteuern gehört **261** in den Bereich der (noch nicht strafbaren) Vorbereitung jede Handlung, die der Stpfl vor dem Termin zur Abgabe einer Steuererklärung (= Steuer(vor)anmeldung) unternimmt, um die tatbestandsmäßige Handlung zu ermöglichen oder zu erleichtern (RG 66, 154 v. 7. 3. 1932), zB Absprachen mit Lieferanten oder Kunden über den Austausch unrichtiger Rechnungen oder die Nichterteilung von Rechnungen (OR-Geschäfte) zum Zwecke einer wechselseitig unrichtigen oder unterlassenen Buchung von Geschäftsvorfällen, die sich beim Abschluß umsatz-, ertrags- und gewinnmindernd auswirkt, oder die unrichtige oder unterlassene Aufzeichnung von Betriebsvorgängen, die ein unzutreffendes Bild über Art oder Menge der Herstellung verbrauchsteuerpflichtiger Erzeugnisse vermittelt. Diese Abgrenzung wird bestätigt durch den Bußgeldtatbestand des § 379 I AO, der – jedenfalls für vorsätzliches Tun oder Unterlassen – überflüssig wäre, wenn das jeweilige Verhalten bereits den mit Strafe bedrohten Versuch eines Steuervergehens darstellen würde. Vorbereitungshandlungen sind ferner die unrichtige, unvollständige oder ganz unterlassene Aufnahme von Gegenständen des Anlage- oder Umlaufvermögens bei der Bestandsaufnahme zum Bilanzstichtag, die Aufstellung bewußt unrichtiger Bilanzen. G + V-Rechnungen oder Einnahmeüberschußrechnungen und schließlich das bewußt unrichtige Ausfüllen von Steuererklärungsvordrucken. Sämtliche derartigen Machenschaften stellen den Anfang einer Steuerhinterziehung so lange nicht dar, bis ihre Ergebnisse der FinB zum Zwecke einer zu niedrigen Steuerfestsetzung förmlich oder formlos erklärt oder auch nur zur Kenntnisnahme unterbreitet oder zugänglich gemacht werden. Mit jeder derartigen Handlung wird bei Veranlagungsteuern die Schwelle zwischen Vorbereitung und Versuch überschritten und bei Fälligkeitsteuern sogar unmittelbar die Vollendung der Steuerhinterziehung bewirkt. Der BGH (v. 22. 3. 1979, BB 1980, 1032 mit zust. Anm. *Meine*) will den Versuch der Hinterziehung von Veranlagungsteuern bereits dann annehmen, wenn die Erklärungen zur ESt usw. zwar noch nicht abgegeben, wohl aber schon unzutreffende Buchungen vorgenommen und ihnen entsprechende unrichtige USt-Voranmeldungen eingereicht wurden. Der Stpfl habe sich dadurch schon auf die – spätere – Durchführung der Hinterziehung von Veranlagungsteuern festgelegt (ähnl., aber noch weitergehend *Meine* GA 1978, 321). Die Entscheidung verstößt gegen § 22 StGB und stellt eine Wiederaufnahme von Gefährdungsgesichtspunkten dar. Zur Tathandlung der Täuschung bzw. der Veranlagungsteuern hatte der Täter gerade noch nicht unmittelbar angesetzt.

262 **Versuch durch positives Tun** liegt auch dann vor, wenn der Stpfl die Besteuerungsgrundlagen zwar zutreffend aufgezeichnet, zusammengestellt und in die Steuererklärung übertragen hat, jedoch beim FA mit einer wahrheitswidrigen Begründung eine Verlängerung der Frist zur Abgabe der Steuererklärung beantragt, um die zu erwartende Nachzahlung hinauszuzögern.

263 **Verhält sich der Stpfl dem FA gegenüber untätig,** sei es in der Erwartung, daß die Verwirklichung eines Steuertatbestandes dem FA unbekannt bleiben werde, oder mit dem Willen, durch eine Verzögerung der Abgabe der Steuererklärung eine entsprechend spätere Veranlagung und Fälligkeit der Nachzahlung zu erreichen, oder mit der Absicht, es auf eine – womöglich zu niedrige – Schätzung der Besteuerungsgrundlagen gem. § 162 AO ankommen zu lassen, soll der Versuch der Steuerhinterziehung in dem Zeitpunkt beginnen, zu dem der Stpfl bei pflichtgemäßem Verhalten die Steuererklärung hätte abgeben müssen (vgl. Rdnr. 93 zu § 369 AO). Zweifelhaft ist jedoch, wann dies der Fall ist. Hier einfach an den 31. Mai des Folgejahres als „regulären" Abgabezeitpunkt anzuknüpfen, erscheint überaus problematisch. Zum einen gilt diese Frist nicht für solche Personen, die steuerlich beraten werden. Zum anderen ist diese Frist auch bei Privatpersonen bis zum 30.9. in der Regel zu verlängern, bei steuerlich beratenden Stpfl sind Verlängerungen bis zum 28. 2. 03 (VZ: 01) ohne Schwierigkeiten möglich. Des weiteren ist zu bedenken, daß die im allgemeinen Strafrecht hM zu Recht zwischen der Pflicht zu retten, und dem Gebotensein der Rettung in einer konkreten Situation differenziert (vgl. *Jescheck* S. 577f). § 22 StGB, der gem. § 369 Abs. 2 AO auch für das Steuerstrafrecht gilt, stellt darauf ab, ob – die Richtigkeit der Vorstellung des Täters unterstellt – sein Verhalten bzw. seine Untätigkeit schon zu einer Gefährdung des Rechtsgutes führt. Dies ist nicht schon mit Ablauf des 31.5. oder 30.9. der Fall, sondern erst, wenn „durch Verzögerung" ... „eine unmittelbare Gefahr für das geschützte Handlungsobjekt entsteht" (so *Jescheck* S. 577f zum Versuchsbeginn beim unechten Unterlassungsdelikt), in der Regel also erst dann, wenn sich der Zeitlauf dem Zeitpunkt genähert hat, in dem die Veranlagungsarbeiten im großen und ganzen (vgl. Rdnr. 46ff) abgeschlossen sind. Dementsprechend erscheint es geboten, den Versuchsbeginn erst mit dem 28. 2. 03 anzunehmen, so daß – in Abhängigkeit von der Erledigungspraxis des konkreten

VII. Versuch 264, 265 § 370

Finanzamtes – zwischen Versuchsbeginn und Vollendung ein relativ kurzer Zeitraum liegt.

Mit der Ausführung der Steuerhinterziehung hat noch nicht begonnen, 264 wer eine falsche Urkunde zum Zwecke einer Täuschung der FinB herstellt (vgl. RG 51, 341, 342ff. v. 15. 1. 1917 zu § 263 StGB) oder eine Urkunde verfälscht, zB die polizeilichen Kennzeichen zweier Kraftfahrzeuge austauscht, um auf diese Weise die Zulassungsbehörde und anschließend das FA zu täuschen (RG v. 3. 7. 1936, RStBl. 831);
wer gefälschte Steuerzeichen in Hinterziehungsabsicht erwirbt (RG 57, 183, 184f. v. 15. 3. 1923);
wer zur Hinterziehung der GrESt einen Vertrag abschließt, der den Kaufpreis zu niedrig angibt. Hier wird mit der Ausführung der Tat begonnen, sobald der Stpfl den inhaltlich unrichtigen Kaufvertrag oder eine entsprechend unrichtige Veräußerungsanzeige dem FA einreicht oder einreichen läßt (§§ 19f. GrEStG), und zwar ohne Rücksicht darauf, wann der GrESt-Anspruch entsteht (stRspr: RG 56, 316f. v. 23. 3. 1922; 58, 54f. v. 7. 1. 1924; 60, 6, 7ff. v. 26. 11. 1925; 62, 362, 363f. v. 22. 11. 1928; zust. HHSP-*Hübner* 123 zu § 370 AO).

Bei der Hinterziehung von Eingangsabgaben und bei Bannbruch (§ 372 265 AO) gehören zur bloßen Vorbereitung die Leerfahrt des Schmugglers über die Grenze, das Beschaffen der Schmuggelware oder der zur Tarnung bei geladenen Waren jenseits der Grenze, das Beschaffen gefälschter Begleitpapiere und das Verbringen der Schmuggelware in Grenznähe, falls sich das Überschreiten der Grenze noch nicht in einem Zuge anschließen soll. Die **Ausführungshandlung** beginnt regelmäßig erst mit Erreichen der Hoheitsgrenze oder der vor ihr eingerichteten Zollstelle (BGH 36, 249, 250 v. 6. 9. 1989; vgl. auch BGH 31, 215 v. 21. 1. 1983), also nicht schon dann, wenn die Schmuggelware zur Grenze hin in Bewegung gesetzt wird. Weitergehend hat das RG (RG 53, 45 v. 1. 10. 1918) den Anfang eines Ausfuhrschmuggels bereits in der Übergabe der Schmuggelware zur Verpackung und Beförderung erblickt. Ähnlich weitgehend hat später der BGH (20, 150ff. v. 19. 1. 1965) mit Rücksicht auf kriminalpolitische Bedürfnisse als Anfang einer verbotenen Ausfuhr bereits das Verladen der Ware angesehen und es als unerheblich beurteilt, ob die Täter nach der Beladung unmittelbar zur Grenze fahren oder noch einen Umweg machen wollten, um andere Waren zuzuladen. Diese Ansicht ist unter der Geltung von § 22 StGB nicht mehr vertretbar (Rdnr. 260). Denkbar ist ein Versuchsbeginn durch Verladung nur, wenn der Transporteur gutgläubig ist und sogleich losfahren soll (vgl. BGH v. 15. 5. 1990, StV 408 zum Einchecken eines Koffers). Zu einem Spezialfall (Erschleichung eines überhöhten Kraftstoffausweises bei der Ausreise) BayObLG v. 26. 1. 1977, ZfZ 182. Im übrigen ist bei der Übernahme von Rechtsprechung zum Versuchsbeginn vor dem Inkrafttreten des § 22 StGB am 2. 1. 1975 Vorsicht geboten. So erachtet der BGH einen Versuch verbotener Einfuhr für gegeben, *„wenn das Schmuggelgut in unmittelbare Nähe der Grenze zum Inland (4 km) geschafft ist und die Täter sich (vom Inland her) erfolglos an den Übergangsort begeben haben"* (BGH v. 29. 5. 1953, ZfZ 1954, 54), *„wenn* *der Schmuggler zum Grenzübertritt ansetzt"* (BGH 4, 333 v. 10. 9. 1953) oder *„wenn die Schmuggler das Schmuggelgut in Richtung auf die Zollgrenze so in Bewegung setzen, daß sie bei natürlicher Betrachtungsweise schon als zu dem Vorgang des Grenzübergangs gehörig gezählt werden müssen"* (BGH 7, 291 f. v. 5. 4. 1955). Tatsächlich kann bei einer Entfernung von 4 km noch nicht von einem unmittelbaren Ansetzen gesprochen werden. Erst kurz vor Erreichen des Grenzübergangs oder der davor eingerichteten Zollstelle beginnt der Versuch (zur unerlaubten Einfuhr von Betäubungsmitteln vgl. BGH 36, 249, 250 v. 6. 9. 1989; s. auch BGH 31, 215 v. 21. 1. 1983).

4. Zum Rücktritt vom Versuch (§ 24 StGB)

266 und zum Verhältnis von Rücktritt und Selbstanzeige s. Rdnr. 63 ff. zu § 369 AO und 173 ff. zu § 371 AO.

VIII. Besonders schwere Fälle (§ 370 III AO)

Schrifttum: *Schröder,* Gesetzliche und richterliche Strafzumessung, Mezger-Festschr. 1954, 415; *Blei,* Die Regelbeispielstechnik der schweren Fälle und §§ 243, 244 StGB, Heinitz-Festschr. 1972, 419; *Wessels,* Zur Problematik der Regelbeispiele für „schwere" und „besonders schwere Fälle", Maurach-Festschr. 1972, 295; *Maiwald,* Bestimmtheitsgebot, tatbestandliche Typisierung und die Technik der Regelbeispiele, Gallas-Festschr. 1973, 137; *Callies,* Die Rechtsnatur der „besonders schweren Fälle" und Regelbeispiele im Strafrecht, JZ 1975, 112; *Maiwald,* Zur Problematik der „besonders schweren Fälle" im Strafrecht, NStZ 1984, 433; *Fabry,* Der besonders schwere Fall der verursachten Tat, NJW 1986, 15; *Felix,* Steuerhinterziehung in besonders schweren Fällen, KÖSDI 1986, 6295; *Weyand,* Steuerhinterziehung unter Beteiligung von Amtsträgern der Finanzbehörde, wistra 1988, 180.

1. Allgemeines

267 Die Strafrahmenerhöhung für besonders schwere Fälle auf Freiheitsstrafe von sechs Monaten bis zu zehn Jahren in § 370 III AO stellte mit der Einführung zum 1. 1. 1977 für das Steuerstrafrecht eine Neuerung dar. Das Gesetz verwendet hier eine Methode der Strafrahmenerweiterung, die im StGB bereits eingeführt war. Inhaltlich ist § 370 III AO der entsprechenden Vorschrift beim Subventionsbetrug in § 264 II StGB angepaßt. Die vom Gesetz verwendete sog. **Regelbeispieltechnik** für besonders schwere Fälle kombiniert das Prinzip der unbenannten Strafschärfungen mit der tatbestandlichen Bestimmtheit von Qualifizierungen. Die Regelbeispiele sind jedoch selbst nicht Tatbestandsqualifikationen, bei denen der erhöhte Strafrahmen uneingeschränkt angewendet werden muß, sofern die Qualifikation erfüllt ist. Demgegenüber sind die Regelbeispiele elastischer. Ist ein Regelbeispiel erfüllt, dann stellt dies nur ein Indiz für das Vorliegen eines besonders schweren Falles dar, das entkräftet werden kann. Dazu sind sämtliche Umstände heranzuziehen, die das Unrecht oder die Schuld gemindert erscheinen lassen (BGH 20, 125 v. 1. 12. 1964; 23, 257 v. 21. 4. 1970). Umgekehrt kann ein besonders schwerer Fall aber auch dann vorliegen, wenn ein Regelbeispiel nicht erfüllt ist. Welche Umstände für diese Entscheidung maßgeblich sind,

VIII. Besonders schwere Fälle   268–271 § 370

ist lebhaft umstritten (vgl. *Maiwald* Gallas-Festschr. S. 159; *Wessels* Maurach-Festschr. S. 295; zusammenfassend: SK-*Samson* 31 ff. zu § 243 StGB). Für die Strafzumessung beim Teilnehmer kommt es darauf an, ob er selbst die Voraussetzungen von § 370 III AO erfüllt (BGH v. 4. 1. 1983, wistra 116; HHSp-*Engelhardt* 363 zu § 370 AO).

2. Die einzelnen Regelbeispiele

a) § 370 III Nr. 1 AO

Das Regelbeispiel setzt voraus, daß der Täter **aus grobem Eigennutz** 268 *(subjektive Voraussetzung)* **in großem Ausmaß** *(objektive Voraussetzung)* Steuern verkürzt oder nicht gerechtfertigte Steuervorteile erlangt (vgl. BGH v. 27. 3. 1994, wistra 228). Anders als bei § 264 II Nr. 1 StGB (SK-*Samson* 179 zu § 264 StGB) ist hier nicht erforderlich, daß der Steuervorteil beim Täter bereits eingegangen ist. Es genügt vielmehr derjenige Erfolg, der für die Vollendung der Steuerhinterziehung ausreicht (Rdnr. 35 ff., 104). Eine Steuer großen Ausmaßes ist jedenfalls erheblich mehr als der Wert einer geringwertigen Sache iS von § 243 II StGB (SK-*Samson* 78 zu § 264 StGB).

Grob eigennützig soll handeln, wer sich bei seinem Verhalten von dem 269 Streben nach eigenem Vorteil in besonders anstößigem Maße leiten läßt (BGH v. 24. 7. 1985, wistra 228), mit ausgeprägter Gewinnsucht handelt (BGH v. 7. 11. 1986, wistra 1987, 71), wenn er sich in guten finanziellen Verhältnissen befindet und aus reiner Geldgier handelt (*Kohlmann* 330, HHSp-*Engelhardt* 370 zur § 370 AO). Erforderlich sein soll eine Gesamtbetrachtung der Tatumstände, in die die vom Täter gezogenen Vorteile, Art, Häufigkeit und Intensität der Aktivitäten ebenso einzubeziehen sind wie der Zweck der Tat (HHSp-*Engelhardt* 370 zu § 370 AO).

Ein **großes Ausmaß** der Steuerhinterziehung ist zahlenmäßig nicht zu be- 270 schreiben. Möglich soll sein, daß das Ausmaß sich deutlich aus dem noch als durchschnittlich häufig vorkommenden Verkürzungsumfang heraushebt, ein „Täuschungsgebäude großen Ausmaßes" vorliegt (BGH v. 7. 11. 1986, wistra 1987, 71; HHSp-*Engelhardt* 372 zu § 370 AO). Hiervon wird man erst bei siebenstelligen Beträgen ausgehen können. Im übrigen mag von Bedeutung sein, ob die Steuer auf Zeit oder endgültig verkürzt werden sollte (vgl. *Felix* KÖSDI 1986, 6298).

Nach Auffassung des BGH soll grober Eigennutz auch dann vorliegen, 271 wenn sich der Täter durch seine Straftat (Erschleichung von Vorsteuerabzugsbeträgen) Mittel zum Ausgleich derjenigen Steuerschulden beschaffen will, denen er sich durch Ausstellung von Scheinrechnungen iS des § 14 Abs. 3 UStG ausgesetzt hat (BGH v. 17. 12. 1986, wistra 1987, 148; *Kohlmann* 330, *Senge* 88 zu § 370 AO). Dem wird man mit der Einschränkung zustimmen können, daß es darauf ankommt, ob der Täter ohne die Verkürzung in der Lage gewesen wäre, die entsprechenden Beträge zu begleichen, oder aber hiermit überhaupt erst die Mittel erlangte, um die entsprechenden Beträge zu entrichten.

Joecks   239

Im übrigen ist dieses Merkmal ein Musterbeispiel für eine Leerformel. Nicht sehr viel bestimmter ist das Merkmal des „groben" Eigennutzes, bei dem nur sicher ist, daß nicht jede Eigennützigkeit ausreicht (vgl. *Koch/ Scholtz/Himsel* 59 zu § 379). Nicht ohne Grund ist dieses Merkmal in § 180 StGB gestrichen worden.

b) § 370 III Nr. 2 AO

272 Dieses Regelbeispiel setzt voraus, daß der Täter **seine Befugnisse oder seine Stellung als Amtsträger mißbraucht.** Da die Steuerhinterziehung wenigstens Unkenntnis des zuständigen Beamten verlangt (Rdnr. 197 ff.), kann hier nur derjenige Fall gemeint sein, daß der Täter als Amtsträger auf den entscheidenden Beamten einwirkt oder einzuwirken bereit ist (krit. zu dieser Alternative *Schleeh* FR 1971, 121; aM HHSp-*Engelhardt* 379 zu § 370 AO). Sinn und Zweck des § 370 Abs. 3 setzt voraus, daß nur Amtsträger einer Finanz- oder einer sonst mit Steuerangelegenheiten befaßten Behörde in Betracht kommen (vgl. *Kohlmann* 331 zu § 370; *Weyand,* wistra 1988, 180). Die Amtsträgereigenschaft ergibt sich für § 370 III Nr. 2 AO wegen § 369 II AO nicht aus § 11 I Nr. 2 StGB, sondern aus § 7 AO (aM HHSp-*Engelhardt* 378 zu § 370 AO). Da die Definition aber wörtlich übereinstimmen, besteht in der Sache kein Unterschied (insoweit glA HHSp-*Engelhardt* aaO). Zum Amtsträgerbegriff s. S/S-*Eser* 15 ff. u. SK-*Samson* 7 ff. zu § 11 StGB.

c) § 370 III Nr. 3 AO

273 Hier muß der Täter die **Mithilfe eines Amtsträgers,** der nach § 370 III Nr. 2 AO handelt, **ausnutzen.** Der Täter selbst ist demnach nicht Amtsträger der FinB; er begeht jedoch die Steuerhinterziehung unter Mithilfe eines Amtsträgers. Dieser kann Mittäter oder Teilnehmer sein. Will der Täter den Amtsträger beherrschen, meint er also, dieser werde die Unrichtigkeit oder Unvollständigkeit seiner Angaben nicht bemerken, greift § 370 Abs. 3 Nr. 3 nicht ein (LG Saarbrücken wistra 1988, 202; HHSp-*Engelhardt* 382 zu § 370 AO).

d) § 370 III Nr. 4 AO

274 Der Täter muß zunächst **nachgemachte oder verfälschte Belege verwenden.** Darunter sind ausschließlich unechte Urkunden zu verstehen (vgl. BGH v. 16. 8. 1989, wistra 1990, 26; HHSp-*Engelhardt* 386 zu § 370 AO). Unecht ist eine Urkunde, wenn die in ihr enthaltene Erklärung nicht von demjenigen herrührt, der sich aus ihr als Aussteller ergibt (S/S-*Cramer* 48 ff. zu § 267 StGB). Dagegen ist die bloß inhaltlich unwahre Urkunde als schriftliche Lüge keine nachgemachte oder verfälschte Urkunde (*Koch/Scholtz/ Himsel* 62 zu § 370). Weiter muß der Täter unter Verwendung der Urkunden zur Täuschung (BGH 31, 225 v. 25. 1. 1983) **fortgesetzt Steuern verkürzen.** Für die vergleichbare Formulierung der „fortgesetzten Begehung" in § 244 I Nr. 3 StGB und § 373 II Nr. 3 AO vertrat die hM und Rspr bereits vor

VIII. Besonders schwere Fälle 275–277 § 370

Aufgabe der Figur der fortgesetzten Handlung die Auffassung, daß eine fortgesetzte Tat iS der Konkurrenzlehre (Rdnr. 112 ff. zu § 369 AO) weder erforderlich noch ausreichend sei (Rdnr. 32 zu § 373 AO). Dasselbe muß auch hier gelten. In Abweichung zu den Qualifikationen in § 244 I Nr. 3 StGB und § 373 II Nr. 3 AO ist hier jedoch erforderlich, daß der Täter bereits mehrere (mindestens zwei) Steuerhinterziehungen begangen haben muß (BGH v. 16. 8. 1989, wistra 1990, 26; HHSp-*Engelhardt* 389, *Kohlmann* 336 zu § 370). Ein Verwenden liegt nicht schon dann vor, wenn ein gefälschter Beleg Eingang in die Buchhaltung und damit in das Zahlenwerk der Steuererklärung findet (BGH v. 25. 1. 1983, wistra 116; v. 5. 4. 1989, wistra 228; v. 12. 10. 1988, wistra 1989, 107; v. 24. 1. 1989, wistra 190; *Kohlmann* 335 zu § 370 AO); nötig ist die Vorlage gegenüber der Finanzbehörde (BGH 35, 374; HHSp-*Engelhardt* 388 zu § 370 AO). Denkbar ist jedoch, daß dann ein besonders schwerer Fall der Steuerhinterziehung außerhalb der Regelbeispiele vorliegt (vgl. BGH v. 24. 1. 1989, wistra 190; v. 5. 4. 1989, wistra 228; *Kohlmann* aaO).

3. Allgemeine Lehren

Der Vorsatz muß sich auf diejenigen Umstände erstrecken, die den besonders schweren Fall begründen (HHSp-*Engelhardt* 365 zu § 370 AO). Der Täter muß diesen Vorsatz bei der Begehung der Steuerhinterziehung haben (SK-*Samson* 35 zu § 243 StGB). 275

Da § 370 III AO keinen eigenständigen Tatbestand, sondern nur eine **Strafzumessungsregel** enthält, braucht die Versuchsstrafbarkeit nicht gesondert angeordnet zu werden. Nach hM kommt ein Versuch im Hinblick auf § 370 III AO in zweierlei Weise in Betracht: Der Täter vollendet die Steuerhinterziehung, das Regelbeispiel versucht er nur zu verwirklichen. Hier handelt es sich um eine vollendete Steuerhinterziehung in einem versuchten besonders schweren Fall. Oder der Täter versucht die Steuerhinterziehung, wobei er das Regelbeispiel realisiert oder zu realisieren versucht. Dann begeht er eine versuchte Steuerhinterziehung in einem besonders schweren Fall. In beiden Konstellationen ist die Kann-Milderung nach §§ 23, 49 StGB auf den Strafrahmen nach § 370 III AO anzuwenden (ausf. SK-*Samson* 36 ff. zu § 243 StGB mwN). 276

§ 370 III AO enthält keine Tatbestandsmerkmale; der **Versuch** der Steuerhinterziehung beginnt daher nicht schon, wenn der Täter mit der Verwirklichung eines Regelbeispiels beginnt, also zB den Amtsträger zu gewinnen versucht, sondern erst dann, wenn er zu der Tat nach § 370 I AO unmittelbar ansetzt (SK-*Samson* 39 zu § 243 StGB; SK-*Rudolphi* 18 zu § 22 StGB; HHSp-*Engelhardt* 373, 383, 390 zu § 370 AO). 277

IX. Strafen und Nebenfolgen

1. Strafen

Schrifttum: *Kopacek,* Die Freiheitsstrafe bei schweren Steuervergehen in der Praxis, FR 1960, 611; *Bockelmann,* Strafe und Buße als Mittel der Erziehung zu Steuerehrlichkeit, Steuerkonkreß-Report 1969, 291; *Buschmann,* Steuerstrafen und Steuerbußen, BlStA 1973, 91; *Volk,* Die Parteispenden-Problematik – materielles Steuerstrafrecht nach geltendem Recht, wistra 1983, 219; *Meine,* Die Schätzung der Lohnsteuer und der Sozialversicherungsbeiträge in Lohnsteuer- und Beitragsverkürzungsfällen, wistra 1985, 100; *Meine,* Empirische Erkenntnisse über die Strafzumessung, wistra 1986, 94; *Meine,* Die Strafzumessung bei der Steuerhinterziehung, 1990; *v. Selle,* Die Vermögensstrafe – eine strafrechtsdogmatische Annäherung, wistra 1993, 216.

278 Die Strafdrohung des § 370 I AO weist keinerlei Besonderheiten gegenüber den Vergehen des StGB mehr auf, nachdem schon das EGStGB (Einl 87) die Voranstellung der Geldstrafe beseitigt hatte. Die Tat kann jetzt mit Freiheitsstrafe bis zu fünf Jahren oder mit Geldstrafe bestraft werden. Nach § 47 StGB kann Freiheitsstrafe unter sechs Monaten nur in Ausnahmefällen verhängt werden (Rdnr. 121 zu § 369 AO). Gem. § 41 StGB kann das Gericht neben Freiheitsstrafe auch Geldstrafe verhängen, wenn der Täter sich durch die Tat bereichert oder zu bereichern versucht hat. Der Strafrahmen wird schließlich durch § 370 Abs. 3 AO auf Freiheitsstrafe von sechs Monaten bis zu zehn Jahren angehoben.

279 Im Regelfall der Steuerhinterziehung wird bei einem nicht vorbestraften Täter eine Geldstrafe verhängt (vgl. Rdnr. 134 ff. zu § 370). Die Strafzumessung richtet sich dabei nicht zuletzt nach der Höhe der verkürzten Steuer (vgl. HHSp-*Engelhardt* 276 ff., *Leise/Dietz* 64 ff. zu § 369 AO; *Köpp* DStR 1984, 367; *Theil,* BB 1984, 2181; *Meine,* Strafzumessung bei Steuerhinterziehung, 1990).

2. Strafrechtliche Nebenfolgen

280 Wird die Steuerhinterziehung im Zusammenhang mit der Führung eines Kraftfahrzeugs begangen, kann das Gericht gem. § 44 StGB ein Fahrverbot erlassen oder die Fahrerlaubnis gem. § 69 StGB entziehen (vgl. BGH 15, 316 ff. v. 7. 2. 1961; 17, 218 v. 17. 4. 1962; *Kohlmann,* 337.2 zu § 370 AO). Vorausgesetzt ist aber immer, daß der Täter sich durch sein Verhalten als ungeeignet zum Führen von Kraftfahrzeugen erwiesen hat. Dies wird nicht schon dann der Fall sein, wenn er die unrichtige Steuererklärung mit seinem Pkw in das Finanzamt gebracht hat, sondern allenfalls dann in Betracht kommen, wenn etwa das Kraftfahrzeug zu größeren Schmuggeltransporten eingesetzt wurde (vgl. zu Btm-Beschaffungsfahrten BGH v. 23. 6. 1992, NStZ 586; *Dreher/Tröndle* 9 b zu § 69 StGB).

281 Ein Berufsverbot (§ 70 StGB) kann angeordnet werden, *„wenn die Gesamtwürdigung des Täters und der Tat die Gefahr erkennen läßt, daß er bei weiterer Ausübung des Berufs, Berufszweiges, Gewerbes oder Gewerbeszweiges erhebliche rechtswidrige Taten der bezeichneten Art begehen wird."* Weiterhin ist Vorausset-

IX. Strafen und Nebenfolgen 281 § 370

zung, daß die Steuerhinterziehung unter Mißbrauch des Berufs oder Gewerbes oder unter grober Verletzung der mit ihnen verbundenen Pflichten begangen wurde (§ 70 I Satz 1 StGB). Die Pflicht, Umsatz-, Einkommen- und Gewerbesteuer zu zahlen, ist keine Berufspflicht in diesem Sinne (KG JR 1980, 247; *Dreher/Tröndle* 3 zu § 70 StGB). Denkbar ist dies allenfalls in Verbindung mit der Nichtabführung von Lohnsteuer (vgl. BGH v. 12. 9. 1994, wistra 1995, 22; HHSp-*Engelhardt* 329 zu § 370 AO; *Dreher/Tröndle* 3 zu § 70 StGB; aM *Senge* 86 zu § 370 AO).

3. Steuerrechtliche Nebenfolgen

a) Haftung für hinterzogene Steuerbeträge

Schrifttum: Felix, Die steuerliche Haftung des Steuerhinterziehers und Steuerhehlers, FR 1958, 458; *Giemulla*, Die Haftung des Steuerberaters bei unzulässiger Steuervermeidung, DStZ 1982, 20; *Gast-de Haan*, Steuerverfehlungen als Grundlage von steuerlichen und anderen Verwaltungseingriffen, DStJG 6, 187; *Mösbauer*, Die Haftung im Steuerrecht bei Steuerhinterziehung und Steuerhehlerei, NWB F 13, 678 (1985); *Pump*, Psychische Beihilfe des Auftragnehmers oder Subunternehmers als Grundlage der Haftung gem. § 71 AO, StBp 1986, 282; *Joecks*, Haftung des Steuerhinterziehers, wistra 1987, 248; *Bilsdorfer*, Folgen einer steuerlichen Verfehlung, NWB F 13, 741 (1989); *Lausen*, Die Haftung des Vertretenen gem. § 70 AO, wistra 1989, 338; *Spriegel/Jokisch*, Die steuerrechtliche Haftung des GmbH-Geschäftsführers und der Grundsatz der anteiligen Tilgung, DStR 1990, 433; *Buß*, Die Haftung des Steuerhinterziehers nach § 71 AO, Diss. Kiel 1991.

§ 69 AO Haftung der Vertreter

¹Die in den §§ 34 und 35 bezeichneten Personen haften, soweit Ansprüche aus dem Steuerschuldverhältnis (§ 37) infolge vorsätzlicher oder grob fahrlässiger Verletzung der ihnen auferlegten Pflichten nicht oder nicht rechtzeitig festgesetzt oder erfüllt oder soweit infolgedessen Steuervergütungen oder Steuererstattungen ohne rechtlichen Grund gezahlt werden. ²Die Haftung umfaßt auch die infolge der Pflichtverletzung zu zahlenden Säumniszuschläge.

§ 70 AO Haftung des Vertretenen

(1) Wenn die in den §§ 34 und 35 bezeichneten Personen bei Ausübung ihrer Obliegenheiten eine Steuerhinterziehung oder eine leichtfertige Steuerverkürzung begehen oder an einer Steuerhinterziehung teilnehmen und hierdurch Steuerschuldner oder Haftende werden, so haften die Vertretenen, soweit sie nicht Steuerschuldner sind, für die durch die Tat verkürzten Steuern und die zu Unrecht gewährten Steuervorteile.

(2) ¹Absatz 1 ist nicht anzuwenden bei Taten gesetzlicher Vertreter natürlicher Personen, wenn diese aus der Tat des Vertreters keinen Vermögensvorteil erlangt haben. ²Das gleiche gilt, wenn die Vertretenen denjenigen, der die Steuerhinterziehung oder die leichtfertige Steuerverkürzung begangen hat, sorgfältig ausgewählt und beaufsichtigt haben.

§ 71 AO Haftung des Steuerhinterziehers und des Steuerhehlers

Wer eine Steuerhinterziehung oder eine Steuerhehlerei begeht oder an einer solchen Tat teilnimmt, haftet für die verkürzten Steuern und die zu Unrecht gewährten Steuervorteile sowie für die Zinsen nach § 235.

§ 72 AO Haftung bei Verletzung der Pflicht zur Kontenwahrheit

Wer vorsätzlich oder grob fahrlässig der Vorschrift des § 154 Abs. 3 zuwiderhandelt, haftet, soweit dadurch die Verwirklichung von Ansprüchen aus dem Steuerschuldverhältnis beeinträchtigt wird.

282 Für den **Täter einer Steuerhinterziehung oder -hehlerei** begründet § 71 AO eine steuerrechtliche Haftung für die hinterzogenen Steuerbeträge und die Hinterziehungszinsen, um Fällen gerecht zu werden, in denen der Täter zum Vorteil eines anderen gehandelt hat oder sich nicht feststellen läßt, welcher von mehreren Tatbeteiligten als StSchuldner in Betracht kommt. Die Haftung kann vor allem Angestellte treffen, die für den Stpfl. tätig sind, wie zB Geschäftsführer, Prokuristen usw., aber auch den Steuerberater (dazu ausf. *Giemulla* DStZ 1982, 20). Nach der Rechtsprechung bestehen keine Bedenken dagegen, daß das FA den Haftungsbescheid in der Einspruchsentscheidung statt der ursprünglich angenommenen Geschäftsführerhaftung (§§ 34, 69 AO) auf Hinterzieherhaftung gem. § 71 AO stützt (BFH v. 8. 11. 1994, BFH/NV 1995, 657). Als Haftenden bestimmt § 71 AO nicht nur den Täter einer Steuerhinterziehung oder -hehlerei, sondern auch den *Teilnehmer*. Das Fehlen eines die Strafbarkeit begründenden persönlichen Merkmals schließt die Haftung des Teilnehmers nicht aus (BFH v. 27. 5. 1986, BFH/NV 1987, 10). Wer Steuerschuldner ist, ist nicht zugleich Haftender (BFH v. 12. 5. 1970, BStBl. 606). Das gilt jedoch nicht bei einer Mehrheit von Abgabeschuldnern, zB im Falle des § 57 ZollG (BFH v. 26. 6. 1990, BFHE 161, 225; HessFG v. 24. 10. 1981, EFG 1982, 272). Die Haftung greift auch dann ein, wenn der Täter oder Teilnehmer selbst keinen steuerlichen Vorteil aus der Tat erlangt hat (glA *Bilsdorfer* NWB F 13, 741). Wahlfeststellung zwischen Täterschaft und einer anderen Teilnahmeform sowie zwischen den verschiedenen Teilnahmeformen ist zulässig (*TK-Kruse* 4 zu § 71 AO). Eine strafgerichtliche Verurteilung setzt § 71 AO nicht voraus. Vielmehr müssen die Finanzbehörden und -gerichte die objektiven und subjektiven Tatbestandsmerkmale des § 370 AO oder des § 374 AO selbständig feststellen, und zwar nicht nach strafprozessualen Regelungen, sondern nach den Vorschriften der AO unter Beachtung des Grundsatzes in dubio pro reo (BFHGrS v. 5. 3. 1979, BStBl. 570). Im Aussetzungsverfahren werden ernstliche Zweifel an der Rechtmäßigkeit eines angefochtenen Verwaltungsakts (§ 361 AO, § 69 FGO) nicht schon durch hinreichenden Tatverdacht iS des § 203 StPO ausgeschlossen (BFHGrS v. 5. 3. 1979, BStBl. 570). Das FG kann sich strafgerichtliche Feststellungen zu eigen machen. Einwendungen gegen deren Verwendung müssen substantiiert vorgetragen werden (BFH v. 10. 1. 1978, BStBl. 311 u. v. 21. 6. 1988, BStBl. 841). Feststellungen der Steuerfahndung oder der Bußgeld- und Strafsachenstelle, auf denen zB ein Strafbefehl beruht, sind selbst dann keine strafgerichtlichen Feststellungen, wenn der Strafbefehl (ohne Rechtsmittel oder nach Rücknahme des Einspruchs) rechtskräftig wird. Um divergierende Entscheidungen zu vermeiden, kann die Aussetzung nach § 363 AO oder § 74 FGO zweckmäßig sein (vgl. Rdnr. 12 zu § 396 AO).

283 Der **Umfang der Haftung** des Steuerhinterziehers ist beschränkt auf die Quote der sonstigen Gläubigerbefriedigung (BFH v. 26. 8. 1992, BStBl.

IX. Strafen und Nebenfolgen

1993, 8). Haftungsvorschriften erschließen keine zusätzlichen Einnahmequellen (*Gast-de Haan* wistra 1988, 298). Der Charakter des § 71 AO als Schadenersatznorm (BFH v. 8. 11. 1988, BStBl. 1989, 118) verbietet es, den Täter/Teilnehmer für Beträge heranzuziehen, die dem Steuergläubiger auch bei steuerehrlichem Verhalten nicht zugeflossen wären (BFH v. 13. 7. 1994, HFR 1995, 189, *Joecks* wistra 1987, 248). Die Vorschrift soll auch nicht etwa neben der Verpflichtung zum Schadenersatz und zusätzlich zu den Strafnormen der §§ 370 ff. AO eine weitere Sanktion begründen (BFH v. 26. 2. 1991, BFH/NV 504). Die Haftungsschuld wegen Lohnsteuerhinterziehung ist – falls keine Nettolohnvereinbarung getroffen worden ist – nach dem Bruttosteuersatz zu berechnen (BFH v. 29. 10. 1993, BStBl. 1994, 197 betr. Arbeitgeberhaftung; NdsFG v. 7. 12. 1994, EFG 1995, 698 betr. Geschäftsführerhaftung).

Vertretene haften gem. § 70 AO, wenn ihre Vertreter (§ 34 AO) oder Verfügungsberechtigten (§ 35 AO) bei Ausübung ihrer Obliegenheiten eine Steuerhinterziehung oder eine leichtfertige Steuerverkürzung begehen oder an einer Steuerhinterziehung teilnehmen und hierdurch Steuerschuldner oder -haftende werden. Versuchte Steuerhinterziehung und Steuerhehlerei lösen keine Haftung aus. Der Vorschrift des § 70 AO liegt der Gedanke zugrunde, dem Vertretenen das Verhalten des Vertreters zuzurechnen. Ob dieser Grundgedanke eine einschränkende Interpretation des Tatbestandsmerkmals „bei Ausübung ihrer Obliegenheiten" sowie des Begriffs „Verfügungsberechtigter" gebietet (so *Lausen* wistra 1989, 338), erscheint zweifelhaft; eine sinnvolle Haftungsbeschränkung dürfte bereits über § 70 II 1 AO zu erreichen sein.

b) Verlängerte Festsetzungsfrist

Schrifttum: *Lohmeyer*, Die Bedeutung der Festsetzungsfrist des § 169 AO, KStZ 1982, 65; ders., Die Festsetzungsfrist bei hinterzogenen und bei leichtfertig verkürzten Steuern, INF 1984, 201; *Brandis*, Zinsen bei Hinterziehung von Einkommensteuer-Vorauszahlungen, DStR 1990, 510; *Guth*, Verlängerung der Festsetzungsfrist durch unwirksame Bescheide? DStZ 1990, 538; *Gast-de Haan*, Keine verlängerten Festsetzungsfristen für Kirchenlohnsteuer bei Lohnsteuerhinterziehung, DStZ, 1992, 525; *Hummert*, Die Verlängerung der Festsetzungsfrist gemäß § 169 Abs. 2 Satz 2 AO und § 191 Abs. 3 Satz 2 AO für Kirchensteuer bei Steuerhinterziehung, DStZ 1993, 112.

§ 169 AO Festsetzungsfrist

(1) ¹Eine Steuerfestsetzung sowie ihre Aufhebung oder Änderung sind nicht mehr zulässig, wenn die Festsetzungsfrist abgelaufen ist. ²Dies gilt auch für die Berichtigung wegen offenbarer Unrichtigkeit nach § 129. ³Die Frist ist gewahrt, wenn vor Ablauf der Festsetzungsfrist
1. der Steuerbescheid den Bereich der für die Steuerfestsetzung zuständigen Finanzbehörde verlassen hat oder
2. bei öffentlicher Zustellung der Steuerbescheid oder eine Benachrichtigung nach § 15 Abs. 2 des Verwaltungszustellungsgesetzes ausgehängt wird.

(2) ¹Die Festsetzungsfrist beträgt:
1. ein Jahr
    für Zölle, Verbrauchsteuern, Zollvergütungen und Verbrauchsteuervergütungen,
2. vier Jahre
    für die nicht in Nummer 1 genannten Steuern und Steuervergütungen.

§ 370 285 Steuerhinterziehung

²Die Festsetzungsfrist beträgt zehn Jahre, soweit eine Steuer hinterzogen, und fünf Jahre, soweit sie leichtfertig verkürzt worden ist. ³Dies gilt auch dann, wenn die Steuerhinterziehung oder leichtfertige Steuerverkürzung nicht durch den Steuerschuldner oder eine Person begangen worden ist, deren er sich zur Erfüllung seiner steuerlichen Pflichten bedient, es sei denn, der Steuerschuldner weist nach, daß er durch die Tat keinen Vermögensvorteil erlangt hat und daß sie auch nicht darauf beruht, daß er die im Verkehr erforderlichen Vorkehrungen zur Verhinderung von Steuerverkürzungen unterlassen hat.

§ 171 AO Ablaufhemmung

(1) – (4) . . .

(5) ¹Beginnen die Zollfahndungsämter oder die mit der Steuerfahndung betrauten Dienststellen der Landesfinanzbehörden vor Ablauf der Festsetzungsfrist beim Steuerpflichtigen mit Ermittlungen der Besteuerungsgrundlagen, so läuft die Festsetzungsfrist insoweit nicht ab, bevor die auf Grund der Ermittlungen zu erlassenden Steuerbescheide unanfechtbar geworden sind; Absatz 4 Satz 2 gilt sinngemäß. ²Das gleiche gilt, wenn dem Steuerpflichtigen vor Ablauf der Festsetzungsfrist die Einleitung des Steuerstrafverfahrens oder des Bußgeldverfahrens wegen einer Steuerordnungswidrigkeit bekanntgegeben worden ist; § 169 Abs. 1 Satz 3 gilt sinngemäß.

(6) . . .

(7) In den Fällen des § 169 Abs. 2 Satz 2 endet die Festsetzungsfrist nicht, bevor die Verfolgung der Steuerstraftat oder der Steuerordnungswidrigkeit verjährt ist.

(8) . . .

(9) Erstattet der Steuerpflichtige vor Ablauf der Festsetzungsfrist eine Anzeige nach den §§ 153, 371 und 378 Abs. 3, so endet die Festsetzungsfrist nicht vor Ablauf eines Jahres nach Eingang der Anzeige.

(10) – (14) . . .

§ 173 AO Aufhebung oder Änderung von Steuerbescheiden wegen neuer Tatsachen oder Beweismittel

(1) . . .

(2) ¹Abweichend von Absatz 1 können Steuerbescheide, soweit sie auf Grund einer Außenprüfung ergangen sind, nur aufgehoben oder geändert werden, wenn eine Steuerhinterziehung oder eine leichtfertige Steuerverkürzung vorliegt. ²Dies gilt auch in den Fällen, in denen eine Mitteilung nach § 202 Abs. 1 Satz 3 ergangen ist.

285 Die **Verlängerung der Festsetzungsfrist für hinterzogene Steuerbeträge** auf 10 Jahre berücksichtigt, daß die Steuerhinterziehung oft erst lange Zeit nach der Entstehung der Steuer, dem Ablauf einer Anmeldungs- oder Erklärungsfrist oder der Abgabe einer unrichtigen Erklärung entdeckt wird. Solche Fälle sind schwer aufzuklären, und die FinB sind oft nicht in der Lage, die entsprechenden Steueransprüche innerhalb der normalen Festsetzungsfrist geltend zu machen. Deshalb hat der Gesetzgeber hierfür die Frist grundsätzlich auf 10 Jahre verlängert (BFH v. 31. 1. 1989, BStBl. 442). Ist die hinterzogene oder verkürzte Steuer festgesetzt, ist kein Grund für eine Verlängerung der Zahlungsfrist ersichtlich. Diese beträgt auch für hinterzogene und verkürzte Steuern fünf Jahre (§ 228 S. 2 AO). Die verlängerte Festsetzungsfrist gilt für alle Steuern (§ 3 AO). Auf die Rückforderung zu Unrecht

IX. Strafen und Nebenfolgen   § 370

gewährter *Investitionszulagen* ist die verlängerte Festsetzungsfrist hingegen
nicht anwendbar, denn Subventionsbetrug (vgl. § 9 InvZulG, § 20 BerlinFG) is des § 264 StGB wird durch § 169 II 2 AO nicht erfaßt (TK-*Kruse* 7,
HHSp-*Ruban* 32 zu § 169 AO; aA *Koch/Scholtz-Hölling* 39 zu § 169 AO). Die
EG-Verordnungen enthalten abweichende Regelungen für die Festsetzungsverjährung für *gemeinschaftsrechtliche Abgaben* (zB Art. 2 II EG-Nacherhebungs-VO). Bei Handlungen, die „strafrechtlich verfolgbar" sind, gilt jedoch nationales Recht (Art. III EG-Nacherhebungs-VO), dh bei Steuerhinterziehung eine Festsetzungsfrist von 10 Jahren (vgl. auch VSF Z 111). Die
verlängerte Festsetzungsfrist gilt gem. § 169 II 3 AO grundsätzlich auch
dann, wenn die Steuerhinterziehung nicht durch den StSchuldner selbst begangen worden ist (BFH v. 31. 1. 1989 BStBl. 442). Steuerhinterziehung
kann auch in *mittelbarer Täterschaft* begangen werden (dazu BFH v. 13. 12.
1989, BStBl. 1990, 340). Steuerhehlerei (§ 374 AO) verlängert die Festsetzungsfrist nicht (TK-*Kruse* 7 zu § 169 mwN). Die verlängerte Frist greift nur
ein, „soweit" Steuern hinterzogen sind. Ggf. muß die Steuer also in hinterzogene (verkürzte) und nicht hinterzogene (verkürzte) Beträge aufgeteilt
werden (FG Nürnberg v. 12. 7. 1984, EFG 592; SaarlFG v. 11. 12. 1985,
EFG 158), mit der Folge, daß hinsichtlich derselben Steuerart desselben Veranlagungszeitraums unterschiedliche Verjährungsfristen bestehen. Verfahrensrechtlich gelten dieselben Grundsätze wie für § 71 AO (Rdnr. 268).

Die Vorschriften des § 171 V, VII und IX AO sollen verhindern, daß die   286
Festsetzungsfrist ablaufen kann, bevor das Strafverfahren abgeschlossen oder
eine Selbstanzeige ausgewertet ist. Die Ablaufhemmung gem. § 171 AO
endet mit dem *Tod des Steuerhinterziehers* (BFH v. 2. 12. 1977, BStBl. 1978,
359).

c) Hinterziehungszinsen

Schrifttum: Zu § 4a StSäumG: *Loose*, Die Verzinsung hinterzogener Steuern, DStZ 1965, 151;
Franzen, Die Verzinsung hinterzogener Steuern (§4a StSäumG; § 396 AO), DStR 1965, 319;
Stegmaier, Zweifelsfragen zur Verzinsung hinterzogener Steuern, DStZ 1967, 289; *Hölling*, Die
Verzinsung hinterzogener Steuerbeträge, DB 1967, 1779; *Henneberg*, Ist der Täter einer Steuerhin-
terziehung zur Mitwirkung im Verfahren zur Festsetzung von Hinterziehungszinsen verpflichtet?
DStR 1967, 660; *Weber*, Zur Verzinsung von Steueransprüchen, DStR 1969, 72; *Oswald*, Hinterzie-
hungszinsen, DStZ 1972, 105.

Zu § 235 AO 1977: *Gast-de Haan*, Berechnung von Hinterziehungszinsen, wistra
1988, 298; *Scheurmann-Kettner*, Werbungskostenabzug von Hinterziehungszinsen, BB
1989, 531; *Krabbe*, Verzinsung hinterzogener Steuern, NWB F 2, 5252 (1989); *Teske*,
Die Bedeutung der Unschuldsvermutung bei Einstellungen gem. §§ 153, 153a StPO
im Steuerstrafverfahren, wistra 1989, 131; *Bublitz*, Neue Aspekte bei Hinterziehungszinsen, DStR 1990, 438; *Brandis*, Zinsen bei Hinterziehung von Einkommensteuer-
Vorauszahlungen, DStR 1990, 510; *Gast-de Haan*, Verfassungswidrigkeit des Ab-
zugsverbots für Hinterziehungszinsen gem. § 4 Abs. 5 Nr. 8a EStG nF? StVj 1990,
76; *Hild/Hild*, Keine Inanspruchnahme von GmbH-Geschäftsführern als Schuldner
von Hinterziehungszinsen, BB 1991, 2344; *Streck*, Beratungswissen zu Steuerzinsen,
DStR 1991, 369; *Fuchsen*, Verfahrensfragen zur Festsetzung von Hinterziehungszinsen auf hinterzogene Gewerbesteuer, DStR 1992, 1307; *Diebold*, Zinsen und Säum-

niszuschläge bei Haftungsschulden, BB 1992, 470; *Klos,* Probleme mit Hinterziehungszinsen, StB 1995, 374.

287 Die **Verpflichtung zur Zahlung von Zinsen auf hinterzogene Steuerbeträge** gem. §§ 235, 238 AO hat zur Folge, daß der aus einer vorsätzlichen Steuerverkürzung gezogene Zinsgewinn bereits steuerrechtlich abgeschöpft wird, sofern nicht der individuelle Zinsgewinn des StSchuldners oder die von ihm durch die Tat ersparten Kreditzinsen über den gesetzlichen Zinssatz von 6 vH/Jahr hinausgegangen sind. Bei der Erhebung von Hinterziehungszinsen handelt es sich nicht um eine Strafmaßnahme. Die Vorschrift des § 235 AO bezweckt vielmehr, beim Nutznießer einer Steuerhinterziehung dessen Zinsvorteil abzuschöpfen (BFH v. 27. 8. 1991, BStBl. 1992, 9). Hinterziehungszinsen fallen nicht an, soweit Steuern, die Gegenstand einer Hinterziehung bilden, trotz der Straftat rechtzeitig entrichtet worden sind, zB in Form von KapSt auf nicht erklärte Einkünfte aus Kapitalvermögen (FG München v. 29. 11. 1983, EFG 267). Bannbruch (§ 372 AO), Steuerhehlerei (§ 374 AO), leichtfertige Steuerverkürzung (§ 378 AO) sowie Steuergefährdung gem. § 379 AO lösen keine Zinspflicht aus. Es muß eine *vollendete* Steuerhinterziehung vorliegen; Versuch genügt nicht (BFH v. 12. 11. 1975, BStBl. 1976, 260; v. 27. 8. 1991, BStBl. 1992, 9). Voraussetzung der Verzinsung ist, daß der Tatbestand der Steuerhinterziehung in objektiver und subjektiver Hinsicht erfüllt ist (BFH v. 13. 12. 1989, BStBl. 1990, 340). Sind die Steuern im Festsetzungsverfahren geschätzt worden, können sie bei der Anforderung von Hinterziehungszinsen nicht ohne weiteres als verkürzt angesehen werden. Auch hier gilt der Grundsatz in dubio pro reo (BFH v. 14. 8. 1991, BStBl. 128). Rechtfertigungs- und Schuldausschließungsgründe schließen daher die Festsetzung von Hinterziehungszinsen aus (BFH v. 27. 8. 1991, BStBl. 1992, 9), nicht hingegen Strafausschließungs- und Strafaufhebungsgründe, wie zB die Selbstanzeige (FG Düsseldorf v. 24. 5. 1989, EFG 491). Eine Verurteilung ist nicht erforderlich (BFH v. 7. 11. 1973, BStBl. 1974, 125). Über das Vorliegen der Steuerhinterziehung entscheiden FinB und FG selbständig (dazu krit. *Gast-de Haan* DStJG 6, 187). Eine „automatische" Zinsfestsetzung nach Einstellung des Verfahrens gem. § 153a StPO (so die Praxis der Finanzverwaltung) ist unzulässig (ebenso *Teske* wistra 1989, 131). Die Unschuldsvermutung verlangt den rechtskräftigen Nachweis der Schuld, bevor diese im Rechtsverkehr allgemein vorgehalten werden kann (BVerfG v. 26. 3. 1987, StrVert 325; v. 29. 5. 1990, NJW 2741). Bei Nacherklärungen aufgrund des Zinssteueramnestiegesetzes werden keine Hinterziehungszinsen festgesetzt; es „soll im Zweifel unterstellt werden, daß keine vorsätzliche Steuerverkürzung erfolgt ist" (Erl. BaWü v. 28. 12. 1989, StEK AO 1977 § 235 Nr. 3). Die Feststellung, ob Steuern iS des § 235 AO hinterzogen worden sind, kann auch noch nach dem Tod des Stpfl erfolgen (FG München v. 22. 2. 1988, EFG 545; BFH v. 27. 8. 1991, BStBl. 1992, 9; aM *Streck/Rainer* StuW 1979, 267). Etwaige Zweifel am subjektiven Tatbestand der Steuerhinterziehung seitens des Erblassers gehen zu Lasten der Finanzbehörde (FG Köln v. 7. 6. 1990, EFG 1991, 107), zB wenn gesicherte Indizien für die Kenntnis der Zinsdeklarierungspflicht fehlen (*Klos* StB 1995, 374).

IX. Strafen und Nebenfolgen

Zinsschuldner ist derjenige, zu dessen Vorteil die Steuern hinterzogen **288** worden sind (§ 235 I 2 AO). Einen Vorteil im Sinne dieser Vorschrift erlangt der Schuldner der hinterzogenen Steuern auch dann, wenn er an der Steuerhinterziehung nicht mitgewirkt hat (BFH v. 11. 5. 1982, BStBl. 689). Maßgebend ist aber nicht irgendein wirtschaftlicher, sondern nur ein steuerlicher Vorteil (BFH v. 19. 4. 1989, BStBl. 596; v. 27. 6. 1991, BStBl. 822). Bei einer Pauschalierung der Lohnsteuer gem. § 40 I 1 Nr. 2 EStG ist der ArbG nicht Schuldner der Hinterziehungszinsen (BFH v. 5. 11. 1993, HFR 1994, 338). Der Stpfl schuldet Hinterziehungszinsen auch dann, wenn ein Dritter (zB Steuerberater) die Hinterziehung begangen und die hinterzogenen Beträge veruntreut hat (BFH v. 27. 6. 1991, BStBl. 822). Zinsschuldner kann auch der überlebende Ehegatte sein, wenn er im Rahmen der Zusammenveranlagung niedrigere Steuern zu entrichten hatte, wodurch ihm ein Zinsvorteil entstanden ist (NdsFG v. 13. 4. 1994, StB 1995, 113). Der GmbH-Geschäftsführer, der Steuern zum Vorteil der GmbH hinterzieht, ist nicht Schuldner der Hinterziehungszinsen (BFH v. 18. 7. 1991, BStBl. 781).

Gegenstand der Verzinsung sind die hinterzogenen Steuern (§ 235 I 1 **289** AO). Über die Zinsberechnung bei Steuerverkürzung auf Zeit vgl. Rdnr. 78 zu § 370 AO. Für die Feststellung der Bemessungsgrundlage sind aber nicht die Grundsätze des § 370 AO maßgebend. Zinsen sind laufzeitabhängiges Entgelt für Kapitalnutzung (BFH v. 20. 5. 1987, BStBl. 1988, 229) und damit von dem Bestehen einer Steuerschuld abhängig. Folglich gilt das Kompensationsverbot des § 370 IV 3 AO hier nicht (FG Köln v. 25. 5. 1988, wistra 1988, 298; glA TK-*Kruse* 3, HHSp-*von Wallis* 7, *Koch/Scholtz-Höllig* 6, *Klein/Orlopp* 3 zu § 235 AO; nicht eindeutig BFH v. 12. 10. 1993, StRK AO 1977 § 235 R. 10). Der Zinsschuldner kann ohne Rücksicht auf strafgerichtliche Verurteilungen im Zinsfestsetzungsverfahren alle Tatsachen geltend machen, die zu einer Verminderung der „hinterzogenen Steuer" im Verkürzungszeitraum führen.

Der **Zinslauf beginnt** mit dem Eintritt der Verkürzung (vgl. Rdnr. 35 ff zu **290** § 370 AO) und endet mit der Zahlung der hinterzogenen Steuern (§ 235 II u. III AO). Die Festsetzungsfrist beträgt 1 Jahr (§ 239 I 1 AO). In den Fällen des § 239 I 3 AO beginnt die Festsetzungsfrist bei Mittäterschaft nicht, bevor alle eingeleiteten Strafverfahren rechtskräftig abgeschlossen worden sind (BFH v. 13. 7. 1994, HFR 1995, 1). Die Festsetzung von Hinterziehungszinsen liegt nicht im Ermessen der FinB.

Hinterziehungszinsen gehören nicht zu den abzugsfähigen Betriebsausga- **291** ben (§ 4 V Nr. 8a EStG, § 10 Nr. 2 KStG). Das Abzugsverbot ist verfassungsrechtlich unbedenklich und rückwirkend anwendbar (BFH v. 7. 12. 1994, StRK KStG 1977 § 10 Nr. 2 R. 8). Unterbleibt die sofortige Festsetzung der verkürzten Steuer nach Selbstanzeige, so laufen die (nicht abzugsfähigen) Hinterziehungszinsen weiter; bei sofortiger Festsetzung entstünden ab diesem Zeitpunkt abzugsfähige Aussetzungszinsen. Der entsprechende Schaden könnte nach Amtshaftungsgrundsätzen auszugleichen sein (glA *Streck* DStR 1991, 369).

292 Sind an der Hinterziehung **mehrere Personen beteiligt,** so sind die für die Zinsfestsetzung maßgebenden Besteuerungsgrundlagen einheitlich und gesondert festzustellen (BFH v. 13. 7. 1994, BStBl. 885; ferner betr. GewSt: OVG NRW v. 10. 2. 1995 – 22 B 13/95 nv; *Fuchsen* DStR 1992, 1307 u. DStR 1996, 214; *Schwedhelm/Olgemöller* DStR 1995, 1263 betr. GewSt).

d) Hinterzogene Steuern bei der Einheitsbewertung und Vermögensteuer

Schrifttum: *Fichtelmann*, Zur Abzugsfähigkeit hinterzogener Steuern bei der Einheitsbewertung des Betriebsvermögens und bei der Vermögensteuer, BB 1971, 471; *Schneeweiß*, Abzug von hinterzogenen Steuern bei der Vermögensteuer, BB 1971, 471; *Niemann*, Zur stichtagsgerechten Berücksichtigung hinterzogener Steuern bei der Einheitsbewertung und der Vermögensteuerfestsetzung, DB 1993, 1444.

293 Hinterzogene Steuern sind nach hM an den Stichtagen vor der Entdeckung der Tat bei der Einheitswertfeststellung als Schulden nicht abzugsfähig, weil der Stpfl vor der Entdeckung nicht mit einer Inanspruchnahme durch den StGläubiger gerechnet hat, vielmehr durch sein Verhalten erreichen wollte, daß die hinterzogenen Steuern nicht erhoben würden (RFH v. 24. 6. 1937, RStBl. 798). Der BFH hält vorsätzlich verkürzte Steuern schon deshalb nicht für abziehbar, weil sich der Stpfl mit der nachträglichen Geltendmachung zu seinem früheren Verhalten in Widerspruch setzt und damit gegen Treu und Glauben verstößt; der Stpfl – so meint der BFH – habe durch sein früheres doloses Verhalten die Geltendmachung der StSchulden verwirkt (BFH v. 4. 3. 1955, BStBl. 123; v. 13. 10. 1961, HFR 1962, 63; v. 13. 3. 1964, BStBl. 378; v. 1. 8. 1969, BStBl. 750; v. 28. 4. 1972, BStBl. 524; v. 18. 9. 1975, BStBl. 1976, 87; ebenso VG Berlin v. 21. 2. 1961, EFG 391; aM FG Hamburg v. 5. 7. 1962, EFG 1963, 195; FG Düsseldorf v. 22. 12. 1964, EFG 1965, 216; v. 25. 9. 1968, DStZ/B 535; FG Berlin v. 12. 7. 1971, EFG 526; gegen die Anwendung subjektiver Kriterien und die Annahme eines treuwidrigen Verhaltens ferner *Schneeweiß* aaO und *Fichtelmann* aaO mwN). *Leichtfertig verkürzte Steuern* sind abzugsfähig (glA *Rössler/Troll* 10 zu § 105 BewG; aM *Gürsching/Stenger* 16 zu § 105 BewG; vgl. auch Abschn. 80 III VStR).

e) Geldstrafen, Geldbußen und Strafverfahrenskosten bei den Ertragsteuern

Schrifttum Bis 1983: *Klemp*, Die steuerliche Behandlung kartellbehördlicher Geldbußen, BB 1977, 843; *Felix/Streck*, Die steuerliche Behandlung von Vertretungs- und Verteidigungsaufwendungen in Steuerstrafsachen, DStR 1979, 479; *Tanzer*, Die Abzugsfähigkeit von Geldstrafen und Geldbußen im Einkommensteuerrecht, DStJG 3, 227; *Seithel*, Wie sind die Kosten für einen Steuerberater oder Rechtsanwalt bei einer Selbstanzeige wegen Steuerhinterziehung zu behandeln? DStR 1980, 155; *Bergmann*, Können Geldbußen gegen juristische Personen und Personenvereinigungen Betriebsausgaben sein? DB 1981, 2572; *Göggerle*, Zur Abzugsfähigkeit beruflich veranlaßter Geldstrafen und Geldbußen sowie damit zusammenhängender Verteidigungsaufwendungen, BB 1981, 969; *Paußer*, Abzugsfähigkeit von Geldzahlungen zur Einstellung eines Strafverfahrens, DB 1982, 301.

Ab 1984: *Döllerer*, Geldbußen als Betriebsausgaben, Bemerkungen zu den Beschlüssen des Großen Senats vom 21. 11. 1983, BB 1984, 545; *Rettig*, Das Problem der Rückwirkung bei der neuen gesetzlichen Geldbußen-Regelung, BB 1984, 595; *Offerhaus*, Neuere Tendenzen in der Bußgeldentscheidung des Bundesfinanzhofs, INF 1984, 313; *Tanzer*, Die Behandlung von Geldstrafen, Bußen und Nebenfolgen einer Straftat im Ertragsteuerrecht, wistra 1984, 159; *Kuhlmann*, Zur

IX. Strafen und Nebenfolgen **294 § 370**

Abzugsfähigkeit von Strafverfahrenskosten. DB 1985, 1613; *Meyer-Arndt,* Steuerliche Behandlung von Zahlungen zur Erfüllung von Auflagen oder Weisungen gem. § 153a StPO, BB 1986, 36; *Streck/Schedhelm,* Kosten der Strafverteidigung als Steuerberatungskosten im Sinn von § 10 Abs. 1 Nr. 6 EStG, FR 1987, 461; *App,* Kein Sonderausgabenabzug für Steuerberatungskosten nach Einleitung eines Steuerstrafverfahrens, DStZ 1990, 424; *Depping,* Strafverteidigungskosten als Betriebsausgaben, DStR 1994, 1487.

Geldbußen, Ordnungsgelder und Verwarnungsgelder, die von einem **294** inländischen Gericht oder einer inländischen Behörde oder von Organen der EG festgesetzt werden, dürfen nicht als Betriebsausgaben (Werbungskosten) abgezogen werden (§ 4 V 1 Nr. 8, § 9 V EStG). Dasselbe gilt für Leistungen zur Erfüllung von Auflagen oder Weisungen, die in einem berufsgerichtlichen Verfahren erteilt werden, soweit die Auflagen oder Weisungen nicht lediglich der Wiedergutmachung des durch die Tat verursachten Schadens dienen. Der BFH hielt diese Vorschrift für verfassungswidrig, soweit sie den auf die Abschöpfung des wirtschaftlichen Vorteils (§ 17 IV OWiG) entfallenden Teil der Geldbußen vom Abzug als Betriebsausgabe ausschließt (Vorlagebeschl. v. 21. 10. 1986, BStBl. 1987, 212). Das BVerfG ist dem jedoch nicht gefolgt (v. 23. 1. 1990, BVerfGE 81, 228). Danach war es den Betroffenen überlassen, im Rechtsbehelfsverfahren gegen den Bußgeldbescheid eine verfassungswidrige Bemessung der Geldbuße nach dem Bruttobetrag des Mehrerlöses zu rügen. Eine etwaige doppelte Erfassung des wirtschaftlichen Vorteils (Mehrerlös) konnte daher nur im Billigkeitswege erreicht werden (BFH v. 24. 7. 1990, BFHE 161, 509). Gem. § 4 V 1 Nr. 8 S. 4 EStG idF des StÄndG 1992 (BGBl. I 297) gilt das Abzugsverbot für Geldbußen nicht, soweit der wirtschaftliche Vorteil, der durch den Gesetzesverstoß erlangt wurde, abgeschöpft worden ist, wenn die Steuern vom Einkommen und Ertrag, die auf den wirtschaftlichen Vorteil entfallen, nicht abgezogen worden sind. Die Ausnahme vom Abzugsverbot gilt auch für Veranlagungszeiträume vor 1992, soweit die Steuerbescheide noch nicht bestandskräftig sind, unter dem Vorbehalt der Nachprüfung stehen oder die Steuer bezüglich der Abzugsfähigkeit der festgesetzten Geldbuße als Betriebsausgaben vorsorglich festgesetzt worden ist (§ 52 V EStG). Zu den Geldbußen rechnen alle Sanktionen, die gesetzlich so bezeichnet werden. In Betracht kommen Geldbußen nach dem OWiG, auch soweit sie gegen juristische Personen oder Personenvereinigungen oder Personenhandelsgesellschaften festgesetzt worden sind (§ 30 OWiG). Außerdem sind auch diejenigen Geldbußen gemeint, die nach den Disziplinargesetzen des Bundes und der Länder und nach den berufsgerichtlichen Gesetzen festgesetzt werden können (BR-Drucks. 117/ 84 S. 6). Als Geldbußen, die von Organen der EG festgesetzt werden, kommen Geldbußen nach Art. 85 ff. EWG-Vertrag iVm Art. 15 II VO Nr. 17 des Rates v. 6. 2. 1962 und nach den Art. 47, 58, 59, 64 bis 66 des Vertrages über die Gründung der Europäischen Gemeinschaft für Kohle und Stahl in Betracht. Betrieblich veranlaßte Geldbußen, die von Gerichten oder Behörden anderer Staaten festgesetzt werden, sind abzugsfähig. Das Abzugsverbot gilt nicht für **Nebenfolgen** vermögensrechtlicher Art, wie zB die Abführung des Mehrerlöses oder die Einziehung von Gegenständen, weil hierbei kaum zwischen Nebenfolgen, die ahndungsähnlichen Charakter haben, und anderen

Nebenfolgen unterschieden werden kann. **Ordnungsgelder** sind Unrechtsfolgen, die vor allem in den Verfahrensordnungen vorgesehen sind, zB gegen einen Zeugen nach § 890 ZPO. **Zwangsgelder** fallen nicht unter das Abzugsverbot. **Verwarnungsgelder** sind namentlich die in § 56 OWiG so bezeichneten geldlichen Einbußen, die dem Betroffenen aus Anlaß einer Ordnungswidrigkeit mit seinem Einverständnis auferlegt werden können. **Leistungen zur Erfüllung von Auflagen oder Weisungen,** die in einem berufsgerichtlichen Verfahren erteilt werden, sind, soweit sie nicht lediglich Wiedergutmachungscharakter haben, den Geldbußen gleichgestellt (§ 4 V Nr. 8 S. 2 EStG nF). Geldbeträge, die in Erfüllung einer Auflage gem. § 153 a StPO geleistet werden, gehören gem. § 12 Nr. 4 EStG zu den nichtabzugsfähigen Kosten der Lebensführung. Die Vorschrift ist gem. § 52 XIX a EStG idF v. 25. 7. 1984 auch für Veranlagungszeiträume vor 1983 anzuwenden, soweit Steuerbescheide noch nicht bestandskräftig sind oder unter Vorbehalt der Nachprüfung stehen. Aufwendungen zur Erfüllung von Auflagen und Leistungen nach § 153 a StPO können auch nicht als außergewöhnliche Belastung berücksichtigt werden (BFH v. 19. 12. 1995, BB 1996, 937). Eine *Rückstellung* wegen zu erwartender Geldbuße ist – unabhängig von deren Abzugsfähigkeit als Betriebsausgabe – frühestens ab Einleitung eines Steuerstrafverfahrens zulässig (FG München v. 4. 4. 1990, EFG 565). Die **Übernahme von Geldbußen,** Verwarnungsgeldern, Geldstrafen etc., die gegen Beschäftigte verhängt wurden, kann beim Unternehmer betrieblich veranlaßter Aufwand sein (*Saller* DStR 1996, 534).

295 **Geldstrafen,** die in einem Strafverfahren festgesetzt werden, sowie sonstige Rechtsfolgen vermögensrechtlicher Art, bei denen der Strafcharakter überwiegt, dürfen weder bei den einzelnen Einkunftsarten noch vom Gesamtbetrag der Einkünfte abgezogen werden (§ 12 Nr. 4 EStG). Die Vorschrift erfaßt, im Gegensatz zu § 4 V Nr. 8 EStG, auch die im Ausland verhängten Geldstrafen. Der Gesetzgeber hielt die unterschiedliche Behandlung von Geldstrafen mit Rücksicht auf das mit einer Geldstrafe für kriminelles Unrecht verbundende Unwerturteil für gerechtfertigt. Bei ausländischen geldlichen Sanktionen unterhalb der Schwelle des kriminellen Unrechts sollten die Verwaltungen nicht mit Ermittlungen überfordert werden (BT-Drucks. 10/1634 S. 9). Die Differenzierung erscheint jedoch nicht gerechtfertigt (glA Lang StuW 1985, 10, 23). Zwar soll der Ausschluß der Abzugsfähigkeit ausländischer Geldstrafen gem. § 12 Nr. 4 EStG insoweit nicht gelten, als ausländische Sanktionen wesentlichen Grundsätzen der deutschen Rechtsordnung widersprechen würden (BR-Drucks. 117/84 S. 10; ebenso BFH v. 22. 7. 1986, BStBl. 885; v. 31. 7. 1991, BStBl. 1992, 85). Denkbar ist aber auch, daß mit einer ausländischen Strafe nach deutscher Rechtsvorstellung kein kriminelles Unwerturteil verbunden ist (ebenso HHR-*Nolde* 110 zu § 12 EStG). Der Stpfl müßte also geltend machen, die ausländische „Strafe" falle nicht unter § 12 Nr. 4 EStG und werde mithin auch durch das Abzugsverbot des § 4 V 1 Nr. 8 EStG nicht erfaßt. Zu den sonstigen Rechtsfolgen vermögensrechtlicher Art, bei denen der Straf-

IX. Strafen und Nebenfolgen **§ 370**

charakter überwiegt, gehört zB die Einziehung von Gegenständen gem. § 74 II Nr. 1 oder § 76a StGB. Unerheblich ist, ob die Anordnung neben der Hauptstrafe oder nachträglich nach § 76 StGB oder unter den Voraussetzungen des § 76a StGB selbständig erfolgt ist. Die Anordnung des Verfalls von Gegenständen (§ 73 StGB) dient in erster Linie dem Ausgleich von rechtswidrig erlangten Vermögensvorteilen und hat daher keinen Strafcharakter.

Verfahrens- oder Verteidigungskosten können als Betriebsausgaben (Werbungskosten) abzugsfähig sein, und zwar auch bei Vorsatztaten. Voraussetzung ist ein ursächlicher Zusammenhang des Strafverfahrens mit einem betrieblichen Vorgang (BFH v. 22. 7. 1986, BStBl. 845). Auch darf die dem Stpfl vorgeworfene Tat nicht aus dem Rahmen seiner üblichen beruflichen Tätigkeit fallen (HessFG v. 1. 2. 1994, EFG 1043, betr. eine Kriminalbeamtin, die Rauschgift aus dienstlicher Verwahrung entwendet hatte). Für die Zuordnung einer Handlung zum betrieblichen Bereich ist die Schuldform unerheblich (*Kuhlmann* DB 1985, 1613). Kosten eines Wiederaufnahmeverfahrens sind regelmäßig auch dann keine Werbungskosten, wenn disziplinarrechtliche Folge der strafrechtlichen Verurteilung die Entfernung aus dem Dienst war (BFH v. 13. 12. 1994, BStBl. 1995, 457). Ist der strafrechtliche Schuldvorwurf privat veranlaßt, so können die Verteidigungskosten im Falle eines Freispruchs sowie Verteidigungskosten in einem Bußgeld- oder Ordnungsgeldverfahren im Fall einer förmlichen Einstellung unter den Voraussetzungen des § 33 EStG außergewöhnliche Belastungen sein (BFH v. 15. 11. 1957, BStBl. III 1958, 105); gleiches gilt für Strafverfahrenskosten eines Stpfl., der vor Eintritt der Rechtskraft eines Urteils stirbt (BFH v. 21. 6. 1989, BStBl. 831). Ob Strafverteidigungskosten als Steuerberatungskosten iS des § 10 I Nr. 6 EStG abzugsfähig sein können, ist streitig (verneinend BFH v. 20. 9. 1989, BStBl. 1990, 20; bejahend vor allem *Streck-Schwedhelm* FR 1987, 461; *Offerhaus* StBp 1990, 21; *App* DStZ 1990, 424). Steuerberatung umfaßt begrifflich auch die Hilfeleistung in Steuerstraf- und Bußgeldsachen (§ 1 II Nr. 1 StBerG); schon deshalb erscheint es widersinnig, den Sonderausgabenabzug zu versagen. Für die Praxis empfiehlt sich, über die Ermittlung der Besteuerungsgrundlagen und über die Steuerstrafverteidigungskosten getrennte Honorarvereinbarungen zu treffen (*Depping* DStR 1994, 1487; *Hemmelrath* NWB Blickpunkt Steuern 2/90, 4; zur Aufteilung der Kosten im Wege der Schätzung, insbesondere bei Selbstanzeige vgl. *Seithel* DStR 1980, 155).

4. Verwaltungsrechtliche Nebenfolgen

a) Untersagung der Gewerbeausübung

Schrifttum: *Landmann/Rohmer*, Gewerbeordnung und ergänzende Vorschriften, Band I Gewerbeordnung, Kommentar (Losebl.), 15. Aufl. ab 1990; *Marcks*, Die Untersagungsvorschrift des § 35 Gewerbeordnung, München 1986; *Heß*, Die Gewerbeuntersagung nach § 35 GewO, Neuwied 1987; *Schaeffer*, Der Begriff Unzuverlässigkeit in § 35 Abs. 1 GewO, WiVerw 1982, 100; *Meier*, Verletzung des Steuergeheimnisses (§ 30 AO) im Rahmen des gewerberechtlichen Untersagungsverfahrens gem. § 35 GewO? GewArch 1985, 319; *Arndt*, Steuergeheimnis, steuerliche Unzuverlässigkeit und gewerberechtliches Untersagungsverfahren, GewArch 1988, 281; *Müller*, Berücksichtigung der Verletzung steuerlicher Pflichten im gewerberechtlichen Verfahren; GewArch

1988, 84; *App,* Einkommensteuerfolgen einer Gewerbeuntersagung, GewArch 1990, 315; *Fischer/ Schaaf,* Offenbarung steuerlicher Daten gegenüber Gewerbeuntersagungsbehörden, GewArch 1990, 337; *App,* Auskünfte der Finanzämter an die Gewerbebehörden mit dem Ziel einer Gewerbeuntersagung, LKV 1993, 192; *Heß,* Gewerbeuntersagung und Vertretungsberechtigung, GewArch 1994, 360.

§ 35 GewO Gewerbeuntersagung wegen Unzuverlässigkeit

(1) [1]Die Ausübung eines Gewerbes ist von der zuständigen Behörde ganz oder teilweise zu untersagen, wenn Tatsachen vorliegen, welche die Unzuverlässigkeit des Gewerbetreibenden oder einer mit der Leitung des Gewerbebetriebes beauftragten Person in bezug auf dieses Gewerbe dartun, sofern die Untersagung zum Schutze der Allgemeinheit oder der im Betrieb Beschäftigten erforderlich ist. [2]Die Untersagung kann auch auf die Tätigkeit als Vertretungsberechtigter eines Gewerbetreibenden oder als mit der Leitung eines Gewerbebetriebes beauftragte Person sowie auf einzelne andere oder auf alle Gewerbe erstreckt werden, soweit die festgestellten Tatsachen die Annahme rechtfertigen, daß der Gewerbetreibende auch für diese Tätigkeiten oder Gewerbe unzuverlässig ist. [3]Das Untersagungsverfahren kann fortgesetzt werden, auch wenn der Betrieb des Gewerbes während des Verfahrens aufgegeben wird.

(2) ...

(3) [1]Will die Verwaltungsbehörde in dem Untersagungsverfahren einen Sachverhalt berücksichtigen, der Gegenstand der Urteilsfindung in einem Strafverfahren gegen einen Gewerbetreibenden gewesen ist, so kann sie zu dessen Nachteil von dem Inhalt des Urteils insoweit nicht abweichen, als es sich bezieht auf
1. die Feststellung des Sachverhalts,
2. die Beurteilung der Schuldfrage oder
3. die Beurteilung der Frage, ob er bei weiterer Ausübung des Gewerbes erhebliche rechtswidrige Taten im Sinne des § 70 des Strafgesetzbuches begehen wird und ob zur Abwehr dieser Gefahren die Untersagung des Gewerbes angebracht ist.
[2]Absatz 1 Satz 2 bleibt unberührt. [3]Die Entscheidung über ein vorläufiges Berufsverbot (§ 132a der Strafprozeßordnung), der Strafbefehl und die gerichtliche Entscheidung, durch welche die Eröffnung des Hauptverfahrens abgelehnt wird, stehen einem Urteil gleich; dies gilt auch für Bußgeldentscheidungen, soweit sie sich auf die Feststellung des Sachverhalts und die Beurteilung der Schuldfrage beziehen.

(3 a) [1]Im Untersagungsverfahren hat der Gewerbetreibende der zuständigen Behörde oder deren Beauftragten auf Verlangen jede für die Durchführung des Verfahrens erforderliche mündliche oder schriftliche Auskunft über seinen Gewerbebetrieb innerhalb der gesetzten Frist und unentgeltlich zu erteilen. [2]Er kann die Auskunft auf solche Fragen verweigern, deren Beantwortung ihn selbst oder einen der in § 383 Abs. 1 Nr. 1 bis 3 der Zivilprozeßordnung bezeichneten Angehörigen der Gefahr strafgerichtlicher Verfolgung oder eines Verfahrens nach dem Gesetz über Ordnungswidrigkeiten aussetzen würde.

(4) [1]Vor der Untersagung sollen, soweit besondere staatliche Aufsichtsbehörden bestehen, die Aufsichtsbehörden, ferner die zuständige Industrie- und Handelskammer oder Handwerkskammer und, soweit es sich um eine Genossenschaft handelt, auch der Prüfungsverband gehört werden, dem die Genossenschaft angehört. [2]Ihnen sind die gegen den Gewerbetreibenden erhobenen Vorwürfe mitzuteilen und die zur Abgabe der Stellungnahme erforderlichen Unterlagen zu übersenden. [3]Die Anhörung der vorgenannten Stellen kann unterbleiben, wenn Gefahr im Verzuge ist; in diesem Falle sind diese Stellen zu unterrichten.

(5)–(7 a) ...

(8) [1]Soweit für einzelne Gewerbe besondere Untersagungs- oder Betriebsschlie-

IX. Strafen und Nebenfolgen   § 370

ßungsvorschriften bestehen, die auf die Unzuverlässigkeit des Gewerbetreibenden abstellen, oder eine für das Gewerbe erteilte Zulassung wegen Unzuverlässigkeit des Gewerbetreibenden zurückgenommen oder widerrufen werden kann, sind die Absätze 1 bis 7 nicht anzuwenden. ²Dies gilt nicht für Vorschriften, die Gewerbeuntersagungen oder Betriebsschließungen durch strafgerichtliches Urteil vorsehen.

(9) Die Absätze 1 bis 8 sind auf Genossenschaften entsprechend anzuwenden, auch wenn sich ihr Geschäftsbetrieb auf den Kreis der Mitglieder beschränkt; sie finden ferner Anwendung auf den Handel mit Arzneimitteln, mit Losen von Lotterien und Ausspielungen sowie mit Bezugs- und Anteilscheinen auf solche Lose und auf den Betrieb von Wettannahmestellen aller Art.

Die **Untersagung der Gewerbeausübung** schreibt § 35 Abs. 1 GewO unabhängig von § 70 StGB vor (BVerwG v. 6. 8. 1959, NJW 2324); jedoch bestehen verfahrensrechtliche Abhängigkeiten nach § 35 III GewO. *Steuerrückstände* können einen Gewerbetreibenden als gewerberechtlich unzuverlässig erweisen (BVerwG v. 23. 9. 1991, GewArch 1992, 22). Zum Begriff der Steuerrückstände im Rahmen der Beurteilung der gewerberechtlichen Zuverlässigkeit vgl. BVerwG v. 30. 3. 1992, GewArch 1992, 298). Die Untersagung liegt nicht im Ermessen der Behörde („ist"). Daß die Gewerbebehörde lange Zeit auf steuerliche Pflichtverletzungen nicht mit einer Untersagungsverfügung reagiert, begründet bei dem Gewerbetreibenden kein schutzwürdiges Vertrauen und befreit die Behörde auch nicht von ihrer Pflicht, gegen unzuverlässige Gewerbetreibende vorzugehen (BVerwG v. 25. 3. 1992, GewArch 232). Während Steuerrückstände auch aus unverschuldeten finanziellen Schwierigkeiten erwachsen können (BVerwG v. 21. 6. 1955, GewArch 1973), kann eine gewerberechtliche Unzuverlässigkeit aus Steuerstraftaten ohne weiteres abgeleitet werden, namentlich aus Steuerhinterziehung (BVerwG v. 12. 10. 1960, DVBl. 1961, 133; BadWürttVGH v. 31. 5. 1972, GewArch 1973, 62) und aus Steuerhehlerei (BadWürttVGH v. 9. 7. 1969, GewArch 1970, 32). Steuerliche Unzuverlässigkeit kann nicht nur zusammen mit der Nichtabführung von Sozialversicherungsbeiträgen, sondern auch für sich allein die Annahme der Unzuverlässigkeit im gewerberechtlichen Sinne rechtfertigen (OVG Hamburg v. 8. 7. 1980, GewArch 373). Die *Nichtabgabe von Steuererklärungen* begründet für sich allein eine steuerliche Unzuverlässigkeit nur dann, wenn die Erklärungen trotz Erinnerung hartnäckig über längere Zeit nicht abgegeben werden. Etwaige Steuerrückstände müssen, gemessen an den Verhältnissen des jeweiligen Betriebes, erheblich sein. Beträge unter 5000 DM reichen regelmäßig nicht aus (BdF v. 17. 12. 1987, DB 1988, 371). *Sondervorschriften* für Rücknahme und Widerruf von gewerblichen Konzessionen enthalten § 15 GastG, § 21 FahrlG, § 102 b I Nr. 8 GüKG, § 25 PBefG.

Ob und inwieweit die Offenbarung steuerlicher Daten mit dem **Schutz des Steuergeheimnisses** (§ 30 AO) zu vereinbaren ist, ist umstritten. BVerwG und BFH bejahen übereinstimmend die Offenbarungsbefugnis, soweit dafür ein zwingendes öffentliches Interesse (§ 30 IV Nr. 5 AO) besteht, dh wenn die zu offenbarenden Tatsachen entscheidend dartun, daß der Gewerbetreibende unzuverlässig ist (BVerwGE 65, 1 v. 2. 2. 1982; v. 23. 9.

1991, StRK AO 1977 § 30 R. 11; BFH v. 10. 2. 1987, BStBl. 545; aM *Krause/ Steinbach* DÖV 1985, 550; *Gast-de Haan* DStJG 6, 187; *Arndt* GewArch 1988, 281 und StRK-Anm. AO 1977 § 30 R. 7). Die FinB muß insoweit eine Vorbeurteilung vornehmen. Mitteilungen über Steuerrückstände sind unzulässig, wenn sie der Finanzbehörde lediglich als Druckmittel dienen, den Gewerbetreibenden zur Zahlung seiner Steuern anzuhalten (BFH aaO). Ein Gewerbeuntersagungsverfahren soll von der FinB nur dann angeregt werden, wenn die steuerliche Unzuverlässigkeit derart schwerwiegt, daß sich aus ihr allein die gewerberechtliche Unzuverlässigkeit ergibt (BdF v. 17. 12. 1987 idF v. 9. 10. 1989, StEK AO 1977 § 30 Nr. 61).

b) Ausweisung von Ausländern

Schrifttum: *Sieveking* (Hrsg.), Das neue Ausländerrecht, Baden-Baden 1991; *Heilbronner*, Ausländerrecht (Losebl. ab 1991); *Heldmann*, Ausländergesetz, Kommentar, 2. Aufl. 1993.

§ 45 AuslG Ausweisung

(1) Ein Ausländer kann ausgewiesen werden, wenn sein Aufenthalt die öffentliche Sicherheit und Ordnung oder sonstige erhebliche Interessen der Bundesrepublik Deutschland beeinträchtigt.

...

§ 46 AuslG Einzelne Ausweisungsgründe

Nach § 45 Abs. 1 kann insbesondere ausgewiesen werden, wer

...

2. einen nicht nur vereinzelten oder geringfügigen Verstoß gegen Rechtsvorschriften oder gerichtliche oder behördliche Entscheidungen oder Verfügungen begangen oder außerhalb des Bundesgebiets eine Straftat begangen hat, die im Bundesgebiet als vorsätzliche Straftat anzusehen ist,

...

§ 47 AuslG Ausweisung wegen besonderer Gefährlichkeit

(1) Ein Ausländer wird ausgewiesen, wenn er

1. wegen einer oder mehrerer vorsätzlicher Straftaten rechtskräftig zu einer Freiheits- oder Jugendstrafe von mindestens fünf Jahren verurteilt worden ist,
2. mehrfach wegen vorsätzlicher Straftaten zu Freiheits- oder Jugendstrafen von zusammen mindestens acht Jahren rechtskräftig verurteilt oder bei der letzten rechtskräftigen Verurteilung Sicherungsverwahrung angeordnet worden ist oder
3. wegen einer vorsätzlichen Straftat nach dem Betäubungsmittelgesetz rechtskräftig zu einer Jugendstrafe von mindestens zwei Jahren oder zu einer Freiheitsstrafe verurteilt und die Vollstreckung der Strafe nicht zur Bewährung ausgesetzt worden ist.

(2) Ein Ausländer wird in der Regel ausgewiesen, wenn er

1. wegen einer oder mehrerer vorsätzlicher Straftaten rechtskräftig zu einer Jugendstrafe von mindestens zwei Jahren oder zu einer Freiheitsstrafe verurteilt und die Vollstreckung der Strafe nicht zur Bewährung ausgesetzt worden ist,
2. den Vorschriften des Betäubungsmittelgesetzes zuwider ohne Erlaubnis Betäubungsmittel anbaut, herstellt, einführt, durchführt oder ausführt, veräußert, an einen anderen abgibt oder in sonstiger Weise in Verkehr bringt oder mit ihnen handelt oder wenn er zu einer solchen Handlung anstiftet oder Beihilfe leistet.

(3) ...

IX. Strafen und Nebenfolgen **299 § 370**

§ 62 AuslG Ausreise

(1) Ausländer können aus dem Bundesgebiet frei ausreisen.

(2) ¹Einem Ausländer kann die Ausreise in entsprechender Anwendung des § 10 Abs. 1 und 2 des Paßgesetzes vom 19. April 1986 (BGBl. I S. 537) untersagt werden. ²Im übrigen kann einem Ausländer die Ausreise aus dem Bundesgebiet nur untersagt werden, wenn er in einen anderen Staat einreisen will, ohne im Besitz der dafür erforderlichen Dokumente und Erlaubnisse zu sein.

(3) Das Ausreiseverbot ist aufzuheben, sobald der Grund seines Erlasses entfällt.

Eine **Ausweisung** dürfte nach neuem Ausländerrecht bei steuerlichen Ver- **299** fehlungen nur noch in Ausnahmefällen in Betracht kommen (§ 10 I Nr. 4 AuslG idF v. 28. 4. 1965 BGBl. I 353 setzte lediglich einen „Verstoß" gegen „eine Vorschrift des Steuerrechts" voraus). Einem Ausländer kann jedoch die **Ausreise** untersagt werden, wenn Tatsachen die Annahme rechtfertigen, daß er sich seinen steuerlichen Verpflichtungen entziehen oder den Vorschriften des Zoll- und Monopolrechts oder des Außenwirtschaftsrechts zuwiderhandeln oder schwerwiegende Verstöße gegen Einfuhr-, Ausfuhr- oder Durchfuhr-Verbote oder -Beschränkungen begehen will (§ 62 II AuslG, § 10 I PaßG). Die Vorschrift ist eng auszulegen (OVG Münster v. 19. 8. 1980, NJW 1981, 838). Personenbezogene Daten, die gem. § 30 AO dem Steuergeheimnis unterliegen, dürfen übermittelt werden, wenn der Ausländer gegen eine Vorschrift des Steuerrechts verstoßen hat und wegen dieses Verstoßes ein strafrechtliches Ermittlungsverfahren eingeleitet oder eine Geldbuße von mindestens 1000 DM verhängt worden ist (§ 77 II AuslG).

c) Paßversagung

Schrifttum: *Friauf*, Paßversagung aus steuerlichen Gründen, Schwinge-Festschr. 1973, 247; *Gast-de Haan*, Steuerverfehlungen als Grundlage von steuerlichen und anderen Verwaltungseingriffen, DStJG 6, 188; *Weyand*, Paßversagung und -entziehung aus steuerlichen Gründen, INF 1989, 361.

§ 7 PaßG Paßversagung

(1) Der Paß ist zu versagen, wenn bestimmte Tatsachen die Annahme begründen, daß der Paßbewerber

...

2. sich einer Strafverfolgung oder Strafvollstreckung oder der Anordnung oder der Vollstreckung einer mit Freiheitsentziehung verbundenen Maßregel der Besserung und Sicherung, die im Geltungsbereich dieses Gesetzes gegen ihn schweben, entziehen will;

...

4. sich seinen steuerlichen Verpflichtungen entziehen oder den Vorschriften des Zoll- und Monopolrechts oder des Außenwirtschaftsrechts zuwiderhandeln oder schwerwiegende Verstöße gegen Einfuhr-, Ausfuhr- oder Durchfuhrverbote oder -beschränkungen begehen will;³

...

(2) ¹Von der Paßversagung ist abzusehen, wenn sie unverhältnismäßig ist, insbesondere wenn es genügt, den Geltungsbereich oder die Gültigkeitsdauer des Passes zu

Gast-de Haan 257

beschränken. ²Die Beschränkung ist im Paß zu vermerken. ³Fallen die Voraussetzungen für die Beschränkung fort, wird auf Antrag ein neuer Paß ausgestellt.

...

§ 8 PaßG Paßentziehung

Ein Paß oder ein ausschließlich als Paßersatz bestimmter amtlicher Ausweis kann dem Inhaber entzogen werden, wenn Tatsachen bekanntwerden, die nach § 7 Abs. 1 die Paßversagung rechtfertigen würden.

§ 10 PaßG Untersagung der Ausreise

(1) ¹Die für die polizeiliche Kontrolle des grenzüberschreitenden Verkehrs zuständigen Behörden haben einem Deutschen, dem nach § 7 Abs. 1 ein Paß versagt oder nach § 8 ein Paß entzogen worden ist oder gegen den eine Anordnung nach § 2 Abs. 2 des Gesetzes über Personalausweise ergangen ist, die Ausreise in das Ausland zu untersagen. ²Sie können einem Deutschen die Ausreise in das Ausland untersagen, wenn Tatsachen die Annahme rechtfertigen, daß bei ihm die Voraussetzungen nach § 7 Abs. 1 vorliegen oder wenn er keinen zum Grenzübertritt gültigen Paß oder Paßersatz mitführt. ³Sie können einem Deutschen die Ausreise in das Ausland auch untersagen, wenn Tatsachen die Annahme rechtfertigen, daß der Geltungsbereich oder die Gültigkeitsdauer seines Passes nach § 7 Abs. 2 Satz 1 zu beschränken ist.

(2) ...

(3) ...

300 Die Vorschriften über **Paßversagung und Paßentzug** dienen der Sicherung des staatlichen Steueranspruchs (BVerwG v. 29. 8. 1968, DÖV 1969, 74). Diese Beschränkung der allgemeinen Handlungsfreiheit (Art. 2 I GG) ist verfassungsrechtlich nicht zu beanstanden (BadWürttVGH v. 28. 11. 1988, RIW 1989, 77; ebenso zu der gleichlautenden Vorschrift des § 7 lit. c PaßG aF: BVerwG v. 1. 2. 1971, NJW 820 mwN)., Da jedoch die Ausreisefreiheit grundgesetzlich geschützt ist (BVerfG v. 16. 1. 1957, NJW 297), ist die Vorschrift des § 7 I Nr. 4 PaßG eng auszulegen (OVG Münster v. 19. 8. 1980, NJW 1981, 838; *Gast-de Haan* aaO S. 209 f.). Einer rechtskräftigen Festsetzung bedarf es jedoch nicht; es genügt, wenn die Annahme der Behörde durch bestimmte Tatsachen begründet ist. Für die Annahme von Steuerschulden reicht es aus, daß vollstreckbare Steuerbescheide ergangen sind, die nicht offenbar rechtswidrig sind (BadWürttVGH v. 28. 11. 1988, RIW 1989, 77). Paßversagung oder -entzug dürfen nur auf Tatsachen gestützt werden; bloße Vermutungen, der Steuerpflichtige werde seinen Wohnsitz ins Ausland verlegen, reichen nicht aus. Zwischen den steuerlichen Verpflichtungen und dem angestrebten Aufenthalt im Ausland muß ein Kausalzusammenhang in dem Sinne bestehen, daß Tatsachen die Annahme rechtfertigen, der Paßbewerber wolle sich seinen Verpflichtungen entziehen (BVerwG v. 16. 10. 1989, DÖV 1990, 787). Daß der Paßinhaber seine Steuerrückstände nicht zahlt, rechtfertigt nicht ohne weiteres die Annahme, der Betroffene wolle sich seinen steuerlichen Verpflichtungen entziehen (BVerwG v. 1. 2. 1971, NJW 820). Es genügt jedoch zB, wenn der Erwerber im Ausland über namhaftes Vermögen verfügt, sich im Zuge der Ermittlungen ins Ausland absetzt und jegliche Auskünfte über seine Vermögenssituation verweigert

(BadWürttVGH v. 28. 11. 1988, RIW 1989, 77). Die Behörde ist für den Steuerfluchtwillen *beweispflichtig* (BadWürttVGH v. 28. 11. 1988, RIW 1989, 77). Paßversagung und -entziehung dürfen nicht als Druckmittel eingesetzt werden (*Gast-de Haan* aaO mwN). Andererseits läßt sich kaum bestreiten, daß die Versagung eines Passes wohl stets einen gewissen Druck auf die Zahlungswilligkeit des betreffenden Stpfl ausübt, was auch dem Zweck der §§ 7, 8 PaßG entsprechen dürfte. Nach dem *Grundsatz der Verhältnismäßigkeit* muß die Maßnahme aber nicht nur geeignet, sondern auch erforderlich sein, um den angestrebten Erfolg herbeizuführen (BVerwG v. 16. 10. 1989, DÖV 1990, 788). Daher kann die Paßversagung zB dann nicht gerechtfertigt sein, wenn die Steuerschulden gering oder im Inland ausreichend abgesichert sind. Unter den Voraussetzungen des § 7 I PaßG kann die zuständige Behörde im Einzelfall anordnen, daß ein *Personalausweis* nicht zum Verlassen des Gebietes des Geltungsbereichs des Grundgesetzes über eine Auslandsgrenze berechtigt (§ 2 I PersonalausweisG).

Die **Ausstellung eines Passes** ist zu versagen, wenn die Voraussetzungen des 301 § 7 PaßG vorliegen. Im Gegensatz dazu liegt die Entziehung unter den gleichen Voraussetzungen gem. § 8 PaßG im *Ermessen* der zuständigen Behörde.

d) Waffenrecht

Eine **Waffenbesitzkarte ist zu versagen** (§ 30 I Nr. 2 WaffG) oder zu wi- 302 derrufen (§ 47 II WaffG), wenn Tatsachen die Annahme rechtfertigen, daß der Betreffende die erforderliche Zuverlässigkeit nicht besitzt. Die erforderliche Zuverlässigkeit besitzen gem. § 5 II 1b WaffG regelmäßig Personen nicht, die wegen einer Straftat gegen das Vermögen rechtskräftig verurteilt worden sind. Die in § 5 II 1b WaffG aufgeführten Straftaten brauchen keinen waffenrechtlichen Bezug aufzuweisen (BVerwG v. 20. 3. 1989, Buchholz 402.5 Nr. 53). Steuerhinterziehung wird als Straftat gegen das Vermögen gewertet. Eine entsprechende Verurteilung begründet daher in der Regel die Unzuverlässigkeit des Inhabers einer Waffenbesitzkarte (BVerwG v. 24. 4. 1990, DVBl. 1043; OVG Münster v. 8. 12. 1981, AgrarR 1983, 106 mwN u. v. 12. 3. 1986 – 20 A 2158/84 nv). Im Gegensatz dazu sind Straftaten gegen das Vermögen in § 17 IV Nr. 1b BJagdG nF nicht mehr erfaßt. Eine Verurteilung wegen Steuerhinterziehung führt daher auch nicht mehr zur Entziehung des *Jagdscheins*.

5. Zivilrechtliche Folgen

Schrifttum: Kommentare zu §§ 134, 138 BGB; *Kruse*, Steuerdruck und Steuergerichte, Rechtsgeschäfte im Spannungsfeld zwischen Privat- und Steuerrecht, NJW 1970, 2185; *Klunzinger*, Nichtigkeitsfolgen bei Rechtsgeschäften mit steuerverkürzender Wirkung, FR 1972, 181.

Verträge, mit denen eine Steuerhinterziehung verbunden ist, sind nach 303 stRspr nicht ohne weiteres, sondern nur dann nach den §§ 134, 138 BGB nichtig, wenn Hauptzweck des Vertrages die Steuerhinterziehung ist (BGHZ 14, 25, 31 v. 9. 6. 1954; v. 8. 11. 1968, DNotZ 1969, 350; v. 23. 3. 1973, WM 576; v. 23. 10. 1975, WM 1279, 1281; OLG Koblenz v. 22. 2.

1979, DB 833; weitergehend OLG Celle – 8 U 98/65 – v. 15. 2. 1966, zit. bei *Klunzinger* FR 1972, 183). Ein Grundstücksveräußerungsvertrag, in dem aus Gründen der Steuerersparnis ein niedrigerer als der mündlich vereinbarte Kaufpreis beurkundet wurde, ist als *Scheinvertrag* gem. § 117 BGB nichtig (BGH v. 15. 5. 1970 NJW 1541). Die Veräußerung eines GmbH-Geschäftsanteils, bei der die Vertragsparteien einen Teil des Kaufpreises zum Gegenstand eines Scheingeschäfts gemacht haben, um die Höhe des Kaufpreises vor dem Finanzamt zu verschleiern, verstößt hingegen weder gegen ein gesetzliches Verbot, noch gegen die guten Sitten (BGH v. 23. 2. 1983, HFR 1984, 21). Nichtig ist dagegen ein Darlehen zum Ankauf unversteuerter Zigaretten (OLG Köln v. 29. 5. 1956, MDR 1957, 34), die Einrichtung eines Bankkontos zu dem Hauptzweck, die eingezahlten Beträge der Besteuerung zu entziehen (RG v. 29. 9. 1934, JW 1935, 420 m. zust. Anm. Boesebeck), ein Kaufvertrag mit OR-Abrede, wenn diese die Preisvereinbarung beeinflußt hat (BGH v. 3. 7. 1968, MDR 843, sowie OLG Celle aaO). Nichtig ist auch ein Werkvertrag, bei dem Unternehmer und Besteller gegen das SchwarzarbG verstoßen (BGHZ 85, 39, 42 ff. v. 23. 9. 1982), nicht aber dann, wenn nur der Unternehmer gegen das Gesetz verstößt und der Besteller diesen Gesetzesverstoß nicht kennt (BGH v. 20. 12. 1984, NJW 1985, 2403). Der Mandant, gegen den wegen einer Steuerordnungswidrigkeit ein Bußgeld verhängt worden ist, hat keinen zivilrechtlichen Schadenersatz- oder Erstattungsanspruch dieses Betrages gegen seinen Steuerberater, wenn dieser seine Beratungs- und Sorgfaltspflichten nicht verletzt hat oder ein etwaiges Fehlverhalten nicht ursächlich für die Steuerordnungswidrigkeit war (OLG Stuttgart v. 30. 1. 1989, StRK StBerG 1975 § 68 R. 81).

304 Die **Bezahlung einer Geldstrafe** durch einen Dritten erfüllt nicht den Tatbestand der Strafvereitelung. Dabei ist es gleichgültig, ob ein Dritter eine Geldstrafe sogleich bezahlt, sie dem Verurteilten später erstattet oder ob er ein Darlehen gewährt, dessen Rückzahlung er erläßt (BGH v. 7. 11. 1990, wistra 1991, 103).

X. Konkurrenzfragen

1. Die Hinterziehung mehrerer Steuern

Schrifttum: *v. Bonin*, Die Hinterziehung mehrerer Steuern, ZfZ 1940, 131; *Leise*, Unterbrechung des Fortsetzungszusammenhangs bei Steuervergehen, WT 1956, 39; *Bauerle*, Fortsetzungszusammenhang und Dauerdelikt im Steuerstrafrecht, Aktuelle Fragen S. 201; *Henke*, Tatmehrheit, Tateinheit und fortgesetzte Handlung, DStZ 1959, 337; *Buschmann*, Die fortgesetzte Handlung bei Steuerdelikten, BlStA 1959, 353; *Stuber*, Der Fortsetzungszusammenhang im Steuerstrafrecht, NJW 1959, 1304 u. StWa 1959, 163; *Lohmeyer*, Die Bedeutung des Fortsetzungszusammenhangs im Steuerstrafrecht, StW 1961, 523; *Coring*, Strafbare Steuerumgehung und Fortsetzungszusammenhang, DStZ 1962, 186; *Lohmeyer*, Fortgesetzte Handlung und Dauervergehen im Steuerstrafrecht, ZfZ 1963, 358; *Meine*, Tateinheit bei gleichzeitig eingereichten Steuererklärungen?, BB 1978, 1309; *Giemulla*, Konkurrenzen im Steuerstrafrecht, Inf 1979, 292; *Arendt*, Fortsetzungszusammenhang zwischen positivem Tun und Unterlassen bei Steuerhinterziehung, ZfZ 1982, 299; *Bilsdorfer*, Fortsetzungszusammenhang bei Nichtabgabe und Abgabe von unrichtigen Steuererklärungen, DStR 1982, 132; *Stahlschmidt*, Steuerhinterziehung, Beitragsvorenthaltung und Betrug im

X. Konkurrenzfragen

Zusammenhang mit illegaler Beschäftigung, wistra 1984, 209; *Kohlmann*, Vorschnelle Annahme von Fortsetzungszusammenhang im Steuerstrafrecht?, FR 1985, 517; *Kniffka*, Aspekte der Tateinheit bei Steuerhinterziehung, wistra 1986, 89; *Klein*, Die negativen Rechtsfolgen des fortgesetzten Delikts im Strafrecht unter besonderer Berücksichtigung des Steuerstrafrechts, Diss. Köln 1986; *Montenbruck*, Steuerhinterziehung und gewerbsmäßiger Schmuggel, wistra 1987, 7; *Bongartz*, Der Fortsetzungszusamenhang im Steuerstrafrecht, 1990; *Stree*, Probleme der fortgesetzten Tat, Krause-Festschrift 1990, 3057; *Timpe*, Fortsetzungszusammenhang und Gesamtvorsatz, JA 1991, 13; *Ditges/Graß*, Rechtsprechungsänderung zur fortgesetzten Steuerhinterziehung – Konsequenzen für Straf- und Besteuerungsverfahren, DStR 1992, 1001; *Geppert*, Die „fortgesetzte Tat" im Spiegel jüngerer Rechtsprechung und neuerer Literatur, Jura 1993, 649; *Schmitz*, Die fortgesetzte Steuerhinterziehung in der Rechtsprechung des BGH; wistra 1993, 127; *Erb*, Die Reichweite des Strafklageverbrauchs bei Dauerdelikten und fortgesetzten Taten, GA 1994, 265; *Hamm*, Das Ende der fortgesetzten Handlung, NJW 1994, 1636; *Zschockelt*, Die praktische Handhabung nach dem Beschluß des Großen Senats für Strafsachen zur fortgesetzten Handlung, NStZ 1994, 361.

Die Abgabe jeder einzelnen unrichtigen Steuererklärung bildet grundsätzlich eine selbständige Tat. Treffen in derselben Steuererklärung mehrere unrichtige Teilerklärungen zusammen, zB falsche Angaben über die Höhe der Einkünfte aus Gewerbebetrieb und über die Sonderausgaben, wird von der hM eine Handlung angenommen, nicht etwa mehrere, in Tateinheit begangene Handlungen (krit. *Franzen* DStR 1964, 382); so für mehrere Leistungen in demselben USt-Voranmeldungszeitraum BGH v. 21. 8. 1980, NJW 2591. 305

Tateinheit liegt vor (Rdnr. 111 zu § 369 AO), wenn durch ein und dieselbe unrichtige Steuererklärung mehrere Steuerarten verkürzt werden, zB ESt und die hiervon abhängige KiSt, sofern diese als Steuerhinterziehung strafbar ist (Rdnr. 21 zu § 386 AO); USt, GewSt und ESt, wenn der Stpfl nur eine USt-Erklärung abgibt und erklärt, daß sein Gewinn 10 vH des (zu niedrig) erklärten Umsatzes betrage und das FA daraufhin USt, GewSt und ESt zu niedrig festsetzt (vgl. *Suhr* 1977, S. 192 sowie RG v. 9. 5. 1933, RStBl. 577; v. 15. 1. 1936, RStBl. 114; v. 3. 11. 1936, RStBl. 1090; BGH v. 28. 11. 1957, ZfZ 1958, 145); desgl. liegt Tateinheit vor, wenn durch eine Täuschungshandlung, die nicht in der Abgabe einer unrichtigen Steuererklärung besteht, mehrere Steuerarten zugleich verkürzt werden, zB bei einem wahrheitswidrig begründeten Stundungs- oder Erlaßantrag, der sich auf verschiedenartige Steuerrückstände bezieht (*Henke* DStZ 1959, 337). 306

Bei der Abgabe mehrerer unrichtiger Erklärungen zu verschiedenen Steuerarten, zB USt und ESt, besteht grundsätzlich Tatmehrheit (OLG Neustadt v. 29. 5. 1957, DB 1957, 706; HHSp-*Engelhardt* 182, *Senge* 99 zu § 370 AO). Dasselbe gilt, wenn GewSt- und ESt-Hinterziehung oder USt- und ESt-Hinterziehung durch Nichtabgabe von Steuererklärungen begangen werden (OLG Hamm v. 6. 12. 1962, BB 1963, 459; BayObLG v. 24. 1. 1963, DStZ/B 112; BayObLG StB 1992, 462; *Senge* 99 zu § 370 AO). Tateinheit kann jedoch dann vorliegen, wenn mehrere Erklärungen, zB zur GewSt und ESt, durch dieselbe körperliche Handlung abgegeben werden (BGH v. 28. 2. 1978, BB 1302; v. 21. 3. 1985, wistra 189; v. 26. 5. 1993, wistra 222; v. 12. 9. 1995, wistra 22; v. 20. 9. 1995, wistra 1996, 62; aM *Meine* BB 1978, 1309). Die Abgabe zum selben Zeitpunkt genügt jedoch ebensowenig wie der Umstand, daß mehrere, durch verschiedene Handlungen eingereichte 307

Steuererklärungen teilweise übereinstimmende unrichtige Angaben enthalten. Wenn der BGH (ähnlich *Senge* 100 zu § 370 AO) für das Vorliegen von Tateinheit nicht die Abgabe einer Erklärung durch eine einheitliche Handlung genügen läßt, sondern darüber hinaus verlangt, daß die Unrichtigkeit der Angaben jedenfalls teilidentisch ist, entspricht dies nicht den sonst üblichen (ebenso HHSp-*Engelhardt* 185 zu § 370 AO). Eine einzige **Ausführungs**handlung begründet **immer** Tateinheit (vgl. *Dreher/Tröndle* 3 vor § 52 StGB).

308 Eine wiederholte (fortgesetzte) Tatbegehung begründet keine Tateinheit. Soweit die Rechtsprechung bislang einen Fortsetzungszusammenhang auch im Rahmen der Steuerhinterziehung für möglich hielt (vgl. Rdnr. 103 zu § 369 AO; Voraufl. Rdnr. 270 ff. zu § 370 AO), wurde dies ausdrücklich für bestimmte Delikte durch den Beschluß des Großen Senates vom 3. Mai 1994 (wistra 185) und ihm folgend vom 5. Senat (v. 20. 6. 1994, wistra 266) ausdrücklich aufgegeben. Dies ist insofern zu begrüßen, als die unerträglichen Konsequenzen für die Verjährung der Steuerhinterziehung damit abgestellt wurden, führt aber zu einer Reihe schwierigster Probleme (vgl. 112 ff. zu § 369 AO) und zwingt den Richter in Einzelfällen zu einer überaus mühseligen Darstellung insbesondere der Strafzumessung. Namentlich bei der Umsatzsteuerhinterziehung wird man jedoch entgegen der Auffassung des 5. Senats an der Figur der fortgesetzten Tat festhalten können; der Große Senat läßt die Einordnung eines Verhaltens als fortgesetzte Handlung dann noch zu, *„wenn dies zur sachgerechten, d. h. dem Sinn des Gesetzes entsprechenden Erfassung des durch die mehreren Verwirklichungen des Tatbestandes begangenen Unrechts und der Schuld unumgänglich ist"*. Maßgeblich sein soll der spezielle Deliktscharakter (BGH v. 3. 5. 1994, wistra 191). Unrecht und Schuld der Umsatzsteuerhinterziehung können aber nur in ihrer Gesamtheit als Summe aus unrichtigen Voranmeldungen und Jahreserklärung erfaßt werden, so daß hier eine forgesetzte Tat denkbar bleibt. Für die Lohnsteuerhinterziehung gilt dies nicht, weil hier jede Lohnsteueranmeldung eine isolierte ist und nicht etwa Teil auf dem Weg zu einer Jahreserklärung.

309 Da zwischen Umsatzsteuervoranmeldung und Jahreserklärung Fortsetzungszusammenhang möglich ist (Rdnr. 305), gilt nämliches auch zwischen dem Unterlassen der Abgabe der Voranmeldungen und der Umsatzsteuer-Jahreserklärung (vgl. BGH v. 11. 5. 1982, wistra 145). Gibt der Stpfl dagegen im Anschluß an fortlaufend unrichtige Voranmeldungen eine Jahreserklärung ab, die neue Unrichtigkeiten enthält, wird ein Fortsetzungszusammenhang nur angenommen werden können, wenn dies bereits zu Beginn der Einreichung unrichtiger Voranmeldungen so geplant war (Gesamtvorsatz). Anders nimmt der BGH 13 selbständige Taten an; auch sei die Abgabe einer unrichtigen Jahreserklärung keine mitbestrafte Nachtat (BGH v. 2. 11. 1995, wistra 1996, 106; vgl. auch BGH 38, 165, 171 v. 10. 12. 1991), so daß ggf. die Steuerhinterziehung durch unrichtige Voranmeldungen gem. § 154 StPO eingestellt werden muß, soll der Prozeßstoff beschränkt werden.

310 **Mehrere selbständige Steuerhinterziehungen** werden auch begangen, wenn zB ein Schmuggler eine selbst eingeschwärzte Ware veräußert und die erzielten Einnahmen nicht versteuert. Auch ist es nicht ausgeschlossen, daß

X. Konkurrenzfragen   311–316   § 370

derselbe Stpfl hinsichtlich desselben Steuerbetrages nacheinander mehrmals
Steuerhinterziehung begeht, zB zunächst durch Abgabe einer unrichtigen
Steuererklärung und später – nach Entdeckung dieser Tat – durch Vereiteln
der Vollstreckung der festgesetzten Nachzahlung (HHSp-*Engelhardt* 194 zu
§ 370 AO).

2. Verhältnis des § 370 AO zu anderen Steuerstraf- und -bußgeldtatbeständen

Steuerhinterziehung und Bannbruch (§ 372 AO) treffen regelmäßig in 311
Tateinheit zusammen, wenn bei der Einfuhr einer Sache zugleich gegen ein
Ein- oder Durchfuhrverbot verstoßen und eine Eingangsabgabe verkürzt
wird (vgl. § 370 V AO sowie Rdnr. 42 zu § 372 AO und HHSp-*Engelhardt*
254 zu § 370 AO).

Steuerhinterziehung und Steuerhehlerei (§ 374 AO) haben keine gemein- 312
samen Merkmale; sie werden daher stets in *Tatmehrheit* begangen. Begeht
derselbe Täter erst Steuerhinterziehung, dann Steuerhehlerei, zB durch das
Absetzen einer selbst geschmuggelten Ware, ist die Steuerhehlerei im Verhältnis zur Steuerhinterziehung *mitbestrafte Nachtat* (s. Rdnr. 118 zu § 369 AO u.
Rdnr. 38 zu § 374 AO). Folgt dagegen umgekehrt auf die Steuerhehlerei eine
Steuerhinterziehung, kann weder Fortsetzungszusammenhang angenommen
noch die Steuerhinterziehung als mitbestrafte Nachtat der Steuerhehlerei gewürdigt werden, da hierbei verschiedene Steuerarten beeinträchtigt werden
(Rdnr. 39 zu § 374 AO). Über die Möglichkeit der Wahlfeststellung zwischen
Steuerhinterziehung und -hehlerei s. Rdnr. 47 zu § 374 AO.

Steuerhinterziehung und Steuerzeichenfälschung werden bei dem Ver- 313
wenden gefälschter (§ 148 I StGB) oder Wiederverwenden echter Steuerzeichen (§ 148 II StGB) in Tateinheit begangen (Rdnr. 171 zu § 369 AO).

Erfüllt eine Handlung zugleich die Tatbestände des § 370 AO und einer 314
(Steuer-) Ordnungswidrigkeit, wird gem. § 21 OWiG nur das Strafgesetz
angewendet (Rdnr. 30 zu § 377 AO). Dies gilt namentlich dann, wenn der
Stpfl durch die Abgabe einer unrichtigen Steuererklärung teils vorsätzlich,
teils leichtfertig (vgl. § 378 AO) Steuern verkürzt (BGH v. 17. 3. 1953, NJW
1561), aber auch dann, wenn jemand durch unerlaubte Hilfeleistung in Steuersachen (vgl. § 160 StBerG) zum Vorteil seines Auftraggebers Steuern hinterzieht.

Ist eine Steuerordnungswidrigkeit bereits abgeschlossen, bevor die Aus- 315
führung der Steuerhinterziehung beginnt, so gilt der allgemeine Grundsatz,
daß *"die geringere Gefährdung eines und desselben Rechtsgutes nur berücksichtigt
wird, wenn die Handlung nicht zu einer stärkeren Gefährdung des Rechtsgutes oder
zu seiner Verletzung führt"* (BGH 6, 308, 311 v. 12. 8. 1954); zur mitbestraften
Vortat s. Rdnr. 120 zu § 369 AO. Nach diesem allgemeinen Grundsatz ist
nur § 370 AO anzuwenden (vgl. HHSp-*Engelhardt* 253 zu § 370 AO).

Zwischen unbefugter Hilfeleistung in Steuersachen (§ 160 StBerG) und 316
Steuerhinterziehung, begangen durch Verheimlichen der durch die Hilfeleistung erzielten Einnahmen, besteht Tatmehrheit, so daß die Hilfeleistung

nach § 160 StBerG als Ordnungswidrigkeit und die Hinterziehung nach § 370 AO als Straftat jeweils für sich zu beurteilen sind. Das gleiche gilt für das Verheimlichen eigener Einnahmen aus Schwarzarbeit nach § 1 SchwarzarbG. Wegen des persönlichen Zusammenhangs kann die StA gem. § 42 OWiG auch die Verfolgung der jeweiligen Ordnungswidrigkeit übernehmen, wenn sie die Straftat nach § 370 AO verfolgt. Ist jedoch die unbefugte Hilfeleistung zugleich Beihilfe zur Steuerhinterziehung, liegt Tateinheit vor.

3. Verhältnis des § 370 AO zu § 263 StGB

Allgemein zum Verhältnis von §§ 263, 264 StGB und § 370 AO s. Rdnr. 85 ff.

317 **Gesetzeskonkurrenz besteht,** wenn sich der Erfolg einer Handlung, welche zugleich die Merkmale des § 370 AO und des § 263 StGB erfüllt, in der Verkürzung von Steuereinnahmen erschöpft. In diesem Fall geht das Sondergesetz des § 370 AO dem § 263 StGB mit der Folge vor, daß allein § 370 AO anzuwenden ist (einhM seit RG 63, 139, 142 v. 25. 4. 1929; vgl. BGH v. 22. 1. 1953, ZfZ 381; v. 22. 5. 1957, zit. bei *Herlan* GA 1958, 49; ausf. *Hartung* XII 2a zu § 396 RAO 1931; HHSp-*Engelhardt* 255 zu § 370 AO).

318 **Tateinheit oder Tatmehrheit kann** – je nach den Umständen – zwischen Steuerhinterziehung und Betrug vorliegen, wenn der Täter mit einer unrichtigen Steuererklärung, dem ihm erteilten unrichtigen Steuerbescheid oder einer von ihm hervorgerufenen unrichtigen Bescheinigung des FA unter den Voraussetzungen des § 263 StGB einen sonstigen Vermögensvorteil zum Nachteil der öffentlichen Hand erschleicht, zB in bezug auf Kindergeld, Sozialhilfe nach dem BSHG, Prozeßkostenhilfe nach §§ 114 ff. ZPO usw. Desgl. können private Gläubiger mit Hilfe unrichtiger Steuerbescheide betrogen werden, zB Miterben oder Mitgesellschafter, unterhaltsberechtigte (ehemalige) Ehegatten, ferner Angestellte, Vermieter oder Verpächter bei umsatz- oder gewinnabhängigen Tantiemen, Mieten oder Pachten, oder auch Gläubiger einkommensabhängiger Schadensersatzansprüche oder Kreditgeber. Liegt Tateinheit vor, ist § 263 StGB gegenüber § 370 AO wegen der höheren Mindeststrafe in § 263 III StGB das strengere Gesetz, aus dem nach § 52 StGB die Strafe zu entnehmen ist.

4. Verhältnis des § 370 AO zu sonstigen Straftatbeständen

Schrifttum: *Glöggler*, Die Bestrafung der Kfz-Steuervergehen bei Zusammentreffen mit anderen Strafbestimmungen, SJZ 1950, 689; *Dünnebier*, Welchem Gesetz ist die Strafe bei Tateinheit von Diebstahl mit Steuerhinterziehung zu entnehmen? ZfZ 1952, 70; *Lenkewitz*, Tateinheit oder Tatzusammentreffen von Zollhinterziehung und Warenverbringungsvergehen, ZfZ 1953, 166; *Schnitzler*, Kraftstoffausweise als öffentliche Urkunden, MDR 1960, 813.

319 **Beispiele für Tateinheit:**
- *Widerstand* (§ 113 StGB) durch gewaltsames Durchbrechen von Straßensperren mit Schmuggelfahrzeugen, bei dem das Leben von Zollbeamten gefährdet wird (OLG Köln v. 12. 5. 1953, ZfZ 249), oder durch Gewaltanwendung gegen einen Vollziehungsbeamten (OLG Hamm v. 24. 5. 1960, ZfZ 279);

X. Konkurrenzfragen § 370

- *Pfandsiegelbruch* (§ 136 II StGB) oder *Verstrickungsbruch* (§ 136 StGB), wenn durch das Beiseiteschaffen der gepfändeten Sachen zugleich Steuern hinterzogen werden (BGH v. 1. 3. 1956, BStBl. I 441);
- *Falsche Versicherung an Eides Statt* (§ 156 StGB) durch Verschweigen eines Vermögenswertes bei Leistung der Versicherung nach § 284 AO vor dem FA (RG v. 29. 8. 1938, JW 2899);
- *Verleumdung* (§ 187 StGB) der Beamten eines bestimmten Postamts durch die Behauptung, sie hätten einen Brief mit LSt-Anmeldungen, den der Stpfl in Wirklichkeit gar nicht abgesandt hatte, unterschlagen (RG v. 30. 8. 1938, RStBl. 865 f.);
- *Diebstahl* (§ 242 StGB) von zoll- und verbrauchsteuerpflichtigen Waren (OLG Frankfurt v. 16. 1. 1952, JZ 314; BGH 13, 399 v. 25. 11. 1959);
- *Unterschlagung* (§ 246 StGB) und Untreue (§ 266 StGB) eines StBer, der auftragswidrig für seinen Mandanten keine USt-Voranmeldungen abgibt und sich die ihm zur Einzahlung bei der Finanzkasse übergebenen Geldbeträge zueignet (OLG Hamm v. 20. 9. 1960, BB 1234; vgl. auch BGH v. 22. 1. 1953, ZfZ 381);
- *Untreue* (§ 266 StGB) eines Finanzbeamten durch pflichtwidrige Bearbeitung der eigenen Steuersache (BGH v. 26. 11. 1954, NJW 1955, 192; vgl. HHSp-*Engelhardt* 261 zu § 370 AO);
- *Betrug* (§ 263 StGB) und *Urkundenfälschung* (§ 267 StGB) durch einen kinderlos verheirateten Gastarbeiter, der mit gefälschten Papieren Kindergeld und Kinderfreibeträge erschleicht (SchG Hagen – 11 Ms 9/64 – v. 12. 5. 1964, zit. bei *Suhr* 1977, S. 197);
- *Urkundenfälschung* (§ 267 StGB) durch Gebrauch falscher Urkunden gegenüber dem FA zum Zwecke der Steuerhinterziehung (RG v. 3. 1. 1935, RStBl. 131; HHSp-*Engelhardt* 256 zu § 370 AO) oder durch Vorlage einer zu demselben Zweck verfälschten LStKarte an den ArbG (RG 60, 161 v. 22. 3. 1926; RG v. 14. 8. 1941, RStBl. 1942, 267) oder zum Zwecke der Verschleierung von Hinterziehungshandlungen dadurch, daß ein Schwarzhändler mit Treibstoffen zur Tarnung Quittungen verfälscht und sie seinen Kunden als Ausgabenbelege überläßt (OLG Neustadt v. 20. 3. 1963, NJW 2180 m. abl. Anm. *Henke* sowie abl. Anm. *Kulla* NJW 1964, 168). Das bloße Herstellen falscher Urkunden ist unter dem Blickwinkel des § 370 AO nur straflose Vorbereitungshandlung (*Hartung* XII 2b, dd zu § 396 RAO 1931); kommt es dann zur versuchten oder vollendeten Steuerhinterziehung, ohne daß von den gefälschten Urkunden Gebrauch gemacht würde, stehen Urkundenfälschung und Steuerhinterziehung zueinander im Verhältnis der Tatmehrheit (vgl. BGH 31, 225; HHSp-*Engelhardt* 257 zu § 370 AO).
- *Mittelbare Falschbeurkundung* (§§ 271, 272 StGB) dadurch, daß Zollbeamte bei der Ausreise mit Landkraftfahrzeugen zum Ausstellen unrichtiger Kraftstoffausweise (§ 69 I Nr. 33 ZG 1939) veranlaßt werden, mit deren Hilfe der Täter bei der Wiedereinreise Abgaben hinterziehen will (OLG Köln v. 2. 6. 1959, ZfZ 1960, 277; v. 18. 10. 1963, JMBl. NW 1964, 106; krit. *Schnitzler* MDR 1960, 813). Keine öffentliche Urkunde ist der Überweisungszettel, durch den die bezeichnete Ware als zollamtlich abgefertigt erklärt wird (OLG Bremen v. 25. 8. 1965, ZfZ 1966, 83);
- *Aktive Bestechung* (§ 333 StGB aF) durch Zahlen von Schmiergeld an den Buchhalter einer Finanzkasse, der Steuerrückstände durch Falschbuchungen scheinbar verringert (BGH v. 1. 12. 1953, DStR 1954, 470);
- *Schwere passive Bestechung* (§ 332 StGB aF) und Urkundenunterdrückung im Amt (§ 348 StGB aF = § 133 III StGB nF) durch Zollbeamten (BGH 3, 40 ff. v. 24. 6. 1952);
- *Vergehen nach § 6 PflVersG* durch widerrechtliches Benutzen eines nicht versteuerten und nicht versicherten Kfz (OLG Frankfurt v. 16. 1. 1963, NJW 1072 m. zust.

§ 370 320 Steuerhinterziehung

Anm. *Leise*); illegaler Grenzübertritt nach § 11 I Nr. 1 PaßG durch Ein- und Ausreise eines Schmugglers, der sich nicht ausweist (BayObLG v. 16. 12. 1953, ZfZ 1954, 285).

320 **Beispiele für Tatmehrheit:**
- *Sachhehlerei* (§ 259 StGB) bei Nichtversteuerung der Einnahmen aus der Veräußerung gehehlter Waren (OLG Hamburg v. 20. 12. 1961, NJW 1962, 754; HHSp-*Engelhardt* 260, *Senge* 103 zu § 370 AO);
- **Regelmäßig auch** *Bestechung* (Ausnahmen s. Rdnr. 317), da die Entgegennahme des Vorteils und die durch Bestechung erwirkte Amtshandlung nicht identisch sind (BGH 7, 149, 151 v. 11. 1. 1955);
- **Unterlassen der** *Abführung von Sozialversicherungsbeiträgen/Beitragsvorenthaltung* und gleichzeitiges Unterlassen der LSt-Anmeldung, da mehrere, wenn auch gleichartige Handlungspflichten gegenüber verschiedenen Verwaltungsbehörden verletzt werden (BGH 35, 14 v. 24. 7. 1987; BayObLG v. 26. 11. 1985, wistra 1986, 119; HHSp-*Engelhardt* 251 zu § 370 AO; aM OLG Düsseldorf v. 2. 12. 1986, wistra 1987, 191; vgl. auch *Stahlschmidt* wistra 1984, 210; BGH 18, 376, 379 v. 30. 5. 1963 zu § 170b StGB in Abkehr von RG v. 28. 6. 1934, HRR 1935 Nr. 96; RG v. 4. 11. 1935, JW 1936, 515; aM auch OLG Zweibrücken v. 25. 4. 1974, NJW 1975, 128; zust. zit. bei *Suhr* 1977, S. 200).

§ 371 Selbstanzeige bei Steuerhinterziehung

(1) Wer in den Fällen des § 370 unrichtige oder unvollständige Angaben bei der Finanzbehörde berichtigt oder ergänzt oder unterlassene Angaben nachholt, wird insoweit straffrei.

(2) Straffreiheit tritt nicht ein, wenn
1. vor der Berichtigung, Ergänzung oder Nachholung
   a) ein Amtsträger der Finanzbehörde zur steuerlichen Prüfung oder zur Ermittlung einer Steuerstraftat oder einer Steuerordnungswidrigkeit erschienen ist oder
   b) dem Täter oder seinem Vertreter die Einleitung des Straf- oder Bußgeldverfahrens wegen der Tat bekanntgegeben worden ist oder
2. die Tat im Zeitpunkt der Berichtigung, Ergänzung oder Nachholung ganz oder zum Teil bereits entdeckt war und der Täter dies wußte oder bei verständiger Würdigung der Sachlage damit rechnen mußte.

(3) Sind Steuerverkürzungen bereits eingetreten oder Steuervorteile erlangt, so tritt für einen an der Tat Beteiligten Straffreiheit nur ein, soweit er die zu seinen Gunsten hinterzogenen Steuern innerhalb der ihm bestimmten angemessenen Frist entrichtet.

(4) ¹Wird die in § 153 vorgesehene Anzeige rechtzeitig und ordnungsmäßig erstattet, so wird ein Dritter, der die in § 153 bezeichneten Erklärungen abzugeben unterlassen oder unrichtig oder unvollständig abgegeben hat, strafrechtlich nicht verfolgt, es sei denn, daß ihm oder seinem Vertreter vorher die Einleitung eines Straf- oder Bußgeldverfahrens wegen der Tat bekanntgegeben worden ist. ²Hat der Dritte zum eigenen Vorteil gehandelt, so gilt Absatz 3 entsprechend.

Vgl. § 29 ÖsterrFinStrG; wegen Rücktritts vom Versuch, Berichtigung falscher Aussagen usw. s. Rdnr. 18 ff.

Schrifttum:
Zu § 410 RAO 1951: Firnhaber, Die strafbefreiende Selbstanzeige im Steuerrecht, 1962; *List*, Die Selbstanzeige im Steuerstrafrecht, 2. Aufl, 1963; *Kopacek*, Steuerstraf- und Bußgeldfreiheit, 2. Aufl. 1970; *Mattern*, Die Selbstanzeige (§ 410 AO), DStZ 1950, 134; *ders.*, Steuerliche Selbstanzeige und Steuermoral, NJW 1951, 937; *Bremer*, Steuermoral und tätige Reue, StP 1951, 381; *ders.*, Der gegenwärtige Stand der tätigen Reue nach § 410 AO n. F., DB 1951, 730; *Susat*, Die Stellung des § 410 Reichsabgabenordnung im Rechtssystem, DStR 1951, 397; *ders.*, Neue Probleme der steuerstrafrechtlichen Selbstanzeige, DStR 1952, 32; *Berger*, Die strafbefreiende Selbstanzeige ab 1. Januar 1952, BB 1951, 931; *Herrmann*, Die steuerliche Selbstanzeige ab 1. Januar 1952, FR 1952, 2; *Mattern*, Grundsätzliches zur steuerlichen Selbstanzeige, DStR 1952, 76; *Barske*, Zur Selbstanzeige, DStR 1952, 201; *Ahrens*, Die Selbstanzeige im Steuerstrafverfahren, SchlHA 1953, 180; *Quenzer*, Zur Auslegung des § 410 AO (n. F.), StW 1953, 666; *Mattern*, Zur strafbefreienden Selbstanzeige, DStZ 1953, 113; *ders.*, Grundsätzliches zur strafbefreienden Selbstanzeige, DStR 1954, 456; *ders.*, Steuerrecht und Steuermoral, StW 1958, 257; *Leise*, Die strafbefreiende Selbstanzeige bei Steuervergehen, WT 1961, 230; *Hofstetter*, Die Selbstanzeige im Steuerstrafrecht, StWa 1965, 156.

Zu § 395 RAO 1968: Pfaff, Die Selbstanzeige im Steuerrecht, DStR 1970, 554; *Lohmeyer*, Einzelheiten zur strafbefreienden Selbstanzeige i. S. des § 395 AO, ZfZ 1972, 173; *Seltmann*, Selbstanzeigepflicht im Rahmen der steuerlichen Betriebsprüfung? StB 1972, 234; *Ehlers*, Praktische Hinweise zur Selbstanzeige, DStR 1974, 695; *Kratzsch*, Der strafrechtliche Aspekt der Selbstanzei-

§ 371 Selbstanzeige bei Steuerhinterziehung

ge (§ 395 AO), StW 1974, 68 mit Erwiderung von *Suhr* StBp 1975, 80 und Schlußwort von *Kratzsch* StBp 1975, 261.

Zu § 371 AO 1977: *Pfaff,* Kommentar zur steuerlichen Selbstanzeige, 1977; *Holper,* Die steuerrechtliche Selbstanzeige – ein Sonderfall des Rücktritts vom vollendeten Delikt, Diss Würzburg 1981; *Hoffschmidt,* Über die Rechtfertigung der strafbefreienden Selbstanzeige im Steuerstrafrecht (§ 371 AO), Diss. Bielefeld 1988; *Westpfahl,* Die strafbefreiende Selbstanzeige im Steuerrecht, München 1987; *Abramowski,* Die strafbefreiende Selbstanzeige – eine verfassungswidrige Privilegierung?, 1991; *Wassmann,* Die Selbstanzeige im Steuerrecht, 1991; *Frees,* Die steuerrechtliche Selbstanzeige, Frankfurt 1991; *Löffler,* Grund und Grenzen der steuerstrafrechtlichen Selbstanzeige, 1992; *Breyer,* Der Inhalt der strafbefreienden Selbstanzeige, Diss. Greifswald 1996. *Brenner,* Schwerpunkte der Selbstanzeige nach § 371 AO, ZfZ, 1979, 140 mit Erwiderung von *Wendt/Heyn,* ZfZ 1979, 231; *Maiwald,* Zur Selbstanzeige bei Hinterziehung von Einfuhrumsatzsteuer gegenüber dem Finanzamt, UStR 1979, 41; *Eggesiecker/Latz,* Die strafbefreiende Selbstanzeige, Stbg 1980, 214; *Lohmeyer,* Einzelheiten zur straf- bzw. bußgeldbefreienden Selbstanzeige aus der Sicht des Steuerberaters, StB 1982, 297; *Pfaff,* Straf- und Bußgeldfreiheit bei Steuerzuwiderhandlungen, DStZ 1982, 361; *Kratzsch,* Die Schwierigkeiten im Umgang mit der Selbstanzeige, Grundfragen 1983, 283; *Theil,* Probleme beim Umgang mit der Selbstanzeige in der Praxis, BB 1983, 1274; *Lenckner/Schumann/Winkelbauer* (Lenckner u. a.), Grund und Grenzen der strafrechtlichen Selbstanzeige im Steuerrecht und das Wiederaufleben der Berichtigungsmöglichkeit im Fall der Außenprüfung, wistra 1983, 123, 172; *Bilsdorfer,* Aktuelle Probleme der Selbstanzeige, wistra 1984, 93, 131; *Garbers,* Selbstanzeige durch Einreichung der Umsatzsteuerjahreserklärung?, wistra 1984, 49; *Zöbeley,* Zur Verfassungsmäßigkeit der strafbefreienden Selbstanzeige bei Steuerhinterziehung, DStZ 1984, 198; *Mösbauer,* Straffreiheit trotz Steuerhinterziehung, DStZ 1985, 325; *Brauns,* Die Auslegung des § 371 AO im Spannungsfeld strafrechtlicher und steuerpolitischer Zielsetzung – Grundsätze für den Ausgleich eines Zielkonflikts, wistra 1985, 171; *Ziervogel/Lauppe-Assmann,* Die Umsatzsteuerjahreserklärung als Selbstanzeige, wistra 1985, 142; *Wrenger,* Probleme der Selbstanzeige nach §§ 371, 378 III AO, DB 1987, 2325; *Zacharias/Rinnewitz/Spahn,* Zu den Anforderungen an eine strafbefreiende Selbstanzeige iSd § 371 AO unter besonderer Berücksichtigung des Grundsatzes der Vollständigkeit der selbstangezeigten hinterzogenen Beträge, DStZ 1988, 391; *Stahl,* Aktuelle Erkenntnisse zur Selbstanzeige; KÖSDI 1988, 7431; *Joecks,* Die neue Verwaltungsregelung zum Steuer-Amnestiegesetz, 1989; *Teske,* Die neuere Rechtsprechung zur Selbstanzeige, wistra 1990, 139; *Abramowski,* Gibt es eine strafbefreiende Selbstanzeige auch im Steuerstrafrecht der USA?, DStZ 1991, 744; *Neufang,* Aktuelle Probleme bei der Erstattung der Selbstanzeige, Inf. 1991, 21; *Abramowski,* Die strafbefreiende Selbstanzeige (§ 371 AO) im internationalen Vergleich, DStZ 1992, 300; *ders.,* Verfassungswidrigkeit des steuerlichen Selbstanzeigeprivilegs? DStZ 1992, 460; *Brauns,* Materiell-strafrechtliche Wertaspekte der Selbstanzeige (§ 371 AO); *Lüttger,* Die Selbstanzeige im Steuerstrafrecht, StB 1993, 372; *Schuhmann,* Zur Selbstanzeige bei der Umsatzsteuer, wistra 1994, 253; *ders.,* Berichtigung von Erklärungen und Selbstanzeige, wistra 1994, 45; *Bilsdorfer,* Möglichkeiten der Straffreiheit durch Selbstanzeige von Bankkunden und Bankmitarbeitern, Inf 1995, 6; *Breyer,* Der Inhalt der strafbefreienden Selbstanzeige, Diss. Greifswald 1996; *Streck,* Die Selbstanzeige – Beratungssituation, DStR 1996, 288.

Weiteres Schrifttum s. vor Rdnr. 37, 46, 65, 79, 94, 96, 129, 163, 183, 202, 220, 240.

Übersicht

I. Allgemeines
1. Entstehungsgeschichte..... 1–11
2. Begriff und Systematik des § 371 AO............... 12–17
3. Grund und Verfassungsmäßigkeit der Regelung...... 18–31
4. Rechtsnatur............. 32–36
5. Sachlicher Anwendungsbereich.................. 37–45

II. Berichtigung nach § 371 I AO
1. Berichtigungserklärung.... 46–64
2. Form der Selbstanzeige.... 65–78
3. Anzeigeerstatter......... 79–87

4. Adressat der Selbstanzeige.. 88–93
5. Widerruf der Selbstanzeige 94, 95

III. Fristgerechte Nachzahlung
1. Zweck und Reichweite des § 371 III AO 96–106
2. Nachzahlungsfrist 107–119
3. Nachzahlung 120–128

IV. Negative Wirksamkeitsvoraussetzungen (§ 371 II AO)
1. Grundgedanke der Regelung.................. 129–133
2. Erscheinen eines Amtsträgers (§ 371 II Nr. 1a AO)... 134–162

I. Allgemeines

3. Einleitung eines Straf- oder Bußgeldverfahrens (§ 371 II Nr. 1b AO) 163–182
4. Entdeckung der Tat (§ 371 II Nr. 2 AO) 183–201
5. Wiederaufleben der Berichtigungsmöglichkeit 202–210
V. **Wirkungen der Selbstanzeige**
 1. Strafen und Nebenfolgen ... 211–217
 2. Außerstrafrechtliche Folgen 218, 219
VI. **Anzeige nach § 371 IV AO** .. 220–231

VII. **Konkurrenzfragen**
 1. Verhältnis des § 371 AO zu § 24 StGB 232–236
 2. Verhältnis des § 371 AO zu § 153 AO 237–239
 3. Verhältnis zu § 46a StGB .. 240
 4. Verhältnis zu § 264 IV StGB 241
 5. Verhältnis des § 371 AO zu § 4 II EStG und Art. 65 ZK 242
VIII. **Verfahrens- und Kostenfragen** 243–249

I. Allgemeines

1. Entstehungsgeschichte

Vorläufer des heutigen § 371 AO waren bereits in den einzelnen Steuergesetzen der deutschen Länder vor der Jahrhundertwende vorhanden. So bestimmte etwa Art. 30 des Bad.KapitalrentenStG v. 29. 6. 1874 (GVBl. 361): *„Wird die unterbliebene oder zu niedrig abgegebene Erklärung späterhin nachgetragen oder berichtigt, bevor das Vergehen . . . angezeigt worden ist, so fällt jede Strafe weg".* Vgl. auch § 63 II SächsEStG v. 22. 12. 1874 (GVBl. 1874, 471): *„Die Strafe tritt nicht ein, falls der Schuldige, bevor die Sache zur Untersuchung an das Gericht abgegeben ist, seine Angaben an der zuständigen Stelle berichtigt oder vervollständigt";* Art. 66 II BayEStG v. 19. 5. 1881 (GVBl. 1881, 441): *„Werden . . . die unrichtigen oder unvollständigen Angaben . . . noch vor der Einleitung eines Strafverfahrens bei dem einschlägigen Rentamte berichtigt oder ergänzt, so tritt anstatt der Hinterziehungsstrafe eine Ordnungsstrafe bis zu 100 Mark ein";* § 66 III PreußEStG v. 24. 6. 1891 (GS 175): *„Derjenige Steuerpflichtige, welcher, bevor eine Anzeige erfolgt oder eine Untersuchung eingeleitet ist, seine Angaben an zuständiger Stelle berichtigt oder ergänzt bzw. das verschwiegene Einkommen angibt und die vorenthaltene Steuer in der ihm gesetzten Frist entrichtet, bleibt straffrei";* Art. 73 WürttEStG v. 8. 8. 1903 (RegBl. 261): *„Die Verfehlung . . . ist straffrei zu lassen, wenn von dem Steuerpflichtigen oder seinem verantwortlichen Vertreter oder Bevollmächtigten, bevor eine Anzeige der Verfehlung bei der Behörde gemacht wurde oder ein strafrechtliches Einschreiten erfolgte, die unrichtige oder unvollständige Angabe bei einer mit der Anwendung dieses Gesetzes befaßten Behörde berichtigt oder ergänzt oder das verschwiegene Einkommen angegeben und hierdurch die Nachforderung der sämtlichen nichtverjährten . . . Steuerbeträge ermöglicht wird";* Art 67 IV OldenbEStG v. 12. 5. 1906 (GBl. 1906, 833): *„Derjenige Steuerpflichtige, welcher, bevor eine Anzeige erfolgt oder eine Untersuchung eingeleitet ist, seine Angabe an zuständiger Stelle berichtigt oder ergänzt bzw. die verschwiegenen Erträge angibt und die vorenthaltene Steuer in der ihm gesetzten Frist berichtigt, bleibt straffrei";* vgl. auch *Breyer* 1996, 103 ff.). 1

Die landesrechtlichen Vorschriften waren Vorbild für entsprechende Regelungen in den Steuergesetzen des Reiches, vgl. § 50 II ErbStG v. 3. 6. 1906 (RGBl. 1906, 654): *„Eine Bestrafung findet nicht statt, wenn der Verpflichtete vor erfolgter Strafanzeige oder bevor eine Untersuchung gegen ihn eingeleitet ist, aus* 2

§ 371 3–5

freien Stücken seine Angaben berichtigt"; ähnlich § 50 III ZuwachsStG v. 24. 2. 1911 (RGBl. 33), § 59 WehrbeitragsG und § 79 BesitzStG v. 3. 7. 1913 (RGBl. 505, 524), § 35 KriegsStG v. 21. 6. 1916 (RGBl. 561), § 29 KriegsabgabenG v. 10. 9. 1919 (RGBl. 1579); sachlich abw § 25 S. 1 SteuerfluchtG v. 26. 7. 1918 (RGBl. 951): *" Werden die hinterzogenen Steuerbeträge nebst Zinsen . . . gezahlt . . ., bevor eine zwangsweise Beitreibung stattgefunden hat, so tritt Straffreiheit für Täter und Teilnehmer ein; ist eine Verurteilung bereits erfolgt, so unterbleibt die weitere Vollstreckung".*

3 Mit § 374 RAO 1919 wurde erstmalig eine allgemeine Vorschrift über Straffreiheit in das Steuerstrafrecht eingeführt, die ohne sachliche Änderungen als § 410 RAO 1931 mit folgender Fassung neu bekanntgemacht wurde:

„(1) Wer in den Fällen der §§ 396, 402, 407–409, bevor er angezeigt oder eine Untersuchung gegen ihn eingeleitet ist (§ 441 II), unrichtige oder unvollständige Angaben bei der Steuerbehörde, ohne dazu durch eine unmittelbare Gefahr der Entdeckung veranlaßt zu sein, berichtigt oder ergänzt oder unterlassene Angaben nachholt, bleibt insoweit straffrei. Sind in den Fällen der §§ 396, 407 Steuerverkürzungen bereits eingetreten oder Steuervorteile gewährt oder belassen, so tritt die Straffreiheit nur ein, wenn der Täter die Summe, die er schuldet, nach ihrer Festsetzung innerhalb der ihm bestimmten Frist entrichtet; das gleiche gilt im Falle des § 402.

(2) Wird die im § 117 vorgeschriebene Anzeige rechtzeitig und ordnungsgemäß erstattet, so werden diejenigen, welche die dort bezeichneten Erklärungen abzugeben unterlassen oder unrichtig oder unvollständig abgegeben haben, deshalb nicht strafrechtlich verfolgt, es sei denn, daß vorher gegen sie Strafanzeige erstattet oder eine Untersuchung eingeleitet worden ist."

Aus den Motiven (Verhandlungen der Nationalversammlung Band 331, S. 4136ff. v. 17. 12. 1919) ergibt sich, daß Hintergrund der Regelung die Erschließung solcher Steuerquellen sein sollte, die sonst der Finanzbehörde verborgen blieben, zugleich sollte ein Appell zur Rückkehr zu Steuerehrlichkeit ergehen. Hintergrund war offenbar auch die Hilflosigkeit der Finanzbehörden bei der Aufdeckung von Steuerhinterziehung (vgl. *Breyer* 1996, 106f.).

4 § 410 RAO 1931 wurde gemäß Art. I Nr. 19 des Gesetzes v. 4. 7. 1939 (RGBl. I 1181) neu gefaßt. Anstelle der aufgehobenen §§ 407–409 RAO 1931 wurden die nach Art. I Nr. 15 in die RAO übernommenen Tatbestände des § 401a RAO (Bannbruch) und des § 401b RAO (Schmuggel unter erschwerenden Umständen) in den Kreis der selbstanzeigefähigen Straftaten einbezogen. Die strafbefreiende Wirkung der Selbstanzeige blieb jeweils ausgeschlossen, wenn der Täter bereits angezeigt oder die Untersuchung gegen ihn eingeleitet war oder wenn *„eine unmittelbare Gefahr der Entdeckung"* ihn zur Selbstanzeige veranlaßt hatte.

5 Nach der Neufassung des § 410 RAO durch Abschn. II § 4 des 2. Gesetzes zur vorläufigen Neuordnung von Steuern v. 20. 4. 1949 (WiGBl. 69) und Abschn. II § 4 des gleichlautenden Gesetzes von Rheinland-Pfalz v. 6. 9. 1949 (GVBl. 469) war die Straffreiheit nur noch versagt, wenn dem Täter bereits „die Einleitung der Untersuchung gegen ihn durch die Steuerbehörde eröffnet" worden war. In Baden, Württemberg-Hohenzollern und Berlin verblieb es bei der Fassung von 1939.

I. Allgemeines 6–11 § 371

Die bundeseinheitliche Neufassung des § 410 RAO erfolgte durch Art. I **6** Nr. 1 des Gesetzes v. 7. 12. 1951 (BGBl. I 941), in Berlin übernommen durch Gesetz v. 28. 2. 1952 (GVBl. 125); Begr. BT-Drucks. I/2395. Aus dem Kreis der selbstanzeigefähigen Straftaten wurde § 401 b RAO wieder ausgeschieden; ferner wurde nach § 410 I S. 2 nF die strafbefreiende Wirkung bereits versagt, wenn die Selbstanzeige nach dem Erscheinen eines Prüfers der FinB oder nach Bekanntgabe der Einleitung einer steuerstrafrechtlichen Untersuchung erstattet worden war, sowie aufgrund des neu eingefügten Abs. 2, wenn der Täter wußte oder damit rechnen mußte daß die Tat bereits entdeckt war. Abs. 3 nF entsprach § 410 I S. 2 aF. Als neuer Abs. 4 wurde eine Legaldefinition der „Einleitung der steuerstrafrechtlichen Untersuchung" eingefügt. Abs. 5 nF entsprach Abs. 2 aF.

Durch Art. 6 Nr. 2 StÄndG 1965 v. 14. 5. 1965 (BGBl. I 377) wurden im **7** § 410 III RAO die Worte „*die Summe, die er schuldet*" durch die Worte „*die verkürzten Steuern*" ersetzt, um klarzustellen, daß die strafbefreiende Wirkung der Selbstanzeige von der Zahlung der durch Art. 5 StÄndG 1965 eingeführten Hinterziehungszinsen nicht abhängen sollte (Schriftl. Ber. BT-Drucks. zu IV/3189 S. 12).

Durch Art. 1 Nr. 6 AO StrafÄndG v. 10. 8. 1967 (BGBl. I 877) wurde **8** § 410 IV RAO 1951 im Hinblick auf § 432 I RAO 1967 gestrichen und § 410 I 2 sowie IV (vorher Abs. V) dem Wortlaut des § 432 I RAO 1967 angepaßt (Schriftl. Ber. zu BT-Drucks. V/1941 S. 1 f.).

Durch Art. 1 Nr. 8 des 2. AO StrafÄndG v. 12. 8. 1968 (BGBl. I 953) **9** wurde § 410 RAO 1951 als § 395 RAO bezeichnet, mit einer Überschrift versehen und teilweise neugefaßt. In § 395 I RAO 1968 wurde der Bannbruch aus dem Anwendungsbereich der Selbstanzeige ausgeschieden. In § 395 II RAO 1968 wurden sämtliche Fälle verspäteter Selbstanzeige (vorher § 410 I S. 2, Abs. II RAO 1951) zusammengefaßt. In § 395 III RAO 1968 wurde hinter den Worten „*die verkürzten Steuern*" der Satz „*die er schuldet*" wieder eingefügt (Rdnr. 88), um klarzustellen, daß die strafbefreiende Wirkung der Selbstanzeige eines Täters, der fremde Steuern hinterzogen hat, nicht davon abhängt, daß der Täter die zum Vorteil eines anderen hinterzogenen Steuern nachzahlt (Begr. BT-Drucks. V/1812 S. 24).

In der AO 1977 entspricht § 371 I, II Nr. 1 wörtlich dem § 395 I, II Nr. 1 **10** RAO 1968. In § 371 II Nr. 2 AO wurde auf Antrag des Finanzausschusses des BTages klargestellt, daß es für die Rechtzeitigkeit einer Selbstanzeige in erster Linie darauf ankommt, daß die Tat objektiv noch nicht entdeckt war (BT-Drucks. 7/4292 S. 44). In der neuen Fassung des § 371 III AO wurden die Worte „*Steuern, die er schuldet*" durch die Worte „*die zu seinen Gunsten hinterzogenen Steuern*" ersetzt; die Straffreiheit soll also auch dann von der fristgerechten Nachzahlung abhängen, wenn der Anzeigeerstatter zwar nicht der Steuerschuldner ist, die Steuer aber dennoch zum eigenen Vorteil hinterzogen hat (Begr. BT-Drucks. VI/1982 S. 195). Auf diesem Gedanken beruht auch die mit der AO 1977 eingeführte Vorschrift des § 371 IV S. 2 AO.

Die Motive zu den verschiedenen Regelungen der Partikulargesetze bzw. **11** der AO lassen präzise Schlüsse auf die Vorstellungen des historischen Gesetzgebers über den Grund der Regelung nicht zu. Wie sich aus den Untersuchungen von *Frees* (Die steuerrechtliche Selbstanzeige, 1991, S. 32ff.) ergibt, enthalten die Gesetzesmaterialien praktisch keine Begründungen. Lediglich im Hinblick auf zwei Steueramnestiegesetze lassen sich Rückschlüsse ziehen (Wehrbeitragsgesetz: *„Damit nicht die Furcht vor Strafe, Vermögens- und sonstigen Nachteilen die Beitragspflichtigen abhalte, ihr Vermögen wahrheitsgemäß anzugeben, ist . . . vorgesehen, daß Beitragspflichtige, die bisher Vermögen . . . der direkten Besteuerung . . . entzogen haben, von . . . Strafe und der Verpflichtung zur Nachzahlung . . . freibleiben."* (RT-Verhandlung, Anlageband 301, Aktenstück 871 S. 22; im Hinblick auf § 1 des Gesetzes über Steuernachsicht ergibt sich aus den Ausführungen des Berichterstatters (Verhandlungen der Nationalversammlung Bd 331, S. 4136ff. – 132. Sitzung v. 17. 12. 1919), daß über die Amnestierung solche Steuerquellen erschlossen werden sollen, die den Behörden ohne Zutun der Steuerpflichtigen verborgen blieben). Hintergrund war also offenbar die Erhöhung der Steuereinnahmen und die Hilflosigkeit der Steuerbehörden gegenüber den Tätern, da die Steuerhinterziehung häufig gar nicht erkannt werde. Nach skeptischen Anmerkungen von Abgeordneten der sozialdemokratischen Oppositionsparteien (*Löpel, Cohn*, aaO S. 4137f.) wurde neben den fiskalischen Interessen auch auf die Hilfe zur Rückkehr zur Steuerehrlichkeit, die das Gesetz enthalte, hingewiesen (aaO S. 4139).

2. Begriff und Systematik des § 371 AO

Der Begriff „Selbstanzeige" – erstmals 1939 durch das RAOÄndG in die Gesetzessprache eingeführt (*Breyer* 1996, 108) – ist zwar nicht umfassend, da im Regelfall die Straffreiheit nach § 371 III AO zusätzlich von einer fristgerechten Nachzahlung der hinterzogenen Steuern abhängt, trifft aber den Kern der Sache, da § 371 I AO in jedem Falle eine Anzeige voraussetzt, die vom Steuerpflichtigen selbst veranlaßt sein muß. Der Begriff ist insofern mißverständlich, als das Gesetz nicht voraussetzt, daß der Täter sich ausdrücklich einer Straftat bezichtigt (Rdnr. 67). Die von *Kratzsch* (Grundfragen S. 293 Fußnote 47) – ohne eigenen Vorschlag – am Begriff „Selbstanzeige" geübte Kritik („Mißgriff des Gesetzgebers") überzeugt nicht. Der Gesetzgeber hat lediglich diejenige Bezeichnung übernommen, die sich im Sprachgebrauch durchgesetzt hatte. Demgegenüber hat sich die Bezeichnung „Selbstberichtigung" (*Vogt* FR 1951, 44; OLG Frankfurt DStZ/B 1954, 58) ebenso wenig durchgesetzt, wie die der „strafbefreienden Wiedergutmachung" (*Terstegen* S. 120; *Kohlmann* § 371 Rdnr. 2; *Bender* Rdnr. 35/1). Freilich trifft der Begriff der strafbefreienden Wiedergutmachung den Kern des § 371 sehr treffend (unten Rdnr. 23ff.). Er ist trotzdem insofern unzureichend, als eine vollständige Schadenswiedergutmachung vom § 371 AO nicht vorausgesetzt ist, da etwa die Zahlung von Hinterziehungszinsen (§ 235 AO) nicht notwendige Bedingung für das Erlangen von Straffreiheit ist. Überdies ist die reine Schadenswiedergutmachung, z. B. durch stillschweigende Verlagerung von steuerbegründenden oder -erhöhenden Merkmalen in Erklärungen

I. Allgemeines

über spätere Steuerabschnitte oder durch anonyme Nachzahlung der verkürzten Steuern, nicht ausreichend. Andererseits ist nach § 371 III eine Nachzahlung der verkürzten Steuer nicht erforderlich, wenn und soweit jemand zugunsten eines Dritten gehandelt hat (Rdnr. 88). Die Bezeichnung „tätige Reue" (RG v. 27. 6. 1940, RStBl. 650 ; BVerwG 1960, 788 v. 11. 11. 1959; Kühn/*Hofmann* 1 zu § 371 AO) ist irreführend, da es auf das ethische Motiv der Reue bei der Selbstanzeige nach § 371 AO ebensowenig ankommt, wie beim Rücktritt vom Versuch einer Straftat nach § 24 StGB (RG 61, 115, 117 v. 4. 1. 1927; *Terstegen* aaO; *Kohlmann* § 371 Rdnr. 2; *Kopacek* BB 1961, 42); aM *Susat* (DStR 1951, 397), der zwischen „sittlicher" und „egoistischer" Reue unterscheiden will.

Bei einem systematischen Überblick über die Gliederung des § 371 AO ist zu unterscheiden zwischen solchen Voraussetzungen, die zur Erlangung der Straffreiheit positiv gegeben sein müssen („positive Wirksamkeitsvoraussetzungen"), und solchen, die die strafbefreiende Wirkung des Verhaltens des Täters oder Teilnehmers ausschließen („negative Wirksamkeitsvoraussetzungen", vgl. *Maaßen* FR 1954, 293).

Die positiven Wirksamkeitsvoraussetzungen der Selbstanzeige ergeben sich aus § 371 I, III AO sowie – für einen Sonderfall – aus § 371 IV AO. Nach Absatz 1 wird straffrei, wer unrichtige oder unvollständige Angaben berichtigt oder ergänzt oder unterlassene Angaben nachholt. Diese Handlungen (Selbstanzeige) und ihr Ergebnis lassen sich unter dem Begriff der „Berichtigung" zusammenfassen. Der im Regelfall einer Steuerhinterziehung erforderlichen Berichtigung nach Absatz 1 entspricht im Sonderfall des Absatzes 4, daß eine nach § 153 AO (Rdnr. 220) vorgeschriebene Anzeige rechtzeitig und ordnungsgemäß erstattet wird. Weitere Wirksamkeitsvoraussetzung ist, daß bei vollendeter Tat nach Absatz 3 die im Zeitpunkt der Berichtigungserklärung bereits vorsätzlich verkürzten Steuerbeträge fristgerecht nachgezahlt werden.

Die negativen Wirksamkeitsvoraussetzungen der Selbstanzeige (Ausschließungsgründe) sind zusammengefaßt in § 371 II AO. Danach versagt das Gesetz trotz umfassender Berichtigungserklärung und vollständiger Nachzahlung der verkürzten Steuern dem Verhalten des Täters die strafbefreiende Wirkung, wenn dies unter bestimmten Rahmenbedingungen geschieht. So tritt eine Sperrwirkung ein, wenn bei dem Anzeigeerstatter ein Amtsträger der Finanzbehörde zur steuerlichen Prüfung oder zur Ermittlung einer Steuerstraftat oder einer Steuerordnungswidrigkeit erschienen ist, oder wenn ihm die Einleitung eines Straf- oder Bußgeldverfahrens bekanntgegeben worden ist, oder wenn die Tat bereits entdeckt ist und der Anzeigeerstatter dies wußte oder damit rechnen mußte. Im Sonderfall der Fremdanzeige nach Absatz 4 ist die strafbefreiende Wirkung der Selbstanzeige nur ausgeschlossen, wenn dem Anzeigeerstatter zuvor die Einleitung des Strafverfahrens bekanntgegeben worden war.

Die Freiwilligkeit des selbstanzeigenden Verhaltens ist weder eine allgemeine positive Voraussetzung der Straffreiheit, noch bildet umgekehrt mangelnde Freiwilligkeit einen allgemeinen Ausschließungsgrund für die strafbefreiende Wirkung einer Selbstanzeige, die der Täter unter dem Zwang der Umstände erstattet. Die im Gesetz einzeln angeführten Ausschließungsgründe sind erschöpfend (Rdnr. 129 ff.).

17 Die Tendenz, die Freiwilligkeit einer Selbstanzeige zu einem ungeschriebenen Erfordernis der strafbefreienden Wirkung zu erklären (*Susat* DStR 1952, 33; *Troeger/Meyer* S. 258; *Hartung* V 3 b zu §§ 410, 411 RAO 1951; *List* S. 45; *Kopacek* BB 1961, 45, DStR 1965, 106 und Straf- und Bußgeldfreiheit S. 174 f; *Ehlers* DStR 1974, 696 f; vgl. auch OLG Hamm v. 26. 10. 1962, BB 1963, 459) ist jedenfalls seit der Neufassung des § 410 RAO durch G v. 7. 12. 1951 (Rdnr. 6) verfehlt. Seinerzeit hat der Gesetzgeber es bewußt unterlassen, eine Regelung dahingehend zu treffen, daß mangelnde Freiwilligkeit einer Selbstanzeige die Straffreiheit nähme. Vielmehr hat der Gesetzgeber die Ausschließungsgründe noch stärker als vorher konkretisiert; eine erweiternde Auslegung der Regelungen zu Lasten der Täter von Steuerhinterziehungen wäre unzulässig (*Lenckner* ua, wistra 1983, 123 f.). Eine solche Interpretation würde gegen Artikel 103 II GG verstoßen (HHSp-*Engelhardt* 28 zu § 371). Letztlich kommt in der Forderung nach einer Freiwilligkeit bzw. Nicht-Unfreiwilligkeit des Verhaltens des Täters ein unbegründetes Unbehagen an der Existenz der Regelung zum Ausdruck (vgl. Rdnr. 23 ff.).

3. Grund und Verfassungsmäßigkeit der Regelung

a) Grund der Regelung

18 **Rechtfertigung und Zweck der Selbstanzeige** sind seit Jahrzehnten umstritten. So ist zweifelhaft, ob die Regelung mit steuerpolitischen oder kriminalpolitischen Erwägungen zu begründen ist, ob sie sich mangels Vereinbarkeit mit anderen Bestimmungen des deutschen Strafrechts als „Ausnahmeerscheinung" darstellt (BayObLG v. 23. 1. 1985, wistra 1985, 117) und gar ein „Fremdkörper" ist (*Westpfahl* 1987, S. 13). An der Beantwortung dieser Fragen hängt zum einen die Auslegung der verschiedenen Merkmale des § 371 AO, zum anderen die nach der Verfassungsmäßigkeit oder Verfassungswidrigkeit einer solchen „Ausnahmeregelung".

19 Überwiegend soll Einigkeit darüber bestehen, daß die Gründe für die Selbstanzeigeregelung in erster Linie in der **steuerpolitischen Zielrichtung** des § 371 und in den kriminologisch äußerst ungünstigen Bedingungen des Steuerstrafrechts gesucht werden müssen (so *Kohlmann*, 17 zu § 371). Es gehe dem Gesetz um die nachträgliche Erfüllung der steuerlichen Pflichten, um die „Erschließung bisher verheimlichter Steuerquellen" (vgl. RG 57, 313 v. 8. 6. 1923; RG 70, 350, 351 v. 9. 11. 1936; RGBl. 1942, 865, 867 v. 10. 6. 1942; BGH 12, 100 f. v. 11. 11. 1958; BayObLG v. 7. 10. 1953, NJW 1954, 244; BayObLG v. 27. 4. 1972, DStZ/B 1972, 287; *Bilsdorfer*, wistra 1984, 93; *Danzer* AG 1982, 57, 68; *Koch/Scholtz/Himsel* 3, *Kohlmann* 18 zu § 371; *Wassmann* S. 23). Darüber hinaus diene § 371 dem Zweck, dem Steuerpflichtigen die Rückkehr zur Steuerehrlichkeit zu erleichtern (vgl. BGH 3, 373, 375 v. 13. 11. 1952; BGH v. 13. 5. 1983, wistra 1983, 197; v. 24. 10. 1984, wistra 1985, 74; *Franzen*, Voraufl., § 371 Rdnr. 14; *Mattern* NJW 1951, 937;

I. Allgemeines

Danzer aaO; *Westpfahl* 1987, S. 22; vgl. auch *Lenckner/Schumann/Winkelbauer,* wistra 1983, 123, 124). Um dem Täter einen Anreiz zur Selbstanzeige zu geben, biete § 371 AO ihm – unter Zurückstellung der an sich geltenden Strafdrohung – in großzügiger Weise Straffreiheit für den Fall seiner Mitwirkung und damit einen unter Umständen sehr bedeutsamen Vorteil an. § 371 strebe in erster Linie einen psychischen Effekt auf den Täter an (vgl. RG 57, 313, 315 v. 8. 6. 1923; 61, 115, 118 v. 4. 1. 1927; RG v. 10. 6. 1942, RStBl 1942, 865, 867; BGH 3, 373, 375 v. 13. 11. 1952; BGH 12, 100f. v. 11. 11. 1958; BayObLG v. 7. 10. 1953, NJW 1954, 244; BayObLG v. 24. 2. 1972, BB 1972, 524; BayObLG v. 23. 1. 1985, wistra 1985, 117; *Bilsdorfer,* wistra 1984, 93; *Kratzsch,* Grundfragen S. 291; *Franzen,* Voraufl. § 371 Rdnr. 13; *Streck* DStR 1985, 9; *Kohlmann* 19 zu § 371; vgl. auch HHSp-*Engelhardt* 18 ff., *Senge* 1 zu § 371). Die Regelung schaffe einen gesetzlichen Anreiz zur Selbstanzeige und eröffne die Rückkehr zur Steuerehrlichkeit (so *Franzen* Vorauf. § 371 Rdnr. 15).

Ein Teil der neueren Literatur versucht demgegenüber, Grund und Grenzen 20 des § 371 AO allein oder überwiegend mit **strafrechtlichen Prinzipien** zu erklären. Dies erfolgt zumeist durch einen Rückgriff auf Erklärungsansätze, die im Bereich der Rechtfertigung des Rücktritts vom Versuch (§ 24 StGB) bzw. der Vorschriften über die tätige Reue (Zusammenstellung bei HHSp-*Engelhardt* 13 zu § 371 AO) angeführt werden. So geht etwa *Löffler* (Grund und Grenzen der steuerstrafrechtlichen Selbstanzeige S. 104 ff.) unter Rückgriff auf das Reichsgericht (RG 56, 385 v. 11. 5. 1922; 57, 313, 315 v. 8. 6. 1923; 59, 115, 117 v. 2. 3. 1925; 61, 115, 117 v. 4. 1. 1927) und Teile der Literatur *(Schröder,* Meyer-FS 377 Fn 1; *Enno Becker* RAO § 374 Anm. 2; *Wagelaar* RAO § 410 Fn 1; *Bauerle* BB 1953, 28; *Rüffelmacher,* Die strafbefreiende Wiedergutmachung im Steuerstrafrecht, Diss. Würzburg 1956, S. 46 ff., 53) davon aus, die Selbstanzeige könne ohne weiteres in die Rücktrittssystematik eingeordnet werden (vgl. S. 165). Die Rücktrittsregelung des StGB, aus verschiedenen Epochen der Rechtsentwicklung stammend, stellten kein in sich geschlossenes System mit klaren Strukturprinzipien dar. Inbesondere vor dem Hintergrund der modernen Diskussion um „Wiedergutmachung statt Strafe" habe die Selbstanzeige ihren Platz „im offenen System" (*Bottke,* Methodik, S. 689 f.) der Rücktrittsvorschriften des allgemeinen Strafrechts (vgl. auch *Frees,* Die steuerrechtliche Selbstanzeige, S. 103 ff.).

Die Gleichwertigkeit fiskalischer und kriminalpolitischer Zielsetzun- 21 **gen** betont *Brauns* (wistra 1987, 233). Für ihn ist die Auslegung des § 371 AO ein Problem des Ausgleichs eines Konflikts zwischen strafrechtlichen und steuerpolitischen Zielsetzungen (so schon wistra 1985, 171 ff.). Je mehr man auf den verhaltenssteuernden Effekt der Straffreiheitsverbürgung setze und einen Anreiz zur Offenbarung von Steuerhinterziehung schaffen wolle, desto eher würde man durch eine großzügige Auslegung die Möglichkeit der Selbstanzeige erweitern. Wenn man hingegen die Straffreiheitsverbürgung nur als unliebsamen Fremdkörper werte, würde man bestrebt sein, die Anforderungen so hoch zu schrauben, daß sich der Anwendungsbereich der Norm verenge. Daß strafrechtliche und finanzpolitische Aspekte nebeneinander stehen, wird beispielsweise auch von *Engelhardt* (HHSp 18 zu § 371) anerkannt, der freilich dabei den steuerpolitischen Aspekten den Vorrang einräumen will.

22 Die unter § 371 AO nach dem Gesetzeswortlaut fallenden Sachverhalte sind nicht homogen. Die Legitimation der Vorschrift ergibt sich aus steuerpolitischen, kriminalpolitischen und strafrechtlichen Erwägungen, wobei freilich kriminalpolitische und strafrechtliche Aspekte die größere Bedeutung haben.

23 Die Steuerhinterziehung ist ebenso wie die Vermögensdelikte insgesamt dadurch ausgezeichnet, **daß die Rechtsgutsverletzung vollständig reparabel ist** (*Löffler* 1992, 124 ; vgl. auch *Rüffelmacher* S. 52; *Samson,* wistra 1983, 235, 240; *Jakobs* JZ 1988, 519, 520). Dieser Umstand hat in anderen Rechtsordnungen zu umfassenden Regelungen über die Beachtlichkeit tätiger Reue nach Vollendung bzw. Beendigung der Tat geführt (vgl. die Nachweise bei *Abramowski* 1991, S. 14 ff.). So sieht etwa das österreichische Strafrecht (§ 167 ÖStGB) für die meisten Eigentums- und Vermögensdelikte die Möglichkeit vor, durch freiwillige und vollständige Wiedergutmachung Straffreiheit zu erlangen (*Abramowski* 1991, S. 18 f.; vgl. auch *Breyer* 1996, 158). Mit § 46a StGB n. F. hat der Gesetzgeber erstmals eine umfassende Regelung in das Strafgesetzbuch eingestellt. Die moderne strafrechtliche Diskussion (Nachweise bei *Löffler* S. 130 ff; vgl. auch *Albrecht* ua, Strafrecht-ultima ratio, Empfehlungen der Niedersächsischen Kommission zur Reform des Strafrechts und des Strafverfahrensrechts, 1992; *Albrecht/Hassemer/Voß*, Rechtsgüterschutz durch Entkriminalisierung, Vorschläge der hessischen Kommission „Kriminalpolitik" zur Reform des Strafrechts, 1992) zeigt, daß die Wiedergutmachung in der Lage ist, den Strafzwecken zu genügen und als Sanktionsmittel ausreichend sein kann.

24 Insofern ist § 371 AO eine „moderne" Vorschrift. Sie entspricht dem Zurückdrängen der absoluten Straftheorien und der Erkenntnis, daß die „Einsicht des Täters" und eine Schadenswiedergutmachung zu honorieren ist. Insbesondere handelt es sich, wie *Breyer* gezeigt hat (*Breyer* 1996, 23 ff.) durchaus nicht um einen „Fremdkörper" im deutschen Strafrecht. Dieser Wiedergutmachungsaspekt erklärt in vielen Fällen die Straffreiheit des Selbstanzeigeverhaltens des Täters. Sie stößt jedoch an Grenzen der Erklärung in den Fällen, in denen eine Straffreiheit trotz eingetretener Steuerverkürzung ohne Nachzahlung der verkürzten Steuern möglich ist, weil der Täter nicht „zu seinen Gunsten" hinterzogen hat (s. u. Rdnr. 99). Konsequent müßte ein solcher Ansatz die Straffreiheit im übrigen nicht nur von der Nachzahlung der verkürzten Steuern, sondern auch von der der Hinterziehungszinsen (§ 235 AO) abhängig machen. Ebenso wie der fiskalpolitische Ansatz, scheitert die Begründung allein mit dem Aspekt der „Schadenswiedergutmachung" zudem daran, daß nach dem klaren Gesetzeswortlaut die bloße „Reparatur" des Steuerschadens nicht ausreicht, insbesondere also die anonyme Begleichung einer Steuerschuld nach dem Wortlaut nicht zur Straffreiheit führt. Dieser Ansatz kann also lediglich erklären, wieso zur Straffreiheit über die Mitteilung der korrekten Besteuerungsgrundlagen hinaus auch

I. Allgemeines 25–27 § 371

die Entrichtung der verkürzten Steuer, mithin die Schadenswiedergutmachung, gehört.

Diese **Schadenswiedergutmachung** beseitigt jedoch lediglich das Erfolgsunrecht im Sinne eines Ausfalls des Fiskus. Das in der Abgabe einer unrichtigen Steuererklärung bzw. in der Nichtabgabe einer solchen liegende weitere Unrecht wird erst beseitigt, wenn der Steuerpflichtige nunmehr seinen Verpflichtungen, die sich aus den Einzelsteuergesetzen ergeben (vgl. Rdnr. 171 zu § 370) nachkommt. Aus dieser Verpflichtung zur Abgabe wahrheitsgemäßer Erklärungen ergibt sich eine weitere Legitimation für die Vorschrift des § 371 AO. Wie *Lütt* (1988, 60 f.) herausgearbeitet hat, besteht das Handlungsunrecht der Steuerhinterziehung in den Fällen des § 370 I Nr. 1 und 2 darin, daß der Täter der FinB nicht wahrheitsgemäße Angaben macht. Auch in den Fällen der Steuerhinterziehung durch Handeln liegt der Vorwurf (in der Regel) nicht darin, daß der Täter wahrheitswidrige Angaben gemacht hat, sondern daß er wahrheitsgemäße Angaben unterlassen hat; § 370 I Nr. 1 und 2 ist Unterlassungsdelikt. Wer unrichtige Angaben korrigiert, kommt damit seiner ursprünglichen Verpflichtung nach, das Finanzamt über steuerlich erhebliche Tatsachen in Kenntnis zu setzen. Damit wird das Handlungsunrecht kompensiert. 25

Schließlich gibt es Konstellationen, in denen erst die **Möglichkeit der strafbefreienden Selbstanzeige** dem Täter die Möglichkeit eröffnet, in der Zukunft steuerehrlich zu sein. Wer bislang ein eher bescheidenes Einkommen erklärt hatte, wird angesichts der Kontrollmechanismen in der FinB kaum in der Lage sein, Kapitalerträge aus unversteuerten Honoraren ordnungsgemäß zu erklären, ohne daß von seiten der Finanzverwaltung die bereits begangene Verkürzung entdeckt würde. Wer die Quelle der Erträge dem Finanzamt nicht offenbart hat, ist ohne die Möglichkeit der Selbstanzeige gezwungen, künftig die Erträge dieser Quelle dem Finanzamt zu verschweigen, will er sich nicht mit einer wahrheitsgemäßen Erklärung selbst belasten (vgl. *Breyer* 1996, 67 ff.). Insbesondere bei der Einkommensteuer muß der Täter immer wieder dem Finanzamt seine Einkünfte offenbaren. Bei Strafe ist es ihm geboten, wahrheitsgemäße Angaben zu machen; ohne Möglichkeit der Selbstanzeige wird er dann bei Strafe gezwungen, sich selbst einer Steuerhinterziehung zu bezichtigen. In dieser Situation hat der Gesetzgeber von Verfassungs wegen nur geringe Spielräume. Beläßt er es bei einer strafbewährten Erklärungspflicht, muß er im Hinblick auf die Selbstbelastung für vergangene Zeiträume ein Verwertungsverbot akzeptieren (vgl. BVerfG 56, 37 ff. v. 13. 1. 1981; Rdnr. 8 ff., 55 zu § 393 AO), oder aber schlicht darauf verzichten, in diesen Fällen die Nichterfüllung von Erklärungspflichten zu sanktionieren. Mit § 371 AO nutzt das Gesetz einen Mittelweg, da hierdurch dem liquiden Steuerpflichtigen die Erfüllung von Erklärungspflichten zumutbar wird (vgl. BVerfG v. 21. 4. 1988, wistra 302). 26

Den Blick auf den strafrechtlichen Gehalt der Selbstanzeigevorschrift hat das Moment der „**Freiwilligkeit**", wie es in § 24 StGB als Voraussetzung für den strafbefreienden Rücktritt vom Versuch vorgesehen ist, eingeführt. Tatsächlich zeigen die Untersuchungen von *Löffler* und anderen deutlich, daß 27 das seit 1975 im Strafgesetzbuch explizit aufgeführte Moment der „*Freiwilligkeit*", dessen genaue Definition in Rechtsprechung und Literatur umstritten ist, in vorhergehenden Bestimmungen nicht unbedingt Vorläufer findet. Daß § 371 II nicht sauber zwischen autonomen und heteronomen Motiven für die Erstattung der Selbstanzeige trennt, ist kein Argument gegen eine strafrechtliche Ableitung der Bestimmung. Die in § 371 II AO enthaltene Regelung definiert Freiwilligkeit im Sinne einer Berechenbarkeit der strafrechtlichen Folgen berichtigender Erklärungen abschließend (vgl. Rdnr. 131).

28 § 371 AO schafft damit die Möglichkeit zur Rückkehr in die Steuerehrlichkeit. Daß dabei „unbekannte Steuerquellen zu sprudeln beginnen" (so der fiskalpolitische Ansatz) ist angenehme Nebenfolge, aber vom Gesetz nicht vorausgesetzt. Auch eine Selbstanzeige für eine in Konkurs geratene GmbH ist nach allg. M. möglich.

29 Soweit mit dem **Gesetz über die strafbefreiende Erklärung** einer solchen strafbefreiende Wirkung auch insoweit beigemessen wurde, als es zu einem Verbot der Änderung von Steuerbescheiden für vor dem Jahre 1984 liegende Zeiträume kam (vgl. *Joecks* 1989, Rdnr. 66 ff.), hat freilich allein das fiskalpolitische Interesse, bisher verborgene Steuerquellen zu entdecken, den Ausschlag gegeben. Immerhin handelte es sich hier faktisch um ein Amnestiegesetz, zu dessen Anwendbarkeit es allerdings noch eines Tätigwerdens des Steuerpflichtigen bedurfte. Der Unterschied zur strafbefreienden Selbstanzeige besteht aber nicht zuletzt darin, daß bei der Selbstanzeige eine Rückgabe der in (noch) strafbarer Weise erlangten Vorteile Voraussetzung für das Erlangen von Straffreiheit ist.

b) Verfassungsmäßigkeit der Regelung

30 Angesichts der für die Regelung der Selbstanzeige ins Felde zu führenden Gründe sind **Zweifel an der Verfassungswidrigkeit** unberechtigt (vgl. HHSp-*Engelhardt* 42 ff., *Senge* 2 zu § 371; *Koch/Scholtz/Himsel* 3; *Zöbeley*, DStZ 1984, 198; *Breyer* 1996, 66 ff.). Das AG Saarbrücken hielt § 371 I und III für verfassungswidrig, weil die Regelung gegen Art. 3 I und Art. 20 GG verstieße (v. 2. 12. 1982, wistra 1983, 84). Das BVerfG hat die Vorlage als unzulässig zurückgewiesen, der BGH (v. 13. 5. 1983, wistra 197) hält die Bedenken des AG Saarbrücken für unbegründet. In der Tat ist die Argumentation des AG nicht überzeugend. Soweit das AG verlangt, „*daß jeder Straftäter, der die von ihm tatbestandsmäßig, rechtswidrig und schuldhaft begangene Straftat vor Entdeckung anzeigt, von Bestrafung frei bleibt oder bestraft wird*", ist diese Argumentation verunglückt (HHSp-*Engelhardt* 42 zu § 371). Hier ist immerhin zu unterscheiden zwischen solchen Rechtsgutsverletzungen, die reparabel sind, und solchen die irreparabel sind. Nur bei reparablen (Eigentums- und Vermögens-)Schäden stellt sich die Frage nach der strafrechtlichen Relevanz einer Schadenswiedergutmachung. Soweit das AG davon ausgeht, die der Regelung zugrunde liegenden finanziellen und fiskalischen Interessen seien „*sachfremde Erwägungen, die sich mit der Gerechtigkeit, wie sie das GG versteht, nicht vereinbaren*" ließen, verkennt es, daß es auch unter straffälligen

I. Allgemeines

Aspekten gute Gründe gibt, unter dem Aspekt des Strafrechts als ultima ratio auf eine Sanktion bei Schadenswiedergutmachung unter gleichzeitiger Beseitigung des Handlungsunrechts zu verzichten. Im übrigen hat *Franzen* bereits in der Voraufl. (§ 371 AO Rdnr. 16; zustimmend *Hein* StB 1983, 145) zutreffend darauf hingewiesen, daß eine staatspolitische Entscheidung des Gesetzgebers einer strafrechtssystematischen Rechtfertigung nicht bedarf. Daß es eine solche jedoch gibt, wurde bereits dargelegt.

Konsequenzen

Die Konsequenzen einer primär strafrechtlichen Begründung der Regelung des § 371 AO sind vielgestaltig. Sie hat insbesondere Auswirkungen für den Umfang der Nachzahlungspflicht bei Selbstanzeige (§ 371 III), die Auslegung der Sperrwirkungsgründe (§ 371 II), aber auch für die Drittanzeige in Sinne des § 371 IV AO (vgl. Rdnr. 220 ff.).

4. Rechtsnatur

Die Selbstanzeige bildet einen persönlichen Strafaufhebungsgrund (BGH 1 StR 150/57 v. 8. 10. 1957; BayObLG v. 7. 10. 1953, NJW 1954, 244 f; BayObLG v. 27. 4. 1972, DStZ/B 288; OLG Hamburg v. 27. 1. 1970, NJW 1386; OLG Celle v. 15. 7. 1971, DStZ/B 406; OLG Karlsruhe v. 18. 4. 1974, NJW 1577; HHSp-*Engelhardt* 35, *Kohlmann* 3, *Klein/Orlopp* 4, *Koch/Scholtz/Himsel* 2, *Leise/Dietz* 1, *Senge* 2 zu § 371 AO; *Bender* Rdnr. 35, 6; *Mattern* NJW 1951, 941; *Susat* DStR 1951, 398; *Coring* DStR 1963, 373; *Henneberg* BB 1973, 1301; *Kratzsch* StW 1974, 69; *Westpfahl* S. 8). Die zum Teil vorgenommene Kennzeichnung als Strafausschließungsgrund (BGH v. 13. 11. 1952, NJW 1953, 476; BGH v. 25. 9. 1959, DStZ/B 500; OLG Celle v. 27. 4. 1953, DStZ/B 516; BFH v. 14. 8. 1963, HFR 1964, 183; *Lohmeyer* ZfZ 1972, 174; *Tiedemann* JR 1975, 387) entspricht nicht der herrschenden Systematik; Strafausschließungsgründe kommen nur in Betracht, wenn die strafbefreienden Umstände bereits zum Zeitpunkt der Tat vorliegen (HHSp-*Engelhardt* 36 zu § 371 AO; *Dreher/Tröndle* Rdnr. 17, *Schönke/Schröder/Lenckner* Rdnr. 133 vor § 32 StGB; SK-*Rudolphi* Rdnr. 14 vor § 19 StGB). Durch die Selbstanzeige jedoch wird der bereits entstandene Strafanspruch rückwirkend wieder beseitigt (arg.: „wird straffrei").

Da es sich um einen persönlichen Strafaufhebungsgrund handelt, sind die Voraussetzungen des § 371 AO **bei jedem Beteiligten selbständig zu prüfen**. Grundsätzlich kommt sie nur dem Täter oder Teilnehmer selbst zugute, der sie erstattet (HHSp-*Engelhardt* 37 zu § 371 AO) und der die sonstigen Voraussetzungen des § 371 AO (Nachzahlung usw.) erfüllt. Zur Bevollmächtigung siehe unten Rdnr. 79 ff.

Aus der Rechtsnatur als Strafaufhebungsgrund folgt weiter, *daß die Feststellung der Voraussetzungen des § 371 AO in der Hauptverhandlung nicht zur Einstellung des Verfahrens, sondern zum Freispruch des Täters führt* (OLG Frankfurt v. 18. 10. 1961, NJW 1962, 974; HHSp-*Engelhardt* 38 zu § 371; *Kohlmann* § 371 Rdnr. 9);

daß die positiven Voraussetzungen des § 371 objektiv vorliegen müssen. Ein Irrtum des Anzeigeerstatters ist unbeachtlich (BGH v. 14. 12. 1976, BB 1978, 698), ebenso sein Unvermögen zur fristgerechten Nachzahlung (§ 371 III AO; OLG Karlsruhe v. 18. 4. 1974, BB 1974, 1514) oder das Verschulden eines vom Täter beauftragten Vertreters (*Kratzsch,* Grundfragen S. 288f.). Davon unberührt bleibt die Frage, ob im konkreten Fall überhaupt eine Nachzahlungspflicht bestand (unten Rdnr. 96) oder die Strafe nicht wegen § 46a StGB zumindest gemildert werden muß; daß das Analogieverbot des Art. 103 II GG, § 1 StGB und der Grundsatz in dubio pro reo Anwendung finden (*Jescheck* S. 499). Insbesondere läßt sich aus dem (angeblichen) Ausnahmecharakter der Vorschrift nicht etwa herleiten, daß der Zweifelsgrundsatz allein bei den negativen Wirksamkeitsvoraussetzungen des § 371 II AO Anwendung finden könnte. Eine andere Frage ist, ob man die Einlassung des Beschuldigten, er habe schriftlich beim Finanzamt Selbstanzeige erstattet, als bloße Schutzbehauptung abtut oder aber Zweifel beim Rechtsanwender verbleiben.

35 Zwar begründet das Gesetz keine Pflicht zur Selbstanzeige (*Seltmann* StB 1972, 234; HHSp-*Engelhardt* § 371 Rdnr. 39), dennoch kann eine Selbstanzeige durchaus *in Erfüllung steuerlicher Pflichten* erfolgen. Diese Frage ist nicht zuletzt deshalb von Bedeutung, weil die Wahrung des Steuergeheimnisses unter anderem davon abhängt, ob der Täter steuerliche Verhältnisse iSd § 30 AO ohne eine solche Verpflichtung oder aber in Erfüllung einer solchen offenbart.

36 **Pflichten** können sich aus den steuerrechtlichen Vorschriften ergeben, die der Täter bei der Begehung der nunmehr zur Selbstanzeige gebrachten Tat verletzt hat. Deutlich ist dies etwa beim Unterlassen der Abgabe einer Steuererklärung: Der Umstand, daß der Täter durch Nichtabgabe einer Steuererklärung sich der Steuerhinterziehung durch Unterlassen schuldig gemacht hat (§ 370 I Nr 2, IV S. 1 AO), beseitigt seine Erklärungspflicht ebensowenig wie die Rettungspflicht des die Hilfeleistung Unterlassenden (§ 323c StGB), wenn nur Handlungsmöglichkeiten zur Verfügung stehen. Zwar ist auch bei einer Steuerhinterziehung durch Unterlassen die den Verjährungsbeginn auslösende Beendigung mit Vollendung der Tat gegeben; dies ändert jedoch nichts am Fortbestehen steuerlicher Verpflichtungen. Nämliches gilt bei der Steuerhinterziehung durch Begehen (§ 370 I Nr 1 AO), denn die Pflicht zur wahrheitsgemäßen Erklärung erlischt erst, wenn der Steueranspruch zum Erlöschen gebracht worden ist. Angesichts der verlängerten Festsetzungsfrist des § 169 II S. 2 AO und der Ablaufhemmung des § 171 VII AO ist dies erst viele Jahre später der Fall. Daß strafrechtlich bereits zu einem früheren Zeitpunkt Verjährung eingetreten sein kann (vgl. 27ff. zu § 376 AO), läßt lediglich die Strafbewährung der Pflicht, nicht jedoch die Pflicht als solche entfallen. Dies entspricht der herkömmlichen Dogmatik des Strafrechts. Auch bei unterlassener Konkursantragstellung (§ 84 I GmbHG) fällt die Handlungspflicht erst fort mit dem Entfallen der Konkursantragspflicht (BGH 28, 379f. v. 4. 4. 1979; vgl. auch § 266a StGB, BGH v. 27. 9. 1991, wistra 1992, 23). Im übrigen geht es auch nicht um die Frage, ob eine

I. Allgemeines 37–39 § 371

strafrechtliche Pflicht im Rahmen der Erstattung der Selbstanzeige erfüllt wird, sondern ob die Selbstanzeige in Erfüllung *steuerlicher* Pflichten gegeben ist. Deren Existenz ist aber nicht davon abhängig, ob die Nichterfüllung dieser Pflichten (noch) strafbar ist. Im übrigen ist zu bedenken, daß eine Pflichterfüllung auch in den Fällen gegeben ist, in denen der Steuerpflichtige eine korrekte Einkommensteuererklärung für das Jahr 1994 nur dann ohne die Gefahr einer Selbstbelastung und Strafverfolgung für davorliegende Zeiträume abgeben kann, wenn er zugleich unrichtige Erklärungen für strafrechtlich noch nicht verjährte Zeiträume (etwa 1990 bis 1993) korrigiert (vgl. Rdnr. 55 zu § 393 AO).

5. Der sachliche Anwendungsbereich des § 371 AO

Schrifttum: *A. Vogel*, Straffreiheit nach §§ 410, 411 AO nur bei Steuerdelikten, FR 1959, 479; *Kulla*, Der Umfang der Straffreiheit im Falle einer Selbstanzeige bei konkurrierenden Steuerdelikten, StWa 1965, 56; *Suhr*, Ahndung wegen der Steuerordnungswidrigkeiten der §§ 405, 406 AO bei Nichtverfolgung der Verkürzungstatbestände der §§ 392, 404 AO? StBp 1973, 224; *Bilsdorfer*, Finden die Grundsätze der Selbstanzeige bei Steuerhinterziehung (§ 371 AO) analoge Anwendung bei der Investitionszulage? DStZ 1981, 98.

Nach der Überschrift des § 371 und dem Wortlaut des Abs. 1 wirkt die 37
Selbstanzeige strafbefreiend nur bei Steuerhinterziehung (§ 370 AO). Ist die Tat lediglich versucht (§ 370 II AO), tritt die strafbefreiende Selbstanzeige neben die Möglichkeit des Rücktritts nach § 24 StGB (vgl. HHSp-*Engelhardt* § 371 Rdnr. 61). Die Regelung findet ebenfalls auf Anstifter und Gehilfen (§§ 26, 27 StGB) und in besonders schweren Fällen der Steuerhinterziehung Anwendung (vgl. HHSp-*Engelhardt* 62 zu § 371).

Für die Begünstigung des Täters oder Teilnehmers an einer Steuerhinter- 38
ziehung gilt § 371 AO nicht; denn die Begünstigung iSd § 257 StGB bildet einen *selbständigen* Straftatbestand (*Schönke/Schröder-Stree* 3 vor § 257 ff. StGB; HHSp-*Engelhardt* § 371 Rdnr. 61). Der Vorschlag von *Hartung* (III 4 d zu §§ 410, 411 RAO 1951), die Straffreiheit nach § 371 AO durch einen Analogieschluß zugunsten des Beschuldigten zu begründen, ist angesichts des eindeutigen Wortlauts nur als Anregung für eine Änderung des Gesetzes aufzufassen, die der Gesetzgeber nicht berücksichtigt hat, allerdings vor dem Hintergrund der zunehmenden Bedeutung einer Schadenswiedergutmachung gegebenenfalls aufgreifen sollte. Nur wer infolge seiner Selbstanzeige, wegen Beteiligung an der Steuerhinterziehung, z. B. als Mittäter oder Gehilfe, straffrei wird, kann nach § 257 II S. 1 StGB auch nicht mehr wegen Begünstigung bestraft werden (vgl. aber Rdnr. 240).

Nicht anzuwenden ist § 371 AO auf Steuerstraftaten, deren Tathandlung 39
nicht durch § 370 AO umschrieben wird. Bei Steuerhehlerei (§ 374 AO) und Steuerzeichenfälschung (§§ 148, 149 StGB iVm § 369 I Nr 3 AO) ist ein Berichtigen, Ergänzen oder Nachholen unrichtiger, unvollständiger oder verspäteter Angaben, das § 371 AO erfordert, nicht einmal möglich, da diese Tatbestände nicht durch unrichtige Angaben gegenüber der FinB erfüllt werden (RG 56, 6, 11 v. 26. 5. 1921 zu § 368 RAO 1919; vgl. auch HHSp-*Engelhardt* § 371 Rdnr. 61). Bei *Bannbruch* ist dies zwar denkbar, jedoch fehlt

§ 371 40–44 Selbstanzeige bei Steuerhinterziehung

in § 371 I AO eine Verweisung auf § 372 AO, wie sie vor dem 2. AO StrafÄndG (Rdnr. 9) in § 410 I RAO 1951 enthalten war. Für die Fälle schweren Schmuggels (§ 373 AO) – sei der Grundtatbestand Steuerhinterziehung oder Bannbruch – war die strafbefreiende Wirkung einer Selbstanzeige schon vorher ausgeschlossen (vgl. 3. Aufl. 20 zu § 371 AO; vgl. auch HHSp-*Engelhardt* 64 f. zu § 371 AO). Hiervon zu unterscheiden ist jedoch die Steuerhinterziehung durch unterlassene oder unrichtige Verwendung von Steuerzeichen (unten Rdnr. 59).

40 Ausdrücklich für anwendbar erklärt ist § 371 AO auf die Bergmannsprämie (§ 5 a II S. 1 BergPG), die Sparprämie (§ 5 b II SparPG 1982), die Abwasserabgabe nach § 1 Abwasserabgabengesetz (§ 14 AbwAG), die Wohnungsbauprämie (§ 8 II WoPG), die Arbeitnehmer-Sparzulage (§ 14 III 5. VermBG), und die Zulage für Berliner Arbeitnehmer (§ 29 a I BerlinFG 1990) (Anh I–X). Die Regelung findet auf Investitionszulagen (vgl. § 20 Berlin FG, § 5 a InvZulG, § 6 StahlInvZulG) sowie auf das Erschleichen von sonstigen Subventionen iSd § 264 StGB keine Anwendung (arg. § 264 IV StGB; vgl. *Bilsdorfer* DStZ 1981, 98; HHSp-*Engelhardt* § 371 Rdnr. 72).

41 **Bei Abgaben zu Marktordnungszwecken** gilt § 371 AO über § 12 I S. 1 MOG. Für Monopolhinterziehung, die in den §§ 119 – 121 BranntwMonG eine Sonderregelung erfahren hatte, galt ebenfalls § 371 AO. Nach Aufhebung des § 128 BranntwMonG wird die Hinterziehung von Monopoleinnahmen unmittelbar durch § 370 AO mit Strafe bedroht, so daß § 371 AO unmittelbare Anwendung findet (vgl. HHSp-*Engelhardt* 69 zu § 371).

42 Kraft der Verweisung des § 378 III S. 2 AO gilt § 371 III, IV AO auch für die Selbstanzeige einer leichtfertigen Steuerverkürzung. Zur Wirkung auf andere Steuerordnungswidrigkeiten siehe unten Rdnr. 212.

43 **Bei der Hinterziehung von Abgaben der Länder** ist § 371 AO – soweit nicht unmittelbar Bundesrecht gilt – anzuwenden auf Kommunalabgaben aufgrund ausdrücklicher Verweisungen in Baden-Württemberg (§ 5 des BadWürttKAG), in Bayern (Art. 14 I S. 2 BayKAG), in Hessen (§ 5 I S. 2 HessKAG), in Niedersachsen (§ 15 III NdsKAG), in Nordrhein-Westfalen (§ 17 I S. 2 NWKAG), in Rheinland-Pfalz (§ 3 I Nr 3 RPfKAG), im Saarland (§ 13 I SaarlKAG) und Schleswig-Holstein (§ 16 I S. 2 SchlHKAG). Die entsprechende Anwendbarkeit des § 371 AO wird ebenfalls angeordnet für Brandenburg (§ 14 I S. 2 BraKAG), Mecklenburg-Vorpommern (§ 14 I S. 2 M-VKAG), in Sachsen (vgl. *Sartorius* II Nr 670), in Sachsen-Anhalt (§ 15 III S.-AnhKAG) und Thüringen (§ 16 I S. 2 ThürKAG).

44 Ob § 371 AO für die **Verletzung nichtsteuerlicher Strafgesetze** in keinem Fall bedeutsam ist, (so *Franzen,* Voraufl. 24 zu § 371 AO) ist zweifelhaft. Richtig ist zunächst, daß dann, wenn eine Steuerhinterziehung mit einer allgemeinen Straftat tateinheitlich oder tatmehrheitlich zusammentrifft, die Wirkung des § 371 sich nicht auf die nichtsteuerliche Straftat erstreckt (BGH 12, 100 v. 11. 11. 1958; HHSp-*Engelhardt* § 371 Rdnr. 63; *Suhr/Naumann/Bilsdorfer* Rdnr. 418). Wenn und soweit jedoch der Steuerpflichtige mit der Erstattung der Selbstanzeige steuerliche Pflichten erfüllt, steht einer Weitergabe der über andere Delikte erhaltenen Informationen das Steuergeheim-

II. Die Berichtigung nach § 371 I AO 45–47 § 371

nis (§ 30 AO) entgegen (siehe Rdnr. 55 zu § 393 AO; ähnlich HHSp-*Engelhardt* 63 zu § 371 AO).

Auf die Kirchensteuer findet § 371 AO ebenso wie der Tatbestand der 45 Steuerhinterziehung (§ 370 AO) lediglich in Niedersachsen Anwendung (vgl. HHSp-*Engelhardt* § 371 Rdnr. 71 mwN). Aus dieser ausdrücklichen Nichtanwendbarkeit der §§ 369 ff. bei im übrigen angeordneter Geltung der Vorschriften der Abgabenordnung ergibt sich die Straflosigkeit der Kirchensteuerhinterziehung; ansonsten müßte man im Hinblick auf die §§ 30, 393 AO, sollte man den Betrugstatbestand bei der Hinterziehung von Kirchensteuer für anwendbar halten (vgl. Rdnr. 21 zu § 386 AO), ggf. zu einem Verwertungsverbot der strafbefreienden Selbstanzeige hinsichtlich der Einkommensteuer gelangen (vgl. Rdnr. 55 zu § 393 AO).

II. Die Berichtigung nach § 371 I AO

Schrifttum: *Mattern,* Die „Berichtigung" isd § 410 AO, DStZ 1950, 352: *Oswald,* Zur „Berichtigungspflicht" bei § 410 AO (Selbstanzeige), StP 1953, 182; *Maaßen,* Selbstanzeige und Auskunftspflicht bei OR-Geschäften, FR 1956, 460; *Lohmeyer,* Die Anwendung von Zwangsmitteln in den Fällen der §§ 410, 411 AO, NJW 1961, 2245; *ders.,* Die nachträgliche Änderung der Berichtigungserklärung in den Fällen der Selbstanzeige (§§ 410, 411 AO), FR 1965, 485; *Henneberg,* „Selbstanzeige dem Grunde nach" und der Verlust der strafbefreienden Wirkung durch verspätete Ergänzung der Angaben, Inf. 1972, 271; *Pfaff,* Wirksame Selbstanzeige auch bei schätzungsweiser Berichtigung infolge nicht ordnungsgemäßer Buchführung, DStR 1975, 622; *Bilsdorfer,* Die Bedeutung von Schätzungen für das Steuerstraf- und -ordnungswidrigkeitenrecht, DStZ 1982, 298; *Zacharias/Rinnewitz/Spahn,* Zu den Anforderungen an eine strafbefreiende Selbstanzeige isd § 371 AO unter besonderer Berücksichtigung des Grundsatzes der Vollständigkeit der selbstangezeigten hinterzogenen Beträge, DStZ 1988, 391; *Breyer,* Der Inhalt der strafbefreienden Selbstanzeige, Diss. Greifswald 1996.

1. Die Berichtigungserklärung

Die Selbstanzeigehandlung besteht nach § 371 I AO darin, daß jemand 46 „*unrichtige oder unvollständige Angaben . . . berichtigt oder ergänzt oder unterlassene Angaben nachholt*". Diese Formulierung bezieht sich offensichtlich in erster Linie auf eine vorausgegangene Verletzung von Steuererklärungspflichten nach den §§ 149 ff. AO iVm den einschlägigen Vorschriften der einzelnen Steuergesetze, zB §§ 56 ff. EStDV. Der Wortlaut des § 371 I AO deckt jedoch auch die Fälle ab, in denen der Steuerpflichtige einer Finanzbehörde gegenüber unrichtige Angaben außerhalb einer förmlichen Steuererklärung gemacht hat, die eine Steuerverkürzung zur Folge haben können, zB um eine Stundung nach § 222 AO oder einen Erlaß nach § 227 AO zu erschleichen oder um Vollstreckungsmaßnahmen nach den §§ 249 ff. AO zu vereiteln oder zu verzögern (vgl. *Breyer* 1996, 61 ff.). Auch können unrichtige Angaben erst im Verfahren über einen Rechtsbehelf oder gar im Klagverfahren vorgetragen worden sein, um die Behörde oder das Gericht über den wirklichen Sachverhalt zu täuschen und eine den Tatsachen entsprechende Entscheidung zu verhindern.

Nur für eine bereits verübte Straftat gewährt § 371 AO Straffreiheit. Die 47 Steuerhinterziehung muß also im Zeitpunkt der Selbstanzeige schon vollendet oder wenigstens versucht worden sein; denn etwas berichtigen oder ergänzen kann nur, wer es zuvor unrichtig oder unvollständig dargestellt hat, nachholen kann man nur, was man vorher versäumt hat. Durch die Anzeige einer *beabsichtigten* Steuerhinterziehung sichert sich der Anzeigende nicht gegen Bestrafung; im voraus gewährt § 371 AO keine Straffreiheit (BGH v. 20. 7. 1965, DStR 1966, 150). Insbesondere in Fällen der Steuerhinterziehung durch Unterlassen (§ 370 I Nr 2 AO) kann sich dann allerdings die Frage stellen, ob etwa die unterlassene Steuerfestsetzung auf einer Unkenntnis der Finanzbehörde beruht (vgl. Rdnr. 158 f. zu § 370 AO).

48 **Berichtigen** heißt, unrichtige, unvollständige oder fehlende Angaben durch die richtigen und vollständigen zu ersetzen (BGH v. 24. 9. 1954, BStBl 1954 I, 528). Jede Berichtigungserklärung erfordert wahrheitsgemäße Angaben über steuerlich erhebliche Tatsachen (BGH, 3, 373, 375 f. v. 13. 11. 1952). Soweit hierbei im Anschluß an *Mattern* (DStZ 1950, 137, 353; NJW 1951, 940) nicht nur vom Erfordernis der „Materiallieferung", sondern darüber hinaus von der Lieferung eines „neuen" Materials gesprochen wird, ist dies mit dem Gesetzeswortlaut so nicht vereinbar (zutr. *Kohlmann* § 371 Rdnr. 65). § 371 I setzt lediglich die (objektive) Berichtigung voraus. Inwiefern die der Finanzbehörde gemachte Information für diese *neu* ist, kann allenfalls im Rahmen der negativen Wirksamkeitsvoraussetzungen (§ 371 II AO) Bedeutung gewinnen.

49 **Die Berichtigung muß sich auf steuerlich erhebliche Tatsachen erstrecken.** Regelmäßig sind Zahlenangaben zu machen; Ausnahmen sind etwa dann denkbar, wenn die Zuordnung von Besteuerungsgrundlagen, deren Umfang das Finanzamt bereits kennt, zu bestimmten Personen oder Vermögensmassen zu berichtigen ist. Die Erklärung, es seien bei einer von mehreren Tochtergesellschaften noch *„Beträge nachzuaktivieren"*, dies werde *„in der Abschlußbilanz des laufenden Jahres geschehen"*, reicht hierfür nicht aus (BGH v. 20. 7. 1965, DStR 1966, 150 f.).

50 **Der Inhalt der Berichtigungserklärung** muß grundsätzlich denselben Anforderungen genügen, denen der Anzeigeerstatter bei ordnungsgemäßer Erfüllung seiner steuerrechtlichen Offenbarungspflichten schon früher hätte entsprechen müssen (vgl. BGH 12, 100 f. v. 11. 11. 1958). So ist es Sache des Steuerpflichtigen, dem Finanzamt die von ihm verwirklichten Besteuerungsgrundlagen nach Art und Umfang darzulegen. Die steuerrechtliche Würdigung ist Sache des Finanzamts, zugleich steht es dem Steuerpflichtigen frei, den wahrheitsgemäß offenbarten Sachverhalt rechtlich in anderer Weise als in Rechtsprechung und Finanzverwaltung zu würdigen.

51 **Für den Inhalt** gelten keine strengeren Maßstäbe, als sie das Finanzamt im Veranlagungsverfahren angelegt hätte, wenn der Steuerpflichtige sich von vornherein nach bestem Wissen und Gewissen bemüht hätte, seine Erklärungen richtig und rechtzeitig abzugeben (zust. *Koch/Himsel* 11 zu § 371 AO). Auch für eine Berichtigung kommt es darauf an, welche genauen Angaben dem jeweiligen Anzeigeerstatter nach den Umständen des Einzelfalls zugemutet werden können (BGH v. 14. 12. 1976, BB 1978, 698; LG Hamburg v.

II. Die Berichtigung nach § 371 I AO   52–54   **§ 371**

18. 6. 1986, wistra 1988, 120). Der Steuerpflichtige muß seine Fehler nach Art und Umfang offenbaren und mit seinen Auskünften und den beigefügten oder bezeichneten greifbaren Unterlagen den steuerlichen Zugriff ermöglichen (RG 59, 115, 118 v. 2. 3. 1925; BGH v. 13. 11. 1952, NJW 1953, 475; BGH v. 5. 9. 1974, NJW 1974, 2293).

Ob das Finanzamt aufgrund der wahrheitsgemäßen Angaben des Anzeige- 52 erstatters in der Lage sein muß, die Steuern **ohne langwierige eigene Nachforschungen** richtig festzusetzen (so BGH 3, 373, 376 v. 13. 11. 1952), ist zweifelhaft. Zutreffend ist, daß das Finanzamt mit Hilfe der Selbstanzeige in die Lage versetzt sein muß, den Sachverhalt ohne die weitere gutwillige Mithilfe des Täters aufzuklären (vgl. BGH v. 20. 7. 1965, DStR 1966, 150 f; LG Stuttgart v. 21. 8. 1989, wistra 1990, 72; *Zacharias/Rinnewitz/Spahn*, DStZ 1988, 391; *Kohlmann* 61 zu § 371). Die Anzeige muß aber nicht sämtliche zahlenmäßigen Angaben derart erschöpfend enthalten, daß das Finanzamt die (Berichtigungs-) Veranlagung auf der Stelle durchführen kann (ständige Rechtsprechung, vgl. BGH v. 5. 9. 1974, NJW 1974, 2293 f.). Der Steuerpflichtige verliert den Anspruch auf Straffreiheit nicht schon dadurch, daß die zahlenmäßige Berechnung der Steuer noch eine gewisse eigene Aufklärung durch das Finanzamt erfordert, z. B. durch Beiziehung von Steuerakten oder Anfragen bei Stellen, die dem Finanzamt gegenüber zur Auskunft verpflichtet oder zweifellos dazu bereit sind (RG 70, 350, 352 v. 9. 11. 1936 zur Angabe der Bankkonten, aus deren Bewegungen ohne weiteres das verschwiegene Kapitalvermögen für die steuerlich erheblichen Stichtage abgelesen werden konnte). Die Erklärung, es seien „Lohnsteuern von etwa 8.000 DM nachträglich anzumelden und abzuführen", reicht aus, wenn sich der Zeitraum aus den Gesamtumständen ergibt (OLG Köln v. 28. 8. 1979, StB 1980, 283, m. zust. Anm. *Lohmeyer*; wegen der Fehleinschätzung um 600 DM siehe Rdnr. 162).

Unschädlich sind Ermittlungen, die das Finanzamt anstellt, um die Rich- 53 tigkeit und Vollständigkeit einer Selbstanzeige zu prüfen, sofern diese Prüfung gegenüber den Angaben des Steuerpflichtigen keine neuen steuerlich erheblichen Tatsachen zutage fördert, deren Entdeckung für sich allein eine Strafverfolgung erforderlich machen würde. Bei geringfügigen Abweichungen liegt ein Fall des § 398 AO bzw. § 153 II StPO vor (Rdnr. 162).

Ist der Steuerpflichtige wegen *fehlender Aufzeichnungen* nicht in der Lage, 54 genaue zahlenmäßige Angaben über die Besteuerungsgrundlagen zu machen, muß er dem Finanzamt jedenfalls diejenigen Tatsachen mitteilen, die eine Schätzung (§ 162 AO) ermöglichen, oder einen eigenen Schätzungsvorschlag mit bestimmten Angaben begründen, z. B. über Umsatz oder über Wareneinsatz und Aufschläge oder über Materialeinsatz, Löhne und Aufschläge oder jedenfalls über den Verbrauch und den Vermögenszuwachs innerhalb der fraglichen Steuerabschnitte. Anhand solcher Angaben ist eine annähernd zutreffende (Berichtigungs-) Veranlagung auch dann möglich, wenn die Buchführung derart im argen liegt, daß die Einnahmen und Ausgaben nicht rekonstruiert werden können (BGH v. 5. 9. 1974, NJW 1974, 2293; *Leise/Dietz* Rdnr. 18 zu § 371 AO, *List* S. 23, *Pfaff* S. 64, *Suhr* 1977,

§ 371 55, 56   Selbstanzeige bei Steuerhinterziehung

S. 370, *Terstegen* S. 121, *Bilsdorfer* DStZ 1982, 302f; aM OLG Köln v. 20. 12. 1957, ZfZ 1959, 312; *Kratzsch* StW 1974, 72f; *Klein/Orlopp* 3 zu § 371 AO; unklar *Bender* 35 zu § 371 AO).

55   Soweit etwa *Brenner* die Auffassung vertritt, wer keine oder keine ordnungsgemäße Buchführung habe, könne auch keine ordnungsgemäße Anzeige iSd § 371 I AO erstatten (ZfZ 1979, 141; dagegen zutr. *Wendt/Heyn* ZfZ 1979, 232) geht dies am Gesetzeswortlaut vorbei. § 370 AO sanktioniert nicht die mangelhafte oder fehlerhafte Buchführung – dies tun §§ 283 ff. StGB, §§ 331 ff. HGB –, sondern die auf einer bestimmten Tathandlung beruhende unrichtige oder fehlende Steuerfestsetzung. Soweit der Steuerpflichtige mit seinen Angaben diese zutreffende Steuerfestsetzung ermöglicht, genügt dies auch dem § 371 AO (so zwischenzeitlich auch *Kohlmann* 72 zu § 371 AO; vgl. auch HHSp-*Engelhardt* 109 zu § 371 AO). Sofern die Angaben des Steuerpflichtigen für eine Verurteilung nach § 370 AO ausreichten, fehlte es etwa an der gebotenen Nachzahlung, genügen sie auch für eine Selbstanzeige nach § 371 AO (*Theil* BB 1983, 1277; *Kohlmann* 72, Leise/ *Dietz* 18 zu § 371 AO). Soweit die Schätzung von der Finanzbehörde verworfen wird (vgl. HHSp-*Engelhardt* 109, 115 zu § 371 AO), ist zu differenzieren: Wenn aus steuerrechtlichen Erwägungen Sicherheitszuschläge gemacht werden, oder auf der Basis des bekannten Umsatzes mit Gewinnen gerechnet wird, die den oberen Werten der Richtsatzsammlung oder ähnlichem entsprechen, hat dies zunächst einmal nur steuerrechtliche Relevanz. Für die Selbstanzeige ist in jedem Falle ausreichend, daß solche Tatsachen übermittelt werden, die eine Schätzung nach strafprozessualen Maßstäben (vgl. *Joecks*, wistra 1990, 54ff.) rechtfertigten. Daß es sich bei einer solchen Schätzung um einen „Notbehelf" handelt (so HHSp-*Engelhardt* 115 zu § 371 AO), spricht nicht gegen die Richtigkeit dieser Auffassung. Die Grenze ist erst dort erreicht, wo sich die Berichtigungserklärung des Steuerpflichtigen in der bloßen Aufforderung zur Schätzung durch das Finanzamt erschöpft.

56   **Insoweit genügt für eine Berichtigung nicht,**

daß der Steuerpflichtige die Unrichtigkeit seiner früheren Erklärungen anerkennt, ohne sie gleichzeitig durch die richtigen Angaben zu ersetzen (RG 59, 115, 118 v. 2. 3. 1925);

daß er das Finanzamt nur auffordert, seine frühere Erklärung „ad acta zu legen" (LG Frankfurt v. 12. 3. 1954, StP 1954, 360), oder einfach mitteilt, die eingereichten Steuererklärungen seien unzutreffend; allerdings bleibt hier eine Anwendung des § 24 StGB denkbar;

daß er ohne nähere Angaben erklärt, „Selbstanzeige erstatten zu wollen" (Henneberg Inf 1972, 493);

daß er eine Außenprüfung beantragt (Rdnr. 73) oder das von einem Prüfer der Finanzbehörde erarbeitete Ergebnis lediglich anerkennt (BGH v. 24. 9. 1954, NJW 1954, 2293; OLG Frankfurt v. 17. 11. 1960, BB 1961, 628; OLG Düsseldorf v. 27. 5. 1981, wistra 1982, 119);

daß er bei Erhalt einer Prüfungsanordnung erklärt: „Vorsorglich erstatten wir im Hinblick auf alle sich aus der Betriebsprüfung ergebenden Mehrsteuern Selbstanzeige" (*Felix* StQ 1977, 465); eine solche inhaltlose Erklärung

II. Die Berichtigung nach § 371 I AO

kann allenfalls die Wirkung haben, den Prüfer besonders zu motivieren (*Bilsdorfer* wistra 1984, 96);
daß er angibt, die Steuer „für noch größere Mengen" an Heizöl hinterzogen zu haben (BGH v. 4. 3. 1970, GA 1971, 115);
daß er die Besteuerungsgrundlagen frei oder griffweise schätzt; in einer Erklärung wie „mein Umsatz beträgt 80 bis 100 Tausend DM jährlich" liegt nach herrschender Meinung keine Berichtigung, Ergänzung oder Nachholung von Angaben (BayObLG v. 24. 1. 1963, DStZ/B 1963, 112, 114; *Bilsdorfer* DStZ 1982, 303 und wistra 1984, 95 f; HHSp-*Engelhardt* 115 zu § 371 AO). Allerdings kommt es darauf an, ob die vom Steuerpflichtigen vorgenommene Schätzung ohne jegliche Mitteilung von Tatsachen erfolgt (Rdnr. 55);
daß er die verkürzten Steuerbeträge ohne berichtigende Erläuterung nachzahlt (Rdnr. 74);
daß der Steuerpflichtige Außenstände statt bei Rechnungsstellung erst im Folgejahr *nachbilanziert* (HHSp-*Engelhardt* 114 zu § 371 AO; BGH v. 18. 10. 1956, BStBl 1957 I, 122).

Ob die Überlassung von Bestandteilen der Buchführung, aus denen der Veranlagungsbeamte nur mit erheblichem Zeitaufwand die richtigen Besteuerungsgrundlagen entwickeln könnte, als Berichtigungserklärung genügt, ist zweifelhaft (abl. *Franzen,* Voraufl. Rdnr. 39). Im Hinblick auf § 151 AO ist diese Möglichkeit zu bejahen: Wenn dem Steuerpflichtigen die Abgabe einer schriftlichen Steuerklärung nach seinen persönlichen Verhältnissen nicht zugemutet werden kann, kann die Steuererklärung sogar bei der zuständigen Finanzbehörde zur Niederschrift erklärt werden, insbesondere wenn der Steuerpflichtige nicht in der Lage ist, eine gesetzlich vorgeschriebene Selbstberechnung der Steuer vorzunehmen oder durch einen Dritten vornehmen zu lassen. Dies gilt etwa dann, wenn dem Steuerpflichtigen die entsprechenden finanziellen Mittel fehlen (vgl. *Tipke/Kruse* Anm zu § 151 AO). Wenn aber schon die Abgabe einer Steuererklärung auf diesem Wege erfolgen kann, kann erst recht die nicht formgebundene (Rdnr. 65) Selbstanzeige durch bloße Lieferung von Material erstattet werden (vgl. *Breyer* 1996, 184 mwN). Eine Grenze wird dort zu ziehen sein, wo der Steuerpflichtige sich darauf beschränkt, sämtliche Unterlagen ohne eine Bezeichnung der strafbefangenen Bereiche dem Finanzamt einzureichen.

Ist eine Materiallieferung nicht möglich, ist unerheblich, ob der Steuerpflichtige die Lücken oder Fehler einer unbrauchbaren oder mangelhaften „Berichtigung" verschuldet hat oder nicht (einhM, z.B. LG Hamburg v. 18. 6. 1986, wistra 1988, 120; BGH DB 1977, 1342 mwN.

Wurde die Steuerhinterziehung durch das pflichtwidrige Unterlassen der Verwendung von Steuerzeichen oder Steuerstemplern begangen (§ 370 I Nr. 3 AO), unterscheidet sich die Berichtigungserklärung nicht von anderen Fällen. Auch hier müssen die Besteuerungsgrundlagen gegenüber der Finanzbehörde richtiggestellt werden, zB durch Angaben über Art und Menge der nicht ordnungsgemäß banderolierten Tabakwaren (zutr *List* S. 25, glA *Kohlmann,* 64 zu § 371 AO, *Breyer* 1996, 166, sowie auf dem Wege über einen Analogieschluß auch HHSp-*Engelhardt* 64 f. zu § 371 AO). Weder muß die Selbstanzeige hier durch eine Anzeige nach § 153 AO erfolgen (insoweit fehlerhaft *Troeger/Meyer* S. 259), noch genügt eine bloße Nachzahlung der verkürzten Steuerbeträge (insoweit zutr. *Troeger/Meyer* aaO).

60 **Nur auf unrichtige eigene Angaben** braucht sich die Berichtigung im Sinne einer Materiallieferung zu beziehen (*Spitaler* FR 1955, 75; *Fließbach* StW 1955, 276 zu BFH v. 24. 11. 1954, BStBl 1955, 30; *Firnhaber* S. 77 ff; zw. BFH aaO), d. h. auf Angaben, die der Steuerpflichtige entweder persönlich gemacht hat oder die jedenfalls von seinem Vorsatz erfaßt waren. Der Steuerpflichtige verliert die Anwartschaft auf Straffreiheit nicht, wenn er sich weigert, zusätzliche Angaben zu machen, die die steuerlichen Verhältnisse eines Dritten betreffen, an deren Verschleierung er nicht beteiligt war (vgl. *Maaßen* FR 1956, 460). Hat der Steuerpflichtige OR-Geschäfte angezeigt, die regelmäßig von beiden Geschäftspartnern nicht verbucht werden, genügt für die strafbefreiende Wirkung der Berichtigungserklärung, daß der Anzeigeerstatter die in seinen eigenen Steuererklärungen nicht erfaßten Besteuerungsgrundlagen nachmeldet, ohne den Namen des Geschäftspartners anzugeben. Soweit er allerdings als Mittäter, Anstifter oder Gehilfe (§ 25 II, §§ 26, 27 StGB) auch für die Steuerhinterziehung des Geschäftspartners mitverantwortlich ist, kann *insoweit* Straffreiheit nur durch Benennung des Geschäftspartners erlangen (mißverständlich *Lüttger* StB 1993, 373). Im übrigen darf die Finanzbehörde den Anzeigeerstatter nicht mit Zwangsmitteln (§§ 328 f., 331 f., 334 AO) zu Offenbarungen zwingen. Liegen dagegen die Voraussetzungen einer Mittäterschaft oder Teilnahme des Anzeigeerstatters an der Steuerhinterziehung des Geschäftspartners *nicht* vor, kann eine Begünstigung (§ 257 StGB) in Betracht kommen; ob dies schon wegen der verweigerten Auskunft möglich ist (so *Franzen,* Voraufl. Rdnr. 41), erscheint jedoch zweifelhaft.

61 **Auch dritte Personen,** sogar Amtsträger einer Finanzbehörde, können sich durch unrichtige, unvollständige oder pflichtwidrig unterlassene Angaben im Besteuerungs-, Erhebungs- oder Vollstreckungsverfahren oder als Auskunftspersonen oder Sachverständige im Verfahren über einen Rechtsbehelf an einer Steuerhinterziehung beteiligt haben und ihre irreführende Angaben nach § 371 I AO berichtigen. Für die Berichtigung eines Mittäters oder eines Teilnehmers (Anstifters oder Gehilfen) an einer Steuerhinterziehung gilt grundsätzlich nichts anderes als für die Berichtigung eines Alleintäters (HHSp-*Engelhardt* 130, *Kohlmann* 64.5 zu § 371 AO).

62 **Für die Selbstanzeige des Gehilfen** hatte demgegenüber das OLG Hamburg (v. 21. 11. 1985, wistra 1986, 116 f. mit abl. Anm *Bublitz*) entschieden, daß dieser bereits dann wirksam Selbstanzeige erstatten kann, wenn er dem Finanzamt lediglich mitteilt, daß bestimmte Steuererklärungen unrichtig sind, und er faktisch nicht in der Lage ist, dem Finanzamt die zutreffenden Besteuerungsgrundlagen zu offenbaren (zust. *Kohlmann* 64. 5, abl. HHSp-*Engelhardt* 131 zu § 371 AO). Die Unmöglichkeit, dem Finanzamt die zutreffenden Besteuerungsgrundlagen zu offenbaren, hindert aber auch sonst die Möglichkeit der strafbefreienden Selbstanzeige (oben Rdnr. 58) und ist zugleich insbesondere beim Anstifter ein Problem (so zutr. HHSp-*Engelhardt*

II. Die Berichtigung nach § 371 I AO

132 zu § 371). Andererseits ist zu bedenken, daß der vom OLG Hamburg entschiedene Fall dadurch gekennzeichnet war, daß der Gehilfe ein Steuerberater war, der mangels Lieferung von Daten durch seinen Mandanten „gegriffene" Beträge in die Voranmeldung einsetzte und dem Finanzamt übermittelte. Wenn er nunmehr dem Finanzamt diesen Umstand mitteilt, macht er eben den Schaden wieder gut, den er zuvor angerichtet hatte; insofern erscheint die Entscheidung des OLG Hamburg vertretbar (s. auch Rdnr. 63).

Ob und warum der Mittäter oder Teilnehmer der Steuerhinterziehung nicht in der Lage ist, die konkreten Besteuerungsgrundlagen mitzuteilen, ist grundsätzlich irrelevant. Bedeutsam ist demgegenüber, welchen Beitrag er zu der konkreten Steuerhinterziehung geleistet hat. Entscheidend ist, daß der Mittäter oder Teilnehmer den Beitrag eliminiert, den er seinerzeit zur Begehung der versuchten oder vollendeten Steuerhinterziehung geleistet hat. Soweit ein Mittäter oder Teilnehmer nicht selbst für die Steuerverkürzung verantwortlich ist, weil bestimmte Teilbereiche einer Tat seiner Kenntnis und damit auch seinem (Täter-, Anstifter – oder Gehilfen-) Vorsatz entzogen waren, kann von ihm auch keine Berichtigung erwartet werden (im Ergebnis ebenso *List* S. 25f.). Wer als Anstifter bei einem Dritten den Tatentschluß hervorruft, bestimmte Zahlungen an einen Sportverein steuerrechtswidrig als Spenden geltend zu machen, kann Selbstanzeige schon dadurch erstatten, daß er dem Finanzamt hiervon Mitteilung macht. Wer als Gehilfe an OR-Geschäften beteiligt war, genügt dem § 371 AO, wenn er nicht nur die Art und Weise seiner Mitwirkung darlegt, sondern auch Angaben über den Umfang seiner Mitwirkung macht, z. B. über die Höhe der Umsätze aus OR-Geschäften, an denen er beteiligt war (krit. HHSp-*Engelhardt* 131f. zu § 371). Dies ergibt sich aus der Parallele des § 371 AO zu den Rücktrittsregelungen in § 24 StGB. So setzt dort der Rücktritt des Tatbeteiligten nach § 24 Abs. 2 in Fällen der Tatvollendung voraus, daß dieser seinen eigenen Tatbeitrag rückgängig macht bzw. die Vollendung der Tat vereitelt. Für den § 371 AO genügt es mithin, daß der Täter oder Teilnehmer durch die Offenbarung seiner Tatbeteiligung die Ermittlung zutreffender Besteuerungsgrundlagen ermöglicht. Dies bedeutet nicht eine „Kronzeugenregelung" im Steuerstrafrecht, insbesondere ist die bloße Anzeige der strafbaren Mitwirkung nicht genügend. Es ist aber ausreichend, wenn der Mittäter oder Teilnehmer Art und Umfang seines Tatbeitrages nebst den von ihm konkret verkürzten Beträgen dem Finanzamt mitteilt. Dementsprechend bestimmt sich die Menge der dem Finanzamt zu liefernden Informationen nach dem Grad der Mitwirkung an der begangenen Steuerhinterziehung. Der Mittäter, der die Tat entscheidend mitgestaltet hat (und in den Fällen des § 370 I Nr 2 AO sogar selbst Steuerpflichtiger sein muß; siehe Rdnr. 18 zu § 370 AO) hat mehr zu korrigieren, als der Teilnehmer, der lediglich eine fremde Tat unterstützte oder den Tatentschluß zu dieser hervorrief. Wenn er aber einen erheblichen Beitrag geleistet hat, ist es irrelevant, warum er nicht in der Lage ist, die Details zur Rückgängigmachung mitzuteilen. Im Einzelfall mag § 46a StGB helfen (Rdnr. 240).

64 Enthält eine Erklärung wieder neue, erhebliche Unrichtigkeiten, soll sie nach der Rechtsprechung keine „Berichtigung" darstellen und daher nicht zu Straffreiheit führen (RG v. 27. 6. 1938, RStBl. 1938, 1133; RG v. 12. 6. 1941, RStBl. 1941, 449; BGH v. 14. 12. 1976, DB 1977, 1347). In dem erstgenannten Urteil hatte das Reichsgericht eine erhebliche Unrichtigkeit – trotz unveränderten Steuersatzes – bereits darin erblickt, daß der Steuerpflichtige die Zuckermengen, für die er Zuckersteuer hinterzogen hatte, stillschweigend im folgenden Monat zusätzlich anmeldete (siehe oben Rdnr. 88). Indessen sind solche verschleiernden Erklärungen zu unterscheiden von Angaben, die lediglich dem Ausmaß nach hinter der Wirklichkeit zurückbleiben und deshalb – soweit sie der Wirklichkeit näher kommen – *insoweit* Anspruch auf Straffreiheit begründen, siehe Rdnr. 160 ff. (aM BGH aaO; wie hier *Barske* DB 1978, 2155; *Leise* BB 1978, 698). Da die strafbefreiende Wirkung der Selbstanzeige auch eine korrekte zeitliche Zuordnung der verkürzten Beträge voraussetzt (siehe Rdnr. 72), liegt im erstgenannten Urteil des Reichsgerichts schon keine Berichtigungserklärung vor. Im übrigen ist entscheidend, in welchem Maße die vom Steuerpflichtigen vorgenommene Berichtigung zutreffende Angaben enthält. Dabei ist die strafbefreiende Wirkung nicht ausgeschlossen, wenn der Steuerpflichtige sich in der Selbstanzeige zu seinen Ungunsten geirrt hat (BGH v. 5. 9. 1974, NJW 1974, 2293).

2. Die Form der Selbstanzeige

Schrifttum: *Voigt,* Formlose tätige Reue, FR 1951, 44; *Berger,* Selbstanzeige durch Abgabe der Jahressteuererklärung und bei Schätzung des Gewinns durch das Finanzamt, BB 1951, 919; *Henke,* Ist, wer eine Betriebsprüfung beantragt, wirklich gedeckt in dem Sinne, daß er sich nicht strafbar gemacht hat? DStZ 1960, 188; *Lohmeyer,* Abgabe der Umsatzsteuererklärung als Selbstanzeige, UStR 1962, 129; *Herdemerten,* Selbstanzeige bei verspäteter Abgabe von UStVoranmeldungen? DStR 1970, 198; *Kopacek,* Verspätete Abgabe der Lohnsteueranmeldung als strafbefreiende Selbstanzeige, NJW 1970, 2098; *Henneberg,* Verspätete Abgabe der Lohnsteueranmeldung als strafbefreiende Selbstanzeige? Inf 1971, 351; *Garbers,* Selbstanzeige durch Einreichung der Umsatzsteuerjahreserklärung, wistra 1984, 49; *Lauppe-Assmann/Ziervogel,* Die Umsatzsteuer-Jahreserklärung als Selbstanzeige, wistra 1985, 142; *Neck,* Selbstanzeige durch Einreichung der Einkommensteuererklärung, DStR 1985, 505; *Wrenger,* Probleme der Selbstanzeige nach §§ 371, 378 Abs. 3 AO, DB 1987, 2325; *Teske,* Die neuere Rechtsprechung zur Selbstanzeige, wistra 1990, 139; *Schuhmann,* Zur Selbstanzeige bei der Umsatzsteuer, wistra 1994, 253.

65 Eine bestimmte Form ist für die Selbstanzeige nicht vorgeschrieben, insbesondere braucht die Selbstanzeige nicht – wie etwa die ursprüngliche oder unterlassene Steuererklärung – auf amtlich vorgeschriebenem Vordruck (§ 150 AO) abgegeben zu werden (*Bilsdorfer* wistra 1983, 95; *Breyer* 1996, 164). Die Berichtigungserklärung kann schriftlich, aber auch mündlich (OLG Düsseldorf v. 10. 12. 1958, DB 1960, 458; OLG Hamm v. 24. 5. 1961, DB 1961, 968; OLG Köln v. 28. 8. 1979, DB 1980, 57; OLG Hamburg v. 21. 11. 1985, wistra 1986, 116) abgegeben werden. Schriftliche Erklärungen brauchen nicht unterschrieben zu sein (BayObLG v. 7. 10. 1953, NJW 1954, 244 f; HHSp-*Engelhardt* 134, *Kohlmann* 52 zu § 371 AO), wenn sich die Identität des Anzeigeerstatters aus dem Inhalt ergibt. Zur Vermeidung von Mißverständnissen sollten mündliche Erklärungen unverzüglich protokolliert werden (vgl. RG 61, 115, 120 v. 4. 1. 1927). Die Übermittlung per Telefax

II. Die Berichtigung nach § 371 I AO

ist ebenso ausreichend wie eine fernmündliche (vgl. *Breyer* 1996, 155; krit. *Franzen*, Vorauﬂ. § 371 Rdnr. 44); allerdings sollte der Steuerpﬂichtige sich bewußt sein, daß der Grundsatz „in dubio pro reo" nur gilt, wenn der Tatrichter Zweifel hat und seine Einlassung, er habe fernmündlich Selbstanzeige erstattet, nicht als bloße Schutzbehauptung abtut. Insofern ist es im Interesse des Steuerpﬂichtigen, auf eine entsprechende Dokumentation des Zugangs bei der Finanzbehörde zu achten.

Der Gebrauch des Wortes „Selbstanzeige" oder eine Bezugnahme auf 66 § 371 AO ist nicht erforderlich (HHSP-*Engelhardt* 135, *Kohlmann* 53 zu § 371 AO; *Breyer* 1996, 160). Die Berichtigungserklärung kann neutral erscheinen und braucht keinen ausdrücklichen Hinweis auf strafrechtliche Aspekte des vorausgegangenen Verhaltens zu bieten (BGH v. 13. 10. 192, wistra 1993, 66; *Kohlmann* 53, HHSp-*Engelhardt* 135, *Senge* 12 zu § 371 AO). Der Anzeigeerstatter braucht sich weder „*auf ersichtliche Weise zu der Verkürzung zu bekennen*" (insoweit mißverständlich *Kühn/Hofmann* 5 zu § 371 AO), noch muß er sich einer strafbaren Handlung bewußt sein, geschweige denn mit seiner Berichtigungserklärung ein strafrechtliches Geständnis verbinden (zutr. *Berger* BB 1951, 919; *Troeger/Meyer* S. 262). Ausreichend ist die Mitteilung der richtigen Besteuerungsgrundlagen, ohne daß es der Angabe eines Motivs bedarf (OLG Celle v. 5. 11. 1970, DB 1971, 707; LG Stuttgart v. 21. 8. 1989, wistra 1990, 72, 73).

Ein Bestreiten der Strafbarkeit des Verhaltens ist unschädlich (*Suhr* 67 1977, S. 369). Soweit der BGH (v. 13. 10. 1992, wistra 1993, 66, 68) voraussetzt, daß die Finanzbehörde „*infolge der Anzeige auch in die Lage versetzt*" wird, „*den staatlichen Steueranspruch wegen der hinterzogenen Steuern nunmehr nachträglich vollständig durchzusetzen, dabei inbesondere auch den nach § 69 AO (wie § 71 AO) haftenden Angeklagten persönlich in Anspruch zu nehmen, ihm gegebenenfalls auch eine Nachzahlungsfrist (§ 371 III AO) zu setzen*", ist dies mit dem Wortlaut des § 371 I AO nicht zu vereinbaren. Ebenso, wie die Zahlung von Hinterziehungszinsen nicht Voraussetzung für die Erlangung der Strafﬀreiheit ist, muß die Selbstanzeige nicht die tatsächlichen Grundlagen für die Festsetzung von Hinterziehungszinsen liefern. Auch der Verweis des BGH auf die Notwendigkeit der Setzung einer Nachzahlungsfrist (§ 371 III AO) überzeugt nicht. Mit diesem Argument müßte einer Selbstanzeige nicht nur dann die Wirksamkeit abgesprochen werden, wenn in dieser strafbares Verhalten bestritten wird, sondern schon dann, wenn mit der Berichtigungserklärung nicht zugleich die Voraussetzungen der steuerrechtlichen Folgen einer Steuerhinterziehung (verlängerte Festsetzungsfrist gemäß § 169 II S. 2 AO; Durchbrechung der Änderungssperre nach § 173 II AO; Haftung des Steuerhinterziehers gemäß § 71 AO; Festsetzung von Hinterziehungszinsen gemäß § 235 AO) mitgeteilt werden. Dies wird von niemandem ernsthaft vorausgesetzt, weil es vom Gesetzeswortlaut schlicht nicht gedeckt ist.

Die Abgabe einer Steuererklärung kann ebenfalls strafbefreiende Selbst- 68 anzeige sein. Sie ist jedenfalls dann ausreichend, wenn der Steuerpﬂichtige dem zuständigen Finanzamt überhaupt noch nicht bekannt war (vgl. den Sachverhalt zu OLG Frankfurt v. 18. 10. 1961, NJW 1962, 974). Hatte der

Steuerpflichtige für die fraglichen Steuerarten und Steuerabschnitte unrichtige oder unvollständige Steuererklärungen abgegeben, muß in abweichenden späteren Erklärungen sein Wille zum Ausdruck kommen, daß diese an die Stelle der ursprünglichen Erklärungen treten sollen. Dies ergibt sich in der Regel schon aus dem Umstand, daß der Steuerpflichtige eine bereits eingereichte Erklärung durch neue (höhere Steuern ergebende) ersetzt.

69 **Die Abgabe einer Jahreserklärung** wurde bislang überwiegend als strafbefreiende Selbstanzeige eingeordnet. Dies betraf zum einen die kommentarlose Abgabe einer Umsatzsteuerjahreserklärung (§ 18 III UStG), die als wirksame Selbstanzeige hinsichtlich unrichtiger monatlicher Umsatzsteuervoranmeldungen (§ 18 I, II UStG) angesehen wurde (*Kohlmann* 64. 2 zu § 371 AO; RG v. 14. 2. 1932, RStBl 419; OLG Hamburg v. 27. 1. 1970, NJW 1385; LG Hamburg v. 25. 11. 1981, wistra 1983, 266; OLG Hamburg v. 12. 2. 1985, wistra 1985, 166 ff; aM *Garbers,* wistra 1984, 49, 51; vgl. auch *Ziervogel/Lauppe-Assmann,* wistra 1985, 142, 143 f; *Ulmer,* wistra 1983, 22, 24). Ebenso wurde die Einreichung einer Einkommensteuerjahreserklärung als Selbstanzeige hinsichtlich falscher Angaben zu den Einkommensteuervorauszahlungen gemäß § 37 III EStG eingeordnet (*Koch/Zeller,* 12, *Kohlmann* 64. 3 zu § 371 AO; Neck DStR 1985, 505, 506 f; aA LG Stuttgart v. 25. 11. 1983, wistra 1984, 197; *Klein/Orlopp* 3 zu § 371 AO). Inwiefern sich diese Auffassung vor dem Hintergrund der Aufgabe der Figur der fortgesetzten Handlung durch den Großen Senat (vgl. 113 zu § 369 AO) halten läßt, ist zweifelhaft. Insbesondere bei der Umsatzsteuer ging man bislang davon aus, daß Voranmeldungen und Jahreserklärungen eine einheitliche Tat darstellten, sich also eine fortgesetzte Verkürzung im Voranmeldungsverfahren ggf. entweder im Rahmen der Jahreserklärung perpetuiere oder aber eine entsprechende Korrektur Selbstanzeige bezüglich unrichtiger Voranmeldungen sei. Da es eine fortgesetzte Tat bei Steuerhinterziehung nach Auffassung des BGH (v. 20. 6. 1994, wistra 266) nicht mehr gibt, liegt es nicht völlig fern, bei diesen Konstellationen von 13 Taten auszugehen (12 Voranmeldungen, 1 Jahreserklärung), die zueinander im Verhältnis der Tatmehrheit stehen. Aber selbst wenn man diese Auffassung vertreten sollte (siehe aber Rdnr. 114 zu § 369 AO), bleibt zu bedenken, daß sich aus der Gesamtsumme der nachgemeldeten Umsätze die Unrichtigkeit einer oder mehrerer Voranmeldungen unschwer ergibt. Auch die Umsatzsteuer ist Jahressteuer und mit Ablauf des Veranlagungszeitraums ist eine Aufgliederung der Umsätze nach Monaten oder Kalendervierteljahren entbehrlich. Selbst wenn innerhalb des Veranlagungszeitraums ein geänderter Steuersatz in Kraft getreten ist, sieht schon der Vordruck eine Unterscheidung zwischen alten Umsätzen und neuen, dem höheren Steuersatz unterliegenden, vor. Eine Zuordnung zu einzelnen Monaten (vgl. *Franzen,* Voraufl. 47 zu § 371 AO; RG RStBl 1932, 419; OLG Hamburg v. 27. 1. 1970, NJW 1970, 1385; LG Hamburg v. 9. 5. 1983, wistra 1983, 266; siehe auch FinB Hamburg DB 1965, 1159) wäre allein für die Festsetzung von Hinterziehungszinsen relevant. Eine dahin gehende Erklärung ist jedoch von § 371 I AO nicht vorausgesetzt. Überdies steht es der Finanzbehörde frei, ggf. davon auszugehen,

II. Die Berichtigung nach § 371 I AO 70–73 § 371

daß bereits mit der Voranmeldung mit dem Monat Januar die entsprechenden, nunmehr nachgemeldeten Beträge verkürzt worden sind, und dies einem etwaigen Zinsbescheid zugrunde zu legen. Eine Zuordnung zu einzelnen Monaten wäre übertriebene Förmelei. Nichts anderes gilt für den Bereich der Einkommensteuerjahreserklärung im Verhältnis zu den Vorauszahlungen.

Daß im Hinblick auf die Nachzahlungspflicht gemäß § 371 III AO gegebenenfalls aus der Einkommensteuerabschlußzahlung herauszurechnen ist, in welchem Umfange der Steuerpflichtige zuvor den Steuervorteil der Herabsetzung von Vorauszahlung erschlichen hatte, nimmt der Jahreserklärung nicht den Charakter der Selbstanzeige. 70

Enthält die Einkommensteuerjahreserklärung Einkünfte aus nichtselbständiger Arbeit, für die Lohnsteuer zu Unrecht nicht einbehalten worden waren, oder Einkünfte aus Kapitalvermögen, für die rechtswidrig keine Kapitalertragsteuer bzw. kein Zinsabschlag einbehalten worden war, ist dies nicht ohne weiteres Selbstanzeige zugunsten desjenigen, der seine Abzugsverpflichtung nicht nachgekommen war. Abzugsteuer und Einkommensteuer betreffen verschiedene Steuersubjekte, so daß eine Selbstanzeige nur dann denkbar ist, wenn der die Einkommensteuerjahreserklärung Einreichende für den entsprechenden Täter handelt. Allerdings kann die Aufnahme solcher Beträge in die Steuererklärung der Steuerpflichtigen von der strafbaren Teilnahme an der Tat des Anderen befreien oder eine strafbefreiende Selbstanzeige im Hinblick auf eine Steuerhinterziehung in mittelbarer Täterschaft (durch Abgabe unrichtiger Freistellungsaufträge; Vorlage einer unrichtigen Lohnsteuerkarte) darstellen. 71

Die Nachholung unterlassener Angaben in einem anderen Steuerabschnitt ist keine Berichtigung iSd § 371 I AO (BGH v. 18. 10. 1956, BStBl. 1957 I, 122; *Hartung* III zu §§ 410, 411 RAO 1951; *Ehlers* S. 29; *Suhr* 1977, S. 369; *Pfaff* S. 94). Wer die für *einen* Steuerabschnitt unterlassenen Angaben ohne Erläuterung der für *anderen* Steuerabschnitt abgegebene Steuererklärung nachholt, z. B. die in einer EStErklärung verschwiegenen Einkünfte stillschweigend in die Steuererklärung für das folgende Jahr aufnimmt, berichtigt nicht für das Jahr, in dem die Verkürzung eingetreten ist. Auch wer Außenstände erst in der Bilanz eines späteren Jahres ausweist als desjenigen, für das sie hätten ausgewiesen werden müssen, nimmt keine Berichtigung vor. Stellt der Steuerpflichtige ihm selbst zugeflossene Einnahmen als seiner Ehefrau zugeflossen dar (*Rainer*, in *Gräfe/Lenzen/Rainer*, Rdnr. 1797), liegt ebenfalls keine Berichtigung vor (HHSp-*Engelhardt* 123 zu § 371 AO). In diesen Fällen wird es aber regelmäßig an der Vorstellung des Täters fehlen, durch unrichtige Angaben Steuern zu verkürzen. Im übrigen schlägt *Engelhardt* (HHSp 123 zu § 371 AO) zu Recht vor, in diesen Fällen die Sanktion nur nach dem tatsächlich hinterzogenen Betrag zu bemessen. 72

Ein Antrag auf Vornahme einer Außenprüfung durch die Finanzbehörde ist für sich allein keine Berichtigungserklärung, soweit es an materiell berichtigenden Angaben fehlt (OLG Düsseldorf 27. 5. 1981, wistra 1982, 119); überdies besteht kein Rechtsanspruch auf Durchführung einer Außenprüfung (BFH v. 13. 8. 1970, BStBl 1970 II, 767; BFH v. 24. 10. 1972, DStR 73

1973, 215). Für einen besonders gelagerten Sachverhalt hat der 3. StrS des BGH entschieden, daß ein derartiger Antrag in Verbindung mit dem Hinweis auf die Höhe der Umsätze eines bestimmten gleichartigen Betriebes und sonstigen Auskünften und Aufklärungshilfen als Berichtigung angesehen werden könne (BGH 3, 373 f. v. 13. 11. 1953); diese Entscheidung zu § 410 RAO 1949 darf jedoch nicht verallgemeinert werden (*Coring* DStR 1963, 376). In der Regel ist die Anregung eines Steuerpflichtigen, eine Betriebsprüfung vorzunehmen, keine Berichtigung (BGH v. 15. 6. 1954, StRK AO § 410 R 7, zust. HHSp-*Engelhardt* 114, *Kohlmann* 62 zu § 371 AO; *Breyer* 1996, 164). Vielfach mißverstanden wurde das LG Lüneburg (Urt. v. 10. 9. 1959, DStZ/B 1960, 263), das einen Antrag des Steuerpflichtigen auf Vornahme einer Betriebsprüfung in Verbindung mit anderen Hilfstatsachen als Anzeichen darin gewürdigt hat, daß ein vorsätzliches oder leichtfertiges Bewirken der festgestellten Steuerverkürzung nicht erwiesen sei (zutr. *Henke* DStZ 1960, 188).

74 **Eine stillschweigende Nachzahlung der verkürzten Steuerbeträge** – mit oder ohne Namensangabe – stellt keine Selbstanzeigehandlung dar; denn mit einer bloßen Zahlung werden unrichtige Angaben nicht so berichtigt oder unterlassene Angaben nicht so nachgeholt, wie sie richtigerweise hätten gemacht werden müssen (vgl. BGH v. 25. 9. 1959, DStZ/B 1959, 499; HHSp-*Engelhardt* 114, *Senge* 12 zu § 371 AO). Allerdings ist bei einfachen Sachverhalten nicht ausgeschlossen, daß eine Berichtigung auch auf einem für die Finanzkasse bestimmten Zahlkartenabschnitt bzw. mit dem Überweisungsträger erfolgt, wenn z. B. ein Arbeitgeber in dieser Weise erklärt, daß er im vorangegangenen Monat Lohnsteuer in der überwiesenen Höhe zu wenig angemeldet habe. Erfolgt jedoch die Nachzahlung ohne jeden erläuternden Hinweis, so ist das Finanzamt nicht einmal in der Lage, die für die Verbuchung des eingegangenen Betrages auf einem bestimmten Steuerkonto erforderliche Sollstellung zu berichtigen; es müßte den Betrag in Verwahrung nehmen oder zurücküberweisen.

75 **Eine Teil-Selbstanzeige,** in der die steuerlich erheblichen Tatsachen nicht in vollem Umfang zutreffend offenbart werden, bewirkt Straffreiheit nur in dem mitgeteilten Umfang (HHSp-*Engelhardt* 126 zu § 371 AO). Dies ergibt sich aus dem Wort „**insoweit**", während das Straffreiheitsgesetz eine strafbefreiende Wirkung nur annahm, „wenn" der Steuerpflichtige die zutreffenden Angaben machte (vgl. *Joecks* 1987, S. 25).

76 Eine Selbstanzeige kann sich aus **mehreren Erklärungen** des Steuerpflichtigen und/oder seines Beauftragten zusammensetzen (BGH 3, 373, 375 f. v. 13. 11. 1952; *Kohlmann* 54 zu § 371 AO). So kann sich etwa aus weiteren Schreiben nicht nur eine quantitative Ergänzung einer ersten Teil-Selbstanzeige ergeben, sondern durch weitere Schreiben erst die Qualität der Selbstanzeige herleiten lassen. Vorausgesetzt ist aber immer, daß zum Zeitpunkt der Abgabe weiterer (berichtigender) Erklärungen noch keine Sperrwirkung iSd § 371 II AO eingetreten ist (so zutr. HHSp-*Engelhardt* 136 zu § 371 AO). Nimmt mithin das Finanzamt ein erstes Schreiben des Steuerpflichtigen, welches den Anforderungen des § 371 I AO nicht genügt, zum Anlaß, gegen

II. Die Berichtigung nach § 371 I AO

den Steuerpflichtigen ein Steuerstrafverfahren einzuleiten, haben weitere Teil-Erklärungen im Hinblick auf § 371 II Nr 1b AO keine strafbefreiende Wirkung mehr.

Die Finanzbehörde trifft keine Pflicht, weitere Teil-Erklärungen abzuwarten. Zwar hat die Bustra nach Nr 120 I 1 AStBV zu prüfen, *„ob die Angaben für eine wirksame Selbstanzeige ausreichen, gegebenenfalls, ob dem Täter Gelegenheit zu geben ist, die Angaben zu vervollständigen"*. Diese Vorschrift widerspricht jedoch dem Legalitätsprinzip; ein Finanzbeamter, der aus einem ersten Schreiben die Strafbarkeit des Verhaltens erkennt, und zudem weiß, daß dieses Schreiben die Voraussetzung des § 371 I AO nicht erfüllt, hat das Steuerstrafverfahren einzuleiten, sonst macht er sich gegebenenfalls der Strafvereitelung im Amt (§ 258a StGB) schuldig (zum Parallelproblem beim Straffreiheitsgesetz vgl. *Joecks* 1989 S. 25). Soweit in der Literatur eine sogenannte „Nachbesserungsfrist" (*Franzen*, Voraufl. Rdnr. 52 zu § 371 AO) für möglich gehalten wird, ist diese vom Gesetz nicht gedeckt. Eine Teil-Erklärung genügt dem § 371 I AO nur, *„wenn sie den Sachverhalt so genau beschreibt, daß er hinreichend individualisierbar ist und nicht nachträglich in wesentlichen Punkten verändert werden kann"* (*Zacharias/Rinnewitz/Spahn* DStZ 1988, 391, 394). Insbesondere muß der Steuerpflichtige angeben, welche tatsächlichen Angaben unrichtig oder unvollständig waren oder unterlassen worden sind sowie auf welche Steuer und auf welchen Zeitraum sie sich bezogen (HHSp-*Engelhardt* 137 zu § 371 AO).

Eine Mitteilung lediglich in Grundzügen genügt ebensowenig wie eine „Selbstanzeige dem Grunde nach" (aM *Henneberg,* Inf 1972, 493; vgl. auch *Kohlmann* 55 zu § 371 AO; *Kratzsch,* Grundfragen 283, 295 ff; OLG Frankfurt v. 18. 10. 1961, NJW 1962, 974; *Leise/Dietz* 12 zu § 371 AO; *Streck* DStR 1985, 9, 10). Möglich ist allenfalls, daß der Steuerpflichtige in einem ersten Schreiben Werte übermittelt, die auf einer groben Schätzung beruhen, und darum bittet, eine exakte Berechnung nachreichen zu dürfen (vgl. *Stahl* KÖSDI 1988, 7431. Dann geht es aber nicht mehr um die Frage einer Teil-Erklärung, sondern allein darum, ob in dem ersten Schreiben bereits eine Berichtigungserklärung iSd § 371 I AO enthalten ist. Oftmals ist dies der Fall (vgl. auch *Streck* DStR 1985, 9, 10). Eine „Selbstanzeige", die lediglich die Lieferung von Daten ankündigt, ohne daß verkürzte Volumen auch nur annähernd zu quantifizieren, ist nicht Selbstanzeige und kann eine Straffreiheit allenfalls dann einleiten, wenn die Finanzbehörde nach der problematischen Regelung in Nr. 120 I AStBV verfährt (oben Rdnr. 77). Ansonsten führt ein solches Schreiben zur Entdeckung der Tat und ggf. zur Einleitung des Strafverfahrens, so daß wegen § 371 II eine spätere Materiallieferung keine strafbefreiende Wirkung mehr haben kann.

3. Die Person des Anzeigeerstatters

Schrifttum: *Spitaler,* Selbstanzeige und Mandantentreue, MStb 1962, 65; *Lohmeyer,* Erstattung der Selbstanzeige durch Bevollmächtigte, DStR 1964, 446; *ders.,* Erstattung von Selbstanzeigen zugunsten Dritter durch den Steuerberater, Stbg 1987, 348; *Pfaff,* Selbstanzeige des Gehilfen, StBp 1987, 86.

§ 371   79–83   Selbstanzeige bei Steuerhinterziehung

79   **Aus dem Wortlaut des § 371 AO** *(„Wer … berichtigt …, wird insoweit straffrei")* ergibt sich, daß die Selbstanzeige einen Strafaufhebungsgrund darstellt (Rdnr. 32). Demzufolge erlangt Straffreiheit nur, wer als Täter einer Steuerhinterziehung oder als Teilnehmer (Rdnr. 33) die Selbstanzeige persönlich erstattet. Die Berichtigung kann durch einen bevollmächtigten Vertreter erklärt werden, sofern der Täter oder Teilnehmer sie persönlich veranlaßt hat (BGH 3, 373 v. 13. 11. 1952). Die Selbstanzeige zugunsten eines Dritten erfordert danach eine *besondere* Vollmacht und einen *nach der Tat* erteilten ausdrücklichen Auftrag (RG 56, 385, 387 v. 11. 5. 1922; BayObLG v. 7. 10. 1953, NJW 1954, 244).

80   **Die von einem Vertreter ohne Vertretungsmacht** oder von einem Geschäftsführer ohne Auftrag abgegebene Erklärung kann für einen Dritten nach hM auch dann keine Rückwirkung entfalten, wenn der Dritte die Selbstanzeige später genehmigt – dies wirkt freilich ex nunc – oder wenn sie nach der jeweils gegebenen Sachlage seinem mutmaßlichen Willen entsprach (HHSp-*Engelhardt* 79, *Kohlmann* 42, *Koch* 8f. und *Leise/Dietz* 5 zu § 371 AO; *Kratzsch* StW 1974, 72; *Ehlers* DStR 1974, 695; *Pfaff* DStZ 1982, 361f.). Daß die bloße Selbstanzeige auch im Interesse eines Dritten nicht ausreicht, ergibt sich mittelbar bereits aus § 371 IV AO.

81   **Die Berichtigung durch einen bevollmächtigten Vertreter** setzt zwar eine besondere Vollmacht, nicht jedoch Schriftform voraus (*Senge* 7 zu § 371 AO). Auch ein mündlicher Auftrag reicht aus (vgl. BGH v. 24. 10. 1984, wistra 1985, 74, 75). Dennoch ist – selbst wenn die Praxis die Vollmacht in der Regel nicht überprüft (*Bilsdorfer*, wistra 1984, 94) eine schriftliche Vollmacht zu empfehlen (*Lohmeyer* StB 1982, 298). Das Verbot der Mehrfachvertretung (§ 146 StPO) steht der Vertretung mehrerer Steuerpflichtiger bei der Erstattung einer Selbstanzeige nicht entgegen, da die Selbstanzeige noch keine Maßnahme der Verteidigung in einem Strafverfahren ist (HHSp-*Engelhardt* 83 zu § 371 AO).

82   **Verdeckte Stellvertretung** ist bei Berichtigung durch einen bevollmächtigten Vertreter nach hM zulässig (BayObLG v. 7. 10. 1953, NJW 1954, 244; BayObLG v. 27. 4. 1972, DStZ/B 1972, 287; HHSp-*Engelhardt* 86 zu § 371 AO). Nicht nötig soll sein, daß der Anzeiger erkennen läßt, daß er die Anzeige (auch) im Auftrage eines Dritten erstattet (*Engelhardt* aaO).

83   Auch in Fällen der Vertretung muß die Person des Vertretenen der Finanzbehörde bekannt werden (so *Kühn/Hofmann* 6 zu § 371 AO). Zwar wird man nicht so weit gehen können wie das Reichsgericht (Urt. v. 8. 1. 1942, RStBl 1942, 35), das nicht einmal die Selbstanzeige eines verstorbenen Vaters für den als Teilnehmer angeklagten Sohn wirken lassen wollte. Der Vertretene muß – auch wenn die Vertretungsmacht zu diesem Zeitpunkt noch nicht offenbart sein muß – jedenfalls der Finanzbehörde persönlich bekannt werden. Dies gilt jedenfalls in den Fällen, in denen es zu einer Verkürzung von Steuern bereits gekommen ist, weil nur bei namentlichem Bekanntsein des Täters oder Teilnehmers der Steuerhinterziehung es möglich ist, ihm eine entsprechende Frist zu setzen. Ähnlich argumentierte der 5. Strafsenat des BGH in einem unveröffentlichtem Beschluß vom 21. Juni 1994–5 StR 105/

II. Die Berichtigung nach § 371 I AO

94: „Selbst wenn die vom Geschäftsführer H erstattete Selbstanzeige auch zugunsten des Angeklagten erfolgte (vgl. BGH v. 24. 10. 1984, StV 1985, 107), kommt Straffreiheit nach § 371 AO dem Angeklagten nicht zugute. Eine Fristsetzung nach § 371 III AO gegenüber dem Angeklagten kam nicht in Betracht, weil seine Beteiligung dem Finanzamt nicht bekannt war. Der Angeklagte mußte deshalb eine gegenüber dem Geschäftsführer der GmbH gesetzte Frist gegen sich gelten lassen. Eine Zahlung der Steuerschuld ist nicht erfolgt." Diese Entscheidung ist zwar insofern abzulehnen, als sie der Fristsetzung gegen einen Mittäter entsprechende Bedeutung für andere Mittäter beimißt, denn § 371 III AO setzt voraus, daß der Täter eine ihm gesetzte Frist ungenutzt verstreichen läßt (unten Rdnr. 107). Im Ergebnis ist die Entscheidung aber zutreffend, weil die Selbstanzeige voraussetzt, daß der Täter oder Teilnehmer dem Finanzamt als potentiell Nachzahlungspflichtiger bekannt wird. Dies bedeutet, daß zwar eine verdeckte Stellvertretung zulässig ist, innerhalb dieser aber die Person des Vertretenen bekannt werden muß. Das Vertretungsverhältnis kann später noch überprüft werden.

Demgegenüber will *Franzen* (Voraufl. Rdnr. 57, 59 zu § 371 AO) der Selbstanzeige durch Dritte weitergehende Wirkungen beimessen. Die Selbstanzeige eines von mehreren Tätern oder Teilnehmern wirke stets zugleich als Fremdanzeige zum Nachteil der anderen, wenn diese einen besonderen Auftrag, die Anzeige auch in ihrem Namen zu erstatten, nicht erteilt hätten. Vielfach nähmen Anzeigeerstatter irrtümlich an, daß eine Selbstanzeige ohne weiteres zugunsten ihrer Mittäter und Teilnehmer wirke. Das Erfordernis eines besonderen Auftrags bedeute eine besondere Härte, falls Täter und Teilnehmer zueinander in einem rechtlichen oder tatsächlichen Über- und Unterordnungsverhältnis stünden, zB der Unternehmer im Verhältnis zu tatbeteiligten Angestellten oder Eltern im Verhältnis zu tatbeteiligten Kindern (vgl. RG RStBl 1942, 35). Dementsprechend will er das Erfordernis einer besonderen Vollmacht bzw. eines ausdrücklichen Auftrags auf diejenigen Fälle beschränken, in denen der Anzeigeerstatter an der angezeigten Tat nicht beteiligt war. Dagegen solle in den Fällen der Selbstanzeige durch Mittäter und Teilnehmer die Möglichkeit einer „Geschäftsführung ohne Auftrag" analog § 677 BGB und einer „Genehmigung" der Selbstanzeige analog § 184 I BGB anerkannt werden.

Zwar sprechen für diese Auffassung *Franzens* praktische Erwägungen: Insbesondere dann, wenn in Unternehmen Selbstanzeigen im Hinblick auf die Verkürzung von Lohnsteuer vorgenommen werden, ist zugleich eine Vielzahl von Arbeitnehmern im Bereich der Einkommensteuer betroffen. Dennoch ist dies von Grund und Wortlaut des § 371 AO nicht gedeckt. Für die auftragslose Fremdanzeige trifft § 371 IV AO eine abschließende Regelung. Vielmehr ist zu differenzieren: Genehmigt der Mittäter oder Teilnehmer die vollzogene Selbstanzeige des Dritten, so ist dies eine Berichtigungserklärung, die zumindest dann strafbefreiend wirkt, wenn nicht zwischenzeitlich eine Sperrwirkung nach § 371 II AO eingetreten ist. Auch eine sonstige „Billigung" einer bereits eingereichten Berichtigungserklärung genügt den Voraussetzungen des § 371 I AO und führt zu Straffreiheit, soweit nicht bereits § 371 II AO eine solche hindert. Eine andere Frage ist, inwiefern § 371 IV AO in diesen Fällen nicht ohnehin zur Straflosigkeit des mitbetroffenen Dritten führen muß; dies gilt insbesondere für den Fall der Zusammenveranlagung von Ehegatten, bei denen Konfliktlagen naheliegen (vgl. HHSp-*Engelhardt* 88 zu § 371 AO und unten Rdnr. 228 ff.).

86 **Im Verhältnis zwischen steuerlichem Berater und Auftraggeber** kann sich eine Kollisionslage dann ergeben, wenn der Berater auf die Erstattung einer Selbstanzeige drängt, der Mandant sich dazu jedoch nicht entschließen kann, weil er die Entdeckungsgefahr geringer einschätzt oder sich nicht in der Lage fühlt, die nach § 371 III AO erforderliche Nachzahlung zu leisten (vgl. HHSp-*Engelhardt* 87 zu § 371). War der Steuerberater an den Steuerhinterziehungen als Mittäter oder Teilnehmer beteiligt, hindert ihn weder der Aspekt der „Mandantentreue" noch die Pflicht zur Verschwiegenheit nach § 203 StGB daran, für seine Person die erforderliche Berichtigungserklärung abzugeben, denn „*es wäre für ihn unzumutbar, die Interessen seines uneinsichtigen Mandanten vorzuziehen und damit die Gefahr seiner eigenen Bestrafung in Kauf zu nehmen*" (*Spitaler* StB 1962, 65; *Hübner* 87, *Kohlmann* 45 zu § 371 AO; *Rainer* in Gräfe/Lenzen/Rainer Rdnr. 1734; *Bilsdorfer*, wistra 1984, 93, 94). Hat sich der Steuerberater (noch) nicht strafbar gemacht, verbietet ihm die strafbewährte Schweigepflicht (§ 203 StGB) das Finanzamt von dem steuerlich zutreffenden Sachverhalt in Kenntnis zu setzen. Ob er das Mandat angesichts der Vorgeschichte niederlegen will, ist keine Frage des Strafrechts. Soweit er im Rahmen seiner künftigen steuerlichen Beratung Fehler zur Vermeidung einer Entdeckung vergangener Verstöße gegen steuerliche Pflichten fortführen müßte, läuft er gegebenenfalls Gefahr, sich als Mittäter oder Gehilfe strafbar zu machen, so daß eine Niederlegung des Mandats gegebenenfalls der einzige Ausweg ist (vgl. HHSp-*Engelhardt* 87 zu § 371; *Rainer* aaO Nr. 1730 ff.).

87 **Bei Selbstanzeigen für Personen- oder Kapitalgesellschaften** erfaßt die Selbstanzeige nach Abs. 1 nur im begrenzten Umfange die von der Tat begünstigten Personen. Eine Selbstanzeige im Hinblick auf eine Körperschaftsteuerhinterziehung durch verdeckte Gewinnausschüttung betrifft zunächst einmal nur das Steuersubjekt Körperschaft. Soll die Selbstanzeige auch für die ESt des begünstigten Gesellschafters erfolgen, muß dieser dem Anzeigeerstatter einen entsprechenden Auftrag geben. Bei Personengesellschaften führt eine Berichtigung einer unzutreffenden Erklärung zur einheitlichen und gesonderten Gewinnfeststellung nur zur Straflosigkeit der Personen, die diese Berichtigung veranlaßt haben (vgl. HHSp-*Engelhardt* 91 ff. zu § 371 AO). Wegen der Bindungswirkung des daraufhin zu ändernden oder zu erlassenen Grundlagenbescheides ist allerdings eine Selbstanzeige bei dem Veranlagungsfinanzamt des einzelnen Beteiligten entbehrlich (vgl. § 171 X, § 175 I Nr 1 AO), so daß diese sich der Selbstanzeige beim FeststellungsFA anschließen können. Ähnliches gilt im Verhältnis von Gewerbesteuermeßbescheid und Gewerbesteuerbescheid.

II. Die Berichtigung nach § 371 I AO

4. Adressat der Selbstanzeige

Nach dem Wortlaut des § 371 I AO ist die Selbstanzeige bei der Finanzbehörde zu erstatten, vgl. dazu die Definition des

§ 6 AO Behörden, Finanzbehörden

(1) Behörde ist jede Stelle, die Aufgaben der öffentlichen Verwaltung wahrnimmt.

(2) Finanzbehörden im Sinne dieses Gesetzes sind die folgenden im Gesetz über die Finanzverwaltung genannten Bundes- und Landesfinanzbehörden:

1. das Bundesministerium der Finanzen und die für die Finanzverwaltung zuständigen obersten Landesbehörden als oberste Behörden,
2. die Bundesmonopolverwaltung für Branntwein, das Bundesamt für Finanzen und das Zollkriminalamt als Bundesoberbehörden,
3. Rechenzentren als Landesoberbehörden,
4. die Oberfinanzdirektionen als Mittelbehörden,
5. die Hauptzollämter einschließlich ihrer Dienststellen, die Zollfahndungsämter, die Finanzämter und die besonderen Landesfinanzbehörden als örtliche Behörden und
6. Familienkassen.

Die engere Begriffsbestimmung des § 386 I S. 2 AO (Hauptzollamt, Finanzamt, Bundesamt für Finanzen und die Familienkasse) gilt ausdrücklich nur für die Vorschriften des dritten Abschnitts des achten Teils der AO über das Strafverfahren; dort ist eine Begrenzung erforderlich, weil die besonderen strafverfahrensrechtlichen Befugnisse nach dem § 385 ff. AO nur den besonders bestimmten Finanzbehörden zustehen sollen. Bei der Entgegennahme einer Berichtigungserklärung geht es (noch) nicht um die Ausübung von strafverfahrensrechtlichen Befugnissen, sondern zunächst nur um die Frage, bei welcher Behörde eine Selbstanzeige eingegangen sein muß, damit die strafbefreiende Wirkung eintritt. Ob aber jede Finanzbehörde iSd § 6 AO unabhängig von ihrer sachlichen und örtlichen Zuständigkeit für die jeweils verkürzte(n) Steuer(n) zur Entgegennahme jeder Selbstanzeige geeignet ist, ist umstritten (vgl. *Berger* BB 1952, 105; *Bilsdorfer* wistra 1984, 96; *Kratzsch* Grundfragen S. 290; *Leise* 7 A zu § 371 AO; *Streck* S. 135; *Suhr* 1977, S. 346; *Bender* Rdnr. 35, 2 a; HHSp-*Engelhardt*, 96; *Koch/Scholtz/Himsel* 15 u. *Kühn/ Hofmann* 6 zu § 371 AO).

Nach herrschender Meinung muß die Berichtigungserklärung bei der im Einzelfall **örtlich und sachlich zuständigen Finanzbehörde** eingegangen sein (RG 61, 10 f. v. 15. 11. 1926; OLG Bremen v. 31. 1. 1951, DStZ/B 212; OLG Frankfurt v. 16. 1. 1954, DStZ/B 58 mit zust. Anm. *Keßler;* OLG Frankfurt v. 18. 10. 1961, NJW 1962, 974 mit abl. Anm. *Leise;* HHSp-*Engelhardt,* 102, *Klein/Orlopp* 5 und *Koch/Scholtz/Himsel* 15 zu § 371 AO). Teilweise wird sogar gefordert, daß die Selbstanzeige bei der zuständigen Finanzbehörde an Amtstelle oder bei der zuständigen Veranlagungstelle eingegangen sein müsse, daß also die Übergabe einer schriftlichen oder die Abgabe einer mündlichen Berichtigungserklärung gegenüber einem Außenbeamten der zuständigen Finanzbehörde nicht genüge (OLG Frankfurt, *Keßler, Hübner, Pfaff –* jeweils aaO). Demgegenüber will *Kohlmann* (80 zu § 371 AO) differenzieren: Bestünde die Selbstanzeige darin, daß eine bereits abge-

§ 371 90–92 Selbstanzeige bei Steuerhinterziehung

gebene Steuererklärung ergänzt oder richtiggestellt werde, so habe der Täter die entsprechende Erklärung „bei der Finanzbehörde" abzugeben. Habe dieser hingegen überhaupt noch keine Steuererklärung abgegeben, so verlange das Gesetz von ihm lediglich, daß er die unterlassenen Angaben nachhole. *Kohlmann* begründet dies nicht zuletzt mit der Erwägung, daß beim Nachholen unterlassener Angaben dem Steuerpflichtigen häufig die zuständige Finanzbehörde nicht bekannt sei, während bei der Ergänzung oder Richtigstellung einer bereits abgegebenen Steuererklärung diese Information vorhanden sei. Im übrigen schließt *Kohlmann* hieraus, daß in Fällen der Nachholung einer Erklärung gegebenenfalls auch Staatsanwaltschaft, Polizei und mit Steuerstrafsachen befaßte Gerichte kompetente Empfänger der Selbstanzeige sein könnten.

90 Auf diese Fragen kommt es immer dann nicht an, wenn die Selbstanzeige tatsächlich den für die Bearbeitung des Steuerfalles zuständigen Amtsträger erreicht hat, bevor ein Ausschlußgrund iSd § 371 II AO die Wirksamkeit der Selbstanzeige hindert. Allerdings ist dem Gesetzeswortlaut nicht zu entnehmen, daß der Berichtigungserfolg (Kenntnisnahme der Finanzbehörde von dem mitgeteilten Sachverhalt) eingetreten sein muß, bevor einer der Ausschlußgründe des § 371 II AO eingreift. Wenn die Selbstanzeige das zuvor realisierte Unrecht kompensiert (oben Rdnr. 25), dann ist diese Voraussetzung der strafbefreienden Selbstanzeige schon dann erfüllt, wenn sich der Steuerpflichtige der berichtigenden Erklärung in einer Weise entäußert, die sicherstellt, daß die Berichtigungserklärung den zuständigen Amtsträger erreichen wird (vgl. *Breyer* 1996, 231). Da alle Finanzbehörden einander zur Amtshilfe verpflichtet sind (§§ 111 ff. AO), ist eine Berichtigungserklärung schon dann (rechtzeitig) abgegeben, wenn der Steuerpflichtige sie an eine Finanzbehörde iSd § 6 AO übersendet und sich aus ihr ergibt, welche FB tatsächlich sachlich und örtlich zuständig ist (ähnlich *Wrenger,* DB 1987, 2325). Es mag zwar merkwürdig anmuten, daß die Selbstanzeige im Hinblick auf verkürzte Lohnsteuer auch bei der Bundesmonopolverwaltung für Branntwein möglich sein soll; dies ist aber vom Gesetzeswortlaut durchaus gedeckt. Aus dem Umstand, das § 371 I nicht von der Berichtigung bei „einer" Finanzbehörde, sondern von „der" Finanzbehörde spricht, ergibt sich im übrigen nichts anderes.

91 Da auch **Staatsanwaltschaft, Polizei und Gerichte** (§§ 111 ff.) zur Weiterleitung steuererheblicher Informationen an die Finanzbehörde **verpflichtet** sind, bestehen keine Bedenken, der Auffassung *Kohlmanns* zu folgen, wonach auch dort angebrachte Schreiben als Selbstanzeigen nach § 371 I AO gewertet werden können. Eine andere Frage ist, ob der Steuerpflichtige gut daran tut, sich nicht unmittelbar an das ihm bekannte zuständige Finanzamt oder Hauptzollamt zu wenden, und wie zu entscheiden ist, wenn der Steuerpflichtige den Weg etwa über die Bundesmonopolverwaltung für Branntwein deswegen wählt, weil er damit rechnet, daß diese entgegen § 111 ff. AO sein Schreiben nicht an das zuständige Finanzamt weiterleitet.

92 Dementsprechend genügt jedenfalls die **Selbstanzeige gegenüber einem Betriebsprüfer** und einem Fahndungsbeamten im Außendienst (ebenso OLG Celle v. 18. 9. 1957, DStZ/B 1957, 517; *Suhr* 1977, S. 346 f; *Kohlmann*

II. Die Berichtigung nach § 371 I AO

85, *Leise/Dietz* 23 zu § 371 AO; *Lohmeyer* Stbg 1959, 121). Allerdings muß die Anzeige zur amtlicher Kenntnis bestimmt sein. Eine „private" Mitteilung genügt selbst dann nicht, wenn sie dem zuständigen Sachbearbeiter des Finanzamts gemacht wird (RG 58, 83, 85 v. 4. 2. 1924).

Nach der hier vertretenen Auffassung läßt sich also nicht allgemein sagen, der Steuerpflichtige trage die Gefahr, daß die an eine steuerfremde Behörde adressierte Selbstanzeige nicht oder – im Hinblick auf § 371 II AO – verspätet bei einer Finanzbehörde eingehe (so *Franzen*, Voraufl. 70 zu § 371 AO). Entscheidend ist, ob es sich um eine zur Weiterleitung verpflichtete Stelle handelt (aM RG 58, 83, 85 v. 4. 2. 1924; RG 61, 12 v. 15. 11. 1926; OLG Frankfurt v. 16. 1. 1954, DStZ/B 1954, 58; HHSp-*Engelhardt* 888 zu § 371 AO) und die Berichtigungserklärung die Finanzbehörde erreicht. 93

5. Widerruf der Selbstanzeige

Schrifttum: *Lohmeyer*, Die nachträgliche Änderung der Berichtigungserklärung in den Fällen der Selbstanzeige (§§ 410, 411 AO), FR 1965, 485; *ders.*, Nachträgliche Änderung der Berichtigungserklärung bei Selbstanzeige (§§ 395, 404 III AO), DB 1974, 1838.

Widerruft der Steuerpflichtige die in seiner Selbstanzeige gemachten tatsächlichen Angaben ganz oder zu einem wesentlichen Teil, so entfällt damit nach hM die strafbefreiende Wirkung der Selbstanzeige (RG 75, 261 v. 12. 6. 1941; *Franzen*, Voraufl. Rdnr. 54, HHSp-*Engelhardt* 147, *Kohlmann* 75 zu § 371 AO; *Lüttger* StB 1993, 374). *Franzen* beruft sich insoweit auf RG 75, 261: „Ändert der Steuerpflichtige seine Selbstanzeige nachträglich in einem wesentlichen Punkte, so entzieht er ihr damit selbst den Boden; er kann nicht behaupten, sie sei tatsächlich falsch, und zugleich die Vergünstigung beanspruchen, die das Gesetz an die Selbstanzeige knüpft."* Nach Ansicht *Franzens* ist ein Rückgriff auf den Grundsatz von Treu und Glauben (venire contra factum proprium) dabei nicht nötig. Das Ergebnis folge unmittelbar aus § 371 II Nr 2 AO: Wer eine wahrheitsgemäße Berichtigungserklärung abgegeben habe, wisse, daß damit seine Tat „entdeckt" sei. Wer die Berichtigungserklärung widerrufe oder einschränke, könne auf diese Weise die Tatsache der Entdeckung nicht wieder aus der Welt schaffen. Demgegenüber stellt *Engelhardt* darauf ab, daß eine widersprüchliche Selbstanzeige – und darum handle es sich, wenn man Anzeige und Widerruf zusammennehme – nicht geeignet sei, dem Finanzamt die Festsetzung der geschuldeten Steuer ohne wesentliche zusätzliche Ermittlungen zu ermöglichen (HHSp 147 zu § 371 AO; ähnl. *Kohlmann* 75 zu § 371 AO). Allerdings will diese Auffassung den Einspruch gegen einen auf der Grundlage der Selbstanzeige erlassenen Steuerbescheid noch nicht als Widerruf ansehen (HHSp-*Engelhardt* 148 zu § 371 AO). Auch bleibe die nachträgliche Änderung von Rechtsausführungen auf die Selbstanzeige ohne Einfluß (*Kohlmann* 76 zu § 371 AO). 94

Tatsächlich liegt in den Fällen des Widerrufs einer Selbstanzeige eine neuerliche Steuerhinterziehung vor, die sich als versuchte oder vollendete Tat nach § 370 AO darstellen kann. Mit der Berichtigung der unrichtigen Angaben hat der Steuerpflichtige die Voraussetzungen des § 371 I AO erfüllt; 95

dieses Anwartschaftsrecht steht zum Zeitpunkt der Abgabe der Berichtigungserklärung fest und wird nicht dadurch „*verwirkt*", daß der Täter später zu einer anderen Täuschung zurückkehrt. In dieser Täuschung liegt neuerliches Unrecht (vgl. *Breyer* 1996, 178). Das Argument *Franzens*, die Tat sei insoweit „entdeckt" führt im übrigen nicht zu befriedigenden Ergebnissen. Da zum Inhalt der Berichtigungserklärung nicht notwendig solche Angaben gehören, aus denen sich auf ein vorsätzliches Verhalten des Berichtigenden schließen läßt, ist auch noch nicht in jedem Falle Tatendeckung isd § 371 II Nr 2 AO gegeben (vgl. Rdnr. 184 ff.). – **Zur Täuschung im Rechtsbehelfverfahren** vgl. im übrigen BGH v. 1. 2. 1989, wistra 1989, 184 = BGH 36, 105). Danach stehen verschiedene Täuschungshandlungen zueinander im Verhältnis der natürlichen Handlungseinheit.

III. Das Erfordernis fristgerechter Nachzahlung (§ 371 III AO)

Schrifttum: *Suhr*, Verwirkung des Rechts auf Straffreiheit nach § 410 AO bei nicht fristgemäßer Zahlung, BB 1951, 221; *Barske*, Selbstanzeige und Erlaß der nachzuentrichtenden Steuer, FR 1951, 174; *Maaßen*, Die Bedeutung der Zahlungsfrist in den Fällen der Selbstanzeige nach §§ 410, 411 AO, DStZ 1952, 237; *Wegemer*, Die „Nachzahlung" bei der Selbstanzeige, StP 1952, 576; *Terstegen*, Die Frist nach § 410 III AO, StW 1954, 381; *Leise*, Die Nachzahlungsfrist bei Selbstanzeige, WT 1956, 59; *Lohmeyer*, Die Frist nach § 410 III AO, FR 1963, 567; *Stumpe*, Zur Fristsetzung nach § 410 III AO bei strafbefreiender Selbstanzeige, StBp 1964, 197 mit Erwiderung von *Lohmeyer* StBp 1964, 266; *Kopacek*, Welche Bedeutung hat die Zahlungsfrist nach § 410 III AO? DStR 1965, 164; *Lohmeyer*, Die Anfechtung der Fristsetzung nach § 395 III AO, DStR 1970, 558 und Inf 1975, 543; *Henneberg*, Rechtsbehelf gegen die Fristsetzung der Nachzahlungsfrist nach Erstattung einer Selbstanzeige, BB 1973, 1301; *Schuhmann*, Rechtsweg bei Selbstanzeige nach § 371 III AO 1977, MDR 1977, 371 mit Erwiderung von *Hübner* MDR 1977, 726; *Schuhmann*, Zur Zulässigkeit des Finanzrechtswegs bei Fristsetzung nach Selbstanzeige, DStZ 1978, 48; *Großmann*, Überprüfung der Nachzahlungsfrist bei der Selbstanzeige einer Steuerhinterziehung, DB 1979, 1201 mit Erwiderung von *Kramer* DB 1980, 853; *Göggerle*, Inwieweit werden Steuerhinterziehungen durch Vertretungsorgane zu ihren Gunsten i. S. des § 371 III AO begangen? RGmbH 1980, 173; *Bringewat*, Der „Staatssäckel" als Kriterium der Gesetzesauslegung? JZ 1980, 347; *Dumke*, Zur Nachentrichtungspflicht für hinterzogene Steuern bei der strafbefreienden Selbstanzeige, BB 1981, 117; *Bilsdorfer*, Der Nachzahlungspflichtige bei Steuerverkürzungen, BB 1981, 490; *Meine*, Die Nachzahlungspflicht des GmbH-Geschäftsführers bei der Selbstanzeige einer Steuerstraftat nach altem und neuem Recht, wistra 1983, 59; *Franzen*, Selbstanzeige und Nachzahlung fremder Steuern (§ 371 III AO), DStR 1983, 323; *Pfaff*, Unmittelbarer wirtschaftlicher Vorteil iSd § 371 III AO, StBp 1983, 115; *ders.*, Selbstanzeige nach § 371 III AO, Tatbeteiligter und Nachentrichtung, StBp 1984, 67; *ders.*, Zur Selbstanzeige (§ 371 AO) des GmbH-Geschäftsführers, unmittelbarer wirtschaftlicher Vorteil, Haftungsbescheid, StBp 1986, 138; *Wassmann*, Zu den Voraussetzungen des § 371 III AO, ZfZ 1990, 40; *Hild/Hild*, Keine Inanspruchnahme von GmbH-Geschäftsführern als Schuldner von Hinterziehungszinsen, wistra 1991, 331.

1. Zweck und Reichweite des § 371 III AO

96   **Von der fristgerechten Nachzahlung der hinterzogenen Steuern** macht § 371 III den Anspruch auf Straffreiheit abhängig. Solange die hinterzogenen Beträge nicht nachgezahlt sind, hat der Täter, der eine Berichtigungserklärung rechtzeitig abgegeben hat, nur eine *Anwartschaft auf Straffreiheit* erworben. Der Strafanspruch besteht noch, ist aber „*auflösend bedingt*" (BGH 7, 336, 341) durch die Nachzahlung der hinterzogenen Steuern innerhalb der

III. Erfordernis fristgerechter Nachzahlung   97–99 § 371

gesetzten Frist (vgl. auch BayObLG v. 3. 11. 1989, wistra 1990, 159, 162; LG Stuttgart v. 20. 1. 1987, wistra 1988, 36; HHSp-*Engelhardt* 151 zu § 371 AO). In dieser Bedingung äußerst sich der Wiedergutmachungseffekt der Selbstanzeige besonders deutlich: Ist der Erfolg der Steuerhinterziehung schon eingetreten, so reicht die Wiedergutmachung durch die Nacherklärung iSd Abs. 1 nicht aus, um bei einem wirtschaftlich Begünstigten das Strafbedürfnis entfallen zu lassen. Erst die Wiedergutmachung auch des Erfolgsunrechts iSd Abs. 3 macht die „Rückkehr ins Recht" vollkommen und rechtfertigt die Aufhebung des staatlichen Strafanspruchs (so zutr. *Löffler* aaO S. 187).

Dementsprechend entsteht infolge der bloßen Berichtigung ein **Anspruch** **auf Straffreiheit** – abgesehen von Rdnr. 99 – nur dann, wenn Steuerverkürzungen (noch) nicht eingetreten sind, d. h. die Steuerhinterziehung im Zeitpunkt der Berichtigung (noch) nicht vollendet war, sei es, daß die Tat im Versuch steckengeblieben war oder der Täter die Selbstanzeige bereits erstattet hatte, bevor er veranlagt wurde oder – bei Nichtabgabe einer Steuererklärung – veranlagt worden wäre. Durch die Abgabe unrichtiger Vorauszahlungserklärungen oder Umsatzsteuer-Voranmeldungen sind Steuerverkürzungen bereits eingetreten, bevor das Finanzamt im Zuge der Veranlagung den Jahressteuerbetrag festsetzt. Bei dem Erschleichen einer Stundung oder eines Erlasses kommt es darauf an, ob das Finanzamt dem Antrag bereits stattgegeben hatte oder nicht. 97

Der Erstatter einer Selbstanzeige muß die zu seinen Gunsten hinterzogenen Steuern nachzahlen, um Straffreiheit zu erreichen. Wer von dieser Nachzahlungspflicht getroffen wird, ist umstritten. Unstreitig scheint, daß der Steuerschuldner die innerhalb des eigenen Steuerschuldverhältnisses hinterzogenen Steuern nachentrichten muß. Zweifelhaft ist hingegen, wie weit die Straffreiheit von der Nachzahlung fremder Steuern abhängt. Die Fassung „*zu seinen Gunsten hinterzogen*" in § 371 III AO ist einerseits enger als die Auslegung, die § 410 III RAO 1951 mit den Worten „*Summe, die er schuldet*" und § 395 III RAO mit den Worten „*Steuern, die er schuldet*" durch die Rechtsprechung erfahren hatten (vgl. BGH 7, 336, 340ff. v. 3. 6. 1954; BayObLG v. 27. 4. 1972, DStZ/B 1972, 287). Daher brauchen die von einem Angestellten „zugunsten der Firma", d. h. zum Vorteil des Betriebsinhabers hinterzogenen Steuern weder vom Täter noch von seinem Arbeitgeber entrichtet zu werden, damit die Selbstanzeige des Angestellten wirksam wird; der Weg zur Straffreiheit ist nicht davon abhängig, daß fremde Steuern fristgerecht nachgezahlt werden. Andererseits ist die ab 1. 1. 1977 geltende Fassung weiter als die herkömmlich vertretene Auslegung des § 395 RAO 1968, „*wenn der Täter zwar nicht der Steuerschuldner ist, aber gleichwohl zum eigenen Vorteil Steuern hinterzogen hat. Dies ist zum Beispiel der Fall bei der Verbrauchsteuerhinterziehung durch Diebstahl aus einem Herstellungsbetrieb*" (Begründung zu § 354 EAO 1974, BT-Drucks. VI/1982 S. 195). 98

Zu eigenen Gunsten hat der Täter Steuern nicht schon dann hinterzogen, wenn er aus der Tat einen „Vorteil jeglicher Art" (so *Meine* wistra 1983, 61) erlangt hat, andererseits muß es sich nicht um einen steuerlichen Vorteil 99 handeln (HHSp-*Engelhardt* 156, *Senge* 19 zu § 371 AO). Nach herrschender Meinung genügen auch Vorteile, die sich der Täter angeeignet hat (BGH 29, 37 v. 4. 7. 1979; zust. BMF vom 21. 9. 1981, BStBl 1981 I S. 625; *Bender* Tz 35, 2b; *Bilsdorfer* BB 1981, 491; *Franzen* DStR 1983, 323; *Kohlmann* wistra 1982, 6; abl. *Brenner* ZfZ 1979, 140; *Bringewat* JZ 1980, 347; *Dumke* aaO; *Reiß* NJW 1980, 1291). Hingegen genügen nicht die Vorteile, die etwa ein Steuerberater durch Honorierung seiner (strafrechtlich relevanten) Mitwirkung an der Tat erhält; § 371 III ist keine verkappte Regelung über die Abschöpfung von Vermögensvorteilen nach der Begehung von Steuerhinterziehungen (vgl. auch *Wrenger,* DB 1987, 2327). Vorauszusetzen ist, daß der Täter aus der Steuerhinterziehung einen unmittelbaren wirtschaftlichen Vorteil erlangt, wie es etwa der Fall ist, wenn eine ungetreue Angestellte im internen Rechnungswesen die zutreffenden Zahlen der Voranmeldung zugrunde legt, dem Finanzamt aber unrichtige Werte mitteilt und den Differenzbetrag unterschlägt (so BGH 29, 37 v. 4. 7. 1979).

100 Das **Erfordernis des unmittelbaren wirtschaftlichen Vorteils** schließt solche Fälle aus, in denen etwa ein Angestellter an der Steuerhinterziehung mitwirkt, um lediglich seinen Arbeitsplatz zu erhalten (BGH v. 22. 7. 1987, wistra 343). Nämliches gilt, wenn ein Geschäftsführer Steuern der von ihm geführten GmbH hinterzieht, ohne selbst am Ergebnis der Gesellschaft zu partizipieren. Deshalb hat der BGH einen unmittelbaren wirtschaftlichen Vorteil in einem Fall zu Recht verneint, in dem der angestellte Geschäftsführer einer beherrschenden Gesellschaft, der weder am Gesellschaftsvermögen beteiligt war, noch Tantiemen oder sonstige gewinnabhängige Leistungen erhielt, Abgaben einer abhängigen Gesellschaft hinterzogen hatte (BGH v. 22. 7. 1987, wistra 343; vgl. auch *Joecks* wistra 1985, 152). Insbesondere kann aus dem Umstand, daß der Geschäftsführer nach § 69 bzw. § 71 AO für die verkürzten Steuern haftet, nicht darauf geschlossen werden, daß die Tat zu seinem Vorteil begangen worden ist (aM BGH v. 19. 2. 1985, wistra 151 m.abl. Anm. *Joecks* wistra 1985, 152; *Wassmann* ZfZ 1990, 41).

101 Wird die **Hinterziehung in einer Ein-Mann-GmbH** durch deren Gesellschafter/Geschäftsführer bewirkt (vgl. BayObLGSt 1972, 105 v. 27. 4. 1972), erfolgt die Verkürzung zu seinen Gunsten, weil bei wirtschaftlicher Betrachtungsweise das Vermögen der GmbH vorbehaltlich der Kapitalerhaltungsvorschriften dem Gesellschafter zusteht (HHSp-*Engelhardt* 160 zu § 371 AO); auf eine Entnahme oder Gewinnausschüttung kommt es insoweit nicht an (HHSp-*Engelhardt* aaO; aM *Göggerle* GmbHR 1980, 175f.). Ähnliches kann sich auch bei einer geringeren Beteiligung des Täters an der Gesellschaft ergeben (OLG Stuttgart v. 4. 5. 1984, wistra 239); eine andere Frage ist dann der Umfang der nachzuzahlenden Beträge. *Engelhardt* (aaO Rdnr. 160 zu § 371 AO) hat in diesem Zusammenhang zu Recht darauf hingewiesen, daß ein unmittelbarer wirtschaftlicher Vorteil selbst bei beherrschenden Gesellschaftern dann nicht angenommen werden kann, wenn die Gesellschaft überschuldet ist, dem Alleingesellschafter wirtschaftlich also an ihr kein positives Vermögen zusteht und sich auch durch die Steuerhinterziehung daran nichts ändert. Anders mag der Fall zu beurteilen sein, wenn der Täter das

III. Erfordernis fristgerechter Nachzahlung

Volumen der Haftung aus einem faktischen qualifizierten Konzern oder aus den §§ 32a, 32b GmbHG auf diese Art und Weise reduzieren will.

Kein unmittelbarer Vorteil ergibt sich aus dem Umstand, daß der (Mit-) 102
Täter Ehegatte des Begünstigten ist und etwa Steuern zugunsten des Betriebsinhabers hinterzieht (HHSp-*Engelhardt* 166 zu § 371 AO; *Göggerle* GmbHR 1980, 177; vgl. aber auch BGH 29, 37, 40f. v. 4. 7. 1979).

Wie der Betrag der hinterzogenen Steuern, der nachzuzahlen ist, be- 103
stimmt werden soll, ist zweifelhaft. Sicher scheint, daß dieser Betrag nicht übereinstimmen muß mit dem gesamten Betrag der Mehrsteuern, die durch eine (erstmalige oder Berichtigungs-) Veranlagung nachträglich festgesetzt worden sind. Der Mehrsteuerbetrag kann den vorsätzlich verkürzten Betrag übersteigen, wenn bei einer Prüfung der steuerlichen Verhältnisse im Anschluß an die Selbstanzeige weitere Besteuerungsgrundlagen entdeckt werden, die der Steuerpflichtige fahrlässig oder ohne Verschulden nicht angegeben hatte. Eine Aufteilung des gesamten Mehrsteuerbetrages in hinterzogene und nichthinterzogene Beträge erfordert auch § 71 AO, ferner § 169 II AO, falls die Festsetzungsfrist von einem, vier oder fünf Jahren für nichthinterzogene Steuerbeträge bereits abgelaufen ist, sowie § 235 I S. 1 AO. Zur Aufteilung ausf. *Franzen* DStR 1964, 383; 1965, 321. Steuerliche Nebenleistungen (§ 3 III AO) zu den vorsätzlich verkürzten Steuern werden von § 371 III AO angesichts des klaren Wortlauts nicht erfaßt (BayObLG v. 1. 12. 1980, NStZ 1981, 147; *Kohlmann* 91, aM *Klein/Orlopp* 9b zu § 371 AO). Damit erstreckt sich die Nachzahlungspflicht nicht auf Verspätungszuschläge (§ 152 AO), Stundungszinsen (§ 234 AO), Hinterziehungszinsen (§ 235 AO) sowie Säumniszuschläge nach § 240 AO (vgl. auch *Kohlmann* 91 zu § 371 AO).

Daß jeder von mehreren Tätern oder Teilnehmern an der Tat zur Erlan- 104
gung der Straffreiheit nur denjenigen Betrag nachentrichten muß, der seinem Vorteil aus der Steuerhinterziehung entspricht, ist im Grundsatz einhellige Auffassung (vgl. etwa *Kohlmann* 94 zu § 371 AO, der die §§ 270 bis 273 AO – Aufteilung einer Gesamtschuld – anwenden will; HHSp-*Engelhardt* 156ff. zu § 371 AO; *Löffler* aaO S. 187ff; *Wrenger* DB 1987, 2325, 2327). Insofern weicht die strafrechtliche Vorschrift des § 371 III AO von den steuerlichen Haftungsvorschriften (etwa §§ 69, 71 AO) ab, nach denen angesichts einer Gesamtschuldnerschaft jeder Haftungsschuldner für den gesamten (hinterzogenen) Steuerbetrag in Anspruch genommen werden kann. So würde bei einer mittäterschaftlichen Verkürzung von 100, von der jeder der vier Mittäter zu 25 partizipierte, jeder der Mittäter steuerlich auf den vollen Wert (100) haften, während die Nachzahlungspflicht sich auf den Betrag beschränkt, von dem er unmittelbar profitierte. Tragender Gesichtspunkt ist dabei, „*daß dem Täter nicht seine Beute verbleiben darf, wenn er für sich Strafbefreiung in Anspruch nimmt"* (*Löffler* aaO S. 189). Seine Straffreiheit setzt voraus, daß er den Schaden wiedergutmacht. Da das Gesetz zusätzlich voraussetzt, daß die entsprechenden Beträge „*zu seinen Gunsten"* hinterzogen wurden, beschränkt sich seine Zahlungspflicht auf die Beträge, von denen er wirtschaftlich unmittelbar profitierte.

105 Konsequenz ist, daß eine **Anknüpfung an den nominalverkürzten Steuerbetrag** unzulässig ist, die Nachzahlungspflicht also – entgegen *Wassmann* (ZfZ 1990, 42) nicht durch einen Vergleich der festgesetzten Steuer mit der Steuer, „*die zu erheben gewesen wäre*" ermittelt werden kann. Besteht etwa die Steuerhinterziehung darin, daß der Einzelunternehmer die Umsatzsteuervoranmeldung nicht fristgerecht eingereicht hat, erstreckt sich die Nachzahlungspflicht nicht von vornherein auf die gesamte Zahllast, oder gar die in der Voranmeldung auszuweisenden Umsatzsteuern, sondern richtet sich danach, in welchem Umfange der Täter von der Tat profitierte bzw. in welchem Umfange durch sein Verhalten dem Fiskus ein Schaden entstanden ist. Diese wirtschaftliche Betrachtungsweise, die danach fragt, welche Beträge dem Fiskus bei steuerehrlichem Verhalten zugeflossen wären, ist zwischenzeitlich auch von der Rechtsprechung des Bundesfinanzhofs für die Haftung des Steuerhinterziehers gemäß § 71 AO anerkannt (vgl. BFH v. 19. 8. 1982, BStBl 1983 II, 8; BFH/NV v. 21. 6. 1990, 1991, 88). Der Bundesfinanzhof stellt in seinem Urteil vom 26. 8. 1992 – freilich beschränkt auf den Bereich der Haftung für Umsatzsteuer – entscheidend darauf ab, daß die Regelung des § 71 AO Schadenersatzcharakter hat. „*Wäre es auch bei pflichtgemäßem Verhalten (z.B. fristgerechte Abgabe der Umsatzsteuervoranmeldung) zu dem Steuerausfall gekommen, weil keine Zahlungsmittel und auch keine Vollstreckungsmöglichkeiten für das Finanzamt vorhanden waren und hat der Schuldner mit den im Haftungszeitraum insgesamt geleisteten Zahlungen das Finanzamt nicht gegenüber den anderen Gläubigern benachteiligt, so kann auch der Täter oder Teilnehmer einer Steuerhinterziehung nicht mehr als Haftender in Anspruch genommen werden. Die Geltendmachung eines weitergehenden Haftungsanspruchs nach § 71 AO 1977 würde zu einer nicht gerechtfertigten Privilegierung des Steuerfiskus und zu einer mit dem Sinn und Zweck der Haftungsvorschriften nicht zu vereinbaren zusätzlichen Sanktionen gegenüber dem Haftungsschuldner führen*". Die gleiche Wertung trifft den § 371 III AO (Rdnr. 99). Hinzu kommt, daß der Nachzahlungspflichtige ansonsten bei einem Eingreifen des Kompensationsverbots Beträge entrichten würde, die der Fiskus sogleich – mangels eines Rechtsgrundes zum Behaltendürfen iSd § 37 AO – wieder zurückerstatten müßte (§ 37 II S. 1 AO). Insbesondere geht es nicht an, § 371 III AO als rechtlichen Grund im Sinne dieser Bestimmung anzusehen. Auch läßt sich nicht aus dem Grund der Selbstanzeige ein anderes Ergebnis herleiten: Wenn es um Schadenswiedergutmachung bzw. um „*Ablieferung der Beute*" (*Löffler* aaO) geht, ist diesem Aspekt genüge getan, wenn der Täter nachzahlungspflichtig in dem Umfange ist, wie er von der Tat profitiert hat.

106 Dementsprechend reduziert sich auch die Problematik des Nichtzahlenkönnens geschuldeter Steuer. Zwar bleibt es bei dem Grundsatz, daß irrelevant ist, warum der Steuerpflichtige zur Zahlung nicht in der Lage ist. Eine solche kritische Konstellation wird sich aber in der Regel nur dann ergeben, wenn zum Zeitpunkt der Fälligkeit des Anspruches bzw. zu dem Zeitpunkt, zu dem bei steuerehrlichem Verhalten der Betrag fällig gewesen wäre, noch genung liquide Mittel vorhanden waren, der Täter aber zwischenzeitlich in Vermögensverfall geraten ist.

III. Erfordernis fristgerechter Nachzahlung 107–109 § 371

2. Die Nachzahlungsfrist

Anspruch auf eine Nachzahlungsfrist hat der Steuerpflichtige in jedem 107 Falle. Das Gesetz erfordert eine Fristsetzung aus doppeltem Grunde: Einerseits soll der Steuerpflichtige Gelegenheit erhalten, sich auf die Steuernachzahlung in der ihm bekanntgegebenen Höhe einzustellen; andererseits soll durch den Lauf einer bestimmten angemessenen Frist der Schwebezustand zwischen der Anwartschaft auf Straffreiheit und dem Eintritt oder Verlust der Straffreiheit begrenzt werden (vgl. auch HHSp-*Engelhardt* 167 zu § 371 AO). Dabei ist diese Frist eine strafrechtliche (*Senge* 20 zu § 371 AO); soweit *Engelhardt* (HHSp 167 zu § 371 AO; zust. *Wassmann* ZfZ 1990, 43) sie als steuerrechtliche Frist ansieht, ist die Argumentation nicht schlüssig. Nach Ansicht *Engelhardts* hat diese Frist auch steuerrechtliche Wirkungen; „*insbesondere kann vor ihrem Ablauf keine Vollstreckung durchgeführt werden.*" Dies ist unzutreffend, da durchaus etwa nach Selbstanzeige ein Änderungsbescheid ergehen kann, der eine Abschlußzahlung enthält, die binnen eines Monats nach Zugang des Bescheides fällig ist. Angesichts der Vermögenslage des Täters kann andererseits eine Fristsetzung isd § 371 III durchaus eine erheblich längere Frist vorsehen (Rdnr. 110). Ungeachtet dieser Nachzahlungsfrist isd § 371 III kann das Finanzamt bereits mit Ablauf des Fälligkeitstages (und der Schonfrist; § 240 III AO) mit Vollstreckungsmaßnahmen gegen den Steuerschuldner beginnen. Soweit es um eine Nachzahlung durch Dritte geht, ergibt sich aus der Nachzahlungspflicht schlechthin keine unmittelbare Vollstreckungsmöglichkeit. Hierfür wäre ein Haftungsbescheid nötig, der wiederum mit einer Zahlungsaufforderung verbunden sein müßte, für die eine Fristsetzung gem. § 371 III aber entbehrlich sein könnte (LG Stuttgart v. 20. 1. 1987, wistra 1988, 36 m. Anm. *Gramich*). An den Ablauf der an die Zahlungsaufforderung geknüpften Frist würden wiederum verwaltungsrechtliche Vollstreckungsmaßnahmen geknüpft.

Auch bei Fälligkeitsteuern ist eine Nachzahlungsfrist zu setzen (*Kohlmann* 108 96 zu § 371 AO; für Vorauszahlungen RG 63, 305, 307 v. 30. 10. 1929; für Lohnsteuer LG Hamburg v. 27. 9. 1951, BB 1953, 254). Bei Veranlagungssteuern kann die Frist nach § 371 III AO mit den Monatsfristen übereinstimmen, nach deren Ablauf Nachzahlungen aufgrund der (Berichtigungs-) Bescheide kraft Gesetzes (zB § 36 IV EStG; § 22 I, § 23 VStG; § 20 II GewStG) fällig werden (*Suhr* BB 1951, 221), indessen besteht *rechtlich* keine Abhängigkeit (OLG Celle v. 24. 2. 1955, DStR 1955, 228; vgl. auch HHSp-*Engelhardt* 181 zu § 371 AO).

Eine Frist ist selbst dann zu setzen, wenn voraussehbar ist, daß der Täter 109 aus eigenen Mitteln zur Nachzahlung nicht imstande sein wird, z. B. im Konkursfall (BFH v. 17. 12. 1981, BStBl 1982 II, 352, unter Berufung auf *Kohlmann* 96 und Leise/*Dietz* 56 zu § 371 AO; OLG Frankfurt v. 2. 4. 1952, BB 1952, 484; vgl. auch LG Wuppertal v. 6. 10. 1952, BB 1953, 136), da ihm die Möglichkeit, die Mittel von nahestehenden Personen kreditweise zu beschaffen (Rdnr. 127), nicht von vornherein versagt werden darf. Selbst wenn diese Möglichkeit ausgeschlossen erscheint, verstößt eine Fristsetzung weder gegen das Willkürverbot des Art. 3 GG noch gegen das Sozialstaatsprinzip des Art. 20 I GG (OLG Karlsruhe v. 18. 4. 1974, NJW 1974, 1577 f.; ebenso BVerfG – 2 BvR 527/74 – vom 30. 7. 1974, das die dagegen gerichtete Verfassungsbeschwerde nicht zur Entscheidung angenommen hat; kritisch *Coring* BB 1974, 1515 f.). Eine Fristsetzung ist entbehrlich, wenn bereits zuvor die entsprechenden Steuerbeträge gezahlt worden sind (HHSp-*Engelhardt* 173 zu § 371 AO).

110 **Die Bestimmung der Frist** muß die Finanzbehörde im Anschluß an die Steuerfestsetzung nach pflichtgemäßem Ermessen vornehmen (HHSp-*Engelhardt* 177 zu § 371 AO). Dabei haben strafrechtliche, aus dem Zweck der Selbstanzeige abgeleitete Erwägungen den Vorrang vor wirtschaftlichen und steuerpolitischen Gesichtspunkten (BFH v. 17. 12. 1981, BStBl 1982 II, 352, 354; OLG Celle v. 24. 2. 1955, DStR 228). Die Kriterien für die Gewährung einer Stundung gelten nicht (vgl. FG Hannover v. 27. 8. 1963, DStZ/B 1963, 402; *Henneberg* BB 1976, 1555; *Kratzsch* Grundfragen S. 301). Eine unangemessen lange Fristsetzung würde nicht nur die Wirkung eines verspäteten Strafausspruches in Frage stellen, sondern auch die Gefahr eines Mißbrauchs mit sich bringen, nämlich durch Vorspiegelung einer Nachzahlungsabsicht oder angeblich vorübergehender Hinderungsgründe die Strafverfolgung zu verzögern oder im Hinblick auf die Verjährung zu vereiteln (OLG Karlsruhe v. 18. 4. 1974, NJW 1974, 1577 im Anschluß an *Kohlmann* 99 f. zu § 371 AO). Mit der Einräumung einer Zahlungsfrist soll dem Steuerpflichtigen die tatsächliche Möglichkeit gegeben werden, nachträglich seine Steuerpflichten zu erfüllen (BFH v. 17. 12. 1981, BStBl 1982 II, 352; OLG Karlsruhe v. 18. 4. 1974, NJW 1974, 1577; LG Koblenz v. 13. 12. 1985, wistra 1986, 79; *Kohlmann* 69, HHSp-*Engelhardt* 179 zu § 371 AO). Der Zeitraum ist daher so zu bemessen, daß der Steuerpflichtige bei gutem Willen in der Lage sein könnte, den benötigten Geldbetrag – sei es auch durch Veräußerung von Anlagevermögen – bereitzustellen (vgl. LG Koblenz v. 13. 12. 1985, wistra 1986, 79; *Kohlmann* 99, HHSp-*Engelhardt* 179 zu § 371 AO; *Lohmeyer* StB 1982, 297, 301). Allerdings ist zu berücksichtigen, daß zwischen Selbstanzeige und Aufforderung zur Nachzahlung der hinterzogenen Steuer bereits ein weiterer Zeitraum vergangen sein kann, so daß der Steuerpflichtige sich schon auf die zu erwartende Nachzahlung einrichten konnte (zust. OLG Karlsruhe v. 18. 4. 1974, NJW 1974, 1577; LG Hamburg v. 4. 3. 1987, wistra 1988, 317; vgl. auch *Mösbauer* DStZ 1985, 330). Dies gilt nicht, wenn zwischen Täter und Finanzamt über den Umfang der hinterzogenen Steuern iSd § 371 III AO Streit bestand (vgl. *Coring* BB 1974, 1515). Die Verfügung „Fälligkeit sofort" reicht als Fristsetzung nicht aus (*Suhr* 1977, S. 380; aM OLG Düsseldorf v. 26. 3. 1953, BB 1953, 1001). Durch eine willkürlich zu kurz bemessene Frist darf es dem Steuerpflichtigen nicht unmöglich gemacht werden, die Nachzahlung rechtzeitig zu leisten (OLG Bremen v. 27. 11. 1957, ZfZ 1958, 84). Soweit der Täter offenbar illiquide ist, muß zwar eine Frist gesetzt werden (*Kohlmann* 102 zu § 371 AO), dennoch wird eine Frist von mehr als sechs Monaten regelmäßig nicht zu rechtfertigen sein (AG Saarbrücken v. 21. 6. 1983, wistra 1983, 268, mit zust. Anm. *Bilsdorfer* DStZ

III. Erfordernis fristgerechter Nachzahlung

1983, 415; HHSp-*Engelhardt* 181 zu § 371 AO). In der Regel ist die auch für Abschlußzahlungen übliche Monatsfrist eine „angemessene". Unter diese sollte auch in solchen Fällen nicht gegangen werden, in denen der Täter wegen seiner Selbstanzeige sich bereits auf die zu erwartende Nachzahlung einrichten konnte. Unberechtigt ist das Verlangen, die Frist so zu bemessen, daß die Nachzahlung ratenweise aus den laufenden Einkünften geleistet werden kann (AG Saarbrücken und *Bilsdorfer* aaO; *Terstegen* StW 1954, 383f.).

Weitere belastende Anordnungen darf die Finanzbehörde mit einer Fristsetzung nach § 371 III AO nicht verknüpfen, namentlich nicht die Auflage, die Straffreiheit sei davon abhängig, daß der Steuerpflichtige neben den hinterzogenen Steuern die laufenden Steuern rechtzeitig entrichte (*Maaßen* DStZ 1952, 237). Das steuerrechtliche Verlangen einer Sicherheitsleistung für die verkürzten Steuern macht eine Fristsetzung für die Nachzahlung nach § 371 III AO weder entbehrlich (glA *Kopacek* S. 141), noch steht eine Sicherheitsleistung der Nachzahlung gleich, wenn sie nicht durch Hinterlegung von Zahlungsmitteln nach § 241 I 1 AO erfolgt (str., siehe Rdnr. 124).

Ist die Frist unangemessen kurz, so ist sie unbeachtlich (LG Koblenz v. 13. 12. 1985, wistra 1986, 79, 81). Eine unangemessen kurze Frist verlängert sich nicht automatisch auf die zutreffende. Es muß eine neue, angemessene Frist gesetzt werden, wobei insofern allerdings berücksichtigt werden kann, daß wiederum einige Zeit verstrichen ist (siehe Rdnr. 118).

Eine Belehrung über die Folgen einer nicht fristgerechten Nachzahlung schreibt das Gesetz nicht vor (RG 73, 368, 369 v. 27. 11. 1939; *Kohlmann* 105, *Senge* 24 zu § 371 AO ; aM *Ehlers* S. 42 und *Lohmeyer,* der meint, ohne Belehrung würde die Frist nicht in Lauf gesetzt, siehe StB 1982, 301). Ein Hinweis auf die Bedeutung des § 371 III AO ist jedoch ein nobile officium (Leise/*Dietz* 49 zu § 371 AO) der Finanzbehörde und in der Praxis üblich und angebracht (*Maaßen* DStZ 1952, 238; OFD Hamburg BB 1960, 123).

Erst mit positiver Kenntnis des Täters wird die Fristsetzung wirksam (OLG Bremen v. 27. 11. 1957, ZfZ 1958, 86 f; LG Hamburg v. 4. 3. 1987, wistra 1988, 317, 319; HHSp-*Engelhardt* 175 und *Kohlmann* 104 zu § 371 AO). Ist der Aufenthalt des Täters auf Dauer unbekannt, hilft auch eine öffentliche Zustellung des Bescheids über die Fristsetzung analog § 40 StPO, § 15 VwZG kaum weiter, wenngleich ansonsten gegen eine öffentliche Zustellung keine Bedenken bestehen (Rdnr. 120; zw. *Kohlmann* 104 zu § 371 AO).

Welche Behörde für die Fristsetzung **sachlich zuständig** ist, ist umstritten. In der Praxis wird in den meisten Bundesländern zunächst gewartet, ob der Steuerpflichtige die nach dem Steuerbescheid zu entrichtende Abschlußzahlung erbringt und erst nach Verstreichenlassen des Fälligkeitszeitpunktes eine ausdrückliche Frist iSd § 371 III AO, regelmäßig durch die Strafsachen- und Bußgeldstellen, gesetzt. Die Meinungen in der Literatur sind geteilt. *Engelhardt* (HHSp 176 AO), der die Frist als steuerrechtliche qualifiziert, sieht die Zuständigkeit bei der Finanzbehörde, die für die Verwaltung der hinterzogenen Steuer zuständig ist (ähnl. OLG Braunschweig v. 26. 3. 1962, DStZ/B 1962, 246; *Stumpe* StBp 1964, 197). *Kopacek* (S. 129 f.) sieht eine Zuständigkeit sowohl der für die Steuerfestsetzung zuständigen Finanzbehörde als auch der für die Steuerstrafsache sachlich zuständigen. Die herrschende Meinung geht von einer strafrechtlichen Frist aus, so daß für die Fristsetzung die Finanzbehörde sachlich zuständig ist, in deren Verantwortungsbereich auch die Steuerstrafsache fällt (OLG Celle v. 24. 2. 1955, DStR 1955, 228; FG Hannover v. 27. 8. 1963, DStZ/B 1963, 402; AG Saarbrücken v. 21. 6. 1983, wistra 1983, 268; *Terstegen* S. 122; *Lohmeyer* DStR 1970, 559; *Kohlmann* 103, *Senge* 20 zu § 371 AO). Zu Recht verweist *Kohlmann* (aaO) auf den strafrechtlichen Charakter der Fristsetzung und auf den Umstand, daß angesichts des in § 393 I AO festgelegten Nebeneinander von Besteuerungs- und Steuerstrafverfahren dem Täter jedenfalls kein Nachteil daraus entstehen darf, daß verschiedene Stellen ein und derselben Finanzbehörde zu unterschiedlichen Fristbestimmungen gelangten. Im Ergebnis ist aber davon auszugehen, daß allein die Strafsachenstelle für die Fristsetzung sachlich zuständig ist. Dies ergibt sich schon daraus, daß allein dort der strafrechtliche Sachverstand vorhanden ist, mit dem aus den im Steuerbescheid insgesamt enthaltenen Nachforderungen die Beträge abgeschichtet werden können, die iSd § 371 III AO als strafbefangene nachzahlungspflichtig sind.

116 Ob es ein **Rechtsmittel gegen die Fristsetzung** nach § 371 III AO gibt und welcher Rechtsweg eröffnet ist, ist umstritten. § 347 II S. 2 AO und § 33 II S. 2 FGO schließen die Anwendung der Vorschriften über das außergerichtliche und das gerichtliche Rechtsbehelfsverfahren auf das Straf- und Bußgeldverfahren ausdrücklich aus (siehe dazu BFH v. 17. 12. 1981, BStBl 1982, II, 352; krit. HHSp-*Engelhardt* 186 zu § 371 AO). Andererseits ist es einhellige Auffassung, daß vor dem Hintergrund des Art. 19 IV GG ein Rechtsmittel gegeben sein muß, welches damit begründet werden kann, daß die Fristsetzung wegen Ermessensfehlgebrauchs nicht rechtswirksam geworden sei (vgl. OLG Braunschweig v. 26. 3. 1962, DStZ/B 1962, 246; HHSp-*Engelhardt* 186ff., *Kohlmann* 110 zu § 371 AO mwN). Zum Teil wird darauf abgestellt, daß die Angemessenheit allein im anschließenden Strafverfahren beurteilt werden könnte. *Kramer* hält die Beschwerde nach § 304 StPO für gegeben, falls die Frist nach Erhebung der Anklage durch ein Gericht gesetzt worden sei; Fristsetzungen durch Finanzbehörde oder Staatsanwaltschaft seien nicht selbständig anfechtbar, sondern nur im Rahmen des Strafverfahrens gerichtlich zu überprüfen (DB 1980, 853).

117 **Bei der Frage nach dem Rechtsweg** gehen die Meinungen noch weiter auseinander. Vor dem Hintergrund der Entscheidung des BFH v. 17. 12. 1981 (BStBl 1982 II, 352) wird allerdings der Finanzrechtsweg überwiegend als nicht einschlägig angesehen (so aber OLG Braunschweig v. 26. 3. 1962, DStZ/B 1962, 246 und *Hübner* MDR 1977, 726; so heute auch HHSp-*Engelhardt* 190 zu § 371 AO, der die Beschwerde nach § 349 I AO für einschlägig hält; ebenso *Ehlers* DStR 1974, 695). Demgegenüber geht die herrschende Auffassung davon aus, daß der ordentliche Rechtsweg gegeben ist, weil die Frist nach § 371 III AO strafrechtlichen Charakter hat (FG Hannover v. 27. 8. 1963, DStZ/B 1963, 402; *Lohmeyer* FR 1963, 567, 1964, 171; DStR 1970, 558 und StB 1982, 301; *Kopacek* DStR 1965, 165; *Kohlmann* 110 zu

III. Erfordernis fristgerechter Nachzahlung 118, 119 § 371

§ 371 AO; grundsätzlich auch FG München v. 25. 2. 1977, EFG 1977, 384; HessFG v. 8. 2. 1973, EFG 1973, 389; *Suhr* 1977, S. 379; *Henneberg* BB 1973, 1301 und 1976, 1555; *Schuhmann* MDR 1977, 372; *Kramer* DB 1980, 853). Angerufen werden kann der für Steuerstrafsachen zuständige Strafrichter (Rdnr. 4 ff. zu § 391 AO). Der Rechtsgedanke des § 305 S. 1 StPO steht nicht entgegen (insoweit glA *Großmann* DB 1979, 1201; aM *Kratzsch* Grundfragen S. 301 und Leise 17 B I zu § 371 AO), da die Verfügung einer Frist nach § 371 III AO einem Strafverfahren nicht vorausgehen und es nicht vorbereiten soll (*Kopacek* aaO; Leise/*Dietz* 64 zu § 371 AO). Die Beschwerde gegen die Fristsetzung hat keine aufschiebende Wirkung, freilich kann diese durch Anordnung des (Steuer-)Strafrichters hergestellt werden (§ 307 II StPO).

Die ordentlichen Gerichte dürfen die **Angemessenheit einer Frist** umfassend überprüfen (HHSp-*Engelhardt* 188 zu § 371 AO; LG Hamburg v. 4. 3. 1987, wistra 1988, 317, 320). Der Richter ist nicht darauf beschränkt zu prüfen, ob eine pflichtwidrige Ermessensausübung stattgefunden hat (aM OLG Karlsruhe v. 18. 4. 1974, NJW 1974, 1577, 1578; *Franzen* Voraufl. 147 zu § 371 AO). Das Gericht kann die Frist verlängern, wenn es die ursprünglich gesetzte Frist nicht für angemessen erachtet; dies kann sogar im Verlauf der Hauptverhandlung geschehen. Eine unangemessen kurze Frist verlängert sich nicht automatisch auf die zutreffende (vgl. LG Koblenz v. 13. 12. 1985, wistra 1986, 79; HHSp-*Engelhardt* 188 zu § 371 AO). Ist die Fälligkeit der Steuerschuld durch steuerverwaltungsrechtliche Maßnahmen hinausgeschoben, also Stundung gewährt oder aber die Vollziehung des angefochtenen Steuerbescheides ausgesetzt (§ 361 AO), ist der Ablauf der Nachzahlungsfrist iSd § 371 III AO gehemmt. Demgegenüber geht die hM offenbar davon aus, daß steuerrechtliche und strafrechtliche Zahlungsfrist auch insoweit auseinander fallen können, daß die strafrechtliche Frist vor der steuerrechtlichen Fälligkeit abläuft (vgl. *Suhr* BB 1951, 222; *Mattern* DStR 1954, 460; *Kopacek* DStR 1965, 165; *Kratzsch* Grundfragen S. 301). Es ist jedoch kein Fall ersichtlich, in dem besondere strafrechtliche Erwägungen es rechtfertigen könnten, auf der Zahlung eines Steuerbetrages zu bestehen, dessen Rechtmäßigkeit ernstlich zweifelhaft ist oder aber dessen Einziehung vor Entscheidung über den Rechtsbehelf eine unbillige Härte darstellen würde (§ 361 II AO) bzw., in dem trotz Stundungsbedürftigkeit und Stundungswürdigkeit eine Zahlung vor steuerrechtlicher Fälligkeit geboten sein könnte (ähnl. *Franzen* Voraufl. Rdnr. 148 zu § 371 AO). Dementsprechend ist davon auszugehen, daß die Nachzahlungsfrist bis zur Fälligkeit des Steuerbetrages gehemmt ist.

Problematisch ist dies insofern, als vielfach ein **rechtzeitig eingereichter** 119 **Stundungsantrag** erst nach Fristablauf beschieden, etwa abgelehnt wird. Der Umstand, daß die Praxis hier dem Steuerpflichtigen regelmäßig mit einer kurzen Nachfrist hilft (so *Franzen* Voraufl. Rdnr. 148 a zu § 371 AO), ändert nichts an dem Umstand, daß die Straffreiheit an sich verwirkt ist. Insbesondere hat eine nach Fristablauf gesetzte Nachfrist strafrechtlich keine Relevanz (so zu Recht *Kohlmann* 106 zu § 371 AO). Die gleiche Problematik stellt sich, wenn der Steuerpflichtige einen Antrag auf Aussetzung der Vollziehung stellt, der erst nach der gemäß § 371 III AO gesetzten Frist positiv oder negativ beschieden wird. Die Aussage, bis zur Entscheidung über den Antrag auf Aussetzung der Vollziehung sei auch der Ablauf der Frist nach § 371 III AO gehemmt (so *Franzen* Voraufl. 144 zu § 371 AO; zust. *Wassmann*, ZfZ 1990, 44) hilft insofern auch nicht weiter, weil damit strafrechtlich weitergegangen würde als steuerlich, denn ob eine negative Entscheidung über die Aussetzung der Vollziehung ex tunc oder ex nunc wirkt und eine kurze weitere Nachfrist gesetzt wird, ist eine Entscheidung des Veranlagungsbezirks bzw. der Rechtsbehelfsstelle, die im Hinblick auf die Fristsetzung des § 371 III AO nicht zuständig ist. Andererseits ließe sich argumentieren, daß in die Frage, welche Frist „angemessen" isd § 371 III AO ist, auch der Aspekt einbezogen werden muß, *wie sicher* es ist, daß der Steuerpflichtige die fraglichen Beträge wirklich „*zu seinen Gunsten*" hinterzogen hat. Insofern mag es Fälle geben, in denen es ermessensfehlerhaft ist, eine Frist zu setzen, die so kurz ist, daß eine sachgerechte Entscheidung in dem summarischen Verfahren über die Aussetzung der Vollziehung nicht mehr möglich ist. Dies gilt insbesondere dann, wenn der Steuerpflichtige angesichts einer Weigerung der FinB das Finanzgericht anrufen muß und dieses nicht innerhalb einer relativ kurzen Frist entscheiden wird. Gleichfalls mag sich eine zunächst scheinbar angemessene Frist als unangemessen kurz herausstellen, wenn der Steuerpflichtige vor Ablauf der Rechtsbehelfsfrist Einspruch einlegt und einen Antrag auf Aussetzung der Vollziehung stellt, der ernstliche Zweifel isd § 361 II AO an der Rechtmäßigkeit der Nachforderung hervorruft.

3. Die Nachzahlung

120   Die rechtzeitige Nachzahlung ist – wie die rechtzeitige Berichtigung – eine **objektive Voraussetzung** für den Erwerb des Anspruchs auf Straffreiheit. Es kommt daher nicht darauf an, ob der Steuerpflichtige die Frist zur Nachzahlung schuldhaft versäumt hat oder nicht (RG 73, 368, 369 v. 27. 11. 1939). Erforderlich ist jedoch, daß er von der Fristsetzung positive Kenntnis hatte (Rdnr. 114) und die Frist angemessen war. Bei unverschuldeter Versäumung einer dem Steuerpflichtigen bekannten angemessenen Frist ist weder Nachsicht gemäß § 110 AO noch Wiedereinsetzung in den vorigen Stand gemäß §§ 44 ff. StPO möglich (RG aaO; zust. *Suhr* BB 1951, 222; *Berger* BB 1951, 304). Aus keinem Grunde kann der Steuerpflichtige verlangen, daß er so gestellt werden müsse, als wenn er fristgerecht gezahlt hätte (aM *Wegemer* StP 1952, 576 für den Fall eines fehlenden Hinweises auf die Bedeutung der Nachzahlungsfrist).

121   **In welcher Form die Nachforderung getilgt wird,** ist für die Straffreiheit nach § 371 III AO unerheblich. Außer Barzahlung und Überweisung (vgl. § 224 II AO) kommt auch eine Aufrechnung des Steuerpflichtigen mit unstreitigen Erstattungs- oder Vergütungsansprüchen in Betracht (vgl. § 226 AO), sofern sich die gegenseitigen Ansprüche innerhalb der Nachzahlungsfrist aufrechenbar gegenüber stehen (HHSp-*Engelhardt* 183, *Kohlmann* 112 zu

III. Erfordernis fristgerechter Nachzahlung

§ 371 AO). Die Aufrechnung kann auch von der Finanzbehörde erklärt werden (vgl. RG 59, 115 v. 2. 3. 1925). Wird vom Steuerpflichtigen ein Verrechnungsantrag gestellt, ohne daß ein Erstattungsanspruch, der mit der Nachzahlung verrechnet werden könnte, bereits fällig wäre, wirkt die Aufrechnung nicht zurück, weil die Verrechnung frühestens zu dem Zeitpunkt erfolgen kann, in dem der Erstattungsanspruch fällig war (vgl. *Tipke/Kruse* § 226 AO Rdnr. 20). Denn in solchem Fall muß der Steuerpflichtige nicht nur den Antrag auf Verrechnung stellen, sondern zugleich eine Stundung der Abschlußzahlung bzw. eine Verlängerung der Nachzahlungsfrist zu erreichen versuchen.

Bei Zahlung durch Scheck ist der Tag des Eingangs bei der Finanzbehörde maßgebend, soweit dieser später eingelöst wird (§ 224 II Nr. 1 AO; HHSp-*Engelhardt* 184 zu § 371 AO).

Reichen die innerhalb der gesetzten Nachzahlungsfrist gezahlten Beträge nicht aus, um sämtliche fälligen Steuerschulden zu tilgen, muß das Finanzamt grundsätzlich die Zahlungen zunächst auf die hinterzogenen Beträge anrechnen. Dies entspricht dem in § 366 II BGB (vgl. auch § 225 AO) ausgeprägten allgemeinen Rechtsgedanken, daß mangels einer anderen Bestimmung des Schuldners eine Zahlung auf die lästigste Verbindlichkeit des Schuldners anzurechnen ist (BGH 7, 336, 343 v. 3. 6. 1954; HHSp-*Engelhardt* 151 zu § 371 AO). Die Lästigkeit wird sich dabei aber nach dem Strafrisiko bestimmen müssen. Insofern liegt es nicht fern, Teilbeträge zunächst auf verkürzte Lohnsteuer, sodann auf verkürzte Umsatzsteuer und erst dann auf verkürzte Personensteuern zu verrechnen. Im Hinblick auf die betreffende Steuerart wird sodann der jüngere Betrag zu verrechnen sein, weil – entgegen den üblichen Regeln – vor dem Hintergrund des strafmildernden Zeitablaufs zwischen Tat und Aburteilung die länger zurückliegende Tat „weniger lästig" ist. Dieses Prinzip der „Lästigkeit" wird man auch heranziehen müssen, wenn das Finanzamt im Vollstreckungswege vorgeht, etwa nach der Selbstanzeige für die noch nicht strafrechtlich verjährten Zeiträume zugleich eine Änderung solcher Besteuerungszeiträume erfolgt, für die zwar die strafrechtliche Verjährung, nicht jedoch die Festsetzungsfrist abgelaufen ist. Verrechnet hier das Finanzamt mit den strafrechtlich verjährten Zeiträumen, und reichen die liquiden Mittel sodann nicht mehr aus, um die noch strafbefangenen Beträge zu entrichten, wird man eine Verrechnung mit strafrechtlich verjährten Zeiträumen als nicht ermessensgerecht iSd § 225 Abs. 3 AO ansehen müssen und für strafrechtliche Zwecke von einer Zahlung für die strafbefangenen Zeiträume ausgehen müssen.

Eine Niederschlagung nach § 261 AO erfüllt die Bedingung des § 371 III AO nicht (glA *Suhr* 1977, S. 382; HHSp-*Engelhardt* 155 und *Leise/Dietz* 52 zu § 371 AO), da die Niederschlagung keine schuldtilgende Wirkung hat. Gleiches gilt für eine Sicherheitsleistung, da sie kein Zahlungssurrogat darstellt, sondern nur die Sicherheit der Nachforderung gewährleisten soll. Demgegenüber kann eine Ausnahme nur gelten, wenn die Sicherheit durch Hinterlegung von Geld erbracht wird (§ 241 I 1 AO; aM *Wassmann*,

ZfZ 1990, 42; *Kohlmann* 112 zu § 371 AO). Die Pfändung und Überweisung einer Forderung reicht nicht (*Leise/Dietz* 52 zu § 371 AO).

125 **Ein Erlaß der hinterzogenen Steuern nach § 227 AO** erfüllt wegen der schuldtilgenden Wirkung auch die Bedingung des § 371 III AO (HHSp-*Engelhardt* 154 zu § 371 AO; insoweit glA *Kohlmann* 112 zu § 371 AO). Allerdings vertritt *Kohlmann* (aaO) die Auffassung, ein Erlaß oder Teilerlaß verstoße gegen das Bestimmtheitsgebot des Art. 103 Abs. 2 GG, weil die Finanzbehörde dann in eigenem Ermessen entscheide, ob und inwieweit ein Steuerhinterzieher bestraft werde. Hiergegen hat *Engelhardt* (HHSp 154 zu § 371 AO) zu Recht eingewandt, immerhin sei das der Finanzbehörde eingeräumte Ermessen rechtstaatlich gebunden; seine Ausübung könne sich nur zugunsten des Täters auswirken. Die Frage ist von relativ geringer praktischer Bedeutung, da man entgegen *Franzen* (Voraufl. 154 zu § 371 AO) es nicht ausreichen lassen wird, daß der Erlaßantrag vor Ablauf der Frist gestellt ist; da der Erlaß ex nunc wirkt, tritt die schuldtilgende Wirkung und damit die fristgerechte Nachzahlung erst dann ein, so daß die Frist in der Regel versäumt ist. Eine andere Frage ist, ob wegen anhängiger, aussichtsreicher Erlaßverhandlungen nicht die dem Steuerpflichtigen gesetzte Frist im Einzelfall zu kurz bemessen war, so daß mangels wirksamer Frist der Erlaß doch noch die Voraussetzungen des § 371 III AO erfüllt. Da jedoch in Fällen der Hinterziehung die Erlaßwürdigkeit regelmäßig fehlen wird (BFH v. 14. 11. 1957, BStBl 1958, 153; v. 29. 4. 1981, BStBl 726; vgl. auch *Katz* FR 1958, 492), dürfte dieser Fall nicht häufig vorkommen.

126 **Wer die Nachzahlung leistet,** ist für die strafbefreiende Wirkung der Selbstanzeige unerheblich. Der Steuerhinterzieher muß die von ihm geschuldete Nachzahlung nicht persönlich aufbringen. Wenn ein Gesamtschuldner fristgerecht zahlt, kommt diese Zahlung auch den anderen Gesamtschuldnern (Tätern oder Teilnehmern an der Steuerhinterziehung) zugute, soweit sie die Berichtigungserklärung rechtzeitig abgegeben haben und die ihnen zur Nachzahlung gesetzte Frist noch nicht abgelaufen ist (BGH 7, 336, 342 v. 3. 6. 1954; HHSp-*Engelhardt* 182 zu § 371 AO).

127 **Auch ein unbeteiligter Dritter** kann die nachzuzahlenden Steuern für den Täter der Steuerhinterziehung, der Selbstanzeige erstattet hat, mit strafbefreiender Wirkung entrichten. Selbst im Falle des § 371 III AO liegt in der Zahlung fremder Steuern keine Strafvereitlung iSd § 258 StGB (vgl. zur Zahlung fremder Geldstrafen BGH v. 7. 11. 1990, wistra 1991, 103).

128 Hat ein Steuerpflichtiger für einen Teil seiner eigenen Einkünfte einen **Strohmann** vorgeschoben, sollen nach *Bauerle* (DStZ 1956, 343) im Falle der Selbstanzeige des wirklichen Sachverhalts die von dem Strohmann (vor der Selbstanzeige) entrichteten Steuern auf die von dem Steuerpflichtigen nachzuzahlenden Steuern nicht angerechnet werden (zust. *Suhr* 1. Aufl. S. 148; zw. *List* S. 34). Diese Auffassung ist so unzutreffend. Entscheidend ist, inwiefern der Steuerbescheid des Strohmanns noch nach Maßgabe des § 173 I Nr. 2, § 174 I AO geändert werden kann, dieser den Erstattungsanspruch formgültig an den Täter abgetreten hat und die Aufrechnung vor dem Ablaufen der Nachzahlungsfrist wirkt oder ein entsprechender Verrechnungs-

vertrag geschlossen wird. Im übrigen ist davon auszugehen, daß in diesen Fällen ein Ermessensfehlgebrauch vorläge, würde man die Frist für die Nachzahlung der verkürzten Steuer nicht an die zeitlichen Abläufe der Erstattung beim Strohmann anpassen; die unterschiedlich langen Bearbeitungszeiten der Selbstanzeige und der Änderung des Steuerbescheides des Strohmannes dürfen nicht zum Nachteil des Steuerpflichtigen wirken.

IV. Negative Wirksamkeitsvoraussetzungen (§ 371 II AO)

Schrifttum: *Suhr,* Betriebsprüfung und § 410 n. F. AO, DStZ/B 1950, 26 mit Erwiderung von *Schmidtke* DStZ/B 1950, 122 und Schlußwort von *Suhr* DStZ/B 1950, 146; *Mattern,* Steuerliche Selbstanzeige und Betriebsprüfung, NJW 1952, 492; *Maaßen,* Negative Wirksamkeitsvoraussetzungen der Selbstanzeige nach § 410 AO. FR 1954, 293; *Kopacek,* Wann tritt Straffreiheit durch Selbstanzeige nicht ein? BB 1961, 41; *Lohmeyer,* Erscheinen des Prüfers i. S. des § 410 AO, BlStA 1962, 106; *ders.,* Zu den Ausschließungsgründen bei der Selbstanzeige, StB 1963, 146; *Coring,* Einzelfragen zur Selbstanzeige während der Betriebsprüfung, DStR 1963, 373; *Pfaff,* Erscheinen eines Amtsträgers der Finanzbehörde zur steuerlichen Prüfung oder zur Ermittlung einer Steuerzuwiderhandlung (§ 371 I Nr. 1 a AO 1977), StBp 1977, 39; *Brenner,* Erscheinen des Betriebsprüfers – Ausschluß der Selbstanzeige, StBp 1979, 1; *Arens,* Die Selbstanzeige bei der Außenprüfung, StWa 1982, 167; *Zwank,* Zur Prüfung umsatzsteuerlicher Sachverhalte im Rahmen von Lohnsteuer-Außenprüfungen (Prüfungskombination), BB 1982, 982; *Arendt,* Die Ausschlußgründe bei der Selbstanzeige, ZfZ 1985, 267; *Brauns,* Die Auslegung des § 371 AO im Spannungsfeld strafrechtlicher und steuerpolitischer Zielsetzungen, wistra 1985, 171; *Franzen,* Grenzen der strafbefreienden Selbstanzeige, wistra 1986, 210; *Streck,* Praxis der Selbstanzeige, DStR 1985, 9; *Brauns,* Materiellstrafrechtliche Aspekte der Selbstanzeige, wistra 1987, 233; *Joecks,* Möglichkeiten der Selbstanzeige in der Außenprüfung, Stbg 1987, 284; *Teske,* Die Bekanntgabe der Einleitung eines Straf- und Bußgeldverfahrens (§ 371 II Nr. 1 b AO) durch Durchsuchungsbeschlüsse, wistra 1988, 287; *Zacharias,* Zu den Anforderungen an die strafbefreiende Selbstanzeige isd § 371 AO unter besonderer Berücksichtigung des Grundsatzes der Vollständigkeit der selbstangezeigten hinterzogenen Beträge, DStZ 1988, 391; *Bilsdorfer,* Information der Geschäftspartner bei Ankündigung der Außenprüfung?, StBp 1988, 87; *Weyand,* Selbstanzeige und Betriebsprüfung, StBp 1989, 106; *Stahl,* Aktuelle Erkenntnisse zur Selbstanzeige, KÖSDI 1988, 7431; *Schmidt-Siebig,* Wiederholungsprüfung und Selbstanzeige, StBp 1987, 245; *Mösbauer,* Sperre für die strafbefreiende Selbstanzeige..., NStZ 1989, 11; *Wassmann,* Der Ausschlußgrund bei der Selbstanzeige nach § 371 II Nr. 1 a AO, ZfZ 1990, 242; *Rainer,* Beratungshinweise zur Selbstanzeige vor und während der Betriebsprüfung oder Steuerfahndung, DStR 1992, 901; s. ferner vor Rdnr. 163, 183 u. 202.

1. Grundgedanke der Regelung

Das der **Schadenswiedergutmachung** dienende berichtigende Verhalten 129 des Steuerpflichtigen führt nicht zu Straffreiheit, wenn die Berichtigungserklärung in einer Situation abgegeben wird, in der ein Festhalten an dem ursprünglichen Tatplan offenbar nicht vernünftig wäre (zur Begründung der Freiwilligkeit beim Versuch vgl. SK-*Rudolphi* 19 ff. zu § 24 StGB).

Wer etwa im Rahmen der laufenden Betriebsprüfung oder Steuerfahn- 130 dungsprüfung ursprüngliche Erklärungen korrigiert, tut dies regelmäßig unter dem Eindruck des Umstandes, daß der Prüfer die entsprechenden Fehler ohnehin erkennen wird. Wer nach Einleitung des Strafverfahrens die Versäumnisse der Vergangenheit offenbart, tritt lediglich die Flucht nach vorne an und versucht, durch ein rückhaltloses Geständnis seine Position zu verbessern (§ 371 II Nr. 1 b AO). Auch wer nach Tatentdeckung entsprechende

Korrekturen vornimmt, tut dies, weil er erkannt hat, daß ein Festhalten an dem ursprünglichen Plan aussichtslos ist.

131 Insofern ähneln die Ausschlußgründe des § 371 II AO dem **Prinzip der Freiwilligkeit,** wie es etwa den Regelungen über den Rücktritt vom Versuch (§ 24 StGB) und der tätigen Reue beim Subventionsbetrug (§ 264 IV StGB) zugrunde liegt. Dabei hat es der Gesetzgeber nicht dabei belassen, eine solche Freiwilligkeit als Generalklausel in das Gesetz aufzunehmen, sondern die Situation, in der ein Täter freiwillig oder unfreiwillig handelt, generalisierend beschrieben. So kommt es für die Sperrwirkung nach § 371 II Nr. 1a AO nicht darauf an, daß der Täter erfahren hat, es werde eine Prüfung stattfinden; erst mit dem Erscheinen des Prüfers ist eine strafbefreiende Wirkung der Berichtigungserklärung ausgeschlossen. Unter dem Aspekt der „Freiwilligkeit" mag man zwar schon mit der Ankündigung der Prüfung die Selbstanzeige als weniger wertvoll qualifizieren; es steht dem Gesetzgeber aber frei, hier formalisierte Regelungen aufzustellen.

132 Soweit man für die Selbstanzeige **fiskalpolitische Erwägungen** in den Vordergrund stellt (vgl. Rdnr. 19 u. *Koch/Scholtz/Himsel* 22 zu § 371 AO), gilt letztlich nichts anderes: Eine Selbstanzeige ist ausgeschlossen, wenn die Steuerquelle, die der Selbstanzeigende „zum Sprudeln bringen will", bereits von der Finanzbehörde bemerkt wurde bzw. nach dem normalen Verlauf der Dinge bemerkt würde. Das Gesetz stellt starre Grenzen für die Wirksamkeit der Selbstanzeige auf, die allerdings vor dem Hintergrund der verschiedenen Wirkgründe der Straffreiheit gegebenenfalls eine restriktive Interpretation der Regelungen des § 371 II AO erfordern.

133 Bei der Regelung der vermuteten Unfreiwilligkeit differenziert das Gesetz:
Nr. 1a beschreibt eine *sachbezogene Sperrwirkung,*
Nr. 1b beschreibt eine *tatbezogene Sperrwirkung,*
Nr. 2 beschreibt eine *personenbezogene Sperrwirkung.*

In diesen Konstellationen vermutet das Gesetz, daß Selbstanzeigehandlungen nicht auf autonomen Motiven beruhen; eine andere Frage ist, ob man nicht im Einzelfall den „Gegenbeweis autonomen Verhaltens" zulassen soll (vgl. Rdnr. 206 ff.).

2. Erscheinen eines Amtsträgers (§ 371 II Nr. 1 a AO)

134 Sobald *„ein Amtsträger der Finanzbehörde zur steuerlichen Prüfung oder zur Ermittlung einer Steuerstraftat oder einer Steuerordnungswidrigkeit erschienen ist",* hat eine nach § 371 I AO wegen Steuerhinterziehung erstattete Selbstanzeige keine strafbefreiende Wirkung mehr; anders bei Selbstanzeigen nach § 378 III AO wegen leichtfertiger Steuerverkürzung. Bei Vorsatztaten hat sich die durch Novelle vom 17. 12. 1951 (Rdnr. 6) eingeführte Sperre als erforderlich erwiesen, weil der Täter sonst die Entdeckung der Tat durch den Prüfer der Finanzbehörde abwarten, sich dessen Feststellungen zueigen machen und sie der Finanzbehörde als *„Berichtigung"* präsentieren könnte, bevor ihm die Einleitung des Strafverfahrens bekanntgegeben wird (vgl. OLG Stuttgart v. 17. 7. 1950, DStZ/B 440). Es wäre jedoch mit dem rechtspolitischen Zweck

IV. Negative Wirksamkeitsvoraussetzungen   135–138   § 371

des § 371 AO unvereinbar, eine derartige Verhaltensweise mit Straffreiheit zu belohnen. Daher soll der Vorsatztäter keine „tätige Reue" mehr üben können, „wenn die Betriebsprüfung im Hause ist" (Abgeordneter Dr. Mießner in der 174. Sitzung des Bundestages v. 14. 11. 1951, Stenografische Berichte S. 7161 B).

Amtsträger der Finanzbehörde ist der Beamte oder Angestellte einer **135** örtlichen Finanzbehörde, einer Oberfinanzdirektion, des Bundesamts für Finanzen oder einer Gemeindesteuerbehörde, der zur steuerlichen Prüfung oder zur Ermittlung einer mit Strafe oder Geldbuße bedrohten Zuwiderhandlung erscheint (vgl. auch § 7 AO; HHSp-*Engelhardt* 198, *Kohlmann* 120 zu § 371 AO; *Lüttger* StB 1993, 375). In Betracht kommen nicht nur Amtsträger, die *ständig* im Dienst der Außenprüfung, der Steuerfahndung oder der Zollfahndung stehen, sondern auch andere Angehörige der Finanzverwaltung, die eine Prüfungsanordnung (§ 196 AO) der zuständigen Finanzbehörde ausführen wollen oder die im Veranlagungsverfahren als Prüfer tätig werden (BFH v. 5. 4. 1984, NJW 1984, 2240) oder sonst im Rahmen ihrer dienstlichen Aufgaben und Befugnisse aufgrund eigener Entschließung einschreiten, z. B. Beamte einer Zollstreife auf einem amtlichen Kontrollgang (OLG Oldenburg v. 16. 6. 1953, NJW 1953, 1847; zust. *Hartung* V 3a zu §§ 410, 411 RAO 1951 und *Suhr* 1977, S. 358). Außenwirtschaftsprüfer, die der Zollabteilung einer OFD angehören, erscheinen in der Regel nicht zur steuerlichen Prüfung (*Brenner* MDR 1979, 801).

Amtsträger einer anderen Verwaltungsbehörde stehen Amtsträgern ei- **136** ner Finanzbehörde angesichts des Wortlauts auch dann nicht gleich, wenn sie aufgrund eines Amtshilfeersuchens der zuständigen Finanzbehörde tätig werden (HHSp-*Engelhardt* 199, *Koch/Scholtz/Himsel* 24, *Kohlmann* 121 zu § 371 AO; *Wassmann* ZfZ 1990, 242; aM *Franzen,* Voraufl. Rdnr. 73 zu § 371 AO; *Barske/Gapp* S. 86; *Maaßen* FR 1954, 296; *Kopacek* BB 1961, 42; *Mösbauer* NStZ 1989, 11). Freilich kann bei einem Erscheinen etwa von Polizeibeamten der Ausschlußgrund der Tatentdeckung (Rdnr. 183 ff.) eingetreten sein.

Beamte der Steuerfahndung sind auch dann „Amtsträger der Finanzbe- **137** hörde", wenn sie in einem von der Staatsanwaltschaft geführten (Rdnr. 12 ff. zu § 386 AO) steuerstrafrechtlichen Verfahren weisungsgebunden tätig werden (LG Stuttgart v. 21. 8. 1989, wistra 1990, 72; HHSp-*Engelhardt* 200, *Senge* 27 zu § 371 AO; *Koch/Scholtz/Himsel* 24; *Lüttger* StB 1993, 375; aM *Felix* BB 1985, 1781).

Erschienen zur steuerlichen Prüfung oder zur Ermittlung einer Steuer- **138** straftat oder Steuerordnungswidrigkeit ist der Amtsträger, sobald er das Grundstück mit den Betriebs- und Wohnräumen eines Steuerpflichtigen in der Absicht betritt, seine steuerlichen Verhältnisse zu überprüfen oder den Verdacht einer Zuwiderhandlung gegen Steuergesetze aufzuklären. Die telefonische Ankündigung des Eintreffens reicht ebensowenig aus wie die Ankündigung, die schriftlich, durch Boten oder persönlich geschieht (HHSp-*Engelhardt* 202 zu § 371 AO; *Suhr/Naumann/Bilsdorfer* 459; *Westpfahl* 1987, S. 53; *Kohlmann* 122; *Lüttger* StB 1993, 376). Optische Wahrnehmbarkeit ist nicht erforderlich (HHSp-*Engelhardt* aaO; *Wassmann* ZfZ 1990, 243). Nötig ist die körperliche Anwesenheit am Prüfungsort (*Brenner* StBp 1979, 1; *Lüttger* StB 1993, 376). Dazu ist – je nach den örtlichen Gegebenheiten – das Betreten des Betriebsgrundstückes, das Durchschreiten des Fabriktores oder das Überschreiten der Schwelle zur Eingangstür erforderlich. Die Gegenauffassung, die es genügen läßt, wenn der Prüfer zwar noch nicht am Ort der Prüfung eingetroffen, aber bereits in das Blickfeld des Selbstanzeigenden getreten ist (OLG Stuttgart v. 22. 5. 1989, NStZ 436; HHSp-*Engelhardt* 204 zu § 371 AO; wohl auch *Wassmann* aaO) ist zwar vom Wortlaut noch gedeckt, bedeutet aber eine zu weite Vorverlagerung der Sperrwirkung (vgl. *Westpfahl* 1987, S. 54).

139 **Steuerliche Prüfung** ist nach hM jede (rechtmäßige) Maßnahme der Finanzbehörde, die der Ermittlung und Erfassung der steuerlichen Verhältnisse eines Steuerpflichtigen dient und das Ziel richtiger und vollständiger Steuerfestsetzung verfolgt (BayObLG v. 17. 9. 1986, wistra 1987, 77, 78; HHSp-*Engelhardt* § 371 AO 215; *Lüttger* StB 1993, 376; *Wassmann*, ZfZ 1990, 243) bzw. der Feststellung dient, ob der Steuerpflichtige seine steuerlichen Pflichten richtig erfüllt hat (*Terstegen* S. 123). Erfaßt sind damit zunächst einmal die Fälle der Außenprüfung iSd § 193 AO, gleichgültig, ob die Prüfung aus besonderem Grund beabsichtigt ist oder ob es sich um eine turnusmäßige Betriebsprüfung handelt (*Suhr* 1977, S. 359), ob Gegenstand der Prüfung verschiedene Steuerarten sind oder aber eine Sonderprüfung, etwa im Hinblick auf die Umsatzsteuer stattfinden soll. Ebenso erfaßt sind Prüfungen der Steuer- und Zollfahndung iSd § 208 I S. 1 Nr 3, II (HHSp-*Engelhardt* 215 zu § 371 AO). Nach herrschender Meinung soll eine Prüfung auch dann gegeben sein, wenn etwa ein Finanzbeamter in den Räumen des Steuerpflichtigen prüfen soll, ob bestimmte Angaben in Stundungs- oder Erlaßanträgen (§§ 222, 227 AO) zutreffen oder ob das von einem Vollstreckungsschuldner im Verfahren nach § 284 AO abgegebenen Vermögensverzeichnis oder die von einem Dritten abgebenen Drittschuldnererklärung (§ 316 AO) zutreffen (*Franzen* Voraufl. Rdnr. 75 zu § 371 AO). Ebenfalls soll die „betriebsnahe Veranlagung" (HHSp-*Engelhardt* aaO) und die Prüfung von Büchern, Geschäftspapieren und sonstigen Urkunden (§ 97 AO) erfaßt sein (*Engelhardt* aaO unter Hinweis auf BayObLG v. 17. 9. 1986, wistra 1987, 77; *Weyand* StBp 1989, 109). Demgegenüber sollen Liquiditätsprüfungen nicht der steuerlichen Überprüfung des Steuerpflichtigen dienen, Richtsatzprüfungen nur insoweit, als sie zugleich die Ermittlung von Besteuerungsgrundlagen im Einzelfall zum Gegenstand haben (*Kohlmann* 140, HHSp-*Engelhardt* 216 zu § 371 AO; *Pfaff* S. 108). Nicht zur steuerlichen Prüfung soll ein Außenwirtschaftsprüfer erscheinen, obwohl er zur Betriebsprüfungsstelle der Zollabteilung einer OFD gehört (*Brenner* StBp 1979, 1). Bei Vollziehungsbeamten soll differenziert werden: Erscheine der Vollziehungsbeamte einer Finanzbehörde mit einem die Überprüfung von Angaben betreffenden Sonderauftrag, soll auch er „zur steuerlichen Prüfung erschienen" sein (*Pfaff* StBp 1977, 40), anders soll es sein, wenn er nur einen Vollstreckungsauftrag ausführen will (vgl. *Wassmann* ZfZ 1990, 244).

IV. Negative Wirksamkeitsvoraussetzungen 140–143 § 371

Diese Auffassungen erscheinen zum Teil ungereimt. Auch der Vollstrek- **140** kungsbeamte erscheint zur steuerlichen Prüfung, ob vollstreckbare Habe zu Begleichung von Steuerschulden vorhanden ist. Ebenso würde der Wortlaut des § 371 AO auch solche Fälle erfassen, in denen der Steuerfahnder im Rahmen von Ermittlungen iSd § 208 AO bei einem Steuerpflichtigen lediglich erscheint, um diesen vor Ort als Zeuge in einem gegen Dritte gerichteten Steuerstrafverfahren zu vernehmen: Auch in diesem Zusammenhang erscheint der Steuerfahndungsbeamte immerhin zu einer steuerlichen Prüfung, wenngleich der der steuerlichen Verhältnisse eines anderen. Diese Ungereimtheiten und die Schwierigkeiten einer Begrenzung der Sperrwirkung in einer Vielzahl von „Prüfungen" (siehe unten Rdnr. 149) spricht dafür, für den Begriff der Prüfung auf § 171 IV und V AO abzustellen (dazu HHSp-*Ruban* 38 ff. zu § 171 AO) und andere Ermittlungshandlungen i. S. des § 92 AO schlechthin nicht für die Sperrwirkung nach § 371 II Nr. 1a genügen zu lassen. Eine betriebsnahe Veranlagung sperrt dementsprechend die strafbefreiende Selbstanzeige nicht (aM BayObLG v. 17. 9. 1986, 1987, 77). Auch für das Erscheinen des Vollziehungsbeamten sind die Differenzierungsbemühungen der herrschenden Meinung (Rdnr. 139) entbehrlich. Eine andere Frage ist, inwiefern die Ermittlungshandlungen i. S. d. § 92 AO zu einer Tatentdeckung bzw. zur Einleitung des Strafverfahrens führten.

Bei Richtsatzprüfungen, die von der Finanzverwaltung vorgenommen **141** werden, um für bestimmte Branchen Vergleichszahlen (durchschnittliche Gewinnsätze) zu ermitteln, kommt es darauf an, ob der Richtsatzprüfer sich darauf beschränken soll, die maßgebenden Zahlen ohne nähere Prüfung aus der Buchführung des Richtsatzbetrieben zu entnehmen, oder ob mit der Richtsatzprüfung zugleich eine Betriebsprüfung verbunden werden soll (HHSp-*Engelhardt* 215, *Kohlmann* 140 zu § 371 AO; *Wassmann* ZfZ 1990, 244; aM *Bremer* DB 1951, 989; *Herrmann* FR 1952, 2; *Maaßen* FR 1954, 296, die nicht differenzieren wollen).

Ob die Prüfung dem Steuerpflichtigen angekündigt worden ist, oder ob **142** der Amtsträger unvermutet erscheint, ist für den Eintritt der Sperrwirkung gleichgültig. Von dem Erscheinen zur Prüfung ist jedoch die bloße Ankündigung einer Prüfung zu unterscheiden, da sie die Sperrwirkung noch nicht auslöst (*Kohlmann* 133 zu § 371 AO). Dies gilt auch dann, wenn der Prüfer bei dem Steuerpflichtigen persönlich erscheint, um mit ihm einen Prüfungstermin zu vereinbaren (*Mattern* DStZ 1951, 414; *Maaßen* FR 1954, 296; *Kohlmann* 137; *Klein/Orlopp* Anm 6c; *Pfaff* DStZ 1982, 361, 362; HHSp-*Engelhardt* 203 zu § 371 AO). Auch die Vorladung des Steuerpflichtigen mit seinen Büchern auf das Finanzamt ist (noch) unschädlich (*Maaßen* aaO).

Zur steuerlichen Prüfung erscheint der Amtsträger, wenn er die ernste **143** Absicht hat, eine Prüfung iSd § 371 II Nr. 1a durchzuführen (*Wassmann* ZfZ 1990, 244). Ist dies der Fall, kommt es nicht darauf an, ob der zur Prüfung erschienene Amtsträger mit der beabsichtigten Prüfung auch beginnt. So greift die Sperrwirkung ein, wenn der zur Prüfung entschlossene Amtsträger in der Wohnung des Steuerpflichtigen niemanden antrifft (aM *Westpfahl* 1987, 62), dieser ihm nicht öffnet oder sich verleugnen läßt (*Kohlmann* 134 zu

§ 371 AO; OLG Oldenburg v. 11. 3. 1958, NJW 1407) oder die Prüfung wegen „unzumutbarer Buchhaltung" zunächst abgebrochen wird (BGH v. 23. 3. 1994, wistra 228). Der Gesetzgeber hat bewußt nicht an den Beginn der Prüfung angeknüpft. Nachdem diese Möglichkeit bei Beratung der Novelle vom 7. 12. 1951 (Rdnr. 6) erörtert worden war (*Mattern* NJW 1951, 940), wurde dem Erscheinen zur Prüfung wegen der Beweisklarheit der Vorzug gegeben. Die erforderliche Absicht, mit der Prüfung zu beginnen, wird den Begleitumständen, unter denen der Prüfer erscheint (Tageszeit, Mitbringen der Steuerakten und Hilfsmittel), unschwer zu entnehmen sein. Zweifelhaft ist, ob der Steuerpflichtige von dem Erscheinen des Amtsträgers in seinen Betriebs- oder Wohnräumen Kenntnis haben muß (abl. *Maaßen* FR 1954, 296; *Kohlmann* 135 zu § 371 AO) oder ob er selbst die Prüfungsabsicht erkennen muß. Überwiegend wird angenommen, daß allein entscheidend sei, ob der erschienene Beamte *erkennbar* den ernsthaften Willen habe, die Prüfung durchzuführen (*Bender* 35, 3 a; *Kohlmann* 135 zu § 371 AO; *Wassmann* ZfZ 1990, 244). Daran fehlt es, wenn der Prüfer lediglich durch eine „Scheinhandlung" die Hemmung der Verjährung nach § 171 IV AO erreichen will und er sich nach kurzem Aufenthalt aus eigenem Antrieb wieder entfernt, ohne eine Prüfungstätigkeit entfaltet zu haben (zust. *Wassmann* ZfZ 1990, 244). Die von der Rechtsprechung entwickelten Grundsätze über eine wirksame Handlung zur Unterbrechung der Strafverfolgungsverjährung gelten sinngemäß; hier wie dort müssen formale Scheinhandlungen ausscheiden (vgl. BGH 9, 198, 203 v. 13. 6. 1956; BGH v. 22. 5. 1958, NJW 1004; *Coring* DStR 1963, 374; *Kohlmann* 137 zu § 371 AO; *Schönke/Schröder/Stree* 6 zu § 78 c StGB).

144 **Wo der Amtsträger erscheinen will,** um den Steuerpflichtigen an einem geeigneten Ort anzutreffen, muß er nach pflichtgemäßem Ermessen unter prüfungstechnischen Gesichtspunkten selbst entscheiden (OLG Oldenburg v. 11. 3. 1958, NJW 1958, 1407). Die Prüfung im Betrieb oder in der Wohnung des Steuerpflichtigen bildet zwar den Regelfall, die Sperrwirkung tritt jedoch auch dann ein, wenn die Prüfung nach Vereinbarung mit dem Steuerpflichtigen an einem dritten Ort stattfinden soll und die Beteiligten dort zusammentreffen, z. B. in den Räumen des steuerlichen Beraters oder des Konkursverwalters (HHSp-*Engelhardt* 214 zu § 371 AO).

145 **Findet die Prüfung an Amtsstelle statt,** ist die Anwendbarkeit des § 371 II Nr. 1a AO umstritten. Teilweise wird angenommen, in diesen Fällen sei der Prüfer dann erschienen, wenn der Steuerpflichtige oder Steuerberater mit den prüfungsrelevanten Unterlagen das Finanzamt betritt (*Leise/Dietz* 26 zu § 371 AO). *Kohlmann* bezweifelt schlechthin, ob das Erscheinen des Steuerpflichtigen mit seinen Geschäftsunterlagen in der Finanzbehörde die Sperrwirkung auslösen kann (Rdnr. 123 zu § 371 AO; zust. *Lüttger* StB 1993, 376; *Merkt* DStR 1987, 712 f.; vgl. auch *Mösbauer* NStZ 1989, 12). Tatsächlich wird man voraussetzen müssen, daß der Steuerpflichtige im Finanzamt aufgrund einer Vorladung erscheint (vgl. § 200 II S. 1 AO) und die Unterlagen mitführt, die als Geschäftsunterlagen für die Prüfung nötig sind (*Westpfahl* 1987, 57). Ebenso, wie ein Erscheinen des Prüfers in den Räumen des Steuerpflichtigen nur dann ein Erscheinen zur Prüfung ist, wenn der Prüfer die

IV. Negative Wirksamkeitsvoraussetzungen 146–148 § 371

ernste Absicht der Durchführung einer solchen hat, wird man darüber hinaus voraussetzen müssen, daß der Steuerpflichtige das Finanzamt betritt, um mit Übergabe der Unterlagen die Prüfung zu ermöglichen. Will der Steuerpflichtige jedoch zunächst dem Finanzbeamten eine Berichtigungserklärung übergeben, ist die Sperrwirkung des § 371 II Nr. 1a AO noch nicht eingetreten. Würde man in diesen Fällen das bloße Betreten des Gebäudes der Finanzbehörde als schädlich ansehen, würde man den Steuerpflichtigen praktisch zwingen, zunächst einen Brief an das Finanzamt zu senden und schlicht der Vorladung nicht Folge zu leisten oder aber die Geschäftsunterlagen zunächst in seinem Pkw zu lassen. Dies wäre eine übertriebene Förmelei. Leistet der Täter der Vorladung nicht Folge, und übersendet er die entsprechenden Unterlagen per Post, wird es auf den Zeitpunkt des Eingangs beim Finanzamt ankommen.

Hat der Steuerpflichtige mehrere Betriebe, löst das Erscheinen in einem Betrieb die Sperrwirkung auch hinsichtlich einer Steuerhinterziehung aus, die der Steuerpflichtige in einem anderen Betrieb begangen hat, es sei denn, die Prüfungsanordnung gilt nur für einen bestimmten Betrieb oder die Prüfung erstreckt sich auf eine Steuerart, die nur in dem Betrieb entstehen kann, in dem der Amtsträger erschienen ist, und die in keinem Zusammenhang mit anderen Steuern steht (HHSp-*Engelhardt* 211 zu § 371 AO; *Lüttger* StB 1993, 376; *Wassmann* ZfZ 1990, 242; demgegenüber will *Kohlmann* allein darauf abstellen, ob der Prüfer in der Sphäre des Inhabers erschienen ist; Rdnr. 124 zu § 371 AO). 146

Bei einem Konzern schließt das Erscheinen des Prüfers die Selbstanzeige für die Geschäftsführer und die sonstigen Angestellten anderer Gesellschaften allenfalls dann aus, wenn der Prüfer den Auftrag hat, den gesamten Konzern zu prüfen. Bei den einzelnen Unternehmen ist er jedoch nicht schon dann erschienen, wenn er bei der Konzernspitze erscheint (so *Pfaff* S. 112 und ihm folgend HHSp-*Engelhardt* 213 zu § 371 AO). Die Zugehörigkeit zu einem Konzern läßt die selbständige Steuersubjektqualität des einzelnen Konzernmitgliedes unberührt (*Wassmann* ZfZ 1990, 245). Entscheidend ist insoweit, wo die Prüfungshandlungen für welche Gesellschaften vorgenommen werden, und von wo aus die Anforderung von Unterlagen für die einzelnen Gesellschaften erfolgen soll. Gibt es im Konzern eine zentrale Steuerabteilung, mag für sämtliche Konzerngesellschaften, die von der Prüfungsanordnung umfaßt werden, die Prüfung beginnen, wenn der Prüfer dort erscheint. Erfolgt die Verwahrung von Unterlagen bzw. die Bearbeitung der Steuerangelegenheiten dezentral, tritt eine Sperrwirkung erst und nur mit dem Erscheinen vor Ort ein. Zur Reichweite der sachlichen Sperrwirkung s. u. Rdnr. 149. 147

Der persönliche Umfang der Sperrwirkung ist begrenzt. Erscheint der Amtsträger bei einem von mehreren Tätern oder Teilnehmern, ist die strafbefreiende Wirkung einer Selbstanzeige zunächst für denjenigen Täter oder Teilnehmer ausgeschlossen, bei dem der Beamte erschienen ist (*Troeger/Meyer* S. 256; *Suhr* 1977, S. 360). Bei einer betriebsbezogenen Tat soll das Erscheinen des Amtsträgers im Betrieb nicht nur gegen den Betriebsinhaber, sondern gegen alle an der Tat beteiligten Betriebsangehörigen, jedoch nicht gegen außenstehende Täter oder Teilnehmer wirken; ihnen gegenüber könne 148 die Sperrwirkung erst nach § 371 II Nr. 2 AO eintreten (vgl. *Franzen* Voraufl. § 371 AO Rdnr. 81; *Wassmann* ZfZ 1990. 243). Dasselbe soll, falls der Prüfer zur Prüfung bei einer GmbH erschienen ist, für die persönlichen Steuern eines Gesellschafters gelten, die zwar aus Provisionszahlungen der GmbH herrührten, dort aber ordnungsgemäß verbucht waren und deshalb typischerweise gerade nicht auf Hinterziehung der persönlichen Steuern des Gesellschafters schließen lassen (OLG Düsseldorf v. 27. 5. 1981, wistra 1982, 119). Demgegenüber will *Kohlmann* (129 zu § 371 AO) die Frage nach der Sperrwirkung bei Betriebsangehörigen jeweils im Einzelfall beantworten; *Engelhardt* (HHSp 222 zu § 371 AO) hält sogar die Selbstanzeige eines Betriebsangehörigen noch während der Außenprüfung generell für möglich. Zwar wäre es denkbar, in diesem Zusammenhang auf die Wertung des § 14 StGB bzw. § 130 II OWiG abzustellen; vor dem Hintergrund der Funktion des § 371 II ist jedoch festzustellen, daß mit dem Erscheinen des Prüfers für sämtliche an der Tat Beteiligten das Entdeckungsrisiko sich in einem Maße konkretisiert hat, daß eine Selbstanzeige nicht mehr als originäre Widergutmachungsleistung des Beteiligten angesehen werden könnte. Andererseits ist dann die Differenzierung zwischen noch im Betrieb tätigen und bereits ausgeschiedenen Betriebsangehörigen (vgl. LG Stuttgart v. 21. 8. 1989, NStZ 1990, 189 mit Anm. *Gallandi*) nicht mehr tragfähig; überdies müßte auch der extern tätige Steuerberater, der als Gehilfe an der Steuerhinterziehung mitgewirkt hat, von der Sperrwirkung betroffen sein. Hier anzunehmen, die Prüfungsanordnung sei an sämtliche zum Zeitpunkt des Erscheinens mit dahingehenden Aufgaben betraute Personen gerichtet anzusehen (so *Westpfahl* 1987, 83 ff.) widerspricht dem Gesetzeswortlaut. Zu sachgerechten Ergebnissen kommt man, wenn man entscheidend darauf abstellt, ob der betreffende, die Selbstanzeige Erstattende zum Zeitpunkt der Freigabe seiner Berichtigungserklärung Kenntnis von dem Beginn der Prüfung, das heißt, dem Erscheinen des Außenprüfers hatte. Der Wortlaut des § 371 II Nr. 1a AO setzt jedenfalls nicht voraus, daß der Amtsträger der Finanzbehörde bei der konkreten Person erschienen ist.

149 **Der sachliche Umfang der Sperrwirkung** ist heftig umstritten. Der Wortlaut des Gesetzes läßt die Auslegung zu, daß das Erscheinen jedes Amtsträgers einer Finanzbehörde die strafbefreiende Wirkung für alle Steuerarten und Steuerabschnitte ausschließt (so etwa *Kopacek* BB 1961, 42; *Coring* DStR 1963, 374; *Kratzsch* StW 1974, 75; *Brenner* StBp 1979, 2 und MDR 1979, 801). Diese Auffassung wird heute indes nicht mehr vertreten. Angesichts der starken Untergliederung und Spezialisierung der einzelnen Zweige der Finanzverwaltung erscheint eine differenzierte Betrachtung geboten. Dies beruht nicht zuletzt darauf, daß die einzelnen Prüfungsdienste der Bundes-, Landes- und Gemeindefinanzbehörden jeweils beschränkte Prüfungsaufgaben und Prüfungsmöglichkeiten haben. Auch soweit die Verpflichtung zur Amtshilfe über den Tatbestand der Strafvereitlung im Amt (§ 258a StGB) strafbewährt ist, ist doch faktisch kaum vorstellbar, daß der auf einem Seeschiff erschienene Zollbeamte feststellt, daß ein Besatzungsmitglied eine Lohnsteuererstattung erschlichen hat. Insofern besteht heute

IV. Negative Wirksamkeitsvoraussetzungen

im wesentlichen Einvernehmen, daß es unter anderem auf den konkreten Prüfungsauftrag des einzelnen Beamten ankommt. Umstritten ist demgegenüber, welche Bedeutung die sachliche Zuständigkeit der entsendenden Finanzbehörde bzw. ein wie auch immer gearteter Sachzusammenhang hat oder ob es darauf ankommt, welche Steuern tatsächlich von dem Amtsträger geprüft werden.

Die sachliche Zuständigkeit der entsendenden Finanzbehörde wird als vorrangiges Merkmal für eine sachliche Begrenzung der durch das Erscheinen eines Amtsträgers ausgelösten Sperrwirkung jedenfalls dann anerkannt, wenn eine Prüfungsordnung nach § 196 AO nicht ergangen ist (*Hartung* V 3a zu §§ 410, 411 RAO 1951; *Terstegen* S. 123; *Troeger/Meyer* S. 255), wie insbesondere bei Prüfungen der Steuer- oder Zollfahndung.

Die sachliche Zuständigkeit umfaßt

a) *bei den Bundesfinanzbehörden* (§ 1 FVG) die Zölle, Abschöpfungen und die bundesgesetzlich geregelten Verbrauchsteuern einschließlich der EUSt und der Biersteuer (§ 12 II FVG); vgl. wegen der Mitwirkung der Zollstellen und der Grenzkontrollstellen bei der Verwaltung der Umsatzsteuer und der KFZ-Steuer ferner § 18 FVG;

b) *bei den Landesfinanzbehörden* (§ 2 FVG) die Steuern mit Ausnahme der Zölle und Verbrauchsteuern (§ 12 II FVG), soweit die Verwaltung nicht aufgrund Art. 108 IV S. 1 GG den Finanzbehörden oder aufgrund Art. 108 IV S. 2 GG den Gemeinden oder Gemeindeverbänden übertragen worden ist (§ 17 II FVG); hinsichtlich der Aufgaben und Befugnisse des Bundesamts für Finanzen vgl. §§ 5, 19 FVG;

c) *bei den Gemeindesteuerbehörden* die Realsteuern (§ 3 II AO), soweit nicht die Landesfinanzbehörden zuständig sind, sowie die Kommunalsteuer.

Eingeschränkt ist die sachliche Zuständigkeit einer Finanzbehörde und ihrer Amtsträger, soweit durch Rechtsverordnung die Verwaltung bestimmter Steuern für den Bereich mehrerer Finanzbehörden bei einer Finanzbehörde konzentriert ist, z. B. in einem Finanzamt für Erbschafts- und Verkehrsteuer. Siehe im einzelnen Rdnr. 18 ff. zu § 387 AO.

Darüber hinaus soll es in Fällen der Außenprüfung (§ 193 AO) eine Sperrwirkung nur für die nach der Anordnung zu prüfenden Steuerarten und die genannten Prüfungszeiträume geben (BGH 35, 188 v. 15. 1. 1988; BayObLG v. 23. 1. 1985, wistra 117, 118; LG Verden v. 27. 3. 1986, wistra 228; *Koch/Zeller* 28, HHSp-*Engelhardt* 218, *Senge* 31 zu § 371 AO; *Westpfahl* 1987, 74; *Kohlmann* 154 zu § 371 AO). Insbesondere die Rechtsprechung stellt insoweit nicht mehr auf das Kriterium des Sachzusammenhanges (so *Franzen* Vorauf. Rdnr. 85 ff; *ders.*, wistra 1986, 210, 211; ähnl. *Brauns* wistra 1987, 240) ab. Weitere Konsequenz dieser Auffassung ist, daß im Rahmen von Sonderprüfungen (etwa für USt oder LSt) die Selbstanzeige für nicht betroffene Steuerarten bzw. nicht betroffene Zeiträume selbst dann möglich ist, wenn kraft Zusammenhanges die Gefahr der Entdeckung überaus konkret ist. Diese Rechtsprechung ist dennoch zu begrüßen, als damit für den Betroffenen eindeutige Grenzen gezogen sind, die ihm gegebenenfalls die Rückkehr zur Steuerehrlichkeit erleichtern.

154 Problematisch ist der **Rückgriff auf die Prüfungsanordnung** im Rahmen einer Außenprüfung für die hM jedoch insoweit, als damit Freiräume geschaffen werden, die es in dieser Form bei anderen Prüfungen ohne Prüfungsanordnung so nicht gibt. So hat *Franzen* (wistra 1986, 210, 211) darauf hingewiesen, daß die Sperrwirkung nach § 371 II Nr. 1a AO auch bei Prüfungen eintreten kann, die einer ausdrücklichen Prüfungsanordnung nicht bedürfen. In dieser Konsequenz hat etwa das BayObLG (v. 17. 9. 1986, wistra 1987, 77) eine (unbeschränkte) Sperrwirkung für den Fall einer betriebsnahen Veranlagung anerkannt (vgl. *Joecks* Stbg 1987, 284, 285). Es mutet seltsam an, daß die Sperrwirkung bei der punktuellen Prüfung einzelner Unterlagen, im Rahmen der betriebsnahen Veranlagung bzw. bei der Prüfung von Büchern, Geschäftspapieren und sonstigen Urkunden (vgl. HHSp-*Engelhardt* § 371 AO 216) weiter reichen soll als die auf systematische Überprüfung ausgerichtete Außenprüfung. Die gleiche Problematik stellt sich im übrigen im Rahmen der Steuerfahndungs- oder Zollfahndungsprüfung, bei der in der Regel lediglich ein Einleitungsvermerk die Vorwürfe konkretisiert, ohne daß dieser dem Steuerpflichtigen vorläge. Eine weitere Problematik resultiert daraus, daß die formale Außenprüfungsanordnung die Möglichkeit zu Einzelermittlungsmaßnahmen außerhalb des Prüfungszeitraumes unberührt läßt (vgl. *Papist* DStR 1986, 356), so daß auch im Rahmen der Außenprüfung iSd § 193 AO für den Steuerpflichtigen immer das Risiko besteht, daß der Prüfer auf weitere, von der Prüfungsanordnung sachlich und zeitlich nicht umfaßte Fehler stößt.

155 Trotz dieser Bedenken ist der herrschenden Meinung und Rechtsprechung zuzustimmen. Der Gesetzgeber hat sich für eine vertypte Beschreibung des Entdeckungsrisikos entschieden, insofern ist es durchaus denkbar, ebenso formal den Bereich des Entdeckungsrisikos anhand des Verwaltungsaktes „Prüfungsanordnung" zu beschreiben. Daß es daneben andere Prüfungen gibt, die eine Prüfungsanordnung nicht erfordern, ist nicht unbedingt ein Argument gegen die Rechtsprechung des BGH, sondern kann allenfalls Anlaß dafür sein, etwa im Falle der Fahndungsprüfung nach Kriterien zu suchen, die denen der formalisierten Außenprüfung entsprechen (vgl. auch HHSp-*Engelhardt* 223 zu § 371 AO und unten Rdnr. 158).

156 **Die betriebsnahe Veranlagung** ist ein „normales" Ermittlungsverfahren, für das ausschließlich die Vorschriften der §§ 93 ff. AO gelten. Zulässig ist nur die Ermittlung einzelner Besteuerungsgrundlagen beim Steuerpflichtigen im Wege der Augenscheinseinnahme (HHSp-*Schick* § 195 AO 56). Diese sind abgekürzte Außenprüfungen (§ 203), wenn sie aufgrund einer Prüfungsanordnung (§ 196) durchgeführt werden (AEAO Nr 2 zu § 85 AO). Ist die betriebsnahe Veranlagung abgekürzte Außenprüfung, so gibt es eine die Sperrwirkung begrenzende Prüfungsanordnung. Daß dann eine betriebsnahe Veranlagung, die noch nicht einmal diese Qualität erreicht, nicht umfassend die Sperrwirkung herbeiführen kann, liegt auf der Hand (aM *Franzen* wistra 1988, 195; *Weyand* StBp 1989, 109; vgl. auch HHSp-*Engelhardt* 223 zu § 371 AO). Ob man dann darauf abstellen muß, auf welche Steuern und Veranlagungszeiträume sich die Ermittlungen beziehen (so *Klos*, Inf. 1989,

IV. Negative Wirksamkeitsvoraussetzungen   157, 158   § 371

345; zust. *Engelhardt* aaO), erscheint zweifelhaft. Näher liegt es, in diesen Fällen überhaupt keine Sperrwirkung anzunehmen, denn wenn der Finanzbeamte nicht im Rahmen der (abgekürzten) Außenprüfung erscheint, erscheint er nicht zur steuerlichen Prüfung, sondern zur (betriebsnahen) Veranlagung (vgl. Rdnr. 139). Diese Konstellation ist dann vom Wortlaut des § 371 II Nr. 1a AO nicht erfaßt, ggf. kann die Sperre nach § 371 II Nr. 1b, 2 AO eingreifen.

Bei der Nachschau (§ 210 AO) handelt es sich zunächst nicht um eine   157
Außenprüfung im Sinne der §§ 193 ff. (vgl. § 210 IV AO), sondern um eine allgemeine Maßnahme der Steueraufsicht, für die eine schriftliche Prüfungsanordnung nicht besteht bzw. erst dann schriftlich auf einen Übergang zur Außenprüfung hingewiesen wird, wenn Feststellungen bei Ausübung der Steueraufsicht hierzu Anlaß geben (§ 210 IV S. 2 AO). Die Nachschau ist keine Außenprüfung, denn die Außenprüfung ist vergangenheits-, die Nachschau gegenwartsbezogen (HHSp-*Trzaskalik* 3 zu § 210 AO). Daraus wird man schließen müssen, daß auch die Nachschau nicht zu einer Sperrwirkung gemäß § 371 II Nr. 1a AO führt (zT anders HHSp-*Engelhardt* 224 zu § 371 AO). Eine Lücke entsteht dadurch insofern nicht, als gegebenenfalls die Sperrwirkungsgründe nach § 371 II Nr. 1b, 2 AO eingreifen können.

Bei Ermittlungen der Steuer- und Zollfahndung handelt es sich hinge-   158
gen um eine „steuerliche Prüfung" iSd § 371 II Nr. 1a AO. Da in diesen Fällen ein schriftlicher Prüfungsauftrag nicht existiert, liegt es nicht fern, eine umfassende Sperrwirkung für sämtliche in den sachlichen Zuständigkeitsbereich der betreffenden Fahndungsstelle fallende Steuerarten und sämtliche, strafrechtlich nicht verjährte Zeiträume anzunehmen (so etwa *Weyand* StBp 1989, 109). Dies wird überwiegend als unbillig empfunden (vgl. HHSp-*Engelhardt* 225, *Kohlmann* 158 zu § 371 AO) und nach Kriterien gesucht, die auch in diesen Fällen die Sperrwirkung begrenzen. So verwirft zwar *Kohlmann* die Anknüpfung an den vom Steuerfahnder mitgeteilten Verdacht (vgl. auch OLG Celle v. 21. 12. 1984, wistra 1985, 84) und ein Abstellen auf eine bloße abstrakte Entdeckungsgefahr, will aber für die Sperrwirkung voraussetzen, daß ein *„enger unmittelbarer typischer Zusammenhang zwischen Verdachtsgegenstand und aufdeckungsgefährdenden Steuerverkürzungen"* besteht (Rdnr. 158 zu § 371 AO). Insofern greift er wieder auf das im übrigen von ihm verworfene Kriterium des Sachzusammenhanges zurück. *Engelhardt* (HHSp 225 zu § 371 AO) setzt voraus, daß sich die Ermittlungen auf die *Tat* im Sinne von § 371 II Nr. 1b AO beziehen, die auch Gegenstand der Selbstanzeige sein soll. Abgesehen von der Notwendigkeit, den Tatbegriff des § 371 II Nr. 1b AO zunächst zu definieren, ist dieser Auffassung *Engelhardts* zuzustimmen. Der Rückgriff auf die Akten läßt unschwer erkennen, wegen welcher Straftat die Fahndungsbeamten beim Steuerpflichtigen „erschienen" sind. Allerdings wird man darüber hinaus auch verlangen müssen, daß dieser Tatvorwurf dem Steuerpflichtigen auch bekanntgeworden ist, weil er nur dann eine originäre Korrektur vornimmt und sich nicht lediglich fügt. Konsequenz dieser Auffassung ist etwa, daß bei einer Steuerfahndungsprüfung wegen des Verdachts der Beihilfe zugunsten eines Dritten dem Steuerpflichtigen die

Möglichkeit verbleibt, wegen eigener steuerlicher Verfehlungen noch wirksam Selbstanzeige zu erstatten. Bezieht sich die Steuerfahndungsprüfung nach Einleitungsvermerk und etwaigem Durchsuchungsbeschluß lediglich auf Einkünfte aus Gewerbebetrieb, bleibt eine wirksame Selbstanzeige im Hinblick auf verkürzte Einkommensteuer auf Einkünfte aus Kapitalvermögen noch möglich, soweit es um die Sperrwirkung gem. § 371 Abs. 2 Nr. 1a AO geht; eine andere Frage ist sie Sperre nach § 371 Abs. 2 Nr. 1b AO (Rdnr. 180 ff.).

159 Da insbesondere bei **Großbetrieben und Konzernen** ständig irgendwelche steuerlichen Prüfungen stattfinden, wäre es unmöglich, jemals eine wirksame Selbstanzeige zu erstatten, wenn nicht die Sperrwirkung der einzelnen Prüfungshandlungen beschränkt würde. Dementsprechend gilt es, anhand von Kriterien die Reichweite der Sperrwirkung zu beschreiben.

160 Eine erste Beschränkung der Sperrwirkung ergibt sich aus den Prüfungsanordnungen selbst, so daß etwa bei einer Umsatzsteuersonderprüfung für einen befristeten Zeitraum die Möglichkeit der Selbstanzeige bezüglich der Ertragsteuern besteht. Andererseits unterliegen Großunternehmen bzw. Konzerne der Anschlußprüfung, so daß der Prüfungszeitraum fünf Jahre beträgt und in der Regel die Folgeprüfung kurze Zeit nach Abschluß der Vorprüfung beginnt, d. h. zu einem Zeitpunkt, in dem gegebenenfalls noch nicht einmal Steueränderungsbescheide für den bereits geprüften Zeitraum ergangen sind. Zugleich muß das Unternehmen während der laufenden Prüfung Steuererklärungen für Folgejahre abgeben, und kann dabei in die Konfliktlage kommen, entweder weiterhin unrichtige Erklärungen abzugeben, oder aber mit Abgabe einer richtigen Erklärung quasi ein „Geständnis" hinsichtlich der Unrichtigkeit vorangegangener Erklärungen abzulegen. Soweit die Fehler der Vergangenheit lediglich leichtfertig gemacht wurden, hilft § 378 III AO. Sind die Fehler zwar vorsätzlich gemacht worden, wird die Steuerhinterziehung von einem selbst nicht beteiligten Organ entdeckt, kann gem. § 371 IV AO noch durch eine Drittanzeige trotz laufender Außenprüfung Straffreiheit erlangt werden.

161 Ungelöst bleibt der Fall, in denen das nämliche Organ, das die vorsätzlichen Steuerhinterziehungen zu verantworten hatte, noch Verantwortungsträger im Unternehmen ist. Ihm bleibt wirklich nur die Wahl zwischen Geständnis und Fortführung der Steuerstraftaten, wenn man nicht ein Wiederaufleben der Berichtigungsmöglichkeit bereits vor Ergehen etwaiger Änderungsbescheide oder Mitteilungen nach § 201 AO zuläßt (vgl. Rdnr. 202 ff.).

162 **Ob die Prüfungsmaßnahme rechtmäßig gewesen sein muß,** ist zweifelhaft. Für die Sperrwirkung durch Beginn der Außenprüfung wird teilweise davon ausgegangen, nur eine rechtmäßige Prüfung könne die Sperrwirkung des § 371 II Nr. 1a AO entfalten (*Wassmann* ZfZ 1990, 247; BayObLG v. 17. 9. 1986, wistra 1987, 77). Tatsächlich ist insbesondere die formale Rechtmäßigkeit einer Außenprüfungsanordnung von so vielen Kriterien abhängig, daß eine Anknüpfung daran nicht sachgerecht scheint. Naheliegender ist jedoch eine Anknüpfung an die Verwertbarkeit von Erkenntnissen und damit an die Lehre von den Verwertungsverboten (HHSp-*Engelhardt* 216 zu

IV. Negative Wirksamkeitsvoraussetzungen 163–166 § 371

§ 371 AO; *Schmidt-Liebig* StBp 1987, 247; *Joecks* Stbg 1987, 287). Entgegen *Engelhardt* (aaO) wird man aber nicht darauf abstellen können, inwiefern eine *steuerrechtliche* Verwertbarkeit entfällt, sondern allein strafprozessuale Regeln zugrundelegen können. Leidet hingegen die Prüfungsanordnung an materiellen Mängeln, vermag sie die Sperrwirkung des § 371 II Nr. 1a AO nicht auszulösen. Eine andere Frage ist, inwiefern infolge der dennoch durchgeführten Prüfungshandlungen Erkenntnisse gewonnen wurden, die strafprozessual verwertbar sind, und die zu einer Tatentdeckung bzw. zu einer Verfahrenseinleitung führten.

Zum Wiederaufleben der Berichtigungsmöglichkeit nach Abschluß der Prüfung siehe unten Rdnr. 202 ff.

3. Bekanntgabe der Einleitung eines Straf- oder Bußgeldverfahrens (§ 371 II Nr. 1 b AO).

Schrifttum: Siehe bei § 397 AO.

Ist dem Täter oder seinem Vertreter die Einleitung eines Straf- oder 163
Bußgeldverfahrens bekanntgegeben worden, bevor dieser eine Selbstanzeige erstattet hat, tritt die strafbefreiende Wirkung der Selbstanzeige nach § 371 II Nr. 1b AO nicht ein. Dieser tatbezogene Ausschlußgrund, der – ohne das zusätzliche Erfordernis der Bekanntgabe – bereits in den früheren landes- und reichsgesetzlichen Vorschriften über die Selbstanzeige enthalten war (Rdnr. 1), entspricht dem Grundgedanken des § 371 AO (Rdnr. 23 ff.); wenn ein Straf- oder Bußgeldverfahren eingeleitet ist, ist die Kooperation des Steuerpflichtigen nicht mehr Ausdruck autonomer Motive, soweit der in der Einleitung enthaltene Vorwurf reicht (siehe Rdnr. 27).

Eingeleitet ist das Strafverfahren wegen einer Steuerstraftat nach § 397 I 164
AO, *"sobald die Finanzbehörde, die Polizei, die Staatsanwaltschaft, einer ihrer Hilfsbeamten oder der Strafrichter eine Maßnahme trifft, die erkennbar darauf abzielt, gegen jemanden wegen einer Steuerstraftat strafrechtlich vorzugehen"*. Für die Einleitung des Bußgeldverfahrens gilt § 397 AO gemäß § 410 I 6 AO entsprechend. Die Einleitung besteht in einer konkreten Maßnahme, siehe im einzelnen Rdnr. 7 ff. und 65 ff. zu § 397 AO; ein bloßer Vermerk, das Straf- oder Bußgeldverfahren sei eingeleitet, genügt nicht (OLG Köln v. 1. 9. 1970, BB 1335; *Suhr* 1977, S. 354; vgl. auch HHSp-*Engelhardt* 234 zu § 371 AO).

Bekanntgegeben ist die Einleitung eines Strafverfahrens, wenn dem Täter 165
oder seinem Vertreter amtlich mitgeteilt worden ist, daß die Behörde steuerstrafrechtliche Ermittlungen in Gang gesetzt hat. Das Wort *„bekanntgegeben"* ist durch Art. 1 Nr 8 AO StrafÄndG an die Stelle des Wortes *„eröffnet"* gesetzt worden, um unzutreffende Gedankenassoziationen zwischen der Mitteilung von der Einleitung des Strafverfahrens – also vom Beginn der Erforschung des Sachverhalts – und der Eröffnung des Hauptverfahrens im Sinne der §§ 199 ff. StPO zu unterbinden (fehlerhaft z. B. *Piesker* BB 1962, 212 und *Lohmeyer* BB 1964, 670).

Die Bekanntgabe erfordert stets eine **amtliche Mitteilung**. Mitteilungen 166
von privater Seite oder Informationen aus der Finanzverwaltung, die dem

Steuerpflichtigen infolge einer Indiskretion bekannt werden, ohne daß sie von einem Erklärungswillen der Behörde getragen werden, genügen dem Erfordernis einer Bekanntgabe nicht; sie können jedoch dem Steuerpflichtigen die Kenntnisse vermitteln, daß seine Tat entdeckt ist, und die strafbefreiende Wirkung seiner Selbstanzeige nach § 371 II Nr. 2 AO ausschließen.

167 **Die Form der Bekanntgabe** ist gesetzlich nicht bestimmt. Die Bekanntgabe kann durch ein Schreiben der Behörde oder durch die mündliche Erklärung eines mit der Sache befaßten Amtsträgers erfolgen (OLG Bremen v. 31. 1. 1951, DStZ/B 212). Fernmündliche Mitteilungen sind zwar möglich, aber praktisch nicht geeignet, da sie zu Zweifeln Anlaß geben können (ähnl. *Kohlmann* 175 zu § 371 AO). Andererseits kann bei besonderen Erfahrungen einer Behörde im Einzelfall eine förmliche Zustellung nach §§ 3 ff. VwZG ratsam erscheinen. Jedenfalls gelten irgendwelche Bekanntgabefiktionen nicht. Der Betroffene muß von der Verfahrenseinleitung konkret Kenntnis erlangt haben. Bestreitet er dies, obwohl ihm das Bekanntgabeschreiben förmlich zugegangen ist, handelt es sich um einen normalen Fall der tatrichterlichen Beweiswürdigung. Ob das Steuergeheimnis einer öffentlichen Bekanntmachung (vgl. § 15 VwZG) entgegensteht (so *Franzen* Voraufl.; *Kohlmann* 175, *Leise/Dietz* 33 zu § 371 AO) erscheint zweifelhaft, da die Bekanntmachung der Durchführung eines Steuerstrafverfahrens diente (§ 30 IV 1 AO). Eine andere Frage ist, ob eine solche Form der Bekanntgabe sinnvoll ist, weil sich aus dieser Form der Bekanntgabe kaum der Nachweis führen läßt, wann denn der Steuerpflichtige konkrete Kenntnis von der Verfahrenseinleitung erhalten hat.

168 Die Bekanntgabe der Einleitung eines Strafverfahrens kann auch durch eine **eindeutige Amtshandlung** erfolgen, die unzweifelhaft als strafverfahrensrechtliche Maßnahme zur Ermittlung einer Steuerstraftat erkennbar ist (*Kopacek* BB 1961, 44), namentlich durch eine Verhaftung oder vorläufige Festnahme des Verdächtigen (§§ 114 ff., 127 StPO), bei der Zweifel über den strafrechtlichen Zweck der Maßnahme nicht möglich sind, aber auch durch eine Beschlagnahme von Geschäftspapieren oder von Zollgut und verbrauchsteuerbaren Waren (§§ 94, 98 StPO), durch eine Durchsuchung der Wohnung oder der betrieblich genutzten Räume des Verdächtigen (§ 102 StPO) oder durch seine erste Vernehmung (§ 136 StPO). Vorausgesetzt ist allerdings immer, daß es sich etwa bei der Durchsuchung um eine solche nach § 102 StPO, nicht nach § 103 StPO handelt.

169 **Bei einer Beschlagnahme** wird dem Steuerpflichtigen die richterliche Beschlagnahmeanordnung vorgewiesen, aus der sich zugleich der Vorwurf ergibt bzw. ergeben sollte. Wird die Beschlagnahme bei Gefahr im Verzuge durch einen Fahndungsbeamten als Hilfsbeamten der Staatsanwaltschaft (vgl. § 404 S. 2 AO iVm § 98 I StPO) oder durch einen sonst zur Prüfung erschienenen Amtsträger der Finanzbehörde angeordnet (vgl. § 399 AO iVm § 98 I StPO), ist der Steuerpflichtige jedenfalls mündlich über den Zweck der Maßnahme zu unterrichten. Bedarf es einer Beschlagnahme nicht, weil der Gegenstand freiwillig herausgegeben wird (vgl. § 94 II

IV. Negative Wirksamkeitsvoraussetzungen   170, 171   § 371

StPO), läßt das Herausgabeverlangen nicht ohne weiteres schon auf die Einleitung eines Straf- oder Bußgeldverfahrens schließen.

Bei einer Durchsuchung schreibt § 106 II S. 1 StPO ausdrücklich vor, daß 170
der Zweck dieser Maßnahme (§ 102 StPO: Ergreifung einer verdächtigen Person oder Auffindung von Beweismitteln) dem Inhaber der zu durchsuchenden Räume oder Gegenstände (z. B. Kraftfahrzeug) oder der in seiner Abwesenheit zugezogenen Person vor Beginn der Durchsuchung bekanntgemacht werden muß. Diese Bekanntmachung ist eine Bekanntgabe iSd § 371 II Nr. 1b AO, wenn der Inhaber oder die zugezogene Person entweder mit dem Beschuldigten identisch ist oder wenn sie als sein Vertreter im Sinne dieser Vorschrift (Rdnr. 178) angesehen werden kann. Ergeht der Beschluß in einem Ermittlungsverfahren „gegen Verantwortliche des Unternehmens", genügt dies selbst dann nicht, wenn die Person des Verantwortlichen aus den Akten ggf. ersichtlich ist (vgl. *Teske* wistra 1988, 288, 295).

Bei Vernehmungen ist die Sachlage eindeutig, wenn ein Amtsträger der 171
Steuer- oder Zollfahndung oder der Strafsachenstelle einer Finanzbehörde dem Beschuldigten nach § 136 I StPO bereits zu Beginn der Befragung eröffnet, welche Tat ihm zur Last gelegt wird und welche Strafvorschriften in Betracht kommen. Vielfach beginnt die Befragung einer Person durch einen Amtsträger der Finanzbehörde jedoch zunächst im Besteuerungsverfahren zu dem Zweck, die Besteuerungsgrundlagen festzustellen (vgl. § 199 I AO). Gewinnt der Amtsträger hierbei den über eine bloße Vermutung hinausgehenden Verdacht, daß eine Steuerstraftat oder Steuerordnungswidrigkeit vorliegt, für die sein Gesprächspartner als (Mit-)Täter oder Teilnehmer (mit-) verantwortlich ist, muß er entweder von einer weiteren Befragung absehen oder unverzüglich klarstellen, daß weitere Ermittlungen (auch) einem Straf- oder Bußgeldverfahren dienen und die Mitwirkung an Feststellungen zu diesem Zweck nicht mehr erzwungen werden kann (§ 393 I AO); vgl. dazu:

§ 9 BpO(St) Verdacht einer Steuerstraftat

Ergibt sich während einer Betriebsprüfung der Verdacht einer Straftat, für deren Ermittlung die Finanzbehörde zuständig ist, so ist die für die Bearbeitung dieser Straftat zuständige Stelle unverzüglich zu unterrichten. Richtet sich der Verdacht gegen den Steuerpflichtigen, dürfen hinsichtlich des Sachverhalts, auf den sich der Verdacht bezieht, die Ermittlungen (§ 194 der Abgabenordnung) bei ihm erst fortgesetzt werden, wenn ihm die Einleitung des Strafverfahrens mitgeteilt worden ist. Der Steuerpflichtige ist dabei, soweit die Feststellungen auch für Zwecke des Strafverfahrens verwendet werden können, darüber zu belehren, daß seine Mitwirkung im Besteuerungsverfahren nicht mehr erzwungen werden kann. Die Belehrung ist unter Angabe von Datum und Uhrzeit aktenkundig zu machen und auf Verlangen schriftlich zu bestätigen.

§ 10 BpO(St) Verdacht einer Ordnungswidrigkeit

§ 9 gilt beim Verdacht einer Ordnungswidrigkeit sinngemäß; die Sätze 2 bis 4 gelten nicht, wenn von der Durchführung eines Bußgeldverfahrens nach § 47 des Gesetzes über Ordnungswidrigkeiten abgesehen wird.

172 Für die Prüfung in Zollsachen enthält die Prüfungs-DA VSF S. 1310 Nr. 22–26 eine vergleichbare Regelung. Danach hat der Prüfer in einem solchen Fall grundsätzlich zu veranlassen, daß weitere Ermittlungen durch das Zollfahndungsamt geführt werden. Wird die Außenprüfung in Richtung auf den verdächtigen Sachverhalt gleichwohl fortgesetzt, so darf dies erst geschehen, nachdem dem Steuerpflichtigen die Einleitung eines Strafverfahrens eröffnet und er über seine Rechte belehrt worden ist; dies ist unter Angabe von Datum und Uhrzeit aktenkundig zu machen (*Bender* Rdnr. 119b aE).

173 **Der Inhalt der Mitteilung** muß zweifelsfrei erkennen lassen, daß die Behörde oder (bei mündlicher Bekanntgabe) der mit der Sache befaßte Amtsträger den Verdacht geschöpft hat, daß eine bestimmte Person durch ein bestimmtes Verhalten eine Steuerstraftat oder Steuerordnungswidrigkeit begangen hat, und daß die Behörde (der Amtsträger) den Willen hat, den steuerstrafrechtlichen Verdacht aufzuklären. Da die Einleitung des Strafverfahrens nach § 397 I AO eine Maßnahme erfordert, die darauf abzielt, gegen jemanden steuerstrafrechtlich vorzugehen, kann es im Zeitpunkt der Bekanntgabe der Einleitung des Strafverfahrens nicht mehr zweifelhaft sein, daß die Ermittlungen nicht nur auf die Feststellung der Besteuerungsgrundlagen für steuerliche Zwecke abzielen. Die Absicht, strafrechtlich vorzugehen, muß dem Mitteilungsempfänger gegenüber unmißverständlich zum Ausdruck gebracht werden. Mehr oder weniger unbestimmte Andeutungen reichen nicht aus, insbesondere nicht ein Vorbehalt in der Schlußbesprechung nach § 201 II AO, daß die strafrechtliche Würdigung der Feststellung einem besonderen Verfahren vorbehalten bleibe. In einem solchen Fall dürfte kein (bisher unausgesprochener) konkreter Tatverdacht vorliegen, sonst wäre der Prüfer bereits vor der Schlußbesprechung verpflichtet gewesen, das Strafverfahren einzuleiten (*Suhr* 1977, S. 353; siehe auch Rdnr. 40ff. zu § 393 AO).

174 **Die Tat muß sachlich so genau bezeichnet werden,** wie dies nach dem Stand der Kenntnisse der Behörde (des Amtsträgers) möglich ist (RG v. 12. 2. 1940, RStBl 314), und zwar vornehmlich durch die Angabe der dem Täter zur lastgelegten Handlungsweise (z. B. die Vornahme von OR-Geschäften oder das Verschweigen von Warenbeständen oder Forderungen), sowie durch einen Hinweis auf die dadurch verkürzten Steuerarten. Eine zeitliche Abgrenzung ist nicht unbedingt erforderlich. Im Gegensatz zur Betriebsprüfung beziehen sich die im Strafverfahren zu treffenden Maßnahmen weniger auf einen bestimmten Zeitraum, als auf einen bestimmten Sachverhalt (*Quenzer* StW 1953, 671). Die in der Verwaltungspraxis vertretene Auffassung, daß in erster Linie die verkürzte Steuerart und der Veranlagungszeitraum anzugeben seien, entspricht eher einer steuerlichen Betrachtungsweise.

175 **Die Angabe einzelner Steuerabschnitte** ist nur zweckmäßig, wenn sich im Zeitpunkt der Bekanntgabe der Einleitung des Strafverfahrens bereits übersehen läßt, daß der Täter die entdeckte Hinterziehungsmethode erst von einem bestimmten Steuerabschnitt an angewendet hat oder angewendet ha-

IV. Negative Wirksamkeitsvoraussetzungen 176–178 § 371

ben kann. In anderen Fällen sollte die Angabe der Steuerabschnitte möglichst umfassend sein, damit der Empfänger der Mitteilung nicht in den Irrtum versetzt wird, das Ermittlungsverfahren werde zeitlich begrenzt, obwohl die Finanzbehörde beabsichtigt, die Hinterziehungsmethode zurückzuverfolgen, soweit die Tat noch nicht verjährt ist.

Eine Angabe des konkreten Strafgesetzes und der Schuldform ist nicht erforderlich; mißverständlich *Suhr* (1977, S. 357 vgl. aber auch S. 356), der die Auffassung vertritt, aus der Mitteilung müsse sich ergeben, ob ein Straf- oder Bußgeldverfahren eingeleitet sei. Ob eine Steuerverkürzung vorsätzlich oder leichtfertig begangen worden ist, kann in vielen Fällen erst nach dem Abschluß der Ermittlungen zutreffend beurteilt werden (vgl. auch HHSp-*Engelhardt* 239 zu § 371 AO; *Teske*, wistra 1988, 292; *Marx*, wistra 1987, 208; *Weyand*, wistra 1987, 284). 176

Als Adressaten der Mitteilung bezeichnet das Gesetz den Täter oder seinen Vertreter. Der Begriff des Täters umfaßt hier sinngemäß auch den Teilnehmer an der Tat (Anstifter oder Gehilfen); dies ist unstreitig (vgl. *Kohlmann* 177 zu § 371 AO). 177

Die Worte „oder seinem Vertreter" sind erst durch die Novelle vom 7. 12. 1951 (Rdnr. 6) eingefügt worden, ohne daß die Begründung über die Motive Aufschluß gibt. Bei der Auslegung des Gesetzes ist davon auszugehen, daß der Vertreter iSd § 371 II Nr. 1b AO nur insofern an die Stelle des Täters einer Steuerhinterziehung tritt, als die Bekanntgabe der Einleitung des Strafverfahren an ihn die strafbefreiende Wirkung einer nachfolgenden Selbstanzeige ebenso ausschließen soll, als wenn die Mitteilung dem Täter persönlich gemacht worden wäre. Unstreitig ist auch, daß eine besondere Vollmacht des Täters zur „Entgegennahme von Erklärungen iSd § 371 II Nr. 1b AO" (*Kohlmann* 185 zu § 371 AO) nicht erforderlich ist, sonst käme die Regelung praktisch nicht zur Anwendung. Im übrigen ist die Reichweite der Regelung umstritten. *Kohlmann* (187 zu § 371 AO) entscheidet danach, ob der „Vertreter" zur Sphäre des Täters gehört, *„ob also unter gewöhnlichen Umständen damit gerechnet werden konnte, daß die mündliche oder schriftliche Einleitung des Steuerstraf- oder Bußgeldverfahrens durch die Mittlerperson an den Täter weitergereicht wurde."* Eine generelle Vollmacht zur Wahrung von Geschäften, Entgegennahme von Willenserklärungen pp, insbesondere ein Vertretungsverhältnis im Sinne der §§ 164 ff. BGB brauche nicht vorzuliegen. *Franzen* (Voraufl. 105 zu § 371 AO) zählte zu den Vertretern alle Personen, die den Täter kraft Gesetzes oder aufgrund einer Vollmacht ohnehin in rechtlichen oder steuerlichen Angelegenheiten vertreten oder die im gegebenen Falle aufgrund einer engen Beziehung zu dem Täter die Mitteilung der Einleitung des Straf- oder Bußgeldverfahrens für ihn entgegenzunehmen vermögen und dazu bereit sind. Danach wären Vertreter auch der Ehegatte des Täters, andere volljährige Familienangehörige (*Theil* BB 1983, 1278) und Personen seines Vertrauens oder der Dienstvorgesetzte bei einem Angehörigen der Bundeswehr, des Bundesgrenzschutzes oder der Bereitschaftspolizei (vgl. FG Düsseldorf v. 18. 9. 1957, DStZ/B 517, 519). Vor dem Hintergrund des Gebots der Tatbestandsbestimmtheit wird man mit *Hofmann* (*Kühn/* 178

Hofmann 3 zu § 371 AO; vgl. auch *Zinn* Stbg 1963, 210) den Vertreterbegriff den §§ 34 und 35 AO entnehmen müssen. Die Unterschiede sind jedoch marginal. Wird etwa der Ehefrau die Eröffnung eines Steuerstrafverfahrens gegen den Ehemann eröffnet, und erstattet dieser in unmittelbarem zeitlichen Zusammenhang damit eine Selbstanzeige, wird der Tatrichter zu würdigen haben, ob dieses zeitliche Zusammentreffen Zufall war oder die Ehefrau ihn über die Mitteilung unterrichtet hatte, so daß auch in seiner Person die Voraussetzung der Bekanntgabe unmittelbar erfüllt ist bzw. ihm die Entdekkung der Tat bekannt war. Sollte aber der Ehemann gerade auf dem Weg zum Finanzamt gewesen sein, als seine Ehefrau von der Einleitung des Strafverfahrens erfuhr, handelte er offenbar aus autonomen Motiven heraus, so daß der Wirksamkeit der Selbstanzeige keine gewichtigen Gründe entgegenstehen.

179 **Der persönliche Umfang der Sperrwirkung** beschränkt sich auf diejenige Person, der oder deren Vertreter die Einleitung des Strafverfahrens bekanntgegeben worden ist. Auf die Sperrwirkung hat das keinen Einfluß, wenn die der Bekanntgabe folgenden Ermittlungen erweisen, daß die in der Mitteilung als Täter angesprochene Person nur als Teilnehmer an der Tat mitgewirkt hat oder die als Teilnehmer angesprochene Person in Wahrheit als Mittäter oder mittelbarer Täter verantwortlich ist. Dagegen tritt die Sperrwirkung zum Nachteil eines Vertreters nicht ein, wenn sich im Verlauf der Ermittlungen herausstellt, daß die als Vertreter angesprochene Person sich als (Mit-)Täter oder Teilnehmer (Mit-) schuldig gemacht hat. Die Selbstanzeige eines vermeintlich unbeteiligten Vertreters ist jedenfalls in dem Augenblick noch rechtzeitig, indem ihm die Einleitung des Strafverfahrens gegen einen Dritten bekanntgegeben wird; denn in diesem Zeitpunkt ist aufgrund des Inhalts der Mitteilung offenkundig, daß seine eigene Beziehung zu der Tat noch nicht entdeckt ist (vgl. § 371 II Nr. 2 AO).

180 **Der sachliche Umfang der Sperrwirkung** ist überaus umstritten. *Franzen* (Voraufl. Rdnr. 107) wollte auf den Inhalt der Mitteilung abstellen. Je enger die Tat umschrieben sei, um so weiter reiche die Möglichkeit, wegen anderer Steuerstraftaten strafbefreiende Selbstanzeige noch rechtzeitig zu erstatten. *Kohlmann* (191 zu § 371 AO) knüpft an den materiell-rechtlichen Tatbegriff an (ebenso LG Hamburg v. 4. 3. 1987, wistra 1988, 317; *Senge* 31 zu § 371 AO); dies ähnelt der Auffassung von *Engelhardt* (HHSp 228 zu § 371 AO), der zugleich aber bezweifelt, daß zur Tat der gesamte Umfang der abgegebenen Steuererklärung gehöre (so aber *Kawlath,* wistra 1989, 219; vgl. auch BGH v. 6. 6. 1990, wistra 308). Andererseits will auch er die gemachten oder fehlenden Angaben in ein und derselben Steuererklärung im Zusammenhang betrachten (aaO 229). Die Rechtsprechung hat zum Teil auf den strafprozessualen Tatbegriff iSd § 264 StPO abgestellt (vgl. LG Stuttgart v. 16. 4. 1985, wistra 203), andererseits im Rahmen der Tatentdeckung (§ 371 II Nr. 2) eine Selbstanzeige wegen bislang unentdeckter Einzelakte einer fortgesetzten Tat für möglich gehalten, auch wenn bezogen auf andere eine Tatentdeckung anzunehmen war (BGH v. 12. 8. 1987, wistra 342).

181 An diesen Auffassungen ist zunächst richtig, daß angesichts des materiell-rechtlichen Charakters des § 371 AO der strafprozessuale Tatbegriff (§ 264

IV. Negative Wirksamkeitsvoraussetzungen

StPO) keine Anwendung findet (LG Verden v. 27. 3. 1986, wistra 1986, 228). Andererseits ist das Abstellen auf Tateinheit oder Tatmehrheit nicht unproblematisch, weil es zu recht zufälligen Ergebnissen führt. So hängt das Verhältnis der Hinterziehung von Gewerbe- und Einkommensteuer für den nämlichen Veranlagungszeitraum unter anderem davon ab, ob beide Erklärungen mit dem selben Briefumschlag (identische Körperbewegung) an das Finanzamt gesandt wurden oder nicht (Rdnr. 306 zu § 370 AO). Wäre dies nicht der Fall, hinderte eine Verfahrenseinleitung wegen des Verdachts der Einkommensteuerhinterziehung nicht die Selbstanzeige im Hinblick auf die Gewerbesteuer. Wären beide Erklärungen im nämlichen Umschlag enthalten gewesen, könnte die Einleitung wegen einer der beiden Steuerarten die Selbstanzeige der anderen hindern. Man wird daher auf die einzelne Steuererklärung abstellen müssen (im Ergebnis ebenso HHSp-*Engelhardt* 229 zu § 371 AO; ähnlich *Kohlmann* 194 f. zu § 371 AO; *Frick* DStR 1986, 429; *Scheel* wistra 1989, 344).

Die Sperrwirkung der Verfahrenseinleitung ist also zu bemessen nach dem Inhalt der Mitteilung und den darin genannten Steuerarten und Besteuerungszeiträumen. Wird diese Mitteilung ihrer Funktion, den Beschuldigten „ins Bild zu setzen" nicht gerecht, indem etwa „wegen Steuerhinterziehung in nicht rechtsverjährter Zeit" eingeleitet wird, ohne nähere Informationen über die Art der Tat zu liefern, kann dies eine Sperrwirkung nicht herbeiführen (vgl. zur Parallelproblematik bei der Verjährung Rdnr. 52 zu § 376 AO).

Zum Wiederaufleben der Berichtigungsmöglichkeit nach Abschluß des Verfahrens siehe unten Rdnr. 202 ff.

4. Die Entdeckung der Tat (§ 371 II Nr. 2 AO)

Schrifttum: *Franzen,* Zum Begriff der Entdeckung der Tat im Steuerstrafrecht (§ 410 AO), NJW 1964, 1061; *Leise,* Zum Begriff der Tatentdeckung bei Selbstanzeige, BB 1972, 1500; *Pfaff,* Entdeckung der Tat bei der Selbstanzeige, FR 1972, 415; *ders.,* Entdeckung der Tat nach § 395 AO, StBp 1974, 186, SchlHA 1974, 119 u. Inf 1974, 282; *ders.,* Ausschluß der Straffreiheit wegen Tatentdeckung nach § 371 II Nr. 2 AO n. F., DStZ 1976, 426; *Dietz,* Bestrafung wegen Steuerhinterziehung bei verspäteter Anmeldung und Zahlung von Umsatzsteuer und Lohnsteuer, DStR 1981, 372; *Kohlmann,* Ausgewählte Fragen zum Steuerstrafrecht, WPg 1982, 70, 73 ff.; *Bilsdorfer,* Der Zeitpunkt der Tatentdeckung bei verspäteter Abgabe von Steueranmeldungen, BB 1982, 670; *Baur,* Mangelnde Bestimmtheit von Durchsuchungsbeschlüssen, wistra 1983, 99, 101; *ders.,* Zur „Tatentdeckung" bei der Selbstanzeige, BB 1983, 498 mit Erwiderung von *Dietz* BB 1983, 1207; *Brenner,* Die „Tat-Entdeckung" bei der Selbstanzeige nach BGH und die kriminalistischen Folgerungen, ddz 1984, F 25; *Göggerle/Frank,* Entdeckung der Tat bei der Selbstanzeige gemäß § 371 II Nr. 2 der Abgabenordnung, BB 1984, 398; *Henneberg,* Die Entdeckung der Tat im Steuerstrafrecht, BB 1984, 1679; *Brenner,* Keine Ausschluß der Selbstanzeige, wenn der konkrete Täter noch nicht entdeckt ist, DStZ 1984, 478; *Blumers,* Zur Auslegung des § 371 AO am Beispiel „Tatentdeckung", wistra 1985, 85; *Volk,* Tat und Tatentdeckung bei fortgesetzter Steuerhinterziehung, DStR 1987, 644; *Dörn,* Behandlung von Kontrollmitteilungen in Finanzämtern und Bußgeld- und Strafsachenstellen, DStZ 1991, 747; *Lüttger,* Die Selbstanzeige im Steuerstrafrecht, StB 1993, 377.

Systematisch ist § 371 II Nr. 2 AO gegenüber den früheren Fassungen der Vorschrift und § 354 II 2 EAO 1974 (BT-Drucks. VI/1982) in der Weise verbessert worden, daß zuerst die Entdeckung der Tat und sodann das Wissen oder damit-Rechnen-müssen des Täters angeführt wird. Auf diese Weise wird klargestellt, „daß es für die Rechtzeitigkeit der Selbstanzeige darauf ankommt, ob die Tat objektiv bereits entdeckt war. Der Täter, der irrtümlich angenommen hatte oder bei verständiger Würdigung der Sachlage damit hätte rechnen müssen, daß die Tat bereits entdeckt war, obwohl dies nicht zutraf, verliert damit noch nicht die Möglichkeit der Selbstanzeige"* (Bericht des Finanzausschusses BT-Drucks. 7/4292 S. 44). Die zur früheren Fassung diskutierte Frage, ob die irrtümliche Annahme der Entdeckung für den Eintritt der Sperrwirkung genüge, ist damit im Sinne der damals herrschenden Meinung (Nachweise siehe 1. Aufl. Rdnr. 130 zu § 395 RAO) entschieden und gegenstandslos geworden.

184 **Entdeckt ist die Tat,** wenn der Amtsträger einer Behörde mindestens einen Teil des wirklichen Tatgeschehens oder der Tatfolgen unmittelbar selbst wahrgenommen hat (zutr. *Kohlmann* 200 zu § 371 AO unter Hinweis auf OLG Hamm v. 26. 10. 1962, BB 1963, 459 und BayObLG v. 4. 6. 1970, DStR 1971, 87). Durch das Erfordernis der unmittelbaren Selbstwahrnehmung der Tatwirklichkeit unterscheidet sich die Entdeckung der Tat von einem Tatverdacht, der sich z. B. auch auf Zeugen vom Hörensagen stützen könnte (vgl. LG Flensburg v. 20. 8. 1953, DStR 574 f.). Der Beobachtung des Tatgeschehens steht die Wahrnehmung des entscheidenden Beweismittels, z. B. der Aufzeichnungen über unverbuchte Geschäftsvorfälle, gleich. Die Kenntnis von Anhaltspunkten, die den Verdacht einer Steuerhinterziehung begründen und bei pflichtgemäßem Verhalten der beteiligten Amtsträger zur Einleitung des Strafverfahrens führt, genügt für die Entdeckung noch nicht (anders 1. Aufl. Rdnr. 122, übernommen durch OLG Hamburg NJW 1970, 1387), denn Entdeckung erfordert mehr als Verdacht (BGH v. 13. 5. 1983, wistra 197, unter Hinweis auf § 371 II Nr. 1b AO; vgl. auch *Kohlmann* 200 zu § 371 AO sowie *Kratzsch* Grundfragen S. 288 Fn. 21 und *Theil* BB 1983, 1278). Abzulehnen ist die Auffassung von *Bilsdorfer* BB 1982, 672 und *Dietz* DStR 1981, 372, der die Entdeckung als Vorstufe des Verdachts ansieht und damit die Stufenfolge der Erkenntnis umkehrt.

185 **Die Tat muß als Straftat entdeckt sein.** Dementsprechend genügt es nicht, daß der die Tat Entdeckende den objektiven Verstoß gegen steuerliche Pflichten bemerkt, also eine Steuerverkürzung entdeckt, sondern es muß auch eine Entdeckung vorsätzlichen Verhaltens gegeben sein. Dies ergibt sich schon aus dem Umstand, daß im Rahmen einer leichtfertigen Steuerverkürzung eine bußgeldbefreiende Selbstanzeige nach Tatentdeckung nicht ausgeschlossen ist (so zu Recht HHSp-*Engelhardt* 243 zu § 371 AO).

186 **Eine Entdeckungsgefahr** ist ebensowenig ausreichend wie ein Verdacht oder die *überwiegende* oder *naheliegende Wahrscheinlichkeit* der Entdeckung (aM AG Husum v. 8. 6. 1953, DStR 547, sowie *Pfaff* DStR 1970, 556 und StBp 1982, 90; ähnl. HHSp-*Engelhardt* 244 zu § 371 AO). Zwar ist nicht nötig, daß die Behörde die Tat bereits in allen Einzelheiten und die Tatfolgen in vollem Umfang zu übersehen vermag (arg.: „zum Teil entdeckt"). Der Entdecker muß aber auch von den subjektiven Tatbestandsmerkmalen soviel wahrgenommen haben, daß er die strafrechtliche Bedeutung des objektiven Tatgeschehens in ihrem wesentlichen Kern erkannt hat (vgl. RG 71, 244, 243

IV. Negative Wirksamkeitsvoraussetzungen

v. 28. 5. 1937). Eine Entdeckung liegt danach nach hM erst vor, wenn durch die Kenntnis von der Tat eine solche Lage geschaffen wird, die bei vorläufiger Tatbewertung eine Verurteilung des Betroffenen wahrscheinlich macht (BGH v. 13. 5. 1983, wistra, 197; v. 29. 11. 1983, wistra 1985, 74 m. Anm. *Blumers* wistra 1985, 85 u. *Brauns* StV 1985, 325; BGH v. 27. 4. 1988, wistra 308; OLG Celle v. 24. 1. 1984, wistra 116; LG Stuttgart v. 21. 8. 1989, wistra 1990, 72, 75; HHSp-*Engelhardt* 244, *Kohlmann* 206, *Senge* 34 zu § 371 AO; *Lüttger*, StB 1993, 377; *Volk*, DStR 1987, 646).

Dörn hat in Anknüpfung an *Dietz* (Leise 40a zu § 371 AO) und *Bilsdorfer* **187** (wistra 1983, 131, 135) diese Definition als zu eng kritisiert (wistra 1993, 170). Nicht nachvollziehbar sei, wieso der Entdeckungsbegriff des § 371 II Nr. 2 AO ein anderer sein solle als in den Vorschriften des § 388 I Nr. 1 AO und in § 37 OWiG. Danach sei eine Tat bereits entdeckt, wenn konkrete Umstände es einer zur Strafverfolgung berufenen Stelle nahelegen, wegen des Verdachts eines Steuerdelikts einzuschreiten. Dieses Argument überzeugt nicht, denn ein entscheidender Unterschied besteht darin, daß § 371 II Nr. 1b die Verfahrenseinleitung erwähnt, die in der Tat bereits bei einem Verdacht der Straftat erfolgen kann (vgl. Rdnr. 38 ff. zu § 397 AO). Gewichtiger ist demgegenüber der Einwand, es sei widersprüchlich, daß zum einen ein hinreichender Tatverdacht im Sinne der Wahrscheinlichkeit eines verurteilenden Erkenntnisses vorauszusetzen sei, andererseits die Person des Täters noch nicht feststehen müsse. Dieser Einwand trifft die hier vertretene Auffassung jedoch nicht, weil in der Tat vorauszusetzen ist, daß der betreffende Täter in der Weise identifizierbar ist, daß lediglich sein Name noch nicht feststehen muß. Zutreffend ist die Kritik jedoch insofern, als nach der Definition der herrschenden Meinung die Tatentdeckung eben das voraussetzt, was letztlich Ergebnis des Ermittlungsverfahrens und Voraussetzung für die Eröffnung des Hauptverfahrens (§ 203 StPO) ist. Hierbei besteht jedoch ein Beurteilungsspielraum (*Kleinknecht/Meyer-Goßner* 2 zu § 203 StPO). Insofern kann man von Tatentdeckung nicht erst sprechen, wenn der Fall praktisch „durchermittelt" ist, sondern muß in Abhängigkeit von den vorhandenen Indizien prüfen, ob – bei vorläufiger Tatbewertung – ein verurteilendes Erkenntnis wahrscheinlich ist.

Einzelfälle zeigen, daß die Rechtsprechung im übrigen den Begriff der **188** „Tatentdeckung" äußerst restriktiv interpretiert:

Stößt ein *Veranlagungssachbearbeiter* zufällig auf den Namen eines freiberuflich tätigen Steuerpflichtigen, dessen Anfangsbuchstabe auf die Zugehörigkeit zu seinem Bezirk deutet, so liegt in der Anfrage nach seiner Steuernummer noch keine Entdeckung einer Steuerhinterziehung, wenn auch die Möglichkeit besteht, daß der – in Wirklichkeit überhaupt nicht erfaßte – Steuerpflichtige bei einem anderen Finanzamt geführt wird (OLG Frankfurt v. 18. 10. 1962, NJW 976).

Die Kenntnis von dem fruchtlosen *Ablauf einer steuerlichen Erklärungsfrist* bedeutet noch nicht die (objektive) Entdeckung einer Steuerhinterziehung, weil die Fristversäumnis noch keine Rückschlüsse auf eine Steuerschuld und auf den Vorsatz der Steuerhinterziehung erlaubt (OLG Hamburg v. 27. 1.

1970, NJW 1385 mit zust. Anm. *Herdemerten* ebenda sowie abl. Anm. von *Kopacek* NJW 1970, 2098 und *Henneberg* Inf. 1971, 351; ferner *Dietz* DStR 1981, 372; *Bilsdorfer* BB 1982, 670 und wistra 1984, 132 ff; *Henneberg* DStR 1980, 66; *Kohlmann* WPg 1982, 73 sowie *Baur* BB 1983, 499 f. mit Erwiderung von *Dietz* BB 1983, 1207; aM *Senge* 35 zu § 371 AO). Das gilt insbesondere dann, wenn die Pflicht zur Abgabe von Umsatzsteuer-Voranmeldungen betriebsintern delegiert ist und der Finanzbeamte bei seiner Rückfrage von einer bloßen Säumigkeit des beauftragten Buchhalters ausgegangen ist (OLG Celle v. 24. 1. 1984, wistra 116).

Der Umstand, daß ein Steuerpflichtiger es zu *Schätzungen* und zu Haftungsbescheiden kommen läßt, rechtfertigt für sich allein noch nicht die Annahme, daß Steuerhinterziehungen entdeckt sind (BayObLG DStR 1971, 87; OLG Celle v. 24. 1. 1984, wistra 1984, 116; HHSp-*Engelhardt* 247 zu § 371 AO).

Werden bei einer *Grenzkontrolle* Belege über Konten oder Schließfächer bei ausländischen Banken gefunden, mag der Anschein für eine Hinterziehung von Ertrag- und Vermögensteuer sprechen; entdeckt ist eine solche Tat jedoch erst dann, wenn ein für die Steuersache zuständiger Beamter feststellt, daß der Steuerpflichtige Guthaben oder sonstige Vermögensgegenstände in seinen Steuerklärungen nicht berücksichtigt hat.

Mahnungen oder die Androhung von Zwangsmitteln reichen nicht aus (vgl. *Leise* DStR 1971, 58). Kontrollmitteilungen, die beim Finanzamt über bestimmte Geschäftsvorfälle eines Steuerpflichtigen eingehen, schließen eine strafbefreiende Selbstanzeige solange nicht aus, bis das Finanzamt erfährt oder selbst feststellt, daß die betreffenden Geschäfte nicht verbucht worden sind (zutr. *Pfaff* DStR 1970, 556, *Theil* BB 1983, 1278, *Göggerle/Frank* BB 1984, 399; HHSp-*Engelhardt* 248 zu § 371 AO; kritisch *Dörn* wistra 1993, 169) und – bei vorläufiger Tatbewertung – vorsätzliches Verhalten naheliegt, so daß eine Selbstanzeige noch rechtzeitig ist, wenn der Steuerpflichtige von einem Geschäftsfreund hört, daß der Betriebsprüfer bei ihm eine verfängliche Kontrollmitteilung geschrieben hat (*Eggesiecker/Latz* Stbg 1980, 215).

Veröffentlichungen in einem Nachrichtenmagazin oder in einer Zeitschrift bieten im allgemeinen nur Anhaltspunkte für einen Verdacht (Rdnr. 38 ff. zu § 397 AO). Die weitergehende Annahme einer Entdeckung ist aber nicht ausgeschlossen; sie hängt davon ab, wie eingehend und schlüssig die Handlungsweise der beteiligten Personen beschrieben, Umfang und Zeitraum der Tat angegeben und wenn möglich Beweismittel benannt oder abgebildet werden.

189 Generell wird man sagen können, daß die Art und Weise des Vorgehens des Finanzamts ein gewichtiges Indiz für das Vorstellungsbild des betreffenden Finanzbeamten ist. Benutzt dieser eine neutrale Formulierung („liegen uns Kontrollmitteilungen vor, nach denen sie Einkünfte aus ... hatten"), zeigt dies deutlich, daß ein konkretes Vorstellungsbild über den subjektiven Tatbestand und damit ein hinreichender Tatverdacht fehlt, sonst hätte das Finanzamt gemäß § 393 I AO den Steuerpflichtigen darüber belehren müssen, daß der Verdacht einer Steuerstraftat besteht und daß seine Mitwirkung

IV. Negative Wirksamkeitsvoraussetzungen   190–193 § 371

nunmehr nicht mehr erzwungen werden kann (vgl. auch *Dörn,* wistra 1993, 173; DStZ 1992, 622).

Ob auch die Person des Täters schon entdeckt sein muß, ist umstritten. **190** *Brenner* (DStZ 1984, 479) fordert das Erkennen des konkreten Täters, andere setzen dies jedenfalls dann nicht voraus, wenn der Täterkreis, z. B. die für das Rechnungswesen verantwortlichen Mitarbeiter eines Großbetriebes, von vornherein eingegrenzt werden kann (so etwa *Franzen* Voraufl. Rdnr. 121, *Suhr* 1977, S. 364 und *Fischer* StWa 1971, 99). Der BGH (Urt. v. 24. 10. 1990, wistra 1991, 107, 108) hat die Steuerhinterziehung eines Geschäftsführers einer GmbH als entdeckt angesehen, nachdem Steuerprüfer die Buchhaltungsunterlagen aus den Geschäftsräumen der GmbH mitgenommen hatten und am nächsten Tag auf Schätzungen beruhende Steuerbescheide erlassen worden waren (so auch HHSp-*Engelhardt* 245 zu § 371 AO).

Daß § 371 II Nr. 2 auf die Entdeckung der „Tat" abstellt (so das Argument **191** der herrschenden Meinung), ist zweifellos richtig. Andererseits muß die Nr. 2 auch im Kontext mit Nr. 1a und Nr. 1b gesehen werden. Dort sperrt die Entdeckung der Tat bzw. die Prüfung nicht in jedem Fall für alle an der Tat Beteiligten; ebenso führt eine Verfahrenseinleitung die Sperrwirkung nur für die von der Bekanntgabe der Einleitung betroffenen Personen herbei. Zudem lassen sich Aussagen über das Vorliegen subjektiver Tatbestandsmerkmale *(„hinreichender Tatverdacht")* praktisch nur treffen, wenn über die Kenntnis des Vorliegens einer objektiven Steuerverkürzung hinaus konkrete Vorstellungen über den möglichen Täter und dessen Vorstellungsbild vorhanden sind. Insofern wird man zumindest voraussetzen müssen, daß – ähnlich der Rechtsprechung und Literatur zu § 78c StGB – der (Haupt-)Täter zumindest bestimmbar ist, d. h., durch bestimmte Merkmale identifiziert werden kann, die ihn von anderen Personen hinreichend unterscheiden (vgl. Rdnr. 44 zu § 376 AO und BGH 24, 323 v. 16. 3. 1972; BGH GA 1961, 240; BGH v. 12. 3. 1991, wistra 1991, 217; SK-*Rudolphi* 6 zu § 78c). Da die Entdeckung der Tat oftmals die Einleitung des Strafverfahrens zur unmittelbaren Folge hat (vgl. etwa § 9 BpOSt), wird man eine persönliche Sperrwirkung nur bei den Personen annehmen können, die zum Zeitpunkt der Tatentdeckung zumindest identifizierbar sind.

Welcher Behörde der Amtsträger angehört, der die Tat entdeckt hat, ist **192** für den Ausschluß der strafbefreienden Wirkung einer Selbstanzeige im allgemeinen unerheblich. Entscheidend ist, daß die in § 386 I S. 2 AO angeführten Finanzbehörden sowie Polizei und Staatsanwaltschaft dem Legalitätsgrundsatz unterliegen (§ 152 II, § 163 I StPO) und andere Behörden nach § 116 AO verpflichtet sind, den Finanzbehörden Tatsachen, die sie dienstlich erfahren und die den Verdacht einer Steuerstraftat begründen, mitzuteilen, soweit dies nicht durch Sondervorschriften untersagt ist. Eine andere Frage ist, ob man nicht aus der Untätigkeit etwa eines Familienrichters, der im Rahmen des Streites über die Höhe des Zugewinnausgleichs von Schwarzgeldern erfährt, schließen muß, daß dieser die Tat doch nicht entdeckt hat.

Auch eine Privatperson kann eine Steuerhinterziehung entdecken (aM **193** offenbar *Lüttger,* StB 1993, 377). Da Tatentdeckung aber voraussetzt, daß bereits durch die Kenntnis der betreffenden Personen von der Tat eine Lage geschaffen wird, nach der bei vorläufiger Tatbewertung eine Verurteilung des Beschuldigten wahrscheinlich ist (BGH v. 27. 4. 1988, wistra 308; v. 13. 5. 1987, wistra 293, 295; v. 13. 5. 1983, wistra 197; v. 24. 10. 1984, wistra 1985, 74), liegt eine Entdeckung nur vor, wenn der Dritte das Verhalten des Steuerpflichtigen in seinem Sinngehalt erfaßt (*Blumers* wistra 1985, 87) und damit zu rechnen ist, daß er seine Kenntnis an die zuständige Behörde weiterleitet, ohne dabei in der Form Rücksicht auf den Täter zu nehmen, daß das Verhalten des Dritten sich zugleich als eine im Auftrag des Täters erstattete Selbstanzeige darstellt. Letzteres ist etwa der Fall, wenn sich ein Gesellschafter den Mitgesellschaftern offenbart und dieses sodann auch in seinem Namen (nach § 153 AO) berichtigen (BGH v. 27. 4. 1988, wistra 308). Dieser Fall ist ebenso zu behandeln wie der, in dem der Täter einen Rechtsanwalt oder einen Steuerberater beauftragt, für ihn tätig zu werden (HHSp-*Engelhardt* 249, *Senge* 36 zu § 371 AO). Insofern wird die Kenntnis Dritter von der Tat nur in besonderen Ausnahmefällen (z. B. persönliche Feindschaft) schon eine Tatentdeckung iSd § 371 II Nr. 2 AO bewirken.

194 **Soweit ausländische Institutionen** von einer Steuerhinterziehung Kenntnis erlangen, liegt – wenn die sonstigen Voraussetzungen erfüllt sind – eine Tatentdeckung nur vor, wenn eine selbständige Übermittlung dieser Unterlagen an die deutsche Justiz wahrscheinlich ist. Dies hängt davon ab, wie die jeweilige Praxis des betroffenen Staates bei der Rechtshilfe in Fiskalangelegenheiten (siehe Rdnr. 79 ff. zu § 399 AO) ausgestaltet ist (vgl. BGH v. 13. 5. 1987, wistra 293; m. Anm. *Franzen* wistra 1987, 342, HHSp-*Engelhardt* 251 zu § 371 AO).

195 **Ist eine Steuerhinterziehung zum Teil entdeckt,** hat eine Selbstanzeige auch hinsichtlich anderer Teile keine strafbefreiende Wirkung mehr. Zweifelhaft ist dabei, was unter „Teilentdeckung der Tat" zu verstehen ist, ob also der strafprozessuale Tatbegriff gilt (§ 264 StPO), der materiell-rechtliche (§ 52 StGB), und ob gar die in einer Steuererklärung zusammengefaßten Angaben getrennt betrachtet werden können. Da nicht anzunehmen ist, daß der Begriff der Tat in § 371 II Nr. 2 anders verstanden werden soll als in § 371 II Nr. 1a AO, gilt der strafprozessuale Tatbegriff nicht. Weitergehend will *Franzen* (Voraufl. 126 zu § 371 AO; DStR 1964, 380), wenn lediglich Hinterziehungen im Hinblick auf die Einkünfte aus Gewerbebetrieb oder aus selbständiger Arbeit entdeckt sind, eine strafbefreiende Selbstanzeige wegen weiterer unrichtiger Angaben über einen ganz anderen Sachverhalt, z. B. Sonderausgaben oder außergewöhnliche Belastungen noch für möglich halten, falls nicht inzwischen einer der anderen Ausschließungsgründe des § 371 II Nr. 1 AO eingreift. So beachtlich diese Auffassung sein mag: Es ist nicht möglich, die Tat auf einen engeren Bereich zu reduzieren, als die Einreichung einer unrichtigen Steuerklärung, die zu einer Steuerverkürzung führt, denn diese Erklärung unterliegt als Ganzes der Überprüfung (vgl. §§ 177, 367 Abs. 2 S. 2 AO). Sodann mag man – wenn in dem Umschlag mehrere Steuererklärungen enthalten waren – angesichts der damit verbundenen Zufälligkeiten zwischen den verschiedenen Steuerarten differenzieren (Rdnr. 181). Eine weitere

IV. Negative Wirksamkeitsvoraussetzungen   196–198   § 371

Unterscheidung zwischen bereits entdeckten strafbefangenen Einzelangaben und noch nicht entdeckten erscheint jedoch nicht gangbar. Eine andere Frage ist das Wiederaufleben der Berichtigungsmöglichkeit zu einem späteren Zeitpunkt (Rdnr. 202).

Ob die Tat auch dann zum Teil entdeckt ist, wenn nur **Vorstufen einer** **196** **vollendeten Steuerhinterziehung** wahrgenommen worden sind, z. B. Finanzbeamte bei einer Prüfung fehlerhafte Buchungen oder gefälschte Belege gefunden haben, erscheint zweifelhaft (vgl. *Terstegen* S. 126; *Kohlmann* 201 zu § 371 AO). Da die Tat als „Straftat" entdeckt sein muß (vgl. § 378 III AO), läßt sich aus der Entdeckung einer Steuerordnungswidrigkeit nach den §§ 379 ff. AO noch kein Schluß auf eine Steuerstraftat ziehen. Auch gefälschte Belege, die auf eine Urkundenfälschung hindeuten, betreffen noch nicht unmittelbar die Steuerstraftat. Zum einen sind unrichtige Buchungen bzw. Urkundenfälschungen im Rahmen der Buchführung lediglich straflose Vorbereitungshandlungen, soweit es die Steuerstraftat betrifft. Erst mit dem Einreichen der unrichtigen Belege würde das Gebrauchmachen von der verfälschten Urkunde mit der Täuschung bei der Steuerhinterziehung zusammentreffen. Aber selbst, wenn man in dem Zusammenhang von Tateinheit zwischen beiden Taten ausginge, wäre zu berücksichtigen, daß selbst bei der Verjährung diese für jede Gesetzesverletzung selbständig beginnt (BGH v. 25. 5. 1982, wistra 188) und insofern auch noch keine Teilentdeckung gegeben sein kann. Insofern betrifft der Begriff der Teilentdeckung solche Konstellationen, in denen eine Steuerstraftat (als solche) dem Volumen nach bislang nur zum Teil bekannt ist, also quasi die „Spitze des Eisbergs" gesichtet wurde.

Kenntnis von der Entdeckung liegt vor, wenn der Täter aus den ihm **197** (nachweislich) bekannten Tatsachen (nachweislich) den Schluß gezogen hat, daß eine Behörde oder ein anzeigewilliger Dritter von seiner Tat soviel erfahren hat, daß bei vorläufiger Tatbewertung seine Verurteilung wahrscheinlich ist (Rdnr. 186). Auf die Erkenntnisquelle des Täters kommt es nicht an. Insbesondere wird seine Kenntnis nicht dadurch in Frage gestellt, daß er seine Annahme auf tatsächliche Irrtümer darüber gründet, wie die Behörde von der Tat erfahren hat; es genügt das Ergebnis (so zutr. HHSp-*Engelhardt* 254 zu § 371 AO).

Mit der Entdeckung rechnen müssen heißt, daß der Täter aus den ihm **198** (nachweislich) bekannten Tatsachen den Schluß hätte ziehen müssen, daß eine Behörde von seiner Tat der Steuerhinterziehung erfahren hatte. Die der Beweiserleichterung dienende Vermutung des Gesetzes bezieht sich also nicht auf den Stand der Kenntnisse des Täters (arg.: *„bei verständiger Würdigung der Sachlage"*), sondern darauf, ob er aus seinen Kenntnissen die Folgerung auf die Entdeckung der Tat gezogen hat (mißverständlich HHSp-*Engelhardt* 255 zu § 371 AO). Dabei geht es nicht um eine (unzulässige) Schuldvermutung oder gar darum, daß der Täter den Beweis führen müßte, von der Tatentdeckung nichts gewußt zu haben (so zutr. *Kohlmann* 233 zu § 371 AO). Vielmehr muß zur Überzeugung des Gerichts feststehen, daß der Täter die die Tatentdeckung kennzeichnenden Umstände positiv gekannt hat; sodann muß nach der Sachlage der Schluß gezogen werden, daß sich angesichts der dem Täter bekannten Elemente des Sachverhalts die Tatentdeckung aufdrängen mußte.

199 Ob es bei dieser „**verständigen Würdigung der Sachlage**" auf das individuelle Verständnis des Täters oder auf das Verständnis eines unbeteiligten Beobachters, eines durchschnittlichen Steuerpflichtigen ankommt, ist dem Gesetz unmittelbar nicht zu entnehmen (vgl. *Susat* DStR 1952, 52; *Mattern* DStR 1954, 461; *Kohlmann*, 234, HHSp-*Engelhardt* 256 zu § 371 AO). Da die Selbstanzeige ein persönlicher Strafaufhebungsgrund ist, kann es auch nur auf die persönlichen Fähigkeiten des Täters ankommen, so daß ein quasi-individueller Sorgfaltsmaßstab zu berücksichtigen ist. Entscheidend ist also, ob der Täter nach seiner individuellen Erkenntnis- und Urteilsfähigkeit in der konkreten Situation die Tatentdeckung erkennen mußte (*Kohlmann* 234, HHSp-*Engelhardt* 256, *Senge* 37 zu § 371 AO). Mithin gilt ein individueller Sorgfaltsmaßstab, *„da es sich bei der Ausschließung von der Rechtswohltat der Selbstanzeige um einen subjektiven Sachverhalt auf strafrechtlichem Gebiet handelt, der nicht anders behandelt werden kann als etwa die Vorhersehbarkeit bei der Fahrlässigkeitstat, die ebenfalls nur rein subjektiv bestimmt werden darf"* (BayObLG v. 24. 2. 1972, BB 524).

200 Die **fälschliche Annahme des Täters,** daß seine Tat entdeckt sei, schließt die Straffreiheit nicht aus (*Kohlmann* 236, *Leise/Dietz* 38, *Senge* 37 zu § 371 AO; vgl. auch OLG Hamm v. 26. 10. 1962, BB 1963, 459). Dies ist zwar vor dem strafrechtlichen Hintergrund der strafbefreienden Wirkung einer Selbstanzeige unsinnig. Der klare Wortlaut läßt aber ein anderes Ergebnis nicht zu.

201 Da es sich bei § 371 AO um einen **persönlichen Strafaufhebungsgrund** handelt, wirken Zweifel, ob eine Tatentdeckung vorlag, ob der Täter diese kannte oder hätte kennen müssen, zu seinen Gunsten (*in dubio pro reo; Kohlmann* 235, *Leise/Dietz* 40 zu § 371 AO; *Blumers* wistra 1985, 85).

5. Wiederaufleben der Berichtigungsmöglichkeit

Schrifttum: Mattern, Steuerliche Selbstanzeige und Betriebsprüfung, NJW 1952, 492 mit Erwiderung von *Schulze-Brachmann* BB 1952, 773; *Bauerle*, Die Selbstanzeige nach Durchführung einer Betriebsprüfung, DStZ 1957, 161; *Heumann*, Strafbefreiende Selbstanzeige nach durchgeführter Betriebsprüfung ab Schlußbesprechung wieder möglich? StBp 1963, 296 mit Erwiderung von *Suhr* StBp 1964, 19; *Lenckner/Schumann/Winkelbauer [Lenckner u. a.]*, Grund und Grenzen der strafrechtlichen Selbstanzeige im Steuerrecht und das Wiederaufleben der Berichtigungsmöglichkeit im Fall der Außenprüfung, wistra 1983, 172.

202 **Ob die Möglichkeit einer strafbefreienden Selbstanzeige** nach dem Abschluß einer steuerlichen Prüfung, dem Abschluß der Ermittlungen oder eine Entkräftung des Verdachtes wieder aufleben kann, ist vornehmlich im Hinblick auf die nach § 371 II Nr. 1a AO durch das Erscheinen eines Amtsträgers ausgelöste Sperrwirkung erörtert worden. Diese Frage gewinnt aber auch in den Fällen des § 371 II Nr. 1b und der Nr. 2 Bedeutung, wenn etwa das Strafverfahren nach Bekanntgabe der Einleitung ohne Strafklageverbrauch abgeschlossen ist oder aber die „Tatentdeckung" so schnell entkräftet wurde, daß es gar nicht zu einer Einleitung des Verfahrens kam.

203 Nachdem die Novelle vom 7. 12. 1951 (Rdnr. 6) erstmalig bestimmt hatte, daß die strafbefreiende Wirkung einer Selbstanzeige auch durch das Erschei-

IV. Negative Wirksamkeitsvoraussetzungen

nen eines Prüfers der Finanzbehörde ausgeschlossen sein sollte, bildete sich in der Verwaltungspraxis (*Terstegen* S. 123) zunächst die Auffassung, daß die **Ausschlußwirkung für alle Zeiten** bestehen bleibe. Im Schrifttum führte *Mattern* wiederholt aus, daß eine zeitlich unbeschränkte Ausschlußwirkung dem Wortlaut und dem Zweck der Vorschrift entspreche (DStR 1952, 78; 1954, 460); die strafbefreiende Wirkung der Selbstanzeige dürfe keine „*Prämie*" dafür sein, daß der Täter „*die Steuerhinterziehungen so raffiniert angelegt hat, daß sie im Laufe der Prüfung nicht herausgekommen sind, und daß er auch während der Prüfung den Prüfer hinter das Licht geführt hat*" (NJW 1952, 492; im Ergebnis ähnl. *Kratzsch* StuW 1974, 68, 74 und StBp 1975, 260, 262).

Demgegenüber geht heute die ganz herrschende Meinung davon aus, daß ein **Wiederaufleben der Selbstanzeige** zumindest in den Fällen des § 371 II Nr. 1a AO möglich ist (*Lenckner/Schuhmann/Winkelbauer* wistra 1983, 172ff; *Schick*, Festschrift für von Wallis 1985, 477, 487; *Kühn/Hofmann* Anm. 2, *Kohlmann* 144, HHSp-*Engelhardt* 258, *Leise/Dietz* 37 zu § 371 AO; *Bilsdorfer* wistra 1984, 131). Dies ist sachgerecht, weil gerade dann, wenn eine Prüfung die strafbefangenen Beträge nicht aufgedeckt hat, es eher der „Verbrechervernunft" entspräche, nunmehr die Dinge auf sich beruhen zu lassen. Wer trotz (erfolgloser) Prüfung steuerliche Fehler noch korrigiert, handelt aus autonomen Motiven und macht deutlich, daß er einer Bestrafung nicht bedarf. Zweifelhaft ist allein, ob ein Wiederaufleben nur in den Fällen des § 371 II Nr. 1a AO möglich ist, oder ob auch bei den anderen Ausschließungsgründen die Selbstanzeigemöglichkeit wieder eröffnet werden kann, und wann im Einzelfall von einem Wiederaufleben der Berichtigungsmöglichkeit auszugehen ist.

In Fällen der Prüfung beim Steuerpflichtigen (§ 371 II Nr. 1a AO) kann eine Selbstanzeige mit strafbefreiender Wirkung auch für die geprüften Steuerarten und -abschnitte wieder erstattet werden, sobald die Prüfung abgeschlossen ist (vgl. z.B. FinMin Nordrhein-Westfalen vom 23. 4. 1957, FR 1959, 91; ebenso außer den bereits genannten *Bremer* DB 1951, 991; *Maaßen* FR 1954, 293; *Pfaff* S. 126; *Suhr* 1977, S. 363; *Bender* Rdnr. 35, 3).

Abgeschlossen ist eine steuerliche Prüfung spätestens dann, wenn das Finanzamt die aufgrund der Prüfung erstmalig erlassenen oder berichtigten Steuer-, Steuermeß- oder Feststellungsbescheide abgesandt hat (BGH v. 15. 1. 1988, wistra 151; v. 23. 3. 1994, wistra 228; *Lohmeyer* StB 1982, 299) oder die Mitteilung nach § 202 I S. 3 AO ergangen ist, daß die Prüfung zu einer Änderung von Besteuerungsgrundlagen nicht geführt hat (HHSp-*Engelhardt* 259, *Kohlmann* 146 zu § 371 AO; *Mösbauer*, NStZ 1989, 13; vgl. auch BMF-Schreiben zum Straffreiheitsgesetz, *Joecks* 1989 Rdnr. 48ff.). Eine Anknüpfung an den früheren Zeitpunkt der Schlußbesprechung (so *Heumann* StBp 1963, 296) wird überwiegend abgelehnt, weil angesichts der Entscheidungsbefugnis des Veranlagungsbezirks jederzeit Nachermittlungen möglich sind, wenn etwa der Veranlagungsbezirk die tatsächlichen Feststellungen bzw. rechtlichen Würdigungen des Betriebsprüfers nicht akzeptieren will (*Brauns* wistra 1987, 242; *Wassmann* ZfZ 1990, 245f.). Daher komme es auch nicht auf die Übersendung des Prüfungsberichtes an; erst die Auswertung tung durch das Veranlagungsfinanzamt schaffe die Zäsur, mit der die latente

Entdeckungsgefahr wieder beseitigt sei. Tatsächlich ist mit der Schlußbesprechung bzw. der Vereinbarung des Verzichts auf die Schlußbesprechung zumindest von seiten der Außenprüfung eine Zäsur gegeben. Weitere Bindungswirkungen kann es – aus der Sicht des Finanzamts – dann geben, wenn es in diesem Zusammenhang zu einer tatsächlichen Verständigung unter Beteiligung des zuständigen Veranlagungsfinanzamts kam (vgl. BFH v. 5. 10. 1990, BStBl II 1991, 45; BFH/NV 1994, 290 v. 28. 7. 1993), so daß insoweit Nachermittlungen unwahrscheinlich sind. Zwar ist zutreffend, daß ein Verbrauch der Außenprüfungsanordnung erst eintritt, wenn entweder die Mitteilung nach § 202 ergeht oder aber ein entsprechender Änderungsbescheid erlassen ist. Ein Abwarten bis zu diesem Zeitpunkt ist aber von vielen Faktoren, etwa der Arbeitsüberlastung im Bereich des Finanzamtes u. ä., abhängig, die das Wiederaufleben der Berichtigungsmöglichkeit zum zufälligen Ereignis machen. Dies spricht dafür, an den Zeitpunkt der Schlußbesprechung anzuknüpfen. Sollten sich spätere Einwände der Veranlagungstelle ergeben, die neue Ermittlungen nötig machen, wird ein neuerliches Erscheinen im Betrieb wiederum die Sperrwirkung des § 371 II Nr. 1a AO herbeiführen. Selbst wenn man dem nicht folgt, wird man die in § 171 IV AO zum Ausdruck gekommene gesetzgeberische Wertung dahingehend zu berücksichtigen haben, daß nicht nur die Ablaufhemmung, sondern auch die Sperrwirkung der Außenprüfung endet, *„wenn eine Außenprüfung unmittelbar nach ihrem Beginn für die Dauer von mehr als sechs Monaten aus Gründen unterbrochen wird, die die Finanzbehörde zu vertreten hat"* (§ 171 IV S. 2), und die Sperrwirkung ausläuft, wenn seit Ablauf des Kalenderjahres, in dem die Schlußbesprechung stattgefunden hat, oder, wenn sie unterblieben ist, mit Ablauf des Kalenderjahres, in dem die letzten Ermittlungen im Rahmen der Außenprüfung stattgefunden haben, eine vierjährige Frist abgelaufen ist (vgl. § 171 IV S. 3 AO).

207 **Bei Konzernbetriebsprüfungen** führt jedoch auch diese Lösung zu Verwerfungen. Oftmals liegen bei Prüfungen in diesem Rahmen diverse Steuerbescheide aus der Vor-BP noch gar nicht vor oder ist gar die Schlußbesprechung noch nicht durchgeführt bzw. beendet worden, wenn bereits die Prüfungen für Folgezeiträume begonnen wurden. Eine zu restriktive Interpretation würde mithin dazu führen, daß im Rahmen solcher Unternehmen eine strafbefreiende Selbstanzeige praktisch nie möglich wäre. Konsequenz wäre, daß im Rahmen eines solchen Unternehmens begonnene Steuerhinterziehungen „durchgehalten" werden müßten, um eine Selbstbelastung (vgl. Rdnr. 5 ff. zu § 393 AO) zu vermeiden. Andererseits ist insbesondere die Groß- und Konzern-BP eine sehr formalisierte, die insbesondere Prüferanfragen in schriftlicher Form kennt, von einer klaren Bildung von Prüfungsschwerpunkten und -feldern gekennzeichnet ist und bei der es ohne weiteres möglich ist, „abgeprüfte" Zeiträume abzuschichten. Hier ist es auch wenig wahrscheinlich, daß von seiten des Veranlagungsbezirks in irgend einer Form „Nachbesserungen" eingefordert werden. Im übrigen reduziert sich das Problem dann, wenn man, wie hier (Rdnr. 9 zu § 393 AO) annimmt, daß für die in steuerlicher Pflichterfüllung gemachten wahrheitsgemäßen Angaben ein Verwertungsverbot besteht.

IV. Negative Wirksamkeitsvoraussetzungen

Ergibt sich die Sperrwirkung aus der Einleitung eines Steuerstraf- oder Steuerordnungswidrigkeitenverfahrens, lebt die Selbstanzeigemöglichkeit wieder auf, wenn dieses Verfahren abgeschlossen ist. Soweit der Abschluß des Verfahrens durch ein Erkenntnis erfolgt, das den Strafklageverbrauch bewirkt (Freispruch, Urteil, Strafbefehl, Einstellung gegen Geldauflage nach Erfüllung der Auflagen § 153a StPO), stellt sich diese Frage nicht mehr, weil die Tat ohnehin nicht verfolgbar ist. Aber auch in Fällen der Einstellung nach § 153 StPO, § 398 AO oder § 170 II StPO lebt die Berichtigungsmöglichkeit wieder auf (*Brauns* wistra 1987, 242; HHSp-*Engelhardt* 259 zu § 371 AO). Dies ist spätestens der Fall, wenn der Täter Mitteilung von der Einstellung des Verfahrens erhält (so *Brauns* wistra 1987, 242); ob bereits die Einstellungsverfügung ausreicht (so HHSp-*Engelhardt* 259, *Senge* 33 zu § 371 AO), ist zweifelhaft. 208

Ergibt sich die Sperrwirkung aus einer Tatentdeckung (§ 371 II Nr. 2 AO), gilt Vorstehendes, wenn es infolge der Tatentdeckung zu der Einleitung eines Steuerstrafverfahrens oder zur Durchführung einer steuerlichen Prüfung beim Täter kam. Wird der Verdacht entkräftet, bevor die Sperrwirkung nach § 371 II Nr. 1a oder 1b AO herbeigeführt worden ist, muß die Berichtigungsmöglichkeit erst recht wieder aufleben. Problematisch ist hier die Feststellung des Zeitpunktes der Wiederauflebens der Berichtigungsmöglichkeit. Das Problem erledigt sich insofern, als mangels Unterbrechungshandlungen irgendwann die strafrechtliche Verjährung eintritt. Wird der Stpfl. über die „Entkräftung der Tatentdeckung" informiert, mag man an diesen Zeitpunkt anknüpfen. Zu anderen Fällen wäre denkbar, in Analogie zu § 171 IV S. 3 AO die Selbstanzeigemöglichkeit wieder aufleben zu lassen, wenn dem Täter nicht binnen sechs Monaten nach Kenntnis von der Tatentdeckung die Einleitung des Verfahrens bekanntgegeben worden ist. Daß diese Zeitraum nicht zwingend ist, liegt auf der Hand; immerhin beseitigt er im Interesse der Rechtssicherheit einen für den Betroffenen unerträglichen Schwebezustand und schafft Spielräume für eine Selbstanzeige, für die nach Eintritt der strafrechtlichen Verjährung rechtlich kein Anlaß mehr bestünde. Liegt ein Fall des „Kennenmüssens" vor, gibt es zwar subjektiv keinen Schwebezustand für den Stpfl., es wäre aber nicht billig, diesen Fall des subjektiv-autonom handelnden Täters schlechter zu behandeln. 209

Führen Tatentdeckung bzw. Verfahrenseinleitung zur Beantragung eines Strafbefehls bzw. zur Erhebung der öffentlichen Klage, wird zwar der zu beurteilende Sachverhalt mit bindender Wirkung für das erkennende Gericht begrenzt. Andererseits bleibt eine Nachtragsanklage möglich. Hieraus schloß *Franzen* (Voraufl. Rdnr. 118 zu § 376 AO), die Selbstanzeige bisher nicht entdeckter Teile einer Tat, die mit dem angeklagten Tatsachenkomplex zusammenhingen, sei erst dann für wirksam zu erachten, wenn das anhängige Verfahren *endgültig* abgeschlossen sei. Die dabei zugrundeliegende Problematik hat sich dadurch erheblich entschärft, daß mittlerweile die jeweilige Steuererklärung die Tat im strafprozessualen Sinne ist, da der BGH die Figur der fortgesetzten Tat aufgegeben hat (Rdnr. 113 zu § 369 AO). Soweit nun wegen einer konkreten Steuererklärung angeklagt worden ist, ist der Fall 210 tatsächlich noch offen. Insbesondere kann sich im Rahmen der Hauptverhandlung eine Erweiterung des Schuldvorwurfes für das fragliche Jahr ergeben. Hiervon bleibt die Möglichkeit unberührt, für andere Steuerarten bzw. Besteuerungszeiträume wirksam Selbstanzeige zu erstatten, wenn etwa die insoweit erhobenen Vorwürfe eingestellt worden sind. Daß die FinB oder StA auch bezogen auf solche Sachverhalte noch „nachbessern" könnte, ist kein Grund, hier die Möglichkeit der Selbstanzeige zu verneinen, denn auch in den Fällen, in denen nach Außenprüfung ein Änderungsbescheid ergangen ist, bleibt vor dem Hintergrund des § 173 II AO eine erneute, eine (weitere) Hinterziehung berücksichtigende Korrektur des Steuerbescheides möglich.

V. Die Wirkungen der Selbstanzeige

1. Strafen und strafrechtliche Nebenfolgen

211 **Die von § 370 AO angedrohten Strafen** dürfen nicht verhängt werden, wenn die Selbstanzeige rechtzeitig erstattet und die Nachzahlung fristgerecht geleistet worden ist. Bei Tateinheit zwischen der selbst angezeigten Steuerhinterziehung und einer anderen Straftat, z. B. Steuerzeichenfälschung (§ 148 StGB iVm § 369 I Nr 3 AO) oder Urkundenfälschung (§ 267 StGB) kann die Tat nur noch nach den anderen Vorschriften gewürdigt und geahndet werden; dabei ist sorgfältig zu prüfen, inwiefern Verwertungsverbote beachtet werden müssen (Rdnr. 55 zu § 393 AO). Die Steuerhinterziehung darf weder bei der Strafzumessung berücksichtigt noch im Tenor des wegen der anderen Straftat ergehenden Urteils oder Strafbefehls erwähnt werden.

212 Die Auswirkung der Selbstanzeige einer vorsätzlichen oder leichtfertigen Steuerverkürzung (§§ 370, 378 AO) auf die **Ahndbarkeit anderer Ordnungswidrigkeiten** (§§ 379 bis 382 AO; § 130 OWiG) ist umstritten. Rechtsprechung und ein Teil der Literatur halten die Ahndbarkeit wegen Ordnungswidrigkeiten im Vorfeld der vorsätzlichen oder leichtfertigen Steuerverkürzung für möglich (HHSp-*Rüping* 98 zu § 379, 39 zu § 380 AO, 32 zu § 381 AO, 36 zu § 382 AO, 23 zu § 383 AO; Schwarz/*Weyand* 20 zu § 378 AO; *Dörn* wistra 1995, 5f.; OLG Frankfurt v. 8. 11. 1967, NJW 1968, 263ff; OLG Celle v. 17. 7. 1979, MDR 1980, 77; KG v. 7. 5. 1992, wistra 1994, 36 ⟨Verfassungsbeschwerde anhängig – 2 BvR 997/92⟩; vgl. auch BayObLG v. 3. 3. 1980, MDR 691; *Bringewat* NJW 1981, 1025; *Kohlmann* WPg 1982, 70). Demgegenüber halten andere die Ahndung der Tat als Steuergefährdung im Sinne der §§ 379 bis 382 AO nach Selbstanzeige für ausgeschlossen (*Suhr* 1977, S. 326; *Bornemann* DStR 1973, 691; *Pfaff* DStZ 1982, 365; *Franzen* Voraufl. 159 zu § 371 AO, *Senge* 33 zu § 379 AO). Da eine Subsidiarität der Ordnungswidrigkeitentatbestände von der Ahndung des Verhaltens nach anderen Vorschriften abhängt, bleiben diese Ordnungswidrigkeitentatbestände formal anwendbar. Andererseits ist hier eine Konstellation gegeben, in der üblicherweise wegen der Gefährungstatbestände nach § 47 OWiG eine Einstellung des Bußgeldverfahrens erfolgen sollte (BMF DStV 1981, 233; *Kohlmann* 248 zu § 371 AO). Nach dem BdF-Erlaß vom 29. 7. 1981 ist

V. Die Wirkungen der Selbstanzeige

angeordnet, *"daß eine Steuergefährdung grundsätzlich nicht verfolgt werden sollte, wenn der Täter hinsichtlich einer damit zusammenhängende Steuerhinterziehung bzw. leichtfertigen Steuerverkürzung Straf- bzw. Bußgeldfreiheit erlangt hat."* Des weiteren ist fraglich, ob der mit der Selbstanzeige vorgebrachte Sachverhalt überhaupt zum Anknüpfungspunkt für ein Bußgeldverfahren gemacht werden darf.

Teilweise Straffreiheit tritt bei teilweiser Berichtigung ein. Gleichgültig ist, ob der Steuerpflichtige eine „lückenhafte Selbstanzeige" infolge mangelnder Übersicht erstattete, den Umfang der Entdeckungsgefahr verkannte oder in der Absicht handelte, das Finanzamt gerade durch die Teilselbstanzeige über einen größeren Teil der verschwiegenen Besteuerungsgrundlagen weiterhin hinwegzutäuschen (*Terstegen* S. 122: *„Dolose Selbstanzeige"*).

In jedem Falle hat die Selbstanzeige strafbefreiende Wirkung, soweit sie reicht (arg.: *„insoweit"* in § 371 I AO); ob dem Steuerpflichtigen zum Verschulden angerechnet werden kann, daß die Berichtigung oder Ergänzung unzulänglich war, ist grundsätzlich belanglos (RG 59, 115, 118 v. 2. 3. 1925; *Suhr* 1977, S. 368; *List* S. 24; aM für dolose Selbstanzeigen *Firnhaber* S. 84, 92). Indessen kann die unterschiedliche subjektive Einstellung des Täters bei einer irrtümlich lückenhaften Teilselbstanzeige strafmildernd wirken (vgl. OLG Köln v. 7. 6. 1957, ZfZ 1958, 87).

Weicht die Selbstanzeige nur geringfügig von den korrekten Besteuerungsgrundlagen ab, bleibt die Strafbarkeit einer Differenz unberührt (aM OLG Köln v. 28. 8. 1979, DB 1980, 57; OLG Frankfurt v. 18. 10. 1961, NJW 1962, 974 mit abl. Anm. *Leise*). Eine andere Frage ist, ob in diesen Fällen – vor dem Hintergrund des § 46a StGB; Rdnr. 241 u. Rdnr. 28 zu § 398 AO) – nicht von der Strafverfolgung wegen eines geringfügigen Unterschiedsbetrages nach § 398 AO abgesehen oder das Strafverfahren nach § 398 AO oder § 153 II StPO eingestellt werden sollte (*Kohlmann* aaO). Als geringfügig hat das OLG Köln aaO eine Lohnsteuer-Differenz von 600 DM im Verhältnis zu 18.000 DM, des OLG Frankfurt aaO eine Umsatzdifferenz von nicht ganz 6 vH angesehen.

Auch bei einer teilweise fristgerechten Nachzahlung tritt eine entsprechend teilweise Straffreiheit ein (einhM, vgl. RG 73, 368 v. 27. 11. 1939; BayObLG v. 24. 1. 1963, DStZ/B 1963, 112; *Kohlmann* 114, *Leise/Dietz* 53 zu § 371 AO). Zwar ist der Wortlaut des § 371 III AO (*„wenn"*) weniger eindeutig als der Wortlaut des § 371 I AO (*„insoweit"*); es wäre aber unangemessen, den zwar vollständig Berichtigenden, aber nur teilweise Zahlenden schlechter zu stellen als denjenigen, der das Volumen seiner Berichtigungserklärung von vornherein dem seiner Geldmittel angepaßt hat. Im übrigen steht das ernstliche Bemühen des Steuerpflichtigen um eine fristgerecht Nachzahlung einer tatsächlichen Nachzahlung nicht gleich, kann aber strafmildernd berücksichtigt werden, wenn der Steuerpflichtige sich in einer wirtschaftlichen Notlage befunden hat (vgl. § 46a StGB).

Strafrechtliche Nebenfolgen werden regelmäßig von der strafbefreienden Wirkung einer Selbstanzeige miterfaßt. Indessen kann bei einer teilweisen Berichtigung oder teilweisen Nachzahlung eine Aberkennung der Amtsfähigkeit und Wählbarkeit in Betracht kommen, falls trotz teilweiser Straffreiheit noch eine Freiheitsstrafe von mindestens einem Jahr verhängt wird (vgl. § 375 I AO iVm § 45 II StGB). Die Möglichkeit der Einziehung von Erzeugnissen, Waren oder anderen Sachen, auf die sich die Hinterziehung von Zoll oder Verbrauchsteuer bezieht (vgl. § 375 II 1 AO), beschränkt sich im Verhältnis zur Teilwirkung der Selbstanzeige, während die Möglichkeit der Einziehung der Beförderungsmittel, die zur Tat benutzt worden sind (vgl. § 375 II 2 AO), nur bei voller Wirksamkeit der Selbstanzeige wegfällt. Selbst dann bleibt die Einziehung von gefährlichen Sachen nach § 369 II AO iVm § 74 II 2 StGB zulässig, auch wenn die Sache, z. B. eine Spezialweste zum Schmuggel von verbrauchsteuerpflichtigen Waren, dem Täter nicht gehört oder der Täter nicht bestraft werden kann; zum Verfahren vgl. § 76a StGB (Rdnr. 81 zu § 375 AO).

2. Außerstrafrechtliche Folgen der Tat

218 **Disziplinarmaßnahmen gegen einen Beamten, Richter oder Soldaten,** der eine strafbefreiende Selbstanzeige erstattet hat, bleiben zulässig (*Terstegen* S. 122); denn im Disziplinarrecht wird der Staat nicht als Träger der Strafgewalt tätig, sondern als Dienstherr, der die Erfüllung der besonderen Pflichten eines bestimmten Lebenskreises sichert (vgl. BVerfG 21, 378, 384 sowie 21, 391, 403 ff. v. 2. 5. 1967).

219 **Die steuerrechtlichen Folgen** einer *Steuerhinterziehung* (Rdnr. 282 ff. zu § 370 AO) werden durch eine strafbefreiende Selbstanzeige nicht beseitigt; das gilt namentlich für

die Haftung der gesetzlichen Vertreter und Vermögensverwalter (§ 34 AO) und der Verfügungsberechtigten (§ 35 AO) für die Folgen einer vorsätzlichen Verletzung der ihnen auferlegten Pflichten nach § 69 AO sowie die Haftung der Vertretenen, wenn die in den §§ 34, 35 AO bezeichneten Personen bei Ausübung ihrer Obliegenheiten eine Steuerhinterziehung begehen oder an einer Steuerhinterziehung teilnehmen, für die durch die Tat verkürzten Steuern und die zu Unrecht gewährten Steuervorteile nach § 70 AO;

die Haftung des Steuerhinterziehers nach § 71 AO für die hinterzogenen Steuern und die zu Unrecht gewährten Steuervorteile sowie für die Hinterziehungszinsen nach § 235 AO;

die Verlängerung der steuerrechtlichen Festsetzungsfrist für hinterzogene Steuern auf zehn Jahre nach § 169 II S. 2 AO;

die Zulässigkeit der Aufhebung oder Änderung von Steuerbescheiden, auch soweit sie aufgrund einer Außenprüfung ergangen sind, nach § 173 II AO;

die Verpflichtung zur Zahlung von Hinterziehungszinsen nach § 235 AO (vgl. BFH v. 7. 11. 1973, BStBl 1974 II, 125 f; TK-*Kruse* 2 und HHSp-*v. Wallis* 7 – jeweils zu § 235 AO; *Suhr* 1977, S. 383; *Bilsdorfer* wistra 1984, 135) oder von Säumniszuschlägen nach § 240 AO, da die strafrechtlichen Vorschriften der AO auf steuerliche Nebenleistungen nicht anwendbar sind (BayObLG v. 1. 12. 1980, NStZ 1981, 147; zust. *Lohmeyer* StB 1982, 301; aM *Klein/Orlopp* 3 zu § 370 AO).

VI. Die Anzeige nach § 371 IV AO

Schrifttum: *Berger,* Die Anzeige („Nacherklärung") gem. § 165 e I und die Selbstanzeige gem. § 410 AO im Verhältnis zueinander, BB 1951, 303; *Lohmeyer,* Die Anzeigepflicht bei unrichtiger Steuererklärung im Verhältnis zur Selbstanzeige, DStR 1961, 62; *ders.,* § 410 im Verhältnis zu § 165 e AO, WPg 1961, 176; *Kopacek,* Die Offenbarungspflicht und die Selbstanzeige leichtfertiger Verletzungen von Steuerpflichtigen, BB 1962, 875; *Lohmeyer,* Die Pflicht zur Berichtigung einer Steuererklärung nach § 165 e AO, WPg 1963, 442; *ders.,* Die Bilanzberichtigung nach § 4 II EStG im Verhältnis zur Anzeigepflicht nach § 165 e AO und zur Selbstanzeige, StBp 1964, 39; *ders.,* Das Verhältnis der Bilanzberichtigung zur Anzeigepflicht nach § 165 e AO und zur Selbstanzeige nach §§ 410, 411 AO, DStR 1968, 274; *ders.,* Die Bedeutung der Anzeigepflicht nach § 165 e AO, ZfZ 1968, 299; *Teichner,* Nacherklärungspflicht des Konkursverwalters im Besteuerungsverfahren? NJW 1968, 688; *Buchheister,* Das Verhältnis von § 165 e AO zu § 4 II BpO(St), StBp 1974, 11; *Lohmeyer,* Die Nacherklärungspflicht aufgrund des § 165 e I AO, DVR 1975, 100; *ders.,* Die Berichtigung von Erklärungen nach § 153 AO, DStZ 1978, 366; *ders.,* Strafbefreiende Selbstanzeige und Berichtigungspflicht i. S. des § 153 AO 1977, BlStA 1979, 253; s. ferner Rdnr. 146 zu § 370 AO; *Samson,* Strafbefreiende Fremdanzeige (§ 371 IV AO) und Berichtigungspflicht (§ 153 I AO), wistra 1990, 245; *Boelsen,* Die Regelung des § 371 IV der Abgabenordnung, 1994.

§ 371 IV AO regelt die strafrechtliche Wirkung einer Anzeige iSd § 153 AO zugunsten Dritter, die ihre steuerrechtlichen Erklärungspflichten verletzt haben (Rdnr. 179 ff. zu § 370 AO). **220**

§ 153 AO Berichtigung von Erklärungen

(1) ¹Erkennt ein Steuerpflichtiger nachträglich vor Ablauf der Festsetzungsfrist,
1. daß eine von ihm oder für ihn abgegebene Erklärung unrichtig oder unvollständig ist und daß es dadurch zu einer Verkürzung von Steuern kommen kann oder bereits gekommen ist oder
2. daß eine durch Verwendung von Steuerzeichen oder Steuerstemplern zu entrichtende Steuer nicht in der richtigen Höhe entrichtet worden ist,

so ist er verpflichtet, dies unverzüglich anzuzeigen und die erforderliche Richtigstellung vorzunehmen. ²Die Verpflichtung trifft auch den Gesamtrechtsnachfolger eines Steuerpflichtigen und die nach den §§ 34 und 35 für den Gesamtrechtsnachfolger oder den steuerpflichtigen handelnden Personen.

(2) Die Anzeigepflicht besteht ferner, wenn die Voraussetzungen für eine Steuerbefreiung, Steuerermäßigung oder sonstige Steuervergünstigung nachträglich ganz oder teilweise wegfallen.

(3) Wer Waren, für die eine Steuervergünstigung unter einer Bedingung gewährt worden ist, in einer Weise verwenden will, die der Bedingung nicht entspricht, hat dies vorher der Finanzbehörde anzuzeigen.

Ein Verfolgungshindernis, keinen Strafaufhebungsgrund bildet § 371 IV **221** AO (*Boelsen* 1994, 13 u. *Koch/Scholtz/Himsel* 42 zu § 371 AO). Die Vorschrift *„soll verhindern, daß jemand, der aufgrund des § 153 AO eine Erklärung nachholt oder berichtigt, dadurch Dritte der Strafverfolgung aussetzt, die die Abgabe der Erklärung unterlassen oder eine unrichtige oder unvollständige Erklärung abgegeben haben. Bliebe die strafrechtliche Verantwortung anderer Personen bestehen, so könnte dies jemanden, der nach § 153 AO verpflichtet ist, eine falsche Erklärung zu berichtigen, davon abhalten, dies zu tun. Deshalb sollen auch Dritte bei einer späteren Berichtigung strafrechtlich nicht verfolgt werden, es sei denn, daß ihnen oder ihren*

§ 371 222–224   Selbstanzeige bei Steuerhinterziehung

Vertretern vorher wegen der Tat die Einleitung eines Straf- oder Bußgeldverfahrens bekanntgegeben worden ist" (Begründung zu § 354 EAO 1974, BT-Drucks. VI/1982 S. 195). Abweichend von § 371 I bis III AO regelt § 371 IV AO also nicht die Wirkung einer *Selbst*anzeige, sondern die Wirkung einer *Fremd*anzeige, die dem Anzeigepflichtigen sonst nicht oder kaum zuzumuten wäre.

222   § 153 I AO begründet in Satz 1 eine Pflicht zur Berichtigung fehlerhafter Erklärungen für den Steuerpflichtigen selbst, während Satz 2 eine solche Pflicht auch für den Gesamtrechtsnachfolger des Steuerpflichtigen einführt. Zugleich sind die nach § 34, 35 AO für den Steuerpflichtigen handelnden Personen berichtigungspflichtig. Den Steuerberater trifft die Berichtigungspflicht nur, wenn seine Position die der §§ 34, 35 AO erreicht (vgl. *Boelsen* 1994, 27; HHSp-*Trzakalik* 4 u. *Klein/Orlopp* 2 zu § 153; *Kühn/Hofmann* 2 zu § 153; *Koch/Scholtz/Krabbe* 3 zu § 153 AO; aM *Franzen* Voraufl. 168a zu § 371 AO; OLG Koblenz v. 15. 12. 1982, wistra 1983, 270; differenzierend *Lohmeyer* DStZ 1978, 368). § 153 II AO enthält eine Pflicht zur Meldung nachträglich eingetretener Veränderungen von Tatsachen bei Steuervergünstigungen, § 153 III AO regelt den besonderen Fall der zweckwidrigen Verwendung von Sachen, die einer Verbrauchsteuer unterliegen und statuiert insofern eine Anzeigepflicht (vgl. Rdnr. 187 zu § 370 AO). Konkursverwalter müssen nur solche unrichtigen Erklärungen des Gemeinschuldners anzeigen, die ihrem Gegenstand nach die Konkursmasse betreffen (*Teichner* NJW 1968, 688; zust. HHSp-*Paulick* 9 zu § 153 AO; *Boelsen* 1994, 31).

223   **Die Berichtigungspflicht nach § 153 I S. 1 Nr 1** setzt objektiv voraus, daß eine unrichtige oder unvollständige Erklärung abgegeben worden ist, durch die es zu einer Steuerverkürzung kommen kann oder bereits gekommen ist (vgl. *Samson* wistra 1990, 245, 246). Subjektiv erfordert das Gesetz, daß der Steuerpflichtige nachträglich die objektiven Voraussetzungen erkennt. Die Pflicht besteht mithin nicht, wenn der Steuerpflichtige diese Kenntnis schon bei Abgabe der Erklärung hatte. Zum anderen besteht sie nur dann, wenn der Steuerpflichtige positive Kenntnis hat; das leichtfertige Verkennen löst eine Berichtigungspflicht nicht aus (*Samson* wistra 1990, 245, 246).

224   **Inhaltlich** erfordert „*die in § 153 vorgesehene Anzeige*" die Mitteilung, daß eine Erklärung unrichtig oder unvollständig ist und daß es dadurch zu einer Verkürzung von Steuern kommen kann oder bereits gekommen ist oder daß eine durch Steuerzeichen oder Steuerstempler zu entrichtende Steuer nicht in der richtigen Höhe entrichtet wurde. Das Erfordernis einer Richtigstellung ist zwar anschließend in § 153 I S. 1 AO, jedoch nicht in § 371 IV AO erwähnt; demgemäß wird sie vom Gesetz auch nicht verlangt (glA *Klein/Orlopp* 10, *Koch/Scholtz/Himsel* 44 und HHSp-*Engelhardt* 267 zu § 371 AO; *Boelsen* 1994, 90; aM *Pfaff* S. 205 f.). Daß das Gesetz bei § 371 IV lediglich eine Anzeige erfordert, zeigt, daß ihm mehr an schnellen Anzeigen als an vollständigen Berichtigungserklärungen gelegen ist; die nähere Aufklärung des Sachverhalts soll nicht dem Anzeigeerstatter aufgebürdet, sondern aufgrund der Anzeige von Amts wegen vorgenommen werden. Daher braucht der Anzeigeerstatter nach § 371 IV AO insbesondere nicht das Ausmaß der verschwiegenen Besteuerungsgrundlagen anzugeben. Ausreichend ist z. B.

Joecks

VI. Die Anzeige nach § 371 IV AO

die Anzeige, daß der Steuerpflichtige „*mindestens ab Januar 1992 für eine Reihe von Arbeitnehmern keine Lohnsteuer angemeldet und abgeführt hat*" (zust. HHSp-*Engelhardt* 268, *Koch/Scholtz/Himsel* 44; aM *Kohlmann* 258 zu § 371 AO).

Rechtzeitig ist die Anzeige erstattet, wenn sie unverzüglich, d. h. ohne schuldhaftes Zögern erstattet worden ist (HHSp-*Engelhardt* 268 zu § 371 AO). Maßgebend ist der Zeitpunkt, in dem der Anzeigepflichtige positiv erkannt hat, daß der ursprüngliche Steuerpflichtige keine oder unvollständige oder unrichtige Erklärungen abgegeben oder durch Steuerzeichen oder Steuerstempler einen zu niedrigen Steuerbetrag entrichtet hatte. Fahrlässiges Nichterkennen oder bloße Zweifel genügen nicht (FG München v. 16. 3. 1961, EFG 354; aM OLG Koblenz v. 15. 12. 1982, wistra 1983, 270; *Franzen Voraufl.* Rdnr. 170 zu § 371 AO). Ein schuldhaftes Zögern dürfte nicht vorliegen, wenn der Steuerpflichtige vor Abgabe der Anzeige sich sachkundigen Rat zu der Frage einholen will, ob ihm gegebenenfalls der Vorwurf vorsätzlichen Verhaltens gemacht werden könnte und mithin mehr als die Anzeige einer unrichtigen Steuererklärung, nämlich eine Berichtigungserklärung isd § 371 I AO nötig ist, oder er im Hinblick auf die Drittanzeige bei Betroffenen klären lassen will, ob diese zur Nachzahlung der verkürzten Steuern in der Lage sind.

Ordnungsgemäß wird angezeigt, wenn der Anzeigeerstatter sich mit der Anzeige an eine Finanzbehörde wendet, die er nach den gegebenen Umständen für zuständig halten kann (zust. HHSp-*Engelhardt* 270 zu § 371 AO). Bei mündlichen oder fernmündlichen Anzeigen muß der Sachverhalt einem zur Entgegennahme der Anzeige bereiten Amtsträger so dargelegt werden, daß dieser Gelegenheit hat, darüber einen Vermerk mit denjenigen Angaben aufzunehmen, die der zuständigen Finanzbehörde eine weitere Aufklärung des Sachverhalts zum Zwecke der steuerlichen Auswertung ermöglichen. Der Begriff „*ordnungsmäßig*" hat nur formale Bedeutung (aM *Pfaff*, S. 205); insbesondere läßt sich aus ihm nicht herleiten, daß die Anzeige dem Inhalt nach einer Selbstanzeige entsprechen müßte (so jetzt auch HHSp-*Engelhardt* 270 zu § 371 AO).

Wirkungslos ist die Anzeige nach § 371 IV S. 1 letzter Halbsatz, wenn dem Dritten oder seinem Vertreter zuvor die Einleitung eines Straf- oder Bußgeldverfahrens wegen der Tat bekanntgegeben worden war (vgl. § 371 II Nr. 1b AO); die anderen Ausschließungsgründe gelten nicht. Darüber hinaus erfordert § 371 IV S. 2 AO entsprechend § 371 III AO eine fristgerechte Nachzahlung, sofern die fragliche Steuer bereits hinterzogen war (§ 371 IV 2 iVm III; HHSp-*Engelhardt* 272; aM offenbar *Kohlmann* 259 zu § 371 AO). Diese Regelung ist erst mit der AO 1977 eingefügt worden (*Boelsen* 1994, 91). Zum eigenen Vorteil gehandelt hat der Dritte, wenn er die Erklärungen unterlassen, unrichtig oder unvollständig abgegeben hat, um eine Steuerverkürzung zu seinen Gunsten (oben Rdnr. 99 ff.) zu bewirken (HHSp-*Engelhardt* 272 zu § 371 AO; vgl. auch *Boelsen* 1994, 92).

Die rechtzeitige und ordnungsmäßige Anzeige bewirkt, daß ein Dritter, der „*die in § 153 bezeichneten Erklärungen*" nicht, unrichtig oder unvollständig abgegeben hat, deshalb strafrechtlich nicht verfolgt wird. Was unter „*be-*

zeichneten Erklärungen" zu verstehen ist, welcher Personenkreis also durch das Verfahrenshindernis begünstigt werden soll, ist zweifelhaft (so *Samson* wistra 1990, 245; zust. HHSp-*Engelhardt* 275 zu § 371 AO; vgl. auch *Boelsen* 1994, 59; OLG Stuttgart v. 31. 1. 1996, wistra 190). Aus dem Wortlaut des Gesetzes ist deutlich zu entnehmen, daß die Anzeige isd § 371 IV, § 153 AO zugunsten desjenigen Dritten wirkt, dem eine Pflichtverletzung hinsichtlich der ursprünglichen *„Erklärung"* isd § 153 I S. 1 Nr 1 AO zur Last fällt; in § 153 AO wird zwischen *„Anzeige"* und *„Erklärung"* unterschieden, wobei die Regelung den Begriff der *„Erklärung"* nur für die fehlerhafte Ursprungserklärung verwendet (so *Samson* wistra 1990, 245, 249; zust. HHSp-*Engelhardt* 276 zu § 371 AO; anders OLG Stuttgart v. 31. 1. 1996, wistra 190). Dies bedeutet, daß die Anzeige des den Vater beerbenden Sohnes auch zugunsten der überlebenden Mutter wirkt, die gemeinsam mit dem verstorbenen Ehemann eine Steuerhinterziehung begangen hat (Beispiele bei *Samson* aaO). Nur eine solche Auslegung wird auch dem Motiv des § 371 IV AO gerecht. Der Sohn ist bei Strafe gezwungen, die entsprechende Korrektur vorzunehmen und würde damit eine ihm nahestehende Person, die Mutter, belasten. Die Angst vor dieser Fremdbelastung soll kein Gegenmotiv zur Anzeigepflicht bilden (*Boelsen* 1994, 83).

229 Soweit der Dritte die Ursprungserklärung nicht vorsätzlich falsch eingereicht hat, sondern sich insofern wegen Steuerhinterziehung durch Unterlassen nach § 153 I in Verbindung mit § 370 I Nr. 2 AO der Steuerhinterziehung schuldig gemacht hat, wirkt die Drittanzeige gleichermaßen zu seinen Gunsten. Wenn schon der ursprüngliche Straftäter – etwa die als Mittäterin handelnde Mutter – in den Genuß des § 371 IV AO kommt, muß dies erst recht gelten, wenn ihr im Hinblick auf die betreffenden Steuererklärungen des verstorbenen Vaters/Ehemannes lediglich die Verletzung der Berichtigungspflicht nach § 153 AO vorgeworfen werden kann (*Samson* wistra 1990, 245, 251; zust. HHSp-*Engelhardt* 277 zu § 371 AO). Dabei kann dahinstehen, ob es sich hier um ein Analogieschluß zugunsten des Betroffenen handelt, oder sich eine solche Interpretation nicht schon aus einem argumentum a maiore ad minore ergeben muß.

230 **Aus dieser gesetzlichen Situation ergeben sich Gestaltungsmöglichkeiten,** wenn im Hinblick auf die strafbefreiende Selbstanzeige bereits eine Sperrwirkung nach § 371 II Nr. 1a (laufende Prüfung) oder § 371 II Nr. 2 (Teilentdeckung) eingetreten ist. So muß der Täter einer Steuerhinterziehung lediglich eine Person im Sinne der §§ 34, 35 AO bestellen bzw. als Gesellschafter einen neuen Geschäftsführer für die GmbH bestellen lassen, und diesen von der vorangegangenen Steuerhinterziehung informieren. Sofern dann diese Vertreter oder Verfügungsberechtigten ihre Pflicht aus § 153 I AO erfüllen, greift zugunsten des Steuerhinterziehers § 371 IV AO ein (so *Samson* wistra 1990, 245, 251; HHSp-*Engelhardt* 275 zu § 371 AO). Soweit *Engelhardt* (aaO Rdnr. 279) eine solche Gestaltung unter dem Aspekt des Rechtsmißbrauchs ausgrenzen will, ist dies mit der Gesetzeslage nicht vereinbar (so zu Recht *Samson* aaO S. 251). Zwar mutet es merkwürdig an, und ist mit den Grenzen der üblichen Selbstanzeige nicht zu vereinbaren, daß

VI. Die Anzeige nach § 371 IV AO

durch Austausch von Organen usw. trotz Vorliegens einer Sperrwirkung iSd § 371 II Nr. 1 noch eine Selbstanzeige möglich sein soll. *Samson* weist aber zu Recht darauf hin, daß solche Kritik nicht die von ihm *„gewonnene Auslegung der Vorschrift, sondern den Gesetzgeber der bei der Fremdanzeige engere Ausschlußgründe . . . . als bei der Selbstanzeige angeordnet hat"*, trifft (aaO S. 251). Zu denken wäre allenfalls an folgende Argumentation: Wer in einer Situation, in der die Selbstanzeige strafbefreiende Wirkung nicht mehr entfalten kann, die „Anzeige" des Dritten initiiert, beauftragt ihn mittelbar zur Erstattung der ihn betreffenden Selbstanzeige iSd § 371 I AO. Diese ist aber wegen einer laufenden Betriebsprüfung oder ähnlichem nicht mehr möglich, und soweit man einen Vorrang der Selbstanzeige nach § 371 I AO gegenüber den Wirkungen des § 371 IV AO annimmt, würde dann in Fällen der „Anstiftung zur Fremdanzeige" die Selbstanzeige entfallen (aM *Boelsen* 1994, 123 ff.). Jedenfalls kann von Rechtsmißbrauch in solchen Fällen nicht gesprochen werden, in denen der zur Berichtigung Verpflichtete sonst gezwungen wäre, eine ihm nahestehende Person einer Steuerstraftat zu bezichtigen (vgl. Rdnr. 63 zu § 393 AO).

Eine analoge Anwendung des § 371 IV AO kommt in Betracht, wenn die der Norm zugrunde liegende Gefahr einer Gegenmotivation möglich scheint (*Boelsen* 1994, 94; *Samson* wistra 1990, 251; *Engelhardt* 262 zu § 371 AO). Denkbar ist dies zum einen, wenn in Fällen der vorsätzlich unterlassenen Steuererklärung einer der Verpflichteten nunmehr die Erklärung einreicht, der andere ihn aber nicht zu der darin liegenden strafbefreienden Selbstanzeige bevollmächtigt hat (oben Rdnr. 80). Insbesondere dann, wenn man eine verdeckte Stellvertretung für unzulässig hält bzw. einer nachträglichen Genehmigung der Vorgehensweise rechtliche Wirkung nicht beimißt (oben Rdnr. 80), liegt es nahe, in diesen Fällen § 371 IV analog anzuwenden (vgl. *Engelhardt* aaO; *Boelsen* 1994, 94 ff.). Soweit *Boelsen* für die Erstattung der Selbstanzeige darauf abstellt, es läge keine planwidrige Lücke vor (S. 103), weil es sich bei der Selbstanzeige um eine *freiwillige* Leistung des Erstatters handele, trifft dies die Problematik nur begrenzt. Immerhin ist zu bedenken, daß es sich in vielen Fällen der Selbstanzeige um solche handelt, mit denen erst die Zumutbarkeit wahrheitsgemäßer Erklärungen in Folgejahren geschaffen wird (oben Rdnr. 26), so daß der Betreffende letztlich nur die Wahl hat, mit einer wahrheitsgemäßen Erklärung für Folgejahre sich selbst einer Straftat zu bezichtigen, oder aber mit einer strafbefreienden Selbstanzeige sich die Möglichkeit künftiger wahrheitsgemäßer Erklärungen zwar eröffnet, zugleich eine ihm nahestehende Person aber einer Straftat bezichtigt. Bei dieser Interessenlage, die ausweislich der Motive (Rdnr. 221) offenbar der gesetzgeberischen Wertung des § 371 IV AO iVm § 153 AO zugrunde lag, liegt eine entsprechende Anwendung des § 371 IV nahe, wenn man hier nicht ohnehin schon die Regelung unmittelbar anwenden will.

VII. Konkurrenzfragen

1. Verhältnis des § 371 AO zu § 24 StGB

§ 24 StGB Rücktritt

(1) ¹Wegen Versuchs wird nicht bestraft, wer freiwillig die weitere Ausführung der Tat aufgibt oder deren Vollendung verhindert. ²Wird die Tat ohne Zutun des Zurücktretenden nicht vollendet, so wird er straflos, wenn er sich freiwillig und ernsthaft bemüht, die Vollendung zu verhindern.

(2) ¹Sind an der Tat mehrere beteiligt, so wird wegen Versuchs nicht bestraft, wer freiwillig die Vollendung verhindert. ²Jedoch genügt zu seiner Straflosigkeit sein freiwilliges und ernsthaftes Bemühen, die Vollendung der Tat zu verhindern, wenn sie ohne sein Zutun nicht vollendet oder unabhängig von seinem früheren Tatbeitrag begangen wird.

232 **Abweichend von § 371 AO** erfordert der Strafaufhebungsgrund des § 24 StGB objektiv keine Selbstanzeige, subjektiv aber – explizit – Freiwilligkeit des Rücktritts. Beide Vorschriften stehen selbständig nebeneinander (BGH 37, 340, 345; HHSp-*Engelhardt* 282, *Senge* 5 zu § 371 AO). § 371 AO ist auch auf den Versuch einer Steuerhinterziehung anwendbar und schließt die Anwendbarkeit des § 24 StGB nicht aus (RG 56, 385, 386 f. v. 11. 5. 1922; BGH 37, 340, 345 v. 19. 3. 1991). Dahinter steht nicht zuletzt die Überlegung, daß § 371 AO allgemeine Straffreiheitsvorschriften nicht einschränken, sondern erweitern soll (so schon *Bauerle* und *Firnhaber* aaO).

233 **Bei der Verletzung von Steuererklärungspflichten** kann ein bloßes Nicht-weiter-Handeln die Vollendung der Tat nicht aufhalten, da der Versuch einer Steuerhinterziehung durch eine unrichtige Steuererklärung mit der Abgabe der Erklärung beginnt (Rdnr. 261 zu § 370 AO) und zugleich beendet ist. Dasselbe gilt, wenn der Versuch durch Nichtabgabe einer Steuererklärung (Rdnr. 263 zu § 370 AO) unternommen wird. In diesen Fällen kann § 24 I S. 1 StGB in seiner ersten Alternative (Aufgeben der weiteren Ausführung der Tat) keine Bedeutung entfalten; Straffreiheit kann hier nur noch durch positives Tun in Form einer Berichtigungserklärung erworben werden.

234 **Die Abgabe einer richtigen oder berichtigten Steuererklärung** führt bei beendetem Versuch aufgrund der zweiten Alternative des § 24 I S. 1 StGB (Verhindern der Vollendung) zur Straffreiheit, wenn zwar alle Voraussetzungen dieser Vorschrift, aber nicht alle Voraussetzungen des § 371 AO erfüllt sind. Dieser Fall ist deshalb nicht selten, weil nach der BpOSt sich die Außenprüfung auf die letzten drei Besteuerungszeiträume, für die Steuererklärungen eingereicht worden sind, beziehen soll. Ist dem Täter bereits die Einleitung des Straf- oder Bußgeldverfahrens wegen der Tat bekanntgegeben worden (§ 371 II Nr. 1b AO) oder die Tat bereits entdeckt und weiß der Täter dies oder muß er damit rechnen (§ 371 II Nr. 2 AO), wird es regelmäßig an der Freiwilligkeit iSd § 24 I S. 1 StGB fehlen. Indessen ist ein freiwilliger Rücktritt noch möglich, wenn ein Amtsträger der Finanzbehörde

VII. Konkurrenzfragen 235–237 § 371

zur steuerlichen Prüfung erschienen ist und der Täter ihm vor Beginn der Prüfung (so *Franzen* Voraufl. Rdnr. 175 zu § 371 AO) oder während der laufenden Prüfung berichtigende Angaben zu einer bereits eingereichten Steuererklärung, die Gegenstand der Prüfung ist, aber noch nicht zu einem Steuerbescheid führte, macht. Entscheidend ist, ob der Rücktritt im Einzelfall aus der subjektiven Sicht des Täters noch als freiwillig angesehen werden kann (vgl. z. B. SK-*Rudolphi* 88 zu § 24 StGB).

Bei der Hinterziehung von Eingangsabgaben durch Schmuggel von Waren über die grüne Grenze kommt ein Rücktritt vom unbeendeten Versuch (Aufgeben der weiteren Ausführung der Tat) nach der ersten Alternative des § 24 I S. 1 StGB in Betracht, wenn der Täter umkehrt, bevor er die Grenze vom Ausland her überschritten hat. Die Freiwilligkeit des Rücktritts ist gegeben, wenn die Tat nach der Vorstellung des Täters ohne wesentlich erhöhtes Risiko noch ausführbar und ihr Zweck noch erreichbar erscheint (vgl. BGH 7, 296 v. 14. 4. 1955). Der Rücktritt ist ausgeschlossen, wenn die Tat unmöglich geworden ist, z. B. wenn der Schmuggler die Ware vor der Grenze verloren hat oder wenn äußere Umstände ihm die Besorgnis alsbaldiger Entdeckung und Bestrafung so aufdrängen, daß er die weitere Ausführung der Tat vernünftigerweise nicht auf sich nehmen kann (vgl. BGH 9, 48, 50 v. 28. 2. 1956; *Oehler* JZ 1953, 5, 561; *Bockelmann* NJW 1955, 1417; *Heinitz* JR 1956, 248; *Schröder,* MDR 1956, 321 und JuS 1962, 81 mit weiteren Beispielen aus dem übrigen Strafrecht). Zweifel an der Freiwilligkeit sind zugunsten des Täters zu lösen (BGH v. 12. 3. 1969, bei *Dallinger* MDR 1969, 532). 235

Ein Rücktritt vom beendeten Versuch der Hinterziehung von Eingangsabgaben ist ebenfalls ohne eine Berichtigungserklärung nach § 371 I AO denkbar, z. B. wenn ein zum Schmuggeln über die Grenze geschicktes Kind oder etwa ein Hund von dem im Hintergrund gebliebenen Täter vor dem Überschreiten der Grenze zurückgerufen wird; erfolgt der Rückruf freiwillig, erwirbt der Täter Straffreiheit nach der zweiten Alternative des § 24 I S. 1 StGB. Schlägt der Rückruf fehl, und kommt es dennoch nicht zur Vollendung, wird der Täter nach § 24 I S. 2 StGB straflos, wenn er sich freiwillig und ernsthaft bemüht hat, die Vollendung der Tat zu verhindern, oder – bei Vollendung – wenn er unter den Voraussetzungen des § 371 I, II AO nachträglich Selbstanzeige erstattet und die hinterzogenen Eingangsabgaben gemäß § 371 III AO fristgerecht nachzahlt. 236

2. Verhältnis des § 371 AO zu § 153 AO

Beide Vorschriften haben die **Anzeige einer unrichtigen oder unterlassenen Steuererklärung** zum Gegenstand, die der Steuerpflichtige oder ein Dritter unter den Voraussetzungen des § 153 AO berichtigen muß, wenn er bei nachträglicher Erkenntnis des Fehlverhaltens den Vorwurf der Steuerhinterziehung vermeiden will; oder die der Täter einer Steuerhinterziehung oder einer leichtfertigen Steuerverkürzung unter den Vorausetzungen des § 371 bzw. § 378 III AO berichtigen kann, wenn er nachträglich Anspruch auf 237

Straf- oder Bußgeldfreiheit wegen einer bereits begangenen Tat erwerben will.

238 **Die Grenzen und die strafrechtliche Bedeutung der Nacherklärungspflichten** nach § 153 AO sind streitig; (vgl. *v. Witten* NJW 1963, 567, sowie Rdnr. 179 ff. zu § 370 AO). Unabhängig davon ist festzustellen, daß jede nachträgliche Anzeige einer unrichtigen oder unterlassenen Steuererklärung Straf- oder Bußgeldfreiheit – unabhängig von der Bezeichnung der Erklärung – immer dann gewährleistet, wenn sie die Anforderungen des § 371 I AO erfüllt, Ausschließungsgründe nach § 371 II AO fehlen und bei vollendeter Tat die Nachzahlung nach § 371 III AO fristgerecht geleistet wird, oder sofern – mit Wirkung für einen Dritten – die Voraussetzungen des § 371 IV AO vorliegen (glA *Suhr* 1977, S. 385, *List* S. 65).

239 **Wird die Nacherklärungspflicht aus § 153 AO** zunächst vorsätzlich oder leichtfertig verletzt, aber später erfüllt, so wirkt die nachträglich abgegebene Nacherklärung wie eine Selbstanzeige in Bezug auf die Steuerhinterziehung oder leichtfertige Steuerverkürzung durch Unterlassen, die durch die zunächst versäumte Erfüllung der Nacherklärungspflicht begangen worden ist (glA *Lohmeyer* Stbg 1960, 282; *Kopacek* BB 1962, 875; *Schuhmann* wistra 1994, 48; HHSp-*Paulick* 88 zu § 153 AO).

3. Verhältnis zu § 46a StGB

Schrifttum: *Blesinger*, Zur Anwendung des Täter-Opfer-Ausgleichs im Steuerstrafrecht, wistra 1996, 90; *Brauns*, Die Wiedergutmachung der Folgen der Straftat durch den Täter, 1996.

240 **§ 46a StGB,** der mit Wirkung vom 1. 12. 1994 eingefügt wurde, sieht fakultativ die Möglichkeit der Strafmilderung bzw. des Absehens von Strafe vor, wenn der Täter den Schaden wiedergutgemacht hat oder sich zumindest ernsthaft darum bemüht hat (vgl. Rdnr. 28 zu § 398 AO). Über § 369 Abs. 2 AO findet die Regelung auch im Steuerstrafrecht Anwendung (*Schwedhelm/Spatscheck* DStR 1995, 1449, 1450 f.; *Brauns* wistra 1996, 219; aM *Blesinger* wistra 1996, 190). Während jedoch § 371 AO eine zwingende Rechtsfolge, nämlich die Aufhebung der Strafbarkeit enthält, gibt § 46a StGB dem Gericht die Möglichkeit, nach seinem Ermessen von Strafe abzusehen oder ggf. die Strafe zu mildern. Bedeutung wird § 46a StGB insbesondere in solchen Fällen erlangen, in denen der Täter nicht in der Lage ist, eine korrekte Berichtigungserklärung einzureichen (Rdnr. 52) aber erst in der Kooperation mit ihm möglich wird, die zutreffende Steuer zu ermitteln. Denkbar ist auch, daß zwar ein Fall der Sperrwirkung iSd § 371 II AO gegeben ist, der Täter aber dem Finanzamt den Weg zu Einkünften weist, bei denen überhaupt kein Entdeckungsrisiko bestand (vgl. *Brauns* 1996, aaO). Schließlich gehört hierzu auch der Fall, daß vorhandene Liquidität über Vollstreckungsmaßnahmen abgeschöpft und mit nichtstrafbefangenen Steuern verrechnet worden ist; dies gilt jedenfalls dann, wenn man nicht der hier vertretenen Auffassung folgt, daß das „Lästigkeitsprinzip" eine Verrechnung mit den strafbefangenen Zeiträumen gebietet (vgl. Rdnr. 123).

VIII. Verfahrens- und Kostenfragen 241–244 § 371

4. Verhältnis zu § 264 IV StGB

Zwischen § 371 und § 264 IV StGB besteht tatbestandliche Exklusivität 241
(SK-*Samson* 30 zu § 264 StGB). Da es eine Überschneidung zwischen § 370
AO und § 264 StGB nicht gibt (*Samson* aaO), stehen beide Vorschriften
unabhängig nebeneinander.

5. Verhältnis des § 371 AO zu § 4 II EStG und Art. 65 ZK

Bilanzberichtigungen nach § 4 II EStG und Berichtigungen von Zollan- 242
meldungen gem. Art. 65 ZK haben keine strafbefreiende Wirkung, sofern
nicht zugleich die Voraussetzungen des § 371 AO vorliegen (OLG Hamburg
v. 23. 12. 1953, ZfZ 1954, 313 f. zu § 76 III ZG 1939; HHSp-*Engelhardt* 288
zu § 371 AO). Die Rücknahme einer Zollanmeldung kann Rücktritt vom
Versuch (Rdnr. 236) sein (HHSp-*Engelhardt* aaO).

VIII. Verfahrens- und Kostenfragen

Besteht aufgrund einer Berichtigungserklärung der Verdacht, daß der 243
Steuerpflichtige die Mehrsteuer vorsätzlich verkürzt hat, kann die für die
Abgabenangelegenheit zuständige Finanzbehörde bereits erteilte Steuerbescheide nach § 173 I Nr. 1 AO ändern und die nach §§ 235, 238 AO entstandenen Hinterziehungszinsen festsetzen. Die objektiven und subjektiven Voraussetzungen des § 370 AO müssen dann im Besteuerungsverfahren und im
Rechtsbehelfsverfahren von den Finanzbehörden oder von den Gerichten der
Finanzgerichtsbarkeit festgestellt werden, die hierbei den strafverfahrensrechtlichen Grundsatz in dubio pro reo anzuwenden haben (BFH v. 10. 10.
1972, BStBl 1973 II, 68, 71; v. 16. 1. 1973, 1973 II, 273, 27 f; v. 22. 1. 1976,
1976 II, 250, 252). Nach BFH BStBl 1976 II, 250, 252 soll bereits der hinreichende Verdacht einer Steuerhinterziehung ernstliche Zweifel an der Anwendung der zehnjährigen Festsetzungsfrist für hinterzogene Steuern nach
§ 169 II S. 2 AO ausschließen. Dies ist insofern zutreffend, als die Entscheidung über die Aussetzung der Vollziehung in einem summarischen Verfahren erfolgt, bei dem sicherlich die Eröffnung des Hauptverfahrens entscheidende Bedeutung hat. Ist jedoch eine Anklage noch nicht zugelassen, kommt
es vorrangig auf den Vortrag des die Aussetzung Begehrenden an.

Ergeben sich Zweifel an der Vollständigkeit der Berichtigungserklärung 244
und wird deshalb angeordnet, die Verhältnisse des Anzeigeerstatters bzw.
des Steuerpflichtigen, zu dessen Vorteil der Anzeigeerstatter Steuern verkürzt hat, durch einen Amtsträger der Finanzbehörde zu prüfen, ist das
Strafverfahren einzuleiten (§ 397 I AO), da die Prüfung (mindestens auch)
darauf abzielt, einem strafrechtlichen Verdacht nachzugehen. Ergibt die Prüfung, daß die Berichtigungserklärung vollständig war oder daß ein weiterer
Mehrsteuerbetrag jedenfalls nicht auf vorsätzlichem Verhalten des Steuerpflichtigen beruht, stellt die für das Strafverfahren zuständige Finanzbehörde
dieses nach § 170 II StPO ein. Dieselbe Entscheidung trifft die Staatsanwalt-

schaft, wenn sie nach § 386 II bis IV AO anstelle der Finanzbehörde für das Ermittlungsverfahren zuständig ist. Wegen Geringfügigkeit ist das Strafverfahren entsprechend § 398 AO oder § 153 II StPO einzustellen, wenn die Berichtigungserklärung hinsichtlich der vorsätzlich verkürzten Steuern zwar unvollständig war, der Unterschiedsbetrag jedoch geringfügig ist (Rdnr. 28 zu § 398 AO). Nicht angängig ist es, von einer wirksamen Selbstanzeige trotz „geringfügiger" Abweichungen auszugehen (vgl. OLG Frankfurt vom 18. 10. 1961, NJW 1962, 974; BGH vom 14. 12. 1976, BB 1978, 698; *Streck,* Steuerfahndung Rdnr. 219). Soweit *Streck* als Faustformel vorschlägt, daß eine Differenz von 10% unschädlich sei (aaO), mag dies noch helfen, wenn der nachgemeldete Betrag als solcher nicht besonders groß war. Bei einer nachgemeldeten Summe von 1 Million sind 10% aber bereits 100.000 DM, nur in Bezug auf die 1 Million DM liegt eine wirksame Selbstanzeige vor; für den Restbetrag wird auch eine Einstellung kaum in Betracht kommen. Eine andere Frage ist jedoch, inwiefern der strafrechtliche Nachweis gelingt, daß der Täter tatsächlich vorsätzlich nicht lediglich die nachgemeldete Summe in Höhe von 1 Million DM verkürzt hat, sondern darüber hinaus weitere 100.000 DM. Insbesondere in Fällen der Schätzung durch den Steuerpflichtigen wird eine solche Feststellung kaum möglich sein, in Fällen der dolosen Selbstanzeige (oben Rdnr. 88), besteht aber auch kein Grund, die Strafbarkeit auch für den Restbetrag entfallen zu lassen, wenn der Täter planvoll das ihm von *Streck* konzedierte Volumen von 10% ausnutzt.

245 **Ist die öffentliche Klage bereits erhoben** und wird die Selbstanzeige vom Gericht (nach vorausgegangenem Strafbefehl oder Eröffnungsbeschluß) erst aufgrund einer Beweisaufnahme in der Hauptverhandlung als wirksam anerkannt, ist durch Urteil auf Freispruch, nicht auf Einstellung zu erkennen (OLG Frankfurt v. 18. 10. 1961, NJW 1962, 974, 977; *Bilsdorfer* wistra 1984, 131; *Streck* DStR 1985, 9, 11; *Kohlmann* 249 zu § 371 AO). Auf Einstellung des Verfahrens ist gegenüber Dritten zu erkennen, die nach § 371 IV AO strafrechtlich nicht verfolgt werden können.

246 In allen Abschnitten des Strafverfahrens nach Abgabe der Berichtigungserklärung ist die **Tätigkeit eines Rechtsanwaltes** oder eines Angehörigen der steuerberatenden Berufe als Strafverteidigung, nicht als Steuerberatung anzusehen. Nur die Beratung und Hilfeleistung bei der Fertigung und Abgabe der Berichtigungserklärung, die eine strafrechtliche Würdigung und Stellungnahme nicht erfordert (Rdnr. 88), ist hiervon auszunehmen, während weitergehende Bemühungen um die strafbefreiende Wirkung der Erklärung und der Nachzahlung bereits Strafverteidigung im Sinne der §§ 137ff. StPO, § 392 AO darstellen (enger *Seithel* DStR 1980, 155).

247 **Die Gebühren eines Beraters,** der bei einer Selbstanzeige mitgewirkt hat, richten sich bei einem Rechtsanwalt in einer Steuerstrafsache nach den §§ 83 bis 104 BRAGO, auf die § 105 III BRAGO für die Tätigkeit in einer Bußgeldsache (vgl. § 378 III AO) verweist. Für die entsprechende Tätigkeit eines Steuerberaters sind nach § 45 StBGebV die Vorschriften der BRAGO, namentlich § 84 BRAGO, sinngemäß anzuwenden, soweit nicht die folgende Sondervorschrift vorgeht:

VIII. Verfahrens- und Kostenfragen

§ 30 StBGebV Selbstanzeige

Für die Tätigkeit im Verfahren der Selbstanzeige (§§ 371 und 378 III der Abgabenordnung) einschließlich der Ermittlungen zur Berichtigung, Ergänzung oder Nachholung der Angaben erhält der Steuerberater 10 Zehntel bis 30 Zehntel einer vollen Gebühr nach Tabelle A (Anlage 1).

Zur Konkurrenz zwischen § 30 StBGebV und § 45 StBGebV in Verbindung mit § 84 BRAGO meint *Behrendt* (StKRep 1982 S. 261 ff.), daß unter bestimmten Umständen beide Gebühren nebeneinander entstehen könnten. Diese Meinung, nach der einem Rechtsanwalt nur eine, einem Steuerberater dagegen für dieselbe Tätigkeit unter Umständen eine weitere Gebühr zusteht, kann schon vom Ergebnis her nicht überzeugen. Vielmehr hängt die Lösung davon ab, ob überhaupt ein *„Verfahren der Selbstanzeige"* stattfindet (Rdnr. 88), falls ja, erhält ein Rechtsanwalt die Gebühr nach § 84 BRAGO, ein Steuerberater die Gebühr nach § 30 StBGebV. Hat jedoch der Berater (sei er Rechtsanwalt oder Steuerberater) nur an einer „neutralen" Berichtigungserklärung (Rdnr. 46) mitgewirkt und ist diese von der Finanzbehörde ohne weitere Erörterungen zur Kenntnis genommen und einem (geänderten oder erstmaligen) Steuerbescheid zugrunde gelegt worden, sind anstelle der genannten Gebührenvorschriften diejenigen Vorschriften anzuwenden, die für die Mitwirkungen an einer Steuererklärung gelten.

Im übrigen berührt merkwürdig, daß der ohne Honorarvereinbarung tätige Steuerberater für die Unterstützung seines Mandanten in einer Außenprüfung oder Steuerfahndungsprüfung lediglich ein Zeithonorar erhält, während die – fiskalisch ungleich interessantere – Erarbeitung einer Selbstanzeige angesichts der Addition der Werte einzelner Steuerarten und Steuerabschnitte äußerst lukrativ ausgestaltet ist.

§ 372 Bannbruch

(1) **Bannbruch begeht, wer Gegenstände entgegen einem Verbot einführt, ausführt oder durchführt.**

(2) Der Täter wird nach § 370 Absatz 1, 2 bestraft, wenn die Tat nicht in anderen Vorschriften als Zuwiderhandlung gegen ein Einfuhr-, Ausfuhr- oder Durchfuhrverbot mit Strafe oder mit Geldbuße bedroht ist.

Schrifttum: *A. Fuchs,* Ist § 401a AO (Bannbruch) zur Zeit anwendbar? ZfZ 1954, 65, 67; *Frydecky,* Der Tatbestand des Verbringens, AWRundsch 1963, 169; *Bender,* Pornoeinfuhren, ddz 1973, F 85; *Willms,* Zum Verbot der Einfuhr verfassungsfeindlicher Schriften, NJW 1965, 2177; *Bender,* Welche Bedeutung hat die Subsidiaritätsklausel beim Bannbruch (§ 401a Abs. 3 AO aF)? ZfZ 1968, 15; *Potrykus,* Zur Einfuhr unzüchtiger Schriften aus dem Ausland, MDR 1969, 269; *Eggers,* Einfuhr – Eine Untersuchung über die Begriffswerte deutscher Rechtsnormen, ZfZ 1972, 36; *G. Schmidt,* Der neue Einfuhrbegriff, ZfZ 1972, 294; *Eggers,* Einfuhrverbote, Einfuhrbeschränkungen, ZfZ 1973, 333; *Hübner,* Reform des Steuerstrafrechts, Neuerungen – Atavismen, JR 1977, 58, 60 ff.; *Ellinger/Sticker,* Zollrechtliche und steuerstrafrechtliche Aspekte der Betäubungsmittelkriminalität, ZfZ 1978, 294; *Müller/Wabnitz,* Strafrechtliche Probleme bei der Verletzung von Vorschriften über den innerdeutschen Handel, NJW 1979, 1808, mit Erwiderung von *v. Waldthausen* NJW 1981, 2042; *Brenner,* Bannbruch, auch fahrlässiger – „Fossil" oder Notwendigkeit? ZfZ 1980, 240; *Christiansen,* Bannbruch auf vorgeschobenen Zollstellen, ZfZ 1982, 66; *Prittwitz,* Einfuhr und Durchfuhr von Betäubungsmitteln, NStZ 1983, 350; *Kurz,* Die Ein- und Ausfuhr von Waren nach dem Außenwirtschaftsrecht, ddz 1984, F 64; *Hesse,* Steuerbefreiung durch Einfuhrverbot? ZfZ 1984, 194; *Rebholz,* Einfuhr, Ausfuhr und Durchfuhr von Betäubungsmitteln – Versuch und Vollendung dieser Tatbestände, Konstanz 1991; *Witte/Wolfgang,* Lehrbuch des Zollrechts, 328 ff. (Verbote und Beschränkungen); *Fehn,* Ermittlungstätigkeit der Zollfahndung beim Rauschgiftschmuggel nach Verwirklichung des Binnenmarktes, ZfZ 1991, 104; *Bender,* Verbote und Beschränkungen im Binnenmarkt – straf- und bußgeldrechtliche Aspekte, ZfZ 1992, 199; *Pfeil-Kammerer,* Die harmonisierte Behandlung von VuB – Waren im Binnenmarkt, ZfZ 1992, 204; *Wamers,* Marktbeobachtung – Aufgabe des Zollfahndungsdienstes, ZfZ 1993, 70, 101; *Thietz-Bartram,* Ausfuhrbeschränkungen und ihre Strafsanktionen im Lichte des Gemeinschaftsrechts, wistra 1993, 201; *ders.,* Vereinbarkeit strafbewehrter Ausfuhrbeschränkungen mit dem Recht der Europäischen Union, RIW 1994, 839; *Klinkhammer/König,* Die Bekämpfung der Artenschutzkriminalität durch die deutsche Zollverwaltung, ZfZ 1995, 194; *Blankenhagen,* VuB bei der Ausfuhr, DDZ 1995 F 18.

Übersicht

1. Entstehungsgeschichte 1	4. Subjektiver Tatbestand 30
2. Begriff, Zweck und Anwendungsbereich 2–7	5. Vorbereitung und Versuch 31–33
3. Objektive Tatbestandsmerkmale ... 8–29	6. Vollendung und Beendigung.... 34–37
a) Objekt des Bannbruchs 8	7. Täterschaft und Teilnahme 38–40
b) Ein-, Aus- und Durchführen 9–18	8. Subsidiarität der Strafdrohung ... 41–45
c) Ein-, Aus- und Durchfuhrverbote 19–28	9. Sonstige Konkurrenzfragen 46–48
d) Strafaufhebungsgründe 29	10. Strafen und Nebenfolgen 49–52
	11. Verfahrensfragen 53–56

1. Entstehungsgeschichte

1 Der Straftatbestand des Bannbruchs wurde aus §§ **134, 136 VZollG** v. 1. 7. 1869 (BGBl. des NorddBundes S. 317) gem. Art. I Nr. 15 G v. 4. 7. 1939 (RGBl. I 1181) als **§ 401a** in die RAO 1931 übernommen. § 401a II 2 RAO über Einziehung wurde durch Art. 17 Nr. 16 StÄndG 1961 v. 13. 7. 1961 (BGBl. I 1981, 996) gestrichen (Schriftl. Ber. BT-Drucks. zu III/2706 S. 11).

In § 401a III RAO wurden gem. § 48 III AWG v. 28. 4. 1961 (BGBl. I 481) die Worte „*in anderen Vorschriften mit Strafe bedroht*" ersetzt durch die Worte „*nach anderen Vorschriften zu ahnden*" (Schriftl. Ber. zu BT-Drucks. III/2386 S. 20). Durch Art. 1 Nr. 9 des 2. AOStrafÄndG v. 12. 8. 1968 (BGBl. I 953) wurde die Vorschrift als **§ 396** bezeichnet; gleichzeitig wurden die früheren Absätze 2 und 3 zusammengefaßt (Begr. BT-Drucks V/1812 S. 24; krit. HHSp-*Hübner* 15ff. vor § 372 AO). Demgegenüber brachte § 372 AO 1977 nur redaktionelle Änderungen mit sich; dabei wurde in Absatz 1 abw. von § 355 I RegE (BT-Drucks. VI/1982) „der typisch zollrechtliche Begriff ‚*gestellen*' durch das Wort ‚*anzeigen*' ersetzt" (Schriftl. Ber. BT-Drucks. 7/4292 S. 44; krit. *Hübner* JR 1977, 60). Mit dem Umsatzsteuer-Binnenmarktgesetz (UStBG) wurde in Absatz 1 das negative Tatbestandsmerkmal der unterlassenen Anzeige (vgl. Voraufl. Rdnr. 22) gestrichen, wonach die Anzeige der verbotenen Einfuhr usw. gegenüber der zuständigen Zollstelle die Strafbarkeit nach § 372 ausschloß. Der Grund hierfür lag in dem Wegfall der Zollstellen an den Binnengrenzen der Gemeinschaft. Für die Außengrenzen hätte man es zwar aus technischen Gründen bei der bis zum Inkrafttreten des UStBG geltenden Regelung belassen können. Dem stand aber entgegen, daß die Strafbarkeit des Bannbruchs nicht von unterschiedlichen Voraussetzungen abhängen kann, je nachdem, ob die verbotene Einfuhr usw. über eine Binnengrenze innerhalb der Gemeinschaft oder über eine Außengrenze erfolgt. Nach dem Wegfall des Tatbestandsmerkmals der unterlassenen Anzeige durch das UStBG ist der Tatbestand des Bannbruchs mit dem jeweiligen Tatbestand des Verbringungsverbots deckungsgleich geworden (*Bender*, ZfZ 1992, 202).

2. Begriff, Zweck und Anwendungsbereich

Als „**Bannbruch**" (früher: „*Kontrebande*") bezeichnet § 372 I AO die Zuwiderhandlung gegen ein Ein-, Aus- oder Durchfuhrverbot. Solche Verbote sind aus steuerfremden Gründen in zahlreichen nichtsteuerlichen Gesetzen und VOen normiert (Rdnr. 19ff.); sie dienen vornehmlich dem Schutz der Gesundheit von Menschen und Tieren, dem Pflanzenschutz, der öffentlichen Sicherheit sowie dem Schutz des Branntweinmonopols, aber auch der Außenwirtschafts- und Verteidigungspolitik. Nur in den Fällen der verbotenen Einfuhr von Branntwein (Rdnr. 45) bezweckt § 372 AO den Schutz der Abgaben, die beim grenzüberschreitenden Warenverkehr entstehen. 2

Der Zweck des § 372 AO besteht seit jeher in dem Schutz der Einfuhrverbote nach den Monopolgesetzen, jetzt nur noch dem BranntwMonG (Rdnr. 45). An dem weitergehenden Zweck, als „Auffangtatbestand" sonstige Ein-, Aus- und Durchfuhrverbote zu schützen, ist der Gesetzgeber vorbeigegangen, da er jedes andere Verbringungsverbot (Rdnr. 26ff.) mit besonderen Straf- oder Bußgeldtatbeständen ausgestattet hat. Die durch die Subsidiaritätsklausel beschränkte Bedeutung des § 372 AO als eigenständiger Straftatbestand erklärt die verhältnismäßig geringe Zahl der Bestrafungen: 1981 (1980) wurden in 741 (630) Fällen Freiheitsstrafen von insgesamt 254 (342) Jahren und 3

8502 (5987) Tagessätze mit Geldstrafen von insgesamt 288600 DM (194400 DM) verhängt. Erheblich größere Bedeutung hat demgegenüber der Schmuggel von Rauschgiften sowie von Waffen, Munition und Sprengstoffen (vgl. ZfZ 1980, 190; 1981, 223; 1982, 219), der jedoch bei der Einfuhr regelmäßig mit Steuerhinterziehung zusammentrifft und bei der Ausfuhr allein nach § 29 I Nr. 1 BtMG mit Strafe bedroht ist. § 372 ist eine **Blankettnorm**, die der Ausfüllung durch ein Verbotsgesetz bedarf. Durch Verwaltungsanordnungen kann die Norm nicht ausgefüllt werden (BGH, wistra 1982, 31).
Im übrigen lassen sich materiellrechtliche und verfahrensrechtliche **Zwecke des § 372 AO** unterscheiden. Materiellrechtlich bezweckt die Vorschrift den Schutz der Einfuhrverbote nach dem **BranntwMonG** sowie, den **Grundtatbestand für die Strafverschärfung nach § 373** AO festzulegen (vgl. § 373 Rdnr. 2ff.). Verfahrensrechtlich bezweckt die Vorschrift, strafbare Verstöße gegen Einfuhr-, Ausfuhr- und Durchfuhrverbote im nichtsteuerlichen Bereich als **Steuerstraftaten** zu qualifizieren (§ 369 I Nr. 2 AO) und damit die Anwendbarkeit des Steuerstrafverfahrensrechts (§§ 385–408 AO) auf die strafrechtlich zu ahndenden Verbote nichtsteuerlicher Art zu ermöglichen (insoweit ablehnend *Franzen,* in der Vorauf. § 372 Rdnr. 50; vgl. Rdnr. 49ff.).

4   Die **praktische Bedeutung des § 372 AO** liegt im folgenden:
– ein Verstoß gegen das Einfuhrverbot des § 3 BranntwMonG ist unmittelbar nach Abs. 1 strafbar (dazu Rdnr. 45) und
– die Vorschrift qualifiziert Verstöße gegen nichtsteuerliche, strafbewehrte Verbringungsverbote zu Steuerstraftaten mit der Konsequenz, daß
  • Verstöße gegen nichtsteuerliche, strafbewehrte Verbringungsverbote der Ermittlungszuständigkeit der Zollverwaltung und den dafür geltenden verfahrensrechtlichen Regeln (§ 208 und §§ 385–408 AO) unterstellt werden (formelle Konsequenz, dazu Rdnr. 53f.) und
  • Verstöße gegen bußgeldbewehrte Verbringungsverbote unter den Bedingungen des § 373 AO als Steuerstraftaten geahndet werden (materielle Konsequenz, Rdnr. 44).
Definitorisch ist auch eine dem Verbringungsverbot zuwiderlaufende Ordnungswidrigkeit Bannbruch iS des § 372 AO, wie sich aus dem Wortlaut des Absatz 2 *("oder mit Geldbuße bedroht")* klar ergibt (BGH v. 4. 7. 1973, NJW 1707f.; *Bender* Tz 96, 6b; *Eggers* ZfZ 1973, 337f.; *Kohlmann* 43 zu 372). Ob ein Verbringungsverbot iS des § 372 AO vorliegt, ist durch Auslegung der jeweiligen Bestimmung zu ermitteln (Rdnr. 19ff.). Wegen der Anwendung der §§ 409–412 AO auf Fälle, in denen der Bannbruch iS des § 372 AO in anderen Vorschriften als Ordnungswidrigkeit mit Geldbuße bedroht ist vgl. Rdnr. 55.

5   **Der Anwendungsbereich des § 372 I (iVm § 373 II) AO** muß wegen der weiten Fassung des Wortlauts, der Zuwiderhandlungen gegen jedes Ein-, Aus- oder Durchfuhrverbot erfaßt, eingegrenzt werden, damit nicht aus Verbotsnormen, von denen manche weder untereinander noch mit dem Strafrecht abgestimmt sind, Folgerungen gezogen werden, die unter straf-

2. Begriff, Zweck und Anwendungsbereich   6, 7 § 372

rechtlichen Gesichtspunkten *systemwidrig* erscheinen. Kein geeignetes Abgrenzungskriterium ist dagegen die Seltenheit einer Fallgestaltung, für die – das ist *Hübner* (HHSp 25 vor § 372 AO) zuzugeben – viele Beispiele gebildet werden können. Straf- oder Bußgeldvorschriften, die nur selten und unter den Voraussetzungen des § 373 II AO vielleicht niemals verletzt werden, sind jedoch systematisch unbedenklich, sofern die für den Fall ihrer Verwirklichung angedrohten Folgen im Vergleich zu ähnlichen Tatbeständen im Rahmen der Rechtsordnung liegen, insbes. nicht gegen verfassungsrechtliche Grundsätze verstoßen; hierfür ist das seltene Vorkommen eines strafwürdigen Verhaltens kein Indiz (aM HHSp-*Hübner* 26 ff. vor § 372 AO).

Aus systematischen Gründen sind aus dem Anwendungsbereich des § 372 I AO auszuscheiden:

a) **Verbringungsverbote, die nur aus Straftatbeständen des StGB erschlossen werden können,** namentlich die Verbote der 6

Einfuhr von **Propagandamitteln,** deren Inhalt gegen die freiheitliche demokratische Grundordnung oder den Gedanken der Völkerverständigung gerichtet ist, strafbar gem. § 86 I–IV StGB;

Einfuhr von **Sabotagemitteln,** strafbar gem. § 87 I Nr. 3 StGB;

Ein- und Ausfuhr von **pornographischen Schriften,** strafbar gem. § 184 I Nr. 4, 8 oder 9 oder III Nr. 3 StGB;

Einfuhr von **Vorrichtungen oder Papier zur Fälschung von amtlichen Ausweisen,** strafbar gem. § 275 I StGB;

Ein- und Ausfuhr von **Kernbrennstoffen,** strafbar gem. § 328 I Nr. 2 c oder III StGB;

denn es ist davon auszugehen, daß der Gesetzgeber die Rechtsfolgen dieser Taten im StGB *abschließend* geregelt und nicht etwa die Regelung von Strafschärfungsgründen dem Nebenstrafrecht vorbehalten hat (glA *Klein/Orlopp* 1 zu § 372 AO; aM HHSp-*Hübner* 23 vor § 372 AO u. *Bender* Tz. 96. 1; die von ihnen angeführten Urteile des BGH v. 7. 9. 1956, NJW 1805, und des OLG Zweibrücken v. 30. 6. 1970, NJW 1758 f., behandeln die Frage, ob Zollbeamte bei Verdacht von Straftaten nach § 93 StGBaF bzw. nach § 184 I 1 Nr. 1a StGBaF zum Öffnen von Postsendungen befugt waren; im Ergebnis wie hier *Dreher/Tröndle* 21 zu § 184 StGB unter Aufgabe seiner früheren Meinung).

b) **Verbringungsverbote wettbewerbsrechtlichen Ursprungs,** namentlich das Verbot der 7

Einfuhr bzw. Ausfuhr von **Vermehrungsgut einer geschützten Sorte** nach § 10 Nr. 2 und 4 SortG, zuletzt idF des MarkenrechtsreformG v. 25. 10. 1994 (BGBl. I 3082, 3123); denn die Wahrung der Rechte aus dem SortG obliegt dem Sortenschutzinhaber, und Verletzungen des Ein- und Ausfuhrverbots, die gem. § 39 I Nr. 2 und 4 SortG strafbar sind, werden nach § 49 IV SortG grundsätzlich nur auf *Antrag des Verletzten* verfolgt; vgl. ferner die wie ein Verbot wirkenden Vorschriften über die Beschlagnahme und ggf. Einziehung bei der

Ein- oder Ausfuhr von **Waren,** die widerrechtlich mit einem **geschützten**

Voß   361

Markenzeichen versehen sind, nach § 14 IV Nr. 3 iVm § 143 I Nr. 3 MarkenG v. 25. 10. 1994 (BGBl. I 3082), sowie bei der Ein- oder Ausfuhr von **Waren,** die widerrechtlich international registrierte Marken tragen (vgl. **Madrider Protokoll** v. 27. 6. 1989 zum Madrider Abkommen über internationale Registrierung von Marken), nach § 119 iVm § 14 IV Nr. 3 und § 143 I Nr. 3 MarkenG.

3. Objektive Tatbestandsmerkmale

a) Objekt des Bannbruchs

8   Gegenstand des Bannbruchs können nur körperliche, bewegliche Sachen sein (BGHSt 9, 351; *Kohlmann,* 6 zu § 372). Im wesentlichen besteht Deckungsgleichheit mit dem Begriff der Waren im Sinne des Art. 9 EGV, des EGKSV und EAGV (Grabitz/Hilf – *Voß,* KEU Art. 9 Rdnr. 10 ff.). Abweichend davon können Waffen, Munition und Kriegsmaterial sowie Zahlungsmittel (HHSp-*Hübner,* § 372 Rdnr. 43), Falschgeld, Betäubungsmittel, Leichen und Feten Gegenstand des Bannbruchs sein. Soweit der EuGH Betäubungsmitttel (EuGHE 1984, 1177 „Einberger") und Falschgeld EuGHE 1990 I 4477 „Witzemann") vom Zoll- bzw. Einfuhrumsatzsteuerregime ausgeschlossen hat (vgl. jetzt auch Art. 212 ZK), berührt diese Rechtsprechung nicht die nationalen bzw. – nach einer Vergemeinschaftung – die gemeinschaftsrechtlichen Verbringungsverbote.

b) Ein-, Aus- und Durchführen

9   Der Begriff der **Einfuhr** kann nur in dem Sinn einheitlich definiert werden, daß es sich um das Verbringen (Rdnr. 13) eines Gegenstandes aus einem fremden Gebiet in das durch § 372 bzw. durch andere Normen geschützte Gebiet (Banngebiet) handeln muß. Teilweise wird der Begriff der Einfuhr ausdrücklich definiert. Im übrigen ist durch Auslegung des die Blankettnorm ausfüllenden, jeweils maßgebenden Gesetzes (Verordnung) zu ermitteln, ob eine Einfuhr vorliegt bzw. ein Verbringen als Einfuhr gilt (BGH v. 21. 1. 1983, NJW 1983, 1276; HHSp-*Hübner* 10 zu 372: *Kohlmann,* 13 zu § 372). Nach diesen Gesetzen (Verordnungen) bestimmen sich die jeweiligen Banngrenzen und Banngebiete (HHSp-*Hübner* 8 zu 372). Deshalb sind weder die Begriffsbestimmungen des AWG nach dessen § 4 II Nr. 3–5, noch die Regelungen der 6. MehrwertSt-RL (Art. 7), noch die Regeln des Zollkodex allgemein für andere Gesetze oder Verordnungen maßgebend. Der Zollkodex definiert den Begriff der Einfuhr im übrigen nicht, unterstellt aber die Verbringung von Waren in das Zollgebiet der Gemeinschaft dem Zollregime (Art. 37 I ZK). In der Regel ist durch Einfuhr-, Ausfuhr und Durchfuhrverbote ein Wirtschaftsgebiet geschüzt, so daß durch Verbringen von Gegenständen aus einem fremden Wirtschaftsgebiet in das geschützte Wirtschaftsgebiet das Tatbestandsmerkmal der Einfuhr erfüllt wird. Das Wirtschaftsgebiet ist häufig mit dem Hoheitsgebiet identisch. In Fällen, in denen das Gesetz ohne nähere Erläuterung nur von Einfuhr spricht, ist dies im Sinne

3. Objektive Tatbestandsmerkmale 9 § 372

von Verbringen von Sachen in das Hoheitsgebiet zu verstehen (zB § 29 I Nr. 1 BtMG; §§ 3 I, 22a I Nr. 4 KriegswaffenG; § 21 I BNatSchG; vgl. *Bender*, ZfZ 1992, 202, Fn. 8).

Vielfach wird das Tatbestandsmerkmal der Einfuhr im Gesetz ausdrücklich erläutert. Beispielsweise wird der Begriff der **Einfuhr** in § 4 II Nr. 4 AWG wie folgt bestimmt:

„*das Verbringen von Sachen oder Elektrizität aus fremden Wirtschaftsgebieten in das Wirtschaftsgebiet, soweit in diesem Gesetz, in einer Anlage zu diesem Gesetz oder in einer zu diesem Gesetz erlassenen Rechtsverordnung nichts anderes bestimmt ist; wenn Sachen oder Elektrizität aus Drittländern in eine Freizone verbracht werden oder in ein Nichterhebungsverfahren übergeführt werden, liegt eine Einfuhr erst vor, wenn diese in der Freizone gebraucht, verbraucht, bearbeitet oder verarbeitet oder wenn sie in den zollrechtlich freien Verkehr übergeführt werden;*"

Als Wirtschaftsgebiet definiert § 4 I Nr. 1 AWG den Geltungsbereich des Gesetzes, wobei die österreichischen Gebiete **Jungholz** und **Mittelberg** als Teil des Wirtschaftgebiets gelten. Fremde Wirtschaftsgebiete sind nach § 4 I Nr. 2 AWG alle Gebiete außerhalb des Wirtschaftsgebiets, wobei für das Verbringen von Sachen und Elektrizität das dem schweizerischen Zollgebiet angeschlossene Gebiet der deutschen Gemeinde **Büsingen** als Teil des fremden Wirtschaftsgebiets gilt. **Freizonen** sind wie **Freilager** Teile des Zollgebiets der Gemeinschaft oder in diesem Zollgebiet gelegene, vom übrigen Zollgebiet getrennte Räumlichkeiten für bestimmte Waren (Art. 166 ZK). Das Nichterhebungsverfahren bezeichnet Zollverfahren, die zu keiner Erhebung von Zoll führen (Art. 84–160 ZK), wie etwa das externe Versandverfahren (Art. 91–97 ZK) oder das Verfahren der Zollagerung (Art. 98–113 ZK). Der Tatbestand der Einfuhr nach dem AWG deckt sich bezogen auf Deutschland mit dem Tatbestand des Verbringens in das Zollgebiet der Gemeinschaft (Art. 37 ZK), nicht aber mit dem der Entstehung der Zollschuld nach Art. 201–216 ZK (vgl. dazu *Grabitz/Hilf/Voß*, KEU 34, 35 zu Art. 9 EGV).

Manche Gesetze verweisen wegen des Begriffs der Einfuhr auf das AWG (zB § 13 I WaffG, § 3 VII SprengG; soweit in diesen Gesetzen noch bestimmt ist, daß das sonstige Verbringen in den Geltungsbereich des Gesetzes der Einfuhr gleichsteht, bezieht sich dies auf das Verbringen von Sachen aus dem früheren Gebiet der DDR – vgl. dazu *Franzen* in der Voraufl. 13 zu § 372 – und ist insoweit überholt). Andere Gesetze definieren die Einfuhr als das Verbringen von Sachen aus Drittländern in die Europäische Gemeinschaft (§ 2 Nr. 11 TierSG). Gemeint ist damit der deutsche Teil des territorialen Geltungsbereichs des EGV, der vorbehaltlich spezieller Regelungen im EGV grundsätzlich in Art. 227 EGV festgelegt ist (vgl. dazu *Grabitz/Hilf/Hummer* KEU 1ff. Art. 227 EGV). Dieser deckt sich weitgehend, aber nicht vollständig mit dem in Art. 3 ZK definierten Zollgebiet der Gemeinschaft (*Dorsch/Lichtenberg*, B I/3 Rdnr. 1). Wieder andere Gesetze sprechen von dem Verbringen von Sachen aus Drittländern in den Geltungsbereich des Gesetzes (§ 4 I Nr. 11 FleischHG). Ist dieser im Gesetz nicht besonders abgegrenzt, erstreckt sich der Geltungsbereich auf das Hoheitsgebiet der Bundesrepublik Deutschland. Dazu gehören auch **Helgoland** und **Büsingen**, obwohl beide Gebiete vom Zollgebiet der Gemeinschaft ausgeschlossen sind (Art. 3 I 3. Spiegelstrich ZK). Abweichend von § 4 II Nr. 4 AWG liegt im Fall des FleischHG somit eine Einfuhr schon dann vor, wenn die Sachen in **zollrechtliche Freizonen** verbracht worden sind oder sich noch in einem Verfahren der Nichterhebung von Zoll befinden, somit eine Abfertigung der Ware zum freien Verkehr noch nicht vollzogen ist. In § 14 I FuttmG werden Freizonen, Freilager und das Gebiet von Büsingen vom Einfuhrgebiet ausgenommen.

10 Zur **Begrenzung des Einfuhrbegriffs** und/oder zur Abgrenzung von der Durchfuhr bestimmen einzelne Gesetze mit unterschiedlichem Wortlaut, daß etwa einem Verbringungsverbot in den Geltungsbereich des Gesetzes unterliegende Arzneimittel/Lebensmittel in andere Zollfreigebiete (heute Freizonen) außer Helgoland verbracht werden dürfen (§ 73 I ArzneimG, 47 I 1 LebmG) oder daß die im Gesetz normierten Beschränkungen nicht auf Saatgut anzuwenden sind, das *„sich in einem Freihafen oder unter zollamtlicher Überwachung befindet"* (§ 18 I Nr. 1 SaatgG).

11 Der Begriff der **Ausfuhr** kann ebenfalls nur in dem Sinn einheitlich definiert werden, daß es sich um das Verbringen eines Gegenstandes aus dem durch § 372 AO bzw. durch andere Normen geschützten Gebiet in ein fremdes Gebiet handeln muß. Teilweise wird der Begriff der Ausfuhr ausdrücklich definiert. Wenn dies nicht der Fall ist, ist durch Auslegung des jeweiligen blankettausfüllenden Gesetzes (Verordnung) zu ermitteln, welcher Vorgang eine Ausfuhr darstellt. Das AWG definiert den Begriff der Ausfuhr als

„das Verbringen von Sachen und Elektrizität aus dem Wirtschaftsgebiet nach fremden Wirtschaftsgebieten, soweit in einer zu diesem Gesetz erlassenen Rechtsordnung nichts anders bestimmt ist".

Andere Gesetze sprechen vom Verbringen von Sachen *„vom Inland in ein Drittland"* (§ 2 Nr. 12 TierSG, § 4 I Nr. 12 FleischHG).

12 Der Begriff der **Durchfuhr** bezieht sich auf das Verbringen eines Gegenstandes aus einem fremden Gebiet über das geschützte Gebiet in ein fremdes Gebiet, ohne daß der Gegenstand in den freien Verkehr des geschützten Gebiets gelangt. Auch insoweit ist das blankettausfüllende Gesetz (Verordnung) maßgebend, ob eine Durchfuhr vorliegt. So ist zB nach § 7a II TierSG die Beförderung von Tieren aus einem fremden Wirtschaftsgebiet ohne Umladung und Zwischenlagerung durch das Wirtschaftsgebiet unter zollamtlicher Überwachung eine Durchfuhr. Nach der genannten Bestimmung bleibt es eine Durchfuhr, wenn die Tiere zB aus einem Seeschiff oder Flugzeug nach Ankunft im Wirtschaftsgebiet unmittelbar in ein anderes Seeschiff, Flugzeug oder anderes Beförderungsmittel zur direkten Weiterbeförderung aus dem Wirtschaftsgebiet umgeladen werden. Das Durchführen ist ein *selbständiger* Vorgang, nicht etwa die Zusammenfassung eines Einfuhr- und eines Ausfuhrvorgangs (glA HHSp-*Hübner* 16 zu § 372 AO; aM OLG Schleswig v. 15. 7. 1971, NJW 2319, zu § 184 StGBaF). Der Unterschied besteht

3. Objektive Tatbestandsmerkmale 12a, 12b § 372

darin, daß die Ware sich bei einer tatbestandsmäßigen Durchfuhr zu keiner Zeit im freien Verkehr des durchfahrenen Gebietes befindet; sie kann daher innerhalb des zu schützenden Gebietes nicht verbreitet werden und deshalb meistens auch nicht diejenige Gefahr hervorrufen, die den Beweggrund für den Erlaß eines Einfuhrverbots bildet (s. auch Rdnr. 9). Aus diesem Grunde kann das Durchführen von Waren nur dann geahndet werden, wenn ausdrücklich *diese* Art des Verbringens verboten und mit Strafe oder Geldbuße bedroht ist. Beispielsweise ist das nicht genehmigte Verbringen von Betäubungsmitteln verbotene Durchfuhr iS des § 11 I 2 BtMG, wenn die Ware während des Transportes zu keiner Zeit zur Disposition des Durchführenden oder einer anderen Person steht und der durch die Beförderung bedingte Aufenthalt im Inland auf die dafür notwendige Zeit beschränkt ist, so schon BGH v. 28. 11. 1973 (NJW 1974, 429 m. krit. Anm. *Hübner* 913) und neuerdings BGH v. 4. 4. 1984 (NStZ 365) für den Fall, daß der Aufenthalt eines Transitreisenden nur so kurze Zeit dauert, daß die sonst gegebene Möglichkeit, sich das Fluggepäck aushändigen zu lassen, objektiv nicht besteht. Ausgeschlossen ist die Verfügung auch, wenn das Gepäck bereits unter zollamtlicher Überwachung steht (BGH v. 5. 10. 1983, StrVert 1984, 25). Im Regelfall wird das Gepäck bei Zwischenlandungen ohne weiteres ausgehändigt, sofern ein Fluggast nur den Wunsch äußert und den Gepäckschein vorweist (BGH 31, 374, 376f. v. 4. 5. 1983). Diese Verfügungsmöglichkeit sei – so meint der BGH im Beschl. v. 26. 8. 1983, zit. bei *Holtz* MDR 1984, 90 – den Flugreisenden allgemein bekannt; rechne der Täter damit oder nehme er sie billigend in Kauf (BGH 31, 378f.), liege anstelle einer (versuchten) Durchfuhr eine (versuchte) Einfuhr vor, auch wenn er im konkreten Fall nicht die Absicht hatte, auf dem Zwischenlandeplatz an sein Gepäck heranzukommen (BGH v. 4. 4. 1984 aaO); s. dazu Rdnr. 12a sowie Rdnr. 18.

Die Annahmen und Schlußfolgerungen des BGH zur Unterscheidung von **12a** Einfuhr und Durchfuhr im **Flugreiseverkehr** sind nicht überzeugend. Angenommen wird *Einfuhr* auch in Fällen, in denen der Täter offensichtlich nur *Durchfuhr* gewollt hat. Wer etwa Rauschgift von Karachi nach Amsterdam (BGH v. 17. 3. 1982, StrVert 366) oder von La Paz nach Mailand (BGH 31, 374 v. 4. 5. 1983) befördern will, muß planmäßige und außerplanmäßige Zwischenlandungen als unvermeidbare Begleiterscheinungen einer interkontinentalen Flugreise in Kauf nehmen. Die Annahme, er habe die Ware an *jedem (?)* Zwischenlandeplatz mit bedingtem Vorsatz *einführen* wollen, sofern die Dauer des jeweiligen Aufenthalts zur Herausgabe des Gepäcks objektiv ausgereicht hätte, widerspricht der Lebenserfahrung und wird jedenfalls widerlegt, wenn sich der Täter während der Zwischenlandung um sein Gepäck überhaupt nicht gekümmert hat. In Wirklichkeit kommt (versuchte) Einfuhr – abgesehen von Bannware am Körper oder im Handgepäck – nur dann in Betracht, wenn sich ein Flugreisender am Zwischenlandeplatz tatsächlich bemüht hat, von der theoretischen Möglichkeit einer Verfügung über sein Gepäck auch praktisch Gebrauch zu machen.

Einfacher ist die Beurteilung, wenn ein **Autofahrer oder Bahnreisender** **12b** Bannware im Handgepäck von Luxemburg oder von Belgien durch die

Voß 365

BRD nach Kopenhagen befördert; hier findet wegen seiner freien Verfügungsmacht in der BRD keine Durchfuhr statt, sondern eine Einfuhr und eine Ausfuhr (BGH v. 21. 11. 1972, zit. in BGH v. 28. 11. 1973, NJW 1974, 429; BGH 31, 215 v. 21. 1. 1983).

13 **Verbringen** ist der Oberbegriff und der Sammelbegriff für Ein-, Aus- und Durchführen. Verbringen bedeutet, eine Sache durch Einwirken eines Menschen – gleichviel auf welche Weise und in welche Richtung – über eine Außengrenze zu schaffen. Gelangt eine Ware *ohne menschliches Zutun* über die Grenze in das Inland, so wird sie noch nicht *eingeführt*. Verbleibt sie aber mit menschlichen Willen im Banngebiet, dann ist sie in dieses Gebiet verbracht. Auch die Zollvorschriften gehen davon aus, daß ein Verbringen in das Zollgebiet erst dann vorliegt, wenn die Waren mit menschlichem Willen im Zollgebiet verbleiben sollen (Art. 37 ZK, *Witte/Kampf* 3 zu Art. 37 aA RG 40, 326f. v. 22. 10. 1907 für Tiere, die über die Grenze gelaufen waren: wer sich dieser Tiere bemächtigt, soll nicht wegen verbotener Einfuhr schuldig sein). Das Verbringen erfordert, daß der Täter an der Warenbewegung *körperlich* mitwirkt. Es genügt, daß jemand eine Ware, deren Einfuhr verboten ist, im Ausland bestellt und der Lieferer sie mit der Post ins Inland versendet (RG 67, 345, 347f. v. 9. 11. 1933 für eine Postsendung mit Kodein, das als Arzneimittel ausgegeben worden war). Das Überschreiten einer *Außengrenze* ist erforderlich. Daher wird die verbotswidrige Ein- oder Ausfuhr von Reben über die Grenze eines deutschen Weinbaubezirks in einen anderen deutschen Weinbaubezirk (Verbot zulässig durch Rechtsverordnung des BELF aufgrund von § 3 PflanzenschutzG, früher § 10 Nr. 1 ReblausG) oder das Verbringen von Tieren über die innerdeutschen Grenzen eines Seuchensperrbezirks von § 372 AO nicht erfaßt.

14 **Verbringenlassen**
Einzelne Verbringungsverbote und die zu ihrem Schutz erlassenen Straf- oder Bußgeldvorschriften erwähnen neben dem Ein-, Aus- oder Durchführen oder Verbringen noch ein Ein-, Aus- oder Durchführen*lassen* oder ein Verbringen*lassen*, vgl. zB § 21 b I 1 AWV (zuletzt idF der 33. VO z. Änd. der AWV, BAnzNr. 81 v. 27. 4. 1994, 4593), § 27 I 1, 53 I Nr. 2 WaffG.

Jemanden *eine Ware verbringen zu lassen,* soll nach *Hübner* (HHSp 41 zu § 372 AO) bedeuten, sich seiner zur Ein- Aus- oder Durchfuhr *zu bedienen,* sich von ihm hierbei *helfen zu lassen,* ihn zur Ein-, Aus- oder Durchfuhr *zu veranlassen* oder ihn dabei *gewähren zu lassen*. Nicht zutreffend ist, daß die Ausdrucksweise der oben genannten Gesetze den Täterkreis erweitert (aM *Hübner* aaO). Vielmehr handelt es sich beim Verbringenlassen nur um eine „vorsorglich" im Gesetzeswortlaut erscheinende Ausprägung der intellektuellen Täterschaft und der mittelbaren Täterschaft (Rdnr. 75 zu § 369 AO). Sich von jemandem helfen zu lassen oder ihn zur Tat zu veranlassen, kennzeichnet die Teilnahmeformen der Beihilfe (§ 27 StGB) und der Anstiftung (§ 26 StGB). Ein Gewährenlassen ist nach § 13 I StGB nur strafbar, sofern jemand rechtlich dafür einzustehen hat, daß der Erfolg (iS von tatbestandsmäßigem Ereignis) nicht eintritt. Für Zollbeamte besteht zwar eine Rechtspflicht zum Einschreiten und Verhindern von Schmuggeltaten; denn es ge-

3. Objektive Tatbestandsmerkmale

hört zu ihren Aufgaben und Dienstpflichten, verbotswidriges Verbringen von Waren über die Grenze zu unterbinden (vgl. § 1 III ZollVG). Das gilt aber unabhängig von dem oben wiedergegebenen Sprachgebrauch einzelner Verbringungsverbote.

Das Zielgebiet für Ein-, Aus- oder Durchführen ist nicht einheitlich zu bestimmen; es hat sich durch die staatsrechtliche Entwicklung nach 1945, die Entwicklung der EG (vgl. dazu *G. Schmidt* ZfZ 1972, 294) und durch die Wiedervereinigung gewandelt. Im einzelnen beziehen sich Verbringungsverbote (Rdnr. 26 ff.) auf

das Gebiet der *Mitgliedstaaten der EG* gegenüber *dritten Ländern*, zB in § 72 ArzneimG v. 24. 8. 1976 idF der Bekanntmachung v. 15. 10. 1994 (BGBl. I 2445);

das Gebiet der BRD gegenüber *anderen Mitgliedstaaten der EG*, zB in § 15 GFIHG in der ursprünglichen Fassung v. 12. 7. 1973 (BGBl. I 776);

am häufigsten auf den *Geltungsbereich des jeweiligen Gesetzes* oder der jeweiligen RechtsV zur Abgrenzung der BRD gegenüber anderen Staaten – je nachdem, ob

dem Ein-, Aus- oder Durchführen (oder zusammenfassend: Verbringen) ein *sonstiges Verbringen* gleichsteht (Rdnr. 13)

Als weitere Begriffe werden verwendet

das *Bundesgebiet* nach § 3 III, KriegswaffG idF der Bekanntmachung v. 22. 11. 1990 (BGBl. I 444), zuletzt geändert durch Gesetz v. 28. 10. 1994 (BGBl. I 3186);

das *Wirtschaftsgebiet* gegenüber *fremden Wirtschaftsgebieten*, in § 4 I Nr. 1 u. 2 AWG;

das *Inland* gegenüber dem *Ausland*, neuerdings wieder verwendet in § 42 I WeinG idF v. 27. 8. 1982 (BGBl. I 1196), wobei nach § 45 XI WeinG unter „Inland" das Überwachungsgebiet iS des Geltungsbereichs des WeinG ohne die Zollausschlüsse und Freihäfen zu verstehen ist;

das *Zollgebiet der Gemeinschaft* für die Ein- und Ausfuhr von Marktordnungswaren nach § 4 MOG;

das *Monopolgebiet* in § 2 BranntwMonG (vgl. dazu BGH v. 5. 2. 1963, ZfZ 1968, 18, m. Anm. *Skuhr,* sowie BFH v. 14. 2. 1978, ZfZ 277).

Von der Hoheitsgrenze kann die für ein Ein-, Aus- oder Durchfuhrverbot maßgebende Grenzlinie abweichen.

Allgemein werden Waren beim Verkehr über den Bodensee aus der Schweiz oder aus Österreich erst dann eingeführt, wenn sie an einen deutschen Hafen, an das deutsche Ufer oder an damit verbundene Anlagen gelangt sind (§ 1 ZollV).

Ob das vom Zollgebiet der Gemeinschaft ausgeschlossene Büsingen (Art. 3 I 3. Spiegelstrich ZK), Freizonen und Freilager (Art. 166 ZK, § 20 ZollVG), die österreichischen Gebiete Jungholz und Mittelberg (Art. 3 II a ZK) zum Banngebiet gehören, ist durch Auslegung der Verbotsnormen zu ermitteln, wenn die Gesetze insoweit keine ausdrücklichen Bestimmungen enthalten.

17   Vorgeschobene Zollstellen auf fremdem Hoheitsgebiet (Art. 38 III ZK, § 24 I ZollVG für Helgoland) können die für ein Ein- oder Durchfuhrverbot maßgebende Grenzlinie auf das benachbarte Hoheitsgebiet ausdehnen (aM *Hübner* JR 1984, 82). Voraussetzung ist ein ratifizierter Staatsvertrag, der nicht nur die Grenzabfertigung durch deutsche Amtsträger auf fremdem Gebiet gestattet, sondern darüber hinaus bestimmt, daß (auch) Zuwiderhandlungen gegen Verbote des grenzüberschreitenden Warenverkehrs an der vorgeschobenen Zollstelle oder in der Zone zwischen ihr und der Hoheitsgrenze so zu beurteilen sind, als seien sie auf deutschem Hoheitsgebiet begangen. Gemeinschaftsrechtliche Vorschriften wie Art. 38 III ZK und kriminologische Erwägungen, daß hinter einer vorgeschobenen Zollstelle keine Kontrolle mehr stattfinde, reichen nicht aus.

Zweifelsfreie Sonderregelungen enthalten das *deutsch-schweizerische* Abkommen v. 1. 6. 1961 (ratifiziert durch G v. 1. 8. 1962, BGBl. II 877; in Kraft ab 13. 5. 1964, BGBl. II 675) und das *deutsch-niederländische* Abkommen v. 30. 5. 1958 (ratifiziert durch G v. 25. 8. 1960, BGBl. II 2181; in Kraft ab 28. 9. 1960, BGBl. II 2316, geänd. gem. G v. 7. 5. 1976, BGBl. II 569, 1264), dessen Art. 4 wie folgt lautet:

„(1) Die Rechts- und Verwaltungsvorschriften des Nachbarstaates, die sich auf die Grenzabfertigung beziehen, gelten in der Zone, wie sie in der Gemeinde gelten, der die Grenzabfertigungsstelle des Nachbarstaates zugeordnet wird.

(2) Im Sinne der im Absatz 1 genannten Vorschriften des Nachbarstaates findet innerhalb der Zone der Übergang über die Grenze statt, wenn die Grenzabfertigung des Ausgangsstaates beendet ist.

(3) Wird in der Zone gegen diese Vorschriften verstoßen, so üben die Gerichte *und Behörden* des Nachbarstaates die Strafgerichtsbarkeit aus und urteilen, als ob diese Zuwiderhandlungen in der Gemeinde begangen worden wären, der die Dienststelle zugeordnet ist."

Sinngleiche Abkommen bestehen mit *Frankreich* (BGBl. 1960 II 1533, 2324), *Luxemburg* (BGBl. 1963 II 141, 1964 II 99) und *Dänemark* (BGBl. 1967 II 1521, 2329).

Unter diesen Voraussetzungen ist die in einem von Oldenzaal/Holland nach Bentheim fahrenden Eisenbahnzug begangene, von deutschen Zollbeamten noch vor dem Überfahren der Hoheitsgrenze entdeckte Einfuhr von LSD-Tabletten zu Recht als vollendete Straftat nach § 11 I Nr. 1 BtMGaF beurteilt worden (OLG Oldenburg v. 11. 12. 1973, ZfZ 1974, 50; zust. *Bender* Tz. 95, 2a u. HHSp-*Hübner* 33 f., jetzt auch *Kohlmann* 16 – beide zu § 372 AO).

Desgleichen hat der BGH (31, 215 v. 21. 1. 1983) im Hinblick auf das *deutsch-belgische Abkommen* v. 15. 5. 1956 (ratifiziert durch G v. 25. 6. 1958, BGBl. II 190; in Kraft ab 1. 11. 1960, BGBl. II 2320) das in einem Zug von Paris nach Kopenhagen von deutschen Zollbeamten zwischen Lüttich und Verviers entdeckte Haschisch als Gegenstand einer vollendeten Einfuhr nach § 30 I Nr. 4 BtMG nF angesehen (abl. *Bick* StrVert 1983, 331).

Umgekehrt hat das OLG Köln die Einfuhr von Waffen, die deutsche Zollbeamte in der auf belgischem Staatsgebiet belegenen Abfertigungszone des Grenzübergangs Aachen-Lichtenbusch bei der Überholung eines PKW entdeckt hatten, zwar als *vollendete* Hinterziehung von Eingangsabgaben,

3. Objektive Tatbestandsmerkmale   18, 19   § 372

aber nur als *versuchte* Straftat nach § 53 I Nr. 2, II iVm § 27 WaffG beurteilt (OLG Köln v. 3. 7. 1981, ZfZ 343, hiergegen ausf. *Christiansen* ZfZ 1982, 66, sowie *Seelig* NStZ 1982, 293).

Weniger zweifelsfrei ist die Anwendung des materiellen deutschen Einfuhrrechts und die „Vorverlegung" seiner maßgebenden Grenze geregelt im *deutsch-österreichischen* Abkommen v. 14. 9. 1955 (ratifiziert durch G v. 4. 7. 1957, BGBl. II 581; in Kraft ab 31. 10. 1957, BGBl. 1958 II 13, geänd. gem. G v. 12. 2. 1979, BGBl. II 110, 775) für die Einfuhr über die deutschen Eisenbahnzollämter Kufstein und Salzburg auf österreichischem Hoheitsgebiet. Dennoch hat das BayObLG unter Berufung auf § 2 VII ZG nicht Versuch, sondern Vollendung einer Einfuhrstraftat in Salzburg angenommen (BayObLG v. 9. 4. 1970, ZfZ 1971, 117; krit., aber im Ergebnis zust. HHSp-*Hübner* 35 zu § 372 AO).

Trotz Überfliegens der Hoheitsgrenze bleibt es bei einem Versuch der 18 Einfuhr, wenn der Täter die Bannware nach der Landung in Frankfurt auf der Fahrt vom Flugzeug zum Terminal, in dem die Zollkontrolle stattfinden soll, wegwirft (BGH v. 21. 4. 1982, NStZ 291; zust. *Schoreit* NStZ 1983, 15; aM HHSp-*Hübner* 64 zu § 372 AO). Wer auf der Reise von Peru nach Italien in Frankfurt das Flugzeug wechselt und unter gewöhnlichen Umständen keine Gelegenheit hat, an sein Transitgepäck heranzukommen, hat keine Einfuhr in die BRD, sondern nur eine Durchfuhr versucht (LG Frankfurt v. 7. 5. 1982, StrVert 369; zust. *Prittwitz* NStZ 1983, 352 f.; aM *Michalke,* StrVert 1982, 470, die auch versuchte Durchfuhr ablehnt, sowie HHSp-*Hübner* 64 zu § 372 AO, der vollendete Einfuhr annimmt).

c) Ein-, Aus- und Durchfuhrverbote

iS des § 372 I AO müssen **durch Gesetz oder RechtsV** oder durch Rechts- 19 akte des Rates oder der Kommission der EG angeordnet sein. Gleichgültig ist, welchem Schutzzweck das Verbot dient. Auch ist unerheblich, ob es sich um ein *absolutes* Verbot handelt oder um ein *relatives* Verbot, das Ausnahmen zuläßt, wenn bestimmte Voraussetzungen erfüllt sind, zB die seuchenrechtliche Untersuchung von Tieren (ausf. *Eggers* ZfZ 1973, 333 ff.) Die in Bezug genommenen Gesetze unterscheiden teilweise zwischen Verboten und Beschränkungen. Ob **Beschränkungen** Verbote im Sinne des § 372 sind, ist jeweils durch Auslegung der einschlägigen Bestimmungen zu ermitteln. Soweit die Vorschriften nur die Einhaltung von bestimmten **Förmlichkeiten** für die Verbringung verlangen, wie die Einhaltung bestimmter Verkehrswege (§ 2 ZollVG), die Bindung an Öffnungszeiten der Zollstellen (§§ 3, 4 ZollVG) oder die Anmeldung von Waren bei bestimmten Zollstellen (§ 7 ZollV; § 7b TierSG), handelt es sich nicht um Verbringungsverbote (RGStr 63, 357; *Kohlmann,* § 372 Rdnr. 9). Sind **Nachweise** über den Ursprung, die Gesundheit, oder die sonstige Beschaffenheit von Gegenständen oder Untersuchungsbefunde oder Bescheinigungen vorzulegen, kommt es darauf an, ob die Waren, für welche die erforderlichen Nachweise nicht vorliegen, nach den einschlägigen Vorschriften von der Einfuhr, Ausfuhr oder Durchfuhr ausgeschlossen werden sollen oder ob die Nachweise nur als Förmlichkeiten zur Kontrolle des Warenverkehrs über die Grenze zu verstehen sind (vgl. die in HHSp-*Hübner*, § 372 Rdnr. 49 aufgeführten Beispiele aus der Rechtsprechung). Nicht ausreichend ist dagegen ein Zuwiderhandeln gegen Bedingungen oder Auflagen, welche die Überwachung der Verbote des grenzüberschreitenden Warenverkehrs nur erleichtern oder vereinfachen sollen; denn in solchen Fällen liegt es in der Hand der Zollbehörden, die Einfuhr an ungeeigneter Stelle zurückzuweisen (RG 63, 357 v. 7. 11. 1929). Bei den sehr unterschiedlichen Vorschriften kommt es weniger darauf an, ob die Ein-, Aus- oder Durchfuhr grundsätzlich verboten und ausnahmsweise zugelassen ist oder umgekehrt (aM *Fuchs* ZfZ 1954, 67 und diesem folgend *Kohlmann* 8 zu § 372 AO; zutr. *Eggers* aaO sowie *Bender* Tz. 96.1); dies ist oft nur eine Frage der Formulierung, die bei der Verschiedenheit der Epochen und Ressorts, denen die Verbotsvorschriften entstammen, ohnehin nicht einheitlich sein kann. Entscheidend ist vielmehr, ob der Zweck eines (relativen) Verbots unter dem Gesichtspunkt der Gefahrenabwehr auch dann noch gewahrt ist, wenn eine bestimmte Bedingung oder Auflage nicht erfüllt wird.

20 Zu unterscheiden sind Verbote wirtschaftlicher und nichtwirtschaftlicher Art. Einfuhr-, Ausfuhr- und Durchfuhrverbote wirtschaftlicher wie nichtwirtschaftlicher Art sind mengenmäßige Beschränkungen und Maßnahmen gleicher Wirkung im Sinne des Art. 30 EGV (EuGHE 1974, 837 „Dassonville"; EuGHE 1979, 649 „Cassis de Dijon"; *Witte-Henke*, 13 zu Art. 58 ZK). **Verbote wirtschaftlicher Art** gehören in den Bereich der **Handelspolitik** (zum Begriff nach EG-Recht vgl. *Grabitz/Hilf/Vedder*, KEU 21 ff. zu Art. 113; vgl. auch Art. 79 und 161 I ZK und die Kommentierung dazu in *Witte/Alexander* u. */Wolffgang*, Zollkodex) oder der **gemeinsamen Agrarmarktpolitik** (Art. 38–47 EGV). Es handelt sich um eine reichhaltige Palette insbesondere von Einfuhr- und Ausfuhrregelungen, die sich als Schutzmaßnahmen zur Abwehr von Marktstörungen darstellen (vgl. dazu *Grabitz/Hilf/Vedder*, KEU Art. 113 Rdnr. 118–152 betr. die Handelspolitik und *Gilsdorf/Priebe*, aaO., Art. 40 EGV Rdnr. 44 betr. die Agrarmarktordnung – Ausfuhrverbot in Gestalt der Aussetzung der Erteilung von Ausfuhrlizenzen –). Der EuGH hat den Begriff der Handelspolitik im Interesse eines von Wettbewerbsverzerrungen und Verkehrsverlagerungen innerhalb des Binnenmarktes funktionsfähigen Marktes weit ausgelegt. Danach dürfen auf Art. 113 EGV auch Maßnahmen nichtwirtschaftlicher Art gestützt werden, zB Einfuhrverbote aus entwicklungs-, gesundheits- oder umweltpolitischen Gründen (EuGHE 1987, 1493 „Kommission/Rat"; EuGHE 1990, I 1527 „Griechenland/Rat"). Auch kulturpolitische Maßnahmen stützt die Gemeinschaft auf Art. 113 EGV, soweit sie den Handel mit Drittländern betreffen (VO (EWG) Nr. 3911/92 über die Ausfuhr von Kulturgütern, Abl. 1992 Nr. L 395, 1).

21 Soweit der Handel mit nicht der EG angehörenden **Drittländern** betroffen ist, besteht eine **ausschließliche Zuständigkeit der Gemeinschaft** gem. Art. 113 EGV. Die Mitgliedstaaten sind nach Ablauf der Übergangszeit (31. 12. 1969, vgl. *Grabitz/Hilf/Vedder*, KEU 1 zu Art. 111) von der Rechtsetzung im Bereich der Handelspolitik ausgeschlossen (EuGHE 1975, 1355

3. Objektive Tatbestandsmerkmale 22–24 § 372

"Gutachten 1/75; *Vedder* in Grabitz/Hilf/Vedder KEU 5 ff. zu Art. 113). Vor Ablauf der Übergangszeit in Kraft gewesene handelspolitische Maßnahmen der Mitgliedstaaten haben jedoch solange Bestand, bis sie durch entgegenstehende Gemeinschaftsrechtsetzung unanwendbar werden (EuGHE 1981, 1045 „Seefischerei-Erhaltungsmaßnahmen"; *Grabitz/Hilf/Vedder,* KEU Art. 113 Rdnr. 9). In der Regel paßt der nationale Gesetzgeber die innerstaatlichen Vorschriften an neu in Kraft getretenes Gemeinschaftsrecht an (zB die AWV für sog. **dual-use-Waren** nach Erlaß der VO (EG) Nr. 3381/94 des Rates v. 19. 12. 1994 über eine Gemeinschaftsregelung der Ausfuhrkontrolle von Gütern mit doppelten Verwendungszweck, ABl. EG Nr. L 367, 1, in Verbindung mit dem auf Art. J. 3. EUV beruhenden Beschluß des Rates v. 19. 12. 1994, ABl. EG Nr. L 367, 8).

Im Bereich der **Agrarmarktordnung** ist die Gemeinschaft nicht ausschließlich zuständig (*Grabitz/Hilf/Gilsdorf/Booß,* KEU 37 zu Art. 43 EGV). Die Regelungen des Gemeinschaftsrechts entfalten aber eine Sperrwirkung und begründen im Ergebnis eine ausschließliche Zuständigkeit der Gemeinschaft, so daß dem Gemeinschaftsrecht zuwiderlaufende nationale Regelungen wegen des Vorrangs des Gemeinschaftsrechts unanwendbar sind. Maßnahmen der Gemeinschaft, die den Agrarhandel mit Drittländern betreffen, fallen jedoch in die ausschließliche Zuständigkeit der Gemeinschaft. 22

Nichtwirtschaftliche Einfuhr-, Ausfuhr und Durchfuhrverbote, deren 23 Funktion im Schutz spezieller Rechtsgüter, wie u. a. der öffentlichen Sicherheit, von Kulturgüter usw. besteht, werden in der Mehrzahl von den Mitgliedstaaten erlassen. Die Gemeinschaft ist nur zuständig, wenn eine entsprechende Einzelermächtigung vorliegt (**Prinzip der Einzelermächtigung,** Art. 3, 4 I EGV).

Soweit die Gemeinschaft Ein-, Ausfuhr- und Durchfuhrverbote durch 24 Verordnung, also mit unmittelbarer Wirkung (Art. 189 UAbs. 2 EGV), erläßt, kann nach der gegenwärtigen Rechtslage eine **Strafbewehrung nur aufgrund eines nationalen Gesetzes** erlassen werden. Die **Europäische Gemeinschaft** hat grundsätzlich **keine Zuständigkeit zum Erlaß von Normen des Strafrechts** (*Oppermann,* Europarecht, Rdz. 594; *Zuleeg,* Der Beitrag des Strafrechts zur europäischen Integration, JZ 1992, 761 ff.; neuerdings str., vgl. dazu *Grabitz/Hilf/Gilsdorf/Booß* KEU 40 zu Art. 43 EGV mwN). Für die **Bußgeldbewehrung** wird man eine Zuständigkeit der EG bejahen müssen in den von einer Einzelermächtigung abgedeckten Bereichen (dazu *Gilsdorf/Booß* aaO). Im Bereich des Wettbewerbs ist die Auferlegung einer Geldbuße bei Verstößen gegen die Wettbewerbsregeln ausdrücklich vorgesehen (Art. 15 der auf Art. 87 EGV gestützten VO Nr. 17 v. 6. 2. 1962, ABl. EG Nr. 13, 204). Die nationale Straf- oder Bußgeldbewehrung geschieht durch Verweisung der Straf- oder Bußgeldnorm auf die einschlägigen Rechtsakte der Gemeinschaft (zB § 76 II Nr. 6 TierSG; § 69 IV Weingesetz; § 56 LmBG; § 30 I Nr. 4 BNatSchG; §§ 33 IV, 34 IV AWG). Nach § 34 IV AWG ergibt sich die **Strafnorm** für Verstöße gegen Verbringungsverbote der Europäischen Gemeinschaft unmittelbar aus dem Gesetz, soweit es um Verstöße gegen **Embargo-Maßnahmen** der Gemeinschaft geht, die auf Beschlüssen des Sicherheitsrats der Vereinten Nationen nach Kapitel VII der Charta der Vereinten Nationen beruhen. Voraussetzung ist, daß die Rechtsakte der Gemeinschaft im Bundesgesetzblatt oder im Bundesanzeiger veröffentlicht worden sind (zB VO (EWG) Nr. 3541/92 betr. Embargo-Maßnahmen gegen Irak, BAnz. Nr. 49 v. 12. 3. 1993 S. 2177). Um Verstöße gegen Rechtsakte der Europäischen Gemeinschaft als Ordnungswidrigkeiten zu ahnden, bedient sich der Gesetzgeber der Technik der **Rückverweisung**. Nach § 33 IV AWG können durch Rechtsverordnung die Tatbestände aus einem Rechtsakt der Gemeinschaft bezeichnet werden, die als Ordnungswidrigkeit geahndet werden können, soweit dies zur Durchführung der Rechtsakte der Europäischen Gemeinschaft erforderlich ist. Das AWG bestimmt den Rahmen für die Höhe der Geldbuße (§ 33 VI AWG) und die Ahndbarkeit des Versuchs (§ 33 VII AWG). Eine den Anforderungen des Art. 80 I GG genügende **Ermächtigungsgrundlage** für den Erlaß von Rechtsverordnungen, die bestimmte Verstöße gegen Vorschriften des Außenwirtschaftsrechts als Ordnungswidrigkeit qualifizieren, enthält allerdings § 33 AWG nicht. Daran mangelt es schon deswegen, weil die Vorschrift offen läßt, wer die Tatbestände durch Rechtsverordnungen zu Ordnungswidrigkeiten erklären kann. § 70 AWV dürfte daher nichtig sein (vgl. die entsprechende Problematik zu § 381 AO, Rdnr. 7 und zu § 382 AO, Rdnr. 12).

25 Nationale Verbringungsverbote sind auf ihre **Vereinbarkeit mit den Vorschriften des EGV** zu überprüfen, soweit sie sich auf den Verkehr mit den Mitgliedstaaten der EG auswirken. Die Notwendigkeit der Überprüfung besteht insbesondere, wenn ein Verbringungsverbot die **Grundfreiheiten** des freien Warenverkehrs, des Dienstleistungsverkehrs und des annexen Zahlungsverkehrs beschränkt. In der Regel wird es dabei um die Frage gehen, ob nationale Einfuhr-, Ausfuhr- oder Durchfuhrverbote im innergemeinschaftlichen Verkehr gem. Art. 36 EGV aus Gründen der öffentlichen Sittlichkeit, Ordnung und Sicherheit, zum Schutz der Gesundheit und des Lebens von Menschen, Tieren oder Pflanzen, des nationalen Kulturguts von künstlerischem, geschichtlichem oder archäologischem Wert oder des gewerblichen und kommerziellen Eigentums gerechtfertigt sind. Ergibt die Überprüfung, daß ein Verbringungsverbot eindeutig gegen das Verbot mengenmäßiger Beschränkungen (Art. 30 EGV) verstößt, darf eine Strafe oder Geldbuße wegen eines Verstoßes gegen das Verbringungsverbot nicht verhängt werden. Die Straf- oder Bußgelddrohung läuft in einem solchen Fall leer. Entsprechendes gilt, wenn nationale Verbringungsverbote in den **ausschließlichen Zuständigkeitsbereich der Gemeinschaft für die Handelspolitik** (Art. 113 EGV) eingreifen. Wegen des **Vorrangs des Gemeinschaftsrechts** gegenüber dem nationalen Recht ist das nationale Recht nicht anzuwenden. Über die Nichtanwendbarkeit entscheiden Verwaltungsbehörden und Gerichte in eigener Zuständigkeit, ohne daß es der Anrufung des – im übrigen auch nicht zuständigen – Bundesverfassungsgerichts bedarf (EuGHE 1978, 629 „Simmenthal II"; *Voß,* in Lang (Hrsg.), Die Steuerrechtsordnung in der Diskussion, Festschrift für Klaus Tipke, Köln 1995, Fn. 37). Soweit Zweifel an der Auslegung des Gemeinschaftsrechts im Hin-

3. Objektive Tatbestandsmerkmale

blick auf die Vereinbarkeit nationalen Rechts mit Gemeinschaftsrecht bestehen, ist ein **Vorabentscheidungsersuchen gemäß** Art. **177 EGV** an den EuGH zu richten. Letztinstanzlich entscheidende Gerichte sind zur Vorlage an den EuGH verpflichtet. Andere Gerichte sollten tunlichst von der Befugnis zur Vorlage an den EuGH Gebrauch machen, um das Verfahren abzukürzen (so etwa das Landgericht Darmstadt, RIW 1994, 882). Die Unanwendbarkeit eines nationalen Verbots im innergemeinschaftlichen Verkehr hebt das Verbot im **Verhältnis zu Drittstaaten** (EuGHE 1976, 811 „EMI/CBS – Warenzeichenrecht") und ggfl. entsprechende Herstellungs- oder Verkehrsverbote im Inland (EuGHE 1988, 4233 „Pasta" – Rz. 25 des Urteils) nicht auf. Eine daraus sich ergebende – sogen. **umgekehrte – Diskriminierung** für den Inlands- und Drittlandsverkehr ist jedenfalls nach Gemeinschaftsrecht unbedenklich (EuGHE 1988, 4369 „Lambert"; EuGH, Urt. Rs C-29/94-C-35/94 v. 16. 2. 1995 „Friseure", Tätigkeitsbericht Nr. 4/95). Ob sich unter dem Gesichtspunkt des Gleichheitssatzes verfassungsrechtliche Bedenken ergeben, ist durch die Rechtsprechung des – insoweit zuständigen – Bundesverfassungsgerichts noch nicht allgemein geklärt und kann wohl auch nur von Fall zu Fall beurteilt werden (vgl. *Epiney*, Umgekehrte Diskriminierungen, Zulässigkeit und Grenzen der *discrimination à rebours nach europäischem Gemeinschaftsrecht und nationalem Verfassungsrecht*, Köln 1995). Der **EuGH** hat bisher in mehreren Fällen das Gemeinschaftsrecht so ausgelegt, daß nationale Verbringungsverbote als mit dem Gemeinschaftsrecht nicht vereinbar beurteilt werden mußten (EuGHE 1974, 837 „Dassonville"; EuGHE 1976, 613 „de Peijper"; EuGHE 1979, 649 „Cassis de Dijon"; EuGHE 1980, 2071 „Obstessig I"; EuGHE 1983, 2445 „Sandoz – vitaminierte Lebensmittel"; EuGHE 1984, 283 „Newcastle-Krankheit"; EuGHE 1987, 1227 „Reinheitsgebot für Bier"; EuGHE 1989, 229 „Reinheitsgebot für Fleischerzeugnisse"; EuGHE 1989, 617 „Schumacher – Einfuhr von Arzneimitteln für den persönlichen Bedarf"; EuGHE 1989, 1021 „Milchsatzerzeugnisse"; vgl. weiter die Übersicht bei Grabitz/Hilf-*Matthies* KEU 9 vor Art. 30–37, die meisten Urteile betreffen Einfuhr-, Ausfuhr- und Durchfuhrverbote). Soweit die nationalen Verbringungsverbote aber vor dem Gemeinschaftsrecht bestehen, bleiben sie bis zu einer Harmonisierung in Kraft (*Kohlmann*, § 372 Rdnr. 12). Der Wegfall der Zollgrenzen und der Überwachungstätigkeit der Zollbehörden an den Binnengrenzen ab 1. 1. 1993 ändert hieran nichts (*Bender*, ZfZ 1992, 202).

Die **rechtlichen Grundlagen** der **Verbringungsverbote** sind schwer aufzufinden. Der **Deutsche Gebrauchszolltarif,** der nur eine Verwaltungsanweisung darstellt, kennzeichnet die Waren, die Verboten oder Beschränkungen unterliegen, mit dem Kürzel VuB. In den Vorbemerkungen wird aber zutreffend darauf hingewiesen, daß diese Hinweise in wichtigen Bereichen zB Artenschutz, gewerblicher Rechtsschutz, Abfallrecht, Anwendungsbereich des LebmBG usw. vollständig sind. Die Hinweise können sich auch als gegenstandslos erweisen (*Witte/Henke,* 17 zu Art. 58). Bei aus verschiedenen Bestandteilen zusammengesetzten Waren (zB Klavier mit einer dem Einfuhrverbot unterliegenden Elfenbeinstatur, vgl. *Witte/Henke,* 17 zu

Art. 58, enthält die Warenposition für Klaviere keinen Hinweis auf VuB). Eine Auflistung der Verbote und Beschränkungen findet sich in der Vorschriftensammlung der Bundesfinanzverwaltung **(VSF),** Stoffgebiet „Sonstige Vorschriften", Abschnitt VuB, SV 0100 – SV 1940. Agrarmarktordnungsrechtliche Verbringungsverbote sind wegen der ständigen Änderungen dort nicht aufgelistet (vgl. dazu Rdnr. 28).

27 Im einzelnen sind folgende Schutzgüter betroffen:

Schutz der öffentlichen Ordnung

Betroffen sind folgende Gegenstände: Banknotenpapier, Münzen, Medaillen, Schuldurkundenpapier, Geld- und Urkundenfälschungen, papiergeldähnliche Drucksachen und Abbildungen, Waffen, Munition, Kriegswaffen, Sprengstoffe, Kernbrennstoffe und sonstige radioaktive Stoffe, zB WaffenG idF v. 8. 3. 1976 (BGBl. I 432) zuletzt geändert durch das VerbrechensbekämpfungsG v. 28. 10. 1994 (BGBl. I 3186).

Schutz der Umwelt

Betroffen sind Abfälle, Ottokraftstoffe und Chemikalien, zB Gesetz über die Überwachung und Kontrolle der grenzüberschreitenden Verbringung von Abfällen v. 30. 9. 1994 I 2771).

Schutz der menschlichen Gesundheit

Betroffen sind Fleisch, Geflügelfleisch, methylalkoholhaltige Erzeugnisse, Phosphorzündwaren, Wein, Likörwein, Schaumwein, weinhaltige Getränke und Branntwein aus Wein, Betäubungsmittel und Grundstoffe dafür, Krankheitserreger, Arzneimittel, Lebensmittel einschließlich besonderer Regelungen für Eiprodukte, Enteneier, Speiseeis, Teigwaren, Labaustauschstoffe, Milch und Milcherzeugnisse, Nitritpökelsalz und jodiertes Speisesalz, jodierter Kochsalzersatz und diätetische Lebensmittel, Fischereierzeugnisse, Muscheln und sonstige Bedarfsgegenstände, zB Gesetz über den Verkehr mit Lebensmitteln, Tabakerzeugnissen, kosmetischen Mitteln und sonstigen Bedarfsgegenständen idF v. 8. 7. 1993; BGBl. I 512, zuletzt geändert durch Gesetz v. 25. 11. 1994, BGBl. 1994 I 3538 Gesetz über Wein, Likörwein, Schaumwein, weinhaltige Getränke und Branntwein aus Wein idF v. 27. 8. 1982 (BGBl. I 1196), zuletzt geändert durch Gesetz v. 29. 10. 1992 BGBl. I 1822) sowie Verordnung über Schaumwein und Branntwein aus Wein vom 15. 7. 1971 (BGBl. I 939) zuletzt geändert durch Verordnung v. 14. 1. 1991 (BGBl. I 78): §§ 19f; Gesetz über den Verkehr mit Betäubungsmitteln idF v. 1. 3. 1994 (BGBl. I 358).

Schutz der Tierwelt

Betroffen sind Tiere einschließlich Schutz der Arten u. a. nach dem Washingtoner Artenschutzabkommen, Futtermittel tierischer Herkunft, Futtermittel für Tiere, Tierseuchenerreger und Impfstoffe für Tiere sowie Tierarzneimittel u. a. TierSG idF der Bekanntmachung v. 20. 12. 1995 (BGBl. I 2038).

3. Objektive Tatbestandsmerkmale

Schutz der Pflanzenwelt

Betroffen sind Pflanzen, insbesondere Kulturpflanzen einschließlich Artenschutz, forstliches Saat- und Pflanzgut, sonstiges Saatgut u. a. Gesetz zum Schutz der Kulturpflanzen v. 15. 9. 1986 (BGBl. I 1505) zuletzt geändert durch Gesetz v. 27. 6. 1994 (BGBl. I 1440).

Gewerblicher Rechtsschutz und Schutz des geistigen Eigentums

Betroffen sind Waren, die aufgrund innerstaatlicher Rechtsvorschriften oder aufgrund völkerrechtlicher Abkommen im Hinblick auf ihre Marken, Namen, Aufschriften oder sonstige Zeichen geschützt sind (vgl. VO (EWG) Nr. 3842/86 des Rates über Maßnahmen zum Verbot der Überführung nachgeahmter Waren in den zollrechtlich freien Verkehr v. 1. 12. 1986, ABl. EG Nr. L 357, 1; Gesetz über den Beitritt des Reiches zu dem Madrider Abkommen, betr. die Unterdrückung falscher Herkunftsangaben auf Waren v. 21. 3. 1925, RGBl. 1925 II 115, BGBl. 1967 I 953, BGBl. 1974 I 469; völkerrechtliche Abkommen über Herkunftsbezeichnungen, zB Abkommen zwischen der Bundesrepublik Deutschland und der italienischen Republik über den Schutz von Herkunfts-, Ursprungsbezeichnungen und anderen geographischen Bezeichnungen (BGBl. 1965 II S. 157; Zustimmungsgesetz v. 17. 3. 1965, BGBl. II 156) betr. Wein, Käse und andere Erzeugnisse; weitere Abkommen vgl. VSF SV 1206 ff.).

Schutz des Kulturguts

Betroffen sind Kunstwerke und anderes Kulturgut einschließlich Bibliotheksgut und Archivgut (Archive, archivalische Sammlungen, Nachlässe und Briefsammlungen, u. a. Gesetz zum Schutz des deutschen Kulturguts gegen Abwanderung v. 6. 8. 1955 (BGBl. I 501).

Schutz des Branntweinmonopols

§ 3 BranntwMonG

Verbraucherschutz (Sonstige Verbote und Beschränkungen)

Eichgesetz idF der Bekanntmachung vom 23. 3. 1992 (BGBl. I 712 iVm Eichordnung vom 17. 8. 1988 (BGBl. I 1657, zuletzt BGBl. 1994 I 1293); Kristallglaskennzeichnungsgesetz vom 25. 6. 1971 (BGBl. I 857) zuletzt idF des Markenrechtsreformgesetzes vom 25. 10. 1994 (BGBl. I 3082); Handelsklassengesetz vom 23. 11. 1972 (BGBl. I 2201), zuletzt idF der Verordnung vom 26. 2. 1993 (BGBl. I 1993).

Im Bereich des **Agrarmarktordnungsrechts** bestehen Einfuhr- und Ausfuhrverbote im Rahmen des marktordnungspolitischen Instrumentariums (vgl. *Priebe/Mögele*, Agrarrecht, in Dauses, Hdb. des EG-Wirtschaftsrechts). Einem Einfuhr- oder Ausfuhrverbot iS des § 372 AO unterliegen nicht Waren, für deren Einfuhr oder Ausfuhr Lizenzen, Vorausfestsetzungsbescheinigungen oder sonstige Bescheide im Sinne des § 18 iVm § 27 I Nr. 2 lit. b MOG erforderlich sind. Denn die betroffenen Waren unterliegen keinen mengenmäßigen Beschränkungen und die Lizenzen usw., wie beispielsweise Lizenzen für die Einfuhr oder Ausfuhr von Getreide (Art. 9 I VO (EWG)

Nr. 1766/92, Abl. EG 1992 Nr. L 181, 21) dienen nur der Marktbeobachtung (*Grabitz/Hilf/Gilsdorf/Priebe*, KEU 39 ff. zu Art. 40 EGV). Aus dem Umstand, daß Einfuhren oder Ausfuhren ohne Vorlage der genannten Dokumente bußgeldbewehrt sind (§ 36 I Nr. 1 und 2 MOG), folgt noch nicht, daß es sich um ein Einfuhr- oder Ausfuhrverbot im Sinne des § 372 AO handelt. Ein Einfuhr- oder Ausfuhrverbot liegt hingegen vor, wenn auf der Grundlage von Art. 16 und 17 VO (EWG) Nr. 1766/92 unter den dort genannten Voraussetzungen die Erteilung von Einfuhr- und Ausfuhrlizenzen ausgesetzt wird, weil dies einem Einfuhr- und Ausfuhrverbot entspricht. Die Konsequenz dieser Differenzierungen besteht darin, daß ein Verstoß gegen die in § 36 II MOG angezogenen Verbote unter den Bedingungen des § 373 II (bewaffneter oder bandenmäßiger Bannbruch) nicht als Straftat verfolgt werden können, wenn es sich nicht um Verbringungsverbote is des § 372 I AO handelt.

Gemäß Art. 5 EGV haben die Mitgliedstaaten die zum Schutz der Gemeinschaftsinteressen erforderlichen Maßnahmen zu treffen, die u. a. auch strafrechtliche Sanktionen einschließen. Nach der Rechtsprechung des EuGH müssen Verstöße gegen das Gemeinschaftsrecht nach ähnlichen (analogen) sachlichen und verfahrensrechtlichen Regeln geahndet werden wie nach Art und Schwere gleichartige Verstöße gegen nationales Recht, wobei die Sanktion jedenfalls wirksam, verhältnismäßig und abschreckend sein muß (EuGHE 1989, 2979, 2985 „Kommission/Griechenland", EuGHE 1991 – Urt. v. 2. 10. 1991 C-7/90 „Vandevenne"; *Dauses/Mögele*, Hdb. des EG-Wirtschaftsrecht, G Rdnr. 159 f.). Gegen diese Grundsätze verstoßende nationale Sanktionen sind wegen des Vorrangs des Gemeinschaftsrechts unanwendbar, soweit auf das Gemeinschaftsrecht bezogene Sanktionen den Bürger schwerer treffen als Sanktionen gegen vergleichbare Verstöße gegen nationale Verbote (zu den Folgen der Unanwendbarkeit vgl. Rdnr. 25).

d) Strafaufhebungsgründe

29 § 372 AO ist nicht anzuwenden, wenn der Täter zum eigenen Verbrauch vorsätzlich oder fahrlässig Zigaretten in Verpackungen erwirbt, an denen ein gültiges Steuerzeichen is des § 2 VII TabStG nicht angebracht ist, soweit der einzelnen Tat nicht mehr als 1000 Zigaretten zugrunde liegen (§ 30a I 2 TabStG). Der Täter kann auch dann nicht bestraft werden, wenn er mehrfach jeweils durch selbständige Taten nicht mehr als 1000 Zigaretten ohne Steuerzeichen erwirbt.

4. Subjektiver Tatbestand

30 **In subjektiver Hinsicht erfordert § 372 AO Vorsatz,** also das Wissen und Wollen aller objektiven Tatbestandsmerkmale; *bedingter* Vorsatz (Rdnr. 50 zu § 369 AO) genügt in jeder Beziehung. Zum Tatbestand gehört auch die Kenntnis oder mindestens das billigende Für-möglich-halten des Ein-, Aus- oder Durchfuhrverbots (HHSp-*Hübner* 60 u. *Kohlmann* 20 zu § 372 AO). Fehlt dem Täter zur Tatzeit dieses Wissen, handelt er im *Irrtum über Tatumstände* is des § 16 StGB, nicht etwa im *Verbotsirrtum* is des § 17 StGB (Rdnr.

99 ff. zu § 369 AO; aM zum Irrtum eines Außenhandelskaufmanns, unter welche Warennummer ein Einfuhrgut einzuordnen ist, OLG Hamburg v. 6. 5. 1974, ZfZ 215, im Anschluß an OLG Hamm v. 6. 5. 1970, ZfZ 1971, 340 f., sowie zum Irrtum über die Genehmigungspflicht einer Ausfuhrlieferung nach Rhodesien OLG Hamm v. 17. 5. 1978, ZfZ 374, m. zust. Anm. *Laumann*). Unkenntnis des Einfuhrverbots wird als Schutzbehauptung häufig geltend gemacht; oft ergeben aber die Begleitumstände der Tat eindeutig das Wissen des Täters, verbotswidrig zu handeln. Ist ein Irrtum über Tatumstände unwiderlegbar, kommt nach § 16 I 1 StGB eine Bestrafung nach § 372 II iVm § 370 I oder II AO (sowie ggf. nach § 373 AO) auch dann nicht in Betracht, wenn die Unkenntnis des Täters auf fahrlässiger Gedankenlosigkeit beruht; denn im Hinblick auf § 15 StGB ist fahrlässiger Bannbruch nach § 372 AO nicht strafbar; anders zB nach § 22 a IV KriegswaffG, § 29 IV BtMG, § 67 III WeinG, § 64 IV BSeuchG, § 53 IV WaffG, § 40 IV SprengG, § 74 IV TierSG, § 70 II AWV iVm § 34 II AWG.

5. Vorbereitung und Versuch

Die **Unterscheidung zwischen Vorbereitung und Versuch** des Bannbruchs ist von einschneidender Bedeutung, da bloße Vorbereitungshandlungen straflos sind, hingegen Handlungen, mit denen der Täter zur Verwirklichung des Tatbestandes ansetzt (§ 22 StGB), als versuchter Bannbruch gem. § 372 II iVm § 370 II AO derselben Strafdrohung unterliegen wie versuchte Zollhinterziehung. Ob bei Zollhinterziehung ein Versuch erst in Betracht kommen kann, sobald das Schmuggelgut die Zollgrenze erreicht hat und der Anspruch auf Eingangsabgaben entsteht, war str. (BGH v. 23. 10. 1953, BZBl. 1954, 46). Bei dem von § 370 AO unabhängigen Tatbestand des § 372 AO kommt es von vornherein nicht darauf an, ob und wann durch das Verbringen der Sache über eine Grenze ein Abgabenanspruch entsteht (Rdnr. 2). Es ist daher auch nicht begründet, in bezug auf den Beginn des Versuchsstadiums beim Bannbruch zwischen Einfuhr und Ausfuhr zu unterscheiden (aM *Hartung* III 1 zu § 401 a RAO 1939; mit ausf. Begr. abweichend auch HHSp-*Hübner* 62 f. zu § 372 AO, der darauf abstellt, *wann die deutschen Grenzhoheitsrechte in unmittelbare Gefahr geraten*). Vielmehr wird in *beiden* Fällen mit dem Verbringen einer Sache über die Grenze – gleichgültig in welche Richtung – bereits in dem Zeitpunkt begonnen, in dem der Täter den Entschluß, die Sache verbotswidrig ein- oder auszuführen, dadurch verwirklicht, daß er sie *nach der Grenze hin in Bewegung setzt,* sofern dies mit dem Willen geschieht, den Grenzübergang *in einem Zuge* anzuschließen. Diese Voraussetzung fehlt, wenn Schmuggler beschlossen haben, vor der Grenze zu übernachten und die Heimreise erst am nächsten Morgen anzutreten (BGH v. 13. 1. 1983, zit. bei *Holtz* MDR 1983, 448; zust. HHSp-*Hübner* 64 zu § 372 AO). Für die Abgrenzung des strafbaren Versuchs von der Vorbereitungshandlung kommt es nicht darauf an, ob das Einfuhrgut mit Eingangsabgaben belegt ist (a. A. *Kohlmann,* § 372 Rdnr. 24 f.). Die Abgrenzungskriterien sind die gleichen, unabhängig davon, ob das Einfuhrgut mit Eingangsabgaben belegt ist oder nicht.

32 **Bei verbotener Einfuhr** sind die Voraussetzungen eines versuchten Bannbruchs zB erfüllt, wenn der Täter eine Ware, etwa mit irreführender Kennzeichnung, bei der Post oder Eisenbahn im Ausland zur Beförderung in das Inland aufgibt. Wird eine Ware zwar in Grenznähe gebracht, dort aber nach vorgefaßtem Plan zunächst versteckt, um eine günstige Gelegenheit zum unbeobachteten Grenzübertritt abzuwarten, liegt ein versuchter Bannbruch erst vor, *wenn der Täter mit der Ware zum eigentlichen Grenzübertritt aufbricht*. Daß der Versuch bei verbotswidriger Einfuhr über die grüne Grenze stets im Ausland unternommen wird und der Täter dort für die deutschen Verfolgungsbehörden nicht greifbar ist, kann die Tatbestandsmäßigkeit und Strafbarkeit des Verhaltens nicht beeinträchtigen; zum Tatort vgl. § 9 StGB. Zutr. hat der BGH (4,333 v. 10. 9. 1953) den Versuch einer Steuerhinterziehung in einem Falle bejaht, in dem die Ware die Zollgrenze noch nicht überschritten hatte und das Vorhaben in unmittelbarer Grenznähe durch ausländische Zollbeamte verhindert worden war (abl. *Hartung* III 1 zu § 401a RAO 1939 und NJW 1952, 556). Von See her ist der Versuch einer verbotswidrigen Einfuhr angenommen worden beim Verbringen der Bannware in einen Freihafen (RG 45, 419, 423 v. 25. 1. 1912) sowie bereits beim Verbringen in Küstengewässer und Annäherung an das Ufer (RG 56, 135, 138 v. 11. 7. 1921).

33 **Für verbotene Ausfuhr** nach § 34 I AWG hat der BGH (20, 150 v. 19. 1. 1965) ausgeführt: „*Während bei der Einfuhr die Behörden des eigenen Landes den Beginn des Vorgangs bis zum Erreichen der Hohheitsgrenze nicht unter Kontrolle haben können, dagegen nach Vollendung der Tat die Möglichkeit des Zugriffs haben, da sich die eingeführte Ware und die dafür Verantwortlichen nun in ihrem Machtbereich befinden, verhält es sich bei der Ausfuhr gerade umgekehrt. Sobald die Ware über die Grenze gebracht ist, bleibt den eigenen Behörden regelmäßig nur noch das Nachsehen. Das aber bedeutet nichts anderes, als daß die ernsthafte Gefährdung des geschützten Rechtsguts hier in aller Regel gerade in dem Zeitpunkt beginnt, in dem die Ware auf den Weg zur Grenze gebracht wird. Da auch die Grenzkontrollen sich erfahrungsgemäß häufig auf die Überprüfung der Papiere und die Vornahme von Stichproben beschränken, entspricht es der sich aus der tatsächlichen Unmöglichkeit der Strafverfolgung nach Vollendung der Tat ergebenden besonderen Gefährdung des geschützten Rechtsguts, den Versuch regelmäßig schon im Bereich der Maßnahmen beginnen zu lassen, die den Transportvorgang einleiten ... Ob freilich schon das Bereitstellen der für die ungenehmigte Ausfuhr vorgesehenen Waren als Anfang der Ausführung anzusehen ist, wie das RG für die Devisengesetze von 1935 und 1938 angenommen hat* (RG 71, 49, 53 v. 8. 2. 1937; v. 5. 1. 1940, HRR Nr. 1051), *kann offenbleiben. Jedenfalls ist mit dem Aufladen der Waren auf das zum Grenzübertritt vorgesehene Transportmittel, wenn sich dieses nach dem Plane der Täter alsbald zur Grenze in Bewegung setzen soll, ein solcher Grad der Gefährdung erreicht, daß die Annahme des Versuchs gerechtfertigt ist; ob die Täter nach der Beladung unmittelbar zur Grenze fahren oder noch einen Umweg machen oder einen Zwischenaufenthalt nehmen wollen, kann dabei keinen Unterschied begründen, vor allem dann nicht, wenn ... der Umweg stattfindet, um andere Waren zuzuladen, mit deren Hilfe die verbotswidrig über die Grenze zu bringende Ware besser verbor-*

6. Vollendung und Beendigung der Tat 34, 35 § 372

gen werden soll." Die abw. Auffassung von *Langen* (8 zu § 33 AWG), der einen Versuch erst *mit der Annäherung der Ausfuhrware an die Grenze* annimmt, wurde mit Rücksicht auf die vom AWG geschützten Belange der deutschen Außenwirtschaft abgelehnt.
Nach § 22 StGB kommt es darauf an, wann der Täter *unmittelbar zur Tat ansetzt* (vgl. grundsätzlich BGH 26, 201 ff. v. 16. 9. 1975). Die Übernahme der Bannware oder das Anbringen eines Geheimfaches im Autotank (RG aaO) oder das Aufladen der Ware (BGH aaO) sind noch Vorbereitungshandlungen. Entscheidend ist der *Beginn der Beförderung zur Grenze;* auf den *Abstand von der Grenze* kommt es nicht an (Rdnr. 31).

6. Vollendung und Beendigung der Tat

Rechtlich vollendet ist eine Straftat, sobald alle Merkmale des gesetzlichen Tatbestandes erfüllt sind. Falls weitere zur Tat gehörige Wirkungen erst zu einem späteren Zeitpunkt eintreten, ist die Tat erst zu diesem Zeitpunkt *tatsächlich beendet* (BGH 3, 40, 43 v. 24. 6. 1952). Der Zeitpunkt der Vollendung ist maßgebend für die Abgrenzung vom Versuch (Rdnr. 31 ff.). Die Beendigung entscheidet über die Möglichkeit einer Teilnahme an der Tat (Rdnr. 38 ff.), über die Zurechnung tatbestandsmäßiger Strafschärfungsgründe (BGH 20, 194, 197 v. 6. 4. 1965 zu § 250 I Nr. 1 StGB) sowie über den Beginn der Verfolgungsverjährung (RG 62, 418 v. 20. 12. 1928). Nachdem die Tatbestände des Bannbruchs und der Verbringungsverbote deckungsgleich geworden sind (Rdnr. 1), hat sich das Problem der Abgrenzung des Versuchs von der Vollendung des Bannbruchs (HHSp-*Hübner* § 372 Rdnr. 67) vereinfacht. Wann Bannbruch vollendet und wann er beendet ist, hängt von den Umständen ab, unter denen die Bannware über die Grenze gebracht wird. 34

Wird die Bannware der Zollstelle vorgeführt und dort zum freien Verkehr abgefertigt, weil der Zollbeamte über verbotserhebliche Merkmale getäuscht oder in Unkenntnis gehalten worden ist oder sich über die Rechtslage geirrt hat, ist die Tat idR *gleichzeitig* vollendet und beendet. *Nach* der zollamtlichen Abfertigung braucht der Täter einen Zugriff der Zollbehörde regelmäßig nicht mehr zu befürchten; er hat die Einfuhr erfolgreich abgeschlossen, sobald er die Abfertigungspapiere in der Hand hat. *Vor* der Abfertigung ist der Bannbruch auch nicht vollendet, und zwar selbst dann nicht, wenn die Bannware im Fahrzeug oder am Körper versteckt gehalten wird (zutr. BayObLG v. 9. 4. 1970, ZfZ 1971, 117; aM neuerdings BGH 24, 178, 180 f. v. 20. 7. 1971 m. abl. Anm. *Schleeh* NJW 1973, 2138, ergänzend BGH 25, 137, 139 f. v. 22. 2. 1973 und im Ergebnis übereinstimmend BGH v. 28. 11. 1973, NJW 1974, 429). Zum ersten Fall wird unter steuerrechtlichen Gesichtspunkten ausgeführt, daß der Wille des Täters, das Zollgut nicht zu gestellen, durch das Versteckthalten der Ware beim Erreichen der Zollstelle in gleicher Weise konkretisiert sei wie beim heimlichen Grenzübertritt durch Umgehen der Zollstraße. Im zweiten Fall geht der BGH unter einfuhrrechtlichen Gesichtspunkten davon aus, daß der strafrechtlich mißbilligte Erfolg 35

§ 372 36   Bannbruch

in der Erlangung einer günstigeren Ausgangsposition für die spätere Veräußerung der Ware (Morphinbase) im Inland bestehe. Aber gerade unter diesem Blickwinkel erlangt der Täter eine günstigere Position erst dann, wenn die (im Zusatztank des LKW) versteckte Ware bei der Abfertigung am Amtsplatz der Zollstelle nicht entdeckt und ihm der Weg ins Inland freigegeben wird. Bis zur Abfertigung liegt nur ein Versuch vor, dessen Gelingen vom Spürsinn der Zollbeamten abhängt; entdecken sie die Bannware, so schlägt der versuchte Bannbruch fehl und die verbotene Einfuhr wird verhindert (im Ergebnis ebenso OLG Neustadt v. 30. 11. 1962, NJW 1963, 550; *Hartung* III 2 zu § 401a RAO 1939; *Bender* Tz. 81,5 d; aM HHSp-*Hübner* 68 zu § 372 AO).

36   **Wird die Zollstelle umgangen,** ist die Tat bereits mit dem Überschreiten der Zollgrenze oder der sonst maßgebenden Grenzlinie vollendet (einhM); das Betreten eines Grabens, der die Grenze bildet, genügt noch nicht (OLG Köln v. 4. 1. 1952, NJW 556 f., aM nur *Hartung* in Anm. ebenda). Beendet ist die Tat erst dann, wenn die Bannware *„in Sicherheit gebracht", „zur Ruhe gekommen", „am Ort ihrer endgültigen Bestimmung angelangt ist"* (BGH 3, 40, 44 v. 24. 6. 1952 im Anschluß an stRspr des RG BGH NStZ 1990, 39). Bestimmungsort in diesem Sinne ist nicht eine bestimmte Ortschaft, sondern der *„eng begrenzte Raum, der das Ziel der Beförderung ist",* zB die Geschäftsräume des Täters, wenn die Ware dorthin bestellt ist und demgemäß der Bahnhof, das Postamt oder das Zollamt Post nur als Durchgangsstellen des Beförderungsweges anzusehen sind (RG 67, 345, 348 f. v. 9. 11. 1933). Eine Weiterbeförderung bleibt außer Betracht, wenn sie der Verwertung der Ware, nicht der Festigung eines noch ungesicherten rechtswidrigen Zustands dient (BGH v. 18. 6. 1953, zit. bei *Herlan* GA 1954, 58). Die in der Voraufl. von *Franzen* vertretene Auffassung, daß der Bannbruch beendet ist, wenn die Ware den Zollgrenzbezirk verlassen hat, kann unter der geänderten Rechtslage des ZK und des ZollVG nicht mehr aufrecht erhalten werden. Zollgrenzbezirke gibt es nicht mehr. An deren Stelle ist der **grenznahe Raum** getreten, den es nur noch an der Grenze des Zollgebiets der Gemeinschaft, nicht an der Staatsgrenze zu den Mitgliedstaaten gibt (§ 14 I ZollVG). Art. 4 Nr. 13 und 14, Art. 13 und 37 ZK gehen davon aus, daß die Zollkontrolle sich auf das gesamte Zollgebiet der Gemeinschaft erstreckt. § 1 III ZollVG stellt klar, daß die zollamtliche Überwachung die Einhaltung der gemeinschaftlichen oder nationalen Vorschriften umfaßt, die das Verbringen der Waren in den, durch den und aus dem Geltungsbereich des Gesetzes verbieten oder beschränken (Verbote und Beschränkungen). Im grenznahen Raum haben die Bediensteten der Zollverwaltung zwar gesteigerte Befugnisse (§ 10 I ZollVG). Die gleichen Überwachungsbefugnisse haben die Zollbediensteten aber im gesamten Bundesgebiet, wenn zureichende Anhaltspunkte dafür gegeben sind, daß eingeführte Waren Verboten oder Beschränkungen unterliegen (§ 10 II ZollVG). Es ist demnach nach den Gesamtumständen des Einzelfalls zu beurteilen, ob die Waren in *Sicherheit gebracht* sind, oder ob noch ein Zugriff der Zollbediensteten zu gewärtigen ist (*Bender* Tz. 87, 5 d).

7. Täterschaft und Teilnahme

Wird Bannware in einem Freihafen angelandet oder auf dem Postwege an einen Empfänger im Inland befördert, ist die Einfuhr nach der Rspr des 5. StrS des BGH vollendet, wenn die Ware in das Hoheitsgebiet der BRD verbracht ist (BGH 31, 252, 254 v. 22. 2. 1983) oder die Postsendung die Hoheitsgrenze der BRD oder – je nach dem räumlichen Geltungsbereich des jeweiligen Verbotsgesetzes – die Grenze überschritten hat (BGH v. 9. 3. 1983, NJW 1275). 36a

Das Versuchsstadium der Durchfuhr einer Ware dauert an, solange sie im Inland zum ausländischen Zielort befördert wird, ohne daß sie im Inland dem Zugriff des Täters unterliegt. Vollendet ist die Durchfuhr erst, wenn die Ware das Hoheitsgebiet der BRD wieder verlassen hat (BGH 31, 374, 379 v. 4. 5. 1983 und v. 5. 10. 1983, StrVert 1984, 25; zust. HHSp-*Hübner* 16 zu § 372 AO). 36b

Für den Beginn und die Beendigung des Bannbereichs in bezug auf Sachen, die von oder für **fremde Truppen oder exterritoriale Personen** zollfrei eingeführt werden können, gilt regelmäßig nichts besonderes; denn eine persönliche Befreiung von Eingangsabgaben entbindet nicht von der Beachtung nichtsteuerlicher Einfuhrverbote. Ausnahmsweise kann beides zusammentreffen, zB beim Verbringen von Kriegswaffen, die zur Ausrüstung fremder Truppen gehören, oder bei der Einfuhr von Spirituosen für den Bedarf von Diplomaten. War in solchen Fällen die Einfuhr *erlaubt,* kann ein Bannbruch – im Gegensatz zu Steuerhinterziehung – auch dann nicht mehr begangen werden, wenn die rechtmäßig eingeführte Ware nachträglich in unbefugte Hände übergeht (glA *Lenkewitz* ZfZ 1966, 137, 139; *Kröner* ddz 1970, 190). Ist die Einfuhr einer Ware – wie im Regelfall – auch für Exterritoriale und für Angehörige fremder Truppen *verboten* (vgl. zB Art. XI [1] und XI [7] des NATO-Truppenstatuts, BGBl. 1961 II 1183, 1206f.) und die verbotswidrig eingeführte Ware im Inland zur Ruhe gelangt (Rdnr. 32), können Dritte durch Übernahme der Ware zwar Steuerhehlerei (§ 374 AO), aber nicht mehr Bannbruch begehen (Rdnr. 36). 37

7. Täterschaft und Teilnahme

Besondere Tätereigenschaften setzt § 372 AO nicht voraus; als Täter kann jeder Beteiligte in Betracht kommen: der *Lieferant,* der das Verbringen in Gang setzt, der *Abnehmer,* der es veranlaßt, und vor allem derjenige, der die Bannware zur Grenze und/oder über die Grenze und/oder von der Grenze zum Bestimmungsort *befördert* (glA HHSp-*Hübner* 53f. zu § 372 AO). Einschränkungen ergeben sich – nur für den jeweiligen Anwendungsbereich – aus den §§ 8, 9, 39 I AWV, aus § 16 II Milch- und FettG, § 17 II Vieh- und FleischG sowie § 9 II ZuckerG, die den Begriff des *Einführers* auf den Verfügungsberechtigten, hilfsweise auf den Empfänger beschränken und damit Spediteure und Frachtführer, die auftragsgemäß verbotene Handelsware über die Grenze schaffen, von vornherein nur als Gehilfen ihrer Auftraggeber in Betracht kommen lassen, *Kohlmann* 33 zu § 372; aA HHSp-*Hübner* 98 zu § 372. Im übrigen hängt es von den Tatumständen ab, ob jemand als (Mit-) 38

Täter oder Gehilfe gehandelt hat; Beispiele für Täterschaft: BGH v. 28. 11. 1973, NJW 1974, 429, 430 (PKW-Fahrer im Auftrag eines Ausländers); für Mittäterschaft: BGH 26, 4 v. 9. 10. 1974 (Niederlassungsleiter der Luftfrachtabteilung einer Spedition im Zusammenwirken mit Kaufleuten); für Beihilfe: BGH 25, 137 v. 22. 2. 1973 (Fahrer eines LKW). Zu den Voraussetzungen der Mittäterschaft, wenn die Beteiligten zwar gemeinschaftlich reisen, aber jeder für seinen Bedarf schmuggelt, s. BGH v. 25. 1. 1984, StrVert 286.

39 **Mittäterschaft und Beihilfe** erfordern nicht, daß der Beteiligte *körperlich* am Verbringen mitwirkt oder daß sich sein (körperlicher oder geistiger) Tatbeitrag *unmittelbar* auf die Ausführungshandlung bezieht; auch ein Mitwirken an der *Vorbereitung* des Bannbruchs genügt (str., wie hier S/S-*Cramer* 66 u. *Dreher/Tröndle* 7, aM SK-*Samson* 47 u. LK-*Roxin* 127ff. – jeweils zu § 25 StGB), und zwar auch im *Ausland.* Zum Tatort der Teilnahmehandlung vgl. § 9 II StGB. Bis zur Beendigung der Tat bleibt nach hM die Möglichkeit offen, sich als Mittäter (§ 25 II StGB) oder Gehilfe (§ 27 StGB) am Bannbruch zu beteiligen. Namentlich Beihilfe kommt auch dann noch in Betracht, wenn sich die verbotswidrig eingeführte Ware bereits *diesseits* der Grenze, aber noch nicht in Sicherheit befindet (Rdnr. 36). Solange sich jemand als Mittäter oder Gehilfe beteiligen kann, kann ein Dritter ihn dazu *anstiften* (§ 26 StGB). Fraglich erscheint jedoch, ob jemand die von einem anderen bewirkte Einfuhr diesseits der Grenze als Alleintäter fortsetzen kann, wenn der ursprüngliche Täter sein Vorhaben aufgegeben hat, bevor die Tat beendet war *(bejahend* RG v. 13. 1. 1922, RECHT Nr. 700; OLG Hamburg v. 15. 6. 1966, ZfZ 277, 280).

40 **Nach Beendigung des Bannbruchs** ist eine Teilnahme iS von § 25 II, §§ 26, 27 StGB nicht mehr möglich. Eine selbständige Anschlußtat begeht in Form einer

Begünstigung nach § 257 StGB iVm § 369 I Nr. 2 u. 4 AO, wer einem Täter oder einem Teilnehmer am Bannbruch beisteht, um ihm die Vorteile der Tat zu sichern;

Strafvereitelung nach § 258 StGB, wer vereitelt, daß ein anderer wegen Bannbruchs bestraft oder einer Maßnahme nach § 11 I Nr. 8 StGB, zB einer Einbeziehung der Bannware oder des Beförderungsmittels nach § 375 II AO, unterworfen wird;

Steuerhehlerei nach § 374 AO, wer die verbotswidrig eingeführte Ware ankauft oder sonst sich oder einem Dritten verschafft oder absetzt oder absetzen hilft (vgl. zB OLG Hamburg v. 15. 6. 1966, ZfZ 277, zum Ankauf eingeschmuggelter Papageien).

8. Subsidiarität der Strafdrohung

41 Ist eine Tat als Zuwiderhandlung gegen ein Ein-, Aus- oder Durchfuhrverbot in anderen Vorschriften (als § 372 I AO) **mit Strafe bedroht,** wird der Täter gem. § 372 II Halbs. 2 AO nicht nach § 372 II Halbs. 1 iVm § 370 I, II AO, sondern nach der anderen Vorschrift bestraft. Bei der Bestimmung des Vorrangs der anderen Strafvorschriften ist der Gesetzgeber davon ausge-

8. Subsidiarität der Strafdrohung   42–44 § 372

gangen, daß § 372 I AO die allgemeinste Umschreibung einer Zuwiderhandlung gegen Ein-, Aus- und Durchfuhrverbote darstellt. § 373 II Halbs. 2 AO enthält daher nur eine Ausprägung des Vorrangs der speziellen Strafnorm, der allgemeinen Grundsätzen der Gesetzeskonkurrenz entspricht (Rdnr. 116 zu § 369 AO).

Ist eine Tat als Zuwiderhandlung gegen ein Ein-, Aus- oder Durchfuhrverbot in anderen Vorschriften nur **mit Geldbuße bedroht**, bewirkt § 372 II Halbs. 2 AO eine Umkehrung des in § 21 I OWiG enthaltenen allgemeinen Grundsatzes, nach dem – abgesehen von Nebenfolgen – nur das Strafgesetz angewendet wird, wenn eine Handlung gleichzeitig Straftat und Ordnungswidrigkeit ist (zust. *Kohlmann* 43, grundsätzlich aM HHSp-*Hübner* 89 zu § 372 AO). Daß der Gesetzgeber für den Bereich des Bannbruchs bewußt die gegenteilige Folge angeordnet hat, ergab sich bereits für § 401a RAO 1939 einwandfrei aus der Änderung des § 401a III durch § 48 I AWG 1961 (Rdnr. 1). Die durch Art. 1 Nr. 9 des 2. AOStrafÄndG 1968 abermals geänderte Fassung *(„mit Strafe oder Geldbuße bedroht")* nahm Rücksicht darauf, daß die Ahndung von Ordnungswidrigkeiten dem Opportunitätsprinzip unterliegt (§ 47 I OWiG). Zugleich bringt diese unverändert fortgeltende Fassung zum Ausdruck, daß § 372 AO gegenüber einer einschlägigen Bußgeldvorschrift auch dann zurücktritt, wenn die für die Verfolgung der Ordnungswidrigkeit zuständige Behörde oder das Gericht nach pflichtgemäßem Ermessen von der Verfolgung und Ahndung der Tat als Ordnungswidrigkeit absehen; insofern weicht § 372 II AO auch von dem allgemeinen Grundsatz des § 21 II OWiG ab. 42

Ist der Bannbruch nur versucht worden (Rdnr. 31 ff.), entfällt die Strafdrohung nach § 372 II iVm § 370 II AO u. § 23 I StGB auch dann, wenn die andere Straf- oder Bußgeldvorschrift nur die vollendete Zuwiderhandlung, nicht auch die versuchte Tat mit Strafe oder Geldbuße bedroht (ausf. HHSp-*Hübner* 98, zust. *Kohlmann* 44 – beide zu § 372 AO – sowie *Bender* Tz. 96.5 b). Die versuchte Tat ist also – umgekehrt gewendet – nach § 372 II iVm § 370 II AO nur dann strafbar, wenn sie bei Vollendung nach § 372 II iVm § 370 I AO strafbar gewesen wäre. Wird dagegen § 372 II AO bei vollendeter Tat durch ein anderes Gesetz verdrängt, bestimmt allein das andere Gesetz, ob die versuchte Tat mit Strafe oder mit Geldbuße bedroht ist oder überhaupt nicht geahndet werden kann. Die abw. Meinung von *Klein/Orlopp* (5 zu § 372 AO) und *Leise/Dietz* (Rdnr. 8 zu § 372 AO) kann zu dem widersinnigen Ergebnis führen, daß die vollendete Tat einer Ordnungswidrigkeit, ihr Versuch dagegen ein Vergehen sein soll (*Hübner* aaO). 43

Die Subsidiaritätsklausel gilt nur bei einfacher Tatausführung. Wird die Zuwiderhandlung gegen ein Ein-, Aus- oder Durchfuhrverbot gewerbsmäßig, bewaffnet oder bandenmäßig begangen, ist der Täter nach § 373 AO zu bestrafen (glA *Kohlmann* 42 und insoweit auch HHSp-*Hübner* 99 zu § 372 AO), und zwar auch dann, wenn die Zuwiderhandlung ohne die erschwerenden Merkmale nur als Ordnungswidrigkeit mit einer Geldbuße hätte geahndet werden können (aM *Hübner* aaO mit der Begr., daß eine unselbständige Vorschrift wie § 373 AO nicht zugleich straferschwerende und 44

Voß 383

strafbegründende Funktionen erfüllen könne). Die hier vertretene Auffassung hatte Hartung (VI zu § 401a RAO 1939) bereits zu der bis 1968 geltenden Fassung des Gesetzes geltend gemacht, seinerzeit jedoch zu Unrecht (ausf. 1. Aufl. Rdnr. 35 zu § 396 RAO mwN). Erst mit der Neufassung der Subsidiaritätsklausel durch Art. 1 Nr. 9 des 2. AOStrafÄndG hat der Gesetzgeber das von Hartung angestrebte Ergebnis herbeigeführt (Begr. BT-Drucks. V/1812 S. 24), da die aus dem klassischen Strafrecht (vgl. § 244 I, § 250 I u. § 260 StGB) übernommenen Merkmale des § 373 AO eine erheblich stärkere gesetzwidrige Willensbetätigung des Täters sowie eine stärkere Gefährdung des geschützten Rechtsgutes und/oder eine stärkere Gefährdung der zum Schutz eingesetzten Beamten des Zollgrenzdienstes und des BGS begründen als die einfache Tatausführung, und zwar unabhängig davon, ob diese mit Strafe oder nur mit Geldbuße bedroht ist. Der Hinweis von *Hübner,* daß § 369 I Nr. 2 AO die Begriffsbestimmung des Bannbruchs iS von § 372 I AO auf Straftaten beschränke, geht fehl. Vielmehr ist umgekehrt davon auszugehen, daß die Begriffsbestimmung des Bannbruchs nach ihrem unbeschränkten Wortlaut auch Ordnungswidrigkeiten umfaßt; sonst wären in § 372 II AO die Worte „... *oder mit Geldbuße*" überflüssig. Allerdings besteht ein redaktionelles Versäumnis darin, daß § 369 I Nr. 2 AO nicht auf strafbare Zuwiderhandlungen gegen Ein-, Aus- und Durchfuhrverbote beschränkt und § 377 I AO nicht auf solche Zuwiderhandlungen gegen Ein-, Aus- und Durchfuhrverbote erweitert worden ist, die mit Geldbuße bedroht sind; zugleich hätte ausdrücklich bestimmt werden können, daß die Vorschriften der AO über das Straf- oder Bußgeldverfahren für Bannbruch nicht gelten sollen.

45 Der unmittelbare Anwendungsbereich des § 372 AO ist zZ auf Zuwiderhandlungen gegen § 3 I 1 BranntwMonG beschränkt, nachdem alle anderen Ein-, Aus- und Durchfuhrverbote mit eigenen Straf- oder Bußgeldvorschriften bewehrt sind (Rdnr. 3) und das ZündwMonG durch G v. 27. 8. 1982 (BGBl. I 1241) mWv 16. 1. 1983 aufgehoben worden ist.

§ 3 I 1, BranntwMonG verbietet, **Branntwein** mit Ausnahme von Rum, Arrak, Cognac und Likören in das Monopolgebiet einzuführen, wenn nicht die Monopolverwaltung eine Ausnahme zugelassen hat. Dies gilt nicht für die Einfuhr von Branntwein aus dem zollrechtlich freien Verkehr eines Mitgliedstaates der EG (§ 3 I 2 BranntwMonG). Wer dem Einfuhrverbot vorsätzlich zuwiderhandelt, begeht Bannbruch iS des § 372 I AO und ist nach § 372 II Halbs. 1 iVm 370 I oder II AO zu bestrafen (einhM; RFH 30, 160, 166 v. 20. 1. 1932; *Hoppe/Heinricht* 7 u. *Weidner/Seydel* 2 – beide zu § 3 BranntwMonG; *Bender* Tz. 96.5 b).

9. Sonstige Konkurrenzfragen

46 **Bannbruch und Steuerhinterziehung** (§ 370 AO) treffen bei verbotswidriger Einfuhr regelmäßig in Tateinheit (§ 52 StGB) zusammen, wenn bei der Einfuhr aus Drittländern zugleich Eingangsabgaben (Zoll, Abschöpfung, VerbrauchSt oder EUSt) hinterzogen werden (RG 69, 35 v. 8. 1. 1935)

10. Strafen und Nebenfolgen 47–49 § 372

(h. M. vgl. u. a. *Kohlmann,* 47 zu § 372). § 370 V AO stellt klar, daß eine Steuerhinterziehung auch hinsichtlich solcher Waren begangen werden kann, deren Einfuhr, Ausfuhr oder Durchfuhr verboten ist. Solche Verbote schließen auch die Entstehung der Zollschuld nicht aus (Art. 212 S. 1 ZK). Nur für Falschgeld, Suchtstoffe oder psychotrope Stoffe, die illegal eingeführt werden, schließt Art. 212 S. 2 ZK im Anschluß an die Rechtsprechung des EuGH (Rdnr. 8) die Entstehung der Zollschuld aus. Damit scheidet insoweit Tateinheit mit Steuerhinterziehung aus. Bei Einfuhren aus Mitgliedsländern der EG wird der Verbrauchssteuertatbestand in der Regel erst im Inland nach der Einfuhr erfüllt (dazu Dauses-*Voß,* Hdb. des EG-Wirtschaftsrechts, J Rdnr. 246 f.). Nur in Ausnahmefällen entsteht die VerbrauchSt schon bei der Einfuhr, wenn die Waren außerhalb der durch VerbrauchSt-Gesetze vorgeschriebenen Verfahren in das Inland verbracht werden (zB § 19 TabStG). In diesen Fällen und bei der Einfuhr aus Drittländern (zB § 21 TabStG iVm Art. 202 I a ZK) ist Tateinheit zwischen Bannbruch und Steuerhinterziehung möglich.

Tateinheit zwischen Bannbruch und **mittelbarer Falschbeurkundung** 47 (§ 271 StGB) hat das RG (70, 229 f. v. 4. 6. 1936) in einem Fall angenommen, in dem ein (landesrechtlich vorgeschriebenes) Ursprungszeugnis für ein geschmuggeltes Pferd erschlichen worden war.

Denkbar ist auch Tateinheit zwischen Bannbruch und

§ 297 StGB Schiffsgefährdung durch Bannware

Ein Reisender oder Schiffsmann, welcher ohne Vorwissen des Schiffers, desgleichen ein Schiffer, welcher ohne Vorwissen des Reeders Gegenstände an Bord nimmt, welche das Schiff oder die Ladung gefährden, indem sie die Beschlagnahme oder Einziehung des Schiffes oder der Ladung veranlassen können, wird mit Freiheitsstrafe bis zu zwei Jahren oder mit Geldstrafe bestraft.

Tateinheit kann ferner bestehen zwischen Betäubungsmitteleinfuhr und 48 **Straßenverkehrsgefährdung** nach § 315 b I Nr. 3 StGB, begangen durch Zufahren auf einen Zollbeamten, der dem Schmuggler zum Halten aufgefordet hatte (BGH v. 31. 1. 1980, zit. bei *Holtz* MDR 1980, 455); **unerlaubtem Führen einer Schußwaffe** sowie unerlaubtem Erwerb von Munition (BGH v. 7. 9. 1982, NStZ 512).

10. Strafen und Nebenfolgen

Wegen der Strafdrohung für Bannbruch verweist § 372 II AO auf 49 § 370 I, II AO. Nach § 370 I AO ist die vollendete Tat mit Freiheitsstrafe bis zu 5 Jahren oder mit Geldstrafe bedroht. Die Freiheitsstrafe beträgt mindestens 1 Monat (§ 38 II StGB). Die Geldstrafe beträgt mindestens 5 und höchstens 360 Tagessätze (§ 40 I 2 StGB); ein Tagessatz wird auf mindestens 2 DM und höchstens 10000 DM festgesetzt (§ 40 II 3 StGB).

Die versuchte Tat *kann* nach § 370 II AO iVm § 23 II u. § 49 I StGB *milder* bestraft werden. In Ausübung seines Ermessens muß sich das Gericht zunächst darüber schlüssig werden, ob der gewöhnliche Strafrahmen oder der

Voß

engere Strafrahmen nach § 49 I StGB angewandt werden *soll.* Entscheidet sich das Gericht *für* eine Strafmilderung, darf es gem. § 49 I Nr. 2 StGB wegen versuchten Bannbruchs nur eine Freiheitsstrafe von höchstens 3 Jahren und 9 Monaten oder eine Geldstrafe von höchstens 270 Tagessätzen verhängen; auf die *Höhe* des Tagessatzes hat die Milderung der Strafdrohung keinen Einfluß.

Anstelle einer Freiheitsstrafe ist eine Geldstrafe vorgeschrieben, wenn im Einzelfall eine Freiheitsstrafe von 6 Monaten oder darüber nicht in Betracht kommt und wenn nicht besondere Umstände, die in der Tat oder der Persönlichkeit des Täters liegen, die Verhängung einer Freiheitsstrafe zur Einwirkung auf den Täter oder zur Verteidigung der Rechtsordnung unerläßlich machen (§ 47 II, I StGB). *Neben einer Freiheitsstrafe* kann eine Geldstrafe verhängt werden, wenn der Täter sich durch die Tat bereichert oder zu bereichern versucht hat und wenn eine Geldstrafe auch unter Berücksichtigung der persönlichen und wirtschaftlichen Verhältnisse des Täters angebracht ist (§ 41 StGB).

Wegen der Möglichkeit einer Aberkennung der Amtsfähigkeit und Wählbarkeit vgl. § 375 I AO iVm § 45 II StGB.

50 **Die Möglichkeit einer Einziehung** der Erzeugnisse, Waren und anderen Sachen, auf die sich der Bannbruch bezieht *("Bannware")* und der *Beförderungsmittel,* die zur Tat benutzt worden sind, sieht § 375 II Nr. 1 AO vor; die Einzelheiten regeln §§ 74, 74a StGB (Rdnr. 42ff. zu § 375 AO). Auf den Bannbruch *beziehen sich* alle Sachen, die der Täter einem gesetzlichen Verbot zuwider ein-, aus- oder durchgeführt hat, falls die Tat nach § 372 II Halbs. 1 iVm § 370 I oder II AO strafbar ist (Rdnr. 41). Ist die Tat in *anderen* Vorschriften mit Strafe oder Geldbuße bedroht, richtet sich auch die Möglichkeit der Einziehung nach den anderen Gesetzen, die zT über Beförderungsmittel hinaus *alle* Sachen erfassen, die zur Begehung oder Vorbereitung gebraucht worden sind oder bestimmt gewesen sind (vgl. zB § 56 I WaffG), zT enger die Beförderungsmittel *nicht* erfassen (vgl. zB § 33 BtMG, § 55 LebmG). Zum Bannbruch benutzt sind auch Beförderungsmittel, die der Täter oder ein Teilnehmer erst *nach* dem Überschreiten der Grenze einsetzt, um die Bannware in Sicherheit zu bringen (Rdnr. 36).

51 **Die Anordnung des Verfalls** eines Vermögensvorteils, den der Täter oder ein Teilnehmer aus der Tat erlangt hat, ist gem. §§ 73–73d StGB geregelt (*Brenner* DRiZ 1977, 203). Soweit der Täter durch Bannbruch Abgaben nach dem BranntwMonG erspart hat, wird dieser Vermögensvorteil durch nachträgliche Festsetzung und Erhebung dieser Abgaben beseitigt; andere Vermögensvorteile, die sich nicht in einer vorübergehenden Ersparnis von Abgaben auswirken, können in einem Entgelt oder einer Belohnung für die Tatausführung bestehen. Der Gewinn aus der Veräußerung von Bannware unterliegt nicht dem Verfall des Wertersatzes nach § 73a StGB, sondern der Einziehung des Wertersatzes nach § 74c StGB (Rdnr. 69ff. zu § 375 AO).

52 **Straffreiheit durch Selbstanzeige** kann für Bannbruch nicht erlangt werden, da sich § 371 I AO – wie vorher § 395 I RAO 1968, jedoch abw. von

§ 410 RAO 1951 – ausdrücklich nur auf *die Fälle des § 370 AO* bezieht. Wird Selbstanzeige wegen einer mit Bannbruch in Tateinheit zusammentreffenden Steuerhinterziehung (§ 370 AO) erstattet, bleibt die strafbefreiende Wirkung auf die Abgabenhinterziehung beschränkt (Rdnr. 37 f. zu § 371 AO), jedoch kann die Selbstanzeige der Tat bei der Strafzumessung aus § 372 AO mildernd berücksichtigt werden. Auch kann bei weniger schwerwiegenden Zuwiderhandlungen gegen das Ein-, Aus- oder Durchfuhrverbot eine Einstellung des Strafverfahrens nach § 153 StPO eher in Betracht gezogen werden als in den Fällen, in denen die Tat ohne Selbstanzeige zur Kenntnis der Strafverfolgungsbehörden gelangt ist.

11. Verfahrensfragen

Die besonderen Verfahrensvorschriften der §§ 385–408 AO gelten, so- 53 fern Bannbruch iS des § 372 I AO nach § 372 II Halbs. 1 iVm § 370 I oder II AO strafbar ist (Rdnr. 45, wohl einhM). Ausgenommen sind naturgemäß diejenigen Vorschriften, die eine *„Abgabenangelegenheit"* (§ 388 I Nr. 2, II 2 AO), ein *„Besteuerungsverfahren"* (§ 393 AO) oder einen *„Steueranspruch"* oder *„Steuervorteil"* (§ 396 AO) voraussetzen.

Sofern Bannbruch iS des § 372 I AO *in anderen Vorschriften mit Strafe bedroht* 54 *ist* (§ 372 II Halbs. 2 AO), gelten die §§ 385–408 AO (h. M. HHSp-*Hübner,* 30 ff. vor § 372 und 90 zu § 372; *Kohlmann,* 54 zu § 372; *Bender,* ZfZ 1992, 201; ders. Tz. 96, 6 g). Die von *Franzen* in der Voraufl. vertretene Meinung (§ 372 Rdnr. 50) wird nicht aufrecht erhalten. Die h. M. entspricht dem Gesichtspunkt der Praktikabilität, wonach die Zollverwaltung als für die Beachtung der Verbote und Beschränkungen zuständige Behörde auch für die Strafverfolgung bei Verstößen gegen nichtsteuerliche Verbotsnormen zuständig sein muß. Die Sondervorschriften zB des § 37 MOG oder des § 48 LMBG stehen dem nicht entgegen. Die in den §§ 385–408 AO geregelten Befugnisse bleiben davon unberührt.

Die besonderen Verfahrensvorschriften der §§ 409–412 AO gelten nicht, 55 sofern Bannbruch iS des § 372 I AO *in anderen Vorschriften mit Geldbuße bedroht ist* (§ 372 II Halbs. 2 AO) HHSp-*Hübner,* 90 zu § 372; *Kohlmann,* 55 zu § 372; *Bender* ZfZ 1992, 202; *ders.* Tz. 96, 6 g). Bestätigt wird diese Ansicht durch § 12 ZollVG, wonach die Zollbehörden die Waren und Verwaltungsvorgänge den zuständigen Verwaltungsbehörden vorzulegen haben, wenn Waren unter Verstoß gegen Einfuhr-, Ausfuhr- und Durchfuhrverbote in den oder aus dem Geltungsbereich des ZollVG verbracht werden und der Verstoß nur als Ordnungswidrigkeit geahndet werden kann.

Ist ein *Einfuhr*verbot als Ordnungswidrigkeit mit Geldbuße bedroht und trifft die Zuwiderhandlung mit der Hinterziehung von Eingangsabgaben zusammen, so ist in diesen Fällen nach § 21 I 1 OWiG nur das Strafgesetz des § 370 AO und damit auch das besondere Strafverfahrensrecht der §§ 385–408 AO anzuwenden.

Bannbruch im Reiseverkehr ist keine **Zollstraftat** iS des **§ 32 ZollVG.** 56 § 32 ZollVG errichtet insoweit kein **Verfahrenshindernis** (*Franzen* in der

Voraufl. 52 zu § 372; *Elliger/Sticker,* ZfZ 1978, 295; *Bender* Tz 97, 3a und 96, 6f; aA HHSp-*Hübner,* 33 vor § 372; *Kohlmann,* 56 zu § 372). Zwar nimmt der Wortlaut des § 32 ZollVG auf § 369 AO Bezug, wonach der Bannbruch in Abs. 1 Nr. 2 ausdrücklich als Steuer- bzw. Zollstraftat definiert wird. § 32 ZollVG paßt aber inhaltlich nicht auf den Bannbruch. Die Verfolgung des Bannbruchs kann nicht von dem Warenwert abhängig gemacht werden, weil Ein-, Aus- und Durchfuhrverbote nicht zum Schutze des vom Warenwert abhängigen Steueraufkommens erlassen sind, sondern der Abwehr von Gefahren für andere Rechtsgüter dienen (Rdnr. 2). Deren Gefährdung hängt allein von der Art, der Beschaffenheit und der Verbreitung der Bannware, nicht von dem Warenwert ab. Auch die Zuschlagsregelung des § 32 III ZollVG, die auf die Höhe der Eingangsabgaben abstellt, würde für den Bannbruch leer laufen. § 32 ZollVG bezweckt nur, unbedeutende Verstöße zu Lasten des Steuer- und Zollaufkommens von der Strafverfolgung auszunehmen.

Schmuggel

§ 373 Gewerbsmäßiger, gewaltsamer und bandenmäßiger Schmuggel

(1) Wer gewerbsmäßig Eingangsabgaben hinterzieht oder gewerbsmäßig durch Zuwiderhandlungen gegen Monopolvorschriften Bannbruch begeht, wird mit Freiheitsstrafe von drei Monaten bis zu fünf Jahren bestraft.

(2) Ebenso wird bestraft, wer
1. eine Hinterziehung von Eingangsabgaben oder einen Bannbruch begeht, bei denen er oder ein anderer Beteiligter eine Schußwaffe bei sich führt,
2. eine Hinterziehung von Eingangsabgaben oder einen Bannbruch begeht, bei denen er oder ein anderer Beteiligter eine Waffe oder sonst ein Werkzeug oder Mittel bei sich führt, um den Widerstand eines anderen durch Gewalt oder Drohung mit Gewalt zu verhindern oder zu überwinden, oder
3. als Mitglied einer Bande, die sich zur fortgesetzten Begehung der Hinterziehung von Eingangsabgaben oder des Bannbruchs verbunden hat, unter Mitwirkung eines anderen Bandenmitglieds die Tat ausführt.

Vgl. § 38 ÖsterrFinStrG sowie § 16 II 2 KriegswaffG u. § 52a II 2 WaffG, beide neugefaßt durch G v. 31. 5. 1978 (BGBl. I 641); § 29 III Nr. 1 u. § 30 I Nr. 1 BtMG.
Zu § 373 II AO vgl. auch § 125 a S. 2 Nr. 1 u. 2, § 244 I Nr. 1–3 und § 250 I Nr. 1, 2 u. 4 StGB.

Schrifttum: *Bender*, Das Ende des schweren Schmuggels? ddz 1968 F 29; *Pfaff*, Gewerbsmäßiger, gewaltsamer und bandenmäßiger Schmuggel, ZfZ 1981, 7; weiteres Schrifttum s. vor Rdnr. 10, 16, 32, 42 u. 43.

Übersicht

1. Entstehungsgeschichte 1	5. Bandenschmuggel 32–41
2. Zweck und Anwendungsbereich ... 2–9	6. Strafaufhebungsgründe 42
3. Gewerbsmäßiger Schmuggel 10–15	7. Strafbarkeit des Versuchs 42a
4. Gewaltsamer Schmuggel 16–31	8. Strafen und Nebenfolgen 43–47
a) mit Schußwaffen 19–24	9. Konkurrenzfragen 48, 49
b) mit sonstigen Waffen 25–31	10. Verfahrensfragen 50–53

1. Entstehungsgeschichte

Eine dem § 373 AO entsprechende Vorschrift wurde durch Art. 1 Nr. 15 **1** G v. 4. 7. 1939 (RGBl. I 1181) als § 401 b in die RAO eingefügt; Absatz 1 war neu, Absatz 2 wurde übernommen aus §§ 146, 148 VZollG v. 1. 7. 1869 (BGBl. des Nordd. Bundes 317). Durch Art. 1 Nr. 10 des 2. AOStrafÄndG v. 12. 8. 1968 (BGBl. I 953) wurde die Vorschrift als **§ 397** bezeichnet und auf die Hinterziehung von *„Eingangsabgaben"* –anstelle von *„Zöllen"* – erweitert (Begr. BT-Drucks. V/1812 S. 24 f.); ferner wurden in Absatz 2 Nr. 1 die Worte *„gemeinschaftlich mit ihnen"* der Klarheit halber durch die Worte *„mit mindestens zwei von ihnen"* ersetzt (Schriftl. Ber. zu BT-Drucks. V/2928 S. 2).

Voß

Art. 4 des 1. StrRG v. 25. 6. 1969 (BGBl. I 645, 657) paßte die Strafdrohung mit *Freiheitsstrafe von drei Monaten bis zu fünf Jahren* dem StGB an. In der Fassung des § 373 AO 1977 v. 16. 3. 1976 (BGBl. I 613) entspricht die Vorschrift wörtlich § 356 RegE (vgl. BT-Drucks. VI/1982 S. 80, Begr. S. 196). Abw. von § 397 I RAO 1968 wurde der sachliche Anwendungsbereich bei gewerbsmäßigem Bannbruch auf Zuwiderhandlungen gegen *Monopolvorschriften* begrenzt. Zugleich wurden die Vorschriften über den Schmuggel mit Waffen und über Bandenschmuggel an § 244 I StGB (Diebstahl mit Waffen und Bandendiebstahl) angepaßt. Abw. von § 397 II Nr. 1 RAO 1968 ist es nach § 373 II Nr. 3 AO ausreichend, daß die Tat mit *einem* weiteren Bandenmitglied begangen wird (str., s. Rdnr. 33), sofern sich die Bande *„zur fortgesetzten Begehung der Hinterziehung von Eingangsabgaben oder des Bannbruchs verbunden hat."*

2. Zweck und Anwendungsbereich

2 § 373 AO bildet keinen selbständigen Straftatbestand, sondern enthält **Strafschärfungsgründe** für den Fall, daß die Hinterziehung von Eingangsabgaben (§ 370 AO) oder Bannbruch (§ 372 I AO) unter erschwerenden Begleitumständen begangen wird (glA *Bender* Tz. 67, 3; *HHSp-Hübner* 2, *Kohlmann* 5, *Klein/Orlopp* 2, *Koch* 2, *Leise* 1 u. *Meyer* 1 zu § 373 AO; *Pfaff* ZfZ 1981, 7; BGH v. 3. 10. 1973, GA 1974, 309 u. BayObLG v. 28. 4. 1971, GA 1972, 28 zu § 397 RAO 1968; aM *Bäckermann* A.2.5.1. u. *Seelig* ZfZ 1981, 8, nach deren Auffassung der Versuch einer einfachen Schmuggeltat nach § 370 II AO strafbar ist, jedoch der Versuch eines Schmuggels unter den erschwerenden Umständen des § 373 AO straffrei sein soll; s. auch Rdnr. 42a).

2a **In der Überschrift** des § 373 AO werden die beiden Grundtatbestände unter der populären, in der Gesetzessprache sonst nicht verwendeten Bezeichnung *„Schmuggel"* zusammengefaßt. Diese Bezeichnung macht deutlich, daß § 373 AO sich nicht auf die Hinterziehung einer beliebigen Steuer bezieht, sondern nur auf *Eingangsabgaben,* die beim Verbringen einer Ware über die Grenze entstehen (Rdnr. 5). Andererseits erfaßt § 373 AO abweichend vom allgemeinen Sprachgebrauch nicht nur Vorgänge, die sich beim körperlichen Verbringen einer Ware über die grüne Grenze oder im Reiseverkehr abspielen, sondern – namentlich beim gewerbsmäßigen Schmuggel – auch „Schreibtischtaten", wie zB unrichtige Angaben über den Zollwert oder Mißbrauch von Zollverkehren (*Bender* Tz. 67,1).

3 **Der Zweck der Vorschrift,** Steuerhinterziehung und Bannbruch bei bestimmten Begleitumständen der Tat mit einer Freiheitsstrafe von mindestens 3 Monaten zu bedrohen, beruht in allen Fällen des § 373 AO darauf, daß der jeweilige Täter einen stärkeren gesetzwidrigen Willen entfaltet als ein Täter, der nur einer gelegentlichen Versuchung zum Schmuggel nicht widerstehen kann; zugleich begründet der *gewerbsmäßig* handelnde Täter eine erhöhte Gefahr für die Eingangs- oder Monopolabgaben und der *gewaltsam* oder *bandenmäßig* handelnde Täter eine erhöhte persönliche Gefahr für die im

2. Zweck und Anwendungsbereich 4, 5 § 373

Zollgrenzdienst eingesetzten Beamten (stRspr., vgl. BayObLG v. 25. 2. 1932, JW 2820 f.; RG 69, 105, 107 v. 11. 2. 1935; OLG Köln v. 18. 1. 1952, MDR 438; BGH 6, 260, 262 v. 13. 7. 1954; BGHGrS 12, 220, 225 v. 10. 11. 1958). Diese Erwägungen hatten die BReg unter dem Eindruck des „Kaffeekrieges", der nach der Währungsreform an der deutsch-belgischen Grenze gegen bewaffnete und gepanzerte Schmugglerfahrzeuge geführt werden mußte, veranlaßt, in dem Entwurf eines Gesetzes zur Änderung von steuerstrafrechtlichen Vorschriften der AO usw. v. 23. 10. 1952 (BR-Drucks. 430/52) für *besonders schwere Fälle* gewerbsmäßigen, bandenmäßigen oder gewaltsamen Schmuggels Zuchthausstrafe bis zu 10 Jahren vorzuschlagen. Wenngleich der Gesetzgeber diesem Vorschlag nicht gefolgt ist (vgl. G v. 11. 5. 1956, BGBl. I 1181), darf doch die kriminologische Verwandtschaft schweren Schmuggels zu gewerbsmäßiger Jagdwilderei (§ 292 III StGB), Diebstahl oder Raub mit Waffen (§ 244 I Nr. 1, 2, § 250 I Nr. 1, 2 StGB) sowie Bandendiebstahl und Bandenraub (§ 244 I Nr. 3, § 250 I Nr. 4 StGB) nicht übersehen werden.

Der Anwendungsbereich des § 373 AO erstreckt sich auf Steuerhinterziehung (§ 370 AO), Bannbruch (§ 372 I AO) und Steuerhehlerei (§ 374 AO) ohne Unterschied, ob die jeweilige Tat *vollendet* oder nur *versucht* worden ist. 4

a) **In den Fällen des § 370 AO** ist die Anwendung des § 373 AO beschränkt auf die *Hinterziehung von Eingangsabgaben.* Dieser Begriff ist durch Art. 1 Nr. 10 des 2. AOStrafÄndG aus § 1 III ZG in § 397 RAO übernommen worden, um die Streitfrage zu klären, ob die Strafschärfungsgründe des § 397 RAO auch bei der Hinterziehung von anderen Abgaben als „Zöllen" eingreifen, die wie Zölle beim grenzüberschreitenden Warenverkehr entstehen können, nämlich Verbrauchsteuern, EUSt und Abschöpfungen. Diese Frage war nach § 401 b RAO 1939 für die frühere AusglSt wegen der unbeschränkten Verweisung des § 15 UStG 1951 auf die für Zölle geltenden Vorschriften bejaht (BGH 10, 217, 219 f. v. 5. 4. 1957), jedoch für Verbrauchsteuern verneint worden (BGH v. 3. 2. 1955, ZfZ 305; v. 27. 3. 1956, ZfZ 275 f.). Eine solche Unterscheidung mag nach dem früheren Gesetzeswortlaut wegen des strafrechtlichen Analogieverbots (Rdnr. 18 f. zu § 369 AO) unausweislich gewesen sein; sie war jedoch mit Rücksicht auf den rechtspolitischen Zweck der Vorschrift (Rdnr. 3) nicht sinnvoll. 5

Der **Begriff der Eingangsabgaben** unterscheidet sich von der Definition der Einfuhrabgaben iS von Art. 4 Nr. 10 ZK, wonach unter Einfuhrabgaben auch Abgaben gleicher Wirkung wie Zölle (vgl. dazu Grabitz/Hilf-*Voß*, KEU, Art. 12 Rdnr. 8 ff.) und neben den Abschöpfungen sonstige bei der Einfuhr erhobene Abgaben zu verstehen sind, die im Rahmen der gemeinsamen Agrarpolitik oder aufgrund der für bestimmte landwirtschaftliche Verarbeitungserzeugnisse geltenden Sonderregelungen vorgesehen sind. Die Definition der Einfuhrabgaben iS des ZK geht damit über den Begriff der Eingangsabgaben des § 373 AO hinaus, der unter Berücksichtigung des Zeitpunktes der Ersetzung des Begriffes „*Zölle*" durch den Begriff „*Eingangsabgaben*" durch das 2. AOStrafÄndG vom 12. 8. 1968 sich auf § 1 III ZG idF vom 12. 8. 1968 bezog und damit nur **Zölle, Abschöpfungen** und – bei

Voß 391

der Einfuhr zu erhebende – **Verbrauchsteuern** einschließlich **EUSt** erfaßte (HHSp-*Engelhardt* § 373 Rdnr. 20; *Kohlmann,* § 373 Rdnr. 10; Klein/Orlopp, § 373, 4). Zölle sind materiell Abgaben, die den Übergang von Waren aus einem fremden Wirtschaftsgebiet in das eigene belasten und formell nach Maßgabe eines Zolltarifs erhoben werden. Abschöpfungen (vgl. dazu *Bail/Schädel/Hutter/Lux* F II 1 127, *Bail/Schädel/Hutter/Schneider* G I 1 ff.) stehen den Zöllen materiell gleich. Sie werden jedoch nicht nach Maßgabe des Zolltarifs, sondern auf der Grundlage des Unterschieds des Inlandpreises zum Weltmarktpreis erhoben. Abschöpfungen sind materiell Abgaben zu Marktordnungszwecken. Sie fallen aber nicht unter das MOG, weil für sie eine Spezialregelung in Gestalt des AbschErhG besteht. Für – andere – **Abgaben zu Marktordnungszwecken,** die nach den Regelungen des § 1 II MOG, insbesondere nach Verordnungen des Rats oder der Kommission der EG erhoben werden, sind die Vorschriften der AO entsprechend anzuwenden (§ 12 I S. 1 MOG). Das schließt die entsprechende Anwendung des § 373 AO für solche Abgaben zu Marktordnungszwecken ein, die bei der Einfuhr von der Marktordnung unterliegenden Waren aus Drittländern erhoben werden (zB Ausgleichsabgaben auf Obst, Gemüse und Wein; vgl. § 35 MOG). Das ZollVG bezieht in die Definition der Einfuhrabgaben von vornherein alle vorstehend genannten Abgaben ein, indem es auf den Zollkodex verweist und die EUSt sowie die Verbrauchsteuer für eingeführte Waren zu den Einfuhrabgaben rechnet (§ 1 I 3 ZollVG). Für die Hinterziehung von **ausländischen Eingangsabgaben,** die von anderen Mitgliedsländern der EG, von Mitgliedern der EFTA oder von einem mit diesen Staaten assoziierten Land verwaltet werden, gilt § 373 AO nicht (BGH, wistra 1987, 293; HHSp-*Engelhardt,* 22 zu § 373; *Kohlmann,* 10.2. zu § 373).

6 b) **In den Fällen des § 372 I AO** gilt § 373 II AO – wie vorher § 397 II RAO – nach der Änderung der Subsidiaritätsklausel für den Bannbruchtatbestand gem. Art. 1 Nr. 9 des 2. AOStrafÄndG ohne Unterschied, ob eine Tat iS der gesetzlichen Begriffsbestimmung des Bannbruchs nach § 372 II AO strafbar ist oder ob sie bei einfacher Tatausführung nach anderen Vorschriften mit Strafe bedroht ist oder als Ordnungswidrigkeit nur mit Geldbuße geahndet werden kann (str., s. Rdnr. 41 f. zu § 372 AO). Die Änderung berücksichtigt die übergeordnete rechtspolitische Zielsetzung des § 373 II AO (Rdnr. 3) bei den Zuwiderhandlungen gegen diejenigen Ein-, Aus- und Durchfuhrverbote, die durch selbständige Straf- oder Bußgeldvorschriften gesichert sind (Rdnr. 3, 26 ff. zu § 372 AO). Diese Zuwiderhandlungen waren durch § 401 a III RAO 1939 bei bandenmäßiger oder gewaltsamer Ausführung ohne inneren Grund der Strafschärfung nach § 401 b RAO 1939 entzogen. Wer mit Waffen oder als Mitglied einer Bande schmuggelt, begeht stets eine *Straftat,* auch wenn die verbotswidrige Einfuhr usw. ohne die erschwerenden Umstände nur mit Geldbuße bedroht ist. Diese Unterscheidung ist sinnvoll und einleuchtend (HHSp-*Engelhardt* 23 zu § 373 aM HHSp-*Hübner* 34 vor § 372 u. 6 zu § 373 AO), auch wenn ein gewaltsames oder bandenmäßiges Zuwiderhandeln gegen

2. Zweck und Anwendungsbereich 7–9 § 373

Verbringungsverbote, die sonst nur als Ordnungswidrigkeiten geahndet werden können, selten vorkommt (Rdnr. 3 zu § 372 AO).
Eingeschränkt ist die Anwendung des § 373 I AO ab 1. 1. 1977 auf die 7 gewerbsmäßige Hinterziehung von Eingangsabgaben sowie auf Bannbruch durch gewerbsmäßiges Zuwiderhandeln gegen § 3 BranntwMonG. Für gewerbsmäßiges Zuwiderhandeln gegen andere Ein-, Aus- und Durchfuhrverbote (Rdnr. 26 ff zu § 372 AO) ist in der AO ein erhöhter Strafrahmen nicht mehr vorgesehen (HHSp-*Engelhardt* 24 zu § 373 AO). Die bei den parlamentarischen Beratungen dazu abgegebene Erklärung des Regierungsvertreters, daß außer in Monopolsachen für gewerbsmäßigen Bannbruch kein Strafschärfungs*bedürfnis* bestehe, erscheint nur aus dem Blickwinkel des Finanzressorts verständlich, ist aber nicht überzeugend. Die Belange einer verstärkten Abwehr von gewerbsmäßigem Branntweinschmuggel und einer verstärkten Bekämpfung von bewaffneten oder bandenmäßig handelnden Schmugglern sind berücksichtigt, während die Belange anderer Ressorts in bezug auf gewerbsmäßiges Zuwiderhandeln gegen andere Ein-, Aus- und Durchfuhrverbote vernachlässigt worden sind.

Ausgeschlossen ist die Anwendung des § 373 AO, sofern ein Verbotsge- 8 setz für den Fall einer verbotswidrigen Ein-, Aus- oder Durchfuhr unter erschwerenden Umständen bereits *von sich aus* eine erhöhte Strafe androht, wie § 29 III Nr. 1 iVm § 29 I Nr. 1 u. 5 BtMG für Täter, die gewerbsmäßig handeln, sowie § 52a II 2 WaffG und § 22a KriegswaffG für Täter, die gewerbsmäßig oder bandenmäßig handeln. Wer diese Merkmale nicht erfüllt, aber beim Schmuggel von Betäubungsmitteln oder (Kriegs-)Waffen eine (Schuß-)Waffe bei sich führt, unterliegt nach dem BtMG, dem WaffG oder KriegswaffG keiner erhöhten Strafdrohung. Die Frage, ob insoweit § 373 II Nr. 1 oder 2 AO anzuwenden ist, muß verneint werden. Die besonderen Regelungen im BtMG, im WaffG und im KriegswaffG lassen darauf schließen, daß der Gesetzgeber die straferhöhenden Merkmale für das Schmuggeln von Betäubungsmitteln und (Kriegs-)Waffen jeweils unabhängig von der AO, also *abschließend* regeln wollte (aM *Ellinger/Sticker* ZfZ 1978, 295). Rechtspolitisch muß die bestehende Regelung als systemwidrig und ungereimt empfunden werden; denn es ist nicht einzusehen, aus welchem Grund ein bewaffneter Täter, der Betäubungsmittel oder Waffen schmuggelt, weniger strafwürdig oder für die Beamten des Zollgrenzdienstes weniger gefährlich erscheinen soll (Rdnr. 3) als bewaffnete Täter, die andere Waffen schmuggeln.

c) **In den Fällen des § 374 AO** gilt § 373 I AO kraft ausdrücklicher Verwei- 9 sung des § 374 II AO, soweit die Steuerhehlerei sich auf Erzeugnisse oder Waren bezieht, „*hinsichtlich deren Verbrauchsteuer oder Zoll hinterzogen*" worden ist. Die scheinbare Beschränkung des § 374 AO auf Verbrauchsteuern und Zölle bedeutet bei näherer Betrachtung im Vergleich zu Eingangsabgaben iS des § 373 AO eine Erweiterung in bezug auf diejenigen Verbrauchsteuern, die mit der Entfernung verbrauchsteuerpflichtiger Erzeugnisse aus *inländischen* Herstellungsbetrieben oder der sonstigen Überführung in den freien Verkehr, insbesondere Entnahme der Ware aus der Steueraussetzung (vgl. *Dauses/Voß*, Hdb. EG-Wirtschaftsrecht, J Rdnr. 247 ff.) entstehen. Besteht die Vortat der Steuerhehlerei in der Hinterziehung von EUSt, gilt § 373 I iVm § 374 AO nach der Verweisung des § 21 II UStG auf die für Zölle geltenden Vorschriften (Rdnr. 5). Besteht die Vortat in der Hinterziehung von Abschöpfungen, gilt § 373 I iVm § 374 AO gem. § 2 I AbschG, nach dem die „*für Zölle sowie Zollstraftaten*" geltenden Vorschriften anzuwenden sind.

3. Gewerbsmäßiger Schmuggel

Schrifttum: *Laubereau,* Ist gewerbsmäßiger Schmuggel nach § 401 b RAO ein Sondertatbestand oder lediglich ein Strafschärfungsgrund? NJW 1952, 171; *Kröner,* Die Gewerbsmäßigkeit bei Zoll- und Steuervergehen, ZfZ 1964, 195; *Brenner,* Mindest- und Höchststrafe bei gewerbsmäßiger Steuerhinterziehung (§ 373 AO), ddz 1981 F 5; *Mondenbruck,* Zum Verhältnis von Steuerhinterziehung und gewerbsmäßigem Schmuggel, wistra 1984, 7.

10 **Die Gewerbsmäßigkeit** ist als Strafschärfungsgrund (BGH v. 27. 3. 1956, ZfZ 275; BayObLG 1, 369 v. 11. 4. 1951) erst 1939 in das Zollstrafrecht eingeführt worden (Rdnr. 1). Eine gesetzliche Begriffsbestimmung fehlt, obwohl gewerbsmäßiges Handeln in vielen Tatbeständen des StGB (vgl. § 180a I, II Nr. 1, III, § 181a II, § 243 I Nr. 3, § 260, § 292 III, § 293 III, § 302a II Nr. 2) und des Nebenstrafrechts (vgl. § 124 II BranntwMonG, § 29 III Nr. 1, § 30 I Nr. 2 BtMG) als strafbegründendes oder straferhöhendes Merkmal vorkommt. Allgemein anerkannt ist der Begriff, den die Rspr. insbes. zu § 260 StGB, entwickelt hat: *Gewerbsmäßig handelt derjenige Täter oder Teilnehmer, der die Absicht hat, sich durch wiederholte Begehung von Straftaten der fraglichen Art eine fortlaufende Einnahmequelle zu verschaffen* (BGH 1, 383 f. v. 8. 11. 1951; BGH, wistra 1987, 30). Schon eine *einzelne* Handlung kann ausreichen, wenn sie einen auf Wiederholung gerichteten Willen erkennen läßt (BGH 19, 63, 76 v. 25. 7. 1963). Bei *einer* nach früherer Rspr. als fortgesetzte Handlung einzustufenden Tat (Rdnr. 12) konnte sogar die Wiederholungsabsicht fehlen (BGH 26, 4 v. 9. 10. 1974 zu einem fortgesetzten Schmuggel von Goldbarren, begangen in mehr als 200 Einzelakten). Umgekehrt kann die Absicht der Gewerbsmäßigkeit bei einer einmaligen Betätigung uU auch dann fehlen, wenn die Tat im Rahmen der Ausübung eines Gewerbes begangen worden ist. Darüber hinaus hat der BGH gewerbsmäßiges Handeln eines Fuhrunternehmers verneint, der für andere einige Schmuggelfahrten ausgeführt hatte, um sich für die Zukunft gesetzmäßige Fuhraufträge zu sichern (BGH v. 16. 7. 1953, zit. bei *Herlan* GA 1953, 178); die Aussicht auf wiederholte *gesetzmäßige* Geschäftsabschlüsse reicht nicht aus (BGH v. 19. 12. 1979, StRK § 373 AO R. 1).

11 **Gewerbsmäßiges Handeln** erfordert nicht, daß der Täter in Ausübung seines Berufs oder Gewerbes tätig wird (OLG Frankfurt v. 25. 5. 1949, ZfZ 1950, 45 f.) oder daß der Täter (bei § 260 StGB) „*ein typisch gewerbsmäßiger Hehler"* ist oder aus der Tat „*ein kriminelles Gewerbe gemacht hat"* (BGH aaO, Rdnr. 10) oder daß er den Schmuggel wie einen Beruf betreibt und aus den Einkünften seinen Unterhalt bestreitet (vgl. § 238 E 1962 im Gegensatz zu § 236 Nr. 3 E 1962). Die von dem Täter eröffnete Einnahmequelle braucht nach seiner Vorstellung nicht *ständig* zu fließen; jedoch muß er sich eine *Einnahme von einer gewissen, wenn auch nicht unbegrenzten Dauer* verschaffen

3. Gewerbsmäßiger Schmuggel   12–15 § 373

wollen (RG 58, 19 v. 27. 11. 1923; BGH aaO). Daran fehlt es zB, wenn jemand für gelegentliches Wagenwaschen unverzollte und unversteuerte Zigaretten annimmt (BayObLG v. 7. 5. 1952, ZfZ 249) oder wenn jemand Dritten durch Zigarettenschmuggel gegen Unkostenerstattung eine Gefälligkeit erweist (OLG Karlsruhe v. 4. 3. 1975, ZfZ 210, 213). Andererseits setzt eine Einnahmequelle iS der Rspr nicht voraus, daß *Bareinnahmen* erzielt werden; auch andere Vermögensvorteile können genügen (RG 54, 184 f. v. 5. 12. 1919). Schließlich kann ein Vermögensvorteil auch in der Ersparnis liegen, die der Täter macht, wenn er die auf strafbare Weise erlangten Waren fortlaufend zur Deckung seiner eigenen Bedürfnisse verwendet. Indessen liegt bei Genußmitteln wie Spirituosen eine Ersparnis nur vor, wenn der Täter sie sich auf jeden Fall, also auch auf gesetzmäßige Weise zu einem höheren Preis, verschafft und nicht etwa darauf verzichtet hätte (OLG Köln v. 7. 10. 1952, ZfZ 373, in bezug auf Kaffee). Die Ersparnis *notwendiger* Ausgaben ist stets ein Vermögensvorteil (OLG Hamm v. 24. 5. 1957, ZfZ 339). Auf einen *erheblichen* Gewinn braucht die Absicht des Täters nicht gerichtet zu sein (BayObLG – 4 St 272/62 – v. 22. 11. 1962, zit. bei *Kröner* aaO).

Jede einzelne Betätigung der Absicht gewerbsmäßigen Handelns bildet 12 eine *selbständige* Straftat. Die Absicht, gleichartige Schmuggeltaten gewerbsmäßig auszuführen, hat nicht zur Folge, daß alle Handlungen, die aus derselben Absicht erwachsen, rechtlich zu einer sog. Sammelstraftat *(„Kollektivdelikt")* vereinigt werden (stRspr ab RGGrS 72, 164 v. 21. 4. 1938; vgl. BGH 1, 41 v. 20. 2. 1951; BGH v. 10. 4. 1953, NJW 955; zust. HHSp-*Engelhardt*, 134 zu § 373; *Kohlmann,* 19 zu § 373 AO, S/S-*Stree* 100 vor §§ 52ff. StGB mwN). Nachdem der BGH seine frühere Rechtsprechung zum **Fortsetzungszusammenhang** aufgegeben hat (BGH NJW 1994, 1649 und BGH NJW 1994, 2368; dazu *Zschockelt*, NStZ 1994, 361; Rdnr. 112ff. zu § 369 AO), stellt sich die Frage der Abgrenzung zwischen gewerbsmäßigem und fortgesetzten Schmuggel nicht mehr.

Nur demjenigen Täter oder Teilnehmer ist die Absicht der Gewerbs- 14 **mäßigkeit zuzurechnen,** bei dem sie vorliegt; die gewerbsmäßige Begehungsweise setzt *eigennütziges* Handeln voraus; Handeln zu fremdem Vorteil kann allenfalls Beihilfe zu fremder Tat sein (BGH 6, 260f. v. 13. 7. 1954; BGH v. 23. 8. 1979, HFR 1980, 250). Die Gewerbsmäßigkeit ist ein besonders persönliches, strafschärfendes Merkmal, auf das § 28 II StGB Anwendung findet (BGH, wistra 1987, 30). Wer nicht selbst gewerbsmäßig handelt, unterliegt nach § 28 II StGB nicht der verschärften Strafdrohung. Handelt ein Gehilfe selbst gewerbsmäßig, ist er wegen gewerbsmäßiger Beihilfe zu Zollhinterziehung oder Bannbruch zu bestrafen, nicht etwa wegen Beihilfe zu gewerbsmäßiger Zollhinterziehung; denn für die Schuld eines Teilnehmers ist es ohne Bedeutung, ob sich der Haupttäter durch die Schmuggelgeschäfte eine laufende Einnahme verschaffen will (BGH v. 4. 11. 1954, GA 1955, 366; zust. *Hartung* II zu § 401 b RAO 1939 sowie HHSp-*Engelhardt,* 108 u 118 zu § 373 AO).

Die Vorteile, die einem gewerbsmäßig handelnden Mittäter oder Gehilfen 15 eine dauernde Einnahmequelle verschaffen sollen (Rdnr. 11), brauchen zwar nicht von derselben Art zu sein wie die des Haupttäters, sie müssen aber unmittelbar aus dem eigenen Tatbeitrag des Mittäters oder Gehilfen erwachsen (BGH v. 19. 12. 1979, HFR 1980, 250).

4. Gewaltsamer Schmuggel

Schrifttum: *Theis,* Um den Strafverschärfungsgrund des Waffenbesitzes, MDR 1950, 328; *Meister,* Zur strafrechtlichen Beurteilung der Verwendung nur scheinbar gefährlicher Waffen, JZ 1952, 676; *Krüger,* Der Schußwaffenbegriff im Waffenrecht des Bundes und der Länder, DRiZ 1970, 88; *Schröder,* Diebstahl und Raub mit Waffen (§§ 244, 250 StGB), NJW 1972, 1833; *Blei,* Strafschutzbedürfnis und Auslegung, Henkel-Festschr. 1974, 109, 121 ff.; *Braunsteffer,* Schwerer Raub gemäß § 250 I Nr. 2 StGB bei (beabsichtigter) Drohung mit einer Scheinwaffe? NJW 1975, 623; *Küper,* Zum Raub mit einer „Scheinwaffe" (§ 250 I Nr. 2 StGB) – BGH, NJW 1976, 248, JuS 1976, 645; *Amann,* Der Waffenbegriff im Strafgesetzbuch, jur. Diss. Freiburg 1978; *Eser,* „Scheinwaffe" und „Schwerer Raub" (§ 250 I Nr. 2, II StGB), JZ 1981, 761, 821; *Katzer,* Der Diebstahl mit Schußwaffe (§ 244 I Nr. 1 StGB), NStZ 1982, 236; *Hettinger,* Diebstahl mit Waffen (§ 244 Abs. 1 Nr. 1 StGB) durch zum Tragen von Schußwaffen verpflichtete Täter? GA 1982, 525; *ders.,* Der „beschuhte Fuß" als Werkzeug iS des § 250 I Nr. 2 StGB, JuS 1982, 895; *Hruschka,* Das Beisichführen einer Schußwaffe beim Raub, Anm. zum Urt. des BGH v. 10. 8. 1982, JZ 1983, 217.

16 **Die Strafschärfungsgründe des § 373 II Nr. 1 u. 2 AO** berücksichtigen die stärkere verbrecherische Willensbetätigung bewaffneter Schmuggler und die von ihnen ausgehende erhöhte Gefahr für die Beamten des Zollgrenzdienstes (Rdnr. 3). Die mit § 373 II AO 1977 auch für Schmuggel eingeführte Unterscheidung zwischen Schußwaffen (Nr. 1) und sonstigen Waffen, Werkzeugen oder Mitteln (Nr. 2) hat die gleichartige Unterscheidung in § 244 I Nr. 1 u. 2 sowie in § 250 I Nr. 1 u. 2 StGB zum Vorbild, die Art. 1 Nr. 66 des 1. StrRG v. 25. 6. 1969 (BGBl. I 645, 655) und Art. 1 Nr. 127 EGStGB v. 2. 3. 1974 (BGBl. I 469, 490) mWv 1. 1. 1975 für Diebstahl und Raub mit Waffen getroffen haben (ähnl. § 125a S. 2 Nr. 1 u. 2 StGB). Dabei wurden aus dem allgemeinen Bereich der Waffen die Schußwaffen wegen ihrer Lebensgefährlichkeit herausgehoben und allein ihr Beisichführen mit erhöhter Strafe bedroht, selbst wenn ihr Träger nicht den Vorsatz hat, bei der Tat davon Gebrauch zu machen (vgl. BGH 24, 136, 137 f. v. 6. 5. 1971). Die mit unterschiedlichen Anforderungen an den Vorsatz des Täters verbundene Unterscheidung zwischen Schußwaffen und weniger gefährlichen sonstigen Waffen muß bei der Abgrenzung dieser Gewaltmittel ab 1. 1. 1975/77 stärker berücksichtigt werden als vorher (Rdnr. 19 ff.).

17 **Die zusammenfassende Bezeichnung** der Straftaten nach § 373 II Nr. 1 und 2 AO als *gewaltsamer* Schmuggel in der Überschrift zu § 373 AO ist ungenau, da der Schmuggel mit Schußwaffen, sonstigen Waffen, Werkzeugen und Mitteln die *Anwendung* von Gewalt nicht voraussetzt.

18 **Als Hilfsmittel der Tat** müssen die (Schuß-)Waffen, Werkzeuge oder Mittel mitgeführt werden; § 373 II Nr. 1 u. 2 AO greift nicht ein, wenn sie selbst das Schmuggelgut bilden. Beides kann zusammentreffen, wenn der Täter eine zu schmuggelnde (Schuß-)Waffe griffbereit bei sich führt; anders, wenn er sie verpackt oder in einem Fahrzeug an einer schwer zugänglichen Stelle versteckt hat. Das bloße Befördern einer (Schuß-)Waffe ist kein „Beisichführen" (vgl. OLG Braunschweig v. 31. 7. 1964, JR 1965, 266 f., zu § 14 WaffG 1938).

4. Gewaltsamer Schmuggel

a) Schmuggel mit Schußwaffen (§ 373 II Nr. 1 AO)

Schußwaffen sind iS des Waffenrechts Geräte, die zum Angriff, zur Verteidigung, zum Sport, Spiel oder zur Jagd bestimmt sind und bei denen Geschosse durch einen Lauf getrieben werden (§ 1 I WaffG). Unter dem Gesichtspunkt der für § 373 II Nr. 1 AO wie für § 244 I Nr. 1 u. § 250 I Nr. 1 StGB maßgebenden besonderen Gefährlichkeit eines mit Schußwaffen ausgerüsteten Täters (Rdnr. 16) ist der strafrechtliche Schußwaffenbegriff jedoch *enger* zu bestimmen als der waffenrechtliche Begriff. Es muß sich um Instrumente handeln, mit denen aus einem Lauf vermittels Explosionsgasen oder Luftdruck Geschosse gegen den Körper eines anderen abgefeuert werden können (*Kohlmann* 21 zu § 373; HHSp-*Engelhardt*, 24 zu § 373). Voraussetzung ist, daß die Waffen Verletzungen bewirken können, die nicht lebensgefährdend zu sein brauchen (aA *Franzen* in der Vorauflage. 19 zu § 373). Auch Luftgewehre oder Luftpistolen fallen unter den Begriff der Schußwaffen (BGH, zit. bei *Dallinger*, MDR 1974, 547; LK-*Ruß*, 3 zu § 244 StGB mwN), nicht jedoch *Signalpistolen;* andernfalls wäre jeder Berufs- oder Sportschiffer, der Spirituosen oder Tabakwaren schmuggelt und eine Signalpistole nur aus nautischen Sicherheitsgründen bei sich führt, wegen gewaltsamen Schmuggels nach § 373 II Nr. 1 AO strafbar. 19

Ob **chemisch wirkende Schießgeräte** Schußwaffen sind, ist streitig (verneinend: BGHSt 4, 125, 127; BGH GA 162, 145 f. SK-*Samson* 5 u. 8. *Lackner* 2b – jeweils zu § 244 StGB; bejahend: BGH für *Gaspistolen,* die so konstruiert sind, daß aus ihnen Gaspatronen verschossen werden, deren durch Zündung freigegebenes Gas den Lauf nach vorne verläßt und nicht lediglich seitwärts ausströmt, BGH LZ 1989, 964; zust. LK-*Ruß*, 3 zu § 244 StGB). **Akustisch** (BGH v. 28. 7. 1972, zit. bei *Dallinger* MDR 1972, 925) **oder optisch wirkende Schießgeräte** fallen hingegen nicht unter die Schußwaffen. 20

Nur eine funktionsfähige Schußwaffe entspricht unter dem Gesichtspunkt der Gefährlichkeit des Täters dem Zweck der erhöhten Strafdrohung. Die Schußwaffe iS des § 373 II Nr. 1 AO muß daher **zum Einsatz geeignet** sein (SK-*Samson* 11 zu § 244 StGB). Die Funktionsfähigkeit fehlt einer *defekten* Wafffe, aber auch einer Waffe, zu welcher der Täter *keine Munition* bei sich führt (BGH 3, 229, 232 f. v. 2. 10. 1952, zust. *Hartung* II 3a zu § 401 b RAO 1939; ebenso hier *Dreher/Tröndle* 4 zu § 244 StGB). Erst recht genügt nicht eine *Attrappe*, zB einer Kinderpistole (BGH 20, 194, 196 v. 6. 4. 1965), oder das *Vortäuschen einer Schußwaffe*, zB durch eine umgedrehte Tabakpfeife (OLG Hamburg, v. 12. 11. 1947, NJW 1948, 699; aM BGH v. 20. 5. 1981, NStZ 436, m. abl. Anm. *Küper* NStZ 1982, 28, für eine *Scheinschußwaffe*), s. auch Rdnr. 27. 21

Bei sich führen muß der Täter oder ein Teilnehmer die Schußwaffen. Hierbei ist jedoch – zum Unterschied von § 373 II Nr. 2 AO – eine bestimmte Gebrauchsabsicht *nicht* erforderlich (BGH 24, 136, 137 f. v. 6. 5. 1971 zu § 244 I Nr. 1 StGB). Ausreichend ist die bereits aus der bewußten Verfügbarkeit erwachsende Gefahr, die Schußwaffe bei der Straftat auch anzuwen- 22 den (BGH 30, 44, 45 v. 18. 2. 1981 zu § 244 I Nr. 1 StGB). Bei sich führen bedeutet nicht, daß die Schußwaffen während des ganzen Tathergangs am Körper getragen werden muß; es genügt, wenn der Täter oder Teilnehmer sie zu irgendeinem Zeitpunkt zwischen dem Versuche und der Beendigung der Tat einsatzbereit ergreifen kann. Die Rspr hat ein Beisichführen sogar angenommen, wenn der Täter die Waffe erst am Tatort an sich nimmt (BGH 20, 194, 197 v. 6. 4. 1965 mwN; vgl. auch BGH v. 23. 9. 1975, NJW 1976, 248), zB der Schmuggler einem Zollbeamten die Dienstwaffe entreißt und sie bei sich behält (BGH StV 1988, 429).

Dagegen reicht es nicht aus, wenn der Täter die Waffe nur während der Anfahrt zum Tatort bei sich führt und dann im abgestellten Wagen liegen läßt (BGH 31, 105 ff. v. 10. 8. 1982 zu § 250 StGB m. zust. Anm. *Hruschka* JZ 1983, 217 u. *Kühl* JR 1983, 425).

23 **Auch wer zum Tragen von Schußwaffen dienstlich verpflichtet ist** und mit schußbereiter Dienstwaffe schmuggelt, unterliegt der Strafschärfung nach § 373 II Nr. 1 AO; denn die Gefahr, die von der Schußwaffe ausgeht, ist bei einem Beamten, der sich zu einer Straftat hinreißen läßt, nicht geringer als bei einem anderen Täter (str., wie hier zu § 244 I Nr. 1 StGB: BGH 30, 44 v. 18. 2. 1981 für Polizeibeamten und OLG Köln v. 20. 9. 1977, NJW 1978, 652, für Soldaten, ebenso *Schröder* NJW 1972, 1835; LK *Heimann-Trosien* 7 u. *Lackner* 2a zu § 244 StGB sowie *Katzer* NStZ 1982, 236 u. ausf. *Hettinger* GA 1982, 525; aM *Hruschka* NJW 1978, 1338; S/S-*Eser* 5 u. *Dreher/Tröndle* 4a zu § 244 StGB).

24 **Subjektiv** ist Vorsatz des jeweiligen Täters oder Teilnehmers erforderlich dh sein Wissen und Wollen, daß entweder er selbst oder ein (Mit-)Täter oder Teilnehmer bei Begehung der Tat eine funktionsfähige Schußwaffe einsatzbereit bei sich führt; bedingter Vorsatz genügt. Ein *Tatumstandsirrtum* liegt vor, wenn der unbewaffnete Täter oder Teilnehmer irrtümlich annimmt, der bewaffnete (Mit-)Täter oder Teilnehmer verfüge nur über eine ungeladene oder sonst gebrauchsunfähige Schußwaffe. Bezieht sich der Irrtum dagegen auf die Unterscheidung zwischen Schußwaffen und anderen Waffen, liegt nur ein *Subsumtionsirrtum* vor. Weiß der Täter nicht, daß sein Gehilfe eine Schußwaffe bei sich führt, kann nur der Gehilfe nach § 373 II Nr. 1 AO bestraft werden (HHSp-*Engelhardt* zu § 373 AO, ebenso SK-*Samson* 26 zu § 244 StGB; aM noch 2. Aufl. Rdnr. 22 zu § 373 AO im Anschluß an S/S-*Eser* 10 zu § 244 StGB).

b) Schmuggel mit sonstigen Waffen (§ 373 II Nr. 2 AO)

25 **Waffe** iS des § 373 II Nr. 2 AO ist jede Sache, deren Bestimmung darin besteht, ihrem Besitzer „*bei einem Kampfe, in der er verwickelt werden sollte, als Angriffs- oder Verteidigungsmittel zu dienen*" (RG v. 10. 12. 1931, JW 1932, 952; dort verneint für ein 25 cm langes, feststellbares Taschenmesser; BGHSt 30, 375). Zum Begriff der Waffe gehört nicht, daß sie *tödliche* Wirkung haben kann, jedoch muß von einer Waffe bei ihrem Einsatz wenigstens die *Gefahr einer Körperverletzung* ausgehen. Sofern eine *Gaspistole* nicht als **Schußwaffe**

4. Gewaltsamer Schmuggel

eingestuft wird (Rdnr. 20), ist sie im technischen Sinn eine Waffe, weil sie dazu bestimmt und geeignet ist, Menschen auf chemischen oder (bei Nahschüssen) auf mechanischem Wege zu verletzten (BGH 24, 136, 139f. v. 6. 5. 1971; BGH 3, 229, 233 v. 2. 10. 1952). Gleiches gilt für Pistolen, die mit *Platzpatronen* geladen sind, wegen ihrer akustisch hervorgerufenen Schockwirkung (aM BGH v. 23. 9. 1975, NJW 1976, 248; abw. BGH 4, 125, 127 v. 16. 4. 1953 u. BGH v. 16. 3. 1962, GA 337, mit Rücksicht auf mögliche Gehörschäden) sowie für *Blitzmunition* (Halo-Blitz) wegen ihrer starken Blendwirkung und erst recht für *Signalpistolen,* deren Raketenmunition außer der Blendwirkung auch mechanische Verletzungen und Verbrennungen hervorrufen kann. Schließlich kommen auch Hieb-, Stoß- oder Stichwaffen, Schlagringe sowie Tränengassprühdosen (BGH 22, 230f. v. 30. 8. 1968) in Betracht.

Sonst ein Werkzeug ist eine Sache, die zwar nicht als Waffe hergestellt 26 worden ist, aber als Waffe benutzt werden kann, zB ein schwerer *Schraubenschlüssel* (BGH v. 10. 9. 1968, NJW 2386) und andere Sachen, die zum Zuschlagen geeignet sind, aber auch ein *Kraftfahrzeug,* mit dem ein Mensch angefahren wird (BGH v. 11. 2. 1958, VRS 14, 186, 288 zu § 233a StGB), oder ein *Hund,* der auf Menschen gehetzt wird (BGH 14, 152, 153ff. v. 26. 2. 1960 zu § 223a StGB). Keine Werkzeuge, die der Täter bei sich führt, sind die *Schuhe an seinen Füßen* (aM BGH 30, 375 v. 11. 2. 1982 zu § 250 I Nr. 2 StGB m. abl. Anm. *Hettinger* JuS 1982, 895); denn es erscheint mit dem Zweck des Strafschärfungsgrundes (Rdnr. 16) nicht vereinbar, jeden mit Schuhen bekleideten Täter einem bewaffneten Täter gleichzustellen. **Andere Mittel** sind Sachen ohne feste Form, die zum Angriff auf oder zur Abwehr gegen Menschen gebraucht werden können, zB Pfeffer, Säuren, Narkotika, Gase und Vernebelungsmittel; ein Spraymittel zur Abwehr gegen Hunde reicht nicht aus.

Ob die scheinbare Gefährlichkeit oder das Vortäuschen einer Waffe 27 abw. von § 373 II Nr. 1 AO (Rdnr. 21) unter dem Gesichtspunkt der Drohung mit Gewalt für die erhöhte Strafe nach § 373 II Nr. 2 AO genügt, ist umstritten. Die Frage ist zu *verneinen* (glA *Kohlmann* 27 zu § 373 S/S-*Eser* 14 zu § 244 I Nr. 2 StGB mwN; BGH 24, 276f. v. 22. 12. 1971 zu § 250 I Nr. 1 StGB für KK-Gewehr und Luftpistole ohne Munition, aM *Dreher/Tröndle* 3 zu § 244 StBG und BGH 24, 339, 340ff. v. 4. 5. 1972 zu § 244 I Nr. 2 StGB für ungeladene Pistole; vermittelnd 1. Aufl. Rdnr. 25 zu § 397 RAO im Anschluß an *Meister* JZ 1952, 676, 678 aE). Entscheidend ist sowohl für § 373 II Nr. 2 AO wie für § 244 I Nr. 2 u. § 250 I Nr. 2 StGB die *erhöhte objektive Gefährlichkeit der Tat und des Täters;* denn die Strafvorschriften, die bewaffneten Tätern höhere Strafen androhen, wollen den gewalttätigen, nicht den trickreichen Täter treffen. Die objektiv ungefährliche (Be-)Drohung mit ungeladenen Waffen, Schein- oder Spielzeugwaffen und harmlosen Mitteln (Wasser, das als Salzsäure ausgegeben wird) erhöht weder den verbrecherischen Willen des Täters noch das Schutzbedürfnis seiner potentiellen Gegner (glA *Blei* aaO zu § 244 I Nr. 2 StGB HHSp-*Engelhard* 56 zu § 373 AO und LG Hamburg v. 1. 3. 1977, NJW 1931, zu § 250 I Nr. 2 StGB; aM BGH v.

Voß

23. 9. 1975, NJW 1976, 248; dagegen ausf. *Küper* JuS 1976, 645, und *Eser* JZ 1981, 761).

28 **Das Beisichführen einer Waffe, um den Widerstand eines anderen zu überwinden,** erfordert, daß der Schmuggler (sei er Täter oder nur Gehilfe) die Waffe oder sonst ein Werkzeug oder Mittel zu dem Zweck mitgenommen hat, um sie gegen Personen einzusetzen, die sich ihm bei der Ausführung der Tat in den Weg stellen oder ihn am Rückzug hindern wollen, namentlich Zollbeamte, Beamte der Polizei oder des BGS, ggf. aber auch Personen, die keine Amtsträger sind. Der Zweck, den Rückzug zu decken, falls die Tat fehlschlagen sollte, genügt (BGH 22, 230f. v. 30. 8. 1968; 20, 194, 197 v. 6. 4. 1965; jeweils zu § 250 I Nr. 1 StGB). Zum Beisichführen iS des § 373 II Nr. 2 AO gehört abw. von § 373 II Nr. 1 AO eine *Zweckbestimmung* (Rdnr. 29); indessen ist nicht erforderlich, daß die Waffe gegen einen Widersacher wirklich benutzt wird. Wird sie benutzt, hat der Täter die Waffe auch dann „bei sich geführt", wenn er sie erst während der Tat und nur für kurze Zeit an sich genommen hat; denn die Benutzung einer Waffe ist der deutlichste Ausdruck, den das Beisichführen einer Waffe überhaupt finden kann (vgl. OLG Schleswig v. 8. 11. 1967, SchlHA 1968, 266, zu § 14 I 1 WaffG 1938).

29 **Die Anwendung von Gewalt oder die Drohung mit Gewalt,** um den Widerstand eines anderen zu verhindern oder zu überwinden, muß den Zweck bilden, zu dem der Täter die Waffe, das Werkzeug oder Mittel bei sich führt. Ohne diese Zweckbestimmung erfüllt das Beisichführen solcher Sachen den Tatbestand des § 373 II Nr. 2 AO nicht, zB wenn eine Schmuggler wegen des beschwerlichen Weges einen Knotenstock benutzt oder ein schmuggelnder Sportschiffer eine Signalpistole bei sich führt, um für einen Seenotfall gerüstet zu sein. Nicht tatbestandsmäßig ist ferner eine beabsichtigte Gewaltanwendung *gegen Sachen,* zB die Mitnahme einer Brechstange, um eine Tür oder einen Zaun zu öffnen.

30 **Zum subjektiven Tatbestand** gehören das Wissen und der Wille des Schmugglers, die Waffe für den tatbestandsmäßigen Zweck (Rdnr. 29) gebrauchsfertig bei sich zu haben. Während bei Schußwaffen das Bewußtsein der Verfügbarkeit genügt (Rdnr. 16 u. 24), muß der Schmuggler bei sonstigen Waffen, Werkzeugen oder Mitteln wenigstens mit der Möglichkeit rechnen, sie bei der Tat als Mittel zur Anwendung von Gewalt oder zur Drohung mit Gewalt benutzen zu können und damit für alle Fälle eines Widerstandes gerüstet zu sein. Nähere Vorstellungen über die Verwendungsweise sind für den subjektiven *Tatbestand* nicht erforderlich. Wieweit der Täter von vornherein entschlossen war, bei Widerstand von der Waffe nur als Drohmittel oder auch als Gewaltmittel Gebrauch zu machen, ist nur für die *Strafzumessung* bedeutsam.

31 **Auf (Mit-)Täter und Gehilfen,** die selbst keine Waffen bei sich führen, ist § 373 II Nr. 2 AO nur dann anzuwenden, wenn sie an demjenigen Teilabschnitt der Tat körperlich mitwirken, an dem ein anderer Täter oder Gehilfe bewaffnet ist, und wenn sie diesen Tatumstand (§ 16 StGB) kennen und billigen (glA *Hartung* II 3c zu § 401b RAO 1939 u. HHSp-*Engelhardt* 62 zu § 373 AO; aA *Kohlmann,* der zur Bestrafung des Teilnehmers dessen Wissen

5. Bandenschmuggel 32–34 § 373

davon, daß ein Tatbeteiligter eine Waffe mit sich führt, voraussetzt, 26 zu § 373 AO, nicht aber – auch aus kriminalpolitischen Gründen – das körperliche Mitwirken an dem Tatabschnitt, an dem ein anderer Täter oder Gehilfe bewaffnet ist, 30 zu § 373 AO; ebenso *Bender* Tz 82 2b). Weiß der Gehilfe nicht, daß der Täter eine Waffe bei sich führt, ist § 373 II Nr. 2 AO auf ihn nicht anzuwenden. Weiß der Täter nicht, daß der Gehilfe eine Waffe trägt, kann nur der Gehilfe nach § 373 II Nr. 2 AO bestraft werden (ausf. *Hübner* aaO, s. auch Rdnr. 24).

5. Bandenschmuggel (§ 373 II Nr. 3 AO)

Schrifttum: *H.-J. Vogel,* Kann Bandenschmuggel im Zollbinnenland begangen werden? ZfZ 1951, 100; *Lenkewitz,* Der Bandenschmuggel in der Rechtsprechung des Bundesgerichtshofes, ZfZ 1955, 166; *Schild,* Der strafdogmatische Begriff der Bande, GA 1982, 55; *ders.*, Die Bande des § 30 BtMG als Organisation, NStZ 1983, 69.

Die erhöhte Strafbarkeit des Bandenschmuggels entspricht der erhöhten 32 Gefährlichkeit, die von einer Täter*gruppe* ausgeht, die bewußt zusammenwirkt, dadurch den Zollbeamten die Bekämpfung des Schmuggels erschwert und ggfl. die amtlichen Auseinandersetzungen mit den Mitgliedern der Bande verschärft (BGHSt 8, 70ff.). Die Gefährlichkeit einer Bande wird dabei heute weniger durch das gemeinsame Auftreten als durch das organisierte Zusammenwirken an verschiedenen Orten und zu verschiedenen Zeiten im Hinblick auf einen gemeinsamen Erfolg zu sehen sein (ähnlich HHSp-*Engelhardt* 14 zu § 373 AO; *Kohlmann,* 31 zu § 373 AO). Hieraus ergeben sich wichtige Folgerungen für die Auslegung des § 373 AO. Namentlich muß sich die Verbindung zur fortgesetzten Begehung von Schmuggeltaten *gegen* die Beamten richten, zu deren Schutz der Strafschärfungsgrund des § 373 II Nr. 3 AO eingeführt worden ist. Keinen Bandenschmuggel begeht zB ein Schmuggler, der Zollbeamte besticht, damit sie ihn mit zu geringem Zoll durchlassen (RG 23, 330, 333 v. 1. 12. 1892; RG 69, 105, 106f. v. 11. 2. 1935; BGH v. 24. 5. 1955, GA 1955, 366 = 1956, 350; aM OLG Hamburg v. 30. 1. 1952, ZfZ 314, bei Beteiligung eines Wasserschutzpolizisten).

Eine Bande iS des § 373 II Nr. 3 AO besteht, wenn sich *mindestens 2* 33 *Personen* zur fortgesetzten Begehung der Hinterziehung von Eingangsabgaben oder des Bannbruchs verbunden haben (BGH 23, 239 v. 3. 4. 1970 zu § 244 I Nr. 3 StGB m. zust. Anm. *Schröder* JR 1970, 388; BGH v. 9. 7. 1991, ZfZ 1991, 355; *Kohlmann* 32 zu § 373 AO; *Bender* Tz 83, 2a; HHSp-*Engelhardt* 67 zu § 373 AO; *Klein/Orlopp* 6c zu 373 AO); demgemäß können auch Ehegatten eine Bande bilden (BGH v. 4. 10. 1966, zit. bei *Dallinger* MDR 1967, 369 zu § 243 I Nr. 6 StGB aF).

Zur fortgesetzten Begehung von Schmuggeltaten haben sich Personen 34 verbunden, wenn ihre Verbindung auf die Begehung *mehrerer selbständiger,* im einzelnen noch unbestimmter Straftaten gerichtet ist (BGH v. 25. 9. 1956, GA 1957, 85). Die Planung *einer* Tat, die aufgrund eines Gesamtvorsatzes in mehreren Einzelakten, also im Fortsetzungszusammenhang, verwirklicht werden soll, reichte nach der inzwischen aufgegebenen Ansicht zum Fortsetzungszusammenhang (Rdnr. 12) nicht aus (BGH v. 4. 10. 1966, zit. bei *Dal-*

linger MDR 1967, 369). Sofern die Verbindung aber auf mehrere Taten *abzielt,* genügt die Verwirklichung *einer* Tat, wenn sie in Ausführung der weitergehenden Absicht begangen worden ist (BGH v. 4. 10. 1966 aaO), maW: wenn die *einzige* abzuurteilende Tat nach der Vorstellung der Täter die *erste* von mehreren Taten sein sollte (BGH v. 25. 9. 1956 aaO).

35 **Eine feste Verabredung** mit gegenseitigen Verpflichtungen braucht nicht vorzuliegen, eine Organisation mit bestimmter Rollenverteilung und einheitlicher Führung nicht eingerichtet zu sein (BGH v. 29. 8. 1973, GA 1974, 308 zu § 244 I Nr. 3, § 250 I Nr. 2 StGB). Es kann genügen, daß eine *lose* Übereinkunft, eine bestimmte Tat bei künftigen Gegebenheiten gemeinsam zu wiederholen, verwirklicht wird. Eine auf wenige Stunden begrenzte Verabredung reicht nicht aus; erforderlich ist, daß die Beteiligten zur Verwirklichung ihrer kriminellen Pläne *auf geraume* Zeit zusammenwirken wollen (OLG Hamm v. 29. 4. 1981, JR 1982, 207, zu § 244 I Nr. 3 StGB m. zust. Anm. *Trenckhoff* sowie *Sonnen* JA 1982, 103). Eine solche Übereinkunft kann noch *während* der ersten Tat getroffen werden, jedoch ist ein *stillschweigendes* Zusammenwirken mehrerer Personen bei einer Tat nicht mehr ausreichend; insoweit sind der Anwendung des § 373 II Nr. 3 AO engere Grenzen gesetzt als der Anwendung des § 397 II Nr. 1 RAO 1968 oder des § 401 b II Nr. 1 RAO 1939, für den es genügte, daß sich 3 Schmuggler während des Grenzübertritts zu einer Kolonne formiert hatten, weil sie sich gemeinsam stärker fühlten (vgl. BGH v. 17. 6. 1952, zit. bei *Herlan* GA 1953, 178).

36 **Mitglied einer Bande** ist jede Person, die an der bandenmäßigen Verbindung (Rdnr. 34 f.) mit dem Willen beteiligt ist, an der Ausführung der beabsichtigten Straftaten selbst teilzunehmen, sei es als (Mit-)Täter oder als Gehilfe (§§ 25, 27 StGB). Wer andere zur fortgesetzten Begehung von Schmuggeltaten anstiftet (§ 26 StGB), aber zur Teilnahme an der Tatausführung nicht bereit ist, gehört nicht zur Bande; er kann aber als Anstifter zu bestrafen sein (HHSp-*Engelhardt* 117 zu § 373 AO; *Kohlmann* 48 zu § 373; S/S-*Eser* 27 zu § 244 StGB; *Bender* Tz 83, 5). Andererseits wird die Zugehörigkeit zu einer Bande nicht dadurch in Frage gestellt, daß Bandenmitglieder untereinander keine „ehrlichen" Partner sind und einer die anderen hintergehen und das Schmuggelgut allein an sich bringen will (OLG Köln v. 19. 10. 1956, GA 1957, 124).

37 **Die bandenmäßige Tatausführung** erfordert, daß die als Bandenmitglieder beteiligten Personen während der Ausführung des Schmuggels zu irgendeinem Zeitpunkt *zeitlich und örtlich zusammenwirken* (BGH 3, 40 v. 24. 6. 1952; 7, 291 f. v. 5. 4. 1955), ohne daß dies gerade in dem Augenblick geschehen muß, in dem die Ware über die Grenze gebracht wird (RG 54, 246 v. 20. 2. 1920; OLG Bremen v. 8. 6. 1950, NJW 882). Ein Zusammenwirken bei einer *Vorbereitungshandlung,* etwa beim Einkauf der Schmuggelware im Ausland, reicht jedoch nicht aus (BGH 7, 291 f.); vielmehr muß der Zeitpunkt des Zusammenwirkens in demjenigen Zeitraum liegen, der sich vom Beginn der Ausführungshandlung bis zur Beendigung der Tat erstreckt. Da der Schmuggel bereits jenseits der Grenze beginnen kann (Rdnr. 31 f. zu § 372 AO) und erst beendet ist, wenn die Ware diesseits in Sicherheit ge-

5. Bandenschmuggel   38–40 § 373

bracht worden ist (Rdnr. 36 zu § 372 AO), braucht ein bandenmäßiges Zusammenwirken erst nach dem Überschreiten der Grenze einzusetzen (stRspr. vgl. DOG v. 25. 10. 1950, NJW 1951, 40; BGH v. 21. 4. 1955, NJW 959; v. 24. 5. 1955, ZfZ 256; OLG Bremen aaO; OLG Köln v. 18. 1. 1952, MDR 438; v. 19. 10. 1956, ZfZ 1957, 23).

Ein **unmittelbares körperliches Zusammenwirken** von mindestens 2   38
Bandenmitgliedern ist für die bandenmäßige Tatausführung nicht erforderlich (HHSp-*Engelhardt* 116 zu § 373 AO; *Kohlmann,* 42 zu § 373 mwN; aA *Franzen* in der Voraufl. 38 zu § 373). Deshalb kann Mittäter eines bandenmäßigen Schmuggels auch jemand sein, der ohne körperliche Anwesenheit bei der Ausführung der Tat nur die geistige Leitung ausübt oder als Mittäter sonstige für die Durchführung erforderliche Tatbeiträge erbringt. Für die Abgrenzung von Täterschaft und Teilnahme gelten die allgemeinen Grundsätze (*Kohlmann* 42 zu § 373).

Bei **Bandenschmuggel im Freihafengebiet** muß das bandenmäßige Zu-   39
sammenwirken regelmäßig *in Sicht- und Hörweite der Zollstelle oder eines Zollbeamten* erfolgen. Das OLG Hamburg (Urt. v. 27. 2. 1951, ZfZ 284) hat es als nicht ausreichend erachtet, daß zwei Schmuggler im Freihafen mit dem Schmuggelgut in einem LKW, dessen Fahrer und Beifahrer eingeweiht waren, in die Höhe der Übergangsstelle mitgefahren, dann unter Zurücklassung des Schmuggelgutes ausgestiegen sind, um die Übergangsstelle zu Fuß zu passieren und das Gut später im Zollinland wieder an sich zu nehmen. Dagegen soll Sicht- und Hörweite nicht erforderlich sein, wenn die Gefährdung im Hafen gegenüber schwimmenden Zollfahrzeugen besteht (OLG Hamburg v. 21. 5. 1951, ZfZ 271).

Sowohl Mittäter wie Gehilfen können bandenmäßig handeln; dagegen ist   40
ein bandenmäßig mitwirkender *Anstifter* nicht denkbar (Rdnr. 36). Einen Bandenschmuggel mit unterschiedlichen Teilnahmeformen bietet das Beispiel eines Schmuggelunternehmers, der das Schmuggelgut mit Hilfe eines eingeweihten Kraftfahrers beim eigentlichen „Schwärzer", der das Gut über die Grenze gebracht hat, aus einem grenznahen vorläufigen Versteck übernimmt; denn im Augenblick der Übernahme des Schmuggelgutes wirken die beiden Mittäter und der Gehilfe an derselben Stelle körperlich zusammen und bilden eine Bande, obwohl der Kraftfahrer, der nur eine fremde Tat fördern wollte, lediglich wegen bandenmäßig begangener Beihilfe zum Schmuggel bestraft werden kann (so zutr. die Rspr des 2. StrS des BGH, Urt. v. 20. 5. 1952, NJW 945, mit zust. Anm. *Hartung*). Nach der Rspr des 1. StrS sollte dagegen auch derjenige als Täter zu bestrafen sein, der durch seine körperliche Teilnahme nur die fremde Tat fördern wollte (BGH 3, 40 v. 24. 6. 1952; vgl. auch BGH 6, 260 v. 13. 7. 1954; 8, 70, 72 v. 21. 6. 1955). Hiergegen urteilte wiederum der 2. StrS: „*Wer keine Tatherrschaft hat, kann nicht Mittäter sein, auch nicht beim Bandenschmuggel*" (BGH 4, 32, 34 f. v. 13. 2. 1953; ferner BGH 8, 205, 208 ff. v. 6. 10. 1955). Die Streitfrage wurde entschieden durch Beschluß des GrS v. 10. 11. 1958: „*Wer mit dem Vorsatz, einem anderen zu einer Zollhinterziehung Hilfe zu leisten, sich mit zwei oder mehr Personen zur gemeinschaftlichen Ausübung der Hinterziehung verbindet, ist wegen* . . .

Voß

bandenmäßiger Beihilfe zur Zollhinterziehung strafbar. . . . Auf Teilnehmer (Mittäter, Anstifter, Gehilfen), die selbst nicht bandenmäßig mitwirken, findet die Strafschärfung . . . keine Anwendung" (BGH 12, 220). Nach dieser Rspr ist es möglich, daß *sämtliche* Teilnehmer am Bandenschmuggel iS des § 373 II Nr. 3 AO nur *Gehilfen* eines Täters sind, der selbst nicht bandenmäßig mitwirkt (OLG Bremen v. 5. 10. 1955, ZfZ 371).

41 **Subjektiv** erfordert die Anwendung des § 373 II Nr. 3 AO, daß derjenige, der als Täter oder Gehilfe an einem Schmuggel persönlich teilgenommen hat, wußte und wollte, daß er mit mindestens *einer* weiteren Person (Rdnr. 33) zu *mehreren* Schmuggelunternehmen verbunden war (Rdnr. 34 f.), und daß er bei der Tatausführung mit mindestens einem (demselben oder anderen) Bandenmitglied *zeitlich, örtlich und körperlich* zusammengewirkt hat (BGH 4, 32, 35 v. 13. 2. 1953; 8, 205, 208 v. 6. 10. 1955). Gegen die abw. Rspr des 1. StrS (BGH 3, 40, 46 v. 24. 6. 1952; 6, 260, 262 v. 13. 7. 1954; 8, 70, 72 v. 21. 6. 1955), nach der bei Gehilfen, die nicht zur Bande gehören, die Kenntnis der bandenmäßigen Handlungsweise der anderen Beteiligten genügen sollte, weil die Bandenmäßigkeit keine persönliche Eigenschaft und kein besonderes persönliches Verhältnis iS des § 50 II StGB aF sei, hat der GrS aaO ausgesprochen: *„Auf Teilnehmer (Mittäter, Anstifter, Gehilfen), die selbst nicht bandenmäßig mitwirken, findet die Strafschärfung des § 401 b II Nr. 1 RAO keine Anwendung"* (Rdnr. 37 f.).

6. Strafaufhebungsgründe

42 § 373 AO ist nicht anzuwenden, wenn der Täter zum eigenen Verbrauch vorsätzlich oder fahrlässig Zigaretten in Verpackungen erwirbt, an denen ein gültiges Steuerzeichen iS des § 2 VII TabStG nicht angebracht ist, soweit der einzelnen Tat nicht mehr als 1000 Zigaretten zugrunde liegen (§ 30a I 2 TabStG). Die Strafschärfungsgründe des § 373 AO dürften allerdings bei der geringen Menge von 1000 Zigaretten kaum vorliegen.

7. Strafbarkeit des Versuchs

Schrifttum: *Seelig,* Strafbarkeit des versuchten Schmuggels in einem qualifizierten Fall (§ 373 AO), ZfZ 1981, 8.

42a **Der Versuch eines unter erschwerenden Umständen begangenen Schmuggels** ist nach § 370 II iVm § 373 AO bzw. nach § 370 II iVm § 372 II u. § 373 AO strafbar *(Laubereau* NJW 1952, 171; *Suhr* S. 174; *Kohlmann* 51, aber auch HHSp-*Engelhard* 84 ff. zu § 373 AO; aM *Bäckermann* A.2.5.1. und *Seelig* ZfZ 1981, 8). Die Vertreter der Gegenmeinung betrachten § 373 AO als eigenständigen Straftatbestand und vermissen eine dem § 23 I StGB entsprechende ausdrückliche Vorschrift, wie sie § 244 II StGB enthält. Nach der hier vertretenen Meinung erfassen die in § 370 II (und § 372 II AO) getroffenen Anordnungen über die Strafbarkeit des Versuchs auch die Fälle des § 373 AO (s. auch Rdnr. 2).

8. Strafen und Nebenfolgen

Schrifttum: *Lenkewitz,* Das Zusammentreffen mehrerer Strafschärfungsgründe, ZfZ 1952, 298; 1953, 202.

Die Strafdrohung des § 373 AO umfaßt Freiheitsstrafe von 3 Monaten **43** bis zu 5 Jahren. Abw. von der bis zum 31. 12. 1974 bestehenden Rechtslage (s. 1. Aufl. Rdnr. 29 zu § 397 RAO 1968) droht § 373 I (iVm § 370) AO keine Geldstrafe an (Art. 12 III EGStGB). Gleichwohl kann nach allgemeinen Vorschriften eine **Geldstrafe** unter zwei verschiedenen Gesichtspunkten verhängt werden:

a) anstelle einer Freiheitsstrafe *zwingend* dann, wenn im Einzelfall eine Freiheitsstrafe von 6 Monaten oder darüber nicht in Betracht kommt und wenn nicht *besondere Umstände, die in der Tat oder der Persönlichkeit des Täters liegen, die Verhängung einer Freiheitsstrafe zur Einwirkung auf den Täter oder zur Verteidigung der Rechtsordnung unerläßlich machen* (§ 47 II, I StGB); unter diesen Voraussetzungen beträgt das Mindestmaß der Geldstrafe wegen gewerbsmäßigen, gewaltsamen oder bandenmäßigen Schmuggels 90 Tagessätze (§ 47 II 2 StGB);

b) neben einer Freiheitsstrafe *fakultativ* dann, *wenn der Täter sich durch die Tat bereichert oder zu bereichern versucht hat,* falls eine Geldstrafe *auch unter Berücksichtigung der persönlichen und wirtschaftlichen Verhältnisse des Täters angebracht ist* (§ 41 StGB); für die Bemessung einer solchen zusätzlichen Geldstrafe gilt § 40 StGB (Rdnr. 134 ff. zu § 369 AO).

Wegen der Möglichkeit der **Aberkennung der Amtsfähigkeit und Wählbarkeit** vgl. § 375 I AO iVm § 45 II StGB, wegen der Möglichkeit der **Einziehung** des Schmuggelgutes und der zur Tat benutzten Beförderungsmittel vgl. § 375 II AO iVm § 74a StGB.

Die **Beihilfemilderung** nach § 27 II StGB bedeutet eine zwingende Be- **44** schränkung des Höchstmaßes der Freiheitsstrafe von 5 Jahren auf 3 Jahre und 9 Monate (§ 49 I Nr. 2 S. 2 StGB); die Mindeststrafe von 3 Monaten wird ermäßigt auf das gesetzliche Mindestmaß (§ 49 I Nr. 3 letzter Halbs. StGB); dieses beträgt nach § 38 II StGB 1 Monat (unrichtig 2. Aufl. Rdnr. 41; zutr. HHSp-*Engelhardt* 143 u. *Kohlmann* 57 zu § 373 AO). Wegen der nach § 47 StGB vorgeschriebenen oder nach § 41 StGB möglichen Verhängung einer Geldstrafe s. Rdnr. 43.

Den Täter einer Begünstigung oder Strafvereitelung treffen die Straf- **45** schärfungsgründe des § 373 AO auch dann nicht, wenn er gewußt hat, daß der Vortäter gewerbsmäßig, gewaltsam oder bandenmäßig gehandelt hat; die Strafe ist allein aus den §§ 257, 258 StGB zu entnehmen. Die Strafdrohung umfaßt Freiheitsstrafe bis zu 5 Jahren oder Geldstrafe. Bei der Strafzumessung wegen Begünstigung oder Strafvereitelung können jedoch außer den Umständen der begünstigenden oder strafvereitelnden Handlung die Umstände der Vortat und unter diesen auch die Merkmale des § 373 AO berücksichtigt werden. § 371 AO ist nicht anzuwenden.

Ein Zusammentreffen mehrerer Strafschärfungsgründe in derselben Tat **46** hat nicht zur Folge, daß die von § 373 AO angedrohte Mindestfreiheitsstrafe von 3 Monaten ggf. verdoppelt oder verdreifacht wird. Eine Häufung von Freiheitsstrafen, auch Mindeststrafen, ist dem Strafrecht fremd (ausf. *Lenkewitz* ZfZ 1952, 298 sowie ZfZ 1953, 202 mit teilweiser Wiedergabe eines unveröffentlichten Urt. des OLG Düsseldorf – Ss 399/52 – v. 6. 10. 1952). Die Ursprünglich abw. Meinung von *Fuchs* (ZfZ 1952, 168) war auf ein Urt. des RG (68, 400 v. 26. 11. 1934) gestützt, das zu der 1939 aufgehobenen, in die RAO nicht übernommenen Sondervorschrift des § 146 VZollG ergangen war.

47   **Für die schuldgerechte Strafzumessung** ist bedeutsam, ob ein Schmuggler bei derselben Tat mehrere Strafschärfungsgründe des § 373 AO erfüllt hat, etwa als Mitglied einer bewaffneten Bande gewerbsmäßig tätig geworden ist. Ferner fällt bei Anwendung der Rückfallvorschrift des § 48 StGB im Hinblick auf Art und Umstände der begangenen Straftaten ins Gewicht, ob und in welchem Maße sie gleichartig sind; ist § 48 StGB bei der Bestrafung wegen einer Straftat nach § 373 AO anzuwenden, so erhöht sich die Mindestfreiheitsstrafe von 3 Monaten auf 6 Monate.

Im einzelnen sind besonders zu berücksichtigen.

bei gewerbsmäßigem Schmuggel der Umfang der mit dem Schmuggel erschlossenen Einnahmequelle;

bei gewaltsamem Schmuggel die Gefährlichkeit der (Schuß-)Waffe und der Munition, des sonstigen Werkzeugs oder Mittels und der Grad der Entschlossenheit, von den verfügbaren Gewaltmitteln Gebrauch zu machen;

bei bandenmäßigem Schmuggel die Größe der Bande und die Dauer der Verbindung, ihre (fortlaufende, gelegentliche oder nur vereinzelte) Aktivität, die Stellung des einzelnen Mitglieds innerhalb der Bande (Anführer oder Mitläufer) und die Bedeutung seines Tatbeitrags.

9. Konkurrenzfragen

48   Im **Verhältnis zu §§ 370, 372 AO** entstehen keine Konkurrenzprobleme, soweit man der hier vertretenen Auffassung folgt, daß § 373 AO lediglich Strafschärfungsgründe enthält (Rdnr. 2). Zu bestrafen ist nach § 370, 373 bzw. 372, 373 (*Kohlmann* 52 zu § 373 AO; HHSp-*Engelhardt* 124 zu § 373 AO). Treffen die **Eingangsabgabenhinterziehung in einem besonders schweren Fall** (§ 370 III AO) mit der **erschwerten Form des Schmuggels** (§ 373 AO) zusammen, ist der Strafrahmen nach der Rechtsprechung des BGH dem § 370 III AO zu entnehmen (BGHSt 32, 95 f.; BGH wistra 1987, 30 f.; zust. HHSp-*Engelhardt* 126 zu § 373 AO; wohl auch *Kohlmann* 53 zu § 373; aA *Montenbruck,* wistra 1987, 7 ff.). Für die **inneren Konkurrenzen** gilt, daß sich Nr. 1 (Schußwaffen) und Nr. 2 (Waffen usw.) tatbestandlich ausschließen. Im übrigen besteht zwischen den verschiedenen Begehungsformen, die unterschiedliche Unrechtstypen repräsentieren, nach hM Idealkonkurrenz (BGHSt 26, 167, 174; HHSp-*Engelhardt* 132 zu § 373 AO; *Kohlmann,* 54 zu § 373).

49   **Tateinheit (§ 52 StGB)** kann bestehen zwischen *gewaltsamem Schmuggel* und *Widerstand* (§ 113 StGB), wenn ein Täter oder Teilnehmer von der bei sich geführten (Schuß-)Waffe, dem sonstigen Werk-

10. Verfahrensfragen   50, 51 § 373

zeug oder Mittel gegenüber Zollbeamten oder anderen Vertretern der vollziehenden Staatsgewalt, namentlich Beamten der Polizei oder des BGS, Gebrauch macht, zB wenn Schmugglerfahrzeuge gewaltsam Straßensperrren durchbrechen und dabei Zollbeamte gefährdet werden (OLG Köln v. 12. 5. 1963, ZfZ 249). Werden die Beamten verletzt, kommt *gefährliche Körperverletzung* (§ 223a StGB) hinzu, zB wenn Schmuggler mit Stöcken auf Zollbeamte einschlagen (RG v. 19. 11. 1937, RZBl. 824);

gewaltsamen Schmuggel und unerlaubtem *Führen einer Schußwaffe* (§ 53 III Nr. 1b iVm § 35 I 1 WaffG) oder – wenn die Schußwaffe das Schmuggelgut bildet – unerlaubter *Einfuhr einer Schußwaffe* (§ 53 I Nr. 2 iVm § 35 I 1 WaffG);

Bandenschmuggel und *Diebstahl* (§ 242 StGB), wenn die von Schmugglern gestohlenen Sachen in unmittelbarem Anschluß an die Wegnahme über die Grenze geschafft werden (RG 54, 246f. v. 20. 2. 1920).

Bandenschmuggel und *krimineller Vereinigung* (§ 129 StGB), wenn die Schmuggelbande zugleich die Voraussetzungen einer Vereinigung iS des § 129 StGB erfüllt.

Bandenschmuggel und *gefährlicher Körperverletzung* (§§ 223, 223a StGB), wenn die Schmuggler zugleich mit Stöcken auf Zollbeamte einschlagen (RG, Reichszollblatt 1937, 824).

Bandenschmuggel und *Urkundenfälschung* (§ 267 StGB), zB bei Verwendung gefälschter Belege zur Täuschung der Zollbeamten (BGHSt 26, 4).

10. Verfahrensfragen

Ein **Absehen von der Strafverfolgung nach § 32 ZollVG** war nach der 50 inhaltsgleichen (abgesehen vom Warenwert) Vorschrift des § 80 ZG nach wohl hM in den Fällen des § 373 ausgeschlossen (*Franzen* in der Vorauflage. Rdnr. 50 für den bandenmäßigen Schmuggel; *Bender* Tz. 87, 3a; *Kohlmann* 58 zu § 373; aA HHSp-*Engelhardt* 50 zu § 373 AO). Für den gewerbsmäßigen Schmuggel „im Reiseverkehr", z. B. für den fortlaufenden Schmuggel von Tabakwaren oder Treibstoffen im kleineren Grenzverkehr sowie beim gewaltsamen Schmuggel im Falle eines Sportschiffers, der eine Signalpistole bei sich führt, falls diese als Schußwaffe angesehen wird, wollte *Franzen* die Anwendbarkeit des § 80 ZG (jetzt § 32 ZollVG) nicht von vorneherein verneinen. Indes enthält § 32 ZollVG trotz der dem Gesetzgeber bekannten Meinungsverschiedenheit in der Literatur keine Einschränkung für die Fälle des § 373 AO, so daß angesichts seines klaren Wortlauts § 32 ZollVG ein Verfahrenshindernis für die Verfolgung nach § 373 bildet (ebenso HHSp-*Enggelhardt* 50 zu § 373 AO).

Die Kompetenz, das Ermittlungsverfahren in den Grenzen des § 399 I und 51 der §§ 400, 401 AO **selbständig durchzuführen**, ist für die FinB nicht nur dann gegeben, wenn der Grundtatbestand in der Hinterziehung von Eingangsabgaben oder Steuerhehlerei besteht, sondern auch bei Bannbruch iS des § 372 I AO, und zwar insoweit ohne Unterschied, ob die Tat ohne die besonderen Merkmale des § 373 AO durch Rechtsvorschriften innerhalb oder außerhalb der AO mit Strafe oder Geldbuße bedroht ist (BGH v. 4. 7. 1973, NJW 1707f. mit Rücksicht auf das gesetzgeberische Motiv; ebenso *Bender* Tz. 96,6g u. *Leise* 6 B zu § 372 AO) oder

ob die Tat jedenfalls mit Strafe bedroht ist und deshalb als Bannbruch iS des § 373 I AO angesehen werden kann (so HHSp-*Hübner* 99 zu § 372 AO u. HHSp-*Engelhardt* 146 zu § 379 AO im Hinblick auf § 369 I Nr. 2 AO) oder

ob die Strafe, wie bei Zuwiderhandlungen gegen § 3 BranntwMonG, aus § 372 II iVm § 370 I, II AO zu entnehmen ist.

52 **Durch Strafbefehl** können Straftaten iS des § 373 AO nur geahndet werden, wenn nach § 47 StGB (Rdnr. 43) anstelle einer Freiheitsstrafe eine Geldstrafe verhängt werden soll; denn nach § 407 II StPO idF des Art. 21 Nr. 104 EGStGB ist die Verhängung einer Freiheitsstrafe in dieser Form nicht mehr zulässig. Für Geldstrafen enthält § 407 StPO keine Begrenzung. Demgemäß kann durch Strafbefehl das allgemeine Höchstmaß der Geldstrafe von 360 Tagessätzen (§ 40 I StGB) und bei Bildung einer Gesamtstrafe sogar das Höchstmaß von 720 Tagessätzen (§ 54 II StGB) ausgeschöpft werden, obwohl jeder Tagessatz einen Tag Ersatzfreiheitsstrafe bedeutet (§ 43 S. 2 StGB) und auf diese Weise – weit über die frühere Begrenzung der primären Freiheitsstrafe nach § 407 II Nr. 1 StPO aF hinaus – eine (Ersatz-)Freiheitsstrafe von nahezu 2 Jahren zustandekommen kann. Der Gesetzgeber hat diese Möglichkeit bewußt in Kauf genommen (ausf. LR*Schäfer* 7ff. zu § 407 StPO). Unabhängig davon ist nicht zuletzt bei höheren Geldstrafen von der FinB, der StA und dem Strafrichter zu prüfen, ob nicht dem summarischen Strafbefehlsverfahren iS des § 408 I 2 StPO „Bedenken entgegenstehen" (*Kleinknecht/Meyer* 4 zu § 407 StPO).

53 **Einer abgetrennten Beurteilung** sind die straferhöhenden Merkmale des § 373 AO nicht zugänglich, da sie einen untrennbaren Bestandteil der Schuldfrage bilden. Aus diesem Grunde ist es nicht möglich, ein Rechtsmittel wirksam auf die Nachprüfung der straferhöhenden Merkmale zu beschränken, vgl. grundsätzlich BGH 19, 46, 48 v. 24. 7. 1963, ferner namentlich

für *gewerbsmäßiges Handeln* BGH v. 14. 10. 1981, NStZ 1982, 29, zu § 260 StGB, BayObLG v. 7. 5. 1952, ZfZ 249, zu § 401b RAO;

für das *Beisichführen von Waffen* RG 65, 312, 313 v. 15. 6. 1931 zu § 148 VZollG;

für *bandenmäßiges Handeln* RG 69, 110, 114 v. 29. 1. 1935 zu §§ 146, 148 VZollG.

Wird ein solcher Antrag dennoch gestellt, muß die Schuldfrage in der Rechtsmittelinstanz von Amts wegen in vollem Umfang nachgeprüft werden, falls nicht das Rechtsmittel gem. §§ 302, 303 StPO vor Beginn der Hauptverhandlung oder später mit Zustimmung der StA zurückgenommen wird.

Steuerhehlerei § 374

§ 374 Steuerhehlerei

(1) Wer Erzeugnisse oder Waren, hinsichtlich deren Verbrauchsteuern oder Zoll hinterzogen oder Bannbruch nach § 372 Abs. 2, § 373 begangen worden ist, ankauft oder sonst sich oder einem Dritten verschafft, sie absetzt oder abzusetzen hilft, um sich oder einen Dritten zu bereichern, wird nach § 370 Abs. 1 und 2, wenn er gewerbsmäßig handelt, nach § 373 bestraft.

(2) Absatz 1 gilt auch dann, wenn Eingangsabgaben hinterzogen worden sind, die von einem anderen Mitgliedstaat der Europäischen Gemeinschaften verwaltet werden oder die in einem Mitgliedstaat der Europäischen Freihandelsassoziation oder einem mit dieser assoziierten Staat zustehen; § 370 Abs. 7 ist anzuwenden.

Schrifttum: *Bockelmann*, Über das Verhältnis der Hehlerei zur Vortat, NJW 1950, 850; *Jaeger*, Zollhinterziehung als Vortat der Zollhehlerei, ZfZ 1952, 307; *Maurach*, Bemerkungen zur neuesten Hehlereirechtsprechung des BGH, JZ 1952, 714; *Sax*, Der Begriff der „strafbaren Handlung" im Hehlereitatbestand, MDR 1954, 65; *Meister*, Beteiligung an der Vortat und Hehlerei, MDR 1955, 715; *Münsterer*, Abhängigkeit der Steuerhehlerei von der Vortat und Haftung des Steuerhehlers beim Erwerb ohne Entrichtung der Eingangsabgaben eingeführter Tabakerzeugnisse, ZfZ 1955, 136; *Stree*, Die Ersatzhehlerei als Auslegungsproblem, JuS 1961, 50; *ders.*, Abgrenzung der Ersatzhehlerei von der Hehlerei, JuS 1961, 83; *ders.*, Probleme der Hehlerei und Vernachlässigung der Aufsichtspflicht, JuS 1963, 427; *Waider*, Zum sog. „derivativ-kollusiven" Erwerb des Hehlers, GA 1963, 312; *Oellers*, Der Hehler ist schlimmer als der Stehler, GA 1967, 6; *D. Meyer*, Zum Problem der Ersatzhehlerei an Geld, MDR 1970, 379; *Küper*, Die Merkmale „absetzen" und „absetzen hilft" im neuen Hehlereitatbestand, JuS 1975, 633; *D. Meyer*, Zur Auslegung des Merkmales „oder absetzen hilft" der neuen Hehlereivorschrift, MDR 1975, 721; *Stree*, Begünstigung, Strafvereitelung, Hehlerei, JuS 1976, 137; *Arendt*, Die Bereicherungsabsicht bei der Steuerhehlerei, ZfZ 1979, 229; *ders.*, Noch einmal: Zur Frage der Steuerhehlerei beim Erwerb von Betäubungsmitteln zum Eigenverbrauch, ZfZ 1979, 351; *ders.*, Die Steuerhehlerei – § 374 AO – beim Erwerb von Betäubungsmitteln zum Eigenverbrauch, ddz 1980, F 67; *Berz*, Grundfragen der Hehlerei, Jura 1980, 57; *Hruschka*, Hehlerei und sachliche Begünstigung, JR 1980, 221; *Arendt*, Die Tatbestandsmerkmale „absetzt" oder „abzusetzen hilft" bei der Steuerhehlerei, ddz 1981, F 3; *Arzt*, Die Hehlerei als Vermögensdelikt, NStZ 1981, 10; *Rudolphi*, Grundprobleme der Hehlerei, JA 1981, 90.

Übersicht

1. Entstehungsgeschichte 1	d) Absatzhilfe 21
2. Zweck und Bedeutung des § 374 AO 2, 3	e) Steuerhehlerei durch Unterlassen 22
3. Gegenstand der Steuerhehlerei 4–7	7. Subjektiver Tatbestand 23–30
4. Vortat der Steuerhehlerei 8–13	a) Vorsatz 23–26
5. Verhältnis der Steuerhehlerei zur Teilnahme an der Vortat 14, 15	b) Bereicherungsabsicht 27–30
6. Tathandlungen der Steuerhehlerei . . 16–22	8. Strafaufhebungsgründe 31
a) Ankaufen 16	9. Strafen und Nebenfolgen 32–37
b) Sich oder einem Dritten verschaffen 17–19	10. Konkurrenzfragen 38–47
	11. Wahlfeststellung zwischen Steuerhinterziehung und Steuerhehlerei . . 48–50
c) Absetzen 20	12. Verfahrensfragen 51, 52

1. Entstehungsgeschichte

1 § 374 AO 1977 geht zurück auf § 403 RAO 1931 (= § 368 RAO 1919). § 403 RAO 1931 wurde durch Art. I Nr. 16 G v. 4. 7. 1939 (RGBl. I 1181) neu gefaßt und hinsichtlich der Vortat erweitert auf den Tatbestand des Bannbruchs, der zugleich als § 401 a in die RAO übernommen wurde (vorher §§ 134, 136 VZollG); ferner wurde in Angleichung an § 259 StGB aF das „Inpfandnehmen" ausdrücklich mit Strafe bedroht und die Schuldvermutung („... *den Umständen nach annehmen muß"*) beseitigt. Absatz 2 S. 2 über Einziehung wurde durch Art. 17 Nr. 16 StÄndG 1961 v. 13. 7. 1961 (BGBl. I 981, 996) gestrichen (Schriftl. Ber. zu BT-Drucks. III/2706 S. 11). Durch Art. 1 Nr. 11 des 2. AO-StrafÄndG v. 12. 8. 1968 (BGBl. I 953) wurde die Vorschrift umnumeriert in § 398 RAO, Absatz 2 aus redaktionellen Gründen neu gefaßt und Absatz 3 als überflüssig gestrichen (Begr. BT-Drucks. V/1812 S. 25). § 398 I RVO wurde durch Art. 161 EGStGB an § 259 StGB angepaßt, insbesondere erhielten die Tathandlungen die jetzt gültige Fassung. Die *Vorteils*absicht wurde durch die *Bereicherungs*absicht ersetzt. § 374 AO weist in Absatz 1 überwiegend redaktionelle Änderungen auf. Die Strafdrohung bezieht sich jetzt auf § 370 I, II, § 373 AO; als Vortat genügt – außer Steuerhinterziehung – nur noch ein Bannbruch nach § 372 II VO. § 374 II AO erweitert den Tatbestand der Hehlerei auf Vortaten gegen Eingangsabgaben iS von § 370 VI AO.

2. Zweck und Bedeutung des § 374 AO

2 **Als geschütztes Rechtsgut** sieht die hM bei der Sachhehlerei (§ 259 StGB) das Vermögen an; das Wesen der Handlung des Hehlers wird in der Aufrechterhaltung des durch die Vortat verursachten rechtswidrigen Vermögenszustandes gesehen (BGHGrS 7, 134, 137 v. 20. 12. 1954, BGH v. 8. 5. 159, NJW 1377; *Maurach* BT/1 S. 464 ff.; *Welzel* S. 375, 380). Gegen die abw. Meinung, die das Wesen der Hehlerei in erster Linie in der Ausbeutung eines strafbaren Erwerbs erblickt (OLG Düsseldorf v. 31. 5. 1948, SJZ 1949, 204, 207; OLG Koblenz v. 24. 11. 1949, DRZ 1950, 69; *Geerds* GA 1958, 131 f.), spricht, daß die Vorteile, die der Hehler erstrebt, nicht aus der Beute der Vortat zu stammen brauchen (Rdnr. 30). Freilich sind die Parallelen zwischen Sachhehlerei und Steuerhehlerei begrenzt. Das Unrecht der Vortat der Sachhehlerei besteht in der rechtswidrigen Besitzposition, weil sich die Vortat dadurch gegen fremdes Vermögen richtet, daß sie diesem die Sache entzieht. Demgegenüber ist der Besitz einer Sache, hinsichtlich deren Verbrauchsteuer oder Zoll hinterzogen oder Bannbruch begangen wurde, nicht selbst rechtswidrig. Man wird das *Unrecht der Steuerhehlerei* vielmehr so beschreiben müssen: Befindet sich der Täter einer Verbrauchsteuer- oder Zollhinterziehung bzw. eines Bannbruchs noch im Besitz der Sache, dann besteht häufig noch eine gewisse Chance, daß die Tat entdeckt und der Erfolg der Vortat rückgängig gemacht wird. Mit der Weitergabe der Sache an einen anderen wird diese Chance verringert. Das Gesetz erfaßt demnach in § 374 AO typische Verhaltensweisen, die regelmäßig die *Restitutionsvereitelung* be-

3. Gegenstand der Steuerhehlerei 3–6 § 374

wirken. Die Steuerhehlerei ist damit ein abstraktes Gefährdungsdelikt gegen die durch §§ 370, 372 AO geschützten Rechtsgüter. Soweit die Vortat Steuerhinterziehung ist, dient der Tatbestand dem Schutz des Steueraufkommens. In bezug auf den Bannbruch als Vortat werden die – sehr verschiedenen – Rechtsgüter des § 372 AO geschützt (zust. HHSp-*Engelhardt* 14 u. *Kohlmann* 8 ff. zu § 374 AO).

Die kriminalpolitische Bedeutung des Straftatbestandes der Steuerhehlerei besteht nicht zuletzt darin, daß § 374 AO eine Bestrafung derjenigen Personen ermöglicht, denen zwar der Umgang mit unversteuerten Waren (bzw. verbotswidrig eingeführten Waren), jedoch nicht die Hinterziehung der Steuern (bzw. das verbotswidrige Verbringen) bewiesen werden kann; zur Zulässigkeit einer Wahlfeststellung zwischen Steuerhinterziehung und Steuerhehlerei s. Rdnr. 48.

Im Jahre 1981 (1980) wurden 3793 (4315) Urteile und Strafbefehle rechtskräftig, durch die wegen Steuerhehlerei Freiheitsstrafen von insgesamt 3349 (3634) Jahren sowie Geldstrafen von insgesamt 581 014 DM (649 334 DM) in Form von 16 747 (19 814) Tagessätzen verhängt wurden. Die Summe der Abgaben, die mit den gehehlten Warne oder Erzeugnissen hinterzogen worden waren, betrug 5,04 Mio DM (5,9 Mio DM).

3. Gegenstand der Steuerhehlerei

Als Gegenstand der Steuerhehlerei kommen – abw. von § 259 StGB – nur Erzeugnisse oder Waren in Betracht, deren Herstellung oder Einfuhr einer Verbrauchsteuer oder deren Einfuhr einem Zoll oder einer Abschöpfung (Rdnr. 5) unterliegen, sowie solche Waren, hinsichtlich deren Eingangsabgaben bestimmter europäischer Staaten hinterzogen wurden. § 374 II AO stimmt insoweit mit § 370 VI AO überein (Rdnr. 24 ff. zu § 370 AO). Die Begriffshäufung „*Erzeugnisse oder Waren*" erklärt sich aus dem unterschiedlichen Sprachgebrauch der Zoll- und Verbrauchsteuergesetze. Einer Verbrauchsteuer unterliegen Bier, Tabakerzeugnisse, Kaffee, Mineralöl, Schaumwein und schaumweinähnliche Getränke sowie Branntwein. Einem Zoll unterliegt die Einfuhr von Waren nach Maßgabe des Zolltarifs.

Die Abschöpfungen stehen nach § 2 I AbschG den Zöllen iS des § 374 AO gleich (BGH 25, 190 v. 6. 6. 1973; HHSp-*Engelhardt* 22 u. *Kohlmann* 14 beide zu § 374 AO). Abw. von § 373 AO spricht § 374 AO nicht von „*Eingangsabgaben*", weil die Hinterziehung von Verbrauchsteuern als Vortat einer Steuerhehlerei auch dann in Betracht kommen soll, wenn eine Verbrauchsteuer nicht bei der Einfuhr, sondern bei der Entfernung einer Ware aus dem inländischen Herstellungsbetrieb entstanden ist. § 374 AO ist auch auf **Abgaben zu Zwecken der Marktordnung** anzuwenden, die den Regelungen iS des § 1 II MOG unterliegen (HHSp-*Engelhardt* 24 zu § 374 AO). Denn auf diese Angaben sind die Vorschriften der AO, abgesehen von § 222 S. 3 u. 4 AO und damit auch § 374 AO entsprechend anzuwenden (vgl. auch § 35 MOG).

Auch Sachen, deren Ein-, Aus- oder Durchfuhr verboten ist (Rdnr. 26 ff. zu § 372 AO), können Gegenstand einer Steuerhehlerei sein. Dies gilt

Voß

jedoch nur, wenn die Vortat über § 372 II AO nach § 370 AO oder nach § 373 AO mit Strafe bedroht ist. Als Vortat scheidet daher aus: der Bannbruch nach § 372 I AO, der nach einem Sondergesetz als Ordnungswidrigkeit oder als Vergehen einzuordnen ist.

7   Ob Sachhehlerei nach § 259 StGB nur an den unmittelbar durch die Vortat erlangten Sachen begangen werden kann oder auch an **Ersatzsachen,** die der Vortäter mittels der gestohlenen Sachen beschafft, insbes. mit gestohlenem Geld gekauft hat, ist str. (ausf. *Stree* JuS 1961, 50, 83; FG Baden-Württemberg, EFG 1988, 367 = ZfZ 1988, 298). Nach heute hM ist Ersatzhehlerei nicht möglich (BGH 9, 137, 139 v. 12. 4. 1956; S/S-*Stree* 14 zu § 259 StGB mwN). Dasselbe gilt für die Steuerhehlerei, die nicht am Erlös begangen werden kann, den der Vortäter für die durch die Vortat betroffene Sache erlangt hat (*Kohlmann* 40 zu § 374 AO). Auch an einer **neuen Sache,** die aus dem Stoff der durch die Vortat geschmuggelten Sache hergestellt worden ist, kann Steuerhehlerei nicht begangen werden (RG 57, 159 v. 1. 12. 1922 zu § 259 StGB).

4. Die Vortat der Steuerhehlerei

8   Nach dem Wortlaut des § 374 I AO muß hinsichtlich der tatbefangenen Sachen Verbrauchsteuer oder Zoll hinterzogen oder Bannbruch begangen sein. Zur Hinterziehung von Abschöpfungen und Abgaben zu Marktordnungszwecken s. Rdnr. 5. Damit erfordert die Steuerhehlerei in jedem Falle die **Erfüllung aller objektiven Merkmale** des § 370 AO oder des § 372 II AO (s. dazu Rdnr. 6).

9   Ob und wieweit der Vortäter auch die **subjektiven Merkmale der Vortat** verwirklicht haben muß, war lange streitig. Nach dem früheren Grundsatz der extremen Akzessorietät waren Sach- und Steuerhehlerei nur möglich, wenn der Vortäter *sämtliche* subjektiven Voraussetzungen des Diebstahls oder der Steuerhinterziehung erfüllt hatte, dh wenn er schuldfähig war, vorsätzlich gehandelt hatte, keinem Irrtum unterlegen war und kein sonstiger Schuldausschließungsgrund vorlag. Diese unbeschränkte Abhängigkeit der Hehlerei von der Vortat wurde zuerst bei der Steuerhehlerei durch § 403 III RAO idF des Art. I Nr. 16 G v. 4. 7. 1939 (BGBl. I 1181) gelockert: *„Der Steuerhehler ist auch dann strafbar, wenn die Person, die die Steuerhinterziehung oder den Bannbruch begangen hat, nicht schuldfähig ist."* Durch § 50 I StGB idF des Art. 2 der VO v. 29. 5. 1943 (RGBl. I 339): *„Sind mehrere an einer Tat beteiligt, so ist jeder ohne Rücksicht auf die Schuld des anderen nach seiner Schuld strafbar"* wurde der Grundsatz einer limitierten Akzessorietät allgemein verankert und von der Rspr. auf Fälle ausgedehnt, in denen zwar keine Beteiligung, aber eine Tat vorlag, die von einer anderen Tat abhängig war (BGH 1, 47 v. 27. 2. 1951 zu § 259 StGB). Seitdem ist unstreitig, daß *Schuldunfähigkeit des Vortäters* (vgl. § 20 StGB; § 1 III JGG) der Annahme von Hehlerei beim Nachtäter nicht entgegensteht – gleichgültig, welche Vorstellung dieser von der Schuldfähigkeit des Vortäters hatte. § 403 III RAO 1939 wurde, um unerwünschten Umkehrschlüssen vorzubeugen, durch Art. 1 Nr. 11 des 2.

4. Die Vortat der Steuerhehlerei

AOStrafÄndG mit der Begründung gestrichen, in Rspr und Rechtslehre bestehe Einigkeit, daß der Tatbestand der Hehlerei auch bei Schuldunfähigkeit des Vortäters verwirklicht werden könne (BT-Drucks. V/1812 S. 25).

Die Frage, ob Hehlerei auch dann möglich ist, wenn der Vortäter in einem **Tatumstands- oder Verbotsirrtum** (Rdnr. 99 ff. zu § 369 AO) gehandelt hat, wurde zunächst bejaht vom OFH (Urt. v. 1. 3. 1950, NJW 883) sowie vom 4. StrS des BGH (1, 47 v. 27. 2. 1951; v. 29. 11. 1951, NJW 1952, 945; 4, 355, 358 v. 1. 10. 1953; 5, 47 v. 22. 10. 1953; ebenso früher Hartung NJW 1949, 324 u. ZfZ 1949, 378). Die im Anschluß an *Bockelmann* (NJW 1950, 850) heute hM des 5. StrS des BGH besagt, daß nur der Irrtum des Vortäters über ein Merkmal des gesetzlichen Tatbestandes die Annahme der Hehlerei beim Nachtäter ausschließt, dagegen ein Verbotsirrtum oder ein Schuldausschließungsgrund die Möglichkeit einer anschließenden Hehlerei offenläßt (BGH 4, 76 v. 26. 2. 1953 m. zust. Anm. *Niese* JZ 1953, 637 und *Welzel* JR 1953, 186; *Kohlmann* 31 ff. zu § 374 AO; S/S-*Stree* 10 f. zu § 259 StGB).

Hat der Vortäter schuldlos oder fahrlässig ein Tatbestandsmerkmal der Steuerhinterziehung oder des Bannbruchs nicht gekannt, etwa nicht gewußt, daß das Entfernen einer verbrauchsteuerbaren Sache aus dem Herstellungsbetrieb oder der Verbrauch einer solchen Sache im Herstellungsbetrieb oder das Einführen einer Sache verbrauchsteuer- oder zollpflichtig oder die Ein-, Aus- oder Durchfuhr einer Sache verboten ist, so begeht derjenige, der die Sache in Kenntnis(!) der Abgabepflicht oder des Ein-, Aus- oder Durchfuhrverbots ankauft, zum Pfande nimmt, an sich bringt, verheimlicht oder absetzt, keine Steuerhehlerei, weil es ohne *vorsätzliche* Vortat an einem objektiven Tatbestandsmerkmal des § 374 AO fehlt (*Kohlmann* 36 ff. zu § 374 AO). Eine *fahrlässige* Steuerverkürzung ist als Vortat für eine Steuerhehlerei nicht geeignet, gleichgültig, ob sie gem. § 378 AO als Steuerordnungswidrigkeit geahndet werden kann oder nicht. Ebensowenig genügt eine fahrlässige Vortat, welche die objektiven Merkmale des § 372 I AO erfüllt.

Die Feststellung, daß der Vortäter *ohne Kenntnis*, der Nachtäter dagegen *in Kenntnis* der Tatbetandsmerkmale der Vortat gehandelt habe, erfordert in der Praxis eine sorgfältige Prüfung, ob nicht in Wahrheit der Nachtäter den Vortäter von vornherein als „Werkzeug" benutzt und als mittelbarer Täter (Rdnr. 75 zu § 369 AO) seinerseits Steuerhinterziehung oder Bannbruch begangen hat.

Zum Begriff der Steuerhehlerei gehört nach hM, daß die **Vortat abgeschlossen,** dh die Zoll- bzw. Abgabenhinterziehung oder der Bannbruch nicht nur rechtlich *vollendet,* sondern auch tatsächlich *beendet* ist (s. aber Rdnr. 79 zu § 369 AO sowie S/S-*Stree* 15 zu § 259 StGB u. Rdnr. 34 ff. zu § 372 AO).

5. Verhältnis der Steuerhehlerei zur Teilnahme an der Vortat

14 **Der Täter einer Steuerhinterziehung oder eines Bannbruchs** kann idR nicht noch Steuerhehlerei an derselben Sache begehen, auf die sich seine Vortat bezieht; denn Hehlerei ist die Aufrechterhaltung des durch einen anderen Vortäter geschaffenen rechtswidrigen Zustandes (Rdnr. 2). Eine Ausnahme gilt aber dann, wenn der Täter die Vortat die von ihm selbst geschmuggelte Sache *nachträglich aus dritter Hand oder nach Verteilung der Beute von einem Mittäter erwirbt* (RG 71, 49 v. 8. 2. 1937; BGH 3, 191, 194 v. 2. 10. 1952; BGHGrS 7, 134 v. 20. 12. 1954; 8, 390 v. 10. 1. 1956 – sämtl. zu § 259 StGB; aM früher RG 34, 304 v. 1. 7. 1901); denn in solchen Fällen besteht zwischen der Vortat und der Nachtat kein innerer Zusammenhang mehr (aM S/S-*Stree* 54 zu § 259 StGB; der Wortlaut von § 259 StGB unterscheidet sich aber hier von § 374 I AO).

15 **Anstifter und Gehilfen der Vortat,** die im Anschluß an die von ihnen angeregte oder unterstützte fremde Schmuggeltat an den geschmuggelten Sachen Hehlereihandlungen begehen, sind nicht nur der Anstiftung (§ 26 StGB) oder Beihilfe (§ 27 StGB) zur Vortat schuldig, sondern zusätzlich einer (rechtlich selbständigen) Hehlerei, und zwar auch dann, wenn sie bereits bei der Teilnahmehandlung auf die Beute abgezielt hatten (BGHGrS aaO, s. Rdnr. 14).

6. Tathandlungen der Steuerhehlerei

a) Ankaufen

16 **Ankaufen ist ein Unterfall des „Sich-Verschaffens"** (Rdnr. 17 ff.; BGH v. 16. 10. 1952, zit bei *Herlan* GA 1954, 58), der im Gesetz an erster Stelle erwähnt wird, weil er besonders häufig vorkommt. Demgemäß genügt nicht der Abschluß eines Kaufvertrages iS des § 433 BGB; gemeint ist vielmehr *käufliches Erwerben der tatsächlichen Verfügungsgewalt* durch den Nachtäter = Steuerhehler von dem Vortäter = Steuerhinterzieher oder dessen Mittelsmann (stRspr, vgl. RG 73, 104 v. 10. 2. 1939; BGH aaO; glA *Hartung* II 3 a zu § 403 RAO 1931; HHSp-*Engelhardt* 50 zu § 374 AO, S/S-*Stree* 30 zu § 259 StGB; abw. *Maurach* JZ 1952, 714). Ist bereits ein Kaufvertrag abgeschlossen, aber die Sache noch nicht auf den Erwerber übergegangen, kommt versuchte Steuerhehlerei in Betracht.

b) Sich oder einem Dritten verschaffen

17 Das „Sich-Verschaffen" entspricht dem „Ansichbringen" der früheren Fassung. Diese Fassung bereitete jedoch Schwierigkeiten, wenn Angestellte Sachen für ihren Geschäftsherrn ohne dessen Wissen erworben hatten (S/S-*Stree* 27 zu § 259 StGB). Die Neufassung hat diese Schwierigkeiten beseitigt, da es nun genügt, wenn der Täter die Sachen einem Dritten verschafft.

18 Die hM versteht unter dem Verschaffen iS von § 259 StGB das **Erlangen der Verfügungsgewalt im Einvernehmen mit dem Vortäter** (S/S-*Stree*

6. Tathandlungen der Steuerhehlerei

18 ff. zu § 259 StGB mwN). Daraus erfolgt, daß keine Hehlerei begeht, wer sich die Verfügungsgewalt ohne Einvernehmen des Vortäters, etwa durch Diebstahl, verschafft (S/S-*Stree* 42 f. zu § 259 StGB), und daß Hehlerei nicht notwendig die Besitzerlangung voraussetzt (die Sache bleibt beim Vortäter, der Hehler darf aber frei über sie verfügen) und auch bei bloßer Besitzerlangung ohne eigene Verfügungsgewalt noch nicht erfüllt ist (Miete, Leihe sollen keine Hehlerei begründen); vgl. S/S-*Stree* 19 ff. zu § 259 StGB. Diese Grundsätze werden von der hM ohne Modifikation auf die Steuerhehlerei übertragen (HHSp-*Engelhardt* 39 ff. u. *Kohlmann* 42 zu § 374 AO). Eine derartige Übertragung der Kriterien der Sachhehlerei auf die Steuerhehlerei ist in hohem Maße bedenklich. Das Merkmal des Einvernehmens dient dazu, das Vermögensdelikt der Sachhehlerei von Raub, Diebstahl und Unterschlagung abzugrenzen (SS/S-*Stree* 42 f. zu § 259 StGB). Da § 374 AO nicht das Eigentum an der Sache, sondern ganz andere Rechtsgüter schützt (Rdnr. 2), spricht bei eigenmächtigem Verschaffen nichts gegen Idealkonkurrenz von Steuerhehlerei und zB Diebstahl. Die eigene Verfügungsgewalt wird bei § 259 StGB gefordert, weil die Sachhehlerei als Vermögensdelikt die Übernahme des in der Sache steckenden Wertes durch den Hehler voraussetzt (S/S-*Stree* 19 zu § 259 StGB). Richtet sich demgegenüber die Steuerhehlerei nicht gegen den in der Sache verkörperten Vermögenswert, dann besteht auch kein Anlaß, dieses Merkmal zu übernehmen. Sieht man den Unrechtsgehalt der Steuerhehlerei darin, daß die Verschiebung der Sache auf einen anderen die Restitution der durch die §§ 370, 372 AO geschützten Rechtsgüter erschwert (Rdnr. 2), dann spricht alles dafür, auch die eigenmächtige Übernahme der Sache und die Besitzerlangung ohne eigene Verfügungsgewalt für die Steuerhehlerei ausreichen zu lassen.

Bloßes Mitverzehren oder Mitgenießen von Nahrungs- oder Genußmitteln in der Form unmittelbaren Verbrauchs kann nach hM keine (Sach- oder Steuer-)Hehlerei sein, weil das Ansichbringen ein *„äußeres Verhältnis"* erfordert, das *„eine selbständige Verfügung"* ermöglicht (RG 39, 308, 310 v. 13. 12. 1906; 55, 281 v. 21. 3. 1921; 63, 35, 38 v. 31. 1. 1929; 71, 341 v. 28. 9. 1937; OLG Kiel HESt 1, 108 v. 18. 11. 1946; OLG Hamm v. 16. 11. 1946, DRZ 1947, 416; OLG Saarbrücken v. 7. 3. 1947, DRZ 1948, 68; OLG Düsseldorf v. 31. 5. 1948, SJZ 1949, 203 m. zust. Anm. *Mezger;* OHG 1, 175, 178 v. 23. 11. 1948; OFH v. 14. 12. 1949, DStZ/B 1950, 127, 129: BGH v. 17. 4. 1952, NJW 754; BGH 9, 137 f. v. 12. 4. 1956; BFH v. 4. 7. 1957, ZfZ 306; OLG Braunschweig v. 18. 3. 1963, GA 211; zust. LK-*Ruß* 21 zu § 259 StGB); aM zutreffend *Robert v. Hippel,* der den Satz geprägt hat, „Insichbringen" sei die intensivste Form des „Ansichbringens" (Lehrbuch des Strafrechts, 1932, S. 267 Anm. 3); vgl. auch OLG Koblenz v. 24. 11. 1949, DRZ 1950, 69; *Kohlmann* 47 zu § 374 AO; HHSp-*Engelhardt* 45 zu § 374 AO; *Maurach* BT/1 S. 471 f. sowie S/S-*Stree* 24 zu § 259 StGB, nach deren Auffassung es jedoch beim Mitgenuß meist an der Bereicherungsabsicht (Rdnr. 27 ff.) fehlt.

Voß

c) Absetzen

20 Absetzen heißt, eine Sache an (gut- oder bösgläubige) Dritte zu veräußern, gleichviel in welcher Form; in Betracht kommt namentlich verkaufen, versteigern, verpfänden, aber auch verschenken, also jede Form der Veräußerung, der auf seiten des Dritten ein Ankaufen (Rdnr. 16) oder Sich-Verschaffen (Rdnr. 17–19) entspricht. Ein bloßes Verleihen, Vermieten oder In-Verwahrung-Geben genügt nach hM nicht, da der Empfänger dadurch keine *eigene* Verfügungsmacht erlangt, vielmehr zur Rückgabe der Sache verpflichtet ist (S/S-*Stree* 32 zu § 259 StGB).

Nach einer Mindermeinung ist das Absetzen einer Sache erst vollendet, sobald sie in die Hand des neuen Besitzers gelangt ist (S/S-*Stree* 32 zu § 259 StGB; *Stree* GA 1961, 40; BGH v. 26. 5. 1976, NJW 1698). Nach hM zu § 259 StGB reicht jedoch bereits eine *auf Absatz hinzielende Handlung* (RG 56, 191 f. v. 18. 10. 1921; RG v. 29. 8. 1935, JW 3321; BGH v. 7. 12. 1954, NJW 1955, 350; BGHSt 27, 45 v. 14. 11. 1976; BGH, wistra 1989, 182 v. 1. 2. 1978, bei *Dallinger* MDR 1978, 625; vgl. *Küper* JuS 1975, 633 u. NJW 1977, 58; HHSp-*Engelhardt* 54, *Kohlmann* 52; *Reide* zu § 374 AO). Auch bei der Absatzhilfe muß der Täter nach hM im Interesse und im Einverständnis mit dem Vortäter handeln (BGH v. 13. 3. 1984, GA 1984, 421); s. aber Rdnr. 18.

d) Absatzhilfe

21 Das Merkmal der Absatzhilfe erfaßt diejenigen Handlungen, mit denen sich der Hehler am Absatz des Vortäters oder Zwischenhehlers **unselbständig beteiligt**. Für die Vollendung der Absatzhilfe ist nicht erforderlich, daß der Absatz *gelungen*, die Sache also in den Besitz eines anderen gelangt ist (BGH v. 26. 5. 1976, NJW 1698 m. zust. Anm. *Küper* NJW 1977, 58; OLG Köln v. 28. 2. 1975, NJW 987; SK-*Samson* 31, 26, S/S-*Stree* 38 u. *Lackner* 4 b zu § 259 StGB; *Küper* JuS 1975, 633; *Stree* JuS 1976, 143; *Franke* NJW 1977, 857; *Arendt* ddz 1981, F 4). Nach richtiger Ansicht genügt der *Versuch* der Absatzhilfe für die Vollendung der Hehlerei (BGH v. 16. 6. 1976, NJW 1900; BGH 27, 45 v. 4. 11. 1976, NJW 205; v. 15. 4. 1980, ZfZ 1981, 53; BGH 27, 45 ff.; BGH, wistra 1989, 182 f.; *Meyer* MDR 1975, 721 u. JR 1977, 80; *Fezer* NJW 1975, 1982; *Dreher/Tröndle* 19 zu § 259 StGB).

e) Steuerhehlerei durch Unterlassen

22 Durch Unterlassen kann Steuerhehlerei in jeder Form der Tatausführung durch jemanden begangen werden, dem eine **besondere Rechtspflicht** obliegt, das Ankaufen, Sich-Verschaffen oder Absetzen von Schmuggelware zu verhindern. Eine solche Rechtspflicht hat die Rspr bejaht für einen *Geschäftsherrn*, der die Verwendung „heißer Ware" in seinem Betrieb duldet, sowie für *Ehegatten* in bezug auf die Verwendung solcher Sachen im Haushalt (RG 52, 203 f. v. 9. 7. 1918; OLG Celle HESt 1, 109 f. v. 15. 3. 1947); sie besteht aber in noch stärkerem Maße für *Eltern* im Verhältnis zu ihren minderjährigen Kindern und gebietet ihnen, etwa anläßlich einer Party des 15jährigen

7. Subjektiver Tatbestand   23–26 § 374

Sohnes mit gestohlenen Spirituosen und Zigaretten einzuschreiten (OLG Braunschweig v. 18. 3. 1963, GA 211), sowie für *Zollbeamte* und andere *Strafverfolgungsbeamte,* die von Amts wegen zum Einschreiten verpflichtet sind (über die Konkurrenz mit Begünstigung s. Rdnr. 41). Keine Rechtspflicht zur Anzeige hat, wer Schmuggelware gutgläubig erworben hat, dann aber von der Vortat erfährt (*Kohlmann* 63 zu § 374 AO). Zur Frage, welche Beteiligungsform in Betracht kommt, s. Rdnr. 92 zu § 369 AO.

7. Subjektiver Tatbestand

a) Vorsatz

Der innere Tatbestand des § 374 AO erfordert zunächst Vorsatz (§ 15 23
StGB), dh der Täter muß
1. *wissen,* daß hinsichtlich der Sache, die den Gegenstand seiner Handlung bildet, Zoll, Verbrauchsteuer, Abschöpfungen oder Marktordnungsabgaben hinterzogen oder Bannbruch begangen worden ist, ohne daß er über Einzelheiten der Vortat, die Höhe der hinterzogenen Abgabe oder die Art der Tatausführung unterrichtet zu sein braucht (RG 55, 234 v. 12. 2. 1921 zu § 259 StGB);
2. trotz Kenntnis der Vortat *den Willen haben,* die Sache anzukaufen, sich oder einem anderen zu verschaffen, abzusetzen oder absetzen zu helfen.
   Bedingter Vorsatz genügt (RG 55, 204ff. v. 22. 12. 1920; RG v. 4. 11. 24
1941, HRR 1942 Nr. 290 zu § 250 StGB; OLG Bremen v. 10. 3. 1954, ZfZ 285), dh Hehlerei liegt auch dann vor, wenn der Täter zwar nicht *bestimmt* weiß, ob die fragliche Sache geschmuggelt worden ist, wenn er aber damit rechnet und die Tat auch für den Fall will, daß seine Vermutung zutrifft. Zur Abgrenzung von bedingtem Vorsatz und Fahrlässigkeit, die gem. § 369 II AO, § 15 StGB für § 374 AO nicht genügt, s Rdnr. 51 zu § 369 AO. Ob der Täter den Umständen nach hätte wissen müssen, daß es sich um Schmuggelgut handelte („vermuteter Vorsatz") ist abw. von § 259 StGB aF für § 374 AO unerheblich.
   Zur Zeit des Erwerbs müssen die Merkmale des Vorsatzes beim Sich- 25
Verschaffen vorhanden sein. Erfährt der Erwerber den steuerrechtlichen Makel einer bereits erworbenen Sache erst später, kommt Steuerhehlerei nur in Betracht, wenn er anschließend eine andere Handlung begeht, welche die Merkmale des § 374 AO erfüllt, also die Sache nicht nur behält, sondern zB bei einem weiteren Absetzen hilft (S/S-*Stree* 45 zu § 259 StGB).
   Im allgemeinen kann (Sach- oder Steuer-)Hehlerei durch Absetzen auch 26
dann begangen werden, wenn ein gutgläubiger Erwerber die Sache veräußert, *nachdem* er von der Vortat erfahren hat (aM S/S-*Stree* 45 zu § 259 StGB); anders jedoch dann, wenn jemand eine gutgläubig in Verwahrung genommene Sache nach Kenntnis von der Vortat veräußert, ohne daß er insoweit im Einvernehmen mit dem Vortäter handelt (BGH 10, 151 v. 21. 2. 1957).

Voß

b) Bereicherungsabsicht

27 Bereits das EGStGB hatte in § 398 RAO das subjektive Merkmal *„seines Vorteils wegen"* durch die Absicht, sich oder einen Dritten zu bereichern, ersetzt. Damit wurden zwei Veränderungen vorgenommen. Einerseits genügt nun nicht mehr jeder beliebige Vorteil; der Hehler muß einen **Vermögensvorteil** erstreben. Andererseits ist es nicht mehr erforderlich, daß der Täter den Vorteil für sich erstrebt; es genügt, wenn er die **Bereicherung eines Dritten** will. § 374 AO ist daher gegenüber der alten Fassung von § 398 RAO teilweise enger und teilweise weiter.

28 Die Hehlerei ist ein **Delikt mit überschießender Innentendenz** (Rdnr. 54 zu § 369 AO). Die Bereicherung braucht daher nicht eingetreten zu sein; das Delikt ist auch dann vollendet, wenn der Täter die Bereicherung erstrebt, aber nicht erreicht hat. Der Täter muß in bezug auf die Bereicherung Absicht in der Form des *dolus directus* 1. Grades haben (S/S-*Stree* 46 zu § 259 StGB). Die Bereicherung muß End- oder Zwischenziel seines Handelns sein. Das bedeutet einerseits, daß die Bereicherung nicht Motiv iS eines Endzieles zu sein braucht, daß es aber andererseits nicht genügt, wenn die Bereicherung lediglich als nicht erkannte notwendige Nebenfolge seiner Handlung vorausgesehen wird. Das wäre *dolus directus* 2. Grades (Rdnr. 50 zu § 369 AO), der für § 374 AO nicht ausreicht. Bereicherungsabsicht weist daher nicht auf, wer eine Sache nur deshalb abzusetzen hilft, weil er dadurch die Entdeckung der Vortat abzuwenden helfen will, mag er auch sicher wissen, daß für den Absatz ein Entgelt gezahlt wird.

29 Bereicherung ist das **Erlangen eines Vermögensvorteils**. Vermögensvorteil ist jede Verbesserung der Vermögenslage. Er ist nicht gegeben, wenn gleichwertige Leistungen ausgetauscht werden, da sonst die Bereicherungsabsicht bei der Tathandlung des Ankaufens überflüssig wäre (OLG Stuttgart v. 16. 8. 1976, MDR 1977, 161: Keine Bereicherung bei Ankauf von Betäubungsmitteln zu Schwarzmarktpreisen zum Eigenverbrauch; vgl. auch BGH v. 20. 9. 1979, GA 1980, 69; v. 4. 12. 1980, StrVert 1981, 129; *Arendt* ZfZ 1981, 229 u. 351). Freilich genügt der übliche Geschäftsgewinn; eine außergewöhnliche Verbesserung der Vermögenslage ist nicht erforderlich (S/S-*Stree* 47 zu § 259 StGB).

30 Die Bereicherung muß **nicht unmittelbar aus der Tathandlung** stammen; Stoffgleichheit wie beim Betrug (S/S-*Cramer* 168 zu § 263 StGB) ist bei § 374 AO nicht erforderlich. Das ergibt sich schon aus der Tatsache, daß die Hehlerei kein Vermögensverschiebungsdelikt ist (hM, S/S-*Stree* 48 zu § 259 StGB; *Stree* JuS 1976, 144; *Blei* JA 1976, 310; *Kohlmann* 8 ff. zu § 374 AO; aM *Dreher/Tröndle* 23 zu § 259 StGB).

8. Strafaufhebungsgründe

31 § 374 AO ist nicht anzuwenden, wenn der Täter zum eigenen Verbrauch vorsätzlich oder fahrlässig Zigaretten in Verpackungen erwirbt, an denen ein gültiges Steuerzeichen iS des § 2 VII TabStG nicht angebracht ist, soweit der einzelnen Tat nicht mehr als 1000 Zigaretten zugrunde liegen (§ 30a I 2

TabStG). Der Erwerb von nicht mehr als 1000 unversteuerter Zigaretten ist aber als Ordnungswidrigkeit zu ahnden (§ 30a I 1 TabStG). Der Vorsatz oder die Fahrlässigkeit muß sich auf das fehlende Steuerzeichen (§ 2 VII TabStG) beziehen. Der Täter braucht hingegen nicht zu wissen, daß die Zigaretten nicht verzollt und nicht versteuert waren (*Bender* Tz 146). Die Vorschrift ist aus kriminalpolitischen Gründen im Hinblick auf den massenhaften Schmuggel von Zigaretten namentlich in den neuen Bundesländern eingeführt worden (dazu Statistik über die Ergebnisse der Bekämpfung des Zigarettenschmuggels, wistra 1994, 91 f.; *Kohlmann* 116, 1 zu § 377 AO; kritisch *Bender* Tz. 146).

9. Strafen und Nebenfolgen

Für die Bestrafung des Steuerhehlers verweist § 374 AO auf die §§ 370, 373 AO. Zur Strafdrohung nach § 370 AO s. Rdnr. 278 f. zu § 370 AO. **32**

Gewerbsmäßige Steuerhehlerei unterliegt der verschärften Strafdrohung des § 373 I AO (Rdnr. 10ff., 47 zu § 373 AO). Zu den Merkmalen gewerbsmäßigen Handelns s. Rdnr. 10ff. zu § 373 AO. Gewerbsmäßige Steuerhehlerei erfordert nicht die Absicht, das hehlerisch erlangte Schmuggelgut weiterzuveräußern, insbes. zu verkaufen; es genügt die Absicht, durch unmittelbare Verwendung eigene Bedürfnisse zu befriedigen (RG 54, 184f. v. 5. 12. 1919 zu § 259 StGB). Bedingter Vorsatz schließt die Gewerbsmäßigkeit einer Steuerhehlerei nicht aus (OLG Bremen v. 10. 3. 1954, ZfZ 285). Die Tatsache, daß ein gewerbsmäßiger Hehler den Täter zu weiteren Straftaten ermuntert hat, darf nicht strafschärfend berücksichtigt werden; denn der Gesetzgeber hat die verschärfte Strafdrohung des § 374 I iVm § 373 AO für gewerbsmäßige Steuerhehlerei gerade deshalb vorgesehen, weil der gewerbsmäßige Hehler dem Schmuggler immer wieder neuen Rückhalt bietet (vgl. BGH v. 4. 10. 1967, NJW 2416, zu § 260 I StGB). **33**

Die Amtsfähigkeit und Wählbarkeit kann dem Steuerhehler gem. § 375 I AO auf die Dauer von zwei bis zu fünf Jahren aberkannt werden, wenn gegen ihn auf eine Freiheitsstrafe von mindestens einem Jahr erkannt wird (Rdnr. 8 ff. zu § 375 AO). **34**

Nach § 375 II AO können Sachen, auf die sich die Steuerhehlerei bezieht, sowie die bei der Tat benutzten Beförderungsmittel **eingezogen werden** (Rdnr. 33 ff. zu § 375 AO). **35**

Straffreiheit durch Selbstanzeige ist bei Steuerhehlerei nicht möglich, da § 371 I AO nur die „*Fälle des § 370*" erwähnt (s. ferner Rdnr. 39 zu § 371 AO). Läßt sich nicht ermitteln, ob der Anzeigeerstatter Steuerhinterziehung oder Steuerhehlerei begangen hat, ist im Hinblick auf § 371 AO zu seinen Gunsten Steuerhinterziehung anzunehmen. **36**

Als steuerrechtliche Nebenfolge bestimmt § 71 AO die Haftung des Steuerhehlers „*für die verkürzten Steuern und die zu Unrecht gewährten Steuervorteile sowie für die Zinsen nach § 235*", weil die verkürzte Steuern nach Aufdeckung der Steuerhehlerei von dem Erstschuldner (dem Steuerhinterzieher oder dem, zu dessen Vorteil der Steuerhinterzieher gehandelt hat) oft **37**

nicht mehr zu erlangen ist. Die FinB ist bei der Geltendmachung der Haftung an die im Strafverfahren getroffenen Feststellungen nicht gebunden (RFH v. 24. 11. 1931, StW 1932 Nr. 363), jedoch ist die Aussetzung eines steuerlichen Rechtsbehelfsverfahrens gem. § 363 AO oder § 74 FGO zweckmäßig, um divergierende Entscheidungen zu vermeiden. Der strafrechtliche Grundsatz *in dubio pro reo* gilt auch bei der Anwendung des § 71 AO (BFH v. 14. 12. 1951, BStBl. 1952, 21).

10. Konkurrenzfragen

38 Begeht der Steuerhehler an derselben Sache nacheinander **verschiedene hehlerische Handlungen,** zB zuerst ankaufen, dann Absetzen, so ist die zweite Handlung im Verhältnis zur ersten mitbestrafte Nachtat (Rdnr. 118 f. zu § 369 AO).

39 **Hehlerische Handlungen eines Steuerhinterziehers,** die ein Absetzen einer Ware darstellen, zu der er selbst Zoll, Abschöpfung oder Verbrauchsteuern hinterzogen hat, sind im Verhältnis zur Steuerhinterziehung mitbestrafte Nachtat (Rdnr. 118 f. zu § 369 AO). Dagegen können Anstifter und Gehilfen der Vortat, unter besonderen Voraussetzungen auch Mittäter, nach abgeschlossener Steuerhinterziehung an derselben Sache eine Steuerhehlerei begehen (Rdnr. 14 f.), die zu der Vortat in Realkonkurrenz (§ 53 StGB) steht (vgl. BGH 22, 206, 207 ff. v. 16. 7. 1968 zu § 259 StGB m. zust. Anm. *Schröder* JZ 1969, 32).

40 **Die Steuerhinterziehung eines Steuerhehlers,** der die Einnahmen aus einer Veräußerung der von ihm hehlerisch erlangten Ware nicht versteuert, ist eine selbständige Straftat. Beide Taten bilden nicht etwa eine natürliche Handlungseinheit. Tateinheit besteht nicht, da die Tatbestände keine gemeinsamen Merkmale aufweisen. Mitbestrafte Nachtat kann die Steuerhinterziehung nicht sein, weil durch sie andere Steuerarten (namentlich USt, GewSt und ESt) beeinträchtigt werden als durch die vorausgegangene Steuerhehlerei. Auch können die vom BGH nicht mehr aufrecht erhaltenen Grundsätze über die fortgesetzte Handlung (Rdnr. 112 ff. zu § 369 AO) trotz eines von vornherein auf beide Straftaten ausgerichteten Vorsatzes weder unmittelbar noch entsprechend angewendet werden (RG v. 12. 2. 1937, *Mrozek* 15 u. 16 zu § 403 RAO; BGH 8, 34 v. 30. 6. 1955), und zwar unter keinen Umständen (*Hartung* III zu § 403 RAO), nicht nur nicht „*im Regelfalle*" (BGH aaO). Schließlich bilden die Steuerhehlerei und eine nachfolgende Steuerhinterziehung auch verfahrensrechtlich keinen einheitlichen Lebensvorgang, der von einem früheren, nur die Steuerhehlerei ergreifenden Eröffnungsbeschluß mit umfaßt wird. Eine der Steuerhinterziehung vorausgegangene Verurteilung wegen Steuerhehlerei steht daher der Verfolgung der Steuerhinterziehung nicht entgegen (OLG Hamburg v. 20. 12. 1961, NJW 1962, 754).

41 Steuerhehlerei kann in Tateinheit mit **Begünstigung** (§ 257 StGB) des Vortäters (sei er Steuerhinterzieher oder ebenfalls Steuerhehler) begangen werden, wenn der Hehler durch seine Tat nicht nur in Bereicherungsab-

10. Konkurrenzfragen

sicht handelt (Rdnr. 27ff.), sondern zugleich dem Vortäter durch Abnahme oder Absatzhilfe der Schmuggelware Beistand leistet (RG 57, 105 v. 22. 11. 1922).

Zwischen **Sachhehlerei** (§ 259 StGB) und Steuerhehlerei besteht Tateinheit (§ 52 StGB), wenn jemand Schmuggelware erwirbt, von der er weiß, daß sie gestohlen ist (RG 57, 105 v. 22. 12. 1922). **42**

Wer eine Sache, hinsichtlich deren ein anderer Täter Zoll, Abschöpfung oder Verbrauchsteuer hinterzogen hat, durch **Diebstahl** (§§ 242f. StGB) oder **Raub** (§§ 249ff. StGB) an sich bringt, begeht nach hM keine Steuerhehlerei, da die Hehlerei durch Sich-Verschaffen das Einverständnis mit dem Vortäter voraussetzt (s. aber Rndr. 18). Bei **Unterschlagung** (§ 246 StGB) besteht zwar Einvernehmen über den Übergang des Besitzes oder Gewahrsams an der Sache, jedoch gestattet dieses Einverständnis dem Gewahrsamsnehmer nicht, die tatsächliche Verfügungsmacht über die Sache *zu eigenen Zwecken* auszuüben. Hat zB der Dieb ein gestohlenes Kraftrad einem gutgläubigen Mechaniker zum Umbau übergeben und hat dieser es nach Kenntnis von der Vortat veräußert, liegt mangels einverständlichen Zusammenwirkens mit dem Vortäter allein Unterschlagung, nicht auch Hehlerei vor (BGH 10, 151f. v. 21. 2. 1957). **43**

Zwischen **Betrug** (§ 263 StGB) und Steuerhehlerei ist Tateinheit möglich, wenn der Hehler die Schmuggelware dadurch an sich bringt, daß er den Vortäter durch Täuschung veranlaßt, ihm die Ware zu überlassen. Auch zwischen Steuerhehlerei durch Absetzen und Betrug kommt Tateinheit in Betracht, wenn der Steuerhehler dem Abnehmer vorschwindelt, die Ware sei ordnungsgemäß verzollt oder versteuert. Die Steuerhehlerei beeinträchtigt zwar nicht den Eigentumserwerb des Abnehmers, jedoch erleidet der Abnehmer einen Vermögensschaden dadurch, daß die Waren gem. § 76 AO für die hinterzogene Abgabe auch dann haftet, wenn der Abnehmer gutgläubig der Täuschung des Steuerhehlers zum Opfer gefallen ist. **44**

Vorteilsannahme und **Bestechlichkeit** (§§ 331, 332 StGB) und Steuerhehlerei können in Tateinheit zusammentreffen, wenn ein Beamter Schmuggelware als Geschenk annimmt (BGH 5, 155, 162 v. 30. 10. 1953). **45**

Im Verhältnis zu § 30a TabStG **(Zigaretten-Kleinschmuggel)** besteht Gesetzeskonkurrenz mit der Folge, daß § 374 AO durch § 30a TabStG verdrängt wird. Die Steuerhehlerei wird durch § 30a TabStG zur Ordnungswidrigkeit herabgestuft (*Kohlmann* 116.1 zu § 377 AO). **46**

Steuerhehlerei und **Hinterziehung von Monopoleinnahmen** (§§ 119ff. BranntwMonG; jetzt aufgehoben) konnten in Tateinheit begangen werden, zB wenn jemand beim Einmaischen und Abbrennen von Zucker geholfen hat (RG v. 1. 1. 1935, JW 1936, 327). **47**

11. Wahlfeststellung zwischen Steuerhinterziehung und Steuerhehlerei

48 Die **Zulässigkeit einer Wahlfeststellung** (Rdnr. 127f. zu § 369 AO) zwischen Steuerhinterziehung und Steuerhehlerei ist von der Rspr. gem. den Grundsätzen, welche die Vereinigten StrS des RG geprägt haben (RG 68, 257 v. 2. 5. 1934), allgemein anerkannt (OGH 2, 89 v. 20. 6. 1949; BayObLG v. 22. 11. 1951, NJW 1952, 395; v. 7. 10. 1953, ZfZ 1954, 154; OLG Hamburg v. 28. 1. 1953, ZfZ 153; OLG Braunschweig, v. 20. 3. 1953, NJW 956). Dies gilt auch für das Verhältnis zwischen *gewerbsmäßiger* Steuerhinterziehung nach § 373 I AO und *gewerbsmäßiger* Steuerhehlerei nach § 374 I AO (BGH 4, 128, 130 v. 16. 4. 1953) und zwischen Beihilfe zur Steuerhinterziehung und Beihilfe zur Steuerhehlerei (BFH v. 14. 12. 1951, BStBl. 1952, 21; v. 12. 5. 1955, BStBl. 215; OLG Celle v. 28. 11. 1956, NJW 1957, 436).

49 **Zu bestrafen** ist der Täter im Falle einer Wahlfeststellung *„wegen Steuerhinterziehung oder Steuerhehlerei"*. Die Strafzumessung bietet keine besonderen Schwierigkeiten, da § 374 I AO den Strafrahmen des § 370 AO in bezug nimmt und § 375 I und II AO wegen der strafrechtlichen Nebenfolgen zwischen Steuerhinterziehung und Steuerhehlerei keinen Unterschied macht.

50 Eine wahldeutige Feststellung genügt auch für die **steuerrechtliche Haftung** gem. § 71 AO (BFH v. 11. 1. 1952, BStBl. 43, v. 12. 5. 1955, BStBl. 215) und damit für die Pflicht zur Zahlung der hinterzogenen Steuern (*Felix* FR 1958, 459); denn im Falle der Steuerhehlerei läuft die Haftung nach § 71 AO auf dasselbe Ereignis hinaus wie die Steuerschuld im Falle einer Steuerhinterziehung (*Kohlmann* 83 zu § 374 AO).

12. Verfahrensfragen

51 Zwischen Steuerhinterziehung und Steuerhehlerei besteht regelmäßig ein **sachlicher Zusammenhang iS des § 3 StPO**, der gem. § 13 StPO einen einheitlichen Gerichtsstand und gem. 3 388 AO eine einheitliche örtliche Zuständigkeit der FinB im Strafverfahren ermöglicht.

52 **Die Anwendung des § 32 ZollVG** auf Steuerhehlerei erscheint nach den einleitenden Worten der Vorschrift möglich, da ohne weitere Unterscheidung auf *„Zollstraftaten (§ 369 AO)"* Bezug genommen wird. Ein Anwendungsfall ist jedoch kaum denkbar, da einerseits § 374 AO ein abgeschlossenes Vergehen der Steuerhinterziehung oder des Bannbruchs voraussetzt (Rdnr. 13), andererseits aber § 32 ZollVG nur solche Zollstraftaten zum Gegenstand haben kann, die im Reiseverkehr über die Grenze im Zusammenhang mit der Zollbehandlung begangen werden (im Ergebnis glA *Bender* Tz. 87).

§ 375 Nebenfolgen

(1) Neben einer Freiheitsstrafe von mindestens einem Jahr wegen
1. Steuerhinterziehung,
2. Bannbruchs nach § 372 Abs. 2, § 373,
3. Steuerhehlerei oder
4. Begünstigung einer Person, die eine Tat nach den Nummern 1 bis 3 begangen hat,

kann das Gericht die Fähigkeit, öffentliche Ämter zu bekleiden, und die Fähigkeit, Rechte aus öffentlichen Wahlen zu erlangen, aberkennen (§ 45 Abs. 2 des Strafgesetzbuches).

(2) [1]Ist eine Steuerhinterziehung, ein Bannbruch nach § 372 Abs. 2, § 373 oder eine Steuerhehlerei begangen worden, so können
1. die Erzeugnisse, Waren und andere Sachen, auf die sich die Hinterziehung von Verbrauchsteuer oder Zoll, der Bannbruch oder die Steuerhehlerei bezieht, und
2. die Beförderungsmittel, die zur Tat benutzt worden sind,

eingezogen werden. [2] § 74a des Strafgesetzbuches ist anzuwenden.

Schrifttum: S. vor Rdnr. 8, 33, 47, 53 u. 69; ferner: *Wuttke*, Die Neuregelung des strafrechtlichen Einziehungsrechts, SchlHA 1968, 246; *Bode*, Das neue Recht der Einziehung, NJW 1969, 1052; *Eser*, Die strafrechtlichen Sanktionen gegen das Eigentum, 1969; *ders.*, Zum Eigentumsbegriff im Einziehungsrecht, JZ 1972, 146; *Bäckermann*, Verfall und Einziehung im Steuerstrafrecht, ZfZ 1976, 366; *Lohmeyer*, Zum Anwendungsbereich des § 375 AO, ZfZ 1979, 72; *Pfaff*, Nebenfolgen und Verfall, DStZ 1979, 363; *Lenz*, Einziehung und Verfall – de lege lata und de lege ferenda, Diss Kiel 1986; *Kaiser*, Gewinnabschöpfung als kriminologisches Problem und kriminalpolitische Aufgabe, Tröndle-Festschrift 1989, 685; *Grotz*, Die internationale Zusammenarbeit bei der Abschöpfung von Gewinnen aus Straftaten, JR 1991, 182.

Übersicht

I. **Allgemeines**
1. Entstehungsgeschichte 1, 2
2. Systematik 3, 4
3. Sachlicher Anwendungsbereich 5–7

II. **Aberkennung der Amtsfähigkeit und Wählbarkeit**
1. Zweck und Rechtsnatur einer Anordnung nach § 375 I AO ... 8–11
2. Schutzgegenstand des § 375 I AO 12–15
3. Voraussetzungen des § 375 I AO 16–20
4. Wirkung einer Entscheidung nach § 375 I AO 21–25
5. Verfahrensfragen 26, 27
   a) Form der Entscheidung 26
   b) Beschränkung des Rechtsmittels 27

III. **Einziehung**
1. System der Einziehungsvorschriften 28, 29
2. Zweck und Rechtsnatur der Einziehung 30–32

3. Der Einziehung unterliegende Sachen.................... 33–46
   a) Erzeugnisse, Waren und andere Sachen.............. 33, 34
   b) Beförderungsmittel........ 35–41
   c) Tatprodukte oder Tatwerkzeuge 42–46
4. Einziehung und Eigentum..... 47–63
   a) Allgemeines 47, 48
   b) Unerheblichkeit des Eigentums 49–52
   c) Eigentum des Täters oder Teilnehmers 53–58
   d) Dritteigentum........... 59–63
5. Grundsatz der Verhältnismäßigkeit 64–68
6. Einbeziehung des Wertersatzes . 69–80
7. Selbständige Einziehung 81–85
8. Wirkung der Einziehung 86–90
   a) Eigentum 87–89
   b) Rechte an der Sache........ 90
9. Entschädigung 91–99

I. Allgemeines

1. Entstehungsgeschichte

1 § **401 RAO 1931** (= § 365 AO 1919), der bei Steuerhinterziehung, Bannbruch und Steuerhehlerei die Einziehung stpfl. Erzeugnisse, der zur Tat benutzten Beförderungsmittel und des Wertersatzes zwingend vorgeschrieben hatte, war durch verschiedenen Änderungen gem. § 3 Nr. 2 des 2. Teils der NotV v. 23. 12. 1931 (RGBl. I 779), Kap. II Art. 2 Nr. 2 der NotV v. 18. 3. 1933 (RGBl. I 109), Art. I Nr. 14 G v. 4. 7. 1939 (RGBl. I 1181) u. § 9 Nr. 2 G v. 20. 4. 1949 (WiGBl. 69) schließlich durch Art. 17 Nr. 16 StÄndG 1961 v. 13. 7. 1961 (BGBl. I 981, 996) aufgehoben und nach dem Vorbild der §§ 113, 115, 119 E 1960 (BT-Drucks. III/2150) durch die §§ 414–414b RAO ersetzt worden (Schriftl. Ber. zu BT-Drucks. III/2706); s. auch Einl 67.

§ 401 RAO idF des Art. 1 Nr. 15 des 2. AOStrafÄndG v. 12. 8. 1968 (BGBl. I 953) faßte die strafrechtlichen Nebenfolgen bestimmter Steuervergehen zusammen; Begr. BT-Drucks. V/1812 S. 25 f.

2 Art. 65 des 1. StrRG v. 25. 6. 1969 (BGBl. I 645) ersetzte wegen der Einführung einer einheitlichen Freiheitsstrafe in § 401 I 1 RAO das Wort *„Gefängnisstrafe"* durch das Wort *„Freiheitsstrafe"*. Ferner wurden die Worte *„auf die Dauer von zwei bis zu fünf Jahren"* sowie § 401 I 2 RAO gestrichen, weil sie im Hinblick auf die allgemeine Regelung in § 31 II, III StGB entbehrlich geworden waren. Durch Art. 161 EGStGB v. 2. 3. 1974 (BGBl. I 469) wurde in § 401 I RAO der Bruch des Steuergeheimnisses (§ 355 StGB) gestrichen. § 375 AO hat einerseits den Bannbruch auf die Fälle nach §§ 372 II, 373 AO beschränkt und andererseits die Begünstigung zu Taten nach § 375 I Nr. 1–3 AO neu aufgenommen.

2. Systematik

3 § 375 I AO ermöglicht die **Aberkennung der Amtsfähigkeit und Wählbarkeit** und macht damit von der Möglichkeit nach § 45 II StGB Gebrauch.

4 § 375 II AO ermöglicht die **Einziehung von Sachen** bei Steuerhinterziehung, Bannbruch oder Steuerhehlerei gem. § 74 IV StGB über § 74 I StGB hinaus. Die Verweisung des Satzes 2 auf § 74a StGB geht davon aus, daß die Einziehung gem. § 74 II StGB regelmäßig nur zulässig ist, wenn die Sachen zur Zeit der Entscheidung dem Täter oder Teilnehmer gehören oder wenn sie die Allgemeinheit gefährden oder wenn die Gefahr besteht, daß sie der Begehung neuer Straftaten dienen werden. Im übrigen gelten gem. § 369 II AO sämtliche Vorschriften der §§ 73 ff. StGB.

3. Sachlicher Anwendungsbereich

Der Anwendungsbereich des § 375 AO ist dadurch begrenzt, daß die 5
Vorschrift an die Begehung *bestimmter* Steuerstraftaten anknüpft, in erster
Linie an Steuerhinterziehung (§ 370 AO), Bannbruch (§ 372 II, § 373 AO),
Steuerhehlerei (§ 374 AO) und Begünstigung zu diesen Taten (§ 257
StGB). Im Verhältnis zu § 375 II AO ist der Anwendungsbereich des
§ 375 I AO weiter, weil ein Verlust der Amtsfähigkeit und Wählbarkeit
bei der Hinterziehung *irgendeiner* Steuer sowie bei Begünstigung (§ 257
StGB) zulässig ist. Die Einziehung nach § 375 II AO ist nur möglich,
wenn Verbrauchsteuer oder Zoll hinterzogen worden ist, ferner gem. § 2 I
AbschG bei der Hinterziehung von Abschöpfungen.

Bei Verurteilungen wegen Steuerzeichenvergehen (§§ 148f. StGB) ist 6
§ 375 AO nicht anzuwenden. Ein Verlust der Amts- und Wahlfähigkeit
kommt hier nur in Betracht, wenn das Steuerzeichenvergehen in Tateinheit
(§ 52 StGB) mit Steuerhinterziehung, Bannbruch oder Steuerhehlerei
begangen worden ist. Die Einziehung der falschen, wiederverwendeten
oder zur Wiederverwendung bestimmten Steuerzeichen sowie der zur Tat
benutzten Formen, Gerätschaften usw. ist nach § 150 StGB – unabhängig
von § 375 II AO – *zwingend* vorgeschrieben (Rdnr. 168 zu § 369 AO).

Als Nebenfolge einer Ordnungswidrigkeit dürfen Gegenstände nach 7
§ 22 OWiG nur eingezogen werden, soweit das Gesetz es ausdrücklich zuläßt.
Dies ist bei den Steuerordnungswidrigkeiten nach den §§ 378–383
AO nicht der Fall.

II. Aberkennung der Amtsfähigkeit und Wählbarkeit (§ 375 I AO)

Schrifttum: *Jekewitz,* Der Ausschluß vom aktiven und passiven Wahlrecht zum Deutschen
Bundestag und zu den Volksvertretungen der Länder aufgrund richterlicher Entscheidung, GA
1977, 161; *Jekewitz,* Freiheitsentzug und Abgeordnetenmandat, GA 1991, 45; *Nelles,* Statusfolgen
als „Nebenfolgen einer Straftat" (§ 45 StGB), JZ 1991, 17; *Schwarz,* Die strafgerichtliche
Aberkennung der Amtsfähigkeit und des Wahlrechts, 1991.

§ 45 StGB Verlust der Amtsfähigkeit, der Wählbarkeit und des Stimmrechts

(1) Wer wegen eines Verbrechens zu Freiheitsstrafe von mindestens einem Jahr
verurteilt wird, verliert für die Dauer von fünf Jahren die Fähigkeit, öffentliche
Ämter zu bekleiden und Rechte aus öffentlichen Wahlen zu erlangen.

(2) Das Gericht kann dem Verurteilten für die Dauer von zwei bis zu fünf Jahren
die in Absatz 1 bezeichneten Fähigkeiten aberkennen, soweit das Gesetz es besonders
vorsieht.

(3) Mit dem Verlust der Fähigkeit, öffentliche Ämter zu bekleiden, verliert der
Verurteilte zugleich die entsprechenden Rechtsstellungen und Rechte, die er innehat.

(4) Mit dem Verlust der Fähigkeit, Rechte aus öffentlichen Wahlen zu erlangen,
verliert der Verurteilte zugleich die entsprechenden Rechtsstellungen und Rechte,
die er innehat, soweit das Gesetz nichts anderes bestimmt.

§ 375 8–12 Nebenfolgen

(5) Das Gericht kann dem Verurteilten für die Dauer von zwei bis zu fünf Jahren das Recht, in öffentlichen Angelegenheiten zu wählen oder zu stimmen, aberkennen, soweit das Gesetz es besonders vorsieht.

1. Zweck und Rechtsnatur einer Anordnung nach § 375 I AO

8   Die Aberkennung der Amtsfähigkeit und Wählbarkeit nach § 45 II StGB ist ihrer Art nach eine **Nebenstrafe,** keine Maßregel der Besserung und Sicherung (glA *Dreher/Tröndle* 7 u. S/S-*Stree* 4, aM *Leise/Dietz* 3 zu § 375 AO; SK-*Horn* 12 zu § 45 StGB; vgl. auch *Nelles* JZ 1981, 18). Sie soll den zu schwerer Strafe Verurteilten nicht allgemein als ehrlos brandmarken, ihn aber für eine befristete Zeit als ungeeignet kennzeichnen, öffentliche Ämter und Rechte aus öffentlichen Wahlen auszuüben. Objektiv dient § 375 I AO dem Zweck, öffentliche Ämter und die durch öffentliche Wahlen vermittelten Rechtsstellungen zum Schutz der ihnen innewohnenden Staatsautorität von ungeeigneten Personen freizuhalten. Zugleich wird dem Verurteilten ausdrücklich bewußt gemacht, daß eine Repräsentation der Staatsautorität mit schweren Zuwiderhandlungen gegen die vom Staat erlassenen Gesetze unvereinbar ist.

9   Abweichend von der 5-jährigen Unfähigkeit zur Bekleidung öffentlicher Ämter, die bei Verurteilung wegen eines Verbrechens zu Freiheitsstrafe von mindestens einem Jahr gem. § 45 I StGB kraft Gesetzes eintritt, steht die Anordnung einer Nebenstrafe nach § 375 I AO im **Ermessen des Strafrichters.**

10 **Jugendlichen** darf die Amtsfähigkeit und Wählbarkeit nicht aberkannt werden § 6 JGG). Gegenüber **Ausländern** gelten keine Besonderheiten, auch nicht unter dem Gesichtspunkt, daß der Schutzzweck des § 375 I AO nur *innerstaatliche* öffentliche Ämter und Wahlen umfaßt und diese (in den meisten Fällen) Deutschen vorbehalten sind (BGH v. 4. 12. 1951, NJW 1952, 234, zu § 32 StGB aF).

11 **Amtsfähigkeit und Wählbarkeit** können alternativ oder kumulativ aberkannt werden (vgl. SK-*Horn* 12 zu § 45 StGB; *Leise/Dietz* 11 zu § 375 AO). Demgegenüber schloß *Samson* (Voraufl. 11 zu § 375 AO) aus dem Wortlaut („und" statt „oder") und dem Zweck der Nebenstrafe (Rdnr. 8), daß Amtsfähigkeit und Wählbarkeit nur *zusammen* aberkannt werden könnten, da beide grundsätzlich den gleichen Rang hätten und eine scharfe Grenze nicht bestünde. Der Wortlaut spricht jedoch nicht gegen die Auslegung, weil das Wort „und" nur klarstellen soll, daß die Maßnahmen nicht etwa *nur* alternativ zur Verfügung stehen. Überdies gibt es im Einzelfall Gründe, nur eine Art von Nebenstrafe anzuordnen.

2. Schutzgegenstand des § 375 I AO

12 **Öffentliche Ämter** iS des § 375 I AO sind solche, deren Träger Dienste verrichten, die aus der (inländischen) Staatsgewalt abzuleiten sind und dem Staatszweck dienen (RG 62, 24, 27 v. 2. 3. 1928). Dem Staatszweck dienen regelmäßig auch die Ämter der Körperschaften und Anstalten des öffentlichen Rechts sowie Ämter im Bereich der Sozialversicherung (RG 41, 121,

II. Amtsfähigkeit und Wählbarkeit 13–19 § 375

129 v. 20. 1. 1908), Kirchliche Ämter fallen nicht unter § 375 I AO – auch nicht bei denjenigen Religionsgesellschaften, die als Körperschaften des öffentlichen Rechts anerkannt sind, da sie keine staatlichen Zwecke verfolgen (RG 47, 49, 51 v. 20. 2. 1913; OVG Münster v. 13. 1. 1954, DÖV 1954, 439; s. auch Rdnr. 11).

Öffentliche Wahlen sind – weitergehend als Wahlen is des § 108 d StGB 13 alle Wahlen in öffentlichen Angelegenheiten, nicht nur Wahlen zu den Volksvertretungen in Bund, Ländern, Gemeinden und Gemeindeverbänden, sondern zB auch Wahlen zu öffentlich-rechtlichen Gewerbe- und Berufsorganisationen (Industrie- und Handelskammern, Handwerkskammern, Ärzte-, Rechtsanwalts-, Steuerberaterkammern usw.), zu den Vertretungen der Sozialversicherung, zum Personalrat, zum Betriebsrat usw. Den Gegensatz zu öffentlichen Wahlen bilden Wahlen aufgrund privaten Rechts, zB zu den Organen eines Vereins, einer AG oder Genossenschaft oder einer politischen Partei.

Nur auf die passive Wahlfähigkeit bezieht sich § 375 I AO. Das Recht, 14 sich durch Stimmabgabe an öffentlichen Wahlen aktiv zu beteiligen, bleibt von Anordnungen nach § 375 I AO unberührt; anders bei einer Aberkennung der aktiven Wahlfähigkeit nach § 45 V StGB.

Würden, Titel, Orden und Ehrenzeichen, die nicht mit einem öffentli- 15 chen Amt verbunden oder durch eine öffentliche Wahl erlangt worden sind oder verliehen werden können, werden von § 375 I AO nicht erfaßt.

3. Voraussetzungen des § 375 I AO

Die Aberkennung der Amtsfähigkeit und Wählbarkeit setzt voraus, daß 16 gegen jemanden wegen Steuerhinterziehung (§ 370 AO, ggf. iVm § 373 AO), Bannbruchs (§ 372 II, § 373 AO), Steuerhehlerei (§ 374 AO) oder Begünstigung zu einer dieser Taten (§ 257 StGB) eine Freiheitsstrafe von mindestens einem Jahr verhängt wird. Bei Bannbruch greift § 375 I AO nur ein, wenn die Tat gem. § 372 II AO nach § 370 AO oder §§ 370, 373 AO bestraft wird, nicht schon dann, wenn die Begriffsmerkmale des § 372 I AO erfüllt sind.

Ob die Straftat vollendet war oder nur versucht wurde, ist bei den 17 Vergehen nach § 370, § 372 II oder § 374 AO unerheblich (vgl. HHSp-Engelhardt 47, Senge 2 zu § 375 AO). Der Versuch der Begünstigung ist überhaupt nicht mit Strafe bedroht (§ 23 II StGB).

Für eine Nebenstrafe nach § 375 I AO ist auch unerheblich, ob der zu einer 18 Hauptstrafe von mindestens einem Jahr Freiheitsstrafe Verurteilte eine der im Gesetz genannten Steuerstraftaten (Rdnr. 16) **als Täter, Anstifter oder Gehilfe** begangen hat (RG 60, 126 v. 5. 3. 1926 zu § 32 StGB aF).

Die formalen Voraussetzungen des § 375 I AO sind auch erfüllt, wenn die 19 Hauptstrafe von mindestens einem Jahr Freiheitsstrafe wegen einer Tat verhängt wird, die **mehrere Gesetze verletzt** hat, und § 370, § 372 II, § 374 AO oder § 257 StGB nur *eines* der verletzten Gesetze darstellt – unabhängig davon, ob die Hauptstrafe gem. § 52 StGB aus dem Steuergesetz oder einen schärferen nichtsteuerlichen Strafgesetz entnommen wird (RG 73, 148, 150f. v. 22. 3. 1939; *Kohlmann* 13, *Senge* 2 zu § 375 AO).

20 Wird wegen mehrerer selbständiger Straftaten gem. § 53 StGB eine Gesamtstrafe von mindestens einem Jahr Gefängnis verhängt, ist die Zulässigkeit einer Aberkennung der Amtsfähigkeit und Wählbarkeit nach § 375 I AO gem. § 53 III, § 52 IV StGB davon abhängig, daß eine der in der Gesamtstrafe aufgegangenen Einzelstrafen sich auf eine Steuerstraftat iS von § 375 I AO bezieht und daß diese Einzelstrafe mindestens ein Jahr Freiheitsstrafe beträgt. Es genügt nicht, wenn das Mindestmaß von einem Jahr Freiheitsstrafe erst durch die Gesamtstrafe erreicht wird (BGH v. 25. 6. 1958, GA 367; *Kohlmann* 13 zu § 378 AO). Die Voraussetzungen des § 375 I AO sind also nicht erfüllt, wenn zB aus einer Einzelstrafe von 7 Monaten wegen Diebstahls und einer weiteren Einzelstrafe von 7 Monaten Freiheitsstrafe wegen Steuerhinterziehung eine Gesamtstrafe von einem Jahr Freiheitsstrafe gebildet wird, aber auch dann nicht, wenn beide Einzelstrafen wegen Steuerhinterziehung verhängt werden, jedoch jede für sich geringer ist als ein Jahr.

4. Wirkung einer Entscheidung nach § 375 I AO

21 **Die Aberkennung der Amtsfähigkeit und Wählbarkeit hat unmittelbar zur Folge,** daß der Verurteilte dauernd die öffentlichen Ämter und die aus öffentlichen Wahlen erlangten Rechte und Rechtsstellungen verliert, die er im Zeitpunkt des Eintritts der Rechtskraft des Urteils innehat (§ 45 III, IV, § 45a I StGB). Diese Wirkung des § 45 IV StGB steht unter dem Vorbehalt, daß nicht Sondergesetze bereits unter der Voraussetzung der Verurteilung zu einer Freiheitsstrafe den Verlust eines bestimmten öffentlichen Amtes usw. bestimmen oder den Verlust eines bestimmten Mandats abw. von § 45 IV StGB von einer zusätzlichen (außerstrafrechtlichen) Entscheidung abhängig machen (Rdnr. 22 f.).

22 **Sondergesetze,** nach denen jemand durch Verurteilung wegen einer vorsätzlichen Tat zu einer Freiheitsstrafe von mindestens einem Jahr (oder 6 Monaten) ein bestimmtes öffentliches Amt kraft Gesetzes verliert, sind zB § 48 S. 1 Nr. 2 BBG (= § 24 I Nr. 1 BRRG) über die Beendigung des Beamtenverhältnisses und § 59 I BeamtVG iVm § 48 BBG über das Erlöschen der Versorgungsbezüge eines Ruhestandsbeamten, § 24 Nr. 1 DRiG über die Beendigung des Richterverhältnisses, § 49 BNotO über den Verlust des Notaramts, § 30 iVm § 10 I Nr. 1 WehrpflG über den Ausschluß eines Wehrpflichtigen aus der Bundeswehr und den Verlust seines Dienstgrades, §§ 48, 49 I, II iVm § 38 SoldG über den Verlust der Rechtsstellung eines Berufssoldaten, das Ende seiner Zugehörigkeit zur Bundeswehr und den Verlust seines Dienstgrades, § 54 II Nr. 1 SoldG über die gleichen Folgen für Soldaten auf Zeit, ferner § 9 Nr. 1 iVm § 45 I ZDG über den Ausschluß aus dem Zivildienst, § 21 Nr. 1 VwGO, § 18 Nr. 1 FGO u. § 17 I Nr. 1 SGG über den Ausschluß vom Amt eines ehrenamtlichen Verwaltungs-, Finanz- oder Sozialrichters, § 54 I Nr. 1 BDO u. § 72 II Nr. 1 WDO über das Erlöschen des Amtes eines Beamtenbeisitzers beim Bundesdisziplinargericht bzw. eines

II. Amtsfähigkeit und Wählbarkeit 23–26 § 375

Beisitzers des Truppendienstgerichts, § 32 Nr. 1 GVG über die Unfähigkeit für das Amt eines Schöffen oder Geschworenen. Wegen solcher Sondervorschriften entfaltet § 375 I 2 AO eine unmittelbare Wirkung nur auf öffentliche Ämter, deren Voraussetzungen weniger genau umschrieben sind, zB bei dem Amt des Handelsrichters (§ 109 GVG), des Vormunds (§§ 1780 f. BGB) usw.

Mittelbare Wirkungen ergeben sich aus einer Entscheidung nach § 375 I 23 AO aufgrund solcher Sondergesetze, die zwar an die strafgerichtliche Aberkennung der Amtsfähigkeit und Wählbarkeit anknüpfen, aber den Verlust eines Mandats *einer besonderen Entscheidung vorbehalten*, zB § 47 I Nr. 3 iVm § 46 I Nr. 3 BWahlG über Verlust der Mitgliedschaft im BTag – über den der Vorstand des BTages beschließt – oder die den *Verlust bestimmter beruflicher Qualifikationen anordnen*, zB § 14 II Nr. 2 BRAO die Zulassung zur Rechtsanwaltschaft, § 21 I Nr. 3 PatAnwO die Zulassung als Patentanwalt, § 20 II Nr. 2 WprO die Bestellung als Wirtschaftsprüfer, § 46 II Nr. 3 StBerG die Bestellung als Steuerberater.

Über die aktuelle (mittelbare oder unmittelbare) Wirkung hinaus versperrt 24 eine Entscheidung nach § 375 I AO dem Verurteilten innerhalb der im Urteil bestimmten Frist (Rdnr. 25) den *Zugang zu einem öffentlichen Amt* und die Möglichkeit, neue Rechte oder Rechtsstellungen aus öffentlichen Wahlen zu erlangen – eine Folge, die § 15 II Nr. 3 BWahlG noch zusätzlich ausspricht. Ferner hat die Aberkennung der Amtsfähigkeit und Wählbarkeit aufgrund der meisten Berufsordnungen eine *Zulassungssperre für bestimmte Berufe* zur Folge, vgl. § 7 Nr. 2 BRAO, § 14 I Nr. 2 PatAnwO, § 10 I Nr. 1 WprO, § 37 II Nr. 2 StBerG.

Die Bemessung der Frist liegt innerhalb des gesetzlichen Rahmens von 25 zwei bis zu fünf Jahren im Ermessen des Strafrichters. Die allgemeinen Strafzumessungsregeln sind anzuwenden (*Dreher/Tröndle* 9 zu § 45 StGB; *Senge* 4 zu § 375 AO; aM SK-*Horn* 12 zu § 45 StGB). Die Wirksamkeit der Aberkennung und die Berechnung der Frist richten sich gem. § 369 II AO nach § 45 a StGB. Nach § 45 a II StGB beginnt die Frist mit dem Tage, *„an dem die Freiheitsstrafe verbüßt, verjährt oder erlassen ist"*. Bei Aussetzung der Vollstreckung der Strafe wird die Bewährungszeit gem. § 45 a III StGB auf die Frist angerechnet.

5. Verfahrensfragen

a) Form der Entscheidung

Da die Aberkennung der Amtsfähigkeit und Wählbarkeit nicht Inhalt einer 26 Freiheitsstrafe, sondern Nebenstrafe ist (Rdnr. 8), muß sie im Urteil ausdrücklich ausgesprochen werden. Eine Anordnung durch Strafbefehl ist nicht zulässig (vgl. § 407 II StPO). Bei einer Gesamtstrafenbildung (Rdnr. 20) ist die Nebenstrafe nach § 375 I AO neben der Gesamtstrafe, nicht etwa neben einer Einzelstrafe anzuordnen (RG 75, 212 v. 15. 5. 1941).

§ 375   27-30   Nebenfolgen

b) Beschränkung eines Rechtsmittels

27   Soweit gegen das Urteil die Berufung zulässig ist (vgl. § 312 StPO), kann sie gem. § 318 StPO auf die Verurteilung zu der Nebenstrafe nach § 375 I AO beschränkt werden (vgl. § 327 StPO). Gleiches gilt für die Revision (vgl. § 344 I StPO).

III. Einziehung

1. System der Einziehungsvorschriften

28   **§ 375 II AO ermöglicht die Einziehung von Schmuggelware und Beförderungsmitteln** bei Schmuggelstraftaten. Die *allgemeinen* Vorschriften des StGB regeln, unter welchen Voraussetzungen *andere* Sachen eingezogen werden können (§ 74 I StGB) und unter welchen Voraussetzungen Sachen iS des § 375 II AO oder des § 74 I StGB auch dann eingezogen werden können, wenn sie dem Täter oder Teilnehmer *nicht gehören* (§ 74 II Nr. 2, § 74a StGB). § 74b StGB regelt, inwieweit der Grundsatz der Verhältnismäßigkeit die Einziehung einschränkt. § 74c StGB ermöglicht die Einziehung des Wertersatzes, wenn der Täter oder Teilnehmer die Einziehung einer Sache vereitelt hat. Gem. § 76a StGB kann im Einzelfall die Einziehung *selbständig* (unabhängig von einer Bestrafung) angeordnet werden. Die Rechtsfolgen der Einziehung regelt § 74e StGB); unter welchen besonderen Voraussetzungen für den durch Einziehung herbeigeführten Verlust dinglicher Rechte eine Entschädigung zu gewähren ist, bestimmt § 74f. StGB. § 73d StGB n. F. ermöglicht schließlich den erweiterten Verfall, der im Steuerstrafrecht lediglich bei bandenmäßiger Steuerzeichenfälschung in Betracht kommt (vgl. *Bender* Tz 54, 4c). § 75 StGB enthält Vorschriften, die *juristische Personen* den natürlichen Personen gleichstellen. Die verfahrensrechtlichen Vorschriften über die Einziehung sind in den §§ 430–441 StPO geregelt, von denen § 440 StPO über die Einziehung im selbständigen Verfahren durch das Antragsrecht der FinB nach § 406 II AO ergänzt wird.

29   **Über die Einziehung bei Steuerordnungswidrigkeiten** enthält die AO keine Sondervorschriften; hier gelten allein die materiellen Vorschriften der §§ 22–29 OWiG und die verfahrensrechtliche Vorschrift des § 87 OWiG.

2. Zweck und Rechtsnatur der Einziehung

30   Die Rechtsnatur der Einziehung ist str.; die hM mißt der Einziehung nach § 74 StGB (S/S-*Eser* 13ff. vor § 73 StGB; SK-*Horn* 3f. zu § 74 StGB) und nach § 375 II AO (*Hartung* I zu § 414 RAO 1961) eine Doppelnatur zu: sie ist Nebenstrafe (BGH 2, 337 v. 18. 10. 1951), erfüllt jedoch in den meisten Fällen zugleich den Zweck, die Allgemeinheit durch Wegnahme der Sache vor weiteren Straftaten zu schützen. Der Sicherungszweck wird durch die Zulassung einer selbständigen Einziehung nach § 76a StGB deutlich (Begr. vor § 109 E 1962, BT-Drucks. IV/650 S. 240). Soweit die Einziehung nach dem Inkrafttreten des EGOWiG noch zwingend vorgeschrieben ist,

430   *Joecks*

III. Einziehung

wie zB in § 150 StGB, ist sie vorwiegend Sicherungsmaßnahme. Eine reine Sicherungsmaßnahme ist die Einziehung, wenn der Gegenstand rechtmäßig gar nicht verwendet werden kann, wie zB gefälschte Steuerzeichen (*Hartung* IV zu § 405 RAO 1931), und zwar auch dann, wenn sie nur einen Tatbeteiligten trifft.

Soweit § 375 II 2 AO iVm § 74a StGB die **Einziehung auch einem Tatunbeteiligten gegenüber** zuläßt, soll sie „*strafähnliche Bedeutung*" haben und „*vorwiegend generalpräventiven Zwecken*" dienen (Begr. vor § 109 E 1962, BT-Drucks. IV 1650 S. 241; S/S-*Eser* 16 vor § 73 StGB). Zwar ist der Betroffene nicht Täter oder Teilnehmer, jedoch muß er nach § 74a StGB entweder „*wenigstens leichtfertig*" dazu beigetragen haben, daß seine Sache Mittel oder Gegenstand der Tat oder ihrer Vorbereitung gewesen ist, oder er muß die Sache in Kenntnis der einziehungsbegründenden Umständen, „*in verwerflicher Weise*" erworben haben. Im ersten Fall wird die schuldhafte Beziehung des Dritten zur Tat, im zweiten Fall der vorsätzliche Erwerb einer tatbefangenen Sache mißbilligt.

Da die Einziehung – außer im Sonderfall der selbständigen Einziehung nach § 76a StGB – **Nebenstrafe** ist, setzt sie regelmäßig voraus, daß der Täter oder Teilnehmer wegen der Tat zu einer Hauptstrafe verurteilt wird. Ausnahmsweise kann eine Sache jedoch wegen Gefährdung der Allgemeinheit unter den Voraussetzungen des § 74 II Nr. 2 StGB auch dann eingezogen werden, wenn der Täter oder Teilnehmer zwar rechtswidrig, aber nicht schuldhaft gehandelt hat (§ 74 III, IV StGB, Begr. BT-Drucks. V/1319 S. 54). Gleiches gilt mit Rücksicht auf § 74b StGB, wenn das Strafverfahren wegen geringfügigen Verschuldens nach §§ 153, 153a StPO, § 398 AO eingestellt wird (vor Einfügung des § 40b StGB aF allgemein abl. LG Bremen v. 29. 3. 1955, NJW 959).

3. Der Einziehung unterliegende Sachen

Schrifttum: *Mann,* Wann ist ein auf der Zollstraße eingefahrenes Kraftfahrzeug gem. § 401 AO zur Begehung einer Steuerhinterziehung benutzt? ZfZ 1955, 139; *Trapp,* Die Einziehung der Umschließungen von Flüssigkeiten gemäß § 401 AO, ZfZ 1957, 336; ZfZ 1958, 272.

a) Erzeugnisse, Waren und andere Sachen (§ 375 II Nr. 1 AO)

§ 375 II Nr. 1 AO umschreibt diejenigen Sachen, die eingezogen werden können, weil sie Gegenstand einer Hinterziehung von Verbrauchsteuer, Zoll oder Abschöpfung (§ 370 AO), eines Bannbruchs (§ 372 II AO) oder einer Steuerhehlerei (§ 374 AO) waren. **Verbrauchsteuerpflichtige Erzeugnisse** sind Bier, Tabakerzeugnisse, Kaffee, Tee usw. (vgl. Rdnr. 4 zu § 381 AO), ferner Gegenstände, die der EUSt unterliegen. Die **zollpflichtigen Waren** ergeben sich aus dem Deutschen Teil-Zolltarif, soweit nicht EG-Recht unmittelbar anzuwenden ist. **Andere Sachen** sind solche, deren Ein-, Aus- oder Durchfuhr verboten ist (Rdnr. 20 zu § 372 AO), ohne daß sie einem Zoll, einer Abschöpfung oder einer Verbrauchsteuer unterliegen.

34 Die Frage, ob § 375 II Nr. 1 AO bei Flüssigkeiten und Gasen auch die **Behältnisse** erfaßt, wurde zu früheren Einziehungsvorschriften zunächst allgemein bejaht (RG 51, 75, 77 v. 19. 6. 1917 für Flaschen; RG 73, 289, 291 v 3. 8. 1939 für Bierfässer). Nach der Rspr des BGH ist maßgebend, ob das Behältnis nach der Verkehrsauffassung die Eigenschaft reinen „Zubehörs" hat, wie zB Einwegflaschen; anders dagegen bei Bierfässern, Siphons, Tanks usw., die regelmäßig auch nicht zusammen mit dem Inhalt übereignet werden (BGH 7, 87 v. 3. 12. 1954; *Senge* 10 zu § 375 AO). Die Einziehung solcher Behältnisse ist auch nicht aufgrund § 375 II Nr. 2 AO (Rdnr. 35), sondern allenfalls aufgrund § 74 I StGB möglich (Rdnr. 42, 44).

b) Beförderungsmittel (§ 375 II Nr. 2 AO)

35 Als **Beförderungsmittel, die zur Tat benutzt worden sind,** kommen nur solche Sachen in Betracht, *„durch die die Beförderung, die Fortbewegung von Personen oder Sachen von einem Ort zum anderen bewirkt wird, nicht aber auch Umhüllungen, wie Rucksäcke, Koffer, Handtaschen, die selbst mit befördert werden, und Beförderungsgegenstände im Gegensatz zu den Beförderungsmitteln sind"* (so RG 68, 44f. v. 6. 2. 1934; OLG Köln v. 18. 9. 1956, ZfZ 341). Der Begriff des Beförderungsmittels ist danach auf Fahrzeuge und Tiere beschränkt (*Bender* Tz 52, 1; *Senge* 10 zu § 375 AO), sofern sie nicht selbst Schmuggelgut sind (RG 69, 193 v. 15. 4. 1935 zu einem Fall, in dem der Täter zur Verdeckung eines Pferdeschmuggels einspännig über die Grenze und zweispännig zurückgefahren war).

36 Mit einem **Kraftfahrzeug** können als dessen Zubehör auch die Fahrzeugpapiere, namentlich Kfz-Schein und Kfz-Brief, eingezogen werden (BayObLG v. 7. 5. 1952, VRS 7, 513).

37 **Fahrzeuge, die dem öffentlichen Verkehr dienen** und unabhängig von den Weisungen des Fahrgastes verkehren, sind abw. von § 401 RAO 1931 nicht mehr ausdrücklich von der Einziehung ausgenommen. Das dem Richter nach § 375 II AO eingeräumte Ermessen und seine ausdrückliche Bindung an den Grundsatz der Verhältnismäßigkeit nach § 74b StGB (Rdnr. 65 ff.) schließen aus, daß zB ein Reisebus eingezogen wird, dessen Fahrgäste Schmuggelgut mit sich führen (vgl. *Senge* 13 zu § 375 AO).

38 **Zur Tat benutzt ist ein Beförderungsmittel,** wenn es der Täter gebraucht hat, um Sachen zu befördern, auf die sich die Steuerstraftat bezieht (RG 69, 193 v. 15. 4. 1935); ausf.: *„wenn Gegenstände zur Erreichung eines dem Steuer- oder Zollrecht widersprechenden Zweckes von einem Ort zum anderen verbracht werden sollen und das Beförderungsmittel hierzu unmittelbar verwendet wird. Die Verbringung der steuerpflichtigen Erzeugnisse oder zollpflichtigen Waren braucht nicht der einzige Zweck der Fortbewegung zu sein. Die Einziehung ist auch dann geboten* (heute: auch dann zulässig), *wenn außer dem abgabepflichtigen Gut andere Sachen und Personen (der Täter, weitere Teilnehmer oder unbeteiligte Dritte) mit befördert werden. Es ist auch unerheblich, ob die Verbringung der steuerpflichtigen Erzeugnisse oder zollpflichtigen Waren hinter der Beförderung der steuerlich belanglosen Gegenstände sowie der mitfahrenden Personen wesentlich zurückstand"* (BGH

III. Einziehung   39–42 § 375

3, 1f. v. 23. 5. 1952, ähnl. OLG Hamm v. 21. 5. 1954, VRS 7, 233). Demgegenüber hat der BdF-Erl. v. 31. 12. 1954 eine Benutzung zur Tat verneint, *„wenn das im Fahrzeug befindliche Schmuggelgut nach Gewicht und Menge nicht über das hinausgeht, was der Durchschnittsmensch im täglichen Leben üblicherweise bei sich trägt, ohne zu dessen Beförderung ein Fahrzeug in Anspruch zu nehmen"* (zit. bei *Rümelin* ZfZ 1961, 209). Zwischen diesen Auffassungen besteht im Ergebnis kein Unterschied, wenn man den Grundsatz der Verhältnismäßigkeit (§ 74b StGB) berücksichtigt (*Hartung* III 2 zu § 414 RAO 1961). Dies erweist die Rspr zu § 401 RAO 1931, nach der ein Kfz bei Kleinschmuggel nicht als Beförderungsmittel anzusehen war, zB wenn im Tank Treibstoff in einer Menge eingeführt wurde, welche die Freigrenze überstieg (KG v. 31. 3. 1957, NJW 1957, 841; OLG Köln v. 4. 9. 1959, NJW 2128; *Senge* 10 zu § 375 AO).

Nach der Art der Verwendung ist zur Tat auch ein Kfz benutzt, das den 39 mit Schmuggelware beladenen Fahrzeug vorausfährt, um den Transport gegen Grenz- und Zollkontrollen zu sichern (BGH 3, 355 v. 14. 10. 1952), oder ein nachfolgendes Sicherungsfahrzeug (OLG Köln v. 21. 8. 1955, ZfZ 370;, v. 4. 10. 1955, GA 1956, 328). Dagegen genügt es nicht, wenn sich der Täter des Fahrzeugs nur für seine Person bedient hat, um in die Nähe der Zollgrenze zu gelangen (RG 68, 42, 44 v. 6. 2. 1934) oder um allein sich selbst nach der Tat in Sicherheit zu bringen (zust. *Senge* 12 zu § 375 AO).

Nach dem Zeitpunkt der Verwendung ist ein Kfz auch dann zur Tat 40 benutzt, wenn es zur Beförderung des Schmuggelgutes erst nach der Vollendung, aber noch vor der Beendigung der Tat eingesetzt wird (RG 73, 104, 106 v. 10. 2. 1939); ausf. Rdnr. 30ff. zu § 372 AO.

Nach der handelnden Person ist ein Fahrzeug auch dann zur Tat benutzt, 41 wenn es nicht der Täter, sondern ein Gehilfe zu dem verbotenen Zweck gebraucht hat (RG 65, 283, 285 v. 30. 4. 1931; 68, 11f. v. 16. 1. 1934; OLG Köln v. 9. 7. 1954, ZfZ 345; v. 13. 4. 1954 – Ss 344/53 – zit. bei *Felix* FR 1957, 418; *Senge* 11 zu § 375 AO), nicht aber dann, wenn der Täter mit einem gutgläubigen Fuhrunternehmer oder Spediteur einen Werkvertrag über die Beförderung schließt und diesem die Einzelheiten der Beförderung, zB die Wahl des Fahrzeugs und des Weges, überlassen bleiben (RG 71, 58 v. 11. 2. 1937; RG v. 26. 6. 1941, HRR Nr. 1030).

c) Tatprodukte oder Tatwerkzeuge (§ 74 I StGB)

Außer den in § 375 II AO angeführten Sachen können gem. § 369 II AO 42 bei sämtlichen Steuerstraftaten auch Sachen eingezogen werden, welche nur die allgemeinen Merkmale des § 74 I StGB erfüllen:

§ 74 StGB Voraussetzungen der Einziehung

(1) Ist eine vorsätzliche Straftat begangen worden, so können Gegenstände, die durch sie hervorgebracht oder zu ihrer Begehung oder Vorbereitung gebraucht worden oder bestimmt gewesen sind, eingezogen werden.

(2) ... *(s. Rdnr. 47)*

Joecks

43 **Durch die Tat hervorgebracht** sind nur Sachen, die *unmittelbar* durch die Tat entstanden sind (*producta sceleris*). Dies trifft auf Erlöse aus dem Verkauf geschmuggelter Sachen nicht zu (RG 54, 223 v. 30. 1. 1920 zu § 259 StGB). Die erste Alternative des § 74 I StGB kann daher im Steuerstrafrecht neben § 150 StGB und § 375 II AO keine praktische Bedeutung entfalten.

44 **Zur Begehung einer Tat gebraucht** sind Sachen, die als Mittel oder Werkzeug zur Tathandlung oder ihrer Vorbereitung gedient haben (*instrumenta sceleris*). Das trifft auch auf Sachen zu, die erst *nach* Vollendung der Tat, aber *vor* ihrer Beendigung benutzt worden sind (RG 73, 106, 108 v. 24. 2. 1939; BGH v. 27. 5. 1952, NJW 892), zB Koffer und Rucksäcke zum Fortschaffen des Schmuggelgutes nach dem Überschreiten der Grenze. In Betracht kommen ferner Schmuggelwesten und „Zampelsäcke" sowie Waffen, die der Täter eines Vergehens nach § 373 II Nr. 1 oder 2 AO bei sich führt.

45 Nach dem ausdrücklichen Wortlaut des § 74 I StGB genügt, daß die Hilfsmittel zur Begehung oder Vorbereitung einer konkreten Tat *bestimmt gewesen sind;* auf eine tatsächliche Benutzung kommt es nicht an. Es genügt jedoch nicht, daß eine Sache nur zur *Herstellung* eines Tatwerkzeugs benutzt worden ist (RG 59, 250 v. 12. 6. 1925).

46 Erforderlich ist, daß die Tat (in der vorbereiteten Weise) *mindestens versucht worden ist,* sofern der Versuch als solcher – wie nach § 370 II, §§ 372, 374 AO – mit Strafe bedroht ist (BGH 8, 205, 212 v. 6. 10. 1955; weitergehend RG 49, 208, 211 v. 8. 3. 1915). Ist die Tat zwar versucht worden, der Versuch aber – wie bei § 257 StGB – nicht mit Strafe bedroht, steht der Charakter der Nebenstrafe einer Einziehung entgegen (BGH 13, 311 v. 23. 9. 1959).

4. Einziehung und Eigentum

Schrifttum: Zeidler, Strafrechtliche Einziehung und Art. 14 GG, NJW 1954, 1148; Kröner, Die Einziehung und Art. 14 GG, NJW 1959, 81.

a) Allgemeines

47 **Die Einziehung von Sachen, die dem Täter nicht gehören,** ist nunmehr in § 74 II, § 74a StGB allgemein geregelt:

§ 74 StGB Voraussetzungen der Einziehung

(1) ... (s. Rdnr. 42)

(2) Die Einziehung ist nur zulässig, wenn
1. die Gegenstände zur Zeit der Entscheidung dem Täter oder Teilnehmer gehören oder zustehen oder
2. die Gegenstände nach ihrer Art und den Umständen die Allgemeinheit gefährden oder die Gefahr besteht, daß sie der Begehung rechtswidriger Taten dienen werden.

(3) Unter den Voraussetzungen des Absatzes 2 Nr. 2 ist die Einziehung der Gegenstände auch zulässig, wenn der Täter ohne Schuld gehandelt hat.

(4) Wird die Einziehung durch eine besondere Vorschrift über Absatz 1 hinaus vorgeschrieben oder zugelassen, so gelten die Absätze 2 und 3 entsprechend.

III. Einziehung **48, 49 § 375**

§ 74a StGB Erweiterte Voraussetzungen der Einziehung
Verweist das Gesetz auf diese Vorschrift, so dürfen die Gegenstände abweichend von § 74 Abs. 2 Nr. 1 auch dann eingezogen werden, wenn derjenige, dem sie zur Zeit der Entscheidung gehören oder zustehen,
1. wenigstens leichtfertig dazu beigetragen hat, daß die Sache oder das Recht Mittel oder Gegenstand der Tat oder ihrer Vorbereitung gewesen ist, oder
2. die Gegenstände in Kenntnis der Umstände, welche die Einziehung zugelassen hätten, in verwerflicher Weise erworben hat.

Aus dem Zusammenhang der Vorschriften des § 375 II AO mit § 74 II und § 74a StGB ergibt sich folgende Regelung: Nach dem Grundsatz des § 74 II Nr. 1 StGB ist die Einziehung regelmäßig nur zulässig, wenn die Sachen dem Täter oder Teilnehmer gehören. Gehören Sachen iS des § 74 I StGB (*producta et instrumenta sceleris*) nicht dem Täter oder einem Teilnehmer, ist die Einziehung nur zulässig, wenn die Sachen gem. § 74 II Nr. 2 StGB gefährlich sind. Darüber hinaus ist die Einziehung von Sachen iS des § 375 II AO (stpfl. Erzeugnisse usw. und Beförderungsmittel) auch dann zulässig, wenn der Dritteigentümer leichtfertig zur Tat beigetragen (§ 74a Nr. 1 StGB) oder die Sachen in verwerflicher Weise erworben hat (§ 74a Nr. 2 StGB).

Die Eigentumsgarantie des Grundgesetzes steht unter dem Vorbehalt, **48** daß die Schranken des Eigentums durch die Gesetze – auch die Strafgesetze – bestimmt werden (Art. 14 I 2 GG). Hat der Eigentümer die strafrechtlichen Grenzen des Eigentumsgebrauchs überschritten und wird ihm deshalb das Eigentum durch Einziehung der Sache entzogen (§ 74e StGB), liegt eine Enteignung iS des Art. 14 III GG nicht vor (*Zeidler* NJW 1954, 1149; *Kröner* NJW 1959, 81; *Maurach* JZ 1964, 529; vgl. auch BVerfG 22, 387, 422 v. 12. 12. 1967), da sie nicht der „*Güterbeschaffung für ein konkretes Vorhaben des öffentlichen Wohles*" dient (*W. Weber* NJW 1950, 402). Die Einziehung, die sich gegen den Täter oder Teilnehmer richtet (Rdnr. 53), begründet materiell vor allem deshalb keine Entschädigungspflicht, weil der Eigentümer sie durch schuldhaftes Verhalten selbst verursacht hat. Richtet sich die Einziehung gegen einen Dritten, so ist sie ebenfalls keine Enteignung, wenn die Einziehung unter den Voraussetzungen der §§ 74a, 74 I StGB durch ein dem Eigentümer vorwerfbares Verhalten gerechtfertigt ist (Rdnr. 59 ff.). Dasselbe gilt, wenn die Einziehung zwar allein aus Gründen des Allgemeinwohls zugelassen ist (vgl. zB § 74 II Nr. 2 StGB), damit aber nur die Grenzen des Eigentums iS des Art. 14 I 2 GG bestimmt werden (Rdnr. 47 f.). Für die übrigen Fälle wird das Entschädigungsgebot, das aus dem allgemeinen Rechtsgedanken des Art. 14 III GG folgt, gem. § 74 I StGB erfüllt (Rdnr. 91 ff.).

b) Unerheblichkeit des Eigentums (§ 74 II Nr. 2 StGB)

Ohne Rücksicht auf die Eigentumsverhältnisse unterliegen Sachen der **49** Einziehung, wenn sie gem. § 74 II Nr. 2 StGB „*nach ihrer Art und den Umständen die Allgemeinheit gefährden*" (1. Alternative) oder wenn „*die Gefahr besteht,*

Joecks

daß sie der Begehung rechtswidriger Taten dienen werden" (2. Alternative). In diesen Fällen kommt es nicht darauf an, ob der Täter oder Teilnehmer oder ein Dritter zur Zeit der Entscheidung oder zu einem anderen Zeitpunkt Eigentümer der Sache (gewesen) ist (Rdnr. 48).

50   Die 1. **Alternative des § 74 II Nr. 2 StGB** ermöglicht die Einziehung von Sachen, die nach ihrer Art und den Umständen die Allgemeinheit gefährden. Beide Voraussetzungen müssen zusammentreffen. Allein die Art einer Sache, die aus ihren physikalischen oder chemischen Eigenschaften erwachsende Gefährlichkeit rechtfertigt die Einziehung nicht, wenn sie nicht auch nach den Umständen ihrer Verwahrung, Behandlung, Beaufsichtigung usw. geboten erscheint, um die Allgemeinheit zu schützen, zB bei Sprengstoffen, Waffen, Rauschgift usw.

51   Die 2. **Alternative des § 74 II Nr. 2 StGB** setzt die begründete Befürchtung voraus, daß die Sache in der Hand des Täters der bereits begangenen Straftaten oder in den Händen anderer potentieller Täter der Begehung weiterer rechtswidriger Taten dienen wird, wie zB Schmuggelwesten, Zolluniformen, zum Schmuggel besonders hergerichtete Fahrzeuge oder dazu abgerichtete Hunde, Funkgeräte usw. Indessen ist nicht erforderlich, daß die zu befürchtende Tat der bereits begangenen Tat ähnlich sein muß (so schon *Hartung* IV 2b zu § 414 RAO 1961). Im Gegensatz zur 1. Alternative kommt es bei der 2. Alternative auf eine objektiv gefährliche Beschaffenheit der Sache nicht an.

52   **Die Feststellung der besonderen Voraussetzungen** des § 74 II Nr. 2 StGB erübrigt sich bei solchen Sachen, deren Einziehung das Gesetz aus Sicherheitsgründen *vorschreibt,* zB bei gefälschten Steuerzeichen usw. nach § 150 StGB.

c) Eigentum des Täters oder Teilnehmers (§ 74 II Nr. 1 StGB)

Schrifttum: *Ritter,* Die Einziehung von unter Eigentumsvorbehalt gekauften oder sicherungsübereigneten Beförderungsmitteln, ZfZ 1957, 334; *Rümelin,* Die Neuregelung der Einziehung in der Reichsabgabenordnung, ZfZ 1961, 206 (209f.); *K. Schäfer,* Zum Eigentumsbegriff im Einziehungsrecht, Dreher-Festschr. 1977, 283.

53   Dem Täter oder Teilnehmer gehört eine Sache, wenn er **Alleineigentümer** ist (Rdnr. 54f.). Gehört eine Sache dem Ehegatten des Täters oder Teilnehmers, kann sie nur unter den besonderen Voraussetzungen des § 74 II Nr. 2 StGB (Rdnr. 50f.) oder des § 74a StGB iVm § 374 II 2 AO (Rdnr. 60ff.) eingezogen werden (OLG Köln v. 21. 8. 1955, ZfZ 370; v. 4. 10. 1955, GA 1956, 328).

54   Steht ein Gegenstand im **Gesamthands- oder Miteigentum** mehrerer Personen, kann der Gegenstand selbst nur bei Beteiligung aller Personen eingezogen werden. Anders als zu § 40 StGB aF nimmt die hM zu § 74 StGB jedoch an, daß bei Beteiligung von einzelnen Gesamthands- oder Miteigentümern deren Eigentumsanteile eingezogen werden können. Das ergebe sich daraus, daß § 74a Nr. 1 u. § 74e StGB von Sachen und Rechten sprechen (S/S-*Eser* 6, 23 zu § 74 StGB; *Jescheck* S. 720; *Hartung* JZ 1952, 486).

III. Einziehung

Bei Sicherungs- oder Vorbehaltseigentum ist nicht die formale Rechtsposition maßgebend, sondern die wirtschaftliche Vermögenszugehörigkeit (S/S-*Eser* 24, SK-*Horn* 16f. u. *Dreher/Tröndle* 12 zu § 74 StGB; *Hartung* IV 2c, dd zu § 414 RAO 1961; *Eser* JZ 1972, 146; 1973, 171; aM BGH 24, 222 v. 28. 9. 1971; 25, 10 v. 24. 8. 1972; *K. Schäfer* Dreher-Festschr. S. 283; HHSp-*Engelhardt* 81 ff. zu § 375 AO mwN.). Diese Abweichung vom Zivilrecht berücksichtigt, daß das Sicherungs- oder Vorbehaltseigentum in Wahrheit nur der Begründung eines im BGB nicht vorgesehenen besitzlosen Pfandrechts dient und die Sache sich im tatsächlichen Herrschaftsbereich des Sicherungsgebers oder Vorbehaltskäufers befindet. Sicherungsnehmer und Vorbehaltsverkäufer sind „als *Eigentümer getarnte Sicherungsgläubiger*" (*Hartung* aaO). Deshalb kann die sicherungsübereignete oder unter Eigentumsvorbehalt verkaufte Sache eingezogen werden, wenn der Sicherungsgeber oder Vorbehaltskäufer sie zur Begehung der Straftat benutzt hat, jedoch ist der Sicherungsnehmer oder Vorbehaltsverkäufer – wie ein Pfandgläubiger – gem. § 74 I StGB zu entschädigen (Rdnr. 91 ff.). Hat umgekehrt der Sicherungsnehmer oder Vorbehaltsverkäufer die Sache für eine Straftat benutzt (Beispiel: A hat seinen LKW unter Eigentumsvorbehalt an B verkauft und sich den Wagen, der wirtschaftlich dem B gehört, für eine Schmuggelfahrt ausgeliehen), kann die Sache trotz der formalen Eigentümerstellung des Täters nicht nach § 74 II Nr. 1 StGB, sondern nur unter den Voraussetzungen des § 74 II Nr. 2 oder des § 74a StGB eingezogen werden. Dagegen hält der BGH (aaO) die Einziehung des Anwartschaftsrechts für angemessen. 55

Die Einziehbarkeit von Verbandseigentum regelt: 56

§ 75 StGB Sondervorschrift für Organe und Vertreter

¹Hat jemand
1. als vertretungsberechtigtes Organ einer juristischen Person oder als Mitglied eines solchen Organs,
2. als Vorstand eines nicht rechtsfähigen Vereins oder als Mitglied eines solchen Vorstandes,
3. als vertretungsberechtigter Gesellschafter einer Personenhandelsgesellschaft oder
4. als Generalbevollmächtigter oder in leitender Stellung als Prokurist oder Handlungsbevollmächtigter einer juristischen Person oder einer in Nummer 2 oder 3 genannten Personenvereinigung

eine Handlung vorgenommen, die ihm gegenüber unter den übrigen Voraussetzungen der §§ 74 bis 74c und 74f die Einziehung eines Gegenstandes oder des Wertersatzes zulassen oder den Ausschluß der Entschädigung begründen würde, so wird seine Handlung bei Anwendung dieser Vorschriften dem Vertretenen zugerechnet. ²§ 14 Abs. 3 gilt entsprechend.

Die Verweisung auf § 14 III StGB besagt, daß § 75 StGB auch anzuwenden ist, wenn die Rechtshandlung, welche die Vertretungsbefugnis begründen sollte, unwirksam ist.

Die Einziehungsvorschriften setzen nicht voraus, daß die Sache gerade 57 *demjenigen* Täter oder Teilnehmer gehört, der sie bei der Tat gebraucht hat; es genügt, daß die Sache *einem* von mehreren Tatbeteiligten gehört und mit

§ 375 58–61 Nebenfolgen

dessen Willen benutzt worden ist (S/S-*Eser* 21 zu § 74 StGB). Der Begünstiger oder (Steuer-)Hehler ist kein Teilnehmer iS des § 74 II Nr. 2 und des § 74a StGB. Eine Einziehung kommt daher ihm gegenüber nur in Betracht, wenn seine Sache zur Begünstigung (§ 369 I Nr. 2 AO) oder (Steuer-)Hehlerei (§ 374 AO) benutzt worden ist (OLG Hamm v. 22. 10. 1951, JZ 1952, 39).

58 Zur Zeit der Entscheidung müssen die Sachen dem Täter oder Teilnehmer gehören (§ 74 II Nr. 1, § 74a StGB); wem sie zZ der Tat gehört haben, ist unerheblich (BGH 6, 11, 13 f. v. 2. 7. 1953). *Entscheidung* ist jedes Urteil – gleichviel welcher Instanz –, in dessen Tenor die Einziehung angeordnet wird. Ist der Täter oder Teilnehmer, dem die Sache gehört hat, vor Verkündung eines Urteils verstorben, ist eine Einziehung gem. § 76a StGB möglich (str., s. Rdnr. 81).

d) Dritteigentum (§ 74a StGB)

59 aa) Ein Dritteigentümer hat iS des § 74a Nr. 1 StGB „*wenigstens leichtfertig dazu beigetragen, daß die Sache Mittel oder Gegenstand der Tat oder ihrer Vorbereitung gewesen ist*", wenn er die Beziehung zwischen seiner Sache und der fremden Tat durch grobfahrlässiges (Rdnr. 26 ff. zu § 378 AO) oder vorsätzliches Verhalten hergestellt hat, ohne daß die Voraussetzungen einer Mittäterschaft oder Beihilfe vorliegen (oder bewiesen werden können). Der Schuldvorwurf, den § 74a Nr. 1 StGB voraussetzt, bezieht sich nicht auf die Straftat, sondern darauf, daß ein an der Tat unbeteiligter Dritter seine Sache einem Tatbeteiligten zur Verfügung gestellt hat, obwohl er schon bei geringer Sorgfalt hätte voraussehen können (oder: vorausgesehen hat), daß seine Sache in der Hand des Täters Mittel oder Gegenstand einer Straftat oder ihrer Vorbereitung werden würde, wie etwa dann, wenn der Verleiher oder Vermieter eines Kfz erkannt hat, daß der Entleiher oder Mieter damit Schmuggelfahrten unternehmen will (aM *Hartung* IV 2c, aa zu § 414 RAO 1961 im Anschluß an OLG Hamburg v. 12. 6. 1953, ZfZ 347). Ist dem Eigentümer bekannt, daß der Entleiher oder Mieter die Sache für eine bestimmte, bereits in Einzelheiten geplante Tat benutzen will, liegt regelmäßig bereits Beihilfe zur Tat vor. Ist die Sache jedoch gegen den Willen des Eigentümers in die Hände des Täters gelangt, zB durch Diebstahl (§ 242 StGB) oder Gebrauchsentwendung (§ 248b StGB), sind die Voraussetzungen der Einziehung nach § 74a Nr. 1 StGB auch dann nicht erfüllt, wenn der Eigentümer das Fahrzeug aus allgemeiner Sorglosigkeit nicht genügend gegen Diebstahl gesichert hatte.

60 Abw. von § 414 II Nr. 2b RAO 1961 fehlen in § 74a Nr. 1 StGB die Worte „*oder einer mit* (der Tat) *in Zusammenhang stehenden anderen mit Strafe bedrohten Handlung*". Der BTag hielt diese Regelung für zu weitgehend, weil die Einziehung danach möglich gewesen wäre, obwohl die Zusammenhangstat – für sich allein betrachtet – die Maßnahme nicht begründen könnte; auch erschien der Begriff der Zusammenhangstat zu unbestimmt (Schriftl. Ber. zu BT-Drucks. V/2601 S. 14).

61 bb) § 74a Nr. 2 StGB ermöglicht die **Einziehung einer Sache, die der Täter oder Teilnehmer nach der Tat an einen Dritten veräußert hat.** Vor-

III. Einziehung 62–65 § 375

aussetzung ist zunächst, daß der Dritte die Sache „*in Kenntnis der Umstände, welche die Einziehung zugelassen hätten*", erworben hat. Dadurch ist die Einziehung „gutgläubig" erworbener Sachen ausgeschlossen. Bei „bösgläubigem" Erwerb ist weiter erforderlich, daß der Dritte die Sache „*in verwerflicher Weise*" erworben hat. Dieses Merkmal beschränkt die Zulässigkeit der Einziehung nach § 74a Nr. 2 StGB auf Fälle, in denen Erwerber (= Dritter) und Veräußerer (= Täter oder Teilnehmer) zusammengewirkt haben, namentlich um die Anordnung der Einziehung zu verhindern. Daran fehlt es zB dann, wenn der Dritte die Sache im Wege der Zwangsvollstreckung (§§ 816ff. ZPO) oder Notveräußerung (§ 1111 StPO) erworben hat.

Nicht erforderlich ist, daß sich der von § 74a Nr. 2 StGB mißbilligte **62** Erwerbsvorgang *unmittelbar* zwischen dem Täter oder Teilnehmer und demjenigen Dritten abgespielt hat, dem die Sache zZ der Entscheidung gehört. Die Sache kann in der Zeit zwischen der Tat und der Aburteilung auch durch mehrere Hände gegangen sein, wenn nur die Voraussetzungen des § 74a Nr. 2 StGB bei demjenigen vorliegen, dem die Sache zZ der Entscheidung gehört.

Hat der Täter oder Teilnehmer die Sache nach der Tat an einen „gutgläubigen" **63** Dritten veräußert und dadurch die Einziehung unmöglich gemacht, kann gegen den Täter oder Teilnehmer die Einziehung von Wertsatz nach 74c StGB angeordnet werden (Rdnr. 70ff.).

5. Grundsatz der Verhältnismäßigkeit

Die Einziehung einer Sache nach § 74 I StGB oder § 375 II AO steht im **64** **Ermessen des Strafrichters.** Für die Ermessensausübung war bereits zu § 40 StGB in der bis zum Inkrafttreten der EGOWiG geltenden Fassung anerkannt, daß die Anordnung der Einziehung in einem angemessenen Verhältnis zur Tat und zur Schuld des Täters stehen mußte und daß der Strafrichter bei verfassungskonformer Auslegung des Gesetzes selbst dort einen Ermessensspielraum hatte, wo die Einziehung als Sicherungsmaßnahme zwingend vorgeschrieben war (OLG Celle v. 9. 1. 1964, NJW 1381). Diese Auffassung gilt für zwingende Einziehungsvorschriften fort (S/S-*Eser* 2 zu § 74b StGB); im übrigen vgl. jetzt § 74b StGB (Rdnr. 65).

Gem. Art. 1 Nr. 2 EGOWiG wurde folgende allgemeine Vorschrift, die **65** gem. § 369 II AO auch für die Einziehung nach § 375 II AO gilt, eingeführt:

§ 74b StGB Grundsatz der Verhältnismäßigkeit

(1) Ist die Einziehung nicht vorgeschrieben, so darf sie in den Fällen des § 74 Abs. 2 Nr. 1 und des § 74a nicht angeordnet werden, wenn sie zur Bedeutung der begangenen Tat und zum Vorwurf, der den von der Einziehung betroffenen Täter oder Teilnehmer oder in den Fällen des § 74a den Dritten trifft, außer Verhältnis steht.

(2) ¹Das Gericht ordnet in den Fällen der §§ 74 und 74a an, daß die Einziehung vorbehalten bleibt, und trifft eine weniger einschneidende Maßnahme, wenn der Zweck der Einziehung auch durch sie erreicht werden kann. ²In Betracht kommt namentlich die Anweisung,
1. die Gegenstände unbrauchbar zu machen,

Joecks

§ 375   66   Nebenfolgen

2. an den Gegenständen bestimmte Einrichtungen oder Kennzeichen zu beseitigen oder die Gegenstände sonst zu ändern oder
3. über die Gegenstände in bestimmter Weise zu verfügen.

³Wird die Anweisung befolgt, so wird der Vorbehalt der Einziehung aufgehoben; andernfalls ordnet das Gericht die Einziehung nachträglich an.

(3) Ist die Einziehung nicht vorgeschrieben, so kann sie auf einen Teil der Gegenstände beschränkt werden.

Die in Anlehnung an den Wortlaut des § 112 I 2 StPO gefaßte Vorschrift bestimmt, daß der Richter sowohl die Bedeutung der Tat wie auch den persönlichen Schuldvorwurf zu würdigen und mit der Schwere des Eingriffs zu vergleichen hat (Begr. BT-Drucks. V/1319 S. 56). Die Bedeutung der Tat ergibt sich bei Schmuggeltaten nicht allein aus dem hinterzogenen Abgabenbetrag oder bei Bannbruch aus der Gefährlichkeit der verbotswidrig eingeführten Sachen, sondern auch aus den Begleitumständen der Tat, vgl. zB die Merkmale des § 373 AO und des § 32 ZVG (Anh X). Auch die Schwere des Schuldvorwurfs kann sich in den objektiven Begleitumständen widerspiegeln; von Bedeutung sind ferner die Motive und die innere Einstellung des Täters, Teilnehmers oder des Dritteigentümers. Die Schwere des Eingriffs ergibt sich hauptsächlich aus dem objektiven Wert der Sache, deren Einziehung in Frage steht, den Umständen, unter denen der Betroffene sie erworben hat, und ihrer Bedeutung für seine gesetzmäßige Lebensgestaltung. Ausschlaggebend ist die Würdigung aller Umstände. Danach kann zB auch der PKW eines Schwerbeschädigten eingezogen werden, wenn er zu umfangreichen, wiederholten oder gewerbsmäßigen Schmuggelunternehmen benutzt worden ist; vgl. andererseits OLG Hamm v. 13. 10. 1961, NJW 1962, 829: Unverhältnismäßigkeit der Einziehung eines PKW bei Zollhinterziehung in Bezug auf 600 Zigaretten (vgl. auch OLG Schleswig v. 15. 3. 1988, StV 1989, 156).

66   **Die Anordnung einer weniger einschneidenden Maßnahme** unter Vorbehalt ermöglicht § 74b II StGB, wenn der Straf- und Sicherungszweck durch sie auch erreicht werden kann, ohne daß dem Betroffenen das Eigentum an der Sache entzogen wird (vgl. § 74e I StGB). Von den in § 74b II 2 StGB beispielhaft (arg.: „*namentlich*") angeführten Anweisungen steht das **Unbrauchbarmachen der Sache** hinter der Einziehung kaum zurück. Besondere Bedeutung dürfte im Steuerstrafrecht dem § 74b II 2 Nr. 2 StGB zukommen; danach kann der Richter anordnen, daß die einziehungsbefangene **Sache in bestimmter Weise geändert wird,** zB Schmuggeleinrichtungen an einem Kfz oder in einem Schiff beseitigt werden (vgl. *Bender* 52, 3). § 74b II 2 Nr. 3 StGB wird bei Bannbruch kaum in Betracht kommen; wenn schon von eingeschwärzten Sachen eine Gefahr ausgeht, wie zB von Sprengstoff, Rauschgift usw. (Rdnr. 3 zu § 372 AO), werden sie dem Betroffenen regelmäßig nicht zur Veräußerung an eine befugte Stelle (Begr. BT-Drucks. V/1319 S. 56f.) überlassen bleiben können. Denkbar wäre dagegen die (in § 74b StGB nicht genannte) Anweisung, verbotswidrig eingeführte Tiere, tierische Erzeugnisse oder Pflanzen von zuständiger Stelle auf Verseuchung untersuchen zu lassen.

III. Einziehung

Der Vorbehalt der Einziehung darf erst aufgehoben werden, wenn die 67 zunächst angeordnete mildere Maßnahme zum Erfolg geführt hat. Andernfalls muß das Gericht die Einziehung nachträglich anordnen (§ 74b II 3 StGB). Diese Regelung erfordert, daß das Gericht dem Betroffenen von vornherein eine Frist für die Erfüllung der zunächst erteilten Anweisung setzt (S/S-*Eser* 10 zu § 74b StGB). Das Verfahren für die nachträgliche Anordnung der Einziehung regelt § 462 StPO.

Die Möglichkeit, die Einziehung nach § 74b III StGB **auf einen Teil der** 68 **Sache zu beschränken,** war bei Beförderungsmitteln bereits in § 414 I Nr. 2 RAO 1961 vorgesehen. Der Begriff „*Teil einer Sache*" umfaßt sowohl den Anteil einer teilbaren Sache wie auch Bestandteile einer unteilbaren Sache, zB geschmuggelte Reifen als Teile eines PKW. Eine nur teilweise Einziehung kommt wegen mangelnder Identität nicht in Betracht, wenn aus der einziehungsbefangenen Sache durch Verarbeitung oder Vermischung mit anderen Sachen eine neue, selbständige Sache entstanden ist. Ob eine neue Sache vorliegt, entscheidet die Verkehrsanschauung (*bejahend* RG 42, 123, 125 v. 21. 12. 1908 und 52, 47 v. 25. 10. 1917 für verschnittene Weine; *verneinend* RG 65, 175, 177 ff. v. 23. 2. 1931 für den Zusatz von Monopolsprit zu selbst hergestelltem Branntwein sowie BGH 8, 98, 102 v. 10. 7. 1955 für die Herstellung von „klarem Trinkbranntwein durch Verdünnung von 96%igem Primasprit mit Wasser).

6. Einziehung des Wertersatzes (§ 74c StGB)

Schrifttum: *Bender*, Fragen der Wertersatzeinziehung, NJW 1969, 1056.

Die Einziehung des Wertersatzes regelt § 74c StGB nunmehr für das 69 gesamte Strafrecht einheitlich. Dabei wurden die Erfahrungen bei der Anwendung einzelner Vorschriften des Nebenstrafrechts berücksichtigt, insbes. klargestellt, daß die Einziehung des Wertersatzes zulässig ist, wenn die Sache auch bei dem Dritterwerber nicht mehr vorhanden ist, weil dieser sie in der Zeit bis zur Entscheidung verbraucht hat (BGH 16, 282, 292 ff. v. 17. 10. 1961 zu § 414a RAO 1961). Die Vorschrift lautet:

§ 74c StGB Einziehung des Wertersatzes

(1) Hat der Täter oder Teilnehmer den Gegenstand, der ihm zur Zeit der Tat gehörte oder zustand und auf dessen Einziehung hätte erkannt werden können, vor der Entscheidung über die Einziehung verwertet, namentlich veräußert oder verbraucht, oder hat er die Einziehung des Gegenstandes sonst vereitelt, so kann das Gericht die Einziehung eines Geldbetrags gegen den Täter oder Teilnehmer bis zu der Höhe anordnen, die dem Wert des Gegenstandes entspricht.

(2) Eine solche Anordnung kann das Gericht auch neben der Einziehung eines Gegenstandes oder an deren Stelle treffen, wenn der Täter oder Teilnehmer vor der Entscheidung über die Einziehung mit dem Recht eines Dritten belastet hat, dessen Erlöschen ohne Entschädigung nicht angeordnet werden kann oder im Falle der Einziehung nicht angeordnet werden könnte (§ 74e Abs. 2 und § 74f.); trifft das Gericht die Anordnung neben der Einziehung, so bemißt sich die Höhe des Wertersatzes nach dem Wert der Belastung des Gegenstandes.

(3) Der Wert des Gegenstandes und der Belastung kann geschätzt werden.
(4) Für die Bewilligung von Zahlungserleichterungen gilt § 42.

70 **Die Einziehung des Wertersatzes knüpft daran an,** daß der Täter oder Teilnehmer durch sein Verhalten die Ursache dafür gesetzt hat, daß die Sache selbst für die Einziehung nicht mehr greifbar ist. Die Einziehung des Wertersatzes („*Ersatzeinziehung*") ist daher nicht mehr allein Sühne für die Straftat, welche die Grundlage für das Strafverfahren bildet, sondern zugleich Sühne für das Verhalten, mit dem Täter oder Teilnehmer den durch ihre Straftat begründeten Anspruch auf Einziehung der Sache nachträglich vereitelt haben. Nur gegenüber dem Täter oder Teilnehmer ist die Einziehung des Wertersatzes zulässig, nicht gegenüber einem unbeteiligten Dritten; sie ist daher Nebenstrafe, keine Sicherungsmaßnahme (S/S-*Eser* 2 u. SK-*Horn* 8 zu § 74c StGB).

71 **§ 74c I StGB setzt voraus,** daß ohne das nachträgliche Verhalten des Täters oder Teilnehmers auf Einziehung einer bestimmten Sache hätte erkannt werden können (vgl. § 46 KO), jedoch unter den herbeigeführten Umständen die Einziehung der Sache nicht mehr angeordnet werden kann. Dabei ist gleichgültig, ob die Einziehung der Sache aus rechtlichen Gründen unzulässig oder aus tatsächlichen Gründen unmöglich geworden ist (BGH 4, 62, 64 v. 20. 2. 1953; OLG Köln v. 10. 6. 1955, ZfZ 307). Ein rechtliches Hindernis für die Einziehung entsteht namentlich dann, wenn der Täter oder Teilnehmer seine von der Einziehung bedrohte Sache nach der Tat an einen „gutgläubigen" Dritten veräußert und die Voraussetzungen des § 74 II Nr. 2 StGB (Rdnr. 49–51) oder des § 74a StGB (Rdnr. 59–62) nicht vorliegen. Unmöglich ist die Einziehung der Sache, wenn sie nicht mehr vorhanden ist (Rdnr. 73). Der absoluten Unmöglichkeit steht es gleich, wenn die Einbeziehung der Sache auf erhebliche Schwierigkeiten stößt, zB dann, wenn der Täter sie an einen Unbekannten veräußert hat und deswegen ungewiß bleibt, ob die Sache diesem gegenüber eingezogen werden kann (Begr. BT-Drucks. V/1319 S. 57).

72 **Vereitelt ist die Einziehung der Sache,** wenn eine entsprechende Anordnung infolge eines nachträglichen Verhaltens des Täters oder Teilnehmers unzulässig oder unmöglich ist (Rdnr. 74), zB weil der Täter oder Teilnehmer die Sache für sich verwertet, namentlich *veräußert oder verbraucht* hat. Bei entgeltlicher Veräußerung oder bestimmungsgemäßem Verbrauch der Sache macht sich der Täter oder Teilnehmer den Wert der Sache zunutze. *Sonst vereitelt* wird die Einziehung dann, wenn der Täter oder Teilnehmer die Sache verschenkt, zerstört, verkommen läßt oder beiseite schafft. Behauptet der Täter oder Teilnehmer, daß ihm die Sache nach der Tat abhanden gekommen (verlorengegangen oder gestohlen) sei, ist ein Vereiteln der Einziehung nur anzunehmen, wenn ihm der Verlust der Sache vorgeworfen werden kann, nicht auch dann, wenn er den Verlust nach den Umständen des Einzelfalles nicht zu vertreten hat (str., vgl. S/S-*Eser* 6 u. SK-*Horn* 7 zu § 74c StGB). Das im RegE des § 40c I aF (= § 74c) StGB vorgesehene Wort „vorwerfbar" hat der BTag nur gestrichen, „weil bereits in dem Merkmal vereitelt

III. Einziehung

zum Ausdruck kommt, daß den Handelnden ein Vorwurf trifft" (Schriftl. Ber. zu BT-Drucks. V/2601 S. 15).

Einziehung des Wertersatzes ist nicht zulässig, wenn die Hindernisse, die 73 der Einziehung der Sache entgegenstehen, nicht *nach* der Tat oder nicht *durch* den Täter oder Teilnehmer geschaffen worden sind. An der Voraussetzung eines ursächlichen Verhaltens des Täters oder Teilnehmers fehlt es zB dann, wenn die beschlagnahmte und vom Staat in Besitz genommene Sache verlorengeht (BGH 4, 62, 65f. v. 20. 2. 1953) oder wenn sie nach der Straftat, aber vor der Hauptverhandlung durch ein zufälliges Ereignis so zerstört wird, daß das Eigentum untergeht (BGH v. 16. 4. 1953, NJW 1521, für ein durch Verkehrsunfall verbranntes Kfz). An der Ursächlichkeit *nachträglichen* Verhaltens fehlt es zB dann, wenn die Einziehung der Sache von vornherein nicht zulässig gewesen wäre, weil der Täter sie vor der Tat gestohlen hatte (zum früheren Recht ebenso OLG Bremen v. 24. 8. 1950, NJW 797; OLG Köln v. 10. 6. 1955, ZfZ 307; aM BGH 3, 163 v. 30. 9. 1952; OLG Bremen v. 10. 2. 1954, NJW 691).

Unzulässig ist die Anordnung von Wertersatz auch dann, wenn die Ein- 74 ziehung der Sache zwar in dem jeweils anhängigen Strafverfahren nicht möglich ist, wohl aber in einem Verfahren gegen andere Personen bereits ausgesprochen oder noch zu erwarten ist (BGH 8, 98, 102 v. 19. 7. 1955).

§ 74c II StGB soll verhindern, daß der Täter oder Teilnehmer die Wir- 75 kung der Einziehung der Sache dadurch beeinträchtigen kann, daß er die Sache vor der Entscheidung über die Einziehung mit dem Recht eines Dritten, zB Pfandrecht, belastet und auf diese Weise die wirtschaftliche Einbuße, die sonst mit der Einziehung verbunden wäre, von sich abwendet. Kann in einem solchen Fall das Erlöschen des Rechts des Dritten nach § 74f. I StGB nicht ohne Entschädigung angeordnet werden, eröffnet § 74c II StGB die Möglichkeit, gegen den Täter oder Teilnehmer *neben* der Einziehung der Sache auch die Einziehung eines dem Wert ihrer dinglichen Belastung entsprechenden Geldbetrages anzuordnen. Die Vorschrift läßt es ferner zu, daß das Gericht die Leistung eines solchen Wertersatzes *anstelle* der Einziehung der Sache anordnet. Dies ist insbes. dann zweckmäßig, wenn die Sache infolge ihrer Belastung – wirtschaftlich betrachtet – keinen Vermögenswert mehr darstellt und ihre Einziehung aus Sicherungsgründen (§ 75 II Nr. 2 StGB) nicht erforderlich ist (Schriftl. Ber. zu BT-Drucks. V/2601 S. 15).

Die Höhe des Wertersatzes kann nach § 74c I StGB den Betrag erreichen, 76 die dem Wert der nicht mehr einziehbaren Sache entspricht; nach § 74c II StGB *bemißt sich* der Wertersatz nach dem Wert der dinglichen Belastung. Aus dem Gesetzeswortlaut folgt, daß der Richter im Falle des § 74c I StGB einen Ermessensspielraum hat, der es ihm ermöglicht, die Einziehung mit Rücksicht auf die wirtschaftlichen Verhältnisse des Täters oder Teilnehmers auf einen Teil des Sachwertes zu beschränken. Dagegen besteht in den Fällen des § 74c II StGB kein Ermessensspielraum.

Dem Sachwert entspricht der Preis, der unter gewöhnlichen Umständen 77 im Inland für Sachen gleicher Art, Güte und Menge erzielbar ist (vgl. *Bender* Tz 53, 4). Bei großen Warenmengen ist der Großhandelspreis anzunehmen

(BGH v. 14. 9. 1954, ZfZ 1955, 82). Soweit Sachen der fraglichen Art nur in versteuertem oder verzolltem Zustand in den freien Verkehr kommen dürfen, ist der erzielbare Preis einschl. der Abgaben zu ermitteln (RG 75, 100, 103 v. 21. 1. 1941; OLG Hamburg v. 1. 6. 1953, ZfZ 382), gleichgültig, ob daneben die hinterzogenen Abgaben bereits von dem Täter nachgefordert sind (OLG Stuttgart v. 3. 11. 1950, NJW 1951, 43). Ohne Bedeutung ist, ob der Fiskus eingezogene Waren entsprechender Art und Güte nur zu einem geringeren Preis veräußert oder sogar vernichtet (OLG Neustadt v. 13. 2. 1957, ZfZ 123). Der im Inland erzielbare Preis ist auch dann maßgebend, wenn der Fiskus entsprechende Waren nicht auf dem inländischen Markt verwertet (BGH 4, 13 f. v. 6. 2. 1953).

78 **Maßgebend für den Zeitpunkt der Preisfeststellung** ist die letzte tatrichterliche Entscheidung; denn das Revisionsgericht darf eine tatsächliche Würdigung nicht mehr vornehmen (BGH 4, 305 f. v. 27. 8. 1953; OLG Hamm v. 17. 3. 1949, MDR 438; OLG Bremen v. 26. 1. 1950, ZfZ 171;, v. 18. 7. 1951, NJW 976). Soweit es jedoch auf die Beschaffenheit der Sache ankommt, ist der Zeitpunkt maßgebend, in dem der Täter oder Teilnehmer die Sache der Einziehung entzogen hat; der Einwand, daß eine Ware im Zeitpunkt der letzten tatrichterlichen Entscheidung bereits verdorben gewesen wäre, ist daher unbeachtlich (BGH 4, 305, 307 v. 27. 8. 1953).

79 § 74c III StGB gestattet dem Strafrichter, den Wert der Sache oder ihrer dinglichen Belastung zu schätzen. Die **Schätzung** zielt darauf ab, aufgrund der bekannten Umstände ohne weitere umfangreiche und kostspielige Ermittlungen sonstiger, für die Preisfeststellung möglicherweise maßgebender Umstände einen Wert anzunehmen, der dem tatsächlichen Wert der Sache oder ihrer Belastung möglichst nahekommt.

80 **Die nachträgliche Einziehung des Wertersatzes** ermöglicht § 76 StGB, falls eine der in § 74c I StGB bezeichneten Voraussetzungen erst *nach* Anordnung der Einziehung der Sache eingetreten oder bekannt geworden ist. Ohne die Vorschrift könnte die Einziehung des Wertersatzes nicht mehr nachgeholt werden, wenn das Gericht die Einziehung der Sache aufgrund der unzutreffenden Annahme angeordnet hat, daß sie sich noch in den Händen des Täters oder Teilnehmers befinde, oder wenn der Täter oder Teilnehmer die Sache nach der Anordnung ihrer Einziehung verbraucht, an einen unbekannten oder „gutgläubigen" Dritten veräußert oder die Einziehung sonst vereitelt (s. zum Verfahren § 462 StPO).

7. Selbständige Einziehung (§ 76a StGB)

81 **Kann wegen der Tat keine bestimmte Person verfolgt oder verurteilt werden,** ist die selbständige Einziehung (oder Unbrauchbarmachung) einer Sache oder des Wertersatzes möglich nach:

§ 76a StGB Selbständige Anordnung
(1) Kann wegen der Straftat aus tatsächlichen Gründen keine bestimmte Person verfolgt oder verurteilt werden, so muß oder kann auf Verfall oder Einziehung des Gegenstandes oder des Wertersatzes oder auf Unbrauchbarmachung selbständig er-

III. Einziehung

kann werden, wenn die Voraussetzungen, unter denen die Maßnahme vorgeschrieben oder zugelassen ist, im übrigen vorliegen.

(2) ¹Unter den Voraussetzungen des § 74 Abs. 2 Nr. 2, Abs. 3 und des § 74d ist Absatz 1 auch dann anzuwenden, wenn
1. die Verfolgung der Straftat verjährt ist oder
2. sonst aus rechtlichen Gründen keine bestimmte Person verfolgt werden kann und das Gesetz nichts anderes bestimmt.
²Einziehung oder Unbrauchbarmachung dürfen jedoch nicht angeordnet werden, wenn Antrag, Ermächtigung oder Strafverlangen fehlen.

(3) Absatz 1 ist auch anzuwenden, wenn das Gericht von Strafe absieht oder wenn das Verfahren nach einer Vorschrift eingestellt wird, die dies nach dem Ermessen der Staatsanwaltschaft oder des Gerichts oder im Einvernehmen beider zuläßt.

Das selbständige Verfahren (vgl. § 440 StPO) **ist nach § 76a I StGB grundsätzlich nur zulässig,** wenn ein subjektives Verfahren aus tatsächlichen Gründen nicht durchgeführt werden kann, weil zB der Täter oder sein Aufenthalt unbekannt sind oder er verstorben ist (für diesen Fall glA RG 53, 181, 183 v. 17. 1. 1919; 74, 41, 42f. v. 25. 1. 1940; *Hartung* IX zu § 414a RAO 1961; aM S/S-*Eser* 5 zu § 76a StGB). Von dem Grundsatz des § 76a I StGB macht § 76a II StGB eine Ausnahme für die Einziehung und Unbrauchbarmachung aus Sicherungsgründen. Für diese Fälle ist das selbständige Verfahren auch zulässig, wenn aus rechtlichen Gründen keine bestimmte Person verfolgt werden kann, weil zB die Strafverfolgung verjährt ist (OLG Hamm v. 19. 5. 1982, NStZ 422; OLG Karlsruhe v. 18. 10. 1979, MDR 1980, 337; OLG Stuttgart v. 14. 2. 1975, MDR 681; überholt: OLG Hamm v. 7. 5. 1980, MDR 1039; *Horn* NStZ 1982, 423). Die Rückausnahme des § 76a II 1 StGB *(„wenn das Gesetz nichts anderes bestimmt")* liegt zB vor, wenn die Voraussetzungen der deutschen Gerichtsbarkeit fehlen. Die weitere Rückausnahme des § 76a II 2 StGB betrifft Fälle, in denen ein subjektives Strafverfahren nicht möglich ist, weil bestimmte strafverfahrensrechtliche Erklärungen fehlen.

Außer der Verfolgbarkeit einer bestimmten Person müssen die Voraussetzungen der Einziehung „im übrigen" vorliegen, dh alle Voraussetzungen, die sich aus den §§ 74ff. StGB, ggf. iVm § 375 II AO ergeben. Der Nichtverfolgbarkeit steht es nach § 76a III StGB gleich, wenn das Gericht von Strafe absieht (vgl. zB § 157 StGB) oder das subjektive Verfahren gem. §§ 153ff. StPO oder §§ 45, 47 JGG nach dem Ermessen der Strafverfolgungsbehörde oder des Gerichts eingestellt wird.

Eine schuldhafte, nicht nur rechtswidrige Tat setzt § 76a I StGB voraus (arg.: *„Straftat").* Demgegenüber genügt für eine Anordnung nach § 76a II 1 StGB ein nur rechtswidriges tatbestandsmäßiges Verhalten. Dies entspricht dem ausdrücklichen Willen des Gesetzgebers (Schriftl. Ber. zu BT-Drucks. V/2601 S. 15).

Die Anordnung der Einziehung im selbständigen Verfahren steht im **Ermessen des Strafrichters,** sofern sie im subjektiven Verfahren im richterlichen Ermessen stünde (Rdnr. 64); sonst ist sie auch im selbständigen Verfahren zwingend vorgeschrieben (arg.: „*muß oder kann*"). Für die StA oder die FinB (vgl. § 440 StPO; § 401 AO) besteht jedoch auch bei vorgeschriebener Einziehung kein dem Legalitätsprinzip entsprechender Antragszwang (BGH 2, 29, 34 v. 7. 12. 1951).

8. Wirkung der Einziehung

86 **Die Rechtsfolgen der Einziehung** sind in § 74e StGB für das gesamte Strafrecht zusammenfassend geregelt, und zwar auch für den Fall, daß die Einziehung aufgrund § 76a StGB im selbständigen Verfahren ausgesprochen wird.

§ 74e StGB Wirkung der Einziehung

(1) Wird ein Gegenstand eingezogen, so geht das Eigentum an der Sache oder das eingezogene Recht mit der Rechtskraft der Entscheidung auf den Staat über.

(2) ¹Rechte Dritter an dem Gegenstand bleiben bestehen. ²Das Gericht ordnet jedoch das Erlöschen dieser Rechte an, wenn es die Einziehung darauf stützt, daß die Voraussetzungen des § 74 Abs. 2 Nr. 2 vorliegen. ³Es kann das Erlöschen des Rechts eines Dritten auch dann anordnen, wenn diesem eine Entschädigung nach § 74f Abs. 2 Nr. 1 oder 2 nicht zu gewähren ist.

(3) § 73e Abs. 2 gilt entsprechend für die Anordnung der Einziehung und die Anordnung des Vorbehalts der Einziehung, auch wenn sie noch nicht rechtskräftig ist.

§ 73e StGB Wirkung des Verfalls

(1) ¹Wird der Verfall eines Gegenstandes angeordnet, so geht das Eigentum an der Sache oder das verfallene Recht mit der Rechtskraft der Entscheidung auf den Staat über, wenn es dem von der Anordnung Betroffenen zu dieser Zeit zusteht. ²Rechte Dritter an dem Gegenstand bleiben bestehen.

(2) Vor der Rechtskraft wirkt die Anordnung als Veräußerungsverbot im Sinne des § 136 des Bürgerlichen Gesetzbuches; das Verbot umfaßt auch andere Verfügungen als Veräußerungen.

a) Eigentum

87 Wie § 415 S. 1 RAO 1961 bestimmt § 74e I StGB, daß das Eigentum an der eingezogenen Sache mit der Rechtskraft der Entscheidung auf den Staat (Rdnr. 88) übergeht. Diese Wirkung der Einziehung hängt nicht davon ab, ob das Gericht ihre Voraussetzungen zutreffend beurteilt hat oder nicht; sie tritt auch dann ein, wenn die Einziehung auf § 74 II Nr. 1 StGB oder § 375 II AO gestützt ist, die Sache aber zZ der Entscheidung einem Dritten gehörte, oder wenn der Täter oder Teilnehmer die Sache *nach* der Anordnung, aber *vor* Eintritt der Rechtskraft an einem Dritten veräußert hatte. Führt die Einziehung zum Eigentumsverlust eines Dritten, ist dieser gem. § 74f. I StGB zu entschädigen, sofern die Entschädigungspflicht nicht nach § 74f. II StGB entfällt (Rdnr. 91ff.).

88 „Staat" iS des § 74e StGB ist dasjenige Land der BRD, dessen Gericht die Einziehung angeordnet hat (§ 60 StVollStrO; *Dreher/Tröndle* 1 zu § 74e

III. Einziehung

StGB). Ob die in den Fällen des § 375 II Nr. 1 AO hinterzogenen Abgaben dem Bund oder einem Land zustehen, ist unerheblich (glA zur früheren Rechtslage BFH 57, 108 v. 20. 11. 1952).

Die Durchführung der Einziehung sichert § 74e III iVm § 73e II StGB **89** dadurch, daß die Anordnung der Einziehung vor ihrer Rechtskraft als **Veräußerungsverbot** is des § 136 BGB wirkt. Ebenso wirkt nach § 74e III StGB die Anordnung des Vorbehalts der Einziehung (vgl. § 74b II StGB). Durch die Bezugnahme auf § 136 BGB bleibt die Einziehung in einer höheren Instanz zulässig, wenn die Sache nach der ersten Entscheidung über die Einziehung veräußert wird und die Einziehung zZ der Entscheidung gerechtfertigt war. Eine unwirksame Veräußerung der eingezogenen Sache läßt auch keine Entschädigungsansprüche nach § 74f. I StGB entstehen. „Gutgläubige" Erwerber, die nach § 135 II BGB geschützt sind, verlieren zwar gem. § 74e I StGB das Eigentum, sind aber gem. § 74f. StGB zu entschädigen (Rdnr. 91ff.).

b) Rechte an der Sache

Rechte an der Sache (= beschränkte dingliche Rechte) sind is des § 74e **90** StGB hauptsächlich das Pfandrecht (§§ 1204ff. BGB) sowie das Sicherungs- oder Vorbehaltseigentum (Rdnr. 55). Abw. von § 415 S. 2 RAO 1961 läßt § 74e II 1 StGB die Rechte an einer eingezogenen Sache grundsätzlich bestehen. Im Hinblick auf Art. 14 GG (Rdnr. 47) können auch beschränkte dingliche Rechte einem Dritten nur gem. § 74e II 2 StGB unter den Voraussetzungen des § 74 II Nr. 2 StGB oder gem. § 74e II 3 StGB dann entzogen werden, wenn dem Dritten eine Entschädigung nach § 74f. II Nr. 1–3 StGB nicht zu gewähren ist, weil ihn ein Schuldvorwurf trifft (Rdnr. 93).

9. Entschädigung (§ 74f. StGB)

Mit Rücksicht auf Art. 14 III GG sieht § 74f. StGB eine Entschädigung **91** zugunsten des Dritten vor, der sein Eigentum infolge der Einziehung eingebüßt hat oder dessen Recht an der Sache (Rdnr. 90) erloschen oder beeinträchtigt ist.

§ 74 f StGB Entschädigung

(1) Stand das Eigentum an der Sache oder das eingezogene Recht zur Zeit der Rechtskraft der Entscheidung über die Einziehung oder Unbrauchbarmachung einem Dritten zu oder war der Gegenstand mit dem Recht eines Dritten belastet, das durch die Entscheidung erloschen oder beeinträchtigt ist, so wird der Dritte aus der Staatskasse unter Berücksichtigung des Verkehrswertes angemessen in Geld entschädigt.

(2) Eine Entschädigung wird nicht gewährt, wenn
1. der Dritte wenigstens leichtfertig dazu beigetragen hat, daß die Sache oder das Recht Mittel oder Gegenstand der Tat oder ihrer Vorbereitung gewesen ist,
2. der Dritte den Gegenstand oder das Recht an dem Gegenstand in Kenntnis der Umstände, welche die Einziehung oder Unbrauchbarmachung zulassen, in verwerflicher Weise erworben hat oder

3. es nach den Umständen, welche die Einziehung oder Unbrauchbarmachung begründet haben, auf Grund von Rechtsvorschriften außerhalb des Strafrechts zulässig wäre, den Gegenstand dem Dritten ohne Entschädigung dauernd zu entziehen.

(3) In den Fällen des Absatzes 2 kann eine Entschädigung gewährt werden, soweit es eine unbillige Härte wäre, sie zu versagen.

92 **Das Erlöschen des Eigentums** folgt aus § 74e I StGB. Beschränkte dingliche Rechte bleiben zwar nach § 74e II 1 StGB grundsätzlich bestehen, erlöschen jedoch kraft ausdrücklicher Anordnung des Gerichts, wenn es die Einziehung darauf stützt, daß die Voraussetzungen des § 74 II Nr. 2 StGB vorliegen (§ 74e II 2 StGB). Beeinträchtigt ist ein (bestehenbleibendes) Recht an der Sache dann, wenn das Gericht gem. § 74b II Nr. 1 StGB statt auf Einziehung auf Unbrauchbarmachung der Sache erkannt hat und durch diese Maßnahme das beschränkte dingliche Recht wirtschaftlich entwertet wird.

93 Nach § 74 III StGB besteht **keine Entschädigungspflicht**, wenn der Dritte wenigstens *leichtfertig* dazu beigetragen hat, daß die Sache Mittel oder Gegenstand der Tat oder ihrer Vorbereitung gewesen ist (Rdnr. 59), oder

wenn der Dritte die Sache oder das Recht an der Sache in Kenntnis der Umstände, welche die Einziehung oder Unbrauchbarmachung zulassen, *in verwerflicher Weise* erworben hat (Rdnr. 61 f.) oder

wenn eine dauernde Entziehung der Sache ohne Entschädigung aufgrund von *Rechtsvorschriften außerhalb des Strafrechts* zulässig wäre. Mit dieser Wendung verweist § 74f. II Nr. 3 StGB namentlich auf § 216 iVm § 215 AO sowie auf § 51b BranntwMonG (sog. Sicherstellung im Aufsichtsweg).

94 Auch wenn eine Entschädigungspflicht gem. § 74f. II StGB ausgeschlossen ist (Rdnr. 93), kann eine Entschädigung gem. § 74f. III StGB gewährt werden, soweit es eine **unbillige Härte** wäre, sie zu versagen. Eine unbillige Härte liegt namentlich dann vor, wenn den Dritten in den Fällen des § 74f. II Nr. 1 und 2 StGB nur ein geringer Schuldvorwurf trifft, angesichts dessen ein entschädigungsloser Rechtsverlust unangemessen wäre.

95 **Über die Art und Höhe des Entschädigungsanspruchs** besagt § 74f. I StGB, daß der Dritte „*unter Berücksichtigung des Verkehrswertes angemessen in Geld*" zu entschädigen ist. Damit ist eine Entschädigung in natura nur möglich, wenn der entschädigungsberechtigte Dritte und der entschädigungspflichtige Staat sich auf diese Art der Entschädigung besonders einigen. Der Hinweis auf den Verkehrswert schließt aus, daß *persönliche* Umstände die Entschädigung über den Verkehrswert hinaus erhöhen können (vgl. BGHZ v. 30. 5. 1963, NJW 1916f.). Verkehrswert ist der Wert, der für Sachen gleicher Art, Güte und Menge unter gewöhnlichen Umständen im Inland erzielbar ist (Rdnr. 77). Bei schwankenden Preisen ist grundsätzlich derjenige Zeitpunkt maßgebend, welcher der Auszahlung möglichst nahe liegt, dh im Streitfall die letzte gerichtliche Tatsachenverhandlung (vgl. BGHZ 25, 225, 230 v. 23. 9. 1957; 26, 373 f. v. 24. 2. 1958; 30, 281, 284 v. 8. 6. 1959; 40, 87ff. v. 27. 6. 1963).

96 **Zur Höhe der Entschädigung aus Billigkeitsgründen** ist dem Wort „*soweit*" in § 74f. III StGB zu entnehmen, daß dem richterlichen Ermessen nicht nur unterliegt, ob eine Entschädigung überhaupt in Betracht kommt, son-

III. Einziehung

dern auch, ob und in welchem Maße sie – je nach Billigkeit – hinter dem Verkehrswert zurückbleibt.

Ist der Berechtigte Pfandgläubiger, Sicherungs- oder Vorbehaltseigentümer, so ist die Höhe der Entschädigung nach oben auch durch die jeweilige Höhe der Forderung begrenzt, für die ihm das Sicherungsrecht an der Sache eingeräumt worden ist. 97

Die Entschädigung kraft Gesetzes (§ 74f. I StGB) oder aufgrund einer Billigkeitsentscheidung (§ 74f. III StGB) obliegt der Gebietskörperschaft, (Land oder Bund), auf die das Eigentum nach § 74e StGB übergegangen ist (Rdnr. 88). 98

Zuständig für die Entscheidung über die Entschädigung aufgrund § 74f. I StGB ist im Streitfall (vgl. aber § 68a StVollStrO) der Zivilrichter, da es sich um einen Anspruch aus Eingriffen handelt, die eine bürgerlich-rechtliche Wirkung haben (Begr. BT-Drucks. V/1319 S. 60). Über eine Entschädigung aus Billigkeitsgründen aufgrund § 74f. III StGB entscheidet jedoch nach § 436 III 2 StPO der Strafrichter, weil die Höhe der Entschädigung hier hauptsächlich von der Beurteilung des Schuldvorwurfs abhängt. 99

§ 376 Unterbrechung der Verfolgungsverjährung

Die Verjährung der Verfolgung einer Steuerstraftat wird auch dadurch unterbrochen, daß dem Beschuldigten die Einleitung des Bußgeldverfahrens bekanntgegeben oder diese Bekanntgabe angeordnet wird.

§ 376 AO ergänzt den Katalog der Unterbrechungshandlungen in § 78c StGB (Rdnr. 36ff.). Vorweg anzuwenden sind:

§ 78 StGB Verjährungsfrist

(1) ¹Die Verjährung schließt die Ahndung der Tat und die Anordnung von Maßnahmen (§ 11 Abs. 1 Nr. 8) aus. ²§ 76a Abs. 2 Satz 1 Nr. 1 bleibt unberührt.

(2) Verbrechen nach § 220a (Völkermord) und nach § 211 (Mord) verjähren nicht.

(3) Soweit die Verfolgung verjährt, beträgt die Verjährungsfrist
1. dreißig Jahre bei Taten, die mit lebenslanger Freiheitsstrafe bedroht sind,
2. zwanzig Jahre bei Taten, die im Höchstmaß mit Freiheitsstrafen von mehr als zehn Jahren bedroht sind,
3. zehn Jahre bei Taten, die im Höchstmaß mit Freiheitsstrafen von mehr als fünf Jahren bis zu zehn Jahren bedroht sind,
4. fünf Jahre bei Taten, die im Höchstmaß mit Freiheitsstrafen von mehr als einem Jahr bis zu fünf Jahren bedroht sind,
5. drei Jahre bei den übrigen Taten.

(4) Die Frist richtet sich nach der Strafdrohung des Gesetzes, dessen Tatbestand die Tat verwirklicht, ohne Rücksicht auf Schärfungen oder Milderungen, die nach den Vorschriften des Allgemeinen Teils oder für besonders schwere oder minder schwere Fälle vorgesehen sind.

§ 78a StGB Beginn

¹Die Verjährung beginnt, sobald die Tat beendet ist. ²Tritt ein zum Tatbestand gehörender Erfolg erst später ein, so beginnt die Verjährung mit diesem Zeitpunkt.

Übersicht

1. Entstehungsgeschichte 1
2. Anwendungsbereich 2, 3
3. Wesen und Wirkung der Verjährung 4–8
4. Verjährungsfrist 9–36
   a) Allgemeines 9–14
   b) Bei positivem Tun 15–25
   c) Bei Unterlassen 26–31
   d) Steuerhinterziehung im Beitreibungsverfahren.... 32
   e) Versuch 33
   f) Fortgesetzte Handlung ... 34
   g) Teilnahme 35
   h) Bannbruch, Steuerhehlerei, Steuerzeichenfälschung, Begünstigung ... 36
5. Unterbrechung 37–67
   a) Allgemeines 37, 38
   b) Gemeinsame Vorschriften 39–49
   c) Die Unterbrechungshandlungen 50–65
   d) Verjährungsrechtliche Sonderregelungen für das Beitrittsgebiet 66, 67
6. Ruhen der Verjährung 68–73

Schrifttum: *Moser,* Zur Frage der rechtlichen Natur der Strafverfolgungsverjährung, §§ 66 ff. StGB, GA 1954, 301; *Bräuel,* Die Verjährung der Strafverfolgung und der Vollstreckung von Strafen ..., Mat. II S. 429; *Goebel,* Die Strafverfolgungsverjährung von Zoll- und Verbrauch-

1. Entstehungsgeschichte

steuervergehen unter besonderer Berücksichtigung der Unterbrechung der Verjährung, ZfZ 1955, 171; *Suhr,* Die Verjährung und die Unterbrechung der Verjährung im Steuerstrafrecht, Aktuelle Fragen S. 225; *Bruns,* Wann beginnt die Verfolgungsverjährung beim unbewußt fahrlässigen Erfolgsdelikt? NJW 1958, 1257; *Kohlmann,* Schließt die Verjährung der Vortat auch die Verjährung wegen der Nachtat aus? JZ 1964, 492; *Kopacek,* Die Verjährung der Strafverfolgung von Steuervergehen, FR 1965, 275 mit Erwiderung von *Stier,* Zuständigkeit und Unterbrechung der Verjährung der Strafverfolgung, FR 1966, 50, und Schlußwort von *Kopacek* FR 1966, 51; *Ludwig Schmidt,* Beginn der Verjährung der Strafverfolgung bei unechten Unterlassungsdelikten im Steuerstrafrecht, JR 1966, 127; *Lorenz,* Über das Wesen der strafrechtlichen Verjährung, GA 1966, 371; *Lohmeyer,* Die Verjährung der Strafverfolgung von Steuer- und Monopolvergehen, ZfZ 1966, 197; ders., Die Verjährung der Strafverfolgung im Steuerstrafrecht, SchlHA 1967, 34; *Schröder,* Probleme strafrechtlicher Verjährung, Gallas-Festschr. 1973, 329; *Schoene,* Verfolgungsverjährung nach Bundes- und Landesrecht, NJW 1975, 1544; *Erhard,* Die Verjährung im Strafrecht, 1976; *von Stackelberg,* Verjährung und Verwirkung des Rechts auf Strafverfolgung, Bockelmann-Festschr. 1979, 759; *Brenner,* Außenprüfer als Strafverfolgungsorgan: Verfolgungsverjährung und Verwertungsverbot, StBp 1979, 121; *Schäfer,* Einige Fragen zur Verjährung in Wirtschaftsstrafsachen, Dünnebier-Festschr. 1982, 541; *Volk,* Fortsetzungszusammenhang und Verjährungsbeginn im Steuerstrafrecht, DStR 1983, 343; *Brenner,* Strafverfolgungsverjährung und ihre Unterbrechung bei Steuerdelikten, BB 1985, 2041; *Herdemerten,* Beginn der Verjährung bei Steuerhinterziehung, wistra 85, 98; *Rüping,* Beendigung der Tat und Beginn der Verjährung, GA 1985, 437; *Heuer,* Unterbricht ein Durchsuchungsbeschluß gegen die Verantwortlichen eines Unternehmens die Verjährung?, wistra 1987, 170; *Kuhlmann,* Beendigung der Steuerhinterziehung und Außenprüfung, wistra 1987, 281; *Gössel,* Bindung der Wiederaufnahme zu Ungunsten des Verurteilten an die Verjährungsfrist?, NStZ 1988, 537; *Reiche,* Verjährungsunterbrechende Wirkung finanzbehördlicher oder fahndungsdienstlicher Ermittlungsmaßnahmen hinsichtlich allgemeiner Straftdelikte, insbesondere bei tateinheitlichem Zusammentreffen mit Steuerstraftaten, wistra 1988, 329; *Kiel,* Die Verjährung bei der vorsätzlichen Steuerverkürzung, Diss. Kiel 1989; *Grezesh,* Hindert die Aussetzung nach § 396 AO den Eintritt der absoluten Verjährung?, wistra 1990, 289; *Wisser,* Die Aussetzung des Steuerstrafverfahrens gemäß § 396 AO und die Bindung des Strafrichters, 1992; *Gallandi,* Verjährung bei langfristig geplanter Wirtschaftskriminalität, wistra 1993, 255; *Lemke,* Das 2. Verjährungsgesetz, NJ 1993, 529; *Schmitz,* Der Beginn der Verjährungsfrist nach § 78a StGB bei Hinterziehung von Einkommensteuer durch Unterlassen, wistra 1993, 248; *Arzt,* Die fortgesetzte Handlung geht – die Probleme bleiben, JZ 1994, 1000; *Hees,* Zur persönlichen Reichweite der Verjährungsunterbrechung nach § 78c Abs. 1 Nr. 4 StGB, wistra 1994, 81; *Jung,* Zur Nachahmung empfohlen: Aufgabe der Rechtsfigur der fortgesetzten Handlung durch das Schweizer Bundesgericht, NJW 1994, 916; *Letzgus,* Unterbrechung, Ruhen und Verlängerung strafrechtlicher Verjährungsfristen für im Beitrittsgebiet begangene Straftaten, NStZ 1994, 57; *Bittmann/Dreier,* Bekämpfung der Wirtschaftskriminalität nach Ende der fortgesetzten Handlung, NStZ 1995, 105; *Hardtke/Leip,* Strafverfolgungsverjährung bei Steuerhinterziehung infolge verdeckter Gewinnausschüttung, NStZ 1996, 217; *Riehl,* Zur Frage der Tatbeendigung in Fällen der Umsatzsteuerhinterziehung nach § 370 AO durch einen steuerlich beratenen Unternehmer, wistra 1996, 130; zur Unterbrechung der Verjährung s. auch vor Rdnr. 37.

1. Entstehungsgeschichte

§ 376 AO 1977 entspricht § 402 RAO; dieser geht zurück auf § 419 AO 1931 (= § 384 AO 1919). Gem. § 21 Nr. 36 StAnpG v. 16. 10. 1934 (RGBl. I 925) wurde als § 419 III RAO eine Sondervorschrift über den Beginn der Verfolgungsverjährung bei Wechselsteuervergehen aus § 22 WStG in die RAO übernommen. Die Neufassung des § 419 II RAO durch Art. 1 Nr. 9 AOStrafÄndG v. 10. 8. 1967 (BGBl. I 877) berücksichtigte die Beseitigung der Strafbefugnis der Finanzbehörden durch Urt. des BVerfG v. 6. 6. 1967 (BGBl. I 626) und die neue Begriffsbestimmung der Einleitung des Strafverfahrens nach § 432 RAO idF des Art. 1 Nr. 1 AOStrafÄndG v. 10. 8. 1967

§ 376 2–4   Verfolgungsverjährung

(BGBl. I 877; Schriftl. Ber. BT-Drucks. zu V/1941 S. 1f.). Durch Art. 1 Nr. 17 des 2. AOStrafÄndG v. 12. 8. 1968 (BGBl. I 1953) wurde die Vorschrift mit Rücksicht auf die Einführung von Steuerordnungswidrigkeiten im ganzen neu gefaßt, als § 402 RAO bezeichnet und mit einer Überschrift versehen; der frühere § 419 III RAO (Verjährung von Wechselsteuervergehen) wurde weggelassen (Begr. BT-Drucks. V/1812 S. 26). Durch Art. 161 EGStGB v. 2. 3. 1974 (BGBl. I 469) wurde die Anordnung einer 5jährigen Verjährung für Steuerstraftaten in § 402 I RAO als überflüssig gestrichen. Damit verblieb die jetzt in § 376 AO wörtlich übernommene Regelung über die Unterbrechung der Verfolgungsverjährung durch Einleitung des Bußgeldverfahrens.

2. Anwendungsbereich

2   **Das Gesetz unterscheidet zwischen Verjährung von Strafverfolgung und Strafvollstreckung.** § 376 AO regelt nur die *Verfolgungs*verjährung, und zwar unter Berücksichtigung der besonderen möglichen Umstände bei der Aufdeckung von Zuwiderhandlungen gegen Steuergesetze. Ergänzend gelten die §§ 78–78c StGB (§ 369 II AO). Die Verjährung der Straf*vollstreckung* richtet sich mangels Sondervorschriften in der AO ausschließlich nach den §§ 79–79b StGB.

3   **Für die Verjährung leichtfertiger Steuerverkürzungen** (§ 378 AO) sowie der **Steuerordnungswidrigkeiten gem. §§ 379, 380 AO** gilt § 384 AO. Im allgemeinen verjährt die Verfolgung von Ordnungswidrigkeiten in 6 Monaten bis höchstens 3 Jahren (§ 31 OWiG). Die Verjährung von Ordnungswidrigkeiten nach §§ 378–380 AO ist mit der Begründung auf 5 Jahre verlängert worden, daß die Entdeckung von Steuerordnungswidrigkeiten von denselben Umständen abhängig sei wie die Entdeckung einer vorsätzlichen Steuerverkürzung (Begr. BT-Drucks. V/1812 S. 27; BT-Drucks. V/3013). Im Falle des § 378 I AO erscheint die lange Verjährungsfrist gerechtfertigt, weil auch leichtfertige Steuerverkürzungen meist erst bei Betriebsprüfungen entdeckt werden. Das gilt jedoch nicht für Steuergefährdungen gem. §§ 379, 380 AO. Der Tatbestand des § 380 AO greift nur ein, wenn die Steuer rechtzeitig und vollständig angemeldet war (Rdnr. 3 zu § 380 AO). Eine Tat iS des § 379 AO wird nach Ablauf von 2 Jahren den Tatbestand des § 378 AO, wenn nicht sogar des § 370 AO erfüllen. Auch ist nicht einzusehen, warum die §§ 379, 380 AO einerseits und § 381 AO andererseits bezüglich der Verjährungsfrist unterschiedlich zu behandeln sind.

3. Wesen und Wirkung der Verjährung

4   **Das Institut der Verjährung dient dem Rechtsfrieden** und berücksichtigt, daß sich der staatliche Strafanspruch schon aus den Gründen der sicheren Beweisführung nur binnen einer gewissen Zeitspanne nach der Tat verwirklichen läßt (vgl. zur Begründung der Verjährung in rechtsvergleichender Sicht *Bräuel*, Mat. II S. 429). Durch die Verjährung werden Strafverfolgung und -vollstreckung ausgeschlossen (§§ 78, 79 StGB). Die Strafvoll-

4. Verjährungsfrist

streckungsverjährung beginnt mit dem Tag, an dem die Entscheidung rechtskräftig geworden ist (§ 79 VI StGB).

Nach hM ist die Verjährung ein Verfahrenshindernis, kein Strafaufhebungsgrund und auch nicht beides zugleich (BGH 2, 301 v. 22. 4. 1952; 4, 135 v. 21. 4. 1953; S/S-*Stree* 3 vor § 78 StGB; aM SK-*Rudolphi* 8 ff. vor § 78 StGB mwN). Aus der prozessualen Rechtsnatur der Verjährung folgt, daß sie in jeder Lage des Verfahrens, auch in der Revisionsinstanz, *von Amts wegen* nachzuprüfen ist (BGH 11, 394 v. 26. 6. 1958; *Kohlmann* 9 zu § 376 AO). Die eingetretene Verjährung steht bereits der Einleitung der Untersuchung entgegen (*Kopacek* FR 1965, 275). Wird die Untersuchung gleichwohl eingeleitet oder das Hauptverfahren eröffnet, so ergeht nicht etwa ein Freispruch; vielmehr muß das Verfahren eingestellt werden (§§ 206a, 260 StPO iVm § 385 AO; BGH 15, 203). Das Gericht kann jedoch gem. § 467 III Nr. 2 StPO davon absehen, die notwendigen Auslagen des Angeschuldigten der Staatskasse aufzuerlegen. Die Staatskasse wird jedoch die Auslagen tragen müssen, wenn die Verjährung bereits zum Zeitpunkt der Klageerhebung eingetreten war (*Kleinknecht/Meyer-Goßner* 18 zu § 467 StPO); gleiches gilt für den Fall des Eintritts der Verjährung zum Zeitpunkt des Eröffnungsbeschlusses.

Die Verjährung einer Vortat schließt die Bestrafung wegen einer (straflosen) Nachtat (Rdnr. 119 zu § 369 AO) aus, weil Vor- und Nachtat strafrechtlich *einheitlich* zu bewerten sind (OLG Braunschweig. v. 28. 6. 1963, JZ 1964, 524; S/S-*Stree* 116 u. SK-*Samson* 74 vor § 52 StGB; aM *Kohlmann* JZ 1964, 492; LK-*Vogler* 145 f. vor § 52 StGB; BGH v. 23. 8. 1968, NJW 2113; BGH 38, 366 v. 17. 10. 1992).

Bei der Strafzumessung können auch verjährte Tatteile strafschärfend berücksichtigt werden. Da ihre Begehung aber – für sich genommen – nicht mehr dazu führen kann, auf sie eine Verurteilung zu stützen, dürfen derartige Taten auch mittelbar nicht, etwa im Rahmen der Strafzumessung für nicht verjährte Taten, *ihrer vollen Schwere nach* zu Lasten des Betreffenden gewertet werden (BGH v. 22. 3. 1994, wistra 223).

Eine Einziehung mit Sicherungscharakter und die Unbrauchbarmachung (§ 74 II Nr. 2, III, § 74d StGB) können trotz Eintritts der Verfolgungsverjährung selbständig angeordnet werden. Ein entsprechender Streit (vgl. *Jähnke* LK 2 zu § 78 StGB) hat sich mit Art. 1 Nr. 1 des 21. StÄndG 1985 erledigt (vgl. *Kohlmann* 13 zu § 376 AO und Rdnr. 82 zu § 375 AO).

4. Verjährungsfrist

a) Allgemeines

Die Verfolgung von Steuerstraftaten der AO verjährt ausnahmslos in 5 Jahren, da die Höchststrafe 5 Jahre nicht überschreitet (§ 78 III Nr. 4 StGB). Das gilt auch für die Steuerhinterziehung in einem besonders schweren Fall (§ 370 III AO), da die Strafdrohung für besonders schwere Fälle gem. § 78 IV StGB für die Dauer der Verjährungsfrist unbeachtlich ist. Lediglich bei der Wiederverwendung gebrauchter Steuerzeichen beträgt die Verjährungsfrist gem. § 78 III Nr. 5 StGB drei Jahre, da die Höchststrafe gem. § 148 II StGB ein Jahr nicht übersteigt (*Kohlmann* 20 zu § 376 AO). Für einen Bannbruch, der gemäß § 372 II AO nicht nach § 370, sondern nach dem Verbringungsgesetz bestraft wird, bestimmt der Strafrahmen des Verbringungsgesetzes die Dauer der Verjährungsfrist (HHSp-*Hübner* 19, *Kohlmann* 19 zu § 376).

10 **Der Beginn der Verjährungsfrist** ist in § 78a StGB geregelt. Gem. § 78a S. 1 StGB beginnt die Verjährung an dem Tage, an dem die Tat beendet ist. Unter Beendigung ist nicht der Eintritt desjenigen Erfolges zu verstehen, den das vollendete Delikt voraussetzt. Die Beendigung liegt vielmehr häufig später als die Vollendung. Während bei den reinen Erfolgsdelikten mit dem Erfolgseintritt auch zugleich die Beendigung gegeben ist (zB ist beim Totschlag nach § 212 StGB die Tat mit dem Todeserfolg vollendet und beendet), fallen Beendigung und Vollendung bei den Delikten mit überschießender Innentendenz (Rdnr. 54, 79 zu § 369 AO) auseinander. Das bedeutet zB für die Steuerhehlerei nach § 374 AO, daß die Tat mit dem Ankaufen vollendet, aber erst dann beendet ist, wenn die beabsichtigte Bereicherung tatsächlich eingetreten ist. Erst von diesem Zeitpunkt beginnt die Verjährungsfrist zu laufen. Die Beendigung ist aber auch dann mit der Vollendung nicht identisch, wenn der Tatbestand Vorstufen der Rechtsgutsverletzung bereits als vollendete Tat erfaßt, sowie bei Dauerdelikten (Einzelheiten SK-*Rudolphi* 3 zu § 78a und 7 ff. vor § 22 StGB mwN; *Jescheck* in Welzel-Festschr. S. 685). Obwohl § 67 IV StGB aF den Verjährungsbeginn für den Tag anordnete, an dem die Handlung begangen worden war, hat auch die damals hM die Beendigung der Tat für maßgeblich gehalten (vgl. BGH 11, 345 v. 22. 5. 1958 sowie 1. Aufl. Rdnr. 9 zu § 402 RAO). Die Entscheidungen aus der Zeit vor dem 1. 1. 1975 sind daher auch für § 78a StGB von Bedeutung.

11 Nach § 78a S. 2 StGB soll die Verjährung jedoch dann erst mit dem Erfolgseintritt zu laufen beginnen, wenn ein zum Tatbestand gehörender Erfolg erst nach Beendigung eintritt. Der Sinn dieser – sehr unklaren – Vorschrift ist im allgemeinen Strafrecht zweifelhaft (vgl. SK-*Rudolphi* 4 sowie S/S-*Stree* 2 ff. zu § 78a StGB). Für das Steuerstrafrecht ist § 78a S. 2 StGB jedoch ohne Bedeutung, da hier kein Tatbestand existiert, bei dem ein zum Tatbestand gehöriger Erfolg erst nach materieller Beendigung der Tat eintreten könnte.

12 **Bei der Fristberechnung** ist derjenige Tag, an dem die Tat beendet wurde, mitzuzählen. Wurde die Tat am 10. Januar beendet, läuft die Frist an einem 9. Januar um 24.00 Uhr ab (RG 65, 290 v. 4. 5. 1931; SK-*Rudolphi* 1 u. *Dreher/Tröndle* 12 zu § 78a StGB). Dabei ist es unerheblich, ob der letzte Tag auf einen Sonn- oder Feiertag fällt (*Dreher/Tröndle* aaO). Ist nicht feststellbar, wann eine Tat beendet wurde, wirkt sich der Zweifel, ob sie verjährt ist, nach dem Grundsatz *in dubio pro reo* zu Gunsten des Beschuldigten aus (BGH 18, 274 v. 19. 2. 1963 m. zust. Anm. *Dreher* MDR 1963, 857; OLG Hamburg v. 24. 3. 1987, wistra 189; *Kohlmann* 17 u. 57 zu § 376 AO; *Leise/Dietz* 18 zu § 376 AO).

4. Verjährungsfrist 13–15 § 376

Bei tateinheitlichem Zusammentreffen bestimmt sich die Verjährung für jede Gesetzesverletzung gesondert (RG 57, 140 v. 27. 10. 1922; 62, 88 v. 20. 3. 1928; BGH v. 25. 5. 1982, wistra 188; v. 20. 12. 1989, wistra 1990, 149; *Kohlmann* 22 zu § 376 AO). Dementsprechend tritt bei tateinheitlicher Begehung von Einkommen- und Gewerbesteuerhinterziehung bei unterschiedlichen Bekanntgabezeitpunkten die Verjährung unterschiedlich ein. 13

Der Grundsatz „in dubio pro reo" findet im Bereich der Verjährung uneingeschränkte Anwendung. Dementsprechend wirken sich Zweifel über den Zeitpunkt der Beendigung der Straftat und die Rechtzeitigkeit einer verjährungsunterbrechenden Maßnahme zugunsten des Beschuldigten aus (*Kohlmann* 17 zu § 376 AO m. w. N.). Streitig ist dabei, ob dies auch gilt, wenn zweifelhaft ist, ob ein die Anordnung oder Entscheidung enthaltenes Schriftstück „alsbald" weitergeleitet worden ist (§ 78 c II StGB; vgl. *Kohlmann* aaO). 14

b) Bei positivem Tun

aa) Veranlagungsteuern

Bei Veranlagungsteuern ist der durch die Abgabe einer unrichtigen Steuererklärung verursachte Erfolg der Steuerverkürzung eingetreten und die Straftat damit vollendet, wenn aufgrund der unrichtigen Erklärung die Steuer zu niedrig festgesetzt und dies dem Steuerpflichtigen bekanntgegeben worden ist (*Kohlmann* 26 zu § 376 AO). Die Unterzeichnung des Steuerbescheides ist unbedeutend (BGH v. 31. 1. 1984, wistra 182). Nach herrschender Meinung ist in diesem Zeitpunkt die Tat zugleich beendet, so daß mit der Bekanntgabe des unrichtigen Bescheides zugleich die Verjährung beginnt (BGH v. 7. 2. 1984, wistra 142 m. Anm. *Streck*, NStZ 1984, 414; *Kohlmann* 26 zu § 376). Der Zeitpunkt der Abschlußzahlung soll ebenso unbeachtlich sein (*Suhr*, Aktuelle Fragen, S. 229) wie der Zeitpunkt zu niedriger Vorauszahlungen, die für das folgende Jahr in dem unrichtigen Bescheid festgesetzt werden (RG 75, 32, 34 v. 29. 11. 1940). Auch ein vorläufiger Bescheid soll ausreichen (vgl. Rdnr. 44 ff. zu § 370 AO; BGH v. 31. 1. 1984, wistra 182; zum alten Recht vgl. OLG Köln v. 22. 1. 1982, wistra 156). Demgegenüber soll es bei der Vermögensteuer mit der Bekanntgabe des unrichtigen Bescheids zwar zur Vollendung, aber noch nicht zur Beendigung der Tat gekommen sein. Diese trete erst mit der letzten Zahlung für den betreffenden Hauptveranlagungszeitraum, also mit Eintritt des letzten Teilerfolges, ein (RG 71, 59, 64 v. 12. 2. 1937). Wird die Steuerhinterziehung mittels unrichtiger Feststellungsbescheide bewirkt, soll es jedoch nicht auf die Bekanntgabe des unrichtigen Feststellungsbescheides, sondern darauf ankommen, wann die entsprechenden Folgebescheide ergangen sind. Für die Verjährung der gesamten Tat soll sodann das Datum der Bekanntgabe des letzten der unrichtigen Folgebescheide maßgeblich sein (BGH v. 7. 2. 1984, wistra 142; v. 2. 7. 1986, wistra 257; OLG Hamburg v. 19. 9. 1984, wistra 1985, 110). Dementsprechend sei für den Verjährungsbeginn bei der Gewerbesteuer nicht der Gewerbesteuermeßbescheid, sondern der eigentliche Gewerbesteuerbescheid maßgeblich (*Kohlmann* 29 zu § 376; OLG Köln v. 1. 9. 1970, BB 1335). 15

16 Diese **Differenzierungen** sind nicht überzeugend. *Kiel* (1989, S. 147 ff.) hat zutreffend darauf hingewiesen, daß insbesondere die Unterscheidung zwischen Vermögensteuerbescheid und Fällen sonstiger Steuerveranlagungen kaum tragfähig ist. Nach seiner Auffassung ist die Vermögensteuerhinterziehung mit dem Zeitpunkt der Fälligkeit der letzten Vermögensteuervorauszahlung beendet (aaO, S. 148). Ähnliches gelte aber auch für die Einkommen- und Gewerbesteuerhinterziehung. Unter Rückgriff auf Parallelen zum Eingehungsbetrug soll es auch hierbei auf den Zeitpunkt der Fälligkeit, etwa einer Abschlußzahlung, ankommen (S. 101). Bei Feststellungsbescheiden will er unter Annahme einer gleichartigen Idealkonkurrenz in den Fällen, in denen mehr als ein Steuergläubiger tangiert ist, zwar für die Beendigung auf den Folgebescheid abstellen, hierbei jedoch jeden Folgebescheid isoliert betrachten (S. 208 ff.).

17 **Führt der Steuerbescheid zu einer Steuernachzahlung,** ist die Tat bereits mit Bekanntgabe des Steuerbescheides beendet. Die von *Kiel* bemühte Parallele zum Betrug trägt seine Lösung nicht, weil diese Variante der Steuerhinterziehung eben gerade keinen Vermögenschaden des Fiskus voraussetzt, also auch dann eingreift, wenn eine Abschlußzahlung wegen Illiquidität des Steuerschuldners mit Sicherheit nicht zu erwarten ist. Bekanntgabemängel sind im übrigen nicht zu Lasten des Steuerpflichtigen zu berücksichtigen (*Kohlmann* 26 zu § 376 AO). Mit der Bindungswirkung des Bescheides nach Bekanntgabe (§§ 120, 122 AO) ist die fehlende Chance des Fiskus, die zutreffende Steuer festzusetzen, hinreichend dokumentiert.

18 **Führt der Steuerbescheid zu einer Steuererstattung,** wird man hingegen auf die Zahlung des Erstattungsbetrages abstellen müssen, soweit dieser erst nach Bekanntgabe des unrichtigen Steuerbescheides erfolgt. Erst damit ist die materielle Verkürzung eingetreten. Erfolgt statt einer Erstattung eine Verrechnung mit Zahlungsbeträgen für andere Steuern, kommt es auf den Zeitpunkt der (Bekanntgabe der) Verrechnung an, soweit dieser nach dem Tag der Bekanntgabe des Bescheides liegt.

19 **Die Bekanntgabefiktion des § 122 II AO** findet insofern keine Anwendung. Zweifel, ob der Steuerbescheid bereits nach einem oder erst nach drei Tagen den Steuerpflichtigen erreicht hat, wirken zugunsten des Beschuldigten.

20 **Bei der Vermögensteuerhinterziehung** beginnt die Verjährung demgemäß mit der Bekanntgabe des unrichtigen Vermögensteuerbescheides. Spätere zu niedrige Zahlungen sind für den Beginn der Verjährung irrelevant.

21 **Bei der Erwirkung eines unrichtigen Feststellungsbescheides** beginnt die Verjährung demgegenüber erst mit der Bekanntgabe des jeweiligen Folgebescheides (s. zur Körperschaftsteuer aber *Hardtke/Leip* NStZ 1996, 217, 220). Zwar liegt in dem Erschleichen eines Bescheides über die Zuweisung von Verlusten schon das Herbeiführen eines ungerechtfertigten Steuervorteils. Dennoch tritt der Erfolg materiell erst ein, wenn dieser Grundlagenbescheid bei dem einzelnen Beteiligten entsprechend umgesetzt wird. Auch hier kommt es freilich allein auf die Bekanntgabe des Bescheides, nicht jedoch – entgegen *Kiel* – auf die Abschlußzahlung an, es sei denn, es erfolgt eine Er-

4. Verjährungsfrist 22 § 376

stattung an den Steuerpflichtigen. Dann ist dieser Zeitpunkt maßgeblich. *Kiel* ist freilich insofern zuzustimmen, als die Verjährung für die durch die unrichtigen Feststellungserklärungen bewirkten Steuerverkürzungen nicht etwa in Gänze erst dann beginnt, wenn ein letzter unrichtiger Folgebescheid ergangen ist. Soweit der BGH für den Fall der mittelbaren Täterschaft entschieden hat, daß hier nur eine einzige Handlung, nicht jedoch ein Fall der Idealkonkurrenz vorliege (BGH v. 26. 7. 1994, NStZ 537), trifft dies die Entscheidung für den Fall der Steuerhinterziehung im Feststellungsverfahren nur begrenzt. Eine einheitliche Tat (BGH v. 7. 2. 1984 – 3 StR 413/83) liegt nach der Rechtsprechung des Bundesgerichtshofs nicht vor, wenn eine einzelne Handlung dieselbe Strafnorm mehrmals verletzt. Gleichartige Idealkonkurrenz ist dabei auch bei Vermögensdelikten möglich (BGH v. 23. 1. 1970, bei *Dallinger,* MDR 1970, 381; *Jescheck,* S. 588; a. M. *Schönke/Schröder/ Stree* 29 u. *Vogler,* LK, 35 zu § 52 StGB). Berührt der Feststellungsbescheid Steuerpflichtige in verschiedenen Bundesländern, werden neben der Bundesrepublik Deutschland auch verschiedene Steuergläubiger, nämlich die Bundesländer, geschädigt. Deutlich wird das Problem insbesondere dann, wenn es um Feststellungsbescheide bezüglich der Vermögenswerte geht, weil für die Vermögensteuer allein die Länder als Steuergläubiger in Betracht kommen. In Anknüpfung an *Kiel* ist hieraus zu schließen, daß zumindest in diesen Fällen eine gleichartige Idealkonkurrenz vorliegt und damit ggf. mehrere Einzeltaten zu Lasten der Bundesländer vorliegen, die in ihrem verjährungsrechtlichem Schicksal getrennt zu betrachten sind (zu Differenzierungsaspekten vgl. *Kiel* 1989, S. 206 ff.).

Im übrigen will *Kiel* jedenfalls dann Bekanntgabe und Beendigung zusammenfallen lassen, wenn der entsprechende Bescheid lediglich die Feststellung enthält, daß es zu einer Veranlagung nicht kommt (Freistellungsbescheid o. ä.).

bb) Fälligkeitsteuern

Bei Fälligkeitsteuern ist die durch ein positives Tun bewirkte Tat nach hM 22 vollendet und beendet, wenn die Steuer bei Fälligkeit nicht oder zu niedrig entrichtet wird. Die Verjährung der Strafverfolgung beginne daher mit dem gesetzlichen Fälligkeitstermin (z. B. § 18 UStG; vgl. Vorauflage Rdnr. 11 zu § 376; *Kohlmann* 34, HHSp-*Hübner* 25 zu § 376 AO). Unzutreffend ist hieran zunächst einmal, daß es niemals auf die unterlassene Zahlung zum Fälligkeitszeitpunkt ankommt, weil die Nichtzahlung der Steuer strafrechtlich irrelevant ist. Entscheidend ist, inwiefern es infolge unrichtiger Vorgaben zu einer unzutreffenden Steuerfestsetzung kam. Da eine Steueranmeldung gemäß § 168 AO der Steuerfestsetzung unter dem Vorbehalt der Nachprüfung gleichsteht (vgl. Rdnr. 44 zu § 370), liegt eine vollendete Steuerhinterziehung schon dann vor, wenn eine unrichtige Voranmeldung mit positiver Zahllast beim Finanzamt eingeht. Entgegen *Hübner* (aaO Rdnr. 25) gilt dies auch dann, wenn dies bereits vor dem gesetzlich vorgeschriebenen Datum (für die Umsatzsteuer etwa in der Regel der 10. des Folgemonats) der Fall ist (so zutreffend *Kohlmann* 34 zu § 376 AO). Weist die Voranmeldung eine

Joecks 457

negative Zahllast aus, bedarf es noch einer Zustimmung der zuständigen Finanzbehörde (§ 168 Satz 2 AO), so daß die Tat erst mit der entsprechenden Zustimmung vollendet ist. Wie bei der Veranlagungsteuer wird man die Beendigung ggf. erst annehmen können, wenn der Fiskus den Erstattungsbetrag an den Steuerpflichtigen angewiesen hat. Auch *Kohlmann* geht im übrigen bei Erstattungsanmeldungen davon aus, daß die Vollendung bzw. Beendigung erst mit der Zustimmungserklärung des Finanzamts eintritt (38 zu § 376 AO).

23 **Vorauszahlungen auf Veranlagungsteuern sind Fälligkeitssteuern,** auch wenn sie sich auf Steuerarten beziehen, die einer Jahresveranlagung unterliegen (*Kohlmann* 35 zu § 376 AO). In diesen Fällen soll die Verjährung mit dem Eintritt des Verkürzungserfolgs zu den jeweiligen Fälligkeitsterminen beginnen, d. h. nicht schon mit der Erwirkung eines zu niedrigen Vorauszahlungsbescheids und nicht erst mit der Einreichung der auf den Vorauszahlungszeitraum bezogenen Jahreserklärung (*Kohlmann* aaO; ähnlich *Jähnke,* LK, 8 zu § 78a StGB). Wie bei der Vermögensteuer ist dies jedoch abzulehnen. Die Verjährung beginnt bereits mit der Bekanntgabe des Vorauszahlungsbescheides.

24 **Bei der Lohnsteuer** tritt die Vollendung und Beendigung ein, wenn eine entsprechende Anmeldung zum Fälligkeitszeitpunkt nicht erfolgt. Dabei ist jede Anmeldung isoliert zu betrachten, so daß bei Personen, die Lohnsteuer einmal jährlich anzumelden haben, die Verjährung erst mit Einreichung der Jahresanmeldung zum 10.01. des Folgejahres beginnt, beim Monatszahler hingegen jeweils mit der Einreichung der unrichtigen Anmeldung.

25 **Wird eine unrichtige Umsatzsteuer-Jahreserklärung eingereicht,** ist die Tat dann beendet, wenn die Erklärung beim Finanzamt eingeht, in Erstattungsfällen jedoch erst dann, wenn von seiten des Finanzamts die entsprechende Zustimmung (§ 168 Satz 2 AO) erteilt wurde. Zugleich nahm man vor der Entscheidung des Großen Senats zur fortgesetzten Handlung (Rdnr. 113 zu § 369 AO) an, daß in den Fällen, in denen die Daten unrichtiger Umsatzsteuer-Voranmeldung in die Jahreserklärung übernommen wurden, die durch unrichtige Voranmeldungen bereits vollendeten Steuerhinterziehungen erst durch die entsprechende Jahreserklärung beendet waren, so daß die Verjährungsfrist erst mit der Abgabe dieser Jahreserklärung zu laufen begann (vgl. Vorauflage Rdnr. 11a zu § 376). Dementsprechend würde die Verjährung für jede einzelne Voranmeldung gesondert zu betrachten sein, wenn man – entgegen der hier vertretenen Ansicht (Rdnr. 114 zu § 369) – einen Fortsetzungszusammenhang bei der Umsatzsteuerhinterziehung für ausgeschlossen hält.

c) Bei Unterlassen

26 Vorsätzliche oder leichtfertige Steuerverkürzungen werden durch Unterlassen begangen, wenn entgegen gesetzlicher Verpflichtung keine Erklärungen abgegeben werden. Unterlassungsdelikte sind bei Veranlagungsteuern in dem Zeitpunkt vollendet, in dem die Veranlagungsarbeiten des zuständi-

gen Finanzamts „im großen und ganzen" abgeschlossen sind, bei Fälligkeitsteuern mit Ablauf des Fälligkeitstages (Rdnr. 37 zu § 370 AO). Die Verfolgungsverjährung setzt jedoch erst mit der Beendigung der Tat ein; der Zweifelsgrundsatz findet insoweit Anwendung.

aa) Veranlagungsteuern

Bei Hinterziehung von Veranlagungsteuern durch Unterlassen fallen 27 Vollendung und Beendigung der Tat ebenso zusammen wie bei der Steuerhinterziehung durch Begehen (*Kohlmann* 43, *Leise/Dietz* 9, *Koch/Scholtz/ Himsel* 7,HHSp-*Hübner* 26 zu § 376 AO; *Schmitz* wistra 1993, 248, 251f.). Die früher überwiegend vertretene Auffassung, erst der Wegfall einer Erklärungspflicht nach § 149 AO oder die Erfüllung derselben führe zur Tatbeendigung, ist zwischenzeitlich überholt. Dies gilt zum einen für die Begründung, § 370 I Nr. 2 AO enthalte ein Dauerdelikt (OLG Hamburg v. 27. 1. 1970, MDR 441), denn bei der Steuerhinterziehung ist das Unrecht vollendet und nicht mehr zu vertiefen, wenn der Verkürzungserfolg eingetreten ist (*Schmitz* wistra 1993, 248, 249). Dies gilt aber auch für die Anknüpfung an die für das echte Unterlassungsdelikt erarbeiteten Regelungen. Bei § 370 handelt es sich um ein unechtes Unterlassungsdelikt, und der (fiktive) Erfolg tritt in dem Zeitpunkt ein, zu dem die Steuer bei rechtzeitiger Abgabe der Erklärung spätestens festgesetzt worden wäre (vgl. *Schmitz* aaO, S. 250 mwN sowie Rdnr. 37, 46 zu § 370).

Der Zeitpunkt der (fiktiven) Verkürzung und des Beginns der Verjäh- 28 rung differieren dabei. Während bei der Feststellung einer Verkürzung nach Unterlassen der gebotenen Erklärung nach dem Zweifelsgrundsatz davon auszugehen ist, daß dieser Steuerpflichtige einer der letzten gewesen wäre, dessen Veranlagung durchgeführt worden wäre (vgl. Rdnr. 37 zu § 370 AO), würde eine Anknüpfung an diesen späten Zeitpunkt für Zwecke der Verjährung dem Grundsatz „in dubio pro reo" nicht mehr Rechnung tragen. Insofern ist es geboten, für Zwecke der Verjährung einen früheren Vollendungszeitpunkt zugrunde zu legen, dergestalt, daß man davon ausgeht, wann der Steuerpflichtige bei fristgemäßer Erklärung den Steuerbescheid erhalten hätte. In Anknüpfung an *Schmitz* (wistra 1993, 248) bedeutet dies, daß, ausgehend vom 30.09. des Folgejahres, zu prüfen ist, wann eine zu diesem Zeitpunkt eingereichte Erklärung verarbeitet worden wäre; hinzuzunehmen ist die Zeit für die Bekanntgabe des Bescheides, wobei entgegen *Schmitz* nicht von der Bekanntgabefiktion des § 122 II AO ausgegangen werden kann, sondern die tatsächliche Bekanntgabe entscheidend ist und bei Zweifeln der für den Beschuldigten günstigere Verlauf (Bekanntgabe am Folgetag) zugrunde zu legen ist.

Ergeht ein Schätzungsbescheid, will die noch h.M an diesen anknüpfen 29 (vgl. *Kohlmann* 43, *Leise/Dietz* 9 zu § 376 AO; *Dörn*, StB 1992, 361, 365). Hier ist jedoch zu differenzieren. Ergeht der Schätzungsbescheid nach dem für Zwecke der Verjährung zu ermittelnden fiktiven Veranlagungszeitpunkt, wird durch diesen lediglich das Unrecht gemindert, das bereits durch das pflichtwidrige nicht-erklärt-Haben bewirkt worden ist. Insofern kann der

Schätzungsbescheid nicht Anknüpfungspunkt sein. Ergeht jedoch der Schätzungsbescheid vor der fiktiven Veranlagung – was nach der hier gewählten Lösung kaum denkbar scheint –, ist in der Tat auf den früheren Schätzungszeitpunkt abzustellen.

30 **Wird die Berichtigungspflicht nach § 153 AO verletzt,** ist ebenfalls ein Zeitpunkt zu ermitteln, zu dem die fiktive Änderung des unrichtigen Steuerbescheids erfolgt wäre, soweit man in diesen Fällen den § 370 I Nr. 2 AO überhaupt für anwendbar hält (Rdnr. 180 ff. zu § 370 AO).

bb) Fälligkeitsteuern

31 Bei Fälligkeitsteuern ist die Steuerverkürzung eingetreten, wenn der Tag der gesetzlichen Frist verstrichen ist und keine ausdrückliche Fristverlängerung gewährt wurde (siehe aber Rdnr. 263 zu § 370 AO). Mit diesem Zeitpunkt ist zugleich die Tat beendet und beginnt die Verjährung (BGH v. 11. 12. 1990, wistra 1991, 215, 216; BGH 38, 165, 170 v. 10. 12. 1991; *Dietz* 9, *Kohlmann* 40, HHSp-*Hübner* 26 f., *Klein/Orlopp* 3 zu § 376 AO; vgl. auch *Riehl* wistra 1996, 130). Auch hier kommt es nicht darauf an, ob der Täter das Versäumte nachgeholt hat (so noch RG v. 1. 6. 1933, RStBl. 1933, 543; OLG Hamburg v. 27. 1. 1970, MDR 441) oder aber die Rechtspflicht zum Handeln weggefallen oder gegenstandslos geworden ist (so RG 61, 42, 45 v. 25. 11. 1926; *Hartung* II zu § 419 RAO 1931; *Kopacek* FR 1965, 275 m. w. N.; weitere Nachweise Voraufl. Rdnr. 12 zu § 376 AO). Die Veränderung namentlich der Rechtsprechung in diesem Zusammenhang ist ausdrücklich zu begrüßen (vgl. zur Kritik der seinerzeit h. M. Rdnr. 13 f. der Vorauflage).

d) Steuerhinterziehung im Beitreibungsverfahren

32 Bei Steuerhinterziehungen im Beitreibungsverfahren (Rdnr. 226 ff. zu § 370 AO) beginnt die Verjährung grundsätzlich mit der Vollendung der Tat. Soweit durch Täuschung ein Erlaß bereits gezahlter Beträge bewirkt wird, liegt eine Steuervorteilserschleichung vor, die nach den oben behandelten Grundsätzen (Rdnr. 18) erst beendet ist, wenn der Fiskus die schädigende Verfügung vornimmt.

e) Versuch

33 Bei einer versuchten Steuerstraftat (§ 370 II, § 372 II, § 374 I) beginnt die Verjährung mit der Beendigung des Versuches. Der Versuch ist beendet, wenn der Täter alle Handlungen ausgeführt hat, die nach seiner Vorstellung von der Tat zur Tatbestandsverwirklichung erforderlich schienen und die er dementsprechend vornehmen wollte (vgl. BGH 14, 75 v. 15. 1. 1960). Bei Fälligkeitsteuern fallen Versuch und Vollendung regelmäßig zusammen (Rdnr. 88 zu § 370 AO). Bei Veranlagungsteuern ist der Versuch mit der Betätigung des Entschlusses, eine Steuerverkürzung zu verüben, beendet, also bei der Steuerhinterziehung durch Handeln mit der Abgabe unrichtiger Erklärungen. Unterläßt der Stpfl die Abgabe einer Erklärung, beginnt der Versuch, wenn es zu einer konkreten Gefährdung des Steueranspruchs

4. Verjährungsfrist

kommt (Rdnr. 263 zu § 370 AO), er ist zugleich beendet. Bei der Erschleichung unrichtiger Feststellungsbescheide ist der Versuch erst beendet, wenn der dolose Gesellschafter seine Steuererklärung beim Wohnsitzfinanzamt einreicht (BGH v. 1. 2. 1989, NJW 1615). Setzt der Täter seinen noch nicht fehlgeschlagenen Versuch der Steuerhinterziehung fort, indem er weitere falsche Angaben gegenüber der Finanzbehörde macht, um die Steuer zu verkürzen, ist Anknüpfungspunkt die letzte Tathandlung (BGH v. 9. 8. 1989, wistra 1990, 23).

f) Fortgesetzte Handlung

Fortgesetzte Handlungen sollten nach bisher herrschender Rechtsprechung 34 erst mit dem letzten Teilakt beendet sein. Die hiergegen gerichtete Kritik (vgl. Vorauflage 15a zu § 376 AO), die mit der Forderung verbunden war, auch bei fortgesetzten Taten die Verjährung für jeden Einzelakt gesondert zu berechnen, hat sich insoweit erledigt, als auch der Bundesgerichtshof nunmehr für den Bereich der Steuerhinterziehung die Figur der fortgesetzten Tat explizit aufgegeben hat (BGH v. 20. 6. 1994, wistra 266 u. Rdnr. 113 zu § 369 AO). Dementsprechend beginnt die Verjährung für jeden Einzelakt gesondert, selbst wenn es sich um eine Serie von Einzelfällen handeln sollte und der Täter von vornherein einen entsprechenden Plan gefaßt hatte (vgl. auch *Kohlmann* 55 zu § 376 AO).

g) Teilnahme

Die Verjährung der Verfolgung des Teilnehmers beginnt grundsätzlich 35 mit der Vollendung, unter Umständen mit der Beendigung der Haupttat (RG v. 2. 4. 1936 RStBl. 930 ; BGH 20, 327 v. 10. 12. 1965; BGH v. 27. 9. 1983, wistra 1984, 21; v. 10. 1. 1990, wistra 147, 148; *Kohlmann* 53 zu § 376 AO); denn strafbar wird die Mitwirkung des Teilnehmers erst durch die Begehung der Haupttat (h. M., vgl. SK-*Rudolphi* 10 zu § 78a StGB m. w. N.). Auf die Beendigung der Tätigkeit des Teilnehmers kommt es regelmäßig nicht an; anders dann, wenn sich dessen Mitwirkung nur auf einen rechtlich abtrennbaren Teil bezieht (OLG Stuttgart v. 14. 9. 1962, NJW 2311; *Troeger/Meyer* S. 285). Gleiches gilt für Mittäterschaft (RG 75, 394 v. 18. 12. 1941; BGH 36, 117 v. 1. 2. 1989; *Leise/Dietz* 14 zu § 376 AO; vgl. auch *Kratzsch* JR 1990, 177).

h) Bannbruch, Steuerhehlerei, Steuerzeichenfälschung, Begünstigung

Beim Bannbruch (§ 372 AO) beginnt die Verjährung mit dem Eintreffen 36 der Bannware am endgültigen Bestimmungsort (*Kohlmann* 48 zu § 376 AO). Steuerhehlerei (§ 374), Steuerzeichenfälschung (§ 369 I Nr. 3 i. V. m. § 148 StGB) und Begünstigung (§ 369 I Nr. 4) sind Delikte mit überschießender Innentendenz, die zwar bereits mit Vornahme der tatbestandsmäßigen Handlung vollendet sind, deren Beendigung aber erst gegeben ist, wenn die im subjektiven Tatbestand vorausgesetzte Absicht realisiert wurde (vgl.

Rdnr. 54 zu § 369 AO). Die Steuerhehlerei ist daher beendet mit Eintritt der Bereicherung, die Begünstigung mit der endgültigen Sicherung des Tatvorteils für den Vortäter (HHSp-*Hübner* 34, *Leise/Dietz* 11, *Kohlmann* 49 zu § 376 AO). Bei der Steuerzeichenfälschung beginnt die Verjährung mit der Verwendung der Steuerzeichen als echt bzw. mit ihrem In-Verkehr-bringen. Wird das gefälschte Steuerzeichen lediglich feilgehalten, soll die Beendigung eine Frage des Einzelfalls sein (vgl. HHSp-*Hübner* 36, *Kohlmann* 49 zu § 376 AO).

5. Unterbrechung

§ 78 c StGB Unterbrechung

(1) ¹Die Verjährung wird unterbrochen durch

1. die erste Vernehmung des Beschuldigten, die Bekanntgabe, daß gegen ihn das Ermittlungsverfahren eingeleitet ist, oder die Anordnung dieser Vernehmung oder Bekanntgabe,
2. jede richterliche Vernehmung des Beschuldigten oder deren Anordnung,
3. jede Beauftragung eines Sachverständigen durch den Richter oder Staatsanwalt, wenn vorher der Beschuldigte vernommen oder ihm die Einleitung des Ermittlungsverfahrens bekanntgegeben worden ist,
4. jede richterliche Beschlagnahme- oder Durchsuchungsanordnung und richterliche Entscheidungen, welche diese aufrechterhalten,
5. den Haftbefehl, den Unterbringungsbefehl, den Vorführungsbefehl und richterliche Entscheidungen, welche diese aufrechterhalten,
6. die Erhebung der öffentlichen Klage,
7. die Eröffnung des Hauptverfahrens,
8. jede Anberaumung einer Hauptverhandlung,
9. den Strafbefehl oder eine andere dem Urteil entsprechende Entscheidung,
10. die vorläufige gerichtliche Einstellung des Verfahrens wegen Abwesenheit des Angeschuldigten sowie jede Anordnung des Richters oder Staatsanwalts, die nach einer solchen Einstellung des Verfahrens oder im Verfahren gegen Abwesende zur Ermittlung des Aufenthalts des Angeschuldigten oder zur Sicherung von Beweisen ergeht,
11. die vorläufige gerichtliche Einstellung des Verfahrens wegen Verhandlungsunfähigkeit des Angeschuldigten sowie jede Anordnung des Richters oder Staatsanwalts, die nach einer solchen Einstellung des Verfahrens zur Überprüfung der Verhandlungsfähigkeit des Angeschuldigten ergeht, oder
12. jedes richterliche Ersuchen, eine Untersuchungshandlung im Ausland vorzunehmen.

²Im Sicherungsverfahren und im selbständigen Verfahren wird die Verjährung durch die dem Satz 1 entsprechenden Handlungen zur Durchführung des Sicherungsverfahrens oder des selbständigen Verfahrens unterbrochen.

(2) ¹Die Verjährung ist bei einer schriftlichen Anordnung oder Entscheidung in dem Zeitpunkt unterbrochen, in dem die Anordnung oder Entscheidung unterzeichnet wird. ²Ist das Schriftstück nicht alsbald nach der Unterzeichnung in den Geschäftsgang gelangt, so ist der Zeitpunkt maßgebend, in dem es tatsächlich in den Geschäftsgang gegeben worden ist.

5. Unterbrechung 37 § 376

(3) ¹Nach jeder Unterbrechung beginnt die Verjährung von neuem. ²Die Verfolgung ist jedoch spätestens verjährt, wenn seit dem in § 78a bezeichneten Zeitpunkt das Doppelte der gesetzlichen Verjährungsfrist und, wenn die Verjährungsfrist nach besonderen Gesetzen kürzer ist als drei Jahre, mindestens drei Jahre verstrichen sind. ³§ 78b bleibt unberührt.

(4) Die Unterbrechung wirkt nur gegenüber demjenigen, auf den sich die Handlung bezieht.

(5) Wird ein Gesetz, das bei der Beendigung der Tat gilt, vor der Entscheidung geändert und verkürzt sich hierdurch die Frist der Verjährung, so bleiben Unterbrechungshandlungen, die vor dem Inkrafttreten des neuen Rechts vorgenommen worden sind, wirksam, auch wenn im Zeitpunkt der Unterbrechung die Verfolgung nach dem neuen Recht bereits verjährt gewesen wäre.

Schrifttum: *Lüdecke*, Zur Unterbrechung der Verjährung, NJW 1953, 1335; *Mittelbach*, Zur Unterbrechung der Strafverfolgungsverjährung, MDR 1954, 138; *Woesner*, Künstliche Unterbrechung der Verjährung, NJW 1957, 1862; *H. W. Schmidt*, Das Unterbrechen der Strafverfolgungsverjährung, SchlHA 1960, 251; *Haberkorn*, Die Unterbrechung der Strafverfolgungsverjährung durch Aktenübersendung, DRiZ 1961, 85; *Preisendanz*, Eröffnungsbeschluß eines örtlich unzuständigen Amtsgerichts und Strafverfolgungsverjährung, NJW 1961, 1805 mit Erwiderung von *Schreiber* NJW 1961, 2344; *Pfaff*, Unterbrechung der Strafverfolgungsverjährung im Steuerrecht, FR 1962, 85; *Kaiser*, Die Unterbrechung der Strafverfolgungsverjährung und ihre Problematik, NJW 1962, 1420 mit Erwiderung von *Winter* NJW 1962, 1853; *Hans*, Die Aussetzung des Verfahrens nach Art. 100 GG und die Strafverfolgungsverjährung, MDR 1963, 6; *Herzig*, Zur Frage der Verjährungsunterbrechung im Steuerverfügungsverfahren, NJW 1963, 1344; *Oppe*, Die Pflicht des Staatsanwalts zur Unterbrechung der Verjährung und die neuere Rechtsprechung, NJW 1964, 2092; *Hansgeorg Vogel*, Wer kann die Verfolgungsverjährung bei Steuervergehen unterbrechen? NJW 1970, 130; *Pfaff*, Unterbrechung der Verfolgungsverjährung (§ 376 AO), StBp 1978, 113; *Schäfer*, Einige Fragen zur Verjährung in Wirtschaftsstrafsachen, Dünnebier-Festschr. 1982, 541; *Heuser*, Unterbricht ein Durchsuchungsbeschluß gegen die Verantwortlichen eines Unternehmens die Verjährung?, wistra 1987, 170; *Reiche*, Verjährungsunterbrechende Wirkung finanzbehördlicher oder fahndungsdienstlicher Ermittlungsmaßnahmen hinsichtlich allgemeiner Strafdelikte, insbesondere bei tateinheitlichem Zusammentreffen mit Steuerstraftaten, wistra 1988, 329; *Hees*, Zur persönlichen Reichweite der Verjährungsunterbrechung nach § 78c Abs. 1 Nr. 4 StGB, wistra 1994, 81.

a) Allgemeines

Wird die Verjährung unterbrochen, so bedeutet dies, daß die Verjährungsfrist **vom Tage der Unterbrechung an** (RG 65, 290 v. 4. 5. 1931) **erneut zu laufen beginnt** (§ 78c III 1 StGB). Die Verjährung kann auf diese Weise beliebig oft unterbrochen werden. Allerdings ist die Strafverfolgung gem. § 78c III StGB jedenfalls nach Ablauf der doppelten Verjährungsfrist, bei der Steuerhinterziehung also nach 10 Jahren, verjährt (unrichtig *Pfaff* StBp 1978, 113). Zeiten des Ruhens gem. § 78b StGB sind dabei nicht zu berücksichtigen (§ 78c III StGB). Unterbrochen wird die Verjährung durch bestimmte Strafverfolgungshandlungen. Während § 68 I StGB aF anordnete, daß jede gegen den Täter gerichtete richterliche Handlung die Verjährung unterbreche, weist die Neuregelung in § 78c StGB demgegenüber zwei grundsätzliche Änderungen auf. Nunmehr sind nicht mehr allein *richterliche* Handlungen zur Unterbrechung geeignet, es genügen vielmehr allein auch bestimmte Handlungen des Staatsanwalts und der Polizei. Darüber hinaus bestimmt das

37

Gesetz jetzt selbst abschließend, *welche* Handlungen zur Unterbrechung geeignet sind. Die reichhaltige Kasuistik zu § 68 StGB aF ist damit überholt.

38 § 376 AO ergänzt den Katalog der Unterbrechungshandlungen in § 78c StGB. Während nach § 78c I Nr. 1 StGB nur die Bekanntgabe der Einleitung des Ermittlungsverfahrens oder die Anordnung der Bekanntgabe die Verjährung unterbricht, genügt bei Steuerstraftaten gem. § 376 AO auch die Bekanntgabe der Einleitung eines **Bußgeld**verfahrens bzw. deren Anordnung. Die Verfassungsmäßigkeit der entsprechenden Regelung in § 402 II RAO 1967 war im Hinblick darauf, daß nach § 68 StGB aF nur *richterliche* Handlungen genügten, umstritten. Nachdem das BVerfG (BVerfG 29, 148 v. 6. 10. 1970) die entsprechende Regelung in § 419 RAO 1931 für verfassungsgemäß erklärt und der Gesetzgeber in § 78c StGB nichtrichterliche Unterbrechungshandlungen in größerem Umfang zugelassen hat, ist die Frage überholt.

b) Gemeinsame Vorschriften

39 Für die in § 78c I StGB und in § 376 AO aufgeführten Unterbrechungshandlungen gilt als Gemeinsamkeit, daß sie sich auf eine konkretisierte Tat und einen konkreten Täter richten und zur Förderung der Strafverfolgung geeignet sein müssen.

40 Eine konkrete Tat im prozessualen Sinn (§§ 155, 264 StPO) muß Gegenstand der Unterbrechungshandlung sein (BGH 22, 106 v. 12. 3. 1968; 385 v. 23. 5. 1969; BGH v. 14. 8. 1985, StV 504; BGH v. 10. 6. 1987, wistra 1988, 23; OLG Frankfurt v. 5. 9. 1986, wistra 1987, 32). Dagegen ist es nicht erforderlich, daß sämtliche für die rechtliche Beurteilung erforderlichen Umstände bereits bekannt sind (vgl. BGH v. 17. 3. 1983, wistra 146). Dies ist regelmäßig erst das Endergebnis des Strafverfahrens.

41 Bei Ermittlung wegen mehrerer rechtlich selbständiger Taten im prozessualen Sinne erstreckt sich eine Unterbrechungshandlung grundsätzlich auf alle, es sei denn, die Maßnahme beziehe sich nach ihrer Ermittlungsrichtung ersichtlich nur auf einzelne bestimmte Taten (BGH v. 24. 4. 1956, bei *Dallinger*, MDR 1970, 897). Maßgeblich ist dabei das Ziel der Unterbrechungshandlung, das sich ggf. bei Vernehmungen des Beschuldigten aus der nach § 163a IV i. V. m. § 136 I 1 StPO vorgeschriebenen Belehrung, zu welcher ihm zur Last gelegten Tat er gehört werden soll, ergibt. Nach der Rechtsprechung soll es insoweit auch zulässig sein, auf entsprechende Anträge etwa der Staatsanwaltschaft zurückzugreifen (BGH Urt. v. 25. 07. 1978 – 5 StR 130/78; OLG Hamm v. 29. 8. 1980, NJW 1981, 2425).

42 Durch die Aufgabe des Instituts der fortgesetzten Handlung (Rdnr. 33) ergibt sich die Notwendigkeit, ehemals als fortgesetzte Taten angesehene Verhaltensweisen sorgfältig darauf zu überprüfen, ob die seinerzeitige Unterbrechungshandlung, die sich nur auf einige vermeintliche Einzelakte bezog, in der Lage war, andere, zum Zeitpunkt der Unterbrechung noch nicht bekannte, ebenfalls zu erfassen.

43 Zweifelhaft ist, inwiefern Maßnahmen der Strabu-Stelle oder Steuerfahndung verjährungsunterbrechende Wirkung auch hinsichtlich Nicht-Steuer-

5. Unterbrechung

straftaten haben. Da sich die Ermittlungskompetenz der Finanzbehörden lediglich auf Steuerstraftaten erstreckt, sind sie nicht befugt, verjährungsunterbrechende Maßnahmen hinsichtlich anderer Straftaten vorzunehmen (*Reiche* wistra 1988, 329 ff.) Etwas anderes gilt, wenn beispielsweise eine Urkundenfälschung in Tateinheit zu der Steuerhinterziehung steht, derentwegen hier eingeleitet wurde (vgl. Rdnr. 18 zu § 386 AO; aM *Reiche* aaO).

Die Unterbrechungshandlung muß sich auf einen konkreten Täter beziehen. Dabei muß er noch nicht namentlich feststehen, aber konkretisierbar sein, d. h. aufgrund anderer Umstände bestimmbar. Maßnahmen innerhalb eines Verfahrens gegen „Unbekannt" genügen daher nicht (SK-*Rudolphi* 4 ff. zu § 78c StGB m. w. N.; BGH v. 12. 3. 1991, wistra 217). Dabei mag zwar der Grundsatz gelten, daß richterliche Beschlüsse in der Regel einer umfassenden Sachaufklärung dienen sollen, und sich deshalb gegen jeden bekannten Tatverdächtigen richten, soweit sich nicht aus dem Zweck der Maßnahme oder ihrer ausdrücklichen Begrenzung etwas anderes ergibt (OLG Hamburg, wistra 1993, 272 v. 26. 05. 1993). Wenn aber das Rubrum des Beschlusses lediglich einen Beschuldigten erwähnt, wird man entgegen der Auffassung des OLG Hamburg von einer solchen Beschränkung ausgehen müssen (*Hees* wistra 1994, 81, 82; *Kohlmann* 65 zu § 376 AO). Die Unterbrechungsgründe sind restriktiv zu interpretieren (BGH v. 12. 3. 1991, wistra 217; BGH v. 2. 9. 1992, StV 1993, 71), so daß eine einschränkende Auslegung geboten ist. 44

Wird „gegen Verantwortliche des Unternehmens" ermittelt (vgl. LG Dortmund v. 7. 11. 1990, wistra 1991, 186), ist dies nicht hinreichend konkretisiert, auch wenn letztlich nur die Vorstandsmitglieder als Verantwortliche in Betracht kommen (vgl. *Teske* wistra 1988, 287; *Heuer* wistra 1987, 170; *Kohlmann* 65 zu § 376 AO; *Dreher/Tröndle* 4 zu § 78c StGB). 45

Demgegenüber will *Schäfer* (FS für Kleinknecht S. 541 ff.) hier differenzieren. Gehe es um Maßnahmen, die sich ihrer Natur nach nur auf die unmittelbar von der Maßnahme Betroffenen erstrecke (LK *Jähnke* § 78c Rdnr. 7), wie etwa bei der Beschuldigtenvernehmung, der Mitteilung der Einleitung des Ermittlungsverfahrens u. ä., sei eine solche Beschränkung zwingend. Bei Maßnahmen, bei denen die persönliche Reichweite schwerer abgrenzbar sei, etwa der Beauftragung eines Sachverständigen, richterlichen Entscheidungen zur Durchsuchung und Beschlagnahme und bei der Maßnahme nach 78c I Nr. 12 StGB erstrecke sich die Unterbrechungswirkung auf jeden, der in dem Verfahren Beschuldigter sei, in dem die Maßnahme getroffen werde. Auf das häufig genug ungenaue Rubrum der Verfügung oder Entscheidung könne es nicht ankommen. Freilich müsse es sich aus der Akte ergeben, gegen wen das Verfahren geführt werde. Auf Personen, die erst später als Beschuldigte erkannt und behandelt werden oder gegen die in einem anderen Verfahren, wenn auch wegen desselben Lebenssachverhalts ermittelt wird, erstrecke sich die Unterbrechungswirkung nicht. 46

Die Unterbrechungshandlung muß **zur Förderung der Strafverfolgung geeignet** sein. Bei der Mehrzahl der aufgezählten Handlungen ist dies immer 47 der Fall. Dient jedoch zB die erneute richterliche Vernehmung des Beschuldigten (§ 78 c I Nr. 2 StGB) ausschließlich dem Zweck, die Verjährung zu unterbrechen, so ist sie zur Förderung der Strafverfolgung nicht geeignet; die Unterbrechung tritt *nicht* ein. Die entsprechenden Grundsätze der Rechtsprechung zu § 68 StGB aF (BGH 25, 8 v. 24. 8. 1972) haben daher auch zu § 78 c StGB ihre Bedeutung behalten (SK-*Rudolphi* 7 zu § 78 c StGB).

48 **Bei schriftlichen Anordnungen und Entscheidungen** tritt gem. § 78 c II StGB die Unterbrechung im Zeitpunkt der Unterzeichnung ein, sofern das Schriftstück *alsbald* nach der Unterzeichnung in den Geschäftsgang gelangt. Maßgeblich ist hier der *übliche* Abstand zwischen Unterzeichnung und Übergabe in den Geschäftsgang (SK-*Rudolphi* 10 zu § 78 c StGB). Wird das Schriftstück *später* in den Geschäftsgang gegeben, so ist gem. § 78 c II 2 StGB der spätere Zeitpunkt maßgeblich.

49 Wird die Verjährung bereits durch die **Anordnung einer Maßnahme** unterbrochen, so tritt durch die Ausführung dieser Anordnung keine erneute Unterbrechung ein (BayObLG v. 24. 5. 1976, MDR 779; *Dreher/Tröndle* 11 u. SK-*Rudolphi* 17 zu § 78 c StGB).

c) Die Unterbrechungshandlungen

50 **Die erste Vernehmung des Beschuldigten,** die Bekanntgabe der Einleitung eines gegen ihn gerichteten Ermittlungsverfahrens oder die Anordnung dieser Bekanntgabe unterbrechen die Verjährung gemäß § 78 c I Nr. 1 StGB. Die erste Vernehmung des Beschuldigten ist die erste Gelegenheit, bei der sich dieser zu den Vorwürfen äußern kann. Ob er dies tut oder schweigt, ist unerheblich. Es gilt jedoch der formelle Beschuldigtenbegriff, eine Vernehmung als Zeuge und eine informatorische Anhörung genügen daher nicht (SK-*Rudolphi* 14 zu § 78 c StGB; BayObLG v. 19. 3. 1993, NStZ 441). Der Beschuldigte muß darüber „ins Bild" gesetzt werden, daß und weshalb gegen ihn ermittelt wird (BGH v. 21. 5. 1992, wistra 253; BGH 30, 215, 217 v. 6. 10. 1981) oder doch eine dahin gehende Anordnung enthalten. Eine besondere Form ist dafür zwar nicht erforderlich (*Schönke/Schröder/Stree* 7 zu § 78 c StGB), entgegen dem BGH (BGH 25, 8 v. 24. 8. 1972; BGH 25, 345 v. 9. 7. 1974) ist jedoch eine Bekanntgabe nicht anzunehmen, wenn sie dem Beschuldigten nicht zugegangen ist. Im übrigen liegt in diesen Fällen regelmäßig auch die Anordnung der Bekanntmachung vor (SK-*Rudolphi* 15 zu § 78 c StGB).

51 **Nur die *erste* Maßnahme** im Sinne der Nr. 1 hat die entsprechende Wirkung. Wird etwa im Rahmen einer Durchsuchung der Beschuldigte als solcher vernommen, ist der Unterbrechungsgrund des § 78 c I Nr. 1 StGB „verbraucht", so daß eine spätere förmliche nichtrichterliche Vernehmung diese Wirkung nicht mehr haben kann (OLG Hamburg v. 12. 10. 1977, NJW 1978, 435; BayObLG MDR 1976, 779; SK-*Rudolphi* 17 zu § 78 c StGB; *Kohlmann* 76, HHSp-*Hübner* 56 u. *Leise/Dietz* 24 zu § 376 AO; vgl. auch BayObLG v. 21. 9. 1995, wistra 1996, 88).

5. Unterbrechung

Erfolgt die **Einleitung des Steuerstrafverfahrens** auf hektographierten 52
Schreiben oder einem Formblatt, das lediglich pauschale und zeitlich nicht
präzisierte Vorwürfe enthält bzw. sich in formelhaften Wendungen erschöpft, unterbricht dies nicht die Verjährung (OLG Hamburg v. 24. 3. 1987, wistra 189; BayObLG v. 26. 10. 1987, wistra 1988, 81).

Nach § 78 c I Nr. 2 StGB unterbricht **jede richterliche Vernehmung** des 53
Beschuldigten oder deren Anordnung. Bei der Vernehmung durch einen
ersuchten Richter unterbricht sowohl die Durchführung der Vernehmung
als auch die Anordnung durch den ersuchenden Richter (SK-*Rudolphi* 17 zu
§ 78 c StGB; *Leise/Dietz* 25 zu § 376 AO; anders Vorauflage Rdnr. 26 zu
§ 376 AO).

Die **Beauftragung eines Sachverständigen** durch den Richter oder Staats- 54
anwalt oder – in den Fällen des § 399 AO – durch die Strafsachenstelle
unterbricht die Verjährung nach § 78 c I Nr. 3 StGB nur dann, wenn dem
Beschuldigten zuvor die Einleitung des Ermittlungsverfahrens bekanntgegeben oder er vernommen worden war. Die „Beauftragung" ist eine Anordnung, das Gutachten eines Sachverständigen zu einem bestimmten Beweisthema einzuholen (BGH 27, 76 v. 16. 12. 1976). Die Unterbrechung ist auf
die Tat begrenzt, auf die sich die Vernehmung des Beschuldigten bezog.

Ist der Sachverständige eine **sachkundige Person anderer Behörden**, etwa 55
ein sog. Wirtschaftsreferent der Staatsanwaltschaft, hindert dies die Verjährungsunterbrechung grundsätzlich nicht (vgl. BGH 28, 381 v. 10. 4. 1979;
a. M. *Dreher/Tröndle* 13 zu § 78 c). Nötig ist aber, daß die Beauftragung als
„Sachverständiger" und nicht als bloßer Ermittlungsgehilfe der Verfolgungsbehörden beabsichtigt ist (BGH v. 20. 12. 1983, NStZ 1984, 215; v.
2. 7. 1986, wistra 257; *Kohlmann* 78, *Leise/Dietz* 26 zu § 376 AO). Vorauszusetzen ist, daß der Sachverständige eigenverantwortlich und frei von jeder
Beeinflussung durch Vorgesetzte sein Gutachten zu einem bestimmten Beweisthema erstattet (BGH 28, 381 v. 10. 4. 1979).

Die **Beauftragung ist nicht formgebunden.** Ergibt sich aus dem Gutach- 56
ten der Zeitpunkt ihrer Anordnung nicht und läßt sich dieser auch den Akten
nicht entnehmen, oder sind diese widersprüchlich, gilt der Grundsatz in
dubio pro reo.

Richterliche Beschlagnahme- und Durchsuchungsanordnungen (§§ 98, 57
100, 100 a III, § 111 e StPO) unterbrechen die Verjährung gemäß § 78 c I
Nr. 4 StGB. Gleiches gilt für richterliche Entscheidungen, die diese aufrechterhalten. Keine Anordnung im Sinne des Abs. 1 Nr. 4 liegt dann vor, wenn
einem Kreditinstitut durch Beschluß die Auflage gemacht wird, der Staatsanwaltschaft Einblick in die Kontounterlagen zu gewähren und die Anfertigung von Kopien zu dulden bzw. ein Herausgabeverlangen nach § 95 StPO
gestellt wird (vgl. LG Kaiserslautern v. 19. 3. 1981, NStZ 438; *Klein/Orlopp*
1, *Kohlmann* 79 zu § 376 AO).

Die Verjährung wird ferner gemäß § 78 c I Nr. 5 StGB unterbrochen 58
durch den **Haftbefehl,** den **Unterbringungsbefehl,** den **Vorführungsbefehl**
und durch diese Entscheidungen aufrechterhaltende richterliche Entscheidungen. Aufrechterhaltend ist die Entscheidung auch dann, wenn der Haft-

befehl außer Vollzug gesetzt wird oder Haftverschonungsauflagen abgeändert werden, weil wegen § 120 I StPO inzident auch über den Bestand des Haftbefehls entschieden wird (BGH v. 26. 5. 1993. wistra 1993, 223, 224; Dreher/Tröndle 15 zu § 78 c; Kleinknecht/Meyer-Goßner 1 zu § 116 StPO; Kohlmann 80 zu § 376 AO; a. M. Jähnke LK 29, Schönke/Schröder/Stree 13 zu § 78 c StGB). Entgegen Dietz (28 zu 376 AO) handelt es sich durchweg um richterliche Maßnahmen (vgl. Kleinknecht/Meyer-Goßner 2 zu § 134 StPO; RG 56, 234 v. 15. 11. 1921). Soweit Dietz zur Stützung seiner Auffassung auf Rdnr. 29 der Vorauflage verweist, geht er fehl.

59 Nach § 78c I Nr. 6 StGB unterbrechen die **Erhebung der öffentlichen Klage** und die Stellung des entsprechenden Antrags im Sicherungsverfahren und im selbständigen Verfahren. Gleiches gilt für den Antrag auf Erlaß eines Strafbefehls nach § 407 StPO. Die Verjährung wird unterbrochen mit dem Eingang der Anklageschrift bzw. der Antragschrift bei Gericht (OLG Karlsruhe, Die Justiz 1978, 213; SK-*Rudolphi,* 21 zu § 78 c StGB). Vorauszusetzen ist aber, daß die Anklageschrift den Voraussetzungen des § 200 StPO entspricht und wirksam ist (OLG Bremen v. 24. 7. 1989, StV 1990, 25). Ebenso muß ein Strafbefehl den Anforderungen genügen (vgl. Rdnr. 22 zu § 400 AO).

60 Die nach § 78c I Nr. 7 StGB **unterbrechende Wirkung der Eröffnung** des Hauptverfahrens tritt nicht erst mit der Zustellung, sondern nach § 78c II StGB bereits mit der Unterzeichnung ein.

61 Nach § 78c I Nr. 8 StGB unterbricht auch jede **Anberaumung einer Hauptverhandlung** die Verjährung. Die Frage, ob dazu auch die Anberaumung eines neuen Termins nach unterbrochener Hauptverhandlung genügt, ist umstritten (verneinend SK-*Rudolphi* 23, bejahend *Dreher/Tröndle* 18 zu § 78 c StGB).

62 Nach § 78c I Nr. 9 StGB unterbricht der **Strafbefehl** sowie eine andere dem Urteil entsprechende Entscheidung die Verjährung. Das Urteil selbst ist nicht aufgeführt, weil es gemäß § 78b Abs. 3 StGB die Verjährung ruhen läßt (Rdnr. 70).

63 § 78c I Nr. 10 StGB faßt verschiedene Entscheidungen zusammen, die wegen der **Abwesenheit des Angeschuldigten** gefällt werden. Dazu gehören die vorläufige Einstellung des Verfahrens wegen Abwesenheit (§ 205 StPO) sowie die Anordnungen von Richter und Staatsanwalt zur Aufenthaltsermittlung oder Beweissicherung, soweit sie nach der vorläufigen Einstellung oder im Verfahren gegen Abwesende ergehen.

64 Nach § 78c I Nr. 11 StGB unterbrechen die Verjährung die **vorläufige Einstellung des Verfahrens** wegen Verhandlungsunfähigkeit nach § 209 StPO sowie von Richter oder Staatsanwalt getroffene Anordnungen zur Überprüfung der Verhandlungsunfähigkeit.

65 § 78c I Nr. 12 StGB bestimmt schließlich, daß jedes richterliche Ersuchen, eine **Untersuchungshandlung im Ausland** vorzunehmen, die Verjährung unterbricht. Die eigentliche Untersuchungshandlung im Ausland unterbricht nicht, da für die Anwendung des § 78c StGB vorausgesetzt ist, daß die Amtshandlung von einem inländischen Ermittlungsbeamten vorgenommen

wurde (BGH 1, 325 v. 2. 10. 1951; LG Köln v. 27. 10. 1989, StV 1990, 553; SK-*Rudolphi* 3 zu § 78c StGB; *Kohlmann* 87 zu § 376 AO). Anderes mag gelten, wenn der inländische Amtsträger im Einvernehmen mit dem ersuchten Staat an den Ermittlungsmaßnahmen im Ausland teilnimmt, und diese, etwa wie bei Durchsuchung und Beschlagnahme, ihrerseits Unterbrechungsgründe erfüllen.

d) Verjährungsrechtliche Sonderregelungen für das Beitrittsgebiet

Art. 315a EGStGB Verfolgungs- und Vollstreckungsverjährung für in der Deutschen Demokratischen Republik verfolgte und abgeurteilte Taten

(1) [1] Soweit die Verjährung der Verfolgung oder der Vollstreckung nach dem Recht der Deutschen Demokratischen Republik bis zum Wirksamwerden des Beitritts nicht eingetreten war, bleibt es dabei. [2] Dies gilt auch, soweit für die Tat vor dem Wirksamwerden des Beitritts auch das Strafrecht der Bundesrepublik Deutschland gegolten hat. [3] Die Verfolgungsverjährung gilt als am Tag des Wirksamwerdens des Beitritts unterbrochen; § 78c Abs. 3 des Strafgesetzbuches bleibt unberührt.

(2) Die Verfolgung von Taten, die vor Ablauf des 31. Dezember 1992 in dem in Artikel 3 des Einigungsvertrages genannten Gebiet begangen worden sind und die im Höchstmaß mit Freiheitsstrafe von mehr als einem Jahr bis zu fünf Jahren bedroht sind, verjährt frühestens mit Ablauf des 31. Dezember 1997, ...

(3) ...

Sind Straftaten vor dem Wirksamwerden des Beitritts am 3. Oktober 1990 begangen worden, und waren sie bis zu diesem Zeitpunkt bereits verjährt, ändert Art. 315a EGStGB hieran nichts. War jedoch bis zu diesem Zeitpunkt die Verfolgungsverjährung noch nicht eingetreten, gilt die Verfolgungsverjährung als am Tag des Wirksamwerdens des Beitritts unterbrochen. Soweit also Steuerstraftaten im Raum stehen und diese auch jetzt noch trotz § 2 StGB verfolgbar sind, trat eine Verjährungsunterbrechung für Vor-Beitritts-Taten am 3. Oktober 1990 ein, mit der Folge des regulären Ablaufs der Verjährung am 2. 10. 1995, 24 Uhr.

Durch das 2. Verjährungsgesetz ist jedoch diese Frist zunächst einmal auf den 31. Dezember 1995 hinausgeschoben worden; Taten die danach, aber vor Ablauf des 31. Dezember 1992 begangen wurden, verjähren frühestens am 31. Dezember 1997. Mit dieser Fristverlängerung soll den vereinigungs- und aufbaubedingten Schwierigkeiten der Strafverfolgungsbehörden in den neuen Ländern Rechnung getragen werden (*Kohlmann* 6.2 zu § 376 AO).

6. Ruhen der Verjährung

§ 78b StGB Ruhen

(1) Die Verjährung ruht
1. bis zur Vollendung des achtzehnten Lebensjahres des Opfers bei Straftaten nach den §§ 176 bis 179,

§ 376 68, 69 Verfolgungsverjährung

2. solange nach dem Gesetz die Verfolgung nicht begonnen oder nicht fortgesetzt werden kann; dies gilt nicht, wenn die Tat nur deshalb nicht verfolgt werden kann, weil Antrag, Ermächtigung oder Strafverlangen fehlen.

(2) Steht der Verfolgung entgegen, daß der Täter Mitglied des Bundestages oder eines Gesetzgebungsorgans eines Landes ist, so beginnt die Verjährung erst mit Ablauf des Tages zu ruhen, an dem

1. die Staatsanwaltschaft oder eine Behörde oder ein Beamter des Polizeidienstes von der Tat und der Person des Täters Kenntnis erlangt oder
2. eine Strafanzeige oder ein Strafantrag gegen den Täter angebracht wird (§ 158 der Strafprozeßordnung).

(3) Ist vor Ablauf der Verjährungsfrist ein Urteil des ersten Rechtszuges ergangen, so läuft die Verjährungsfrist nicht vor dem Zeitpunkt ab, in dem das Verfahren rechtskräftig abgeschlossen ist.

(4) Droht das Gesetz strafschärfend für besonders schwere Fälle Freiheitsstrafe von mehr als fünf Jahren an und ist das Hauptverfahren vor dem Landgericht eröffnet worden, so ruht die Verjährung in den Fällen des § 78 Abs. 3 Nr. 4 ab Eröffnung des Hauptverfahrens, höchstens jedoch für einen Zeitraum von fünf Jahren; Absatz 3 bleibt unberührt.

68 **Das Ruhen der Verjährung verschiebt den Beginn einer Frist oder hemmt den Weiterlauf** einer begonnenen Frist. Während mit jeder Unterbrechungshandlung eine neue Frist beginnt, bleibt nach dem Aufhören des Ruhens ein bereits abgelaufener Teil der Frist bedeutsam. Das Ruhen der Verjährung soll den Eintritt der Verjährung in den Fällen verhindern, in denen jede Verfolgungsmaßnahme, also auch eine Unterbrechung der Verjährung, rechtlich unmöglich ist (SK-*Rudolphi* 2 zu § 78b StGB).

69 **Gemäß § 78b I StGB ruht die Verjährung während der Zeit,** in welcher die Strafverfolgung aufgrund *gesetzlicher Vorschrift* nicht begonnen oder nicht fortgesetzt werden kann. Das gilt sowohl für die Unmöglichkeit der Strafverfolgung im Einzelfall als auch dann, wenn gesetzliche Vorschriften die Strafverfolgung allgemein unmöglich machen (BGH 1, 84). Die Unzulässigkeit *einzelner* Verfahrenshandlungen genügt nicht (zB RG 52, 36f. betr. Geisteskranke). Vielmehr muß die Verfolgung insgesamt *kraft Gesetzes* ausgeschlossen sei, wie zB bei Angehörigen der in der BRD stationierten fremden Truppen bis zu einem ausländischen Ersuchen um Übernahme der Gerichtsbarkeit (OLG Celle v. 26. 4. 1965, NJW 1673) oder bei Abgeordneten des BTages (Art. 46 II GG). Die Immunität führt jedoch erst von dem Zeitpunkt ab zum Ruhen der Verjährung, zu dem die Strafverfolgungsbehörde von Tat und Täter Kenntnis erlangt hat (§ 78b II StGB). Gleiches gilt für den BPräs (Art. 60 IV GG), obwohl das Gesetz dies nicht ausdrücklich vorsieht (SK-*Rudolphi* 5 zu § 78b StGB). Während der Zeit vom Erlaß eines Vorlagebeschlusses gem. Art. 100 GG bis zur Bekanntgabe der Entscheidung des BVerfG an das vorlegende Gericht ruht die Verjährung gem. § 78b I 1 StGB, da die Aussetzung des Verfahrens in Art. 100 GG zwingend vorgeschrieben ist (OLG Schleswig v. 17. 11. 1961, NJW 1962, 1580 mwN; ebenso SK-*Rudolphi* 7 zu § 78b StGB). Die Erhebung der *Verfassungsbeschwerde* gegen eine strafgerichtliche Entscheidung hingegen bewirkt kein Ruhen der Ver-

6. Ruhen der Verjährung

folgungsverjährung (OLG Düsseldorf v. 13. 10. 1967, NJW 1968, 117), es sei denn, das BVerfG untersagt die Weiterführung des Strafverfahrens gem. § 32 BVerfGG.

Gemäß § 78 b III StGB ist die Verjährung zwischen erstinstanzlichem Urteil und Rechtskraft gehemmt. Kommt es später zur Wiederaufnahme des Verfahrens, läuft die alte Verjährungsfrist weiter (*Kohlmann* 93 zu § 376 AO). Überdies ist mit dem durch das Rechtspflegeentlastungsgesetz zum 1. 03. 1993 eingeführten § 78b IV StGB der Beginn des Ruhens für bestimmte Delikte auf die Eröffnung des Hauptverfahrens vorgelagert. Hierzu gehört auch der Tatbestand der Steuerhinterziehung, auch wenn die Anklage nicht die Verurteilung wegen eines besonders schweren Falles erstrebt (vgl. *Rieß* AnwBl. 1993, 56). Vorausgesetzt ist lediglich, daß eine Anklage zum Landgericht erfolgt und dieses das Hauptverfahren vor dem Landgericht – nicht etwa vor dem Amtsgericht – eröffnet. Verweist ein Amtsgericht das Verfahren an das Landgericht (§§ 225a, 270 StPO), kann das Ruhen frühestens mit dem entsprechenden Beschluß des Amtsgerichts beginnen (str.; vgl. *Rieß* aaO, *Kohlmann* 94 zu § 376 AO). Rechtsfolge des § 78b IV StGB ist ein Ruhen der Verjährung für die Dauer des Verfahrens, höchstens aber bis zu fünf Jahren, so daß sich die Grenze der absoluten Verjährung letztlich auf 15 Jahre verschiebt (vgl. *Kohlmann* 94 zu § 376 AO). 70

Soweit wegen im Beitrittsgebiet begangener Straftaten die Verjährung auf den 31. 12. 1995 oder 31. 12. 1997 hinausgeschoben wurde, stellt sich die Frage, wann das „Doppelte der gesetzlichen Frist" verstrichen ist. Hier wird man vor dem Hintergrund der gesetzgeberischen Ziele und der gebotenen restriktiven Auslegung des § 78c StGB (vgl. *Dreher/Tröndle* 2 zu § 78c StGB) nicht davon ausgehen können, daß der bereits verstrichene Zeitraum bis zum 31. 12. 1995 bzw. 1997 als „einfacher" Verjährungszeitraum zu betrachten ist, so daß sich die Grenze der absoluten Verjährung jeweils zum 31. 12. 2000 bzw. 2002 ergäbe, sondern wegen Art. 315a I Satz 3 EGStGB auf den tatsächlichen Beendigungszeitpunkt abstellen müssen. 71

Sind Beginn oder Fortsetzung eines Strafverfahrens von einer Vorfrage abhängig, deren Entscheidung in einem anderen Verfahren erfolgen muß, ruht die Verjährung bis zu dessen Beendigung (SK-*Rudolphi* 6 zu § 78b StGB). Das gilt jedoch nur, wenn die Verfolgung „*nach dem Gesetz*" nicht begonnen oder fortgesetzt werden kann. Da die Aussetzung des Verfahrens nach § 396 AO im Ermessen von StA oder Gericht steht, ist § 78b I StGB nicht anwendbar. Deshalb mußte das Ruhen der Verjährung in § 396 III AO gesondert angeordnet werden. 72

Ruht das Verfahren iS des § 78b StGB, hat dies nicht nur zur Folge, daß die Verjährungsfrist nach § 78 StGB gehemmt wird. Vielmehr wird nach § 78c III 2 StGB auch der Ablauf der „absoluten" (doppelten) Verjährungsfrist gehemmt. Für den Fall eines Ruhens nach § 396 III AO fehlt jedoch eine entsprechende Regelung. Daraus folgerte *Samson* (Voraufl. Rdnr. 40 zu § 376 AO), daß bei Aussetzung des Strafverfahrens nach § 396 AO zwar der Ablauf der allgemeinen Verjährungsfrist, nicht jedoch der „absoluten" Verjährungsfrist gehemmt wäre. An dieser Auffassung wird nicht mehr festge- 73

Joecks

halten (so auch BayObLG v. 22. 2. 1990, NStZ 280; OLG Karlsruhe v. 14. 12. 1984, NStZ 1985, 228; BayObLG v. 22. 2. 1990, NStZ 280; OLG Karlsruhe v. 8. 3. 1990, wistra 205 mit kritischer Anm. *Grezesch* wistra 1990, 289; *Meine* wistra 1986, 58; *Kohlmann* 92 zu § 376 AO; *Wisser* 1992, 256; a. M. *Rainer/Schwedhelm,* NWB Fach 13, 753 f.). Vgl. auch Rdnr. 33 zu § 396 AO.

Zweiter Abschnitt. Bußgeldvorschriften

§ 377 Steuerordnungswidrigkeiten

(1) Steuerordnungswidrigkeiten (Zollordnungswidrigkeiten) sind Zuwiderhandlungen, die nach den Steuergesetzen mit Geldbuße geahndet werden können.

(2) Für Steuerordnungswidrigkeiten gelten die Vorschriften des Ersten Teils des Gesetzes über Ordnungswidrigkeiten, soweit die Bußgeldvorschriften der Steuergesetze nichts anderes bestimmen.

Vgl. zu Absatz 1: § 369 I AO, § 1 I OWiG; zu Absatz 2: § 369 II AO.

Schrifttum:
Kommentare: Göhler, Gesetz über Ordnungswidrigkeiten, Kurzkommentar, 11. Aufl. 1995; Karlsruher Kommentar zum OWiG, herausgegeben von *Boujong,* 1989; *Rebmann/Roth/Hermann,* Gesetz über Ordnungswidrigkeiten, Kommentar (Losebl.), ergänzt bis 1992;

Monographien und Aufsätze: Güntert, Die Gewinnabschöpfung als strafrechtliche Sanktion, 1982; *Müller,* Die Stellung der juristischen Person im Ordnungswidrigkeitenrecht, 1985; *Stelzl,* Die Beteiligung am echten und unechten Mischtatbestand nach § 14 IV OWiG unter besonderer Berücksichtigung der Akzessoritätssystematik, Diss. Tübingen 1990; *Wagemann,* Rechtfertigungs- und Entschuldigungsgründe im Bußgeldrecht der Europäischen Gemeinschaften, 1992; *Maschke,* Die Sanktionierung von Verstößen gegen die Aufsichtspflicht in Betrieben und Unternehmen, 1996.

Peltzer, Die Berücksichtigung des wirtschaftlichen Vorteils bei der Bußgeldbemessung im Ordnungswidrigkeitenrecht. DB 1977, 1445; *Kienapfel,* Zur Einheitstäterschaft im Ordnungswidrigkeitenrecht, NJW 1983, 2236; *Sannwald,* Die Vorteilsabschöpfung nach § 17 IV OWiG bei Verstößen gegen handwerks- und gewerberechtliche Vorschriften, GewArch 1986, 84, 319; *Kohlmann/ Ostermann,* Die Verletzung der Aufsichtspflicht in Betrieben und Unternehmen – Pläne für eine verfassungswidrige Reform, wistra 1990, 121; *Seier,* Der Einheitstäter im Strafrecht und im Gesetz über Ordnungswidrigkeiten, JA 1990, 342, 382; *K. Schmidt,* Zur Verantwortlichkeit von Gesellschaften und Verbänden im Kartellordnungswidrigkeitenrecht, wistra 1990, 131; *Bottke,* Das Wirtschaftsstrafrecht in der Bundesrepublik Deutschland – Lösungen und Defizite, wistra 1991, 1, 52; *Bauer,* Mehrere Bußen gegen die Juristische Person bei Beteiligung mehrerer Organmitglieder an einer Kartellordnungswidrigkeit?, wistra 1992, 47; vgl. auch die Nachweise vor Rdnr. 53.

Übersicht

I. Allgemeines
  1. Entstehungsgeschichte 1
  2. Zweck der Vorschrift 2
II. Begriff der Steuerordnungswidrigkeit 3–7
III. Geltung des OWiG
  1. Umfang der Verweisung 8, 9
  2. Einzelheiten 10–52
    a) Geltungsbereich des OWiG . . 10, 11
    b) Vorwerfbarkeit 12–15
    c) Fahrlässigkeit 16–18
    d) Versuch 19

    e) Beteiligung 20–22
    f) Handeln für einen anderen . . . 23–26
    g) Rechtfertigungsgründe 27
    h) Geldbuße 28–32
    i) Zusammentreffen mehrerer Gesetzesverletzungen 33, 34
    k) Einziehung 35, 36
    l) Verfall und Geldbuße gegen juristische Personen(-vereinigungen) 37–52
  3. Verletzung der Aufsichtspflicht in Betrieben und Unternehmen 53–65

I. Allgemeines

1. Entstehungsgeschichte

1 Die inhaltsgleiche Vorschrift des § 403 RAO war nach dem Vorbild des § 391 RAO durch Art. 2 Nr. 18 des 2. AOStrafÄndG v. 12. 8. 1968 (BGBl. I 953) in das Gesetz eingefügt worden (Begr. BT-Drucks. V/1812 S. 26). § 377 I AO 1977 weicht von § 403 I RAO nur redaktionell ab; statt von „Zuwiderhandlungen gegen Steuergesetze" spricht das Gesetz nun von „Zuwiderhandlungen, die nach den Steuergesetzen mit Geldbuße geahndet werden können" (Begr. BT-Drucks. VI/1982 S. 197 iVm S. 193).

2. Zweck der Vorschrift

2 § 377 I AO grenzt Steuerordnungswidrigkeiten (Rdnr. 3 ff.) von Steuerstraftaten iS des § 369 I AO ab. Die Sammelbezeichnung für alle Ordnungswidrigkeiten der §§ 378–383 AO erleichtert die Gesetzestechnik. Durch den Begriff „Steuerordnungswidrigkeit" werden die §§ 409 ff. AO ohne weiteres auf die genannten Zuwiderhandlungen bezogen. § 377 II AO hat – ebenso wie § 369 II AO – nur klarstellende Bedeutung, da die §§ 378–384 AO offensichtlich keine vollständige Regelung des materiellen Rechts der Steuerordnungswidrigkeiten darstellen (Rdnr. 4 zu § 369 AO).

II. Begriff der Steuerordnungswidrigkeit

3 Eine Ordnungswidrigkeit ist eine rechtswidrige und vorwerfbare Handlung, die den Tatbestand eines Gesetzes verwirklicht, das die Ahndung mit einer Geldbuße zuläßt (§ 1 OWiG). Über die wesensmäßigen Unterschiede zwischen Kriminalstrafrecht und Ordnungsunrecht vgl. *Göhler* 2 ff., 32 ff. vor § 1 OWiG. Entscheidend ist die abstrakte Tatbestandsbewertung durch den Gesetzgeber. Es kommt nicht darauf an, ob die für die Ahndung zuständige Verwaltungsbehörde oder das Gericht die Tat im Einzelfall nach ihrem materiellen Unrechtsgehalt als Ordnungsunrecht oder Kriminalunrecht ansehen (*Göhler* 37 vor § 1 OWiG). § 377 I AO definiert Steuerordnungswidrigkeiten (Zollordnungswidrigkeiten; s. Rdnr. 7) als diejenigen Zuwiderhandlungen gegen Steuergesetze, die mit Geldbuße bedroht sind. Die Vorschrift verweist damit auf die §§ 378–383 AO.

4 Steuergesetz iS des § 377 I AO ist jede Rechtsnorm, welche die Ermittlung oder Erklärung von Besteuerungsgrundlagen oder die Anmeldung, Festsetzung, Erhebung oder Vollstreckung einer Steuer regelt, für deren Verwaltung die AO gilt. Der Gesetzesbegriff ist im materiellen Sinn aufzufassen (Rdnr. 5 zu § 369 AO). Auf die Bezeichnung des Gesetzes kommt es nicht an. Steuergesetz ist auch die AO selbst, so daß – wenn die Tatbestände der §§ 378–383 AO erfüllt sind – nicht geprüft zu werden braucht, ob es sich im Einzelfall wesensmäßig um eine Steuerverfehlung handelt (Rdnr. 11 zu § 381 AO).

III. Geltung des OWiG 5–9 § 377

Zuwiderhandlung ist ein Verstoß gegen eine bestimmte Rechtspflicht, die 5
sich sowohl aus dem Bußgeldtatbestand selbst als auch aus anderen Normen
ergeben kann (vgl. etwa § 26a UStG, § 50e EStG; HHSp-*Rüping* 13, *Leise/
Dietz* 91 f. zu § 377 AO). Als Ordnungswidrigkeit kann nur ein tatbestandsmäßiges, rechtswidriges und vorwerfbares Handeln geahndet werden. Die
Grundvorausssetzungen des Art. 103 II GG gelten im Bereich des Ordnungsunrechts ebenso wie im Strafrecht (*Göhler* 10 vor § 1 OWiG). Auch im
Recht der Ordnungswidrigkeiten gelten die Rechtssätze nulla poena sine
culpa (BVerfG 20, 323, 333 v. 25. 10. 1966) und in dubio pro reo (BVerfG 9,
167, 170 v. 4. 2. 1959).

Blankettatbestände, dh Bußgeldvorschriften, die selbst nur die Bußgeld- 6
drohung enthalten, jedoch wegen der mit Geldbuße bedrohten Handlung auf
andere Vorschriften verweisen, sind nur dann mit Art. 103 II GG vereinbar,
wenn die Blankettnorm die Regelungen, die zu ihrer Ausfüllung in Betracht
kommen, sowie deren möglichen Inhalt und Gegenstand genügend deutlich
bezeichnet und abgrenzt (BVerfG 23, 265, 269 v. 7. 5. 1968). Wird der
Tatbestand eines Blankettgesetzes durch ein anderes Gesetz ergänzt, genügt
im Blankettgesetz eine Verweisung auf die ausfüllende Norm. Erfolgt die
Ergänzung jedoch durch eine RechtsVO, so genügt eine derartige Verweisung allein nicht; vielmehr müssen zugleich die Voraussetzungen für die
Verhängung einer Geldbuße sowie deren Maß im Blankettgesetz selbst oder
in einer anderen gesetzlichen Vorschrift, auf die das Blankettgesetz Bezug
nimmt, hinreichend deutlich umschrieben werden (BVerfG 14, 245, 252 v.
25. 7. 1962; bejahend OLG Frankfurt v. 13. 1. 1963, ZfZ 1964, 118, zu § 413
I Nr. 1a RAO 1939).

Zollordnungswidrigkeiten sind an sich Steuerordnungswidrigkeiten, 7
weil „Zölle" begrifflich zu den „Steuern" gehören (§ 3 I 2 AO). Die Abgrenzung ist aber insofern bedeutsam, als andere Gesetze auf die Vorschriften für
Zölle verweisen. Eine „Kaffeesteuer"- Ordnungswidrigkeit gem. § 381 AO
zB ist iS des § 377 I AO eine „Zollordnungswidrigkeit", auf die § 32 ZollVG
auch dann anwendbar wäre, wenn das KaffeesteuerG keine Verweisung enthielte (zust. *Schwarz/Weyand* 3 zu § 377 AO).

III. Geltung des OWiG

1. Umfang der Verweisung

Die Vorschriften des 1. Teils des OWiG (Rdnr. 10 ff.) gelten auch für 8
Steuerordnungswidrigkeiten, soweit die Bußgeldvorschriften der Steuergesetze nichts anderes bestimmen (§ 377 II AO). Grundvoraussetzung einer
Ordnungswidrigkeit ist – ebenso wie im Strafrecht – eine tatbestandsmäßige
(Rdnr. 35 f. zu § 369 AO), rechtswidrige (Rdnr. 37 zu § 369 AO sowie Rdnr.
27) und vorwerfbare (Rdnr. 12 ff.) Handlung.

Eine von den allgemeinen Vorschriften abw. Regelung trifft § 384 AO 9
über die Verfolgungsverjährung. Die Vorschrift gilt für die leichtfertige
Steuerverkürzung (§ 378 AO) und für die Steuergefährdungen iS der §§ 379,

380 AO. Während nach § 10 OWiG auch fahrlässiges Handeln (Rdnr. 16 ff.) geahndet werden kann, setzen die Steuerordnungswidrigkeiten nach §§ 378–381 AO „Leichtfertigkeit" (Rdnr. 26 ff. zu § 378 AO) voraus; anders § 382 AO. Das Höchstmaß der zulässigen Geldbuße ist bei den Steuerordnungswidrigkeiten ebenfalls abw. von § 17 I OWiG geregelt (§ 378 II, § 379 IV, § 380 II, § 381 II, § 382 III, § 383 II AO).

2. Einzelheiten

a) Geltungsbereich des OWiG

10 Über die zeitliche Geltung von Bußgeldvorschriften bestimmen

§ 3 OWiG Keine Ahndung ohne Gesetz
Eine Handlung kann als Ordnungswidrigkeit nur geahndet werden, wenn die Möglichkeit der Ahndung gesetzlich bestimmt war, bevor die Handlung begangen wurde.

§ 4 OWiG Zeitliche Geltung
(1) Die Geldbuße bestimmt sich nach dem Gesetz, das zur Zeit der Handlung gilt.

(2) Wird die Bußgelddrohung während der Begehung der Handlung geändert, so ist das Gesetz anzuwenden, das bei Beendigung der Handlung gilt.

(3) Wird das Gesetz, das bei Beendigung der Handlung gilt, vor der Entscheidung geändert, so ist das mildeste Gesetz anzuwenden.

(4) ¹Ein Gesetz, das nur für eine bestimmte Zeit gelten soll, ist auf Handlungen, die während seiner Geltung begangen sind, auch dann anzuwenden, wenn es außer Kraft getreten ist. ²Dies gilt nicht, soweit ein Gesetz etwas anderes bestimmt.

(5) Für Nebenfolgen einer Ordnungswidrigkeit gelten die Absätze 1 bis 4 entsprechend.

Die Vorschriften sind den §§ 1, 2 StGB nachgebildet; s. daher Rdnr. 18 ff. zu § 369 AO. Im Verhältnis zu Strafvorschriften sind Bußgeldvorschriften das mildeste Gesetz iS des § 4 III OWiG (*Göhler* 6, KKOWi-*Rogall* 31 zu § 4 OWiG mwN). Die vor dem Wirksamwerden des Beitritts in der ehemaligen DDR begangenen Handlungen, die mit „Ordnungsstrafe" bedroht waren, unterfallen ebenfalls dem ersten Teil des OWiG (Einigungsvertrag Anl. I Kap. III C III Nr. 4 Buchst. a, b EVtr). An die Stelle der „Ordnungsstrafe" tritt die Sanktion „Geldbuße" (*Kohlmann* 18 zu § 377 AO).

11 Über den räumlichen Geltungsbereich bestimmen:

§ 5 OWiG Räumliche Geltung
Wenn das Gesetz nichts anderes bestimmt, können nur Ordnungswidrigkeiten geahndet werden, die im räumlichen Geltungsbereich dieses Gesetzes oder außerhalb dieses Geltungsbereichs auf einem Schiff oder Luftfahrzeug begangen werden, das berechtigt ist, die Bundesflagge oder das Staatszugehörigkeitszeichen der Bundesrepublik Deutschland zu führen.

III. Geltung des OWiG

§ 7 OWiG Ort der Handlung
(1) Eine Handlung ist an jedem Ort begangen, an dem der Täter tätig geworden ist oder im Falle des Unterlassens hätte tätig werden müssen oder an dem der zum Tatbestand gehörende Erfolg eingetreten ist oder nach der Vorstellung des Täters eintreten sollte.

(2) Die Handlung eines Beteiligten ist auch an dem Ort begangen, an dem der Tatbestand des Gesetzes, das die Ahndung mit einer Geldbuße zuläßt, verwirklicht worden ist oder nach der Vorstellung des Beteiligten verwirklicht werden sollte.

b) Vorwerfbarkeit

Eine Ordnungswidrigkeit kann nur geahndet werden, wenn sie „vorwerfbar" begangen ist (§ 1 I OWiG). Im Strafrecht ist „Schuld"= Vorwerfbarkeit (Rdnr. 97ff. zu § 369 AO). Auch iS des § 1 OWiG deckt sich der Begriff „vorwerfbar" inhaltlich mit dem strafrechtlichen Begriff „schuldhaft" (*Göhler* 30 vor § 1 OWiG; HHSp-*Rüping* 22, *Koch/Scholtz/Himsel* 10 zu § 377 AO). Das OWiG spricht aber bewußt nicht von „*Schuld*" des Täters, weil „*mit dem Schuldbegriff das Element sozialethischer Mißbilligung verbunden werden kann, das in dem Vorwurf eines bloßen Ordnungsverstoßes nicht enthalten ist*" (Begr. BT-Drucks. V/1269 S. 46). Nicht vorwerfbares Handeln liegt zB vor bei fehlender Verantwortlichkeit gem. § 12 OWiG oder bei unvermeidbarem Verbotsirrtum (Rdnr. 14). Zu den Begriffen Vorsatz s. Rdnr. 48ff. zu § 369 AO, Fahrlässigkeit s. Rdnr. 16ff. zu § 377 AO, Leichtfertigkeit s. Rdnr. 26ff. zu § 378 AO.

Über den Irrtum bestimmt: 13

§ 11 OWiG Irrtum
(1) ¹Wer bei Begehung einer Handlung einen Umstand nicht kennt, der zum gesetzlichen Tatbestand gehört, handelt nicht vorsätzlich. ²Die Möglichkeit der Ahndung wegen fahrlässigen Handelns bleibt unberührt.

(2) Fehlt dem Täter bei Begehung der Handlung die Einsicht, etwas Unerlaubtes zu tun, namentlich weil er das Bestehen oder die Anwendbarkeit einer Rechtsvorschrift nicht kennt, so handelt er nicht vorwerfbar, wenn er diesen Irrtum nicht vermeiden konnte.

Die Regelung des Tatumstandsirrtums durch § 11 I OWiG ist § 16 I StGB nachgebildet (ausf. Rdnr. 99ff. zu § 369 AO). Bei den Blankettvorschriften (Rdnr. 6) gehören die Merkmale, auf die das Blankett verweist, zum Tatbestand (*Göhler* 3 zu § 11 OWiG; *Koch/Scholtz/Himsel* 10 zu § 377 AO). Ein Tatumstandsirrtum schließt den Vorsatz aus (anders der Verbotsirrtum, s. Rdnr. 14 ; vgl. auch BayObLG v. 30. 1. 1990, wistra 202). Beruht die Unkenntnis der Tatbestandsmerkmale auf Fahrlässigkeit (Leichtfertigkeit), kommt eine Ahndung gem. § 11 I 2 OWiG in Betracht, falls das Gesetz fahrlässiges (leichtfertiges) Handeln mit Geldbuße bedroht, wie zB §§ 378–382 AO (anders § 383 AO).

Der Verbotsirrtum iS des § 11 II OWiG bezieht sich nicht auf Tatumstände, sondern auf die Rechtswidrigkeit der Tat. Er läßt den Vorsatz unberührt (Rdnr. 100ff. zu § 369 AO). Die Vorschrift gilt in gleicher Weise für den 14

Täter, der sich irrig die Rechtmäßigkeit seines Handelns vorgestellt hat, wie auch für den, der überhaupt nicht nachgedacht hat (anders § 21 E 1962). Gerade im Recht der Ordnungswidrigkeiten sind die Gebotstatbestände besonders zahlreich. Der Täter wird daher „*häufig keinen Anlaß finden, über die rechtliche Beurteilung seiner Untätigkeit nachzudenken*" (Begr. BT-Drucks. V/1269 S. 46). Während der strafrechtliche Verbotsirrtum bei fehlendem „*Unrechtsbewußtsein*" vorliegt (Rdnr. 101 zu § 369 AO), spricht § 11 II OWiG von dem fehlenden Bewußtsein, etwas „*Unerlaubtes*" zu tun. Diese Fassung soll ausdrücken, daß den Ordnungswidrigkeiten Verstöße gegen Ge- und Verbote zugrunde liegen, die nicht auf sozialethischen Wertmaßstäben beruhen, sondern nur aus Zweckmäßigkeitsgründen geschaffen worden sind (*Göhler* 22 zu § 11 OWiG). Gem. § 11 II OWiG ist eine Ahndung nur dann ausgeschlossen, wenn dem Täter das fehlende Bewußtsein, etwas Unerlaubtes zu tun, nicht „*vorzuwerfen*" ist. Der Irrtum ist vorwerfbar, wenn der Täter bei Anwendung der Sorgfalt, die nach der Sachlage objektiv zu fordern war und die er nach seinen persönlichen Verhältnissen erbringen konnte, das Unerlaubte seines Handelns zu erkennen vermochte (Rdnr. 101 zu § 369 AO). Eine besondere Anspannung des „*Gewissens*" kann jedoch regelmäßig schon deshalb nicht gefordert werden, „*weil die im Recht der Ordnungswidrigkeiten zum Ausdruck kommenden Werturteile den Bereich des Gewissens in vielen Fällen nicht berücksichtigen*" (Begr. BT-Drucks. V/1269 S. 46; BGH 21, 18, 21 v. 27. 1. 1966; *Kohlmann* 45 zu § 377 AO). Welche Anforderungen zur Vermeidung des Verbotsirrtums zu stellen sind, hängt von den Umständen des Einzelfalls, namentlich der Persönlichkeit des Täters und seinem Lebens- und Berufskreis ab (*Göhler* 24, KKOWi-*Rengier* 57 zu § 11 OWiG). Bestehende oder erkennbare Zweifel lassen eine Prüfungs- und Erkundigungspflicht entstehen (*Rengier* aaO Rdn. 58). Besondere persönliche oder berufliche Erkenntnisfähigkeiten müssen eingesetzt werden (OLG Hamburg v. 8. 5. 1970, NJW 2037, 2039; KKOWi-*Rengier* 58, *Göhler* aaO zu § 11 OWiG).

15   **Der vorwerfbare Verbotsirrtum** kann bei der Bemessung der Geldbuße mildernd berücksichtigt werden (KKOWi-*Rengier* 125, *Göhler* 29 zu § 11 OWiG). Die für die Ahndung zuständige Stelle ist dabei nicht auf den Bußgeldrahmen für fahrlässiges (leichtfertiges) Handeln (§ 17 II OWiG) beschränkt (Begr. BT-Drucks. V/1269 S. 47). Über die Unterscheidung von Tatumstands- und Verbotsirrtum in Grenzfällen vgl. *Göhler* 30 ff., KKOWi-*Rengier* 10 ff. zu § 11 OWiG.

c) Fahrlässigkeit

16   Die Steuerordnungswidrigkeiten nach §§ 378–382 AO können leichtfertig (§§ 378–381 AO) oder fahrlässig (§ 382 AO) begangen werden. Da Leichtfertigkeit ein gesteigertes Maß der Fahrlässigkeit ist (Rdnr. 26 ff. zu § 378 AO), ist für alle Steuerordnungswidrigkeiten nach §§ 378–382 AO die Fahrlässigkeit von Bedeutung. Zwischen der fahrlässigen Straftat und der fahrlässigen Ordnungswidrigkeit bestehen keine dogmatischen Unterschiede. Lite-

III. Geltung des OWiG 17, 18 § 377

ratur und Rspr zum Fahrlässigkeitsdelikt sind daher auch für die fahrlässige Ordnungswidrigkeit von Bedeutung. Ebenso wie beim Vorsatzdelikt sind auch beim Fahrlässigkeitsdelikt die Stufen der Tatbestandsmäßigkeit, Rechtswidrigkeit und Schuld zu unterscheiden. Abgesehen davon, daß das Fahrlässigkeitsdelikt das Fehlen des Vorsatzes wenigstens in bezug auf ein Tatbestandsmerkmal und statt des Vorsatzes entsprechende Fahrlässigkeit voraussetzt, bestehen sonst zwischen Vorsatz- und Fahrlässigkeitsdelikt kaum Unterschiede.

Der Begriff der Fahrlässigkeit ist umstritten. Streitig ist zunächst die 17 Frage, ob die Fahrlässigkeit ein Merkmal des Tatbestandes (heute hM: *Welzel* S. 130, 175; *Stratenwerth* 1124 ff.; SK-*Samson* 6 ff. Anh zu § 16 StGB) oder der Schuld (*Dreher/Tröndle* 15 zu § 15 StGB; *Baumann/Weber/Mitsch* S. 492 f.) ist. Da die Eliminierung der Fahrlässigkeit aus dem Tatbestand dazu führte, daß die schlichte Erfolgsverursachung das Unrecht und damit die Rechtswidrigkeit des Verhaltens auch dann begründete, wenn die Erfolgsverursachung für den Täter unvermeidbar ist, ist die Zuordnung der Fahrlässigkeit zum Tatbestand vorzuziehen (*Samson* aaO). Die hM im Strafrecht zerlegt daher die Fahrlässigkeit in eine im Tatbestand angesiedelte generelle Sorgfaltswidrigkeit und eine individuelle Sorgfaltswidrigkeit, die die Schuld betrifft (so zB *Jescheck* S. 508 ff.; *Welzel* S. 131 f.). Generell sorgfaltswidrig sei ein Verhalten bereits dann, wenn ein gedachter – und mit bestimmten Kenntnissen ausgestatteter – Beobachter erkannt hätte, daß das Verhalten für das Schutzobjekt gefährlich sei. Ob dagegen auch der konkrete Täter diese Gefahr hätte erkennen können, sei erst in der Schuld von Bedeutung (individuelle Sorgfaltswidrigkeit). Für die generelle Sorgfaltswidrigkeit komme es auf das Leitbild eines „einsichtigen Menschen" aus dem Verkehrskreis des Täters an. Im Tatbestand ist daher zu prüfen, ob zB ein ordentlicher und einsichtiger Buchhalter oder ein gewissenhafter Steuerberater die Gefahr einer Steuerverkürzung erkannt hätte, sofern der Täter Buchhalter oder Steuerberater ist. Daß der Täter selbst wegen seiner unterdurchschnittlichen Fähigkeiten diese Einsicht nicht hätte gewinnen können, beseitigt nicht das Unrecht der Tat, sondern lediglich seine Schuld (bzw. Verantwortlichkeit). Demgegenüber will eine abw. Meinung bereits im Tatbestand allein die individuellen Fähigkeiten des Täters maßgeblich sein lassen (SK-*Samson* 12 ff. Anh zu § 16 StGB mwN). Weist der Täter unterdurchschnittliche Fähigkeiten und Kenntnisse auf, bestehen zwischen den verschiedenen Ansichten keine praktischen Unterschiede; entweder entfällt die Tatbestandsmäßigkeit oder die Schuld. Sofern der Täter jedoch überdurchschnittliche Fähigkeiten und Kenntnisse besitzt, kommt nur die abw. Meinung zu einem Fahrlässigkeitsdelikt, während die hM Fahrlässigkeit eigentlich ablehnen müßte (zum Streitstand s. *Samson* aaO).

Nach jeder Auffassung wird das Unrecht des fahrlässigen Delikts durch 18 die Rechtsfigur des **erlaubten Risikos** begrenzt. Da nahezu jedes menschliche Verhalten im sozialen Kontakt vorhersehbare Gefahren für strafrechtlich oder ordnungsrechtlich geschützte Güter begründet, würde ein generelles Verbot der Vornahme gefährlicher Handlungen einem allgemeinen Hand-

Joecks 479

lungsverbot nahekommen. Bestimmte Risiken werden daher vom Recht hingenommen. Dies gilt entgegen *Göhler* (27 Vor § 1 OWiG) nicht nur für Delikte, „*die ihrer Art nach in das Kriminalstrafrecht hineinragen*" (ähnlich KKO-Wi-*Rengier* 37 vor § 15, der freilich darauf verweist, daß in vielen Fällen der Tatbestand die Schaffung eines unerlaubten Risikos voraussetzt). Der Umfang dieses „*erlaubten Risikos*" läßt sich jedoch abstrakt kaum definieren. Er wird vor allem durch bestimmte Kunstregeln, die sich in einzelnen Verkehrskreisen herausgebildet haben, umrissen (SK-*Samson* 16 ff. Anh zu § 16 StGB mwN). Obwohl zB die Möglichkeiten von Fehlern bei jeder Warenbestandsaufnahme ohne weiteres erkennbar sind, handelt nicht rechtswidrig, wer die üblichen und als ausreichend anerkannten organisatorischen Vorkehrungen gegen Fehler getroffen hat. Auch das Verhalten von Angehörigen der steuerberatenden Berufe wird in stärkerem Maße von dem erlaubten Risiko als von der Erkennbarkeit von Fehlern bestimmt (Rdnr. 46 ff. zu § 378 AO).

d) Versuch

19 Versuchte Steuerordnungswidrigkeiten iSd §§ 378 ff. können mangels einer ausdrücklichen Vorschrift gem. § 13 II OWiG nicht geahndet werden. Im Bereich der in die Zuständigkeit der Zollbehörden fallenden Ordnungswidrigkeiten gibt es Ausnahmen (vgl. *Bender* Tz 135; HHSp-*Rüping* 26, *Leise/Dietz* 28 zu § 377 AO).

e) Beteiligung

20 Das OWiG verzichtet auf eine Unterscheidung zwischen dem Täter und den verschiedenen Formen der Teilnahme (Rdnr. 68 ff. zu § 369 AO). Stattdessen ist der Begriff des Einheitstäters eingeführt worden:

§ 14 OWiG Beteiligung

(1) [1]Beteiligen sich mehrere an einer Ordnungswidrigkeit, so handelt jeder von ihnen ordnungswidrig. [2]Dies gilt auch dann, wenn besondere persönliche Merkmale (§ 9 Abs. 1), welche die Möglichkeit der Ahndung begründen, nur bei einem Beteiligten vorliegen.

(2) Die Beteiligung kann nur dann geahndet werden, wenn der Tatbestand eines Gesetzes, das die Ahndung mit einer Geldbuße zuläßt, rechtswidrig verwirklicht wird oder in Fällen, in denen auch der Versuch geahndet werden kann, dies wenigstens versucht wird.

(3) [1]Handelt einer der Beteiligten nicht vorwerfbar, so wird dadurch die Möglichkeit der Ahndung bei den anderen nicht ausgeschlossen. [2]Bestimmt das Gesetz, daß besondere persönliche Merkmale die Möglichkeit der Ahndung ausschließen, so gilt dies nur für den Beteiligten, bei dem sie vorliegen.

(4) Bestimmt das Gesetz, daß eine Handlung, die sonst eine Ordnungswidrigkeit wäre, bei besonderen persönlichen Merkmalen des Täters eine Straftat ist, so gilt dies nur für den Beteiligten, bei dem sie vorliegen.

Täter einer Ordnungswidrigkeit ist jeder, der durch sein Verhalten dazu beiträgt, daß die Ordnungswidrigkeit begangen wird. Abw. vom Strafrecht

III. Geltung des OWiG   **21, 22**   **§ 377**

(Rdnr. 68 ff. zu § 369 AO) kommt es nicht darauf an, auf welche Weise und in welchem Umfang er sich an der Tat beteiligt. Die Einführung des einheitlichen Täterbegriffs soll die Rechtsanwendung erleichtern (Begr. BT-Drucks. V/1269 S. 48). Für eine Unterscheidung der Teilnahmeformen besteht im Ordnungsunrecht kein Bedürfnis, weil es keine von § 17 I OWiG abweichende Mindestbußgelddrohung mehr gibt; ausf. zum Einheitstäterbegriff im OWiG: *Cramer* NJW 1969, 1929; *Dreher* NJW 1970, 217; *Kienapfel* JuS 1974, 1 und NJW 1983, 2236; *Seier* JA 1990, 342.

Als Beteiligter handelt nur, wer an einer nicht nur allein von ihm begangenen Tat bewußt und gewollt (vorsätzlich) mitwirkt. Wer nur fahrlässig (leichtfertig) verursacht, daß ein anderer eine Vorsatztat begeht, ist nicht Beteiligter iS des § 14 OWiG (*Koch/Scholtz/Himsel* 14, *Leise/Dietz* 23 f. zu § 377 AO). Beteiligung kann jedoch vorliegen, wenn jemand vorsätzlich verursacht, daß ein anderer eine Tat ausführt, der selbst nicht vorsätzlich handelt (str.; BGH v. 6. 4. 1983, wistra 161; *Göhler* wistra 1983, 242; *Kohlmann* 31 zu § 377 AO). Dabei wird man in Anlehnung an *Göhler* differenzieren müssen: Kann der Tatbestand von jedermann erfüllt werden, so ist jeder Beteiligter, der die Erfüllung des Tatbestands vorsätzlich verursacht, gleichgültig, ob andere Personen vorsätzlich oder unvorsätzlich gehandelt haben (*Göhler* 5 c zu § 14). Setzt die Tatbestandserfüllung eine besondere Pflichtenstellung voraus, und weist nur der Tatmittler die Sondereigenschaft auf, nicht jedoch sein „Hintermann", würde das Ordnungswidrigkeitenrecht in einen Wertungswiderspruch zum Strafrecht geraten, so daß hier eine Ahndbarkeit entfällt (*Göhler* aaO 5 b zu § 14 OWiG; *Stelzl* 1990, 63; HHSp-*Rüping* 27 zu § 377 AO). Der Begriff der Beteiligung erfaßt also unmittelbare und mittelbare Täterschaft (Rdnr. 69 ff. zu § 369 AO), Mittäterschaft (Rdnr. 76 zu § 369 AO), Anstiftung (Rdnr. 77 zu § 369 AO) und Beihilfe (Rdnr. 77 zu § 369 AO), ohne daß im einzelnen eine Abgrenzung erforderlich ist. Die Ahndung der Beteiligung setzt eine rechtswidrige Handlung voraus (§ 14 II OWiG). Die Beteiligung selbst muß vorwerfbar sein; daß alle Beteiligten vorwerfbar gehandelt haben, ist nicht erforderlich (§ 14 III 1 OWiG). Eine erfolglose Beteiligung (zB das Verabreden zu einer Ordnungswidrigkeit) kann nicht geahndet werden (anders § 30 StGB).   **21**

Besondere persönliche Merkmale (§ 14 I 2 OWiG; s. auch Rdnr. 24), welche die Möglichkeit der Ahndung begründen, brauchen nur bei einem der Beteiligten gegeben zu sein. Fehlen sie bei allen, kann der Bußgeldtatbestand nicht erfüllt werden. Eine dem § 28 I StGB entsprechende Vorschrift gibt es im OWiG nicht. Da eine von § 17 I OWiG abweichende Mindestgeldbuße nicht vorgeschrieben ist, kann das Fehlen persönlicher Merkmale bei der Bemessung der Geldbuße mildernd berücksichtigt werden oder im Rahmen des Opportunitätsprinzips (§ 47 OWiG) sogar dazu führen, daß von der Verfolgung abgesehen wird (Begr. BT-Drucks. V/1269 S. 49). Ahndungsausschließende persönliche Merkmale kommen nur dem Beteiligten zugute, bei dem sie vorliegen (§ 14 III 2 OWiG).   **22**

f) Handeln für einen anderen

§ 9 OWiG Handeln für einen anderen

(1) Handelt jemand
1. als vertretungsberechtigtes Organ einer juristischen Person oder als Mitglied eines solchen Organs,
2. als vertretungsberechtigter Gesellschafter einer Personenhandelsgesellschaft oder
3. als gesetzlicher Vertreter eines anderen,

so ist ein Gesetz, nach dem besondere persönliche Eigenschaften, Verhältnisse oder Umstände (besondere persönliche Merkmale) die Möglichkeit der Ahndung begründen, auch auf den Vertreter anzuwenden, wenn diese Merkmale zwar nicht bei ihm, aber bei dem Vertretenen vorliegen.

(2) ¹Ist jemand von dem Inhaber eines Betriebes oder einem sonst dazu Befugten
1. beauftragt, den Betrieb ganz oder zum Teil zu leiten, oder
2. ausdrücklich beauftragt, in eigener Verantwortung Aufgaben wahrzunehmen, die den Inhaber des Betriebes obliegen,

und handelt er auf Grund dieses Auftrages, so ist ein Gesetz, nach dem besondere persönliche Merkmale die Möglichkeit der Ahndung begründen, auch auf den Beauftragten anzuwenden, wenn diese Merkmale zwar nicht bei ihm, aber bei dem Inhaber des Betriebes vorliegen. ²Dem Betrieb im Sinne des Satzes 1 steht das Unternehmen gleich. ³Handelt jemand auf Grund eines entsprechenden Auftrages für eine Stelle, die Aufgaben der öffentlichen Verwaltung wahrnimmt, so ist Satz 1 sinngemäß anzuwenden.

(3) Die Absätze 1 und 2 sind auch dann anzuwenden, wenn die Rechtshandlung, welche die Vertretungsbefugnis oder das Auftragsverhältnis begründen sollte, unwirksam ist.

23   Im Recht der Steuerordnungswidrigkeiten hat § 9 OWiG – anders als die entsprechende Regelung des § 14 StGB – nicht unerhebliche Bedeutung (aM *Bender* Tz 136, *Leise/Dietz* 19 u. *Kohlmann* 38 zu § 377 AO). Zahlreiche steuerliche Pflichtnormen wenden sich entweder ausdrücklich („*Arbeitgeber*", „*Betriebsinhaber*", „*Unternehmer*", „*Gestellungspflichtiger*") oder nach dem Sachzusammenhang nur an einen bestimmten Personenkreis. Diese Personen handeln selten selbst. Sie können also nicht zur Verantwortung gezogen werden (über die Verantwortlichkeit des Normadressaten s. Rdnr. 53 ff.). Ohne eine ausdrückliche Regelung könnte auch der Handelnde nicht verantwortlich gemacht werden, weil die besonderen persönlichen Merkmale in seiner Person nicht gegeben sind (vgl. auch § 214 AO). Diese Lücke schließt § 9 OWiG. Die Vorschrift steht in einem inneren Zusammenhang mit den §§ 30, 130 OWiG (*Göhler* 2, *KKOWi-Cramer* 4 zu § 9 OWiG); s. Rdnr. 40 ff.

24   **§ 9 OWiG setzt besondere persönliche Merkmale** des Normadressaten voraus. Dazu rechnet im Steuerstrafrecht zB die Stellung als Arbeitgeber, Inhaber des Betriebes, Unternehmer, Hersteller, Lagerinhaber, Tierhalter, Erlaubnisscheinnehmer, Einführer, Tabakpflanzer usw. Die gesetzlichen Vertreter einer juristischen Person (Vorstand oder Geschäftsführer) sowie die vertretungsberechtigten Gesellschafter einer Personenhandelsgesellschaft (zB Komplementär) müssen sich so behandeln lassen, als lägen die persönlichen Merkmale auch bei ihnen vor. Gleiches gilt für allgemeine gesetzliche

III. Geltung des OWiG 25–27 § 377

Vertreter, vor allem Eltern und Vormünder, sowie „Parteien kraft Amtes", wie Konkurs- und Vergleichsverwalter (vgl. K. *Schmidt* wistra 1990, 136), Liquidatoren, Testamentsvollstrecker und Nachlaßverwalter (*Göhler* 12 zu § 9 OWiG). Vertreter von nichtrechtsfähigen Vereinen oder Gesellschaften des bürgerlichen Rechts fallen nicht unter § 9 I OWiG (*Göhler* 11 zu § 9 OWiG). Gewillkürte Vertreter, zB Angehörige der steuerberatenden Berufe, können nur unter den einschränkenden Voraussetzungen des § 9 II OWiG verantwortlich gemacht werden (Rdnr. 26).

Betriebsleiter ist derjenige, dem die selbständige Leitung eines Betriebes 25 oder eines organisatorisch abgegrenzten Teilbetriebes übertragen worden ist, ohne daß es auf die Bezeichnung „Betriebsleiter" ankommt; entscheidend ist vielmehr der sachliche Gehalt des Auftrags (*Göhler* 19 zu § 9 OWiG). Ein Prokurist kann ebenso Betriebsleiter sein wie zB ein „Direktor". § 9 II Nr. 2 OWiG ist nur anwendbar, wenn ein ausdrücklicher Auftrag festgestellt werden kann. Die Gleichstellungsklausel (§ 9 II 2 OWiG) soll gewährleisten, daß alle Einrichtungen erfaßt werden, die als Betrieb oder Unternehmen angesehen werden können (*Göhler* 42 zu § 9 OWiG). Eine eindeutige Abgrenzung ist schwierig und nicht erforderlich. Die Rechtswirksamkeit der Vertretungsbefugnis (zB fehlende Eintragung im Handelsregister) oder des Auftragsverhältnisses (zB Nichtigkeit eines Vertrages mit einem nicht zur Hilfeleistung in Steuersachen Befugten) ist gem. § 9 III OWiG unerheblich.

Sonstige Beauftragte sind dann Adressaten der den Betriebsinhaber tref- 26 fenden Pflichten, wenn sie ausdrücklich beauftragt sind, in eigener Verantwortung Aufgaben wahrzunehmen, die dem Inhaber des Betriebes obliegen. Diese Voraussetzungen kann auch eine Person erfüllen, die nicht dem Betrieb angehört (*Göhler* 23 zu § 9 OWiG). Mit der Wahrnehmung betrieblicher Aufgaben können z. B. auch Steuerberater, Rechtsanwälte und Wirtschaftsprüfer beauftragt sein (vgl. *Göhler* 23, KKOWi-*Cramer* 49 zu § 9 OWiG). Eine rein beratende Tätigkeit reicht insoweit allerdings nicht aus, da Vertreter iSd Nr. 2 nur sein kann, wer zu eigenverantwortlichen Entscheidungen für den Betrieb legitimiert ist (KKOWi-*Cramer* 49 zu § 9 OWiG).

g) Rechtfertigungsgründe

Die Rechtswidrigkeit einer Handlung ist regelmäßig gegeben, wenn diese 27 den Tatbestand erfüllt (*Göhler* 20 vor § 1 OWiG). Ein Unterlassen ist rechtswidrig, wenn der Täter seine Rechtspflicht zum Handeln vernachlässigt hat (Rdnr. 96 zu § 369 AO). Rechtfertigungsgründe (§§ 15, 16 OWiG) sind im Bereich der Steuerordnungswidrigkeiten selten; im Einzelfall können Notstand (§ 16 OWiG) und Pflichtenkollision eingreifen (vgl. *Göhler* 25 vor § 1 OWiG). In Betracht kommen vor allem behördliche Erlaubnisse durch allgemeine Verwaltungsanordnung oder durch Einzelverfügung, zB Stundung einbehaltener LSt (vgl. § 380 AO; zust. HHSp-*Rüping* 21 zu § 377 AO), soweit sie vor der Handlung erteilt wurden (Rdnr. 20 zu § 380 AO). War die Behörde nicht zuständig, bleibt die Handlung zwar rechtswidrig, kann aber uU im Einzelfall nicht vorwerfbar sein (Rdnr. 14f.). Ist nur die unerlaubte

§ 377 28–30   Steuerordnungswidrigkeiten

Handlung mit Geldbuße bedroht, handelt der Täter, der eine Erlaubnis hat, gar nicht tatbestandsmäßig (*Göhler* 22 vor § 1 OWiG).

h) Geldbuße

28   Über den Rahmen sowie die Zumessung der Geldbuße bestimmt:

§ 17 OWiG Höhe der Geldbuße

(1) Die Geldbuße beträgt mindestens fünf Deutsche Mark und, wenn das Gesetz nichts anderes bestimmt, höchstens tausend Deutsche Mark.

(2) Droht das Gesetz für vorsätzliches und fahrlässiges Handeln Geldbuße an, ohne im Höchstmaß zu unterscheiden, so kann fahrlässiges Handeln im Höchstmaß nur mit der Hälfte des angedrohten Höchstbetrages der Geldbuße geahndet werden.

(3) ¹Grundlage für die Zumessung der Geldbuße sind die Bedeutung der Ordnungswidrigkeit und der Vorwurf, der den Täter trifft. ²Auch die wirtschaftlichen Verhältnisse des Täters kommen in Betracht; bei geringfügigen Ordnungswidrigkeiten bleiben sie jedoch in der Regel unberücksichtigt.

(4) ¹Die Geldbuße soll den wirtschaftlichen Vorteil, den der Täter aus der Ordnungswidrigkeit gezogen hat, übersteigen. ²Reicht das gesetzliche Höchstmaß hierzu nicht aus, so kann es überschritten werden.

Die höchstzulässige Geldbuße bei Steuerordnungswidrigkeiten richtet sich nicht unmittelbar nach § 17 I OWiG. Sie beträgt – mit der Einschränkung des § 17 II OWiG – bei § 378 und bei § 383 AO 100.000 DM, sonst 10.000 DM. Geldbuße und Zwangsmittel (§ 328 AO) sind nebeneinander zulässig. Ein Zwangsgeld kann aber bei der Zumessung der Geldbuße berücksichtigt werden (ähnl. BVerfG 21, 378, 388 v. 2. 5. 1967, betr. Kriminal- und Disziplinarstrafen).

29   § 17 III OWiG bestimmt, daß auch die **Bedeutung der Ordnungswidrigkeit** und der Vorwurf, der den Täter trifft, Grundlagen für die Zumessung der Geldbuße sind. Die Bedeutung der Ordnungswidrigkeit wird durch den „*sachlichen Umfang der Tat*" (Begr. BT-Drucks. V/1269 S. 51) bestimmt. Das Nichtabführen von Steuerabzugsbeträgen (§ 380 AO) wiegt zB ungleich schwerer als das Nichtanhalten bei zollamtlicher Überwachung (§ 382 I Nr. 1 AO iVm § 31 II Nr. 1 ZVG). Das vorwerfbare Verhalten des Täters wird bei erstmaligen Zuwiderhandlungen oder bei einer nur geringfügigen Beteiligung (Rdnr. 22) weniger gewichtig sein als bei wiederholter Mißachtung des geschützten Rechtsgutes. Im übrigen gelten für die Bemessung der Geldbuße die gleichen Grundsätze wie bei der Strafzumessung (Rdnr. 129 ff. zu § 369 AO).

30   Nach § 17 IV OWiG soll die Geldbuße den **wirtschaftlichen Vorteil** übersteigen, den der Täter aus der Ordnungswidrigkeit gezogen hat. Die Vorschrift ersetzt für das OWiG den im StGB gesondert geregelten Verfall (§§ 73 ff. StGB). Zu diesem Zweck kann gem. § 17 IV 2 OWiG das gesetzliche Höchstmaß der Geldbuße überschritten werden. Wieweit der nachträgliche Wegfall des Vorteils zu berücksichtigen ist, ist umstritten. *Göhler* (10. Aufl., 39, 42 zu § 17 OWiG mwN) lehnte dies ab, während *Peltzer* (DB 1977, 1445; differenzierend BayObLG v. 29. 5. 1980, DB 2081) sämtliche den Vorteil kompensierende Nachteile abziehen will. Diese für Steuerord-

III. Geltung des OWiG 31–33 § 377

nungswidrigkeiten praktisch bedeutsame Frage ist is der Auffassung *Peltzers* zu beantworten. Einmal entspricht sie der Regelung für den Verfall in § 73 I 2 StGB, zum anderen ist das Argument *Göhlers* (10. Aufl., 39 zu § 17 OWiG), die Berücksichtigung des nachträglichen Wegfalls des Vorteils beseitige das gesteigerte Täterrisiko, schon deshalb unrichtig, weil die nach § 17 III OWiG zugemessene Geldbuße bleibt. Zwischenzeitlich hat auch *Göhler* (39 zu § 17 OWiG) sich dieser Auffassung angeschlossen. Er verweist dabei zu Recht darauf, daß die Entscheidung des Bundesverfassungsgerichts (BVerfG 81, 228 v. 23. 1. 1990) zur Gewinnabschöpfung bzw. der allgemeine Gleichheitssatz es gebieten, ggf. nur verbleibende Vorteile abzuschöpfen. Als wirtschaftlicher Vorteil ist also nur das anzusehen, was dem Täter nach Durchsetzung von Ersatzansprüchen bzw. Steuerzahlung verbleiben würde (*Peltzer* aaO; *Kohlmann* 56 zu § 377 AO). Maßgeblich ist dabei nur die rechtliche Existenz der Ansprüche, nicht dagegen, ob sie voraussichtlich geltend gemacht werden (BGH v. 15. 3. 1984, wistra 177; s. auch BayObLG aaO zur Berücksichtigung von Steuern).

Zinsersparnisse können wirtschaftlicher Vorteil isd § 17 IV OWiG sein. 31 Zwar kennt die AO über § 233a AO hinaus grundsätzlich keine Verzinsung von Steuern, soweit nicht eine vorsätzliche Steuerverkürzung vorliegt. Dennoch wird man eine Abschöpfung von Zinsvorteilen über den § 17 IV OWiG für zulässig erachten müssen. Zu beachten ist dabei, daß der Hinterziehungszinssatz von 6% pro Jahr insoweit nur Anhaltspunkt sein kann, weil über § 17 IV OWiG nicht dem Fiskus der Nachteil erstattet werden soll, sondern der wirtschaftliche Vorteil abgeschöpft wird (vgl. ASB 152). Es muß also im Einzelfall geprüft werden, inwiefern der Täter durch die Ordnungswidrigkeit Zinsvorteile, etwa in Form von Kapitalanlagen, gehabt hat oder entsprechende Sollzinsen ersparte; Zinsen gem. § 233a AO sind dabei gegenzurechnen (vgl. auch KKOWi-*Cramer* 141, *Göhler* 44 zu § 17 OWiG; HHSp-*Rüping* 30 zu § 377 AO).

Zahlungserleichterungen sind dem Betroffenen unter den Voraussetzun- 32 gen des § 18 OWiG von Amts wegen, also auch ohne Antrag, in der Bußgeldentscheidung zu gewähren (*Göhler* 1 zu § 18 OWiG). Über nachträgliche Zahlungserleichterungen vgl. § 93 OWiG. Solange eine Zahlungserleichterung bewilligt ist, ruht die Vollstreckungsverjährung (§ 34 IV Nr. 3 OWiG).

i) Zusammentreffen mehrerer Gesetzesverletzungen

Tateinheit liegt vor, wenn dieselbe Handlung (Rdnr. 108 ff. zu § 369 AO) 33 mehrere Tatbestände oder denselben Tatbestand mehrmals erfüllt (§ 19 I OWiG). Ebenso wie im Strafrecht (§ 52 StGB) wird in diesem Fall nur eine Sanktion verhängt, und zwar nach dem Gesetz, das die höchste Geldbuße androht (§ 19 II OWiG). Trifft die Ordnungswidrigkeit tateinheitlich mit einer Straftat zusammen, wird gem. § 21 I OWiG nur das Strafgesetz angewendet; die Handlung kann jedoch gem. § 21 II OWiG als Ordnungswidrigkeit geahndet werden, wenn eine Strafe – etwa wegen eines Verfahrenshindernisses – nicht verhängt wird.

§ 21 OWiG Zusammentreffen von Straftat und Ordnungswidrigkeit

(1) ¹Ist eine Handlung gleichzeitig Straftat und Ordnungswidrigkeit, so wird nur das Strafgesetz angewendet. ²Auf die in dem anderen Gesetz angedrohten Nebenfolgen kann erkannt werden.

(2) Im Falle des Absatzes 1 kann die Handlung jedoch als Ordnungswidrigkeit geahndet werden, wenn eine Strafe nicht verhängt wird.

Die Verfolgung einer Zuwiderhandlung als Straftat im Anschluß an einen rechtskräftigen Bußgeldbescheid (anders im Falle eines Urteils) ist zulässig (§ 84 II, § 86 OWiG, s. Begr. BT-Drucks. V/1269 S. 109; ferner *Göhler* 3f. zu § 84 OWiG).

Zum Dauerdelikt s. Rdnr. 56 zu § 378 AO.

34   Bei Tatmehrheit (Rdnr. 124 ff. zu § 369 AO) werden (anders § 53 StGB) gesonderte Geldbußen festgesetzt (§ 20 OWiG).

k) Einziehung

35   **Eine Einziehung als Nebenfolge einer Ordnungswidrigkeit** ist gem. § 22 I OWiG nur aufgrund ausdrücklicher gesetzlicher Ermächtigung zulässig (weitergehend § 74 I StGB, s. Rdnr. 42ff. zu § 375 AO). Bei den Steuerordnungswidrigkeiten der §§ 378–383 AO ist keine Einziehung zulässig, wohl aber gem. §§ 39, 33 AWG (*Bender* Tz 138; HHSp-*Rüping* 32 zu § 377 AO). Soweit in den Nebengesetzen eine ausdrückliche Einziehungsermächtigung besteht, greifen die Vorschriften der §§ 22, 24–29 OWiG ohne weiteres ein; nur die Anwendung des § 23 OWiG setzt eine zusätzliche Verweisung voraus. Die Anordnung der Einziehung in einem selbständigen Verfahren (§ 27 OWiG) ist ohne besondere Ermächtigung in einer anderen Vorschrift zulässig (*Göhler* 1 zu § 27 OWiG).

36   **Die Vorschriften des OWiG über die Einziehung** stimmen mit dem StGB idF des EGOWiG weitgehend wörtlich überein:

§ 22 II–III OWiG über die Voraussetzungen der Einziehung entspricht § 74 II–III StGB (Rdnr. 47 zu § 375 AO);

§ 23 OWiG über Dritteigentum entspricht § 74a StGB (Rdnr. 47 zu § 375 AO);

§ 24 OWiG über den Grundsatz der Verhältnismäßigkeit entspricht § 74b StGB (Rdnr. 65 ff. zu § 375 AO);

§ 25 OWiG über die Einziehung des Wertersatzes entspricht § 74c StGB (Rdnr. 69 ff. zu § 375 AO);

§ 26 OWiG über die Wirkung der Einziehung entspricht § 74e StGB (Rdnr. 86 ff. zu § 375 AO);

§ 27 OWiG über die selbständige Einziehung entspricht § 76a StGB (Rdnr. 81 ff. zu § 375; ferner Rdnr. 35);

§ 28 OWiG über Entschädigungen entspricht § 74f. StGB (Rdnr. 91 ff. zu § 375 AO);

§ 29 OWiG über Organe und Vertreter entspricht § 75 StGB (Rdnr. 56 ff. zu § 375 AO).

III. Geltung des OWiG　　　　　　　　　　　　　　　　37–39　§ 377

l) Verfall und Geldbuße gegen juristische Personen und Personenvereinigungen

§ 29a OWiG Verfall

(1) Hat der Täter für eine mit Geldbuße bedrohte Handlung oder aus ihr etwas erlangt und wird gegen ihn wegen der Handlung eine Geldbuße nicht festgesetzt, so kann gegen ihn der Verfall eines Geldbetrages bis zu der Höhe angeordnet werden, die dem Wert des Erlangten entspricht.

(2) Hat der Täter einer mit Geldbuße bedrohten Handlung für einen anderen gehandelt und hat dieser dadurch etwas erlangt, so kann gegen ihn der Verfall eines Geldbetrages bis zu der in Absatz 1 bezeichneten Höhe angeordnet werden.

(3) ^{1}Der Umfang des Erlangten und dessen Wert können geschätzt werden. ^{2}§ 18 gilt entsprechend.

(4) Wird gegen den Täter ein Bußgeldverfahren nicht eingeleitet oder wird es eingestellt, so kann der Verfall selbständig angeordnet werden.

Zweck der Regelung ist es, Vermögensvorteile abzuschöpfen, die durch 　37 eine mit Geldbuße bedrohte Handlung erlangt sind, soweit dies nicht schon mit der Festsetzung einer Geldbuße geschehen kann (*Göhler* 1 zu § 29a OWiG). Unmittelbarer Vermögensvorteil ist auch der einer Kapitalnutzung, zB der verkürzten Steuern, der allerdings durch etwaige Zinsansprüche gegen den Vorteilsempfänger gemindert oder ausgeglichen sein kann (*Göhler* 5 zu § 29a OWiG; *Brenner* StBp 1987, 72; *Dörn* StBp 1991, 89). Dementsprechend kann über § 29a OWiG eine Abschöpfung von Zinsvorteilen (s. Rdnr. 31) erfolgen. Ebenso wie bei § 17 IV OWiG sind aber Zinsansprüche des Fiskus nach den Regeln über die Vollverzinsung (§ 233a AO) gegenzurechnen.

Aus welchen Gründen die Ordnungswidrigkeit nicht geahndet werden 　38 **kann,** ist gleichgültig. So findet § 29a OWiG Anwendung, wenn von der Festsetzung einer Geldbuße nach § 47 abgesehen wird oder wenn aus Rechtsgründen, zB aufgrund einer Amnestie, die Handlung nicht verfolgt werden kann (*Göhler* 6 zu § 29a OWiG). Da auch der Rücktritt als persönlicher Ahndungsaufhebungsgrund der Verfallsanordnung nicht entgegensteht (SK-*Horn* 4 zu § 73 StGB; KKOWi-*Wilts* 6 zu § 29a OWiG), wird man § 29a OWiG auch für anwendbar halten, wenn eine Verfolgung der Steuerordnungswidrigkeit gem. § 378 AO wegen einer bußgeldbefreienden Selbstanzeige (§ 378 Abs. 3 AO) nicht mehr möglich ist.

Fehlt es an einer Verfahrenseinleitung oder wurde das Verfahren einge- 　39 stellt, kann der Verfall selbständig angeordnet werden (§ 29a IV OWiG). Dabei sind auch in diesem Verfahren alle Voraussetzungen festzustellen, die für einen Verfall iSd Abs. 1, 2 erfüllt sein müssen (KKOWi-*Wilts* 36 zu § 29a OWiG).

§ 30 OWiG Geldbuße gegen juristische Personen und Personenvereinigungen

(1) Hat jemand
1. als vertretungsberechtigtes Organ einer juristischen Person oder als Mitglied eines solchen Organs,

2. als Vorstand eines nicht rechtsfähigen Vereins oder als Mitglied eines solchen Vorstandes,
3. als vertretungsberechtigter Gesellschafter einer Personenhandelsgesellschaft oder
4. als Generalbevollmächtigter oder in leitender Stellung als Prokurist oder Handlungsbevollmächtigter einer juristischen Person oder einer in Nummer 2 oder 3 genannten Personenvereinigung

eine Straftat oder Ordnungswidrigkeit begangen, durch die Pflichten, welche die juristische Person oder die Personenvereinigung treffen, verletzt worden sind oder die juristische Person oder die Personenvereinigung bereichert worden ist oder werden sollte, so kann gegen diese eine Geldbuße festgesetzt werden.

(2) [1]Die Geldbuße beträgt
1. im Falle einer vorsätzlichen Straftat bis zu einer Million Deutsche Mark,
2. im Falle einer fahrlässigen Straftat bis zu fünfhunderttausend Deutsche Mark.
[2]Im Falle einer Ordnungswidrigkeit bestimmt sich das Höchstmaß der Geldbuße nach dem für die Ordnungswidrigkeit angedrohten Höchstmaß der Geldbuße.

(3) § 17 Abs. 4 und § 18 gelten entsprechend.

(4) [1]Wird wegen der Straftat oder Ordnungswidrigkeit ein Straf- oder Bußgeldverfahren nicht eingeleitet oder wird es eingestellt oder wird von Strafe abgesehen, so kann die Geldbuße selbständig festgesetzt werden. [2]Dies gilt jedoch nicht, wenn die Straftat oder Ordnungswidrigkeit aus rechtlichen Gründen nicht verfolgt werden kann; § 33 Abs. 1 Satz 2 bleibt unberührt.

(5) Die Festsetzung einer Geldbuße gegen die juristische Person oder Personenvereinigung schließt es aus, gegen sie wegen derselben Tat den Verfall nach den §§ 73 oder 73a des Strafgesetzbuches oder nach § 29a anzuordnen.

40 **Zweck des § 30 OWiG** ist, einen Ausgleich dafür zu ermöglichen, *„daß der juristischen Person, die nur durch ihre Organe zu handeln imstande ist, zwar die Vorteile dieser in ihrem Interesse vorgenommenen Betätigung zufließen, daß sie aber beim Fehlen einer Sanktionsmöglichkeit nicht den Nachteilen ausgesetzt wäre, die als Folge der Nichtbeachtung der Rechtsordnung im Rahmen der für sie vorgenommenen Betätigung eintreten können. Die juristische Person wäre dann gegenüber der natürlichen Person besser gestellt"* (Begr. BT-Drucks. V/1269 S. 59). Eine juristische Person oder Personenvereinigung ist jedoch einer Tat im natürlichen Sinn nicht fähig. Deshalb ist die Geldbuße gegen eine juristische Person die „Nebenfolge" der Tat einer natürlichen Person (Rdnr. 48).

41 Unter den **Begriff „juristische Person"** fallen alle Gebilde mit eigener Rechtspersönlichkeit (AG, GmbH, KGaA, Genossenschaft, eingetragener Verein), auch juristische Personen des öffentlichen Rechts (*Göhler* 2 zu § 30 OWiG mwN). Ihnen gleichgestellt sind der nichtrechtsfähige Verein (§ 54 BGB) sowie die Personenhandelsgesellschaften (KG, OHG). Indessen darf gegen Gesellschaften des bürgerlichen Rechts (§§ 705 ff. BGB) keine Geldbuße festgesetzt werden, da der vertretungsberechtigte Gesellschafter stets zugleich für sich selbst handelt, also eigene Pflichten verletzt.

42 **Als Täter** einer Handlung, welche die Rechtsfolgen des § 30 OWiG auslösen kann, kommen in Betracht:
– bei juristischen Personen das vertretungsberechtigte Organ oder dessen Mitglieder. Ob das Vorstandsmitglied nur in Gemeinschaft mit einem

III. Geltung des OWiG   43–47 § 377

anderen Vorstandsmitglied oder einem Prokuristen zur Vertretung befugt
ist, ist unerheblich (*Göhler* 13 zu § 30 OWiG);
- bei nichtrechtsfähigen Vereinen der Vorstand oder dessen Mitglieder;
- bei einer KG oder OHG deren vertretungsberechtigter Gesellschafter, bei
einer GmbH & Co. KG: die Geschäftsführer der Komplementär-GmbH
(BGH v. 1. 10. 1985, wistra 1986, 72; *Bender* Tz 138; *Göhler* 12 zu § 30
OWiG; *K. Schmidt*, wistra 1990, 136; krit. *Schmitt*, Lange-FS, 879; *Hermanns/Kleier* S. 28 f.).

Generalbevollmächtigte unterfallen der Regelung ebenfalls, Prokuristen 43
oder Handlungsbevollmächtigte nur, wenn sie in leitender Stellung tätig
sind. Die Erweiterung um die Nr. 4, die mit dem zweiten Gesetz zur Bekämpfung der Umweltkriminalität (v. 27. 6. 1994, BGBl. 1994 I, 1440)
eingefügt worden ist, ist auf Ordnungswidrigkeiten anwendbar, die nach
dem 31. 10. 1994 begangen wurden (zur alten Fassung Voraufl. vor 34 zu
§ 377 AO). Vorausgesetzt ist jedoch, daß diese Personen für eine juristische
Person oder eine Personenvereinigung iSd Nr. 2, 3 tätig geworden sind.

Das Merkmal „vertretungsberechtigt" soll die in Betracht kommenden 44
Täter gegen die Mitglieder anderer Organe (zB Aufsichtsrat, Mitgliederversammlung) abgrenzen. Auf die rechtsgeschäftliche Vertretungsbefugnis im
Einzelfall kommt es nicht an (*Göhler* 13 zu § 30 OWiG). Handlungen minder
qualifizierter Vertreter reichen nicht aus. Bei Handlungen dieser Personen
kann § 30 OWiG aber als Nebenfolge einer Ordnungswidrigkeit gem. § 130
OWiG (Rdnr. 53 ff.) anwendbar sein.

Der Verantwortliche (Rdnr. 42 ff.) muß eine Straftat oder Ordnungswid- 45
rigkeit begangen, also rechtswidrig und vorwerfbar gehandelt haben, und
zwar in seiner Eigenschaft „als" Organ, nicht im eigenen Interesse. Diese
Handlung muß zu einer Pflichtverletzung (Rdnr. 46) oder zu einer Bereicherung führen (Rdnr. 47).

„Pflichten" sind nur solche, „*die sich für die juristische Person und Personen-* 46
vereinigung aus dem besonderen Wirkungskreis ergeben", also namentlich die „*betriebsbezogenen Pflichten*" (Begr. BT-Drucks. V/1269 S. 60). Dazu gehören
zB Pflichten, welche die juristische Person als Stpfl treffen, sowie die Pflichten als „*Arbeitgeber*", „*Hersteller*", „*Einführer*", „*Gewerbetreibender*" usw. Die
Aufsichtspflicht gem. § 130 OWiG (Rdnr. 53 ff.) ist ebenfalls eine „Pflicht"
iS des § 30 I Nr. 1 OWiG (*Göhler* 17 zu § 30 OWiG; *Bender* Tz 138; *FK-Achenbach* 74 Vor § 38 GWB).

Eine Bereicherung erfüllt den Tatbestand des § 30 I OWiG auch dann, 47
wenn keine betriebsbezogenen Pflichten (Rdnr. 46) verletzt worden sind
(KKOWi-*Cramer* 97 zu § 30 OWiG). Voraussetzung ist aber auch hier ein
innerer Zusammenhang zwischen der Tat des Verantwortlichen und dem
Wirkungsbereich des Vertretenen (*Göhler* 22 zu § 30 OWiG). Bei vorsätzlicher oder leichtfertiger Steuerverkürzung (§§ 370, 378 AO) oder bei Verletzung von Steuerabzugspflichten (§ 380 AO) ist regelmäßig eine Bereicherung der juristischen Person eingetreten. Hat der Verantwortliche einbehaltene Abzugsbeträge für sich verbraucht, greift § 30 I Nr. 1 OWiG
ein.

48 **Als Nebenfolge** der Straftat oder Ordnungswidrigkeit einer natürlichen Person wird die Geldbuße gegen eine juristische Person regelmäßig nicht in einem selbständigen Verfahren (s. aber Rdnr. 49), sondern im Verfahren gegen die betroffene natürliche Person festgesetzt. Über das Verfahren vgl. § 88 OWiG, § 444 StPO.

49 **Eine selbständige Festsetzung der Geldbuße ist möglich,** wenn das Verfahren gegen eine bestimmte Person nicht durchgeführt werden kann oder eingestellt worden ist oder wenn das Gericht von Strafe absieht (§ 30 IV OWiG). Auch in diesem Fall ist die Feststellung erforderlich, daß ein Verantwortlicher iSd § 30 I OWiG eine vorwerfbare Zuwiderhandlung begangen hat (BGH v. 8. 2. 1994, NStZ 346; OLG Düsseldorf v. 16. 11. 1995, wistra 1996, 88; *Bender* Tz 138, 2 d; *Göhler* 40 zu § 30 OWiG). Nicht nötig ist die Feststellung, welcher von verschiedenen Verantwortlichen die Ordnungswidrigkeit begangen hat, sofern nur sicher ist, daß es sich jedenfalls um ein Organ bzw. einen Vertreter iS von Abs. 1 Nr. 4 handelte (vgl. auch BGH 37, 106 v. 6. 7. 1990; *Kohlmann* 68 zu § 377 AO). Die Vorschrift findet also insbesondere dann Anwendung, wenn nicht aufgeklärt werden kann, welchem von mehreren Verantwortlichen iSd Abs. 1 eine Verletzung der Pflichten zur Last fällt (*Bender* aaO; vgl. BGH v. 8. 2. 1994, NStZ 346). Kann die Tat aus rechtlichen Gründen nicht verfolgt werden, ist die Festsetzung der Geldbuße im selbständigen Verfahren unzulässig (Abs. 4 Satz 2). Dies gilt auch für die Verjährung der Handlung des Verantwortlichen, soweit sie vor der Einleitung des selbständigen Verfahrens eingetreten ist (OLG Frankfurt v. 18. 11. 1991, NStZ 1992, 193; *Göhler* 42 zu § 30 OWiG). Kann die Tat wegen einer wirksamen Selbstanzeige (§§ 371, 378 Abs. 3 AO) nicht mehr verfolgt werden, ist eine selbständige Festsetzung einer Geldbuße gem. § 30 IV OWiG ebenfalls nicht möglich (*Leise/Dietz* 45 zu § 377 AO). In diesen Fällen bleibt freilich der Weg über den Verfall gem. § 29a OWiG (Rdnr. 37ff.). Auch bei Beteiligung mehrerer Organe an der Straftat oder Ordnungswidrigkeit kann gegen das Unternehmen nur *eine* Geldbuße festgesetzt werden (*Kohlmann* 68 zu § 377 AO; *Göhler* 27 b zu § 30 OWiG; *Bauer* wistra 1992, 47).

50 **Das Opportunitätsprinzip** gilt für die Festsetzung der Geldbuße (arg.: „... kann") ebenso wie für die Verfolgung der Ordnungswidrigkeit gem. § 47 OWiG. Danach *„sollte im Einzelfall geprüft werden, welche Sanktion ausgesprochen worden wäre, wenn das Organ die Tat als Einzelunternehmer begangen hätte"* (*Göhler* 35 zu § 30 OWiG). Diese Bewertung kann dazu führen, das Verfahren gegen den Verantwortlichen einzustellen und gegen die juristische Person oder Personenvereinigung ein selbständiges Verfahren (Rdnr. 49) zu betreiben.

51 **Die Geldbuße** beträgt bei Steuerordnungswidrigkeiten mindestens 5 DM, höchstens 100.000 DM; bei Straftaten mindestens 5 DM, höchstens 100.000 DM bei Vorsatz oder 50.000 DM bei Fahrlässigkeit. Diese Summen können über § 17 IV OWiG (Rdnr. 28 ff.) überschritten werden (§ 30 III OWiG).

52 **Die Verjährung der Verfolgung** der Straftat oder Ordnungswidrigkeit schließt auch die Festsetzung einer Geldbuße gem. § 30 OWiG aus (§ 31 I OWiG; Rdnr. 49).

III. Geltung des OWiG   53, 54   § 377

3. Verletzung der Aufsichtspflicht in Betrieben und Unternehmen

§ 130 OWiG

(1) ¹Wer als Inhaber eines Betriebes oder Unternehmens vorsätzlich oder fahrlässig die Aufsichtsmaßnahmen unterläßt, die erforderlich sind, um in dem Betrieb oder Unternehmen Zuwiderhandlungen gegen Pflichten zu verhindern, die den Inhaber als solchen treffen und deren Verletzung mit Strafe oder Geldbuße bedroht ist, handelt ordnungswidrig, wenn eine solche Zuwiderhandlung begangen wird, die durch gehörige Aufsicht verhindert oder wesentlich erschwert worden wäre. ²Zu den erforderlichen Aufsichtsmaßnahmen gehören auch die Bestellung, sorgfältige Auswahl und Überwachung von Aufsichtspersonen.

(2) Betrieb oder Unternehmen im Sinne des Absatzes 1 ist auch das öffentliche Unternehmen.

(3) ¹Die Ordnungswidrigkeit kann, wenn die Pflichtverletzung mit Strafe bedroht ist, mit einer Geldbuße bis zu einer Million Deutsche Mark geahndet werden. ²Ist die Pflichtverletzung mit Geldbuße bedroht, so bestimmt sich das Höchstmaß der Geldbuße wegen der Aufsichtspflichtverletzung nach dem für die Pflichtverletzung angedrohten Höchstmaß der Geldbuße.

Schrifttum: *Demuth/Schneider,* Die besondere Bedeutung des Gesetzes über Ordnungswidrigkeiten für Betrieb und Unternehmen, BB 1970, 642; *Schünemann,* Strafrechtsdogmatische und kriminalpolitische Grundfragen der Unternehmenskriminalität, wistra 1982, 41; *Hermanns/Kleier,* Grenzen der Aufsichtspflicht in Betrieben und Unternehmen, 1987; *Brender,* Die Neuregelung der Verbandstäterschaft im Ordnungswidrigkeitenrecht, 1989; *Kohlmann/Ostermann,* Die Verletzung der Aufsichtspflicht in Betrieben und Unternehmen – Pläne für eine verfassungswidrige Reform, wistra 1990, 121; *Rogall,* Dogmatische und kriminalpolitische Probleme der Aufsichtspflichtverletzung in Betrieben und Unternehmen (§ 130 OWiG), ZStW 98, 573; *Achenbach,* Die Sanktionen gegen die Unternehmensdelinquenz im Umbruch, JuS 1990, 601; *Dörn,* Anwendung der §§ 130, 30 und 29a OWiG im Steuerordnungswidrigkeitenverfahren, StBp 1991, 87; *Maschke,* Die Sanktionierung von Verstößen gegen die Aufsichtspflicht in Betrieben und Unternehmen, 1996.

Zweck des § 130 OWiG ist eine abschließende, für alle Ordnungswidrigkeiten einheitlich geltende Regelung der bußgeldrechtlichen Verantwortlichkeit des Geschäftsherrn bei Vernachlässigung seiner Aufsichtspflicht (Begr. BT-Drucks. V/1269 S. 67). Die Regelung gilt mithin auch im Bereich des Steuerstraf- und -ordnungswidrigkeitenrechts (Rdnr. 54). Der Gesetzgeber wollte mit dieser Vorschrift eine Lücke schließen, die sich daraus ergeben kann, daß Adressat gewisser Pflichtnormen lediglich der Betriebsinhaber ist, dieser aber andere für sich handeln läßt. Jenem Dritten sind zwar gem. § 9 OWiG unter gewissen Voraussetzungen bestimmte persönliche Merkmale zuzurechnen. Die Geldbuße kann aber nur nach den (regelmäßig schwächeren) wirtschaftlichen Verhältnissen des Handelnden bemessen werden, und die Ursache der Gesetzesverletzung liegt häufig in einer mangelhaften Organisation des Betriebes. Wegen seiner garantenähnlichen Stellung ist der Betriebsinhaber dafür verantwortlich, daß die ihm obliegenden, sich aus der Führung des Betriebs ergebenden Pflichten beachtet werden (vgl. *Kohlmann* 107 zu § 377 AO; *Maschke* 1996, S. 13 ff.). 53

Demgegenüber verneinen *Suhr/Naumann/Bilsdorfer* (Rdnr. 413; krit. auch 54 *Kohlmann* 108 zu § 377 AO) die Anwendbarkeit des § 130 OWiG im Hinblick auf die Verletzung steuerlicher Pflichten. Nach ihrer Auffassung widerspricht die hier vertretene Auffassung dem Willen des Gesetzgebers. § 378 AO erfordere leichtfertiges Verhalten, es sei nicht angängig, sodann auf den durch leichte Fahrlässigkeit zu begehenden Tatbestand der Aufsichtspflichtverletzung zurückzugreifen. Der Katalog der steuerlichen Ordnungswidrigkeiten sei in den §§ 378 ff. AO abschließend und erschöpfend geregelt, also keiner Erweiterung zugänglich. Diese Auffassung verkennt jedoch, daß Regelungsgehalt des § 130 OWiG nicht die Verletzung steuerlicher Pflichten, sondern die Desorganistaion in einem Betrieb oder Unternehmen ist. Die Ahndbarkeit ergibt sich aus der garantenähnlichen Stellung, die der Betriebsinhaber hat (vgl. *Göhler* 2, KKOWi-*Cramer* 36 zu § 130 OWiG). Daß § 378 AO insofern Vorrang hat (*Koch/Scholz/Himsel* 35, *Kohlmann* 107 zu § 377 AO; *Schwarz/Weyand* 5 vor § 377 AO) bedeutet nicht, daß dies eine Anwendung des § 130 OWiG sperrte. Eine andere Frage ist, ob man nicht § 130 OWiG teleologisch dahingehend reduzieren muß, daß die Norm nicht anwendbar ist, wenn die Organisationsmängel sich allein auf den steuerlichen Bereich des Betriebes oder Unternehmens erstrecken oder in diesen Fällen nicht durchweg § 47 OWiG anwenden will, insbesondere dann, wenn etwa die eine vorsätzliche oder leichtfertige Steuerverkürzung durch einen Mitarbeiter nach Selbstanzeige (§§ 371, 378 Abs. 3 AO) nicht verfolgbar ist (vgl. *Bender* Tz 148, 6; *Leise/Dietz* 54 zu § 377 AO). Die Praxis reagiert auf die Ungereimtheiten im übrigen häufig dadurch, daß entweder nach § 30 IV OWiG verfahren wird oder über § 29a OWiG lediglich Zinsvorteile abgeschöpft werden, ohne daß ein Bußgeldbescheid gegen eine natürliche Person ergeht.

55 **Täter sein kann** der Inhaber eines Betriebes oder Unternehmens. Dem Inhaber stehen die in § 9 Abs. 1 OWiG bezeichneten Organe und Vertreter gleich, und zwar auch dann, wenn die Rechtshandlung, welche die Vertretungsbefugnis begründen sollte, unwirksam ist (§ 9 Abs. 3 OWiG). Der frühere § 130 Abs. 2 OWiG, der eine eigene Aufzählung tauglicher Täter enthielt, ist durch das 31. StrÄndG-2. UKG mit Wirkung vom 1. 11. 1994 aufgehoben worden (vgl. FK-*Achenbach* 56 Vor § 38 GWB). Täter einer Aufsichtspflichtverletzung können schließlich die in § 9 Abs. 2 OWiG genannten Beauftragten sein (*Göhler* 4 zu § 130 OWiG); die bisherige Eingrenzung in § 130 Abs. 2 Nr. 3 a. F. OWiG ist mit Wirkung zum 1. 11. 1994 entfallen (vgl. zur alten Fassung *Achenbach* in: FS-Stree/Wessels, 556 ff.). Dementsprechend sind nicht nur solche Personen erfaßt, die beauftragt wurden, den Betrieb oder das Unternehmen „ganz oder zum Teil zu leiten", sondern auch solche, die ausdrücklich beauftragt worden sind, in eigener Verantwortung (spezielle) Aufgaben wahrzunehmen. Auch in diesen Fällen kommt es gem. § 9 Abs. 3 OWiG auf die Wirksamkeit des Auftragsverhältnisses nicht an (vgl. FK-*Achenbach* 44 Vor § 38 GWB).

56 **Tathandlung** ist das Unterlassen der gebotenen Aufsichtsmaßnahmen. Eine Zuwiderhandlung gegen betriebliche Pflichten ist nur objektive Bedingung der Ahndbarkeit, muß also nicht vom subjektiven Tatbestand erfaßt sein (*Göhler* 16a zu § 130 OWiG; *Leise/Dietz* 54 zu § 377 AO; *Maschke*

1996, S. 65; OLG Frankfurt v. 6. 7. 1984, wistra 1985, 38). Zu den „erforderlichen" Aufsichtsmaßnahmen gehört gem. § 130 Abs. 1 Satz 2 OWiG auch die Bestellung, sorgfältige Auswahl und Überwachung von Aufsichtspersonen. Der Betriebsinhaber und die ihm gleichgestellten Personen können sich daher bei Fehlen von Aufsichtspersonen nicht darauf berufen, ihnen selbst sei eine „eigene" Beaufsichtigung nicht möglich gewesen (Organisationsmangel). Im übrigen hängt das Ausmaß der Aufsichtspflicht von der Größe der Organisation des Betriebes, von der „objektiven" Bedeutung der zu beachtenden Vorschriften und von den Überwachungsmöglichkeiten ab (OLG Düsseldorf v. 22. 5. 1990, wistra 1991, 38; KKOWi-*Cramer* 49 zu § 130 OWiG; FK-*Achenbach* 63 Vor § 38 GWB; Beispiele bei *Maschke* 1996, S. 39). Soweit der BGH (BGH 9, 319, 323 v. 11. 7. 1956) davon ausging, ein gelegentliches Aufsuchen der Angestellten genüge nicht; erforderlich sei eine ständige und unmittelbare Überwachung mit gelegentlichen Stichproben sowie eine fortlaufende Unterrichtung der Hilfskräfte über die einschlägige Rechtsentwicklung, trifft dies den Grad der anzulegenden Sorgfalt nur begrenzt. Aufsichtsmaßnahmen müssen objektiv erforderlich und zumutbar sein, überspannte Anforderungen sind nicht zulässig (*Göhler* 12 zu § 130 OWiG; KKOWi-*Cramer* 62 zu § 130 OWiG). Letztlich wird es auf die Größe des Unternehmens ankommen, inwiefern der Betriebsinhaber seinen Pflichten schon dann genügt, wenn er bestimmte Aufgabenbereiche auf zuverlässig ausgewählte Personen delegiert. So wird eine Pflicht zu gesteigerten Aufsichtsmaßnahmen dann bestehen, wenn in dem Betrieb bereits Unregelmäßigkeiten vorgekommen sind (*Göhler* 13 zu § 130 OWiG; *Tessin* BB 1987, 988), etwa im Rahmen einer Außenprüfung bereits bestimmte Beanstandungen erfolgt waren (vgl. *Schwarz/Weyand* 6 vor § 377 AO). In diesen Fällen muß sich der Betriebsinhaber vergewissern, daß die Monita der Außenprüfung auch in der Unternehmenspraxis beachtet werden.

Der subjektive Tatbestand setzt Vorsatz (Rdnr. 48 ff. zu § 369 AO) oder Fahrlässigkeit (Rdnr. 16 ff.) voraus. Die subjektiven Merkmale brauchen jedoch nur die mangelhafte Aufsicht zu umfassen, nicht dagegen deren Folge, nämlich die Verletzung betriebsbezogener Pflichten, sonst liegt in der Person des Aufsichtspflichtigen ggf. ein originärer vorsätzlicher oder fahrlässiger Verstoß gegen diese vor (vgl. *Maschke* 1996, S. 65). 57

Eine betriebsbezogene Pflicht muß verletzt worden sein (Begr. BT-Drucks. V/1269 S. 68). Steuerrechtliche Pflichten, die mit der Führung des Unternehmens zusammenhängen, sind stets „betriebsbezogen", nicht dagegen z.B. Vorgänge, welche die private VSt-Erklärung des Inhabers betreffen. Der Zuwiderhandelnde braucht nicht Betriebsangehöriger zu sein (*Göhler* 19 zu § 130 OWiG). Es genügt, daß er – mit oder ohne Auftrag – vorübergehend im Betrieb tätig ist, zB als freiberuflicher „Stundenbuchhalter". Auch eine Übernahme einer Gestellungspflicht durch den Spediteur kann dem § 130 OWiG genügen (OLG Düsseldorf v. 24. 4. 1991, wistra 275; *Göhler* 19 zu § 130 OWiG). Bei externen Mitarbeitern – etwa auch Steuerberatern – bedarf es allerdings sorgfältiger Prüfung, ob die hinreichende Möglichkeit einer Aufsicht überhaupt bestand (KKOWi-*Cramer* 95, 58

Göhler 19 zu § 130 OWiG). Die Feststellung eines *bestimmten* Täters ist nicht notwendig.

59 **Die Zuwiderhandlung gegen betriebliche Pflichten** muß „mit Strafe oder Geldbuße bedroht" sein (§ 130 Abs. 1 Satz 1 OWiG). Ob der Pflichtverletzer selbst vorwerfbar handelt, ist ohne Bedeutung. Die Pflichtverletzung muß jedoch rechtswidrig sein, weil nur dann eine „Zuwiderhandlung" vorliegt (*Göhler* 21 zu § 130 OWiG). Ist die Zuwiderhandlung nur bei vorsätzlicher Begehung mit Strafe oder Geldbuße bedroht, so muß der Zuwiderhandelnde mit Vorsatz gehandelt haben (str.; vgl. *Göhler* 21 zu § 130 OWiG; FK-*Achenbach* 62 Vor § 38 GWB mwN).

60 Die nötige **Beziehung zwischen unterlassener Aufsichtsmaßnahme und Zuwiderhandlung** ist gegeben, wenn letztere durch die gehörige Aufsicht verhindert oder wesentlich erschwert worden wäre. Die Feststellung, die gehörige Aufsichtsmaßnahme hätte die Zuwiderhandlung verhindert, setzt voraus, daß festgestellt ist, daß die Zuwiderhandlung bei entsprechenden Aufsichtsmaßnahmen mit an Sicherheit grenzender Wahrscheinlichkeit ausgeblieben wäre (BGH v. 24. 3. 1981, wistra 1982, 34; *Maschke* 1996, S. 73 ff.). Es gilt die Lehre vom Rechtswidrigkeitszusammenhang, nicht die Risikoerhöhungslehre (vgl. OLG Stuttgart v. 12. 4. 1986, wistra 1987, 35; *Göhler* 22 zu § 130 OWiG). Mit dem 2. Gesetz zur Bekämpfung der Umweltkriminalität ist der Wortlaut des § 130 I OWiG insoweit geändert worden, als es nunmehr ausreicht, daß die gehörige Aufsichtsmaßnahme die Zuwiderhandlung „wesentlich erschwert" hätte. Danach soll der Tatbestand bereits dann eingreifen, wenn die Aufsichtspflichtverletzung zu einer wesentlichen Gefahrenerhöhung hinsichtlich der später begangenen Zuwiderhandlung geführt hat (*Göhler* aaO). Inwiefern mit dieser Erweiterung des Tatbestandes gravierende Änderungen verbunden sind, erscheint zweifelhaft. Die Kombination aus Risikoerhöhungslehre und einer Anknüpfung an die betriebliche Zuwiderhandlung allein als objektive Bedingung der Ahndbarkeit ist verfassungsrechtlich nicht unproblematisch. Dem kann man nur gerecht werden, wenn man den Begriff „*wesentlich erschwert*" restriktiv interpretiert (*Maschke* 1996, S. 102 f.). Insoweit wird man voraussetzen müssen, daß die unterlassene Maßnahme (mit Sicherheit) geeignet war, die betriebsspezifische Zuwiderhandlungsgefahr zu beseitigen (FK-*Achenbach* 68 Vor § 38 GWB).

61 **Das Höchstmaß der Geldbuße** beträgt, falls die zugrundeliegende Pflichtverletzung mit Strafe bedroht ist, 100.000 DM. Ist die zugrundeliegende Zuwiderhandlung mit Geldbuße bedroht, so bestimmt sich das Höchstmaß der Geldbuße wegen der Aufsichtspflichtverletzung nach dem für jene Zuwiderhandlung angedrohten Höchstmaß (§ 130 IV OWiG iVm § 17 II OWiG). Dabei kann nach § 17 IV OWiG, § 29a II OWiG eine Abschöpfung des Vorteils erfolgen.

62 **Die Verjährung der Verletzung der Aufsichtspflicht** richtet sich grundsätzlich nach § 31 II OWiG. Obgleich die Aufsichtspflichtverletzung nach § 130 OWiG ein eigenständiges Delikt ist, ist die Dauer der Verjährungsfrist, ebenso wie die Berechnung der Höchstgeldbuße an die der Aufsichtspflicht-

III. Geltung des OWiG 63–65 § 377

verletzung zugrundeliegende Zuwiderhandlung gekoppelt (§ 130 IV, § 31 II OWiG; KKOWi-*Cramer* 106 zu § 130 OWiG). Dementsprechend beträgt sie regelmäßig 5 Jahre.

Wann die Verjährung beginnt, ist umstritten. Überwiegend wird davon 63 ausgegangen, sie beginne nicht vor Beendigung der letzten Zuwiderhandlung, durch die in dem Betrieb betriebsbezogene Pflichten verletzt wurden (BGH 32, 390 v. 9.7. 1984; BGH v. 6.11.1984, wistra 1985, 77; *Göhler* 30, KKOWi-*Cramer* 106 zu § 130 OWiG). Demgegenüber scheint *Bender* davon auszugehen, daß es sich um eine Dauerzuwiderhandlung handele, bei der die Verjährung erst beginne, wenn der ordnungswidrige Zustand abgestellt wird, was in der Regel erst dann geschehe, wenn die betriebsbezogenen Zuwiderhandlungen als Folge mangelnder Aufsicht bei einer amtlichen Prüfung oder Ermittlung aufgedeckt würden (*Bender* Tz 148, 5a). Dazwischen steht die Auffassung des BGH, eine Aufsichtspflichtverletzung sei zumindest solange nicht beendet, wie nach einer bestimmten Zuwiderhandlung „in nächster Zeit weitere Verstöße derselben Art zu befürchten sind" (WuW/E BGH 2100, 2102 „Schlußrechnung").

Zwar gehört die betriebsspezifische Zuwiderhandlungsgefahr zum Tatbe- 64 stand des § 130 OWiG, dennoch kann für die Verjährung nicht an die bloße Befürchtung weiterer Verstöße, sondern nur an die realen Zuwiderhandlungen angeknüpft werden, welche die Ahndbarkeit der Aufsichtspflichtverletzung konkret begründen (FK-*Achenbach* 71 Vor § 38 GWB; *Hermanns/Kleier* S. 99; *Dannecker* NStZ 1985, 56). Dementsprechend ist die Aufsichtspflichtverletzung beendet, wenn ein konkreter Verstoß als solcher beendet ist (vgl. aber *Göhler* wistra 1995, 300, 302). Daher kommt es maßgeblich auf die betroffene Steuerart an; so wird eine Zuwiderhandlung im Bereich der Lohnsteuer mit der Einreichung der entsprechenden Anmeldung, ein Verstoß im Bereich von Umsatzsteuer-Voranmeldung jedoch erst mit der Abgabe der unrichtigen Umsatzsteuer-Jahreserklärung beendet sein (vgl. Rdnr. 25 zu § 376 AO).

Sachlich zuständig für die Verfolgung und Ahndung einer Ordnungswid- 65 rigkeit isd § 130 OWiG, der eine Zuwiderhandlung gegen Steuergesetze zugrunde liegt, ist regelmäßig die Finanzbehörde iSd § 386 Abs. 1 Satz 2 AO (§ 131 III, § 36 I OWiG; § 409 iVm § 387 AO; vgl. *Bender* 148, 6; *Koch/Scholtz/Himsel* 34 zu § 377 AO).

§ 378 Leichtfertige Steuerverkürzung

(1) ¹Ordnungswidrig handelt, wer als Steuerpflichtiger oder bei Wahrnehmung der Angelegenheiten eines Steuerpflichtigen eine der in § 370 Abs. 1 bezeichneten Taten leichtfertig begeht. ²§ 370 Abs. 4 bis 7 gilt entsprechend.

(2) Die Ordnungswidrigkeit kann mit einer Geldbuße bis zu hunderttausend Deutsche Mark geahndet werden.

(3) ¹Eine Geldbuße wird nicht festgesetzt, soweit der Täter unrichtige oder unvollständige Angaben bei der Finanzbehörde berichtigt oder ergänzt oder unterlassene Angaben nachholt, bevor ihm oder seinem Vertreter die Einleitung eines Straf- oder Bußgeldverfahrens wegen der Tat bekanntgegeben worden ist. ²§ 371 Abs. 3 und 4 gilt entsprechend.

Schrifttum: s. vor Rdnr. 20, 26, 46, 54, 65

Übersicht

I. Allgemeines	6. Leichtfertigkeit steuerlicher Berater 46–53
1. Entstehungsgeschichte 1, 2	
2. Zweck und Bedeutung 3–5	III. Konkurrenzfragen
II. Tatbestand des § 378 I AO	1. Mehrfache leichtfertige Steuerverkürzung 54–59
1. Täterkreis 6–19	
2. Tathandlung, Kausalität und Erfolg 20–25	2. Verhältnis des § 378 AO zu anderen Straf- und Bußgeldtatbeständen 60–63
3. Subjektiver Tatbestand 26–37	
4. Einzelheiten zum Vorwurf leichtfertiger Handlungsweise .. 38–42	IV. Umfang des Bußgelds 64
	V. Selbstanzeige (§ 378 III AO).... 65–72
5. Rechtswidrigkeitszusammenhang 43–45	VI. Verfahrensfragen 73–76

I. Allgemeines

1. Entstehungsgeschichte

1 Schon vor der RAO 1919 enthielten die meisten Steuergesetze der Länder und des Reiches Vorschriften, in denen unbeabsichtigte Steuerverkürzungen mit einer minderen Multiplarstrafe oder mit einer betragsmäßig begrenzten, vom verkürzten Steuerbetrag unabhängigen „Ordnungsstrafe" bedroht waren. Dabei wurde zT die Beweislast für fehlenden Vorsatz dem Beschuldigten aufgebürdet, vgl. zB Art. 12 WürttEStG v. 19. 9. 1852 (RegBl. 230): „Wenn im Falle einer [Steuerverkürzung] der Angeschuldigte nachweist, daß er eine Steuergefährdung [iS von Hinterziehung] nicht habe verüben können oder wollen, so ist von der Centralsteuerbehörde ... anstatt der ... verwirkten Strafe eine Controllstrafe bis 30 fl. zu erkennen", ferner Art. 29 BadKapitalrentenStG (GVBl. 361): „Wird dargethan, daß die unterbliebene oder zu niedere Steuererklärung auf einem Versehen beruhe, so tritt ... statt der Strafe ... eine Ordnungsstrafe von höchstens dem einfachen Betrage der ... gar nicht oder zu wenig angesetzten Steuer ein"; ähnl. Art. 27 BadEStG v. 20. 6. 1884

I. Allgemeines   2 § 378

(GVBl. 321); *"Wird dargethan, daß eine der ... mit Strafe bedrohten Verfehlungen nur auf einem Versehen beruht, so tritt ... anstelle der ... angedrohten Strafe nur eine Ordnungsstrafe bis zu 300 Mark"*; Ant. 66 III BayEStG v. 19. 5. 1881 (GVBl. 441); *"Ist aus den obwaltenden Umständen anzunehmen, daß die Abgabe unrichtiger oder unvollständiger Erklärungen oder die Ertheilung unrichtiger oder unvollständiger Aufschlüsse nicht in der Absicht, die Steuer zu hinterziehen, erfolgte, so tritt eine Ordnungsstrafe bis zu hundert Mark ein"*; ähnl. Art. 68 III BayEStG v. 9. 6. 1899 (GVBl. 227); *"Ist als nachgewiesen anzusehen, daß ...eine Hinterziehung nicht beabsichtigt gewesen ist, dann ist eine Ordnungsstrafe bis zu 100 Mark zu verhängen ..."*; abw. § 66 II PreußEStG v. 24. 6. 1891 (GS 175); *"An die Stelle [der Strafe für Hinterziehung] tritt eine Geldstrafe von 20 bis 100 Mark, wenn aus den Umständen zu entnehmen ist, daß die unrichtige oder unvollständige Angabe oder die Verschweigung steuerpflichtigen Einkommens zwar wissentlich, aber nicht in der Absicht der Steuerhinterziehung erfolgt ist"*. Die Unterscheidung *"wissentlich, aber nicht absichtlich"* enthielt außer § 79 II PreußKAG v. 14. 7. 1893 (GS 152) u. a. auch Art. 74 III BayEStG v. 14. 8. 1910 (GVBl. 493); anders dagegen Art. 67 II OldenbEStG v. 12. 5. 1906 (GBl. 833); *"Ist die Falschmeldung zwar nicht wissentlich erfolgt, aber auf grobe Fahrlässigkeit zurückzuführen, so tritt eine Geldstrafe bis zu 100 Mark ein"*. Eine wenig überzeugende Lösung enthielt Art. 71 WürttEStG v. 8. 8. 1903 (RegBl. S. 261), nach dem wissentlich unrichtige Angaben nur mit Geldstrafe bis zu 300 Mark bedroht und dann die gleiche Strafe vorgesehen war, falls sich ein wissentliches Handeln nicht nachweisen ließ, aber festgestellt werden konnte, *"daß die unrichtige oder unvollständige Angabe oder die Verschweigung bei Anwendung der pflichtgemäßen Sorgfalt und Aufmerksamkeit hätte vermieden werden können"*. Außergewöhnlich war auch der dem § 67 I SächsEStG v. 22. 12. 1874 (GVBl. 471) nachgebildete § 70 SächsEStG v. 24. 7. 1900 (GVBl. 562), nach dem mit Geldstrafe bis zu 100 Mark belegt werden konnte, *"wer in den zum Zwecke der Einschätzung eines Einkommens ... oder der Verhandlung eines Rechtsmittels von ihm gemachten Angaben sich in wesentlichen Punkten Unrichtigkeiten zu Schulden kommen läßt, sofern diese zur Bestrafung [wegen Hinterziehung] nicht geeignet sind"*.

Entsprechende Vorschriften enthielten die Steuergesetze des Reiches zB in § 32/§ 43 BrauStG v. 31. 5. 1872 (RGBl. 153) /3. 6. 1906 (RGBl. 675). *"Kann der Angeschuldigte nachweisen, daß er eine Defraudation nicht habe verüben können oder eine solche nicht beabsichtigt gewesen sei, so findet nur eine Ordnungsstrafe [bis zu 50 Thalern/150 Mark] statt"*, ähnl. § 49 II ErbStG v. 3. 6. 1906 (RGBl. 654); *"Ist nach den obwaltenden Umständen anzunehmen, daß die rechtzeitige Erfüllung der Verpflichtung [zur Abgabe einer Steuererklärung] nicht in der Absicht, die Erbschaftssteuer zu hinterziehen, unterlassen worden ist, tritt statt der [Strafe für Hinterziehung] eine Ordnungsstrafe bis zu 150 Mark ein"*, ferner § 51 I ZuwachsStG v. 14. 2. 1911 (RGBl. 33), § 58 WehrbeitragsG u. § 78 BesitzStG v. 3. 7. 1913 (RGBl. 505, 524).

Mit § 367 RAO 1919 wurde erstmalig eine allgemeine Vorschrift über 2 **fahrlässige Steuerverkürzung eingeführt,** deren Strafdrohung gem. Art. VIII Nr. 6 der 3. StNotV v. 14. 2. 1924 (RGBl. I 74, 88) neu gefaßt wurde;

§ 378   3, 4

neu bekanntgemacht als § 402 RAO 1931. In der Neufassung gem. Art. I Nr. 2 und 3 G v. 11. 5. 1956 (BGBl. I 418) wurde in Absatz 1 die ursprüngliche Bezeichnung „*Steuergefährdung*" in „*fahrlässige Steuerverkürzung*" und das subjektive Merkmal „*fahrlässig*" in „*leichtfertig*" geändert sowie in Absatz 2 (leichtfertige Steuerumgehung) der Hinweis auf § 10 RAO 1931 gestrichen (Begr. BT-Drucks. I/1593 S. 4f.). Durch Art. 1 Nr. 15 des 2. **AOStrafÄndG** v. 12. 8. 1968 (BGBl. I 1953) wurde die Vorschrift als Bußgeldtatbestand neugefaßt, als § 404 RAO bezeichnet und mit einer Überschrift versehen. In Absatz 1 wurden die Worte „*oder als Vertreter*" im Hinblick auf § 50a StGB idF des Art. 1 Nr. 7 EGOWiG sowie die Worte „*wegen fahrlässiger Steuerverkürzung*" im Hinblick auf die Überschrift weggelassen. Auf einen besonderen Absatz über leichtfertige Steuerumgehung wurde – wie in § 392 RAO – verzichtet. Neu angefügt wurde Absatz 3 über die Selbstanzeige, dessen Vorläufer § 411 RAO 1931 war, sowie Absatz 4 über die Verfolgungsverjährung, der abw. von § 27 II Nr. 1 OWiG aF – wie vorher § 419 I RAO 1931 – eine 5-jährige Verjährungsfrist bestimmte (Begr. BT-Drucks. V/1812 S. 27). Durch Art. 161 EGStGB wurde § 404 IV RAO im Hinblick auf die generelle Regelung in § 410 RAO gestrichen. § 378 AO unterscheidet sich von § 404 RAO idF von Art. 161 EGStGB nur noch dadurch, daß die Tathandlungen nicht mehr selbständig, sondern durch Verweisung auf § 370 AO beschrieben werden. In diesem Sinne erfolgte durch Gesetz v. 21. 12. 1992 (BGBl I 2118) eine Änderung des § 378 I, 2. Hs, um die Norm einer Neuregelung in § 370 anzupassen.

2. Zweck und Bedeutung

3   § 378 AO schützt als Bußgeldtatbestand – wie vorher der Straftatbestand des § 402 RAO 1931 – das staatliche Interesse am vollständigen und rechtzeitigen Aufkommen der Steuern im ganzen (ausf. s. Einl 8) gegen leichtfertige Verkürzungen. Der objektive Tatbestand des § 378 AO stimmt in bezug auf Tathandlung und Erfolg mit dem objektiven Tatbestand der Steuerhinterziehung nach § 370 AO überein, jedoch sind Amtsträger und Auskunftspersonen aus dem Täterkreis ausgenommen (Rdnr. 6). Nach dem subjektiven Tatbestand wird der Schutz des vollen Steuerertrags durch § 378 AO weiter ausgedehnt als der Schutz des Eigentums und privater Vermögensansprüche gem. §§ 242, 246, 263 usw. StGB, die nur bei vorsätzlicher Tat eingreifen; eine Parallele findet sich im Straftatbestand des leichtfertigen Subventionsbetruges (§ 264 StGB). Über die besondere Schutzbedürftigkeit des Steueraufkommens s. Einl 10.

4   **Dogmatisch** bietet die Steuerordnungswidrigkeit der leichtfertigen Steuerverkürzung nach § 378 AO ein wichtiges Beispiel dafür, daß dem Ordnungsunrecht nicht nur ein *folgenloses* rechtswidriges Verhalten – namentlich Vorbereitungs- oder Gefährdungshandlungen – zugeordnet werden kann, sondern auch eine Zuwiderhandlung, die das geschützte Rechtsgut unmittelbar *verletzt*. § 378 AO verstärkt die Zweifel, ob zwischen Straftaten und

II. Tatbestand des § 378 I AO 5, 6 § 378

Ordnungswidrigkeiten ein dem Gesetzgeber vorgegebener qualitativer Unterschied besteht, den sich die Fürsprecher der Trennung zwischen kriminellem Unrecht und Ordnungsunrecht ursprünglich vorgestellt hatten (vgl. auch HHSp-*Rüping* 9f. zu § 377 AO).

Nach den Erfahrungen der Praxis bezieht sich die Anwendung des § 378 **5** AO zu einem erheblichen Teil auf Fälle, in denen der Verdacht vorsätzlicher Handlungsweise fortbesteht, aber der Beweis des Vorsatzes nicht geführt werden kann, zB weil ein vom Täter geltend gemachter Tatumstandsirrtum (Rdnr. 99 ff. zu § 369 AO) nicht widerlegt werden kann und daher im Zweifel als wahr unterstellt werden muß. In solchen Fällen wirkt § 378 AO als „Auffangtatbestand" (vgl. BGH vom 13. 1. 1988, wistra 196; *Kohlmann* 7, *Koch/Scholtz/Himsel* 2, *Senge* 1 zu § 378 AO). Hierbei dürfte die vorbeugende Wirkung einer Geldbuße besonders nachhaltig sein, weil der Betroffene weiß, daß er denselben Irrtum nicht noch einmal vorschützen kann (Rdnr. 37). Andererseits darf aus Anzeichen für den letztlich nicht nachweisbaren Vorsatz nicht schon auf Leichtfertigkeit geschlossen werden (so zu Recht HHSp-*Rüping* 7 zu § 378 AO).

Dabei ist die Zahl der Bußgeldbescheide in den letzten 20 Jahren stetig zurückgegangen (1978: 12325; 1983: 8158; 1988: 4614; 1994: 3263). Die Summe der verhängten Geldbußen lag 1994 bei 8254183 DM, dies entspricht einem Durchschnitt von über 2500 DM pro Bußgeldbescheid. Zur praktischen Bedeutung vgl. im übrigen *Dörn* wistra 1994, 10.

II. Tatbestand des § 378 I AO

1. Täterkreis

Als Täter kommt gem. § 378 I AO nur in Betracht, wer die Steuerverkür- **6** zung „*als Steuerpflichtiger*" (Rdnr. 10) oder „*bei Wahrnehmung der Angelegenheiten eines Steuerpflichtigen*" (Rdnr. 12ff.) bewirkt. Bußgeldrechtlich nicht verantwortlich sind daher Amtsträger der Finanzverwaltung, die bei der Ermittlung der Besteuerungsgrundlagen, der Festsetzung, Erhebung und Beitreibung der geschuldeten Steuer leichtfertig Fehler begehen, die den Steuerertrag schmälern (vgl. BGH v. 9. 5. 1956, ZfZ 1957, 186). Gleiches gilt für Amtsträger anderer Verwaltungen, die der FinB leichtfertig falsche Auskünfte erteilen. Indessen kann ein leichtfertiges Verhalten, das bei Stpfl als Steuerordnungswidrigkeit nach § 378 AO geahndet werden kann, bei Amtsträgern als Dienstvergehen mit einer Disziplinarmaßnahme, namentlich Verweis oder Geldbuße, im Disziplinarverfahren nach der BDO bzw. den Disziplinarordnungen der Länder geahndet werden. Diese Möglichkeit besteht nicht für Angestellte, die in der Außenprüfung, den Veranlagungsstellen, der Finanzkasse oder im Innendienst der Vollstreckungsstelle eingesetzt sind und durch leichtfertiges Verhalten eine Steuerverkürzung bewirken. Ebensowenig wie Amtsträger können Auskunftspersonen (§§ 93 ff. AO), Drittschuldner im Beitreibungsverfahren (§ 316 I AO) und Sachverständige (§ 96 AO) gem. § 378 AO bußgeldrechtlich belangt werden (Rdnr. 9).

Joecks 499

7 Eine Beteiligung iS des § 14 I OWiG kann nicht von Personen begangen werden, die außerhalb des Täterkreises iS des § 378 AO stehen. Wer als Geschäftspartner des Stpfl diesem eine leichtfertige Steuerverkürzung ermöglicht, haftet mangels Täterqualität nicht nach § 378 AO, sondern lediglich nach § 379 AO. Beteiligen sich Außenstehende vorsätzlich an einer leichtfertigen Steuerverkürzung, dann kommt bei ihnen freilich eine Steuerhinterziehung – in mittelbarer Täterschaft – in Betracht (Rdnr. 75 zu § 369 AO).

8 **Für außerhalb des Täterkreises stehende Amtsträger, Auskunftspersonen und Sachverständige** gilt dasselbe. Auch sie können keine leichtfertige Steuerverkürzung begehen, da sie weder Stpfl (Rdnr. 10) sind, noch bei Wahrnehmung der Angelegenheiten eines Stpfl (Rdnr. 12) handeln. Handeln sie vorsätzlich, so sind sie mittelbarer Täter einer vorsätzlichen Steuerhinterziehung nach § 370 AO. Bei bloßer Fahrlässigkeit scheidet § 378 AO mangels Täterqualität aus, freilich kommt das allgemeine Strafrecht in Betracht, so zB, wenn sie fahrlässig unrichtige Aussagen oder Gutachten beschwören oder fahrlässig unrichtige eidesstattliche Versicherungen abgeben, vgl. §§ 94, 95, 96 VII AO iVm §§ 163, 154 bis 156 StGB; bei sorgfaltswidrigem Handeln von Amtsträgern sind disziplinarrechtliche Maßnahmen möglich (HHSp-*Rüping* 16 zu § 378 AO).

9 **Ausgedehnt wird der Täterkreis** gem. § 9 OWiG auf die Organe, Vertreter usw. einer juristischen Person, wenn vom Gesetz vorausgesetzte ahndbarkeitsbegründende, besondere persönliche Merkmale zwar bei dem anderen, nicht aber bei dem Organmitglied, Vertreter usw. vorliegen. Im Verhältnis zu § 9 OWiG stellt jedoch § 378 I AO eine spezielle Sonderregelung iS des § 377 II AO auf. Der Umfang des Täterkreises ergibt sich hier allein aus § 378 I AO; § 9 OWiG ist nicht anzuwenden (zust. *Schwarz/Weyand* 3 zu § 377 AO).

10 **Der Begriff des Steuerpflichtigen** ist in § 33 AO auch für § 378 AO definiert (zust. *Schwarz/Weyand* 3 zu § 377 AO). Nach § 97 I RAO war Stpfl nur, wer eine Steuer als StSchuldner zu entrichten hatte. Da diese ausschließlich für das Besteuerungsverfahren bestimmte Definition für den Tatbestand der leichtfertigen Steuerverkürzung (§ 404 RAO) zu eng war, wurde auf die Definition in der VO zur Durchführung der §§ 402 und 413 RAO v. 17. 8. 1940 (RMBl. 209) zurückgegriffen (*Kohlmann* 11 zu § 378 AO). § 33 AO hat diese Definition weitgehend übernommen:

§ 33 AO Steuerpflichtiger

(1) Steuerpflichtiger ist, wer eine Steuer schuldet, für eine Steuer haftet, eine Steuer für Rechnung eines Dritten einzubehalten und abzuführen hat, wer eine Steuererklärung abzugeben, Sicherheit zu leisten, Bücher und Aufzeichnungen zu führen oder andere ihm durch die Steuergesetze auferlegte Verpflichtungen zu erfüllen hat.

(2) Steuerpflichtiger ist nicht, wer in einer fremden Steuersache Auskunft zu erteilen, Urkunden vorzulegen, ein Sachverständigengutachten zu erstatten oder das Betreten von Grundstücken, Geschäfts- und Betriebsräumen zu gestatten hat.

11 Die Definition in § 33 I AO wird maßgeblich bestimmt durch die Formulierung "... *oder andere ihm durch die Steuergesetze auferlegte Verpflichtungen zu erfüllen hat*". Durch diese Generalklausel werden die übrigen angeführten Fälle

II. Tatbestand des § 378 I AO

zu bloßen Beispielen. Gegenüber § 97 I RAO besteht die Erweiterung vor allem darin, daß auch der *potentielle* StSchuldner Täter nach § 378 AO sein kann, soweit er Aufzeichnungs- oder Erklärungspflichten hat. Dieses Ergebnis konnte vor Inkrafttreten der AO nur über die VO 1940 erzielt werden. Zu den Steuerpflichtigen gehören vor allem auch diejenigen Personen, die steuerliche Pflichten aufgrund eines Gesetzes für andere zu erfüllen haben, wie zB die gesetzlichen Vertreter, Geschäftsführer (§ 34 I AO), die Mitglieder und Gesellschafter nicht rechtsfähiger Personenvereinigungen ohne Geschäftsführer (§ 34 II AO) sowie die Vermögensverwalter (§ 34 III AO). Wird die Wahrnehmung steuerlicher Pflichten kraft Rechtsgeschäftes delegiert und greift kein Pflichtenübergang kraft Gesetzes ein, so kommt die zweite Tätereigenschaft in § 378 AO *(„bei Wahrnehmung der Angelegenheiten eines Steuerpflichtigen")* in Betracht (Rdnr. 12 ff.). § 9 OWiG ist nicht anzuwenden (Rdnr. 9). Dagegen sind gem. § 33 II AO nicht Steuerpflichtige die Auskunftspflichtigen (§ 93 AO), die zur Vorlage von Urkunden Verpflichteten, soweit sie nur hierzu verpflichtet sind (§ 97 AO), die Sachverständigen (§ 96 AO) sowie diejenigen, die verpflichtet sind, das Betreten von Grundstücken und Räumen zu gestatten (§ 99 AO).

Bei Wahrnehmung der Angelegenheiten eines Stpfl iS des § 378 AO handelt jeder, dessen Tun oder pflichtwidriges Unterlassen mit den steuerrechtlichen Pflichten eines Stpfl in Zusammenhang steht. Der Begriff ist weit auszulegen (RG 57, 218, 219 v. 12. 4. 1923; RG v. 15. 1. 1931, JW 2311; *Kohlmann* 16, *Koch/Scholtz/Himsel* 4, *Leise/ Dietz* 4, *Senge* 4 zu § 378 AO). In Wahrnehmung der Angelegenheiten seiner Angehörigen handelt zB auch das Familienoberhaupt, wenn es bei gemeinschaftlicher Einreise schlüssig zu erkennen gibt, daß es die Zollformalitäten für alle Familienmitglieder erledigen will (OLG Hamm v. 20. 11. 1958, ZfZ 1959, 122; HHSp-*Rüping* 18, *Kohlmann* 25 zu § 378 AO).

Unerheblich ist,
- ob die Wahrnehmung der Angelegenheiten *geschäftsmäßig* oder *berufsmäßig* erfolgt, wie zB bei Rechtsanwälten, Notaren, Steuerberatern (dazu OLG Koblenz v. 15. 12. 1982, wistra 1983, 270), Wirtschaftsprüfern usw.;
- ob eine etwa geschäftsmäßig ausgeübte Hilfeleistung in Steuersachen *befugt* oder *unbefugt* ist;
- ob der Handelnde diejenige Tätigkeit (oder Untätigkeit), die eine Steuerverkürzung zur Folge hat, mit oder ohne *Vertretungsmacht,* mit oder ohne *Auftrag,* auf oder gegen eine *Weisung* des Stpfl ausübt (*Kohlmann* 19 zu § 378 AO);
- ob ein für den Stpfl tätiger Angestellter sich in *leitender* Stellung befindet, zB als Prokurist, oder nur *untergeordnete* Arbeiten ausführt, zB als Buchhalter (ähnlich *Leise/Dietz* 4 zu § 378 AO). Die Grenze ist dort erreicht, wo der Mitarbeiter lediglich Schreib- oder Rechenarbeiten ausführt (*Senge* 4 zu § 378 AO).

Ein Zusammenhang mit der Erfüllung (oder Nichterfüllung) **steuerrechtlicher Pflichten fehlt,** wenn der Handelnde (oder Untätige) zu den Angelegenheiten des Stpfl überhaupt keine Beziehung hat und sein Verhalten nur durch ein zufälliges Zusammenspiel äußerer Umstände zu einer Steuerverkürzung führt, zB wenn jemand einen anderen aus Gefälligkeit mit seinem Kfz aus dem Freihafen ins Zollinland mitnimmt (aM DOG v. 5. 7. 1950, ZfZ 272; abl. auch *Hartung* II 2c zu § 402 RAO 1931; *Kohlmann* 20 zu § 378 AO).

18 Steuerberatungs- oder Wirtschaftsprüfungsgesellschaften (§§ 32, 49 ff. StBerG; §§ 1, 27 ff. WprO), die etwa in der Rechtsform einer AG, KGaA oder GmbH organisiert sind, handeln zwar in Wahrnehmung der Angelegenheiten eines Stpfl, jedoch wird die Steuerberatung nicht durch die Gesellschaft als solche, sondern durch natürliche Personen eigenverantwortlich ausgeübt (vgl. § 60 StBerG, § 44 WprO). Regelmäßig können daher nur die im Einzelfall eigenverantwortlich tätigen Personen eine leichtfertige Steuerverkürzung nach § 378 AO begehen (ebenso *Kohlmann* 17 zu § 378 AO). Bei gesetzwidrigen Weisungen eines Vorstands oder Geschäftsführers kann eine Beteiligung (§ 14 OWiG, s. Rdnr. 20 ff. zu § 377 AO) dieser Organmitglieder in Betracht kommen (*Neflin* DStZ 1962, 311, 313 f.). Verletzungen der Aufsichtspflicht eines Vorstands oder Geschäftsführers können mit einer Geldbuße nach § 130 OWiG geahndet werden (Rdnr. 53 ff. zu § 377 AO). In diesen Fällen kann auch die Steuerberatungs- oder Wirtschaftsprüfungsgesellschaft selbst mit einer Geldbuße nach § 30 I Nr. 1, II S. 2 OWiG belegt werden (Rdnr. 40 ff. zu § 377 AO).

19 Die Worte „als Vertreter eines Steuerpflichtigen" sind – abw. von § 402 RAO 1931 – in § 378 AO nicht mehr enthalten (Rdnr. 2). Eine sachliche Änderung ist dadurch nicht eingetreten. Wer als gesetzlicher Vertreter eines geschäftsunfähigen oder beschränkt geschäftsfähigen Stpfl (vgl. §§ 104, 106 BGB; § 34 I, § 35 AO) handelt oder als vertretungsberechtigtes Organ einer juristischen Person oder als Mitglied eines solchen Organs oder als vertretungsberechtigter Gesellschafter einer Personenhandelsgesellschaft im Namen des Stpfl tätig wird oder als Rechtsnachfolger, Testamentsvollstrecker, Erbschaftsbesitzer, Pfleger, Liquidator oder Verwalter für einen weggefallenen Stpfl handelt, wird gem. §§ 34, 35, 153 AO dem vertretenen oder weggefallenen Stpfl gleichgestellt (Rdnr. 9). Solche „Vertreter" sind daher *selbst* Stpfl iS des § 378 I AO (Rdnr. 10). Dasselbe gilt für Verfügungsberechtigte iS des § 35 AO, zB Treuhänder (RFH v. 6. 4. 1932, RStBl. 517), sowie für Betriebsleiter iS des § 214 S. 1 AO.

2. Tathandlung, Kausalität und Erfolg

Schrifttum: *Hintzen,* Steuergefährdung durch wahrheitswidrige Stundungsbegründung, DB 1953, 874; *Lohmeyer,* Fahrlässige Steuerverkürzung durch die zu hohe Abschreibung zweifelhafter Forderungen, StBp 1963, 136; *Franzen,* Zur schuldgerechten Aufteilung der Steuerverkürzung (§§ 396, 402 AO), DStR 1964, 380; *Danzer,* Die strafrechtliche Verantwortlichkeit des steuerlichen Beraters, Grundfragen 1983, 67; *Bublitz,* Die Kausalität bei der leichtfertigen Steuerverkürzung durch den Steuerberater und sonstige Dritte, DStR 1984, 435; *Reitz,* Die bußgeldrechtliche Verantwortlichkeit des Steuerberaters, DStR 1984, 91, 439; *Dörn,* Leichtfertige Steuerverkürzung (§ 378 AO) und leichtfertiger Subventionsbetrug (§ 264 Abs. 1, Abs. 3 StGB) durch den Steuerberater, wistra 1994, 215.

II. Tatbestand des § 378 I AO

Als Tathandlung kommen wegen der Verweisung in § 378 I AO nur die 20 Verhaltensweisen nach § 370 I Nr. 1–3 AO in Betracht. Der Täter muß daher entweder unrichtige oder unvollständige Angaben machen (Rdnr. 119 ff. zu § 370 I Nr. 1 AO), die FinB pflichtwidrig in Unkenntnis lassen (Rdnr. 155 ff. zu § 370 I Nr. 2 AO) oder pflichtwidrig die Verwendung von Steuerzeichen oder Steuerstemplern unterlassen (Rdnr. 196 zu § 370 I Nr. 3 AO). Soweit der Täter handelt, gilt das zur vorsätzlichen Steuerverkürzung Ausgeführte entsprechend. Auch bestehen dann keine Probleme, wenn der Täter, der eine Unterlassung nach § 370 I Nr. 2, 3 AO begeht, selbst Stpfl ist. Bei denjenigen Tätern jedoch, die bei Wahrnehmung der Angelegenheiten eines Stpfl unterlassen, erhebt sich die Frage, ob die *lediglich rechtsgeschäftliche Verpflichtung gegenüber dem Stpfl* eine Pflicht iS von § 370 I Nr. 2, 3 AO ist. Aus § 378 I AO läßt sich entnehmen, daß rechtsgeschäftlich begründete Pflichten nicht generell ausscheiden, da sonst die Alternative „bei Wahrnehmung der Angelegenheiten eines Stpfl" bei Unterlassungstaten keinen Anwendungsbereich hätte. Andererseits wird man jedoch nicht jegliche Verpflichtung, zB des Arbeitnehmers gegenüber dem Arbeitgeber, als Pflicht zur Aufklärung der FinBn (§ 370 I Nr. 2 AO) oder als Pflicht zur Verwendung von Steuerzeichen oder Steuerstemplern (§ 370 I Nr. 3 AO) ansehen dürfen. Dies beruht darauf, daß in zahlreichen Arbeitsverhältnissen Nebenpflichten bestehen, deren Verletzung zur Herbeiführung einer Steuerverkürzung führen kann. Würde man zB die Pflicht des Chauffeurs zur Führung eines innerbetrieblichen Fahrtenbuches nur deshalb als Pflicht iS von § 370 I Nr. 2 AO ansehen, weil mit Hilfe der Eintragungen auch die private Nutzung des Pkw ermittelt und in Steuererklärungen angegeben wird, dann würde dadurch die leichtfertige Verletzung von – steuerfernen – Pflichten aus dem Arbeitsvertrag in nicht zu vertretendem Umfang als Steuerordnungswidrigkeit geahndet. Eine Einschränkung des für §§ 378, 370 I Nr. 2, 3 AO relevanten Pflichtenkreises läßt sich nur in der Weise vornehmen, daß die verletzte Pflicht *Hauptpflicht* des Arbeits- oder Anstellungsvertrages ist (zust. HHSp-*Rüping* 24 zu § 378 AO). Damit scheiden die Pflichtverletzungen zB von Verkäufern, die bei der Inventur am Jahresende eingesetzt werden, von Fahrern, die Fahrtenbücher zu führen haben, und von Sekretärinnen, welche die Portokasse verwalten, aus. Dagegen können die Ordnungswidrigkeit nach § 378 AO durch Unterlassen begehen: die angestellten oder beauftragten Steuerberater (OLG Koblenz v. 15. 12. 1982, wistra 1983, 275), Wirtschaftsprüfer, Buchhalter, Leiter des Rechnungswesens oder Angestellte, die den Warenbestand hauptamtlich zu kontrollieren und zu erfassen haben. Dabei ist jedoch zu beachten, daß derartige Pflichten stets nur eine Aufklärung des eigentlichen Stpfl zum Inhalt haben. Dagegen besteht keine Pflicht zur Information der FinB; bei Steuerberatern und Wirtschaftsprüfern ergibt sich dies schon aus der nach § 203 I StGB strafbewehrten Pflicht zur Verschwiegenheit (*Kohlmann* 44 zu § 378 AO).

Der tatbestandsmäßige Erfolg besteht bei § 378 AO – wie bei § 370 AO 21 darin, daß Steuern verkürzt oder ungerechtfertigte Steuervorteile erlangt werden. Für die Auslegung dieser Begriffe gelten die Erläuterungen zum

Tatbestand der Steuerhinterziehung (Rdnr. 36ff. zu § 370 AO). Die Verweisung in § 378 I 2 AO stellt klar, daß auch die Vorschriften in § 370 IV – VI AO anzuwenden sind. Die leichtfertige Steuerverkürzung ist ein Erfolgsdelikt. Da der Versuch nicht mit Geldbuße bedroht ist, liegt vor Eintritt des steuerverkürzenden Erfolges noch keine Ordnungswidrigkeit vor. Jedoch kann in diesem Stadium bereits ein Gefährdungstatbestand nach den §§ 379– 382 AO erfüllt sein.

22 Zwischen Täterverhalten und tatbestandsmäßigem Erfolg muß **Kausalität** bestehen (ausf. Rdnr. 44ff. zu § 369 AO). Unerheblich ist es, in welcher Lage des Besteuerungsverfahrens die Ursache für die Steuerverkürzung gesetzt wird, ob bereits bei den laufenden Aufzeichnungen, bei den Bestandsaufnahmen, den Abschlußbuchungen, der Fertigung der Steuererklärung usw.; entscheidend ist nur, daß sich die Ursache in einer vollendeten Steuerverkürzung ausgewirkt hat.

23 Ob Täter der leichtfertigen Steuerverkürzung auch sein kann, wer nicht selbst unrichtige Angaben macht, sondern lediglich verursacht, daß ein anderer der Finanzbehörde gegenüber objektiv unrichtige Erklärungen abgibt, ist umstritten. *Reitz* (DStR 1984, 91), *Danzer* (Grundfragen S. 82f.), *Rüping* (HHSp 21 zu § 378 AO) sowie *Dörn* (wistra 1994, 216f.; ebenso BayObLG v. 9. 11. 1993, wistra 1994, 34) schließen aus der Verweisung von § 378 AO auf § 370 Abs. 1 AO, daß leichtfertige Steuerverkürzung nur begehen könne, wer *selbst* unrichtige Erklärungen abgebe. Demgegenüber stellen *Bublitz* (DStR 1984, 435) und *Samson* (Voraufl. Rdnr. 21 zu § 378 AO) darauf ab, daß schon § 370 Abs. 1 AO kein eigenhändiges Delikt enthält, daher genüge auch für § 378 AO jegliche Verursachung der Abgabe unrichtiger Erklärungen (und sei es auch durch einen anderen), soweit dies zur Herbeiführung der Steuerverkürzung führe. *Rüping* (HHSp 21 zu § 378 AO) will im übrigen noch danach differenzieren, ob der im Vorfeld beratend wirkende Steuerberater seine Mitwirkung auf der Steuererklärung vermerkt.

24 Diese Lösungen sind in ihrer Rigidität allesamt unzureichend. Unzutreffend ist es zunächst, darauf abzustellen, ob ein lediglich im Vorfeld Handelnder seine Mitwirkung kenntlich macht, etwa der den Entwurf der Steuererklärung fertigende Steuerberater seinen Stempel in das dafür vorgesehene Feld der Steuererklärung setzt. Hierdurch macht er zwar Angaben (vgl. *Schlüchter* 1986, 66), aber keine *unrichtigen,* wie es von § 370 Abs. 1 Nr. 1 AO vorausgesetzt wird. Überdies ist fraglich, ob es sich um steuerlich erhebliche handelt. Insofern ist die Differenzierung *Rüpings* (aaO) abzulehnen.

25 Da der Wortlaut des § 378 Abs. 1 AO ein *bloßes „Bewirken"* der unrichtigen Steuerfestsetzung nicht mehr ausreichen läßt, sondern über den Verweis auf § 370 Abs. 1 Nr. 1 das Machen unrichtiger Angaben fordert, kann Täter nur sein, wer unrichtige Angabe macht oder wem das unrichtige Angabenmachen anderer zuzurechnen ist. Dies bestimmt sich nicht nach Zweckmäßigkeitserwägungen, sondern allein nach § 14 OWiG. Danach unterbleibt aber die Beteiligung bei einem nur fahrlässigen Tatbeitrag (vgl. *Göhler* 4 zu § 14 OWiG; vgl. auch *Schlüchter* 1986, 67f.). Insofern ist *Reitz* u. a. im Ergebnis zuzustimmen.

3. Subjektiver Tatbestand

Schrifttum: *Hall*, Über die Leichtfertigkeit, Mezger-Festschr. 1954, 229; *Hartung*, Schuldprobleme im Steuerstrafrecht, Aktuelle Fragen S. 37 f.; *Lohmeyer*, Was ist „leichtfertig" iS des § 402 RAbgO? NJW 1960, 1708; *Kopacek*, Die Leichtfertigkeit bei Steuerverkürzungen, BB 1961, 447; *Lohmeyer*, Zum Begriff „leichtfertig" iS des Steuerstrafrechts, Inf 1963, 134; *ders.*, Zum Begriff der Fahrlässigkeit im Steuerstrafrecht, StW 1963, 773; *ders.*, Die Leichtfertigkeit bei Steuervergehen iS des § 402 AO, FR 1964, 374; *Ehlers*, Der Begriff der Leichtfertigkeit im Steuerstrafrecht, StW 1965, 225; *Mahlberg*, Die Leichtfertigkeit im Steuerstrafrecht, jur. Diss. München 1965; *Mangold*, Der Begriff der Leichtfertigkeit als Merkmal erfolgsqualifizierter Delikte, GA 1974, 257; *Oswald*, Wieweit darf der Steuerpflichtige sich auf seinen Steuerberater verlassen?, StB 1975, 214; *Tenckhoff*, Die leichtfertige Herbeiführung qualifizierter Tatfolgen, ZStW 88 [1976] 897; *Pfaff*, Leichtfertige Steuerverkürzung, bußgeldbefreiende Selbstanzeige, StBp 1981, 259; *Kretzschmar*, Zum Begriff der leichtfertigen Steuerverkürzung, DStZ 1983, 58.

Der die Fahrlässigkeit einengende Begriff „leichtfertig" (Rdnr. 27) wurde erstmalig bei der Änderung des § 402 AO 1931 durch Art. I Nr. 2 G v. 11. 5. 1956 (BGBl. I 418) in das Steuerstrafrecht eingeführt und durch das 2. AOStrafÄndG (Rdnr. 2) außer in § 404 RAO auch in die Bußgeldtatbestände der §§ 405–407 RAO übernommen, jedoch nicht in § 408 RAO. Der Gesetzgeber ist dabei auf dem Wege fortgeschritten, die ursprünglich nur im Zivilrecht nach dem Grade der Fahrlässigkeit differenzierte Haftung (vgl. zB §§ 277, 300 I, § 932 II BGB: „*grobe Fahrlässigkeit*", andererseits § 839 I BGB: „*Fahrlässigkeit*") im Straf- und Bußgeldrecht dort zu verwirklichen, wo leichtes, uU aber folgenschweres fahrlässiges Verhalten eine Strafe nicht gerechtfertigt erscheinen läßt (vgl. § 97 II, § 138 III, § 311 III StGB) und auch eine Geldbuße bei leichter Fahrlässigkeit nicht geboten erscheint (vgl. §§ 379–380 AO; § 30 TabStG). Nach § 378 AO ist die Verfolgungsbehörde bei nur fahrlässigen, nicht leichtfertigen Steuerverkürzungen von vornherein der Ermessensentscheidung nach § 47 I OWiG, ob nach den Umständen des Einzelfalles ein Einschreiten geboten ist, enthoben.

Der Begriff „leichtfertig" bezeichnet einen erhöhten Grad von Fahrlässigkeit (Rdnr. 16 ff. zu § 377 AO). Die in § 18 III E 1962 vorgesehene Legaldefinition lautete: „*Leichtfertig handelt, wer grob fahrlässig handelt*" (Begr. BT-Drucks. IV/650 S. 18 f.). Diese Begriffsbestimmung entspricht der hM zu § 402 RAO 1931 und den übrigen Vorschriften, die denselben Begriff verwenden. Regelmäßig hat die Rspr ausgesprochen, daß die Leichtfertigkeit „*etwa*" einer groben Fahrlässigkeit entspreche (vgl. RG v. 9. 10. 1935, JW 1936, 388 f.; RG 71, 34, 37 v. 8. 12. 1936; 71, 174, 176 v. 12. 4. 1937; BGH v. 20. 3. 1956, bei *Dallinger* MDR 396; BGH v. 13. 1. 1988, wistra 196; OLG Schleswig v. 6. 2. 1963, ZfZ 1964, 343; OLG Hamm v. 14. 2. 1964, BB 1032; zust. S/S-*Cramer* 203 zu § 15 StGB, SK-*Samson* 4, Anh u. LK-*Schroeder* 209 zu § 16 StGB sowie *Göhler* 20 zu § 10 OWiG). Zu § 402 RAO 1931 hat der 2. StrS des BGH im Urt. v. 29. 4. 1959 (DStZ/B 351) festgestellt, daß Anhaltspunkte für eine andere Auslegung des Begriffes im Steuerstrafrecht nicht ersichtlich sind (zust. *Troeger/Meyer* S. 117, 154, 235 u. 263; *Hartung* II 5 a zu § 402 RAO 1931 u. *Kohlmann* 46 zu § 378 AO; aM *Ehlers* StW 1965, 226).

Die Versuche einer näheren Umschreibung der Leichtfertigkeit sind in unterschiedliche Richtungen verlaufen. Der 4. StrS des BGH hat im Urt. v.

25. 9. 1959 (DStZ/B 499 zu § 402 RAO 1931) ausgeführt, unter Leichtfertigkeit im strafrechtlichen Sinne sei ein „an Vorsatz grenzende grobe Fahrlässigkeit" zu verstehen (zust. *Lohmeyer* NJW 1960, 1798; ebenso BayObLG v. 18. 12. 1958, NJW 1959, 734, zu §§ 21, 41 III WehrStG). Diese Wendung ist – im Ergebnis zutreffend – auf Sachverhalte gemünzt, in denen die Umstände ein nur fahrlässiges Verhalten des Täters kaum mehr glaubhaft erscheinen lassen, vielmehr den Verdacht vorsätzlicher Handlungsweise aufdrängen. Die Formulierung erweckt jedoch dogmatische Bedenken, da sie den Vorsatz nicht als einen Schuldvorwurf anderer Art erscheinen läßt, sondern als eine gesteigerte Form der Fahrlässigkeit.

29 **Gewissenlosigkeit** ist mehr als Leichtfertigkeit. Es ist daher verfehlt, sie als kennzeichnendes Merkmal der Leichtfertigkeit anzusehen. Hierbei werden unterschiedliche Begriffe gegeneinander mit dem Ergebnis ausgetauscht, daß der gesetzliche Tatbestand nur in extremen Fällen grober Fahrlässigkeit erfüllt wäre. Abzulehnen ist auch die Erläuterung, Leichtfertigkeit sei eine „an Gewissenlosigkeit grenzende Nachlässigkeit" (*Kühn/Hofmann* 3b zu § 378 AO; abl. BGH v. 29. 4. 1959, DStZ/B 351; OLG Düsseldorf v. 15. 10. 1958, DStZ/B 1959, 352; KG v. 19. 9. 1968, BB 1969, 567; *Senge* 6 zu § 370 AO). Die Zustimmung von *Ehlers* (StW 1965, 225) war hauptsächlich auf die verfahrensrechtliche Vorschrift des § 477 II RAO 1931 gestützt, die bereits durch die Änderung des § 153 StPO gem. Art. 10 Nr. 3 StPÄG v. 19. 12. 1964 (BGBl. I 1067) ihre Besonderheit verloren hatte und durch das AOStrafÄndG v. 10. 8. 1967 (BGBl. I 877) aufgehoben worden ist. Das weitere Argument, der Gesetzgeber habe im Steuerstrafrecht nur von „*grober Fahrlässigkeit*" zu sprechen brauchen, wenn er nicht eine noch stärkere Beschränkung des subjektiven Tatbestandes gewollt hätte (*Kühn/ Hofmann* u. *Ehlers* aaO), kann angesichts des Sprachgebrauchs in den anderen Gesetzen (Rdnr. 26) und der im E 1962 vorgesehenen Legaldefinition (Rdnr. 27) nicht überzeugen; desgl. nicht der Hinweis auf die „*Kompliziertheit der Steuergesetze*" (*Ehlers* aaO), da sie gerade den Grund dafür gebildet hat, den Grad des tatbestandsmäßigen Verschuldens von einfacher Fahrlässigkeit mit Wirkung ab 15. 5. 1956 (Rdnr. 2) auf Leichtfertigkeit zu beschränken.

30 Nach *Kühn/Hofmann* (3a zu § 378 AO) muß der Stpfl, der den Vorwurf der Leichtfertigkeit vermeiden will, „*in steuerlichen Angelegenheiten zumindest so sorgfältig verfahren, wie er es in sonstigen Angelegenheiten beruflicher oder geschäftlicher Natur zu halten pflegt*" (zust. *Ehlers* StW 1965, 231). Diese Auffassung ist unrichtig. Sie entspricht der sog. *konkreten Fahrlässigkeit*, die im Zivilrecht als milderer Haftungsmaßstab der „Sorgfalt in eigenen Angelegenheiten" mit Rücksicht auf die besondere Lage eines unentgeltlich tätigen Verwahrers (§ 690 BGB), eines Gesellschafters (§ 708 BGB), eines Ehegatten (§ 1359 BGB) usw. bestimmt ist und selbst dort nur mit der Einschränkung gilt, daß die privilegierte Person „*von der Haftung wegen grober Fahrlässigkeit nicht befreit ist*" (§ 277 BGB).

31 **Eine treffende Umschreibung der Leichtfertigkeit** iS von grober Fahrlässigkeit bietet die im Anschluß an die bei der Strafrechtsreform 1936 in

II. Tatbestand des § 378 I AO

Aussicht genommene (vgl. RG 71, 174, 176 v. 12. 4. 1937), vom OLG Düsseldorf (v. 15. 10. 1958, DStZ/B 1959, 352, zu § 402 RAO 1931) wieder aufgegriffene Begriffsbestimmung, nach der leichtfertig handelt, wer *„aus besonderem Leichtsinn oder besonderer Gleichgültigkeit fahrlässig handelt"* (ebenso OLG Karlsruhe v. 9. 3. 1971, DB 1972, 661). Dem entspricht in objektivierender Sicht die Formulierung, die Gefahr der Tatbestandsverwirklichung „hätte sich dem Täter aufdrängen müssen" (*Kohlmann* 61 zu § 378 AO; OLG Bremen v. 26. 4. 1985, StV 282).

Hinter den Anforderungen der Leichtfertigkeit zurück bleibt die von 32 *Kopacek* (BB 1961, 447) vorgeschlagene Erläuterung. Wer nämlich *„die Sorgfalt verletzt, zu der er nach den Steuergesetzen und deren Ausführungsbestimmungen sowie wegen besonderer Umstände des Falles verpflichtet und nach seinen persönlichen Verhältnissen fähig ist"*, handelt zwar fahrlässig, aber nicht leichtfertig (zutr. *Lohmeyer* FR 1964, 375).

Bewußte Fahrlässigkeit ist nach einhM für die Annahme leichtfertigen 33 Verhaltens nicht erforderlich (BGH v. 29. 4. 1959, DStZ/B 351), aber auch nicht ohne weiteres ausreichend (*Lohmeyer* FR 1964, 375). Auch Fälle unbewußter Fahrlässigkeit können bei entsprechend grober Schlamperei, grober Gleichgültigkeit oder Nachlässigkeit den Vorwurf der Leichtfertigkeit begründen (*Hartung* Aktuelle Fragen S. 37f.; *Senge* 6 zu § 370 AO; *Suhr* S. 313; OLG Hamm v. 20. 11. 1958, ZfZ 1959, 122).

Schließlich setzt Leichtfertigkeit iS des § 378 AO nicht voraus, daß das 34 **Ausmaß der Steuerverkürzung** besonders groß sein muß. Tatsächlich besteht jedoch zwischen dem Grad der Fahrlässigkeit und dem Umfang der Steuerverkürzung eine gewisse Wechselbeziehung, da ein Versehen um so eher hätte auffallen und berichtigt werden müssen, je mehr die fraglichen Beträge von den tatsächlichen Besteuerungsgrundlagen abweichen. Während ein Posten von 10.000 DM in der Buchführung, bei der Inventur oder bei den Abschlußbuchungen in einem Kleinbetrieb allenfalls aus Leichtfertigkeit „übersehen" werden kann, sind in einem Großbetrieb in stärkerem Maße die Umstände des Einzelfalles ausschlaggebend.

So verlangt das OLG Stuttgart (Urt. v. 30. 4. 1982, zit. bei *Kretzschmar* 35 DStZ 1983, 58) bei einem nicht erklärten Einkommensbetrag von 520.000 DM zu Recht die Prüfung, wie hoch das übrige (erklärte) Einkommen lag und ob sich die Einkommenshöhe über mehrere Jahre hinweg änderte oder gleichgeblieben war. Wohl zu weit geht aber *Kretzschmar* aaO, wenn er aus der Entscheidung den allgemeinen Grundsatz ableiten will, *„ein Vollkaufmann müsse sich persönlich um seine Bücher und die wirtschaftlichen Vorgänge in seinem Betrieb derart kümmern, daß er zumindest in groben Zügen die Richtigkeit der steuerlichen Berechnungen seines Steuerberaters überprüfen kann"*. Immerhin handelte es sich im vorliegenden Fall um einen Kaufmann, der für seine verschiedenen Gesellschaften jährlich mehr als 100 Steuererklärungen abzugeben hatte.

Der hier vertretene Grundsatz, daß die Höhe der nicht erklärten Beträge 36 ins Verhältnis zu den erklärten Beträgen zu setzen sei, darf nicht vergessen lassen, daß § 378 AO ein besonders hohes Maß an Fahrlässigkeit voraussetzt.

In diesem Sinne ist auch die Betriebsgröße zu berücksichtigen. Die Frage, ob und in welchem Umfang betriebliche Aufgaben an (zuverlässige) Mitarbeiter delegiert werden dürfen, wird nicht durch § 378 AO entschieden. Die Vorschrift knüpft vielmehr mit dem Begriff der Leichtfertigkeit an diejenigen Sorgfaltsvorkehrungen an, die ein sorgfältiger Kaufmann üblicherweise einhält. Damit bestimmt das Leitbild des sorgfältigen Kaufmannes, Steuerpflichtigen, Steuerberaters usw. den Inhalt von § 378 AO und regelt nicht etwa umgekehrt die Vorschrift den Inhalt dieser Sorgfaltstypen (s. dazu auch Rdnr. 16f. zu § 377 AO).

37 **Die verschiedenen Versuche einer näheren positiven Umschreibung** desjenigen Grades von grober Fahrlässigkeit, den das Gesetz mit dem Wort *„leichtfertig"* kennzeichnet, können – wie bei der Auslegung anderer unbestimmter Rechtsbegriffe – nur einen bedingten Wert haben. Da die grobe Fahrlässigkeit keinen fest umrissenen Inhalt hat, kommt es für ihre Abgrenzung gegenüber der einfachen Fahrlässigkeit vornehmlich auf die Umstände des einzelnen Falles an und auf den Blickwinkel, aus dem die Schuld des Täters beurteilt wird. Dabei besteht die Gefahr, daß der Fachmann des Steuerrechts zu strenge, der Laie zu milde Maßstäbe anlegt (zust. *Kohlmann* 46 zu § 378 AO). Anhaltspunkte ergeben sich aus einem Vergleich des konkreten Verhaltens eines bestimmten Täters mit dem Verhalten, das unter gleichen Umständen andere Stpfl mit etwa gleicher Vorbildung, Ausbildung, betriebswirtschaftlicher und steuerrechtlicher Berufserfahrung an den Tag legen. Von besonderem Gewicht sind diejenigen Erfahrungen, die der Stpfl aus vorausgegangenen Hinweisen und Belehrungen durch steuerliche Berater oder aus früheren Beanstandungen seiner Buchführung, Gewinnermittlung und seinen Steuererklärungen durch die Veranlagungsstelle oder den Betriebsprüfer des FA gewonnen hat. Ist eine fehlerhafte Verfahrensweise etwa in einem besonderen Schreiben oder Bp-Bericht ausdrücklich beanstandet worden, ohne daß der Stpfl in der Folgezeit die gegebenen Lehren beachtet hat, wird idR mindestens Leichtfertigkeit, vielfach sogar bedingter oder unbedingter Vorsatz vorliegen.

4. Einzelheiten zum Vorwurf leichtfertiger Handlungsweise

38 Leichtfertige Steuerverkürzungen können in erster Linie dadurch bewirkt werden, daß der Täter sich jeder steuerlichen Erfassung entzieht, seinen grundsätzlichen Pflichten unzureichend nachkommt oder aber Pflichten unkontrolliert delegiert (vgl. HHSp-*Rüping* 35 zu § 378 AO). Hierfür ist die oft geltend gemachte *„Unkenntnis der komplizierten Steuergesetze"* nur selten ursächlich. Um die Betriebseinnahmen und die Gegenstände des Betriebsvermögens vollständig zu erfassen und zu erklären, sind besondere Kenntnisse der Steuergesetze im allgemeinen nicht erforderlich.

39 **Eine weitgehende Erkundigungspflicht** trifft den Stpfl, wenn er bei der Gewinnermittlung, der Fertigung seiner Steuererklärung oder bei der Inanspruchnahme von Steuervergünstigungen über die Rechtslage nicht unterrichtet ist oder auf rechtliche Zweifel stößt, zB in bezug auf die Bewertung,

II. Tatbestand des § 378 I AO   40–42 § 378

die Abgrenzung der Betriebsausgaben von Privatausgaben usw. Jeder Stpfl muß sich über diejenigen steuerlichen Verpflichtungen unterrichten, die ihn im Rahmen seines Lebenskreises treffen. Dies gilt in besonderem Maße in bezug auf solche steuerrechtlichen Pflichten, die aus der Ausübung eines Gewerbes oder einer freiberuflichen Tätigkeit erwachsen (FG Freiburg v. 18. 11. 1958, EFG 1959 Nr. 280); sie erfordern, daß der Unternehmer sich ständig auf dem laufenden hält (OLG Hamm v. 28. 6. 1963, BB 1004; v. 14. 2. 1964, BB 1032) und in Zweifelsfällen von sachkundiger Seite Rat einholt (RG v. 10. 5. 1927, StW Nr. 209; BayObLG v. 21. 10. 1971, BB 1544). Die Erkundigungspflicht kann, braucht aber nicht durch Anfrage bei der zuständigen FinB erfüllt zu werden (*Kohlmann* 66 zu § 378 AO). Es genügt jede sonstige zuverlässige Auskunftsperson oder Stelle (OLG Hamm v. 28. 6. 1963, BB 1004; *Leise/Dietz* 29 u. *Senge* 7 zu § 378 AO), namentlich ein StBer, StBev, Wpr oder vBpr, Rechtsanwalt, Notar, Patentanwalt usw., aber auch Berufsorganisationen, Grundstücksverwalter in bezug auf Einkünfte aus Vermietung und Verpachtung, Speditionsunternehmer in bezug auf Eingangsabgaben, ArbG in LSt-Sachen usw (vgl. § 4 StBerG).

Die Inanspruchnahme eines steuerlichen Beraters befreit den Stpfl nicht 40
von eigener Sorgfalt. Vor allem muß der Stpfl den Berater über seine Verhältnisse zutreffend unterrichten, ihm vollständige Unterlagen vorlegen und erbetene Auskünfte gewissenhaft erteilen (vgl. BGH v. 18. 6. 1953, DStR 474; v. 20. 12. 1954, BStBl. 1955 I 365). Aus besonderem Anlaß kann auch gegenüber einem Angehörigen der steuerberatenden Berufe eine Pflicht des Stpfl zur Mitprüfung bestehen, zB wenn sich der Berater schon einmal als unzuverlässig erwiesen hat oder wenn die von ihm erstellten Abschlüsse und Steuererklärungen augenscheinlich unrichtig sind (zust. *Koch/Scholtz/Himsel* 13, *Schwarz/Weyand* 10 zu § 378 AO; vgl. auch BGH v. 24. 1. 1990, wistra 195). In keinem Falle darf der Stpfl die zur Weiterleitung an die FinB bestimmten Erklärungen und Anlagen *blindlings* unterschreiben (RG 59, 281, 286 v. 7. 7. 1925; BGH v. 18. 6. 1953, DStZ/B 477; BGH 7, 336, 349 v. 3. 6. 1954; v. 20. 12. 1954, BStBl. 1955 I 365, 367; OLG Stuttgart v. 30. 4. 1982, DStZ 1983, 58 m. zust. Anm. *Kretzschmar*; *Senge* 8 zu § 378 AO). Eine andere Frage ist, ob der Stpfl die Mängel erkennen konnte (*Kohlmann* 71 zu § 378 AO; Rdnr. 43 ff.).

Bei der Auswahl von Hilfspersonen kann ein leichtfertiges Verschulden 41
darin liegen, daß der Stpfl die Erledigung seiner Buchführung oder die Fertigung seiner Abschlüsse und Steuererklärungen Personen überträgt, von denen er aufgrund bestimmter Anhaltspunkte im voraus hätte annehmen müssen, daß sie der Aufgabe nicht gewachsen oder hierfür aus charakterlichen Gründen nicht oder nur bedingt geeignet sein würden (Auswahlverschulden; vgl. Rdnr. 56 zu § 377 AO). Dies gilt in erhöhtem Maße, wenn der Stpfl selbst nicht über die erforderlichen Kenntnisse oder die erforderliche Zeit verfügt, um die Tätigkeit bedingt geeigneter Hilfskräfte eingehend zu überwachen (vgl. OLG Schleswig v. 6. 2. 1963, ZfZ 1964, 343, 345).

Eine Überwachung von Hilfspersonen ist auch bei gegebener fachlicher 42
und charakterlicher Eignung erforderlich, mindestens in Form gelegentlicher

Stichproben. Jeder Stpfl, der sich der Hilfe anderer fachkundiger Personen bedient, muß sich im Rahmen des ihm Möglichen und Zumutbaren vergewissern, ob seine Angestellten die ihnen übertragenen Aufgaben ordnungsmäßig ausführen (OLG Karlsruhe v. 9. 3. 1971, DB 1972, 661). Eine besondere, auf einen einzelnen Vorgang bezogene Prüfungspflicht ist jedoch bei Routinegeschäften nur ausnahmsweise anzunehmen (OLG Karlsruhe v. 17. 11. 1960, BB 1961, 437). Diese Grundsätze gelten auch im Verhältnis zwischen Mitunternehmern, zB wenn ein Gesellschafter für den anderen die sich aus der Veranlagung zu den Personensteuern ergebenden Pflichten übernimmt (vgl. BGH 7, 336, 349 v. 3. 6. 1954; BayObLG v. 11. 5. 1993, wistra 236; *Kohlmann* 73 zu § 378 AO).

5. Rechtswidrigkeitszusammenhang

43 Zwischen dem Erfolg (der Steuerverkürzung) und dem leichtfertigen Verhalten muß außer der Kausalität zusätzlich der sogenannte Rechtswidrigkeitszusammenhang bestehen (allgemeine Meinung, dazu ausf. SK-*Samson* 24 ff. Anh zu § 16 StGB mwN). Während bei der Kausalität lediglich zu fragen ist, ob der konkrete Erfolg ausgeblieben wäre, wenn der Täter (beim Begehungsdelikt) die Handlung unterlassen hätte, entfällt der Rechtswidrigkeitszusammenhang schon dann, wenn die konkrete leichtfertige Handlung den Erfolg zwar verursacht hat, jedoch bei sorgfältigem Verhalten der Erfolg ebenfalls eingetreten wäre. Dabei scheidet nach hM die Erfolgszurechnung bereits dann aus, wenn auch nur offenbleibt, ob bei sorgfältigem Verhalten derselbe Erfolg eingetreten wäre (*in dubio pro reo*); so die stRspr des BGH: BGH 11, 1 v. 25. 9. 1957; 21, 59 v. 27. 4. 1966; aM die sog. Risikoerhöhungslehre, zB *Roxin* ZStW 74, 430; ausf. SK-*Samson* 25 ff. Anh zu § 16 StGB.

44 Die zum allgemeinen Strafrecht entwickelte **Lehre vom Rechtswidrigkeitszusammenhang** hat im Rahmen der leichtfertigen Steuerverkürzung einen wichtigen, erst spät erkannten Anwendungsfall. Bedient sich der Stpfl eines Beraters oder der Berater weiterer Hilfskräfte, dann kann ein Leichtfertigkeitsvorwurf vielfach darauf gestützt werden, daß die stichprobenartige Überwachung und Überprüfung der zuarbeitenden Mitarbeiter unterblieben sei. Für die Zurechnung der eingetretenen Steuerverkürzung genügt diese Feststellung jedoch keineswegs. Es muß vielmehr weiter positiv feststehen, daß die Einhaltung der Sorgfalt, also die Durchführung von Stichproben und sonstigen Überwachungsmaßnahmen gerade die eingetretene Steuerverkürzung verhindert hätten. Eine derartige Feststellung wird jedoch vielfach unmöglich sein, da dem Stpfl nicht bestimmte, sich auf spezielle Geschäftsvorfälle bezogene Überwachungsmaßnahmen, sondern nur solche Maßnahmen abverlangt werden, die generell die Zuverlässigkeit des Mitarbeiters zu überwachen geeignet sind.

45 Bleibt auch nur zweifelhaft, ob die allgemeine stichprobenweise Überwachung gerade denjenigen Vorgang getroffen hätte, der dann zur Steuerverkürzung geführt hat, scheidet nach den allgemeinen Fahrlässigkeitsregeln die

II. Tatbestand des § 378 I AO 46 § 378

Anwendung des § 378 AO aus (zust. HHSp-*Rüping* 47 zu § 378 AO). Davon unabhängig ist zu prüfen, inwieweit § 130 OWiG Anwendung findet (vgl. Rdnr. 60 zu § 377 AO).

6. Leichtfertigkeit steuerlicher Berater

Schrifttum: *H. Meyer,* Zur strafrechtlichen Verantwortlichkeit der steuerberatenden Berufe, DStZ 1952, 321; *Greiffenhagen,* Von den Berufspflichten des steuerberatenden Berufs, WPg 1952, 249; *Braitinger,* Sorgfaltspflichten im Zusammenhang der steuerberatenden Tätigkeit, WPg 1952, 389; *Brönner,* Zur zivil- und strafrechtlichen Haftung der Steuerberater, WPg 1952, 444; *Sudau,* Strafrechtliche Verantwortung des Steuerberaters bei Stundungsanträgen, FR 1953, 366; *H. Hartung,* Keine Pflicht des Steuersachverständigen zur Angabe von Buchführungsmängeln in Steuererklärungen, WT 1954, 148; *Sendt,* Die strafrechtliche Verantwortung des Steuerbevollmächtigten, Wpr 1954, 261; *Thier,* Die zivilrechtliche, steuerrechtliche und steuerstrafrechtliche Haftung des Steuerberaters, 1955; *Dreyer,* Die steuerstrafrechtliche Verantwortlichkeit der Angehörigen der steuerberatenden Berufe, StP 1956, 338; *Ahrens,* Strafrechtliche Verantwortung der steuerberatenden Berufe, DStZ 1957, 49 mit Erwiderungen von *Hauffen* MStb 1957, 118 u. *Paulick* DStZ 1957, 181; *Brönner,* Das Strafrecht der Steuerberatung, DB 1957, 588; *Thoma,* Steuervergehen und Steuerberatung, Spitaler-Festschr. 1958, 241; *Spitaler,* Der beratende Fachmann und das Steuerstrafrecht, Aktuelle Fragen S. 67; *H. Meyer,* Die strafrechtliche Verantwortlichkeit Nichtsteuerpflichtiger, Aktuelle Fragen S. 118; *Buschmann,* Steuerberater und Steuervergehen, BlStA 1959, 177; *Lohmeyer,* Die strafrechtliche Verantwortlichkeit der Angehörigen der steuerberatenden Berufe, BB 1961, 1121; *Henke/Thoma,* Die strafrechtliche Verantwortung des Steuerberaters bei der Beschäftigung von Angestellten als Erfüllungsgehilfen, MStb 1962, 54; *Neflin,* Zur strafrechtlichen Verantwortung einer Steuerberatungsgesellschaft des Steuerberatungsgesetzes, DStZ 1962, 311; *Thoma,* Die ... strafrechtliche Verantwortlichkeit des angestellten Steuerberaters und seines Arbeitgebers, StB 1964, 126; *Lohmeyer,* Zur strafrechtlichen Verantwortung des Steuerberaters, SchlHA 1965, 53; *Burchardt,* Fehlerhafte Beratung und steuerstrafrechtliche Verantwortlichkeit, StKRep 1965, 168; *Lohmeyer,* Die strafrechtliche Verantwortung des steuerlichen Beraters bei Übernahme der Buchführung des Steuerpflichtigen, BlStA 1966, 1; s. auch StB 1969, 145 u. JR 1969, 247; *Kopacek,* Die strafrechtliche Verantwortlichkeit steuerberatender Berufe, DStR 1966, 470; *Lohmeyer,* Die steuerstraf- und bußgeldrechtliche Verantwortlichkeit der Angehörigen der steuerberatenden Berufe, 2. Aufl. 1971; *Tipke,* An den Grenzen der Steuerberatung: Steuervermeidung, Steuerumgehung, Steuerhinterziehung, StbJb 1972/73, 509; *Lohmeyer,* Umfang und Grenzen der steuerstraf- und bußgeldrechtlichen Haftung der Angehörigen der rechts- und steuerberatenden Berufe, GA 1973, 97; *Späth,* Der Steuerberater und seine Verpflichtung zur ständigen Unterrichtung über die Entwicklung des Steuerrechts, StB 1975, 85; *Oswald,* Wieweit darf der Steuerpflichtige sich auf seinen Steuerberater verlassen?, StB 1975, 214; *Späth,* Zu den Anforderungen an die Sorgfaltspflicht eines Steuerberaters bei der Ausübung seiner beruflichen Tätigkeit, StB 1975, 229; *Gräfe/Suhr,* Die Haftung des Steuerberaters in zivilrechtlicher und steuerstrafrechtlicher Sicht, 1979; *Heinrich,* Die bußgeldrechtliche Verantwortung des steuerlichen Beraters, StB 1979, 250; *Danzer,* Die strafrechtliche Verantwortlichkeit des steuerlichen Beraters, Grundfragen 1983, 67; *Lohmeyer,* Zur straf- und bußgeldrechtlichen Verantwortlichkeit des Steuerberaters, BlStA 1983, 174; *Blumers,* Steuerberatung und Strafrecht, StbJb 1983/84, 319; *Reitz,* Die bußgeldrechtliche Verantwortung des steuerlichen Beraters, DStR 1984, 76; *Schlüchter,* Steuerberatung im strafrechtlichen Risiko?, 1986; *Dörn,* Leichtfertige Steuerverkürzung (§ 378 AO) und leichtfertiger Subventionsbetrug (§ 264 Abs. 1, Abs. 3 StGB) durch den Steuerberater, wistra 1994, 215.

Steuerliche Berater (StBer, StBev, Wpr, vBpr, RAe) können sich dem 46 Vorwurf leichtfertigen Verhaltens nach § 378 AO aussetzen, wenn sie bei Wahrnehmung der Angelegenheiten eines Stpfl (Rdnr. 12), sei es als Berater (Rdnr. 47) oder bei Führung der Bücher für den Stpfl (Rdnr. 49), die ihnen im Rahmen des jeweiligen Auftrags (Rdnr. 47) obliegende Sorgfaltspflicht grob fahrlässig verletzen und dadurch Verkürzungen der Steuern bewirken, die der Auftraggeber schuldet. Da die Zulassung zur berufsmäßigen Ausübung einer steuerberatenden Tätigkeit in bezug auf Vorbildung, Ausbildung, Erfahrung und Fähigkeiten an strenge Voraussetzungen geknüpft ist, versteht sich von selbst, daß der Maßstab für die anzuwendende Sorgfalt bei steuerlichen Beratern i. d. R. erheblich höher ist als bei Stpfl, die eine entsprechende Ausbildung und Berufserfahrung nicht haben und sich bei der Ausübung ihres Gewerbes oder Berufes nur am Rande und nur in eigener Sache mit steuerrechtlichen Fragen befassen und gerade deshalb auf die Hilfeleistung eines steuerberatenden Fachmannes angewiesen sind. Als allgemeines Mindestmaß dessen, was jeder steuerliche Berater an Steuerrechtskenntnissen bei Ausübung seines Berufes (und erst recht in eigener Sache) anzuwenden hat, können die EStR, LStR, KStR, VStR und UStR und GewStR angesehen werden, die die BReg unter Berücksichtigung der Rspr herausgibt (*Schlüchter* 1986, 71 f.; krit. *Tipke* StbJb 1972/73, 526 ff.). Darüber hinaus und abseits von den hauptsächlichen Steuerarten sind die Ansprüche an den jeweiligen Berater von der Dauer und Intensität seiner Berufserfahrung und von der Zusammensetzung seiner Klientel abhängig. Indessen muß von jedem Berater erwartet werden, daß er die Rspr des BFH verfolgt (vgl. *Späth* StB 1975, 86; HHSp-*Rüping* 45 zu § 378 AO sowie LG Hannover v. 27. 1. 1964, DStR 304) und bei schwierigen Aufgaben, die ihm zum ersten Mal begegnen, Fachliteratur heranzieht oder seinerseits den Rat seiner Berufsorganisation oder eines erfahrenen oder spezialisierten Kollegen oder Rechtsanwalts einholt oder die Angelegenheit mit der zuständigen Stelle der Finanzverwaltung erörtert (vgl. dazu OLG Nürnberg v. 27. 1. 1964, WPg 243; z. T. anders *Kohlmann* 111 zu § 378 AO). Verläßt der Berater sich bei richtiger Darstellung des Sachverhalts auf eine unrichtige Auskunft der FinB, kann ihn kein Schuldvorwurf treffen (vgl. LG Münster v. 11. 10. 1960, DStR 1966, 455; *Kohlmann* 111 zu § 378 AO; abw. FG Hamburg v. 16. 12. 1959, DB 1960, 166); umfassend *Danzer* Grundfragen S. 66 ff.

47 **Art und Umfang des Beratungsvertrags** sind für die Verantwortlichkeit des StBer oder StBev erheblich, wenn er nicht der FinB als Handelnder gegenübertritt, sondern dem Stpfl nur beratend zur Seite steht (vgl. RG v. 7. 7. 1924, JW 1879). Zwar kann der Beratungsvertrag das Maß der von einem Berater nach § 378 AO geforderten Sorgfalt (Rdnr. 37) nicht einschränken. wohl aber den sachlichen Rahmen seiner Tätigkeit. Die Verantwortlichkeit des Beraters wächst, je weitergehender der Stpfl ihn mit der Wahrnehmung seiner steuerlichen Belange betraut (vgl. *Koch/Scholtz/Himsel* 12 zu § 378 AO). Umgekehrt bedeutet jede Einschränkung des Auftrags auch eine Einschränkung des Pflichtenkreises (*Paar* in Anm. zu OLG Stettin v. 1. 10. 1932, JW 1933, 345; RG 61, 42, 45 v. 25. 11. 1926; *Brönner* DB 1957, 588; *Senge* 10 zu § 378 AO). Unrichtig ist die Auffassung, daß eine nur vorbereitende (oder partiell beschränkte) Tätigkeit des Beraters für ihn die Voraussehbarkeit der Steuerverkürzung in Frage stelle (so *Alsberg* JW 1927, 517); denn keinesfalls darf sich der Berater darauf verlassen, daß die von ihm innerhalb seines Auftrags begangenen Fehler bei der Fertigung der Steuererklärungen noch entdeckt und berichtigt werden.

II. Tatbestand des § 378 I AO   48, 49   § 378

Innerhalb der Breite des Auftrags, die zB auf die „ESt-Erklärung 1994" 48
oder die „Bilanz 1994" bezogen oder noch enger gefaßt sein kann, ergibt sich
die Frage, ob der Berater verpflichtet ist, in die Tiefe zu gehen und die ihm
übermittelten Unterlagen und Angaben auf ihre Vollständigkeit und Richtigkeit zu prüfen, oder ob er sich „auftragsgemäß" damit begnügen darf, die
Unterlagen und Angaben des Stpfl ohne jede Prüfung rechnerisch und rechtlich auszuwerten. Hierbei ist davon auszugehen, daß der Berater seiner
Funktion nach als Helfer des Stpfl, nicht als Helfer oder gar Prüfer der FinB
tätig wird und deshalb seinem Auftraggeber nicht von vornherein mit Mißtrauen zu begegnen braucht (RG v. 9. 5. 1933, RStBl. 85; OLG Königsberg
v. 13. 6. 1929, JW 1930, 735; *Kohlmann* 113 zu § 378 AO), daß ihm einerseits
nicht dieselben umfassenden Pflichten obliegen wie dem Stpfl (RG v. 7. 7.
1924, JW 1879; OLG Stettin v. 1. 10. 1932, JW 1933, 345) und ihm auch
nicht dieselben Machtmittel zur Verfügung stehen wie den Amtsträgern der
Finanzverwaltung (RG v. 12. 10. 1936, RStBl. 1937, 483). Demgemäß
braucht der Berater in eine Prüfung der Unterlagen nur einzutreten,
– wenn sein *Auftrag* dies (ausdrücklich oder stillschweigend) einschließt
  (*Paulick* DStZ 1957, 181); ob dies auch gilt, wenn der Berater von sich aus
  gegenüber der FinB über die ursprünglichen Grenzen des Auftrags hinausgeht (BayObLG v. 24. 9. 1958, BB 1158; zust. *Senge* 10 zu § 378 AO), ist
  zweifelhaft,
– falls eine Prüfungspflicht sich *aus vorausgegangenem Tun* des Beraters ergibt, zB wenn er sich nach Übernahme der Tätigkeit für eine bestimmte
  Firma gegen weitere Prüfungen der FinB verwahrt und die Steuererklärungen der Firma mit seinem Namen gedeckt hatte (RG v. 4. 7. 1938,
  RStBl. 657) oder
– sofern sich dem Berater aufgrund seiner Kenntnisse vom Geschäftsumfang
  (RG 76, 283 v. 26. 11. 1942) oder aufgrund der von ihm errechneten
  Ergebnisse im Vergleich zu anderen Betrieben oder in Anbetracht des
  Lebensstils des Stpfl oder anderer offensichtlicher Anhaltspunkte Zweifel
  aufdrängen oder hätten aufdrängen müssen, daß die ihm vorgelegten Unterlagen „unmöglich stimmen können" (vgl. *Ahrens* DStZ 1957, 49 mit Auszügen aus BGH – 5 StR 433/53 – v. 26. 1. 1954; OLG Karlsruhe v. 19. 3.
  1986, wistra 189; *Rüping* 46, *Senge* 10 zu § 378 AO).
Unterdrückt der Berater solche Zweifel oder „macht er sich keine Gedanken" über ein offensichtliches Mißverhältnis zwischen dem Ergebnis der
Buchführung und anderen Anhaltspunkten, so kann es – je nach Art und Umfang der Unstimmigkeiten – leichtfertig sein, wenn der Berater davon absieht,
die Unterlagen zu prüfen oder sich sonstwie um eine Aufklärung des wirklichen Sachverhalts zu bemühen: enger *Paulick* (DStZ 1957, 182), der außer
acht läßt, daß sich Sorgfaltspflichten unmittelbar aus § 378 AO ergeben.

Stellt sich der Stpfl einer Aufklärung in den Weg oder entzieht er sich 49
entsprechenden Bemühungen des Beraters, ist dieser zwar nicht verpflichtet,
das Mandat niederzulegen oder die FinB positiv auf die bestehenden Zweifel
hinzuweisen (insoweit zutr. *Paulick* DStZ 1957, 182). Der Berater muß jedoch dann gegenüber der FinB den Anschein vermeiden, daß er in umfassen-

der Weise an den Abschlüssen und Steuererklärungen mitgewirkt habe und die darin von ihm zusammengefaßten Ergebnisse auf dem von ihm geprüften Zahlenwerk der Buchführung beruhen. Ein solcher Anschein wird ausgeschlossen, wenn der Berater in geeigneter Form zum Ausdruck bringt, daß die Gewinnermittlung „ausschließlich nach den Angaben des Stpfl" vorgenommen worden sei (zust. *Kohlmann* 117 zu § 378 AO). Überdies kann der Berater seine Sorgfaltspflicht auch in der Weise erfüllen, daß er lückenhafte Unterlagen oder krasse Mißverhältnisse, zB zwischen den vom Stpfl angegebenen Betriebseinnahmen und -ausgaben, durch Hinzuschätzungen ausgleicht (RG v. 12. 10. 1936, RStBl. 1937, 483).

50 **Geringere Anforderungen** gelten für einen Berater, der mit den Verhältnissen und der Mentalität seines Auftraggebers noch nicht vertraut ist oder nur vorübergehend und erst kurz vor dem Ablauf einer Erklärungsfrist zugezogen wird; vgl. RG v. 11. 12. 1933 (HRR 1934 Nr. 622), wo der Berater nur aushilfsweise für einen Tag zur Aufstellung der Steuerbilanz bestellt war.

51 **Sofern der Berater von Rspr und hM zum Steuerrecht abweicht,** weil er bestimmte Grundsätze für unrichtig oder unter den besonderen Umständen des Einzelfalles für unanwendbar erachtet, wird die Auffassung vertreten, daß sich solche Abweichungen nicht *unerkennbar* auf die Steuererklärung und ihre Anlagen auswirken dürften; denn dies begründe die Gefahr, daß das FA bei der Veranlagung von einem anderen als dem wirklichen Sachverhalt ausgehe und die Steuer – von der hM aus betrachtet – zu niedrig festsetze (so *Danzer* Grundfragen S. 94 ff.; aM *Leise/Dietz* 12 zu § 378 AO). Dabei handelt es sich jedoch um ein generelles Problem (*Schwarz/Weyand* 17 zu § 378 AO; s. dazu Rdnr. 126 zu § 370 AO).

52 **Übernimmt der steuerliche Berater auch die Führung der Bücher für seinen Mandanten,** obliegt ihm eine erweiterte und erhöhte Sorgfaltspflicht. Wer in der Vertrauensstellung eines steuerlichen Beraters mit der Buchführung für einen Gewerbetreibenden oder einen freiberuflich Tätigen beauftragt ist, trägt auch die Verantwortung für die Ordnungsmäßigkeit und Richtigkeit der Buchführung. Dies gilt in formaler Hinsicht ohne Einschränkung. In sachlicher Hinsicht muß der Berater darauf achten, daß er keine Belege verbucht, die – für ihn erkennbar – unrichtig sind, dh schriftliche Lügen enthalten; vgl. RG v. 4. 7. 1938 (JW 3109) zu unrichtigen Inventuren, die der Berater vom Prokuristen ohne jegliche Nachprüfung übernommen hatte, obwohl eine Prüfung angezeigt gewesen wäre. Der Berater darf sich nicht darauf beschränken, aus fehlerhaften, widersprüchlichen oder lückenhaften Aufzeichnungen des Stpfl eine Buchführung herzustellen, die nun äußerlich ordnungsmäßig erscheint (vgl. RG v. 26. 1. 1933, RStBl. 86). Bei undurchsichtigen Sachverhalten muß er Erkundigungen anstellen; vgl. RG v. 26. 11. 1942 (RStBl. 1943, 217) zu einem Berater, der ohne jede Nachfrage stillschweigend angenommen hatte, daß bei einem Bauunternehmer der bedeutende Aktivposten „halbfertige Bauten" in der ihm vorgelegten Aufstellung der Forderungen enthalten war. **Überläßt der Berater die Führung der Bücher des Mandanten seinen Angestellten,** muß er deren Tätigkeit sorgfältig überwachen und die Richtigkeit und Ordnungsmäßigkeit der Buch-

III. Konkurrenzfragen 53–56 § 378

führung *persönlich* nachprüfen (Leise/*Dietz* 9 zu § 378 AO); s. aber Rdnr. 40–42. Dies gilt besonders dann, wenn die Angestellten des Beraters in der Buchführung noch nicht sonderlich erfahren sind; vgl. RG v. 13. 7. 1932 (RStBl. 697) zu dem Fall, daß Angestellte zur Ausgleichung von Kassenfehlbeträgen in der Kassenkladde und im Tagebuch des Stpfl die Tageseinnahmen von sich aus erhöht hatten, um die Bücher „stimmend zu machen" und äußerlich beweiskräftig erscheinen zu lassen.

Wenn der Steuerberater leichtfertig gehandelt hat, erfüllt dies den Tatbestand nur, wenn in seiner Person eine Tathandlung gegeben ist (vgl. Rdnr. 23). Insofern wird § 378 AO i. d. R. nur erfüllt sein, wenn er selbst unrichtige Angaben macht oder ihm die Angaben Dritter zuzurechnen sind (Rdnr. 25). 53

III. Konkurrenzfragen

Schrifttum: *Lohmeyer,* Dauervergehen im Steuerstrafrecht, NJW 1956, 1546; *Bauerle,* Fortsetzungszusammenhang und Dauerdelikt im Steuerstrafrecht, Aktuelle Fragen S. 201; *Buschmann,* Die leichtfertige Steuerverkürzung als Dauerstraftat, BlStA 1960, 100; *Kopacek,* Das Dauervergehen der fahrlässigen Steuerverkürzung, FR 1963, 524; *Lohmeyer,* Fortgesetzte Handlung und Dauervergehen im Steuerstrafrecht, ZfZ 1963, 358; *Rombach,* Dauervergehen im Steuerstrafrecht, Diss. Köln 1968; *Dietz,* Fahrlässige Dauervergehen im Steuerordnungswidrigkeitenrecht, DStZ 1978, 274; *Göhler,* Ist die fortgesetzte Handlung mit der Entscheidung des Großen Senats in Strafsachen, wistra 1994, 185, auch in Bußgeldsachen praktisch verabschiedet?, wistra 1995, 300.

1. Mehrfache leichtfertige Steuerverkürzung

Führt dasselbe leichtfertige Verhalten des Täters zur **Verkürzung mehrerer Steuerarten,** so liegt Tateinheit (Rdnr. 108 ff. zu § 369 AO) vor, wenn hierfür ein und derselbe Fehler ursächlich ist, zB bei grob fahrlässiger Nichtverbuchung einer Betriebseinnahme, aus der in einem Veranlagungszeitraum gleichsam automatisch entsprechende Verkürzungen der USt, GewSt und ESt erwachsen (zust. *Senge* 22 zu § 378 AO). 54

Führt mehrmaliges leichtfertiges Verhalten zur **mehrmaligen Verkürzung derselben Steuer** über mehrere Steuerabschnitte (Veranlagungs- oder [Vor-]Anmeldungszeiträume), liegen grundsätzlich *mehrere* Zuwiderhandlungen vor. Dies gilt namentlich bei *ungleichartigem* Fehlverhalten, zB bei Nichtverbuchung einer Betriebseinnahme in 1993 und Verbuchung einer Privatausgabe als Betriebsausgabe in 1994. Aber auch *gleichartiges* Fehlverhalten in mehreren aufeinanderfolgenden Jahren führt idR zur Annahme *mehrerer* Zuwiderhandlungen, zB wenn in der G + V-Rechnung 1993 Betriebseinnahmen aus der Geschäftsverbindung mit den Kunden A und B, in der G + V-Rechnung 1994 gleichartige Betriebseinnahmen aus der Geschäftsverbindung mit B und C fehlen. Regelmäßig entspricht die Anzahl der Zuwiderhandlungen der Zahl der abgegebenen unrichtigen Steuererklärungen (oder [Vor-]Anmeldungen), aufgrund derer das FA unrichtige Steuerbescheide erteilt hat. 55

Ein Dauerdelikt (Rdnr. 111 zu § 369 AO) der leichtfertigen Steuerverkürzung liegt nach der Rspr jedoch vor, *„wenn sich der Stpfl eines in dauernder* 56

Unachtsamkeit bestehenden Gesamtverhaltens schuldig macht, aus dem mehrere, bei gehöriger Achtsamkeit voraussehbare Verletzungen der Steuerpflicht von selbst, also ohne sein weiteres Zutun entspringen" (RG 76, 68, 70 v. 12. 2. 1942; 76, 283, 285 v. 26. 11. 1942; BGH v. 17. 3. 1953, bei *Herlan* GA 1954, 58). Dies trifft nach der Rspr namentlich dann zu, wenn der Stpfl *„es ein für allemal versäumt hat, sich die nötige Kenntnis seiner Steuerpflichten zu verschaffen; wenn als Folge dieser einen Fahrlässigkeit die (hier allmonatliche) Einbehaltung, Anmeldung und Abführung der LSt unterblieben ist, ohne daß sich inzwischen neue Anlässe zur Behebung des rechtswidrigen Zustandes ergeben haben"* (BGH v. 25. 9. 1952, DStZ/B 1953, 102; v. 22. 12. 1959, DStZ/B 1960, 130). Diese Ausführungen sind in mehrfacher Hinsicht mißverständlich (Rdnr. 57–59).

57 Für die Verklammerung mehrerer leichtfertiger Steuerverkürzungen zu einem Dauerdelikt ist maßgebend, daß für alle Steuerverkürzungen **dieselbe konkrete Fehlerquelle** ursächlich war. Nicht ausreichend ist, daß ein wiederholtes Fehlverhalten aus derselben charakterlichen Schwäche des Stpfl erwachsen ist, zB aus einer allgemeinen Nachlässigkeit in Angelegenheiten der Buchführung oder aus allgemeiner Gleichgültigkeit gegen steuerrechtliche Pflichten.

58 **Auch ist unerheblich,** ob der Stpfl es *„ein für allemal"* versäumt hat, sich über seine (sämtlichen) steuerrechtlichen Pflichten zu unterrichten. Bei einem leichtfertigen Tatbestandsirrtum über steuerliche Pflichten (Rdnr. 100 zu § 369 AO) ist zB maßgebend, ob der Stpfl gerade diejenige Pflicht verkannt hat, deren Vernachlässigung über die Grenzen eines Steuerabschnitts hinweg Steuerverkürzungen hervorgerufen hat, mag er auch andere steuerrechtliche Pflichten gekannt und erfüllt haben. War der Stpfl zB längere Zeit in dem groben Irrtum befangen, daß die Erlöse aus dem Verkauf abgeschriebener Maschinen als Schrott steuerfrei seien, so bilden alle aus diesem *einen* Irrtum entstandenen Steuerverkürzungen *eine* Zuwiderhandlung nach § 378 AO.

59 **Unrichtig ist auch die Auffassung,** leichtfertige Steuerverkürzungen könnten als Dauerdelikt **nur durch Unterlassen begangen werden** (RG 59, 53, 54 v. 22. 1. 1925; 59, 281, 287f. v. 7. 7. 1925; 62, 212, 214 v. 2. 7. 1928; 72, 119, 123 v. 4. 3. 1938; 73, 230f. v. 8. 6. 1939; BGH v. 22. 12. 1959, DStZ/B 1960, 130; OLG Schleswig v. 6. 2. 1963, ZfZ 1964, 343; *Hartung* IV 2 zu § 402 RAO 1931; *Senge* 21 zu § 378 AO), zB wenn ein ArbG überhaupt keine LSt angemeldet, einbehalten und abgeführt habe (Rdnr. 56). Hat er zB angenommen, daß Überstundenvergütungen lohnsteuerfrei seien, bilden auch die aufgrund dieses Irrtums abgegebenen unvollständigen LSt-Anmeldungen ein Dauerdelikt (im Ergebnis ebenso *Lohmeyer* NJW 1956, 1546; *Barske/Gapp* S. 45; *Kopacek* FR 1963, 524). Die positive Handlung der Abgabe einer unrichtigen Steuererklärung schließt die Annahme eines Dauerdelikts nicht aus, wenn die Unrichtigkeit letzten Endes auf *eine* Unterlassung zurückgeht (*Dietz* DStZ 1978, 274; *Leise/Dietz* 36 zu § 378 AO); Beispiel: Der stpfl ArbN hat aufgrund des Irrtums, Zinsen aus prämienbegünstigten Sparguthaben seien steuerfrei, für 1990–1994 keine ESt-Erklärung abgegeben. Nachdem er 1995 ein Mietgrundstück geerbt hat, erklärt er für 1995

III. Konkurrenzfragen

seine Einkünfte aus Vermietung und Verpachtung (§ 21 EStG), läßt aber die Einkünfte aus Kapitalvermögen (§ 20 EStG) weiterhin unerwähnt. Auch hier liegt nur *eine* Zuwiderhandlung nach § 378 AO vor, begangen durch andauernd unterlassene Erklärung seiner Einkünfte aus Kapitalvermögen in den Jahren 1990–1995.

2. Verhältnis des § 378 AO zu anderen Straf- und Bußgeldtatbeständen

Treffen vorsätzliche und leichtfertige Steuerverkürzungen zusammen, 60 zB durch Abgabe einer Steuererklärung, die zT leichtfertig, zT vorsätzlich unrichtige Angaben enthält, wird die Steuerordnungswidrigkeit nach § 378 AO gem. § 21 I 1 OWiG durch die Straftat nach § 370 AO verdrängt. Der Bußgeldtatbestand des § 378 AO gilt gegenüber dem Straftatbestand des § 370 AO nur subsidiär. Diese Regelung des § 21 I 1 OWiG beruht auf der Erwägung, daß die Strafe – namentlich wegen des mit ihr verbundenen Unwerturteils – stets eine stärkere Wirkung hat als die Geldbuße (BVerfG 22, 49, 80 v. 6. 6. 1967) und daß der Unrechtsgehalt einer Straftat regelmäßig das Unrecht einer Ordnungswidrigkeit übertrifft (*Göhler* 2 zu § 21 OWiG). Wird jedoch eine Strafe nicht verhängt, so kann die Tat gem. § 21 II OWiG als Ordnungswidrigkeit geahndet werden. Aus welchem Grunde es zu einer Bestrafung nicht gekommen ist oder nicht kommen kann, ist unerheblich. In Betracht kommt im Verhältnis zwischen § 370 AO und § 378 AO namentlich das Fehlen einer Verfahrensvoraussetzung, zB bei Immunität (Art. 46 II GG, § 152a StPO), oder ein Absehen von der Strafverfolgung nach den §§ 153 ff. StPO, § 398 AO (OLG Hamm v. 9. 1. 1964, BB 1965, 648), zB die Einstellung des Strafverfahrens wegen Geringfügigkeit nach § 398 AO, wenn der vorsätzlich verkürzte Steuerbetrag nur gering ist und mit anderen Umständen insoweit auf ein geringes Verschulden des Täters schließen läßt. Bei Tatmehrheit zwischen Steuerhinterziehung und leichtfertiger Steuerverkürzung kann stets eine Geldbuße nach § 378 AO festgesetzt werden.

Den Gefährdungstatbeständen der §§ 379–382 AO geht § 378 AO vor. 61 Diese Folge hätte sich auch ohne § 379 IV, § 380 II, § 381 II u. § 382 III AO aus der allgemeinen Regel ergeben, daß ein Gefährdungstatbestand gegenüber einem Verletzungstatbestand keine selbständige Bedeutung haben kann (vgl. auch *Leise/Dietz* 35 zu § 378 AO). Bei deckungsgleichem Täterkreis (Rdnr. 6 ff.) ist die Subsidiarität der §§ 379–382 AO gegenüber § 378 AO davon abhängig, ob eine leichtfertige (oder vorsätzliche) Gefährdungshandlung zu einer *vollendeten* leichtfertigen Steuerverkürzung geführt hat oder nicht (s. dazu Rdnr. 36 ff. zu § 370 AO).

Im Verhältnis zur Gefährdung der Eingangsabgaben nach § 382 AO 62 besteht jedoch die Besonderheit, daß § 382 AO auch bei einer vollendeten Steuerverkürzung anzuwenden ist, wenn die Verkürzung nicht leichtfertig, sondern nur durch gewöhnliche Fahrlässigkeit bewirkt worden ist.

Im Verhältnis zu dem Straftatbestand des § 283b II StGB besteht wegen 63 der Verschiedenheit der Ausführungshandlungen Tatmehrheit, mag die Steuerverkürzung auch eine Folge der unordentlichen Buchführung sein

(BGH v. 1. 3. 1956, EFG 1957, Beilage Nr. 2; *Senge* 23 zu § 378 AO). Gleiches gilt bei leichtfertiger KfzSt-Verkürzung für das Verhältnis des § 378 AO zu dem Straftatbestand des § 6 PflVersG. In beiden Fällen ist nach § 21 I OWiG nur das Strafgesetz anzuwenden.

IV. Umfang des Bußgelds

64 Die Ordnungswidrigkeit kann mit einer Geldbuße bis zu 100.000 Deutsche Mark geahndet werden (§ 378 Abs. 2). Dieser Betrag kann überschritten werden, wenn dies nötig ist, um den wirtschaftlichen Vorteil des Täters abzuschöpfen (§ 17 Abs. 4 OWiG). Insbesondere bei lang zurückliegenden Taten liegt dies nicht fern, weil die Verzinsung gem. § 235 AO eine vorsätzliche Steuerhinterziehung voraussetzt und die Vorschriften über die Vollverzinsung ggf. nicht ausreichen, um die Vorteile des Täters abzuschöpfen (vgl. Rdnr. 30f. zu § 377 AO).

V. Selbstanzeige (§ 378 III AO)

Schrifttum: *Buschmann*, Die Selbstanzeige bei leichtfertiger Steuerverkürzung, BlStA 1960, 228; *Kopacek*, Die Offenbarungspflicht und die Selbstanzeige leichtfertiger Verletzungen von Steuerpflichten, BB 1962, 875; *Lohmeyer*, Zur Frage der „Berichtigung" i. S. des § 411 AO, BlStA 1962, 177; FR 1963, 186; ZfZ 1964, 298; *ders.*, Erstattung einer Selbstanzeige nach § 411 AO im Rahmen der Betriebsprüfung, NBW 1963, 192; *Coring*, Einzelfragen zur Selbstanzeige während der Betriebsprüfung, DStR 1963, 373; *Schuhmacher*, Die Selbstanzeige nach § 411 AO und ihre Bedeutung im Rahmen der Betriebsprüfung, StWa 1964, 33; *Kopacek*, Die Selbstanzeige nach § 411 AO, DStR 1965, 105, 137, 164, 201; *Lohmeyer*, Die strafbefreiende Selbstanzeige bei fahrlässiger Steuerverkürzung, GA 1965, 217; *ders.*, Bußgeldfreiheit im Rahmen einer steuerlichen Außenprüfung, StB 1980, 7; *Lutz Müller*, Selbstanzeige bei leichtfertiger Steuerverkürzung durch Anerkennung des Betriebsprüfungsergebnisses?, DB 1981, 1480; *Lohmeyer*, Die Erstattung einer zur Bußgeldfreiheit führenden Anzeige nach § 378 Abs. 3 AO im Rahmen der Außenprüfung, Inf 1982, 684; *Spriegel*, BB 1986, 2310; *Dörn*, Selbstanzeige bei leichtfertiger Steuerverkürzung, wistra 1994, 10; *Jestädt*, „Kleine Selbstanzeige" nach § 378 III AO und Anerkenntnis nach Außenprüfung, DStR 1994, 1605; siehe auch die Literaturangaben zu § 371 AO.

65 **§ 378 III AO schreibt zwingend vor,** daß eine Geldbuße nicht festgesetzt wird, soweit der Täter eine Berichtigungserklärung (Rdnr. 46ff. zu § 371 AO) vor der Bekanntgabe der Einleitung eines Straf- oder Bußgeldverfahrens (Rdnr. 163ff. zu § 371 AO) abgibt und die verkürzten Steuern fristgerecht nachzahlt (Rdnr. 96ff. zu § 371 AO). Wie § 371 AO honoriert auch § 378 III AO den Willen zur Schadenswiedergutmachung (Rdnr. 18ff. zu § 371 AO).

66 **Der Anwendungsbereich** des § 378 III AO umfaßt nicht die Gefährdungshandlungen nach den §§ 379–382 AO und nach § 126 BranntwMonG. Eine analoge Anwendung auf diese Zuwiderhandlungen mit geringerem Unrechtsgehalt ist nicht möglich (*Kohlmann* 100, *Schwarz/Weyand* 20 zu § 378 AO; aM *Stuber* DStZ 1960, 107 zu § 413 I Nr. 1a RAO 1939); denn sämtliche Gefährdungshandlungen sind dadurch gekennzeichnet, daß der Stpfl seine Erklärungspflichten gegenüber der FinB noch nicht versäumt hat und die

V. Selbstanzeige (§ 378 III AO)

steuergefährdende Wirkung seines pflichtwidrigen Verhaltens in anderer Weise als durch eine Berichtigungserklärung wieder aus der Welt schaffen kann, sobald er sich der Zuwiderhandlung bewußt geworden ist. Geschieht dies, so sind die Bemühungen des Stpfl bei der Ermessensausübung im Rahmen des Opportunitätsprinzips nach § 47 OWiG zu berücksichtigen (vgl. Rdnr. 212 zu § 371 AO).

Die zeitlichen Ausschließungsgründe, die einem Anspruch auf Bußfreiheit entgegenstehen, sind abw. von § 371 II AO auf die Bekanntgabe der Einleitung des Straf- oder Bußgeldverfahrens beschränkt; denn einer ohne Vorsatz bewirkten Steuerverkürzung wird der Täter stets erst *nach* der Tat gewahr, und zwar idR dann, wenn er sich nach dem Erscheinen eines Amtsträgers der FinB an der Prüfung seiner Verhältnisse in vergangenen Zeiträumen beteiligt. Daher ist eine Selbstanzeige nach § 378 III AO – abw. von § 371 II Nr. 1a AO – auch nach dem Erscheinen des Amtsträgers noch wirksam. Da der Gesetzgeber auch die Vorschrift des § 371 II Nr. 2 AO in § 378 III AO nicht übernommen hat, ist der Schluß begründet, daß eine Berichtigung iS des § 378 III 1 AO uU auch dann noch möglich und wirksam sein kann, wenn der Stpfl „*im Zeitpunkt der Berichtigung ... wußte oder ... damit rechnen mußte, daß die Tat ganz oder zum Teil bereits entdeckt war*" (ebenso BayObLG v. 30. 3. 1978, MDR 865; v. 2. 12. 1980, ZfZ 1981, 183).

Die Erfordernisse einer Berichtigung iS des § 378 III AO sind str. Nach verbreiteter Auffassung soll es für die Berichtigung bei einer leichtfertigen Steuerverkürzung – abw. von der Berichtigung bei einer vorsätzlichen Steuerverkürzung nach § 371 I AO – genügen, wenn der Täter das Ergebnis einer Außenprüfung der FinB anerkennt und dabei zum Ausdruck bringt, daß es richtig und vollständig sei, oder wenn er unrichtige Steuererklärungen „*nach der Prüfung unter Verwertung der vom Prüfer ermittelten Ergebnisse*" durch richtige Steuererklärungen berichtigt (*List* S. 56) oder wenn der Täter die Berichtigung nur anbahnt (OLG Celle v. 19. 12. 1963, NJW 1964, 989, m. abl. Anm. *Wolter* NJW 1964, 1735). Nach anderer Auffassung widersprechen solche extensiven Auslegungen dem Zweck und dem Wortlaut des Gesetzes. Ein bloßes Anerkenntnis bereits vorliegender Prüfungsergebnisse, sei es auch in der Form einer „Berichtigungserklärung", sei weniger als eine Berichtigung iS des § 371 I AO (*Kühn/Hofmann* 5a, *Senge* 16 zu § 378 AO). Auch iS des § 378 III 1 AO verlange eine Berichtigung einen *eigenen, von der Ermittlungstätigkeit der Behörde unabhängigen Beitrag des Täters zur Richtigstellung der bisher unrichtigen Angaben* (BGH v. 29. 4. 1959, DStZ/B 499; glA *Terstegen* S. 121; *Hartung* III 2 zu §§ 410, 411 RAO 1931; *Troeger/Meyer* S. 257; *Barske/Gapp* S. 89; *Buschmann* BlStA 1960, 228; *Leise/Dietz* 40 zu § 378 AO; aM *Mattern* NJW 1951, 941; DStZ 1952, 414; DStR 1952, 76; 1954, 457; *List* S. 56; unklar *Firnhaber* S. 71 ff.; BayObLG v. 30. 3. 1978, MDR 865; v. 2. 12. 1980, ZfZ 1981, 183). Eine Berichtigung könne auch hier nur in einer Handlung bestehen, durch die bestimmte Tatsachen, die der FinB bisher unbekannt waren, aufgeklärt werden (*Suhr* S. 374).

Allerdings ist dies auch nach der engeren Auffassung möglich in der Form mündlicher Auskünfte und Hinweise oder durch Vorlage bestimmter Belege an einen Betriebsprüfer (aM OLG Frankfurt v. 17. 11. 1960, BB 1961, 628; zust. *Senge* 14 zu § 378 AO; vgl. auch *Dörn* wistra 1994, 12; OLG Karlsruhe v. 30. 11. 1995, wistra 1996, 117). Hierbei ist zu beachten, daß sich die Entdeckung einer Steuerverkürzung, sofern sie nicht auf einem einzigen Buchungsfehler usw. beruht, durch den Betriebsprüfer *schrittweise* vollzieht; von der Entdeckung einer einzelnen unverbuchten Betriebseinnahme bis zur Überprüfung aller Einnahmen innerhalb des Prüfungszeitraums und der Feststellung der Auswirkungen auf sämtliche geprüften Steuerarten ist oft ein langer Weg zurückzulegen, auf dem der Stpfl dem Prüfer mit berichtigenden Angaben entgegenkommen und sich insoweit gem. § 378 III AO einen Anspruch auf Bußgeldfreiheit erwerben kann. *Rüping* (HHSp zu § 378 AO) hat in diesem Zusammenhang zu Recht darauf hingewiesen, daß das Verhalten – ähnlich dem Rücktritt beim Versuch gem. § 24 Abs. 1 StGB – plausibel machen muß, daß es im konkreten Fall keiner Sanktion zur Ahndung des an sich verwirklichten Unrechts bedarf. Zu bedenken ist auch, daß § 378 Abs. 3 AO allein den Ausschlußgrund der Bekanntgabe der Einleitung des Strafverfahrens kennt, so daß die bloße Entdeckung einer Tat Spielräume für eine Berichtigung lassen *muß* (vgl. auch *Kohlmann* 136 zu § 378 AO). *Kohlmann* (aaO) ist zuzugeben, daß die Voraussetzung einer „Originalität" der Angaben des Stpfl mittelbar den Ausschlußgrund der Tatentdeckung in den § 378 III AO einführte, was gegen Art. 103 Abs. 2 GG verstieße. Soweit *Kohlmann* allerdings eine „ausdrückliche Berichtigungserklärung" voraussetzt, ist der Sinn einer solchen unklar, wenn er einerseits das bloße stillschweigende Anerkennen des Betriebsprüfungsergebnisses nicht als Selbstanzeige werten will, andererseits voraussetzt, daß der Stpfl unter Berufung auf das Ergebnis der Außenprüfung eine gesonderte ausdrückliche Berichtigungserklärung abgibt. Vorauszusetzen ist lediglich, daß sich das Mitwirken des Stpfl nicht in dem bloßen Tolerieren des BP-Ergebnisses erschöpft, sondern er „berichtigt oder ergänzt oder unterlassene Angaben nachholt". In welcher Form dies zu erfolgen hat, sagt das Gesetz nicht. Inwiefern das Verhalten des Stpfl im Rahmen einer laufenden Außenprüfung diese Voraussetzung erfüllt, ist Tatfrage (vgl. zum Anerkenntnis nach § 167 I AO *Jestädt* DStR 1994, 1606; siehe auch OLG Karlsruhe v. 30. 11. 1995, wistra 1996, 117).

70   **Zur Erstattung einer Selbstanzeige durch Beauftragte** wird im Anschluß an ein Urteil des Reichsgerichts (RG 64, 76 v. 24. 3. 1930) die Auffassung vertreten, daß es bei der leichtfertigen Steuerverkürzung – abw. von der vorsätzlichen Steuerverkürzung – eines besonderen, nach der Tat erteilten Auftrags nicht bedürfe (*Fuchs* S. 59; *Barske/Gapp* S. 85 Fußn. 59; *Hartung* III 1 zu §§ 410, 411 RAO 1951; *Kopacek* DStR 1965, 137; dagegen zu Recht *Leise/ Dietz* 37, *Kohlmann* 106, *Senge* 13 zu § 378 AO). Die angeführte Entscheidung läßt jedoch nicht erkennen, ob in welcher Weise der Stpfl seine eigene Sorgfaltspflicht vernachlässigt hat. Bei fehlendem Verschulden des Stpfl kann es sich nicht um eine Selbstanzeige zugunsten des Stpfl, sondern nur um eine eigene Selbstanzeige des Beauftragten gehandelt haben (zutr. *List* S. 57; ausf. *Firnhaber* S. 85f.).

VI. Verfahrensfragen   71–76 § 378

Nur die Bekanntgabe der Einleitung eines Straf- oder Bußgeldverfah- 71
rens wegen (vorsätzlicher oder leichtfertiger) Steuerverkürzung (§§ 370, 378
AO) schließt die Wirkung einer Selbstanzeige gem. § 371 II Nr. 1 b AO oder
§ 378 AO aus. Für den Ausschluß der strafbefreienden Wirkung einer Selbstanzeige wegen einer Straftat nach § 370 AO genügt auch die Bekanntgabe
der Einleitung eines Bußgeldverfahrens wegen einer Steuerordnungswidrigkeit nach § 378 AO.

Der Täter muß die verkürzten Steuern innerhalb der ihm bestimmten 72
angemessenen Frist nachentrichten (§ 378 Abs. 3 Satz 2 iVm § 371 Abs. 3
AO; vgl. Rdnr. 96 ff. zu § 371 AO).

VI. Verfahrensfragen

Der Erlaß eines Bußgeldbescheides gegen einen RA, StBer, StBev, Wpr 73
oder vBpr wegen leichtfertiger Steuerverkürzung, die sie in Ausübung ihres
Berufes bei der Beratung in Steuersachen begangen haben, ist von den besonderen Voraussetzungen des § 411 AO abhängig. Diese Sondervorschrift
bezieht sich nur auf die Beratung, nicht auf die Führung der Bücher des Stpfl
(Rdnr. 52) oder die Wahrnehmung der Pflichten des Stpfl in der Eigenschaft
eines gesetzlichen Vertreters iS des § 34 AO und erst recht nicht auf die
Erfüllung der eigenen steuerrechtlichen Pflichten des RA, StBer, StBev,
Wpr oder vBpr.

Vom Bußgeldverfahren muß zum Strafverfahren übergegangen wer- 74
den, wenn sich im Verlauf des Bußgeldverfahrens herausstellt, daß durch ein
und dieselbe Handlung außer § 378 AO oder anstelle des § 378 AO ein
*Straf*gesetz verletzt worden ist. Hat der Verdächtige anstelle einer leichtfertigen eine vorsätzliche Steuerverkürzung begangen, ändert sich die Zuständigkeit der FinB im Ermittlungsverfahren nicht. Nur wenn der Verdächtige
außer einer Steuerordnungswidrigkeit nach § 378 AO eine *nichtsteuerliche*
Straftat begangen hat, verliert die FinB ihre Ermittlungskompetenz (vgl.
§ 386 II AO) und gibt die Akten an die StA ab. Im gerichtlichen Verfahren,
das zB wegen Einspruchs gegen einen Bußgeldbescheid angelaufen ist, erkennt der Amtsrichter durch Urteil auf eine Strafe wegen Vergehens nach
§ 370 AO, nachdem er den Angeklagten zuvor auf die Veränderung des
rechtlichen Gesichtspunktes gem. § 265 StPO hingewiesen hat. Zum Risiko
des Einspruchs gegen einen Bußgeldbescheid vgl. *Henneberg* BB 1969, 398 f.

Bei nachträglicher Feststellung einer Steuerhinterziehung (§ 370 AO) 75
kann die Tat trotz eines rechtskräftigen Bußgeldbescheides wegen leichtfertiger Steuerverkürzung (§ 378 AO) strafrechtlich verfolgt werden. Dies folgt
durch Umkehrschluß aus § 84 II OWiG, der einen Strafklageverbrauch nur
für gerichtliche Bußgeldentscheidungen vorsieht. Falls der Betroffene wegen
Steuerhinterziehung verurteilt wird, wird der Bußgeldbescheid gem. § 86
OWiG aufgehoben.

Bei Tatmehrheit zwischen der Steuerordnungswidrigkeit nach § 378 AO 76
und einer Straftat können beide Handlungen in einem einheitlichen Verfahren geahndet werden (vgl. §§ 42, 45, 83 OWiG).

§ 379 Steuergefährdung

(1) ¹Ordnungswidrig handelt, wer vorsätzlich oder leichtfertig
1. Belege ausstellt, die in tatsächlicher Hinsicht unrichtig sind, oder
2. nach Gesetz buchungs- oder aufzeichnungspflichtige Geschäftsvorfälle oder Betriebsvorgänge nicht oder in tatsächlicher Hinsicht unrichtig verbucht oder verbuchen läßt

und dadurch ermöglicht, Steuern zu verkürzen oder nicht gerechtfertigte Steuervorteile zu erlangen. ²Satz 1 Nr. 1 gilt auch dann, wenn Eingangsabgaben verkürzt werden können, die von einem anderen Mitgliedstaat der Europäischen Gemeinschaften verwaltet werden oder die einem Staat zustehen, der für Waren aus den Europäischen Gemeinschaften auf Grund eines Assoziations- oder Präferenzabkommens eine Vorzugsbehandlung gewährt; § 370 Abs. 7 gilt entsprechend. ³Das gleiche gilt, wenn sich die Tat auf Umsatzsteuern bezieht, die von einem anderen Mitgliedstaat der Europäischen Gemeinschaften verwaltet werden.

(2) Ordnungswidrig handelt, wer vorsätzlich oder leichtfertig
1. der Mitteilungspflicht nach § 138 Abs. 2 nicht, nicht vollständig oder nicht rechtzeitig nachkommt,
2. die Pflicht zur Kontenwahrheit nach § 154 Abs. 1 verletzt.

(3) Ordnungswidrig handelt, wer vorsätzlich oder fahrlässig einer Auflage nach § 120 Abs. 2 Nr. 4 zuwiderhandelt, die einem Verwaltungsakt für Zwecke der besonderen Steueraufsicht (§§ 209 bis 217) beigefügt worden ist.

(4) Die Ordnungswidrigkeit kann mit einer Geldbuße bis zu zehntausend Deutsche Mark geahndet werden, wenn die Handlung nicht nach § 378 geahndet werden kann.

Vgl. § 283 I Nr. 5–7, § 283b StGB über Verletzung der Buchführungspflicht; § 1430 RVO idF des Art. 252 Nr. 48 EGStGB; § 152 AVG idF des Art. 253 Nr. 6 EGStGB über unrichtige Eintragungen in Nachweisen oder Anzeigen zur Sozialversicherung; § 230 I Nr. 3 AFG betr. pflichtwidrig unterlassene Aufzeichnungen des ArbG über geleistete Arbeitsstunden; § 26a UStG betr. die Verletzung umsatzsteuerlicher Aufbewahrungs- und Meldepflichten; § 50e EStG über pflichtwidrig unterlassene Mitteilungen an das Bundesamt für Finanzen; § 33 IV ErbStG betr. Anzeigepflichten der Vermögensverwahrer, Vermögensverwalter und Versicherungsunternehmen; sowie § 30a TabStG betr. Schwarzhandel mit Zigaretten.

Schrifttum:
Zu § 405 RAO 1968: Pfaff, Die Steuergefährdung nach § 405 AO, StBp 1972, 142; *Suhr,* Ahndung wegen der Steuerordnungswidrigkeiten der §§ 405, 406 AO bei Nichtverfolgung der Verkürzungstatbestände der §§ 392, 404 AO? StBp 1973, 224.
Zu § 379 AO 1977: Pfaff, Die Steuergefährdung (§ 379 AO), StBp 1978, 137; *Gast-de Haan,* Zuwiderhandlungen gegen verbrauchsteuerliche Aufzeichnungsvorschriften als Steuerordnungswidrigkeit, DB 1977, 1290; *Pfaff,* Zur Beachtung der §§ 379 AO, 271 StGB bei Umsatzsteuer-Sonderprüfungen, DStZ 1979, 249; *Lohmeyer,* Der Steuerberater als Täter oder Teilnehmer einer

1. Entstehungsgeschichte

Steuerzuwiderhandlung Stbg. 1985, 297; *Lohmeyer,* Steuerliche Bilanzdelikte und deren strafrechtliche Folgen, Wpg 1990, 314; *Mösbauer,* Die Steuergefährdung nach § 379 AO, wistra 1991, 41; *Lohmeyer,* Die Gefährdungstatbestände der §§ 379 und 380 AO, INF 1992, 511; *Dörn,* Steuerliche Pflichten unter strafrechtlichem Aspekt, INF 1993, 315; *Dörn,* Anwendung der §§ 379, 380 AO auch bei Selbstanzeigen gemäß §§ 371, 378 Abs. 3 AO, wistra 1995, 7.
Weiteres Schrifttum s. vor Rdnr. 9, 15, 32, 37, 53.

Übersicht

1. Entstehungsgeschichte	1–4	a) Möglichkeit der Steuerverkürzung	26, 26a
2. Zweck und Anwendungsbereich	5–8	b) Verkürzung ausländischer Abgaben	27–31
3. Ausstellen unrichtiger Belege	9–14	6. Verletzung der Meldepflicht bei Auslandsbeziehungen	32–36
a) Begriff	9–11	7. Konto auf falschem Namen	37–41
b) Unrichtig	12	8. Zuwiderhandlungen gegen eine Auflage nach § 120 II Nr. 4 AO	42–47
c) Ausstellen	13	9. Rechtfertigungsgründe	48
d) Täterkreis	14	10. Subjektiver Tatbestand	49, 50
4. Fehlerhafte Buchungen und Aufzeichnungen	15–25	11. Geldbuße	51
a) Allgemeines	15–20	12. Selbstanzeige	52
b) Täterkreis	21	13. Konkurrenzfragen	53–55
c) Buchführungs- und Aufzeichnungspflichten im einzelnen	22–25	14. Verjährung	56
5. Möglichkeit der Verkürzung von Steuereinnahmen	26–31		

1. Entstehungsgeschichte

Vorläufer des § 379 AO waren §§ 406 u. 413 I Nr. 3 RAO idF des Art. I **1** Nr. 5, 6 des Gesetzes v. 11. 5. 1956 (BGBl. I 418); Begr. BT-Drucks. II/1593. Nach § 406 I RAO 1956 waren das Ausstellen unrichtiger Belege (Nr. 1) sowie die mangelhafte Buchung von Geschäftsvorfällen (Nr. 2) und Betriebsvorgängen (Nr. 3) als *„Steuergefährdung"* mit Geldstrafe bis zu 100.000 DM bedroht, neben der auf Gefängnis bis zu 2 Jahren erkannt werden konnte; subjektive Voraussetzung war die *„Absicht, eine Verkürzung von Steuereinnahmen zu ermöglichen".* § 406 II RAO 1956 enthielt eine Sonderregelung über tätige Reue.

Durch Art. 1 Nr. 19 des 2. AOStrafÄndG v. 12. 8. 1968 (BGBl. I 953) **2** wurde die Vorschrift unter der Bezeichnung „§ 405" als Bußgeldtatbestand neugefaßt (Begr. BT-Drucks. IV/1812 S. 27). Die Ordnungswidrigkeiten nach § 405 I Nr. 1 u. 2 RAO 1968 entsprachen den früheren Vergehen nach § 406 I RAO 1956 mit der Abweichung, daß (bedingt) vorsätzliches oder leichtfertiges Handeln genügte; „Absicht" war nicht mehr erforderlich, jedoch mußte die Tathandlung es objektiv ermöglichen, Steuereinnahmen zu verkürzen. Die in § 405 I Nr. 2 RAO 1968 mitgeregelte Zuwiderhandlung gegen eine Pflicht zur Aufzeichnung von Betriebsvorgängen wurde durch den BTag aus § 407 RAO idF des Entwurfs (Verbrauchsteuergefährdung) übernommen (Schriftl. Ber. zu BT-Drucks. V/2928 S. 2). Die Ordnungswidrigkeit nach § 405 II RAO 1968 entsprach dem früheren Vergehen nach § 413 I Nr. 3 RAO 1956 mit der Abweichung, daß die Tathandlung mindestens leichtfertig begangen sein mußte.

§ 379   3, 4   Steuergefährdung

3   **Durch Art. 5 Nr. 3 AStG** v. 8. 9. 1972 (BGBl. I 1713, 1724) wurde § 405 II
RAO 1968 mit Wirkung ab 13. 9. 1972 neugefaßt. Dabei wurde als neue
Ordnungwidrigkeit unter Nr. 2 ein *Verstoß gegen die Meldepflichten* des
§ 165e III RAO (nachträglicher Wegfall von Voraussetzungen der Steuerbefreiung
bei der GrSt) und der § 165e IV RAO (nachträglicher Wegfall von
Voraussetzungen der Steuerbefreiung bei der GrESt) eingefügt. § 165e III
RAO wurde durch das GrStRG v. 7. 8. 1973 (BGBl. I 965) „mit erstmaliger
Wirkung für die GrSt des Kalenderjahrs 1974" gestrichen. Gem. Art. 161 Nr. 9a
EGStGB erhielt § 405 I 2 RAO 1968 mit Wirkung ab 10. 3. 1974 (Art. 326 II
EGStGB) folgende Fassung: „*Satz 1 Nr. 1 gilt auch dann, wenn Eingangsabgaben
verkürzt werden können, die von einem anderen Mitgliedstaat der Europäischen
Gemeinschaften verwaltet werden oder die einem Mitglied der Europäischen Freihandelsassoziation
oder einem mit den Europäischen Gemeinschaften oder der Europäischen
Freihandelsassoziation assoziierten Staat zustehen; § 392 Abs. 5 Satz 2 ist
anzuwenden.*" Gleichzeitig wurde § 405 VI RAO mit Wirkung ab 1. 1. 1975
gestrichen (Art. 161 Nr. 9b, Art. 326 I EGStGB). Bereits wenige Monate
später erhielt § 405 I Satz 2 idF des Art. 161 Nr. 9a EGStGB – ebenfalls mit
Wirkung ab 1. 1. 1975 – folgende Fassung: „*Satz 1 Nr. 1 gilt auch dann, wenn
Eingangsabgaben verkürzt werden können, die von einem anderen Mitgliedstaat der
Europäischen Gemeinschaften verwaltet werden oder die einem Mitgliedstaat der
Europäischen Freihandelsassoziation assoziierten Staat zustehen; § 392 Abs. 5
Satz 2 ist anzuwenden*" (§ 1 Nr. 9 G v. 15. 8. 1974, BGBl. I 1942).

4   **§ 379 I Nr. 1 und 2 AO** (= § 363 EAO 1974; Begr. BT-Drucks. VI/1982
S. 197) entspricht dem § 405 I Nr. 1 und 2 RAO 1968. Der Tatbestand ist
allerdings insofern erweitert worden, als neben der Möglichkeit der Steuerverkürzung
nunmehr als alternatives Tatbestandsmerkmal ausdrücklich die
Möglichkeit der Erlangung ungerechtfertigter *Steuervorteile* erwähnt wird.
Dadurch ist jedoch die materielle Rechtslage nicht verändert worden; denn
Steuereinnahmen können auch durch die ungerechtfertigte Inanspruchnahme
von Steuervorteilen verkürzt werden (Rdnr. 14ff. zu § 370 AO). Über
die Auswirkungen der Neufassung des § 381 I Nr. 1 AO im Vergleich zu
§ 407 I Nr. 1 RAO 1968 auf die Verletzung von Aufzeichnungspflichten, die
sich aus Verbrauchsteuergesetzen ergeben, s. Rdnr. 6ff. zu § 381 AO.

Die Formulierung des **§ 379 I Satz 2 AO** erfaßt neben unrichtigen Erklärungen
zum Nachteil eines EFTA-Staates nunmehr auch unrichtige Erklärungen
zum Nachteil aller übrigen Staaten, die für Waren aus der EG aufgrund
eines Assoziations- oder Präferenzabkommens eine Vorzugsbehandlung
gewähren. Das sind fast alle Staaten des Mittelmeerraums (Rdnr. 29ff.).
Da das Rechts- und Verwaltungssystem dieser Staaten (im Gegensatz zu den
EFTA-Staaten) nur bedingt mit dem der EG-Mitgliedstaaten vergleichbar
ist, können unrichtige Erklärungen zum Nachteil dieser Staaten lediglich als
Ordnungswidrigkeit geahndet werden (BT-Drucks. 7/4298 S. 45).

§ 379 II Nr. 1 AO ist neu eingefügt worden, und zwar zur Sicherung der
Belange des StGläubigers bei Auslandsbeziehungen (BT-Drucks. VI/1982
S. 197). Die Verletzung der Pflicht zur Kontenwahrheit gem. § 379 II Nr. 2
AO entspricht § 405 II RAO 1968.

2. Zweck und Anwendungsbereich   5–7 § 379

Der neu eingefügte § 379 III AO soll das frühere Sicherungsgeld ablösen, das gem. § 203 RAO im Rahmen der Steueraufsicht als Ungehorsamsfolge verhängt werden konnte. Subjektiv genügt hier, abw. von allen anderen Bußgeldtatbeständen des § 379 AO, einfache Fahrlässigkeit (Rdnr. 49). Der Austausch des Begriffes „Tat" durch „Handlung" in Abs. IV entspricht der Sprachregelung des OWiG.
§ 379 I Satz 3 AO wurde mit Wirkung ab 1. 1. 1993 durch G v. 25. 8. 1992 (BGBl. I 2118) eingeführt. Die leichtfertige Steuerverkürzung bezieht sich damit nicht mehr nur auf deutsche Steuern, sondern auch auf Umsatzsteuern, die von anderen Mitgliedstaaten der EG verwaltet werden.

2. Zweck und Anwendungsbereich

Handlungen, die zur **Vorbereitung einer Steuerverkürzung** geeignet 5 sind, werden durch § 379 AO zu selbständigen Bußgeldtatbeständen erhoben. Sowohl die Ausstellung unrichtiger Belege (§ 379 I Nr. 1 AO) als auch die unrichtige, unvollständige oder unterlassene Buchung von Geschäftsvorfällen iS des § 379 I Nr. 2 AO gehören in den Bereich der (strafrechtlich noch nicht erheblichen) Vorbereitungshandlungen, die ohne § 379 AO nicht – auch nicht als Versuch – geahndet werden könnten (Rdnr. 56 ff. zu § 369 AO; KG v. 6. 10. 1966, NJW 1967, 991; OLG Köln v. 26. 10. 1976, BB 1977, 635; OLG Celle v. 17. 7. 1979, MDR 1980, 77 krit. HHSp-*Rüping* 14 f. zu § 379 AO). § 379 AO ist Gefährdungstatbestand. Die Vorschrift ist nicht anwendbar, wenn die Tat zugleich einen Verletzungstatbestand erfüllt (Rdnr. 53). Über die Anwendbarkeit des § 379 AO, wenn der Täter wegen des Verletzungstatbestands aufgrund eines persönlichen Strafaufhebungsgrunds nicht zur Rechenschaft gezogen werden kann s. RdnF. 52. Andererseits handelt es sich bei den einzelnen Tatbeständen des § 379 AO um typische Maßnahmen, mit denen Steuerverkürzungen häufig angebahnt werden (zB Gefälligkeitsrechnungen und OR-Geschäfte, Kontoerrichtung auf falschen Namen usw.) und die daher das Steueraufkommen besonders gefährden. Der bußrechtliche Schutz des staatlichen Anspruchs auf Vollständigkeit und Wahrheit der Besteuerungsgrundlagen ist rechtspolitisch vor allem deshalb erforderlich, weil zwischen den in § 379 AO erfaßten Vorbereitungshandlungen und dem Versuch oder der Vollendung einer Steuerverkürzung, insbes. bei den Veranlagungssteuern, meist ein längerer Zeitraum liegt (vgl. auch *Pfaff* StBp 1972, 142; *Suhr* StBp 1973, 224).

Die **Verletzung verbrauchsteuerlicher Aufzeichnungs- und Buchfüh-** 6 **rungspflichten** wird (seit dem 1. 1. 1977) durch die Spezialvorschrift des § 381 I Nr. 1 AO erfaßt (Rdnr. 10 zu § 381 AO). Über Zuwiderhandlungen gegen *Auflagen* s. Rdnr. 42 ff. In einigen steuerlichen Nebengesetzen ist die entsprechende Anwendung des § 379 AO vorgeschrieben (zB § 29 a BerlinFG, § 5 a II BergPG, § 14 II 5. VermBG, § 8 II WoPG; anders zB § 5 a InvZulG).

Auf **Monopolabgaben** ist nicht § 379 I Nr. 2 AO, sondern die im objekti- 7 ven Tatbestand entsprechend gefaßte Sondervorschrift des § 126 I Branntw-MonG anwendbar. Über die Unterschiede im subjektiven Tatbestand s.

§ 379 8, 9   Steuergefährdung

Rdnr. 49. Für Aufzeichnungs- und Aufbewahrungspflichten betr. **Marktordnungswaren** trifft 36 III MOG eine Sonderregelung.

8   Die **Verletzung umsatzsteuerlicher Aufbewahrungs- und Meldepflichten** ist gem. § 26a UStG mit einer Geldbuße bis zu 10.000 DM bedroht. Ein entsprechendes Kontrollmitteilungssystem, das dem ausländischen Staat auch den Zufluß der entgangenen Steuer sichert, existiert allerdings noch nicht (vgl. *Widmann* UR 1992, 249 ff., 271). Die Verletzung von **Aufbewahrungs- und Mitteilungspflichten nach § 45d EStG** ist – mE systemwidrig – gem. § 50e EStG mit einem Bußgeld bis zu 10 000 DM bedroht.

3. Ausstellen unrichtiger Belege

Schrifttum: *Bremer,* Die Falschbelegung und Falschbuchung nach § 406 AO, Aktuelle Fragen S. 155; *Lohmeyer,* Einzelheiten zur Steuergefährdung nach § 406 AO, Stbg. 1960, 109; *ders.,* Einzelheiten zur Steuergefährdung (§ 406 AO), DB 1965, 51; *ders.,* Steuerliche Bilanzdelikte und ihre strafrechtliche Würdigung, WPg 1965, 479; *Kulla,* Wann erfüllt die Ausfüllung falscher Belege den Tatbestand der Steuergefährdung (§ 406 AO)? StBp 1965, 210; *König,* Wann liegt eine „Steuergefährdung" im Sinne von § 406 AO vor? NBW 1966, 169; *Lohmeyer,* Die Steuergefährdung im Sinne des § 406 AO, ZfZ 1966, 294; *ders.,* Steuergefährdung durch Ausstellen unrichtiger Belege, SchlHA 1968, 179; *Pfaff,* Die Steuergefährdung nach § 405 AO, StBp 1972, 142; *Lohmeyer,* Ausstellung unrichtiger Belege und falsche Buchführung, Stbg 1976, 65; *Glashof/Hofmann,* Risiken des Exporteurs bei der Ausstellung zollrechtlicher Ursprungsnachweise, RIW/AWD 1978, 174; *Schroeder,* Probleme bei der Ahndung von Falschanmeldungen im Antrag auf Ausstellung eines Treibstoffausweises, ddz 1979 F 89; *Pfaff,* Zur Beachtung der §§ 379 AO, 271 StGB bei Umsatzsteuer-Sonderprüfungen, DStZ 1979, 249.

a) Begriff

9   **Belege iS des § 379 I Nr. 1 AO** sind alle Schriftstücke, die geeignet sind, steuerlich erhebliche Tatsachen zu beweisen. Gleichgültig ist, ob die Schriftstücke als Buchungsunterlagen oder als Nachweis für die Inanspruchnahme von Steuerermäßigungen oder -vergünstigungen verwertbar sind. Weder aus dem Wortlaut noch aus dem Zweck des § 379 Nr. 1 AO folgt, daß es sich um Belege handeln muß, deren objektive Zweckbestimmung darin besteht, als Buchungsunterlage zu dienen, und daß daher zB Spendenquittungen und Bescheinigungen über einen Kuraufenthalt nicht von § 379 I Nr. 1 AO erfaßt werden (aM HHSp-*Rüping* 20 zu § 379 AO; glA *Kohlmann* 10, Leise-*Dietz* 3 A zu § 379 AO, *Mösbauer* wistra 1991, 41). Maßgebend ist allein, ob das Schriftstück Aussagen über einen steuerlich erheblichen Vorgang enthält, wie zB eine Ursprungsbescheinigung nach dem BerlinFG (KG v. 28. 6. 1984, wistra 233). Ein Beleg iS des § 379 AO braucht nicht über einen längeren Zeitraum von einem Unternehmer aufbewahrt zu werden, wie es bei den Buchungsbelegen iS des § 147 I Nr. 4 AO der Fall ist (OLG Köln v. 26. 10. 1976, BB 1977, 635). Es kommt auch nicht darauf an, ob der Beleg dazu „bestimmt" ist, „steuerlichen" Zwecken zu dienen. Der Beleg muß die Möglichkeit eröffnen, also objektiv geeignet sein, Steuern zu verkürzen oder nicht gerechtfertigte Steuervorteile zu erlangen. Hinzutreten muß jedoch die subjektive Beweisbestimmung durch den Aussteller (glA HHSp-*Rüping* 22,

3. Ausstellen unrichtiger Belege

Kohlmann 13 zu § 379 AO, insoweit offenbar mißverständlich Rdnr. 9 zu § 379 AO Vorauflage). Entwürfe oder Schriftstücke, die zu Übungszwecken gefertigt werden, sollen nichts beweisen. Die Beweisbestimmung braucht sich aber nicht auf „steuerliche" Tatsachen zu erstrecken (ebenso HHSp-*Rüping* 22, *Kohlmann* 12 zu § 379 AO). Nicht erforderlich ist, daß der Empfänger des Belegs von ihm Gebrauch macht. Nach der ratio des § 379 I Nr. 1 AO (Rdnr. 5) ist zB eine fälschlich auf einen Werktag statt Sonntag datierte Tankquittung ein unrichtiger „Beleg" iS dieser Vorschrift, obwohl diese Quittung durchaus dazu bestimmt (und geeignet) sein kann, außersteuerlichen Zwecken zu dienen (Reisekostenabrechnung).

Die Belege haben **Urkundencharakter** (BayObLG v. 13. 6. 1989, wistra 313; vgl. auch BGH v. 11. 11. 1958, StRK AO § 410 R. 5). Eine Unterschrift ist nicht erforderlich; es genügt die Erkennbarkeit des Ausstellers aus dem Schriftstück selbst (RG 61, 161 v. 13. 1. 1927 mwN), zB aus dem Firmenkopf oder einem Stempel. Über die „schriftliche Lüge" s. Rdnr. 12.

Zu den „Belegen" gehören zB Rechnungen, Lieferscheine, Quittungen über erhaltene Zahlungen oder sonstige Leistungen, Vertragsurkunden, Spesen- und Reisekostenabrechnung, Spendenquittungen, ärztliche Bescheinigungen, Kassenzettel, Frachtbriefe, Handelsbriefe, Ursprungszeugnisse, Nachnahmekarten, Warenverkehrsbescheinigungen, Ausfuhrbescheinigungen (BayObLG v. 13. 6. 1989, StRK AO 1977 § 379 R. 2), Belege über falsche Zahlungsempfänger (vgl. *Bublitz* BB 1987, 167) sowie alle sonstigen Urkunden, die im rechtsgeschäftlichen Verkehr bedeutsam sind (vgl. auch § 147 I AO). Pläne oder Zeichnungen können für steuerliche Zwecke (vgl. zB § 7b EStG) ebenfalls erheblich sein (glA *Kohlmann/Sandermann* StuW 1974, 221; ferner *Pfaff* StBp 1972, 142; *Kulla* StBp 1965, 210). Auch Eigenbelege zählen zu den Belegen iS des § 379 I Nr. 1 AO (zust. *Kohlmann* 10, *Klein/ Orlopp* 2 u. Leise-*Dietz* 3 B zu § 379 AO), wenn es sich um Schriftstücke handelt, die zum Beweis steuerlich erheblicher Tatsachen bestimmt sind, dh daß sie diese Tatsachen nicht nur beweisen können, sondern dies auch sollen, zB die Anweisung, Privatausgaben als Betriebsausgaben (Werbungskosten) zu verbuchen. Unrichtige Eigenbelege können auch den innbetrieblichen Wertefluß betreffen, zB bei Warenlieferungen zwischen in- und ausländischen Betriebstätten (vgl. *Kohlmann* 11 u. *Kühn/Hofmann* 2a zu § 379 AO).

b) Unrichtig

In tatsächlicher Hinsicht unrichtig ist ein Beleg, wenn er von den richtigen Tatsachen, zB Ort und Datum, abweicht oder einen anderen als den wirklichen Sachverhalt bekundet, zB den Kauf von Fachzeitschriften anstatt von Tageszeitungen, die Reinigung von „Arbeits"-Kleidung oder die Anschaffung betrieblicher Gegenstände, die in Wahrheit für den Privathaushalt bestimmt sind. Wer im Antrag auf Ausstellung eines Treibstoffausweises wahrheitswidrig erklärt, er habe Tankinhalt bzw. Füllungshöhe selbst festgestellt, obwohl er in Wirklichkeit ohne nachzusehen nur geschätzt hatte, stellt einen falschen Beleg aus und handelt leichtfertig (OLG Köln v. 26. 10.

1976, BB 1977 635). Streitig ist, ob § 379 I Nr. 1 AO nur solche Belege betrifft, die zwar in tatsächlicher Hinsicht unrichtig sind, aber wirklich von der Person herrühren, auf die sie als den Aussteller hinweisen (sog. schriftliche Lüge), oder ob sich die Unrichtigkeit auch auf den Aussteller beziehen kann (abl. HHSp-*Rüping* 25 zu § 379 AO; bejahend *Mösbauer* wistra 1991, 41; *Kühn/Hofmann* 2a zu § 379 AO). Der BGH neigt offenbar dazu, nur die schriftliche Lüge durch § 379 I Nr. 1 AO zu erfassen (v. 24. 1. 1989, HFR 1990, 326 u. v. 1. 2. 1989, NStZ 273). Der Wortlaut des § 379 I Nr. 1 AO läßt beide Deutungen zu, jedoch vermag § 379 I Nr. 1 AO die Vorschrift des § 267 StGB nicht zu verdrängen (so schon BGH aaO zu der Strafvorschrift des § 406 RAO 1956). Ist der Beleg unrichtig und zugleich der Name des Ausstellers gefälscht, kommt nach § 21 OWiG nur eine Bestrafung aus § 267 StGB in Betracht. Praktisch ist daher die Tragweite des § 379 I Nr. 1 AO auf die sog. schriftliche Lüge beschränkt. Eine Rechnung mit gesondertem Steuerausweis durch einen Nichtunternehmer ist (ohne Rücksicht auf § 14 III UStG) ein unrichtiger Beleg (vgl. auch *Helsper* UStR 1974, 152). Wird ein Beleg um den ursprünglich fehlenden Mehrwertsteuerausweis ergänzt, liegt Urkundenfälschung vor (Rdnr. 53).

c) **Ausstellen**

13   Nicht das Herstellen, sondern **nur das Ausstellen** einer unrichtigen Urkunde ist ordnungswidrig. Ein Beleg ist „ausgestellt", wenn er in den Verfügungsbereich dessen gelangt ist, für den er bestimmt ist (ebenso BayObLG v. 13. 6. 1989, wistra 313; *Kohlmann* 17f. u. *Leise-Dietz* 7 zu § 379 AO). Der Begriff des Ausstellens setzt nicht in jedem Fall voraus, daß der Beleg ausgehändigt wird (glA *Kohlmann* 18 und *Dietz-Leise-* 7 zu § 379 AO, aM *Klein/Orlopp* 2 zu § 379 AO). Bei Eigenbelegen, zB über verauslagte Spenden, genügt es, wenn das Schriftstück in den Geschäftsgang gegeben wird. Ob der Empfänger von dem Beleg Gebrauch gemacht hat, ist für das Ausstellen ebenso bedeutungslos wie die Frage, ob der Aussteller aus der Tat irgendwelche Vorteile gezogen hat (zust. *Mösbauer* wistra 1991, 41).

d) **Täterkreis**

14   **Täter** iS des § 379 I Nr. 1 AO kann jeder sein, der sich oder einem anderen einen tatsächlich unrichtigen Beleg ausstellt. In Betracht kommen daher nicht nur Gewerbetreibende (zB Gastwirt), die sich – ggf. gegenseitig – Gefälligkeitsbelege ausstellen, sondern ebenso zB Ärzte, die einen Kuraufenthalt wahrheitswidrig bescheinigen, sowie Angehörige sonstiger freier Berufe, Privatpersonen oder der Stpfl selbst (*Bremer*, Aktuelle Fragen S. 166). Auch ein Finanzbeamter kann Täter der Ausstellung unrichtiger Belege sein (BayObLG v. 13. 6. 1989, StRK AO 1977 § 379 R. 2). Das bloße Verwenden eines Belegs ist kein Ausstellen. Veranlaßt der Stpfl die Ausstellung eines unrichtigen Belegs oder wirkt er in irgendeiner Form mit, so handelt er als Beteiligter auch selbst ordnungswidrig (§ 14 I OWiG). Beschränkt sich der Empfänger darauf, den Beleg lediglich entgegenzunehmen, so ist er notwen-

4. Fehlerhafte Buchungen und Aufzeichnungen

diger Teilnehmer (S/S-*Cramer* 49 vor §§ 25 ff. StGB) und kann als solcher nicht belangt werden (vgl. dazu die Beispiele bei *Kohlmann* 6 zu § 379 AO.

4. Fehlerhafte Buchungen und Aufzeichnungen

Schrifttum: *Klasmeyer/Kübler,* Buchführungs-, Bilanzierungs- und Steuererklärungspflichten des Konkursverwalters sowie Sanktionen im Falle ihrer Verletzung, BB 1978, 369; *Pape,* Zur Buchführungspflicht land- und forstwirtschaftlicher Betriebe, Inf 1982, 154; *Lohmeyer,* Steuerliche Bilanzdelikte und ihre strafrechtliche Würdigung, BlStA 1983, 29; *Biedermann,* Aufzeichnungs- und Aufbewahrungspflichten der § 13a – Landwirte, DStR 1983, 695; *Zwank,* Die Buchführungspflicht nach § 141 AO, StBp. 1986, 253; *Schäfer,* Die Verletzung der Buchführungspflichten in der Rechtsprechung des BGH, wistra 1986, 200.
Weiteres Schrifttum s. vor Rdnr. 9.

a) Allgemeines

„Gesetz" iS der AO ist jede Rechtsnorm (§ 4 AO); der Begriff umfaßt also Gesetze im formellen und materiellen Sinn. Die „gesetzliche" Buchführungs- oder Aufzeichnungspflicht kann daher auch auf einer RechtsV beruhen (s. auch BT-Drucks. zu V/2928). *Verwaltungsanweisungen,* die auf einem Gesetz beruhen, sind keine Rechtsnormen. Vielmehr muß sich unmittelbar aus der Rechtsnorm selbst ergeben, welche Betriebsvorgänge oder Geschäftsvorfälle aufzuzeichnen sind. Gem. § 141 I AO sind Entstehung und Beendigung der Buchführungspflicht gewisser Stpfl von bestimmten Feststellungen der FinB abhängig. Diese Verpflichtung ist jedoch erst zu erfüllen, nachdem die FinB auf den Beginn der Verpflichtung hingewiesen hat (§ 142 II AO). Die Mitteilung ist rechtsgestaltender Verwaltungsakt (BFH v. 23. 6. 1989, BStBl. 768; aM NdsFG v. 9. 1. 1986, EFG 268), der mit seiner ordnungsgemäßen Bekanntgabe wirksam wird (BFH v. 23. 1. 1986, BStBl. 539; ferner FG Nürnberg v. 21. 7. 1982, EFG 1983, 29 betr. Mitteilung nach § 13a EStG sowie FG Münster v. 15. 6. 1983, EFG 1984, 149 betr. Buchführungspflicht nach § 141 AO und Vorsteuerpauschalierung nach § 23 UStG). Gleichwohl beruht die Buchführungspflicht in diesen Fällen nicht auf der Mitteilung, sondern unmittelbar auf dem Gesetz. Die Anwendbarkeit des § 379 I Nr. 2 AO beschränkt sich nicht auf Pflichten, die sich unmittelbar aus Steuergesetzen ergeben (vgl. § 140 I AO); die bußrechtliche Ahndung einer Pflichtverletzung setzt aber voraus, daß die fehlerhafte Buchung die Verkürzung von Steuereinnahmen ermöglicht (Rdnr. 26 ff.). Führt der Stpfl unrichtige Bücher, ohne zur Buchführung verpflichtet zu sein, ist § 379 AO nicht anwendbar (ebenso HHSp-*Rüping* 37, *Kohlmann* 27 zu § 379 AO; aM *Leise-Dietz* 12 zu § 379 AO). Entsprechendes gilt, wenn die Pflicht zwar entstanden ist (§ 141 I AO), die FinB aber noch nicht auf ihren „Beginn" hingewiesen hat (§ 141 II AO). § 146 VI AO begründet keine gesetzliche Verpflichtung iS des § 379 I Nr. 2 AO. Ein Konkurs berührt die handels- und steuerrechtlichen Buchführungs- und Bilanzierungspflichten nicht (str., vgl. *Klasmeyer/Kübler* BB 1978, 369). Ein Teil der steuerlichen Pflichten des Gemeinschuldners, zu denen auch die Buchführungspflicht gehört, geht zwar mit der Eröffnung des Konkursverfahrens auf den Konkursverwalter über (§ 34

AO); die allgemeine Buchführungspflicht geht aber weder unter, noch wird sie durch die Rechnungslegungs- und Aufzeichnungspflichten nach der KO ersetzt (BFH v. 8. 6. 1972, BStBl. 784).

16 **Geschäftsvorfälle und Betriebsvorgänge** sind Sammelbegriffe, die nicht gleichbedeutend sind und für die eine gesetzliche oder durch die Rspr herausgearbeitete Definition fehlt. Unter Geschäftsvorfällen versteht man überwiegend Vorgänge des rechtsgeschäftlichen Liefer- oder Leistungsverkehrs des Unternehmers mit Dritten. Betriebsvorgänge hingegen betreffen den Wertefluß innerhalb des Unternehmens (Betriebes) oder zwischen mehreren zu einem Unternehmen gehörigen Betrieben (*Kohlmann* 23 zu *Kühn/Hofmann* 2b zu § 379 AO). Praktisch ist die Abgrenzung unerheblich, da das Gesetz beide Begriffe gleichwertig nebeneinander verwendet.

17 Die **Abgrenzung** zwischen der **Verletzung einer Buchführungs- und einer Aufzeichnungspflicht** ist bedeutsam für die Vollendung des objektiven Tatbestands. Während der Aufzeichnungspflichtige nur tatsächliche Geld- und Warenbewegungen (§§ 143, 144 AO) zu verbuchen hat, muß der Buchführungspflichtige zB bereits die Entstehung von Forderungen und Schulden buchmäßig festhalten (vgl. *Bremer* Aktuelle Fragen S. 173; zust. *Kohlmann* 26 zu § 379 AO). Der objektive Tatbestand des § 379 I Nr. 2 AO verlangt die Verletzung einer Buchungspflicht. Eine solche Pflichtverletzung liegt nicht vor, wenn der Stpfl Buchungen oder Aufzeichnungen unterlassen hat, die *Schätzungen* vermeiden sollen (§ 162 AO) oder nur Voraussetzungen für einen begründeten Antrag auf Steuerfreiheit oder -ermäßigung sind (vgl. zB § 4 V Nr. 2 EStG, § 11b EStDV, § 25 II UStG iVm § 72 UStDV). Auch die Verletzung einer *Sollvorschrift* (vgl. § 146 I AO) ist – trotz § 145 VI AO – nicht ordnungswidrig (Rdnr. 15).

18 **Aufbewahrungspflichten**, zB gem. §§ 257 ff. HGB, § 14a I Satz 3 UStG, § 147 AO, ergänzen die Buchführungs- und Aufzeichnungspflichten. Folglich ist derjenige, der kraft Gesetzes zur Führung von Büchern und Aufzeichnungen verpflichtet ist, auch verpflichtet, diese aufzubewahren (TK-*Kruse* 13 zu § 147 AO). Gleichwohl werden Aufbewahrungspflichten durch den Tatbestand des § 379 I Nr. 1 AO nicht erfaßt (glA HHSp-*Rüping* 43, *Kohlmann* 33 u. *Leise-Dietz* 12 zu § 379 AO; *Klein/Orlopp* 10 zu § 147 AO; *Mösbauer* wistra 1991, 41). In ihrer Wirkung, dh in bezug auf die Möglichkeit der Verkürzung von Steuern, steht die Vernichtung von Büchern und Aufzeichnungen der Nichtverbuchung von Geschäftsvorfällen jedenfalls dann gleich, solange noch keine Steuerverkürzung eingetreten ist. Wegen des Schutzzweckes des § 379 I Nr. 2 AO (Rdnr. 5) ist es im Grunde auch nicht einzusehen, daß die Nichtverbuchung mit Geldbuße bedroht, die unmittelbar an eine Verbuchung anschließende Vernichtung der Bücher hingegen nicht mit einer Sanktion bewehrt sein soll. *Kohlmann/Sandermann* (StW 1974, 221, 245) haben jedoch (und zwar geraume Zeit vor Inkrafttreten der AO-Reform) mit Recht darauf hingewiesen, daß eine Ausdehnung des § 379 I Nr. 1 AO auf Zuwiderhandlungen gegen Aufbewahrungspflichten eine gem. Art. 103 II GG, § 3 I OWiG unzulässige Analogie zuungunsten des Täters wäre. Hinzu kommt noch, daß die Aufbewahrungsfristen seit dem 1. 1. 1977 so flexibel

4. Fehlerhafte Buchungen und Aufzeichnungen

gehalten sind (vgl. § 147 III 2 AO), daß sie in der Praxis nicht mehr als verläßliche Grenze angesehen werden können (*Hintzen* BB 1977, 342). Auch die Rechtsgrundlagen für die Berechnung der Frist lassen unterschiedliche Interpretationen zu (*Hauber* DB 1977, 698). Hätte der Gesetzgeber die Verletzung von Aufbewahrungsfristen mit einem Bußgeld bewehren wollen, so hätte er das – ebenso wie zB in § 26a I Nr. 1 UStG, § 103 I Nr. 2 HGB, § 36 III Nr. 1a MOG, § 4 DV-BliwaG; vgl. auch 283b I Nr. 2 StGB – zum Ausdruck bringen können und müssen.

Nichtverbuchen ist das Unterlassen der vorgeschriebenen Eintragungen 19 einzelner Vorgänge sowie das Unterlassen der Führung der vorgeschriebenen Bücher schlechthin (*Pfaff* StBp 1972, 142). Die Tat ist mit dem Verstreichen des Zeitpunktes vollendet, in dem die Eintragung nach den Grundsätzen ordnungsmäßiger Buchführung hätte vorgenommen werden müssen (vgl. dazu *Kohlmann* 32 zu § 379 AO; *Lohmeyer* BlStA 1983, 29). Zu der Frage, ob die Vernichtung von Aufzeichnungen dem Nichtverbuchen gleichzusetzen ist, s. Rdnr. 18. Das Nichtverbuchenlassen kann sowohl durch Anweisung (positive Handlung) als auch durch bloßes Geschehenlassen (Unterlassen) bewirkt werden. Die Tat ist nicht schon mit der Anweisung, sondern erst dann vollendet, sobald die falsche Buchung vorgenommen oder die rechtzeitige Buchung unterlassen worden ist (über den Täterkreis s. Rdnr. 21).

In „**tatsächlicher Hinsicht unrichtig**" ist die Buchung oder Aufzeich- 20 nung, wenn der dargestellte Vorgang mit der Wirklichkeit nicht übereinstimmt. Sind zB Ausgaben, welche die betriebliche Sphäre nicht oder nur zum Teil berühren, als Betriebsausgaben verbucht worden (etwa Aufwendungen für den privaten Reitstall des Inhabers), so liegt darin zwar auch eine rechtliche Unrichtigkeit, nämlich die fehlerhafte Anwendung des § 4 IV EStG. Zugleich sind aber die Tatsachen („Geschäftsvorfall") buchmäßig unrichtig dargestellt worden; denn die den betreffenden Ausgaben zugrunde liegenden Leistungen sind entweder überhaupt nicht oder nur teilweise für den Betrieb erbracht worden (glA *Kohlmann* 35 zu § 379 AO; aM HHSp-*Rüping* 46 zu § 379 AO). Werden bare Geschäftsvorfälle nicht tatsächlich aufgezeichnet, so folgt daraus für sich allein noch nicht, daß sie auch in tatsächlicher Hinsicht unrichtig verbucht worden sind (glA OLG Bremen – Ss (B) 23/79 – v. 27. 10. 1981, n. v.). Fälschungen werden ebenso wie Belegfälschungen nach § 267 StGB bestraft (Rdnr. 12). § 379 I Nr. 2 AO greift ebenfalls nicht ein, wenn die Buchungen zwar vollständig und richtig sind, die Buchführung als solche aber nicht ordnungsgemäß ist (*Lohmeyer* ZfZ 1966, 294). In Grenzfällen kann jedoch eine nicht ordnungsgemäße Buchführung einer Nichtverbuchung gleichstehen (s. auch Rdnr. 18 sowie § 283b Nr. 2 StGB).

b) Täterkreis

Täter einer Falschbuchung kann jeder sein, der tatsächlich die Möglich- 21 keit hat, eine Buchung vorzunehmen (HHSp-*Rüping* 50, *Kohlmann* 22f. zu

§ 379 AO; *Kohlmann/Sandermann* StW 1974, 221, 245). In der Begehungsform des Nicht- oder Falschverbuchen-Lassens hingegen kann der objektive Tatbestand nur durch denjenigen erfüllt werden, der als Stpfl oder kraft seiner Stellung für die Führung der Bücher und Aufzeichnungen verantwortlich ist; das sind bei Einzelunternehmen der Inhaber oder gesetzliche Vertreter, bei Personengesellschaften der oder die geschäftsführenden Gesellschafter, ferner Liquidatoren, Konkursverwalter oder Testamentsvollstrecker (§§ 34f. AO). Bei juristischen Personen trifft die persönliche Verantwortung sämtliche Vorstandsmitglieder einer AG und deren Stellvertreter (§§ 91, 94 AktG), alle GmbH-Geschäftsführer und deren Stellvertreter (§§ 41, 44 GmbHG) sowie alle Vorstandsmitglieder (nebst Stellvertretern) einer Genossenschaft (§§ 33, 35 GenG). Eine Rechtspflicht zum Handeln kann im Ausnahmefall auch aus tatbezogenen Umständen folgen (vgl. die Beispiele bei *Kohlmann* 21f. zu § 379). Wird die Buchführung einem Dritten übertragen, so muß der kraft Gesetzes Verantwortliche bei Auswahl und Überwachung dieses Dritten die erforderliche Sorgfalt walten lassen. Durch privatrechtlichen Vertrag kann er sich nicht restlos von seiner öffentlich-rechtlichen Pflicht befreien (RFH 36, 28, 31 v. 9. 4. 1934; arg. § 379 I Nr. 2 AO: „... verbuchen läßt").

c) Buchführungs- und Aufzeichnungspflichten im einzelnen

22   **Die Buchführungs- und Aufzeichnungspflichten,** deren Verletzung den objektiven Tatbestand des § 379 I Nr. 2 AO erfüllt, sind in einer Vielzahl von Gesetzen verstreut. Wer nach anderen Gesetzen als den Steuergesetzen Bücher und Aufzeichnungen zu führen hat, „die für die Besteuerung von Bedeutung sind", hat die Verpflichtungen, die ihm nach den anderen Gesetzen obliegen, auch für die Besteuerung zu erfüllen (§ 140 AO). Die Verletzung verbrauchsteuerlicher Buchführungs- und Aufzeichnungsvorschriften fällt (seit dem 1. 1. 1977) unter die Spezialvorschrift des § 381 Nr. 1 AO (Rdnr. 10 zu § 381 AO).

23   Aufgrund **Handelsrechts** bestehen insbesondere folgende Buchführungsvorschriften:
§§ 238ff. HGB (Buchführungspflicht der Kaufleute);
§§ 6, 120, 161 II HGB (Personengesellschaften);
§§ 264ff. HGB (Sondervorschriften für Kapitalgesellschaften);
§ 33 GenG (Sondervorschriften für Genossenschaften);
§ 16 VersAG (Versicherungsvereine auf Gegenseitigkeit).

24   Für Stpfl, die **nicht bereits nach Handelsrecht** Bücher führen müssen, gilt:

§ 141 AO Buchführungspflicht bestimmter Steuerpflichtiger

(1) [1]Gewerbliche Unternehmer sowie Land- und Forstwirte, die nach den Feststellungen der Finanzbehörde für den einzelnen Betrieb
1. Umsätze einschließlich der steuerfreien Umsätze, ausgenommen die Umsätze nach § 4 Nr. 8 bis 10 des Umsatzsteuergesetzes, von mehr als 500 000 Deutsche Mark im Kalenderjahr oder

4. Fehlerhafte Buchungen und Aufzeichnungen

2. ein Betriebsvermögen von mehr als 125 000 Deutsche Mark oder
3. selbstbewirtschaftete land- und forstwirtschaftliche Flächen mit einem Wirtschaftswert (§ 46 des Bewertungsgesetzes) von mehr als 48 000 Deutsche Mark oder
4. einen Gewinn aus Gewerbebetrieb von mehr als 48 000 Deutsche Mark im Wirtschaftsjahr oder
5. einen Gewinn aus Land- und Forstwirtschaft von mehr als 36 000 Deutsche Mark im Kalenderjahr

gehabt haben, sind auch dann verpflichtet, für diesen Betrieb Bücher zu führen und auf Grund jährlicher Bestandsaufnahmen Abschlüsse zu machen, wenn sich eine Buchführungspflicht nicht aus § 140 ergibt. ²Die §§ 238, 240 bis 242 Abs. 1 und die §§ 243 bis 256 des Handelsgesetzbuches gelten sinngemäß, sofern sich nicht aus den Steuergesetzen etwas anderes ergibt. ³Bei der Anwendung der Nummer 3 ist der Wirtschaftswert aller vom Land- und Forstwirt selbstbewirtschafteten Flächen maßgebend, unabhängig davon, ob sie in seinem Eigentum stehen oder nicht. ⁴Bei Land- und Forstwirten, die nach Nummern 1, 3 oder 5 zur Buchführung verpflichtet sind, braucht sich die Bestandsaufnahme nicht auf das stehende Holz zu erstrecken.

(2) ¹Die Verpflichtung nach Absatz 1 ist vom Beginn des Wirtschaftsjahres an zu erfüllen, das auf die Bekanntgabe der Mitteilung folgt, durch die die Finanzbehörde auf den Beginn dieser Verpflichtung hingewiesen hat. ²Die Verpflichtung endet mit dem Ablauf des Wirtschaftsjahres, das auf das Wirtschaftsjahr folgt, in dem die Finanzbehörde feststellt, daß die Voraussetzungen nach Absatz 1 nicht mehr vorliegen.

(3) ¹Die Buchführungspflicht geht auf denjenigen über, der den Betrieb im ganzen zur Bewirtschaftung als Eigentümer oder Nutzungsberechtigter übernimmt. ²Ein Hinweis nach Absatz 2 auf den Beginn der Buchführungspflicht ist nicht erforderlich.

(4) Absatz 1 Nr. 5 in der vorstehenden Fassung ist erstmals auf den Gewinn des Kalenderjahres 1980 anzuwenden.

„Gewerblich" sind nur solche Unternehmer, die einen Gewerbebetrieb iS des § 1 GewStDV ausüben; Freiberufler fallen nicht unter diese Vorschriften; für sie können allerdings Buchführungs- und Aufzeichnungspflichten nach außersteuerlichen Normen steuerlich relevant sein (§ 140 AO; s. auch Rdnr. 25). Die §§ 143, 144 AO enthalten Vorschriften über die Aufzeichnung des Wareneingangs und -ausgangs; besondere Aufzeichnungspflichten für umsatzsteuerliche Zwecke folgen – auch für Freiberufler – aus § 22 UStG iVm § 63 UStDV, § 56 UStDV. Aufzeichnungspflichten für Zwecke der LSt normieren § 41b EStG und §§ 4, 6 LStDV. Versicherer und deren Bevollmächtigte sind verpflichtet, zur Feststellung der Steuer und der Grundlagen ihrer Berechnung Aufzeichnungen zu führen (§ 10 VersStG 1996, § 9 FeuerschStG).

Aufgrund **außersteuerlicher Gesetze und Verordnungen** sind zB folgende Bücher zu führen bzw. Aufzeichnungen zu machen:

– von **Einsammlern oder Beförderern von Abfällen** sowie von **Abfallbeseitigern** Nachweisbücher nach § 17 AbfRestÜberwV v. 3. 4. 1990 (BGBl. I 648), geänd. am 30. 9. 1994 (BGBl. I 2771);
– von Unternehmen, die gewerbsmäßig **Alten-, Altenwohn- und Pflegeheime** betreiben, Aufzeichnungen nach Landesrecht, zB SchlHVO v. 22. 4. 1969 (GVBl. 89);
– von **Apotheken,** ärztlichen und tierärztlichen Hausapotheken, Praxen und Kliniken Bücher oder Karteikarten über den Verbleib der Betäubungsmittel (Betäubungsmittelbücher) nach § 9 BtMVV v. 16. 9. 1993 (BGBl. I 1637), zuletzt geänd. am 24. 6. 1994 (BGBl. I 1416);

§ 379 25   Steuergefährdung

- von **Ärzten und Zahnärzten** über die Anwendung von radioaktiven Stoffen oder ionischen Strahlen zur Untersuchung oder Behandlung von Menschen nach §§ 43, 66, 78 StrlSchV v. 30. 6. 1989 (BGBl. I 1321), zuletzt geänd. am 2. 8. 1994 (BGBl. I 1963);
- von **Ärzten und Zahnärzten** über die Anwendung von Röntgenstrahlen nach § 28 RöV v. 8. 1. 1987 (BGBl. I 114), zuletzt geänd. am 2. 8. 1994 (BGBl. I 1963);
- von **Arbeitgebern** Lohnunterlagen für jeden Beschäftigten nach § 28 f SGB IV v. 23. 12. 1976 (BGBl. I 3845), zuletzt geänd. am 30. 6. 1995 (BGBl. I 890);
- von **Banken** über die aufgrund ihrer Identifizierungspflichten getroffenen Feststellungen nach § 9 GwG v. 25. 10. 1993 (BGBl. I 1770);
- von **Baugewerbetreibenden und Baugeldempfängern,** die die Herstellung eines Neubaues unternehmen, Baubücher nach § 2 G über die Sicherung von Bauforderungen v. 1. 6. 1909 (RGBl. 449), zuletzt geänd. am 5. 10. 1994 (BGBl. I 2911);
- von **Bausparkassen** über Bausparverträge nach § 1a WoPDV v. 29. 6. 1994 (BGBl. I 1446), geänd. am 15. 12. 1995 (BGBl. I 1783);
- von Inhabern von **Beherbergungsstätten** Fremdenverzeichnisse nach Landesrecht, so zB nach § 18 I des Meldegesetzes des Landes Nordrhein-Westfalen v. 28. 4. 1950 (GV. 117);
- von Betrieben, die eine **Besamungsstation** betreiben, Aufzeichnungen u. a. über die Gewinnung, Aufbereitung, Überprüfung während der Aufbewahrung und Abgabe des Samens nach § 9 VIII Nr. 4 TierZG v. 22. 3. 1994 (BGBl. I 601);
- von Inhabern einer Erlaubnis zum Verkehr mit **Betäubungsmitteln** Aufzeichnungen nach § 17 BtMG v. 1. 3. 1994 (BGBl. I 358), zuletzt geänd. am 4. 4. 1996 (BGBl. I 582);
- von Unternehmen des **Bewachungsgewerbes** Aufzeichnungen über Bewachungsverträge und Wachpersonen nach § 14 BewachV v. 7. 12. 1995 (BGBl. I 1602);
- von **Bezirksschornsteinfegermeistern** Kehrbücher nach § 19 SchfG v. 15. 9. 1969 (BGBl. I 1634), zuletzt geänd. am 20. 7. 1994 (BGBl. I 1624);
- von Inhabern und Leitern von **Blindenwerkstätten** Aufzeichnungen über Menge und Erlös der verkauften Blindenwaren und Zusatzwaren nach § 3 I DVBliwaG v. 11. 8. 1965 (BGBl. I 807), zuletzt geänd. am 10. 7. 1991 (BGBl. I 1491);
- von **Buchmachern** Durchschriften der Wettscheine oder Wettbücher, Aufstellungen und Abrechnungen mit den Buchmachergehilfen und Geschäftsbücher nach § 4 I RennwLottG v. 8. 4. 1922 (RGBl. I 335, 393), zuletzt geänd. am 20. 12. 1993 (BGBl. I 2254), §§ 10–13 RennwLottAB v. 16. 6. 1922 (ZBl. 351, zuletzt geänd. am 16. 12. 1986 (BGBl. I 2441);
- von Betrieben, die **Butter** und Rahm aus öffentlicher oder privater Lagerhaltung an bestimmte Verbrauchergruppen absetzen, Aufzeichnungen nach § 4 MilchfettverbV v. 18. 1. 1984 (BGBl. I 99), zuletzt geändert am 2. 8. 1994 (BGBl. I 2018);
- von Betrieben, die Butter zur Verarbeitung zu bestimmten Erzeugnissen oder zur Ausfuhr absetzen, Aufzeichnungen nach § 7 Milchfett-Verarbeitung und -Ausfuhr-VerbilligungsV v. 7. 7. 1988 (BGBl. I 902), zuletzt geänd. am 2. 8. 1994 (BGBl. I 2018);
- von **Tierhaltern,** die einen Hengst, Bullen oder Eber zum Decken fremder Tiere verwenden, ein **Deckregister** nach §§ 23, 24 I ViehverkehrsO v. 29. 8. 1995 (BGBl. I 1092), geänd. am 21. 3. 1996 (BGBl. I 528);
- von Betrieben, die **Düngemittel** ausbringen, Aufzeichnungen über die Bedarfsermittlung nach § 6 DüngeVO v. 26. 1. 1996 (BGBl. I 118);
- von **Effektenverwahrern** Verwahrungsbücher für die verwahrten Wertpapiere nach § 14 DepotG v. 11. 1. 1995 (BGBl. I 34);

4. Fehlerhafte Buchungen und Aufzeichnungen 25 § 379

- von Betrieben, die **Eiprodukte** vorbehandeln, Aufzeichnungen u. a. über die ein- und ausgehenden Eiprodukte nach § 9 EiprodukteV v. 17. 12. 1993 (BGBl. I 2288);
- von Inhabern von **Fahrschulen** Aufzeichnungen über die Ausbildung eines jeden Fahrschülers sowie über das erhobene Entgelt nach § 18 I u. II FahrlG v. 25. 8. 1969 (BGBl. I 1336), zuletzt geänd. durch Art. 98 EGInsO v. 5. 10. 1994 (BGBl. I 2911);
- von den verantwortlichen Leitern der amtlich anerkannten **Fahrlehrerausbildungsstätten** Aufzeichnungen über die Ausbildung eines jeden Fahrlehreranwärters nach § 28 I FahrlG v. 25. 8. 1969 (BGBl. I 1336), zuletzt geänd. durch Art. 98 EGInsO v. 5. 10. 1994 (BGBl. I 2911);
- von Haltern der mit **Fahrtschreibern oder Kontrollgeräten auszurüstenden Kraftfahrzeuge** Schaublätter nach § 57a StVZO idF v. 28. 9. 1988 (BGBl. I 1793), zuletzt geänd. am 14. 2. 1996 (BGBl. I 216);
- von Betrieben der **Fettwirtschaft** über die für vorgeschriebene Meldungen erforderlichen Aufzeichnungen nach § 4 Fett-MeldeV v. 18. 10. 1983 (BGBl. I 1293), zuletzt geänd. am 22. 3. 1991 (BGBl. I 794);
- von **Forstsamen- und Forstpflanzenbetrieben** Kontrollbücher über alle Vorräte, Eingänge, Vorratsveränderungen und Ausgänge von Saat- und Pflanzgut nach § 19 G über forstliches Saat- und Pflanzgut idF v. 26. 7. 1979 (BGBl. I 1242), zuletzt geänd. am 2. 8. 1994 (BGBl. I 2018) iVm VO v. 22. 11. 1983 (BGBl. I 1385);
- von Errichtern oder Betreibern **gentechnischer** Anlagen über die Durchführung gentechnischer Arbeiten nach § 6 GenTG v. 16. 12. 1993 (BGBl. I 2066), zuletzt geänd. am 24. 6. 1994 (BGBl. I 1416) iVm §§ 2ff. GenTAufzV v. 24. 10. 1990 (BGBl. I 2338);
- von Landwirten, die frisches **Geflügelfleisch** abgeben oder liefern, besondere Aufzeichnungen über Abgabe oder Lieferung nach § 3 II GFIAusnV v. 19. 7. 1976 (BGBl. I 1857);
- von **Gebrauchtwaren- und Edelmetallhändlern** Gebrauchtwarenbücher nach Landesrecht, so zB in Niedersachsen nach §§ 1–3 GebrauchtwarenV v. 1. 3. 1985 (GVBl. 55);
- von Unternehmen des **Güterfernverkehrs** Fahrtenbücher, Bücher über den Güterfernverkehr, Beförderungs- und Begleitpapiere und Bücher über die Vermittlung von Ladegut oder Laderaum nach § 28 I u. II, § 29 S. 1 und § 32 I GüKG idF v. 3. 11. 1993 (BGBl. I 1839), zuletzt geänd. am 23. 11. 1994 (BGBl. I 3491);
- von Unternehmen der **Heimarbeit** ausgeben, weitergeben oder abnehmen, Beschäftigtenlisten, Entgeltverzeichnisse und Entgeltbücher nach §§ 6, 8, 9 HeimarbG v. 14. 3. 1951 (BGBl. I 191), zuletzt geänd. durch Art. 30 JStG 1996 v. 11. 10. 1995 (BGBl. I 1250);
- von Herstellern, Vermischern, Einführern oder Großverteilern von **leichtem Heizöl oder Dieselkraftstoff** Tankbelegungsbücher, aus denen sich die Lieferanten ergeben, nach § 5 I der 3. BImSchV v. 15. 1. 1975 (BGBl. I 264), zuletzt geänd. am 26. 9. 1994 (BGBl. I 2640);
- von **Hopfenerzeugern** Aufzeichnungen über den verkauften und gelieferten Hopfen nach § 6 der VO flächenbezogene Hopfenbeihilfe v. 18. 12. 1975 (BGBl. I 3135), geänd. am 2. 8. 1994 (BGBl. I 2018);
- von Personen, die gewerbsmäßig Vieh kastrieren, ohne Tierarzt zu sein, ein **Kastrationskontrollbuch** nach §§ 22, 24 I ViehverkehrsO v. 29. 8. 1995 (BGBl. I 1092, 1248), geänd. am 21. 3. 1996 (BGBl. I 528);
- von **Krankenhäusern** Aufzeichnungen nach der KHBV 24. 3. 1987 (BGBl. I 1045), geänd. am 26. 9. 1994 (BGBl. I 2750);

Gast-de Haan

§ 379   25   Steuergefährdung

- von Unternehmern, die **Kriegswaffen** herstellen, befördern lassen oder selbst befördern oder die tatsächliche Gewalt über Kriegswaffen von einem anderen erwerben oder einem anderen überlassen, Kriegswaffenbücher zum Nachweis des Verbleibs der Kriegswaffen nach § 12 II KriegswaffG v. 22. 11. 1990 (BGBl. I 2506), zuletzt geänd. am 28. 10. 1994 (BGBl. I 3186);
- von selbständigen **Künstlern und Publizisten** Aufzeichnungen nach § 28 KSVG v. 27. 7. 1981 (BGBl. I 705), zuletzt geänd. am 13. 6. 1994 (BGBl. I 1229) iVm §§ 5f. VO v. 23. 5. 1984 (BGBl. I 709);
- von **Kursmaklern** Tagebücher nach § 33 I BörsG idF v. 27. 5. 1908 (RGBl. 215), zuletzt geänd. am 26. 7. 1994 (BGBl. I 1749);
- von **Lagerhaltern** Lagerscheinregister und Lagerbücher nach § 27 I u. § 38 III Nr. 1 VO über Orderlagerscheine v. 16. 12. 1931 (RGBl. I 763);
- von **Lohnsteuerhilfevereinen** besondere Aufzeichnungen u. a. über die Einnahmen, Ausgaben und Vermögenswerte nach § 21 StBerG idF v. 4. 11. 1975 (BGBl. I 2735), zuletzt geänd. am 18. 12. 1995 (BGBl. I 1959);
- von Herstellern von **Luftfahrtgeräten** Aufzeichnungen über die ordnungsmäßige Durchführung der Stückprüfung nach § 23 LuftGerPO v. 16. 5. 1968 (BGBl. I 416), zuletzt geänd. am 26. 5. 1993 (BGBl. I 750);
- von luftfahrttechnischen Betrieben Aufzeichnungen über die Durchführung der Nachprüfung von Luftfahrtgeräten nach § 38 LuftGerPO;
- von Haltern von **Luftfahrzeugen** Aufzeichnungen bei den genehmigungspflichtigen Selbstkostenflügen über Flugstrecke, Flugzeug und Kosten je Flugstunde nach § 72 LuftVZO v. 13. 3. 1979 (BGBl. I 308), zuletzt geänd. am 26. 10. 1994 (BGBl. I 3178);
- von Betrieben, die **Magermilchpulver** verarbeiten, besondere Aufzeichnungen u. a. über Zugang, Abgang und Bestand an Magermilchpulver nach § 7 Magermilchpulverabsatz V v. 30. 7. 1981 (BGBl. I 795), zuletzt geänd. am 2. 8. 1994 (BGBl. I 2018); von Beteiligten an der öffentlichen Lagerhaltung nach § 4 Magermilchpulver-V – öffentliche Lagerhaltung – v. 26. 6. 1978 (BGBl. I 908), zuletzt geänd. am 2. 8. 1994 (BGBl. I 2018);
- von **Massentierhaltungen und Brütereien** Kontrollbücher über Zu- und Abgang, Todesfälle, Impfungen usw. gem. § 17b TierSG v. 20. 12. 1995 (BGBl. I 2038);
- von **Maklern,** Versicherungs- und Bausparkassenvertretern Angaben über die Aufträge bzw. Bauvorhaben nach § 10 MaBV v. 7. 11. 1990 (BGBl. I 2479), geänd. am 6. 9. 1995 (BGBl. I 1134);
- von Erzeugern von **Marktordnungswaren** Aufzeichnungen nach § 15 Gesetz über Meldungen über Marktordnungswaren v. 26. 10. 1995 (BGBl. I 1490);
- von Betreibern für **medizinisch-technische Geräte** ein Gerätebuch nach § 13 MedGV v. 14. 1. 1985 (BGBl. I 93), zuletzt geänd. am 14. 9. 1994 (BGBl. I 2325, 2391);
- von Betrieben der **Milch- und Fettwirtschaft** Bücher über sämtliche Geschäftsvorfälle, insbesondere über Einzelheiten des Erwerbs, der Lagerung, der Be- und Verarbeitung, der Veräußerung sowie der Vermittlung bestimmter Erzeugnisse nach § 25 I MilchFettG idF v. 10. 12. 1952 (BGBl. I 811), zuletzt geänd. am 2. 8. 1994 (BGBl. I 2018);
- von Betrieben, die **Mischfuttermittel,** Zusatzstoffe oder Vermischungen herstellen oder in den Verkehr bringen, Bücher über die Herstellung, Bestände, Eingänge und Ausgänge nach § 17 III FuttmG v. 2. 8. 1995 (BGBl. I 990) iVm § 34 FuttmV idF v. 11. 11. 1992 (BGBl. I 1898), zuletzt geänd. am 29. 11. 1994 (BGBl. I 3548);
- von **Molkereien** Aufzeichnungen über vorgeschriebene Meldungen nach § 5 Milch-MeldeV v. 18. 8. 1977 (BGBl. I 1605), zuletzt geänd. am 22. 3. 1991 (BGBl. I 794);

4. Fehlerhafte Buchungen und Aufzeichnungen

- von Abfüll- und Lagerbetrieben für **Olivenöl** Aufzeichnungen über die Verbrauchsbeihilfe nach § 10 VerbrauchsbeihilfeV Olivenöl v. 10. 10. 1995 (BGBl. I 1242);
- von Züchtern und Händlern von **Papageien und Sittichen** Bücher nach § 4 PsittakoseV v. 14. 11. 1991 (BGBl. I 2111);
- von **Pfandleihern** Aufzeichnungen über jedes Pfandleihgeschäft und seine Abwicklung nach § 3 I PfandlV idF v. 1. 6. 1976 (BGBl. I 1334), zuletzt geänd. am 7. 11. 1990 (BGBl. I 2476);
- von **Pflegeeinrichtungen** nach der Pflege-BuchführungsVO v. 22. 11. 1995 (BGBl. I 1528);
- von **Renten- und Sozialversicherungsträgern** Aufzeichnungen nach §§ 9 ff. SVRV v. 3. 8. 1981 (BGBl. I 809);
- von Betrieben, die bestimmtes **Saatgut** erzeugen oder vertreiben, Aufzeichnungen über Gewicht und Stückzahl des von ihnen abgegebenen, im eigenen Betrieb verwendeten oder vertriebenen Saatguts nach § 11 SaatgG v. 20. 8. 1985 (BGBl. I 1633), zuletzt geänd. am 25. 10. 1994 (BGBl. I 3082, 3123);
- von Betrieben, die Saatgut vertreiben, gewerbsmäßig abfüllen oder für andere bearbeiten, Kontrollbücher über den Eingang und Vertrieb von Saatgut nach § 35 II SaatgG iVm der SaatgutAufzV v. 21. 1. 1986 (BGBl. I 214), geänd. am 2. 8. 1994 (BGBl. I 2018);
- von Schiffsführern bestimmter **Schiffe** Seetagebücher nach §§ 1 ff. SeetgbV. v. 8. 2. 1985 (BGBl. I 306);
- von gewerbsmäßigen Herstellern von **Schußwaffen** Waffenherstellungsbücher, von Unternehmen, die gewerbsmäßig Schußwaffen erwerben, vertreiben oder anderen überlassen, Waffenhandelsbücher und
- von Unternehmen, die gewerbsmäßig **Munition** herstellen, erwerben, vertreiben oder anderen überlassen, Munitionshandelsbücher nach § 12 I–III WaffG idF v. 8. 3. 1976 (BGBl. I 432), zuletzt geänd. am 28. 10. 1994 (BGBl. I 3186) iVm §§ 14–18 der 1. WaffV v. 10. 3. 1987 (BGBl. I 777), zuletzt geänd. am 28. 10. 1994 (BGBl. I 3186);
- von Herstellern eines **Serums** oder Impfstoffes (§ 17 d TierSG v. 20. 12. 1995, BGBl. I 2038), Bücher über u. a. Datum der Herstellung, Nummer und Menge jeder einzelnen Charge nach § 11 TierimpfstoffV v. 12. 11. 1993 (BGBl. I 1885), geänd. am 24. 6. 1994 (BGBl. I 1416);
- von Unternehmen, welche die Erlaubnis für den Umgang und Verkehr mit **Sprengstoffen** haben, Verzeichnisse über die Menge der hergestellten, wiedergewonnenen, erworbenen, eingeführten oder sonst in den Geltungsbereich des Gesetzes verbrachten, überlassenen, verwendeten sowie über vernichtete Sprengstoffe nach § 16 I SprengG v. 17. 4. 1986 (BGBl. I 577), zuletzt geänd. am 19. 10. 1994 (BGBl. I 2978), iVm §§ 41 ff. 1. SprengV v. 31. 1. 1991 (BGBl. I 169), zuletzt geänd. am 25. 10. 1994 (BGBl. I 3082);
- von **Tierärzten**, die eine Hausapotheke betreiben, Aufzeichnungen (Nachweise) über den Erwerb, die Herstellung, die Aufbewahrung und die Abgabe von Arzneimitteln nach § 5 I–IV und § 13 TÄHAV v. 3. 5. 1985 (BGBl. I 752), zuletzt geänd. am 27. 3. 1996 (BGBl. I 552);
- von Inhabern von **Tierkörperbeseitigungsanstalten** Aufzeichnungen u. a. über die Menge des angelieferten Materials nach § 12 TierkörperbeseitigungsanstaltenV v. 1. 9. 1976 (BGBl. I 2587), zuletzt geänd. am 6. 6. 1980 (BGBl. I 667);
- von Unternehmern, die Tiere ein- und durchführen, Aufzeichnungen über **Tiertransporte** nach § 5 BmTierSSchV v. 31. 3. 1995 (BGBl. I 431), geänd. am 21. 3. 1996 (BGBl. I 528);

Gast-de Haan

- von Aufzeichnungen über **Tierversuche** nach § 9a TierSchG v. 17. 2. 1993 (BGBl. I 254), zuletzt geänd. am 27. 4. 1993 (BGBl. I 512);
- von **Unternehmern** besondere Aufzeichnungen für Umsatzsteuerzwecke nach § 22 UStG v. 27. 4. 1993 (BGBl. I 565), zuletzt geänd. am 22. 3. 1996 (BGBl. I 526);
- von **Versicherungsunternehmen** eine besondere Rechnungslegung nach der Externe RechVersVO v. 8. 11. 1994 (BGBl. I S. 3378);
- von **Versteigerern** Aufzeichnungen über die Versteigerungsaufträge nach § 21 I VerStV idF v. 1. 6. 1976 (BGBl. I 1345), zuletzt geänd. am 7. 11. 1990 (BGBl. I 2476);
- von **Verwaltern des gemeinschaftlichen Eigentums der Wohnungseigentümer** Wirtschaftspläne, Abrechnungen und Rechnungslegungen nach § 28 I, III und IV WEG v. 15. 3. 1951 (BGBl. I 175), zuletzt geänd. am 5. 10. 1994 (BGBl. I 2911);
- von Unternehmen, die gewerbsmäßig mit **Vieh** handeln, ein Viehkontrollbuch nach §§ 20, 24 I ViehverkehrsO v. 29. 8. 1995 (BGBl. I 1092), geänd. am 21. 3. 1996 (BGBl. I 528);
- von Inhabern öffentlicher **Waagen** Unterlagen über die beurkundeten öffentlichen Wägungen nach § 70 Eichordnung v. 12. 8. 1988 (BGBl. I 1657), zuletzt geänd. am 21. 6. 1994 (BGBl. I 1293);
- von Führern einer **Wanderschafherde** über Zu- und Abgänge nach § 14 III ViehverkehrsO v. 29. 8. 1995 (BGBl. I 1092), geänd. am 21. 3. 1996 (BGBl. I 528);
- von Unternehmen, die Erzeugnisse iS des **Weingesetzes** v. 8. 7. 1994 (BGBl. I 1467), geänd. am 8. 5. 1995 (BGBl. I 675) herstellen, sowie von Winzern Wein- und Analysenbücher nach § 57 Gesetz zur vorläufigen Aufrechterhaltung weinrechtlicher Vorschriften v. 15. 7. 1994 (BGBl. I 1581);
- von Unternehmen, die **Werkfernverkehr** durchführen, ein **Beförderungs- und Begleitpapier** nach Werkfernverkehrs-Verordnung (GüKG – GüKW) v. 1. 3. 1994 (BGBl. I 388);
- von **Wertpapierdienstleistungsunternehmen** Aufzeichnungen über die Einbringung von Wertpapierdienstleistungen nach § 34 WpHG v. 26. 7. 1994 (BGBl. I 1749), geänd. am 18. 12. 1995 (BGBl. I 1959);
- von Inhabern von Betrieben, die gewerbsmäßig **Wildbret** verkaufen, ankaufen, tauschen, verarbeiten oder verbrauchen, Wildhandelsbücher nach § 36 I Nr. 4 BJagdG v. 29. 9. 1976 (BGBl. I 2849), zuletzt geänd. am 28. 6. 1990 (BGBl. I 1249).

Im beschränkten Umfang vorgeschriebene Aufzeichnungen, zB nach den Vorschriften der MABV, sind gem. § 140 AO auch im steuerlichen Interesse zu führen, ohne daß jedoch hieraus die Buchführungs- und damit die Bilanzierungspflicht in ertragsteuerlicher Hinsicht folgt (FG Nürnberg v. 22. 6. 1992, EFG 705).

5. Möglichkeit der Verkürzung von Steuereinnahmen

a) Möglichkeit der Steuerverkürzung

26 **Tathandlungen** iS des § 379 I Nr. 1 und 2 AO müssen objektiv geeignet sein, die Verkürzung von Steuereinnahmen oder die ungerechtfertigte Inanspruchnahme von Steuervorteilen zu ermöglichen (vgl. auch Rdnr. 82 ff. zu § 370 AO). Den Begriff der „Steuern", zu denen auch Zölle und Ab-

5. Möglichkeit der Verkürzung von Steuereinnahmen 26a, 27 § 379

schöpfungen gehören, bestimmt § 31 AO. Die Branntweinsteuer ist eine Verbrauchsteuer (§ 130 I Satz 3 BranntwMonG). In einigen steuerlichen Nebengesetzen ist die entsprechende Anwendung des § 379 I AO vorgeschrieben (zB 3 29a BerlinFG, § 5a II BergPG, § 14 II 5. VermBG, § 8 II WoPG; anders § 5a InvZulG). Subventionen sind keine Steuervorteile.

Bereits die **abstrakte Gefahr einer Steuerverkürzung** („Möglichkeit") 26a reicht aus (BT-Drucks. zu V/2928 S. 2 betr. § 405 RAO 1968; glA HHSp-*Rüping* 54, *Kohlmann* 38 zu § 379 AO; *Mösbauer* wistra 1991, 41; zw. *Henneberg* BB 1968, 909, *Oswald* StuW 1968, 147; anders in den Fällen des § 379 II Nr. 1 AO, s. Rdnr. 36). Die vom Gericht zu treffenden Feststellungen müssen jedoch so genau sein, daß angegeben werden kann, wie der Stpfl. hätte buchen müssen und welche bestimmten Steueransprüche durch die unterlassenen oder falschen Buchungen verkürzt werden können. Welche Anforderungen im Einzelfall zu stellen sind, richtet sich nach der Art der Geschäftsvorfälle. Die nichtchronologische Aufzeichnung von Bareinnahmen zB ist tatsächlich unrichtig (Erfassung unter falschem Datum), bedeutet aber noch nicht, daß dadurch Steuern – zumindest zeitweise – verkürzt werden können (OLG Bremen – Ss (B) 23/79 – v. 27. 10. 1981, n. v.). Gleiches gilt für die Verletzung von Vorschriften, die für Steuervergünstigungen einen beleg- oder buchungsmäßigen Nachweis verlangen, zB § 4 VII EStG (glA *Keßeböhmer,* Beweis steuermindernder Tatsachen im Besteuerungsverfahren und im Steuerstrafverfahren, 1995, 108). Ob die Tat geeignet ist, die Verkürzung eigener Steuern zu ermöglichen (zB falsche Spesenabrechnung), oder ob fremde Steuern berührt werden (zB falsche Spendenbestätigung, unrichtiger USt-Ausweis gem. § 14 UStG), ist unerheblich. Es ist auch gleichgültig, ob der Täter seines Vorteils wegen handelt (HHSp-*Rüping* 57 zu § 379 AO).

b) Verkürzung ausländischer Abgaben

Die Ausstellung unrichtiger Belege ist auch dann ordnungswidrig, wenn 27 dadurch ausländische Eingangsabgaben verkürzt werden können. Im Gegensatz zu § 379 I 1 AO („Steuern") ist § 379 I 2 AO auf **Eingangsabgaben** beschränkt. Mit Wirkung ab 1. 1. 1993 hat das ZollVG v. 21. 12. 1992 (BGBl. I 2125) anstelle von Eingangsabgaben den Begriff **Einfuhrabgaben** eingeführt (vgl. auch Rdnr. 5 zu § 373 AO u. Rdnr. 25 zu § 370 AO). Ebenso wie Ausfuhrabgaben knüpft die Entstehung von Einfuhrabgaben an eine grenzüberschreitende Warenbewegung – nunmehr über die Grenze des Zollgebiets der Gemeinschaft – an. § 1 ZollVG definiert Einfuhrabgaben unter Bezugnahme auf Art. 4 Nr. 10 ZK als Zölle und Abgaben mit gleicher Wirkung bei der Einfuhr von Waren sowie Abschöpfungen und sonstige bei der Einfuhr erhobene Abgaben, die im Rahmen der gemeinsamen Agrarpolitik oder aufgrund der für bestimmte landwirtschaftliche Verarbeitungserzeugnisse geltenden Sonderregelungen vorgesehen sind. Außerdem gehören zu den Einfuhrabgaben iS des § 1 ZollVG die EUSt

§ 379 28–31 Steuergefährdung

und die für (aus Drittländern) eingeführte Waren zu erhebenden Verbrauchsteuern. Unrichtige oder unterlassene Buchungen oder Aufzeichnungen (§ 379 I Nr. 2 AO) sind nur dann und insoweit tatbestandsmäßig, als sie geeignet sind, die Verkürzung inländischer Steuereinnahmen zu verkürzen. Über die Bedeutung des § 370 VII AO, § 379 I 2 2. Halbs. AO s. Rdnr. 34 zu § 369 AO.

28 Durch das **UStBinnenmarktG** v. 25. 8. 1992 (BGBl. I 1548) ist der Anwendungsbereich des § 379 AO auf USt, die von anderen Mitgliedstaaten der EG verwaltet werden, ausgedehnt worden (vgl. auch Rdnr. 24 ff. zu § 370 AO).

29 **Mitgliedstaaten der Europäischen Gemeinschaften** sind Belgien, die Bundesrepublik Deutschland, Dänemark, Finnland, Frankreich, Großbritannien und Nordirland, die Republik Irland, Italien, Luxemburg, die Niederlande, Griechenland, Österreich, Portugal, Schweden und Spanien. Die einschlägigen Rechtsgrundlagen für den innergemeinschaftlichen Warenverkehr sowie für den Warenverkehr zwischen der EG und den assoziierten Staaten sind in der Vorschriftensammlung der Bundesfinanzverwaltung (VSF) abgedruckt.

30 Vorzugsbehandlung aufgrund von **Assoziations- oder Präferenzabkommen** gewähren vor allem die EFTA-Staaten (European Free Trade Association): Island, Schweiz einschließlich Liechtenstein und Norwegen (VSF Z 4222). § 379 I 2 AO erfaßt aber nicht nur falsche Erklärungen zum Nachteil eines EFTA-Staates, sondern auch solche zum Nachteil aller übrigen Staaten, die für Waren aus den Europäischen Gemeinschaften auf Grund eines Assoziations- oder Präferenzabkommens eine Vorzugsbehandlung gewähren. Es ist geplant, nach und nach in alle Abkommen mit diesen Staaten eine Verpflichtung zur Ahndung falscher Erklärungen im Präferenzverkehr aufzunehmen (VSF S 03 00). Die Europäischen Gemeinschaften haben außerdem mit verschiedenen Staaten des Mittelmeerraums Präferenzabkommen abgeschlossen. Diese Abkommen wurden im Rahmen der sog. „Globallösung für den Mittelmeerraum" ausgehandelt und lösen die früheren Abkommen ab. Betroffen sind Israel, Malta, Algerien, Marokko, Tunesien, Ägypten, Jordanien, Libanon, Syrien, Zypern (VSF Z 4240).

31 **§ 379 I AO ist** – seinem Wortlaut entsprechend – **nicht anwendbar,** wenn die EG einseitig Präferenzen gewährt, wie zB im Warenverkehr mit den Überseeischen Ländern und Gebieten (ÜLG Staaten, vgl. VSF Z 4247), mit verschiedenen Mittel- und Osteuropäischen Staaten (VSF Z 4175) sowie gegenüber zahlreichen Entwicklungsländern (VSF Z 4265 iVm Z 4268). Gleiches gilt, wenn ein assoziierter Staat nicht aufgrund eines Abkommen, sondern autonom Vorzugsbehandlungen gewährt. Im Warenverkehr mit den Staaten des afrikanischen, karibischen und pazifischen Raums (AKP-Staaten) gewährt die Gemeinschaft den AKP-Staaten die im Abkommen AKP-EWG v. 25. 2./17. 8. 1991 vorgesehenen Vorzugsbehandlungen. Präferenzen zugunsten der Gemeinschaft sieht das Abkommen nicht vor (VSF Z 4180). Daher ist – obwohl einige AKP-Staaten autonom Präferenzen gewähren oder die Gewährung der Meistbegünstigung von der Vorlage eines

6. Verletzung der Meldepflicht bei Auslandsbeziehungen

Ursprungsnachweises abhängig machen – § 379 I Nr. 1 AO auf unrichtige Erklärungen und Bescheinigungen zum Nachteil jener Staaten nicht anwendbar.

6. Verletzung der Meldepflicht bei Auslandsbeziehungen

Schrifttum: *Müller-Dott,* Meldepflichten nach dem Außensteuerreformgesetz, DB 1974, 2127; *Richter,* Anzeigepflicht bei Auslandsbeteiligungen, RIW/AWD 1977, 337; *Jansen,* Die Sachverhaltsaufklärung bei internationalen Steuerfällen, StBp 1977, 97; *Neubauer,* Mitwirkungspflichten bei Auslandsbeziehungen, JbFSt 1977/78, 110.

§ 138 AO Anzeigen über die Erwerbstätigkeit lautet:

(1) . . .

(2) Steuerpflichtige mit Wohnsitz, gewöhnlichem Aufenthalt, Geschäftsleitung oder Sitz im Geltungsbereich dieses Gesetzes haben dem nach §§ 18 bis 20 zuständigen Finanzamt mitzuteilen:
1. die Gründung und den Erwerb von Betrieben und Betriebstätten im Ausland,
2. die Beteiligung an ausländischen Personengesellschaften,
3. den Erwerb von Beteiligungen an einer Körperschaft, Personenvereinigung oder Vermögensmasse im Sinne des *§ 2 Abs. 1 Nr. 1* [Red. Anm.: jetzt § 2 Abs. 1] des Körperschaftsteuergesetzes, wenn damit unmittelbar eine Beteiligung von mindestens zehn vom Hundert oder mittelbar eine Beteiligung von mindestens 25 vom Hundert am Kapital oder am Vermögen der Körperschaft, Personenvereinigung oder Vermögensmasse erreicht wird.

(3) Die Mitteilungen sind in den Fällen des Absatzes 1 innerhalb eines Monats seit dem meldepflichtigen Ereignis, in den Fällen des Absatzes 2 spätestens dann zu erstatten, wenn nach dem meldepflichtigen Ereignis eine Einkommen- oder Körperschaftsteuererklärung oder eine Erklärung zur gesonderten Gewinnfeststellung einzureichen ist.

Die Vorschrift (= § 165 d III RAO) soll die steuerliche Überwachung bei Auslandsbeziehungen erleichtern; die Finanzbehörden sollen rechtzeitig auf einschlägige Sachverhalte, insbes. auf Basisgesellschaften in Steueroasen-Ländern, aufmerksam gemacht werden (BT-Drucks. VI/1982, 123).

Meldepflichtig sind Stpfl (§ 33 AO), dh natürliche Personen mit Wohnsitz (§ 8 AO, Rdnr. 26 ff. zu § 388 AO) oder gewöhnlichem Aufenthalt (§ 9 AO, Rdnr. 34 ff. zu § 388 AO) sowie Körperschaften mit Geschäftsleitung (§ 10 AO) oder Sitz (§ 11 AO) im Geltungsbereich der AO. Dieselben Pflichten treffen gesetzliche Vertreter und Vermögensverwalter nach § 34 AO sowie Verfügungsberechtigte iS des § 35 AO.

Mitzuteilen sind Gründung und Erwerb von Betrieben und Betriebstätten (§ 12 AO) im Ausland (§ 138 II Nr. 1 AO). Für die Pflicht zur Anzeige der Beteiligung an einer Personengesellschaft (§ 138 II Nr. 2 AO) ist die Höhe dieser Beteiligung – anders als im Falle des § 138 II Nr. 3 AO – unerheblich. Ob ein ausländisches Rechtsgebilde als Körperschaft, Personenvereinigung oder Vermögensmasse iS des § 2 I Nr. 1 KStG zu qualifizieren ist, hängt davon ab, welcher Rechtsform es nach deutschem Recht im wesentlichen entspricht. Die Rechtsfähigkeit ausländischer Gesellschaften beurteilt sich grundsätzlich nach internationalem Privatrecht (TK-*Tipke* 2 zu § 138 AO).

Die Mindestbeteiligung iS des § 138 II Nr. 3 AO kann das Kapital „oder" das Vermögen betreffen. Mittelbare Auslandsbeteiligungen sind lediglich insoweit zu melden, als sie von ausländischen – nicht von inländischen – Gesellschaften vermittelt werden (ausf. *Müller-Dott* DB 1974, 2127). Zu melden ist derjenige Erwerb, durch den die Mindestbeteiligung erreicht wird. Auf die Höhe des Erwerbs selbst kommt es nicht an (*Neubauer* JbFSt 1977/78, 110, 129).

35 **Vollständig** iS des § 379 II Nr. 1 AO **ist die Mitteilung,** wenn die in § 138 II AO normierten Fakten („Gründung", „Erwerb", s. Rdnr. 34) angezeigt werden. Weiterführende Angaben, die über den meldepflichtigen Vorgang hinausgehen, brauchen nicht gemacht zu werden (ausf. *Müller-Dott* DB 1974, 2127). Die Verletzung etwaiger Mitwirkungspflichten nach § 90 II AO wird durch § 379 II Nr. 1 AO nicht geschützt. Hinsichtlich der Meldefrist ist der Wortlaut des § 138 III AO nicht eindeutig. Die Mitteilung ist zu erstatten, wenn nach dem meldepflichtigen Ereignis „eine" Steuererklärung einzureichen ist (nicht: tatsächlich eingereicht wird). Unklar bleibt, ob die Steuererklärung für denjenigen Zeitraum gemeint ist, in dem das meldepflichtige Ereignis eingetreten ist (so überzeugend TK-*Tipke* 2 zu § 138 AO) oder ob die erste Abgabefrist maßgebend sein soll (so *Richter* RIW/AWD 1977, 338). Jedenfalls dürfte der Stpfl, der sich für die erste Lösung entscheidet, nicht leichtfertig handeln. Mitteilungen, die erst nach Ablauf der in § 138 III AO (Rdnr. 32) bestimmten Frist von einer unzuständigen an die zuständige (§§ 18–20 AO) FinB weitergeleitet werden, sind „nicht rechtzeitig" iS des § 379 II Nr. 1 AO. In derartigen Fällen sollte aber nach dem Opportunitätsprinzip (§ 47 OWiG, § 377 II AO) von der Verfolgung abgesehen werden.

36 § 379 II Nr. 1 AO ist ein **abstraktes Gefährdungsdelikt.** Die unterlassene Meldung braucht – anders als in den Fällen des § 379 I AO (Rdnr. 26 ff.) – keine Steuerverkürzung zu ermöglichen.

7. Konto auf falschen Namen

Schrifttum: *Allgemein: Mordhorst*, Spareinlagen auf fremden Namen, MDR 1956, 4; *Canaris*, Inhaberschaft und Verfügungsbefugnis bei Bankkonten, NJW 1973, 825; *Dhonau*, Zur Zulässigkeit von Nummernkonten aus steuerrechtlicher Sicht, DStR 1974, 617.
Zu § 413 I Nr. 3 RAO: Gierschmann, Das Verbot falscher Konten, DStZ 1936, 1442; *Speich*, Das Konto auf den falschen Namen, FR 1963, 398 mit Erwiderung von *Peter* FR 1965, 109 und Schlußwort von *Speich* FR 1965, 112.
Zu § 379 II Nr. 2 AO: Hamacher, Umfang der Pflicht zur Legitimationsprüfung nach § 154 Abs. 2 AO, DB 1987, 1324; *Mösbauer*, Steuergefährdung durch Verletzung der Pflicht zur Kontenwahrheit nach § 154 I AO; *Carl/Klos*, Das ungelöste Problem des „Verfügungsberechtigten" im Sinne des § 154 Abs. 2 AO aus Sicht der Ermittlungsbehörden, wistra 1990, 41; *Vortmann*, Der Begriff der Verfügungsberechtigung iS des § 154 AO, ZIP 1990, 1386; *Weyand*, Rechtsschutzmöglichkeiten gegen die Auswertung von CpD-Konten durch die Steuerfahndung, wistra 1990, 294; *Carl/Klos*, Tafelgeschäfte – steuerlich unzulässige „Geldwäsche" der Kreditinstitute? DStZ 1991, 24; *Carl/Klos*, Die Kontenwahrheitspflicht, NWB F 2, 5639 (1991); *dies.*, Zum Zugriff der Strafverfolgungsbehörden auf CpD-Konten einer Bank, NWB F 13, 849 (1994); *dies.*, Inhalt und Reichweite der Kontenwahrheitspflicht nach § 154 AO als Grundlage der steuerlichen Mitwirkungspflichten der Kreditinstitute, DStZ 1995, 296; *Hamacher*, „Dagobert-Duck" – Ein kriminelles System? DB 1995, 2284.

7. Konto auf falschen Namen

§ 154 AO Kontenwahrheit lautet:

(1) Niemand darf auf einen falschen oder erdichteten Namen für sich oder einen Dritten ein Konto errichten oder Buchungen vornehmen lassen, Wertsachen (Geld, Wertpapiere, Kostbarkeiten) in Verwahrung geben oder verpfänden oder sich ein Schließfach geben lassen.

(2) ¹Wer ein Konto führt, Wertsachen verwahrt oder als Pfand nimmt oder ein Schließfach überläßt, hat sich zuvor Gewißheit über die Person und Anschrift des Verfügungsberechtigten zu verschaffen und die entsprechenden Angaben in geeigneter Form, bei Konten auf dem Konto, festzuhalten. ²Er hat sicherzustellen, daß er jederzeit Auskunft darüber geben kann, über welche Konten oder Schließfächer eine Person verfügungsberechtigt ist.

(3) Ist gegen Absatz 1 verstoßen worden, so dürfen Guthaben, Wertsachen und der Inhalt eines Schließfachs nur mit Zustimmung des für die Einkommen- und Körperschaftsteuer des Verfügungsberechtigten zuständigen Finanzamts herausgegeben werden.

Die Vorschrift soll die **formale Kontenwahrheit sichern** und verhindern, daß die Nachprüfung steuerlicher Verhältnisse durch Verwendung falscher oder erdichteter Namen erschwert wird (BT-Drucks. VI/1982, 123; BGH v. 18. 10. 1994, NJW 1995, 261). Das Ermöglichen einer Steuerverkürzung gehört nicht zum Tatbestand des § 379 II Nr. 2 AO. Der Verdacht, eine Bank habe zugunsten eines Bankkunden Konten unter Verletzung des § 154 AO angelegt, rechtfertigt nicht den Verdacht, die Bank habe auch zugunsten weiterer Kunden gegen § 154 AO verstoßen (LG Köln v. 31. 8. 1982, StrVert 1983, 56; s. aber LG Düsseldorf v. 19. 1. 1994, AG 1994, 124; BVerfG v. 13. 12. 1994, INF 1995, 158). Zur strafrechtlichen Verantwortung von Bankangestellten vgl. Rdnr. 251 zu § 370 AO.

Ein **Konto wird errichtet**, wenn jemand zu einem anderen in „eine laufende Geschäftsverbindung tritt, die von diesem buch- und rechnungsmäßig in ihrem jeweiligen Stande festgehalten wird" (RFH 24, 203, 205 v. 28. 9. 1928; zust. *Kohlmann* 44 zu § 379 AO). Übertragung steht der Neuerrichtung gleich. Nach der Definition des § 1 DepotG zählen zu den *Wertpapieren* iS des DepotG: Aktien, Kuxe, Zwischenscheine, Zins-, Gewinnanteil- und Erneuerungsscheine, auf den Inhaber lautende oder durch Indossament übertragbare Schuldverschreibungen, ferner andere Wertpapiere, wenn diese vertretbar sind. Bankkonten und Papiergeld werden ausdrücklich ausgenommen. Ausländisches Geld zählt daher – wenn man die Definition des § 1 DepotG auch bei § 154 AO zugrundelegt – nicht zu den Wertpapieren, sondern ist „Geld" (so *Kohlmann* 53 zu § 379 AO; TK-*Tipke* 2 zu § 154 AO). *Kostbarkeiten* sind Sachen, deren Wert im Verhältnis zu ihrer Größe und ihrem Gewicht nach der Verkehrsauffassung bsondes groß ist, zB Schmuck, alte Münzen, Kunstgegenstände, seltene Bücher oder Teppiche (vgl. *Tipke* aaO). *Schließfächer* fallen nur dann unter § 154 Nr. 1 AO, wenn sie der nicht nur vorübergehenden Aufbewahrung von Wertsachen dienen. Andernfalls bestünden steuerrechtliche Bedenken gegen anonyme Schließfächer auf Bahnhöfen und Flughäfen (glA HHSp-*Trzaskalik* zu § 154 AO). Auch Postschließfächer sind keine „Schließfächer" iS des § 379 II Nr. 2 AO iVm § 154 I AO (aM *Kohlmann* 55 zu § 379 AO). Eine Postkontrolle dient nicht der

Nachprüfung steuerlicher Verhältnisse (Rdnr. 36). Diese einschränkende Auslegung erscheint um so mehr geboten, als § 379 II Nr. 2 AO – anders als § 379 I AO (Rdnr. 26) – das Ermöglichen der Verkürzung von Steuereinnahmen zwar nicht als ausdrückliches Tatbestandselement enthält, der Gesetzgeber aber davon ausgegangen ist, daß die Errichtung „schwarzer" Konten das Merkmal des Ermöglichens einer Steuerverkürzung in sich trägt (Begr. BT-Drucks. V/1812 S. 27). Auch Konten Dritter, zB Anderkonten, sind keine Konten iS des § 154 I AO). Buchungen iS von § 154 I AO sind Gut- und Lastschriften auf einem kundenbezogenen Konto (HHSp-*Trzaskalik* 4 zu § 154 AO). Das Erfordernis der Namenskorrektheit bezieht sich auf denjenigen, der die Buchung veranlaßt („... vornehmen lassen"), nicht auf den Begünstigten. Aus wessen Mitteln die Gelder stammen, ist unerheblich (BGH v. 18. 10. 1994, WM 1994, 2270). Die Bank ist daher nicht zur Feststellung des Einzahlers verpflichtet (*Hamacher* DB 1995, 2284; aA *Carl/Klos* DStZ 1995, 301).

39 Ein **Name ist falsch,** wenn er wohl vorkommen mag, aber nicht den „Verfügungsberechtigten" bezeichnet (BGH v. 18. 10. 1994, WM 1994, 2270). Der Gebrauch eines *Künstlernamens* (Pseudonym) ist zulässig, wenn er keine Zweifel über die Identität aufkommen läßt (TK-*Tipke* 2 zu § 154 AO); ebenso selbstverständlich die Verwendung eines Firmennamens (§ 17 HGB). *Nummernkonten* werden überwiegend für unzulässig gehalten (TK-*Tipke* 2, *Klein/Orlopp* 4 zu § 154 AO, *Carl/Klos* wistra 1990, 41; *Kohlmann* 58 zu § 379 AO; Nr. 5 zu § 154 Einführungserlaß zur AO 1977; aA *Dhonau* DStR 1974, 617). Richtig ist, daß die erforderlichen Angaben gem. § 154 I 1 AO auf dem Konto festzuhalten sind. Diese Voraussetzung soll aber sowohl durch einen Vermerk auf dem Kontostammblatt als auch durch Dokumentation auf den Kontoeröffnungsunterlagen erfüllt werden können (*Tipke* aaO). Folglich müßte es auch genügen, wenn Name und Anschrift des Verfügungsberechtigten einer separat geführten Liste entnommen werden können (glA HHSp-*Trzaskalik* 20 zu § 154 AO; ferner Rdnr. 251 zu § 370 AO). Nach dem Zweck des § 154 AO (Rdnr. 37) kommt es lediglich darauf an, daß die rasche und zuverlässige Nachprüfung steuerlicher Verhältnisse gewährleistet ist. Schwierigkeiten bereitet die Auslegung des Begriffs *„Verfügungsberechtigter",* wenn dieser nicht mit dem Kontoinhaber, also mit dem Vollberechtigten, identisch ist. Denkbar ist zB, daß ein Onkel auf den Namen seines Neffen ein Konto anlegen will, das Kind aber erst zu einem späteren Zeitpunkt Gläubiger der Einlage werden soll. Käme es nur auf die formale Verfügungsbefugnis an, müßte das Konto auf den Namen des Onkels lauten (so *Speich* FR 1963, 398 u. FR 1965, 112). Zivilrechtlich sind jedoch verschiedene Vertragsgestaltungen denkbar und zulässig (vgl. *Mordhorst* MDR 1956, 4 ff.; ferner *Canaris* NJW 1973, 825 ff.). Die Anlegung eines Kontos auf den Namen eines Dritten kann – unbeschadet der dem Dritten (noch) nicht zustehenden Verfügungsbefugnis – auch rechtliche Bedeutung haben (zB BGH v. 9. 11. 1966, BB 1369; v. 29. 4. 1970, Inf 478). Betrachtet man nur den Gläubiger als Verfügungsberechtigten (TK-*Tipke* 5 zu § 154 AO, *Hamacher* DB 1987, 1324), wäre es nicht erforderlich, daß sich die Bank Gewißheit über die

7. Konto auf falschen Namen

Person desjenigen verschafft, der ein Konto eröffnet. Erlangt jedoch der Gläubiger nicht sofort die alleinige Verfügungsbefugnis, so ist er auch zur rechtsgeschäftlichen Verfügung befugt. Damit entspricht es dem Wortlaut (vgl. auch § 35 AO) und dem Zweck des § 154 AO (Rdnr. 37), neben dem Gläubiger der Forderung auch denjenigen als Verfügungsberechtigten anzusehen, der kraft gesetzlicher oder rechtsgeschäftlicher Vertretungsmacht befugt ist, zu Lasten und zu Gunsten des Gläubigers Rechtsgeschäfte vorzunehmen (glA *Carl/Klos* wistra 1990, 41 mwN). Steht der Verfügungsberechtigte noch nicht fest, zB ein unbekannter Erbe, genügt es, wenn das Kreditinstitut sich zunächst Gewißheit über die Person des das Konto Errichtenden verschafft (Nr. 4 Anwendungserlaß zu § 154 AO). Die von § 154 I AO geschützte formale Kontenwahrheit ist nicht verletzt, wenn ein für einen bestimmten Bankkunden errichtetes Konto später ausschließlich von einem bevollmächtigten Dritten in dessen eigenem Interesse genutzt wird (OLG Hamm v. 8. 11. 1993, WuB 1994, 371). Verboten ist die Abwicklung von Geschäftsvorfällen über sogenannte CpD-Konten, wenn der Name des Beteiligten bekannt ist oder unschwer ermittelt werden kann und für ihn bereits ein entsprechendes Konto geführt wird (vgl. *Kohlmann* 59 zu § 379 AO, *Carl/Klos* DStZ 1995, 296 u. NWB F 2, 5635). CpD-Konten sind bankinterne Sammelkonten, die dazu dienen, einen für eine andere Person (nicht das Kreditinstitut) bestimmten Betrag buchungsmäßig unterzubringen. Konten inländischer oder ausländischer Tochtergesellschaften sind keine CpD-Konten; sie spiegeln eine dauerhafte Geschäftsbeziehung wider, und die Tochtergesellschaften verfügen als selbständige juristische Personen über die Salden ihrer Konten.

Erdichtet ist ein Name, wenn er frei erfunden ist. 40

Das Verbot des § 154 I AO richtet sich („niemand") **sowohl gegen den** 41 **Bankkunden** (arg.: „errichten ... lassen") **als auch gegen das Kreditinstitut** (arg.: „errichten"; glA zu § 379; *Blumers/Glöggerle* S. 468; *Mösbauer* NStZ 1990, 475; *Carl/Klos* DStZ 1995, 296; aM TK-*Tipke* 3; HHSp-*Trzaskalik* 27 zu § 154 AO; *Kohlmann* 49, *Leise-Dietz* 19 zu § 379 AO; *Speich* FR 1963, 398; Nr. 1 AEAO zu § 154). Für diese Auslegung des § 154 I AO spricht auch der systematische Zusammenhang mit Abs. 2 der Vorschrift. Gem. § 154 II AO muß sich der Kontoführer über die Person und die Anschrift des Verfügungsberechtigten Gewißheit verschaffen, um ggf. dem Finanzamt Auskunft darüber geben zu können, wer über die von ihr verwalteten Vermögenswerte verfügt (vgl. auch *Carl/Klos* wistra 1990, 41). Diese Prüfungspflicht der Kreditinstitute spricht dafür, auch sie als Normadressat iS des § 154 I AO anzusehen. Eine bestimmte Form der Identitätskontrolle – etwa die Vorlage von Personalausweis oder Reisepaß – ist nicht vorgeschrieben (so aber im Ergebnis TK-*Tipke* 4 zu § 154 AO). Mithin kann der Kontoführer die ihm vorgelegten Legitimationspapiere frei würdigen (glA HHSp-*Trzaskalik* 16 zu § 154 AO); er könnte sich sogar mit der Identifikation des unbekannten Kunden B durch den bekannten Kunden A begnügen. Eine mangelhafte Sorgfalt im Rahmen des § 154 II AO, die für sich allein keine Ordnungswidrigkeit ist, kann aber Indiz für die Leichtfertigkeit einer Zuwiderhandlung gegen § 154 I AO sein (glA *Carl/Klos* DStZ 1995, 296).

8. Zuwiderhandlungen gegen eine Auflage nach § 120 II Nr. 4 AO

42 **Die Vorschrift soll** „aus Gründen der Rechtsvereinheitlichung" **den bisherigen § 203 RAO ersetzen** (Rdnr. 4); danach könnte bei einem Verstoß gegen Auflagen im Rahmen der Steueraufsicht ein Sicherungsgeld als Ungehorsamsfolge verhängt werden.

43 § 120 AO **Nebenbestimmungen zum Verwaltungsakt** lautet:

(1) Ein Verwaltungsakt, auf den ein Anspruch besteht, darf mit einer Nebenbestimmung nur versehen werden, wenn sie durch Rechtsvorschrift zugelassen ist oder wenn sie sicherstellen soll, daß die gesetzlichen Voraussetzungen des Verwaltungsaktes erfüllt werden.

(2) Unbeschadet des Absatzes 1 darf ein Verwaltungsakt nach pflichtgemäßem Ermessen erlassen werden mit

1.–3. . . .

oder verbunden werden mit

4. einer Bestimmung, durch die dem Begünstigten ein Tun, Dulden oder Unterlassen vorgeschrieben wird (Auflage),

5. . . .

(3) Eine Nebenbestimmung darf dem Zweck des Verwaltungsaktes nicht zuwiderlaufen.

44 Nur **Ermessensverwaltungsakte** dürfen mit einer Auflage verbunden werden. Im Gegensatz zu Verwaltungsakten, auf die ein Rechtsanspruch besteht (§ 120 I AO), sind Ermessensverwaltungsakte gegeben, wenn die Behörde die Wahl zwischen mehreren Maßnahmen hat, von denen jede richtig ist (TK-*Tipke* 16 zu § 118 AO).

45 Die **Auflage ist eine Nebenbestimmung,** durch die dem Begünstigten ein Tun, Dulden oder Unterlassen vorgeschrieben wird (§ 120 II Nr. 4 AO). Sie ist ein mit dem (Haupt-) Verwaltungsakt verbundener (akzessorischer), gleichwohl selbständiger Verwaltungsakt (TK-*Tipke* 4 zu § 120 AO), dessen Erfüllung von der Behörde ggf. erzwungen werden kann (§§ 328 ff. AO), dessen Nichterfüllung durch den Begünstigten aber auch den Widerruf des Hauptverwaltungsaktes rechtfertigt (§ 131 II Nr. 2 AO). Die Auflage ist „*beigefügt*" iS des § 379 III AO, wenn sie dem Betroffenen bekanntgegeben ist (§ 122 AO). Die Auflage wird mit der Bekanntgabe wirksam (§ 124 AO). Eine rechtswidrige (nicht nichtige) Auflage ist solange verbindlich, bis sie von der Behörde widerrufen oder zurückgenommen oder auf Betreiben des Betroffenen im Rechtsbehelfsverfahren aufgehoben worden ist (§ 124 II, III; § 361 AO). Der Adressat handelt also auch dann – zumindest objektiv – tatbestandsmäßig, wenn er eine Auflage, zB zur Führung besonderer Anschreibungen, nicht befolgt, weil er sie angefochten hat.

46 **Tatbestandserheblich** sind nur solche Auflagen, die einem Verwaltungsakt für Zwecke der besonderen Steueraufsicht beigefügt worden sind. Die besondere Steueraufsicht (§§ 209–217 AO) bei Zöllen und Verbrauchsteuern dient – anders als die Außenprüfung (§ 193–207 AO) – nicht der Ermittlung der Besteuerungsgrundlagen im einzelnen Steuerfall, sondern der laufenden Kontrolle bestimmter Betriebe und Vorgänge. Zölle und Verbrauchsteuern

10. Subjektiver Tatbestand   47–50   § 379

belasten bestimmte Waren im Verhältnis zu ihrem Warenwert oft sehr hoch, was den Anreiz zu Hinterziehungen erhöht. Deshalb ist bei der Herstellung, Bearbeitung, Verarbeitung oder der steuerbegünstigten Verwendung vor allem die Überwachung des technischen Herstellungsprozesses, aber auch der Betriebseinrichtungen und der Buchführung, geboten (BT-Drucks. VI/1982 S. 166). Nach dem Grundsatz der Gesetzmäßigkeit der Verwaltung (Art. 20 III GG) bedarf jeder Verwaltungsakt einer gesetzlichen Grundlage. § 210 AO regelt, welche Befugnisse der FinB zustehen, um die Zoll- und Verbrauchsteueraufsicht durchzuführen. Verweisungen gem. § 209 III AO in Einzelsteuergesetzen sind zB § 22 BierStG, § 28 TabStG. In Betracht kommen besondere Aufsichtsmaßnahmen (zB zusätzliche Anschreibungen und Meldepflichten) gegenüber Betrieben oder Unternehmen, deren Inhaber oder leitende Angehörige wegen einer Steuerstraftat rechtskräftig bestraft worden sind (§ 213 AO). Darüber hinaus enthält § 212 AO eine umfassende Ermächtigung, durch RechtsV bestimmte Pflichten zu konkretisieren, die im Rahmen der Steueraufsicht zu erfüllen sind. Bisher ist keine auf § 212 AO gestützte VO ergangen. Die Aufzählung in § 212 I AO ist abschließend und soll besondere Ermächtigungen in Einzelsteuergesetzen künftig entbehrlich machen (BT-Drucks. 7/4292 S. 36 f.).

Täter iS des § 379 III AO ist der Adressat der Auflage. 47

9. Rechtfertigungsgründe

Gem. § 148 AO ist die FinB berechtigt, für einzelne Fälle oder für bestimmte Gruppen von Fällen (auch rückwirkend) Erleichterungen zu bewilligen, wenn die Einhaltung der durch die Steuergesetze begründeten Buchführungs-, Aufzeichnungs- und Aufbewahrungspflichten Härten mit sich bringt und die Besteuerung durch die Erleichterung nicht beeinträchtigt wird. Eine rückwirkende Bewilligung wirkt jedoch nicht als Rechtfertigungsgrund (glA *Mösbauer* wistra 1991, 41; ferner Rdnr. 20 zu § 380 AO). 48

10. Subjektiver Tatbestand

Subjektiv setzt die Anwendung des § 379 AO in den Fällen der Absätze 1 u. 2 ein **vorsätzliches oder leichtfertiges Verhalten** des Täters (Rdnr. 22 ff. zu § 378 AO) voraus. Die „Absicht", eine Verkürzung von Steuereinnahmen zu ermöglichen, ist nicht mehr erforderlich (Begr. BT-Drucks. V/1812 S. 27). Der Vorsatz oder die Leichtfertigkeit muß jedoch den gesamten objektiven Tatbestand umfassen, sich also in den Fällen des § 379 I AO auch auf das Ermöglichen der Vekürzung von Steuereinnahmen (Eingangsabgaben, bzw. Einfuhrabgaben, vgl. Rdnr. 25 zu § 370 AO u. 5 zu § 373 AO) erstrecken. Die Möglichkeit der Verkürzung von Steuereinnahmen ist nicht etwa eine objektive Bedingung der Strafbarkeit (s. auch Rdnr. 42 ff. zu § 369 AO). 49

Abw. von § 379 I u. II AO kann nach § 379 III AO auch **einfache Fahrlässigkeit** geahndet werden (ebenso nach § 126 BranntwMonG, s. Anh. 50

VIII). Diese Regelung erscheint ebenso ungerechtfertigt und daher unbefriedigend wie die entsprechende Vorschrift des § 382 AO (ebenso *Kohlmann* 67 zu § 379 AO; ferner Rdnr. 32 zu § 382 AO).

11. Geldbuße

51   Die Geldbuße beträgt mindestens 5 DM, bei Vorsatz höchstens 10.000 DM, bei Leichtfertigkeit höchstens 5.000 DM (§ 379 IV AO; § 377 II AO, § 17 I u. II OWiG). Bei der Zumessung soll die Höhe der Steuer, deren Verkürzung die Handlung ermöglichen kann, berücksichtigt werden (§ 17 III OWiG; Rdnr. 28 ff. zu § 377 AO).

12. Selbstanzeige

52   Straffreiheit durch Selbstanzeige kann der Täter einer Ordnungswidrigkeit gem. § 379 AO nicht erlangen (anders noch § 406 II RAO 1956). Die gegenüber §§ 370 und 378 AO subsidiäre Ordnungswidrigkeit ist dahin auszulegen, daß eine Tat als Steuergefährdung auch dann geahndet werden kann, wenn die primäre Norm nicht angewendet werden kann. Eine wirksame Selbstanzeige nach § 371 AO, § 378 III AO wirkt hinsichtlich der Tatbestände der §§ 370, 378 AO, nicht auch bezüglich der Steuergefährdung nach § 379 AO sanktionsbefreiend (HHSp-*Rüping* 98, *Leise-Dietz* 32, *Koch/Scholtz-Himsel* 5 zu § 379 AO, *Mösbauer* wistra 1991, 41; *Dörn* wistra 1995, 7; KG v. 7. 5. 1992, – Verfassungsbeschwerde anhängig 2 BvR 997/92; ferner Rdnr. 212 zu § 371 AO). Diese Regelung ist insofern ungereimt (*Klein/Orlopp* 11 zu § 379 AO), als sie den Täter, der sich eine versuchte oder vollendete Steuerhinterziehung zuschulden kommen läßt, besser stellt, als denjenigen, dessen Tat im Vorbereitungsstadium (Rdnr. 5) steckengeblieben ist (ebenso *Kohlmann* 69 zu § 379 AO). Gleichwohl erscheint es nicht erforderlich, die entsprechende Anwendung des § 31 I, II StGB in Erwägung zu ziehen (*Kohlmann* 74 zu § 379 AO). Die Ahndung von Ordnungswidrigkeiten liegt im pflichtgemäßen Ermessen der Verfolgungsbehörde (§ 47 I OWiG). Es ist daher nicht anzunehmen, daß die FinB einen Bußgeldbescheid erläßt, wenn der Täter den von ihm hervorgerufenen ordnungswidrigen Zustand von sich aus beseitigt, zB die unterlassene Aufzeichnung nachgeholt hat, bevor aus der Tat ein Schaden entstanden ist (Begr. BT-Drucks. V/1812 S. 27). Zur Problematik einer Berichtigung nach § 153 AO vgl. Rdnr. 220 ff. zu § 370 AO.

13. Konkurrenzfragen

Schrifttum:
Zu § 406 RAO 1956: Coring, Die subsidiäre Geltung des § 406 RAbgO, NJW 1962, 424.
Zu § 379 AO 1977: Giemulla, Konkurrenzen im Steuerstrafrecht, Inf 1979, 292; *Lohmeyer,* Die strafrechtlichen Folgen der Verletzung von Buchführungspflichten (§§ 283, 283b StGB), BlStA 1983, 78; *Schäfer,* Die Verletzung der Buchführungspflicht in der Rechtsprechung des BGH, wistra 1986, 200.

53   Der Bußgeldtatbestand des **§ 379 AO tritt zurück,** wenn Steuerhinterziehung (§ 370 AO) vorliegt oder wenn der Tatbestand der leichtfertigen Steu-

14. Verjährung

erverkürzung (§ 378 AO) erfüllt ist (§ 379 IV AO). Das gilt auch dann, wenn die Tat nur als Beihilfe zur Steuerhinterziehung geahndet werden kann.

„Kann" die Handlung nach § 378 AO geahndet werden, so tritt § 379 AO auch bei vorsätzlicher Begehung zurück; wegen der ausdrücklichen Vorschrift des § 379 IV AO ist § 47 OWiG nicht anwendbar (*Kohlmann* 67 zu § 379 AO). Die Subsidiarität erfaßt alle Gefährdungswirkungen, unabhängig von deren Stadium und unabhängig von der speziellen Steuerart (glA *Dörn* wistra 1995, 7; aM *Coring* aaO). Bestrafung erfolgt stets nur wegen des Verletzungsdelikts (S/S-*Stree* 129 vor §§ 52 ff. StGB mwN), und zwar auch dann, wenn dieses im Versuchsstadium steckengeblieben ist. Ist zB mittels eines OR-Geschäfts die Verkürzung einer Fälligkeitsteuer bewirkt worden, bleibt eine gleichzeitige Ertragsteuergefährdung außer Betracht (aM *Kohlmann* 72 zu § 379 AO). Ist eine Pflichtverletzung iS des § 379 AO in einem Sondergesetz mit Strafe oder Geldbuße bedroht (zB § 22b I Nr. 2 KriegswaffG), gelten die allgemeinen Regeln der Gesetzeskonkurrenz (Rdnr. 115 ff. zu § 369 AO). Verstöße gegen verbrauchsteuerliche Aufzeichnungs- und Buchführungspflichten können nur nach § 381 I Nr. 1 AO geahndet werden (*Gast-de Haan* DB 1977, 1290). Trifft § 379 AO mit einem Straftatbestand zusammen (zB §§ 100, 103 HGB), so wird gem. § 21 I OWiG nur das Strafgesetz angewendet. Erfüllt die Handlung mehrere Bußgeldtatbestände (zB §§ 28, 99 GüKG), wird gem. § 19 OWiG nur eine einzige Geldbuße festgesetzt (Rdnr. 33 zu § 377 AO).

Tateinheit ist möglich mit Urkundenfälschung gem. § 267 StGB, zB 54 wenn der unrichtige Beleg mit einem falschen Namen unterzeichnet ist (BGH v. 11. 11. 1958, StRK AO § 410 R. 5), ferner zB mit Konkursstraftaten gem. § 283b StGB. In derartigen Fällen wird jedoch nur das Strafgesetz angewandt (§ 21 S. 1 OWiG).

Wer sich einen unrichtigen Beleg ausstellt oder ausstellen läßt und diesen 55 später als Unterlage für eine Falschbuchung benutzt, begeht Ordnungswidrigkeiten gem. § 379 I Nr. 1 und 2 AO in **Tatmehrheit**.

14. Verjährung

Die Verfolgung einer Steuerordnungswidrigkeit iS des § 379 AO verjährt 56 gem. § 384 AO in 5 Jahren.

§ 380 Gefährdung der Abzugsteuern

(1) Ordnungswidrig handelt, wer vorsätzlich oder leichtfertig seiner Verpflichtung, Steuerabzugsbeträge einzubehalten und abzuführen, nicht, nicht vollständig oder nicht rechtzeitig nachkommt.

(2) Die Ordnungswidrigkeit kann mit einer Geldbuße bis zu zehntausend Deutsche Mark geahndet werden, wenn die Handlung nicht nach § 378 geahndet werden kann.

Vgl. § 266a StGB (Vorenthalten und Veruntreuen von Arbeitsentgelt; Vergehen); § 111 SGB IV (Verletzung der Pflicht zur Führung und Aufbewahrung von Lohnunterlagen nach § 28f SGB IV; Ordnungswidrigkeit).

Schrifttum: *Henneberg,* Anmerkungen zur Verteidigung bei Lohnsteuerverkürzungen, DStR 1980, 63; *Meincke,* Lohnsteuer bei unerlaubter Arbeitnehmerüberlassung, StW 1980, 235; *Bilsdorfer,* Die Verantwortlichkeit des Arbeitnehmerentleihers für die Lohnsteuer des Leiharbeitnehmers, DStR 1981, 98 u. 374; *ders.,* Die Bedeutung des Umsatzsteuerabzugsverfahrens für das Steuerstraf- und Steuerordnungswidrigkeitenrecht, DStZ 1981, 163; *Bringewat,* Gefährdung von Abzugsteuern im Vorfeld von Lohnsteuerhinterziehungen, NJW 1981, 1025; *Bilsdorfer,* Steuerliche Aspekte der Leiharbeit, NWB Fach 2, 4051 (Stand: 1982); *Bilsdorfer,* Illegale Arbeitnehmerüberlassung und Umsatzsteuer, DStR 1983, 609; *Weyand,* Nichtabführen von Lohnbestandteilen und ihre Folgen, NSt, Steuerstrafrecht, Einzelfragen 8 (1991); *Lohmeyer,* Die Gefährdungstatbestände der §§ 379 und 380 AO, INF 1992, 511; *Dörn,* Steuerliche Pflichten unter strafrechtlichem Aspekt, INF 1993, 315; *Dörn,* Anwendung der §§ 379, 380 AO auch bei Selbstanzeigen gemäß §§ 371, 378 Abs. 3 AO, wistra 1995, 7. – *Zu § 529 RVO: Wank,* Das Einbehalten von Sozialversicherungsbeiträgen, DB 1982, 645; *Schäfer,* Die Strafbarkeit des Arbeitgebers bei Nichtzahlung von Sozialversicherungsbeiträgen für versicherungspflichtige Arbeitnehmer, wistra 1982, 96; *Martens,* Einbehalten von Sozialversicherungsbeiträgen, DB 1984, 773.

Übersicht

1. Entstehungsgeschichte 1	8. Geldbuße 26
2. Zweck und Anwendungsbereich .. 2, 3	9. Selbstanzeige 27
3. Objektiver Tatbestand 4–16	10. Konkurrenzfragen 28–31
4. Täter 17–19	11. Verjährung.................. 32
5. Stundung als Rechtfertigungsgrund 20	12. Verfolgung.................. 33
6. Subjektiver Tatbestand.......... 21–24	13. Sonstiges 34
7. Versuch 25	

1. Entstehungsgeschichte

1   Durch § 406 RAO idF des Art. 1 Nr. 19 des 2. AOStrafÄndG v. 12. 8. 1968 (BGBl. I 1953) wurde die Nichtabführung von Steuerabzugsbeträgen, die zuvor als Vergehen nach § 413 I Nr. 1a RAO idF des Art. I Nr. 6 G v. 11. 5. 1956 (BGBl. I 418) mit Geldstrafe bedroht war, unter der neuen Bezeichnung „*Gefährdung der Abzugsteuern*" als Steuerordnungswidrigkeit mit Geldbuße bedroht. Abw. von § 413 RAO 1956 setzte § 406 RAO 1968 voraus, daß der Täter zumindest „*leichtfertig*" gehandelt hatte (Begr. BT-Drucks. V/1218 S. 27f.). § 406 III RAO 1968, eine Sondervorschrift über die Verjährung und ihre Unterbrechung, wurde auf Antrag des BRates (BT-Drucks. V/3013) und Vorschlag des Vermittlungsausschusses (BT-Drucks.

2. Zweck und Anwendungsbereich 2, 3 § 380

V/3042) in das Gesetz aufgenommen; die Vorschrift wurde durch Art. 161 Nr. 10 EGStGB mit Wirkung ab 1. 1. 1975 wieder gestrichen, sobald § 410 RAO (= § 384 AO) als zusammenfassende Verjährungsvorschrift für alle Steuerordnungswidrigkeiten nach §§ 404–406 RO (= §3 378–380 AO) eingeführt wurde. Der EAO 1974 übernahm den § 406 RAO idF des EGStGB als § 364 (BT-Drucks. 7/79). Dabei wurde durch Einfügung des Wortes „nicht" in Absatz 1 klargestellt, daß die Vorschrift nicht nur bei nicht rechtzeitiger und nicht vollständiger Einbehaltung und Abführung eingreift, sondern auch den Fall trifft, daß Einbehaltung und/oder (Rdnr. 6, 15) Abführung überhaupt unterbleiben. Außerdem wurde in der endgültigen Fassung der Vorschrift als § 380 AO das Wort „Tat" zur Angleichung an die Sprachregelung des OWiG durch „Handlung" ersetzt (BT-Drucks. 7/4292 S. 45).

2. Zweck und Anwendungsbereich

§ 380 AO **bezweckt** den Schutz derjenigen Pflichten, die dritten Personen 2 im Besteuerungsverfahren bezüglich fremder Steuerschulden obliegen. Die pauschale LSt (§§ 40ff. EStG) ist keine „fremde" Steuer (§ 40 III, § 40a IV, § 40b III EStG; vgl auch BFH v. 5. 11. 1982, BStBl. 1983, 91). Auch auf die allgemeine USt ist § 380 nicht anwendbar; denn StSchuldner ist grundsätzlich der Unternehmer (§ 13 II UStG; vgl. schon *Thoma* BB 1970, 572); anders jedoch, wenn und soweit die USt im Abzugsverfahren erhoben wird (Rdnr. 13). Wer zur Einbehaltung und Abführung fremder Steuern verpflichtet ist, soll in einem gewissen Treueverhältnis zum FA und zum StSchuldner stehen (krit. Rdnr. 4). Daher enthält der Tatbestand des § 380 AO einen „an die Untreue (§ 266 StGB) anklingenden Unrechtsgehalt" (BGH 2, 183 v. 11. 3. 1952). Hinzu kommt, daß der (gutgläubige) StSchuldner nur durch vorschriftsmäßige Abführung der Steuer von seiner Schuld befreit wird (§ 38 III, § 42d III, § 44 V, § 50a V EStG). Das Steuerabzugsverfahren soll die zuverlässige und schnelle Erfassung der Steuer an der Quelle sichern. Aus diesen Gründen erscheint regelmäßig ein besonderer Schutz der ordnungsgemäßen Tilgung fremder Steuerschulden gerechtfertigt (vgl. jedoch Rdnr. 4).

§ 380 ist **anwendbar** im LSt-Verfahren (RdNr. 5ff.), bei der KapSt (Rdnr. 3 9f.), in bestimmten Fällen der beschränkten Steuerpflicht (Rdnr. 11f.) sowie im USt-Abzugsverfahren (Rdnr. 13). Die Versicherungsteuer ist keine Abzugsteuer iS des § 380 AO (glA HHSp-*Rüping* 14, *Leise-Dietz* 11 zu § 380 AO), ebenso wenig die pauschalierte LSt, die als Unternehmersteuer eigener Art gewertet und nicht im Abzugsverfahren erhoben wird (BFH v. 5. 11. 1982, BStBl. 1983, 91). Der Geltungsbereich des § 380 AO ist durch die Subsidiarität (Rdnr. 28ff.) gegenüber § 370 AO (§ 21 OWiG) und gegenüber § 378 AO (§ 380 II AO) beschränkt. Die Vorschrift tritt zurück, sobald der Tatbestand der vorsätzlichen oder leichtfertigen Steuerverkürzung verwirklicht ist. In LSt-Sachen ist eine Ordnungswidrigkeit nach § 380 AO zB nur dann gegeben, wenn der ArbG die nichtabgeführten Beträge rechtzeitig und vollständig angemeldet hat. Hat der ArbG auch die Anmeldung (§ 41a

EStG) versäumt oder die Summe der „einzubehaltenden" LSt nicht vollständig angegeben, obwohl er wußte, daß er hierzu vepflichtet war, hat er das FA über Entstehung und Höhe des Steueranspruchs getäuscht, mithin eine Steuerhinterziehung begangen (OLG Frankfurt v. 8. 11. 1967, NJW 1968, 263). Dabei ist es belanglos, ob der FinB das Bestehen des Betriebes und die Beschäftigung von ArbN bekannt waren (RG v. 22. 4. 1026, RStBl. 187) oder ob sie über einen längeren Zeitraum von ihren Befugnissen zur Überwachung des Lohnsteuerabzugs keinen Gebrauch gemacht hat (BFH v. 11. 8. 1978, BStBl. 683).

3. Objektiver Tatbestand

4   Welche **Pflichtverletzungen bußgeldrechtlich geahndet** werden können, folgt nicht unmittelbar aus § 380 AO, sondern aus verschiedenen Einzelsteuergesetzen, nämlich §§ 38–42f EStG, §§ 43–45d EStG sowie § 50a EStG iVm §§ 73a, 73g EStDV. Insofern ist § 380 AO ein **Blankettgesetz.** Es wird jedoch in verfassungsrechtlich zulässiger Weise (BVerfG 14, 174, 185f. v. 25. 7. 1962; 23, 265, 269 v.7. 5. 1968) durch besondere Gesetze ausgefüllt (OLG Frankfurt v. 31. 1. 1963, ZfZ 1964, 118; zur Geltung des Art. 103 II GG für Ordnungswidrigkeiten vgl. *Maunz/Dürig* 114 zu Art. 103 GG). Die steuerrechtlichen Pflichten über das Abzugsverfahren belasten die Betroffenen – insbes., ArbG und Banken – arbeitsmäßig und finanziell nicht unerheblich. Die Kostenbelastung der Arbeitgeber durch die LStErhebung wird auf 4% des LStAufkommens geschätzt (*Trzaskalik* DStJG 12, 157, 177). Gleichwohl soll die unentgeltliche Einschaltung des Arbeitgebers als Verwaltungshelfer verfassungsrechtlich unbedenklich sein (krit. *Trzaskalik* aaO; HHSp-*Gersch* 9 zu § 42d EStG); es handele sich nämlich um herkömmliche, allgemeine und für alle Betroffenen gleiche öffentliche Dienstleistungen, deren Auferlegung im öffentlichen Interesse aus Art. 12 u. 14 GG nicht zu beanstanden ist (BVerfG 22, 380 v. 29. 11. 1967 betr. KuponSt-Abzugsverfahren gem. § 45 III Nr. 1a EStG idF v. 25. 3. 1965, BGBl. I 147; OLG Frankfurt v. 31. 1. 1963, ZfZ 1964, 118 u. BFH v. 5. 7. 1963, BStBl. 468 – Verfassungsbeschwerde als offensichtlich nicht zur Entscheidung angenommen – betr. LSt-Abzugsverfahren; BVerfG v. 17. 2. 1977, NJW 1282, betr. KiSt bei Pauschalierung der LSt).

5   Die **Lohnsteuer** hat der ArbG gem. §§ 38, 41a EStG bei jeder Lohnzahlung für Rechnung des ArbN einzubehalten. Wann ein Arbeitsverhältnis vorliegt, folgt aus § 1 LStDV. Ob der Vertrag, auf Grund dessen der Arbeitslohn gezahlt wird, wegen gesetz- oder sittenwidrigen Handelns nichtig ist, ist gem. § 40 AO unerheblich (BGH v. 1. 8. 1984, wistra 226). Bei Leiharbeitsverhältnissen ist der Verleiher, auch der illegale, auch der ausländische zur Einbehaltung und Abführung der LSt verpflichtet (§ 38 I Nr. 2 EStG). Ein ArbG mit Sitz im Ausland, der Unternehmen in der BRD für bestimmte Projekte Arbeitskräfte zur Verfügung stellt, ist zur Einbehaltung und Abführung der LSt jedenfalls dann verpflichtet, wen er im Inland einen Wohnsitz, seinen gewöhnlichen Aufenthalt, seine Geschäftsleitung, seinen

3. Objektiver Tatbestand 6 § 380

Sitz, eine Betriebstätte oder einen ständigen Vertreter hat (§ 38 I Nr. 1 EStG). Neben dem Arbeitgeber haftet der Entleiher (§ 42d VI EStG), ohne jedoch zum Abzug verpflichtet zu sein (aM HHSp-*Rüping* 17 zu § 380 AO). Einnahmen aus gewerbsmäßiger Unzucht sind keine Einkünfte aus nichtselbständiger Tätigkeit. Der Inhaber einer Bar ist nicht verpflichtet, von den Einnahmen, die sog. Bardamen erzielen, LSt einzubehalten (BGH v. 18. 7. 1980, NJW 2591; v. 20. 5. 1981, StRK AO 1977 § 370 R. 37, mit abl. Anm. *Schöck*). Arbeitslohn sind alle Einnahmen in Geld oder Geldeswert, die durch ein individuelles Dienstverhältnis veranlaßt sind. Ein Veranlassungszusammenhang zwischen einem Dienstverhältnis und Einnahmen wird angenommen, wenn die Einnahmen dem Empfänger nur mit Rücksicht auf das Dienstverhältnis zufließen und sich als Ertrag seiner nichtselbständigen Arbeit darstellen. Das ist der Fall, wenn sich die Einnahmen im weitesten Sinn als Gegenleistung für das Zurverfügungstellen der individuellen Arbeitskraft erweisen (BFH v. 11. 3. 1988, BStBl. 726 u. v. 9. 3. 1990, BStBl. 711). Arbeitslohn kann auch bei üblichen nicht zu langfristigen Vorschüssen gegeben sein (*Schmidt-Drenseck* 18 zu § 39b EStG), außerdem dann, wenn die Mittel nach der wirtschaftlichen Leistungsfähigkeit des Arbeitnehmers nicht zurückgezahlt, sondern nur mit späteren Zahlungen verrechnet werden können. Durch das Dienstverhältnis veranlaßt und damit lohnsteuerbar können auch Zahlungen Dritter sein § 38 I S. 2 EStG). Auch in diesen Fällen ist der Arbeitgeber, nicht der Dritte, zur Einbehaltung und Abführung der Lohnsteuer verpflichtet, regelmäßig jedoch nur dann, wenn er in irgendeiner Form in die Lohnzahlung eingeschaltet ist (BFH v. 13. 3. 1974, BStBl. 411). Kein Arbeitslohn liegt vor, wenn eine Zuwendung wegen anderer Rechtsbeziehungen, zB Darlehnszinsen, erfolgt (BFH v. 31. 10. 1989, BStBl. 532); ebenfalls dann nicht, wenn die den Vorteil bewirkenden Aufwendungen im ganz überwiegend eigenbetrieblichen Interesse des Arbeitgebers getätigt worden sind (BFH v. 25. 5. 1992, BStBl. 655 mwN). Reicht der vom ArbG geschuldete Barlohn zur Deckung der LSt nicht aus, hat der ArbN dem ArbG den Fehlbetrag zur Verfügung zu stellen oder der ArbG einen entsprechenden Teil der anderen Bezüge des ArbN zurückzubehalten (§ 38 IV 1 EStG). Kommt der ArbN seinen Verpflichtungen nicht nach und kann der Fehlbetrag auch nicht durch Zurückbehaltung von anderen Bezügen aufgebracht werden, so kann sich der ArbG durch eine Anzeige beim Betriebstättenfinanzamt (§ 41a I Nr. 1 EStG) von seiner Einbehaltungs- und Abführungspflicht befreien (§ 38 IV 2 EStG).

Ordnungswidrig handelt, wer „nicht" oder „nicht rechtzeitig" einbehält. 6 „**Einbehalten**" kann nur Nichtauszahlen der rechnerisch ermittelten Abzugsbeträge bedeuten; denn eine Trennung vom sonstigen Vermögen wird vom Abzugsverpflichteten nicht verlangt (ebenso *Kohlmann* 32 zu § 380 AO; *Kopacek* FR 1969, 36; aM Leise-*Dietz* 16 zu § 380 AO). Das Tatbestandsmerkmal „Einbehalten" hat jedoch keine praktische Bedeutung (Rdnr. 15). Einzubehalten ist „bei jeder Lohnzahlung" (§ 38 III EStG). Manche ArbG zahlen aus Vereinfachungsgründen für den üblichen Lohnzahlungszeitraum nur Abschläge in ungefährer Höhe und nehmen eine endgültige Lohnabrechnung für einen längeren Zeitraum erst später vor. In diesen Fällen braucht die LSt grundsätzlich erst bei der Lohnabrechnung einbehalten zu werden (§ 39 b V EStG). Eine nachträgliche Einbehaltung gem. § 41 c I Nr. 2 EStG schließt die Tatbestandsverwirklichung nicht aus, sollte aber im Rahmen des Opportunitätsprinzips (Rdnr. 33) berücksichtigt werden (glA Schwarz-*Dumke* 26 zu § 380 AO).

7 **Abzuführen** ist die einbehaltene LSt regelmäßig spätestens am 10. Tag nach Ablauf eines jeden Kalendermonats (§ 41 a EStG). Hat die einbehaltene LSt im vorangegangenen Kalenderjahr weniger als 6000 DM betragen, gelten längere Fristen (vgl. § 41 a II EStG). Die Ausnutzung einer Schonfrist ist als Rechtfertigungsgrund zu werten (glA HHSp-*Rüping* 29, aM *Kohlmann* 39, *Leise-Dietz* 17 zu § 380 AO). „Vollständig" erfüllt ist die Abführungspflicht nur, wenn der ArbG die einbehaltenen Beträge vorschriftsmäßig, dh an das zuständige FA (§ 41 a I EStG), abgeführt hat; erst dann ist auch der ArbN von seiner Steuerschuld befreit (§ 42 d EStG). Bei Abführung an ein unzuständiges FA dürfte es jedoch zweifelhaft sein, ob der ArbG leichtfertig gehandelt hat. Jedenfalls fehlt ein öffentliches Interesse an der Verfolgung der Tat, wenn der ArbG die einbehaltenen Beträge zwar an ein unzuständiges FA jedoch vollständig und pünktlich abgeführt hat (§ 47 I OWiG; ebenso *Kohlmann* 35 zu § 379 AO).

8 Die Abzugsvorschriften des EStG und der LStDV sind zwar auch auf die **KiSt** anzuwenden (vgl zB § 5 NWKiStG). Jedoch gelten die Straf- und Bußgeldvorschriften der AO für die KiSt regelmäßig nicht (zB § 8 II NWKiStG).

9 Auch die **KapSt** (§§ 43 ff. EStG) wird im Abzugswege erhoben. Der Gläubiger der Kapitalerträge ist StSchuldner (§ 44 I EStG). Die Schuldner oder die die Kapitalerträge auszahlenden Stellen haften steuerlich für die KapSt, die sie einzubehalten und abzuführen haben (§ 44 VEStG). Der Steuerabzug unterbleibt, wenn der Gläubiger eine Nichtveranlagungsbescheinigung oder einen Freistellungsauftrag vorlegt (§ 44a II EStG).

10 **Abzuführen** ist die **einbehaltene KapSt** innerhalb eines Monats seit Zufluß der Kapitalerträge an das FA (§ 44 I 5 EStG). § 45 d EStG schreibt für bestimmte Fälle Mitteilungen an das Bundesamt für Finanzen vor. Wer diese Vorschrift vorsätzlich oder leichtfertig verletzt, handelt ordnungswidrig (§ 50 e EStG, Rdnr. 8 zu § 379).

11 Bei **beschränkt Stpfl** wird die ESt im Abzugswege erhoben §§ 50 a EStG, 73 a–73 f EStDV):
– bei beschränkt stpfl. Mitgliedern des Aufsichts-(Verwaltungs-)rats inländischer Kapitalgesellschaften (ARSt);
– bei Einkünften aus der Ausübung oder Verwertung einer Tätigkeit als Künstler, Berufssportler, Schriftsteller, Journalist oder Bildberichterstatter;
– bei Einkünften, die aus Vergütungen für die Verwertung von Urheberrechten, gewerblichen Schutzrechten und gewerblichen, technischen, wissenschaftlichen und ähnlichen Erfahrungen, Kenntnissen und Fertigkeiten herrühren.

3. Objektiver Tatbestand

Der Schuldner der ARSt oder der sonstigen Vergütungen hat die Steuer für Rechnung des Gläubigers (StSchuldners) in dem Zeitpunkt einzubehalten, in dem die Vergütung dem Gläubiger zufließt (§ 50a V EStG, § 73c EStDV; Ausnahme: § 73f EStDV). Die innerhalb eines Kalendervierteljahres einbehaltenen Beträge sind jeweils bis zum 10. des dem Vierteljahr folgenden Monats abzuführen (§ 50a V EStG). Bemessungsgrundlage für den Steuerabzug ist der volle Betrag der Einnahmen. Abzüge, zB für Betriebsausgaben, sind unzulässig (§ 50a III EStG). Bleiben die Vergütungen aufgrund eines DBA ganz oder zum Teil steuerfrei, darf der Steuerabzug nur unterbleiben oder nach einem niedrigeren Steuersatz vorgenommen werden, wenn eine entsprechende Bescheinigung des FA vorliegt (§ 73 EStDV).

Neben den gesetzlich auferlegten Steuerabzugspflichten ist das FA gem. § 50a VII EStG ermächtigt, **im Einzelfall** einen Steuerabzug bei beschränkt Stpfl anzuordnen. Der vom FA angeordnete Steuerabzug hat zwar materiell dieselbe Rechtsnatur wie eine auf dem Gesetz selbst beruhende Anordnung. Er kann auch nur im voraus angeordnet werden (FG Berlin v. 27. 1. 1967, EFG 513; *Herrmann/Heuer/Raupach* 187 zu § 50a EStG). Gleichwohl erfüllt eine Verletzung der im Einzelfall angeordneten Abzugspflicht nicht den Tatbestand des § 380 I AO, weil sich die Pflicht nicht unmittelbar aus dem Gesetz, sondern nur aus einem Verwaltungsakt ergibt (§ 3 OWiG; glA HHSp-*Rüping* 4, *Schwarz-Dumke* 10 zu § 380 AO).

Die **USt** wird im Abzugsverfahren erhoben, soweit ausländische Unternehmer steuerpflichtige Umsätze im Inland ausführen (§§ 51ff. UStDV). In diesen Fällen hat der Leistungsempfänger die Steuer nach dem Entgelt und nach den Steuersätzen des § 12 UStG zu berechnen und an das für ihn zuständige FA abzuführen (§ 53 III UStDV). Ordnungswidrig gem. § 380 AO handelt daher zB derjenige, der die um die USt gekürzte Rechnungssumme an seinen Vertragspartner bezahlt, die ausgewiesene USt aber nicht abführt (*Bilsdorfer* DStZ 1981, 163). Bestehen Zweifel an der Steuerpflicht des ausländischen Unternehmers, darf der Leistungsempfänger Einbehaltung und Abführung nur dann unterlassen, wenn ihm der Leistende durch eine Bescheinigung des nach den abgabenrechtlichen Vorschriften für die Besteuerung seiner Umsätze zuständigen FA nachweist, daß er kein Unternehmer iS des § 51 III 1 UStDV ist (§ 51 III 3 UStDV).

Tatbestandsmäßige Handlungen iS des § 380 I AO sind „Nichteinbehalten" und „Nichtabführen". Folglich handelt zB der ArbG, der kein Lohnkonto führt (§ 41 EStG, § 4 LStDV), oder der Schuldner von Aufsichtsratsvergütungen, der die nach § 73d EStDV vorgeschriebenen Aufzeichnungen unterläßt, nicht ordnungswidrig. Eine Verletzung der Vorschriften über die Führung des Lohnkontos (§ 4 LStDV) kann unter § 379 I Nr. 2 AO fallen. Auch die Weiterbeschäftigung eines ArbN trotz Nichtvorlage einer LSt-Karte oder die Nichtabgabe von LSt-Anmeldungen (§ 41a EStG) fallen nicht unter den Tatbestand des § 380 AO. Die Nichtabgabe von LSt-Anmeldungen kann aber im Zusammenhang mit der Nichteinhaltung und -abführung der LSt als Steuerhinterziehung strafbar sein (Rdnr. 528). Andererseits kommt es für die Anwendbarkeit des § 380 AO nicht darauf an, ob das von der

Entstehung der Steuerschuld unterrichtete FA „untätig" geblieben ist (ebenso BFH v. 11. 8. 1978, BStBl. 683, zur Haftung gem. § 109 RAO).

15 Der Tatbestand des § 380 I AO enthält eine **Doppelverpflichtung** („einbehalten" und „abführen"). Leider hat der Gesetzgeber keine Veranlassung gesehen, der Empfehlung des Schrifttums zu folgen und den Tatbestand durch Streichung des Wortes „einzubehalten" zu vereinfachen (s. Begr. BT-Drucks. VI/1982 S. 197). Nach hM genügt es, wenn der Täter eine der vier Pflichten verletzt. Bereits mit der zuerst verwirklichten Tatbestandsalternative soll die Tat vollendet sein (BGH 2, 183 v. 13. 11. 1952; HHSp-*Rüping* 25, *Erbs-Kohlhaas* 5, *Kohlmann* 44, *Klein/Orlopp* 1 zu § 380 AO, *Pfaff* DStZ 1972, 297 u. StBp 1978, 209). Der Gesetzeswortlaut („und') spricht gegen diese Auslegung. Andererseits zwingt der Sinn der Vorschrift dazu, der hM in bezug auf das Merkmal „abführen" beizupflichten. Läge eine Ordnungswidrigkeit nur vor, wenn Einbehaltung und Abführung vernachlässigt worden sind, so erfüllte zB derjenige ArbG, der die LSt zwar vollständig einbehält und anschließend anmeldet, aber für sich verbraucht, nicht den Tatbestand des § 380 I AO. Das wäre mit dem Schutzzweck des § 380 AO (Rdnr. 2) nicht zu vereinbaren. Andererseits ist eine Steuerordnungswidrigkeit durch bloße Verletzung der Einbehaltungspflicht nicht denkbar (zust. Leise-*Dietz* 16 zu § 380 AO; *Weyand* NSt StStrafrecht, Einzelfragen 8). Bei Vereinbarung sog. *Nettolöhne* kommt ein Einbehalten begrifflich nicht in Betracht. Führt der ArbG die LSt vollständig ab (die übernommene LSt ist zusätzlicher Arbeitslohn, § 40 I EStG), so hat er seine Pflicht erfüllt. Aber auch dann, wenn der ArbG in einem zumindest theoretisch denkbaren Fall den Bruttolohn auszahlt und später die LSt – berechnet aus dem entsprechend erhöhten Arbeitslohn – aus eigener Tasche rechtzeitig abführt, handelt er nicht ordnungswidrig; denn eine Aussonderung einbehaltener Beträge verlangt das Gesetz nicht (Rdnr. 6). Zweck der Vorschrift ist, daß der ArbG die kraft Gesetzes auf den Arbeitslohn entfallende Steuer weder an den ArbN auszahlt noch für sich selbst verbraucht, sondern an das FA abführt. § 380 AO ist im Ergebnis immer dann und nur dann anwendbar, wenn die geschuldete Steuer nicht, nicht pünktlich oder nicht vollständig abgeführt wird. Jede ordnungswidrige Pflichtverletzung ist daher durch unterlassenes Abführen erfaßt (zust. *Kohlmann* 43 zu § 380 AO). Die Folge der hier vertretenen Ansicht ist freilich, daß eine Ordnungswidrigkeit iS des § 380 AO durch die bloße Verletzung der Einbehaltungspflicht nicht vollendet ist; eine Ahndung als Versuch kommt nicht in Betracht (Rdnr. 25).

16 Die „**Versäumnis eines Zahlungstermins** für sich allein" war nach § 413 RAO 1956 nicht strafbar. Die sich hieran anknüpfende Streitfrage, ob jene Vorschrift auch für die Nichterfüllung von Steuerabzugspflichten galt (verneinend BGH 2, 183 v. 11. 3. 1952; 2, 338 v. 3. 4. 1952; aM OLG Frankfurt v. 8. 11. 1967, NJW 1968, 265; vgl. auch *Hruschka* DStR 1966, 696; *Pfaff* DStZ 1972, 297 – jeweils mwN), ist nach geltendem Recht gegenstandslos, weil § 380 I AO keine entsprechende Vorschrift mehr enthält (ebensowenig bereits § 406 I RAO 1968). Der objektive Tatbestand des § 380 I AO ist nicht erfüllt, wenn die Finanzkasse ordnungsgemäß abgeführte Abzugsteuern für andere (eigene) Steuern des Abführungsverpflichteten verrechnet (OLG Düsseldorf v. 31. 8. 1932, GA 1933, 68; OLG Köln v. 11. 2. 1983, wistra 1963; aM OLG Frankfurt v. 2. 6. 1931, JW 1932, 1260 zu § 533 RVO aF), anders jedoch dann, wenn der Abführungsverpflichtete einbehaltene Abzugsteuern von sich aus zur Zahlung anderer Steuern verwendet (BayObLGSt 1977, 50 v. 25. 3. 1977; aM *Skuhr* JR 1966, 414). § 225 AO steht dieser Ansicht nicht entgegen.

4. Täter

Täter is des § 380 AO kann jeder durch die Einzelsteuergesetze unmittelbar Verpflichtete sowie jeder gesetzliche oder gewillkürte (§ 9 II S. 1 OWiG) Vertreter sein. Als Verpflichtete im USt-Abzugsverfahren (Rdnr. 13) kommen nur Unternehmer (§ 2 UStG) oder juristische Personen des öffentlichen Rechts in Betracht (§ 51 III UStDV). Private Abnehmer sind mithin nicht Verpflichtete. Zu den Vertretern gehören vor allem diejenigen Personen, die kraft Gesetzes für die Steuerschulden des Vertretenen haften (§ 69 AO); denn sie treten kraft Gesetzes (§§ 34, 35 AO) in ein unmittelbares Pflichtenverhältnis zur Finanzbehörde und haben die steuerlichen Pflichten der von ihnen Vertretenen zu erfüllen. Unabhängig von einer materiellrechtlichen Haftung sind sie bußgeldrechtlich jedoch nur dann verantwortlich, wenn sie selbst ordnungswidrig gehandelt haben (HHSp-*Rüping* 11 zu § 380 AO). Interne Geschäftsverteilung für die Erfüllung steuerlicher Pflichten kann die Verantwortung zwar begrenzen, aber nicht aufheben (OLG Hamburg v. 16. 9. 1986, NStZ 1987, 79; vgl. auch TK-*Kruse* 12b zu § 69 AO).

Als **gesetzliche Vertreter** kommen insbesondere die Geschäftsführer und Vorstände juristischer Personen in Betracht (§ 34 I AO) sowie Treuhänder (RFH v. 6. 4. 1932, RStBl. 517) und sonstige Vermögensverwalter (§ 34 III AO). Soweit nichtrechtsfähige Personenvereinigungen ohne Geschäftsführer sind, haben die Mitglieder oder Gesellschafter die steuerlichen Pflichten der Vereinigung zu erfüllen (§ 34 II AO). Verfügungsberechtigte Angehörige oder Fremde) haben die Pflichten eines gesetzlichen Vertreters (§ 35 AO). Im Gegensatz zu § 108 RAO begründet § 35 AO kein unmittelbares Pflichtverhältnis für den „Nur"-Bevollmächtigten. Lediglich Bevollmächtigte, die gleichzeitig *verfügungsberechtigt* sind, werden von dieser Vorschrift erfaßt. Die Einschränkung betrifft hauptsächlich Berater, insbes. *Angehörige der rechts- und steuerberatenden Berufe*. In Ausnahmefällen können sie Verantwortliche is des § 9 II Nr. 2 OWiG sein. Verantwortung für die Wahrnehmung der Aufgaben eines anderen kann jedoch nur begründet werden, wenn es dem Beauftragten insoweit auch möglich ist, mit eigener Entscheidungsbefugnis zu handeln (*Göhler* 30 zu § 9 OWiG). Verfügungsberechtigt is des § 35 AO ist jeder, der wirtschaftlich über Mittel, die einem anderen gehören, verfügen kann (Begr. BT-Drucks. VI/1982 S. 111). § 35 AO gilt auch für den vollmachtlosen Vertreter (falsus procuratur), wenn er sich nach außen hin wie ein Bevollmächtigter benimmt (TK-*Kruse* 3 zu § 35 AO). Die tatsächliche Verfügungsmöglichkeit reicht nach dem ausdrücklichen Wortlaut des § 35 AO nicht aus, um die Pflichten eines gesetzlichen Vertreters zu begründen. Rechtliche Verfügungsbefugnis erfordert die Fähigkeit, im Außenverhältnis wirksam zu handeln (Ausschußbericht BT-Drucks. 7/4299 S. 19).

19   Jeder, der sich an einer Zuwiderhandlung nach § 380 AO **beteiligt**, handelt ordnungswidrig, gleichgültig, in welcher Weise er zur Verwirklichung des Tatbestandes beiträgt (§ 14 OWiG; s. auch Rdnr. 20ff. zu § 377 AO).

5. Stundung als Rechtfertigungsgrund

20   Die Abführung von Steuerabzugsbeträgen nach dem gesetzlichen Zahlungstermin ist gerechtfertigt, wenn die Steuer vor diesem Termin gestundet worden ist; ebenso dann, wenn der Stpfl eine allgemeine Schonfrist ausnutzt (glA HHSp-*Rüping* 29 zu § 380 AO; für Ausschluß tatbestandsmäßigen Verhaltens *Kohlmann* 40, *Leise/Dietz* 21 zu § 380 AO). Ob eine Handlung rechtswidrig oder rechtmäßig ist, richtet sich nach dem Zeitpunkt ihrer Begehung (S/S-*Lenckner* 26 vor § 32 StGB). Eine nachträglich ausgesprochene Stundung rechtfertigt daher die verspätete Abführung nicht. Das gilt auch dann, wenn die Stundung mit Wirkung vom Fälligkeitstag, also rückwirkend ausgesprochen wird (ebenso BayObLG v. 30. 1. 1959, DStZ/B 124; HHSp-*Rüping, Kohlmann* 23 zu § 380 AO; aM *Lohmeyer* INF 1992, 511). Es dürfte allerdings pflichtgemäßer Ermessensausübung (§ 47 I OWiG) entsprechen, wenn die Ordnungswidrigkeit in einem solchen Fall nicht verfolgt wird (glA *Schwarz-Dumke* 29 zu § 380 AO).

6. Subjektiver Tatbestand

21   Der subjektive Tatbestand des § 380 I AO erfordert direkten oder bedingten **Vorsatz** (Rdnr. 48ff. zu § 369 AO) oder **Leichtfertigkeit** (Rdnr. 22). Eine Absicht des Täters, sich einen Vermögensvorteil zu verschaffen oder jemanden zu schädigen, ist nicht erforderlich. Er muß nur die rechtswidrige Nichtabführung der Steuer gewollt oder mindestens eine solche Möglichkeit gebilligt haben. Der Vorsatz kann fehlen, wenn der Täter der Meinung ist, daß ihm wegen bestehender Guthaben aus anderen Steuerarten Gegenforderungen gegen die FinB zustehen (OLG Köln v. 2. 3. 1984, wistra 154). Jeder Irrtum über Merkmale der die Blankettnorm des § 380 I AO ausfüllenden Einzelsteuergesetze (Berechnungs-, Einbehaltungs- und Abführungspflicht) ist Tatumstandsirrtum (§ 11 I OWiG; ferner Rdnr. 100ff. zu § 369 AO). Hält der Täter Nichteinbehaltung und -abführung für erlaubt, weil zB glaubt, die entsprechende Steuer werde im LStJA wieder erstattet, liegt Verbotsirrtum (Rdnr. 100ff. zu § 369 AO) vor. Im Lohnsteuerrecht ist ein Verbotsirrtum durch Herbeiführen einer Anrufungsauskunft (§ 42e EStG) zu vermeiden.

22   Der **Begriff „leichtfertig"** bezeichnet einen erhöhten Grad von Fahrlässigkeit (Rdnr. 22ff. zu § 378 AO). Ein ArbG, der sich nicht über seine lohnsteuerlichen Verpflichtungen unterrichtet, verhält sich „besonders gleichgültig" (Rdnr. 39 zu § 378 AO). Der Täter handelt nicht leichtfertig, wenn die Ausführung der steuerlichen Angelegenheiten auf Mitarbeiter übertragen

6. Subjektiver Tatbestand 23, 24 § 380

worden ist und wenn die nach den Umständen des konkreten Falles erforderlichen Überwachungsmaßnahmen nicht geeignet gewesen wären, die Fehlerhaftigkeit der Steuererklärung aufzudecken (BFG v. 27. 11.1990, BStBl. 1991, 2464; ferner Rdnr. 24). Leichtfertigkeit liegt auch dann nicht vor, wenn der Stpfl oder dessen Vertreter unter Berücksichtigung der Umstände des Einzelfalles keine Veranlassung hatten, die von einem Steuerberater erstellten Steuererklärungen auf deren inhaltliche Richtigkeit zu überprüfen (TK-*Kruse* 12a zu § 69 AO mwN). Während § 109 RAO für eine Haftung auch leichte Fahrlässigkeit genügen ließ, begründet § 69 AO eine Vertreterhaftung nur für Vorsatz und grobe Fahrlässigkeit. Dementsprechend dürften keine Bedenken bestehen, die Anforderungen, welche die steuergerichtliche Rechtsprechung an die Haftung nach § 69 AO stellt, auf § 380 AO zu übertragen (aM HHSp-*Rüping* 36 zu § 380 AO). Auch bei der Feststellung eines haftungsbegründenden Verhaltens darf ein Verschulden nicht unterstellt werden (TK-*Kruse* 9ff. zu § 69 AO). Bei zweifelhafter Rechtslage handelt der Täter nicht leichtfertig. Das gilt jedenfalls dann, wenn nicht anzunehmen ist, daß er bei Einholung einer Auskunft von sachverständiger Seite eine die Steuerpflicht zweifelsfrei bejahende Antwort erhalten hätte. Der Stpfl oder sein Vertreter handelt nicht schuldhaft, wenn sie Steuerschulden schlechter behandeln als andere Verbindlichkeiten (BFH v. 5. 3. 1991, BStBl. 678 u. v. 26. 8. 1992, BStBl. 1993, 10 betr. anteilige Tilgung der USt sowie v. 16. 11. 1995, BFH/NV 1996, 285 betr. LSt in den Fällen der §§ 69, 71 AO).

Zahlungsschwierigkeiten des ArbG schließen die Schuld regelmäßig 23 nicht aus, sie können allenfalls bei der Bemessung der Geldbuße berücksichtigt werden (LG Stuttgart v. 2. 4. 1951, FR 311); anders allerdings, wenn der ArbG am Fälligkeitstag wegen Eröffnung des Konkurses nicht mehr über die Masse verfügen darf. Reichen die vorhandenen Mittel zur Zahlung des vollen Lohns einschließlich der darauf entfallenden Steuer nicht aus, müssen der Lohn gem. § 38 IV EStG entsprechend gekürzt und von dem herabgesetzten Betrag die entsprechende Steuer abgezogen und abgeführt werden (BFH v. 20. 4. 1982, BStBl. 521; FG Düsseldorf v. 23. 11. 1983, EFG 1984, 378; BGH 2, 338 v. 3. 4. 1952; glA HHSp-*Rüping* 38, krit. Schwarz-*Dumke* 37 zu § 380 AO). Eine Anzeige gem. § 38 IV 5.2. EStG dürfte Entschuldigungsgrund sein. Der ArbG kann sich auch nicht damit entschuldigen, er habe eine Kürzung der Löhne versäumt, um eine Abwanderung der ArbN zu verhindern; denn die ArbN müssen den Steuerabzug ohne Rücksicht auf eigene wirtschaftliche Schwierigkeiten hinnehmen (BFH v. 19. 2. 1953, BStBl. 161; ferner *Weyer* Inf 1971, 285 betr. Sozialversicherungsbeiträge). Ein Vertreter (Rdnr. 18) dürfte ausnahmsweise entlastet sein, wenn ihm von dem unmittelbar Verpflichteten alle Mittel entzogen worden sind und er deshalb außerstande ist, die einbehaltenen Beträge abzuführen.

Auch wer **Angestellte und sonstige Hilfskräfte** nicht übrwacht, handelt 24 leichtfertig. Selbst dann, wenn der Unternehmer zB seinen Buchhalter aus guten Gründen für zuverlässig halten darf, handelt der Inhaber (Geschäftsführer) grobfahrlässig, wenn er sich nicht im Rahmen des Zumutbaren wenigstens durch gelegentliche Kontrollen Gewißheit darüber verschafft, ob

Gast-de Haan 559

ob die übertragenen Aufgaben ordnungsgemäß erledigt werden (BGH v. 3. 6. 1954, BStBl. I 1955, 359; ebenso BGH – 1 StR 594/74 – v. 7. 1. 1975 u. BFH v. 20. 4. 1982, BStBl. 521 u.v. 27. 11. 1990, BStBl. 1991, 284). Der ausländische Geschäftsführer einer inländischen GmbH muß seine Angestellten bei eigener Unkenntnis von Fachleuten überwachen lassen (FG RhldPf v. 21. 11. 1985, EFG 1986, 322; BFH v. 27. 11. 1990, BStBl. 284).

7. Versuch

25 Eine versuchte Ordnungswidrigkeit nach § 380 AO kann nicht geahndet werden (§ 13 II OWiG; § 377 II AO).

8. Geldbuße

26 Die Ordnungswidrigkeit kann mit einer Geldbuße vn mindestens 5 DM bis zu höchstens 10 000 DM bei vorsätzlichem und bis zu 5000 DM bei leichtfertigem Verhalten geahndet werden (§ 380 II AO; § 17 OWiG). Bei Zumessung der Geldbuße sind der sachliche Umfang der Tat, das vorwerfbare Verhalten des Täters sowie – in beschränktem Maße – auch die wirtschaftlichen Verhältnisse des Täters zu berücksichtigen (§ 377 II AO; § 17 III OWiG; Rdnr. 28 ff. zu § 377 AO). Die Geldbuße soll ein Entgelt, das der Täter für die Ordnungswidrigkeit empfangen und einen Gewinn, den er aus ihr gezogen hat, übersteigen. Reicht das gesetzliche Höchstmaß hierzu nicht aus, so kann es überschritten werden (§ 377 II AO; § 17 IV OWiG). „Gewinn" iS dieser Vorschrift ist aber nicht etwa die nicht abgeführte Steuer, weil der Abführungsverpflichtete dafür haftet (zB § 42 d EStG) sie also in jedem Fall nachzahlen muß (Rdnr. 30 zu § 377 AO). In Betracht kommen zB Zinsgewinne (HHSp-*Rüping* 43 zu § 380 AO), denn für leichtfertig verkürzte Steuern sind keine Hinterziehungszinsen (§ 235 AO) vorgeschrieben. Ein Vorteil, den der Täter der von ihm vertretenen juristischen Person verschafft hat, darf nicht zu seinem Nachteil berücksichtigt werden (OLG Celle v. 9. 5. 1975, BB 1976, 633).

9. Selbstanzeige

27 Strafbefreiung durch Selbstanzeige (§ 371 AO) kann der Täter einer Ordnungswidrigkeit nach § 380 AO nicht erlangen. Nach § 380 I AO wird allein die nichtordnungsgemäße Abführung der Steuer geahndet, ohne daß das FA über steuererhebliche Tatsachen in Unkenntnis gehalten wird. Demgemäß ist für eine „Berichtigung oder Ergänzung unterlassener Angaben" kein Raum. § 380 AO verweist daher auch – im Gegensatz zu § 378 III AO – nicht auf § 371 AO. Auf den Bußgeldtatbestand der Gefährdung der Abzugsteuern nach § 380 AO kann auch dann zurückgegriffen werden, wenn eine Steuerhinterziehung oder eine leichtfertige Steuerverkürzung infolge wirksamer Selbstanzeige nicht mehr geahndet werden kann (BayObLG v. 3. 3. 1980, NJW 1981, 1055; ferner Rdnr. 51 zu § 379 u. 212 zu § 371). Je nach den Besonderheiten des Einzelfalles sollte von einer Ahndung nach § 47 OWiG abgesehen werden (Rdnr. 33).

10. Konkurrenzfragen

Ein Verhalten, das objektiv und subjektiv den Tatbestand des § 380 AO 28 erfüllt, ist **Steuerhinterziehung** (§ 370 AO) und wird nur als solche betraft (§ 21 OWiG), wenn der Täter die FinB gleichzeitig über Entstehung und Höhe des Steueranspruchs in Unkenntnis gehalten hat, zB durch Unterlassen der vorgeschriebenen LSt-Anmeldung. Der Tatbestand des § 380 AO tritt auch zurück, wenn die Handlung als leichtfertige Steuerverkürzung iS des § 378 AO geahndet werden kann (§ 380 II AO). Die Anwendung des § 380 I AO auf eine tatbestandsmäßige Ordnungswidrigkeit iS dieser Vorschrift wird jedoch nicht dadurch ausgeschlossen, daß (nur) objektiv eine Steuerverkürzung vorliegt (ebenso *Suhr* StBp 1973, 224). Aus der Wortfassung „geahndet werden kann" folgt, daß eine Ahndung aus § 380 AO erst dann zulässig ist, wenn die Festsetzung einer Geldbuße aus § 378 AO oder einer Strafe gem. § 370 AO aus Rechtsgründen nicht möglich ist (glA *Bringewat* NJW 1981, 1025). Kann eine Steuerhinterziehung oder -verkürzung objekiv und subjektiv nachgewiesen werden, wird jedoch das Verfahren aus Opportunitätsgründen (§§ 153, 153a StPO) eingestellt oder von der Verhängung einer Geldbuße abgesehen, so lebt die Ahndbarkeit aus § 380 AO wieder auf (HHSp-*Rüping* 448; Kohlmann 59ff., *Leise-Dietz* 26 zu § 380 AO; aM *Bringewat* NJW 1981, 1025 u. Vorauflage).

Bei Unterlassung der Abführung der angemeldeten LSt ist die Ordnungs- 29 widrigkeit mit Ablauf des Fälligkeitstages abgeschlossen (OLG Frankfurt v. 22. 2. 1955, DStZ/B 176). Durch anschließende Handlungen – zB erschlichener Billigkeitserlaß, Täuschung des Vollziehungsbeamten – kann **tatmehrheitlich** eine Steuerhinterziehung iS des § 370 AO begangen werden.

Ein ordnungswidriges Handeln iS des § 380 I AO bildet für sich allein 30 keine strafbare **Untreue** iS des § 266 StGB (BGH v. 3. 4. 1952, MDR 502, m. zust. Anm. *Hartung;* HHSp-*Rüping* 50, *Kohlmann* 66 zu § 380 AO).

In **LSt-Sachen** treffen Verstöße gegen § 380 AO regelmäßig mit **sozial-** 31 **versicherungsrechtlichen Vergehen** oder Ordnungswidrigkeiten zusammen (§§ 529, 1428 RVO; § 150 AVG und/oder § 225 AFG sowie § 532 I Nr. 2, § 1429 RVO; § 152 AVG; § 230 I Nr. 9 AFG). Sowohl die Verletzung lohnsteuerrechtlicher Obliegenheiten als auch der Verstoß gegen sozialversicherungsrechtliche Abführung- und/oder Meldepflichten wurzeln in der Arbeitgeberposition und dienen den Interessen der Allgemeinheit. Verstöße gegen § 380 AO und gegen sozialversicherungsrechtliche Pflichten sind daher regelmäßig als Handlungseinheit im natürlichen Sinne (vgl. S/S-*Stree* 11 vor §§ 52ff. StGB; *Göhler* 1ff. vor § 19 OWiG) anzusehen (§§ 19, 21 OWiG). Realkonkurrenz ist möglich mit sozialversicherungsrechtlichen Vergehen oder Ordnungswidrigkeiten (betr. Einzelheiten zu den Tatbeständen der RVO und des AFG vgl. *Schäfer* wistra 1982, 96) bzw. mit § 266a StGB (Vorenthalten und Veruntreuen von Arbeitsentgelt).

11. Verjährung

32 Die Verfolgung einer Steuerordnungswidrigkeit iS des § 380 AO verjährt gem. § 384 AO in fünf Jahren.

12. Verfolgung

33 Die Verfolgung von Ordnungswidrigkeiten liegt im pflichtgemäßen **Ermessen** der Verfolgungsbehörde (§ 47 I OWiG). Das Opportunitätsprinzip bezieht sich sowohl auf die Einleitung des Bußgeldverfahrens wie auf den Umfang der Verfolgung. Die Behörde hat aufgrund der Umstände des Einzelfalls zu entscheiden, ob das öffentliche Interesse eine Verfolgung gebietet. Eine abstrakte Abgrenzung des Ermessensrahmens hat der Gesetzgeber bewußt vermieden (s. für § 406 RAO BT-Drucks. V/1269 S. 80). Beispielsweise dürfte die Verfolgung nicht geboten sein, wenn das FA die Steuer nachträglich gestundet oder wenn der Täter das Versäumte binnen angmessener Frist unaufgefordert nachgeholt hat. Gleiches gilt, wenn die Steuer zwar vollständig, aber an ein unzuständiges FA abgeführt worden ist. Von der Verfolgung einer Ordnungswidrigkeit iS des § 380 AO kann nach ASB 97 (Anh.) abgesehen werden, wenn der verkürzte oder der gefährdete Abzugsbetrag insgesamt weniger als 3000 DM beträgt, sofern nicht ein besonders vorwerfbares Verhalten für die Durchführung eines Bußgeldverfahrens spricht. Gleiches gilt, wenn in den Fällen des § 380 AO der insgesamt gefährdete Abzugsbetrag unter 5000 DM liegt und der gefährdete Zeitraum 3 Monate nicht übersteigt.

13. Sonstiges

34 Gewerbetreibende, die sich um die **Erteilung öffentlicher Aufträge** bemühen, müssen bei der zuständigen Vergabestelle innerhalb der Frist des ausgeschriebenen Angebotes eine steuerliche Unbedenklichkeitsbescheinigung vorlegen. Das für den Bewerber zuständige Wohnsitz-(Betriebs-)Finanzamt stellt diese Bescheinigung aus und bestätigt darin, daß gegen die Erteilung eines öffentlichen Auftrages keine steuerlichen Bedenken bestehen. Auf die Erteilung einer solchen Unbedenklichkeitsbescheinigung besteht kein Rechtsanspruch, wenn und solange der Gewerbetreibende sich ordnungswidrig iS des § 380 AO verhält (FG Hamburg v. 12. 4. 1972, EFG 395, zust. Stegmaier FE 1972, 467); anders in den Fällen des § 22 II 1 GrEStG.

§ 381 Verbrauchsteuergefährdung

(1) Ordnungswidrig handelt, wer vorsätzlich oder leichtfertig Vorschriften der Verbrauchsteuergesetze oder der dazu erlassenen Rechtsverordnungen

1. über die zur Vorbereitung, Sicherung oder Nachprüfung der Besteuerung auferlegten Pflichten,
2. über Verpackung und Kennzeichnung verbrauchsteuerpflichtiger Erzeugnisse oder Waren, die solche Erzeugnisse enthalten, oder über Verkehrs- oder Verwendungsbeschränkungen für solche Erzeugnisse oder Waren oder
3. über den Verbrauch unversteuerter Waren in den Freihäfen

zuwiderhandelt, soweit die Verbrauchsteuergesetze oder die dazu erlassenen Rechtsverordnungen für einen bestimmten Tatbestand auf diese Bußgeldvorschrift verweisen.

(2) Die Ordnungswidrigkeit kann mit einer Geldbuße bis zu zehntausend Deutsche Mark geahndet werden, wenn die Handlung nicht nach § 378 geahndet werden kann.

Schrifttum: *Pfaff*, Die Verbrauchsteuergefährdung (§ 381 AO) StBp 1979, 18; *Benkendorf*, Der Tatbestands- und Verbotsirrtum bei Zoll- und Verbrauchsteuerstraftaten sowie Ordnungswidrigkeiten, ddz 1980 F 25; *Gast-de Haan*, Zuwiderhandlungen gegen verbrauchsteuerliche Aufzeichnungsvorschriften als Steuerordnungswidrigkeit, DB 1977, 1290; *dies.*, Nichtabgabe von Mineralölsteuererklärungen „nur" Ordnungswidrigkeit?, DB 1988, 2536; *Peters*, Das Verbrauchsteuerrecht, 1989; *Förster*, Die Verbrauchsteuern, Diss. Münster 1989; *Voß*, Strukturelemente der Verbrauchsteuern, DStJG Bd. 11, 261; *ders.*, Verbrauchsteuern, in *Dauses*, Hdb. des EG-Wirtschaftsrechts, J Rdnr. 241–277; *ders.*, Unordentlichkeiten des Rechts der Ordnungswidrigkeiten im Bereich des Zoll- und Verbrauchsteuerrechts, BB 1996, 1695.

Übersicht

1. Entstehungsgeschichte 1	d) Rückverweisungskatalog 15
2. Zweck und Anwendungsbereich .. 2–5	5. Täter 16
3. Vorbehalt der Rückweisung ... 6–8	6. Subjektiver Tatbestand.......... 17
4. Objektive Tatbestände 9–15	7. Geldbuße 18, 19
a) Pflichten iS des § 381 I Nr. 1 AO 9, 10	8. Selbstanzeige 20
b) Pflichten und Beschränkungen iS des § 381 I Nr. 2 AO 11–13	9. Konkurrenzfragen 21–23
	10. Verjährung................... 24
c) Verbrauch unversteuerter Waren in Freihäfen 14	11. Anwendung des § 32 ZollVG 25

1. Entstehungsgeschichte

Eine dem § 381 AO entsprechende Vorschrift wurde durch Art. 1 Nr. 19 des 2. AOStrafÄndG v. 12. 8. 1968 (BGBl. I 953) als § 407 in die RAO eingefügt. § 407 RAO 1968 entsprach dem früheren Straftatbestand des § 413 I Nr. 1b RAO idF des Art. I Nr. 6 G v. 11. 5. 1956 (BGBl. I 418) mit der Einschränkung, daß der Täter mindestens leichtfertig gehandelt haben mußte; Begr. BT-Drucks. V/1812 S. 28. Die ursprünglich als § 407 I RAO idF des RegE geregelte Zuwiderhandlung gegen eine Pflicht zur Aufzeichnung von Betriebsvorgängen wurde durch den BTag in den Tatbestand des

§ 405 I RAO eingearbeitet (Rdnr. 2 zu § 379 AO). § 407 RAO 1968 wurde als § 365 unverändert in den EAO übernommen (BT-Drucks. 7/79). In der endgültigen Fassung des § 381 I Nr. 1 AO wurden auf Antrag des Finanzausschusses die Worte „Erklärungs- oder Anzeigepflichten" durch das Wort „Pflichten" ersetzt. Diese Formulierung soll „der genaueren Herausarbeitung des mit der Vorschrift beabsichtigen Zwecks" dienen; die Ersetzung des Wortes „Tat" durch den Begriff „Handlung" in Absatz 4 bezweckt die Angleichung an die Sprachregelung des OWiG (BT-Drucks. 7/4292 S. 45).

2. Zweck und Anwendungsbereich

2   Im Interesse der Sicherung des Verbrauchsteueraufkommens bietet § 381 AO die Möglichkeit, Pflichtverletzungen zu ahnden, die noch keine Steuerverkürzung zur Folge hatten oder bei denen ein auf Steuerverkürzung gerichteter Schuldvorwurf nicht besteht oder nicht bewiesen werden kann. Das gilt allerdings erstaunlicherweise nicht für die **MinöSt**. Gem. § 29 I Nr. 2 MinöStG handelt ordnungswidrig, wer vorsätzlich oder leichtfertig entgegen § 10 S. 1 MinöStG eine Steuererklärung nicht richtig, nicht vollständig oder nicht rechtzeitig abgibt. Damit hat der Gesetzgeber – aus welchen Gründen auch immer – bestimmt, daß diese Steueranmeldung (§ 10 MinöStG) nicht die Voraussetzungen des § 370 IV 1 AO erfüllt. Die Verletzung von MinöSt-Erklärungspflichten kann mithin nur nach § 381 I Nr. 1 AO geahndet werden.

3   **Der Anwendungsbereich des § 381 AO ist auf Verbrauchsteuern beschränkt.** Die EUSt ist zwar auch eine Verbrauchsteuer iS der AO (§ 21 I UStG;), fällt jedoch als Eingangsabgabe unter § 382 AO (Rdnr. 2 zu § 382 AO). Dasselbe gilt für andere VerbrauchSt, die als Eingangsabgaben erhoben werden (§ 382 II AO). Abgesehen von den örtlichen Verbrauchs- und Aufwandsteuern (Art. 105 II a GG) sind **Verbrauchsteuern** Steuern, die die wirtschaftliche Leistungsfähigkeit erfassen, welche sich in der Verwendung von Einkommen zum Zwecke des Verbrauchs von bestimmten Waren manifestiert (Dauses/Voß, Hdb. des EG-Wirtschaftsrechts J Rdnr. 241). Formal knüpfen sie an die Einfuhr in das jeweilige Erhebungsgebiet aus einem Drittland oder an den Übergang aus dem Herstellungsbetrieb bzw. aus der Steueraussetzung in den verbrauchsteuerrechtlich freien Verkehr an. Steuern, die auf Waren aus anderen Mitgliedstaaten erhoben werden, sind keine Eingangsabgaben und unterfallen damit den Anwendungsbereich des § 381 AO (Rdnr. 31 zu 382 AO). § 381 ist eine **Blankettvorschrift**, die durch Ge- oder Verbote der Verbrauchsteuergesetze oder der dazu ergangenen RechtsVen ausgefüllt wird. §§ 139, 214 AO sind keine blankettausfüllenden Tatbestände, da sich die Pflichten gem. § 381 AO aus Verbrauchsteuergesetzen oder dazu erlassenen RechtsVen ergeben müssen. RechtsVen iS des § 381 AO sind nur gesetzesvertretende Vorschriften (Art. 80, 129 GG); Verwaltungsvorschriften, Richtlinien usw., die nur die Verwaltung binden, kommen nicht in Betracht. Ordnungswidrig kann nur eine Zuwiderhandlung gegen eine unmittelbar aus Gesetz beruhende Pflicht sein; Verwaltungsakte genügen nicht.

Für **Monopolordnungswidrigkeiten** nach dem BranntwMonG trifft 4
§ 126 BranntwMonG eine bußgeldrechtliche Sonderregelung, die den Anwendungsbereich des § 381 AO nicht berührt. Für das Bußgeldverfahren gelten die §§ 409–412 AO entsprechend (§ 128 II BranntwMonG).

Zu den **örtlichen Verbrauch- und Aufwandsteuern** zählen Getränke-, 5
Schankerlaubnis-, Vergnügungs-, Hunde- und Jagdsteuer. Die straf- und bußgeldrechtlichen Länderreglungen sind sehr unterschiedlich. Zum Teil ist die entsprechende Anwendung der gesamten AO vorgeschrieben; einige Landesgesetze enthalten eigenständige Bußgeldtatbestände, die mit § 379 I Nr. 1 u. 2, § 381 I Nr. 1 u. 2 AO vergleichbar sind. In Rheinland-Pfalz sind gem. § 3 I Nr. 7, II Nr. 1 KAG auf kommunale Abgaben die §§ 369–412 AO anwendbar, jedoch mit Ausnahme der Bestimmungen über Verbrauchsteuern.

3. Vorbehalt der Rückverweisung

Die Anwendung des § 381 AO ist davon abhängig, daß Verbrauchsteuer- 6
gesetze oder dazu ergangene RechtsVen *„für einen bestimmten Tatbestand"* auf § 381 AO verweisen. Die Verweisung muß sich im Rahmen des Blanketts halten. Eine Verweisung auf § 381 I Nr. 1 AO wegen Verletzung einer Pflicht, die nicht der Vorbereitung, Sicherung oder Nachprüfung der Besteuerung dient, wäre unwirksam (s. aber Rdnr. 11). Ein gleichlautender Rückverweisungsvorbehalt war bereits in § 407 I RAO 1968 enthalten. Er wurde seinerzeit – entsprechend ständiger Übung in vergleichbaren Fällen eines Bußgeldblanketts – *„aus Gründen größerer Rechtssicherheit und Rechtsklarheit"* in das Gesetz eingefügt (BT-Drucks. V/1812 S. 28). Ein Rückverweisungsvorbehalt soll ermöglichen, daß Zuwiderhandlungen gegen unbestimmte, nicht sanktionsbedürftige oder bereits anderweitig abgesicherte Ge- oder Verbote von dem Bußgeldblankett ausgenommen werden (*Göhler* 4 B vor § 1 OWiG). Inzwischen sind in allen Verbrauchsteuergesetzen und -verordnungen entsprechende Verweisungen enthalten (Rdnr. 15). Mit Rücksicht auf den Bestimmtheitsgrundsatz (Art. 103 II GG, § 3 OWiG) muß die Möglichkeit der Ahndung schon auf Grund des *Gesetzes* (Bußgeldvorschrift iVm der Ermächtigungsnorm zur Setzung von Geboten und Verboten) und nicht erst auf Grund einer VO voraussehbar sein (*Göhler* aaO).

§ 381 AO verlangt eine **Verweisung** in einem **Verbrauchsteuergesetz** 7
oder einer **dazu erlassenen Rechtsverordnung.** Die Verweisung in einem Gesetz wirft keine Probleme auf. Problematisch sind hingegen die Verweisungen in Rechtsverordnungen. Soweit die zu den einzelnen Verbrauchsteuergesetzen ergangenen Rechtsverordnungen Regelungen über Ordnungswidrigkeiten enthalten, beruht die gesetzgeberische Konzeption offenbar auf der Überlegung, daß Rechtsgrundlage für die Ahndung eines Verhaltens als Ordnungswidrigkeit die Vorschrift des § 381 AO ist und daß es für die blankettausfüllende Norm in einer Rechtsverordnung keiner weiteren Ermächtigungsgrundlage bedarf. Dabei wird aber übersehen, daß erst die blankettausfüllende Norm einem Verhalten den Stempel der Ordnungswidrig-

keit aufdrückt. Für Verweisungen in Rechtsverordnungen müssen die in Betracht kommenden Verbrauchsteuergesetze deshalb eine **Ermächtigungsgrundlage** für die Verweisung auf § 381 AO enthalten. § 381 AO selbst ist keine Ermächtigungsgrundlage für den Erlaß von Rechtsverordnungen über Verweisungen, die den Anforderungen des Art. 80 I GG entspricht. § 381 AO ist vom Gesetzgeber auch nicht als Ermächtigungsgrundlage für den Erlaß von Rechtsverordnungen konzipiert. Der Vorschrift fehlt diese Eigenschaft schon deswegen, weil kein in Art. 80 I GG genanntes Organ für den Erlaß von Rechtsverordnungen benannt ist. Die somit allein in Betracht kommenden Verbrauchsteuergesetze enthalten aber ebenfalls keine Ermächtigungsgrundlage für den Erlaß von Rechtsverordnungen über die Verweisung auf § 381 AO (vgl. § 31 TabStG, § 19 KaffeeStG und die den übrigen Verbrauchsteuergesetzen verstreuten Ermächtigungen). Die der Durchführung der Verbrauchsteuergesetze dienenden Rechtsverordnungen benennen in den zitierten Ermächtigungen keine Bestimmungen, die zu Regelungen über Ordnungswidrigkeiten ermächtigen. Sie sind im übrigen unterschiedlich aufgebaut. Teilweise sind die Vorschriften über Ordnungswidrigkeiten mit der Überschrift „*Zu § 381 Abs. 1 der Abgabenordnung*" versehen (§ 33 TabStV, § 60 MinöStV, § 28 KaffeeStV). Wie ausgeführt enthält § 381 I AO keine Ermächtigung für den Erlaß einer Rechtsverordnung. Teilweise findet sich in der Überschrift ein Hinweis auf einen Teil des Gesetzes (§ 43 SchaumwZwStV: „*Zu Teil 4 des Gesetzes*"). Eine Ermächtigungsgrundlage, Handlungen als Ordnungswidrigkeiten zu qualifizieren, findet sich aber nicht in Teil 4 des SchaumwZwStG. Die in § 51 BranntwStV geregelte Ordnungswidrigkeiten stehen unter der Überschrift „*Zu § 151 des Gesetzes*" § 151 BranntwMonG enthält keine Ermächtigungsgrundlage für den Erlaß von § 51 BranntwStV. Die BierStV enthält keine Bestimmungen über Ordnungswidrigkeiten. Soweit die Verbrauchsteuergesetze zum Erlaß von Verfahrensvorschriften ermächtigen (vgl. u. a. § 31 Nr. 5 TabStG über die Verwendung von Steuerzeichen, § 5 III SchaumwZwStG über das Erlaubnisscheinverfahren, § 19 Nr. 1 KaffeeStG über die Steueranmeldung) schließt dies nicht die Befugnis ein, den Verstoß gegen die durch eine Rechtsverordnung näher geregelten Vorschriften über die Steueranmeldung, die Verwendung von Steuerzeichen oder Erlaubnisscheinen als Ordnungswidrigkeit zu ahnden. Nach Art. 80 I S. 2 GG müssen Inhalt, Zweck und Ausmaß der Ermächtigung im Gesetz enthalten sein. Ermächtigungen müssen umso bestimmter sein, je einschneidender eine Regelung in die Rechte des Betroffenen eingreift (BVerfGE 56, 259, 277 f.; BVerfGE 76, 130, 143). Der auch für Ordnungswidrigkeiten eingreifende Bestimmtheitsgrundsatz des Art. 103 II GG (vgl. § 3 OWiG) verpflichtet den Gesetzgeber, die Voraussetzungen der Bebußbarkeit so konkret zu umschreiben, daß Tragweite und Anwendungsbereich der Ordnungswidrigkeitentatbestände zu erkennen sind und sich durch Auslegung ermitteln lassen (BVerfGE 71, 108, 114). Diese für die Bestimmtheit des Tatbestandes der Ordnungswidrigkeit geltende Regel gilt entsprechend für die Ermächtigung, Ordnungswidrigkeiten durch Rechtsverordnungen zu regeln. Der Gesetzgeber muß die Grenzen der Befugnis der

4. Objektive Tatbestände 8, 9 § 381

Verwaltung und diese nach Tendenz und Programm so genau umrissen haben, daß schon aus der Ermächtigung und nicht erst aus der auf sie gestützten Verordnung voraussehbar ist, was vom Bürger gefordert ist. Die Reichweite der Ermächtigung ist ggf. durch Auslegung der Ermächtigungsnorm zu ermitteln (BVerfGE 80, 1 20 f.). Eine Auslegung der einschlägigen Vorschriften in dem Sinne, daß die Befugnis zum Erlaß verfahrensrechtlicher Vorschriften auch die Befugnis umfaßt, einen Verstoß gegen die Vorschriften unter die Sanktion der Ordnungswidrigkeit zu stellen, ist mE nicht möglich. Die Sanktionierung eines Verhaltens als Ordnungswidrigkeit bedeutet einen zusätzlichen Eingriff in Freiheitsrechte, die einer gesetzlichen Grundlage bedarf. Der Mangel einer Ermächtigungsgrundlage führt grundsätzlich zur Nichtigkeit der Rechtsverordnung. Die Voraussetzungen, unter denen das BVerfG die übergangsweise Fortgeltung einer untergesetzlichen Norm ohne ausreichende Ermächtigungsgrundlage anerkannt hat (vgl. BVerfG 79, 245, 250 f. mwN), sind nicht erfüllt. Es ist nicht ersichtlich, daß aufgrund des Wegfalls des in den Verbrauchsteuerverordnungen geregelten Ordnungswidrigkeitenrechts Rechtsunsicherheit oder Funktionsunfähigkeit der Zollverwaltung zu befürchten ist, und daß ohne die Ahndbarkeit der in Betracht kommenden Verstöße der dadurch eintretende Zustand der verfassungsmäßigen Ordnung noch ferner stünde, als wenn die Verstöße als Ordnungswidrigkeit geahndet werden können. Davon abgesehen kommt die zitierte Rechtsprechung des BVerfG für Normen des Ordnungswidrigkeitenrechts ohnehin nicht in Betracht. Da somit auch eine übergangsweise Fortgeltung der Verordnungen nicht in Betracht kommt, sind die in den **Rechtsverordnungen** zu den Verbrauchsteuergesetzen enthaltenen **Verweisungen auf § 381 AO (Rdnr. 15) nichtig** (vgl. *Voß* BB 1996, 1695).

Eine Zuwiderhandlung gegen Verbrauchsteuergesetze kann nur bei Vorliegen einer Verweisung geahndet werden, ohne Rücksicht darauf, wann die verletzte Pflicht normiert wurde. Wegen der weiten Fassung des § 381 I Nr. 1 AO dürften Ergänzungen der Verweisungskataloge zulässig sein. Soweit alte Verbrauchsteuergesetze noch auf § 407 RAO verweisen, tritt an deren Stelle § 381 AO (Art. 98 EGAO). Über die Bedeutung des Rückverweisungsvorbehalts für Zuwiderhandlungen gegen verbrauchsteuerliche Aufzeichnungsvorschriften s. Rdnr. 10. 8

4. Objektive Tatbestände

a) Pflichten iS des § 381 I Nr. 1 AO

§ 381 I Nr. 1 AO erfaßt Pflichten jeder Art, die der Vorbereitung, Sicherung oder Nachprüfung der Besteuerung dienen. Diese Pflichten können weder allgemein definiert noch einzeln aufgeführt werden. Sie ergeben sich aus den Rückverweisungen der Verbrauchsteuergesetze und – Verordnungen. Namentlich gehören dazu **Buchführungs- und Aufzeichnungspflichten,** die zur Sicherung und Nachprüfung der Besteuerung unverzichtbar sind. Unter § 381 I Nr. 1 fallen nicht Obliegenheiten, von denen Steuervergünstigungen abhängen, wie zB Anträge auf Erlaubnis iS des § 5 II 9

BierStG iVm § 4 BierStV oder Aufzeichnungspflichten nach § 6 II Nr. 1 Stärke-/Zucker-ProduktionserstattungsV v. 19. 12. 1989 (BGBl. I 1664). Die in den Verbrauchsteuergesetzen normierten Pflichten hatten vielfach keinen steuerrechtlichen, sondern lebensmittel- oder wettbewerbsrechtlichen Gehalt (zB § 9 BierStG aF, jetzt § 9 Vorläufiges Biergesetz idF der Bekanntmachung vom 29. 7. 1993 (BGBl. I 1399). Eine Vorschrift, die auf das Bußgeldblankett des § 381 I Nr. 1 AO verweist, die sich aber inhaltlich auf außersteuerliche Obliegenheiten bezieht, ist durch § 381 I Nr. 1 AO nicht gedeckt. Einer Aufzählung der Pflichten bedarf es mit Rücksicht auf die umfassenden Verweisungskataloge (Rdnr. 16) nicht.

10 Zuwiderhandlungen gegen **Buchführungs- und Aufzeichnungspflichten** können nur nach der Spezialvorschrift des § 381 I Nr. 1 AO in Verbindung mit einer entsprechenden Norm der Verbrauchsteuervorschriften geahndet werden (*Kohlmann* 11 zu § 381 AO; *Klein/Orlopp* 3 zu § 381 AO). Die Vorschrift des § 379 I Nr. 2 AO wird durch § 381 I Nr. 1 AO verdrängt. Es bedarf auch insoweit einer Rückverweisung (Rdnr. 8; *Gast-de Haan* DB 1977, 1290).

b) Pflichten und Beschränkungen iS des § 381 I Nr. 2 AO

11 Der Wortlaut des § 381 I Nr. 2 AO im Verhältnis zu Nr. 1 legt den Schluß nahe, daß es bei Nr. 2 nicht darauf ankommt, ob die dort erwähnten Pflichten und Beschränkungen im Interesse der Besteuerung normiert worden sind. Dem steht aber entgegen, daß § 381 die **Sicherung des Verbrauchssteueraufkommens** bezweckt (Rdnr. 2; HHSp-*Rüping* 23 zu § 381 AO; *Kohlmann* 2 zu § 381 AO), so daß eine Verweisung auf § 381 nur für solche Verpackungs- und Kennzeichnungspflichten sowie Verkehrs- und Verwendungsbeschränkungen in Betracht kommt, die steuerlichen Zwecken dienen (*Kohlmann* 14 zu § 381 AO; HHSp-*Rüping* 13 zu § 381 AO Fn 12). Für entsprechende Pflichten und Beschränkungen, die nichtsteuerlichen Zwecken dienen, kommt eine Rückverweisung auf § 381 nicht in Betracht.

12 Der **objektive Tatbestand des § 381 I Nr. 2 AO** bezieht sich nur auf die Verletzung von Verpackungs- und Kennzeichnungsvorschriften sowie auf Verkehrs- und Verwendungsbeschränkungen für verbrauchsteuerpflichtige Erzeugnisse und Waren, die solche Erzeugnisse enthalten; jedoch nicht auf Rohstoffe, die selbst nicht verbrauchsteuerpflichtig sind.

13 Obwohl das Gesetz die **Verpackung und Kennzeichnung** kumulativ benennt, kann es sich auch um Pflichten handeln, die entweder die Verpackung oder die Kennzeichnung betreffen (*Kohlmann* 17 zu § 381 AO). Der Begriff **Verpackung** bezieht sich auf die Umhüllung der Ware. Eine Verpackungsvorschrift enthält zB § 14 TabStG. Der Begriff **Kennzeichnung** meint die Deklaration der Waren oder die Kennzeichnung von Papieren (zB § 3 III TabStG, § 23 XII S. 1 MinöStV, § 29 IV S. 1 SchaumwZwStV). **Verkehrsbeschränkungen** sind Einschränkungen in der Überlassung der Ware an Dritte außerhalb des eigenen Haushalts oder Betriebes. **Verwendungsbeschränkungen** meint Beschränkungen bereits in den Verkehr gebrachter Waren.

4. Objektive Tatbestände   14, 15 § 381

c) **Verbrauch unversteuerter Waren in Freihäfen (§ 381 I Nr. 3 AO)**

Die Vorschrift des § 381 I Nr. 3 AO ist überholt. Die Verbrauchsteuerge- 14
setze enthalten keine Rückverweisung mehr auf § 381 I Nr. 3 AO. Auch der
Begriff **Freihafen** ist an sich überholt, wird aber gleichwohl noch verwandt.
In Art. 173 ZK ist noch vom Alten Freihafen Hamburg die Rede. Die in
Deutschland errichteten Freihäfen sind rechtlich nunmehr **Freizonen**
(Art. 166 ZK, § 20 ZollVG). Freizonen können durch Bundesgesetz (§ 20 I
ZollVG) im deutschen Teil des Gemeinschaftszollgebiets überall errichtet
werden. Im Gegensatz zur früheren Rechtslage gehören die Freizonen für die
durch europäisches Gemeinschaftsrecht weitgehend harmonisierten Verbrauchst (für Mineralöle, Alkohol, alkoholische Getränke und Tabakwaren)
zu deren Erhebungsgebiet (§ 1 TabStG, § 1 BierStG, § 2 BranntwMonG, § 1
SchaumwZwStG, § 1 I MinöStG, § 2 KaffeeStG). Für Freizonen gelten in
Deutschland mithin keine Besonderheiten gegenüber den übrigen Teilen des
Erhebungsgebiets. Das gilt insbesondere auch für die Entstehung der Steuer.
Deutschland hat davon abgesehen, verbrauchsteuerpflichtige Waren in Freizonen als unter Steueraussetzung stehend zu behandeln (Art. 5 II 1. Spiegelstrich der Richtlinie 92/12/EWG des Rates vom 25. 2. 1992, ABl. EG Nr. L
76, 1, zuletzt idF der Richtlinie 94/74/EG vom 22. 12. 1994, ABl. EG Nr. L
365, 46). Für die USt hat Deutschland hingegen von der in Art. 16 I B b
6. MWSt-RL vorgesehenen Möglichkeit Gebrauch gemacht, Zollausschlüsse
und Zollfreigebiete vom Erhebungsgebiet der USt auszunehmen (§ 1 I S. 1
UStG). Umsätze innerhalb der Freizonen unterliegen aber nach Maßgabe des
§ 1 III UStG der Steuerpflicht. Der Verbrauch unversteuerter Waren in Freihäfen ist im Gegensatz zum früheren Recht (§ 63 III ZG) nicht mehr ausdrücklich verboten, unterliegt aber der Steuer wie im übrigen Erhebungsgebiet.

d) **Rückverweisungskatalog**

Im einzelnen normieren die **Verbrauchsteuergesetze** und die dazu er- 15
gangenen RechtsVen folgende Verweisungen:

§ 24 BierStG 1993[1] Ordnungswidrigkeiten

Ordnungswidrig im Sinne des § 381 Abs. 1 Nr. 1 der Abgabenordnung handelt,
wer vorsätzlich oder leichtfertig
1. entgegen § 11 Abs. 2 oder § 12 Abs. 4 Satz 1 Nr. 2 Bier nicht oder nicht rechtzeitig
   aufnimmt oder in das Zollverfahren überführt,
2. entgegen § 12 Abs. 4 Satz 1 Nr. 1 oder § 14 Abs. 3 Bier nicht oder nicht rechtzeitig
   verbringt oder ausführt oder
3. entgegen § 16 Abs. 3, § 18 Abs. 3 Satz 1 oder Abs. 6 Satz 1 eine Anzeige nicht oder
   nicht rechtzeitig erstattet.

---
[1] BierStG 1993 v. 21. 12. 1992 (BGBl. I 2150, 2158) ber. BGBl. I 1993 S. 169).

§ 153 BranntwMonG[1] Steuerordnungswidrigkeiten

Ordnungswidrig im Sinne des § 381 Abs. 1 Nr. 1 der Abgabenordnung handelt, wer vorsätzlich oder leichtfertig

1. entgegen § 140 Abs. 2 oder § 141 Abs. 4 Satz 1 Nr. 2 Erzeugnisse nicht oder nicht rechtzeitig aufnimmt oder in ein Zollverfahren überführt,
2. entgegen § 141 Abs. 4 Satz 1 Nr. 1 oder § 142 Abs. 3 Erzeugnisse nicht oder nicht rechtzeitig verbringt oder ausführt,
3. entgegen § 144 Abs. 3, § 146 Abs. 3 Satz 1 oder Abs. 6 Satz 1 eine Anzeige nicht oder nicht rechtzeitig erstattet,
4. entgegen § 151 Abs. 3 Satz 1 oder Abs. 4 sich nicht oder nicht rechtzeitig anmeldet.

§ 51 BrStV[2] Ordnungswidrigkeiten

(1) Ordnungswidrig im Sinne des § 381 Abs. 1 Nr. 1 der Abgabenordnung handelt, wer vorsätzlich oder leichtfertig

1. entgegen § 8 Abs. 1 Satz 5 oder § 26 Abs. 2 Satz 1, auch in Verbindung mit § 41 Abs. 4 Satz 1, einen Erlaubnisschein nicht oder nicht rechtzeitig zurückgibt,
2. entgegen § 8 Abs. 1 Satz 6, § 10 Satz 1 oder 3, § 17 Abs. 1 Satz 3, auch in Verbindung mit § 28 Abs. 3 Satz 2, § 21 Satz 1 oder 2, § 23 Abs. 3 Satz 1 in Verbindung mit Abs. 2, auch in Verbindung mit § 26 Abs. 4, § 25 Abs. 4, § 26 Abs. 2 Satz 2, § 28 Abs. 2 Satz 2, auch in Verbindung mit § 34 Abs. 5 Satz 2, § 33 Abs. 4 Satz 1, § 39 Abs. 4 Satz 1, auch in Verbindung mit § 43 Abs. 2 Satz 1, § 41 Abs. 6, § 42 Abs. 5, § 44 Abs. 1, § 48 Abs. 2 Satz 4 oder § 49 Abs. 6 eine Anzeige nicht, nicht richtig, nicht in der vorgeschriebenen Form oder nicht rechtzeitig erstattet,
3. entgegen § 13 Abs. 1 Satz 1, § 27 Abs. 1 Satz 1, auch in Verbindung mit § 33 Abs. 5 oder § 34 Abs. 5 Satz 2, § 41 Abs. 5 Satz 1, § 42 Abs. 4 Satz 1 oder § 48 Abs. 3 Satz 1 ein Belegheft nicht führt,
4. entgegen § 13 Abs. 2 Satz 1, § 14 Abs. 1 Satz 1 oder § 27 Abs. 2 Satz 1, auch in Verbindung mit § 33 Abs. 5 oder § 34 Abs. 5 Satz 2 ein Buch nicht oder nicht richtig führt,
5. entgegen § 13 Abs. 3 Satz 1, auch in Verbindung mit § 27 Abs. 2 Satz 5 oder § 33 Abs. 5, § 28 Abs. 2 Satz 3, § 41 Abs. 5 Satz 1 oder 4, § 42 Abs. 4 Satz 1 oder 3, § 45 Abs. 4 Satz 1, § 48 Abs. 3 Satz 1 oder § 49 Abs. 2 Satz 1 eine Aufzeichnung nicht, nicht richtig oder nicht rechtzeitig führt,
6. entgegen § 17 Abs. 1 Satz 1 oder Abs. 3 Satz 2, jeweils auch in Verbindung mit § 28 Abs. 3 Satz 2, oder § 38 Abs. 1 Satz 1 eine Anmeldung nicht, nicht richtig oder nicht rechtzeitig abgibt,
7. entgegen § 20 Abs. 4 oder § 28 Abs. 1 Satz 1 oder Abs. 2 Satz 1, jeweils auch in Verbindung mit § 34 Abs. 5 Satz 2, Branntwein nicht getrennt lagert,
8. entgegen § 30 Abs. 2 Satz 1 einen Antrag nicht oder nicht rechtzeitig stellt,
9. entgegen § 30 Abs. 3 Satz 1 eine Vergällung nicht oder nicht rechtzeitig vornimmt,
10. entgegen § 36 Abs. 1 Satz 1, § 39 Abs. 1 Satz 1, jeweils auch in Verbindung mit § 43 Abs. 2 Satz 1, oder § 48 Abs. 1 Satz 1 ein Dokument nicht ausfertigt,
11. entgegen § 36 Abs. 2, auch in Verbindung mit § 37 Satz 2 oder § 43 Abs. 2 Satz 1, § 39 Abs. 2, auch in Verbindung mit § 43 Abs. 2 Satz 1, § 39 Abs. 5 Satz 1, § 45 Abs. 6 Satz 1 oder § 48 Abs. 1 Satz 2 eine Ausfertigung nicht mitführt,
12. entgegen § 36 Abs. 3, auch in Verbindung mit § 38 Abs. 1 Satz 2, § 39 Abs. 7 oder § 43 Abs. 2 Satz 1, eine Zusammenstellung nicht vorlegt,

---
[1] Branntweinmonopolgesetz v. 8. 4. 1922 (RGBl. I 335, 485, zuletzt geändert durch Gesetz v. 5. 10. 1994 (BGBl. I 2911, 2941)
[2] Branntweinsteuerverordnung (BrStV) v. 21. 1. 1994 (BGBl. I 104).

4. Objektive Tatbestände   15 § 381

13. entgegen § 36 Abs. 4 Satz 3, auch in Verbindung mit § 39 Abs. 5 Satz 2, § 36 Abs. 5 Satz 4, § 37 Satz 3 oder § 39 Abs. 6 Satz 3 einen Rückschein nicht oder nicht rechtzeitig zurücksendet,
14. entgegen § 36 Abs. 6, auch in Verbindung mit § 37 Satz 2, § 39 Abs. 7 oder § 43 Abs. 2 Satz 1 ein Erzeugnis nicht vorführt oder
15. entgegen § 39 Abs. 4 Satz 2, auch in Verbindung mit § 43 Abs. 2 Satz 1, eine Eintragung nicht oder nicht rechtzeitig vornimmt.

(2) Ordnungswidrig im Sinne des § 381 Abs. 1 Nr. 2 der Abgabenordnung handelt, wer vorsätzlich oder leichtfertig
1. entgegen § 34 Abs. 7, § 38 Abs. 2 oder § 43 Abs. 4 Satz 1 ein Papier nicht oder nicht in der vorgeschriebenen Form kennzeichnet oder
2. entgegen § 38 Abs. 2 einen Lieferschein nicht beigibt.

§ 12 HeizölkennzV[1] Ordnungswidrigkeiten

(1) Ordnungswidrig im Sinne des § 381 Abs. 1 Nr. 1 der Abgabenordnung handelt, wer vorsätzlich oder leichtfertig
1. entgegen § 3 Abs. 3 Satz 1, auch in Verbindung mit Absatz 4 oder § 4 Abs. 2, Änderungen an Kennzeichnungseinrichtungen nicht, nicht richtig, nicht vollständig oder nicht rechtzeitig anzeigt,
2. entgegen § 6 Abs. 4 Satz 1 Änderungen an Kennzeichnungsanlagen oder im technischen Ablauf nicht, nicht richtig, nicht vollständig oder nicht rechtzeitig anzeigt,
3. entgegen § 7 Abs. 1 Satz 2 Überschreitungen des zulässigen Gehalts an Kennzeichnungsstoffen nicht oder nicht rechtzeitig anzeigt oder
4. entgegen § 7 Abs. 2 Satz 3 Störungen in den Kennzeichnungsanlagen oder Unterschreitungen des zulässigen Gehalts an Kennzeichnungsstoffen nicht oder nicht rechtzeitig anzeigt.

(2) Ordnungswidrig im Sinne des § 381 Abs. 1 Nr. 2 der Abgabenordnung handelt, wer vorsätzlich oder leichtfertig
1. entgegen § 6 Abs. 4 Satz 2 ohne Zustimmung des Hauptzollamts geänderte Anlagen benutzt oder geänderte technische Abläufe anwendet,
2. entgegen § 7 Abs. 1 Satz 1 Heizöl nicht vorschriftsmäßig kennzeichnet,
3. entgegen § 7 Abs. 2 Satz 2 Proben nicht, nicht rechtzeitig oder nicht richtig entnimmt oder untersucht,
4. entgegen § 8 Abs. 2 Satz 1 oder Abs. 3 Satz 2 bei Abgabe von Heizöl und nicht gekennzeichnetem Mineralöl in wechselnder Folge aus Betrieben den zulässigen Vermischungsanteil überschreitet oder entgegen § 8 Abs. 2 Satz 3 bei Abgabe in wechselnder Folge die jeweils zur Abgabe nicht bestimmte Mineralölart nicht in gleicher Höhe abgibt,
5. entgegen § 9 Abs. 1 Satz 1 bei Abgabe von Heizöl und nicht gekennzeichnetem Mineralöl in wechselnder Folge aus Transportmitteln den zulässigen Vermischungsanteil überschreitet oder entgegen § 9 Abs. 1 Satz 2 bei Abgabe in wechselnder Folge nicht gleich große Restmengen abgibt oder
6. entgegen § 9 Abs. 3 die bei wechselweiser Abgabe oder Ladungswechsel zulässigen geringsten steuerlichen Abgabemengen nicht, nicht richtig oder nicht in der vorgeschriebenen Weise angibt.

---

[1] Heizölkennzeichnungsverordnung (HeizölkennzV) v. 27. 7. 1993 (BGBl. I 1384), geändert durch Verordnung v. 19. 9. 1995 (BGBl. I S. 1171).

Voß

§ 381 15

§ 18 KaffeeStG[1] Ordnungswidrigkeiten

Ordnungswidrig im Sinne des § 381 Abs. 1 Nr. 1 der Abgabenordnung handelt, wer vorsätzlich oder leichtfertig

1. entgegen § 11 Abs. 3 eine Anzeige nicht oder nicht rechtzeitig erstattet,
2. entgegen § 17 Abs. 2 nicht angibt, ob Kaffee versteuert oder unversteuert geliefert wird.

§ 28 KaffeeStV[2] Ordnungswidrigkeiten

Ordnungswidrig im Sinne des § 381 Abs. 1 Nr. 1 der Abgabenordnung handelt, wer vorsätzlich oder leichtfertig

1. entgegen § 4 Abs. 2 Satz 1, § 10 Abs. 1 Satz 1, § 12 Abs. 4 Satz 1, Abs. 5 Satz 1 oder § 19 Abs. 1 Satz 1 ein Buch, eine Anschreibung, eine Aufzeichnung oder ein Belegheft nicht führt,
2. entgegen § 4 Abs. 3 Satz 2 oder Abs. 5 Satz 2 ein Buch oder eine Anschreibung nicht aufrechnet,
3. entgegen § 4 Abs. 4 Satz 1, § 10 Abs. 4 Satz 1 oder § 27 Abs. 1 Satz 1 eine Anmeldung nicht oder nicht rechtzeitig oder entgegen § 4 Abs. 5 Satz 2 oder § 13 Abs. 1 eine Anmeldung nicht abgibt,
4. entgegen § 4 Abs. 4 Satz 2, Abs. 7, 8 Satz 1, § 5 Abs. 2, 4 Satz 1, § 10 Abs. 4 Satz 2, § 15 Abs. 2 oder § 21 Abs. 1 Satz 3 eine Anzeige nicht oder nicht rechtzeitig erstattet,
5. entgegen § 5 Abs. 3 einen Erlaubnisschein nicht oder nicht rechtzeitig zurückgibt,
6. entgegen § 9 Abs. 3 Satz 2 oder § 14 Abs. 6 Satz 1, 2 oder Abs. 7 Satz 2 Kaffee nicht oder nicht rechtzeitig oder entgegen § 16 Abs. 4 Satz 1 oder § 27 Abs. 1 Satz 3 Kaffee nicht einträgt,
7. entgegen § 10 Abs. 1 Satz 3 Kaffee nicht vorführt,
8. entgegen § 12 Abs. 1 das Gewicht des Kaffees nicht angibt,
9. einer Vorschrift des § 13 Abs. 2 Satz 4 oder § 14 Abs. 2 oder 3 Satz 1 oder 4 über die Ausfertigungen des Versandpapiers zuwiderhandelt,
10. entgegen § 14 Abs. 1, auch in Verbindung mit § 13 Abs. 2 Satz 1, nicht das begleitende Verwaltungsdokument verwendet,
11. entgegen § 15 Abs. 1 das Hauptzollamt nicht oder nicht rechtzeitig unterrichtet,
12. entgegen § 16 Abs. 4 Satz 2 den Inhalt nicht kennzeichnet,
13. entgegen § 19 Abs. 3 die Monatssumme des Kaffees nicht überträgt oder sie von der Menge, für die die Steuer entstanden ist, nicht absetzt,
14. entgegen § 27 Abs. 1 Satz 3 Kaffee nicht einträgt oder
15. entgegen § 27 Abs. 2 die dort genannten Angaben nicht macht.

§ 29 MinöStG[3] Ordnungswidrigkeiten

(1) Ordnungswidrig im Sinne des § 381 Abs. 1 Nr. 1 der Abgabenordnung handelt, wer vorsätzlich oder leichtfertig

1. ohne Erlaubnis nach § 6 Abs. 2 Satz 1 oder § 8 Abs. 3 Satz 1 Mineralöl herstellt,
2. entgegen § 10 Satz 1, § 13 Abs. 3 Satz 1, § 15 Abs. 6 Satz 1, auch in Verbindung mit Absatz 7 Satz 4, § 19 Abs. 4 Satz 1, § 20 Abs. 3 Satz 1, § 21 Abs. 4 Satz 1, auch in Verbindung mit Absatz 5 Satz 3, oder § 22 Abs. 3 Satz 1 die Steuererklärung nicht, nicht richtig oder nicht rechtzeitig abgibt,

---

[1] Kaffeesteuergesetz v. 21. 12. 1992 (BGBl. I 2150, 2199).
[2] Kaffeesteuer-Durchführungsverordnung v. 14. 10. 1993 (BGBl. I S. 1747).
[3] Mineralölsteuergesetz (MinöStG) v. 21. 12. 1992, zuletzt geändert durch das Jahressteuergesetz 1996 v. 11. 10. 1995 (BGBl. I 1250).

4. Objektive Tatbestände   15 § 381

3. entgegen § 19 Abs. 3 Satz 1, § 21 Abs. 3 Satz 1, Abs. 6 Satz 1 oder § 22 Abs. 2 eine Anzeige nicht, nicht richtig oder nicht rechtzeitig erstattet.

(2) Ordnungswidrig im Sinne des § 381 Abs. 1 Nr. 2 der Abgabenordnung handelt, wer vorsätzlich oder leichtfertig

1. entgegen § 13 Abs. 1 Satz 1 Mineralöl nicht oder nicht rechtzeitig aufnimmt oder entgegen Satz 2 abgibt oder verwendet,
2. entgegen § 14 Abs. 3 Mineralöl nicht oder nicht rechtzeitig aufnimmt oder in das Zollverfahren überführt,
3. entgegen § 15 Abs. 4 Satz 1 Mineralöl nicht oder nicht rechtzeitig in den anderen Mitgliedstaat verbringt oder in das Steuerlager oder den Betrieb aufnimmt,
4. entgegen § 16 Abs. 2 Mineralöl nicht oder nicht rechtzeitig in das Steuerlager aufnimmt,
5. entgegen § 17 Abs. 4 Mineralöl nicht oder nicht rechtzeitig ausführt,
6. entgegen § 26 Abs. 1 rohes Erdöl abgibt,
6a. entgegen § 26 Abs. 2 Satz 4 sich nicht ausweist, eine Angabe nicht macht oder nicht Hilfe leistet,
7. entgegen § 26 Abs. 3 Satz 1 dort bezeichnetes Mineralöl verwendet,
8. entgegen § 26 Abs. 4 dort bezeichnetes Mineralöl mischt oder es als Kraftstoff bereithält, abgibt, mitführt oder verwendet oder Kennzeichnungsstoffe entfernt oder in ihrer Wirksamkeit beeinträchtigt oder
9. entgegen § 26 Abs. 5 Satz 1 dort bezeichnetes Mineralöl in das Steuergebiet verbringt, in den Verkehr bringt oder verwendet.

§ 60 MinöStV[1] Ordnungswidrigkeiten

(1) Ordnungswidrig im Sinne des § 381 Abs. 1 Nr. 1 der Abgabenordnung handelt, wer vorsätzlich oder leichtfertig

1. entgegen § 2 Abs. 5 Satz 2, § 7 Abs. 2 Satz 3, auch in Verbindung mit § 13 Abs. 2 oder § 58 Abs. 4 Satz 2, § 11 Abs. 2 Satz 3, auch in Verbindung mit § 13 Abs. 2, § 33 Abs. 2 Satz 4, § 40 Abs. 1 Satz 4, § 43 Abs. 2 Satz 1 oder 4 oder § 54 Abs. 4 eine Anschreibung nicht oder nicht richtig führt,
2. entgegen § 6 Abs. 5 Satz 1, auch in Verbindung mit § 9 Satz 2, § 13 Abs. 1 Satz 2 oder § 32 Abs. 3, § 7 Abs. 2 Satz 3, Abs. 4 Satz 2, Abs. 8, 9 Satz 1, Abs. 10 oder 11, Abs. 2 Satz 3, Abs. 4 Satz 2, Abs. 8, 9 Satz 1 oder Abs. 2 oder § 58 Abs. 4 Satz 2, § 11 Abs. 2 Satz 3, Abs. 4 Satz 2, Abs. 8, 9 Satz 1 oder Abs. 10, jeweils auch in Verbindung mit § 13 Abs. 2, § 19 Abs. 3 Satz 1, § 20 Abs. 6, § 22 Abs. 6 Satz 2 oder Abs. 10, § 28 Abs. 5, § 33 Abs. 6, § 37, § 53 Abs. 3 Satz 2 oder § 54 Abs. 2 eine Anzeige nicht, nicht richtig oder nicht rechtzeitig erstattet,
3. entgegen § 7 Abs. 1 Satz 1, auch in Verbindung mit § 13 Abs. 2 oder § 58 Abs. 4 Satz 2, § 11 Abs. 1 Satz 1, auch in Verbindung mit § 13 Abs. 2, § 22 Abs. 2 Satz 1, § 33 Abs. 1 Satz 1, § 34 Abs. 5 Satz 1, § 43 Abs. 1 Satz 1 oder § 46 Abs. 2 Satz 1 ein Belegheft nicht führt,
4. entgegen § 7 Abs. 2 Satz 1, auch in Verbindung mit § 13 Abs. 2 oder § 58 Abs. 4 Satz 2, § 11 Abs. 2 Satz 1, auch in Verbindung mit § 13 Abs. 2, § 22 Abs. 3 Satz 1, § 33 Abs. 2 Satz 1 oder § 40 Abs. 1 Satz 1 ein Buch nicht oder nicht richtig führt,
5. entgegen § 7 Abs. 2 Satz 6, auch in Verbindung mit § 13 Abs. 2 oder § 58 Abs. 4 Satz 2, § 11 Abs. 2 Satz 6, auch in Verbindung mit § 13 Abs. 2, § 22 Abs. 4 Satz 2, § 33 Abs. 2 Satz 7 oder § 40 Abs. 1 Satz 7 ein Buch oder entgegen § 43 Abs. 2 Satz 7 eine Anschreibung nicht abliefert,

---

[1] Verordnung zur Durchführung des Mineralölsteuergesetzes (MinöStV) v. 15. 9. 1993 (BGBl. I 1602), geändert durch Verordnung v. 30. 12. 1993 (BGBl. I 2488).

6. entgegen § 7 Abs. 3 Satz 1, § 11 Abs. 3 Satz 1, jeweils auch in Verbindung mit § 13 Abs. 2, § 22 Abs. 3 Satz 6 oder § 28 Abs. 4 Satz 3 eine Zusammenstellung nicht vorlegt,
7. entgegen § 7 Abs. 3 Satz 2 oder Abs. 4 Satz 1, jeweils auch in Verbindung mit § 13 Abs. 2, Abs. 4 Satz 1 auch in Verbindung mit § 58 Abs. 4 Satz 2, § 11 Abs. 3 Satz 2 oder Abs. 4 Satz 1, jeweils auch in Verbindung mit § 13 Abs. 2, § 22 Abs. 5 Satz 1 oder Abs. 6 Satz 1, § 23 Abs. 2 Satz 1, auch in Verbindung mit Abs. 9, § 26 Abs. 1 Satz 1, § 54 Abs. 1 Satz 1 oder § 58 Abs. 4 Satz 1 eine Anmeldung nicht, nicht richtig oder nicht rechtzeitig abgibt,
8. entgegen § 7 Abs. 5 Satz 2 oder 3, jeweils auch in Verbindung mit § 13 Abs. 2 oder § 58 Abs. 4 Satz 2, § 11 Abs. 5 Satz 2 oder 3, jeweils auch in Verbindung mit § 13 Abs. 2, § 22 Abs. 7 Satz 2 oder 3, § 33 Abs. 3 Satz 2 oder 3 oder § 40 Abs. 2 Satz 2 oder 3 ein Buch oder eine Anschreibung nicht aufrechnet, einen Bestand nicht anmeldet oder andere Mineralöle in die Bestandsaufnahme oder die Anmeldung nicht einbezieht,
9. entgegen § 18 Abs. 2 Satz 4 oder § 31 Abs. 2 Satz 5 einen Registerauszug nicht vorlegt,
10. entgegen § 23 Abs. 3, auch in Verbindung mit Abs. 9, § 23 Abs. 7 Satz 1 oder Abs. 16, § 26 Abs. 2 oder 3 Satz 1, dieser auch in Verbindung mit § 35 Abs. 3, § 28 Abs. 4 Satz 1, auch in Verbindung mit § 36 Abs. 2 Satz 1, § 28 Abs. 5 oder § 33 Abs. 8 Satz 2 eine Eintragung nicht, nicht richtig oder nicht rechtzeitig vornimmt,
11. entgegen § 23 Abs. 10 Satz 1, auch in Verbindung mit Abs. 15, § 28 Abs. 1 Satz 1, auch in Verbindung mit § 36 Abs. 2 Satz 1, oder § 45 Abs. 1 Satz 1 ein Dokument nicht ausfertigt,
12. entgegen § 23 Abs. 10 Satz 4, auch in Verbindung mit Abs. 15, § 28 Abs. 1 Satz 3, auch in Verbindung mit § 36 Abs. 2 Satz 1, § 30 Abs. 1 Satz 1, auch in Verbindung mit § 33 Abs. 8 Satz 1, § 39 Abs. 1 oder § 45 Abs. 1 Satz 2 ein Dokument nicht mitführt,
13. entgegen § 24 Abs. 2, § 25 Abs. 3 Satz 1, § 44 Abs. 3 Satz 1 oder § 58 Abs. 3 Satz 2 eine Steuererklärung nicht, nicht richtig oder nicht rechtzeitig abgibt oder eine Steuer nicht oder nicht richtig berechnet,
14. entgegen § 28 Abs. 4 Satz 2 oder § 30 Abs. 1 Satz 5 einer Eintragung die dort bezeichnete Ablichtung nicht beifügt oder
15. entgegen § 30 Abs. 1 Satz 3 oder 4, jeweils auch in Verbindung mit § 33 Abs. 8 Satz 1, den Rückschein oder die Ablichtung oder entgegen § 39 Abs. 2 die Ausfertigung oder das Handelsdokument nicht oder nicht rechtzeitig zurücksendet.

(2) Ordnungswidrig im Sinne des § 381 Abs. 1 Nr. 2 der Abgabenordnung handelt, wer vorsätzlich oder leichtfertig

1. entgegen § 5 Abs. 4, auch in Verbindung mit § 13 Abs. 2 oder § 58 Abs. 4 Satz 2, oder § 10 Abs. 4, auch in Verbindung mit § 13 Abs. 2, Mineralöl herstellt, lagert oder entnimmt,
2. entgegen § 23 Abs. 4 Satz 1, auch in Verbindung mit Abs. 9, Mineralöl übergibt,
3. entgegen § 23 Abs. 12 Satz 1 oder § 36 Abs. 4 Satz 1 den Inhalt einer Sendung nicht oder nicht in der vorgeschriebenen Form kennzeichnet,
4. entgegen § 23 Abs. 17 Satz 1 Nr. 3 Mineralöl ohne eine Zulassung an andere Personen abgibt,
5. entgegen § 55 Satz 1 in Verbindung mit Satz 2 auf eine Verwendungsbeschränkung einer dort bezeichneten Ware nicht oder nicht in der vorgeschriebenen Form hinweist,
6. entgegen § 56 Satz 1 Mineralöl nicht abläßt,

4. Objektive Tatbestände 15 § 381

7. entgegen § 56 Satz 5 in Verbindung mit Satz 4 ein Fahrzeug nicht vorführt oder
8. entgegen § 56 Satz 6 Mineralöl nicht abliefert.

§ 29 SchaumwZwStG[1] Ordnungswidrigkeiten

Ordnungswidrig im Sinne des § 381 Abs. 1 Nr. 1 der Abgabenordnung handelt, wer vorsätzlich oder leichtfertig
1. einer Vorschrift des § 10 Abs. 2, § 11 Abs. 4 oder § 12 Abs. 3, jeweils auch in Verbindung mit § 23 Abs. 3, über den Verkehr im Steuergebiet oder mit anderen Mitgliedstaaten zuwiderhandelt,
2. entgegen § 14 Abs. 3 oder § 16 Abs. 3 Satz 1 oder Abs. 6 Satz 1, jeweils auch in Verbindung mit § 23 Abs. 3, im Falle des § 16 Abs. 6 Satz 1 auch in Verbindung mit § 28 Abs. 2, eine Anzeige nicht oder nicht rechtzeitig erstattet,
3. ohne Erlaubnis nach § 27 Abs. 2 Wein versendet oder ohne Zulassung nach § 27 Abs. 5 Satz 1 Wein bezieht.

§ 43 SchaumwZwStV[2] Ordnungswidrigkeiten

(1) Ordnungswidrig im Sinne des § 381 Abs. 1 Nr. 1 der Abgabenordnung handelt, wer vorsätzlich oder leichtfertig
1. entgegen § 5 Abs. 2 Satz 2, auch in Verbindung mit § 19 Abs. 1 Satz 5, § 27 Abs. 4 Satz 1, § 38 Abs. 2 Satz 2 oder § 41 Abs. 2 Satz 3, einen Erlaubnisschein nicht oder nicht rechtzeitig zurückgibt,
2. entgegen § 5 Abs. 2 Satz 3, auch in Verbindung mit § 19 Abs. 1 Satz 5, § 38 Abs. 2 Satz 2 oder § 41 Abs. 2 Satz 3, § 6 Satz 1 oder 3, jeweils auch in Verbindung mit § 21 Nr. 1, § 7 Abs. 3 Satz 1, auch in Verbindung mit § 21 Nr. 2, § 8 Satz 1 oder 2, jeweils auch in Verbindung mit § 21 Nr. 3, § 9 Satz 2, § 13 Abs. 1 Satz 1, § 15 Abs. 1 Satz 1 oder Abs. 2 Satz 1, jeweils auch in Verbindung mit § 21 Nr. 6, § 16 Abs. 1 Satz 4, § 25 Abs. 3 Satz 1, auch in Verbindung mit § 39 Abs. 3, § 27 Abs. 6, § 28 Abs. 5, § 30 Abs. 1 Satz 1, auch in Verbindung mit § 39 Abs. 3, § 31 Abs. 1 Satz 1, § 32 Abs. 1 Satz 1 oder Abs. 6 Satz 3, § 34 Abs. 2 Satz 3 oder § 37 Abs. 3 eine Anzeige nicht, nicht richtig, nicht in der vorgeschriebenen Form oder nicht rechtzeitig erstattet,
3. entgegen § 10 Abs. 1 Satz 1 oder § 13 Abs. 2 Satz 1 Schaumwein nicht oder nicht rechtzeitig verbringt,
4. entgegen § 12 Abs. 1 Satz 1, Abs. 2 Satz 1, Abs. 3 Satz 1 oder Abs. 4 Satz 1, jeweils auch in Verbindung mit § 21 Nr. 5, § 13 Abs. 2 Satz 2, auch in Verbindung mit § 21 Nr. 5, § 27 Abs. 5 Satz 1 oder 3, § 28 Abs. 4 Satz 1 oder 3, § 31 Abs. 4 Satz 1, § 32 Abs. 6 Satz 1, § 34 Abs. 3 Satz 1, § 37 Abs. 2 Satz 1 oder § 40 Abs. 1 Satz 1 oder Abs. 2 Satz 1, jeweils auch in Verbindung mit § 41 Abs. 3, ein Beleghheft, ein Buch oder eine Aufzeichnung nicht, nicht richtig oder nicht rechtzeitig führt,
5. entgegen § 16 Abs. 1 Satz 1 in Verbindung mit Satz 2 oder Abs. 3 Satz 2, jeweils auch in Verbindung mit § 21 Nr. 7, oder § 37 Abs. 1 Satz 1 in Verbindung mit Satz 2 eine Anmeldung nicht, nicht richtig, nicht vollständig, nicht in der vorgeschriebenen Form oder nicht rechtzeitig abgibt,
6. entgegen § 23 Abs. 2, auch in Verbindung mit § 24 Satz 2 oder § 29 Abs. 2 Satz 1, § 25 Abs. 1 Satz 3, auch in Verbindung mit § 29 Abs. 2 Satz 1, § 25 Abs. 4 Satz 1, § 31 Abs. 6 Satz 1, § 34 Abs. 1 Satz 2, § 39 Abs. 1 Satz 3 oder Abs. 2 Satz 1 oder § 42 Abs. 2 eine Ausfertigung nicht mitführt,

---
[1] Gesetz zur Besteuerung von Schaumwein auf Zwischenerzeugnissen (SchaumwZwStG) v. 21. 12. 1992 (BGBl. I 2176).
[2] Verordnung zur Durchführung des Gesetzes zur Besteuerung von Schaumwein und Zwischenerzeugnissen v. 17. 3. 1994 (BGBl. I 568).

§ 381   15   Verbrauchsteuergefährdung

7. entgegen § 23 Abs. 1 Satz 4, auch in Verbindung mit § 25 Abs. 6 oder § 29 Abs. 2 Satz 1, eine Zusammenstellung nicht vorlegt,
8. entgegen § 23 Abs. 3 Satz 3, auch in Verbindung mit § 25 Abs. 4 Satz 2, § 23 Abs. 4 Satz 4, § 24 Satz 3 oder § 25 Abs. 5 Satz 3 einen Rückschein nicht oder nicht rechtzeitig zurücksendet,
9. entgegen § 23 Abs. 5, auch in Verbindung mit § 24 Satz 2, § 25 Abs. 6 oder § 29 Abs. 2 Satz 1, oder § 31 Abs. 4 Satz 4 Schaumwein nicht vorführt,
10. entgegen § 25 Abs. 3 Satz 2, auch in Verbindung mit § 29 Abs. 2 Satz 1, eine Eintragung nicht oder nicht rechtzeitig vornimmt oder
11. entgegen § 23 Abs. 1 Satz 1 in Verbindung mit Satz 3 oder § 25 Abs. 1 Satz 1 in Verbindung mit Satz 2, jeweils auch in Verbindung mit § 29 Abs. 2 Satz 1, § 34 Abs. 1 Satz 1, § 39 Abs. 1 Satz 1 in Verbindung mit Satz 2, auch in Verbindung mit Satz 4, oder § 42 Abs. 1 Satz 1 ein Dokument nicht oder nicht richtig ausfertigt.

(2) Ordnungswidrig im Sinne des § 381 Abs. 1 Nr. 2 der Abgabenordnung handelt, wer vorsätzlich oder leichtfertig entgegen § 29 Abs. 4 Satz 1, auch in Verbindung mit § 39 Abs. 1 Satz 4, ein Papier nicht oder nicht in der vorgeschriebenen Form kennzeichnet.

(3) Die Absätze 1 und 2 gelten auch für die Pflichten nach § 36.

§ 30 TabStG[1]   Ordnungswidrigkeiten

(1) Ordnungswidrig im Sinne des § 381 Abs. 1 Nr. 1 der Abgabenordnung handelt, wer vorsätzlich oder leichtfertig

1. entgegen § 5 Abs. 3 Satz 2 unterschiedliche Kleinverkaufspreise bestimmt,
2. entgegen § 5 Abs. 4 einen Kleinverkaufspreis nicht oder nicht richtig bestimmt,
3. entgegen § 28 Abs. 2 eine der dort genannten Tätigkeiten nicht oder nicht rechtzeitig anmeldet.

(2) Ordnungswidrig im Sinne des § 381 Abs. 1 Nr. 2 der Abgabenordnung handelt, wer vorsätzlich oder leichtfertig

1. entgegen § 14 Abs. 1 Tabakwaren nicht in den dort vorgeschriebenen Packungen aus dem Steuerlager entfernt, zum Verbrauch entnimmt oder in das Steuergebiet einführt oder verbringt,
2. entgegen § 14 Abs. 2 Satz 1 bis 3 Kleinverkaufspackungen andere Gegenstände beipackt,
3. einer Vorschrift des § 23 Abs. 1 Satz 1 oder 4 oder Abs. 2 über die Packungen im Handel oder den Stückverkauf zuwiderhandelt,
4. entgegen § 24 Abs. 1 den Packungspreis unterschreitet, Rabatt gewährt, Gegenstände zugibt oder die Abgabe mit dem Verkauf anderer Gegenstände koppelt,
5. entgegen § 27 Tabakwaren gewerbsmäßig ausspielt.

§ 33 TabStV[2]   Ordnungswidrigkeiten

(1) Ordnungswidrig im Sinne des § 381 Abs. 1 Nr. 1 der Abgabenordnung handelt, wer vorsätzlich oder leichtfertig

1. entgegen § 8 Abs. 7 den Erlaubnisschein nicht oder nicht rechtzeitig zurückgibt,
2. entgegen § 9 Satz 1, § 10 Abs. 2 Satz 1, § 20 Abs. 2 Satz 1, § 22 oder § 32 Abs. 2 Satz 1 eine Anzeige nicht, nicht richtig oder nicht rechtzeitig erstattet,

---
[1] Tabaksteuergesetz v. 21. 12. 1992 (BGBl. I 2150), zuletzt geändert durch das Jahressteuergesetz 1996 (BGBl. 1995 I 1250).
[2] Verordnung zur Durchführung des Tabaksteuergesetzes (Tabaksteuer-Durchführungsverordnung – TabStV) v. 14. 10. 1993 (BGBl. I 1738).

3. entgegen § 12 Abs. 1 Satz 1, 4 oder Abs. 2 Satz 1 oder 2 ein Steuerzeichen verwendet,
4. entgegen § 13 Abs. 1 Satz 1 ein Steuerzeichen nicht oder nicht in der vorgeschriebenen Form entwertet,
5. entgegen § 13 Abs. 3 ein Steuerzeichen nicht oder nicht in der vorgeschriebenen Form anbringt oder befestigt,
6. entgegen § 17 Abs. 1 Satz 1 das begleitende Verwaltungsdokument nicht verwendet,
7. entgegen § 17 Abs. 1 Satz 3, § 19 Abs. 1 Satz 3 oder § 21 Abs. 3 Satz 2 ein Handelsdokument, einen Lieferschein, eine Rechnung oder den Inhalt einer Sendung nicht oder nicht richtig kennzeichnet,
8. entgegen § 17 Abs. 2 Satz 3 ein Verwaltungsdokument nicht mitführt,
9. entgegen § 17 Abs. 3 Satz 3 oder § 19 Abs. 2 Satz 2 einen Rückschein nicht oder nicht rechtzeitig zurücksendet,
10. entgegen § 20 Abs. 2 Satz 2 eine Änderung nicht oder nicht rechtzeitig einträgt,
11. entgegen § 20 Abs. 4 Satz 3 eine Ablichtung des Versandpapiers nicht übersendet,
12. entgegen § 20 Abs. 5 eine ordnungsgemäße Erledigung des innergemeinschaftlichen Steuerversandverfahrens nicht sicherstellt,
13. entgegen § 30 Abs. 1 Satz 1 eine Anschreibung nicht, nicht richtig oder nicht rechtzeitig führt oder
14. entgegen § 32 Abs. 1 einen Bestand nicht feststellt.

(2) Ordnungswidrig im Sinne des § 381 Abs. 1 Nr. 2 der Abgabenordnung handelt, wer vorsätzlich oder leichtfertig entgegen § 3 Abs. 3 eine Deputatpackung nicht oder nicht in der vorgeschriebenen Form kennzeichnet oder auf ihr Namen und Sitz des Herstellers nicht angibt.

5. Täter

Als Täter von Zuwiderhandlungen gegen die der Sicherung des Verbrauchsteueraufkommens dienenden Vorschriften kommen hauptsächlich Inhaber von Betrieben (§ 139 AO) sowie Beauftragte iS des § 214 AO in Betracht. *Gesetzliche oder gewillkürte Vertreter* stehen den Vertretenen gleich; denn sie treten kraft Gesetzes (§§ 34, 35 AO) in ein unmittelbares Pflichtenverhältnis zur FinB und haben die steuerlichen Pflichten zu erfüllen, die den von ihnen Vertretenen auferlegt sind. Richten sich bestimmte Ge- oder Verbote gegen jedermann so kann jeder Täter sein. Über die Rechtsfolgen des Handelns für einen anderen gem. § 9 OWiG s. Rdnr. 22 ff. zu § 377 AO; über Verletzung von Aufsichtspflichten gem. § 130 OWiG s. Rdnr. 52 ff. zu § 377 AO.

6. Subjektiver Tatbestand

Der subjektive Tatbestand des § 381 AO erfordert (bedingt) *vorsätzliches* (Rdnr. 48 ff. zu § 369 AO) oder *leichtfertiges* (Rdnr. 26 ff. zu § 378 AO) Verhalten. Leichtfertigkeit wird vielfach nicht nachweisbar sein, weil die Kenntnis der unübersichtlichen, häufig unsystematischen und unklaren Vorschriften des Verbrauchsteuerrechts nicht unbedingt im Bereich der zumutbaren Sorgfalt liegt (Rdnr. 26 ff. zu § 378 AO; ausf. *Benkendorff* ddz 1980 F 25). Der Vorwurf mindestens leichtfertigen Verhaltens wird hingegen regelmäßig begründet sein, wenn der Täter versäumt hat, sich über die besonderen, aus seiner gewerblichen oder freiberuflichen Tätigkeit erwachsenden Pflichten zu erkundigen (Rdnr. 38 ff. zu § 378 AO), wenn wegen früherer Zuwiderhandlungen eine Verwarnung ausgesprochen oder gem. § 47 I 1 OWiG von einer Verfolgung abgesehen worden ist. Über die Rechtsfolgen des § 32 ZollVG s. Rdnr. 25.

7. Geldbuße

18   Eine vorsätzlich begangene Ordnungswidrigkeit gem. § 381 AO kann mit einer Geldbuße von mindestens 5 DM und höchstens 10.000 DM geahndet werden (§ 381 II AO; § 377 II AO; § 17 I OWiG). Bei leichtfertigem Verhalten beträgt das Höchstmaß der Geldbuße 5000 DM, da der abgestufte Bußgeldrahmen des § 17 II OWiG iVm § 377 II AO nicht nur für „fahrlässiges" Handeln, sondern auch für den gesteigerten Grad der Leichtfertigkeit gilt (*Göhler* 13 zu § 17 OWiG).

19   **Grundlage für die Zumessung** sind die Bedeutung der Ordnungswidrigkeit, der Vorwurf, der den Täter trifft, sowie dessen wirtschaftliche Verhältnisse (§ 377 II AO, § 17 III OWiG). Die Geldbuße soll den *wirtschaftlichen Vorteil*, den der Täter aus der Ordnungswidrigkeit gezogen hat, übersteigen (§ 377 II AO, § 17 IV OWiG). Ob ein zunächst erlangter Vorteil durch Nachversteuerung später wieder weggefallen ist, ist grundsätzlich unerheblich (Rdnr. 129 ff. zu § 369 AO).

8. Selbstanzeige

20   Die Vorschriften über die strafbefreiende Wirkung einer Selbstanzeige (§ 378 III, § 371 AO) sind mangels einer entsprechenden Verweisung in § 381 AO auf Verbrauchsteuergefährdungen nicht anwendbar (vgl. im übrigen Rdnr. 37 ff. zu § 371 AO).

9. Konkurrenzfragen

21   **§ 382 AO ist Sondervorschrift gegenüber § 381 AO.** Die Abgrenzung ist erheblich, da der subjektive Tatbestand des § 382 AO auch fahrlässiges Handeln umfaßt, während § 381 AO mindestens leichtfertiges Verhalten voraussetzt (Rdnr. 17). Der Vorrang des § 382 AO gegenüber § 381 AO folgt aus der Verwendung des Begriffs *„Eingangsabgaben"* anstelle des Wortes *„Zölle"* in der Überschrift des § 382 AO. Außerdem bestimmt § 382 II AO ausdrücklich, daß § 382 I AO auch anwendbar ist, soweit die Zollgesetze und die dazu erlassenen RechtsVen für Verbrauchsteuern sinngemäß gelten. Durch diese nach Verwirklichung des Binnenmarktes allerdings leerlaufende Vorschrift (Rdnr. 2 u. 28 ff. zu § 382) sollte bereits in dem insoweit wortgleichen Vorgänger des § 382 II AO (§ 408 II RAO 1968) klargestellt werden, daß die Gefährdung solcher Verbrauchsteuern, die als Eingangsabgaben zu entrichten sind, unter den Voraussetzungen des § 408 II RAO 1968 nur nach dieser

Sondervorschrift geahndet werden konnten (Begr. BT-Drucks. V/1812 S. 28).

Im Verhältnis zu der Steuergefährdung nach § 379 AO ist § 381 AO 22 vorgehende Sondervorschrift.

§ 381 AO tritt zurück, wenn **Steuerhinterziehung** nach § 370 AO vor- 23 liegt (§ 21 OWiG) oder wenn der Tatbestand der **leichtfertigen Steuerverkürzung** nach § 378 AO erfüllt ist (§ 381 III AO). Das gilt auch dann, wenn die Handlung nur als Beihilfe zur Steuerhinterziehung geahndet werden kann.

10. Verjährung

Die Verjährung richtet sich – anders als gem. § 384 AO bei den Steuerord- 24 nungswidrigkeiten der §§ 378 bis 380 AO – nach den allgemeinen Vorschriften der §§ 31 ff. OWiG (§ 377 II AO). Die Verfolgung einer Verbrauchsteuergefährdung verjährt daher in 2 Jahren (§ 31 II Nr. 2 OWiG, § 377 II AO). Die Verjährung beginnt mit der Verwirklichung sämtlicher Tatbestandsmerkmale, also mit dem Zeitpunkt, in dem eine Verfolgung frühestens möglich gewesen wäre (§ 31 III OWiG, § 377 II AO).

11. Anwendung des § 32 ZollVG

Ein Absehen von der Verfolgung nach § 32 ZollVG kommt für Ord- 25 nungswidrigkeiten iS des § 381 AO nicht in Betracht. Zuwiderhandlungen bei der Einfuhr und damit auch *„im Reiseverkehr"* (Rdnr. 12 f. zu § 32 ZollVG) fallen unter § 382 AO.

§ 382 Gefährdung der Eingangsabgaben

(1) Ordnungswidrig handelt, wer als Pflichtiger oder bei der Wahrnehmung der Angelegenheiten eines Pflichtigen vorsätzlich oder fahrlässig Vorschriften der Zollgesetze, der dazu erlassenen Rechtsverordnungen oder der Verordnungen des Rates oder der Kommission der Europäischen Gemeinschaften zuwiderhandelt, die

1. für die zollamtliche Erfassung des Warenverkehrs über die Grenze des Zollgebiets der Europäischen Gemeinschaft sowie über die Freizonengrenzen,
2. für die Überführung von Waren in ein Zollverfahren und dessen Durchführung oder für die Erlangung einer sonstigen zollrechtlichen Bestimmung von Waren,
3. für die Freizonen, den grenznahen Raum sowie die darüber hinaus der Grenzaufsicht unterworfenen Gebiete

gelten, soweit die Zollgesetze, die dazu oder die auf Grund von Absatz 4 erlassenen Rechtsverordnungen für einen bestimmten Tatbestand auf diese Bußgeldvorschrift verweisen.

(2) Absatz 1 ist auch anzuwenden, soweit die Zollgesetze und die dazu erlassenen Rechtsverordnungen für Verbrauchsteuern sinngemäß gelten.

(3) Die Ordnungswidrigkeit kann mit einer Geldbuße bis zu zehntausend Deutsche Mark geahndet werden, wenn die Handlung nicht nach § 378 geahndet werden kann.

(4) Das Bundesministerium der Finanzen kann durch Rechtsverordnungen die Tatbestände der Verordnungen des Rates der Europäischen Union oder der Kommission der Europäischen Gemeinschaften, die nach den Absätzen 1 bis 3 als Ordnungswidrigkeiten mit Geldbuße geahndet werden können, bezeichnen, soweit dies zur Durchführung dieser Rechtsvorschriften erforderlich ist und die Tatbestände Pflichten zur Gestellung, Vorführung, Lagerung oder Behandlung von Waren, zur Abgabe von Erklärungen oder Anzeigen, zur Aufnahme von Niederschriften sowie zur Ausfüllung oder Vorlage von Zolldokumenten oder zur Aufnahme von Vermerken in solchen Dokumenten betreffen.

Schrifttum: *Kast*, Zur Ausgestaltung von Straf- und Bußgeldvorschriften im Nebenstrafrecht – Gesetzgebungstechnische Leitsätze mit Beispielen aus der Gesetzgebung –, BAnz 1983 Beil. 42); *Voß*, Unordentlichkeiten des Rechts der Ordnungswidrigkeiten im Bereich des Zoll- und Verbrauchsteuerrechts BB 1996, 1695.

Übersicht

1. Entstehungsgeschichte 1	e) Verweisungskataloge 26, 27
2. Zweck und Anwendungsbereich . . 2–9	f) § 382 II AO 28–31
3. Vorbehalt der Rückverweisung . . . 10–13	6. Subjektiver Tatbestand 32, 33
4. Täterkreis 14, 15	7. Geldbuße 34
5. Objektive Tatbestände 16–31	8. Selbstanzeige 35
a) Allgemeines 16–19	9. Konkurrenzfragen 36–39
b) § 382 I Nr. 1 AO 20	10. Verjährung 40
c) § 382 I Nr. 2 AO 21	11. Anwendung des § 32 ZollVG 41
d) § 382 I Nr. 3 AO 22–25	

1. Entstehungsgeschichte

Eine dem § 382 AO entsprechende Vorschrift wurde durch Art. 1 Nr. 19 des 2. AOStrafÄndG v. 12. 8. 1968 (BGBl. I 953) als § 408 in die RAO eingefügt (Begr. BT-Drucks. V/1812 S. 28). § 408 I Nr. 1 u. 2 RAO 1968 ersetzte den früheren Straftatbestand des § 413 I Nr. 1c, aa und bb RAO idF des Art. I Nr. 6 G v. 11. 5. 1956 (BGBl. I 418; Begr. BT-Drucks. II/1593). Anders als § 408 RAO 1968 erfaßt § 382 AO nicht nur die Verletzung von Vorschriften der Zollgesetze und der dazu erlassenen RechtsVen, sondern auch die Verletzung von Verordnungen des Rates oder der Kommission der Europäischen Gemeinschaften. Dementsprechend wurde Absatz 4 neu eingeführt. Abw. von § 408 I RAO 1968 wurde in § 382 AO auf eine genaue Umschreibung des Täterkreises verzichtet. In Absatz 3 wurde der Begriff „Tat" zur Angleichung an den Sprachgebrauch des OWiG durch „Handlung" ersetzt. Auf der Grundlage des Vertrages über die Europäische Union vom 7. 2. 1992 (Maastricht-Vertrag, BGBl. 1992 II 1251, in Kraft seit 1. 11. 1993, BGBl. 1993 II 1947 und des Zollkodex vom 12. 10. 1992 (ABl. EG Nr. L 302, 1, berichtigt ABl. EG 1993 Nr. L 79, 84) ist die Vorschrift der Rechtsentwicklung angepaßt worden (Gesetz vom 24. 6. 1994, BGBl. I 1395 und Gesetz vom 11. 10. 1995 – Jahressteuergesetz 1996 –, BGBl. I 1250). Bis zum Inkrafttreten des Gesetzes vom 24. 6. 1994 hatte § 382 I nur zwei Nummern, die wie folgt lauteten: *„1. für die Erfassung des Warenverkehrs über die Grenze oder für die in den § 9, 40a und 41 des Zollgesetzes genannten Arten der Zollbehandlung, 2. für die Zollfreigebiete, für den Zollgrenzbezirk oder für die der Grenzaufsicht unterliegenden Gebiete . . ."* In der Neufassung des § 382 I durch Gesetz vom 24. 6. 1994 hatte der Gesetzgeber die Freizonen nicht berücksichtigt (vgl. auch die Kritik von Bender Tz. 144, 1). Erst das Jahressteuergesetz 1996 hat diesen Fehler durch die jetzt gültige Fassung berichtigt. Z. Zt. (Herbst 1995) fehlt noch eine Abstimmung der Vorschriften des § 31 ZollVG mit § 382 I AO. Die ZollV ist durch die am 1. 1. 1995 in Kraft getretene Verordnung zur Änderung der ZollV und der Einreise-Freimengenverordnung vom 22. 12. 1995 (BGBl. I 3978) mit der Neufassung des § 382 I AO abgestimmt worden. Sie enthält Rückverweisungen auf alle drei Nummern des § 382 I. Das ZollVG bezieht sich z. Zt. noch auf die bis zum Inkrafttreten des Gesetzes vom 24. 6. 1994 geltende Fassung des § 382 I AO. Wegen der daraus sich ergebenden rechtlichen Konsequenzen vgl. Rdnr. 16.

Die auf den ersten Blick verwirrenden Begriffsunterschiede (Europäische Gemeinschaft, Europäische Gemeinschaften, Rat der Europäischen Union, Rat der Europäischen Gemeinschaften, Kommission der Europäischen Gemeinschaften) spiegeln den derzeitigen Rechtszustand (1995) mit einer Ausnahme zutreffend wieder. Nicht verständlich ist nämlich, daß einmal vom Rat der Europäischen Gemeinschaften und zum anderen vom Rat der Europäischen Union die Rede ist. Der Rat firmiert als Rat der Europäischen Union. Dies beruht auf dem Beschluß des Rates vom 8. 11. 1993 (ABl. EG

§ 382 2   Gefährdung der Eingangsabgaben

Nr. L 281, 18, berichtigt ABl. EG 1993 Nr. L 285, 41). Der „*Rat der Europäischen Gemeinschaften*" entspricht danach nicht mehr der Rechtslage. Die Europäische Gemeinschaft ist identisch mit der Europäischen Wirtschaftsgemeinschaft (Art. G des Maastricht-Vertrages). Die Europäischen Gemeinschaften umfassen außer der EG die Europäische Gemeinschaft für Kohle und Stahl (EGKS) und die Europäische Atomgemeinschaft (EAG), die nach wohl hM jeweils als eigenständige Organisationen mit eigener Rechtspersönlichkeit fortbestehen (*Grabitz/Hilf/von Bogdandy/Nettesheim* KEU Art. 1 EGV Rdnr. 2). Aufgrund des Fusionsvertrages vom 8. 4. 1965 (BGBl. 1965 II 1454) fungieren der Rat und die Kommission als gemeinsame Organe der drei Gemeinschaften.

2. Zweck und Anwendungsbereich

2   **§ 382 AO dient dem – z. Zt. allerdings nicht erreichten (s. unten) – Endziel der vollständigen Erfassung der Eingangsabgaben.** Demgemäß werden Handlungen, welche die Verkürzung von Eingangsabgaben vorbereiten können, mit Bußgeld bewehrt. § 382 AO erfaßt somit Pflichtverstöße, die sich auf die **zollamtliche Überwachung des Warenverkehrs über die Grenze** und die **Durchführung von Zollverfahren** beziehen. Zu letzterem gehören u. a. Handlungen, die im **Inland** zur **Entstehung** von **Eingangsabgaben** führen (zB die Überführung von Waren in den freien Verkehr in Berlin nach Durchführung eines im Seehafen Hamburg beginnenden gemeinschaftlichen Versandverfahrens). Darüber hinaus erfaßt § 382 I Pflichtverstöße, die in den zollrechtlich besonders geschützten Gebieten begangen werden. Es handelt sich um Pflichtverstöße, die noch keine Steuerverkürzungen zur Folge hatten und die sich nicht auf die Beachtung von Einfuhr-, Ausfuhr- und Durchfuhrverbote bzw. -beschränkungen beziehen. Wegen des Begriffs **Eingangsabgaben** (Zölle, Abschöpfungen, bei der Einfuhr zu erhebende Vrbrauchsteuern (einschließlich EUSt) und bei der Einfuhr zu erhebende Abgaben zu Marktordnungszwecken) wird auf Rdnr. 5 zu § 373 AO verwiesen. Die Überschrift „*Eingangsabgaben*" steht allerdings nicht im Einklang mit dem Inhalt der Vorschrift. Verbrauchsteuern, die als Eingangsabgaben erhoben werden, werden nach der gegenwärtigen Rechtslage (Herbst 1995) von § 382 AO nicht erfaßt (Rdnr. 28 ff.). Das ursprünglich vom Gesetzgeber gesetzte Ziel, die vollständige Erfassung aller Eingangsabgaben zu sichern, wird somit nicht erreicht. Wegen der Ausweitung des Anwendungsbereichs des § 382 AO auf **Ausfuhrabgaben** vgl. Rdnr. 4 ff. Über die Abgrenzung von § 381 AO s. Rdnr. 36 sowie Rdnr. 3, 21 zu § 381 AO. Die Angabe eines zu hohen Wertes in der Zollanmeldung zwecks Hinterziehung ertragsabhängiger Steuern ist zB nicht tatbestandsmäßig, weil hierdurch keine *Eingangs*abgaben gefährdet werden können (*Bender* Tz. 144, 1 c). Zur Verwirklichung des Tatbestandes des § 382 AO genügt die *abstrakte* Gefährdung. Anders als bei § 379 AO (Rdnr. 26 zu § 379 AO) braucht nicht festgestellt zu werden, daß durch die Zuwiderhandlung tatsächlich die Möglichkeit einer Verkürzung von Eingangsab-

2. Zweck und Anwendungsbereich 3–6 § 382

gaben begründet wurde. Ist eine Gefährdung des durch § 382 AO geschützten Rechtsguts im Einzelfall nachweisbar ausgeschlossen, dürfte es pflichtgemäßem Ermessen entsprechen, von der Verfolgung abzusehen.

Durch die Verletzung von **Vorschriften, die sich auf die Ausfuhr beziehen,** können keine Eingangsabgaben gefährdet werden (aA *Gast-de Haan* in der Vorauﬂ. 3 zu § 382 AO; *Kohlmann* 11 zu § 382 AO, *Gast-de Haan* zur früheren Rechtslage nach dem ZG; wegen der Verletzung von Vorschriften betr. die Ausfuhr s. unten Rdnr. 4 ff.). Für eingeführte Waren, die unter zollamtlicher Überwachung stehen, entsteht die Einfuhrzollschuld u. a., wenn sie der zollamtlichen Überwachung entzogen wird (Art. 203 I ZK). Die Entziehung aus der Überwachung kann mit der Ausfuhr ohne die vorgeschriebene Anmeldung (Art. 59 I ZK) zeitlich zusammenfallen. Eine Zuwiderhandlung gegen § 382 AO ist aber nicht in der unterlassenen Anmeldung zur Ausfuhr, sondern ggfl. in dem Verstoß gegen Vorschriften zu sehen, die der Durchführung von Zollverfahren dienen, denen die Ware nach dem Verbringen in das Zollgebiet unterworfen worden ist (§ 382 I Nr. 2 AO). 3

Ausfuhrabgaben (§ 17 I Nr. 1 MOG) sind zwar Zölle iS der AO (§ 5 MOG), fallen aber nach der eindeutigen Überschrift des § 382 AO nicht unter diese Vorschrift (vgl. auch § 32 MOG). 4

Für sich betrachtet ist § 382 AO auf **Ausfuhrabgaben** im Hinblick auf den eindeutigen Wortlaut nicht anwendbar. § 382 AO ist aber aufgrund von entsprechenden **Verweisungen** auch für Ausfuhrabgaben anzuwenden, wenn die Verletzung von Vorschriften im Zusammenhang mit der Ausfuhr als Ordnungswidrigkeit iS des § 382 AO zu behandeln ist. So verweist § 31 ZollVG zB insoweit auf § 382 I Nr. 1 AO, als Vorschriften verletzt werden, die sich auf die Ausfuhr beziehen. Nach § 31 I Nr. 1 ZollVG ist zB die Ausfuhr einer Ware außerhalb einer Zollstraße (§ 2 I S. 1 ZollVG) oder nach § 31 I Nr. 2 ZollVG die Ausfuhr einer Ware außerhalb der Öffnungszeiten (§ 3 I ZollG) als Ordnungswidrigkeit im Sinne des § 382 I Nr. 1 AO zu ahnden. Eingangsabgaben werden in diesen Fällen nicht gefährdet. Rechtliche Bedenken gegen die **Ausweitung des Anwendungsbereichs des § 382 AO auf die Gefährdung von Ausfuhrabgaben** durch das ZollVG bestehen nicht. Ebenso wie der Gesetzgeber die Verletzung von Pflichten im Zusammenhang mit der Ausfuhr im ZollVG selbst als Ordnungswidrigkeit hätte ahnden können, kann er denselben Effekt durch eine entsprechende Verweisung erzielen. 5

Anders ist die Rechtslage jedoch hinsichtlich der Verweisungen auf § 382 AO im Zusammenhang mit Ausfuhrvorgängen in der ZollV. Auch die ZollV qualifiziert Verstöße gegen Vorschriften, die die Ausfuhr regeln, als Ordnungswidrigkeiten durch Verweisung auf § 382 AO. Das gilt einmal für Verstöße gegen die ZollV (§ 30 I u. III ZollV). Das gilt zum anderen auch in den Fällen, in denen Verstöße gegen Vorschriften des ZK und der ZKDVO durch Verweisung auf § 382 AO zu Ordnungswidrigkeiten erhoben werden (§ 30 VI–VII ZollV), sofern diese Vorschriften die Ausuhr von Waren betreffen. Das Ausfuhrverfahren des ZK ist ein Zollverfahren neben den übrigen 6

Voß

Zollverfahren (Art. 4 Nr. 16h ZK), auf das die Regeln über die Überführung von Waren in ein Zollverfahren (Art. 59–78 ZK, Art. 198–253 ZKDVO) Anwendung finden (*Witte/Wolffgang* 20 zu Art. 161), sofern keine Sonderregelungen für das Ausfuhrverfahren eingreifen (Art. 161–162, Art. 279–289 u. 788–796 ZKDVO). In den Verweisungen der ZollV im Zusammenhang mit Ausfuhrvorgängen liegt eine **Ausweitung des Anwendungsbereichs des § 382 AO,** die nicht durch ein Gesetz gedeckt ist. Wie ausgeführt, bezieht sich § 382 AO selbst nur auf die Gefährdung von Eingangsabgaben. Nichts anderes gilt für die in Abs. 4 enthaltene Ermächtigung des Bundesministeriums der Finanzen, die Tatbestände der Verordnungen des Rates und der Kommission zu bezeichnen, die nach den Abs. 1–3 als Ordnungswidrigkeit geahndet werden können. Auch diese Ermächtigung erfaßt nur die Gefährdung von Einangsabgaben. Die Ahndung der Gefährdung von Ausfuhrabgaben als Ordnungswidrigkeit bedarf einer gesetzlichen Grundlage (Art. 20 III GG, BVerfG 14, 252; 23, 265, 269). Daran fehlt es für die Verweisungen in der ZollV, soweit die hier erörterten Ausfuhrabgaben betroffen sind.

7 Fraglich ist, ob die Verletzung von Vorschriften im Zusammenhang mit der Einfuhr/Ausfuhr aufgrund einer Verweisung auf § 382 AO auch dann tatbestandsmäßig ist, wenn keine Einfuhr/Ausfuhr-abgabe zu erheben ist, eine Gefährdung von Einfuhr/Ausfuhr-abgaben somit von vorneherein ausscheidet. Dieses Problem stellt sich weniger bei der Einfuhr, obwohl aufgrund von Präferenzabkommen, Assoziationsverträgen, Zollunionen, dem EWR-Abkommen, den Europaabkommen mit den mitteleuropäischen Staaten (vgl. *Grabitz/Hilf/Voß* 24 ff. vor Art. 9–29 EGV mwN) und aufgrund anderer Maßnahmen eine große Zahl von Einfuhren eingangsabgabenfrei erfolgt. Bedeutsamer wird die Frage bei der Ausfuhr. Ausfuhrabgaben werden nur ausnahmsweise erhoben. Ausfuhrzölle gibt es in der Gemeinschaft nicht. Nur im Rahmen der gemeinsamen Agrarmarktordnung und auch dort nur ausnahmsweise werden Ausfuhrabgaben erhoben, wenn der Weltmarktpreis über den Preisen innerhalb der Gemeinschaft liegt und durch die Ausfuhr eine Verknappung des Warenangebots innerhalb der Gemeinschaft zu befürchten ist (dazu EuGHE 1978, 169 „Lührs" betr. VO (EWG) Nr. 348/76 – Kartoffelmarktordnung). Daß für die Ausfuhr gleichwohl im allgemeinen die Verfahrensregeln für die Einfuhr gelten (vgl. die oben dargestellten Vorschriften des gemeinschaftlichen Zollrechts und die Vorschriften des ZollVG – u. a. §§ 1 I, 2 I, 3 I), beruht auf der Tatsache, daß der Warenverkehr über die Grenze (Einfuhr und Ausfuhr) zollamtlich überwacht wird und zwar in Bezug auf die Ausfuhr vornehmlich zur Kontrolle der Ausfuhrverbote sowie zur statistischen Erfassung des Warenverkehrs (zu letzterem Aspekt vgl. *Dorsch-Dorsch* 94 ff. zu Einl. A). Vorschriften über das Ausfuhrverfahren, deren Verletzung durch Verweisung auf § 382 AO bußgeldbewehrt ist, sichern somit nahezu ausschließlich **außerabgabenrechtliche Staatsinteressen.** ME ist die eingangs gestellte Frage nach der Tatbestandsmäßigkeit in den Fällen, in denen keine Abgaben zu erheben sind, gleichwohl zu bejahen. § 382 AO ist ein

3. Vorbehalt der Rückverweisung   8–12 § 382

abstraktes Gefährdungsdelikt, dessen Tatbestandsmäßigkeit nicht davon abhängt, daß Abgaben verkürzt werden. Der Sinn der bußgeldbewehrten Vorschriften besteht namentlich darin, den Bürger dazu anzuhalten, seine zollrechtlichen Verpflichtungen zu erfüllen, damit die Zollverwaltung die Möglichkeit der Prüfung hat, ob Abgaben für die Einfuhr/Ausfuhr zu erheben sind. Die Verletzung von Vorschriften im Zusammenhang mit der Einfuhr/Ausfuhr von Waren, ohne daß Einfuhr/Ausfuhr-abgaben zu erheben wären, gibt aber jedenfalls Anlaß zu prüfen, ob aufgrund des **Opportunitätsprinzips** von der Ahndung der Ordnungswidrigkeit abgesehen werden kann.

Die Verletzung von Sollvorschriften ist keine Ordnungswidrigkeit; **8** ebenso nicht die Nichteinhaltung von Mußvorschriften, deren Erfüllung nur die Voraussetzung für den Erwerb bestimmter Rechte ist (zB bei verbindlichen Zolltarifauskünften, Art. 12 ZK, Art. 6 ZKDVO). Wer zB Erlaß oder Erstattung von Zoll begehrt (Art. 235–239 ZK, Art. 877–912 ZKDVO) hat als Voraussetzung bestimmte Obliegenheiten (Art. 878–880 ZKDVO) zu erfüllen. Kommt er diesen Obliegenheiten nicht nach, verliert er damit lediglich den Anspruch auf Erlaß oder Erstattung.

Auf Zuwiderhandlungen gegen Verwaltungsvorschriften ist § 382 AO **9** gem. Art. 103 II GG, § 3 OWiG selbst dann nicht anwendbar, wenn sie auf einer ausdrücklichen gesetzlichen Ermächtigung beruhen, zB Verbot des Aufenthalts im Freihafen gem. § 21 ZollV (OLG Bremen v. 25. 1. 1961, ZfZ 124, zu § 64 II ZG, § 413 RAO 1956 Rdnr. 23).

3. Vorbehalt der Rückverweisung

Die Anwendung des § 382 AO ist davon abhängig, daß die Zollgesetze **10** oder die dazu oder die aufgrund von Absatz 4 erlassenen RechtsVen *„für einen bestimmten Tatbestand"* auf diese Bußgeldvorschrift verweisen (§ 382 I AO). Die Verweisung muß sich im Rahmen des Blanketts halten (Rdnr. 16). Ein gleichlautender Rückverweisungsvorbehalt war bereits in § 408 I RAO 1968 enthalten. Er wurde seinerzeit – enspechend ständiger Übung in vergleichbaren Fällen eines Bußgeldblanketts – *„aus Gründen größerer Rechtssicherheit und Rechtsklarheit"* in das Gesetz eingefügt (BT-Drucks. V/1812 S. 28). Ein Rückverweisungsvorbehalt soll ermöglichen, daß Zuwiderhandlungen gegen unbestimmte, nicht sanktionsbedürftige oder bereits anderweitig abgesicherte Ge- oder Verbote von dem Bußgeldblankett ausgenommen werden (*Göhler* 4 B vor § 1 OWiG).

Die in § 382 I AO vorgeschriebene Verweisung ist nicht erforderlich, **11** *„soweit die Vorschriften der dort genannten Gesetze und RechtsVen vor dem 1. Oktober 1968 erlassen sind"* (Art. 97 § 20 EGAO). Art. 97 § 20 EGAO ist gegenstandslos, weil die maßgebenden Gesetze und Verordnungen Verweisungskataloge enthalten.

§ 382 I ist ebensowenig wie § 381 I AO eine **Ermächtigungsnorm** für den **12** Erlaß von Rechtsverordnungen, die hinsichtlich bestimmter Tatbestände auf § 382 AO verweisen (vgl. Rdnr. 7 zu § 381 AO; *Voß* BB 1996, 1695). Eine

Voß 585

Ermächtigungsnorm enthält allein Abs. 4 bezüglich Verordnungen des Rates der Europäischen Union und der Kommission der EG. Auch dem ZollVG fehlt eine Ermächtigungsnorm für die in § 30 I u. II ZollV enthaltenen Vorschriften des nationalen Zollrechts über eine Verweisung auf § 382 I AO. Entsprechend dem Zitiergebot des Art. 80 I S. 3 GG sind als Grundlage der ZollV idF vom 23. 12. 1993 die §§ 3, 23, 24, 25, 78 und 79 des ZollGesetzes idF der Bekanntmachung vom 18. 5. 1970, des § 25 ZollVG sowie der §§ 156 und 382 IV AO angegeben. Die Verordnung zur Änderung der ZollV v. 22. 12. 1994 (BGBl. I 3978), die u. a. eine völlige Neufassung des hier einschlägigen § 30 ZollV enthält, bezieht sich u. a. auf § 382 AO als Ermächtigungsnorm. Von der Ermächtigungsnorm des § 382 IV AO abgesehen berechtigen die genannten Vorschriften den Bundesminister der Finanzen nicht, Verstöße gegen Zollvorschriften als Ordnungswidrigkeit zu qualifizieren. Die Ermächtigungen zum Erlaß der in § 30 I–IIII ZollV (Fassung ab 1. 1. 1995) angezogenen Verfahrensvorschriften schließen auch nicht stillschweigend die Ermächtigung ein, Verstöße gegen diese Vorschriften als Ordnungswidrigkeiten zu ahnden. Auch im Wege der Auslegung ist den Ermächtigungen zum Erlaß von Verfahrensvorschriften ein solches Ergebnis nicht zu entnehmen. Insoweit gelten die gleichen Rechtsgrundsätze wie sie zu § 381 AO dargestellt sind (Rdnr. 7 zu § 381 AO). Für die in § 30 I u. II ZollV (ab. 1. 1. 1995 § 30 I–III ZollV) enthaltenen Verweisungen fehlt mithin eine ausreichende Ermächtigung. Die Vorschriften des **§ 30 I u. II ZollV, ab 1. 1. 1995 auch des § 30 III ZollV,** sind mE **nichtig.** Sie sind auch nicht übergangsweise aufrechtzuerhalten. § 382 IV GG genügt hingegen den Anforderungen des Art. 80 I GG.

13   **§ 382 IV AO ermächtigt den BdF,** durch RechtsV die Tatbestände der in Absatz 1 genannten Verordnungen des Rates der Europäischen Union oder der Kommission der Europäischen Gemeinschaften zu bezeichnen, die nach § 382 AO als Ordnungswidrigkeiten mit Geldbuße geahndet werden können. Die Vorschrift enthält also eine Ermächtigung zur Aufstellung eines Rückverweisungskatalogs. Die Regelung war notwendig, weil die Verordnungen des Rates oder der Kommission mangels entsprechender Kompetenzen dieser Organe keine Straf- oder Bußgeldandrohungen enthalten; andererseits erschiene es wenig sinnvoll, wenn gerade das Gemeinschaftsrecht, welches für die Warenbewegung über die Grenze immer größere Bedeutung erlangt, ungeschützt wäre. Der BdF hat von seiner Ermächtigung Gebrauch gemacht und einen Verweisungskatalog über *Verstöße gegen das Gemeinschaftsrecht* in § 30 IV–VII ZollV (Fassung ab 1. 1. 1995) aufgestellt. Die Ermächtigung des § 382 IV AO engt den Kreis der in § 382 I AO beschriebenen Pflichten ein und läßt eine Verweisung durch Rechtsverordnung nur zu, soweit
– dies zur Durchführung der Rechtsvorschriften der Europäischen Gemeinschaften erforderlich ist und
– es sich um Pflichten zur *Gestellung, Vorführung, Lagerung oder Behandlung von Waren, zur Abgabe von Erklärungen oder Anzeigen, zur Aufnahme von Niederschriften sowie zur Ausfüllung oder Vorlage von Zolldokumenten oder zur Aufnahme von Vermerken in solchen Dokumenten* handelt.

4. Täterkreis **14 § 382**

Gestellung bedeutet die Mitteilung an die Zollbehörden in der vorgeschriebenen Form, daß sich die Waren bei der Zollstelle oder an einem anderen von den Zollbehörden bezeichneten oder zugelassenen Ort befinden (Art. 4 Nr. 19 ZK). Die **Vorführung** bezieht sich auf die Pflichten, im Versandverfahren die Ware bei der Durchgangszollstelle vorzuführen (Art. 352 I ZollDVO). Die **Lagerung** und **Behandlung** von Waren bezieht sich zB auf Vorschriften über die Zollagerung (Art. 100 ff. ZK) und die Behandlung von Waren in Zollagern (Art. 100 ZK). **Erklärungen** und **Anzeigen** finden sich an zahlreichen Stellen des ZK und des ZKDVO. Dazu gehören Anmeldungen (zB Art. 43, 59 I, 178 IV, ZK, Art. 219 II ZollDVO) und Mitteilungen (zB Art. 39 I und II, 46 I 3, 172 I 2 ZK, Art. 266 Ia, 273 I 1a ZollDVO). Zu den **Niederschriften** gehören u. a. Bestandsaufzeichnungen (zB Art. 105 1, 176 I 1, Art. 520 ZKDVO). Die **Ausfüllung** oder **Vorlage** von **Zolldokumenten** betrifft Papiere, die zur Durchführung des Verfahrens erforderlich sind (zB Art. 355 I 1 ZollDVO). **Vermerke** in Zolldokumenten sind Aufzeichnungen über den Verfahrensablauf oder über besondere Vorkommnisse (zB Art. 354 II 2, 355 I 1, 491 I 2 ZollVO). § 30 IV–VII ZollV (Fassung ab 1. 1. 1995) enthält nur Verstöße gegen Pflichten, die sich aus dem ZK oder der ZKDVO ergeben. Im großen und ganzen dürften die Verweisungen des § 30 IV–VII ZollV durch die Ermächtigungsnorm des § 382 IV AO gedeckt sein. Im einzelnen bedarf dies der Prüfung, ohne daß hierauf wegen des umfangreichen Katalogs eingegangen werden könnte. Geahndet werden können nur **Verstöße, die auf deutschem Gebiet** oder auf **Schiffen** oder **Flugzeugen** außerhalb dieses Gebiets begangen werden, die berechtigt sind, die Bundesflagge oder das Staatsangehörigkeitszeichen der Bundesrepublik Deutschland zu führen (§ 377 II AO iVm § 5 OWiG). So ist zB die gegen Art. 96 Ia ZK, Art. 356 I ZKDVO verstoßende Nichtgestellung von Versandgut bei einer in einem anderen Mitgliedstaat belegenen Bestimmungszollstelle keine Handlung, die als Ordnungswidrigkeit geahndet werden könnte, während die Nichtgestellung bei einer Bestimmungszollstelle im Geltungsbereich des Grundgesetzes (auch im Falle des Versands aus einem anderen Mitgliedstaat in die Bundesrepublik) eine Ordnungswidrigkeit darstellt (§ 39 II Nr. 9 ZollV).

4. Täterkreis

Schrifttum: *Hälbig,* Zur bußrechtlichen Ahndung der unterlassenen Gestellung im Zollgutversand, ddz 1971 F 117.

Pflichtiger und damit Täter iS des § 382 AO kann jeder sein, der die in **14** § 382 I Nr. 1–3 AO bezeichneten Pflichten zu erfüllen hat. Ob jemand Pflichtiger ist, ergibt sich aus den jeweiligen Vorschriften, auf welche die Nr. 1–3 des Abs. I des § 382 AO abheben (dazu Rdnr. 20 ff.). Deshalb braucht der Täterkreis – im Gegensatz zu § 408 I Nr. 1 RAO nicht genauer umschrieben zu werden. Dazu gehört u. a. der *Gestellungspflichtige* (Art. 40 ZK), der *Anmelde- oder sonstige Mitteilungspflichtige,* zB Anmeldepflichtige für die summarische Zollanmeldung (Art. 44 II ZK), der *Zollanmelder* (Art. 64 I

Voß 587

ZK) nach Annahme der Zollanmeldung (Art. 67 ZK), der Mitteilungspflichtige im Rahmen der vereinfachten Gestellung (Art. 266 ZKDVO) oder derjenige, der Bestandsaufzeichnungen zu führen hat (Art. 176 I ZK). Auf Besitz- und *Eigentumsverhältnisse* kommt es für die Frage, ob jemand Pflichtiger ist, grundsätzlich nicht an. Namentlich die für die Erfassung des Warenverkehrs über die Grenze wesentliche Gestellungspflicht trifft jeden, der die Ware in das Zollgebiet verbracht hat oder der ggfl. die Beförderung der Ware nach dem Verbringen übernimmt (Art: 40 ZK), also auch der Dieb, der die genannten Voraussetzungen erfüllt.

15 **Bei Wahrnehmung der Angelegenheiten eines Pflichtigen** handelt jeder, dessen Tun oder Unterlassen mit den Obliegenheiten des *„Pflichtigen"* iS des § 382 I AO im Zusammenhang steht. Zu diesen Personen zählen insbesondere *gesetzliche Vertreter* und *Vermögensverwalter* (§ 34 AO) sowie *Verfügungsbefugte* iS des § 35 AO (s. dazu Rdnr. 17f. zu § 380 AO) und Vertreter iS von Art. 5 ZK. Der Begriff *„bei Wahrnehmung"* geht aber noch weiter. Er umfaßt praktisch jede Person, die dem Pflichtigen Hilfe leistet (RG 57, 218, 219 v. 12. 4. 1923; DOG v. 6. 7. 1950, ZfZ 272; Kohlmann 22 u. *Klein/Orlopp* 2 zu § 382 AO). Maßgebend ist die *tatsächliche* Wahrnehmung (§ 382 I AO: „Bei ..."); es kommt nicht darauf an, ob der Betreffende im Innenverhältnis dazu verpflichtet ist (glA *Lohmeyer* ZfZ 1965, 330) und auch nicht, ob der Handelnde nach außen in Erscheinung tritt (ausf. Rdnr. 6ff. zu § 378 AO). Ein Familienmitglied nimmt Angelegenheiten seiner Angehörigen wahr, wenn es bei der gemeinschaftlichen Einreise schlüssig zu erkennen gibt, daß es die Zollformalitäten für alle Familienmitglieder erledigen will (OLG Hamm v. 20. 11. 1958, ZfZ 1959, 122). Ein **Spediteur** handelt im eigenen Namen und nicht in Wahrnehmung der Angelegenheiten eines Pflichtigen, wenn er nicht erklärt, im fremden Namen zu handeln (Art. 5 IV ZK; Witte-*Reiche* 23ff. zu Art. 5 ZK). Der ZK enthält das Institut der indirekten Vertretung – Handeln im eigenen Namen für Rechnung eines anderen (Art. 5 II 2. Spiegelstrich ZK) –, das Pflichten des Vertretenen und des indirekten Vertreters begründet (Witte-*Reiche* 41f. zu Art. 5 ZK). Wegen weiterer Einzelheiten wird auf § 378 Rdnr. 10ff. verwiesen.

5. Objektive Tatbestände

a) Allgemeines

16 **§ 382 I Nr. 1, 2 u. 3 AO sind Blankettvorschriften,** die durch Ge- oder Verbotsnormen der Zoll- und Verbrauchsteuergesetze, der hierzu ergangenen RechtsVen oder der Verordnungen des Rats der Europäischen Union sowie der Kommission der Europäischen Gemeinschaften ausgefüllt werden. *Verwaltungsvorschriften* genügen nicht. Mit Rücksicht auf den Bestimmtheitsgrundsatz (Art. 103 II GG, § 3 OWiG) müssen die möglichen Fälle der Strafbarkeit schon aufgrund des Gesetzes vorausgesehen werden können und die Voraussetzungen der Strafbarkeit sowie Art und Maß der Strafe schon im Blankettstrafgesetz selbst hinreichend deutlich umschrieben werden; die Blankettnorm muß den möglichen Inhalt und Gegenstand der Regelungen,

5. Objektive Tatbestände

17 § 382

die zu ihrer Ausfüllung in Betracht kommen, genügend deutlich bezeichnen und abgrenzen (BVerfG 14, 245, 252; BVerfGE 23, 265, 269; *Göhler* 19 vor § 1 OWG; Rdnr. 7 381). Die Blankettvorschrift ergibt erst zusammen mit der ausfüllenden Norm den Tatbestand einer Ordungswidrigkeit. Deshalb müssen die ausfüllenden Normen unter die Bestimmungen der Nrn. 1 bis 3 des § 382 I AO subsumierbar sein. Verweisungen auf nicht in § 382 I Nrn. 1 bis 3 aufgeführte zollrechtliche Pflichten laufen leer und schließen die Ahndbarkeit nach § 382 aus. Dasselbe gilt für § 382 IV AO hinsichtlich der Verweisungen, die sich nicht unter die dort aufgeführten Merkmale der Pflichten zur Gestellung usw. subsumieren lassen. Wenn der Gesetzgeber nicht unter die genannten Merkmale fallendes Verhalten als Ordnungswidrigkeit ahnden will, muß er die Kataloge des § 382 I und IV AO erweitern. Darüber hinaus müssen mE auch die **Verweisungen** in den Verweisungskatalogen des § 31 ZollVG und des § 30 ZollV **mit den Nrn. 1–3 des § 382 I übereinstimmen**. Diese Übereinstimmung bestand zeitweise nicht und ist hinsichtlich des ZollVG z. Zt. (Herbst 1995) noch nicht verwirklicht (Rdnr. 1). So verweist zB § 31 II ZollVG auf § 382 I Nr. 2 AO, obwohl durch die Gesetzesänderung vom 24. 6. 1994 eine Verweisung auf § 382 I Nr. 3 AO richtig wäre. § 382 I Nr. 2 AO betrifft die Überführung von Waren in ein Zollverfahren, dessen Durchführung und die Erlangung einer zollrechtlichen Bestimmung. § 31 II ZollVG bezieht sich aber auf Pflichten, die in Freizonen, im grenznahen Raum sowie in Grenznähe, an Freizonengrenzen und auf Flugplätzen zu beachten sind. § 32 II ZollVG müßte mithin auf § 382 I Nr. 3 AO verweisen. Eine den Gesetzestext korrigierende Auslegung, daß an Stelle des § 382 I Nr. 2 AO die Vorschrift des § 382 I Nr. 3 AO zu lesen ist, erscheint problematisch. Solange der Gesetzgeber § 31 ZollVG und § 30 ZollV (Zeitraum: 1. 7. bis 31. 12. 1994) nicht an die geänderte Vorschrift des § 382 I AO angepaßt hatte bzw. angepaßt hat, kann mE ein Verstoß gegen die in den genannten Zollvorschriften angezogenen Pflichten insoweit nicht als Ordnungswidrigkeit geahndet werden. Dies schließt mE der Grundsatz der Bestimmtheit des gesetzmäßigen Tatbestandes aus (vgl. *Voß* BB 1996, 1695; a.A. *Bender* Tz. 144, 1; *Kohlmann* 24 zu § 382 AO).

Zollgesetze und dazu erlassene Rechtsverordnungen iS des § 382 I AO **17** sind nur
– das Zollverwaltungsgesetz und
– die Zollverordnung.

Das Abschöpfungserhebungsgesetz ist kein Zollgesetz, wie nunmehr die Unterscheidung zwischen Zöllen und Abschöpfungen in Art. 4 Nr. 10 ZK klar erkennen läßt. Da aber für Abschöpfungen die Vorschriften für Zölle sowie Zollstraftaten und Zollordnungswidrigkeiten Anwendung finden (§ 2 I AbschErhG), fallen auch Abschöpfungen in den Anwendungsbereich des § 382 I AO. Entsprechendes gilt für das Truppenzollgesetz und die Truppenzollverordnung. Die weiteren für die Erhebung von Einfuhrabgaben maßgebenden Gesetze (UStG, UStDV, EUSt-Befreiungsverordnung, die Einfuhrtatbestände der Verbrauchsteuergesetze) sind keine Zollgesetze iS des § 382 I AO (aA *Kohlmann* 7 zu § 382 AO). Vgl. dazu die Bemerkungen zu § 382 II AO.

18 Zu den **Verordnungen des Rates der Europäischen Union oder der Kommission der Europäischen Gemeinschaften** iS des § 382 I AO zählen insbesondere:
- der Zollkodex;
- die Zollkodex-Durchführungsverordnung.

Weitere Rechtsvorschriften der Europäischen Gemeinschaften kommen nach den vom Bundesministerium der Finanzen gemäß § 382 I AO erlassenen Rechtsverordnungen derzeit nicht in Betracht.

19 Die Verordnungen des Rates und der Kommission sind in allen ihren Teilen verbindlich und gelten *unmittelbar* in jedem Mitgliedstaat (Art. 189 II EG-Vetrag). Durch die Ratifizierung des EWG-Vertrages (Art. 1 G v. 27. 7. 1957, BGBl. II 753) ist in Übereinstimmung mit Art. 24 I GG eine eigenständige Rechtsordnung entstanden, die in die innerstaatliche Rechtsordnung hineinwirkt (EuGHE 1991, 6079, 6084, Gutachten 1/91 „EWR-Vertrag"; BVerfG Urteil vom 12. 10. 1993 zum Vertrag von Maastricht, BVerfGE 89, 155 = RIW 1993, Beilage 5 zu Heft 12 = EuZW 1993, 667). Andere Normen des Gemeinschaftsrechts als Verordnungen entfalten unter bestimmten Voraussetzungen **unmittelbare Wirkungen** (Direktwirkung, Durchgriff des Gemeinschaftsrechts). Unmittelbare Wirkung bedeutet, daß die Bestimmungen des Gemeinschaftsrechts ihre volle Wirksamkeit einheitlich in sämtlichen Mitgliedstaaten mit der Folge entfalten, daß sie unmittelbar Rechte und Pflichten für alle diejenigen begründen, seien es Mitgliedstaaten oder natürliche oder juristische Personen, die sie betreffen (EuGHE 1978, 629, 643 „Simmenthal II"). Voraussetzung für die unmittelbare Wirksamkeit von Normen des Gemeinschaftsrechts ist, daß sie klar und eindeutig, unbedingt, vollständig und rechtlich vollkommen sind und zu ihrer Erfüllung oder Wirksamkeit keiner weiteren Handlungen der Staaten oder der Gemeinschaft bedürfen (u. a. EuGHE 1963, 1, 25 „van Gend & Loos"). Im einzelnen besteht eine unmittelbare Wirksamkeit in folgenden Bereichen:
- bei einzelnen Artikeln des EGV, die gemäß den Kriterien der Rechtsprechung des EuGH eine derartige Wirkung entfalten (zB Art. 9, 12, 30 EGV; EuGHE 1963, 1 „van Gend & Loos"),
- bei Verordnungen des Rats und der Kommission (Art. 189 UAbs. 2 EGV),
- bei einzelnen, die vorstehend genannten Kriterien erfüllenden Vorschriften von Richtlinien (Art. 189 UAbs. 3 EGV; zB EuGHE 1982, 53 „Bekker"),
- bei völkerrechtlichen Abkommen der Gemeinschaft, sofern sich dies aus Wortlaut, Sinn und Zweck des Vertrages und einer hinreichend bestimmten Vorschrift des Vertrages im Wege der Auslegung ergibt (zB EuGHE 1982, 3641, 3662 „Kupferberg I").

Die Normen des Gemeinschaftsrechts genießen gegenüber nationalen Rechtsvorschriften Vorrang (u. a. EuGHE 1963, 1, 25 „van Gend & Loos"). Das Gemeinschaftsrecht bricht nationales Recht mit der Folge, daß es für Sachverhalte mit Gemeinschaftsbezug, nicht jedoch im sonstigen innerstaatlichen Anwendungsbereich unanwendbar wird (EuGHE 1978, 629, 643 ff. „Simmenthal II"; Nicolaysen, Europarecht I 38 ff.).

5. Objektive Tatbestände

b) § 382 I Nr. 1 AO

Die „**zollamtliche Erfassung des Warenverkehrs**" über die Grenze des 20 Zollgebiets der Europäischen Gemeinschaft sowie über die Freizonengrenzen" bezieht sich auf die Vorschriften des Gemeinschaftszollrechts und des nationalen Rechts, die im ZollVG und in der ZollV geregelt sind. Letztere Vorschriften ergänzen die gemeinschaftsrechtlichen Bestimmungen über die Erfassung des Warenverkehrs. Im einzelnen handelt es sich um die in § 31 I ZollVG und in § 30 I ZollV – in der ab 1. 1. 1995 geltenden Fassung – genannten Verpflichtungen und zwar u. a. über
- die *ordnungsmäßige Beförderung* der Waren einschließlich der Einhaltung des vorgeschriebenen zeitlichen Rahmens – Öffnungszeiten der Zollstellen – (§§ 2 I, 3 I, ZollVG);
- die Einhaltung von sonstigen Verpflichtungen, die eine *zollamtliche Überwachung* ermöglichen, wie die Pflicht, auf Verlangen stehen zu bleiben und sich auszuweisen (§ 10 II ZollVG) oder
- das Verbot, eine Freizone außerhalb der zugelassenen Übergänge zu überschreiten (§ 26 VI ZollV).

c) § 382 I Nr. 2 AO

Die „**Überführung in ein Zollverfahren**" bzw. die „**zollrechtliche Be-** 21 **stimmung von Waren**" bezieht sich ebenfalls auf das Gemeinschaftszollrecht und die nationalen Zoll-Vorschriften, welche die Vorschriften des ZK und der ZKDVO ergänzen. Die **zollrechtliche Bestimmung** (Art. 58–182 ZK) ist ein Zentralbegriff des Zollkodex (Grabitz/Hilf-*Voß* KEU Art. 9 Rdnr. 21 ff.). Der Zollkodex unterscheidet dabei zwischen der Überführung von Waren in ein Zollverfahren (Art. 59–165 ZK) und der sonstigen zollrechtlichen Bestimmung (Art. 166–182 ZK). Zu den *Zollverfahren* gehören:
- *die Überführung in den zollrechtlich freien Verkehr* (79–83 ZK) sowie
- das *Nichterhebungsverfahren* und die *Zollverfahren mit wirtschaftlicher Bedeutung* (Art. 84–160 ZK), wozu das externe und interne *Versandverfahren* (Art. 91–97 und Art. 163–165 ZK), die aktive und passive *Veredelung* (Art. 114–129 ZK und Art. 145–160 ZK), das *Zollagerverfahren* (Art. 98–113 ZK), das *Umwandlungsverfahren* (Art. 130–136 ZK 9 und die **Ausfuhr** (Art. 161–162 ZK) gehören.

Die sonstigen zollrechtlichen Bestimmungen umfassen:
- die Verfahren im Zusammenhang mit *Freizonen* und *Freilager* (Art. 166–181 ZK) sowie
- die *Wiederausfuhr,* die *Vernichtung* oder *Zerstörung* und die *Aufgabe zugunsten der Staatskasse* (Art. 182 ZK).

Das ZollVG enthält keine Verweisungen, die die Überführung von Waren in ein Zollverfahren oder die sonstige zollrechtliche Bestimmung der Waren betreffen. Die ZollV in der ab 1. 1. 1995 geltenden Fassung stellt bestimmte Fälle der unrechtmäßigen Abgabe von Waren (Schiffsbedarf), die sich in einem Zollverfahren befinden, bzw. deren Nichtanschreibung solcher Waren unter die Sanktion von § 382 I Nr. 2 AO (§ 30 II ZollV).

§ 382 22-25   Gefährdung der Eingangsabgaben

d) § 382 I Nr. 3 AO

22 Auf § 382 I Nr. 3 AO verweist zZt (Herbst 1995) nur § 30 III ZollV, der sich auf die Pflicht des Schiffsführers bezieht, auf Verlangen der Zöllner zu halten und das Borden von Zollbooten zu ermöglichen (§ 28 ZollV). Die in § 31 II ZollVG (Rechtszustand Herbst 1995) enthaltenen Verweisungen auf § 382 I Nr. 2 AO betreffen Verpflichtungen, die sich auf die Freizonen, den grenznahen Raum und die sonstigen der Grenzaufsicht unterliegenden Gebiete beziehen. Bei richtiger Durchführung des gesetzgeberischen Programms müßten wegen der in § 31 II ZollV in der derzeitigen Fassung (Herbst 1995) aufgeführten Verpflichtungen auf § 382 I Nr. 3 AO verwiesen werden (Rdnr. 16).

23 Der Begriff „**Freizone**" knüpft an den Zollkodex (Art. 166–181 ZK) an. Es handelt sich um Zollfreigebiete, die aber Teil des Zollgebiets der Gemeinschaft sind (Art. 166 ZK; *Witte/Petrat* 3 ff. zu Art. 166, spricht zu Unrecht von Zollausschlüssen). Dorthin aus Drittländern verbrachte Nichtgemeinschaftswaren werden als nicht im Zollgebiet befindlich angesehen (Art. 166 a ZK). Freizonen werden von den Mitgliedstaaten eingerichtet (Art. 167 ZK), in Deutschland durch Gesetz (§ 20 I ZollVG). Freizonen sind die **Freihäfen** in Bremen, Bremerhaven, Cuxhafen, Deggendorf, Duisburg, Emden, Hamburg und Kiel. Die für die Anwendung des § 382 AO maßgebenden Pflichten im Gebiet von Freizonen ergeben sich aus deutschem Recht. Einschlägig sind insoweit die Vorschriften der § 20–23 ZollVG, wonach das Wohnen und Bauen in Freizonen nur mit besonderer Erlaubnis bzw. Zustimmung des Hauptzollamts zulässig ist (§§ 21, 22 ZollVG).

24 Der im Zollkodex nicht vorkommende Begriff des **grenznahen Raums** (früher Zollgrenzbezirk) wird in § 14 I ZollV beschrieben. Er befindet sich im deutschen Teil des Zollgebiets der Gemeinschaft bis zu einer Tiefe von 30 km, von der seewärtigen Begrenzung des Zollgebiets der Gemeinschaft an bis zu einer Tiefe von 50 km. Durch die Verordnung über die Ausdehnung des grenznahen Raums und die der Grenzaufsicht unterworfenen Gebiete vom 1. 7. 1993 (BGBl. I 1132) hat der Bundesminister der Finanzen die Ausdehnung des grenznahen Raum und die der **Grenzaufsicht unterliegenden Gebiete** beschrieben. Mit dieser Verordnung hat der Bundesminister außer von der Ermächtigung des § 14 I S. 2 ZollVG von der Ermächtigung des § 14 IV S. 1 ZollVG Gebrauch gemacht.

25 **Ge- und Verbote** im grenznahen Raum bzw. in den der Grenzaufsicht unterworfenen Gebieten ergeben sich aus §§ 14 II, 15 I–IV ZollVG. Aufgrund der genannten Vorschriften können die Hauptzollämter auch bestimmte Anordnungen erlassen. Ein Verstoß gegen eine solche auf einen konkreten Fall oder eine Gruppe von Fällen bezogene Anordnung ist jedoch keine Zuwiderhandlung gegen eine gesetzliche Vorschrift iS des § 382 I AO (Art. 80 I 1 GG, § 3 OWiG; Rdnr. 9).

5. Objektive Tatbestände   § 382

e) **Verweisungskataloge**

Wegen der zZt mangelnden Abstimmung der Vorschriften des § 31 26
ZollVG und des § 30 ZollV (1. 7.–31. 12. 1994) und den daraus sich ergebenden Rechtsfolgen s. zunächst Rdnr. 16. Für **Zuwiderhandlungen gegen Ge- und Verbote** des **ZollVG** und der **ZollV** bestimmt:

§ 31 ZollVG Zollordnungswidrigkeiten
(1) Ordnungswidrig im Sinne des § 382 Abs. 1 Nr. 1 der Abgabenordnung handelt, wer vorsätzlich oder fahrlässig
1. entgegen § 2 Abs. 1 Satz 1 eine Ware außerhalb einer Zollstraße einführt oder ausführt, entgegen § 2 Abs. 2 außerhalb eines Zollflugplatzes landet oder abfliegt, entgegen § 2 Abs. 3 Satz 1 außerhalb eines Zollandungsplatzes anlegt oder ablegt oder entgegen § 2 Abs. 3 Satz 2 auf einer Zollstraße mit anderen Fahrzeugen oder mit dem Land in Verbindung tritt,
2. entgegen § 3 Abs. 1 eine Ware außerhalb der Öffnungszeiten einführt oder ausführt,
3. entgegen § 10 Abs. 2 in Verbindung mit Abs. 1 Satz 2 auf Verlangen eines Zollbediensteten nicht stehen bleibt oder sich nicht über seine Person ausweist,
4. entgegen § 10 Abs. 2 in Verbindung mit Abs. 1 Satz 3 oder 4 als Führer eines Beförderungsmittels auf Verlangen eines Zollbediensteten nicht hält oder es ihm nicht ermöglicht, an Bord oder von Bord zu gelangen.

(2) Ordnungswidrig im Sinne des § 382 Abs. 1 Nr. 2 der Abgabenordnung handelt, wer vorsätzlich oder fahrlässig
1. entgegen § 10 Abs. 1 Satz 2 auf Verlangen eines Zollbediensteten nicht stehen bleibt oder sich nicht über seine Person ausweist,
2. entgegen § 10 Abs. 1 Satz 3 oder 4 als Führer eines Beförderungsmittels auf Verlangen eines Zollbediensteten nicht hält oder es ihm nicht ermöglicht, an Bord oder von Bord zu gelangen,
3. entgegen § 15 Abs. 1 Satz 1 einen Bau ohne Zustimmung des Hauptzollamts errichtet oder ändert,
4. entgegen § 21 Satz 1 in einer Freizone ohne besondere Erlaubnis des Hauptzollamts wohnt,
5. entgegen § 22 Satz 1 in einer Freizone einen Bau ohne Zustimmung des Hauptzollamts errichtet, wesentlich in seiner Bauart ändert oder anders verwendet,
6. im grenznahen Raum, in einem der Grenzaufsicht unterworfenen Gebiet oder in einer Freizone entgegen § 25 Abs. 1 Satz 1 Handel mit Nichtgemeinschaftswaren oder unversteuerten Waren, die zur Verwendung als Schiffs- oder Reisebedarf bestimmt sind, ohne schriftliche Erlaubnis des Hauptzollamts betreibt.

§ 30 ZollV Zollordnungswidrigkeiten
(1) Ordnungswidrig im Sinne des § 382 Abs. 1 Nr. 1 der Abgabenordnung handelt, wer als Pflichtiger oder bei der Wahrnehmung der Angelegenheiten eines Pflichtigen vorsätzlich oder fahrlässig
1. entgegen § 3 Abs. 2 einen Weiterflug fortsetzt,
2. entgegen § 5 Abs. 2 Satz 1 eine Anzeige nicht erstattet,
3. entgegen § 9 Abs. 1 nicht dafür Sorge trägt, daß das Wasserfahrzeug das Zollzeichen in der vorgeschriebenen Form führt,
4. entgegen § 9 Abs. 2 Satz 1 eine Unterlage nicht aufbewahrt,
5. entgegen § 26 Abs. 6 eine Freizonengrenze überschreitet oder
6. entgegen § 26 Abs. 7 einen Grenzpfad ohne Erlaubnis des Hauptzollamts betritt.

§ 382   27   Gefährdung der Eingangsabgaben

(2) Ordnungswidrig im Sinne des § 382 Abs. 1 Nr. 2 der Abgabenordnung handelt, wer als Pflichtiger oder bei der Wahrnehmung der Angelegenheiten eines Pflichtigen vorsätzlich oder fahrlässig
1. entgegen § 27 Abs. 2 in Verbindung mit Abs. 3 oder 4 Satz 1 oder entgegen § 27 Abs. 4 Satz 2 Schiffsbedarf abgibt oder bezieht,
2. entgegen § 27 Abs. 6 auf Verlangen Anschreibungen nicht, nicht richtig oder nicht in der vorgeschriebenen Form führt oder diese nicht oder nicht rechtzeitig vorlegt,
3. einer Vorschrift des § 27 Abs. 8 Satz 1, 2 oder 4 über die Lieferung oder Abgabe von Schiffsbedarf zuwiderhandelt,
4. entgegen § 27 Abs. 9 Satz 2 Schiffsbedarf den Zollbehörden nicht oder nicht rechtzeitig meldet oder auf Verlangen nicht oder nicht rechtzeitig vorführt oder
5. entgegen § 27 Abs. 11 Satz 1 oder 2 oder Abs. 12 Satz 1 oder 2 Waren abgibt oder bezieht.

(3) Ordnungswidrig im Sinne des § 382 Abs. 1 Nr. 3 der Abgabenordnung handelt, wer als Pflichtiger oder bei der Wahrnehmung der Angelegenheiten eines Pflichtigen vorsätzlich oder fahrlässig entgegen § 28 auf Verlangen nicht hält oder einem Zollboot das Borden nicht ermöglicht.

(4)–(7) *(abgedruckt unter Rdnr. 27)*

27   Für **Zuwiderhandlungen gegen Ge- und Verbote des ZK und der ZKDVO** (Verordnungen des Rats der Europäischen Union und der Kommission der Europäischen Gemeinschaft) **bestimmt:**

§ 31 ZollV   Zollordnungswidrigkeiten

(1)–(3) *(abgedruckt unter RdNr. 26)*.

(4) Ordnungswidrig im Sinne des § 382 Abs. 1 Nr. 1 der Abgabenordnung handelt, wer als Pflichtiger oder bei der Wahrnehmung der Angelegenheiten eines Pflichtigen der Verordnung (EWG) Nr. 2913/92 des Rates vom 12. Oktober 1992 zur Festlegung des Zollkodex der Gemeinschaften (ABl. EG Nr. L 302 S. 1; 1993 Nr. L 79 S. 84) zuwiderhandelt, indem er vorsätzlich oder fahrlässig
1. entgegen Artikel 39 Abs. 1 oder 2 die Zollbehörde nicht oder nicht rechtzeitig unterrichtet, daß eine Verpflichtung zur Beförderung einer Ware nach Artikel 38 Abs. 1 infolge eines unvorhersehbaren Ereignisses oder höherer Gewalt nicht erfüllt werden kann,
2. entgegen Artikel 40 eine eingetroffene Ware nicht gestellt,
3. entgegen Artikel 43 Satz 1 in Verbindung mit Satz 2 für eine gestellte Ware eine summarische Anmeldung nicht oder nicht rechtzeitig abgibt,
4. entgegen Artikel 46 Abs. 1 Satz 3 die Zollbehörde nicht oder nicht rechtzeitig unterrichtet, daß eine Ware wegen einer unmittelbaren Gefahr ohne Zustimmung der Zollbehörde ab- oder umgeladen werden mußte,
5. entgegen Artikel 46 Abs. 2 auf Verlangen der Zollbehörde eine Ware nicht ablädt oder auspackt,
6. entgegen Artikel 49 Abs. 1 in Verbindung mit Abs. 2 eine Förmlichkeit, die erfüllt sein muß, damit eine Ware eine zollrechtliche Bestimmung erhält (Anmeldung nach Artikel 59 zur Überführung der Ware in ein Zollverfahren gemäß Artikel 4 Nr. 16 oder Antrag auf Erhalt einer anderen zollrechtlichen Bestimmung gemäß Artikel 4 Nr. 15 Buchstabe b bis d), nicht oder nicht innerhalb der in Artikel 49 Abs. 1 genannten oder nach Artikel 49 Abs. 2 festgesetzten Frist erfüllt,
7. entgegen Artikel 168 Abs. 4 Satz 2 der Zollbehörde eine Durchschrift des die

5. Objektive Tatbestände

Ware begleitenden Beförderungspapiers nicht übergibt oder dieses nicht bei einer von der Zollbehörde dazu bestimmten Person zur Verfügung hält,
8. entgegen Artikel 168 Abs. 4 Satz 3 der Zollbehörde auf Verlangen eine Ware nicht zur Verfügung stellt,
9. entgegen Artikel 172 Abs. 1 Satz 2 eine Mitteilung über die Ausübung einer industriellen oder gewerblichen Tätigkeit oder einer Dienstleistung in einer Freizone oder einem Freilager der Zollbehörde nicht oder nicht rechtzeitig macht,
10. entgegen Artikel 176 Abs. 1 Satz 1 in Verbindung mit Satz 2 und 3 eine Bestandsaufzeichnung über eine Ware bei der Ausübung einer Tätigkeit im Bereich der Lagerung, der Be- oder Verarbeitung oder des Kaufs oder Verkaufs von Waren in einer Freizone oder einem Freilager nicht, nicht richtig, nicht vollständig oder nicht rechtzeitig führt oder
11. entgegen Artikel 176 Abs. 2 Satz 1 im Falle der Umladung einer Ware innerhalb einer Freizone die Papiere, die die Feststellung der Ware ermöglichen, nicht zur Verfügung der Zollbehörden hält.

(5) Ordnungswidrig im Sinne des § 382 Abs. 1 Nr. 2 der Abgabenordnung handelt, wer als Pflichtiger oder bei der Wahrnehmung der Angelegenheiten eines Pflichtigen der Verordnung (EWG) Nr. 2913/92 zuwiderhandelt, indem er vorsätzlich oder fahrlässig
1. entgegen Artikel 76 Abs. 2, auch in Verbindung mit Artikel 77, eine ergänzende Anmeldung nicht nachreicht,
2. entgegen Artikel 87 Abs. 2 der Zollbehörde eine Mitteilung über ein Ereignis nicht macht, das nach Erteilung einer Bewilligung eingetreten ist und sich auf deren Aufrechterhaltung oder Inhalt auswirken kann,
3. entgegen Artikel 96 Abs. 1 Satz 2 Buchstabe a oder Abs. 2, jeweils auch in Verbindung mit Artikel 163 Abs. 3, eine Ware nicht, nicht unter Beachtung der von der Zollbehörde zur Nämlichkeitssicherung getroffenen Maßnahmen, nicht unverändert oder nicht rechtzeitig der Bestimmungsstelle gestellt,
4. entgegen Artikel 105 Satz 1 eine Bestandsaufzeichnung über eine in das Zollagerverfahren übergeführte Ware nicht, nicht richtig oder nicht vollständig führt,
5. entgegen Artikel 170 Abs. 2 eine dort bezeichnete Ware der Zollbehörde beim Verbringen in eine Freizone oder ein Freilager nicht gestellt oder entgegen Artikel 170 Abs. 2 eine dort bezeichnete Ware der Zollbehörde beim Verbringen in eine Freizone oder ein Freilager nicht gestellt oder entgegen Artikel 170 Abs. 3 auf Verlangen der Zollbehörde eine Ware, die einer Ausfuhrabgabe oder anderen Ausfuhrbestimmungen unterliegt, nicht meldet oder
6. entgegen Artikel 182 Abs. 3 Satz 1 der Zollbehörde eine Mitteilung über eine Wiederausfuhr, eine Vernichtung oder eine Zerstörung einer Ware nicht oder nicht rechtzeitig macht.

(6) Ordnungswidrig im Sinne des § 382 Abs. 1 Nr. 1 der Abgabenordnung handelt, wer als Pflichtiger oder bei der Wahrnehmung der Angelegenheiten eines Pflichtigen der Verordnung (EWG) Nr. 2454/93 der Kommission vom 2. Juli 1993 mit Durchführungsvorschriften zu der Verordnung (EWG) Nr. 2913/92 des Rates zur Festlegung des Zollkodex der Gemeinschaften (ABl. EG Nr. L 253 S. 1; 1994 Nr. L 268 S. 32), geändert durch die Verordnung (EG) Nr. 2193/94 der Kommission vom 9. September 1994 (ABl. EG Nr. L 235 S. 6), zuwiderhandelt, indem er vorsätzlich oder fahrlässig
1. entgegen Artikel 817 Abs. 1 in Verbindung mit Abs. 3 in einer Bestandsaufzeichnung eine in Absatz 3 vorgeschriebene Angabe nicht, nicht richtig oder nicht vollständig aufnimmt,

2. entgegen Artikel 817 Abs. 2 der Zollbehörde nicht jedes von ihm festgestellte Verschwinden einer Ware mitteilt, das nicht auf natürliche Ursachen zurückzuführen ist, oder
3. entgegen Artikel 820 in den Bestandsaufzeichnungen nach Artikel 807 den Ausgang einer Ware aus den für die Ausübung der Tätigkeit benutzten Orten oder Räumlichkeiten nicht oder nicht rechtzeitig vermerkt.

(7) Ordnungswidrig im Sinne des § 382 Abs. 1 Nr. 2 der Abgabenordnung handelt, wer als Pflichtiger oder bei der Wahrnehmung der Angelegenheiten eines Pflichtigen der Verordnung (EWG) Nr. 2454/93 zuwiderhandelt, indem er vorsätzlich oder fahrlässig

1. entgegen Artikel 178 Abs. 4 erster oder zweiter Anstrich bei der Abgabe einer Zollwertanmeldung oder entgegen Artikel 199 Abs. 1 erster oder zweiter Anstrich bei der Abgabe einer Zollanmeldung Angaben nicht, nicht richtig oder nicht vollständig macht oder eine nicht echte Unterlage vorlegt,
2. entgegen Artikel 219 Abs. 1 Satz 3, auch in Verbindung mit Artikel 514, das Beförderungspapier auf Verlangen nicht vorlegt,
3. entgegen Artikel 219 Abs. 2, auch in Verbindung mit Artikel 514, der Abgangsstelle eine Ausfuhranmeldung, eine Anmeldung zur Wiederausfuhr oder ein anderes Dokument gleicher Wirkung nicht zusammen mit der dazugehörigen Versandanmeldung vorlegt,
4. entgegen Artikel 219 Abs. 3, auch in Verbindung mit Artikel 514, der Zollstelle auf Verlangen eine Unterlage über das vorangegangene Zollverfahren nicht vorlegt,
5. entgegen Artikel 266 Abs. 1 Buchstabe a Nr. i erster Anstrich der zuständigen Zollbehörde ein Eintreffen einer Ware nicht, nicht in der vorgeschriebenen Weise oder nicht rechtzeitig mitteilt,
6. entgegen Artikel 266 Abs. 1 Buchstabe a Nr. i zweiter Anstrich, Nr. ii zweiter Anstrich oder Buchstabe c eine Ware in seiner Buchführung nicht, nicht richtig, nicht vollständig oder nicht rechtzeitig anschreibt,
7. entgegen Artikel 266 Abs. 1 Buchstabe a Nr. ii erster Anstrich der zuständigen Zollbehörde seine Absicht zur Überführung einer Ware in den zollrechtlich freien Verkehr nicht, nicht in der vorgeschriebenen Weise oder nicht rechzeitig mitteilt,
8. entgegen Artikel 266 Abs. 1 Buchstabe b erster Anstrich der zuständigen Zollbehörde seine Absicht zur Überführung einer Ware in den zollrechtlich freien Verkehr nicht oder nicht in der vorgeschriebenen Weise mitteilt,
9. entgegen Artikel 266 Abs. 1 Buchstabe b zweiter Anstrich eine Ware in seiner Buchführung nicht, nicht richtig oder nicht vollständig anschreibt,
10. entgegen Artikel 273 Abs. 1 Satz 1 Buchstabe a der Überwachungszollstelle eine Mitteilung über die Ankunft einer Ware an dem dafür bezeichneten Ort nicht macht,
11. entgegen Artikel 273 Abs. 1 Satz 1 Buchstabe b in Verbindung mit Satz 2, auch in Verbindung mit Artikel 515 oder 516, eine Ware in einer Bestandsaufzeichnung nicht, nicht richtig oder nicht in der vorgeschriebenen Weise anschreibt,
12. entgegen Artikel 273 Abs. 1 Satz 1 Buchstabe c, auch in Verbindung mit Artikel 515 oder 516, der Überwachungszollstelle eine Unterlage, die die Überführung einer Ware in das Zollagerverfahren betrifft, nicht zur Verfügung hält,
13. entgegen Artikel 350 Abs. 2 oder Artikel 353, jeweils auch in Verbindung mit Artikel 381 Abs. 2, der Zollbehörde auf Verlangen die Exemplare des Versandscheins T 1 nicht vorlegt,

5. Objektive Tatbestände § 382

14. entgegen Artikel 352 Abs. 1, auch in Verbindung mit Artikel 381 Abs. 2, der Durchgangszollstelle eine Sendung nicht oder nicht unter Vorlage der Exemplare des Versandscheins T 1 vorführt,
15. entgegen Artikel 352 Abs. 2, auch in Verbindung mit Artikel 381 Abs. 2, bei einer Durchgangszollstelle einen Grenzübergangsschein nach dem Muster in Anhang 46 nicht abgibt,
16. entgegen Artikel 354 Abs. 2 Satz 2, auch in Verbindung mit Artikel 381 Abs. 2, bei einer Umladung den Versandschein T 1 nicht mit einem Vermerk hinsichtlich eines zugelassenen Verfahrens nach Abs. 2 Satz 1 versieht oder die Zollbehörde von einer ohne Aufsicht erfolgten Umladung nicht unterrichtet,
17. entgegen Artikel 355 Abs. 1 Satz 1, auch in Verbindung mit Abs. 3 Satz 3 oder Artikel 381 Abs. 2, bei einer Verletzung eines Verschlusses von der Zollbehörde ein Protokoll nicht oder nicht rechtzeitig aufnehmen läßt,
18. entgegen Artikel 355 Abs. 3 Satz 2, auch in Verbindung mit Artikel 381 Abs. 2, ein durch eine drohende Gefahr erzwungenes teilweises oder vollständiges Entladen von Waren im Versandschein T 1 nicht vermerkt,
19. entgegen Artikel 401 Abs. 1 Satz 2 in Verbindung mit Satz 1 das für die Eintragung der Anmeldung vorgeschriebene Feld auf der Vorderseite des Vordrucks der Anmeldung zum gemeinschaftlichen Versandverfahren (Versandanmeldung) nicht durch die Angabe des Versandtages der Waren vervollständigt oder die Versandanmeldung nicht gemäß den hierfür in der Bewilligung enthaltenen Vorschriften mit einer Nummer versieht,
20. entgegen Artikel 402 Abs. 1 eine ordnungsgemäß ausgefüllte Versandanmeldung oder entgegen Artikel 492 Abs. 1 ein ordnungsgemäß ausgefülltes Kontrollexemplar T 5 nicht oder nicht spätestens zum Zeitpunkt des Versands einer Ware vervollständigt,
21. nach dem Versand der Abgangsstelle entgegen Artikel 402 Abs. 2 Satz 1 das Exemplar Nr. 1 der Versandanmeldung oder entgegen Artikel 492 Abs. 2 die Durchschrift des Kontrollexemplars T 5 zusammen mit allen Unterlagen, aufgrund derer das Kontrollexemplar T 5 ausgestellt worden ist, nicht oder nicht rechtzeitig übersendet oder übermittelt,
22. entgegen Artikel 409 Abs. 1 Buchstabe a die Bestimmungsstelle über Mehrmengen, Fehlmengen, Vertauschungen oder Unregelmäßigkeiten bei eingetroffenen Sendungen nicht oder nicht rechtzeitig unterrichtet,
23. entgegen Artikel 409 Abs. 1 Buchstabe b für die eingetroffenen Sendungen der Bestimmungsstelle die Exemplare des die Sendung begleitenden gemeinschaftlichen Versandpapiers nicht oder nicht rechtzeitig zusendet oder der Bestimmungsstelle eine Mitteilung über das Ankunftsdatum oder den Zustand angelegter Verschlüsse nicht oder nicht rechtzeitig macht,
24. entgegen Artikel 491 Abs. 1 Satz 2 in Verbindung mit Satz 1 das Feld „Abgangszollstelle" auf der Vorderseite des Kontrollexemplars T 5 nicht durch die Angabe des Versandtages der Waren vervollständigt oder die Anmeldung nicht gemäß den in der Bewilligung enthaltenen Bestimmungen mit einer Nummer versieht,
25. entgegen Artikel 513 Abs. 1 die zur Überführung in das Zollagerverfahren oder entgegen Artikel 526 Abs. 1 in Verbindung mit Anhang 71 Nr. 1 Satz 2 die zum Übergang von einem Zollager in ein anderes bestimmten Waren nicht der Überwachungszollstelle oder der nach Artikel 511 Abs. 4 in der Bewilligung angegebenen Zollstelle gestellt,
26. entgegen Artikel 520 eine Bestandsaufzeichnung nicht richtig oder nicht vollständig führt,
27. entgegen Artikel 521 eine Anschreibung nicht oder nicht rechtzeitig vornimmt,

28. entgegen Artikel 526 Abs. 1 in Verbindung mit Anhang 71 Nr. 2 Satz 2 eine von einem Zollager in ein anderes übergehende Ware nicht innerhalb der von der Überwachungszollstelle des Abgangszollagers festgesetzten Frist der Überwachunszollstelle des Bestimmungszollagers gestellt,
29. entgegen Artikel 526 Abs. 2 in Verbindung mit Anhang 72 Nr. 2 vor Beginn des Übergangs einer Ware aus einem Zollager in ein anderes die Überwachungszollstelle des Abgangs- und des Bestimmungszollagers nicht von dem beabsichtigten Übergang unterrichtet,
30. entgegen Artikel 796 Abs. 1 Satz 1 der Ausfuhrzollstelle eine Mitteilung, daß eine zur Ausfuhr überlassene Ware das Zollgebiet der Gemeinschaft nicht verläßt, nicht oder nicht rechtzeitig macht oder
31. entgegen Artikel 842 Abs. 1 die Anzeige über die Vernichtung oder Zerstörung einer Ware nicht oder nicht rechtzeitig erstattet.

f) § 382 II AO

28 Gem. § 382 II AO ist § 382 I AO auch anwendbar, soweit die Zollgesetze und die dazu erlassenen Rechtsverordnungen für **Verbrauchsteuern** sinngemäß gelten. Durch diese Vorschrift sollte sichergestellt werden, daß die Gefährdung solcher Verbrauchsteuern, die bei der Einfuhr zu entrichten sind, unter den Voraussetzungen des § 382 I AO nur nach dieser Sondervorschrift geahndet werden können (vgl. Begr. zu dem gleichlautenden § 408 II RAO 1968, BT-Drucks. V/1812 S. 28). Die Vorschrift setzt voraus, daß die Vorschriften für Zölle (Gesetze oder Rechtsverordnungen) für Verbrauchsteuern sinngemäß gelten. Dies kommt nur für die Verbrauchsteuern in Betracht, die bei der Einfuhr verbrauchsteuerpflichtiger Waren erhoben werden. Die sinngemäße Anwendung der Zollvorschriften muß die Anwendung der Zollvorschriften umfassen, die auf § 382 AO verweisen.

29 **Die Verweisung auf die Zollvorschriften** ist bei den einzelnen Verbrauchsteuergesetzen unterschiedlich geregelt. Teilweise umfaßt die Verweisung die Anwendung des § 32 ZollVG und des § 30 ZollV. Teilweise ist dies nicht der Fall.

30 Für die **EUSt** gilt allgemein das Zollrecht mit bestimmten, ausdrücklich normierten Ausnahmen (§ 21 II UStG). Die Ausnahmen betreffen nicht § 31 ZollVG und § 30 ZollV. Somit sind beide Vorschriften für die EUSt und mithin auch § 382 AO bei Verletzung der in Absatz 1 normierten Pflichten anwendbar. EUSt fällt nur bei der Einfuhr von Gegenständen aus einem Drittlandsgebiet in das Zollgebiet an (§ 1 I Nr. 5 UStG).

31 Für die **übrigen Verbrauchsteuern** gelten die zollrechtlichen Vorschriften für das Verbringen von verbrauchsteuerpflichtigen **Waren aus dem freien Verkehr anderer Mitgliedstaaten der EG** in das deutsche Erhebungsgebiet bzw. im innergemeinschaftlichen Versandhandel, soweit eine Steuer entsteht, überhaupt nicht. Die Verbrauchsteuergesetze enthalten eigene Entstehungstatbestände (§ 19 TabStG, § 16 II BierStG, § 144 I, II BranntwMonG, § 14 I, II SchaumwZwStG, § 19 I, II MinöStG, § 11 I, II KaffeeStG). Die Anwendung zollrechtlicher Vorschriften würde dem Binnenmarktprinzip

6. Subjektiver Tatbestand

der EG zuwiderlaufen. Im **Warenverkehr mit Mitgliedstaaten** ist § 382 AO nicht anwendbar (wegen § 381 vgl. dort Rdnr. 3).

Für verbrauchsteuerpflichtige Waren aus **Drittländern** gelten die Vorschriften des Zollrechts sinngemäß nur für einzelne Tatbestände, nämlich die Entstehung und das Erlöschen der Steuer – ausgenommen das Erlöschen durch Einziehung –, den für die Bemessung maßgebenden Zeitpunkt, die Person des Steuerschuldners, die Fälligkeit, den Zahlungsaufschub, den Erlaß, die Erstattung und die Nacherhebung sowie das Steuerverfahren (§ 21 TabStG, § 13 I BierStG, § 147 I BranntwMonG, § 17 I SchaumwZwStG, § 23 MinöStG, § 13 I KaffeeStG). Das Steuerverfahren des Zollrechts ist im ZK, in der ZKDVO und ergänzend im ZollVG bzw. der ZollV geregelt. Die AO ist daneben nur noch für einzelne Fragen anwendbar (vgl. dazu Witte-*Witte*, 16 vor Art. 1 ZK). Eine Verweisung auf die Straf- und Bußgeldvorschriften der AO enthalten die genannten nationalen Vorschriften nicht. § 382 AO ist somit hinsichtlich der Verbrauchsteuern auch nicht im **Warenverkehr mit Drittländern** anwendbar (aA *Klein/Orlopp* 5 zu § 382 AO, die zu Unrecht von der sinngemäßen Anwendung der Zollgesetze ohne Einschränkung ausgehen). Dies ist auch entbehrlich, weil die Einfuhr der Waren aus Drittländern unter dem Aspekt der Zollerhebung den Vorschriften der Zollgesetze und damit der Bußgeldregelung des § 382 I AO ohnehin unterliegt. Für die Zumessung der Geldbuße bei Verstößen gegen Zollvorschriften darf die Verbrauchsteuer als Faktor mE aus den genannten Gründen nicht berücksichtigt werden.

6. Subjektiver Tatbestand

Der subjektive Tatbestand des § 382 AO umfaßt neben (bedingt) **vorsätzlichem Verhalten** (Rdnr. 48 ff. zu § 369 AO) auch **fahrlässiges** (Rdnr. 16 ff. zu § 377 AO u. 26 ff. zu § 379 AO) **Handeln**. Zur Begründung der gleichlautenden Vorschrift des § 408 RAO 1968 wurde seinerzeit ausgeführt: „*Eine Beschränkung auf leichtfertiges Verhalten, wie sie in § 407 AO vorgesehen ist, wäre bei der Gefährdung von Eingangsabgaben kriminalpolitisch verfehlt. Als Täter von Zuwiderhandlungen gegen zollrechtliche Gestellungs- und Anmeldepflichten und gegen Beschränkungen in Zollfreigebieten kann jedermann in Betracht kommen. Aus diesem Grunde sind die Eingangsabgaben stärker gefährdet als die Verbrauchsteuern*" (BT-Drucks. V/1812 S. 28). Im Schrifttum ist diese Sonderbehandlung der Gefährdung von Eingangsabgaben im Verhältnis zu allen anderen Tatbeständen der Steuergefährdung auf einhellige Ablehnung gestoßen (*Henneberg* BB 1968, 10; *Stobbe* ZfZ 1969, 269; *Kohlmann/Sandermann* StW 1974, 221 ff., 239; *Kohlmann* 40 zu § 382 AO; HStSp-*Rüping* 33 zu § 382 AO, *Klein/Orlopp* 7 zu § 382 AO). Trotz dieser Kritik hat der Gesetzgeber des § 382 AO wiederum fahrlässiges Handeln genügen lassen. Ungerechtfertigt und daher unbefriedigend erscheint die Regelung vor allem deshalb, weil bei fahrlässiger Begehung schon die Herbeiführung einer abstrakten *Gefahr* einer Steuerverkürzung bei jeder noch so geringen Fahrlässigkeit geahndet werden kann, während für die Ahndung der *vollendeten Steuerverkürzung* Leichtfertigkeit erforderlich ist.

33 **Kennt der Täter eine Pflicht nicht oder irrt er** über ihr Bestehen, so entfällt der Vorsatz (Rdnr. 99 ff. zu § 369 AO). Beruht die Unkenntnis oder der Irrtum auf Fahrlässigkeit, so kann die Handlung als Fahrlässigkeit geahndet werden (Rdnr. 100 zu § 369 AO).

7. Geldbuße

34 Die Bußgelddrohung des § 382 III AO entspricht § 381 II AO. Es gelten daher die gleichen Grundsätze (Rdnr. 18 f. zu § 381 AO). Wegen der Berücksichtigung der Verbrauchsteuer vgl. Rdnr. 31.

8. Selbstanzeige

35 Die Vorschriften über die strafbefreiende Wirkung einer Selbstanzeige sind nicht anwendbar (Rdnr. 20 zu § 381 AO).

9. Konkurrenzfragen

36 **§ 382 AO ist Sondervorschrift gegenüber § 381 AO** (Rdnr. 21 zu § 381 AO.

37 **Der Bußgeldtatbestand des § 382 AO tritt zurück,** wenn *Steuerhinterziehung* nach § 370 AO vorliegt (§ 21 OWiG, § 377 II AO) oder wenn der Tatbestand der *leichtfertigen Steuerverkürzung* nach § 378 AO erfüllt ist (§ 382 III AO); vgl. auch BGH 24, 178 v. 20. 7. 1971 betr. Zollhinterziehung bei Entstehung der Zollschuld im Falle des § 57 ZG; ferner OLG Bremen v. 5. 8. 1964, ZfZ 380. Die Anwendung des § 382 AO auf tatbestandsmäßige Zuwiderhandlungen iS dieser Vorschrift wird aber nicht dadurch ausgeschlossen, daß durch die Zuwiderhandlung nur der objektive Tatbestand der §§ 370 oder 378 AO erfüllt wird (so bereits *Krämer* ZFZ 1959, 233).

38 § 382 I Nr. 2 AO geht als Sondertatbestand dem § 379 AO vor, zB bei der **Verletzung einer Bestandsaufzeichnungspflicht** iS des Art. 105 2 K iVm § 30 V Nr. 4 ZollV.

39 **Tateinheit** ist möglich zwischen einem Diebstahl (§ 242 StGB) und einer verbotswidrigen Beförderung iS des § 31 I iVm § 2 ZollVG (BGH 19, 217 v. 10. 1. 1964 zu § 60 IV Nr. 42b iVm §§ 137, 148a II Nr. 3 AZO). In einem solchen Fall wird nach § 21 OWiG nur das Strafgesetz angewandt.

10. Verjährung

40 Die Verjährung richtet sich – ebenso wie im Falle des § 381 AO – nach den allgemeinen Vorschriften der §§ 31 ff. OWiG, § 377 II AO (Rdnr. 24 zu § 381 AO).

11. Anwendung des § 32 ZollVG

41 Eine Ordnungswidrigkeit iS des § 382 AO, die im **Reiseverkehr** im Zusammenhang mit der Zollbehandlung begangen wird, wird gem. § 32 ZollVG nicht verfolgt, wenn sich die Handlung auf Waren bezieht, die weder zum Handel noch zur gewerblichen Verwendung bestimmt und insgesamt nicht mehr als 600 DM wert sind (ausf. s. Rdnr. 6 ff. zu § 32 ZollVG).

§ 383 Unzulässiger Erwerb von Steuererstattungs- und Vergütungsansprüchen

(1) Ordnungswidrig handelt, wer entgegen § 46 Abs. 4 Satz 1 Erstattungs- oder Vergütungsansprüche erwirbt.

(2) Die Ordnungswidrigkeit kann mit einer Geldbuße bis zu hunderttausend Deutsche Mark geahndet werden.

Schrifttum: *Hein,* Die Abtretung, Verpfändung und Pfändung von Steuererstattungs- und Steuervergütungsansprüchen nach § 46 der Abgabenordnung 1977, BB 1977, 991; *Dietz,* Wirksamkeit und Zulässigkeit der Vorfinanzierung von Lohnsteuer- und Einkommensteuererstattungsansprüchen durch Bankinstitute unter Vermittlung von Lohnsteuerhilfevereinen, DStZ 1978, 475; *Tiedtke,* Die Pfändung von Lohnsteuererstattungsansprüchen, NJW 1978, 1640; *Halaczinsky,* Wirksamkeit von Pfändung und Abtretung im Steuerrecht, BB 1981, 1270; *Globig,* Die Pfändung von Lohnsteuer- und Einkommensteuererstattungsansprüchen, NJW 1982, 915; *Oswald,* Abtretung, Verpfändung und Pfändung von steuerlichen Erstattungsansprüchen, StB 1983, 222; *Lenke/ Widera,* Zur Abtretbarkeit von Steuererstattungs- und Vergütungsansprüchen nach § 46 Abs. 4 AO, DB 1985, 1367; *Halaczinsky,* Abtretung, Verpfändung und Pfändung von Steuererstattungs- und Steuervergütungsansprüchen, ZIP 1985, 1442; *Germ,* Die Rechtsnatur der Abtretung und Verpfändung von Ansprüchen aus dem Abgabenschuldverhältnis, KStZ 1986, 128; *Roeseler,* Zum geschäftsmäßigen Erwerb von Steuererstattungsansprüchen, EWiR 1986, 223; *Slapio,* Geschäftsmäßiger Erwerb von Steuererstattungsansprüchen nach § 46 Abs. 4 AO, DStR 1994, 1368.

Übersicht

1. Entstehungsgeschichte 1	6. Versuch 14
2. Zweck und Anwendungsbereich ... 2–4	7. Geldbuße 15
3. Objektive Tatbestände 5–11	8. Selbstanzeige 16
4. Täter 12	9. Verjährung 17
5. Subjektiver Tatbestand 13	

1. Entstehungsgeschichte

Die Vorschrift entspricht § 409a RAO idF des Art. 2 Nr. 7 StBerÄndG v. 24. 6. 1975 (BGBl. I 1509). § 409a RAO wurde mit Wirkung ab 1. 7. 1975 als neuer Bußgeldtatbestand eingefügt (Begr. BT-Drucks. 7/2852). Gleichzeitig wurde die das Blankett ausfüllende Vorschrift des § 159 RAO (= § 46 AO) ergänzt und neu gefaßt. § 46 IV 1 AO (= § 159 III 1 RAO 1975) dient dem Schutz der Lohnsteuerpflichtigen, insbes. der Gastarbeiter.

2. Zweck und Anwendungsbereich

§ 46 AO Abtretung, Verpfändung, Pfändung

(1) Ansprüche auf Erstattung von Steuern, Haftungsbeträgen, steuerlichen Nebenleistungen und auf Steuervergütungen können abgetreten, verpfändet und gepfändet werden.

(2) Die Abtretung wird jedoch erst wirksam, wenn sie der Gläubiger in der nach Absatz 3 vorgeschriebenen Form der zuständigen Finanzbehörde nach Entstehung des Anspruchs anzeigt.

(3) ¹Die Abtretung ist der zuständigen Finanzbehörde unter Angabe des Abtretenden, des Abtretungsempfängers sowie der Art und Höhe des abgetretenen Anspruchs und des Abtretungsgrundes auf einem amtlich vorgeschriebenen Vordruck anzuzeigen. ²Die Anzeige ist vom Abtretenden und vom Abtretungsempfänger zu unterschreiben.

(4) ¹Der geschäftsmäßige Erwerb von Erstattungs- oder Vergütungsansprüchen zum Zwecke der Einziehung oder sonstigen Verwertung auf eigene Rechnung ist nicht zulässig. ²Dies gilt nicht für die Fälle der Sicherungsabtretung. ³Zum geschäftsmäßigen Erwerb und zur geschäftsmäßigen Einziehung der zur Sicherung abgetretenen Ansprüche sind nur Unternehmen befugt, denen das Betreiben von Bankgeschäften erlaubt ist.

(5) Wird der Finanzbehörde die Abtretung angezeigt, so müssen Abtretender und Abtretungsempfänger der Finanzbehörde gegenüber die angezeigte Abtretung gegen sich gelten lassen, auch wenn sie nicht erfolgt oder nicht wirksam oder wegen Verstoßes gegen Absatz 4 nichtig ist.

(6) ¹Ein Pfändungs- und Überweisungsbeschluß oder eine Pfändungs- und Einziehungsverfügung dürfen nicht erlassen werden, bevor der Anspruch entstanden ist. ²Ein entgegen diesem Verbot erwirkter Pfändungs- und Überweisungsbeschluß oder erwirkte Pfändungs- und Einziehungsverfügung sind nichtig. ³Die Vorschriften der Absätze 2 bis 5 sind auf die Verpfändung sinngemäß anzuwenden.

(7) ...

Mit dem grundsätzlichen Verbot des geschäftsmäßigen Erwerbs von Steuererstattungsansprüchen soll der besonderen Form der Wirtschaftskriminalität begegnet werden, bei der unseriöse „Kreditgeber" den Erstattungsanspruch gegen eine vorbehaltlose Abtretung mit geringen Beträgen „vorfinanzieren" und dabei die Unkenntnis mancher ArbN, namentlich der Gastarbeiter, über die tatsächliche Höhe ihrer voraussichtlichen LSt-Rückzahlung ausnutzen (Begr. zu § 159 u. § 409a RVO 1975, BT-Drucks. 7/2852 S. 47f.). Ob das gesetzgeberische Ziel erreicht werden kann, erscheint zweifelhaft. Banken sind gem. § 46 IV 3 AO von dem Verbot des geschäftsmäßigen Erwerbs ausgenommen. Umgehungen dürften daher nicht auszuschließen sein (HHSp-*Rüping* 4 zu § 383 AO; ferner Rdnr. 12).

3 § 383 AO ist **anwendbar** auf alle Erstattungs- und Vergütungsansprüche aus dem Steuerschuldverhältnis (§ 37 AO), die sich gegen den StGläubiger richten. Privatrechtliche Ansprüche gegen den StGläubiger – zB Rückgewähransprüche aus vertraglicher Haftungsübernahme iS des § 192 AO – gehören nicht dazu (TK-*Kruse* 1 zu § 46 AO). Eine Verletzung der Anzeigepflicht des § 46 III AO, sei es dem Grunde oder der Form nach, ist nicht tatbestandsmäßig iS § 383 I AO. Ein Anspruch auf Steuervergütung besteht, wenn aufgrund Gesetzes eine rechtmäßig gezahlte Steuer an eine andere Person als den StSchuldner zurückzuzahlen ist (HHSp-*Boeker* 5 zu § 46 AO; s. auch Rdnr. 7). Der Vorsteuerabzugsanspruch gem. § 15 UStG ist kein Vergütungsanspruch. Abtretbar ist aber der Überschuß der Vorsteuer über die USt (BFH v. 24. 3. 1983, BStBl. 612). Rechtsgrund und Entstehung der Erstattungs- und Vergütungsansprüche sind den Einzelsteuergesetzen zu entnehmen (§§ 37, 38 AO; Rdnr. 6, 8); diese bestimmen auch, wer Gläubiger einer Steuervergütung ist (§ 43 AO). Ein Verstoß gegen § 46 IV 1 AO hat die Nichtigkeit der Abtretung/Verpfändung zur Folge (§ 46 V AO).

4 Die **entsprechende Anwendung** des § 383 AO schrieben zB § 8 II WoPG sowie § 14 III des 5. VermBG vor. Gem. § 5a I BergPG sind auf Bergmannsprämien die für Steuervergütungen geltenden Vorschriften entsprechend anzuwenden. Unter den gem. § 5a II BergPG analog anzuwendenden Straf-

3. Objektive Tatbestände 5–7 § 383

und Bußgeldvorschriften der AO ist § 383 AO jedoch nicht erwähnt. Daraus ist zu schließen, daß die entsprechende Anwendbarkeit der Vorschriften über Steuervergütungen nach dem Willen des Gesetzgebers nicht automatisch die Anwendbarkeit des § 383 AO zur Folge haben soll. Dazu bedarf es vielmehr noch eines besonderen Hinweises. Investitionszulagen zB fallen daher nicht unter § 383 AO (§ 29 a BerlinFG).

3. Objektive Tatbestände

Erstattungsanspruch ist der umgekehrte Leistungsanspruch (TK-*Kruse* 7 **5** zu 3 37 AO). Er setzt voraus, daß ein Anspruch aus dem Steuerschuldverhältnis (§ 37 I AO) ohne rechtlichen Grund erfüllt wurde oder daß der rechtliche Grund für die Zahlung später weggefallen ist (§ 37 II AO). Der Grundsatz, daß materiell ungerechtfertigte Vermögensverschiebungen unter den Partnern des Steuerschuldverhältnisses wieder auszugleichen sind, wird durch die *Bestandskraft* der Steuerbescheide, die Grundlage für die Verwirklichung aller Ansprüche aus dem Steuerschuldverhältnis sind (§ 218 I AO), in formeller Hinsicht begrenzt (§§ 155, 172 ff. AO). Entgegen § 150 ff. RAO verzichtet die AO auf eine Differenzierung der einzelnen Erstattungsansprüche nach dem Grund ihrer Entstehung. Maßgebend sind also – neben dem in § 37 II AO geregelten allgemeinen Erstattungsanspruch – die Einzelsteuergesetze.

In den Einzelsteuergesetzen sind namentlich folgende **Erstattungsan- 6 sprüche geregelt:**
- § 20 BierStG iVm § 30 BierStV (Erstattung für Rückbier);
- §§ 44 b, c EStG (Erstattung bei der KapSt);
- § 16 KaffeeStG iVm § 20 KaffeeStV (Erstattung bei Ausfuhr);
- § 24 MinöStG iVm §§ 46 ff. MinöStV (Erstattung bei Verbringen aus dem Steuergebiet);
- § 18 SchaumwZwStG iVm § 36 SchaumwZwStV (Erstattung bei Verbringen in andere Mitgliedstaaten);
- § 22 TabStG iVm § 24 TabStV (Erstattung bei Aufnahme in ein Steuerlager, Verbringen in einen anderen Mitgliedstaat);
- VO über die Erstattung von USt an ausländische ständige diplomatische Missionen und ihre ausländischen Mitglieder (UStErstVO v. 3. 10. 1988, BGBl. I 1780);
- § 9 VersStG (Zurückzahlung oder Herabsetzung des Versicherungsentgelts);

Für die in den Einzelsteuergesetzen geregelten Erstattungsansprüche ist charakteristisch, daß der Anspruch aus einem nachträglich eintretenden besonderen Sachverhalt erwächst, der die Rechtmäßigkeit der ursprünglichen Steuerfestsetzung nicht in Frage stellt.

Auch der **Steuervergütungsanspruch** ist ein umgekehrter Leistungsan- **7** spruch. Er unterscheidet sich von dem Erstattungsanspruch darin, daß im Falle der Vergütung die Steuer regelmäßig zu Recht, im Falle der Erstattung jedoch regelmäßig zu Unrecht geleistet wurde (*Tipke/Lang* Steuerrecht § 7 Rz. 68). Der Vergütungsanspruch steht nicht dem Steuerentrichtungspflichtigen, sondern grundsätzlich demjenigen zu, der die Steuer infolge Überwälzung wirtschaftlich getragen hat. Steuervergütung ist ein wichtiges Mittel der staatlichen Wirtschafts- und Steuerpolitik (*Kühn/Hofmann* 3 zu § 37 AO). Durch Zubilligung eines solchen Anspruchs soll ein Anreiz für ein wirtschaftlich erwünschtes Verhalten (zB die Ausfuhr) geschaffen werden (BVerfG 10, 372, 377 v. 9. 3. 1960). Steuervergütungsansprüche dienen auch der Beseitigung einer Mehrfachbelastung, so zB die anrechenbare KSt gem. §§ 36b, 36d EStG. Gläubigerin des Vergütungsanspruchs ist nicht die Kapitalgesellschaft als KStschuldnerin, sondern der Anteilseigner.

8 **Rechtsgrund und Gläubiger eines Steuervergütungsanspruchs** ergeben sich aus den Einzelsteuergesetzen (§ 43 AO):
– § 48 BranntwMonG (Vergütung der BranntwSt bei Verbringung in einen anderen Mitgliedstaat);
– §§ 24, 25 MinöStG (bei Export oder begünstigter Verwendung);
– § 4a UStG (USt-Vergütung an gemeinnützige Körperschaften).
Soweit die entsprechende Anwendbarkeit der Vorschriften über Steuervergütungen vorgeschrieben ist, bedarf es zur Anwendung des § 383 AO noch einer besonderen Vorschrift (Rdnr. 4).

9 **Erwerb** bedeutet Abtretung und Verpfändung, die allerdings bei Verstoß gegen § 46 IV 1 AO nichtig sind (§ 46 V AO). Sicherungsabtretungen sind erlaubt; § 46 IV 2 AO ist lex specialis zu § 36 IV 1 AO (TK-*Kruse* 8 zu § 46 AO). Die Abtretung erfolgt aber nur dann zur bloßen Sicherung, wenn für beide Beteiligte der Sicherungszweck im Vordergrund steht (BFH v. 3. 2. 1984, BStBl. 411). Insbesondere muß es als ausgeschlossen angesehen werden können, daß sich der Abtretende durch den Vertrag seiner Einflußmöglichkeiten auf das Schicksal der Erstattungsforderung begeben wollte (BFH v. 30. 8. 1988, StRK AO 1977 § 46 R. 25). Unzulässig ist gem. § 46 VI 3 AO der geschäftsmäßige Erwerb der Erstattungs- und Vergütungsansprüche aufgrund einer Verpfändung nach §§ 1279 bis 1290 BGB (zur Pfändung von Steuererstattungsansprüchen vgl. *Globig* NJW 1982, 915).

10 **Geschäftsmäßig** iS des § 46 IV 3 AO handelt, wer die Tätigkeit (Erwerb) selbständig und mit Wiederholungsabsicht ausübt (Begr. zu § 159 RAO 1975, BT-Drucks. 7/2852 S. 47; BFH v. 23. 10. 1985, BStBl. 1986, 124; TK-*Kruse* 8, HHSp-*Boeker* 56, *Kühn/Hofmann* 7, *Koch/Scholtz* 9 zu § 46 AO). Gewinnstreben ist nicht erforderlich. Organisatorische Maßnahmen, zB vorbereitete Formulare, können Indiz für die Geschäftsmäßigkeit sein (*Koch/Scholtz-Hoffmann* 9 zu § 46 AO; *Lenke/Widera* DB 1985, 1367). Die Abtretung von LStErstattungsansprüchen durch ArbN an ihre ArbG betrachtet die Finanzverwaltung als unzulässigen geschäftsmäßigen Erwerb (zB OFD Münster v. 19. 5. 1994, StEK AO 1977 § 46 Nr. 39; dazu krit. *Slapio* DStR 1994, 1368). Vereinzelte Abtretungen im Rahmen eines Handelsgeschäfts oder an einen Berater zur Sicherung von Honorarforderungen reichen für die Annahme der Geschäftsmäßigkeit nicht aus (so ausdrücklich BFH v. 30. 8. 1988, StRK AO 1977 § 46 R. 24; im Streitfall sah der BFH aber 6 Abtretungsfälle innerhalb eines Beratungszeitraums für Lohnsteuerjahresausgleichsfälle nicht mehr als vereinzelt an). Geschäftsmäßigkeit des Handelns iS des § 46 IV 3 AO ist für § 383 AO besonderes *persönliches Merkmal* (Rdnr. 12).

8. Selbstanzeige

Befugt zum geschäftsmäßigen Erwerb und zur geschäftsmäßigen Einziehung sind Unternehmen, denen das Betreiben von Bankgeschäften gem. § 32 KWG erlaubt ist (BFH v. 23. 10. 1985, BStBl. 1986, 124; über Ausnahmen vgl. OFD Nürnberg v. 21. 5. 1990, DStR 1990, 394). Wegen des Vorliegens dieser Erlaubnis kann die FinB das Bundesaufsichtsamt für das Kreditwesen oder auch die für den Sitz des betreffenden Unternehmens zuständige Landeszentralbank um Auskunft ersuchen (Nr. 2 AEAO zu § 46).

4. Täter

Täter iS des § 383 AO kann jeder sein, der dem Verbot des § 46 IV 1 AO zuwiderhandelt, der also auch das besondere persönliche Merkmal der Geschäftsmäßigkeit (BayObLG v. 29. 6. 1994, NJW 1994, 2303) erfüllt. Handelt jemand als gesetzlicher Vertreter juristischer Personen oder Personengesellschaften so ist ein Gesetz, nach dem besondere persönliche Merkmale die Möglichkeit der Ahndung begründen, auch auf den Vertreter anzuwenden, wenn diese Merkmale zwar nicht bei ihm aber bei dem Vertretenen vorliegen (§ 377 II AO, § 9 I OWiG). Da § 46 IV 1 AO nur den „Erwerb" verbietet, kann der Zedent allenfalls als „Beteiligter" ordnungswidrig handeln (§ 377 II AO; § 14 OWiG). Beteiligen sich mehrere an der Ordnungswidrigkeit, so handelt jeder von ihnen ordnungswidrig, wenn nur einer geschäftsmäßig handelt (§ 377 II AO; § 14 I OWiG).

5. Subjektiver Tatbestand

Der subjektive Tatbestand des § 383 I AO umfaßt nur vorsätzliches Handeln (§ 377 II AO; § 10 OWiG). Der Vorsatz muß auch diejenigen persönlichen Merkmale umfassen, welche die Tätereigenschaft begründen (Rdnr. 12).

6. Versuch

Eine versuchte Ordnungswidrigkeit nach § 383 AO kann nicht geahndet werden (§ 377 II AO; § 13 II OWiG).

7. Geldbuße

Die Ordnungswidrigkeit nach § 383 I AO kann mit einer Geldbuße von 5 bis 100000 DM geahndet werden (§ 383 II, § 377 II AO; § 17 OWiG). Über die Zumessung der Geldbuße s. Rdnr. 28ff. zu § 377 AO.

8. Selbstanzeige

Die Vorschriften über die strafbefreiende Wirkung einer Selbstanzeige sind nicht anwendbar. Für eine Berichtigung oder Ergänzung unterlassener Angaben ist kein Raum. Dementsprechend enthält § 383 AO – anders § 378 III AO – keine Verweisung auf § 371 AO. Es dürfte aber pflichtgemäßem Ermessen entsprechen, von der Verfolgung abzusehen (§ 47 OWiG), wenn der

§ 383　17　　　　　　　　　　　　　　　　Unzulässiger Erwerb von Ansprüchen

Täter den verbotswidrigen und damit ohnehin nichtigen „Erwerb" (Rdnr. 9) in jeder Hinsicht rückgängig macht.

9. Verjährung

17　　Eine Ordnungswidrigkeit nach § 383 AO verjährt in 3 Jahren (§ 377 II AO; § 31 II Nr. 1 OWiG).

§ 384 Verfolgungsverjährung

Die Verfolgung von Steuerordnungswidrigkeiten nach den §§ 378 bis 380 verjährt in fünf Jahren.

Übersicht

1. Entstehungsgeschichte 1
2. Allgemeine Vorschriften 2, 3
3. Verjährung der Steuerordnungswidrigkeiten 4–6
4. Wirkung der Verfolgungsverjährung 7

Schrifttum: *Pfaff*, Die Verfolgungsverjährung nach § 384 AO, StBp 1978, 163; **Kaiser**, Zur Unterbrechung der Verfolgungsverjährung, insbesondere in Bußgeldsachen, NJW 1984, 1738; *Heuer*, Unterbricht ein Durchsuchungsbeschluß gegen die Verantwortlichen eines Unternehmens die Verjährung? wistra 1988, 170; *Vogelberg*, Die Verfolgungsverjährung im Steuerstraf- und Steuerordnungswidrigkeitenrecht, ZAP 1995, 119.

1. Entstehungsgeschichte

Bei Einführung von Steuerordnungswidrigkeiten durch das 2. AOStrafÄndG v. 12. 8. 1968 (BGBl. I 953) enthielten die Bußgeldtatbestände der leichtfertigen Steuerverkürzung in § 404 IV RAO, der Steuergefährdung in § 405 IV RAO und der Gefährdung von Abzugsteuern in § 406 III AO Verweisungen auf § 402 RAO 1968, der in Absatz 1 für die Verjährung der Verfolgung von Steuervergehen eine Frist von 5 Jahren bestimmte. Für die Verbrauchsteuergefährdung nach § 407 und die Gefährdung der Eingangsabgaben nach § 408 RAO 1968 galt die 2-jährige Verjährungsfrist gem. § 27 II Nr. 2 OWiG 1968. Der RegE hatte die 5-jährige Frist nur für § 404 RAO vorgesehen, weil eine kürzere Frist die Wirksamkeit einer Bußgeldvorschrift in einem nicht tragbaren Maße einschränke; denn die Entdeckung einer leichtfertigen Steuerverkürzung sei von denselben Umständen abhängig wie die Entdeckung einer vorsätzlichen Steuerverkürzung (Begr. BT-Drucks. V/1812 S. 27). Die weitergehende Regelung des Gesetzes entstammt dem Vermittlungsausschuß (BT-Drucks. V/3042 S. 2). Durch Art. 161 Nr. 8–10 EGStGB v. 2. 3. 1974 (BGBl. I 469, 582) wurde anstelle der einzelnen Verweisungsvorschriften ein neuer § 410 RAO eingeführt (Einl 76), dem § 384 AO 1977 wörtlich entspricht.

1

2. Allgemeine Vorschriften

Gem. § 377 II AO richtet sich die Verfolgungsverjährung von Steuerordnungswidrigkeiten grundsätzlich nach den allgemeinen Vorschriften des OWiG. Es sind daher anzuwenden:

2

§ 31 OWiG Verfolgungsverjährung

(1) ¹Durch die Verjährung werden die Verfolgung von Ordnungswidrigkeiten und die Anordnung von Nebenfolgen ausgeschlossen. ²§ 27 Abs. 2 Satz 1 Nr. 1 bleibt unberührt.

(2) Die Verfolgung von Ordnungswidrigkeiten verjährt, wenn das Gesetz nichts anderes bestimmt,
1. in drei Jahren bei Ordnungswidrigkeiten, die mit Geldbuße im Höchstmaß von mehr als dreißigtausend Deutsche Mark bedroht sind,

2. in zwei Jahren bei Ordnungswidrigkeiten, die mit Geldbuße im Höchstmaß von mehr als dreitausend bis zu dreißigtausend Deutsche Mark bedroht sind,
3. in einem Jahr bei Ordnungswidrigkeiten, die mit Geldbuße im Höchstmaß von mehr als tausend bis zu dreitausend Deutsche Mark bedroht sind,
4. in sechs Monaten bei den übrigen Ordnungswidrigkeiten.

(3) ¹Die Verjährung beginnt, sobald die Handlung beendet ist. ²Tritt ein zum Tatbestand gehörender Erfolg erst später ein, so beginnt die Verjährung mit diesem Zeitpunkt.

§ 32 OWiG Ruhen der Verfolgungsverjährung

(1) ¹Die Verjährung ruht, solange nach dem Gesetz die Verfolgung nicht begonnen oder nicht fortgesetzt werden kann. ²Dies gilt nicht, wenn die Handlung nur deshalb nicht verfolgt werden kann, weil Strafantrag oder Ermächtigung fehlen.

(2) Ist vor Ablauf der Verjährungsfrist ein Urteil des ersten Rechtszuges oder ein Beschluß nach § 72 ergangen, so läuft die Verjährungsfrist nicht vor dem Zeitpunkt ab, in dem das Verfahren rechtskräftig abgeschlossen ist.

§ 33 OWiG Unterbrechung der Verfolgungsverjährung

(1) Die Verjährung wird unterbrochen durch
1. die erste Vernehmung des Betroffenen, die Bekanntgabe, daß gegen ihn das Ermittlungsverfahren eingeleitet ist, oder die Anordnung dieser Vernehmung oder Bekanntgabe,
2. jede richterliche Vernehmung des Betroffenen oder eines Zeugen oder die Anordnung dieser Vernehmung,
3. jede Beauftragung eines Sachverständigen durch die Verfolgungsbehörde oder den Richter, wenn vorher der Betroffene vernommen oder ihm die Einleitung des Ermittlungsverfahrens bekanntgegeben worden ist,
4. jede Beschlagnahme- oder Durchsuchungsanordnung der Verfolgungsbehörde oder des Richters und richterliche Entscheidungen, welche diese aufrechterhalten,
5. die vorläufige Einstellung des Verfahrens wegen Abwesenheit des Betroffenen durch die Verfolgungsbehörde oder den Richter sowie jede Anordnung der Verfolgungsbehörde oder des Richters, die nach einer solchen Einstellung des Verfahrens zur Ermittlung des Aufenthalts des Betroffenen oder zur Sicherung von Beweisen ergeht,
6. jedes Ersuchen der Verfolgungsbehörde oder des Richters, eine Untersuchungshandlung im Ausland vorzunehmen,
7. die gesetzlich bestimmte Anhörung einer anderen Behörde durch die Verfolgungsbehörde vor Abschluß der Ermittlungen,
8. die Abgabe und die Rückgabe der Sache durch die Staatsanwaltschaft an die Verwaltungsbehörde nach den §§ 43 und 69 Abs. 4 Satz 3,
9. den Bußgeldbescheid,
10. die Vorlage der Akten an den Richter nach § 69 Abs. 4 Satz 2,
11. jede Anberaumung einer Hauptverhandlung,
12. den Hinweis auf die Möglichkeit, ohne Hauptverhandlung zu entscheiden (§ 72 Abs. 1 Satz 2),
13. die Erhebung der öffentlichen Klage,
14. die Eröffnung des Hauptverfahrens,
15. den Strafbefehl oder eine andere dem Urteil entsprechende Entscheidung.

²Im selbständigen Verfahren wegen der Anordnung einer Nebenfolge oder der Festsetzung einer Geldbuße gegen eine juristische Person oder Personenvereinigung wird die Verjährung durch die dem Satz 1 entsprechenden Handlungen zur Durchführung des selbständigen Verfahrens unterbrochen.

3. Verjährung der Steuerordnungswidrigkeiten

(2) ¹Die Verjährung ist bei einer schriftlichen Anordnung oder Entscheidung in dem Zeitpunkt unterbrochen, in dem die Anordnung oder Entscheidung unterzeichnet wird. ²Ist das Schriftstück nicht alsbald nach der Unterzeichnung in den Geschäftsgang gelangt, so ist der Zeitpunkt maßgebend, in dem es tatsächlich in den Geschäftsgang gegeben worden ist.

(3) ¹Nach jeder Unterbrechung beginnt die Verjährung von neuem. ²Die Verfolgung ist jedoch spätestens verjährt, wenn seit dem in § 31 Abs. 3 bezeichneten Zeitpunkt das Doppelte der gesetzlichen Verjährungsfrist, mindestens jedoch zwei Jahre verstrichen sind. ³Wird jemandem in einem bei Gericht anhängigen Verfahren eine Handlung zur Last gelegt, die gleichzeitig Straftat und Ordnungswidrigkeit ist, so gilt als gesetzliche Verjährungsfrist im Sinne des Satzes 2 die Frist, die sich aus der Strafdrohung ergibt. ⁴§ 32 bleibt unberührt.

(4) ¹Die Unterbrechung wirkt nur gegenüber demjenigen, auf den sich die Handlung bezieht. ²Die Unterbrechung tritt in den Fällen des Absatzes 1 Nr. 1 bis 7, 11, 13 bis 15 auch dann ein, wenn die Handlung auf die Verfolgung der Tat als Straftat gerichtet ist.

Die allgemeinen Vorschriften über die Verjährung der Verfolgung von Ordnungswidrigkeiten entsprechen weitgehend den Vorschriften über die Strafverfolgungsverjährung; im einzelnen entspricht

§ 31 I OWiG über die **Wirkung der Verfolgungsverjährung** dem § 78 I StGB (Rdnr. 4ff. zu § 376 AO);

§ 31 III OWiG über den **Beginn der Verjährung** dem § 78a StGB (Rdnr. 10f. zu § 376 AO);

§ 32 OWiG über das **Ruhen der Verjährung** dem § 78b StGB (Rdnr. 68ff. zu § 376 AO);

§ 33 I OWiG über **Unterbrechungshandlungen** dem § 78c StGB (Rdnr. 17ff. zu § 376 AO), jedoch enthält § 33 I OWiG über § 78c StGB hinaus weitere zur Unterbrechung geeignete Handlungen, die sich aus Besonderheiten des Bußgeldverfahrens ergeben.

3. Verjährung der Steuerordnungswidrigkeiten

Steuerordnungswidrigkeiten nach den §§ 378–380 AO verjähren – abweichend von den allgemeinen Vorschriften des OWiG (Rdnr. 2) in fünf Jahren (§ 384 AO). Zu den Gründen für diese Verlängerung s. Rdnr. 3 zu § 376 AO.

Für die Steuerordnungswidrigkeiten nach **§§ 381 bis 383 AO** ergeben sich die Verjährungsfristen mangels einer Sonderregelung aus § 31 II OWiG. Die Verbrauchsteuergefährdung (§ 381 AO) und die Gefährdung der Eingangsabgaben (§ 382 AO) sind mit Geldbußen bis zu 10000 DM bedroht. Gem. § 31 II Nr. 2 OWiG beträgt die Verjährungsfrist daher zwei Jahre. Unzulässige Hilfeleistung in Steuersachen, deren Verfolgung ebenfalls der FinB obliegt (§ 164 StBerG), ist mit einer Geldbuße bis zu 10000 DM bedroht. Die Verjährungsfrist beträgt daher ebenfalls zwei Jahre (§ 31 II Nr. 2 OWiG). Gleiches gilt für die Verletzung von Aufbewahrungs-, Melde-, Berichtigungs- und Vorlagepflichten gem. § 26a UStG. Da der unzulässige Erwerb von Steuererstattungs- und Vergütungsansprüchen gem. § 383 II AO mit einer Geldbuße bis zu 100000 DM bedroht ist, tritt die Verjährung hier gem. § 31 II Nr. 1 OWiG in drei Jahren ein. Bei bestimmten Pflichtverletzungen bei der Hilfeleistung in Lohnsteuersachen hingegen tritt Verjährung erst nach fünf Jahren ein (§ 164 StBerG, § 31 II Nr. 2 OWiG). Die Verfolgungsverjährung für die Verletzung von Aufsichtspflichten gem. § 130 OWiG richtet sich nach derjenigen Frist, innerhalb derer die betriebsbezogene Pflicht selbst geahndet werden kann. Gilt für diese Zuwiderhandlung eine längere Frist (zB § 384 AO), so erstreckt sich diese auch auf die Aufsichtspflichtverletzung (*Göhler* 30 zu § 130 OWiG). Die Verjährung der Aufsichtspflichtverletzung beginnt nicht vor Beendigung der letzten, die betriebsbezogenen Pflichten verletzenden Handlung von Unternehmensangehörigen (BGH v. 6. 11. 1984, wistra 1985, 77).

6 Eine fahrlässig begangene Steuerordnungswidrigkeit kann gem. § 17 II OWiG nur mit der Hälfte des angedrohten Höchstbetrages der Geldbuße geahndet werden. Der **Bußgeldrahmen für fahrlässiges Handeln** ist auch dann maßgebend, wenn das Gesetz leichtfertiges Handeln mit Geldbuße bedroht, wie zB § 381 AO (*Göhler* 13 zu § 130 OWiG). Die Verfolgungsverjährung für die Verletzung von Aufsichtspflichten (§ 130 OWiG) richtet sich zunächst danach, ob die zugrunde liegende Zuwiderhandlung vorsätzlich oder fahrlässig (leichtfertig) begangen wurde. Wurde auch die Aufsichtspflichtverletzung fahrlässig begangen, ist der verbleibende Bußgeldrahmen nochmals zu halbieren (§ 17 II OWiG). In den Fällen der §§ 381, 382 AO; § 26a UStG reduziert sich daher die fahrlässige Verletzung der Aufsichtspflicht auf ein Jahr (§ 31 II Nr. 3 OWiG; vgl. auch *Vogelberg* ZAP 1995, 801).

4. Wirkung der Verfolgungsverjährung

7 Durch die Verjährung werden die Verfolgung von Ordnungswidrigkeiten und die Anordnung von Nebenfolgen ausgeschlossen (§ 31 I OWiG). Das Verfahren ist auf Kosten der Staatskasse (§ 46 I OWiG; § 467 I StPO) einzustellen (*Göhler* 5 vor § 31 OWiG).

Dritter Abschnitt. Strafverfahren

1. Unterabschnitt. Allgemeine Vorschriften

§ 385 Geltung von Verfahrensvorschriften

(1) Für das Strafverfahren wegen Steuerstraftaten gelten, soweit die folgenden Vorschriften nichts anderes bestimmen, die allgemeinen Gesetze über das Strafverfahren, namentlich die Strafprozeßordnung, das Gerichtsverfassungsgesetz und das Jugendgerichtsgesetz.

(2) Die für Steuerstraftaten geltenden Vorschriften dieses Abschnitts, mit Ausnahme des § 386 Abs. 2 sowie der §§ 399 bis 401, sind bei dem Verdacht einer Straftat, die unter Vorspiegelung eines steuerlich erheblichen Sachverhaltes gegenüber der Finanzbehörde oder einer anderen Behörde auf die Erlangung von Vermögensvorteilen gerichtet ist und kein Steuerstrafgesetz verletzt, entsprechend anzuwenden.

Vgl. § 46 I OWiG.

Schrifttum:
Zum allgemeinen Verfahrensrecht: Alsberg/Nüse/Meyer, Der Beweisantrag im Strafprozeß, 5. Aufl. 1983; *Amelunxen,* Die Berufung in Strafsachen, 1982; *Baumann,* Grundbegriffe und Verfahrensprinzipien des Strafprozeßrechts, 3. Aufl. 1979; *Blaese/Wielop,* Die Förmlichkeiten der Revision in Strafsachen, 3. Aufl. 1991; *Dahs/Dahs,* Die Revision im Strafprozeß, 5. Aufl. 1993; *Eser,* Einführung in das Strafprozeßrecht, 1983; *Gössel,* Strafverfahrensrecht I, II 1977/1979; *Kleinknecht/Meyer-Goßner,* Strafprozeßordnung, 42. Aufl. 1995; *Karlsruher Kommentar* zur Strafprozeßordnung und zum Gerichtsverfassungsgesetz [KK], 3. Aufl. 1993; *Krause,* Die Revision im Strafverfahren, 4. Aufl. 1993; *Kühne,* Strafprozeßlehre, 3. Aufl. 1988; *Kunigk,* Die staatsanwaltschaftliche Tätigkeit, 3. Aufl. 1983; *Löwe/Rosenberg,* StPO, Die Strafprozeßordnung und das Gerichtsverfassungsgesetz [LR], 24. Aufl. 1987/89; *Marquardt,* Strafprozeß, 4. Aufl. 1992; *Meurer,* Strafprozeßrecht, 1981; *Müller/Sax/Paulus* [KMR], Kommentar zur Strafprozeßordnung (Losebl.), 7. Aufl. 1981; *Peters,* Strafprozeß, 4. Aufl. 1985; *Roxin,* Strafverfahrensrecht, 24. Aufl. 1995; *Sarstedt/Hamm,* Die Revision in Strafsachen, 5. Aufl. 1983; *Schäfer,* Die Praxis des Strafverfahrens, 5. Aufl. 1995; *Schlüchter,* Das Strafverfahren, 2. Aufl. 1983; *Eb. Schmidt,* Lehrkommentar zur Strafprozeßordnung und zum Gerichtsverfassungsgesetz, 1957-69; *Schulz/Berke-Müller/Fabis,* Strafprozeßordnung, 1983; *Rudolphi* u. a., Systematischer Kommentar zur Strafprozeßordnung (Losebl.), 1986 ff.; *Wasserburg,* Die Wiederaufnahme des Strafverfahrens, 1984; *Zipf,* Strafprozeßrecht, 2. Aufl. 1977. – Zur Verteidigung s. bei § 392 AO.

Zu § 420 RAO und § 385 AO 1977: Franzen, Das Steuerstrafverfahren nach dem AO-Strafrechts-Änderungsgesetz, DStR 1967, 533, 564; *Loose,* Die Reform des Steuerstrafrechts, DStZ 1968, 265; *Henneberg,* Zur Reform des Steuerstraf- und Ordnungswidrigkeitenrechts durch das Einführungsgesetz zum Strafgesetzbuch, BB 1974, 705; *Kohlmann,* Waffengleichheit im Strafprozeß? Peters-Festschr. 1974 S. 311; *Lohmeyer,* Die Anwendung allgemeiner Verfahrensvorschriften bei der Verfolgung von Steuerzuwiderhandlungen, DStR 1974, 279; *Henneberg,* Zur Reform des Strafverfahrensrechts, BB 1975, 429; *Pfaff,* Änderungen des Straf- und Strafverfahrensrechts sowie des Steuer- (Zoll-)Straf- und Ordnungswidrigkeitenrechts durch das EGStGB, DStR 1975, 305; *Henneberg,* Steuerstraf- und Bußgeldrecht nach der Abgabenordnung, BB 1976, 1554; *Beck,* Die Änderung der Sparförderungsgesetze durch das Einführungsgesetz zur AO 1977, DB 1977, 413; *Höllig,* Das Einführungsgesetz zur Abgabenordnung 1977, DB 1976, 2416; *Bender,* Die Verfolgung von Marktordnungszuwiderhandlungen nach Inkrafttreten des 1. WiKG, ZfZ 1977, 98; *Henneberg,* Die Zuständigkeit der Finanzbehörden als Strafverfolgungsbehörden bei nichtsteuerlichen Zuwiderhandlungen, BB 1977, 938; *Hübner,* Reform des Steuerstrafrechts, JR 1977, 58;

§ 385   1

Geltung von Verfahrensvorschriften

Müller, Betrug und Steuerhinterziehung in Vergütungsfällen, NJW 1977, 746; *Pfaff,* Aktuelle Fragen aus der Praxis der Betriebsprüfung, StBp 1977, 156; Harbusch/*Sauer,* Justiz und Zoll, ZfZ 1978, 138; *Pfaff,* Anwendbarkeit der Straf- und Bußgeldvorschriften der AO 1977 auf nichtsteuerliche Gesetze, DStR 1978, 162; *Pfaff,* AO-Verfahrensrecht im Steuerstraf- und Bußgeldverfahren, StBp 1978, 260; *Kohlmann,* Die Zuständigkeit der Finanzbehörden bei der Ermittlung von Verstößen gegen das Investitionszulagengesetz, DStZ 1979, 244; *Pfaff,* Ermittlungskompetenz der Finanzbehörde bei Verstößen gegen (Steuer-)Strafvorschriften und (Steuer-)Ordnungswidrigkeiten, DStZ 1980, 28; *Schmidt-Hieber,* Verfolgung von Subventionserschleichungen nach Einführung des § 264 StGB, NJW 1980, 322; *Bilsdorfer,* Ermittlungsbefugnisse der Finanzbehörde in Nichtsteuerstrafsachen, BB 1983, 2112; *Kretzschmar,* Verhalten des Betriebs(Außen-)prüfers beim Verdacht von Straftaten/Ordnungswidrigkeiten, die nicht innerhalb der Ermittlungskompetenz der Finanzbehörde liegen, StBp 1983, 241; *ders.,* Umfang der finanzbehördlichen Ermittlungsbefugnis bei einer allgemeinen Straftat in Tateinheit mit einer Steuerstraftat, DStR 1983, 641; *ders.,* Die Ermittlungsbefugnis der Finanzbehörde bei sog. Vorspiegelungstaten, DStR 1983, 734; *Bilsdorfer,* Die Entwicklung des Steuerstrafrechts, NJW 1985, 2997; *Lohmeyer,* Verfahrensrechtliche Besonderheiten bei der Verfolgung von Steuerstraftaten, StB 1985, 155; *Bilsdorfer,* Die Entwicklung des Steuerstrafrechts, NJW 1989, 1587; *Bender,* Die Bekämpfung der grenzüberschreitenden Rauschgiftkriminalität als Aufgabe des Zollfahndungsdienstes, wistra 1990, 285; *Kramer,* Zur Zulässigkeit gemeinsamer Ermittlungsgruppen des Polizeivollzugsdienstes und des Zollfahndungsdienstes im Zusammenhang mit der Betäubungsmittelkriminalität, wistra 1990, 169; *Weyand,* Legalitätsprinzip und Praxis des Steuerstrafverfahrens, DStZ 1990, 166; *Baumgarte,* Die Mitteilungen in Zivilsachen als Erkenntnisquelle für die Strafverfolgungsbehörde im Wirtschaftsstrafverfahren, wistra 1991, 171; *Dörn,* Die Praxis des Steuerstrafverfahrens – ein unbekanntes Gebiet strafrechtlicher Auseinandersetzung, Stbg 1991, 51; *Bilsdorfer,* Die Entwicklung des Steuerstrafrechts, NJW 1992, 1924; *Dörn,* Praktische Folgen und Grenzen des Steuerstrafverfahrens, Inf. 1992, 17; *Hellmann,* Die Befugnis der Landesfinanzverwaltungen zum Erlaß der Anweisungen für das Straf- und Bußgeldverfahren (Steuer), wistra 1994, 13; s. auch die Nachweise vor Rdnr. 4

Übersicht

1. Entstehungsgeschichte 1	b) Anweisungen für das Straf- und Bußgeldverfahren (Steuer) 14–16
2. Zweck und Bedeutung der Vorschrift 2–5	c) Verfahrensgrundsätze 17–21
3. Anwendungsbereich des § 385 I AO 6–10	d) Ablauf des Steuerstrafverfahrens 22–26
4. Geltung des allgemeinen Verfahrensrechts 11–26	5. Anwendungsbereich des § 385 II AO 27–29
a) Allgemeine Gesetze über das Strafverfahren 11–13	6. Regelungen in Sondergesetzen 30–33

1. Entstehungsgeschichte

1 § 385 I AO hat seinen Vorläufer in § 420 RAO; mit der Neuregelung wurde lediglich der Begriff „Steuervergehen" in „Steuerstraftat" und die Überschrift („Geltung der allgemeinen Vorschriften") in die heutige geändert. § 385 II AO wurde erst mit der AO 1977 eingefügt, um auch die sog. Vorspiegelungstaten zu erfassen (BT-Drucks. 7/4292 S. 45 f.). Im RegE (BT-Drucks. VI/1982) war eine entsprechende Regelung noch nicht vorgesehen. § 420 RAO 1967 geht zurück auf § 420 RAO 1931 (= § 385 RAO 1919), der lautete: „Die Strafprozeßordnung gilt, soweit die Steuergesetze nichts Abweichendes vorschreiben." Ihren dem § 385 I AO 1977 entsprechenden Inhalt erhielt die Vorschrift durch Art. 1 Nr. 1 AOStrafÄndG v. 10. 8. 1967 (BGBl. I 877); die Änderung sollte lediglich eine klarstellende Funktion haben (Begr. BT-Drucks. V/1812 S. 29).

2. Zweck und Bedeutung der Vorschrift

§ 385 AO stellt klar, daß die Verfahrensvorschriften der AO keine abschließende Regelung darstellen. Andere Verfahrensvorschriften, insbesondere StPO, GVG und JGG finden ebenfalls Anwendung, soweit die §§ 385 ff. AO nichts anderes bestimmen. § 385 I AO hat – ebenso wie § 369 II AO – lediglich deklaratorische Bedeutung (*Senge* 1 zu § 385 AO). Da die Verfahrensvorschriften des Steuerstrafverfahrens offenbar in der AO nicht abschließend geregelt sind (*Koch/Scholtz/Himsel* 2, HHSp-*Rüping* 3 zu § 385 AO), wäre der Rückgriff auf sonstige Vorschriften des Strafverfahrens auch ohne eine ausdrückliche gesetzliche Anordnung möglich (*Franzen* DStR 1967, 533). Wie bei § 369 II AO (Rdnr. 4 zu § 369 AO) wird immerhin geklärt, daß die Verfahrensvorschriften der AO gegenüber dem allgemeinen Verfahrensrecht spezieller sind.

Die Regelung des § 385 I AO ist unvollständig, zT auch widersprüchlich. Wie *Rüping* (HHSp 9 zu § 385 AO) zu Recht erwähnt, ist etwa das JGG ein besonderes Gesetz, das in § 2 seinerseits „die allgemeinen Gesetze" bemüht und andererseits verschiedene Verfahrensmöglichkeiten in Steuerstrafsachen gerade ausschließt. Überdies ist irritierend, daß das Gesetz andere Regelungen nicht aufführt (*Rüping* aaO Rdnr. 11). Immerhin besteht Einvernehmen, daß strafverfahrensrechtliche Grundsätze und Regelungen auch im Steuerstrafverfahren gelten, soweit dieses keine Sonderregelungen trifft (vgl. HHSp-*Rüping* 11 ff. zu § 385 AO).

§ 385 II AO ordnet die Anwendung eines Teils der Verfahrensvorschriften der AO auf sog. **Vorspiegelungstaten** (Rdnr. 91 zu § 370 AO) an. Hier sollen Steuerstraftaten iS des § 369 AO nicht gegeben sein (Rdnr. 27); andererseits erfordert die Ermittlung dieser Taten eine besondere Sachkunde, die bei der FinB vorhanden ist. Vor 1977 mußte die StA in diesen Fällen entweder selbst den Sachverhalt ermitteln oder ihn durch die Kriminalpolizei ermitteln lassen; Finanzbeamte durften, da sie nur im Bereich der Steuerstraftaten Hilfsbeamte der StA waren, nicht tätig werden (*Henneberg* BB 1977, 939). § 385 II AO hat die Ermittlungskompetenz der FinB entsprechend erweitert. Durch den Ausschluß der Anwendbarkeit des § 386 II AO und der §§ 399–401 AO soll sichergestellt werden, daß die FinB nicht selbständig, sondern nur für die StA mit den Beteiligungsrechten nach §§ 403, 407 AO und den Befugnissen des § 402 AO tätig wird. Die Bedeutung dieser Regelung hängt davon ab, ob man bei den sog. Vorspiegelungstaten an sich eine Steuerstraftat für gegeben hält (ausf. Rdnr. 60 ff. zu § 370 AO). Im übrigen besteht in diesen Fällen eine selbständige Ermittlungsbefugnis der FinB häufig schon deshalb nicht, weil diese Taten oft mit nichtsteuerlichen Delikten zusammentreffen (*Koch/Scholtz/Himsel* 5 zu § 385 AO).

Zum Teil wird § 385 II AO für notwendig gehalten, weil die FinB bei Vorspiegelungstaten durch das **Steuergeheimnis** (§ 30 AO) gehindert wäre, andere Verfolgungsbehörden von einer in ihrem Bereich begangenen Straftat in Kenntnis zu setzen (*Klein/Orlopp* 7, *Koch/Scholtz/Himsel* 4 u. *Senge* 2 zu § 385 AO; *Lohmeyer* S. 73; vgl. auch *Kohlmann* 3 zu § 385 AO). Dies vermag nur teilweise zu überzeugen. Richtig ist, daß angesichts der Regelung des § 385 II AO die für die StA iS des § 402 AO tätig gewesene FinB die Ergebnisse ihrer Ermittlungen ohne weiteres der StA zugänglich machen kann. Nicht geklärt ist die Frage, inwieweit die FinB bei zunächst selbständigem Tätigwerden die StA von dem Anfangsverdacht einer Straftat iS des § 385 II AO unterrichten darf (s. dazu Rdnr. 55 zu § 393 AO).

3. Anwendungsbereich des § 385 I AO

6 **§ 385 I AO bezieht sich auf Strafverfahren wegen Steuerstraftaten;** nur bei diesen kommt eine selbständige Ermittlungstätigkeit der FinB in Betracht. Steuerstraftaten in diesem Sinne sind die in § 369 I Nr. 1–4 AO genannten Straftaten (HHSp-*Rüping* 14f. zu § 385 AO). Trotz dieser präzisen Definition des Gesetzes ist der sachliche Anwendungsbereich des § 385 I AO in Teilbereichen zweifelhaft.

7 **Ein Bannbruch,** dessen Strafbarkeit sich „aus anderen Vorschriften" (§ 372 II AO) ergibt, soll nach hM dem § 385 I AO unterfallen (Rdnr. 53 zu § 372 AO; HHSp-*Rüping* 15 u. *Senge* 1 zu § 385 AO). Demgegenüber wollte *Franzen* (Voraufl. Rdnr. 50 zu § 372 AO) die §§ 385ff. AO für die Fälle des § 373 II Halbs. 2 AO nicht anwenden. Das ist jedoch angesichts der eindeutigen Regelung in § 369 I Nr. 1, Nr. 2 u. § 385 I AO nicht möglich, wenn diese Erkenntnis auch unpraktikabel sein mag (*Bender* Tz. 96, *Kohlmann* 5 zu § 385 AO). Richtig ist, daß nur solche Fälle des Bannbruchs iS des § 372 AO dem § 385 I AO unterfallen können, die mit Strafe bedroht sind; Ordnungswidrigkeiten genügen auch dann nicht, wenn sie der Definition des § 372 I AO entsprechen (Rdnr. 10 zu § 369 AO).

8 **Die Hinterziehung von Abschöpfungsabgaben** gehört zu den Steuerstraftaten iS des § 369 I Nr. 1 und des § 385 I AO. Dies ergibt sich schon aus § 2 I AbscherhG (*Kohlmann* 6, HHSp-*Rüping* 16 zu § 385 AO), insbes. aber aus § 3 I 2 AO (Rdnr. 5 zu § 374 AO).

9 **Die Hinterziehung von Marktordnungsabgaben** wird ebenfalls von § 385 I AO erfaßt. Das MOG v. 31. 8. 1972 (BGBl. I 1617) i. d. F. der Bekanntmachung v. 20. 9. 1995 (BGBl I 1146) enthält nicht mehr die frühere Pauschalverweisung in § 8 II 1 MOG auf „*die Vorschriften der Abgabenordnung*". Statt dessen ordnet § 12 I MOG die Anwendung der Vorschriften der Abgabenordnung an (Ausnahme: § 222 Satz 3, 4 AO) und stellt in § 35 klar, daß dies auch für die Straf- und Bußgeldvorschriften, mithin auch für § 385 AO, gilt. § 37 enthält eine Sondervorschrift für Aufträge der Staatsanwaltschaft an die Hauptzollämter, § 38 modifiziert Vorschriften über das Straf- und Bußgeldverfahren, so daß es im wesentlichen bei der Anwendbarkeit der §§ 385ff. AO bleibt.

10 **Kraft ausdrücklicher gesetzlicher Anordnung gilt** das Verfahrensrecht der AO ganz oder teilweise auch für eine Reihe anderer Straftaten, die der Definition des § 369 I AO an sich nicht unterliegen, aber in den Sachkundebereich der FinB gehören. Erfaßt werden insbes. einige Fälle des Subventionsbetrugs (§ 264 StGB) und die betrügerische Erlangung von Wohnungsbau- oder Sparprämien (ausf. Rdnr. 30).

4. Geltung des allgemeinen Strafverfahrensrechts

a) Allgemeine Gesetze über das Strafverfahren

Beim Verdacht einer Steuerstraftat is der Rdnr. 6 oder kraft ausdrücklicher gesetzlicher Anordnung (Rdnr. 30) vermitteln die §§ 385ff. AO der StA oder der FinB Rechte und Pflichten, die zT vom allgemeinen Strafverfahren abweichen; namentlich ist der FinB unter bestimmten Umständen ein selbständiges Ermittlungsrecht (§ 386 I AO) eingeräumt. Aber auch bei Anwendbarkeit der §§ 385ff. AO bleiben die allgemeinen Gesetze über das Strafverfahren anwendbar. § 385 I AO erwähnt beispielhaft die StPO, das GVG und das JGG, die grundlegend das Steuerstrafverfahren mitbestimmen.

Neben die drei in § 385 I AO besonders aufgeführten Gesetze tritt eine Vielzahl weiterer Rechtsvorschriften, die auf das Steuerstrafverfahren mehr oder minder stark einwirken. Dies sind namentlich das Bundeszentralregistergesetz (BZRG) idF v. 21. 9. 1984 (BGBl. I 1229), zuletzt geändert durch G v. 16. 6. 1995 (BGBl I 818); das Deutsche Richtergesetz (DRiG) idF v. 19. 4. 1972 (BGBl. I 713), zuletzt geänd. durch G v. 2. 9. 1994 (BGBl. I 2278); das Einführungsgesetz zum Gerichtsverfassungsgesetz (EGGVG) v. 27. 1. 1877 (RGBl. 77), zuletzt geänd. durch G v. 24. 6. 1994 (BGBl. I 1374); das Gerichtskostengesetz (GKG) idF v. 15. 12. 1975 (BGBl. I 3047), Anlage 1 (Kostenverzeichnis) zuletzt geänd. durch G v. 28. 10. 1994 (BGBl. I 3210); die Menschenrechtskonvention (MRK) v. 4. 11. 1950, ratifiziert durch G v. 7. 8. 1952 (BGBl. 658, 953); die Bundesrechtsanwaltsordnung (BRAO) idF v. 18. 8. 1980 (BGBl. I 1503), zuletzt geänd. durch G v. 5. 10. 1994 (BGBl I 2911); die Bundesgebührenordnung für Rechtsanwälte (BRAGO) idF v. 18. 8. 1980 (BGBl. I 1503) geänd. durch G vom 28. 10. 1994 (BGBl I, 3210); das Gesetz über die internationale Rechtshilfe in Strafsachen (IRG) v. 23. 12. 1982 (BGBl. I 2071) iVm dem Europäischen Auslieferungsabkommen v. 13. 12. 1957, ratifiziert durch G v. 3. 11. 1964 (BGBl. II 1369), und dem Europäischen Übereinkommen v. 20. 4. 1959 über die Rechtshilfe in Strafsachen, ratifiziert durch G v. 3. 11. 1964 (BGBl. II 1369, 1386); das Gesetz über die Entschädigung von Zeugen und Sachverständigen (ZSEG) idF v. 1. 10. 1969 (BGBl. I 1756), zuletzt geänd. durch G v. 24. 6. 1994 (BGBl. I 1325); das Gesetz über die Entschädigung für Strafverfolgungsmaßnahmen (StrEG) v. 8. 3. 1971 (BGBl. I 157), zuletzt geänd. durch G v. 29. 10. 1992 (BGBl. I 1814); das Steuerberatungsgesetz (StBerG) idF v. 4. 11. 1975 (BGBl. I 2735), zuletzt geänd. durch G v. 18. 12. 1995 (BGBl. I 1959); die Steuerberatergebührenverordnung (StGebV) v. 17. 12. 1981 (BGBl. I 1442), zuletzt geändert durch VO v. 21. 6. 1991 (BGBl. I 1370).

Darüber hinaus bestehen **Verwaltungsanweisungen,** die zwar für die Gerichte nicht bindend sind, aber von den Ermittlungsbehörden beachtet werden sollen. Hierzu gehören namentlich die Richtlinien für das Strafverfahren und das Bußgeldverfahren (RiStBV) in der ab 1. 5. 1991 (bundeseinheitlich) geltenden Fassung (*Kleinknecht/Meyer-Goßner* Anh 15); die Richtlinien für den Verkehr mit dem Ausland in strafrechtlichen Angelegenheiten (RiVASt) in der ab 1. 10. 1984 (bundeseinheitlich) geltenden Fassung (BAnz 176); die Anordnungen der Landesjustizverwaltungen und des BMJ über Mitteilungen in Strafsachen (MiStra) in der (bundeseinheitlich) geltenden Fassung v. 15. 3. 1985 (BAnz 215); die Betriebsprüfungsordnung (Steuer) – BpO(St) – v. 27. 4. 1978 (BStBl. I 195); ferner Erlaß betr. Verletzung des Steuergeheimnisses durch Mitteilungen der Finanzbehörden an die Justizbehörden über Bestrafungen wegen Steuervergehens zwecks Widerrufs einer Bewährungsfrist nach § 25 Abs. 2 [jetzt: § 56f] StGB v. 4. 8. 1965 (AO-Handbuch S. 165; StEK AO § 22 Nr. 20), Erlaß betr. Mitteilung von Steuerstrafverfahren gegen Bundeswehrangehörige an Bundeswehrdienststellen v. 8. 6. 1972 (AO-Handbuch S. 166; StEK AO § 391 nF Nr. 2), Erlaß betr. Mitteilung von Berufspflichtverletzungen von Angehörigen der steuerberatenden Berufe an die Berufskammern v. 1. 8. 1990 (AO-Handbuch S. 85), Erlaß betr. Beurteilung der Zulässigkeit von Aussagegenehmigungen für Betriebsprüfer und andere Bedienstete als Zeugen in Steuerstrafverfahren v. 24. 8. 1977 (AO-Handbuch S. 167; StEK AO 1977 § 30 Nr. 1), Erlaß betr. Mitteilungen an die Steuerberaterkammern über den Ausgang von Verfahren wegen unbefugter Hilfeleistung in Steuersachen v. 17. 3. 1981 (AO-Handbuch S. 172), Erlaß betr. Unterrichtung der Strafverfolgungsbehörden bei Verdacht eines Subventionsbetrugs v. 17. 3. 1981 (AO-Handbuch S. 174), Erlaß betr. Bekanntgabe des Namens eines Anzeigerstatters durch die Finanzbehörde v. 18. 3. 1981 (AO-Handbuch S. 175), Schreiben betr. Zusammenarbeit mit Ausländerbehörden v. 3. 7. 1991 (AO-Handbuch S. 176; StEK AO 1977 § 30 Nr. 24), Erlaß betr. Steuergeheimnis: Mitteilungen für Zwecke eines Disziplinarverfahrens gegen Angehörige der Steuerverwaltung v. 22. 11. 1982 (AO-Handbuch S. 175; DB 1983, 86).

Die vorstehenden Verwaltungsanweisungen sind zwischen den obersten Finanzbehörden des Bundes und der Länder abgestimmt worden und haben bundesweite Wirkung. Daneben bestehen vereinzelt noch Anweisungen, die nur an die Ermittlungsbehörden eines Landes oder einer OFD gerichtet sind, zB Verfügung der OFD Saarbrückens betr. Unterrichtung des Wohnsitzfinanzamts bei Verdacht von Schwarzarbeitsfällen v. 12. 5. 1981 (AO-Handbuch S. 647 StEK AO 1977 § 370 Nr. 2), Verfügung der OFD Düsseldorf betr. Behandlung von Selbstanzeigen v. 26. 8. 1980 (AO-Handbuch S. 649; StEK AO 1977 § 371 Nr. 2). Schließlich bestehen in den Bundesländern Regelungen über die Ausübung des Gnadenrechts, vgl. zB in Schleswig-Holstein den Erlaß des Ministerpräsidenten v. 6. 12. 1983 (ABl. 1984, 2) sowie die Gnadenordnungen v. 22. 8. 1980 (BStBl. I 644) und 3. 5. 1984 (SchlHA 91).

b) Anweisungen für das Straf- und Bußgeldverfahren (Steuer)

Schrifttum: *Blumers*, Anweisungen für das Steuerstraf- und Bußgeldverfahren, DB 1982, 1641; *Hamacher*, Anmerkungen zum Entwurf einer Anweisung für das Straf- und Bußgeldverfahren (Steuer), DStZ 1982, 494; *Streck*, Rechtsgefährdende Verschlußsache: Anweisungen der Finanzminister für das Steuerstrafverfahren, StV 1982, 244; *Celler*, Entwurf der Anweisungen für das Straf-

4. Geltung des allgemeinen Strafverfahrensrechts   14–16 § 385

und Bußgeldverfahren (Steuer), DStZ 1982, 243, 293; *v. Fürstenberg,* Die neuen Anweisungen für das Straf- und Bußgeldverfahren, DStR 1985, 455, 507; *Pump,* Die Mitteilungspflicht gem. Nr. 127 ASB als Verletzung strafprozessualer Grundsätze, wistra 1987, 205; *Weyand,* Die Anweisungen für das Straf- und Bußgeldverfahren, Inf 1991, 318; *Hellmann,* Die Befugnis der Landesfinanzverwaltungen zum Erlaß der Anweisungen für das Straf- und Bußgeldverfahren (Steuer), wistra 1994, 13; *Weyand,* Neue Anweisungen für das Straf- und Bußgeldverfahren (Steuer), Inf 1995, 513.

Die Anweisungen für das Straf- und Bußgeldverfahren (Steuer) – ASB (Anhang) – sind generalisierende Anleitungen für die Behandlung von Straf- und Bußgeldverfahren (*Hellmann* wistra 1994, 13). Sie wenden sich an alle mit der Verwaltung von Steuern befaßten Bediensteten der Finanzämter (*Hellmann* aaO). Da zugleich die RiStBV Anwendung finden, ergibt sich zT eine Überlagerung der Regelungen (vgl. *Hellmann* aaO, S. 14). Die ASB waren in ihrer Entwicklung höchst umstritten; erste Entwürfe (vgl. *Streck* StV 1982, 244), die etwa vorsahen, die Steuerfahndung hätte die Befugnis, wirksam Anträge auf richterliche Untersuchungshandlungen zu stellen, sind nicht umgesetzt worden. 14

Geltungsbereich der ASB ist mittlerweile das gesamte Bundesgebiet. Zwischenzeitlich haben auch die Bundesländer Baden-Württemberg, Bayern und Schleswig-Holstein die entsprechenden Vorschriften umgesetzt (vgl. zu Vorbehalten in Schleswig-Holstein DStR 1992, 617). Die ASB enthalten ein Konglomerat von steuerstrafverfahrensrechtlichen, bußgeldverfahrensrechtlichen und steuerrechtlichen Regelungen; nach der heftigen Kritik im Rahmen der ersten Diskussionen über die Entwürfe beschränken sich die ASB überwiegend darauf, den Gesetzestext in verständlicherer (?) Weise wiederzugeben. 15

Die ASB sind rechtswidrig, weil für ihren Erlaß eine Ermächtigungsgrundlage fehlt (*Hellmann* wistra 1994, 14 ff.). Das ergibt sich zwar nicht schon daraus, daß die Finanzverwaltung nicht befugt wäre, allgemeine Verwaltungsvorschriften zum Steuerstrafverfahren zu erlassen (so aber HHSp-*Schick* 39 zu § 208 AO; vgl. auch *Blumers* wistra 1987, 4). Wie *Hellmann* (aaO S. 14 ff.) überzeugend dargelegt hat, kommt aber den Landesfinanzverwaltungen, von geringen Ausnahmen abgesehen, keine Befugnis zur Erteilung von Weisungen zu. Die Sachleitung obliegt allein vorgesetzten Beamten innerhalb der staatsanwaltschaftlichen Hierarchie bzw. der Landesjustizverwaltungen. Dementsprechend gilt dies auch für den Erlaß allgemeiner Anweisungen zur Durchführung steuerstrafrechtlicher Ermittlungsverfahren. So steht die Sachaufsicht allein der Staatsanwaltschaft, nicht jedoch der Oberfinanzdirektion zu (*Hellmann* wistra 1994, 15). Insofern sind die Bediensteten der FinB entgegen *Himsel* (Koch/Scholtz/Himsel 7 vor § 385) nicht an sie gebunden. Dennoch sind sie in der Lage, eine Verwaltungsübung zu dokumentieren bzw. zu verfestigen, auf die sich im Einzelfall der Beschuldigte berufen mag (*Kohlmann* 5 vor § 385 AO). 16

c) Verfahrensgrundsätze

17 **Die Verweisung auf die allgemeinen Gesetze** über das Strafverfahren beinhaltet die Geltung allgemeiner Verfahrensgrundsätze auch im Prozeß wegen einer Steuerstraftat (*Lohmeyer* S. 74f.). Auch für das Steuerstrafverfahren gilt das Legalitätsprinzip, dh der Zwang zur Strafverfolgung, die dem Staat obliegt. Von Amts wegen sind die belastenden und entlastenden Tatsachen zu beschaffen (§ 160 II StPO). Der Beschuldigte hat einen Anspruch auf rechtliches Gehör (BVerfGE 49, 329, 342 v. 11. 10. 1978). Ein Zwang zur Aussage darf nicht ausgeübt werden (§ 136 I 2 StPO). Auch das Nebeneinander von Besteuerungs- und Steuerstrafverfahren (§ 393 I AO) bewirkt keine Aussagepflicht des Beschuldigten (Rdnr. 6 zu § 393 AO).

18 **Alle Maßnahmen** der staatlichen Strafverfolgungsorgane unterliegen dem Grundsatz der Verhältnismäßigkeit (KMR-*Müller* 11 vor § 94 StPO; Leise/Cratz 16 zu § 385 AO). Jede Maßnahme muß unter Würdigung aller persönlichen und tatsächlichen Umstände des Einzelfalles zur Erreichung des angestrebten Zwecks geeignet und erforderlich sein; der mit ihr verbundene Eingriff darf nicht außer Verhältnis zur Bedeutung der Sache und zur Stärke des bestehenden Tatverdachts stehen (KMR-*Müller* 12ff. vor § 94 StPO). Dieser Grundsatz ist von der FinB insbesondere bei Durchsuchungen und Beschlagnahmen zu beachten (Rdnr. 15ff. zu § 399 AO).

19 **Das Beschleunigungsgebot** ist ein Teil des Verhältnismäßigkeitsgrundsatzes; das Rechtsstaatsprinzip des Grundgesetzes fordert die angemessene Beschleunigung des Strafverfahrens (BVerfGE v. 24. 11. 1983, wistra 1984, 60. Durch geeignete Maßnahmen ist sicherzustellen, daß das Strafverfahren nicht verzögert wird (*Kohlmann* 266 u. *Leise/Cratz* 18ff. zu § 385 AO).

20 **Der Grundsatz der freien Beweiswürdigung** (§ 261 StPO) gilt auch im Steuerstrafverfahren. Zwar kann das Steuerstrafverfahren nach § 396 AO bis zum Abschluß des Besteuerungsverfahrens ausgesetzt werden; eine Bindung des Strafrichters, zB an die Entscheidung des BFH, besteht aber auch in diesen Fällen nicht (OLG Hamm v. 17. 8. 1977, NJW 1978, 283; HHSp-*Hübner* 21, *Leise/Cratz* 15 zu § 396 AO). Es gilt der Grundsatz in dubio pro reo (*Naumann* S. 427; *Lohmeyer* S. 74). Die Vermutungen und Schätzungsmöglichkeiten des Steuerrechts können nicht ohne weiteres im Strafprozeß Anwendung finden (*Bender* Tz. 104, *Kohlmann* 359 zu § 385 AO). So schlägt die zollrechtliche Vermutung des § 17 I 2 ZG aF strafrechtlich nicht durch (BGH v. 24. 6. 1987, wistra 292; *Kohlmann* 359 zu § 385 AO). Beweislastregeln oä sind irrelevant (vgl. Rdnr. 56 zu § 370 AO).

21 Im Steuerstrafverfahren dürfen aus dem Schweigen des Angeklagten keine nachteiligen Schlüsse gezogen werden, denn er ist nicht verpflichtet, an seiner eigenen Bestrafung mitzuwirken (Rdnr. 6 zu § 393 AO),

d) Ablauf des Steuerstrafverfahrens

22 **Die Regelung in § 385 I AO** macht das Steuerstrafverfahren zu einem gewöhnlichen Strafverfahren (*Senge* 1 zu § 385 AO), das die §§ 385ff. AO zT geringfügig, zT erheblich modifizieren.

5. Anwendungsbereich des § 385 II AO   23–27 § 385

Das Ermittlungsverfahren ist der erste Abschnitt des Verfahrens, in dem 23
die Strafverfolgungsbehörden den Sachverhalt zu erforschen haben. „Herr
des Verfahrens" ist in der Regel die StA (Wirtschaftsabteilung). Darüber
hinaus bestimmen § 396 II u. § 399 AO, daß die FinB in einigen Fällen die
Ermittlungen selbständig führen und ggf. mit der Einstellung des Verfahrens
oder dem Antrag auf Erlaß eines Strafbefehls (§ 400 AO) abschließen darf.
Über § 138 I StPO hinaus läßt § 392 AO zu, daß in dieser Phase des Verfahrens auch Steuerberater als Alleinverteidiger auftreten dürfen. Akteneinsichtsrechte regelt § 395 AO. Über § 260 StPO hinaus darf das Steuerstrafverfahren nach § 396 AO bis zum Abschluß des Besteuerungsverfahrens
ausgesetzt werden. Besondere Bedeutung hat schließlich, daß nach § 404 AO
Zollfahndungsämter und Steuerfahndungsdienststellen den Status von Hilfsbeamten der StA (und damit zT auch der FinB) haben. Der Beschuldigte hat
im Ermittlungsverfahren wegen einer Steuerstraftat die üblichen Rechte;
insbes. hat er das Recht, Aussagen zur Sache zu verweigern (s. Rdnr. 17
sowie Rdnr. 13 zu § 399 AO).

Das Zwischenverfahren (Peters S. 440 ff.) beginnt mit der Erhebung der 24
Anklage. Es dient der Prüfung, ob die Anklage zu Recht erhoben worden ist,
dh ob das Ergebnis der Ermittlungen einen hinreichenden Tatverdacht
(§ 203 StPO) begründet. In dieser Phase hat die FinB Informations- und
Beteiligungsrechte (§ 407 AO).

Das Hauptverfahren wegen einer Steuerstraftat weicht wenig von dem 25
wegen anderer Straftaten ab. Nach § 391 AO, § 74c I Nr. 3 GVG ist das
Amtsgericht (Rdnr. 14 ff. zu § 391 AO) oder aber die Wirtschaftsstrafkammer (Rdnr. 20 ff. zu § 391 AO) sachlich zuständig. In der Hauptverhandlung
hat die FinB die Beteiligungsrechte des § 407 AO.

Das Rechtsmittelverfahren weicht ebenfalls von dem bei anderen Straftaten nicht ab; gegen erstinstanzliche Urteile des Amtsgerichts sind die Rechts- 26
mittel der Berufung und der Revision zulässig; die Revision richtet sich im
übrigen gegen (erst- oder zweitinstanzliche) Urteile der Strafkammer. Auch
im Rechtsmittelverfahren hat die FinB ein Beteiligungsrecht (Rdnr. 8 zu
§ 407 AO), aber kein eigenes Recht, Rechtsmittel einzulegen.

5. Anwendungsbereich des § 385 II AO

Nicht Steuerhinterziehung, sondern Betrug sollte begehen, wer der 27
FinB einen steuerlich erheblichen Sachverhalt vortäuschte (BGH v. 11. 4.
1972, NJW 1287; BGH v. 28. 1. 1986, wistra 172; *Henneberg* BB 1976, 1557;
Leise/*Cratz* 28 zu § 385 AO; aM *Erich Müller* NJW 1977, 747; ausf. s. Rdnr.
91 zu § 370 AO), und § 385 II AO sollte in diesem Zusammenhang nach dem
Willen des Gesetzgebers sicherstellen, daß die FinB für die StA ermitteln
darf. Tatsächlich hatte die FinB bei der Erschleichung von Steuervergütungen ein Ermittlungsrecht schon aufgrund § 386 II AO, nachdem § 370 IV 2
AO nunmehr ausdrücklich klarstellt, daß auch Steuervergütungen unter den
Begriff des Steuervorteils fallen (Rdnr. 92 zu § 370 AO). Nach der hier
vertretenen Auffassung lief § 385 II AO mithin leer (zust. HHSp-*Rüping*

20 ff., Schwarz/*Dumke* 17 *zu* § 385 AO). Mittlerweile hat der BGH – in zwei Schritten – seine Rechtsprechung geändert. Auch er geht mittlerweile davon aus, daß in diesen Vorspiegelungsfällen vollendete Steuerhinterziehung gegeben ist (BGH v. 1. 2. 1989, wistra 226 zur USt; BGH v. 3. 11. 1989, wistra 1990, 58 zur ESt; endgültige Aufgabe der älteren Rechtsprechung durch BGH v. 23. 3. 1994, wistra 194).

28 **Soweit man dem § 385 II AO einen Aufgabenbereich einräumt,** hat die FinB bei Vorspiegelungstaten kein Recht zu selbständigen Ermittlungen. Sie behält das Recht zur Ermittlung des Sachverhalts nach § 402 I AO; einen Antrag auf Erlaß eines Strafbefehls oder auf Anordnung von Nebenfolgen im selbständigen Verfahren darf sie nicht stellen (§§ 400 f. AO). Es verbleibt bei den Rechten und Pflichten nach den §§ 402, 403, 407 AO. Unklar ist im übrigen, welche Auswirkungen in diesem Zusammenhang § 128 I BranntwMonG hat. Danach gilt u. a. § 385 *„bei einer Straftat, die unter Vorspiegelung monopolrechtlich erheblicher Tatsachen auf die Erlangung von Vermögensvorteilen gerichtet ist und kein Steuerstrafgesetz verletzt."*

29 Zweifelhaft ist, ob die FinB bei **Straftaten iS des § 385 II AO** (s. aber Rdnr. 27) ihre Ermittlungen auf solche Straftaten erstrecken darf, die mit diesen iS des § 264 StPO (vgl. *Senge* 3 zu § 386 AO) zusammentreffen. So wird die Ansicht vertreten, die Anordnung der Unanwendbarkeit des § 386 II AO in § 385 II AO begründe die Befugnis der FinB, auch hinsichtlich solcher Taten zu ermitteln, die mit der „Vorspiegelungstat" iS des § 385 II AO zusammentreffen (*Henneberg* BB 1977, 941; *Leise/Cratz* 28 zu § 385 AO). Tatsächlich ist dies, wie *Hübner* (HHSp 12 ff. zu § 385 AO) zu Recht ausführt, nicht der Fall. § 385 II AO soll die FinB in die Lage versetzen, bei solchen Straftaten zu ermitteln, die eine enge Beziehung zu Steuerstraftaten iS des § 369 I AO aufweisen. Wenn in § 386 II AO die Möglichkeit einer selbständigen Ermittlungstätigkeit entfällt, soweit auch andere – nicht dem § 386 II Nr. 2 AO unterliegende – Straftaten in Frage stehen und die unselbständige Ermittlungsbefugnis iS des § 402 AO sich nur auf die Steuerstraftat erstreckt (Rdnr. 12 zu § 402 AO), dann liegt dem die Erkenntnis zugrunde, daß nur in bezug auf Steuerstraftaten die besondere Sachkunde der FinB gegeben ist (HHSp-*Hübner* 29 zu § 404 AO). Dieser Gesichtspunkt der Sachnähe ist es auch, der zur Einbeziehung der Vorspiegelungsstraftaten führt und den Gesetzgeber dazu bestimmt hat, in gewissen Grenzen Ermittlungskompetenzen der FinB zu begründen (Rdnr. 4). Der FinB im Rahmen des § 385 II AO Kompetenzen zu geben, die ihr noch nicht einmal bei Steuerstraftaten im engeren Sinne eingeräumt sind, war vom Gesetzgeber eindeutig nicht beabsichtigt (BT-Drucks. 7/4292 S. 46) und widerspräche auch dem Sinn der Regelung (glA *Kretzschmar* DStR 1983, 736). Auch kann die FinB in den Fällen des § 385 II AO nicht auf Ersuchen der StA als selbständige Ermittlungsbehörde tätig sein (HHSp-*Hübner* 16 zu § 385 AO).

6. Regelungen in Sondergesetzen

Ausdrücklich angeordnet wird die Anwendbarkeit der Vorschriften der AO über das Strafverfahren in einigen Gesetzen, die den steuerlichen Arbeitsbereich berühren (HHSp-*Rüping* 18 zu § 385 AO). So gelten die §§ 385 – 408 AO in Fällen des Subventionsbetruges (§ 264 StGB), wenn sich dieser auf eine Investitionszulage nach dem BerlinFG, nach dem InvZulG oder nach dem StahlInvZulG bezieht, sowie bei einer Begünstigung solcher Straftäter (§ 20 BerlinFG; § 9 InvZulG sowie § 6 StahlInvZulG), in Strafverfahren wegen Hinterziehung der Arbeitnehmersparzulage nach dem 4. VermBG, der Sparprämie nach dem SparPG, der Wohnungsbauprämie nach dem WoPG und der Bergmannsprämie nach dem BergPG (Anh XVII) sowie wegen Begünstigung solcher Straftäter (§ 29a BerlinFG; § 13 II des 4. VermBG; § 5b II SparPG; § 8 II WoPG; § 5a II BergPG). 30

Das Steuerstrafverfahren der AO gilt für Verstöße gegen das Branntweinmonopol nach der Änderung des BranntwMonG durch das StBerG 1985 (BGBl 1985 I, 2436) unmittelbar. 31

Die Verweisung auf die §§ 385 ff. AO ermächtigt die FinB, in diesen Fällen wie bei Steuerstraftaten iS des § 369 I AO zu ermitteln. Die FinB hat also die Stellung der StA (§ 399 I AO; vgl. dazu *Bilsdorfer* BB 1983, 2112; *Höllig* DB 1976, 2420; *Henneberg* BB 1977, 940; *Pfaff* DStZ 1980, 30); jedoch nur, soweit nicht die Ausschlußgründe des § 386 III, IV AO (Rdnr. 6 zu § 386 AO) eingreifen (*Höllig* aaO S. 2421). 32

Wird die Wohnungsbauprämie geltend gemacht, nachdem die gezahlten Beträge bei der Einkommensteuererklärung schon als Sonderausgaben abgesetzt wurden, will *Henneberg* (BB 1977, 940) der FinB eine selbständige Ermittlungsbefugnis zugestehen: § 385 II AO gelte hier nicht, da er nur Fälle erfasse, in denen keine steuerstrafrechtlichen Bestimmungen, sondern nur solche allgemein strafrechtlicher Art verletzt seien. Bei Zuwiderhandlungen gegen die Prämienbestimmungen seien die §§ 370 ff. AO 1977 jedoch in vollem Umfang anwendbar. Nach *Cratz* (*Leise/Cratz* 28 zu § 385 AO) und *Hübner* (HHSp 10 zu § 385 AO) soll § 385 II AO deshalb unanwendbar sein, weil hier nicht ein steuerlich erheblicher Sachverhalt vorgespiegelt werde, wenn die Vergünstigungen doppelt in Anspruch genommen würden. Indessen ist diese Frage überholt; denn die §§ 385 bis 408 AO sind für diese Fälle jetzt ohne weiteres anwendbar (ebenso *Kohlmann* 20 zu § 385 AO; vgl. § 8 II 2 WoPG idF v. 10. 2. 1982 BGBl. I 131; *Herrmann/Heuer/Clausen* 35 zu § 8 WoPG). Dies galt im übrigen schon seit der Änderung des WoPG durch Art. 50 EGAO v. 14. 12. 1976 (BGBl. I 3341, 3367; vgl. *Beck* DB 1977, 416). 33

§ 386 Zuständigkeit der Finanzbehörde bei Steuerstraftaten

(1) ¹Bei dem Verdacht einer Steuerstraftat ermittelt die Finanzbehörde den Sachverhalt. ²Finanzbehörde im Sinne dieses Abschnitts sind das Hauptzollamt, das Finanzamt, das Bundesamt für Finanzen und die Familienkasse.

(2) Die Finanzbehörde führt das Ermittlungsverfahren in den Grenzen des § 399 Abs. 1 und der §§ 400, 401 selbständig durch, wenn die Tat
1. ausschließlich eine Steuerstraftat darstellt oder
2. zugleich andere Strafgesetze verletzt und deren Verletzung Kirchensteuern oder andere öffentlich-rechtliche Abgaben betrifft, die an Besteuerungsgrundlagen, Steuermeßbeträge oder Steuerbeträge anknüpfen.

(3) Absatz 2 gilt nicht, sobald gegen einen Beschuldigten wegen der Tat ein Haftbefehl oder ein Unterbringungsbefehl erlassen ist.

(4) ¹Die Finanzbehörde kann die Strafsache jederzeit an die Staatsanwaltschaft abgeben. ²Die Staatsanwaltschaft kann die Strafsache jederzeit an sich ziehen. ³In beiden Fällen kann die Staatsanwaltschaft im Einvernehmen mit der Finanzbehörde die Strafsache wieder an die Finanzbehörde abgeben.

Vgl. §§ 35, 40–43 OWiG.

Schrifttum: *Rüster*, Der Steuerpflichtige im Grenzbereich zwischen Besteuerungsverfahren und Strafverfahren, Göttingen 1989 (zugl. Diss. Berlin 1987); *Engelhardt*, Die Kirchensteuer in den neuen Bundesländern, Köln 1991; *Hellmann*, Das Neben – Strafverfahrensrecht der Abgabenordnung, 1995; *Henneberg*, Weisungsrecht, Übernahmerecht und Substitutionsrecht der vorgesetzten Beamten der Staatsanwaltschaften und der Finanzbehörden im steuerstrafrechtlichen Ermittlungsverfahren und die Grenzen dieser Rechte, BB 1973, 82; *ders.*, Ausdehnung und Einschränkung der Verfolgungszuständigkeit im steuerstrafrechtlichen Ermittlungsverfahren, Inf 1977, 569; *ders.*, Die Zuständigkeit der Finanzbehörden als Strafverfolgungsbehörden bei nicht steuerlichen Zuwiderhandlungen, BB 1977, 938; *Kohlmann/Giemulla*, Die Zuständigkeit der Finanzbehörden bei der Ermittlung von Verstößen gegen das Investitionszulagengesetz, DStZ 1979, 244; *Pfaff*, Ermittlungskompetenz der Finanzbehörde bei Verstößen gegen (Steuer-) Strafvorschriften und (Steuer-) Ordnungswidrigkeiten, DStZ 1980, 28; *Harbusch*, Die Abgabe des finanzbehördlichen Ermittlungsverfahrens an die Staatsanwaltschaft, ddz 1980, F 121; *Scheu*, Evokations- und materielles Prüfungsrecht der Staatsanwaltschaft, wistra 1983, 136 mit Erwiderung von *Rittmann*, wistra 1984, 52; *Kretzschmar*, Ermittlungsbefugnis der Finanzbehörde als Folge der Verfolgungsbeschränkung durch die Staatsanwaltschaft (§ 154 a StPO)?, DStZ 1983, 498; *ders.*, Umfang der finanzbehördlichen Ermittlungsbefugnis bei einer allgemeinen Straftat in Tateinheit mit einer Steuerstraftat, DStR 1983, 641; *ders.*, Die Ermittlungsbefugnis von Finanzbehörde (Finanzamt) und Staatsanwaltschaft, DStR 1985, 24; *Berthold*, Nochmals: Zur Verfolgung von Zuwiderhandlungen im gemeinschaftlichen Versandverfahren, ddz 1985, F 49; *Burmeister*, Steuergeheimnis und Offenbarungsbefugnis bei Strafanzeigen, ddz 1985, F 5; *Krey/Pföhler*, Zur Weisungsgebundenheit des Staatsanwaltes, NStZ 1985, 145; *Müller*, Steuergeheimnis und Verwertungsverbot bei nichtsteuerlichen Straftaten, DStR 1986, 699; *Gramich*, Limitierung der selbständigen Ermittlungskompetenz des Finanzamts im Sinn des § 386 Abs. 1, Abs. 2 Nr. 1 Abgabenordnung oder Verbrauch der Strafklage?, wistra 1988, 251; *Klos/Weyand*, Probleme der Ermittlungszuständigkeit und Beteiligungsrechte der Finanzbehörde im Steuerstrafverfahren, DStZ 1988, 615; *Reiche*, Die strafrechtliche Ermittlungskompetenz der Zollfahndung, wistra 1990, 90; *Pütz*, Steuer- und Zollfahnder als Hilfsbeamte der Staatsanwaltschaft, wistra 1990, 212; *Bender*, Die Bekämpfung der grenzüberschreitenden Rausch-

1. Entstehungsgeschichte

giftkriminalität als Aufgabe des Zollfahndungsdienstes, wistra 1990, 285; *Schmidt*, Die Ermittlungskompetenz der Hauptzollämter bei der Verfolgung von Abgabenstraftaten im Bereich der EG-Agrarmarktordnung, ZfZ 1990, 104; *Weyand*, Offenbarungsbefugnis nach § 30 Abs. 4 Nr. 4a AO als Offenbarungsverpflichtung?, DStZ 1990, 411; *Rüping*, Rechtsprobleme der Durchsuchung, insbesondere in Steuerstrafsachen, StVj 1991, 322; *Liebsch/Reifelsberger*, Die Grenzen des Evokationsrechts, wistra 1993, 325; *Weyand*, Das Evokationsrecht und die Informationsmöglichkeiten der Staatsanwaltschaft – Theorie und Praxis, wistra 1994, 87; *Malms*, Einstellung nach § 153 und § 153 a StPO durch die Finanzbehörden, wistra 1994, 337; *Weber-Blank*, Einstellung von Steuerstrafverfahren durch die Strafsachenstellen der Finanzbehörden nach §§ 153 und 153 a StPO ohne Zustimmung des Gerichts, wistra 1995, 134; *Hardtke/Westphal*, Die Bedeutung der strafrechtlichen Ermittlungskompetenz der Finanzbehörde für das Steuergeheimnis, wistra 1996, 91.

Übersicht

1. Entstehungsgeschichte 1, 2	a) Abgabe der Strafsache an die StA 31–40
2. Systematik, Zweck und Anwendungsbereich 3–11	b) Evokationsrecht der StA 41–47
3. Gesetzliche Abgrenzung der Ermittlungskompetenz zw. FinB und StA 12–24	c) Rückgabe der Strafsache an die FinB 48
4. Verhaftung oder Unterbringung des Beschuldigten 25–29	d) Mitteilung an den Beschuldigten 49
5. Fakultative Änderung der Zuständigkeit 30–53	e) Steuergeheimnis 50–52
	f) Informationspflicht der FinB .. 53

1. Entstehungsgeschichte

§ 386 I AO 1977 unterscheidet sich von § 421 l RAO idF des Art. 1 Nr. 1 AOStrafÄndG v. 10. 8. 1967 (BGBl. I 877) durch den Ausdruck „*Finanzbehörde*" anstelle von „*Finanzamt*" sowie durch die Definition der „*Finanzbehörde*", die dem § 386 I AO 1977 als Satz 2 angefügt worden ist (in Begr. nicht erwähnt, BT-Drucks. VI/1982 S. 198). Der Ausdruck „*Steuerstraftat*" war anstelle von „*Steuervergehen*" bereits durch Art. 161 Nr. 13 EGStGB v. 2. 3. 1974 (BGBl. I 469, 583) eingeführt worden.

§ 421 I RAO 1967 entsprach § 421 I 1 RAO 1931 und § 386 I 1 RAO 1919. Von der ursprünglichen Fassung „*haben bei allen Steuervergehen ... den Sachverhalt zu erforschen*" wurde 1967 abgewichen, weil die Vorschrift nur die Zuständigkeit regelt; die Pflicht zur Erforschung des Sachverhalts ergibt sich aus der Zuständigkeitsnorm iVm den Vorschriften der StPO, insbes. aus dem Legalitätsgrundsatz (Begr. BT-Drucks. V/1812 S. 29). Abweichend von der Regierungsvorlage (sowie von § 160 I u. § 163 I StPO!) hat der BTag das Wort „*erforscht*" durch „*ermittelt*" ersetzt.

§ 421 II RAO 1967 entsprach § 422 RAO 1931 und § 387 RAO 1919 mit dem Unterschied, daß bei Tateinheit zwischen einem Steuervergehen und einer anderen Straftat ursprünglich nicht die StA, sondern das Finanzamt zuständig war.

§ 421 III RAO 1967 entsprach § 421 I 2 RAO 1931 und § 386 I 2 RAO 1919 mit dem Unterschied, daß es ursprünglich nicht darauf ankam, ob Haft oder Unterbringungsbefehl erlassen war, sondern ob „*der Beschuldigte wegen Steuerhinterziehung festgenommen und dem Richter vorgeführt*" worden war.

Von **§ 421 IV RAO 1967** entsprach Satz 1 dem § 425 RAO 1931 (= § 390

RAO 1919). Das allgemeine Evokationsrecht der StA nach Satz 2 war neu; aufgrund § 426 II RAO 1931 (= § 391 II RAO 1919) konnte die StA die Strafverfolgung wegen eines Steuervergehens nur übernehmen, wenn jemand durch mehrere *selbständige* Handlungen ein Steuervergehen und eine andere Straftat begangen hatte. Satz 3 entsprach § 426 III RAO 1931 (= § 391 III RAO 1919). Der auf Initiative des BTages (BT-Drucks. zu V/1941 S. 2) in das AOStrafÄndG v. 10. 8. 1967 (BGBl. I 877) eingefügte Satz 4: *„Das FA hat die Strafsache an die StA abzugeben, wenn der Beschuldigte dies beantragt"*, wurde auf Antrag des BRates (BT-Drucks. V/3013) und Empfehlung des Vermittlungsausschusses (BT-Drucks. V/3042) gem. Art. 1 Nr. 21 des 2. AOStraf-ÄndG v. 12. 8. 1968 (BGBl. I 953) wieder gestrichen, weil *„der Sonderfall, daß der Beschuldigte die Ermittlungsbehörde selber bestimmen konnte"*, es nicht sinnvoll erscheinen ließ, diese Vorschrift aufrechtzuerhalten (Abg. *Reischl,* Sten.Ber. S. 9921).

2. Systematik, Zweck und Anwendungsbereich

3   **Die Abgrenzung der Befugnisse zwischen StA und FinB** im Ermittlungsverfahren wegen Steuerstraftaten wird in § 386 AO zusammenfassend geregelt. Zu diesem Zweck definiert § 386 I 2 AO den Begriff der *„Finanzbehörde"* so, daß er alle Hauptzollämter (§ 1 Nr. 4 FVG), alle Finanzämter (§ 2 I Nr. 3 FVG) sowie das Bundesamt für Finanzen (§ 5 FVG) umfaßt. Mit dem JStErgG v. 18. 12. 1995 (BGBl 1959, 1965) ist die Familienkasse hinzugekommen. Nicht erfaßt werden auf örtlicher Ebene namentlich die Zollfahndungsämter (§ 1 Nr. 4 FVG) und die Gemeindesteuerbehörden, ferner nicht die Oberfinanzdirektionen und die obersten Finanzbehörden des Bundes und der Länder.

4   **Das allgemeine Ermittlungsmonopol der StA** wird durch die Regelungen des § 386 AO nicht *durchbrochen,* jedoch *latent eingeschränkt.* § 386 I 1 AO gibt der FinB eine *unselbständige* Ermittlungskompetenz, in deren Ausübung sie die Stellung der Polizei in einem allgemeinen Strafverfahren hat, ergänzt um einzelne Befugnisse (§§ 402 I, 399 II 2 AO). Ist der Sachverhalt einer Steuerhinterziehung zu ermitteln, *erweitert* § 386 II AO diese unselbständige Ermittlungskompetenz und ermächtigt die FinB zur *selbständigen* Führung der Ermittlungen mit den Rechten und Pflichten der StA nach § 399 I AO (*Hardtke/Westphal* wistra 1996, 91). Vermöge des § 386 IV 2 AO behält die StA aber die Oberhand über das Ermittlungsverfahren (HHSp-*Rüping* 8 zu § 386 AO) und bleibt auch bei selbständiger Führung des Ermittlungsverfahrens durch die FinB Herrin des Verfahrens (OLG Stuttgart v. 4. 2. 1991, wistra 190). Dies bedeutet jedoch nicht, daß die FinB den Weisungen der StA unterliegt und deren bloßes Hilfsorgan ist (BFH v. 25. 1. 1972, BStBl. 286; mißverständlich OLG Stuttgart v. 7. 6. 1972, NJW 2146; HHSp-*Rüping* 9, *Schwarz/Dumke* 39 u. *Kohlmann* 3 zu § 386 AO; *Suhr/Naumann/Bilsdorfer* Rz. 596; aM *Jakob* StW 1971, 302; *Scheu* wistra 1983, 137; allg. zu den Schranken des in- und externen Weisungsrechts der StA: *Krey/Pföhler* NStZ 1985, 145). Vielmehr ist die FinB in den Grenzen des § 386 II–IV AO *unab-*

2. Systematik, Zweck und Anwendungsbereich   5, 6 § 386

hängig von der Staatsanwaltschaft zur Aufklärung des Sachverhalts *berechtigt und verpflichtet*; für sie gilt das **Legalitätsprinzip** (OLG Stuttgart v. 4. 2. 1991, wistra 190; LR-*Rieß* 12 zu § 160).

Solange die FinB das Ermittlungsverfahren selbständig führt, ist die 5 StA nicht befugt, ihr für die Behandlung des Falles rechtlich bindende Weisungen zu erteilen oder bestimmte Ermittlungen vorzuschreiben (LR-*Rieß* 12, KK-*Wache* 9, *Kleinknecht/Meyer-Goßner* 13 zu § 160 StPO). Zu den Ermittlungen gehört ggf. auch die Entscheidung über eine Aussetzung des Verfahrens nach § 396 AO (glA HHSp-*Rüping* 27, 42 zu § 386 AO; widersprüchlich *Kohlmann,* einerseits glA bei 51 zu § 396, aber aM bei 9 zu § 386 AO; s. auch Rdnr. 20 zu § 396 AO) und infolge der Änderung der §§ 153, 153a StPO durch das RpflEntlG v. 11. 1. 1993 (BGBl. I 50) nun auch die Befugnis, das Verfahren gegen Zahlung einer Geldauflage ohne vorherige Zustimmung des Gerichts und damit ohne vorherige Befassung durch dieses und die Staatsanwaltschaft einzustellen (Rdnr. 4 zu § 398 AO). Über die Ermittlungen hinaus kann die FinB unmittelbar beim Amtsgericht beantragen, Strafbefehl zu erlassen (§ 400 AO) oder Nebenfolgen im selbständigen Verfahren nach den §§ 440, 442 I, § 444 III StPO anzuordnen (§ 401 AO). Infolge der Änderung des § 407 II StPO durch das RpflEntlG v. 11. 1. 1993 (BGBl. I 50), wonach nunmehr die Beantragung von Strafbefehlen mit Freiheitsstrafen bis zu einem Jahr möglich ist, sofern die Vollstreckung zur Bewährung ausgesetzt wird, dürfte die Bedeutung und der Umfang der ausschließlich von der FinB zu bearbeitenden Fälle in Zukunft steigen. Die FinB kann nun auch bei größeren Hinterziehungsbeträgen das Ermittlungsverfahren selbständig führen und hat einen größeren Ermessensspielraum bei der Frage einer Abgabe an die StA nach § 386 IV 1 AO. Gleichwohl könnte die StA geneigt sein, vom Evokationsrecht Gebrauch zu machen, weil sie eine höhere als die im Strafbefehlswege beantragte Freiheitsstrafe für angemessen hält (zu den Grenzen des Evokationsrechts vgl. Rdnr. 34 ff., sowie *Liebsch/Reifelsberger* wistra 1993, 325).

Die StA wird gem. § 386 I u. II AO nicht tätig, wenn sich der Verdacht 6 einer Steuerstraftat im Verlauf der Ermittlungen als unbegründet erweist (§ 399 I AO iVm § 170 II StPO) oder wenn die Schuld des Täters gering wäre und die FinB das Verfahren mangels öffentlichen Interesses an der Verfolgung einstellt (§ 399 1 AO iVm § 153 I 1 StPO) oder wenn die FinB wegen geringwertiger Steuerverkürzungen oder Steuervorteile von der Verfolgung absieht (§ 399 I iVm § 398 AO). Ferner bleibt die StA unbeteiligt, wenn bei begründetem Tatverdacht der Strafrichter einen von der FinB gem. § 400 AO beantragten Strafbefehl erläßt und der Beschuldigte keinen Einspruch erhebt. In den übrigen Fällen eines begründeten Tatverdachts endet die Ermittlungskompetenz der FinB, wenn sie die Ermittlungen abgeschlossen hat und die Akten gem. § 400 Halbs. 2 AO der StA zur Entschließung darüber vorlegt, ob und in welcher Form die öffentliche Klage erhoben werden soll. Im Strafbefehlsverfahren geht die Kompetenz zur weiteren Ermittlung gem. § 406 AO auf die StA über, sobald der Strafrichter gem. § 408 II StPO Hauptverhandlung anberaumt oder der Beschuldigte Einspruch gegen den Strafbefehl erhebt. Nach allgM wird damit auf den Zeitpunkt abgestellt, in dem die Sache in das ordentliche Strafverfahren übergeht (*Koch/ Scholtz/Himsel* 3 zu § 406, *Suhr/Naumann/Bilsdorfer* Rz. 682), bzw. in die Hauptverhandlung einmündet (*Klein/Orlopp* 1 zu § 406 AO). Deshalb *muß der Einspruch wirksam sein;* ist er unwirksam, weil verspätet erhoben, so bleibt es bei der Zuständigkeit der FinB. Diese Unterscheidung wurde – soweit ersichtlich – bisher kaum getroffen (allein *Schwarz/Dumke* 2, 3 zu § 406 AO), ist aber nicht nur von theoretischer Bedeutung, sondern entscheidet darüber, wem rechtliches Gehör zu gewähren (§ 33 II StPO), bzw. wer Zustellungsadressat der gerichtlichen Entscheidung ist. Ein unzulässiger Einspruch wird nach § 411 I StPO durch Beschluß verworfen, wobei zuvor nach § 33 II StPO die FinB anzuhören ist, da diese noch die Rechte und Pflichten der StA gem. § 399 I AO wahrnimmt. Die Einspruchserhebung wird in § 406 I AO der Anberaumung der Hauptverhandlung gleichgesetzt, die ihrerseits nur auf einen wirksamen Einspruch hin erfolgt, womit dann erst die Sache in das ordentliche Strafverfahren übergeht (zutreffend *Liebsch/Reifelsberger* wistra 1993, 325).

7 **Die besondere Ermittlungskompetenz der FinB bei Steuerstraftaten entfällt**

von vornherein, wenn die Tat außer Steuerstrafgesetzen zugleich andere Strafgesetze verletzt usw. (§ 386 II AO, s. Rdnr. 12);

sobald gegen einen Beschuldigten wegen der Tat ein Haft- oder Unterbringungsbefehl erlassen ist (§ 386 III AO, s. Rdnr. 25 ff.);

wenn die FinB die Strafsache an die StA abgibt (§ 386 IV 1 AO, s. Rdnr. 31 ff.);

wenn die StA die Strafsache vor dem Abschluß der Ermittlungen an sich zieht (§ 386 IV 2 AO, s. Rdnr. 41 ff.).

8 **§ 386 AO erfüllt einen dreifachen Zweck:** Die Regelung dient dem eigenverantwortlichen Einsatz der besonderen Sach- und Steuerrechtskunde der FinB zugunsten einer *zielsicheren Verfolgung von Steuerstraftaten,* damit zugleich einer Straffung des Strafverfahrens im Sinne der *Prozeßökonomie,* schließlich einem weitgehenden *Schutz des Steuergeheimnisses* (§§ 30 ff. AO) im Steuerstrafverfahren (vgl. auch *Gramich,* wistra 1988, 252; Rdnr. 50). Eine effiziente Ahndung von Steuerdelikten ist ohne besondere Kenntnisse des Steuerrechts fast ausgeschlossen und kann zu Fehlgriffen oder Irrtümern bei der Strafverfolgung führen; nur durch Überprüfung der Besteuerungsgrundlagen kann der Verkürzungserfolg bei einer Steuerhinterziehung festgestellt werden (*Klos/Weyand,* DStZ 1988, 617). Überdies läßt sich beim ersten Tatverdacht oft noch nicht zutreffend beurteilen, ob eine Steuerstraftat oder eine Steuerordnungswidrigkeit vorliegt (s. auch Rdnr. 52 u. 107 zu § 397 AO); auch aus diesem Grunde könnte die Zuständigkeit der FinBn für die Ermittlung von Steuerstraftaten kaum getrennt werden von der Zuständigkeit für Steuerordnungswidrigkeiten gem. § 409 AO (glA *Kohlmann* 1 u. *Kühn/Hofmann* 1 zu § 386 AO). Freilich liegt in der *Doppelfunktion der FinB* und in der unterschiedlichen Rechtsstellung einer Person im Besteuerungsverfahren und im Strafverfahren auch eine Schwäche der Regelung, die aus

2. Systematik, Zweck und Anwendungsbereich 9–11 § 386

verschiedenen Blickwinkeln (potentielle Täter, Beschuldigte und Berater, Justiz, Fiskus) immer wieder Kritik hervorrufen wird (vgl. zB *de With,* DRiZ 1963, 397 u. *Henneberg,* DStR 1980, 63).

Der Anwendungsbereich des § 386 AO ist einerseits beschränkt auf *Straf-* 9 *verfahren* wegen Steuerstraftaten iS des § 369 I AO, andererseits ausgedehnt aufgrund § 128 I BranntwMonG auf Straftaten, die unter Vorspiegelung monopolrechtlich erheblicher Tatsachen auf die Erlangung von Vermögensvorteilen gerichtet sind und kein Steuerstrafgesetz verletzen. Darüber hinaus werden die materiellen und verfahrensrechtlichen Vorschriften des 8. Teils der AO und damit die Ermittlungskompetenz der FinBn erstreckt auf Straftaten und Zuwiderhandlungen in bezug auf Sparprämie (§ 5b II SparPG), Wohnungsbauprämie (§ 8 II WoPG), Bergmannsprämie (§ 5a II BergPG), Arbeitnehmer-Sparzulage (§ 14 III des 5. VermBG) und die Zulage an Arbeitnehmer in Berlin-West (§ 29a BerlinFG). Soweit unwahre Angaben in bezug auf Investitionszulagen als Subventionsbetrug nach § 264 StGB mit Strafe bedroht sind, bestimmen § 20 BerlinFG, § 9 InvZulG und § 6 StahlInv-ZulG, daß die FinBn bei der Strafverfolgung dieselben Kompetenzen haben wie bei der Verfolgung von Steuerstraftaten (ebenso die Auffassung der FinVerw, vgl. ASB 14 und BdF v. 1. 10. 1976, BStBl. I 628; zust. *Kohlmann* 15 zu § 386 AO; krit. zur Gesetzgebungssystematik *Henneberg,* Inf 1977, 571). In *Bußgeldverfahren* wegen Steuerordnungswidrigkeiten iS des § 377 I AO, Monopolordnungswidrigkeiten nach § 126 BranntwMonG oder wegen Ordnungswidrigkeiten nach § 24 BierStG oder nach den §§ 160 ff. StBerG bleibt es für das Verhältnis zwischen der FinB als der zuständigen Verwaltungsbehörde iS des § 36 I Nr. 1 OWiG und der StA bei den allgemeinen Vorschriften der §§ 35, 40–43 OWiG (arg. § 410 I AO); eine Ausnahme gilt nur für Strafbefehlsanträge einer FinB; diese können sich nach § 410 II AO auf Steuerordnungswidrigkeiten erstrecken, die mit der jeweiligen Steuerstraftat zusammenhängen (§ 42 I 2 OWiG).

Auf Zuwiderhandlungen gegen Ein-, Aus- oder Durchfuhrverbote, 10 die als Bannbruch allein nach § 372 II AO mit Strafe bedroht sind (Rdnr. 40 zu § 372 AO), ist § 386 AO in vollem Umfang anzuwenden. Falls solche Zuwiderhandlungen zwar die Begriffsbestimmung des § 372 I AO erfüllen, jedoch durch spezielle Vorschriften außerhalb der AO mit Strafe bedroht werden, ist nur § 386 I AO anzuwenden (glA *Bender* Tz. 105, 1b, HHSp-*Rüping* 23, *Kühn/Hofmann* 3; aM *Kohlmann* 14 zu § 386 AO). In diesen Fällen können die HZÄ zwar den Sachverhalt ermitteln, sind aber nicht befugt, das Ermittlungsverfahren nach § 386 II iVm § 399 I und den §§ 400, 401 AO *selbständig* durchzuführen (aM *Bender* wistra 1990, 288, wonach Btm-Schmuggel in jeder Erscheinungsform eine Steuerstraftat sei; vgl. i. ü. auch Rdnr. 12).

Bei **Abgabenstraftaten auf dem Gebiet des Marktordnungsrechts** führen 11 die HZÄ als sachlich zuständige FinB (vgl. Rdnr. 6 zu § 387 AO) das Ermittlungsverfahren nach § 386 II AO selbständig durch. Kraft der Verweisung in § 12 I MOG gilt dies nicht nur für Zölle – denen Ausfuhrabgaben und negative Beitrittsausgleichabgaben gleichstehen – und Abschöpfungen, sondern auch im Hinblick auf innergemeinschaftliche Marktlenkungsabgaben (*Schmidt* ZfZ 1990, 104, 108). Die Ermittlungskompetenz der HZÄ wird nicht durch § 37 I Nr. 1 MOG zugunsten einer ausschließlichen Ermittlungskompetenz der StA verdrängt (vgl. OLG Hamm v. 21. 4. 1995, wistra 197; aM AG Münster, Beschl. v. 12. 9. 1989 – 23 Gs 3071/89). Es handelt sich bei § 37 MOG nicht um ein und dieselbe Regelungsmaterie, die § 386 AO zum Inhalt hat und ist deshalb keine dieser Vorschrift vorgehende Spezialregelung iS des § 12 MOG. § 37 MOG ist keine die Zuständigkeit regelnde Norm, vielmehr besteht dessen Zweck lediglich in einer Erweiterung des Kreises der Hilfsbeamten der StA für die nicht von der Abgabenordnung gedeckten Fälle von auslandsbezogenen Straftaten.

3. Gesetzliche Abgrenzung der Ermittlungskompetenz zwischen Finanzbehörden und Staatsanwaltschaft

12   Die **Finanzbehörde ermittelt beim Verdacht einer Steuerstraftat grundsätzlich unselbständig** (§§ 386 I, 402 AO), also als Hilfsorgan der StA, ebenso wie die Polizei. Durch *§ 386 II AO* wird diese unselbständige Ermittlungskompetenz *erweitert* und die FinB in *bestimmten* Fällen zur *selbständigen* Führung des Ermittlungsverfahrens *ermächtigt* (vgl. Rdnr. 4). Obwohl die Kompetenzerweiterung in § 386 II AO eine Ausnahme vom Grundsatz der unselbständigen Ermittlungskompetenz des § 386 I 1 AO ist, stellt sie in praxi die Regel dar. Vielfach wird deshalb unter Verkennung des eigentlichen Verhältnisses von § 386 I 1 AO zu § 386 II AO mißverständlich formuliert, daß grundsätzlich die FinB das Ermittlungsverfahren selbständig führe (so *Franzen*, Rdnr. 4, 6 der Vorauflage, *Leise/Cratz* 15, *Koch/Scholtz/Himsel* 2, *Kühn/Hofmann* 1, *Senge* 1 zu § 386; *Suhr/Naumann/Bilsdorfer* Rz. 600; zutreffend *Hardtke/Westphal* wistra 1996, 92).

13   Die aus dem originären **Ermittlungsmonopol der StA** abgeleitete *selbständige Ermittlungskompetenz* der FinB bezieht sich nach § 386 II Nr. 1 AO in erster Linie auf Taten, die *ausschließlich* Steuerstraftaten darstellen. Der Begriff der Tat ist nicht nach materiellen Merkmalen zu bestimmen, erfordert daher keine Tateinheit iS des § 52 StGB, sondern erfaßt im verfahrensrechtlichen Sinne des § 264 StPO einen *einheitlichen Lebensvorgang* (vgl. BGH 23, 141, 145 v. 5. 11. 1969; 38, 37, 40f. v. 17. 7. 1991; *Gramich,* wistra 1988, 251), zB bei Tatmehrheit zwischen USt-Hinterziehung, LSt-Hinterziehung und Nichtabführung von Sozialversicherungsbeiträgen (OLG Zweibrücken v. 25. 4. 1974, NJW 1975, 128). Für die Annahme einer Tat in diesem Sinne kann es ausreichen, wenn die einzelnen Tathandlungen so miteinander verknüpft sind, daß ihre getrennte Aburteilung in verschiedenen erstinstanzlichen Verfahren einen einheitlichen Lebensvorgang unnatürlich aufspalten würde (so auch die Auffassung der FinVerw, vgl. ASB 12). Die Begrenzung der selbständigen Ermittlungskompetenz der FinB durch den prozessualen Tatbegriff soll verhindern, daß nur Teilbereiche eines einheitlichen Lebensvorganges abgeurteilt und mit Strafklageverbrauch belegt werden können,

3. Abgrenzung der Ermittlungskompetenz   14–17 § 386

ohne daß der Gesamtgehalt erfaßt wird (*Gramich* wistra 1988, 252). Steuerstraftaten sind die in § 369 I Nr. 1–4 AO aufgeführten Straftaten (s. im einzelnen Rdnr. 5–12 zu § 369 AO).

Mit der Beschränkung auf Taten, die ausschließlich Steuerstraftaten darstellen, unterfallen der selbständigen Ermittlungskompetenz der FinBn nach § 386 II Nr. 1 AO diejenigen Taten nicht, die zwar die Merkmale einer Steuerstraftat iS des § 369 I AO aufweisen, aber zugleich *nichtsteuerliche* Strafgesetze verletzen; dabei sind in den Fällen der Nrn. 2–4 des § 369 I AO jeweils *andere* Strafgesetze gemeint als zB § 74 TierSG (Nr. 2) oder die §§ 148, 149 StGB (Nr. 3) oder § 257 StGB (Nr. 4). Unerheblich ist, ob eine Steuerstraftat gleichzeitig als Ordnungswidrigkeit mit Geldbuße bedroht ist (vgl. auch § 21 OWiG).   **14**

In Abkehr von § 422 RAO 1931 werden von § 386 I Nr. 1 AO insbesondere diejenigen Fälle nicht mehr erfaßt, in denen eine Steuerhinterziehung mit Urkundenfälschung (§ 267 StGB) zusammentrifft. In solchen Fällen war nach dem früheren Recht das Finanzamt zuständig gewesen, wenn die Strafe nach § 73 StGB aF aus dem Steuergesetz zu entnehmen war. Nunmehr bleibt es bei der allgemeinen Ermittlungszuständigkeit der StA. Die alte Regelung hatte wegen des weiten Strafrahmens für Steuerhinterziehung häufig sachwidrige Schwerpunktverlagerungen in den Kompetenzbereich der Finanzämter bewirkt, bis mit § 421 II Nr. 1 RAO 1967 die gegenwärtige Abgrenzung eingeführt wurde.   **15**

Fälle der Vortäuschung eines steuerlich erheblichen Sachverhaltes unterfallen ebenfalls der selbständigen Ermittlungskompetenz der FinB, soweit nicht § 128 BranntwMonG anwendbar ist. Wurden derartige Taten von der Rechtsprechung früher als Betrug (§ 263 StGB) eingestuft (BGH v. 11. 4. 1972, NJW 1287, zu § 392 RAO; v. 28. 1. 1986, wistra 172), nimmt mittlerweile auch der BGH bei fingierten Steuerfällen grundsätzlich eine Steuerhinterziehung an (BGH v. 1. 2. 1989, wistra 227; v. 23. 3. 1994, wistra 194; ausf. s. Rdnr. 91 ff. zu § 370 AO; abl. *Weiss* UStR 1994, 367), also eine Steuerstraftat iSd § 386 II Nr. 1 AO. Der Regelungsbereich des § 385 II AO wird infolge dieser Auffassung praktisch obsolet (ausf. s. Rdnr. 4 f., 27 f. zu § 385 AO; *Hellmann* 1995, 68).   **16**

Ergibt sich erst im Laufe der Ermittlungen einer FinB der Verdacht, daß der Beschuldigte durch seine Tat auch ein nichtsteuerliches Strafgesetz verletzt hat, entfällt die aus § 386 II AO abgeleitete selbständige Ermittlungskompetenz der FinB *kraft Gesetzes* (Rdnr. 6) und die Zuständigkeit liegt wieder bei der StA. Es tritt also dieselbe Folge ein, wie wenn ein Haft- oder Unterbringungsbefehl gegen den Beschuldigten erlassen wird (Rdnr. 25). Da jedoch die StA von einem erweiterten Verdacht der FinB und ihrer dadurch begründeten eigenen Ermittlungskompetenz ohne weiteres nichts erfährt, ist die FinB als dem *Legalitätsprinzip* nach §§ 385 I, 386 II AO, 152 II StPO unterworfene Strafverfolgungsbehörde (OLG Stuttgart v. 4. 2. 1991, wistra 190; LR-*Rieß* 12 zu § 160) *verpflichtet,* der StA die Akten zur weiteren Entschließung vorzulegen (allgM, HHSp-*Rüping* 68, *Koch/Scholtz/Himsel* 20/1, *Schwarz/Dumke* 29 zu § 386 AO, *Gramich* wistra 1989, 252; *Hardtke/*   **17**

Westphal wistra 1996, 92). Die *Vorlage der Akten* ist nicht zu verwechseln mit einer *Abgabe der Steuerstrafsache* nach § 386 IV 1 AO, die den Zuständigkeitswechsel aufgrund einer *Ermessens*entscheidung der FinB herbeiführt (Rdnr. 31).

18 Entgegen der vielfach vertretenen Ansicht, daß jegliche Ermittlungskompetenz der FinB entfalle, wenn ein Steuervergehen mit einer allgemeinen Straftat tateinheitlich zusammentreffe (OLG Frankfurt v. 5. 9. 1986, wistra 1987, 32; HHSp-*Rüping* 23, *Kohlmann* 20, *Erbs/Kohlhaas* 3b, *Kühn/Hofmann* 3 zu § 386 AO; *Suhr/Naumann/Bilsdorfer* Rz. 604; *Bilsdorfer* StBp 1990, 118; *Rüping* StVj 1991, 324), bleibt die unselbständige Ermittlungskompetenz der FinB in solchen Fällen aber bestehen (BGH 36, 285 v. 24. 10. 1989; *Klein/Orlopp* 4 zu § 386; *Pütz* wistra 1990, 212). Die Finb darf die nichtsteuerliche Tat *insoweit* ermitteln, als dies der Ermittlung der Steuerstraftat dient, was eine vorherige Abgabe an die StA nicht voraussetzt (BGH aaO; *Klein/Orlopp* 4 zu § 386; *Leise/Cratz* 64 zu § 404; *Kretzschmar* DStR 1983, 644; *ders.*, DStR 1985, 28; *Berthold* DDZ 1985, F 50; aM *Rüster* 1989, S. 69; *Reiche* wistra 1990, 90; Rdnr. 73 zu § 404 AO). Es findet *lediglich keine Kompetenzerweiterung* nach § 386 II AO statt. Die Zoll- und Steuerfahndung, als unselbständige Untergliederungen der FinB (*Klos/Weyand* DStZ 1988, 616), sowie ihre Beamten, haben im Strafverfahren wegen Steuerstraftaten dieselben Rechte und Pflichten wie die Behörden und Beamten des Polizeivollzugsdienstes nach den Vorschriften der StPO (§ 404 Satz 1 AO; vgl. Rdnr. 6 zu § 404 AO). Sie handeln als Hilfsorgan der StA (Rdnr. 10) und können innerhalb dieses Rahmens ohne besonderen Auftrag der StA tätig werden. Eine Beschränkung dieser – unselbständigen – Ermittlungskompetenz auf Fälle, in denen *nur* eine Steuerstraftat vorliegt, ist der AO nicht zu entnehmen. § 386 AO regelt nicht die Befugnisse der Zoll- und Steuerfahndung, sondern die Frage, ob die StA oder die FinB das Verfahren *durchzuführen* hat. Strafprozessuale Maßnahmen der FinB unterbrechen deshalb auch die Strafverfolgungsverjährung nichtsteuerlicher Straftaten (BGH aaO; *Pütz* wistra 1990, 212; aM OLG Frankfurt aaO; *Reiche* wistra 1990, 90) unabhängig davon, ob diese Maßnahmen im Rahmen einer selbständigen oder unselbständigen Ermittlungskompetenz getroffen werden. Im ersten Fall handelt die FinB „als StA" an deren Stelle, im zweiten Fall als deren Hilfsorgan. Beide Alternativen ermöglichen eine Unterbrechung nach § 78c StGB (*Lackner* 3 zu § 78c StGB; *Schäfer,* Dünnebier-FS, S. 541, 553). Die von der FinB ohne *konkreten* Auftrag der StA durchgeführten Ermittlungen sind deshalb ebensowenig rechtswidrig oder nicht verwertbar, wie dies bei Ermittlungen der Polizei der Fall ist, die regelmäßig zunächst ohne Kenntnis der StA erfolgen (aM *Klos/Weyand,* DStZ 1988, 618).

19 **Entschließt sich die StA,** das Verfahren wegen der nichtsteuerlichen Straftat einzustellen oder diese gem. § 154a StPO auszuscheiden, geht die Ermittlungskompetenz nicht automatisch auf die FinB über (HHSp-*Rüping* 71 zu § 386 AO; aM *Kretzschmar* DStZ 1983, 499 und DStR 1985, 29). In Betracht kommt nur eine einvernehmliche Abgabe nach § 386 IV 3 AO, wenn sie nach dem Gewicht der Steuerstraftat und nach dem Verfahrensstand angezeigt erscheint.

3. Abgrenzung der Ermittlungskompetenz 20, 21 § 386

§ 386 II Nr. 2 AO bestimmt eine Ausnahme von der Ausschließlichkeits- 20
beschränkung in Nr. 1 (vgl. Rdnr. 11) zugunsten selbständiger Ermittlungen der FinB, falls eine Tat, die eine Steuerstraftat darstellt, zugleich ein anderes, nichtsteuerliches Strafgesetz verletzt und dessen Verletzung *Kirchensteuern oder andere öffentlich-rechtliche Abgaben* betrifft, die an Besteuerungsgrundlagen, Steuermeßbeträge oder Steuerbeträge anknüpfen (vgl. auch § 31 AO). Die Fassung der Vorschrift ist zugeschnitten auf das Zusammentreffen von Steuerhinterziehung (§ 370 AO) und Abgabenbetrug (§ 263 StGB) zum Nachteil einer Körperschaft, deren Ansprüche auf Steuern, Beiträge oder Umlagen nach steuerlichen Merkmalen bemessen werden. Hier wäre es im Hinblick auf den Zweck des § 386 AO (Rdnr. 7) widersinnig, die Ermittlungskompetenz der StA vorzuschreiben; denn in den Anwendungsfällen des § 386 II Nr. 2 AO (Rdnr. 15) bildet der Abgabenbetrug stets nur ein „Anhängsel" der Steuerhinterziehung, in der das Schwergewicht der Tat liegt. Demgemäß ist es oftmals auch angezeigt, daß die FinB die Verfolgung der Tat gem. § 154a I StPO auf das Vergehen nach § 370 AO beschränkt.

Unmittelbar an Steuerbeträge knüpfen die Kirchensteuern an, welche 21
die FÄ nach dem jeweiligen KiStG als Zuschlag von 8 oder 9 vH zur ESt (LSt) oder als Zuschlag von 10 vH zur VSt erheben, wenn der nach der VSt bemessene Steuerbetrag höher ist. Ob die vorsätzliche Verkürzung der KiSt als Steuerhinterziehung nach § 370 AO strafbar ist, haben die Länder unterschiedlich geregelt. In *Niedersachsen* ist die vorsätzliche Verkürzung der KiSt zwar nach § 370 AO zu bestrafen, jedoch ist die Anwendung der §§ 385 ff. AO gem. § 6 I KiStRG ausdrücklich ausgeschlossen, so daß die selbständige Ermittlung einer mit KiSt-Hinterziehung zusammentreffenden ESt-Hinterziehung einem FA hier von Rechts wegen nur möglich ist, nachdem die StA die Verfolgung der Tat gem. § 154a I StPO auf die ESt-Hinterziehung beschränkt und die Strafsache gem. § 386 IV 3 AO an das FA abgegeben hat (aM jedoch *Kohlmann* 17 zu § 386 AO unter Berufung auf Art. 31 GG; *Schwarz/Dumke* 22 zu § 386 AO; *Suhr/Naumann/Bilsdorfer* Rz. 603, die § 386 II Nr. 2 AO ebenso wie HHSp-*Rüping* 21 zu § 386 AO als lex specialis zur StPO sehen). Wer in den anderen Ländern das Finanzamt über einkommensteuererhebliche Tatsachen täuscht, erfüllt nicht den Tatbestand der Steuerhinterziehung. Ob stattdessen der Tatbestand des Betruges einschlägig ist oder aber das Verhalten (insoweit) straflos bleibt, ist umstritten. *Leise/Cratz* (16 ff. zu § 386 AO) u. *Rönnau* wistra 1995, 48, nehmen Betrug an, andere lehnen dies ab (*Suhr/Naumann* 3. Aufl., S. 148 f.; vgl. auch *Kohlmann* 17 zu § 386 AO; *Engelhardt* 1991, S. 90). Tatsächlich ist aus der Suspendierung der Vorschriften der §§ 369 ff. AO zu folgern, daß es sich bei der Hinterziehung von Kirchensteuer nicht um ein strafbares Verhalten handeln soll. Soweit *Rönnau* einwendet, hiergegen spräche § 386 Abs. 2 Nr. 2 AO und Art. 4 Abs. 3 EGStGB, trägt dies seine Lösung nicht. Seinen Einwand aus § 386 Abs. 2 Nr. 2 AO relativiert *Rönnau* selbst (wistra 1995, 49). Der Einwand, Art. 4 Abs. 3 EGStGB erfordere die Anwendbarkeit des § 263 StGB, ist ebenfalls nicht tragfähig. Richtig ist zunächst, daß nach Art. 4 Abs. 3 EGStGB Vorschriften des StGB über Betrug unberührt bleiben, und es dem

Kirchensteuergesetzgeber lediglich freigestellt ist, Sonderregelungen – auch in Art einer dynamischen Verweisung – für eine Kirchensteuerhinterziehung zu treffen. Die Kirchensteuergesetzgeber – mit Ausnahme Niedersachsens – haben aber eine entsprechende Regelung getroffen, indem sie die Nichtanwendbarkeit der §§ 369 ff. AO ausdrücklich anordneten. Erst ein Schweigen des Gesetzgebers in dieser Frage hätte Raum für Spekulationen eröffnet, ob § 263 StGB einschlägig sei. *Rönnau* bezweifelt, daß die Länderparlamente (nach Rücksprache mit den Kirchen) hinsichtlich der Kirchensteuer auf jeglichen Strafrechtsschutz verzichten wollten. Tatsächlich ist dies durchaus der Fall ist. Im übrigen steht die Kirchenpraxis im Einklang mit theologischen Prinzipien und entsprechenden Beschlüssen. Zweifelhaft ist allein, ob eine solche Interpretation nicht ein unzulässiges Unterlaufen des Art. 4 Abs. 3 EGStGB wäre, der vom Wortlaut her voraussetzt, daß etwa dem § 369 ff. AO entsprechende Regelungen getroffen werden. Auch dies ist aber nicht der Fall. Wenn der Landesgesetzgeber die ausschließliche Gesetzgebung für einen Bereich hat (hier die Kirchensteuer), so kann er aus diesem Recht, quasi als Annexkompetenz, auch entsprechende Sonderregelungen treffen, die ggf. das StGB überspielen (vgl. *Jescheck* AT, S. 103: „Sachzusammenhang").

22 **An die Gewerbesteuermeßbeträge** knüpfen an

die *Beiträge zu den (Industrie- und) Handelskammern*, die gem. § 3 III iVm § 4 Nr. 4 IHKG in Form eines festen Grundbeitrags und einer Umlage in Höhe von 4–10 vH der GewSt-Meßbeträge erhoben werden;

die *Beiträge zu den Handwerkskammern*, die aufgrund §§ 106 I Nr. 4, 113 HandwO regelmäßig in Form eines festen Grundbeitrags und eines Zusatzbeitrags in Höhe von 8–15 vH der GewSt-Meßbeträge erhoben werden.

23 **Auch einzelne Besteuerungsgrundlagen** bilden den Maßstab für öffentlich-rechtliche Abgaben, etwa die für das land- und forstwirtschaftliche Vermögen festgesetzten Einheitswerte für die *Umlagen der Landwirtschaftskammern*, die z. B. in Schleswig-Holstein gem. VO v. 14. 1. 1987 (GVBl. 39) 7 vT betragen.

24 Gelegentlich sind die **Beiträge zu den Apothekerkammern** auch nach den Umsätzen der Mitglieder oder die Beiträge niedergelassener Ärzte zu den **Ärztekammern** nach der Höhe der Einkünfte aus selbständiger Berufstätigkeit (§ 18 EStG) gestaffelt. Indessen werden diese Beiträge nicht aufgrund von Mitteilungen der FÄ nach § 31 AO, sondern aufgrund einer Selbsteinschätzung der Mitglieder festgesetzt. Mit einer unrichtigen Beitragserklärung kann zwar Betrug zum Nachteil der jeweiligen Kammer begangen werden, jedoch ist das FA für die Ermittlung einer solchen selbständigen Tat nach § 386 II Nr. 2 AO nicht zuständig, da es an einer Steuerstraftat fehlt. Dasselbe gilt sinngemäß für unrichtige selbständige Erklärungen über den Jahresumsatz, an den die **Filmabgabe** nach § 66 FFG anknüpft.

4. Verhaftung oder Unterbringung des Beschuldigten

§ 386 III AO schließt die selbständige Ermittlungskompetenz der FinB aus, sobald gegen einen Beschuldigten wegen der Tat ein Haftbefehl (§ 114 StPO) oder ein Unterbringungsbefehl (§ 126a StPO) erlassen ist. Diese Ausnahmeregelung berücksichtigt, daß die StA in Haft- und Unterbringungssachen über besondere Erfahrungen verfügt und ihre Beteiligung am Haftprüfungs- und Haftbeschwerdeverfahren (§§ 117–118b StPO) unerläßlich ist. Die Zuständigkeit der StA ist aber auch deshalb sachgerecht, weil UHaft nach dem Grundsatz der Verhältnismäßigkeit (§ 112 I 2 StPO) nur in Sachen von größerer Bedeutung angeordnet werden darf, bei denen die UHaft zu der zu erwartenden Strafe in einem angemessenen Verhältnis steht. Steuerstrafsachen, auf welche diese Voraussetzungen zutreffen, sind für das Strafbefehlsverfahren (§ 400 AO) regelmäßig ungeeignet, falls nicht die weiteren Ermittlungen ergeben, daß der Tatverdacht nur in einem erheblich geringeren Umfang begründet ist, als es bei Erlaß des Haftbefehls den Anschein hatte. 25

Die Worte „wegen der Tat" besagen, daß der Haftbefehl dasselbe Geschehen zur Grundlage haben muß, das den Verdacht einer *Steuer*straftat begründet (Rdnr. 10). Wird (oder ist) der einer Steuerstraftat Beschuldigte wegen einer *anderen* Tat verhaftet, ist § 386 III AO nicht anzuwenden, jedoch kann die StA die Steuerstrafsache aufgrund § 386 IV 2 AO an sich ziehen, um die Ermittlungen wegen *aller* Straftaten eines Beschuldigten bei sich zu konzentrieren. Erfolgt die Verhaftung *auch* wegen der mit anderen Tatbeständen tatmehrheitlich zusammentreffenden Steuerhinterziehung, gilt § 386 III AO (*Schwarz/Dumke* 27 zu § 386 AO). 26

Die Worte „gegen einen Beschuldigten" besagen, daß es bei der Teilnahme mehrerer Personen an einer Tat genügt, wenn gegen *einen* von ihnen Haft- oder Unterbringungsbefehl erlassen wird. In einem solchen Fall hat die StA die Ermittlungen gegen *alle* Beschuldigten weiterzuführen (einhM, vgl. HHSp-*Rüping* 61, *Kohlmann* 23, *Schwarz/Dumke* 28 zu § 386 AO). 27

Mit dem Erlaß eines Haft- oder Unterbringungsbefehls wegen einer Tat, die als Steuerstraftat zu würdigen ist, erlischt die selbständige Ermittlungskompetenz der FinB *kraft Gesetzes,* die Zuständigkeit liegt allein wieder bei der StA. Ob und wann der Haft- oder Unterbringungsbefehl *vollstreckt* werden kann oder ob der Vollzug nach § 116 StPO *ausgesetzt* wird, ist unerheblich (einhM, vgl. HHSp-*Rüping* 64 zu § 386 AO mwN). Wird der Haftbefehl wieder *aufgehoben,* lebt die Ermittlungskompetenz der FinB nicht wieder auf (*Rüping* 64, *Kohlmann* 23, *Leise/Cratz* 36 und *Schwarz/Dumke* 26 zu § 386 AO, *Suhr/Naumann/Bilsdorfer* Rz. 608). Auch kann die StA die Strafsache nicht nach § 386 IV 3 AO an die FinB zurückgeben (Rdnr. 38). Diese Möglichkeit besteht ausdrücklich nur bei einem Zuständigkeitswechsel aufgrund eigener Entschließung in den „*beiden Fällen"* des § 386 IV 1 und 2 AO (*Schwarz/Dumke* 26, HHSp-*Rüping* 65, 82, aber im Widerspruch mit 81, ebenfalls widersprüchlich *Kohlmann,* einerseits glA bei 23, andererseits aM bei 26 zu § 386 AO; *Kretzschmar* DStZ 1983, 499; aM *Suhr/Naumann/* 28

Bilsdorfer Rz. 605). Einer Auslegung des § 386 IV 3 AO dahingehend, die einvernehmliche Rückgabe an die FinB auch bei zuvor gesetzlich erzwungener Abgabe der Sache an die StA zuzulassen (so *Suhr/Naumann/Bilsdorfer* Rz. 605), steht der eindeutige Wortlaut der Vorschrift entgegen.

29 **Erlassen** ist der Haft- oder Unterbringungsbefehl, wenn er bei der vollstreckenden StA *eingegangen* ist (HHSp-*Rüping* 63 zu § 386 AO; LR-*Wendisch* 12 zu § 33 StPO; *Kleinknecht/Meyer-Goßner* 9 vor § 33 StPO). Dies ist unabhängig von der Frage, ob eine richterliche Entscheidung mit Unterzeichnung (so *Franzen* Rdnr. 22a in der Vorauflage unter Hinweis auf BGH 25, 187, 189 v. 16. 5. 1973 zum Wirksamwerden eines Strafbefehls) oder erst mit tatsächlicher Bekanntgabe (OLG Bremen v. 28. 12. 1955, NJW 1956, 435; OLG Hamburg v. 27. 11. 1962, NJW 1963, 874) erlassen ist. Nach abweichender Meinung soll maßgebend sein, wann der Haftbefehl den inneren Dienstbereich des Gerichts verlassen hat (BayObLG v. 29. 4. 1977, MDR 778; KK-*Maul* 4 zu § 33 StPO). Dies kann nicht zutreffen, weil der Haftbefehl bereits durch Fahndung nach dem Beschuldigten vollstreckt wird (KK-*Boujong* 21 zu § 114 StPO; aM LR-*Wendisch* 29 zu § 114 StPO, wonach der Haftbefehl erst durch die Verhaftung vollstreckt werde), denn der Haftbefehl enthält bereits die stillschweigende Anordnung zur Durchsuchung der Wohnung des Beschuldigten zwecks Ergreifung (*Kleinknecht/Meyer-Goßner* 6 zu § 105 StPO, 20 zu § 114 StPO).

5. Fakultative Änderung der Zuständigkeit

30 § 386 IV AO regelt drei Möglichkeiten einer Änderung der Zuständigkeit:
kraft Entschließung der FinB, falls sie eine Steuerstrafsache *abgeben* will (Satz 1),
kraft Entschließung der StA, falls sie eine Steuerstrafsache *an sich ziehen* will (Satz 2) oder
gem. Vereinbarung der konkurrierenden Strafverfolgungsbehörden über die *Rückgabe einer Steuerstrafsache* an die FinB (Satz 3).
Mit dieser Regelung können besondere Umstände des Einzelfalles zugunsten einer möglichst zweckmäßigen Durchführung des Ermittlungsverfahrens berücksichtigt werden. Ob die Vorschrift sich in der Praxis bewährt, hängt davon ab, in welchem Maße die beteiligten Behörden den Willen zu einer wirkungsvollen Zusammenarbeit anderen Erwägungen voranstellen. Mit Recht hat *Hartung* (bei HHSp 11 vor §§ 421–460 RAO 1931) schon früher bemerkt: „... *jederzeit muß ... jede der beiden Behörden bereit sein, mit ihren besonderen Kenntnissen und Erfahrungen die andere in ihrer Tätigkeit zu unterstützen... Für ressortmäßige Eifersüchteleien und behördliche Prestigerücksichten darf im Verhältnis der beiden Behörden zueinander kein Raum sein*". Vgl. auch RiStBV 315 f.

5. Fakultative Änderung der Zuständigkeit

a) Abgabe der Strafsache an die Staatsanwaltschaft

Im Sinne des § 386 IV 1 AO erfordert das Abgeben einer Strafsache eine 31 gegenüber der StA abzugebende unzweideutige und unbedingte Erklärung der FinB, sich der weiteren Untersuchung des Falles enthalten und diese der StA überlassen zu wollen. Über Form und Empfängerin der Erklärung s. Rdnr. 35 f.

Die der Erklärung zugrundeliegende Entschließung steht im pflichtge- 32 **mäßen Ermessen der FinB.** Die FinB darf nicht willkürlich handeln (OLG Celle v. 3. 8. 1977, NdsRpfl 252f.). Der Beschuldigte kann Anregungen geben; er hat jedoch keinen Anspruch darauf, daß von mehreren berufenen Stellen eine bestimmte – und keine andere – Strafverfolgungsbehörde die Ermittlungen führt (so auch die Auffassung der FinVerw, vgl. ASB 80 V).

Eine unverzügliche Abgabe zur Fortführung des Strafverfahrens unter 33 der Verantwortung der StA kommt nach zutr. Auffassung der FinVerw (vgl. ASB 18) insbesondere in Betracht, wenn die *Anordnung der Untersuchungshaft* (§§ 112, 113 StPO) geboten erscheint, die Strafsache *besondere verfahrensrechtliche Schwierigkeiten* aufweist, eine *Nichtsteuerstraftat mitverfolgt* werden soll, nicht im Strafbefehlswege ahndbare *Freiheitsstrafe* zu erwarten ist, gegen die *in ASB 136–139 genannten Personen* (Mitglieder des Europäischen Parlaments, des BTages oder eines LTages, Diplomaten, Stationierungsstreitkräfte, Jugendliche, Heranwachsende und vermindert Schuldfähige) ermittelt wird oder ein *Amtsträger der FinB* der Beteiligung verdächtig ist. Die Auffassung der FinVerw, wonach immer bei zu erwartender Freiheitsstafe eine Abgabe an die StA erfolgen *soll* (ASB 18 I 3 d) ist zu eng und ist infolge der zwischenzeitlichen Änderung des § 407 II StPO durch das RpflEntlG v. 11. 1. 1993 (BGBl. I 50) überholt, da nunmehr auch in dem durch die FinB durchführbaren Strafbefehlsverfahren Freiheitstrafe bis zu einem Jahr festgesetzt werden kann, wenn deren Vollstreckung zur Bewährung ausgesetzt wird. Darüber hinaus ist die Abgabe insbes. dann zweckmäßig, wenn der Beschuldigte die Ermittlungen der FinB mit polemischer Kritik, Selbstmorddrohungen oder politischem Druck auf die vorgesetzten Behörden in unsachlicher Weise erschwert. Allein die Erwartung, daß gegen einen Strafbefehl ohnehin Einspruch eingelegt werden wird, rechtfertigt eine Abgabe ebensowenig, wie deshalb überhaupt auf einen Strafbefehlsantrag verzichtet werden könnte (*Hardtke/Westphal* wistra 1996, 93; vgl. RiStBV 175 III; aM Franzen Rdnr. 26 der Vorauflage). Aus der Sache selbst können Abgabegründe namentlich dann erwachsen, wenn ein besonders schwerer Fall der Steuerhinterziehung (§ 370 III AO) vorliegt oder wenn Sach- oder Rechtsfragen des allgemeinen Strafrechts (zB der Schuldfähigkeit nach §§ 20 f. StGB) im Vordergrund stehen, oder wenn die StA gegen den Beschuldigten bereits in anderer Sache ermittelt. Keinesfalls darf die FinB die ihr nach § 386 IV 1 AO gegebene Möglichkeit dazu mißbrauchen, sich von lästiger Arbeit zu befreien. Der Anschein, als gehe vom Gesetz ein entsprechender Anreiz aus, ist nicht begründet, da die StA nach dem Übergang der Verfahrensherrschaft berechtigt ist, die FinB gem. § 161 StPO iVm § 402

AO um einzelne Ermittlungshandlungen zu ersuchen, insbesondere zu dem Zweck, die steuerlichen Merkmale der Tat aufzuklären.

34 **Den Zeitpunkt der Abgabe** stellt § 386 IV 1 AO ebenfalls in das Ermessen der FinB. *„Jederzeit"* bedeutet: vom erstmöglichen Einschreiten an bis zum Verfahrensabschluß (*Kohlmann* 24 zu § 386 AO), uU schon vor der Einleitung des Strafverfahrens durch eine verdachtsaufklärende Ermittlungsmaßnahme (*Leise/Cratz* 41 zu § 386 AO), dh bevor die FinB überhaupt tätig geworden ist (*Suhr/Naumann/Bilsdorfer* Rz. 609; kritisch *Liebsch/Reifelsberger* wistra 1993, 325). Die Zweckmäßigkeit läßt es idR jedoch ratsam erscheinen, daß die FinB die Ermittlungen zunächst soweit führt und fördert, bis die steuerlichen Merkmale der Tat, ungeachtet eines etwa anhängigen Rechtsbehelfs gegen die Steuerbescheide, zutreffend beurteilt werden können.

35 **Die Form der Abgabeerklärung** schreibt das Gesetz nicht vor, jedoch verlangt die Bedeutung des Vorgangs (Rdnr. 37f.) Schriftform und Unterschrift eines zeichnungsberechtigten Behördenvertreters (HHSp-*Rüping* 69, ähnlich *Schwarz/Dumke* 37 zu § 386 AO); eine schlichte Übergabe der Akten von Sachbearbeiter zu Sachbearbeiter genügt nicht. Es ist ein nobile officium, daß die FinB der Abgabeerklärung eine zusammenfassende Darstellung ihrer Verdachtsgründe, ihrer Ermittlungsergebnisse und ihrer Stellungnahme zu den steuerrechtlichen und den strafrechtlichen Fragen beifügt, die der Fall aufwirft (so bereits *Mattern* Grundriß S. 16) .

36 **Empfängerin ist diejenige StA,** die sachlich für Wirtschaftsstrafsachen zuständig ist und deren örtliche Zuständigkeit sich gem. § 143 I, IV GVG nach der örtlichen Zuständigkeit des Gerichts richtet. Ist das Amtsgericht sachlich zuständig, so ist – vorbehaltlich einer abweichenden RechtsV – örtlich zuständig dasjenige Amtsgericht, in dessen Bezirk das Landgericht seinen Sitz hat (Rdnr. 6f. zu § 391 AO). Die Zuständigkeit des Landgerichts ist sachlich nach § 74c GVG, örtlich nach den §§ 7–13a StPO zu bestimmen.

37 **Abgaben nach § 386 IV 1 AO bewirken,** daß die besondere Ermittlungskompetenz der FinB erlischt und die Zuständigkeit der StA wieder auflebt. War die FinB *von vornherein* nicht zuständig, etwa weil die Tat außer einem Steuerstrafgesetz ein anderes Strafgesetz verletzt hat, ohne daß die Voraussetzungen des § 386 II Nr. 2 AO vorliegen, ergibt sich die Zuständigkeit der StA unmittelbar aus der StPO. In einem solchen Fall wird der StA durch eine *„Abgabe der Sache"* nicht die Zuständigkeit übertragen, sondern es wird ihr nur der bei der FinB entstandene Aktenvorgang mit den angefallenen Ermittlungsergebnissen zugeleitet (mißverständlich *Kohlmann* 24 zu § 386 AO).

38 **Bereits durch die Abgabe nach § 386 IV 1 AO wird die Zuständigkeit der StA begründet.** Der Übergang vollzieht sich kraft Gesetzes und verpflichtet die StA, die Sache fortzuführen (oder auch einzustellen); dies folgt unmittelbar aus dem Wortlaut des Gesetzes (HHSp-*Rüping* 70, *Kohlmann* 24 zu § 386 AO) sowie aus dem Legalitätsprinzip nach § 152 II StPO (*Bender* Tz. 127), schließlich auch aus dem Gegensatz zu § 386 IV 3 AO. Einer besonderen Entschließung der StA oder sogar deren Einverständnis, die Sache zu

5. Fakultative Änderung der Zuständigkeit 39, 40 § 386

übernehmen, bedarf es nicht (aM früher *Moser* S. 122f. u. *Mattern* Grundriß II S. 15). Ist die StA der Ansicht, die Sache sei aus Gründen der Zweckmäßigkeit besser in den Händen der FinB geblieben, kann sie lediglich Gegenvorstellungen erheben und eine Vereinbarung über die Rückgabe nach § 386 IV 3 AO anstreben.

Der Übergang der Ermittlungskompetenz auf die StA bleibt für das 39 weitere Strafverfahren in derselben Sache wirksam, solange nicht die StA mit der FinB eine Rückgabe nach § 386 IV 3 AO vereinbart. Ohne förmliche Rückgabe lebt die Ermittlungskompetenz der FinB auch dann nicht wieder auf, wenn die StA das Strafverfahren nach § 170 II 1 StPO einstellt (glA *Bender* Tz. 109, 1, HHSp-*Rüping* 71 u. *Kohlmann* 24 zu § 386 AO; aM *Kretzschmar* DStZ 1983, 499 und DStR 1985, 29). Werden der FinB neue Tatsachen oder Beweismittel bekannt, die den Verdacht erhärten, muß sich die FinB darauf beschränken, das neue Material der StA zuzuleiten, damit diese sich darüber schlüssig werden kann, ob sie nunmehr die öffentliche Klage erheben muß (KG v. 19. 4. 1921, JW 857; *Suhr/Naumann/Bilsdorfer* Rz. 609). Die FinB kann das Strafverfahren auch dann nicht von sich aus fortführen, wenn die StA oder das Gericht es wegen eines Verfahrenshindernisses, zB längerer Abwesenheit des Beschuldigten (§ 205 StPO), eingestellt hatte und das Hindernis weggefallen ist. Schließlich hat die FinB kein Klageerzwingungsrecht nach § 172 StPO (glA HHSp-*Rüping* 70 zu § 386 AO u. LR-*Rieß* 60 zu § 172 StPO; aM offenbar *Kohlmann* 24 zu § 386 AO sowie *Bender* Tz. 127); denn die FinB hat im Verhältnis zur StA keine Kontrollfunktion in bezug auf die Einhaltung des Legalitätsprinzips (KK-*Wache/Schmid* 29 zu § 172 StPO).

Förmliche Rechtsbehelfe, mit denen der Beschuldigte die Abgabe der 40 Strafsache an die StA angreifen oder die Nichtabgabe rügen könnte, stehen nicht zur Verfügung. Die strafverfahrensrechtliche Beschwerde ist im Ermittlungsstadium – abgesehen von *richterlichen* Verfügungen (§ 304 StPO) – nur gegen bestimmte, im Gesetz einzeln aufgeführte Verfügungen der Strafverfolgungsbehörden gegeben (vgl. z. B. § 172 I StPO); im übrigen ist nur die Dienstaufsichtsbeschwerde statthaft. Für eine Klage ist der Finanzrechtsweg ausdrücklich ausgeschlossen (§ 33 III FGO). Auch der Rechtsweg zum Verwaltungsgericht ist entgegen der früheren Annahme des BFH (Urt. v. 25. 1. 1972, BStBl. 286 = DStR 1972, 243, überholt durch BStBl. 1983, 482 v. 20. 4. 1983; v. 21. 8. 1990, BFH/NV 1991, 142) nicht gegeben (HHSp-*Rüping* 86, *Leise/Cratz* 47, *Klein/Orlopp* 5, aM *Kohlmann* 24 zu § 386 AO). Bei Abgabe einer Strafsache an die StA wird die FinB in einem Strafverfahren tätig und damit funktionell als Justizbehörde (*Hellmann* S. 167; HHSp-*Rüping* 86, *Klein/Orlopp* 5 zu § 386 AO). Der ordentliche Rechtsweg zum OLG nach §§ 23ff. EGGVG scheidet aber ebenfalls aus, weil die Abgabe einer Strafsache an die StA materiell keinen Justizverwaltungsakt darstellt, sondern eine der Strafrechtspflege zuzurechnende Prozeßhandlung (OLG Karlsruhe v. 30. 4. 1982, NStZ 434 m. zust. Anm. *Rieß*; aM *Klein/Orlopp* 5 zu § 386). Es fehlt eine unmittelbare Außenwirkung im Verhältnis zum Beschuldigten (FG BadWürtt v. 16. 2. 1968, EFG 264, zu § 425 RAO 1931), denn rechtlich ändert sich nur das Innenverhältnis zwischen FinB und StA. Selbst wenn man eine Außenwirkung annehmen würde, so wäre diese unerheblich, da der Beschuldigte keinen Anspruch darauf hat, daß eine Strafverfolgungsbehörde seiner Wahl die Ermittlungen führt (Schwarz/*Dumke* 32 zu § 386 AO) und er folglich durch einen gesetzmäßigen Zuständigkeitswechsel nicht in seinen Rechten verletzt wird (HHSp-*Rüping* 86 zu § 386 mwN). Als Maßnahme, die nur den Gang des Verfahrens betrifft, bedarf eine Abgabe deshalb auch keiner Anhörung des Beschuldigten.

b) Evokationsrecht der Staatsanwaltschaft

41 **Kraft eigener Entschließung** kann die StA nach § 386 IV 2 AO *jede* Steuerstrafsache übernehmen. Die selbständige Ermittlungskompetenz der FinB nach § 386 II AO steht im Hinblick auf § 386 IV 2 AO unter dem Vorbehalt, daß die StA die Strafsache nicht selbst verfolgen will. Diese Vorschrift ist in der Finanzverwaltung vereinzelt als „*Mittel einer Bevormundung durch die StA*" empfunden worden; tatsächlich bildet sie nur das natürliche Gegenstück zur Abgabebefugnis der FinB nach § 386 IV 1 AO. Ihre Anwendung steht – wie diese – im pflichtgemäßen Ermessen der zuständigen Behörde (Rdnr. 42). Die Zweckmäßigkeit spricht zB für eine Übernahme der Sache, wenn zwischen einer Steuerstraftat und einer anderen Straftat ein Zusammenhang besteht (§ 3 StPO), zB wenn der Beschuldigte durch Betrug, Untreue oder Hehlerei erlangte Einkünfte nicht versteuert hat, wenn der Beschuldigte die Übernahme anregt, weil er die zuständigen Finanzbeamten für befangen hält, oder wenn der Strafrichter gegen einen Strafbefehlsantrag der FinB (§ 400 AO) Bedenken hat (vgl. auch RiStBV 267).

42 **Die StA kann die Strafsache jederzeit an sich ziehen.** Zeitliche Grenze der Evokation ist der *endgültige* Abschluß des Strafverfahrens. Hierbei ist nicht auf den förmlichen Abschluß durch Einstellung oder Strafbefehlsantrag abzustellen, sondern auf den *Verbrauch der Strafklage* (HHSp-*Rüping* 78 zu § 386 AO). Erst mit materieller Rechtskraft einer abschließenden Entscheidung liegt keine *Strafsache* mehr vor. Eine Einstellung entfaltet keine Rechtskraftwirkung (abgesehen von § 153 a I 4 StPO, vgl. *Kleinknecht/Meyer-Goßner* 37 zu § 153, 45 zu § 153 a StPO) und steht einer Fortführung der Ermittlungen nicht entgegen. Gleichermaßen liegt auch dann noch eine Strafsache vor, wenn die FinB einen Strafbefehl beantragt hat. Bei Meinungsverschiedenheiten mit dem Gericht über dessen Zuständigkeit, die Zulässigkeit oder Begründetheit des Antrages kann die FinB diesen zurücknehmen (OLG Karlsruhe v. 3. 5. 1991, NStZ 602), abändern oder nach Ablehnung oder Abgabe des Strafbefehlsantrages sofortige Beschwerde einlegen (§§ 408 I, II, 210 II StPO). Die Strafsache ist deshalb *nicht abgeschlossen* und kann von der StA auch noch in diesem Verfahrensstadium an sich gezogen werden. Eine zeitliche Limitierung des Evokationsrechtes auf den Ermittlungsteil des Strafverfahrens, der mit dem Abschlußvermerk nach § 169 a StPO vom Entschließungsteil getrennt wird (vgl. *Kleinknecht/Meyer-Goßner* 1 zu § 169 a StPO) ist nicht möglich (so aber *Liebsch/Reifelsberger* wistra 1993, 326). Dies

5. Fakultative Änderung der Zuständigkeit

widerspräche dem Wortlaut des § 386 IV 2 AO und der Grundkonzeption der §§ 386, 399 AO, wonach sich die besondere Ermittlungskompetenz der FinB von dem originären Ermittlungsmonopol der StA ableitet (zutreffend *Leise/Cratz* 45 zu § 386 AO; *Weyand* wistra 1994, 88; *Hardtke/Westphal* wistra 1996, 93; vgl. i. ü. Rdnr. 10), welches selbst nicht beschnitten werden soll.

Pflichtgemäße Ermessensausübung erfordert, daß die StA von der Befugnis nach § 386 IV 2 AO nicht willkürlich Gebrauch macht. Ein Ermessensfehlgebrauch würde zB vorliegen, wenn ein Staatsanwalt Listen anfordert und *sämtliche* Steuerstrafsachen einer FinB an sich zieht oder wenn es ihm in einer bestimmten Sache erkennbar nur auf die steuerlichen Beiakten ankommt. Insofern ist es bedenklich, wenn bei einigen Staatsanwaltschaften sämtliche Strafbefehlsanträge der FinB zunächst der StA zugeleitet werden (müssen), und diese sie – nach Zuteilung eines Aktenzeichens – an den Strafrichter weiterleitet.

Bereits der Zugang einer Erklärung der StA, die Strafsache nach § 386 IV 2 AO an sich zu ziehen, hat zur Folge, daß die Ermittlungskompetenz der FinB nach § 386 II AO ohne weiteres *erlischt* und die Verfahrensherrschaft in vollem Umfang auf die StA *übergeht* (Rdnr. 37 f.); eine Begründung braucht nicht gegeben zu werden (HHSp-*Rüping* 79, *Schwarz/Dumke* 42 zu § 386 AO). Das Evokationsrecht ist umfassend, es wird weder durch gesetzliche Bestimmungen, noch durch Verwaltungsvorschriften eingeengt (die ASB würden selbst bei Wirksamkeit nicht für die StA gelten) und kann auch durch *schlüssiges Verhalten* ausgeübt werden (*Hardte/Westphal* wistra 1996, 93). Eine ausdrückliche Erklärung ist zwar zweckmäßig, mangels einer § 377 II StPO vergleichbaren Regelung aber nicht erforderlich (*Kohlmann* 25, HHSp-*Rüping* 79 zu § 386; sehr weitgehend LG Frankfurt v. 15. 2. 1993, wistra 154, vgl. hierzu *Liebsch/Reifelsberger* wistra 1993, 328 sowie Rdnr. 45). Gegen die Ausübung des Evokationsrechts steht weder dem Beschuldigten noch der FinB ein förmlicher Rechtsbehelf zu (Rdnr. 40). Der FinB verbleiben nach § 402 I AO die Rechte und Pflichten, die eine Polizeibehörde nach der StPO hat, sowie die Befugnisse nach § 403 AO. Aufgrund § 161 StPO ist die FinB im weiteren Verlauf des Verfahrens verpflichtet, einem Ersuchen der StA um Auskunft oder um Vornahme einzelner Ermittlungsmaßnahmen zu entsprechen.

Eine bestimmte Form ist für die Evokation durch die Staatsanwaltschaft nicht vorgeschrieben (*Schwarz/Dumke* 42 zu § 386 AO). Sie kann auch durch konkludentes Verhalten erfolgen, z. B. dadurch, daß die Staatsanwaltschaft im laufenden Ermittlungsverfahren der FinB einzelne Ermittlungshandlungen selbst vornimmt (vgl. *Kohlmann/Giemulla* DStZ/A 1979, 244 ff.; *Schwarz/Dumke* aaO), oder aber einen den Erlaß eines Strafbefehls ablehnenden Beschluß überprüft und anschließend Rechtsmittelverzicht erklärt (LG Frankfurt v. 15. 2. 1993, wistra 154).

Da der Übergang der Verfahrensherrschaft nach Satz 2 des § 386 IV AO nur unter den Voraussetzungen des Satzes 3 wieder rückgängig gemacht werden kann, erscheint es zweckmäßig und *a maiore ad minus* auch zulässig, daß die StA *vor* Abgabe einer Erklärung nach § 386 IV 2 AO die **FinB um**

§ 386 47, 48 Zuständigkeit der Finanzbehörde

Auskunft über eine *bestimmte* Strafsache ersucht, falls sie die gewünschten Angaben für die Entschließung braucht, ob sie die Sache an sich ziehen soll oder nicht (glA HHSp-*Rüping* 74 ff., *Leise/Cratz* 44 u. *Kohlmann* 25 zu § 386 AO).

47 Mit dem Evokationsrecht der StA korrespondiert eine **Unterrichtungspflicht der FinB** (*Klos/Weyand* DStZ 1988, 619; *Hellmann* S. 172). Allerdings statuiert § 386 AO *keine allgemeine Informationspflicht* für die FinB (*Hardtke/ Westphal* wistra 1996, 93). Die StA kann daher nicht generell die Mitteilung von Verfahrenseinstellungen oder die Erstellung von Listen über anhängige Steuerstrafverfahren verlangen (*Schwarz/Dumke* 43, *Koch/Scholtz-Himsel* 24 zu § 386 AO; vgl. zur konkreten Informationspflicht der FinB beim Verdacht einer nichtsteuerlichen Straftat Rdnr. 13, 41). Es kann aber andererseits auch nicht im Belieben der FinB liegen, ob es zu einer Evokation kommt. Von diesem Recht kann die StA naturgemäß nur Gebrauch machen, wenn ihr die Existenz eines bestimmten Steuerstrafverfahrens bekannt ist (*Hellmann* 1995, 172, sieht deshalb in der in RiStBV 267 I vorgesehenen Unterrichtungspflicht der FinB für bestimmte Fälle eine Klarstellung; zur Geltung der RiStBV für die FinB s. Rdnr. 13 zu § 385). Sinnvoll ist das Evokationsrecht nur bei einer engen Zusammenarbeit beider Behörden, die durch regelmäßige Kontaktgespräche gefördert werden soll, sowie dadurch, daß nicht an die StA abgegebene Verfahren im Benehmen mit dieser bearbeitet werden (so auch die Auffassung der FinVerw, vgl. ASB 72 I, III). Diese Kontakte sollen auch weitgehend reibungslos funktionieren, wenngleich auch vom Engagement des einzelnen Sachbearbeiters abhängen (*Weyand* wistra 1994, 89). Eine *unverzügliche* Verständigung der StA soll nach Auffassung der FinVerw gerade in den Fällen erfolgen, in denen eine an sich gebotene Abgabe der Strafsache durch die FinB ausnahmsweise nicht vorgenommen wird (vgl. ASB 18 II). Die Zusammenarbeit hat auch von der StA auszugehen, die sich im Interesse einer einheitlichen Strafzumessungspraxis über die den Strafbefehlsanträgen der FinB zugrundeliegenden allgemeinen Erwägungen unterrichten soll (RiStBV 267 II). Der Nutzen des Evokationsrechtes kann daher nicht ohne weiteres angezweifelt werden (*Hardtke/Westphal* wistra 1996, 94; anders aber *Leise/Cratz* 44 „papierenes Recht", *Kohlmann* 25 zu § 386 „praktisch bedeutungslose Leerformel"; *Weyand* DStR 1990, 412).

c) Rückgabe der Strafsache an die Finanzbehörde

48 **§ 386 IV 3 AO ermöglicht es der StA,** eine nach Satz 1 oder 2 des § 386 IV AO übernommene Steuerstrafsache zur selbständigen weiteren Ermittlung an die FinB zurückzugeben. Diese Rückgabe ist jedoch von dem Einvernehmen, dh von der Zustimmung der FinB abhängig, damit ein Hin- und Herschieben der Sache, das ihrer zügigen Bearbeitung nicht dienlich wäre, unterbleibt (vgl. *Schwarz/Dumke* 46 zu § 386 AO). Ein Rückforderungsrecht hat die FinB nicht (HHSp-*Rüping* 80 zu § 386 AO). Beide Behörden sollten Rückgabe und Rücknahme zur Vermeidung von Verzögerungen und zusätzlichem Aufwand nur als Ausnahme in Erwägung ziehen. Es reicht aus, wenn bestimmte – neue – Umstände die Annahme rechtfertigen, daß die Steuer-

5. Fakultative Änderung der Zuständigkeit **49, 50** § 386

strafsache ohne erneute Einschaltung der StA gem. § 400 AO im Strafbefehlsverfahren erledigt werden kann. Diese Umstände müssen aber zumindest so erheblich sein, daß die frühere Ermessensentscheidung der FinB über die Abgabe nach § 386 IV 1 AO (Rdnr. 32), bzw. die der StA, das Verfahren nach § 386 IV 2 AO an sich zu ziehen (Rdnr. 41), ex post betrachtet anders ausgefallen wäre, wenn diese Umstände seinerzeit bekannt gewesen wären. Nicht ausreichend ist es, wenn ein früherer Haftbefehl aufgehoben worden ist oder sich das Verfahren wegen einer allgemeinen Straftat erledigt hat und nur noch eine Steuerstraftat betrifft (aM wohl HHSp-*Rüping* 81, unklar *Kohlmann* 23 und 26 zu § 386 AO). In diesen Fällen ist kein Zuständigkeitswechsel nach § 386 IV 1 oder 2 AO erfolgt, denn mangels tatbestandlicher Voraussetzungen des § 386 II AO, bzw. Eingreifens des § 386 III AO, ist die grundsätzlich unselbständige Ermittlungskompetenz der FinB (Rdnr. 12) nicht erweitert worden (bzw. erloschen) und die StA originär zuständig. Nur bei einem Zuständigkeitswechsel aufgrund eigener Entschließung nach § 386 IV 1 oder 2 AO ist aber § 386 IV 3 AO anwendbar (so dann auch HHSp-*Rüping* 65, 82 zu § 386 AO). Hat die FinB der Rückgabe zugestimmt, wird ein abermaliger Zuständigkeitswechsel nach § 386 IV 1 oder 2 AO nur in Betracht kommen, wenn er durch neue Umstände begründet ist.

d) Mitteilung an den Beschuldigten

Eine Mitteilung an den Beschuldigten über eine fakultative Änderung der **49** Zuständigkeit aufgrund einer der Bestimmungen des § 386 IV AO ist weder durch Gesetz noch – soweit ersichtlich – durch Verwaltungserlaß vorgeschrieben. Wenn auch förmliche Rechtsmittel gegen die Ausübung der Befugnis nach § 386 IV 1, 2 oder 3 AO nicht gegeben sind (Rdnr. 33), so erscheint es jedenfalls als ein Gebot der Zweckmäßigkeit, den Beschuldigten und ggf. seinen Verteidiger über den Wechsel der Zuständigkeit zu unterrichten, sofern ihm bereits die Einleitung des Strafverfahrens bekanntgegeben worden war (Rdnr. 93 ff. zu § 397 AO).

e) Steuergeheimnis

Das Verhältnis zwischen § 386 IV und § 30 AO ist umstritten (vgl. *Hardt-* **50** *ke/Westphal* wistra 1996, 91). Eine Minderansicht sieht bereits in dem Institut der *Abgabe* eine durch Gesetz (§ 30 IV Nr. 2 AO) für zulässig erklärte Offenbarung (*Klein/Orlopp* 5; *Kohlmann* 24 und 25, *Leise/Cratz* 44 zu § 386; *Scheu* wistra 1983, 138) oder leitet die Zulässigkeit einer Offenbarung aus § 30 IV Nr. 1 AO ab (HHSp-*Rüping* 73 zu § 386 AO; *Blesinger* wistra 1991, 295). Nach zutreffender Ansicht kann die FinB ihre nach § 30 II AO erlangten Kenntnisse über nichtsteuerliche Straftaten – insbesondere die sog. Zufallsfunde – jedoch *nur* unter den Voraussetzungen des § 30 IV, V AO (Wortlaut s. Rdnr. 69 zu § 393 AO) an die StA weitergeben (*Koch/Scholtz-Himsel* 25; *Kühn/Hofmann* 6 a zu § 386; *Suhr/Naumann/Bilsdorfer* Rz. 588; *Rüster* 1989, S. 75; *Müller* DStR 1986, 670; *Gramich* wistra 1988, 254; *Weyand* wistra 1994, 90). Keine Probleme treten auf, wenn es sich um ein *reines* Steuerstrafverfahren handelt, das sich zB nicht für ein Strafbefehlsverfahren eignet oder schwierige Rechtsprobleme aufweist, oder bei einem Steuerstrafverfahren, welches tateinheitlich mit einer nichtsteuerlichen Straftat zusammenfällt. Die Abgabe an die StA dient in beiden Fällen der Verfolgung der Steuerstraftat und ist daher nach § 30 Abs. 4 Nr. 1 AO zulässig (*Hardtke/Westphal* wistra 1996, 95). Schwierigkeiten ergeben sich aber, wenn die FinB Erkenntnisse über andere nichtsteuerliche Staftaten erlangt hat, die tatmehrheitlich zu der Steuerstraftat begangen wurden, und es sich hierbei auch nicht um eine Tat isd § 264 StPO handelt.

51 Entscheidend für die Frage, ob die FinB der StA zur Durchführung eines einheitlichen Ermittlungsverfahrens über solche Erkenntnisse Mitteilung machen darf, ist die *Art der Verfahrens,* in dem die FinB diese Erkenntnisse erlangt hat und damit der *Zeitpunkt* ihrer Gewinnung. Grundsätzlich genießen im Besteuerungsverfahren gewonnene Erkenntnisse über allgemeine Straftaten den Schutz des Steuergeheimnisses. Dies ergibt sich schon allein aus § 40 AO, wonach auch gesetz- oder sittenwidrige Geschäfte offenbarungspflichtig sind. Wer aber solche Geschäfte der FinB freiwillig offenlegt, der ist in seinem Vertrauen darauf geschützt, daß die FinB diese Erkenntnisse nicht weitergibt. Das Bedürfnis, solche Kenntnisse zu schützen, besteht jedoch nicht, wenn diese erst in einem Steuerstraf- oder Bußgeldverfahren erlangt worden sind. In diesem Fall sind die Offenbarungspflichten des Steuerpflichtigen *entfallen.* Eine Weitergabe der Erkenntnisse ist nach § 30 IV Nr. 4a AO zulässig (*Hardtke/Westphal* wistra 1996, 95). Die „*bei Gelegenheit"* der Ermittlung einer Steuerstraftat erlangten Erkenntnisse dem Steuergeheimnis zu unterwerfen, würde eine ungerechtfertigte Privilegierung des Täters allein durch die besondere Ermittlungskompetenz der FinB bedeuten. Dies widerspräche dem kriminalpolitischen Ziel des § 386 IV 2 AO, nämlich der effizienten Bekämpfung der Wirtschaftskriminalität in Zusammenhangsfällen (BT-Drucks. V/1812 S. 30) und dem Legalitätsprinzip, an das auch die FinB nach §§ 385 I, 386 II AO, 152 II StPO *umfassend* und nicht nur bei Steuerstraftaten (so aber *Burmeister* DDZ 1985, F 5) gebunden ist (OLG Stuttgart v. 4. 2. 1991, wistra 190; LR-*Rieß* 12 zu § 160; *Hellmann* 1995, 186, 304). Tatsachen, die der FinB in ihrer Funktion als steuerstrafrechtlicher Ermittlungsbehörde bekannt geworden sind, unterliegen deshalb nicht dem Steuergeheimnis (OLG Celle v. 20. 11. 1989, NJW 1990, 1802). Der eigentliche Zweck der besonderen Ermittlungskompetenz der FinB (vgl. Rdnr. 7) würde konterkariert, denn ohne diese hätte die StA von vornherein die Ermittlungen geführt und dabei auch auf Nichtsteuerstraftaten hinweisende andere Umstände *verwertbar* in Erfahrung gebracht (*Hardtke/Westphal* wistra 1996, 96).

52 Diese Erwägungen greifen aber nicht, sofern die Erkenntnisse schon im **Besteuerungsverfahren** gewonnen wurden. Weder unterliegt die FinB in diesem Verfahren dem Legalitätsprinzip, noch hätte die StA diese Erkenntnisse originär erzielen können. Es wäre Sache des Gesetzgebers gewesen, dem verständlichen Wunsch der Strafrechtspraktiker nachzukommen, auch bei der Verfolgung von Straftaten, welche die Voraussetzungen des § 30 IV, V AO

5. Fakultative Änderung der Zuständigkeit   53 § 386

nicht erfüllen, von dem Hindernis des Steuergeheimnisses befreit zu werden. Dies hat er aber gerade nicht getan; unrichtig ist die Meinung, § 386 IV AO enthalte eine solche Ausnahmevorschrift genüber § 30 AO (so aber *Klein/Orlopp* 5; *Kohlmann* 24 und 25, *Leise/Cratz* 44 zu § 386; *Scheu* wistra 1983, 138). § 30 IV Nr. 2 AO verlangt nicht ohne Grund, daß eine Offenbarung durch Gesetz ausdrücklich zugelassen ist. Eine solche Vorschrift, für die es in anderen Gesetzen hinreichend viele Vorbilder gibt (vgl. *Klein/Orlopp* 4b, *Koch/Scholtz* 19 zu § 30 AO), enthält § 386 AO gerade nicht (zutreffend *Müller* DStR 1986, 700 und insoweit auch HHSp-*Rüping* 73 zu § 386 AO).

f) Informationspflicht der Finanzbehörde

An die Offenbarungsbefugnis knüpft eine Verpflichtung der FinB an, 53 die StA über bekanntgewordene nichtsteuerliche Straftaten zu informieren, sofern das Steuergeheimnis und das Verwertungsverbot des § 393 AO nicht entgegenstehen; also unabhängig davon, ob es sich um eine oder mehrere Taten im prozessualen Sinne des § 264 StPO handelt (glA *Hellmann* S. 186; aM *Rüster* 1989, S. 85). Diese Informationspflicht ist im Gesetz nicht expressis verbis geregelt, ergibt sich aber *zwingend* aus dem Legalitätspinzip und den der FinB mit den Regelungen der §§ 385, 386 AO übertragenen Rechten *und Pflichten (Hardtke/Westphal* wistra 1996, 96). Sie ist damit unabhängig von der Frage, ob mit der Offenbarungsbefugnis des § 30 IV AO der FinB ein Ermessen eingeräumt wird (*Tipke/Kruse* 60, HHSp-*Spanner* 49, 75 zu § 30 AO) oder ob es sich lediglich um einen keine weiteren Regelungen treffenden Rechtfertigungsgrund für eine Mitteilung handelt (*Rüster* 1989, S. 85). Geht man von einem Ermessen der FinB aus, so ist dieses auf Null reduziert. Es wäre ermessensfehlerhaft, aufgedeckte Nichtsteuerstraftaten der StA nicht mitzuteilen, denn dadurch würde ein Straftäter ungerechtfertigt vor Verfolgung geschützt werden. Bei Annahme eines reinen Rechtfertigungstatbestandes ergibt sich eine Offenbarungsverpflichtung allein schon aus dem dann in jedem Fall Berücksichtigung findenden Legalitätsprinzip (glA *Weyand* DStR 1990, 413, *Gramich* wistra 1988, 253). Wird die FinB im Strafverfahren tätig, so richten sich ihre Rechte, *aber auch ihre Pflichten,* ausschließlich nach den Vorschriften der StPO (vgl. Rdnr. 4). Von der Pflicht aus § 152 II StPO, das Legalitätsprinzip zu wahren, wird die FinB weder durch eine gesetzliche Vorschrift entbunden, noch wird diese Pflicht auf Steuerstraftaten beschränkt (*Hardtke/Westphal* wistra 1996, 96; aM *Burmeister* DDZ 1985, F 5). Dies ist auch nicht möglich, da der Verfolgungszwang notwendiges Korrelat zum Verfolgungsmonopol ist, welches der FinB unter latenter Einschränkung dieses originär der StA zustehenden Rechts zur selbständigen Wahrnehmung übertragen worden ist. Nicht erforderlich ist deshalb eine ausdrückliche gesetzliche Normierung einer unbedingten Anzeigepflicht in den Fällen, in denen § 30 AO eine Offenbarung zuläßt (so aber *Rüster* 1989, S. 86).

§ 387 Sachlich zuständige Finanzbehörde

(1) Sachlich zuständig ist die Finanzbehörde, welche die betroffene Steuer verwaltet.

(2) ¹Die Zuständigkeit nach Absatz 1 kann durch Rechtsverordnung einer Finanzbehörde für den Bereich mehrerer Finanzbehörden übertragen werden, soweit dies mit Rücksicht auf die Wirtschafts- oder Verkehrsverhältnisse, den Aufbau der Verwaltungsbehörden oder andere örtliche Bedürfnisse zweckmäßig erscheint. ²Die Rechtsverordnung erläßt, soweit die Finanzbehörde eine Landesbehörde ist, die Landesregierung, im übrigen das Bundesministerium der Finanzen. ³Die Rechtsverordnung des Bundesministeriums der Finanzen bedarf nicht der Zustimmung des Bundesrates. ⁴Die Landesregierung kann die Ermächtigung auf die für die Finanzverwaltung zuständige oberste Landesbehörde übertragen.

Vgl. § 36 OWiG.

Schrifttum: *Blencke,* Sachliche und örtliche Zuständigkeit im Steuerrecht, NWB Fach 2, 3875 (Stand: 1981); *Weyand* Zur Beantragung richterlicher Untersuchungshandlungen durch die Finanzbehörde, DStZ 1988, 191; *Schmidt* Die Ermittlungskompetenz der Hauptzollämter bei der Verfolgung von Abgabenstraftaten im Bereich der EG-Agrarmarktordnung, ZfZ 1990, 104.

Übersicht

1. Entstehungsgeschichte	1	b) Abweichende Regelungen	18–21
2. Zweck und Anwendungsbereich	2–5	4. Gemeinsame Strafsachenstellen	22
3. Übertragung der Zuständigkeit	6–21	5. Mangel der sachlichen Zuständigkeit	23–26
a) Anknüpfung an die Verwaltung der Steuer	7–17		

1. Entstehungsgeschichte

§ 387 AO 1977 entspricht mit geringfügigen Änderungen § 422 RAO idF des Art. 1 Nr. 1 AOStrafÄndG v. 10. 8. 1967 (BGBl. I 877). Bei der Formulierung der gegenwärtigen Fassung des Gesetzes wurden die Worte *„das Finanzamt"* durch *„die Finanzbehörde"* und *„Verwaltung"* durch *„Verwaltungsbehörde"* ersetzt; weggelassen wurden in Absatz 1 die Worte *„oder das bei ihrer Verwaltung durch die Oberfinanzdirektion Hilfe leistet"* und in Absatz 2 S. 3 die Worte *„nach Satz 2"* (in Begr. nicht erwähnt, s. BT-Drucks. VI/1982 S. 198). Durch Art. 26 Nr. 43 StMBG v. 21. 12. 1993 (BGBl. I 2310) wurden die Worte *„der Bundesminister"* und *„Bundesministers"* durch *„das Bundesministerium"* und *„Bundesministerium"* ersetzt (zur Anwendung vgl. Art. 97 § 1 IV AOEG).

§ 422 I RAO 1967 geht seinerseits zurück auf **§ 424 I RAO 1931** und **§ 389 I RAO 1919**, die wie folgt lauteten: *„Sachlich zuständig zur Untersuchung und Entscheidung ist das Finanzamt, dem die Verwaltung der beeinträchtigten oder gefährdeten Steuer übertragen ist"*. Die Worte *„oder das bei ihrer Verwaltung durch die Oberfinanzdirektion Hilfe leistet"* waren erst durch Art. 1 Nr. 1 AOStrafÄndG (s. o.) eingefügt worden, weil die Verwaltung der USt und BefSt

2. Zweck und Anwendungsbereich   2–4 § 387

aufgrund Art. 108 I 1 GG aF dem Bund zustand und gem. § 9 FVG v. 6. 9. 1950 (BGBl. 448) durch die OFD (als Bundesbehörde) wahrgenommen wurde, die ihrerseits die Hilfe der Finanzämter (als Landesbehörden) in Anspruch nehmen mußte; nach der Änderung des Art. 108 GG durch das FinanzreformG v. 12. 5. 1969 (BGBl. I 359) und der Neufassung des FVG durch Art. 5 FinAnpG v. 30. 8. 1971 (BGBl. I 1427) war die Regelung gegenstandslos geworden. § 422 II RAO 1967 war ohne Vorbild durch Art. 1 Nr. 1 AOStrafÄndG (s. o.) eingefügt worden (Begr. BT-Drucks. V/1812 S. 30); Satz 3 ging auf eine Initiative des BTages zurück (Schriftl. Ber. zu BT-Drucks. V/1941 S. 2).

2. Zweck und Anwendungsbereich

§ 387 AO bestimmt, **welche Finanzbehörde der Art nach** die in den §§ 386, 399 ff. AO allgemein *„der Finanzbehörde"* für das Strafverfahren zugewiesenen Rechte und Pflichten im Einzelfall wahrzunehmen hat. Der Art nach sind zu unterscheiden die *Hauptzollämter* und *Zollfahndungsämter* als örtliche Bundesfinanzbehörden iS des § 1 Nr. 4 FVG von den *Finanzämtern* als örtlichen Landesfinanzbehörden iS des § 2 I Nr. 3 FVG; unter diesen sind wiederum FÄ, die für *alle* Besitz- und Verkehrsteuern zuständig sind, von anderen FÄn zu unterscheiden, deren Kompetenzen auf bestimmte Steuerarten *beschränkt* (oder erweitert) sind. Aufgrund der Verweisung des § 409 AO regelt § 387 AO auch, welche FinB der Art nach die Rechte und Pflichten wahrzunehmen hat, die das OWiG allgemein *„der Verwaltungsbehörde"* und § 410 AO *„der Finanzbehörde"* im Bußgeldverfahren wegen Steuerordnungswidrigkeiten zugewiesen haben. 2

§ 387 AO bewirkt, daß nicht *jede* FinB für *jede* Steuerstraf- oder -bußgeldsache kompetent ist. Vielmehr hängt die Kompetenz davon ab, ob eine FinB auch diejenige Steuerart verwaltet, die von der jeweiligen Zuwiderhandlung betroffen wird. *„Betroffen"* ist diejenige Steuer, die verkürzt worden ist bzw. verkürzt werden sollte (allgM, HHSp-*Rüping* 10, *Kohlmann* 5 zu § 387 AO; *Hellmann* S. 74). Die Anknüpfung der straf- und bußgeldrechtlichen Befugnisse an die abgabenrechtliche Zuständigkeit entspricht dem Grundgedanken der Vorschriften des 3. und 4. Abschnitts des 8. Teils der AO, die besonderen abgabenrechtlichen Kenntnisse und Erfahrungen der FinBn für die zielsichere Verfolgung von Zuwiderhandlungen gegen Abgabengesetze nutzbar zu machen (vgl. Rdnr. 8 zu § 386 AO). Folgerichtig berücksichtigt § 387 AO, daß einerseits den HZÄn und ZFÄn besondere Kenntnisse und Erfahrungen auf dem Gebiet der Besitz- und Verkehrsteuern fehlen und andererseits die FÄ der Länder keine besonderen Kenntnisse von Zöllen und Verbrauchsteuern haben. 3

Die Fassung des § 387 I AO (*„Finanzbehörde, welche die betroffene Steuer verwaltet"*) ist nicht abgestimmt mit § 388 I Nr. 2 AO (*„Finanzbehörde, die für die Abgabenangelegenheiten zuständig ist"*); ein sachlicher Unterschied soll damit nicht zum Ausdruck gebracht werden. Der Wortlaut des Gesetzes berücksichtigt nicht die Steuerstraftaten, von denen nicht zwangsläufig auch 4 eine Steuer betroffen sein muß. Hierbei handelt es sich um den *Bannbruch*, die *Steuerhehlerei* als Nachtat eines Bannbruchs, die Begünstigung eines Täters, der eine der in § 369 I Nr. 1–3 AO genannten Straftaten begangen hat, Vorspiegelungstaten iSd § 385 II AO (vgl. Rdnr. 16 zu § 386 AO) sowie Prämien- und Zulagenstraftaten. In sinngemäßer Anwendung des § 387 I AO ist für *Bannbruch* und *Steuerhehlerei* das HZA sachlich zuständig, weil es für die Überwachung des Warenverkehrs über die Grenze zuständig ist. Bei *Begünstigung* ist diejenige FinB sachlich zuständig, in deren steuerverwaltendem Bereich der Verdacht der Vortat aufgekommen war (so zutr. HHSp-*Rüping* 11, *Kohlmann* 6, *Leise/Dietz/Cratz* 6 zu § 387 AO; *Suhr/Naumann/Bilsdorfer* Rz. 613; *Hellmann* S. 75; aM *Schwarz/Dumke* 7 zu § 387 AO, der auf § 7ff. StPO abstellt). Bei *Vorspiegelungstaten* (vgl. Rdnr. 16 zu § 386 AO) ist diejenige FinB zuständig, die für die Verwaltung der Steuer zuständig wäre, die zu erheben wäre, wenn der vorgespiegelte Sachverhalt der Wirklichkeit entspräche (HHSp-*Rüping* 12 zu § 387 AO).

5   Die **Zuständigkeit einer bestimmten Besteuerungsbehörde** wird durch § 387 I AO nicht bezweckt, sondern lediglich festgelegt, welche FinB *der Art nach* zuständig sein soll. Allein nach dem Wortlaut könnte man das Finanz- oder Hauptzollamt als zuständig ansehen, welches zur Durchführung des konkreten Besteuerungsverfahrens zuständig ist. Dann würde § 387 I AO aber nicht nur die sachliche, sondern auch die örtliche Zuständigkeit festlegen, die bereits in § 388 AO eine gesonderte Regelung erfährt. Dies ist jedoch nicht der Zweck des § 387 AO, der vielmehr die Regelungen über die funktionelle Zuständigkeit des § 386 AO ergänzen und lediglich die Zuständigkeit eines bestimmten Zweiges der Finanzverwaltung begründen soll (zutr. *Hellmann* 1995, 75, 142f.).

3. Übertragungen der Zuständigkeit

6   **Zwei Möglichkeiten der Übertragung der sachlichen Zuständigkeit** sind zu unterscheiden, deren Zielsetzungen, eine Rationalisierung und Effizienzsteigerung der Verwaltung zu erreichen, zwar gleich, deren Voraussetzungen, Inhalte und Wirkungen aber unterschiedlich sind (HHSp-*Rüping* 14, 27f., *Kohlmann* 11 zu § 387 AO).

Die Kompetenz zu steuerstrafrechtlichen Ermittlungen kann einerseits unmittelbar nach § 387 II AO übertragen werden, andererseits aber auch mittelbar durch Anknüpfung an die Verwaltung der Steuer. Einer Beschränkung oder Übertragung von Aufgaben der Steuerverwaltung nach § 12 III, § 17 II 3 FVG folgt nach dem Grundsatz des § 387 I AO als Annex auch die strafrechtliche Ermittlungszuständigkeit für Steuerstraftaten, die eine der verwalteten Steuern betreffen (HHSp-*Rüping* 25 zu § 387 AO).

Eine Zuständigkeitskonzentration ist in den meisten Ländern zugleich nach § 387 II AO und § 17 II FVG erfolgt:

3. Übertragungen der Zuständigkeit   6 § 387

Bayern aufgrund § 1 ZustÜVF v. 26. 11. 1985 (GVOBl. 761) nach § 2 Abs. 1 Nr. 2 FAZustVO v. 7. 12. 1992 (GVOBl. 741) i. d. F. v. 24. 3. 1993 (GVOBl. 223);
Berlin aufgrund § 1 der VO v. 1. 4. 1992 (GVOBl. 117) nach § 2 FÄZustVO v. 8. 3. 1993 (GVOBl. 122);
Brandenburg aufgrund § 1 der VO v. 23. 8. 1991 (GVOBl. 390) nach § 1 Abs. 2 der VO v. 29. 11. 1991 (GVOBl. II 2);
Hamburg nach der VO v. 29. 5. 1984 (BStBl. I 411);
Mecklenburg-Vorpommern nach Art. 1 § 1 ZustVO v. 26. 4. 1991 (GVOBl. 149) i. d. F. d. Art. 1 ZustÄVO v. 15. 3. 1993 (GVOBl. 258);
Niedersachsen aufgrund § 1 der VO v. 6. 3. 1989 (GVOBl. 51) nach § 4 der VO v. 10. 1. 1991 (GVOBl. 1992, 17);
Nordrhein-Westfalen aufgrund § 1 der VO v. 14. 7. 1987 (GVOBl. A 270) nach § 1 Abs. 3 der VO v. 16. 12. 1987 (GVOBl. A 450) i. d. F. v. 12. 11. 1992 (GVOBl. A 442);
Rheinland-Pfalz aufgrund § 1 Nr. 2, 4 VO v. 14. 8. 1990 (GVOBl. 257) nach § 10 FAZustVO v. 10. 6. 1981 (GVOBl. 113) zur Ermächtigung durch VO v. 30. 4. 1981 (GVOBl. 87) i. d. F. v. 10. 10. 1990 (GVOBl. 311);
Saarland aufgrund § 1 der VO v. 22. 10. 1985 (ABl. 1057) nach § 10 FÄZustVO v. 13. 12. 1985 (ABl. 1276) i. d. F. v. 17. 4. 1990 (ABl. 550);
Sachsen-Anhalt aufgrund § 1 der VO v. 25. 3. 1991 (GVOBl. 20) nach § 2 der VO v. 13. 5. 1992 (GVOBl. 326).

Getrennte Zuständigkeitsübertragungen erfolgten in:
Baden-Württemberg aufgrund der VO v. 25. 7. 1972 (GBl. 409) zu § 17 FVG und aufgrund § 1 der VO v. 15. 7. 1985 (GBl. 229) zu § 387 AO mit VO v. 19. 8. 1985 (GBl. 313) i. d. F. v. 14. 2. 1995 (GBl. 290);
Hessen aufgrund von § 1 der VO v. 16. 9. 1988 (GVOBl. I 335) zu § 17 FVG und aufgrund von § 1 der VO v. 1. 9. 1982 (GVOBl. I 195) § 17 FÄZustVO v. 1. 6. 1993 (GVOBl. I 193);
Schleswig-Holstein aufgrund § 1 der VO v. 17. 12. 1969 (BStBl. I 1970, 177) zu § 17 FVG mit § 32 FÄZustVO v. 12. 9. 1977 (GVOBl. 334) i. d. F. v. 3. 7. 1980 (GVOBl. 243) und aufgrund § 2 der VO v. 29. 5. 1970 (BStBl. I 812) zu § 387 AO mit VO v. 29. 5. 1970 (BStBl. I 812) i. d. F. d. Art. 14 des AOAnpG v. 20. 12. 1977 (GVOBl. 502).

Eine Übertragung allein nach § 17 II FVG erfolgte in:
Bremen aufgrund § 1 der VO v. 19. 4. 1983 (GBl. 275) nach § 1 der VO v. 17. 12. 1986 (GBl. 318);
Sachsen aufgrund § 1 der VO v. 11. 12. 1990 (GVOBl. 13) nach § 1 FAZustVO v. 19. 12. 1990 (GVOBl. 14).
Thüringen hat die Möglichkeiten einer Zuständigkeitskonzentration bisher nicht wahrgenommen.

Der Bundesminister der Finanzen hat die Zuständigkeit für die Ermittlung von Steuerstraftaten und die Verfolgung und Ahndung von Steuerordnungswidrigkeiten aufgrund § 12 III FVG und zugleich § 387 II 1–3 AO durch die HZAZustV v. 7. 8. 1991 (BGBl. I 1776) übertragen dem

HZA *Berlin – Süd* für die anderen HZÄ des OF – Bezirks Berlin;
HZA *Hamburg – Jonas* für die anderen HZÄ des OF – Bezirks Hamburg;
HZA *Lübeck – West* für das HZA Lübeck – Ost;
HZA *Bremen – Ost* für die HZÄ Bremen – Freihafen und Bremen – Nord;
HZA *Braunschweig* für die HZÄ Göttingen u. Hildesheim;

§ 387 7, 8　　　　　　　　　　　　　　Sachlich zuständige Finanzbehörde

HZA *Lüneburg* für das HZA Uelzen;
HZA *Nordhorn* für das HZA Osnabrück;
HZA *Köln – Rheinau* für das HZA Köln – Deutz;
HZA *Aachen – Süd* für das HZA Aachen – Nord;
HZA *Frankfurt am Main – Ost* für die HZÄ Frankfurt am Main – Flughafen und Frankfurt am Main – West;
HZA *Saarbrücken* für das HZA Saarlouis;
HZA *Stuttgart – Ost* für das HZA Stuttgart – West;
HZA *München – Mitte* für das HZA München – West;
HZA *Magdeburg* für das HZA Halle;
HZA *Neubrandenburg* für das HZA Stralsund;
HZA *Rostock* für das HZA Schwerin.

a) Anknüpfung an die Verwaltung der Steuer

7　　Nach § 12 II FVG sind die **Hauptzollämter für die Verwaltung der Zölle, der bundesgesetzlich geregelten Verbrauchsteuern** einschließlich der Einfuhrumsatzsteuer und der Biersteuer, **der Abgaben im Rahmen der EG**, für die zollamtliche Überwachung des Warenverkehrs über die Grenze, für die Grenzaufsicht und für die ihnen sonst übertragenen Aufgaben sachlich zuständig; vgl. dazu in Bezug auf die Ein- und Ausfuhr, Herstellung, Verwendung oder Behandlung von Marktordnungswaren die §§ 37 f. MOG (Anh XII) und *Schmidt* ZfZ 1990, 104. Nach § 12 III kann der BdF Zuständigkeiten nach § 12 II FVG *einem* HZA für den Bereich *mehrerer* HZÄ übertragen (Anh XX); dies hat zur Folge, daß das betroffene HZA für die ihm entzogene Verwaltung einer Abgabe sachlich nicht mehr zuständig ist und insoweit nach § 387 I AO auch keine straf- oder bußgeldrechtlichen Kompetenzen mehr hat – abgesehen von den in § 399 II AO angeführten Befugnissen der Hilfsbeamten der StA und der *Notzuständigkeit* in entsprechender Anwendung des § 143 II GVG (Rdnr. 38 zu § 388 AO sowie *Kissel* 5, *Kleinknecht/Meyer-Goßner* 2 u. LR-*Schäfer/Boll* 6 zu § 143 GVG).

8　　**Die abgabenrechtliche Zuständigkeit der Zollfahndungsämter,** die in § 1 Nr. 4 FVG neben den Hauptzollämtern als örtliche Bundesfinanzbehörden aufgeführt werden, bezieht sich auf dieselben Abgaben, für deren Verwaltung nach § 12 II FVG die HZÄ zuständig sind (Rdnr. 6). Ihre steuerstrafrechtliche Zuständigkeit kann aber nicht unmittelbar aus § 387 AO hergeleitet werden (allgM, HHSp-*Rüping* 8, *Kohlmann* 4, *Koch/Scholtz/Himsel* 3 zu § 387 AO). Die Verwaltung dieser Abgaben obliegt ihnen nur im Rahmen und zu dem Zweck der von § 208 AO umschriebenen Aufgaben, insbes. zur Erforschung von Steuerstraftaten und Steuerordnungswidrigkeiten einschl. der Besteuerungsgrundlagen, auf deren Ermittlung es dabei ankommt (§ 208 I Nr. 1 u. 2 AO). Insoweit treten die ZFÄ in Konkurrenz zu den HZÄn, können diesen jedoch nur zuarbeiten, da den ZFÄn die Befugnisse fehlen, Abgaben festzusetzen (arg. § 208 AO) und Ermittlungsverfahren selbständig zu führen (arg. § 386 I 2 AO). § 14 FVG, aufgrund dessen dem **Freihafenamt Hamburg** Aufgaben der HZÄ übertragen wurden, ist durch das Verbrauchsteuer-Binnenmarktgesetz v. 21. 12. 1992 (BGBl. I 2150,

3. Übertragungen der Zuständigkeit

2208) zur Anpassung an das Gemeinschaftsrecht der EG aufgehoben worden (vgl. Voraufl. Rdnr. 7 zu § 387 AO).

Die Finanzämter sind als örtliche Landesfinanzbehörden iS des § 2 I 9 Nr. 3 FVG nach § 17 II 1 FVG für die Verwaltung der Steuern mit Ausnahme der Zölle und der bundesgesetzlich geregelten Verbrauchssteuern zuständig, soweit die Verwaltung nicht aufgrund des Art. 108 IV 1 GG den Bundesfinanzbehörden oder aufgrund des Art. 108 IV 2 GG den Gemeinden oder Gemeindeverbänden übertragen worden ist. Die FÄ sind danach hauptsächlich für die *Besitz- und Verkehrsteuern* zuständig. Zu den Verbrauchsteuern iS des § 17 FVG gehören nicht die *örtlichen Verbrauch- und Aufwandsteuern* iS der Art. 105 II a, 108 VI GG (HHSp-*Spanner* 19 Einf. FVG).

Das Bundesamt für Finanzen ist nach § 5 I Nr. 2 u. 3 FVG sachlich 10 zuständig für die Entlastung von deutschen Abzugsteuern aufgrund eines DBA sowie für die Entlastung von deutschen Besitz- und Verkehrsteuern gegenüber internationalen Organisationen, amtlichen zwischenstaatlichen Einrichtungen, ausländischen Missionen usw. Führt das Bundesamt für Finanzen gem. § 19 III FVG im Auftrag des zuständigen FA eine Außenprüfung durch, bleibt das FA für die Strafverfolgung zuständig (*Leise/Cratz* 2 zu § 386 AO); denn die bloße Mitwirkung bei der Verwaltung einer Steuer verändert die sachliche Zuständigkeit für die Verwaltung nicht (HHSp-*Rüping* 8 zu § 387 AO). Das gilt auch, wenn vorgesetzte Behörden bei der Verwaltung einer Steuer dadurch mitwirken, daß sie sich für Billigkeitsmaßnahmen bestimmten Umfangs die Zustimmung oder Entscheidung vorbehalten haben; vgl. Finanzminister (-senatoren) der Länder v. 2. 8. 1982 (BStBl. I 688).

Bei den Realsteuern setzt das FA in den meisten Bundesländern nur 11 den Steuermeßbetrag (§ 14 GewStG, § 13 GrStG) fest (§ 184 AO) und teilt ihn derjenigen Gemeinde oder – nach Zerlegung gem. §§ 28 ff. GewStG bzw. §§ 22 ff. GrStG iVm §§ 185 ff. AO – denjenigen mehreren Gemeinden mit, denen aufgrund Art. 108 IV 2 GG die Festsetzung und Erhebung der Steuer obliegt (§ 184 III AO). Nur in den Stadtstaaten Berlin, Bremen und Hamburg obliegt auch die Festsetzung und Erhebung der Steuer den FÄn. In den Flächenstaaten kann sich die Frage ergeben, welche Behörde für eine Zuwiderhandlung sachlich zuständig ist, die nicht zunächst zu einer unrichtigen oder unterbliebenen Festsetzung oder Zerlegung des Steuermeßbetrags führt, sondern die sich allein und unmittelbar in einer unrichtigen oder unterbliebenen Steuerfestsetzung oder in einer unterbliebenen oder verzögerten Steuererhebung auswirkt, wie zB das Vortäuschen von Billigkeitsgründen zum Zwecke und mit der Folge einer Stundung (§ 222 AO) oder eines Erlasses (§ 227 AO). Ist die Verwaltung der Realsteuern den Gemeinden übertragen, so schreibt § 1 II Nr. 7 AO die entsprechende Geltung der Vorschriften des Achten Teils vor, also auch des § 387 AO. Dies bedeutet aber nicht, daß zwingend die FÄ sachlich zuständig sind (so ohne nähere Begründung aber *Kohlmann* 5, unklar auch HHSp-*Rüping* 13 zu § 387 AO). Vielmehr könnte *entsprechende* Anwendung des § 387 AO auch bedeuten, daß die sachliche Zuständigkeit bei der Gemeinde liegt, mit der Folge, daß diese in die strafverfahrensrechtliche Stellung der FinB einrücken würde.

12 **Für die Verwaltung der Kraftfahrzeugsteuer** sind die Finanzämter sachlich zuständig, jedoch wirken aufgrund § 18 S. 1 FVG die Zollstellen (§ 17 II ZollVG) gem. §§ 2, 11 ff. KraftStDV (i. d. Neufassung v. 24. 5. 1994, BGBl. I 1144) bei der Verwaltung mit; gem. § 5 KraftStDV sind ferner die Zulassungsbehörden an der Durchführung des KraftStG beteiligt. Indessen leisten die zur Mitwirkung verpflichteten Behörden nur Zuarbeit für dasjenige FA, das *sachlich und örtlich zuständig* ist (s. auch Rdnr. 10). § 18 S. 2 FVG spricht zwar nur von einem Handeln für das *örtlich* zuständige FA, setzt jedoch dabei voraus, daß eine örtliche Zuständigkeit nur im Rahmen einer *sachlichen* Zuständigkeit begründet sein kann. Gleiches gilt für die Mitwirkung der Zollstellen bei der Verwaltung der USt.

13 **Für die Verwaltung der Kirchensteuern** sind die FÄ nicht unmittelbar sachlich zuständig (*Maunz/Dürig* 9 zu Art. 108 GG), sondern nur soweit, als ihnen diese Aufgabe aufgrund § 17 II 2 FVG von den KiSt-Gesetzen der Länder übertragen worden ist. Ausgeschlossen ist jedoch nach denselben Gesetzen – außer in Niedersachsen – die Anwendung der materiellen Straf- und Bußgeldvorschriften der §§ 369 – 384 AO auf die KiSt (Rdnr. 21 zu § 386 AO mwN). Deshalb bewirkt § 387 I AO für Zuwiderhandlungen gegen KiSt-Gesetze nur die sachliche Zuständigkeit niedersächsischer Finanzämter.

14 **Den Finanzämtern sonst übertragene Aufgaben** iS des § 17 II 2 FVG sind – außer der Verwaltung der KiSt (Rdnr. 13) – namentlich die Verwaltung der *Sparprämien und Wohnungsbauprämien* (vgl. § 3 IV SparPG, §§ 4, 5 WoPG), die Überwachung der Gewährung der *Bergmannsprämien* (vgl. § 8 BergPDV) und der *vermögenswirksamen Leistungen* (vgl. § 14 I 1 des 5. VermBG), die Verwaltung von *Arbeitnehmerzulagen* nach § 28 BerlinFG (vgl. §§ 28, 29 BerlinFG) und von *Investitionszulagen* (vgl. §§ 6, 7 InvZulG, § 6 II, III InvZulVO, § 4 II–IV StahlInvZulG sowie § 19 V BerlinFG).

15 **Durch Rechtsverordnung** können die Landesregierungen gem. § 17 II 3 FVG Zuständigkeiten nach § 17 II 1 u. 2 FVG einem Finanzamt für den Bereich mehrerer Finanzämter übertragen. Die Ermächtigung zum Erlaß einer RechtsV kann die jeweilige Landesregierung gem. § 17 II 4 FVG wiederum durch RechtsV auf die für die Finanzverwaltung zuständige oberste Landesbehörde übertragen. Dies entspricht der Möglichkeit des BdF, in seinem Bereich durch RechtsV nach § 12 III FVG ohne Zustimmung des Bundesrats einem Hauptzollamt Zuständigkeiten für den Bereich mehrerer Hauptzollämter zu übertragen. Hiervon hat der BdF mit der HZAZustV v. 7. 8. 1991 (BGBl. I 1776) Gebrauch gemacht (vgl. Rdnr. 5). Anders als in § 387 II AO ist sachliche Voraussetzung für eine Zuständigkeitskonzentration bei einem Finanzamt oder einem Hauptzollamt nach §§ 12 III, 17 II 3 FVG nur, daß „... *der Vollzug der Aufgaben verbessert oder erleichtert wird* ..". Damit wird die Übertragung aller Zuständigkeiten ermöglicht; neben der Zollverwaltung und Grenzaufsicht beim Hauptzollamt und neben der Steu-

3. Übertragungen der Zuständigkeit

erverwaltung beim Finanzamt also auch die nach §§ 12 II, 17 II 2 FVG „*sonst übertragenen Aufgaben*" (zutr. HHSp-*Rüping* 23 zu § 387 AO).

Verbessert oder erleichtert wird die Steuerverwaltung durch Konzentration der Aufgaben bei den *schwierigen* Steuern, zB der KöSt, bei den *einmaligen* Steuern, zB der ErbSt, GesSt oder GrESt, und bei den *seltenen* Steuern, zB der FeuerschSt, VersSt, RennwSt oder LottSt; ferner bei besonders schwierigen *Verwaltungsaufgaben,* zB bei Betriebsprüfungen, bei der Durchführung des Außensteuergesetzes oder der Verwaltung der USt ausländischer Unternehmer, wie auch bei *massenhaft* vorkommenden Verwaltungsvorgängen, zB den Kassengeschäften. Nach *persönlichen* Merkmalen zusammengefaßt werden zB in Bayern die Veranlagungen der Klöster, Orden und religiösen Stiftungen und in bestimmten Großstädten die Besteuerung der Artisten, Bühnenschaffenden und Musiker, der Straßenhändler oder der ausländischen Arbeitnehmer. Für die Kraftfahrzeugsteuer ist die sachliche Zuständigkeit abw. von § 1 I Nr. 1 KraftStDV in einigen Ländern konzentriert aufgrund § 15 II 1 KraftStG, in anderen aufgrund der allgemeinen Vorschrift des § 17 II 3 FVG. **16**

Keine Restkompetenz zur Strafverfolgung behalten im Gegensatz zu § 387 II AO die Finanz- oder Hauptzollämter, deren Steuerverwaltungs- oder Strafverfolgungsaufgaben nach §§ 12 III, 17 II 3 FVG auf andere Finanz- oder Hauptzollämter übertragen worden sind. Mit der Steuerverwaltung verlieren sie für diesen Aufgabenkreis gleichzeitig auch die Rechte und Pflichten des **ersten Zugriffs** bei dem Verdacht einer Steuerstraftat. Eine Regelung nach § 399 II 2 AO oder § 402 II AO ist für keinen Fall einer Zuständigkeitsübertragung nach §§ 12, 17 FVG getroffen worden (vgl. Rdnr. 20). In den meisten Ländern erfolgte eine Zuständigkeitskonzentration deshalb zugleich nach § 387 II AO und § 17 II FVG; auch der BdF hat die steuerstrafrechtliche Ermittlungszuständigkeit ausdrücklich nach § 387 II AO und nach § 12 III FVG auf einzelne Hauptzollämter übertragen (vgl. Rdnr. 5). **17**

b) Abweichende Regelungen der Strafsachenzuständigkeit nach § 387 AO

Unabhängig von der sachlichen Zuständigkeit für die betroffene Steuer (Rdnr. 6 ff.) kann die sachliche Zuständigkeit für die Ermittlung von Steuerstraftaten, die Verfolgung und Ahndung von Steuerordnungswidrigkeiten und für die Erhebung und Vollstreckung von Geldbußen wegen Steuerordnungswidrigkeiten aufgrund § 387 II AO *einer* Finanzbehörde für den Bereich *mehrerer* Finanzbehörden übertragen werden. Wegen ihrer Außenwirkung bedarf die Übertragung in formeller Hinsicht einer Rechtsverordnung iS des Art. 80 I GG. Für deren Erlaß ist die Landesregierung zuständig, soweit die FinB eine Landesbehörde ist; für die Bundesfinanzverwaltung erläßt sie der BdF (§ 387 II 2 AO), der dazu nicht der Zustimmung des Bundesrates bedarf (§ 387 II 3 AO). Anders als der BdF kann die Landesregierung die Ermächtigung auf die für die Finanzverwaltung zuständige oberste Landesbehörde übertragen (§ 387 II 4 AO), dies wiederum aber nur durch eine Rechtsverordnung (Art. 80 I 4 GG). Die in § 387 II AO genannten Gründe der Zweckmäßigkeit unterscheiden sich im Wortlaut von § 58 I 1, § 74c III 1 u. § 78a II 2 **18**

GVG („*sachdienliche Förderung oder schnellere Erledigung der Verfahren*"), aber nicht in der Zielrichtung. Vielmehr konkretisieren sie die für eine pflichtgemäße Ermessensausübung erforderlichen Zweckmäßigkeitserwägungen durch eine besondere Rücksichtnahme auf die Wirtschafts- oder Verkehrverhältnisse, den Aufbau der Verwaltungsbehörden oder andere örtliche Bedürfnisse.

19 Inhaltlich kann eine bereits nach § 387 I AO zuständige FinB durch eine Übertragung eine zusätzliche strafrechtliche Ermittlungszuständigkeit erhalten (so zB Mecklenburg-Vorpommern, Art. 1 § 1 ZustVO und Rheinland-Pfalz, § 10 FAZustVO; vgl. Rdnr. 5), in gleicher Weise aber auch eine FinB zuständig gemacht werden, die selbst keine Steuern verwaltet (zB Niedersachsen, § 4 VO; vgl. Rdnr. 5). Beide Alternativen sind vom Wortlaut des § 387 II AO gedeckt (ebenso HHSp-*Rüping* 20 zu § 387 AO).

20 **Jede Zuständigkeitsübertragung aufgrund § 387 II AO hat zur Folge,** daß anstelle der für die Verwaltung der betroffenen Steuer zuständigen FinB eine andere FinB diejenigen Aufgaben wahrzunehmen und diejenigen Befugnisse auszuüben hat, welche die §§ 385 ff. AO für das Steuerstrafverfahren bzw. § 409 iVm § 387 I AO für das Bußgeldverfahren wegen Steuerordnungswidrigkeiten den Finanzbehörden vermitteln (vgl. auch § 58 I GVG sowie § 36 II OWiG). Die FinB, die vor Inkrafttreten der jeweiligen RechtsV zuständig war, verliert die sachliche Zuständigkeit (glA HHSp-*Rüping* 14, 21 u. *Kohlmann* 3 zu § 387 AO); ihr verbleiben jedoch nach § 399 II 1 AO das Recht und die Pflicht, bei dem Verdacht einer Steuerstraftat alle erforderlichen Maßnahmen im Rahmen des **ersten Zugriffs** zu treffen, wobei sie sich nach § 399 II 2 AO der einzeln aufgeführten Rechte von Hilfsbeamten der StA bedienen darf (vgl. ASB 21), wie sie der FinB allgemein im Verfahren der StA nach § 402 I AO zustehen (*Weyand* DStZ 1988, 191 f.). Diese Restkompetenz der früher sachlich zuständigen FinB bedeutet jedoch weder eine Kompetenzbeschränkung für die FinB, der die Zuständigkeit übertragen worden ist (so wohl mißverständlich *Lammerding/Hackenbroch/Sudau* S. 109), noch kann man von einer Konkurrenz sprechen (so aber HHSp-*Rüping* 21 zu § 387 AO), da die Befugnisse beider FinB nicht in einem Wettbewerbsverhältnis stehen, sondern einer Optimierung steuerstrafrechtlicher Ermittlungsmaßnahmen dienen.

21 Die vereinzelt vertretene Auffassung, es handele sich bei § 387 II AO um ein Problem der *örtlichen,* nicht der *sachlichen* Zuständigkeit (*Scheuffele* BB 1967, 953, 954: „*redaktioneller Irrläufer*"; *Stobbe* ZfZ 1968, 267), trifft nicht zu (zust. HHSp-*Rüping* 14 zu § 387 AO), weil die infolge einer Übertragung aufgrund § 387 II AO nicht (mehr) zuständige FinB die verfahrensrechtlichen Aufgaben und die Befugnisse verliert, die gem. §§ 385 ff. AO grundsätzlich allen Finanzbehörden zustehen (Rdnr. 20). Allerdings wird durch eine Konzentration der sachlichen Zuständigkeit auf wenige Behörden zugleich die Zahl der örtlich zuständigen Behörden vermindert, da bei der Frage nach der örtlich zuständigen Behörde die sachlich unzuständigen Behörden von vornherein ausscheiden.

5. Mangel der sachlichen Zuständigkeit

4. Gemeinsame Strafsachenstellen

Durch die Errichtung Gemeinsamer Strafsachenstellen, wie sie seit 1955 22
durch Organisationsakt jeweils für den Bereich mehrerer FÄ eingeführt
worden waren, wurde die gesetzlich geregelte Zuständigkeit der FÄ nicht
geändert. Gemeinsame Strafsachenstellen waren keine selbständigen Behörden, namentlich keine besonderen Finanzämter für Strafsachen; sie bildeten
nur personelle und räumliche Zusammenfassungen der Strafsachenstellen
mehrerer FÄ, waren also unselbständige Untergliederungen derjenigen einzelnen FÄ, in deren jeweiligen Namen und Auftrag sie Befugnisse im Steuerstraf- und -bußgeldverfahren ausübten. Das für den Einzelfall sachlich und
örtlich zuständige FA blieb „*Herr des Straf- oder Bußgeldverfahrens*" (*Suhr*
1. Aufl. S. 153 u. 192; ausf. *Frenkel* DStZ 1962, 26). Aus dem Blickwinkel
dieser Vorgeschichte sind die Bemerkungen mißverständlich, § 387 II AO
ermögliche die Bildung gemeinsamer Strafsachenstellen, „*wie sie jedoch bereits
vor Inkrafttreten dieser Bestimmung ... bestanden haben*" (*Klein/Orlopp* 27 zu
§ 399 AO), und „*die Ermittlungskompetenz wird ... für die beteiligten FÄ von
den gemeinsamen Strafsachenstellen ausgeübt*" (*Klein/Orlopp* 2 zu § 387 AO;
ähnl. *Kühn/Hofmann* 2f. zu § 410 AO); denn bei einer Zuständigkeitsübertragung durch RechtsV aufgrund § 387 II AO erhalten die so geschaffenen
Einheiten die strafrechtlichen Befugnisse für den gesamten ihnen zugeordneten Bereich und treten insoweit an die Stelle der sonst zuständigen Finanzämter (*Weyand* DStZ 1988, 192). Diese verlieren die Befugnisse zu selbständigen
strafrechtlichen Ermittlungen und behalten nur noch die in § 399 II AO
angeführten Befugnisse der Hilfsbeamten der StA, die für den ersten Zugriff
erforderlich sind (Rdnr. 20f.; im Ergebnis ebenso *Klein/Orlopp* 27 zu § 399
AO). Da die Bezeichnung „Gemeinsame Strafsachenstelle" im ursprünglichen Sinne nicht mehr der Rechtslage entspricht, wird sie länderweise ersetzt
durch „Bußgeld- und Strafsachenstelle" oder durch „Straf- und Bußgeldsachenstelle".

5. Mangel der sachlichen Zuständigkeit

Im Steuerstrafverfahren hat der Mangel der sachlichen Zuständigkeit ei- 23
ner FinB nur geringe Folgen, da die FinB hier – wie die StA – nur vorbereitende Maßnahmen trifft und keine rechtskraftfähigen Entscheidungen erläßt.
Bedeutsame Maßnahmen einer FinB bedürfen im Strafverfahren entweder
einer richterlichen Bestätigung, zB die Beschlagnahme nach § 98 II 2 StPO,
oder sie bereiten nur eine richterliche Entscheidung vor, wie zB der Antrag
auf Erlaß eines Strafbefehls nach § 400 AO. Auch über Anträge einer unzuständigen FinB muß der Strafrichter *entscheiden*; er kann sie nicht etwa als
unwirksam übergehen (mißverständlich *Kühn/Hofmann* 3 zu § 387 AO), da
kein FA und kein HZA für die Ausübung der Befugnisse einer FinB nach den
§§ 385 ff. AO *absolut* unzuständig ist, anders zB die Bundesvermögensämter
und die Bundesforstämter (§ 16 FVG).

Hat ein FA oder HZA seine sachliche Zuständigkeit irrig angenommen, 24
was bei der Beteiligung beider Behörden an der Verwaltung einer Steuer, zB

§ 387　25, 26　　　　　　　　　　　Sachlich zuständige Finanzbehörde

EUSt oder KfzSt, nicht völlig ausgeschlossen erscheint, und erkennt die FinB ihren Irrtum noch während des Ermittlungsverfahrens, so gibt sie die Sache an die zuständige FinB oder in Zweifelsfällen an die StA ab. Bleibt sie im Irrtum und beantragt sie Strafbefehl, muß der Strafrichter den Antrag mangels Sachbefugnis als unzulässig verwerfen, falls die unzuständige FinB den Antrag nicht auf einen entsprechenden Hinweis zurücknimmt (einhM, vgl. HHSp-*Rüping* 29, *Kohlmann* 12 u. *Schwarz/Dumke* 10f. zu § 387 AO); denn die sachliche Zuständigkeit der Antragsbehörde ist als Prozeßvoraussetzung von Amts wegen zu prüfen (BGHSt 18, 326 v. 10. 4. 1963; *Suhr/ Naumann/Bilsdorfer* Rz. 615; *Rüping, Kohlmann* u. *Dumke* aaO).

25　**Erkennt der Richter den Mangel der sachlichen Zuständigkeit der FinB nicht,** wird seine Entscheidung – sofern er selbst sachlich zuständig ist – von dem Mangel der sachlichen Zuständigkeit der FinB *nicht berührt.*

26　§ 387 AO gilt gem. § 409 AO auch für das **Bußgeldverfahren wegen Steuerordnungswidrigkeiten.** Erläßt eine sachlich unzuständige FinB einen Bußgeldbescheid, kann der Mangel nur durch Einspruch gem. §§ 67ff. OWiG geltend gemacht werden. Der Mangel der sachlichen Zuständigkeit der FinB hat die Nichtigkeit des Bußgeldbescheides nur dann zur Folge, wenn die FinB *absolut* unzuständig war (Rdnr. 22 aE). Dagegen wird der Bußgeldbescheid eines HZA bei unterlassenem oder verspätetem Einspruch zB auch dann rechtskräftig, wenn er eine Steuerordnungswidrigkeit zum Gegenstand hat, von der Besitz- oder Verkehrsteuern betroffen sind. Bei rechtzeitigem Einspruch verliert der Bußgeldbescheid dagegen in jedem Falle seine Wirkung, und der Richter entscheidet erneut über die Beschuldigung, ohne daß er an den Ausspruch gebunden ist, den der Bußgeldbescheid enthält (§ 410 I AO iVm § 71 OWiG u. § 411 IV StPO).

§ 388 Örtlich zuständige Finanzbehörde

(1) Örtlich zuständig ist die Finanzbehörde,
1. in deren Bezirk die Steuerstraftat begangen oder entdeckt worden ist,
2. die zur Zeit der Einleitung des Strafverfahrens für die Abgabenangelegenheiten zuständig ist oder
3. in deren Bezirk der Beschuldigte zur Zeit der Einleitung des Strafverfahrens seinen Wohnsitz hat.

(2) ¹Ändert sich der Wohnsitz des Beschuldigten nach Einleitung des Strafverfahrens, so ist auch die Finanzbehörde örtlich zuständig, in deren Bezirk der neue Wohnsitz liegt. ²Entsprechendes gilt, wenn sich die Zuständigkeit der Finanzbehörde für die Abgabenangelegenheit ändert.

(3) Hat der Beschuldigte im räumlichen Geltungsbereich dieses Gesetzes keinen Wohnsitz, so wird die Zuständigkeit auch durch den gewöhnlichen Aufenthaltsort bestimmt.

Vgl. § 37 OWiG; §§ 7ff. StPO.

Schrifttum: s. vor Rdnr. 12, 17 u. 34.

Übersicht

1. Entstehungsgeschichte 1
2. Zweck, Bedeutung und Anwendungsbereich 2–5
3. Verhältnis zu den allgemeinen Vorschriften 6–8
4. Zuständigkeit nach dem Tatort . . . 9–11
5. Zuständigkeit nach dem Entdeckungsort 12–16
6. Zuständigkeit nach der abgabenrechtlichen Zuständigkeit 17–25
7. Zuständigkeit nach dem Wohnsitz 26–30
8. Änderung des Wohnsitzes oder der abgabenrechtlichen Zuständigkeit 31–34
9. Zuständigkeit nach dem gewöhnlichen Aufenthaltsort 35–38
10. Notzuständigkeit 39
11. Mangel der örtlichen Zuständigkeit 40–44

1. Entstehungsgeschichte

§ 388 AO 1977 entspricht §423 RAO idF des Art. 1 Nr. 1 AOStrafÄndG v. 10. 8. 1967 (BGBl. I 877) mit dem Unterschied, daß der Ausdruck „*Finanzamt*" durch „*Finanzbehörde*" ersetzt worden ist. Der Ausdruck „*Steuerstraftat*" war anstelle von „*Steuervergehen*" bereits durch Art. 161 Nr. 14 EGStGB v. 2. 3. 1974 (BGBl. I 469, 583) eingeführt worden.
§ 423 I Nr. 1 u. 2 RAO 1967 geht auf **§ 428 I RAO 1931**, dieser geht auf **§ 393 I RAO 1919** zurück. Die Vorschriften des § 423 I Nr. 3, II u. III RAO 1967 hatten in früheren Fassungen des Gesetzes kein Vorbild (Begr. BT-Drucks. V/1812 S. 30). 1

2. Zweck, Bedeutung und Anwendungsbereich

§ 388 AO regelt die örtliche Zuständigkeit. Die Vorschrift ergänzt § 386 AO über die funktionelle Zuständigkeit bestimmter Finanzbehörden (HZA, FA und Bundesamt für Finanzen) im Strafverfahren wegen Steuerstraftaten 2 und § 387 AO über die sachliche Zuständigkeit einer solchen FinB in räumlicher Hinsicht durch Bestimmungen darüber, *welche* von mehreren sachlich zuständigen FinBn *für den Einzelfall* zuständig ist. § 388 AO wird seinerseits durch die §§ 389, 390 AO ergänzt. Diese Regelung ist in sich geschlossen. Es ist weder erforderlich (s. dazu Rdnr. 38) noch zulässig, darüber hinaus Vorschriften der StPO und des GVG entsprechend anzuwenden (glA *Klein/ Orlopp* 1, *Senge* 1 u. *Kohlmann* 2 zu § 388 AO, *Hellmann* S. 76, *Suhr/Naumann/Bilsdorfer* Rz. 616; abw. HHSp-*Rüping* 10 zu § 388 AO in bezug auf § 10 StPO und § 47 IV OWiG).

3   **Die Bedeutung der Regelung** ist nach dem Wegfall der Strafbefugnis der FinBn durch das Urt. des BVerfG v. 6. 6. 1967 (BGBl. I 626) darauf beschränkt, die innerhalb der Finanzverwaltung örtlich zuständige Behörde zu bestimmen. Auf die örtliche Zuständigkeit der StA und des Gerichts hat § 388 AO keinen Einfluß; anders früher § 446 II 1 u. 2 RAO 1931.

4   **Der Anwendungsbereich des § 388 AO** erstreckt sich unmittelbar auf die Ermittlung von Steuerstraftaten iS des § 369 I AO sowie darüber hinaus gem. § 385 II AO auf die Ermittlung nichtsteuerlicher Vermögensstraftaten, die dadurch begangen werden, daß einer Behörde ein steuerlich erheblicher Sachverhalt vorgespiegelt wird (vgl. Rdnr. 4 f., 24 f. zu § 385 AO, 13 zu § 386 AO). Ferner gilt § 388 AO aufgrund § 410 I Nr. 1 AO für die Ermittlung und Ahndung von Steuerordnungswidrigkeiten iS des § 377 I AO sowie aufgrund § 164 S. 2 StBerG bei Ordnungswidrigkeiten nach den §§ 160 ff. StBerG. Weitere Bereiche werden durch die Verweisungen der §§ 128 BranntwMonG und 24 BierStG iVm 12 II FVG für die HZÄ sowie durch § 5 b II SparPG, § 8 II WoPG, § 5 a II BergPG, § 14 III des 5. VermBG, § 29 a II BerlinFG und § 6 StahlInvZulG für die FÄ erfaßt.

5   Aus der systematischen Stellung der Vorschrift ergibt sich, daß § 388 AO die örtliche Zuständigkeit der FinBn **für alle Abschnitte eines Strafverfahrens** wegen bestimmter Straftaten (Rdnr. 4) regelt. Unerheblich ist, ob die FinB das Ermittlungsverfahren wegen Steuerstraftaten aufgrund des § 386 II oder IV 3 AO *selbständig durchführt* oder in einem Ermittlungsverfahren der StA auf die Befugnisse nach den §§ 402, 403 AO oder im gerichtlichen Strafverfahren auf die Befugnisse nach § 407 AO *beschränkt ist*. Entsprechendes gilt für Bußgeldverfahren wegen Steuer- oder Monopolordnungswidrigkeiten.

3. Verhältnis zu den allgemeinen Vorschriften

a) Strafverfahren

6   Die §§ 7–11 StPO regeln die **örtliche Zuständigkeit der Gerichte** im ersten Rechtszug des Strafverfahrens *(Gerichtsstand)*, nach der sich wiederum die Zuständigkeit der Rechtsmittelgerichte und gem. § 143 GVG die **örtliche Zuständigkeit der StA** richtet. Diese Vorschriften gelten gem. § 42 JGG auch im Jugendgerichtsverfahren und gem. § 385 AO im Steuerstrafverfahren. § 388 AO hat auf die allgemeinen Vorschriften über den Gerichtsstand und die örtliche Zuständigkeit der StA keinen Einfluß (Rdnr. 3). Daher kann

4. Zuständigkeit nach dem Tatort 7–9 § 388

auch zwischen der örtlichen Zuständigkeit einer FinB nach § 388 AO und dem grundrechtsgleichen Recht eines Beschuldigten auf seinen gesetzlichen Richter nach Art. 101 I 2 GG keine Beziehung bestehen.

Ein Vergleich mit den §§ 7–11 StPO erweist, daß § 388 AO eine *selbstän-* 7 *dige* Regelung enthält, die auf die besonderen Verhältnisse bei der Verfolgung von Steuerstraftaten zugeschnitten ist. In der Anknüpfung der Zuständigkeit an den Ort, an dem die Straftat *begangen* worden ist, stimmen § 71 StPO und die 1. Alternative des § 388 I Nr. 1 AO überein. Anstelle der Anknüpfung des § 9 StPO an den Ort, an dem der Beschuldigte *ergriffen* worden ist, knüpft die 2. Alternative des § 388 I Nr. 1 AO an denjenigen Ort an, an dem die Tat *entdeckt* worden ist; denn einerseits werden Steuerstraftaten meistens von den FinBn selbst entdeckt und andererseits ist ein körperliches Ergreifen des Beschuldigten bei der Hinterziehung von Eingangsabgaben nur selten und bei der Hinterziehung von Besitz- oder Verkehrsteuern kaum jemals erforderlich. Mit Rücksicht auf den engen Zusammenhang zwischen dem jeweiligen Besteuerungsverfahren und dem Steuerstrafverfahren bestimmt § 388 I Nr. 2 AO zusätzlich die strafverfahrensrechtliche Zuständigkeit derjenigen FinB, die für die *Abgabenangelegenheit* zuständig ist. In bezug auf den *Wohnsitz* oder *gewöhnlichen Aufenthaltsort* entspricht § 388 I Nr. 3 AO grundsätzlich dem § 8 I StPO und § 388 III AO dem § 8 II StPO. Die Sondervorschriften des § 8 II a E StPO über die ersatzweise Anknüpfung an den *letzten* Wohnsitz, des § 10 StPO über die Zuständigkeit bei Straftaten auf *Schiffen und Luftfahrzeugen* (vgl. auch § 37 IV OWiG) und des § 11 StPO über die Zuständigkeit bei Straftaten *exterritorialer* Deutscher und deutscher *Beamten im Ausland* sind im Hinblick auf § 388 I Nr. 2 AO und die allgemeine abgabenrechtliche Ersatzzuständigkeit nach § 24 AO bewußt nicht übernommen worden und daher auch nicht entsprechend anzuwenden (Rdnr. 2).

b) Bußgeldverfahren

Ohne § 410 I Nr. 1 AO wäre die allgemeine Regelung des § 37 OWiG 8 über die örtliche Zuständigkeit der Verwaltungsbehörde im Bußgeldverfahren auch auf die FinBn bei der Verfolgung von Steuer- oder Monopolordnungswidrigkeiten anzuwenden. Mit Ausnahme des wichtigen § 388 I Nr. 2 AO (Rdnr. 7) stimmt § 37 OWiG nahezu wörtlich mit § 388 AO überein, da jene Vorschrift dem § 425 RAO idF des AO-StPO-ÄG-Entwurfs (BT-Drucks. IV/2476) nachgebildet ist. Die uneingeschränkte Verweisung des § 410 I Nr. 1 auf § 388 AO berücksichtigt, daß in bezug auf die besonderen organisatorischen Belange der FinBn zwischen einem Strafverfahren und einem Bußgeldverfahren wegen steuerlicher Verfehlungen kein Unterschied besteht.

4. Zuständigkeit nach dem Tatort

Begangen ist eine Steuerstraftat an *jedem Ort, an dem der Täter gehandelt hat* 9 *oder im Falle des Unterlassens hätte handeln müssen oder an dem der zum Tatbestand gehörende Erfolg,* zB bei § 370 oder § 378 AO die Steuerverkürzung, *eingetre-*

Joecks 657

ten ist oder nach der Vorstellung des Täters eintreten sollte (§ 9 I StGB sowie § 7 I OWiG). Bei Steuerhinterziehung durch Abgabe einer unrichtigen oder unvollständigen Steuererklärung ist Tatort nicht (schon) da, wo der Stpfl die Erklärung ausfüllt und unterschreibt (aM *Kohlmann* 3 u. *Schwarz/Dumke* 3 zu § 388 AO), sondern (erst) dort, wo er sie dem FA übermittelt. Bei *Übermittlung durch die Post* ist Tatort sowohl da, wo die Erklärung zur Post gegeben wird, als auch dort, wo das für die angestrebte unrichtige Veranlagung zuständige FA seinen Sitz hat. Bei unterlassener Abgabe einer Steuererklärung ist Tatort der Sitz des FA, bei dem die Erklärung hätte abgegeben werden müssen. Eingangsabgaben werden dort hinterzogen, wo die Zollbehörde getäuscht oder das Schmuggelgut unter Umgehung der Zollstelle über die Grenze geschafft wird. Bei *Transitdelikten,* bei denen das Schmuggelgut durch die Bezirke mehrerer FinBn befördert wird, ist jede FinB örtlich zuständig, deren Bezirk von der Tatausführung berührt wird (BGH v. 14. 10. 1969, zit. bei *Herlan* GA 1971, 33).

10   Die **Teilnahme an einer Steuerstraftat** *ist sowohl an dem Ort begangen, an dem die Tat begangen ist, als auch an jedem Ort, an dem der Teilnehmer gehandelt hat oder im Falle des Unterlassens hätte handeln müssen oder an dem nach seiner Vorstellung die Tat begangen werden sollte* (§ 9 II 1 StGB; ähnl. § 7 II OWiG). Die **Begünstigung** des Täters einer Steuerstraftat (vgl. § 369 I Nr. 4 AO iVm § 257 StGB) oder **Steuerhehlerei** (§ 374 AO) werden dagegen nur am Ort der begünstigenden oder hehlerischen Tathandlung begangen, nicht auch dort, wo der Vortäter gehandelt hat (RG 43, 84, 85 v. 9. 12. 1909); indessen besteht hier ein sachlicher Zusammenhang iS des § 3 StPO, der nach § 389 AO eine einheitliche Zuständigkeit begründet.

11   Ist eine Steuerstraftat **außerhalb des räumlichen Geltungsbereichs der AO** begangen worden, kann die örtliche Zuständigkeit der FinB nur an andere Merkmale anknüpfen, namentlich an den Ort der Entdeckung der Tat (§ 388 I Nr. 1 1. Alternative AO) oder an den Sitz der für die Abgabenangelegenheit zuständigen FinB (§ 388 I Nr. 2 AO).

5. Zuständigkeit nach dem Entdeckungsort

Schrifttum: *Franzen,* Zum Begriff der Entdeckung der Tat im Steuerstrafrecht (§ 410 AO), NJW 1964, 1061; *Arzt,* Die fortgesetzte Handlung geht – die Probleme bleiben, JZ 1994, 1000; *Bilsdorfer,* Das Ende der fortgesetzten Handlung – Konsequenzen für das Steuerstrafrecht, StBp 1995, 64.

12   **Entdeckt ist eine Steuerstraftat,** wenn der Amtsträger einer Behörde mindestens einen Teil des wirklichen Tatgeschehens oder der Tatfolgen unmittelbar selbst wahrgenommen oder von einer anderen Behörde oder von einem Gericht (§ 116 AO) erfahren hat; der Täter oder sonst Beteiligte braucht noch nicht bekannt zu sein (einhM, vgl. HHSp-*Rüping* 19, *Leise/ Dietz/Cratz* 4, *Kohlmann* 4 zu § 388 AO mwN). Trotz unterschiedlicher Funktion der Vorschriften kann der Begriff der Entdeckung in § 388 AO genauso ausgelegt werden wie in § 371 II Nr. 2 AO (aM HHSp-*Rüping* 17 u. *Kohlmann* 4 zu § 388 AO; vgl. demgegenüber Rdnr. 120 ff. zu § 371 AO).

5. Zuständigkeit nach dem Entdeckungsort

Denn auch bei der Selbstanzeige reicht es nicht aus, wenn außer dem Täter oder Teilnehmer *irgendeine* weitere (Privat-) Person Kenntnis von der Tat erlangt hat (so aber mißverständlich *Rüping* und *Kohlmann* aaO). Vielmehr kommt es darauf an, ob dieser Dritte seine Kenntnis unverzüglich an die zuständige Behörde weiterleitet (BGH v. 13. 5. 1987 wistra, 293 m. Anm. *Franzen* 341; v. 24. 10. 1985, 74) und deshalb mit einer amtlichen Kenntnisnahme sicher zu rechnen ist (so auch i. E. *Klein/Orlopp* 8 aE; *Koch/Scholtz-Himsel* 34/1, *Senge* 36 zu § 371 AO; *Suhr/Naumann/Bilsdorfer* Rz. 464).

In ihrem vollen objektiven und subjektiven Ausmaß braucht die Tat noch 13 nicht erkannt zu sein; so ist z. B. eine Steuerhinterziehung nach § 370 AO auch dann entdeckt, wenn zunächst nur Anhaltspunkte für eine leichtfertige Steuerverkürzung vorliegen und sich Anhaltspunkte für ein vorsätzliches Verhalten des Stpfl erst im Verlauf der weiteren Ermittlungen ergeben. Taterfolg und Schuldvorwurf können regelmäßig erst nach Abschluß der Ermittlungen, die durch die Entdeckung der Tat ausgelöst worden sind, umfassend und zutreffend beurteilt werden.

Infolge der **Abschaffung der Rechtsfigur des Fortsetzungszusammen-** 14 **hanges** (BGH GS v. 3. 5. 1994, NJW 1663; vgl. dazu *Arzt*, JZ 1994, 1000; *Bilsdorfer,* StBp 1995, 64 sowie Rdnr. 200 zu § 370 AO) begründet die Entdeckung einer nunmehr selbständigen Tat (die früher als Teilakt einer fortgesetzten Handlung verstanden wurde) nicht mehr die örtliche Zuständigkeit zur Verfolgung auch der anderen, in Tatmehrheit (§ 53 StGB) begangenen Steuerstraftaten, wenn diese an verschiedenen Orten begangen worden sind. Damit können sich für die Einzeltaten zunächst zwar unterschiedliche Zuständigkeiten ergeben, eine Konzentration der Ermittlungen bei einer FinB ist jedoch durch den in aller Regel gegebenen Sachzusammenhang über § 389 AO oder auch wegen Sachdienlichkeit über § 390 AO sichergestellt (vgl. Rdnr. 9 ff. zu § 389 AO und 13 ff. zu § 390 AO).

Sogar bei Tatmehrheit kann die Steuerstraftat iS eines Tatgeschehens 15 entdeckt sein, so zB bei Verdacht der Steuerhinterziehung durch Abgabe einer unrichtigen USt-Erklärung in bezug auf die Abgabe entsprechend unrichtiger ESt- und GewSt-Erklärungen. Wer hiervon abweichend *die Steuerstraftat* als eine rechtlich selbständige Straftat versteht, gelangt zu einer einheitlichen örtlichen Zuständigkeit aufgrund § 389 AO iVm § 3 StPO.

Die Entdeckung einer Steuerstraftat durch Privatpersonen ist als solche 16 keine Entdeckung iS des § 388 AO. Erforderlich ist, daß die maßgebenden Wahrnehmungen (Rdnr. 12) zur Kenntnis von Amtsträgern oder Richtern gelangen, die entweder zur Strafverfolgung verpflichtet sind (vgl. § 397 AO: *„die Finanzbehörde, die Polizei, die StA, einer ihrer Hilfsbeamten oder der Strafrichter")* oder die aufgrund § 116 I AO jedenfalls verpflichtet sind, *„Tatsachen, die sie dienstlich erfahren und die den Verdacht einer Steuerstraftat begründen, dem FA mitzuteilen"* (glA *Bender* Tz. 107, 3; HHSp-*Hübner* 5 zu § 423 RAO 1967; HHSp-*Rüping* 17, *Kohlmann* 4 zu § 388 AO; *Suhr/Naumann/Bilsdorfer* Rz. 618); zu eng ist die abw. Auffassung von *Enno Becker* (1 zu § 393 RAO 1919), daß die Tat zur Kenntnis eines zur Verfolgung zuständigen Beamten gekommen sein müsse.

6. Zuständigkeit nach der abgabenrechtlichen Zuständigkeit

Schrifttum: *Hermann*, Zur Unterscheidung zwischen verbandsmäßiger und örtlicher Zuständigkeit im Besteuerungsverfahren, StW 1964, 771; *Schwochert*, Hat der Steuerpflichtige ein Recht auf Besteuerung durch das für ihn örtlich zuständige FA? DStR 1966, 27; *W. Göhler*, Der Wohnsitz in der Sicht steuerlicher Rechtsprechung, StWa 1967, 1; *Stier*, Die örtliche Zuständigkeit bei den freien Berufen, StWa 1967, 133; *v. Wallis*, Die örtliche Zuständigkeit im Steuerrecht, DStZ 1971, 33; *Hartmann*, Der gewöhnliche Aufenthalt im Steuerrecht; DB 1974, 2427; *Lohmeyer*, Wohnsitz und gewöhnlicher Aufenthalt im Steuerrecht, DVR 1975, 21; *Dziadkowski*, Die Neuregelungen der Zuständigkeit im Besteuerungsverfahren nach der AO 1977, BB 1976, 1458; *Runge*, Steuerliche Auswirkungen der Entsendung von Arbeitskräften ins Ausland, BB 1977, 182; *Kramer*, Örtliche Zuständigkeit für die Umsatzbesteuerung von Grundstücksvermietungen BB 1977, 1144; *Feuerbaum*, Der Betriebstättenbegriff bei Bauausführungen, Montagen und ähnlichen Tätigkeiten, DB 1977, 2401; *Giloy*, Örtliche Zuständigkeit der Finanzämter im Lohnsteuerverfahren, BB 1978, 549; *Lohmeyer*, Wohnsitz und gewöhnlicher Aufenthalt im Steuerrecht, BlStA 1979, 61; *Birkholz*, Der Wohnsitz, seine Begründung, seine Aufgabe und deren Bedeutung im Rahmen des Steuerrechts, DStZ 1979, 247; *Blencke*, Sachliche und örtliche Zuständigkeit im Steuerrecht, NWB Fach 2, 3875 (Stand: 1981); *Deppe*, Zur Vorhersehbarkeit von Entscheidungen zum „Gewöhnlichen Aufenthalt", StW 1982, 332; *Christoffel*, Wohnungsbegriff iS des § 10e EStG, DB 1987, 1915.

17 **Abgabenangelegenheiten sind** nach § 347 II AO „*alle mit der Verwaltung der Abgaben oder sonst mit der Anwendung der abgabenrechtlichen Vorschriften durch die Finanzbehörden zusammenhängenden Angelegenheiten einschließlich der Maßnahmen der Bundesfinanzbehörden und der Finanzbehörden des Landes Berlin zur Beachtung der Verbote und Beschränkungen für den Warenverkehr über die Grenze; den Abgabenangelegenheiten stehen die Angelegenheiten der Verwaltung der Finanzmonopole gleich*". In diesem weiten Sinne ist der Begriff auch im Rahmen des § 388 AO zu verstehen (insoweit glA *Kohlmann* 5 zu § 388 AO). In Verbindung mit dem Hinweis auf die Verbote und Beschränkungen des grenzüberschreitenden Warenverkehrs in § 347 II AO regelt § 388 AO auch die örtliche Zuständigkeit für Bannbruch iS des § 372 AO (insoweit aM *Kohlmann* aaO; wie hier HHSp-*Rüping* 21 zu § 388 AO).

18 **Für die Abgabenangelegenheit zuständig** ist nur diejenige FinB, die nach den abgabenrechtlichen Vorschriften sachlich und örtlich zuständig ist. Unter sachlicher Zuständigkeit versteht man die Begrenzung nach dem Aufgabenbereich der FinB. Die örtliche Zuständigkeit begrenzt die Zuständigkeit einer Behörde nach räumlichen Geischtspunkten gegenüber anderen FinBn mit demselben Aufgabenbereich.

19 **Die sachliche Zuständigkeit** für die Abgabenangelegenheit richtet sich entsprechend dem Hinweis des § 16 AO grundsätzlich nach dem FVG, s. ausf. Rdnr. 4ff. zu § 387 AO.

20 **Die örtliche Zuständigkeit** für die Abgabenangelegenheit richtet sich entsprechend § 17 AO bei den hauptsächlichen Steuerarten nach den §§ 18–29 AO (Rdnr. 21ff.), bei der Lohnsteuer nach § 39a IVa EStG (Rdnr. 23) und bei der ErbSt und den Verkehrssteuern nach Vorschriften in den jeweiligen einzelnen Steuergesetzen (Rdnr. 24).

21 **Für Zölle und Verbrauchsteuern** bestimmt:

6. Zuständigkeit nach der abgabenrechtlichen Zuständigkeit   22–24 § 388

§ 23 AO Zölle und Verbrauchsteuern
(1) Für die Zölle und Verbrauchsteuern ist das Hauptzollamt örtlich zuständig, in dessen Bezirk der Tatbestand verwirklicht wird, an den das Gesetz die Steuer knüpft.
(2) ¹Örtlich zuständig ist ferner das Hauptzollamt, von dessen Bezirk aus der Steuerpflichtige sein Unternehmen betreibt. ²§ 21 Abs. 1 atz 2 gilt sinngemäß.
(3) Werden Zölle und Verbrauchsteuern im Zusammenhang mit einer Steuerstraftat oder einer Steuerordnungswidrigkeit geschuldet, so ist auch das Hauptzollamt örtlich zuständig, das für die Strafsache oder die Bußgeldsache zuständig ist.

§ 23 AO gilt auch für die **ESt** (§ 21 I UStG) und für die **Abschöpfungen** (§ 2 AbschG). § 23 III AO ermöglicht, *„daß bei zentralisierter Straf- und Bußgeldsachenbearbeitung das mit der Straf- oder Bußgeldsache befaßte HZA den einzelnen Fall zugleich auch in steuerlicher Hinsicht erledigen kann"* (BT-Drucks. VI/1982 S. 107). Treffen die Voraussetzungen der Absätze 1 und 3 zusammen, entscheidet gem. § 25 AO dasjenige HZA, das zuerst mit der Sache befaßt worden ist. Wird Versandgut der zollamtlichen Überwachung entzogen oder unzulässig verändert, so ist, wenn die Abfertigungsstelle im Inland liegt, für den Erlaß eines Zollbescheids idR die *Abfertigungs*zollstelle örtlich zuständig, die *Bestimmungs*zollstelle ist nur zuständig, wenn das Versandgut in ihren Verfügungsbereich gelangt ist (BFHE 144, 311; FG Münster v. 19. 3. 1981, ZfZ 1982, 51).

Für gesonderte Feststellungen nach § 180 AO sowie für die **Steuern vom** 22 **Einkommen und Vermögen** knüpfen die §§ 18–22 AO an die Belegenheit von Objekten, an den Sitz der Geschäftsleitung oder eines Unternehmens oder einer (ggf. der wertvollsten) Betriebstätte, an den Ort der (vorwiegenden) Berufsausübung oder der (Verwertung einer) Tätigkeit oder an den Wohnsitz, gewöhnlichen oder vorwiegenden Aufenthalt einer natürlichen Person an. Für die **Umsatzsteuer** ist nach § 21 AO maßgebend, von wo aus der Unternehmer das Unternehmen betreibt oder wo seine Umsätze im Geltungsbereich des Gesetzes (vorwiegend) bewirkt werden. Für die **Realsteuern** gilt § 22 AO, der zwischen der örtlichen Zuständigkeit für die Festsetzung der Steuermeßbeträge und der Zuständigkeit für die Festsetzung, Erhebung und Beitreibung der Steuer unterscheidet. Definiert werden die Begriffe *Wohnsitz, gewöhnlicher Aufenthalt, Geschäftsleitung, Sitz* und *Betriebstätte* in den §§ 8–12 AO.

Die Lohnsteuer ist zwar nur eine Erhebungsform der ESt; dennoch gilt 23 für sie nicht § 19 AO, sondern zwei einzelne Vorschriften des EStG. Danach ist für die *Anmeldung und Abführung* der LSt gem. § 41a I EStG das Betriebstätten-FA des Arbeitgebers und für die *Eintragung eines Freibetrags* auf der LSt-Karte gem. § 39a IVa EStG das FA zuständig, in dessen Bezirk der Arbeitnehmer im Zeitpunkt der Antragstellung eine Wohnung hat, von der aus er seiner Beschäftigung regelmäßig nachgeht.

Für die Erbschaftsteuer und die Verkehrsteuern ist die örtliche Zustän- 24 digkeit außerhalb der AO geregelt, nämlich in § 35 ErbStG, § 17 I–III GrEStG, § 1 KraftStDV, §§ 2 u. 20 KVStDV, § 1 VersStDV, § 10 FeuerschStG sowie in den §§ 15 u. 30 RennwLottAB.

§ 388 25–28   Örtlich zuständige Finanzbehörde

25   **Als Auffangvorschrift** bestimmt § 24 AO die Zuständigkeit derjenigen FinB, in deren Bezirk sich der Anlaß für eine Amtshandlung ergibt. Bei *mehrfacher Zuständigkeit* reduziert sich die Zuständigkeit gem. § 25 AO auf diejenige FinB, die zuerst mit der Sache befaßt worden ist. § 26 AO regelt den *Zuständigkeitswechsel,* falls sich die zuständigkeitsbegründenden Umstände ändern. § 27 AO ermöglicht *Zuständigkeitsvereinbarungen*. § 28 AO bestimmt die Zuständigkeit für die Entscheidung bei positivem oder negativem *Zuständigkeitsstreit* oder in *Zweifelsfällen*. Schließlich begründet § 29 AO eine *Notzuständigkeit* bei Gefahr im Verzuge, die vor allem bei unaufschiebbaren Vollstreckungsmaßnahmen eintreten kann.

7. Zuständigkeit nach dem Wohnsitz

26   Nach dem Vorbild des § 8 I StPO bestimmt § 388 I Nr. 3 AO *allgemein* die örtliche Zuständigkeit derjenigen FinB, in deren Bezirk der Beschuldigte seinen Wohnsitz hat. Systematisch hätte diese Vorschrift ihren Platz besser vor der Regelung des § 388 I Nr. 2 AO gefunden, mit der sie sich teilweise deckt, soweit die Zuständigkeit für die Abgabenangelegenheit ebenfalls an den Wohnsitz anknüpft. Abw. von § 8 I StPO ist nach § 388 I Nr. 3 AO nicht der Zeitpunkt der Erhebung der Klage maßgebend, sondern der frühere Zeitpunkt der Einleitung des Strafverfahrens (§ 397 AO), da die Vorschrift namentlich für das Ermittlungsverfahren bedeutsam ist.

27   **Der Begriff des Wohnsitzes** ist auch für § 388 I Nr. 3 AO in § 8 AO definiert und nicht etwa – wie für § 8 StPO – aus den §§ 7–9, 11 BGB abzuleiten (sehr str.; glA *Bender* Tz. 105, 3; *Koch/Scholtz/Himsel* 4 u. *Kühn/Kutter/Hofmann* 2c zu § 388 AO, *Lohmeyer*, DVR 1975, 21; aM HHSp-*Rüping* 27 f., *Kohlmann* 6, *Leise/Dietz/Cratz* 7 u. *Schwarz/Dumke* 17, *Senge* 5 zu § 388 AO sowie *Suhr/Naumann/Bilsdorfer* Rz. 620).

§ 8 AO Wohnsitz

    Einen Wohnsitz hat jemand dort, wo er eine Wohnung unter Umständen innehat, die darauf schließen lassen, daß er die Wohnung beibehalten und benutzen wird.

    Danach kommt es zum Unterschied vom Wohnsitzbegriff des BGB nicht auf den rechtsgeschäftlichen Willen, sondern auf die tatsächliche Gestaltung der Verhältnisse an (stRspr, vgl. BFH v. 14. 11. 1969, BStBl. 1970, 153; v. 26. 2. 1986, BFH/NV 1987, 301; Urt. v. 23. 11. 1988, BStBl. 1989, 182). Unter Umständen kann ein Geschäftsunfähiger oder beschränkt Geschäftsfähiger ohne den Willen seines gesetzlichen Vertreters einen Wohnsitz begründen oder aufheben RFH v. 16. 11. 1939 RStBl. 1939, 1209.

28   **Auch ein doppelter oder mehrfacher Wohnsitz** ist nach § 8 AO möglich (vgl. BFH v. 24. 10. 1969, BStBl. 1970, 109 mwN), vgl. § 19 I 2 AO. Ein Studierender hat am Studienort regelmäßig einen zweiten Wohnsitz, wenn er für die Dauer des Studiums auch dort eine Wohnung innehat; der Wohnsitz bei den Eltern wird durch die weiterbestehenden Bindungen in der Regel nicht aufgegeben (FG Münster v. 28. 4. 1976, EFG 1976, 472; aM RFH v. 17. 4. 1940, RStBl. 514). Hat der Beschuldigte mehrere Wohnungen gleich-

8. Änderung des Wohnsitzes   29–32 § 388

zeitig inne, die im Bezirk verschiedener FinBn liegen, so gebührt der Vorzug nach § 390 I AO derjenigen Behörde, die wegen der Tat zuerst ein Strafverfahren eingeleitet hat.

Wohnung ist iS des materiellen Steuerrechts ein Raum oder eine Zusammenfassung von Räumen mit einer Küche oder Kochgelegenheit, die das Führen eines selbständigen Haushalts ermöglicht (stRspr, zB BFH BGBl. 1986, 380; v. 30. 4. 1982, BStBl. 671; v. 24. 11. 1978, BStBl. 1979, 255, *Christoffel,* DB 1987, 1915). Im Sinne des § 8 AO kann Wohnung auch ein möbliertes Zimmer sein (BFH v. 14. 11. 1969, BStBl. 1970, 153, *Lohmeyer,* DVR 1975, 21), auch ein Hotelzimmer, das dauernd bewohnt wird, insbes. bei alleinstehenden Personen, die am Ort des gemieteten Zimmers arbeiten (BFH v. 4. 8. 1967, BStBl. 727). Als Wohnung kommt ferner in Betracht ein massives Holzhaus in einer Laubenkolonie (FG Berlin v. 11. 6. 1976, EFG 1977, 13), uU sogar ein Wohnwagen auf einem Campingplatz (FG Hamburg v. 9. 10. 1973, EFG 1974, 66; aM BFH v. 21. 2. 1975 – VI R 203/73 – n. v.). 29

Innehaben einer Wohnung erfordert Ausüben einer tatsächlichen Verfügungsmacht, an der es fehlt, wenn ein Gästezimmer, eine Zweit- oder Ferienwohnung oder ein Jagdhaus nur gelegentlich oder in unregelmäßigen Abständen benutzt wird (BFH v. 26. 7. 1972, BStBl. 949). Verfügungsmacht über eine Wohnung hat nur, wer sie jederzeit benutzen kann. Ein im Ausland tätiger Stpfl behält dagegen idR eine Wohnung im Inland, wenn dort weiter seine Familie wohnt (FG BadWürtt. v. 4. 3. 1993, EFG 1993, 422). 30

8. Änderung des Wohnsitzes oder der abgabenrechtlichen Zuständigkeit

§ 388 II AO trifft Bestimmungen für den Fall, daß sich nach Einleitung des Strafverfahrens (§ 397 AO) die Zuständigkeitsmerkmale nach § 388 I Nr. 2 oder 3 AO ändern. **Neben der ursprünglich zuständigen Finanzbehörde** ist dann *wahlweise* auch diejenige FinB örtlich zuständig, in deren Bezirk der neue Wohnsitz des Beschuldigten liegt (Satz 1) oder auf welche die Abgabenangelegenheit übergegangen ist (Satz 2). Eine starre Regelung, wie sie § 8 I StPO für den Gerichtsstand des Wohnsitzes zZ der Erhebung der Klage vorsieht, ist für das Ermittlungsverfahren nicht zweckmäßig (allgA, vgl. HHSp-*Rüping* 26, 31 und *Kohlmann* 5, 7 zu § 388 AO). § 388 II AO gestattet es, daß die ursprünglich zuständige FinB je nach den Umständen des Einzelfalles die Ermittlungen fortführt und zB bei dem für den neuen Wohnsitz zuständigen Amtsgericht einen Strafbefehl beantragt (LG Augsburg v. 8. 7. 1982, ZfZ 315) oder daß sie die später zuständig gewordene FinB gem. § 390 II 1 AO ersucht, die Strafsache zu übernehmen. 31

Bei einem Streit zwischen mehreren zuständigen FinB darüber, welche das **weitere Ermittlungsverfahren durchzuführen** hat, gilt zunächst das Prioritätsprinzip des § 390 I AO. Der Vorrang gebührt der FinB, die wegen der Tat zuerst ein Strafverfahren eingeleitet hat (vgl. Rdnr. 8 ff. zu § 390 AO). Ein Wechsel der Zuständigkeit ist in § 390 II AO nur für den Fall vorgesehen, daß die Übernahme der Strafsache durch eine andere zuständige FinB 32 für die Ermittlungen sachdienlich erscheint. Die Entscheidung, ob ein Wohnsitzwechsel des Beschuldigten oder ein Wechsel der abgabenrechtlichen Zuständigkeit auch einen Wechsel der die Ermittlungen durchführenden FinB zur Folge hat, steht in erster Linie **im pflichtgemäßen Ermessen** der ursprünglich (allein) zuständigen FinB. Diese hat dabei abzuwägen, durch welche der beiden nun zuständigen Behörden die Ermittlungen unter Berücksichtigung der Belange des Beschuldigten am ehesten abgeschlossen werden können (Rdnr. 13 f., 16 zu § 390 AO). Es kommt jeweils auf den Einzelfall an; entscheidend ist auch, wo wichtige Zeugen ansässig sind und welches FA für das Besteuerungsverfahren zuständig ist oder wird (*Pfaff*, StBp 1986, 137). Bei Sachdienlichkeit ist die zuständig gewordene FinB zur Übernahme des Ermittlungsverfahrens verpflichtet. In Zweifelsfällen entscheidet nach § 390 II 2 AO die Behörde, der die um Übernahme ersuchte FinB untersteht (Rdnr. 18 f. zu § 390 AO).

33   **Der Wohnsitz ändert sich,** wenn der Beschuldigte seine bisherige Wohnung aufgibt und an einen anderen Ort umzieht.

34   **Die abgabenrechtliche Zuständigkeit ändert sich** unter den Voraussetzungen des § 26 AO; dabei wird der Zeitpunkt nicht von den objektiven Umständen bestimmt, sondern von der Kenntnis der beteiligten FinBn. Ferner kann sich die abgabenrechtliche Zuständigkeit dadurch ändern, daß im Einzelfall eine Zuständigkeitsvereinbarung nach § 27 AO getroffen wird oder daß die Bezirksgrenzen der FinBn geändert werden (vgl. BFH BStBl. 1978, 310).

9. Zuständigkeit nach dem gewöhnlichen Aufenthaltsort

Schrifttum: *Egly*, Wohnsitz und gewöhnlicher Aufenthalt im Steuerrecht, DStZ 1940, 627; *Michaelis*, Zur Frage des „gewöhnlichen Aufenthalts" in Ehesachen, NJW 1949, 573; *Entholt*, Zum Begriff des „gewöhnlichen Aufenthalts im Inland" iS des § 606 ZPO, NJW 1952, 292; weitere Aufsätze s. vor Rdnr. 17.

35   **Hat der Beschuldigte in der Bundesrepublik keinen Wohnsitz,** ist anstelle einer nach § 388 1 Nr. 3 AO zuständigen Behörde *ersatzweise* auch diejenige FinB örtlich zuständig, in deren Bezirk er seinen gewöhnlichen Aufenthaltsort hat (vgl. auch § 8 II StPO u. § 37 III OWiG). Fehlt es an einem Wohnsitz im Inland, hat die durch den gewöhnlichen Aufenthaltsort begründete Zuständigkeit trotz ihres subsidiären Charakters denselben Rang wie die anderen örtlichen Zuständigkeiten (glA HHSp-*Rüping* 32 zu § 388 AO).

36   **Der gewöhnliche Aufenthaltsort** iS des § 388 III AO wird durch den gewöhnlichen Aufenthalt bestimmt, den § 9 AO wie folgt definiert:

§ 9 AO Gewöhnlicher Aufenthalt

[1]Den gewöhnlichen Aufenthalt hat jemand dort, wo er sich unter Umständen aufhält, die erkennen lassen, daß er an diesem Ort oder in diesem Gebiet nicht nur vorübergehend verweilt. [2]Als gewöhnlicher Aufenthalt im Geltungsbereich dieses Gesetzes ist stets und von Beginn an ein zeitlich zusammenhängender Aufenthalt von mehr als sechs Monaten Dauer anzusehen; kurzfristige Unterbrechungen bleiben unberücksichtigt. [3]Satz 2 gilt nicht, wenn der Aufenthalt ausschließlich zu Besuchs-, Erholungs-, Kur- oder ähnlichen privaten Zwecken genommen wird und nicht länger als ein Jahr dauert.

9. Zuständigkeit nach dem gewöhnlichen Aufenthaltsort   37, 38 § 388

Auch die Sätze 2 und 3 gelten für die örtliche Zuständigkeit einer FinB im Steuerstrafverfahren (grundsätzlich aM HHSp-*Rüping* 33, *Kohlmann* 8, *Schwarz/Dumke* 20, *Senge* 6, *Suhr/Haumann/Bilsdorfer* Rz. 623; wie hier *Koch/Scholtz/Himsel* 6, *Kühn/Hofmann* 2c zu § 388 AO; vgl. i. ü. zur gleichen Streitfrage auch Rdnr. 27), obwohl sie erkennbar auf die Frage zugeschnitten sind, ob jemand in der Bundesrepublik unbeschränkt oder nur beschränkt steuerpflichtig ist (vgl. § 1 EStG). Anders als beim Wohnsitz (Rdnr. 28) kann eine Person zur selben Zeit nur *einen* gewöhnlichen Aufenthalt haben (BFH v. 9. 2. 1966, HFR 346).

Gewöhnlicher Aufenthalt erfordert einen *längeren,* jedoch nicht einen *ständigen* Aufenthalt (BFH v. 27. 7. 1962, BStBl. 430); auf kurzfristige Unterbrechungen kommt es nicht an (§ 9 S. 2 Halbs. 2 AO). Entscheidend sind im Einzelfall die familiären, beruflichen und gesellschaftlichen Beziehungen und Bindungen einer Person an einen Ort. Diese können zB auch bestehen bleiben, wenn jemand längere Auslandsreisen unternimmt. § 9 S. 2 Halbs. 1 AO kann nicht mit der Wirkung umgekehrt werden, daß eine Abwesenheit von mehr als 6 Monaten den gewöhnlichen Aufenthalt im Inland beendet (BFH aaO). Bei Grenzgängern kommt es auf die Intensität des Verweilens im Inland und im Ausland an (ausf. *Deppe* StW 1982, 343). Keinen gewöhnlichen Aufenthalt im Inland hat ein Unternehmer, der nach Geschäftsschluß regelmäßig von seinem Betrieb in der Bundesrepublik zu seiner Familienwohnung im Ausland zurückkehrt (BFH v. 6. 2. 1985, DB 1985, 1572).   37

Ob ein Aufenthaltsort „gewöhnlich" ist, richtet sich allein nach der Verweildauer, nicht nach sonstigen, womöglich außergewöhnlichen Umständen des Aufenthalts. Bei hinreichend langer Verweildauer kann ein gewöhnlicher Aufenthaltsort iS des § 388 III AO auch in einem Heim, einem Krankenhaus oder in einer Strafanstalt begründet werden (RFH GrS v. 19. 10. 1940, RStBl. 1940, 925, für einen Strafgefangenen; zust. HHSp-*Hellwig* 15 zu § 9 AO; dagegen *EbSchmidt* 6, *Kleinknecht/Meyer-Großner* 2 u. KK-*Pfeiffer* 2 zu § 8 StPO). Die hM stellt darauf ab, ob ein Aufenthalt freiwillig ist (BGH 13, 209 v. 30. 6. 1959; aM TK-*Kruse* 1 zu § 9 AO u. *Birkholz* DStZ 1979, 248 mit Hinweis auf BFH v. 23. 7. 1971, BStBl. 1971, 758) und scheidet Zwangsaufenthalte aus. *Dünnebier* (LR [23. Auflage] 10 zu § 8 StPO) meint, ein Zwangsaufenthalt könne – weil Wille und Umstände zusammentreffen müßten – keinen gewöhnlichen Aufenthalt begründen, wohl aber ein durch die Umstände erzwungener Aufenthalt, da sich der Wille den Umständen anpasse (ebenso LR *Wendisch* 6 zu § 8 StPO). Indessen wird bei solchen feinfühligen und feinsinnigen Auslegungen der praktische Zweck der Vorschrift, die Nähe der zuständigen Behörde zu einer betroffenen Person zu gewährleisten, aus den Augen verloren (anders *Entholt* NJW 1952, 292 zu § 606 ZPO); denn unter Gesichtspunkten der Zweckmäßigkeit ist es gleichgültig, ob sich jemand mehr oder weniger freiwillig in einem Heim oder in einer Anstalt aufhalten muß.   38

10. Notzuständigkeit

39 **Bei Gefahr im Verzuge** ist *jede* FinB für die in ihrem Bezirk vorzunehmenden einzelnen Amtshandlungen örtlich zuständig. Dies folgt aus § 29 AO (HHSp-*v. Wallis, Klein/Orlopp, Koch/Scholtz* 2 u. TK-*Tipke* zu § 29 AO für Fahndungs- und Vollstreckungsmaßnahmen). Nach *Schwarz/ Dumke* (zu § 29 AO) ist die Vorschrift nur auf die Verwaltung der Steuern anzuwenden; diese Auffassung führt zu einer Notzuständigkeit für Steuerstrafsachen aufgrund § 143 II GVG iVm §§ 385, 399 AO. Gefahr ist im Verzuge, wenn eine Amtshandlung nicht so lange aufgeschoben werden kann, bis die sonst zuständige FinB sie selbst vornehmen kann. Als unaufschiebbare Amtshandlungen zur Ermittlung einer Steuerstraftat kommen namentlich in Betracht die Anordnung einer *körperlichen Untersuchung* (§§ 81a II, 81c V StPO), einer *Beschlagnahme* (§ 98 I StPO), einer *Durchsuchung* (§ 105 I StPO), einer *Notveräußerung* (§ 111 III StPO), aber auch des dinglichen Arrestes wegen einer Vermögensstrafe (§ 111 III StPO) und einer Vermögensbeschlagnahme (§ 111p StPO), sofern die grundsätzlich unselbständige Ermittlungskompetenz der FinB durch § 386 II AO erweitert und diese zur selbständigen Führung der Ermittlungen mit den Rechten und Pflichten der StA nach § 399 I AO ermächtigt ist (vgl. Rdnr. 4 zu § 386 AO).

11. Mangel der örtlichen Zuständigkeit

40 **Ein Mangel der örtlichen Zuständigkeit** liegt vor, wenn eine sachlich zuständige FinB (§ 387 AO) Ermittlungen zur Aufklärung einer Steuerstraftat vornimmt, sich an Ermittlungen der StA oder der Polizei beteiligt (§ 403 AO), einen Strafbefehl beantragt (§ 400 AO) oder am gerichtlichen Strafverfahren teilnimmt (§ 407 AO), ohne daß eines der zuständigkeitsbegründenden Merkmale nach § 388 AO erfüllt ist oder die Voraussetzungen der Notzuständigkeit (Rdnr. 38) vorliegen; ein Mangel der örtlichen Zuständigkeit ist nicht gegeben, wenn eine FinB aufgrund des *Amtshilfeersuchens* einer örtlich zuständigen FinB tätig geworden ist. In welcher Weise sich ein Mangel der örtlichen Zuständigkeit auswirkt und gerügt werden kann, richtet sich nach dem Stand des Strafverfahrens und der Art der Amtshandlung.

41 **Ist das Strafverfahren noch nicht bei Gericht anhängig,** kann allein aus der örtlichen Unzuständigkeit der FinB die Unwirksamkeit der getroffenen Maßnahme(n) ebensowenig hergeleitet werden wie im Besteuerungsverfahren (§ 125 III Nr. 1 AO) oder wie bei richterlichen Untersuchungshandlungen (§ 20 StPO). Die von einer sachlich zuständigen, aber örtlich unzuständigen FinB getroffene Maßnahme ist zwar fehlerhaft, aber wirksam (einhM, vgl. HHSp-*Rüping* 40 u. *Kohlmann* 9 zu § 388 AO mwN). Dies bedeutet: Der Mangel der örtlichen Zuständigkeit kann gerügt werden, solange er fortbesteht, also bis zum Erlaß eines Strafbefehls oder bis zur Abgabe der Strafsache an die StA (HHSp-*Rüping* 41 u. *Koch/Scholtz/Himsel* 7 zu § 388 AO). Auf der anderen Seite können die Ergebnisse der Ermittlungsmaßnahmen, vor allem die von einer örtlich unzuständigen FinB (oder StA) beschafften Beweismittel, im weiteren Verlauf des Verfahrens von der ört-

11. Mangel der örtlichen Zuständigkeit

lich zuständigen FinB oder StA oder vom Gericht verwertet werden (einschränkend *Kissel* 6 zu § 143 GVG: nur in bezug auf Maßnahmen innerhalb der Notzuständigkeit der StA, weil im Verhältnis zum Beschuldigten alle sachlich zuständigen Behörden als gleichwertig anzusehen sind und die Regelung ihrer örtlichen Zuständigkeit nur der Zweckmäßigkeit dienen soll.

Beantragt eine örtlich unzuständige Finanzbehörde die richterliche Anordnung einer Beschlagnahme oder Durchsuchung und erkennt der Richter den Mangel der Zuständigkeit, so weist er den Antrag zurück; erkennt er den Mangel nicht, so wird die Wirksamkeit seiner Anordnung nicht beeinträchtigt. **Beteiligt sich** eine örtlich unzuständige FinB an Ermittlungen der StA oder der Polizei, so kann der Beschuldigte widersprechen; denn nur die sachlich *und* örtlich zuständige Behörde hat die Befugnis zur Beteiligung nach § 403 AO. 42

Im gerichtlichen Strafverfahren sind Prozeßerklärungen einer örtlich unzuständigen FinB ebenso unwirksam wie Erklärungen eines Verteidigers ohne Vollmacht (s. dazu Rdnr. 25 f. zu § 392 AO). Den Antrag einer örtlich unzuständigen FinB auf Erlaß eines Strafbefehls (§ 400 AO). Den Antrag einer örtlich unzuständigen FinB auf Erlaß eines Strafbefehls (§ 400 AO) muß der Strafrichter zurückweisen; § 408 II 1 StPO ist nicht anzuwenden. Wird der Strafbefehl gleichwohl erlassen, weil der Strafrichter den Mangel der örtlichen Zuständigkeit der FinB übersieht, erlangt er die Wirkung eines rechtskräftigen Urteils, wenn nicht der Beschuldigte rechtzeitig Einspruch erhebt (§ 410 StPO). Erhebt der Beschuldigte rechtzeitig Einspruch, wird zur Hauptverhandlung geschritten, falls nicht die StA bis zum Beginn der Hauptverhandlung die Klage fallen läßt (§ 411 I StPO). Läßt die StA die Klage nicht fallen und wird der Mangel der örtlichen Zuständigkeit der FinB erst in der Hauptverhandlung oder im Rechtsmittelverfahren erkannt, hat dies auf den Fortgang des Verfahrens keinen Einfluß mehr. Eine Rüge der örtlichen Zuständigkeit der FinB müßte innerhalb aller Abschnitte des gerichtlichen Strafvefahrens zurückgewiesen werden (glA *Bender* Tz. 105, 3; HHSp-*Rüping* 41 u. *Kohlmann* 9 zu § 388 AO; vgl. auch *Klein/Orlopp* zu § 389 AO aE). 43

Unabhängig von den Folgen der Amtshandlung(en) einer örtlich unzuständigen Finanzbehörde ist die Frage zu beurteilen, ob der Amtsträger einer nach § 388 AO zuständigen Behörde im Bezirk einer anderen FinB tätig werden darf. Die Frage ist zu bejahen. Die für die Strafverfolgung in einer bestimmten Sache örtlich zuständige FinB kann – wie die StA – Ermittlungen nicht nur in ihrem Bezirk durchführen, sondern im gesamten Geltungsbereich des Gesetzes Amtshandlungen vornehmen, die ihr zur Verfolgung notwendig erscheinen (einhM, vgl. *Kissel* 4, LR*Schäfer/Boll* 5, KK-*Schoreit* 2, *Kleinknecht/Meyer-Großner* 1 zu § 143 GVG, *Kohlmann* 1 zu § 388 AO, ausf. *Loh* MDR 1970, 812). Dies gilt auch bei der Einschaltung von Gerichten in die Ermittlungen, wie zB bei Beschlagnahme, Durchsuchung oder Haftbefehl. Die StA ist in diesem Rahmen auch rechtsmittelberechtigt. Erst mit Eröffnung des Hauptverfahrens ist nur noch die StA bei dem Gericht handlungsberechtigt, bei dem eröffnet wurde (*Kissel* 4 zu § 143 GVG mwN). 44

§ 389 Zusammenhängende Strafsachen

¹ Für zusammenhängende Strafsachen, die einzeln nach § 388 zur Zuständigkeit verschiedener Finanzbehörden gehören würden, ist jede dieser Finanzbehörden zuständig. ² § 3 der Strafprozeßordnung gilt entsprechend.

Vgl. § 38 OWiG; § 13 StPO.

Übersicht

1. Entstehungsgeschichte 1
2. Zweck und Anwendungsbereich . . . 2–5
3. Begriff des Zusammenhangs 6–12
   a) Persönlicher Zusammenhang . . . 7, 8
   b) Sachlicher Zusammenhang 9–11
   c) Kombinierter Zusammenhang . . 12
4. Auflösung des Zusammenhangs . . . 13, 14
5. Mängel der Zuständigkeit 15

1. Entstehungsgeschichte

1 § 389 AO 1977 entspricht § 424 RAO idF des Art. 1 Nr. 1 AOStrafÄndG v. 10. 8. 1967 (BGBl. I 877) mit dem Unterschied, daß der Begriff „Finanzämter" durch „Finanzbehörden" ersetzt worden ist (Begr. BT-Drucks. V/1812 S. 30 f.). § 424 RAO 1967 geht auf § 428 III 1 RAO 1931, dieser auf § 393 III 1 RAO 1919 zurück.

2. Zweck und Anwendungsbereich

2 **§ 389 AO erweitert die örtliche Zuständigkeit** einer FinB für die Steuerstrafsache eines Beschuldigten auf eine oder mehrere persönlich oder sachlich damit zusammenhängende Steuerstrafsachen, für die nach § 388 AO eine andere FinB örtlich zuständig wäre. Die Vorschrift dient der Prozeßökonomie; sie ermöglicht die Konzentration der Ermittlungen mehrerer Steuerstraftaten *eines* Beschuldigten wegen eines sog. *persönlichen* Zusammenhangs (Rdnr. 7 f.) oder der Ermittlungen gegen *alle* an einer Steuerstraftat Beteiligten wegen eines sog. *sachlichen* Zusammenhangs (Rdnr. 9 ff.) oder auch dann, wenn mehrere Personen oder mehrere Zuwiderhandlungen in einem persönlichen und sachlichen Zusammenhang stehen, sog. *kombinierter* Zusammenhang (Rdnr. 12). In solchen Fällen würde das nebeneinander Tätigwerden mehrerer FinBn die Ermittlungen erheblich erschweren, aber auch die Gefahr divergierender Entscheidungen hervorrufen, etwa in bezug auf Einstellungen des Strafverfahrens oder infolge unterschiedlicher Strafbefehlsanträge.

3 **Der Anwendungsbereich des § 389 AO** umfaßt außer zusammenhängenden Steuerstraftaten und nichtsteuerlichen Vermögensstraftaten iS des § 385 II AO gem. § 410 I Nr. 1 AO auch Steuerordnungswidrigkeiten, und zwar nicht nur im Verhältnis untereinander, sondern auch bei einem gemischten Zusammenhang mit Steuerstraftaten. Darüber hinaus bewirkt die Verweisung in § 128 BranntwMonG und die Regelung der § 12 II FVG, daß auch die mit einer Steuerstraftat oder Steuerordnungswidrigkeit zusammenhängenden Monopolstraftaten und Monopolordnungswidrigkeiten sowie Ordnungswidrigkeiten nach § 24 BierStG in die örtliche Zuständigkeit eines

3. Begriff des Zusammenhangs 4–7 § 389

HZA fallen, das für Zuwiderhandlungen gegen Zoll- und Verbrauchsteuergesetze örtlich zuständig ist. Für die FÄ wird der Anwendungsbereich namentlich durch die in Rdnr. 4 zu § 388 AO angeführten Verweisungsvorschriften erweitert.

Die Anwendung des § 389 AO setzt voraus, daß die beteiligten FinBn für 4 *sämtliche* zusammenhängenden Zuwiderhandlungen *sachlich* zuständig sind (§ 387 AO). Diese Voraussetzung verhindert, daß ein für Besitz- und Verkehrssteuern zuständiges FA (vgl. §§ 2, 17 II FVG) auch für Zoll- und Verbrauchsteuerstraftaten eines Beschuldigten zuständig ist oder umgekehrt ein HZA (vgl. §§ 1, 12 II FVG) die mit einer Schmuggeltat zusammenhängende ESt-Hinterziehung eines Beschuldigten verfolgen kann. Nur die StA kann, wenn sie das Ermittlungsverfahren übernimmt, solche Fälle gem. § 2 oder § 13 StPO verbinden (*Bender* Tz. 105, 5; HHSp-*Rüping* 5 u. *Kohlmann* 1 zu § 389 AO); vgl. ferner § 4 StPO.

Im Vergleich zu § 3 StPO ist die Wirkung des § 389 AO beschränkt auf 5 die Konzentration der Befugnisse, welche den FinBn im Straf- oder Bußgeldverfahren wegen Zuwiderhandlungen gegen Abgabegesetze zustehen. Auf den *Gerichtsstand* und die gem. § 143 I GVG hiervon abgeleitete *örtliche Zuständigkeit der StA* hat § 389 AO keinen Einfluß; hierfür gilt allein § 3 StPO. Eine dem § 389 AO wörtlich entsprechende Vorschrift enthält **§ 38 OWiG** für die Verfolgung zusammenhängender nichtsteuerlicher Ordnungswidrigkeiten durch eine sachlich zuständige Verwaltungsbehörde.

3. Begriff des Zusammenhangs

Der Begriff des Zusammenhangs richtet sich gem. § 389 S. 2 AO nach: 6

§ 3 StPO [Begriff des Zusammenhangs]

Ein Zusammenhang ist vorhanden, wenn eine Person mehrerer Straftaten beschuldigt wird oder wenn bei einer Tat mehrere Personen als Täter, Teilnehmer oder der Begünstigung, Strafvereitelung oder Hehlerei beschuldigt werden.

Für den Begriff (und damit für die zuständigkeitserweiternde Wirkung) eines Zusammenhangs ist unerheblich, welches Gewicht der Teilakt hat, der die Einzelzuständigkeit begründet (HHSp-*Rüping* 20, *Kohlmann* 4, *Schwarz/Dumke* 8 zu § 389 AO).

a) Persönlicher Zusammenhang

Ein persönlicher Zusammenhang besteht, wenn eine Person mehrerer 7 Steuerstraftaten (§ 369 I, § 385 II AO) und/oder Steuerordnungswidrigkeiten (§ 377 I AO) beschuldigt wird. Die jeweiligen Zuwiderhandlungen brauchen keine sachlichen Berührungspunkte zu haben, wie z.B. Beihilfe zur Hinterziehung von betrieblichen Steuern am Beschäftigungsort B und eigene Hinterziehung von GrESt am Wohnort W. Es kommt auch hier auf den prozessualen Tatbegriff an, also den Vorwurf mehrerer prozessual selbständiger Steuerstraftaten (vgl. Rdnr. 10 zu § 386 AO). Bei mehreren zwar materiell selbständigen Taten, die aber prozessual eine Einheit bilden, folgt die

Zuständigkeit bereits aus § 388 AO, ohne daß es einer Verbindung nach § 389 AO bedarf (HHSp-*Rüping* 14, *Kohlmann* 4 zu § 389 AO; *Suhr/Naumann/Bilsdorfer* Rz. 624; *Kleinknecht/Meyer-Goßner* 2 zu § 3 StPO).

8   Für die gemeinschaftliche Beurteilung mehrerer Taten, die jemand **teils als Jugendlicher** (oder Heranwachsender) und **teils als Erwachsener** begangen hat, sind die Jugendgerichte zuständig (BGH 8, 349, 351 ff. v. 15. 12. 1955). Aus diesem Grunde ist die nach § 389 AO für die Ermittlung beider Taten zuständige FinB mit Rücksicht auf § 79 I JGG nicht in der Lage, gem § 400 AO einen Strafbefehl wegen derjenigen Steuerstraftat zu beantragen, die der Beschuldigte als Erwachsener begangen hat (ebenso HHSp-*Rüping* 15 zu § 389).

b) Sachlicher Zusammenhang

9   Ein sachlicher Zusammenhang besteht, wenn bei einer Straftat mehrere Personen als Täter, Teilnehmer (Anstifter oder Gehilfen) oder wegen Begünstigung oder Hehlerei beschuldigt werden. Dabei ist die *Tat* nicht iS des sachlichen Strafrechts zu verstehen (aM BGH 11, 130, 132 ff. v. 10. 1. 1958; *EbSchmidt* II 5 zu § 3 StPO aF; *Behrendt* ZStW 94, 888, 909 ff.), sondern ebenso wie in § 264 StPO als verfahrensrechtlicher Begriff (ausf. LR-*Wendisch* 9 ff., KK-*Pfeiffer* 3, KMR-*Paulus* 2 zu § 3 StPO nF, *Kleinknecht* MDR 1958, 357 zu § 3 StPOaF, HHSp-*Rüping* 16, *Kohlmann* 3 f., zu § 389 AO sowie *Göhler* 3 zu § 38 OWiG iVm 50 ff. vor § 59 OWiG). Hiernach kommt es also nicht darauf an, ob mehrere Personen an einer oder mehreren *rechtlich selbständigen* Straftaten iS des § 53 StGB beteiligt sind, sondern darauf, ob ihr Verhalten (vgl. BGH v. 25. 8. 1987, NStZ 569) *denselben geschichtlichen Vorgang* betrifft. Dabei bedeutet dieses Erfordernis nicht mehr als die Mitverantwortlichkeit für die den anderen Beteiligten vorgeworfenen oder nachgewiesenen rechtlichen Erfolge, wenn auch nicht notwendig in demselben Umfang und unter denselben rechtlichen Gesichtspunkten (RG v. 16. 10. 1930, 64, 377, 379; BGH aaO). Dieses Ergebnis folgt aus der verfahrensrechtlichen Funktion und aus der Systematik des Gesetzes; denn sowohl beim persönlichen (Rdnr. 7) wie beim sachlichen Zusammenhang zwischen einer Straftat und einer anschließend begangenen Begünstigung oder Hehlerei liegen *stets* mehrere rechtlich selbständige Straftaten vor. Zu beachten ist hierbei, daß eine Verbindung nach § 389 AO von Sachhehlerei (§ 259 StGB) oder Strafvereitelung (§ 258 StGB) als keine Steuerstraftaten (vgl. Rdnr. 12 zu § 369 AO), wegen der nur entsprechenden Anwendung des § 3 StPO im Steuerstrafverfahrensrecht (HHSp-*Rüping*, 18, *Schwarz/Dumke* 9 zu § 389 AO) und weil es sich bei diesen Delikten nicht um solche handelt, die bereits der Zuständigkeit einer FinB unterfallen, ausgeschlossen ist (aM *Leise/Dietz/Cratz* 2 zu § 389 AO, in der nicht mit dem Wortlaut des § 369 AO und der gesonderten Regelung der §§ 257 und 258 StGB zu vereinbarenden Annahme, daß Strafvereitelung als Begünstigung im weiten Sinne Steuerstraftat sein kann). In Betracht kommen nur Steuerhehlerei (§ 374 AO) und die Be-

4. Auflösung des Zusammenhangs   10–14 § 389

günstigung von Steuerstraftaten, Bannbruch und Steuerzeichenfälschung (§ 369 I Nr. 4 AO).

Mehrere Täter brauchen nicht Mittäter iS des § 25 II StGB zu sein; Nebentäterschaft genügt (RG 43, 293, 296 v. 4. 2. 1910). Nebentäter sind Täter, die denselben Erfolg anstreben oder erreichen, ohne daß sie bewußt zusammenwirken, zB zwei Prokuristen, die unabhängig voneinander – jeder auf seinem Arbeitsgebiet – dieselbe Steuer zum Vorteil desselben Unternehmers verkürzen. Sachlicher Zusammenhang erfordert jedoch, daß mehrere Personen zu der *nämlichen* Tat beigetragen haben; eine bloße Gleichartigkeit der Handlungen oder die Identität des verletzten Rechtsgutes genügen nicht (RG 42, 133 f. für den Fall der Beleidigung derselben Person durch verschiedene Zeitungen). Daher besteht kein Zusammenhang, wenn innerhalb desselben Unternehmens der Prokurist A die USt bis 1984 und der Prokurist B die USt ab 1985 verkürzt hat. 10

Teilnehmer iS des § 3 StPO ist jeder, der in strafbarer Weise bei dem geschichtlichen Vorgang der Tat (Rdnr. 9) *in derselben Richtung* wie der Täter mitgewirkt hat (RG 71, 251, 252 v. 3. 6. 1937). Bei **Begünstigung** oder **Strafvereitelung** ergibt sich ein sachlicher Zusammenhang auch dann noch, wenn die jeweilige Straftat erst während des Strafverfahrens gegen den Täter begangen wird, zB durch Meineid (BGH 18, 238; *Kleinknecht/Meyer-Goßner* 3 zu § 3 StPO). 11

c) Kombinierter Zusammenhang

Der kombinierte Zusammenhang, den das Gesetz nicht erwähnt, genügt ebenfalls für eine einheitliche Zuständigkeit (HHSp-*Rüping* 19, *Kohlmann* 3 zu § 883 AO; *Kleinknecht/Meyer-Goßner* 4 zu § 3 StPO). Hat z. B. der Unternehmer A USt hinterzogen, der Prokurist B hierzu Begünstigung geleistet und unabhängig davon in eigener Sache ESt verkürzt, so ist gem. § 389 AO iVm § 3 StPO das für das Strafverfahren gegen A und B wegen sachlichen Zusammenhangs zuständige FA wegen des unmittelbaren persönlichen Zusammenhangs auch für das Strafverfahren gegen B wegen ESt-Hinterziehung örtlich zuständig. 12

4. Auflösung des Zusammenhangs

Für das Ermittlungsverfahren erlischt die Zuständigkeit, wenn der zuständigkeitsbegründende Zusammenhang, z. B. durch Wohnsitzwechsel eines Mitbeschuldigten, wegfällt (BGH 16, 391, 393 v. 20. 12. 1961; zust. HHSp-*Rüping* 21 u. *Kohlmann* 4 zu § 389 AO; LR-*Wendisch* 6 u. KK-*Pfeiffer* 1 zu § 13 StPO). 13

Die Zuständigkeit des Gerichts bleibt bestehen, wenn sich der Zusammenhang auflöst, nachdem die Sache durch einen Strafbefehlsantrag oder einen Antrag auf Eröffnung des Hauptverfahrens bei Gericht anhängig geworden ist (HHSp-*Rüping* 21, *Kohlmann* 4, *Schwarz/Dumke* 3 zu § 389 AO; anders *Klein/Orlopp* § 389 AO, die auf das Ergehen eines Haftbefehles abstellen; vgl. BGH aaO (Rdnr. 13) sowie OLG München v. 21. 6. 1968; NJW 14

1969, 148; für den Fall, daß derjenige Mitangeklagte, dessen Wohnsitz die Zuständigkeit kraft Zusammenhangs begründet hat, vor Eröffnung des Hauptverfahrens stirbt und zutreffend auf die Befassung des Gerichts abstellend BGH aaO (Rdnr. 13) sowie OLG Zweibrücken v. 24. 11. 1978, NJW 1979, 827).

5. Mängel der Zuständigkeit

15   Verfahrensverstöße berühren auch bei der Zusammenfassung mehrerer Taten nur das Verfahren, in dem sie stattfanden (BGH v. 4. 12. 1985, NJW 1986, 1999, 2000). Bei Verstößen gegen eine nach § 389 AO begründete Zuständigkeit gilt daher dasselbe wie bei Verstößen gegen § 388 AO (vgl. insoweit Rdnr. 39 ff. zu § 388 AO).

§ 390 Mehrfache Zuständigkeit

(1) Sind nach den §§ 387 bis 389 mehrere Finanzbehörden zuständig, so gebührt der Vorzug der Finanzbehörde, die wegen der Tat zuerst ein Strafverfahren eingeleitet hat.

(2) ¹Auf Ersuchen dieser Finanzbehörde hat eine andere zuständige Finanzbehörde die Strafsache zu übernehmen, wenn dies für die Ermittlungen sachdienlich erscheint. ²In Zweifelsfällen entscheidet die Behörde, der die ersuchte Finanzbehörde untersteht.

Vgl. § 12 StPO, § 39 OWiG; § 3 II 1 VwVfG.

Übersicht

1. Entstehungsgeschichte 1
2. Zweck und Anwendungsbereich . . . 2, 3
3. Zuständigkeit mehrerer FinBn 4–7
4. Grundsatz der Priorität 8–12
5. Übernahme durch eine andere FinB 13–17
6. Verfahren bei Zuständigkeitsstreit . . 18–20

1. Entstehungsgeschichte

Der Wortlaut des § 390 AO 1977 unterscheidet sich von § 425 RAO 1967 1 (Begr. BT-Drucks. V/1812 S. 31) nur durch den Wechsel der Ausdrücke „Finanzbehörde" statt *Finanzamt* und *Behörde* statt „Oberfinanzdirektion" (in Begr. nicht erwähnt, s. BT-Drucks. VI/1982 S. 198). Die vorher geltenden Vorschriften des § 428 II, III 2 RAO 1931 = § 393 II, III 2 RAO 1919 hatten im wesentlichen denselben Inhalt, jedoch konnte die *„gemeinschaftlich vorgesetzte obere Behörde"* über die Zuständigkeit entscheiden, wenn mehrere FÄ örtlich zuständig waren.

2. Zweck und Anwendungsbereich

§ 390 AO regelt, welche von mehreren *sachlich* zuständigen oder mehreren 2 *örtlich* zuständigen Finanzbehörden im Einzelfall die Aufgaben wahrnehmen und die Befugnisse ausüben soll, die das Gesetz in den §§ 386, 395, 399–403, 406 u. 407 AO für das Steuerstrafverfahren der *„Finanzbehörde"* übertragen hat. Die Regelung zielt darauf ab, daß faktisch nur noch *eine* FinB zuständig sein soll, sobald das Nebeneinander laufender Ermittlungsverfahren mehrerer konkurrierender FinBn erkannt worden ist. Die abw. Auffassung von *Klein/Orlopp* (Anm. zu § 390 AO), durch § 390 AO werde die Zuständigkeit der anderen FinBn nicht berührt, widerspricht dem Zweck der Vorschrift (glA *Kohlmann* 1, *Schwarz/Dumke* 5 zu § 390 AO). Die Regelung des § 390 AO hat zur Folge, daß die sonst gleichermaßen zuständigen FinBn aus ihrer Zuständigkeit konkret verdrängt werden, diese aber nur ruht und nicht erloschen ist, also latent bestehen bleibt, da sie nach § 390 II AO wiederaufleben kann (HHSp-*Rüping* 3, Erbs/Kohlhaas-*Senge* 1 zu § 390 AO; *Suhr/Naumann/Bilsdorfer* Rz. 626).

Ausgedehnt wird der Anwendungsbereich des § 390 AO aufgrund 3 § 410 I Nr. 1 AO auf Fälle der sachlichen oder örtlichen Zuständigkeit mehrerer FinBn in Bußgeldverfahren wegen Steuerordnungswidrigkeiten sowie durch die Verweisung des § 128 BranntwMonG u. des § 164 S. 2 StBerG sowie die Regelung in § 12 II FVG; vgl. darüber hinaus die in Rdnr. 4 zu § 388 AO angeführten Verweisungsvorschriften.

3. Zuständigkeit mehrerer Finanzbehörden

4   **Im Verhältnis zwischen Bundes- und Landesfinanzbehörden** kann eine mehrfache sachliche Zuständigkeit kaum auftreten, da § 387 AO an die Zuständigkeit für die betroffene Steuer anknüpft und die Verwaltungshoheit für die verschiedenen Steuerarten klar gegeneinander abgegrenzt ist (Art. 108 I, II GG; §§ 5, 12, 17 FVG); dies gilt auch für besonders geregelte Fälle der Mitwirkung von Bundesfinanzbehörden an der Tätigkeit der Landesfinanzbehörden (§§ 18, 19 FVG). Denkbar ist eine mehrfache sachliche Zuständigkeit eines FA und eines HZA, wenn dieselbe Person unbefugte Hilfeleistung sowohl in Besitz- und Verkehrsteuersachen wie in Zoll- und Verbrauchsteuersachen begangen hat (vgl. §§ 160, 164 S. 2 StBerG).

5   **Im Verhältnis der Bundesfinanzbehörden untereinander** können Konkurrenzsituationen zwischen allen Hauptzollämtern auftreten, die nach § 387 I AO zuständig sind oder auf die Steuerstraf- und -bußgeldsachen nach § 387 II AO iVm HZAZustV v. 7. 8. 1991 (BGBl. I 1776) konzentriert sind. Dasselbe gilt im **Verhältnis der Landesfinanzbehörden untereinander** in bezug auf die zuständigen Finanzämter (Rdnr. 5 zu § 387 AO). Unter mehreren sachlich zuständigen FinBn richtet sich die Zuständigkeit im Einzelfall zunächst nach den Vorschriften der §§ 388, 389 AO über die örtliche Zuständigkeit.

6   **Im Verhältnis zwischen einem Hauptzollamt und einem Zollfahndungsamt** bzw. zwischen einem **Finanzamt** und der mit der **Steuerfahndung** betrauten Dienststelle einer (anderen) Landesfinanzbehörde treffen die Zuständigkeiten mehrerer FinBn für dieselbe Sache regelmäßig zusammen, solange nach dem Stand des Straf- oder Bußgeldverfahrens die Ausübung der Befugnisse nach § 404 AO infrage steht. Diese Konkurrenzverhältnisse müssen gem. § 390 AO zugunsten der einen oder der anderen Behörde gelöst werden.

7   **Eine mehrfache örtliche Zuständigkeit** kann im Rahmen derselben sachlichen Zuständigkeit nach § 388 AO begründet sein, wenn der Tatort, der Entdeckungsort, der Sitz der für die Abgabenangelegenheit zuständigen FinB oder der Wohnsitz oder gewöhnliche Aufenthalt des Täters in den Bezirken verschiedener FinBn liegen, von denen jede sachlich zuständig ist, aber auch bei mehreren gleichartigen Taten, die infolge des Wegfalls der Rechtsfigur des Fortsetzungszusammenhanges (BGH GS v. 3. 5. 1994, NJW 1994, 1663) nicht mehr als eine fortgesetzte Handlung, sondern als mehrere in Tatmehrheit (§ 53 StGB) zueinander stehende Steuerstraftaten zu behandeln sind (vgl. Rdnr. 14 zu § 388 AO). Darüber hinaus erweitert § 389 AO die örtliche Zuständigkeit einer FinB für eine Steuerstraf- oder -bußgeldsache auf andere Steuerstraf- oder -bußgeldsachen bei einem persönlichen oder sachlichen Zusammenhang (Rdnr. 7 ff. zu § 389 AO).

4. Grundsatz der Priorität

Nach dem Vorbild des § 121 StPO bestimmt § 390 I AO, daß unter mehreren zuständigen FinBn *derjenigen Finanzbehörde der Vorzug gebührt,* die wegen der Tat *zuerst ein Strafverfahren eingeleitet hat.* Nach der Begriffsbestimmung des § 397 I AO, die für das ganze Steuerstrafverfahren gilt, ist das Strafverfahren eingeleitet, sobald die FinB, die Polizei, die StA, einer ihrer Hilfsbeamten oder der Strafrichter eine Maßnahme trifft, die erkennbar darauf abzielt, gegen jemanden wegen einer Steuerstraftat strafrechtlich vorzugehen. Die Einleitung des Strafverfahrens ist weder iS des § 397 AO noch iS des § 390 AO davon abhängig, daß bereits eine bestimmte Person in Verdacht steht (glA HHSp-*Rüping* 11, *Senge* 1, aM *Kohlmann* 4 zu § 390 AO; ausf. s. Rdnr. 42 zu § 397 AO). 8

Haben mehrere zuständige FinBn unabhängig voneinander wegen derselben Tat mehrere Strafverfahren zu verschiedenen Zeitpunkten eingeleitet, läßt sich die Vorzugszuständigkeit anhand der Akten leicht feststellen, weil jede FinB nach § 397 II AO verpflichtet ist, die jeweilige Maßnahme, durch die das Strafverfahren eingeleitet ist, unter Angabe des Zeitpunktes unverzüglich zu vermerken. Über die theoretische Möglichkeit, den Inhalt des Vermerks zu widerlegen, und das weitere Verfahren ausf. *Kohlmann* (2 zu § 390 AO). 9

Zweifel an der Priorität können sich ergeben, wenn eines der bei mehreren FinBn wegen derselben Tat anhängigen Strafverfahren *von einer anderen Stelle* (Polizei, StA, Strafrichter) *eingeleitet* worden ist. Nach dem Wortlaut des § 390 AO kommt es nicht darauf an, wann eine FinB von einer anderen verfahrenseinleitenden Stelle die Akten erhalten hat und dadurch mit der Sache befaßt worden ist; maßgebend ist vielmehr, wann die FinB den ersten Schritt unternommen hat, um selbst gegen den Beschuldigten strafrechtlich vorzugehen. Hat z. B. das für die Abgabenangelegenheit zuständige Finanzamt A am 31. Mai von sich aus das Strafverfahren eingeleitet und das Wohnsitz-Finanzamt B am 3. Juni die Akten über ein von der Kripo am Tatort C bereits am 28. Mai eingeleitetes Strafverfahren erhalten, so gebührt der Vorzug dem Finanzamt A, weil die Behörde in B am 31. Mai noch nicht tätig geworden war. Diese wörtliche Auslegung des § 390 I AO ist auch sachgerecht; Zweckmäßigkeitserwägungen können gem. § 390 II AO berücksichtigt werden. 10

Anstelle der Einleitung des Strafverfahrens ist bei entsprechender Anwendung des § 390 AO gem. § 410 I Nr. 1 AO die **Einleitung des Bußgeldverfahrens** maßgebend, derentwegen § 410 I Nr. 6 AO wiederum auf § 397 AO verweist. Die Regelung der Vorzugszuständigkeit unterscheidet also nicht, ob wegen einer Steuerstraftat das Strafverfahren oder wegen einer Steuerordnungswidrigkeit das Bußgeldverfahren eingeleitet worden ist (aM HHSp-*Rüping* 9, *Koch/Scholtz/Himsel* 2, *Kohlmann* 3, *Senge* 1 zu § 390 AO; *Suhr/Naumann/Bilsdorfer* Rz. 626). Vielmehr ist entgegen der im Schrifttum bisher vertretenen Meinung für die Priorität entscheidend, zu welchem Zeitpunkt die konkurrierenden FinBn *wegen der Tat* iS eines geschichtlichen 11

Vorgangs ein *Straf- oder ein Bußgeldverfahren* eingeleitet haben. Auf die rechtliche Würdigung der Tat, die zu Beginn der Ermittlungen besonders in subjektiver Hinsicht noch unsicher ist, kann es nicht ankommen. Hat z. B. das für die Abgabenangelegenheit zuständige Finanzamt A am 31. Mai das Strafverfahren wegen einer Tat eingeleitet, die den Verdacht einer Steuerhinterziehung iS des § 370 AO hervorgerufen hatte, das Wohnsitz-Finanzamt B jedoch wegen derselben Tat bereits am 30. April das Bußgeldverfahren eingeleitet, weil es den Verdacht einer leichtfertigen Steuerverkürzung iS des § 378 AO hatte, so gebührt der Vorzug dem Finanzamt B. Würde man das Wort *„Strafverfahren"* in § 390 I AO nicht von vornherein mit Rücksicht auf § 410 I Nr. 1 u. 6 AO als *„Straf- oder Bußgeldverfahren"* verstehen, so fehlte eine Vorschrift über die Vorzugszuständigkeit bei unterschiedlicher rechtlicher Würdigung derselben Tat durch verschiedene FinBn; diese Gesetzeslücke müßte dann mit demselben Ergebnis durch analoge Anwendung des § 390 I AO geschlossen werden.

12 **Die Bedeutung des § 390 AO** tritt deutlich zu Tage, wenn eine Tat an der Grenze zwischen Steuerhinterziehung – Straftat nach § 370 AO – und leichtfertiger Steuerverkürzung – Ordnungswidrigkeit nach § 378 AO – liegt. Bei mehrfacher Zuständigkeit obliegt die rechtliche Würdigung des ermittelten Sachverhalts derjenigen FinB, der nach § 390 AO der Vorzug gebührt. Erachtet *diese* FinB nur eine leichtfertige Steuerverkürzung für gegeben oder beweisbar, ahndet sie die Tat gem. § 410 I AO iVm §§ 65, 66 OWiG durch Bußgeldbescheid. Würdigt sie die Tat dagegen als Steuerhinterziehung, kann sie gem. § 400 AO unmittelbar beim Amtsgericht den Erlaß eines Strafbefehls beantragen oder die Strafsache an die StA abgeben. Ähnlich bedeutsame Entscheidungen trifft die FinB, der nach § 390 AO der Vorzug gebührt, wenn bei einer Steuerstraftat eine Einstellung des Strafverfahrens nach § 398 AO oder nach § 399 I AO iVm § 153 II StPO oder bei einer Steuerordnungswidrigkeit eine Einstellung des Bußgeldverfahrens nach § 410 I AO iVm § 471 OWiG in Frage steht.

5. Übernahme durch eine andere Finanzbehörde

13 **Ein Abweichen vom Prinzip der Priorität** ermöglicht § 390 II 1 AO. Wenn es für die Ermittlungen sachdienlich erscheint, hat anstelle der FinB, die wegen der Tat zuerst ein Strafverfahren eingeleitet hat, eine andere zuständige FinB die Strafsache zu übernehmen (vgl. auch § 12 II StPO u. § 39 II OWiG). Ein starres Festhalten am Prioritätsprinzip wäre nicht immer zweckmäßig, namentlich dann nicht, wenn der „erste Zugriff" *zufällig* durch eine FinB erfolgt, die der Tat oder dem Täter *fernliegt*. Hat z. B. das FA Leverkusen bei einer Außenprüfung der Firma A Belege beschlagnahmt, die eine Steuerhinterziehung der Firma B in Nürnberg beweisen, wäre es unzweckmäßig, wenn die weiteren Ermittlungen gegen die Firma B von Leverkusen aus geführt werden müßten.

14 **Voraussetzung eines Übernahmeersuchens** an eine andere zuständige FinB ist, daß die Übertragung der Zuständigkeit für die Ermittlungen *sach-*

5. Übernahme durch eine andere Finanzbehörde

dienlich erscheint. Ob eine Übernahme durch die andere FinB wirklich sachdienlich *ist,* kann mit Gewißheit erst nach Abschluß der Ermittlungen beurteilt werden. Für ein Übernahmeersuchen nach § 390 II 1 AO genügt, daß bestimmte Umstände die Annahme begründen, daß die ersuchte FinB das Ziel des Ermittlungsverfahrens (Bestätigung oder Beseitigung des Tatverdachts) schneller oder mit einem geringeren Aufwand erreichen kann; dabei sind auch die Belange des Beschuldigten angemessen zu berücksichtigen.

Aus der Stellung des § 390 AO im 1. *Unterabschnitt („Allgemeine Vorschriften")* des 3. Abschnitts *(„Strafverfahren")* folgt, daß ein Übernahmeersuchen nicht ausgeschlossen ist, wenn das *Strafverfahren bereits von der StA geführt wird oder bei Gericht anhängig* ist, falls sich noch weitere Ermittlungen als erforderlich erweisen. Je weiter jedoch das Strafverfahren vorangeschritten ist, umso weniger wird es sachdienlich erscheinen, die Zuständigkeit wegen ergänzender Ermittlungen auf eine FinB zu übertragen, die sich erst in die Strafsache einarbeiten muß. Ein Übernahmeersuchen lediglich zu dem Zweck, einer anderen FinB die Vertretung in der Hauptverhandlung gem. § 407 AO zu übertragen, wäre nicht zulässig.

Die ersuchte Finanzbehörde ist zur Übernahme der Strafsache verpflichtet, wenn die Voraussetzungen des Übernahmeersuchens (Rdnr. 14 f.) vorliegen; arg.: *„hat zu übernehmen".* Die Übernahmeverpflichtung besteht jedoch nur gegenüber der ersuchenden FinB, nicht auch gegenüber dem Beschuldigten. Zwar dient eine möglichst schnelle und sachgerechte Klärung des Tatverdachts auch den Belangen des Beschuldigten. Insofern entfaltet § 390 II 1 AO aber nur eine Reflexwirkung. Das Gesetz gewährt dem Beschuldigten keinen Anspruch darauf, daß die nach § 390 I AO zuständige FinB eine andere FinB um Übernahme der Strafsache ersucht oder daß die ersuchte Behörde dem Ersuchen entspricht, so sehr auch der Beschuldigte daran interessiert sein mag, daß eine bestimmte FinB die Strafsache abgibt oder übernimmt (Rdnr. 12). Rechtlich ist der Beschuldigte auf Anregungen an die beteiligten Behörden beschränkt; ferner kann er – wie stets – ein aus seiner Sicht zweckwidriges Verhalten einer Behörde mit der Dienstaufsichtsbeschwerde rügen. Ein förmlicher Rechtsbehelf ist nicht gegeben (glA *Kohlmann* 5 f. zu § 390 AO).

Übernimmt die ersuchte FinB die Strafsache, geht die Zuständigkeit auf sie über. Die (Vorrang-)Zuständigkeit der ersuchenden FinB erlischt. Die ersuchte FinB ist von der Übernahme an allein zuständig; sie kann nicht etwa ihrerseits eine andere FinB um die Übernahme ersuchen oder die Sache an die ursprünglich zuständige FinB wieder zurückgeben. Das Gesetz beschränkt den möglichen Zuständigkeitswechsel auf den Fall des Vorrangverzichts (einhM; HHSp-*Rüping* 15, *Kohlmann* 5, *Leise/Cratz* 4, *Senge* 2, aM *Schwarz/Dumke* 11 zu § 390 AO bei primärer Zuständigkeit der ersuchten Behörde). Indessen ist die ersuchte FinB nicht gehindert, die Strafsache nach § 386 IV 1 AO an die StA abzugeben (*Rüping* aaO, *Kohlmann* 6 zu § 390 AO).

6. Verfahren bei Zuständigkeitsstreit

18 **Das Verfahren bei einem negativen Kompetenzkonflikt** regelt § 390 II 2 AO. Im Sinne dieser Vorschrift liegt ein *Zweifelsfall* immer dann vor, wenn eine nach § 390 II 1 AO ersuchte FinB die Übernahme der Strafsache ablehnt und die ersuchende FinB auf der Übernahme beharrt. Die Vorschrift erfordert nicht, daß die Voraussetzungen einer Übernahme *objektiv* zweifelhaft sind; es genügt, daß die beteiligten Behörden sich nicht einigen können, sei es aus sachlichen oder unsachlichen, triftigen oder vorgeschützten Beweggründen.

19 **Zuständig für die Entscheidung von Zweifelsfällen** (Rdnr. 18) ist nach § 390 II 2 AO die *Behörde, der die ersuchte Finanzbehörde untersteht.* Die frühere Bestimmung der *„gemeinschaftlich vorgesetzten oberen Behörde"* (vgl. § 428 II 2, III 2 RAO 1931) war wegen der föderativen Finanzverfassung (vgl. Art. 108 GG) für eine allgemeine Regelung nicht mehr brauchbar, und eine nur noch partiell innerhalb einer Landesfinanzverwaltung anzuwendende Regelung erschien nicht zweckmäßig; denn je weiter zwei zuständige FinBn voneinander entfernt sind, umso dringender ist das Bedürfnis für eine Stichentscheidung. Auch eine gerichtliche Entscheidung (vgl. § 13 II 2 StPO sowie § 39 III Nr. 2 u. 3 OWiG) wäre dem Prinzip der Prozeßökonomie, dem § 390 II AO dienen soll, zuwidergelaufen, und zwar ohne zwingenden Grund, da die Zuständigkeit der einen oder der anderen FinB im Steuerstrafverfahren die Zuständigkeit des gesetzlichen Richters (Art. 101 1 2 GG) nicht präjudiziert. Die gesetzliche Übertragung der Stichentscheidung auf diejenige Behörde, der die *ersuchte* FinB untersteht, gewährleistet, daß keine FinB durch die Entscheidung einer „landesfremden" Behörde zur Übernahme einer Strafsache gezwungen werden kann.

20 **Regelmäßig untersteht die ersuchte Finanzbehörde,** sei sie Hauptzollamt oder Finanzamt, einer *Oberfinanzdirektion* (vgl. § 1 Nr. 3, § 2 I Nr. 2 FVG); nur das Bundesamt für Finanzen untersteht allein dem *Bundesminister der Finanzen* (§ 1 Nr. 1 iVm § 4 III u. § 5 FVG). § 390 II 2 AO schließt nicht aus, daß die zuständige OFD auf Weisung ihres vorgesetzten Finanzministers (-senators) entscheidet; solche Weisungen können sich auf bestimmte Gruppen von Fällen oder auf besonders gelagerte Einzelfälle beziehen.

§ 391 Zuständiges Gericht

(1) ¹Ist das Amtsgericht sachlich zuständig, so ist örtlich zuständig das Amtsgericht, in dessen Bezirk das Landgericht seinen Sitz hat. ²Im vorbereitenden Verfahren gilt dies, unbeschadet einer weitergehenden Regelung nach § 58 Abs. 1 des Gerichtsverfassungsgesetzes, nur für die Zustimmung des Gerichts nach § 153 Abs. 1 und § 153a Abs. 1 der Strafprozeßordnung.

(2) ¹Die Landesregierung kann durch Rechtsverordnung die Zuständigkeit abweichend von Absatz 1 Satz 1 regeln, soweit dies mit Rücksicht auf die Wirtschafts- oder Verkehrsverhältnisse, den Aufbau der Verwaltungsbehörden oder andere örtliche Bedürfnisse zweckmäßig erscheint. ²Die Landesregierung kann diese Ermächtigung auf die Landesjustizverwaltung übertragen.

(3) Strafsachen wegen Steuerstraftaten sollen beim Amtsgericht einer bestimmten Abteilung zugewiesen werden.

(4) Die Absätze 1 bis 3 gelten auch, wenn das Verfahren nicht nur Steuerstraftaten zum Gegenstand hat; sie gelten jedoch nicht, wenn dieselbe Handlung eine Straftat nach dem Betäubungsmittelgesetz darstellt, und nicht für Steuerstraftaten, welche die Kraftfahrzeugsteuer betreffen.

Vgl. § 42 JGG, § 43 I AWG; ferner zu § 391 II AO: § 387 II AO, § 34 I MOG, § 58 I, § 74c III u. IV GVG, § 33 I JGG; zu § 391 III AO: § 4 II 2 FGO.

Schrifttum: *Meyer-Goßner*, Die Prüfung der funktionellen Zuständigkeit im Strafverfahren, insbesondere beim Landgericht, JR 1977, 353; *Rieß*, Das Strafverfahrensänderungsgesetz 1979, NJW 1978, 2265; *Katholnigg*, Die gerichtsverfassungsrechtlichen Änderungen durch das Strafverfahrensänderungsgesetz 1977, NJW 1978, 2375; *Brause*, Zur Zuständigkeit der allgemeinen und besonderen Strafkammern, NJW 1979, 802 mit Erwiderung von *Rieß* NJW 1979, 1536; *Henneberg*, Die Auswirkungen des Strafverfahrensänderungsgesetzes 1979 auf die Verfolgung von Steuerstrafsachen, BB 1979, 585. *Meyer-Goßner*, Die Behandlung von Zuständigkeitsstreitigkeiten zwischen allgemeinen und Spezialkammern beim Landgericht, NStZ 1981, 168; *Katholnigg*, Neue Verfahrensmaßnahmen in Betäubungsmittelstrafsachen, NStZ 1981, 417; *Kubsch*, Mitwirkung von Schöffen in Wirtschaftsstrafsachen, DRiZ 1984, 190; *Löffeler*, Zuständigkeit einer Wirtschaftsstrafkammer, JA 1987, 214; *Firgau*, Das Zusammentreffen von Wirtschafts- und Nichtwirtschaftsstraftaten gem. § 74c GVG, wistra 1988, 140.

Übersicht

1. Entstehungsgeschichte 1, 2	b) aufgrund § 391 II AO 14–19
2. Zweck der Vorschrift 3	c) aufgrund § 74c GVG 22–24
3. Systematik 4–9	d) aufgrund Einigungsvertrag 25
4. Beschränkungen der Konzentration 10–12	6. Konzentration bei der Geschäftsverteilung 26–29
a) auf Strafverfahren wegen Steuerstraftaten 10	7. Zusammentreffen von Steuerstraftaten mit anderen Straftaten 30–37
b) auf Strafverfahren gegen Erwachsene 11	a) § 391 IV Halbs. 1 AO 30–32
c) auf das Erkenntnisverfahren 12	b) § 391 IV Halbs. 2 AO 33–37
5. Abweichende Regelungen 13–25	
a) durch RechtsV aufgrund § 58 I GVG 13	

§ 391 1–3   Zuständiges Gericht

1. Entstehungsgeschichte

1   **Vorläufer des § 391 AO 1977 war § 476a RAO,** eingefügt durch Art. I Nr. 8 G v. 11. 5. 1956 (BGBl. I 418; Begr. BT-Drucks. II/1593 S. 5) und neugefaßt mit einer Überschrift versehen und bezeichnet als § 426 durch Art. 1 Nr. 1 AOStrafÄndG v. 10. 8. 1967 (BGBl. I 877), § 426 I 1, II u. III RAO 1967 entsprach dem § 476a RAO 1956, die Vorschriften des § 426 I 2 u. 3 sowie IV RAO waren neu (Begr. BT-Drucks. V/1812 S. 31). In § 426 I 2 RAO wurde das Zitat „*§ 153 Abs. 2*" StPO gem. Art. 161 Nr. 15 EGStGB v. 2. 3. 1974 (BGBl. I 469, 583) durch „*§ 153 Abs. 1 und § 153a Abs. 1*" StPO und in den Absätzen 3 u. 4 jeweils das Wort „*Steuerstraftat*" durch „*Steuervergehen*" ersetzt. § 426 II 1 RAO war mit dem GG vereinbar (BVerfG v. 12. 1. 1971, BGBl. I 257).

2   **In die AO 1977** wurde die Vorschrift mit unverändertem Wortlaut übernommen. Durch Art. 5 **StVÄG 1979** v. 5. 10. 1978 (BGBl. I 1645) wurden in § 391 III AO die Worte „*beim Landgericht einer bestimmten Strafkammer*" gestrichen, weil fortan der neue § 74c I Nr. 3 GVG die Konzentration der Steuerstrafsachen bei den Kammern für Wirtschaftsstrafsachen regelte (Begr. BT-Drucks. 8/976 S. 70); damit war § 476a RAO 1956 nach 20-jähriger Bewährung zum Vorbild für eine allgemeine Regelung geworden. Schließlich wurden durch Art. 5 **G zur Neuordnung des Betäubungsmittelrechts** v. 28. 7. 1981 (BGBl. I 681, 702) in § 391 IV Halbs. 2 AO nach den Worten „*sie gelten jedoch nicht*" die Worte eingefügt: „*wenn dieselbe Handlung eine Straftat nach dem Betäubungsmittelgesetz darstellt*". In den Fällen des Zusammentreffens einer Steuerstraftat mit einer Straftat nach dem BtMG sollte eine Konzentration nach § 391 I 1 AO unterbleiben oder jedenfalls der Regelungskompetenz jedes einzelnen Landes nach § 391 II AO überlassen bleiben, um die „*Kenntnis der örtlichen Verhältnisse, insbesondere der örtlichen Drogenszene*" zu nutzen (Begr. BR-Drucks. 546/79 S. 39, BT-Drucks. 8/3551 S. 48 u. 54).

2. Zweck der Vorschrift

3   **§ 391 AO soll die Rechtspflege verbessern** durch Konzentration der Steuerstraf- und -bußgeldsachen bei bestimmten Gerichten; für die Bußgeldsachen verweist § 410 I Nr. 2 AO auf § 391 AO zurück. Die Tatbestände des Steuerstrafrechts, namentlich die *Blankett*tatbestände, erfordern eine besondere Sach- und Rechtskunde des Strafrichters. Zu optimistisch meinte *Hartung* (HHSp 1 zu § 476a RAO 1956), daß das materielle Steuerrecht „*bei der Fülle des Schrifttums . . . meist verhältnismäßig schnell zu übersehen*" sei. In Wahrheit verlangt das Steuerrecht, das vielfach an Merkmale wie „*Umsatz*", „*Gewinn*", „*Gewerbeertrag*", „*Gewerbekapital*" usw. anknüpft, außer der Kenntnis der steuerrechtlichen Vorschriften und ihres Sprachgebrauchs auch betriebswirtschaftliche Kenntnisse und Fähigkeiten, vor allem in bezug auf die kaufmännische Gewinnermittlung. Solange die §§ 420ff. RAO 1931 über das Verwaltungsstrafverfahren angewendet wurden, hatten die Gerichte nur 3 vH aller Steuerstraftaten, die Besitz- und Verkehrsteuern betrafen, entschieden. In diesen Fällen wuchsen sich Hauptverhandlungen häufig zu

3. Systematik **4 § 391**

Monsterprozessen aus, weil die Gerichte nur mit Mühe (und manchmal gar nicht) in der Lage waren, den betriebswirtschaftlichen, buchungstechnischen oder steuerrechtlichen Einwendungen der Angeklagten und ihrer Verteidiger oder den Darlegungen des Vertreters der Finanzverwaltung oder eines Sachverständigen zu folgen und die Verhandlungen zielstrebig zu steuern; nur zu oft blieb die Entscheidung dann dem Sachverständigen überlassen (s. auch *Brezing* NJW 1984, 1598). Dieser Übelstand konnte nur dadurch behoben werden, daß nicht *jeder* Amtsrichter und nicht *jede* Strafkammer für Steuerstrafsachen zuständig blieb, sondern die Rechtsprechung auf wenige Richter konzentriert wurde (vgl. *Schwarz/Dumke* 2 zu § 391 AO). Die Erfahrung lehrt, daß Richter, die ihre gesamte Arbeitskraft einem besonderen Sachgebiet zuwenden und dort spezielle Erfahrungen sammeln können, aufgrund ihrer besonderen Sachkunde rationeller und schneller arbeiten und die Materie tiefer durchdringen (BVerfG 24, 155, 168 v. 1. 10. 1968 zu § 58 GVG u. § 33 JGG; HHSp-*Rüping* 6f zu § 391 AO).

3. Systematik

Den Zweck der Konzentration von Steuerstrafsachen (Rdnr. 3) erreicht **4** § 391 I 1 AO in der Weise, daß bei gegebener sachlicher Zuständigkeit des Amtsgerichts im Einzelfall nur dasjenige AG örtlich zuständig ist, in dessen Bezirk das Landgericht seinen Sitz hat; darüber hinaus sollen nach § 391 III AO, der eine Weisung an die Präsidien der AGe enthält, Strafsachen wegen Steuerstraftaten nach dem Geschäftsverteilungsplan beim AG einer bestimmten Abteilung zugewiesen werden (Rdnr. 23ff.).

Die unter den Strafkammern des Landgerichts erforderliche Konzentration wird seit 1. 1. 1979 nach § 74c I Nr. 3 GVG bei der Kammer für Wirtschaftsstrafsachen herbeigeführt. Für den Fall, daß sich die Zuständigkeiten spezieller Spruchkörper auf der Ebene des LG überschneiden, bestimmt § 74e GVG den Vorrang des Schwurgerichts und den Nachrang der Staatsschutzkammer (§ 74a GVG). Die Zuständigkeit des Jugendgerichts geht in Strafverfahren **gegen Jugendliche und Heranwachsende** vor (§§ 41 I Nr. 1, 108 I, 102 JGG). Etwas anderes gilt nur, wenn Strafsachen gegen Jugendliche/Heranwachsende und Erwachsene nach § 103 I JGG verbunden werden und die Strafsache gegen den Erwachsenen ihrer Art nach vor die Wirtschaftsstrafkammer nach § 74c GVG gehört. Diese ist dann gem. § 103 II 2 JGG auch für das Verfahren gegen den Jugendlichen/Heranwachsenden zuständig (vgl. Rdnr. 11; BT-Drucks. VIII/976, S. 70; *Kissel* 11 zu § 74c GVG; KK-*Mayr* 2, *Kleinknecht/Meyer-Goßner* 2 zu § 74e GVG; ausf. HHSp-*Rüping* 71ff. zu § 391 AO).

Aus regionalen Zweckmäßigkeitsgründen können die Länder vor den allgemeinen Vorschriften abweichende Verordnungen erlassen, und zwar in bezug auf die Zuständigkeit der Amtsgerichte aufgrund § 391 II AO (Rdnr. 17ff.) und in bezug auf die Zuständigkeit der Landgerichte und der bei ihnen gebildeten Strafkammern aufgrund § 74c III GVG (Rdnr. 20f.).

Die Ermächtigung zur Konzentration bei den Landgerichten betrifft nicht

Joecks

nur Strafverfahren erster Instanz, sondern auch Berufungsverfahren gegen Urteile der Schöffengerichte (ausf. *Kohlmann* 26 f. zu § 391 AO).

5 **Die sachliche Zuständigkeit der Amtsgerichte und der Landgerichte** richtet sich in Strafsachen hauptsächlich nach den §§ 24, 25 u. 28 GVG bzw. §§ 73, 74, 74 c u. 74 e GVG. Da Steuerstrafsachen ausschließlich Vergehen iS des § 12 II StGB zum Gegenstand haben, muß die StA die Klage nach § 24 I Nr. 2 GVG regelmäßig beim Amtsgericht erheben, wenn sie nicht wegen der besonderen Bedeutung des Falles Anklage beim Landgericht erhebt (vgl. BVerfG 9, 223, 227 ff. v. 19. 3. 1959 sowie RiStBV 113). Der Strafrichter beim AG ist nach § 25 Abs. 2 GVG zuständig, wenn keine höhere Strafe als Freiheitsstrafe von zwei Jahren *zu erwarten* ist. Ist eine höhere Strafe zu erwarten, ohne daß die StA gem. § 74 c I Nr. 3 GVG Anklage bei der Wirtschaftsstrafkammer des LG (Rdnr. 20 ff.) erhebt, entscheidet nach § 28 GVG das beim zuständigen AG gebildete Schöffengericht, das auf Freiheitsstrafe bis zu 4 Jahren erkennen kann (§ 24 II GVG); auf Antrag der StA kann nach § 29 II GVG die Zuziehung eines zweiten Richters beschlossen werden (sog. *erweitertes* Schöffengericht), wenn dessen Mitwirkung nach dem Umfang der Sache notwendig erscheint. Für den Erlaß eines Strafbefehls und die sich ggf. unmittelbar an den Strafbefehlsantrag oder an einen Einspruch des Angeklagten anschließende Hauptverhandlung ist nach § 27 GVG iVm § 407 I StPO nur der Strafrichter sachlich zuständig. Eine Zuständigkeit des Schöffengerichtes kann es nach Änderung des § 25 GVG durch das RpflEntlG v. 11. 1. 1993 (BGBl. I 50) nicht mehr geben, da der Strafrichter immer zuständig ist, wenn eine höhere Freiheitsstrafe als 2 Jahre nicht zu erwarten ist, durch Strafbefehl aber höchstens Freiheitsstrafe von 1 Jahr verhängt werden darf, § 407 II S. 2 StPO (vgl. Rdnr. 4 f. zu § 386 AO). Lediglich im Fall des § 408 a StPO kann das Schöffengericht noch einen Strafbefehl erlassen.

6 **§ 391 I 1 AO trifft eine zwingende Regelung** über den Gerichtsstand, falls die sachliche Zuständigkeit des Amtsgericht (Rdnr. 5) begründet ist. Bevor die Vorschrift angewendet wird, ist zunächst festzustellen, welches AG für die Steuerstrafsache nach den *allgemeinen* Vorschriften des § 7 I StPO (Tatort), § 8 StPO (Wohnsitz, gewöhnlicher Aufenthaltsort oder letzter Wohnsitz) oder § 9 StPO (Ergreifungsort) örtlich zuständig wäre; vgl. ferner §§ 10, 11 StPO. Sind *mehrere* Amtsgerichte örtlich zuständig, so gebührt der Vorzug nach § 12 I StPO demjenigen AG, das die Untersuchung zuerst eröffnet hat. Ist das hiernach ermittelte AG zugleich dasjenige AG, in dessen Bezirk das LG seinen Sitz hat, so ist § 391 I 1 AO für diesen Fall ohne Bedeutung. Ist es dagegen ein anderes AG, schreibt § 391 I 1 AO vor, daß anstelle des nach den §§ 7–12 StPO örtlich zuständigen AG *allein* dasjenige AG zuständig ist, in dessen Bezirk das LG seinen Sitz hat – vorausgesetzt, daß keine abweichende Regelung durch RechtsV getroffen worden ist (Rdnr. 13 ff.).

7 **Die Bestimmung desjenigen Amtsgerichts,** in dessen Bezirk das Landgericht seinen Sitz hat, weicht von § 476 a RAO 1956 ab; sie berücksichtigt, daß in einigen Großstädten am Sitz des LG mehrere AGe bestehen. Haben umgekehrt in einer Großstadt *mehrere* LGe im Bezirk *eines* AG ihren Sitz, wie zB in

4. Beschränkungen der Konzentration 8–10 § 391

München, ist nach § 391 I 1 AO das *eine* AG für sämtliche Steuerstrafsachen aus dem Bezirk *beider* LGe örtlich zuständig, sofern nicht durch RechtsV eine abweichende Regelung getroffen worden ist.

Einschränkungen des § 391 I 1 AO gelten nach § 391 I 2 AO für die vom Gericht *im vorbereitenden Verfahren* wegen einer Steuerstraftat zu treffenden Entscheidungen (Rdnr. 12). **Ausgeschlossen** ist § 391 I 1 AO nach § 42 I JGG bei Steuerstrafverfahren gegen *Jugendliche* und nach § 391 IV Halbs. 2 AO für *Rauschgiftdelikte* und für *KfzSt-Straftaten* (Rdnr. 31 f.). Eine von § 391 I 1 abweichende Regelung ist durch RechtsV nach § 391 II AO möglich (Rdnr. 14 ff.). 8

Eine Verletzung des § 391 I 1 AI (oder einer aufgrund § 391 II AO erlassenen abweichenden Zuständigkeitsvorschrift) haben die Gerichte erster Instanz *von Amts wegen* gem. § 16 S. 1 StPO nur bis zur Eröffnung des Hauptverfahrens (§ 199 StPO) zu prüfen; danach darf das Gericht seine Unzuständigkeit gem. § 16 S. 2 StPO nur *auf Einwand des Angeklagten* aussprechen. Dieser Einwand ist gem. § 16 S. 3 StPO nur solange zulässig, bis in der Hauptverhandlung die Vernehmung des Angeklagten zur Sache beginnt. Ist der Einwand rechtzeitig erhoben, aber zu Unrecht zurückgewiesen worden, ist gem. § 338 Nr. 4 StPO die Revision begründet. 9

4. Beschränkungen der Konzentration

a) auf Strafverfahren gegen Steuerstraftaten

Abweichend von dem früheren Recht (§ 476 RVO 1956: „*in Strafsachen wegen Steuer- oder Monopol-Vergehen*") sagt § 391 I AO nicht mehr ausdrücklich, daß die Vorschrift nur im Steuerstrafverfahren gilt. Die Beschränkung auf die Ermittlung von Steuerstraftaten iS des § 369 I AO folgt jedoch bereits aus der Stellung des § 391 AO im 3. Abschnitt des 8. Teils der AO. Sie folgt insbes. durch Umkehrschluß aus § 391 IV AO; denn diese Vorschrift bringt zum Ausdruck, daß die übrigen Absätze des § 391 AO auch gelten, wenn das Verfahren nicht nur Steuerstraftaten zum Gegenstand hat (Rdnr. 28), und daß von den Steuerstraftaten nur solche ausgenommen sind, welche die KfzSt betreffen (Rdnr. 32) oder die auch Betäubungsmittelstraftaten darstellen (Rdnr. 31). Eine Ausdehnung auf Bußgeldverfahren wegen Steuerordnungswidrigkeiten (außer solchen, die KfzSt betreffen) wird durch § 410 I Nr. 2 AO, eine erweiterte Ausdehnung auf Monopolstraftaten und -ordnungswidrigkeiten durch § 128 BranntwMonG bewirkt; vgl. ferner § 24 BierStG iVm § 12 II FVG, § 5b II 2 SparPG, § 8 II 2 WoPG, § 14 III des 5. VermBG, § 5a II 2 BergPG, § 9 InvZulG, § 29a II BerlinFG u. § 164 S. 2 StBerG hierzu bereits Rdnr. 8 zu § 386 AO. 10

§ 391 11–13   Zuständiges Gericht

b) Beschränkung auf Strafverfahren gegen Erwachsene

11 **§ 42 I JGG idF des Art.** 47 EGOWiG hat geklärt, daß bei einem Strafverfahren gegen einen Jugendlichen oder Heranwachsenden iS des § 1 II JGG die besonderen, aus dem Gesichtspunkt der Erziehungsbedürftigkeit begründeten Gerichtsstände der §§ 42, 108 JGG den Vorrang haben gegenüber dem Gesichtspunkt einer möglichst sachgerechten Bestrafung durch denjenigen Strafrichter, der nach § 391 I 1 AO (oder einer hiervon abw. RechtsV) für Steuerstrafsachen zuständig ist und auf *diesem* Gebiet besondere Erfahrung hat (anders BGH 10, 324 v. 6. 6. 1957 zu der zweifelhaften Fassung des § 476a RAO 1956). Gegen die Rspr des BGH waren Bedenken erhoben worden (vgl. *Grethlein* NJW 1957, 1370), denen sich der Gesetzgeber angeschlossen hat (Schriftl. Ber. zu BT-Drucks. V/2601 S. 27).

c) Beschränkung auf das Erkenntnisverfahren

12 **§ 391 I 2 AO klärt die Frage,** ob die Regelung der Konzentration der örtlichen Zuständigkeit erst eingreift, wenn die öffentliche Klage erhoben wird, oder ob sie bereits für Entscheidungen gilt, für die der Richter im vorbereitenden Verfahren sachlich zuständig ist. Das Gesetz bietet eine vermittelnde Lösung, nach der § 391 I 1 AO grundsätzlich erst im Erkenntnisverfahren anzuwenden ist. Eine ausdehnende Aufwendung auf das vorbereitende Verfahren bestimmt § 391 I 2 AO für die Zustimmung des Gerichts bei Einstellungen des Strafverfahrens wegen Geringfügigkeit, sei es ohne Auflagen und Weisungen (§ 153 I StPO) oder mit Auflagen und Weisungen (§ 153a I StPO); denn nur der für die Entscheidung in Steuerstrafsachen zuständige Richter kann aufgrund seiner Erfahrung zutreffend beurteilen, bei welchen Steuerstraftaten die Schuld des Täters gering wäre oder gering ist (so bereits früher BayObLG v. 29. 1. 1959, NJW 781). Im übrigen verbleibt es im Vorverfahren bei der allgemeinen Zuständigkeitsregelung, so zB für Beschlagnahmen (§ 98 StPO), Durchsuchungen (§ 105 StPO), Notveräußerungen (§ 111 I StPO), Haft- oder Unterbringungsbefehle (§§ 112 ff. StPO), richterliche Untersuchungshandlungen nach § 162 StPO sowie dinglichen Arrests (§ 111 o StPO) und Vermögensbeschlagnahme (§ 111 p StPO), sofern die Voraussetzungen für die Verhängung einer Vermögensstrafe vorliegen und nicht eine abweichende Zuständigkeitsregelung durch RechtsV aufgrund § 58 I GVG (Rdnr. 13) getroffen ist.

5. Abweichende Regelungen

a) durch RechtsV aufgrund § 58 I GVG

13 § 58 I GVG, in seiner ursprünglichen Fassung als § 57a durch G v. 11. 3. 1921 (RGBl. 229) eingeführt, ist im Vergleich zu § 391 II AO und den Vorläufern dieser Vorschrift (Rdnr. 1) *älter* und *weiter* gefaßt, sofern er auf der Ebene der Amtsgerichte die Konzentration von Strafsachen aller Art und in jedem Stadium des Verfahrens ermöglicht:

684   *Joecks*

5. Abweichende Regelungen

§ 58 GVG [Gemeinsames Amtsgericht]

(1) ¹Die Landesregierungen werden ermächtigt, durch Rechtsverordnung einem Amtsgericht für die Bezirke mehrerer Amtsgerichte die Strafsachen ganz oder teilweise, Entscheidungen bestimmter Art in Strafsachen sowie Rechtshilfeersuchen in strafrechtlichen Angelegenheiten von Stellen außerhalb des räumlichen Geltungsbereichs dieses Gesetzes zuzuweisen, sofern die Zusammenfassung für eine sachdienliche Förderung oder schnellere Erledigung der Verfahren zweckmäßig ist. ²Die Landesregierungen können die Ermächtigung durch Rechtsverordnung auf die Landesjustizverwaltungen übertragen.

(2) ...

Nach Einführung des § 376a II RAO 1956 und seiner Entwicklung zu § 391 II AO 1977 (Rdnr. 1 f.) ist fraglich geworden, in welchem Verhältnis die beiden Ermächtigungsnormen des GVG und der AO zueinander stehen. Die ausdrückliche Erwähnung des § 58 I GVG in § 391 I 2 AO und das Fehlen eines entsprechenden Hinweises in § 391 II AO begründet den Schluß, daß § 58 I GVG weitergehende Regelungen *nur* für das vorbereitende Verfahren zuläßt (Rdnr. 12), indessen für das *weitere* Steuerstrafverfahren durch die besondere Ermächtigungsnorm des § 391 II AO verdrängt wird (so grundsätzlich auch HHSp-*Rüping* 38 ff. zu § 391 AO). Dies wird beim Erlaß einer neuen RechtsV zu beachten sein, ist jedoch für den Fortbestand einer früher erlassenen RechtsV jedenfalls dann unerheblich, wenn deren Zielrichtung keinen Widerspruch zu § 391 II AO erkennen läßt, wie z. B. die aufgrund § 58 I GVG in *Berlin* erlassene Zweite VO über die Konzentration amtsgerichtlicher Zuständigkeiten vom 4. 12. 1972 (GVBl. 2301), nach der *sämtliche* Straf-, Jugendgerichts- und Bußgeldsachen – also auch die Steuerstraf- und -bußgeldsachen – aus dem LG-Bezirk Berlin dem AG Tiergarten zugewiesen worden sind.

b) aufgrund § 391 II AO

§ 391 II 1 AO ermächtigt die Landesregierungen, durch RechtsV eine von § 391 I 1 AO abweichende Regelung zu treffen, um regionalen Bedürfnissen gerecht zu werden. Dabei sind Inhalt, Zweck und Ausmaß (Art. 80 I GG) weiträumig bemessen. Rücksicht auf die *„Wirtschafts- oder Verkehrsverhältnisse"* gestattet es, ein anderes AG als zuständig zu bestimmen als dasjenige, in dessen Bezirk das übergeordnete LG seinen Sitz hat, oder bestimmte Gruppen von Steuerstrafsachen, etwa Zollstrafsachen, einem grenznahen AG zuzuweisen, dagegen die übrigen Strafsachen, die Besitz- und Verkehrsteuern betreffen, bei dem nach § 391 I 1 AO zuständigen AG zu belassen. Rücksicht auf den *„Aufbau der Verwaltungsbehörden"* kann es auch zweckmäßig erscheinen lassen, die örtliche Zuständigkeit für Straftaten, die bestimmte Steuerarten betreffen, dem AG am Sitz desjenigen Finanzamts zu übertragen, dem die Landesregierung oder der Finanzminister (-senator) die steuerrechtliche Zuständigkeit für den Bezirk mehrerer Finanzämter zugewiesen hat (Rdnr. 5 zu § 387 AO). In solchen Fällen ist es auch zulässig, daß in *einem* LG-Bezirk – zB nach Zöllen und Verbrauchsteuern hier und Besitz- und Verkehrsteuern dort – *mehrere* Amtsgerichte als zuständig bestimmt werden. In einem weiträumigen LG-Bezirk mit langen Außengrenzen und ungünstigen Verkehrsverbindungen erscheint es sogar zulässig, *zwei* Amtsgerichte mit gleichartigen Steuerstrafsachen zu beauftragen (vgl. HHSp-*Rüping* 34 zu § 391 AO). Indessen würde der Verordnungsgeber die Grenzen der gesetzlichen Ermächtigung überschreiten, sobald eine vielfach geteilte Zuständigkeitsregelung dem Grundgedanken der Konzentration (Rdnr. 3) nicht mehr gerecht wird.

15   **Ob die Grenzen der LG-Bezirke** bei einer Regelung aufgrund § 391 II 1 AO 1977 (vorher § 426 II 1 RAO 1967) gewahrt bleiben müssen, war umstritten (ausf. LR*Schäfer*, 21. Aufl., 2a zu § 58 GVG), bis die Rspr die Frage für den Fall der Zuständigkeit *eines* Amtsgerichts für *mehrere* LG-Bezirke innerhalb *eines* Landes verneinend beurteilt hat (OLG Zweibrücken v. 10. 7. 1969, DStZ/B 336, BVerfG 30, 103, 105 ff. v. 12. 1. 1971), und zwar mit Rücksicht auf den Grundgedanken der Ermächtigungsnorm (Rdnr. 3) und die Tatsache, daß sich *„Wirtschaftsverhältnisse unabhängig von überkommenen LG-Bezirken entwickeln"* (BVerfG aaO).

16   Die Möglichkeit, die Ermächtigung nach § 391 II 2 AO 1977 (vorher § 426 II 2 AO 1967) auf die **Landesjustizverwaltung** weiterzuübertragen, wurde genutzt in *Bayern* durch § 1 I Nr. 1 des ZuständigkeitsübertragungsVO Justiz v. 17. 2. 1987 (GVBl. 33), zul. geänd. durch VO v. 9. 3. 1993 (GVBl. 166), in *Niedersachsen* durch VO v. 3. 1. 1977 (GVBl. 2), Rheinland-Pfalz durch VO v. 15. 12. 1982 (GVBl. 460) und in *Sachsen* durch die ZuständigkeitsübertragungsVO Justiz v. 9. 4. 1991 (GVBl. S. 57) iVm der VO v. 9. 9. 1992 (GVBl. 418).

17   **Aufgrund des § 476a II RAO 1956 wurden erlassen:**
in *Nordrhein-Westfalen* die VO über die örtliche Zuständigkeit der Amtsgerichte in Strafsachen wegen Steuer- und Monopolvergehen v. 29. 10. 1957 (GV. 280), nach der die AGe Ahaus, Blankenheim, Bocholt, Borken, Geilenkirchen, Gmünd, Gronau, Heinsberg, Monschau und Vreden anstelle der AGe am Sitz der ihnen übergeordneten LGe für diejenigen Steuer- und Monopolstrafsachen zuständig sind, die in ihren Bezirken im Zusammenhang mit einer Überschreitung der Grenzen der BRD begangen worden sind.
Die Rechtsänderung gem. Art. 1 Nr. 1 AOStrafÄndG (Rdnr. 1) ist für den Fortbestand einer RechtsV, die aufgrund des früheren § 476a II RAO rechtswirksam erlassen worden ist, ohne Bedeutung (vgl. BVerfG 9, 3, 12 v. 3. 12. 1958; 12, 341, 346 f. v. 16. 5. 1961).

18   **Aufgrund des § 426 II RAO wurden erlassen:**
in *Baden-Württemberg* die VO über die örtliche Zuständigkeit des AG Lörrach auf dem Gebiet der Steuer-, Zoll- und Monopolvergehen und -ordnungswidrigkeiten v. 27. 11. 1968 (GBl. 455), nach der das AG Lörrach für seinen Bezirk örtlich zuständig ist, soweit das Amtsgericht sachlich zuständig ist;
in *Bremen* die VO über die... örtliche Zuständigkeit des AG Bremerhaven in Steuer- und Monopolstrafsachen und Steuer- und Monopolordnungswidrigkeiten v. 24. 6. 1969 (GBl. 85), nach der das AG Bremerhaven für die in

5. Abweichende Regelungen **19 § 391**

der Stadtgemeinde Bremerhaven und in dem stadtbremischen Überseehafengebiet Bremerhaven entstehenden Strafsachen wegen Steuer- und Monopolvergehen örtlich zuständig ist;

in *Hessen* die VO über die örtliche Zuständigkeit des AG Wetzlar in Strafsachen wegen Steuervergehen v. 28. 5. 1968 (GVBl. 153), nach der das AG Wetzlar für die AG-Bezirke Dillenburg, Herborn u. Wetzlar zuständig ist.

in *Niedersachsen*, welches von der ErmächtigungsVO v. 3. 1. 1977 (Rdnr. 16) bisher keinen Gebrauch gemacht hat, die „VO über die örtliche Zuständigkeit der Amtsgerichte Cuxhaven, Emden und Nordhorn in Zoll- und Verbrauchsteuerstraf- und Bußgeldsachen" v. 28. 8. 1970 (GVBl. 150), zul. geänd. durch VO v. 16. 4. 1974 (GVBl. 222), nach deren § 1 in Zoll- und Verbrauchsteuervergehen einschließlich Monopolvergehen das AG-Cuxhaven für die AG-Bezirke Cuxhaven und Otterndorf, das AG Emden für den LG-Bezirk Aurich und den AG-Bezirk Papenburg sowie das AG Nordhorn für die AG-Bezirke Nordhorn, Lingen und Meppen örtlich zuständig ist. Dieser VO liegt eine noch vor dem Inkrafttreten der AO auf § 426 II RAO gestützte VO v. 3. 10. 1969 (GVBl. 181) zugrunde, durch welche die entsprechende Ermächtigung ebenfalls auf den Minister der Justiz übertragen wurde.

Aufgrund des § 391 II AO 1977 wurden erlassen: **19**
in *Bayern* die „gerichtliche ZuständigkeitsVO Justiz – GZVJu" v. 2. 2. 1988 (GVBl. 6), zul. geänd. durch VO v. 8. 4. 1992 (GVBl. 101); nach deren § 34 ist jeweils über den gleichnamigen LG-Bezirk hinaus zuständig das AG Augsburg für die LG-Bezirke Kempten (Allgäu) und Memmingen, das AG Hof die für die LG-Bezirke Bamberg, Bayreuth und Coburg, das AG München für den LG-Bezirk München II, das AG Nürnberg für den LG-Bezirk Ansbach, das AG Regensburg für die LG-Bezirke Amberg und Weiden i. d. OPf., das AG Passau für den LG-Bezirk Deggendorf sowie das AG Würzburg für die LG-Bezirke Aschaffenburg und Schweinfurt;

in *Rheinland-Pfalz* die LandesVO über die gerichtliche Zuständigkeit in Strafsachen und Bußgeldverfahren v. 19. 11. 1985 (GVBl. 265), geänd. durch VO v. 27. 5. 1988 (GVBl. 109), nach dessen § 3 IV Nr. 2 zuständig sind das AG Koblenz für den LG Bezirk Koblenz, das AG Mainz für die LG-Bezirke Bad Kreuznach u. Mainz, das AG Trier für den LG-Bezirk Trier, das AG Kaiserslautern für die LG-Bezirke Kaiserslautern u. Zweibrücken sowie das AG Ludwigshafen für die LG-Bezirke Frankenthal u. Landau. Hiervon teilweise abweichend sind in Wein- und Lebensmittelstrafsachen die AGe Bad Kreuznach, Koblenz, Mainz, Trier, Kaiserslautern u. Landau jeweils für den gleichnamigen LG-Bezirk sowie das AG Neustadt für den LG-Bezirk Frankenthal zuständig. Wein- und Lebensmittelstrafsachen sind nach der VO auch „*Verstöße ... gegen Strafbestimmungen der Steuer- und Zollgesetze, sofern diese Straftaten im Zusammenhang mit einer Straftat nach dem Weingesetz oder dem Lebensmittelrecht stehen*";

in *Sachsen* die VO über gerichtliche Zuständigkeiten v. 14. 7. 1994 (GVBl. 1313), wonach das AG Chemnitz zuständig ist anstelle der AGe Annaberg, Aue, Auerbach, Freiberg, Glauchau, Hainichen, Marienberg, Plauen, Stollberg und Zwickau, das AG Dresden anstelle der AGe Bautzen, Bischofswerda, Dippoldiswalde, Görlitz, Hoyerswerda, Kamenz, Löbau, Meißen, Neustadt, Pirna, Riesa, Weißwasser und Zittau und das AG Leipzig anstelle der AGe Borna, Döbeln, Eilenburg, Grimma, Oschatz und Torgau.

c) Abweichende Regelungen aufgrund § 74c GVG

20 Für bestimmte Wirtschaftsstraftaten, die in § 74c I Nr. 1–6 GVG aufgezählt sind, ist eine große Strafkammer als *Wirtschaftsstrafkammer* zuständig, soweit das Landgericht nach § 74 I GVG als Gericht des ersten Rechtszuges oder nach § 74 III GVG für die Berufung gegen Urteile des Schöffengerichts zuständig ist. Anstelle einer einzigen können bei Bedarf auch mehrere Wirtschaftsstrafkammern gebildet werden, wenn jede in überwiegendem Maße mit Wirtschaftsstrafsachen ausgelastet wird (BGH 31, 326 v. 22. 1. 1983; vgl. auch HHSp-*Rüping* 17 zu § 391 AO). nach § 74c I Nr. 3 GVG gehören zur Zuständigkeit der Wirtschaftsstrafkammer u. a. Straftaten *„nach dem ... Außenwirtschaftsgesetz, ... dem Finanzmonopol-, Steuer- und Zollrecht, auch soweit dessen Strafvorschriften nach anderen Gesetzen anwendbar sind; dies gilt nicht, wenn dieselbe Handlung eine Straftat nach dem BtMG darstellt, und nicht für Steuerstraftaten, welche die KfzSt betreffen."* In der zitierten Fassung nach dem StVÄG 1979 (Rdnr. 2) trat § 74c GVG in bezug auf die Zusammenfassung von Steuerstrafsachen bei den Landgerichten an die Stelle der ursprünglichen Fassung des § 391 III AO 1977, in welcher die Worte gestrichen wurden, nach denen Steuerstrafsachen *„beim Landgericht einer bestimmten Strafkammer"* zugewiesen werden sollten (vgl. zur Geschäftsverteilung bei den Amtsgerichten Rdrn. 24 ff, insbes. 26 aE).

21 Beim **Zusammentreffen von Wirtschafts- und Nichtwirtschaftsstraftaten** ist die Wirtschaftsstrafkammer auch dann zuständig, wenn für die Wirtschaftsstraftat allein die Strafgewalt des AG an sich ausreichen würde. Sind neben einer Katalogtat weitere selbständige Straftaten angeklagt, so ist die Rechtsfolgenerwartung insgesamt maßgeblich (OLG Karlsruhe v. 23. 7. 1985, NStZ 517; *Kleinknecht/Meyer-Goßner* 2 zu 74c GVG; zur Zuständigkeit einer Wirtschaftsstrafkammer vgl. i. ü. *Löffeler*, JA 1987, 214; *Firgau*, wistra 1988, 140).

22 **Bei einem Zuständigkeitsteit** zwischen der Wirtschaftsstrafkammer und der allgemeinen Strafkammer steht die Kompetenz-Kompetenz analog §§ 209a, 225a IV u. § 270 I 2 StPO aus systematischen und prozeßökonomischen Gründen der Wirtschaftsstrafkammer zu (OLG Düsseldorf v. 2. 11. 1981, JR 1982, 514 m. zust. Anm. *Rieß*; ebenso KK-*Treier* 4 zu § 225a StPO, *Kissel* 10 u. *Kleinknecht/Meyer-Goßner* 6 zu § 74c GVG sowie *Meyer-Goßner* NStZ 1981, 169). Nach der Gegenmeinung (OLG München v. 6. 6. 1979, JR 1980, 77 m. abl. Anm. *Rieß*, zust. jedoch KMR-*Paulus* 3 zu § 209a StPO) muß analog §§ 14, 19 StPO das OLG als das gemeinschaftliche obere Gericht über die Zuständigkeit entscheiden. Nur wenn anstelle der Wirtschaftsstrafkammer die allgemeine Strafkammer entschieden hat, kann der Angeklagte mit der Rüge der Unzuständigkeit gem. § 338 Nr. 4 StPO die Revision

5. Abweichende Regelungen   23, 24   § 391

begründen (KK-*Pikart* 68 zu § 338 StPO). Hierbei ist entscheidend, welches Gericht *bei Erlaß* des angefochtenen Urteils zuständig war. Darauf, ob die Strafsache wegen mitangeklagter Steuerdelikte ursprünglich vor eine Wirtschaftsstrafkammer gehört hätte, kommt es nicht an, selbst wenn die mitangeklagten Steuerdelikte erst im Laufe der Hauptverhandlung gemäß § 154 II StPO eingestellt wurden (BGH v. 28. 10.1986, StV 1987, 139).

§ 74c III GVG ermächtigt die Landesregierungen, u. a. Steuerstrafsachen 23
„zur sachdienlichen Förderung oder schnelleren Erledigung der Verfahren" (vgl. § 58 I GVG, Rdnr. 13) durch RechtsV *einem* Landgericht für die Bezirke *mehrerer* Landgerichte ganz oder teilweise zuzuweisen. Die Ermächtigung zur Konzentration ist der LReg erteilt, die sie ihrerseits gem. § 74c III S. 2 GVG auf die LJustizVerw weiterübertragen kann. Dies ist z. B. geschehen in *Baden-Württemberg* durch VO v. 20. 3. 1989 (GBl. 117), in *Bayern* durch VO v. 12. 7. 1960 (GVBl. 131), in *Niedersachsen* durch VO v. 15. 12. 1978 (GVBl. 813), in *Rheinland-Pfalz* durch VO v. 15. 12. 1982 (GVBl. 460) und in *Schleswig-Holstein* durch VO v. 9. 3. 1979 (GVBl. 276).

Aufgrund § 74c III GVG wurden erlassen 24
in *Baden-Württemberg* die VO v. 27. 4. 1989 (GBl. 155), nach der das LG Mannheim für den OLG-Bezirk Karlsruhe u. das LG Stuttgart für den OLG-Bezirk Stuttgart zuständig ist;

in *Bayern* der § 31 GZVJu (vgl. Rdnr. 19), danach ist zuständig das LG Augsburg auch für die LG-Bezirke Kempten (Allgäu) u. Memmingen, das LG Hof auch für die LG-Bezirke Bamberg, Bayreuth u. Coburg, das LG Landshut auch für die LG-Bezirke Deggendorf u. Passau, das LG München II auch für die LG-Bezirke Ingoldstadt und Traunstein, das LG Nürnberg-Fürth auch für die LG-Bezirke Amberg, Ansbach, Regensburg u. Weiden i. d. OPf. sowie das LG Würzburg auch für die LG-Bezirke Aschaffenburg u. Schweinfurt;

in *Bremen* die VO v. 3. 12. 1974 (GBl. 337), nach der Wirtschaftsstrafsachen dem LG Bremen zugewiesen werden, auch soweit sie in Bremerhaven anfallen;

in *Niedersachsen* die VO v. 14. 8. 1982 (GVBl. 338), zul. geänd. durch VO v. 7. 5. 1993 (GVBl. 101), nach der das LG Hildesheim auch für die LG-Bezirke Bückeburg u. Hannover sowie das LG Stade auch für den LG-Bezirk Lüneburg zuständig ist;

in *Rheinland-Pfalz* die VO v. 19. 12. 1985 (GVBl. 265), zul. geänd. durch VO v. 27. 5. 1988 (GVBl. 109), nach der das LG Koblenz für den OLG-Bezirk Koblenz und das LG Kaiserslautern für den OLG-Bezirk Zweibrükken zuständig ist;

in *Schleswig-Holstein* die VO v. 11. 4. 1979 (GVBl. 288), zul. geänd. durch VO v. 1. 9. 1986 (GVBl. 199), nach der das LG Kiel auch für den LG-Bezirk Flensburg und das LG Lübeck auch für den LG-Bezirk Itzehoe zuständig ist.

d) Abweichende Regelungen aufgrund des Einigungsvertrages

25 **In den neuen Bundesländern** gilt die durch den EV (Anl. 1 Kap. III Sachgebiet A Abschnitt III Nr. 1n) der LReg erteilte Ermächtigung, einem Gericht für die Bezirke mehrere Gerichte Sachen aller Art ganz oder teilweise durch RechtsVO zuzuweisen, fort.
Von dieser Ermächtigung haben Gebrauch gemacht und Wirtschaftsstraftaten nach § 74c I GVG, für die das LG als Gericht des ersten Rechtszugs sachlich zuständig ist, örtlich konzentriert:
Mecklenburg-Vorpommern mit § 8 der ZuständigkeitsVO-Gerichte v. 11. 12. 1990 (GVBl. 1991 Nr. 3 S. 17) idF v. 5. 2. 1992 (GVBl. 55), wonach das LG Rostock auch für den LG-Bezirk Stralsund und das LG Schwerin auch für den LG-Bezirk Neubrandenburg zuständig ist;
Thüringen mit dem durch VO v. 16. 6. 1994 (GVBl. 815) in die VO über gerichtliche Zuständigkeiten in der ordentlichen Gerichtsbarkeit v. 12. 8. 1993 (GVBl. 815) in die VO über gerichtliche Zuständigkeiten in der ordentlichen Gerichtsbarkeit v. 12. 8. 1993 (GVBl. 563) eingefügten § 11, wonach allein das LG Mühlhausen zuständig ist;
Sachsen mit § 1 I (iVm Anlage 1 Nr. 11) der VO über gerichtliche Zuständigkeiten v. 14. 7. 1994 (GVBl. 1313), wonach allein das LG Chemnitz zuständig ist;
Brandenburg hat auf der AG-Ebene Wirtschaftsstraftaten nach § 74c I GVG durch § 4 Nr. 3 der GerichtszuständigkeitsVO v. 3. 11. 1993 (GVBl. II 689), zul. geänd. durch VO v. 14. 1. 1994 (GVBl. II 40) konzentriert beim AG Cottbus für den LG-Bezirk Cottbus, beim AG Frankfurt (Oder) für den LG-Bezirk Frankfurt (Oder), beim AG Neuruppin für den LG-Bezirk Neuruppin und beim AG Potsdam für den LG-Bezirk Potsdam.

6. Konzentration bei der Geschäftsverteilung

26 **Zum Zwecke einer weitergehenden Konzentration** sollen Steuerstrafsachen im Wege der Geschäftsverteilung bei dem Amtsgericht, das nach § 391 I 1 AO oder nach einer aufgrund § 391 II 1 AO erlassenen RechtsV (Rdnr. 17 ff.) zuständig ist, einer bestimmten Abteilung, dh einem bestimmten Richter, zugewiesen werden. Die Vorschrift enthält eine gesetzliche Weisung an die Präsiden der zuständigen Amtsgerichte (*Kohlmann* 28 zu § 391 AO). Der Begriff *„Abteilung"* (vgl. § 22c I 3 GVG) bezieht sich auf die Funktion der beim Amtsgericht durch die einzelnen Strafrichter verkörperten verschiedenen Spruchstellen und entspricht dem durch die Geschäftsverteilung festgelegten Dezernat des einzelnen Strafrichters (OLG Koblenz NJW 2398).

27 **§ 391 III AO schließt nicht aus,** daß die Steuerstrafsachen bei größeren Amtsgerichten auf *mehrere* Abteilungen aufgeteilt werden, wenn der Anfall an Steuerstrafsachen so groß ist, daß ein Strafrichter allein nicht in der Lage ist, alle Sachen zu erledigen (Begr. BT-Drucks. V/1812 S. 31).

28 **Von der gesetzlichen Anweisung,** die Steuerstrafsachen bei einer oder mehreren Abteilungen des zuständigen Amtsgerichts zusammenzufassen,

darf nur abgewichen werden, wenn besondere Gründe dies rechtfertigen. Mit *Göhler* (Beil. zum BAnz 152/1957 S. 8) ist zu bezweifeln, ob solche besonderen Gründe denkbar sind. § 391 III AO hat daher praktisch den Charakter einer zwingenden Vorschrift. Die Formulierung als *Soll*vorschrift bezweckt, daß Verletzungen des § 391 III AO – im Gegensatz zu Verletzungen der anderen Bestimmungen des § 391 AO – im Rechtsmittelverfahren nicht gerügt werden können (glA *Kohlmann* 29, *Leise/Cratz* 20 u. *Erbs/Kohlhaas-Senge* 5, aM HHSp-*Hübner* 54 zu § 391 AO).

Bei der Zurückverweisung einer Strafsache „*an eine andere Abteilung ... des Gerichts, dessen Urteil aufgehoben wird, oder an ein zu demselben Land gehörendes anderes Gericht gleicher Ordnung*" gem. § 354 II 1 StPO ist das für den neuen Rechtszug zuständige Gericht nicht näher bestimmt (im Hinblick auf Art. 101 I 2 GG bedenklich KMR-*Sax* Einl III Rz. 13f). Namentlich ist nicht vorgeschrieben, daß das Revisionsgericht eine Steuerstrafsache nur an einen nach § 391 AO zuständigen Richter zurückverweisen darf. Es entspricht jedoch dem Grundgedanken dieser Vorschrift (Rdnr. 3), eine Steuerstrafsache eher an ein anderes für Steuerstrafsachen zuständiges Amtsgericht zu verweisen als an einen Richter, der mit Steuerstrafsachen sonst nicht befaßt ist. 29

7. Zusammentreffen von Steuerstraftaten mit anderen Straftaten

a) § 391 IV Halbs. 1 AO

Die Vorschriften des § 391 I–III AO über die Zusammenfassung von Steuerstrafsachen gelten nach § 391 IV Halbs. 1 AO auch, wenn ein Strafverfahren außer Steuerstraftaten noch andere Straftaten zum Gegenstand hat. Dabei ist unerheblich, welche Straftat den Schwerpunkt des Verfahrens bildet (glA KK-*Mayr* 2 zu § 74c GVG, HHSp-*Rüping* 44 u. *Kohlmann* 31 zu § 391 AO). Eine solche Unterscheidung war bei den Vorberatungen des AOStrafÄndG zwar erwogen worden, wurde aber verworfen, da die Frage, wo das Schwergewicht liegt, oft schwierig zu beantworten ist und sich das Schwergewicht im Verlauf des Verfahrens auch verlagern kann. Die Lösung, *allgemein* (Ausnahmen s. Rdnr. 31f.) die Zuständigkeit des *Steuer*strafrichters zu bestimmen, beruht auf der Erwägung, daß *jeder* Steuerstrafrichter das *ganze* Strafrecht beherrscht, daß jedoch den meisten übrigen Strafrichtern die besonderen Kenntnisse und Erfahrungen fehlen, die für die Beurteilung von Zuwiderhandlungen gegen Steuergesetze erforderlich sind. 30

Ein Verfahren hat nicht nur Steuerstraftaten zum Gegenstand, wenn entweder derselbe Beschuldigte in Tateinheit (§ 52 StGB) oder in Tatmehrheit (§ 53 StGB) mit einer Steuerstraftat ein anderes Strafgesetz verletzt hat oder wenn das Verfahren wegen eines sachlichen Zusammenhangs (Rdnr. 9ff. zu § 389 AO) gegen mehrere Beschuldigte geführt wird, von denen einem nur *Steuer*straftaten, einem anderen dagegen (auch oder nur) *andere* Straftaten vorgeworfen werden. Unerheblich ist, auf welche Weise eine Steuerstrafsache mit einer anderen Strafsache verbunden ist (glA HHSp-*Hübner* 24, *Kohlmann* 31 zu § 391 AO). 31

32 Der Steuerstrafrichter bleibt zuständig, auch wenn er nach Einreichung der Anklageschrift die Strafverfolgung gem. § 154a II StPO mit Zustimmung der StA auf nichtsteuerliche Straftaten beschränkt hat.

b) § 391 IV Halbs. 2 AO

33 Beim **tateinheitlichen Zusammentreffen einer Steuerstraftat mit einer Straftat nach dem BtMG** sind die Konzentrationsvorschriften des § 391 I–III AO nach dem Inkrafttreten des G zur Neuordnung des Betäubungsmittelrechts v. 28. 7. 1981 (BGBl. I 681) ab 1. 1. 1982 nicht mehr anzuwenden, weil der Gesetzgeber in solchen Fällen die „*Kenntnis der örtlichen Verhältnisse, insbesondere der örtlichen Drogenszene*" (Rdnr. 2 aE) für wichtiger angesehen hat als die besondere Sach- und Steuerrechtskunde des für Steuerstrafsachen zuständigen Strafrichters (vgl. BR-Drucks. 546/79, 39; BT-Drucks. VIII/ 3551, 48 ff.). Dabei mag auch der Gedanke einer Güterabwägung mitgespielt haben, dem aber kaum allein die Vermeidung einer „prozessualen Schieflage" zugrunde lag (so aber *Kohlmann* 33 zu § 391 AO), sondern vielmehr die Entlastung zentral zuständiger Steuergerichte von solchen Delikten, die allein ihrer Art nach fast immer auch ein Steuer- oder Zollvergehen darstellen und dem Sinn und Zweck der Zuständigkeitskonzentration in § 391 AO deshalb nicht entsprechen (ebenso wie bei den wortgleichen Regelungen in §§ 74a I Nr. 4 und 74c I Nr. 3 GVG).

34 **Wegen des ausdrücklichen Wortlautes des § 391 IV Halbs. 2 AO,** „wenn *dieselbe Handlung* eine Straftat nach dem BtMG darstellt", ist die Anwendung des § 391 I–III AO nur in den Fällen ausgeschlossen, in denen die Steuerstraftat in Tateinheit (§ 52 StGB) mit einem BtM-Delikt steht (aM HHSp-*Rüping* 48, *Kohlmann* 34 f., *Erbs/Kohlhaas-Senge* 6 und wohl auch *Klein/Orlopp* Anm. 7 zu § 391 AO). Wenn es zunächst auch sinnvoll erscheinen mag, eine Zuständigkeitskonzentration auch bei Tatmehrheit (so *Kohlmann* aaO) und lediglich prozessual einheitlichen Taten iSd § 264 StPO (so *Kohlmann* u. *Senge* aaO) auszuschließen, so steht dem doch nicht nur der eindeutig auf den Begriff der Tateinheit abzielende Gesetzeswortlaut entgegen. Der Ausschluß einer Zuständigkeitskonzentration allein in Fällen der Tateinheit ist auch sachgerecht, widerspricht nicht der ratio der Regelung und steht im Einklang mit der gesetzgeberischen Entscheidung und der vergleichbaren Situation im allgemeinen Strafverfahrensrecht. Die besondere Sach- und Steuerrechtskunde des Steuergerichts soll nur hinsichtlich der Steuerstraftaten in den Hintergrund treten, die bei der Begehung eines BtM-Deliktes *zwangsläufig* verwirklicht werden. In diesen Fällen sind steuerrechtliche Fragen in der Regel unproblematisch und ohne vertiefte Kenntnisse des Steuerrechts zu lösen und ergeben sich auch bei der Strafzumessung durch das nach § 52 II StGB zu beachtende Absorptions- bzw. Kombinationsprinzip (vgl. hierzu *Schönke/Schröder-Stree* 32 ff., *Lackner* 8 zu § 52 StGB) keine besonderen Schwierigkeiten, da eine Einzelstrafe für das Steuerdelikt nicht ausgeworfen werden muß. Dies verhält sich aber völlig anders bei einer unabhängig von einem BtM-Delikt begangenen Steuerstraftat, bzw. einer lediglich prozessu-

7. Zusammentreffen von Steuerstraftaten mit anderen Straftaten

al einheitlichen Tat. In diesen Fällen ist der steuerliche Hintergrund einer Steuerstraftat gleichermaßen schwierig zu beurteilen und erfordert steuerliche Kenntnisse, wie sich dies bei anderen – ausschließlichen – Steuerstraftaten verhält. Es wäre verfehlt, wenn eine komplizierte Steuerhinterziehung nur deshalb von einem allgemein zuständigen Gericht beurteilt werden müßte, weil der Täter völlig unabhängig von dieser Tat gelegentlich Kokain verkauft hat. Man stelle sich eine Steuerhinterziehung unter Verstoß gegen das Außensteuergesetz vor und den Umstand, daß der Täter irgendwann bei Gelegenheit eines Aufenthaltes am Sitz seiner ausländischen Gesellschaft Rauschgift gekauft und dieses nach Deutschland geschmuggelt hat. Sachgerecht ist in einem solchen Fall allein die Zuständigkeit eines spezialisierten Steuergerichts.

Ein Blick auf die **wortgleichen Regelungen in §§ 74a I Nr. 4 Halbs. 2 und 74c I Nr. 3 Halbs. 2 GVG** bestätigt diese Ansicht. Nach hM ist die Zuständigkeit der Wirtschaftsstrafkammer eines LG dann ausgeschlossen, wenn eines der in dieser Vorschrift genannten Spezialdelikte mit einer Straftat nach dem BtMG *tateinheitlich* zusammenfällt (*Kissel* 3, *Kleinknecht/Meyer-Goßner* 4 zu § 74c GVG). Entsprechendes gilt bei § 74a I Nr. 4 Halbs. 2 GVG, der gleichzeitig mit § 391 IV Halbs. 2 AO durch G v. 28. 7. 1982 (BGBl. I 681, 702) eingefügt wurde und sicherstellen soll, daß kriminelle Vereinigungen *zur* Begehung von BtM-Straftaten nicht von einer auf Staatsschutzdelikte spezialisierten Staatsschutzkammer abgeurteilt werden (*Katholnigg*, NStZ 1981, 420; LG Frankfurt, StV 1990, 490). Ausdrücklich genanntes Vorbild für die Einführung beider Regelungen war der Wortlaut des seinerzeit schon bestehenden § 74c I Nr. 3 Halbs. 2 GVG. Deshalb hielt die BReg es für erforderlich, abweichend vom Entwurf (BT-Drucks. 8/3551, 48, der die wortgleiche Einfügung noch in § 391 I Satz 1 AO vorsah) BtM-Delikte auch vom Zuweisungsgebot des § 391 III AO auszunehmen und die Einschränkung deshalb in § 391 IV AO zu regeln (BT-Drucks. 8/3551, 54). In der Begründung zur Einfügung des als Vorbild dienenden § 74c I Nr. 3 Halbs. 2 GVG heißt es nun aber wiederum ausdrücklich, daß *„die Zuständigkeit der Wirtschaftsstrafkammer für solche Handlungen ausgeschlossen ist, die* **zugleich** *eine Straftat nach dem BtMG darstellen"* und verhindert werden soll, *„daß die Wirtschaftsstrafkammern durch BtM-Delikte, die fast stets mit Steuer- und Zolldelikten* **tateinheitlich zusammentreffen,** *überlastet werden"*, gleichzeitig aber auch sichergestellt werden soll, *„daß bei Aburteilung derartiger Taten die* **tateinheitlich zusammentreffenden** *Steuerdelikte gebührend berücksichtigt werden"* (BT-Drucks. 8/976, 67). Diese bei Einfügung des § 391 IV Halbs. 2 AO bekannte Begründung läßt keine andere Annahme zu, als daß alle in die Fälle eines tateinheitlichen Zusammentreffens von Steuer- und BtM-Straftaten dem Konzentrationsausschluß unterworfen sein sollen.

Für Steuerstraftaten, welche die Kraftfahrzeugsteuer betreffen, gelten die Vorschriften des § 391 I–III AO ebensowenig wie vorher § 426 RAO 1967 (s. dazu Begr. BT-Drucks. V/1812 S. 31; krit. HHSp-*Hübner* 47 zu § 391 AO), weil vorsätzliche und leichtfertige Verkürzungen der KfzSt (§ 370 bzw. § 378 AO) meist im Zusammenhang mit nichtsteuerlichen Straftaten begangen werden, bei denen regelmäßig das Schwergewicht der Tat liegt, wie zB bei Kfz-Diebstahl (§ 242 StGB) oder Gebrauchsentwendung (§ 248b StGB). Auch bei „reinen" Steuerstraftaten oder Steuerordnungswidrigkeiten, die lediglich KfzSt betreffen, ist eine Konzentration nicht erforderlich, weil bei dieser Steuerart die rechtliche Beurteilung der Besteuerungsgrundlagen keine besonderen Schwierigkeiten bereitet). Indessen hat die mangelnde Geltung des § 391 III AO lediglich zur Folge, daß das Präsidium des jeweils zuständigen Amtsgerichts bei der Geschäftsverteilung ungebunden darüber entscheiden kann, ob KfzSt-Strafsachen bei einer Abteilung konzentriert werden oder nicht (glA HHSp-*Hübner* 58 u. *Kohlmann* 38 zu § 391 AO), jedoch kann kein Präsidium diese Strafsachen einem anderen Amtsgericht zuweisen (glA nun auch *Kohlmann* aaO).

37 Fällt eine KfzSt-Straftat aber mit einer anderen (der Zuständigkeitsregelung des § 391 I–III AO unterliegenden) Steuerstraftat zusammen, so ist das zentrale AG über die Verbindungsklausel des § 391 IV Halbs. 1 AO auch für diese KfzSt-Straftat zuständig. Auf das materiellrechtliche Konkurrenzverhältnis, Tateinheit oder Tatmehrheit, kommt es nicht an. Der Konzentrationsausschluß in § 391 IV Halbs. 2 AO betrifft nur alleinige KfzSt-Straftaten (HHsp-*Hübner* 45, *Kohlmann* 37 zu § 391 AO). Gleiches gilt auf der LG-Ebene für die Regelung des § 74c I Nr. 3 Halbs. 2 GVG, was aber nur von nachrangiger Bedeutung ist, da kaum vorstellbar ist, daß jemals allein wegen einer KfzSt-Hinterziehung eine die Strafgewalt des AG überschreitende Strafe droht (§ 74 GVG). So ist auch der unterschiedliche Wortlaut zur Ausnahme bei BtM-Straftaten zu verstehen (Rdnr. 31ff.). Während für den Geltungsausschluß des § 391 I–III AO bei KfzSt-Straftaten auf deren *ausschließliches* „Vorliegen" abgestellt wird, sind andere Steuerstraftaten dagegen vom Ausschluß nur dann erfaßt, wenn sie mit einer BtM-Straftat in tateinheitlichem Zusammenhang stehen.

§ 392 Verteidigung

(1) Abweichend von § 138 Abs. 1 der Strafprozeßordnung können auch Steuerberater, Steuerbevollmächtigte, Wirtschaftsprüfer und vereidigte Buchprüfer zu Verteidigern gewählt werden, soweit die Finanzbehörde das Strafverfahren selbständig durchführt; im übrigen können sie die Verteidigung nur in Gemeinschaft mit einem Rechtsanwalt oder einem Rechtslehrer an einer deutschen Hochschule führen.

(2) § 138 Abs. 2 der Strafprozeßordnung bleibt unberührt.

Vgl. § 40 BDO, § 84 WDO.

Schrifttum: Zu den §§ 137 ff. StPO: *Beulke*, Der Verteidiger im Strafverfahren, 1980; *Günther*, Strafverteidigung, 1982; *Strzyz*, Die Abgrenzung von Strafverteidigung und Strafvereitelung, Diss. Kiel 1983; *Ackermann*, Die Verteidigung des schuldigen Angeklagten, NJW 1954, 1385; *Dahs*, Stellung und Grundaufgaben des Strafverteidigers, NJW 1959, 1158; *Spendel*, Zur Vollmacht und Rechtsstellung des Strafverteidigers, JZ 1959, 737; *Schorn*, Prozeßhandlungen des Verteidigers und des Angeklagten, JR 1965, 375; *ders.*, Verteidigung und Vertretung im Strafverfahren, JR 1966, 7; *Eb Schmidt*, Rechte und Pflichten, Funktionen und Konflikte des Strafverteidigers, JZ 1969, 316; *Welp*, Die Geheimsphäre des Verteidigers in ihren strafprozessualen Funktionen, Gallas-Festschr. 1973, 391; *Sieg*, Zur Anwesenheit des Verteidigers bei Vernehmungen des Beschuldigten im Ermittlungsverfahren, NJW 1975, 1009; *v. Stackelberg*, Zur Problematik der Wirtschaftskriminalität aus der Sicht des Verteidigers, BB 1975, 208; *Ostendorf*, Strafvereitelung durch Strafverteidigung, NJW 1978, 1345; *Krüger*, Probleme der anwaltlichen Interessenvertretung in Ordnungswidrigkeiten-Verfahren. NJW 1981, 1642; *Lüderssen*, Wie abhängig ist der Strafverteidiger von seinem Auftraggeber? Wie unabhängig kann er und soll er sein? Dünnebier-Festschr. 1982, 263; *Krause*, Einzelfragen zum Anwesenheitsrecht des Verteidigers im Strafverfahren, StrVert 1984, 169; *Pfeiffer*, Zulässiges und unzulässiges Verteidigerhandeln, DRiZ 1984, 341; *Bottke*, Wahrheitspflicht des Verteidigers, ZStW 96 [1984] 726; *Welp*, Die Rechtsstellung des Strafverteidigers, ZStW 90, 804; *Dornach*, Ist der Strafverteidiger aufgrund seiner Rechtsstellung als „Organ der Rechtspflege" Mitgarant eines justizförmigen Strafverfahrens? NSt 1995, 57.

Zu § 392 AO: *Streck*, Der Eingriff der Steuerfahndung – Beratungsbuch für Verteidiger und Steuerbürger –, 3. Aufl. 1981; *Maas*, Probleme bei der gemeinschaftlichen Verteidigung durch Rechtsanwälte und Angehörige der steuerberatenden Berufe, Diss. Köln 1983; *Blumers/Göggerle*, Handbuch des Verteidigers und Beraters im Steuerstrafverfahren, 2. Aufl. 1989; *Schreiber*, Die Beschlagnahme von Unterlagen beim Steuerberater, Köln 1993; *Franzen*, Zur Verteidigung und zur Akteneinsicht des Verteidigers im Steuerstrafverfahren, DStZ 1964, 310; *Gehre*, Gemeinsame Verteidigung durch Rechtsanwälte und Steuerbevollmächtigte im Steuerstrafverfahren, DStR 1968. 8; *Henneberg*, Die Grenzen der Strafverteidigungsbefugnis der Angehörigen steuerberatender Berufe im Steuerstrafverfahren, DStR 1968, 265; *Rössler*, Die Verteidigung im Steuerstrafverfahren, DB 1968, 2006: *Scheuffele*, Aktuelle Fragen für die Verteidigung in Steuerstrafsachen, BB 1969, 1346; *Gehre*, Zur Wirksamkeit eines von einem Steuerberater gegen einen Strafbefehl eingelegten Einspruchs, DStR 1976, 601; *Lohmeyer*, Die rechtliche Stellung des Steuerberaters in der Außenprüfung und im Verfahren wegen Steuerzuwiderhandlungen, DStR 1979, 584; *Glashoff/Rohls*, Der steuerliche Berater im Steuerstrafverfahren oder Bußgeldverfahren gegen seine Mandanten, StB 1980, 75; *Henneberg*, Anmerkungen zur Verteidigung bei Lohnsteuerverkürzungen, DStR 1980, 63; *Kohlmann*, Steuerstrafrecht ist der Bewährung, wistra 1982, 2, 6; *Behrendt*, Der Steuerberater: Kein richtiger Verteidiger? StKRep 1982, 245; *Blumers*, Steuerberater und Strafverteidigung, DStJG 6, 307.

Weiteres Schrifttum s. vor Rdnr. 11, 18, 27, 33, 39, 42.

§ 392 1, 2   Verteidigung

Übersicht

1. Entstehungsgeschichte 1
2. Allgemeines 2–6
3. Rechtsstellung des Verteidigers .. 7–10
4. Zur Verteidigung Berechtigte ... 11–17
5. Notwendige Verteidigung 18–26
6. Ausschließung eines Verteidigers 27–33
7. Verbot der Mehrfachverteidigung 34–38

8. Rechte und Pflichten des Verteidigers 39–63
   a) Nachweis und Umfang der Vollmacht 39–41
   b) Akteneinsicht 42–56
   c) Anwesenheits- und Erklärungsrechte 57–59
   d) Sonstiges 60–63
9. Kosten 64

1. Entstehungsgeschichte

1   Der Vorläufer des § 392 AO, § 427 RAO, wurde durch Art. 1 Nr. 1 AO-StrafÄndG v. 10. 8. 1967 (BGBl. I 877) ohne Vorbild in die RAO eingefügt (Begr. BT-Drucks. V/1812 S. 31 f.). § 444 AO 1931 (= § 409 AO 1919) regelte nur die Vertretung (nicht die Verteidigung) des Beschuldigten im Verwaltungsstrafverfahren (*Franzen* DStZ 1964, 310). Die Vorschrift des § 427 RAO trug Züge einer Kompromißlösung, die darauf schließen lassen, daß die Frage einer gesetzlichen Beteiligung von Angehörigen der steuerberatenden Berufsgruppen an den besonderen strafprozessualen Befugnissen des Verteidigers aus rechts- und standespolitischen Gründen umstritten war (s. auch Schriftl. Bericht zu BT-Drucks. V/1941 S. 2). Für die Konzeption des RegE war die Vorstellung maßgebend, daß der Beschuldigte die Möglichkeit haben sollte, sich gegenüber dem strafrechtskundigen StA und der steuerrechtskundigen FinB als Nebenkläger durch entsprechend sachkundige Beistände gemeinschaftlich verteidigen zu lassen. Obwohl der BTag die im RegE vorgesehene Nebenklagebefugnis der FinB ablehnte (Schriftl. Bericht aaO), wurde der RegE des § 427 RAO unverändert verabschiedet. Die AO übernahm die Vorschrift als § 392. Die Worte „ wegen Steuervergehen auf Grund des § 421 Abs. 2 in den Grenzen des § 433 Abs. 1 und der §§ 435, 346" wurden ersatzlos gestrichen. Eine inhaltliche Änderung wurde dadurch nicht bewirkt (BT-Drucks. VI/1982 S. 198).

2. Allgemeines

2   **Die Vorschriften der StPO über die Bestellung eines Verteidigers und dessen Mitwirkung im Strafverfahren** sind Konkretisierungen des **Rechtsstaatsprinzips** auch in seiner Ausgestaltung als Gebot fairer Verfahrensführung (BVerfG v. 18. 10. 1983, NJW 1984, 113). Im Rechtsstaat darf der Beschuldigte nicht nur Objekt des Verfahrens sein; vielmehr muß ihm die Möglichkeit gegeben werden, zur Wahrung seiner Rechte auf den Gang und das Ergebnis des Strafverfahrens Einfluß zu nehmen (BVerfG v. 12. 4. 1983, NJW 1599). Gem. § 137 I StPO kann sich der Beschuldigte „des Beistandes eines Verteidigers" bedienen (ebenso Art. 6 III c MRK). Die Zahl der gewählten Verteidiger darf drei nicht überschreiten (§ 137 I 2 StPO). Diese Vorschrift soll Prozeßverschleppungen vermeiden (*Dünnebier* NJW 1976, 1). Die Beschränkung ist zwar nicht unumstritten (vgl. KK-*Laufhütte* 2 zu § 137

3. Rechtsstellung des Verteidigers

StPO), aber verfassungsgemäß (BVerfGE 39, 156 v. 11. 3. 1975). Die Wahl von mehr als drei Verteidigern ist auch dann unzulässig, wenn es sich um Angehörige derselben Sozietät handelt (BGH v. 16. 2. 1977, NJW 910). Allerdings rechtfertigt die Vorlage einer Vollmachtsurkunde, in der mehr als drei Sozien aufgeführt und keiner von ihnen gestrichen worden ist, für sich allein noch nicht die Annahme, alle Sozien hätten den Auftrag auch angenommen (BVerfGE 43, 79, 94 v. 28. 10. 1979). Eventuelle Pflichtverteidiger werden auf die Zahl der Wahlverteidiger nicht angerechnet (KK-*Laufhütte* 6 zu § 137 StPO mwN). Hat der Beschuldigte einen gesetzlichen Vertreter, so kann auch dieser selbständig einen Verteidiger wählen (§ 137 II StPO). Dieses Recht auf einen Verteidiger steht dem Beschuldigten „*in jeder Lage des Verfahrens*" (§ 137 I StPO) zu, also auch im Ermittlungsverfahren (§§ 397 ff. AO, §§ 158 ff. StPO). Allerdings sind die Befugnisse des Verteidigers in den einzelnen Verfahrensabschnitten unterschiedlich (Rdnr. 39 ff.). In bestimmten Fällen ist die Mitwirkung eines Verteidigers in Strafverfahren zwingend vorgeschrieben (Rdnr. 18 ff.).

Der **Verteidiger** tritt **als Beistand selbständig** neben dem Beschuldigten 3 auf (§ 137 I StPO). Infolgedessen handelt er aus eigenem Recht und im eigenen Namen, nicht als Vertreter des Beschuldigten in dessen Namen (BGH 1 1, 367, 369 v. 30. 1. 1959; s. aber Rdnr. 41). Dementsprechend gewährt das Gesetz dem Angeklagten und dem Verteidiger zahlreiche Rechte nebeneinander (zB Antrag auf Sachverständigeneid gem. § 79 I 2 StPO; Fragerecht nach § 240 II StPO; Ladungen gem. §§ 216, 218 StPO) oder unabhängig voneinander (zB Akteneinsicht des Verteidigers gem. § 147 StPO; mit Einschränkung: Rücknahme von Rechtsmitteln gem. § 302 StPO). Ohne entsprechende Vollmacht ist der Verteidiger nicht zugleich steuerlicher Vertreter iS des § 80 AO.

Die strafprozessualen Rechte **gesetzlicher Vertreter** ergeben sich aus § 137 4 II StPO, §§ 149, 298, 330, 374 III StPO; § 67 JGG). Die Erklärungen des Beschuldigten sind jedoch im Strafverfahren ohne Genehmigung des gesetzlichen Vertreters wirksam. Die Befugnisse beider stehen selbständig nebeneinander (RG 38, 1 ()6 v. 31. 5. 1905). Auch der Geschäftsunfähige hat gem. § 137 I StPO das Recht, einen Verteidiger zu wählen, sogar gegen den Willen des gesetzlichen Vertreters (OLG Schleswig v. 9. 9. 1980, NJW 1981, 1681).

Verfahrensrechte von **Angehörigen** des Angeklagten folgen aus § 286 5 StPO (Abwesenheit des Angeklagten) und § 361 StPO (Tod des Angeklagten). Über Ehegatten als Beistand vgl. § 149 StPO.

Für die Verteidigung im Bußgeldverfahren gilt § 392 AO entsprechend 6 (§ 410 I Nr. 3 AO).

3. Rechtsstellung des Verteidigers

Der Verteidiger ist ein mit besonderen Befugnissen ausgestattetes, unab- 7 hängiges **Organ der Rechtspflege** (BGH 9, 20, 22 v. 15. 2. 1956; BGH 12, 367, 369 v. 30. 1. 1959; *Habscheid* NJW 1962, 1985). Die besondere Aufgabe des Verteidigers im Strafprozeß ist es, dem Schutz des Beschuldigten zu dienen und dadurch zur Findung eines gerechten Urteils beizutragen. Diese

Aufgabe hat er unter eigener Verantwortung und unabhängig von dem Angeklagten zu erfüllen (BGH 13, 337, 343 v. 30. 10. 1959). Während die StA berufen ist, den Richter in seinem Ringen um die Erforschung des wirklichen Sachverhalts und um die richtige Rechtsanwendung zu unterstützen, ist der Verteidiger nicht zur Objektivität, sondern im Gegenteil zur Einseitigkeit verpflichtet (BGH 9, 20, 22 v. 15. 2. 1956; *Dahs* NJW 1959, 1158; *Paulick* DStR 1968, 265). Der Verteidiger hat einseitig die Justizförmigkeit der Wahrheitsfindung zu überwachen und auf die Einhaltung der Verfahrensvorschriften zu achten (*Dahs* Handbuch Rz. 5, 7). Er selbst darf keine unwahren Tatsachenbehauptungen aufstellen (*Pfeiffer* DRiZ 1984, 341).

8 Der Verteidiger darf jedoch die **Wahrheitsermittlung** nicht behindern (BGH 9, 2(), 22 v. 15. 2. 1956). Dabei kann er vor allem dann in einen Konflikt geraten, wenn er die Schuld des Angeklagten durch dessen geheimes Geständnis kennt oder infolge nur ihm bekannt gewordener Beweise davon überzeugt ist. Das Problem hat sowohl straf- als auch standesrechtliche Aspekte (vgl. auch Rdnr. 9f.).

9 Gem. § 257 StGB macht sich der **Begünstigung** schuldig, wer einem anderen, der eine rechtswidrige Tat begangen hat, in der Absicht Hilfe leistet, ihm die Vorteile der Tat zu sichern. Die Begünstigung einer Steuerstraftat ist ein Steuerdelikt (ausf. Rdnr. 173 ff. zu § 369 AO). Eine **Strafvereitelung** gem. § 258 StGB (früher sog. persönliche Begünstigung) begeht, wer absichtlich oder wissentlich vereitelt, daß ein anderer gesetzmäßig bestraft wird. Strafvereitelung ist kein Steuerdelikt. Die FinB sind daher nicht zur Ahndung zuständig. Konfliktsituationen können insbesondere in Fällen entstehen, in denen verschiedene Standespflichten (Rdnr. 10) miteinander kollidieren (*Dahs* Handbuch Rz. 44). Es steht dem Verteidiger frei, jede sachliche Kritik an der rechtlichen Würdigung des festgestellten Sachverhalts zu üben (*Cüppers* NJW 1952, 895). In tatsächlicher Hinsicht darf er zwar die unzulängliche Beweisführung kritisieren (*Ackermann* aaO), jedoch nicht „ eine Beweisquelle trüben" (RG 50, 364, 366 v. 23. 4. 1917: Veranlassung eines Zeugen, seine wahre Aussage zu widerrufen). Ebenso kann er sich der Begünstigung (Strafvereitelung) schuldig machen, wenn er das Gericht unter Vorspiegelung falscher Tatsachen bewußt irreführt (RG 35, 128, 129 v. 20. 2. 1902 zu einem auf wissentlich falsche Angaben gestützten Gnadengesuch) oder den Sachverhalt zugunsten des Angeklagten bewußt verdunkelt (RG 66, 316, 326 v. 1. 7. 1932), zB dadurch, daß er einen Zeugen oder Mitbeschuldigten veranlaßt, zugunsten des Mandanten falsch auszusagen (BGH v. 16. 5. 1983, JR 1984, 299 in. insoweit zust. Anm. *Bottke;* KG v. 19. 12. 1983, JR 1984, 250). Auch der Rat, auf bestimmte Fragen bestimmte unwahre Antworten zu geben, oder zB der Rat, Buchführungsunterlagen zu vernichten, kann den Vorwurf der Strafvereitelung begründen (*Weyand* INF 1991, 123). Ein Verteidiger, der den Mandanten über bevorstehende, wegen Gefährdung des Untersuchungszwecks geheimgehaltene Maßnahmen der Strafverfolgungsbehörde informiert, begeht eine versuchte Strafvereitelung, die seinen Ausschluß rechtfertigt (KG v. 5. 7. 1982, NStZ 1983, 556, *Weyand* INF 1991, 123; aM HHSp-*Rüping* 57 zu § 392 AO, *Tondorf* StrVert 1983, 257). Der Verteidiger darf

3. Rechtsstellung des Verteidigers   10 § 392

aber einen Zeugen über ein Aussageverweigerungsrecht sowie den Angeklagten darüber belehren, daß er vor Gericht nicht zur Wahrheit verpflichtet ist oder daß er ein Geständnis widerrufen kann (*Ostendorf* NJW 1978, 1345). Der Verteidiger darf eine rechtskräftige Verurteilung verzögern, freilich nur durch prozeßadäquate Mittel, zB durch Stellen von Beweisanträgen oder durch Einlegung eines Rechtsmittels trotz völliger Aussichtslosigkeit (*S/S-Stree* 21 zu § 258 StGB). Zusammengefaßt „ darf ein Strafverteidiger, ohne sich dem Vorwurf einer Begünstigung auszusetzen, selbst dann noch einen Freispruch anstreben, wenn er dessen Schuld kennt, solange er sich jeder bewußten Verdunkelung des Sachverhalts und jeder Erschwerung der Strafverfolgung enthält und sich bei seinem Vorgehen auf verfahrensmäßig erlaubte Mittel beschränkt" (BGH 2, 375, 377 v. 20. 5. 1952; *Ackermann* aaO mwN). Fehlt es nach Meinung des Verteidigers an der zweifelsfreien Überführung des „schuldigen" Angeklagten, braucht er sich nicht auf die Geltendmachung mildernder Umstände zu beschränken, sondern kann Feispruch beantragen (RG 66, 316, 325 v. 1. 7. 1932; *Dahs* NJW 1959, 1 158). Bei Wirtschaftsprüfern, Steuerberatern, Steuerbevollmächtigten und vereidigten Buchprüfern (Rdnr. 12 f.) ist die Gefahr, sich im Steuerstrafverfahren einer Strafvereitelung oder Begünstigung schuldig zu machen, weitaus größer als bei Anwälten (*v. Witten* NJW 1964, 2051; *Kohlmann* 4 zu § 392 AO). Die Angehörigen dieser Berufsgruppen wirken im Gegensatz zu Anwälten regelmäßig bereits bei der Umsatz- und Gewinnermittlung sowie der Abgabe der Steuererklärung mit. Sie werden daher bezüglich der Übernahme des Mandats aus straf- und standesrechtlichen Gründen (Rdnr. 10) besondere Vorsicht walten lassen müssen. Über die Entziehung der Verteidigungsbefugnis s. Rdnr. 20 ff.

Der **Verteidigung des „schuldigen Angeklagten"** sind auch **standes-   10 rechtliche Grenzen** gesetzt. Die Standesrichtlinien (RichtlA) – erlassen gem. § 177 II Nr. 2 BRAO – wurden jahrzehntelang als verfassungskonformes (BVerfGE 36, 212, 219 v. 28. 11. 1973) Hilfsmittel zur Auslegung und Konkretisierung anwaltlicher Berufspflichten herangezogen. In späteren Entscheidungen hat das BVerfG daran nicht mehr festgehalten (BVerfGE 76, 171 u. 196 v. 14. 7. 1987), jedoch ausgeführt, eine rechtserhebliche Bedeutung komme dem RichtlA nur noch für eine Übergangszeit bis zur Neuordnung des anwaltlichen Berufsrechts zu, soweit ihre Heranziehung unerläßlich sei, um die Funktionsfähigkeit der Rechtspflege aufrechtzuerhalten (eingehend dazu *Hartstrang*, Anwaltsrecht 1991, 691 ff., ferner krit. zu den bisherigen Entwürfen NJW 1993, 289). Die Standesrichtlinien schreiben vor:

§ 68 RichtlRA Verteidigung

(1) ¹Der Rechtsanwalt unterliegt auch als Verteidiger der Pflicht zur Wahrheit. Beweismittel, die die Wahrheit verfälschen, darf er nicht verwenden. ²In diesen Grenzen ist es seine Aufgabe, dafür zu sorgen, daß über den Beschuldigten nur auf Grund einer nach der Strafprozeßordnung zulässigen Beweisführung geurte zulässigen Beweisführung geurteilt werden kann.

(2) Wenn der Rechtsanwalt, der die Schuld des die Tat oder seine Schuld im Verfahren leugnenden Beschuldigten durch dessen Geständnis oder auf andere Weise kennt

oder erfährt, gleichwohl die Verteidigung führen will, so legt ihm diese Gewissensentscheidung die Beachtung der Pflichten nach Absatz 1 besonders nahe.

Wegen ihrer allgemeinen Fassung lösen die Standesgrundsätze die besondere Konfliktsituation des Verteidigers zwischen der Pflicht zur Interessenwahrnehmung einerseits und seiner Pflicht zur Wahrheit andererseits nur unvollkommen; denn § 42 der Grundsätze des anwaltlichen Standesrechts schreibt vor:

§ 42 RichtlRA Verschwiegenheit

(1) Die Pflicht zur Verschwiegenheit erstreckt sich über die gesetzliche Schweigepflicht (§ 203 StGB) hinaus auf alles, was dem Rechtsanwalt in Ausübung seines Berufes anvertraut worden oder ihm anläßlich seiner Berufsausübung bekannt geworden ist, soweit nicht das Gesetz oder die in der Rechtsprechung entwickelten Grundsätze Ausnahmen zulassen.

(2) Beide Pflichten bestehen auch über die Beendigung des Auftragsverhältnisses hinaus und auch dem gegenüber, dem die betreffende Tatsache bereits von anderer Seite mitgeteilt worden ist, sowie gegenüber anderen Rechtsanwälten und gegenüber Familienangehörigen.

(3) ...

Die **Grenze zulässigen Verteidigerverhaltens** liegt „zwischen den standesrechtlichen und den strafrechtlichen Grenzziehungen" (*Pfeifer* DRiZ 1984, 341).

4. Zur Verteidigung Berechtigte

Schrifttum: *Glashoff/Rohls,* Der steuerliche Berater im Steuerstrafverfahren oder Bußgeldverfahren gegen seine Mandanten, StB 1980, 75; *Lohmeyer,* Der Steuerberater als Verteidiger im Verfahren wegen Steuerzuwiderhandlungen, StB 1986, 84; *Maier,* Erfahrungen eines Steuerberaters in der Strafverteidigung, Stbg 1986, 128; *Pump,* Typische Probleme für den Steuerberater als Verteidiger im Ermittlungsverfahren, INF 1986, 242; *Mösbauer,* Der Steuerberater als Strafverteidiger, INF 1988, 169; *ders.,* Ausschließung des Steuerberaters von der Strafverteidigung, INF 1988, 313; *Hammerstein,* Zum Umfang der Befugnisse des mitverteidigenden Steuerberaters im Strafverfahren, JR 1988, 391; *Weyand,* Steuerberater im Steuerstrafverfahren, INF 1988, 487.

11   Zu Verteidigern können gem. § 138 I StPO die bei einem deutschen Gericht zugelassenen **Rechtsanwälte sowie** die **Rechtslehrer** (vgl. KK-*Laufhütte* 5 zu § 138 StPO) an deutschen Hochschulen gewählt werden (vgl. auch *Deumeland,* Recht im Amt 1988, 118). Ihre Wahl bedarf keiner Genehmigung oder Zulassung durch das Gericht (s. auch § 3 BRAO). **Fachhochschullehrer** zählen nicht zu den „Rechtslehrern an deutschen Hochschulen" (BVerwG v. 26. 11. 1974, NJW 1975, 2356; v. 18. 10. 1978, NJW 1979, 1174; OVG Münster v. 14. 12. 1979, NJW 1980, 1590). Betr. ausländische Hochschullehrer vgl. OLG Koblenz v. 11. 2. 1981, NStZ 403. Die bei dem BGH zugelassenen Rechtsanwälte dürfen allerdings nur dort sowie bei den übrigen Obersten Gerichtshöfen des Bundes und dem BVerfG auftreten (§ 172 I BRAO). Nur natürliche Personen können Verteidiger sein. Dies gilt auch für Sozietäten: Verteidiger ist stets nur jedes einzelne Sozietätsmitglied (BVerfG 43, 79 v. 28. 10. 1976).

4. Zur Verteidigung Berechtigte

Staatsangehörige der Europäischen Union, sind den deutschen Rechtsanwälten durch Gesetz gleichgestellt (v. 16. 8. 1980, BGBl. I 1453, geänd. durch G v. 14. 3. 1990, BGBl. I 479). Ausländische Rechtsanwälte dürfen allerdings im Falle der notwendigen Verteidigung nur im Einvernehmen mit einem deutschen Rechtsanwalt handeln. Das Einvernehmen ist dem Gericht bei der ersten Handlung schriftlich nachzuweisen (§ 4 des Gesetzes). 12

Im Interesse der Steuerstrafrechtspflege ist die Regelung des § 138 § StPO mit gewissen Einschränkungen durch § 392 I AO auf die **Angehörigen der steuerberatenden Berufe** erweitert worden. Gem. 3 2 I Nr. 1 StBerG gehört zum Berufsbild der Steuerberater und Steuerbevollmächtigten „auch die Hilfeleistung in Steuerstrafsachen und in Bußgeldsachen wegen einer Steuerordnungswidrigkeit". Demgemäß können nach § 392 I AO auch Steuerberater, Steuerbevollmächtigte, Wirtschaftsprüfer und vereidigte Buchprüfer die Befugnisse eines Strafverteidigers innerhalb bestimmter Grenzen kraft Gesetzes ausüben (BT-Drucks. V/1812 S. 32). Angehörige der steuerberatenden Berufe werden allerdings als Strafverteidiger eines Mandanten, den sie bereits steuerlich beraten haben, regelmäßig ausscheiden (*Franzen* DStR 1967, 533; enger *Henneberg* DStR 1968, 265), weil die Gefahr der Teilnahme oder Begünstigung (Rdnr. 9) besteht oder weil sie als Tatzeuge in Betracht kommen (BGH 8, 194, 196 v. 15. 11. 1955; über den Ausschluß von Veteidigern im allgemeinen s. Rdnr. 20 ff.). Als Tatzeuge kann der ständige steuerliche Berater seinem Mandanten bei der Widerlegung eines ungerechtfertigten strafrechtlichen Vorwurfs besser beistehen als in der Rolle eines Verteidigers. 13

Zu **alleinigen Verteidigern** können Angehörige der steuerberatenden Berufe gewählt oder bestellt werden, soweit die FinB das Strafverfahren selbständig durchführt, also im Ermittlungsverfahren bis zum Erlaß eines Strafbefehls. Auch der Einspruch gegen einen von der FinB beantragten Strafbefehl gehört noch in das Verfahrensstadium, in dem die FinB das Strafverfahren selbständig durchführt, er kann folglich von einem Angehörigen der steuerberatenden Berufe selbständig eingelegt werden (glA *Gehre* DStR 1976, 601; *Glashof/Rohls* StB 1980, 75; *Mösbauer* INF 1988, 169; *Klein/Orlopp* 2, *Kohlmann* 19 zu § 392 AO; *Blumers/Glöggerle*; aM KK-*Fischer* 31 zu § 407 StPO, HHSp-*Rüping* 73 zu § 392 AO). Die Regelung des § 392 I AO berücksichtigt, daß der Schwerpunkt der Verteidigung im Ermittlungsverfahren der FinB auf steuerrechtlichem Gebiet, nämlich auf der Feststellung der objektiven und subjektiven Ursachen einer Steuerverkürzung sowie der Höhe der verkürzten Beträge liegt. Insoweit ist nach den Erfahrungen der FinBn eine sachgerechte Verteidigung auch durch die auf steuerrechtlichem Gebiet besonders sachkundigen Angehörigen der steuerberatenden Berufe gewährleistet (BT-Drucks. V/1812 S. 32). 14

Die **Befugnis zur Alleinverteidigung** durch Angehörige der steuerberatenden Berufe **endet,** wenn oder sobald die StA oder das Gericht mit der Strafsache befaßt ist. Von diesem Augenblick an können sie die Verteidigung nur in Gemeinschaft mit einem Rechtsanwalt oder einem Rechtslehrer (über Ausnahmen durch Einzelgenehmigung s. Rdnr. 17 f.) übernehmen. Wird nämlich das Ermittlungsverfahren, zB wegen Tateinheit zwischen einer 15

Steuerstraftat und einem anderen Delikt oder wegen eines Haftbefehls, von der StA geführt, gewinnen die Fragen des allgemeinen Strafrechts und der Strafprozeßordnung an Bedeutung, also ein Rechtsgebiet, das allenfalls am Rande zum Berufsbild der Angehörigen der steuerberatenden Berufe gehört. Die Wahl eines Steuerberaters als Mitverteidiger bedarf (abw. von § 138 II StPO, Rdnr. 15 f.) keiner gerichtlichen Genehmigung (glA *Lohmeyer* MDR 1974, 199; *Glashof/Rohls* StB 1980, 75; KK-*Laufhütte* 6 zu § 138 StPO. Mit Genehmigung des Gerichts können Steuerberater auch als Alleinverteidiger auftreten vgl. *Mösbauer* INF 1988, 169 sowie Rdnr. 16). Wer kraft Gesetzes nur in Gemeinschaft mit einem Anwalt zugelassen ist, kann nur bestimmte einzelne Verteidigerbefugnisse selbständig wahrnehmen, so zB die Rechte auf Akteneinsicht (§ 147 StPO), auf Verkehr mit dem Beschuldigten (§ 148 StPO), auf Anwesenheit bei Vernehmungen (§ 163 a III 2, § 168 c I StPO). Prozeßerklärungen (zB Rechtsmitteleinlegung) können die Angehörigen der steuerberatenden Berufe nach überwiegender Auffassung nur gemeinschaftlich mit einem zur Verteidigung bestimmten Rechtsanwalt oder Rechtslehrer abgeben (KG v. 16. 1. 1974, NJW 916; OLG Hamburg v. 21. 1. 1981, BB 658; *Franzen* DStR 1967, 533; *Gehre* DStR 1968, 8; *Mösbauer* INF 1988, 169 sowie *Kohlmann* StKRep 1976, 290; *Kleinknecht/Meyer-Goßner* 20 zu § 138 StPO; HHSp-*Rüping* 73, 86 zu § 329 AO; aM *Koch* StKRep 1968, 226 sowie *Luthmann* DStR 1969, 557; unklar *Klein/Orlopp* 3 zu § 392 AO). Diese Beschränkung der Befugnisse steuerberatender Berufe mag zwar in gewissen Fällen mißlich sein (dazu ausf. Kohlmann 28 ff. zu § 392 AO), entspricht aber dem Zweck des Gesetzes (BT-Drucks. V/1812 S. 32) und dient dem Schutz des Beschuldigten, der im staatsanwaltschaftlichen und gerichtlichen Steuerstrafverfahren einen Verteidiger benötigt, der nicht nur steuerrechtliche Sachkunde hat, sondern vor allem über ausreichende Kenntnisse und forensische Erfahrungen auf straf- und strafverfahrensrechtlichem Gebiet verfügt. Aus Gründen der Verfahrensklarheit muß der Rechtsanwalt oder Rechtslehrer die Rechtsmittelerklärung des Angehörigen der steuerberatenden Berufe mit unterzeichnen (*Gehre* DStR 1968, 8) oder innerhalb der Rechtsmittelfrist gegenüber dem Gericht eine Einverständniserklärung abgeben (KG aaO; *Blumers/Glöggerle* Rdnr. 80 wollen es genügen lassen, wenn der Rechtsanwalt stillschweigend zustimmt; ferner Rdnr. 14).

16 **§ 392 II AO stellt klar,** daß die allgemeine Vorschrift des § 138 II StPO von der besonderen Regelung des § 392 I AO unberührt bleibt.

§ 138 StPO Wahlverteidiger

(1) ...

(2) Andere Personen können nur mit Genehmigung des Gerichts und, wenn der Fall einer notwendigen Verteidigung vorliegt und der Gewählte nicht zu den Personen gehört, die zu Verteidigern bestellt werden dürfen, nur in Gemeinschaft mit einer solchen als Wahlverteidiger zugelassen werden.

Die allgemeine Befugnis zur Hilfeleistung in Steuerstrafsachen und in Bußgeldsachen wegen einer Steuerordnungswidrigkeit gem. § 1 II Nr. 1 iVm §§ 2, 3 StBerG umfaßt nicht die Wahrnehmung der alleinigen Verteidi-

5. Notwendige Verteidigung **17, 18 § 392**

gerfunktion vor Gericht (*Kleinknecht/Meyer-Goßner* 5 zu § 138 StPO; Rdnr. 15). Die Angehörigen der steuerberatenden Berufe können daher nur mit Genehmigung des Gerichts zu alleinigen Verteidigern gewählt werden (vgl. auch *Mösbauer* INF 1988, 169). Zu den „*anderen Personen*" gehören auch ausländische Rechtsanwälte (*Brangsch* NJW 1981, 1180; betr. EU-Bürger vgl. Rdnr. 12) ferner Rechtsbeistände, und zwar ohne Rücksicht darauf, bei welchem Gericht sie zugelassen sind (BVerfG v. 25. 2. 1976, NJW 1349). Steuerberatungs-, Wirtschafts- und Buchprüfungsgesellschaften dürfen zwar gem. §§ 1, 3 StBerG Hilfe in Steuerstrafsachen leisten, jedoch können juristische Personen nicht Strafverteidiger sein (Rdnr. 11).

Die **Wahl „anderer Personen" is des § 138 II StPO** bedarf der Genehmigung durch das Gericht. Voraussetzung für die Entstehung eines wirksamen Verteidigungsverhältnisses ist daher die prozessuale Zulassung im Einzelfall. Die Genehmigung erfordert besondere Gründe, die das Interesse des Beschuldigten an der Verteidigung gerade durch die gewählte Person rechtfertigen. Ein solcher Grund ist zB nicht allein, daß der Beschuldigte zu einer bestimmten Person besonderes Vertrauen gefaßt hat. Vielmehr müssen die Gerichte in jedem Einzelfall bei ihrer Ermessensentscheidung die Interessen des Beschuldigten und die Bedürfnisse einer geordneten Rechtspflege abwägen (BayObLG v. 13. 6. 1956, MDR 567; OLG Oldenburg v. 26. 10. 1957, NJW 1958, 33; *Kleinknecht/Meyer-Goßner* 13 zu 138 StPO). Die Genehmigung kann stillschweigend und auch nachträglich erteilt werden (RG 55, 213f. v. 7. 1. 1921; KK-*Laufhütte* 8 zu § 138 StPO). Die Nichtgenehmigung kann wegen einer Ermessensverletzung des Gerichts mit der Beschwerde nach § 304 StPO angefochten werden (RG 67, 310, 312 v. 21. 9. 1933). Die Nichtgenehmigung macht eine Prozeßerklärung der „anderen Person" unzulässig (G 62, 250f. v. 12. 7. 1928). Zuständig für die Genehmigung ist das Gericht, also nicht der Vorsitzende eines Kollegialgerichts allein; im übrigen gilt § 141 StPO entsprechend (*Kleinknecht/Meyer-Goßner* 16 zu § 138 StPO). Ist ein Rechtsmittel eingelegt, so ist der judex a quo (§ 314 I, § 341 I StPO) solange zuständig, bis die Akten dem Rechtsmittelgericht vorliegen (RG 62, 250 v. 12. 7. 1928; OLG Hamm v. 31. 5. 1951, MDR 503). Über Ausschließung s. Rdnr. 27ff., über den Nachweis der Vollmacht s. Rdnr. 39. 17

5. Notwendige Verteidigung

Schrifttum: *Molketin*, Die Schutzfunktion des § 140 Abs. 2 StPO zugunsten des Beschuldigten im Strafverfahren, Diss. Köln 1985; *Hammerstein*, Verteidigung ohne Verteidiger, JR 1985, 140f., *Molketin*, Zur Anwendung des § 140 Abs. 2 StPO in Steuerstrafsachen, wistra 1986, 97; *ders.*, Die Rechtsprechung zu § 140 Abs. 2 StPO im Jahre 1987, AnwBl. 1989, 19; *ders.*, Die Rechtsprechung zu § 140 Abs. 2 StPO in den Jahren 1988/89, AnwBl. 1991, 615, in den Jahren 1990/91, AnwBl. 1991, 615, in den Jahren 1992/93 AnwBl. 1995, 527.

In bestimmten Fällen ist die Mitwirkung eines Verteidigers kraft Gesetzes „notwendig". 18

§ 140 StPO Notwendige Verteidigung

(1) Die Mitwirkung eines Verteidigers ist notwendig, wenn
1. die Hauptverhandlung im ersten Rechtszug vor dem Oberlandesgericht oder dem Landgericht stattfindet;
2. ...
3. das Verfahren zu einem Berufsverbot führen kann;
4. *(aufgehoben)*
5. der Beschuldigte sich mindestens drei Monate auf Grund richterlicher Anordnung oder mit richterlicher Genehmigung in einer Anstalt befunden hat und nicht mindestens zwei Wochen vor Beginn der Hauptverhandlung entlassen wird;
6. ...
7. ...
8. der bisherige Verteidiger durch eine Entscheidung von der Mitwirkung in dem Verfahren ausgeschlossen ist.

(2) ¹In anderen Fällen bestellt der Vorsitzende auf Antrag oder von Amts wegen einen Verteidiger, wenn wegen der Schwere der Tat oder wegen der Schwierigkeit der Sach- oder Rechtslage die Mitwirkung eines Verteidigers geboten erscheint oder wenn ersichtlich ist, daß sich der Beschuldigte nicht selbst verteidigen kann, namentlich, weil dem Verletzten nach den §§ 397a und 406g Abs. 3 und 4 ein Rechtsanwalt beigeordnet worden ist. ²Dem Antrag eines tauben oder stummen Beschuldigten ist zu entsprechen.

(3) ...

Darüber hinaus kennt das Gesetz Fälle, in denen eine Verteidigung beschränkt, dh für bestimmte Verfahrensabschnitte und -handlungen notwendig ist (§ 117 IV StPO: für die Dauer der UHaft; § 118a II 2 u. 3 StPO: Haftprüfungstermin; § 350 II StPO: Revisionsverhandlung). Aus verfassungsrechtlichen Gründen (Art. 1 1, Art. 20 III GG) ist die Bestellung eines Verteidigers „stets dann erforderlich", wenn die Ablehnung der Beiordnung den Angeklagten – aus Gründen, die in § 140 StPO nicht genannt sind – in seinem Anspruch auf ein faires Verfahren verletzen würde (BVerfG 46, 202 v. 19. 10. 1977).

19 Die **Anordnung eines Berufsverbots** setzt voraus, daß eine rechtswidrige Tat unter grober Verletzung der mit dem Beruf oder Gewerbe verbundenen Pflichten begangen worden ist (§ 70 StGB). Ein äußerer Zusammenahng mit dem Beruf (zB Einkommensteuerhinterziehung allgemein) genügt nicht (BGH v. 20. 4. 1983, NJW 1099); die strafbare Handlung muß vielmehr Ausfluß der beruflichen oder gewerblichen Tätigkeit sein (SK-*Horn* 5 zu § 70 StGB). Eine solche berufstypische Verbindung kann bei einer Steuerhinterziehung großen Umfangs gegeben sein, wenn sie über einen längeren Zeitraum Kalkulationsfaktor wird (zB Schwarzarbeit, insbesondere bei Einschaltung von Subunternehmern) oder bei Hinterziehung betrieblicher Steuern in Verbindung mit schwerwiegenden Verletzungen der Buchführungs- und Aufzeichnungspflichten (BGH v. 12. 9. 1994, wistra 1995, 22). Einen inneren Zusammenhang mit Berufspflichten (§ 89 I StBerG) bejaht der BGH bei einem Steuerberater, der seine Pflichten in eigener Sache und als ArbG verletzt (BGH 29, 97 v. 27. 8. 1979).

20 **§ 140 I Nr. 5 StPO** regelt die Notwendigkeit der Verteidiger zugunsten

5. Notwendige Verteidigung

desjenigen, der in seiner persönlichen Freiheit und damit auch in seiner Verteidigung beschränkt ist. Zu der Anstaltsunterbringung iS dieser Vorschrift gehören Straf- und UHaft, auch im Ausland (OLG Koblenz v. 30. 5. 1984, NStZ 1984, 868). Die Freiheitsentziehung aufgrund richterlicher Anordnung oder mit entsprechender Genehmigung muß vor der Hauptverhandlung ununterbrochen drei Monate gedauert haben (str., vgl. *Kleinknecht/Meyer-Goßner* 15 zu § 140 StPO).

Ob es sich um einen **schwerwiegenden Fall** handelt, ist maßgeblich aus der Interessenlage des Beschuldigten zu beurteilen (BVerfG 46, 202 v. 19. 10. 1977). Die Mitwirkung eines Verteidigers in der Revisionshauptverhandlung wegen eines schwerwiegenden Falles wird regelmäßig erforderlich sein, wenn eine längere als einjährige Freiheitsstrafe in Rede steht (*Dahs* NJW 1978. 140). Bei der Pflichtverteidigerbestellung ist dem Angeklagten ein Vorschlagsrecht einzuräumen (OLG Celle v. 30. 12. 1981, StrVert 1982, 360; ähnlich OLG Karlsruhe v. 6. 3. 1978, NJW 1064). Die Beiordnung eines Pflichtverteidigers in der Tatsacheninstanz erstreckt sich zwar auch auf die Einlegung und Begründung der Revision (§ 345 StPO), jedoch nicht auf die Revisionsverhandlung (BGH 19, 258 v. 3. 3. 1964). 21

Eine Tat ist schwer, wenn eine zu erwartende Rechtsfolge einschneidend ist (KK-*Laufhütte* 21 zu § 140 StPO mwN), zB wenn „ die berufliche Existenz auf dem Spiel steht (OLG Bremen v. 17. 3. 1961, Ss 19/61 n. v. zit. nach *Molketin* wistra 1986, 97). Das wird regelmäßig angenommen, wenn bei einer Straferwartung ab einem Jahr Freiheitsstrafe, zumindest dann, wenn die Strafe nicht zur Bewährung ausgesetzt wird (*Hammerstein* JR 1985, 140; OLG Celle v. 20. 12. 1985, wistra 1986, 233 mit zust. Anm. *Molketin;* KK-*Laufhütte* 21 zu § 140 StPO mwN). Die Grenze soll jedoch nicht starr gehandhabt werden (OLG Zweibrücken v. 14. 2. 1985, StV 1985, 447; OLG Hamm v. 30. 1. 1986, StV 1986, 306), so daß im Einzelfall die Bestellung eines Verteidigers bei einer Strafwartung von mehr als einem Jahr entbehrlich sein kann (*Kleinknecht-Meyer/Goßner* 23 zu § 140 StPO). Andererseits können die Persönlichkeit des Angeklagten und die Umstände des Falles die Bestellung eines Verteidigers auch bei einer Strafwartung von weniger als einem Jahr erforderlich machen (OLG Düsseldorf v. 6. 7. 1994, wistra 16). Findet die Hauptverhandlung im ersten Rechtszug vor dem OLG oder dem LG statt, so ist die Verteidigung auch dann notwendig, wenn ein AG sachlich zuständig ist (*Kleinknecht/Meyer-Goßner* 11 zu § 140 StPO). Aber auch die Verhandlung vor dem erweiterten Schöffengericht (§ 29 II GVG) ist ein zwingender Beiordnungsgrund (OLG Bremen v. 8. 6. 1955, NJW 1529; *Molketin* wistra 1986, 97). 22

Die **Schwierigkeit der Sachlage** iS des § 140 II StPO kann sich aus dem besonderen Umfang des Prozeßstoffes ergeben (OLG Bremen v. 8. 6. 1955, NJW 1529). Das ist zB der Fall, wenn die Feststellungen zur Täterschaft oder Schuld eine umfangreiche und langwierige Beweisaufnahme erfordern oder wenn die Verteidigung nicht ohne Akteneinsicht, zu der nur der Verteidiger berechtigt ist (§ 147 StPO), sachgerecht vorbereitet und durchgeführt werden kann (KK-*Laufhütte* 22 zu § 140 StPO mwN). 23

24 Die **Rechtslage ist schwierig,** wenn die Subsumtion Schwierigkeiten bereitet oder wenn es zB auf noch nicht ausdiskutierte Rechtsfragen ankommt (BayObLG StV 1991, 294). Subsumtionsschwierigkeiten dürften im Steuerrecht nicht die Ausnahme, sondern die Regel sein, denn es handelt sich um eine „für einen Laien schwer durchschaubare Materie" (OLG Celle v. 20. 12. 1985 wistra 1986, 233), die so „unklar und verworren ausgestaltet ist", daß sogar zunehmend Zweifel an der erforderlichen Bestimmtheit (Art. 103 II GG) der blankettausfüllenden Tatbestände des materiellen Steuerrechts geäußert werden (vgl. *Seer* StuW 1995, 184ff., 187). In Ausnahmefällen kann auch die Bestellung eines zweiten Pflichtverteidigers erforderlich sein (KG v. 2. 5. 1994, wistra 281).

25 **Der zu bestellende Verteidiger soll möglichst aus der Zahl der bei einem Gericht des Gerichtsbezirks zugelassenen Rechtsanwälte ausgewählt werden** (§ 142 I 1 StPO). Spezialkenntnisse eines Rechtsanwalts rechtfertigen nur in Ausnahmefällen dessen Bestellung (OLG Koblenz v. 23. 3. 1983, OLGSt § 142 StPO Nr. 1). Der Beschuldigte hat ein Recht, einen **Anwalt seines Vertrauens** zu benennen, jedoch keinen Anspruch auf Beiordnung des von ihm Benannten (BVerfGE 39, 238 v. 8. 4. 1975). Das Auswahlermessen des Vorsitzenden ist allerdings insofern stark eingeschränkt (vgl. auch *Kleinknecht/Meyer-Goßner* 3 zu § 142 StPO) als der vom Beschuldigten benannte Verteidiger zu bestellen ist, wenn nicht wichtige Gründe entgegenstehen, zB Fehlverhalten in anderen Verfahren (KK-*Laufhütte* 7 zu § 142 StPO).

26 Die **Verletzung der Vorschriften über die notwendige Verteidigung** schafft einen Revisionsgrund (§ 338 Nr. 5 StPO; KK-*Laufhütte* 27 zu § 140 StPO mwN), ebenso die Nichtbescheidung eines Antrags auf Bestellung eines Verteidigers gem. § 14() II StPO (KG v. 16. 9. 1953, NJW 1954, 124). Gleiches gilt, wenn im Falle notwendiger Verteidigung die Verhandlung in Abwesenheit des Verteidigers auf einen Verfahrensteil erstreckt worden ist, den ein nach § 231c StPO ergangener Beschluß nicht bezeichnet hat (BGH v. 21. 2. 1985, wistra 155). Wenn in einem Fall, in dem die Verteidigung notwendig ist, der gewählte oder vom Gericht bestellte Verteidiger in der Hauptverhandlung ausbleibt, sich entfernt oder sich weigert, die Verteidigung zu führen, muß das Gericht einen anderen Verteidiger bestellen (§ 145 I 1 StPO; BGH v. 24. 1. 1961, NJW 741). Das Gericht kann auch eine Aussetzung der Verhandlung beschließen (§ 145 I 2 StPO; zu den Voraussetzungen der Aussetzung ausf. OLG Düsseldorf v. 26. 9. 1978, NJW 1979 19).

6. Ausschließung eines Verteidigers

Schrifttum: *Ulsenheimer*, Zur Regelung des Verteidigerausschlusses in §§ 138, § 146 nF StPO, GA 1975, 103; *Lisken*, Anwaltsüberwachung und Richteramt, AnwBl. 1975, 380; *Winterberg*, Verteidigerausschluß und Steuerstrafverfahren, DB 1975, 1534; *Dünnebier*, Ausschließung von Verteidigern und Beschränkung der Verteidigung, NJW 1976, 1; *Ostendorf*, Strafvereitelung durch Strafverteidigung, NJW 1978, 1345; *Seelmann*, Die Ausschließung des Verteidigers, NJW 1979, 1128; *Rieß*, Der Ausschluß des Verteidigers in der Rechtswirklichkeit, NStZ 1981, 328; *Mösbauer*, Zur Ausschließung des Steuerberaters von der Strafverteidigung, INF 1988, 313.

6. Ausschließung eines Verteidigers

Jahrzehntelang war heftig umstritten, ob der Richter einen bereits auf- 27
getretenen Verteidiger seines Amtes entheben konnte; eine gesetzliche Regelung bestand nicht. Während die überwiegende Auffassung eine gewohnheitsrechtliche Ausschließungsbefugnis bejahte (zuletzt BGH v. 25. 8. 1972, NJW 2140 mwN), verneinte das BVerfG ein Gewohnheitsrecht, weil es an einer Billigung oder widespruchslosen Hinnahme der vom BGH und RG zeitweise befolgten Spruchpraxis fehle (BVerfG 34, 293 v. 14. 2. 1973). Die Aufforderung an den Gesetzgeber, die Voraussetzungen des Verteidigerausschlusses zu regeln, fand ihren Niederschlag in den §§ 138a–d StPO.

Im **Steuerstrafverfahren** dürften allenfalls **Ausschließungsgründe** gem. 28
§ 138a I Nr. 1 u. 3 StPO in Betracht kommen. Nach diesen Vorschriften ist ein Verteidiger von der Mitwirkung in einem Verfahren auszuschließen, wenn er dringend oder in einem die Eröffnung des Hauptverfahrens rechtfertigenden Grade verdächtig ist, an der Tat, die den Gegenstand der Untersuchung bildet, beteiligt zu sein. Gleiches gilt, wenn entsprechender Verdacht besteht, daß der Verteidiger eine Handlung begangen hat, die für den Fall der Verurteilung des Beschuldigten Begünstigung, Strafvereitelung oder Hehlerei wäre. Die Regelung der strafprozessualen Ausschließungsgründe ist abschließend (BT-Drucks. 7/2526 S. 11, 20 = AnwBl. 1974, 214, 216) und verfassungskonform (BVerfG v. 4. 7. 1975, NJW 2341).

Anwendbar sind die Vorschriften der §§ 138a – StPO auf „Verteidiger". 29
Sie erfassen daher schon vom Wortlaut her nicht nur Wahl-, sondern auch Pflichtverteidiger (glA OLG Karlsruhe v. 14. 3. 1975, NJW 943, *Rieß* JR 1979, 37, KK-*Laufhütte* 2 sowie KMR-*Müller* 1 zu § 138a StPO; aM OLG Koblenz v. 6. 6. 1978, JR 1979, 37 u. *Kleinknecht/Meyer-Goßner* 3 zu § 138a StPO). Allerdings kommt für Pflichtverteidiger zusätzlich eine Rücknahme der Bestellung gem. § 143 StPO sowie für „andere Personen" eine Rücknahme der Genehmigung nach § 138 II StPO in Betracht. Die Ausschlußvorschriften gelten auch für einen gewählten oder bestellten Angehörigen der steuerberatenden Berufe (OLG Karlsruhe v. 14. 3. 1975, NJW 943; einschränkend *Mösbauer* INF 1988, 313).

Zuständig für Entscheidungen nach § 138a StPO ist das Oberlandesge- 30
richt (§ 138c I 1 StPO). Das OLG entscheidet auf Vorlage des mit der Strafsache befaßten Gerichts oder auf Antrag der StA (§ 138c II 1 StPO) bzw. der FinB, soweit sie das Ermittlungsverfahren selbständig führt. Soll einem Rechtsanwalt die Verteidigungsbefugnis entzogen werden, so ist vorher der Vorstand der zuständigen Rechtsanwaltskammer einzuschalten (§ 138c II 3 StPO).

Der **Antrag auf Ausschließung** des Verteidigers muß seinem Inhalt nach 31
bestimmten Mindestanforderungen genügen. Neben den Beweismitteln müssen Tatsachen angegeben werden, aus denen sich im Falle ihres Nachweises das den Ausschluß rechtfertigende Verhalten ergeben soll (OLG Karlsruhe v. 14. 3. 1975, NJW 943). Dringender Tatverdacht besteht, wenn nach dem gegenwärtigen Stand der Ermittlungen die Wahrscheinlichkeit für den Ausschließungstatbestand groß ist (*Kleinknecht/Meyer-Goßner* 13 zu § 138a). Es genügt aber auch der minderschwere Grad des hinreichenden Tat-

verdachts (§ 203 StPO). Jedenfalls muß der Verdacht einen Grad erreichen, nach dem nicht nur die Einleitung, sondern auch die Durchführung eines Ermittlungsverfahrens wenigstens wahrscheinlich ist (BGH 36, 133 v. 3. 3. 1989; KG v. 8. 6. 1978, NJW 1538). Ein einfacher Verdacht reicht nicht aus (anders in § 138a II StPO). Die Behauptung des Beschuldigten, er sei von seinem Steuerberater nicht genügend aufgeklärt worden, begründet zB keinen hinreichenden Tatverdacht gegen diesen (*Mösbauer* INF 1988, 313), bildet also keinen Ausschlußgrund. Ob der Steuerberater schon zwecks Vermeidung von Interessenkonflikten nicht besser daran täte, die Verteidigung in Fällen, in denen er selbst beraten hat, abzulehnen, ist eine andere Frage. In diesem Zusammenhang sollte auch bedacht werden, daß der Steuerberater seinem Mandanten zB als Zeuge wirkungsvoller beistehen kann.

32   **Beteiligung an der Tat** (§ 264 StPO) kommt in allen strafrechtlichen Formen der Täterschaft oder Teilnahme (§§ 25–27 StGB) in Betracht. Die Beteiligung kann auch fortdauern (OLG Stuttgart vom 22. 4. 1975, AnwBl. 213).

33   Der **hinreichende oder dringende Verdacht** einer Begünstigung, Strafvereitelung oder Hehlerei rechtfertigt den Verteidigerausschluß, wenn die bei diesen Tatbeständen vorausgesetzte Vortat die Tat ist, deretwegen der Verteidiger den Beschuldigten verteidigt (KK-*Laufhütte* 13 zu § 138a StPO). Der Hinweis eines Verteidigers an einen Zeugen, daß ihm ein Zeugnisverweigerungsrecht zustehe, ist keine Strafvereitelung (OLG Koblenz v. 29. 4. 1976, MDR 863; vgl. ferner Rdnr. 9f.).

7. Verbot der Mehrfachverteidigung

Schrifttum: *Steck*, Probleme der gemeinschaftlichen Verteidigung (§ 146 StPO) in Steuerstrafsachen, MDR 1978, 893; *Heinecke*, Das Gemeinsame beim „gemeinschaftlichen Verteidiger" nach § 146 StPO NJW 1978, 1497; *Rebmann*, Das Verbot der Mehrfachverteidigung nach § 146 StPO, NStZ 1981, 41; *Krekeler*, Das Verbot der Mehrfachverteidigung gemäß § 146 StPO und seine extensive Auslegung durch die Rechtsprechung, AnwBl. 1981, 5; *Beulke*, Verbot der gemeinschaftlichen Verteidigung nur bei konkreter Interessenkollision? NStZ 1986, 198.

34   Die **Verteidigung mehrerer Beschuldigter durch einen gemeinschaftlichen Verteidiger** ist unzulässig (§ 146 StPO), und zwar in jeder Lage des Verfahrens, also bereits im Ermittlungsverfahren (OLG Düsseldorf v. 6. 4. 1984, JMBl. NW 234). Das verfassungskonforme (BVerfG 39, 156 v. 11. 3. 1975) Verbot der Mehrfachverteidigung soll Interessenkollisionen, die bei der Verteidigung mehrerer Beschuldigter durch einen gemeinschaftlichen Verteidiger naheliegen, von vornherein ausschließen (BT-Drucks. 7/2526 S. 25). Das Verbot der Doppelvertretung unterliegt grundsätzlich nicht der Verfügungsmacht der Parteien, weil es nicht nur ihrem Schutze, sondern daneben auch dem Vertrauen in die Anwaltschaft und in die Funktion der Rechtspflege dient (BGH v. 23. 10. 1984, wistra). § 146 StPO steht der Vertretung mehrerer Stpfl bei der Abgabe einer Selbstanzeige nicht entgegen; hier liegt noch keine „Verteidigung" vor, solange die FinB nicht die Wirksamkeit der Selbstanzeige in Frage stellt. Die Vorschrift, die von der Rspr extensiv ausgelegt wird, greift immer dann ein, wenn wegen eines einheitlichen Tatkomplexes (§ 264 StPO) gegen mehrere Beschuldigte er-

7. Verbot der Mehrfachverteidigung

mittelt wird. Dabei ist es gleichgültig, ob es sich um getrennte Verfahren handelt (BGH 26, 291 v. 27. 2. 1976; OLG Frankfurt v. 31. 8. 1979, NJW 1980, 898) oder ob gegen mehrere Beschuldigte ein einheitliches Verfahren betrieben wird. Verbotene Mehrfachverteidigung liegt schon vor, wenn ein beauftragter Verteidiger für einen Mitbeschuldigten einen anderen Verteidiger auswählt, ihn über das Verfahren unterrichtet und ihm als Vertreter des Mitbeschuldigten Vollmacht erteilt (OLG München v. 29. 4. 1983, NJW 1688). Dem Verteidiger ist es auch untersagt, einen Beschuldigten zu verteidigen, dem eine Tat angelastet wird, die mit der Tat eines früher von ihm verteidigten Mandanten zwar nicht identisch ist, aber in einem engen Sachzusammenhang steht, der einen Interessenkonflikt nahelegt (BVerfG v. 3. 5. 1982, NJW 1803). Ein Interessenkonflikt ist ausgeschlossen, wenn der eine Beschuldigte verstorben ist (*Kleinknecht/Meyer-Goßner* 3 zu § 146 StPO).

§ 146 StPO untersagt nur die **gleichzeitige Verteidigung** von mehr als einem Beschuldigten (OLG Düsseldorf v. 8. 8. 1985, AnwBl. 1986, 155). Nicht mehr gleichzeitig ist die Verteidigung dann, wenn der Verteidiger rechtlich nicht mehr in der Lage ist, für seinen früheren Mandanten eine Verteidigertätigkeit zu entfalten (OLG Karlsruhe v. 26. 8. 1988, AnwBl. 1989, 54). Die sog. sukzessive Mehrfachverteidigung ist damit zulässig. Der Verteidiger darf also zB für den mitbeschuldigten zweiten Geschäftsführer einer GmbH tätig werden, wenn das Verfahren gegen den ursprünglich von ihm verteidigten ersten Geschäftsführer abgeschlossen ist. Auch eine Beendigung des Mandats – sei es durch Niederlegung, sei es durch Entzug – ermöglicht die zulässige Verteidigung des Mitbeschuldigten (KK-*Laufhütte* 10 zu § 146 StPO mwN).

Im Steuerstrafverfahren kann sich das **Verbot der Mehrfachverteidigung** – nicht zuletzt aus Kostengründen – **nachteilig** auswirken (*Streck* MDR 1978, 893), etwa dann, wenn Eheleute der gemeinschaftlichen Steuerhinterziehung verdächtigt werden (*Kohlmann* 60 zu § 392 AO u. wistra 1982, 2) oder wenn zwei Angehörigen einer freiberuflichen Sozietät eine praxisbedingte Steuerverkürzung zur Last gelegt wird. Andererseits werden sich Interessengegensätze zwischen Stpfl und Steuerberater regelmäßig nicht von vornherein ausschließen lassen (Rdnr. 13).

Eine **Anwaltssozietät** darf mehrere Beschuldigte verteidigen (BVerfG 43, 79 v. 28. 10. 1976); Voraussetzung ist aber eine klare Trennung der Mandate (BGH v. 21. 1. 1983, NStZ 228). Solange die FinB das Ermittlungsverfahren selbständig durchführt (Rdnr. 14), kann die Verteidigung eines Mitbeschuldigten durch einen (federführenden) Anwalt genügen, während die Verteidigung des anderen Beschuldigten von dem steuerlichen Berater allein übernommen wird.

Ein **Verteidiger,** der gegen das Verbot des § 146 StPO verstößt, ist **zurückzuweisen** (§ 146a StPO). Über die Zurückweisung entscheidet das Gericht, bei dem das Verfahren anhängig ist oder das für das Hauptverfahren zuständig wäre (§ 146a I 3 StPO). Prozeßhandlungen (zB Einlegung eines Rechtsmittels), die der Verteidiger vor der Zurückweisung vorgenommen hat, bleiben wirksam (§ 146a II StPO).

8. Rechte und Pflichten des Verteidigers

Schrifttum: *Weiß,* Die „Verteidigervollmacht" – ein tückischer Sprachgebrauch, NJW 1983, 89; *Ebert,* Der Nachweis von Vollmachten im Straf- und Bußgeldverfahren, DRiZ 1984, 237.

a) Nachweis und Umfang der Vollmacht

39 Der Verteidiger bedarf einer Vollmacht, für die regelmäßig **keine bestimmte Form** vorgeschrieben ist. Insbesondere ist die Wirksamkeit der Verteidigerbestellung nicht von der Vorlage einer Vollmachtsurkunde als Nachweismittel abhängig (LG Bremen v. 22. 4. 1982, StrVert 515). Die Vermutung spricht grundsätzlich für die Bevollmächtigung (KK-*Laufhütte* 15 zu § 138 StPO; LG Hagen v. 10. 11. 1982, StrVert 1983, 145). Für den Nachweis der Vollmacht genügt die Anzeige des Beschuldigten oder sein Auftreten mit dem Verteidiger in der Hauptverhandlung (OLG Karlsruhe v. 24. 9. 1982, NJW 1983, 895). Die Vollmacht, Zustellungen für den Beschuldigten in Empfang zu nehmen (§ 145a StPO), hat der gewählte Verteidiger nur, wenn seine Bestellung aktenkundig ist. Es genügt, wenn sich aus einem Protokoll ergibt, daß dem Verteidiger mündlich Vollmacht erteilt worden ist (KK-*Laufhütte* 3 vor § 137 StPO mwN). Eine schriftliche Vollmacht verlangt das Gesetz lediglich in den Fällen, in denen der Verteidiger nicht nur Beistand (§ 137 I StPO), sondern zugleich Vertreter des Beschuldigten ist (§ 234 StPO iVm § 385 AO: Verfahren gegen Abwesende; § 350 II StPO: Revisionsverhandlung; § 411 II StPO: Hauptverhandlung nach Einspruch gegen einen Strafbefehl). Eine solche zur Vertretung ermächtigende Vollmacht wird im Interesse des Angeklagten gefordert, da er damit wichtige Verfahrensrechte – Anwesenheit, rechtliches Gehör – in die Hände des Vertreters legt, der an seine Stelle tritt und mit Wirkung für ihn Erklärungen abgeben und entgegennehmen kann (*Eber* DRiZ 1984, 7 mwN). Vertretungsvollmacht genügt aber; der Zusatz „in Abwesenheit" ist nicht nötig (BGH 9, 356, 357 v. 20. 9. 1956).

40 Die **Vollmacht muß rechtzeitig,** zB vor Ablauf einer Rechtsmittelfrist, **erteilt sein,** kann aber später nachgewiesen werden (RG 21, 125, 127 v. 24. 10. 1980; RG 29, 257 v. 17. 12. 1896). Sie dauert, vorbehaltlich eines Widerrufs, bis zur Beendigung des Verfahrens (KK-*Laufhütte* 14 zu § 138 StPO), kann aber auf bestimmte Verfahrensabschnitte beschränkt oder inhaltlich für bestimmte Handlungen ausdrücklich oder durch konkludente Handlung widerrufen werden (vgl. BGH v. 21. 3. 1967, NJW 1047; OLG Düsseldorf v. 20. 12. 1989, wistra 1990, 168). Die Vollmacht erlischt mit dem Tod des Beschuldigten (BayObLG 27, 107 v. 23. 4. 1927; KG v. 19. 6. 1968, JR 433).

41 Die Befugnisse eines Verteidigers, dem **keine umfassende Vertretungsvollmacht** erteilt wurde, sind im Gesetz kasuistisch geregelt (vgl. *Spendel* JZ 1959, 737). Selbständige und weitergehende Rechte als dem Beschuldigten werden ihm durch § 147 StPO (Akteneinsicht, Rdnr. 42ff.), §§ 193, 224 StPO (unbeschränktes Recht auf Anwesenheit) und § 239 StPO (Kreuzverhör) eingeräumt. Bestimmte Befugnisse stehen dem Verteidiger neben dem

8. Rechte und Pflichten des Verteidigers   42 § 392

Beschuldigten zu (§ 79 I 2 StPO: Antrag auf Sachverständigeneid; § 240 II StPO: Fragerecht; § 251 I Nr. 4 StPO: Einverständniserklärung). Für eine Rücknahme oder einen Verzicht auf Rechtsmittel braucht er eine ausdrückliche Ermächtigung (§ 302 II StPO; zur Wirksamkeit des Widerrufs vgl. BGH 10, 245 v. 3. 5. 1957). Rechtsmittel einlegen darf der Verteidiger, jedoch nicht gegen den „ausdrücklichen Willen" des Beschuldigten (§ 297 StPO). Vielfach spricht das Gesetz nur von Antragsrechten des Angeklagten, obwohl dem Verteidiger kraft seiner Stellung als Beistand neben dem Angeklagten die gleichen Befugnisse zustehen wie auch der StA (BGH 12, 367, 371 v. 30. 1. 1959 zu § 255 StPO; über Beweisanträge gem. §§ 219, 245 StPO vgl. *Spendel* aaO). Die Verteidigungsvollmacht berechtigt den Verteidiger jedoch nicht, Prozeßhandlungen vorzunehmen, die kraft ihrer inneren Bedeutung (zB rechtliches Gehör) dem Angeklagten persönlich vorbehalten sind (BGH 12, 367 v. 30. 1. 1959 zu § 233 StPO).

b) Akteneinsicht

Schrifttum: *Hegelau*, Das Recht auf Akteneinsicht im Steuer- und Steuerstrafverfahren, Institut Finanzen und Steuern, Grüner Brief 267; *Schulz*, Die geschichtliche Entwicklung des Akteneinsichtsrechts im Strafprozeß. Diss. Marburg 1, 71; Lüttger, Das Recht des Verteidigers auf Akteneinsicht, NJW 1951, 744; *Ackermann*, Das Akteneinsichtsrecht des Verteidigers im Verwaltungsstrafverfahren, NJW 1957, 241; *Franzen*, Zur Verteidigung und zur Akteneinsicht des Verteidigers im Steuerstrafverfahren, DStZ 1964, 310; *Klussmann*, Das Akteneinsichtsrecht des Verteidigers in eigener Sache, NJW 1973, 1965; *Klopheyer*, Das Recht auf Akteneinsicht im Besteuerungs-, Steuerstraf- und Bußgeldverfahren, ZfZ 1974, 43; *Wasserburg*, Das Einsichtsrecht des Anwalts in die kriminalpolizeilichen Spurenakten, NJW 1980, 2440; *H. Schäfer*, Die Grenzen des Rechts auf Akteneinsicht durch den Veteidiger, NStZ 198, 203; *Meyer-Goßner*, Die Behandlung kriminalpolizeilicher Spurenakten, NStZ 1984, 353; *Schäfer*; Die Einsicht in Strafakten durch Verfahrensbeteiligte und Dritte, NStZ 1986, 198; *Lohmeyer*, Das Recht auf Akteneinsicht bei Anordnung von Untersuchungshaft, wistra 1993, 319; *Hellmann*, Der Rechtsweg gegen die Versagung der Akteneinsicht durch die Finanzbehörde nach Abschluß des steuerstrafrechtlichen Ermittlungsverfahrens, DStZ 1994, 371; *Schumann*, Zur Akteneinsicht im Steuerstrafverfahren, wistra 1995, 181.

Das **Recht** des Strafverteidigers **auf Akteneinsicht** und Besichtigung der   42
Beweisstücke (§ 147 I StPO) ist Grundvoraussetzung für eine wirksame Verteidigung. Die Vorschrift ist die gesetzliche Ausprägung des verfassungsrechtlich gebotenen Grundsatzes einer fairen Verhandlungsführung (BVerfGE 63, 45 v. 29. 11. 1989). Rechtzeitig vor der Hauptverhandlung (vgl. BGH v. 16. 10. 1984, wistra 1985, 105) ist dem Verteidiger Gelegenheit zur Einsichtnahme zu geben. Die Vorlage einer schriftlichen Vollmacht ist nicht erforderlich (LG Oldenburg v. 18. 10. 1989, StV 1990, 59 sowie Rdnr. 39).

§ 147 StPO Akteneinsicht des Verteidigers

(1) Der Verteidiger ist befugt, die Akten, die dem Gericht vorliegen oder diesem im Falle der Erhebung der Anklage vorzulegen wären, einzusehen sowie amtlich verwahrte Beweisstücke zu besichtigen.

(2) Ist der Abschluß der Ermittlungen noch nicht in den Akten vermerkt, so kann dem Verteidiger die Einsicht in die Akten oder einzelne Aktenstücke sowie die Besichtigung der amtlich verwahrten Beweisstücke versagt werden, wenn sie den Untersuchungszweck gefährden kann.

(3) Die Einsicht in die Niederschriften über die Vernehmung des Beschuldigten und über solche richterlichen Untersuchungshandlungen, bei denen dem Verteidiger die Anwesenheit gestattet worden ist oder hätte gestattet werden müssen, sowie in die Gutachten von Sachverständigen darf dem Verteidiger in keiner Lage des Verfahrens versagt werden.

(4) ¹Auf Antrag sollen dem Verteidiger, soweit nicht wichtige Gründe entgegenstehen, die Akten mit Ausnahme der Beweisstücke zur Einsichtnahme in seine Geschäftsräume oder in seine Wohnung mitgegeben werden. ²Die Entscheidung ist nicht anfechtbar.

(5) Über die Gewährung der Akteneinsicht entscheidet während des vorbereitenden Verfahrens die Staatsanwaltschaft, im übrigen der Vorsitzende des mit der Sache befaßten Gerichts.

(6) ¹Ist der Grund für die Versagung der Akteneinsicht nicht vorher entfallen, so hebt die Staatsanwaltschaft die Anordnung spätestens mit dem Abschluß der Ermittlungen auf. ²Dem Verteidiger ist Mitteilung zu machen, sobald das Recht zur Akteneinsicht wieder uneingeschränkt besteht.

Ergänzend sind RiStBV 160, 185–189 sowie ASB 34 heranzuziehen. Durch die Abschaffung des Verwaltungsteuerstrafverfahrens (Einl 64) ist die frühere Streitfrage, ob und wann dem Verteidiger im Verwaltungstrafverfahren ein Recht auf Akteneinsicht zusteht (vgl. *Ackermann* NJW 1957, 241; *Franzen* DStZ 1964, 310), gegenstandslos geworden. Für das geltende Recht ist nur noch § 147 StPO mit den sich aus den Absätzen 2 u. 3 ergebenden Beschränkungen (Rdnr. 49) maßgebend.

43   Der **Beschuldigte** hat kein Recht auf Akteneinsicht (KK-*Laufhütte* 2 zu § 147 StPO). Das schließt nicht aus, daß einem Beschuldigten, der keinen Verteidiger gewählt hat und dem auch keiner beigeordnet zu werden braucht (Rdnr. 18 ff.), Abschriften zugänglich gemacht werden (LG Ravensburg v. 13. 9. 1995, NStZ 100; *Schroeder* NJW 1987, 301). Über einen entsprechenden Antrag haben der Staatsanwalt oder der Vorsitzende nach pflichtgemäßem Ermessen zu entscheiden (§ 147 V StPO). Einem Verteidiger kann jedoch die Akteneinsicht nicht mit der Begründung versagt werden, er sei in der Anklage als Zeuge benannt und werde voraussichtlich als Zeuge geladen werden; einem Zeugen stehe aber kein Recht auf Akteneinsicht zu (OLG Celle v. 21. 5. 1959, NdsRpfl 1960, 259). Über das Akteneinsichtsrecht der FinB vgl. § 395 AO u. § 49 OWiG. Im Falle der gemeinschaftlichen Verteidigung durch einen Anwalt und einen Angehörigen der steuerberatenden Berufe hat jeder von ihnen ein selbständiges Recht auf Akteneinsicht (Rdnr. 13, 14).

44   **Dritte** haben nach § 147 StPO kein Akteneinsichtsrecht. Einfach und schnell zu erledigende Auskünfte können – in Ausnahmefällen durch Übersendung von Abschriften oder Ablichtungen – erteilt werden, wenn ein berechtigtes Interesse dargelegt wird (RiStBV 185 IV). Diese Beschränkung wird mit Rücksicht auf das aus Art. 2 I GG abgeleitete Recht auf „informationelle Selbstbestimmung" (BVerfGE 65, 1, 43 v. 15. 12. 1983) zunehmend als bedenklich bezeichnet (vgl. *Schäfer* NStZ 1985, 189), soll aber bis zu einer verfassungskonformen gesetzlichen Regelung binnen angemessener Frist hingenommen werden (OLG Hamm v. 11. 11. 1985, MDR 1986, 516; KK-

Laufhütte 21 zu § 147 StPO mwN). Diese Frist ist noch nicht abgelaufen (OLG Karlsruhe v. 20. 9. 1993, NStZ 1994, 50). Die Akten des Dritten sind einsehbar, wenn und soweit der Antragsteller sie zum Betreiben eines Besteuerungsverfahrens oder eines im Zusammenhang damit von ihm durchgeführten finanzgerichtlichen Verfahrens benötigt (OLG Hamburg v. 24. 8. 1995, NStZ 1996, 43). Der Verteidiger kann **juristische Mitarbeiter** mit der Wahrnehmung der Akteneinsicht beauftragen (Brandenburgisches OLG v. 20. 9. 1995, StV 1996, 7).

Ein Denunzierter hat regelmäßig keinen Anspruch auf Akteneinsicht **45** bzw. Benennung des Anzeigenerstatters (BFH v. 7. 5. 1985, BStBl. 571). Wer allerdings zu Unrecht strafrechtlichen Ermittlungen ausgesetzt wird, muß die Möglichkeit haben, sich zur Wehr zu setzen. Daher hält die Rechtsprechung es neuerdings „in außergewöhnlichen Fallgestaltungen" für denkbar, daß die Offenbarung eines Denunzianten im Rahmen der Befugnisse des § 30 IV Nr. 4 und V AO nicht nur zulässig, sondern sogar geboten ist (BFH v. 8. 2. 1994, BStBl. 552).

Zu den Akten gehören **alle Unterlagen** einschließlich der Beiakten und **46** der als Beweismittel (zB Buchführung) verwahrten Gegenstände. Das Einsichtsrecht umfaßt nicht nur Akten, die dem Gericht vorgelegt worden sind (§ 199 I1 StPO), sondern ebenso alle sonstigen verfahrensbezogenen Unterlagen, die zu den Akten genommen worden sind, einschl. sämtlicher Beiakten (BVerfG v. 7. 12. 1982, NStZ 1983, 131). Dazu gehören auch **Steuerakten** der FinB (glA OLG Celle v. 8. 8. 1977, NdsRpfl 252; LR*Lüderssen* 60 zu § 147 StPO; aM *Schäfer* NStZ 1984, 203); ferner Auszüge aus dem Bundeszentralregister (BVerfG aaO). **Spurenakten** sind vorzulegen, wenn ihr Inhalt für die Feststellung der dem Beschuldigten vorgeworfenen Tat und für etwaige gegen ihn zu verhängende Rechtsfolgen von irgendeiner Bedeutung sein kann (BVerfG aaO; BGH 30, 131, 138 ff. v. 26. 5. 1981). Das trifft auf Akten der Steuerfahndung regelmäßig zu (vgl. auch FG Rpf v. 16. 9. 1991, EFG 1992, 175). Nimmt die Strafsachenstelle die be- oder entlastenden Vorgänge nicht vollständig in die Ermittlungsakte auf, so müssen dem Verteidiger diejenigen Steuerakten zugänglich gemacht werden, in denen sie zu finden sind (OLG Celle v. 8. 8. 1977, NdsRpfl 252). Schließt eine Behörde im Einzelfall die Einsicht in ihre beigezogenen Akten aus, so darf deren Inhalt nicht zum Gegenstand des Verfahrens gemacht werden (LR*Dünnebier* 5 zu § 147 StPO). Das Steuergeheimnis (§ 30 AO) steht der Akteneinsicht selbst insoweit nicht entgegen, als *Steuerakten dritter Personen* beigezogen worden sind. Soweit für die Beurteilung der Tat des Beschuldigten die Kenntnis der Verhältnisse Dritter erforderlich ist, ist auch die Einsicht in diese Unterlagen ohne die Einwilligung der Betroffenen durch den Zweck des Strafverfahrens gerechtfertigt und geboten (*Franzen* DStR 1964, 310, 313; ebenso im Ergebnis *Schäfer* NStZ 1984, 203; aM *Paulick* DStR 1963, 554). Zur Einsicht in die Steuer- und Ermittlungsakten der FinB bedarf es nicht deren Zustimmung; denn die FinB ist wegen ihrer besonderen Stellung im Steuerstrafverfahren keine Behörde „einer anderen Verwaltung" iS von RiStBV 187. Handakten der StA dürfen nicht eingesehen werden (RiStBV 187). Das gleiche gilt für die Handakten der Prüfer sowie der Amtsträger der Strafsachenstelle (*Franzen* aaO). Unzulässig ist es, Schriftstücke oder Gegenstände den Akten fernzuhalten, um sie dadurch der Einsicht zu entziehen (*Kleinknecht/Meyer-Goßner* 14 10 zu § 147 StPO). Der Einsicht darf keine aktenkundige Tatsache entzogen werden, die für eine Entscheidung gegen den Beschuldigten verwertet werden soll (BVerfGE 18, 405 v. 9. 3. 1965, *Eisenberg* NJW 1991, 1257). Bestehen insoweit Zweifel, müssen auch diese Akten dem Gericht vorgelegt werden (BVerfGE 63, 45 v. 12. 1. 1983). Rot- oder Grünbogen (Vermerke des Prüfers über straf- oder bußgeldrechtliche Feststellungen) sind Bestandteil der Ermittlungsakte (ebenso *Blumers/Glöggerle* Rdnr. 775). Umgekehrt darf kein Tatsachenstoff gegen den Beschuldigten verwandt werden, der seinem Verteidiger nicht zugänglich gemacht worden ist (RG 72, 268 v. 15. 7. 1938).

47 Das Recht zur Akteneinsicht umfaßt auch die Befugnis, sich **Abschriften** anzufertigen. Dagegen hat der Verteidiger keinen Anspruch auf Erteilung von Aktenauszügen (OLG Hamburg v. 4. 1. 1963, NJW 1024). Er kann jedoch Kopien selbst anfertigen oder auf eigene Kosten anfertigen lassen (BGH 18, 369 v. 29. 5. 1963; ferner Rdnr. 52).

48 Zur **Weitergabe der** durch die Akteneinsicht erlangten **Kenntnisse** ist der Verteidiger regelmäßig berechtigt, uU sogar verpflichtet, denn eine sachgerechte Verteidigung setzt voraus, daß der Beschuldigte weiß, worauf sich der gegen ihn gerichtete Vorwurf stützt (BGH 29, 99 v. 3. 10. 1979). Im gleichen Umfang, wie der Verteidiger dem Beschuldigten den Akteninhalt mitteilen darf, ist er auch befugt, ihm Kopien auszuhändigen (*Krekeler* wistra 1983, 46).

49 Eine **Beschränkung der Akteneinsicht** kann während des Ermittlungsverfahrens und der gerichtlichen Voruntersuchung angeordnet werden, wenn die Besichtigung „den Untersuchungszweck gefährden kann" (§ 147 II StPO). Die Versagung von Akteneinsicht im Rahmen des § 147 II StPO verstößt nicht gegen Art. 5 IV MRK (KG v. 9. 2. 1993, wistra 1994, 38). Erforderlich sind objektive, sich aus dem Fall selbst ergebende Gründe. So kann der Untersuchungszweck zB gefährdet sein, wenn erkennbar bestimmte Untersuchungshandlungen vorbereitet werden, deren Erfolg vom Überraschungseffekt abhängig ist, zB die Vorbereitung einer Durchsuchung (KK-*Laufhütte* 8 zu § 147 StPO). Taktische Überlegungen der StA (FinB) rechtfertigen die Verweigerung nicht, zB nicht die Absicht, dem Beschuldigten oder Zeugen neue Ermittlungsergebnisse in einer bevorstehenden Vernehmung vorzuhalten. Die Beschränkung muß aufgehoben werden, wenn ihr Grund wegfällt, spätestens mit Abschluß der Ermittlungen (§ 170 I StPO iVm § 147 VI StPO).

50 Einsicht in **Protokolle über Vernehmungen** des Beschuldigten darf in keinem Stadium des Verfahrens verweigert werden. Das gleiche gilt gem. § 147 III StPO für Sachverständigengutachten sowie für richterliche Untersuchungshandlungen, bei denen dem Verteidiger die Anwesenheit gestattet worden ist oder hätte gestattet werden müssen. Zu den „Niederschriften" gehören auch Vermerke über Aussagen des Beschuldigten sowie dessen eige-

8. Rechte und Pflichten des Verteidigers

ne schriftliche Äußerungen (§ 136 I 3; § 163a I 2 StPO). Das Einsichtsrecht erstreckt sich aber nicht auf „Nebenprotokollbände", bei denen es sich lediglich um Mitschriften zur Unterstützung des Gerichts handelt (OLG Karlsruhe v. 15. 9. 1981, NStZ 1982, 299).

Sobald der **Abschluß der Ermittlungen** in den Akten vermerkt ist, darf 51 die Akteneinsicht nicht mehr beschränkt werden (§ 147 II StPO). Die Verpflichtung der StA (FinB), den Abschluß der Ermittlungen in den Akten zu vermerken, folgt aus § 169a I StPO. Der Abschlußvermerk hat auch Bedeutung für die Verteidigerbestellung auf Antrag (§ 141 III 3 StPO).

Auf Antrag des Verteidigers „sollen" ihm die Akten in seine Geschäfts- 52 **oder Wohnräume mitgegeben werden,** falls nicht wichtige Gründe entgegenstehen (§ 147 IV StPO). Das gilt mangels einer entsprechenden Unterscheidung in § 147 IV StPO sowohl im Ermittlungs- als auch im Hauptverfahren. Als „ wichtiger Grund" dürfte im Steuerstrafverfahren höchstens in Betracht kommen, daß die Akten in Ausnahmefällen wegen dringender Ermittlungsmaßnahmen nicht, auch nicht kurzfristig, entbehrt werden können. Eine **Aktenversendung,** zB an auswärtige Verteidiger, ist durch den Wortlaut des § 147 IV StPO nicht gedeckt. Wird die Aktenüberlassung in die Geschäftsräume oder in die Wohnung des Verteidigers abgelehnt, kann er Kopien gegen Kostenerstattung beantragen (KK-*Laufhütte* 6 zu § 147 StPO). Die Entscheidung über die Mitgabe der Akten ist nicht anfechtbar (§ 147 IV 2 StPO); sie braucht daher nicht begründet zu werden (§ 34 StPO). In Betracht kommen aber Gegenvorstellung (BVerfG 9, 89 v. 8. 1. 1959) oder Dienstaufsichtsbeschwerde. Die Versendung der Akten kann von der Zahlung einer Pauschale nach § 56 II GKG abhängig gemacht werden (LG Göttingen v. 8. 11. 1995, StV 1996, 166).

Für die **Akteneinsicht** muß eine **angemessene Zeitspanne** zur Verfügung 53 stehen. Allgemeine Grenzen lassen sich insoweit nicht aufstellen. Welche Zeitspanne angemessen ist, wird weitgehend von dem Stadium des Verfahrens abhängen. Jedenfalls dürfte die Praxis mancher Strafsachenstellen, die Ermittlungsakte für „3 x 24 Stunden" zu verschicken, schon deshalb eine nicht gerechtfertige Beschneidung der Verteidigerrechte bedeuten, weil bei einem Posteingang zB am Nachmittag, Nachtarbeit verlangt würde.

Nach Einstellung des Verfahrens ist dem Verteidiger in entsprechender 54 Anwendung des § 147 StPO Akteneinsicht zu gewähren (LG Oldenburg v. 11. 3. 1992, NStZ 555). Gleiches gilt nach rechtskräftigem Verfahrensabschluß (KK-*Laufhütte* 16 zu § 147 StPO).

Über die Zuständigkeit für eine Beschränkung nach § 147 II StPO oder 55 eine Entscheidung nach § 147 IV StPO vgl. neben § 147 V StPO auch RiStBV 183.

Die **Verweigerung der Akteneinsicht im laufenden Ermittlungsverfah-** 56 **ren** ist nach hM, die verfassungsrechtlich unbedenklich ist (BVerfG v. 28. 12. 1984, NJW 1985, 1019), eine Prozeßhandlung, deren Nachprüfung im Verfahren nach §§ 23ff. EG GVG nicht zulässig ist (str. vgl. die Zusammenstellung bei *Kleinknecht/Meyer-Goßner* 39 zu § 147 StPO), möglich ist lediglich eine Dienstaufsichtsbeschwerde (KG v. 9. 2. 1993, wistra 1994, 38).

Der Rechtsweg nach §§ 23 ff. EGGVG ist aber gegeben zur Erzwingung der Einsicht in die den Ermittlungsakten nicht beigefügten Spurenakten – zB Unterlagen der Steuerfahndung – (BVerfG 63, 45 v. 12. 1. 1983) sowie gegen Entscheidungen der Staatsanwaltschaft (Strafsachenstelle) über die Akteneinsicht Dritter (*Kleinknecht/Meyer-Goßner* 40 zu § 147 StPO mwN). Bei Verweigerung der Akteneinsicht nach § 147 III StPO ist eine gerichtliche Überprüfung gem. §§ 23 ff. EGGVG zulässig, weil bezüglich der in dieser Vorschrift genannten Unterlagen ein sofortiges, zeitlich nicht beschränktes Einsichtsrecht besteht (OLG Saarbrücken v. 20. 7. 1994, wistra 362). *Nach rechtskräftigem Abschluß des Ermittlungsverfahrens* ist die Versagung der Akteneinsicht ebenfalls vor den ordentlichen Gerichten anfechtbar (*Hellmann* DStZ 1994, 371; *Rößler* DStZ 1994, 192). Die Einstellung des Verfahrens bewirkt mE keinen „Rollentausch" mit der Folge, daß nunmehr eine den Finanzrechtsweg eröffnende Abgabenangelegenheit iS des § 33 I Nr. 1 FGO vorliegt (so NdsFG v. 8. 12. 1992, DStZ 1994, 191 zust. *Schuhmann* wistra 1995, 181).

c) Anwesenheits- und Erklärungsrechte

57 Im richterlichen Verfahren hat der Verteidiger das Recht, bei allen **Vernehmungen des Beschuldigten** (§ 163 a III 2, § 168 c I StPO) und von Zeugen oder Sachverständigen (§ 168 c II StPO) zugegen zu sein. Es ist ein Gebot rechtsstaatlicher, fairer Verfahrensführung, die Verhandlung nicht in Abwesenheit des Verteidigers durchzuführen (BVerfG v. 18. 10. 1983, NJW 1984, 113). Bei Vernehmungen des Beschuldigten durch die StA (FinB) steht dem Verteidiger ebenfalls ein Anwesenheitsrecht zu (§ 613 a III 1 u. 2 StPO). Eine Vernehmung, die unter Verletzung des § 168 V StPO zustande gekommen ist, darf nicht verwertet werden (ausf. *Krause* StV 1984, 169 mwN). Ob das Anwesenheitsrecht auch bei Vernehmungen durch Beamte der Steuerfahndung besteht, ist umstritten (ausf. *Kohlmann* 180 zu § 392 AO mwN); jedenfalls kann die Steuerfahndung die Anwesenheit des Verteidigers gestatten (*Schaefer* MDR 1977, 980; ASB 33). Ob der Verteidiger einen Rechtsanspruch auf Anwesenheit hat, erscheint unerheblich; denn er kann seine Anwesenheit praktisch dadurch erzwingen, daß der Mandant sich nur auf eine Vernehmung durch den Richter oder die StA (FinB) einläßt (*Kohlmann* 181 zu § 392 AO). Bei *Zeugenvernehmungen* durch die StA (FinB) hat der Verteidiger nach hM kein Anwesenheitsrecht (*Kohlmann* StKRep 1976, 308). Der Verteidiger ist, soweit ihm ein Anwesenheitsrecht zusteht, von den Terminen grundsätzlich zu benachrichtigen (§ 168 c V 1 StPO). Liegen keine Anhaltspunkte für eine Ausnahme vor (§ 168 c V 2 StPO), so begründet die Verletzung der Benachrichtigungspflicht ein strafprozessuales Verwertungsverbot (*Kleinknecht/Meyer-Goßner* 6 zu § 168 c StPO).

58 Die Befugnis zur Teilnahme an richterlichen und staatsanwaltschaftlichen Vernehmungen umfaßt auch ein **Frage- und Hinweisrecht** (*Blumers/Göggerle* Rdnr. 808). Für die Hauptverhandlung folgt dieses Recht aus §§ 239, 240 StPO. Eine Beschneidung des Fragerechts ist absoluter Revisionsgrund (*ter*

8. Rechte und Pflichten des Verteidigers   59–63 § 392

Veen StrVert 1983, 167). In gewissen Fällen kann sich der Angeklagte in der Hauptverhandlung durch einen Verteidiger „vertreten" lassen (§§ 234, 286, 411 II StPO).
Wird ein Anwalt damit beauftragt, die **Erfolgsaussichten** eines Einspruchs 59
gegen einen Strafbefehl **zu prüfen,** so muß er vor allem die Vorschrift des § 411 IV StPO beachten. Nach dieser Vorschrift ist das Gericht bei der Urteilsfällung an den im Strafbefehl enthaltenen Ausspruch nicht gebunden. Ist nach Lage der Dinge nicht mit einem Freispruch oder mit einer Herabsetzung der Strafe in der Hauptverhandlung zu rechnen, so muß der Anwalt – zwecks Vermeidung von Schadenersatzansprüchen – von einem Einspruch abraten bzw. dessen Rücknahme empfehlen (OLG v. 26. 9. 1985, StV 1986, 211).

d) Sonstiges

Zur Hauptverhandlung ist der bestellte Verteidiger (Rdnr. 17) stets, der 60
gewählte Verteidiger dann zu **laden,** wenn die Wahl dem Gericht angezeigt worden ist (§ 218 I 1 StPO). Die Ladungsfrist beträgt eine Woche (§ 218 I 2, § 217 I StPO). Ein Verstoß gegen § 218 StPO begründet bei entsprechender Verfahrensrüge (§ 344 II 1 StPO) die Revision gem. § 337 StPO (*Kleinknecht/Meyer-Goßner* 15 zu 218 StPO), und zwar auch dann, wenn der Angeklagte vom Erscheinen in der Hauptverhandlung entbunden ist (OLG Köln v. 17. 11. 1959, NJW 1960, 736). Auf die Ladungsfrist kann verzichtet werden. Ist der nicht rechtzeitig geladene Verteidiger zur Hauptverhandlung erschienen, so steht ihm selbst, nicht dem Angeklagten, die Entscheidung darüber zu, ob er Aussetzung der Verhandlung (§ 217 II StPO) verlangen will (BGH v. 2. 7. 1963, NJW 1787). Die Ladungsfrist entfällt, wenn der Verteidiger erst innerhalb der Frist bestellt oder dem Gericht als gewählt gemeldet worden ist (BGH v. 12. 3. 1963, NJW 1114). Mehrere Verteidiger sind selbständig zu laden (OLG Karlsruhe v. 23. 10. 1967, NJW 1968, 855). Mehrere Anwälte (Rdnr. 2) sind grundsätzlich alle zu laden (KK-*Laufhütte* 4 zu § 218 StPO). Zur „Benachrichtigung" über die Revisionsverhandlung vgl. § 350 StPO.
Zustellungen darf der Verteidiger grundsätzlich mit Wirkung für den 61
Beschuldigten in Empfang nehmen. Einzelheiten regelt § 145a StPO.
Verteidiger haben ein **Zeugnisverweigerungsrecht** (§ 53 I Nr. 2 StPO). 62
Dieses Recht beschränkt sich auf das, was den Berufsgeheimnisträgern in dieser Eigenschaft anvertraut oder bekannt geworden ist. Darüber hinaus berechtigt § 53 I Nr. 3 StPO Rechtsanwälte und Angehörige steuerberatender Berufe auch, Aussagen über diejenigen Tatsachen zu verweigern, die ihnen im Rahmen der allgemeinen Berufsausübung, also auch außerhalb ihrer Tätigkeit als Verteidiger, bekannt geworden sind. Das Zeugnisverweigerungsrecht entfällt, wenn der Geheimnisträger von seiner Verschwiegenheitspflicht entbunden worden ist (§ 53 II StPO). Daneben ist § 203 I Nr. 3 StGB (strafbare Verletzung von Berufsgeheimnissen) zu beachten.
Gem. § 97 I Nr. 1 StPO unterliegen der **Beschlagnahme** nicht schriftliche 63
Mitteilungen zwischen dem Beschuldigten und den Personen, die nach § 53 I

Nr. 1–3a StPO das Zeugnis verweigern dürfen (Rdnr. 34ff. zu § 399 AO). Das gleiche gilt für Aufzeichnungen, die diese Personen über die ihnen vom Beschuldigten anvertrauten Mitteilungen oder über andere Umstände gemacht haben, auf die sich das Zeugnisverweigerungsrecht erstreckt (§ 97 I Nr. 2 StPO), also für die gesamten Handakten des Verteidigers und Beraters. Andere Gegenstände des Beschuldigten, die der Zeugnisverweigerungsberechtigte in Gewahrsam hat, zB Geschäftsbücher, Aufzeichnungen, Belege, unterliegen grundsätzlich ebenfalls nicht der Beschlagnahme, soweit die durch sie zu beweisenden Tatsachen von dem Zeugnisverweigerungsrecht umfaßt werden; anders, wenn die Gegenstände nur übergeben wurden, um sie vor den Strafverfolgungsbehörden zu verstecken (KK-*Laufhütte* 11 zu § 97 StPO; *Haffke* NJW 1975, 808, 810). Das Beschlagnahmeverbot greift regelmäßig nur ein, wenn sich die Gegenstände im Gewahrsam des Zeugnisverweigerungsberechtigten befinden (§ 97 II 1 StPO); bei Verteidigerpost, die sich in der Hand des Beschuldigten befindet, macht die Rechtsprechung allerdings eine Ausnahme (BGH v. 13. 8. 1973, NJW 2033; ausführlich zum Stand der Meinungen *Schreiber* 1993, 173ff.). Das Beschlagnahmeverbot entfällt, wenn gewichtige Anhaltspunkte dafür bestehen, daß der Verteidiger sich an der Tat beteiligt hat (BGH v. 13. 8. 1973, JZ 1974, 421). Die Schriftstücke dürfen aber nicht durchgelesen werden, um festzustellen, ob der Geheimnisträger der Teilnahme verdächtig ist, um also durch die Einsicht festzustellen, ob das Beschlagnahmeverbot entfällt (LG Köln v. 27. 5. 1960, NJW 1874). Die Beschlagnahmefreiheit entfällt ferner mit der Entbindung von der Verschwiegenheitspflicht. Der Verteidiger muß also sehr sorgfältig abwägen, ob er dem Mandanten dazu rät, ihn von dem Zeugnisverweigerungsrecht zu befreien. Über die Befugnis des Erben und des Konkursverwalters zur Befreiung von der Schweigepflicht vgl. *Blumers/Göggerle* Rdnr. 651 ff. Widerruft der Beschuldigte die Entbindungserklärung, so entsteht ex nunc ein neues Beschlagnahmeverbot (OLG Nürnberg v. 17. 8. 1956, NJW 1958, 272).

9. Kosten

64   Die dem Angeschuldigten für einen Verteidiger erwachsenen Auslagen werden unter bestimmten Voraussetzungen von der Staatskasse erstattet (§§ 464a, 467 StPO). Näheres s. zu § 408 AO.

§ 393 Verhältnis des Strafverfahrens zum Besteuerungsverfahren

(1) ¹Die Rechte und Pflichten der Steuerpflichtigen und der Finanzbehörde im Besteuerungsverfahren und im Strafverfahren richten sich nach den für das jeweilige Verfahren geltenden Vorschriften. ²Im Besteuerungsverfahren sind jedoch Zwangsmittel (§ 328) gegen den Steuerpflichtigen unzulässig, wenn er dadurch gezwungen würde, sich selbst wegen einer von ihm begangenen Steuerstraftat oder Steuerordnungswidrigkeit zu belasten. ³Dies gilt stets, soweit gegen ihn wegen einer solchen Tat das Strafverfahren eingeleitet worden ist. ⁴Der Steuerpflichtige ist hierüber zu belehren, soweit dazu Anlaß besteht.

(2) ¹Soweit der Staatsanwaltschaft oder dem Gericht in einem Strafverfahren aus den Steuerakten Tatsachen oder Beweismittel bekannt werden, die der Steuerpflichtige der Finanzbehörde vor Einleitung des Strafverfahrens oder in Unkenntnis der Einleitung des Strafverfahrens in Erfüllung steuerrechtlicher Pflichten offenbart hat, dürfen diese Kenntnisse gegen ihn nicht für die Verfolgung einer Tat verwendet werden, die keine Steuerstraftat ist. ²Dies gilt nicht für Straftaten, an deren Verfolgung ein zwingendes öffentliches Interesse (§ 30 Abs. 4 Nr. 5) besteht.

Schrifttum:
Monographien: Dencker, Verwertungsverbote im Strafprozeß, 1977; *Fischer,* Divergierende Selbstbelastungspflichten nach geltendem Recht, 1979; *Reuß,* Grenzen steuerlicher Mitwirkungspflichten, 1979; *Rogall,* Der Beschuldigte als Beweismittel gegen sich selbst, 1977; *Rüping,* Steuerfahndungsergebnisse und ihre Verwertbarkeit, 1981; *Sidow,* Die Vereinbarkeit der steuerlichen Mitwirkungspflichten mit dem Grundgesetz, jur. Diss. Hamburg 1968; *Reiß,* Besteuerungsverfahren und Strafverfahren, 1987; *Teske,* Die Abgrenzung der Zuständigkeiten und der Beweisverfahren im Besteuerungsverfahren und im Steuerstrafverfahren unter besonderer Berücksichtigung des § 393 AO de lege lata und de lege ferenda, Diss. Köln 1987; *Nothhelfer,* Die Freiheit vom Selbstbezichtigungszwang, 1989; *Rüster,* Der Steuerpflichtige im Grenzbereich zwischen Besteuerungsverfahren und Strafverfahren, 1989; *Buchholz,* Der Betroffene im parlamentarischen Untersuchungsausschuß, 1990; *Berthold,* Der Zwang zur Selbstbezichtigung aus § 370 Abs. 1 AO und der Grundsatz des nemo tenetur, 1993; *Hellmann,* Das Neben-Strafverfahrensrecht der Abgabenordnung, 1995.

Aufsätze: Barske, Steuererklärungspflicht ohne Auskunftsverweigerungsrecht, DStZ 1958, 25; *Ehlers,* Steuerermittlungs-, Steueraufsichts- und Steuerstrafverfahren in ihrer gegenseitigen Abgrenzung StbJb 1959/60, 523; *Grünwald,* Beweisverbote und Verwertungsverbote im Strafverfahren, JZ 1966, 489; *Jescheck,* Beweisverbote im Strafprozeß, Gutachten zum 46. DJT 1966, Band I Teil 3 B, 1; *Peters,* Beweisverbote im deutschen Strafverfahren, Gutachten zum 46. DJT 1966, Band I Teil 3 A, 91; *Rupp,* Beweisverbote im Strafprozeß in verfassungsrechtlicher Sicht, Gutachten zum 46. DJT 1966, Band I Teil 3 A, 165; *Eb. Schmidt,* Sinn und Tragweite des Hinweises auf die Aussagefreiheit des Beschuldigten, NJW 1968, 1209; *Jakob,* Rechtsfragen der Organisation und Funktion des Steuerfahndungsdienstes, StW 1971, 297; *Kopacek,* Die Nichteinleitung des Steuerstrafverfahrens durch den Betriebsprüfer, BB 1971, 1051; *Ulsenheimer,* Zumutbarkeit normgemäßen Verhaltens bei Gefahr eigener Strafverfolgung, GA 1972, 1; *Wolter,* Nochmals: Die Strafverfolgungsaufgaben der Finanzverwaltung bei Steuervergehen und der „strafrechtliche Hinweis" nach § 14 Abs. 4 BPO (St), StBP 1973, 80; *Rüping,* Zur Mitwirkungspflicht des Beschuldigten und Angeklagten, JR 1974, 135; *Dencker,* Belehrung des Angeklagten über sein Schweigerecht und Vernehmung zur Person, MDR 1975, 359; *Rogall,* Die Mißachtung des Verbots der Selbstbelastung im geltenden und kommenden Abgabenrecht, ZRP 1975, 278; *Lohmeyer,* Bedeutung und Umfang der steuerlichen Außenprüfung, BlStA 1977, 396; *Reiß,* Zwang zur Selbstbelastung nach der neuen Abgabenordnung, NJW 1977, 1436; *Teichner,* AO 1977 – Steueraufsicht, Außenprüfung

§ 393 Strafverfahren und Besteuerungsverfahren

und Steueraufsichtsprüfung, ZfZ 1977, 354; *Brenner,* Zum Auskunftsverweigerungsrecht des Steuerpflichtigen bei der Betriebsprüfung, BB 1978, 910; *Frotscher,* Die Betriebsprüfungsordnung (Steuer), BB 1978, 705; *Martens,* Die steuerliche Außenprüfung nach neuem Recht, NJW 1978, 1465; *Suhr,* Die Mitwirkungspflichten und Mitwirkungsverweigerungsrechte bei einer Außenprüfung nach der AO 1977, StBp 1978, 97; *Vogelbruch,* Die Auskunftspflicht der einer gesetzlichen Verschwiegenheitspflicht unterliegenden rechts- und steuerberatenden Berufe gegenüber der Finanzbehörde, DStZ 1978, 340; *Brenner,* Außenprüfer als Strafverfolgungsorgan, Verfolgungsverjährung und Verwertungsverbot, StBp 1979, 121; *Knauth,* Beweisverwertungsverbot als Folge einer verfassungswidrigen Beschlagnahmeanordnung, JuS 1979, 339; *Lohmeyer,* Die straf- und bußgeldrechtlichen Vorschriften der neuen Betriebsprüfungsordnung (Steuer), DStR 1979, 131; *Möllinger,* Das Verhältnis Besteuerungsverfahren ./. Strafverfahren im Bereich der Außenprüfung, StBp 1979, 193; *Wenzig,* Die Belehrung des Steuerpflichtigen über seine Rechte und Pflichten bei einer Betriebsprüfung, DB 1979, 1763; *Voss-Jäger,* Die Mitwirkung Dritter im Besteuerungsverfahren, insbesondere während einer Außenprüfung, DB 1979, 1315; *Latsch/Honemann,* Die Bedeutung der Schlußbesprechung (§ 201 AO) im Rahmen der steuerlichen Außenprüfung, StBp 1980, 1; *Mein,* Fragen der Zusammenarbeit zwischen Steuerfahndung und Polizei nach der AO 1977, StBp 1980, 131; *Seebode,* Über die Freiheit, die eigene Strafverfolgung zu unterstützen, JA 1980, 493; *Streck,* Betriebsprüfung und Steuerstrafverfahren, BB 1980, 1537; *Ehlers,* Verwertungsverbot mit und ohne praktische Folgen, StBP 1981, 97; *Gössel,* Kritische Bemerkungen zum gegenwärtigen Stand der Lehre von den Beweisverboten im Strafverfahren, NJW 1981, 649; *ders.,* Überlegungen zu einer neuen Beweisverbotslehre, NJW 1981, 2217; *Huxol,* Besteht bei unterlassener bzw. nicht ausgedehnter Prüfungsanordnung ein Verwertungsverbot?, FR 1981, 212; *ders.,* Verwertungsverbot bei fehlender Außenprüfungsanordnung, FR 1981, 294; *Kalmes,* Unzulässige Verwertung von rechtswidrig erlangten Tatsachen und Beweismitteln im Rahmen von Betriebsprüfungen, DStZ 1981, 427; *Rössler,* Häufige Fehler in Außenprüfungsanordnungen, BB 1981, 1765; *ders.,* Verwertungsverbot bei fehlerhafter Außenprüfungsanordnung, FR 1981, 294; *Streck,* Der Beschluß des Bundesverfassungsgerichts zum strafrechtlichen Verwertungsverbot bei Aussagen des Gemeinschuldners und seine Auswirkungen im Steuerstrafrecht, StrVert 1981, 362; *Stürner,* Strafrechtliche Selbstbelastung und verfahrensförmige Wahrheitsermittlung, NJW 1981, 1757; *Hildebrandt,* Verwertungsverbote für Tatsachen oder Beweismittel im Steuerstrafverfahren und im Besteuerungsverfahren, DStR 1982, 20; *ders.,* Betriebsprüfung und Steuerstrafverfahren, StBP 1982, 267; *Reiß,* Gesetzliche Auskunftsverweigerungsrechte bei Gefahr der Strafverfolgung in öffentlich-rechtlichen Verfahren, NJW 1982, 2540; *Karl Schäfer,* Einige Bemerkungen zu dem Satz „nemo tenetur se ipsum accusare", Peters-Festschr. 1982, 11; *Braun,* Verhalten in der steuerlichen Außenprüfung, StBp 1983, 25; *Kretzschmar,* Welche Aktenvermerke hat der Betriebs(Außen-)Prüfer nach der Einleitung des Steuerstraf(-bußgeld-)verfahrens zu fertigen?, StBp 1983, 265; *ders.,* Verhalten des Betriebs(Außen-)Prüfers beim Verdacht von Straftaten/Ordnungswidrigkeiten, die nicht innerhalb der Ermittlungskompetenz der Finanzbehörde liegen, StBp 1983, 241; *Lohmeyer,* Verbindliche Auskünfte und Zusagen im Besteuerungsverfahren, insbesondere im Anschluß an eine Außenprüfung, StB 1983, 101; *Otto,* Beweisverbote aus steuerrechtlicher Mitwirkungspflicht?, wistra 1983, 233; *Streck,* Das Recht des Verhältnisses von Steuer- und Strafverfahren, Grundfragen 1983, 217; *ter Veen,* Die Zulässigkeit der informatorischen Befragung, StrVert 1983, 293; *Zainhofer,* Möglichkeiten und Grenzen des Nachweises von Steuerstraftaten bei Betriebsprüfungen mittelständischer Unternehmen, StrVert 1983, 518; *Dingeldey,* Das Prinzip der Aussagefreiheit im Strafprozeßrecht, JA 1984, 407; *Gössel,* Verfassungsrechtliche Verwertungsverbote im Strafverfahren, JZ 1984, 361; *Streck,* Über Betriebsprüfung und Steuerstrafverfahren im Widersinn, BB 1984, 199 mit Erwiderung von *Hildebrandt,* BB 1984, 1226; *Wenzig,* Die Grenzen des Verwertungsverbots, DStZ 1984, 172; *Meine,* Reichweite des Verwertungsverbots nach § 393 II AO, wistra 1985, 186; *Rengier,* Aushöhlung der Schweigebefugnis des auch steuerlich belangten Beschuldigten durch „nachteilige" Schätzung der Besteuerungsgrundlagen?, BB 1985, 720; *Brenner,* Schützt das Steuergeheimnis wirklich Hehler, Bestecher, Wein-Panscher und andere Kriminelle?, ZfZ 1986, 201; *Müller,* Steuergeheimnis und Verwertungsverbot bei nichtsteuerlichen Straftaten, DStR 1986, 699; *Rüping,* „In dubio pro fisco" im Steuerstrafverfahren?, NStZ 1986, 545; *Pump,* Anzeige von Steuerstraftaten durch Gerichte und Behörden, wistra 1987, 322; *Henneberg,* Der Steuerpflichtige im Spannungsfeld zwischen Besteuerungsverfahren und Steuerstrafverfahren, BB 1988, 2181; *Lohmeyer,* Auskunfts- und Vorlageverweigerungsrechte im Besteuerungs- und im Strafverfahren, Inf. 1988, 348; *Nobbe/Vögele,* Offenbarungspflichten und Auskunftsverweigerungsrechte, NuR 1988, 313; *Klos/Weyand,* Praktische Probleme des Einsatzes von Außenprüfungen zu steuerstrafrechtlichen Ermittlungen, StBp 1989, 157; *Merkt,* Auswertung von Unterlagen im steuerlichen Verwaltungsverfahren und Herausgabepflicht im Strafverfahren, DStR 1990, 476; *Weyand,* Arzt- und Steuergeheimnis als Hindernis für Strafverfolgung?, wistra 1990, 4; *Blesinger,* Das Verhältnis zwischen Besteuerungs- und Steuerstrafverfahren, wistra 1991, 243; *Dörn,* Betriebsprüfer und Steuerstrafverfahren, StBp 1991, 173; *Gössel,* Die Beweisverbote im Strafverfahrensrecht der Bundesrepublik Deutschland, GA 1991, 483; *Mössner,* Internationale Menschenrechte und Steuerrecht, StuW 1991, 224; *Seer,* Die Verwertbarkeit strafrechtlicher Ermittlungsergebnisse für das Besteuerungsverfahren – Umfang und Grenzen einer Amtshilfe, StuW 1991, 165; *Dencker,* Über Heimlichkeit, Offenheit und Täuschung bei der Beweisgewinnung im Strafverfahren, StV 1994, 667; *Richter II,* Reden – Schweigen – Teilschweigen, StV 1994, 687; *Geppert,* Zur Verwertung selbstbelastender Angaben eines Versicherungsnehmers und späteren Beschuldigten im nachfolgenden Strafverfahren, Jura 1995, 439; *Lesch,* Der Beschuldigte im Strafverfahren – Über den Begriff und die Konsequenzen der unterlassenen Belehrung, JA 1995, 157; *Frommel/Füger,* Das Auskunftsverweigerungsrecht im Steuerverfahren und die Rechtsprechung des Europäischen Gerichtshofs für Menschenrechte, StuW 1995, 58; *Störner,* Strafprozessuale Verwertungsverbote in verschiedenen Konstellationen, Jura 1994, 621; *Roxin,* Nemo tenetur: Die Rechtsprechung am Scheideweg, NStZ 1995, 465; *Haas,* Vernehmung, Aussage des Beschuldigten und vernehmungsähnliche Situation – zugleich ein Beitrag zur Auslegung des § 136 StPO, GA 1995, 230.

Übersicht

I. Allgemeines
1. Entstehungsgeschichte........ 1, 2
2. Zweck, Bedeutung und Problmatik der Vorschrift 3–10
   a) Zweck des § 393 AO 3–6
   b) § 393 AO und das Nemo-tenetur-Prinzip 7–9
   c) Verfassungsrechtliche Problematik des § 393 II AO 10

II. Verhältnis von Besteuerungs- und Strafverfahren
1. Rechte und Pflichten der Beteiligten 11–18
   a) Rechte und Pflichten der FinB 12, 13
   b) Rechte und Pflichten des Steuerpflichtigen 14, 15
   c) Auswirkungen des Strafverfahrens auf das Besteuerungsverfahren................ 16–18
2. Unzulässigkeit von Zwangsmitteln 19–39
   a) Selbstbelastung mit einer Steuerstraftat oder Steuerordnungswidrigkeit 20–24
   b) Glaubhaftmachung 25–28
   c) Zwangsmittel 29–35
   d) Auswirkungen des § 393 I 2 AO auf das materielle Steuerstrafrecht................ 36–39

3. Belehrung des Steuerpflichtigen 40–52
   a) Anlaß zur Belehrung 40–42
   b) Verstoß gegen § 393 I 4 AO.. 43–48
   c) Fernwirkung des Verwertungsverbots 49–52

III. Verwertbarkeit der Angaben des Steuerpflichtigen
1. Verwertbarkeit bei Nicht-Steuerstrafen 54–68
   a) Offenbarung in Erfüllung steuerlicher Pflichten........ 54, 55
   b) Vor oder in Unkenntnis der Einleitung des Steuerstrafverfahrens 56–58
   c) Kenntnis aus den Steuerakten 59–61
   d) Folgen des § 393 II 1 AO 62–68
2. Ausnahmen vom Verwertungsverbot 69–87
   a) Verfassungswidrigkeit des § 393 II AO 69–77
   b) Voraussetzungen einer Verwertung 78–85
   c) Richtigstellung in der Öffentlichkeit 86
   d) Sonstige Fälle des zwingenden öffentlichen Interesses... 87

I. Allgemeines

1. Entstehungsgeschichte

1 § 393 AO 1977 hat seinen Vorgänger in § 428 RAO 1967. § 428 I RAO enthielt jedoch keine Belehrungspflicht; er lautete: „*Die Befugnisse des Finanzamts im Besteuerungsverfahren werden durch ein Strafverfahren nicht berührt; jedoch sind Zwangsmittel (§ 202) unzulässig, soweit gegen den Steuerpflichtigen wegen der Abgabenangelegenheit ein Strafverfahren eingeleitet worden ist*". § **428 RAO 1967** (= § 418 EAOStrafÄndG, BT-Drucks. V/1812 S. 7) wurde durch Art. 1 Nr. 1 AOStrafÄndG v. 10. 8. 1967 (BGBl. I 877) in die AO eingefügt. Die Einfügung sollte die Befugnisse des Finanzamts klarstellen und (§ 428 II AO) dem Schutz des Steuergeheimnisses im Strafverfahren dienen (BT-Drucks. V/1812 S. 32). Die Ersetzung des § 428 II 2, 3 RAO durch die Verweisung auf § 30 IV Nr. 5 AO ist Folge der Einfügung des § 30 IV AO 1977 (BT-Drucks. 7/4292 S. 46). § 428 II 1 RAO entsprach inhaltlich dem § 393 II 1 AO 1977, jedoch war die Variante „*in Unkenntnis der Einleitung*" nicht enthalten. Die dem § 393 II 2 AO entsprechende Regelung lautete: „*Dies gilt nicht für Verbrechen und Vergehen, an deren Verfolgung ein zwingendes öffentliches Interesse besteht. Ein zwingendes öffentliches Interesse an der Verfolgung ist namentlich gegeben bei Verbrechen und vorsätzlichen Vergehen gegen Leib und Leben sowie bei Verbrechen und schwerwiegenden Vergehen gegen den Staat und seine Einrichtungen.*"

2 **Die RAO 1931** enthielt nur vereinzelt Vorschriften über die Abgrenzung der Befugnisse des Finanzamts im Besteuerungsverfahren und im Strafverfahren, etwa in § 438 RAO 1931 (= 403 RAO 1919), der die Nachschau regelte: „*Das Recht des Finanzamts, in Räumen, die ihm zur Ausübung der Steueraufsicht zugänglich sind, Nachschau zu halten und die dort zu seiner Einsicht bestimmten Bücher und Aufzeichnungen einzusehen, bleibt unberührt; Zwangsmittel (§ 202) gegen die Person des Beschuldigten sind jedoch unstatthaft, sofern es sich darum handelt, Spuren einer Steuerzuwiderhandlung zu verfolgen*". Vgl. zur Entstehungsgeschichte noch umfassend *Reiß* 1987, 25 ff.

2. Zweck, Bedeutung und Problematik der Vorschrift

a) Zweck des § 393 AO

3 § 393 I AO soll die Befugnisse der FinB im Besteuerungsverfahren und im Strafverfahren voneinander abgrenzen, weil Besteuerungsverfahren und Strafverfahren, vor allem hinsichtlich der Offenbarungspflichten des Betroffenen, von verschiedenen Prinzipien ausgehen (BT-Drucks. V/1812 S. 32; BT-Drucks. 7/4292 S. 46). § 393 II AO soll das Steuergeheimnis auch insoweit gewährleisten, als der Stpfl im Vertrauen auf das Steuergeheimnis pflichtgemäß (§ 40 AO) eigene Straftaten offenbart (BT-Drucks. V/1812 S. 32). § 393 II 2 AO will jedoch eine Durchbrechung des Steuergeheimnisses ermöglichen, soweit an der Strafverfolgung ein zwingendes öffentliches Interesse besteht.

I. Allgemeines 4, 5 § 393

Die Regelung geht von der Erkenntnis aus, daß Besteuerungsverfahren 4 und Steuerstrafverfahren *zeitlich parallel* verlaufen (*Kohlmann* 2 u. *Leise/Cratz* 1 zu § 393 AO; *Streck* Grundfragen S. 248; *Wendeborn* 1989, 164) und die jeweils ermittelnden Amtsträger personengleich sein können (§ 208 I AO; s. Rdnr. 15 zu § 404 AO). Die Rechte und Pflichten einer Person sind aber im Besteuerungs- und im Strafverfahren völlig unterschiedlich. Während der Beschuldigte im Strafprozeß ein Schweigerecht hat (§ 136 StPO) und die Herausgabe von in seinem Besitz befindlichen Gegenständen nicht erzwungen werden kann (Rdnr. 30 zu § 399 AO; *Senge* 1 zu § 393 AO), muß er als Stpfl im Besteuerungsverfahren die für die Besteuerung erheblichen Tatsachen wahrheitsgemäß offenbaren (§ 90 I AO). Die Erfüllung dieser und weiterer Pflichten, etwa zur Vorlegung von Urkunden (§ 97 AO), ist nach den §§ 328 f. AO mit Zwangsmitteln durchsetzbar. Sonstigen Personen steht nach § 103 AO ein Auskunftsverweigerungsrecht zu, sofern sie sich bei Beantwortung bestimmter Fragen einer Gefahr strafgerichtlicher Verfolgung aussetzen würden. Für den Stpfl besteht eine solche, dem § 55 StPO entsprechende Regelung im Besteuerungsverfahren nicht. Er wäre an sich gehalten, zur Vermeidung von Zwangsmitteln der FinB Tatsachen zu offenbaren, die angesichts der Durchlässigkeit zum Steuerstrafverfahren (und nach § 393 II 2 AO auch zum sonstigen Strafverfahren) zu seiner Verurteilung beitragen könnten.

Zur Lösung dieses Konflikts bestehen drei verfassungsrechtlich zulässige 5 (Rdnr. 7 ff.) Möglichkeiten. Denkbar ist, die Mitwirkungspflichten des Stpfl gänzlich außer Kraft zu setzen, soweit ein Ermittlungsverfahren wegen einer Steuerstraftat gegen ihn eingeleitet worden ist oder er sich bei Erfüllung seiner Pflichten einer Straftat bezichtigen müßte (vgl. *Berthold* 1993, 71; *Hellmann* 1995, 103). Auch ist es möglich, diese Mitwirkungspflichten zwar bestehen zu lassen, jedoch auf die Anwendung von Zwangsmitteln in diesem Zusammenhang zu verzichten. Schließlich kann man an der Erzwingbarkeit der Mitwirkungspflichten festhalten und die (strafrechtliche) Unverwertbarkeit der dabei gewonnenen Erkenntnisse festschreiben. Das Gesetz kombiniert die zweite und dritte Möglichkeit. Nach § 393 I AO bleiben Rechte und Pflichten des Stpfl sowie der FinB im Besteuerungsverfahren und im Strafverfahren formal getrennt voneinander bestehen. Der Stpfl bleibt also trotz des Ermittlungsverfahrens wegen einer Steuerstraftat auskunftspflichtig; jedoch können Zwangsmittel nicht eingesetzt werden, wenn dies zu einer Selbstbelastung des Stpfl führen würde (§ 393 I 2 AO). Soweit der Stpfl in Erfüllung seiner Mitwirkungspflichten den Behörden Kenntnisse verschafft, die auf die Begehung anderer Straftaten hindeuten, dürfen diese Kenntnisse gegen ihn nicht für die Verfolgung einer sonstigen Nichtsteuerstraftat verwendet werden, es sei denn, es handelt sich um eine besonders gravierende Straftat (§ 393 II AO). Daß der Beschuldigte nicht völlig von seinen Mitwirkungspflichten freigestellt ist, wird – abgesehen vom Hinweis auf § 40 AO (Besteuerung gesetzeswidriger Geschäfte) – allgemein mit der Erwägung begründet, daß ihn eine völlige Befreiung von der Erfüllung steuerlicher Pflichten wesentlich besser stellen würde als den redlichen Stpfl; der Täter einer Steuerhinterziehung dürfe aber nicht besser stehen als der Steuerehrliche (vgl. *Koch/Scholtz/Himsel* 3, *Leise/Cratz* 15, *Senge* 1 u. *Schwarz* 1 zu § 393 AO; *Benkendorff* ZfZ 1977, 107).

6 Tatsächlich wird das Besteuerungsverfahren **von der Durchführung des Steuerstrafverfahrens** ganz erheblich beeinflußt (HHSp-*Engelhardt* 45 zu § 393 AO; *Leise/Cratz* 1 zu § 393 AO). Im Ergebnis bedeutet die Regelung des § 393 I AO, daß es materiell Mitwirkungspflichten des Stpfl nicht gibt (*Senge* 4 zu § 393 AO; *Schmitz/Tillmann* S. 52; *Reiß* 1987, 263; *Rengier,* BB 1985, 721; *Rüster* 1989, 53; *dies.,* wistra 1988, 51; HHSp-*Schick* 385 zu § 193 AO; *Hellmann* 1995, 99f.) und er im Ergebnis – soweit es um Steuerstraftaten geht – ein Auskunftsverweigerungsrecht hat (*Lohmeyer* S. 87; *Kohlmann* 35 zu § 393 AO). Das formale Festhalten an Mitwirkungspflichten unter Verzicht auf Zwangsmittel ermöglicht jedoch die Schätzung nach § 162 AO (*Leise/Cratz* 9 zu § 393 AO). Ein solches Ergebnis wäre aber auch ohne die Anordnung eines Nebeneinanders von Besteuerungs- und Steuerstrafverfahren (s. die beispielhaften Zitate bei *Ehlers* StbJb 1959/60, 526f.) schon durch eine entsprechende Ausgestaltung des § 162 AO möglich gewesen (*Reiß* 1987, 265; *Hellmann* 1995, 112). Das Festhalten an einer Mitwirkungspflicht des Beschuldigten schafft demgegenüber erhebliche Gefahren und Mißbrauchsmöglichkeiten.

b) § 393 AO und das Nemo-tenetur-Prinzip

7 Wenn das Gesetz in bestimmten Fällen den **Einsatz von Zwangsmitteln** verbietet (§ 393 I AO) und die Verwertbarkeit von Auskünften des Stpfl nicht unerheblich beschränkt (§ 393 II AO), könnte dies den Eindruck erwecken, es handele sich um eine gesetzgeberische Großzügigkeit, bei § 393 II AO gar um eine übertriebene Beachtung des Steuergeheimnisses (*Zybon* ZRP 1971, 231; *Göhler* NJW 1974, 829 Fußn. 63; s. auch Rdnr. 67), die man im Wege der Auslegung zurücknehmen dürfe.

8 **Die in § 393 AO getroffene Regelung ist jedoch zT von Verfassungs wegen geboten.** Ein Staat, der von seinen Bürgern nicht nur die Offenbarung der persönlichen Verhältnisse, sondern sogar die Versteuerung auch gesetzwidriger Einkünfte verlangt (§ 40 AO), *muß* dafür sorgen, daß die Erfüllung der steuerlichen Pflichten dem Betroffenen nicht zum (strafrechtlichen) Nachteil gereicht. Im Strafprozeßrecht ist seit geraumer Zeit unstreitig, daß ein staatlicher Zwang zur Selbstbelastung schlechthin unzulässig ist; die in §§ 136, 136a StPO getroffene Regelung ist nur Ausdruck des Grundsatzes *„nemo tenetur se ipsum accusare (prodere)",* der Verfassungsrang hat (BVerfG 56, 37, 49 v. 13. 1. 1981: *„Unzumutbar und mit der Würde des Menschen unvereinbar wäre ein Zwang, durch eigene Aussagen die Voraussetzung für eine strafgerichtliche Verurteilung liefern zu müssen"*). Der Grundsatz ergibt sich aus Art. 2 I iVm Art. 1 GG (BVerfG aaO; KK-*Boujong* 10 zu § 136 StPO; *Reuß* 1979, S. 111; *Rogall* aaO S. 148; *Rüping* JR 1974, 137; *Sidow* aaO S. 152; *Stürner* NJW 1981, 1758; s. auch BVerfG 66, 1 v. 17. 7. 1984; BGH 31, 304 v. 17. 3. 1983; OVG Koblenz v. 12. 11. 1981, NJW 1982, 1414; OLG Celle v.

16. 2. 1982, wistra 120; *Ehlers* StbJb 1959/60, 564 ff.; *Reiß* NJW 1982, 2540; *Schäfer* Dünnebier-Festschr. 18; *Störmer* Jura 1994, 622). Teilweise wird zusätzlich auf Art. 20 III GG und die mit dem nemo-tenetur-Prinzip gewährleistete Sicherung eines rechtsstaatlichen Verfahrens hingewiesen, in dem der Beschuldigte im Gegensatz zum Inquisitionsprozeß nicht zu seiner Überführung beitragen muß (*Buchholz* 1990, 80; *Berthold* 1993, 13). Das Verbot eines Zwanges zur Selbstbelastung ergibt sich zudem aus Art. 14 IIIg des Internationalen Pakts über staatsbürgerliche und politische Rechte v. 16. 12. 1966, ratifiziert durch G v. 17. 12. 1973 (BGBl. II 1533): Der Angeklagte „*darf nicht gezwungen werden, gegen sich selbst als Zeuge auszusagen oder sich schuldig zu bekennen*" (*Rogall* aaO S. 116 ff.). Überdies ist Art 6 I MRK einschlägig (*Frommel/Füger* StuW 1995, 58 ff.). Eine dem § 393 I 2 AO entsprechende Regelung ist dem Gesetzgeber also verfassungsrechtlich vorgegeben (vgl. auch KG v. 7. 7. 1994, NStZ 1995, 146; *Geppert* Jura 1995, 441).

Freilich ist der Gesetzgeber uU befugt, statt des Schweigerechts eine Aussagepflicht zu statuieren, die mit einem Verwertungsverbot gekoppelt ist (BVerfG 56, 37, 42 v. 13. 1. 1981; *Stürner* NJW 1981, 1761); hier ist ihm ein Spielraum eingeräumt, den er mit § 393 II 1 AO genutzt hat. In der Regel hat jedoch ein Aussageverweigerungsrecht Vorrang (*Stürner* aaO).

c) Verfassungsrechtliche Problematik des § 393 II AO

Bei Tatsachen, die Nicht-Steuerstraftaten betreffen, läßt § 393 AO den Einsatz von Zwangsmitteln zu. Zugleich verbietet § 393 II 1 AO den Strafverfolgungsbehörden, auf die vom Betroffenen in Erfüllung steuerlicher Pflichten offenbarten Tatsachen zurückzugreifen. Dieses Verwertungsverbot ist von Verfassungs wegen durch den nemo-tenetur-Grundsatz geboten (Rdnr. 7 ff.). Hier wird nicht etwa dem Steuergeheimnis der Vorrang vor dem Legalitätsprinzip eingeräumt (so aber *Lohmeyer* S. 88; *Kohlmann* 1 zu § 393 AO u. 17 zu § 385 AO). Die Durchbrechung dieses Verwertungsverbotes in § 393 II 2 AO ist *verfassungsrechtlich sehr bedenklich,* da hier die Erzwingbarkeit der Offenbarung mit einer Verwertbarkeit im Strafverfahren verknüpft ist. Entweder ist der *Zwangsmitteleinsatz* in diesen Fällen verfassungswidrig, dh § 393 I 2 AO verfassungskonform extensiv zu interpretieren und dem Beschuldigten auch insoweit ein Schweigerecht einzuräumen (*Stürner* NJW 1981, 1761), oder aber § 393 II 2 AO ist *wegen Verstoßes gegen Art. 2 I i Vm Art. 1 GG verfassungswidrig* und vom Strafrichter ggf. nach Art. 100 GG dem BVerfG vorzulegen (*Reiß* NJW 1977, 1432; *Rogall* ZRP 1975, 280; *Suhr* StBp 1978, 104; s. auch Rdnr. 62 ff.)

II. Verhältnis von Besteuerungs- und Strafverfahren

1. Rechte und Pflichten der Beteiligten

Nach § 393 I AO läßt der Umstand, daß gegen den Stpfl ein Steuerstrafverfahren läuft, die Rechte und Pflichten der FinB *und des Stpfl* im Besteuerungsverfahren unberührt. Hiervon sollen Befugnisse, Rechte und Pflichten im Strafverfahren getrennt werden.

a) Rechte und Pflichten der FinB

12   **Im Strafverfahren** wird die FinB entweder selbständig (§ 386 II iVm § 399 I AO) oder für die StA tätig. Für sie gelten hier die Regeln der StPO bzw. §§ 385 ff. AO (Rdnr. 7 zu § 399 AO; Rdnr. 7 zu § 402 AO; Rdnr. 47 ff. zu § 404 AO). So ist der Beschuldigte zum Erscheinen zu einer Vernehmung verpflichtet, wenn die FinB das Verfahren selbständig führt (§ 163a StPO iVm § 386 II u. § 399 I AO). Der FinB steht das Spektrum der prozessualen Zwangsmaßnahmen, etwa Durchsuchung und Beschlagnahme (Rdnr. 14 ff. zu §§ 399 AO), zur Verfügung. Die FinB ist zugleich an die allgemeinen Grundsätze, insbes. an das Legalitätsprinzip (Rdnr. 11 zu § 385 AO) gebunden.

13   **Im Besteuerungsverfahren** gelten demgegenüber die allgemeinen Bestimmungen der AO über die Steuerermittlung, insbes. also die §§ 85 ff., 193 ff., 208 AO. Mit diesen Rechten der FinB korrespondieren – ohne Berücksichtigung des § 393 I 2 AO – entsprechende Pflichten des Stpfl. So muß dieser auf Ladung vor der FinB auch in den Fällen des § 402 I AO erscheinen und kann von der Fahndung zu Angaben aufgefordert werden (Rdnr. 37 ff. zu § 404 AO). Die FinB hat ein Recht zur Nachschau (§ 210 AO). Der Stpfl ist gehalten, ihr bei einer Außenprüfung einen Arbeitsplatz zur Verfügung zu stellen (§ 200 II 2 AO). Zeugen sind verpflichtet, auf Ladung auch vor der Fahndung zu erscheinen und nach Maßgabe der §§ 101 ff. AO auszusagen (§ 93 I, V AO). Gegen den Stpfl und Dritte, die Auskunfts- und Mitwirkungspflichten verletzen, sind Zwangsmittel zulässig (TK-*Tipke* 1 ff. zu § 328 AO).

b) Rechte und Pflichten des Steuerpflichtigen

14   **Im Steuerstrafverfahren** steht der beschuldigte Stpfl jedem anderen Beschuldigten im Strafprozeß gleich. Er ist zur Duldung gewisser Maßnahmen (Durchsuchung, Gegenüberstellung, Untersuchung nach § 81a StPO) verpflichtet und muß ggf. vor Gericht oder StA erscheinen (*Kleinknecht/Meyer-Goßner* Einl 80). Zur aktiven Mitwirkung an seiner eigenen Strafverfolgung ist er nicht verpflichtet und darf jegliche Angabe zur Sache verweigern (§ 136 I 2 StPO).

15   **Im Besteuerungsverfahren** unterliegt der Beschuldigte nach § 393 I 1 AO grundsätzlich weiterhin den allgemeinen steuerlichen Mitwirkungspflichten, etwa nach § 90 I u. § 200 I 1 AO. Nach § 93 I 1 u. § 200 I 2 AO hat er Auskünfte zu erteilen und muß ggf. nach den §§ 97, 100 I, § 200 II AO der FinB Gegenstände und Unterlagen vorlegen, eine (wahrheitsgemäße) Steuererklärung abgeben (zur Mitwirkung in der Außenprüfung *Suhr* StBp 1978, 97; vgl. auch *Kohlmann* 28 zu § 393 AO). Im Besteuerungsverfahren gibt es Weigerungsrechte im Grundsatz nicht. Diese Betrachtung ist jedoch formal. Wegen des Verbots von Zwangsmitteln (§ 393 I 2 AO) sind diese Pflichten

II. Verhältnis von Besteuerungs- und Strafverfahren 16–19 § 393

des Stpfl nicht erzwingbar, existieren mithin materiell betrachtet nicht (Rdnr. 6). Zwar ermöglicht eine solche „*Verletzung*" von Mitwirkungspflichten eine Schätzung; wie bei § 136 I 2 StPO ist der Beschuldigte jedoch nicht gezwungen, Material für die eigene Verurteilung zu liefern; dies ergibt sich schon aus dem Nemo-tenetur-Prinzip (Rdnr. 8).

c) Auswirkungen des Strafverfahrens auf das Besteuerungsverfahren

Der Vergleich der Rechte und Pflichten eines Steuerbürgers vor und während des Steuerstrafverfahrens zeigt deutlich, daß das Steuerstrafverfahren erhebliche Auswirkungen hat, soweit es um die Inanspruchnahme des Stpfl geht. Vor Einleitung des Verfahrens entspricht seine Stellung materiell der des gefährdeten Zeugen nach § 55 StPO, nach Einleitung hat er ein Schweigerecht wie jeder Beschuldigte (Rdnr. 8). 16

Einen Vorrang der einen oder der anderen Verfahrensart gibt es nicht (vgl. HHSp-*Engelhardt* 4 zu § 393 AO; *Hamacher* DStZ 1983, 495; *Hellmann* 1995, 91 ff.; *Wendeborn* 1989, 170 mwN). Das Besteuerungsverfahren darf aber parallel zum Steuerstrafverfahren „*nur unbeschadet der Rechtsstellung des Beschuldigten im Strafverfahren (fort-)geführt werden*" (HHSp-*Hübner* 22 zu § 428 RAO 1967). Dies bedeutet nicht, daß von dem Einsatz von Zwangsmitteln *gegen Dritte* schon immer dann abzusehen ist, wenn die strafprozessualen Auskunfts- und Vorlageverweigerungsrechte weitergehen als die Rechte nach der AO (vgl. aber *Koch/Scholtz/Himsel* 12 zu § 393 AO). Entscheidend ist, ob der Schutz des Beschuldigten eine Beschränkung der Befugnisse nach der AO gebietet, ob also die entsprechenden Regelungen des Strafverfahrensrechts seinem Schutz zu dienen bestimmt sind und seinen Rechtskreis berühren (ähnl. *Jakob* StW 1971, 307; *Hamacher* aaO S. 496). Auf die von der entsprechenden Behörde oder Dienststelle verfolgten Zwecke abzustellen, ist angesichts der Durchlässigkeit von Besteuerungs- und Steuerstrafverfahren wenig hilfreich (*Hamacher* aaO S. 494). 17

Ein Prinzip der Meistbegünstigung gilt für die Ermittlungsbehörden nicht (*Hamacher* DStZ 1983, 496; *Streck*, Grundfragen, 247; abl. *Wendeborn* 1989, 171). Die das Ermittlungsverfahren selbständig führende FinB (§ 399 I AO) nimmt die Rechte der StA wahr und greift im Zweifel auf die strafverfahrensrechtlichen Befugnisse zurück. Das veranlagende Finanzamt wird im Zweifel im Besteuerungsverfahren tätig (s. aber § 399 II AO). Die Steuerfahndung wird nach Einleitung des Ermittlungsverfahrens im Zweifel strafverfahrensrechtliche Befugnisse in Anspruch nehmen. Bei Ermittlungen nach § 208 I Nr. 3 AO stehen ihr hingegen die Befugnisse nach der AO (und nur diese) zu Gebote (Rdnr. 28, 80 ff. zu § 404 AO). 18

2. Unzulässigkeit von Zwangsmitteln

Trotz formaler Trennung des Strafverfahrens und Besteuerungsverfahrens und der Möglichkeit, das Strafverfahren bis zu einer Entscheidung im Besteuerungsverfahren auszusetzen (§ 396 AO), hat das Strafverfahren unmittelbaren Einfluß auf das Besteuerungsverfahren (Rdnr. 6). Ist ein Strafver- 19

Joecks

fahren bereits eingeleitet (§ 393 I 3 AO) oder droht dem Stpfl bei Erfüllung der Mitwirkungspflichten ein solches Strafverfahren, kann seine Mitwirkung nicht mehr durch Zwangsmittel erzwungen werden (§ 393 I 2 AO).

a) Selbstbelastung mit einer Steuerstraftat oder Steuerordnungswidrigkeit

20 Die Gefahr einer Selbstbelastung ist dann gegeben, wenn eine Erfüllung der Mitwirkungspflicht einen Anfangsverdacht für die Verfolgung der Straftat begründen könnte (*Kleinknecht/Meyer-Goßner* 8 zu § 55 StPO; HHSp-*Engelhardt* 70 zu § 393 AO).

21 Die Gefahr der Verfolgung muß sich auf eine Steuerstraftat (§ 369 I AO) oder Steuerordnungswidrigkeit (§ 377 I AO) beziehen. Hierzu gehören nach § 385 II AO auch die sog. Vorspiegelungstaten (Rdnr. 27 zu § 385 AO) und einige Straftaten, die Sondergesetze betreffen und für welche die Anwendbarkeit des Steuerstrafverfahrensrechts ausdrücklich angeordnet ist (Rdnr. 30 zu § 385 AO); hier gilt § 393 II AO nicht. Soweit diese oder sonstige Straftatbestände mit einer wahrheitsgemäßen Erklärung, zu der der Stpfl steuerlich verpflichtet ist, offenbart werden, ist der Steuerpflichtige aber über § 393 II AO geschützt (Rdnr. 53 ff.).

22 Die Steuerstraftat oder -ordnungswidrigkeit muß **vor der Aufforderung,** steuerliche Mitwirkungspflichten zu erfüllen, bereits *begangen* worden sein. Begangen ist die Straftat oder Ordnungswidrigkeit dann, wenn sie bereits den Bereich der Strafbarkeit oder der möglichen Ahndung erreicht hat. Soweit *Engelhardt* (HHSp 68 zu § 393 AO) einen Beginn der Steuerverfehlung zwischen Aufforderung zur Erfüllung und diesem Zeitpunkt ausreichen läßt, bleibt unklar, welcher Sachverhalt dem zugrunde liegen könnte. Gleichgültig ist, ob der Stpfl Täter oder Teilnehmer ist (*Kohlmann* 51 u. *Schwarz* 3 zu § 393 AO). Ein Versuch einer Straftat genügt nur dann, wenn er strafbar ist und die Erfüllung der Mitwirkungspflicht nicht als strafbefreiender Rücktritt iS des § 24 StGB (Rdnr. 63 zu § 369 AO) zu werten wäre (zust. HHSp-*Engelhardt* 68 zu § 393 AO). Ebenso wird man die Möglichkeit und Zumutbarkeit einer Selbstanzeige zu berücksichtigen haben. Kann der Steuerpflichtige die Gefahr der Strafverfolgung dadurch beseitigen, daß er für betroffene andere Zeiträume nunmehr Berichtigungen iSd § 371 I AO vornimmt, und ist er zur Nachzahlung der verkürzten Steuern (§ 371 III AO) in der Lage, besteht die Gefahr einer Verfolgung nicht mehr (vgl. auch *Störmer* Jura 1994, 623).

23 Nach dem ausdrücklichen Wortlaut des § 393 I 2 AO muß es sich um Straftaten des Stpfl (Rdnr. 31) handeln.

24 **Die Anwendung von Zwangsmitteln** soll möglich bleiben, soweit es um Betriebsbesichtigungen (§ 200 III AO), um Nachschau (§ 210 AO) und den Zutritt zu Geschäftsräumen (§ 200 AO) geht. Hier könne sich der Stpfl nicht im Hinblick auf eine Straftat belasten (so HHSp-*Engelhardt* 71, *Klein/Orlopp* 2 zu § 393 AO; *Schmitz/Tillmann* S. 32). Tatsächlich sind durchaus Fälle denkbar, in denen schon die aktive Ermöglichung des Zutritts eine Bela-

stung bewirkt (*Schmitz/Tillmann* aaO; *Suhr* StBp 1978, 105). Soweit *Engelhardt* (aaO) hiergegen einwendet, der Steuerpflichtige sei nur vor dem Zwang geschützt, sich durch eine eigene positive Handlung unmittelbar selbst zu belasten, verkennt er die Reichweite des § 393 AO. Auch die Gestattung der Einsichtnahme in Unterlagen, aus denen belastende Schlüsse gezogen werden können, ist Selbstbelastung (zust. BFM-*Müller* K Rdnr. 22). Soweit er überdies anführt, ebensowenig wie im Strafverfahren solle der Steuerpflichtige davor bewahrt werden, Untersuchungsmaßnahmen dulden zu müssen, weil sie zu einer strafrechtlichen Belastung führen könnten, trifft dies die Problematik nur bedingt. Betriebsbesichtigungen, Nachschau und Zutritt zu Geschäftsräumen erschöpfen sich – anders als die Hinnahme einer Durchsuchung – eben nicht darin, dem entsprechenden Beamten lediglich den Zugang zu gestatten; namentlich bei Betriebsbesichtigungen ist der Betriebsinhaber oder sein Beauftragter hinzuzuziehen (§ 200 Abs. 3 S. 2 AO). Er soll Gelegenheit haben, dem Prüfer im Interesse der Sachaufklärung an Ort und Stelle Information zu geben (vgl. TK-*Tipke* 8 zu § 200 AO).

b) Glaubhaftmachung

Verweigert der Stpfl die gesetzlich vorgeschriebene Mitwirkung, dann wird der Finanzbeamte in der Regel auf Zwangsmittel (§ 328 AO) zurückgreifen, da er zunächst einmal davon ausgehen muß, daß die Verweigerung der Mitwirkung unberechtigt ist. Die Umstände, die zu einer Selbstbelastung des Stpfl führen würden, sind ihm nicht bekannt. Eine abschließende Beurteilung der Berechtigung des Stpfl, seine Mitwirkung zu verweigern, ist letztlich erst dann möglich, wenn dieser konkrete Tatsachen offenlegt, die sein Recht iS des § 393 I 2 AO begründen, aber gerade damit würde dieses Recht leerlaufen.

Das Gesetz schafft hier eine Erleichterung insofern, als **nach Einleitung des Steuerstrafverfahrens** Zwangsmittel schlechthin ausgeschlossen sind (§ 393 I 3 AO). Es muß sich jedoch um dasjenige Besteuerungsverfahren handeln, das auch Gegenstand der Steuerstraftat ist (*Schwarz* 4 zu § 393 AO; s. Rdnr. 33). Die Einleitung eines Verfahrens wegen einer Steuerordnungswidrigkeit hat nach dem insoweit klaren Wortlaut des § 393 I 3 AO diese Wirkung nicht.

Ist das Steuerstrafverfahren noch nicht eingeleitet, wird der Finanzbeamte auf den Einsatz von Zwangsmitteln nicht deshalb verzichten, weil der Stpfl seine Mitwirkung unter Hinweis auf § 393 I 2 AO verweigert. Dies gilt jedenfalls dann, wenn nicht schon gewisse Tatsachen auf eine Steuerstraftat des Stpfl hindeuten. In dieser Situation ist es Sache des Stpfl, die Unzulässigkeit von Zwangsmitteln glaubhaft zu machen (*Senge* 5 zu § 393 AO). Wie bei der Aussageverweigerung nach § 55 StPO sind jedoch an eine solche Glaubhaftmachung geringe Anforderungen zu stellen; wäre der Stpfl gehalten, konkrete Tatsachen anzuführen, würde der Schutz des § 393 I 2 AO praktisch entfallen (ähnl. HHSp-*Engelhardt* 76, *Kohlmann* 52 zu § 393 AO; vgl. auch BGH v. 7. 5. 1987, StV 328; *Kleinknecht/Meyer-Goßner* 3 zu § 56 StPO).

28 **Soweit die Steuerfahndung** nach § 208 I Nr. 3 AO bei bekannten Stpfl ermittelt, ergibt schon dieser Umstand idR die Gefahr einer Selbstbelastung, es sei denn, eine Strafbarkeit des Stpfl kommt ernsthaft nicht in Betracht (Rdnr. 31 ff. zu 404 AO).

c) Zwangsmittel

29 **Zwangsmittel** iS des § 393 I 2 AO sind solche nach §§ 328 ff. AO, also Zwangsgeld, Ersatzvornahme, unmittelbarer Zwang (zust. *Berthold* 1993, 55). Nicht erst ihre Verhängung, sondern schon ihre Androhung ist untersagt (HHSp-*Engelhardt* 59, *Koch/Scholtz/Himsel* 13, *Kohlmann* 44 u. *Senge* 3 zu § 393 AO).

30 § 393 I 2 AO verbietet nicht, bei **Verweigerung der Mitwirkung** die Besteuerungsgrundlagen zu schätzen (*Hildebrandt* StBp 1982, 269; *Leise/Cratz* 18 u. *Senge* 4 zu § 393 AO). Unzulässig ist es jedoch, eine besonders nachteilige Schätzung nur deshalb vorzunehmen, weil der Stpfl die Mitwirkung verweigert (*Kohlmann* 36 zu § 393 AO; *Streck* BB 1984, 202; ähnl. HHSp-*Engelhardt* 53 zu § 393 AO; *Wendeborn* 1989, 165 f.). Geboten erscheint es, den Stpfl so zu behandeln wie jeden, der unverschuldet seinen Mitwirkungspflichten nicht nachkommen kann (*Hellmann* 1995, 117; vgl. auch *Teske* 1987, 424; *dies.*, wistra 1988, 216: Mittelwert der einschlägigen Richtsatzsammlungen als Obergrenze).

31 **Nur gegen den Stpfl** sind Zwangsmittel unzulässig. Anders als § 428 RAO 1967 schließt § 393 I AO den Einsatz von Zwangsmitteln gegen andere Personen nicht schlechthin aus (s. zum alten Recht HHSp-*Engelhardt* 16 zu § 428 RAO 1967). *Steuerpflichtiger* ist nach § 33 AO, wer eine Steuer schuldet, für sie haftet, eine Steuererklärung abzugeben hat usw. Erfaßt wird nach § 34 AO auch, wer für einen Beteiligten (§ 78 AO) Auskünfte zu geben hat (*Höllig* DB 1978, 911). § 393 I 2 AO meint denjenigen, der nach § 103 AO keine Auskunftsverweigerungsrechte hat (HHSp-*Hübner* 17 zu § 428 RAO 1967), schließt mithin die in § 103 AO verbleibende Lücke. Dementsprechend gilt das Zwangsmittelverbot auch für solche Personen, die sich durch ihre Mitwirkung im Besteuerungsverfahren der Gefahr einer Verfolgung wegen einer Steuerstraftat (oder -ordnungswidrigkeit) aussetzen würden (vgl. HHSp-*Engelhardt* 62 zu § 393 AO; *Reiß* 1987, 262; *Teske* 1987, 418; *dies.*, wistra 1988, 215; *Hellmann* 1995, 103).

32 **Ein Einsatz von Zwangsmitteln** zur Erlangung von Beweismitteln ist auch dann verboten, wenn *kein Zweifel* besteht, daß der Beschuldigte sie im Besitz hat (so aber *Kühn/Hofmann* 1 zu § 393 AO). Eine solche Durchbrechung des § 393 I, II AO würde § 95 StPO überspielen, der ein Herausgabeverlangen gegen den Beschuldigten gerade nicht zuläßt (Rdnr. 30 zu § 399 AO; ähnl. HHSp-*Engelhardt* 10 zu § 428 RAO 1967).

33 **Soweit wegen der Straftat ein Strafverfahren eingeleitet ist,** ist der Zwangsmitteleinsatz unzulässig. Damit wird der Einsatz von Zwangsmitteln nicht schlechthin gegen diesen Stpfl, für diese betreffende Steuerart oder auch nur diesen Veranlagungszeitraum unzulässig (HHSp-*Engelhardt* 67,

Koch/Scholtz/Himsel 8 zu § 393 AO; aM HHSp-*Engelhardt* 18 f. zu § 428 RAO 1967); *Suhr* (StBp 1978, 105) will auf den Veranlagungszeitraum abstellen. Bei zutreffender Betrachtung sind Zwangsmittel unzulässig, *soweit sie den Sachverhalt ermitteln sollen, der Gegenstand des Ermittlungsverfahrens ist* (ähnl. *Kohlmann* 57 zu § 393 AO). Ist Gegenstand des Ermittlungsverfahrens das Verschweigen von Einnahmen aus freiberuflicher Tätigkeit, sind Angaben zu Einkünften aus Kapitalvermögen im Grundsatz erzwingbar. Etwas anderes gilt regelmäßig aber deshalb, weil aus diesen Angaben Schlüsse auf die Hinterziehung (Vermögenszuwachsrechnung) möglich sind (ähnl. BFM-*Müller* K Rdnr. 23; insofern mißverständlich *Engelhardt* aaO).

Unberührt bleibt das Recht des Stpfl, hinsichtlich anderer Steuern oder 34 Veranlagungszeiträume entsprechend den oben Rdnr. 27 f. aufgestellten Grundsätzen die Mitwirkung zu verweigern, weil er sich sonst selbst belasten würde.

Nach Abschluß des Steuerstrafverfahrens ist die Erfüllung der Mitwir- 35 kungspflichten im Grundsatz wieder erzwingbar, soweit der Stpfl strafgerichtliche Verfolgung nicht mehr zu besorgen hat (glA HHSp-*Engelhardt* 20 zu § 428 RAO 1967; *Kohlmann* 59 zu § 393 AO). Dies ist bei strafgerichtlicher Verurteilung, Einstellung nach § 153a StPO (Rdnr. 33 zu § 398 AO), Verjährung, Amnestie oder sonst der Fall, wenn strafgerichtliche Verfolgung unzulässig ist. Der Freispruch schützt vor einer Wiederaufnahme des Verfahrens ebensowenig wie die Einstellung nach § 398 AO (Rdnr. 33 zu § 398 AO; *Engelhardt* aaO).

d) Auswirkungen des § 393 I 2 AO auf das materielle Steuerstrafrecht

Wahrheitswidrige Äußerungen des Steuerpflichtigen im Steuerstrafver- 36 fahren, die die Veranlagungszeiträume bzw. Steuern betreffen, die Gegenstand des Strafverfahrens sind, erfüllen den Tatbestand des § 370 AO nicht. Dies ergibt sich aus dem Nemo-tenetur-Prinzip (Rdnr. 8). Zwar besteht „*das natürliche Recht auf Selbstschutz ... nicht, wenn zur Verdeckung eigener Straftaten durch neues Unrecht in die strafrechtlich geschützte Rechtsordnung eingegriffen wird*" (BGH 3, 18, 19 v. 11. 10. 1951; *Rogall* aaO S. 158). Hier sollen jedoch lediglich erlangte Vorteile gesichert werden. Wenn das StGB in den §§ 153 ff. StGB die falsche Einlassung des Angeklagten nicht unter Strafe stellt und auch die Strafvereitelung zum eigenen Vorteil straflos ist (§ 258 I, V StGB), darf nicht über § 370 AO für den Beschuldigten ein Wahrheitsgebot geschaffen werden. Erst recht ist der Beschuldigte nicht verpflichtet, nunmehr eine richtige Erklärung für die betreffende Steuer abzugeben.

Unrichtige Erklärungen für neue Veranlagungszeiträume abzugeben, 37 erlaubt § 393 I 2 AO nicht. Die zur Verdeckung der Steuerhinterziehung 1990 bis 1992 begangenen neuerliche Falscherklärung für 1993 würde neues Unrecht darstellen; das hinter dem § 393 I 2 AO stehende Verbot des Zwangs zur Selbstbelastung geht zurück auf ein Recht zur Passivität, erlaubt jedoch an sich nicht die *neuerliche* Vornahme verbotener Handlungen (ähnl. *Rogall* aaO S. 158; BGH v. 13. 10. 1992, wistra 1993, 65, 67). Andererseits kann der Stpfl nicht gezwungen werden, sich selbst zu belasten. Ein (uneingeschränktes) Recht zur Passivität würde aber bedeuten, daß keine Erklärung abgegeben werden müßte. Auch die sonstigen Auswirkungen des § 393 I 2 AO auf das materielle Steuerstrafrecht sind derzeit relativ ungeklärt (Rdnr. 163 zu § 370 AO). So enthält die USt-Jahreserklärung eine Selbstbelastung desjenigen, der die Voranmeldungen nicht abgegeben hat. Wer wegen nicht erklärter Einkünfte aus Kapitalvermögen von 1990–1993 verfolgt wird und in der ESt Erklärung 1994 einen fünfstelligen Betrag angibt, liefert Material für die Steuerpflicht und damit für die Steuerhinterziehung von 1990–1993. Im *zweiten* Fall könnte man sich vielleicht mit der Einsicht behelfen, hier begründe eine unrichtige Erklärung neues Unrecht, es gehe um das Problem der Zumutbarkeit normgemäßen Verhaltens (s. aber Rdnr. 36). Bei der USt-Jahreserklärung ist dieser Weg nicht gangbar.

38   **Die Auflösung des Konflikts** könnte etwa in der Weise erfolgen, daß eine (strafbewehrte) Erklärungspflicht in den in Rdnr. 37 erwähnten Fällen entfällt (vgl. OLG Hamburg v. 7. 5. 1996, wistra 1996, 239). Dies hätte die merkwürdige Konsequenz, daß der umsatzsteuerpflichtige Unternehmer bis zur Verjährung der durch das Unterlassen der Voranmeldung begangenen Steuerhinterziehung straflos keine Erklärungen abzugeben hätte. Denkbar wäre auch, eine teilweise richtige Erklärung der Nichterklärung vorzuziehen und nicht uneingeschränkt auf den Gesichtspunkt der Zumutbarkeit (vgl. *Ulsenheimer* GA 1972, 1; *Brenner* BB 1978, 910; *Rogall* aaO S. 159; LG Duisburg v. 16. 1. 1969, NJW 1969, 1261; überzogen *Barske* DStZ 1958, 27) zu verweisen; s. auch *Seebode* JA 1980, 497. Zum anderen könnte man entsprechend § 393 II 1 AO die strafbewehrte Erklärungspflicht bejahen, die mit der Erfüllung der Erklärungspflichten gelieferten Tatsachen aber für unverwertbar halten. Dies hätte zwar uU die Folge, daß eine Selbstanzeige auch ohne Nachzahlung der hinterzogenen Steuer wirksam ist, dürfte aber eher dem auch sonst fiskalisch ausgerichteten Gesetz entsprechen. *Reiß* (1987, 243) favorisiert die 3. Lösung: *„Solange der Gesetzgeber nicht entweder die Gefahr der Strafverfolgung wegen der außersteuerlichen Straftat bei Offenbarung beseitigt oder ein Auskunftsverweigerungsrecht einräumt, darf an die Verletzung der verfassungswidrigen Mitwirkungspflichten auch dann keine Strafsanktion geknüpft werden, wenn der gesetzlich Verpflichtete die verfassungswidrige Mitwirkungspflicht stillschweigend mißachtet".* Auch *Engelhardt* (HHSp 57 zu § 393) scheint der Auffassung zu sein, die Erklärungspflicht entfalle, ihre Erfüllung könne auch nicht erzwungen werden. Ein ähnlicher Ansatz findet sich bei *Berthold* (1993, 70 ff.). *Berthold* erwägt, das Merkmal der Pflichtwidrigkeit in § 370 I Nr. 2 AO für die Fälle einer drohenden Selbstbezichtigung zu reduzieren (1993, 91 ff.), weist aber zugleich darauf hin, daß damit ungerechtfertigte Strafbarkeitslücken bei der Behandlung von Teilnehmern entstehen. Er schlägt deshalb de lege ferenda die Schaffung eines persönlichen Strafausschließungsgrundes in § 370 für solche Konfliktslagen vor (1993, 106).

39   Unterläßt der Täter eine vollständige Unterrichtung der Finanzbehörden, indem er etwa Einkommensarten oder Einkommensteile aus der Erklärung herausläßt, läßt er das Finanzamt pflichtwidrig in Unkenntnis. Diese Pflicht

zu erfüllen ist freilich nur *zumutbar*, wenn es ihm entweder gleichzeitig möglich ist, mittels einer Selbstanzeige Straffreiheit für Altjahre zu erlangen (siehe Rdnr. 55), oder aber aus dem jetzt pflichtgemäßen Verhalten keine für ihn nachteiligen Schlüsse für Altjahre gezogen werden dürfen. Solange nicht geklärt ist, inwiefern seine Angaben unverwertbar sind oder gar eine Fernwirkung nach sich ziehen, ist es nicht zumutbar für ihn, nunmehr wahrheitsgemäße Erklärungen abzugeben.

Zumutbar ist die Abgabe wahrheitsgemäßer Erklärungen mithin in den Fällen, in denen der Stpfl für das betreffende Jahr bzw. vergangene Jahre mit einer wahrheitsgemäßen Erklärung Straflosigkeit erlangen kann. Dies ist nicht der Fall, wenn er nicht in der Lage ist, die hinterzogenen Beträge ggf. nachzuentrichten (§ 371 III AO) bzw. eine Sperrwirkung iSd § 371 II AO bereits eingetreten ist. In allen anderen Fällen ist die Abgabe einer wahrheitsgemäßen Erklärung *unzumutbar*. Es bietet sich freilich an, hier nicht schon die Pflicht entfallen zu lassen, sondern eine Entschuldigung gem. § 35 StGB anzunehmen. Für Teilnehmer und Mittäter (vgl. *Berthold* 1993, 97 ff.) bedeutete dies, daß ihrerseits eine Strafbarkeit gegeben ist, wenn nicht in ihrer Person ebenfalls diese Voraussetzungen gegeben sind.

3. Belehrung des Steuerpflichtigen (§ 393 I 4 AO)

a) Anlaß zur Belehrung

Ein Anlaß zur Belehrung des Stpfl besteht jedenfalls dann, wenn der Finanzbeamte konkrete Anhaltspunkte dafür hat, daß sich der Stpfl mit der Beantwortung einer Frage bzw. mit der sonstigen, gebotenen Mitwirkung selbst belasten wird. Eine Belehrung hat zudem dann zu erfolgen, wenn das Strafverfahren wegen einer Steuerstraftat eingeleitet wird und damit Zwangsmittel nach § 393 I 3 AO schlechthin unzulässig werden (*Kretzschmar* DStZ 1983, 435). In der Praxis erfolgt bei Beginn einer Außenprüfung eine Belehrung durch Aushändigung eines Merkblatts (BStBl. 1982 I 656; vgl. *Kohlmann* 63 u. *Leise/Cratz* 16 f. zu § 393 AO; krit. zum Merkblatt *Wenzig* DB 1979, 1763, der auf einen Hinweis iS des § 393 I 4 AO gänzlich verzichten will), dessen Aushändigung freilich allenfalls dann dem § 393 Abs. 1 S. 4 AO genügt, wenn die konkrete belastende Situation zeitnah später erfolgt. Ansonsten muß eine Belehrung in der konkreten Situation erfolgen (ähnl. HHSp-*Engelhardt* 90 zu § 393 AO).

Einzelheiten zur Belehrung im Rahmen der Außenprüfung ergeben sich aus:

§ 9 BpO(St) Verdacht einer Steuerstraftat

[1] Ergibt sich während einer Betriebsprüfung der Verdacht einer Straftat, für deren Ermittlung die Finanzbehörde zuständig ist, so ist die für die Bearbeitung dieser Straftat zuständige Stelle unverzüglich zu unterrichten. [2] Richtet sich der Verdacht gegen den Steuerpflichtigen, dürfen hinsichtlich des Sachverhalts, auf den sich der Verdacht bezieht, die Ermittlungen (§ 194 der Abgabenordnung) bei ihm erst fortgesetzt werden, wenn ihm die Einleitung des Strafverfahrens mitgeteilt worden ist. [3] Der Steuerpflichtige ist dabei, soweit die Feststellungen auch für Zwecke des Strafverfah-

rens verwendet werden können, darüber zu belehren, daß seine Mitwirkung im Besteuerungsverfahren nicht mehr erzwungen werden kann. [4]Die Belehrung ist unter Angabe von Datum und Uhrzeit aktenkundig zu machen und auf Verlangen schriftlich zu bestätigen.

42   Es gelten mithin dieselben Grundsätze wie bei § 397 AO (Rdnr. 93 ff. zu § 397 AO). Die Belehrung muß unverzüglich erfolgen; keinesfalls darf weiterhin steuerlich ermittelt werden, um etwa den Verdacht noch zu erhärten (*Zwank* StBp 1978, 151; s. zum Interessenkonflikt des Betriebsprüfers *Streck* BB 1980, 1538). Die Belehrung ist unter Angabe von Datum und Uhrzeit aktenkundig zu machen.

b) Verstoß gegen § 393 I 4 AO

43   **Die Folgen eines Verstoßes** gegen die Belehrungspflicht des § 393 I 4 AO sind umstritten. Überwiegend wird davon ausgegangen, daß das Fehlen der Belehrung nicht zur Unverwertbarkeit der entsprechenden Bekundungen des Steuerpflichtigen/Beschuldigten führt (*Klein/Orlopp* 6 b, *Koch/Scholtz/ Himsel* 17 u. *Senge* 6 zu § 393 AO). Demgegenüber wollen *Rüping* (S. 54; Grundfragen S. 280) und *Streck* (BB 1980, 1539) unter Anwendung des § 136 a StPO (verbotene Vernehmungsmethoden) ein Verwertungsverbot bejahen (ähnl. *Ehlers* StBp 1981, 102), weil bei pflichtwidriger Nichteinleitung eine Täuschung iS des § 136 a StPO (durch Unterlassen) vorliege (vgl. auch Rdnr. 98 zu § 397 AO).

44   **Wird der Beschuldigte im Strafprozeß nicht nach § 136 I 2 StPO belehrt,** so sollte nach bisher hM kein Verwertungsverbot bestehen (BGH 22, 170 v. 31. 5. 1968; BGH v. 7. 6. 1983, NJW 2205 m. abl. Anm. *Fezer* JR 1984, 341; zu § 243 StPO: BGH 25, 325 v. 14. 5. 1974; *Kleinknecht/Meyer-Goßner* 21 zu § 136 StPO; s. auch *Eb Schmidt* NJW 1968, 1209; *Dingeldey* JA 1984, 414; BGH v. 30. 4. 1968, NJW 1968, 1388; anders AG Tiergarten v. 15. 12. 1982, StrVert 1983, 278). Auch ein Verstoß gegen die Hinweispflicht nach § 55 II StPO sollte die Aussage nicht unverwertbar machen (BGH 17, 245 v. 13. 4. 1962; BGH v. 7. 6. 1983, NJW 2205; vgl. *Kleinknecht/Meyer-Goßner* 17 zu § 55 StPO; s. aber BayObLG NJW 1984, 1246). Anders sollte es bei einem Verstoß gegen die Belehrungspflicht nach § 52 III StPO sein (Rdnr. 65).

45   Der BGH (BGH 38, 214 v. 27. 2. 1992; dazu *Fezer* JR 1992, 385; *Roxin* JZ 1992, 923; *Bohlander* NStZ 1992, 504; *Kiehl* NJW 1993, 501; *Hauf* MDR 1993, 195) hat eine Wende in der Behandlung dieser Frage eingeleitet. Nach dieser Entscheidung löst der Verstoß gegen die Pflicht zur Belehrung des Beschuldigten über seine Aussagefreiheit grundsätzlich ein Verwertungsverbot hinsichtlich der daraufhin gemachten Angaben aus. Der BGH macht dabei zwei Ausnahmen; zum einen soll ein Verwertungsverbot dann nicht eingreifen, wenn der Beschuldigte bei Beginn der Vernehmung auch ohne Belehrung sein Schweigerecht gekannt und trotz dieses Wissens freiwillig ausgesagt hat. Ein solcher Beschuldigter sei nicht im gleichen Maße schutzwürdig wie derjenige, der sein Schweigerecht nicht kenne (BGH 38, 214 v. 27. 2. 1992); ferner soll die Verwertung einer in Unkenntnis des Schweige-

II. Verhältnis von Besteuerungs- und Strafverfahren   46–48 § 393

rechts gemachten Aussage dann zulässig sein, wenn der (verteidigte) Beschuldigte später ausdrücklich oder durch stillschweigend-schlüssiges Verhalten einer Verwertung nicht widersprochen hat (BGH 38, 214, 225 v. 27. 2. 1992; vgl. auch den Anfragebeschluß des 5. Senats vom 22. 3. 1995, wistra 271).

Der **Steuerpflichtige** befindet sich vor Einleitung des Steuerstrafverfahrens in einer dem § 55 StPO vergleichbaren Situation: Zur Auskunft bzw. Mitwirkung ist er verpflichtet, darf aber belastende Angaben verschweigen. Eine dem § 136a StPO ähnliche Situation liegt bei bloßem Unterlassen der Belehrung nicht vor (*Suhr* StBp 1973, 83; *Möllinger* StBp 1979, 193; *Hildebrandt* StBp 1982, 268; s. auch *Rogall* aaO S. 186 ff. sowie Rdnr. 98 zu § 397 AO). Das Besteuerungsverfahren ist aber auf die (latente) Mitwirkungspflicht des Stpfl gegründet. Ob im Sinne der Einschränkung von BGH 38, 214 bereits die Aushändigung des Merkblattes dem Stpfl hinreichend Kenntnis von seinem Recht, die Auskunft zu verweigern, vermittelt, erscheint zweifelhaft. Vor dem Hintergrund des § 9 BpOSt kann der Stpfl davon ausgehen, daß seine Befragung immer eine solche im Besteuerungsverfahren ist, so daß erst die konkrete Belehrung in einer bestimmten Situation ihm Kenntnis von seinen Rechten vermittelt. Ob der steuerlich versierte Stpfl sein Schweigerecht aus der Lage heraus fordern wird (so Vorauf. Rdnr. 44 zu § 393 AO), erscheint ebenfalls nicht gesichert. Insbesondere vor dem Hintergrund der unsicheren Behandlung „vertretbare Rechtsauffassungen" r(vgl. Rdnr. 126 ff. zu § 370 AO) wird er in der Regel darauf vertrauen können, sich im Besteuerungsverfahren zu bewegen, so daß ein Verwertungsverbot oftmals naheliegt (vgl. auch BayObLG v. 10. 1. 1984, NJW 1264). 46

Verstöße gegen § 136a StPO sind im Rahmen des § 393 I 4 AO denkbar. Ein solcher liegt vor, wenn in einer Vernehmung iS der §§ 136, 163a StPO der Vernehmungsbeamte bewußt über eine Verpflichtung zur Aussage täuscht (*Kleinknecht/Meyer-Goßner* 8 zu § 136a StPO). Das gleiche gilt, wenn der Finanzbeamte im Besteuerungsverfahren dem Stpfl vortäuscht, er müsse auch dann an der Aufklärung des Steuerfalles mitwirken, wenn dies zu seiner Belastung wegen einer Steuerstraftat führe, oder die Einleitung des Steuerstrafverfahrens *bewußt* unterläßt (Rdnr. 98 zu § 397 AO; HHSp-*Hübner* 28 zu § 428 RAO 1967). Daß bloß fahrlässiges Unterlassen nicht „Täuschung" iS des § 136a StPO sein kann, ergibt sich schon aus dem Begriff, der bewußte Irreführung voraussetzt (ähnlich HHSp-*Engelhardt* 100 zu § 393 AO; *Hildebrandt* DStR 1982, 21; anders *Rüping*, Steuerfahndungsergebnisse und ihre Verwertbarkeit, 1981, S. 41; unklar *Leise/Cratz* 21 zu § 393 AO, wonach ein Verwertungsverbot auch bei schuldlosem Verhalten des Finanzbeamten vorliegen soll, aber nicht erklärt wird, aus welcher Norm sich dieses Ergebnis herleiten lassen soll). 47

Eine Unverwertbarkeit wegen des Einsatzes unzulässigen Zwangs iS des § 136a StPO liegt im übrigen dann vor, wenn Zwangsmittel angewendet werden und der Beschuldigte damit genötigt wird, sich selbst wegen einer Steuerstraftat zu belasten (*Kleinknecht/Meyer-Goßner* 27 zu § 136a StPO; 48

HHSp-*Engelhardt* 96 zu § 393 AO). Auch wenn der Stpfl. der Vewertung zustimmt, besteht das Verwertungsverbot fort (*Engelhardt* aaO).

c) Fernwirkung des Verwertungsverbots

49 Die Fernwirkung eines Verwertungsverbots ist mindestens ebenso zweifelhaft wie das Vorhandensein eines Verwertungsverbots selbst (vgl. *Grünwald* JZ 1966, 500; *Gössel* NJW 1981, 2221; umfassend *Dencker* aaO S. 76 ff.). Einig ist man sich nur, daß das Verbot, ein durch Zwang oder Mißhandlung erreichtes Geständnis zu verwerten, nicht immer dazu führen muß, daß sonstige, aufgrund dieses Geständnisses aufgefundene Beweismittel für das Strafverfahren nicht benutzt werden dürfen (*Kleinknecht/Meyer-Goßner* 31 u. KK-*Boujong* 42 zu § 136a StPO). Die hM will jegliche Fernwirkung des Beweisverwertungsverbotes auf die selbständigen Beweismittel, die mit Hilfe der als Beweismittel ausscheidenden Aussage aufgefunden werden, ausschließen (LR*Meyer-Goßner* 51, *Kleinknecht/Meyer-Goßner* 31 zu § 136a StPO), im Ausnahmefall unter Berufung auf den Grundsatz der Rechtsstaatlichkeit und rechtsethische Prinzipien jedoch zulassen (BGH 29, 244 v. 18. 4. 1980). Von einigen wird eine Fernwirkung jedenfalls dann anerkannt, wenn zum Nachteil des Beschuldigten in grober Weise gegen Recht und Gesetz verstoßen wurde, etwa wichtige Verfassungsgrundsätze mißachtet wurden, oder wenn die Aufklärung und Verfolgung von leichten Straftaten in Frage steht (zB *Maiwald* JuS 1978, 379 ff.; s. auch *Peters* S. 315; KK-*Boujoug* 42 zu § 136a StPO; HHSp-*Engelhardt* 96 zu § 393 AO; *Beulke* ZStW 103, 669).

Soweit man beim Unterlassen der Belehrung einen Verstoß gegen § 136a StPO bejahen kann, schafft erst eine Fernwirkung einen angemessenen Schutz des Betroffenen (*Maiwald* aaO S. 384). Jedenfalls in massiven Fällen der Täuschung sollte von einer Fernwirkung ausgegangen werden (ähnlich HHSp-*Engelhardt* 151 zu § 393 AO; weitergehend *Rüping* aaO [Rdnr. 47] S. 44; s. auch *Dencker* aaO S. 8; *Streck* Nr. 912 sowie unten Rdnr. 66).

50 **Die Auswirkung strafrechtlicher Verwertungsverbote auf das Besteuerungsverfahren** läßt sich nicht allgemein beantworten. Es kommt darauf an, ob das entsprechende Verwertungsverbot einen typisch strafprozessualen Charakter hat oder einem allgemeinen Rechtsgedanken entspricht (*Rüping* Grundfragen S. 282; *Streck* Nr. 899; HHSp-*Söhn* 120 zu § 88 AO; zu eng *Hildebrandt* DStR 1982, 24; vgl. auch *Seer* StuW 1991, 165). Nur im zweiten Fall wirkt sich das Verwertungsverbot auch im Besteuerungsverfahren aus (Rdnr. 75 zu § 404 AO; allgemein zu *steuerlichen* Verwertungsverboten *Wenzig* DStZ 1984, 172). Hiergegen hat *Hellmann* (1995, 114 Fn 15) eingewandt, es könne nicht darauf ankommen, ob das Beweismittel im Besteuerungsverfahren rechtmäßig hätte erlangt werden können, denn es handele sich nun einmal um strafprozessuale Erkenntnisse. Daß es sich um Erkenntnisse im Rahmen eines Strafverfahrens handelt, ist unbestritten. Dennoch gilt im deutschen Verfahrensrecht allgemein, daß wiederholbare Erkenntnisse durchaus einer Verwertung zugänglich sind (vgl. die Rechtsprechung zur Außenprüfung einerseits, zur Telefonüberwachung andererseits). Da der be-

III. Verwertbarkeit der Angaben   **51, 52 § 393**

schuldigte Stpfl nicht besserstehen soll, als der redliche, würde ein Verwertungsverbot hinsichtlich solcher Erkenntnisse, die auch im Rahmen des üblichen Besteuerungsverfahrens hätten gewonnen werden können, diesem Prinzip nicht gerecht.

Besteht ein **strafrechtliches Verwertungsverbot**, weil der Beamte den 51 Beschuldigten über seine Mitwirkungspflicht getäuscht hat (Rdnr. 47), beschränkt sich die Unverwertbarkeit zunächst auf das Strafverfahren. § 136a StPO greift hier ein, weil man den Stpfl zu lange mitwirken ließ; § 136a StPO will aber nicht eine Mitwirkung im Besteuerungsverfahren verbieten, sondern Täuschungen, die zur strafrechtlichen Selbstbelastung führen (ebenso HHSp-*Engelhardt* 104 zu § 393 AO). Eine andere Frage ist, ob das Steuerrecht § 136a StPO auf diesen Fall analog anwenden will (HHSp-*Söhn* 119 zu § 88 AO; *Streck* Nr. 901 ff.; *Rüping* aaO [Rdnr. 47] S. 36).

Ist die Mitwirkung des Beschuldigten durch **physische Einwirkung** erreicht worden (Mißhandlung, Ermüdung, körperlicher Eingriff, Verabreichung von Mitteln, Quälerei, Hypnose), kommt auch eine Verwertung im Besteuerungsverfahren nicht in Betracht (HHSp-*Söhn* 119 zu § 88 AO). 52

III. Verwertbarkeit der Angaben des Steuerpflichtigen (§ 393 II AO)

Schrifttum: *Felmy,* Soll das Steuergeheimnis dem öffentlichen Interesse an einer lückenlosen Strafverfolgung geopfert werden? FR 1960, 337; *Heuer,* Der Staat als Hehler?, FR 1963, 22; *Erdsieck,* Grenzen des Steuergeheimnisses, NJW 1963, 2311; *Höppner,* Zur verfassungsrechtlichen Gewährleistung des Steuergeheimnisses, DVBl 1969, 723; *Kruse,* Um das Steuergeheimnis, StW 1968, 265; *Seltmann,* Das Steuergeheimnis, seine Grenzen und die Rechtfertigung seiner Durchbrechung aus öffentlichem Interesse, NJW 1968, 868; *Lohmeyer,* Die Wahrung des Steuergeheimnisses im Steuerstrafverfahren, SchlHA 1974, 32; *Wassermann,* Spezialisierung nutzt der Justiz, ZRP 1970, 5; *Zybon,* Kritik am Steuergeheimnis, ZRP 1971, 231; *Kurt Maaßen,* Steuerfahndung mit „Durchbrechung" des Steuergeheimnisses?, FR 1972, 383; *Schneider,* Wirtschaftskriminalität in kriminologischer und strafrechtlicher Sicht, JZ 1972, 461; *Wolfgang Maassen,* Strafrechtliche und verwaltungsrechtliche Aspekte bei § 22 AO, DStR 1973, 717; *Brenner,* Das Steuergeheimnis (§ 22 AO) gilt nicht im Steuerstrafverfahren, DRiZ 1973, 127; *Seltmann,* Steuergeheimnis und Strafprozeß, DRiZ 1974, 55; *Brenner,* Aktuelle Fragen aus der Praxis der Betriebsprüfung, StBp 1975, 277 und StBp 1976, 279; *Bäckermann,* Der Schutz des Steuergeheimnisses (§ 30 AO, § 355 StGB), ZfZ 1977, 134; *Pfaff,* Mitteilung über außersteuerliche Straftaten, SchlHA 1977, 19; *Brenner,* Zoll- und Steuerfahnder müssen Betrug, Konkursdelikte usw. der Staatsanwaltschaft mitteilen, DRiZ 1978, 52; *Felix,* Kollision zwischen Presse-Informationsrecht und Steuergeheimnis, NJW 1978, 2134; *Goll,* Steuergeheimnis und abgabenrechtliche Offenbarungsbefugnis, NJW 1979, 90; *Schomberg,* Das Steuergeheimnis im Steuerstrafverfahren, NJW 1979, 526; *Lohmeyer,* Die strafrechtlichen Folgen der Verletzung des Steuergeheimnisses, BlStA 1981, 126; *Ostendorf,* Die Informationsrechte der Strafverfolgungsbehörden gegenüber anderen staatlichen Behörden im Widerstreit mit deren strafrechtlichen Geheimhaltungspflichten, DRiZ 1981, 4; *Schuhmann,* Das Steuergeheimnis unter besonderer Berücksichtigung der Außenprüfung, StBp 1981, 1; *Pfaff,* Aktuelle Fragen aus dem Steuerstraf- und Ordnungswidrigkeitenrecht, StBp 1983, 114; *Benda,* Steuergeheimnis: Kann der Bürger noch darauf vertrauen?, DStR 1984, 351; *Rüping/Arloth,* Steuergeheimnis und Strafverfahren, DB 1984, 1795; *Hetzer,* Denunziantenschutz durch Steuergeheimnis?, NJW 1985, 2991; *Eilers,* Schutz des Steuergeheimnisses zugunsten von Informanten der Finanzverwaltung, DB 1986, 19; *Ehlers,* Die neue Problematik des Steuergeheimnisses, StBp 1986, 265; *Eilers,* Das Steuergeheimnis als Grenze des internationalen Auskunftsverkehrs, 1987; *Nieuwenhuis,* Strafanzeige und Steuergeheimnis, NJW 1989, 280; *Schuhmann,* Zum Begriff des Offenbarens iSd § 30 AO, DStZ 1989, 618; *Weyand,* Offenbarungsbefugnis nach § 30 Abs. 4 Nr. 4a AO als Offenbarungsverpflichtung?,

DStZ 1990, 411; *Blesinger*, Das Steuergeheimnis im Strafverfahren, wistra 1991, 239, 294; *Bock*, Die Mitteilungspflicht der Gerichte nach § 116 AO, NJW 1992, 101; *Stark*, Spontanauskünfte durch die Finanzverwaltung, DB 1994, 1321.

53 **Die Verwertbarkeit der Angaben des Stpfl** ist nicht nur bei den von ihm begangenen Steuerstraftaten (vgl. § 393 I 2 AO) ein Problem. Da der Beschuldigte im Hinblick auf solche Tatsachen unbeschränkt auskunftspflichtig ist, die ihn wegen einer Nicht-Steuerstraftat belasten und die Mitteilung solcher Tatsachen auch erzwungen werden kann, stellt sich die Frage, inwiefern diese Tatsachen Grundlage eines Strafverfahrens wegen der Nicht-Steuerstraftat werden können. § 393 II AO ordnet an, daß entsprechende Informationen des Beschuldigten im Grundsatz nicht verwertbar sind, es sei denn, sie beträfen besonders gravierende Straftaten oder wären nicht in Erfüllung steuerlicher Pflichten mitgeteilt worden.

1. Verwertbarkeit bei Nicht-Steuerstraftaten

a) Offenbarung in Erfüllung steuerlicher Pflichten

54 Nur was der Stpfl in Erfüllung seiner steuerlichen Pflichten offenbart hat, unterliegt dem Verwertungsverbot des § 393 II 1 AO. *In Erfüllung steuerlicher Pflichten* sind solche Angaben gemacht, die auf Aufforderung oder entsprechende Veranlassung durch die FinB dieser gegenüber gemacht wurden (*Schwarz* 7 zu § 393 AO). In der Regel soll davon auszugehen sein, daß *alle* in den Steuerakten enthaltenen Angaben des Stpfl in Erfüllung dieser steuerlichen Pflichten gemacht worden sind (*Schwarz* aaO). Anträge auf bloße Steuererstattung oder -vergütung genügen nicht (HHSp-*Engelhardt* 134, *Klein/Orlopp* 7 zu § 393 AO).

55 **Eine Selbstanzeige iS des § 371 AO** kann in Erfüllung steuerlicher Pflichten erfolgen (zust. HHSp-*Engelhardt* 133, aM *Klein/Orlopp* 7, *Kohlmann* 70, *Senge* 8 zu § 393 AO; unentschlossen *Koch/Scholtz/Himsel* 22 zu § 393 AO). Die Pflicht zur Abgabe einer wahrheitsgemäßen Steuererklärung wird durch die Nichtabgabe bzw. Abgabe einer falschen Erklärung nicht erfüllt; hieran ändert es auch nichts, daß in diesen Fällen die Berichtigungspflicht nach § 153 AO nicht eingreift (vgl. auch HHSp-*Engelhardt* 133 zu § 393 AO). Der Stpfl handelt namentlich aber auch dann *in Erfüllung steuerlicher Pflichten,* wenn er etwa – um zur Normtreue zurückzukehren – mit der korrekten Steuererklärung für das Jahr 1994 zugleich eine Korrektur iSd § 371 AO für strafrechtlich noch nicht verjährte Vorjahre vornimmt. Erst die Möglichkeit, mit der Selbstanzeige für Altjahre sanktionslos zur Normtreue zurückzukehren, macht es vor dem Hintergrund des nemo-tenetur-Prinzips verfassungsrechtlich unbedenklich, wenn man eine entsprechende Pflicht zur wahrheitsgemäßen Erklärung annimmt (vgl. BVerfG v. 21. 4. 1988, wistra 302; BGH v. 13. 10. 1992, wistra 1993, 65, 67). Nur ein Verwendungsverbot für die im Rahmen der Selbstanzeige mitgeteilten Tatsachen kann diesem Anliegen gerecht werden. Dies hat u. a. zur Konsequenz, daß etwa eine im Rahmen der Selbstanzeige offenbarte Urkundenfälschung selbst dann nicht mitgeteilt werden könnte, wenn sie an sich dem § 30 IV Nr. 5 AO unterfiele.

b) Vor oder in Unkenntnis der Einleitung des Steuerstrafverfahrens

Unverwertbar sind Angaben des Stpfl, die *vor Einleitung des Strafverfahrens* **56** oder *in Unkenntnis der Einleitung des Strafverfahrens* gemacht wurden. Ob eine Angabe *vor* Einleitung des Steuerstrafverfahrens gemacht wurde, richtet sich zunächst nach § 397 AO. *In Unkenntnis der Einleitung* offenbart der Stpfl, solange ihm diese nicht positiv bekannt geworden ist, insbes. durch eine Mitteilung nach § 397 III AO (HHSp-*Engelhardt* 126 zu § 393 AO).

Eine Tatsache oder ein Beweismittel sind offenbart, wenn sie in den **57** Geschäftsbereich der FinB kommen. Hat etwa der Stpfl den Brief vor Bekanntgabe der Einleitung abgesandt, ist dieser aber erst danach beim Finanzamt eingegangen, liegt eine Offenbarung *in Unkenntnis der Einleitung* des Steuerstrafverfahrens vor (zust. HHSp-*Engelhardt* 125 zu § 393 AO).

Nimmt der Stpfl irrig an, die strafrechtlich bedeutsame Tatsache für **58** steuerliche Zwecke offenbaren zu müssen, genügt dies für § 393 II 1 AO nicht. Ist dieser Irrtum vom Finanzbeamten bewußt hervorgerufen oder ausgenutzt worden, kann jedoch ein Verstoß gegen § 136a StPO (Rdnr. 47) vorliegen (zust. HHSp-*Engelhardt* 136 zu § 393 AO).

c) Kenntnis aus den Steuerakten

Nur soweit StA oder Gericht **aus den Steuerakten** Tatsachen oder Be- **59** weismittel erfahren, kommt ein Verwertungsverbot in Betracht. Nach hM sind Steuerakten iS des § 393 II AO nur die Akten der FinB über das Besteuerungsverfahren und die Akten der Finanzgerichte, nicht dagegen die Steuerstrafakten (*Kohlmann* 75, *Leise/Cratz* 27 u. *Senge* 8 zu § 393 AO; *Brenner* StBp 1975, 277). Ausgeschlossen sollen insbes. die Steuerstrafakten sein, die von der FinB in ihrer Eigenschaft als Verfolgungsbehörde zu führen sind (*Brenner* aaO). Angesichts des Zwecks des § 393 II AO erscheint ein solches Festhalten an dem Begriff der „Steuerakte" jedoch unangemessen. Sind etwa – ggf. verbotenerweise – Teile der Steuerakte als Ablichtung in die Steuerstrafakte gelangt, kann die Anwendbarkeit der §§ 393 II 1 AO schlecht davon abhängen, ob die StA aus der Steuerakte oder der Steuerstrafakte von dieser Nicht-Steuerstraftat erfährt. Entscheidend kann nur sein, daß es sich um Tatsachen handelt, die in der Steuerakte festgehalten worden sind und daß diese Perpetuierung in der Steuerakte die Kenntnis der StA praktisch " verursacht" hat (glA HHSp-*Engelhardt* 118 zu § 393 AO).

Darüber hinaus wird man angesichts der Schutzrichtung des § 393 II AO **60** und der Problematik des Zwangs zur Selbstbelastung (Rdnr. 7ff.) auch solche aus der Steuerakte herrührenden Tatsachen und Beweismittel dem Verwertungsverbot des § 393 II 1 AO zuordnen müssen, die der StA oder dem Gericht auf sonstige Weise unter Verletzung des Steuergeheimnisses von der FinB oder einem ihrer Amtsträger mitgeteilt werden (HHSp-*Engelhardt* 121 zu § 393 AO; *Kühn/Hofmann* 2 zu § 393 AO; *Müller* DStR 1986, 702).

Dagegen sollen solche Tatsachen und Beweismittel verwendbar sein, die **61** der StA unter dem Gericht zwar aus den Steuerakten bekanntgeworden sind, von denen sie aber auch auf anderem Wege Kenntnis erlangt hätte, wären sie

Joecks

ihnen nicht schon aus den Steuerakten bekanntgewesen (HHSp-*Engelhardt* 122 zu § 393 AO; *Lohmeyer,* DStZ 1972, 323; *Brenner,* StBp 1975, 277). Bei der Anwendung des „Prinzips der Wiederholbarkeit (Rdnr. 50) ist jedoch Vorsicht geboten. Richtig ist, daß Inhalte einer Steuerakte, die aus anderen Gründen schon Bestandteil der Strafakte sind, nicht einem Verwendungsverbot unterliegen. Ist aber erst die Existenz der Information in der Steuerakte Anlaß, sich diese auf andere Weise zu beschaffen, die Steuerakte also konkret ursächlich für die Eröffnung der Möglichkeit anderweitiger Beschaffung, wird man am Verwendungsverbot festhalten müssen.

d) Folgen des § 393 II 1 AO

62   **Für eine Straftat, die nicht Steuerstraftat ist,** dürfen die vom Beschuldigten offenbarten Tatsachen und Beweismittel nicht verwertet werden; weitergehend *Kohlmann* (1 zu § 393 AO), der ein Verfolgungsverbot annimmt. Das Gesetz knüpft damit an die Beschreibung der Mitwirkungspflichten in § 90 AO an. *Tatsachen* sind Geschehnisse der Außenwelt (*äußere* Tatsachen) und Vorgänge des Seelenlebens (*innere* Tatsachen), die in diesem Fall den Tatbestand eines Steuerrechtssatzes betreffen (HHSp-*Söhn* 14 zu § 90 AO). *Beweismittel* ist jedes Erkenntnismittel, das nach dem Grundsatz der Logik, nach allgemeiner Erfahrung oder wissenschaftlichen Erkenntnissen geeignet ist oder geeignet sein kann, das Vorliegen oder Nichtvorliegen von Tatsachen zu beweisen (HHSp-*Söhn* 18 zu § 90 AO). In Betracht kommen namentlich Urkunden (HHSp-*Hübner* 39 zu § 428 RAO 1967; *Kohlmann* 67 zu § 393 AO).

63   **Das Verwertungsverbot des § 393 II 1 AO** bezieht sich nur auf Straftaten des Stpfl. Wenn daraus geschlossen wird, die Verwertbarkeit im Verfahren gegen Dritte sei *unbeschränkt* zulässig (HHSp-*Hübner* 49 zu § 428 RAO 1967), ist dies so nicht richtig. Sofern es um Straftaten solcher Personen geht, hinsichtlich derer dem Stpfl ein Auskunfts- oder Zeugnisverweigerungsrecht zustehen würde (§§ 101ff. AO, §§ 52ff. StPO), kommt eine Verwertung der Angaben nicht in Betracht, wenn der Stpfl ihr widerspricht. Dies ergibt sich aus § 101 I AO, 52 III StPO; eine Zeugenaussage ohne den Hinweis auf das Recht zur Zeugnisverweigerung wäre unverwertbar (*Kleinknecht/Meyer-Goßner* 32 zu § 52 StPO). Erst recht muß dies für quasi „erzwungene" Angaben gelten.

64   **Keinem Verwertungsverbot** unterliegen solche Teile der Steuerakte, die sich auf Tatsachen oder Beweismittel beziehen, die von Dritten in das Besteuerungsverfahren eingeführt wurden. Hier greift der dem § 393 II 1 AO zugrundeliegende Gedanke der Selbstbelastung nicht ein (*Schwarz* 7 u. *Koch/Scholtz/Himsel* 22 zu § 393 AO).

65   Das Verwertungsverbot des § 393 II 1 AO ist **von Amts wegen** zu beachten (*Ranft* DStR 1969, 367; *Kohlmann* 81 u. *Schwarz* 9 zu § 393 AO). Eine Rüge in der Form des § 344 II StPO ist nicht nötig (so aber *Senge* 11 zu § 393 AO; HHSp-*Engelhardt* 159 zu § 393 AO).

66   **Eine Fernwirkung des Verwertungsverbots** des § 393 II 1 AO wird überwiegend verneint (*Senge* 9 zu § 393 AO). Dahinter steht offenbar die Überle-

III. Verwertbarkeit der Angaben

gung, man könne in diesem Fall nicht anders entscheiden als bei § 136a StPO (Rdnr. 47). Abgesehen davon, daß die Richtigkeit dieser „herrschenden Meinung" bezweifelt werden kann, ist die Situation hier nicht vergleichbar. Bei § 136a StPO geht es um die Folgen eines einzelnen Verstoßes gegen gesetzliche Regelungen. Mit § 393 II 1 AO wird demgegenüber durch das Gesetz der einzelne Bürger angehalten, im fiskalischen Interesse des Staates strafrechtlich relevante Tatsachen mitzuteilen. Hierzu kann er sogar durch den Einsatz von Zwangsmitteln gezwungen werden (vgl. auch BVerfG v. 15. 4. 1996, wistra 227). Verfassungsrechtlich ist dies allenfalls akzeptabel, wenn dabei sichergestellt wird, daß die wegen dieser Zwangssituation gemachten Angaben nicht Grundlage für eine strafgerichtliche Verfolgung werden. Das Verbot, ein „Geständnis" des Beschuldigten zu verwerten, nützt wenig, wenn es der StA freisteht, auf der Basis der vom Beschuldigten mitgeteilten Tatsachen eine Durchsuchung durchzuführen, bei der dann ggf. die inkriminierte Quittung gefunden wird. Richtig ist, daß das „Denkvermögen der Verfolgungsbehörde ... vom Gesetz nicht blockiert, die Denkarbeit ihr nicht untersagt" wird (HHSp-*Hübner* 36 zu § 428 RAO 1967). Damit ist aber noch nicht gesagt, daß die StA hieraus Konsequenzen ziehen darf.

Im sog. **„Gemeinschuldnerbeschluß"** des BVerfG (56, 37, 51 v. 13. 1. 1981) heißt es: *„Das strafprozessuale Schweigerecht wäre illusorisch, wenn eine außerhalb des Strafverfahrens erzwungene Selbstbezichtigung gegen seinen Willen (des Beschuldigten) strafrechtlich gegen ihn verwendet werden dürfte. Der bloße Umstand, daß dem Gemeinschuldner im Interesse seiner Gläubiger eine uneingeschränkte Auskunftspflicht zuzumuten ist, rechtfertigt es nicht, daß er zugleich zu seiner Verurteilung beitragen muß und daß die staatlichen Strafverfolgungsbehörden weitergehende Möglichkeiten erlangen als in anderen Fällen der Strafverfolgung."*

Der Beschuldigte soll mithin nicht schlechter gestellt werden, weil er auch Stpfl ist. Dies würde er aber, wenn er einerseits gezwungen wäre, einen Bestechungslohn zu versteuern, andererseits die StA nunmehr ohne Schwierigkeiten auf Sachbeweise zurückgreifen könnte. Eine Fernwirkung ist daher jedenfalls insoweit anzunehmen, als die entsprechenden Beweise ohne die Angaben des Stpfl nicht gefunden worden wären. Die Schwierigkeiten, hier ggf. abzugrenzen, rechtfertigen die Verneinung einer Fernwirkung nicht, so aber *Hildebrand* (DStR 1982, 24), der zudem kriminalpolitisch unerträgliche Ergebnisse befürchtet. Zweifel müssen zu Lasten des Staates gehen (im Ergebnis glA HHSp-*Engelhardt* 151 zu § 393 AO; *Streck* Nr. 912; ähnl. *Kohlmann* 1, 76 zu § 393 AO, der ein Verfolgungsverbot bejaht; s. auch KK-*Boujong* 42 zu § 136a StPO; *Rogall* aaO S. 174; *Beulke*, ZStW 103, 669).

2. Ausnahmen vom Verwertungsverbot (§ 393 II 2 AO)

a) Verfassungswidrigkeit des § 393 II 2 AO

Das Verwertungsverbot des § 393 II 2 AO soll nicht eingreifen, wenn an der Verfolgung der Straftat, die der Beschuldigte in Erfüllung steuerrechtlicher Pflichten offenbart hat, ein zwingendes öffentliches Interesse besteht.

Das Gesetz knüpft dabei an die allgemeine Regelung über Durchbrechungen des Steuergeheimnisses in § 30 IV Nr. 5 AO an.

§ 30 AO Steuergeheimnis
(1) Amtsträger haben das Steuergeheimnis zu wahren.
(2) Ein Amtsträger verletzt das Steuergeheimnis, wenn er
1. Verhältnisse eines anderen, die ihm
   a) in einem Verwaltungsverfahren, einem Rechnungsprüfungsverfahren oder einem gerichtlichen Verfahren in Steuersachen,
   b) in einem Strafverfahren wegen einer Steuerstraftat oder einem Bußgeldverfahren wegen einer Steuerordnungswidrigkeit,
   c) aus anderem Anlaß durch Mitteilung einer Finanzbehörde oder durch die gesetzlich vorgeschriebene Vorlage eines Steuerbescheides oder einer Bescheinigung über die bei der Besteuerung getroffenen Feststellungen
   bekanntgeworden sind, oder
2. ein fremdes Betriebs- oder Geschäftsgeheimnis, das ihm in einem der in Nummer 1 genannten Verfahren bekanntgeworden ist,
unbefugt offenbart oder verwertet oder
3. nach Nummer 1 oder Nummer 2 geschützte Daten im automatisierten Verfahren unbefugt abruft, wenn sie für eines der in Nummer 1 genannten Verfahren in einer Datei gespeichert sind.

(3) ...

(4) Die Offenbarung der nach Absatz 2 erlangten Kenntnisse ist zulässig, soweit
1. sie der Durchführung eines Verfahrens im Sinne des Absatzes 2 Nr. 1 Buchstaben a und b dient,
2. sie durch Gesetz ausdrücklich zugelassen ist,
3. der Betroffene zustimmt,
4. sie der Durchführung eines Strafverfahrens wegen einer Tat dient, die keine Steuerstraftat ist, und die Kenntnisse
   a) in einem Verfahren wegen einer Steuerstraftat oder Steuerordnungswidrigkeit erlangt worden sind; dies gilt jedoch nicht für solche Tatsachen, die der Steuerpflichtige in Unkenntnis der Einleitung des Strafverfahrens oder des Bußgeldverfahrens offenbart hat oder die bereits vor Einleitung des Strafverfahrens oder des Bußgeldverfahrens im Besteuerungsverfahren bekanntgeworden sind, oder
   b) ohne Bestehen einer steuerlichen Verpflichtung oder unter Verzicht auf ein Auskunftsverweigerungsrecht erlangt worden sind,
5. für sie ein zwingendes öffentliches Interesse besteht; ein zwingendes öffentliches Interesse ist namentlich gegeben, wenn
   a) Verbrechen und vorsätzliche schwere Vergehen gegen Leib und Leben oder gegen den Staat und seine Einrichtungen verfolgt werden oder verfolgt werden sollen,
   b) Wirtschaftsstraftaten verfolgt werden oder verfolgt werden sollen, die nach ihrer Begehungsweise oder wegen des Umfangs des durch sie verursachten Schadens geeignet sind, die wirtschaftliche Ordnung erheblich zu stören oder das Vertrauen der Allgemeinheit auf die Redlichkeit des geschäftlichen Verkehrs oder auf die ordnungsgemäße Arbeit der Behörden und der öffentlichen Einrichtungen erheblich zu erschüttern,
   oder
   c) die Offenbarung erforderlich ist zur Richtigstellung in der Öffentlichkeit verbreiteter unwahrer Tatsachen, die geeignet sind, das Vertrauen in die Verwal-

III. Verwertbarkeit der Angaben

tung erheblich zu erschüttern; die Entscheidung trifft die zuständige oberste Finanzbehörde im Einvernehmen mit dem Bundesministerium der Finanzen; vor der Richtigstellung soll der Steuerpflichtige gehört werden.

(5) Vorsätzlich falsche Angaben des Betroffenen dürfen den Strafverfolgungsbehörden gegenüber offenbart werden.

(6) ...

§ 30 AO enthält das Gegenstück zu den Offenbarungs- und Mitwirkungspflichten des Bürgers (TK-*Kruse* 3 u. *Schwarz* 4 zu § 30 AO; *Benda* DStR 1984, 352). Der Staat, der von seinen Bürgern sogar die Offenbarung strafbarer oder gegen die guten Sitten verstoßender Handlungen verlangt (§ 40 AO), muß auch die Geheimhaltung des Offenbarten gewährleisten (BVerwG v. 29. 4. 1968, BStBl. 1969, 304). Das Steuergeheimnis als solches mag zwar keinen Verfassungsrang haben (BVerfG 66, 1 v. 17. 7. 1984; *Kruse* StW 1968, 266; TK-*Kruse* 2 zu § 30 AO; *Höppner* DVBl. 1969, 723) und in Teilbereichen, etwa bei der Geheimhaltung eines Anzeigeerstatters (*Pfaff* StBp 1983, 117), auch allzu rigide gehandhabt werden (*Göhler* NJW 1974, 829 Fußn. 63; *Zybon* ZRP 1971, 231). Verfassungsrechtliche Dimensionen erlangt das Steuergeheimnis jedoch durch Art. 2 I iVm 1 I, 14, 19 III GG (BVerfG 66, 1 v. 17. 7. 1984; s. auch BVerfG 65, 1, 43 v. 15. 12. 1983) und insbes. insoweit, als es um die Geheimhaltung von Tatsachen geht, die mitzuteilen der Stpfl *gezwungen* wurde (Rdnr. 8). 70

§ 30 IV Nr. 5 AO erlaubt die Weitergabe der in einem Besteuerungsverfahren erlangten Kenntnisse, wenn dies ein zwingendes öffentliches Interesse gebietet. Dieses soll ua („*namentlich*") gegeben sein, wenn es um die Verfolgung schwerer Wirtschaftsstraftaten oder Verbrechen geht oder aber die Offenbarung zur Richtigstellung von Tatsachen erforderlich ist. § 393 II 2 AO ordnet mit seiner Verweisung auf den in seinem Anwendungsbereich extrem unklaren (Rdnr. 78 ff.) § 30 IV Nr. 5 AO eine Durchbrechung des Verwertungsverbots des § 393 II 1 AO an: Es soll sogar die Verwertung solcher Tatsachen und Beweismittel im Strafverfahren möglich sein, die der Beschuldigte „*in Erfüllung steuerlicher Pflichten*", ja sogar *unter Anwendung von Zwangsmitteln*, offenbart hat. 71

Diese Anordnung der Verwertbarkeit der Auskünfte des Stpfl ist verfassungswidrig. Sie verstößt gegen den Grundsatz „*nemo tenetur se ipsum accusare*", der verfassungsrechtlich abgesichert ist (glA HHSp-*Engelhardt* 153 zu § 393 AO; *Reiß* NJW 1977, 1437; *Rogall* aaO S. 173 sowie in ZRP 1975, 280; *Sidow* aaO S. 155 ff.; ähnl. TK-*Tipke* 2 zu § 103 AO; *Dencker* aaO S. 126; s. auch *Senge* 10 zu § 393 AO u. *Schäfer* Dünnebier-Festschr. 51; *Koch/Scholtz/Himsel* 10 zu § 393 AO, die Zwangsmittel in diesem Zusammenhang für unzulässig halten, ebenso *Suhr* StBp 1978, 104; *Kretzschmar* StBp 1983, 242; *Wendeborn* 1989, 167 f.; aM offenbar *Leise/Cratz* 33 zu § 393 AO). Auch in der Rspr ist dieses Verbot des Zwanges zur Selbstbelastung anerkannt (BGH 14, 364 v. 14. 6. 1960; BVerfG 56, 37 v. 13. 1. 1981; OLG Celle v. 16. 2. 1982, wistra 120; s. Rdnr. 7 ff. sowie zur Rechtsprechung des EUGHMR *Frommel/Füger* StuW 1995, 58 ff.). 72

Es ist verfassungsrechtlich unzulässig, in einem Strafverfahren solche Tatsachen und Beweismittel zu verwerten, die der Beschuldigte unter Androhung oder Anwendung staatlichen Zwanges offenbart hat (vgl. auch BVerfG v. 21. 4. 1988, wistra 302).

73 Die **für die Verfassungsmäßigkeit** einer dem § 393 II 2 AO entsprechenden Regelung angeführten Argumente tragen demgegenüber nicht. Richtig ist, worauf *Barske* (DStZ 1958, 27) hinweist, daß das BVerfG einen die Selbstbegünstigung verbietenden Straftatbestand, die Verkehrsunfallflucht (§ 142 StGB), für verfassungsmäßig erklärt hat (BVerfG 16, 191 v. 29. 5. 1963). Wenn es dort heißt, der Staatsbürger werde „*nicht entwürdigt, wenn die Rechtsordnung von ihm verlangt, daß er für die Folgen seines menschlichen Versagens einsteht . . .*", dann ist damit lediglich ein Verbot für zulässig erklärt, sich durch Flucht zu entziehen (*Sidow* aaO S. 158; s. auch *Denzlinger* ZRP 1982, 178), neues Unrecht zu begehen (Rdnr. 37). Das *Verbot* der Aktivität ist jedoch mit einem *Gebot* der Aktivität nicht gleichzusetzen.

74 Daß hier **„ausnahmsweise"** ein Vorrang am Interesse an Strafverfolgung vor dem Schutz des Steuergeheimnisses angenommen wird (BT-Drucks. V/1812 S. 32), könnte nur beachtlich sein, wenn das Verwertungsverbot des § 393 II 1 AO eine Wohltat des Gesetzgebers wäre (*Dencker* aaO S. 126). Einer Anwendung des Verhältnismäßigkeitsgrundsatzes ist das verfassungsrechtlich abgesicherte Nemo-tenetur-Prinzip jedoch nicht zugänglich. „*Es ist auch sonst kein Grundsatz der StPO, daß die Wahrheit um jeden Preis erforscht werden müßte*" (BGH 14, 364 v. 14. 6. 1960); gerade deshalb verbietet § 136a StPO, die Freiheit der Willensentschließung und Willensbetätigung des Beschuldigten oder Zeugen durch bestimmte Maßnahmen zu beeinträchtigen. Auch das überstrapazierte (*Streck* Grundfragen S. 242; vgl. auch *Kohlmann* 13 zu § 393 AO; OLG Stuttgart v. 16. 4. 1986, wistra 191; OLG Hamburg v. 17. 7. 1985, JR 1986, 167 m.Anm. *Meyer* JR 1986, 170) Argument, der Steuersünder könne nicht bessergestellt sein als der ehrliche Steuerbürger, ist beim Problem des § 393 II 2 AO nur bedeutsam, wenn man aus dem Nemo-tenetur-Prinzip Folgerungen für § 393 I 2 AO zieht (Rdnr. 76); im übrigen ist es der Staat, der ausdrücklich die steuerliche Erheblichkeit auch kraft gesetzwidrigen Verhaltens erzielter Einkünfte anordnet und damit eine Konfliktsituation schafft (*Heuer* FR 1963, 22). Insofern hilft die Aussage, daß es „*ja noch schöner*" wäre, wenn „*derartige Leute auch noch Steuerfreiheit genössen*" (*Kühn*, 4. Aufl. 1956, 2 zu § 5 StAnpG; zust. *Barske* DStZ 1958, 26), nicht weiter.

75 **Die Konsequenzen** dieser verfassungsrechtlichen Problematik sind zweifelhaft. Das nemo-tenetur-Prinzip verbietet nicht schon, jemanden zum Eingeständnis von Straftaten zu zwingen (BVerfG 56, 37, 42 v. 13. 1. 1981); erst die Verwertung dieser Erkenntnis im Strafverfahren ist unzulässig. Dementsprechend wäre es möglich, eine allgemeine Offenbarungspflicht auch hinsichtlich einer dem § 30 IV Nr. 5 AO unterfallenden Tat anzuordnen, ja sogar, den § 393 I 2 AO zu streichen. Nötig ist nur immer die Unverwertbarkeit mitgeteilter Tatsachen. Dem nemo-tenetur-Prinzip wird man entweder dadurch gerecht, daß man die Regelung in § 393 II 2 AO schlicht ver-

III. Verwertbarkeit der Angaben

wirft oder indem man das Verbot des Einsatzes von Zwangsmitteln des § 393 I 2 AO über die dort genannten Steuerstraftaten hinaus auch auf Taten iS des § 393 II 2 AO anwendet (ähnl. *Stürner* NJW 1981, 1761).

Gegen eine solche Erweiterung des § 393 I 2 AO spricht schon die Existenz des § 40 AO; auch sonst neigt das Gesetz zu einer fiskalischen Interessen dienenden Lösung. Bedeutsam dürfte zudem sein, daß ein extensiv interpretierter § 393 I 2 AO dem Stpfl wenig Orientierung bietet (zust. HHSp-*Engelhardt* 153 zu § 393 AO). Ob eine Steuerstraftat in Rede steht, läßt sich noch verhältnismäßig einfach feststellen. Wie soll jedoch der Steuerbürger anhand des § 30 IV Nr. 5 AO feststellen, ob die Verfolgung des von ihm begangenen vorsätzlichen Vergehens im öffentlichen Interesse liegt oder ob eine *schwere* Wirtschaftsstraftat vorliegt? Schon die FinB hat mit der Feststellung der Voraussetzungen des § 30 IV Nr. 5 AO ihre Probleme (*Bender* Tz. 114, 1 d: „*Letzten Endes hängt es weitgehend vom rechtsstaatlichen Empfinden des einzelnen Beamten ab, wie weit im Steuerstrafverfahren der Grundsatz des fairen Prozesses verwirklicht werden kann*"). All dies spricht dafür, die verfassungsrechtliche Problematik nicht durch eine extensive Interpretation des § 393 I 2 AO aufzulösen, sondern § 393 II 2 AO als verfassungswidrig anzusehen (ähnl. *Dencker* aaO S. 126 Fußn. 92; vgl. auch OLG Stuttgart v. 16. 4. 1986, wistra 191).

Wenn im folgenden dennoch die Voraussetzungen erläutert werden, unter denen § 393 II 2 AO eine Weitergabe von Erkenntnissen an die Strafverfolgungsbehörden gestattet, dann deshalb, weil es sich bei dieser Regelung um nachkonstitutionelles Recht handelt, das von der FinB angewendet werden muß; zudem setzt auch ein konkretes Normenkontrollverfahren nach Art. 100 GG voraus, daß die Entscheidung einer Rechtsfrage von der Wirksamkeit der betreffenden *Norm* abhängt; der vorlegende Richter muß also feststellen, daß an sich die Voraussetzungen des § 393 II 2 iVm § 30 IV Nr. 5 AO gegeben sind.

b) Voraussetzungen einer Verwertung

Allgemein setzt die **Weitergabe von Tatsachen oder Beweismitteln**, die der Beschuldigte iS des § 393 I AO offenbart hat, voraus, daß hierfür ein *zwingendes öffentliches Interesse* besteht. Eine präzise Beschreibung dieses Begriffs ist nicht möglich. Das Gesetz erwähnt beispielhaft, jedoch nicht abschließend, drei große Gruppen: Verbrechen und vorsätzliche schwere Vergehen (Nr. 5 a), gravierende Wirtschaftsstraftaten (Nr. 5 b) und die Notwendigkeit einer Offenbarung zur Richtigstellung unwahrer Tatsachen (Nr. 5 c).

aa) Verbrechen und vorsätzliche schwere Vergehen

Verbrechen sind nach § 12 I StGB Straftaten, die im Mindestmaß mit einer Freiheitsstrafe von einem Jahr bedroht sind. Vergehen sind solche Straftaten, die eine Mindeststrafdrohung nicht kennen (§ 12 II StGB). Vorausgesetzt sind dabei *schwere* Vergehen gegen Leib und Leben oder gegen den Staat und seine Einrichtungen. Gegen Leib und Leben sind etwa die Tötung auf Verlangen und die Körperverletzung gerichtet. Daß es sich hierbei um vorsätzliche *schwere* Straftaten handelt, ohne daß zugleich ein Verbrechen iS des § 12 I StGB vorliegt, ist nicht sehr wahrscheinlich (aM anscheinend *Goll* NJW 1979, 94, der auch die gefährliche Körperverletzung nach § 223 a StGB einbeziehen will).

80 **Gegen den Staat und seine Einrichtungen** sind Vergehen insbesondere dann gerichtet, wenn sie in den ersten Abschnitten des Besonderen Teils des StGB geregelt sind. Nötig ist jeweils, daß der einschlägige Tatbestand staatliche Rechtsgüter schützt, so daß ein schwerer Betrug zu Lasten einer Gebietskörperschaft dem § 30 IV N. 5a AO nicht unterfällt (S/S-*Lenckner* 32 u. SK-*Samson* 25 zu § 355 StGB; *Goll* NJW 1979, 94; aM *Schwarz* 48 zu § 30 AO). Angesichts des klaren Wortlauts von § 30 IV Nr. 5a AO ist es nicht möglich, den Anwendungsbereich auf solche Delikte zu beschränken, die *nach § 138 StGB anzeigepflichtig* sind (*Goll* aaO; s. aber TK-*Kruse* 62 zu § 30 AO; vgl. auch *Berthold* 1993, 51). Die Schwierigkeiten, die Voraussetzungen des § 30 IV Nr. 5 a AO präzise zu beschreiben, rechtfertigen noch nicht eine solche Beschränkung der Durchbrechung des Steuergeheimnisses (glA *Schwarz* 48 zu § 30 AO).

bb) Gravierende Wirtschaftsstraftaten (§ 30 IV Nr. 5 b AO)

81 **Wirtschaftsstraftaten** sind solche Delikte, die unter Ausnutzung der Verhältnisse des Wirtschaftsverkehrs begangen wurden und sich gegen das Vermögen oder aber die gesamtwirtschaftliche Ordnung richten. Dabei ist der Begriff der Wirtschaftsstraftat ebensowenig präzise wie der der Wirtschaftskriminalität (TK-*Kruse* 63 zu § 30 AO; s. etwa *Schuhmann* StBp 1981, 1). Einen Anhaltspunkt liefert

§ 74 c GVG [Zuständigkeit der Wirtschaftsstrafkammer]
(1) Für Straftaten
1. nach dem Patentgesetz, dem Gebrauchsmustergesetz, dem Halbleiterschutzgesetz, dem Sortenschutzgesetz, dem Markengesetz, dem Geschmacksmustergesetz, dem Urheberrechtsgesetz, dem Gesetz gegen den unlauteren Wettbewerb, dem Aktiengesetz, dem Gesetz über die Rechnungslegung von bestimmten Unternehmen und Konzernen, dem Gesetz betreffend die Gesellschaften mit beschränkter Haftung, dem Handelsgesetzbuch, dem Gesetz zur Ausführung der EWG-Verordnung über die Europäische wirtschaftliche Interessenvereinigung, dem Genossenschaftsgesetz und dem Umwandlungsgesetz,
2. nach den Gesetzen über das Bank-, Depot-, Börsen- und Kreditwesen sowie nach dem Versicherungsaufsichtsgesetz und dem Wertpapierhandelsgesetz,
3. nach dem Wirtschaftsstrafgesetz 1954, dem Außenwirtschaftsgesetz, den Devisenbewirtschaftungsgesetzen sowie dem Finanzmonopol-, Steuer- und Zollrecht, auch soweit dessen Strafvorschriften nach anderen Gesetzen anwendbar sind; dies gilt nicht, wenn dieselbe Handlung eine Straftat nach dem Betäubungsmittelgesetz darstellt, und nicht für Steuerstraftaten, welche die Kraftfahrzeugsteuer betreffen,
4. nach dem Weingesetz und dem Lebensmittelrecht,
5. des Computerbetruges, des Subventionsbetruges, des Kapitalanlagebetruges, des Kreditbetruges, des Bankrotts, der Gläubigerbegünstigung und der Schuldnerbegünstigung,

III. Verwertbarkeit der Angaben

6. des Betruges, der Untreue, des Wuchers, der Vorteilsgewährung und der Bestechung, soweit zur Beurteilung des Falles besondere Kenntnisse des Wirtschaftslebens erforderlich sind,

ist, soweit nach § 74 Abs. 1 als Gericht des ersten Rechtszuges und nach § 74 Abs. 3 für die Verhandlung und Entscheidung über das Rechtsmittel der Berufung gegen die Urteile des Schöffengerichts das Landgericht zuständig ist, eine Strafkammer als Wirtschaftsstrafkammer zuständig.

(2)–(4) ...

Der Finanzausschuß wollte jedoch nicht, daß *alle* diese Straftaten zu einer 82 Offenbarung berechtigen (BT-Drucks. 7/4292 S. 6; HHSp-*Spanner* 87, TK-*Kruse* 63 zu § 30 AO). Es gilt also, Kriterien zur Einschränkung des § 30 IV Nr. 5b AO zu finden.

Wirtschaftsstraftaten dürfen nur offenbart werden, wenn sie geeignet 83 sind, die wirtschaftliche Ordnung erheblich zu stören. Dies ist der Fall, wenn die Tat Auswirkungen auf das gesamtwirtschaftliche Zusammenspiel hat (*Schwarz* 49 u. TK-*Kruse* 64 zu § 30 AO). In Betracht kommen nur Fälle großen Ausmaßes, etwa wenn ein erheblicher Schadensumfang bei einer Vielzahl von Geschädigten gegeben ist oder die Tat erhebliche Auswirkungen auf eine Mehrzahl von Anlegern oder Zulieferbetrieben hat (*Schwarz* aaO u. *Kruse* aaO). Die bloße Subventionserschleichung stört die wirtschaftliche Ordnung noch nicht (glA *Kruse* aaO; aM wohl *Koch/Scholtz* 28 zu § 30 AO). Nach Ansicht des BGH (v. 12. 2. 1981, NJW 1982, 1648) sind die Voraussetzungen des § 30 IV Nr. 5b AO bei Korruption im Rahmen von Beschaffungen für die Bundeswehr erfüllt. Demgegenüber liegt bei einer Tat gem. § 82 I GmbHG ein Durchbrechungsgrund idR nicht vor (OLG Stuttgart v. 16. 4. 1986, wistra 191).

Das Vertrauen der Allgemeinheit auf die Redlichkeit des geschäftlichen 84 **Verkehrs** oder auf die ordnungsgemäße Arbeit der Behörden und der öffentlichen Einrichtungen kann erschüttert werden, wenn das Bekanntwerden der Tat die Allgemeinheit im geschäftlichen Verkehr verunsichern wird, nachdem sie bis zu dieser Tat ein entsprechendes Vertrauen gehabt hat (*Ehlers* BB 1977, 1366; *Schwarz* 64 zu § 30 AO).

Der Umfang des durch die Wirtschaftsstraftat verursachten Schadens ist 85 nach den üblichen Kriterien zu ermitteln. Zu Recht weist *Kruse* (TK 66 zu § 30 AO) darauf hin, daß es immer nur um die Schäden gehen kann, die durch eine konkrete Person, deren Verhältnisse *hier* offenbart werden sollen, verursacht wurden. Jedenfalls *nicht* angängig ist es, pauschal bei einem Betrag von 100.000 DM eine Durchbrechung des Steuergeheimnisses zuzulassen. Näher liegt es, einen siebenstelligen Betrag vorauszusetzen.

c) Richtigstellung in der Öffentlichkeit (§ 30 IV Nr. 5c AO)

Erfaßt werden allein solche Fälle, bei denen eine Unterrichtung der Öf- 86 fentlichkeit unumgänglich ist (*Schwarz* 50 zu § 30 AO). Eine Offenbarung ist nur zulässig, wenn sie geeignet ist, das Vertrauen in die Verwaltung wiederherzustellen und wenn sie zugleich das mildeste Mittel darstellt, das hierfür zur Verfügung steht. Wie sich aus der Entscheidungsbefugnis der obersten FinB ergibt, handelt es sich bei der Verwaltung iS des § 30 IV Nr. 5c AO nur um die *Finanz*verwaltung (glA TK-*Kruse* 67, aM *Schwarz* 50 – beide zu § 30 AO). Diese Variante der Durchbrechung des Steuergeheimnisses hat im Hinblick auf § 393 II 2 AO auch dann keine Bedeutung, wenn man die Norm für verfassungsmäßig hält, da hier der Bezug zur *Strafverfolgung* fehlt.

d) Sonstige Fälle des zwingenden öffentlichen Interesses

87   Die Möglichkeit *sonstiger Fälle* zwingenden öffentlichen Interesses bleibt durch die Formulierung des § 30 IV Nr. 5 AO unberührt, da die in Buchst. a bis c geregelten Fälle nur Beispiele (*„namentlich"*) geben. Denkbar bleibt eine Durchbrechung des Steuergeheimnisses in anderen Fällen, bei denen die Interessenlage der ausdrücklich gesetzlich geregelten Lage entspricht. Diskutiert werden hier etwa die Möglichkeit der Untersagung einer Gewerbeausübung (BVerwG v. 2. 2. 1982, DVBl 1982, 697; dazu Rdnr. 310 zu § 370 AO) oder der Rücknahme einer Gaststättenkonzession (*Schwarz* 54 zu § 30 AO). Ein zwingendes öffentliches Interesse soll auch daran bestehen, daß nicht genehmigte Nebentätigkeiten von Beamten dem Dienstherrn oder besonders grobe Berufspflichtverletzungen der zuständigen Berufskammer mitgeteilt werden, zB bei Steuerberatern (s. § 10 StBerG u. *Schwarz* aaO). Nach OLG Hamm (Urt. v. 14. 7. 1980, DStZ 475, m. abl. Anm. *v. Wallis*) soll auch an der Offenlegung von Steuermanipulationen großen Umfangs zur Finanzierung politischer Parteien ein zwingendes öffentliches Interesse bestehen (abl. *Schwarz* aaO; s. auch *Felix* NJW 1978, 2134; *Schomberg* NJW 1979, 526).

Abgesehen von der Fragwürdigkeit einer solchen Durchbrechung des Steuergeheimnisses handelt es sich hier um Konstellationen, auf die § 393 II 2 AO nicht abzielt; denn es geht auch hier nicht *per se* um die Verfolgung von *Straftaten*.

§ 394 Übergang des Eigentums

¹Hat ein Unbekannter, der bei einer Steuerstraftat auf frischer Tat betroffen wurde, aber entkommen ist, Sachen zurückgelassen und sind diese Sachen beschlagnahmt oder sonst sichergestellt worden, weil sie eingezogen werden können, so gehen sie nach Ablauf eines Jahres in das Eigentum des Staates über, wenn der Eigentümer der Sachen unbekannt ist und die Finanzbehörde durch eine öffentliche Bekanntmachung auf den drohenden Verlust des Eigentums hingewiesen hat. ²§ 15 Abs. 2 Satz 1 des Verwaltungszustellungsgesetzes gilt entsprechend. ³Die Frist beginnt mit dem Aushang der Bekanntmachung.

Schrifttum: *Hübner*, Reform des Steuerstrafrechts, Neuerungen – Atarismen, JR 1977, 68.

Übersicht

1. Entstehungsgeschichte 1	3. Verfassungsmäßigkeit der Vorschrift 3, 4
2. Zweck und Bedeutung der Vorschrift 2	4. Sachliche Voraussetzungen des Eigentumsübergangs 5–11

1. Entstehungsgeschichte

§ 394 AO 1977 entspricht dem § 430 RAO. Im EAO 1974 war noch der Wortlaut des § 430 RAO 1967 vorgesehen (BT-Drucks. VI/1982, § 379 EAO). Geändert wurde dann die Übersicht („*Übergang des Eigentums*" statt „*Verfall*"); weiterhin wurde jeweils der Begriff „*Verfall*" in „*Übergang*" bzw. „*Verlust des Eigentums*" geändert (BT-Drucks. 7/4292 S. 47).

§ 430 RAO wurde durch Art. 1 Nr. 1 AOStrafÄndG v. 10. 8. 1967 (BGBl. I 877) eingefügt. Inhaltlich entsprechende Vorgänger waren § 434 RAO 1931 und § 399 RAO 1919; ausf. zur Entstehungsgeschichte HHSp-*Hübner* 15 ff. zu § 394 AO. **1**

2. Zweck und Bedeutung der Vorschrift

§ 394 AO soll der Vereinfachung dienen. Während eine Einziehung im Regelfall als Nebenstrafe erfolgt oder aber im objektiven Verfahren nach § 401 AO iVm § 440 StPO durchgeführt wird, will § 394 AO einen Übergang des Eigentums auf die steuerberechtigte Körperschaft, idR den Bund, ohne Beteiligung des Gerichts ermöglichen. Die praktische Bedeutung der Vorschrift ist sehr gering. **2**

3. Verfassungsmäßigkeit der Vorschrift

§ 394 AO enthält, wie sich aus dem Wortlaut ergibt, eine Sonderregelung für die Einziehung. Da Einziehung (Neben-)Strafe ist (BGH v. 26. 4. 1983, wistra 188), stellt sich die Frage, ob die Regelung des § 394 AO nicht gegen den Grundsatz verstößt, daß (Kriminal-)Strafen nur durch den Richter verhängt werden dürfen (BVerfGE 22, 49) und daher verfassungswidrig ist (so **3**

Hübner JR 1977, 62; HHSp-*Hübner* 13 u. *Senge* 1 zu § 394 AO; unentsch. *Bender* Tz. 52, 7; *Koch* 1 u. *Leise* 3 zu § 394 AO). Dies ist jedoch nicht der Fall. Zwar ist eine richterliche Entscheidung nicht schon deshalb entbehrlich, weil § 394 AO „enge Voraussetzungen" hat (so *Bender* Tz. 52, 7). Es fehlt der „*Einziehung*" nach § 394 AO aber das die Strafe kennzeichnende personale Unwerturteil, auf das auch das BVerfG in seinem Urteil zum Unterwerfungsverfahren (BVerfG aaO S. 79) entscheidend abgestellt hat (so zu Recht *Kohlmann* 40 zu § 394 AO).

4 Auch andere verfassungsrechtliche Bedenken bestehen nicht. Soweit *Hübner* (HHSp 11 ff. zu § 394 AO) Verstöße gegen das Übermaßverbot, den Verhältnismäßigkeitsgrundsatz und die Eigentumsgarantie des Art. 14 GG moniert, ist dies nicht überzeugend. § 394 AO setzt nicht weniger als die Einziehung sonst voraus; auch die FinB hat den Verhältnismäßigkeitsgrundsatz zu beachten, so daß die Position des Betroffenen nicht entscheidend verschlechtert wird (so zu Recht *Kohlmann* 40 zu § 394 AO; ähnlich *Schwarz/ Dumke* 3 zu § 394 AO; aM *Hellmann* 1995, 73).

4. Sachliche Voraussetzungen des Eigentumsübergangs

5 **Auf frischer Tat betroffen** ist, wer während oder unmittelbar nach dem Versuch oder der vollendeten Tat bemerkt wird (*Koch/Scholtz/Himsel* 3 zu § 394 AO); die Ausführung muß einem Beobachter als rechtswidrige Tat oder als strafbarer Versuch einer solchen erkennbar sein (*Senge* 2 zu § 394 AO). Nötig ist auch der Verdacht, daß der Täter vorsätzlich gehandelt hat (glA *Kohlmann* 24 zu § 394 AO, aM *Senge* aaO), da § 394 AO sich an § 74 StGB anlehnt und die Einziehung nicht durch Verzicht auf subjektive Elemente erleichtern will.

6 **Steuerstraftaten** sind alle Taten iS des § 369 I AO. Ernsthaft in Betracht kommt lediglich der Schmuggel von Waren über die grüne oder die nasse Grenze, also Vorgehen nach den §§ 370, 372 u. 373 AO.

7 **Wer den Täter „betrifft"**, ist gleichgültig. Es genügt auch, daß die Tat von einer *Privatperson* bemerkt wird (*Senge* 3, *Schwarz/Dumke* 7, *Koch/ Scholtz/Himsel* 3 zu § 394 AO). Nicht nötig ist, daß ein zur Verfolgung von Steuerstraftaten *zuständiger Beamter* den Täter beobachtet (aM *Klein/Orlopp* 2 zu § 394 AO). Die Sicherstellung der vom unbekannten Täter hinterlassenen Sachen muß *zum Zwecke der Einziehung* erfolgen; eine Sicherstellung zu Beweiszwecken nach §§ 94, 98 StPO genügt nicht (aM *Kohlmann* 20, *Schwarz/ Dumke* 6 zu § 394 AO); allerdings kann sich der Zweck der Sicherstellung später ändern. Zu § 111 b ff. StPO s. Rdnr. 54 zu § 399 AO, zur Einziehung Rdnr. 28 ff., 42 ff. zu § 375 AO sowie 3 zu § 401 AO).

8 **Der Eigentümer der Sache muß unbekannt sein.** Zwar ist die Einziehung nicht dem Täter gehörender Gegenstände auch § 74 II 2, § 74a StGB, § 375 II AO möglich. Dann kommt aber allein das Verfahren nach § 401 AO iVm § 440 StPO in Betracht (Rdnr. 9 f. zu § 401 AO).

9 **Durch eine öffentliche Bekanntmachung** weist die FinB auf den drohenden Verlust des Eigentums hin. Nach § 15 II 1 VwZG wird eine entspre-

4. Sachliche Voraussetzungen des Eigentumsübergangs

chende Bekanntmachung an der Stelle ausgehängt, die von der FinB allgemein für die öffentliche Zustellung bestimmt ist. Hierbei sind die sichergestellten Sachen und die Umstände der Sicherstellung so zu bezeichnen, daß die Identifizierung für den Eigentümer möglich ist (*Schwarz/Dumke* 9 zu § 394 AO).

Melden sich Täter oder Eigentümer innerhalb eines Jahres ab Aushang der Bekanntmachung, ist für eine Anwendung des § 394 AO kein Raum mehr (*Schwarz/Dumke* 11 zu § 394 AO). Dann ist die Einziehung nur noch im Rahmen des objektiven oder subjektiven Verfahrens möglich (Rdnr. 3ff. zu § 401 AO).

Unberührt bleibt die Möglichkeit der FinB, keine **Notveräußerung** nach § 111l II StPO iVm § 399I AO (Rdnr. 72 zu § 399 AO) anzuordnen (*Kühn/Hofmann* 3 und *Senge* 8 zu § 394 AO). Voraussetzung hierfür ist jedoch die Einleitung des förmlichen Ermittlungsverfahrens; eine *Einziehung des Erlöses* darf nur im Verfahren nach § 440 StPO stattfinden (*Senge* aaO).

§ 395 Akteneinsicht der Finanzbehörde

¹Die Finanzbehörde ist befugt, die Akten, die dem Gericht vorliegen oder im Falle der Erhebung der Anklage vorzulegen wären, einzusehen sowie beschlagnahmte oder sonst sichergestellte Gegenstände zu besichtigen. ²Die Akten werden der Finanzbehörde auf Antrag zur Einsichtnahme übersandt.

Vgl. § 49 OwiG; ferner § 147 I, IV StPO u. RiStBV 160, 185–189 u. ASB 34 über Akteneinsicht des Verteidigers; § 78 FGO, § 100 VwGO, § 120 SGG über Akteneinsicht der Beteiligten im finanz-, verwaltungs- und sozialgerichtlichen Verfahren sowie § 299, § 299a ZPO über Akteneinsicht der Parteien im Zivilprozeß; § 108 StBerG, § 82b WprO, § 117b BRAO, § 70 BDO, § 83 WDO über Akteneinsicht der Betroffenen im Disziplinarverfahren.

Übersicht

1. Entstehungsgeschichte 1
2. Zweck und Anwendungsbereich ... 2–6
3. Gegenstand der Einsicht oder Besichtigung 7–12
   a) Akten 7–9
   b) Andere Gegenstände 10–12
4. Übersendung der Akten nach § 395 S. 2 AO 13
5. Verfahren 14, 15

1. Entstehungsgeschichte

1   Vorläufer des § 395 AO 1977 war **§ 431 RAO 1967,** der gem. Art. 1 Nr. 1 AOStrafÄndG v. 10. 8. 1967 (BGBl. I 877) in die AO eingefügt wurde (Begr. BT-Drucks. V/1812 S. 33f.). Eine entsprechende Vorschrift war als § 434 bereits in Art. 1 Nr. 1 des AO-StPO-ÄG-Entwurfs (BT-Drucks. IV/2476) vorgesehen und gab das Vorbild für § 49 OWiG nF (BT-Drucks. V/1269 S. 81). Bei der Formulierung der gegenwärtigen Fassung des Gesetzes wurden die Worte „*das Finanzamt*" durch „*Finanzbehörde*" ersetzt; außerdem wurden die Worte „*sichergestellte und beschlagnahmte*" durch „*beschlagnahmte oder sonst sichergestellte*" präzisiert (BT-Drucks. 7/4292 S. 47).

2. Zweck und Anwendungsbereich

2   **§ 395 AO dient zugleich straf- und steuerrechtlichen Zwecken.** Im Strafverfahren soll die FinB auch bei der Verfahrensherrschaft der StA oder des Gerichts die Möglichkeit haben, sich durch Einsicht in die Akten jederzeit über den Stand des Verfahrens und über die ermittelten Tatsachen zu unterrichten, damit sie ihre Befugnisse nach § 407 AO sachgerecht wahrnehmen und auf die Umstände hinweisen kann, die von ihrem Standpunkt aus für die Beurteilung der Sache von Bedeutung sind. Unabhängig davon kann der Inhalt der Strafakten auch für die Besteuerung bedeutsam sein, sei es in bezug auf Grund und Umfang der Steuerpflicht, sei es insbes. für die Dauer der Festsetzungsfrist für hinterzogene Steuerbeträge (§ 169 I 2 AO), die Ablaufhemmung (§ 177 VII AO), die Aufhebung oder Änderung von Steuerbe-

2. Zweck und Anwendungsbereich 3–6 § 395

scheiden (§ 173 II AO), die Festsetzung von Hinterziehungszinsen (§ 235 AO), die Haftung des Steuerhinterziehers oder Steuerhehlers (§ 71 AO), die Entscheidung über Erlaßanträge (§ 227 AO) im Hinblick auf die „Erlaßwürdigkeit" des Antragstellers (BFH v. 29. 4. 1981, BStBl. 726, sowie TK-*Kruse* 50 zu § 227 AO), die Entscheidung über die Hemmung der Vollziehung (§ 361 AO; § 69 FGO) oder die Aussetzung der Entscheidung über einen steuerrechtlichen Rechtsbehelf (§ 363 AO; § 74 FGO).

Die Befugnis der FinB zur Besichtigung sichergestellter oder beschlag- 3 nahmter Sachen berücksichtigt, daß die FinB auch am Verfahren bei der Einziehung dieser Sachen mitwirken kann (§§ 399, 402 sowie § 401 AO). Im Besteuerungsverfahren ist zu beachten, daß zollpflichtige Waren und verbrauchsteuerpflichte Erzeugnisse gem. § 76 I AO *„für die darauf ruhenden Steuern"* haften.

§ 395 AO gilt nur im Strafverfahren wegen Steuervergehen, ferner gem. 4 § 128 BranntwMonG im Strafverfahren wegen Monopolvergehen. Im Bußgeldverfahren wegen einer Steuerordnungswidrigkeit gilt – da in § 410 I AO eine Verweisung auf § 395 AO fehlt – die mit § 395 AO inhaltlich übereinstimmende Vorschrift des § 49 OWiG.

Der Anspruch der FinB nach § 395 AO besteht – wie sich aus dem Zweck 5 (Rdnr. 2) und der Stellung der Vorschrift ergibt – ohne das Erfordernis einer Begründung des Antrags in allen Abschnitten des Strafverfahrens und darüber hinaus auch nach rechtskräftigem Abschluß des Verfahrens (aA *Kohlmann* 11 zu § 395 AO, sofern die FinB dann noch ein dem Zweck des § 395 AO entsprechendes rechtliches Interesse geltend machen kann, zB wegen Festsetzung von Hinterziehungszinsen gem. § 235 AO.

Für Ermessensentscheidungen der StA oder des Gerichts, ob der FinB 6 Akteneinsicht zu gewähren ist, **bietet § 395 AO keinen Raum**. Auch kann der FinB – abw. von § 147 II StPO – vor dem Abschluß der Ermittlungen nicht entgegengehalten werden, daß die Akteneinsicht oder die Besichtigung sichergestellter oder beschlagnahmter Gegenstände den Untersuchungszweck gefährde. Natürliche Grenzen der Befugnisse nach § 395 AO bestehen aber in bezug auf den *Zeitpunkt* und die *Dauer* der Akteneinsicht. In zeitlicher Hinsicht wird der Anspruch durch die Erfordernisse eines zügigen Fortgangs des Verfahrens begrenzt. Bei aller gebotenen Rücksicht auf die Beschleunigung des Strafverfahrens müssen jedoch die Akten der FinB nicht nur rechtzeitig, sondern auch für einen solchen Zeitraum zur Verfügung gestellt werden, der dem Zweck des Anspruchs angemessen ist. Während der Hauptverhandlung kann Akteneinsicht nicht gewährt werden, wenn dies mit deren ununterbrochener Durchführung unverträglich ist (KMR-*Müller* 19, KK-*Laufhütte* 14 zu § 147 StPO). Die Akteneinsicht kann *wiederholt* werden (LR-*Lüderssen* 99 zu § 147 StPO; insbesondere dann, wenn der sachliche Inhalt der Akten zwischenzeitlich zugenommen hat (OLG Hamm v. 6. 12. 1974, MDR 1975, 422).

3. Gegenstand der Einsicht oder Besichtigung

a) Akten

7 Zu den Akten, die dem Gericht vorliegen oder im Falle der Erhebung der Anklage vorzulegen wären (vgl. § 199 II 2 StPO), gehören die gesamten **Ermittlungsakten** der StA einschl. der bei der Polizei entstandenen Vorgänge sowie die beim Gericht selbst entstandenen Akten einschl. etwa *beigezogener Akten* über Vorstrafen. Hinsichtlich des Gegenstandes der Akteneinsicht besteht zwischen dem Anspruch des Verteidigers nach § 147 StPO und dem Anspruch der FinB nach § 395 AO grundsätzlich kein Unterschied (vgl. daher Rdnr. 46 ff. zu § 392 AO), jedoch ist eine vorübergehende Beschränkung gem. § 147 II StPO im Rahmen des § 395 AO nicht möglich (Rdnr. 6).

8 **Handakten der StA** (oder der Polizei) unterliegen nicht der Akteneinsicht (KMR-*Müller* 3 zu § 147 StPO). Die Handakten bestehen vornehmlich aus den Durchschriften der Vorgänge, deren Originale in die Ermittlungsakten eingehen; sie können ferner Notizen enthalten, die für eine übersichtliche Zusammenstellung der Ermittlungsergebnisse verwertet worden sind. Schriftstücke, die für die Beweisführung von Bedeutung sein können, dürfen auch nicht vorübergehend zu den Handakten genommen und damit womöglich der Kenntnis des Gerichts und dem Anspruch des Verteidigers auf Akteneinsicht entzogen werden.

9 **Die Befugnis, Auszüge, Abschriften oder Fotokopien anzufertigen,** ist ebenfalls durch den Anspruch auf Akteneinsicht gedeckt. Wegen des Anspruchs auf Übersendung der Akten s. Rdnr. 13.

b) Andere Gegenstände

10 **Sichergestellte Gegenstände** iS des § 395 AO sind Sachen (§ 90 BGB), die als Beweismittel für die Untersuchung von Bedeutung sein können oder der Einziehung unterliegen und deshalb nach § 94 I StPO in Verwahrung genommen oder in anderer Weise sichergestellt worden sind. Im Steuerstrafverfahren kommen namentlich *verbrauchssteuerpflichtige Erzeugnisse* oder *zollpflichtige Waren* sowie *Schriftstücke,* insbesondere Bestandteile der Buchführung und Korrespondenz, als Beweismittel in Betracht; eine mittelbare Eignung zum Beweis, wie zB Schriftproben zum Schriftvergleich, genügt. Bei Sachen, die der Einziehung unterliegen, macht es im Rahmen des § 94 I StPO keinen Unterschied, ob die Einziehung zwingend vorgeschrieben ist, wie zB bei gefälschten Steuerzeichen gem. § 148 I Nr. 1, § 150 StGB, § 369 I Nr. 3 AO, oder ob sie nur zulässig ist.

11 **Beschlagnahmte Gegenstände** sind Sachen, auf welche die Merkmale des § 94 I StPO (Rdrn. 10) zutreffen, die aber von dem Gewahrsamsinhaber nicht freiwillig herausgegeben worden sind und deshalb gem. § 94 II, §§ 97 ff. StPO beschlagnahmt werden mußten.

12 **Ausgeübt wird die Besichtigung** am Ort der Aufbewahrung (*Senge* 3 zu § 395 AO), es sei denn, die beschlagnahmten oder sonst sichergestellten Gegenstände befinden sich bei den Akten. Der Anspruch auf Besichtigung

5. Verfahren

sichergestellter oder beschlagnahmter Gegenstände umfaßt – über den Wortlaut des Gesetzes hinaus – auch die Befugnis, von zoll- oder verbrauchsteuerpflichtigen Sachen *Proben* zu entnehmen und zu untersuchen. Der Anspruch auf Besichtigung gesicherter, zB versiegelter Räume schließt auch das Recht ein, die Räume zu betreten. Ebenso wie die Akteneinsicht (Rdnr. 6) ist auch die Besichtigung wiederholbar (glA HHSp-*Hübner* 15 zu § 395 AO).

4. Übersendung der Akten nach § 395 S. 2 AO

§ 395 S. 2 AO gewährleistet, daß die FinB nicht darauf beschränkt werden darf, den Anspruch auf Akteneinsicht an Amtsstelle auf der Geschäftsstelle der StA oder des Gerichts auszuüben. Die Vorschrift geht über § 147 IV StPO insofern hinaus, als ein Antrag auf Übersendung der Akten an die FinB auch aus wichtigen Gründen nicht abgelehnt werden darf. Der Anspruch auf Versendung bezieht sich nur auf „Akten".

5. Verfahren

Zuständig zur Entscheidung über einen Antrag auf Akteneinsicht ist während des vorbereitenden Verfahrens die StA, im Zwischen- und Hauptverfahren der Vorsitzende des mit der Sache befaßten Gerichts, später die Strafvollstreckungsbehörde. Im Strafbefehlsverfahren beginnt die Zuständigkeit des Gerichts, sobald der Antrag auf Erlaß eines Strafbefehls (§ 407 StPO) beim Gericht eingegangen ist.

Als Rechtsbehelf gegen die Ablehnung eines Akteneinsichts- oder Besichtigungsantrags durch die StA ist Dienstaufsichtsbeschwerde zulässig; vgl. ferner Rdnr. 56 zu § 392 AO. Eine Entscheidung des Vorsitzenden ist mit der Beschwerde anfechtbar (§ 304 StPO); § 305 StPO steht dem nicht entgegen (KMR-*Müller* 13, 26 zu § 147 StPO).

§ 396 Aussetzung des Verfahrens

(1) Hängt die Beurteilung der Tat als Steuerhinterziehung davon ab, ob ein Steueranspruch besteht, ob Steuern verkürzt oder ob nicht gerechtfertigte Steuervorteile erlangt sind, so kann das Strafverfahren ausgesetzt werden, bis das Besteuerungsverfahren rechtskräftig abgeschlossen ist.

(2) Über die Aussetzung entscheidet im Ermittlungsverfahren die Staatsanwaltschaft, im Verfahren nach Erhebung der öffentlichen Klage das Gericht, das mit der Sache befaßt ist.

(3) Während der Aussetzung des Verfahrens ruht die Verjährung.

Vgl. § 262 StPO; § 363 I AO; §§ 148, 151 ff. ZPO; § 74 FGO; § 94 VwGO, § 114 SGG; §§ 118, 118 a BRAO; § 109 StBerG; §§ 83, 83 a WprO.

Schrifttum: *Wisser*, Die Aussetzung des Steuerstrafverfahrens gem. § 396 AO und die Bindung des Strafrichters, Pfaffenweiler 1992; *Hellmann*, Nebenstrafverfahrensrecht der Abgabenordnung, Köln 1995;
Brenner, Zur Verfahrensaussetzung nach § 396 der Abgabenordnung, BB 1980, 1321; *Blumers*, Aussetzung des Strafverfahrens nach § 396 AO am Beispiel Spenden, DB 1983, 1571; *Gast-de Haan*, Steuerverfehlungen als Grundlage von steuerlichen und anderen Verwaltungseingriffen, DStJG 6, 187; *dieselbe*, Ermessensschranken bei der Aussetzung des Besteuerungsverfahrens, DStZ 1983, 254; *Stuhldreier*, Entscheidungen im Steuerstrafverfahren als vorgreifliches Rechtsverhältnis i. S. des § 363 Abs. 1 AO? DStZ 1983, 390; *Kohlmann*, Aussetzung des Steuerstrafverfahrens gemäß § 396 AO und prozessuale Fürsorgepflicht, Klug-Festschr. 1983, Bd. II S. 507; *Brezing*, Der Bundesgerichtshof und das Steuerrecht, NJW 1984, 1598; *Carlé*, Anmerkung zum Beschluß des Bundesverfassungsgerichts vom 4. April 1985, DStZ 1985, 284; *Felix*, Das „Spenden-Urteil" des BFH VIII R 324/82 und die Aussetzung des Steuerstrafverfahrens, FR 1985; *Heuer*, Die Rechtspflicht zur Aussetzung des Steuerstrafverfahrens bei divergenzgeneigten Vorfragen – § 396 AO im System der Rechtsordnung, DStZ 1985, 291; *Isensee*, Aussetzung des Steuerstrafverfahrens – Rechtsstaatliche Ermessensdirektiven, NJW 1985, 1007; *Kirchhof*, Der bestandskräftige Steuerbescheid im Steuerverfahren und im Steuerstrafverfahren, NJW 1985, 2977; *Schlüchter*, Verfahrensaussetzung nach § 396 AO als Funktion des Prozeßzwecks, JR 1985, 360; *Reiß*, Widersprechende Entscheidungen von Straf- und Finanzgerichten in derselben Rechtssache, StuW 1986, 68; *Rößler*, Der bestandskräftige Steuerbescheid im Steuerverfahren und im Steuerstrafverfahren, NJW 1986, 972; *Weidemann*, Die strafrechtliche Vorfragenkompetenz des Finanzgerichts: Zum Bardamenfall des FG Köln, DStZ 1987, 64; *ders.*, Tatbestandswirkung und Rechtskraftbindung im Steuerstrafverfahren? GA 1987, 205; *Bilsdorfer*, Die Aussetzung des Steuerstrafverfahrens, RWP (Stand 1988) SG 2.5; *Schuhmann*, Zur Aussetzung des Verfahrens nach § 396 AO, wistra 1992, 172.

Übersicht

1. Entstehungsgeschichte 1–4	c) Entscheidungserhebliche Vorfragen 17–19
2. Zweck 5	d) Ermessen 20, 21
3. Anwendungsbereich 6–8	6. Entscheidung über die Aussetzung . . 22–30
4. Verhältnis zu anderen Aussetzungsvorschriften 9–13	a) Zuständigkeit 22
a) §§ 154 d, 262 StPO 9–11	b) Form 23, 24
b) § 363 AO, § 74 FGO 12	c) Dauer 25, 26
c) Art. 177 EWGV 13	d) Anfechtung 27–30
5. Aussetzung des Verfahrens 14–21	7. Wiederaufnahme des Verfahrens . . . 31, 32
a) Begriff 14	8. Ruhen der Verjährung 33, 34
b) Anhängigkeit eines Besteuerungsverfahrens 15, 16	a) Beginn und Ende 33
	b) Wirkung 34

1. Entstehungsgeschichte

Die Vorschrift hat ihren Ursprung in § 433 RAO 1919. Danach war das Strafgericht verpflichtet, das Strafverfahren bis zur Entscheidung der Finanzgerichtsbarkeit auszusetzen, wenn die Verurteilung wegen Steuerhinterziehung oder -gefährdung davon abhing, ob ein Steueranspruch bestand oder ob und in welcher Höhe ein Steueranspruch verkürzt oder ein Steuervorteil zu Unrecht gewährt war. Erging keine Entscheidung des RFH, so hatte das Gericht, wenn es von der rechtskräftigen Entscheidung des Finanzamts abweichen wollte, die Entscheidung des RFH einzuholen. Das Strafgericht war an die Entscheidung des RFH gebunden. § 433 RAO 1919 wurde inhaltlich unverändert als § 468 RAO 1931 übernommen (über die verschiedenen Entwürfe vgl. HHSp-*Hübner* 2ff. zu § 396 AO). In der Praxis hatte § 468 RAO 1931 zu zahlreichen Streitfragen geführt (*Hartung* NJW 1966, 484); auch hatte die Vorschrift in bezug auf die Höhe des verkürzten Steueranspruchs durch die zwischenzeitliche Abschaffung der Multiplarstrafen (G v. 4. 7. 1939, RGBl. I 1181) an Bedeutung verloren. 1

Die **Neufassung des § 468 RAO durch § 162 Nr. 52 FGO** v. 6. 10. 1965 (BGBl. I 477) beseitigte die Verpflichtung des Strafrichters, eine Entscheidung der Finanzgerichtsbarkeit einzuholen, hielt jedoch die Bindung des Strafrichters an ergangene Entscheidungen des BFH aufrecht. Der Strafrichter war also nicht mehr verpflichtet, eine Entscheidung im Besteuerungsverfahren abzuwarten; vielmehr war er nur noch ermächtigt, das Strafverfahren auszusetzen, bis im Besteuerungsverfahren rechtskräftig entschieden war. Diese Befugnis bestand jedoch nicht mehr bei Zweifeln über die Höhe des verkürzten Steueranspruchs (vgl. auch *Wisser* aaO S. 153). 2

Das **AOStrafÄndG** v. 10. 8. 1967 (BGBl. I 877) übernahm § 468 RAO 1931 als § 442 RAO, stellte aber den Strafrichter von jeder Bindung an die im Besteuerungsverfahren ergangenen Entscheidungen, auch die des BFH, frei. Damit wurde die Vorschrift dem in der StPO verankerten Grundsatz der uneingeschränkten Vorfragenkompetenz des Strafrichters angepaßt. Der Neuregelung, welche dem Strafrichter lediglich eine fakultative Aussetzungsbefugnis einräumte, lag die Erwägung zugrunde, daß der Strafrichter die Autorität des höchsten deutschen Steuergerichts von selbst achten und sich dessen Entscheidung bei seiner Urteilsfindung zu eigen machen werde (*Wisser* aaO S. 56f. mwN; insoweit zweifelnd *Reiß* StUW 1986, 68). Durch Art. 1 Nr. 26 des 2. AOStrafÄndG v. 12. 8. 1968 (BGBl. I 953) wurden die Worte „oder leichtfertiger Steuerverkürzung" gestrichen, was jedoch den Anwendungsbereich der Vorschrift wegen der gleichzeitig angeordneten Anwendbarkeit des § 42 RAO im Bußgeldverfahren (§ 447 I Nr. 9 RAO) nicht eingeschränkt hat (s. auch Rdnr. 6f.). 3

§ 396 AO 1977 ermächtigt zur Aussetzung des Strafverfahrens bereits im Ermittlungsverfahren (anders § 262 II StPO). Durch diese bewußte Abweichung von § 42 RAO 1967 soll verhindert werden, daß das Strafverfahren „auch bei einer unklaren Beurteilung der ihm zugrunde liegenden Besteuerungsgrundlagen fortgesetzt wird und diese erst im strafgerichtlichen Ver- 4 fahren geklärt werden" (BT-Drucks. VI/1982 S. 199). Die Worte „Verurteilung wegen" wurden durch „Beurteilung der Tat als Steuerhinterziehung" ersetzt. Diese in den Materialien nicht erläuterte Abweichung von § 442 RAO 1967 dürfte, wie *Hübner* überzeugend bemerkt, darauf zurückzuführen sein, daß Rechtsprechung und Schrifttum unter dem Tatbestandsmerkmal „Verurteilung" jede vom Strafrichter zu treffende Entscheidung verstehen, also auch den Freispruch (HHSp-*Hübner* 10 zu § 396 AO mwN).

2. Zweck

5   Die **Strafgerichte** sind **unabhängig** und **nur dem Gesetz unterworfen** (Art. 20 III, Art. 97 II GG iVm § 1 GVG). Daraus folgt, daß der Strafrichter grundsätzlich selbst nach den für das Verfahren und den Beweis in Strafsachen geltenden Vorschriften über Vorfragen aus allen anderen Rechtsgebieten entscheidet. Auch Präjudizien entbinden ihn nicht von der Verpflichtung (über Ausnahmen bei rechtsgestaltenden Urteilen und Verwaltungsakten s. KK-*Hürxthal* 4 ff. zu § 262 StPO), eine eigene Entscheidung zu treffen. Nach Wegfall der Bindung des Strafrichters an Urteile des obersten Steuergerichts (Rdnr. 3) besteht auch im Steuerstrafrecht die uneingeschränkte Vorfragenkompetenz. Das kann theoretisch zur Folge haben, daß ein Stpfl. wegen vollendeter Steuerhinterziehung rechtskräftig verurteilt wird, während der BFH einen Steueranspruch verneint oder in einem Parallelfall die abstrakte Steuerrechtslage anders beurteilt als die Strafjustiz (Beispiele bei *Brezing* NJW 1984, 1598). Auch das Gegenteil ist denkbar. So entschied zB das FG Köln, die FinB sei durch § 173 II AO nicht gehindert gewesen, USt-Bescheide trotz vorhergehender Außenprüfung zum Nachteil des Stpfl. zu ändern, weil dem Stpfl. zumindest leichtfertige Steuerverkürzung vorzuwerfen sei (v. 30. 1. 1985, EFG 524). Dem zuvor erfolgten Freispruch durch das höchste deutsche Strafgericht (BGH v. 20. 5. 1981, NJW 2071) maß das FG keine Bedeutung bei. Derart widersprüchliche Entscheidungen verschiedener Staatsorgane sind mißlich und geeignet, die Rechtssicherheit zu beeinträchtigen. Dies zu vermeiden, ist Ziel des § 396 AO (hM; vgl. statt aller HHSp-*Hübner* 13 zu § 396 AO). Rechtlich abgesichert ist dieser Zweck freilich nicht (zust. *Reiß* StuW 1986, 68); denn der Strafrichter ist selbst nach einer erfolgten Aussetzung nicht gehindert, von der steuerrechtlichen Auffassung der FinB oder der Finanzgerichtsbarkeit abzuweichen (Rdnr. 21). Der Gesetzgeber vertraut aber auf den Respekt des Strafrichters vor der besseren Sachkunde des Finanzrichters (Rdnr. 3). Die gesetzgeberische Zielsetzung verbietet es, das Strafverfahren in jedem Fall auszusetzen, sofern nur ein Besteuerungsverfahren anhängig ist, um nur aus prozeßökomonischen Gründen den Ausgang dieses Besteuerungsverfahrens abzuwarten (glA *Baumann* BB 1976, 753). Andererseits erscheint es sinnvoll, dem Grundanliegen des § 396 AO auch unter Berücksichtigung anderer Überlegungen Rechnung zu tragen (ebenso *Kohlmann* 12 zu § 396 AO), also auch prozeßökonomische Erwägungen in die Ermessensausübung (Rdnr. 19) einzubeziehen. Das dürfte besonders für Massenverfahren gelten, bei denen in einer Vielzahl anhängiger

3. Anwendungsbereich
6–8 § 396

Steuerstrafverfahren um die Auslegung blankettausfüllender Steuernormen gestritten wird.

3. Anwendungsbereich

§ 396 AO ist nach seinem Wortlaut anwendbar, wenn die **Beurteilung der** 6 **Tat als Steuerhinterziehung** in Frage steht. Darunter fallen alle Hinterziehungsformen iS des § 370 AO; ferner der gewerbsmäßige, gewaltsame und bandenmäßige Schmuggel; denn § 373 AO bildet keinen selbständigen Straftatbestand, sondern enthält Strafschärfungsgründe für den Fall, daß die Hinterziehung von Eingangsabgaben unter erschwerenden Begleitumständen begangen wird (Rdnr. 2 zu § 373 AO). Auch auf versuchte Steuerhinterziehung sowie die Teilnahme an ihr ist § 396 AO anwendbar (RG 68, 51 v. 6. 2. 1934; *Kohlmann* 22 zu § 396 AO; aA *Schwarz/Dumke* 7 zu § 396 AO). *Hübner* (HHSp 34 zu § 396 AO) weist allerdings mit Recht darauf hin, daß die Anwendung des § 396 AO in Fällen des Versuchs praktisch ausgeschlossen ist, weil ein Versuch regelmäßig weder zu einer Steuerverkürzung führt noch einen Steuervorteil einbringt. Die Aussetzung ist unzulässig, wenn dem Angeklagten Steuerhehlerei zur Last gelegt wird; denn dann kommt es nicht auf die Beurteilung der Tat als Steuerhinterziehung an (RG 65, 311 v. 15. 6. 1931).

Die **entsprechende Anwendung des § 396 AO** ist vorgeschrieben für das 7 Bußgeldverfahren wegen leichtfertiger Steuerverkürzung (§ 410 I Nr. 5 AO), bei dem Verdacht einer allgemeinen Straftat, die unter Vorspiegelung eines steuerlich erheblichen Sachverhalts gegenüber der FinB oder einer anderen Behörde auf die Erlangung von Vermögensvorteilen gerichtet ist und kein Steuerstrafgesetz verletzt (§ 385 II AO), in bestimmten Fällen des Subventionsbetruges gem. § 264 StGB (§ 9 InvZulG, § 20 BerlinFG), im Straf- und Bußgeldverfahren wegen Verkürzung der Arbeitnehmersparzulage, der Bergmannsprämie, der Wohnungsbauprämie sowie der Begünstigung einer Person, die eine solche Tat begangen hat (§ 14 III des 5. VermBG, § 29a II BerlinFG, § 5a II BergPG, § 8 II WoPG). § 128 BranntwMonG schreibt die entsprechende Anwendbarkeit des § 396 AO für Straftaten vor, die unter Vorspiegelung monopolrechtlich erheblicher Tatsachen auf die Erlangung von Vermögensvorteilen gerichtet sind und kein Steuerstrafgesetz verletzen. Gleiches gilt gem. § 20 MOG für Abgaben zu Marktordnungszwecken, die nach Regelungen iS des § 1 II MOG erhoben werden.

Streitig ist, ob die Anwendung des § 396 AO **Identität der Verfahrensbe-** 8 **teiligten,** also des Beschuldigten (Angeklagten) und des Stpfl voraussetzt. Die Rechtsprechung hatte zu der ursprünglichen Fassung der Vorschrift (Rdnr. 1 f.) die Ansicht vertreten, die Vorschrift solle verhindern, daß im Steuerfestsetzungs- und im Strafverfahren gegen dieselbe Person voneinander abweichende Entscheidungen ergehen (RG 57, 212 v. 28. 3. 1923; 58, 41 v. 7. 12. 1923; 66, 298 v. 23. 6. 1932; 70, 35 v. 29. 11. 1935; 76, 195 v. 3. 7. 1942; BGH v. 6. 11. 1959, NJW 1960, 542; v. 20. 7. 1965, DStR 1966, 150). Danach war also eine Aussetzung immer dann ausgeschlossen, wenn sich

Besteuerungs- und Strafverfahren gegen unterschiedliche Personen (zB Teilnehmer, Haftende, Vertreter) richteten. Diese restriktive Interpretation der Vorläufer des § 396 AO wurzelte in dem Bestreben der Rechtsprechung, die – im Strafprozeß ungewöhnliche – Beschneidung der Vorfragenkompetenz des Strafrichters in Grenzen zu halten. Dieses Bestreben ist mit dem Fortfall jeglicher Bindung an Entscheidungen der Finanzgerichtsbarkeit (Rdnr. 3) gegenstandslos geworden. Die überwiegende Meinung verneint daher das Erfordernis der Personenidentität als Voraussetzung für die Anwendbarkeit des § 396 AO (HHSp-*Hübner* 17, *Kohlmann* 25 zu § 396 AO; *Schuhmann* wistra 1992, 171; aM *Baumann* BB 1976, 753; *Schlüchter* JR 1985, 360). Dem ist zuzustimmen. Zwar kann die Aussetzung gem. § 396 I AO nur angeordnet werden, bis *„das Besteuerungsverfahren"* rechtskräftig abgeschlossen ist. Eine Aussetzung setzt folglich die Anhängigkeit eines Besteuerungsverfahrens voraus. Dieses Besteuerungsverfahren braucht sich aber nur darauf zu beziehen, „ob ein Steueranspruch besteht". Im Besteuerungsverfahren braucht mithin nicht geklärt zu werden, ob sich dieser Anspruch gegen den Beschuldigten (Angeklagten) richtet. Die Beurteilung der Tat (§ 264 StPO) als Steuerhinterziehung hängt zB in Haftungsfällen (§ 69 AO) zunächst davon ab, ob ein Steueranspruch besteht. Dem Zweck des § 396 AO (Rdnr. 5) entspricht es zu vermeiden, daß ein nach dem Gesetz Haftender wegen Steuerhinterziehung verurteilt wird, bevor im Besteuerungsverfahren des StSchuldners geklärt worden ist, ob ein Steueranspruch besteht. Voraussetzung für die Aussetzung ist mithin nicht Personenidentität der Verfahrensbeteiligten, wohl aber die Anhängigkeit eines auf demselben Lebenssachverhalt beruhenden Besteuerungsverfahrens (Rdnr. 15).

4. Verhältnis zu anderen Aussetzungsvorschriften

a) §§ 154 d, 262 StPO

9   Gem. § 262 II StPO ist das Gericht befugt, die Untersuchung auszusetzen, wenn die Strafbarkeit einer Handlung von der Beurteilung eines bürgerlichen Rechtsverhältnisses abhängt. Das Gericht kann einem der Beteiligten zur Erhebung der Zivilklage eine Frist bestimmen oder das Urteil des Zivilgerichts abwarten. Er ist aber weder an die Aussetzung noch an die Frist gebunden, sondern in jedem Fall verpflichtet, die Wahrheit selbst aufzuklären (Über Ausnahmen vgl. KK-*Hürxthal* 2ff., *Kleinknecht/Meyer-Goßner* 3ff. zu § 262 StPO). Die Vorschrift soll verhindern, daß das Strafverfahren zur Vorbereitung oder gar Durchsetzung privat-, arbeits-, verwaltungs- oder sozialrechtlicher Ansprüche mißbraucht wird. Die mögliche Vermeidung widersprüchlicher Entscheidungen wird hier nur als willkommene Begleiterscheinung betrachtet (*Kohlmann* in Klug-Festschr. S. 509). Im Gegensatz zu einer Aussetzung nach § 396 AO (Rdnr. 33f.) bewirkt die Aussetzung nach § 262 II StPO kein Ruhen der Verjährung.

10 Gem. **§ 154 d StPO** kann die StA, wenn die Erhebung der öffentlichen Klage wegen eines Vergehens von der Beurteilung einer Frage abhängt, die nach bürgerlichem Recht oder nach Verwaltungsrecht zu beurteilen ist, zur

4. Verhältnis zu anderen Aussetzungsvorschriften 11, 12 § 396

Austragung der Frage im bürgerlichen Streitverfahren oder im Verwaltungsstreitverfahren eine Frist bestimmen. Nach fruchtlosem Ablauf der Frist kann die StA, anders als das Gericht in Fällen des § 262 II StPO (Rdnr. 9), das Verfahren einstellen. Die StA kann also durch Fristbestimmung, die der vorläufigen Einstellung gleichkommt, vermeiden, sich für die Klärung schwieriger Rechtsfragen aus anderen Rechtsgebieten, zB Unterhaltspflichtverletzungen, einspannen zu lassen (*Kleinknecht/Meyer-Goßner* 1 zu § 154d StPO). Rechtliche Schwierigkeiten reichen für die Anwendung des § 154d StPO nicht aus (*Haas* MDR 1990, 684). Eine Fristsetzung nach § 154d StPO hat keinen Einfluß auf die Verjährung.

Sowohl § 262 II StPO als auch § 154d StPO sind grundsätzlich auch im Steuerstrafverfahren anwendbar (§ 385 I AO). Ihr Anwendungsbereich ist jedoch insofern stark eingeschränkt, als die Spezialvorschrift des § 396 AO vorgeht. Soweit also die Beurteilung der Tat als Steuerhinterziehung davon abhängt, ob ein Steueranspruch besteht, ob Steuern verkürzt oder nicht gerechtfertigte Steuervorteile erlangt sind, ist für eine Aussetzung nach den Vorschriften des allgemeinen Strafverfahrensrechts kein Raum (§ 385 I AO). Andernfalls wären die Rechtswirkungen des § 396 III AO (Rdnr. 33 f.) ausgeschaltet (glA HHSp-*Hübner* 28 zu § 396 AO). Eine Aussetzung des Verfahrens nach den §§ 154d, 262 StPO kommt mithin nur in Betracht, wenn die Voraussetzungen des § 396 I AO nicht gegeben sind, zB bei Zweifeln über die Höhe eines verkürzten Steueranspruchs (Rdnr. 17). 11

b) § 363 AO, § 74 FGO

Nach § 363 I AO kann die zur Entscheidung berufene FinB die Entscheidung über einen Einspruch aussetzen, wenn ein sog. vorgreifliches Rechtsverhältnis besteht, das den Gegenstand eines anhängigen Rechtsstreits bildet oder von einem Gericht oder einer Verwaltungsbehörde festzustellen ist. Entsprechendes gilt nach § 74 FGO im gerichtlichen Rechtsmittelverfahren. Betrachtet man ein anhängiges Strafverfahren als ein „Rechtsverhältnis" iS des § 363 AO (*Gräber/Koch* 3 zu § 74 FGO; krit. *Gast-de Haan* DStJG 6, S. 196), so ergibt sich eine **wechselseitige Aussetzungskompetenz** sowohl im Besteuerungs- als auch im Strafverfahren. Das kann theoretisch zur Aussetzung beider Verfahren führen (*Rößler* DStZ 1993, 507: Bei Konkurrenz von § 74 FGO und § 396 AO „*malt der zuerst zu Lasten des anderen, der als erster sein Verfahren ausgesetzt hat*"). Nach der Rspr zu § 396 AO ist für die Aussetzung eines Strafverfahrens aber kein Raum mehr, sobald die FinB erklärt hat, daß sie ihr Besteuerungsverfahren bis zur rechtskräftigen Erledigung des Strafverfahrens aussetzen werde (KG v. 24. 3. 1958, NJW 959; BGH v. 1. 8. 1962, NJW 2070; v. 6. 6. 1973, NJW 1562, 1565). In diesem Fall sei nämlich die Erlangung eines kompetenten Spruchs über den Steueranspruch bzw. seine Verkürzung nicht erreichbar. Die Entscheidung über den zeitlichen Vorrang des einen oder anderen Verfahrens – verknüpft mit faktischer Bindungswirkung – scheint damit im Ergebnis bei der FinB zu liegen. Regelmäßig wird es jedoch an der erforderlichen Vorgreiflichkeit des 12

Steuerstrafverfahrens fehlen. Die Aussetzung nach § 363 AO soll in Fällen erfolgen, in denen eine im Finanzrechtsstreit bedeutsame Frage durch fachlich kompetentere Stellen entschieden wird. Ein Steuerstrafverfahren ist nicht vorgreiflich (ebenso im Ergebnis BFH v. 17. 12. 1992, DStZ 1993, 506). Für eine Ermessensausübung gem. § 363 AO ist daher kein Raum, wenn um steuerliche Fragen gestritten wird, für deren Entscheidung FinB und Finanzgerichtsbarkeit ohnehin eher kompetent sind als die Strafjustiz; anders zB wenn – was selten sein dürfte – darum gestritten wird, ob eine Steuerstraftat vorliegt, etwa in den Fällen der §§ 70, 71, § 169 II 2, § 173 II, § 235 AO (*Reiß* StuW 1986, 68). Das muß folgerichtig auch dann gelten, wenn die FinB das Ermittlungsverfahren selbständig durchführt (§ 386 II AO); denn die Aussetzungskompetenz kann nicht davon abhängen, ob StA oder FinB von ihren Befugnissen aus § 386 IV AO Gebrauch machen.

c) Art. 177 EWGV

13 Art. 177 EWGV spricht dem EuGH im Verhältnis zu den Gerichten der Mitgliedstaaten die abschließende **Entscheidungsbefugnis über Gültigkeit und Auslegung des Gemeinschaftsrechts** zu. Die nach Maßgabe des Art. 177 EWGV ergangenen Urteile des EuGH sind für alle mit demselben Ausgangsverfahren befaßten mitgliedstaatlichen Gerichte bindend (BVerfGE 75, 223 v. 8. 4. 1987 mwN). Art. 177 III EWGV verpflichtet die einzelstaatlichen Gerichte, deren Entscheidungen mit innerstaatlichen Rechtsmitteln nicht mehr angefochten werden können, zur Anrufung des EuGH, wenn eine Frage iS des Art. 177 I EWGV relevant ist. Die Aussetzungspflicht folgt in diesen Fällen aus Art. 177 EWGV. Die StA ist weder verpflichtet, noch berechtigt, dem EuGH eine Rechtsfrage vorzulegen. Es dürfte jedoch pflichtgemäßem Ermessen entsprechen, wenn sie das Strafverfahren gem. § 396 AO in einem Fall aussetzt, in dem das FG oder der BFH gem. Art. 177 EWGV verfährt (*Thomas* NJW 1991, 2233, 2235; aA *Hellmann* 1995, 61).

5. Aussetzung des Verfahrens

a) Begriff

14 **Aussetzung bedeutet die einstweilige Einstellung weiterer Ermittlungen,** nach erhobener Anklage ein Hinausschieben der Entscheidung über die Eröffnung des Hauptverfahrens (*Kern* RG-Festg. Bd. V S. 137). Ergeht der Aussetzungsbeschluß (Rdnr. 23) in der Hauptverhandlung, so ist mit ihr von neuem zu beginnen (§§ 226, 229 III StPO). Die Aussetzung ist eine Ermessensentscheidung (Rdnr. 20). Das ausgesetzte Verfahren kann aufgenommen und fortgeführt werden, bevor das Besteuerungsverfahren rechtskräftig abgeschlossen ist.

b) Anhängigkeit eines Besteuerungsverfahrens

15 Bis „das Besteuerungsverfahren" rechtskräftig abgeschlossen ist, kann die Aussetzung beschlossen werden (§ 396 I AO). Daraus folgt, daß der strafrechtlichen Beurteilung und dem Besteuerungsverfahren dasselbe geschichtliche Ereignis (§ 264 StPO) zugrunde liegen muß (glA *Schuhmann*

5. Aussetzung des Verfahrens

wistra 1992, 172). Die Aussetzung wegen eines Musterprozesses, in dem ein vergleichbarer Sachverhalt oder gar dieselbe Rechtsfrage zur Entscheidung ansteht, wäre durch § 396 AO nicht gedeckt (glA *Kohlmann* 25 zu § 396 AO). Identität der Verfahrensbeteiligten ist jedoch nicht erforderlich (Rdnr. 8). Fraglich erscheint, ob ein Besteuerungsverfahren „anhängig" sein muß (so HHSp-*Hübner* 18 zu § 396 AO). In der Praxis kommt es nicht selten vor, daß die Ermittlungsbehörden (StA oder FinB) tätig werden und daß sogar Strafbefehle ergehen, bevor die strafrechtlichen Ermittlungsergebnisse steuerrechtlich ausgewertet worden sind. In diesen Fällen ist also ein Besteuerungsverfahren noch nicht einmal eingeleitet, geschweige denn rechtshängig. Gleichwohl ist eine Aussetzung des Strafverfahrens nach Wortlaut und Sinn des § 396 AO auch dann schon zulässig, wenn die FinB noch keine steuerrechtlichen Konsequenzen aus der „Tat" gezogen hat. Die stärksten Zweifel an dem Bestehen eines Steueranspruchs sind nämlich dann gegeben, wenn die FinB trotz des Legalitätsprinzips (§§ 85, 88 AO) noch keinen Steueranspruch geltend gemacht hat. Selbstverständlich können Steueransprüche nicht verkürzt sein, ohne daß ein Steueranspruch besteht. Das Bestehen eines Steueranspruchs setzt aber nicht dessen Konkretisierung voraus (§ 38 AO).

Nach rechtskräftigem Abschluß des Besteuerungsverfahrens ist die Aussetzung nicht mehr zulässig; sie kommt also auch nach Ablauf der Rechtsbehelfsfristen oder nach einem wirksamen Verzicht auf Einspruch (§ 354 AO) oder Klage (§ 50 FGO) nicht in Betracht, wohl aber während der Frist für eine Beschwerde gegen die Nichtzulassung der Revision (LG Berlin v. 26. 11. 1991, wistra 1992, 155). Die widerspruchslose Hinnahme eines Bp-Mehrergebnisses in der Schlußbesprechung steht einem rechtskräftigen Abschluß des Besteuerungsverfahrens nicht gleich (zust. *Schuhmann* wistra 1992, 172).

c) Entscheidungserhebliche Vorfragen

Die strafrechtliche **Beurteilung der Tat als Steuerhinterziehung** muß davon abhängen, ob ein Steueranspruch besteht, ob Steuern verkürzt oder ob nicht gerechtfertigte Steuervorteile erlangt sind. Relevant sind mithin ausschließlich steuerrechtliche Vorfragen, nicht dagegen Fragen der inneren Tatseite (BGH 3, 378 v. 11. 12. 1952; RG 68, 45 v. 6. 2. 1934). Eine Aussetzung kommt in erster Linie in Betracht, wenn eine Rechtsfrage aus der Sicht der Strafverfolgungsorgane unklar oder zweifelhaft ist. Andererseits kann die Beurteilung, ob ein Steueranspruch besteht, ob Steuern verkürzt oder ob nicht gerechtfertigte Steuervorteile erlangt sind, auch von tatsächlichen Fragen abhängen. Also dürfte keine Veranlassung bestehen, ausschließlich Rechtsfragen für entscheidungserheblich zu erachten (so aber HHSp-*Hübner* 39 u. *Kohlmann* 32 zu § 396 AO; *Bilsdorfer* RWP SG 2.5, 153). Freilich wird die Abhängigkeit bei tatsächlichen Fragen seltener sein. Eine Aussetzung zum Zwecke der Vermeidung von **Beweisschwierigkeiten** wäre unzulässig; denn die Finanzgerichtsbarkeit kann, abgesehen von den unterschiedlichen

Beweisregeln im Besteuerungsverfahren einerseits und im Strafprozeß andererseits, nicht als „Hilfsorgan der Strafverfolgungsorgane" benutzt werden (*Brenner* BB 1980, 1321). Die Abhängigkeit von einer steuerrechtlichen Frage ist regelmäßig zu bejahen, wenn mehrere Finanzgerichte dieselbe Norm unterschiedlich auslegen, wenn die Verwaltung ihre Rechtsauffassung geändert hat oder zB einer BFH-Entscheidung keine präjudizielle Wirkung beimißt (sog. Nichtanwendungserlasse), wenn eine Rechtsfrage in der Literatur unterschiedlich beantwortet wird (*Brenner* aaO).

18 **Eine steuerrechtliche Vorfrage ist nicht entscheidungserheblich,** wenn die Beurteilung der Tat nicht als Steuerhinterziehung, sondern als **Steuerhehlerei** oder als **Begünstigung** in Frage steht (s. auch Rdnr. 6). Auch Zweifel über die *Höhe* eines verkürzten Anspruchs oder eines zu Unrecht erlangten Vorteils berechtigen die Strafforgane nicht zur Aussetzung (BGH 14, 19 v. 6. 11. 1959; RG 63, 65 v. 28. 2. 1929; HHSp-*Hübner* 28, *Kohlmann* 36 u. *Kühn/Hofmann* 1 zu § 396 AO; *Schuhmann* wistra 1992, 175); denn der Strafrichter muß sich über die Höhe einer Steuerverkürzung ein eigenes Urteil bilden, notfalls im Wege der Schätzung (Rdnr. 52ff. zu § 370 AO).

19 An der Abhängigkeit von einer **steuerrechtlichen Vorfrage** fehlt es, wenn die Beurteilung der Tat als Steuerhinterziehung ausschließlich von strafrechtlichen Gesichtspunkten abhängt, zB von Fragen der inneren Tatseite; wenn die Tat zwar an sich nachweisbar wäre, aber unter die Wirkungen eines Straffreiheitsgesetzes fällt (RG v. 8. 9. 1936, JW 3467); wenn die nachgewiesene Tathandlung für die Steuerverkürzung nicht ursächlich ist oder der Angeklagte den ungerechtfertigten Steuervorteil nicht durch sie erlangt hat (HHSp-*Hübner* 38 zu § 396 AO); wenn der Strafrichter wegen Fehlens subjektiver Tatbestandselemente zu seiner Entscheidung gelangt (BGH 3, 378 v. 11. 12. 1952; RG 68, 45 v. 6. 2. 1934); wenn ein Freispruch schon deshalb geboten ist, weil es an einer tauglichen Täterhandlung fehlt (*Hartung* NJW 1966, 484). Mit Rücksicht auf § 52 I StGB fehlt die Abhängigkeit von einer Vorfrage auch, wenn tateinheitlich verschiedene Steuern verkürzt worden sind und die Beurteilung der Tat als Steuerhinterziehung hinsichtlich einer dieser Steuern zweifelhaft ist (*Schwarz/Dumke* 13 zu § 396 AO). Bei Tatmehrheit kommt eine Aussetzung nur für diejenige Tat in Betracht, auf die sich die Aussetzung bezieht. Eine gleichsam automatische Aussetzung mit Rücksicht auf einen vom Stpfl erhobenen Rechtsbehelf wäre durch § 396 AO nicht gedeckt. In Anlehnung an die Rechtsgedanken des § 361 II 2 AO und des § 69 II 2 FGO kann aber die Aussetzung des Strafverfahrens nach pflichtgemäßem Ermessen geboten sein, wenn im Besteuerungsverfahren die Vollziehung des Steuerbescheides ausgesetzt worden ist oder wegen ernstlicher Zweifel an seiner Rechtmäßigkeit hätte ausgesetzt werden müssen (ebenso *Blumers* DB 1983, 1571).

d) Ermessen

20 **Das Strafverfahren „kann" ausgesetzt werden.** Die Zurückstellung liegt also – anders als in den Fällen des Art. 100 I GG – im pflichtgemäßen Ermes-

5. Aussetzung des Verfahrens

sen der Ermittlungsbehörden bzw. des Strafgerichts (BVerfG v. 4. 4. 1985, NStZ 126; BGH v. 28. 1. 1987, BGH 34, 271, bestätigt durch BVerfG v. 15. 10. 1990, StRK EStG 1975 § 10b R. 7a; BGH v. 13. 1. 1988 wistra 1988, 196). Mit dieser Rspr. ist die Aussetzung nach § 396 AO „*zur Rarität geworden*" (*Thomas* NJW 1991, 2333, 2335). Grenzen und Leitsätze für die Ermessensausübung bilden der Zweck des § 396 AO, nämlich das öffentliche Interesse an Erhaltung der Rechtssicherheit durch Vermeidung widersprüchlicher Entscheidungen in derselben Rechtssache (Rdnr. 5) einerseits sowie verschiedene verfassungsrechtliche Grundentscheidungen andererseits. Der Beschuldigte hat ein allgemein anerkanntes, schutzwürdiges Interesse an einer beschleunigten Abwicklung des Strafverfahrens (Art. 6 II MRK; BVerfG v. 24. 11. 1983, NJW 1984, 967). Ihm mag die Aussetzung des Strafverfahrens und dessen urteilsverzögernde Wirkung in verschiedenen Fällen vorteilhaft erscheinen. Andererseits sollte nicht übersehen werden, daß die Beschuldigten bereits die Anhängigkeit eines strafrechtlichen Ermittlungsverfahrens als erhebliche nervliche und wirtschaftliche Belastung empfinden. Jedenfalls erscheint die Feststellung von *Brenner,* für den Beschuldigten sei es regelmäßig von Vorteil, wenn das Strafverfahren „auf die lange Bank geschoben wird" (BB 1980, 1321) in dieser Verallgemeinerung nicht gerechtfertigt. Der **Grundsatz der Verhältnismäßigkeit** verlangt, daß eine Maßnahme unter Würdigung aller persönlichen und tatsächlichen Umstände des Einzelfalles zur Erreichung des angestrebten Zweckes geeignet und erforderlich ist und daß der mit ihr verbundene Eingriff nicht außer Verhältnis zur Bedeutung der Sache und Stärke des bestehenden Tatverdachts steht (BVerfG 44, 353 v. 24. 5. 1977). Demzufolge ist jeder Eingriff der Strafverfolgungsorgane auf das im Einzelfall gebotene Mindestmaß zu beschränken. Dabei sollte auch berücksichtigt werden, daß Steuergeheimnis (§ 30 AO) einerseits und das Öffentlichkeitsprinzip im Strafverfahren (§ 169 GVG) andererseits in einem gewissen Widerspruch zueinander stehen (dazu eingehend *Weyand* wistra 1993, 132). Denkbar ist zB, daß der Stpfl. die betriebliche Veranlassung einer Ausgabe nur unter Verletzung von Pflichten (bspw. Bankgeheimnis) erbringen kann, die ihm gegen den Empfänger der Ausgabe obliegen. Der Ausschluß der Öffentlichkeit bei Erörterung „*wichtiger*" Steuergeheimnisse in der Verhandlung liegt im Ermessen des Gerichts (§ 172 Nr. 2 StPO). Im Finanzprozeß hingegen „*ist*" die Öffentlichkeit auszuschließen, wenn ein Beteiligter, der nicht FinB ist, es beantragt (§ 52 II FGO). Antrag sowie entsprechender Beschluß des FG bedürfen keiner Begründung. Selbst wenn man die Verfahrensaussetzung bei Steuerstraftaten (auch) als Vergünstigung betrachtet, wäre sie im Verhältnis zur Behandlung anderer Straftaten unter Berücksichtigung des **Gleichbehandlungsgrundsatzes** gerechtfertigt. Die dem Vertrauen in die Rechtspflege höchst abträgliche Gefahr unterschiedlicher Entscheidungen im Steuer- und Steuerstrafverfahren erfordert eine unterschiedliche Beurteilung (*Schlüchter* JR 1985, 360). Aus dem Verhältnismäßigkeitsgrundsatz, ggf. in Verbindung mit der prozessualen **Fürsorgepflicht** (dazu eingehend *Kohlmann* in Klug-Festschrift S. 507 ff.), kann sich in bestimmten Fällen eine **Ermessensreduzierung auf Null,** dh eine Pflicht zur

Aussetzung ergeben, zB bei ernstlichen Zweifeln an der materiellen Steuerrechtslage (glA BFH v. 17. 12. 1992, DStZ 1993, 507; *Isensee* NJW 1985, 1007; *Schlüchter* JR 1985, 360; *Lerche* StRK-Anm. AO 1977 § 396 R. 1). Ob allerdings aus dem Fürsorgepflichtprinzip folgt, „wegen der besonderen Beschaffenheit der Vorfragen" sei bereits mit der Einleitung eines Ermittlungsverfahrens abzuwarten (so *Kohlmann* aaO S. 523), erscheint schon mit Rücksicht auf den Legalitätsgrundsatz zweifelhaft (vgl. Rdnr. 38 ff. zu § 397 AO). Bei der Ermessensausübung ist auch das sowohl im öffentlichen Interesse liegende als vor allem dem Schutz des Beschuldigten dienende Beschleunigungsgebot zu berücksichtigen (Art. 6 I MRK).

21 Der **Strafrichter ist an die Entscheidung der Steuergerichtsbarkeit nicht gebunden.** Er darf von der Beurteilung durch die Steuergerichtsbarkeit abweichen, auch wenn er das Strafverfahren ausgesetzt hatte, um die Entscheidung des FG/BFH abzuwarten. Die sich daraus möglicherweise ergebenden Widersprüche (vgl. Rdnr. 5) sind zwar mißlich (*Weidemann* DStZ 1987, 64); auch sprechen verfahrensökonomische Gründe für eine Bindung (*Wisser* aaO S. 240). Denkbare Widersprüche sind jedoch unvermeidlich mit Rücksicht auf die uneingeschränkte Vorfragenkompetenz des Strafrichters. Der Strafrichter ist nur an Gesetz und Recht gebunden (Art. 20 III, 97 I GG). Eine Verpflichtung zur Übernahme einer bestimmten Auslegung des Steuerrechts könnte daher nur durch Gesetz begründet werden (glA *Hellmann* aaO S. 124). Der Steuerbescheid entfacht mE auch keine Tatbestandswirkung (so *Kirchhof* NJW 1985, 2977; aA *Hellmann* aaO S. 96 mwN). Durch den Steuerbescheid (§ 155 AO) werden entstandene Steueransprüche festgesetzt. Tathandlung einer Steuerhinterziehung hingegen ist die Verletzung steuerlicher Pflichten.

6. Entscheidung über die Aussetzung

a) Zuständigkeit

22 **Über die Aussetzung entscheidet** im Ermittlungsverfahren die StA (§ 396 II AO). Führt die FinB das Ermittlungsverfahren selbständig durch (§ 386 II AO), so entscheidet sie über die Aussetzung. Nach Erhebung der Anklage ist das Gericht zuständig. Die Aussetzung ist nicht von einem Antrag abhängig, jedoch hat der Beschuldigte in jeder Lage des Verfahrens das Recht, einen entsprechenden Antrag zu stellen.

b) Form

23 StA und FinB entscheiden durch **Verfügung** (§§ 167, 171 StPO); das Gericht befindet durch Beschluß (HHSp-*Hübner* 44 zu § 396 AO), der in der Hauptverhandlung durch Verkündung bekanntgemacht wird, im übrigen schriftlich zuzustellen ist (§ 35 StPO).

24 Eine **Begründung** ist für die Entscheidung der Ermittlungsbehörde nicht vorgeschrieben; sie ist aber zweckmäßig, um deutlich zu machen, auf welche steuerrechtliche Vorfrage es im Strafverfahren ankommt (glA HHSp-*Hübner*

6. Entscheidung über die Aussetzung 25–27 § 396

44 u. *Kohlmann* 53 zu § 396 AO). Ob ein gerichtlicher Aussetzungsbeschluß zu begründen ist, hängt von der Auslegung des § 34 StPO einerseits und von der Beurteilung der Anfechtbarkeit eines Aussetzungsbeschlusses (Rdnr. 27 ff.) andererseits ab. Gem. § 34 StPO sind die durch ein Rechtsmittel anfechtbaren Entscheidungen sowie die, durch welche ein Antrag abgelehnt wird, mit Gründen zu versehen. Die Bedeutung der zweiten Alternative des § 34 StPO ist umstritten. Die wohl überwiegende Meinung hält die Begründung für entbehrlich bei Entscheidungen, die – wie der Aussetzungsbeschluß (Rdnr. 23) – keinen Antrag voraussetzen. Eine besondere Begründung sei auch dann nicht erforderlich, wenn zu einer solchen Entscheidung ein entgegengesetzter Antrag gestellt worden ist (BGH 15, 253 v. 13. 12. 1960 u. *Kleinknecht/Meyer-Goßner* 3 zu § 34 StPO; aM KMR-*Paulus* 5 u. KK-*Maul* 4 zu § 34 StPO). Welcher Ansicht der Vorzug zu geben ist, kann in diesem Zusammenhang dahingestellt bleiben; denn Aussetzungsbeschlüsse sind nach der hier vertretenen Meinung anfechtbar (Rdnr. 27 ff.), bedürfen also nach der ersten Alternative des § 34 StPO einer Begründung.

c) Dauer

Bis zum rechtskräftigen Abschluß des Besteuerungsverfahrens kann das 25 Strafverfahren ausgesetzt werden (§ 396 I AO). Das ist der Fall, wenn der Steuerbescheid formell bestandskräftig geworden ist, wenn also alle Rechtsbehelfs- und Rechtsmittelfristen (§ 355 AO; §§ 47, 120 FGO) abgelaufen sind (glA HHSp-*Hübner* 45 u. *Kühn/Hofmann* 1 zu § 396 AO). Auch die Jahresfrist des § 356 AO bei unterbliebener oder unrichtiger Rechtsbehelfsbelehrung ist beachtlich. Auf etwa noch bestehende Aufhebungs- oder Änderungsmöglichkeiten nach den Vorschriften der §§ 172 ff. AO kommt es hingegen nicht an.

Regelmäßig wird es auch sinnvoll sein, das **Strafverfahren** bis zum rechts- 26 kräftigen Abschluß des Besteuerungsverfahrens **auszusetzen;** denn grundsätzlich ist die entscheidungserhebliche Vorfrage erst in diesem Zeitpunkt abschließend geklärt. Nach allgemeiner Auffassung sind jedoch kürzere Fristen ebenso zulässig wie ein jederzeitiger Widerruf – wenn auch unter der Voraussetzung einer sachgerechten Ermessensabwägung im Einzelfall (HHSp-*Hübner* 45, *Kohlmann* 54 f., *Kühn/Hofmann* 3 u. *Leise/Cratz* 14 zu § 396 AO). Ein Anlaß zum Widerruf der Aussetzung vor bestandskräftiger Steuerfestsetzung kann zB gegeben sein, wenn der BFH oder sogar das BVerfG in einer abstrakten Rechtsfrage eine Entscheidung trifft, aufgrund deren präjudizieller Wirkung die ursprünglichen Zweifel an dem Bestehen des Steueranspruchs wegfallen.

d) Anfechtung

Bewilligende oder ablehnende **Aussetzungsentscheidungen der Ermitt-** 27 **lungsbehörden** sind nach allgemeiner Ansicht nicht anfechtbar (HHSp-*Hübner* 46, *Kohlmann* 58 u. *Kühn/Hofmann* 4 zu § 396 AO; *Harbusch* ddz 1978 F 26; KG v. 28. 4. 1958, JR 1959, 29); lediglich eine Dienstaufsichtsbeschwerde soll statthaft sein (so betr. Fristsetzung nach § 154d StPO: OLG Köln v. 16. 10. 1951, NJW 932; OLG Hamm v. 23. 10. 1958, NJW 1959, 161; KMR-*Müller* 8, LR*Meyer-Goßner* 13 u. *Kleinknecht/Meyer-Goßner* 4 zu § 154d StPO). Setzt die FinB das Strafverfahren aus oder lehnt sie einen Aussetzungsantrag des Beschuldigten ab, so hat dieser zusätzlich die Möglichkeit, bei der StA anzuregen, das Verfahren gem. § 386 IV 2 AO an sich zu ziehen (*Brenner* BB 1980, 1322).

28 Ein **gerichtlicher Beschluß,** mit dem die Aussetzung des Verfahrens abgelehnt wird, soll ebenfalls nicht anfechtbar sein. Dies wird aus § 305 StPO (im Zwischenverfahren § 201 II 2 StPO) abgeleitet. Die ablehnende Aussetzungsentscheidung wird also als eine der Urteilsfindung vorausgehende Entscheidung iS des § 305 S. 1 StPO gewertet (OLG Hamm v. 17. 8. 1977, NJW 1978, 283; HHSp-*Hübner* 48, *Kohlmann* 61 u. Leise-*Cratz* 17 zu § 396 AO; aM, jedoch ohne Begründung, *Kühn/Hofmann* 4 zu § 396 AO). Diese vorwiegend zu § 262 StPO entwickelte Auffassung ist jedoch auf die Aussetzung des Strafverfahrens nach § 396 AO nicht übertragbar. § 305 S. 1 StPO dient der Prozeßbeschleunigung und -konzentration und soll Eingriffe in die Souveränität des erkennenden Gerichts auf seinem Weg zur Urteilsfindung verhindern, zumal die Entscheidung von dem erkennenden Gericht bei der Urteilsfällung und ggf. vom Rechtsmittelgericht überprüft werden kann (Motive, zit. bei LR*Gollwitzer* 1 zu § 305 StPO). Demgemäß besteht Einigkeit darüber, daß der Wortlaut der Vorschrift entsprechend dem gesetzgeberischen Zweck einschränkend auszulegen ist. Der Ausschluß der Beschwerde beschränkt sich auf Entscheidungen, die im inneren Zusammenhang mit der Urteilsfällung stehen, nur der Urteilsvorbereitung dienen, keine weiteren Rechtswirkungen äußern und bei der Urteilsfällung nochmals der Prüfung des Gerichts unterliegen (RG 67, 310 v. 21. 9. 1933; BayObLGSt 27, 99 v. 6. 4. 1927, 28, 52 v. 1. 3. 1928; LR*Gollwitzer* 9ff.; KMR-*Paulus* 9 u. KK-*Engelhardt* 5 zu § 305 StPO). Diese Voraussetzungen treffen für eine die Aussetzung nach § 396 AO ablehnende Entscheidung nicht zu. Zwar könnte die Aussetzung theoretisch auch noch am Schluß der Hauptverhandlung beschlossen werden. Sind aber Eingriffe der Strafverfolgungsbehörden nach dem Grundsatz der Verhältnismäßigkeit auf das im Einzelfall erforderliche Mindestmaß zu beschränken (Rdnr. 20), so kann bereits in der Durchführung der Hauptverhandlung ein nicht wiedergutzumachender Nachteil liegen. Eine spätere Aussetzung durch das erkennende Gericht ist nicht als eine Überprüfung seiner Entscheidung zu werten. Die prozessuale Bedeutung einer die Aussetzung ablehnenden Entscheidung reicht daher über die reine Urteilsvorbereitung hinaus (zust. *Schuhmann* wistra 1992, 172). Auch hat der Gesetzgeber durch § 128 II Halbs. 2 FGO ausdrücklich bestimmt, daß Entscheidungen über eine Aussetzung des finanzgerichtlichen Verfahrens nicht als prozeßleitende Verfügung zu qualifizieren sind.

29 Die **Ablehnung eines Antrags auf Aussetzung** gem. § 396 AO kann jedenfalls mit dem gegen das Urteil zulässigen Rechtsmittel gerügt werden (OLG Hamm v. 17. 8. 1977, NJW 1978, 283). War die Aussetzung nicht beantragt, so kann mit der Revision grundsätzlich nicht geltend gemacht

werden, das Gericht habe von Amts wegen aussetzen müssen (OLG Schleswig v. 24. 5. 1972, SchlHA 1973, 187, zu § 262 II StPO). Ist ein Aussetzungsantrag in der Hauptverhandlung übersehen (stillschweigend abgelehnt) oder übergangen worden, so kann darin ein Revisionsgrund iS des § 338 Nr. 8 StPO liegen (OLG Hamburg v. 4. 4. 1967, MDR 608).

Ein **Beschluß,** durch den das Steuerstrafverfahren ausgesetzt wird, ist **30** nach hM **anfechtbar** (§ 304 StPO, § 385 I AO), wenn er in keinem inneren Zusammenhang mit dem Urteil steht, wenn also die Aussetzung ohne sachlich verständigen Grund rechtlich fehlerhaft angeordnet wurde (OLG Frankfurt v. 24. 1. 1966, NJW 992; OLG Stuttgart v. 17. 7. 1973, NJW 2310; LR*Gollwitzer* 16 zu § 305 StPO mwN; HHSp-*Hübner* 52, *Kohlmann* 60 u. *Senge* 11 zu § 396 AO; *Brenner* BB 1980, 1321), etwa dann, wenn die der Aussetzung zugrunde liegende Vorfragenabhängigkeit in Wahrheit nicht besteht (dazu *Schäfer* wistra 1983, 168 ff., 170).

7. Wiederaufnahme des Verfahrens

Die fehlende Aussetzungsverpflichtung sowie die mangelnde Bin- **31** **dungswirkung haben zur Folge, daß einander widersprechende Entscheidungen nicht ausgeschlossen sind.** Der Strafrichter ist – trotz gegenteiliger Entscheidung der Finanzgerichtsbarkeit – nicht gehindert, den Angeklagten mit der Begründung freizusprechen, ein Steueranspruch sei objektiv nicht verkürzt. Fraglich ist, ob eine nach strafgerichtlicher Verurteilung ergehende steuergerichtliche Entscheidung, welche das Bestehen des objektiven Steueranspruchs verneint, zu einer Wiederaufnahme des Strafverfahrens führen kann. Nach dem Wortlaut des **§ 359 Nr. 4 StPO** ist die Wiederaufnahme eines durch rechtskräftiges Urteil abgeschlossenen Verfahrens zugunsten des Verurteilten zulässig, wenn ein zivilgerichtliches Urteil, auf welches das Strafurteil gegründet ist, durch ein anderes rechtskräftig gewordenes Urteil aufgehoben ist. Finanzgerichtliche Entscheidungen werden zwar den zivilgerichtlichen Urteilen gleichgestellt (*Kleinknecht/Meyer-Goßner* 17 zu § 359 AtPO mwN), jedoch ist das Strafurteil mangels Gestaltungswirkung nicht auf das Finanzgerichtsurteil gegründet (*Weimann* GA 1987, 222; *Wisser* 1992, 259; aA offenbar *Isensee* NJW 1985, 1007, 1010, der eine analoge Anwendung des § 359 Nr. 4 StPO bei Verletzung der Aussetzungspflicht nach § 396 AO – Ermessensreduzierung auf Null – empfiehlt).

Gem. **§ 359 Nr. 5 StPO** ist eine Wiederaufnahme des Verfahrens aufgrund **32** neuer Tatsachen zulässig. Ein nach rechtskrätigem Abschluß des Strafverfahrens ergehendes Finanzgerichtsurteil, das auf anderen tatsächlichen Feststellungen (Umsatz, Gewinn etc.) beruht, kann die Voraussetzungen des § 359 Nr. 5 StPO erfüllen. Ob das auch gilt, wenn die abweichenden Feststellungen auf einer anderen Beurteilung der Steuerrechtslage beruhen (so *Hellmann* aaO S. 128), erscheint zumindest zweifelhaft (vgl. auch TK-*Kruse* 3f. zu § 173 AO). *Reiß* (StuW 1986, 71) bejaht einen Wiederaufnahmegrund nach § 359 Nr. 5 StPO, weil es an der erforderlichen Täuschung fehle, wenn ein

Steuergericht das Bestehen eines Steueranspruchs nach rechtskräftiger Verurteilung verneine (ebenso mit ähnlicher Begründung *Weidemann* GA 1987, 205). So unbefriedigend es auch ist, wenn der Angeklagte eine Strafe wegen einer Steuerverkürzung verbüßen soll, obwohl das Finanzgericht das Bestehen eines entsprechenden Steueranspruchs verneint, so bedenklich erscheint es doch, die mangelnde Kausalität der Steuerverkürzung nach geltendem Recht als neue Tatsache zu qualifizieren (glA *Wisser* 1992, 261).

8. Ruhen der Verjährung

Schrifttum: *Maier,* Aussetzung des Steuerstrafverfahrens nach § 396 AO und „absolute" Strafverfolgungsverjährung bei Steuerstraftaten, DStR 1988, 25; *Meine,* Absolute Verfolgungsverjährung und Aussetzung nach § 396 AO, wistra 1986, 58; *Grezesch,* Hindert die Aussetzung nach § 396 AO den Eintritt der absoluten Verjährung? wistra 1990, 289.

a) Beginn und Ende

33   Während der Aussetzung des Verfahrens **ruht die Verjährung** (§ 396 III AO). Diese von der allgemeinen Regelung des § 78 b StGB iVm § 262 I StPO abweichende Vorschrift beruht auf der Tatsache, daß Steuervergehen regelmäßig erst spät, dh zu einem Zeitpunkt entdeckt werden, zu dem ein nicht unerheblicher Teil der Verjährungsfrist bereits verstrichen ist (HHSp-*Hübner* 54 zu § 396 AO; vgl. auch Rdnr. 68 ff. zu § 376 AO). Das in § 396 III AO angeordnete Ruhen der Verjährung hemmt auch den Ablauf der absoluten Verjährungsfrist iS des § 78 c III 2 StPO (BayObLG v. 22. 2. 1990, wistra 1990, 203; OLG Karlsruhe v. 8. 3. 1990, wistra 1990, 205; *Meine* wistra 1986, 59; *Wisser* aaO S. 256; *Kohlmann* 65, *Klein/Orlopp* 3, *Kühn/Hofmann* 5 u. *Senge* 10 zu § 396 AO; aA *Grezcek* wistra 1990, 289 u. Vorauflage). Die Verjährung ruht seit dem Tag, seit dem die Aussetzungsentscheidung „erlassen" (§ 33 StPO) ist. Das ist bei Beschlüssen und bei Verfügungen der Fall, wenn sie unabänderlich geworden sind. Unabänderlich ist eine Entscheidung, wenn sie den Innenbereich des Gerichts oder der Ermittlungsbehörde verlassen hat (OLG Bremen v. 28. 12. 1955, NJW 1956, 435; BayObLGSt 1979, 148 v. 16. 10. 1979; LR*Wendisch* 12 zu § 33 StPO, HHSp-*Hübner* 55 zu § 396 AO; aM *Kohlmann* 64 zu § 396 AO). Das Ruhen der Verfolgungsverjährung endet mit dem Widerruf oder der Aufhebung des Aussetzungsbeschlusses, spätestens mit der Rechtskraft der Steuerfestsetzung. Auf eine Mitteilung von der Beendigung des Besteuerungsverfahrens an Ermittlungsbehörde oder Gericht kommt es nach dem eindeutigen Gesetzeswortlaut nicht an (HHSp-*Hübner* 56 u. *Kohlmann* 67 zu § 396 AO; aM *Harbusch* ddz 1978 F 27). Maßnahmen, die der Beweissicherung dienen (zB Sicherstellung von Gegenständen, Veranlassung von Zeugenvernehmungen), sind auch zulässig, während das Verfahren ruht.

8. Ruhen der Verjährung

b) Wirkung

Streitig ist, ob die Aussetzung des Strafverfahrens in ihrer Wirkung auf die Steuerhinterziehung beschränkt ist (*Baumann* BB 1976, 755; *Harbusch* ddz 1978 F 25; *Brenner* BB 1980, 1321; *Kohlmann* 68 ff. u. *Leise/Cratz* zu § 396 AO) oder ob sie auch das Ruhen der Verjährung **ideal konkurrierender Straftaten** bewirkt (HHSp-*Hübner* 55 ff. u. *Senge* 10 zu § 396 AO). Die Vertreter der erstgenannten Auffassung stützen sich auf den Wortlaut des § 396 AO sowie darauf, daß die Verjährung nach hM für jede – auch tateinheitlich zusammentreffende – Straftat gesondert abläuft (S/S-*Stree* 8 zu § 78 StGB). Auch weisen sie darauf hin, die möglicherweise lange Dauer finanzgerichtlicher Verfahren könne nicht auf dem Rücken des Beschuldigten ausgetragen werden; dieser habe einen Anspruch darauf, schnell zu erfahren, ob und ggf. welche Strafe er zu erwarten habe. Auch ein Vergleich mit § 262 StPO führe dazu, die Aussetzungswirkung des § 396 AO auf Nichtsteuerstraftaten zu verneinen. Die Gegenmeinung, insbes. von *Hübner* aaO ausf. begründet, verdient jedoch den Vorzug. Der Wortlaut des § 396 AO beschränkt weder die Aussetzungsbefugnis als solche auf die Steuerhinterziehung noch enthält § 396 III AO in bezug auf das Ruhen der Verjährung irgendwelche Einschränkungen. Ruhte nur die Verjährung der Steuerhinterziehung, so müßten die Fristen getrennt überwacht werden. Damit wäre der Zweck der Aussetzung zT vereitelt; außerdem könnte sich eine solche Überwachungspflicht, wie *Hübner* aaO mit Recht bemerkt, als ein psychologisches Hemmnis für den Entschluß zur Aussetzung des Strafverfahrens erweisen. Schließlich besteht kein Anlaß, das Ruhen der Verjährung anders zu beurteilen als die Unterbrechung, welche nach hM das ganze Tatgeschehen im verfahrensrechtlichen Sinn (§ 264 StPO) ergreift (S/S-*Stree* 23 zu § 78 c StGB mwN).

§ 397 Einleitung des Strafverfahrens

2. Unterabschnitt. Ermittlungsverfahren

I. Allgemeines

§ 397 Einleitung des Strafverfahrens

(1) Das Strafverfahren ist eingeleitet, sobald die Finanzbehörde, die Polizei, die Staatsanwaltschaft, einer ihrer Hilfsbeamten oder der Strafrichter eine Maßnahme trifft, die erkennbar darauf abzielt, gegen jemanden wegen einer Steuerstraftat strafrechtlich vorzugehen.

(2) Die Maßnahme ist unter Angabe des Zeitpunktes unverzüglich in den Akten zu vermerken.

(3) Die Einleitung des Strafverfahrens ist dem Beschuldigten spätestens mitzuteilen, wenn er dazu aufgefordert wird, Tatsachen darzulegen oder Unterlagen vorzulegen, die im Zusammenhang mit der Straftat stehen, derer er verdächtig ist.

Vgl. § 78 c I Nr. 1 StGB, § 33 I Nr. 1 OWiG; § 33 BDO, § 71 WDO; § 3 V u. § 6 I Nr. 1 BÄrzteO, § 4 V u. § 8 I Nr. 1 BApothO, § 4 V u. § 8 I Nr. 1 BTierärzteO; vgl. ferner die allgemeinen Verwaltungsvorschriften der §§ 9, 10 BpO (St).

Schrifttum: Zu § 410 IV, § 441 RAO 1951: *Leise,* Die Einleitung der Untersuchung im Verwaltungs-Steuerstrafverfahren, Düsseldorf 1962;
Heinz Meyer, Einleitung der Untersuchung im Sinne von § 410 AO durch Betriebsprüfer und Steuerfahndungsbeamte, DStZ 1951, 313 mit Erwiderung von *Zitzlaff* DStZ B 1951, 482; *Herbert,* Die Einleitung der Untersuchung im Steuerstrafverfahren, StWa 1955, 100; *Maaßen,* Betriebsprüfung und Steuerstrafverfahren, FR 1958, 26; *Pfaff,* Zur Einleitung des Steuerstrafverfahrens, insbesondere bei Nichtabgabe von Steuererklärungen, WT 1962, 162 und Inf 1962, 455; *Piesker,* Einleitung eines Steuerstrafverfahrens wegen Steuerhinterziehung, BB 1962, 212; *Kopacek,* Die Einleitung der steuerstrafrechtlichen Untersuchung, BB 1962, 674; *Suhr,* Steuerstrafverfahren auch bei Zusicherung von Straffreiheit in der Schlußbesprechung? StBp 1962, 205 mit Erwiderungen von *Ehlers* StBp 1962, 288 und *Schümann* StBP 1963, 121; *Zinn,* Keine Straffreiheit bei Eröffnung der Einleitung der steuerstrafrechtlichen Untersuchung gegenüber dem Vertreter des Täters? Stbg. 1963, 209; *Lohmeyer,* Weiterleitung von Betriebsprüfungsberichten an die Gemeinsame Strafsachenstelle, StBp 1963, 324; *ders.,* Einleitung der steuerstrafrechtlichen Untersuchung durch den Betriebsprüfer, StBp 1964, 182; *v. Witten,* Der „strafrechtliche Vorbehalt" bei Betriebsprüfungen, DStZ 1964, 198; *Geiger,* Wann ist ein Steuerstrafverfahren eingeleitet? StBp 1965, 8 mit Erwiderung von *Suhr* StBp 1965, 11; *Stötter,* Zum Begriff der Einleitung der steuerstrafrechtlichen Untersuchung, BB 1965, 134; *Richter,* Der Verdacht strafbarer Handlungen bei der Betriebsprüfung, DB 1967, 697; *Henneberg,* Der Umfang des Aussageverweigerungsrechts und der Belehrung des Steuerpflichtigen auf Grund des 1 BpO (Steuer), WPg 1967, 598:
Zu § 395 II, § 432 RAO 1967/68: *Kulla,* Gedanken zu § 13 BPO (Steuer), DB 1968, 2236 mit Erwiderung von *Henneberg,* Ist der Betriebsprüfer zur Einleitung der strafrechtlichen Untersuchung befugt? DB 1969, 1811; *Lohmeyer,* Zum Verdacht strafbarer Handlungen bei der Betriebsprüfung, DB 1969, 719; *Salch,* Selbstanzeige und Betriebsprüfung, StBp 1970, 11; *Henneberg,* Übergang vom Besteuerungsverfahren zum Strafverfahren, BB 1970, 1128; *v. Malchus,* Einleitung des Steuerstraf- bzw. Bußgeldverfahrens durch den Betriebsprüfer, DStR 1970, 451 mit Erwiderung von *Saß* DStR 1971, 81 und Schlußwort von *v. Malchus* DStR 1971, 82; *Suhr,* Besteuerungs-Strafverfahren bei Betriebsprüfungen; hier: Einleitung des Steuerstrafverfahrens erst bei hinreichendem Tatverdacht? StBP 1971, 121; *Kopacek,* Die Nichteinleitung des Steuerstrafverfahrens durch den Betriebsprüfer, BB 1971, 1049; *Depiereux,* Ist die heutige Praxis des Steuerstrafverfah-

1. Entstehungsgeschichte

rens sinnvoll? BB 1971, 1456; *Henneberg*, Löst der Verstoß gegen die Pflicht zur Bekanntgabe der Einleitung des strafrechtlichen Ermittlungsverfahrens nach § 432 Abs. 3 AO, § 13 BpO (St) ein Verwertungsverbot im Strafprozeß aus? DB 1971, 2435; *Wolter*, Die Strafverfolgungsaufgaben der Finanzverwaltung bei Steuervergehen und der „strafrechtliche Hinweis" nach § 14 Abs. 4 BpO (St), StBp 1972, 224; *Henneberg*, Zur Beachtung der Grundsätze des Strafverfahrensrechts (StPO) durch die Finanzverwaltung in Steuerstrafsachen, Inf 1974, 361; *Lohmeyer*, Einleitung des Strafbzw. Bußgeldverfahrens beim Verdacht von Steuerzuwiderhandlungen, Inf 1974, 469; Zu § 371 II, § 397 AO 1977: *Pfaff*, Einleitung des Steuerstraf- oder Bußgeldverfahrens nach neuem Recht, DStZ 1976, 402; *Brenner*, Aktuelle Fragen aus der Praxis der Betriebsprüfung, StBP 1976, 279; *Ehlers*, Außenprüfung und Selbstanzeige nach der AO 1977, StBP 1977, 49; *Pfaff*, Bekanntgabe der Einleitung des Straf- oder Bußgeldverfahrens wegen der Tat an den Täter oder seinen Vertreter nach § 371 Abs. 2 Nr. 1b AO, DStR 1977, 445; *Zwank*, Die neue Betriebsprüfungsordnung (Steuer), StBp 1978, 145 mit Erwiderung von *Pfaff*, StBp 1978, 209 und Schlußwort von *Zwank* StBP 1978, 287; *Wenzig*, Die Prüfungshandlungen, StBP 1982, 49 (56); *Pütz*, Die Anfangsphase des Steuerstrafverfahrens, StKRep 1982, 231; *Marx*, Einleitung des Steuerstrafverfahrens durch hektographierte Schreiben? wistra 1987, 207; *Weyand*, Nochmals – Einleitung des Steuerstrafverfahrens durch hektographierte Schreiben? wistra 1987, 283; *Sdrenka*, Rechtsschutz gegen die Einleitung des Steuerstrafverfahrens, StB 1988, 352; *Blesinger*, Die Einleitung des Steuerstrafverfahrens, wistra 1994, 48.
Weiteres Schrifttum s. vor Rdnr. 38 u. 93.

Übersicht

1. Entstehungsgeschichte	1
2. Zweck, Anwendungsbereich und Bedeutung des § 397 AO ...	2–6
3. Rechtsnatur der Einleitung des Strafverfahrens	7–9
4. Einleitung des Strafverfahrens und Legalitätsprinzip	10, 11
5. Zur Einleitung berufene Stellen .	12–37
a) Finanzbehörde	14–18
b) Mangelnde Kompetenz vorgesetzter Finanzbehörden....	19–22
c) Polizei	23, 24
d) Staatsanwaltschaft	25, 26
e) Hilfsbeamte der StA	27–31
f) Strafrichter	32–36
g) Maßnahmen anderer Stellen..	37
6. Verdacht als Voraussetzung der Einleitung des Strafverfahrens ..	38–48
7. Systematik und Grenzen einer Vorprüfung	49–64

8. Verfahrenseinleitende Maßnahmen	65–81
9. Zeitpunkt der Einleitung	82–85
10. Aktenvermerk nach § 397 II AO	86–92
11. Bekanntgabe an den Beschuldigten nach § 397 III AO	93–98
12. Rechtsfolgen der Einleitung	99–109
a) Änderung der Rechtsstellung des Verdächtigen	99, 100
b) Ausschluß der Selbstanzeige .	101
c) Unterbrechung der Verfolgungsverjährung	102
d) Einleitung und Zuständigkeit der Finanzbehörde	103, 104
e) Förmlicher Abschluß des Strafverfahrens............	105, 106
f) Wechselwirkung zwischen der Einleitung eines Straf- oder Bußgeldverfahrens....	107–109

1. Entstehungsgeschichte

Vorläufer des § 397 I AO 1977 war § 1 der 1. DV zum 2. Gesetz über die **1** vorläufige Neuordnung von Steuern v. 2. 6. 1949 (WiGBl. 94) u. § 410 IV 1 RAO idF des Art. I Nr. 1 G. v. 7. 12. 1951 (BGBl. I 941), der wie folgt lautete: „*Einleitung der steuerstrafrechtlichen Untersuchung im Sinne von Absatz 1 ist jede Maßnahme des Finanzamts einschließlich seiner Hilfsstellen, der Oberfinanzdirektion, der Staatsanwaltschaft, der Gerichte oder der mit der Sache befaßten Beamten dieser Behörden, durch die der Entschluß, steuerstrafrechtlich gegen den Beschuldigten einzuschreiten, äußerlich erkennbar betätigt worden ist*" (Begr. BT Drucks. I/ 2395).

Durch Art. 1 Nr. 1 AOStrafÄndG v. 10. 8. 1967 (BGBl. I 877) wurde die Begriffsbestimmung neugefaßt, als § 432 I RAO in den Abschnitt über das Strafverfahren übernommen und damit die Systematik des Gesetzes verbessert (Begr. BT-Drucks. V/1812 S. 34). Zugleich wurde ein einheitlicher Sprachgebrauch eingeführt, nachdem das Gesetz vorher ohne Rücksicht auf § 410 IV RAO 1951 in § 419 II, § 423 S. 2, § 441 II u. § 477 II RAO 1931 von der *„Einleitung der Untersuchung"* und in § 477 I RAO 1931 von der *„Einleitung eines Verwaltungsstrafverfahrens"* gesprochen hatte. Sachlich war § 432 I RAO 1967 durch die Worte *„Maßnahme, die erkennbar darauf abzielt"* stärker objektiviert als der von dem *„Entschluß, ... einzuschreiten"* ausgehende § 410 IV 1 RAO 1951. In der Aufzählung der Stellen, die Maßnahmen mit verfahrenseinleitender Wirkung ergreifen können, fehlten in § 432 I RAO 1967 die *„Hilfsstellen eines Finanzamts"* (Begr. zu Art. 6 Nr. 1–4 des AOStrafÄndG, BT-Drucks. V/1812 S. 40f.), die *„Oberfinanzdirektion"* (Rdnr. 20ff.) und die *„Beamten dieser Behörden"* (Rdnr. 16); neu eingefügt wurden die *„Hilfsbeamten der StA"* (Rdnr. 27ff.). § 397 I AO 1977 unterscheidet sich von § 432 I RAO 1967 nur durch die Worte *„die Finanzbehörde"* statt *„das Finanzamt"* und *„einer Steuerstraftat"* statt *„eines Steuervergehens"*, die gem. Art. 161 Nr. 21 EGStGB v. 2. 3. 1974 (BGBl. I 469, 583) eingeführt worden waren. § 397 II AO 1977 entspricht § 432 II RAO 1967 (Begr. BT-Drucks. V/1812 S. 34) mit dem Unterschied, daß die Wendung *„soll ... vermerkt werden"* durch *„ist ... zu vermerken"* ersetzt worden ist (Begr. BT-Drucks. VI/1982 S. 199). § 441 II RAO 1931 u. § 406 II RAO 1919 lauteten: *„Die Einleitung der Untersuchung ist aktenkundig zu machen"*. § 397 III AO 1977 entspricht nahezu wörtlich dem § 432 III RAO 1967. Diese Vorschrift war ohne gesetzliches Vorbild vom BTag in das AOStrafÄndG eingefügt worden (Schriftl. Ber. BT-Drucks. zu V/1941 S. 3).

2. Zweck, Anwendungsbereich und Bedeutung des § 397 AO

2   Einleitung des Strafverfahrens ist der Sammelbegriff für die Wirkung aller Maßnahmen, durch die eine zur Ermittlung von Steuerstraftaten allgemein zuständige Behörde (Rdnr. 12ff.) und deren Beamter (Rdnr. 15ff.) oder ein Strafrichter (Rdnr. 32ff.) den ersten Schritt zur Aufklärung eines steuerstrafrechtlichen Verdachts vollzieht. Die Begriffsbestimmung des § 397 I AO bietet den Maßstab für die Beurteilung der Frage, durch welchen Vorgang und zu welchem Zeitpunkt ein Strafverfahren wegen einer Steuerstraftat iS des § 369 I AO (oder entsprechend § 410 I Nr. 6 AO ein Bußgeldverfahren wegen einer Steuerordnungswidrigkeit iS des § 377 I AO) begonnen hat.

3   Mit den Worten **„wegen einer Steuerstraftat"** bezeichnet § 397 I AO scheinbar nur die Einlegung eines Steuerstrafverfahrens. In Wirklichkeit beginnt damit auch das Ermittlungsverfahren iS des § 78c I Nr. 1 StGB, wenn und soweit dieselbe Tat – entgegen dem ersten Anschein oder von vornherein – kein Steuerstrafgesetz verletzt, sondern zB § 263 StGB. Eine entsprechende Anwendung des § 397 AO im Bußgeldverfahren wegen einer Steuer-

2. Zweck, Anwendungsbereich

ordnungswidrigkeit schreibt § 410 I Nr. 6 AO vor. Ferner wird § 397 AO in Bezug genommen von § 128 BranntwMonG für Strafverfahren wegen Monopolstraftaten und Bußgeldverfahren wegen Monopolordnungswidrigkeiten sowie von § 164 S. 2 StBerG für Bußgeldverfahren wegen Ordnungswidrigkeiten nach den §§ 16, 163 StBerG; vgl. darüber hinaus AEAO zu § 385 u. § 386 AO.

Um das Straf- oder Bußgeldverfahren von Besteuerungsverfahren abzugrenzen, ist es für die Verfolgung von Zuwiderhandlungen gegen Steuergesetze erforderlich, den **Beginn des Straf- oder Bußgeldverfahrens** zu bestimmen. Im Anwendungsbereich des § 397 A (Rdnr. 3) entwickeln sich die meisten Straf- und Bußgeldverfahren aus einem Besteuerungsverfahren, da Zuwiderhandlungen gegen Steuergesetze, auch soweit sie außersteuerliche Gebote oder Verbote betreffen, vorwiegend durch Finanzbeamte bei Amtshandlungen entdeckt werden, die nicht von vornherein darauf gerichtet waren, Zuwiderhandlungen aufzuspüren und aufzuklären, sondern der Ermittlung der Besteuerungsgrundlagen zum Zwecke der Steuerfestsetzung, der Steueraufsicht oder der Steuererhebung dienen sollten. Sobald jedoch im Besteuerungsverfahren bis zum Vollstreckungsverfahren der Verdacht einer Steuerstraftat oder Steuerordnungswidrigkeit aufkommt und die weitere Ermittlungstätigkeit auch darauf abzielt, diesen Verdacht aufzuklären, tritt der Stpfl in die Rechtsstellung eines Beschuldigten ein, der nicht mehr verpflichtet ist, sich selbst zu belasten, und der deshalb auch nicht mehr mit steuerrechtlichen Zwangsmitteln zu seiner Überführung angehalten werden darf (Rdnr. 99f.). Zugleich ist es erforderlich, die strafbefreiende Selbstanzeige eines Stpfl abzugrenzen von dem Geständnis eines Beschuldigten, das nur strafmildernd berücksichtigt werden kann (Rdnr. 101). Schließlich wird durch die Bekanntgabe der Einleitung des Strafverfahrens gem. § 78c I Nr. 1 StGB iVm § 369I AO oder § 376 AO die Verfolgungsverjährung unterbrochen (Rdnr. 102).

Naturgemäß ist in jedem Strafverfahren eine Maßnahme festzustellen, mit der die Ermittlungen der Polizei oder StA ihren Anfang genommen haben. Trotzdem fehlt in der StPO eine mit § 397 I AO vergleichbare Vorschrift, obwohl § 78c I Nr. 1 StGB und § 33 1 Nr. 1 OWiG inzwischen bestimmen, daß die Verjährung u. a. durch die (Anordnung der) Bekanntgabe der Einleitung des Ermittlungsverfahrens unterbrochen wird; vgl. ferner die oben im Anschluß an den Wortlaut des § 397 AO zitierten Vorschriften der Disziplinargesetze und Berufsordnungen, die eine „Einleitung des Strafverfahrens" ebenso voraussetzen wie der Wortlaut von Auslieferungsabkommen, zB Art. III des Vertrages zwischen der BRD und Österreich v. 31. 1. 1972 (BGBl. 1975 II 1 163), oder Leitsätze der Rspr. die zu einer der angeführten Sondervorschriften keine Beziehung haben (zB KG v. 8. 6. 1978, NJW 1538). Das Fehlen einer allgemeinen Vorschrift beruht insbesondere darauf, daß die Tätigkeit der allgemeinen Strafverfolgungsbehörden von vornherein strafrechtlichen Zwecken dient; sie erwächst nicht aus einem vorausgehenden Verwaltungsverfahren, das zu einem bestimmten Zeitpunkt vom Strafverfahren abgegrenzt werden muß.

6 Unter dem Blickwinkel der verschiedenartigen Rechtsfolgen, die das Steuerstrafrecht an die Einleitung des Strafverfahrens knüpft, wird deutlich, daß § 397 AO hauptsächlich dem **Schutz des Verdächtigen** dienen soll, zu strafrechtlichen Zwecken mit steuerlichen Mitteln ausgeforscht zu werden; dies gilt unmittelbar für § 397 III AO, aber auch für § 397 I AO im Zusammenwirken mit § 393 I AO. Die weit verbreitete Meinung, die Einleitung des Strafverfahrens sei „eine den *Beschuldigten (Betroffenen) persönlich besonders stark berührende Maßnahme"* (NdsFinMin v. 10. 2. 1977, StEK AO 1977 § 397 Nr. 1) erweist sich bei näherem Zusehen als unrichtig. Für sich allein betrachtet hat die Einleitung des Strafverfahrens für den Betroffenen überhaupt keine spürbaren Wirkungen. Der Ausschluß einer strafbefreienden Selbstanzeige nach § 371 II Nr. 1b AO und die Unterbrechung der Verfolgungsverjährung nach § 376 AO sind davon abhängig, ob und wann dem Stpfl die Einleitung des Strafverfahrens bekanntgegeben wird. Erst mit der Bekanntgabe kann eine psychische Belastung des Stpfl eintreten. Aber gerade die Bekanntgabe der Einleitung des Verfahrens ermöglicht dem Stpfl, der einer Steuerstraftat oder -ordnungswidrigkeit beschuldigt wird, eine sachdienliche Verteidigung und bewahrt ihn vor dem Irrtum, die FinB sei arglos, und er sei weiterhin verpflichtet, Auskünfte zu erteilen und Unterlagen vorzulegen.

3. Rechtsnatur der Einleitung des Strafverfahrens

7 Einleitung des Strafverfahrens ist iS des § 397 I AO gleichbedeutend mit dem **Beginn straf-(oder bußgeld-)rechtlicher Ermittlungen** gegen eine (oder mehrere) bestimmte, bereits bekannte oder noch unbekannte Person(en) aufgrund eines bestimmten Sachverhalts, der den Verdacht einer Steuerstraftat (oder Steuerordnungswidrigkeit) hervorgerufen hat. Durch die erste verdachtsaufklärende Maßnahme einer im Gesetz genannten Stelle und die Einleitung des Straf-(oder Bußgeld-)verfahrens kraft Gesetzes, also ohne weitere Entschließungen und Formalitäten, vollzogen. Die Einleitung löst dann ihrerseits in der folgenden logischen Sekunde die im Gesetz an anderen Stellen bestimmten verschiedenartigen Rechtsfolgen aus. Da die Einleitung des Verfahrens die gesetzliche Folge einer Ermittlungsmaßnahme, nicht etwa deren Voraussetzung ist, kann sie selbst keine verfahrensrechtliche Maßnahme sein; sie ist unabhängig von dem gem. § 397 II AO vorgeschriebenen Aktenvermerk (Rdnr. 86 ff.) und von der gem. § 397 III AO vorgeschriebenen Bekanntgabe an den Beschuldigten (Rdnr. 93), kann ihrer Natur nach nicht rückgängig gemacht werden und ist daher auch nicht anfechtbar (ebenso *Schwarz/Dumke* 13 zu § 397 AO; aA *Sdrenka* StB 1988, 352). Allenfalls kann diejenige Maßnahme angefochten werden, welche die Einleitung des Verfahrens bewirkt hat. Indessen kann eine nachträglich erwiesene Unzulässigkeit der verfahrenseinleitenden Maßnahme nicht zur Folge haben, daß ein einmal eingeleitetes Verfahren als nicht eingeleitet gilt (Rdnr. 7, 81).

8 Die **Maßnahme der Steuerverfolgung,** mit der das Steuerstrafverfahren eingeleitet wird, ist zwar ein tatsächlicher Vorgang. Sie beruht jedoch auf

4. Einleitung des Strafverfahrens und Legalitätsprinzip

einem Willensentschluß des zuständigen Strafverfolgungsorgans und ist damit **Prozeßhandlung** (HHSp-*Hübner* 12 ff. zu § 397 AO mwN).

Mit namensverwandten Erscheinungen des allgemeinen Strafverfahrens kann die Einleitung des Strafverfahrens iS des § 397 I AO weder von den Voraussetzungen her noch nach den Wirkungen gleichgesetzt werden. Die Einleitung des Steuerstrafverfahrens ist keine förmliche Prozeßhandlung, die bereits auf dem Ergebnis vorausgegangener strafrechtlicher Ermittlungen beruht. Nicht einmal steuerrechtliche Ermittlungen sind erforderlich, wenn zB das Zollfahndungsamt aufgrund einer Strafanzeige einschreitet, um die mitgeteilten Angaben, die den Verdacht einer Steuerstraftat hervorgerufen haben, an Ort und Stelle zu überprüfen, oder wenn eine des Schmuggels verdächtige Person aufgrund § 127 StPO vorläufig festgenommen wird. Irreführend wäre daher insbesondere ein Vergleich der Einleitung des Strafverfahrens iS des § 397 I AO mit der Erhebung der öffentlichen Klage iS des § 152 StPO, da diese nach § 170 I StPO voraussetzt, daß die durchgeführten Ermittlungen einen „hinreichenden Tatverdacht ergeben haben" (abwegig *Piesker* BB 1962, 212; Rdnr. 43).

4. Einleitung des Strafverfahrens und Legalitätsprinzip

§ 397 I AO ist kein Ausdruck der Pflicht zur Verfolgung von Steuerstraftaten. Das **Legalitätsprinzip,** dessen ungerechtfertigte Vernachlässigung den Vorwurf der Strafvereitelung im Amt (§§ 258, 258 a StGB) begründet, ergibt sich für die StA aus § 152 StPO, für die Polizei aus § 163 I StPO und für die FinB – je nach ihrer Kompetenz gem. § 386 AO – entweder aus § 399 AO iVm § 152 II StPO oder aus § 401 AO iVm § 163 I StPO. Die letztgenannte Vorschrift gilt auch für die Hilfsbeamten der StA. Der Strafrichter unterliegt der Verfolgungspflicht wie ein StA, wenn er als Notstaatsanwalt (§ 165 StPO) tätig wird oder wenn er als Ermittlungsrichter (§ 162 StPO) die Ermittlungen gegen eine bisher unverdächtige Person aufnehmen muß. Als Haftrichter, Eröffnungsrichter und erkennender Richter wird der Strafrichter nur mit Sachen befaßt, denen bereits verfahrenseinleitende Ermittlungen einer FinB, der Polizei oder der StA vorausgegangen sind. Nur vergröbernd kann davon gesprochen werden, daß die in § 397 I AO angeführten Stellen „zur Einleitung des Strafverfahrens verpflichtet" seien (vgl. zB *Wolter* StBp 1972, 228; *Pfaff* DStZ 1976, 404); genauer gesagt sind sie durch das in der StPO verankerte Legalitätsprinzip zu denjenigen Maßnahmen verpflichtet, die ihnen zur Aufklärung des Verdachts zweckmäßig erscheinen und die dann ihrerseits gem. § 397 I AO die Einleitung des Strafverfahrens zur Folge haben.

Die Begriffsmerkmale des § 397 I AO sind tatsächlicher Natur. Ob das strafrechtliche Vorgehen einer Behörde in Erfüllung einer Rechtspflicht zur Strafverfolgung geschieht, ist für die Rechtsfolge der Einleitung des Strafverfahrens unerheblich. Dies wird bestätigt durch die von § 410 I Nr. 6 AO vorgeschriebene Geltung des § 397 AO im Bußgeldverfahren wegen einer Steuerordnungswidrigkeit (Rdnr. 3), in dem die Verfolgung und Ahndung

§ 397   12, 13   Einleitung des Strafverfahrens

einer Zuwiderhandlung nach dem Opportunitätsprinzip des § 47 I 1 OWiG im Ermessen der Behörde steht (Rdnr. 7 zu § 410 AO). Hat eine Strafverfolgungsbehörde ein nach dem Legalitätsprinzip gebotenes Einschreiten pflichtwidrig unterlassen, ist das Strafverfahren nicht eingeleitet. Hat sie umgekehrt eine **Ermittlungsmaßnahme zu Unrecht** getroffen, zB Buchführungsunterlagen entgegen § 98 I StPO ohne richterliche Anordnung und ohne Gefahr im Verzuge beschlagnahmt, ist das Strafverfahren gem. § 397 I AO gleichwohl eingeleitet. Auch in einem solchen Fall tritt also die Folge ein, daß der betroffene Stpfl als Beschuldigter die Aussage verweigern kann und nicht mehr mit steuerlichen Mitteln zu einer Überführung angehalten oder gezwungen werden darf (*Blesinger* wistra 1994, 48; ferner Rdnr. 99 f.).

5. Die zur Einleitung berufenen Stellen

12   **Der gesetzlichen Aufzählung der Stellen**, deren Maßnahmen nach § 397 I AO die Einleitung des Strafverfahrens bewirken können, liegt rechtlich **keine Rangfolge** zugrunde, insbes. begründet die Nennung der **Finanzbehörde** an erster Stelle keinen Vorrang gegenüber den anderen Stellen und Personen. Nur aus tatsächlichen Gründen ist in erster Linie die FinB zu einer verfahrenseinleitenden Maßnahme berufen, weil sie durch ihre Tätigkeit im Besteuerungsverfahren häufiger und eher als andere Stellen Anhaltspunkte über den Verdacht einer Zuwiderhandlung gegen Steuergesetze entdeckt. Aus demselben Grunde ist der Strafrichter an letzter Stelle angeführt, weil seiner Tätigkeit regelmäßig bereits die verfahrenseinleitende Maßnahme einer anderen Stelle vorausgegangen ist (Rdnr. 10, 34, 36).

13   **Welche Finanzbehörde, Polizeibehörde, StA oder welcher Hilfsbeamte oder Strafrichter im Einzelfall die erste Maßnahme strafrechtlicher Art** gegen einen Verdächtigen getroffen hat, ist für die Rechtsfolge der Einleitung des Strafverfahrens unerheblich. Die frühe Meinung des RG, ein Steuerstrafverfahren sei eingeleitet, „sobald eine zur Strafverfolgung in abstracto zuständige Behörde zum Zwecke der Strafverfolgung amtlich eingeschritten ist" (RG 21, 9 v. 17. 6. 1890), trifft heute noch zu. Die Begriffsbestimmung des § 397 I AO unterscheidet nicht danach, ob die zuerst tätig gewordene Stelle für die Ermittlungen auch sachlich oder örtlich zuständig ist. Eine entsprechende Einengung würde dem Schutzzweck des Gesetzes (Rdnr. 6) zuwiderlaufen und außer acht lassen, daß die Einleitung des Strafverfahrens keine prozessuale Willenshandlung ist (Rdnr. 7 ff.). Diese Folgerung wird bestätigt durch die Nennung der „Polizei" und der „Hilfsbeamten der StA", die in keinem Fall strafverfahrensrechtliche Entscheidungen treffen können. Da das Gesetz sie dennoch anführt, ist zweifelsfrei erkennbar, daß die Rechtsfolge der Einleitung des Strafverfahrens nur davon abhängt, ob **irgendeine der im Gesetz genannten Stellen** den ersten Schritt zur Aufklärung eines Tatverdachts vollzogen hat. Die vom BGH früher vertretene Auffassung, Ermittlungen der Zollfahndung seien keine Einleitung der Untersuchung iS des § 419 II RAO 1931, da sich die Begriffsbestimmung des § 410 IV RAO 1951 auf § 410 I RAO beschränke (BGH 14, 316 v. 1. 6. 1960; krit. *Otfried Schwarz* FR

5. Die zur Einleitung berufenen Stellen   **14, 15 § 397**

1960, 501 mwN) war bereits durch § 432 RAO 1967 (Rdnr. 1) überholt. Eine über Zuständigkeitsgrenzen hinausgreifende Maßnahme kann insbes. dann erforderlich werden, wenn bei der Prüfung einer bestimmten Steuer oder bei der Überprüfung einer Person Anhaltspunkte für die Hinterziehung einer Steuer entdeckt werden, für welche die prüfende FinB sachlich nicht zuständig ist, zB wenn Ertragsteuerverkürzungen in einem Betrieb entdeckt werden, der verbrauchsteuerpflichtige Erzeugnisse herstellt.

a) Finanzbehörde

Der **Begriff** umfaßt nach § 386 I 2 AO die Hauptzollämter einschl. ihrer **14** Dienststellen: Zollämter, Grenzkontrollstellen und Zollkommissariate (§ 1 Nr. 4, § 12 FVG), die Finanzämnter (§ 2 I lNr. 3, § 17 FVG) und das Bundesamt für Finanzen (§ 1 Nr. 2, § 5 FVG), sowie die Familienkassen (§ 386 AO). Die Zollfahndungsämter sind zwar Bundesfinanzbehörden iS der Begriffsbestimmung des § 1 FVG, wo sie unter Nr. 4 neben den HZÄ aufgeführt werden; sie sind jedoch nach der besonderen Vorschrift des § 386 I 2 AO keine Finanzbehörden iS des 3. Abschnitts des 8. Teils der AO (glA *Bender* Tz. 108, 1; aM *Kühn/Hofmann* 2 zu § 397 AO). Indessen können die Zollfahndungsämter und die mit der Steuerfahndung betrauten Dienststellen der Landesfinanzbehörden sowie ihre Beamten verfahrenseinleitende Maßnahmen nach näherer Bestimmung des § 404 AO vornehmen.

Welcher **Amtsträger** die Befugnisse der FinB zur Ermittlung von Steuer- **15** straftaten im Einzelfall auszuüben hat, ist eine Frage der innerdienstlichen Behördenorganisation. Abw. von § 410 IV RAO 1951 (und von § 404 S. 1 AO 1977) nennt § 397 I AO 1977 (wie vorher § 432 RAO 1967) nur noch die Behörden, nicht mehr „die mit der Sache befaßten Beamten dieser Behörden". Diese Änderung könnte die Auffassung hervorrufen, daß zu einer verfahrenseinleitenden Maßnahme nur die Behörde, vertreten durch ihren Vorsteher, dessen Vertreter oder jedenfalls einen zeichnungsberechtigten Beamten, befugt sei. Grundsätzlich ist jedoch heute wie früher jeder Amtsträger einer FinB in der Lage, eine Maßnahme zu treffen, welche die Rechtsfolge der Einleitung des Straf-(oder Bußgeld-)verfahrens auslöst (zum früheren Recht aM *Kulla* DB 1968, 2 36; dagegen *Henneberg* DB 19 9, 181 1; heute glA *Klein/Orlopp* 4, *Koch/Scholtz/Himsel* 10, *Kohlmann* 17, *Leise/Cratz* 8, *Meyer* 3 u. *Schwarz/Dumke* 21 zu § 397 AO; aM *TK-Tipke* 12 vor § 193 AO u. *Zwank* StBp 1978, 151), hätten Maßnahmen von Sachbearbeitern und Außenprüfern keine verfahrenseinleitende Wirkung, wäre der Schutz, den § 397 I AO dem Stpfl gewähren will, weniger wirksam (*Pütz* StKRep 1982, 235f.), als dies ohnehin in der Natur der Sache liegt (Rdnr. 50). Auf die Befugnis, die Behörde zu vertreten, kommt es nur an, wenn die einleitende Maßnahme in Schriftform vollzogen werden muß, wie zB die Beschlagnahme von Postsendungen nach § 100 StPO oder ein Rechtshilfeersuchen. Demgegenüber handelt der Zollgrenzbeamte, der eine schmuggelverdächtige Person gem. § 127 StPO vorläufig festnimmt, nicht als Vertreter des HZA-Vorstehers, trifft aber gleichwohl eine Maßnahme, die darauf abzielt, gegen den Verdächtigen strafrechtlich vorzugehen, und die ihn in den Stand eines Beschuldigten versetzt, der nicht auszusagen braucht (§ 136 I 2 StPO).

Unerheblich ist es nach den vorstehenden Ausführungen für die Einleitung des Straf- (oder Bußgeld-)verfahrens,

16 – ob der Amtsträger der FinB, der eine auf Strafverfolgung abzielende Maßnahme trifft, Beamter im staatsrechtlichen Sinne ist oder ob er als Angestellter mit einer hoheitlichen Aufgabe, zB einer Betriebsprüfung, betraut ist;

17 – ob der Amtsträger der Zollfahndung, der Steuerfahndung, der Strafsachenstelle oder aber einer Stelle angehört, deren dienstliche Obliegenheiten nach der innerdienstlichen Organisation und Geschäftsverteilung der FinB im allgemeinen nicht der Verfolgung von Zuwiderhandlungen gegen Steuergesetze umfaßt (vgl. RG v. 12. 2. 1940, RStBl. 314, in bezug auf einen Veranlagungsbeamten);

18 – ob der Amtsträger nach dem ersten Zugriff auch für das weitere Verfahren zuständig ist oder ob die weiteren Ermittlungsmaßnahmen und die nach Abschluß der Ermittlungen erforderliche Entscheidung innerdienstlich einer anderen Stelle derselben FinB oder nach der gesetzlichen Zuständigkeitsverteilung gem. §§ 386 ff. AO einer anderen FinB oder der StA obliegen (Rdnr. 13).

b) Mangelnde Kompetenz vorgesetzter Finanzbehörden

19 Den **Oberfinanzdirektionen** und den obersten Finanzbehörden des Bundes und der Länder fehlt die Kompetenz, bei Zuwiderhandlungen gegen Steuergesetze im Einzelfall einzuschreiten. Nach § 386 I 2 AO stehen ihnen die besonderen Rechte und Pflichten der örtlichen Finanzbehörden im straf- und Bußgeldverfahren nicht zu. Insbesondere ist der Oberfinanzpräsident oder der Finanzminister (-senator) – im Gegensatz zum GStA als vorgesetzter Behörde der StA nach § 145 GVG – nicht in der Lage, eine einzelne Steuerstraf- oder -bußgeldsache an sich zu ziehen (glA *Kohlmann* 10 zu § 386 AO).

20 **Soweit Steuerfahndung, Konzern- und Großbetriebsprüfung bei der OFD organisiert sind,** werden die Amtsträger dieser Stellen im Auftrag des jeweils zuständigen FA tätig. Zu § 22 FVGaF hatte der BFH ausgesprochen, daß die Beamten des Steuerfahndungsdienstes die ihnen zustehenden Ermittlungsbefugnisse sogar, *„kraft gesetzlichen Auftrags als Funktion des zuständigen Finanzamts ausüben"* (BFH v. 2. 8. 1962, BStBl. 1963, 49 f., mit Hinweis auf *Delhey* StBp 1962, 71, 101). Zur Steuerfahndung vgl. jetzt § 404 AO. In bezug auf steuerliche Prüfungsbefugnisse der OFD hat § 195 AO 1977 die Rechtslage geklärt. Zugleich ist sie durch § 386 I 2 AO 1977 in bezug auf die Befugnis von Steuerprüfern der OFD, verfahrenseinleitende Maßnahmen zu treffen, erst recht zweifelhaft geworden. Im Wege einer zweckbestimmten Auslegung des widersprüchlichen Gesetzes wird überwiegend die Meinung vertreten, daß auch Amtsträger der OFD „im Auf-

trag des Finanzamts" als der zuständigen FinB iS des § 386 I 2 AO Maßnahmen zur Einleitung des Strafverfahrens ergreifen können (*Leise/Cratz* 8 zu § 397 AO, ferner *Suhr* S. 351 f. mit Hinweis auf *Brenner* StBp 1976, 279; *HHSp-Hübner* 36 ff. zu § 397 AO; *Naumann* S. 422 mit Hinweis auf *Henneberg* BB 1973, 82). In Hamburg ist durch die Errichtung eines „Finanzamts für Prüfungsdienste", das für die Steuerfahndung und für die Durchführung von Konzern- und Großbetriebsprüfungen zuständig ist, eine organisatorische Lösung verwirklicht worden, die im Hinblick auf § 386 I 2 AO alle rechtlichen Zweifel ausschließt (Abschn. XVI VO v. 23. 11. 1976, BStBl. 1977 I 8).

Soweit für Stundung und Erlaß von Steuern (§ 222, § 227 AO) sowie für 21 den Verzicht auf Zinsen (§ 234 II, § 237 IV AO) die Entscheidung nach bestimmten Größenmerkmalen von den Finanzämtern auf vorgesetzte Behörden verlagert worden ist v. 10. 1. 1994, StEK AO 1977 § 227 Nr. 127), bleibt die steuerstrafrechtliche Zuständigkeit des für die Verwaltung der jeweiligen Steuer im ganzen sachlich zuständigen Finanzamts unberührt (Rdnr. 9 zu § 387 AO). Auch wenn der Verdacht einer Steuerstraftat bei der Bearbeitung eines Stundungs- oder Erlaßantrags durch die OFD aufgekommen ist, haben deren sachdienliche Maßnahmen oder Weisungen (Rdnr. 22) keine verfahrenseinleitende Wirkung; hierfür bleibt maßgebend, wann eine(r) der in § 397 I AO genannten Behörden, Beamten oder Richter den Verdacht aufzuklären beginnt.

Nach ausdrücklichen Vorschriften des 8. Teil der AO kann auf oberste 22 Finanzbehörden nur die Ermächtigung zum Erlaß einer ZuständigkeitsV nach § 387 II AO übertragen werden. Die Oberfinanzdirektionen haben auf Grund § 390 II 2 AO in Zweifelsfällen darüber zu entscheiden, ob eine Strafsache von einer ihr unterstellten örtlichen FinB übernommen wird. Darüber hinaus sind die vorgesetzten Finanzbehörden im Wege der Dienstaufsicht auch im Straf- oder Bußgeldverfahren zu sachlichen Weisungen befugt (einhM, vgl. *Kohlmann* 10 zu § 386 AO mwN). Erlasse (in Bayern: „Entschließungen") der Finanzminister (-senatoren) und Verfügungen einer OFD können sich auf bestimmte Fallgruppen, aber auch auf das Verfahren einer örtlichen FinB in einer einzelnen Strafsache beziehen. Aber selbst dann, wenn eine Weisung den Inhalt hat, gegen eine bestimmte Person wegen eines konkreten Sachverhalts straf- oder bußgeldrechtlich vorzugehen, ist die Rechtsfolge der Einleitung des Verfahrens allein davon abhängig, ob und wann die örtliche FinB weisungsgemäß tätig wird.

c) Polizei

Der **Begriff** der Polizei umfaßt iS des § 397 I AO alle Beamten des Polizei- 23 dienstes, ohne zwischen den verschiedenen Polizeiverwaltungen und -behörden des Bundes und der Länder zu unterscheiden. Auf die sachliche oder örtliche Zuständigkeit kommt es bei einem ersten Zugriff der Polizei (§ 163 StPO) ebensowenig an wie bei den Finanzbehörden (Rdnr. 13, 18). Auch besondere Zweige der Polizei werden von § 397 I AO nicht ausgenommen, wie zB der Bundesgrenzschutz, dem nach § 2 BGSG der Grenzschutz und gem. § 2a BGSG bahnpolizeiliche Aufgaben obliegen.

24 **Verfahrenseinleitende Maßnahmen** der Polizei kommt bei Zuwiderhandlungen gegen Steuergesetze selten vor, weil planmäßige Ermittlungen hauptsächlich durch den Zoll- oder Steuerfahndungsdienst der Finanzverwaltung durchgeführt werden. Bei Zuwiderhandlungen, die Zölle und andere Eingangsabgaben betreffen, erfordern die Umstände einen ersten Zugriff der Polizei namentlich dann, wenn Beamte der Gendarmerie, des Bundesgrenzschutzes oder der Bahnpolizei Schmugglern oder Hehlern von Schmuggelgut auf frischer Tat begegnen. Aber auch Zuwiderhandlungen gegen Besitz- und Verkehrsteuergesetze werden gelegentlich von Polizeibeamten entdeckt, hauptsächlich im Zusammenhang mit polizeilichen Ermittlungen wegen anderer Straftaten.

d) Staatsanwaltschaft

25 Der **Begriff der StA** umschreibt in § 397 I AO dieselbe Funktion wie in § 142 GVG, umfaßt also grundsätzlich auch die Tätigkeit der Bundesanwälte beim BGH und der Amtsanwälte bei den Amtsgerichten. Nach § 230 I Nr. 4 der von den Landesjustizverwaltungen bundeseinheitlich erlassenen Anordnung über Organisation und Dienstbetrieb der Staatsanwaltschaften v. 12. 3. 1975 (vgl. zB JMBl. NW 85) sind jedoch Steuerstrafsachen von der Übertragung auf Amtsanwälte ausgenommen, sofern es sich nicht um KfzSt-Hinterziehung handelt.

26 **Eigenen Maßnahmen der StA** gehen regelmäßig Ermittlungsmaßnahmen der (Kriminal-)Polizei oder der FinB voraus, die bereits die Einleitung des Strafverfahrens bewirkt haben. Aktuelle Bedeutung gewinnt die Nennung der StA in § 397 1 AO, wenn Strafanzeigen unmittelbar bei der StA eingegangen sind oder wenn die StA aufgrund eigener oder polizeilicher Ermittlungen Anhaltspunkte für Zuwiderhandlungen gegen Steuergesetze oder für die Teilnahme einer bisher unverdächtigen Person erlangt hat und daraufhin verdachtsaufklärende Maßnahmen selbst trifft oder entsprechende Ermittlungsersuchen an die Polizei oder an die Zoll- oder Steuerfahndung richtet (Rdnr. 70 ff. zu § 404 AO).

e) Hilfsbeamte der Staatsanwaltschaft

27 **Hilfsbeamte der StA** sind bestimmte Landes- oder Bundesbeamte, in Bußgeldsachen auch Angestellte, die der StA nicht angehören, aber aufgrund ihrer Eigenschaft als Hilfsbeamte berechtigt oder verpflichtet sind, bei der Verfolgung von Straftaten oder Ordnungswidrigkeiten mit bestimmten gesetzlichen Befugnissen (vgl. zB § 81a II, § 98 I, 3 105l, § 111b II, § 111l II, III StPO) zur Sicherung der Person des Täters und der Beweismittel mitzuwirken. Hilfsbeamte der StA bleiben in ihre Behörde eingegliedert, sind aber bei der Durchführung eines Ermittlungsverfahren verpflichtet, die Anordnungen der StA ihres Bezirks zu befolgen (vgl. § 152 I GVG, ggf. iVm § 46 I OWiG; s. auch Rdnr. 70 zu § 404 AO).

Hilfsbeamte kraft Gesetzes sind aufgrund § 404 S. 2 Halbs. 2 AO die **28** Beamten der Zollfahndungsämter und der Steuerfahndung, ferner aufgrund § 81 1 G über die Einrichtung des Bundeskriminalamts idF v. 29. 6. 1973 (BGBl. I 704) die Vollzugsbeamten des Bundes und der Länder. Soweit andere Gesetze bestimmte Beamte für einen sachlich begrenzten Bereich unmittelbar zu Hilfsbeamten der StA erklären, zB § 25 II BJagdG die bestätigten Jagdaufseher „*in Angelegenheiten des Jagdschutzes*", fehlt solchen Hilfsbeamten kraft Gesetzes die allgemeine Zuständigkeit für die Verfolgung von Straftaten; sie werden daher von § 397 I AO nicht erfaßt (Rdnr. 13). Demgemäß können ihre Maßnahmen auch nicht die Einleitung des Verfahrens wegen einer Steuerstraftat oder einer Steuerordnungswidrigkeit zur Folge haben.

Die meisten Hilfsbeamten der StA besitzen diese Eigenschaft nicht unmit- **29** telbar kraft Gesetzes, sondern gem. einer aufgrund § 152 II GVG (ggf. iVm § 46 I OWiG) erlassenen RechtsV. Nahezu gleichlautende **Verordnungen der Landesregierungen oder Landesjustizverwaltungen** bestehen in *Baden-Württemberg* v. 23. 9. 1985 (GBl. 325), *Bayern* v. 28. 12. 1984 (GVBl. 1985, 4), *Berlin* v. 9. 12. 1991 (GVBl. 289), zuletzt geänd. am 31. 1. 1994 (GVBl. 65), *Brandenburg* v. 11. 7. 1991 (GVBl. 300), *Bremen* v. 5. 2. 1991 (BGBl. 61), *Hamburg* v. 3. 12. 1985 (GVBl. 332), *Hessen* v. 8. 12. 1987 (GVBl. I 206), *Mecklenburg-Vorpommern* v. 6. 6. 1991 (GVOBl. 170), zuletzt geänd. am 25. 9. 1992 (GVOBl. 593), *Niedersachsen* v. 9. 9. 1988 (GVBl. 156), *Nordrhein-Westfalen* v. 31. 8. 1982 (GVNW 59), zuletzt geänd. am 7. 5. 1985 (GVNW 382), *Rheinland-Pfalz* v. 3. 9. 1975 (GVBl. 375), zuletzt geänd. am 27. 9. 1985 (GVBl. 222), *Saarland* v. 11. 3. 1986 (ABl. 317), *Sachsen* v. 8. 6. 1991 (GVBl. 209), *Sachsen-Anhalt* v. 22. 6. 1993 (GVBl. 349), *Schleswig-Holstein* v. 25. 3. 1985 (GVBl. 114), *Thüringen* v. 5. 7. 1991 (GVBl. 199).

Nach den vorstehenden Verordnungen der Länder, die zwischen Landes- **30** und Bundesbeamten nicht unterscheiden (krit. *Franz* NJW 1963, 1910), werden außer bestimmten Beamtengruppen im Bereich des Bundesgrenzschutzes, des Forstdienstes, der Bahnpolizei und des Fahndungsdienstes der Bundesbahn, der Bundespost, der (Kriminal-, Schutz-, Wasserschutz-, Bereitschafts-, Gewerbe-)Polizei, der Forst- und Fischereiverwaltung und der Bergverwaltung im **Bereich der Bundesfinanzverwaltung** folgende Beamte summarisch zu Hilfsbeamten der StA bestellt: im Steueraufsichtsdienst: Regierungsräte, Zolloberamtsräte, Oberzollräte, Zollamtsräte und Zollräte, sofern sie nicht Leiter selbständiger Dienststellen sind, sowie Zollamtmänner, Zollobersinspektoren, Zollinspektoren, Zollbetriebsinspektoren und Zollhauptsekretäre; ferner Zollobersekretäre, Zollsekretäre und Zollassistenten, sofern sie mindestens 4 Jahre entsprechend tätig sind; im Grenzaufsichtsdienst und Grenzabfertigungsdienst: Regierungsräte, Zolloberamtsräte, Oberzollräte, Zollamtsräte und Zollräte, sofern sie nicht Leiter selbständiger Dienststellen sind, sowie Zollamtmänner, Zolloberinspektoren, Zollinspektoren, Zollbetriebsinspektoren, Zollschiffsbetriebsinspektoren, Zollkapitäne, Zollhauptsekretäre und Zollschiffshauptsekretäre; ferner Zollobersekretäre, Zollsekretäre, Zollschiffssekretäre, Zollassistenten und Zollschiffsassistenten, sofern sie mindestens 4 Jahre entsprechend tätig sind; im Zollaufsichtsdienst des Freihafenamtes Hamburg (vgl. § 14 FVG) gem. § 1 Nr. 8 HambVO v. 5. 12. 1985 (GVBl. 332): Amtsräte, Regierungsamtmänner, Regierungsoberinspektoren, Regierungsinspektoren, Amtsinspektoren und Regierungshauptsekretäre, ferner Regierungsobersekretäre, Regierungssekretäre, Regierungsassistenten und Angestellte der Vergütungsgruppen VI b-VIII, sofern sie mindestens 4 Jahre, und Angestellte der Vergütungsgruppen II a-V c, sofern sie mindestens 2 Jahre entsprechend tätig sind. In allen Fällen müssen Hilfsbeamte der StA mindestens 21 Jahre alt sein.

31 Die **Bestellung der Angehörigen verschiedener Verwaltungen** durch RechtsV aufgrund § 152 II GVG (ggf. iVm § 46 I OWiG) ist nicht auf bestimmte Angelegenheiten beschränkt; anders zB nach § 404 S. 2 Halbs. 2 AOP und § 25 II BJagdG (Rdnr. 28). Demgemäß haben alle durch RechtsV bestellten Hilfsbeamten der StA die mit dieser Eigenschaft verbundenen Befugnisse (Rdnr. 27) auch für die Verfolgung von Steuerstraftaten, wenngleich es selten vorkommen wird, daß etwa ein Beamter der Forst-, Fischerei- oder Bergverwaltung eine Maßnahme trifft, die zur Einleitung des Strafverfahrens iS des § 397 AO führt.

f) Strafrichter

32 Nur Maßnahmen eines Strafrichters können nach § 397 I AO verfahrenseinleitende Wirkung haben. Maßnahmen anderer Richter können, auch wenn sie auf die Verfolgung einer Steuerstraftat abzielen (vgl. § 149 ZPO iVm § 155 FGO, § 173 VwGO oder § 202 SGG), nur die Vorstufe der verfahrenseinleitenden Maßnahme einer der in § 397 I AO aufgeführten, für die Strafverfolgung allgemein zuständigen Stelle bilden.

33 Mit dem **Begriff „Strafrichter"** ist jeder in Strafsachen tätige Richter gemeint, nicht nur der Einzelrichter als erkennender Richter des Amtsgerichts iS des § 25 GVG, vielmehr in erster Linie der Ermittlungsrichter iS des § 162 StPO, der für die Vornahme richterlicher Untersuchungshandlungen im Ermittlungsstadium eines Strafverfahrens zuständig ist, sowie der Richter als Notstaatsanwalt iS des 3 165 StPO. Der Begriff „Strafrichter" wurde gewählt, um auszuschließen, daß schon in der Abgabe von Akten durch den Zivilrichter an die StA wegen des Verdachts einer Steuerstraftat die Einleitung des Strafverfahrens gefunden werden kann (BT-Rechtsausschuß am 22. 6. 1967, Prot. Nr. 47 S. 15 f.).

34 **In welcher Funktion und auf welcher Stufe eines Straf- (oder Bußgeld-)-verfahrens der Strafrichter tätig wird,** ist für die Wirkung einer verdachtsaufklärenden Maßnahme nach § 397 I AO unerheblich. Naturgemäß scheiden für die Einleitung des Verfahrens iS des § 397 I AO alle strafrichterlichen Handlungen aus, die ihrerseits eine verfahrenseinleitende Maßnahme der StA oder der FinB voraussetzen, zB ein Antrag auf Anordnung einer Beschlagnahme oder auf Erlaß eines Strafbefehls; denn wegen derselben Tat kann ein Straf-(oder Bußgeld-)verfahren gegen eine bestimmte Person nur einmal eingeleitet werden (Rdnr. 84).

Ein **Hinweis des Strafrichters in der Hauptverhandlung,** daß der Angeklagte auch aufgrund eines anderen als des in der gerichtlich zugelassenen Anklage angeführten Strafgesetzes verurteilt werden könne (§ 26 I StPO), hat keine verfahrenseinleitende Wirkung, weil die Einleitung des Strafverfahrens iS des § 397 I AO sich auf einen bestimmten Sachverhalt, auf eine Tat im strafprozessualen Sinne, bezieht, deren rechtliche Würdigung der abschließenden Entscheidung vorbehalten bleibt (Rdnr. 52). Dasselbe gilt erst recht für einen Hinweis auf Umstände, welche die Strafbarkeit erhöhen oder die Anordnung einer Maßregel der Besserung und Sicherung rechtfertigen (§ 265 II StPO). 35

Verfahrenseinleitende Wirkung kann eine strafrichterliche Maßnahme nur entfalten, wenn der Strafrichter bei Vernehmungen im Ermittlungs- oder Hauptverfahren auf den Verdacht einer Straftat stößt, die noch nicht Gegenstand des Ermittlungs- oder Hauptverfahrens ist, oder wenn sich der Verdacht der Täterschaft oder Teilnahme auf eine bisher unverdächtige Person erstreckt und der Strafrichter daraufhin eine verdachtsaufklärende Maßnahme veranlaßt. 36

g) Maßnahmen anderer Stellen

Andere als die in § 397 I AO aufgeführten Stellen können zwar Maßnahmen ergreifen, die im Ergebnis ebenfalls auf die Verfolgung einer Zuwiderhandlung gegen Steuergesetze hinauslaufen. Das Gesetz versagt solchen Maßnahmen jedoch die verfahrenseinleitende Wirkung mit den daran geknüpften Rechtsfolgen (Rdnr. 99 ff.). Dies gilt namentlich für Mitteilungen über Steuerstraftaten, die andere Behörden in Erfüllung ihrer Rechtspflicht aus § 116 AO der FinB zuleiten, zB Gemeindebehörden, Ausländerbehörden, Träger der Sozialversicherung (vgl. § 93 a AO iVm MV v. 7. 9. 1993, BGBl. I 1554) sowie für entsprechende Mitteilungen der Zivil-, Finanz-, Verwaltungs-, Arbeits- oder Sozialgerichte (Rdnr. 32 f.), schließlich für Weisungen vorgesetzter Finanzbehörden an die örtliche FinB, gegen bestimmte Personen wegen eines bestimmten verdachtsbegründenden Sachverhalts straf- oder bußgeldrechtlich vorzugehen (Rdnr. 22). 37

6. Verdacht als Voraussetzung der Einleitung des Strafverfahrens

Schrifttum: Hellmann, Das Neben-Strafverfahrensrecht der Abgabeordnung, 1995; *Lüttger,* Der „genügende Anlaß" zur Erhebung der öffentlichen Klage, GA 1957, 193; *Willms,* Offenkundigkeit und Legalitätsprinzip, JZ 1957, 465: *Geerds,* Strafrechtspflege und Prozessuale Gerechtigkeit, SchlHA 1964, 57; ders., Der Tatverdacht. GA 1965, 321; *Saarstedt,* Gebundene Staatsanwaltschaft? NJW 1964, 1752; *E. Kaiser,* Tatverdacht und Verantwortung des Staatsanwalts, NJW 1965, 2380; *Richter,* Der Verdacht strafbarer Handlungen bei der Betriebsprüfung, DB 1967, 697; *Steffen,* Haftung für Amtspflichtverletzungen des Staatsanwalts, DRiZ 1972, 154; *Sailer,* Anklageerhebung und Gleichheitsprinzip, NJW 1977, 1438; *Geerds,* Kenntnisnahme vom Tatverdacht und Verfolgungspflicht, Schröder-Gedächtnisschr. 1978, 379; *Kühne,* Die Definition des Verdachts als Voraussetzung strafprozessualer Zwangsmaßnahmen, NJW 1979, 617; *Bottke,* Zur Anklagepflicht der Staatsanwaltschaft, GA 1980, 298; *Arndt,* Vorfeldermittlungen, Gruppenverdacht und Sammelauskunftsersuchen, Felix-F S. 1.

38 Nach dem **Legalitätsprinzip** müssen die in § 397 I AO genannten Stellen wegen aller verfolgbaren Steuerstraftaten einschreiten, sofern zureichende tatsächliche Anhaltspunkte vorliegen (§ 152 II StPO), und zur Aufklärung des Verdachts den Sachverhalt erforschen (§ 160 I StPO). Das Legalitätsprinzip erfordert sogar ein unverzügliches Tätigwerden, damit der Schwebezustand zwischen Verdacht und Gewißheit über die Berechtigung des Schuldvorwurfs möglichst bald beendet wird (vgl. Art. 6 I 1 MRK sowie RiStBV 7). Andererseits sind strafrechtliche Ermittlungsmaßnahmen noch nicht zulässig (*Geerds* SchlHA 1964, 60), solange die tatsächlichen Anhaltspunkte noch nicht ausreichen, um einen Tatverdacht zu begründen (*Hellmann* aaO S. 250). Zwischen den Geboten des unverzüglichen Zugriffs und der Zurückhaltung mit voreiligen Maßnahmen bildet das Vorhandensein eines Verdachts eine allgemeine Voraussetzung für die erste strafrechtliche Maßnahme, der § 397 I AO verfahrenseinleitende Wirkung zuspricht.

39 **Wann ein Verdacht vorliegt, läßt sich allgemein kaum definieren.** Gem. § 152 II StPO ist die StA, soweit nicht gesetzlich ein anderes bestimmt ist, verpflichtet, wegen aller verfolgbaren Straftaten einzuschreiten, sofern **„zureichende tatsächliche Anhaltspunkte"** vorliegen. Das soll der Fall sein, wenn *„nach kriminalistischer Erfahrung die Möglichkeit besteht"*, daß eine verfolgbare Straftat vorliegt (BGH v. 21. 4. 1988, NJW 1989, 96). Diese Möglichkeit besteht bereits dann, wenn auch nur entfernte Indizien vorliegen (OLG Frankfurt v. 20. 12. 1995, NStZ 1996, 196). Bloße Vermutungen rechtfertigen es nicht, jemandem eine Tat zur Last zu legen (*Kleinknecht/Meyer-Goßner* 3 zu § 152 StPO mwN). Auch nach der Definition des Verdachts durch Nr. 24 II ASB (Anh) reicht die „bloße Möglichkeit" einer Steuerverkürzung nicht aus, einen Verdacht zu begründen (vgl. aber 113 III ASB), wohl aber, um Ermittlungen nach § 208 I Nr. 3 AO vorzunehmen (Rdnr. 31 zu § 404 AO). Aus „tatsächlichen Anhaltspunkten" muß also nicht nur die Möglichkeit, sondern eine gewisse, wenn auch zweifelhafte Wahrscheinlichkeit einer begangenen Straftat zu folgern sein (*Kohlmann* 3 zu § 397 AO). Unklar bleibt allerdings, wie *Hellmann* zu Recht bemerkt (aaO S. 251), wie die Möglichkeit von der gewissen Wahrscheinlichkeit abzugrenzen ist. Jedenfalls steht der StA und den sonstigen zur Einleitung eines Strafverfahrens berufenen Stellen (Rdnr. 12ff.) bei der Prüfung zureichender tatsächlicher Anhaltspunkte für einen Verdacht ein Beurteilungsspielraum zu (BVerfG v. 8. 11. 1983, NJW 1984, 1451; BGH v. 21. 4. 1988, NJW 1989, 96). Unter dem Gesichtspunkt der Amtshaftung ist dieser Beurteilungsspielraum erst dann überschritten, wenn die Entscheidung nicht mehr vertretbar ist. Die Vertretbarkeit ist zu verneinen, wenn bei voller Würdigung auch der Belange einer funktionstüchtigen Strafrechtspflege (dazu BVerfGE v. 20. 10. 1977, NJW 2355) die Einleitung der Ermittlungen gegen den Beschuldigten nicht mehr vertretbar ist (BGH v. 21. 4. 1988, NJW 1989, 96). Das dürfte mit Rücksicht auf die Schutzfunktion des § 397 AO (Rdnr. 4) nur selten der Fall sein, zB aber dann, wenn eine Maßnahme mit der Behauptung begründet würde, alle Prostituierten seien der Steuerhinterziehung verdächtig (vgl. auch *Kleinknecht/Meyer-Goßner* 4 zu § 152 StPO). Kontrollmitteilungen als

6. Verdacht als Voraussetzung   40, 41   § 397

solche begründen regelmäßig noch keinen Anfangsverdacht (aA *Blesinger* wistra 1994, 48; ferner Rdnr. 40).

Schon der Anfangsverdacht muß sich aus **konkreten Tatsachen** ergeben 40 (*Lüttger* GA 1957, 193; *Geerds* SchlHA 1964, 60 u. GA 1965, 327; *Blesinger* wistra 1994, 48; *KK-Schoreit* 28 u. 31, *Kleinknecht/Meyer-Goßner* 4 zu § 152 StPO). Eine allgemeine Erfahrungstatsache wie etwa die, daß die Heuer deutscher Seeleute auf Schiffen, die unter „billigen Flaggen" wie Panama oder Liberia fahren, häufig nicht versteuert wird, genügt für sich allein nicht, um von vornherein den Verdacht einer Steuerhinterziehung dieser Seeleute anzunehmen und mit strafrechtlichen Maßnahmen vorzugehen. Die Tatsache, daß ein Rechtsanwalt ein Sonderhonorar nicht versteuert hat, kann für sich allein nicht den Verdacht begründen, der Zahlungsempfänger habe auch in anderen Zeiträumen Sonderhonorare erhalten und nicht versteuert (LG Köln v. 25. 4. 1983, StrVert 275); ohne weiteren Anhaltspunkt kann hier nur eine Vermutung vorliegen. Ein hinreichend konkretisierter Verdacht dürfte zB gegeben sein, wenn fingierte oder gefälschte Belege aufgefunden werden oder wenn Vermögenszuwächse mit Spielgewinnen erklärt werden (ferner HHsp-*Schick* 169 zu § 208 AO) oder wenn der Stpfl keine Steuererklärung abgegeben hat, ohne daß Anhaltspunkte für die Aufgabe seiner steuerpflichtigen Tätigkeit vorliegen (*Blesinger* wistra 1994, 48). In jedem Fall bedarf es aber der zusätzlichen Feststellung von Anhaltspunkten für die subjektive Tatseite. Vielmehr müssen greifbare Anhaltspunkte für die Annahme vorliegen, daß der objektive und subjektive Tatbestand einer Straftat erfüllt ist und die Tat auch verfolgt werden kann (vgl. RG v. 25. 11. 1935, RStBl. 1506f.), zB weil der Stpfl die in der Kontrollmitteilung bescheinigten Beträge in seiner bereits vorliegenden Steuererklärung nicht erfaßt hat.

Ein **steuerliches Mehrergebnis**, das auf einer von der Steuererklärung 41 abweichenden Veranlagung oder auf einer Änderung der Steuerbescheide aufgrund von Feststellungen der Betriebsprüfung beruht, begründet für sich allein noch keinen Verdacht (dazu *Assmann* StBp 1993, 53). Ein Mehrergebnis ist in jedem Falle straf- oder bußgeldrechtlich insoweit irrelevant, als es nicht aus unrichtigen, unvollständigen oder fehlenden Tatsachenangaben des Stpfl erwachsen ist, sondern aus einer abweichenden rechtlichen Würdigung der richtig, vollständig und rechtzeitig erklärten Besteuerungsgrundlagen durch das Finanzamt. Hinsichtlich der Mehrbeträge, die auf unzutreffende Angaben des Stpfl zurückgehen, müssen tatsächliche Anhaltspunkte für ein vorsätzliches oder leichtfertiges Verhalten des Stpfl oder eines an der Gewinnermittlung oder an den Steuererklärungen mitwirkenden Dritten vorliegen. Das ist nicht schon der Fall, wenn die tatsächlichen Angaben des Stpfl auf einer zwar von der Ansicht der FinB abweichenden, aber objektiv vertretbaren Rechtsauffassung beruhen (vgl. dazu Rdnr. 126ff. zu § 370 AO). Die subjektiven Erfordernisse einer gem. § 370 AO mit Strafe oder gem. § 378 AO mit Geldbuße bedrohten Steuerverkürzung sind regelmäßig nicht erfüllt, wenn der Stpfl den Bilanzwert von Wirtschaftsgütern des Anlagevermögens oder das Ausfallrisiko bei ausstehenden Forderungen schätzen muß und sich nachträglich erweist, daß die tatsächliche Nutzungsdauer länger oder der tatsächliche Forderungsausfall geringer gewesen ist. Das gleiche gilt für die Bildung von Rückstellungen für Bürgschaften, Gewährleistungsverpflichtungen usw. Andererseits ist der Verdacht einer schuldhaften Steuerverkürzung nicht schon deshalb ausgeschlossen, weil die Veranlagung oder Betriebsprüfung zu keinem Mehrergebnis geführt hat, da sich Erhöhungen und Minderungen der Besteuerungsgrundlagen zwar steuerlich, aber nicht strafrechtlich ausgleichen können (§ 370 IV 3 AO).

42   **Im Hinblick auf die Person des Verdächtigen** erfordert ein konkreter Verdacht nicht, daß die tatsächlichen Anhaltspunkte für eine Steuerstraftat bereits einen (oder mehrere) bestimmte(n), der Strafverfolgungsbehörde bekannte(n) Täter erkennen lassen. Es genügt, daß anstelle einer unbestimmten Vielzahl eine begrenzte Mehrzahl möglicher Täter in Betracht kommt und die **Ermittlungen „gegen Unbekannt"** nicht ins Blaue greifen. Wenn auch bei Besitz- und Verkehrsteuerstraftaten der Täter – anders als bei Schmuggel und bei nichtsteuerlichen Straftaten – nur beim Stpfl und in dem Kreis der Personen ermittelt zu werden braucht, die an der Buchführung, Gewinnermittlung und Steuererklärung mitgewirkt haben, kann bei Beginn strafrechtlicher Ermittlungen, namentlich bei Großbetrieben, durchaus noch undurchsichtig sein, bei wem die Täterschaft liegt, zumal erfahrungsgemäß der Stpfl bestrebt ist, die Verantwortung von sich auf Angestellte und steuerliche Berater abzuwälzen.

43   Für den **Verdacht,** der ein Einschreiten mit strafrechtlichen Mitteln erfordert, genügen *„Umstände, die insgesamt gesehen ohne Anspruch auf Vollständigkeit zu erheben, eine Verurteilung als möglich erscheinen lassen"* (Geerds SchlHA 1964, 60), maW *„Es genügt eine gewisse, wenn auch noch so geringe Wahrscheinlichkeit, bei der der Zweifel an der Richtigkeit des Verdachts noch überwiegen darf"* (LR-*Rieß* 23 zu § 152 StPO; ferner Rdnr. 39). Für den Anfangsverdacht zu weitgehend verlangt KMR-*Müller* (4 zu § 152 StPO), daß *„der gegenwärtige Stand den Schluß rechtfertigen muß, daß der Beschuldigte mit hoher Wahrscheinlichkeit die Tat begangen hat"*. In keinem Fall braucht der Verdacht „dringend" (vgl. § 111a I, § 112 I StPO) oder „hinreichend" (vgl. § 203 StPO) zu sein (LR*Meyer-Goßner* 18 u. 20 sowie KK-*Schoreit* 30 zu § 152 StPO; *Bender* Tz. 113, 1; *Naumann* S, 353; *Koch/Scholtz/Himsel* 13 u. *Kohlmann* 3, *Leise/Cratz* 34 f. zu § 397 AO; *Richter* DB 1967, 697; *Henneberg* BB 1970, 1128; *Möllinger* StBp 19798, 193; *Brenner* StBp 1977, 280; jetzt auch *Pfaff*, DStZ 1977, 445 u. *Lohmeyer* S. 90); denn *„hinreichender Verdacht bedeutet die Feststellung von Tatsachen, die nach praktischer Erfahrung zu einer Verurteilung mit vollgültigen Beweisen führen werden"* BGH v. 18. 6. 1970, NJW 1543). Die abw. Meinung von *Piesker* (BB 1963, 213; glA *Ehlers* StBp 1977, 50), daß die Einleitung des Steuerstrafverfahrens einen hinreichenden Tatverdacht erfordere und *„zwischen dem Beschuldigten und dem Finanzamt keinerlei Unklarheit über die Art und den Umfang des ihm zur Last gelegten Steuervergehens"* bestehen dürfe, verkennt die Rechtsnatur der Einleitung iS des § 397 I AO (Rdnr. 8) und mißachtet das Schutzinteresse des betroffenen Stpfl (Rdnr. 6), da sie voraussetzt, daß die Merkmale einer Steuerstraftat im Vorfeld des Strafverfahrens, also mit steuerrechtlichen Mitteln aufgeklärt werden.

6. Verdacht als Voraussetzung   44–46 § 397

Ein über einfachen Verdacht hinausreichender **höherer Grad von Wahr-** 44
scheinlichkeit, daß eine Straftat begangen ist, muß vorliegen, wenn das
Ermittlungsverfahren mit einer besonders einschneidenden Maßnahme begonnen werden soll. UHaft darf nach § 112 I 1 StPO gegen den Beschuldigten nur angeordnet werden, *„wenn er der Tat dringend verdächtig ist".* Darüber hinaus verlangt der **Grundsatz der Verhältnismäßigkeit** einen nach dem Gewicht der Maßnahme abgestuften, stärker konkretisierten Verdacht, wenn als erste Ermittlungsmaßnahme eine Beschlagnahme (§ 94 StPO; BGH 9, 351, 355 v. 7. 9. 1956), eine Durchsuchung (§ 105 StPO), insbes. bei anderen Personen (§ 103 StPO) oder zur Nachtzeit (§ 104 StPO), oder sogar eine Postbeschlagnahme (§ 99 StPO iVm §§ 12, 13 FAG) oder eine körperliche Untersuchung (§ 81a StPO) angeordnet werden soll (vgl. *KK-Schoreit* 39 u. *Kleinknecht/Meyer-Goßner* 12 zu § 94 StPO). Die für solche Maßnahmen erhöhten Anforderungen an die Konkretisierung des Verdachts betreffen jedoch nicht den Entschluß, ob überhaupt Ermittlungen gegen einen Verdächtigen aufgenommen werden müssen, sondern welches Mittel zur Aufklärung des Verdachts und zur Sicherung der Beweise gewählt werden kann und darf (Rdnr. 80).

Auf welche Weise die zur Strafverfolgung berufenen Stellen **Kenntnis** 45
erlangen von den tatsächlichen Anhaltspunkten für eine Straftat, ist grundsätzlich gleichgültig. In Betracht kommen vor allem Anzeigen (Rdnr. 46f.) einschl. Selbstanzeigen (Rdnr. 48) und eigene dienstliche Wahrnehmungen. Ob private Wahrnehmungen eine zuständige Stelle zum Einschreiten verpflichten oder nur berechtigen, ist umstritten. Für den StA wird die Pflicht zur Verwertung privaten Wissens – allgemein oder bei privaten Bindungen – verneint von *Anterist* (Anzeigepflicht und Privatsphäre des Staatsanwalts, 1968, 63ff.), *Geerds* (Schröder-Gedächtnisschr. s. 389ff.), *KMR-Müller* (11 zu § 158 StPO; LR-*Rieß* 29 zu § 160 u. 22 zu § 163 AO) u. *SK-Samson* (14 zu ä 258a StGB). Die hM erachtet ein Einschreiten in eigener Zuständigkeit oder eine Mitteilung an die zuständige Stelle für geboten, wenn sich der Verdacht auf Straftaten bezieht, die nach Art und Umfang in besonderem Maße die Belange der Öffentlichkeit berühren (so grundsätzlich RG 70, 251f. v. 19. 6. 1936; bejahend BGH 5, 225, 228 v. 15. 12. 1953 für *Raub;* 12, 277, 281 v. 16. 12. 1958 für vorsätzliche Körperverletzung; BGH 38, 388 v. 29. 10. 1992; OLG Köln v. 18. 3. 1981, NJW 1794, für besonders schwere Fälle von Betäubungsmittelstraftaten; zust. KK-Schoreit 33 zu § 152 StPO, *Kleinknecht/ Meyer-Goßner* 10 zu § 160 StPO unter Hinweis auf die beamtenrechtliche Treupflicht; *Kohlmann* 7 zu § 397 AO) weitergehend *EbSchmidt* (I Nr. 331), der die Pflicht zur Verwertung außerdienstlichen Wissens nur für den Bagatellbereich ausgeschlossen wissen will. *Krause* (GA 1964, 110) folgt der hM, verneint jedoch die Strafbarkeit wegen Strafvereitelung im Amt (§ 258a StGB), wenn privates Wissen über bedeutsame Straftaten unterdrückt wird.

Ob eine **Strafanzeige** ohne weiteres den Verdacht einer Straftat vermittelt, 46
hängt vom Inhalt der Anzeige und von der Person des Anzeigeerstatters ab. Ein Verdacht ist um so eher begründet, je genauer die tatsächlichen Angaben sind. Andererseits kann eine Anzeige uU sofort weggelegt werden, wenn sie

einen verworrenen Inhalt hat oder der Anzeigeerstatter der Behörde bereits aus anderen Anlässen als unglaubwürdig oder geistesgestört bekannt ist und ein Ermittlungsverfahren gegen ihn wegen falscher Verdächtigung nach § 164 StGB nicht in Betracht kommt. Haltlose Angaben eines Querulanten sind keine zureichenden Anhaltspunkte (*Kaiser* NJW 1965, 2380; ebenso *Franzheim* GA 1978, 142; KK-*Wache/Müller* 7 u. 13 zu § 158 StPO).

47   Bei **anonymen Anzeigen** ist Vorsicht geboten (vgl. RiStBV 11), da der Anzeigeerstatter sich durch das Verheimlichen seiner Identität der Verantwortung nach § 164 StGB entzieht. Andererseits ist es weder zulässig noch gerechtfertigt, anonyme Anzeigen grundsätzlich unbeachtet zu lassen (ebenso *Blesinger* wistra 1994, 48). Oft enthalten sie besonders detaillierte Angaben, die nur Insider kennen können, und gelegentlich sind sie sogar aus einer gewissen Zwangslage diktiert, zB wenn der Anzeigende als Arbeitnehmer des Angezeigten zur Mitwirkung an Steuerstraftaten angehalten wird, oder bei einem unlauteren Wettbewerbsverhalten des Angezeigten.

48   Eine **Selbstanzeige** (§§ 371, 378 III A) begründet regelmäßig den Verdacht, daß die angezeigte Tat wirklich begangen worden ist. Fraglich bleibt häufig, ob die angezeigten Tatsachen vollständig sind oder ob nicht eine sog. dolose Teilselbstanzeige vorliegt (Rdnr. 213 ff. zu § 371 AO). Nicht selten muß auch wegen der unterschiedlichen Anforderungen des § 371 II AO und des § 378 III AO aufgeklärt werden, ob die selbst angezeigte Steuerverkürzung in subjektiver Hinsicht die Merkmale einer Steuerstraftat nach § 370 oder einer Steuerordnungswidrigkeit nach § 378 I AO erfüllt. Schließlich können beweissichernde Maßnahmen für den Fall ergriffen werden, daß der Anzeigeerstatter die vorsätzlich oder leichtfertig verkürzten Steuern nicht fristgerecht nachzahlt (§ 371 III, § 378 III 2 AO). Eine Selbstanzeige macht daher Ermittlungsmaßnahmen nicht von selbst entbehrlich. Erscheinen sie erforderlich und werden sie veranlaßt, so bewirken sie nach § 397 I AO auch die Einleitung des Strafverfahrens (aM *Scholtz/Koch/Himsel* 7 u. *Kohlmann* 16 – Beispiel 12 – zu § 397 AO unter Berufung auf OLG Celle v. 19. 12. 1963, BB 1964, 872); denn das Abzielen auf strafrechtliches Vorgehen steht stets unter dem Vorbehalt, daß der Verdacht sich wieder auflöst oder daß die Voraussetzungen des Strafaufhebungsgrundes vollständig festgestellt werden (ebenso *Blesinger* wistra 1994, 48; vgl. auch BayObLG v. 3. 11. 1989, wistra 1990, 159).

7. Systematik und Grenzen einer Vorprüfung

49   Eine „Vorprüfung", bei welcher der Sachverhalt durch die FinB unter strafrechtlichen Gesichtspunkten mit steuerrechtlichen Mitteln weiter aufgehellt wird, ist nicht vorgesehen, nicht erforderlich und nicht zulässig (glA schon *Frenkel* DStZ 1962, 26; ebenso *Pfaff* StW 1970, 402). Eine Grauzone zwischen Besteuerungsverfahren und Strafverfahren will das Gesetz gerade vermeiden. Vorfeldermittlungen der Steuerfahndung (§ 208 I Nr. 3 AO) stellen keine Einleitung des Strafverfahrens dar (*Koch/Scholtz/Himsel* 7 zu § 397 AO). Eine zulässige Vorprüfung (*Leise/Cratz:* „Verdachtsprüfungsverfahren", 23 zu § 397 AO) mit strafrechtlicher Blickrichtung beginnt bei

7. Systematik und Grenzen einer Vorprüfung

der Frage, ob der Sachverhalt, soweit er bereits bekannt ist, strafrechtlich überhaupt relevant ist (BGHZ 20, 180 v. 8. 3. 1956; *Steffen* DRiZ 1972, 154); am Anfang steht also eine materiell-rechtliche Prüfung (*Peters Welzel-Festschr.* S. 423). Ergeben sich dabei Umstände, nach denen sich die Handlung eindeutig als rechtmäßig oder der Täter als schuldunfähig oder schuldlos erweist (Rdnr. 53), sind damit die Anhaltspunkte für die Einleitung eines Ermittlungsverfahrens entfallen (*Geerds* SchlHA 1964, 60). Sodann ist zu prüfen, ob die fragliche Tat verfolgbar ist (*Geerds* aaO, *Kaiser* NJW 1965, 2380), und zwar zuerst im Hinblick auf dauerhafte Hindernisse, wie zB die Verfolgungsverjährung (Rdnr. 55). Bei nur vorübergehenden Verfahrenshindernissen, zB Auslandsaufenthalt des Verdächtigen, bildet die Sicherung der Beweise einen hinreichenden Zweck für eine verfahrenseinleitende Maßnahme (*LRMeyer-Goßner* 21 zu § 152 StPO). Behebbare Verfahrenshindernisse, zB Immunität, versucht die StA zu beseitigen (*KK-Schoreit* 27 zu § 152 StPO mwN). Aus dem Rechtsstaatsprinzip sind regelmäßig keine Verfahrenshindernisse herzuleiten (BVerfG v. 3. 6. 1986, NJW 3021). Schließlich ist die Rechtsfrage zu prüfen, ob die tatsächlichen Anhaltspunkte für den Verdacht einer verfolgbaren Steuerstraftat ausreichen (Rdnr. 63) und bejahendenfalls die Ermessensfrage zu entscheiden, welche Ermittlungsmaßnahme nach Lage der Umstände des Einzelfalles zweckmäßig erscheint.

Die Annahme eines strafrechtlichen **Verdachts durch Betriebsprüfer** bildet den neuralgischen Punkt des Steuerstrafverfahrens. Der Prüfer kann kaum vorhersehen, zu welchem Zeitpunkt die fortgesetzte Befragung des Stpfl diesen im Verlauf der Prüfung in die Gefahr bringt, sich bei einer wahrheitsgemäßen Antwort selbst einer Zuwiderhandlung gegen Steuergesetze zu bezichtigen. Zudem wird die Annahme eines strafrechtlichen Verdachts auch von dem Temperament und der Erfahrung des jeweiligen Beamten beeinflußt. Wann immer der Prüfer aufgrund des objektiven Tatsachenbefundes nach seiner persönlichen Einstellung einen Verdacht annimmt: stets wird er – je nach Ergebenis der weiteren Aufklärung – entweder den Vorwurf hören, er habe voreilig gehandelt und den Stpfl ohne zureichende Anhaltspunkte diskriminiert, oder aber den gegenteiligen Vorwurf, er habe den Stpfl in gesetzwidriger Weise mit steuerlichen Mitteln zu strafrechtlichen Zwecken ausgeforscht. Eine Lösung, die gleichermaßen dem Schutz des Stpfl vor unzulässiger Ausforschung wie dem Schutz des Prüfers vor unvermeidbaren Vorwürfen dient, kann nur darin gefunden werden, daß der Prüfer den Stpfl bereits im Vorstadium des Verdachts, bevor die Pflicht zur Offenbarung des Verdachts nach § 397 III AO entstanden ist, in geeigneter Weise darauf aufmerksam macht, daß er keine Tatsachen anzugeben und keine Unterlagen vorzulegen braucht, durch die er sich die Gefahr zuziehen würde, wegen einer Zuwiderhandlung gegen Steuergesetze verfolgt zu werden; im Ergebnis ebenso *Paulick* (in Spitaler-Festschr. S. 55, 65ff, 93ff.), *Geiger* (StBp 1965, 8), *Richter* (DB 1967, 699f.) und *Tipke* (Steuerliche Betriebsprüfung im Rechtsstaat, 1968, S. 108f.). Die Meinung von *Koch* (BRK 1 Abs. 5 zu § 170 RAO; vgl. auch *Suhr* StBp 1965, 11f.), daß der Steuerunehrliche gegenüber dem Steuerehrlichen nicht bevorzugt werden dürfe, überzeugt nicht; denn der aus demselben Rechtsgedanken wie § 136 I StPO erwachsende Schutz vor Selbstbezichtigung ist keine Bevorzugung. Unbegründet erscheint auch die Besorgnis von *Barske* (DStZ 1958, 25), daß ein Auskunftsverweigerungsrecht des Steuerunehrlichen die Durchführung des Besteuerungsverfahrens unmöglich mache. Die Praxis beweist, daß die Besteuerung sogar möglich bleibt, wenn der Stpfl verstirbt, und daß die Beachtung des § 136 I StPO nach Einleitung des Steuerstrafverfahrens die Verwirklichung des Strafanspruchs und des Steueranspruchs nicht ernstlich beeinträchtigt. Wer sich zu Unrecht verdächtigt fühlt, wird regelmäßig aussagen, um seine Unschuld darzulegen. Wer sich zu Recht verdächtigt fühlt, wird ebenfalls aussagen, um den Verdacht zu verdunkeln, jedenfalls aber nicht zu verstärken (insoweit zutr. *Koch* aaO). Die hier vorgeschlagene vorsorgliche Belehrung des Stpfl macht die Mitteilung über eine später vollzogene Einleitung des Straf-(oder Bußgeld-)verfahrens an den Beschuldigten nicht entbehrlich, sobald die Voraussetzungen des § 397 III AO vorliegen.

51 **Bevor eine verfahrenseinleitende Maßnahme getroffen wird,** ist in jedem Falle zu prüfen, ob die bekanntgewordenen Tatsachen – abgesehen von Lücken, die erst durch strafrechtliche Ermittlungen geschlossen werden können – überhaupt unter einen Straf-(oder Bußgeld-)tatbestand fallen und ob die jeweilige Straftat oder Ordnungswidrigkeit im Hinblick auf Verfahrenshindernisse **verfolgbar** ist (*KK-Schoreit* 27 zu § 152 StPO). Diese Pflicht zur Vorprüfung obliegt den zur Verfolgung berufenen Stellen auch gegenüber dem Verdächtigen (vgl. § 160 II StPO). Nach § 2 StrEG können wegen bestimmter Strafverfolgungsmaßnahmen, darunter nach Absatz Nr. 4 wegen Beschlagnahme und Durchsuchung, Entschädigungsansprüche begründet werden, soweit der Beschuldigte später freigesprochen oder außer Verfolgung gesetzt wird oder das Verfahren gegen ihn endgültig eingestellt wird. Unabhängig davon können Schadenersatzansprüche aus Amtshaftung aufgrund Art. 34 GG iVm § 839 BGB gegeben sein (vgl. aus der Zeit vor dem StrEG BGHZ 20, 178 v. 8. 3. 1956), zB bei verschuldetem Verlust beschlagnahmter Sachen eines Dritten.

52 Den Schluß auf einen bestimmten Straf-(oder Bußgeld-)tatbestand brauchen die bei Einleitung des Verfahrens bekannten Tatsachen noch nicht zu ermöglichen. Für einen **Verdacht** genügt die begründete Annahme, daß **einer von mehreren bestimmten Tatbeständen** in Betracht kommt. Im Steuerstrafrecht kann insbes. die Frage, ob eine festgestellte Steuerverkürzung auf Steuerhinterziehung (§ 37 AO) oder auf leichtfertige Steuerverkürzung (§ 378 AO) schließen läßt, zunächst dahingestellt bleiben. Der Zweck eines Ermittlungsverfahrens ist gerade darauf gerichtet, den Sachverhalt in bezug auf die Unterscheidungsmerkmale verschiedener Zuwiderhandlungen aufzuklären. Eine abschließende Würdigung durch die Ermittlungsbehörde ist erst nach Abschluß der Ermittlungen möglich und für die Entschließung über die weitere Sachbehandlung erforderlich. Für den Entschluß zum Einschreiten ist der Unterschied zwischen Straftat und Ordnungswidrigkeit nicht bedeutsam (arg. § 410 I Nr. 6 AO), wohl aber

für die Wahl des Mittels, die bei Ordnungswidrigkeiten durch § 46 III–V OWiG oder durch den allgemeinen Grundsatz der Verhältnismäßigkeit beschränkt ist (Rdnr. 80f.).

Eine verfahrenseinleitende Maßnahme ist unzulässig
– bei **Schuldunfähigkeit eines Kindes** unter 14 Jahren (§ 19 StGB) oder bei Schuldunfähigkeit wegen seelischer Störungen (§ 20 StGB), wenn die Voraussetzungen dafür von vornherein bekannt sind und der Verdacht ausscheidet, daß das Kind oder der Geisteskranke als Werkzeug eines mittelbaren Täters (vgl. § 25 StGB u. Rdnr. 75 zu § 369 AO) oder sonst zusammen mit schuldfähigen Personen gehandelt hat; 53
– wenn von vornherein feststeht, daß der Verdächtigte wegen schwerer Erkrankung **dauernd vernehmungsunfähig** bleiben wird und daß er sich in einfachen Sachen auch nicht schriftlich äußern kann. Die Vernehmung des Beschuldigten im Ermittlungsverfahren ist gem. § 163a I StPO zwingend vorgeschrieben. Strafrechtliche Ermittlungsmaßnahmen gegen eine Person, die im Sterben liegt oder nach der Tat geisteskrank geworden ist, müssen unterbleiben. Sind die Voraussetzungen dauernder Vernehmungs- und Verhandlungsunfähigkeit weniger eindeutig und erscheint deshalb ein ärztliches Gutachten erforderlich, so wird das Strafverfahren gem. § 397 I AO bereits durch die Anforderung des Gutachtens eingeleitet; 54
– wenn von vornherein feststeht, daß die **Verfolgung der Tat verjährt** ist (Rdnr. 5 zu § 376 AO; *KMR-Müller* 5 zu § 160 StPO). Kann eine Tat wegen der unterschiedlichen Fristen für Steuerstraftaten (§ 78 II Nr. 4 StGB iVm § 369 II AO) und für Steuerordnungswidrigkeiten (§ 384 AO bzw. § 31 II OWiG iVm § 377 II AO) nur noch als Straftat verfolgt werden, muß mit strafrechtlichen Mitteln aufgeklärt werden, ob der Straftatbestand erfüllt ist. Der Grundsatz in dubio pro reo gilt nicht schon bei der Entschließung, ob die bekanntgewordenen Tatsachen eine verfahrenseinleitende Maßnahme erfordern (glA *Kopacek* BB 1962, 675; *Richter* DB 1976, 697); denn deren Voraussetzung ist Verdacht, nicht Gewißheit (Rdnr. 38ff.). 55
– bei **Verbrauch der Strafklage** (Art. 103 III GG), insbes. durch rechtskräftiges Strafurteil oder rechtskräftigen Strafbefehl (BVerfG v. 7. 12. 1983; Rdnr. 29 zu § 400 AO). Durch ein Absehen von der Strafverfolgung wegen Geringfügigkeit gem. § 398 AO oder § 153 I StPO wird die Strafklage nicht verbraucht; anders bei einem gerichtlichen Einstellungsbeschluß aufgrund § 153 II StPO, sofern keine neuen Tatsachen auftauchen (*KK-Schoreit* 63, *Kleinknecht-Meyer-Goßner* 38ff. u. *KMR-Müller* 5 zu § 153 StPO; RG 67, 315f. v. 9. 10. 1933). Die endgültige Einstellung nach § 153a StPO bewirkt einen beschränkten Strafklageverbrauch (§ 153a I 4 StPO), wenn und soweit der Beschuldigte die Auflagen vollständig erfüllt hat (*Kleinknecht/Meyer-Goßner* 45 zu § 153a StPO). Das Verfahrenshindernis ergreift die gesamte prozessuale Tat iS des § 264 StPO, auch die davon umfaßten Ordnungswidrigkeiten (OLG Frankfurt v. 21. 3. 1985, NJW 1850). Die Selbstanzeige nach § 371 AO bildet nur dann einen Grund, von strafrechtlichen Ermittlungsmaßnahmen abzusehen (Rdnr. 48), wenn an ihrer 56

§ 397 57–60   Einleitung des Strafverfahrens

Wirksamkeit keine Zweifel bestehen (*Seithel* DStR 1980, 156; abw., aber widersprüchlich *Senge* 2c zu § 397 AO).

57   – bei **Exterritorialität** des Verdächtigen gem. §§ 18–21 GVG (vgl. RiStBV 193–199 sowie BMI v. 14. 3. 1975 über „Verhalten gegenüber Diplomaten und anderen bevorrechtigten Personen" (GMBl. 1975, 337, 518, 629; auszugsweise bei *Kleinknecht/Meyer-Goßner* 11 zu § 18 GVG).

58   Die **Immunität eines Abgeordneten** gilt nur für strafverfahrensrechtliche, nicht auch für bußgeldrechtliche Maßnahmen (Art. 46 II, III GG; § 152a StPO). Aber auch bei dem Verdacht einer (Steuer-)Straftat bildet die Immunität – abgesehen von ihrer regelmäßig auf die Dauer des Mandats befristeten Wirkung – kein Hindernis, strafverfahrensrechtliche Maßnahmen gegen einen Abgeordneten zu veranlassen, *„wenn und soweit der BTag die Strafverfolgung allgemein oder auf Antrag genehmigt hat"* oder wenn der Abgeordnete „bei Begehung der Tat oder spätestens im Laufe des folgenden Tages festgenommen wird" (RiStBV 192f.). Zu den unterschiedlichen landesgesetzlichen Vorschriften s. *KK-Schoreit* 5ff. zu § 152a StPO.

59   Die begründete Annahme, daß die **Schuld des Täters gering** wäre (§ 398 AO, § 153 StPO), bildet nur dann einen Grund, von strafrechtlichen Ermittlungsmaßnahmen abzusehen, wenn bei Zoll- und Verbrauchsteuerstraftaten im Reiseverkehr die Voraussetzungen des § 32 ZollVG klar zutage liegen (Rdnr. 61). Besteht in Besitz- und Verkehrsteuersachen der Verdacht einer Straftat, muß regelmäßig eingeschritten werden, weil man hier – außer bei einer KfzSt-Verkürzung – ohne nähere Prüfung kaum übersehen kann, ob der Verdächtige es bei der Verfehlung hat bewenden lassen, auf die sich der Anfangsverdacht bezieht. Dasselbe gilt sinngemäß für den Verdacht einer leichtfertigen Steuerverkürzung nach § 378 AO. In der Praxis soll allerdings von einer Verfolgung abgesehen werden bei steuerlichen Mehrergebnissen unter 3000 DM (FinMin Hessen v. 18. 3. 1985, StEK AO 1977 § 397 Nr. 3) bzw. unter 1000 DM (FinMin Bayern v. 16. 6. 1980, StEK AO 1977 § 397 Nr. 2). Bezieht sich der Verdacht auf andere Steuerordnungswidrigkeiten, kann im Hinblick auf § 47 I 1 OWiG von einer verfahrenseinleitenden Maßnahme abgesehen werden, falls sich von vornherein überblicken läßt, daß eine Ahndung der Tat nicht geboten ist.

60   Aufgrund **§ 154 StPO** kann die Strafverfolgungsbehörde von der Erhebung der öffentlichen Klage absehen, wenn die Strafe, zu der die Verfolgung führen kann, neben einer Strafe, die gegen den Beschuldigten wegen einer anderen Tat rechtskräftig verhängt worden ist oder die er wegen einer anderen Tat zu erwarten hat, nicht beträchtlich ins Gewicht fällt, wie zB die Strafe wegen der Steuerhinterziehung eines Mörders. Das gleiche gilt aufgrund § 154a I StPO für einzelne abtrennbare Teile einer Tat oder für einzelne von mehreren Gesetzesverletzungen, die durch dieselbe Tat begangen worden sind, zB die Hinterziehung der KfzSt im Verhältnis zum Diebstahl des Wagens. § 154 I und § 154a I StPO setzen regelmäßig voraus, daß die Ermittlungen auch wegen der nebensächlichen Tatteile oder Gesetzesverletzungen aufgenommen und soweit durchgeführt worden sind, bis ein Überblick gewonnen ist und Ausnahmen vom Verfolgungszwang beurteilt wer-

7. Systematik und Grenzen einer Vorprüfung

den können. Kann die FinB oder die StA die Voraussetzungen von Anfang an überblicken, muß sie auch von vornherein von Ermittlungsmaßnahmen absehen, die auf die Aufklärung einer nebensächlichen Steuerstraftat abzielen: denn das verfassungsrechtliche Beschleunigungsgebot (BVerfG v. 24. 11. 1983, NStZ 1984, 128) verlangt im Interesse des Beschuldigten wie im öffentlichen Interesse (BGH 26, 228, 232 v. 22. 10. 1975), das Strafverfahren möglichst abzukürzen und zu vereinfachen (vgl. auch RiStBV 7 u. AStBV 6, 7).

Liegen die Voraussetzungen des § 32 ZollVG vor, bildet diese Vorschrift ein **Verfahrenshindernis** (stRspr zu § 80 ZollG, zB BayObLG v. 23. 6. 1981, ZfZ 312), falls die geschmuggelten Waren nicht zum Handel noch zur gewerblichen Verwendung bestimmt sind, keinen höheren Wert als 600 DM haben, nicht an einer schwer zugänglichen Stelle versteckt sind und deshalb anstelle einer Strafe nur ein Zollzuschlag gem. § 32 III ZollVG bis höchstens 300 DM in Betracht kommt. Rückfragen, ob der Reisende den Tatbestand einer Zollstraftat innerhalb von 6 Monaten zum wiederholten Male verwirklicht hat (§ 32 II Nr. 2 ZollVG), haben verfahrenseinleitende Wirkung.

Durch **Treu und Glauben** wird das Legalitätsprinzip nicht eingeschränkt. Daher darf von einer verfahrenseinleitenden Maßnahme nicht deshalb abgesehen werden, weil etwa ein Finanzbeamter bei einem Stpfl den Eindruck hervorgerufen hat, er werde aufgrund eines bestimmten Sachverhalts strafrechtlich nicht verfolgt (zutr. *Suhr* StBp 1962, 205: aM *Ehlers* StBp 1962, 288). Ein Verfolgungshindernis besteht nicht einmal dann, wenn ein Strafverfahren gem. § 153 I StPO mit richterlicher Zustimmung eingestellt worden ist und später wieder aufgenommen werden soll. Umso weniger besteht ein Hindernis, wenn ein nach § 201 II AO vorgeschriebener Hinweis unterblieben ist oder wenn ein Amtsträger der zuständigen FinB dem Stpfl in irgendeiner Form angedeutet oder zugesichert hat, daß ein Strafverfahren nicht durchgeführt werde; denn kein Amtsträger kann sich über das Legalitätsprinzip hinwegsetzen und außerhalb des Gesetzes über den Strafanspruch verfügen, ohne sich uU wegen Strafvereitelung im Amt nach § 258a StGB selbst strafbar zu machen. Hat der Stpfl im Vertrauen auf eine gesetzwidrige Zusicherung Tatsachen zugegeben, die er sonst bestritten hätte, kann steuerrechtlich ein bereits ausgesprochener Rechtsbehelfsverzicht unwirksam sein (*Maaßen* FR 1958, 29) und strafrechtlich das „Geständnis" nach dem Grundsatz des § 136a III 2 StPO gegen ihn ebensowenig verwertet werden, wie wenn es innerhalb des Strafverfahrens durch unzulässige Mittel herbeigeführt worden wäre.

Ob nach dem Ergebnis der Vorprüfung **der Verdacht** einer verfolgbaren Straftat vorliegt, **ist eine Rechtsfrage,** nicht etwa Gegenstand einer Ermessensentscheidung (BGH v. 18. 6. 1970, NJW 1543; aM *EbSchmidt* 11 zu § 152 StPO), aber es besteht naturgemäß ein Beurteilungsspielraum (*Steffen* DRiZ 1972, 153; *Sailer* NJW 1977, 1138; *Kleinknecht/Meyer-Goßner* 7 u. KK-*Schoreit* 24 zu § 152 StPO) wie bei der Anwendung anderer unbestimmter Rechtsbegriffe.

64 Die bei der Prüfung des Tatverdachts auftretenden Rechtsfragen müssen – je nach der Zuständigkeit gem. § 386 AO – von der FinB oder StA eigenständig beurteilt und entschieden werden (*Lüttger* GA 1957, 211; *Kaiser* NJW 1965, 2380; abw. *LRMeyer-Goßner* 30 zu § 152 StPO: nur strittige Rechtsfragen). Eine Verpflichtung, einer gefestigten höchstrichterlichen Rspr zugunsten oder zuungunsten des Verdächtigen zu folgen, besteht nicht (str., glA *EbSchmidt* MDR 1961, 269; *KMR-Müller* 5 zu § 170 StPO; *KK-Schoreit* 35 zu § 152a StPO; *Kleinknecht/Meyer-Goßner* 11 vor § 141 GVG; aM BGH 15, 155 v. 23. 9. 1960 zu § 170 StPO). *Sarstedt* bemerkt, die StA sei an das Gesetz gebunden, nicht daran, was Gerichte in anderen Sachen entschieden haben (NJW 1964, 1752). *Verpflichtet* sind StA und FinB nur dazu, Schuldige zu verfolgen und die Verfolgung Unschuldiger zu vermeiden. Bewegt sich der Vertreter einer Strafverfolgungsbehörde außerhalb des Korridors vertretbarer Rechtsauffassungen, wird sich in der Praxis seine Weisungsgebundenheit gegenüber der vorgesetzten Behörde auswirken (ähnl. *KK-Schoreit* 35 zu § 152a StPO im Anschluß an *Bottke* GA 1980, 298).

8. Verfahrenseinleitende Maßnahmen

65 Als **Maßnahme, die erkennbar darauf abzielt, gegen jemanden wegen einer Steuerstraftat strafrechtlich vorzugehen,** kommt **jede Willensbetätigung** einer zur Verfolgung von Zuwiderhandlungen gegen Steuergesetze allgemein zuständigen Stelle (Rdnr. 13) in Betracht, deren strafrechtliche Zielsetzung objektiv erkennbar ist. Ob und wann der Verdächtige von der Maßnahme etwas erfährt, ist für die verfahrenseinleitende Wirkung unerheblich (arg. § 397 III AO). Eine Maßnahme gegen jemanden liegt nicht vor, wenn die Ermittlungen nicht gegen einen bestimmten Beschuldigten, sondern gegen Unbekannt geführt werden (*Hellmann* S. 259; HHSp-*Hübner* 28 zu § 397 AO; einschränkend *Leise/Cratz* 38 zu § 397 AO).

66 Regelmäßig bedarf es einer Maßnahme, die aus dem Bereich der Behörde **nach außen wirkt** (*Kühn/Hofmann* 2 zu § 397 AO). Denkbar sind aber auch innerdienstliche Vorgänge, wie etwa die Weisung eines zuständigen Behördenleiters, in einer bestimmten Sache eine strafrechtliche Ermittlungsmaßnahme vorzunehmen. Dagegen stellt die Abgabe der Akten von der Betriebsprüfungsstelle an die Strafsachenstelle zu dem Zweck einer strafrechtlichen Prüfung bestimmter Sachverhalte nur eine Vorbereitungshandlung dar, die noch nicht erkennen läßt, ob wirklich strafrechtliche Maßnahmen ergriffen werden oder auch nur ergriffen werden sollen (glA *Leise/Cratz* 44, aM *Kohlmann* 16, Beispiel 10 sowie *Klein/Orlopp* 6 zu § 397 AO).

67 **Maßnahme iS des § 397 I AO** kann nur eine Handlung sein, die geeignet ist, dem Ziel der Bestrafung des Verdächtigen oder der Beseitigung des Verdachts näherzukommen (vgl. RG 59, 12 v. 2. 3. 1925; *Hellmann* aaO S. 260). Verfahrenseinleitende Wirkung hat daher eine Ermittlungsverfügung, mit der bestimmte Ermittlungsmaßnahmen angeordnet werden, nicht aber eine bloße Büroverfügung etwa nach folgendem Muster: „1. Strafakte gegen A anlegen. 2. Wv. 1 Woche." oder ein bloßer Aktenvermerk etwa folgenden

8. Verfahrenseinleitende Maßnahmen 68–76 § 397

Inhalts: „1. Das Strafverfahren gegen B wegen ESt-Hinterziehung wird eingeleitet, weil der Verdacht besteht, daß ... 2. Wv. nach Rechtskraft der berichtigten ESt-Bescheide für 1977–1980, spätestens 1. 2. 1985."; denn ein solcher Vermerk zielt nicht auf strafrechtliches Vorgehen ab, wie es § 397 I AO verlangt, sondern bekundet vielmehr die Absicht der Behörde, strafrechtliche Maßnahmen einstweilen zu unterlassen und das Ergebnis des Besteuerungsverfahrens abzuwarten. Selbst wenn diese Absicht nicht ausdrücklich hervorgehoben wird, kann ein Aktenvermerk das Erfordernis eines tatsächlichen Vorgehens nicht ersetzen (RG v. 2. 3. 1934, RStBl. 452; ebenso *Kohlmann* 16, Beispiel 13, zu § 397 AO).

Die strafrechtliche Zielsetzung ist ohne weiteres erkennbar:
a) bei Maßnahmen der Polizei (Rdnr. 23f.), der StA (Rdnr. 25f.), derjenigen Hilfsbeamten der StA, die der Finanzverwaltung nicht angehören (Rdnr. 27ff.) oder des Strafrichters (Rdnr. 32ff.), da diese Stellen im Besteuerungsverfahren nicht tätig werden; **68**

b) bei solchen Maßnahmen einer Finanzbehörde oder eines einzelnen Finanzbeamten, die nur für straf-(oder bußgeld-)rechtliche, nicht auch für steuerliche Zwecke zulässig sind. Dabei handelt es sich hauptsächlich um **69**
– die vorläufige Festnahme, insbes. einer schmuggelverdächtigen Person, gem. § 127 I oder II StPO iVm § 399 I, § 402 I oder § 404 S. 1 AO; **70**
– die körperliche Untersuchung eines Verdächtigen gem. § 81a StPO, zB auf verschlucktes oder in Körperhöhlen verborgenes Schmuggelgut; **71**
– die Beschlagnahme von Sachen, die als Beweismittel dienen sollen oder eingezogen werden können, gem. §§ 94ff. StPO, die Postbeschlagnahme gem. §§ 99ff. StPO und die Durchsuchung gem. §§ 102ff. StPO. **72**

Bei **Gefährdung des Untersuchungserfolges** durch Verzögerung (§ 81a II StPO) oder bei Gefahr im Verzuge (§ 98 I, § 1 I, § 105 I StPO) können die vorstehenden Maßnahmen auch durch die StA und ihre Hilfsbeamten und damit aufgrund § 399 I oder § 402 I AO auch durch die FinB oder aufgrund § 404 AO durch die Zoll- oder Steuerfahndung getroffen werden. Falls ein richterlicher Beschluß erforderlich ist, besteht die verfahrenseinleitende Maßnahme bereits in der Antragstellung (zutr. *Brenner* StBp 1977, 280). **73**

Eine **Notveräußerung** aufgrund § 111 I StPO kommt als verfahrenseinleitende Maßnahme nicht in Betracht, da sie voraussetzt, daß eine Sache, die zu verderben droht, bereits vorher sichergestellt oder beschlagnahmt war. **74**

Die **Abgabe der Steuerstrafsache an die StA** gem. § 386 IV 1 AO ist zur Einleitung des Strafverfahrens iS des § 397 I AO geeignet (glA *HHSp-Schick* 232 zu § 201 AO), falls sie unmittelbar aufgrund des ersten Verdachts vorgenommen wird. Regelmäßig ist es zweckmäßig, daß die FinB die Anhaltspunkte des Verdachts, mindestens in bezug auf die steuerlichen Gesichtspunkte, zunächst soweit erhellt, daß sie der StA ein steuerlich vorgeklärtes Bild von der Tat und ihren Folgen vermitteln kann (Rdnr. 28 zu 386 AO). Entsprechende Ermittlungsmaßnahmen mit erkennbar strafrechtlicher Zielsetzung haben dann die Einleitung des Strafverfahrens bereits bewirkt (Rdnr. 68ff.). **75**

Die Anforderung eines **Strafregisterauszuges** durch die FinB ist nur für strafrechtliche Zwecke zulässig (§ 39 I Nr. 4, IV BZRG). Sie hat verfahrens- **76** fördernde und daher auch verfahrenseinleitende Wirkung (Rdnr. 67), weil der Registerauszug stets der Aufklärung dient, ob der Verdächtige durch führere einschlägige Verurteilungen über seine steuerrechtlichen Pflichten oder über das Verbotensein eines bestimmten Verhaltens schon einmal nachdrücklich belehrt war.

77 **Andere Maßnahmen einer Finanzbehörde** lassen wegen der ihr im steuerlichen Interesse obliegenden Pflicht zur Ermittlung der Besteuerungsgrundlagen nicht ohne weiteres erkennen, ob sie (auch) strafrechtlichen oder (nur) steuerlichen Zwecken dienen sollen. Dies gilt insbesondere für **Befragungen des Stpfl,** solange sie nicht in eine Vernehmung übergehen und der Stpfl nicht nach § 136 I StPO belehrt wird, ferner für die Einholung von Auskünften dritter Personen (§ 93 AO) oder von Sachverständigengutachten (§ 96 AO), sofern diese nicht eine kriminalistische Fragestellung zum Gegenstand haben. Schließlich spricht die **Sicherstellung von Beweismitteln,** die der Stpfl bereitwillig herausgibt, nicht von selbst für eine Auswertung zu strafrechtlichen Zwecken, da es auch im Besteuerungsverfahren vorkommt, daß die zur Einsicht erbetenen Bücher, Aufzeichnungen, Geschäftspapiere oder andere Urkunden (§ 97 AO) an Amtsstelle ausgehändigt oder von einem Außenprüfer mitgenommen werden (§ 2 II AO). Solche (scheinbar) neutralen Ermittlungsmaßnahmen bewirken die Einleitung eines Straf-(oder Bußgeld-)verfahrens nach § 397 I AO nur dann, wenn zusätzliche äußere Anhaltspunkte die straf-(oder bußgeld-)rechtliche Zielsetzung erkennen lassen. Derartige Anhaltspunkte werden von der FinB gesetzt, wenn sie den Stpfl ausdrücklich darauf hinweist, daß gegen ihn der Verdacht einer Zuwiderhandlung gegen Steuergesetze bestehe und die verlangte Auskunft oder Unterlage (auch) der Aufklärung dieses Verdachts zu dienen bestimmt sei (§ 397 III AO), wenn eine Belehrung nach § 136 I StPO erfolgt, wenn die Herausgabe von Beweismitteln mit dem Hinweis erwirkt wird, daß die Sache bei einer Weigerung des Stpfl beschlagnahmt werden müsse oder wenn der straf-(oder bußgeld-)rechtliche Zweck, namentlich bei schriftlichen Auskunfts- oder Ermittlungsersuchen, aktenkundig gemacht wird (§ 397 II AO).

78 Ein strafrechtlicher **Vorbehalt in der Schlußbesprechung** einer Außenprüfung gem. § 201 II AO ist keine Maßnahme, durch die das Strafverfahren eingeleitet wird (glA *Klein/Orlopp* 6, *Koch/Scholtz/Himsel* 7, *Leise/Cratz* 28f zu § 397 AO, TK-*Tipke* 6 zu § 201 AO). Der Vorbehalt setzt voraus, daß noch in der Schlußbesprechung Zweifel bestehen, ob ein Straf- oder Bußgeldverfahren durchgeführt werden muß. Ein solcher Zweifel dürfte sich – bei gesetzmäßigem Verhalten des Prüfers nur noch auf die subjektiven Merkmale einer vorsätzlichen oder leichtfertigen Steuerverkürzung (§ 370 oder § 378 AO) beziehen. Die objektiven Merkmale einer Steuerverkürzung müßten nach Sinn und Zweck einer Schlußbesprechung bereits während der Prüfung aufgeklärt worden sein. Bleibt die steuerrechtliche Würdigung der festgestellten Tatsachen strittig, besteht aus subjektiven Gründen regelmäßig kein straf-(oder bußgeld-)rechtlicher Verdacht, es sei denn, daß die Rechtsauffassung des Stpfl abwegig ist und in Wahrheit nur verfochten wird, um

8. Verfahrenseinleitende Maßnahmen 79–81 § 397

dem Verdacht einer Zuwiderhandlung entgegenzuwirken. In einem solchen Fall hätte vor der Schlußbesprechung zumindest das Bußgeldverfahren wegen einer Steuerordnungswidrigkeit nach § 378 AO eingeleitet werden müssen, da das Verschweigen steuererheblicher Tatsachen, die nur von einem abwegigen Rechtsstandpunkt aus unerheblich erscheinen, mindestens den Verdacht einer leichtfertigen Handlungsweise begründet (Rdnr. 32 u. 42 zu § 378 AO). Allerdings ist eine Rechtsauffassung nicht schon dann abwegig, wenn sie von dem Rechtsstandpunkt der FinB abweicht.

Im **Bereich der Zollverwaltung** bedeutet das Anhalten einer Person im 79 Zollgrenzbezirk zu Kontrollzwecken (§ 10 ZollGV) noch keine Einleitung des Straf-(oder Bußgeld-)verfahrens (in der Kürze mißverständlich *Bender* Tz. 11), wohl aber das Festhalten einer schmuggelverdächtigen Person, die sich der Kontrolle entziehen oder nach Entdeckung der Tat flüchten will; hier kann bereits der Zuruf „Karo, faß!" an den Zollhund die Einleitung des Verfahrens bewirken. Bei den Maßnahmen der Steueraufsicht nach den §§ 209 ff. AO ergeben sich die gleichen Abgrenzungsschwierigkeiten wie bei der steuerlichen Betriebsprüfung (Rdnr. 77 f.).

Welche von mehreren möglichen Maßnahmen die Behörde zuerst 80 **trifft, um den Verdacht aufzuklären,** ist für die verfahrenseinleitende Wirkung unerheblich. Die **Wahl des Mittels** steht nicht im unbeschränkten Belieben der Behörde. Abgesehen von besonderen gesetzlichen Voraussetzungen einzelner Maßnahmen, zB „Gefahr im Verzug" (vgl. § 98 I, § 1 I, § 105 I StPO usw.), muß nach dem allgemeinen Rechtsgrundsatz der Verhältnismäßigkeit auch im Strafverfahren stets abgewogen werden, ob der beabsichtigte Eingriff dem Gewicht der Straftat angemessen ist und ob nicht andere, weniger einschneidende Mittel zur Verfügung stehen (BVerfG 16, 194, 202 v. 10. 6. 1963, 17, 108, 117 v. 25. 7. 1963 u. 47, 239, 249 zu § 81a StPO; 32, 373, 379 v. 8. 3. 1972 u. 44, 353, 372 v. 24. 5. 1977 u. v. 13. 12. 1994, wistra 1995, 139 zu Beschlagnahmen sowie 20, 162, 187 v. 5. 8. 1966 zu Durchsuchungen). Verneint wurden Grundrechtsverletzungen durch Einsicht in Geschäftspapiere für ein Bußgeldverfahren (BVerfG 55, 144, 151 v. 22. 10. 1980).

Ob ein **Vergreifen bei der Wahl des Mittels** die Unzulässigkeit der Er- 81 mittlungsmaßnahme zur Folge hat, ist str. (bejahend *Kleinknecht/Meyer-Goßner* Einl 20–22, KMR-*Müller* 22 ff., verneinend *EbSchmidt* II 21 zu § 112 StPO). Selbst wenn eine Maßnahme nachträglich als unzulässig beurteilt wird, kann der durch sie bewirkte Beginn des Strafverfahrens nicht als ungeschehen angesehen werden (Rdnr. 7). In Betracht kommen aber uU Entschädigungsansprüche gem. § 2 I, II Nr. 4 StrEG v. 8. 3. 1971 (BGBl. I 157), zuletzt geänd. durch G v. 9. 12. 1974 (BGBl. I 3393), zB wenn einem Kaufmann durch Beschlagnahme der gesamten Buchführung der Überblick über seine Debitoren entzogen und der Einzug fälliger Forderungen unmöglich gemacht wird.

9. Zeitpunkt der Einleitung

82 **Der Wortlaut des § 397 I AO:** „... ist eingeleitet, sobald" sagt eindeutig, daß die Rechtsfolge der Einleitung des Verfahrens in demselben Zeitpunkt eintritt, in dem eine funktionell zuständige Stelle (Rdnr. 12 ff.) gegen jemanden straf-(oder bußgeld-)rechtlich vorgeht. Unerheblich ist, wie lange die Behörde eine verfahrenseinleitende Maßnahme erwogen hat und wieviel Zeit verstrichen ist, bevor sie ihren Entschluß zum Einschreiten in die Tat umgesetzt hat. Andererseits wird die Rechtsfolge der Einleitung nicht dadurch hinausgeschoben, daß die verfahrenseinleitende Maßnahme entgegen § 397 II AO nicht unverzüglich aktenkundig gemacht wird (stRspr des RG zu § 410 IV, § 441 II RAO 1931, vgl. RG 68, 105 v. 2. 3. 1934; v. 25. 11. 1935, RStBl. 15; v. 12. 2. 1940, RStBl. 314; *Schuhmann* wistra 1992, 293).

83 **Da ein strafrechtliches Vorgehen regelmäßig aus mehreren Schritten besteht,** falls sich der Verdacht nicht bereits nach der ersten Maßnahme wieder auflöst, muß aus diesem Zweck des § 397 AO (Rdnr. 2 ff.) abgeleitet werden, daß **nur der erste Schritt,** die erste strafrechtliche Untersuchungshandlung (*Terstegen* S. 193), der erste „Aufgriff einer Sache" (*Ahrens* StWA 1955, 103 f.) die Einleitung bewirkt. Jede weitere Ermittlungsmaßnahme kann in derselben Sache verfahrenseinleitende Wirkung nur noch entfalten, wenn sie die erste Maßnahme gegen eine bisher unverdächtige Person ist. Erstreckt sich der Anfangsverdacht im Verlauf der Ermittlungen von der zunächst verdächtigen Person auf eine andere oder auf weitere Personen, kann in derselben Sache das Straf-(oder Bußgeld-)verfahren gegen jeden von mehreren Beschuldigten zu einem anderen Zeitpunkt eingeleitet worden sein.

84 **Gegen jeden einzelnen Verdächtigen** kann das Straf-(oder Bußgeld-)verfahren wegen derselben Tat nur einmal eingeleitet werden. Veranlaßt das HZA A gegen den Verdächtigen V eine verfahrenseinleitende Maßnahme am 1. Februar und unabhängig davon das HZA B gegen V wegen desselben Sachverhalts am 1. März, so ist das Verfahren gegen V (nur) am 1. Februar eingeleitet. Die spätere Maßnahme des HZA B ist als solche wirksam, konnte aber keine verfahrenseinleitende Wirkung mehr entfalten. Mißverständlich ist der Wortlaut des § 390 I AO, sofern die Vorschrift davon spricht, daß eine FinB wegen der Tat „zuerst ein Strafverfahren eingeleitet hat".

85 Ist ein Strafverfahren eingestellt worden, ohne daß dadurch – wie im Falle des § 153 I StPO – die Strafklage verbraucht ist, kann es wegen derselben Tat nur durch eine **neue Maßnahme** iS des § 397 I AO wieder in Gang gesetzt werden. Dies gilt sowohl nach Einstellungen der jeweiligen Strafverfolgungsbehörde mangels Tatverdachts gem. § 170 II StPO, wegen Geringfügigkeit gem. § 153 StP oder § 398 AO oder wegen Nebensächlichkeit der Steuerstraftat oder der Gesetzesverletzung gem. § 154 I oder § 154a I StPO oder bei einem Absehen von der Strafverfolgung wegen Nötigung oder Erpressung gem. § 154c StPO wie auch nach Gerichtsbeschlüssen in den Fällen des § 154 II, § 154a II; § 199 I, § 105 S. 1, § 206a I oder des § 207 II StPO.

10. Aktenvermerk nach § 397 II AO

Aus der Trennung der Definition in § 397 I AO von der Vorschrift in § 397 II AO, daß die Einleitung aktenkundig gemacht werden muß, ergibt sich, daß der Aktenvermerk **kein Merkmal der Einleitung** des Straf-(oder Bußgeld-)verfahrens ist. Der Vermerk hat keine konstitutive Wirkung, sondern nur deklaratorische Bedeutung (*HHSp-Hübner* 43, *Klein/Orlopp* 7, *Koch/Scholtz/Himsel* 16, *Kohlmann* 22, *Kühn/Hofmann* 3, *Leise/Cratz* 45 u. *Schwarz/Dumke* 5 zu § 397 AO, *Blesinger*, wistra 1994, 48; *Schuhmann* wistra 1992, 1993). Dies gilt auch in Fällen, in denen die verfahrenseinleitende Maßnahme äußerlich indifferent erscheint (aM insoweit *Terstegen* S. 124) denn auch hier ist die Rechtsfolge der Einleitung bereits im Zeitpunkt der ersten Ermittlungsmaßnahme eingetreten (Rdnr. 83). Indessen kann der Vermerk die strafrechtliche Zielrichtung klären (Rdnr. 7). 86

Die **rechtsklärende Funktion des Aktenvermerks** ist bedeutsam bei den scheinbar indifferenten Maßnahmen, die ihrer Art nach auch bei der Ermittlung der Besteuerungsgrundlagen allein für steuerliche Zwecke dienen können und nicht den Stempel der strafrechtlichen Zielsetzung an sich tragen (Rdnr. 77 u. 79). Der Aktenvermerk sichert die Abgrenzung und Beweisführung in bezug auf den verdachtsbefangenen Sachverhalt, die Person des Verdächtigen und den Zeitpunkt der verfahrenseinleitenden Maßnahme im Hinblick auf § 397 III iVm § 393 I AO sowie im Hinblick auf § 371 II Nr. 2 und § 376 AO. 87

Der Zweck der **Beweissicherung ist nur gewährleistet,** wenn die verfahrenseinleitende Maßnahme unter Angabe des Zeitpunktes „unverzüglich" vermerkt wird. Unverzüglich heißt auch hier „ohne schuldhaftes Zögern" (§ 121 I 1 BGB). Schuldhaftes Zögern liegt nicht vor, wenn der Beamte, der eine verfahrenseinleitende Maßnahme im Außendienst getroffen hat, den Vermerk erst fertigt, sobald er zu seiner Behörde zurückgekehrt ist; es ist jedoch gegeben, wenn ein Betriebsprüfer eine während der Prüfung getroffene Maßnahme mit strafrechtlicher Zielsetzung erst nach Tagen, Wochen oder Monaten in einer Anlage zum Prüfungsbericht erwähnt, da die in der Zwischenzeit mögliche Unklarheit über den (nur) steuerlichen oder (auch) strafrechtlichen Zweck der Maßnahme durch § 397 II AO gerade vermieden werden soll. 88

Ein **Verstoß gegen § 397 II AO** hat keine verfahrensrechtlichen Folgen. Trotz der zwingenden Form der Gesetzesfassung handelt es sich in Wahrheit um eine Sollvorschrift, deren Bedeutung nur der Wichtigkeit der Folgen wegen, die an die Einleitung des Straf-(oder Bußgeld-)verfahrens anknüpfen, stärker als üblich betont worden ist. 89

Der **Inhalt des Aktenvermerks** ist durch Rechtsvorschriften nicht geregelt. Der rechtsklärende Zweck des § 397 II AO (Rdnr. 83) verlangt, in dem Vermerk die Richtung und den Umfang der Untersuchung so genau zu kennzeichnen, wie es am Anfang der Ermittlungen nach dem Entstehen des Verdachts möglich ist (RG v. 12. 2. 1940, RStBl. 314). Vor allem ist der geschichtliche Vorgang, der den Anschein einer mit Strafe oder Geldbuße 90 bedrohten Zuwiderhandlung hervorgerufen hat, kurz darzustellen, damit die Rechtswirkungen der Einleitung abgegrenzt werden können. Soweit möglich sind auch Angaben über die Tatverdächtigen, gegen die sich die Ermittlungen richten, zu machen. Nicht erforderlich ist es, in dem Vermerk die Tat rechtlich genau zu qualifizieren und/oder bereits das verletzte Gesetz zu bezeichnen (*Kohlmann* 22 u. *Leise/Cratz* 49 zu § 397 AO; *Schuhmann* wistra 1992, 293). Der formelhafte Satz: „Gegen A wird das Strafverfahren wegen Steuerhinterziehung, strafbar nach § 370 AO, eingeleitet" erfüllt weder die Merkmale des § 397 I AO (Rdnr. 67) noch die Anforderungen des § 397 II AO; ein formelhafter Text unterbricht die Verjährung nicht (Rdnr. 95, 101).

91 Ein **Nachtragsvermerk** ist erforderlich, wenn die Ermittlungen im Verlauf des Verfahrens auf weitere Verdächtige oder auf weitere Taten desselben Beschuldigten ausgedehnt werden (HHSp-*Hübner* 42 zu § 397 AO s. auch Rdnr. 83 f.).

92 Die **Form des Aktenvermerks** ist ebenfalls nicht näher geregelt. Den Zweck des § 397 II AO (Rdnr. 87) erfüllt jeder Vermerk eines Beamten, der die verfahrenseinleitende Maßnahme bewirkt hat oder an ihrer Durchführung beteiligt war (glA HHSp-*Hübner* 45 zu § 397 AO; *Naumann* S. 423; *Kretzschmar* StBp 1983, 266). Der Vermerk braucht nicht vom Behörden-Vorsteher oder seinem Vertreter unterzeichnet zu werden, da er keine Willenserklärung zum Gegenstand hat, sondern nur Tatsachen bekundet. Demgemäß ist es auch unerheblich, ob der Beamte den Vermerk mit vollem Namen oder nur mit seiner Paraphe zeichnet (RG v. 13. 2. 1940, RStBl. 40). Andererseits ist eine Maßnahme aber nur und erst dann in den Akten vermerkt, sobald der Vermerk den Akten der Behörde beigefügt ist; ein Vermerk in den Handakten eines Außenprüfers, über die der Prüfer nach Belieben verfügen kann, genügt nicht.

11. Bekanntgabe an den Beschuldigten nach § 397 III AO

Schrifttum: *Teske*, Die Bekanntgabe der Einleitung eines Straf- und Bußgeldverfahrens (§ 371 Abs. 2 Nr. 1b AO) durch Durchsuchungsbeschlüsse, wistra 1988, 287; *Schuhmann*, Zur Bekanntgabe der Einleitnug eines Straf- und Bußgeldverfahrens nach der Abgabenordnung, wistra 1992, 293.

93 Die **Pflicht,** die Einleitung des Strafverfahrens dem Beschuldigten **mitzuteilen,** dient seinem Schutz vor einer Selbstbezichtigung (Rdnr. 6) anläßlich einer Ermittlungsmaßnahme, die äußerlich indifferent ist (Rdnr. 77 u. 79) oder die zwar eindeutig strafrechtlicher Natur ist (Rdnr. 6 ff.), aber den Gegenstand und die Grenzen des Verdachts nicht erkennen läßt. Wer von der FinB aufgefordert wird, Tatsachen darzulegen oder Unterlagen vorzulegen, darf nicht im unklaren darüber gelassen werden, daß er als Beschuldigter im Strafverfahren, nicht als Stpfl im Besteuerungsverfahren ansprochen wird. Zu diesem Zweck ergänzt § 397 III AO einerseits § 393 I 4 AO, andererseits die §§ 136, 136a StPO (krit. HHSp-*Hübner* 47 zu § 397 AO „förmlich und sachlich mißglückt"). Überflüssig ist die Vorschrift schon deshalb nicht,

weil sie auch in einem parallel laufenden Besteuerungsverfahren gilt (*Koch/ Scholtz/Himsel* 17 u. *Schwarz/Dumke* 8 zu § 397 AO); überdies schafft sie Klarheit für den Ausschluß einer strafbefreienden Selbstanzeige nach § 371 II Nr. 1 b AO (Rdnr. 99).

Zur Mitteilung verpflichtet ist diejenige Stelle, die den Beschuldigten zu Offenbarungen auffordert – unabhängig davon, ob sie selbst oder eine andere Stelle das Strafverfahren eingeleitet hat. Falls die verfahrenseinleitende Stelle, zB die Kripo oder die StA, den Beschuldigten bereits über den gegen ihn bestehenden Verdacht unterrichtet hat, ist eine nochmalige Mitteilung durch die FinB, die den Beschuldigten zur Darlegung von Tatsachen oder zur Vorlage von Unterlagen auffordert, nicht erforderlich. 94

Für **Form und Inhalt der Mitteilung** nach § 397 III AO gelten die Erläuterungen in Rdnr. 165 ff. zu § 371 II Nr. 1 b AO entsprechend. Mitzuteilen ist die Tatsache der Einleitung des Straf-(oder Bußgeld-)verfahrens mit einer Beschreibung der Tat (Rdnr. 100 ff. zu § 371 AO), die erkennen lassen muß, um welchen Tatkomplex es geht (*Schuhmann* wistra 1992, 293), damit Abgrenzungsschwierigkeiten im Hinblick auf die Folgen der Einleitung möglichst vermieden werden. Die Rechtsfolgen der Bekanntgabe der Einleitung können nur dann eintreten, wenn der Beschuldigte durch den Inhalt der Bekanntgabe über die Tat, deren er verdächtigt wird, „*ins Bild gesetzt wird*" (BGH 30, 215 v. 6. 10. 1981; OLG Hamburg v. 24. 3. 1987, wistra 1987, 189; *Marx* wistra 1987, 207). Ein hektographiertes Schreiben, in dem lediglich pauschale und zeitlich nicht präzisierte Vorwürfe gemacht werden, genügt diesen Anforderungen nicht (OLG Hamburg v. 24. 3. 1987, wistra 1987, 189; BayObLG v. 26. 10. 1987, wistra 1988, 81; aA *Weyand* wistra 1987, 283). Jedenfalls seit Aufgabe des Rechtsinstituts des Fortsetzungszusammenhangs (Rdnr. 112 ff. zu § 369 AO bedarf es der Angabe, welche Steuer in welchem Veranlagungszeitraum durch welche Handlung hinterzogen worden sein soll (ebenso *Schuhmann* wistra 1992, 293). Die Angabe der Steuern und Steuerabschnitte in der Einleitungsermittlung ist auch bedeutsam für die Frage, ob und ggf. in welchem Umfang noch eine Selbstanzeige möglich ist. Nicht mitgeteilt zu werden braucht die verfahrenseinleitende Maßnahme (Schwarz/*Dumke* 48 zu § 397 AO). Obwohl § 397 III AO keine Schriftform vorschreibt, wird eine bloße mündliche Erklärung eines Amtsträgers aus rechtsstaatlichen Gründen regelmäßig nicht genügen (aA *Schwarz/ Dumke* 50 zu § 397 AO), wohl aber eindeutige Amtshandlungen wie zB Vernehmungen (vgl. § 136 StPO), Verhaftung und vorläufige Festnahme sowie Durchsuchung und Beschlagnahme (*Schuhmann* wistra 1992, 203). 95

Adressat einer Mitteilung nach § 397 III AO ist nur der Beschuldigte selbst, nicht etwa – wie im Falle des § 371 II Nr. 1 b AO – ein Vertreter des Beschuldigten. § 397 III AO setzt voraus, daß der Beschuldigte persönlich aufgefordert wird, Tatsachen darzulegen oder Unterlagen vorzulegen, die im Zusammenhang mit der Straftat stehen. Ist der Beschuldigte nicht erreichbar oder nicht ansprechbar (Rdnr. 105 zu § 371 AO), kann er auch nicht Adressat einer Aufforderung sein, durch deren Erfüllung er sich selbst belasten könnte. 96

97 Das Wort „spätestens" bedeutet, daß die Einleitung des Strafverfahrens dem Beschuldigten so früh mitgeteilt werden soll, wie dies ohne Gefährdung des Untersuchungszwecks möglich ist (*Barske/Gapp* S. 108; *Störter* BB 1965, 1344; *Koch/Scholtz/Himsel* 18 zu ä § 397 AO). Eine unverzügliche Mitteilung ist weder im allgemeinen Strafverfahren noch im Steuerstrafverfahren geboten (*Terstegen* S. 197). Sie läge auch nicht im Interesse des Beschuldigten, da sich der Verdacht einer Zuwiderhandlung gegen Steuergesetze bereits nach der ersten Ermittlungsmaßnahme ohne seine Mitwirkung wieder auflösen kann. In einem solchen Fall kann dem Beschuldigten die mit einer Bekanntgabe der Einleitung eines Strafverfahrens verbunden psychische Belastung erspart werden (glA *Klein/Orlopp* 8, *Koch/Scholtz/Himsel* 18, *Kohlmann* 23, *Leise/Cratz* zu § 397 AO). Andererseits darf die Zurückhaltung nicht dazu führen, daß sich der Betroffene in Unkenntnis der strafrechtlichen Vorwürfe selbst belastet (Rdnr. 6).

98 **Ein Verstoß der Finanzbehörde gegen § 397 III AO** hat regelmäßig ein **Verwertungsverbot** zur Folge (Rdnr. 43 ff., 5 zu § 393).

12. Rechtsfolgen der Einleitung

a) Änderung der Rechtsstellung des Verdächtigen

99 **Im Zeitpunkt der Einleitung des Strafverfahrens** (Rdnr. 82 ff.) **ändert sich die Rechtsstellung des Verdächtigen:** er bleibt zwar Steuerpflichtiger iS des § 33 AO, wird aber auch Beschuldigter iS der StPO und der Vorschriften des 8. Teils der AO. Seine Pflichten zur Abgabe von Steuererklärungen gem. §§ 149 ff. AO und die Mitwirkungspflichten gem. §§ 93 ff. AO treten zurück, soweit der straf-(oder bußgeld-)rechtliche Verdacht reicht (Rdnr. 38 ff.). Als Beschuldigter steht es ihm frei, sich „zu der Beschuldigung zu äußern oder nicht zur Sache auszusagen" (§ 136 I 2 StPO). Die FinB darf ihn zwar auffordern, „*Tatsachen darzulegen oder Unterlagen vorzulegen, die im Zusammenhang mit der Straftat stehen, derer er verdächtigt ist*" (arg. § 397 III AO), muß ihm jedoch spätestens gleichzeitig die Einleitung des Straf-(oder Bußgeld-)verfahrens mitteilen (Rdnr. 97) und ihn gem. § 163a III, IV iVm § 136 I 2, 3 StPO belehren. Steuerrechtliche Zwangsmittel (§§ 328 ff. AO) sind unzulässig, soweit das Straf-(oder Bußgeld-)verfahren eingeleitet worden ist (§ 393 I AO).

100 Bei der **Abgrenzung der Reichweite des Verdachts** und einer dementsprechenden Einleitung des Straf-(oder Bußgeld-)verfahrens ist von derjenigen Handlung oder Unterlassung auszugehen, auf die sich die verdachtsbegründenden Anhaltspunkte beziehen. Die im Besteuerungsverfahren bei laufenden Steuern, zB ESt, KSt, GewSt, USt, im Gegensatz zu einmaligen Steuern, zB ErbSt oder GrESt, übliche Abgrenzung nach Steuerarten und Steuerabschnitten ist aus strafrechtlichem Blickwinkel teils zu eng, teils zu weit (Rdnr. 175 zu § 371 AO).

12. Rechtsfolgen der Einleitung

b) Ausschluß der Selbstanzeige

Die strafbefreiende Wirkung einer Selbstanzeige wird gem. § 371 II **101** Nr. 1 b AO nicht ohne weiteres schon im Zeitpunkt der Einleitung des Straf- (oder Bußgeld-)verfahrens ausgeschlossen, sondern erst dann, wenn dem Täter oder seinem Vertreter (Rdnr. 105 zu § 371 AO) die Einleitung bekanntgegeben worden ist. Auch zwischen der Entdeckung der Tat durch die FinB, einer daraufhin vollzogenen Einleitung des Verfahrens und dem Ausschluß der Straffreiheit gem. § 371 II Nr. 2 AO besteht kein unmittelbarer zeitlicher Zusammenhang, weil diese Sperrvorschrift nicht an die Entdeckung anknüpft, sondern darauf abstellt, ob der Täter im Zeitpunkt seiner Selbstanzeige etwas von der Entdeckung wußte oder damit rechnen mußte, daß die Tat bereits entdeckt war. Freilich können die Einleitung des Verfahrens und ihre Bekanntgabe mit dem Wissen des Täters von der Entdeckung seiner Tat zusammenfallen, zB bei der vorläufigen Festnahme eines Schmugglers. Eine nach der Bekanntgabe der Einleitung des Verfahrens oder in Kenntnis der Entdeckung der Tat erstattete Selbstanzeige wirkt wie ein Geständnis, das nur noch strafmildernd berücksichtigt werden kann.

c) Unterbrechung der Verfolgungsverjährung

Durch die Bekanntgabe der Einleitung des Ermittlungsverfahrens (Rdnr. **102** 93 ff. zu § 371 AO u. 25 zu § 376 AO) wird gem. § 78 c I Nr. 1 StGB iVm § 369 II AO die Verjährung der Verfolgung einer Steuerstraftat und gem. § 33 I Nr. 1 OWiG iVm § 377 II AO die Verjährung der Verfolgung einer Steuerordnungswidrigkeit unterbrochen. Darüber hinaus bestimmt § 376 AO, daß die Verjährung der Verfolgung einer Steuerstraftat auch dadurch unterbrochen wird, daß dem Beschuldigten die Einleitung des Bußgeldverfahrens bekanntgegeben wird. Das Gesetz sieht keine Form für die Bekanntgabe der Einleitung vor (Rdnr. 95). Sie kann daher grundsätzlich auch mündlich erfolgen (aA *Schuhmann* wistra 1992, 293), wenngleich sich auch Schriftform im Interesse der Rechtssicherheit empfiehlt (vgl. *Schäfer, Dünnebier*-F 541 ff., 554). Eine schlüssige Bekanntgabe hat nur dann verjährungsunterbrechende Wirkung, wenn der Beschuldigte weiß, welche Tat ihm vorgeworfen wird (OLG Hamburg v. 24. 3. 1987, wistra 189; *Marx* wistra 1987, 207; aA *Weyand* wistra 1987, 283). Auch die Anordnung der Bekanntgabe, die der tatsächlichen Bekanntgabe gleichsteht, muß auf eine Bekanntgabe mit dem oben dargelegten Inhalt gerichtet sein (BayObLG v. 26. 10. 1987, wistra 1988, 81 u. v. 12. 1. 1990, wistra 189).

d) Einleitung und Zuständigkeit der Finanzbehörde

Durch den Zeitpunkt der Einleitung (Rdnr. 82 ff.) wird die **örtliche Zu- 103 ständigkeit der FinB** für das strafrechtliche Ermittlungsverfahren festgelegt, sofern § 388 I Nr. 2 AO an die Zuständigkeit für die Abgabeangelegenheit, § 388 I Nr. 3 AO an den Wohnsitz des Beschuldigten oder § 388 III AO ersatzweise an den gewöhnlichen Aufenthaltsort des Beschuldigten an-

§ 397   104–106   Einleitung des Strafverfahrens

knüpft. Dasselbe gilt gem. § 410 I Nr. 1 AO für die örtliche Zuständigkeit der FinB im Bußgeldverfahren.

104 **Welche Finanzbehörde** in welchem Zeitpunkt das Straf- (oder Bußgeld-)-verfahren eingeleitet hat, ist nach § 390 I AO grundsätzlich maßgebend für den Vorrang einer Behörde bei sachlicher oder örtlicher Zuständigkeit mehrerer FinB oder mehrerer FinB für zusammenhängende Straf- oder Bußgeldsachen nach den §§ 387ff. AO (Rdnr. 2ff. zu § 390 AO).

e) Förmlicher Abschluß des Strafverfahrens

105 Jede Einleitung eines Strafverfahrens iS des § 397 I AO erfordert einen **förmlichen Verfahrensabschluß,** falls nicht der Beschuldigte verstorben (glA BGH v. 9. 11. 1982, NJW 1983, 463 mwN; *Kleinknecht/Meyer-Goßner* 8 u. *KMR-Paulus* 64ff. zu § 206a StPO; aM *LRRieß* 53ff. zu § 2a u. *KK-Wache/ Schmid* 15 zu § 170 StPO) oder für tot erklärt worden ist (OLG Hamm v. 16. 6. 1977, NJW 1978, 177) oder die Verfolgung der Zuwiderhandlung verjährt ist (Rdnr. 2ff. zu § 376 AO). Ist dem Beschuldigten die Einleitung des Strafverfahrens gem. § 397 III AO mitgeteilt worden, muß ihm auch die Einstellung des Ermittlungsverfahrens mitgeteilt werden; dies ist insbes. vorgeschrieben, wenn er als Beschuldigter vernommen worden ist (vgl. § 170 II 2 StPO). Die Gründe sind nach ASB 75 II (Anh) auf Antrag insoweit mitzuteilen, als kein schutzwürdiges Interesse (staatliche oder private Geheimnisse, weitere Ermittlungen gegen andere Personen) entgegensteht. Eine Mitteilungspflicht besteht nach ASB 75 II auch dann, wenn sich herausgestellt hat, daß der Beschuldigte unschuldig ist oder daß gegen ihn kein begründeter Verdacht mehr besteht.

106 **Förmlich abgeschlossen** wird ein Steuerstrafverfahren
durch Einstellung mangels Tatverdachts gem. § 170 II 1 StPO von der FinB oder StA ohne Zustimmung des Gerichts; durch Einstellung wegen Geringfügigkeit in den Fällen und unter den Voraussetzungen des § 398 AO durch die StA ohne Zustimmung des Gerichts;
durch Einstellung wegen Geringfügigkeit in anderen Fällen und/oder unter den allgemeinen Voraussetzungen des § 153 I StPO durch die FinB oder StA jeweils mit Zustimmung des Gerichts (bei *„geringen Folgen"* ohne Zustimmung des Gerichts gem. § 153 I 2 StPO, vgl. auch Rdnr. 6 zu § 398 AO);
durch Einstellung unter Auflagen und Weisungen der FinB oder StA gem. § 153a I StPO mit Zustimmung des Gerichts (bei *„geringen Folgen"* ohne Zustimmung des Gerichts gem. § 153a I 6 StPO, vgl. auch Rdnr. 6 zu § 398 AO);
durch Absehen von der Verfolgung von Auslandstaten durch die FinB oder StA gem. § 153c I StPO ohne Zustimmung des Gerichts;
durch Absehen von der Verfolgung einer nebensächlichen Steuerstraftat gem. § 154 I StPO durch die FinB oder StA ohne Zustimmung gem. § 154 I StPO durch die FinB oder StA ohne Zustimmung des Gerichts;
durch Beschränkung der Strafverfolgung auf andere Teile einer Tat oder andere Gesetzesverletzungen gem. § 154a I StPO durch die FinB oder StA ohne Zustimmung des Gerichts;

12. Rechtsfolgen der Einleitung 107, 108 § 397

durch Absehen von der Verfolgung einer Steuerstraftat durch die FinB oder StA ohne Zustimmung des Gerichts gem. § 154c StPO wegen Nötigung (§ 240 StGB) oder Erpressung (§ 253 StGB);

durch Beschluß des Gerichts, das Hauptverfahren wegen einer Steuerstraftat aus tatsächlichen oder rechtlichen Gründen (§ 204 I StPO) oder mit Rücksicht auf andere Taten oder Gesetzesverletzungen (§ 207 II StPO) oder wegen längerer Abwesenheit oder Verhandlungsunfähigkeit des Angeschuldigten (§ 205 S. 1 StPO) nicht zu eröffnen;

durch Beschluß oder Urteil des Gerichts, das Hauptverfahren wegen Geringfügigkeit (§ 153 II, § 153a II StPO) oder wegen Nebensächlichkeit auf Antrag der StA (§ 154 II StPO) oder bei Beschränkung der Strafverfolgung mit Zustimmung der StA (§ 154a II StPO) einzustellen durch Beschluß des Gerichts, das Hauptverfahren wegen eines Verfahrenshindernisses (§ 206a I StPO) einzustellen;

durch Urteil des Gerichts (§ 260 I StPO);

durch Strafbefehl des Gerichts (§ 408 I 2 StPO), gegen den ein form- und fristgerechter Einspruch nicht eingelegt wird. Hat der Richter Bedenken, Strafbefehl zu erlassen, muß er Hauptverhandlung anberaumen, wenn die StA auf ihrem Antrag oder dem Antrag der FinB (§ 4 AO) beharrt (§ 408 II 1 StPO).

f) Wechselwirkung zwischen der Einleitung eines Straf- oder Bußgeldverfahrens

Da sich am Anfang der Ermittlungen wegen des Verdachts einer Zuwiderhandlung gegen Steuergesetze oft noch nicht übersehen läßt, ob die Tat nach Abschluß der Ermittlungen als Steuerstraftat oder als Steuerordnungswidrigkeit zu beurteilen sein wird (Rdnr. 52), geht das Gesetz davon aus, daß sich die Wirkungen der Einleitung des Verfahrens auf die Tat im verfahrensrechtlichen Sinne bezieht, nicht etwa auch auf ihre jeweilige, womöglich mehrfach wechselnde rechtliche Einordnung als Straftat oder Ordnungswidrigkeit. Dies folgt nicht schon aus § 410 I Nr. 6 AO, aber auch aus § 371 II Nr. 2b und aus § 378 III AO, die ausdrücklich von der Einleitung des *„Straf- oder Bußgeldverfahrens"* sprechen. Insbesondere wäre die Bekanntgabe der Einleitung des Bußgeldverfahrens in § 371 II Nr. 2b AO – da § 371 AO nur die Selbstanzeige einer Straftat nach § 370 AO regelt – nicht erwähnt worden, wenn nicht bereits die Bekanntgabe der Einleitung des Bußgeldverfahrens wegen einer Zuwiderhandlung nach § 378 AO, die sich erst später als Steuerhinterziehung erweist, die strafbefreiende Wirkung einer Selbstanzeige ausschließen sollte. Ebenso wird umgekehrt durch die Einleitung des Strafverfahrens wegen einer Tat, die anfangs als Straftat nach § 370 AO angesehen wurde, die Verjährung der Verfolgung als Steuerordnungswidrigkeit auch unterbrochen, wenn sich im weiteren Verlauf des Verfahrens herausstellt, daß sie nur als leichtfertige Steuerverkürzung nach § 378 AO geahndet werden kann. 107

Ergibt sich **nachträglich der Verdacht einer Steuerstraftat,** so wird ein zunächst wegen des Verdachts einer Steuerordnungswidrigkeit eingeleitetes 108

Verfahren (§ 410 I Nr. 6, § 397 I AO) in ein Steuerstrafverfahren übergeleitet. Das geschieht mit der ersten auf strafrechtliche Verfolgung zielenden Maßnahme (HHSp-*Hübner* 21, *Koch/Scholtz/Himsel* 5 zu § 397 AO; aM Vorauflage).

109 Die **Wahl der Ermittlungsmaßnahme** bestimmt die Rechtsnatur des Verfahrens, sofern die gewählte Maßnahme nur im Strafverfahren zulässig ist. Ist die Maßnahme in beiderlei Verfahren zulässig, wird der Erkenntnisstand der einleitenden Stelle hinsichtlich des subjektiven Tatbestandes einer Steuerverkürzung im Aktenvermerk nach § 397 II AO festgehalten. In Zweifelsfällen braucht eine Festlegung noch nicht zu erfolgen, weil die wesentlichen Folgen der Einleitung (vgl. § 371 II Nr. 1 b u. § 393 I, ggf. iVm § 410 I Nr. 4 AO) in beiderlei Verfahren dieselben sind.

§ 398 Einstellung wegen Geringfügigkeit

¹Die Staatsanwaltschaft kann von der Verfolgung einer Steuerhinterziehung, bei der nur eine geringwertige Steuerverkürzung eingetreten ist oder nur geringwertige Steuervorteile erlangt sind, auch ohne Zustimmung des für die Eröffnung des Hauptverfahrens zuständigen Gerichts absehen, wenn die Schuld des Täters als gering anzusehen wäre und kein öffentliches Interesse an der Verfolgung besteht. ²Dies gilt für das Verfahren wegen einer Steuerhehlerei nach § 374 und einer Begünstigung einer Person, die eine der in § 375 Abs. 1 Nr. 1 bis 3 genannten Taten begangen hat, entsprechend.

Vgl. §§ 153, 153a StPO; § 47 OWiG; §§ 45–47 JGG.

Schrifttum: *Mattern*, Legalitätsprinzip und Verfolgung von Steuervergehen, DStZ 1956, 92; *Fuchs*, § 153 Abs. 2 und 3 StPO im Verwaltungs-Steuerstrafverfahren, NJW 1957, 213; *Lohmeyer*, Die Einstellung des Verwaltungs-Steuerstrafverfahrens nach § 477 Abs. 2 AO und § 153 StPO, NJW 1960, 183; *ders.*, Einstellung des Steuerstrafverfahrens wegen Geringfügigkeit, FR 1961, 393; *ders.*, Zur Einschränkung des Legalitätsprinzips im Steuerstrafrecht, Inf 1963, 167; *ders.*, Einstellung eines Steuerstrafverfahrens wegen Geringfügigkeit, StB 1964, 85; *Meyer-Goldau*, Der Begriff der „geringen Schuld" im § 153 der StPO, jur. Diss. Kiel 1972; *Henneberg*, Zur Reform des Steuerstraf- und Ordnungswidrigkeitenrechts durch das Einführungsgesetz zum Strafgesetzbuch, BB 1974, 705; *Eckl*, Neue Verfahrensweisen zur Behandlung der Kleinkriminalität, JR 1975, 99; *Pfaff*, Änderungen des Straf- und Ordnungswidrigkeiten(Zoll-)straf- und Ordnungswidrigkeitenrechts durch das EGStGB, DStR 1975, 305; *Boxdorfer*, Das öffentliche Interesse an der Strafverfolgung trotz geringer Schuld des Täters, NJW 1976, 317; *Kaiser*, Möglichkeiten der Bekämpfung von Bagatellkriminalität in der Bundesrepublik Deutschland, ZStW 90 (1978) 877; *Bloy*, Zur Systematik der Einstellungsgründe im Strafverfahren, GA 1980, 162; *Harbusch*, Die Einstellung von Ermittlungsverfahren durch das Hauptzollamt, ddz 1980, F 39; *Kunz*, Die Einstellung wegen Geringfügigkeit durch die Staatsanwaltschaft, 1980; *Geppert*, Das Legalitätsprinzip, Jura 1982, 139; *Schmidt-Hieber*, Vereinbarungen im Strafverfahren, NJW 1982, 1017; *Weiland*, Die Abschlußverfügung der Staatsanwaltschaft, JuS 1983, 120; *Kaiser/Meinberg* „Tuschelverfahren" und „Millionärschutzparagraph"? NStZ 1984, 343; *Keller/Schmid*, Möglichkeiten einer Verfahrensbeschleunigung in Wirtschaftsstrafsachen, wistra 1984, 201; *Kühl*, Unschuldsvermutung und Einstellung des Strafverfahrens, NJW 1984, 1264; *Heuer*, „Sonstige Auflagen" bei der Einstellung des Steuerstrafverfahrens nach § 153a StPO?, DStZ 1985, 243; *Weyand*, Zur Einstellung von Steuerstrafverfahren gegen Geldauflage, Inf 1988, 49; *Teske*, Die Bedeutung der Unschuldsvermutung bei Einstellung gem. §§ 153, 153a StPO, wistra 1989, 131; *Weyand*, Legalitätsprinzip und Praxis des Steuerstrafverfahren, DStZ 1990, 166; *Dörn*, Vor- und Nachteile der Beendigungsmöglichkeiten von Steuerstraf- und Steuerordnungswidrigkeitenverfahren, Stbg 1992, 81; *Michel*, Die vorläufige Einstellung des Strafverfahrens nach neuem Recht; *Siegismund/Wickern*, Das Gesetz zur Entlastung der Rechtspflege – Ein Überblick über die Änderungen der Strafprozeßordnung, des Gerichtsverfassungsgesetzes, des Jugendgerichtsgesetzes und des Strafgesetzbuches, wistra 1993, 81, 136; *Hellmann*, Das Neben-Strafverfahrensrecht der Abgabenordnung, 1995; *Malms*, Einstellung nach § 153 und § 153a StPO durch die Finanzbehörden, wistra 1994, 337; *Weber-Blank*, Einstellung von Steuerstrafverfahren durch die Strafsachenstellen der Finanzbehörden nach §§ 153 und 153a StPO ohne Zustimmung des Gerichtes, wistra 1995, 134; *Dahs*, § 153a StPO – ein „Allheilmittel" der Strafrechtspflege, NJW 1996, 1192.

Übersicht

1. Entstehungsgeschichte 1
2. Zweck und Bedeutung der Vorschrift 2–5
3. Verhältnis zu anderen Vorschriften 6–9
4. Objektive Voraussetzungen der Einstellung 10–22
   a) Einbezogene Straftaten 10–14
   b) Geringwertigkeit der Steuerverkürzung oder des Steuervorteils.. 15–19

§ 398   1–3   Einstellung wegen Geringfügigkeit

c) Mangelndes öffentliches Interesse   7. Zeitliche Grenzen............. 29
   an der Strafverfolgung 20–22   8. Zuständigkeit und Verfahren 30–32
5. Geringe Schuld des Täters 23–27   9. Wirkungen der Einstellung 33–35
6. Einstellung und Absehen von Strafe 28

1. Entstehungsgeschichte

1   **§ 398 AO 1977** entspricht im wesentlichen dem § 432 a RAO, jedoch lautete dessen Satz 2: *„Dies gilt für das Verfahren wegen einer Begünstigung und Steuerhehlerei nach den §§ 394, 398 entsprechend".*
§ 432a RAO war durch Art. 161 EGStGB v. 2. 3. 1974 (BGBl. I 469, 593) eingefügt worden. In der RAO 1919 und RAO 1931 waren entsprechende Regelungen nicht vorhanden. Zulässig war jedoch eine Niederschlagung des Verfahrens durch das Finanzamt, *„wenn eine Hinterziehung nicht in Frage kommt und das Verschulden des Täters geringfügig ist"* (§ 433 II RAO 1919, § 477 II RAO 1931; vgl. *Mattern* DStZ 1956, 93; *Lohmeyer* NJW 1960, 783).

2. Zweck und Bedeutung der Vorschrift

2   Im Regelfall wird die Tätigkeit der StA durch das **Legalitätsprinzip** bestimmt: sie ist zur Verfolgung von Straftaten verpflichtet (§ 152 II StPO). Verschiedene gesetzliche Regelungen geben ihr aber das Recht, aus Gründen der Zweckmäßigkeit die Strafverfolgung nach ihrem Ermessen zu unterlassen (Opportunitätsprinzip). So ist bei geringfügigen Straftaten eine Einstellung des Ermittlungsverfahrens mit Zustimmung des Gerichts möglich (§ 153 I StPO); bei Straftaten mit geringen Folgen ist die Zustimmung des Gerichts entbehrlich (§ 153 I 2 StPO).
    § 398 AO ordnet an, daß die Einstellung bei geringfügigen Steuerhinterziehungen ebenfalls ohne Zustimmung des Gerichts erfolgen kann, so wie es § 153 I StPO aF vor der Änderung durch das RPflEntlG für geringfügige Vermögensstraftaten vorsah. Wegen der Betrugsähnlichkeit der Steuerhinterziehung hielt der Gesetzgeber eine dem § 153 I 2 StPO aF entsprechende Regelung auch in der AO für geboten (vgl. BT-Drucks. 7/1261, Art. 144a Nr. 18b, 19a u. 20, sowie BT-Drucks. 7/4292 S. 47; HHSp-*Hübner* 5 zu § 398 AO).

3   **Die Bedeutung dieser Regelung** ist zweifelhaft. Bereits vor Änderung des § 153 StPO (Einstellung wegen Geringfügigkeit) durch das Rechtspflegeentlastungsgesetz galt die Regelung gem. § 385 AO auch für das Steuerstrafverfahren. Dementsprechend war eine Einstellung mit Zustimmung des Gerichts nach § 385 Abs. 1 S. 1 StPO – gem. § 399 Abs. 1 AO ggf. auf Antrag der Finanzbehörde – auch im Steuerstrafverfahren möglich. Eine Einstellung ohne Zustimmung des Gerichts ließ § 153 I S. 2 StPO jedoch nur bei Straftaten zu, *die gegen fremdes Vermögen* gerichtet sind. Wegen dieser Übereinstimmung mit § 398 AO hatte diese Regelung eine über eine Klarstellung hinausgehende Funktion nur, sofern die dort erwähnten Straftaten nicht sämtlich Vermögensstraftaten iSd § 153 I S. 2 StPO waren (vgl. Voraufl. Rdnr. 4 zu § 398 AO). Nach der zwischenzeitlichen Änderung des § 153 I S. 2 StPO ist § 398 AO praktisch überholt: Die Neuregelung stellt nicht mehr darauf ab,

810   *Joecks*

3. Verhältnis zu anderen Vorschriften 4–6 § 398

ob es sich um ein geringwertiges Vermögensdelikt handelt; es genügt, daß es sich handelt um ein „*Vergehen, das nicht mit einer im Mindestmaß erhöhten Strafe bedroht ist und bei dem die durch die Tat verursachten Folgen gering sind*".

Für die alte Rechtslage ging man überwiegend davon aus, daß erst § 398 AO 4 eine Einstellung ohne Zustimmung des Gerichts ermögliche (Leise/*Cratz* 3 zu § 398 AO; LR-*Meyer-Goßner* 46 zu § 153 StPO). Daraus wurde in der Vorauflage darauf geschlossen, daß eine unmittelbare Anwendung des § 153 I 2 StPO bei Steuerstraftaten nicht möglich sein solle (Rdnr. 4 zu § 398 AO; ebenso HHSP-*Hübner* 5 f. zu § 398 AO; *Harbusch* ddz 1980, F 41; LR*Meyer-Goßner* 46 zu § 153 StPO). Da die Anwendbarkeit des § 398 AO bei einzelnen Straftaten, die Sondergesetze betreffen, ausdrücklich angeordnet sei, entfalte die Vorschrift eine Sperrwirkung für die Anwendung des § 153 I S. 2 StPO auch bei einigen Taten, die eindeutig Vermögensdelikte in diesem Sinne seien. Nach der Neuregelung des § 153 I 2 StPO kann dies nicht mehr gelten. Zwar mag es erstaunen, daß der Gesetzgeber es im Rahmen des RpflentlG versäumt hat, mit der Änderung des § 153 StPO auch eine solche des § 398 AO vorzunehmen. Insbesondere ergibt sich aus der gesetzlichen Begründung (BT-Drucks. 12/1217 S. 34 zu Nr. 3) nicht, daß der Gesetzgeber hier eine bewußte Entscheidung dahingehend treffen wollte, daß bei geringfügigem Steuerdelikten eine Einstellung nach § 153 I S. 2 StPO nicht möglich sein sollte (krit. *Malms* wistra 1994, 337 f.). Tatsächlich ist mit der Änderung im Rahmen des Rechtspflegeentlastungsgesetzes bewirkt worden, daß nunmehr auch die Einstellung unter Auflagen (§ 153 a StPO) ohne Zustimmung des Gerichts möglich ist (vgl. *Siegismund/Wickern,* wistra 1993, 84; *Kleinknecht/Meyer-Goßner* 20 zu § 153 StPO und unten Rdnr. 6).

Die Bedeutung des § 398 AO reduziert sich damit auf solche Fälle, bei 5 denen eine Steuerstraftat im Raum steht, die im Mindestmaß mit einer erhöhten Strafe bedroht ist – diesen Fall erfaßt § 153 I 2 StPO nicht. Praktisch ist die Regelung dennoch nicht, weil es in diesen Fällen in der Regel eine Anwendung des § 398 AO nicht geben wird, weil die Voraussetzungen der geringen Schuld und des mangelnden öffentlichen Interesses nicht erfüllt sind (Rdnr. 20 ff.). Insofern sollte die Regelung gestrichen werden (*Hellmann* 1995, 64).

3. Verhältnis zu anderen Vorschriften

§ 398 AO läßt die Möglichkeit einer **Einstellung nach den §§ 153 ff. StPO** 6 unberührt. § 153 I StPO entspricht inhaltlich dem § 398 AO. Nach § 153 II StPO kann das Verfahren noch nach Anklageerhebung mit Zustimmung des Angeklagten und der StA durch das Gericht eingestellt werden. Anwendbar bleibt auch § 153 a StPO. Danach kann bei geringer Schuld des Täters, aber öffentlichem Interesse an der Strafverfolgung eine Einstellung unter Auflagen, insbesondere bei Zahlung einer Geldbuße, erfolgen. Die zu zahlenden Beträge sind oftmals Gegenstand von Verhandlungen zwischen Verteidigung, StA und Gericht (*Schmidt-Hieber* NJW 1982, 1017; s. auch *Kaiser/Meinberg* NStZ 1984, 343; *Dahs* NJW 1996, 1192; Rdnr. 97 ff. zu § 404 AO).

§ 398 7–11   Einstellung wegen Geringfügigkeit

Die §§ 153 f. StPO bleiben insbesondere für die in § 398 AO nicht erwähnten Straftaten des Bannbruchs und der Wertzeichenfälschung, für die § 398 AO nicht gilt (*Kohlmann* 7 u. Leise/*Cratz* 7 zu § 398 AO), anwendbar (*Bender* Tz. 114, 2 a). So kann nach § 153 I 2 StPO eine Steuerstaftat mit „geringen Folgen" ohne Zustimmung des Gerichts eingestellt werden. Nach § 153 I 2 StPO kann das Verfahren noch nach *Anklageerhebung* mit Zustimmung des Angeklagten und des StA durch das Gericht eingestellt werden. Anwendbar bleibt auch § 153 a StPO. Nachdem im Rahmen des Rechtspflegeentlastungsgesetzes in § 153 I, S. 2 StPO die Voraussetzung eines geringwertigen Vermögensschadens durch „geringe Folgen" ersetzt worden ist, ist nach § 153 a Abs. 1, S. 6 i. V. m. § 153 I, S. 2 StPO auch bei Steuerhinterziehung eine Einstellung gegen (Geld-) Auflage ohne Zustimmung des Gerichts möglich. Eine Erweiterung hat sich weiterhin insofern ergeben, als daß das Erfordernis der „geringen Schuld" des Beschuldigten entfallen ist. Ausreichend ist mit der Gesetzesänderung, daß die Auflagenerfüllung geeignet ist, das öffentliche Interesse an einer Strafverfolgung zu beseitigen und die Schwere der Schuld einer Einstellung nicht entgegensteht.

7   **§ 32 ZVG,** der die Nichtverfolgbarkeit reiner Zollvergehen im Reiseverkehr anordnet, errichtet – anders als § 398 AO – ein Verfahrenshindernis (Rdnr. 2 zu § 32 ZVG). Bei Vorliegen der gesetzlichen Voraussetzungen ist für eine Ermessensentscheidung der Strafverfolgungsbehörden kein Raum. § 398 AO bleibt anwendbar, sofern § 32 ZVG wegen seiner Ausschließungsgründe nicht zur Geltung kommt (Rdnr. 48 zu § 32 ZVG; *Bender* Tz. 87, 2 a).

8   **§ 46a StGB** in der seit 1. 12. 1994 geltenden Fassung sieht die Möglichkeit eines Absehens von Strafen u. a. dann vor, wenn der Täter den Schaden wiedergutgemacht hat (Rdnr. 240 zu § 371 AO). Hierbei handelt es sich zwar nicht um eine Einstellungsregelung, jedoch liegt in diesen Fällen eine Einstellung nach § 398 AO besonders nahe (Rdnr. 28).

9   Unberührt bleiben weiterhin die Möglichkeiten einer Verfahrensbeendigung nach den §§ 45, 47 JGG (vgl. *Bohnert* NJW 1980, 1929).

4. Objektive Voraussetzungen der Einstellung

a) Einbezogene Straftaten

10   Eine Einstellung nach § 398 AO kommt nur in Betracht, sofern der Täter eine Steuerhinterziehung, eine Steuerhehlerei oder eine Begünstigung einer Person begangen hat, die ihrerseits einer Steuerhinterziehung, eines Bannbruchs nach § 372 II, § 373 AO oder einer Steuerhehlerei schuldig ist. Auch der gewerbsmäßige Schmuggel (§ 373 AO) gehört angesichts seiner engen Verwandtschaft zu § 370 AO hierher (BGH v. 28. 9. 1983, wistra 1984, 27). Eine entsprechende Anwendung auf den Bannbruch, die Steuerzeichenfälschung oder die Strafvereitelung (*Senge* 3 zu § 398 AO) ist angesichts der Verweisung auf § 375 I Nr. 1–3 AO nicht möglich (*Kohlmann* 11 zu § 398 AO; vgl. auch *Fuchs* NJW 1957, 213); hier gilt allein § 153 I 1 StPO (Rdnr. 6).

11   **Die Anwendbarkeit des § 398 AO** ist zudem in einigen anderen Regelungen ausdrücklich angeordnet. So gilt die Vorschrift auch für „andere Strafta-

4. Objektive Voraussetzungen der Einstellung

ten" iS des § 385 II AO, wenn sie hier auch regelmäßig nur eine klarstellende Funktion hat. Ferner gilt § 398 AO für eine Reihe weiterer Straftaten, die in den Arbeitsbereich der Finanzämter fallen, etwa Straftaten im Zusammenhang mit dem SparPG, WoPG, BerlinFG, InvZulG oder StahlInvZulG (Rdnr. 30f. zu § 385 AO).

Gleichgültig ist, ob der Beschuldigte die Straftat, deren Verfolgung in Frage steht, als Täter, Anstifter oder Gehilfe verwirklicht hat (HHSp-*Hübner* 42, *Schwarz/Dumke* 9 zu § 398 AO). Auch der (strafbare) Versuch der entsprechenden Straftaten genügt (HHSp-*Hübner* 18 zu § 398 AO). **12**

Ob Straftaten das Regelbeispiel eines besonders schweren Falles erfüllen oder schärfer zu bestrafende Qualifikationen darstellen, ist für die (grundsätzliche) Anwendbarkeit des § 398 AO unerheblich. Anders als bei § 153 I 2 StPO ist die Anwendbarkeit des § 398 AO durch die Androhung einer im Mindestmaß erhöhten Freiheitsstrafe nicht ausgeschlossen. So kann die geringfügige Hinterziehung von Eingangsabgaben unter Mitführen einer Schußwaffe (§ 373 II Nr. 1 AO) dem § 398 AO unterfallen; selbst gewerbsmäßiges Handeln (§ 373 I AO) schließt die Anwendung des § 398 AO nicht von vornherein aus (krit. *Kohlmann* 18 zu § 398 AO). Erst recht bleibt § 398 AO in den Fällen des § 370 III AO grundsätzlich anwendbar, da die „besonders schweren Fälle" schon bei § 153 I 2 StPO nicht schaden (*Kleinknecht/Meyer-Goßner* 15 zu § 153 StPO). Eine andere Frage ist, inwiefern mit dem Regelbeispiel zusammenhängende Gründe den § 398 AO praktisch unanwendbar machen: Die bloße Geringwertigkeit des erlangten Steuervorteils usw. genügt noch nicht für die Anwendung des § 398 AO; hinzukommen muß eine geringe Schuld des Täters und ein Mangel an öffentlichem Interesse an der Verfolgung der Straftat. Bei der Erfüllung von Qualifikationen iS des § 373 II AO oder bei der Erfüllung von Regelbeispielen nach § 370 III Nr. 2–4 AO wird eine geringe Täterschuld sehr selten sein bzw. regelmäßig ein öffentliches Interesse an der Verfolgung der Straftat bestehen (vgl. *Hellmann* 1995, 85f. u. *Kohlmann* 18 zu § 398 AO). Bei § 370 III Nr. 1 AO steht das Erfordernis der „Verkürzung großen Ausmaßes" im Widerspruch zur Geringfügigkeit in § 398 AO (ähnl. HHSp-*Hübner* 19, *Schwarz/Dumke* 9 zu § 398 AO). **13**

Es muß der bestimmte Verdacht einer Straftat iS des § 398 AO bestehen. Hinreichender Tatverdacht iS des § 203 StPO ist nicht nötig; es genügt, daß eine „Wahrscheinlichkeit" für die Verurteilung spricht (*Kleinknecht/Meyer-Goßner* 3 zu § 153 StPO; BVerfG 82, 106 v. 29. 5. 1990). Ist dies nicht der Fall, kommt nur eine Einstellung nach § 170 II StPO in Betracht. **14**

b) Geringwertigkeit der Steuerverkürzung oder des Steuervorteils

Wie bei § 153 I 2 StPO setzt die Einstellung nach § 398 AO eine Geringwertigkeit der eingetretenen Steuerverkürzung oder des erlangten Steuervorteils voraus. Der Begriff der Geringwertigkeit wird in verschiedenen Strafbestimmungen des StGB verwendet, § 153 I 2 StPO spricht von „gerin- **15** gen" Folgen. Für Vermögensdelikte des StGB ist man sich einig, daß der Wert jedenfalls nicht von der Wertschätzung durch das Opfer abhängt; gleiches gilt für § 153 I 2 StPO (BGH 6, 43 v. 26. 3. 1954; *Kohlmann* 15 zu § 398 AO; *Kleinknecht/Meyer-Goßner* 17 u. LR*Meyer-Goßner* 49 zu § 153 StPO). Andererseits ist bei § 398 AO umstritten, inwieweit die gesamte Situation des Täters zu berücksichtigen ist, ob etwa bei einer Steuerschuld von 100.000 DM ein Betrag von 2.000 DM noch (relativ) geringwertig ist (so *Kühn/Kutter*, 14. Aufl. 1983, 2 zu § 398 AO; dagegen zu Recht *Schwarz/Dumke* 11 zu § 398 AO, *Suhr/Naumann/Bilsdorfer* Tz. 638).). Tatsächlich kann es allein auf den Verkürzungsbetrag ankommen. Eine Relativierung im Verhältnis zur sonstigen Steuerschuld oder zu den wirtschaftlichen Verhältnissen des Täters ist unzulässig (glA *Senge* 4 zu § 398 AO); zudem würde sie die Mentalität fördern, die Steuerhinterziehung sei Kavaliersdelikt. Eine Einstellung nach § 153 I StPO ist mit Zustimmung des Gerichts auch in diesen Fällen möglich. Im übrigen bedarf es in Fällen, in denen die verkürzte Steuer im Verhältnis zur festgesetzten Steuerschuld gering ist, besonders sorgfältiger Prüfung, ob überhaupt eine *vorsätzliche* Verkürzung vorliegt oder aber eine Steuerordnungswidrigkeit gegeben ist.

16 **Als absolut anzusetzender Betrag** wird teilweise ein solcher von 50 DM für angemessen gehalten (*Eckl* JR 1975, 100; *Harbusch* ddz 1980, F 40), wobei die für die Geringwertigkeit bei § 248 a StGB entwickelten Gesichtspunkte nicht ohne weiteres übertragbar sind (*Leise/Cratz* 11 ff. 3 A zu § 398 AO). Von 50 DM geht auch der BdF aus (Nr. 12 der Anlage zum Erlaß v. 30. 3. 1976 – III A 5 – S 1260–3/76). Angesichts des steigenden Lebenshaltungsindexes erscheint ein Festhalten an diesem Betrag jedoch unangemessen, zumal feste Beträge ohnehin bedenklich sind (HHSp-*Hübner* 33 zu § 398 AO). Ein Betrag von 200–300 DM dürfte heute allemal iS des § 398 AO „geringwertig" sein (vgl. auch KK-*Schoreit* 75 zu § 153 StPO).

17 Dies bedeutet freilich nicht, daß jede darüber hinaus gehende Steuerverkürzung oder ein darüber hinaus gehender Steuervorteil von vornherein aus dem Anwendungsbereich des § 398 AO herausfallen muß. In engen Grenzen mag auch die Gesamtsituation der Tat oder des Täters berücksichtigt werden können (*Kohlmann* 28 zu § 398 AO). Wenig überzeugend ist es jedoch, wenn für den Bereich der Besitz- und Verkehrsteuern oder generell (Koch/Scholtz/*Himsel* 4 zu § 398 AO) Steuerverkürzungen bis zu 500 DM noch als geringwertig angesehen werden (so *Leise/Cratz* 14 zu § 398 AO; *Bender* Tz. 113, 2 a; *Schmitz/Tillmann* S. 96 f.; vgl. auch *Senge* 4 zu § 398 AO). Selbst wenn es bei Verbrauchsteuern eine dahingehende Praxis der Gerichte (so *Bender* aaO) geben sollte, rechtfertigt diese noch nicht ein Abweichen von dem im (Steuer-)Strafrecht sonst üblichen Rahmen (zur Praxis der Strabustellen *Weyand* DStZ 1990, 166). Es bleibt immerhin der Weg nach § 153 I 1, § 153 a StPO. Richtig ist allerdings, daß angesichts der Verschiedenartigkeit der Straftaten, auf deren Verfolgung § 398 AO angewendet werden kann (Rdnr. 10), eine differenzierende Betrachtung geboten ist (zust *Kohlmann* 28 zu § 398 AO). Soweit allerdings *Dumke* (*Schwarz/Dumke* 11 zu § 398 AO) die Fixierung einer Betragsgrenze weder für möglich noch für zweckmäßig hält und statt-

4. Objektive Voraussetzungen der Einstellung   18–20 § 398

dessen für die Frage, ob eine Einstellung wegen „Geringfügigkeit" nach § 398 AO in Betracht kommt, vielmehr im Zusammenhang mit dem Merkmal „geringe Schuld" vom Normzweck her bestimmen will, ist dies widersprüchlich. Zum einen anerkennt auch *Dumke* daß die Geringwertigkeit nicht in Relation zu der sonstigen Steuerschuld des Täters zu bestimmen ist (aaO Rdnr. 14). Zum anderen ist eine „geringe Schuld" weitere Voraussetzung der Einstellung nach § 398 AO. Auch eine noch so geringe Schuld kann eine erhebliche Verkürzung nicht zu einer geringwertigen machen.

Der Umfang der Steuerverkürzung oder des Steuervorteils ist nach allgemeinen Grundsätzen zu bestimmen (Rdnr. 52 ff. zu § 370 AO). Bei der Geringfügigkeit einer Hehlerei nach § 259 StGB kommt es im Grundsatz auf den Wert der Sache an (SK-*Samson* 46 zu § 259 StGB). Angesichts des Wortlauts des § 398 AO wird man aber für die Steuerhehlerei entscheidend auf die Höhe der hinterzogenen Verbrauchsteuern oder des hinterzogenen Zolls abstellen müssen. Bei der Begünstigung gilt gleiches: soweit sie sich auf einen Bannbruch bezieht, kommt es auf den Wert der eingeführten Sache an, im übrigen darauf, daß geringfügige Vorteile gesichert werden sollen (s. auch SK-*Samson* 48 zu § 257 StGB). 18

Ist die Tat nur versucht worden, so sind mehr als geringwertige Steuerverkürzungen nicht eingetreten (aM *Kohlmann* 31 zu § 398 AO). Hier auf den vom Täter ins Auge gefaßten Verkürzungserfolg abzustellen, erscheint in Anbetracht des klaren Wortlauts des § 398 AO nicht möglich. Ging der Vorsatz jedoch auf eine mehr als geringwertige Verkürzung, wird regelmäßig keine „geringe Schuld" (Rdnr. 27) gegeben sein und zudem ein öffentliches Interesse an der Strafverfolgung (Rdnr. 20) bestehen (iE ebenso *Kohlmann* 31 zu § 398 AO). 19

c) Mangelndes öffentliches Interesse an der Strafverfolgung

Nur wenn kein öffentliches Interesse an der Strafverfolgung besteht, kommt eine Einstellung in Betracht. Es handelt sich nicht um einen unbestimmten Rechtsbegriff, sondern um einen Ermessensbegriff (*Kunz* 1980, 38). Die Hinweise, die RiStBV 86 II für die öffentliche Verfolgung von Privatklagesachen gibt (... *„wenn der Rechtsfrieden über den Lebenskreis des Verletzten hinaus gestört und die Strafverfolgung ein gegenwärtiges Anliegen der Allgemeinheit ist..."*), helfen nicht weiter. Bestimmend müssen general- und spezialpräventive Erwägungen sein (*Boxdorfer* NJW 1976, 317; *Wagner* GA 1972, 43). In Betracht kommen namentlich die Abschreckung potentieller Täter (*Harbusch* ddz 1980, F 40), Wiederholungstaten (Leise/*Cratz* 20 zu § 398 AO), die Unerläßlichkeit einer Einwirkung auf den Beschuldigten oder das Erfordernis der Verteidigung der Rechtsordnung (vgl. § 56 III StGB). So besteht ein öffentliches Interesse regelmäßig dann, wenn qualifizierende Umstände (§ 373 AO) oder Regelbeispiele (§ 370 III AO) gegeben sind (Rdnr. 13). Die Höhe einer zu erwartenden Geldstrafe vermag das öffentliche Interesse an der Strafverfolgung nicht zu begründen. Auch das 20

Interesse an der gerichtlichen Klärung einer umstrittenen Rechtsfrage genügt nicht (KMR-*Müller* 6 zu § 153 StPO).

21 **Ein öffentliches Interesse kann insbesondere dann fehlen,** wenn die Tat geraume Zeit zurückliegt (*Senge* 6 zu § 398 AO), das Ermittlungsverfahren besonders viel Zeit in Anspruch genommen hat (LG Flensburg v. 25. 7. 1978, MDR 1979, 76; KMR-*Müller* 6 zu § 153 StPO) oder noch in Anspruch nehmen würde (vgl. BVerfG v. 24. 11. 1983, NJW 1984, 967; BGH v. 3. 11. 1989, wistra 1990, 65; *Kohlmann* 39 zu § 398 AO; vgl. auch BGH v. 19. 9. 1989, wistra 1990, 20).

22 Soweit ein öffentliches Interesse an der Strafverfolgung besteht, kommt nur noch eine Einstellung nach § 153a StPO in Betracht (Koch/Scholtz/*Himsel* 7 zu § 398 AO), für die bei Steuerstraftaten nach der Änderung der Vorschrift die Zustimmung des Gerichts nicht mehr in jedem Fall nötig ist (Rdnr. 4).

5. Geringe Schuld des Täters

23 Weiterhin setzt eine Einstellung eine **geringe Schuld des Täters** voraus. Die Schuld soll gering sein, wenn sie bei Vergleich mit Vergehen gleicher Art nicht unerheblich unter dem Durchschnitt liegt (*Kleinknecht/Meyer-Goßner* 4 zu § 153 StPO; *Kohlmann* 35 u. *Senge* 5 zu § 398 AO; vgl. auch LR*Meyer-Goßner* 27 zu § 153 StPO). Dies nötigt dazu, ähnlich wie bei der Strafzumessung, schulderhöhende und schuldmindernde Gesichtspunkte zu betrachten und mit dem gedachten „Durchschnitt" zu vergleichen (ähnl. *Boxdorfer* NJW 1976, 318; Koch/Scholtz/*Himsel* 6 u. *Kohlmann* 35 zu § 398 AO). Die Aussage, im Vergleich müsse die Schuld des Täters gering sein, ist aber wenig hilfreich. Da die Schuld auch vom Schaden geprägt wird, können bei geringfügigen Verkürzungen regelmäßig nur solche Täter gemeint sein, die wenig Schuld aufweisen; eine Vergleichsgröße ist daher oft nicht zu ermitteln.

24 **Schuldmindernd** wirken etwa eine verunglückte Selbstanzeige (*Kohlmann* 36 zu § 398 AO), die Hinterziehung nur auf Zeit, Handeln aus Not, im vermeidbaren Verbotsirrtum, der Umstand, daß die Tat im Versuchsstadium steckengeblieben ist (s. auch Rdnr. 26). **Schulderhöhend** kommen zB in Betracht: einschlägige Vorstrafen, raffinierte Tatausführung (*Harbusch* ddz 1980, F 40) oder das Maß der Pflichtwidrigkeit (*Kohlmann* 35 u. *Senge* 5 zu § 398 AO).

25 **Regelmäßig geht es um Fälle,** in denen – vom Schuldgehalt her – eine Geldstrafe von höchstens 10 bis 20 Tagessätzen in Betracht käme (ähnl. *Kaiser* ZStW 90, 901; *Boxdorfer* NJW 1976, 319; *Schwarz/Dumke* 13 zu § 398 AO: 10 Tagessätze). *Hübner,* der dies beim Mindesttagessatz von 2 DM für akzeptabel hält, jedoch die Obergrenze der Geringfügigkeit bei einem Tagessatz von 10.000 DM überschritten sieht (HHSp 40 zu § 398 AO), verkennt das Prinzip der Geldstrafenbemessung: Nur die Zahl der Tagessätze, nicht ihre Höhe hat etwas mit der Schuld des Täters zu tun (SK-*Horn* 4 zu § 40 StGB); das Maß der Schuld steigt nicht mit der Höhe des Tagessatzes (zust *Schwarz/Dumke* 13 zu § 398 AO).

6. Einstellung und Absehen von Strafe

Ist die Tat im Versuchsstadium steckengeblieben, wird die Schuld oft- 26
mals nicht als gering einzuschätzen sein, wenn der Täter erhebliche Steuervorteile erreichen oder erhebliche Steuerverkürzungen bewirken wollte (vgl. auch Rdnr. 20).
Die Ermittlung der zu beurteilenden Schuld bis zur Anklagereife ist 27
nicht nötig. Es genügt die Prognose, daß die Schuld – bei abschließenden Ermittlungen – „als gering anzusehen wäre". Ist diese Prognose nicht möglich, muß nach § 170 II StPO das Verfahren mangels Tatverdachts eingestellt werden (*Kohlmann* 17 zu § 398 AO). Im übrigen ist die Einstellung in jedem Stadium der Ermittlungen denkbar (*Lohmeyer* S. 94). Kommt jedoch nach dem bisherigen Stand der Ermittlungen eine Unschuld des Beschuldigten ernsthaft in Betracht, so ist ggf. weiter zu ermitteln; dies gebietet die prozessuale Fürsorgepflicht (*Vogler* ZStW 89, 784f.; zT anders *Kleinknecht/Meyer-Goßner* 3 zu § 153 StPO). Dies gilt jedenfalls dann, wenn der Beschuldigte ein berechtigtes Interesse daran hat, wie etwa in den Fällen des § 4 V 2 Nr. 10 EStG. Die Wahrscheinlichkeit der Schuld ist nicht nötig; dies würde die Voraussetzungen der Einstellung denen der Anklageerhebung (§ 170 I StPO) angleichen und dem Zweck des § 398 AO zuwiderlaufen (HHSp-*Hübner* 37 zu § 398 AO).

6. Einstellung und Absehen von Strafe

Schrifttum: Siehe vor Rdnr. 240 zu § 371 AO.

Gemäß § 46a StGB idF des Art. 1 Nr. 1 Verbrechensbekämpfungsgesetz 28
kann das Gericht von Strafe absehen, wenn der Täter
„*1. in dem Bemühen einen Ausgleich mit dem Verletzten zu erreichen (Täter-Opfer-Ausgleich), seine Tat ganz oder zum überwiegenden Teil wiedergutgemacht oder deren Wiedergutmachung ernsthaft erstrebt hat
oder
2. in einem Fall, in welchem die Schadenswiedergutmachung von ihm erhebliche persönliche Leistungen oder persönlichen Verzicht erfordert, das Opfer ganz oder zum überwiegenden Teil entschädigt,*" und „*keine höhere Strafe als Freiheitsstrafe bis zu einem Jahr oder Geldstrafe bis zu 360 Tagessätzen bewirkt ist.*"
Unter diesen Voraussetzungen kann die Staatsanwaltschaft – im selbständigen Verfahren auch die FinB – gem. § 153b StPO *mit Zustimmung des Gerichts* von der Erhebung der öffentlichen Klage absehen (vgl. *Dreher/Tröndle* 6 zu § 46a StGB). Soweit diese Voraussetzungen zwar nicht vollständig erfüllt sind, vor dem Hintergrund der Wertung des § 398 AO jedoch ein Sanktionsbedürfnis nicht besteht, kann ebenfalls nach § 398 AO eingestellt werden. Dies kommt namentlich in solchen Fällen in Betracht, in denen die Voraussetzungen des § 46a StGB „fast" erfüllt sind und insbes. das öffentliche Interesse an der Strafverfolgung nach Zahlung der Steuerschuld entfällt. Nahe liegt die Einstellung auch, wenn der Täter im Rahmen einer USt-Jahreserklärung unrichtige Voranmeldungen nur mittelbar korrigierte und man nicht der hier (Rdnr. 69 zu § 371 AO) vertretenen Auffassung folgen will, daß eine Korrektur der einzelnen Monate übertriebene Förmelei wäre.

Joecks

7. Zeitliche Grenzen

29 § 398 AO gilt nur im **Ermittlungsverfahren**. Ist bereits Anklage erhoben oder ein Strafbefehl beantragt worden, kann das Verfahren nur noch nach § 153 II StPO mit Zustimmung des Gerichts eingestellt werden (Rdnr. 7f. zu § 406 AO).

8. Zuständigkeit und Verfahren

30 **Zuständig für die Entscheidung** über die Einstellung des Verfahrens ist die StA. Soweit die FinB gem. § 386 II AO die Ermittlungen selbständig durchführt, steht auch ihr das Recht zur Einstellung zu (*Bender* Tz. 114, 2a; HHSp-*Hübner* 12, *Kohlmann* 9, *Kühn/Hofmann* 1, *Schwarz/Dumke* 6 u. *Senge* 2 zu § 398 AO; KK-*Schoreit* 69 zu § 153 StPO); in den anderen Fällen ist die FinB vor einer Einstellung des Verfahrens zu hören (§ 403 IV AO). Zollfahndungsämter und Dienststellen der Steuerfahndung sind zur Einstellung nicht befugt (*Bender* aaO; *Leise/Cratz* 21 zu § 398 AO; aM offenbar KK-*Rainer Müller* 21 zu § 170 StPO; s. auch Rdnr. 62 zu § 404 AO).

31 **Bei Vorliegen der Voraussetzungen** des § 398 AO kann die StA oder FinB einstellen. Dies bedeutet nicht, daß die Verfolgungsbehörde frei über die Fortführung der Ermittlungen entscheiden könnte; sie muß einstellen. „Kann" bezieht sich auf die Ausnahme vom Legalitätsprinzip (HHSp-*Hübner* 11 zu § 398 AO; s. auch *Mattern* DStZ 1956, 92).

32 **Einer Zustimmung des Beschuldigten bedarf es nicht** (HHSp-*Hübner* 44 zu § 398 AO); er soll jedoch von der Einstellung in Kenntnis gesetzt werden (*Harbusch* ddz 1980, F 40). Rechtsmittel sind weder gegen die Ablehnung noch gegen die Durchführung der Einstellung statthaft; möglich sind allein Gegenvorstellung oder Dienstaufsichtsbeschwerde (*Kohlmann* 46 zu § 398 AO).

9. Wirkungen der Einstellung

33 Soweit und sobald das Verfahren nach § 398 AO eingestellt ist, finden weitere Ermittlungen nicht statt. Die Ermittlungsbehörde kann jedoch das Verfahren – falls die Tat nicht inzwischen verjährt ist – wieder aufnehmen, ohne daß neue Gesichtspunkte für die Beurteilung der Tat vorliegen müßten (so auch *Schwarz/Dumke* 5 zu § 398 AO). Auch auf eine Zustimmung des Gerichts kommt es insoweit nicht an (LR*Meyer-Goßner* 85 zu § 153 StPO). Anders ist dies nur bei einer Einstellung nach Anklageerhebung gem. § 153 II StPO mit Zustimmung der StA durch das Gericht; hier erwächst der Beschluß in (beschränkte) Rechtskraft (vgl. *Kohlmann* 45 zu § 398 AO; *Kleinknecht/Meyer-Goßner* 38 zu § 153 StPO).

34 Auch Einstellungsbeschlüsse nach § 153a StPO entfalten Rechtskraft (§ 153a I 4 StPO; LR*Meyer-Goßner* 61 zu § 153a StPO). Hingegen hat eine Einstellung nach § 153 I StPO oder § 398 AO keine solche Wirkung.

9. Wirkungen der Einstellung 35 § 398

Unberührt bleibt die Möglichkeit, die Tat bei Vorliegen der entsprechen- 35
den Voraussetzungen als Ordnungswidrigkeit, etwa nach § 378 AO, zu ahnden (vgl. aber OLG Frankfurt v. 4. 5. 1995, wistra 279, zur Einstellung nach § 154 I Nr. 1 StPO sowie BGH v. 19. 12. 1995, wistra 1996, 180).

II. Verfahren der Finanzbehörde bei Steuerstraftaten

§ 399 Rechte und Pflichten der Finanzbehörde

(1) Führt die Finanzbehörde das Ermittlungsverfahren auf Grund des § 386 Abs. 2 selbständig durch, so nimmt sie die Rechte und Pflichten wahr, die der Staatsanwaltschaft im Ermittlungsverfahren zustehen.

(2) ¹Ist einer Finanzbehörde nach § 387 Abs. 2 die Zuständigkeit für den Bereich mehrerer Finanzbehörden übertragen, so bleiben das Recht und die Pflicht dieser Finanzbehörden unberührt, bei dem Verdacht einer Steuerstraftat den Sachverhalt zu erforschen und alle unaufschiebbaren Anordnungen zu treffen, um die Verdunkelung der Sache zu verhüten. ²Sie können Beschlagnahmen, Notveräußerungen, Durchsuchungen, Untersuchungen und sonstige Maßnahmen nach den für Hilfsbeamte der Staatsanwaltschaft geltenden Vorschriften der Strafprozeßordnung anordnen.

Schrifttum: *Hust*, Zum Auskunftsrecht der Polizei im Rahmen der Strafverfolgung, NJW 1969, 21; *Irmer*, Die Auskunftspflicht der Banken im Besteuerungs- und Steuerstrafverfahren, Inf 1970, 35; *Pfaff*, Auskunftspflicht der Kreditinstitute im Steuerstrafverfahren, JR 1972, 286; *Henneberg*, Weisungsrecht, Übernahmerecht und Substitutionsrecht der vorgesetzten Beamten der Staatsanwaltschaften und der Finanzbehörden im steuerstrafrechtlichen Ermittlungsverfahren und die Grenzen dieser Rechte, DB 1973, 82; *Brenner*, Steuergeheimnis, Haftbefehl, Durchsuchung und Beschlagnahme, DStZ 1974, 7; *Höpfel*, Staatsanwaltschaft und Unschuldsvermutung, JZ 1974, 212; *Achenbach*, Verfahrenssichernde und vollstreckungssichernde Beschlagnahme im Strafprozeß, NJW 1976, 1068; *Prost*, Bankgeheimnis und neues Strafprozeßrecht, NJW 1976, 214; *Oswald*, Akteneinsicht in Steuersachen, WPg 1977, 636; *Rank*, Zum Festnahmerecht der staatlichen Organe nach § 127 Abs. 2 StPO, ZfZ 1977, 205; *Höllig*, Die neue Betriebsprüfungsordnung (Steuer), DB 1978, 907; *Ungnade*, Das Bankgeheimnis gegenüber Hilfsbeamten der Staatsanwaltschaft, ZKredW 1978, 450; *Zwank*, Die neue Betriebsprüfungsordnung (Steuer), StBP 1978, 145; *Gössel*, Über die Rechtmäßigkeit befugnisloser strafprozessualer rechtsgüterbeeinträchtigender Maßnahmen, JuS 1979, 162; *Oswald*, Akteneinsicht in Steuersachen, AnwBl 1979, 405; *Schneider*, Bankauskünfte gegenüber Finanzbehörden, DB 1979, 36; *Arendt*, Richterliche Anordnung bei Durchsuchung von Wohnungen nach § 287 AO, ZfZ 1980, 267; *Brenner*, Außenprüfer, Steuerfahnder, Finanzamt und Staatsanwaltschaft als Strafverfolgungsorgane, StBp 1980, 221; *Glashoff*, Der steuerliche Berater im Steuerstrafverfahren oder Bußgeldverfahren gegen seine Mandanten, StB 1980, 75; *Rieß*, Die Vernehmung des Beschuldigten im Strafprozeß, JA 1980, 293; *Ungnade/Kruck*, Auskunftspflichten der Kreditinstitute gegenüber Finanzbehörden, WM 1980, 258; *Pfaff*, Aktuelle Fragen aus der Praxis der Außenprüfung, StBp 1981, 165; *Wegemer*, Vernehmungspraxis der Hilfsbeamten der Staatsanwaltschaft im Rahmen den Steuer- und Zollfahndung, NStZ 1981, 247; *Feuerborn*, Bankgeheimnis und Bankauskunft, Sparkasse 1982, 87; *Krekeler*, Der Haftgrund der Verdunkelungsgefahr, insbesondere bei Wirtschaftsdelikten, wistra 1982, 8; *Wenzig*, Die rechtlichen Grundlagen des steuerlichen Verwertungsverbots, DStZ 1983, 255; *Bilsdorfer*, Das Bankgeheimnis, DStR 1984, 498; *ders.*, Steuerfahndungsermittlung bei Banken, DStZ 1984, 415; *Schroeder*, Eine funktionelle Analyse der strafprozessualen Zwangsmittel, JZ 1985, 1028; *Hassemer*, Das Zeugnisverweigerungsrecht des Sydikus-Anwalts, wistra 1986, 1; *Hamacher*, Neue Rechtsprechung zu den Voraussetzungen von Ermittlungsmaßnahmen der Finanzbehörden, DStZ 1987, 224; *Hildebrandt*, Die Behandlung vertraulicher Anzeigen im Steuerstrafverfahren, wistra 1988, 300; *Klos/Weyand*, Probleme der Ermittlungszuständigkeit und Beteiligungsrechte im Steuerstrafverfahren DStZ 1988, 615; *Ricke*, Überwachung und Aufzeichnung des Fernmeldeverkehrs durch den Zollfahndungsdienst, ZfZ 1988, 2; *Krekeler*, Probleme der Verteidigung in Wirtschaftsstrafsachen, wistra 1988, 43; *Bittmann*, Das Beiziehen von Kontounterlagen im staatsanwaltlichen Ermittlungsverfahren, wistra 1990, 325; *Küpper*, Tagebücher, Tonbänder, Telefonate, JZ 1990, 416; *Weyand*, Legalitäts-

I. Allgemeines

prinzip und Praxis des Steuerstrafverfahrens, DStZ 1990, 166; *Bilsdorfer,* Auswertung von CpD-Konten, StBp 1991, 12; *Klinger,* Die Zuständigkeit der StA für Maßnahmen nach § 95 StPO, wistra 1991, 17; *Malek/Rüping,* Zwangsmaßnahmen im Ermittlungsverfahren: Verteidigerstrategien, 1991; *Nelles,* Strafprozessuale Eingriffe in das Hausrecht von Angehörigen, StV 1991, 488; *Otto,* Das Zeugnisverweigerungsrecht des Angehörigen im Verfahren gegen mehrere Beschuldigte, NStZ 1991, 220; *Ranft,* Bemerkungen zu den Beweisverboten im Strafprozeß, Spendel-Festschrift 1992, 719; *Roxin,* Das Zeugnisverweigerungsrecht des Syndikus-Anwalts, NJW 1992, 1129; *Stahl,* Neue Entwicklungen und beratungspraktische Erkenntnisse aus dem Steuerstrafrecht, KÖSDI 1992, 8782; *Hauf,* Beweisverwertungsverbot: „in dubio pro reo" beim Nachweis von Verfahrensfehlern, MDR 1993, 195; *Schmidt,* Die strafprozessuale Verwertbarkeit von Tagebuchaufzeichnungen, Jura 1993, 591; *Klesczewski,* Das Auskunftsersuchen an die Post, StV 1993, 382; *Bär,* Die Überwachung des Fernmeldeverkehrs, CR 1993, 578; *Joerden,* Verbotene Vernehmungsmethoden – Grundfragen des § 136a StPO, JuS 1993, 927; *Blau,* Beweisverbote als rechtssaatliche Begrenzung der Aufklärungspflicht im Strafprozeß, Jura 1993, 513; *Guttenberg,* Die heimliche Überwachung von Wohnungen, NJW 1993, 567; *Kiehl,* Neues Verwertungsverbot bei unverstandener Beschuldigtenbelehrung – und neue Tücken für die Verteidigung, NJW 1994, 1267; *Herzog/Britting,* Telefax-Aufzeichnung – ein Fall der Überwachung des Fernmeldeverkehrs gemäß § 100a StPO ?, wistra 1994, 86; weiteres Schrifttum s. vor Rdnr. 14, 79 u. Rdnr. 110.

Übersicht

I. Allgemeines
1. Entstehungsgeschichte 1, 2
2. Zweck und Bedeutung der Vorschrift 3, 4

II. Die FinB als Ermittlungsbehörde
1. Allgemeines 5–9
2. Vernehmungen 10–13
3. Durchsuchung und Beschlagnahme 14–66
  a) Sicherstellung und Beschlagnahme von Beweismitteln 15–19
  b) Durchsuchung nach Beweismitteln 20–28
  c) Herausgabepflichten 29–33
  d) Grenzen der Beschlagnahme 34–59
    aa) Beschlagnahmefreie Gegenstände 35–44
    bb) Beschlagnahme von Behördenakten 45–47
    cc) Besonderheiten bei Durchsuchung und Beschlagnahme im EDV-Bereich 48–53
    dd) Sonstiges 54–59

  e) Anfertigung von Kopien . . 60
  f) Grenzen der Verwertbarkeit 61–66
4. Sicherstellung von Verfallsgegenständen 67–69
5. Festnahme, Haftbefehl, Identitätsfeststellung 70–76
6. Postbeschlagnahme und Telefonüberwachung 77, 78
7. Ermittlungen im Ausland 79–100
  a) Besitz- und Verkehrsteuern 80–96
  b) Zölle und Verbrauchsteuern 97–100
8. Sonstige Maßnahmen 101, 102
9. Abschluß des Ermittlungsverfahrens 103–105

III. Rechte anderer FinB (§ 399 II AO)
1. Recht des ersten Zugriffs 106
2. Einzelne Befugnisse der anderen Finanzbehörden 107–109

IV. Rechtsschutz gegen Maßnahmen im Ermittlungsverfahren 110–116

I. Allgemeines

1. Entstehungsgeschichte

§ 399 AO 1977 entspricht § 433 RAO, jedoch wurden die Begriffe „*Finanzamt*", „*Finanzämter*" jeweils in „*Finanzbehörde/n*" geändert. § 399 II 2 AO 1977 unterscheidet sich von § 433 II 2 RAO dadurch, daß die FinB auch die Befugnis zu „*sonstigen Maßnahmen*" hat. **1**

§ 399   2-6   Rechte und Pflichten der Finanzbehörde

2   § 433 RAO 1967 wurde durch Art. 1 Nr. 1 AOStrafÄndG v. 10. 8. 1967 (BGBl. I 877) eingefügt. Vorläufer waren § 406 RAO 1919 u. § 441 RAO 1931. Die Rechtslage vor dem AOStrafÄndG war gekennzeichnet durch das Recht der FinB, bei allen Steuervergehen (Geld-)Strafen festzusetzen. Nach § 445 RAO 1931 konnte das Finanzamt seine Strafbefugnis im Wege der Unterwerfung durchsetzen, nach § 447 I RAO 1931 Strafbescheide erlassen. Nachdem das BVerfG diese Regelung durch Urteil v. 6. 6. 1967 (BVerfG 22, 49) unter Hinweis auf Art. 92 Halbs. 1 GG für verfassungswidrig erklärt hatte, wurde die mit § 433 RAO getroffene Regelung notwendig (ausf. Einl 76 ff.).

2. Zweck und Bedeutung der Vorschrift

3   § 399 AO ergänzt § 386 II AO und präzisiert die Rechte und Pflichten, die die FinB bei selbständiger Bearbeitung der Strafsache hat. Der FinB stehen nach § 399 I AO die Kompetenzen der StA zu. Es handelt sich hier um ein abgeleitetes, nicht etwa ein originäres Recht (*Kohlmann* 9 u. *Leise/Cratz* 2 zu § 399 AO), wenn auch die FinB an Weisungen der StA nicht gebunden ist (glA HHSp-*Hübner* 14 zu § 399 AO). Indessen kann die StA das Verfahren jederzeit an sich ziehen (§ 386 IV 2 AO). § 399 I AO wird ergänzt durch die §§ 398, 400, 401, 407 AO.

4   **Ist einer FinB die Zuständigkeit mehrerer FinBn** aufgrund § 387 II AO übertragen worden, so haben diese im Grundsatz ihre Ermittlungsbefugnisse verloren. § 399 II AO ordnet an, daß trotz der Konzentration auf eine Gemeinsame Strafsachenstelle die an sich zuständige FinB das Recht des ersten Zugriffs behält und Maßnahmen nach den für Hilfsbeamte der StA geltenden Vorschriften der StPO ergreifen darf.

Ihre Position entspricht damit derjenigen der Gemeinsamen Strafsachenstelle in den Fällen des § 385 II, des § 386 III und des § 402 AO.

II. Die Finanzbehörde als Ermittlungsbehörde

1. Allgemeines

5   **Kompetenzen der StA** stehen der FinB nur zu, sofern sie nach § 386 II AO die Ermittlungen selbständig führt (Rdnr. 12 ff. zu § 386 AO). Zuständig für die Ermittlungen anstelle der StA sind die in § 386 I 2 AO genannten Behörden, dh das Hauptzollamt, das Finanzamt und das Bundesamt für Finanzen (Rdnr. 3 zu § 386 AO).

6   **Die Oberfinanzdirektionen und die obersten FinBn des Bundes und der Länder** sind nicht zuständig (Rdnr. 19 zu § 397 AO). Ob Weisungen durch sie denkbar sind (Rdnr. 22 zu § 397 AO; *Henneberg*, BB 1973, 85; HHSp-*Hübner* 14 u. *Senge* 2 zu § 386 AO), ist zweifelhaft. Ungeklärt ist weiterhin, inwiefern eine Einflußnahme mittels sogenannter „*Anweisungen für das Straf- und Bußgeldverfahren*" erfolgen darf (vgl. *Kohlmann* 12 zu § 399 AO mwN; Rdnr. 14 ff. zu § 385 AO). Den *Beamten der Steuerfahndung* steht kein selb-

II. Die Finanzbehörde als Ermittlungsbehörde

ständiges Ermittlungsrecht nach § 399 AO zu; sie sind nach § 404 S. 2 AO Hilfsbeamte der StA (HHSp-*Hübner* 13 u. *Senge* 1 zu § 399 AO; s. auch Rdnr. 20 zu § 397 AO).

Die FinB hat gem. § 160 I StPO den Sachverhalt zu ermitteln, dh die 7 Tatsachen, die Schlüsse auf Schuld oder Unschuld des Täters zulassen oder für die Bestimmung der Rechtsfolgen der Tat (§ 160 III 1 StPO) bedeutsam sind. Dabei unterliegt sie dem Legalitätsprinzip (Rdnr. 17 zu § 385 AO; *Brenner* StBp 1980, 223; *Koch/Scholtz/Himsel* 3, *Leise/Cratz* 9, *Senge* 3 u. *Schwarz/Dumke* 5 zu § 399 AO; kritisch *Weyand* DStZ 1990, 166), das die Einleitung eines Strafverfahrens gebieten kann (Rdnr. 10 zu § 397 AO). Die FinB ist zur Objektivität verpflichtet und muß belastende und entlastende Umstände ermitteln (*Kleinknecht/Meyer-Goßner* 14 u. KK-*Wache* 22 zu § 160 StPO).

Die FinB kann den Sachverhalt selbständig ermitteln; sie kann sich auch 8 der Hilfe der Polizei, insbes. aber der Steuerfahndung (*Koch/Scholtz/Himsel* 14 zu § 399 AO), bedienen (§ 161 StPO; *Leise/Cratz* 31 zu § 399 AO). Zudem kann sie von *öffentlichen Behörden* Auskunft verlangen (LR*Rieß* 9f. zu § 161 StPO). Die Behörde ist zu Auskünften jedoch nicht verpflichtet, wenn eine Auskunftserteilung nach einer Erklärung der obersten Dienstbehörde (§ 96 StPO) nicht in Frage kommen soll; s. auch Rdnr. 47.

Der FinB stehen die Befugnisse zu Gebote, die die StA im Ermittlungs- 9 verfahren hat (Rdnr. 10 ff.). Insbesondere kann sie – anders als die Steuerfahndung (Rdnr. 54 zu § 404 AO) – richterliche Untersuchungshandlungen (§ 162 StPO; *Leise/Cratz* 33 zu § 399 AO), namentlich Durchsuchungs- und Beschlagnahmebeschlüsse, beantragen.

2. Vernehmungen

Nach **§ 399 I AO iVm § 161a I StPO** sind Zeugen und Sachverständige 10 *zum Erscheinen und zur Aussage* vor der als StA tätigen FinB *verpflichtet*. Bei unberechtigtem Ausbleiben ist eine zwangsweise Vorführung zulässig (§ 161a II, § 51 I StPO), die im Wege der Amtshilfe durch die Polizei erfolgt (*Koch/Scholtz/Himsel* 17 zu § 399 AO). Auch kann ein Ordnungsgeld verhängt werden (§ 161a II StPO), das auf Verlangen des Betroffenen vom Gericht überprüft wird (§ 161a III StPO). Diese Pflicht zum Erscheinen vor der FinB besteht – strafverfahrensrechtlich – nur im Rahmen des § 399 I AO, gilt also nicht für das Erscheinen vor Beamten der Steuerfahndung (Rdnr. 54 zu § 404 AO; *Kohlmann* 128 zu § 385 AO).

Die Pflicht zur Aussage unterliegt den Vorschriften der §§ 52 ff. StPO. 11 Angehörige sind zur Verweigerung des Zeugnisses berechtigt (§ 52 StPO). Nach § 53 StPO sind Rechtsanwälte, Steuerberater und andere Berufsgeheimnisträger zur Aussage über ihnen anvertraute Umstände (Rdnr. 35 ff.) nur verpflichtet, wenn der Anvertrauende sie von der Verpflichtung zur Verschwiegenheit entbunden hat.

Dem Zeugen ist Gelegenheit zu geben, nach den Angaben zur Person 12 (§ 68 StPO) einen zusammenhängenden Bericht über seine Erinnerung an den Aussagegegenstand zu geben, ehe konkrete Fragen gestellt werden (ähnl. *Wegemer* NStZ 1981, 248).

13 **Auch der Beschuldigte muß auf Ladung vor der FinB erscheinen** (§ 163a III 1 StPO), ist zur Aussage jedoch nicht verpflichtet und entsprechend zu belehren (§ 136 StPO; zu den Rechtsfolgen der unterlassenen Belehrung siehe Rdnr 43 ff. zu § 393 AO). Der Verteidiger hat ein Recht zur Anwesenheit bei der Vernehmung (*Leise/Cratz* 23 zu § 399 AO). Über die Rechtmäßigkeit der Vorführung des Beschuldigten entscheidet auf seinen Antrag das Gericht (§ 163a III 3 StPO).

3. Durchsuchung und Beschlagnahme

Schrifttum: *Brenner,* Wann geben fehlende Durchsuchungszeugen ein Widerstandsrecht bei steuerlicher Haussuchung? DStZ 1972, 303; *Leise,* Zur Frage der Unterrichtung der Staatsanwaltschaft über Zufallsfunde anläßlich von Durchsuchungen durch den Steuerfahndungsdienst, Inf 1973, 67; *Endriss,* Zur Frage des Verwertungsverbots beschlagnahmter Unterlagen im Besteuerungs- und Steuerstrafverfahren, DB 1976, 2087; *Freund,* Wirtschaftskriminalität und Beschlagnahmeprivileg, NJW 1976, 2002; *Gehre,* Wirtschaftskriminalität und Beschlagnahmeprivileg, NJW 1977, 710; *Krekeler,* Beeinträchtigungen der Rechte des Mandanten durch Strafverfolgungsmaßnahmen gegen den Rechtsanwalt, NJW 1977, 1417; *Litzig,* Sicherstellung. Beschlagnahme, Notveräußerung und Erlegung des Wertes, ZfZ 1977, 139; *Misch,* Die richterliche Beschlagnahmeanordnung gem. § 98 Abs. 1 StPO im Steuerstrafverfahren, DB 1977, 1970; *Ehlers,* Durchsuchung – Beschlagnahme – Bankgeheimnis, BB 1978, 1513 mit Erwiderung von *Schaefgen* BB 1979, 1498; *Lohmeyer,* Durchsuchung, Beschlagnahme, Verhaftung und vorläufige Festnahme, StB 1978, 84; *Winklbauer,* Der Rechtsschutz gegen die Durchsuchung einer Steuerberaterkanzlei, DStR 1978, 693; *Schaefgen,* Durchsuchung – Beschlagnahme – Bankgeheimnis, BB 1979, 1498; *Heilmaier,* Die Beschlagnahme von Buchführungsunterlagen des Mandanten beim seinem Steuerberater, Wirtschaftsprüfer oder Rechtsanwalt, DStR 1980, 519; *Birmanns,* Die Beschlagnahme von Buchführungsunterlagen bei dem Steuerberater, MDR 1981, 102 mit Erwiderung von *Höser* MDR 1982, 535; *Gülzow,* Beschlagnahme von Unterlagen der Mandanten bei deren Rechtsanwälten, Wirtschaftsprüfern oder Steuerberatern, NJW 1981, 265; *Rengier,* Praktische Fragen bei Durchsuchungen, insbesondere in Wirtschaftsstrafsachen, NStZ 1981, 372; *Geerds,* Durchsuchungen bei Personen, Räumen und Sachen, Dünnebier-Festschr. 1982 S. 171; *Lohmeyer,* Die Bedeutung des Beschlagnahmeverbots des § 97 StPO für den Wirtschaftsprüfer, WPg 1982, 610; *Stypmann,* Rechtliche und tatsächliche Probleme bei staatsanwaltschaftlichen Durchsuchungs- und Beschlagnahmehandlungen, wistra 1982, 11; *Weinmann,* Die Beschlagnahme von Geschäftsunterlagen des Beschuldigten bei Zeugnisverweigerungsberechtigten, Dünnebier-Festschr. 1982 S. 199; *Baur,* Mangelnde Bestimmtheit von Durchsuchungsbeschlüssen, wistra 1983, 99; *Koch,* Die Beschlagnahme von Geschäftsunterlagen im Wirtschaftsstrafverfahren und der Grundsatz der Verhältnismäßigkeit, wistra 1983, 63; *Rüping,* Durchsuchung, Zufallsfunde und Verwertungsverbote im Steuerstrafverfahren, Grundfragen, 1983, 267; *Wagner,* Zum Problem der richterlichen Durchsuchungsanordnung seit dem Beschluß des BVerfG vom 3. 4. 1979, StWa 1983, 171; *Brenner,* Zur Beschlagnahmefähigkeit von Buchhaltung und Bilanzen beim Steuerberater, BB 1984, 137; *Amelung,* Grenzen der Beschlagnahme notarieller Unterlagen, DNotZ 1984, 195; *Käbisch,* Zum Vorgehen der Steuerfahndung gem. §§ 73 ff. StGB, § 111b StPO, wistra 1984, 10; *Kramer,* Die Beschlagnahmefähigkeit von Behördenakten im Strafprozeß, NJW 1984, 1502; *Mayer-Wegelin,* Der Rechtsschutz im Ermittlungsverfahren wegen Steuerhinterziehung: Theorie und Wirklichkeit, DStZ 1984, 244; *Sieg,* Aushändigung von Kopien beschlagnahmter Unterlagen, wistra 1984, 172; *Birner,* Zur Beschlagnahme von Mandantenunterlagen, StB 1985, 13; *Bauwens,* Beschlagnahme von Buchführungsunterlagen beim Steuerberater, wistra 1985, 179; *Klos,* Grenzen des Beschlagnahmeschutzes bei Angehörigen steuerberatender Berufe, Inf. 1985, 552; *Koch,* Die Beschlagnahme von Geschäftsunterlagen im Wirtschaftsstrafverfahren und der Grundsatz der Verhältnismäßigkeit, wistra 1985, 63; *Schäfer,* Die Beschlagnahme von Handelsbüchern beim Stuerberater, wistra 1985, 12; *Streck,* Das Beschlagnahmeprivileg für Steuerberater und Rechtsbeistände, Stbg 1985, 7; *Schäfer.,*

II. Die Finanzbehörde als Ermittlungsbehörde 14 § 399

Ordnungs- und Zwangsmittel statt Beschlagnahme, wistra 1985, 102; *Schiller,* Unzulässige Einschränkungen des Anwaltprivileges bei der Beschlagnahme?, StV 1985, 169; *Krey/Pföhler,* Zur Weisungsgebundenheit des Staatsanwalts, NStZ 1985, 145; *Göggerle,* Durchsuchungen und Beschlagnahme bei den Angehörigen der rechts- und steuerberatenden Berufe, BB 1986, 41; *Kieback/ Ohm,* Zulässigkeit der Beschlagnahmeanordnung und Kostenerstattungsanspruch der Kreditinstitute, WM 1986, 313; *Pestke,* Die Beschlagnahme von Buchhaltungsunterlagen beim Steuerberater, Stbg. 1986, 39; *Warda,* Die Durchsuchung bei Verdächtigen und anderen Personen nach den §§ 102, 103 StPO, Diss. Köln 1986; *Bandisch,* Mandant und Patient, schutzlos bei Durchsuchung von Kanzlei und Praxis?, NJW 1987, 2200; *Krekeler,* Zufallsfunde bei Berufsgeheimnisträgern und ihre Verwertbarkeit, NStZ 1987, 199; *Bauwens,* Schutz der Mandantenakten bei Durchsuchungen in der Kanzlei des Steuerberaters, StBg. 1988, 100; *Gilgan,* Beschlagnahme von Mandantenunterlagen beim Steuerberater, wistra 1988, 254; *Sdrenka,* Die Beschlagnahme aller Buchführungsunterlagen, Stbg. 1988, 164; *Späth,* Nochmals: Die Beschlagnahme von Buchführungsunterlagen des Mandanten im Gewahrsam des Steuerberaters, Stbg. 1988, 393; *Krekeler,* Durchsuchung und Beschlagnahme in Anwaltsbüros, Festschrift für Koch, 1989, 165; *Moosburger,* § 104 Abs. 2 AO – eine gesetzlich fixierte „Umgehung" des Schutzes von Berufsgeheimnissen?, wistra 1989, 252; *Schmidt, R.,* Die Ausnahme vom Beschlagnahmeverbot gem. § 97 II, 3, 1. Hs. StPO, 1989; *Volk,* Durchsuchung und Beschlagnahme von Geschäftsunterlagen beim Steuerberater, DStR 1989, 338; *Dahs,* Beschlagnahme von Verteidigungsmaterial und die Ausforschung der Verteidigung, Gedächtnisschrift für Meyer, 1990, 61; *Dörn,* Sicherstellung von Geld durch die Finanzbehörde im Steuerstrafverfahren, wistra 1990, 18; *Sdrenka,* Durchsuchung und Beschlagnahme von Geschäftsunterlagen, von Handakten und von Verteidigerpost beim Steuerberater, Wirtschaftsprüfer und Rechtsanwalt, StB 1990, 334; *Stahl,* Durchsuchung der Steuerberaterpraxis, KÖSDI 1989, 7503; *ders.,* Beschlagnahme der Anderkonten von Berufsgeheimnisträgern bei Kreditinstituten, wistra 1990, 94; *Anton,* Wohnungsdurchsuchungen im Rahmen von Überholungen, ZfZ 1991, 370; *Schmidt, R.,* Die Beschlagnahme von (Geschäfts-)Unterlagen beim Zeugnisverweigerungsberechtigten, wistra 1991, 245; *Bandisch,* Formulare und Formeln in der Praxis der Durchsuchung, AnwBl 1992, 355; *Meier/Böhm,* Strafprozessuale Probleme der Computerkriminalität, wistra 1992, 166; *Krekeler,* Verwertungsverbot bei der Durchsuchung, AnwBl 1992, 356; *Müller,* Die Durchsuchungspraxis – Unterwanderung eines Grundrechts, AnwBl 1992, 349; *Schroth/Schneider,* Probleme der Sichtung von Datenträgern vor Ort, CR 1992, 173; *Sommermeyer,* Die materiellen und formellen Voraussetzungen der strafprozessualen Hausdurchsuchung, Jura 1992, 449; *Dörn,* Anforderungen an die Durchsuchung im Steuerstrafverfahren, Stbg 1993, 471; *Krekeler,* Beweisverwertungsverbote bei fehlerhaften Durchsuchungen, NStZ 1993, 263; *Schmidt,* Die strafprozessuale Verwertbarkeit von Tagebuchaufzeichnungen, Jura 1993, 591; *Schreiber,* Die Beschlagnahme von Unterlagen beim Steuerberater, 1993; *Schuhmann,* Durchsuchung und Beschlagnahme im Steuerstrafverfahren, wistra 1993, 93; *Bilsdorfer,* Steuerliche Ermittlungen bei Kreditinstituten, Inf 1994, 545; *Carl/Klos,* Schwarzgeldtransfer nach Luxemburg – Zur Rechtmäßigkeit der Durchsuchung von Kreditinstituten durch die Steuerfahndung, wistra 1994, 211; *Leisner,* Ausforschungsdurchsuchung?, BB 1994, 1941; *Trzaskalik,* Die Strafrechtspflege und das Steuerrecht, DB 1994, 550; *Bär,* Durchsuchungen im EDV-Bereich, CR 1995, 158, 227; *ders.,* Polizeilicher Zugriff auf kriminelle Mailboxen, CR 1995, 489; *Schuhmann,* Zur Beschlagnahme von Mandantenunterlagen bei den Angehörigen der rechts- und steuerberatenden Berufe, wistra 1995, 50; *Krekeler/Schütz,* Die Durchsuchung von beziehungsweise in Unternehmen, wistra 1995, 296; *Lemcke,* Die Sicherstellung gem. § 94 StPO und deren Förderung durch die Inpflichtnahme Dritter als Mittel des Zugriffs auf elektronisch gespeicherte Daten, 1995.

Der FinB steht wie der StA das Recht zur **Anordnung und Durchführung von Durchsuchung und Beschlagnahme** bei Gefahr im Verzuge zu (§§ 94 ff. StPO). Gegenstände der Sicherstellung oder Beschlagnahme sind solche, die für das Verfahren als Beweismittel bedeutsam sein können (§ 94 I StPO) oder die dem Verfall oder der Einziehung unterliegen (§ 111b StPO). Der Zweck ist unterschiedlich; zum einen geht es um die Verhinderung eines Beweisverlustes, zum anderen um die Sicherung der staatlichen Ansprüche auf Verfall und Einziehung. 14

a) Sicherstellung und Beschlagnahme von Beweismitteln

15 **Sichergestellt** werden können Gegenstände, die als Beweismittel in Betracht kommen können (§ 94 I StPO). Daneben ist Sicherstellung zur Zurückgewinnungshilfe denkbar (*Kohlmann* 224 zu § 385 AO). Zu den Gegenständen gehören auch Grundstücke oder Grundstücksteile sowie Computer-Bänder und EDV-Anlagen (*Kleinknecht/Meyer-Goßner* 4 zu § 94 StPO). Sicherstellung ist die Herstellung staatlicher Gewalt über den als Beweismittel in Betracht kommenden Gegenstand (LR*Schäfer* 3 zu § 94 StPO). Sicherheit hinsichtlich der Beweisbedeutung ist nicht nötig (OLG München v. 5. 2. 1977, NJW 1978, 601). Eine Sicherstellung kann schon dann erfolgen, wenn hinsichtlich der Straftat bloßer Anfangsverdacht gegeben ist (*Kleinknecht/Meyer-Goßner* 6 u. LR*Schäfer* 20 zu § 94 StPO; s. aber LG Köln v. 31. 8. 1982, StrVert 1983, 56; LG Köln v. 25. 4. 1983, StrVert 275; *Mayer-Wegelin* DStZ 1984, 244).

16 **Wird der Gegenstand nicht freiwillig herausgegeben** (*Misch* DB 1977, 1970), bedarf es der Beschlagnahme (§ 94 II StPO). *Beschlagnahme* ist die amtliche Verwahrung oder sonstige Sicherstellung eines Gegenstandes auf Grund ausdrücklicher Anordnung (*Kohlmann* 170 zu § 385 AO; LR*Schäfer* 3 vor § 94 StPO). Anordnung und Vollstreckung können zusammentreffen. Regelmäßig erfolgt das dienstliche Inbeschlagnehmen durch Überführung in amtlichen Gewahrsam (*Kleinknecht/Meyer-Goßner* 15 zu § 94 StPO).

17 **Eine Beschlagnahme erfolgt in der Regel auf Anordnung des Richters** (§ 98 I StPO), der ein Antrag der FinB zugrundeliegt (Rdnr. 9). Die Steuerfahndung darf einen Beschlagnahmebeschluß nicht beantragen (Rdnr. 9; *Lohmeyer* S. 96). Zuständig für die richterliche Anordnung der Beschlagnahme in Verfahren nach § 399 I AO ist der Ermittlungsrichter (§ 162 StPO; *Kleinknecht/Meyer-Goßner* 2 zu § 98 StPO). Zu den Anforderungen an den Inhalt eines Durchsuchungsbeschlusses vgl. BVerfG v. 23. 6. 1990, StV 529. Jedoch kann die FinB – oder die Steuerfahndung, § 404 AO – bei Gefahr im Verzuge die Beschlagnahme selbständig anordnen (§ 98 I 1 Halbs. 2 StPO). Ggf. ist dann der Richter zu informieren (§ 98 II 1 StPO).

18 **Gefahr ist im Verzuge,** wenn die richterliche Anordnung nicht eingeholt werden kann, ohne daß der Zweck der Maßnahme gefährdet wird (*Koch/Scholtz/Himsel* 26 zu § 399 AO; KMR-*Müller* 4 u. LR*Schäfer* 35 zu § 98 StPO). Ob bei Einholung der richterlichen Anordnung eine Gefährdung der Maßnahme entstehen würde, entscheidet der Beamte nach pflichtgemäßem Ermessen (OLG Stuttgart v. 11. 12. 1968, NJW 1969, 760; ähnlich *Kohlmann* 135 zu § 385 AO). Ein tatsächlicher oder rechtlicher Irrtum über das Vorliegen dieser Gefahr macht die Anordnung noch nicht unwirksam (BGH v. 13. 10. 1963, JZ 1964, 72; *Kleinknecht/Meyer-Goßner* 5 zu § 98 StPO). Anders kann zu entscheiden sein, wenn ein Ermessensmißbrauch iS eines willkürlichen Handels ohne sachliche oder aus sachfremden Erwägungen in bewußter Überschreitung gesetzlicher Schranken vorliegt (OLG Stuttgart aaO; BGH v. 25. 2. 1985, NStZ 262; BVerfG 42, 237 v. 29. 6. 1976; *Kohlmann* aaO).

Die Durchsicht von Papieren steht der FinB gemäß § 110 StPO auch 19
ohne Zustimmung des Berechtigten zu. Nach § 404 S. 2 AO haben auch die
Beamten der Steuerfahndung – abw. von § 110 II StPO – dieses Recht. Zur
Durchsicht bei EDV-Anlagen s. Rdnr. 48 ff.

b) Durchsuchung nach Beweismitteln

Zum Zwecke des Auffindens beschlagnahmefähiger Beweismittel dürfen 20
beim Verdächtigen und – in engeren Grenzen – bei Dritten Durchsuchungen
durchgeführt werden.

Bei einem Verdächtigen darf eine Durchsuchung seiner Person, seiner 21
Wohn- und Geschäftsräume und seiner Sachen sowohl zum Zwecke der
Ergreifung als auch des Auffindens von Beweismitteln durchgeführt werden
(§ 102 StPO). Die Ermittlungsdurchsuchung muß aufgrund von Schlußfolgerungen aus den Umständen des konkreten Falles oder kriminalistischen
Erfahrungen nötig erscheinen; ein gefühlsmäßig bestimmtes Vorgehen wäre
nicht zulässig (*Kleinknecht/Meyer-Goßner* 2 und KK-*Nack* 3 zu § 102 StPO).

Verdächtig ist eine Person, wenn der Schluß auf die Begehung einer Straf- 22
tat gerechtfertigt ist und Anhaltspunkte vorliegen, die eine Strafbarkeit des Betroffenen als möglich erscheinen lassen (*Kleinknecht/Meyer-Goßner* 4 zu § 163 b
StPO). Hieran fehlt es bei Kindern oder bei nicht behebbaren Verfahrenshindernissen (LR*Schäfer* 18 zu § 102 StPO; s. auch Rdnr. 53 ff. zu § 397 AO).

Bei einem unverdächtigen Dritten ist eine Durchsuchung nur zulässig, 23
wenn das Auffinden von Beweismitteln nicht nur zu vermuten ist, sondern
aufgrund *bestimmter bewiesener Tatsachen* die Annahme gerechtfertigt ist, daß
eine Durchsuchung zum Auffinden *bestimmter Spuren oder Beweismittel* führen
wird (§ 103 StPO). Erleichtert ist die Durchsuchung von Räumen, die der
Beschuldigte während seiner Verfolgung betreten hat (§ 103 II StPO). Eine
Durchsuchung bei Dritten ist nur möglich, wenn das konkrete Beweismittel
(LR*Schäfer* 10 zu § 103 StPO), das gesucht werden soll, auch der Beschlagnahme unterliegt und nicht nach § 97 StPO beschlagnahmefrei ist (*Kohlmann*
148 zu § 385 AO; LR*Meyer* 9 zu § 103 StPO; Rdnr. 35 ff.). Abgrenzungsprobleme gibt es hier namentlich bei Durchsuchungen in Unternehmen (vgl.
Krekeler/Schütz wistra 1995, 296; *Leisner* BB 1984, 1941).

Besteht ein **Tatverdacht** nur gegen einen einzelnen **Mitarbeiter** des Unter- 24
nehmens, kann auf § 102 StPO nur die Durchsuchung solcher Räumlichkeiten gestützt werden, an denen dieser Beschludigte Gewahrsam hat (*Krekeler/
Schütz* wistra 1995, 297; aM *Warda* 1986, 262 ff.). Alle anderen Räumlichkeiten könnten nur iSd § 103 StPO durchsucht werden. Die Praxis versucht sich
damit zu behelfen, daß sie im Regelfall bei einem konkreten Tatverdacht
gegen einen einzelnen Mitarbeiter zugleich davon ausgeht, die Organe des
Unternehmens hätten von diesem strafbaren Verhalten Kenntnis und seien
insofern an der Tat beteiligt; demnach stützt man ggf. die Durchsuchung
auch anderer Unternehmensteile, an denen der einzelne Mitarbeiter unstreitig keinen Gewahrsam hat, auf § 102 StPO (vgl. *Leisner* BB 1994, 1941). In
diesen Fällen liegen jedoch oftmals Ermittlungen „ins Blaue" vor, die recht-

lich unzulässig sind. Denkbar erscheint allein, daß bei der Durchsuchung des konkret verdächtigen Mitarbeiters gem. § 102 StPO Anhaltspunkte dafür gefunden werden, daß Vorgesetzte die Straftat mitgetragen hatten. Insofern wird sich die Möglichkeit der Durchsuchung nach § 102 StPO in mehreren Teilen ergeben, wenn die vorhergehende Durchsuchung Anhaltspunkte für die Verantwortlichkeit weiterer Mitarbeiter bzw. Organe ergeben hat. Jedenfalls gibt es keinen Erfahrungssatz des Inhalts, daß ein einzelner Mitarbeiter Straftaten zugunsten des Unternehmens oder von Kunden nur mit Wissen oder gar Billigung seiner Vorgesetzten begeht.

25 **Die Durchsuchung öffentlicher Gebäude** ist, wie sich aus § 105 III 3 StPO ergibt, im Grundsatz zulässig, jedoch darf die Durchsuchung nicht auf solche Gegenstände gerichtet sein, die beschlagnahmefrei sind.

26 **Ein Anwesenheitsrecht** hat der Beschuldigte nicht, als Inhaber der Räumlichkeiten wohnt er der Durchsuchung aber oftmals bei (*Rengier* NStZ 1981, 375). Das Recht, seinen Verteidiger (telefonisch) von der Ermittlungshandlung zu unterrichten, darf ihm nur beschnitten werden, soweit der Verteidiger der Beteiligung an der Straftat verdächtig ist (s. Rdnr. 39 u. § 138a StPO) oder *konkrete* Anhaltspunkte bestehen, daß die Benachrichtigung zu einer Störung der Durchsuchung führen würde. Nur unter diesen Voraussetzungen kann dem Verteidiger die Anwesenheit in den Räumlichkeiten des Beschuldigten während der Durchsuchung verwehrt werden (ähnl. *Rengier* aaO).

27 Durchsuchungen dürfen nur **durch den Richter,** bei Gefahr im Verzug (Rdnr. 18) durch die FinB oder die Steuerfahndung, angeordnet werden (§ 105 I StPO). Dabei ist gleichgültig, ob beim Beschuldigten oder bei einem unverdächtigten Dritten durchsucht werden soll.

In der Regel werden im Steuerstrafverfahren Durchsuchungen durch den Richter angeordnet, ohne daß diese immer *sofort* oder wenigstens *unverzüglich* durchgeführt werden. Die Wirksamkeit des Durchsuchungsbeschlusses wird von einem **Abwarten der FinB** nicht beeinträchtigt, soweit sich der dem Beschluß zugrundeliegende Sachverhalt nicht ändert (ähnl. *Streck* Nr. 372 u. StrVert 1984, 350). Zum notwendigen Inhalt von Durchsuchungsbeschlüssen s. Rdnr. 65.

28 **Die Nachschau** (§ 210 AO, § 48 BranntwMonG) ist neben der Durchsuchung denkbar, da sie zur *Steueraufsicht* gehört. Gegen den Beschuldigten dürfen jedoch Zwangsmittel zur Durchführung der Nachschau nicht eingesetzt werden (§ 393 I 2 AO; *Bender* Tz. 119, 3; Rdnr. 17, 23 zu § 393 AO).

c) Herausgabepflichten

29 Nach § 95 StPO sind Gegenstände, die als Beweismittel von Bedeutung sein können, auf Anforderung herauszugeben. Bedeutsamster Fall ist die Herausgabe von Geschäftsunterlagen, etwa durch Banken (*Irmer* Inf 1970, 35). Das Bankgeheimnis steht einer solchen Herausgabepflicht nicht entgegen (LG Bremen v. 13. 1. 1978, NJW 958; *Kleinknecht/Meyer-Goßner* 20 zu § 94 StPO; Rdnr. 58). Bei einer Weigerung können Ordnungs- und

Zwangsmittel festgesetzt werden (§ 95 II StPO). Das Herausgabeverlangen kann mit einem Durchsuchungs- und Beschlagnahmebeschluß verbunden sein (LG München I v. 15. 3. 1968, DStZ/B 264).

Herausgabepflichtig ist der Gewahrsamsinhaber (LR*Schäfer* 4 zu § 95 StPO). Da § 95 StPO an die Zeugenpflicht anknüpft, ist der Beschuldigte auch dann nicht zur Herausgabe verpflichtet, wenn er den Alleingewahrsam an dem Gegenstand hat (LR*Schäfer* 5 zu § 95 StPO; *Kohlmann* 168 zu § 385 AO). Soweit ein Gegenstand nach § 97 StPO beschlagnahmefrei ist (Rdnr. 35 ff.), kann die Herausgabe nicht erzwungen werden (KMR-*Müller* 4 u. LR*Schäfer* 6 zu § 95 StPO). 30

Das Herausgabeverlangen kann stellen, wer im konkreten Fall auch zur Anordnung der Beschlagnahme befugt ist (LR*Schäfer* 9 zu § 95 StPO; *Schäfer* wistra 1983, 102). Bei Gefahr im Verzuge sind dies neben dem Richter auch die StA, die FinB und die Steuerfahndung (§ 98 I iVm § 95 StPO). Ist keine Gefahr im Verzuge, wird teilweise der StA/FinB das Recht auf ein Herausgabeverlangen abgesprochen (LG Düsseldorf v. 8. 1. 1993, wistra 199; LG Bonn v. 11. 1. 1982, NStZ 1983, 326 m. abl. Anm. *Kurth* aaO u. abl. Anm. *Schäfer* wistra 1983, 102; *Reiß* StV 1988, 35; *Braczyk* wistra 1993, 57; *Kohlmann* 166 zu § 385 AO m. w. N.). 31

§ 95 StPO knüpft, wie der Absatz 2 zeigt, an die Zeugenpflicht an (*Kleinknecht*/*Meyer-Goßner* 5 u. KK-*Nack* 2 zu § 95 StPO). Dieser steht die Herausgabepflicht, die ebenfalls eine aktive Mitwirkung fordert, näher als der Durchsuchung und Beschlagnahme nach §§ 94, 98 StPO. Zeugen müssen jedoch nach § 161 a I StPO vor der StA/FinB erscheinen und aussagen. Dies spricht dafür, der StA/FinB das Recht nach § 95 StPO zuzugestehen. Eine Verschlechterung der Position des Betroffenen ist damit nicht verbunden, da eine richterliche Überprüfung des Herausgabeverlangens stattfindet, bevor mit einem Zwangsgeld in seine Rechte eingegriffen wird. Eine prozessuale Überholung ist – anders als bei Durchsuchung und Beschlagnahme – nicht denkbar (*Kurth* NStZ 1983, 327). Die FinB kann daher das Herausgabeverlangen nach § 95 StPO wirksam stellen (*Göhler* 77 vor § 59 OWiG; *Kleinknecht*/*Meyer-Goßner* 2, *Rudolphi* 7 zu § 95 StPO; *Kurth* aaO S. 328; *Schäfer* wistra 1983, 102; *Bittmann* wistra 1990, 327; *Klinger* wistra 1991, 17). 32

Wird zu Unrecht ein Zwangsmittel gegen eine Person eingesetzt, die das Recht zur Zeugnisverweigerung (§§ 52 ff. StPO) hat, dann darf das nach § 97 StPO nicht der Beschlagnahme unterliegende Beweismittel nicht verwertet werden (einhM, vgl. LR*Schäfer* 23 u. KK-*Nack* 7 zu § 95 StPO; *Kleinknecht*/*Meyer-Goßner* 11 zu § 95 StPO; KMR-*Müller* 22 vor § 94 StPO; s. auch Rdnr. 43 ff. zu § 393 AO). 33

d) Grenzen der Beschlagnahme

In einigen Fällen unterliegen Durchsuchung und Beschlagnahme engeren Grenzen. Dies gilt insbesondere für beschlagnahmefreie Gegenstände iS des § 97 StPO. 34

aa) Beschlagnahmefreie Gegenstände

35 Nach § 97 StPO unterliegen bestimmte Gegenstände nicht der Beschlagnahme. Das Beschlagnahmeverbot knüpft dabei an die Zeugnisverweigerungsrechte nach den §§ 52, 53 StPO an. Gegenstand des Beschlagnahmeverbots sind der Schriftverkehr zwischen dem Beschuldigten und den nach §§ 52, 53 StPO Zeugnisverweigerungsberechtigten sowie Aufzeichnungen oder Erkenntnisse der in § 53 StPO genannten Personen.

36 **Neben dem Beschuldigten** müssen von etwaigen Beschlagnahmemaßnahmen solche Personen betroffen sein, denen Zeugnisverweigerungsrechte zustehen. In Betracht kommt zunächst das Zeugnisverweigerungsrecht des Angehörigen nach § 52 StPO. Bedeutsamer sind im Steuerstrafverfahren die Zeugnisverweigerungsrechte bestimmter Berufsgruppen nach § 53 I Nr. 1–3a StPO; hierzu gehören namentlich der Verteidiger des Beschuldigten (Rdnr. 48 zu § 392 AO; vgl. auch LG Frankfurt v. 17. 12. 1992, StV 1993, 351), Rechtsanwälte, Notare (*Amelung* DNotZ 1984, 195), Wirtschaftsprüfer, vereidigte Buchprüfer, Steuerberater und Steuerbevollmächtigte (§ 53 I Nr. 2, 3 StPO).

37 **Beschlagnahmefrei** sind schriftliche Mitteilungen zwischen den Beschuldigten und den in Rdnr. 36 genannten Personen. Zu den schriftlichen Mitteilungen gehören namentlich Briefe, und zwar nicht nur die Originale, sondern auch Fotokopien (*Kleinknecht/Meyer-Goßner* 28 zu § 97 StPO), Durchschriften und Abschriften. Weiterhin sind beschlagnahmefrei die Aufzeichnungen der in § 53 I Nr. 1–3a StPO Genannten, insbes. des Verteidigers oder des Steuerberaters, soweit sich diese Aufzeichnungen auf vom Beschuldigten anvertraute Mitteilungen beziehen oder aber auf Umstände, auf die sich ihr Zeugnisverweigerungsrecht erstreckt (§ 97 I Nr. 2 StPO). Gemeint sind solche Vermerke usw., die sich auf Umstände beziehen, die dem Berufsträger entweder anvertraut worden oder auch nur zufällig im Rahmen seiner Berufstätigkeit bekannt geworden sind (*Kleinknecht/Meyer-Goßner* 7 zu § 53 StPO). Hieran fehlt es etwa bei Kenntnissen, die der Rechtsanwalt oder Steuerberater in seiner Eigenschaft als Aufsichtsratsmitglied einer Firma erlangt (OLG Celle v. 13. 12. 1982, NdsRpfl 1983, 124).

Weiterhin sind beschlagnahmefrei „*andere Gegenstände*", auf die sich das Zeugnisverweigerungsrecht iS des § 53 StPO erstreckt (§ 97 I Nr. 3 StPO; s. Rdnr. 38 ff.).

38 **Nur Gegenstände im Gewahrsam des Zeugnisverweigerungsberechtigten** unterliegen nicht der Beschlagnahme (§ 97 II StPO). Ein Alleingewahrsam des Zeugnisverweigerungsberechtigten ist nicht nötig (*Höser* MDR 1982, 535; *Kleinknecht/Meyer-Goßner* 12 zu § 97 StPO; *Kohlmann* 182 zu § 385 AO; LR*Schäfer* 18 zu § 97 StPO). Bei einem Gewahrsam oder Mitgewahrsam des Beschuldigten gilt § 97 I StPO nicht (*Höser* aaO; KMR-*Müller* 4 zu § 97 StPO; *Kohlmann* aaO), selbst dann nicht, wenn sich eine Fotokopie oder gar das Original der entsprechenden Mitteilung usw. im Alleingewahrsam des Verteidigers oder Steuerberaters befindet. Anderes gilt nur für Verteidigerpost; sie darf auch bei dem Beschuldigten nicht beschlagnahmt werden

II. Die Finanzbehörde als Ermittlungsbehörde 39–41 § 399

(BGH v. 24. 3. 1982, NJW 2508; KMR-*Müller* 13 zu § 97 StPO; *Kohlmann* 183 zu § 385 AO; vgl. auch AG Hanau v. 24. 2. 1989, NJW 1493). Endet der Gewahrsam des Zeugnisverweigerungsberechtigten, besteht das Beschlagnahmeverbot nicht mehr. Dies soll auch bei unfreiwilligem Verlust des Gewahrsams gelten (*Kleinknecht/Meyer-Goßner* 13 zu § 97 StPO m. w. N.).

Trotz des Gewahrsams ist eine Beschlagnahme möglich, wenn der Berufsträger der Teilnahme oder der Begünstigung, Strafvereitelung oder Hehlerei verdächtig ist oder wenn es sich um Gegenstände handelt, die durch eine Straftat hervorgebracht sind oder um solche, die zur Begehung einer Straftat gebraucht oder bestimmt sind oder die aus einer Straftat herrühren (§ 97 II StPO; s. Rdnr. 39). Daß eine Strafvereitelung des Berufsträgers die Rechte des Angeklagten berühren soll, ist angesichts der Schutzrichtung des § 97h StPO nicht ohne weiteres nachvollziehbar; zu rechtfertigen ist dies nur, wenn der Angeklagte dahingehend mit dem Berufsträger (kollusiv) zusammenwirkt. 39

Angesichts der Beeinträchtigung der Rechte des Beschuldigten durch Durchsuchungen bei seinem Verteidiger oder Steuerberater (vgl. auch *Schreiber* 1993, 50) sind zudem an die Voraussetzungen des Verdachts der Teilnahme äußerst strenge Maßstäbe anzulegen (*Krekeler* NJW 1977, 1426). Es erscheint erforderlich, hier – wie bei § 103 StPO – einen Teilnahmeverdacht aufgrund *bestimmter Tatsachen* vorauszusetzen (*Krekeler* aaO; ähnl. *Kohlmann* 146 zu § 385 AO; *Schreiber* 1993, 161ff.). Der Verdacht einer Strafvereitelung soll freilich nach der Rspr selbst dann genügen, wenn wahrscheinlich die Voraussetzungen der Straflosigkeit nach § 258 V, VI StGB vorliegen (BGH 25, 168 v. 28. 3. 1968). Ergibt sich der Verdacht aus der Einlassung des (mitbeschuldigten) Mandanten, wird dies regelmäßig nicht genügen; dem Mandanten steht es frei, über eine Entbindung von der Verschwiegenheitspflicht (Rdnr. 40) den Zugriff auf die Unterlagen zu ermöglichen.

Das Verbot des § 97 StPO ist hinfällig, wenn der Gewahrsamsinhaber die Gegenstände freiwillig herausgibt oder nicht mehr zur Verweigerung des Zeugnisses berechtigt ist (KMR-*Müller* 23 zu § 97 StPO). Dies ist dann der Fall, wenn er von der Verpflichtung durch den Berechtigten entbunden worden ist; eine Ausnahme besteht nur für Geistliche (§ 53 II StPO). Die Entbindung muß durch denjenigen erfolgen, zu dessen Gunsten die Schweigepflicht gesetzlich begründet ist. Dies ist bei einer GmbH der Geschäftsführer; der Konkursverwalter allein kann auch dann nicht entbinden, wenn Straftaten zum Nachteil der Gesellschaft von deren Geschäftsführern begangen worden sind (OLG Schleswig v. 27. 5. 1980, NJW 1981, 294; LG Saarbrücken v. 26. 5. 1995, wistra 239 m. Anm. *Weyand* wistra 1995, 240; *Gülzow* NJW 1981, 265; krit. *Haas* wistra 1983, 183). 40

Die **Beschlagnahmefähigkeit von Buchführungsunterlagen** ist umstritten. Diese sind idR „*andere Gegenstände*" iS des § 97 I Nr. 3 StPO und damit im Grundsatz beschlagnahmefrei (LG Köln v. 27. 5. 1960, NJW 1874; LG Stuttgart v. 7. 11. 1975, NJW 1976, 2030; LG Aachen v. 1. 10. 1979, MDR 1981, 160; LG München v. 14. 12. 1983, NJW 1984, 1191; *Glashoff* StB 1980, 41

80; *Heilmaier* DStR 1980, 519; *Gülzow* NJW 1981, 265; *Lohmeyer* WPg 1982, 616; *Leise* 3 F zu § 399 AO; Schmitz/*Tillmann* S. 68; aM LG Berlin v. 10. 11. 1976, NJW 1977, 725; LG Braunschweig v. 23. 6. 1978, NJW 2108; LG Aachen v. 16. 3. 1981, MDR 603; LG Saarbrücken v. 6. 4. 1984, wistra 200; LG Stuttgart v. 5. 8. 1983, wistra 1985, 41; LG München I v. 3. 8. 1984, wistra 1985, 41; LG Stuttgart v. 14. 9. 1987, wistra 1988, 40; LG Darmstadt v. 18. 3. 1988, NStZ 286; *Freund* NJW 1976, 2004; *Birmanns* MDR 1981, 102; *Stypmann* wistra 1982, 13; *Brenner* BB 1984, 138; s. auch *Kohlmann* 187 ff. zu § 385 AO).

42   **Beschlagnahmefähig** sind Buchführungsunterlagen, soweit sie Tatwerkzeuge (*instrumenta sceleris*) sind (§ 97 II 3 StPO). Dies ist nicht schon dann der Fall, wenn sie nach dem Täterplan bei der Tatausführung „*in breitestem Sinne*" (*Freund* NJW 1976, 2004) Verwendung gefunden haben, etwa Grundlage für die unrichtige Steuererklärung waren. Tatwerkzeuge sind sie nur, soweit sie inhaltlich falsch bzw. manipuliert sind (LG Stuttgart v. 7. 11. 1975, NJW 1976, 2030; OLG Hamburg v. 8. 1. 1981, MDR 603; s. auch Koch/Scholtz/ *Himsel* 33 zu § 399 AO; *Stypmann* wistra 1982, 13; Schmitz/*Tillmann* 70).

43   **Ist der Steuerberater der Teilnahme verdächtig,** ergibt sich die Beschlagnahmefähigkeit der Unterlagen aus § 97 II 3 StPO (Rdnr. 39; zu weit *Gehre* NJW 1977, 710, der den Anfangsverdacht schon bei objektiv unrichtiger Bilanz bejahen will, dagegen zu Recht *Stypmann* wistra 1982, 13 Fußn. 16; vgl. auch LG Berlin v. 14. 7. 1992, NStZ 1993, 146).

44   Im übrigen ist eine Beschlagnahmefähigkeit dieser Unterlagen dann (und nur dann) gegeben, wenn sie der Steuerberater lediglich aufbewahrt bzw. Aufgaben übernommen hat, die nicht steuerliche Beratungstätigkeit darstellen. Dienen die Unterlagen noch der Anfertigung der Jahresabschlüsse bzw. Steuererklärungen, sind sie beschlagnahmefrei (LG Berlin v. 10. 11. 1976, NJW 1977, 725; LG Hildesheim v. 21. 4. 1988, wistra 327; Koch/*Scholtz*/ *Himsel* 32, *Kohlmann* 196 ff. zu § 399 AO). Nach Erstellung des Abschlusses bzw. der Erklärung verkümmert der Steuerberater zum reinen Verwahrer, so daß insofern eine Beschlagnahme statthaft ist. Soweit in der Literatur hiergegen eingewandt wird, die Buchhaltungsunterlagen stünden nicht im Alleingewahrsam des steuerlichen Beraters (*Biermanns* MDR 1981, 102) ist dies eine bloße Behauptung (zutr. *Kohlmann* 196 zu § 385 AO; *Höser* MDR 1982, 536). Ebenso unzutreffend ist ein Rückgriff auf die Dispositionsbefugnis des Mandanten (*Schmidt* wistra 1991, 245), denn mit diesem Argument liefe § 97 Abs. 1 Nr. 3 StPO gänzlich – und nicht nur in Fällen der Buchhaltungsunterlagen – leer (vgl. *Kohlmann* 196 zu § 385 AO).

bb) Beschlagnahme von Behördenakten

45   **Behördenakten** gehören zu den beschlagnahmefähigen Gegenständen iS der §§ 94, 103 StPO (LG Darmstadt v. 20. 10. 1977, NJW 1978, 901; LG Bremen v. 8. 7. 1980, NJW 1981, 592; LG Koblenz v. 22. 7. 1982, wistra 1983, 166; KG v. 22. 6. 1989, NStZ 541; *Kramer* NJW 1984, 1502; *Walter* NJW 1978, 871; *Kohlmann* 177 zu § 385 AO; KK-*Nack* 3 zu § 96 StPO; *Göhler* 79 vor § 59 OWiG mwN; aM LG Wuppertal v. 14. 10. 1977, NJW 1978, 902; LR*Schäfer* 4a zu § 96 StPO).

II. Die Finanzbehörde als Ermittlungsbehörde   46–51 § 399

Dies gilt auch für Akten der FinB (aM *Leise/Cratz* 83 zu § 399 AO); eine **46**
andere Frage ist, inwieweit der Akteninhalt zur Grundlage strafgerichtlicher
Entscheidung gemacht werden darf (Rdnr. 42, 52 zu § 393 AO). Zudem hat
der Grundsatz der Verhältnismäßigkeit hier besondere Bedeutung (LG Bremen v. 8. 7. 1980, NJW 1981, 592).

Soweit eine Sperrerklärung von der obersten Dienstbehörde (§ 96 StPO) **47**
abgegeben wurde, ist eine (Aufrechterhaltung der) Beschlagnahme unzulässig (ähnl. *Göhler* 79 vor § 59 OWiG; *Kramer* NJW 1984, 1506; *Kohlmann* 177
zu § 399 AO; *Lohmeyer* S. 99). Eine Auswertung der Akte ist erst zulässig,
wenn die oberste Dienstbehörde Gelegenheit hatte, eine Sperrerklärung abzugeben (glA *Kramer* aaO). Die Anordnung der Beschlagnahme ist bei Behördenakten dem Richter vorbehalten, da eine Gefahr im Verzuge kaum
gegeben sein wird (*Göhler* aaO).

cc) Besonderheiten bei Durchsuchung und Beschlagnahme im EDV-Bereich

Computerhard- und Software ist „Gegenstand" iSd § 94 StPO und gehört **48**
damit zu den beschlagnahmefähigen Gegenständen. So ist der PC des Beschuldigten, der sich im häuslichen Arbeitszimmer befindet, beschlagnahmefähig. Probleme ergeben sich jedoch dann, wenn die EDV-Anlage auch
von anderen, Nichtbeschuldigten, benutzt wird, wie es bei zentralen Rechnern in Unternehmen oftmals der Fall ist, oder es sich gar um einen Rechner
handelt, zu dem der Beschuldigte wie eine Vielzahl anderer im Online-Betrieb
Zugang hat. Hier stellen sich Sonderprobleme auch im Hinblick auf die Frage,
inwiefern Ermittlungen etwa bei öffentlichen Mailboxen zulässig sind.

Hat der Beschuldigte **Alleingewahrsam** an der Hard- oder Software, ist **49**
die Durchsuchung gem. § 102 StPO bzw. die Beschlagnahme nach § 94
StPO ohne weiteres möglich (*Bär* CR 1995, 228). Im Rahmen des Verhältnismäßigkeitsgrundsatzes kann es geboten sein, dem Beschuldigten nach
einer Datenträgerreproduktion den Rechner zurückzugeben bzw. zu belassen (vgl. auch Rdnr. 60).

Steht der Rechner im **Gewahrsam Dritter,** ist eine Durchsuchung nur **50**
nach Maßgabe des § 103 StPO zulässig. Dementsprechend darf nur gesucht
werden, wenn das Ziel der Durchsuchung hinreichend individualisiert ist,
also wenigstens der Gattung nach näher bestimmt werden kann (*Bär* CR
1995, 168). In diesem Zusammenhang ist inbesondere der Grundsatz der
Verhältnismäßigkeit zu beachten (*Bär* CR 1995, 229). Unzulässig ist es jedoch, statt einer Durchsuchung vor Ort Online-Recherchen vorzunehmen
und etwa auf diese Art und Weise Datenbestände zu überspielen (vgl. *Bär* CR
1995, 228 f.).

Die Inpflichtnahme Dritter ist in diesem Zuammenhang denkbar. So **51**
kann etwa ein Sachverständiger als Ermittlungsgehilfe eingesetzt werden,
wenn es gilt, an den Inhalt des Computers heranzukommen bzw. die dort
enthaltenen Daten lesbar zu machen (*Lemcke* 1995, 203 ff.). Des weiteren
kann ein Zeuge zu der Frage vernommen werden, wie der Zugang zum
Rechner möglich wird, etwa nach dem entsprechenden Codewort (*Lemcke*

1995, 195 ff.). Nichtverbales Tätigwerden ist von der Zeugenpflicht jedoch nicht umfaßt (*Lemcke* 1995, 189 ff.).

52 **Der Zugriff auf Mailboxen** (zur Funktionsweise *Bär* CR 1995, 490) ist hingegen im Rahmen eines Strafverfahrens nur in engen Grenzen möglich (vgl. *Lührs* wistra 1995, 20; *Meier/Böhm* wistra 1992, 166, 169). Die StPO kennt eine explizite Ermächtigungsgrundlage nicht, die §§ 102, 103 StPO greifen nicht ein (*Bär* CR 1995, 494). § 163 StPO enthält eine reine Aufgabenzuweisung (*Bär* CR 1995, 494), eine Durchsuchung am Ort der Mailbox ist nur im Rahmen des § 100 a StPO, in Fällen der Steuerhinterziehung also *nicht* möglich (*Bär* CR 1995, 499). Hingegen unterliegen die Datenbestände, die sich etwa auf der Festplatte des Rechners in Gewahrsam des Beschuldigten befinden, solchen Grenzen nicht (*Lührs* wistra 1995, 20).

53 Die **Durchsicht der Papiere** iSd § 110 StPO ist bei der Beschlagnahme von elektronisch gespeicherten Daten erst dann abgeschlossen, wenn sämtliche Datenbestände zumindest auf der Ebene der Inhaltsverzeichnisse („directories") gesichtet worden sind (*Bär* CR 1995, 231, mwN.). Dies gilt jedenfalls für solche, die mit Hilfe eines Rechners visuell wahrnehmbar gemacht werden können (BGH v. 3. 8. 1995, wistra 348). Demgegenüber geht das LG Köln (v. 11. 8. 1994, NStZ 1995, 54) davon aus, daß die Durchsuchung bereits dann beendet sei, wenn der Staatsanwalt festgestellt habe, daß sich in dem Datenbestand jedenfalls auch Daten befänden, die als Beweismittel in Betracht kämen. Ein auf behördliche Datenträger kopierter Datenbestand sei im ganzen Beweismittel, gleichgültig, ob sich neben den letztlich beweiserheblichen auch noch andere Daten auf ihm befänden. *Klaas* (NStZ 1995, 55) begründet dies mit der Erwägung, eine vollständige Überspielung sei nötig, um den Vorwurf zu vermeiden, daß bei der Auswertung, Übertragung oder dem Ausdruck von Daten manipuliert worden sei. Ungeachtet der Tragweite dieses Arguments: Selbst wenn eine solche umfassende Datensicherung nötig sein sollte, erschöpft sich ein solches „Beweismittel" darin, daß es die Vollständigkeit eines Datenbestandes beweist. Nichts gesagt ist über die Frage, welche Datensätze tatsächlich für das Verfahren relevant sind, so daß die Durchsicht iSd § 110 StPO (frühestens) abgeschlossen ist, wenn zumindest die Inhaltsverzeichnisse überprüft wurden. Im übrigen ist dieses Problem für den Rechtsschutz des Betroffenen nicht von besonderer Bedeutung (Rdnr. 110 ff.).

dd) Sonstiges

54 **Nach der Beendigung der Durchsuchung** müssen dem Betroffenen auf sein Verlangen eine schriftliche Bestätigung und ein Verzeichnis der sichergestellten Gegenstände überlassen werden (§ 107 StPO; *Kohlmann* 161 zu § 385 AO). Dies gilt auch bei der Beschlagnahme von EDV-Unterlagen. Die Bezeichnung muß dabei möglichst genau erfolgen. Die gängige Praxis, die beschlagnahmten Unterlagen sehr pauschal zu bezeichnen („1 Karton mit losen Unterlagen"), ist rechtswidrig (*Kohlmann* 161 zu § 385 AO).

55 **Notarielle Urkunden** können regelmäßig beschlagnahmt werden, da sie nicht geheimhaltungsbedürftig, sondern zur Kenntnisnahme im Geschäfts-

II. Die Finanzbehörde als Ermittlungsbehörde   56–60 § 399

verkehr bestimmt sind (LG Darmstadt v. 12. 12. 1986, wistra 1987, 232; LG Stuttgart v. 21. 4. 1988, wistra 245; *Kohlmann* 203 zu § 385 AO). Entwürfe von Verträgen sind, soweit sie sich bei dem betreffenden Notar befinden, beschlagnahmefrei nach § 97 I Nr. 2 StPO (*Kohlmann* 203 zu § 385 AO).

Anderkonten eines Rechtsanwalts unterfallen dem Zeugnisverweigerungsrecht nach § 53 I Nr. 3 StPO und sind grundsätzlich beschlagnahmefrei (*Kohlmann* 204 zu § 385 AO). Möglich ist hingegen eine Beschlagnahme der das Anderkonto betreffenden Unterlagen bei dem kontoführenden Kreditinstitut (BVerfG v. 9. 10. 1989, wistra 1990, 97; LG Würzburg v. 20. 9. 1989, wistra 1990, 118; *Kohlmann* 204 zu § 385 AO). Zu Testamenten vgl. *Kohlmann* 205 zu § 385 AO; LG Arnsberg v. 23. 10. 1992, wistra 1993, 199; *Ost* wistra 1993, 177). 56

Tagebücher bzw. tagebuchartige Aufzeichnungen unterliegen dem Kernbereich privater Lebensgestaltung (BVerfG v. 14. 9. 1989, NJW 1990, 563). Sie sind deshalb dem staatlichen Zugriff in der Regel entzogen, was die Möglichkeit, eine Sichtung insoweit vorzunehmen, unberührt läßt (vgl. *Blau* Jura 1993, 520; *Ranft,* Spendel-FS 1992, 719, 730). Die Entscheidung des Bundesverfassungsgerichts vom 14. 9. 1989 (NJW 1990, 563), die wegen Stimmengleichheit die Verfassungswidrigkeit die Entscheidung des BGH v. 9. 7. 1987 (NJW 1988, 1037) verneinte, stellt jedenfalls klar, daß im Hinblick auf die Verwertung abzuwägen ist, ob dem Erfordernis einer wirksamen Rechtspflege der Vorrang vor dem Grundrecht auf freie Entfaltung der Persönlichkeit einzuräumen ist. Dies wird regelmäßig nur bei erheblichen Straftaten der Fall sein, bei denen nach der Art der Tat auch nicht ausgeschlossen werden kann, daß es zu einer Wiederholung mit gravierenden Folgen für Individuen kommt (vgl. *Kleinknecht/Meyer-Goßner* Einl. 56a). Im Zusammenhang mit Steuerstraftaten wird regelmäßig dem allgemeinen Persönlichkeitsrecht des Beschuldigten Vorrang einzuräumen sein, so daß Tagebücher und tagebuchähnliche Aufzeichnungen unverwertbar sind (vgl. *Hofmann* JuS 1992, 592; *Schmidt* Jura 1993, 594; *Küpper* JZ 1990, 416 ff.). Fotoalben dürften diesem Kernbereich idR nicht unterfallen. 57

Ein Bankgeheimnis kennen Steuerstrafverfahren und StPO nicht (LG Hamburg v. 10. 1. 1978, NJW 958; *Kleinknecht/Meyer-Goßner* 2, LR*Dahs* 4 u. KK-*Pelchen* 2 zu § 53 StPO; *Klein/Orlopp* 3 u. *Leise/Cratz* 102 zu § 399 AO; *Kohlmann* 12 zu § 405 AO; *Stypmann* wistra 1982, 13). Dementsprechend unterliegt die Durchsuchung und Beschlagnahme bei Banken nicht den Grenzen des § 97 StPO. 58

Das BundesstatistikG steht einer Beschlagnahme von Ausfuhrerklärungen nach § 9 I Nr. 1, 2 AWV nicht entgegen (LG Koblenz v. 22. 7. 1982, wistra 1983, 166; s. auch Rdnr. 45). 59

e) Anfertigung von Fotokopien

Durchsuchung und Beschlagnahme unterliegen wie alle strafprozessualen Zwangsmaßnahmen dem **Grundsatz der Verhältnismäßigkeit** (Rdnr. 18 zu § 385 AO; s. auch LG Hildesheim v. 29. 7. 1983 und BVerfG v. 19. 8. 1983, 60

NdsRpfl 1984, 46). Dieser kann im Einzelfall die Anfertigung von Fotokopien unter Verzicht auf die Beschlagnahme von Unterlagen gebieten, und zwar besonders dann, wenn es *allein* auf den Aussagegehalt der Unterlagen ankommt und die Echtheit der Unterlagen nicht bezweifelt wird (BGH Beschl. v. 3. 6. 1983 u. v. 18. 11. 1983, bei *Schmidt* MDR 1984, 186; *Koch* wistra 1983, 64). Werden die Originale noch benötigt, sind dem Betroffenen Ablichtungen zur Verfügung zu stellen (BGH aaO; *Krekeler* wistra 1983, 45; aM *Sieg* wistra 1984, 172). Dies gilt jedenfalls dann, wenn die längere Zeit dauernde Wegnahme von Geschäftsunterlagen zu einem erheblichen Handicap für den Betrieb werden kann (*Koch* aaO; *Leise/Cratz* 42 zu § 399 AO; zur Beschlagnahme bei EDV vgl. Rdnr. 49).

f) Grenzen der Verwertbarkeit

61   **Zufallsfunde,** dh Gegenstände, die zwar keinen unmittelbaren Bezug zur Untersuchung haben, aber auf die Verübung einer anderen Straftat hindeuten, sind nach § 108 StPO in Beschlag zu nehmen. Von der Beschlagnahme ist die StA in Kenntnis zu setzen (§ 108 S. 2 StPO). Inwieweit solche Zufallsfunde bei einer Durchsuchung *durch die FinB* sicherzustellen oder zu verwerten sind, ist zweifelhaft (*Leise* Inf 1973, 67; *Brenner* DStZ 1974, 12). Nach *Kleinknecht/Meyer-Goßner* (4 zu § 108 StPO; ähnl. *Ehlers* BB 1978, 1513) hat das Steuergeheimnis den Vorrang, außer bei zwingendem öffentlichem Interesse an der Strafverfolgung (§ 30 IV Nr. 5 AO; s. Rdnr. 78 zu § 393 AO); eine Beschlagnahme soll daher nicht möglich sein. Überwiegend hält man jedoch den § 108 StPO für unbeschränkt anwendbar; aus § 393 II AO ergebe sich, daß einer Weitergabe an die StA das Steuergeheimnis nicht entgegenstehe (*Kohlmann* 159 zu § 385 AO; ebenso *Buschmann/Luthmann* S. 145; *Jobski* ZfZ 1980, 302).

62   **Die Kenntnis vom Vorhandensein von Gegenständen iS des § 108 StPO** ist bei selbständiger Ermittlungstätigkeit der FinB *„in einem Strafverfahren wegen einer Steuerstraftat"* (§ 30 II Nr. 1 b AO) erlangt und unterfällt damit im Grundsatz dem Steuergeheimnis. Nach § 30 IV Nr. 1 u. 4a AO darf die FinB ihre Erkenntnisse jedoch an die StA weitergeben, auch wenn kein zwingendes öffentliches Interesse iS des § 30 IV Nr. 5 AO (Rdnr. 75 zu § 393 AO) besteht. In demselben Umfang ist die Beschlagnahme von Zufallsfunden an sich möglich (*Brenner* DStZ 1974, 12; *Schaefgen* BB 1979, 1499).

63   Das Problem ist, ob die FinB eine Beschlagnahme auch von solchen Zufallsfunden anordnen darf, die ausschließlich Nicht-Steuerstraftaten betreffen. Hier dürfte sie weder selbständig (§ 399 I AO) noch unselbständig (§ 402 AO) ermitteln. Insofern ist die Beschlagnahme nach § 108 StPO unzulässig (ähnl. *Rüping* Grundfragen S. 282). Wie in den Fällen des § 97 StPO besteht ein Verwertungsverbot, das allerdings nur eine sehr begrenzte Reichweite hat, da eine neuerliche Beschlagnahme durch die StA nach Aufhebung der Beschlagnahme der FinB durch das Gericht durchaus möglich ist.

64   Wird die Durchsuchung so angelegt und ausgeführt, daß die im richterlichen Durchsuchungsbeschluß ausdrücklich festgelegte Beschränkung des

II. Die Finanzbehörde als Ermittlungsbehörde

Durchsuchungszwecks unbeachtet bleibt, sind die „*zufällig*" erlangten Beweismittel keine Zufallsfunde iS des § 108 StPO (LG Bonn v. 1. 7. 1980, NJW 1981, 292; LG Baden-Baden v. 16. 5. 1989, wistra 1990, 118; *Lohmeyer* WPg 1982, 612; *Mayer-Wegelin* DStZ 1984, 246; *Kohlmann* 160 zu § 385 AO; *Klein/ Orlopp* 12 zu § 399 AO). Gleiches gilt, wenn bei einer Durchsuchung wegen des Verdachts einer Nicht-Steuerstraftat ein Beamter der Steuerfahndung hinzugezogen wird, ohne daß auch nur der Anfangsverdacht einer Steuerstraftat bestünde, und der Beamte systematisch Geschäftsunterlagen durchsieht (LG Bremen v. 13. 7. 1984, wistra 241; zur unbegründeten Berufung auf „Gefahr im Verzuge" vgl. LG Darmstadt v. 12. 8. 1993, StV 573).

Wird die mit dem richterlichen Durchsuchungsbeschluß eingeräumte 65 **Befugnis bewußt überschritten** (Rdnr. 64), können erlangte Beweismittel unverwertbar sein (LG Bonn v. 1. 7. 1980, NJW 1981, 292; LG Bremen v. 13. 7. 1984, wistra 241; LG Baden-Baden v. 16. 5. 1989, wistra 1990, 118). Unverwertbar sind zudem Durchsuchungsergebnisse, wenn der Durchsuchungs- und Beschlagnahmebeschluß unvollständig ist, insbes. keine Einzelangaben zu dem strafrechtlichen Vorwurf enthält, der Grund der Durchsuchung und Beschlagnahme ist (BVerfG 42, 212 v. 26. 5. 1976; BVerfG v. 3. 9. 1991, wistra 1992, 60; LG Karlsruhe v. 27. 11. 1968, ZfZ 1972, 215; LG Köln v. 25. 4. 1983, StrVert 277; *Endriss* DB 1976, 2087; *Misch* DB 1977, 1971; *Baur* wistra 1983, 99; *Bandisch* AnwBl 1992, 355; vgl. die Zahlen in AnwBl 1992, 356). Insbesondere reicht eine bloß formelhafte Widergabe der Strafvorschriften nicht aus (*Kohlmann* 150 zu § 385 AO).

Beruht eine Beschlagnahme auf einer rechtswidrigen Durchsuchung, führt 66 dies nicht ohne weiteres auch zu einer Rechtswidrigkeit der Beschlagnahme (*Kohlmann* 210 zu § 385 AO). Immerhin wäre es denkbar, den beschlagnahmten Gegenstand einerseits zurückzugeben andererseits eine sofortige (rechtmäßige) Beschlagnahme zu verfügen. Insofern wird sich ein Verwertungsverbot für beschlagnahmte Gegenstände nur ergeben, wenn im Rahmen der Durchsuchung besonders schwerwiegende Mängel aufgetreten sind (*Kohlmann* 210 zu § 385 AO).

4. Sicherstellung von Verfallsgegenständen

Zur Sicherung des staatlichen Anspruchs auf Einziehung und Verfall 67 (§§ 73, 74 StGB) können Gegenstände und Vermögensvorteile ebenfalls sichergestellt werden (§ 111b StPO).

Dringende Gründe für die Annahme der Voraussetzungen für Verfall und 68 Einziehung sind gegeben, wenn bestimmte Tatsachen mit großer Wahrscheinlichkeit erwarten lassen, daß das Gericht in einem Urteil die materiellrechtlichen objektiven und subjektiven Voraussetzungen für die Anordnung des Verfalls oder der Einziehung bejahen und die Anordnung treffen wird (*Kleinknecht/Meyer-Goßner* 8f. zu § 111b StPO; Rdnr. 6 zu § 401 AO). Ob sachlichrechtlich die Voraussetzungen für Einziehung oder Verfall gegeben sind, ist nach den §§ 73, 74 StGB, 375 AO zu beurteilen (Rdnr. 3 zu § 401 AO; s. auch *Käbisch* wistra 1984, 10).

69 Bei drohendem Verderb oder Wertverlust dürfen die Gegenstände nach den Vorschriften der ZPO über die Verwertung gepfändeter Sachen veräußert werden; der Erlös tritt bei Einziehung und Verfall dann an die Stelle des Gegenstandes (§ 111 l I StPO).

5. Festnahme, Haftbefehl, Identitätsfeststellung

70 Nach § 127 I StPO hat jedermann das Recht, einen anderen vorläufig festzunehmen, der auf frischer Tat betroffen oder verfolgt wird usw. Darüber hinaus dürfen die StA und die Beamten des Polizeidienstes bei Gefahr im Verzug (Rdnr. 18) auch dann eine vorläufige Festnahme durchführen, wenn die Voraussetzungen eines Haftbefehls oder eines Unterbringungsbefehls vorliegen (*Rank* ZfZ 1977, 205). Im Steuerstrafverfahren steht dieses Recht auch der FinB zu (*Leise/Cratz* 169, 172 zu § 399 AO).

71 **Die Voraussetzungen eines Haft- oder Unterbringungsbefehls** bestimmen sich nach den §§ 112ff., 126a StPO. Nötig ist zunächst der dringende Verdacht einer (Steuer-)Straftat; dieser ist gegeben, wenn nach dem gegenwärtigen Stand der Ermittlungen die Wahrscheinlichkeit einer Strafbarkeit des Beschuldigten groß ist (*Kohlmann* 227 zu § 385 AO; *Kleinknecht/Meyer-Goßner* 5 zu § 112 StPO). Hinzukommen muß einer der in § 112 II StPO benannten Haftgründe, namentlich Flucht bzw. Flucht- oder Verdunkelungsgefahr.

72 **Fluchtgefahr** besteht, wenn aufgrund bestimmter Tatsachen zu besorgen ist, der Beschuldigte werde sich dem Strafverfahren entziehen. Eine hohe Straferwartung kann, muß aber nicht Fluchtgefahr begründen (*Kleinknecht/Meyer-Goßner* 23 zu § 112 StPO). Indizien für Fluchtgefahr sind zB außergewöhnliche, hohe Abhebungen von Konten (ähnl. *Kohlmann* 228 zu § 385 AO); *gegen* Fluchtgefahr sprechen starke familiäre oder berufliche Bindungen.

73 **Verdunkelungsgefahr** besteht, wenn aufgrund bestimmter Tatsachen sehr wahrscheinlich ist, daß der Beschuldigte auf Beweismittel einwirken wird (*Kleinknecht/Meyer-Goßner* 26 zu § 112 StPO; *Krekeler* wistra 1982, 8), und damit die Gefahr droht, daß die Ermittlungen erschwert werden. Besonders bedeutsam ist die Einwirkung auf Zeugen.

74 **Ein Haftbefehl wird grundsätzlich auf Antrag der StA erlassen** (vgl. § 126 I, § 128 II 2 StPO) und kann nach § 116 StPO außer Vollzug gesetzt werden. Soweit die FinB das Ermittlungsverfahren selbständig durchführt, kann auch sie den Erlaß eines Haftbefehls beantragen; § 386 III AO steht dem nicht entgegen, da er den *Erlaß* des entsprechenden Haft- oder Unterbringungsbefehls voraussetzt (ähnl. *Kohlmann* 230 zu § 385 AO). Jedoch wird die FinB den Antrag auf Erlaß eines Haftbefehls mit der zuständigen StA abstimmen, da diese nach § 386 III AO vom Erlaß des Haftbefehls an die Ermittlungen weiterführt.

75 Die Anordnung der Untersuchungshaft darf nicht außer Verhältnis zur Bedeutung der Tat und der zu erwartenden Strafe oder Maßregel stehen. Vorausgesetzt ist, daß die vollständige Aufklärung der Tat und die schnelle

II. Die Finanzbehörde als Ermittlungsbehörde 76–78 § 399

Bestrafung des Täters nicht anders gewährleistet werden kann (BVerfG 20, 144 v. 27. 7. 1966; 32, 93 v. 13. 10. 1971); bei geringer Straferwartung wird eine Anordnung nur in besonderen Ausnahmefällen in Betracht kommen (vgl. *Kohlmann* 229 zu § 385 AO).

Darüber hinaus hat die FinB nach § 163 b StPO das Recht zur Feststellung 76 der Identität von verdächtigen und unverdächtigen Personen (*Brenner* ZfZ 1984, 34).

6. Postbeschlagnahme und Telefonüberwachung

Die Postbeschlagnahme nach § 99 StPO ist grundsätzlich nur durch den 77 Richter, bei Gefahr im Verzuge (Rdnr. 18) auch durch die StA möglich (§ 100 I StPO). Sofern die FinB die Ermittlungen nach § 399 I AO selbständig führt, kann auch sie eine Postbeschlagnahme anordnen. Sie muß jedoch binnen drei Tagen eine Bestätigung des Richters herbeiführen (§ 100 II StPO). Eine Öffnung der ausgelieferten Gegenstände steht dem Richter zu; dieser kann jedoch die Befugnis der StA oder der FinB übertragen (§ 100 III StPO).

Eine Überwachung des Fernmeldeverkehrs (§ 100a StPO) ist auch in 78 einem Verfahren wegen Steuerhinterziehung nicht völlig ausgeschlossen (aM wohl HHSp-*Hübner* 22 zu § 404 AO). Denkbar ist sie jedoch nur, wenn Steuerstraftaten im Rahmen einer kriminellen Vereinigung (§ 129 StGB) begangen werden. Dann ist gem. § 100a Nr. 1c StPO eine Telefonüberwachung zulässig. In diesen Fällen ist jedoch nach § 386 II AO keine selbständige Ermittlungsbefugnis der FinB mehr gegeben. Die FinB kann daher lediglich bei der StA den Antrag auf Anordnung einer solchen Überwachung bzw. (bei Gefahr im Verzug) deren Anordnung anregen (vgl. § 100b StPO). Soweit Zufallserkenntnisse aus einer anderweitig angeordneten Telefonüberwachung auf eine Steuerhinterziehung hindeuten, sind diese unverwertbar (§ 100b V StPO). Dies gilt – entgegen *Klein/Orlopp* (14 zu § 399 AO) nicht erst seit einer expliziten Regelung in § 100b V StPO; es war gefestigte Rechtsprechung, daß Zufallserkenntnisse – abgesehen von Ermittlungen im Umkreis einer kriminellen Vereinigung – nur insoweit verwertet werden konnten, als es um Katalogtaten iSd § 100a StPO ging. Dies ist bei der „klassischen Steuerhinterziehung" niemals der Fall, sondern allenfalls denkbar im Zusammenhang mit Ermittlungen im Zollbereich (vgl. *Kohlmann* 223 zu § 385 AO).

7. Ermittlungen im Ausland

Schrifttum: *Petry,* Der Rechts- und Amtshilfeverkehr mit Österreich in Zoll-, Verbrauchsteuer- und Monopolangelegenheiten, ZPr 1971, 193; *Hurst,* Zusammenarbeit der Zollverwaltungen der EWG-Mitgliedstaaten bei der Erhebung von Abgaben und Bekämpfung von Zuwiderhandlungen, ZfZ 1972, 353 ff.; *Petry,* Der vertragslose zwischenstaatliche Rechts- und Amtshilfeverkehr der Zollverwaltungen im Verfahren gegen Zuwiderhandlungen gegen Zollgesetze, ZAk 1973, 43; *Dorsch,* Das internationale Übereinkommen über die gegenseitige Verwaltungshilfe, ZfZ 1977, 322; *Schröder,* Verwaltungsrechtshilfe mit dem Ausland in Fiskalsachen, DDZ 1981, F 121;

Giemulla/Brock, Auslieferungstabelle, 1982; *Habenicht*, Rechtshilfeverkehr mit der Schweiz und Liechtenstein auch in sogenannten Fiskalsachen?, wistra 1982, 173; *Streck*, Sachverhaltsermittlung im nationalen und internationalen Steuerrecht sowie Steuerstrafrecht, JbFfSt 1982/83, 99; *Blumers/v. Siebenthal*, Steuerstrafrechtliche Ermittlungen deutscher Behörden in der Schweiz, DB 1984, 262; *Hurst*, Die Auswirkungen des neuen schweizerischen Rechtshilfegesetzes auf den deutschschweizerischen Rechtshilfeverkehr in Fiskalsachen, ZfZ 1984, 354; 1985, 2; *Zacharias*, Auskünfte ohne Amtshilfeersuchen (sogenannte Spontanauskünfte) von Deutschen an ausländische Zollbehörden, ZfZ 1986, 66; *Dreßler*, Rechts- und Amtshilfe in Steuerangelegenheiten durch die Schweiz, StBp 1986, 193; *Petry*, Die Zusammenarbeit der Zollverwaltungen und § 66 des Gesetzes über die internationale Rechtshilfe in Strafsachen, ZfZ 1986, 285; *Eilers*, Das Steuergeheimnis als Grenze des internationalen Auskunftsverkehrs, 1987; *Fischer*, Internationale Steuerauskunft und deutsches Verfassungsrecht, RIW 1987, 722f.; *Dreßler*, Rechtshilfe in Steuerstrafsachen durch die Schweiz, wistra 1989, 161; *von Bubnoff*, Auslieferung, Verfolgungsübernahme, Vollstreckungshilfe, 1989; *Behmisch*, Internationale Rechtshilfe durch die Schweiz bei Steuervergehen, StV 1990, 320; *Dannekker*, Der Schutz der Beteiligten beim internationalen Auskunftsverfahren in Steuerstrafsachen, StV 1990, 124; *Carl/Klos*, Das Luxemburger Bankgeheimnis aus der Sicht des EG-Bürgers, DStZ 1991, 577; *dies.*, Das Schweizer Bankgeheimnis, DStR 1991, 1285; *Wolff*, Das Bankgeheimnis in Liechtenstein, AnwBl 1991, 62; *Carl/Klos*, Rechtsschutzprobleme bei steuerlichen Spontanauskünften an ausländische Finanzbehörden, DStR 1992, 528; *Schertenleib*, Die Rechtshilfe bei Abgabebetrug nach dem neuen schweizerischen Rechtshilfegesetz, RIW 1983, 176; *Wolff*, Das Bankgeheimnis in Liechtenstein, AnwBl 1991, 62; *Kerwat*, Das EG-Amtshilfegesetz und der Europäische Binnenmarkt, DStZ 1992, 729; *Schomburg/Lagodny*, Neuere Entwicklungen der internationalen Rechtshilfe in Strafsachen, NStZ 1992, 353; *Uhlig/Schomburg/Lagodny*, Gesetz über die internationale Rechtshilfe in Strafsachen, 2. Aufl. 1992; *Vogler/Wilkitzki*, Gesetz über die internationale Rechtshilfe in Strafsachen, Kommentar, 1992; *Carl*, Internationale Rechtshilfe in Steuerstrafsachen, Inf 1993, 653; *Schomburg/Lagodny*, Neuere Entwicklungen im Recht der internationalen Rechtshilfe in Strafsachen, StV 1994, 393; *Stork*, Spontanauskünfte durch die Finanzverwaltung, DB 1994, 1321; *Carl/Klos*, Bankermittlungen in Österreich im Rahmen der Amts- und Rechtshilfegewährleistung in Steuersachen, wistra 1995, 95; *dies.*, Internationale Kontrollmitteilungen zwischen Steuerbehörden, CR 1995, 235; *Pieper*, Rechts- und Amtshilfe in Steuerangelegenheiten durch die Schweiz, insbesondere im Hinblick auf das schweizerische Bankgeheimnis, 1995; *Wolters*, „Ausgleichsmaßnahmen" nach dem Schengener Durchführungsübereinkommen, Kriminalistik 1995, 172; *Klinkhammer*, Amts- und Rechtshilfe im Bereich der Steuerhinterziehung und des Subventionsbetrugs, ZfZ 1996, 37.

79 Ermittlungen deutscher Strafverfolgungsbehörden im Ausland stellen in der Regel einen Eingriff in die Souveränität des ausländischen Staates dar; Ermittlungsmöglichkeiten deutscher Behörden enden an der Staatsgrenze (BVerfG RIW/AWD 1983, 703, 705; *Streck*, Steuerfahndung Rdnr 617). Weder die Staatsanwaltschaft noch die Finanzbehörde darf selbständig im Ausland ermitteln; umgekehrt dürfen ausländische Behörden keine Ermittlungen im Inland anstellen. Abgesehen von steuerrechtlichen Regelungen, die gegebenenfalls der Finanzbehörde hilfsreich zur Seite stehen (z. B. § 90 Abs. 2, § 160 AO) und den Ermittlungsmöglichkeiten der Informationszentrale Ausland beim Bundesamt für Finanzen kann die Aufklärung von Auslandsachverhalten nur mit Unterstützung des ausländischen Staates erfolgen. Soweit es um den strafrechtlichen Gehalt eines Verhaltens des Steuerpflichtigen geht, kann sich die Staatsanwaltschaft bzw. Finanzbehörde des Mittels der Rechtshilfe bedienen. Im Hinblick auf steuerrechtliche Fragen besteht die Möglichkeit der Gewährung von Amtshilfe durch ausländische Staaten. Die damit gewonnenen Erkenntnisse sind regelmäßig – vorbehaltlich der Grenzen des strafprozessualen Beweisverfahrens – auch im Strafverfahren verwertbar.

II. Die Finanzbehörde als Ermittlungsbehörde   80–82 § 399

a) Besitz- und Verkehrsteuern

aa) **Die Rechtshilfe durch die Bundesrepublik Deutschland** richtet sich 80
unter anderem nach dem IRG, die **Rechtshilfe für die Bundesrepublik
Deutschland** richtet sich nach dem europäischen Übereinkommen über die
Rechtshilfe in Strafsachen (EuRhÜbK) und über die Auslieferung (EuAusl-
Übk) sowie nach diversen bilateralen und multilateralen Verträgen bzw.
nationalen gesetzlichen Regelungen (vgl. die Übersicht in NJW 1995, 243).
Die anderen Staaten leisten dabei entweder große Rechtshilfe oder kleine
Rechtshilfe. Die *kleine Rechtshilfe* umfaßt die Befragung von Zeugen, die
Sicherstellung von Unterlagen und Akten, auch im Wege der Durchsuchung, Gegenüberstellungen und Zustellungen. Die *große Rechtshilfe* umfaßt
neben der kleinen Rechtshilfe auch die Aus- und Durchlieferung sowie die
Vollstreckungshilfe. Als sonstige Rechtshilfe gilt jede Unterstützung in einer
strafrechtlichen Angelegenheit, die die deutsche Rechtshoheit einer nichtdeutschen Rechtshoheit leistet (BGH 2, 290, 294 v. 24. 4. 1952; *Vogler/
Wilkitzki*, 16 zu § 59 IRG).

Der **Verkehr mit den ausländischen Behörden** richtet sich nach den 81
Richtlinien über den Verkehr mit dem Ausland in straffälligen Angelegenheiten (RiVASt), die in einem „Länderteil" die vorhandenen wesentlichen
Erkenntnisse über die Rechtshilfepraxis ausländischer Staaten dokumentieren. Auch Finanzbehörden dürfen im Rahmen ihrer Zuständigkeit Rechtshilfeersuchen erledigen und stellen sowie kriminaltechnische Gutachten erstatten (RiVASt Nr. 127).

Die **Mitgliedstaaten des EuRhÜbK** gewähren einander die „sonstige 82
Rechtshilfe". Art. 1 des Übereinkommens ermöglicht die Rechtshilfe in
Strafsachen, Art. 2a) sieht die Möglichkeit vor, Rechtshilfe im Rahmen von
fiskalisch strafbaren Handlungen zu verweigern. Durch ein Zusatzprotokoll
zu diesem Übereinkommen üben die Vertragsparteien dieses Recht „*zur
Verweigerung der Rechtshilfe nicht allein aus dem Grund aus, daß das Ersuchen eine
strafbare Handlung betrifft, welche die ersuchte Vertragspartei als eine fiskalische
strafbare Handlung ansieht*" (Art. 1). Rechtshilfe wird insofern durchgeführt,
„*wenn die Handlung nach dem Recht der ersuchenden Vertragspartei strafbar ist und
einer strafbaren Handlung derselben Art nach dem Recht der ersuchten Vertragspartei
entspricht*" (Art. 2 Abs. 1). Das Abkommen ist in Kraft in Belgien, Dänemark, Finnland, Frankreich, Griechenland, Island, Israel, Italien, Liechtenstein, Luxemburg, Niederlande, Norwegen, Österreich, Schweden,
Schweiz, Spanien und Türkei. Das Zusatzprotokoll vom 17. März 1978, mit
dem die Gewährung von Rechtshilfe bei fiskalischen strafbaren Handlungen
nicht mehr in das Ermessen des ersuchten Staates gestellt ist, ist in Kraft in
Dänemark, Finnland, Frankreich, Griechenland, Irland, Italien, Niederlande, Norwegen, Österreich, Schweden, Türkei und Spanien. „*Fakultativ*" ist
insofern die Gewährung der sonstigen Rechtshilfe durch Island, Israel,
Liechtenstein, Luxemburg und die Schweiz. Durch Israel erscheint eine
Rechtshilfe in fiskalischen Strafsachen nicht ausgeschlossen (RiVASt
Nr. 10). Liechtenstein lehnt die Leistung von Rechtshilfe in fiskalischen

Strafsachen ab (RiVASt Nr. 6; vgl. auch *Wolff* AnwBl 1991, 62); gleiches gilt für das Fürstentum Luxemburg (RiVASt Nr. 7). Luxemburg gewährt jedoch Rechtshilfe wegen der in Art. 50 des Schengener Durchführungsübereinkommens genannten fiskalischen Straftaten. Die Schweiz gewährt Rechtshilfe in fiskalischen Strafsachen nur, soweit Gegenstand ein Bannbruch ist oder aber die Straftat einen „Abgabebetrug" im Sinne des schweizerischen Bundesgesetzes über die internationale Rechtshilfe in Strafsachen darstellt (unten Rdnr 84). Belgien gewährt Rechtshilfe nach Maßgabe des Art. 50 Schengener Abkommen.

83 Rechtshilfe in Fiskalangelegenheiten gewähren auch Australien, Brasilien, Chile, Großbritannien, Irland, Kroatien, Mali, Malta, Marokko, Polen, Rest-Jugoslawien, Slowenien, Tunesien, Ungarn und die USA. Im Verhältnis zu den ehemaligen britischen Kolonien ist ein Rechtshilfeverkehr in Anlehnung an deutsch-britische Vereinbarungen teilweise möglich. Rechtshilfe ist „*nicht ausgeschlossen*" durch Ägypten, Algerien, Bolivien, Indien, Indonesien, Iran, Japan, Kanada, Niederländische Antillen, Portugal, Slowakai, Tschechische Republik.

84 **Die schweizerische Eidgenossenschaft** gewährte Rechtshilfe vor dem Inkrafttreten des IRSG am 1. 1. 1983 lediglich zur Entlastung des Beschuldigten (vgl. *Habenicht* wistra 1982, 173 ff.). Seit dem Inkrafttreten des Gesetzes gewährt sie Rechtshilfe auch dann, wenn es sich bei dem Fiskaldelikt um einen Bannbruch handelt, der nach schweizerischem Recht keine Steuerstraftat darstellt, oder um eine Steuerhinterziehung, die nach schweizerischem Strafrecht als „Abgabebetrug" einzuordnen ist. Das schweizerische Steuerstrafrecht unterscheidet zwischen der (einfachen) Steuerhinterziehung, die vorsätzlich oder fahrlässig begangen werden kann, und dem Abgabe- bzw. Steuerbetrug, der vorsätzliches Handeln voraussetzt. Die einfache Steuerhinterziehung ist die Herbeiführung einer Steuerverkürzung durch inhaltlich unwahre Angaben, etwa durch das Verschweigen (schweizerischer) Kapitaleinkünfte in der Steuererklärung.

85 **Ein Abgabebetrug** setzt die Täuschung der Steuerbehörden mit betrügerischen Mitteln voraus. Qualifikationsmerkmale (zusammenfassend *Dreßler* wistra 1989, 161 ff.; *Pieper* 1995, 67 ff.) sind die Fälschung von Urkunden oder der Gebrauch von gefälschten oder verfälschten Urkunden oder von Urkunden, die erhebliche Tatsachen unrichtig oder unvollständig wiedergeben oder die Anstiftung von Dritten zur Abgabe von falschen Bestätigungen oder Aussagen (arglistiges Verhalten; vgl. auch *Klein/Orlopp* 6 zu § 385 AO). Dabei stellen nach schweizerischem Recht Buchführung und ihre Bestandteile Urkunden dar. Die mangelnde Übereinstimmung tatsächlicher Geschäftsvorfälle mit den Buchungseintragungen, wie z. B. die Nichtbuchung von Einnahmen oder Ausgaben, fiktive Transaktionen usw. ist nach schweizerischem Recht daher stets als strafrechtlich relevante Urkundenfälschung (Herstellung einer inhaltlich unwahren Urkunde) zu qualifizieren. Die Verwendung einer solchen Buchführung im Veranlagungsverfahren ist Abgabebetrug der zur Rechtshilfe durch die Schweiz führt (zusammenfassend *Dreßler* aaO).

II. Die Finanzbehörde als Ermittlungsbehörde   86–88 § 399

Die Rechtshilfe wird nicht nur von der Schweiz von einem **Spezialitäts-** 86
vorbehalt (*Dreßler* wistra 1989, 165) abhängig gemacht, an den ein Verwertungsgebot gekoppelt ist. Die im Rechtshilfeverfahren erlangten Beweise dürfen nur in dem Strafverfahren verwendet werden, das im Rechtshilfeersuchen genannt ist. Kommt es im Strafverfahren zu einem Schuldspruch, können insoweit auch die Ergebnisse der Rechtshilfe im Veranlagungsverfahren berücksichtigt werden. Erfolgt ein Freispruch oder wird das Strafverfahren eingestellt, ist eine Verwendung der übermittelten Auskünfte im Veranlagungsverfahren unzulässig (*Klein/Orlopp* 6 zu § 385 AO). *Strafprozessual* besteht ein Verwertungsverbot, wenn der ausländische Staat der Verwertung von „auf dem kleinen Dienstweg" überlassenen Unterlagen widerspricht und berechtigterweise die Rechtshilfe verweigert (BGH v. 8. 4. 1987, wistra 259).

Die verfahrenstechnische Abwicklung der Rechtshilfe mit den genannten 87
Staaten ist völlig unterschiedlich (vgl. RiVASt).

Die große Rechtshilfe in Form der Aus- oder Durchlieferung bzw. der 88
Vollstreckungshilfe richtet sich nach dem EuAuslÜbk und dem europäischen Vollstreckungsübereinkommen.

Das EuAuslÜbk ist in Kraft in Dänemark, Finnland, Frankreich, Griechenland, Irland, Island, Israel, Italien, Liechtenstein, Luxemburg, Niederlande, Norwegen, Österreich, Portugal, Schweden, Schweiz, Spanien, Türkei, Großbritannien und Zypern. Nach Art. 5 des Abkommens wird in Abgaben-, Steuer-, Zoll- und Devisenstrafsachen die Auslieferung nur bewilligt, wenn dies zwischen Vertragsparteien vereinzelne oder Gruppen von strafbaren Handlungen dieser Art vereinbart worden ist. Im zweiten Zusatzprotokoll zum EuAuslÜbk (Art. 2) ist geregelt, daß auch bei solchen Delikten die Auslieferung bewilligt wird „wegen Handlungen", ... „die nach dem Recht der ersuchten Vertragspartei einer strafbaren Handlung derselben Art entsprechen". Diesem Zusatzprotokoll zum EuAuslÜbk ist in Kraft in Dänemark, Finnland, Island, Italien, Niederlande, Norwegen, Österreich, Portugal, Schweden, Schweiz, Spanien und Zypern. Österreich hat jedoch einen Vorbehalt im Hinblick auf die Auslieferung für Devisenvergehen erklärt (*Grützner/Pötz* III 1b). Die Schweiz hat die entsprechende Regelung nicht angenommen (*Grützner/Pötz* III 1b Fn. 3) Auf der Grundlage bilateraler Verträge oder vertragloser Grundlage erfolgt eine Auslieferung bzw. ist möglich durch Australien, Brasilien, Chile, Israel, Japan, Malta, Marokko, Norwegen, Rest-Jugoslawien, Kroatien, Polen, Slowenien, Türkei, Tunesien, Ungarn, Vereinigtes Königreich, Vereinigte Staaten.

Keine Auslieferung in Fiskalangelegenheiten erfolgt unter anderem durch Belgien, soweit nicht Art. 50 des Schengener Übereinkommens eingreift, Kanada, Liechtenstein und Luxemburg, soweit nicht der Art. 50 des Schengener Übereinkommens eingreift. Bei mehreren Ländern, bei denen nach der Zusammenstellung in der Anlage zu den RiVASt noch vor einigen Jahren keinerlei Auslieferung stattfand (z. B. Griechenland und Spanien), hat sich die tatsächliche Praxis oder die Rechtslage geändert (vgl. *Schomburg/ Lagodny* StV 1994, 393). Auch sonst ist eine solche Zusammenstellung mit

Vorsicht zu betrachten, da selbst bei einer einschlägigen Praxis des ausländischen Staates im Einzelfall die Interessenlage eine andere sein kann, weil z. B. dieser Staat selbst eine Person aus der Bundesrepublik Deutschland eingeliefert bekommen möchte. Zudem ändern sich politische Verhältnisse und selbst im Verhältnis zu Liechtenstein, Luxemburg und Schweiz kann vor dem Hintergrund europäischer Integrationsbestrebungen keine definitive Aussage für eine Zeit getroffen werden, in der eine Verjährung der Steuerhinterziehung (vgl. § 78b Abs. 4nF) erfolgt.

89 Einen **Rechtsschutz gegen Rechtshilfeersuchen** der Bundesrepublik Deutschland gibt es – weil es sich um schlichte Ermittlungshandlungen handelt – regelmäßig nicht. Rechtsschutz kann nur vor Ort, im ersuchten Staat, stattfinden. Zur Bedeutung des Steuergeheimnisses vgl. *Eilers,* Das Steuergeheimnis als Grenze des internationalen Auskunftsverkehrs 1987; zu Spontanauskünften vgl. *Carl/Klos* DStR 1992, 528.

90 **bb) Amtshilfe in Fiskalangelegenheiten** wird der Bundesrepublik Deutschland auf der Grundlage bilateraler oder multilateraler Verträge gewährt (vgl. BMF v. 1. 12. 1988, BStBl I, 466; v. 2. 1. 1996, BStBl I, 5; BFH v. 17. 5. 1995, DB 1447).

91 Nach der sogenannten **kleinen Auskunftsklausel** werden Auskünfte erteilt, die zur Durchführung des Doppelbesteuerungsabkommens selbst notwendig sind. Hierzu gehören Informationen, die für eine zutreffende Abgrenzung der Besteuerungsrechte der beiden Vertragsstaaten erforderlich sind bzw. solche, die eine dem Abkommen widersprechende Vermeidung einer Doppelbesteuerung oder einer doppelten Steuerbefreiung der von dem Doppelbesteuerungsabkommen erfaßten Einkommen dienen. Nach der **großen Auskunftsklausel** können alle Informationen übermittelt werden, die für die zutreffende Steuerfestsetzung im anderen Staat erheblich sein können. Namentlich mit Hilfe der großen Auskunftsklausel kann von seiten der Finanzbehörde eine Vielzahl von Informationen auf steuerlicher Grundlage gewonnen werden, etwa Auskünfte ausländischer Finanzbehörden oder aber steuerliche Ermittlungen in dem Betrieb des ausländischen Geschäftspartners.

92 Die **große Auskunftsklausel** liegt mittelbar der EG-Richtlinie über die gegenseitige Amtshilfe zwischen den Mitgliedstaaten aus dem Jahr 1979 zugrunde und ist im EG-Amtshilfegesetz umgesetzt worden. Dementsprechend findet ein umfänglicher Auskunftsaustausch – auch in Form von Spontanauskünften statt im Verhältnis zu Ägypten, Australien, Belgien, Dänemark, Finnland, Frankreich, Griechenland (keine Spontanauskünfte), Großbritannien, Island, Irland (keine Spontanauskünfte), Italien (vgl. BFH v. 8. 2. 1995, DB 1110), Kanada, Liberia, Luxemburg (nicht bei Holding-Gesellschaften, keine Gegenseitigkeit für Ermittlungen bei Kreditinstituten), Niederlande (Verwertung im Steuerstrafverfahren nur mit ausdrücklicher Zustimmung), Neuseeland, Norwegen, Österreich (keine Gegenseitigkeit für steuerliche Ermittlungen bei Kreditinstituten), Pakistan (keine Spontanauskünfte), Portugal, Schweden, Spanien und Vereinigte Staaten von Amerika. Der Auskunftsaustausch erstreckt sich primär auf den Bereich der Einkommen-, Körperschaft-, Gewerbe- und Vermögensteuer.

II. Die Finanzbehörde als Ermittlungsbehörde   93–96 § 399

Die **kleine Auskunftsklausel** findet sich in Verträgen mit Argentinien, 93
Brasilien, China, Ecuador, Elfenbeinküste, Indien, Indonesien, Iran, Israel,
Jamaika, Japan, Kenia, Korea, Malaysia, Malta, Marokko, Mauritius, Philippinen, Polen, Rumänien, Sambia, Schweiz, Singapur, Sri Lanka, Südafrika, Thailand, Trinidad/Tobago, Tschechoslowakei, Tunesien, Ungarn und
Zypern. Insbesondere bei den ehemaligen Staatshandelsländern ist nach den
gesellschaftlichen Umbrüchen damit zu rechnen, daß im Rahmen der Neuverhandlung von Doppelbesteuerungsabkommen auch hier die große Auskunftsklausel Eingang finden wird.

Soweit die steuerliche vertragliche Regelung enger ist als die über die 94
strafrechtliche Rechtshilfe wird letztere nicht durch das Vorhandensein entsprechender Abkommen über die Amtshilfe eingeengt (vgl. *Vogler/Wilkitzki*
11 vor § 59 IRG).

cc) **Nach Einführung des innergemeinschaftlichen Warenverkehrs** und 95
Abschaffung steuerlicher Grenzkontrollen an den Binnengrenzen der EG-Mitgliedstaaten zum 1. 1. 1993 ist zur Sicherstellung der ordnungsgemäßen
Besteuerung an die Stelle der Grenzkontrollen ein EDV-gestütztes Informationssystem zwischen den Mitgliedstaaten getreten. Grundlage dieses „Kontrollverfahrens" ist die „Richtlinie des Rates vom 16. 12. 1991 zur Ergänzung
des gemeinsamen Mehrwert-Steuersystems und zur Änderung der Richtlinie
77/388/EWG im Hinblick auf die Beseitigung der Steuergrenzen – 91/680/
EWG" und zum anderen die „Verordnung (EWG) Nr. 218/92 des Rates vom
27. 1. 1992 über die Zusammenarbeit der Verwaltungsbehörden auf dem
Gebiet der indirekten Besteuerung (NWSt)" – Amtshilfeverordnung. Neben
der Amtshilfe-Verordnung, die als unmittelbar geltendes Recht keiner Umsetzung in das nationale Recht bedarf, bilden die neu eingefügten §§ 18a bis e
und § 27a AO StGB die Rechtsgrundlagen für den EDV-gestützten Informationsaustausch.

Die **Mitgliedstaaten** sind nach Art. 4 der Amtshilfe-Verordnung ver- 96
pflichtet, die Informationen, die sie mit den zusammenfassenden Meldungen
von ihren Unternehmern erheben, innerhalb von drei Monaten nach Ablauf
des jeweiligen Kalendervierteljahres in elektronische Datenbanken zu speichern und mindestens fünf Jahre vorzuhalten. Diese Informationen werden
zwischen den Mitgliedstaaten per Datenfernübertragung ausgetauscht.
In einer ersten Stufe kann jeder Mitgliedstaat allen anderen Mitgliedstaaten
in zusammenfassenden Meldungen (ZM) angegebenen Umsatzsteuer-Identifikationsnummern und aus jedem Mitgliedstaat für den entsprechenden Erwerber die Summe aller Beträge, die in diesem Mitgliedstaat unter der entsprechenden Nummer gemeldet wurden, also jeweils den Gesamtbetrag aller
innergemeinschaftlichen Erwerber eines Erwerbers aus einem Mitgliedstaat
abfragen. In dieser Phase werden die Umsatzsteuer-Identifikationsnummern
nicht ausgetauscht (Art. 4 Abs. 2 der Amtshilfe-Verordnung).
In einer zweiten Stufe können die Mitgliedstaaten weitere Informationen
erhalten, wenn sie diese für die Kontrolle des innergemeinschaftlichen Erwerbs benötigen (vgl. *Pich,* Das neue Umsatzsteuer-Binnenmarktgesetz,
2. Aufl. 1993). So können sie unverzüglich erhalten oder aus Datenbanken

abrufen die Umsatzsteuer-Identifikationsnummer aller Unternehmer eines Mitgliedstaates, die in ihren zusammenfassenden Meldungen innergemeinschaftliche Lieferungen an Erwerber aus dem anfragenden Mitgliedstaat gemeldet haben und die jeweils von den Einzelunternehmern für die einzelnen Geschäftsbeziehungen mit Erwerbern aus den anfragenden Mitgliedstaaten gemeldeten Beträge (je Kalendervierteljahr). Daneben kann gemäß § 5 Amtshilfe-Verordnung, § 18d UStG die Bundesrepublik (hier: das Bundesamt für Finanzen) in Einzelfällen ein Antrag auf Erteilung weiterer Auskünfte stellen. Dabei werden die Geschäftsunterlagen vor Ort bei dem Unternehmer eingesehen. Die Abfrage solcher Einzelauskünfte erfolgt von der Finanzbehörde über das Bundesamt für Finanzen.

b) Zölle und Verbrauchsteuern

97 aa) Die Rechtshilfe für Zölle und Verbrauchsteuern entspricht der bei Besitz- und Verkehrsteuern (vgl. *Klinkhammer* ZfZ 1996, 37 ff.). Als Besonderheit ist zu beachten, daß nach schweizerischem Recht der Bannbruch kein Fiskaldelikt darstellt, so daß insofern eine Auslieferung denkbar wäre.

98 Deutschland unterhält mit praktisch allen wichtigen Handelspartnern (außer der Schweiz) ein dichtes Netz multilateraler oder bilateraler Abkommen über die Zusammenarbeit bei der Verfolgung von Zollzuwiderhandlungen (*Bender* 112), die sich auf den kleinen Rechtshilfeverkehr (oben Rdnr 88) beschränken; vgl. auch die Zusammenstellung in RiVASt Anlage I zu Anhang II.

99 bb) **Auf EG-Ebene** richtet sich die Amtshilfe der Zollverwaltung nach der Unterstützungs-Verordnung der EG (Verordnung (EWG) Nr. 1468/81 des Rates vom 19. Mai 1981). Daneben existiert eine Vielzahl weiterer Vorschriften (vgl. *Bail/Schädel/Hutter*, Zollrecht, F X 1 Nr. 10). Regelmäßig steht das Steuergeheimnis der Amtshilfe hier nicht entgegen; allerdings dürfen die erhaltenen Auskünfte nur für die Zwecke des Übereinkommens verwendet werden. Nach einem Zusatzprotokoll (VSF Z 4617 Nr. 3) sind die Zollbehörden nicht zur Weitergabe von Auskünften verpflichtet, die sie von Banken oder gleichgestellten Instituten erhalten haben.

Des weiteren unterhält die Bundesrepublik zweiseitige Abkommen über die wechselseitige Unterstützung der Zollverwaltungen. Solche Verträge bestehen mit Finnland, Island, Kanada, Norwegen, Österreich, Schweden, Spanien und den Vereinigten Staaten von Amerika. Soweit es um die Bekämpfung von Zollzuwiderhandlungen geht, entsprechen diese bilateralen Abkommen inhaltlich im wesentlichen dem EG-Übereinkommen einschließlich der ergänzenden Entschließung über die Bekämpfung des Rauschgiftschmuggels und des Schmuggels mit Wasserfahrzeugen (vgl. *Bender* Rdnr 112). Unterschiedlich geregelt ist die Zusammenarbeit auf dem Gebiet des Besteuerungsverfahrens sowie der Vollstreckung.

100 Auch bei vertragslosem Zustand findet eine Kooperation der Zollverwaltungen (entsprechend § 117 AO) statt. Hierzu gehört auch die Schweiz (vgl. *Bender* Rdnr 112, *Hurst* ZfZ 1985, 3).

III. Rechte anderer Finanzbehörden   101–106 § 399

8. Sonstige Maßnahmen

Die FinB kann die **Entnahme von Blutproben,** die **Aufnahme von Licht-** 101
bildern und Fingerabdrücken sowie die **körperliche Untersuchung des Beschuldigten** (und dritter Personen) anordnen (§§ 81 a–c StPO). Im Steuerstrafverfahren kommen solche Maßnahmen namentlich beim Schmuggel in Betracht (*Bender* Tz. 118). Untersuchungen nach den §§ 81 a, 81 c StPO darf die FinB nur bei Gefahr im Verzuge (Rdnr. 18) anordnen (§ 81 a II, § 81 c V StPO), sonst ist der Richter zuständig.

Von geringerer Bedeutung ist das Recht der FinB, eine Suchnachricht im 102
Bundeszentralregister zu hinterlegen (§ 25 BZRG). Der Erlaß eines Steckbriefs (§ 131 II 2 StPO) kommt im Rahmen des § 399 AO nicht in Betracht; s. auch Rdnr. 55 zu § 404 AO.

9. Abschluß des Ermittlungsverfahrens

Fehlt nach Durchführung der Ermittlungen aus rechtlichen oder tatsäch- 103
lichen Gründen der genügende Anlaß zur Erhebung der öffentlichen Klage, stellt die FinB das Verfahren ein (§ 170 II StPO). Der Beschuldigte ist, wenn er verantwortlich vernommen worden ist oder einen Bescheid erbeten hat, zu unterrichten (§ 170 II 2 StPO).

Eine Einstellung kann auch wegen Geringfügigkeit (§ 398 AO) bzw. ge- 104
gen Auflagen erfolgen (Rdnr. 5 f. zu § 398 AO). Eine vorläufige Einstellung nach § 205 StPO ist möglich (*Senge* 8 zu § 399 AO); auch kann die Strafverfolgung nach den §§ 154, 154 a StPO beschränkt werden (*Leise/Cratz* 198 ff. zu § 399 AO).

Besteht Anlaß zur Anklageerhebung, vermerkt die FinB dies in der Akte 105
(§ 169 a StPO) und prüft, ob eine Erledigung durch Strafbefehl in Betracht kommt. Ist dies der Fall, stellt sie einen entsprechenden Antrag (§ 400 AO). Ist die Erledigung durch Strafbefehl nicht möglich, übersendet die FinB die Akten an die StA.

III. Rechte anderer Finanzbehörden (§ 399 II AO)

1. Recht des ersten Zugriffs

Die Zuständigkeitskonzentration nach § 387 II AO läßt das Recht und 106
die Pflicht anderer FinBn unberührt, bei einem entsprechenden Verdacht den Sachverhalt zu erforschen und alle unaufschiebbaren Anordnungen zu treffen, um die Verdunkelung der Sache zu verhüten (vgl. auch Rdnr. 17 zu § 387 AO). Die damit beschriebene Aufgabe der FinB entspricht fast wörtlich derjenigen, die § 163 I StPO für die Polizei aufstellt. Die Erforschungspflicht beginnt, sobald die FinB Kenntnis von dem Verdacht hat (*Kleinknecht/Meyer-Goßner* 20 u. *KK-Wache* 8 zu § 163 StPO). Eingriffsbefugnisse gibt § 399 II 1 AO der FinB jedoch nicht (ähnl. *Kleinknecht/Meyer-Goßner* 1 zu § 163 StPO).

2. Einzelne Befugnisse der anderen Finanzbehörden

107 Nach § 399 II 2 AO haben die anderen FinBn Befugnisse nach den für Hilfsbeamte der StA geltenden Vorschriften der StPO. Gleichgültig ist, ob die StA oder aber die Gemeinsame Strafsachenstelle das Ermittlungsverfahren führt (HHSp-*Hübner* 19 zu § 399 AO). Durchsuchung und Beschlagnahme darf die FinB anordnen, soweit Gefahr im Verzuge ist (Rdnr. 18). Richterliche Untersuchungshandlungen kann sie jedoch nicht beantragen. Die Kompetenzen der Gemeinsamen Strafsachenstelle werden durch diese „Notkompetenz" (*Blumers/Kullen* S. 137) nicht berührt (HHSp-*Hübner* 18 zu § 399 AO).

108 **Notveräußerungen** (§ 111 l StPO; *Litzig* ZfZ 1977, 143) von Gegenständen, die sichergestellt wurden, weil insoweit die Voraussetzungen für Verfall oder Einziehung vorlagen (§ 111b StPO), darf die FinB anordnen, *„wenn der Gegenstand zu verderben droht, bevor die Entscheidung der StA herbeigeführt werden kann"* (§ 111l II 2 StPO). Gegenstände in diesem Sinne sind nur Sachen (KK-*Nack* 1, KMR-*Müller* 1 u. LR*Schäfer* 3 zu § 111 l StPO).

109 Zu den Untersuchungen und sonstigen Maßnahmen gehören insbes. die **körperliche Untersuchung** des Beschuldigten (§ 81a StPO) sowie die **erkennungsdienstliche Behandlung** (§ 81b StPO). Bei Gefahr im Verzuge kann die FinB auch eine vorläufige Festnahme nach § 127 II StPO durchführen (*Kohlmann* 236 u. *Leise/Cratz* 172, aM *Schwarz/Dumke* 12 – jeweils zu § 399 AO).

IV. Rechtsschutz gegen Maßnahmen im Ermittlungsverfahren

Schrifttum: *Fezer,* Rechtsschutz gegen erledigte strafprozessuale Zwangsmaßnahmen, Jura 1982, 18, 126; *Dörr,* Rechtsschutz gegen vollzogene Durchsuchungen und Beschlagnahmen im Strafermittlungsverfahren, NJW 1984, 2258; *Streck,* Erfahrungen bei der Anfechtung von Durchsuchungs- und Beschlagnahmebeschlüssen in Steuerstrafsachen, StrVert 1984, 348; *Kreutziger,* Rechtsschutz gegen Maßnahmen der Steuerfahndung, DStZ 1987, 346; *Jorzik/Kunze,* Rechtsschutz gegen Maßnahmen der Ermittlungsbehörden, Jura 1990, 294; *Rüping,* Rechtsprobleme der Durchsuchung, insbesondere in Steuerstrafsachen, StVJ 1991, 322; *Wohlers,* Das berechtigte Interesse der Feststellung der Rechtswidrigkeit eines erledigten strafprozessualen Zwangsmitteleinsatzes, GA 1992, 214; *Streck,* Der Rechtsschutz in Steuerstrafsachen, in: Der Rechtsschutz in Steuersachen, 1995, 173.

110 **Maßnahmen der FinB im Ermittlungsverfahren** unterliegen ebenso wie solche der StA einer (beschränkten) gerichtlichen Kontrolle. Die Rechtsbehelfe der AO stehen dem Beschuldigten nicht zu (§ 347 II 2 AO; BFH/NV 1991, 142 v. 21. 8. 1990; FG Saarland v. 23. 5. 1990, EFG 641). Möglich bleiben die Beschwerde nach § 304 StPO und der Antrag auf gerichtliche Entscheidung nach § 23 EGGVG (*Amelung* NJW 1979, 1687 ff.). Die Effizienz dieser Kontrolle ist gering. Dies beruht zT darauf, daß dem überprüfenden Gericht die Kenntnisse fehlen, die zur Beurteilung steuerrechtlicher Vorfragen nötig sind (*Bilsdorfer* DStR 1982, 78; *Mayer-Wegelin* DStZ 1984, 247; *Rüping* StVJ 1991, 329), teilweise liegt es an prozessualen Hürden (s. Rdnr. 112 ff. u. *Streck* StrVert 1984, 348).

IV. Rechtsschutz im Ermittlungsverfahren 111–114 § 399

Eine Beschwerde nach § 304 StPO ist möglich gegen richterliche Ent- 111
scheidungen, insbes. gegen Haftbefehl sowie Durchsuchungs- und Beschlagnahmebeschlüsse. Wurden Durchsuchung und Beschlagnahme von der FinB wegen Gefahr im Verzuge angeordnet, so ist über deren Vorgehen zunächst die richterliche Entscheidung zu beantragen (§ 98 II 2 StPO; BGH v. 7. 2. 1980, GA 1981, 223; *Rüping* Grundfragen S. 278 mwN), gegen diese ist dann Beschwerde möglich. Gleiches gilt für Maßnahmen der FinB nach den §§ 51, 70, 77 StPO (§ 161a III 1 StPO). Diese Beschwerde ist nicht fristgebunden und von dem einzulegen, der von der Maßnahme betroffen ist, sei er Beschuldigter, Zeuge oder von der Durchsuchung und Beschlagnahme Betroffener (*Winklbauer* DStR 1978, 694; *Glashoff/Rohls* StB 1980, 84).

Zulässig ist das Rechtsmittel, soweit der Betroffene noch *beschwert* ist. 112
Die Beschwer kann fehlen, wenn der sie ausmachende Mangel aus tatsächlichen oder rechtlichen Gründen nicht mehr ungeschehen gemacht werden kann (prozessuale Überholung; BVerfG 49, 329 v. 11. 10. 1978; BGH v. 13. 8. 1973, NJW 2035; *Kleinknecht/Meyer-Goßner* 17 vor § 296 StPO). Insofern ist eine Beschwerde gegen einen Durchsuchungsbeschluß nach Abschluß der Durchsuchung nicht mehr zulässig; dies soll verfassungsrechtlich unbedenklich sein (BVerfG aaO; s. aber Rdnr. 114). Die Durchsuchung *dauert noch an,* soweit Unterlagen durchgesehen werden müssen. Dies ist auch dann der Fall, wenn die Durchsicht der Unterlagen nicht in den Wohn- oder Geschäftsräumen des Betroffenen, sondern an Amtsstelle erfolgt (OLG Karlsruhe v. 6. 7. 1979, NJW 2527; *Kohlmann* 216 zu § 385 AO).

Richtet sich das Rechtsmittel gegen **Art und Weise der Durchführung** 113
von Beschlagnahme und Durchsuchung, ist nach Erledigung der Rechtsweg nach den §§ 23 ff. EGGVG zum OLG eröffnet, da die FinB hier als Justizbehörde tätig ist (OLG Stuttgart v. 7. 6. 1972, NJW 2146; BGH v. 21. 11. 1978, NJW 1979, 882; OLG Hamm v. 23. 12. 1982, NStZ 1983, 232; HHSp-*Hübner* 91 zu § 404 AO; *Leise/Cratz* 158 zu § 399 AO; *Kohlmann* 217 zu § 385 AO; s. auch *Dörr* NJW 1984, 2261).

Eine rigide Handhabung des Prinzips der prozessualen Überholung läuft 114
den Wertungen zuwider, die etwa dem Fortsetzungsfeststellungsantrag analog § 113 I 4 VwGO bzw. nach § 28 I 4 EGGVG zugrunde liegen (s. auch *Winklbauer* DStR 1978, 696). Es ist durchaus möglich, daß der Betroffene ein berechtigtes Interesse an einer Überprüfung erledigter strafprozessualer Zwangsmaßnahmen hat (*Amelung* NJW 1979, 1691; *Rieß* ZRP 1981, 101; *Dellmanns* ZRP 1981, 176; *Dörr* NJW 1984, 2260; *Wohlers* GA 1992, 214). Diese mag im Einzelfall sogar im Interesse der StA, der FinB oder der Steuerfahndung liegen, wie etwa dann, wenn bestimmte umstrittene Praktiken einer abschließenden rechtlichen Beurteilung zugeführt werden sollen. Im übrigen ist die richterliche Entscheidung nach § 98 II 2 StPO zulässig, wenn die Maßnahme ohne richterlichen Beschluß (wegen Gefahr im Verzuge) vollzogen worden ist und wenn „*wegen der erheblichen Folgen eines Eingriffs oder wegen der Gefahr einer Wiederholung ein nachwirkendes Bedürfnis für eine richterliche Überprüfung besteht*" (BGH v. 13. 6. 1978, NJW 1815 u. v. 16. 12.

1977, NJW 1978, 1013 m. zust. Anm. *Amelung; Winkelbauer* DStR 1978, 694; *Leise/Cratz* 151 zu § 399 AO; HHSp-*Hübner* 92 zu § 404 AO; KK-*Nack* 21 zu § 98 StPO). Diese Regelung gilt u. a. für Haussuchungen sowie körperliche Durchsuchungen und Untersuchungen (*Amelung* aaO). Auch sonst ist eine Beschwer anzunehmen, wenn das Interesse des Betroffenen an der Feststellung der Rechtswidrigkeit der Maßnahme fortbesteht (vgl. BVerfG 49, 337 v. 12. 12. 1980), namentlich wenn er ein Rehabilitationsinteresse hat (*Amelung* NJW 1979, 1691; *Hübner* aaO; *Fezer* Jura 1982, 135 f.; *Wohlers* GA 1992, 227; s. auch *Dörr* NJW 1984, 2261, der allein die §§ 23 ff. EGGVG für anwendbar hält).

115 Wird auf den Rechtsbehelf (§ 98 II 2 StPO) bzw. auf die Beschwerde die Unzulässigkeit der Durchsuchung oder Beschlagnahme festgestellt, ist zu unterscheiden. Sofern die Angelegenheit „erledigt" ist, bleibt es bei dieser Feststellung. Sofern die Wirkungen der Maßnahme noch andauern (Durchsicht der Papiere, Beschlagnahmeanordnung), sind weitere Maßnahmen nicht mehr möglich bzw. bereits durchgeführte Maßnahmen im Grundsatz rückgängig zu machen. Davon unberührt bleibt jedoch die Möglichkeit, eine neue Beschlagnahme durchzuführen, die den Makel der angefochtenen Beschlagnahme nicht trägt.

116 Nach Verfahrensabschluß ist die FinB nicht mehr Justizbehörde iS des § 23 I EGGVG; gegen Maßnahmen, etwa eine Versagung der Akteneinsicht, ist daher der Rechtsweg nach § 33 I FGO eröffnet (OLG Karlsruhe v. 6. 3. 1978, NJW 1339; BFH v. 2. 12. 1976, NJW 1978, 78; *Senge* 11 zu § 399 AO; TK-*Tipke* 11 zu § 33 FGO). Zum Rechtsschutz bei Versagung der Akteneinsicht vgl. OLG Frankfurt/M. v. 22. 3. 1993, StV 297; OLG Hamm v. 21. 11. 1991, StV 1993, 299.

§ 400 Antrag auf Erlaß eines Strafbefehls

Bieten die Ermittlungen genügenden Anlaß zur Erhebung der öffentlichen Klage, so beantragt die Finanzbehörde beim Richter den Erlaß eines Strafbefehls, wenn die Strafsache zur Behandlung im Strafbefehlsverfahren geeignet erscheint; ist dies nicht der Fall, so legt die Finanzbehörde die Akten der Staatsanwaltschaft vor.

Schrifttum: *Lohmeyer,* Das Strafbefehlsverfahren bei Steuervergehen, StB 1973, 193; *ders.*, Das Strafbefehlsverfahren bei Zoll- und Verbrauchsteuervergehen, ZfZ 1974, 9; *Rieß,* Der Hauptinhalt des Ersten Gesetzes zur Reform des Strafverfahrensrechts, NJW 1975, 81; *Gehre,* Zur Wirksamkeit eines von einem Sreuerberater gegen einen Strafbefehl eingelegten Einspruchs, DStR 1976, 601; *Achenbach,* Neue Impulse bei der Rechtskraft des Strafbefehls, ZRP 1977, 86; *Benkendorff,* Das Strafbefehlsverfahren bei Zoll- und Verbrauchsteuervergehen nach der neuen AO, ddz 1977, F 65; *Sailer,* Anklageerhebung und Gleichbehandlung, NJW 1977, 1138; *Groth,* Die Rechtskraft des Strafbefehls, NJW 1978, 197; *Achenbach,* Der BGH zur Rechtskraft des Strafbefehls – causa finita? NJW 1979, 2021; *Vent,* Zur Frage der Korrektur eines rechtswidrigen, aber rechtskräftigen Strafbefehls, JR 1980, 400; *Schmidt-Hieber,* Vereinbarungen im Strafverfahren, NJW 1982, 1017; *App,* Rechtskraftwirkung von Strafbefehlen bei Steuerhinterziehung, DStR 1984, 651; *Keller/Schmid,* Möglichkeiten einer Verfahrensbeschleunigung in Wirtschaftsstrafsachen, wistra 1984, 201; *Heller/Schmied,* Strafbefehlsverfahren und „Vereinbarungen" im Strafverfahren, wistra 1984, 207; *Groth,* Ein Dogma fällt – Das BVerfG zur Rechtskraft des Strafbefehls, MDR 1985, 716; *App,* Rechtskraftwirkung von Strafbefehlen bei Steuerhinterziehung, DStR 1986, 651; *Rieß,* Zweifelsfragen zum neuen Strafbefehlsverfahren, JR 1986, 133; *Kirch,* Das Strafbefehlsverfahren nach dem StVÄG 1987, Diss. Köln 1987; *Meurer,* Der Strafbefehl, JuS 1987, 882; *Meyer-Goßner,* Das Strafverfahrensänderungsgesetz 1987, NJW 1987, 1161; *Rieß/Hilger,* Das neue Strafverfahrensrecht, NStZ 1987, 145 ff., 204 ff.; *App,* Fehlende Kompetenz der Finanzbehörde zur Einstellung eines Steuerstrafverfahrens mangels Tatverdachts?, wistra 1990, 261; *Schaal,* Hinreichender Tatverdacht oder richterliche Überzeugungsbildung für den Strafbefehlserlaß?, Meyer – Gedächtnisschrift 1990, 427; *Greßmann,* Strafbefehlsverfahren mit Auslandsberührung, NStZ 1991, 216; *Müller, K. J.,* Das Strafbefehlsverfahren (§§ 407 ff. StPO), 1993; *Siegismund/Wichern,* Das Gesetz zur Entlastung der Rechtspflege, wistra 1993, 81, 136; *Hohendorf,* Zuständigkeit des Schöffengerichts zum Erlaß eines Strafbefehls, wistra 1994, 294; *Fuhse,* Ist das Schöffengericht durch § 25 Nr. 2 GVG gehindert, Strafbefehle zu erlassen, Erledigungen im beschleunigten Verfahren vorzunehmen, kann es bei Straferwartung unter 2 Jahren Freiheitsstrafe angerufen werden?, NStZ 1995, 165; *Burkhardt,* Der Strafbefehl in Steuerstrafsachen, Diss Greifswald 1996.

Übersicht

1. Entstehungsgeschichte 1	a) Eignung zur Erledigung 8–20
2. Zweck und Bedeutung der Vorschrift 2, 3	b) Antragsinhalt 21–23
	c) Zuständigkeit 24
3. Genügender Anlaß zur Erhebung der öffentlichen Klage 4–6	d) Verfahren 25–27
	e) Rechtsbehelfe des Angeklagten . . 28–32
4. Antrag auf Erlaß eines Strabefehls . . 7–35	f) Rechtskraft 33–35

1. Entstehungsgeschichte

§ 400 AO 1977 geht zurück auf § 435 RAO; mit der AO 1977 wurden lediglich die Begriffe „Finanzamt" in „Finanzbehörde" und „Amtsgericht" in „Richter" geändert. § 435 RAO wurde durch Art. 1 Nr. 1 AOStrafÄndG v. 10. 8. 1967 (BGBl. I 877) eingefügt. Vorläufer waren die Regelungen der

RAO über die Strafbefugnisse der Finanzämter (§§ 410, 412 I RAO 1919; §§ 445, 447 I RAO 1931), die das BVerfG mit Urteil v. 6. 6. 1967 (BVerfG 22, 49) für verfassungswidrig erklärt hat (ausf. Einl 66 ff.).

2. Zweck und Bedeutung der Vorschrift

2   § 400 AO ergänzt die **Regelungen über die selbständige Ermittlungsbefugnis der FinB** (§ 386 II, § 399 AO). Nach Durchführung der Ermittlungen kann die FinB das Verfahren mangels Tatverdachts (§ 170 II 1 StPO) oder wegen Geringfügigkeit, ggf. mit Zustimmung des Gerichts (§§ 398 AO; 153, 153a StPO) einstellen. Besteht genügender Anlaß zur Erhebung der Anklage, muß die FinB die Sache an die StA abgeben. § 400 AO gibt jedoch der FinB zum Zwecke der Verfahrensbeschleunigung und zur Entlastung der StA das Recht, das Ermittlungsverfahren ggf. selbständig mit dem Strafbefehlsantrag abzuschließen. Ergänzt wird § 400 AO durch § 406 I AO (Rdnr. 3 ff. zu § 406 AO).

3   Ebenso wie die **Einstellung nach § 153a StPO** (Rdnr. 6 zu § 398 AO) hat das Strafbefehlsverfahren zT die Funktion des früheren Unterwerfungsverfahrens (Rdnr. 2 zu § 399 AO) übernommen (vgl. auch Leise/*Cratz* 2 zu § 400 AO). Zwar muß der Beschuldigte nicht vor Beantragung des Strafbefehls zu dessen Inhalt gehört werden (§ 407 III StPO; KMR-*Müller* 17 zu § 407 StPO). Indessen sind Strafbefehle mit höheren Strafen oftmals das Ergebnis von „Verhandlungen" zwischen StA, FinB und Gericht einerseits, Beschuldigtem und Verteidiger andererseits (*Schmidt-Hieber* NJW 1982, 1017; *Kaiser/Meinberg* NStZ 1984, 343; *Keller/Schmid* wistra 1984, 207). Diese Tendenz wird durch die erweiterte Einstellungsbefugnis der FinB (Rdnr. 3 ff. zu § 398 AO) ebenso verstärkt, wie durch die erweiterten Bestrafungsmöglichkeiten, die mit dem Rechtspflegeentlastungsgesetz geschaffen wurden (Rdnr. 10); zur tatsächlichen Verständigung vgl. Rdnr. 90 ff. zu § 404 AO).

3. Genügender Anlaß zur Erhebung der öffentliche Klage

4   **Ein genügender Anlaß zur Erhebung der öffentlichen Klage** besteht, wenn der Beschuldigte der betreffenden Steuerstraftat (Rdnr. 5 zu § 399 AO) hinreichend verdächtig ist (KMR-*Müller* 8 zu § 408 StPO; LR-*Schäfer* 69 zu § 407 StPO). Es handelt sich um eine Prognose: Nach dem gesamten Akteninhalt muß bei vorläufiger Tatbewertung (BGH 23, 304, 306 v. 22. 7. 1970) die Verurteilung des Beschuldigten wahrscheinlich sein (*Senge* 3, *Schwarz/Dumke* 3 zu § 400 AO; vgl. auch *Sailer* NJW 1977, 1138).

5   **Bei der Beurteilung der Wahrscheinlichkeit** ist zwar der Grundsatz in dubio pro reo nicht unmittelbar anwendbar; zu berücksichtigen ist aber, ob die Beweismittel für eine Verurteilung in der Hauptverhandlung ausreichen werden (*Kleinknecht/Meyer-Goßner* 2 zu § 203 StPO; *Schwarz/Dumke* 3 zu § 400 AO).

6   **Fehlt die Wahrscheinlichkeit einer Verurteilung,** ist das Verfahren gem. § 170 II 1 StPO einzustellen. Diese Befugnis steht der Finanzbehörde zu (vgl.

4. Antrag auf Erlaß eines Strafbefehls   7–10 § 400

aber *App* wistra 1990, 261). Kein genügender Anlaß besteht auch, wenn Verfahrenshindernisse der Verurteilung entgegenstehen (Verjährung, Eingreifen des § 32 ZVG) oder eine Einstellung nach § 398 AO, §§ 153, 153a StPO geboten ist (zust. HHSp-*Engelhardt* 3 zu § 400 AO).

4. Antrag auf Erlaß eines Strafbefehls

Kommt nach Abschluß der Ermittlungen eine Einstellung des Verfahrens 7 nicht in Betracht, besteht also genügender Anlaß zur Erhebung der öffentlichen Klage, dann muß die FinB (nicht die Zoll- oder Steuerfahndung; s. Rdnr. 105 zu § 399 AO sowie Rdnr. 62 zu § 404 AO) die Akten der StA zur weiteren Erledigung übersenden (§ 400 Halbs. 2 AO). Anders ist dies, *„wenn die Sache zur Behandlung im Strafbefehlsverfahren geeignet erscheint";* dann beantragt die FinB den Erlaß eines Strafbefehls. Geboten erscheint, daß der Antrag von einem Beamten unterzeichnet wird, der die Befähigung zum Richteramt (AG Braunschweig v. 8. 11. 1994, wistra 1995, 34; vgl. auch wistra 1992, 243 und BVerfG v. 5. 5. 1994, wistra 263), oder aber eine dem Amtsanwalt (dazu *Grohmann* ZRP 1986, 166, 167) vergleichbare rechtliche Ausbildung hat (vgl. BVerfG v. 14. 3. 1996, wistra 225).

a) Eignung zur Erledigung

Eine Erledigung im Strafbefehlsverfahren setzt voraus, daß Gegenstand 8 des Verfahrens ein Vergehen iS des § 12 I StGB ist (§ 407 I StPO). Bei den § 399 AO unterliegenden Taten ist dies immer der Fall; auch die Steuerhinterziehung in einem besonders schweren Fall (§ 370 III AO) ist Vergehen (§ 12 III StGB).

Zudem muß nach Ansicht der FinB für die Ahndung dieser Steuerstraftat 9 eine (oder mehrere) der in § 407 II StPO vorgesehenen Rechtsfolgen in Betracht kommen, die im Strafbefehlsantrag aufgeführt werden müssen (§ 408 I 1 StPO).

Nach der Änderung des § 407 Abs. 2 StPO durch das Rechtspflegeentla- 10 stungsgesetz steht dabei neben der Geldstrafe auch die Sanktion der Freiheitsstrafe auf Bewährung zur Verfügung (Rdnr. 14). Die von der Finanzbehörde im Strafbefehlsantrag vorzuschlagende Sanktion ist nach Maßgabe der §§ 46, 47, 56ff. StGB zu bestimmen. Hält die Finanzbehörde die Verhängung einer Geldstrafe für ausreichend und erforderlich, ist diese nach § 40 StGB zu bemessen: Zunächst ist entsprechend den Grundsätzen der Strafzumessung (§ 46 StGB) die Anzahl der Tagessätze (mindestens 5, höchstens 360) festzulegen. Danach ist anhand der Einkommensverhältnisse des Beschuldigten die Höhe des einzelnen Tagessatzes (2 bis 10.000 DM) zu ermitteln. Die Spannbreite der zu beantragenden Geldstrafe liegt also zwischen 5 Tagessätzen je 2 DM und 360 Tagessätzen je 10.000 DM (Rdnr. 124 zu § 369 AO). Tatsächlich wird bei einer sehr geringen Tagessatzzahl oftmals eine Einstellung nach § 398 AO oder § 153a StPO in Betracht kommen (Rdnr. 25 zu § 398 AO). Bei einer sehr hohen Tagessatzzahl wird die Sache zur Erledigung im Strafbefehlsverfahren regelmäßig nur geeignet sein, wenn eine

„Unterwerfung" des Beschuldigten zu erwarten ist, weil das Strafmaß praktisch „ausgehandelt" wurde (Rdnr. 3; Rdnr. 90 ff. zu § 404 AO).

11 **Hat der Beschuldigte mehrere Steuerstraftaten begangen,** die in Tatmehrheit (§ 53 StGB) zueinander stehen, so ist die Sanktion für jede Tat gesondert festzulegen und danach eine Gesamtstrafe zu bilden (§ 54 StGB). Hier ist dann eine Gesamtgeldstrafe von bis zu 720 Tagessätzen möglich (§ 54 II 2 StGB). Die Aufgabe der Rechtsfigur der fortgesetzten Handlung hat in vielen Fällen die Möglichkeit der Gesamt(-Geld-)Strafenbildung gebracht (vgl. Rdnr. 112 ff. zu § 369 AO).

12 Da bei **Uneinbringlichkeit der Geldstrafe** an deren Stelle eine Ersatzfreiheitsstrafe tritt, bei der ein Tagessatz einem Tag Freiheitsstrafe entspricht (§ 43 StGB), hat die FinB mittelbar die Möglichkeit, Strafen von bis zu einem Jahr, in den Fällen der Rdnr. 11 bis zu zwei Jahren, zu erwirken.

13 Beim **Antrag auf Verhängung einer Geldstrafe** hat die FinB die Möglichkeit einer Gewährung von Zahlungserleichterungen zu prüfen (§ 42 StGB); diese sind namentlich bei hohen Tagessatzzahlen geboten.

14 Nach der Änderung des § 407 Abs. 2 StPO durch das Rechtspflegeentlastungsgesetz besteht nunmehr auch die Möglichkeit, im Strafbefehlswege **Freiheitsstrafen bis zu einem Jahr** festzusetzen, wenn deren Vollstreckung zur Bewährung ausgesetzt wird (§ 407 Abs. 2, S. 2 StPO) und der Beschuldigte einen Verteidiger hat. Da Freiheitsstrafen bis zu sechs Monaten nur in Ausnahmefällen in Betracht kommen (§ 47 StGB), wird der Antrag auf Verhängung einer Freiheitsstrafe im Wege des Strafbefehls regelmäßig (nur) in Betracht kommen, wenn der Verhängung einer hohen Geldstrafe etwa einschlägige Vorstrafen des Täters entgegenstehen.

15 **Geldstrafe neben Freiheitsstrafe** ist nach § 41 StGB zulässig. Da mehrere der im Strafbefehlsverfahren zulässigen Sanktionen nebeneinander verhängt werden können und „*auch*" (§ 407 Abs. 2, S. 2 StPO) Freiheitsstrafe verhängt werden kann, kann im Strafbefehlswege auch neben der Freiheitsstrafe eine Geldstrafe verhängt werden. Damit besteht die Möglichkeit, Sanktionen von mehr als einem Jahr Freiheitsstrafe bzw. den entsprechenden Tagessätzen im Strafbefehlswege zu verhängen, wenn etwa ein Fall tatmehrheitlicher Tatbegehung vorliegt und der Täter sich – was im Steuerstrafrecht regelmäßig der Fall ist – durch die Tat bereichert hat (vgl. § 41 StGB). Daß die damit mögliche Menge an Sanktion regelmäßig nur dann nicht auf den Widerstand des Betroffenen stoßen wird, wenn die Rechtsfolgen mit ihm zuvor besprochen sind, liegt auf der Hand. Die damit geschaffene Möglichkeit der „*diskreten*" Erledigung mittlerer Kriminalität ohne jegliche Transparenz ist nicht unproblematisch (Abg. *Bachmaier* BT-Prot. 12/10806).

16 Nach RiStBV 175 soll der Erlaß eines Strafbefehls nur beantragt werden, wenn der Aufenthalt des Beschuldigten bekannt ist, so daß in der regelmäßigen Form zugestellt werden kann. ASB 80 III (zur Wirksamkeit Rdnr. 14 zu § 385 AO) verzichtet auf dieses Erfordernis, wiederholen andererseits in Nr. 80 III, S. 2 und 3 wörtlich den Text von RiStBV 175 Abs. 3. Daraus wird man jedoch nicht schließen können, daß in Steuerstrafsachen Strafbefehlsanträge auch dann erfolgen sollen, wenn der Aufenthalt des Beschuldig-

4. Antrag auf Erlaß eines Strafbefehls 17–20 § 400

ten unbekannt ist. Im übrigen bleibt es bei der Grundregel (ASB 80 III, S. 2 und 3, RiStBV 175 Abs. 3), daß von dem Antrag auf Erlaß eines Strafbefehls nur abgesehen werden soll, wenn die vollständige Aufklärung aller für die Rechtsfolgenbestimmung wesentlichen Umstände oder Gründe der Spezial- oder Generalprävention die Durchführung einer Hauptverhandlung geboten scheinen lassen. Auf einen Strafbefehlsantrag ist nicht schon deswegen zu verzichten, weil ein Einspruch des Angeschuldigten zu erwarten ist.

Im Strafbefehlsverfahren wegen einer Steuerstraftat können weiterhin an- **17** geordnet werden:
– *die Verwarnung mit Strafvorbehalt* (§ 59 StGB); gegen den Täter, gegen den eine Geldstrafe von bis zu hundertachtzig Tagessätzen zu verhängen wäre, wird die Verurteilung zu einer entsprechenden Strafe vorbehalten, also praktisch zu einer Geldstrafe auf Bewährung verurteilt (*Kohlmann* 42 ff. zu § 400 AO);
– *das Absehen von Strafe* (§ 60 StGB);
– *das Fahrverbot* (§ 44 StGB) *und die Entziehung der Fahrerlaubnis* (§§ 69 – 69 b StGB); diese Nebenstrafe bzw. Maßregel der Besserung und Sicherung wird für die FinB allenfalls bei Schmuggel in Betracht kommen (*Kohlmann* 27 zu § 400 AO);
– *die Einziehung und der Verfall* (Rdnr. 3 f. zu § 401 AO);
– *Vernichtung, Unbrauchbarmachung und deren Bekanntmachung*;
– *die Geldbuße gegen ein juristische Person oder Personenvereinigung* (Rdnr. 18 zu § 401 AO) bzw. Geldbußen wegen sonstiger, mit der Steuerstraftat eine Tat (§ 264 StPO) bildende Ordnungswidrigkeiten (*Kohlmann* 34 zu § 400 AO).

Allein oder nebeneinander können die Rechtsfolgen festgesetzt werden. **18** Entscheidend sind dabei die Regelungen des materiellen Rechts (HHSp-*Hübner* 5 zu § 435 RAO 1967). So darf ein Fahrverbot oder die Entziehung der Fahrerlaubnis nicht neben der Verwarnung mit Strafvorbehalt, sondern nur neben einer Geldstrafe angeordnet werden (§ 59 III StGB; SK-*Horn* 18 zu § 59 StGB; *Kohlmann* 52 zu § 401 AO; aM *Schöch* JR 1978, 75). Die isolierte Anordnung von Einziehung und Verfall muß im objektiven Verfahren nach § 401 AO iVm § 440 StPO erfolgen (Rdnr. 3 ff. zu § 401 AO).

Anders als § 407 StPO (*„kann bei Vergehen die Strafe durch schriftlichen Straf-* **19** *befehl... festgesetzt werden"*) spricht § 400 AO davon, daß die FinB den Erlaß eines Strafbefehls beantragt, wenn die Sache zur Behandlung im Strafbefehlsverfahren geeignet erscheint. Bei § 407 StPO besteht also (für das Gericht) ein Ermessen. § 400 AO gibt dieses Ermessen nicht (arg. „beantragt"); die FinB hat jedoch hinsichtlich der Eignung zur Erledigung einen Beurteilungsspielraum (zust HHSp-*Engelhardt* 17 zu § 400 AO; aM *Kohlmann* 69 zu § 400 AO: Ermessen). Einen Anspruch auf Erledigung im Strafbefehlsverfahren hat der Beschuldigte nicht (*Kohlmann* 70 zu § 400 AO).

Gegen Jugendliche darf ein Strafbefehl nicht beantragt oder erlassen wer- **20** den (§ 79 I JGG). Gegen einen Heranwachsenden ist ein Strafbefehl ausnahmsweise zulässig, wenn er in seiner Entwicklung einem Erwachsenen gleichsteht (§ 105 iVm § 109 II 1 JGG). Regelmäßig ist das Strafbefehlsverfahren hier aber unangemessen (ähnl. *Senge* 3 zu § 401 AO). Gegen einen sprachunkundigen Ausländer ist ein Strafbefehl zwar zulässig, diesem ist er jedoch mit einer Übersetzung in einer ihm verständlichen Sprache bekanntzugeben (RiStBV 181; *Leise/Cratz* 13 zu § 400 AO).

b) Antragsinhalt

§ 409 StPO Inhalt des Strafbefehls

(1) [1] Der Strafbefehl enthält
1. die Angaben zur Person und etwaiger Nebenbeteiligter,
2. den Namen des Verteidigers,
3. die Bezeichnung der Tat, die zur Last gelegt wird, Zeit und Ort ihrer Begehung und die Bezeichnung der gesetzlichen Merkmale der Straftat,
4. die angewendeten Vorschriften nach Paragraph, Absatz, Nummer, Buchstabe und mit der Bezeichnung des Gesetzes,
5. die Beweismittel,
6. die Festsetzung der Rechtsfolgen,
7. die Belehrung über die Möglichkeit des Einspruchs und die dafür vorgeschriebene Frist und Form sowie den Hinweis, daß der Strafbefehl rechtskräftig und vollstreckbar wird, soweit gegen ihn kein Einspruch nach § 410 eingelegt wird.

[2] Wird gegen den Angeklagten eine Freiheitsstrafe verhängt, wird er mit Strafvorbehalt verwarnt oder wird gegen ihn ein Fahrverbot angeordnet, so ist er zugleich nach § 268a Abs. 3 oder § 268c Satz 1 zu belehren. [3] § 267 Abs. 6 Satz 2 gilt entsprechend.

(2) ...

21 Der Inhalt des Antrags auf Erlaß eines Strafbefehls (dazu umfassend *Burkhard,* Der Strafbefehl in Steuerstrafsachen, Diss. Greifswald 1996) entspricht auch bei der Verfolgung von Steuerstraftaten dem üblichen. In der Praxis werden Vordrucke benutzt, die alle in § 409 I StPO geforderten Angaben enthalten (Beispiel bei *Schmitz/Tillmann* S. 322). Die Verweisung auf § 268a III, § 268c Satz 1 StPO für die Fälle der Verwarnung mit Strafvorbehalt oder der Anordnung eines Fahrverbots bedeutet, daß der Täter über Einzelheiten der Bewährungszeit bzw. über den Beginn des Fahrverbots zu belehren ist. Der Strafbefehlsantrag wird regelmäßig in der Form gestellt, daß der Staatsanwalt einen Strafbefehlsentwurf einreicht und dann beantragt einen Strafbefehl diesen Inhalts zu erlassen. Dem Entwurf ist die zur Zustellung des Strafbefehls und für etwa vorgeschriebene Mitteilungen nötige Zahl von Durchschlägen beizufügen (RiStBV 176; HHSP-*Engelhardt* 22, *Kohlmann* 59 zu § 400 AO).

22 Der Antrag hat den bzw. die Beschuldigten, die ihm/ihnen zu Last gelegte Tat, Zeit und Ort ihrer Begehung, die gesetzlichen Merkmale der Straftat und die anzuwendenden Strafvorschriften zu bezeichnen (§ 200 Abs. 1, S. 2 StPO), ferner die Beweismittel und gegebenenfalls den Verteidiger anzugeben (§ 200 Abs. 1, S. 2 StPO). Die Bezeichnung der Tat erfordert eine Konkretisierung des Tatvorwurfs. *Tat* ist das Tatgeschehen als historischer Vorgang, in dem die strafbare Handlung gesehen wird. Dieses ist durch Angabe bestimmter Tatumstände so genau zu bezeichnen, daß keine Unklarheit darüber möglich ist, welche Handlungen dem Beschuldigten zur Last gelegt

4. Antrag auf Erlaß eines Strafbefehls   23–25 § 400

werden (HHSP-*Engelhardt* 24 zu § 400 AO). Bei einem Strafbefehl wegen Steuerhinterziehung erfordert dies die – wenn auch kurze – Darstellung der tatsächlichen Grundlagen des materiellen Steueranspruchs über dessen Verkürzung entschieden werden soll, die Angabe, durch welches Täterverhalten und welchen in Frage kommenden Steuerabschnitt/Veranlagungszeitraum die Erklärungs- und/oder Anmeldepflichten verletzt wurden und den Vergleich der gesetzlich geschuldeten Steuer (Sollsteuer) mit derjenigen, die aufgrund der unrichtigen oder unvollständigen Angaben des Täters gegenüber der Behörde nicht, nicht in voller Höhe oder nicht rechtzeitig angemeldet oder festgesetzt wurden (Iststeuer) (OLG Düsseldorf v. 26. 5. 1988, wistra 365; v. 30. 10. 1990, wistra 1991, 32; *Kohlmann* 60, Leise/*Cratz* 17 zu § 400 AO; *Bilsdorfer* StBp 1989, 23; vgl. auch OLG Düsseldorf v. 26. 4. 1994, wistra 318). Zweifelhaft ist dabei, inwiefern ein Strafbefehl bzw. Anklage und Eröffnungsbeschluß unwirksam sind, wenn nur die Höhe der durch die jeweilige Hinterziehungshandlung verkürzten Steuer, nicht aber deren Berechnung durch den Vergleich der gesetzlich geschuldeten Steuer mit der tatsächlich festgesetzten mitgeteilt ist (so OLG Düsseldorf aaO; aM BayObLG v. 24. 3. 1992, wistra 238: s. auch OLG Karlsruhe v. 17. 2. 1994, wistra 319; BGH v. 22. 2. 1995, wistra 265).

Gegen mehrere Beschuldigte ist ein einziger Strafbefehl zulässig (HHSp- 23 *Engelhardt* 16, *Kohlmann* 53 zu § 400 AO). Das Gericht kann dann entscheiden, ob die beantragten Rechtsfolgen entweder in einem Strafbefehl gegen die mehreren Beschuldigten zusammengefaßt festgesetzt werden oder das Verfahren trennen und gesonderte Strafbefehle erlassen (*Engelhardt* aaO, *Kohlmann* aaO).

c) Zuständigkeit

Sachlich zuständig ist das Amtsgericht (§ 407 I StPO). Gegebenenfalls ist 24 dies das AG iS des § 391 II, 3 AO, da hier das Erkenntnisverfahren beginnt (Rdnr. 12 zu § 391 AO). Nach Erhöhung der Strafgewalt des Amtsrichters durch das Rechtspflegeentlastungsgesetz von ein auf zwei Jahre ist regelmäßig der Amtsrichter zuständig (vgl. §§ 24, 25 GVG), bei Heranwachsenden (Rdnr. 20) der Jugendrichter (LR*Schäfer* 72 zu § 407 StPO). Eine Zuständigkeit des Schöffengerichts besteht nicht mehr (*Burkhard* aaO; *Fischer* NJW 1996, 1044; aM *Hohendorf* wistra 1994, 294; *ders.*, NJW 1995, 1454; *Fuhse* NStZ 1995, 166; *Schwarz/Weyand* 16 zu § 400 AO) bzw. nur noch nach § 408a StPO.

Die **örtliche Zuständigkeit** richtet sich nach § 391 AO.

d) Verfahren

Der zuständige Richter prüft den Antrag. Hat er keine Bedenken, wird der 25 Strafbefehl antragsgemäß erlassen und dem Angeschuldigten zugestellt (§ 409 StPO iVm § 36 I StPO). Eine vorherige Anhörung ist nicht geboten (§ 407 III StPO), aber durchaus möglich (so zu Recht HHSp-*Engelhardt* 38 zu § 400). Soll Freiheitsstrafe verhängt werden, ist dem Angeschuldigten ein

Verteidiger zu bestellen (§ 408b StPO). Legt der Angeschuldigte keinen Einspruch (Rdnr. 28) ein, wird der Strafbefehl rechtskräftig (§ 410 StPO). Ist Einspruch eingelegt, wird Termin zur Hauptverhandlung anberaumt (§ 411 StPO). Damit endet die alleinige Sachbefugnis der FinB (§ 406 I AO; Rdnr. 3 ff. zu § 406 AO).

26 Will der Richter den Strafbefehl nicht antragsgemäß erlassen, so wird er seine abweichende Beurteilung, etwa hinsichtlich des Strafmaßes, der FinB mitteilen (vgl. § 408 II StPO und *Lohmeyer* S. 102). Die FinB kann dann unter Umständen den Antrag zurücknehmen (vgl. HHSp-*Engelhardt* 44 zu § 400 AO). Der Richter kann aber auch, weil ihm die Sache zur Behandlung im Strafbefehlsverfahren ungeeignet erscheint, sofort Termin zur Hauptverhandlung anberaumen. Damit ist die selbständige Ermittlungsbefugnis der FinB, die insoweit auch kein Beschwerderecht hat (HHSp-*Engelhardt* 53 zu § 400 AO) beendet und die FinB auf ihre Mitwirkungsrechte nach § 407 AO beschränkt (Rdnr. 5 ff. zu § 407 AO).

27 Lehnt das AG den Erlaß des Strafbefehls ab, steht der FinB hiergegen die sofortige Beschwerde entsprechend § 210 II StPO zu (HHSp-*Engelhardt* 50 und *Kohlmann* 89 zu § 400 AO; Rdnr. 6 zu § 406 AO).

e) Rechtsbehelfe des Angeklagten

28 Rechtsbehelf gegen den Strafbefehl ist der Einspruch, der schriftlich oder zu Protokoll der Geschäftsstelle innerhalb von zwei Wochen ab Zustellung einzulegen ist (§ 409 I Nr. 7, § 410 I StPO); zum Strafbefehl mit Auslandsberührung siehe *Greßmann* NStZ 1991, 216. Zweifel hinsichtlich des Zeitpunktes der Zustellung wirken zu Gunsten des Beschuldigten (BayObLG v. 9. 12. 1965, NJW 1966, 947).

29 **Die Beschränkung des Einspruchs** auf bestimmte Beschwerdepunkte ist seit der Neufassung des § 410 StPO durch das StVÄG 1987 bis zur Verkündung des Urteils im ersten Rechtszug in gleichem Maße möglich wie die Beschränkung einer Berufung oder Revision. Diese Beschränkung kann noch in der Hauptverhandlung erklärt werden (*Kleinknecht/Meyer-Goßner* 4 zu § 410 StPO). Die Beschränkung auf den Rechtsfolgenausspruch ist unwirksam, wenn die Feststellungen zum Schuldspruch so knapp und unzulänglich sind, daß sie keine ausreichende Grundlage für die Prüfung des Rechtsfolgenausspruchs bieten (*Rieß/Hilger* NStZ 1987 205).

30 **Der Einspruch kann bis zur Verkündung des Urteils im ersten Rechtszug zurückgenommen werden** (§ 411 III StPO). Nach § 303 StPO ist hierzu die Zustimmung der StA nötig, sobald die Hauptverhandlung begonnen hat. Auch die StA kann nach Beginn der Verhandlung den Strafbefehlsantrag nur noch mit Zustimmung des Angeklagten zurücknehmen; bei Anträgen gem. § 408a StPO ist die Rücknahme gänzlich ausgeschlossen (§ 411 III 2 StPO). Bei unentschuldigtem Ausbleiben des Angeklagten in der Verhandlung über seinen Einspruch kann der Einspruch verworfen und der Strafbefehl damit rechtskräftig werden (§ 412 StPO). Zu den Beteiligungsrechten der FinB s. Rdnr. 5 ff. zu § 407 AO.

4. Antrag auf Erlaß eines Strafbefehls

Das Verbot der *reformatio in peius* gilt für das Strafbefehlsverfahren nicht 31 (§ 411 IV StPO). Der Richter ist auch nicht gezwungen, auf die Absicht hinzuweisen, die Strafe gegenüber dem Strafbefehl zu schärfen (OLG Hamm v. 6. 12. 1979, NJW 1980, 1587; *Kleinknecht/Meyer-Goßner* 10 zu § 411 StPO).

Ist nach Verhandlung über den Einspruch ein Urteil ergangen, steht 32 dieses anderen erstinstanzlichen Urteilen des AG gleich. Als Rechtsmittel stehen mithin grundsätzlich Berufung (§ 312 StPO) und (Sprung-)Revision (§ 335 StPO) zur Verfügung. Anders als beim objektiven Verfahren nach § 401 AO iVm § 440 StPO ist gegen das Berufungsurteil des LG noch Revision möglich.

f) Rechtskraft

Nach § 410 StPO erlangt ein Strafbefehl, gegen den nicht rechtzeitig Ein- 33 spruch eingelegt worden ist, die Wirkung eines rechtskräftigen Urteils. Er ist Grundlage der Strafvollstreckung. Die Eintragung im Bundeszentralregister unterliegt den gleichen Regeln wie bei Urteilen; Verurteilungen zu einer Geldstrafe von nicht mehr als neunzig Tagessätzen oder die Verwarnung mit Strafvorbehalt werden nicht in ein allgemeines Führungszeugnis aufgenommen (§ 30 II BZRG). Die Rechtskraftwirkung des Strafbefehls sollte nach hM jedoch beschränkt sein, weil die Entscheidung in einem Verfahren ohne Hauptverhandlung zustande gekommen ist (BGH 28, 29 v. 11. 7. 1978; *Groth* NJW 1978, 197; enger LR*Schäfer* 25 ff. zu § 410 StPO; krit. *Achenbach* NJW 1979, 2022; Voraufl. Rdnr. 29 zu § 400 AO).

Nachdem das Bundesverfassungsgericht (BVerfG 65, 377 v. 7. 12. 1983 34 m. krit. Anm. *Kühne* JZ 1984, 374) bereits entschieden hatte, daß eine Verschärfung einer Strafe nicht möglich ist, wenn der die Strafschärfung ermöglichende Umstand erst nach Rechtskraft des Strafbefehls eingetreten ist, ist mit dem Inkrafttreten des StVÄG 1987 durch die Neufassung des § 410 Abs. 3 StPO eine völlige Gleichstellung des rechtskräftigen Strafbefehls mit einem rechtskräftigen Urteil normiert worden (siehe aber § 373a StPO). Damit wird die unsinnige Situation beseitigt, daß bei einer Einstellung gegen Auflagen nach § 153a StPO eine Verfolgung der Tat als Vergehen nicht mehr möglich war, während nach hM ein Wiederaufgreifen der Sache etwa dann in Betracht kam, wenn sich nach rechtskräftigem Abschluß des Strafbefehlsverfahrens herausstellte, daß der Täter die Steuerhinterziehung unter den erschwerenden Umständen des § 370 Abs. 3 AO begangen hatte (vgl. HHSp-*Engelhardt* 62 u. *Kohlmann* 19 zu § 400 AO).

Keine Rechtskraft entfaltet ein Strafbefehl, der keine Rechtsfolge enthält 35 (OLG Düsseldorf v. 30. 3. 1984, wistra 200; s. auch *Vent* JR 1980, 400).

§ 401 Antrag auf Anordnung von Nebenfolgen im selbständigen Verfahren

Die Finanzbehörde kann den Antrag stellen, die Einziehung oder den Verfall selbständig anzuordnen oder eine Geldbuße gegen eine juristische Person oder eine Personenvereinigung selbständig festzusetzen (§§ 440, 442 Abs. 1, § 444 Abs. 3 der Strafprozeßordnung).
Vgl. § 88 II OWiG

Schrifttum: s. die Angaben zu §§ 375, 377 AO.

Übersicht

1. Entstehungsgeschichte 1
2. Zweck und Bedeutung der Vorschrift 2
3. Selbständige Anordnung von Einziehung und Verfall 3–17
4. Geldbuße gegen eine juristische Person oder Personenvereinigung 18–20

1. Entstehungsgeschichte

1 § 401 AO 1977 geht zurück auf § 436 RAO, der die Befugnisse des Finanzamts auf *„die Einziehung einer Sache oder des Wertersatzes"* beschränkt hat. Die Möglichkeit der selbständigen Festsetzung einer Geldbuße gegen eine juristische Person oder eine Personenvereinigung ist erst mit der AO 1977 eröffnet worden.

§ 436 RAO wurde durch Art. 1 Nr. 1 AOStrafÄndG v. 10. 8. 1967 (BGBl. I 877) in die AO eingefügt. Im RegE (BT-Drucks. V/1812) war eine solche Regelung noch nicht vorgesehen. Regelungen über die Einziehung enthielten zuvor § 386 II, III, § 408 II, § 412 IV RAO 1919 und § 421 II, III, § 443 III, § 447 III RAO 1931. Eine Erweiterung des § 436 RAO 1967 auf die Geldbuße war erstmals im EAO 1974 vorgesehen (§ 385 EAO 1974; BT-Drucks. VI/1982 S. 200).

2. Zweck und Bedeutung der Vorschrift

2 § 401 AO erweitert – ebenso wie § 400 AO – die Befugnisse, welche § 386 II u. § 399 AO der FinB gewähren. Ebenso wie die FinB nach Abschluß der Ermittlungen einen Strafbefehl beantragen darf, kann sie nach § 401 AO die selbständige Anordnung der Einziehung und des Verfalls (1. Alternative) bzw. die Festsetzung einer Geldbuße gegen eine juristische Person oder eine Personenvereinigung (2. Alternative) beantragen. Diese Befugnis soll der Beschleunigung des Verfahrens und der Entlastung der StA dienen (zust. HHSp-*Engelhardt* 4 zu § 401 AO). Ergänzt wird § 401 AO durch § 406 II AO (Rdnr. 9f. zu § 406 AO); im Vorfeld sind die §§ 111b, 111c StPO (Rdnr. 54f. zu § 399 AO) zu beachten. Größere praktische Bedeutung hat die Vorschrift nicht (*Schmitz/Tillmann* S. 112).

3. Selbständige Anordnung von Einziehung oder Verfall

§ 440 StPO Selbständiges Einziehungsverfahren

(1) Die Staatsanwaltschaft und der Privatkläger können den Antrag stellen, die Einziehung selbständig anzuordnen, wenn dies gesetzlich zulässig und die Anordnung nach dem Ergebnis der Ermittlungen zu erwarten ist.

(2) ¹In dem Antrag ist der Gegenstand zu bezeichnen. ²Ferner ist anzugeben, welche Tatsachen die Zulässigkeit der selbständigen Einziehung begründen. ³Im übrigen gilt § 200 entsprechend.

(3) ...

§ 442 StPO Der Einziehung gleichstehende Rechtsfolgen

(1) Verfall, Vernichtung, Unbrauchbarmachung und Beseitigung eines gesetzwidrigen Zustandes stehen im Sinne der §§ 430 bis 441 der Einziehung gleich.

(2) ...

Die sachlichen Voraussetzungen der Einziehung oder des Verfalls im selbständigen Verfahren sind nicht in § 401 AO, sondern in anderen Vorschriften geregelt. So ergibt sich bei Steuerstraftaten die Möglichkeit der Einziehung aus § 375 II AO (Rdnr. 33 ff. zu § 375 AO). Weiterhin ist die Einziehung in §§ 74 ff. StGB (Rdnr. 47 ff. zu § 375 AO) geregelt. Bei der Fälschung von Steuerzeichen ist gem. § 150 StGB die Einziehung der Tatwerkzeuge und -erzeugnisse vorgeschrieben. 3

Die sachlichen Voraussetzungen des Verfalls ergeben sich aus §§ 73–73 d StGB. Danach kann dem Täter der Vermögensvorteil entzogen werden, den er durch eine Straftat erlangt hat (umfassend *Güntert*, Die Gewinnabschöpfung als strafrechtliche Sanktion, 1983). Dies gilt nicht, wenn hierdurch dem Verletzten die Durchsetzung seiner Ansprüche unmöglich gemacht oder erschwert würde (§ 73 I 2 StGB). Bei Steuerstraftaten wird der erlangte Vermögensvorteil idR durch nachträgliche Festsetzung und Erhebung der hinterzogenen Steuern wieder beseitigt (*Kohlmann* 4 zu § 401 AO), so daß der Anwendungsbereich für die Verfallsbestimmungen bei Steuerstraftaten gering ist. Dabei kommt es nicht darauf an, ob in diesen Fällen der Staat „Verletzter" iS des § 73 I 2 StGB ist (so LG Aachen v. 7. 12. 1977, NJW 1978, 385; *Bäckermann* ZfZ 1976, 368; SK-*Horn* 14 zu § 73 StGB; aM *Herold* ZfZ 1975, 302; *Bender* ZfZ 1978, 268), da das Gericht bei Nachentrichtung der hinterzogenen Steuern gem. § 73 c I 2 StGB von der Anordnung des Verfalls abzusehen hat (ähnl. *Bender* aaO S. 269). Bedeutung behält § 73 StGB für die Fälle, in denen eine Abschöpfung durch die FinB nicht (Belohnung durch Dritte; *Kohlmann* aaO oder nicht vollständig (die Zinsvorteile des Täters waren höher als die Hinterziehungszinsen nach §§ 235, 238 I AO) erfolgt ist (ähnlich HHSp-*Engelhardt* 12 zu § 401 AO; aM wohl *Schwarz/Weyand* 4 zu § 401 AO). 4

Zulässig ist die selbständige Anordnung von Einziehung und Verfall, soweit § 76 a StGB dies ausdrücklich gestattet. Sie kommt in Betracht, wenn wegen der Tat aus *tatsächlichen Gründen* keine bestimmte Person verfolgt 5 oder verurteilt werden kann, wenn das Gericht von Strafe absieht oder wenn das Verfahren nach einer Vorschrift eingestellt wird, die dies nach dem Ermessen der StA oder des Gerichts oder im Einvernehmen beider zuläßt (§ 76a I, III StGB; Rdnr. 81 ff. zu § 375 AO).

6 Neben die allgemeine **Zulässigkeit** der selbständigen Anordnung von Verfall und Einziehung muß die *Erwartung* treten, daß eine entsprechende Anordnung durch den Richter erfolgen wird (§ 440 I, § 442 I StPO). Die Anordnung ist nach dem Ergebnis der Ermittlungen zu erwarten, wenn sie bei vorläufiger Bewertung wahrscheinlich ist (*Kohlmann* 18 zu § 401 AO; KMR-*Paulus* 17 u. LR-*Gössel* 41 zu § 440 StPO; Rdnr. 4 ff. zu § 400 AO).

7 Die FinB **kann** bei Vorliegen der Voraussetzungen den Antrag stellen; es gilt das Opportunitätsprinzip (*Kleinknecht/Meyer-Goßner* 3 zu § 440 StPO; HHSp-*Engelhardt* 16, *Kohlmann* 11 u. *Leise/Cratz* 6 zu § 401 AO). Unterbleiben kann die Durchführung des Verfahrens insbes. dann, wenn es um geringwertige Gegenstände oder Vermögensvorteile geht, so daß ein Verfahren unverhältnismäßig aufwendig wäre (*Kohlmann* aaO). Eine Rücknahme des Antrags ist analog § 156 StPO möglich, solange keine Hauptverhandlung anberaumt ist (KK-*Boujong* 6 zu § 440 StPO; *Kohlmann* 12 zu § 401 AO; aM LR-*Gössel* 29 f zu § 440 StPO; s. auch *Kleinknecht/Meyer-Goßner* 5 zu § 440 StPO). Zum Ermessen der FinB vgl. HHSp-*Engelhardt* 17 f. zu § 401 AO.

8 **Im Antrag** muß der Gegenstand der Einziehung oder des Verfalls so genau bezeichnet werden, daß die Vollstreckung ohne weiteres möglich ist (*Kleinknecht/Meyer-Goßner* 10 zu § 440 u. 32 zu § 260 StPO). Weiterhin ist anzugeben, warum eine Anordnung im subjektiven Verfahren nicht möglich ist, dh die Voraussetzungen des § 76a StGB vorliegen (*Kohlmann* 13 u. *Senge* 2 zu § 401 AO; LR-*Gössel* 40 zu § 440 StPO). Im übrigen richtet sich der Antrag nach § 200 StPO; wie bei einer Anklageschrift sind also bestimmte, die Tat und die Beteiligten kennzeichnende Angaben zu machen, Beweismittel anzugeben usw. (OLG Karlsruhe 19. 10. 1973, NJW 1974, 711; Rdnr. 19f. zu § 400 AO). Bei einem Antrag zum Strafrichter braucht das wesentliche Ergebnis der Ermittlungen nicht dargestellt zu werden.

9 **Zuständig** für die Entscheidung über die selbständige Anordnung ist das Gericht, in dessen Bezirk der Gegenstand sichergestellt worden ist (§ 441 I 2 StPO) oder das im Falle der Strafverfolgung einer bestimmten Person zuständig wäre (§ 441 I 1 StPO); § 391 II AO ist zu beachten.

10 Sachlich zuständig ist nicht notwendig das „**Steuer-Amtsgericht**" (so aber *Leise/Cratz* 8 zu § 401 AO, der meint, dies ergebe sich aus dem Umstand, daß § 401 AO Ergänzung zu § 400 AO sei). Würde der (aus tatsächlichen Gründen) nicht verfolgbare Täter vor dem LG angeklagt werden, weil eine Strafe von mehr als drei Jahren zu erwarten wäre oder die Sache von besonderer Bedeutung ist (§ 24 I GVG), ist das LG auch für die Anordnung iS des § 401 AO zuständig (HHSp-*Engelhardt* 20 zu § 401 AO; *Kohlmann* 21 zu § 401 AO; KMR-*Paulus* 2 u. LR-*Gössel* 3 zu § 441 StPO; s. auch *Kleinknecht/Meyer-Goßner* 2 zu § 441 StPO). Die FinB ist auch befugt, den Antrag an das LG zu richten (*Kohlmann* aaO); § 401 AO sieht eine Beschränkung der An-

3. Selbständige Anordnung von Einziehung oder Verfall   11–17 § 401

tragsbefugnis der FinB nicht vor; aus dem Umstand, daß § 401 AO den § 400 AO ergänzt, kann eine Begrenzung auf Anträge zum AG ebenfalls nicht hergeleitet werden (aM *Hübner* aaO). Im übrigen steht es der FinB frei, unter mehreren, für die sachliche Zuständigkeit erheblichen Gesichtspunkten denjenigen zu wählen, der die Zuständigkeit des Gerichts niederer Ordnung begründet (OLG Celle 17. 3. 1966, NJW 1135; *Kleinknecht/Meyer-Goßner* aaO).

Stattgeben wird der Richter dem Antrag, wenn nach seiner Auffassung die 11 Voraussetzungen des objektiven Verfahrens gegeben sind. Die Entscheidung erfolgt durch Beschluß (§ 441 II StPO), gegen den die sofortige Beschwerde statthaft ist (§ 441 II StPO).

Eine mündliche Verhandlung findet auf Antrag der FinB oder eines ande- 12 ren Beteiligten oder auf Anordnung des Gerichts statt. Dann erfolgt die Entscheidung durch Urteil (§ 441 III 1 StPO). Gegen dieses Urteil ist entweder Berufung oder Revision möglich; wer zulässig Berufung eingelegt hat, kann gegen das Berufungsurteil nicht mehr Revision einlegen (§ 441 III 2 StPO).

Zu beteiligen sind am Verfahren diejenigen Personen, die von dem Verfall 13 oder der Einziehung ggf. betroffen werden (§ 440 III iVm §§ 431 ff. StPO). Ihnen wird die Antragsschrift zur Äußerung zugestellt (§ 433 I 1 iVm § 201 I StPO) bzw. Nachricht von der mündlichen Verhandlung gegeben (*Kleinknecht/Meyer-Goßner* 13 zu § 440 StPO; OLG Karlsruhe 19. 10. 1973, NJW 1974, 709).

Die selbständige Kompetenz der FinB endet, wenn eine mündliche Ver- 14 handlung anberaumt ist oder aber gegen den stattgebenden Beschluß nach § 441 II StPO sofortige Beschwerde eingelegt worden ist (§ 406 II AO; Rdnr. 10 zu § 406 AO).

Wird die ablehnende oder anordnende Entscheidung des Gerichts nicht 15 **angefochten,** so wird sie wie jedes andere Urteil bzw. jeder andere Beschluß rechtskräftig. Ein Strafklageverbrauch ist mit der Sachentscheidung im objektiven Verfahren nicht verbunden (*Kleinknecht/Meyer-Goßner* 18 zu § 440 StPO).

Im Falle einer ablehnenden Entscheidung des Gerichts sind bei Entschei- 16 dung durch Beschluß die sofortige Beschwerde und bei Entscheidung durch Urteil entweder die Berufung oder die Revision gegeben. Die FinB kann gegen das Urteil kein Rechtsmittel einlegen, da nach § 406 II AO ihre selbständigen Befugnisse mit der Anberaumung der mündlichen Verhandlung erloschen sind. Ebenso wie bei § 400 AO (Rdnr. 24 zu § 400 AO; vgl. *Kleinknecht/Meyer-Goßner* 2 zu § 210 StPO) steht ihr aber die sofortige Beschwerde gegen eine Entscheidung durch Beschluß zu (Rdnr. 6 zu § 406 AO).

In einem Nachverfahren nach rechtskräftigem Abschluß des Verfahrens 17 kann ein Betroffener geltend machen, daß ihm gegenüber die Einziehung nicht gerechtfertigt sei (§ 439 StPO). Voraussetzung ist, daß der Antragsteller ein die Einziehung usw. hinderndes Recht hatte und seine Rechte ohne Verschulden im Verfahren nicht geltend machen konnte (§ 439 I StPO; ausf. *Kleinknecht/Meyer-Goßner* 3 ff. zu § 439 StPO).

Joecks

4. Geldbuße gegen eine juristische Person oder eine Personenvereinigung

§ 444 StPO [Verfahren bei Festsetzung von Geldbußen gegen juristische Personen]

(1) ¹Ist im Strafverfahren über die Festsetzung einer Geldbuße gegen eine juristische Person oder eine Personenvereinigung zu entscheiden (§ 30 des Gesetzes über Ordnungswidrigkeiten), so ordnet das Gericht deren Beteiligung an dem Verfahren an, soweit es die Tat betrifft. ²§ 431 Abs. 4, 5 gilt entsprechend.

(2) ¹Die juristische Person oder die Personenvereinigung wird zur Hauptverhandlung geladen; bleibt ihr Vertreter ohne genügende Entschuldigung aus, so kann ohne sie verhandelt werden. ²Für ihre Verfahrensbeteiligung gelten im übrigen die §§ 432 bis 434, 435 Abs. 2 und 3 Nr. 1, § 436 Abs. 2 und 4, § 437 Abs. 1 bis 3, § 438 Abs. 1 und, soweit nur über ihren Einspruch zu entscheiden ist, § 441 Abs. 2 und 3 sinngemäß.

(3) ¹Für das selbständige Verfahren gelten die §§ 440 und 441 Abs. 1 bis 3 sinngemäß. ²Örtlich zuständig ist auch das Gericht, in dessen Bezirk die juristische Person oder die Personenvereinigung ihren Sitz oder eine Zweigniederlassung hat.

18 **Die sachlichen Voraussetzungen** der selbständigen Anordnung der Geldbuße gegen eine juristische Person oder eine Personenvereinigung (Personenhandelsgesellschaft, nicht rechtsfähiger Verein) ergeben sich aus § 30 OWiG (s. vor Rdnr. 40 zu § 377 AO). Nötig ist zunächst, daß die juristische Person oder die Personenvereinigung nach § 30 I OWiG ein Bußgeld trifft, weil eines ihrer Organe eine Straftat oder Ordnungswidrigkeit begangen hat, durch die Pflichten der juristischen Person oder der Personenvereinigung verletzt wurden oder aber die juristische Person oder die Personenvereinigung bereichert worden ist oder bereichert werden sollte.

19 **Die selbständige Anordnung** einer Geldbuße setzt darüber hinaus ebenso wie die selbständige Anordnung von Einziehung und Verfall (Rdnr. 5) voraus, daß eine bestimmte Person aus tatsächlichen Gründen nicht verfolgt werden konnte oder das Verfahren gegen sie eingestellt wurde (§ 30 IV OWiG).

20 **Für das Verfahren** gelten nach § 444 III StPO die §§ 440, 441 I–III StPO sinngemäß. Der Inhalt des Antrags entspricht dem bei der selbständigen Anordnung von Einziehung und Verfall (Rdnr. 8); Art und Weise der Entscheidung sowie die Rechtsmittel sind gleich (Rdnr. 3 ff. zu § 406 AO). Ein Unterschied zu Einziehung und Verfall besteht nur insoweit, als nach § 444 III 2 StPO örtlich zuständig auch das Gericht ist, in dessen Bezirk die juristische Person oder die Personenvereinigung ihren Sitz oder eine Zweigniederlassung hat. Damit wird die Regelung in § 441 I StPO ergänzt; s. auch Rdnr. 34 ff. zu § 377 AO.

III. Stellung der Finanzbehörde im Verfahren der Staatsanwaltschaft

§ 402 Allgemeine Rechte und Pflichten der Finanzbehörde

(1) Führt die Staatsanwaltschaft das Ermittlungsverfahren durch, so hat die sonst zuständige Finanzbehörde dieselben Rechte und Pflichten wie die Behörden des Polizeidienstes nach der Strafprozeßordnung sowie die Befugnisse nach § 399 Abs. 2 Satz 2.

(2) Ist einer Finanzbehörde nach § 387 Abs. 2 die Zuständigkeit für den Bereich mehrerer Finanzbehörden übertragen, so gilt Absatz 1 für jede dieser Finanzbehörden.

Vgl. § 63 I OWiG.

Übersicht

1. Entstehungsgeschichte 1	4. Rechte und Pflichten der FinB 6–10
2. Zweck und Bedeutung der Vorschrift 2–4	5. Inhalt des § 402 II AO 11
	6. Grenzen der Mitwirkung der FinB . . 12
3. Ermittlungsverfahren der StA 5	

1. Entstehungsgeschichte

§ 402 AO 1977 entspricht dem § 437 RAO; mit der Neuregelung wurde lediglich der Begriff *„Finanzamt"* in *„Finanzbehörde"* geändert.

§ 437 RAO wurde durch Art. 1 Nr. 1 AOStrafÄndG v. 10. 8. 1967 (BGBl. I 877) in die AO eingefügt (Begr. BT-Drucks. V/1812 S. 36).

Nach § 405 RAO 1919 hatten die Beamten der Finanzämter *„Steuerzuwiderhandlungen zu erforschen und innerhalb ihrer Zuständigkeit alle keinen Aufschub gestattenden Anordnungen zu treffen, um die Verdunkelung der Sache zu verhüten".* Nach § 406 III RAO 1919 durften die Finanzämter *„Ermittlungen jeder Art selbst anstellen oder durch ihre Hilfsstellen oder Beamten vornehmen lassen".* Die RAO 1931 enthielt in den §§ 440, 441 III entsprechende Regelungen (Rdnr. 2 zu § 399 AO).

2. Zweck und Bedeutung der Vorschrift

§ 402 AO regelt die Stellung der FinB für den Fall, daß die StA das Ermittlungsverfahren im Rahmen des § 386 III, IV AO führt (Rdnr. 10 ff. zu § 386 AO). Die FinB soll hier den Behörden und Beamten des Polizeidienstes gleichstehen und insbes. die Befugnisse des § 399 II AO behalten, die auch der Steuerfahndung regelmäßig zustehen (§ 404 S. 2 AO; BT-Drucks. V/1812 S. 36).

§ 402 II AO stellt klar, daß trotz einer Zuständigkeitskonzentration nach § 387 II AO (Rdnr. 16 ff. zu § 387 AO) jede einzelne, zu dem Bezirk gehörende FinB die Rechte und Pflichten nach § 402 I AO hat; diese FinBn behalten insoweit die in § 399 II 1 AO eingeräumte Rechtsstellung auch im Ermittlungsverfahren der StA (*Koch/Scholtz/Himsel* 6 zu § 402 AO).

4 **§ 402 wird ergänzt durch § 403 AO.** Während § 402 AO die allgemeinen *Rechte und Pflichten* der FinB im Ermittlungsverfahren der StA regelt, behandelt § 403 AO deren *Beteiligung* am Verfahren.

3. Ermittlungsverfahren der Staatsanwaltschaft

5 **Die FinB ist Ermittlungsorgan der StA,** wenn diese das Ermittlungsverfahren führt. Ermittlungen der StA (und nicht der FinB, § 386 II AO) finden statt, wenn es nicht allein um eine Steuerstraftat geht, gegen einen Beschuldigten ein Haft- oder Unterbringungsbefehl erlassen worden ist (§ 386 III AO), die FinB die Sache an die StA abgegeben (§ 386 IV 1 AO) oder aber die StA die Sache an sich gezogen hat (§ 386 IV 2 AO); s. Rdnr. 10 ff. zu § 386 AO.

4. Rechte und Pflichten der Finanzbehörde

6 **Sonst zuständige FinB** ist im Grundsatz diejenige FinB, die (sachlich und örtlich) zuständig wäre, wenn nicht die StA das Ermittlungsverfahren nach § 386 III, IV AO führen würde (*Leise/Cratz* 8 u. *Senge* 2 zu § 403 AO; *Göhler* 3 zu § 63 OWiG). Einzelheiten ergeben sich aus den §§ 387 ff. AO. *„Sonst zuständig"* (gegen diesen Zusatz HHSp-*Hübner* 6 zu § 402 AO) ist die FinB nicht nur dann, wenn die Voraussetzungen des § 386 IV AO vorliegen. Die Beteiligungsrechte bestehen auch, wenn die StA das Ermittlungsverfahren durchführt, weil gegen einen Beschuldigten wegen einer Tat ein Haftbefehl oder ein Unterbringungsbefehl erlassen worden ist (§ 386 III AO; gl A HHSp-*Hübner* 7 zu § 402 AO; aM *Bilsdorfer* BB 1983, 2113). Nach § 402 II AO sind auch andere FinBn als das FA, zu dem die Gemeinsame Strafsachenstelle gehört, eine *„zuständige FinB"* (s. aber Rdnr. 4 zu § 403 AO).

7 **Die Behörden des Polizeidienstes** haben nach § 163 I StPO *„Straftaten zu erforschen und alle keinen Aufschub gestattenden Anordnungen zu treffen, um die Verdunkelung der Sache zu verhüten"* (Rdnr. 7, 70 zu § 399 AO). Für die FinB beinhaltet dies u. a. die Befugnis zur Durchführung von Vernehmungen; eine *Pflicht zum Erscheinen* besteht jedoch, anders als in den Fällen des § 399 I AO (Rdnr. 10 zu § 399 AO), nicht. Da die StA Herrin des Verfahrens ist, sind solche Maßnahmen auf das notwendigste zu beschränken (*Schmitz/Tillmann* S. 50). Dieses „Recht des ersten Zugriffs" korrespondiert mit der Pflicht der FinB, Erkenntnisse unverzüglich der StA mitzuteilen (§ 163 II StPO); s. aber Rdnr. 51 ff. zu § 393 AO.

8 **Die FinB hat Weisungen der StA zu befolgen** (§§ 160, 161, 163 StPO iVm § 402 AO). Auf deren Ersuchen hat sie Ermittlungen wegen der Steuerstraftat vorzunehmen (*Kleinknecht/Meyer-Goßner* 13 zu § 160 StPO; HHsp-*Hübner* 8, *Koch/Scholtz/Himsel* 3 zu § 402 AO; *Lohmeyer* S. 104 f.; *Schmitz/Tillmann* S. 49). und erforderlichenfalls auch *einzelne* Maßnahmen durchzuführen, etwa die verkürzten Steuern zu berechnen (*Kohlmann* 5 u. *Leise/Cratz* 3 zu § 402 AO). Auch insoweit entspricht die Position der FinB derjenigen der Steuerfahndung im allgemeinen (Rdnr. 45 ff. zu § 404 AO).

6. Grenzen der Mitwirkung der Finanzbehörde 9–12 § 402

Die Verweisung des § 402 I AO auf § 399 II 2 AO bewirkt, daß die Gemeinsame Strafsachenstelle im Ermittlungsverfahren der StA die Rechte hat, die bei selbständiger Ermittlungstätigkeit der FinB sonst die im Bezirk einer Gemeinsamen Strafsachenstelle befindlichen Finanzämter behalten (Rdnr. 71 zu § 399 AO). 9

Da die FinB die Rechte eines Hilfsbeamten der StA hat, darf sie Durchsuchungen und Beschlagnahmen durchführen, soweit es um Gegenstände geht, die als Beweismittel von Bedeutung sein können oder möglicherweise dem Verfall oder der Einziehung unterliegen (§§ 94, 98, 111b, 111c, 111d StPO); gem. § 399 II 2 AO darf sie die Notveräußerung beschlagnahmter Verfall- und Einziehungsgegenstände durchführen usw. (Rdnr. 72 zu § 399 AO). Richterliche Untersuchungshandlungen darf sie nicht beantragen; ein Recht zur Durchsicht der Papiere ohne Zustimmung des Betroffenen (§ 110 I StPO) hat sie, anders als die Steuerfahndung, nicht. 10

5. Inhalt des § 402 II AO

Soweit einer Gemeinsamen Strafsachenstelle (§ 387 II AO) die selbständige Durchführung des Ermittlungsverfahrens (§ 399 I AO) übertragen worden ist, behalten die angeschlossenen Finanzämter das Recht und die Pflicht, beim Verdacht einer Steuerstraftat unaufschiebbare Anordnungen zu treffen (*Klein/Orlopp* 3 u. *Senge* 4 zu § 402 AO; krit. *Hellmann* 1995, 356). Insbesondere dürfen sie Beschlagnahmen, Notveräußerungen usw. nach den für Hilfsbeamte der StA geltenden Vorschriften der StPO anordnen (§ 399 II 2 AO). § 402 II AO stellt klar, daß die Zuständigkeitskonzentration nach § 387 II AO das Recht *und* die Pflicht der einzelnen FinB unberührt läßt, als Hilfsorgan auch für die StA tätig zu werden (BT-Drucks. V/1812 S. 36). So kann etwa die FinB, welche die Steuer verwaltet, von der StA ersucht werden, die verkürzte Steuer zu ermitteln (ähnl. *Lohmeyer* S. 105). 11

6. Grenzen der Mitwirkung der Finanzbehörde

Eine Verpflichtung zur Mitwirkung im Ermittlungsverfahren der StA trifft die FinB nur, soweit es um Steuerstraftaten oder diesen nach § 385 II AO gleichgestellte Taten geht oder falls die Anwendbarkeit des § 402 AO ausdrücklich angeordnet ist (Rdnr. 26 zu § 385 AO). Treffen diese Taten mit allgemeinen Straftaten tateinheitlich (§ 52 StGB) oder tatmehrheitlich (§ 53 StGB) zusammen, beschränkt sich die Mitwirkungspflicht der FinB auf die *Steuer*straftat (*Kohlmann* 5, *Schwarz/Dumke* 10 zu § 402 AO; HHSp-*Hübner* 29ff. zu § 404 AO; unklar *Leise/Cratz* 59 zu § 404 AO), kann sich aber auf tateinheitlich begangene Allgemeindelikte erstrecken, soweit dies für das Steuerdelikt geboten erscheint (Rdnr. 8 zu § 386 AO; *Kleinknecht/Meyer-Goßner* 13 zu § 160 StPO). Das Ermittlungsverfahren endet mit der Erhebung der öffentlichen Klage oder aber der Einstellung des Verfahrens 12

(§ 170 StPO). Hält das Gericht vor der Entscheidung über die Eröffnung des Hauptverfahrens weitere Ermittlungen für geboten (§ 202 StPO) und werden diese auf seine Bitte durch die StA durchgeführt, so ist die FinB zu einer Mitwirkung nicht verpflichtet (glA *Schwarz/Weyand* 6 zu § 402 AO; ähnl. *Kleinknecht/Meyer-Goßner* 3 zu § 202 StPO).

§ 403 Beteiligung der Finanzbehörde

(1) ¹Führt die Staatsanwaltschaft oder die Polizei Ermittlungen durch, die Steuerstraftaten betreffen, so ist die sonst zuständige Finanzbehörde befugt, daran teilzunehmen. ²Ort und Zeit der Ermittlungshandlungen sollen ihr rechtzeitig mitgeteilt werden. ³Dem Vertreter der Finanzbehörde ist zu gestatten, Fragen an Beschuldigte, Zeugen und Sachverständige zu stellen.

(2) Absatz 1 gilt sinngemäß für solche richterlichen Verhandlungen, bei denen auch der Staatsanwaltschaft die Anwesenheit gestattet ist.

(3) Der sonst zuständigen Finanzbehörde sind die Anklageschrift und der Antrag auf Erlaß eines Strafbefehls mitzuteilen.

(4) Erwägt die Staatsanwaltschaft, das Verfahren einzustellen, so hat sie die sonst zuständige Finanzbehörde zu hören.

Vgl. § 63 II, III OWiG.

Schrifttum: *Franzen*, Das Steuerstrafverfahren nach dem AOStrafÄndG, DStR 1967, 564; *Henneberg*, Die Neuregelung des Steuerstrafrechts, BB 1968, 906; *Harbusch*, Die Abgabe des Ermittlungsverfahrens an die StA, ddz 1980, F 121; *Klos/Weyand*, Ermittlungszuständigkeit und Beteiligungsrechte der Finanzbehörde im Steuerstrafverfahren, DStZ 1988, 615.

Übersicht

1. Entstehungsgeschichte 1	c) Informationsrechte 13, 14
2. Zweck und Bedeutung der Vorschrift 2	d) Anhörungsrechte............ 15
3. Befugnisse der FinB............ 3–15	4. Verstöße gegen § 403 AO 16, 17
a) Allgemeine Voraussetzungen ... 3–6	5. Klageerzwingungsverfahren auf Antrag der FinB 18
b) Teilnahmerechte 7–12	

1. Entstehungsgeschichte

Vorläufer des § 403 AO 1977 war § 438 RAO 1967, dessen Absatz 1 inhaltlich dem § 403 I 1 u. 2 AO entsprach. Mit der AO 1977 neu eingefügt wurde § 403 I 3 AO. § 438 II RAO hatte dem Finanzamt ein Beteiligungsrecht nur für das Schlußgehör nach § 169b StPO aF eingeräumt, während § 403 II AO dieses Recht auf sämtliche richterliche Handlungen erstreckt, bei denen auch der StA die Anwesenheit gestattet ist. § 403 III, IV AO entsprechen inhaltlich § 438 III, IV RAO.

§ 438 I, II RAO 1967 (= § 428 EAOStrafÄndG, Begr. BT-Drucks. V/1812 S. 8) wurde durch Art. 1 Nr. 1 AOStrafÄndG v. 12. 8. 1967 (BGBl. I 877) neu geschaffen, Absatz 2 jedoch mit der Abschaffung des Schlußgehörs durch das 1. StrVRG v. 9. 12. 1974 (BGBl. I 3393, 3533) wieder gestrichen. Die Absätze 3 und 4 wurden durch Art. 1 Nr. 1 des 2. AOStrafÄndG v. 12. 8. 1968 (BGBl. I 953) eingefügt und rückten infolge der Streichung des ursprünglichen Absatzes 2 auf. Eine Beschränkung der FinB auf Informationsrechte sah schon § 441 RAO 1967 vor. Die weitergehende Stellung eines Nebenklägers (§§ 467, 472 RAO 1931), die noch im RegE des AO-

StrafÄndG vorgesehen war (BT-Drucks. V/1812 S. 37), wurde nach lebhaften Erörterungen im Verlauf des Gesetzgebungsverfahrens gem. Art. 1 Nr. 1 AOStrafÄndG v. 10. 8. 1967 (BGBl. I 877) abgeschafft. Auch das Klageerzwingungsverfahren steht der FinB zur Durchsetzung ihrer von der der StA abweichenden Auffassung nicht zu Gebote (Rdnr. 18). Zur **RAO 1919** und **RAO 1939** s. auch Rdnr. 1 zu § 402 AO.

2. Zweck und Bedeutung der Vorschrift

2 § 403 AO regelt iVm § 402 AO die Stellung der FinB, wenn das Ermittlungsverfahren von der StA geführt wird. Während § 402 AO die Hilfsorganeigenschaft der FinB anordnet, gibt § 403 AO der FinB gewisse Beteiligungsrechte. Ziel ist es zum einen, die besondere Sachkunde der FinB im Ermittlungsverfahren zu nutzen (*Lohmeyer* S. 105; *Schwarz/Weyand* 3, *Kohlmann* 5 u. HHSp-*Hübner* 6 zu § 403 AO; BT-Drucks. V/1812 S. 36). Dem dient etwa das Gebot, die FinB vor Einstellung des Verfahrens zu hören (§ 403 IV AO). Zum anderen soll durch die Beteiligung der FinB gesichert werden, daß verkürzte Steuerbeträge möglichst bald festgesetzt und nacherhoben werden können (Begr. aaO). Zwar gehört „*die Durchsetzung konkreter Steueransprüche . . . nicht zu den Aufgaben des Steuerstrafrechts*" (so *Kohlmann* 5 zu § 403 AO; ähnl. HHSp-*Hübner* 7 zu § 403 AO). Dem Gesetzgeber steht es jedoch frei, die Ergebnisse des strafrechtlichen Ermittlungsverfahrens (in gewissen Grenzen; Rdnr. 73ff. zu § 404 AO) für das Besteuerungsverfahren nutzbar zu machen. § 403 AO wird ergänzt durch § 407 AO, der die Rechte der FinB im gerichtlichen Verfahren regelt (Rdnr. 5ff. zu § 407 AO).

3. Befugnisse der Finanzbehörde

a) Allgemeine Voraussetzungen

3 Bei **Ermittlungen der StA oder der Polizei** hat die FinB Teilnahme-, Informations- und Anhörungsrechte. § 403 AO ergänzt insoweit den § 402 AO. Eigene Ermittlungstätigkeiten des StA sind nicht nötig; auch Ermittlungshandlungen der Polizei im Rahmen des § 163 I StPO sind ausdrücklich erfaßt. Darüber hinaus wird man die in § 403 AO enthaltenen Rechte der FinB schon dann bejahen müssen, wenn ein Hilfsbeamter iS des § 152 GVG für die StA ermittelnd tätig wird (ähnl. *Schwarz/Weyand* 5 zu § 403 AO).

Da § 403 AO, anders als § 402 AO, nicht von „Ermittlungs*verfahren*", sondern von „*Ermittlungen*" spricht, bestehen die Rechte der FinB auch dann, wenn die StA auf Ersuchen des Gerichts im Zwischenverfahren einzelne Nachermittlungen durchführt (s. aber Rdnr. 12 zu § 402 AO).

4 „**Sonst zuständige Finanzbehörde**" ist jeweils diejenige FinB, die (sachlich und örtlich) zuständig wäre, wenn nicht die StA nach Maßgabe des § 386 III, IV AO die Ermittlungen selbst durchführen würde (Rdnr. 6 zu § 402 AO). Dies richtet sich nach den §§ 387ff. AO. Besteht nach § 387 II AO eine Gemeinsame Strafsachenstelle, so ist nur diese „*zuständige FinB*" iS

3. Befugnisse der Finanzbehörde   5–11 § 403

des § 403 AO, da eine dem § 402 II AO entsprechende Regelung in § 403 AO
fehlt (glA HHsp-*Hübner* 17 zu § 403 AO).
   Die Ermittlungen müssen Steuerstraftaten betreffen. Hierzu gehören 5
alle Taten iS des § 369 I AO. Kraft ausdrücklicher gesetzlicher Anordnung
gilt § 403 AO aber auch für Ermittlungen bei sog. Vorspiegelungstaten
(§ 385 II AO) und bei Straftaten, die Sondergesetze betreffen und für welche
die Anwendbarkeit des § 403 AO ausdrücklich angeordnet ist (Rdnr. 26 zu
§ 385 AO).
   Trifft eine solche Straftat mit einer allgemeinen Straftat zusammen, so
beschränken sich die Befugnisse und Rechte der FinB auf die Steuerstraftat
(glA HHSp-*Hübner* 16 zu § 403 AO).
   Die Steuerfahndung ist nicht FinB iS des § 403 AO (glA HHSp-*Hübner* 17 6
zu § 403 AO). Die §§ 402f. AO regeln ausdrücklich die Stellung der FinB
und trennen davon die im § 404 AO geregelte Steuer- und Zollfahndung.
Zollfahndungsämter und Steuerfahndung sind auf die in § 404 AO eingeräumten Befugnisse beschränkt (Rdnr. 50ff. zu § 404 AO).

b) Teilnahmerechte

   An Ermittlungshandlungen der StA oder der Polizei darf die sonst zu- 7
ständige FinB teilnehmen (§ 403 I 1 AO). Zur Sicherung dieses Rechts ist die
ermittelnde Behörde gehalten, der FinB Ort und Zeit der Ermittlungen
rechtzeitig mitzuteilen (vgl. *Koch/Scholtz/Himsel* 3 zu § 403 AO). *Rechtzeitig*
ist die Mitteilung, wenn es der zuständigen FinB möglich bleibt, sich auf die
Teilnahme an der Ermittlungshandlung einzurichten.
   Die Unterrichtung **soll** erfolgen. Sie kann unterbleiben, wenn sie sinnlos 8
ist, weil die entsprechende Ermittlungshandlung zur Vermeidung einer Gefährdung des Untersuchungserfolges (vgl. § 168c V 2 StPO) so schnell erfolgen muß, daß eine Teilnahme von Vertretern der FinB nicht mehr möglich
ist (vgl. KK-*Wache* 17 u. *Kleinknecht/Meyer-Goßner* 5 zu § 168c StPO; HHsp-
Hübner 19, *Kohlmann* 9 u. *Schwarz/Weyand* 7 zu § 403 AO).
   Auch bei einigen richterlichen Untersuchungshandlungen ist die FinB 9
zu informieren (§ 403 II AO). Das Gesetz spricht von „*richterlichen Verhandlungen, bei denen auch der StA die Anwesenheit gestattet ist*". Gemeint sind damit
insbes. der richterliche Augenschein (§ 168d I StPO) sowie die Vernehmung
von Beschuldigten, Zeugen und Sachverständigen (§ 168c I, II StPO; s.
HHSp-*Hübner* 15, *Koch/Scholz/Himsel* 9 zu § 403 AO).
   Ein Anwesenheitsrecht hat die FinB auch dann, wenn ihr Ort und Zeit 10
der Ermittlungshandlungen entgegen § 403 I 2 APO nicht rechtzeitig mitgeteilt worden ist, sie aber dennoch von dem Termin erfahren hat.
   Das Fragerecht nach § 403 I 3 AO, das auch für richterliche Untersu- 11
chungshandlungen iS des § 403 II AO gilt (*Schmitz/Tillmann* S. 50), ergänzt
das Teilnahmerecht der FinB. Dem von der FinB entsandten Amtsträger ist
die Befragung von Beschuldigten, Zeugen und Sachverständigen zu gestatten, jedoch können ungeeignete oder nicht zur Sache gehörende Fragen entsprechend § 241 II StPO zurückgewiesen werden (ähnl. *Kleinknecht/Meyer-*

Goßner 1 u. KK-*Wache* 15 zu § 168c StPO). Nicht zur Sache gehören auch solche Fragen, die sich nicht auf Steuerstraftaten im oben (Rdnr. 5) beschriebenen Sinne beziehen.

12 **Der Vertreter der FinB kann die Beteiligten unmittelbar befragen.** Seine Fragen sind nicht etwa *durch* den ermittelnden StA oder Polizeibeamten zu stellen (zust. *Schwarz/Weyand* 12 zu § 403 AO). Dies ist nur nötig, soweit es sich um einen Zeugen unter 16 Jahren handelt (§ 241a StPO). Ein unmittelbares Fragerecht war zum alten Recht umstritten, da § 438 RAO lediglich von einem Anwesenheitsrecht sprach (HHSp-*Hübner* 15 zu § 441 RAO 1967). Nunmehr ordnet § 403 I 3 AO ein Fragerecht des Vertreters der FinB ausdrücklich an. Dieses – anders als bei anderen Verfahrensbeteiligten – auf ein nur mittelbares Fragerecht zu beschränken, besteht kein Anlaß (s. auch BT-Drucks. VI/1982 S. 200; Rdnr. 14 zu § 407 AO).

c) Informationsrechte

13 **Anklageschrift und Antrag auf Erlaß eines Strafbefehls** sind der sonst zuständigen FinB mitzuteilen (§ 403 III AO). Diese Unterrichtungspflicht dient zum einen dazu, der FinB eine rechtzeitige (Vorbereitung auf ihre) Mitwirkung im gerichtlichen Verfahren (§ 407 I AO) zu ermöglichen (ähnl. HHSp-*Hübner* 20 zu § 403 AO). So kann die FinB etwa vor Erlaß des Strafbefehls dem Gericht Gesichtspunkte aufzeigen, *„die von ihrem Standpunkt für die Entscheidung von Bedeutung sind"* (§ 407 I AO). Zum anderen wird die FinB vom Abschluß der Ermittlungen in Kenntnis gesetzt, um ggf. auf das Ergebnis der Ermittlungen im Rahmen ihres Akteneinsichtsrechts nach § 395 AO zur Festsetzung der verkürzten Steuer zurückgreifen zu können (Rdnr. 2). Eine Anhörung der FinB vor Einreichung der Anklage oder vor Beantragung eines Strafbefehls ist, wie sich mittelbar aus § 403 IV AO ergibt, nicht geboten.

14 **Die Informationspflicht** des § 403 III AO besteht auch dann, wenn die FinB die von ihr ermittelte Strafsache anklagereif nach § 400 AO an die StA abgegeben hat (*Leise/Cratz* 8 zu § 403 AO).

d) Anhörungsrechte

15 **Erwägt die StA eine Einstellung des Verfahrens,** ist die sonst zuständige FinB anzuhören. Der Begriff der Einstellung umfaßt neben der nach § 398 AO auch eine solche wegen fehlenden Tatverdachts (§ 170 II StPO), wegen Geringfügigkeit nach §§ 153, 153a StPO, bei Teilverzicht auf eine Strafverfolgung (§§ 154, 154a StPO) und andere (HHSp-*Hübner* 23, *Kohlmann* 15 u. *Leise/Cratz* 6f. zu § 403 AO; BT-Drucks. VI/1982 S. 200). Gleichgültig ist, auf welche Weise die Zuständigkeit der StA begründet worden ist (*Hübner* aaO). Das Anhörungsrecht dient der Kontrolle der StA und soll der FinB ermöglichen, etwaige Bedenken gegen die von der StA geplante Maßnahme zu äußern (ähnl. *Göhler* 10 zu § 63 OWiG; *Schmitz/Tillmann* S. 51). Eine Verletzung des Anhörungsrechts macht die

Entscheidung der StA aber nicht anfechtbar (*Senge* 6 zu § 403 AO). Die StA hat die FinB über die Einstellung des Verfahrens zu unterrichten (*Kohlmann* 16 u. *Leise/Cratz* 10 zu § 403 AO).

4. Verstöße gegen § 403 AO

Eine Beeinträchtigung der Beteiligungsrechte der FinB berührt die Verwertbarkeit der Ermittlungen oder die Wirksamkeit der das Verfahren abschließenden Handlung (§ 403 III, IV AO) regelmäßig nicht. Zwar ist eine Zeugenaussage vor dem Ermittlungsrichter nur beschränkt verwertbar, wenn der Beschuldigte entgegen § 168c V StPO nicht benachrichtigt wurde (BGH v. 11. 5. 1976, NJW 1546; BayObLG v. 14. 3. 1977, NJW 2037; *Kleinknecht/Meyer-Goßner* 6 u. *KK-Wache* 15 zu § 168c StPO). Kennzeichnend dafür ist, daß eine Beeinträchtigung der Rechte des Beschuldigten nicht ausgeschlossen werden kann. Eine solche liegt bei der Verletzung der Beteiligungsrechte der FinB aber relativ fern (s. jedoch Rdnr. 18 zu § 407 AO). 16

Gegen die Beeinträchtigung ihrer Beteiligungsrechte kann die FinB **Gegenvorstellung oder Dienstaufsichtsbeschwerde** erheben (HHSp-*Hübner* 24, *Kohlmann* 16 u. *Leise/Cratz* 11 zu § 403 AO). 17

5. Klageerzwingungsverfahren durch die Finanzbehörde

Bei einer ihrer Meinung nach unrichtigen Sachbehandlung kann die FinB nicht mit dem Mittel des Klageerzwingungsverfahrens (§ 172 StPO) intervenieren (glA HHSp-*Hübner* 26, *Koch/Scholtz/Himsel* 8 zu § 403 AO; aM *Leise/Cratz* 11 zu § 403 AO u. 51 zu § 400 AO und ihm folgend *Bender* Tz. 127). Ein Klageerzwingungsverfahren setzt voraus, daß jemand einen „*Antrag auf Erhebung der öffentlichen Klage*" (§ 171 StPO) gestellt hat und zugleich durch die Straftat *verletzt* worden ist (§ 172 I StPO). Nun mag man in der Abgabe an die StA nach § 400 AO einen Antrag iS des § 171 StPO sehen können, jedoch ist die FinB nicht „*Verletzte*" iS des § 172 I StPO. Zwar ist dieser Begriff weit auszulegen (*Kleinknecht/Meyer-Goßner* 10 zu § 172 StPO). Das die Steuern erhebende FA unterfällt diesem Begriff aber ebensowenig wie die Naturschutzbehörde bei einer Straftat gegen das Naturschutzgesetz (OLG Celle v. 30. 12. 1966, MDR 1967, 515), die Ärztekammer bei unerlaubter Ausübung des ärztlichen Berufs (OLG Stuttgart v. 14. 11. 1968, NJW 1969, 569) oder ein Tierschutzverein bei Tierquälerei (OLG Hamm v. 18. 12. 1969, MDR 1970, 946). Eine (Finanz-)Behörde, die selbst zur Wahrung des Legalitätsprinzips verpflichtet ist (§ 399 AO) und zT selbständig die Ermittlungen geführt hat, kann nicht auf diese Weise die Wahrung des Legalitätsprinzips durch andere (Strafverfolgungs-)Behörden überprüfen lassen (*Franzen* DStR 1967, 565; KK-*Wache* 28f. zu § 172 StPO; HHSp-*Hübner* 32 u. *Schwarz/Weyand* 6 zu § 403 AO, *Koch/Scholtz/Himsel* 3 zu § 407 AO; ebenso *Kohlmann* 16 zu § 403 AO u. 23 zu § 407 AO; vgl. auch LR*Meyer-Goßner* 71 u. KMR-*Wache* 21 zu § 172 StPO; Abg. *Genscher*, Sten. Ber. der 116. Sitzung des BTages in der V. Wahlperiode S. 5783 D). 18

§ 404

IV. Steuer- und Zollfahndung

§ 404 Steuer- und Zollfahndung

¹Die Zollfahndungsämter und die mit der Steuerfahndung betrauten Dienststellen der Landesfinanzbehörden sowie ihre Beamten haben im Strafverfahren wegen Steuerstraftaten dieselben Rechte und Pflichten wie die Behörden und Beamten des Polizeidienstes nach den Vorschriften der Strafprozeßordnung. ²Die in Satz 1 bezeichneten Stellen haben die Befugnisse nach § 399 Abs. 2 Satz 2 sowie die Befugnis zur Durchsicht der Papiere des von der Durchsuchung Betroffenen (§ 110 Abs. 1 der Strafprozeßordnung); ihre Beamten sind Hilfsbeamte der Staatsanwaltschaft.

ASB 143–146

Schrifttum: *Blumers/Kullen*, Praktiker der Steuerfahndung, 2. Aufl. 1982; *Rüping*, Steuerfahndungsergebnisse und ihre Verwertbarkeit, 1981; *Streck*, Die Steuerfahndung, 2. Aufl. 1993; *Wendeborn*, Das Recht der Steuerfahndung gemäß §§ 208, 404 AO, 1989; *Herold*, Die Stellung der Zollfahndungsstellen im Ermittlungsverfahren wegen Steuervergehen und Steuerordnungswidrigkeiten, ZPr 1969, 221; *Jakob*, Rechtsfragen der Organisation und Funktion des Steuerfahndungsdienstes, StW 1971, 297; *ders.*, Zuständigkeitsprobleme im Steuerfahndungsrecht, StW 1972, 115; *Seltmann*, Zum Umfang von Aufgaben und Befugnissen des Steuerfahndungsdienstes, DStZ 1974, 123; *Bopp*, Die Gebietshoheit der Länder bei der Steuerverwaltung, DStR 1975, 488; *Henneberg*, Zur Reform des Strafverfahrensrechts, BB 1975, 429; *Herold*, Für den Zollfahndungsdienst wesentliche Änderungen des Steuerstraf- und Ordnungswidrigkeitenrechts durch das EGStGB, ZfZ 1975, 299; *Felix*, Bankinsolvenz und Steuerfahndung, FR 1976, 350; *Henneberg*, Steuerstraf- und Bußgeldrecht nach der AO 1977, BB 1976, 1554; *Hurst*, Die Reform des allgemeinen Abgabenrechts aus der Sicht der Zollverwaltung, ZfZ 1976, 354; *Pfaff*, Aktuelle Fragen aus der Praxis der Betriebsprüfung, StBp 1976, 228; *Benkendorff*, Die Aufgaben und Befugnisse der Zollfahndung nach der neuen AO, ZfZ 1977, 106; *Rank*, Die strafprozessuale Durchsuchung im Bereich des Grenzzolldienstes, ddz 1977 F 67; *Brenner*, Außenprüfer als Strafverfolgungsorgan: Verfolgungsverjährung und Verwertungsverbot, StBp 1979, 121; *Küffner*, Doppelfunktion der Steuerfahndung, DStR 1979, 243; *Lauer*, Die neue Abgabenordnung und der Bankenerlaß von 1949, BB 1979, 41; *Jobski*, Zu den Rechten der Zollfahndung bei Durchsuchungen, ZfZ 1980, 300; *Küster*, Die Befugnisse der Steuerfahndung im Steuerstrafverfahren, BB 1980, 1371; *Mein*, Fragen der Zusammenarbeit zwischen Steuerfahndung und Polizei nach der AO 1977, StBp 1980, 131; *Rüping*, Steuerfahndung im Rechtsstaat, DStR 1980, 179; *Spitz*, Die Neufassung des Bankenerlasses, DStR 1980, 95; *Streck*, Betriebsprüfung und Steuerstrafverfahren, BB 1980, 1537; *Henneberg*, Die Steuerfahndung, „Finanzstaatsanwaltschaft" oder Hilfsbeamter der Staatsanwaltschaft?, DStR 1981, 215; *Kühnel*, Die Steuerfahndung als Mittel der allgemeinen Steueraufsicht im unbekannten Steuerfall des § 208 AO 1977; *Spitz*, Auskunftspflichten – Bankgeheimnis – Beschlagnahme – Durchsuchung – Zeugenvernehmung im Steuerstrafverfahren, DStR 1981, 428; *Wegemer*, Vernehmungspraxis der Hilfsbeamten der Staatsanwaltschaft im Rahmen der Steuer- und Zollfahndung, NStZ 1981, 247; *Wolter*, Die Befugnisse der Steuerfahndung im Steuerstrafverfahren, BB 1981, 236; *Pfaff*, Aktuelle Fragen aus der Praxis der Außenprüfung, StBP 1982, 249; *Schick*, Steuerfahndung im Rechtsstaat, JZ 1982, 125; *Lohmeyer*, Schutz gegen Maßnahmen der Steuerfahndung, Stbg 1983, 130; *Hamacher*, Aufgaben und Befugnisse der Steuerfahndung bei Ermittlungen nach § 208 Abs. 1 Satz 1 Nr. 1 und Nr. 2 AO, DStZ 1983, 493; *Küster*, Das Steuerstrafrecht aus der Sicht der Steuerfahndung, Grundfragen 1983, 253; *Streck*, Das Recht des Verhältnisses von Steuer- und Strafverfahren, Grundfragen 1983, 217; *Benkendorff*, Die Zollfahndung (Organisation, Aufgaben und Befugnisse), ddz 1984 F 37, 54; *Bilsdorfer*, Steuerfahndungsermittlungen bei Banken, DStZ 1984, 415; *ders.*, Das Bankgeheimnis, DStR 1984, 498; *Blumers/v. Siebenthal*, Steuerstrafrechtliche Ermittlungen deutscher Behörden in der Schweiz, DB 1984, 261; *dieselben*, Einschränkung der steuerstrafrechtlichen Ermittlungen in der Schweiz, DB 1984, 2219; *Brenner,* Zur Identitätsfestnahme nach der StPO, dem ZG, dem BGSG und dem OWiG durch Zollbeamte, ZfZ 1984, 34; *Laule,* Steuerfahndung bei Dritten, DStZ 1984, 599; *Ricke,* Ermittlungszuständigkeit des Zollfahndungsdienstes beim Verdacht der unerlaubten Einfuhr, Ausfuhr und Durchfuhr von Betäubungsmitteln, ZfZ 1984, 296; *Streck,* Über Betriebsprüfung und Steuerstrafverfahren im Widersinn, BB 1984, 199 mit Erwiderung von *Hildebrandt,* BB 1984, 1226; *Wenzig,* Die Grenzen des Verwertungsverbots, DStZ 1984, 172; *Sauer,* Zulässigkeit der Außenprüfung zur Feststellung von Steuerhinterziehung oder leichtfertiger Steuerverkürzung, StBp 1985, 7; *Lohmeyer,* Praxis der Steuerfahndung, 1985; *Henneberg,* Die formellen Voraussetzungen für die Prüfung des Steuerfahndungsdienstes nach § 208 Abs. 1 Ziff. 3 AO, BB 1986, 921: *Mösbauer,* Steuerfahndung im Rechtsstaat, DStZ 1986, 339; *Schleifer,* Zum Verhältnis von Besteuerungs- und Steuerstrafverfahren, wistra 1986, 250; *Breuer,* Konflikte zwischen Verwaltung und Strafverfolgung, DÖV 1987, 169; *Dänzer-Vanotti,* Die Übertragung der Aufgabe der Steuerfahndung auf die Oberfinanzdirektion ist zulässig, DStZ 1987, 345; *Hamacher,* Neue Rechtsprechung zu den Voraussetzungen von Ermittlungsmaßnahmen der Finanzbehörden, DStZ 1987, 224; *Hetzer,* Schleppnetzfahndung – Fischzüge im Trüben?, ZfZ 1987, 66; *Klos,* Rechtsschutzprobleme bei Steuerfahndungsmaßnahmen, JuS 1987, 482; *ders.;* Die Beschlagnahme von Geld durch die Steuerfahndung, wistra 1987, 121; *Kreutziger,* Rechtsschutz gegen Maßnahmen der Steuerfahndung, DStZ 1987, 436; *Ricke,* Hinweis- und Belehrungspflichten bei Vernehmungen durch die Zollfahndung im Strafverfahren, ZfZ 1987, 2; *Schmidt-Troge,* Die Steuerfahndung, 1987; *Spriege,* Schutz im Steuerstrafverfahren, wistra 1987, 48; *Frick,* Auskunftsersuchen der Steuerfahndung gemäß § 208 I Nr. 3 AO, BB 1988, 109; *Hamacher,* Der hinreichende Anlaß für Ermittlungen, DStZ 1988, 217; *Henneberg,* Der Steuerpflichtige im Spannungsfeld zwischen Besteuerungsverfahren und Steuerstrafverfahren, BB 1988, 2181; *Klos,* Die Vorfeldermittlungen der Steuerfahndung im Spiegel der Rechtsprechung, wistra 1988, 92; *Klos/Weyand,* Probleme der Ermittlungszuständigkeit und Beteiligungsrechte der Finanzbehörde im Steuerstrafverfahren, DStZ 1988, 615; *Reiche,* Verjährungsunterbrechende Wirkung finanzbehördlicher oder fahndungsdienstlicher Maßnahmen hinsichtlich allgemeiner Strafdelikte, wistra 1988, 329; *Rüster,* Rechtsstaatliche Probleme im Grenzbereich zwischen Besteuerungsverfahren und Strafverfahren, wistra 1988, 49; *Sauer,* Außenprüfung und Steuerfahndung, DStZ 1988, 339; *Teske,* Das Verhältnis von Besteuerungs- und Strafverfahren unter besonderer Berücksichtigung des Zwangsmittelverbotes, wistra 1988, 207; *Weyand,* Zur Beantragung richterlicher Untersuchungshandlungen durch die Finanzbehörde, DStZ 1988, 191; *Zacharias/Rinnewitz/Wiesbaum,* Anordnung der Außenprüfung und Einschaltung der Steuerfahndung als gleichrangige Instrumente zur Ermittlung von Steuerstraftaten und Steuerordnungswidrigkeiten?, DStZ 1988, 609; *Arndt,* Vorfeldermittlungen, Gruppenverdacht und Sammelauskunftsersuchen – zu den Grenzen der Ermittlungsaufgabe gemäß § 208 Abs. 1 Nr. 3 AO, Felix-Festgabe 1989, 1 ff.; *Fehn,* Sammelauskunftsersuchen bei Banken im Hinblick auf nicht banktypische Geschäfte, ZfZ 1989, 381; *Klos/Weyand,* Praktische Probleme des Einsatzes von Außenprüfungen zu steuerstrafrechtlichen Ermittlungen, StBp 1989, 157; *Lüders/Meyer-Kessel,* Sammelauskunftsersuchen und § 30a AO, DB 1989, 2509; *Wannemacher,* Steuerberater und Mandant im Strafverfahren, 3. Aufl. 1989; *Nolte,* Zur Praxis der Steuerfahndung, DB 1989, 1798; *Jennemann,* ***, StWa 1990, 77; *Müller-Brühl,* Ermittlungen bei Banken im Steuerverfahren ihrer Kunden, Bielefeld 1990; *Pütz,* Steuer- und Zollfahnder als Hilfsbeamte der Staatsanwaltschaft, wistra 1990, 213; *Reiche,* Die strafrechtliche Ermittlungskompetenz der Zollfahndung, wistra 1990, 90; *Weyand,* Rechtsschutzmöglichkeiten gegen die Auswertung von CpD-Konten durch die Steuerfahndung, wistra 1990, 294; *Müller-Brühl,* Eine Aufsichtsbehörde für die Steuerfahndung muß geschaffen werden, DStZ 1991, 712; *Rüping,* Rechtsprobleme der Durchsuchung, insbes. in Steuerstrafsachen, StVj 1991, 322; *Dörn,* Übermacht der Steuerfahndung?, BB 1992, 2407; *ders.,* Betriebsprüfung – Strafverfahren – Steuerfahndung, Stbg 1993, 257; *ders.,* Befugnisse der Steuerfahndung, StB 1993, 444; *Mewes,* Rechtliche Erfassung von Vollzugstätigkeit allgemeinpolizeilicher Art durch Beamte des Zolldienstes, ZfZ 1993, 130; *Törmöhlen,* Befugnisse der Steuerfahndung bei Sachverhalten, bei denen Strafverfolgungsverjährung, aber noch keine Festsetzungsverjährung nach § 169 AO eingetreten ist, wistra 1993, 174; *Arndt,* Rechtserwägungen zu den Maßnahmen der Steuerfahndung bei der Dresdner Bank AG im Januar 1994 im Hinblick auf Schwarzgeldtransfer nach Luxemburg, KÖSDI 1994, 9760; *Gosch,* Durchführung von Steufa-Maßnahmen bei einem Handlungsunfähigen, StBp 1994, 241; *Streck,* Die Auswirkungen des Wegfalls des strafrechtlichen Fortsetzungszusammenhangs auf Besteuerungs- und Prüfungssituationen, DStR 1994, 1723; *Wamers,* Marktbeobachtung – Aufgabe des Zollfahndungsdienstes, ZfZ 1993, 70 m. Erw. *Ringling*, ZfZ 1994, 109; *Rößler*, Recht auf Einsicht in Akten eines abgeschlossenen Verfahrens wegen Steuerhinterziehung?, DStZ 1994, 192; *Dörn*, Feststellungen von Steuerverkürzungen durch die Außenprüfung, DStR 1995, 558; *Jäger*, Vorfeldermittlungen – Reizwort und Streitgegenstand, Kriminalistik 1995, 189; *Messner*, Strafrechtliche und steuerliche Bedeutung des Abschied vom Fortsetzungszusammenhang im Steuerstrafrecht, DB 1995, 1735; *Streck/Mack*, Banken und Bankkunden im Steuerfahndungsverfahren, BB 1995, 2137; s. auch das Schrifttum zu § 399 AO.

Übersicht

1. Entstehungsgeschichte 1–3
2. Zweck und Bedeutung der Vorschrift 4–6
3. Organisation der Steuer- und Zollfahndung 7–13
   a) Zollfahndung 7–9
   b) Steuerfahndung 10–13
4. Aufgaben der Steuer- und Zollfahndung 14–36
   a) Allgemeines 14–18
   b) Steuerstrafrechtliche Ermittlungen 19, 20
   c) Ermittlung der Besteuerungsgrundlagen 21–27
   d) Aufdeckung und Ermittlung unbekannter Steuerfälle 28–34
   e) Sonstige Aufgaben der Steuerfahndung 35, 36

5. Befugnisse der Fahndung im Besteuerungsverfahren 37–46
6. Kompetenzen der Fahndung im Steuerstrafverfahren 47–79
   a) Allgemeines 47–50
   b) Geltung der Strafprozeßordnung 51–62
   c) Geltung des § 399 II 2 AO 63, 64
   d) Durchsicht der Papiere 65–69
   e) Weisungsbefugnisse der StA .. 70–74
   f) Örtliche Zuständigkeit der Fahndung 75–79
7. Verhältnis von Besteuerungs- und Strafverfahren 80–84
8. Rechtsschutz gegen Maßnahmen der Steuerfahndung 85–89
9. Tatsächliche Verständigung 90–100
   a) im Besteuerungsverfahren 91–96
   b) im Steuerstrafverfahren 97–100

1. Entstehungsgeschichte

1 § **404 AO 1977** geht zurück auf § 439 RAO. Mit der AO 1977 wurden lediglich die Begriffe „*Zollfahndungsstelle*" in „*Zollfahndungsämter*" und „*Steuervergehen*" in „*Steuerstraftaten*" geändert.

§ **439 S. 2 RAO** lautete zuletzt: „*Die in Satz 1 bezeichneten Stellen haben die Befugnisse nach § 433 Abs. 2 Satz 2 sowie die Befugnis zur Durchsicht der nach Gesetz aufzubewahrenden Geschäftspapiere (§ 110 der Strafprozeßordnung), wenn der Richter die Durchsuchung angeordnet hat; ihre Beamten sind Hilfsbeamte der Staatsanwaltschaft.*" Das Recht zur Durchsicht der Papiere war erst durch Art. 8 I Nr. 2 des 1. StVRG v. 9. 12. 1974 (BGBl. I 3393, 3413) in die AO eingefügt worden.

§ 439 RAO selbst wurde – ohne das Recht auf Durchsicht der Geschäftspapiere – durch Art. 1 Nr. 1 AOStrafÄndG v. 10. 8. 1967 (BGBl. I 877) eingefügt. Vorschriften über die Zollfahndungsstellen und die Beamten des Steuerfahndungsdienstes waren zuvor nur in den §§ 1, 19, 22 S. 2, 3 FVG enthalten; die Einfügung sollte der besseren Übersicht dienen, mußte aber die unterschiedliche Organisation der Steuer- und Zollfahndung berücksichtigen (BT-Drucks. V/1812 S. 36; s. ferner Rdnr. 15 f.).

2 **Die Zollfahndung** hat ihre Ursprünge im Zoll- und Steueraufsichtsdienst (HHSp-*Hübner* 1 zu § 404 AO). Durch Art. 1 Nr. 2 G v. 4. 7. 1939 (RGBl. I 1181) wurden dann in einem neuen § 17 IV RAO den Oberfinanzpräsidenten

2. Zweck und Bedeutung der Vorschrift

Zollfahndungsdienststellen unterstellt. Sie sollten im Steuerstrafverfahren bei der Untersuchung mitwirken und hatten insoweit die gleichen Befugnisse wie die Hauptzollämter. § 1 I Nr. 2 FVG v. 6. 9. 1950 (BGBl. 448) führte dann *Zollfahndungsstellen* als örtliche Bundesbehörden ein. Die Aufgaben und steuerlichen Befugnisse der Zollfahndung waren in § 15 I FVG aF geregelt, der durch § 208 AO 1977 abgelöst wurde (Rdnr. 16).

Die Steuerfahndung wird amtlich zuerst in dem RdF-Erlaß v. 25. 7. 1934 **3** über die „*Rechtsstellung von Strafverfolgungsbeamten der Reichsfinanzverwaltung*" (RStBl. 868) erwähnt. Gesetzlich wurde die Bezeichnung „Steuerfahndung" erstmals verwendet in § 22 FVG aF (Rdnr. 1), der später durch § 439 RAO 1967 ersetzt wurde. Weitere Befugnisse der Steuerfahndung enthielt § 17 II FVG, der durch § 208 AO 1977 abgelöst wurde (Rdnr. 15).

2. Zweck und Bedeutung der Vorschrift

Nach § 208 I Nr. 1 AO ist es eine der Aufgaben der Steuer- und Zollfahn- **4** dung, Steuerstraftaten zu erforschen. § 404 AO stellt klar, welche Kompetenzen die Steuer- und Zollfahndung zu diesem Zweck innehat. Dabei werden Steuer- und Zollfahndung den Behörden und Beamten des Polizeidienstes gleichgestellt. Nach § 404 S. 2 AO stehen ihr zudem die Rechte des § 399 II 2 AO zu. Ferner dürfen – über § 110 II StPO hinaus – die Papiere des von der Durchsuchung Betroffenen ohne dessen Zustimmung durchgesehen werden (§ 404 S. 2 AO iVm § 110 I StPO).

Tatsächlich beschreibt § 404 AO die **Kompetenzen der Steuer- und Zoll-** **5** **fahndung** nur äußerst unvollkommen. Zu erfassen sind sie nur, wenn man die §§ 208, 393 AO in die Betrachtung einbezieht (ähnl. *Kohlmann* 1 zu § 404 AO). Die Fahndung hat nach § 208 I Nr. 3 AO „*unbekannte Steuerfälle*" aufzudecken und zu ermitteln; ihr sind über die Befugnisse nach § 404 AO hinaus in § 208 I 2 AO die Kompetenzen der FinB im Besteuerungsverfahren eingeräumt, zT sind diese sogar noch erweitert (§ 208 I 3 AO). § 393 AO klärt – ebenfalls unzureichend – die Frage, wie die Steuerfahndung mit ihren im Besteuerungsverfahren gewonnenen Erkenntnissen zu verfahren hat und in welchem Verhältnis steuerliche und strafverfahrensrechtliche Befugnisse zueinander stehen.

§ 404 AO als Teil des Steuerstrafverfahrensrechts beschreibt Rechte und **6** Pflichten der Steuer- und Zollfahndung als Kriminalpolizei in Steuer- und Zollsachen. Abgesehen von der Erweiterung einiger Kompetenzen gegenüber der Kriminalpolizei ist dies nichts Ungewöhnliches. Die eigentliche Crux der Fahndung liegt im Nebeneinander von *Finanzpolizei und* Finanzbehörde (ähnl. *Benkendorff* ddz 1984, F 38). Weder die Tätigkeit der Fahndung im Besteuerungsverfahren noch ihr Einsatz im strafprozessualen Bereich sind an sich problematisch; erst das von § 208 AO zugelassene Nebeneinander der Ermittlungen im Besteuerungs- und Strafverfahren oder der Auftrag zu sog. Vorfeldermittlungen in § 208 I Nr. 3 AO läßt Bedenken entstehen (ähnl. *Schick* JZ 1982, 130 und HHSp 2 zu § 208 AO), da es nicht fernliegt, daß fiskalische Interessen zu stark wahrgenommen werden (vgl. *Streck* Rdnr.

§ 404 7–11   Steuer- und Zollfahndung

3). Der Bürger läuft dadurch Gefahr, sich mit seiner steuerlichen Mitwirkung selbst zu belasten (Rdnr. 32 u. Rdnr. 6 zu § 393 AO).

3. Organisation der Steuer- und Zollfahndung

a) Zollfahndung

7   Die **Zollfahndungsämter** treten nach § 1 Nr. 4 FVG als örtliche Behörden neben die Hauptzollämter. Auch in § 6 Nr. 4 AO sind die Zollfahndungsämter neben den Hauptzollämtern genannt. Das Zollfahndungsamt ist selbständige Behörde mit einer eigenen Organisation; es ist der OFD unmittelbar nachgeordnet (vgl. HHSp-*Schick* 9 u. TK-*Tipke* 1 zu § 208 AO; zu den Hauptzollämtern s. auch Rdnr. 17 zu § 387 AO); Finanzbehörde iSd § 386 I 2 ist sie jedoch nicht (*Kohlmann* 84 zu § 385 AO).

8   In Ausfüllung des § 12 Abs. 1 FVG hat der BdF mit Erlaß vom 8. 8. 1992 (VSF 03610–5 Abs. 4) Bezirke und Sitze der Zollfahndungsämter neu bestimmt und denen der z. Zt. 21 Oberfinanzdirektionen angeglichen. Dementsprechend bestehen Zollfahndungsämter in *Berlin, Bremen, Chemnitz, Cottbus, Düsseldorf, Erfurt, Frankfurt a. M., Freiburg, Hamburg* (hierzu gehören aus dem OFD-Bezirk Hannover der Landkreis Stade und die Stadt Hemmohr, die Samtgemeinden am Dobrock, Börde Lamstedt, Hadeln und Sitland des Landkreises Cuxhaven), *Hannover, Karlsruhe, Kiel, Koblenz, Magdeburg, München, Münster, Nürnberg, Rostock, Saarbrücken* und *Stuttgart.* Daneben existiert das Zollkriminalamt mit dem Status einer Bundesoberbehörde.

9   Die Zuweisung bestimmter Bezirke für einzelne Zollfahndungsämter läßt die Möglichkeit, notwendige Amtshandlungen auch außerhalb des eigenen Bezirks vornehmen zu können, unberührt (Rdnr. 77)

b) Steuerfahndung

10   Nach **§ 17 II 3 FVG** ist es möglich, einer besonderen Landesfinanzbehörde oder einem besonderen Finanzamt bestimmte Zuständigkeiten für den Bereich mehrerer Finanzämter zu übertragen. Bislang wurde jedoch kaum von der Möglichkeit Gebrauch gemacht, etwa ein Sonderfinanzamt für Fahndungsdienste zu bilden; in Niedersachsen wurden mit VO v. 20. 10. 1981 (BStBl. 1982 II 224) „*Finanzämter für Fahndung und Strafsachen*" eingerichtet, in Nordrhein-Westfalen „*Finanzämter für Steuerstrafsachen und Steuerfahndung*" (VO v. 16. 12. 1987, GVNW 1987, 450; zur Problematik HHSp-*Hübner* 19 f.). Im übrigen geht die AO offenbar nicht von einer eigenständigen Funktion der Steuerfahndung aus; sie spricht in § 208 I 2 und § 404 S. 1 von „*mit der Steuerfahndung betrauten Dienststellen*". Dementsprechend sind die Steuerfahndungsstellen nicht per se selbständige Behörden (*Koch* 6 u. TK-*Tipke* 1 zu § 208 AO; *Streck* Grundfragen S. 223; *Leise/Cratz* 11 zu § 404 AO; aM HHSp-*Schick* 27 ff. zu § 208 AO).

11   Die **Organisation** der „*mit der Steuerfahndung betrauten Dienststellen*" ist in den einzelnen Bundesländern unterschiedlich ausgeprägt (s. HHSp-*Schick*

4. Aufgaben der Steuer- und Zollfahndung   12–14   § 404

20, *Koch/Scholtz/Himsel* 7 u. TK-*Tipke* 1 zu § 208 AO; *Leise/Cratz* 10 zu § 404 AO). Die Steuerfahndung ist *unselbständige Dienststelle eines Finanzamts* in Baden – Württemberg, Bayern, Berlin, Brandenburg, Bremen, Hamburg, Hessen, Mecklenburg-Vorpommern, Rheinland-Pfalz, Saarland, Sachsen, Schleswig – Holstein, Thüringen und wohl auch in Sachsen-Anhalt (HHSp-*Schick* 20 zu § 208 AO); *Teil des Finanzamts für Fahndung und Strafsachen* in Niedersachsen und Nordrhein-Westfalen.

Die örtliche Zuständigkeit der in den einzelnen Ländern unterschiedlich 12 geregelten Steuerfahndungsdienststellen ist Gegenstand mehrerer Landesgesetze, auch zT unveröffentlichter Ländererlasse (*Kohlmann* 22 u. *Leise/Cratz* 12 zu § 404 AO; HHSp-*Schick* 20 zu § 208 AO). Da die Steuerfahndungsdienststellen jeweils in dem gesamten Bundesland ermitteln dürfen, zu dem sie gehören, kommt es auf die konkrete Zuordnung nicht entscheidend an (Rdnr. 76).

Eine Informationszentrale für den Steuerfahndungsdienst wurde 1976/ 13 1977 durch Vereinbarung der Bundesländer beim FA Wiesbaden II geschaffen (ausf. Einl 80). Zweck der Zentrale ist die Abstimmung der Ermittlungstätigkeit in Fällen überregionaler Bedeutung (HHSp-*Hübner* 28 u. *Leise/Cratz* 24 zu § 404 AO; *Koch/Scholtz/Himsel* 10 zu § 208 AO). Die Informationszentrale hat keine eigenen Ermittlungsbefugnisse oder Weisungsrechte (s. auch *Leise/Cratz* aaO; HHSp-*Schick* 22 zu § 208 AO).

4. Aufgaben der Steuer- und Zollfahndung

a) Allgemeines

Nach § 85 AO haben die Finanzbehörden die Steuern *gleichmäßig* festzuset- 14 zen und zu erheben. Dabei müssen sie sicherstellen, daß Steuern nicht verkürzt oder Steuererstattungen und Steuervergütungen nicht zu Unrecht gewährt werden. Die Aufgabe der Steuer- und Zollfahndung (nachfolgend: Steuerfahndung) in diesem Zusammenhang ergibt sich aus § 208 AO, der mit der AO 1977 eingefügt worden ist und die Regelungen in § 15 I, § 17 II FVG aF abgelöst hat (Begr. BT-Drucks. 7/4292 S. 36).

§ 208 AO Steuerfahndung (Zollfahndung)

(1) [1]Aufgabe der Steuerfahndung (Zollfahndung) ist
1. die Erforschung von Steuerstraftaten und Steuerordnungswidrigkeiten,
2. die Ermittlung der Besteuerungsgrundlagen in den in Nummer 1 bezeichneten Fällen,
3. die Aufdeckung und Ermittlung unbekannter Steuerfälle.
[2]Die mit der Steuerfahndung betrauten Dienststellen der Landesfinanzbehörden und die Zollfahndungsämter haben außer den Befugnissen nach § 404 Satz 2 erster Halbsatz auch die Ermittlungsbefugnisse, die den Finanzämtern (Hauptzollämtern) zustehen. [3]In den Fällen der Nummern 2 und 3 gelten die Einschränkungen des § 93 Abs. 1 Satz 3, Abs. 2 Satz 2 und des § 97 Abs. 2 und 3 nicht; § 200 Abs. 1 Satz 1 und 2, Abs. 2, Abs. 3 Satz 1 und 2 gilt sinngemäß, § 393 Abs. 1 bleibt unberührt.

(2) Unabhängig von Absatz 1 sind die mit der Steuerfahndung betrauten Dienststellen der Landesfinanzbehörden und die Zollfahndungsämter zuständig
1. für steuerliche Ermittlungen einschließlich der Außenprüfung auf Ersuchen der zuständigen Finanzbehörde,
2. für die ihnen sonst im Rahmen der Zuständigkeit der Finanzbehörden übertragenen Aufgaben.

(3) Die Aufgaben und Befugnisse der Finanzämter (Hauptzollämter) bleiben unberührt.

15 Die Steuerfahndung hat im Steuerstrafverfahren einen und im Besteuerungsverfahren zwei Aufgabenbereiche: Hinsichtlich der Besteuerung hat sie unbekannte Steuerfälle aufzudecken und zu ermitteln (§ 208 I Nr. 3 AO; s. aber Rdnr. 32f.). Zugleich hat sie die Besteuerungsgrundlagen in den Fällen zu ermitteln, in denen eine Steuerstraftat oder Steuerordnungswidrigkeit begangen worden ist (§ 208 I Nr. 2 AO). Strafverfahrensrechtlich hat sie Steuerstraftaten und Steuerordnungswidrigkeiten zu erforschen (§ 208 I Nr. 1 AO). Diese Aufgabe ergibt sich schon aus § 163 StPO iVm § 404 S. 1 AO (bei Straftaten) bzw. (bei Ordnungswidrigkeiten) aus § 53 I OWiG iVm § 410 I Nr. 9, § 404 S. 1 AO (*Koch/Scholtz/Himsel* 16 zu § 208 AO), die Regelung hat daher nur eine klarstellende Wirkung (*Hellmann* 1995, 19); bei Steuerstraftaten besteht eine Bindung an das *Legalitätsprinzip* (BGH v. 21. 10. 1971, ZfZ 1972, 113).

16 Das Zollfahndungsamt hat die Aufgabe, Straftaten und Besteuerungsgrundlagen bei Zöllen und Verbrauchsteuern zu ermitteln; hinzu kommt die Erforschung von Straftaten auf anderen Gebieten, etwa bei Rauschgiftkriminalität (vgl. TK-*Tipke* 20 zu § 208 AO). Die Steuerfahndung ist für Besitz- und Verkehrsteuern zuständig (*Bender* Tz. 106, 2; HHSp-*Hübner* 32ff. zu § 404 AO). Nicht zulässig ist es, die Zollfahndung zu Ermittlungen nur bei der Hinterziehung solcher Steuern einzusetzen, welche die Länder verwalten; ebenso darf die Steuerfahndung nicht zur Aufklärung von Sachverhalten eingesetzt werden, bei denen es ausschließlich um Zölle und Verbrauchsteuern geht (ähnl. HHSp-*Hübner* 41ff. zu § 404 AO).

17 Die Aufgaben nach § 208 I Nr. 1, 2 AO sind miteinander verzahnt; so erscheint es nur konsequent, wenn die die Steuerstraftat aufklärende Stelle der FinB zugleich die – für die Feststellung des Verkürzungserfolges ohnehin nötigen – Besteuerungsgrundlagen ermittelt. Tatsächlich liegt hierin aber unter dem Aspekt der Rechtsstaatlichkeit ein erhebliches Problem, da Verfahren mit unterschiedlicher Stellung des Betroffenen miteinander vermischt werden (s. Rdnr. 80ff. u. HHSp-*Schick* 61 zu § 208 AO).

18 Zur Erfüllung der Aufgaben gibt das Gesetz der Fahndung Kompetenzen, die der FinB im allgemeinen nicht zustehen, oder befreit sie von bestimmten Beschränkungen (Rdnr. 40ff.).

b) Steuerstrafrechtliche Ermittlungen (§ 208 I Nr. 1 AO)

Steuerstraftaten sind solche iS des § 369 I AO (Rdnr. 5 ff. zu § 369 AO). 19
Andere Straftaten gehören hierzu auch dann nicht, wenn sie einen steuerlichen Bezug haben (HHSp-*Schick* 80 zu § 208 AO mwN). Eine Erweiterung der Ermittlungskompetenz ergibt sich für nichtsteuerliche Delikte jedoch aus § 385 II, § 386 II Nr. 2 AO (Rdnr. 23, 26 zu § 385 AO) und soweit sie mit Allgemeindelikten tateinheitlich zusammentreffen (vgl. BGH v. 24. 10. 1989, wistra 1990, 59; v. 28. 11. 1990, NJW 1991, 1764; *Senge* 8 zu § 404 AO; *Pütz* wistra 1990, 212, 216) bzw. Teil der selben Tat iSd § 264 StPO sind (*Hellmann* 1995, 305). **Steuerordnungswidrigkeiten** sind nur solche iS des § 377 I AO (Rdnr. 3 ff. zu § 377 AO).

Die Erforschungspflicht beinhaltet sämtliche Ermittlungen, die zur Ent- 20
scheidung der Frage, ob Anklage erhoben werden soll, nötig sind. § 208 I Nr. 1 AO knüpft an einen entsprechenden Begriff in § 160 I, § 163 I StPO an (s. Rdnr. 7 zu § 399 AO sowie unten Rdnr. 56). Die Erforschungspflicht setzt einen sog. *Anfangsverdacht* (Rdnr. 38 ff. zu § 397 AO) voraus; ggf. sind *Vorermittlungen* anzustellen (*Koch/Scholtz/Himsel* 18 zu § 208 AO), bei denen es jedoch niemals darum gehen darf, unter Verwendung *steuerrechtlicher Mittel* den Beschuldigten zur Lieferung von Tatsachen zu zwingen, die ihn belasten (Rdnr. 28 u. Rdnr. 49 zu § 397 AO).

c) Ermittlung der Besteuerungsgrundlagen (§ 208 I Nr. 2 AO).

Die Ermittlung der Besteuerungsgrundlagen (§ 208 I Nr. 2 AO) steht im 21
Zusammenhang mit der Aufgabe nach § 208 I Nr. 1 AO (Erforschung von Steuerstraftaten und Steuerordnungswidrigkeiten). Da eine abschließende Beurteilung des Vorliegens einer Steuerstraftat oder -ordnungswidrigkeit oftmals die Feststellung eines Verkürzungserfolges voraussetzt (Rdnr. 22 zu § 370 AO), schien es dem Gesetzgeber geboten, der Steuerfahndung in diesem Zusammenhang auch die Ermittlung der Besteuerungsgrundlagen zuzuweisen (BT-Drucks. 7/4292 S. 36; *Koch/Scholtz/Himsel* 22, TK-*Tipke* 4 u. *Schwarz/Dumke* 18 zu § 208 AO; *Kohlmann* 40 zu § 404 AO; zur sachlichen *Zuständigkeit* der Steuer- und Zollfahndung s. Rdnr. 16).

Es geht auch um Ermittlungen **für das Besteuerungsverfahren**; die Er- 22
mittlung der *Besteuerungsgrundlagen* erschöpft sich nicht in dem für das Straf- bzw. Bußgeldverfahren Nötigen (*Schwarz/Dumke* 20, TK-*Tipke* 4 u. *Klein/ Orlopp* 3 zu § 208 AO; *Schleifer*, wistra 1986, 250; *Spitz* DStR 1981, 434; *Teske* wistra 1988, 207 f.; *Wolter* BB 1981, 267; *Wendeborn* 1989, S. 54; krit. *Benkendorff* ddz 1984, F 40).

Demgegenüber will *Schick* (HHSp 95 ff. zu § 208 AO; ähnl. *Benkendorff* 23
ddz 1984, F 54) § 208 I Nr. 2 AO auf die Ermittlung solcher Besteuerungsgrundlagen beschränken, die notwendige Bedingung für die Erfüllung der Aufgaben nach § 208 I Nr. 1 AO sind: Nr. 2 gehe nicht über die Aussage von Nr. 1 hinaus (HHSp-*Schick* 95 zu § 208 AO). Diese Interpretation beruht auf einem Vorverständnis der Regelungen über die Steuerfahndung (*Schick* JZ 1982, 125), das mit der eindeutigen gesetzlichen Regelung nicht vereinbar ist

(ähnl. *Hamacher* DStZ 1983, 495; *Streck* Grundfragen S. 246). Sie verfolgt das berechtigte Anliegen, das Spannungsfeld zwischen der Tätigkeit der Fahndung im Straf- und Besteuerungsverfahren zu reduzieren oder gar zu beseitigen, schießt dabei jedoch über das Ziel hinaus; entscheidend ist nicht der Umstand, daß auch die (vollständigen) Besteuerungsgrundlagen ermittelt werden, sondern *welche Befugnisse* die Fahndung in diesem Zusammenhang hat (Rdnr. 80) bzw. welches Verhältnis zwischen Steuerstraf- und Besteuerungsverfahren allgemein besteht.

24 **Unzulässig ist der Rückgriff** auf § 208 I Nr. 2 AO, wenn ein Strafverfahren nicht (mehr) anhängig ist. Dies betrifft vielfach Fälle, in denen zwar die verlängerte Festsetzungsfrist gem. § 169 II 2 AO noch nicht abgelaufen, strafrechtlich aber bereits Verfolgungsverjährung (vgl. Rdnr. 9 zu § 376 AO) eingetreten ist. Probleme dieser Art waren in der Vergangenheit kaum aufgetreten, weil angesichts der Rechtsprechung des BGH zum Fortsetzungszusammenhang oftmals auch strafrechtlich Verjährung noch nicht eingetreten war oder zumindest der Anfangsverdacht bestand, auch strafrechtlich wären für lange zurückliegende Zeiträume noch nicht verjährte Tatteile zu ermitteln. Mit der Aufgabe des Instituts der fortgesetzten Handlung durch den Großen Senat (v. 3. 5. 1994, NJW 1663) und die Aufgabe dieses Instituts auch für den Bereich der Steuerhinterziehung durch den 5. Senat (v. 20. 6. 1994, NJW 2368) besteht ein solcher Verdacht aber nicht mehr. Hinzu kommt, daß steuerliche und strafrechtliche Verjährung, insbesondere in Fällen der Hinterziehung von Festsetzungssteuern durch Unterlassen, stark differieren (vgl. § 170 II AO sowie Rdnr. 27 ff. zu § 376 AO). Zur steuerlichen Seite vgl. BFH v. 22. 6. 1995, DStR 1269 m. Anm. *Ditges/Graß* DStR 1995, 1270.

25 Welche Konsequenzen sich daraus für die **Befugnisse der Steuerfahndung** ergeben, ist zweifelhaft. *Tormöhlen* (wistra 1993, 174) hat bereits vor dem Hintergrund der sich abzeichnenden Veränderung der Rechtsprechung die Auffassung vertreten, daß zwar für solche Zeiträume keine *strafprozessualen* Mittel mehr zur Verfügung stünden, die Fahndung aber nach *steuerverfahrensrechtlichen* Grundsätzen ermitteln dürfe. Aufgabennorm sei § 208 I Nr. 2 AO, die Befugnis ergebe sich aus § 208 I 2 AO (wistra 1993, 175 ff.). Auch *Klein/Orlopp* (Rdnr. 3 zu § 208 AO) scheinen der Auffassung zu sein, daß die Zuständigkeit der Steuerfahndung im Zusammenhang mit der Ermittlung der Besteuerungsgrundlagen nicht davon abhänge, daß gleichzeitig auch ein Steuerstrafverfahren durchgeführt werde (ähnl. *Wendeborn* 1989, 59 ff.; vgl. auch *Streck* DStR 1994, 1723). *Merkt* (BFM J Rdnr. 27) will hier § 208 I Nr. 3 AO mit dem Argument anwenden, ein *„unbekannter Steuerfall"* liege *„erst recht vor, soweit der Verdacht einer Steuerstraftat oder Steuerordnungswidrigkeit besteht"*. Demgegenüber vertritt *Hellmann* (1995, 198 ff.) die Auffassung, § 208 I 2 AO habe keinen eigenständigen Aufgabenbereich, sondern könne nur im Zusammenhang mit Ermittlungen gem. § 208 I Nr. 1 AO gesehen werden.

26 **Nur im Zusammenhang mit Ermittlungen iSd Nr. 1 AO** hat die Steuerfahndung die Möglichkeit, steuerverfahrensrechtliche Ermittlungen iSd

4. Aufgaben der Steuer- und Zollfahndung

§ 208 I Nr. 2 AO durchzuführen. Zweckmäßigkeitserwägungen konzedieren der Steuerfahndung die Befugnis, die strafbefangene Erklärung auch insoweit zu verifizieren und um weitere Erkenntnisse zu ergänzen, als ein Verdacht konkret nicht besteht; immerhin sind auch andere Umstände, etwa entlastende, im Rahmen der Strafzumessung von Bedeutung. Aus den Motiven (BT-Drucks 7/492, S. 36) ergibt sich deutlich, daß auch der Gesetzgeber nur in einem konkreten Fall des Zusammenhangs die Befugnisse gewähren wollte: *„Da die Frage, ob und inwieweit eine Steuerstraftat oder Steuerordnungswidrigkeit vorliegt, regelmäßig mit der Feststellung steuerlicher Nachforderungen einhergeht, wird als weitere Aufgabe in Nr. 2 die Ermittlung der Besteuerungsgrundlagen im Zusammenhang mit der Erforschung von Steuerstraftaten und Steuerordnungswidrigkeiten genannt."* In diesen Fällen besteht ein solcher Zusammenhang aber gerade nicht. Dies betrifft nicht nur den Fall, daß ein Strafverfahren gar nicht mehr eingeleitet werden kann, weil sämtliche denkbaren Zeiträume bereits strafrechtlich verjährt wären, sondern auch den Fall, daß die Steuerfahndung strafprozessual in einem strafrechtlich (vermutlich) noch nicht verjährten Zeitraum ermittelt und sich Anhaltspunkte dafür ergeben, daß auch in den Vorjahren, d. h. noch nicht festsetzungsverjährter Zeit, ähnliche Verstöße erfolgt sind. Auch in diesen Fällen gibt es nicht etwa eine *„Annexkompetenz"* der Steuerfahndung. Die Ermittlungen solcher, strafrechtlich verjährter Zeiträume ist nur im Rahmen des formalen Außenprüfungsverfahrens möglich. Hierfür mag (§ 208 II Nr. 1 AO) auch eine Beauftragung durch die Steuerfahndung erfolgen (vgl. ASB 143 I 2). Aber auch insoweit gelten die Voraussetzungen der §§ 193 ff. AO, insbes. das Erfordernis der schriftlichen Prüfungsanordnung (§ 196 AO).

Nach **Tod des Beschuldigten oder Selbstanzeige** sind Ermittlungen gem. 27 § 208 I AO jedoch nicht schlechthin ausgeschlossen. So mag sich aus der Selbstanzeige der Verdacht einer Steuerstraftat Dritter ergeben, für die nicht schon im Rahmen der Erklärung gem. § 371 I AO eine Anwartschaft auf Straffreiheit erlangt wurde. Zudem mögen Anhaltspunkte dafür existieren, daß auch andere als der Verstorbene an der Tat beteiligt waren. Dann kann ein Strafverfahren iSd § 397 AO eingeleitet und im Zusammenhang mit der Erforschung der Steuerstraftat iSd § 208 I Nr. 1 AO auch eine Ermittlung der damit im Zusammenhang stehenden Besteuerungsgrundlagen (§ 208 I Nr. 2 AO) erfolgen (vgl. *Klein/Orlopp* 3 zu § 208 AO), soweit verfolgbare Beschuldigte existieren.

d) **Aufdeckung und Ermittlung unbekannter Steuerfälle (§ 208 I Nr. 3 AO).**

Im Vorfeld des Steuerstrafverfahrens und der Einleitung eines solchen 28 nach § 397 AO liegt der Aufgabenbereich der Steuerfahndung nach § 208 I Nr. 3 AO (TK-*Tipke* 5 zu § 208 AO; *Wendeborn* 1989, 69; vgl. auch *Eilers* CR 1989, 827). Zwar gibt es ein (Steuer-)Strafverfahren gegen Unbekannt, nicht jedoch ein Besteuerungsverfahren gegen Unbekannt. Nun sind Fälle denkbar, in denen die Begehung einer Steuerstraftat oder -ordnungswidrigkeit nicht fernliegt, der für eine Einleitung des Strafverfahrens nötige Verdacht (Rdnr. 38 ff. zu § 397 AO) jedoch noch nicht gegeben ist. § 208 I Nr. 3 AO beauftragt die Steuerfahndung, solchen Fällen der (konkreten: *Pfaff* StBp 1982, 250) Vermutung (krit. *Rüping* DStZ 1980, 181; HHSp-*Schick* 117 ff. zu § 208 AO) nachzugehen; daß dabei gelegentlich Ermittlungen „ins Blaue hinein" stattfinden, ist letztlich nicht zu verhindern (*Kohlmann* 42 zu § 404 AO).

29 **Die Ermittlungen** richten sich auf die Feststellung *unbekannter Steuerpflichtiger* (*Koch/Scholtz/Himsel* 23 u. *Schwarz/Dumke* 24 zu § 208 AO). Daneben kann die Erforschung *unbekannter Sachverhalte* treten, die für die Besteuerung bei bekannten Steuerpflichtigen bedeutsam sein könnten (*Koch/Scholtz/Himsel* u. *Schwarz/Dumke* aaO; *Kohlmann* 42 u. Leise/*Cratz* 15 zu § 404 AO; *Lauer* BB 1979, 43; s. auch TK-*Tipke* 5 zu § 208 AO). Diese Ermittlungen dürfen aber nicht dazu führen, daß der Stpfl zu einer Selbstbelastung gezwungen wird (Rdnr. 32; s. auch HHSp-*Hübner* 91 ff. zu § 404 AO).

30 **Unbekannt ist ein Steuerfall,** wenn die FinB vom steuerlichen Sachverhalt und/oder vom Stpfl keine Kenntnis hat (BT-Drucks. 7/4202 S. 36; TK-*Tipke* 5 zu § 208 AO). Der Steuerfall ist *nicht unbekannt,* wenn die Fahndung aufgrund einer Kontrollmitteilung von einem steuerlich erheblichen Sachverhalt und von dem Stpfl bereits etwas erfahren hat (*Kühnel* DStZ 1981, 97).

31 Nur wenn objektiv die **Möglichkeit einer Steuerverkürzung** besteht, darf die Fahndung nach § 208 I Nr. 3 AO tätig werden (BFH v. 13. 2. 1968, BStBl. 369). Anhaltspunkt können etwa Chiffreanzeigen sein (HHSp-*Schick* 135 zu § 208 AO; *Leise/Cratz* 15 zu § 404 AO; s. auch die Beispiele bei TK-*Tipke* 5 zu § 208 AO). Ein Verdacht, wie ihn § 397 AO (Einleitung des Steuerstrafverfahrens) voraussetzt, ist nicht nötig (TK-*Tipke* aaO; auch das Rechtsstaatsprinzip gebietet nicht, für § 208 I Nr. 3 AO einen *„begründeten Verdacht"* zu verlangen (so aber *Rüping* DStZ 1980, 181 und in: Steuerfahndungsergebnisse und ihre Verwertbarkeit, 1981, S. 21). Ermittlungen *„ins Blaue hinein"* sind jedoch unzulässig (HHSp-*Schick* 169 u. *Koch/Scholtz/Himsel* 24 zu § 208 AO; *Kühnel* DStZ 1981, 97; BFH v. 24. 3. 1987, BStBl II, 484; s. auch *Rüping* DStZ 1980, 181 sowie BFH v. 11. 5. 1969, ZfZ 1971, 88; v. 14. 11. 1989, BFH/NV 1990, 279).

32 **Die Aufgabe nach § 208 I Nr. 3 AO** hat eine Doppelfunktion. Sie ist zT *steuerrechtlicher* Natur (*Leise/Cratz* 16 zu § 404 AO; vgl. auch *Hellmann* 1995, 247; aM HHSp-*Schick* 132 zu § 208 AO), es geht um allgemeine Steueraufsicht (BT-Drucks. 7/4292 S. 36). Insofern bestimmen sich auch die Befugnisse der Steuerfahndung in diesem Zusammenhang nach dem Steuerrecht (Rdnr. 37 ff.). Zugleich handelt es sich um Ermittlungen im Vorfeld des Steuerstrafverfahrens. Das damit angesprochene Spannungsfeld zwischen Besteuerungs- und Steuerstrafverfahren ist nach den Regeln des § 393 AO zu lösen (Rdnr. 10 zu § 393 AO). § 208 I Nr. 3 AO darf nicht dazu führen, daß der Sachverhalt durch die FinB unter strafrechtlichen Gesichtspunkten mit steuerrechtlichen Mitteln weiter aufgehellt wird (Rdnr. 49 zu § 397 AO). Dementsprechend wird man in den Fällen der Ermittlung bei bekannten

4. Aufgaben der Steuer- und Zollfahndung

Steuerpflichtigen von mangelnder Erzwingbarkeit der Mitwirkungspflichten ausgehen müssen (*Küffner* DStR 1979, 244; Pfaff StBp 1982, 250; *Benkendorff* ddz 1984, F 57). Überdies setzt der *konkrete* Verdacht einer Steuerstraftat Grenzen für ein Vorgehen nach § 208 I Nr. 3 AO (zust. *Henneberg* BB 1986, 923). Konkretisieren sich die „Vermutungen", ist ein Steuerstrafverfahren einzuleiten und die Prüfung nach § 208 I Nr. *1 und 2* AO fortzusetzen (*Koch/Scholtz/Himsel* 24 zu § 208 AO; s. Rdnr. 97 f. zu § 397 AO). Demgegenüber will *Hellmann* (1995, 248 ff.) die Norm als Zuschreibung einer rein steuerstrafverfahrensrechtlichen Aufgabe der Steuer- und Zollfahndung verstehen. Er hält die Regelung für „an sich" überflüssig, da bereits § 208 I Nr. 1 AO der Steuerfahndung die Erforschung von Steuerstraftaten und -ordnungswidrigkeiten übertrage. Der Steuerfahndung stünde auch im Rahmen der Ermittlungen nach § 208 I Nr. 3 AO allein das strafprozessuale Befugnisinstrumentarium zur Verfügung (S. 271 ff.), so daß § 208 I 2 AO keine Anwendung findet.

Hellmanns Lösung beruht nicht zuletzt auf der These, Vorfeldermittlungen 33 iSd § 208 I Nr. 3 AO stellten bereits eine verfahrenseinleitende bzw. strafprozessuale Maßnahme dar. Diese Annahme ist jedoch nicht richtig, da die Verfahrenseinleitung einen Anfangsverdacht voraussetzt und dieser schon in konkreten Tatsachen bestehen muß (*Kleinknecht/Meyer-Goßner* Rdnr. 4 zu § 152 StPO; Rdnr. 40 zu § 397). Es gibt also ein Vorfeld, in dem ggf. Vermutungen verifiziert werden müssen, um konkrete Anhaltspunkte für einen Verdacht zu erlangen, der wiederum Anlaß für die Einleitung des Strafverfahrens ist. In dieser Phase der Ermittlungstätigkeit der Steuerfahndung gibt es noch keine strafprozessualen Befugnisse, sondern allein die nach § 208 I 2 AO gewährten steuerverfahrensrechtlichen Befugnisse. *Hellmann* ist freilich zuzugeben, daß in vielen Fällen oftmals die Intensität dieser „Vorfeldermittlungen" so erheblich ist, daß es sich tatsächlich um eine Maßnahme handelt, die erkennbar darauf abzielt, gegen jemanden wegen einer Steuerstraftat strafrechtlich vorzugehen (vgl. Rdnr. 65 zu § 397). Ist dies aber der Fall, stehen der Finanzverwaltung die Befugnisse nach § 208 I Nr. *1 und 2* AO zu Gebote.

Verstirbt der Stpfl/Beschuldigte, ist auch das Ermittlungsverfahren ge- 34 gen ihn beendet (Rdnr. 105 zu § 397 AO). Der Steuerfahndung steht es dann nicht frei, wieder auf Ermittlungen nach Nr. 3 zurückzugreifen. Überdies ist ein Vorgehen nach § 208 I Nr. 3 AO unzulässig, wenn strafrechtlich eindeutig Verfolgungsverjährung eingetreten ist (s. oben Rdnr. 24 ff.).

e) Sonstige Aufgaben der Steuerfahndung (§ 208 II AO)

Auf Ersuchen der zuständigen FinB haben Steuer- und Zollfahndung 35 sonstige steuerliche Ermittlungen einschließlich (*Koch/Scholtz/Himsel* 37 zu § 208 AO: nur in Ausnahmefällen) der Außenprüfung zu übernehmen (§ 208 II 1 AO). Für diese Aufgabe gelten die §§ 193 ff. bzw. §§ 209 ff. AO (TK-*Tipke* 6 zu § 208 AO).

36 Sonst im Rahmen der Zuständigkeit der FinB übertragene Aufgaben (§ 208 II Nr. 2 AO) sind solche, die Gegenstand einer RechtsV nach § 17 II 3 FVG sind. Praktisch hat § 208 II Nr. 2 AO keine Bedeutung (HHSp-*Schick* 160 zu § 208 AO). Jedenfalls können der Steuerfahndung nur solche Aufgaben übertragen werden, die ohnehin in den Zuständigkeitsbereich der Finanzverwaltung fallen (BT-Drucks. 7/4292 S. 36).

5. Befugnisse der Fahndung im Besteuerungsverfahren

37 Soweit die Fahndung im Besteuerungsverfahren tätig ist (§ 208 I Nr. 2, 3; II 2 AO), stehen ihr die üblichen Befugnisse der FinB zu. Diese allgemeinen Befugnisse sind jedoch gem. § 208 I 2, 3 AO (Wortlaut vor Rdnr. 15) modifiziert.

38 **Die Erweiterungen des § 208 I 2, 3 AO** gelten nicht für die Aufgabenbereiche der Fahndung nach § 208 II Nr. 1, 2 AO (Rdnr. 35 f.). Zudem werden die steuerlichen Ermittlungsbefugnisse teilweise durch Regelungen des Strafverfahrensrechts beschränkt (Rdnr. 81).

39 **Steuer- und Zollfahndung** haben die gleichen Ermittlungsbefugnisse, die den zuständigen Finanzämtern/Hauptzollämtern zustehen. Es gelten vor allem:

die allgemeinen Besteuerungsgrundsätze (§§ 85 ff. AO) zu denen der Untersuchungsgrundsatz (§ 88 AO), die Mitwirkungspflicht der Beteiligten (§ 90 AO) und die Regelungen über die Anhörung Beteiligter und die Beweismittel gehören;

die Regelungen über den Beweis durch Auskünfte und Sachverständigengutachten (§§ 93 ff. AO), insbes. die Auskunftspflicht der Beteiligten und anderer Personen (§ 93 AO), die Pflicht zur Vorlage von Urkunden (§ 97 AO), die Regelung über das Betreten von Grundstücken und Räumen (§ 99 AO); so sind Beteiligte und Zeugen verpflichtet, einer Ladung der Fahndung Folge zu leisten (§ 208 I, § 93 V AO) und ggf. auszusagen (s. aber Rdnr. 81).

40 **§ 208 I 3 AO erweitert die Kompetenzen** der allgemeinen FinB, weil „*andernfalls im Hinblick auf den möglichen straf- oder bußgeldrechtlichen Bezug der Erfolg der Ermittlungen gefährdet werden könnte*" (so EE 3 zu § 208 AO; *Hurst* ZfZ 1976, 360). Während idR andere Personen als der Beteiligte zu Auskünften (§ 93 II AO) oder zur Vorlage von Urkunden (§ 97 I AO) erst angehalten werden sollen, wenn eine Aufklärung beim Beteiligten aussichtslos ist oder so erscheint, kann die Steuerfahndung sich ohne weiteres an diese Dritten wenden, selbst wenn der Stpfl noch unbekannt ist. Die Aushändigung von Büchern usw. (§ 97 II AO) kann verlangt werden, ohne daß zuvor eine entsprechende Auskunft des Beteiligten angefordert werden muß.

41 **Auskunftsersuchen** müssen auch bei einem entsprechenden Verlangen des Auskunftspflichtigen (vgl. § 93 II 2 AO) nicht schriftlich ergehen. Die Einsichtnahme in Bücher, Aufzeichnungen, Geschäftspapiere und andere Urkunden (§ 97 II AO) soll entgegen § 97 III AO auch dann beim Vorlagepflichtigen möglich sein, wenn dieser damit nicht einverstanden ist.

42 **Die Vorschriften über die Außenprüfung,** die im 4. Abschnitt des 4. Teils der AO geregelt sind, gelten für die Steuerfahndung grundsätzlich

5. Befugnisse der Fahndung

nicht. Indessen ordnet § 208 I 3 AO die *„sinngemäße"* Geltung einiger Regelungen über die Außenprüfung an. So hat der Stpfl bei der Sachverhaltsfeststellung mitzuwirken (§ 200 I 1 AO), insbes. Auskünfte zu erteilen, Unterlagen vorzulegen und Erläuterungen zu geben (§ 200 I 2 AO). Er muß diese Unterlagen der Steuerfahndung vorlegen und ihr einen *„zur Außenprüfung geeigneten Raum oder Arbeitsplatz ... unentgeltlich"* zur Verfügung stellen (§ 200 II AO). Die Beamten der Steuerfahndung und Zollfahndung sind nach § 200 III 2 AO berechtigt, Grundstücke und Betriebsräume zu betreten und zu besichtigen. Schließlich ordnet § 200 III 1 AO an, daß auch die Ermittlungen der Steuer- oder Zollfahndung während der üblichen Geschäfts- oder Arbeitszeit stattfinden.

Mit dem sog. Bankenerlaß v. 31. 8. 1979 (BStBl. 1979 I, 590) war eine **43** Einschränkung der Rechte der Steuerfahndung festgeschrieben worden (Text vgl. Voraufl. Rdnr. 38 zu § 404 AO). Eine solche Restriktion durch eine Verwaltungsvorschrift (TK-*Tipke* 6 zu § 102 AO), die als ein *„strukturelles Vollzugshindernis"* (BVerfG v. 2. 7. 1991, BStBl I, 654) wirkte, war jedoch überaus problematisch. Zwischenzeitlich hat der Gesetzgeber versucht, wirtschaftlichen Interessen durch die Einfügung des § 30a AO (Steuerreformgesetz 1990 v. 25. 7. 1988, BGBl 1988 I, 1093) Rechnung zu tragen.

§ 30a AO Schutz von Bankkunden

(5) ¹Für Auskunftsuchen an Kreditinstitute gilt § 93. ²Ist die Person des Steuerpflichtigen bekannt und gegen ihn kein Verfahren wegen einer Steuerstraftat oder einer Steuerordnungswidrigkeit eingeleitet, soll auch im Verfahren nach § 208 Abs. 1 Satz 1 ein Kreditinstitut erst um Auskunft und Vorlage von Urkunden gebeten werden, wenn ein Auskunftsuchen an den Steuerpflichtigen nicht zum Ziele führt oder keinen Erfolg verspricht.

Eine **Beschränkung der Ermittlungspflicht** der Steuerfahndung liegt in **44** dieser Regelung nicht (*Hellmann* 1995, 283). Insbesondere ist es der Steuerfahndung nicht untersagt, bei Kreditinstituten zu ermitteln, wenn das Verfahren gegen eine Vielzahl unbekannter Steuerpflichtiger gerichtet ist (*Hellmann* 1995, 284; aM *Jennemann* StWa 1990, 80; TK-*Tipke* Rdnr. 5 zu § 30a AO, soweit es um Sammelauskunftsersuchen über Bestände von Konten geht). Im übrigen ist die Regelung nicht weniger erstaunlich als der damit abgelöste Bankenerlaß. Eine generelle Einschränkung der Ermittlungsbefugnisse im Bereich strafprozessualer Ermittlung wird man hieraus nicht ableiten können; die Regelung wird sich auf die Fälle beschränken, in denen nach § 208 I Nr. 3 AO wegen eines unbekannten Stpfl ermittelt wird. Ansonsten bleibt die Regelung des § 93 II 3 AO anwendbar (vgl. HHSp-*Söhn* 127ff. u. TK-*Tipke* 5 zu § 102 AO; *Lauer* BB 1979, 43; *Söhn* NJW 1980, 1434).

Auch der Steuerfahndung stehen **Zwangsmittel** (§§ 328ff. AO) zur Ver- **45** fügung, jedoch dürfen diese nicht eingesetzt werden, sofern der Stpfl oder sonst Betroffene dadurch gezwungen würde, sich selbst wegen einer von ihm begangenen Steuerstraftat zu belasten (§ 208 I 3 aE iVm § 393 I 2 AO). Der entsprechende Hinweis in § 208 I 3 AO kann angesichts des aus dem Rechtsstaatsprinzip abzuleitenden Grundsatzes des *„nemo tenetur se ipsum ac-*

cusare" nur klarstellende Funktionen haben, da § 208 AO keinen Zwang zur Selbstbelastung – ohne Anordnung eines entsprechenden Verwertungsverbotes – aufstellen könnte (Rdnr. 8 zu § 393 AO und unten Rdnr. 81).

46　**Die Verweisung auf § 393 I AO** bezieht sich nach seiner Stellung scheinbar nur auf § 208 I 3 Halbs. 2 AO, dh auf die Anordnung der Anwendbarkeit eines Teils des § 200 AO (Rdnr. 42). Da der Steuerfahndung nach § 208 I 2 AO aber auch die allgemeinen Befugnisse der Finanzämter/Hauptzollämter zustehen und damit die Auskunftspflicht nach § 93 AO oder die Vorlage nach § 97 AO mit Zwangsmitteln nach § 328 AO durchsetzbar wäre, muß die Verweisung auf § 393 I AO für die gesamte Tätigkeit der Steuerfahndung gelten. Zur allgemeinen Problematik des § 208 I AO s. Rdnr. 5f., zum Verhältnis von Besteuerungs- und Steuerstrafverfahren s. Rdnr. 80ff.

6. Kompetenzen der Fahndung im Steuerstrafverfahren

a) Allgemeines

47　**Neben die Kompetenzen** der Fahndung im Besteuerungsverfahren nach § 208 I AO treten Befugnisse nach § 404 AO, soweit sie in einem Strafverfahren wegen Steuerstraftaten (Rdnr. 6, 27, 30 zu § 385 AO) tätig wird. Steuer- und Zollfahndung haben im Steuerstrafverfahren die Befugnisse und die Pflichten, welche die StPO den Beamten des Polizeidienstes aufgibt (§ 404 S. 1 AO); ihre Beamten (zum Begriff HHSp-*Hübner* 23 zu § 404 AO) sind Hilfsbeamte der StA (§§ 404 S. 2 Halbs. 2 AO).

48　Daneben stehen der Steuerfahndung die Befugnisse zu, die der FinB nach § 399 II 2 AO auch dann verbleiben, wenn die Zuständigkeit für die Verfolgung von Steuerstraftaten nach § 387 II AO bei einer anderen FinB konzentriert ist (§ 404 S. 2, 1. Alternative AO). Anders als sonstige Hilfsbeamte der StA hat die Steuerfahndung zudem das Recht, selbständig die Papiere des von der Durchsuchung Betroffenen durchzusehen.

49　**§ 404 AO trennt** zwischen Befugnissen des ZFA und der Steuerfahndungsdienststelle einerseits und denen ihrer Beamten; nur diese sind Hilfsbeamte der StA. Da Ämter und Dienststellen durch ihre Beamten handeln, ist diese Differenzierung – insbes. wegen der Verweisung auf § 399 II 2 AO – vorwiegend theoretischer Natur (ähnl. HHSp-*Hübner* 35 zu § 404 AO).

50　Die in § 404 AO beschriebenen Befugnisse hat die Steuerfahndung unabhängig davon, ob die FinB das Ermittlungsverfahren selbständig führt (§ 399 I AO) oder aber das Verfahren in der Hand der StA liegt (§ 402 I AO). Zur Hilfsbeamteneigenschaft s. Rdnr. 69; zur Weitergeltung von Befugnissen der Steuerfahndung im Besteuerungsverfahren s. Rdnr. 80.

b) Geltung der Strafprozeßordnung

51　**Zollfahndungsämter und Steuerfahndung** haben die Befugnisse und unterliegen den Pflichten, welche die StPO sonst für die Behörden und Beamten des Polizeidienstes aufstellt (§ 404 S. 1 AO); ihre Beamten sind Hilfsbeamte der StA. Dies deckt sich mit den Rechten und Pflichten, die das Gesetz

6. Kompetenzen der Fahndung

der FinB einräumt, wenn die StA das Ermittlungsverfahren selbständig führt (§ 402 I AO), und entspricht sachlich im wesentlichen den Befugnissen und Pflichten, die die FinB bei selbständiger Durchführung des Ermittlungsverfahrens hat (§ 399 I AO). Unterschiede zu den Rechten nach § 399 I AO bestehen nur insoweit, als die StPO bestimmte Rechte teilweise der StA vorbehält oder ihren Hilfsbeamten nur einräumt, sofern Gefahr im Verzuge ist (Rdnr. 14 ff. zu § 399 AO).

Demgegenüber meint *Küster* (BB 1980, 1371; Grundfragen S. 262 ff.; ebenso *Jennemann* StWa 1990, 79; *Merkt* BFM J Rdnr. 49), die Steuerfahndung nehme im selbständigen Verfahren (§ 399 I AO), soweit es um Ermittlungen geht, die Rechte und Pflichten wahr, die dem Finanzamt nach § 399 I AO zustehen. Im Verfahren der StA habe die Fahndung bei Ermittlungshandlungen der StA oder der Polizei die Beteiligungsrechte nach § 403 AO (Grundfragen S. 264). *Küster* begründet seine These namentlich aus der Existenz des § 208 I 2 AO (s. vor Rdnr. 15). Der Hinweis auf die Ermittlungsbefugnisse der Finanzämter ergebe nach Wortlaut, Sinn und Stellung in der Gesamtregelung nichts für eine Beschränkung dieser Kompetenzen auf die Fälle des § 208 I Nr. 2 und 3 AO. Entscheidende Konsequenz ist für *Küster* das Recht der Steuerfahndung, richterliche Beschlagnahme und Durchsuchungsbeschlüsse zu beantragen. *Merkt* (aaO) begründet seine Auffassung u. a. mit den Grundsätzen der Zweckmäßigkeit und der Sparsamkeit. Überwiegend wird diese Auffassung abgelehnt (*Bender* Tz. 108, 1; *Benkendorff* ddz 1984 F 58; HHSp-*Hübner* 18, *Klein/Orlopp* 4, *Koch/Scholtz/Himsel* 19, *Kohlmann* 48 u. *Leise/Cratz* 44 zu § 404 AO; *Schmitz/Tillmann* S. 52; *Streck* Rdnr. 19; *Henneberg* DStR 1981, 217; *Pfaff* StBp 1982, 251; *Wolter* BB 1981, 237).

Bei isolierter Betrachtung gibt § 208 I 2 AO der Steuerfahndung nicht nur die Ermittlungsbefugnisse, die den FinBn *im Besteuerungsverfahren* zustehen, sondern erfaßt auch den Aufgabenbereich nach § 208 I 1 AO (Erforschen von Steuerstraftaten und Steuerordnungswidrigkeiten). Für ein solches Verständnis des § 208 AO spricht auch der Umstand, daß erst in Satz 3 eine Einschränkung von Kompetenzen auf die Fälle *„der Nummern 2 und 3"* erfolgt. Insoweit läßt der Wortlaut des § 208 AO durchaus die Interpretation zu, die *Küster* ihm gibt. *Küster* verkennt jedoch die Bedeutung, die § 404 AO in diesem Zusammenhang beigemessen werden muß. § 208 AO regelt die *allgemeine* Aufgabe der Steuerfahndung, § 404 AO – als spezielleres Gesetz – *ihre Rechte und Pflichten im Steuerstrafverfahren*. Welchen Sinn sollte die Regelung in § 404 S. 1 AO haben, wenn doch § 208 I 2 AO der Steuerfahndung schon die Ermittlungsbefugnis der Finanzämter/Hauptzollämter zugesteht? Das gleiche gilt für den Hinweis auf § 404 S. 2 Halbs. 1 AO in § 208 I 2 AO; denn dieses Ergebnis müßte sich nach *Küster* schon aus § 399 II AO und § 402 I AO ergeben (vgl. auch *Wendeborn* 1989, 126). Überhaupt nicht erklärbar ist bei dem Modell *Küsters* die Existenz des § 404 S. 2 Halbs. 2 AO: Danach sind die Beamten der Steuerfahndung Hilfsbeamte der StA; wie sollte eine selbständige Ermittlungsbefugnis, die nur der Grenze des § 386 IV 2 AO unterliegt, mit diesem Status vereinbar sein (Rdnr. 3 zu § 399 AO)? Im Ergebnis kann also die im 4. Teil der AO *("Durchführung der Besteuerung")* getroffene Regelung über die Steuerfahndung, die primär eine *Aufgabenzuweisung* enthält, die Regelung des § 404 AO, welche die *Befugnisse* der Fahndung im Steuerstrafverfahren regeln soll, nicht überspielen (ebenso *Wendeborn* 1989, S. 126 mwN; vgl. auch *Hellmann* 1995, 149). Allerdings ist es im Hinblick auf § 393 AO sehr problematisch, wenn das Gesetz den Eindruck erweckt, steuerliche Ermittlungsbefugnisse bestünden auch im Hinblick auf die Aufgabe der Steuerfahndung nach § 208 I Nr. 1 AO. Konsequenz dieser Problematik kann jedoch nicht sein, der Steuerfahndung nunmehr weitergehende Befugnisse im Steuerstrafverfahren zuzugestehen, so verständlich dieser Wunsch aus der Sicht der Steuerfahndung auch sein mag; vielmehr müssen die steuerrechtlichen Ermittlungsbefugnisse der Steuerfahndung in diesem Zusammenhang reduziert werden (Rdnr. 80 ff.).

54   Da die Beamten der Steuerfahndung nach alledem auf den **Status eines Hilfsbeamten** beschränkt sind, haben sie entgegen *Küster* (Rdnr. 47 f.) kein Recht zur Anordnung der Postbeschlagnahme (§ 100 I StPO). Der Beschuldigte ist ebensowenig wie ein Zeuge verpflichtet, auf Ladung vor der Steuerfahndung zu erscheinen (anders nach § 93 V AO im Besteuerungsverfahren, Rdnr. 33 f.). Auch das Recht zur Beantragung eines Durchsuchungs- und Beschlagnahmebeschlusses steht der Steuerfahndung nicht zu (LG Hildesheim v. 11. 10. 1980, BB 1981, 356; LG Freiburg v. 16. 7. 1986, BB 1987, 118; *Kohlmann* 94 zu § 385 AO; HHSp-*Hübner* 21, *Koch/Scholtz/Himsel* 20, *Leise/Cratz* 44, *Schwarz/Weyand* 18 und *Senge* 4 zu § 404 AO; *Henneberg* DStR 1981, 217; *Rüping* StVJ 1991, 324; *Weyand* DStZ 1988, 194; aM AG Kempten v. 24. 3. 1986, wistra 271; *Cratz* wistra 1986, 272). § 404 S. 1 AO gibt der Steuerfahndung nicht mehr Befugnisse, als die, die FinB nach § 402 I Halbs. 1 AO in den Fällen hat, in denen die StA das Ermittlungsverfahren führt. Zu ändern ist dies allenfalls, indem man – wie in Niedersachsen und Nordrhein-Westfalen (Rdnr. 10 f.) – Finanzämter für Fahndung und Strafsachen einrichtet und so die Bereiche der §§ 399, 404 AO miteinander verknüpft (*Küster* Grundfragen S. 266; krit. HHSp-*Hübner* 19 f. zu § 404 AO, *Kohlmann* 87 zu § 385 AO; s. Rdnr. 11). Unzulässig ist es, die Kompetenzen der Steuerfahndung im Erlaßwege zu erweitern, wie es offenbar in Hessen durch § 2 der VO v. 24. 9. 1982 (GVBl. 234), geänd. durch VO v. 20. 5. 1983 (GVBl. 75), beabsichtigt wurde (glA HHSp-*Hübner* 20 zu § 404 AO).

55   Im übrigen hängen die entsprechenden Handlungsbefugnisse entscheidend von der **behördeninternen Organisation** des Finanzamts ab (*Bender* Tz. 105, 6). Ist etwa der Vorsteher eines Finanzamts für Strafsachen und Fahndung einerseits Leiter eines Steuerfahndungssachgebietes, andererseits Vertreter des Leiters der Strafsachenstelle, kann er bei dessen Verhinderung in seiner Funktion als (stellvertretender) Sachgebietsleiter der Strafsachen- und Bußgeldstelle entsprechende Anträge stellen (LG Stuttgart v. 25. 6. 1987, wistra 1988, 328). Dennoch wird im Einzelfall vom Amtsrichter darauf zu achten sein, ob tatsächlich ein Vertretungsbefugter den entsprechenden Antrag unterzeichnet hat.

56   **In ihrer gegenüber § 399 I AO eingeschränkten Funktion** nehmen Steuer- und Zollfahndung Strafanzeigen entgegen, erforschen den Sachverhalt

6. Kompetenzen der Fahndung

und treffen alle keinen Aufschub duldenden Anordnungen, um die Verdunkelung der Sache zu verhüten (§ 163 StPO); die Ergebnisse sind der StA, in den Fällen des § 399 I AO der FinB zu übersenden.

Die Vernehmung von Beschuldigten, Zeugen und Sachverständigen 57 (Rdnr. 10 zu § 399 AO) ist der Fahndung möglich. Freilich besteht keine Pflicht, vor der Fahndung zu erscheinen; Zeugen sind zur Aussage nicht verpflichtet (HHSp-*Hübner* 48 zu § 404 AO; *Schmitz/Tillmann* S. 52). Sagt der Beschuldigte aus, so soll sein Verteidiger kein Recht zur Anwesenheit haben; sie kann ihm aber gestattet werden (KMR-*Müller* 21 zu § 163a StPO). In der Praxis wird die Aussagebereitschaft jeweils auch von einer Erlaubnis der Anwesenheit des Verteidigers abhängen (Rdnr. 43 zu § 392 AO); gleiches gilt für „gefährdete" Zeugen (ähnl. *Kohlmann* 84 zu § 404 AO). Zur steuerlichen Vernehmung s. Rdnr. 39; zur Vernehmungspraxis s. *Wegemer* NStZ 1981. 247.

Durchsuchung und Beschlagnahme dürfen angeordnet werden, soweit 58 Gefahr im Verzuge ist (Rdnr. 18 zu § 399 AO; zur Beschlagnahme von Geld vgl. *Klos* wistra 1987, 121). Die Beamten der Fahndung haben jedoch kein Recht, richterliche Durchsuchungs- und Beschlagnahmebeschlüsse zu beantragen (Rdnr. 54); zur Durchsuchung im Bereich des Grenzzolldienstes s. *Rank* ddz 1977, F 67.

Ein Herausgabeverlangen nach § 95 StPO darf die Fahndung zwar stellen, 59 auf eine Verweigerung kann aber nicht nach § 95 II StPO mit einem Ordnungsgeld reagiert werden. Die Regelung in § 95 StPO knüpft an die Zeugenpflicht an (Rdnr. 32 zu § 399 AO). Da Zeugen vor der Fahndung strafverfahrensrechtlich nicht erscheinen müssen und diese auch keinen Antrag auf richterliche Untersuchungshandlungen stellen kann (Rdnr. 54), ist auch ein Herausgabeverlangen nicht erzwingbar. Zur steuerlichen Seite s. Rdnr. 39.

Die Fahndung hat das Recht zur vorläufigen Festnahme (§ 127 StPO; 60 Rdnr. 57 zu § 399 AO), darf nach. § 131 II StPO einen *Steckbrief erlassen* (HHSp-*Hübner* 53 zu § 404 AO) und eine *erkennungsdienstliche Behandlung* des Beschuldigten (§ 81b StPO) durchführen.

Nach § 132 StPO darf sie bei Gefahr im Verzuge eine *Sicherheitsleistung* für Verfahrenskosten und zu erwartende Geldstrafe fordern (HHSp-*Hübner* 49 zu § 404 AO). Zur *Durchsicht der Papiere* s. Rdnr. 65ff., zur *Telefonüberwachung* s. Rdnr. 78 zu § 399 AO.

Ob die Steuerfahndung einen **Suchvermerk im Bundeszentralregister** 61 niederlegen (*Leise/Cratz* 28a u. HHSp-*Hübner* 56 zu § 404 AO) und eine unbeschränkte Auskunft aus dem Zentralregister erhalten kann (§ 39 I 4 BZRG), ist umstritten. Unproblematisch ist dies für das Zollfahndungsamt; denn dieses ist Behörde iS von § 25 u. § 39 I Nr. 4 BZRG. Gleiches gilt für die Steuerfahndung in Niedersachsen und Nordrhein-Westfalen (Rdnr. 10f.; s. aber Rdnr. 54). Zweifelhaft ist jedoch, ob die Steuerfahndung in den anderen Bundesländern Behörde in diesem Sinne ist. *Hübner* (HHSp 56 u. ihm folgend *Kohlmann* 68 zu § 404 AO) lehnt dies für den Suchvermerk ab und verweist darauf, daß § 404 S. 1 AO lediglich Befugnisse „nach den

Vorschriften der *StPO*" einräumt. Demgegenüber stellt *Cratz* (Leise 28 zu § 404 AO) darauf ab, daß § 404 AO der Steuerfahndung die gleichen Kompetenzen einräumt, wie die StPO es sonst bei den „*Behörden* . . . *des Polizeidienstes*" tut. Im Zweifel sollte sich die Fahndung hier der Hilfe der FinB iS des § 399 I iVm § 402 AO bedienen.

62 **Einen Antrag auf Erlaß eines Strafbefehls** (§ 400 AO) darf die Steuerfahndung nicht stellen, auch eine Einstellung eines Steuerstrafverfahrens nach § 398 AO fällt unstreitig nicht in ihren Kompetenzbereich (HHSp-*Hübner* 22 u. *Leise/Cratz* 44 zu § 404 AO; TK-*Tipke* 17 zu § 208 AO; OFD Frankfurt v. 15. 12. 1976 – S 1266 A –, Inf 1977 138). Generell darf sie verfahrensabschließende Verfügungen nicht vornehmen, auch dürften Beamte der Fahndung nicht über die Abgabe der Sache an die StA entscheiden (*Bender* Tz. 108; HHSp-*Hübner* 20 zu § 404 AO).

c) Geltung des § 399 II 2 AO

63 Da die Beamten der Steuerfahndung Hilfsbeamte der StA sind (§ 404 S. 2 AO, letzter Halbsatz), hat die Verweisung auf § 399 II 2 AO überwiegend klarstellende Wirkung. Darüber hinaus bewirkt sie aber auch, daß die Zollfahndungsämter und Steuerfahndungsdienststellen den FinBn iS des § 399 II 2 AO gleichgestellt werden:

64 Der Steuerfahndung stehen in diesem Zusammenhang das Recht auf Beschlagnahme, Notveräußerung, Durchsuchung, Untersuchung und sonstige Maßnahmen nach Maßgabe der StPO zu Gebote (Rdnr. 106 ff. zu § 399 AO).

d) Durchsicht der Papiere

65 Führt die FinB die Ermittlungen im Steuerstrafverfahren selbständig, so hat sie nach § 110 I StPO das Recht auf **Durchsicht der Papiere** des von der Durchsuchung Betroffenen (Rdnr. 19 zu § 399 AO). § 404 S. 2 AO erstreckt diese Kompetenz auf die Zollfahndungsämter und die Dienststellen der Steuerfahndung; dabei ist gleichgültig, ob die FinB oder die StA die Ermittlungen führt. Die Steuerfahndung hat damit mehr Rechte als die FinB im Verfahren der StA nach § 402 AO (Rdnr. 10 zu § 402 AO).

66 Ein Durchsichtsrecht der StA **über Geschäftspapiere hinaus** ist der Steuerfahndung erst durch das 1. StVRG eingeräumt worden (Rdnr. 1). Gegenstand der Durchsicht sind neben Buchführungsunterlagen und Bilanzen Aufzeichnungen, Briefe, aber auch Fotos, Tonträger, Magnetbänder u. ä. (HHSp-*Hübner* 59 zu § 404 AO; LR*Meyer* 2 zu § 110 StPO; *Jobski* ZfZ 1980, 301; *Schmitz/Tillmann* S. 63), Privatpapiere aber nur, wenn anzunehmen ist, daß sie über die Steuerstraftat Aufschluß geben (*Senge* 7 zu § 404 AO). Ziel der „*Durchsicht*" ist die Feststellung, *ob* das Papier für das Strafverfahren bedeutsam und daher zu beschlagnahmen ist. Unzulässig ist daher die „*vorsorgliche*" Beschlagnahme zum Zwecke der Durchsicht (glA *Hübner* aaO); zur vergleichbaren Problematik der Beschlagnahme von EDV-Anlagen vgl. Rdnr. 48 ff. zu § 399 AO.

6. Kompetenzen der Fahndung 67–71 § 404

Die **Erweiterung** des Rechts nach § 110 I StPO auf die Fahndungsdienst- 67
stellen hält *Rüping* (Grundfragen S. 277; StVJ 1991, 327) für verfassungswidrig; nach seiner Meinung verletzt „*die Regelung den Grundsatz der Waffengleichheit, widerspricht dem dahinter stehenden Prinzip eines fairen Verfahrens*". *Hübner* (HHSp 62 zu § 404 AO) hat Zweifel, ob diese Teilregelung nicht wegen Verstoßes gegen den Grundsatz der Verhältnismäßigkeit verfassungswidrig ist (ebenso *Rüping* StVJ 1991, 327). Diese Einwände vermögen jedoch nicht zu überzeugen. Der Grundsatz der Waffengleichheit wird bei einer Durchsicht durch Beamte der Steuerfahndung nicht stärker berührt als bei einer Durchsicht durch die StA. Daß die bei der Steuerfahndungsdienststelle durchsehende Person nicht die Befähigung zum Richteramt hat und auch keine Beamteneigenschaft aufweisen muß – was *Hübner* (aaO) anscheinend für überaus bedenklich hält –, kann für die Verhältnismäßigkeit der Maßnahme nicht bedeutsam sein. Die Feststellung der Beweisbedeutung eines bestimmten Gegenstandes setzt nicht die Befähigung zum Richteramt voraus; auch die Beamteneigenschaft, die im übrigen nicht notwendige Bedingung für eine Bestrafung wegen Verletzung des Steuergeheimnisses ist (vgl. § 355 iVm § 11 I Nr. 4 StGB), garantiert nicht, daß die Intimsphäre des Betroffenen gewahrt wird. Allerdings erscheint es nicht überzeugend, wenn der Steuerfahndung hier Befugnisse zur Verfügung gestellt werden, die zT nicht einmal die FinB hat (so zu Recht *Hübner* aaO).

Im übrigen bedarf insbesondere die **Durchsicht persönlicher Unterlagen,** 68
wie etwa von Briefen und Tagebüchern, besonderer Zurückhaltung, da diese in Fällen der Wirtschaftskriminalität oftmals nicht verwertet werden dürfen (vgl. BVerfGE 80, 367 ff. v. 14. 9. 1989; *Stürmer* NStZ 1990, 397; BGH v. 9. 7. 1987, NStZ 569 ; Rdnr. 61 ff. zu § 399 AO).

Das Recht zur Durchsicht der Papiere steht allein den Zollfahndungsäm- 69
tern und den Steuerfahndungsdienststellen zu. Der einzelne Fahndungsbeamte hat dieses Recht nicht. Jedoch kann der einzelne Fahndungsbeamte im Auftrag seiner Dienststelle für diese tätig werden (HHSp-*Hübner* 66, *Kohlmann* 75 u. *Leise/Cratz* 38 zu § 404 AO).

e) **Weisungsbefugnisse der StA (§ 404 S. 2 Halbs. 2 AO)**

Als Hilfsbeamte der StA unterliegen die Beamten der Zollfahndungsämter 70
und Steuerfahndungsdienststellen im Steuerstrafverfahren den Weisungen der StA (*Herold* ZPr 1969, 221; *Koch/Scholtz/Himsel* 15, *Leise/Cratz* 36, *Senge* 10 u. *Schwarz/Dumke* 3 zu § 404 AO); denn die Beamten – nicht die Zollfahndungsämter und Steuerfahndungsdienststellen selbst (*Cratz* aaO) – sind Hilfsbeamte der StA. Dies ist eindeutig, wenn die StA die Ermittlungen übernommen hat.

Ermittelt das Finanzamt den Sachverhalt selbständig (§ 386 II AO), be- 71
halten die Beamten der Fahndung die Rechte eines Hilfsbeamten der StA (HHSp-*Hübner* 70 zu § 404 AO). Ihre Hilfsbeamtenbefugnisse auf die Fälle zu beschränken, in denen die StA selbständig ermittelt (so *Klein/Orlopp* 9, *Leise/Cratz* 36 zu § 404 AO), besteht kein Anlaß. Auch sind sie in den Fällen

des § 386 II, § 399 I AO nicht Hilfsbeamte der FinB: sie bleiben Hilfsbeamte der StA, nur nimmt die FinB in diesem Fall deren Funktion wahr (vgl. Rdnr. 13 zu § 386 AO). Hierzu gehört auch das Weisungsrecht (HHSp-*Hübner* 70 ff.; *Koch/Scholtz/Himsel* 17 u. *Kohlmann* 58 zu § 404 AO).

72 Die StA – die FinB in den Fällen des § 399 I AO – richtet ihren Auftrag grundsätzlich an das Zollfahndungsamt oder an die Steuerfahndungsdienststelle (*Kleinknecht/Meyer-Goßner* 2 zu § 152 GVG; *Leise/Cratz* 36 zu § 404 AO). Bei Eilbedürftigkeit oder einem anderen wichtigen Grund ist auch ein spezieller Auftrag an einen bestimmten Beamten möglich (*Kleinknecht/Meyer-Goßner* 3 zu § 152 GVG; *Koch/Scholtz/Himsel* 15 zu § 404 AO; *Leise/Cratz* aaO).

73 Eine Weisungsbefugnis besteht nur, soweit die Steuerfahndung sachlich zuständig ist. Soweit Steuerstraftaten mit anderen Straftaten zusammentreffen, bezieht sich die Weisungsbefugnis nicht auf die anderen Taten; anders nur, wenn sie kraft ausdrücklicher gesetzlicher Anordnung (Rdnr. 29 zu § 385 AO) in die Ermittlungskompetenz der Fahndung fallen (*Bender* Tz. 108, 2; HHSp-*Hübner* 32 f., *Koch/Scholtz/Himsel* 16 u. *Kohlmann* 55 zu § 404 AO) oder deren Ermittlung notwendige Voraussetzung für die Prüfung der Steuerstraftat ist (vgl. Rdnr. 29 zu § 385 AO).

74 Bei Weisungskonflikten zwischen StA und FinB ist zugunsten der StA zu entscheiden, wenn diese die Ermittlungen führt (TK-*Tipke* 16 zu § 208 AO; *Leise/Cratz* 36 zu § 404 AO; *Kreutziger* DStZ 1987, 346). Demgegenüber hat die StA bei *selbständiger* Ermittlungstätigkeit der FinB nach § 386 II, § 399 I AO lediglich die Möglichkeit, das gesamte Verfahren nach § 386 IV 2 AO an sich zu ziehen, wovon sie ggf. Gebrauch machen wird.

f) Örtliche Zuständigkeit der Fahndung

75 Die örtliche Zuständigkeit der Zollfahndungsämter hat der BdF in Ausfüllung der Ermächtigung des § 12 I FVG mit Erlaß v. 3. 5. 1976 (VSF-03610, 45) geregelt (Rdnr. 8). Unberührt bleibt dabei die Möglichkeit eines ZFA, Amtshandlungen auch außerhalb seines Bezirks vornehmen zu können. Nach Absatz 4 des BdF-Erlasses ist die „*Zuweisung eines Bezirks an die Zollfahndungsämter ... ohne Einfluß darauf, daß ihre Beamten auch außerhalb des Bezirks Amtshandlungen vornehmen können, soweit es die Durchführung ihrer Aufgaben erfordert.*"

Ermittlungen im gesamten Bundesgebiet darf das ZFA vornehmen, da es eine Bundesbehörde ist (HHSp-*Hübner* 69 zu § 404 AO).

76 Die örtliche Zuständigkeit der Steuerfahndungsdienststellen in den einzelnen Bundesländern ist Gegenstand verschiedener Landesgesetze bzw. Ländererlasse (Rdnr. 12). Unstreitig darf die Steuerfahndung innerhalb des Bundeslandes, dem sie angehört, ermitteln (BFH BStBl. 1963, 49; *Streck* Rdnr. 20 f.; HHSp-*Hübner* 69 zu § 404 AO).

77 Ermittlungen der Steuerfahndung im gesamten Bundesgebiet finden statt, sind jedoch nicht zulässig (glA HHSp-*Hübner* 78 zu § 404 AO, anders die wohl noch hM; s. TK-*Tipke* 7 zu § 208 AO; BFM-*Merkt* J Rdnr. 150;

ASB 145). Fahndungsbeamte dürfen lediglich solche Steueransprüche auch durch Amtshandlungen in anderen Bundesländern realisieren, für die das Finanzamt, zu dem sie gehören, die verbandsmäßige und örtliche Zuständigkeit besitzt (*Jakob* StW 1972, 121, 126; *Bopp* DStR 1975, 488, 494; *Tipke* aaO; s. auch *Kleinknecht/Meyer-Goßner* 5 zu § 152 GVG). Die Regelungen über die grenzüberschreitende Zuständigkeit der Polizei der Bundesländer bei der Strafverfolgung beziehen sich nicht auf die Steuerfahndungsdienststellen; hier könnte erst eine ausdrückliche gesetzliche Regelung iS des § 17 IV FVG eine Änderung schaffen (*Hübner* aaO, *Tipke* aaO).

Auch bei Tätigwerden im Auftrage des StA richtet sich die örtliche 78 Zuständigkeit der Steuerfahndungsdienststellen allein nach der FinB, der sie angehören (HHSp-*Hübner* 89 zu § 404 AO; *Kleinknecht/Meyer-Goßner* 5 zu § 152 GVG; aM *Pütz* wistra 1990, 215, der auf den Zuständigkeitsbereich der StA abstellen will).

Ermittlungen im Ausland sind nur mit Zustimmung des entsprechenden 79 Staates zulässig (*Kleinknecht/Meyer-Goßner* Einl 210; HHSp-*Hübner* 79 zu § 404 AO; s. zu Ermittlungen in der Schweiz auch *Blumers/v. Siebenthal* DB 1984, 261, 2219 sowie Rdnr. 79 ff. zu § 399 AO).

7. Verhältnis von Besteuerungs- und Steuerstrafverfahren

Die Durchführung des Steuerstrafverfahrens soll nach § 393 I 1 AO die 80 Befugnisse der FinB zur Ermittlung der Besteuerungsgrundlagen nicht berühren. Tatsächlich bewirkt die Einleitung und Durchführung des Steuerstrafverfahrens, daß die Mitwirkungspflichten des Beschuldigten faktisch entfallen (Rdnr. 6 zu § 393 AO). Es gibt zwar keinen Vorrang des Strafverfahrens vor dem Besteuerungsverfahren (HHSp-*Hübner* 5 zu § 428 RAO 1967; *Streck* Grundfragen S. 250). Die Inanspruchnahme der steuerlichen Befugnisse darf jedoch nicht dazu führen, daß zum Schutz des Beschuldigten geschaffene Regelungen des Strafverfahrensrechts überspielt werden (Rdnr. 17 zu § 393 AO). Dabei geht es nicht darum, den steuerunehrlichen Beschuldigten besser zu stellen als den Steuerehrlichen, wie immer wieder befürchtet wird (Rdnr. 5 zu § 393 AO). Ziel muß sein zu verhindern, daß der Beschuldigte wegen der steuerrechtlichen Regelungen schlechter gestellt wird als andere Beschuldigte und wegen der strafprozessualen Regelungen schlechter gestellt wird als andere Stpfl. Im Zweifel ist davon auszugehen, daß die Steuerfahndung im strafprozessualen Ermittlungsverfahren tätig ist. Ein Rückgriff auf die Befugnisse nach der AO ist deutlich zu machen (Rdnr. 18 zu § 393 AO).

Die Fahndung darf dementsprechend steuerliche Befugnisse in Anspruch 81 nehmen, soweit damit Rechte des Beschuldigten im Strafprozeß nicht unterlaufen werden (Rdnr. 17 zu § 393 AO). So steht es ihr frei, Zeugen nach der AO zu laden, so daß diese zum Erscheinen verpflichtet sind und nach Maßgabe der §§ 101 ff. AO aussagen müssen. Der Rechtskreis des Beschuldigten wird hierdurch nicht berührt; daß die Fahndung insoweit Befugnisse hat, die ihr im strafrechtlichen Ermittlungsverfahren *nicht* zustehen, ist vom Gesetz beabsichtigt. Auch der Umstand, daß die Ergebnisse der steuerlichen Ermittlungen mittelbar Eingang in das Strafverfahren finden, bewirkt nicht, daß die Ermittlungsbefugnisse der AO insoweit entfallen müssen (vgl. aber *Rüping,* Steuerfahndungsergebnisse und ihre Verwertbarkeit 1981, S. 18).

82 **Der im Besteuerungsverfahren ermittelte Sachverhalt** kann im Strafverfahren nach Maßgabe des § 393 AO verwertet werden (*Streck* Rdnr. 892; TK-*Tipke* 23 zu § 208 AO; vgl. auch BVerfG v. 21. 4. 1988, wistra 302); dies muß jedoch in der strafverfahrensrechtlich vorgeschriebenen Form geschehen. Läßt die Steuerfahndung nach § 93 V, § 94 AO einen Zeugen in Abwesenheit des Beschuldigten vernehmen, so kann eine Verlesung des Protokolls (§ 249 StPO) in der Hauptverhandlung nur erfolgen, wenn auch bei einer strafprozessualen Vernehmung eine Benachrichtigung des Beschuldigten hätte unterbleiben dürfen. Unter dem Deckmantel des Besteuerungsverfahrens vor Einleitung des Strafverfahrens erzielte Erkenntnisse sind unverwertbar, soweit die Nichteinleitung eines Strafverfahrens mißbräuchlich war (Rdnr. 45 zu § 393 AO). Dies gilt auch für Aussagen von Zeugen im Besteuerungsverfahren, die von ihrem Weigerungsrecht nach § 52 III StPO Gebrauch gemacht hätten, wenn ein Strafverfahren eingeleitet worden wäre. Umgekehrt ist eine Zeugenaussage im Ermittlungsverfahren, über die der Beschuldigte nicht unterrichtet worden war, im steuerlichen Rechtsbehelfsverfahren wegen § 365 II AO nicht verwertbar.

83 **Steuerliche Verwertungsverbote,** etwa wegen der Rechtswidrigkeit der Außenprüfung (BGH v. 24. 6. 1982, wistra 1983, 36; *Ehlers* StBp 1981, 97; *Huxol* FR 1981, 212; s. auch BFH v. 5. 4. 1984, ZfZ 1984, 304), führen zu einer strafrechtlichen Unverwertbarkeit nur, soweit der Grund des Verwertungsverbots ein allgemeiner, auch im Strafprozeßrecht geltender ist (§ 136a StPO; *Kalmes* DStZ 1981, 429; *Rüping* Grundfragen S. 282), zB bei Verstoß gegen Belehrungsvorschriften nach § 52 III StPO, § 101 I AO; s. Rdnr. 51 zu § 393 AO.

84 **Bei Ermittlungen nach § 208 I Nr. 3 AO** gegen einen bekannten Stpfl besteht die konkrete Gefahr, daß der Betroffene sich mit einer Erfüllung seiner steuerlichen Pflichten selbst belasten würde (Rdnr. 32). Steuerrechtliche Zwangsmittel gegen den Stpfl sind ausgeschlossen. Dabei ist insbesondere darauf zu achten, ob die Ermittlungen der Steuerfahndung nicht schon eine Intensität erreicht haben, die sich als Einleitung iSd § 397, 393 I AO darstellen.

8. Rechtsschutz gegen Maßnahmen der Steuerfahndung

Schrifttum: Siehe vor Rdnr. 110 zu § 399 AO

85 **Die Möglichkeiten des Rechtsschutzes** gegen strafprozessuale Maßnahmen der Steuerfahndung entsprechen im wesentlichen denen gegen Maßnahmen der FinB (Rdnr. 110ff. zu § 399 AO; s. auch *Rüping* DStZ 1980, 182; *Kreutziger* DStZ 1987, 346). Eine Beschwerde nach § 304 StPO ist insbes. gegen die Anordnung der Beschlagnahme möglich, zuvor ist jedoch die richterliche Entscheidung (§ 98 II 2 StPO) zu beantragen (Rdnr. 111 zu § 399

AO). Bei Rechtsmitteln gegen die Art und Weise erledigter Ermittlungshandlungen, etwa Maßnahmen zur Identitätsfeststellung nach § 163b StPO (*Lohmeyer* S. 113; HHSp-*Hübner* 91 zu § 404 AO), ist der Rechtsweg nach § 23 EGGVG zum OLG eröffnet, da die Steuerfahndung als Justizbehörde tätig wird. Wie bei Rechtsmitteln gegen Maßnahmen der FinB ist eine Beschwer nötig, die bei prozessualer Überholung fehlen kann (Rdnr. 112 ff. zu § 399 AO); über Unzulänglichkeiten des Rechtsschutzes s. *Streck* StrVert 1984, 348.

Bei Auskunftsersuchen der Steuerfahndung ist der ordentliche Rechtsweg, nicht der Weg zum FG gegeben (BFH v. 20. 4. 1983, BStBl II 482; FG Schleswig-Holstein v. 3. 11. 1981, EFG 1982, 284), da es sich um einen Justizverwaltungsakt handelt (*Leise/Cratz* 69 zu § 404 AO; abl. *Streck* Rdnr. 767). 86

Dienstaufsichtsbeschwerden gegen Beamte der Steuerfahndung werden von der Dienstaufsichtsbehörde beschieden; zur Problematik von Dienstaufsichtsbeschwerden s. *Streck* Rdnr. 770 f. 87

Der Rechtsweg zum Finanzgericht ist eröffnet, soweit das Strafverfahren abgeschlossen ist. Die Steuerfahndung wird dann nicht mehr als Justizbehörde tätig, so daß bei Versagung der Akteneinsicht das Verfahren nach § 23 EGGVG nicht in Betracht kommt (Rdnr. 116 zu § 399 AO; vgl. auch FG Rheinland-Pfalz Stbg 1992, 456; FG Greifswald v. 23. 6. 1994, EFG 1995, 50). 88

Gegen **Maßnahmen nach § 208 Abs. 1. S. 1 Nr. 3 AO** ist der Einspruch nach §§ 347 ff. AO und der Finanzrechtsweg gem. § 33 Abs. 1 Nr. 1 FGO gegeben (BFH v. 29. 10. 1986, BStBl 1988 II, 359; HHSp-*Schick* 194, *Tipke/Kruse* 24 zu § 208 AO), soweit ein Steuerverwaltungsakt angegriffen wird bzw. nicht schon eine Einleitung des Steuerstrafverfahrens gegeben ist (vgl. Rdnr. 33). Auch für Angriffe gegen ein Auskunftsersuchen, das der BdF *im Besteuerungsverfahren* in das europäische Ausland weiterleiten will, ist der Finanzrechtsweg eröffnet (BFH v. 29. 10. 1986, BStBl II 1987, 440). 89

9. Tatsächliche Verständigung

Schrifttum: *Heller/Schmied,* Strafbefehlsverfahren und „Vereinbarungen" im Strafverfahren, wistra 1984, 207; *Widmaier,* Der strafprozessuale Vergleich, StV 1986, 357; *Baumann,* Von der Grauzone zu „rechtsstaatlichen Regelung", NStZ 1987, 15; *Hanack,* Vereinbarungen im Strafprozeß, Ein besseres Mittel zur Bewältigung von Großverfahren?, StV 1987, 500; *Dahs,* Absprachen im Strafprozeß, NStZ 1988, 154; *Seier,* Der strafprozessuale Vergleich im Lichte des § 136a StPO, JZ 1988, 683; *Schünemann,* Die Verständigung im Strafprozeß – Wunderwaffe oder Bankrotterklärung der Verteidigung?, NJW 1989, 1898; *Weigend,* Abgesprochene Gerechtigkeit, JZ 1990, 774; *Rönnau,* Die Absprache im Strafprozeß, 1990; *Bilsdorfer,* Die tatsächliche Verständigung – Ein Mittel zur Streitvermeidung, Inf. 1991, 195; *Geimer,* Zur Zulässigkeit von Vereinbarungen über zwischen dem Steuerpflichtigen und der Finanzbehörde zugrunde zu legenden Sachverhalt, DStZ 1991, 279; *Mack,* Die Binnenverständigung über den Sachverhalt – Ein Weg mit Gefahren, DStR 1991, 272; *v. Wedelstädt,* Tatsächliche Verständigung – Rechtslage, Voraussetzungen, Inhalt, Folgen, DB 1991, 515; *Eich,* Die tatsächliche Verständigung im Steuerverfahren und Steuerstrafverfahren, 1992; *Gerlach,* Absprachen im Strafverfahren, 1992; *Carl/Klos,* Tatsächliche Verständigung zwischen Finanzverwaltung und Steuerpflichtigem, AnwBl 1995, 338; *Schuhmann,* Die tatsächliche Verständigung im Steuerverfahren, DStZ 1995, 34.

90 **Schwierigkeiten der Sachaufklärung,** zT aber auch der Rechtslage, führen zu vielfältigen Absprachen zwischen Steuerfahndung einerseits, dem beschuldigten Steuerpflichtigen andererseits. Diese betreffen zum einen die Ermittlung der Besteuerungsgrundlagen im Rahmen der Steuerfahndungsprüfung, zum anderen aber auch Art und Höhe der Sanktion.

a) Tatsächliche Verständigung im Besteuerungsverfahren

91 Die Erledigung einer Betriebs- oder Steuerfahndungsprüfung ist in vielfältiger Form Gegenstand von **Absprachen zwischen Steuerpflichtigen und Finanzverwaltung** (vgl. *Eich* 1992, 5 ff.). Daß dies steuerrechtlich zulässig ist, hat der Bundesfinanzhof bereits mit einem Urteil vom 1. 12. 1984 (BStBl II 1985, 354) entschieden und zugleich deren Bindungswirkung begründet. Die dogmatischen Grundlagen einer solchen Verständigung und Bindungswirkung sind vor dem Hintergrund der Unzulässigkeit eines verwaltungsrechtlichen Vertrages im Steuerrecht im Dunkel.

92 **Die Zulässigkeit einer Verständigung** bzw. deren Bindungswirkung setzt eine erschwerte Sachverhaltsermittlung voraus. Grundsätzlich bleibt das Prinzip der Amtsermittlung unberührt. Daher kann eine bindende Vereinbarung nur bei erschwerter Sachverhaltsermittlung erfolgen, wenn also einzelne Sachverhalte nur mit großem bzw. unzumutbarem Aufwand, d. h. unter überdurchschnittlichem Arbeits- oder Zeitaufwand oder in überdurchschnittlicher Zeitdauer zu ermitteln sind.

93 Es gibt **keine Verständigung über Rechtsfragen.** Verständigungen, die allein die rechtlichen Folgen des festgestellten Sachverhalts betreffen, also zur Klärung zweifelhafter Rechtsfragen, über den Eintritt bestimmter Rechtsfolgen oder über die Anwendung bestimmter Rechtsvorschriften, sind nicht wirksam;

94 Das vereinbarte Ergebnis darf kein **offensichtlich unzutreffendes** sein;

95 Es muß die **zuständige Behörde** bei dieser tatsächlichen Verständigung vertreten sein. Eine mit einem Steuerfahnder oder Betriebsprüfer getroffene *„Vereinbarung",* an der das zuständige Veranlagungsfinanzamt nicht beteiligt ist, ist nicht bindend. Soweit die Steuerfahndungsprüfung neben der persönlichen Veranlagung des Steuerpflichtigen auch dessen Unternehmen bzw. eine Personengesellschaft betrifft, für die das Ergebnis gesondert und einheitlich festzustellen ist, müssen gegebenenfalls mehrere Finanzämter beteiligt werden (BFH v. 5. 10. 1990, BStBl II 1991, 45). Eine ohne Beiziehung der betroffenen Veranlagungsfinanzämter getroffene Vereinbarung ist schwebend unwirksam; die tatsächliche Umsetzung der in dem Steuerfahndungs- bzw. Betriebsprüfungsbericht festgestellten Besteuerungssachverhalte führt zu deren Genehmigung (FG Hamburg v. 4. 12. 1991, EFG 1992, 379; FG Baden-Württemberg v. 26. 3. 1992, EFG 706; vgl. aber BFH v. 28. 7. 1993, BFH/NV 1994, 290). Zur Personengesellschaft vgl. BFH/NV 1990, 366 v. 12. 7. 1989; vgl. auch FG Münster v. 29. 1. 1996, EFG 464.

96 Aus dem Erfordernis der Beteiligung des Veranlagungsbezirks ergibt sich, daß Zusagen – auch schriftlicher Form – **durch vorgesetzte Behörden**

9. Tatsächliche Verständigung

(OFD, FinMin) nicht bindend sind (vgl. FG Baden-Württemberg v. 21. 2. 1990, EFG 454; FG Düsseldorf v. 23. 11. 1983, EFG 1984, 409). Eine andere Frage ist, ob man gegebenenfalls die Zusage eines Finanzministeriums oder einer Oberfinanzdirektion als Weisung an das zuständige Finanzamt ansehen kann und dieses nach Treu und Glauben an die Auskunft bzw. an die Zusage der Oberbehörde gebunden ist (vgl. *Hauber* DB 1991, 1640). Die Auskunft der Oberbehörde als vorweggenommene Weisung zum rechtswidrigem Verhalten anzusehen und hieraus eine Bindungswirkung zu konstruieren, ist jedoch überaus problematisch.

b) Tatsächliche Verständigung im Steuerstrafverfahren

Eine tatsächliche Verständigung ist insbesondere in **Wirtschaftsstrafsachen** nicht ungewöhnlich. Der „Deal" fand spätestens mit der Einführung des § 153a StPO im Jahre 1975 Eingang in die Verfahrenswirklichkeit. Daß der „Handel mit Gerechtigkeit" darüber hinaus in vielfältiger Form praktiziert wird (vgl. *Kintzi* DRiZ 1992, 245 ff.; *Weigend* JZ 1990, 774), ist erst in der jüngeren Vergangenheit als Problem bewußt geworden. Dementsprechend konzentrieren sich die einschlägigen Veröffentlichungen namentlich auf die Zeit ab 1985 (Nachweise bei *Rönnau* 1990; *Eich* 1992). Unstreitig dürfte heute sein, daß es auch im Strafverfahren die Möglichkeit einer „Verständigung" gibt, daß aber andererseits es nicht möglich ist, sich schlicht auf die Höhe einer zu verhängenden Strafe zu einigen.

Werden **unzulässige Vereinbarungen** in einem rechtskräftigen Urteil bzw. Strafbefehl oder einer rechtskräftigen Einstellungsverfügung umgesetzt, entsteht die gewünschte Bindungswirkung bis zur Grenze der Rechtsbeugung. Problematisch ist jedoch, inwiefern eine tatsächliche Verständigung Bindungswirkungen in der Form entfaltet, daß ein Staatsanwalt etwa an die Zusage der Einstellung von Begleittaten oder ein Strafrichter an die Zusage etwa einer Strafaussetzung zur Bewährung gebunden ist.

Für die Staatsanwaltschaft wurde auf der Arbeitstagung des Generalbundesanwalts und der Generalstaatsanwälte in Karlsruhe am 24./25. 11. 1992 „Hinweise an die Staatsanwälte für die Verständigung im Strafverfahren" verabschiedet (StV 1993, 280).

Der Bundesgerichtshof hat eine deutliche Zurückhaltung signalisiert (vgl. etwa v. 4. 7. 1990, wistra 358; v. 23. 1. 1991, NStZ 346; v. 19. 10. 1993, NJW 1994, 1293; v. 25. 10. 1995, wistra 1996, 68). Immerhin ist anerkannt, daß eine Verständigung des Strafrichters mit einzelnen Angeklagten, die Besorgnis der Befangenheit der anderen begründen können (BGH v. 23. 1. 1991, wistra 183) und eine Bindungswirkung vor dem Hintergrund der prozessualen Fürsorgepflicht insofern besteht, als ein Strafrichter vor einer Abweichung von der gemachten Zusage den Angeklagten darauf hinweisen muß, daß er seine Auffasung geändert hat oder sich mit seiner Meinung im Spruchkörper nicht durchsetzten konnte. Dann hat der Angeklagte Gelegenheit, ggf. ergänzende Beweisanträge zu stellen, die seiner Entlastung dienen können, bzw. sich sonst auf die veränderte Verfahrenssituation einzustellen.

V. Entschädigung der Zeugen und der Sachverständigen

§ 405 Entschädigung der Zeugen und der Sachverständigen

¹Werden Zeugen und Sachverständige von der Finanzbehörde zu Beweiszwecken herangezogen, so werden sie nach dem Gesetz über die Entschädigung von Zeugen und Sachverständigen entschädigt. ²Dies gilt auch in den Fällen des § 404.

Schrifttum: *Höver*, Zu einigen Streitfragen über die Entschädigung von Zeugen und Sachverständigen, Rpfleger 1973, 419; *Berthold*, Zur Erstattungsfähigkeit von Kosten der Kreditinstitute bei der Beschlagnahme von Kontounterlagen im Steuerstrafverfahren, ZfZ 1976, 173; *Egon Schneider*, Die Entwicklung des Gerichtskostenrechts im Jahre 1978, NJW 1979, 846; *Ernst Schneider*, Die Kostenerstattungspflicht gegenüber Kreditinstituten, DB Beil. 17/1979; *Roman Schneider*, Bankauskünfte gegenüber Finanzbehörden, DB 1979, 36; *Lauer*, Kostenerstattung und Vollständigkeit bei Bankauskünften, ZKredW 1980, 224; *Ungnade/Kruck*, Auskunftspflichten der Kreditinstitute gegenüber Finanzbehörden, WM 1980, 258; *Börner*, Zur Entschädigung für Banken bei Beschlagnahme und Mitwirkung in hoheitlichen Verfahren gegen Dritte, insbesondere Steuerverfahren, DB 1981, 1655; *Hakenbeck*, Die Kostenerstattungspflicht des Finanzamts als Rechtsfolge der Inanspruchnahme von Banken im Rahmen steuerlicher oder strafrechtlicher Ermittlungen gegen Dritte, BB 1981, 1636; *Spitz*, Die Kostenerstattungspflicht gegenüber auskunftspflichtigen Dritten im Falle finanzbehördlicher Auskunftsersuchen; die Entschädigung von Zeugen im Steuerstrafverfahren sowie die Kostenerstattung im Falle gerichtlicher und behördlicher Beschlagnahme, DStR 1981, 617, 644, 674; *Masthoff*, Entschädigung von Geldinstituten für Auslagen bei Beschlagmeanordnungen oder Auskunftsersuchen, wistra 1982, 100; *Bilsdorfer*, Steuerfahndungsermittlung bei Banken, DStZ 1984, 415; *Sannwald*, Entschädigungsansprüche von Kreditinstituten gegenüber auskunftsersuchenden Ermittlungsbehörden, NJW 1984, 2495.

Übersicht

1. Entstehungsgeschichte und Bedeutung der Vorschrift 1, 2
2. Voraussetzungen des Anspruchs . 3, 4
3. Geltendmachung des Anspruchs . 5
4. Umfang der Entschädigung 6–8
5. Festsetzung der Entschädigung .. 9
6. Entschädigung von Kreditinstituten 10–14

1. Entstehungsgeschichte und Bedeutung der Vorschrift

1 § 405 AO ist mit der AO 1977 neu eingefügt worden (Begr. BT-Drucks. 7/4292 S. 47); eine entsprechende Regelung war in der RAO nicht vorhanden.

2 Wird innerhalb des Strafverfahrens ein Zeuge oder ein Sachverständiger vom Gericht oder von der StA zu Beweiszwecken herangezogen, wird er nach dem Gesetz über die Entschädigung von Zeugen und Sachverständigen (ZSEG) idF v. 1. 10. 1969 (BGBl. I 1756), zuletzt geänd. durch Art. 11 G v. 26. 11. 1979 (BGBl. I 1953), entschädigt. Ähnliches gilt gem. § 107 S. 1 AO, sofern die FinB „*Auskunftspflichtige und Sachverständige*" im Besteuerungsverfahren zu Beweiszwecken heranzieht (vgl. *Koch/Scholtz/Himsel* 2 zu § 405 AO; BFH v. 24. 3. 1987, BStBl. 1988 II, 163). Lange Zeit umstritten war, ob das ZSEG auch dann Anwendung findet, wenn ein Zeuge oder Sachverständiger bei der Ermittlungstätigkeit der FinB *im Steuerstrafverfahren* oder *im Bußgeldverfahren* wegen einer Steuerordnungswidrigkeit in Anspruch ge-

3. Geltendmachung des Anspruchs 3–5 § 405

nommen wird (*Schwarz* 1 zu § 405 AO). § 405 S. 1 AO ordnet nunmehr die Anwendung des ZSEG ausdrücklich an. Dabei ist es gleichgültig, ob die FinB selbständig ermittelt (§ 386 II, § 399 I AO) oder im Ermittlungsverfahren der StA (§ 402 I AO) tätig wird (*Schwarz/Dumke* 1a zu § 405 AO). Aufgrund § 405 S. 2 AO gilt das ZSEG auch bei einer Inanspruchnahme von Zeugen und Sachverständigen durch die *Steuer- und Zollfahndung*. Zur Geltung in den neuen Bundesländern vgl. *Koch/Scholtz/Himsel* 5 zu § 405 AO.

2. Voraussetzungen des Anspruchs

Zeuge ist eine Person, die in einem gegen einen anderen gerichteten Prozeß 3 eine persönliche Wahrnehmung über einen in der Vergangenheit – dh vor seiner Vernehmung – liegenden Vorgang etwas bekundet (*Kleinknecht/Meyer* 1 vor § 48 StPO). Soweit sich der Zeuge bei seiner Vernehmung eines Beistands bedient, sind die dadurch entstehenden Kosten *nicht* nach dem ZSEG erstattungsfähig (*Schwarz/Dumke* 3 zu § 405 AO). **Sachverständiger** ist eine Person, die aufgrund ihrer besonderen Sachkunde berufen ist, im Strafverfahren über Erfahrungssätze einer Wissenschaft oder eines Lebenssachverhalts auszusagen und idR aus ihnen Schlußfolgerungen auf konkrete Tatsachen zu ziehen (*Schwarz* 4 zu § 405 AO). Anders als ein Zeuge ist der Sachverständige grundsätzlich auswechselbar (*Kleinknecht/Meyer-Goßner* 25 vor § 72 StPO). Treffen fehlende Auswechselbarkeit und Sachkunde zusammen, so handelt es sich um einen sachverständigen Zeugen, der nach § 85 StPO Zeuge ist und auch als Zeuge nach dem ZSEG entschädigt wird. **Dolmetscher** und **Übersetzer** werden wie Sachverständige entschädigt (§ 17 ZSEG). Zur Entschädigung von Kreditinstituten für Auskunftsersuchen s. Rdnr. 10 ff.

Zu Beweiszwecken wird herangezogen, wer nach den Vorschriften der 4 StPO (§§ 161a, 163 iVm §§ 48 ff. bzw. §§ 72 ff. StPO) in Anspruch genommen wird. Dies ist nicht der Fall, wenn jemand *auf Veranlassung des Beschuldigten* ein Gutachten erstattet oder eine Auskunft erteilt (*Schwarz/Dumke* 7a zu § 405 AO). Gleichgültig ist, ob die Zeugenaussage oder das Sachverständigengutachten von der FinB verwertet oder gar zur Grundlage der Entscheidung gemacht wird. Soweit die Steuerfahndung nach § 208 I Nr. 2 AO die Besteuerungsgrundlagen ermittelt, liegt eine Inanspruchnahme zu *strafprozessualen* Beweiszwecken vor; § 107 AO ist nicht anwendbar (glA *Kohlmann* 3 zu § 405 AO).

Zu Beweiszwecken herangezogen ist auch ein Zeuge, der nach §§ 52, 53, 53a StPO die Aussage verweigert. Entscheidend ist, daß der Zeuge durch die FinB geladen worden ist und dieser Ladung Folge geleistet hat (*Schwarz* 8 zu § 405 AO).

3. Geltendmachung des Anspruchs

Die Entschädigung setzt einen **Antrag des Zeugen oder Sachverständigen** 5 voraus (§§ 15 I ZSEG). Der Zeuge muß diesen Antrag binnen 3 Monaten nach Beendigung der Zuziehung stellen (§ 15 II ZSEG); eine entsprechende Frist besteht für Sachverständige nicht (s. auch § 15 III ZSEG).

4. Umfang der Entschädigung

6 **Der Zeuge erhält** nach § 2 I ZSEG Verdienstausfall, Erstattung der Fahrtkosten (§ 9), Entschädigung für Aufwand (§ 10) und den Ersatz sonstiger Aufwendungen, zB der Kosten für eine notwendige Vertretung oder eine notwendige Begleitperson (§ 11). Dabei ist die Verdienstausfallentschädigung auf höchstens 25 DM/Stunde (§ 2 II ZSEG) und 10 Stunden pro Tag (§ 2 V ZSEG) begrenzt.

7 **Der Sachverständige erhält** eine Leistungsentschädigung zwischen 50 und 150 DM/Stunde (§ 3 II, III ZSEG) für die Zeit, während der er *seiner gewöhnlichen Beschäftigung* infolge seiner Heranziehung *nicht nachgehen kann* (§ 4 ZSEG). Eine besondere Vereinbarung innerhalb dieses Rahmens ist zulässig (§ 13 ZSEG). Daneben erhält auch er – wie ein Zeuge – Fahrtkosten usw. erstattet. Darüber hinaus werden ihm bestimmte Aufwendungen ersetzt (§ 8 ZSEG).

8 **Verlieren** kann der Sachverständige seinen Entschädigungsanspruch, wenn er durch grobe Fahrlässigkeit die Unverwertbarkeit seines Gutachtens herbeiführt, nicht jedoch schon dann, wenn seine Ablehnung und damit die Unverwertbarkeit des Gutachtens auf leichter Fahrlässigkeit beruht (BGHZ NJW 1976, 1154, mwN).

5. Festsetzung der Entschädigung

9 **Festgesetzt wird die Entschädigung** durch diejenige FinB, die den Zeugen oder Sachverständigen herangezogen hat (*Schwarz/Dumke* 12 zu § 405 AO). Auf Antrag wird die Entschädigung nach § 16 I ZSEG durch Gerichtsbeschluß festgesetzt (*Schwarz/Dumke* 13 zu § 405 AO); eine Beschwerde nach § 349 AO ist nur in den Fällen des § 107 AO statthaft (BFH BStBl. 1981, 349; TK-*Tipke* zu § 107 AO). Daher ist im Einzelfall die Feststellung wichtig, ob die FinB im Besteuerungs- oder Strafverfahren tätig geworden ist (s. Rdnr. 4 und *Bilsdorfer* DStZ 1984, 422). Gegen die gerichtliche Entscheidung ist Beschwerde durch die Beweisperson und die Staatskasse (*Senge* 3 zu § 405 AO) zulässig, wenn der Wert der Beschwer 100 DM übersteigt (§ 16 II ZSEG).

6. Entschädigung von Kreditinstituten

10 **Werden Angestellte von Kreditinstituten** formal als Zeugen oder Sachverständige vernommen, steht ihnen unstreitig ein Anspruch auf Entschädigung nach dem ZSEG zu (*Spitz* DStR 1981, 645). Umstritten war jedoch das Entstehen von Entschädigungsansprüchen, wenn ein Kreditinstitut zur Abwendung einer Beschlagnahmeanordnung (§ 94 StPO) oder in Erfülung eines Auskunftsersuchens (§ 95 StPO) Kopien von Unterlagen fertigte (vgl. Voraufl. 11f zu § 405 AO).

Der Streit um die Erstattungsmöglichkeiten in diesen Fällen hat sich durch eine gesetzliche Neuregelung in § 17a ZSEG erledigt.

6. Entschädigung von Kreditinstituten

§ 17a ZSEG Entschädigung Dritter

(1) ¹Für Dritte, die auf Grund eines Beweiszwecken dienenden Ersuchens der Strafverfolgungsbehörde
1. Gegenstände herausgeben (§ 95 Abs. 1, § 98a der Strafprozeßordnung) oder die Pflicht zur Herausgabe entsprechend einer Anheimgabe der Strafverfolgungsbehörde abwenden,
2. Auskunft erteilen,
3. die Überwachung und Aufzeichnung des Fernmeldeverkehrs ermöglichen (§ 100b Abs. 3 der Strafprozeßordnung) oder
4. durch fernmeldetechnische Maßnahmen die Ermittlung
   a) von solchen Telefonanschlüssen ermöglichen, von denen ein bestimmter Telefonanschluß angewählt wurde (Fangeinrichtung),
   b) der von einem Telefonanschluß hergestellten Verbindungen ermöglichen (Zählvergleichseinrichtung),
gelten die Vorschriften dieses Gesetzes sinngemäß; sie gelten nicht für die Zuführung der telefonischen Zeitansage, die betriebsfähige Bereitstellung und die Überlassung von Wählanschlüssen; sie gelten nicht für die betriebsfähige Bereitstellung von Festverbindungen, die nicht für bestimmte Überwachungsmaßnahmen eingerichtet werden. ²Artikel 3 § 13 des Gesetzes zur Beschränkung des Brief-, Post- und Fernmeldegeheimnisses findet keine Anwendung.

(2) Die Dritten werden wie Zeugen entschädigt.

(3) Bedient sich der Dritte eines Arbeitnehmers oder einer anderen Person, so werden ihm die Aufwendungen dafür (§ 11) im Rahmen des § 2 Abs. 2 und Abs. 5 ersetzt.

(4) – (6) ...

Werden Kreditinstitute von der Finanzbehörde im Rahmen von Verfolgungsmaßnahmen in Anspruch genommen, ist es unbeachtlich, ob dem Ersuchen eine gerichtliche Beschlagnahmeanordnung zugrunde liegt oder nicht (OLG Schleswig SchlHA 91, 170; *Meyer/Höver* 4 zu § 17a ZSEG). Zu entschädigen sind neben der Herausgabe körperlicher Gegenstände (z. B. Geschäfts- oder Kontounterlagen) auch die Fertigung von Kopien oder Abdrucken der Unterlagen oder die Ausdrucke von gespeicherten Daten (vgl. *Meyer/Höver* aaO).

Bedient sich der in Anspruch genommene Dritte bei der Bearbeitung des Ersuchens eines Arbeitnehmers oder einer anderen Person, so werden ihm die Aufwendungen dafür ersetzt. Dabei gilt der Höchstbetrag nach § 2 Abs. 2 ZSEG, mehr als DM 20,– bei höchstens zehn Stunden pro Tag (§ 2 Abs. 5) werden nicht erstattet.

Die Fertigung von Ablichtungen von Mikrofilmen (§ 47a HGB) ist im Rahmen des § 11 ZSEG ebenfalls entschädigungsfähig. Allerdings hat der Dritte die Mehrkosten selbst zu tragen, die dadurch entstanden sind, daß er die Unterlagen statt im Original auf Mikrofilm archiviert hat. Zu erstatten sind insoweit lediglich die Fotokopiekosten, die entstanden wären, wenn der Dritte die Unterlagen im Original und nicht mikroverfilmt aufbewahrt hätte (OLG Schleswig, Beschl. vom 14. 2. 1990 – 1 Ws 23/90; *Meyer/Höver* 6.7 zu § 17a ZSEG).

14 Werden die Fotokopien nicht auf Ersuchen der Strafverfolgungsbehörde, sondern im Interesse sonst von einer Beschlagnahme Betroffener erstellt, findet § 17a ZSEG keine unmittelbare Anwendung. Insofern hat sich an der Rechtslage nichts geändert (vgl. OLG Bamberg v. 19. 3. 1979, JurBüro 1686 m. zust. Anm. *Mümmler;* OLG München v. 29. 5. 1979, Rpfl 358; LG Bochum v. 6. 8. 1979, DB 2080; OLG Braunschweig v. 3. 2. 1982, ZIP 830; OLG Nürnberg v. 12. 5. 1980, NJW 1861). Zu prüfen bleibt dann aber, ob nicht das Verhältnismäßigkeitsprinzip im Einzelfall gebietet, sich mit der Sicherstellung von Fotokopien zu begnügen, weil die Wegnahme der Unterlagen die Funktionsfähigkeit des Kreditinstituts gefährden würde (ähnl. *Koch* wistra 1983, 66; s. a. Rdnr. 88 zu § 399 AO). In diesen Fällen würde das Beharren der Finanzbehörde auf einer Beschlagnahme der Originalunterlagen mißbräuchlich sein, so daß § 17a ZSEG Anwendung fände.

3. Unterabschnitt. Gerichtliches Verfahren

§ 406 Mitwirkung der Finanzbehörde im Strafbefehlsverfahren und im selbständigen Verfahren

(1) Hat die Finanzbehörde den Erlaß eines Strafbefehls beantragt, so nimmt sie die Rechte und Pflichten der Staatsanwaltschaft wahr, solange nicht nach § 408 Abs. 3 Satz 2 der Strafprozeßordnung Hauptverhandlung anberaumt oder Einspruch gegen den Strafbefehl erhoben wird.

(2) Hat die Finanzbehörde den Antrag gestellt, die Einziehung oder den Verfall selbständig anzuordnen oder eine Geldbuße gegen eine juristische Person oder eine Personenvereinigung selbständig festzusetzen (§ 401), so nimmt sie die Rechte und Pflichten der Staatsanwaltschaft wahr, solange nicht mündliche Verhandlung beantragt oder vom Gericht angeordnet wird.

Übersicht

1. Entstehungsgeschichte 1	3. Mitwirkung im Strafbefehlsverfahren 3–8
2. Zweck und Bedeutung der Vorschrift 2	4. Mitwirkung im selbständigen Verfahren 9, 10

1. Entstehungsgeschichte

§ 406 I AO 1977 entspricht inhaltlich dem § 440 RAO. § 406 II wurde erst **1** mit der AO 1977 eingeführt.

§ 440 RAO wurde durch Art. 1 Nr. 1 AOStrafÄndG v. 10. 8. 1967 (BGBl. I 877) gemeinsam mit den §§ 435, 436 RAO (§§ 400, 401 AO 1977) in die RAO aufgenommen. Eine dem § 406 II AO entsprechende Regelung war schon in § 389 II EAO 1974 vorgesehen, um § 401 AO (§ 436 RAO) zu ergänzen (BT-Drucks. VI/1982 S. 201). Eine redaktionelle Anpassung an die Änderung des § 408 StPO erfolgte mit Gesetz v. 27. 1. 1987 (BGBl. I 475).

2. Zweck und Bedeutung der Vorschrift

§ 406 AO ergänzt die §§ 399–401 AO. § 399 AO gibt der FinB Rechte nur **2** für das *Ermittlungs*verfahren, das mit dem Antrag auf Erlaß eines Strafbefehls (§ 400 AO) oder dem Antrag auf Anordnung von Nebenfolgen im selbständigen Verfahren (§ 401 AO) beendet ist. § 406 überträgt der FinB weitere Rechte und Pflichten, bis ggf. das summarische Strafbefehls- oder Anordnungsverfahren in das ordentliche Verfahren übergeht. In dieser Phase soll die FinB, die den gesamten Vorgang bearbeitet hat, nicht schon auf die Beteiligungsrechte des § 407 AO beschränkt sein, sondern unmittelbarer Gesprächspartner des Gerichts bleiben. § 406 I AO ergänzt insoweit den § 400 AO, § 406 II AO den § 401 AO (*Schwarz/Dumke* 1 b zu § 406 AO).

3. Mitwirkung im Strafbefehlsverfahren

3 Die FinB hat nach Maßgabe des § 400 AO das Recht, einen Strafbefehl zu beantragen. Will der Richter den Strafbefehl nicht antragsgemäß erlassen, weil er eine Hauptverhandlung für nötig hält, eine andere Rechtsfolge als die von der FinB beantragte festsetzen will (§ 408 II StPO) oder Bedenken rechtlicher oder tatsächlicher Art hat (§ 408 I 2 StPO), weist er die FinB darauf hin (*Leise/Cratz* 6 zu § 406 AO). Die FinB kann auf die Bedenken des Strafrichters eingehen und den Strafbefehlsantrag, etwa hinsichtlich der Rechtsfolgen, ändern (*Leise/Cratz* 8 u. *Senge* 1 zu § 406 AO); sie kann auch den Antrag zurücknehmen (§ 411 III StPO).

4 **Teilt die Finanzbehörde die Bedenken des Strafrichters nicht,** so wird sie die Akten mit unverändertem Strafbefehlsentwurf an den Strafrichter zurücksenden. Dieser kann nunmehr seine Bedenken zurückstellen und den beantragten Strafbefehl erlassen; er kann aber auch Termin zur Hauptverhandlung anberaumen (§ 408 II StPO) oder bei der StA anregen, die Sache nach § 386 IV 2 AO zu übernehmen (*Lohmeyer* S. 102; *Leise/Cratz* 9 zu § 406 AO). Bei Anberaumung eines Termins zur Hauptverhandlung übernimmt der Strafbefehlsantrag die Funktion der Anklageschrift (BVerfG v. 23. 2. 1972, DStZ 187); er wird dem Angeschuldigten ohne die beantragte Rechtsfolge mit der Ladung zugestellt (§ 35 II, § 215 StPO; *Kleinknecht/Meyer-Goßner* 15 zu § 408 StPO; *Leise/Cratz* 15 zu § 406 AO).

5 Sind die **Bedenken des Richters hinsichtlich der Zulässigkeit** (etwa bei Vorliegen der Voraussetzungen des § 80 I ZG) **oder der Begründetheit** (etwa im Hinblick auf den hinreichenden Tatverdacht) des Strafbefehlsantrags nicht ausgeräumt worden, wird er entsprechend § 204 I StPO den Erlaß eines Strafbefehls ablehnen und auch keinen Termin zur Hauptverhandlung anberaumen (*Kleinknecht/Meyer-Goßner* 12 zu § 408 StPO). Meint der Richter, das Verhalten des Angeschuldigten erfülle nicht den Straftatbestand des § 370 AO, sondern es stelle sich als Ordnungswidrigkeit nach § 378 AO dar, muß er, wenn die FinB auf ihrer Auffassung beharrt, Hauptverhandlung anberaumen (*Göhler* 6 zu § 82 OWiG; KK-*Wolfgang Müller* 5, *Kleinknecht/Meyer-Goßner* 13 u. LR*Schäfer* 31 zu § 408 StPO).

6 **Bei Zurückweisung des Strafbefehlsantrags** durch den Strafrichter hat die FinB entsprechend § 210 II StPO das Recht zur sofortigen Beschwerde (*Senge* 1, *Kohlmann* 4 zu § 406 AO; KK-*Wolfgang Müller* 7 zu § 408 StPO). Diese muß gem. § 311 II StPO binnen einer Woche ab Bekanntmachung der Entscheidung (§ 35 StPO) beim AG eingelegt werden. Eine Einlegung beim LG als Beschwerdegericht genügt jedoch zur Fristwahrung (§ 311 II 2 StPO). Das Beschwerdegericht kann selbst keinen Strafbefehl erlassen, wohl aber eine Hauptverhandlung durch das AG anordnen (*Leise/Cratz* 14 zu § 406 AO). Weicht der Richter vom Strafbefehlsantrag der Staatsanwaltschaft bzw. Finanzbehörde ab, soll dies nach Auffassung von *Cratz* (*Leise/Cratz* 7 zu § 406 AO) zur Unwirksamkeit des Strafbefehls führen. Dies widerspricht der zutreffenden hM im Strafprozeßrecht, daß ein solcher Strafbefehl gleichwohl wirksam bleibt (vgl. BayObLGSt 1958, 130; *Kleinknecht/*

Meyer-Goßner 11 zu § 408 StPO; *Rieß* JR 1989, 438). Freilich wird der Finanzbehörde ein Beschwerderecht iSd § 210 II StPO zustehen.

Eine Einstellung des Verfahrens nach § 153 II StPO kann das AG auch in dieser Phase des Verfahrens vornehmen, jedoch ist die Zustimmung der FinB nötig (§ 153 II, § 153a II StPO iVm § 399 I AO; *Kohlman* 4 u. *Leise* 1 C IV zu § 406 AO). 7

Die Mitwirkungsbefugnis der FinB endet, wenn der Strafrichter einen Termin zur Hauptverhandlung anberaumt oder Einspruch (Rdnr. 25 ff. zu § 400 AO) gegen den Strafbefehl eingelegt wird (HHSp-*Engelhardt* 6, *Schwarz/Dumke* 2 f zu § 406 AO); dann stehen ihr nur noch die Rechte nach § 407 AO zu. Insbesondere kommt es, wie § 407 I 2 AO zeigt, bei einer Einstellung *in der Hauptverhandlung* nicht auf die Zustimmung der FinB an (ähnl. *Hübner* aaO). 8

4. Mitwirkung im selbständigen Verfahren (§ 406 II AO)

Hat die FinB nach § 401 AO den Antrag auf **Anordnung von Nebenfolgen im selbständigen Verfahren** gestellt, so soll sie – wie im Strafbefehlsverfahren – in engen Grenzen weiterhin gestaltend am Verfahren mitwirken. Ihre Stellung entspricht der im Strafbefehlsverfahren. Die FinB ist Gesprächspartner des Gerichts, sofern es im Beschlußwege (§ 441 II StPO) entscheidet. 9

Die Mitwirkungsbefugnis der FinB endet, wenn sie selbst oder ein Beteiligter eine mündliche Verhandlung beantragt oder das Gericht diese anordnet (*Leise/Cratz* 38 u. *Schwarz/Dumke* 3 zu § 406 AO). Dann verbleiben der FinB lediglich die Beteiligungsrechte nach § 407 AO (Rdnr. 5 ff. zu § 407 AO). 10

§ 407 Beteiligung der Finanzbehörde in sonstigen Fällen

(1) ¹Das Gericht gibt der Finanzbehörde Gelegenheit, die Gesichtspunkte vorzubringen, die von ihrem Standpunkt für die Entscheidung von Bedeutung sind. ²Dies gilt auch, wenn das Gericht erwägt, das Verfahren einzustellen. ³Der Termin zur Hauptverhandlung und der Termin zur Vernehmung durch einen beauftragten oder ersuchten Richter (§§ 223, 233 der Strafprozeßordnung) werden der Finanzbehörde migeteilt. ⁴Ihr Vertreter erhält in der Hauptverhandlung auf Verlangen das Wort. ⁵Ihm ist zu gestatten, Fragen an Angeklagte, Zeugen und Sachverständige zu richten.

(2) Das Urteil und andere das Verfahren abschließende Entscheidungen sind der Finanzbehörde mitzuteilen.

Vgl. § 76 OWiG.

Schrifttum: *Loose,* Reform des Steuerstrafrechts, DStZ 1968, 265; *Stobbe,* Das neue Strafverfahrensrecht, ZfZ 1968, 264; *Kröner,* Die Beteiligung des Finanzamts/Hauptzollamts im gerichtlichen Steuerstrafverfahren, ZfZ 1970, 170; *Klos/Weyand,* Problem der Ermittlungszuständigkeit und Beteiligungsrechte der Finanzbehörde im Steuerstrafverfahren, DStZ 1988, 615.

Übersicht

1. Entstehungsgeschichte 1	b) Fragerecht der Finanzbehörde ... 12–14
2. Zweck und Bedeutung der Vorschrift 2–4	c) Zeugenvernehmung des Vertreters der Finanzbehörde......... 15
3. Teilnahmerechte der FinB 5–15	4. Informationsrechte.............. 16, 17
a) Anwesenheits- und Anhörungsrechte 5–11	5. Verstöße gegen § 407 AO 18

1. Entstehungsgeschichte

1 § 407 1977 entspricht inhaltlich im wesentlichen dem § 441 RAO 1967, jedoch fehlte diesem eine dem § 407 I 4 AO (Fragerecht) entsprechende Regelung. Eine solche war erstmals in § 390 I 4 EAO 1974 vorgesehen (BT-Drucks. VI/1982). Im übrigen wurde mit § 407 AO 1977 jeweils der Begriff „Finanzamt" in „Finanzbehörde" geändert.

§ 441 RAO 1967 wurde durch Art. 1 Nr. 1 AOStrafÄndG v. 10. 8. 1967 (BGBl. I 877) eingefügt. Zuvor hatte die FinB nach den §§ 432, 437 RAO 1919, §§ 467, 472 RAO 1931 die Stellung einer Nebenklägerin (Rdnr. 2 zu § 403 AO).

2. Zweck und Bedeutung der Vorschrift

2 § 407 AO gibt der FinB Anhörungs- und Mitwirkungsrechte auch im gerichtlichen Verfahren, um ihre Sachkunde nutzbar zu machen (HHSp-*Engelhardt* 4 zu § 407 AO). Diese Rechte sind jedoch sehr beschränkt. Während vor Einführung des § 441 RAO 1967, des Vorläufers von § 407 AO, die FinB als Nebenklägerin auftreten konnte (§ 472 I RAO 1931) und damit eine starke Position hatte, sind ihre Rechte nunmehr *im gerichtlichen Verfahren*

3. Teilnahmerechte der Finanzbehörde

nicht stärker als bei Ermittlungshandlungen der StA oder der Polizei iS des § 403 AO (Rdnr. 3 ff. zu § 403 AO).

Im Entwurf des AOStrafÄndG war das **Nebenklagerecht** des Finanzamts noch vorgesehen (§ 431 EAO, BT-Drucks. V/1812 S. 37). Nachdem Bedenken hiergegen im Rechtsausschuß erhoben worden waren, die Länder aber das Nebenklagerecht beibehalten wissen wollten, kam es zu einer Abstimmung im Bundestag, bei der das Nebenklagerecht des Finanzamts abgelehnt wurde (Sten.Ber. der 116. Sitzung des BTages in der 5. Wahlperiode, S. 5783).

Die Beteiligung der FinB steht – anders als im allgemeinen Bußgeldverfahren (§ 76 II OWiG) – *nicht im Ermessen des Gerichts* (*Kohlmann* 3, *Kühn/Hofmann* 1 u. *Schwarz/Dumke* 3 zu § 407 AO). Im übrigen stellt § 407 AO nicht allein eine Fortsetzung der Rechte der FinB aus § 403 AO dar; die Regelung bildet zugleich eine Ergänzung zu § 406 AO.

3. Teilnahmerechte der Finanzbehörde (§ 407 I AO)

a) Anwesenheits- und Anhörungsrechte

Von Amts wegen muß das Gericht der FinB Gelegenheit geben vorzutragen, was sie bei der Entscheidung für bedeutsam hält (§ 407 I 1 AO). *Entscheidung* ist nicht nur die das Verfahren abschließende Entscheidung, sondern *jede* Entscheidung, bei deren Erlaß die Sachkunde der FinB Bedeutung erlangen kann (*Göhler* 3 zu § 76 OWiG; HHSp-*Engelhardt* 9, *Kohlmann* 7, *Leise/Cratz* 4 u. *Senge* 2 zu § 407 AO; HHSp-*Hübner* 8 zu § 441 RAO 1967; aM *Kröner* ZfZ 1970, 172: nur prozeßerledigende Entscheidungen). Die FinB ist aber nicht etwa vor *jeder* richterlichen Entscheidung zu hören (*Koch* 3 zu § 407 AO).

Eine Anhörung muß auch erfolgen, wenn das Gericht die *Einstellung des Verfahrens* erwägt. Insoweit ergänzt § 407 I 2 AO den § 403 IV AO. Abgesehen von der Einstellung nach § 170 II StPO kommen die Einstellungsmöglichkeiten in Betracht, die auch der StA zur Verfügung stehen (*Klein/Orlopp* 1 zu § 407 AO; Rdnr. 15 zu § 403 AO). Auch kann das Gericht nach § 205 StPO (vorläufige Einstellung), nach § 206a StPO (Einstellung bei Verfahrenshindernissen) und nach § 206b StPO (Einstellung wegen Gesetzesänderung) einstellen (*Kohlmann* 14 f., *Leise/Cratz* 5 u. *Senge* 2 zu § 407 AO).

Die Anhörung der FinB kann schriftlich oder mündlich erfolgen und ist auch bei Entscheidungen außerhalb der Hauptverhandlung nötig (*Koch/Scholtz/Himsel* zu § 407 AO). In der Hauptverhandlung erfolgt die Anhörung zweckmäßigerweise mündlich, jedoch besteht kein Formzwang (*Senge* aaO u. *Leise/Cratz* 4 zu § 407 AO). Allerdings kann der Vertreter der FinB nach § 407 I 3 AO in der Hauptverhandlung verlangen, daß ihm das Wort erteilt wird (Rdnr. 9).

Auch das Revisionsgericht ist Gericht iS des § 407 I AO, nicht nur das Tatgericht (*Kröner* ZfZ 1970, 172; HHSp-*Engelhardt* 12, *Kohlmann* 8 u. *Schwarz/Dumke* 4 zu § 407 AO; *Bender* Tz. 129, 4; ähnl. *Göhler* 8 vor § 79 OWiG).

9 Die FinB hat das **Recht auf Anwesenheit** in der Hauptverhandlung. Ihr Vertreter, der nicht eine behördenfremde Person sein darf (*Göhler* 16 zu § 76 OWiG), kann Erklärungen abgeben (§ 407 I 3 AO). Ihm muß hierzu auch dann Gelegenheit gegeben werden, wenn das Gericht dies für überflüssig hält (*Koch/Scholtz/Himsel* 6, *Kohlmann* 19 u. *Meyer* 3 zu § 407 AO). Die FinB ist nicht berechtigt, irgendwelche Anträge, etwa Beweisanträge, zu stellen (*Kohlmann* 20, *Kühn/Hofmann* 2 u. *Senge* 3 zu § 407 AO). Zur Wahrnehmung des Rechts aus § 407 I AO ist die FinB nicht verpflichtet (*Schwarz/Dumke* 2 c zu § 407 AO; ähnl. *Göhler* 9 zu § 76 OWiG).

10 **Hauptverhandlung** iS des § 407 I AO ist die (öffentliche) Hauptverhandlung. Erfaßt wird aber, wie sich aus § 407 I 3 AO ergibt, auch die Vernehmung durch einen beauftragten oder ersuchten Richter (vgl. *Klein/Orlopp* 4 zu § 407 AO).

11 Zur Sicherung des **Anwesenheits- und Anhörungsrechts** ist das Gericht gehalten, der FinB den Termin der Hauptverhandlung oder der Vernehmung durch einen beauftragten oder ersuchten Richter mitzuteilen (§ 407 I 3 AO). Anders als § 403 I AO läßt § 407 I AO keine Ausnahme von dieser Benachrichtigungspflicht zu.

b) Fragerecht der Finanzbehörde

12 Der **Vertreter der FinB** darf Fragen an Angeklagte, Zeugen und Sachverständige richten (§ 407 I 5 AO). Unerheblich ist, ob das Gericht die Fragen für sachdienlich hält (*Koch/Scholtz/Himsel* 6 u. *Senge* 3 zu § 407 AO). Jedoch können ungeeignete oder nicht zur Sache gehörende Fragen nach § 241 II StPO zurückgewiesen werden (Rdnr. 11 zu § 403 AO).

13 Auch bei der **Vernehmung durch einen beauftragten oder ersuchten Richter** (§§ 223, 233 II StPO) hat der Vertreter der FinB ein Fragerecht (glA *Bender* Tz. 129, 4; *Kohlmann* 21 u. *Schwarz/Dumke* 7, 19 zu § 407 AO). Dieses Recht auf die Hauptverhandlung zu beschränken (so anscheinend *Meyer* 3 zu § 407 AO), besteht kein Anlaß. Zum einen handelt es sich bei diesen Vernehmungen um vorgezogene Teile der Hauptverhandlung (glA *Kohlmann* u. *Schwarz/Dumke* aaO). Zum anderen wäre es widersinnig, der FinB ein solches Fragerecht im Ermittlungsverfahren (§ 403 I 2 AO) und in der Hauptverhandlung einzuräumen, sie jedoch in den Fällen der §§ 223, 233 II StPO auf das bloße Anwesenheitsrecht zu beschränken.

14 § 407 I 5 AO gestattet die **unmittelbare Befragung** des Angeklagten, der Zeugen und der Sachverständigen (*Kleinknecht/Meyer* 5 zu § 240 StPO; *Leise/Cratz* 7 zu § 407 AO; *Göhler* 18 zu § 476 OWiG; Rdnr. 12 zu § 403 AO). Nicht nötig ist, daß die Fragen über den Vorsitzenden gestellt werden oder dieser dem Vertreter der FinB die Befragung im Rahmen seiner Sachleitungsbefugnis gestattet (aM *Kühn/Hofmann* 2 zu § 407 AO; *Lohmeyer* S. 107; *Göhler* 18 zu § 76 OWiG; zu § 441 RAO 1967 s. auch OLG Celle 13. 2. 1969 MDR 780; HHSp-*Hübner* 15 zu § 441 RAO 1967).

c) Zeugenvernehmung des Vertreters der Finanzbehörde

Der Vertreter der FinB kann als Zeuge vernommen werden (*Kleinknecht/Meyer-Goßner* 12 vor § 48 StPO; *Senge* 4 zu § 407 AO; *Göhler* 11 zu § 76 OWiG; aM *Peters* S. 322); wobei es dann aber einer Aussagegenehmigung (§ 54 StPO) bedarf (*Göhler* aaO). Wenn das Gericht die ständige Anwesenheit des zum Zeugen gewordenen Vertreters der FinB für untunlich hält, muß es diesem die Gelegenheit geben, ggf. bei der FinB die Entsendung eines anderen Vertreters zu erwirken, da die FinB einen Anspruch auf ständige Anwesenheit in der Hauptverhandlung hat (ähnl. *Kleinknecht/Meyer-Goßner* 11 vor § 48 StPO).

4. Informationsrechte (§ 407 II AO)

Die das gerichtliche Verfahren abschließenden Entscheidungen, insbesondere das Urteil, sind der FinB mitzuteilen (§ 407 II AO). Diese Mitteilungspflicht besteht auch, wenn die FinB in der Hauptverhandlung vertreten war (*Kohlmann* 22 u. *Senge* 5 zu § 407 AO). Nach MiStra 8 iVm 4 IIb wird die Verpflichtung des § 407 II AO vom Urkundsbeamten der Geschäftsstelle durch Übersendung einer Ausfertigung oder Abschrift der Entscheidung erfüllt.

Die Unterrichtung über die abschließende Entscheidung des Gerichts soll – ebenso wie die Information nach § 403 III AO (Rdnr. 13 zu § 403 AO) – Maßnahmen im Besteuerungsverfahren ermöglichen. Weiterhin kann die FinB aus der Beurteilung dieses Falles Schlüsse für die künftige Behandlung vergleichbarer Taten ziehen. Soweit darüber hinaus die Ansicht vertreten wird, der FinB soll die Möglichkeit gegeben werden, bei der StA die Einlegung eines Rechtsmittels anzuregen (so *Kohlmann* 22, *Leise/Cratz* 8 u. *Schwarz/Dumke* 9 zu § 407 AO), ist dies nicht überzeugend; denn die Rechtsmittelfrist ist idR bereits verstrichen, wenn das Urteil abgesetzt und der FinB zugegangen ist.

5. Verstöße gegen § 407 AO

Verstöße gegen § 407 AO kann die FinB nur mit **Gegenvorstellung oder Dienstaufsichtsbeschwerde** rügen. In Ausnahmefällen können Angeklagter oder StA im Rahmen der Aufklärungsrüge nach § 244 II StPO entsprechende Verstöße mit der Revision geltend machen (*Buschmann/Luthmann* S. 162; *Kohlmann* 13, *Leise* 3, *Cratz* 9, *Koch/Scholtz/Himsel* 7, *Senge* 6 u. *Schwarz/Dumke* 6 zu § 407 AO). Dies gilt jedoch lediglich für § 407 I AO. Verstöße gegen § 407 II AO können mit der Dienstaufsichtsbeschwerde gerügt werden (*Klos/Weyand* DStZ 1988, 620); eine Revision ist hier ausgeschlossen, da das Urteil nicht auf einem Verstoß gegen § 407 II AO beruhen kann.

4. Unterabschnitt. Kosten des Verfahrens

§ 408 Kosten des Verfahrens

¹Notwendige Auslagen eines Beteiligten im Sinne des § 464a Abs. 2 Nr. 2 der Strafprozeßordnung sind im Strafverfahren wegen einer Steuerstraftat auch die gesetzlichen Gebühren und Auslagen eines Steuerberaters, Steuerbevollmächtigten, Wirtschaftsprüfers oder vereidigten Buchprüfers. ²Sind Gebühren und Auslagen gesetzlich nicht geregelt, so können sie bis zur Höhe der gesetzlichen Gebühren und Auslagen eines Rechtsanwalts erstattet werden.

Schrifttum: *Henneberg,* Fragen der Auslagenerstattung im Steuerstrafverfahren nach neuem Recht, StB 1970, 1; *Kröner,* Die Kosten des Steuerstrafverfahrens und des Bußgeldverfahrens wegen Steuerordnungswidrigkeiten, ZfZ 1972, 234; *Matzen,* Erstattung von Reisekosten auswärtiger Verteidiger, AnwBl. 1972, 74; *Spitz,* Die Kostenerstattungspflicht gegenüber auskunftspflichtigen Dritten im Fall finanzbehördlicher Auskunftsersuchen; die Entschädigung von Zeugen im Steuerstrafverfahren sowie die Kostenerstattung im Falle gerichtlicher und behördlicher Beschlagnahme, DStR 1981, 617, 649; *Feuerborn,* Zur Kostenerstattung bei Inanspruchnahme von Kreditinstituten im Rahmen strafrechtlicher Ermittlungen gegen Kunden, Sparkasse 1982, 353; *Pannicke,* Über die Notwendigkeit von Auslagen für Rechtsanwalt und Steuerberater bei gemeinschaftlicher Verteidigung im gerichtlichen Steuerstraf- und Steuerordnungswidrigkeitenverfahren, StB 1982, 132; *Masthoff,* Entschädigung von Geldinstituten für Auslagen bei Beschlagnahmeanordnungen oder Auskunftsersuchen, wistra 1982, 100; *Maas,* Probleme bei der gemeinschaftlichen Verteidigung durch Rechtsanwälte und Angehörige der steuerberatenden Berufe, Diss. Köln 1983; *Gilgan,* Notwendige Auslagen bei gemeinschaftlicher Verteidigung von Rechtsanwalt und Steuerberater im Steuerstrafverfahren, Stbg 1989, 189.

Übersicht

1. Entstehungsgeschichte 1	5. Notwendige Auslagen 10–15
2. Zweck und Anwendungsbereich . . . 2, 3	a) Erstattungsberechtigte 10, 11
3. Kostenentscheidung 4–7	b) Umfang der Erstattung 12–15
4. Kosten des Strafverfahrens 8, 9	

1. Entstehungsgeschichte

1   Die Vorschrift geht zurück auf **§ 444 RAO,** eingefügt durch das 2. AO-StrafÄndG v. 10. 8. 1967 (BGBl. I 877), redaktionell geänd. durch Art. 161 Nr. 29 EGStGB v. 2. 3. 1974 (BGBl. I 469), der seinerseits die kostenrechtlichen Konsequenzen aus § 427 RAO (Rdnr. 1 zu § 392 AO) gezogen hatte. Die **AO 1977** übernahm die Vorschrift mit unverändertem Wortlaut.

2. Zweck und Anwendungsbereich

2   **§ 408 AO ist eine kostenrechtliche Sondervorschrift** für das Strafverfahren wegen einer Steuerstraftat. Sie ergänzt (§ 385 I AO) die allgemeinen Regelungen der §§ 464 ff. StPO; §§ 74, 104 I Nr. 13, § 109 II JGG.

3   **Die Anwendung des § 408 AO im Bußgeldverfahren** schreibt § 410 I Nr. 12 AO vor.

3. Kostenentscheidung

Jedes Urteil, jeder Strafbefehl und jede eine Untersuchung einstellende Entscheidung muß darüber befinden, wer die Kosten des Verfahrens und die verfahrensbedingten notwendigen Auslagen eines Verfahrensbeteiligten zu tragen hat (§ 464 I u. II StPO). Das gilt allerdings nur für die das *gerichtliche* Verfahren abeschließenden Entscheidungen. Dazu gehören zB die Ablehnung der Eröffnung des Hauptverfahrens (§ 204 StPO), die Einstellung wegen eines Verfahrenshindernisses (§ 206a, 260 III StPO), Einstellungsbeschlüsse nach § 153 II, § 153b II StPO sowie die endgültige Einstellung nach § 153a II StPO. Ob und unter welchen Voraussetzungen bei vorläufigen Einstellungen nach § 154 StPO sowie bei Beschränkungsbeschlüssen nach § 154a StPO eine Kosten- und Auslagenentscheidung getroffen werden muß, ist streitig (KK-*Schikora/Schimansky* 2 zu § 464 StPO). Keine die Untersuchung einstellende Entscheidung ist zB die Aussetzung der Hauptverhandlung (BGH 21, 373 v. 16. 11. 1967).

Eine ausdrückliche Kostenentscheidung ist auch dann erforderlich, wenn sich der Inhalt der Kostenentscheidung unmittelbar aus dem Gesetz ergibt (KK-*Schikora/Schimansky* 4 zu § 464 StPO); denn der gerichtliche Ausspruch als solcher ist Titel und Grundlage der Kostenfestsetzung (§ 464b S. 3 StPO, § 103 I ZPO). Die Kostenentscheidung ist zu begründen (§ 34 StPO) und mit einer Rechtsmittelbelehrung zu versehen (§§ 35a, 44 S. 2 StPO). Gegen die Entscheidung über die Kosten und die notwendigen Auslagen ist sofortige Beschwerde zulässig (§ 464 III 1 StPO).

Eine fehlende Kostenentscheidung kann nicht – auch nicht im Wege der „Berichtigung" – nachgeholt werden, sobald die Verkündung beendet und die Verhandlung geschlossen ist (OLG Frankfurt v. 8. 1. 1970, NJW 1432); Abhilfe kann nur im Wege des zulässigen Rechtsmittels herbeigeführt werden (OLG Hamm v. 3. 9. 1973, NJW 1974, 71; OLG Karlsruhe v. 17. 2. 1976, NJW 1549). Enthält eine rechtskräftige verfahrensbeendende Entscheidung keinen Kostenausspruch, fallen die Verfahrenskosten der Staatskasse zur Last, und der Beschuldigte trägt seine notwendigen Auslagen selbst (KK-*Schikora/Schimansky* 4, KMR-*Müller* 15 zu § 464 StPO).

Inhaltlich bezieht sich die Kostenentscheidung nur auf die Verpflichtung zur Kostentragung dem Grunde nach. Die ziffernmäßige Festlegung der zu tragenden Kosten und der zu erstattenden notwendigen Auslagen erfolgt erst im Kostenfestsetzungsverfahren (§ 464b StPO).

4. Kosten des Strafverfahrens

Kosten des Verfahrens sind im gerichtlichen Strafverfahren entstandene Gebühren und Auslagen der Staatskasse (§ 464a I 1 StPO) einschließlich der Vergütung des Pflichtverteidigers (§ 97 BRAGO). Grundlage der Gebührenbemessung ist die rechtskräftig erkannte Strafe (§ 40 GKG iVm Nr. 1600ff., 1900ff. KVGKG). Entsprechendes gilt für das Bußgeldverfahren (§ 410 AO; §§ 46, 105, 107 OWiG).

Auslagen, die im Ermittlungsverfahren entstanden sind, gehören ebenfalls zu den Verfahrenskosten (§ 464 I 2 StPO, § 107 OWiG, Nr. 1913 iVm Nr. 11 KVGKG). Auslagen von Außenprüfern fallen nicht unter den Begriff der Kosten des Strafverfahrens. Die Außenprüfung ist Teil des Besteuerungsverfahrens (BFH v. 2. 12. 1976, BStBl. 1977, 318). Sie wird nicht dadurch zum Strafverfahren, daß festgestellte Mehrergebnisse strafrechtlich ausgewertet werden (glA HHSp-*Engelhardt* 15 zu § 408 AO). Daher kommt auch eine (schätzungsweise) Aufteilung entsprechender Kosten im Falle einer Verurteilung nicht in Betracht (aA *Henneberg* INF 1970, 471; ähnlich – wenn auch unter Bejahung anderer Schätzungsgrundsätze – *Kohlmann* 9 zu § 408 AO). Entscheidend sollte sein, in welchem Verfahren die Kosten entstanden sind (ebenso HHSp-*Engelhardt* 15 zu § 408 AO). Die Auslagen der Steuerfahndung zählen daher auch dann zu den Strafverfahrenskosten, wenn die Feststellungen der Steuerfahndung der Besteuerung zugrunde gelegt werden. Das gilt – unabhängig von etwaigen Verwertungsverboten (s. Rdnr. 44ff. zu § 393 AO) – auch dann, wenn ein Außenprüfer im Rahmen des § 208 I Nr. 2 AO für die Steuerfahndung tätig wird.

5. Notwendige Auslagen

a) Erstattungsberechtigte

10   **Notwendige Auslagen** werden dem Angeklagten (Angeschuldigten) grundsätzlich ersetzt, wenn er freigesprochen, wenn die Eröffnung des Hauptverfahrens abgelehnt oder das Verfahren gegen ihn durch das Gericht eingestellt wird (§ 467 I StPO). Die Erstattungsfähigkeit wird nicht dadurch ausgeschlossen, daß der Beteiligte einen Dritten, zB eine Rechtsschutzversicherung, in Anspruch nehmen kann (KK-*Schikora/Schimansky* 6 zu § 464a StPO mwN). Besondere Auslagen aus einem Untersuchungsteil, der zugunsten des Angeklagten geendet hat, sind trotz Verurteilung der Staatskasse aufzuerlegen, wenn es unbillig wäre, den Angeklagten damit zu belasten (§ 465 II StPO). Nimmt die StA die öffentliche Klage (oder die FinB den Antrag auf Erlaß eines Strafbefehls) zurück und stellt sie das Verfahren ein, so hat das Gericht, bei dem die öffentliche Klage erhoben war, die dem Angeschuldigten erwachsenen notwendigen Auslagen auf Antrag der Staatskasse aufzuerlegen (§ 467a I StPO). § 467a II–V StPO normiert Ausnahmen, in denen die notwendigen Auslagen trotz Freispruchs oder Verfahrenseinstellung nicht erstattet werden. § 467a StPO enthält eine abschließende Regelung (BGH 30, 152 v. 9. 6. 1981). Eine **Auslagenerstattung bei Einstellung** des Ermittlungsverfahrens vor Erhebung der öffentlichen Klage kommt daher nicht in Betracht. Zwar gibt es kein allgemein gültiges Prinzip, nach dem einem nicht verurteilten Beschuldigten sämtliche Auslagen erstattet werden müßten (BVerfG v. 6. 11. 1984, NJW 1985, 727). Gleichwohl erscheint es zumindest unbefriedigend, die notwendigen Auslagen nicht zu erstatten, wenn sich die Haltlosigkeit eines strafrechtlichen Vorwurfs in einem früheren Stadium erweist. Gerade in steuerstrafrechtlichen Ermittlungsverfahren, die sich oftmals über extrem lange Zeiträume erstrecken und nicht selten mit erheblichem Verteidigungsaufwand (zB Schreib-

5. Notwendige Auslagen   11–13 § 408

und Fotokopierkosten) verbunden sind, dürfte die möglichst frühe Einschaltung eines Verteidigers (§ 137 I 1 StPO) auch im öffentlichen Interesse sinnvoll sein. Es überzeugt daher, wenn *Engelhardt* (HHSp 7 zu § 408 AO) eine Ausdehnung der Auslagenerstattung auf die Einstellung des Ermittlungsverfahrens als „*dringend erwünscht*" bezeichnet. Stellt das Gericht das Verfahren nach einer Vorschrift ein, die dies nach seinem Ermessen zuläßt (zB § 47 OWiG), so liegt es auch im *Ermessen* des Gerichts, die notwendigen Auslagen des Angeschuldigten (Betroffenen) der Staatskasse aufzuerlegen (§ 467 IV StPO). Bei der Ermessensausübung ist auf das Maß der Gewißheit oder Wahrscheinlichkeit der Schuld, also darauf abzustellen, ob der Beschuldigte nach dem zZ der Einstellung gegebenen Sachstand mit an Sicherheit grenzender Wahrscheinlichkeit als überführt anzusehen ist oder ob seine Schuld nur mehr oder weniger wahrscheinlich ist (LR-*Schäfer* 67 zu § 467 StPO). § 467 StPO ist mit dem Grundgesetz vereinbar (BVerfG v. 15. 4. 1969, NJW 1163).

Die Auslagenerstattungspflicht beschränkt sich nicht auf die Auslagen des 11
Angeschuldigten selbst, sondern erstreckt sich auch auf Aufwendungen solcher Personen, die kraft eigenen Rechts der Verurteilung entgegenzutreten befugt sind (§§ 198, 361 II StPO; § 67 JGG). **Aufwendungen eines Dritten** sind regelmäßig nicht erstattungsfähig (OLG Hamm v. 10. 7. 1953, NJW 1445). Kreditinstitute, Postgiro- und Postsparkassenämter werden für ihren Arbeitsaufwand entschädigt (§ 17a ZSEG; vgl. auch OLG Düsseldorf v. 10. 4. 1984, wistra 1985, 123).

b) Umfang der Erstattung

Der Begriff der notwendigen Auslagen ist gesetzlich nicht definiert. 12
§ 464a II StPO führt nur Beispiele auf. In Anlehnung an § 91 I 1 ZPO werden unter notwendigen Auslagen auch im Strafverfahren diejenigen Aufwendungen verstanden, die zur zweckentsprechenden Rechtsverfolgung oder Rechtsverteidigung des Angeschuldigten oder eines anderen Beteiligten notwendig waren (KK-*Schimansky* 6 zu § 464a StPO mwN).

Zu den **eigenen erstattungsfähigen Aufwendungen** des Angeschuldigten 13
zählen Entschädigungen für notwendige Zeitversäumnis nach den Vorschriften, die für die Entschädigung von Zeugen gelten (§ 464a II Nr. 1 StPO), Kosten von Informationsreisen des Angeklagten zu seinem Verteidiger (KK-*Schimansky* 7 zu § 464a StPO), Kosten der Reise des Angeklagten zur Hauptverhandlung – auch dann, wenn er von der Verpflichtung zum Erscheinen entbunden ist (LG Augsburg v. 8. 2. 1979, AnwBl. 162), Kosten der Teilnahme des Angeklagten an der Hauptverhandlung vor dem Revisionsgericht (OLG Hamm v. 10. 11. 1972, NJW 1973, 259). Aufwendungen für private Ermittlungen, also auch für die Kosten eines Privatgutachtens, sind regelmäßig nicht notwendig (KK-*Schimansky* 7 zu § 464a StPO mwN). Die Kosten für ein von der Verteidigung privat in Auftrag gegebenes **Sachverständigengutachten** können aber dann erstattungsfähig sein, wenn nachvollziehbar dargetan ist, daß es aus der Sicht des Angeklagten notwendig

war (OLG Köln v. 16. 11. 1991, NJW 1992, 586; OLG Koblenz v. 27. 4. 1995, JurBüro 1996, 90). Diese Möglichkeit erscheint insbesondere in Steuerstrafsachen denkbar (zB betr. Bilanzierungsfragen), zumal die Staatsanwaltschaft ihrerseits gelegentlich Aufträge an Private (zB Wirtschaftsprüfungsgesellschaften) vergibt, deren Gutachten dann nicht selten besonderes Gewicht beigemessen wird. Erstattungsfähigkeit ist auch dann zu bejahen, wenn sich der Verteidiger als Rechtsanwalt über den steuerstrafrechtlich erheblichen Sachverhalt ein Gutachten durch einen Angehörigen der steuerberatenden Berufe erstellen läßt. Das folgt aus der vom Gesetz eingeräumten Möglichkeit der Doppelverteidigung (vgl. auch Rdnr. 15).

14 **Gebühren und Auslagen des Rechtsanwalts,** die der Beteiligte für Beratung, Verteidigung oder Vertretung aufgewendet hat, gehören insoweit zu den notwendigen Auslagen (§ 464a II Nr. 2 StPO iVm § 91 II ZPO), als sie auf Gesetz beruhen (§§ 83 ff., 25 ff. BRAGO). Gleiches gilt gem. § 408 S. 1 AO für Steuerberater und Steuerbevollmächtigte, auf deren Vergütung im Straf- und Bußgeldverfahren gem. § 45 StBGebV die Vorschriften der BRAGO sinngemäß anwendbar sind. Der Erstattungsanspruch des von einem Wahlverteidiger verteidigten Beschuldigten ist daher auf die Gebühren der §§ 83 ff. BRAGO beschränkt und kann nicht aufgrund einer Ausnahmeregelung, wie sie § 99 BRAGO für die Vergütung des Pflichtverteidigers vorsieht, erhöht werden (zur Verfassungsmäßigkeit vgl. BVerfG v. 6. 11. 1984, NJW 1985, 727). Wirtschaftsprüfer und vereidigte Buchprüfer sind gem. § 3 Nr. 2 iVm § 1 II Nr. 1 StBerG ebenfalls zur geschäftsmäßigen Hilfeleistung in Steuerstrafsachen und Bußgeldsachen befugt. Mangels einer gesetzlichen Regelung ihrer Gebühren und Auslagen ist deren Erstattungsfähigkeit gem. § 408 S. 2 AO begrenzt, und zwar bis zur Höhe der gesetzlichen Gebühren und Auslagen eines Rechtsanwalts. Auf die als Verteidiger gewählten Hochschullehrer (vgl. Rdnr. 11 zu § 392) ist § 408 AO nicht anwendbar; sie können jedoch für ihre Tätigkeit die Vergütung beanspruchen, die sich aus der sinngemäßen Anwendung der BRAGO ergibt (OLG Düsseldorf v. 27. 9. 1994, wistra 1995, 78). Die **Umsatzsteuer** ist keine zu erstattende Kostenposition, wenn der Erstattungsgläubiger sie als Vorsteuer abziehen kann (BFH v. 6. 3. 1990, BStBl. 584; aA OLG München v. 17. 12. 1990, NJW 1991, 1689 u. KG v. 9. 1. 1991, NJW 573; v. 19. 1. 1993, JurBüro 536; einschränkend für den Fall, daß die Vorsteuerabzugsberechtigung umstritten ist, OLG Hamburg v. 12. 10. 1990, NJW 1991, 573). Im Kostenfestsetzungsverfahren genügt zur Berücksichtigung von Umsatzsteuerbeträgen die Erklärung des Antragstellers, daß er die Beträge nicht abziehen kann (§ 104 II 3 ZPO idF Art. 8 III Nr. 1b KostRÄndG 1994). Kosten für die Anfertigung von Fotokopien aus Behörden- und Gerichtsakten sind erstattungsfähig, soweit die Kopien zur sachgemäßen Verteidigung geboten waren (§ 27 I 2 BRAGO). Dies dürfte in Steuerstrafsachen, denen regelmäßig komplexe Sachverhalte zugrunde liegen, im besonderen Umfang der Fall sein (vgl. auch *Warburg* NJW 1970, 2198). Ein Verstoß gegen das Verbot der Mehrfachverteidigung (Rdnr. 27 ff. zu § 392 AO) führt zur Nichtigkeit des Auftrags (§ 134 BGB), so daß

5. Notwendige Auslagen   15   § 408

dem unbefugten Verteidiger auch die notwendigen Auslagen des Angeklagten zur Last fallen (BGH v. 29. 4. 1983, GA 422).

Kosten für **mehrere Verteidiger** sind nach der allgemeinen Vorschrift des § 464a II Nr. 2 StPO iVm § 91 II 3 ZPO nur insoweit notwendig und daher zu erstatten, als sie die Kosten eines Rechtsanwalts nicht übersteigen oder als in der Person des Rechtsanwalts ein Wechsel eintreten mußte. Die gleiche Einschränkung greift ein, wenn mehrere Angehörige der steuerberatenden Berufe tätig geworden sind (ebenso *Klein/Orlopp* 3 zu § 408 AO). Der durch zwei Wahlverteidiger vertretene Freigesprochene kann ausnahmsweise neben der Erstattung der Kosten für einen Wahlverteidiger die hypothetisch festzusetzende Vergütung für einen Pflichtverteidiger verlangen, wenn die Mitwirkung von zwei Verteidigern aus Gründen der gerichtlichen Fürsorge oder zur Sicherung des Verfahrensfortgangs notwendig war (KG v. 2. 5. 1994, NStZ 451). Streitig ist, ob dieser Grundsatz auch bei gemeinschaftlicher Verteidigung nach § 392 I Halbs. 2 AO gilt (für eine generelle Beschränkung auf die Kosten des Rechtsanwalts: LG Münster v. 31. 8. 1988, Stbg 1989, 189; *Bock* DB 1968, 1330; *Koch/Scholtz/Himsel* 7, *Leise/Cratz* 3 zu 408 AO; *Göhler* 44 vor § 105 OWiG aA HHSp-*Engelhard* 17, *Klein-Orlopp* 3 zu § 408 AO; *Kleinknecht/Meyer-Goßner* 13 zu § 464a StPO; *Gilgan* Stbg 1989, 189; KG v. 16. 10. 1981, NStZ 1982, 207). Zuzugeben ist, daß § 408 AO auf § 464a II Nr. 2 StPO und damit auch auf die Einschränkung des § 464 II 3 ZPO verweist. Daraus ist aber nicht herzuleiten, daß die Beschränkung der Erstattungsfähigkeit auch in den Fällen der gemeinschaftlichen Verteidigung nach § 392 AO gelten soll (*Maas* aaO S. 177). Einerseits sieht nämlich § 408 AO ausdrücklich die zusätzliche Erstattung (arg. „*auch*") der Gebühren und Auslagen eines Steuerberaters vor; andererseits wäre die Erstattung der Kosten für nur einen Verteidiger mit dem Zweck des § 392 AO nicht zu vereinbaren. Der Regelung der gemeinschaftlichen Verteidigung liegt der Gedanke zugrunde, dem Beschuldigten die Möglichkeit zu geben, sich gegenüber dem strafrechtskundigen StA und der steuerrechtskundigen FinB durch entsprechend kundige Beistände sachgerecht vertreten zu lassen (Rdnr. 1 zu § 392 AO). Dieses Prinzip wäre ausgehöhlt, würde man nur die Kosten des Rechtsanwalts oder des Angehörigen der steuerberatenden Berufe für „*notwendig*" halten. Der vom Gesetzgeber angestrebten Waffengleichheit wird vielmehr nur Genüge getan, wenn die für eine gemeinschaftliche Verteidigung nach § 392 I Halbs. 2 AO aufgewendeten Kosten stets als notwendige Auslagen iS des § 464a II Nr. 2 StPO qualifiziert werden (aM KG v. 16. 10. 1981, NStZ 1982, 207; *Maas* aaO S. 180). Soweit der Steuerberater nur in Gemeinschaft mit einem Rechtsanwalt oder Hochschullehrer verteidigen kann (Rdnr. 15 zu § 392 AO), sind die Kosten für zwei Verteidiger kraft Gesetzes zur zweckentsprechenden Rechtsverfolgung notwendig. Es bedarf keiner Prüfung, ob die Zuziehung eines Angehörigen der steuerberatenden Berufe wegen der besonderen Schwierigkeiten dieser Steuerstrafsache erforderlich war. Das gilt nicht, wenn und so lange dem Steuerberater die Befugnis zur Alleinverteidigung zusteht (Rdnr. 14 zu § 392 AO).

Vierter Abschnitt. Bußgeldverfahren

§ 409 Zuständige Verwaltungsbehörde

[1] Bei Steuerordnungswidrigkeiten ist zuständige Verwaltungsbehörde im Sinne des § 36 Abs. 1 Nr. 1 des Gesetzes über Ordnungswidrigkeiten die nach § 387 Abs. 1 sachlich zuständige Finanzbehörde. [2] § 387 Abs. 2 gilt entsprechend.

Vgl. § 164 S. 1 StBerG; § 410 I AO iVm § 130 III OWiG.

Übersicht

1. Entstehungsgeschichte 1	3. Inhalt der Regelung 4, 5
2. Zweck der Vorschrift 2, 3	4. Zuständigkeit der StA 6

1. Entstehungsgeschichte

1 § 409 AO 1977 entspricht – abgesehen von dem Begriff „*Finanzbehörde*" anstelle von „*Finanzamt*" – wörtlich dem § 446 RAO, der zusammen mit der Einführung von Steuerordnungswidrigkeiten durch Art. 1 Nr. 1 des 2. AO-StrafÄndG v. 12. 8. 1968 (BGBl. I 953) in das Gesetz aufgenommen worden war.

2. Zweck der Vorschrift

2 **§ 409 S. 1 AO dient dem Zweck,** die für die Verfolgung von Steuerordnungswidrigkeiten (§ 377 AO) **sachlich zuständige Verwaltungsbehörde** gem. § 36 I Nr. 1 OWiG zu bestimmen. Dies geschieht auf dem Wege einer Verweisung auf diejenige FinB, die nach § 387 I AO für die Ermittlung von Steuerstrafsachen (§ 369 AO) zuständig ist (s. dazu ausf. Rdnr. 2 ff. zu § 387 AO); zuständige Verwaltungsbehörde für Ordnungswidrigkeiten, die *Marktordnungswaren* betreffen, ist die OFD als Bundesbehörde (§ 38 III 1 MOG). Die Übertragung der Ahndungsbefugnis auf Verwaltungsbehörden ist verfassungsrechtlich unbedenklich. Der Rechtsschutzgarantie des Art. 19 IV GG ist hinreichend dadurch Rechnung getragen, daß der Betroffene gegen den Bußgeldbescheid Einspruch einlegen kann und daß dann das Gericht – frei in der Feststellung und rechtlichen Würdigung – entscheidet und dabei auch nach eigenem Ermessen über die Unrechtsfolgen entscheidet (BVerfG v. 16. 7. 1969, NJW 1619).

3 **§ 409 S. 2 AO dient dem Zweck,** durch eine zusätzliche Verweisung auf § 387 II AO die Voraussetzung dafür zu schaffen, daß die sachliche Zuständigkeit für die Verfolgung von Steuerordnungswidrigkeiten durch RechtsV auf derselben Ermächtigungsgrundlage und nach denselben Zweckmäßigkeitsgesichtspunkten auf eine andere als die nach § 387 I AO zuständige FinB übertragen werden kann. Auf diese Weise werden Regelungen ermöglicht, die innerhalb der Finanzverwaltung (zur StA s. Rdnr. 6) eine unterschiedliche Behördenzuständigkeit für die Beurteilung desselben (steuerstraf- oder

4. Zuständigkeit der Staatsanwaltschaft

-bußgeldrechtlich relevanten) Sachverhalts vermeiden. Das ist bei steuerlichen Verfehlungen besonders bedeutsam, weil sich der Straftatbestand der Steuerhinterziehung (§ 370 AO) von dem Bußgeldtatbestand der leichtfertigen Steuerverkürzung (§ 378 AO) nur in subjektiver Hinsicht unterscheidet und sich gerade die Beurteilung des subjektiven Tatbestandes im Verlauf eines Verfahrens verhältnismäßig leicht ändern kann.

3. Inhalt der Regelung

§ 409 S. 1 und 2 AO bewirken (Satz 1) oder ermöglichen (Satz 2), daß die sachliche Zuständigkeit einer bestimmten FinB im Ergebnis nicht davon abhängt, ob ein konkreter Sachverhalt gegen eine Person den Verdacht und den Vorwurf einer Steuerstraftat oder einer Steuerordnungswidrigkeit begründet.

Ein Auseinanderfallen der sachlichen Zuständigkeit wird indessen durch die gesetzliche Regelung nicht ausgeschlossen. Beispielsweise ist es denkbar und wäre es zulässig,
- daß Steuerstrafsachen aufgrund § 387 II AO bei einer bestimmten FinB konzentriert werden, Bußgeldsachen wegen Steuerordnungswidrigkeiten hingegen bei den nach § 409 S. 1 iVm § 387 I AO zuständigen einzelnen FinBn verbleiben oder
- daß nach einer RechtsV aufgrund § 409 S. 2 iVm § 387 II AO nur Bußgeldsachen wegen leichtfertiger Steuerverkürzung nach § 378 AO derjenigen FinB übertragen werden, die nach einer RechtsV aufgrund § 387 II AO für Steuerstrafsachen zuständig ist (glA *Schwarz/Dumke* 3 zu § 409 AO).

4. Zuständigkeit der Staatsanwaltschaft

Ermittelt die StA wegen einer Straftat, ist sie nach § 40 OWiG für die Verfolgung der Tat auch unter dem rechtlichen Gesichtspunkt einer (Steuer-)-Ordnungswidrigkeit zuständig (vgl. auch RiStBV 273). Stellt die StA das Verfahren wegen der Straftat ein, gibt sie die Sache nach § 43 I OWiG an die FinB ab, wenn Anhaltspunkte dafür vorliegen, daß die Tat als Steuerordnungswidrigkeit verfolgt werden kann; vgl. ferner die Möglichkeit einer Abgabe nach § 43 II OWiG. Umgekehrt kann die StA unter den Voraussetzungen des § 43 OWiG die Verfolgung einer Steuerordnungswidrigkeit übernehmen, wenn sie eine damit zusammenhängende Straftat verfolgt; die Straftat und die Steuerordnungswidrigkeit können dann einheitlich verfolgt werden (*Krüger* NJW 1969, 1337). Das Zusammenspiel der Vorschriften erhellt den Grundsatz des § 35 I OWiG, nach dem die sachliche Zuständigkeit einer FinB für die Verfolgung einer Steuerordnungswidrigkeit von bestimmten gesetzlichen Vorbehalten sowie von Entschließungen der StA abhängt.

§ 410 Ergänzende Vorschriften für das Bußgeldverfahren

(1) Für das Bußgeldverfahren gelten außer den verfahrensrechtlichen Vorschriften des Gesetzes über Ordnungswidrigkeiten entsprechend:
1. die §§ 388 bis 390 über die Zuständigkeit der Finanzbehörde,
2. § 391 über die Zuständigkeit des Gerichts,
3. § 392 über die Verteidigung,
4. § 393 über das Verhältnis des Strafverfahrens zum Besteuerungsverfahren,
5. § 396 über die Aussetzung des Verfahrens,
6. § 397 über die Einleitung des Strafverfahrens,
7. § 399 Abs. 2 über die Rechte und Pflichten der Finanzbehörde,
8. die §§ 402, 403 Abs. 1, 3 und 4 über die Stellung der Finanzbehörde im Verfahren der Staatsanwaltschaft,
9. § 404 Satz 1 und Satz 2 erster Halbsatz über die Steuer- und Zollfahndung,
10. § 405 über die Entschädigung der Zeugen und der Sachverständigen,
11. § 407 über die Beteiligung der Finanzbehörde und
12. § 408 über die Kosten des Verfahrens.

(2) Verfolgt die Finanzbehörde eine Steuerstraftat, die mit einer Steuerordnungswidrigkeit zusammenhängt (§ 42 Abs. 1 Satz 2 des Gesetzes über Ordnungswidrigkeiten), so kann sie in den Fällen des § 400 beantragen, den Strafbefehl auf die Steuerordnungswidrigkeit zu erstrecken.

Schrifttum: *Göhler*, Gesetz über Ordnungswidrigkeiten, 11. Aufl. 1995; *Rebmann/Roth/Hermann*, Gesetz über Ordnungswidrigkeiten (Losebl.), ergänzt bis 1995; *Lohmeyer*, Die Anwendung allgemeiner Verfahrensvorschriften bei Verfolgung von Steuerzuwiderhandlungen, DStR 1974, 279; *ders.*, Übergang von Bußgeldverfahren zum Strafverfahren bei Steuerzuwiderhandlungen, BlStA 1984, 287; *Lohmeyer*, Die Vernehmung des Beschuldigten im Steuerstraf- und Bußgeldverfahren, Stbg 1989, 355; *ders.*, Die Anfechtung des Bußgeldbescheides, StB 1990, 365; *Göhler*, Zur Rechtskraftwirkung von Bußgeldentscheidungen, wistra 1991, 91; *Bauer*, Kann der Einspruch gegen den Bußgeldbescheid auf materiell-rechtlich selbständige Taten beschränkt werden? wistra 1993, 329; *Göhler*, Zur Beschränkung des Einspruchs gegen einen Bußgeldbescheid, wistra 1994, 54.

Vgl. auch die Nachweise vor § 377 AO

Übersicht

1. Entstehungsgeschichte 1	4. Besonderheiten des Verfahrens wegen Steuerordnungswidrigkeiten ... 10–16
2. Zweck und Anwendungsbereich ... 2–4	a) Zuständigkeiten 10–13
3. Geltung des allgemeinen Verfahrensrechts 5–9	b) Verteidigung 14, 15
a) StPO und Nebengesetze 5, 6	c) Beteiligung der FinB 16
b) OWiG 7–9	5. Ablauf des Bußgeldverfahrens 17–22

1. Entstehungsgeschichte

1   § 410 AO 1977 entspricht sachlich der Vorschrift des § 447 RAO idF des 2. AOStrafÄndG v. 12. 8. 1968 (BGBl. I 953). Neu ist, daß auch § 399 II AO im Bußgeldverfahren sinngemäß anwendbar ist. Damit sollte ein Redak-

3. Geltung des allgemeinen Verfahrensrechts   2–5 § 410

tionsversehen der vorhergehenden Vorschrift beseitigt werden (Begr. BT-Drucks. VI/1982). Ferner wurde die Nr. 10 in den Verweisungskatalog aufgenommen um klarzustellen, daß die neu eingefügte Regelung über die Entschädigung von Zeugen und Sachverständigen nach § 405 AO auch für das Bußgeldverfahren gilt (BT-Drucks. 7/4292).

2. Zweck und Anwendungsbereich

Durch § 410 I AO wird klargestellt, daß die verfahrensrechtlichen Vorschriften des OWiG und damit die allgemeinen Gesetze über das Strafverfahren – insbesondere StPO, GVG und JGG – (§ 46 OWiG) für das Verfahren wegen einer Steuerordnungswidrigkeit entsprechend gelten. Diese allgemeinen Vorschriften treten jedoch zurück, wenn und soweit § 410 I AO auch für das Bußgeldverfahren die sinngemäße Anwendung des speziellen Steuerstrafverfahrensrechts anordnet. Durch die Verweisungen im Katalog des § 410 I AO wird sichergestellt, daß die auf die Besonderheiten des Steuerrechts zugeschnittenen Verfahrensvorschriften der AO sinngemäß auch bei der Verfolgung von Steuerordnungswidrigkeiten gelten. Die Anwendung des § 395 AO ist in § 410 I AO nicht vorgeschrieben; das Akteneinsichtsrecht der FinB folgt jedoch aus § 49 OWiG.

§ 410 AO ist anwendbar auf das Verfahren wegen Steuerordnungswidrigkeiten, also auf Zuwiderhandlungen, die nach den Steuergesetzen mit Geldbuße geahndet werden können (§ 377 I AO). Das Verfahren betrifft auch dann Steuerordnungswidrigkeiten, wenn der Sachverhalt (Tat iS des § 264 StPO) bei *rechtlich zutreffender* Würdigung als Steuerordnungswidrigkeit zu qualifizieren wäre (RG 70, 396 v. 17. 12. 1936). „Tat" ist ein bestimmter Lebensvorgang (ein geschichtliches Ereignis), innerhalb dessen der Betroffene einen Bußgeldtatbestand verwirklicht hat oder verwirklicht haben soll (*Göhler* 50 vor § 59 OWiG mwN).

§ 410 II AO betrifft Steuerordnungswidrigkeiten (§ 377 AO), die mit einer Steuerstraftat (§ 369 AO) zusammenhängen. Das ist der Fall, wenn jemand sowohl einer Straftat als auch einer Ordnungswidrigkeit oder wenn hinsichtlich derselben Tat eine Person einer Straftat und eine andere einer Ordnungswidrigkeit beschuldigt wird (§ 42 I 2 OWiG; Rdnr. 7 ff. zu § 389 AO).

3. Geltung des allgemeinen Verfahrensrechts

a) StPO und Nebengesetze

Nur eine sinngemäße Anwendung der allgemeinen Strafverfahrensgesetze ist durch § 46 I OWiG iVm § 410 I AO vorgeschrieben. Dadurch wird dem unterschiedlichen Gewicht des Straf- und des Bußgeldanspruchs Rechnung getragen. Maßnahmen, die im Strafverfahren erlaubt sind, müssen im Bußgeldverfahren nicht gerechtfertigt sein. Anderseits kann es der Grundsatz der Verhältnismäßigkeit (Rdnr. 17 zu § 385 AO) gebieten, Vorschriften, die dem besonderen Schutz des Angeklagten im Strafverfahren dienen, im Bußgeldverfahren weniger streng zu handhaben (*Göhler* 10 zu § 46 OWiG).

§ 410   6, 7   Ergänzende Vorschriften

Art. 6 III MRK ist im Bußgeldverfahren der Verwaltungsbehörde nicht anwendbar (EuGHMR v. 21. 2. 1984, NStZ 269).

6   **Neben den in § 46 I OWiG besonders aufgeführten Gesetzen** gelten für das Strafverfahren und mithin sinngemäß für das Bußgeldverfahren verschiedene andere gesetzliche Regelungen (Rdnr. 12 zu § 385 AO). Hinzu kommen, soweit nicht durch spezielle Vorschriften ausgenommen (Rdnr. 10f.), verschiedene allgemeine Verfahrensgrundsätze (Rdnr. 17ff. zu § 385 AO).

b) OWiG

7   Für die Verfolgung von Ordnungswidrigkeiten gilt der **Opportunitätsgrundsatz** (§ 47 OWiG). Geldbuße ist eine Unrechtsfolge für eine tatbestandsmäßige, rechtswidrige und vorwerfbare Handlung. Sie ist jedoch keine Strafe. Das Bußgeldverfahren dient nicht der Ahndung kriminellen Unrechts, sondern der verwaltungsrechtlichen Pflichtenmahnung (BVerGE 45, 272 v. 21. 6. 1977; BGH v. 19. 8. 1993, NJW 3081). Zweck des Verfahrens ist es, Wiederholungen zu verhindern und die vom Gesetz verlangte Ordnung durchzusetzen, nicht dagegen, Taten des Betroffenen zu sühnen (*Göhler* 9a vor § 1 OWiG mwN). Daher ist die Verfolgungsbehörde, anders als im Strafverfahren (Rdnr. 18 zu § 385 AO), nicht in jedem Fall verpflichtet, ein Bußgeldverfahren einzuleiten und durchzuführen; sie entscheidet darüber nach pflichtgemäßem *Ermessen*. Der sachliche Grund für den Opportunitätsgrundsatz liegt darin, daß Ordnungswidrigkeiten die Rechtsordnung weniger stark gefährden und einen geringeren Unrechtsgehalt aufweisen als Straftaten. Die Ermessensentscheidung ist unter Berücksichtigung aller Umstände des Einzelfalles nach sachlichen Gesichtspunkten zu treffen. Dabei sind der Gleichheitsgrundsatz, der Grundsatz der Verhältnismäßigkeit (Rdnr. 18f. zu § 385 AO), das Übermaßverbot, Bedeutung und Auswirkung der Tat, der Grad der Vorwerfbarkeit, die Wiederholungsgefahr (zB bei Abweichung des Stpfl von bestimmten Hinweisen in Prüfungsberichten) zu berücksichtigen. Der Gleichheitsgrundsatz gebietet es aber nicht, ein ordnungswidriges Verhalten zu dulden, weil in vergleichbaren Fällen nicht eingeschritten worden ist (OLG Hamburg v. 7. 7. 1988, NJW 2630). Auch die unterschiedliche Verfolgungs- und Ahndungspraxis verschiedener Behörden soll regelmäßig nicht gleichheitssatzwidrig sein (*Göhler* 9 zu § 47 OWiG mwN; HHSp-*Rüping* 52 zu §§ 409, 410 AO). Nach ASB 97 III (Anh) soll regelmäßig von der Verfolgung abgesehen werden können, wenn der verkürzte Betrag unter 3000 DM liegt oder wenn in den Fällen des § 380 AO der insgesamt gefährdete Abzugsbetrag unter 5000 DM liegt und der gefährdete Zeitraum 3 Monate nicht übersteigt. Im Lohnsteuerrecht sollte bei den Ermessenserwägungen nach § 47 OWiG auch nicht außer acht gelassen werden, daß dem Arbeitgeber hier vom Gesetzgeber zahlreiche, noch dazu unentgeltlich auszuübende Pflichten bezüglich fremder Steuerschulden auferlegt worden sind, deren Einhaltung gerade in kleinen Betrieben nicht selten die Grenze der Zumutbarkeit überschreiten dürfte (vgl. *Trzaskalik* DStJG

12, 157). Die Einstellung des Bußgeldverfahrens darf gem. § 47 III OWiG – abweichend von § 153a StPO – nicht von der Zahlung eines Geldbetrages an eine gemeinnützige Einrichtung abhängig gemacht oder damit in Zusammenhang gebracht werden.

Nicht zulässig sind Verhaftung, vorläufige Festnahme, Postbeschlagnahme sowie Auskunftsersuchen über Umstände, die dem Post- und Fernmeldegeheimnis iS des Art. 10 GG unterliegen (§ 46 III OWiG). Kommen der Betroffene oder Zeugen einer Ladung der FinB nicht nach, kann ihre Vorführung nur vom Richter angeordnet werden (§ 46 V OWiG). 8

Dem Betroffenen ist Gelegenheit zur Äußerung zu geben (§ 55 I OWiG). Im Gegensatz zum Strafverfahren ist eine *Vernehmung* im Bußgeldverfahren nicht vorgeschrieben. 9

4. Besonderheiten des Verfahrens wegen Steuerordnungswidrigkeiten

a) Zuständigkeiten

Sachlich zuständig für die Verfolgung von Steuerordnungswidrigkeiten ist – abweichend von § 36 OWiG – die **FinB** (§ 409 AO). Über die Zuständigkeitskonzentrationen s. Rdnr. 6 zu § 387 AO; über *mehrfache Zuständigkeit* s. Rdnr. 2ff. zu § 390 AO. Die Zuständigkeit zur Verfolgung umfaßt neben der Mitwirkung an gerichtlichen Entscheidungen (Rdnr. 16) die selbständige und eigenverantwortliche Ermittlungstätigkeit (*Göhler* 4 zu § 35 OWiG). Die **StA** ist für die Verfolgung der Tat im Strafverfahren auch unter dem rechtlichen Gesichtspunkt einer Ordnungswidrigkeit zuständig (§ 40 OWiG). Abweichend von dem allgemeinen Bußgeldverfahren (§ 41 OWiG) ist die FinB wegen ihrer Ermittlungskompetenz gem. § 386 II AO jedoch nicht zur Abgabe der Sache an die StA verpflichtet (glA *Kohlmann* 13, *Leise/Cratz* 14 zu §§ 409, 410 AO). Bei Meinungsverschiedenheiten über die Beurteilung einer Tat als Straftat oder als Ordnungswidrigkeit ist die FinB an die Entschließung der StA gebunden (§ 44 OWiG). 10

Die FinB ist sachlich zuständig für die Ahndung, soweit hierzu nicht das Gericht berufen ist (§ 35 II OWiG). Der Mangel der sachlichen Zuständigkeit hat nur in Ausnahmefällen die Nichtigkeit des Bußgeldbescheides zur Folge (Rdnr. 25 zu § 387 AO). Unter Ahndung versteht man die Befugnis, die dem Betroffenen zur Last gelegte Handlung zu beurteilen und die für diese Ordnungswidrigkeit angedrohte Rechtsfolge festzusetzen (*Göhler* 10 zu § 35 OWiG). 11

Das Gericht ist für die Ahndung zuständig, wenn der Betroffene Einspruch eingelegt hat (§§ 70ff. OWiG), wenn die StA die Verfolgung übernommen hat (§ 45 OWiG), wenn die FinB einen Antrag nach § 410 II AO gestellt hat, im Wiederaufnahmeverfahren (§ 85 IV 1 OWiG), im Nachverfahren (§ 87 IV 2 OWiG) sowie im Strafverfahren, soweit das Gericht die Tat zugleich unter dem rechtlichen Gesichtspunkt einer Ordnungswidrigkeit beurteilt (§ 82 OWiG). 12

Die örtliche Zuständigkeit der *FinB* folgt aus den §§ 388–390 AO (§ 410 I Nr. 1 AO; Rdnr. 8 zu § 388 AO). Die örtliche Zuständigkeit des *Gerichts* 13 folgt aus § 391 AO (§ 410 I Nr. 2 AO). Danach ist – abweichend von § 68 OWiG – dasjenige AG zuständig, in dessen Bezirk das LG seinen Sitz hat (BGH v. 5. 8. 1983, ZfZ 1984, 54; Rdnr. 4 ff. zu § 391 AO). Im gerichtlichen Verfahren entscheiden beim AG gem. § 46 VII OWiG Abteilungen für Bußgeldsachen (zu der Sollvorschrift des § 391 III AO s. Rdnr. 26 ff. zu § 391 AO).

b) Verteidigung

14   Die Vorschrift des § 392 AO über die Verteidigung gilt auch für das Bußgeldverfahren (§ 410 I Nr. 3 AO). Dementsprechend können mit bestimmten Einschränkungen (Rdnr. 13 ff. zu § 392 AO) auch die Angehörigen der steuerberatenden Berufe tätig werden. Im gerichtlichen Bußgeldverfahren über Steuerordnungswidrigkeiten können Angehörige steuerberatender Berufe die Verteidigung nur in Gemeinschaft mit einem Rechtsanwalt oder einem Rechtslehrer führen. Rechtsmittelerklärungen können sie allein nicht wirksam abgeben (OLG Hamburg v. 21. 1. 1981, NJW 934). Unter den Voraussetzungen des § 60 OWiG hat die FinB einen Pflichtverteidiger zu bestellen. Hat die StA das Strafverfahren wegen einer Steuerstraftat eingestellt und die Sache gem. § 43 I OWiG zur Verfolgung einer Steuerordnungswidrigkeit an die FinB abgegeben, steht dem Verteidiger nur *eine* Gebühr zu, da es sich iS des § 13 II BRAGO um *denselben Sachverhalt* handelt (AG Saarlouis v. 4. 1. 1984, JurBüro 1195; AG München v. 29. 3. 1983, JurBüro 1840, m. zust. Anm. *Mümmler;* LG Flensburg v. 16. 12. 1976, JurBüro 1977, 231; aM LG Krefeld v. 9. 10. 1981, JurBüro 1982, 88; *Lappe* NJW 1976, 1251).

15   **Abweichend vom Strafverfahren** braucht der Betroffene auf sein Recht, auch schon vor seiner Vernehmung einen Verteidiger zu befragen, nicht hingewiesen zu werden (§ 55 II OWiG). Hat der Betroffene einen Verteidiger gewählt, so muß das Gericht in den Fällen des § 72 OWiG auch ihn auf die Möglichkeit einer schriftlichen Entscheidung und des Widerspruchs gegen sie aufmerksam machen. Das gilt selbst dann, wenn die Bestellungsanzeige des Verteidigers beim AG bereits eingereicht wurde, als das Verfahren dort noch nicht anhängig war und sie auch nicht nachträglich zu den Akten genommen wurde (BayObLG 1970, 150 v. 20. 7. 1970).

c) Beteiligung der FinB

16   Die Mitwirkungs- und Beteiligungsrechte der FinB folgen aus § 407 AO (§ 410 I Nr. 11 AO). Die Stellung der FinB im Bußgeldverfahren wegen einer Steuerordnungswidrigkeit ist damit wesentlich stärker als die der anderen Verwaltungsbehörden (§ 35 OWiG) im allgemeinen Verfahrensrecht. Abweichend von § 76 II OWiG ist das Gericht nicht befugt, von einer Beteiligung der FinB an der Hauptverhandlung oder an Vernehmungsterminen abzusehen. Ist die StA Verfolgungsbehörde, so hat die FinB ein unbegrenztes Recht auf Akteneinsicht (§ 410 I AO, § 49 OWiG) – anders die Verteidigung gem. § 410 I AO, § 46 I OWiG, § 147 II StPO (§ 56 OWiG). In Zollord-

nungswidrigkeiten sollen Verwarnungsgelder grundsätzlich nur zur Durchsetzung einfacher Ordnungswidrigkeiten an Ort und Stelle gegen natürliche Personen erhoben werden. Dabei soll stets geprüft werden, ob nicht eine mündliche oder schriftliche Belehrung des Betroffenen oder eine Verwarnung ohne Verwarnungsgeld ausreicht (Abschn. I Abs. 6 Allg. Leitlinien für das Bußgeldverfahren der Zollverwaltung).

5. Ablauf des Bußgeldverfahrens

Das Ermittlungsverfahren (Vorverfahren) beginnt mit der Einleitung (§ 410 I Nr. 6 AO, § 397 AO). Erweist sich der Verdacht als unbegründet oder zeigt sich ein endgültiges Verfahrenshindernis, wird das Verfahren eingestellt (§ 170 II StPO, § 46 I OWiG). Hält die FinB nach Abschluß der Ermittlungen die Ordnungswidrigkeit für erwiesen und die Ahndung mit einer Geldbuße für geboten (Rdnr. 7), vermerkt sie den Abschluß der Ermittlungen in den Akten (§ 61 OWiG) und erläßt einen Bußgeldbescheid (§§ 65, 66 OWiG). Bei geringfügigen Ordnungswidrigkeiten (s. auch Rdnr. 15 ff. zu § 398 AO) kann sie den Betroffenen verwarnen und ein Verwarnungsgeld erheben.

Zum wesentlichen Inhalt des Bußgeldbescheids (§ 66 OWiG) gehören die Bezeichnung der Person, gegen die Rechtsfolgen angeordnet werden sollen, die Kennzeichnung der Tat, die dem Betroffenen zur Last gelegt wird, die Beweismittel sowie die angeordneten Rechtsfolgen. Ferner enthält der Bescheid Hinweise auf Rechtsbehelfe und Vollstreckbarkeit sowie eine Kostenentscheidung (§ 464 I StPO, § 105 OWiG). Die Gründe für die Zumessung der Geldbuße brauchen im Bußgeldbescheid nicht dargelegt zu werden, anders in der gerichtlichen Entscheidung (vgl. *Göhler* 35 zu § 17 OWiG mwN). Die **Geldbuße** soll den *wirtschaftlichen Vorteil,* den der Täter aus der Ordnungswidrigkeit gezogen hat, übersteigen (§ 17 IV OWiG). Der allgemeine Gleichheitssatz verlangt, daß entweder die Geldbuße mit dem Abschöpfungsbetrag bei der Einkommensbesteuerung abgesetzt werden kann oder ihrer Bemessung nur der um die abziehbare Einkommensteuer verminderte Betrag zugrunde gelegt wird (BVerfGE 81, 228 v. 23. 1. 1990). Mit dem StÄndG 1992 (BGBl. I 297) zog der Gesetzgeber aus dieser Entscheidung Konsequenzen: gem. § 4 V 1 Nr. 8 S. 4 EStG gilt das Abzugsverbot für Geldbußen nicht, soweit der wirtschaftliche Vorteil, der durch den Gesetzesverstoß erlangt wurde, abgeschöpft worden ist, wenn die Steuern vom Einkommen und Ertrag, die auf den wirtschaftlichen Vorteil entfallen, nicht abgezogen worden sind (vgl. auch Rdnr. 30 zu § 377). Für die FinB empfiehlt es sich, aktenkundig zu machen, in welchem Umfang nachzuzahlende Steuern vorteilsmindernd berücksichtigt worden sind (*Göhler* 39 zu § 17 OWiG).

Gegen den Bußgeldbescheid kann der Betroffene Einspruch einlegen (§ 67 OWiG). Ein Begründungszwang besteht nicht. Aufgrund des Einspruchs hat die FinB den Bescheid zu überprüfen. Sie kann den Bescheid zurücknehmen (§ 69 I 2 OWiG), einen neuen, auch verbösernden Bußgeld-

§ 410 20–22   Ergänzende Vorschriften

bescheid erlassen (*Göhler* 5 vor § 67 OWiG) oder die Sache an die StA abgeben (§ 69 I 1 OWiG). Gegen einen verbösernden Bußgeldbescheid kann der Betroffene wiederum Einspruch einlegen. Daher ist die Abgabe an die StA dem Erlaß eines verbösernden Bußgeldbescheides vorzuziehen, wenn der Betroffene die erschwerenden Umstände bestreitet, was regelmäßig der Fall sein dürfte.

20   **Im Hauptverfahren** trifft das Gericht eine Entscheidung durch *Beschluß*, wenn es den Einspruch für unzulässig (§ 70 I OWiG) oder – im Einvernehmen mit der StA und dem Betroffenen – eine Hauptverhandlung nicht für erforderlich hält (§ 72 OWiG). Gegen den Beschluß nach § 72 OWiG ist Rechtsbeschwerde zulässig (§ 79 OWiG; Rdnr. 22). Für die Hauptverhandlung gelten im wesentlichen die Vorschriften der StPO (§§ 71, 46 I OWiG). Der Betroffene ist – abweichend von § 230 StPO – nicht verpflichtet, in der Hauptverhandlung zu erscheinen (§ 73 I OWiG); er kann sich, falls das Gericht sein persönliches Erscheinen nicht angeordnet hat, durch einen schriftlich bevollmächtigten Verteidiger vertreten lassen (§ 73 IV OWiG). Das Gericht darf, auch *zuungunsten* des Betroffenen, von dem Bußgeldbescheid abweichen (§ 71 OWiG, § 411 IV StPO). Das gilt allerdings nur, wenn das Gericht eine Hauptverhandlung für entbehrlich hält (§ 72 I OWiG) und durch Beschluß entscheidet (§ 72 IV OWiG). Das Gericht ist an die Beurteilung der Tat als Ordnungswidrigkeit nicht gebunden, jedoch darf es aufgrund eines Strafgesetzes nur entscheiden, wenn der Betroffene zuvor auf die Veränderung des rechtlichen Gesichtspunktes hingewiesen und ihm Gelegenheit zur Verteidigung gegeben worden ist (§ 81 I OWiG).

21   **Der Bußgeldbescheid wird rechtskräftig,** wenn kein Einspruch eingelegt, wenn der Einspruch zurückgenommen oder verworfen wird oder wenn das Gericht letztinstanzlich über die Tat als Ordnungswidrigkeit oder als Straftat rechtskräftig entschieden hat (§ 84 I OWiG). In diesen Fällen kann die Tat nicht mehr als Ordnungswidrigkeit verfolgt werden (§ 84 I OWiG), und der Bescheid ist vollstreckbar (§ 89 OWiG, § 412 II AO). Grundsätzlich kann die Tat, wegen der ein Bußgeldbescheid der Verwaltungsbehörde ergangen ist, durch die Staatsanwaltschaft als Straftat verfolgt werden, denn nur ein rechtskräftiges Urteil über die Tat als Ordnungswidrigkeit steht auch ihrer Verfolgung als Straftat entgegen (§ 84 II OWiG). Das gilt aber nicht, wenn die FinB das Verfahren selbständig betrieben und mit einem Bußgeldbescheid abgeschlossen hat (glA *Brenner* ZfZ 1978, 270; HHSp-*Rüping* 35 zu §§ 409, 410 AO; aA *Kohlmann* 134 zu §§ 409, 410 AO; *Leise/Cratz* 300 zu § 410 AO; zweifelnd *Klein/Orlopp* 17 zu § 410 AO). Andernfalls wäre auch die Regelung des § 410 II AO unverständlich.

22   **Im Rechtsmittelverfahren** kann lediglich fehlerhafte Rechtsanwendung gerügt werden. Das gerichtliche Bußgeldverfahren ist auf eine Tatsacheninstanz beschränkt. Die Rechtsbeschwerde an das OLG (§ 46 VII OWiG) ist unter den Voraussetzungen des § 42 OWiG oder nach Zulassung durch das Beschwerdegericht (§ 80 OWiG) innerhalb einer Woche nach Zustellung des Urteils oder des Beschlusses (§ 79 IV OWiG) statthaft. Das Beschwerdegericht entscheidet durch Beschluß; es kann aber auch, falls sich die Rechtsbe-

schwerde gegen ein Urteil richtet, aufgrund einer Hauptverhandlung durch Urteil entscheiden (§ 79 V OWiG). Hebt das Beschwerdegericht die angefochtene Entscheidung auf, so kann es selbst eine Sachentscheidung treffen oder die Sache an dasselbe oder an ein anderes AG desselben Landes zurückverweisen (§ 79 VI OWiG).

§ 411 Bußgeldverfahren gegen Rechtsanwälte, Steuerberater, Steuerbevollmächtigte, Wirtschaftsprüfer oder vereidigte Buchprüfer

Bevor gegen einen Rechtsanwalt, Steuerberater, Steuerbevollmächtigten, Wirtschaftsprüfer oder vereidigten Buchprüfer wegen einer Steuerordnungswidrigkeit, die er in Ausübung seines Berufs bei der Beratung in Steuersachen begangen hat, ein Bußgeldbescheid erlassen wird, gibt die Finanzbehörde der zuständigen Berufskammer Gelegenheit, die Gesichtspunkte vorzubringen, die von ihrem Standpunkt für die Entscheidung von Bedeutung sind.

Schrifttum: Zu 448 RAO 1968: *Bock*, Die Reform des Steuerstrafrechts, DB 1968, 1327, 1332; *Henneberg*, Die neue Regelung des Steuerstrafrechts, BB 1969, 906, 911; *Lohmeyer*, Das Bußgeldverfahren gegen Angehörige der rechts- und steuerberatenden Berufe, DStR 1974, 681.
Zu § 411 AO 1977: *Bilsdorfer*, § 411 AO – Eine „Muß"-, eine „Soll"- oder eine „Kann"-Vorschrift? DStR 1983, 26; *Lohmeyer*, Verfahrensrechtliche Besonderheiten vor Erlaß eines Bußgeldbescheides gegen einen Angehörigen der rechts- und steuerberatenden Berufe, RWP AO SG 2.5, 45.

Übersicht

1. Entstehungsgeschichte 1, 2
2. Zweck und Anwendungsbereich ... 3–5
3. Voraussetzungen für die Einschaltung der Berufskammer 6–12
4. Steuergeheimnis 13

1. Entstehungsgeschichte

1 **Die Vorschrift geht zurück auf § 423 RAO 1931,** aufgehoben durch das AOStrafÄndG v. 10. 8. 1967 (BGB. I 877), **und § 448 RAO,** eingefügt durch das 2. AOStrafÄndG v. 12. 8. 1968 (BGBl. I 953). Während § 423 RAO 1931 die Einleitung eines Steuerstrafverfahrens gegen Rechtsanwälte an eine ehrengerichtlich festgestellte Berufspflichtverletzung knüpfte, machte § 448 RAO den Erlaß eines Bußgeldbescheides wegen einer Steuerordnungswidrigkeit gegen einen Rechtsanwalt, Steuerberater, Steuerbevollmächtigten, Wirtschaftsprüfer oder vereidigten Buchprüfer davon abhängig, daß gegen ihn zuvor eine ehren- oder berufsgerichtliche Maßnahme verhängt oder ihm durch den Vorstand der Berufskammer eine Rüge erteilt worden war. Durch diese Vorschrift, die bereits im Gesetzgebungsverfahren heftig umstritten war (HHSp-*Hübner* 1ff. zu § 448 RAO), sollte der Anschein vermieden werden, die Tätigkeit der Angehörigen der steuerberatenden Berufe unterliege einer Aufsicht durch die FinB (BT-Drucks. V/2928 S. 4). Die Kritik verstummte auch nach Inkrafttreten des § 448 RAO nicht. Die Regelung, für die es in der Rechtsordnung keine Parallele gab, wurde vor allem deshalb kritisiert, weil sie den Ehren- und Berufsgerichten letztlich die Entscheidung darüber übertrug, ob der auch dem Bußgeldrecht zugrunde liegende staatliche Strafanspruch verwirklicht werden konnte (*Bock* DB 1968, 1332; *Henneberg* BB 1968, 911; *Lohmeyer* DStR 1974, 681).

2 **§ 411 AO 1977** hat die Kritik gegen § 448 RAO 1968 insofern berücksichtigt, als der Erlaß eines Bußgeldbescheides wegen einer Steuerordnungswid-

rigkeit gegen einen Angehörigen der steuerberatenden Berufe verfahrensrechtlich nur noch voraussetzt, daß der zuständigen Berufskammer Gelegenheit gegeben wird, die Gesichtspunkte vorzutragen, die von ihrem Standpunkt aus bedeutsam sind. Die Vorschrift entspricht damit einer Tendenz in der Gesetzgebung (vgl. § 115b BRAO; § 92 StBerG), den staatlichen Sanktionen den Vorrang vor berufsrechtlichen Maßnahmen einzuräumen (*Klein/ Orlopp* 1 zu 411 AO). Inhaltlich ist die Vorschrift nach wie vor bedenklich (vgl. *Bilsdorfer* DStR 1983, 26; HHSp-*Rüping* 4 zu § 411 AO sowie Rdnr. 10).

2. Zweck und Anwendungsbereich

Zweck der Vorschrift ist es, den Sachverstand der Berufskammern für das Bußgeldverfahren nutzbar zu machen (BT-Drucks. 7/4292). Dies mag deswegen erforderlich, zumindest sinnvoll sein, weil die Angehörigen der steuerberatenden Berufe ständig zwischen den Interessen ihres Mandanten einerseits und ihren öffentlich-rechtlichen Berufspflichten andererseits abwägen müssen. Die Grenze zwischen (bedingt) vorsätzlicher und leichtfertiger Steuerverkürzung ist schwer erkennbar. Ein bestimmtes Verhalten kann daher aus der Sicht der die Standesaufsicht ausübenden Berufskammer anders zu werten sein als aus der Sicht der FinB (s. aber auch Rdnr. 10).

Der persönliche Anwendungsbereich des § 411 AO beschränkt sich auf Rechtsanwälte, Steuerberater, Steuerbevollmächtigte, Wirtschaftsprüfer und vereidigte Buchprüfer. Personen, die gem. § 4 StBerG zur beschränkten Hilfeleistung in Steuersachen befugt sind, werden von dem eindeutigen Wortlaut nicht erfaßt. Warum allerdings das Verhalten eines Rechtsanwalts, zB bezüglich eines grunderwerbsteuerbaren Rechtsvorgangs, verfahrensrechtlich anders zu beurteilen sein soll als das entsprechende Verhalten eines (Nur-)-Notars, erscheint nicht verständlich, und zwar um so weniger, als sich die Verpflichtung der FinB, den Berufskammern Tatsachen mitzuteilen, die den Verdacht einer Berufspflichtverletzung begründen, ausdrücklich auch auf die in § 4 Nr. 1 u. 2 StBerG genannten Personen erstreckt (§ 10 StBerG).

3

4

Im gerichtlichen Bußgeld- bzw. Strafverfahren (§§ 45, 82 OWiG) ist § 411 AO nicht anwendbar (glA HHSp-*Rüping* 9, *Kohlmann* 3, *Kühn/Hofmann* 2, *Leise/Cratz* 2 zu § 411 AO). Gleiches gilt, wenn das Verfahren von der FinB eingestellt wird.

5

3. Voraussetzungen für die Einschaltung der Berufskammer

In Ausübung seines Berufes handelt nicht nur, wer entsprechend den Vorschriften des einschlägigen Berufsrechts tätig wird, sondern jeder, der durch wiederholte Übernahme bestimmter Aufgaben zu erkennen gibt, daß die Erfüllung solcher Aufgaben Inhalt seines Beschäftigungsbereichs ist (RG 77, 15 v. 12. 4. 1943). Private Gefälligkeiten gehören nicht dazu. Unentgeltlichkeit genügt für sich allein nicht, um die Beistandsleistung als außerberuflich zu kennzeichnen (BGH 20, 10 v. 6. 10. 1964), dürfte aber regelmäßig als Indiz für eine außerberufliche Gefälligkeit zu werten sein.

6

7 **Der Betriff Steuersachen** folgt aus § 1 StBerG. Er umfaßt zB auch Monopolsachen sowie Steuern und Vergütungen, die durch das Recht der Europäischen Gemeinschaften geregelt sind, ferner das Steuerstraf- und -ordnungswidrigkeitenrecht sowie Buchführungsangelegenheiten, soweit die Aufzeichnungen für die Besteuerung bedeutsam sind.

8 **Beratung in Steuersachen** setzt eine Leistung für einen Dritten voraus. Steuerordnungswidrigkeiten in eigener Sache werden folglich durch § 411 AO nicht erfaßt, obwohl sie zugleich Berufspflichtverletzungen sein können (§ 43 BRAO, § 57 StBerG).

9 **Ob ein Auftrag für eine konkrete Beratung vorliegt,** ist unerheblich. Es genügen zB steuerliche Hinweise anläßlich der auftragsgemäßen Überprüfung von Verträgen unter gesellschaftsrechtlichen Aspekten oder eine Beratung im Zusammenhang mit einem Strafverfahren (HHSp-*Rüping* 11, *Klein/Orlopp* 2 zu § 411 AO).

10 **Die FinB gibt der zuständigen Berufskammer Gelegenheit zur Stellungnahme.** Ob auf die Anhörung der zuständigen Kammer verzichtet werden kann, wenn der Betroffene dies beantragt (verneinend HHSp-*Rüping* 14 u. *Schwarz* 2; bejahend *Kohlmann* 4 zu § 411 AO; ebenso *Blumers/Glöggerle* Rdnr. 1135), läßt sich dem Wortlaut des § 411 AO nicht eindeutig entnehmen. Hätte der Gesetzgeber der FinB einen Ermessensspielraum zubilligen wollen, so hätte es nahegelegen, das Wort „*kann*" zu verwenden (*Bilsdorfer* DStR 1983, 26). Der Zweck der Vorschrift, den Sachverstand der Berufskammern zu nutzen (Rdnr. 3), dürfte für eine Vorlagepflicht sprechen; denn gerade in bezug auf die Beurteilung einer etwaigen Leichtfertigkeit sollte die FinB – auch wenn sie selbst keine Zweifel hat – diejenigen Gesichtspunkte, welche die Berufskammer für erheblich hält, zumindest hören müssen. Selbst wenn man die Anhörungspflicht bejaht, erscheint es aber sinnvoll, dem Betroffenen – mit bindender Wirkung für die FinB – das Recht zuzubilligen, auf die Einschaltung der Berufskammer zu verzichten (so wohl auch *Bilsdorfer* aaO, der eine alternative Neufassung der Vorschrift empfiehlt). Betrachtet man nämlich § 411 AO als Schutzvorschrift zugunsten der Berufsangehörigen, so ist nicht einzusehen, warum der Betroffene nicht auf diesen Schutz verzichten kann. Die schutzwürdigen Interessen der Berufskammern als Aufsichtsorgane sind in jedem Fall gewahrt; denn ein Verzicht des Beraters auf Anhörung der Kammer im Rahmen des § 411 AO entbindet die FinB nicht von ihrer Mitteilungspflicht gem. § 10 StBerG. Eine Bindung der FinB an die Ansicht der Kammer besteht ohnehin nicht. Die Kammer ist schließlich auch nicht zu einer Stellungnahme verpflichtet.

11 **Vor Erlaß des Bußgeldbescheides** erhält die zuständige Berufskammer Gelegenheit, sich zu äußern. Die Einleitung des Verfahrens ist daher ebensowenig von einer Anhörung der Kammer abhängig wie eine Beendigung des Verfahrens durch Einstellung.

12 **Unterläßt die FinB die Anhörung** oder wird die Entscheidung der Kammer nicht abgewartet, so berührt das die Wirksamkeit des Bußgeldbescheides nicht (§ 125 Abs. 3 Nr. 4 AO, § 44 Abs. 2 Nr. 4 VwVfG anal.). Die

4. Steuergeheimnis 13 § 411

Anhörung kann nachgeholt werden (§ 126 Abs. 1 Nr. 5 AO, § 45 Abs. 1 Nr. 5 VwVfG; vgl. HHSp-*Rüping* 22 zu § 411 AO).

4. Steuergeheimnis

Die zuständige Berufskammer kann die **Bußgeldakten des Beraters** einsehen. Das gilt auch für die Teile der Akte, die den Stpfl oder einen sonst Beteiligten betreffen, wenn sie für die Beurteilung des Falles von Bedeutung sind (glA *Klein/Orlopp* 1, *Leise/Cratz* 1 zu § 411 AO). Die Offenbarung ist durch § 30 IV Nr. 1 u. 2 iVm § 411 AO gedeckt. 13

§ 412 Zustellung, Vollstreckung, Kosten

(1) ¹Für das Zustellungsverfahren gelten abweichend von § 51 Abs. 1 Satz 1 des Gesetzes über Ordnungswidrigkeiten die Vorschriften des Verwaltungszustellungsgesetzes auch dann, wenn eine Landesfinanzbehörde den Bescheid erlassen hat. ²§ 51 Abs. 1 Satz 2 und Absatz 2 bis 5 des Gesetzes über Ordnungswidrigkeiten bleibt unberührt.

(2) ¹Für die Vollstreckung von Bescheiden der Finanzbehörden in Bußgeldverfahren gelten abweichend von § 90 Abs. 1 und 4, § 108 Abs. 2 des Gesetzes über Ordnungswidrigkeiten die Vorschriften des Sechsten Teils dieses Gesetzes. ²Die übrigen Vorschriften des Neunten Abschnitts des Zweiten Teils des Gesetzes über Ordnungswidrigkeiten bleiben unberührt.

(3) Für die Kosten des Bußgeldverfahrens gilt § 107 Abs. 4 des Gesetzes über Ordnungswidrigkeiten auch dann, wenn eine Landesfinanzbehörde den Bußgeldbescheid erlassen hat; an Stelle des § 19 des Verwaltungskostengesetzes gelten § 227 Abs. 1 und § 261 dieses Gesetzes.

Schrifttum: *Bock,* Die Reform des Steuerstrafrechts, DB 1968, 1326; *Günther,* Wer vollstreckt das Bußgeld? NJW 1969, 2273 mit Erwiderung von *Baldauf* NJW 1970, 460; *Pfaff,* Das Zustellungsverfahren im Steuerstraf- und Bußgeldrecht, DStZ 1970, 377; *ders.,* Kosten im Steuerstraf- bzw. Bußgeldverfahren, DStZ 1970, 119; *Buschmann,* Steuerstrafen und Steuerbußen, BlStA 1972, 91; *Körner,* Die Kosten des Steuerstrafverfahrens und des Bußgeldverfahrens wegen Steuerordnungswidrigkeiten, ZfZ 1972, 234; *Lohmeyer,* Die Vollstreckung von Bußgeldentscheidungen, DStR 1974, 489; *Kretzschmar,* Finanzbehördliche Kosten im Steuerstraf- und Steuerordnungswidrigkeitenverfahren, NWB Fach 13, 635 (Stand: 1984); s. auch das Schrifttum zu § 408 AO.

Übersicht

1. Entstehungsgeschichte 1	4. Vollstreckung von Bußgeldbescheiden 9–12
2. Zweck und Bedeutung der Vorschrift 2, 3	5. Kosten des Bußgeldverfahrens 13, 14
3. Zustellung von Bußgeldbescheiden . 4–8	

1. Entstehungsgeschichte

1 § 412 AO 1977 entspricht inhaltlich weitgehend § 449 RAO. § 449 I, II RAO wurde mit dem 2. AOStrafÄndG v. 12. 8. 1968 (BGBl. I 953) eingeführt (vgl. § 437 EAO, BT-Drucks. V/1812 S. 10). Die Regelung war Teil einer Reform der AO (Einführung von Steuerordnungswidrigkeiten), die insoweit durch das OWiG ausgelöst worden war (ausf. Einl 70 ff.). § 449 III RAO (= § 412 III AO 1977) wurde durch § 24 VwKostG v. 23. 6. 1970 (BGBl. I 821) eingefügt.

2. Zweck und Bedeutung der Vorschrift

2 Die verfahrensrechtlichen Vorschriften des OWiG (§§ 35–110 OWiG) gelten nach § 410 I AO für das Bußgeldverfahren wegen einer Steuerordnungswidrigkeit entsprechend; darüber hinaus sind einige Regelungen des Steuerstrafverfahrensrechts heranzuziehen (§ 410 I Nr. 1–12 AO). § 412 AO

3. Zustellung von Bußgeldbescheiden 3–8 § 412

modifiziert einen Teil der allgemein geltenden Vorschriften. Absatz 1 ändert das Zustellungsverfahren, Absatz 2 die Regelung über die Vollstreckung von Bußgeldbescheiden. Absatz 3 trifft eine Sonderregelung für die Kosten des Bußgeldverfahrens.

Die durch § 412 I, III AO verdrängten Vorschriften ordnen an, daß bei 3 Bußgeldbescheiden von Landesbehörden *landes*rechtliche Regelungen anzuwenden sind. § 412 I u. III AO bewirken, daß auch die *Landes*finanzbehörden das VwZG und das VwKostG zu beachten haben. Für HZA und Bundesamt für Finanzen gilt dies ohnehin, da sie *Bundes*behörden sind. § 412 I u. III AO vereinheitlicht insoweit das Verfahren bei Steuerordnungswidrigkeiten.

3. Zustellung von Bußgeldbescheiden

Bei Zustellungen durch das HZA oder das Bundesamt für Finanzen ist 4 nach § 51 I 1 OWiG das VwZG anzuwenden. Nach § 412 AO gilt dies – entgegen § 51 I 1 Halbs. 2 OWiG – auch, soweit eine Landesfinanzbehörde den Bußgeldbescheid erlassen hat.

Die FinB hat die Auswahl unter den verschiedenen Zustellungsarten 5 (*Göhler* 7 zu § 51 OWiG; *Leise/Cratz* 5 zu § 412 AO). Zulässig ist die Zustellung durch die Post mit Zustellungsurkunde (§ 3 VwZG) oder mittels eingeschriebenen Briefes (§ 4 VwZG). Weiterhin kann der Bußgeldbescheid dem Betroffenen gegen Empfangsbekenntnis ausgehändigt werden (§ 5 VwZG). Unter bestimmten Umständen (s. *Göhler* 31 zu § 51 OWiG) kann auch durch öffentliche Bekanntmachung zugestellt werden (§ 15 VwZG).

Zustellungen im Ausland erfolgen durch Ersuchen der zuständigen aus- 6 ländischen Behörde (§ 14 I VwZG), soweit entsprechende Rechts- und Amtshilfeverträge bestehen oder dies – meistens aus Anlaß eines Einzelfalles – durch Notenwechsel vereinbart ist (*Göhler* 28 zu § 51 OWiG; *Koch/Scholtz/Himsel* 5/1 zu § 412 AO). Die Zustellung an Ausländer in Zollangelegenheiten ist Gegenstand einer Reihe von Verträgen (vgl. *Göhler* 24 vor § 59 OWiG) oder erfolgt – in engen Grenzen – nach dem Europäischen Übereinkommen über die Amtshilfe in Verwaltungssachen im Ausland (*Göhler* 24a vor § 59 OWiG). Notfalls muß eine öffentliche Zustellung bewirkt werden (*Göhler* 28 zu § 51 OWiG).

Zustellungsempfänger ist der Betroffene, ggf. auch sein Verteidiger (§ 51 7 III OWiG). Bei Zustellung an den Verteidiger ist der Betroffene formlos zu unterrichten (§ 51 III 2 OWiG). Die Regelung in § 412 I 2 AO entspricht im übrigen dem letzten Halbsatz in § 51 I 1 OWiG; bei Steuerordnungswidrigkeiten werden mithin die Regelungen des VwZG teilweise für das Bußgeldverfahren modifiziert. Auch bei Bußgeldbescheiden wegen Steuerordnungswidrigkeiten genügt es nach § 51 I 2 OWiG, daß der Bußgeldbescheid keine Unterschrift trägt, sondern nur mit dem Abdruck des Dienstsiegels versehen ist, wenn – was selten vorkommen wird – die Ausfertigung mittels automatischer Einrichtungen hergestellt wird.

Mit der Zustellung wird gem. § 67 OWiG die Rechtsmittelfrist in Lauf 8 gesetzt. Sofern an mehrere Empfangsberechtigte zugestellt wird, etwa an

Joecks

den Betroffenen *und* seinen Verteidiger, beginnt die Frist erst mit der *zuletzt bewirkten* Zustellung (§ 51 IV OWiG; *Kohlmann* 42 zu §§ 409, 410 AO). Zum Rechtsmittelverfahren s. Rdnr. 20 zu § 410 AO.

4. Vollstreckung von Bußgeldbescheiden

9 **Die Vollstreckung von Bußgeldbescheiden,** Ordnungsgeldern und Kosten des Bußgeldverfahrens richtet sich bei Bundesbehörden gem. § 90 I OWiG idR nach dem VwVG. Bei Landesfinanzbehörden würden nach § 90 I OWiG an sich die jeweiligen landesrechtlichen Regelungen gelten. § 412 II 1 AO ordnet an, daß die Vollstreckung bei Steuerordnungswidrigkeiten *in jedem Falle* nach den §§ 249–346 AO zu erfolgen hat (*Klein/Orlopp* 2 zu § 412 AO). Die sonstigen Regelungen im 9. Abschnitt des 2. Teils des OWiG (§§ 89–104 OWiG) sollen davon unberührt bleiben (§ 412 II 2 AO).

10 **Vollstreckungsbehörde** ist diejenige FinB, die den Bußgeldbescheid erlassen hat (§ 92 OWiG, §§ 409, 387 AO; *Leise/Cratz* 23 zu § 412 AO). Liegt eine gerichtliche Entscheidung über den Bußgeldbescheid vor, erfolgt die Vollstreckung durch StA oder Gericht (§ 91 OWiG; *Göhler* 2f. zu § 91 OWiG; *Kohlmann* 9 zu § 412 AO), für die allein das VwVG gilt, nicht die §§ 249–346 AO. Keine „gerichtliche Entscheidung" in diesem Sinne ist die Verwerfung eines Einspruchs als unzulässig (*Göhler* 4 vor § 89 OWiG; *Kohlmann* aaO; *Leise/Cratz* 26 zu § 412 AO).

Der Vollstreckungsbehörde obliegt auch die Entscheidung über Zahlungserleichterungen, die Verrechnung von Teilbeträgen oder die (vorläufige) Einstellung der Vollstreckung (*Kohlmann* 10 f. u. *Leise/Cratz* 28 zu § 412 AO).

11 **Die Vollstreckung setzt die Rechtskraft des Bußgeldbescheides** bzw. der zu vollstreckenden sonstigen Entscheidung voraus (§ 89 OWiG). Rechtskräftig ist die Entscheidung, wenn sie mit einem Rechtsbehelf nicht mehr angefochten werden kann, also *formell* rechtskräftig ist (ausf. *Göhler* 2 zu § 89 OWiG). Zur Vollstreckungsverjährung vgl. § 34 OWiG.

12 **Die Beitreibung beginnt** frühestens nach Ablauf einer Schonfrist von zwei Wochen ab Rechtskraft der Bußgeldentscheidung (§ 95 I OWiG). Eine sofortige Beitreibung ist jedoch zulässig, soweit aufgrund bestimmter Tatsachen erkennbar ist, daß sich der Betroffene der Zahlung entziehen will (§ 95 I OWiG, letzter Halbsatz). Die Beitreibung richtet sich nach den Regeln, welche die AO für die Vollstreckung von Verwaltungsakten, die eine Geldleistung fordern, aufstellt. Zur Vollstreckung einer Geldbuße ist zudem die Anordnung von Erzwingungshaft möglich (§ 96 I OWiG), die allein das Gericht anordnen kann (ausf. *Göhler* 16 zu § 96 OWiG). Die Erzwingungshaft zielt darauf ab, einen Betroffenen, der nicht zahlungsunfähig ist (§ 96 I Nr. 4 OWiG), zur Bezahlung der Geldbuße zu zwingen. Der Staat ist nicht gehalten, die Buße wie ein gewöhnlicher Gläubiger beizutreiben (*Göhler* 2 zu § 96 OWiG). Ein (erfolgloser) Beitreibungsversuch braucht nicht vorausgegangen zu sein (*Lohmeyer* DStR 1974, 489; *Leise/Cratz* 36 zu § 412 AO), jedoch dürfte die Erzwingungshaft gegen einen zahlungsunwilligen Schuld-

5. Kosten des Bußgeldverfahrens

ner, dessen Zahlungsfähigkeit sicher feststeht, nur ausnahmsweise in Betracht kommen (glA *Kühn/Hofmann* 2 zu § 412 AO). Der Betroffene kann die Vollstreckung der Erzwingungshaft jederzeit durch die Bezahlung der Geldbuße abwenden.

5. Kosten des Bußgeldverfahrens

Die Kosten des Bußgeldverfahrens sind in § 410 I Nr. 12 iVm § 408 AO und in § 410 AO iVm §§ 105 ff. OWiG geregelt. Die zu zahlenden Gebühren und Auslagen ergeben sich aus § 107 II, III OWiG; ausf. *Kretzschmar* NWB 13, 635. Zur Zuständigkeit für die Kostenentscheidung s. LG Limburg v. 18. 5. 1984 MDR 778.

Stundung, Erlaß und Niederschlagung richten sich für HZA und Bundesamt für Finanzen gem. § 410 AO, § 107 IV OWiG nach § 14 II, §§ 19–21 VwKostG v. 23. 6. 1970 (BGBl. I 821). Nach § 412 III AO sind diese Regelungen auch dann anzuwenden, wenn der Bußgeldbescheid von einer Landesfinanzbehörde erlassen worden ist; insoweit ähnelt die Regelung der in Absatz 1. Abweichend von § 107 IV OWiG ordnet der letzte Halbsatz in § 412 III AO an, daß die *Voraussetzungen* von Stundung, Niederschlagung und Erlaß sich nicht aus § 19 VwKostG iVm § 59 BHO, sondern aus § 227 I, § 261 AO ergeben (*Senge* 3 zu § 412 AO). Die Geldbuße wird also ebenso behandelt wie Ansprüche aus dem Steuerschuldverhältnis. Die Stundung (§ 222 AO) ist nicht erwähnt, weil gem. § 93 I OWiG die Vollstreckungsbehörde über Zahlungserleichterungen entscheidet (*Klein/Orlopp* 3 zu § 412 AO).

Nichtverfolgung von Zollstraftaten 1 § 32 ZollVG

§ 32 ZollVG Nichtverfolgung von Zollstraftaten und Zollordnungswidrigkeiten; Erhebung eines Zuschlags

(1) Zollstraftaten und Zollordnungswidrigkeiten (§§ 369, 377 der Abgabenordnung), die im Reiseverkehr über die Grenze im Zusammenhang mit der Zollbehandlung begangen werden, werden als solche nicht verfolgt, wenn sich die Tat auf Waren bezieht, die weder zum Handel noch zur gewerblichen Verwendung bestimmt sind und deren Warenwert insgesamt 600 Deutsche Mark nicht übersteigt.

(2) Absatz 1 gilt nicht, wenn der Täter
1. die Waren durch besonders angebrachte Vorrichtungen verheimlicht oder an schwer zugänglichen Stellen versteckt hält oder
2. durch die Tat den Tatbestand einer Zollstraftat innerhalb von sechs Monaten zum wiederholten Male verwirklicht.

(3) In den Fällen des Absatzes 1 kann ein Zuschlag bis zur Höhe der Einfuhrabgaben, höchstens jedoch bis zu 300 Deutsche Mark erhoben werden.

Schrifttum: *Schübel*, Strafverfolgung von kleinen Zollvergehen, ZfZ 1961, 289; *Rümelin*, Zollzuschlag und Nichtverfolgung kleiner Zollvergehen im Reiseverkehr, ddz 1961 F 116; *Otfried Schwarz*, Der Zollzuschlag im Reiseverkehr, ZfZ 1963, 267; *Leyser*, § 80 ZG 1961 im Spiegel der Rechtsprechung, ZfZ 1964, 36; *Stobbe*, Die Ausnahmen vom Strafverfolgungszwang, ddz 1964 F 112; *Bender*, Wann ist eine Ware an „schwer zugänglichen Stellen versteckt" (§ 80 Abs. 2 Nr. 1 ZG ZfZ 1972, 69; *Harbusch*, Der Wert der Ware im Sinne von § 80 Zollgesetz, ddz 1984 F 49; *Bender*, Schmuggelprivileg und Zollzuschlag bei Einfuhren über unbesetzte Zollämter, ddZ 1988 F 129; *Anton*, Zum Begriff des Entziehens aus der zollamtlichen Überwachung, ZfZ 1995, 2.

Übersicht

1. Entstehungsgeschichte 1	6. Wareneigenschaften 18–23
2. Vorbemerkungen: Verfahren im Reiseverkehr 2	a) Weder zum Handel noch zur gewerblichen Verwendung bestimmt 18, 19
3. Rechtsnatur, Zweck und Bedeutung 3–5	b) Wertgrenze 20–23
4. Anwendungsbereich 6–11	7. Ausschließungsgründe nach § 32 II ZollVG 24–40
a) Zollstraftaten und -ordnungswidrigkeiten 6, 7	a) Verheimlichen oder Verstecken (§ 32 II Nr. 1 ZollVG) 24–35
b) Verbrauchsteuerstraftaten und -ordnungswidrigkeiten 8	b) Wiederholte Zollstraftat (§ 32 II Nr. 2 ZollVG) 36–40
c) Bannbruch (§ 372 AO) 9	8. Keine Teilanwendung des § 32 ZollVG 41
d) Schwerer Schmuggel (§ 373 AO) 10	9. Wirkung des § 32 ZollVG auf Teilnehmer 42–44
e) Andere Straftaten oder Ordnungswidrigkeiten 11	10. Zollzuschlag nach § 32 III ZollVG . 45–47
5. Tatmerkmale 12–17	11. Verfahrensrechtliche Fragen 48–51
a) Reiseverkehr über die Grenze . . . 12, 13	
b) Zusammenhang mit der Zollbehandlung 14–17	

1. Entstehungsgeschichte

Als Vorläufer des § 32 ZollVG wurde mit **§ 80 ZG 1961** v. 14. 6. 1961 **1** (BGBl. I 737) eine Vorschrift für das Strafverfahren wegen Zollvergehen

Voß 937

§ 32 ZollVG 2   Nichtverfolgung von Zollstraftaten

eingeführt, die weder in der RAO noch im ZG 1939 ein Vorbild hatte (Begr. BT-Drucks. III/2201 S. 76; krit. zum Standort *Sellnick* ZfZ 1961, 226 mit Erwiderung von *Bail* ZfZ 1961, 356 Fußn. 3). Durch Art. 10 des 2. AOStrafÄndG v. 12. 8. 1968 (BGBl. I 953, 962) wurde der Anwendungsbereich auf Bußgeldverfshren wegen Zollordnungswidrigkeiten ausgedehnt.

Die ursprüngliche Wertgrenze von 200 DM wurde durch Art. 1 Nr. 13 des 9. ÄndGZG v. 13. 12. 1967 (BGBl. I 1205) auf 240 DM erhöht (Begr. BT-Drucks. V/1749 S. 6), und zwar entsprechend der Erhöhung der Wertgrenze nach § 79 I ZG iVm § 148 I AZO für die Anwendung pauschalierter Abgabensätze gem. § 1 Nr. 20 der 5. ÄndVAZO v. 21. 5. 1965 (BGBl. I 435). Durch Art. 33 Nr. 18 EGAO v. 14. 12. 1976 (BGBl. I 3341, 3364) wurde der Begriff *„Zollvergehen"* durch *„Zollstraftaten"* ersetzt und die Klammerhinweise an die Paragraphenfolge der AO 1977 angepaßt. Mit der Neufassung in Gestalt des § 32 ZollVG wurde die Wertgrenze auf 600 DM angehoben. Die Befugnis der Zollverwaltung, einen der Höhe nach begrenzten Zuschlag auf die Einfuhrabgaben zu erheben (Abs. 3), war früher in § 57 VII 2 ZG geregelt.

2. Vorbemerkungen: Verfahren im Reiseverkehr

2   Im *Reiseverkehr* zwischen der EG und Drittstaaten sind die Zollformalitäten entsprechend der Grundtendenz des New-Yorker-Touristenabkommens (BGBl. 1956 II 1888) auf ein Minimum beschränkt. Im persönlichen Gepäck von Reisenden befindliche Waren nichtkommerzieller Art und persönliche Gebrauchsgegenstände von Reisenden sind von der Beförderungspflicht nach Art. 38 I ZK (Verkehr über die Zollstraßen und Zollstellen zu deren Öffnungszeiten) befreit (§ 5 I 1 a) und b) ZollV). Für im Reisegepäck befindliche abgabenfreie Ware genügt es, wenn zB der Reisende (Begriff Art. 236 ZKDVO) den *grünen Ausgang* „anmeldefreie Waren" ohne weitere Erklärung benutzt (Art. 233 ZKDVO) oder mit dem Pkw die Grenze überfährt. Hierdurch gilt die Ware als gestellt, die Zollanmeldung als abgegeben und angenommen und die Waren als zum freien Verkehr überlassen (Art. 234 Abs. 1 ZKDVO). Abgabenpflichtige Waren sind wie andere außerhalb des Reiseverkehrs eingeführte Waren zu gestellen und anzumelden. Nicht angemeldete Waren, die die *Freimengen* übersteigen, gelten als vorschriftswidrig in das Zollgebiet mit der Folge der Zollschuldentstehung verbracht (Art. 234 II ZKDVO). Entsprechende Regelungen gelten für das *persönliche Gepäck von Reisenden* (Begriff: Art. 684 ZKDVO) und für deren *Beförderungsmittel* (Begriff: Art. 718–725 ZKDVO), dh für Waren, die nur vorübergehend im Zollgebiet verwendet werden sollen, wie insbesondere Pkws oder Segelboote. Auch insoweit sind eine Gestellung, eine Zollanmeldung, die Annahme der Anmeldung, die Bewilligung zur vorübergehenden Verwendung (Art. 698 und Art. 735 ZKDVO) und die Überlassung entbehrlich (Art. 232 iVm Art. 234 I ZKDVO). Mit dem Passieren der Zollstelle gelten alle Bedingungen für die vorübergehende Verwendung der Waren im Zollgebiet ohne

3. Rechtsnatur, Zweck und Bedeutung

Abgabenerhebung als erfüllt (Art. 234 I ZKDVO). Im privaten **Reiseverkehr zwischen den Mitgliedstaaten** fallen für die mitgeführten Waren einschließlich des Reisegepäcks und der Beförderungsmittel weder Zölle noch Vebrauchsteuern an. Dies gilt aber nicht für Waren, die abgabenfrei, etwa in duty-free-shops auf Flughäfen, in anderen Mitgliedstaaten eingekauft worden sind, wenn sie die im Drittlandsverkehr maßgebenden Freigrenzen bzw. Freimengen überschreiten.

3. Rechtsnatur, Zweck und Bedeutung

§ 32 ZollVG errichtet wie die Vorgängervorschrift des § 80 ZG ein Verfahrenshindernis (zu § 80 ZG einhM, zuletzt BayObLG v. 23. 6. 1981, ZfZ 312, mwN). Im Vergleich zu § 152 II, § 163 I StPO wie im Hinblick auf § 47 OWiG typisiert die Vorschrift Bagatellvefehlungen, für die im Strafverfahren eine Ausnahme vom Legalitätsprinzip und im Bußgeldverfahren eine Ausnutzung des Opportunitätsprinzips zugunsten der Täter geringfügiger Schmuggeltaten angeordnet wird. Sind die gesetzlichen Voraussetzungen erfüllt, bleibt für eine Ermessensentscheidung der zuständigen Behörden und Gerichte kein Raum.

Die verschiedenen gesetzgeberischen Motive für § 80 ZG wurden in der Begründung (BT-Drucks. III/2201 S. 76) wie folgt dargelegt:

„*Der Täter gerät mehr oder weniger ungewollt, vor allem aber außerhalb seiner normalen Lebens- und Berufsverhältnisse in die Rolle des Steuerpflichtigen, den besondere Pflichten treffen . . .*

Tatmotiv ist nicht so sehr der Wunsch, Geld zu ersparen. Dieser Vorteil wird zwar durchaus erstrebt, wichtiger für den Täter ist aber oft der Wunsch, ohne große Scherereien seine Reise fortzusetzen, noch öfter der bekannte Reiz, ,dem Zoll ein Schnippchen zu schlagen', und sich damit womöglich später zu brüsten. . . .

Ohne eine drastische Personalvermehrung ist es nicht möglich, die hier in Betracht kommenden Straftaten in angemessenem Umfang aufzudecken oder – wenn sie schon aufgedeckt werden – beim Aufgriff so zu verfahren, wie es gesetzlich vorgeschrieben ist. . . . Jeder einzelne Aufgriff erfordert beträchtlichen Arbeitsaufwand und entzieht für diese Zeit das Abfertigungspersonal seiner eigentlichen Tätigkeit. Bei Zollstellen mit großen Reiseverkehr führt dies zu so großen Belastungen und sogar Stauungen, daß sich die Beamten gedrängt sehen, kleinere Verstöße einfach zu ,übersehen'. Damit setzen sie sich aber der Gefahr aus, selbst wegen Begünstigung im Amt (§ 346 Strafgesetzbuch) bestraft zu werden. Ihren Vorgesetzten, die ein solches Verhalten dulden, droht u. U. eine Bestrafung nach § 357 des Strafgesetzbuchs. In einem Rechtsstaat kann ein solcher Zustand nicht geduldet werden. . . ."

Die Bedeutung des § 32 ZollVG bzw. des § 80 ZG kann mittelbar daraus abgeleitet werden, daß 1982 in 81.000 Fällen Zollzuschläge nach § 57 VII 2b (Rdnr. 45 ff.) festgesetzt und demgegenüber in 62.000 Fällen ein Straf- oder Bußgeldverfahren eingeleitet oder Verwarnungsgelder nach § 56 I OWiG erhoben wurden (*Bender* Tz. 88, 1).

4. Anwendungsbereich

a) Zollstraftaten und Zollordnungswidrigkeiten

6   sind Zuwiderhandlungen gegen Zollgesetze, die mit Strafe (§ 369 AO) oder mit Geldbuße (§ 377 AO) bedroht sind. Hauptsächlich ist § 32 ZollVG auf Fälle vollendeter oder versuchter Zollhinterziehung (§ 370 AO) und leichtfertiger Zollverkürzung (§ 378 AO) anzuwenden. Von den Gefährdungstatbeständen der §§ 379 ff. AO kommen nur diejenigen in Betracht, die im Zusammenhang mit der Zollbehandlung von Waren beim Reiseverkehr über die Grenze vorkommen können; das ist zB beim Erwerb und Verbrauch unverzollter Waren in Freihäfen (§ 381 I Nr. 3 AO) nicht der Fall (OLG Bremen v. 5. 8. 1964, ZfZ 380, 382).

7   **Zu den Zöllen** gehören die Abgaben, die nach Maßgabe des Zolltarifs erhoben werden. **Abschöpfungen** sind keine Zölle, weil sie den Unterschied zwischen dem Preis für die erfaßten Agrarerzeugnisse auf dem Weltmarkt und dem EG-Preis (Schwellenpreis) im Binnenmarkt ausgleichen und nicht nach Maßgabe eines Tarifs erhoben werden (vgl. auch die Unterscheidung in Art. 4 Nr. 10 ZK). Gemäß § 2 AbschErhG (Anhang XI) sind aber auf Abschöpfungen, die aufgrund von Vorschriften des EG erhoben werden, die Vorschriften über Zölle, mithin auch § 32 ZollVG anzuwenden. Für Abschöpfungen ordnet § 2 I AbschErhG zudem die Anwendung der für Zollstraftaten und Zollordnungswidrigkeiten geltenden Vorschriften ausdrücklich an. Für sonstige bei der Einfuhr erhobene Abgaben der Agrarmarktordnungen, wie die Ausgleichsabgaben für Wein, Obst und Gemüse, fehlt eine Verweisung auf die deutschen Zollvorschriften; anwendbar ist nur die Abgabenordnung (§ 12 I 1 MOG). Für die **EuSt**, die nur noch im **Warenverkehr mit Drittländern** erhoben wird (§ 1 I Nr. 4 UStG), gelten die Vorschriften für Zölle sinngemäß (§ 21 II UStG). Kraft dieser Verweisung findet auch § 32 ZollVG Anwendung. Im übrigen ist bei der USt das Verbringen von **Waren aus anderen Mitgliedstaaten** in das deutsche Erhebungsgebiet kein Entstehungstatbestand der USt. Das Verbringen von Waren durch Privatpersonen unterliegt keiner USt. Es gilt insoweit das Ursprungslandprinzip (vgl. dazu Dauses/*Voß*, Handbuch des EG-Wirtschaftsrechts J Rdnr. 162). Eine Ausnahme besteht bei neuen Fahrzeugen (§ 1 III Nr. 7 iVm § 1b I UStG). Untenehmer haben für Waren aus anderen Mitgliedstaaten im Inland eine Erwerbsteuer zu entrichten (§ 1 I Nr. 7 UStG). Im Warenverkehr mit anderen Mitgliedstaaten findet § 32 ZollVG keine Anwendung.

b) Verbrauchsteuerstraftaten und -ordnungswidrigkeiten

8   Fraglich ist, ob **§ 32 ZollVG auf Straftaten und Ordnungswidrigkeiten in Bezug** auf die **besonderen Verbrauchsteuern anzuwenden** ist, die als Eingangsabgaben erhoben werden. Es handelt sich nicht um Zölle. Das deutsche Recht qualifiziert diese Steuern als Einfuhrabgaben iS des ZollVG (§ 1 I S. 3 ZollVG). Vor dem Inkrafttreten des Verbrauchsteuer-Binnenmarktgesetzes am 1. 1. 1993 war in den Verbrauchsteuergesetzen die ent-

4. Anwendungsbereich **8 § 32 ZollVG**

sprechende Anwendung des § 80 ZG (Vorgängervorschrift zu § 32 ZollVG) ausdrücklich angeordnet (vgl. § 6a VI BierStG aF, § 7 IV MinöStG aF). Mit dem Verbrauchsteuer-Binnenmarktgesetz sind das TabStG, das BierStG, das BranntwMonG, das SchaumwZwStG, das MinöStG und das KaffeeStG auf der Grundlage der Richtlinie 92/12/EWG des Rates vom 25. 2. 1995 über das allgemeine System, den Besitz, die Beförderung und die Kontrolle verbrauchsteuerpflichtiger Waren (Abl. EG Nr. L 76, 1) neu gestaltet worden. Eine Vorschrift über die entsprechende Anwendung des § 32 ZollVG enthalten die einschlägigen Verbrauchsteuergesetze nicht mehr. Etwas anderes ergibt sich auch nicht aus dem Gesichtspunkt, daß bestimmte zollrechtliche Vorschriften auf Verbrauchsteuern anzuwenden sind, soweit sie als Einfuhrabgaben erhoben werden. Dem steht schon entgegen, daß bei der Einfuhr von verbrauchsteuerpflichtigen **Waren aus Drittländern** die zollrechtlichen Vorschriften nur für einzelne Tatbestände, wie ua für die Entstehung und das Erlöschen, die Vorschriften für Zölle sinngemäß gelten (§ 21 TabStG, § 13 I BierStG, § 147 I BranntwMonG, § 17 SchaumwZwStG, § 23 MinöStG und § 13 I KaffeeStG; vgl. Rdnr. 31 zu § 382 AO). Darüber hinaus ordnen die genannten Vorschriften für das *Steuerverfahren* (zu diesem Begriff vgl. Rdnr. 31 zu § 382 AO) die sinngemäße Anwendung der Vorschriften für Zölle an. § 32 ZollVG ist aber keine Vorschrift des Steuerverfahrens, sondern eine Vorschrift des Zollstrafbzw. Zollordnungswidrigkeitenverfahrens. Gleichwohl müßte nach dem Sinn und Zweck der Vorschrift, den Kleinschmuggel von der Verfolgung als Straftat oder Ordnungswidrigkeit freizustellen, § 32 ZollVG auch für die als Einfuhrabgaben erhobenen besonderen Verbrauchsteuern im **Verkehr mit Drittstaaten** gelten. Dem Grundgedanken der Vorschrift entsprechend wird § 32 ZollVG auf die besonderen Verbrauchsteuern, die bei der Einfuhr erhoben werden analog anzuwenden sein. Der Gesetzgeber sollte dies tunlichts klarstellen. Die Möglichkeit, das Verfahren wegen der Verbrauchsteuern nach § 153 StPO einzustellen, hat nicht den Entlastungseffekt, den die Vorschrift des § 32 ZollVG auch bezweckt. Für das **Verbringen** von verbrauchsteuerpflichtigen Waren aus dem **freien Verkehr anderer Mitgliedstaaten** der EG, für die die Abgabenfreiheit bei dem Verbringen zu privaten Zwecken (§ 20 TabStG, § 17 BierStG, § 145 BranntwMonG, § 15 SchaumwZwStG, § 20 MinöStG, § 15 Nr. 6 KaffeeStG) nicht eingreift, weil die Waren zu gewerblichen Zwecken verwendet werden sollen, gelten besondere Entstehungstatbestände. Diese knüpfen nicht an die zollrechtlichen Vorschriften, sondern schlicht an das Verbringen oder Versenden an (§ 19 TabStG, § 16 BierStG, § 144 BranntwMonG, § 14 SchaumwZwStG, § 19 MinöStG, § 11 KaffeeStG). Für den **Warenverkehr zwischen den Mitgliedstaaten** kommt § 32 ZollVG nicht zum Zuge. Es fehlt insoweit regelmäßig auch ein Zusammenhang mit der Zollbehandlung. § 32 ZollVG ist ferner nicht einschlägig, wenn Verbrauchsteuern im Erhebungsgebiet entstehen, zB wegen Unregelmäßigkeiten im Verkehr unter Steueraussetzung (zB § 15 BierStG). Insgesamt sind die einschlägigen Normen nicht aufeinander abgestimmt. Straftaten gleichen Unrechtsgehalts unterliegen unterschiedlichen Strafverfolgungen.

c) Bannbruch (§ 372 AO)

9 **Auf Bannbruch im Reiseverkehr** ist § 32 ZollVG nicht anwendbar, und zwar unabhängig davon, ob das Zuwiderhandeln gegen ein Einfuhrverbot nach § 372 AO mit Strafe bedroht oder nach einer Sondervorschrift in dem jeweiligen Verbotsgesetz zu ahnden ist (glA *Bender* Tz. 87, 3a; 96.6f; aM HHSp-*Hübner* 98 zu § 370 AO, *Kohlmann* 56 zu § 372 AO sowie *Meyer* 1, *Schwarz/Wockenfoth* 6 und grundsätzlich auch *Bail/Schädel/Hutter* 9 zu § 80 ZG). Bannbruch ist keine Zollstraftat iS des § 32 ZollVG, weil Zuwiderhandlungen gegen Einfuhrverbote weder Zölle noch andere Eingangsabgaben betreffen, sondern andersartige Rechtsgüter, deren Gefährdung allein von der Art, Beschaffenheit und Verbreitung der Bannware, nicht von ihrem Handelswert abhängt (Rdnr. 2 u. 51 zu § 372 AO). Auch die Zuschlagsregelung des § 32 III ZollVG paßt nicht zum Bannbruch.

d) Schwerer Schmuggel (§ 373 AO)

10 Fälle schweren Schmuggels sind von der Anwendung des § 80 ZG nicht von vornherein ausgeschlossen (aM *Hartung* V zu § 401b RAO 1939), da die Ausschließungsgründe in § 32 ZollVG erschöpfend aufgeführt sind. In der Praxis bildet § 32 ZollVG für die Verfolgung von Zollstraftaten nach § 373 AO wegen Überschreitens der Wertgrenze (Rdnr. 20ff.) regelmäßig kein Hindernis. Ausnahmen sind jedoch denkbar (glA HHSp-*Engelhardt* 148 sowie inzwischen auch *Kohlmann* 58 zu § 373 AO), und zwar insbes. bei Beginn eines gewerbsmäßigen Schmuggels von Tabakwaren, Spirituosen oder Treibstoff für den eigenen Bedarf (Rdnr. 10f. zu § 373 AO).

e) Andere Straftaten oder Ordnungswidrigkeiten

11 **Kein Hindernis bildet § 32 ZollVG** für die Verfolgung anderer Straftaten oder Ordnungswidrigkeiten, die mit einer Zollstraftat oder Zollordnungswidrigkeit *tateinheitlich* (§ 52 StGB) *zusammentreffen* (insoweit glA *Bender* Tz. 87, 3a). Fraglich bleibt, ob die Tat bei Tateinheit, zB zwischen einer geringfügigen Zollhinterziehung im Reiseverkehr und dem Gebrauchmachen von einer falschen Urkunde, *nur* als Vergehen nach § 267 StGB verfolgt werden darf (so *Bender* aaO) oder ob das Verfahrenshindernis des § 32 ZollVG dann *auch* in bezug auf das Vergehen nach § 370 AO zurücktritt (so *Franzen* zu § 80 ZG in der Voraufl.). Die von *Franzen* vertretene Meinung ist m. E. nicht zutreffend. Dem Gesetz läßt sich nicht entnehmen, daß § 32 ZollVG (früher § 80 ZG) nicht zur Anwendung gelangen soll, wenn die Zollstraftat oder Zollordnungswidrigkeit tateinheitlich mit einer anderen Straftat zusammentrifft.

5. Tatmerkmale

a) Reiseverkehr über die Grenze

12 **Grenze iS des § 32 ZollVG** ist seit der vollen Verwirklichung der Zollunion in der EG durch den ZK der deutsche Teil der Zollgrenze der Gemein-

5. Tatmerkmale   **13**   § 32 ZollVG

schaft, mithin die Grenze gegenüber **Drittstaaten**. Obwohl zum Zollgebiet der EG gehörend, sind Grenzen iS des § 32 ZollVG auch die Grenzen der Freizonen (Freihäfen). Dies folgt aus dem Umstand, daß Nichtgemeinschaftswaren in Freizonen als nicht im Zollgebiet der EG befindlich angesehen werden (Art. 166a ZK), und daß bei Verbringen solcher Waren in das Zollgebiet die Vorschriften über das Verbringen der Waren aus Drittländern Anwendung finden (Art. 177 S. 2 ZK). Entsprechendes wird man für Flughäfen annehmen müssen, wenn der Reisende aus einem Flughafen eines anderen Mitgliedstaats der EG mit Einkaufsmöglichkeiten in duty-free-shops kommend in die Bundesrepublik Deutschland einreist. Auch insoweit liegt ein Reiseverkehr über die Grenze vor. Gegenüber **Mitgliedstaaten der EG** gibt es somit keine Grenze, die für die Anwendung des § 32 ZollVG relevant sein könnte. An diesen Grenzabschnitten fehlt auch ein Zusammenhang mit der Zollbehandlung, weil eine Zollbehandlung dort nicht stattfindet. Die Zollgrenze umschließt außer dem deutschen Hoheitsgebiet auch ausländische Hoheitsgebiete, die dem deutschen Zollgebiet angeschlossen sind (sog. Zollanschlüsse wie Jungholz und Mittelberg, Art. 3 II a ZK); ausgenommen sind deutsche Hoheitsgebiete, die einem ausländischen Zollgebiet angeschlossen sind (sog. Zollausschlüsse wie die Insel Helgoland und das Gebiet von Büsingen, Art. 3 I ZK), sowie die Freizonen (vgl. § 20 ZollVG). Reiseverkehr bleibt auch dann ein Verkehr über die Grenze, wenn die Zollbehandlung nicht unmittelbar an der Grenze stattfindet, sondern zB auf einem im Innern des Zollgebietes gelegenen Bahnhof oder Flugplatz (*Bail/Schädel/Hutter* 9 zu § 80 ZG).

Reiseverkehr über die Grenze ist nach hM nicht nur der gelegentliche **13** Grenzverkehr aus Anlaß einer Geschäfts- oder Ferienreise, sondern *jeder* Personenverkehr über die Grenze, zB auch der Weg der Hafenarbeiter zwischen Wohnung und Arbeitsstätte in einem Freihafen (BGH 18, 40 v. 1. 8. 1962 = ZfZ 336 (*Bender* 84, 1; *Schwarz/Wockenfoth* 6 zu § 80 ZG; HHSp-*Hübner* 97 zu § 370 AO; aA *Franzen* in der Voraufl. 12 zu § 80 ZG; bestätigend ferner OLG Bremen v. 5. 8. 1964, ZfZ 380f.). Auf Zollvergehen in Freizonen ist § 32 ZollVG nicht anwendbar. Nicht unter den Reiseverkehr über die Grenze fällt die unzulässige Veräußerung eines im Rahmen der vorübergehenden Verwendung abgabenfrei eingeführten Pkws oder Segelboots (Art. 137–144, 204 I a ZK) im Inland (*Bender* Tz. 87, 3 a).

Nicht erforderlich ist, daß es sich bei den **mitgeführten Waren** um solche handelt, die in den Rahmen des auf Reisen üblicherweise Mitgeführten fallen (so HHSp-*Hübner* 99 zu § 370 AO: *Bender* Tz. 84, 1 betr. Kriegswaffen; BayObLG 1970, 78f., 81f. v. 9. 4. 1970 betr. eine Pistole mit Munition; BayObLG v. 6. 7. 1973 DStZ/B 255 betr. einen unterwegs benutzten Gebetsteppich; beide Urteile die Üblichkeit bejahend). § 32 ZollVG schützt auch den Schlangenbeschwörer, der entgegen einem aus dem Washingtoner Artenschutzabkommen sich ergebenden Einfuhrverbot eine Schlange, also wohl einen unüblichen Gegenstand, einführt, deren Warenwert 600 DM nicht übersteigt. Für Reisen mit sog. **Butterschiffen,** die auf die Hohe See außerhalb der (norddeutschen) Küstenmeere (Art. 3 III ZK) führen, gelten

§ 32 ZollVG 14–17 Nichtverfolgung von Zollstraftaten

keine Besonderheiten. § 32 ZollVG ist anzuwenden, wenn die eingeführten Waren die nach der Einreise-Freimengen-Verordnung vom 3. 12. 1974 idF vom 22. 12. 1994 (BGBl. 1994 I 3987) abgabenfrei zu belassenden Mengen überschreiten. Auch im *Herkunftsland als Reisegepäck aufgegebene Waren,* die erst nach dem Grenzübertritt des Reisenden der Zollstelle gestellt werden, dürften unter die Vorschrift des § 32 ZollVG fallen (vgl. die Regelung in Art. 45 II a ZollbefreiungsVO, Abl. EG 1983 Nr. L 105, 1, mit spät. Änderungen).

b) Zusammenhang mit der Zollbehandlung

14   Das Tatbestandsmerkmal *„im Zusammenhang mit der Zollbehandlung"* beschreibt die loseste Verbindung zwischen Zuwiderhandlung und Zollbehandlung (*Bail/Schädel/Hutter* 10 zu § 80 ZG), die bereits durch eine Verletzung der Gestellungspflicht an einem zugelassenen Grenzübergang begründet wird. Dagegen werden Zollstraftaten und Zollordnungswidrigkeiten, die *auf dem Wege über die grüne Grenze,* dh durch Überschreiten der Zollgrenze außerhalb der Zollstraße oder eines zugelassenen Grenzübergangs, begangen werden, von der Anwendung des § 32 ZollVG ausgeschlossen (OLG Bremen v. 20. 12. 1961, ZfZ 1962, 153; *Schwarz/Wockenfoth* 6 zu § 80 ZG). Der Grund für diese Unterscheidung liegt darin, daß die Zollstelle bei einer Zuwiderhandlung im Zusammenhang mit der Zollbehandlung die Möglichkeit hat, die Ware zu beschauen und alle erforderlichen Feststellungen zu treffen; *„läßt sie sich trotzdem hinters Licht führen, wiegt dies kriminell nicht so schwer, als wenn der Täter ihr diese Möglichkeit von vornherein abschneidet"* (*Bender* Tz. 87, 3 d).

15   **Zollbehandlung** ist der Sammelbegriff für alle Amtshandlungen, die im Regelfall bei der Abfertigung des Zollgutes in Betracht kommen. Indessen setzt § 32 ZollVG nicht voraus, daß Amtshandlungen bereits vorgenommen oder wenigstens begonnen worden sind. Eine Zollbehandlung findet auch an den Freizonen- (Freihäfen-) Übergängen statt (Art. 168 ZK). Das Überklettern der Freizonen-Einzäunung hat keinen Zusammenhang mit der Zollbehandlung.

16   **Ein Zusammenhang** mit der Zollbehandlung ist bei der gebotenen weiten Auslegung des Gesetzes (*Schwarz/Wockenfoth* 7 zu § 80 ZG) auch dann gegeben, wenn Amtshandlungen unterbleiben, weil das Zollgut zwar auf den für die Zollbehandlung vorgesehenen Amtsplatz verbracht, aber nicht gestellt worden ist, z. B. wenn ein Flugreisender mit abgabepflichtigen Waren den grünmarkierten Ausgang benutzt, ohne die Waren anzumelden.

17   **Zum Bereich des Amtsplatzes** gehört auch ein in unmittelbarer Nähe befindlicher *Grenzübergang* (BGH v. 23. 4. 1963, BZBl. 408). Darüber hinaus kommt nach hM (Rdnr. 12) als Amtsplatz auch ein *Freihafenübergang* in Betracht (BGH aaO).

6. Wareneigenschaften

a) Weder zum Handel noch zur gewerblichen Verwendung bestimmt

Zum Handel bestimmt (vgl. auch § 12 III, § 148 I Nr. 1 AZO) ist **18** Schmuggelware, wenn der Täter in der Absicht handelt, sie gegen Entgelt zu veräußern; nicht erforderlich ist, daß er mit Waren der eingeführten Art ständig Handel treibt (glA *Bender* Tz. 87, 3c). Entscheidend ist die Absicht *zur Tatzeit*. Unerheblich ist es, wenn die Verkaufsabsicht *nach* der Tat aufgegeben wird, zB der Täter eine im Ausland mit der Absicht der Weiterveräußerung erworbene Goldmünze später doch behält, oder wenn entgegen der ursprünglichen Absicht später ein Verkauf vorgenommen wird, zB der Täter eine im Ausland für die eigene Sammlung erworbene Münze später doch verkauft (*Bender* aaO). Ein *Verkauf zu Selbstkosten* (Mitbringen für einen anderen) ist kein Handel iS des § 32 I ZollVG (OLG Karlsruhe v. 4. 3. 1975, ZfZ 210, 212 zu § 80 ZG).

Zur gewerblichen Verwendung ist Ware bestimmt, wenn der Täter in **19** der Absicht handelt, sie bei einer von ihm ständig ausgeübten gewerblichen Tätigkeit (vgl. § 15 EStG, § 2 GewStG) zu verwenden, zB die Musterware eines Geschäftsmannes (*Bail/Schädel/Hutter* 8 zu § 80 ZG), oder zu verbrauchen, zB Treibstoff in einem betrieblich genutzten Kraftfahrzeug. Auch hier entscheidet die Absicht zur Tatzeit (Rdnr. 18). Im Gegensatz zur gewerblichen Verwendung stehen Waren, die zum persönlichen Gebrauch oder Verbrauch im Haushalt des Täters bestimmt sind. Darüber hinaus sind von der Ausübung eines Gewerbes der Betrieb einer Landwirtschaft (vgl. § 13 I EStG) und die Ausübung eines freien Berufes (vgl. § 18 I EStG) zu unterscheiden. § 32 ZollVG ist daher nicht ausgeschlossen, wenn zB ein Landwirt geschmuggeltes Dieselöl zum Betrieb seines Ackerschleppers verwenden will oder wenn ein Arzt die Absicht hat, eingeführte Medikamente einem Patienten zu verabfolgen. Die in § 32 ZollVG verwendeten Begriffe „*Handel*" und „*gewerbliche Verwendung*" unterscheiden sich von den in Art. 45 II b der Zollbefreiungs-Verordnung (ABl. EG 1983 L 105, 1) verwendeten, weiter reichenden Begriff „*Einfuhren ohne kommerziellen Charakter*". Der Gesetzgeber sollte hier eine Übereinstimmung herstellen.

b) Wertgrenze

Mit Hilfe der betragsmäßig bestimmten Wertgrenze von 600 DM soll **20** der nicht verfolgungswürdige Kleinschmuggel von verfolgungsbedürftigen Zollstraftaten und Zollordnungswidrigkeiten *objektiv* abgegrenzt werden.

Freimengen oder Freigrenzen nach der Einreise-Freimengen-VO bleiben **21** bei Berechnung der Wertgrenze außer Ansatz. Die Anwendung von § 32 ZollVG scheidet mithin erst dann aus, wenn die Waren, auf welche die Abgabenfreiheit nicht anzuwenden ist, die Wertgrenze von 600 DM übersteigt. Der Reisende kann selbst bestimmen, auf welche Waren die Abgabenfreiheit angewandt werden soll (*Bail/Schädel/Hutter* B/24 Anhang 1 Rdnr. 2). ME kann die Abgabenfreiheit auch für Teile von Waren (zB ein Teil des

Inhalts einer Flasche) in Anspruch genommen werden. Für die Berechnung der Wertgrenze ist dann von dem übrigen Flascheninhalt auszugehen.

22 **Der Wertmaßstab** ist in § 32 ZollVG nicht bestimmt. Nach der Dienstanweisung für die Zollverwaltung ist der dem Zollwert (Art. 28–36 ZK, Art. 141–191 ZKDVO) entsprechende **Preis im Herkunftsland für Endverbraucher** ohne ausländische Beförderungskosten maßgebend (VSF Z 2710 (2)). Dieser Wertmaßstab erscheint zutreffend. Die abweichende Meinung von *Franzen* in der Vorauft. 22–25 zu § 80 ZG und *Bender*, Tz. 87, 3f., die den Inlandspreis für Endverbraucher für maßgebend ansehen, läuft allgemeinen zollrechtlichen Grundsätzen und dem Vereinfachungszweck der Vorschrift zuwider. Der Gesetzgeber hat § 32 ZollVG in die Vorschriften des Zollverwaltungsrechts eingefügt und damit zu erkennen gegeben, daß die Vorschriften des Zollrechts anzuwenden sind, soweit nicht ausdrücklich etwas anderes bestimmt ist. Die Auffassung von *Franzen* und *Bender* würde die Verwaltung im übrigen zwingen, für die Berechnung der Abgaben und ggf. des Zollzuschlags auf der einen Seite und für die Berechnung des Wertmaßstabes des § 32 ZollVG auf der anderen Seite den Warenwert bzw. den Zollwert jeweils gesondert zu ermitteln. Dies entspricht nicht dem Vereinfachungsgedanken der Vorschrift.

23 **Handeln mehrere Reisende als Mittäter,** muß der Wert aller gemeinschaftlich geschmuggelten Waren zusammengerechnet werden, da jeder Mittäter die gesamte Warenmenge geschmuggelt hat (*Bender* Tz. 87, 2f).

7. Ausschließungsgründe nach § 32 II ZollVG

a) Verheimlichen oder Verstecken (§ 32 II Nr. 1 ZollVG)

24 **Kein Verfolgungshindernis besteht,** wenn der Täter durch besonders angebrachte Vorrichtungen oder durch Verstecken der Waren an schwer zugänglichen Stellen *„besondere Mittel verwendet und sich damit besondere Mühe gibt, die Staatsorgane zu täuschen"* (Begr. BT-Drucks. III/2201 S. 76). Getroffen werden soll (besser gesagt: *Keine Ausnahme ist gerechtfertigt im Hinblick auf) „die besondere Stärke des rechtsfeindlichen Willens"* (BayObLG v. 9. 11. 1961, ZfZ 1962, 47 im Anschluß an *Rümelin* ddz 1961 F 116).

25 **Die beiden Alternativen des § 32 II Nr. 1 ZollVG** unterscheiden sich wie folgt: Besonders angebrachte Vorrichtungen sind Verstecke, die für die Einfuhr von Schmuggelgut durch Veränderung der technischen Beschaffenheit von Beförderungsmitteln oder von Verpackungen besonders hergestellt sind; in dem geschaffenen Sonderbehältnis oder in der Tarnpackung (Rdnr. 31) ist das Mitführen oder Einlegen von Waren oder von Waren der fraglichen Art sonst nicht üblich. Demgegenüber bedeutet ein Versteckthalten an schwer zugänglichen Stellen das Ausnutzen bereits vorhandener „natürlicher" Schmuggelverstecke, die nicht von vornherein zu diesem Zweck bestimmt waren (*Joachimski*, Betäubungsmittelrecht, 2. Aufl., 28b zu § 11 BtMGaF).

26 **Verheimlichen** vollzieht sich in der Weise, daß die Frage eines Zollbeamten nach zollpflichtigen Waren verneint oder mit unrichtigen Mengenangaben beantwortet und die wirklich mitgeführte Ware oder Warenmenge seinem

Blick entzogen wird oder daß die Beamten auf dem Amtsplatz, auf der Zollstraße oder an einem zugelassenen Grenzübergang umgangen oder abgelenkt werden. Ein Ausschlußtatbestand iS des § 32 II Nr. 1 ZollVG liegt nicht vor, wenn ein Flugreisender mit zollpflichtigen Waren den grünmarkierten Ausgang benutzt und er die Waren nicht durch besonders angebrachte Vorrichtungen dem Zugriff der Zollbeamten vorenthält oder sie nicht an schwer zugänglichen Stellen versteckt hält. Der gegenteiligen Auffassung des BFH (v. 29. 7. 1981, NJW 1982, 2280) ist nicht zu folgen.

Durch besonders angebrachte Vorrichtungen wird eine Ware verheimlicht, wenn der Reisende technische Hilfsmittel einsetzt oder technische Vorkehrungen trifft, um die Ware möglichst sicher und unauffällig über die Grenze zu bringen. Beispiele bilden der Einbau doppelter Böden oder das Verschließen von konstruktionsbedingten Hohlräumen in Fahrzeugen oder Behältern, das Anbringen von Halterungen oder der Einbau von Tanks für flüssiges oder pulverförmiges Schmuggelgut. Besonders angebrachte Vorrichtungen können auch Schmuggelwesten oder andere Hilfsmittel sein, die in oder an Kleidungsstücken oder unmittelbar am Körper das Mitführen von Schmuggelgut ermöglichen oder erleichtern (Rdnr. 36). Eine *vorhandene, zum Schmuggeln zweckentfremdete Vorrichtung* kann nur dazu führen, daß die Ware an einer schwer zugänglichen Stelle versteckt ist, zB Slibowitz im Kunststoffbehälter der Scheibenwaschanlage eines PKW (*Bender* ZfZ 1972, 70). 27

Ob Tarnpackungen die Voraussetzungen der 1. Alternative des § 32 II Nr. 1 ZollVG bzw. früher als § 80 II Nr. 1 ZG erfüllen, ist umstritten und in besonderem Maße von den Umständen des Einzelfalles abhängig. Zu bejahen ist die Frage zB bei Rauschgift in einer Dose, die als Gemüsekonserve aufgemacht ist, und für Branntwein in einem zugelöteten Olivenölkanister, der den Anschein einer fabrikmäßigen Originalpackung erweckt (glA *Bender* Tz. 87, 3g aa; aM HHSp-*Hübner* 104 zu § 370 AO), nicht aber für klaren Branntwein, der lediglich in eine Mineralwasserflasche umgefüllt worden ist (glA *Bender* aaO u. *Hübner* aaO). 28

Versteckt wird eine Ware, wenn sie sich an einer Stelle befindet, an der sie *„nach der Vorstellung des Reisenden Aussicht hat, bei einer der üblichen, nicht allzu gründlichen Kontrollen von Zollbeamten nicht entdeckt zu werden"* (BayObLG v. 9. 11. 1961, ZfZ 1962, 47). Nicht erforderlich ist, daß der Zollbeamte die Ware an der vom Reisenden gewählten Stelle nicht vermuten kann (insofern zu eng *Schübel* ZfZ 1961, 289, 291); denn die meisten Verstecke werden ihrer Art nach vielfach benutzt, sind jedem einigermaßen erfahrenen Zollbeamten bekannt und werden daher, falls überhaupt eine Nachschau vorgenommen wird, routinemäßig in der Erwartung überholt, gerade an dieser oder jener Stelle verborgene Waren zu entdecken (insofern zu weitgehend BayObLG aaO). In einer späteren Entscheidung (Urt. v. 30. 9. 1971, ZfZ 366) führt das BayObLG zur Beförderung von Trinkbranntwein im Motorraum eines PKW zutreffend aus, daß jede Ware versteckt sei, die *durch eine ungewöhnliche Art der Aufbewahrung nicht entdeckt werden soll* (insoweit zust. auch *Bender* ZfZ 1972, 69). 29

§ 32 ZollVG 30, 31

30   **Nicht versteckt** sind Waren regelmäßig dann, wenn sie für den kontrollierenden Zollbeamten – offen oder ordnungsmäßig verpackt – ohne nennenswerte Mühe sichtbar sind, zB im Gepäckträger eines Eisenbahnwagens, im Kofferraum eines PKW oder auf dem freien Sitz neben oder hinter dem Fahrer eines Kraftwagens (insoweit aM *Schübel* ZfZ 1961, 289, 291), oder wenn sie sich in den eigens hierfür bestimmten Verwahrungsmitteln, zB Koffern oder Handtaschen, oder Verwahrungsräumen, zB Kofferraum oder Handschuhfach, befinden, sofern sie hierin nicht derart untergebracht sind, daß sie Aussicht haben, unentdeckt zu bleiben (BayObLG v. 9. 11. 1961, ZfZ 1962, 47), wie zB die Goldmünze in der Puderdose (*Rümelin* ddz 1961 F 116).

31   **An einer schwer zugänglichen Stelle** sind Waren versteckt, wenn dem Zugriff der Zollbeamten Hindernisse im Wege stehen, die nur mit Schwierigkeiten überwunden werden können, namentlich wenn es eines *außergewöhnlichen Aufwandes an Kraft, Zeit oder Unannehmlichkeit oder der Anwendung von Werkzeugen oder anderer Hilfsmittel,* zB eines Spürhundes, bedarf, um das Versteck zu entdecken oder Zugang zu den versteckten Sachen zu gewinnen. Im einzelnen
   bejahend BayObLG v. 24. 8. 1961 (ZfZ 380) für Flaschen in einem Hohlraum unter dem Kofferraumboden, dessen Verkleidung nur mit einem Schraubenzieher entfernt werden konnte, sowie OLG Hamm v. 13. 10. 1961 (NJW 1962, 829) für Zigaretten zwischen den Spiralen der hinteren Sitze eines PKW;
   verneinend BayObLG v. 9. 11. 1961 (ZfZ 1962, 47) für den Raum zwischen Sitzfläche und Bodenblech eines Kraftwagens, wenn der Zollbeamte sich nur wenig bücken mußte, um die Sache zu entdecken, jedoch *bejahend,* wenn erst die Sitze zurückgeschlagen oder Kissen entfernt werden mußten (insoweit wohl zu weitgehend) oder wenn Waren in schmutziger Wäsche eingewickelt waren (insoweit aM *Bender,* s. Rdnr. 38);
   verneinend BGH v. 1. 8. 1962 (zit. bei *Leyser* ZfZ 1964, 40 f.) für Schmuggelgut, das im Kofferraum eines PKW nur mit einer Wolldecke zugedeckt wurde (*Schwarz/Wockenfoth* 11 zu § 80 ZG) *verneinend* in dem zu beurteilenden Sachverhalt, in dem der Täter einen Bildwerfer mit einem Firmenauto beförderte, in einem Eimer untergebracht, mit einem Handtuch umwickelt und mit Nägeln und Werkzeug bedeckt hatte;
   verneinend BayObLG v. 30. 9. 1971 (ZfZ 366) für ein Paket mit Schmuggelgut (Flaschen in einer Wolldecke) im Motorraum eines PKW, das der Zollbeamte nach dem Öffnen der Motorhaube ohne weiteres sehen und, ohne sich der Gefahr einer Beschmutzung auszusetzen, erreichen konnte (aM *Bender* ZfZ 1972, 69);
   bejahend BGH (24, 178 f.) v. 20. 7. 1971 für Rauschgift zwischen der Innendecke eines Omnibusses und dem Schutzdach, das nur mittels einer hydraulischen Vorrichtung geöffnet werden konnte, sowie BGH v. 28. 11. 1973 (NJW 1974, 429) für Rauschgift in den Hohlräumen beiderseits der Scheinwerfer eines PKW (krit. *Hübner* NJW 1974, 913);
   zu Unrecht verneinend OLG Bremen v. 30. 3. 1976 (ZfZ 212) für Flaschen in

einem erkennbar konstruktiv bedingten Hohlraum unter einer herausziehbaren Schublade unter der Koje auf einem Fischkutter.

Ein außergewöhnlicher Aufwand an Zeit oder Findigkeit genügt, wenn 32 ausgeklügelte Verstecke nur bei einer systematischen und gründlichen Suche oder durch Zufall entdeckt werden können. Nach langjähriger Unsicherheit hat der BGH mit Urt. v. 20. 3. 1980 (MDR 630) zu einem Versteck von Rauschgift in der Dachverkleidung eines PKW, das für den Täter dennoch (gewußt *wo* und *wie!*) leicht erreichbar war, ausdrücklich bestätigt, daß eine schwer zugängliche Stelle auch dann vorliegen kann, *„wenn ein Gegenstand in einer so unüblichen Weise verborgen ist, daß mit seiner Entdeckung nur auf Grund einer systematischen und zeitraubenden Suche gerechnet werden kann, wobei die Zufälligkeit, ob der kontrollierende Beamte im konkreten Einzelfall schon zu Beginn oder erst nach längerem Verlauf der Suchaktion auf das tatsächliche Versteck stößt außer Betracht zu bleiben hat".* Die Zugangsschwierigkeit kann also *allein* in dem Erfordernis eines außergewöhnlichen Zeitaufwandes liegen. Auf die Kritik von *Hübner* (NJW 1974, 913), daß der Täter das im Scheinwerfer verborgene Rauschgift (Rdnr. 31) jederzeit mühelos erreichen konnte, erwidert der BGH zutreffend, daß es nicht auf die Zugangsmöglichkeit des Täters, sondern derjenigen Personen ankommt, vor denen der Gegenstand versteckt worden ist. Der Vorschlag von *Bender* (ZfZ 1972, 70), *alle* Stellen, an denen man Waren *üblicherweise nicht befördert,* als schwer zugänglich anzusehen, erscheint rechtspolitisch erwägenswert, geht aber über die geltende Fassung des Gesetzes hinaus.

Für das Verstecken von Sachen in oder unter der Kleidung gelten die 33 vorstehenden Erläuterungen (Rdnr. 32 ff.) entsprechend. Danach ist eine Sache nicht oder nicht an einer schwer zugänglichen Stelle versteckt, wenn der Schmuggler sie in den normalen Außen- oder Innentaschen seiner Oberbekleidung mitführt (glA *Bender* ZfZ 1972, 69), wohl aber dann, wenn sie zwischen Stoff und Futter eingenäht ist oder wenn er Marihuana oder Haschisch in der Socke am Fuß trägt (aM OLG Hamburg v. 17. 1. 1975, ZfZ 147, 149; OLG Oldenburg v. 18. 5. 1976, MDR 866) oder unterhalb des Geschlechtsteils in der Badehose mitführt (OLG Koblenz v. 3. 6. 1982, NStZ 1983, 82) oder wenn er LSD-Tabletten auf die Haut unterhalb des Nabels geklebt (OLG Oldenburg v. 11. 12. 1973, MDR 1974, 329) oder eine Goldmünze in den Mund gesteckt hat.

Im Einzelfall kann die mehr oder minder schwierige Zugänglichkeit nur 34 unter Berücksichtigung der jeweiligen Größe und Beschaffenheit des verborgenen Gegenstandes beurteilt werden (BGH v. 20. 3. 1980, MDR 630).

Ob es Aufgabe der Zollbeamten oder der Zollbeteiligten ist, verschlos- 35 sene Ablagefächer und schwer zugängliche Hohlräume unter Zuhilfenahme von Werkzeug zu öffnen, verborgene Waren hervorzuholen, auszupacken und sich dabei zu beschmutzen oder beim Wühlen in schmutziger Wäsche einen inneren Widerstand zu überwinden, ist für die Anwendung des § 32 ZollVG unerheblich (grundsätzlich aM *Bender* ZfZ 1972, 69f. mit Kritik an BayObLG v. 9. 11. 1961, ZfZ 1962, 47 und v. 30. 9. 1971, ZfZ 366). Nach dem Gesetz kommt es nur darauf an, ob die Sache an einer schwer zugänglichen Stelle versteckt ist, nicht etwa darauf, wer auf wessen Kosten und aufgrund welcher Vorschriften sie ans Tageslicht zu fördern verpflichtet ist. Darüber hinaus ist unerheblich, ob der Zollbeteiligte mehr oder weniger bereitwillig an der Überholung (Art. 13 ZK, § 11 ZollVG) oder Zollbeschau (Art. 68b ZK; vgl. *Witte-Henke* Art. 68 Rdnr. 7–13) mitgewirkt hat. Andernfalls käme man, dies sei nur angedeutet, alsbald zu der Frage, ob der Zollbeteiligte etwa auch verpflichtet sein kann, an seiner eigenen strafrechtlichen Überführung mitzuwirken.

b) Wiederholte Zollstraftat (§ 32 II Nr. 2 ZollVG)

36   **Das Verfolgungshindernis verwirkt,** wer innerhalb von 6 Monaten vor der Tat schon einmal den Tatbestand einer Zollstraftat verwirklicht hat. Der Gesetzeswortlaut ist so eindeutig, daß Steuerstraftaten, die keine Eingangsabgaben (Rdnr. 6f.) betreffen, sowie Steuer- oder Zollordnungswidrigkeiten als hindernisausschließende Vortaten nicht in Betracht kommen.

37   **Zollstraftat iS des § 32 II Nr. 2 ZollVG** ist jede Steuerstraftat, die Zölle, die Einfuhrumsatzsteuer oder Abschöpfungen betrifft, namentlich Zollhinterziehung iS des § 370 AO, aber auch Zollhehlerei iS des § 374 AO. Folgt man der oben vertretenen Auffassung, daß § 32 ZollVG auf die bei der Einfuhr zu erhebenden besonderen Verbrauchsteuern analog anzuwenden ist (Rdnr. 8), dann ist auch die Hinterziehung von anderen Verbrauchsteuern als die Einfuhrumsatzsteuer Zollstraftat iS des § 32 ZollVG. Entsprechendes gilt für **Zollordnungswidrigkeiten** in Bezug auf die besonderen Verbrauchsteuern. Nach der einschränkenden Meinung von *Bender* (Tz. 87, 2h) bezieht sich § 32 II Nr. 2 ZollVG nur auf Zollstraftaten im Reiseverkehr, und zwar nur auf solche, die ihrerseits wegen § 32 ZollVG nicht verfolgt werden konnten. Zu dieser Auslegung berechtigt jedoch weder die Gesetzesbegründung, noch der Gesetzeszweck; vom Zweck des Gesetzes her, den besonders hartnäckigen oder unbelehrbaren Schmuggler der Strafverfolgung nicht zu entziehen, wäre es widersinnig, eine Zollstraftat, die vielleicht wesentlich schwerer wiegt als Bagatellschmuggel im Reiseverkehr, als eine zur Warnung des Täters ungeeignete Vortat anzusehen (ausf. HHSp-*Hübner* 109 zu § 370 AO).

38   **Verwirklicht wird der Tatbestand einer Zollstraftat,** wenn der Täter alle objektiven und subjektiven Tatbestandsmerkmale erfüllt hat; allein die objektiven Merkmale reichen nicht aus (*Bender* Tz. 87, 2h). Auf der anderen Seite ist es nicht erforderlich, daß wegen der Vortat ein Strafverfahren eingeleitet oder gar mit einer Verurteilung des Täters abgeschlossen worden ist. Dies folgt zwingend aus der Erwägung, daß *jede* erste Zollstraftat, die sich im Rahmen des § 32 ZollVG hält, nicht geahndet werden kann und daher auch nicht die Verfolgbarkeit der Wiederholungstat begründen könnte, so daß sich eine nicht verfolgbare Tat an die andere reihen könnte (BGH 18, 40 v. 1. 8. 1962 = ZfZ 336; OLG Bremen v. 11. 2. 1963, ZfZ 281).

39   **Nur die der Tat vorausgehenden sechs Monate** sind maßgebend für die Frage, ob der Täter den Tatbestand einer Zollstraftat zum wiederholten Male verwirklicht hat; auf sein Verhalten *nach* der Tat kommt es nicht an. Der

durch § 32 II Nr. 2 ZollVG angeordnete Verzicht auf die Strafverfolgung ist endgültig. Der Anspruch auf Strafverfolgung kann durch eine neue, etwa vor Ablauf von weiteren 6 Monaten begangene Zollstraftat nicht wiederaufleben (BGH v. 1. 8. 1962, ZfZ 336).

Wie ein Wiederholungsfall festgestellt werden soll, ist eine Frage, die der 40 Gesetzgeber bewußt vernachlässigt hat. Die Begründung lautet: *„Die Zollbediensteten sind nicht gehalten, in jedem Fall Ermittlungen darüber anzustellen, ob die Voraussetzungen des Absatzes 2 Nr. 2 vorliegen. Derartige Ermittlungen sind wegen des Ausnahmecharakters dieser Vorschrift gegenüber Absatz 1 vielmehr nur dann durchzuführen, wenn konkrete Anhaltspunkte in dieser Hinsicht gegeben sind. Frühere Verstöße solcher Täter sind in den Betracht kommenden Beamten regelmäßig bekannt."* (BT-Drucks. III/2201 S. 76).

Die Dienstanweisung des BdF zu § 80 ZG (VSF – Z 2710) besagt: *„Die Oberfinanzdirektionen erlassen Richtlinien, ob, inwieweit, durch welche Zolldienststellen und in welcher Form Aufzeichnungen geführt werden, durch welche die Feststellung ermöglicht wird, daß der Täter den Tatbestand eines Zollvergehens innerhalb von sechs Monaten zum wiederholten Male verwirklicht hat. Soweit Zollstellen nach solchen Richtlinien Aufzeichnungen führen, werden darin nur die Fälle vermerkt, in denen auch der innere Tatbestand eines Zollvergehens gegeben erscheint."*

Demgegenüber berichtet *Bender* (Tz. 87 aE), daß von der Möglichkeit, Anschreibungen zu machen, kaum Gebrauch gemacht werde, da die Täter die Zollämter wechseln und dadurch solche Bemühungen illusorisch machen könnten. Indessen solle(?) die Wiederholungsklausel hauptsächlich die Personen erfassen, die im Berufsverkehr täglich über die Grenze kommen, und diese seien den Abfertigungsbeamten vielfach bekannt.

8. Keine Teilanwendung des § 32 ZollVG

Ist ein Teil des Schmuggelgutes gar nicht oder an einer leicht zugänglichen Stelle versteckt worden, wird die Strafverfolgung durch § 32 II Nr. 1 ZollVG nicht etwa auf den anderen Teil beschränkt. Vielmehr kann ein und dieselbe Straftat – abgesehen von § 154a StPO – nur *einheitlich* verfolgt oder nicht verfolgt werden. Ausgeschlossen wird die Verfolgung gem. § 32 ZollVG nur, wenn *kein* Teil des Schmuggelgutes durch besonders angebrachte Vorrichtungen verheimlicht oder an einer schwer zugänglichen Stelle versteckt wurde (BayObLG v. 9. 11. 1961, ZfZ 1962, 47 f.). Entsprechendes gilt, wenn der Täter einen Teil der Schmuggelware veräußern und den anderen Teil selbst verbrauchen wollte (Rdnr. 18 f.). Ware, die nach der Einreise-FreimengenVO ohne weitere Förmlichkeiten abgabenfrei eingeführt werden kann, ist keine Schmuggelware und bleibt daher bei der Berechnung der Wertgrenze außer Betracht (Rdnr. 21).

§ 32 ZollVG 42–46 Nichtverfolgung von Zollstraftaten

9. Wirkung des § 32 ZollVG auf Teilnehmer

42 **Anstifter oder Gehilfen** werden nach § 32 ZollVG ebenfalls nicht verfolgt, wenn der oder die Täter im Reiseverkehr Waren schmuggeln, die nicht mehr als 600 DM wert sind und die nicht zum Handel oder zur gewerblichen Verwendung bestimmt sind (glA *Bender* Tz. 87, 3d; am *Meyer* 2 u. *Schwarz/Wockenfoth* 5 zu § 80 ZG in bezug auf Anstifter, die an der Reise selbst nicht teilgenommen haben). Das Verfahrenshindernis wirkt sogar gegenüber Teilnehmern, die nicht wissen, daß die geschmuggelten Waren weniger als 600 DM wert sind. Im umgekehrten Fall werden auch diejenigen Mittäter und Teilnehmer verfolgt, die irrtümlich angenommen hatten, daß nur ein Kleinschmuggel für den eigenen Bedarf durchgeführt werden sollte.

43 **Tatbezogene Ausschließungsgründe** für die Anwendung des § 32 ZollVG wirken gegen alle Täter und Teilnehmer, namentlich das Verheimlichen oder Verstecken iS des § 32 II Nr. 1 ZollVG oder das Überschreiten der Wertgrenze iS des § 32 I ZollVG (Rdnr. 45).

44 **Personenbezogene Ausschließungsgründe** wirken nur gegenüber demjenigen Mittäter oder Teilnehmer, bei dem sie vorliegen. Dies gilt nicht nur in den Fällen des § 32 II Nr. 2 ZollVG, sondern auch in Fällen des § 32 I ZollVG, zB wenn ein Mittäter die geschmuggelte Ware verkaufen und der andere seinen Anteil selbst verbrauchen will.

10. Zollzuschlag nach § 32 III ZollVG

45 **Die Regelung des § 32 III ZollVG ergänzt § 32 I u. II ZollVG.** Die Bestrafung wegen einer Zollstraftat oder die Festsetzung einer Geldbuße wegen einer Zollordnungswidrigkeit hindern die Erhebung eines Zollzuschlags. Unterbleibt dagegen eine Verurteilung zu Strafe oder Geldbuße, sei es aus materiellen Gründen wegen fehlenden Vorsatzes oder mangelnder Leichtfertigkeit des Stpfl, oder sei es wegen eines Verfolgungshindernisses, wie zB § 32 ZollVG, kann wegen des objektiven Fehlverhaltens des Stpfl unter den Voraussetzungen des § 32 III ZollVG ein Zollzuschlag festgesetzt werden.

46 **Der Zollzuschlag ist weder Strafe noch Geldbuße,** weil seine Erhebung nicht von einem Verschulden abhängt (BFH v. 29. 7. 1981, ZfZ 1982, 176). Andererseits ist der Zollzuschlag *kein Zoll* (*Otfried Schwarz* ZfZ 1963, 267; aM *Rümelin* ddz 1961 F 116 unter Berufung auf die Begr. BT-Drucks. III/2201 S. 65), wenn auch in bezug auf die Höhe des Zuschlags wegen des von der Zollschuld bestimmten Bemessungsrahmens mittelbar eine Beziehung zum Zolltarif besteht. Gegen einen zollähnlichen Charakter spricht jedoch, daß die Erhebung des Zuschlags dem Grunde und innerhalb des Rahmens auch der Höhe nach *im Ermessen der Zollbehörde* liegt. Bei der Ermessensausübung wird auch auf subjektive Umstände des Fehlverhaltens Rücksicht genommen (Rdnr. 41). Am engsten sind daher die Beziehungen zu sonstigen abgabenrechtlichen Sanktions- und Druckmitteln, zB den Verspätungszuschlägen nach § 152 AO. Jedenfalls handelt es sich um ein *abgabenrechtliches Mittel, den Reisenden zur Erfüllung seiner Pflichten im Zusammenhang mit der Zollbehandlung anzuhalten,* auch wenn das Fehlverhalten nicht als Straftat

11. Verfahrensrechtliche Fragen   47–50 § 32 ZollVG

oder Ordnungswidrigkeit verfolgt werden kann (BFH aaO). Ist ein Straf- oder Bußgeldverfahren eingeleitet worden, wird erst nach der Einstellung über die Erhebung des Zollzuschlags entschieden (*Schwarz* aaO).

Die Dienstanweisung des BdF zu den §§ 57 (Vorläufer zu § 32 III ZollVG), 57a und 58 ZG, §§ 133 und 134 AZO (VSF – Z 0901–14) besagt: 47
„*(8) Der Zollzuschlag wird im Regelfalle in voller Höhe erhoben. Gewinnt die Zollstelle die Überzeugung, daß das Zollgut der zollamtlichen Überwachung versehentlich vorenthalten oder entzogen worden ist, so wird bei leichten Versehen vom Zuschlag abgesehen, bei groben Versehen ein niedriger Zuschlag – in der Regel die Hälfte des vollen Zuschlags – erhoben. Bei groben Versehen kann vom Zuschlag abgesehen werden, wenn eine abgabenrechtliche Sanktion offensichtlich nicht erforderlich ist.*"
Wird anweisungsgemäß von Reisenden, die mit zollpflichtigen Waren den grünmarkierten Ausgang eines Flughafens benutzen, ein Zollzuschlag in voller Höhe der Eingangsabgaben erhoben, liegt darin kein Ermessensfehler (BFH v. 29. 7. 1981, NJW 1982, 2280).

11. Verfahrensrechtliche Fragen

Verfahrensrechtlich ist das Hindernis des § 32 ZollVG – wie die Verfolgungsverjährung – in jeder Lage des Verfahrens zu beachten. Steht von vornherein fest, daß die Voraussetzungen des § 32 I ZollVG vorliegen und die Merkmale des § 32 II ZollVG fehlen, muß eine verfahrenseinleitende Maßnahme unterbleiben (Rdnr. 51 u. 61 zu § 397 AO). Ergibt sich diese Erkenntnis erst nach der Einleitung des Straf- oder Bußgeldverfahrens, ist die Einstellung zu verfügen; auch durch Urteil ist auf Einstellung, nicht auf Freispruch zu erkennen. Bei einer zulässig eingelegten Revision hat das Revisionsgericht die Voraussetzungen des § 32 ZollVG *von Amts wegen* zu prüfen; es ist dabei an die Feststellungen des Tatrichters nicht gebunden, sondern hat alle ihm zu Gebote stehenden Erkenntnisquellen im Wege des Freibeweises zu nutzen (BayObLG v. 23. 6. 1981, ZfZ 312, zu § 80 ZG; BGH 14, 137, 139 v. 3. 2. 1960; 16, 164, 166f. v. 28. 6. 1961 mwN). 48

Ein Versuch der Strafklage tritt nicht ein, wenn die Strafverfolgungsbehörde aufgrund § 32 ZollVG von der Strafverfolgung von vornherein abgesehen oder das Strafverfahren eingestellt hat. Stellt sich zB nachträglich heraus, daß entgegen der ursprünglichen Annahme ein Wiederholungsfall iS des § 32 II Nr. 2 ZollVG vorlag, kann das Strafverfahren immer noch eingeleitet oder erneut eingeleitet werden. 49

Die Anwendung der allgemeinen Vorschriften der StPO und des OWiG wird durch § 32 ZollVG auch dann nicht ausgeschlossen, wenn § 32 ZollVG nicht anwendbar ist (glA *Bender* Tz. 87, 2a). § 32 ZollVG kann sich also nur zugunsten des Täters auswirken. Unabhängig von § 32 ZollVG *kann* zB das Strafverfahren wegen einer Zollstraftat aufgrund einer Ermessensentscheidung der Strafverfolgungsbehörde nach § 398 AO oder §§ 153, 153a StPO) auch dann eingestellt werden, wenn das geschmuggelte Zollgut mehr als 600 DM wert ist, aber die Schuld des Täters nach den Umständen des 50

Einzelfalles gleichwohl gering wäre; entsprechendes gilt für die Anwendbarkeit des § 154 oder des § 154a StPO.

51 **Wird die Zollstraftat eines Jugendlichen** aufgrund § 32 I ZollVG nicht verfolgt, bindet dies auch die Jugendgerichte (*Schwarz/Wockenfoth* 4 zu § 80 ZG), die sonst nach den §§ 33, 107 JGG für Verfehlungen Jugendlicher und Heranwachsender zuständig sind. Liegen die Voraussetzungen des § 32 I ZollVG nicht vor, kann aufgrund des § 45 JGG von der Verfolgung abgesehen werden (*Nothacker* JZ 1982, 57).

Anhang.
Anweisungen für das Straf- und Bußgeldverfahren (Steuer)[1]

Vom 22. Juni 1995

Erlaß Saarland B/2 – 272/95 – S 0720 – 3 – St 23 (StEK AO 1977 § 385 Nr. 5)

Inhaltsübersicht

	Nr.
Einführung	
Teil 1. Anwendungsbereich, gemeinsame Verfahrensgrundsätze	
Abschnitt 1. Anwendungsbereich und anzuwendendes Recht	1
Abschnitt 2. Gemeinsame Verfahrensgrundsätze	
Rechtliches Gehör	2
Verhältnismäßigkeit	3
Faires Verfahren	4
Wahrheitsfindung	5
Beschleunigung des Verfahrens	6
Geltung für das Bußgeldverfahren	7
Teil 2. Strafverfahren	
Abschnitt 1. Allgemeine Grundsätze	
(aufgehoben)	8
Legalitätsprinzip	9
Ausnahmen vom Verfolgungszwang	10
Verhältnis des Strafverfahrens zum Besteuerungsverfahren	11
Abschnitt 2. Zuständigkeit	
Unterabschnitt 1. Abgrenzung der Zuständigkeit zwischen Staatsanwaltschaft und Finanzamt	
Selbständiges Ermittlungsverfahren	12
Steuerstraftaten	13
Gleichgestellte Straftaten	14
(aufgehoben)	15
Zuständigkeit nach Erlaß eines Haft- oder Unterbringungsbefehls	16
Andere Straftaten	17
Abgabe der Strafsache an die Staatsanwaltschaft	18
Unterabschnitt 2. Stellung der Finanzbehörde im selbständigen Ermittlungsverfahren	19
Unterabschnitt 3: (aufgehoben)	20
Unterabschnitt 4. Zuständiges Finanzamt Sachliche Zuständigkeit	21
Örtliche Zuständigkeit	22
Mehrfache Zuständigkeit	23
Abschnitt 3. Einleitung des Strafverfahrens	
Verdacht; Legalitätsprinzip	24
Einleitungsmaßnahmen	25
Mitteilung	26
Rechtsstellung des Steuerpflichtigen nach der Einleitung	27
Belehrung	28
Vermerk	29
Mitteilung über die Einleitung des Verfahrens	30
Abschnitt 4. Verteidigung	
Wahl und Bestellung eines Verteidigers	31
Nachweis und Dauer der Bevollmächtigung des Verteidigers	32
Stellung des Verteidigers in Ermittlungsverfahren der BuStra und der Steufa	33
Akteneinsicht	34
Ausschluß eines Verteidigers	35
Abschnitt 5. Allgemeine Ermittlungsgrundsätze	
Ziel und Umfang der Ermittlungen	36
Verbinden und Abtrennen von Verfahren	37
Absehen von der Verfolgung und Beschränkung der Strafverfolgung	38
Beweissicherung	39
Ermittlung von Umständen, die für die Bemessung der Strafe und für die Nebenfolgen von Bedeutung sind	40
Unterstützung durch andere Behörden und Stellen	41
Antrag auf Vornahme richterlicher Untersuchungshandlungen	42
Ausweispflicht	43
Schlußbericht der Steufa	44

[1] Als Dienstanweisung bekanntgemacht in allen Bundesländern mit Ausnahme Baden-Württemberg, Bayern und Schleswig-Holstein.

Anhang

Anweisungen für das Straf- und

	Nr.
Abschnitt 6. Vernehmung	
Ladung	45
Rechtsstellung des Beschuldigten	46
Rechtsstellung des Zeugen	47
Besonderheiten für Angehörige des öffentlichen Dienstes	48
Durchführung der Vernehmung	49
Anfertigung von Notizen	50
Vernehmungsniederschrift	51
Schriftliche Aussagen	52
Nichterscheinen des Beschuldigten	53
Nichterscheinen des Zeugen	54
Entschädigung	55
Abschnitt 7. Durchsuchung und Beschlagnahme	
Zulässigkeit der Durchsuchung	56
Zulässigkeit der Beschlagnahme	57
Beschlagnahme bei Angehörigen der rechts- und steuerberatenden Berufe	58
Beschlagnahme der Patientenkartei eines Arztes	59
Anordnung der Durchsuchung/Beschlagnahme	60
Postbeschlagnahme	61
Zeit der Durchsuchung	62
Ablauf der Durchsuchung	63
Körperliche Durchsuchung	64
Einsichtnahme in Räume und Behältnisse mit Einverständnis des Betroffenen	65
Durchsuchung von Geschäftsräumen im Verfahren gegen geschäftsführende Gesellschafter	66
Durchsuchung der Wohnung in besonderen Fällen	67
Von Dritten genutzte Behältnisse	68
Durchsicht, Nachweis und Rückgabe der Beweismittel	69
Abschnitt 8. Vorläufige Festnahme	
Zulässigkeit	70
Verfahren	71
Abschnitt 9. Zusammenarbeit mit Staatsanwaltschaft und Polizei	
Staatsanwaltschaft	72
Polizei	73
Abschnitt 10. Abschließende Entscheidung im Verfahren der Finanzbehörde	
Überblick	74
Allgemeines zur Einstellung des Verfahrens	75
Einstellung nach § 170 Abs. 2 StPO	76
Einstellung nach § 153 Abs. 1 StPO, § 398 AO	77
Einstellung nach § 153a StPO	78
Antrag auf Anordnung von Nebenfolgen im selbständigen Verfahren	79

	Nr.
Voraussetzungen für den Antrag auf Erlaß eines Strafbefehls	80
Antragstellung	81
Rechtsmittel	82
Vorlage an die Staatsanwaltschaft	83
Abschnitt 11: Stellung der Finanzbehörde im Verfahren der Staatsanwaltschaft	
Rechte und Pflichten im Ermittlungsverfahren	84
Anwesenheitsrecht	85
Unterstützung der Staatsanwaltschaft bei der Überwachung von Auflagen	86
Abschnitt 12: Stellung der Finanzbehörde im gerichtlichen Verfahren	
Teilnahme an der Hauptverhandlung	87
Rechtsmittel	88
Unterstützung des Gerichts bei der Überwachung von Auflagen	89
Abschnitt 13. Behandlung von Einwendungen	
Gegenvorstellungen, Dienst- und Sachaufsichtsbeschwerden	90
Rechtsbehelfe	91
Wirkung von Einwendungen	92
Teil 3. Bußgeldverfahren	
Abschnitt 1. Anzuwendende Vorschriften	
Gesetzliche Bestimmungen	93
Anwendung der Regelungen des Zweiten Teils	94
Abweichungen vom Strafverfahren	95
Ermittlungsbefugnisse	96
Opportunitätsprinzip	97
Abschnitt 2. Ordnungswidrigkeiten	
Steuerordnungswidrigkeiten	98
Gleichgestellte Ordnungswidrigkeiten	99
Ordnungswidrigkeiten nach anderen Gesetzen	100
Abschnitt 3. Zuständigkeit	
Zuständigkeit für die Verfolgung und Ahndung von Ordnungswidrigkeiten	101
Zuständigkeit bei Zusammentreffen oder Zusammenhang der Ordnungswidrigkeit mit einer Straftat	102
Zuständigkeit bei Zusammentreffen oder Zusammenhang mit einer anderen Ordnungswidrigkeit	103
Abschnitt 4. Besonderheiten bei Verfahren gegen Angehörige der rechts- und steuerberatenden Berufe	104
Abschnitt 5. Abschließende Entscheidung	
Abschließende Entscheidung	105
Bekanntgabe des Bußgeldbescheids	106

Bußgeldverfahren (Steuer)

Anhang

Nr.

Abschnitt 6. Rechtsbehelfe
Behandlung eines Antrages auf gerichtliche Entscheidung 107
Einspruch gegen Bußgeldbescheid 108

Abschnitt 7. Kosten, Erhebung und Vollstreckung
Kosten des Verfahrens 109
Zuständigkeit für die Erhebung 110
Vollstreckung 111

Teil 4. Ergänzende gemeinsame Regelungen für das Straf- und Bußgeldverfahren

Abschnitt 1. Steuergeheimnis 112

Abschnitt 2. Unterrichtungspflicht gegenüber BuStra oder Steufa
Allgemeines 113
Außenprüfung................... 114
Selbstanzeigen................... 115
Unaufschiebbare Anordnungen....... 116

Abschnitt 3. Behandlung der Eingänge bei BuStra und Steufa
Beschleunigte Bearbeitung 117
Anzeigen....................... 118
Behandlung der Eingänge 119
Behandlung der Selbstanzeigen 120

Abschnitt 4. Vorermittlungen 121

Abschnitt 5. Auskunftsersuchen
Allgemeines 122
Auskunftsersuchen an Kreditinstitute im Besteuerungsverfahren........... 123
Auskunftsersuchen an Kreditinstitute im Straf- und Bußgeldverfahren 124
Erstattung von Kosten 125
Auskunftsersuchen wegen Chiffreanzeigen 126

Abschnitt 6: Unterrichtung der vorgesetzten Behörden...................... 127

Abschnitt 7. Zusammenarbeit innerhalb der Finanzverwaltung
Außenprüfung................... 128
Bundesamt für Finanzen 129

Nr.

Informationszentrale Steufa.......... 130
Zollverwaltung 131
Zollkriminalamt und Landeskriminalamt 132
Gewerbezentralregister 133

Abschnitt 8. Verwertungsverbote 134
Fälle, die nicht zu einem Verwertungsverbot führen 135

Abschnitt 9. Besonderheiten im Hinblick auf die Person des Beschuldigten/Betroffenen
Mitglieder des Deutschen Bundestages und der gesetzgebenden Körperschaften der Länder...................... 136
Diplomaten und andere bevorrechtigte Personen 137
Streitkräfte anderer Staaten 138
Jugendliche, Heranwachsende, vermindert Schuldfähige................. 139

Abschnitt 10. Mitteilungen im Straf- und Bußgeldverfahren
Mitteilungen an Behörden und Stellen der Finanzverwaltung 140
Mitteilungen an andere Behörden und Stellen 141
Mitteilung in sonstigen Fällen 142

Teil 5. Steuerfahndung

Aufgaben 143
Rechte und Pflichten 144
Zuständigkeit 145
Vorfeldermittlungen 146

Teil 6. Strafzumessung

Allgemeines zur Strafzumessung 147
Besonderheiten der Bemessung von Geldstrafen 148
Bedeutung des verkürzten Steuerbetrages für die Strafzumessung 149
Besondere Strafzumessungsgründe 150
Höhe des Tagessatzes, Ermittlung des Nettoeinkommens 151
Bemessung der Geldbuße bei Steuerordnungswidrigkeiten 152

Einführung

(1) Die nachfolgenden Anweisungen sollen der einheitlichen Handhabung des Gesetzes dienen und die reibungslose Zusammenarbeit der zur Verfolgung von Steuerstraftaten und Steuerordnungswidrigkeiten berufenen Stellen der Finanzbehörden untereinander, mit anderen Stellen der Finanzbehörden sowie mit den Gerichten und Staatsanwaltschaften gewährleisten.

(2) Die Anweisungen enthalten zur Erleichterung der Amtsgeschäfte eine Zusammenfassung von hierfür maßgeblichen Grundsätzen sowie Hinweise für deren prakti-

Anhang Anweisungen für das Straf- und

sche Anwendung. Zum besseren Verständnis und aus Gründen der Übersichtlichkeit wird zum Teil der Gesetzeswortlaut wiederholt. Bei streitigen Rechtsfragen ist im Interesse einer einheitlichen Verfahrensweise die Auffassung der Verwaltung wiedergegeben.

(3) Die Anweisungen können wegen der Vielfalt der Lebensvorgänge, auf die sie sich beziehen, nur Anleitungen für den Regelfall geben. Soweit sie daher die Besonderheiten eines Falles nicht erfassen, ist stets zu prüfen, welche Maßnahmen im Rahmen des Gesetzes und der Rechtsprechung der Gerichte geboten sind.

Teil 1: Anwendungsbereich, gemeinsame Verfahrensgrundsätze

Abschnitt 1: Anwendungsbereich und anzuwendendes Recht

1. (1) Die Anweisungen sind in allen Straf- und Bußgeldverfahren anzuwenden, in denen die Finanzbehörde ermittelt oder zur Mitwirkung berufen ist. Sie sind von allen Bediensteten der Steuerfahndung (Steufa) und der Bußgeld- und Strafsachenstellen (BuStra) zu beachten, ferner von Bediensteten anderer Stellen der Finanzbehörden, soweit es sich um die Zusammenarbeit mit jenen Stellen handelt oder wenn sie Maßnahmen im Straf- oder Bußgeldverfahren treffen.

(2) Für Steuerstraftaten gelten die allgemeinen Gesetze über das Strafrecht, soweit die Strafvorschriften der Steuergesetze nichts anderes bestimmen[1]. Für Steuerordnungswidrigkeiten gelten die Vorschriften des Ersten Teils des Gesetzes über Ordnungswidrigkeiten, soweit die Bußgeldvorschriften der Steuergesetze nichts anderes bestimmen[2]. Für das Strafverfahren wegen Steuerstraftaten gelten, soweit die §§ 386 ff. AO nichts anderes bestimmen, die allgemeinen Gesetze über das Strafverfahren, namentlich die Strafprozeßordnung, das Gerichtsverfassungsgesetz und das Jugendgerichtsgesetz, § 385 AO. Die Menschenrechtskonvention ist zu beachten. Der Rechtshilfeverkehr mit dem Ausland in strafrechtlichen Angelegenheiten richtet sich nach dem Gesetz über die internationale Rechtshilfe in Strafsachen (IRG). Regelungen in völkerrechtlichen Vereinbarungen (zB Doppelbesteuerungsabkommen) gehen, soweit sie unmittelbar anwendbares innerstaatliches Recht geworden sind, den Vorschriften des IRG und anderer nationaler Gesetze vor. Die Befugnisse der Steuerfahndung ergeben sich aus den §§ 208 und 404 AO.

Abschnitt 2: Gemeinsame Verfahrensgrundsätze

2. Rechtliches Gehör

Anspruch auf rechtliches Gehör hat jeder an einem Ermittlungsverfahren Beteiligte. Insbesondere muß dem Beschuldigten Gelegenheit gegeben werden, tatsächliche und rechtliche Ausführungen zu machen und Beweisanträge zu stellen. Bei Maßnahmen, die nur den Gang des Verfahrens betreffen, bedarf es keiner Anhörung, zB vor der Bestimmung eines Termins. Bei anderen Maßnahmen kann die vorherige Anhörung unterbleiben, wenn andernfalls der Zweck der Anordnung gefährdet würde, so namentlich bei Beschlagnahmen und Durchsuchungen, § 33 Abs. 4 StPO; dem von der Maßnahme Betroffenen muß jedoch dann nachträglich Gelegenheit zur Äußerung

---

[1] Hinweis auf Anlage I, Kapitel III, C EinigVtr iVm. Art. 1 EinigVtrG (BGBl. II 1990, 885, 954 = BStBl. I 1990, 654).
[2] Hinweis auf Anlage I, Kapitel III, C, Abschnitt III Nr. 4 EinigVtr iVm. Art. 1 EinigVtrG (BGBl. II 1990, 885, 954 = BStBl. I 1990, 654).

gegeben werden, wenn und soweit nach der Vollziehung der Anordnung noch ein Nachteil für ihn fortbesteht, BVerfG-Beschl. 2 BvR 176/63 v. 9. 3. 65, BVerfGE 18, 399, 404 = StRK GG Art. 103 Abs. 1 R. 73.

3. Verhältnismäßigkeit

Der Grundsatz der Verhältnismäßigkeit verlangt, daß die jeweilige Maßnahme unter Würdigung aller persönlichen und tatsächlichen Umstände des Einzelfalles zur Erreichung des angestrebten Zwecks geeignet und erforderlich ist und daß der mit ihr verbundene Eingriff nicht außer Verhältnis zur Bedeutung der Sache und zur Stärke des Tatverdachts steht (Verbot des Übermaßes). Dies gilt vor allem bei Maßnahmen, von denen Unverdächtige betroffen werden (zB Durchsuchung von Gebäuden).

4. Faires Verfahren

(1) Das Recht auf faires Verfahren gehört zu den wesentlichen Grundsätzen des rechtsstaatlichen Strafverfahrens. Es wird verwirklicht ua. durch die Gewährung des rechtlichen Gehörs (Nr. 2), das Recht auf Verteidigung (Nrn. 31 ff.), das Recht des Beschuldigten, zur Sache zu schweigen (§ 136 Abs. 1 Satz 2; § 243 Abs. 4 Satz 1 StPO), die Einräumung von Rechtsbehelfen und die Rechtsbehelfsbelehrung. Der Anspruch auf faires Verfahren verbietet es, Druck oder sonstige unerlaubte Mittel in Richtung eines Geständnisses oder sonstiger Einlassung auszuüben (Nr. 49 Abs. 3); vgl. Nr. 11 Abs. 2 bis 4. Verweigert der Beschuldigte jede Aussage zur Sache, so dürfen hieraus für ihn bei der Beweiswürdigung keine nachteiligen Folgerungen gezogen werden. Dies gilt auch, wenn ihm mehrere Taten (§ 264 StPO) vorgeworfen werden und er nur zu einer oder mehreren dieser Taten die Aussage verweigert. Anders kann es sein, wenn er nur zu einzelnen Punkten einer Tat (§ 264 StPO) schweigt.

(2) Bis zur rechtskräftigen Verurteilung wird die Unschuld vermutet, Art. 6 Abs. 2 Menschenrechtskonvention (MRK). Die Unschuldsvermutung verbietet voreingenommene Behandlung des Beschuldigten im Verfahren. Es ist daher alles zu vermeiden, was zu einer nicht durch den Zweck des Ermittlungsverfahrens bedingten Bloßstellung des Beschuldigten führen könnte. Dies gilt insbesondere im Schriftverkehr mit anderen Behörden und Personen. Sollte es nicht entbehrlich sein, den Beschuldigten anzugeben oder die ihm zur Last gelegte Tat zu bezeichnen, ist deutlich zu machen, daß gegen den Beschuldigten lediglich der Verdacht einer Straftat besteht.

5. Wahrheitsfindung

Die Finanzbehörde hat auch Umstände, die sich zugunsten des Beschuldigten auswirken können, von Amts wegen zu ermitteln und zu berücksichtigen, § 160 Abs. 2 StPO. Bei tatsächlichen Zweifeln über die Schuld- und Straffrage gilt für die abschließenden Entscheidungen der Finanzbehörden (Nrn. 74 ff.) der Grundsatz „im Zweifel für den Angeklagten". Werden strafbegründende oder straferhöhende Umstände nicht zur Überzeugung der Finanzbehörde festgestellt, muß dies bei der Prüfung, ob ein Verfahren einzustellen ist und auch beim Antrag auf Erlaß eines Strafbefehls sowie beim Antrag auf Anordnung von Nebenfolgen berücksichtigt werden.

6. Beschleunigung des Verfahrens

(1) Im Interesse sowohl des Beschuldigten als auch der Strafverfolgung haben alle Amtsträger dafür zu sorgen, daß über die erforderlichen Maßnahmen bei Verdacht von Steuerstraftaten so bald wie möglich entschieden wird. Es sind insbesondere die

Anhang Anweisungen für das Straf- und

für die Verfolgung zuständigen Stellen unverzüglich zu unterrichten, wenn hierzu Anlaß besteht, vgl. Nrn. 37 Abs. 1, 113 bis 117, Art. 6 MRK.

(2) Führt die Staatsanwaltschaft die Ermittlungen oder ist ein Verfahren bei Gericht anhängig, ist Gericht und Staatsanwaltschaft die gebotene Unterstützung so schnell wie möglich zu gewähren.

7. Geltung für das Bußgeldverfahren

Die Nrn. 2 bis 6 gelten für das Bußgeldverfahren entsprechend.

Teil 2: Strafverfahren

Abschnitt 1: Allgemeine Grundsätze

8.[1] (aufgehoben)

9. Legalitätsprinzip

Die Finanzbehörde ist gemäß § 152 Abs. 2 StPO verpflichtet, im Rahmen ihrer Zuständigkeit (Nrn. 21 und 22) wegen aller verfolgbaren Straftaten (Nrn. 13 und 14) ohne Ansehen der Person einzuschreiten, sofern zureichende tatsächliche Anhaltspunkte vorliegen. Das Legalitätsprinzip ist Ausprägung des Rechtsstaatsgedankens und gewährleistet den auch im Strafverfahren geltenden Grundsatz der Gleichheit aller vor dem Gesetz, Art. 3 GG. Die Finanzbehörde hat auf die Rechtmäßigkeit und Ordnungsmäßigkeit, die Beschleunigung des Verfahrens sowie auf die Zweckmäßigkeit und die Zuverlässigkeit der Ermittlungen zu achten, siehe auch Nr. 6.

10. Ausnahmen von Verfolgungszwang

Von der Verfolgung einer Straftat kann, wenn die Verfolgungsvoraussetzungen an sich gegeben sind, nur in den gesetzlich bestimmten Fällen (Nr. 38; Nrn. 77 und 78) abgesehen werden.

11. Verhältnis des Strafverfahrens zum Besteuerungsverfahren

(1) Die Rechte und Pflichten der Steuerpflichtigen und der Finanzbehörden im Besteuerungsverfahren und im Strafverfahren richten sich nach den für das jeweilige Verfahren geltenden Vorschriften, § 393 Abs. 1 Satz 1 AO. Werden die Besteuerungsgrundlagen im Rahmen des Strafverfahrens ermittelt, so richten sich die Rechte und Pflichten grundsätzlich nach den strafprozessualen Vorschriften.

(2) Nach Einleitung des Strafverfahrens bleibt der Steuerpflichtige zwar zur Mitwirkung verpflichtet, soweit für Zwecke der Besteuerung ermittelt wird; seine Mitwirkung darf aber nicht mehr mit Hilfe von Zwangsmitteln (§ 328 AO) durchgesetzt werden, § 393 Abs. 1 Satz 3 iVm. Satz 2 AO. Auch schon vor Einleitung eines Strafverfahrens sind im Besteuerungsverfahren Zwangsmittel unzulässig, sofern der Steuerpflichtige dadurch gezwungen würde, sich wegen einer von ihm begangenen Steuerstraftat oder Steuerordnungswidrigkeit zu belasten, § 393 Abs. 1 Satz 2 AO. Das Recht zur Schätzung (§ 162 AO) bleibt unberührt.

(3) Ergeben sich Anhaltspunkte dafür, daß nach Abs. 2 Sätze 1, 2 die Anwendung von Zwangsmitteln unzulässig sein könnte, ist der Steuerpflichtige über die Rechtslage zu belehren, § 393 Abs. 1 Satz 4 AO. Die Belehrung hat spätestens zu erfolgen,

---

[1] Siehe Nr. 1 Abs. 2.

Bußgeldverfahren (Steuer) **Anhang**

wenn der Steuerpflichtige zur Mitwirkung aufgefordert wird oder, wenn er schon zur Mitwirkung aufgefordert worden war, seine Mitwirkung fortsetzt. Im übrigen wird auf Nr. 28 verwiesen.

(4) Im Strafverfahren kann der Steuerpflichtige (Beschuldigte) seine Mitwirkung verweigern, ohne daß daraus für ihn nachteilige strafrechtliche Folgen entstehen, § 136 Abs. 1 Satz 2 iVm. § 163a Abs. 3, 4 StPO. Im übrigen wird auf Nr. 4 verwiesen.

Abschnitt 2: Zuständigkeit

Unterabschnitt 1: Abgrenzung der Zuständigkeit zwischen Staatsanwaltschaft und Finanzamt

12. Selbständiges Ermittlungsverfahren

(1) Das Finanzamt führt das Ermittlungsverfahren unbeschadet des Rechts der Staatsanwaltschaft gemäß § 386 Abs. 4 Satz 2 AO selbständig durch, wenn die Tat
1. ausschließlich eine Steuerstraftat (§ 386 Abs. 2 Nr. 1 AO; Nr. 13) oder eine dieser gleichgestellte Tat (Nr. 14) darstellt,
2. zugleich andere Strafgesetze verletzt und deren Verletzung Kirchensteuern oder andere öffentlich-rechtliche Abgaben betrifft, die an Besteuerungsgrundlagen, Steuermeßbeträge oder Steuerbeträge anknüpfen (§ 386 Abs. 2 Nr. 2 AO), zB Beiträge an Industrie- und Handelskammern, deren Höhe sich nach dem Gewerbesteuermeßbetrag richtet.

(2) Der Begriff der Tat ist nicht iS der Tateinheit nach § 52 StGB, sondern im prozessualen Sinne des § 264 Abs. 1 StPO zu verstehen, BGH-Urt. 4 StR 80/70 v. 4. 6. 70, BGHSt. 23, 270 = NJW 1970, 1427. Für die Annahme einer Tat in diesem Sinne kann es zB ausreichen, wenn die einzelnen Tathandlungen so miteinander verknüpft sind, daß ihre getrennte Aburteilung in verschiedenen erstinstanzlichen Verfahren einen einheitlichen Lebensvorgang unnatürlich aufspalten würde.

13. Steuerstraftaten

Steuerstraftaten (§ 369 AO) sind
1. Taten, die nach den Steuergesetzen (AO und Einzelsteuergesetze, zB § 23 RennwLottG) strafbar sind, also insbesondere Steuerhinterziehung nach § 370 AO und versuchte Steuerhinterziehung (§ 370 Abs. 2 AO). Auch soweit der gesamte steuerliche Sachverhalt erfunden wurde, dh. indem das Vorhandensein eines Steuerschuldverhältnisses lediglich vorgetäuscht worden war, ist die Tat als Steuerhinterziehung zu beurteilen, vgl. BGH-Beschluß 5 StR 91/94 v. 23. 3. 94, wistra 1994, 194 = StRK AO 1977 § 370 R. 221;
2. die Wertzeichenfälschung (§ 148 StGB) und deren Vorbereitung (§ 149 StGB), soweit die Tat Steuerzeichen betrifft;
3. die Begünstigung (§ 257 StGB) einer Person, die eine der vorstehend genannten Taten begangen hat. Unter den Begriff der Begünstigung fällt nur die sachliche Begünstigung, die darin besteht, dem Täter die Vorteile aus der Tat sichern zu helfen, nicht dagegen die persönliche Begünstigung, die den Zweck hat, den Täter der Strafverfolgung zu entziehen (Strafvereitelung nach § 258 StGB);
4. die Anstiftung (§ 26 StGB) und die Beihilfe (§ 27 StGB) zu einer Tat iS der Nrn. 1 bis 3.

Anhang

14. Gleichgestellte Straftaten

Den Steuerstraftaten gleichgestellte Straftaten sind
1. die ungerechtfertigte Erlangung von Wohnungsbau-, Spar- und Bergmannsprämien, von Zulagen für Arbeitnehmer in Berlin und von Arbeitnehmersparzulagen durch Taten iS des § 370 AO (§ 8 Abs. 2 WoPG; § 5b Abs. 2 SparPG; § 5a Abs. 2 BergPG; § 29a BerlinFG; § 14 Abs. 3 VermBG) sowie der Versuch dazu;
2. der Subventionsbetrug (§ 264 StGB) in bezug auf Investitionszulagen nach dem Berlinförderungsgesetz, dem Investitionszulagengesetz und dem Gesetz über eine Investitionszulage für Investitionen in der Eisen- und Stahlindustrie (§ 20 BerlinFG; § 9 InvZulG 1991; § 6 StahlInvZulG);
3. die Begünstigung einer Person, die eine der vorstehend genannten Taten begangen hat (§ 257 StGB);
4. die Anstiftung (§ 26 StGB) und die Beihilfe (§ 27 StGB) zu einer der vorstehend genannten Taten.

15.[1] (aufgehoben)

16. Zuständigkeit nach Erlaß eines Haft- oder Unterbringungsbefehls

Die selbständige Ermittlungsbefugnis der Finanzbehörde entfällt, sobald gegen einen Beschuldigten wegen der Tat ein Haftbefehl oder ein Unterbringungsbefehl erlassen ist, § 386 Abs. 3 AO. Die Finanzbehörde hat in diesen Fällen nur die Rechte und die Pflichten der Behörden des Polizeidienstes sowie die Befugnis zu Maßnahmen nach § 399 Abs. 2 Satz 2 AO, vgl. Nr. 84.

17. Andere Straftaten

Ergibt sich in einem Strafverfahren der Verdacht, daß innerhalb des einheitlichen Lebensvorgangs, der den Gegenstand der Untersuchung bildet (§ 264 StPO), Straftaten begangen wurden, auf die sich die selbständige Ermittlungsbefugnis der Finanzbehörden nicht erstreckt, so sind die Vorgänge der Staatsanwaltschaft vorzulegen.

18. Abgabe der Strafsache an die Staatsanwaltschaft

(1) Die Entscheidung über die Abgabe (§ 386 Abs. 4 Satz 1 AO) ist nach pflichtgemäßem Ermessen zu treffen. Die unverzügliche Abgabe kommt in Betracht, wenn besondere Umstände es angezeigt erscheinen lassen, daß das Ermittlungsverfahren unter der Verantwortung der Staatsanwaltschaft fortgeführt wird. Dies wird insbesondere der Fall sein, wenn
a) die Anordnung der Untersuchungshaft (§§ 112, 113 StPO) geboten erscheint;
b) die Strafsache besondere verfahrensrechtliche Schwierigkeiten aufweist;
c) der Beschuldigte außer einer Tat iS der Nrn. 13 und 14 keine andere – prozessual selbständige – Straftat begangen hat und die Taten in einem einheitlichen Ermittlungsverfahren verfolgt werden sollen (siehe auch Nr. 72 Abs. 3);
d) Freiheitsstrafe zu erwarten ist, die nicht im Strafbefehlsverfahren geahndet werden kann;
e) gegen die in Nrn. 136 bis 139 genannten Personen ermittelt wird;
f) ein Amtsträger der Finanzverwaltung der Beteiligung verdächtig ist.

In den Fällen der Buchst. e und f ist in der Regel eine sofortige Abgabe geboten, siehe auch Nr. 136 Abs. 1, Nr. 137 Abs. 4 Satz 2, Nr. 138 Satz 3 und Nr. 139.

---
[1] S. Nr. 13 Ziff. 1 Satz 2.

Bußgeldverfahren (Steuer) **Anhang**

(2) In den Fällen, die wegen der Größenordnung oder aus anderen Gründen, namentlich wegen der Persönlichkeit oder der Stellung des Beschuldigten oder wegen des Sachzusammenhangs mit anderen strafrechtlichen Ermittlungsverfahren, von besonderer Bedeutung sind, hat die Finanzbehörde, sofern sie nicht die Vorgänge gemäß Abs. 1 abgegeben hat, die Staatsanwaltschaft unverzüglich zu verständigen, siehe auch Nr. 72.

Unterabschnitt 2: Stellung der Finanzbehörde im selbständigen Ermittlungsverfahren

19. (1) Soweit die Finanzbehörde das Strafverfahren selbständig durchführt (Nr. 12), nimmt sie die Rechte und Pflichten wahr, die der Staatsanwaltschaft im Ermittlungsverfahren zustehen (§ 399 Abs. 1 AO), zB Befugnis für Anträge auf richterliche Untersuchungshandlungen (§ 162 StPO), Anordnung von Beschlagnahmen und Durchsuchungen bei Gefahr im Verzuge (§ 98 Abs. 1, § 105 Abs. 1 StPO), Durchsicht von Papieren (§ 110 Abs. 1 StPO), Durchsetzung der Pflicht zum Erscheinen von Beschuldigten (§ 163a Abs. 3 StPO) sowie von Zeugen und Sachverständigen (§ 161a Abs. 1 und 2 StPO), Verlangen auf Vorlage und Auslieferung von Beweisgegenständen (§ 95 StPO), abschließende Entscheidung, Nrn. 74 ff.

(2) Aufgaben, welche sich aus der Ausübung staatsanwaltschaftlicher Rechte und Pflichten ergeben (Abs. 1), werden von der BuStra wahrgenommen; Nr. 144 Abs. 3 Buchst. c bleibt unberührt. Ihr obliegt stets die abschließende Entscheidung, insbesondere die Entscheidung über die Einstellung von Verfahren.

Unterabschnitt 3.[1] (aufgehoben)

Unterabschnitt 4: Zuständiges Finanzamt

21. Sachliche Zuständigkeit

Das Ermittlungsverfahren führt die Finanzbehörde durch, der die Zuständigkeit nach § 387 Abs. 2 AO übertragen wurde. Daneben kann auch die Finanzbehörde, die die betroffene Steuer verwaltet (§ 387 Abs. 1 AO), im ersten Zugriff den Sachverhalt erforschen und Anordnungen und Maßnahmen nach § 399 Abs. 2 AO treffen.

22. Örtliche Zuständigkeit

(1) Die örtliche Zuständigkeit ergibt sich aus § 388 AO; wegen des Begriffes des Tatortes wird auf § 9 StGB verwiesen.

(2) Die örtliche Zuständigkeit bleibt bestehen, wenn die Verwaltungszuständigkeit auf eine andere Finanzbehörde übergeht. Bei Wohnsitzwechsel wird auch die für die Besteuerung neu zuständig werdende Finanzbehörde örtlich zuständig, § 388 Abs. 2 AO.

(3) Bei zusammenhängenden Strafsachen (§ 3 StPO) iS der Nr. 12, für die einzeln verschiedene Finanzbehörden örtlich zuständig wären, ist jede dieser Finanzbehörden für jede der zusammenhängenden Strafsachen zuständig, § 389 AO. Dies gilt nicht, wenn eine der Straftaten zur Zuständigkeit des Hauptzollamtes und eine andere zur Zuständigkeit des Finanzamtes gehört.

---

[1] Siehe Nr. 13 Ziff. 1 Satz 2.

Anhang

23. Mehrfache Zuständigkeit

(1) Die Regelung über die mehrfache Zuständigkeit (§ 390 AO) gilt sowohl für die örtliche als auch für die sachliche Zuständigkeit. Zu einer mehrfachen sachlichen Zuständigkeit kann es namentlich kommen, wenn sich die Steuerstraftat auf mehrere Steuerarten, die von verschiedenen Finanzbehörden verwaltet werden, bezieht und es sich um eine Tat iS des § 264 StPO handelt. Eine mehrfache örtliche Zuständigkeit kann sich insbesondere aus der Regelung des § 388 AO ergeben.

(2) Vorrangig zuständig ist die Finanzbehörde, die wegen der Tat zuerst ein Strafverfahren eingeleitet hat (§ 390 Abs. 1 AO).

(3) Die andere Finanzbehörde ist zur Übernahme verpflichtet, sofern dies für die Ermittlung sachdienlich erscheint, § 390 Abs. 2 AO. Es entscheidet zunächst die Behörde, die abgeben will, zB weil das Schwergewicht der Tat nicht in ihrem Bezirk liegt oder weil dadurch die Ermittlungen erleichtert werden. In Zweifelsfällen sollte vor der Abgabe eine Verständigung zwischen den beteiligten Finanzbehörden angestrebt werden. Kommt eine Einigung nicht zustande, entscheidet die Aufsichtsbehörde der ersuchten Finanzbehörde, § 390 Abs. 2 Satz 2 AO.

Abschnitt 3: Einleitung des Strafverfahrens

24. Verdacht; Legalitätsprinzip

(1) Ergibt sich der Verdacht einer verfolgbaren Steuerstraftat, so ist ein Strafverfahren einzuleiten (§ 152 Abs. 2 StPO; sog. Legalitätsprinzip, siehe auch Nr. 9).

(2) Ein Verdacht besteht, wenn zureichende tatsächliche Anhaltspunkte für eine Steuerstraftat vorliegen. Die bloße Möglichkeit einer schuldhaften Steuerverkürzung (vgl. Nrn. 114 Abs. 2, 121, 146) begründet noch keinen Verdacht.

25. Einleitungsmaßnahmen

(1) Ein Strafverfahren wird mit jeder Maßnahme eingeleitet, die erkennbar darauf abzielt, gegen jemanden wegen einer Straftat iS der Nrn. 13 und 14 vorzugehen, § 397 AO. Dient eine Maßnahme nur der Prüfung, ob ein Verdacht vorliegt (Nrn. 121, 146), so stellt sie noch keine Einleitung dar.

(2) Spätestens wird ein Strafverfahren eingeleitet durch die Vernehmung eines Beschuldigten oder Zeugen, durch eine Durchsuchung oder Beschlagnahme. Werden diese Maßnahmen aufgrund richterlicher Anordnung durchgeführt, so liegt die Einleitung bereits in der Antragstellung.

26. Mitteilung

(1) Die Einleitung des Strafverfahrens ist dem Beschuldigten spätestens mitzuteilen, wenn er aufgefordert wird, Auskünfte zu geben oder Unterlagen vorzulegen, die mit der Straftat zusammenhängen, auf die sich der Verdacht erstreckt, § 397 Abs. 3 AO. Erfordert es der Untersuchungszweck, vor der Vernehmung des Beschuldigten zunächst andere Ermittlungen vorzunehmen, zB Vernehmungen von Zeugen, so braucht ihm die Einleitung erst bekanntgegeben zu werden, wenn er um Mitwirkung gebeten wird.

(2) Bei der Bekanntgabe der Einleitung ist der Beschuldigte nach § 136 Abs. 1 StPO zu belehren, siehe auch Nr. 49 Abs. 1. Es sind ihm nach Möglichkeit Steuerart und Steuerjahr, auf die sich die Tat bezieht, sowie die Handlung, durch welche sie, und der Zeitpunkt, zu dem sie begangen wurde, unter Angabe der gesetzlichen Bestimmungen mitzuteilen.

Bußgeldverfahren (Steuer) **Anhang**

(3) Abs. 1 und Abs. 2 gelten entsprechend bei Erweiterung des Tatverdachts.

27. Rechtsstellung des Steuerpflichtigen nach der Einleitung
Wegen der Rechtsstellung des Steuerpflichtigen wird auf Nr. 11 verwiesen.

28. Belehrung
Sofern nicht schon vorher ein Anlaß besteht, den Steuerpflichtigen gemäß § 393 Abs. 1 Satz 4 AO zu belehren, hat diese Belehrung (siehe Nr. 11) spätestens mit der Bekanntgabe der Einleitung des Strafverfahrens zu erfolgen. Weigert sich der Steuerpflichtige, bei der Durchführung der Besteuerung mitzuwirken, ist er darauf hinzuweisen, daß dies im Besteuerungsverfahren berücksichtigt werden kann und die Besteuerungsgrundlagen ggf. geschätzt werden können. Der Eindruck, daß dadurch ein Druck zur Mitwirkung auf ihn ausgeübt werden soll, ist zu vermeiden. Wegen der Belehrung zu Beginn der ersten Vernehmung vgl. Nr. 49 Abs. 1.

29. Vermerk
Die Maßnahme, durch die ein Strafverfahren eingeleitet wird, ist unverzüglich unter Angabe des Zeitpunkts in den Akten zu vermerken (§ 397 Abs. 2 AO), die Bekanntgabe der Einleitung unter Angabe von Datum und – wenn möglich – Uhrzeit. Außerdem sind Beschuldigter, Steuerart und Steuerjahr, auf die sich die Tat bezieht, sowie die Handlung, durch welche sie, und der Zeitpunkt, zu dem sie begangen wurde, so vollständig und genau wie möglich anzugeben.

30. Mitteilung über die Einleitung des Verfahrens
(1) Die Einleitung des Verfahrens durch andere Stellen ist der BuStra unter Übersendung einer Zweitschrift des Aktenvermerks nach Nr. 29 mitzuteilen.

(2) Die BuStra teilt die Einleitung des Verfahrens der für die Steuerfestsetzung zuständigen Stelle mit.

Abschnitt 4: Verteidigung

31. Wahl und Bestellung eines Verteidigers
(1) Der Beschuldigte kann sich des Beistandes eines Verteidigers bedienen, § 137 Abs. 1 StPO; Wegen der Belehrung des Beschuldigten siehe Nr. 49 Abs. 1. Solange die Finanzbehörde aufgrund des § 386 Abs. 2 AO das Ermittlungsverfahren selbständig durchführt (vgl. Nr. 19), kommen als Verteidiger außer Rechtsanwälten und Rechtslehrern (§ 138 Abs. 1 StPO) auch Steuerberater, Steuerbevollmächtigte, Wirtschaftsprüfer und vereidigte Buchprüfer in Betracht, § 392 Abs. 1 AO. Andere Personen bedürfen als Verteidiger der Genehmigung durch das Gericht, § 138 Abs. 2 StPO.

(2) Wird die Finanzbehörde nach einem geeigneten Verteidiger befragt, hat sie die gesetzlich vorgesehenen Möglichkeiten aufzuzeigen. Der Beschuldigte kann auch auf die beim zuständigen Amtsgericht und Landgericht geführten Listen der zugelassenen Rechtsanwälte hingewiesen sowie an die Steuerberaterkammer und an die Wirtschaftsprüferkammer verwiesen werden. Die Empfehlung eines bestimmten Verteidigers hat jedoch zu unterbleiben. Nicht zulässig ist die Verteidigung mehrerer Beschuldigter durch einen gemeinschaftlichen Verteidiger, § 146 StPO.

(3) Liegt ein Fall der notwendigen Verteidigung vor (§ 140 Abs. 1 und 2 StPO), so soll die Finanzbehörde den Beschuldigten befragen, ob er selbst einen Verteidiger beauftragen wird. Beauftragt der Beschuldigte keinen Verteidiger, so beantragt die

Anhang Anweisungen für das Straf- und

BuStra, sofern sie die Ermittlungen selbständig durchführt (Nr. 19), selbst die Bestellung eines Verteidigers, wenn erkennbar ist, daß im gerichtlichen Verfahren die Mitwirkung eines Verteidigers notwendig sein wird, § 141 Abs. 3 Satz 2 StPO.

32. Nachweis und Dauer der Bevollmächtigung des Verteidigers

Der gewählte Verteidiger hat sich auf Verlangen durch schriftliche Vollmacht auszuweisen, sofern der Beschuldigte die Bevollmächtigung nicht angezeigt hat oder er nicht zusammen mit dem Verteidiger erscheint. Die Bevollmächtigung endet vor Abschluß des Verfahrens der Finanzbehörde nur mit der Anzeige des Beschuldigten über die Beendigung oder mit der Niederlegung des Mandats durch den Verteidiger.

33. Stellung des Verteidigers in Ermittlungsverfahren der BuStra und der Steufa

(1) Bei der Vernehmung des Beschuldigten durch die BuStra hat der Verteidiger ein Recht auf Anwesenheit; er ist rechtzeitig von dem Vernehmungstermin zu benachrichtigen, § 163a Abs. 3 Satz 2, § 168c Abs. 1 und 5 StPO.

(2) Bei der Vernehmung des Beschuldigten durch die Steufa hat der Verteidiger kein Anwesenheitsrecht, Umkehrschluß aus § 163a Abs. 3 Satz 2, § 168c Abs. 1 StPO. Ihm kann jedoch die Anwesenheit gestattet werden.

(3) Für sonstige Ermittlungshandlungen von BuStra und Steufa (zB Zeugenvernehmung) gilt Abs. 2 entsprechend.

(4) Der anwesende Verteidiger (Abs. 1 bis 3) hat ein Hinweis- und Fragerecht. Ungeeignete oder nicht zur Sache gehörende Fragen können jedoch zurückgewiesen werden.

(5) Wegen der Teilnahme des Beistandes eines Zeugen bei dessen Vernehmung vgl. Nr. 49 Abs. 5.

34. Akteneinsicht

(1) Vor Abschluß der Ermittlungen (§ 169a StPO) ist dem Verteidiger auf Antrag Einsicht in die Niederschriften über Vernehmungen des Beschuldigten, über richterliche Untersuchungshandlungen, bei denen der Verteidiger anwesend sein darf, sowie in Sachverständigengutachten zu gewähren, § 147 Abs. 3 StPO. Die Einsichtnahme in die übrigen Vorgänge sowie die Besichtigung von Beweisstücken kann verwehrt werden, wenn dies den Untersuchungszweck gefährden könnte, § 147 Abs. 2 StPO. Dies ist zB anzunehmen, wenn Untersuchungshandlungen vorbereitet sind, deren vorzeitiges Bekanntwerden verhindert werden soll.

(2) Mit Abschluß der Ermittlungen ist dem Verteidiger uneingeschränkt Akteneinsicht zu gewähren und die Besichtigung von Beweisstücken zu gestatten, § 147 Abs. 1, 2 StPO. Dies gilt auch für Steuerakten, die für das Strafverfahren herangezogen werden.

(3) Handakten sowie andere innerdienstliche Vorgänge (zB verwaltungsinterne Vermerke), die dem Gericht nicht vorgelegt werden, sind von der Akteneinsicht auszuschließen, vgl. Nr. 187 Abs. 2 RiStBV.

(4) Vor der Einsichtnahme oder der Besichtigung von Beweisstücken ist zu prüfen, ob sich aus ihnen Verhältnisse Dritter ergeben, die dem Steuergeheimnis unterliegen, Nr. 112. Hat der Dritte die Finanzbehörde nicht von der Wahrung des Steuergeheimnisses entbunden, ist eine Offenbarung und somit eine Einsichtnahme nur zulässig, soweit die Beweisstücke der Staatsanwaltschaft oder dem Gericht vorgelegt werden, § 30 Abs. 4 Nr. 1 AO; auf Nr. 112 Abs. 3 und 2 Satz 2 1. Halbsatz wird hingewiesen.

Bußgeldverfahren (Steuer) **Anhang**

(5) Wegen der Überlassung von Akten an den Verteidiger zur Einsichtnahme in seinen Geschäftsräumen oder in seiner Wohnung siehe § 147 Abs. 4 StPO.

(6) Das Recht zur Akteneinsicht umfaßt auch das Recht, Abschriften oder Ablichtungen zu fertigen.

(7) Der Beschuldigte bzw. frühere Beschuldigte selbst kann keine Einsicht in die Akten der Finanzbehörde (Ermittlungsakten, Steuerakten) verlangen. Dies gilt auch dann, wenn er als Verteidiger auftreten könnte. Den Sachverständigen kann die Finanzbehörde Akteneinsicht und Besichtigung der Beweismittel nach pflichtgemäßem Ermessen gewähren, § 80 Abs. 2 StPO. Zeugen und deren Beistände, der Anzeigeerstatter und sein Bevollmächtigter haben kein Recht auf Akteneinsicht.

(8) Über die Gewährung der Akteneinsicht entscheidet im vorbereitenden Verfahren und nach Einstellung des Ermittlungsverfahrens die Staatsanwaltschaft/BuStra, § 147 Abs. 5 StPO, Nr. 19 Abs. 2.

35. Ausschluß eines Verteidigers

(1) Besteht der begründete Verdacht, daß der Verteidiger an der Tat beteiligt war, und soll das Verfahren nicht an die Staatsanwaltschaft abgegeben werden, prüft die Finanzbehörde die Frage der Ausschließung, §§ 138a, 138c StPO; die Unterrichtung der Staatsanwaltschaft (Nr. 72) wird in der Regel angebracht sein. Ergibt die Prüfung, daß der Verdacht dringend ist oder die Eröffnung des Hauptverfahrens rechtfertigen würde, ist ein Antrag auf Ausschluß mit Begründung über die OFD an das OLG zu stellen.

(2) Bis zur Entscheidung des OLG können die Vernehmung des Beschuldigten sowie die Gewährung von Akteneinsicht zurückgestellt werden. Ob gegen den Verteidiger wegen der Teilnahme an der Tat das Verfahren einzuleiten ist, hat die Finanzbehörde nach Nr. 24 zu entscheiden.

Abschnitt 5: Allgemeine Ermittlungsgrundsätze

36. Ziel und Umfang der Ermittlungen

(1) Ziel der Ermittlungen ist es, eine Entscheidung darüber zu treffen, ob und in bezug auf welchen Sachverhalt sowie nach welcher Strafbestimmung die öffentliche Klage, ggf. durch Stellung eines Antrages auf Erlaß eines Strafbefehls, oder ein Antrag nach § 406 AO geboten erscheint (§ 160 StPO), oder ob das Verfahren einzustellen ist. Hierbei ist darauf zu achten, daß die Ermittlungen auf das Wesentliche gerichtet werden.

(2) Art und Umfang der Ermittlungen richten sich nach den Umständen des einzelnen Falles. Es gilt der Grundsatz der freien Gestaltung des Ermittlungsverfahrens, wobei das Übermaßverbot (Nr. 3) besonders zu beachten ist.

37. Verbinden und Abtrennen von Verfahren

(1) Sind mehrere prozessual selbständige Straftaten iS der Nrn. 13 und 14 zu verfolgen, und hängen diese Straftaten persönlich oder sachlich zusammen (§ 3 StPO), hat die Finanzbehörde in der Regel die Verfahren zu verbinden. Die Verbindung unterbleibt, wenn dies im Interesse der Beschleunigung der Strafverfolgung liegt. Unter diesem Gesichtspunkt ist auch zu prüfen, ob und inwieweit nach erfolgter Verbindung wieder Teile abzutrennen und als Verfahren gesondert zu führen sind.

(2) Hängen Straftaten iS der Nrn. 13 und 14 mit einer anderen Straftat zusammen, ist nach Nr. 18 Abs. 1 Buchst. c und Nr. 72 Abs. 3 zu verfahren.

Anhang

Anweisungen für das Straf- und

38. Absehen von der Verfolgung und Beschränkung der Strafverfolgung

(1) Wird gegen denselben Beschuldigten wegen mehrerer Taten iS der Nrn. 13 und 14 ermittelt, kann die BuStra unter den Voraussetzungen des § 154 Abs. 1 Nr. 1 StPO von der Verfolgung einer oder mehrerer der Taten absehen, vgl. Abs. 5. Der Zustimmung des Gerichts bedarf es dazu nicht.

(2) Abs. 1 gilt auch, wenn wegen der anderen Taten von einer anderen Finanzbehörde ermittelt wird sowie dann, wenn die Staatsanwaltschaft wegen anderer Straftaten ermittelt, andere Straftaten bei einem Gericht anhängig sind oder bereits aufgrund solcher Verfahren eine Strafe oder Maßregel der Besserung und Sicherung rechtskräftig verhängt worden ist. Die Entscheidung ist im Benehmen mit der anderen Finanzbehörde oder der Staatsanwaltschaft zu treffen.

(3) Besteht Anlaß zu der Annahme, daß die Sache nicht im Strafbefehlsverfahren erledigt werden kann (Nr. 80), ist aber ein Urteil in angemessener Zeit nicht zu erwarten, soll die BuStra im Benehmen mit der Staatsanwaltschaft frühzeitig klären, ob von der Verfolgung abzusehen ist, § 154 Abs. 1 Nr. 2 StPO.

(4) Erstreckt sich das Verfahren auf eine Tat mit mehreren abtrennbaren Teilen oder sind durch dieselbe Tat mehrere Gesetzesverletzungen begangen worden, kann die BuStra die Strafverfolgung nach Maßgabe des § 154a StPO beschränken. Abs. 1 Satz 2 sowie Abs. 2 gelten entsprechend.

(5) Die §§ 154 und 154a StPO sind namentlich in Verfahren mit einer für das Steuerstrafverfahren ungewöhnlich großen Anzahl von Einzeltaten oder von aufklärungsbedürftigen Vorgängen anzuwenden. Falls die Bildung einer Gesamtstrafe in Betracht kommt, ist auf die Auswirkung der auszuscheidenden Tat auf die zu erwartende Gesamtstrafe abzustellen. Bei der Prüfung, ob bei Verkürzungsdelikten die zu erwartende Strafe usw. neben einer anderen Strafe „nicht beträchtlich" ins Gewicht fällt, kann im Regelfall auf das Verhältnis der verkürzten Beträge abgestellt werden. Nach § 154 StPO soll hier nicht von der Verfolgung einer Tat abgesehen werden, auf die von den insgesamt verkürzten Steuern mehr als ein Drittel entfällt. Entsprechendes gilt für § 154a StPO.

(6) Solange die Besteuerungsgrundlagen noch nicht ermittelt sind, ist von §§ 154, 154a StPO nur in Ausnahmefällen Gebrauch zu machen, zB wenn die Steuerfestsetzung nach § 156 Abs. 2 AO nach Auffassung der zuständigen Stelle unterbleiben kann.

39. Beweissicherung

(1) Die Finanzbehörde hat, auch zugunsten des Beschuldigten, für die Erhebung und Sicherung der Beweise Sorge zu tragen, deren Verlust zu befürchten ist, §§ 399, 402 AO, § 160 Abs. 2, § 163 Abs. 1 StPO. Hierzu gehört zB ferner die Sicherstellung von Gegenständen, die als Beweismittel für die Untersuchung von Bedeutung sein können, sowie ggf. die Veranlassung einer richterlichen Vernehmung. Auf die rechtzeitige Erhebung und Sicherung der Beweise ist auch in den Fällen zu achten, in denen das Strafverfahren nach § 396 AO ausgesetzt worden ist oder seine alsbaldige Durchführung nicht zweckmäßig erscheint.

(2) Wegen der Verwahrung beschlagnahmter Gegenstände vgl. Nr. 74 RiStBV.

40. Ermittlung von Umständen, die für die Bemessung der Strafe und für die Nebenfolgen von Bedeutung sind

Zu den Rechtsfolgeumständen, auf die sich die Ermittlungen erstrecken sollen (vgl. § 160 Abs. 3 Satz 1 StPO), gehören insbesondere Umstände, die für die Bemessung der Strafe von Bedeutung sind, vgl. §§ 46ff. StGB. Grenzen für die Ermittlung der

Rechtsfolgeumstände können sich aus dem Verwertungsverbot nach § 51 BZRG und ggf. aus dem Verhältnismäßigkeitsgrundsatz ergeben, insbesondere, soweit die Ermittlungen nicht ohne Eindringen in die Privatsphäre des Beschuldigten durchgeführt werden können. Auf Nrn. 13, 14 und 15 Abs. 1 RiStBV wird hingewiesen.

41. Unterstützung durch andere Behörden und Stellen

(1) Die BuStra kann zur Durchführung ihrer Ermittlungen von allen öffentlichen Behörden Auskunft verlangen und Ermittlungen jeder Art, zB Einsichtnahme in Akten, entweder selbst vornehmen oder durch die Steufa, ggf. auch durch die Behörden und Beamten des Polizeidienstes vornehmen lassen, § 161 StPO. Die Ermittlungsbefugnisse der Steufa nach §§ 208 und 404 AO bleiben unberührt.

(2) Bei Auskunftsersuchen an Behörden sind einschlägige Geheimhaltungsbestimmungen zu beachten, vgl. zB § 35 SGB I, § 5 PostG.

42. Antrag auf Vornahme richterlicher Untersuchungshandlungen

(1) Die BuStra kann die Vornahme richterlicher Untersuchungshandlungen, zB die eidliche Vernehmung von Zeugen, beim Amtsgericht beantragen, § 162 StPO.

(2) Der Antrag auf Vornahme einer richterlichen Untersuchungshandlung soll regelmäßig nur dann gestellt werden, wenn diese aus besonderen Gründen für erforderlich erachtet wird, zB weil der Verlust eines Beweismittels droht oder ein Geständnis festzuhalten ist (§ 254 StPO) oder, wenn eine Straftat nur durch Personen bewiesen werden kann, die zur Verweigerung des Zeugnisses berechtigt sind, Nr. 10 RiStBV. Im Hinblick auf die Regelung des § 161a Abs. 1 Satz 1 StPO, § 399 Abs. 1 AO, wonach ein Zeuge verpflichtet ist, vor der BuStra zu erscheinen und auszusagen, ist ein Antrag auf richterliche Vernehmung regelmäßig nur zu stellen, wenn der Zeuge vereidigt (§ 65 StPO) oder eine verlesbare Vernehmungsniederschrift beschafft werden soll, § 251 StPO.

(3) Die einzelnen Untersuchungshandlungen müssen im Antrag angegeben werden, ggf. unter Beschränkung auf einzelne Beweisthemen.

(4) Zum Antrag auf Anordnung der Durchsuchung oder Beschlagnahme vgl. Nr. 60.

43. Ausweispflicht

Vor der Vornahme von Amtshandlungen außerhalb der Diensträume haben sich die Amtsträger auszuweisen.

44. Schlußbericht der Steufa

(1) Hat die Steufa die Ermittlungen durchgeführt, so hat sie die für die Besteuerung erheblichen Prüfungsfeststellungen sowie die Änderungen der Besteuerungsgrundlagen in einem Prüfungsbericht entsprechend § 202 Abs. 1 AO darzustellen. Dieser ist der für die steuerliche Auswertung zuständigen Stelle zu übersenden; § 202 Abs. 2 AO gilt entsprechend. Haben die Feststellungen keine steuerlichen Auswirkungen, so genügt ggf. die Übersendung eines Vermerks; eine Übersendung an die zuständige Stelle kann unterbleiben, wenn diese die Prüfung nicht angeregt hatte.

(2) Der strafrechtlich bedeutsame Sachverhalt ist in einem gesonderten Bericht festzuhalten. Die für den objektiven und subjektiven Tatbestand bedeutsamen Ermittlungsergebnisse sind aufzuführen. Es kann auf den Prüfungsbericht Bezug genommen werden. Hierbei ist zu beachten, daß der Strafrichter die Höhe der Steuerverkürzung nach dem Grundsatz „im Zweifel für den Angeklagten" prüfen muß und Ergebnisse

Anhang
Anweisungen für das Straf- und

einer Schätzung wegen Verletzung der steuerlichen Mitwirkungspflichten (§ 162 AO) aber nicht ohne weiteres vom Besteuerungsverfahren in das Strafverfahren übernommen werden können. Der gesonderte Bericht ist der BuStra unter Beifügung des Prüfungsberichts zu übersenden. War bereits ein Strafverfahren eingeleitet worden, hat sich der Verdacht jedoch nicht bestätigt, so ist dies der BuStra bei der Übersendung des Prüfungsberichts oder Vermerks mitzuteilen.

Abschnitt 6: Vernehmung

45. Ladung

Wegen der Ladung des Beschuldigten durch BuStra oder Steufa vgl. Nr. 44 RiStBV, wegen der Ladung des Zeugen vgl. Nr. 64 RiStBV, Nr. 54 Abs. 2 Satz 1.

46. Rechtsstellung des Beschuldigten

(1) Auf Ladung der BuStra ist der Beschuldigte verpflichtet, vor dieser zu erscheinen (§ 163a Abs. 3 Satz 1 StPO), wenn sie das Ermittlungsverfahren selbständig durchführt, vgl. Nr. 19. Der Beschuldigte ist nicht verpflichtet, vor der Steufa zur Vernehmung zu erscheinen.

(2) Der Beschuldigte ist nicht verpflichtet, zur Sache auszusagen, vgl. Nr. 11. Dieses Aussageverweigerungsrecht bezieht sich nicht auf die Angaben zur Person.

47. Rechtsstellung des Zeugen

(1) Zeugen sind verpflichtet, auf Ladung der BuStra vor dieser zu erscheinen und zur Sache auszusagen, § 161a Abs. 1 Satz 1 StPO, wenn sie das Ermittlungsverfahren selbständig durchführt. Zeugen sind nicht verpflichtet, vor der Steufa zur Vernehmung zu erscheinen.

(2) Zur Verweigerung des Zeugnisses sind insbesondere nahe Angehörige und Angehörige bestimmter Berufsgruppen einschließlich ihrer Berufshelfer berechtigt, §§ 52 bis 53a, 56 StPO. Nahe Angehörige sind Verlobte, Ehegatten und die in § 52 Abs. 1 Nr. 3 StPO bezeichneten Verwandten und Verschwägerten. Wegen der Verwandtschaft und Schwägerschaft wird auf die §§ 1589, 1590 BGB verwiesen.

(3) Ein Zeuge braucht Fragen, deren Beantwortung ihn oder nahe Angehörige der Gefahr der Verfolgung wegen einer Straftat oder Ordnungswidrigkeit aussetzen würden, nicht zu beantworten, § 55, 56 StPO. Zur Belehrung des Zeugen vgl. Nr. 49 Abs. 4.

48. Besonderheiten für Angehörige des öffentlichen Dienstes

Angehörige des öffentlichen Dienstes bedürfen für ihre Aussagen in dienstlicher Angelegenheit einer Genehmigung ihres Dienstvorgesetzten (§ 54 StPO). Auf Nrn. 66, 44 Abs. 3 RiStBV und Nr. 112 Abs. 2 letzter Satz wird hingewiesen.

49. Durchführung der Vernehmung

(1) Zu Beginn der ersten Vernehmung ist dem Beschuldigten zu eröffnen, welche Tat ihm zur Last gelegt wird, bei Vernehmung durch die BuStra auch, welche Strafvorschriften in Betracht kommen. Weiterhin ist der Beschuldigte darüber zu belehren, daß es ihm freistehe, sich zu der Beschuldigung zu äußern oder nicht zur Sache auszusagen und jederzeit auch schon vor der Vernehmung, einen von ihm zu wählenden Verteidiger zu befragen, und daß er zu seiner Entlastung einzelne Beweiserhebungen beantragen kann (§ 163a Abs. 4 iVm. § 136 Abs. 1 StPO). Nr. 28 bleibt unberührt.

Bußgeldverfahren (Steuer) **Anhang**

(2) Die Vernehmung zur Sache soll dem Beschuldigten Gelegenheit geben, sich gegen den strafrechtlichen Vorwurf zu verteidigen (§ 136 Abs. 2 StPO). Hierzu sind ihm die Verdachtsgründe mitzuteilen, soweit es für seine Verteidigung angezeigt erscheint.

(3) Den Willen beeinträchtigende Vernehmungsmethoden und -mittel, wie zB Ermüdung und Täuschung, sind unzulässig (§ 136a StPO) und haben ein Verwertungsverbot zur Folge (vgl. Nr. 134).

(4) Der Zeuge ist über sein Zeugnisverweigerungsrecht zu belehren, wenn Anhaltspunkte für ein solches Recht erkennbar sind (§ 52 Abs. 3 StPO), obwohl davon ausgegangen werden kann, daß jeder die mit seinem Beruf zusammenhängenden Rechte und Pflichten kennt, soll auch auf das Zeugnisverweigerungsrecht nach §§ 53, 53a StPO hingewiesen werden. Eine Belehrung nach § 55 Abs. 2 StPO muß spätestens erfolgen, sobald Anhaltspunkte dafür erkennbar werden, daß der Zeuge durch seine Aussage sich selbst oder einen nahen Angehörigen in die Gefahr der Verfolgung wegen einer Straftat oder Ordnungswidrigkeit bringen würde.

(5) Der Zeuge darf zu seiner Vernehmung mit einem Rechtsanwalt (BVerfG-Beschl. 2 BvR 747/73 v. 8. 10. 74, BVerfGE 38, 105 = NJW 1975, 103) oder einem Angehörigen der steuerberatenden Berufe (Nr. 31 Abs. 1) als Beistand erscheinen. Der Beistand hat nicht mehr Befugnisse als der Zeuge selbst. Gefährdet seine Anwesenheit den Ermittlungszweck, kann er zurückgewiesen werden.

50. Anfertigung von Notizen

Die Anfertigung von Notizen durch Beschuldigte, Zeugen, Verteidiger und Beistände ist zulässig.

51. Vernehmungsniederschrift

(1) Über die Vernehmung soll eine Niederschrift nach Maßgabe der Abs. 2 bis 5 aufgenommen werden, soweit dies ohne erhebliche Verzögerung der Ermittlungen geschehen kann. Andernfalls ist das Ergebnis der Vernehmung auf andere Weise aktenkundig zu machen, § 168b StPO.

(2) Beginn und Ende der Vernehmung sowie die Belehrung des Vernommenen sind in der Niederschrift festzuhalten. Auf Nr. 45 Abs. 2 RiStBV wird hingewiesen.

(3) Die Niederschrift ist dem Vernommenen zur Genehmigung vorzulesen oder zur Durchsicht vorzulegen. Berichtigungen, die den Sinn der Vernehmung berühren, soll der Vernommene mit seinem Handzeichen versehen.

(4) Der Vernommene unterschreibt die Niederschrift mit seinem Vor- und Zunamen unter der Genehmigungsformel „Vorgelesen, genehmigt und unterschrieben" oder „Selbst gelesen, genehmigt und unterschrieben" oder „nach Diktat genehmigt". Verzichtet der Vernommene auf das Vorlesen oder die Vorlage zur Durchsicht, so ist dies in der Niederschrift zu vermerken. Der Vernehmende und ein etwaiger Protokollführer unterzeichnen sodann mit Namen und Dienstbezeichnung.

(5) Verweigert der Vernommene seine Aussage oder seine Unterschrift, so ist dies unter Angabe der Gründe in der Niederschrift zu vermerken.

(6) Beschuldigter und Zeuge haben keinen Anspruch auf Aushändigung von Vernehmungsniederschriften. Dem Beschuldigten soll jedoch eine Durchschrift der Vernehmungsniederschrift ausgehändigt werden, wenn eine Gefährdung des Untersuchungszweckes nicht zu befürchten ist. Wegen des Rechts des Verteidigers, die Vernehmungsniederschriften einzusehen und Abschriften zu fertigen siehe Nr. 34.

(7) Die Aushändigung von Abschriften der Vernehmungsniederschrift ist in den Akten zu vermerken.

52. Schriftliche Aussagen

In geeigneten Fällen kann es ausreichen, daß sich Beschuldigte und Zeugen schriftlich äußern. Dies kommt insbesondere in Betracht, wenn der Beschuldigte oder Zeuge für seine Aussage Akten, Geschäftsbücher oder andere umfangreiche Schriftstücke braucht, vgl. Nr. 67 RiStBV.

53. Nichterscheinen des Beschuldigten

(1) Erscheint der Beschuldigte auf Ladung der BuStra nicht (siehe Nr. 46 Abs. 1), ist darüber zu entscheiden, ob
- die Ladung zu wiederholen ist;
- er darauf hingewiesen werden soll, die BuStra gehe davon aus, daß er keinen Wert darauf lege, sich zu der erhobenen Beschuldigung zu äußern, und daß das Verfahren nunmehr zur Erhebung der öffentlichen Klage an die Staatsanwaltschaft abgegeben (vgl. Nr. 83) oder Strafbefehl beantragt werde (vgl. Nrn. 80 ff.);
- ihm nochmals Gelegenheit zu geben ist, sich schriftlich zu äußern (§ 163a Abs. 1 Satz 2 StPO);
- richterliche Vernehmung beantragt (§ 162 Abs. 1 Satz 1 StPO);
- nach ihm gefahndet (vgl. Nrn. 39 ff. RiStBV) oder
- Vorführung angeordnet werden soll (siehe Abs. 2).

(2) Eine Vorführung (§ 163a Abs. 3 Satz 2; §§ 134, 135 StPO) wird nur in Ausnahmefällen in Betracht kommen. Leistet der Beschuldigte Widerstand oder ist mit Widerstand zu rechnen, ist Amtshilfe der polizeilichen Vollzugsorgane in Anspruch zu nehmen.

(3) Erscheint der Beschuldigte auf Ladung der Steufa nicht (siehe Nr. 46 Abs. 1 Satz 2), soll eine Ladung durch die BuStra zum Erscheinen vor der BuStra herbeigeführt werden, wenn diese das Verfahren selbständig durchführt (Nr. 19), sofern nicht die Ladung zu wiederholen, ihm Gelegenheit zur schriftlichen Äußerung zu geben oder durch die BuStra richterliche Vernehmung (siehe Nr. 42) zu beantragen ist. Führt die Staatsanwaltschaft das Verfahren durch, ist sie zu unterrichten.

54. Nichterscheinen des Zeugen

(1) Erscheint der Zeuge auf Ladung der BuStra nicht, ist darüber zu entscheiden, ob bei ungenügend entschuldigtem Ausbleiben
- ihm die durch sein Ausbleiben verursachten Kosten auferlegt und gegen ihn ein Ordnungsgeld festgesetzt werden sollen (§ 161a Abs. 2 Satz 1, § 51 Abs. 1 Sätze 1 und 2 StPO),
- seine Vorführung angeordnet (§ 161a Abs. 2 Satz 1, § 51 Abs. 1 Satz 3 StPO) oder
- gemäß § 162 Abs. 1 Satz 1 StPO richterliche Vernehmung beantragt werden soll.

(2) Festsetzung eines Ordnungsgeldes, Auferlegung der Kosten und zwangsweise Vorführung dürfen nur angeordnet werden, wenn in der Ladung auf sie hingewiesen wurde, § 48 StPO. Wird der Zeuge nachträglich genügend entschuldigt, werden die Anordnungen wieder aufgehoben, § 161a Abs. 2 Satz 1, § 51 Abs. 2 Satz 3 StPO. Bei wiederholtem Ausbleiben kann Ordnungsgeld noch einmal festgesetzt werden. Für die Anordnung und Ausführung der zwangsweisen Vorführung gilt Nr. 53 Abs. 2 sinngemäß.

(3) Bei unberechtigter Zeugnisverweigerung ist der Zeuge darauf hinzuweisen, daß ihm die durch seine Weigerung verursachten Kosten auferlegt und zugleich gegen

Bußgeldverfahren (Steuer) **Anhang**

ihn ein Ordnungsgeld festgesetzt werden können, § 161a Abs. 2 Satz 1, § 70 StPO; ggf. ist darüber zu befinden, ob gemäß § 162 Abs. 1 Satz 1 StPO richterliche Vernehmung beantragt werden soll. Ordnungsgeld darf in demselben Verfahren oder in einem gegen einen anderen Beschuldigten gerichteten Verfahren, das dieselbe Tat zum Gegenstand hat, gegen den Zeugen nur einmal festgesetzt werden, § 161a Abs. 2 Satz 1, § 70 Abs. 4 StPO. Zur Erhebung des Ordnungsgeldes siehe Nr. 110.

(4) Erscheint ein Zeuge auf Ladung vor der Steufa nicht, gilt Nr. 53 Abs. 3 sinngemäß.

55. Entschädigung

Zeugen, Sachverständige und Dolmetscher werden nach dem Gesetz über die Entschädigung von Zeugen und Sachverständigen entschädigt, § 405 AO.

Abschnitt 7: Durchsuchung und Beschlagnahme

56. Zulässigkeit der Durchsuchung

(1) Die Durchsuchung der Wohnung und anderer Räume, der Person und der ihr gehörenden Sachen ist zulässig
a) bei dem, welcher als Täter oder Teilnehmer einer Straftat oder der Begünstigung, Strafvereitelung oder Hehlerei verdächtig ist, zum Zwecke der Ergreifung des Verdächtigen oder der Auffindung von Beweismitteln, wenn zu vermuten ist, daß die Durchsuchung zur Auffindung von Beweismitteln führen werde, § 102 StPO; die erwarteten Beweismittel brauchen dabei noch nicht genau bestimmbar zu sein, vgl. Nr. 60 Abs. 3 Satz 4;
b) bei anderen Personen, die nicht Verdächtige sind, nur zum Zwecke der Ergreifung des Beschuldigten oder zur Verfolgung von Spuren einer Straftat oder zur Beschlagnahme bestimmter Gegenstände, falls Tatsachen den Schluß rechtfertigen, daß die gesuchte Person, Spur oder Sache sich in den zu durchsuchenden Räumen befindet; diese Beschränkung gilt nicht für Räume, die der Beschuldigte während der Verfolgung betreten hat oder in denen er ergriffen worden ist, § 103 StPO. Ein Zeugnisverweigerungsrecht dieser Personen steht der Durchsuchung nicht entgegen, es sei denn, die Durchsuchung hätte nur den Zweck, einen Gegenstand zu finden, der einem Beschlagnahmeverbot unterliegt, Nrn. 58, 59.

(2) Zu den anderen Räumen iS des Abs. 1 gehören die Geschäftsräume, nur vorübergehend benutzte oder mitbenutzte Räumlichkeiten, zB Hotelzimmer, Schließfachräume, sowie die sonstigen Räumlichkeiten des befriedeten Besitztums, zB umzäunte Gärten.

(3) Zu den Sachen, auf die sich die Durchsuchung erstrecken kann, gehören Schränke, Koffer und Fahrzeuge sowie Bankbehältnisse, zB Schließfächer, vgl. im einzelnen Nr. 68.

57. Zulässigkeit der Beschlagnahme

(1) Beschlagnahmt werden können
a) Gegenstände, die als Beweismittel für die Untersuchung von Bedeutung sein können (vgl. § 94 StPO),
b) Briefe, Sendungen und Telegramme auf der Post und den Telegrafenanstalten, die an den Beschuldigten gerichtet sind oder bei denen aus bestimmten Tatsa-

chen zu schließen ist, daß sie für ihn bestimmt sind oder von ihm herrühren und beweiserheblich sein können, § 99 StPO.

(2) Werden gelegentlich einer Durchsuchung Gegenstände gefunden, die zwar in keiner Beziehung zu der Straftat stehen, wegen der die Durchsuchung stattfindet, die aber auf eine andere – auch nichtsteuerliche – Straftat hindeuten (sog. Zufallsfunde), sind sie einstweilen in Beschlag zu nehmen, § 108 StPO. Eine planmäßige Suche nach solchen Gegenständen ist nicht erlaubt.

(3) Gegenstände können durch Beschlagnahme nach § 111c StPO sichergestellt werden, wenn aus dringenden Gründen anzunehmen ist, daß die Voraussetzungen für ihren Verfall oder ihre Einziehung vorliegen, § 111b StPO.

(4) Der Beschlagnahme bedarf es nicht, soweit die Gegenstände freiwillig herausgegeben werden, § 94 Abs. 2 StPO.

(5) Bei Beweisgegenständen, die sich im Gewahrsam von Angehörigen (§ 52 StPO), Berufsgeheimnisträgern (§ 53 StPO) und deren Berufshelfern (§ 53a StPO) befinden, ist das Beschlagnahmeverbot nach § 97 StPO zu beachten, vgl. Nr. 58; wegen der Postbeschlagnahme siehe Nr. 61.

58. Beschlagnahme bei Angehörigen der rechts- und steuerberatenden Berufe

(1) Die Zulässigkeit der Beschlagnahme von Gegenständen, die sich im Gewahrsam von Rechtsanwälten, Steuerberatern, Steuerbevollmächtigten, Wirtschaftsprüfern und vereidigten Buchprüfern sowie deren Berufshelfern befinden, wird durch § 97 Abs. 1 und 4 StPO im Hinblick auf das diesen Personen zustehende Zeugnisverweigerungsrecht eingeschränkt, vgl. Nr. 57 Abs. 5. Nicht beschlagnahmefähig sind die Akten des Berufsgeheimnisträgers mit dem zwischen ihm und dem Beschuldigten geführten Schriftwechsel, seine Aufzeichnungen über Mitteilungen des Beschuldigten und andere Umstände, auf die sich das Zeugnisverweigerungsrecht erstreckt, sowie sonstige Gegenstände, auf die sich das Zeugnisverweigerungsrecht des Berufsgeheimnisträgers erstreckt (sog. beschlagnahmefreie Gegenstände). Sind Gegenstände lediglich zum Zwecke der Aufbewahrung übergeben worden, sind sie stets beschlagnahmefähig. Buchführungsunterlagen, Belege und Aufzeichnungen des Beschuldigten sind beschlagnahmefähig (keine einheitliche Rechtsprechung).

(2) Soweit die Gegenstände nicht beschlagnahmefähig sind, ist auch die Anordnung oder Durchführung einer Durchsuchung unzulässig, siehe auch Nr. 134 Abs. 4.

(3) Das Beschlagnahmeverbot entfällt, wenn der Gewahrsamsinhaber nicht mehr zur Verweigerung des Zeugnisses berechtigt ist, weil er von der Verpflichtung zur Verschwiegenheit entbunden wurde, vgl. § 53 Abs. 2, § 53a Abs. 2 StPO.

(4) Das Beschlagnahmeverbot gilt nicht (§ 97 Abs. 2 Satz 3 StPO), wenn
a) die zur Verweigerung des Zeugnisses Berechtigten einer Teilnahme (Mittäterschaft, Anstiftung, Beihilfe), Begünstigung (§ 257 StGB), Strafvereitelung (§ 258 StGB) oder Hehlerei (§§ 259, 260 StGB) verdächtig sind oder
b) es sich um Gegenstände handelt, die durch eine Straftat hervorgebracht oder zur Begehung einer Straftat gebraucht oder bestimmt sind oder die aus einer Straftat herrühren.

(5) Soweit Gegenstände zum Zwecke der Besteuerung vorzulegen sind, können die in Abs. 1 genannten Personen auch bei einem gleichzeitig durchgeführten Strafverfahren die Vorlage von Urkunden, Wertsachen, Geschäftsbüchern und sonstigen Aufzeichnungen, die sie für den Beteiligten aufbewahren, nicht verweigern (§ 104 Abs. 2 Satz 1 AO; § 97 StPO gilt für das Besteuerungsverfahren nicht). Dabei steht die Führung von Geschäftsbüchern und sonstigen Aufzeichnungen der Aufbewahrung gleich,

Bußgeldverfahren (Steuer) **Anhang**

§ 104 Abs. 2 Satz 2 AO. Die Vorlage kann nach § 328 AO erzwungen werden. Für Zwecke des Strafverfahrens darf eine Vorlage aufgrund der für das Besteuerungsverfahren geltenden Vorschriften nicht verlangt werden.

59. Beschlagnahme der Patientenkartei eines Arztes

Im Strafverfahren gegen Patienten eines Arztes unterliegt die Patientenkartei des Arztes dem Beschlagnahmeverbot nach § 97 Abs. 1 StPO. Wird der Arzt selbst einer Straftat beschuldigt oder ist er der Teilnahme an einer Straftat des beschuldigten Patienten verdächtig, so gilt das Beschlagnahmeverbot nicht, wenn es zur Aufklärung der Straftat des Einblicks in die Patientenkartei bedarf und die Abwägung zwischen den Interessen der Allgemeinheit an der Aufklärung von Straftaten und dem grundrechtlich geschützten Anspruch des Bürgers auf Schutz seiner Privatsphäre diesen Eingriff als nicht unverhältnismäßig erscheinen läßt, BGH-Urt. 1 StR 120/90 v. 3. 12. 91, NJW 1992, 763.

60. Anordnung der Durchsuchung/Beschlagnahme

(1) Durchsuchungen und Beschlagnahmen dürfen grundsätzlich nur durch den Richter angeordnet werden, § 98 Abs. 1, § 105 Abs. 1 StPO.

(2) Der Antrag auf Erlaß eines Durchsuchungsbeschlusses bzw. auf Anordnung der Beschlagnahme ist bei dem Amtsgericht zu stellen, in dessen Bezirk die Amtshandlung vorzunehmen ist. Werden richterliche Anordnungen für die Vornahme von Untersuchungshandlungen in mehr als einem Bezirk für erforderlich gehalten, so sind die Anträge bei dem Amtsgericht zu stellen, in dessen Bezirk die beantragende Stelle ihren Sitz hat, § 162 Abs. 1 Satz 2 StPO.

(3) Der Antrag ist zu begründen. Die Begründung muß tatsächliche Angaben über den Inhalt des Tatvorwurfs enthalten. Außerdem sind die Art oder der denkbare Inhalt der Beweismittel, denen die Durchsuchung gilt, anzugeben. Soweit eine genaue Bezeichnung des gesuchten Beweismaterials nicht möglich ist, sind die erwarteten Beweismittel annäherungsweise – ggf. in Form beispielhafter Angaben – zu beschreiben, BGH-Urt. 1 StR 120/90 v. 3. 12. 91, NJW 1992, 763. In dem Antrag ist außerdem die Stelle anzugeben, deren Beamte mit der Durchsuchung beauftragt werden sollen. Dies ist in der Regel die Steuerfahndungsstelle.

(4) In dem Antrag auf Beschlagnahmeanordnung sind die Gegenstände, die beschlagnahmt werden sollen, so konkret anzugeben, daß Zweifel nicht entstehen. Läßt sich erst aufgrund der Durchsuchung bestimmen, welche Gegenstände zu beschlagnahmen sind und ist aus diesem Grunde eine Beschlagnahme nicht angeordnet worden, kann ggf. eine Beschlagnahme wegen Gefahr im Verzug in Betracht kommen, vgl. Abs. 5 und 6.

(5) Nur bei Gefahr im Verzug können auch das Finanzamt – BuStra – (§ 399 AO) oder der Steuerfahndungsbeamte (§ 404 AO, § 152 GVG) eine Durchsuchung beim Verdächtigen (§ 102 StPO), bei Dritten (§ 103 StPO) und die Beschlagnahme anordnen, § 98 Abs. 1, § 105 Abs. 1 StPO. § 399 Abs. 2 AO (Nr. 21 Satz 2) bleibt unberührt. Keiner Durchsuchungsanordnung bedarf es, wenn die Einsicht gestattet wird, Nr. 65.

(6) „Gefahr im Verzug" besteht, wenn eine richterliche Anordnung nicht eingeholt werden kann, ohne daß der Zweck der Maßnahme gefährdet würde. Ob dies der Fall ist, entscheidet der zuständige Amtsträger nach seiner Überzeugung. Die Frage, ob eine Durchsuchung wegen Gefahr im Verzug angeordnet werden darf, ist besonders sorgfältig zu prüfen. Eine Durchsuchung stellt einen schwerwiegenden Eingriff dar.

Anhang

Von der Einholung einer richterlichen Anordnung darf deshalb nur ausnahmsweise abgesehen werden.

(7) Die Gründe, aus denen Gefahr im Verzug angenommen worden ist, sind in der Niederschrift über die Durchsuchung oder Beschlagnahme festzuhalten.

(8) Ist ein Gegenstand ohne richterliche Anordnung beschlagnahmt worden, soll innerhalb von drei Tagen die richterliche Bestätigung beantragt werden, wenn bei der Beschlagnahme weder der davon Betroffene noch ein erwachsener Angehöriger anwesend waren oder wenn der Betroffene und im Falle seiner Abwesenheit ein erwachsener Angehöriger des Betroffenen gegen die Beschlagnahme ausdrücklichen Widerspruch erhoben haben, § 98 Abs. 2 Satz 1 StPO. Die Frist beginnt mit dem Ablauf des Tages der Beschlagnahme, § 42 StPO. Zuständig ist das Amtsgericht, in dessen Bezirk die Beschlagnahme stattgefunden hat, § 98 Abs. 2 Satz 5 StPO. War bereits vorher eine Beschlagnahme im Bezirk eines anderen Amtsgerichts erfolgt, ist das Amtsgericht zuständig, in dessen Bezirk die Finanzbehörde, die das Ermittlungsverfahren führt, ihren Sitz hat, § 98 Abs. 2 Satz 4 StPO. Dem Vorgang ist ein Verzeichnis der beschlagnahmten Gegenstände, die als Beweismittel für die Untersuchung von Bedeutung sind, und erforderlichenfalls auch eine Stellungnahme beizufügen. Wird die Bestätigung nicht erteilt, sind die beschlagnahmten Gegenstände sofort gegen Quittung freizugeben.

(9) Der Betroffene ist darüber zu belehren, daß er jederzeit richterliche Entscheidung beantragen kann (§ 98 Abs. 2 Satz 7 StPO) und den Antrag im Falle des Abs. 8 Satz 4 auch bei dem Amtsgericht einreichen kann, in dessen Bezirk die Beschlagnahme stattgefunden hat. Beantragt der Betroffene richterliche Entscheidung, kann von dem Antrag auf Bestätigung einer Beschlagnahme (Abs. 8 Satz 1) abgesehen werden.

(10) Die richterliche Anordnung berechtigt nur zu einer einmaligen, einheitlichen Durchsuchung. Eine gesetzliche Regelung zum Zeitraum, in dem die Anordnung zu vollstrecken ist, besteht nicht. Gleichwohl verbraucht sich ein Beschluß auch durch Zeitablauf mit der Änderung der tatsächlichen Verhältnisse.

(11) Die BuStra ist nicht berechtigt, die Herausgabe von Beweismitteln nach § 95 StPO unter Androhung von Ordnungs- und Zwangsmitteln zu verlangen. Diese Zwangsmaßnahmen bleiben der richterlichen Entscheidung vorbehalten, LG Düsseldorf, Beschluß X Qs 142/92 v. 8. 1. 93, wistra 1993, 199. Abs. 5 bleibt unberührt.

61. Postbeschlagnahme

(1) Zur Anordnung der Postbeschlagnahme (§ 99 StPO) ist nur der Richter, bei Gefahr im Verzug (vgl. Nr. 60 Abs. 6) auch die BuStra (§ 399 Abs. 1 AO iVm. § 100 StPO) befugt.

(2) Ist die Beschlagnahme von der BuStra angeordnet worden, so ist binnen dreier Tage die Bestätigung des Richters einzuholen, § 100 Abs. 2 StPO.

(3) Die Öffnung der ausgelieferten Gegenstände steht dem Richter zu, solange die Öffnungsbefugnis nicht auf die BuStra übertragen worden ist, § 100 Abs. 3 StPO.

(4) Zur Postbeschlagnahme vgl. auch Nrn. 77 ff. RiStBV.

62. Zeit der Durchsuchung

(1) Hausdurchsuchungen haben grundsätzlich bei Tage zu beginnen.

(2) Eine Hausdurchsuchung liegt vor, wenn eine Wohnung, Geschäftsräume oder ein befriedetes Besitztum, zB ein umzäunter Garten, durchsucht werden.

Bußgeldverfahren (Steuer) **Anhang**

(3) Ein Beginn der Hausdurchsuchung zur Nachtzeit ist nur unter den in § 104 Abs. 1 StPO genannten Voraussetzungen, zB bei Gefahr im Verzug, zulässig. Dies gilt nicht, wenn der Inhaber mit dem Beginn der Durchsuchung zur Nachtzeit einverstanden ist. Die Nachtzeit beginnt um 21.00 Uhr. Sie endet in der Zeit v. 1. 4. bis 30. 9. um 4.00 Uhr und v. 1. 10. bis 31. 3. um 6.00 Uhr. Eine vor 21.00 Uhr begonnene, jedoch bis zu diesem Zeitpunkt noch nicht beendete Durchsuchung darf fortgesetzt werden.

(4) Die Beschränkung des § 104 Abs. 1 StPO gilt nicht für die in § 104 Abs. 2 StPO genannten Räumlichkeiten, zB Barbetriebe.

(5) Personen und die ihnen gehörenden Sachen können auch bei Nacht durchsucht werden, wenn damit keine Hausdurchsuchung verbunden ist.

63. Ablauf der Durchsuchung

(1) Liegt ein richterlicher Beschluß vor, so ist dieser dem Anwesenden, von der Durchsuchung Betroffenen vor Beginn der Durchsuchung vorzuzeigen. Ist er nicht anwesend, so ist einem anwesenden Angestellten, Angehörigen, Nachbarn oder sonstigen Dritten regelmäßig nur die Anordnung, nicht aber die Begründung, bekanntzugeben.

(2) Bei Hausdurchsuchungen sind, wenn dies möglich ist, ein Gemeindebeamter oder zwei Mitglieder der Gemeinde, in deren Bezirk die Durchsuchung erfolgt, als Zeugen zuzuziehen. Die als Gemeindemitglieder zugezogenen Personen dürfen nicht Polizeibeamte oder Hilfsbeamte der Staatsanwaltschaft sein, § 105 Abs. 2 StPO. „Gemeindebeamter" ist jeder Amtsträger einer Gemeinde. Beamtenstatus ist nicht erforderlich. Auf Zuziehung von Zeugen kann verzichtet werden, wenn ein Richter, Staatsanwalt oder, soweit kein anderer Zeuge zugezogen werden kann, – bei Verfahrensherrschaft der Finanzbehörde – ein BuStra-Bearbeiter anwesend ist.

(3) Wünscht der Inhaber der zu durchsuchenden Räumlichkeiten ausdrücklich nicht die Zuziehung von Zeugen, so kann dem entsprochen werden; dies ist zu protokollieren.

(4) Der Inhaber der zu durchsuchenden Räume oder Gegenstände darf bei der Durchsuchung zugegen sein. Ist er abwesend, so ist, wenn möglich, sein Vertreter oder ein erwachsener Angehöriger, Hausgenosse oder Nachbar zuzuziehen, § 106 Abs. 1 StPO. Auf den Inhaber und auf seinen Verteidiger (vgl. Nr. 33) braucht nicht gewartet zu werden. Inhaber ist derjenige, in dessen Gewahrsam sich die Räume oder Gegenstände befinden.

(5) Leistet der Betroffene Widerstand oder ist solcher zu befürchten, so ist ein Beamter der örtlichen Polizeibehörde zuzuziehen.

(6) Stört jemand die Durchsuchung vorsätzlich oder widersetzt er sich den getroffenen Anordnungen, so kann der Beamte, der die Durchsuchung leitet, den Störer festnehmen (§ 164 StPO), wenn die Störung oder Widersetzlichkeit nicht auf weniger einschneidende Weise beseitigt werden kann, Nr. 3.

(7) Personen, die sich zur Zeit des Beginns der Durchsuchung in den betreffenden Räumen befinden, können am Verlassen der Räume gehindert werden, wenn anzunehmen ist, daß sonst der Durchsuchungszweck gefährdet wird, wie zB dadurch, daß Beweismittel beiseite geschafft oder, zB bei mehreren gleichzeitig oder hintereinander vorzunehmenden Durchsuchungen, die Beteiligten vorzeitig benachrichtigt werden könnten. Anderen Personen als dem Inhaber und zugezogenen Zeugen (Abs. 4) ist während der Amtshandlung der Zutritt zu den von der Durchsuchung betroffenen Räumen möglichst zu untersagen.

Anhang Anweisungen für das Straf- und

(8) Fernsprecher, insbesondere Fernsprechzentralen, sind zu beaufsichtigen. Dem Betroffenen und in den durchsuchten Räumen anwesenden Dritten können Telefongespräche während der Durchsuchungshandlung untersagt werden, wenn durch sie der Zweck der Durchsuchung gefährdet würde. Gespräche mit dem Verteidiger oder Steuerberater sind stets zulässig. Bei Zuwiderhandlungen gilt Abs. 6.

(9) Auf Verlangen des Betroffenen, seines gesetzlichen Vertreters oder Verteidigers ist nach Beendigung der Durchsuchung dem Betroffenen eine schriftliche Mitteilung zu machen, die den Grund der Durchsuchung sowie im Falle des § 102 StPO (Durchsuchung beim Verdächtigen, Nr. 56 Abs. 1 Buchst. a) die strafbare Handlung bezeichnen muß, § 107 StPO. Ggf. kann eine Ausfertigung des Durchsuchungsbeschlusses ausgehändigt werden.

(10) Der Ablauf der Durchsuchung ist unter Angabe der Zeitpunkte des Beginns und des Endes schriftlich festzuhalten.

64. Körperliche Durchsuchung

Die körperliche Durchsuchung dient insbesondere dem Auffinden von Beweismitteln, die sich in Kleidungsstücken (auch Brieftaschen) befinden oder in die Kleidung eingenäht sind, zB Schriftstücke und Schlüssel zu Schließfächern. Bei der körperlichen Durchsuchung einer Frau sind die Grundsätze des § 81 d StPO zu beachten.

65. Einsichtnahme in Räume und Behältnisse mit Einverständnis des Betroffenen

Ohne eine richterliche Durchsuchungsanordnung darf Einsicht in Räume und Behältnisse genommen werden, wenn sich der Betroffene ausdrücklich damit einverstanden erklärt hat. Das Einverständnis muß vor der Einsichtnahme aus freiem Willen und in Kenntnis der Freiwilligkeit erklärt worden sein. Sind unbeteiligte Dritte als Zeugen für die Erklärung des Einverständnisses nicht anwesend, ist es zweckmäßig, die Einverständniserklärung vom Betroffenen schriftlich bestätigen zu lassen.

66. Durchsuchung von Geschäftsräumen im Verfahren gegen geschäftsführende Gesellschafter

In einem Verfahren gegen einen geschäftsführenden Gesellschafter einer Kapital- oder Personengesellschaft ist zur Durchsuchung der Geschäftsräume ein Beschluß nach § 102 StPO (Durchsuchung beim Verdächtigen) zu erwirken. Ist damit zu rechnen, daß einzelne Geschäftsräume von unverdächtigen Personen allein genutzt werden, kann es sich empfehlen, zusätzlich einen Beschluß nach § 103 StPO zu erwirken. Es ist jedoch darauf zu achten, daß die Durchsuchung der Geschäftsräume der Gesellschaft ausdrücklich beantragt und angeordnet wird.

67. Durchsuchung der Wohnung in besonderen Fällen

(1) Lebt ein Verdächtiger in einem eheähnlichen Verhältnis und gehört die von ihm und seinem Partner benutzte Wohnung dem Partner, so ist die ganze Wohnung auch eine Wohnung des Verdächtigen. Entsprechendes gilt, wenn der Verdächtige in einer Wohngemeinschaft lebt.

(2) Ein Untermietvertrag ist bei einer Hausdurchsuchung ohne Bedeutung, wenn der Untermieter tatsächlich im Haushalt des Wohnungsinhabers lebt.

Bußgeldverfahren (Steuer) **Anhang**

68. Von Dritten genutzte Behältnisse

Werden in einem Safe, Schließfach, einem Schreibtisch oder einem Schrank Beweismittel vermutet, behauptet der Betroffene aber, das Behältnis werde von einem Dritten genutzt, der auch den Schlüssel besitze, so kann zunächst eine Sicherstellung durch Anbringung eines Siegels vorgenommen werden (§ 94 StPO). Zur Durchsuchung und Beschlagnahme ist ein Beschluß nach § 103 StPO erforderlich, wenn nicht Gefahr im Verzug vorliegt.

69. Durchsicht, Nachweis und Rückgabe der Beweismittel

(1) Eine Durchsicht der Papiere des von der Durchsuchung Betroffenen steht der BuStra (§ 399 Abs. 1 AO, § 110 Abs. 1 StPO) und der Steufa (§ 404 Satz 2 1. Halbsatz AO) zu. Zu den Papieren gehört das gesamte private und geschäftliche Schriftgut, zB Briefe, Aufzeichnungen, Werkzeichnungen, Bilanzen, Geschäftsbücher, Belege; aufgrund Analogie sind auch Tonträger, Filme und Datenträger, zB Magnetbänder, Disketten, Festplatten und Lochkarten, hierzu zu rechnen. Verschlossene Briefe dürfen geöffnet und gelesen werden, soweit dies für den Untersuchungszweck erforderlich erscheint.

(2) Dem von der Durchsuchung Betroffenen ist nach deren Beendigung auf Verlangen ein Verzeichnis der in Verwahrung oder in Beschlag genommenen Gegenstände, falls aber nicht Verdächtiges gefunden wird, eine Bescheinigung hierüber zu geben (§ 107 StPO). Insbesondere dann, wenn eine Vielzahl von Einzelbelegen im Verzeichnis aufzuführen wäre, können Sammelbezeichnungen verwandt werden, wie zB „ein Karton Schriftverkehr mit den Lieferanten Januar bis Juni 1982" oder „Ordner mit Ausgangsrechnungen v. 1. 1. 82 bis 30. 9. 82".

(3) Die Beschlagnahme ist aufzuheben, wenn ihr Grund weggefallen ist. Die Gegenstände sind dem Empfangsberechtigten gegen Empfangsbestätigung zurückzugeben, Hinweis auf Nr. 75 RiStBV.

Abschnitt 8: Vorläufige Festnahme

70. Zulässigkeit

(1) Ist ein einer Straftat iS der Nrn. 13 und 14 dringend verdächtigter Beschuldigter flüchtig (§ 112 Abs. 2 Nr. 1 StPO) oder besteht Flucht- oder Verdunklungsgefahr (§ 112 Abs. 2 Nrn. 2 und 3 StPO) und steht die Anordnung der Haft zur Bedeutung der Sache in einem angemessenen Verhältnis, wird das Verfahren an die Staatsanwaltschaft abzugeben sein (Nr. 18). Unverhältnismäßigkeit ist auch gegeben, wenn die vollständige Aufklärung der Tat und die rasche Durchführung des Verfahrens auf weniger einschneidende Weise gesichert werden können.

(2) Besteht Gefahr im Verzug, können Steuerfahndungsbeamte und Beamte der BuStra unter den Voraussetzungen des Abs. 1 die vorläufige Festnahme anordnen und durchführen, § 127 Abs. 2 StPO.

(3) Gefahr im Verzug besteht, wenn die richterliche Anordnung nicht rechtzeitig eingeholt werden kann und dadurch die Ergreifung des Beschuldigten gefährdet würde oder die Gefahr fortbesteht, daß der Beschuldigte bis zum Vollzug der richterlichen Anordnung noch fliehen oder die Ermittlung der Wahrheit erschweren wird (Nr. 60 Abs. 6 Sätze 2 und 3 gelten entsprechend). Hatte der Richter den Erlaß eines Haftbefehls vorher abgelehnt, müssen neue erhebliche Verdachtsmomente oder Haftgründe bekanntgeworden sein.

Anhang Anweisungen für das Straf- und

(4) Verdunklungsabsicht ist kein Haftgrund, wenn die Beweise so gesichert sind, daß der Beschuldigte die Ermittlung der Wahrheit nicht mehr erschweren kann.

(5) Dringender Tatverdacht liegt vor, wenn nach dem Stand der Ermittlungen die Wahrscheinlichkeit groß ist, daß der Verfolgte Täter oder Teilnehmer ist.

71. Verfahren

(1) Der für vorläufig festgenommen erklärte Beschuldigte kann, soweit erforderlich und angemessen, auch unter Anwendung physischer Gewalt auf der Dienststelle festgehalten oder dorthin verbracht werden.

(2) Besteht noch die Möglichkeit, Polizei hinzuzuziehen, sollte dies geschehen.

(3) Der Festgenommene soll alsbald vernommen werden. Er ist unverzüglich, spätestens am Tag nach der Festnahme, dem Richter vorzuführen, § 128 Abs. 1 StPO. Zuständig ist der Richter bei dem Amtsgericht, in dessen Bezirk die Festnahme erfolgte. Das kann auch ein Amtsgericht sein, dessen örtlicher Zuständigkeitsbereich in Haftsachen gemäß § 58 GVG erweitert worden ist. Die den Fall betreffenden Vorgänge sind umgehend dem Richter vorzulegen. Kann die Vorführung nicht sofort erfolgen, ist der Festgenommene in den Gewahrsam des zuständigen Amtsgerichts oder in Polizeigewahrsam zu übergeben. Stellt sich vor der Vorführung heraus, daß die Voraussetzungen für den Erlaß eines Haftbefehls nicht oder nicht mehr gegeben sind, ist der Festgenommene unverzüglich freizulassen.

(4) Über die vorläufige Festnahme ist ein Vermerk zu fertigen und zu den Akten zu nehmen. Der Vermerk muß die Voraussetzungen für die vorläufige Festnahme (Nr. 70) und den genauen Zeitpunkt der Festnahme im einzelnen ausweisen.

Abschnitt 9: Zusammenarbeit mit Staatsanwaltschaft und Polizei

72. Staatsanwaltschaft

(1) Zur Förderung der Zusammenarbeit mit den Staatsanwaltschaften empfehlen sich regelmäßige Kontaktgespräche. Diese Kontaktgespräche sollen auch der Unterrichtung des Staatsanwalts über an sie abzugebende oder von ihr zu übernehmende Strafsachen dienen (Nr. 18), außerdem der Erörterung allgemeiner Fragen der Strafzumessung bei Strafbefehlsanträgen, vgl. Nr. 267 Abs. 2 RiStBV.

(2) Soweit Kenntnisse über nichtsteuerliche Straftaten der Staatsanwaltschaft mitgeteilt werden dürfen (Nr. 112 Abs. 4 bis 7), veranlaßt die BuStra die Mitteilung. Die Steufa kann ihre Kenntnisse selbst mitteilen.

(3) Wenn in den Fällen der Nr. 18 Abs. 1 Buchst. c die Steuerstrafsache nicht an die Staatsanwaltschaft abgegeben wird, ist diese im Benehmen mit der Staatsanwaltschaft zu bearbeiten.

(4) Im Rahmen ihrer Befugnisse und Möglichkeiten sollen die Finanzbehörden aufgrund ihrer besonderen fachlichen Kenntnisse die Staatsanwaltschaft auch in anderen Fällen der Verfolgung nichtsteuerlicher Straftaten unterstützen, zB durch allgemeine Auskünfte.

73. Polizei

(1) Bei Zusammentreffen einer Steuerstraftat mit anderen Delikten, zB Untreue, Betrug oder Urkundenfälschung, kann ein gemeinsames Vorgehen der Steufa mit der Krimanalpolizei angebracht sein. Dies gilt namentlich für Durchsuchungen und Vernehmungen. Kommt es bei Ermittlungsmaßnahmen auf die Kenntnis der örtlichen

Bußgeldverfahren (Steuer) **Anhang**

Verhältnisse an, so kann sich die Steufa im Wege der Amtshilfe an die zuständigen Polizeidienststellen wenden. Wegen der Heranziehung der Polizei zur Hilfeleistung bei Widerstand im Rahmen einer Durchsuchung wird auf Nr. 63 Abs. 5 verwiesen.

(2) Führt die Kriminalpolizei im Verfahren der Staatsanwaltschaft Ermittlungen durch, für die auch die Finanzbehörden zuständig sind, so kann die Steufa an den Ermittlungen teilnehmen, § 403 Abs. 1 Satz 1 AO.

Abschnitt 10: Abschließende Entscheidung im Verfahren der Finanzbehörde

74. Überblick

(1) Die BuStra kann das selbständig durchgeführte Ermittlungsverfahren durch folgende Maßnahmen abschließen:
- Einstellung, vgl. Nrn. 76 bis 78;
- Antrag auf Anordnung von Nebenfolgen im selbständigen Verfahren, vgl. Nr. 79;
- Antrag auf Erlaß eines Strafbefehls, vgl. Nrn. 80 ff.;
- Vorlage an die Staatsanwaltschaft, vgl. Nr. 83.

(2) Soll das Verfahren nicht eingestellt werden, ist der Beschuldigte spätestens vor dem Abschluß der Ermittlungen zu vernehmen. In einfachen Sachen genügt es, daß ihm Gelegenheit zur schriftlichen Äußerung gegeben wird (§ 163a Abs. 1 StPO). Der Abschluß der Ermittlungen ist in den Akten zu vermerken, sofern das Verfahren nicht eingestellt wird (§ 169a StPO); vgl. im übrigen Nr. 20 Abs. 3, Nr. 79 letzter Satz, Nr. 81 Abs. 1, Nr. 83 Abs. 2.

(3) Wegen des Absehens von der Strafverfolgung bei unwesentlichen Nebenstraftaten vgl. Nr. 38 Abs. 1. Wegen des Ausscheidens von Unwesentlichem vgl. Nr. 38 Abs. 4.

(4) Wegen des Abschlusses von nicht selbständig durchgeführten Ermittlungen siehe Nr. 20 Abs. 3.

75. Allgemeines zur Einstellung des Verfahrens

(1) Eine Einstellungsverfügung ist ausreichend zu begründen.

(2) Der Beschuldigte ist von der Einstellung des steuerstrafrechtlichen Ermittlungsverfahrens zu unterrichten, wenn ihm zuvor die Einleitung eines solchen Verfahrens eröffnet worden war; siehe auch § 170 Abs. 2 StPO. Hat sich herausgestellt, daß der Beschuldigte unschuldig ist oder daß gegen ihn kein begründeter Verdacht mehr besteht, so ist dies in der Mitteilung auszusprechen. Im übrigen sind die Gründe für die Einstellung nur auf Antrag und dann auch nur insoweit bekanntzugeben, als kein schutzwürdiges Interesse entgegensteht.

(3) Dem Anzeigeerstatter darf über die Einstellung keine Mitteilung gemacht werden, weil § 171 StPO eine Offenbarung nicht zuläßt, vgl. § 30 Abs. 4 Nrn. 1 und 2 AO.

(4) Ist im Ermittlungsverfahren eine nach § 2 StrEG entschädigungsfähige Strafverfolgungsmaßnahme vorausgegangen, so hat die Finanzbehörde in die Mitteilung von der Einstellung des Verfahrens die Belehrung aufzunehmen, daß der Beschuldigte innerhalb eines Monats seit der Zustellung der Einstellungsnachricht bei dem zuständigen Gericht den Antrag stellen kann, die Entschädigungspflicht der Staatskasse auszusprechen. Das zuständige Gericht ist anzugeben. Die Einstellungsmitteilung mit dieser Belehrung ist zuzustellen. Auf § 9 StrEG sowie auf Anlage C, Teil I, Abschnitt A II – RiStBV wird hingewiesen.

Anhang

Anweisungen für das Straf- und

76. Einstellung nach § 170 Abs. 2 StPO

(1) Geben die Ermittlungen keinen genügenden Anlaß zur Erhebung der öffentlichen Klage, weil zB eine Verurteilung des Beschuldigten nicht mit Wahrscheinlichkeit zu erwarten ist oder sich der Verdacht als unbegründet erweist, so stellt die BuStra das Verfahren ein. Das gleiche gilt, wenn der Verurteilung ein Verfahrenshindernis entgegensteht, zB weil die Tat verjährt ist, §§ 78 bis 78c StGB, der Täter vom Versuch zurückgetreten ist (§ 24 StGB) oder wenn dem Täter ein Rechtfertigungs- oder Schuldausschließungsgrund zur Seite steht.

(2) Das Steuerstrafverfahren ist auch einzustellen, wenn dem Beschuldigten nach dem Ermittlungsergebnis nur eine Steuerordnungswidrigkeit anzulasten ist.

(3) Das Steuerstrafverfahren kann wieder aufgenommen werden, wenn hierzu Anlaß besteht.

77. Einstellung nach § 153 Abs. 1 StPO, § 398 AO

(1) Die BuStra kann mit Zustimmung des für die Eröffnung des Hauptverfahrens zuständigen Gerichts von der Verfolgung einer Straftat absehen, wenn die Schuld des Täters als gering anzusehen wäre und kein öffentliches Interesse an der Verfolgung besteht, § 153 Abs. 1 Satz 1 StPO.

(2) Nach § 398 AO und § 153 Abs. 1 Satz 2 StPO kann die BuStra das Verfahren unter den Voraussetzungen des Abs. 1 ohne Zustimmung des Gerichts einstellen, wenn im übrigen bei einer Steuerhinterziehung nur eine geringwertige Steuerverkürzung eingetreten ist oder nur geringwertige Steuervorteile erlangt wurden. Zur Bestimmung des Tatbestandsmerkmals der geringen Tatfolge (§ 153 Abs. 1 Satz 2 StPO) ist bei dem Delikt der Steuerhinterziehung insbesondere von der Summe der verkürzten Steuern auszugehen. Entsprechendes gilt in einem Verfahren wegen Begünstigung einer Person, die eine der in § 375 Abs. 1 Nrn. 1 bis 3 AO genannten Taten begangen hat, § 398 Satz 2 AO.

(3) Die Schuld ist als gering anzusehen, wenn sie bei einem Vergleich mit Steuerstraftaten gleicher Art nicht unerheblich unter dem Durchschnitt liegt. Im Rahmen der Berücksichtigung des öffentlichen Interesses sind jedoch Gründe der Spezial- oder Generalprävention mit zu erwägen. Die Gesamtwürdigung muß, auch unter Berücksichtigung der im Falle einer Bestrafung für die Strafzumessung maßgebenden Umstände nach § 46 Abs. 2 StGB ergeben, daß eine Bestrafung unter Abwägung aller Strafzwecke nicht notwendig erscheint. Eine Feststellung der Schuld ist nicht erforderlich; es genügt, daß für sie eine gewisse Wahrscheinlichkeit besteht. Die Strafsache braucht nicht weiter als bis zu der Festellung aufgeklärt zu werden, daß die Schuld des Täters voraussichtlich als gering anzusehen wäre.

(4) Das Verfahren kann wieder aufgenommen werden, wenn hierzu Anlaß besteht.

78. Einstellung nach § 153a StPO

(1) Nach § 153a StPO kann die BuStra im Bereich der kleineren und mittleren Kriminalität die Einstellung des Verfahrens von der Erfüllung bestimmter Auflagen und Weisungen durch den Beschuldigten abhängig machen. Dies gilt jedoch nur dann, wenn die Auflagen und Weisungen geeignet sind, das öffentliche Interesse an der Strafverfolgung zu beseitigen (siehe Nr. 77) und die Schwere der Schuld dem nicht entgegensteht. Für die Beurteilung der Schwere der Schuld sind die für die Strafzumessung geltenden Grundsätze, insbesondere § 46 StGB, heranzuziehen. Die Verfahrenseinstellung nach § 153a StPO ist nur mit Zustimmung des Beschuldigten zulässig und bedarf vorbehaltlich des Satzes 5 auch der Zustimmung des Gerichts. Nach § 153a

Bußgeldverfahren (Steuer) **Anhang**

Abs. 1 Satz 6 iVm. § 153 Abs. 1 Satz 2 StPO ist eine Verfahrenseinstellung auch ohne Zustimmung des Gerichts zulässig, wenn die Auflagen und Weisungen geeignet sind, das öffentliche Interesse an der Strafverfolgung zu beseitigen, und die durch die Tat verursachten Folgen gering sind, siehe Nr. 77.

(2) Im Steuerstrafverfahren kommen namentlich folgende Auflagen und Weisungen – ggf. nebeneinander – in Betracht:
– Entrichtung der verkürzten Beträge einschließlich der Nebenleistungen innerhalb einer zu bestimmenden Frist;
– Zahlung eines Geldbetrages an die Staatskasse oder an eine gemeinnützige Einrichtung. Die Auflage muß nach Art und Umfang geeignet sein, das öffentliche Interesse an der Strafverfolgung zu beseitigen. Soweit für eine Verfahrenseinstellung die Zustimmung des Gerichts erforderlich ist, empfiehlt es sich, vor der Befragung des Beschuldigten die Zustimmung des Gerichts einzuholen. Anderenfalls ist der Beschuldigte darauf hinzuweisen, daß eine Einstellung nur mit richterlicher Zustimmung möglich ist.

(3) In der Verfügung über die vorläufige Einstellung sind die Auflagen/Weisungen genau zu bezeichnen und eine Frist von höchstens sechs Monaten (§ 153a Abs. 1 Satz 2 StPO) zu deren Erfüllung festzusetzen. Ferner ist anzuordnen, daß die vorläufige Einstellung entfällt, wenn eine Auflage/Weisung nicht oder nicht fristgerecht erfüllt wird. Dem Beschuldigten soll auch anheim gegeben werden, Umstände, welche die Verlängerung der Frist oder die nachträgliche Änderung der Auflagen/Weisungen rechtfertigen könnten (§ 153a Abs. 1 Satz 3 StPO), rechtzeitig mitzuteilen. Die Verfügung ist dem Beschuldigten zuzustellen. Besteht die Auflage in der Zahlung eines Geldbetrages, hat der Beschuldigte der BuStra die Zahlung nachzuweisen; die für die Steuerfestsetzung zuständige Stelle des Finanzamts erhält eine Kontrollmitteilung. Die Stelle, der gegenüber die Weisungen zu erfüllen oder an die Zahlungen zu leisten sind, wird unterrichtet und um Mitteilung über die Erfüllung oder nicht rechtzeitige Erfüllung gebeten. Wegen der Unterrichtung der Finanzkasse für den Fall, daß eine Zahlung an diese auferlegt wird, vgl. § 116a BuchO-ADV, BStBl. I 1993, 590, 613.

(4) Erfüllt der Beschuldigte die Auflagen/Weisungen, wird das Verfahren endgültig eingestellt, § 153a Abs. 1 Satz 4 StPO. Erfüllt der Beschuldigte sie nicht, hat die BuStra in eigener Zuständigkeit zu entscheiden, ob eine Fristverlängerung oder Änderung der Auflage in Betracht kommt, § 153a Abs. 1 Satz 3 StPO. Ist das nicht der Fall und bleibt auch eine Erinnerung durch die BuStra ohne Erfolg oder erklärt der Beschuldigte, daß er den Auflagen/Weisungen nicht nachkommen will, ist dem Beschuldigten mitzuteilen, daß die vorläufige Einstellung entfallen ist. Das Verfahren wird dann, in der Regel durch Antrag auf Erlaß eines Strafbefehls, fortgeführt. Auf Zahlungen, welche zur Erfüllung einer Auflage geleistet worden waren, ist das Gericht bzw. die Staatsanwaltschaft hinzuweisen. Auch wenn die Zahlungen vom Gericht bei der Strafzumessung berücksichtigt werden, verbleibt der gezahlte Betrag der Stelle, welche ihn vereinnahmt hatte.

79. Antrag auf Anordnung von Nebenfolgen im selbständigen Verfahren

Die BuStra kann nach pflichtgemäßem Ermessen beantragen, den Verfall oder die Einziehung (§§ 73 bis 75 StGB, § 29a OWiG) selbständig anzuordnen oder eine Geldbuße gegen eine juristische Person oder eine Personenvereinigung (§ 30 OWiG) selbständig festzusetzen, § 401 AO. Das Verfahren richtet sich nach den §§ 440, 442 Abs. 1, § 444 Abs. 3 StPO. Wer von der Einziehung bzw. dem Verfall betroffen würde, ist zuvor zu hören, wenn dies ausführbar erscheint, § 440 Abs. 3, § 442 Abs. 1, § 432 Abs. 1 Satz 1 StPO. Im Falle des § 30 OWiG gilt gleiches hinsichtlich der juristi-

Anhang Anweisungen für das Straf- und

schen Person oder der Personenvereinigung, § 444 Abs. 3, § 440 Abs. 3, § 432 Abs. 1 Satz 1 StPO. Wegen des abschließenden Vermerks vgl. Nr. 81 Abs. 1 Satz 1.

80. Voraussetzungen für den Antrag auf Erlaß eines Strafbefehls

(1) Die BuStra stellt Antrag auf Erlaß eines Strafbefehls (§ 400 AO), wenn
a) die Ermittlungen genügenden Anlaß zur Erhebung der öffentlichen Klage bieten (Abs. 2) und
b) die Strafsache zur Behandlung im Strafbefehlsverfahren geeignet erscheint, Abs. 3.

(2) Die Ermittlungen bieten genügenden Anlaß zur Erhebung der öffentlichen Klage, wenn kein Verfahrenshindernis besteht und der Beschuldigte der Straftat so verdächtig erscheint, daß im Falle der Durchführung einer Hauptverhandlung eine Verurteilung mit Wahrscheinlichkeit zu erwarten wäre (hinreichender Tatverdacht iS des § 203 StPO).

(3) Eine Erledigung im Strafbefehlsverfahren ist nach § 407 Abs. 2 Satz 2 StPO auch zulässig, wenn die Verhängung einer Freiheitsstrafe bis zu einem Jahr erforderlich erscheint, deren Vollstreckung zur Bewährung ausgesetzt werden kann und der Angeschuldigte einen Verteidiger hat oder ein Pflichtverteidiger bestellt wird, § 408 b StPO. Eine Erledigung im Strafbefehlsverfahren ist dagegen nicht zulässig, wenn ein besonders schwerer Fall der Steuerhinterziehung (§ 370 Abs. 3 AO) vorliegt. Im übrigen soll von dem Antrag auf Erlaß eines Strafbefehls nur abgesehen werden, wenn die vollständige Aufklärung aller für die Rechtsfolgenbestimmung wesentlichen Umstände oder Gründe der Spezial- oder Generalprävention die Durchführung einer Hauptverhandlung geboten erscheinen lassen. Auf einen Strafbefehlsantrag ist nicht schon deswegen zu verzichten, weil ein Einspruch des Angeschuldigten zu erwarten ist.

(4) Der Antrag auf Erlaß eines Strafbefehls darf erst gestellt werden, wenn dem Beschuldigten rechtliches Gehör gewährt worden ist und er Gelegenheit hatte, sich zu dem Ermittlungsergebnis zu äußern, siehe auch Nr. 74 Abs. 2.

(5) Einem Begehren des Beschuldigten, das Verfahren nicht an die Staatsanwaltschaft abzugeben, sondern Antrag auf Erlaß eines Strafbefehls zu stellen, braucht die BuStra nicht zu entsprechen.

81. Antragstellung

(1) Die getroffenen steuerlichen und strafrechtlichen Ermittlungsergebnisse sowie deren Würdigung hat die BuStra in einem abschließenden Vermerk aktenkundig zu machen. Der Antrag muß die für den Erlaß des Strafbefehls erforderlichen Angaben (§ 409 Abs. 1 StPO) enthalten. Er ist als Strafbefehlsentwurf zu fassen, Nrn. 176 und 177 Abs. 1 RiStBV.

Zur Kennzeichnung einer zu ahndenden Steuerhinterziehung im Strafbefehl gehört die kurze Darstellung der tatsächlichen Grundlagen des materiellen Steueranspruchs über dessen Verkürzung entschieden werden soll, die Angabe, durch welches Täterverhalten und für welchen in Betracht kommenden Steuerabschnitt die Erklärungs- und/oder Anmeldepflichten verletzt wurden, sowie ein Vergleich der gesetzlich geschuldeten Steuer mit der, die aufgrund der unrichtigen oder unvollständigen Angaben des Täters gegenüber der Steuerbehörde nicht, nicht in voller Höhe oder nicht rechtzeitig angemeldet oder festgesetzt wurde. Mängel in der Umgrenzungsfunktion des Strafbefehls führen zu dessen Unwirksamkeit, vgl. OLG Düsseldorf, Beschluß 3 Ws 85/87 v. 26. 5. 88, wistra 1988, 365 = StRK AO 1977 § 370 R. 131.

Bußgeldverfahren (Steuer) **Anhang**

(2) Dem Antrag sind vorbehaltlich Nr. 34 Abs. 4 alle Vorgänge beizufügen, die für die Schuld und die Strafzumessung von Bedeutung sind. Dazu gehören verwaltungsinterne Vermerke nicht. In den Fällen des § 407 Abs. 2 Satz 2 StPO ist dem Strafbefehlsantrag ein Beschlußvorschlag hinsichtlich der Bewährungsauflagen beizufügen. Der Bewährungsbeschluß muß zumindest einen Vorschlag bezüglich der Dauer der Bewährungszeit sowie die Aufforderung zur Anzeige eines Wohnsitzwechsels enthalten. Weitere Bewährungsauflagen sind im Einzelfall vorzuschlagen.

(3) Der Antrag ist an das zuständige Amtsgericht zu übersenden. Dabei ist je nach Bedeutung des Falles die Entscheidung durch den Strafrichter oder den Vorsitzenden des Schöffengerichts zu beantragen.

82. Rechtsmittel

(1) Teilt der Richter der BuStra mit, daß er eine andere als die beantragte Rechtsfolge für angemessen oder eine weitere Aufklärung für notwendig hält, ist nach dem Abs. 2 der Nr. 178 RiStBV zu verfahren. Gegen die Anberaumung der Hauptverhandlung (§ 408 Abs. 2 Satz 1 StPO) ist kein Rechtsmittel gegeben.

(2) Gibt der Vorsitzende des Schöffengerichts die Sache an den Strafrichter ab (§ 408 Abs. 1 Satz 3 erster Halbsatz StPO) oder weist der Richter den Antrag auf Erlaß eines Strafbefehls zurück, kann die BuStra dagegen sofortige Beschwerde (§ 311 StPO) einlegen, § 408 Abs. 1 Satz 3 letzter Halbsatz; § 210 Abs. 2 StPO.

83. Vorlage an die Staatsanwaltschaft

(1) Bieten die durchgeführten Ermittlungen genügenden Anlaß zur Erhebung der öffenlichen Klage (Nr. 80 Abs. 2), ist aber die Strafsache für das Strafbefehlsverfahren nicht geeignet, so legt die BuStra die Akten der Staatsanwaltschaft vor, § 400 zweiter Halbsatz AO.

(2) Bei der Vorlage hat die BuStra das wesentliche Ermittlungsergebnis übersichtlich zusammenfassend darzustellen und in der Regel auch rechtlich zu würdigen. Die Darstellung soll der Gewichtigkeit des Falles entsprechen. Die Abgabeschrift ist vom Sachgebietsleiter zu unterzeichnen.

Abschnitt 11: Stellung der Finanzbehörde im Verfahren der Staatsanwaltschaft

84. Rechte und Pflichten im Ermittlungsverfahren

(1) Führt die Staatsanwaltschaft das Ermittlungsverfahren in Strafsachen durch, so hat die BuStra nach § 402 Abs. 1 AO nur dieselben Rechte und Pflichten wie die Behörden des Polizeidienstes nach der Strafprozeßordnung, insbesondere nach § 161 und § 163 StPO, sowie die Befugnisse nach § 399 Abs. 2 Satz 2 AO, Abs. 3. Beschuldigte, Zeugen und Sachverständige sind nicht verpflichtet, auf Ladung vor ihr zu erscheinen. Die Vorgänge sind ohne Verzug der Staatsanwaltschaft zu übersenden, § 163 Abs. 2 StPO.

(2) Wegen der Rechte und Pflichten der Steuerfahndungsstellen und ihrer Beamten wird auf Nr. 144 verwiesen.

(3) Beschlagnahmen, Durchsuchungen und körperliche Untersuchungen dürfen von BuStra und Steufa nur bei Gefahr im Verzug angeordnet werden, § 399 Abs. 2 Satz 2 AO, § 98 Abs. 1, § 105 Abs. 1, § 81 a Abs. 2 StPO. Die Befugnis zur Durchsicht der Papiere hat im Verfahren der Staatsanwaltschaft neben dieser nur die Steufa (Nr. 144 Abs. 3 c), nicht aber auch die BuStra.

Anhang

(4) Finanzämter, auf die keine Zuständigkeit nach § 387 Abs. 2 AO übertragen worden ist, haben im Verfahren der Staatsanwaltschaft dieselben Rechte und Pflichten wie die BuStra nach den Abs. 1 und 3, § 402 Abs. 2 AO.

(5) Die vorgenannten Stellen und Ämter sind verpflichtet, einem Ersuchen der Staatsanwaltschaft um Durchführung von Ermittlungen im Rahmen ihrer Aufgaben (§ 17 Abs. 2 FVG; Nr. 143 Abs. 1), und ihrer Zuständigkeit (Nrn. 21 bis 23, 144 Abs. 3) nachzukommen.

85. Anwesenheitsrecht

(1) Führt die Staatsanwaltschaft oder die Polizei Ermittlungen in Strafsachen der Nr. 13 und 14 durch, so ist die BuStra befugt, daran teilzunehmen, § 403 Abs. 1 Satz 1 AO. Zu diesem Zweck sollen ihr Ort und Zeit der Ermittlungshandlungen rechtzeitig mitgeteilt werden, § 403 Abs. 1 Satz 2 AO. Von dieser Teilnahmebefugnis soll in Fällen von Gewicht oder auf Antrag des Beschuldigten in der Regel Gebrauch gemacht werden. Der Vertreter der BuStra ist berechtigt, Fragen an Beschuldigte, Zeugen und Sachverständige zu stellen, § 403 Abs. 1 Satz 3 AO.

(2) Das Anwesenheitsrecht gilt auch für solche richterlichen Verhandlungen während des staatsanwaltschaftlichen Ermittlungsverfahrens in Strafsachen der Nr. 13 und 14, bei denen auch der Staatsanwaltschaft die Anwesenheit gestattet ist, § 403 Abs. 2 AO. Das ist insbesondere bei der richterlichen Vernehmung des Beschuldigten sowie eines Zeugen oder Sachverständigen der Fall, § 168c StPO.

(3) Das Recht zur Akteneinsicht und zur Besichtigung sichergestellter Gegenstände nach § 395 AO hat die BuStra auch im steuerlichen Interesse.

(4) Teilt die Staatsanwaltschaft der BuStra mit, daß sie beabsichtige, das Verfahren einzustellen, von der Erhebung einer Klage abzusehen oder die Strafverfolgung zu beschränken (§§ 153ff. StPO, § 398 AO), hat die BuStra in ihrer Stellungnahme (§ 403 Abs. 4 AO) die Belange der Finanzverwaltung ggf. auch aus steuerlicher Sicht darzutun.

86. Unterstützung der Staatsanwaltschaft bei der Überwachung von Auflagen

Werden Auflagen angeordnet, deren Erfüllung die Staatsanwaltschaft zu überwachen hat, zB § 153a Abs. 1 StPO, soll die BuStra, soweit es sich bei den Auflagen um Steuerzahlungen handelt, die Staatsanwaltschaft bei der Überwachung unterstützen und ggf. den Zahlungseingang durch die Finanzkasse überwachen lassen.

Abschnitt 12: Stellung der Finanzbehörde im gerichtlichen Verfahren

87. Teilnahme an der Hauptverhandlung

(1) Die BuStra hat grundsätzlich den Termin der Hauptverhandlung wahrzunehmen. Sie kann nur in einfach gelagerten Fällen und nur im Einvernehmen mit der Staatsanwaltschaft von einer Teilnahme absehen.

(2) Vor dem Termin zur Hauptverhandlung soll der Vertreter der BuStra sich mit dem Sitzungsvertreter der Staatsanwaltschaft absprechen und ggf. Einblick in die Gerichtsakten nehmen, um auch von Verfahrensumständen Kenntnis zu bekommen, die der BuStra bisher nicht bekannt sind (zB Begründung des Einspruchs). Während der Hauptverhandlung soll der Vertreter der BuStra nach Möglichkeit sich sofort mit dem Sitzungsvertreter der Staatsanwaltschaft zu Äußerungen, Vorfällen, Anträgen des Angeklagten oder dessen Verteidigers oder Fragen des Gerichts beraten. Ist er mit Anträgen der Staatsanwaltschaft nicht einverstanden, soll er eine Sitzungspause anregen, um mit dem Staatsanwalt in der Pause das Für und Wider abzuwägen.

Bußgeldverfahren (Steuer) **Anhang**

(3) Der Vertreter der BuStra hat sein Mitwirkungsrecht auch als Mitwirkungspflicht aufzufassen, § 407 Abs. 1 Sätze 4 und 5 AO, Nr. 127 RiStBV. Insbesondere durch sachdienliche Fragen an den Angeklagten und die Zeugen kann er die Aufklärung des Sachverhalts unterstützen. Er kann zu dem Schlußvortrag des Staatsanwalts (Nr. 138 RiStBV) noch ergänzende Ausführungen machen, nicht aber selbst Anträge stellen.

88. Rechtsmittel

Hat die BuStra gegen einen Beschluß oder ein Urteil Bedenken, so regt sie unter Beachtung der Nr. 147 RiStBV bei der Staatsanwaltschaft an, daß diese Rechtsmittel einlegt.

89. Unterstützung des Gerichts bei der Überwachung von Auflagen

Werden vom Gericht Auflagen angeordnet, deren Erfüllung das Gericht zu überwachen hat (zB § 153a Abs. 2 StPO), gilt Nr. 86 entsprechend.

Abschnitt 13: Behandlung von Einwendungen

90. Gegenvorstellungen, Dienst- und Sachaufsichtsbeschwerden

(1) Einwendungen gegen Anordnungen, Maßnahmen, Unterlassungen sowie gegen das Verhalten von Amtsträgern sind vorbehaltlich der Nr. 91 als Gegenvorstellung oder, falls dies ausdrücklich begehrt wird oder aus den Umständen des Falles ersichtlich ist, daß die Entscheidung eines Vorgesetzten herbeigeführt werden soll, als Dienstaufsichts- oder als Sachaufsichtsbeschwerde zu behandeln.

(2) Über Gegenvorstellungen ist alsbald zu entscheiden. Aufsichtsbeschwerden sind unverzüglich der OFD vorzulegen, wenn ihnen nicht abgeholfen wird. Sachaufsichtsbeschwerden bei Maßnahmen, die Beamte der Steuerfahndungsstellen in ihrer Eigenschaft als Hilfsbeamte der Staatsanwaltschaft (§ 404 AO) und Beamte der BuStra (§ 402 AO) auf Anordnung der Staatsanwaltschaft treffen, sind, wenn ihnen nicht abgeholfen wird, der Staatsanwaltschaft vorzulegen.

(3) Soweit mit Einwendungen ein Verwertungsverbot (Nr. 134) geltend gemacht wird, ist über dieses bei der abschließenden Entscheidung im Strafverfahren zu befinden.

(4) Wird ein Schadensersatzanspruch geltend gemacht, ist die für die Vertretung des Landes in solchen Prozessen zuständige Behörde zu unterrichten.

91. Rechtsbehelfe

(1) Einwendungen gegen eine richterliche Durchsuchungs- oder Beschlagnahmeanordnung sind dem Gericht zuzuleiten (§ 306 StPO). Dies gilt auch dann, wenn die Durchsuchung bereits abgeschlossen ist.

(2) Einwendungen gegen eine durch die Steuerfahndungsbeamten, die BuStra oder nach § 399 Abs. 2 Satz 2 AO angeordnete Durchsuchung oder Beschlagnahme sind als Antrag auf gerichtliche Entscheidung (vgl. § 98 Abs. 2 Satz 2 StPO) dem Gericht vorzulegen. Dies gilt auch dann, wenn die Durchsuchungsanordnung bereits vollzogen ist. Zuständig ist das Amtsgericht, in dessen Bezirk die Durchsuchung oder Beschlagnahme stattgefunden hat. Wurde eine solche Maßnahme bereits in einem anderen Bezirk durchgeführt, so entscheidet das Amtsgericht, in dessen Bezirk die Finanzbehörde, die das Ermittlungsverfahren führt, ihren Sitz hat.

Anhang
Anweisungen für das Straf- und

(3) Einwendungen gegen die Anordnung der Vorführung nach § 161a Abs. 2 Satz 1 iVm. § 51 Abs. 1 Satz 3, § 163a Abs. 3 Satz 2, § 134 Abs. 1 StPO sind als Antrag auf gerichtliche Entscheidung (§ 163a Abs. 3 Satz 3, § 161a Abs. 3 Satz 1 StPO) dem Gericht vorzulegen. Zuständig ist das Landgericht, in dessen Bezirk die Finanzbehörde, die die Vorführung angeordnet hat, ihren Sitz hat, § 161a Abs. 3 Satz 2 StPO.

(4) Wird ein Antrag auf gerichtliche Entscheidung nach den §§ 23ff. EGGVG gestellt, ist der Vorgang mit einer Stellungnahme dem zuständigen OLG (§ 25 Abs. 1 EGGVG) unmittelbar vorzulegen. Die Staatsanwaltschaft beim Landgericht ist zu unterrichten.

92. Wirkung von Einwendungen

Aufschiebende Wirkung kommt den in Nrn. 90 und 91 genannten Einwendungen nicht zu, auch nicht in bezug auf die Auswertung von Unterlagen. Unbeschadet der Aussetzungsbefugnis des Richters nach § 307 Abs. 2 StPO ist jedoch zu prüfen, ob und ggf. wie weit im Einzelfall von der Durchführung von Maßnahmen usw. abgesehen werden soll; Voraussetzung ist stets, daß weder Verdunklungs- noch Fluchtgefahr besteht und daß auch die Ermittlungen sonst nicht wesentlich erschwert werden.

Teil 3: Bußgeldverfahren

Abschnitt 1: Anzuwendende Vorschriften

93. Gesetzliche Bestimmungen

(1) Im Bußgeldverfahren wegen Ordnungswidrigkeiten iS der Nrn. 98 und 99 gelten, soweit die §§ 409 bis 412 AO und die in § 410 Abs. 1 Nrn. 1 bis 12 AO aufgeführten und entsprechend anwendbaren Vorschriften der AO über das Strafverfahren keine speziellere Regelung treffen, die verfahrensrechtlichen Vorschriften des OWiG (§ 410 Abs. 1 AO) und nach Maßgabe des § 46 Abs. 1 OWiG sinngemäß die allgemeinen Gesetze über das Strafverfahren.

(2) Bei Ordnungswidrigkeiten nach dem Steuerberatungsgesetz (Nr. 100) ist § 164 StBerG zu beachten.

94. Anwendung der Regelungen des Zweiten Teils

Im Bußgeldverfahren wegen Ordnungswidrigkeiten iS der Nrn. 98 und 99 sind folgende Regelungen des Zweiten Teils sinngemäß anzuwenden:
Nr. 11 (Verhältnis des Strafverfahrens zum Besteuerungsverfahren);
Abschnitt 3 (Einleitung des Strafverfahrens) mit Ausnahme der Nr. 24 Abs. 1 (sog. Legalitätsprinzip);
Abschnitt 4 (Verteidigung);
Abschnitt 5 (allgemeine Ermittlungsgrundsätze) mit Ausnahme der Nr. 38;
Abschnitt 6 (Vernehmung) mit Ausnahme der Nr. 53 Abs. 1 und Nr. 54 Abs. 1, soweit es um die Anordnung der Vorführung geht (siehe Nr. 95 Abs. 2);
Abschnitt 7 (Durchsuchung und Beschlagnahme) mit Ausnahme der Nr. 57 Abs. 1 Buchst. b, der Nr. 61 sowie der Nr. 56 insoweit, als im Hinblick auf § 46 Abs. 3 OWiG eine Durchsuchung zum Zwecke der Ergreifung des Verdächtigen nicht zulässig ist (siehe auch Nr. 95 Abs. 1);
Abschnitt 11 (Stellung der Finanzbehörde im Verfahren der Staatsanwaltschaft) mit Ausnahme der Nr. 85 Abs. 3, da insoweit § 49 OWiG gilt, sowie der Nr. 86;

Bußgeldverfahren (Steuer) **Anhang**

Abschnitt 12 (Stellung des Finanzamts im gerichtlichen Verfahren) mit Ausnahme der Nr. 89;
Abschnitt 13 (Behandlung von Einwendungen) mit Ausnahme der Nr. 91 Abs. 3, 4 (siehe Nr. 95 Abs. 2, Nr. 107).

95. Abweichungen vom Strafverfahren

(1) Verhaftung, vorläufige Festnahme (Nr. 70), Postbeschlagnahme (Nr. 61) sowie Auskunftsersuchen (Nrn. 122 ff.) über Umstände, die dem Post- und Fernmeldegeheimnis unterliegen, sind nicht zulässig, § 46 Abs. 3 Satz 1 OWiG.

(2) Kommen der Betroffene oder Zeugen einer Ladung der BuStra nicht nach, kann deren Vorführung nur vom Richter angeordnet werden, § 46 Abs. 5 OWiG.

(3) Anders als im Strafverfahren (vgl. Nr. 74 Abs. 2 Satz 1, Nr. 80 Abs. 4) braucht der Betroffene vor Abschluß der Ermittlungen nicht vernommen zu werden, sondern es genügt, wenn ihm Gelegenheit gegeben wird, sich zu der Beschuldigung zu äußern, § 55 Abs. 1 OWiG.

(4) Der Betroffene braucht auf sein Recht, auch schon vor seiner Vernehmung einen Verteidiger zu befragen oder einzelne Beweiserhebungen zu beantragen (vgl. Nr. 49 Abs. 1 Satz 2), nicht hingewiesen zu werden (§ 55 Abs. 2 OWiG), doch soll bei schwieriger Sach- und/oder Rechtslage ein entsprechender Hinweis gegeben werden.

96. Ermittlungsbefugnisse

(1) Die BuStra hat im Bußgeldverfahren dieselben Rechte und Pflichten wie die Staatsanwaltschaft bei der Verfolgung von Straftaten, soweit das OWiG nichts anderes bestimmt (§ 46 Abs. 2 OWiG), und somit grundsätzlich die gleichen Ermittlungsbefugnisse wie bei der Verfolgung von Steuerstraftaten im selbständigen Verfahren. Zu den Einschränkungen siehe Nr. 95.

(2) Verfolgt die Staatsanwaltschaft die Ordnungswidrigkeiten (vgl. Nr. 102), bleiben das Recht des ersten Zugriffs und die Pflicht zur unverzüglichen Aktenübersendung (Nr. 84 Abs. 1 Satz 3) bestehen, § 53 Abs. 1 Satz 1 und 3 OWiG.

97. Opportunitätsprinzip

(1) Die Finanzbehörde hat im Rahmen ihrer Zuständigkeit nach § 47 Abs. 1 OWiG Ordnungswidrigkeiten nach pflichtgemäßem Ermessen zu verfolgen (Opportunitätsprinzip). Das Opportunitätsprinzip ermöglicht es der Finanzbehörde, von der Verfolgung einer Ordnungwidrigkeit auch dann abzusehen, wenn die Verfolgungsvoraussetzungen an sich vorliegen. Auch bei Verdacht einer Ordnungswidrigkeit iS der Nrn. 98 bis 100 braucht sie daher ein Bußgeldverfahren nicht einzuleiten oder kann die Verfolgung, ggf. auch erst im späteren Verlauf des Verfahrens, in tatsächlicher und/oder rechtlicher Hinsicht begrenzen oder ganz von ihr absehen; die Verfolgungsbegrenzung soll in den Akten vermerkt werden.

(2) Die Ermessensentscheidung hat sie unter Berücksichtigung aller Umstände des Einzelfalles nach sachlichen Gesichtspunkten zu treffen und dabei vor allem den Gleichheitsgrundsatz, den Grundsatz der Verhältnismäßigkeit und das Übermaßverbot (Nr. 3), die Bedeutung der Tat, den Grad der Vorwerfbarkeit und das öffentliche Interesse an der Verfolgung, das zB von der Häufigkeit derartiger Verstöße und der Wiederholungsgefahr abhängen kann, zu beachten, vgl. Nr. 77 Abs. 3.

(3) Trotz Verdachts kann von der Verfolgung einer Ordnungswidrigkeit nach den vorstehenden Absätzen in der Regel abgesehen werden, wenn der verkürzte Betrag oder der gefährdete Abzugsbetrag (§ 380 AO) insgesamt weniger als 3000 DM be-

Anhang Anweisungen für das Straf- und

trägt, sofern nicht ein besonders vorwerfbares Verhalten für die Durchführung eines Bußgeldverfahrens spricht. Das gleiche gilt, wenn in den Fällen des § 380 AO der insgesamt gefährdete Abzugsbetrag unter 5000 DM liegt und der gefährdete Zeitraum drei Monate nicht übersteigt.

Abschnitt 2: Ordnungswidrigkeiten

98. Steuerordnungswidrigkeiten

Steuerordnungswidrigkeiten sind namentlich

1. die leichtfertige Steuerverkürzung (§ 378 AO),
2. die Steuergefährdung (§ 379 AO),
3. die Gefährdung der Abzugsteuern (§ 380 AO),
4. der unzulässige Erwerb von Steuererstattungs- und Vergütungsansprüchen, § 383 AO,
5. Ordnungswidrigkeiten nach § 26a UStG und
6. Ordnungswidrigkeiten nach § 50e EStG.

99. Gleichgestellte Ordnungswidrigkeiten

Den Steuerordnungswidrigkeiten stehen Handlungen iS der Nr. 98, die sich auf Prämien und Zulagen beziehen, gleich, soweit in den entsprechenden Gesetzen auf die in Nr. 98 genannten Vorschriften verwiesen wird, § 8 Abs. 2 WoPG; § 5b Abs. 2 SparPG; § 5a Abs. 2 BergPG; § 29a BerlinFG; § 14 Abs. 3 VermBG.

100. Ordnungswidrigkeiten nach anderen Gesetzen

(1) Nach dem StBerG werden als Ordnungswidrigkeiten geahndet

1. die unbefugte Hilfeleistung in Steuersachen (§ 160 Abs. 1 Nr. 1 StBerG) und die unzulässige Werbung (§ 160 Abs. 1 Nr. 2 StBerG),
2. die unbefugte Benutzung der Bezeichnung Steuerberatungsgesellschaft usw. (§ 161 StBerG),
3. die Verletzung der den Lohnsteuerhilfevereinen obliegenden Pflichten (§ 162 StBerG) nach § 15 Abs. 3 StBerG (Mitteilung von Satzungsänderungen), § 22 Abs. 1 StBerG (Jahresprüfung der Aufzeichnung usw.), § 22 Abs. 7 Nrn. 1 und 2 StBerG (Vorlage des Prüfungsberichts und Unterrichtung der Mitglieder über den Inhalt der Prüfungsfeststellungen), § 23 Abs. 3 Satz 1 und Abs. 4 StBerG (Bestellung der Leiter von Beratungsstellen und Mitteilungen über Veränderungen bei Beratungsstellen), § 25 Abs. 2 Satz 1 StBerG (Nicht angemessene Versicherung) und § 29 Abs. 1 StBerG (Nicht oder nicht rechtzeitige Unterrichtung der Aufsichtsbehörde von Mitgliederversammlungen oder Vertreterversammlungen) und
4. die Ausübung einer wirtschaftlichen Tätigkeit iVm. einer Hilfeleistung in Lohnsteuersachen, § 163 StBerG.

(2) Nach dem OWiG (§ 130 OWiG) kann die Verletzung der Aufsichtspflicht in Betrieben und Unternehmen geahndet werden, sofern die nicht verhinderte Zuwiderhandlung eine Steuerstraftat oder Steuerordnungswidrigkeit ist, § 131 Abs. 3, § 36 Abs. 1 OWiG, § 409 iVm. § 387 AO.

Eine Geldbuße gegen juristische Personen oder Personenvereinigungen kann unter den Voraussetzungen des § 30 OWiG verhängt werden.

Bußgeldverfahren (Steuer) **Anhang**

Abschnitt 3: Zuständigkeit

101. Zuständigkeit für die Verfolgung und Ahndung von Ordnungswidrigkeiten

(1) Die Finanzbehörde ist zuständig für die Verfolgung und Ahndung von
- Steuerordnungswidrigkeiten (Nr. 98),
- Ordnungswidrigkeiten, welche einer Steuerordnungswidrigkeit gleichgestellt sind (Nr. 99), und von
- Ordnungswidrigkeiten nach dem Steuerberatungsgesetz (Nr. 100).

(2) Die Finanzbehörde ist weiterhin sachlich zuständige Verwaltungsbehörde im Sinne des § 36 Abs. 1 Nr. 1 OWiG für Ordnungswidrigkeiten der Steuerberater, Steuerberatungsgesellschaften und Steuerbevollmächtigten, ihrer Gehilfen und der Personen, die zur Vorbereitung auf den Beruf an der berufsmäßigen Tätigkeit teilnehmen, § 17 Abs. 4 Satz 2 und Abs. 5 GwG.

102. Zuständigkeit bei Zusammentreffen oder Zusammenhang der Ordnungswidrigkeit mit einer Straftat

(1) Die Finanzbehörde hat die Vorgänge unter Beachtung der Nr. 112 der Staatsanwaltschaft vorzulegen, sobald sie davon erfährt, daß die Staatsanwaltschaft wegen derselben Tat (Nr. 12 Abs. 2) bereits im Strafverfahren ermittelt, vgl. § 40 OWiG.

(2) Besteht ein Zusammenhang zwischen einer Ordnungswidrigkeit und einer Straftat, ohne daß eine Tat iS der Nr. 12 Abs. 2 vorliegt (§ 42 Abs. 1 Satz 2 OWiG), so kann die Staatsanwaltschaft die Verfolgung der Ordnungswidrigkeit übernehmen, solange nicht ein Bußgeldbescheid vom Zeichnungsberechtigten unterschrieben und in den Geschäftsgang gegeben wurde, § 42 Abs. 1 Satz 1 OWiG. Bei der Vorlage der Vorgänge an die Staatsanwaltschaft ist Nr. 112 zu beachten.

(3) Ermittelt die Finanzbehörde wegen einer Tat (Nr. 12 Abs. 2) im Strafverfahren, so ist sie in diesem Verfahren auch für die Verfolgung der Tat unter dem rechtlichen Gesichtspunkt einer Ordnungswidrigkeit iS der Nrn. 98 bis 100 zuständig (entsprechend § 40 OWiG; auf § 21 OWiG wird hingewiesen. Bei einer Abgabe nach Nr. 18 oder Vorlage nach Nr. 83 geht die Verfolgungskompetenz der Finanzbehörde auch hinsichtlich der Tat als Ordnungswidrigkeit auf die Staatsanwaltschaft über.

(4) Ergibt sich bei der Verfolgung einer Ordnungswidrigkeit der Verdacht (Nr. 24), daß dieselbe Tat (Nr. 12 Abs. 2) gleichzeitig eine Straftat ist, so ermittelt die Finanzbehörde im Strafverfahren weiter, wenn ihr auch für die Straftat die Ermittlungsbefugnis zusteht; anderenfalls legt sie die Vorgänge unter Beachtung der Nr. 112 der Staatsanwaltschaft vor.

103. Zuständigkeit bei Zusammentreffen oder Zusammenhang mit einer anderen Ordnungswidrigkeit

(1) Sind für die Verfolgung einer Tat (Nr. 12 Abs. 2) oder bei Zusammenhang (§ 38 OWiG) zwischen mehreren Ordnungswidrigkeiten nach Nrn. 98 bis 100 verschiedene Finanzbehörden zuständig, ist nach § 39 OWiG zu verfahren. Kommt eine Vereinbarung nach § 39 Abs. 2 OWiG nicht zustande, ist vor der Stellung eines Antrags auf gerichtliche Entscheidung (§ 39 Abs. 3 Nrn. 2 und 3 OWiG) den vorgesetzten Behörden zu berichten.

(2) Besteht Tateinheit zwischen einer Ordnungswidrigkeit nach Nrn. 98 bis 100 und einer anderen Ordnungswidrigkeit oder hängen solche Ordnungswidrigkeiten zusammen, hat sich die Finanzbehörde mit der anderen Behörde alsbald ins Benehmen zu

Anhang

setzen. Wird eine Vereinbarung nach § 39 Abs. 2 OWiG in Erwägung gezogen, ist zu berücksichtigen, daß in der Regel auch steuerliche Ermittlungen geführt werden müssen.

Abschnitt 4: Besonderheiten bei Verfahren gegen Angehörige der rechts- und steuerberatenden Berufe

104. (1) Soll gegen einen Angehörigen der rechts- und steuerberatenden Berufe wegen einer Steuerordnungwidrigkeit, die er nicht in eigenen Steuerangelegenheiten, sondern in Ausübung seines Berufes bei der Steuerberatung begangen hat, ein Bußgeldbescheid erlassen werden und ist deshalb zuvor der zuständigen Berufskammer Gelegenheit zur Stellungnahme zu geben (§ 411 AO), so sind dieser die Bußgeldakten (Hauptakten) zur Einsicht vorzulegen. Dies gilt auch für die Teile der Akten, die den Steuerpflichtigen oder einen sonst Beteiligten betreffen, wenn sie für die Beurteilung des Falles von Bedeutung sind. Nr. 83 Abs. 2 gilt entsprechend.

(2) Der Kammer ist von der BuStra eine angemessene Frist für die Abgabe der Stellungnahme einzuräumen. Die BuStra hat die Stellungnahme bei ihrer Entscheidung zu berücksichtigen; sie ist jedoch an sie nicht gebunden. Gibt die Kammer keine Stellungnahme ab, so hindert dies den Erlaß des Bußgeldbescheids nicht.

(3) Auf die Anhörung der zuständigen Kammer kann auch dann nicht verzichtet werden, wenn der Betroffene dies beantragt.

Abschnitt 5: Abschließende Entscheidung

105. Abschließende Entscheidung

(1) Hält die BuStra aufgrund der Ermittlungen eine Ordnungswidrigkeit nicht für erwiesen oder besteht ein endgültiges Verfahrenshindernis, stellt sie das Verfahren nach § 46 Abs. 1 OWiG iVm. § 170 Abs. 2 StPO ein; erscheint die Verfolgung nicht geboten, stellt sie das Verfahren nach § 47 Abs. 1 OWiG ein. Nr. 75 Abs. 1 bis 3 gilt entsprechend. In den Fällen des Satzes 1 entscheidet die BuStra auch über eine evtl. Entschädigungspflicht nach dem StrEG; siehe im einzelnen zu den Besonderheiten § 110 OWiG.

(2) Hält die BuStra nach Abschluß der Ermittlungen die Ordnungswidrigkeit für erwiesen und die Ahndung mit einer Geldbuße für geboten, vermerkt sie den Abschluß der Ermittlungen in den Akten (§ 61 OWiG) und erläßt einen Bußgeldbescheid, §§ 65, 66 OWiG.

106. Bekanntgabe des Bußgeldbescheids

Dem Betroffenen ist eine vom Sachgebietsleiter der BuStra oder von dessen Vertreter unterzeichnete und mit Dienstsiegel versehene Ausfertigung des Bußgeldbescheids zuzustellen, § 412 Abs. 1 AO, § 51 Abs. 2 OWiG. Die Zustellung erfolgt durch die Post mit Zustellungsurkunde (§ 3 VwZG), sofern nicht im Einzelfall eine andere Zustellungsart (zB die Zustellung durch die Behörde gegen Empfangsbekenntnis, § 5 VwZG) zweckmäßig erscheint.

Abschnitt 6: Rechtsbehelfe

107. Behandlung eines Antrages auf gerichtliche Entscheidung

Hilft die BuStra einem Antrag auf gerichtliche Entscheidung gegen Anordnungen, Verfügungen und sonstige Maßnahmen, die nicht nur der Vorbereitung der Entscheidung, ob ein Bußgeldbescheid erlassen wird, dienen (zB die Beschlagnahme, nicht dagegen die Einleitung des Bußgeldverfahrens), nicht ab, hat sie den Antrag spätestens innerhalb von drei Tagen unmittelbar dem nach § 68 OWiG zuständigen Gericht (Amtsgericht, in dessen Bezirk die BuStra ihren Sitz hat) vorzulegen, § 62 Abs. 2 Satz 2 OWiG; § 306 Abs. 2 StPO.

108. Einspruch gegen Bußgeldbescheid

(1) Wird gegen den Bußgeldbescheid Einspruch eingelegt und hält ihn die BuStra für zulässig, so hat sie den Bescheid zu überprüfen. Sie kann den Bußgeldbescheid zurücknehmen, § 69 Abs. 2 Satz 1 OWiG; eine teilweise Rücknahme ist nicht zulässig. Es kann aber nach Rücknahme des Bußgeldbescheids ein neuer, auch verbösernder Bescheid erlassen werden. Die BuStra leitet die Akten an die Staatsanwaltschaft weiter (§ 69 Abs. 3 Satz 1 OWiG), wenn sie den Bußgeldbescheid nicht zurücknimmt und nicht nach § 69 Abs. 1 OWiG verfährt.

(2) Wird bei einem verspäteten Einspruch wegen der Fristversäumung Wiedereinsetzung beantragt, so entscheidet die BuStra auch über diesen Antrag, § 52 Abs. 2 Satz 1 OWiG. Wird der Wiedereinsetzungsantrag erst mit dem Antrag auf gerichtliche Entscheidung nach § 62 OWiG gestellt, ist zunächst über den Wiedereinsetzungsantrag zu entscheiden und bei Stattgabe weiter nach § 69 Abs. 2 und Abs. 3 OWiG zu verfahren.

Abschnitt 7: Kosten, Erhebung und Vollstreckung

109. Kosten des Verfahrens

(1) Der Bußgeldbescheid ist mit einer Kostenentscheidung zu versehen, § 105 Abs. 1 OWiG iVm. § 464 Abs. 1 StPO. Hierbei ist ggf. auch eine Entscheidung darüber zu treffen, wer die notwendigen Auslagen zu tragen hat. Dies gilt auch für den selbständigen Bußgeldbescheid gegen eine juristische Person oder Personenvereinigung, § 88 Abs. 2 Satz 1 OWiG.

(2) Stellt die BuStra das Verfahren ein, hat sie eine Kostenentscheidung nur dann zu treffen, wenn sie zuvor den Bußgeldbescheid nach Einlegung eines Einspruchs zurückgenommen hat. In diesem Fall ist ein selbständiger Kostenbescheid zu erlassen, in dem auch darüber zu entscheiden ist, wem die dem Betroffenen oder einem Nebenbeteiligten erwachsenen notwendigen Auslagen aufzuerlegen sind. Dies gilt auch für die Auferlegung von Kosten bei Kostenpflicht des Anzeigenden nach § 469 StPO iVm. § 105 Abs. 1 OWiG.

(3) Selbständige Bescheide über die Anordnung einer Nebenfolge (zB Bußgeldbescheide gegen juristische Personen und Personenvereinigungen gemäß § 30 OWiG) ergehen gebührenfrei. Soweit dem Nebenbeteiligten die durch seine Beteiligung erwachsenen besonderen Kosten auferlegt werden, können Auslagen nach Maßgabe des § 107 Abs. 3 OWiG erhoben werden.

(4) War dem Bußgeldverfahren wegen derselben Tat ein Strafverfahren vorausgegangen, so sind Auslagen insoweit nicht zu erheben, als sie in dem eingestellten Strafverfahren entstanden und nicht zugleich durch die Verfolgung der Tat als Ordnungswidrigkeit erwachsen sind.

(5) Das Verfahren nicht abschließende Bescheide enthalten keine Entscheidung darüber, wer die Kosten trägt, § 105 Abs. 1 OWiG, § 464 Abs. 2 StPO.

(6) Die von dem betroffenen oder einem anderen Beteiligten an die Staatskasse zu

Anhang

Anweisungen für das Straf- und

zahlenden Kosten sind, sofern die Kostenrechnung nicht auf dem Bußgeldbescheid vorgenommen worden ist, in einer besonderen Kostenrechnung anzusetzen.

(7) Hat nach der Kostenentscheidung ein Beteiligter Kosten oder Auslagen zu erstatten, so hat die BuStra auf Antrag des Erstattungsberechtigten nach Rechtskraft der Kostenentscheidung die Höhe der Kosten und Auslagen festzusetzen, § 106 OWiG.

(8) Wegen der Rechtsbehelfe gegen einen mit einem Bußgeldbescheid verbundenen Kostenbescheid, gegen einen selbständigen Kostenbescheid oder gegen einen Kostenansatz vgl. § 108 Abs. 1 OWiG.

110. Zuständigkeit für die Erhebung

Die Erhebung von Geldbußen, Ordnungsgeldern und Kosten obliegt der Finanzkasse; sie teilt der BuStra Zahlungen, nachträgliche Zahlungen und Nichtzahlungen bei Fälligkeit mit. Wegen der Verbuchung von Teilbeträgen siehe § 94 OWiG.

111. Vollstreckung

(1) Vollstreckbar sind
a) Entscheidungen über die Festsetzung einer Geldbuße oder die Anordnung einer Nebenfolge sowie über die Kosten des Bußgeldverfahrens, soweit diese Entscheidungen rechtskräftig sind;
b) sonstige Bescheide, zB über die Verhängung von Ordnungsgeld gegen Zeugen und Sachverstände, nach Bekanntgabe (§ 50 Abs. 1 Satz 1 OWiG) des Bescheids, sofern nicht die BuStra oder das Amtsgericht nach Antrag auf gerichtliche Entscheidung die Vollziehung ausgesetzt hat, § 62 Abs. 2 Satz 2 OWiG; § 307 Abs. 2 StPO.

(2) Entscheidungen im Vollstreckungsverfahren obliegen der BuStra (Vollstreckungsbehörde iS des § 92 OWiG). Für die Ausführung der Vollstreckung ist die Vollstreckungsstelle zuständig (Vollstreckungsbehörde iS der §§ 249ff. AO). Erkennt die Vollstreckungsstelle, daß eine Entscheidung nach § 95 Abs. 2 OWiG zu treffen ist, weil dem Betroffenen nach seinen wirtschaftlichen Verhältnissen die Zahlung in absehbarer Zeit nicht möglich ist, so hat sie eine Entscheidung der BuStra herbeizuführen, ob die Vollstreckung fortgesetzt wird oder unterbleibt.

(3) Wird der BuStra von der Finanzkasse die Nichteinhaltung von Raten (§ 93 Abs. 4 Satz 1 OWiG) mitgeteilt, vermerkt sie in den Akten, wenn nach § 18 Satz 2 OWiG die Vergünstigung der Ratenzahlung entfällt. Entscheidungen, mit denen Zahlungserleichterungen (§ 18 Satz 1 OWiG) bewilligt oder abgelehnt wurden, können nachträglich geändert oder aufgehoben werden, zum Nachteil des Betroffenen jedoch nur aufgrund neuer Tatsachen oder Beweismittel, § 93 Abs. 2 OWiG.

(4) Zahlt der Betroffene nicht, so soll die BuStra nach Ablauf der in § 95 Abs. 1 OWiG bestimmten Frist bei Gericht die Anordnung der Erzwingungshaft beantragen (§ 96 Abs. 1 OWiG), sofern nicht anzunehmen ist, daß die Geldbuße in angemessener Zeit beigetrieben werden kann. Der Antrag ist nicht zu stellen, wenn die Zahlungsunfähigkeit vom Betroffenen dargelegt oder sonst bekannt wurde, § 96 Abs. 1 Nrn. 2 und 4 OWiG.

(5) Wird nach Rechtskraft eines Bußgeldbescheides wegen derselben Handlung die öffentliche Klage erhoben, so hat die BuStra die Vollstreckung insoweit auszusetzen, § 102 Abs. 1 OWiG.

Bußgeldverfahren (Steuer)　　　　　　　　　　　　　　　　　　**Anhang**

Teil 4: Ergänzende gemeinsame Regelungen für das Straf- und Bußgeldverfahren

Abschnitt 1: Steuergeheimnis

112. (1) Das Steuergeheimnis erstreckt sich nicht nur auf die Verhältnisse des Steuerpflichtigen, sondern auch auf die Verhältnisse von Auskunftspflichtigen und anderen Personen; auch Name und Inhalt der Angaben einer Gewährsperson (zB Anzeigeerstatter) fallen unter das Steuergeheimnis. Der BFH hat dies in seinem Urt. VII R 88/92 v. 8. 2. 94 (BStBl. II 1994, 552 = StRK AO 1977 § 30 R. 15 m. Anm. Arndt) bestätigt. Eine Offenbarung der Identität des Anzeigeerstatters ist allenfalls dann zulässig, wenn der Schutz des allgemeinen Persönlichkeitsrechts des von der Anzeige Betroffenen dies gebietet, so auch der BFH, aaO. Dies gilt auch, wenn sich der von der Anzeige Betroffene ohne Kenntnis des Anzeigeerstatters nicht wirksam verteidigen kann (zB weil die Aussage des Anzeigeerstatters das einzige Beweismittel darstellt).

(2) § 30 Abs. 4 und 5 AO enthält eine Aufzählung der Voraussetzungen, unter denen die Offenbarung fremder Verhältnisse zulässig ist. Ist die Befugnis der Offenbarung danach gegeben und besteht gleichzeitig, zB aufgrund des § 161 StPO, eine Verpflichtung zur Auskunft, ist die Finanzbehörde zur Auskunftserteilung verpflichtet; ein Amtsträger kann insoweit die Aussage nicht unter Berufung auf das Steuergeheimnis verweigern. Mit der nach dienst- und arbeitsrechtlichen Vorschriften erteilten Aussagegenehmigung (siehe Nr. 48) ist nicht über die Befugnis zur Offenbarung nach § 30 AO entschieden.

(3) Nach § 30 Abs. 4 Nr. 1 AO ist die Offenbarung ua. zulässig, soweit sie der Durchführung eines Steuerstrafverfahrens, eines Verfahrens wegen einer Steuerordnungswidrigkeit oder eines Verfahrens nach § 385 Abs. 2 AO dient, zB bei Vernehmungen von Zeugen und Sachverständigen, bei Durchsuchungen oder Beschlagnahmen, bei Hinzuziehung der Polizei und bei Abgabe der Sache an die Staatsanwaltschaft. Zur Durchführung eines Steuerstrafverfahrens können der Staatsanwaltschaft und dem Gericht auf deren Ersuchen die für die Festsetzung des Tagessatzes erforderlichen Angaben über die Einkommens- und Vermögensverhältnisse mitgeteilt werden.

(4) Kenntnisse über nichtsteuerliche Straftaten (insbesondere sog. Zufallsfunde) dürfen unbeschadet der Nr. 17 für Zwecke der Strafverfolgung an die Strafverfolgungsbehörden und Gerichte weitergeleitet werden, wenn sie in einem Strafverfahren wegen einer Tat iS der Nrn. 13 und 14 oder in einem Bußgeldverfahren wegen einer Ordnungswidrigkeit iS der Nrn. 98 und 99 erlangt worden sind, § 30 Abs. 4 Nr. 4a erster Halbsatz AO, Nr. 103 Abs. 2. Tatsachen, die bereits vor Einleitung eines steuerlichen Straf- oder Bußgeldverfahrens im Besteuerungsverfahren bekanntgeworden sind, zB im Rahmen von Vorfeldermittlungen, sowie Tatsachen, die der Steuerpflichtige der Finanzbehörde zu einem Zeitpunkt mitgeteilt hat, als ihm die Einleitung des Straf- oder Bußgeldverfahrens noch nicht bekannt war, dürfen indessen vorbehaltlich der Abs. 5 bis 8 nicht offenbart werden.

(5) Kenntnisse über nichtsteuerliche Straftaten dürfen den Strafverfolgungsbehörden stets mitgeteilt werden, soweit sie ohne Bestehen einer steuerlichen Verpflichtung erlangt worden sind, zB Angaben von Steuerpflichtigen und Auskunftspersonen, die diese gemacht haben, ohne hierzu verpflichtet gewesen zu sein. Eine Mitteilung nichtsteuerlicher Straftaten ist im übrigen immer dann zulässig, wenn diese unter Verzicht auf ein Auskunftsverweigerungsrecht bekanntgeworden sind, § 30 Abs. 4 Nr. 4b 2. Alt. AO. Ein solcher Verzicht kann nur angenommen werden, wenn der

Anhang
Anweisungen für das Straf- und

Berechtigte sein Auskunftsverweigerungsrecht kannte; in Betracht kommen die Auskunftsverweigerungsrechte des § 101 AO (Angehörige), des § 102 AO (Angehörige bestimmter Berufe) und des § 103 AO (Dritte bei Gefahr der Strafverfolgung).

(6) Vorsätzlich falsche Angaben, zB eines Anzeigeerstatters oder eines Steuerpflichtigen, dürfen den Strafverfolgungsbehörden offenbart werden, wenn durch sie nach Auffassung der Finanzbehörde ein Straftatbestand, zB falsche Verdächtigung (§ 164 StGB) oder ein Subventionsbetrug (§ 264 StGB), verwirklicht worden ist (§ 30 Abs. 5 AO). Im übrigen wird auf das BdF-Schreiben IV A 7 – S 0130 – 19/81 v. 18. 3. 81 verwiesen, AO-Kartei § 30 Karte 9 = StEK AO 1977 § 30 Nr. 19.

(7) Nach § 30 Abs. 4 Nr. 5 AO ist die Offenbarung ferner zulässig, soweit für sie ein zwingendes öffentliches Interesse besteht. Bei anderen als den in den Buchst. a bis c aufgezählten Sachverhalten ist ein zwingendes öffentliches Interesse nur gegeben, wenn sie in ihrer Bedeutung einer der in § 30 Abs. 4 Nr. 5 AO erwähnten Fallgestaltungen vergleichbar sind. Regelmäßig dürfen nur die Strafverfolgungsbehörden unterrichtet werden. Eine Unterrichtung anderer Behörden kommt in Betracht, wenn deren Belange, wie zB bei Bestechung und Subventionsbetrug, durch die Straftat berührt werden. Will das Finanzamt offenbaren, ist der OFD zuvor zu berichten.

(8) Verbrechen iS von § 30 Abs. 4 Nr. 5 Buchst. a AO sind alle Straftaten, die im Mindestmaß mit einer Freiheitsstrafe von einem Jahr oder darüber bedroht sind, § 12 Abs. 1 StGB. Als vorsätzliche schwere Vergehen gegen Leib und Leben oder gegen den Staat und seine Einrichtungen kommen nur solche Vergehen in Betracht, die im konkreten Fall eine schwerwiegende Rechtsverletzung darstellen. Straftaten im Amt sowie Erkenntnisse über die in § 138 StGB aufgeführten Kapitalverbrechen und Vergehen, zu deren Anzeige jedermann verpflichtet ist, sind stets zu offenbaren. Wirtschaftsstraftaten iS von § 30 Abs. 4 Nr. 5 Buchst. b AO sind die im § 74c Abs. 1 Nrn. 1 bis 6 GVG genannten Straftaten, bei denen zusätzlich die besonderen Voraussetzungen des § 30 Abs. 4 Nr. 5 Buchst. b AO gegeben sind; das ist zB anzunehmen bei größeren Fällen von Konkursen, Firmenzusammenbrüchen und betrügerischen Abschreibungs- und Anlagegesellschaften.

(9) Wegen einer Offenbarung zur Bekämpfung der illegalen Beschäftigung und des Leistungsmißbrauchs siehe § 31a AO.

Abschnitt 2: Unterrichtungspflicht gegenüber BuStra oder Steufa
113. Allgemeines

(1) Ergibt sich der Verdacht (vgl. Nr. 24) einer Straftat iS der Nrn. 13 und 14, ist die BuStra oder – sofern noch weitere Ermittlungen erforderlich sind – die Steufa unverzüglich zu unterrichten. Bei einer nur vagen Vermutung schuldhaften Verhaltens ist nur in Ausnahmefällen eine Unterrichtung geboten.

(2) Abs. 1 gilt bei Verdacht einer Ordnungswidrigkeit iS der Nrn. 98 und 99 entsprechend, sofern nicht von der Durchführung eines Bußgeldverfahrens nach § 47 Abs. 1 OWiG abgesehen werden kann (Nr. 97). Danach kann trotz Verdachts einer Ordnungswidrigkeit bei einem steuerlichen Mehrergebnis von insgesamt unter 3000 DM in der Regel eine Unterrichtung unterbleiben, wenn nicht besondere Umstände hinsichtlich des vorwerfbaren Verhaltens für die Durchführung eines Bußgeldverfahrens sprechen.

(3) Eine Unterrichtung der BuStra ist regelmäßig auch dann angezeigt, wenn sich die Möglichkeit ergibt, daß ein Straf- oder Bußgeldverfahren iS der Abs. 1 und 2 durchgeführt werden muß. Diese Möglichkeit besteht dann, wenn für eine Straftat

Bußgeldverfahren (Steuer) **Anhang**

oder Ordnungswidrigkeit Anhaltspunkte sprechen, die zwar noch nicht zureichend sind, um einen Verdacht zu begründen, die jedoch eine Untersuchung des Falles durch die BuStra geboten erscheinen lassen.

(4) In Zweifelsfällen empfiehlt sich eine ggf. formlose Kontaktaufnahme zur BuStra oder Steufa.

114. Außenprüfung

(1) Nr. 113 gilt auch für die Außenprüfung, vgl. § 9 Satz 1 BpO (St).

(2) Erscheint es nach dem Erkenntnisstand zum Zeitpunkt der Schlußbesprechung möglich, daß ein Strafverfahren wegen einer Straftat iS der Nrn. 13 und 14 oder ein Bußgeldverfahren wegen einer Ordnungswidrigkeit iS der Nrn. 98 bis 99 durchgeführt werden muß (Nr. 113 Abs. 3), ist gemäß § 201 Abs. 2 AO ein entsprechender Hinweis zu erteilen. Ein Hinweis ist nicht zu erteilen, wenn eine Straftat oder Ordnungswidrigkeit deshalb nicht in Betracht kommt, weil kein schuldhaftes oder vorwerfbares Verhalten vorliegt oder offensichtlich ist, daß objektive oder subjektive Tatbestandsmerkmale mit der im Straf- oder Bußgeldverfahren erforderlichen Gewißheit nicht nachzuweisen sind.

(3) Der Prüfungsbericht ist der BuStra zuzuleiten,
– wenn im Zusammenhang mit der Außenprüfung ein Straf- oder Bußgeldverfahren eingeleitet worden ist,
– wenn der Steuerpflichtige in der Schlußbesprechung gemäß § 201 Abs. 2 AO (Abs. 2 dieser Nr.) darauf hingewiesen worden ist, daß die straf- oder bußgeldrechtliche Würdigung einem besonderen Verfahren vorbehalten bleibt,
– wenn ausnahmsweise in sonstigen Fällen, in denen sich aus den Prüfungsfeststellungen die Möglichkeit ergibt, daß ein Straf- oder Bußgeldverfahren durchgeführt werden muß, insbesondere wenn sich erst nach der Schlußbesprechung entsprechende Anhaltspunkte ergeben.

115. Selbstanzeigen

(1) Selbstanzeigen (§ 371, § 378 Abs. 3 AO), die als solche bezeichnet oder erkennbar sind, sind der BuStra zuzuleiten. Das gleiche gilt für andere Erklärungen, wenn Anhaltspunkte vorliegen, daß zuvor durch unrichtige, unvollständige oder unterlassene Angaben gegenüber der Finanzbehörde vorsätzlich oder leichtfertig Steuern verkürzt wurden. Keine Vorlagepflicht besteht für Erklärungen, die auf nachträglichen Erkenntnissen des Steuerpflichtigen beruhen, vgl. § 153 AO. Von der Vorlage verspäteter Steueranmeldungen kann ebenfalls abgesehen werden.

(2) Umstände, welche der Straf- oder Bußgeldfreiheit entgegenstehen könnten (§ 371 Abs. 2, § 378 Abs. 3 Satz 1 AO), und in Fällen des § 371 Abs. 3 und des § 378 Abs. 3 Satz 2 AO nachzuentrichtende oder zurückzuzahlende Beträge sind jeweils mitzuteilen.

116. Unaufschiebbare Anordnungen

In den Fällen der Nrn. 113 bis 115 bleiben die Rechte und Pflichten der beteiligten Amtsträger unberührt, alle unaufschiebbaren Anordnungen zu treffen und Maßnahmen zu ergreifen, um die Verdunklung der Sache zu verhindern (§§ 385, 399 Abs. 2 AO, § 163 Abs. 1 StPO, § 410 Abs. 1 Nr. 7 AO, § 46 Abs. 1, 2 OWiG), insbesondere Beschlagnahmen und Durchsuchungen bei Gefahr im Verzug anzuordnen und durchzuführen.

Anhang

Abschnitt 3: Behandlung der Eingänge bei BuStra und Steufa

117. Beschleunigte Bearbeitung

(1) Über die Einleitung oder Nichteinleitung von Verfahren soll, sofern keine besonderen Umstände vorliegen, innerhalb von sechs Monaten nach Eingang des Vorgangs entschieden werden, s. auch Nr. 6. Dies gilt insbesondere dann, wenn eine Außenprüfung vorausgegangen und in der Schlußbesprechung gemäß § 201 Abs. 2 AO ein Hinweis auf die straf- oder bußgeldrechtliche Prüfung gegeben worden war.

(2) Wird in den Fällen des § 201 Abs. 2 AO von der Einleitung eines Straf- oder Bußgeldverfahrens abgesehen, so ist dies dem Steuerpflichtigen mitzuteilen.

118. Anzeigen

Besteht kein Anlaß, einer Anzeige nachzugehen, so sind die Gründe dafür aktenkundig zu machen. Bei Sachverhalten, für deren Ermittlung die Finanzbehörde nicht zuständig ist, soll der Anzeigeerstatter an die zuständige Strafverfolgungsbehörde oder Verwaltungsbehörde in Bußgeldsachen verwiesen werden, sofern nicht deren Unterrichtung durch die Finanzbehörde angezeigt erscheint. Wegen des Schutzes des Anzeigenerstatters vgl. Nr. 112 Abs. 1 und 6.

119. Behandlung der Eingänge

(1) Die Eingänge sind darauf zu prüfen, ob
- die Finanzbehörde das Verfahren selbständig durchzuführen befugt (Nr. 12) und sachlich und örtlich zuständig ist (Nrn. 21 bis 23),
- Vorermittlungen (Nr. 121) oder Vorfeldermittlungen (Nr. 146) anzustellen sind,
- die Voraussetzungen für die Einleitung eines Verfahrens zu verneinen sind oder von der Einleitung abzusehen oder diese zurückzustellen ist (Abs. 2 und 3),
- das Strafverfahren oder das Bußgeldverfahren einzuleiten ist (Nrn. 24, 97),
- die Staatsanwaltschaft zu unterrichten ist (Nr. 72) oder
- die Sache sogleich an die Staatsanwaltschaft abzugeben (Nr. 18) oder dieser vorzulegen ist (Nr. 102 Abs. 1).

(2) Ist die Finanzbehörde nicht zuständig, gibt sie die Vorgänge unter Beachtung der Nr. 112 an die zuständige Stelle ab. Fehlt ihr als Finanzbehörde die Befugnis zur selbständigen Sachverhaltsermittlung, sind die Vorgänge unter Beachtung der Nr. 112 der zuständigen Staatsanwaltschaft zuzuleiten.

(3) Ergibt sich sogleich, daß kein Tatverdacht (Nr. 24) besteht oder daß ein Verfahrenshindernis vorliegt (Nr. 76 Abs. 1 Satz 2), unterbleibt die Einleitung eines Verfahrens; dies ist aktenkundig zu machen.

120. Behandlung der Selbstanzeigen

(1) Die BuStra prüft, ob die Angaben für eine wirksame Selbstanzeige ausreichen, ggf., ob dem Täter Gelegenheit zu geben ist, die Angaben zu vervollständigen. Bleibt der Sachverhalt weiter aufklärungsbedürftig, hat die BuStra die Ermittlungen selbst durchzuführen oder zu veranlassen.

(2) Hängt die Straf- oder Bußgeldfreiheit von der Nachentrichtung der Steuer ab, veranlaßt die BuStra, daß dafür eine angemessene Frist gesetzt und dabei auf die Bedeutung der Einhaltung der Frist hingewiesen wird. Fristverlängerung, Stundung, Vollstreckungsaufschub sowie Erlaß dürfen nur im Benehmen mit der BuStra gewährt werden.

Bußgeldverfahren (Steuer) **Anhang**

Abschnitt 4: Vorermittlungen

121. (1) Liegen Anhaltspunkte für eine Straftat oder Ordnungswidrigkeit iS der Nrn. 13, 14 und 98 bis 100 vor, reichen die Erkenntnisse jedoch nicht aus, um den erforderlichen Verdacht (Nr. 24) zu begründen, sind ggf. Vorermittlungen durchzuführen. Vorermittlungen sind allgemeine und informatorische Maßnahmen zur Gewinnung von Erkenntnissen, ob ein Verdacht gegeben und ein Ermittlungsverfahren durchzuführen ist.

(2) Mit den Vorermittlungen darf nicht bis zur Festsetzung der verkürzten Steuer oder der Festsetzung des Rückforderungsanspruchs oder bis zum Eintritt der Bestandskraft der Festsetzung gewartet werden, es sei denn, die Verkürzung scheint abweichend von der im Besteuerungsverfahren vom Finanzamt vertretenen Auffassung dem Grunde nach zweifelhaft.

(3) Vorermittlungen (strafprozessuale Verdachtsprüfungen, § 160 Abs. 1 StPO, § 404 AO) sind zu unterscheiden von den Vorfeldermittlungen nach § 208 Abs. 1 Satz 1 Nr. 3 AO, siehe Nr. 146.

Abschnitt 5: Auskunftsersuchen

122. Allgemeines

(1) Die Auskunfts- und Vorlagepflicht Dritter nach den §§ 93, 97, 100 AO und nach § 208 Abs. 1 Sätze 2 und 3 AO sowie die Möglichkeit der Durchsetzung dieser Pflicht mit Zwangsmitteln nach § 328 AO bestehen unabhängig von der Befugnis zur Einholung von Auskünften aufgrund von Vorschriften des Strafverfahrensrechts, vgl. zB Nr. 11.

(2) Im Besteuerungsverfahren sind zur Durchsetzung der Auskunfts- und Vorlagepflicht Zwangsmittel gegenüber Behörden des Bundes oder eines Landes, zB Postgiroämtern und Postsparkassenämtern, nicht zulässig, § 255 Abs. 1 Satz 1 AO.

(3) Werden im Besteuerungsverfahren Auskünfte bei Angehörigen eines Beteiligten eingeholt, sind diese über ihr Auskunftsverweigerungsrecht zu belehren, § 101 AO. Das gleiche gilt für Personen, die nicht Beteiligte und nicht für einen Beteiligten auskunftspflichtig sind, hinsichtlich solcher Fragen, deren Beantwortung sie selbst oder einen ihrer Angehörigen der Gefahr der Verfolgung wegen einer Straftat oder Ordnungswidrigkeit aussetzen würde, § 103 AO.

(4) Im Straf- oder Bußgeldverfahren kann anstelle eines Auskunftsersuchens eine Zeugenvernehmung (Nr. 47), die Forderung auf Vorlage und Auslieferung von Beweisgegenständen oder eine Durchsuchung und Beschlagnahme (Nrn. 56 ff.) geboten sein.

123. Auskunftsersuchen an Kreditinstitute im Besteuerungsverfahren

(1) Auch Kreditinstitute sind verpflichtet, im Besteuerungsverfahren gestellte Auskunftsersuchen zu beantworten, § 93 AO. Bei der Einholung von Auskünften ist § 30a AO zu berücksichtigen.

(2) Die Verpflichtung zur Auskunft gilt auch für Behörden und sonstige öffentliche Stellen, die Bankgeschäfte betreiben, einschließlich der Deutschen Bundesbank, der Landeszentralbanken, der Postgiro- und Postsparkassenämter sowie der Organe und Bediensteten dieser Stellen (§§ 105 Abs. 1, 93 AO). Ihre Verpflichtung zur Verschwiegenheit, zB aufgrund des Postgiro- und Postsparkassengeheimnisses (vgl. § 6 PostG), besteht nicht gegenüber Finanzbehörden. Postgiro- und Postsparkassenämter können

Anhang
Anweisungen für das Straf- und

jedoch die Auskunft über solche Vorgänge verweigern, die dem Postgeheimnis nach § 5 PostG unterliegen, § 105 Abs. 2 AO. Nr. 122 Abs. 2 ist zu beachten.

(3) Die vorstehende Regelung gilt entsprechend für Ersuchen auf Vorlage von Urkunden und Wertsachen, §§ 97, 100 AO.

124. Auskunftsersuchen an Kreditinstitute im Straf- und Bußgeldverfahren

(1) Wegen der Befugnis zur Einholung von Auskünften im Strafverfahren wird auf die Nrn. 19 und 144, wegen dieser Befugnis im Bußgeldverfahren wird auf Nrn. 96 und 144 verwiesen.

(2) Vor Stellung eines Antrags auf richterliche Anordnung einer Durchsuchung oder Beschlagnahme (vgl. Nr. 60) ist zu prüfen, ob sich mit weniger einschneidenden Maßnahmen derselbe Erfolg erreichen läßt, vgl. Nr. 3. In geeigneten Fällen ist ein Durchsuchungs- oder Beschlagnahmebeschluß mit der Maßgabe zu beantragen, daß dem Kreditinstitut nachgelassen wird, die Durchsuchung oder Beschlagnahme durch eine Auskunft, durch Gewährung von Einsicht in Belege oder durch Anfertigung und Herausgabe von Fotokopien abzuwenden. Zur Aufklärung des Sachverhalts kann auch eine Vernehmung von Inhabern, Geschäftsleitern oder Bediensteten der Kreditinstitute als Zeugen in Betracht kommen.

(3) Abs. 1 und 2 gelten für Auskünfte über Vorgänge im Postgiro- und Postsparkassenverkehr entsprechend.

125. Erstattung von Kosten

(1) Eine Entschädigung der Kreditinstitute, Postgiro- und Postsparkassenämter im Straf- oder Bußgeldverfahren richtet sich nach § 17a ZSEG. Gemäß § 2 Abs. 2 Satz 1 ZSEG beträgt die Entschädigung für jede Stunde der versäumten Arbeitszeit 4–25 DM. Die Entschädigung wird für höchstens zehn Stunden je Tag gewährt, § 2 Abs. 5 ZSEG.

(2) Für das Besteuerungsverfahren gelten § 107 AO und die Verwaltungsanweisung AO Kartei § 107 Karte 1 = StEK AO 1977 Vor § 1 Nr. 10 zu § 107.

126. Auskunftsersuchen wegen Chiffreanzeigen

Zur Feststellung der Auftraggeber von Chiffreanzeigen sind Auskunftsersuchen an die Presse in Besteuerungsverfahren sowie in Straf- und Bußgeldverfahren zulässig. Das Auskunfts- und Zeugnisverweigerungsrecht der Mitarbeiter der Presse nach § 102 Abs. 1 Nr. 4 AO und § 53 Abs. 1 Nr. 5 StPO erstreckt sich nur auf den redaktionellen Teil von Druckwerken, nicht auf Anzeigen.

Abschnitt 6: Unterrichtung der vorgesetzten Behörden

127. Über Angelegenheiten von allgemeiner oder grundsätzlicher Bedeutung sowie dann, wenn Ermittlungen in Fällen von besonderer Bedeutung (siehe zB Nrn. 136, 137) durchgeführt werden sollen oder durchgeführt wurden, ist zu berichten. Dies gilt auch, wenn die Finanzbehörde das Verfahren nicht selbständig durchführt.

Bußgeldverfahren (Steuer) **Anhang**

Abschnitt 7: Zusammenarbeit innerhalb der Finanzverwaltung

128. Außenprüfung

(1) Soll im Rahmen einer Außenprüfung die Steufa zugezogen werden, so hat dies zu einem möglichst frühen Zeitpunkt zu geschehen. Hierbei ist zu berücksichtigen, daß strafprozessuale Maßnahmen möglichst von der Steufa durchzuführen sind. Dies gilt insbesondere für Vernehmungen, Durchsuchungen und Beschlagnahmen.

(2) Wird die Steufa mit einem Fall befaßt, der neben den straf- oder bußgeldrechtlichen Ermittlungen umfangreiche Feststellungen in steuerlicher Hinsicht erfordert, so ist ggf. eine Teilnahme der Betriebsprüfung zu veranlassen. Nehmen Angehörige der Betriebsprüfung an steuerstraf- oder bußgeldrechtlichen Ermittlungen der Steufa teil, ist insoweit keine Prüfungsanordnung nach § 196 AO zu erlassen.

(3) Bei gemeinsamen Prüfungen mit der Betriebsprüfung fertigt die Steufa den gesonderten Bericht (Nr. 44 Abs. 2) über die straf- oder bußgeldrechtlichen Feststellungen. Über die steuerlichen Feststellungen in der Regel die Stelle, bei der das Schwergewicht der Prüfung liegt.

(4) Für die Zusammenarbeit mit anderen Prüfungsdiensten gelten die Abs. 1 bis 3 entsprechend.

129. Bundesamt für Finanzen

Wegen der zentralen Sammlung und Auswertung von Unterlagen über steuerliche Auslandsbeziehungen beim Bundesamt für Finanzen (BfF) – Informationszentrale Ausland (IZA) – wird auf das BdF-Schreiben IV C 5 – S 1300 – 312/75 v. 15. 9. 75 (BStBl. I 1975, 1018 ff. = StEK AStG vor § 1 Nr. 8) hingewiesen.

130. Informationszentrale Steufa

Für den Verkehr mit der Informationszentrale Steufa wird auf die entsprechenden Weisungen verwiesen.

131. Zollverwaltung

Das Merkblatt über die Zusammenarbeit zwischen den Dienststellen Steuer und Zoll ist zu beachten (Anlage zum BdF-Erlaß III A 6 – S 1513 – 3/81 v. 28. 12. 81).

132. Zollkriminalamt und Landeskriminalamt

(1) Die Finanzbehörde kann das Zollkriminalamt (ZKA) Köln zur Sicherung und Auswertung von Beweismitteln für kriminaltechnische Untersuchungen in Anspruch nehmen, vgl. BdF-Erlaß III A 7 – O 3102 – 8/86 v. 24. 9. 86. Dies gilt namentlich, wenn die Echtheit von Urkunden oder Stempelabdrucken geprüft, das Alter von Schriftstücken bestimmt, übermalte, radierte oder Reliefschriften lesbar gemacht oder ein Handschriften- oder Maschinenvergleich angestellt werden sollen. Wird das ZKA gebeten, einen Schriftvergleich vorzunehmen, ist dem Ersuchen möglichst umfangreiches Vergleichsmaterial beizufügen. Es sollen dabei nur im Original vorhandene Schriftstücke vorgelegt werden, weil Durchschriften oder Reproduktionen jeder Art für eindeutige Untersuchungsergebnisse nicht geeignet sind. In Einzelfällen kann es zweckmäßig sein, daß sich die Finanzbehörde möglichst frühzeitig mit dem jeweils zuständigen Sachverständigen des ZKA in Verbindung setzt, damit dieser Hinweise für die Beschaffung von Schriftproben für die Untersuchung geben kann. Auf die Richtlinien für die Beschaffung von Handschriftproben, die Richtlinien für die Beschaffung von Beweismaterial zur kriminaltechnischen Untersuchung von Schreibma-

Anhang Anweisungen für das Straf- und

schinenschriften und die Prüfliste zur Erkennung von Fälschungsmerkmalen auf Urkunden im grenzüberschreitenden Verkehr wird hingewiesen.

(2) Für kriminaltechnische Begutachtungen kann auch das Landeskriminalamt um Hilfe ersucht werden.

133. Gewerbezentralregister

Anfragen über gewerbebezogene Verurteilungen sollen an das Gewerbezentralregister (10900 Berlin) gerichtet werden.

Abschnitt 8: Verwertungsverbote

134. (1) Aussagen, die mittels verbotener Vernehmungsmethoden (§ 136a Abs. 1 und 2 StPO, zB Täuschung) zustande gekommen sind, dürfen nicht verwertet werden (§ 136a Abs. 3, § 69 Abs. 3, § 72 StPO). Liegt ein Verstoß gegen § 136a StPO vor, so ist die Vernehmung – soweit erforderlich – neu durchzuführen.

(2) Sind Angehörige des Beschuldigten vor ihrer Vernehmung als Zeugen (§ 52 Abs. 3 StPO) oder Sachverständige (§ 72 StPO) nicht über ihr Zeugnisverweigerungsrecht belehrt worden, so kann die Aussage nicht verwertet werden. Das gleiche gilt, wenn der Angehörige nach der Belehrung von seinem Aussageverweigerungsrecht zunächst keinen Gebrauch macht, diesen Verzicht aber noch im Laufe der Vernehmung widerruft.

(3) Sagt ein Berufsgeheimnisträger oder seine Hilfsperson zunächst aus, so ist eine Verwertung der Aussage unzulässig, wenn er oder die Hilfsperson sich noch im Laufe der Vernehmung auf das Zeugnisverweigerungsrecht beruft.

(4) Die Verwertung von Beweismitteln, die entgegen § 97 StPO beschlagnahmt wurden, ist unzulässig, vgl. Nr. 58.

(5) Ist die Belehrung des Beschuldigten über sein Recht, nicht zur Sache auszusagen, unterblieben (§ 136 Abs. 1 Satz 2 iVm. § 163a Abs. 3 und 4 Satz 2 StPO), darf die Aussage nicht verwertet werden (vgl. BGH-Urt. 5 StR 190/91 v. 27. 2. 92, NJW 1992, 1463 = wistra 1992, 187); das gleiche gilt, wenn der Beschuldigte infolge seines geistig-seelischen Zustandes die Belehrung nicht verstanden hat, vgl. BGH-Urt. 1 StR 475/93 v. 12. 10. 93, NJW 1994, 333.

135. Fälle, die nicht zu einem Verwertungsverbot führen

(1) Verstöße gegen Ordnungs- und Formvorschriften bei der Anordnung und Ausführung einer strafprozessualen Maßnahme machen die Beweismittel, die sich aufgrund der Maßnahme ergeben, nicht unverwertbar. Dies gilt zB bei irrtümlicher Annahme von Gefahr im Verzug in den Fällen des § 98 Abs. 1 und des § 105 Abs. 1 StPO.

(2) Ein Verwertungsverbot besteht auch dann nicht, wenn Vorschriften verletzt werden, die nicht im Interesse und zum Schutz des Beschuldigten erlassen worden sind. So kann die ohne Aussagegenehmigung gemachte Aussage eines Angehörigen des öffentlichen Dienstes (vgl. § 54 StPO) verwertet werden. Das gleiche gilt für die Aussage eines Zeugen, der auf sein Auskunftsverweigerungsrecht nach § 55 Abs. 1 StPO nicht hingewiesen worden ist.

Bußgeldverfahren (Steuer) **Anhang**

Abschnitt 9: Besonderheiten im Hinblick auf die Person des Beschuldigten/Betroffenen

136. Mitglieder des Deutschen Bundestages und der gesetzgebenden Körperschaften der Länder

(1) Entsteht der Verdacht (Nr. 24), daß ein Mitglied des Europäischen Parlaments, des Deutschen Bundestages oder einer gesetzgebenden Körperschaft eines Landes eine Straftat iS der Nrn. 13 bis 15 begangen hat, gibt die BuStra die Sache ohne weitere Ermittlungen sogleich an die Staatsanwaltschaft ab, Nr. 18 Abs. 1 Satz 3 Buchst. e, Satz 4.

(2) Die Immunität hindert nicht, ein Bußgeldverfahren durchzuführen, Nr. 298 RiStBV.

(3) In einem Verfahren gegen Dritte kann auch bei einem Abgeordneten ermittelt, insbesondere von ihm die Herausgabe von Gegenständen oder deren Vorlage verlangt (§ 95 StPO) oder bei ihm durchsucht werden, § 103 StPO. Hierbei sind das Zeugnisverweigerungsrecht des Abgeordneten sowie das Beschlagnahmeverbot zu beachten, § 53 Abs. 1 Nr. 4, § 97 Abs. 3 StPO; § 6 Europaabgeordnetengesetz.

(4) In den Fällen der Abs. 1 bis 3 ist unverzüglich, ggf. vorab fernmündlich, der vorgesetzten Behörde zu berichten. Verfahren zur Durchführung der Besteuerung können ungeachtet der Immunität eingeleitet und fortgeführt werden.

137. Diplomaten und andere bevorrechtigte Personen

(1) Gegen Mitglieder diplomatischer Vertretungen und andere von der inländischen Gerichtsbarkeit befreite Personen (§§ 18, 20 GVG) dürfen keine Strafverfahren eingeleitet und ohne deren ausdrückliche Zustimmung keine sonstigen Maßnahmen im Strafverfahren ergriffen werden (Nrn. 193ff. RiStBV). Wegen des Personenkreises, der Vorrechte und Befreiungen genießt, vgl. Abschnitt II der Bestimmungen über Diplomaten und andere bevorrechtigte Personen.[1] In Besteuerungsverfahren sind nur solche Ermittlungen unzulässig, die auch nach Abs. 2 Satz 1 als Maßnahmen im Strafverfahren nicht statthaft wären.

(2) Maßnahmen, welche in die Rechtssphäre eines Diplomaten oder einer gleichbehandelten Person einschließlich deren Diensträume und Wohnungen eingreifen, sind auch in einem Verfahren gegen eine andere Person unzulässig, wenn der Betroffene nicht ausdrücklich zustimmt. Bei nach Satz 1 zulässigen Feststellungen sind Nrn. 193ff. RiStBV entsprechend sowie Abschnitt III der Bestimmungen über Diplomaten und andere bevorrechtigte Personen anzuwenden.

(3) Die Mitglieder konsularischer Vertretungen unterliegen der Strafverfolgung, soweit sie nicht nach Maßgabe des Völkerrechts, insbesondere des Wiener Übereinkommens über konsularische Beziehungen vom 24. 4. 63 (BGBl. II 1969, 1585ff.) von der deutschen Gerichtsbarkeit befreit sind (§ 19 GVG; Abschnitt IV Bestimmungen über Diplomaten und andere bevorrechtigte Personen).

(4) Der vorgesetzten Behörde ist unverzüglich zu berichten. Die Sache ist in der Regel sogleich an die Staatsanwaltschaft abzugeben, Nr. 18 Abs. 1 Satz 3 Buchst. e, Satz 4.

(5) Für den Verkehr mit ausländischen diplomatischen und konsularischen Vertretungen gelten die Nrn. 133 bis 137 Richtlinien für den Verkehr mit dem Ausland in strafrechtlichen Angelegenheiten v. 18. 9. 84 (RiVASt). Soll ein Diplomat oder eine

---

[1] Veröffentlicht durch Rundschreiben des Bundesministers des Innern v. 17. 8. 93, GMBl. des Bundes 1993, 591ff.

Anhang

Anweisungen für das Straf- und

andere von der inländischen Gerichtsbarkeit befreite Person als Zeuge vernommen werden, sind die Nrn. 196 bis 198 RiStBV entsprechend anzuwenden.

(6) Die Abs. 1 bis 4 gelten für das Bußgeldverfahren entsprechend, vgl. Nr. 299 RiStBV.

138. Streitkräfte anderer Staaten

(1) Gegen Mitglieder einer Truppe oder eines zivilen Gefolges eines NATO-Staates oder deren Angehörige können Strafverfahren und Bußgeldverfahren durchgeführt werden.

Es müssen aber das NATO-Truppenstatut v. 19. 6. 51 sowie das Zusatzabkommen zum NATO-Truppenstatut mit dem Unterzeichnungsprotokoll zum Zusatzabkommen v. 3. 8. 59 (BGBl. II 1961, 1183 ff.) sowie die Verordnung zu dem Notenwechsel v. 25. 9. 90 (BGBl. II 1990, 250) beachtet werden. Ein Strafverfahren soll möglichst frühzeitig an die Staatsanwaltschaft abgegeben werden, Nr. 18 Abs. 1 Satz 3 Buchst. e, Satz 4.

(2) Gegen Mitglieder der sowjetischen Truppen oder deren Familienangehörige können Strafverfahren und Bußgeldverfahren durchgeführt werden. Es muß aber der Vertrag über die Bedingungen des befristeten Aufenthalts und die Modalitäten des planmäßigen Abzugs der sowjetischen Truppen aus dem Gebiet der Bundesrepublik Deutschland zwischen der Bundesrepublik Deutschland und der Union der Sozialistischen Sowjetrepubliken (BGBl. II 1991, 256) beachtet werden.

139. Jugendliche, Heranwachsende, vermindert Schuldfähige

Strafverfahren gegen Jugendliche und Heranwachsende (§ 1 Abs. 2 JGG) sind in der Regel sogleich an die Staatsanwaltschaft abzugeben, Nr. 18 Abs. 1 Satz 3 Buchst. e, Satz 4. Dies gilt auch, sobald sich Anhaltspunkte dafür ergeben, daß der Beschuldigte vermindert schuldfähig (§ 21 StGB) oder aus psychischen Gründen in seiner Verteidigung behindert ist.

Abschnitt 10: Mitteilungen im Straf- und Bußgeldverfahren

140. Mitteilungen an Behörden und Stellen der Finanzverwaltung

(1) Die Einleitung eines Straf- oder Bußgeldverfahrens sowie der Abschluß des Verfahrens und das Ergebnis sind der für die Durchführung der Besteuerung zuständigen Finanzbehörde oder Stelle von der BuStra mitzuteilen.

(2) Soweit sonstige Behörden oder Stellen der Finanzverwaltung ein Straf- oder Bußgeldverfahren eingeleitet oder die Einleitung durch die BuSta oder Steufa veranlaßt haben, gilt für die Unterrichtung dieser Behörden und Stellen durch die BuStra Abs. 1 sinngemäß.

(3) Mitteilungen aus dem Bundeszentralregister (§ 41 Abs. 1 Nr. 4 BZRG) dürfen nur für Zwecke der Strafverfolgung ausgewertet werden; es ist daher darauf zu achten, daß diese Mitteilungen bei den Strafakten verbleiben.

141. Mitteilungen an andere Behörden und Stellen

(1) Mitzuteilen sind

a) den zuständigen Gewerbebehörden im Benehmen mit der für die Besteuerung zuständigen Finanzbehörde rechtskräftige Verurteilungen wegen einer Straftat iS der Nrn. 13 und 14 und Bußgeldentscheidungen wegen einer Ordnungswidrigkeit iS der Nrn. 98 bis 100, wenn sie so schwerwiegend sind, daß sich aus ihnen allein eine gewerberechtliche Unzuverlässigkeit ergibt, vgl. § 35 GewO;

Bußgeldverfahren (Steuer) **Anhang**

b) dem Bundesaufsichtsamt für das Kreditwesen die Einleitung und der Ausgang von Steuerstrafverfahren gegen Inhaber oder Geschäftsleiter von Kreditinstituten, § 8 Abs. 2 erster Halbsatz KredWG. Das gleiche gilt für Steuerstrafverfahren gegen Bedienstete eines Kreditinstituts, wenn der Verdacht besteht, daß sie die Steuerstraftat im Zusammenhang mit ihrer beruflichen Tätigkeit bei dem Kreditinstitut begangen haben. Die Mitteilung soll erfolgen, sobald die Einleitung des Verfahrens dem Beschuldigten eröffnet worden ist (§ 397 Abs. 3 AO) und der Sachverhalt hinreichend geklärt erscheint; die Mitteilung ist spätestens zu veranlassen, wenn die Ermittlungen abgeschlossen sind und eine Einstellung des Verfahrens nicht beabsichtigt ist. Eine Mitteilung ist auch dann vorzunehmen, wenn von der Erhebung der öffentlichen Klage nach § 153a Abs. 1 StPO vorläufig abgesehen worden ist und die Auflagen nicht erfüllt worden sind. Der Ausgang eines Steuerstrafverfahrens braucht nicht mitgeteilt zu werden, wenn eine Mitteilung hierüber von den Justizbehörden vorgenommen wird (bei Inhabern und Geschäftsleitern von Kreditinstituten Nr. 25 Abs. 1 Buchst. b MiStra);

c) den Ausländerbehörden, wenn ein Ausländer gegen eine Vorschrift des Steuerrechts verstoßen hat und wegen dieses Verstoßes ein strafrechtliches Ermittlungsverfahren eingeleitet oder eine Geldbuße von mindestens 1000 DM verhängt worden ist, §§ 76 Abs. 4, 77 Abs. 3 AuslG. Der Verstoß gegen eine Vorschrift des Steuerrechts muß aus Sicht des zuständigen Finmanzbeamten feststehen und deswegen ein strafrechtliches Ermittlungsverfahren eingeleitet oder eine Geldbuße von mindestens 1000 DM rechtskräftig verhängt worden sein. Nicht erforderlich ist, daß der Verstoß durch ein Gericht festgestellt worden ist.

(2) Hat eine Behörde oder Körperschaft des öffentlichen Rechts eine Anzeige wegen einer Ordnungswidrigkeit nach dem StBerG erstattet (§§ 160 bis 163 StBerG), so ist sie über den Ausgang des Verfahrens zu unterrichten. Erkenntnisse, die im Besteuerungsverfahren erlangt worden sind, dürfen dabei nicht mitgeteilt werden, vgl. Nr. 112.

(3) Die Mitteilungen nach den Abs. 1 und 2 hat die BuStra vorzunehmen.

142. Mitteilung in sonstigen Fällen

(1) Bei Vorliegen eines zwingenden öffentlichen Interesses kann eine Mitteilung auch dann in Betracht kommen, wenn sie nicht ausdrücklich vorgeschrieben ist.

(2) Die aufgrund besonderer Vorschriften und Weisungen bestehenden sonstigen Unterrichtungspflichten (vgl. zB §§ 10, 27 Abs. 3 StBerG; Nr. 127) bleiben unberührt (siehe auch Gleichlautende Erlasse der Obersten Finanzbehörden der Länder, AO-Kartei § 30 Karte 14 = StEK StBerG 1975 § 10 Nr. 4).

Teil 5: Steuerfahndung

143. Aufgaben

(1) Die Steufa hat Straftaten iS der Nrn. 13 und 14 und Ordnungswidrigkeiten iS der Nrn. 98–100 zu erforschen (§ 208 Abs. 1 Satz 1 Nr. 1 AO) und insoweit auch die Besteuerungsgrundlagen zu ermitteln, § 208 Abs. 1 Satz 1 Nr. 2 AO. Die Steufa kann im Rahmen des § 208 Abs. 2 AO auch dann noch die Besteuerungsgrundlagen ermitteln, wenn steuerstraf- oder bußgeldrechtliche Ermittlungen, zB wegen Strafverfolgungsverjährung, unzulässig sind. Zu den Aufgaben der Steufa gehören ferner die Aufdeckung und Ermittlung unbekannter Steuerfälle, § 208 Abs. 1 Satz 1 Nr. 3 AO – sog. Vorfeldermittlungen iS der Nr. 146.

(2) In Ausnahmefällen hat die Steufa auf Ersuchen der zuständigen Finanzbehörde Außenprüfungen vorzunehmen sowie Ermittlungen im Besteuerungs- und Vollstreckungsverfahren durchzuführen, auch wenn keine Anhaltspunkte für eine Steuerstraftat oder -ordnungswidrigkeit vorliegen (§ 208 Abs. 2 Nr. 1 AO; zB bei überörtlichen oder schwierigen Ermittlungen und Auskunftsersuchen in besonderen Fällen); auf Nr. 144 Abs. 5 wird hingewiesen. Entsprechende Ersuchen können bei Vorliegen gewichtiger Gründe zurückgewiesen werden, vgl. § 112 Abs. 3 bis 5 AO.

144. Rechte und Pflichten

(1) Soweit ein Sachverhalt zu ermitteln ist, der sowohl für die Besteuerung als auch für die strafrechtliche/bußgeldrechtliche Würdigung Bedeutung besitzt, hat die Steufa die Rechte und Pflichten aufgrund der für die Durchführung der Besteuerung und der für das Straf- und Bußgeldverfahren maßgebenden Vorschriften.

(2) Die für das Besteuerungsverfahren maßgebenden Vorschriften ergeben sich aus den Teilen 1 bis 4 der AO, § 208 Abs. 1 Satz 2 AO. Die Steufa ist jedoch nach § 208 Abs. 1 Satz 3 AO berechtigt,
a) andere Personen als die Beteiligten sofort um Auskunft anzuhalten,
b) Auskunftsersuchen ohne Einschränkung mündlich zu stellen,
c) die Vorlage von Urkunden ohne vorherige Befragung des Vorlagepflichtigen zu verlangen,
d) die Einsicht dieser Urkunden beim Vorlagepflichtigen unabhängig von dessen Einverständnis zu erwirken. Wegen der Bereitstellung eines Arbeitsplatzes usw. vgl. § 200 AO.

(3) Zur Erforschung von Straftaten hat die Steufa
a) dieselben Rechte und Pflichten wie die Behörden und Beamten des Polizeidienstes nach den Vorschriften der StPO (§ 404 Satz 1 AO), insbesondere das Recht des ersten Zugriffs (§ 163 Abs. 1 StPO), der vorläufigen Festnahme (§ 127 Abs. 2 StPO), der Vernehmung des Beschuldigten (§ 163a Abs. 4 StPO), der Anhörung von Zeugen (§ 163a Abs. 5 StPO) sowie der Durchführung von Durchsuchungen und Beschlagnahmen,
b) die Befugnisse nach § 399 Abs. 2 Satz 2 AO (§ 404 Satz 2 AO), vor allem zur Anordnung einer Durchsuchung oder Beschlagnahme bei Gefahr im Verzug (§ 105 Abs. 1, § 98 Abs. 1 StPO),
c) die Befugnis zur Durchsicht der Papiere des von der Durchsuchung Betroffenen, § 404 Satz 2 AO, § 110 Abs. 1 StPO. Bei der Erforschung von Ordnungswidrigkeiten gilt Satz 1 nach Maßgabe der Nrn. 93 bis 97.

(4) Zielen die Ermittlungen allein auf die Durchführung der Besteuerung ab, gilt Abs. 2, besitzen sie ausschließlich strafrechtlichen Charakter, gilt Abs. 3, § 393 Abs. 1 Satz 1 AO.

(5) Führt die Steufa Ermittlungen iS der Nr. 143 Abs. 2 durch, so gelten ausschließlich die für das betreffende Verfahren maßgebenden Vorschriften des 1. bis 5. Teils der AO; § 208 Abs. 1 Sätze 2 und 3 gelten nicht. Wird eine Außenprüfung durchgeführt, gelten insbesondere die Vorschriften der §§ 193 bis 207 AO sowie die BpO (St); namentlich bedarf es vor Beginn der Prüfung einer Prüfungsanordnung, § 196 AO, und ihrer Bekanntgabe, § 197 AO.

(6) Ersuchen, Aufträgen und Anordnungen der Staatsanwaltschaft haben die Dienststellen der Steufa und ihre Beamten im Rahmen ihrer Aufgaben nach Nr. 143 Abs. 1 und ihrer Zuständigkeit Folge zu leisten, § 404 AO; § 161 Satz 2 StPO; § 152 GVG.

Bußgeldverfahren (Steuer) **Anhang**

145. Zuständigkeit

Die Beamten der Steufa sind bei der Vornahme von Amtshandlungen im Rahmen ihrer Zuständigkeit nicht an den Bezirk ihrer Dienststelle gebunden. Bei Amtshandlungen in einem anderen Bezirk ist jedoch die für den Bezirk zuständige Steuerfahndungsstelle oder die sonst zuständige Stelle um Amtshilfe zu ersuchen oder vorher zu unterrichten; Anträge auf gerichtliche Untersuchungshandlungen, insbesondere Anträge auf Durchsuchung und Beschlagnahme, hat die ersuchende Stelle zu veranlassen; auf Nr. 42 Abs. 1 und Nr. 60 Abs. 2 Satz 1 wird hingewiesen. Durchsuchungen, Beschlagnahmen und Vernehmungen in einem anderen Bundesland dürfen, außer bei Gefahr im Verzuge, nur im Benehmen mit der örtlich zuständigen Steuerfahndungsstelle vorgenommen werden. Werden die Steuerfahndungsbeamten im staatsanwaltschaftlichen Ermittlungsverfahren tätig, gelten die Sätze 2 und 3 nicht; jedoch soll die zuständige Steuerfahndungsstelle unterrichtet werden.

146. Vorfeldermittlungen

(1) Vorfeldermittlungen (§ 208 Abs. 1 Satz 1 Nr. 3 AO) sind geboten, wenn noch keine konkreten Anhaltspunkte für eine Straftat oder Ordnungswidrigkeit gegeben sind, jedoch die Möglichkeit einer Steuerverkürzung in Betracht kommt. Die Ermittlungen können sich sowohl auf unbekannte Steuerpflichtige als auch auf unbekannte Sachverhalte beziehen. Es handelt sich um Ermittlungen im Besteuerungsverfahren im Unterschied zu den Vorermittlungen, siehe Nr. 121.

(2) Ergibt sich aufgrund der Ermittlungen der Verdacht einer Straftat oder Ordnungswidrigkeit iS der Nrn. 13, 14 und 98 bis 100, führt die Steufa weitere Ermittlungen im Rahmen ihrer Aufgaben nach § 208 Abs. 1 Satz 1 Nrn. 1 und 2 AO durch.

(3) Ergeben die Ermittlungen, daß ein Verdacht nicht besteht, sind aber weitere Ermittlungen bezüglich der Besteuerungsgrundlagen angezeigt, so führt die Steufa die Ermittlungen selbst durch oder regt deren Durchführung durch andere Stellen an.

Teil 6: Strafzumessung

147. Allgemeines zur Strafzumessung

(1) Bei einem Antrag auf Erlaß eines Strafbefehls (§ 400 erster Halbsatz AO) hat das Finanzamt (BuStra) Art und Höhe der gegen den Beschuldigten zu verhängenden Strafe anzugeben. Im Hinblick auf § 267 Abs. 3 StPO ist im Abschlußvermerk (§ 169a StPO) darzulegen, welche Gesichtspunkte die Strafzumessung beeinflussen. Hierbei genügen nicht allgemeine Bemerkungen; vielmehr sind alle wesentlichen Tatsachen und Erwägungen anzugeben, aus denen die Strafzumessung gefunden wird. Das Finanzamt soll auch in solchen Strafsachen, die zur Behandlung im Strafbefehlsverfahren nicht geeignet sind (§ 400 zweiter Halbsatz AO), bei Abgabe der Sache an die Staatsanwaltschaft (§ 386 Abs. 4 AO) und bei der Anhörung durch das Gericht (§ 407 AO) zur Strafzumessung Stellung nehmen.

(2) Grundlage für die Strafzumessung ist die Schuld des Täters. Die Wirkungen der Strafe für das künftige Leben des Täters in der Gesellschaft sind zu berücksichtigen, § 46 Abs. 1 StGB. Die für und gegen den Täter sprechenden Umstände sind gegeneinander abzuwägen, § 46 Abs. 2 StGB. Die Strafe muß dem Unrechtsgehalt der Tat entsprechen und den Täter wegen des begangenen Unrechts fühlbar treffen. Bei Taten mit geringem Unrechtsgehalt geben § 398 AO, § 351 StPO die Möglichkeit, ganz von Strafe abzusehen, vgl. auch Nr. 77 und § 153 StPO.

Anhang Anweisungen für das Straf- und

148. Besonderheiten der Bemessung von Geldstrafen

(1) Die Geldstrafe ist in Tagessätzen zu verhängen, und zwar mit mindestens 5 und höchstens 360 vollen Tagessätzen, § 40 Abs. 1 StGB. Wird bei Tatmehrheit eine Gesamtstrafe gebildet, darf sie 720 Tagessätze nicht übersteigen, § 54 Abs. 2 Satz 2 StGB. Bei der Bestimmung der Zahl der Tagessätze ist davon auszugehen, daß eine nach Unrecht und Schuld gleichschwere Straftat bei Tätern mit unterschiedlichen Einkommensverhältnissen gleich schwer, dh. mit der gleichen Anzahl von Tagessätzen, bestraft werden muß.

(2) Die persönlichen und wirtschaftlichen Verhältnisse des Täters zur Zeit der Bestrafung werden bei der Geldstrafenbemessung durch die Höhe des Tagessatzes berücksichtigt, der mindestens auf 2 DM und höchstens 10000 DM festzusetzen ist. In der Regel ist ein Tagessatz nach dem Nettoeinkommen (vgl. Nr. 151) zu bemessen, das der Täter durchschnittlich an einem Tag hat oder haben könnte, § 40 Abs. 2 StGB. Dieses kann – insbesondere bei Gewerbetreibenden und Angehörigen der freien Berufe – erforderlichenfalls geschätzt werden, § 40 Abs. 3 StGB.

149. Bedeutung des verkürzten Steuerbetrages für die Strafzumessung

(1) Nach § 46 Abs. 1 StGB ist die Schuld des Täters die Grundlage für die Bemessung der Strafe. Das Maß der Schuld ergibt sich bei der Steuerhinterziehung insbesondere auch aus der Höhe der schuldhaft verkürzten Steuern. Der Verstoß gegen die dem Täter im Interesse der Besteuerung auferlegten besonderen Rechtspflichten wiegen in der Regel um so schwerer, je höher die hinterzogenen Steuern sind. Für die zutreffende Strafzumessung bei der Steuerhinterziehung ist deshalb zu berechnen, in welcher Höhe Steuern verkürzt sind und festzustellen, inwieweit die Verkürzung vom Vorsatz des Täters umfaßt ist. Das Ergebnis dieser Prüfung ist im Abschlußvermerk (§ 169a StPO) festzuhalten.

(2) Bei Verkürzung auf Zeit, die sich im Ergebnis als Hinausschieben der Fälligkeiten ausgewirkt hat (wie bei verspäteter Abgabe von Steueranmeldungen oder bei Nichtabgabe dieser Anmeldung mit darauffolgender, nicht zu niedriger Festsetzung der Steuer), ist der Unrechtsgehalt der Tat wesentlich geringer. Obwohl auch in diesen Fällen der gesamte Betrag verkürzt ist, ist von dem beim Fiskus eingetretenen Verspätungsschaden auszugehen. Der jeweilige Kapitalmarktzinssatz kann als Anhaltspunkt für die Berechnung des Verspätungsschadens herangezogen werden. Der Einwand, daß bei einer auf Dauer gewollten Verkürzung die Steuern nachgezahlt worden seien und daher kein Dauerschaden eingetreten sei, rechtfertigt nicht die Annahme einer Steuerverkürzung auf Zeit.

(3) In den Fällen des § 153a StPO soll der Geldbetrag der Auflage nach den Grundsätzen der Abs. 1 und 2 bestimmt werden.

150. Besondere Strafzumessungsgründe

Strafschärfend oder strafmildernd sind insbesondere zu berücksichtigen (vgl. § 46 Abs. 2 Satz 2 StGB):

1. Beweggründe, Ziele und Tatausführung
  a) Strafmildernd: Handeln aus nicht selbst verschuldeter Zwangs- oder Notlage heraus oder zum fremden Vorteil.
  b) Strafschärfend: Handeln aus Gewinnsucht, grobem Eigennutz oder Habgier; gewissenloses und rücksichtsloses Vorgehen; Hartnäckigkeit, mit der das Ziel verfolgt wird; Steuerverkürzung über einen längeren Zeitraum; vorausgegangene Einstellungen unter Auflagen und einschlägige Vorstrafen (siehe aber § 51 BZRG); besonders

Bußgeldverfahren (Steuer) **Anhang**

verwerfliche Ausführung (zB Urkundenfälschung, falsche eidesstattliche Versicherung nach § 95 AO, Verleitung Dritter – insbesondere abhängiger Personen – zur Teilnahme, Buch- und Belegmanipulationen, Konten auf falschem oder erdichtetem Namen)

2. Maß der Pflichtwidrigkeit
 a) Strafmildernd: Verletzung von Pflichten, die vornehmlich andere wahrzunehmen hatten
 b) Strafschärfend: Verletzung von besonderen Erklärungs- und Zahlungspflichten, wie zB bei Lohn- und Umsatzsteuer.

3. Verhalten nach der Tat
 a) Strafmildernd: Aktive Mithilfe bei der Tataufklärung; „verunglückte" Selbstanzeige; geständige Einlassung; Wiedergutmachung (Zahlung der verkürzten Steuern).
 b) Strafschärfend: Behinderung der Tataufklärung, zB Vernichten oder Beiseiteschaffen von Beweismitteln, Beeinflussung von Zeugen, bewußte Irreführung der Ermittlungsbehörden (dagegen nicht: Schweigen oder bloßes Leugnen); aktives Verhalten um den Steueranspruch zu vereiteln, zB Verbringen des Vermögens in das Ausland.

4. Persönliche Verhältnisse
 a) Strafmildernd: Krankheit, Alter, steuerliche Unerfahrenheit, geringer Bildungsgrad, soweit diese Umstände die Tat beeinflußt haben. Besondere wirtschaftliche oder sonstige (nichtsteuerliche) Nachteile, zB berufs- oder ehrengerichtliche Strafen.
 b) Strafschärfend: Berufliche und soziale Stellung des Täters, die besondere steuerliche Pflichten begründet.

5. Sonstige Strafzumessungsgesichtspunkte
 Strafmildernd: Überlange Verfahrensdauer, die nicht vom Beschuldigten zu vertreten ist, BGH-Beschluß 3 StR 440/91 v. 22. 1. 92, wistra 1992, 180; BVerfG-Beschluß 2 BvR 1487/90 v. 19. 4. 93, wistra 1993, 219 = StRK AO 1977 § 370 R. 213.

151. Höhe des Tagessatzes, Ermittlung des Nettoeinkommens

(1) Die Höhe des Tagessatzes richtet sich gemäß § 40 Abs. 2 Satz 2 StGB nach dem „Nettoeinkommen", das der Täter täglich hat bzw. haben könnte. Einkommen iS des § 40 Abs. 2 Satz 2 StGB sind nicht nur die Einkünfte aus den Einkunftsarten des Steuerrechts, sondern jegliche Vermögenszuflüsse und alle regelmäßigen geldwerten Zuwendungen (zB Unterhaltszahlungen) einschließlich der Sachbezüge, die der Täter von dritter Seite erhält, gleich welcher Art sie sind oder auf welchem Rechtsgrund sie beruhen.

(2) Nettoeinkommen ist der dem Täter nach Abzug der gesetzlich vorgeschriebenen Leistungen (Steuer und Sozialversicherungsbeiträge), der außergewöhnlichen Belastungen und bei nicht sozialversicherungspflichtigen Tätern der Aufwendungen für eine Lebens- und Krankenversicherung verbleibende Betrag. Weitere Abzüge kommen nicht in Betracht, zB Zins- und Tilgungsleistungen für ein Eigenheim. Wenn der Täter vorhandene Erwerbsmöglichkeiten nicht oder nicht ausreichend nutzt, oder ein geringeres als das übliche Arbeitsentgelt für seine Arbeit vereinbart, darf er dadurch bei der Bemessung der Geldstrafe nicht bessergestellt werden. Unterhaltsleistungen des Täters sind angemessen zu berücksichtigen, auch wenn sie nicht nachgewiesen werden.

(3) Kann das Einkommen nicht zeitnah ermittelt werden, ist unter Berücksichtigung aller ins Gewicht fallender Umstände, die die wirtschaftliche Leistungsfähigkeit des Täters beeinflussen, zu schätzen.

Anhang   Anweisungen für das Straf- und Bußgeldverfahren

(4) Verfügt der Täter über ein erhebliches Vermögen, so ist der Tagessatz dann angemessen zu erhöhen, wenn sich sonst keine fühlbare Strafe erreichen ließe.

152. Bemessung der Geldbuße bei Steuerordnungswidrigkeiten

Grundlage für die Zumessung der Geldbuße gemäß § 17 Abs. 3 OWiG sind die Bedeutung der Ordnungswidrigkeit und der Vorwurf, der den Täter trifft. Auch die wirtschaftlichen Verhältnisse des Täters kommen in Betracht. Die Geldbuße soll ferner gemäß § 17 Abs. 4 OWiG den wirtschaftlichen Vorteil des Täters aus der Ordnungswidrigkeit übersteigen. Wirtschaftlicher Vorteil ist nicht der verkürzte Steuerbetrag, sondern der Zinsvorteil im Verkürzungszeitraum. Als Zinssatz ist mindestens von 0,5 vH pro vollen Monat auszugehen. Auf den Beschluß des BVerfG 1 BvL 4, 5, 6, 7/87 v. 23. 1. 90 (BStBl. II 1990, 483 = StRK EStG 1975 § 4 Abs. 5 R. 28) wird hingewiesen.

Verzeichnis der innerhalb der Erläuterungen abgedruckten Vorschriften

Vorschrift	wiedergegeben bei	Vorschrift	wiedergegeben bei
§ 6 AO	§ 371, 88	§§ 9, 10 BpOSt	§ 371, 171
§ 8 AO	§ 388, 27	§ 153 BranntwMonG	§ 381, 15
§ 9 AO	§ 388, 36	§ 51 BrStV 1993	§ 381, 15
§ 23 AO	§ 388, 21	Art. 315a EGStGB	§ 376, 66
§ 30 AO	§ 393, 69	§ 35 I, III–IV, VIII,	
§ 30a V AO	§ 404, 43	IX GewO	§ 370, 297
§ 33 AO	§ 378, 10	§ 58 GVG	§ 391, 13
§ 40 AO	§ 370, 81	§ 74c I GVG	§ 393, 81
§ 41 AO	§ 370, 135	§ 12 HeizölkennzV	§ 381, 15
§ 42 AO	§ 370, 135	§ 18 KaffeeStG	§ 381, 15
§ 46 I–VI AO	§ 383, 2	§ 28 KaffeeStV	§ 381, 15
§ 50 I, III AO	§ 370, 188	§ 29 MinöStG	§ 381, 15
§ 69 AO	§ 370, 282	§ 60 MinöStV	§ 381, 15
§ 70 AO	§ 370, 282	§ 3 OWiG	§ 377, 10
§ 71 AO	§ 370, 282	§ 4 OWiG	§ 377, 10
§ 72 AO	§ 370, 282	§ 5 OWiG	§ 377, 11
§ 120 AO	§ 379, 43	§ 7 OWiG	§ 377, 11
§ 138 II, III AO	§ 379, 32	§ 9 OWiG	§ 377, 23
§ 146 AO	§ 379, 24	§ 11 OWiG	§ 377, 13
§ 153 AO	§ 371, 220	§ 14 OWiG	§ 377, 20
§ 153 I AO	§ 370, 179	§ 17 OWiG	§ 377, 28
§ 153 I–III AO	§ 371, 220	§ 21 OWiG	§ 377, 33
§ 153 II, III AO	§ 370, 187	§ 29a OWiG	§ 377, 36
§ 154 AO	§ 379, 37	§ 30 OWiG	§ 377, 39
§ 160 AO	§ 370, 146	§ 31 OWiG	§ 384, 2
§ 162 AO	§ 370, 57	§ 32 OWiG	§ 384, 2
§ 169 AO	§ 370, 285	§ 33 OWiG	§ 384, 2
§ 171 V, VII, IX AO	§ 370, 285	§ 130 OWiG	§ 377, 53
§ 173 II AO	§ 370, 285	§ 7 I, II PaßG	§ 370, 300
§ 208 AO	§ 404, 14	§ 8 I PaßG	§ 370, 300
§ 45 I AuslG	§ 370, 299	§ 10 I PaßG	§ 370, 300
§ 46 Nr. 2 AuslG	§ 370, 299	§ 68 RichtlRA	§ 392, 10
§ 47 I, II AuslG	§ 370, 299	§ 29 SchaumwZwStG	§ 381, 15
§ 62 AuslG	§ 370, 299	§ 43 SchaumwZwStV	§ 381, 15
§ 5a II BergPG	§ 370, 89	§ 1 StGB	§ 369, 18
§ 20 BerlinFG	§ 370, 89	§ 2 StGB	§ 369, 22
§ 24 I BierStG 1993	§ 381, 15	§ 3 StGB	§ 369, 32

1011

Anh Vorschriften — Abgedruckte Vorschriften

Vorschrift	wiedergegeben bei	Vorschrift	wiedergegeben bei
§ 4 StGB	§ 369, 32	§ 78b StGB	§ 376, 68
§ 9 StGB	§ 369, 32	§ 78c StGB	§ 376, 37
§ 22 StGB	§ 369, 56	§ 148 StGB	§ 369, 146
§ 24 StGB	§ 371, 232	§ 149 StGB	§ 369, 146
§ 45 StGB	§ 375, 8	§ 150 StGB	§ 369, 146
§ 46a StGB	§ 398, 28	§ 257 StGB	§ 369, 173
§ 52 StGB	§ 369, 121	§ 297 StGB	§ 372, 47
§ 53 StGB	§ 369, 124	§ 3 StPO	§ 389, 6
§ 54 StGB	§ 369, 124	§ 138 II StPO	§ 392, 16
§ 55 StGB	§ 369, 126	§ 140 StPO	§ 392, 18
§ 73e StGB	§ 375, 86	§ 147 StPO	§ 392, 42
§ 74 I StGB	§ 375, 42	§ 409 I StPO	§ 400, 21
§ 74 II–IV StGB	§ 375, 47	§ 440 I, II StPO	§ 401, 3
§ 74a StGB	§ 375, 47	§ 444 StPO	§ 401, 18
§ 74b StGB	§ 375, 65	§ 30 TabStG	§ 381, 15
§ 74c StGB	§ 375, 69	§ 33 TabStV	§ 381, 15
§ 74e StGB	§ 375, 86	§ 10 WehrStG	§ 369, 145
§ 74f StGB	§ 375, 91	§ 30 I–III ZollV	§ 382, 26
§ 75 StGB	§ 375, 56	§ 30 IV–VII ZollV	§ 382, 27
§ 76a StGB	§ 375, 81	§ 31 ZollVG	§ 382, 26
§ 78 StGB	§ 376, 1	§ 17a ZSEG	§ 405, 11
§ 78a StGB	§ 376, 1		

Sachverzeichnis

Die halbfetten Zahlen verweisen auf die Einleitung bzw. die Paragraphen der AO, die mageren auf die Nummern am Rande des Textes.

Aberkennung
- der Amtsfähigkeit **374**, 34; **375**, 8 ff.
- der Wählbarkeit **374**, 34; **375**, 8 ff.

Abführung
- von Lohnsteuer **380**, 7

Abgabe
- an Staatsanwaltschaft **386**, 31 ff.

Abgabebetrug
- Schweiz **399**, 85

Abgabeerklärung 386, 35

Abgaben
- ausländische **379**, 27
- europäischer Staaten **370**, 24 ff.
- s. auch Kommunalabgaben

Abgabenordnung
- Verfahrensvorschriften **385**, 2

Ablauf
- des Bußgeldverfahrens **410**, 17 ff.
- des Steuerstrafverfahrens **385**, 22 ff.

Ablaufhemmung
- bei Steuerhinterziehung **370**, 284

Absatzhilfe
- Steuerhehlerei **374**, 21

Abschluß
- des Ermittlungsverfahrens **399**, 103 ff.
- des Steuerstrafverfahrens **393**, 35; **397**, 105 f.

Abschöpfung
- von Vermögensvorteilen **377**, 37

Abschöpfungen 374, 5

Abschöpfungsabgabe
- Hinterziehung **385**, 8

Absetzen
- Steuerhehlerei **374**, 20

Absorptionsprinzip 369, 123

Absprachen
- im Besteuerungsverfahren **404**, 90 ff.
- im Strafprozeß **404**, 97 ff.

Abtretung
- einer Forderung **370**, 232

Abzugsteuergefährdung 380, 1

Abzugsverbot
- Geldbußen und Geldstrafen **370**, 294
- Hinterziehungszinsen **370**, 291

Adäquanztheorie 369, 45

Adressat
- der Selbstanzeige **371**, 88 ff.

Agrarmarktordnung 372, 22

Agrarmarktpolitik
- gemeinsame **372**, 20

Ahndung
- einer Ordnungswidrigkeit nach Selbstanzeige **371**, 212

Akteneinsicht
- des Beschuldigten **392**, 43
- der Finanzbehörde **395**, 1 ff.
- Versagung **392**, 49; **399**, 116
- durch Verteidiger **392**, 42 ff.

Aktenvermerk
- bei Verfahrenseinleitung **397**, 86 ff.

Aktenversendung 392, 52

Amtsfähigkeit
- Aberkennung **374**, 34; **375**, 8 ff.

Amtsgericht
- gemeinsames **391**, 13

Amtshilfe
- in Fiskalangelegenheiten **399**, 90 ff.
- Zollverwaltung **399**, 99

Amtsträger
- Einleitung des Steuerstrafverfahrens **397**, 15
- leichtfertige Steuerverkürzung **378**, 8
- Mißbrauch der Befugnisse **370**, 272
- Selbstanzeige **371**, 134 ff.

Analogieverbot 369, 19
- bei Selbstanzeige **371**, 34

Anderkonto
- Rechtsanwalt **399**, 56

Änderung
- des Wohnsitzes **388**, 31
- von Steuerbescheiden **370**, 284

Änderungssperre
- nach Außenprüfung **370**, 285

Anerkennen
- des Betriebsprüfungsergebnisses **378**, 69

Anfechtung
- Aussetzung des Verfahrens **396**, 27
- siehe auch Rechtsschutz

1013

Sachverzeichnis

halbfette Zahlen = §§ der AO

Anfertigung
- von Fotokopien **405**, 14

Angabe
- unrichtige **370**, 129
- unvollständige **370**, 129

Angehöriger 392, 5

Angestellter
- Beihilfe **370**, 247

Anhängigkeit
- des Besteuerungsverfahrens **396**, 15

Anhörungsrecht
- Finanzbehörde **403**, 15

Animus-Theorie 369, 71

Ankaufen
- Steuerhehlerei **374**, 16

Anlaß
- zur Erhebung der öffentlichen Klage **400**, 4

Anordnung
- Beschlagnahme **399**, 14
- Durchsuchung **399**, 14
- von Nebenfolgen **401**, 1 ff.

Anrechnungsverfahren
- Körperschaftsteuer **370**, 212

Anstiftung
- Bestrafung **369**, 83
- Steuerhinterziehung **370**, 240 ff.

Anweisungen
- für das Straf- und Bußgeldverfahren **385**, 14 ff.
- für den Verkehr mit dem Ausland in strafrechtlichen Angelegenheiten **399**, 80 ff.

Anwesenheitsrecht
- Verteidiger **392**, 57

Anzeigepflicht 370, 179

Apothekerkammer 386, 24

Arbeitgeber
- Ordnungswidrigkeit **377**, 23
- Zahlungsschwierigkeiten **380**, 23

Arbeitnehmer
- Begriff **370**, 202

Arbeitnehmersparzulage Einl 93; **370**, 93

Ärztekammer 386, 24

Aspirationsprinzip 369, 125

Assoziationsabkommen 379, 30

Aufbewahrungspflicht 379, 8, 18

Aufenthaltsort
- gewöhnlicher **388**, 35 ff.

Aufgaben
- der Steuer und Zollfahndung **404**, 14

Aufklärungspflicht 370, 110

Auflage 379, 45

Aufnahme
- von Lichtbildern **399**, 101

Aufrechnung
- bei Selbstanzeige **371**, 121

Aufsichtsmaßnahme
- gebotene **377**, 56

Aufsichtspflicht
- Verletzung **377**, 53 ff.

Aufteilung
- des Rechnungspreises **370**, 222

Aufwandsteuern 381, 5

Aufzeichnung
- fehlerhafte **379**, 15
- fehlende **371**, 54

Aufzeichnungspflicht 370, 103; **379**, 22 ff.
- Verletzung **379**, 6 ff.; 19 f.

Ausfuhr 372, 9

Ausfuhrabgaben 382, 4

Ausfuhrbescheinigung 379, 11

Ausfuhrverbot 386, 10

Auskunft
- unrichtige **370**, 154

Auskunftsklausel
- große **399**, 92
- kleine **399**, 91

Auslagen
- notwendige **408**, 10 f.

Auslandsbeziehungen
- Meldepflicht **Einl** 84; **379**, 33 ff.
- Steuerhinterziehung **370**, 215

Auslegung 369, 18 ff.

Auslieferung
- bei Steuerhinterziehung **399**, 88

Ausmaß
- großes **370**, 268

Ausschließung
- des Verteidigers **392**, 27 ff.

Außenprüfung 404, 42
- abgekürzte **371**, 156
- Belehrung des Steuerpflichtigen **393**, 41

Aussetzung
- des Strafverfahrens **396**, 1 ff.

Aussetzungskompetenz 396, 12

Ausstellen
- unrichtiger Belege **379**, 9 ff.

Auswahl
- von Hilfspersonen **378**, 41

magere Zahlen = Randnummern

Sachverzeichnis

Ausweisung
- von Ausländern **370**, 298

Bande 373, 33
Bandenschmuggel 373, 32
Bankangestellter
- Beihilfe **370**, 251
Bankenerlaß 404, 43
Bankgeheimnis 399, 58, **404**, 43
Bannbruch 369, 9f., 34; **370**, 311; **372**, 1ff.; **385**, 7; **386**, 10
- Anwendungsbereich **372**, 5
- Branntweinmonopol **372**, 45
- im Reiseverkehr **372**, 56; **32 ZVG**, 9
- Schutzgüter **372**, 27
- Selbstanzeige **371**, 39; **372**, 52
- Subsidiarität **372**, 41; **373**, 6
- Verjährung **376**, 36
- Vollendung **372**, 34
Basisgesellschaft 370, 138
Beauftragte
- sonstige **377**, 26
Beauftragung
- eines Sachverständigen **376**, 54
Beförderungsmittel
- Einziehung **375**, 35
Begehen
- und Unterlassen **369**, 87
Beginn
- der Verjährung **377**, 63
Begriff
- des Steuervorteils **370**, 82ff.
Begünstigung 369, 12, 173ff.;
- Bannbruch **372**, 40
- und Beihilfe **369**, 179ff.
- Rechtsnatur **369**, 176
- Selbstanzeige **369**, 193; **371**, 38
- durch Unterlassen **369**, 183
- Verjährung **376**, 36
- Verteidiger **392**, 9
Behandlung
- erkennungsdienstliche **399**, 101, 109
Behördenakten
- Beschlagnahme **399**, 45ff.
- Sperrerklärung **399**, 47
Beihilfe 369, 77ff.
- Angestellter **370**, 247
- Bankangestellter **370**, 251
- Bannbruch **372**, 39
- physische **369**, 78

- psychische **369**, 78
- Stärkung des Tatentschlusses **369**, 78
- Steuerberater **370**, 250
- Steuerhinterziehung **370**, 240ff.
Beitragsvorenthaltung
- und Steuerhinterziehung **370**, 320
Beitreibungsverfahren
- Steuerhinterziehung **376**, 32
Beitrittsgebiet
- Verjährung **376**, 66f., 71
Bekanntgabe
- der Verfahrenseinleitung **371**, 163ff.; **378**, 71; **397**, 93ff.
- des Strafverfahrens gegenüber Vertreter **371**, 178
Bekanntmachung
- der Bestrafung **Einl** 39
- öffentliche **394**, 9
Beleg
- Begriff **379**, 11
- nachgemachter **370**, 274
- unrichtiger **379**, 9
- verfälschter **370**, 274
Belehrung
- des Steuerpflichtigen **393**, 41ff.
- in der Außenprüfung **393**, 41
Belehrungspflicht
- Verstoß 43
Bereicherung
- Ordnungswidrigkeit **377**, 47
Bergmannsprämie Einl 93; **370**, 89; **383**, 4
Berichtigung
- leichtfertige Steuerverkürzung **378**, 68
- von Erklärungen **370**, 179; **371**, 220
Berichtigungserklärung
- Selbstanzeige **371**, 46ff.
Berichtigungsmöglichkeit
- Wiederaufleben **371**, 202ff.
Berichtigungspflicht 370, 179
- Gesamtrechtsnachfolger **371**, 222
- Konkursverwalter **371**, 222
Berufskammer
- Einschaltung in Bußgeldverfahren **411**, 6
Berufsverbot
- Anordnung **392**, 19
- nach Steuerhinterziehung **370**, 281
Beschlagnahme
- Anfertigung von Fotokopien **399**, 60
- Anordnung **399**, 14, 57

1015

Sachverzeichnis

halbfette Zahlen = §§ der AO

- Behördenakten **399**, 45 ff.
- Buchführungsunterlagen **399**, 41
- Computer **399**, 48 ff.
- durch Finanzbehörde **399**, 14 ff.
- Grenzen **399**, 35 ff.
- notarielle Urkunde **399**, 55
- Tagebuch **399**, 57
- Verhältnismäßigkeit **399**, 60
- Zufallsfunde **399**, 61

Beschlagnahmeanordnung
- richterliche **376**, 57

Beschuldigter
- Akteneinsicht **392**, 43
- Tod **404**, 34
- Vernehmung **376**, 50

Beschwerde 399, 111; **404**, 85 ff.

Besichtigung
- sichergestellter Unterlagen **395**, 3

Besteuerungsverfahren-
- und Steuerstrafverfahren **393**, 3 ff.; **404**, 80 ff.

Besteuerungsgrundlagen
- Ermittlung **404**, 21 ff.

Bestimmtheitsgebot 369, 21; **370**, 140

Betäubungsmitteldelikt
- und Steuerhinterziehung **391**, 33

Beteiligung 369, 68 ff.
- der Finanzbehörde **403**, 1 ff.
- an leichtfertiger Steuerverkürzung **378**, 7
- an Ordnungswidrigkeit **377**, 20
- am Unterlassen **369**, 92
- durch Unterlassen **369**, 92

Beteiligungsrechte
- Finanzbehörde **407**, 1 ff.; **410**, 16

Betriebsaufnahme 370, 164
Betriebsbesichtigung 393, 24
Betriebsinhaber
- Ordnungswidrigkeit **377**, 23

Betriebsleiter Einl 57
- Begriff **377**, 25

Betriebsprüfer
- Verdacht **397**, 50

Betrug 370, 85
- und Steuerhinterziehung **385**, 27 ff.

Beweislastregeln Einl 108
- steuerliche **370**, 55 ff.

Beweismittel
- Sicherstellung **399**, 15 ff.

Bewertung
- von Forderungen **370**, 143

Bewirken
- einer unrichtigen Steuerfestsetzung **378**, 25

Bewirkungsäquivalenz 369, 91

Biersteuer 381, 15

Bilanzberichtigung
- und Selbstanzeige **371**, 242

Bindung
- an steuerrechtliche Vorentscheidungen **Einl** 71

Binnenmarkt 370, 5; **382**, 31

Blankettstrafrecht Einl 5; **369**, 26; **369**, 103 f; **380**, 4
- Steuerordnungswidrigkeiten **377**, 6

Blutprobe
- Entnahme **399**, 101

Branntweinmonopol 381, 15
Branntweinmonopolabgaben 386, 9
Briefkastenfirma 370, 138

Buchführung
- durch Steuerberater **378**, 52

Buchführungspflicht 379, 22 ff.
- Verletzung **379**, 6 ff., 19 f.

Buchführungsunterlagen
- Beschlagnahme **399**, 41

Buchprüfer
- Bußgeldverfahren **411**, 1 ff.

Bundesamt
- für Finanzen **Einl** 97; **387**, 10

Bußgeld
- leichtfertige Steuerverkürzung **378**, 64

Bußgeldbescheid
- gegen Rechtsanwalt **378**, 73
- Vollstreckung **412**, 9 ff.
- wesentlicher Inhalt **410**, 18
- Zustellung **412**, 4 ff.

Bußgeldverfahren Einl 106; **388**, 8
- Ablauf **410**, 17 ff.
- gegen Rechtsanwälte **411**, 1 ff.
- Kosten **412**, 13 ff.
- Übergang zum Strafverfahren **378**, 74
- Verteidigung **392**, 6
- Vollstreckung **412**, 9 ff.
- Vorschriften **410**, 1 ff.
- wegen Steuerordnungswidrigkeiten **387**, 26
- Zuständigkeit **409**, 1 ff.
- Zustellung **412**, 4 ff.

Computer
- Beschlagnahme **399**, 48 ff.

1016

magere Zahlen = Randnummern

Sachverzeichnis

Dauerdelikt
- leichtfertige Steuerverkürzung **378**, 56

DDR
- Steuerhinterziehung **369**, 31

Dienstaufsichtsbeschwerde 407, 18

Drittanzeige 371, 220
- analoge Anwendung **371**, 231

Dritteigentum
- Einziehung **375**, 59

Durchbrechung
- des Steuergeheimnisses **393**, 67 ff.

Durchfuhr 372, 9

Durchsicht
- der Papiere **399**, 19, 53; **404**, 65
- persönliche Unterlagen **404**, 68

Durchsuchung
- Anordnung **399**, 14
- bei Dritten **399**, 23 ff.
- beim Verdächtigen **399**, 21
- durch Finanzbehörde **399**, 14 ff.
- nach Beweismitteln **399**, 20 ff.
- öffentliches Gebäude **399**, 25

Durchsuchungsanordnung
- richterliche **376**, 57

Ehegatten
- Zusammenveranlagung **370**, 249

Eigennutz
- grober **370**, 268

Eigentum
- Übergang **394**, 1 ff.

Eigentumsgarantie
- und Einziehung **375**, 48

Einbehalten
- Kapitalertragsteuer **379**, 9
- Lohnsteuer **380**, 6

Einfuhr 372, 9

Einfuhrverbot 386, 10

Eingangsabgaben 370, 25
- ausländische **369**, 34
- Gefährdung **382**, 1 ff.
- Steuerhinterziehung **370**, 220 ff., 265; **371**, 235

Einheitsbewertung
- hinterzogene Steuern **370**, 293

Einheitstäterbegriff
- im Ordnungswidrigkeitenrecht **377**, 20

Einigungsvertrag 391, 25

Einkommensteuer
- Selbstanzeige **371**, 71

Einleitung
- des Steuerstrafverfahrens **376**, 52; **393**, 26; **397**, 1 ff.
- eines Straf- oder Bußgeldverfahrens **371**, 163 ff.
- s. auch Verfahrenseinleitung

Einsatz
- von Zwangsmitteln **393**, 7

Einspruch
- gegen Strafbefehl **400**, 28 ff.
- Rücknahme **400**, 30

Einstellung
- des Verfahrens **376**, 64
- durch Finanzbehörde **398**, 1 ff.
- gegen Auflage **398**, 6
- wegen Geringfügigkeit **398**, 1 ff.
- Wirkung **398**, 33 ff.
- Zuständigkeit **398**, 30 ff.

Einzelermächtigung 372, 23

Einziehung Einl 67; **401**, 3
- bei Ordnungswidrigkeit **377**, 35
- Dritteigentum **375**, 59
- Entschädigung **375**, 91
- Rechtsnatur **375**, 30
- selbständige **375**, 81
- Steuerzeichen **369**, 168
- Tatprodukt **375**, 42
- des Wertersatzes **375**, 69
- Wirkung **375**, 86
- Zweck **375**, 30

Einziehungsverfahren
- selbständiges **401**, 3

Empfängerbenennung 370, 146 ff.

Entdeckungsort
- Zuständigkeit **388**, 12

Entschädigung
- Benutzung einer Datenverarbeitungsanlage **405**, 10 ff.
- nach Einziehung **375**, 91
- von Kreditinstituten **405**, 10 ff.
- von Sachverständigen **405**, 1 ff.
- von Zeugen **405**, 1 ff.

Erbschaftsteuer
- Zuständigkeit **388**, 24

Erfassung
- zollamtliche **382**, 20

Erfassungspflicht 370, 164

Erhebung
- der öffentlichen Klage **376**, 59

Erhebungsverfahren
- Steuerhinterziehung **370**, 226 ff.

1017

Sachverzeichnis

halbfette Zahlen = §§ der AO

Erklärungsrecht
- Verteidiger **392**, 57

Erkundigungspflicht
- des Steuerpflichtigen **378**, 39

Erlaß
- Erschleichen **370**, 227
- und Selbstanzeige **371**, 125

Erlöschen
- des Eigentums **375**, 92
- der Verbrauchsteuer **370**, 188

Ermächtigungsgrundlage
- ASB **385**, 16

Ermessen
- Aussetzung des Verfahrens **396**, 20

Ermittlung
- der Besteuerungsgrundlagen **404**, 21 ff.

Ermittlungen
- im Ausland **399**, 79 ff.
- in strafrechtlich verjährten Zeiträumen **404**, 24 ff.
- steuerstrafrechtliche **404**, 19
- gegen Unbekannt **397**, 42

Ermittlungsakten
- Begriff **395**, 7

Ermittlungskompetenz
- Finanzbehörde **373**, 51; **386**, 12 ff.
- Übergang **386**, 39

Ermittlungsmonopol
- Staatsanwaltschaft **386**, 4

Ermittlungsverfahren
- Abschluß **399**, 103 ff.
- Rechtsschutz **399**, 110 ff.

Erscheinen
- Amtsträger **371**, 134 ff.

Erstattung
- notwendige Auslagen **408**, 10 f.
- Umfang **408**, 12

Erstattungsanspruch
- siehe Steuererstattungsanspruch

Erwerb
- Steuererstattungsanspruch **Einl** 89; **383**, 9
- Steuervergütungsanspruch **Einl** 89

Erzeugnisse
- Einziehung **375**, 33

Europäisches Gemeinschaftsrecht
- unmittelbare Wirkung **382**, 19

Evokationsrecht
- der Staatsanwaltschaft **386**, 5, 41 ff.

Exterritorialität 397, 57

Fahrlässigkeit 369, 84
- Begriff **377**, 17
- bewußte **378**, 33
- bei Ordnungswidrigkeit **377**, 16

Fahrverbot
- nach Steuerhinterziehung **370**, 280

Fall
- besonders schwerer **370**, 11, 267 ff.; **398**, 13

Fälligkeitsteuern 370, 200
- Steuerhinterziehung **370**, 37
- Verjährung **376**, 22 ff.

Feilhalten
- von Steuerzeichen **369**, 158

Fernmeldeverkehr
- siehe Telefonüberwachung

Fernwirkung
- des Verwertungsverbots **393**, 49 ff., 66

Festnahme 399, 70
- vorläufige **404**, 60

Festsetzung
- selbständige Festsetzung der Geldbuße **377**, 49
- von Hinterziehungszinsen **370**, 287 ff.

Festsetzungsfrist
- verlängerte **370**, 285

Finanzbehörde
- Abgabe an Staatsanwaltschaft **386**, 31 ff.
- Akteneinsicht **395**, 1 ff.
- als Ermittlungsbehörde **399**, 1 ff.
- als Hilfsbeamte **402**, 10
- Anhörungsrecht **403**, 3 ff., 15
- Beschlagnahme **399**, 14 ff.
- Beteiligungsrechte **407**, 1 ff.; **410**, 16
- Durchsicht von Papieren **399**, 19
- Durchsuchung **399**, 14 ff.
- Einleitung des Steuerstrafverfahrens **397**, 14
- Fragerecht **403**, 11; **407**, 12 ff.
- Grenzen der Mitwirkung **402**, 12
- Herausgabeverlangen **399**, 32
- im Verfahren der Staatsanwaltschaft **402**, 1 ff.
- Informationspflicht **386**, 53
- Informationsrecht **403**, 3 ff., 13 f.; **407**, 16 f.
- Klageerzwingungsverfahren **403**, 18
- Kompetenzen **399**, 5 ff.
- Mitwirkung im selbständigen Verfahren **406**, 9 f.

magere Zahlen = Randnummern

Sachverzeichnis

- örtliche Zuständigkeit **388**, 1 ff.
- Rechte und Pflichten **393**, 12 ff.; **399**, 106 ff.
- sachliche Zuständigkeit **387**, 1 ff.
- Strafbefehlsantrag **400**, 1 ff.
- Teilnahmerecht **403**, 3 ff.
- Übernahmeersuchen **390**, 14
- Vernehmungen **399**, 10 ff.
- Zuständigkeit nach Verhaftung **386**, 25

Finanzverwaltung
- Organisation **Einl** 96

Fingerabdrücke 399, 101
Fiskaldelikt 370, 91
Fluchtgefahr 399, 72
Flugreiseverkehr 372, 12 a
Forderungen
- Bewertung **370**, 143

Form
- der Selbstanzeige **371**, 65 ff.

Fortsetzungszusammenhang 369, 112 ff.; **388**, 14
- Steuerhinterziehung **370**, 308
- Verjährung **376**, 34

Fotokopien
- bei Akteneinsicht **395**, 9

Fragerecht
- der Finanzbehörde **403**, 11; **407**, 12 ff.

Freihafen 381, 14
Freiheitsstrafe 369, 131 ff.
- durch Strafbefehl **400**, 14

Freispruch
- nach Selbstanzeige **371**, 34

Freistellung
- von einer Steuer **370**, 95

Freiwilligkeit
- der Selbstanzeige **371**, 16

Freizone 382, 23
Fristsetzung
- bei Selbstanzeige **371**, 109
- Rechtsmittel **371**, 116
- Rechtsweg **371**, 117
- Zuständigkeit **371**, 115

Fürsorgepflicht 396, 20

Garantenstellung 369, 88 ff.
- und Steuerhinterziehung **370**, 162

Garantiefunktion
- des Tatbestandes **369**, 36

Gebrauchsgegenstände
- von Reisenden **370**, 194

Gebrauchszolltarif 372, 26
Gebühren
- des Rechtsanwalts **408**, 14

Gefahr
- einer Steuerverkürzung **379**, 26 a
- der Strafverfolgung **393**, 21 ff.
- im Verzuge **399**, 18

Gefährdung
- der Eingangsabgaben **382**, 1 ff.

Gegenstand
- beschlagnahmter **395**, 11
- sichergestellter **395**, 10

Gegenvorstellung 407, 18
Gehilfe
- Selbstanzeige **371**, 62, 148

Geldbuße
- Bemessung **377**, 28
- und Ertragsteuern **370**, 294
- Gefährdung von Abzugsteuern **380**, 26
- gegen juristische Person **377**, 39; **401**, 18
- gegen Personenvereinigungen **377**, 39
- selbständige Festsetzung **377**, 49
- Steuergefährdung **379**, 51
- Zahlungserleichterungen **377**, 32

Geldstrafe 369, 134 ff.
- neben Freiheitsstrafe **400**, 15
- und Ertragsteuern **370**, 294

Geldverkehrsrechnung
- Steuerhinterziehung **370**, 59

Geltung
- räumliche **377**, 11
- zeitliche **377**, 10

Geltungsbereich
- des Ordnungswidrigkeitengesetzes **377**, 10

Gemeindesteuern Einl 107
Gemeinschaften
- europäische **379**, 29

Gemeinschuldnerbeschluß 393, 67
Generalbevollmächtigter
- Ordnungswidrigkeit **377**, 43

Gericht
- Zuständigkeit **391**, 1 ff.

Geringwertigkeit
- der Steuerverkürzung **398**, 15

Gesamthandseigentum
- Einziehung **375**, 54

Gesamtrechtsnachfolger
- Berichtigungspflicht **371**, 222

Gesamtstrafenbildung
- nachträgliche **369**, 126

1019

Sachverzeichnis

halbfette Zahlen = §§ der AO

Geschäftsmäßigkeit 383, 10
Gesetz
– milderes **369**, 23
Gesetzeskonkurrenz 369, 115 ff.
Gestaltungsmißbrauch 370, 136 ff.
Gestellung 382, 13
Gestellungspflichtiger
– Ordnungswidrigkeit **377**, 23
Gewalt
– bei Schmuggel **373**, 16 ff.
Gewerbesteuermeßbetrag 386, 22
Gewerbsmäßigkeit 373, 10 ff.
– Steuerhehlerei **374**, 33
Gewinnausschüttung
– verdeckte **370**, 211
Gewinnermittlung
– unrichtige **370**, 141
Gewissenlosigkeit 378, 29
Glaubhaftmachung 393, 25
Gliederung
– des verwendbaren Eigenkapitals **370**, 213
Grenzaufsicht 382, 24
Grenzen
– der Beschlagnahme **399**, 34
– grenznaher Raum **382**, 24
Großbetriebsprüfung
– Einleitung des Steuerstrafverfahrens **397**, 20
Grundsatz
– der Priorität **390**, 8 ff.

Haftbefehl
– Gründe **399**, 71 ff.
– Verjährungsunterbrechung **376**, 58
Haftung
– des Steuerhehlers **374**, 37
– des Steuerhinterziehers **370**, 282
Handakten
– der Staatsanwaltschaft **395**, 8
Handeln
– für einen anderen **377**, 23
– gesetzwidriges **370**, 81
Handlung
– Begriff **369**, 40
– fortgesetzte **369**, 112 ff.
Handlungsbevollmächtigter
– Ordnungswidrigkeit **377**, 43
Handlungseinheit 369, 108 ff.

Handlungslehre
– finale **369**, 40
– kausale **369**, 40
Hauptverfahren 385, 25
Hauptverhandlung
– Anberaumung **376**, 61
Hauptzollamt 387, 7
Heizölkennzeichnung 381, 15
Herabsetzung
– Vorauszahlungen **370**, 98
Herausgabepflicht 399, 29 ff.
Herausgabeverlangen
– Finanzbehörde **399**, 32
– durch Steuerfahndung **404**, 59
Hilfeleistung
– in Steuersachen Einl 88; **370**, 316
Hilfsbeamter
– der Staatsanwaltschaft **397**, 27; **404**, 54
Hinterziehung
– s. Steuerhinterziehung
Hinterziehungszinsen 370, 287 ff.
– trotz Selbstanzeige **370**, 287

Idealkonkurrenz
– s. Tateinheit
Identitätsfeststellung 399, 76
Immunität 376, 69
– des Abgeordneten **397**, 58
Inanspruchnahme
– eines steuerlichen Beraters **378**, 40
in dubio pro reo 385, 20
Informationspflicht
– Finanzbehörde **386**, 53
Informationsrecht
– Finanzbehörde **403**, 13 f.; **407**, 16 f.
Informationszentrale
– für den Steuerfahndungsdienst Einl 97; **404**, 13
Inhaber
– eines Betriebes oder Unternehmens **377**, 55
Inhalt
– des Bußgeldbescheids **410**, 18
– des Strafbefehls **400**, 21 ff.
Innehaben
– einer Wohnung **388**, 30
Interesse
– öffentliches **398**, 20
– zwingendes öffentliches **393**, 87
Irrtum 369, 99 ff.
– bei Ordnungswidrigkeit **377**, 13

magere Zahlen = Randnummern

Sachverzeichnis

– über rechtfertigende Umstände **369**, 102
Jugendlicher
– Strafbefehl **400**, 20
– Zollstraftat **32 ZVG**, 51
Jugendstrafrecht Einl 102; **369**, 14, 140 ff.
– Sanktionen **369**, 143 ff.
Justizverwaltungsakt 399, 113

Kaffeesteuer 381, 15
Kapitalertragsteuer 380, 3
Kapitalflucht Einl 47
Kapitalgesellschaft
– ausländische **370**, 218
– Selbstanzeige **371**, 87
Kassenzettel 379, 11
Kausalität 369, 44 ff.
– bei leichtfertiger Steuerverkürzung **378**, 22
Kenntnis
– aus Steuerakte **393**, 59 ff.
Kennzeichnungsvorschriften 381, 12
Kettenschenkung 370, 138
Kirchensteuer 387, 13
– Selbstanzeige **371**, 45
– Steuerhinterziehung **370**, 23; **386**, 21
Klage
– öffentliche **376**, 59
Klageerzwingungsverfahren
– Finanzbehörde **386**, 40; **403**, 18
Kommunalabgaben
– Selbstanzeige **371**, 43
Kompensationsverbot 370, 63 ff.
– Verlustvortrag **370**, 69
– Vorsteuern **370**, 68
Kompetenzen
– Finanzbehörde **399**, 5 ff.
Kongruenz 369, 55
Konkurrenzen
– bei Ordnungswidrigkeiten **377**, 33
– Gefährdung von Abzugsteuern **380**, 28 ff.
– Steuergefährdung **379**, 53 ff.
Konkurrenzlehre 369, 107 ff.
Konkursverwalter
– Berichtigungspflicht **371**, 222
Kontenwahrheit 379, 37
Konto
– auf falschem Namen **379**, 36 ff.
– s. auch Nummernkonto

Kontrollvergehen Einl 28
Konzentration
– bei Geschäftsverteilung **391**, 26
Konzentrationsgrundsatz 391, 3
Konzern
– Selbstanzeige **371**, 159 ff.
– Wiederaufleben der Berichtigungsmöglichkeit **371**, 207
Konzernbetriebsprüfung
– Einleitung des Steuerstrafverfahrens **397**, 20
Körperschaftsteuer
– Anrechnungsverfahren **370**, 212
– Begriff **370**, 209
– Gliederung des verwendbaren Eigenkapitals **370**, 213
– Steuerhinterziehung **370**, 209 ff.
– verdeckte Gewinnausschüttung **370**, 211
– Verkürzung **370**, 210
Kosten
– des Bußgeldverfahrens **412**, 13 ff.
– des Verfahrens **408**, 1 ff.
Kostenentscheidung 408, 4
Kraftfahrzeugsteuer 387, 12; **391**, 36
Kreditinstitut
– Entschädigung **405**, 10 ff.
– Errichten von Konten auf falschem Namen **379**, 41
Kriminalstrafe Einl 75
Kriminologie
– Steuerstrafrecht **Einl** 12 ff.

Landessteuern Einl 107
Landgerichtsbezirk 391, 15 ff.
Legalitätsprinzip 397, 10, 38; **398**, 2
Leichtfertigkeit
– Begriff **378**, 27
– steuerlicher Berater **378**, 46 ff.
Lichtbilder 399, 101
Lieferschein 379, 11
Lohnsteuer 380, 5
– Abführung **380**, 7
– Einbehaltung **380**, 6
– Steuerhinterziehung **370**, 202 ff.
– Zuständigkeit **388**, 23
Lohnsteueranmeldung
– verspätete **370**, 205
Lohnsteuermarke 369, 150
Lohnsteuerverfahren 380, 3

1021

Sachverzeichnis

halbfette Zahlen = §§ der AO

Mailbox
- Zugriff **399**, 52

Mängel
- der örtlichen Zuständigkeit **388**, 40 ff.
- der sachlichen Zuständigkeit **387**, 23 ff.
- der Zuständigkeit **389**, 15

Marktordnungsabgabe
- Hinterziehung **385**, 9

Marktordnungsrecht 386, 11

Maßregeln
- der Besserung und Sicherung **369**, 30

Mehrergebnis
- steuerliches **397**, 41

Mehrfachverteidigung
- Verbot 34 ff.

Meistbegünstigung 393, 18

Meldepflicht 379, 8
- bei Auslandsbeziehungen **Einl** 84; **379**, 33 ff.

Merkmal
- besonderes persönliches **369**, 82; **377**, 22 ff.

Mineralölsteuer 370, 193; **381**, 15

Miteigentum
- Einziehung **375**, 54

Mithilfe
- eines Amtsträgers **370**, 273

Mittäterschaft 369, 76
- Selbstanzeige **371**, 104

Mitteilung
- an Beschuldigten **386**, 49

Mitwirkung
- der Finanzbehörde **406**, 1 ff.

Mitwirkungspflicht
- und Selbstbelastung **393**, 5

Modalitätenäquivalenz 369, 91

Möglichkeit
- der Steuerverkürzung **379**, 26

Monopolabgaben
- Hinterziehung **374**, 47

Monopolstrafrecht Einl 102; **379**, 7

Monopolvergehen
- Akteneinsicht der Finanzbehörde **395**, 4

Multiplarstrafensystem Einl 28

Nacherklärung
- von Einkünften **Einl** 95

Nacherklärungspflicht 371, 237 ff.

Nachmachen
- von Steuerzeichen **369**, 152

Nachschau 393, 24
- Selbstanzeige **371**, 157

Nachtat
- mitbestrafte **369**, 118; **370**, 312
- straflose **376**, 6

Nachverfahren 401, 17

Nachzahlung
- hinterzogener Steuern **371**, 96 ff.

Nachzahlungsfrist
- Fälligkeitsteuern **371**, 108
- Fristsetzung **371**, 109
- Selbstanzeige **371**, 107 ff.

Nachzahlungspflicht
- des Ehegatten **371**, 102
- Erlaß hinterzogener Steuern **371**, 125
- nach leichtfertiger Steuerverkürzung **378**, 72
- bei Mittäterschaft **371**, 104
- Stundungsantrag **371**, 119
- Verrechnung gezahlter Beträge **371**, 123
- wirtschaftlicher Vorteil **371**, 108
- Zahlung durch Dritte **371**, 126
- Zahlung durch Scheck **371**, 122
- Zweck **371**, 96 ff.

Nationalsozialismus Einl 52 ff.

Nebenbestimmungen 379, 45

Nebenfolge
- Anordnung **401**, 1 ff.
- einer Steuerhinterziehung **370**, 282 ff.
- verwaltungsrechtliche **370**, 297

Nebenleistung
- steuerliche **370**, 23; **371**, 103

Nemo-tenetur-Prinzip 393, 7 ff.

Nettolohnabrede
- Steuerhinterziehung **370**, 208

Nicht-Steuerstraftat 393, 54 ff.

Nichtabführen 380, 14

Nichteinbehalten 380, 14

Nichtverbuchen 379, 19

Nichtverfolgbarkeit
- eines Zollvergehens **398**, 7

Niederschlagung
- und Selbstanzeige **371**, 124

Notveräußerung 394, 11; **399**, 108

Notzuständigkeit 388, 39

nulla poena sine lege 369, 18; **370**, 140

Nummernkonto 370, 251; **379**, 39

1022

magere Zahlen = Randnummern

Sachverzeichnis

Oberfinanzdirektion
- Einleitung des Steuerstrafverfahrens **397**, 19
- Kompetenzen **399**, 6

Opportunitätsprinzip 380, 33; **401**, 7
- bei Ordnungswidrigkeit **377**, 50

Ordnungswidrigkeit Einl 80
- Beteiligung **377**, 20
- Einziehung **377**, 35
- Fahrlässigkeit **377**, 17
- Geldbuße **377**, 28
- Irrtum **377**, 13
- Ort der Handlung **377**, 11
- Rechtfertigungsgründe **377**, 27
- Täterschaft **377**, 20
- Verfall **377**, 36
- Verjährung **377**, 52
- Versuch **377**, 19
- Vorwerfbarkeit **377**, 12

Ordnungswidrigkeitengesetz 410, 7
- Geltung für Steuerordnungswidrigkeiten **377**, 8 ff.
- räumliche Geltung **377**, 11
- zeitliche Geltung **377**, 10

Organ
- vertretungsberechtigtes **377**, 42

Ort
- der Tat **369**, 33
- der Teilnahme **388**, 10
- s. auch Entdeckungsort

Österreich
- Steuerstrafrecht **Einl** 101

Parallelwertung
- in der Laiensphäre **370**, 234

Paßversagung 370, 300

Personengesellschaft
- Selbstanzeige **371**, 87

Personenstandsaufnahme 370, 164

Personenvereinigung
- Geldbuße **377**, 39; **401**, 18

Pflicht
- betriebsbezogene **377**, 58
- s. auch Aufbewahrungspflicht
- s. auch Aufzeichnungspflicht
- s. auch Buchführungspflicht

Polizei
- Einleitung des Steuerstrafverfahrens **397**, 23

Postbeschlagnahme 399, 77
Präferenzabkommen 379, 30

Prioritätsgrundsatz 390, 8 ff.
Prokurist
- Ordnungswidrigkeit **377**, 43

Prüfung
- an Amtsstelle **371**, 145
- steuerliche **371**, 139 ff.

Prüfungsmaßnahme
- rechtswidrige **371**, 162

Quittung 379, 11

Raum
- grenznaher **382**, 24

Realkonkurrenz
- s. Tatmehrheit

Realsteuern 387, 11
Rechnung 379, 11
Recht
- des ersten Zugriffs **399**, 106

Rechtfertigung
- Steuerordnungswidrigkeit **379**, 48

Rechtsansicht
- unzutreffende **370**, 126 ff.

Rechtsanwalt 380, 18
- ausländischer **392**, 12
- Bußgeldverfahren **411**, 1 ff.
- Gebühren **408**, 14
- als Verteidiger **392**, 11
- s. auch Verteidiger

Rechtsauffassung
- abweichende **378**, 51

Rechtsbehelf
- förmlicher **386**, 40
- gegen Ablehnung der Akteneinsicht **395**, 15

Rechtsfolgen
- der Verfahrenseinleitung **397**, 99 ff.

Rechtsgut
- der Steuerhinterziehung **Einl** 8; **370**, 14 ff.

Rechtshilfe
- in Fiskalangelegenheiten **399**, 80 ff.
- Schweiz **399**, 84 ff.
- Zölle und Verbrauchsteuern **399**, 97

Rechtskraft
- des Strafbefehls **400**, 33

Rechtslehrer
- als Verteidiger **392**, 11

Rechtsmittel
- gegen Fristsetzungen **371**, 116
- Zulässigkeit **399**, 112
- s. auch Rechtsschutz

Sachverzeichnis

halbfette Zahlen = §§ der AO

Rechtsmittelverfahren **385**, 26
Rechtsnachfolger
– s. Gesamtrechtsnachfolger
Rechtsnatur
– Einleitung des Strafverfahrens **397**, 7 ff.
– der Selbstanzeige **371**, 32 ff.
Rechtsquellenlehre **369**, 89
Rechtsschutz
– im Ermittlungsverfahren **399**, 110 ff.
– Maßnahmen der Steuerfahndung **404**, 85 ff.
Rechtsstaatsprinzip **392**, 2
Rechtsverordnung
– Wirksamkeit **381**, 7
Rechtsweg
– Selbstanzeige **371**, 117
Rechtswidrigkeit
– einer Ordnungswidrigkeit **377**, 27
– des Unterlassungsdelikts **369**, 94 ff.
Rechtswidrigkeitszusammenhang
– bei leichtfertiger Steuerverkürzung **378**, 43
Reform
– der Reichsabgabenordnung **Einl** 90
Regelbeispielstechnik **370**, 267
Reichsabgabenordnung 1919 **Einl** 37 ff.
Reichsfluchtsteuer **Einl** 48, 55
Reiseverkehr
– Bannbruch **372**, 56
– über die Grenze **32 ZVG**, 2 ff.
Relevanztheorie **369**, 46
Reue
– tätige **371**, 12
Richtsatzprüfung
– und Selbstanzeige **371**, 141
Richtigstellung
– in der Öffentlichkeit **393**, 86
Risiko
– erlaubtes **377**, 18
Risikoerhöhungsprinzip **369**, 47; **377**, 60
Rückfall **Einl** 61
Rückgabe
– der Strafsache an Finanzbehörde **386**, 48
Rücktritt
– bei Beteiligung mehrerer Personen **369**, 67
– und Selbstanzeige **369**, 64

– versuchter **369**, 66
– vom Versuch **369**, 63 ff.; **370**, 266; **371**, 232 ff.
Rückwirkungsverbot **369**, 22 ff.
Ruhen
– der Verjährung **376**, 68 ff.; **396**, 33 f
– des Verfahrens **376**, 73

Sachverständiger
– Entschädigung **405**, 1 ff.
Säumniszuschlag **370**, 23
Schadenswiedergutmachung **398**, 8, 28
– Selbstanzeige **371**, 24, 240
Schätzung
– der Besteuerungsgrundlagen **370**, 55 ff.
Schätzungsbescheid
– Verjährung **376**, 29 ff.
Schaumweinsteuer **381**, 15
Scheingeschäft **370**, 135 ff.
– Steuerhinterziehung **370**, 217
Scheinvertrag **370**, 303
Scheinwaffe **373**, 27
Schiffsgefährdung
– durch Bannware **372**, 47
Schmuggel **370**, 80, 245; **373**, 1 ff.
– Bandenschmuggel **373**, 32
– im Reiseverkehr **370**, 194
– mit Schußwaffen **373**, 19
Schuld
– geringe **398**, 23
Schuldtheorie
– eingeschränkte **370**, 259
Schußwaffe **373**, 19
Schwere
– der Tat **392**, 22
Schwerpunkt
– der Vorwerfbarkeit **369**, 87
Schwerpunktstaatsanwaltschaft **Einl** 98
Schwierigkeit
– der Sachlage **392**, 23
Selbstanzeige **Einl** 6, 38; **369**, 16; **371**, 1 ff.
– Adressat **371**, 88 ff.
– Ahndbarkeit anderer Ordnungswidrigkeiten **371**, 212
– Analogieverbot **371**, 34
– angemessene Frist **371**, 110
– Aufrechnung **371**, 121

1024

magere Zahlen = Randnummern

Sachverzeichnis

- Bannbruch **371**, 39; **372**, 52
- Begriff **371**, 12 ff.
- Begründung eines Verdachts **397**, 48
- Begünstigung **369**, 193; **371**, 38
- bei mehreren Betrieben **371**, 146
- bei Staatsanwaltschaft **371**, 91
- Bekanntgabe der Verfahrenseinleitung **371**, 163 ff.
- Berichtigung von Zollanmeldungen **371**, 242
- Berichtigungserklärung **371**, 46 ff.
- betriebsnahe Veranlagung **371**, 156
- dem Grunde nach **371**, 78
- des Gehilfen **371**, 62
- Drittanzeige **371**, 220
- durch Beauftragte **378**, 70
- durch Dritte **371**, 84
- durch Einreichen einer Voranmeldung **Einl** 101
- durch Steuerberater **371**, 86
- durch Steuererklärung **371**, 68
- durch Vertreter **371**, 80 ff.
- Ein-Mann-GmbH **371**, 101
- Einkommensteuer **371**, 71
- Entdeckung des Täters **371**, 190
- Erlaß hinterzogener Steuern **371**, 125
- Erscheinen eines Amtsträgers **371**, 134 ff.
- Festsetzung von Hinterziehungszinsen **370**, 287
- Form **371**, 65 ff.
- Freispruch **371**, 245
- Freiwilligkeit **371**, 16, 27
- Fristsetzung **371**, 109
- Gebühren des Steuerberaters **371**, 248
- Gefährdung von Abzugsteuern **380**, 27
- gegenüber Betriebsprüfern **371**, 92
- gegenüber Fahndungsbeamten **371**, 92
- Grund der Regelung **371**, 18 ff.
- in Großbetrieben **371**, 159 ff.
- in Konzernen **371**, 147, 159 ff.
- Kapitalgesellschaft **371**, 87
- Kenntnis von der Entdeckung **371**, 197
- Kirchensteuer **371**, 45
- Kommunalabgaben **371**, 43
- Konkurrenzfragen **371**, 232 ff.
- Kostenfragen **371**, 247
- Lästigkeitsprinzip **371**, 123
- Materiallieferung **371**, 48
- nach leichtfertiger Steuerverkürzung **378**, 65 ff.
- Nachschau **371**, 157
- Nachzahlung durch Dritte **371**, 126
- Nachzahlung durch Scheck **371**, 122
- Nachzahlungsfrist **371**, 107
- Nachzahlungspflicht **371**, 96 ff.
- nichtsteuerliche Straftat **371**, 44
- Person des Anzeigeerstatters **371**, 79 ff.
- Personengesellschaft **371**, 87
- persönlicher Umfang der Sperrwirkung **371**, 148
- Prüfung an Amtsstelle **371**, 145
- Rechtsmittel gegen Fristsetzung **371**, 116
- Rechtsnatur **371**, 32 ff.
- rechtswidrige Prüfungsmaßnahme **371**, 162
- Richtsatzprüfung **371**, 141
- sachliche Sperrwirkung **371**, 149
- sachlicher Anwendungsbereich **371**, 37 ff.
- Schadenswiedergutmachung **371**, 24
- Scheinhandlungen des Prüfers **371**, 143
- Sperrwirkung **371**, 129 ff.
- Steuergefährdung **379**, 52
- Steuerhehlerei **374**, 36
- steuerliche Prüfung **371**, 139 ff.
- stillschweigende Nachzahlung **371**, 74
- Systematik **371**, 12 ff.
- Tatentdeckung **371**, 183 ff.
- Teilselbstanzeige **371**, 75
- Umsatzsteuer **371**, 69
- und Berichtigung **371**, 237
- und Bilanzberichtigung **371**, 242
- und Einleitung des Verfahrens **397**, 101
- und Gefährdungshandlungen **378**, 66
- und Rücktritt vom Versuch **371**, 232
- und Schadenswiedergutmachung **371**, 240
- und strafrechtliche Nebenfolgen **371**, 217
- unrichtige **371**, 64
- unzulässiger Erwerb von Steuererstattungsansprüchen **383**, 16
- Verbrauchsteuergefährdung **381**, 20
- Verfahrensfragen **371**, 243
- Verfassungsmäßigkeit **371**, 18 ff., 30
- Verrechnungsvertrag **371**, 128
- Vorlage der Buchführung **371**, 57
- während Steuerfahndungsprüfung **371**, 158

Sachverzeichnis

halbfette Zahlen = §§ der AO

- Widerruf **371**, 94
- Wiederaufleben der Berichtigungsmöglichkeit **371**, 202 ff.
- Wirkungen **371**, 211 ff.
- Zielsetzung **371**, 18 ff.
- Zuständigkeit für Fristsetzung **371**, 115

Selbstbegünstigung 369, 189

Selbstbelastung
- mit Steuerstraftat **393**, 20 ff.

Sichverschaffen
- von Steuerzeichen **369**, 156

Sicherstellung
- von Beweismitteln **399**, 15 ff.
- von Verfallsgegenständen **399**, 67 ff.

Sichverschaffen
- Steuerhehlerei **374**, 17

Solidaritätszuschlag
- Steuerhinterziehung **370**, 23

Sparprämie Einl 93

Sperrerklärung
- Behördenakten **399**, 47

Sperrwirkung
- persönliche **371**, 148, 179
- sachliche **371**, 149, **371**, 180
- Tatentdeckung **371**, 183 ff.

Spezialität 369, 116

Staatsanwaltschaft
- Einleitung des Steuerstrafverfahrens **397**, 25
- Ermittlungsmonopol **386**, 4
- Evokationsrecht **386**, 41 ff.
- Unterrichtungspflicht **386**, 47
- Weisungsbefugnisse **404**, 70 ff.
- Zuständigkeit **409**, 6

Stellungnahme
- der Berufskammer **411**, 10

Stellvertretung
- verdeckte **371**, 82

Steuerabzugspflichten 379, 6 ff.

Steuerakte
- Verwertbarkeit **393**, 59 ff.
- Beiziehung zur Bestimmung der Tagessatzhöhe **369**, 137

Steueramnestie Einl 46

Steueramnestiegesetz Einl 95

Steueramtsgericht 391, 3 f;; **401**, 10

Steueranmeldung 370, 38
- Nichtabgabe **370**, 170 ff.

Steuerberater 380, 18
- als Verteidiger **392**, 13

- Beihilfe **370**, 250
- Buchführung **378**, 52
- Bußgeldverfahren **411**, 1 ff.
- Leichtfertigkeit **378**, 46 ff.
- Selbstanzeige **371**, 86
- Teilnahmeverdacht **399**, 43
- s. auch Verteidiger

Steuerberatungsgesellschaft 378, 18

Steuerbevollmächtigter
- Bußgeldverfahren **411**, 1 ff.
- s. auch Steuerberater

Steuererklärung
- als Selbstanzeige **371**, 68 f
- Nichtabgabe **370**, 170 ff.
- verspätete **370**, 177

Steuererstattung 370, 95 ff.

Steuererstattungsanspruch
- unzulässiger Erwerb **383**, 1 ff.

Steuerfahndung 403, 6 **404**, 1 ff.
- Antragsrechte **404**, 51 ff.
- Aufgaben **404**, 14 ff.
- Befugnisse **404**, 1 ff.
- Durchsicht der Papiere **404**, 65
- Durchsuchung und Beschlagnahme **404**, 58
- Einleitung des Steuerstrafverfahrens **397**, 20
- Erforschungspflicht **404**, 20
- Ermittlung der Besteuerungsgrundlagen **404**, 21 ff.
- Herausgabeverlangen **404**, 59
- Hilfsbeamte der Staatsanwaltschaft **404**, 54
- örtliche Zuständigkeit **404**, 75 ff.
- Rechtsschutz **404**, 85 ff.
- steuerliche Ermittlungen **404**, 37 ff.
- steuerstrafrechtliche Ermittlungen **404**, 19
- Strafbefehlsantrag **404**, 62
- Suchvermerk **404**, 61
- vorläufige Festnahme **404**, 60
- Weisungsbefugnisse der Staatsanwaltschaft **404**, 70 ff.
- Zuständigkeit **404**, 12

Steuerfahndungsprüfung
- Selbstanzeige **371**, 158

Steuerfall
- unbekannter **404**, 28 ff.

Steuerflucht Einl 47
- s. auch Reichsfluchtsteuer

magere Zahlen = Randnummern

Sachverzeichnis

Steuergefährdung 379, 1 ff.
- Konkurrenzen 379, 53
- Selbstanzeige 379, 52
- Verjährung 379, 56

Steuergeheimnis 370, 298; 385, 5; 386, 50; 393, 3; 393, 69; 411, 13

Steuergesetz
- Steuerordnungswidrigkeiten 377, 4

Steuerhehlerei 369, 34; 370, 312; 372, 37; 374, 1 ff.
- Absatzhilfe 374, 21
- Absetzen 374, 20
- Ankaufen 374, 16
- Bannbruch 372, 40
- durch Unterlassen 374, 22
- gewerbsmäßige 374, 33
- Haftung 374, 37
- Selbstanzeige 374, 36
- Sichverschaffen 374, 17
- Verjährung 376, 36
- Vortat 374, 8 ff.
- Wahlfeststellung 374, 48 ff.

Steuerhinterziehung 370, 1 ff.
- Abschöpfungsabgaben 385, 8
- Abtretung einer Forderung 370, 232
- Angaben über Tatsachen 370, 123 ff.
- Anrechnungsverfahren 370, 212
- Anstiftung 370, 240 ff.
- Aufklärungspflicht 370, 110
- Aufteilung der Steuerverkürzung 370, 60 ff.
- ausländische Zinseinkünfte 370, 216
- außerstrafrechtliche Folgen 371, 218 ff.
- Ausweisung von Ausländern 370, 298
- Bedeutung 370, 6
- Begriff der Verkürzung 370, 35 ff.
- bei Auslandsbeziehungen 370, 215
- Beihilfe 370, 240 ff.
- Berichtigung von Erklärungen 370, 179
- Berufsverbot 370, 281
- besonders schwerer Fall 370, 267 ff.
- durch Ehegatten 370, 249
- durch Handeln 370, 119 ff.
- durch Nichtabgabe von Voranmeldungen Einl 101; 370, 166 ff.
- durch Steuerumgehung 370, 139
- durch Unterlassen 370, 155 ff.
- durch Unterlassen 370, 185; 376, 26; 393, 37 ff.
- eidesstattliche Versicherung 370, 233
- Eingangsabgaben 370, 220 ff., 265; 371, 235; 373, 5
- Einstellung wegen Geringfügigkeit 398, 1 ff.
- Einziehung 375, 28 ff.
- Empfängerbenennung 370, 146 ff.
- Erfolgsdelikt 370, 20
- Erklärungsfehler 370, 152
- Erklärungspflicht 370, 161 ff.
- Erscheinungsformen des Verkürzungserfolges 370, 39
- Erschleichen von Steuervorteilen 370, 82 ff.
- Fälligkeitsteuern 370, 37
- gesetzwidriges Handeln 370, 81
- Gestaltungsmißbrauch 370, 135 ff.
- Gliederung des verwendbaren Eigenkapitals 370, 213
- Grundfragen 370, 9 ff.
- harmonisierte Verbrauchsteuern 370, 29
- Herabsetzung von Vorauszahlungen 370, 98
- Hinterziehungszinsen Einl 70, 100; 370, 287 ff.
- im Erhebungsverfahren 370, 226 ff.
- im Festsetzungsverfahren 370, 44 ff.
- im Feststellungsverfahren 370, 49
- im Vollstreckungsverfahren 370, 226 ff.; 376, 32
- Kapitaleinkünfte 370, 214
- Kirchensteuer 370, 23; 386, 21
- Kompensationsverbot 370, 63 ff.
- konkludente Erklärung 370, 120
- Konkurrenzen 370, 305 ff.
- Körperschaftsteuer 370, 209 ff.
- Kraftfahrzeugsteuer 391, 36
- Kriminologie Einl 12 ff.
- Lohnsteuer 370, 202 ff.
- Marktordnungsabgaben 385, 9
- Mittäterschaft 370, 242
- Nebenfolgen 375, 1 ff.
- Nebenstrafe 375, 8 ff.
- Nettolohnabrede 370, 208
- Nichtabgabe von Steueranmeldungen 370, 170 ff.
- Nichtabgabe von Steuererklärungen 370, 170 ff.
- Nichtabgabe von Steuervoranmeldungen 370, 166 ff.

1027

Sachverzeichnis

halbfette Zahlen = §§ der AO

- Nichtverwenden von Steuerzeichen **370**, 196
- Paßversagung **370**, 300
- Rechtsgut **Einl** 8; **370**, 14 ff.
- Schaden **Einl** 11
- Schätzung von Besteuerungsgrundlagen **370**, 57 ff.
- Scheingeschäft **370**, 135 ff., 217
- Solidaritätszuschlag **370**, 23
- Statistiken **370**, 6 f.
- Steueranmeldung **370**, 38
- Steuererstattung **370**, 99
- steuerlich erhebliche Tatsache **370**, 130
- Steuerunehrlichkeit **370**, 118
- Steuervergütung **370**, 100
- Steuerverkürzung **370**, 21 ff., 208
- Strafe **370**, 278
- strafrechtliche Nebenfolgen **370**, 280
- Systematik **370**, 9 ff.
- Tabaksteuer **Einl** 44
- Täterkreis **Einl** 14
- Täterschaft **370**, 18 ff.
- Täuschung durch Handeln **370**, 107
- Täuschung durch Unterlassen **370**, 107
- Teilnahme **370**, 240 ff.
- Umsatzsteuer **370**, 29
- und Bannbruch **370**, 311
- und Betäubungsmittelstraftat **391**, 33
- und Betrug **370**, 85, 317; **385**, 27 ff.
- und leichtfertige Steuerverkürzung **378**, 60
- und Steuerhehlerei **370**, 312
- und Steuerzeichenfälschung **370**, 313
- und Subventionsbetrug **370**, 86
- und Unzumutbarkeit normgemäßen Verhaltens **393**, 36 ff.
- und Urkundenfälschung **370**, 319
- Unkenntnis des Finanzbeamten **370**, 197
- unrichtige Auskünfte **370**, 154
- unrichtige Gewinnermittlung **370**, 141
- unrichtige Tarifierung **370**, 223
- Unzumutbarkeit der Erklärung **370**, 163
- unzutreffende Rechtsansicht **370**, 126 ff.
- Veranlagungssteuern **370**, 37
- verdeckte Gewinnausschüttung **370**, 211
- Verfolgungsverjährung **Einl** 7; **376**, 1 ff.
- Verkürzungserfolg **370**, 52 ff.
- Verlagerung von Einkünften **370**, 217
- Versuch **370**, 11, **370**, 253 ff.; **398**, 19
- Veruntreuungen **370**, 149
- verwaltungsrechtliche Nebenfolgen **370**, 297
- Vollendung der Vorteilserlangung **370**, 104
- Vorlage einer unrichtigen Buchführung **370**, 153
- Vorsatz **370**, 234 ff.
- Waffenbesitzkarte **370**, 302
- Wahlfeststellung **374**, 48 ff.
- zivilrechtliche Folgen **370**, 303
- Zollwertverkürzung **370**, 221
- zweckwidrige Verwendung **370**, 187

Steuerordnungswidrigkeit Einl 103; **369**, 6
- Begriff **377**, 3
- Bußgeldverfahren **387**, 26
- Verfolgungsverjährung **384**, 1 ff.
- Verteidigung **410**, 14
- Zuständigkeit **409**, 1 ff.; **410**, 10
- siehe auch Ordnungswidrigkeit

Steuerpflicht
- beschränkte **380**, 11
- unbeschränkte **370**, 215

Steuerpflichtiger
- Begriff **378**, 10
- Belehrung **393**, 40 ff.
- Rechte und Pflichten **393**, 14 f.
- Verwertbarkeit der Angaben **393**, 53 ff.

Steuersteckbrief Einl 48

Steuerstempler
- Steuerhinterziehung **370**, 196

Steuerstrafrecht
- Begriff **Einl** 1
- Besonderheiten **Einl** 4 t
- Geschichte **Einl** 28 ff.
- und Steuerrecht **Einl** 3

Steuerstraftaten
- Begriff **369**, 5 ff.

Steuerstrafverfahren Einl 104
- Ablauf **385**, 22 ff.
- Aussetzung **396**, 1 ff.
- Besonderheiten **Einl** 22 ff.
- Einleitung **393**, 26; **397**, 1 ff.
- Geschichte **Einl** 30 ff.
- und Besteuerungsverfahren **404**, 80 ff.
- Verfahrensgrundsätze **385**, 17 ff.

magere Zahlen = Randnummern

Sachverzeichnis

Steuerumgehung
- s. Gestaltungsmißbrauch

Steuerunehrlichkeit 370, 106, 118
Steuervergehen 369, 7
Steuervergünstigung 370, 95
Steuervergütung 370, 95 ff.
Steuervergütungsanspruch 383, 7
Steuerverkürzung 370, 21 ff.
- Aufteilung **370**, 60 ff.
- Begriff **370**, 35 ff.
- Erscheinungsformen **370**, 39
- fahrlässige **378**, 2
- Feststellung des Verkürzungserfolges **370**, 54 ff.
- Geringwertigkeit **398**, 15
- Kompensationsverbot **370**, 63 ff.
- leichtfertige **378**, 1 ff.
- mehrfache **378**, 54 ff.
- Möglichkeit **379**, 26
- Umfang **370**, 52 ff.; **398**, 18
- unrichtige Festsetzung **370**, 45
- Vorbereitung **379**, 5
- auf Zeit **370**, 76 ff.
- s. auch Steuerhinterziehung

Steuervoranmeldung
- Nichtabgabe **370**, 166 ff.

Steuervorteil
- Begriff **370**, 82 ff.
- Geringwertigkeit **398**, 15

Steuerzeichen 369, 148
- Steuerhinterziehung **370**, 196

Steuerzeichenfälschung 369, 1, 151
- Verjährung **376**, 36

Strafanzeige
- Begründung eines Verdachts **397**, 46

Strafbefehl
- Eignung zur Erledigung **400**, 8 ff.
- gegen Jugendlichen **400**, 20
- Inhalt **400**, 21 ff.
- ohne Rechtsfolge **400**, 35
- Rechtsbehelf **400**, 28 ff.
- Verfahren **400**, 25
- Verjährungsunterbrechung **376**, 62
- Zuständigkeit **400**, 24

Strafbefehlsantrag
- durch Finanzbehörde **400**, 1 ff.
- durch Steuerfahndung **404**, 62
- Zurückweisung **406**, 6

Strafbescheid Einl 40

Strafe
- Begriff **369**, 129

Strafgesetzbuch
- räumliche Geltung **369**, 32

Strafklageverbrauch 397, 56; **32 ZVG**, 49
- durch Bußgeldentscheidung **378**, 75

Strafprozeß
- Absprachen **404**, 97 ff.

Strafrecht
- internationales **369**, 32

Strafrechtsreformen Einl 82 ff.

Strafrichter 397, 31 ff.
- Unabhängigkeit **396**, 5

Strafsachen
- zusammenhängende **389**, 1 ff.

Strafsachenstelle
- gemeinsame **Einl** 96; **386**, 4 ff.; **387**, 18, 22; **402**, 11; **403**, 4

Straftatbestand
- Bestimmtheitsgebot **369**, 21; **370**, 140
- Umwandlung in Bußgeldtatbestand **369**, 24

Strafvereitelung 369, 175
- Bannbruch **372**, 40
- durch Bezahlung einer Geldstrafe **370**, 304
- Verteidiger **392**, 9

Strafverfahren
- Abschluß **397**, 105 f.
- und Besteuerungsverfahren **393**, 3 ff.

Strafverfahrensrecht
- allgemeines **410**, 5

Strafzumessung
- bei Verjährung **376**, 7
- Steuerstrafrecht **369**, 129 ff.

Strafzumessungsregel 370, 276
Stundung 370, 98
- als Rechtfertigungsgrund **380**, 20

Stundungsantrag
- und Nachzahlungspflicht bei Selbstanzeige **371**, 119

Subsidiarität 369, 117
- des Bannbruchs **372**, 41; **373**, 6

Subventionsbetrug Einl 93; **370**, 86

Suchvermerk
- im Bundeszentralregister **404**, 61

Tabaksteuer Einl 44; **370**, 95; **381**, 15
- Kleinschmuggel (Zigaretten) **372**, 29; **373**, 42; **374**, 31

Tabaksteuerbanderole 369, 147

Sachverzeichnis

halbfette Zahlen = §§ der AO

Tagebuch
- Beschlagnahme **399**, 57
- Durchsicht **404**, 68

Tagessatzhöhe 369, 136
Tagessatzsystem Einl 86; **369**, 134 ff.
Tagessatzzahl 369, 135
Tarifierung
- unrichtige **370**, 223

Tarnpackung 32 ZVG, 28
Tat
- frische **394**, 5

Tatbestand
- Garantiefunktion **369**, 36
- Leitbildfunktion **369**, 36

Tatbestandsbestimmtheit 369, 18 ff.
Tatbestandsmerkmal
- deskriptives **369**, 52
- normatives **369**, 52; **370**, 256

Tateinheit 369, 121
- Steuerhinterziehung **370**, 306

Tatentdeckung 371, 190
- Begriff **371**, 185
- durch ausländische Behörde **371**, 194
- durch Privatperson **371**, 193; **388**, 16
- Teilentdeckung **371**, 195

Täter
- mittelbarer **369**, 75
- Mittäter **369**, 76

Täter-Opfer-Ausgleich 398, 8, 28
Täterschaft 369, 69 ff.
- Ausstellen unrichtiger Belege **379**, 14
- Bannbruch **372**, 38
- leichtfertige Steuerverkürzung **378**, 6
- Steuerhinterziehung **370**, 18 ff.
- und Teilnahme **369**, 77 ff.

Tatherrschaftslehre 369, 72
Tatmehrheit 369, 124 ff.
- Steuerhinterziehung **370**, 307

Tatort 369, 33
- Zuständigkeit **388**, 9

Tatprodukt
- Einziehung **375**, 42

Tatsache
- Begriff **370**, 123
- steuerlich erhebliche **370**, 130

Tatumstandsirrtum 369, 100
Täuschung
- durch Handeln **370**, 107
- durch Unterlassen **370**, 107
- über Rechtsauffassungen **378**, 51

Teilnahme
- Begehungsort **388**, 10
- Steuerhinterziehung **370**, 240 ff.
- Verjährung **376**, 35
- Vorsatz **369**, 80

Teilnahmeverdacht
- Steuerberater **399**, 43

Telefonüberwachung 399, 78
Territorialprinzip 369, 34

Überführung
- in ein Zollverfahren **382**, 21

Übergang
- des Eigentums **394**, 1 ff.

Überholung
- prozessuale **399**, 112

Übermaßverbot Einl 101
Übernahme
- durch andere Finanzbehörde **390**, 13 ff.

Übersendung
- der Akten **395**, 13

Überwachung
- stichprobenartige **378**, 45
- von Hilfspersonen **378**, 42; **380**, 24

Umfang
- der Steuerverkürzung **398**, 18

Umsatzsteuer 370, 29
- Abzugsverfahren **380**, 3, 13
- Binnenmarkt **379**, 28
- Selbstanzeige **371**, 69
- s. auch Vorsteuer

Unabhängigkeit
- des Strafrichters **396**, 5

Unbedenklichkeitsbescheinigung 380, 34
Unbedingtwerden
- der Verbrauchsteuer **370**, 188

Unkenntnis
- der Finanzbehörde **370**, 157 ff., 197

Unrechtsbewußtsein 370, 237
Unrechtselemente
- sonstige subjektive **369**, 54

Unrichtigkeit
- von Belegen **379**, 12

Unterbrechung
- der Verfolgungsverjährung **376**, 37 ff.; **397**, 102

Unterbrechungshandlung
- Eignung **376**, 47
- Verjährung **376**, 38

magere Zahlen = Randnummern

Unterbringung
- des Beschuldigten **386**, 25

Unterbringungsbefehl
- Verjährungsunterbrechung **376**, 58

Unterfakturierung
- Zollwertverkürzung **370**, 221

Unterlassen
- Steuerhehlerei **374**, 22
- und Begehen **369**, 87
- Versuch **369**, 93

Unterlassungsdelikt 369, 85

Unternehmer
- Ordnungswidrigkeit **377**, 23

Unterrichtungspflicht
- Staatsanwaltschaft **386**, 47

Untersagung
- der Gewerbeausübung **370**, 297

Untersuchungshandlung
- im Ausland **376**, 65

Unterwerfungsverfahren Einl 40, 78; **400**, 3

Untreue
- und Steuerhinterziehung **370**, 149

Unzulässigkeit
- von Zwangsmitteln **393**, 19 ff.

Unzumutbarkeit
- normgemäßen Verhaltens **369**, 98; **393**, 8

Urkunde
- notarielle **399**, 55

Urkundenfälschung
- und Steuerhinterziehung **370**, 319

Veranlagung
- betriebsnahe **371**, 156

Veranlagungsteuern
- Steuerhinterziehung **370**, 37
- Verjährung **376**, 15 ff.

Verbot
- der Mehrfachverteidigung **392**, 34 ff.

Verbotsirrtum 369, 100
- bei Ordnungswidrigkeit **377**, 14

Verbrauchsteuern 382, 31
- Erlöschen **370**, 188
- harmonisierte **370**, 29
- Unbedingtwerden **370**, 188

Verbrauchsteueraufkommen 381, 2

Verbrauchsteuergefährdung 381, 1 ff.
- Rechtsverordnung **381**, 7
- Selbstanzeige **381**, 20
- Verjährung **381**, 24

Sachverzeichnis

Verbrauchsteuerstraftaten
- im Reiseverkehr **32 ZVG**, 8

Verbrechen
- Begriff **393**, 79

Verbringen 372, 13

Verbringenlassen 372, 14

Verbringungsverbot
- Wirksamkeit **372**, 25

Verbürgung
- der Gegenseitigkeit **370**, 30

Verdacht
- Begriff **397**, 38 ff.
- Begründung durch Selbstanzeige **397**, 48
- durch Betriebsprüfer **397**, 50
- durch Strafanzeige **397**, 46
- einer Straftat **398**, 14

Verderb
- drohender **399**, 69

Verdunkelungsgefahr 399, 73

Vereitelung
- der Einziehung **375**, 72

Verfahren
- selbständiges **375**, 82; **401**, 1 ff.; **406**, 9 f.
- Strafbefehl **400**, 25
- Zuständigkeitsstreit **390**, 18 ff.

Verfahrenseinleitung 371, 163 ff.
- Aktenvermerk **397**, 86 ff.
- Bekanntgabe **397**, 93 ff.
- durch Beschlagnahme **371**, 169
- Rechtsfolgen **397**, 99 ff.
- Vorprüfung **397**, 49 ff.
- Zeitpunkt **397**, 82 ff.

Verfahrensgrundsätze
- Steuerstrafverfahren **385**, 17 ff.

Verfahrenshindernis
- Einleitung des Strafverfahrens **397**, 61
- Verjährung **376**, 5
- Zollstraftaten im Reiseverkehr **32 ZVG**, 6

Verfahrenskosten 408, 1 ff.
- Betriebsausgabe **370**, 296

Verfall
- bei Ordnungswidrigkeit **377**, 361
- Wirkung **375**, 86

Verfallsgegenstand
- Sicherstellung **399**, 67 ff.

Verfälschen 369, 153

Verfassungswidrigkeit
- Selbstanzeige **371**, 18 ff.
- eines Steuergesetzes **369**, 29

1031

Sachverzeichnis

halbfette Zahlen = §§ der AO

Verfolgungshindernis
- Selbstanzeige **371**, 221

Verfolgungsverjährung
- s. Verjährung

Verfügung
- begünstigende **370**, 98

Verfügungsbefugter 382, 15

Vergütung
- von Umsatzsteuer **370**, 91

Vergütungsanspruch
- s. Steuervergütungsanspruch

Verhaftung
- des Beschuldigten **386**, 25

Verhältnismäßigkeit
- Einziehung **375**, 64

Verheimlichen 32 ZVG, 26

Verjährung 376, 1 ff.; **397**, 55
- Anordnung einer Maßnahme **376**, 49
- Aufsichtspflichtverletzung **377**, 62
- Bannbruch **376**, 36
- Beginn **377**, 63
- Begünstigung **376**, 36
- Beitrittsgebiet **376**, 66 f.
- Fälligkeitsteuern **376**, 22 ff.
- Haftbefehl **376**, 58
- leichtfertige Steuerverkürzung **376**, 3
- Ordnungswidrigkeit **377**, 52
- Ruhen **376**, 68 ff.; **396**, 33 f.
- Schätzungsbescheid **376**, 29
- Steuerfahndungsermittlungen **404**, 24 ff.
- Steuergefährdung **379**, 56
- Steuerhehlerei **376**, 36
- Steuerordnungswidrigkeiten **376**, 3
- Steuerzeichenfälschung **376**, 36
- Strafverfolgung **376**, 2
- Strafvollstreckung **376**, 2
- Strafbefehl **376**, 62
- Teilnahme **376**, 35
- und Strafzumessung **376**, 7
- Unterbrechung **376**, 37 ff.; **397**, 102
- Unterbrechungshandlung **376**, 38
- Unterbringungsbefehl **376**, 58
- Veranlagungsteuern **376**, 15 ff.
- Verbrauchsteuergefährdung **381**, 24
- Versuch **376**, 33
- Vorführungsbefehl **376**, 58
- Wesen **376**, 4
- Wirkung **376**, 5

Verjährungsfrist
- absolute **376**, 73

- Beginn **376**, 10
- Steuerhinterziehung **376**, 9

Verkürzung
- fiktive **376**, 28
- s. auch Steuerverkürzung

Verletzung
- der Aufsichtspflicht in Betrieben und Unternehmen **377**, 53 ff.
- von Kennzeichnungsvorschriften **381**, 12
- von Verpackungsvorschriften **381**, 12

Verlustfeststellung
- gesonderte **370**, 50

Verlustvortrag
- Kompensationsverbot **370**, 69

Vermögensteuer
- hinterzogene Steuern **370**, 293

Vermögensverwalter 382, 15

Vermögenszuwachsrechnung
- Steuerhinterziehung **370**, 59

Vermutung
- zollrechtliche **370**, 225

Vernehmung
- des Beschuldigten **376**, 50
- durch Finanzbehörde **399**, 10 ff.
- richterliche **376**, 53

Vernehmungsmethode
- unzulässige **393**, 47

Verpackungsvorschriften 381, 12

Verrechnungsvertrag
- Selbstanzeige **371**, 128

Versagung
- der Akteneinsicht **392**, 49

Verschlechterungsverbot 400, 31

Versicherung
- eidesstattliche **370**, 233

Verständigung
- tatsächliche **404**, 90 ff.

Verstecken 32 ZVG, 29

Verstoß
- gegen Belehrungspflicht **393**, 43

Versuch 369, 56
- Anfang der Ausführung **369**, 60; **370**, 260
- Bannbruch **372**, 31 ff.
- der Unterlassung **369**, 93
- durch positives Tun **370**, 262
- Rücktritt **369**, 63 ff.; **370**, 266
- Schmuggel **373**, 42
- Steuerhinterziehung **370**, 11, 253 ff.
- Steuerordnungswidrigkeit **377**, 19

magere Zahlen = Randnummern

Sachverzeichnis

- Tatentschluß 370, 254 ff.
- und Vorbereitungshandlung 370, 261
- und Wahndelikt 369, 62; 105; 370, 255
- untauglicher 369, 61
- Unterlassungsdelikt 369, 106
- Verjährung 376, 33

Verteidiger
- Akteneinsicht 392, 42 ff.
- Anwesenheitsrecht 392, 57
- Ausschließung 392, 27 ff.
- Befugnisse 392, 3
- Begünstigung 392, 9
- im Bußgeldverfahren 392, 6
- Erklärungsrecht 392, 57
- Steuerberater 392, 14
- Strafvereitlung 392, 9
- Vollmacht 392, 39
- Wahlverteidiger 392, 16
- Wirtschaftsprüfer 392, 13
- Zeugnisverweigerungsrecht 392, 62

Verteidigung
- notwendige 392, 18 ff.
- Steuerordnungswidrigkeiten 410, 14
- Verwaltungsstrafverfahren 392, 1

Verteidigungskosten
- Betriebsausgabe 370, 296

Vertreter
- gesetzlicher 380, 18; 382, 15; 392, 4
- bei Selbstanzeige 371, 178

Vertretung
- eines Steuerpflichtigen 378, 19

Verwaltungsakt
- Auflage 379, 45

Verwaltungsstrafverfahren
- Verfassungsstreit Einl 72 ff.
- Verteidigung 392, 1

Verwarnung
- mit Strafvorbehalt 400, 17

Verwarnungsgeld
- bei Ertragsteuern 370, 294

Verweigerung
- der Mitwirkung 393, 25 ff.

Verwendung
- zweckwidrige 370, 187

Verwertbarkeit
- Angaben des Steuerpflichtigen 393, 53 ff.

Verwertungsverbot
- Fernwirkung 393, 49 ff., 66
- steuerliches 404, 83

Verzeichnis
- nach Beschlagnahme 399, 54

Verzinsung
- hinterzogene Steuern Einl 70, 100; 370, 287 ff.

Vollendung
- der Vorteilserlangung 370, 104

Vollmacht
- des Verteidigers 392, 39

Vollstreckung
- im Bußgeldverfahren 412, 9 ff.

Vollstreckungsverfahren
- Steuerhinterziehung 370, 226 ff.

Vorauszahlungen
- Herabsetzung 370, 98

Vorbehalt
- der Rückverweisung 382, 10
- in der Schlußbesprechung 397, 78

Vorbereitung
- der Fälschung von Steuerzeichen 369, 163 ff.

Vorfeldermittlungen 404, 28 ff.

Vorfrage
- entscheidungserhebliche 396, 17

Vorführungsbefehl
- Verjährungsunterbrechung 376, 58

Vorprüfung
- bei Verfahrenseinleitung 397, 49 ff.

Vorsatz
- Eventualvorsatz 370, 238
- Formen 369, 49 ff.
- Gegenstand 369, 52
- Voraussetzungen 369, 51

Vorspiegelungstat 370, 91; 385, 4, 27; 386, 16

Vorstandsmitglied
- Ordnungswidrigkeit 377, 42

Vorsteuern
- Kompensationsverbot 370, 68

Vortat
- mitbestrafte 369, 120
- der Steuerhehlerei 374, 8 ff.

Vortäuschung
- unternehmerischer Tätigkeit 370, 91; 385, 4, 27; 386, 16

Vorteil
- bei Begünstigung 369, 186
- wirtschaftlicher 371, 108; 377, 30

Vorteilsausgleichsverbot
- siehe Kompensationsverbot

1033

Sachverzeichnis

halbfette Zahlen = §§ der AO

Vorwerfbarkeit
- einer Ordnungswidrigkeit **377**, 12

Waffenrecht 370, 302
Wählbarkeit
- Aberkennung **374**, 34; **375**, 8 ff.

Wahlfeststellung 369, 127
- Steuerhinterziehung und Steuerhehlerei **374**, 48 ff.

Wahlverteidiger 392, 16
Wahndelikt 369, 105
- und Versuch **370**, 255

Wahrnehmung
- der Angelegenheiten eines Steuerpflichtigen **378**, 12; **382**, 15

Waren
- Begriff **372**, 8
- Einziehung **375**, 33

Wareneigenschaft
- Reiseverkehr **32 ZVG**, 18

Warenverkehr
- innergemeinschaftlicher **382**, 31; **399**, 95 ff.
- Verbote und Beschränkungen **372**, 26 ff.
- zollamtliche Erfassung **382**, 20

Wehrstrafrecht Einl 102; **369**, 14, 145
Weltrechtsprinzip 370, 32
Wertersatz
- Einziehung **375**, 69

Wertverlust
- drohender **399**, 69

Wertzeichenfälschung 369, 11; **369**, 146 ff.

Widerruf
- der Selbstanzeige **371**, 94

Wiederaufleben
- Mitwirkungspflicht **393**, 35
- Selbstanzeige **371**, 202 ff.

Wiederaufnahme
- des Verfahrens **396**, 31

Wiederverwenden
- von Steuerzeichen **369**, 161

Wirkung
- der Einstellung **398**, 33 ff.
- der Einziehung **375**, 86
- der Selbstanzeige **371**, 211 ff.
- des Verfalls **375**, 86

Wirtschaftsprüfer
- Bußgeldverfahren **411**, 1 ff.
- als Verteidiger **392**, 13

Wirtschaftsprüfungsgesellschaft 378, 18
Wirtschaftsreferent
- als Sachverständiger **376**, 55

Wirtschaftsstrafkammer Einl 98; **391**, 3 ff., 20 ff.
- Zuständigkeit **393**, 81

Wirtschaftsstraftat 391, 20 ff.
- gravierende **393**, 81

Wohnsitz
- Änderung **388**, 31
- Zuständigkeit **388**, 26 ff.

Wohnung
- Begriff **388**, 29

Wohnungsbauprämie Einl 93; **385**, 35

Wortlautgrenze 369, 20

Zahlungserleichterungen
- bei Geldbußen **377**, 32

Zeitgesetz 369, 25
Zeitpunkt
- der Verfahrenseinleitung **397**, 82 ff.

Zeuge
- Entschädigung **405**, 1 ff.

Zeugnisverweigerungsrecht 399, 38
- Verteidiger **392**, 62

Zinsen
- s. Hinterziehungszinsen

Zinsersparnisse
- als wirtschaftlicher Vorteil **377**, 31

Zivildienstrecht 369, 145
Zollanmeldung 370, 194
- Berichtigung **371**, 242

Zollbehandlung 32 ZVG, 15
Zölle 370, 26; **373**, 5; **32 ZVG**, 3
Zollfahndung 404, 7
- Aufgaben **404**, 14 ff.
- Befugnisse **404**, 1 ff.
- s. auch Steuerfahndung

Zollfahndungsamt 387, 8
Zollgesetz Einl 66
Zollhinterziehung 370, 80
Zollkriminalamt Einl 97
Zollordnungswidrigkeit 382, 26
- Begriff **377**, 7
- im Reiseverkehr **32 ZVG**, 6

Zollstelle
- vorgeschobene **372**, 17

Zollstrafrecht Einl 29

magere Zahlen = Randnummern

Sachverzeichnis

Zollstraftat 369, 8
- eines Jugendlichen **32 ZVG**, 51
- wiederholte **32 ZVG**, 36 ff.

Zollverfahren 382, 21
- im Reiseverkehr **32 ZVG**, 6

Zollzuschlag
- im Reiseverkehr **32 ZVG**, 45 ff.

Zufallsfund
- Beschlagnahme 399, 61
- Verwertbarkeit 399, 65

Zugriff
- auf Mailbox 399, 52

Zurechnung
- objektive 369, 47; 370, 248

Zurückverweisung
- einer Strafsache 391, 29

Zusammenhang
- Auflösung 389, 13
- Begriff 389, 6
- kombinierter 389, 12
- persönlicher 389, 7
- sachlicher 389, 9

Zusammenveranlagung
- von Ehegatten 370, 249

Zuständigkeit
- abgabenrechtliche 388, 17 ff.
- Änderung 386, 30
- Bußgeldverfahren 409, 1 ff.
- Einstellung des Strafverfahrens 398, 30 ff.
- Finanzbehörde 386, 1 ff.; 387, 1 ff.
- Gericht 388, 6 ff.; 391, 1 ff.
- Mängel 387, 23 ff.; **388**, 40 ff.
- mehrfache 390, 1 ff.
- nach dem Entdeckungsort 388, 12
- nach dem Tatort 388, 9
- nach dem Wohnsitz 388, 26 ff.
- örtliche 388, 1 ff.; **404**, 75 ff.
- Staatsanwaltschaft 409, 6
- Steuerordnungswidrigkeiten 377, 65; 409, 1 ff.; **410**, 10
- Strafbefehl **400**, 24
- Übertragung 387, 6 ff.
- Wirtschaftsstrafkammer 393, 81

Zuständigkeitskonkurrenz 390, 4 ff.

Zuständigkeitskonzentration 399, 106

Zuständigkeitsstreit
- Verfahren 390, 18 ff.

Zustellung
- im Bußgeldverfahren **412**, 4 ff.
- an Verteidiger 392, 61

Zutritt
- zu Geschäftsräumen 393, 24

Zuwiderhandlung
- gegen betriebliche Pflichten 377, 59
- s. auch Pflicht

Zwangsgeld 370, 23

Zwangsmittel
- Begriff 393, 29
- Steuerfahndung **404**, 45
- Unzulässigkeit 393, 19 ff.

Zwangsmitteleinsatz 393, 10

Zwangsmittelverbot 393, 5

Zwischenverfahren 385, 24

Abgabenordnung
– einschließlich Steuerstrafrecht –

Kommentar. Erläutert von Prof. Dr. Franz Klein, Präsident des BFH a. D., Gerd Orlopp, Ministerialrat im BMF a. D., und Hans Bernhard Brockmeyer, Richter am BFH
5., völlig neubearbeitete Auflage. 1995
LXI, 1609 Seiten. In Leinen DM 148,–
ISBN 3-406-38588-5

Zahlreiche AO-Änderungen

Die Abgabenordnung wurde seit der Vorauflage des »Klein/Orlopp« rund 20 mal geändert, insbesondere durch das StMBG und das GrenzpendlerG.

Schwerpunkte dieser Gesetzesänderungen sind vor allem: • Durchbrechung des Steuergeheimnisses bei Grundsteuerdaten für Zwecke der Verwaltung anderer Abgaben (§§ 31 Abs. 3, 31 a Abs. 3, 88 AO) • Erweiterte Möglichkeit zur Vorläufigkeitserklärung von Steuerbescheiden (§ 165 Abs. 1 Satz 2 AO) • Endgültigkeitserklärung des Steuerbescheids auf Antrag (§ 165 Abs. 2 Satz 3 AO) • Umsetzung von Verständigungsverfahren aufgrund eines DBA (§ 175 a AO) • Erstreckung der einheitlichen und gesonderten Feststellung auf Sonderausgaben und außergewöhnliche Belastungen (§ 180 Abs. 2 Nr. 1 a AO) • Vereinheitlichung des Rechtsbehelfsverfahrens ab 1. 1. 1996 (§§ 347 ff.) • Verdeutlichung der Einspruchsbefugnis bei der einheitlichen Feststellung (§ 362 AO) • Automatisches Ruhen des Einspruchsverfahrens bei Anhängigkeit eines Musterverfahrens (§ 363 Abs. 2 Satz 2 AO) • Anordnung des Ruhens des Verfahrens bei gleichgelagerten Fällen durch Allgemeinverfügung (§ 363 Abs. 2 Satz 3 AO) • Erörterung des Sach- und Rechtsstandes vor Erlaß der Einspruchsentscheidung auf Antrag (§ 364 a AO) • Möglichkeit der Fristsetzung zur Angabe der für den Einspruch maßgebenden Tatsachen (§ 364 b AO).

Verlag C. H. Beck · 80791 München

Handbuch des Steuerstrafrechts 1995

Bearbeitet von Dr. Brigitte Gast-de Haan, Rechtsanwältin und Notarin, Fachanwältin für Steuerrecht
1995. XIII, 505 Seiten. Gebunden DM 98,–
ISBN 3-406-38289-4

Alle steuerstrafrechtlichen **Regelungen aus rund 60 Gesetzen** hier praxisgerecht aufbereitet:

1. Teil · Abgaben-Strafrecht
I. Abgabenordnung (Auszug) mit AEAO und Verwaltungsschreiben sowie Anweisungen für das Straf- und Bußgeldverfahren (Steuer) und den Allg. Leitlinien für das Bußgeldverfahren der Zollverwaltung.
II. Nebengesetze (auszugsweise): AbschErhG, AUÜG, AWG, BergPG, BerlinFG, BierStG, BranntwMonG, BtMB, InvZulG, MinöStG, Rennwett-LottG, SchaumwZwStV, SchwarzarbG, SparPG, TabStG, 5. VermBG, WoPG, ZollVG, ZollV.
III. Länderrecht: Kommunalabgaben- und Kirchensteuergesetze
IV. Einigungsvertrag: Bundesrecht, Fortgeltendes Recht der neuen Bundesländer

2. Teil · Allgemeines Straf- und Bußgeldrecht
Auszugsweiser Abdruck der Gesetze: StGB, StPO, HGB, AktG, GmbHG, GVG, OWiG, JGG, BZRG, MRK, StrEG u. a. m.

3. Teil · Nebenfolgen von Steuerstrafverfahren
Auszugsweiser Abdruck der Gesetze: AuslG, BJagdG, FahrlG, GastG, GewO, GüKG, HeimG, PaßG, PBefG, SprengG, WaffG u. a. m.

4. Teil · Zwischenstaatliche Rechts- und Amtshilfe
§§ 117 AO mit AEAO, EG-AmtshG, Richtlinie des Rates

5. Teil · Rechts- und steuerberatende Berufe
Auszüge aus StBerG mit Verwaltungsschreiben, BRAO, WiPO

6. Teil · Kostenrecht
Auszüge aus GKG, BRAGO, StBGebV

Verlag C. H. Beck · München
DWS-Verlag · Bonn